Concordance to Baudelaire's
PETITS POÈMES EN PROSE

Concordance to Baudelaire's
PETITS POÈMES EN PROSE

with Complete Text of The Poems

compiled, and with an
introduction by,
ROBERT T. CARGO

The University of Alabama Press
University, Alabama

Table of Contents

Introduction

In the introduction to a similar concordance to Baudelaire's verse poems published several years ago,* I announced the continuation of my work and my intention of preparing a concordance to the prose poems. After encountering far more delays than I ever anticipated then, *A Concordance to Baudelaire's Petits Poèmes en Prose* has finally been completed. The present volume should in reality be considered a companion to that earlier volume, for together they provide the scholar with a basic tool for research into those two works of the poet which perhaps have attracted in the past the most critical attention.

It is not necessary, of course, in this day and age to speak of the particular usefulness of concordances. If these two volumes, however, serve the purpose for which they were intended, we shall have at our disposal another means for helping to analyze in a slightly clearer fashion the creative method of that strange and troubled psyche which shaped some of the most original and influential of French literature.

Baudelaire himself attached deep significance to the recurrences of words. He felt that the word inevitably revealed the obsession of the writer: "Pour deviner l'âme d'un poète, ou du moins sa principale préoccupation, cherchons dans ses oeuvres quel est le mot ou quels sont les mots qui s'y représentent avec le plus de fréquence," he wrote, concerning his contemporary, Banville. In the earlier volume we suggested the trend of Baudelaire's own obsession in *Les Fleurs du Mal*

---

* *A Concordance to Baudelaire's Les Fleurs du Mal.* Chapel Hill: University of North Carolina Press, 1965.

where some twenty nouns appear thirty or more times: *oeil*, 143; *coeur*, 142; *ciel*, 82; *âme*, 70; *soleil*, 60; *nuit*, 59; *amour*, 58; *ange*, 46; *beauté*, 45; *soir*, 44; *corps*, 42; *mer*, 39; *esprit*, 38; *fleur*, 36; *femme*, 34; *fond*, 34; *parfum*, 33; *douleur*, 32; *jour*, 32; *dieu*, 31; and *enfant*, 30. While we can do no more here than show the comparable trends in the prose poems, it is revealing that almost half the nouns in the *Petits Poèmes en Prose* which occur with this degree of frequency are to be found in the above list. In the *Petits Poèmes en Prose* we find:

1.	*oeil**	87	7.	chien	35
2.	homme	72	8.	heure	34
3.	vie	53	9.	*jour*	32
4.	*âme*	42	10.	chose	31
5.	*femme*	40	11.	plaisir	30
6.	*enfant*	37			

On the other hand, there are linguistic features which will doubtlessly suggest more profound divergencies in the two volumes. *Comme*, for example, appears 327 times in *Les Fleurs du Mal* and represents, at least in a good number of these instances, the presence of a simile; by contrast, in the *Petits Poèmes en Prose*, *comme* occurs only 185 times, although the total number of lexicographical forms in the two texts is approximately the same. Whether this diminution does represent a decrease in the richness and density of Baudelaire's imagery, or whether the more mature poet is inclined to abandon simile in favor of some other device remains to be seen. Like so many essentially statistical works, the concordance will generally pose as many questions as it will answer.

*   *   *

The first and longest portion of the book is comprised of the concordance proper. All words of the fifty prose poems, in addition to the poem that serves as the epilogue, are alphabetized down a center column within a line of context. This method, commonly known as the key-word-in-context, seems far superior to the traditional presentation of concordances in that not only are individual words alphabetized, but entire phrases as well. All that material, in fact, to the right of the main entry is concorded.

---

* The italicized words are among the most frequently appearing nouns in *Les Fleurs du Mal* also. See above list.

The second division of the book is made up of the appendices:

Appendix I: A concordance to the variants. In the case of lengthy variants, entries in this section also appear in context; short ones are listed only.

Appendix II: A numerical listing of words arranged in descending order.

Appendix III: An alphabetic listing of all words along with their frequency of appearance.

In the third section, we have included the text of the poems.* This, we feel, will be particularly important and it constitutes an almost necessary feature in dealing with a prose work. If the volume is to have any enduring value, it must not be rendered obsolete with the disappearance from the market of the specific edition on which it is based.

The concordance, prepared on a UNIVAC 1108 computer, is printed entirely in upper case letters and without accents. This latter aspect may infrequently cause certain ambiguities to appear, as for example with *DU*, which might be the contracted form or the past participle of *devoir*. Such cases are quite rare, however, and in context the meaning is always readily apparent. Hyphenated forms appear under both elements in the case of interrogative inversion of verbs and those formations containing a secondary element deemed important enough to treat separately. *Peut-être*, for example, seems sufficiently removed from *être* to merit treatment as a simple form and not a compound. No effort has been made, of course, to group words according to grammatical function. Hence, the various forms of *avoir* or any other irregular verb will be found in their proper alphabetic sequence. The order, it should be remembered, is strictly alphabetic; this being the case, plural forms will not necessarily always follow immediately after singular forms.

Plans have now been completed for continuing the Baudelaire concordance series, and in the near future I expect to have other texts on cards. Upon termination of my work, I shall be happy to make duplicate decks available to those whose research might benefit from their use.

---

* *Spleen de Paris* [*Petits Poèmes en Prose*] from Baudelaire, *Oeuvres Complètes* ("Bibliothèque de la Pléiade"). Paris: Gallimard, 1961.

It is appropriate finally that I should express my gratitude to a number of people whose assistance, either directly or indirectly, has made this concordance possible.

To the Research Committee of the University of Alabama for generous grants in support of the work and to the University of Alabama for making available the necessary computer time.

To Gallimard and the Editions de la Pléiade for their kind permission to reproduce the accompanying text.

To a number of individuals in the University of Alabama Computer Center: Prof. Charles L. Seebeck and Mr. Roger Wicks; and particularly to those responsible for the program, namely Mr. O. Romaine Smith, and Mr. Harry Pendergrass for his modifications of the original program.

A special word of thanks is appropriate to Prof. W. T. Bandy, whose interest in this, as well as the previous work, has been an encouragement.

Tuscaloosa   R. T. C.

Concordance to Baudelaire's
PETITS POÈMES EN PROSE

POEM LINE

36	030	ECLOSE DANS UN TERRAIN VOLCANIQUE. IL Y	A DES FEMMES QUI INSPIRENT L'ENVIE DE LES
42	012	DE N'EN PAS PARLER DU TOUT; MAIS IL Y	A DES GENS D'ESPRIT QUI, APRES BOIRE, NE
13	040	CONDAMNEE, PAR UNE ABSOLUE SOLITUDE,	A DES HABITUDES DE VIEUX CELIBATAIRE, ET LE
11	047	GLOIRE NE LUI SOIENT PAS INCONNUES. IL Y	A DES MALHEURS PLUS IRREMEDIABLES, ET SANS
09	001	IL Y	A DES NATURES PUREMENT CONTEMPLATIVES ET TOUT
21	014	TENEBREUSE ET INDECISE, RESSEMBLAIENT	A DES VIOLETTES CHARGEES ENCORE DES LOURDS
44	001	LA PETITE FOLLE BIEN-AIMEE ME DONNAIT	A DINER, ET PAR LA FENETRE OUVERTE DE LA SALLE
05	053	DISAIT LE GRAND RENE, TOUTE CETTE MAGIE	A DISPARU AU COUP BRUTAL FRAPPE PAR LE
10	004	ENFIN! LA TYRANNIE DE LA FACE HUMAINE	A DISPARU, ET JE NE SOUFFRIRAI PLUS QUE PAR
05	041	IL N'EST PLUS DE SECONDES! LE TEMPS	A DISPARU; C'EST L'ETERNITE QUI REGNE, UNE
36	006	NUIT. COMME IL Y A LONGTEMPS DEJA QU'ELLE	A DISPARU! ELLE EST BELLE, ET PLUS QUE BELLE;
10	025	MA COUR A UN DIRECTEUR DE THEATRE, QUI M'	A DIT EN ME CONGEDIANT: ''—VOUS FERIEZ
31	116	PLUIES ET NE MOUILLONS QUE NOTRE GOSIER'',	A DIT UN DES DEUX AUTRES. ''J'AI TOUT RETENU,
31	106	NE DEMEURAIENT NULLE PART. ALORS L'UN	A DIT: ''FAUT-IL DEPLOYER LA TENTE?'' ''MA
29	039	LE JEU; CE PLAISIR SURHUMAIN, AVAIT COUPE	A DIVERS INTERVALLES NOS FREQUENTES LIBATIONS,
15	074	LONGTEMPS, ME REPETANT SANS CESSE: ''IL Y	A DONC UN PAYS SUPERBE OU LE PAIN S'APPELLE DU
47	092	QUI NE PEUVENT RIEN LUI ENVOYER. CELA M'	A DONNE CONFIANCE. APRES TOUT, JE SUIS ASSEZ
43	014	LUI DIT: ''OBSERVEZ CETTE POUPEE, LA-BAS,	A DROITE, QUI PORTE LE NEZ EN L'AIR ET QUI A
18	024	PAR L'INFINI DES SENSATIONS. UN MUSICIEN	A ECRIT L'INVITATION A LA VALSE; QUEL EST
42	151	UNE MELANCOLIQUE PROMENADE OU SES YEUX,	A ELLE, REFLECHISSAIENT LA DOUCEUR DU CIEL, ET
42	134	COMME UNE TUTELLE. QUE DE SOTTISES ELLE M'	A EMPECHE DE FAIRE, QUE JE REGRETTE DE N'AVOIR
11	025	UN BATON A LA MAIN, EST UN MARI. IL	A ENCHAINE SA FEMME LEGITIME COMME UNE BETE,
20	060	''EH! MADAME! VOUS NOUS OUBLIEZ! IL Y	A ENCORE MON PETIT! JE NE VEUX PAS ETRE VENU
25	048	OFFICIER QUI, SUR DES PLAGES LOINTAINES,	A ENTENDU PARLER PAR SES CAMARADES DE LA
41	008	DES OSCILLATIONS HARMONIEUSES, SERVENT	A ENTRETENIR DANS L'AME LE GOUT DU RHYTHME ET
31	018	PAS S'EMPECHER DE LES AIMER. ON A PEUR, ON	A ENVIE DE PLEURER, ET CEPENDANT L'ON EST
06	028	RESIGNEE DE CEUX QUI SONT CONDAMNES	A ESPERER TOUJOURS. ET LE CORTEGE PASSA A COTE
31	048	AVAIT PAS ASSEZ DE LITS POUR NOUS TOUS, IL	A ETE DECIDE QUE JE DORMIRAIS DANS LE MEME LIT
11	049	COMPENSATION. MAIS DANS LE MONDE OU ELLE	A ETE JETEE, ELLE N'A JAMAIS PU CROIRE QUE LA
26	011	N'EST QUE, REVE PAR TOUS LES HOMMES, IL N'	A ETE REALISE PAR AUCUN. LE SOIR, UN PEU
15	057	TOUR CELUI-CI APPLIQUA TOUTES SES FORCES	A ETRANGLER SON ADVERSAIRE D'UNE MAIN, PENDANT
27	076	LA VOLONTE. OR, SI UN COMEDIEN ARRIVAIT	A ETRE, RELATIVEMENT AU PERSONNAGE QU'IL EST
42	165	QU'ILS NE SE SENTAIENT PAS, QUANT	A EUX, CAPABLES D'UNE ACTION AUSSI RIGOUREUSE,
24	033	LA LE DECOR QUE JE CHERCHAIS. QU'AI-JE	A FAIRE DE PALAIS?'' ET PLUS LOIN, COMME IL
09	027	LA DESTINEE, POUR SE CONTRAINDRE LUI-MEME	A FAIRE PREUVE D'ENERGIE, POUR FAIRE LE
09	051	D'OISIVETE, ET POUSSE, ME SEMBLAIT-IL,	A FAIRE QUELQUE CHOSE DE GRAND, UNE ACTION
31	088	GRANDS YEUX SOMBRES SONT DEVENUS TOUT	A FAIT BRILLANTS PENDANT QU'ILS FAISAIENT DE
28	026	(DE QUELLE FATIGANTE FACULTE LA NATURE M'	A FAIT CADEAU!) ENTRA SOUDAINEMENT CETTE IDEE
27	080	LA, SANS DOUTE, UN CAS SINGULIER ET TOUT	A FAIT IMPREVU. FANCIOULLE FUT, CE SOIR-LA,
09	001	NATURES PUREMENT CONTEMPLATIVES ET TOUT	A FAIT IMPROPRES A L'ACTION, QUI CEPENDANT,
29	090	POLITESSE INNEE NE SAURAIT ETEINDRE TOUT	A FAIT LE SOUVENIR D'ANCIENNES RANCUNES.'' IL
16	010	SANS HESISTER: ''IL N'EST PAS ENCORE TOUT	A FAIT MIDI.'' CE QUI ETAIT VRAI. POUR MOI, SI
13	034	PARTAGER SA REVERIE, OU CELLE QUI EST TOUT	A FAIT SEULE? JE NE SAIS... IL M'EST ARRIVE
27	070	UNE AISANCE PARFAITE, CE QUI CONTRIBUA	A FORTIFIER, DANS LE NOBLE PUBLIC, L'IDEE DE
36	004	CELLE QUI M'EST APPARUE SI RAREMENT ET QUI	A FUI SI VITE, COMME UNE BELLE CHOSE
25	040	ELLE PREND TANT DE PLAISIR A SE PEIGNER,	A FUMER, A SE FAIRE EVENTER OU A SE REGARDER
45	031	SI VOUS SAVIEZ COMME LE PRIX EST FACILE	A GAGNER, COMME LE BUT EST FACILE A TOUCHER,
46	010	MON AUREOLE, DANS UN MOUVEMENT BRUSQUE,	A GLISSE DE MA TETE DANS LA FANGE DU MACADAM.
21	056	ET PARFUMEE. C'ETAIT UN HOMME VASTE,	A GROS VISAGE SANS YEUX, DONT LA LOURDE
21	119	PAS TANT LE DELICAT!'' ET JE LES INVOQUAI	A HAUTE VOIX, LES SUPPLIANT DE ME PARDONNER,
50	060	LA BANLIEUE ET QUI VIENNENT, CHAQUE JOUR,	A HEURE FIXE, RECLAMER LA SPORTULE A LA PORTE
32	006	CE N'EST QU'UN BATON, UN PUR BATON, PERCHE	A HOUBLON, TUTEUR DE VIGNE, SEC, DUR ET DROIT.
05	025	QUI L'A AMENEE? QUEL POUVOIR MAGIQUE L'	A INSTALLEE SUR CE TRONE DE REVERIE ET DE
12	004	UNE RIBOTE DE VITALITE, A QUI UNE FEE	A INSUFFLE DANS SON BERCEAU LE GOUT DU
45	017	—LA VIE DES INFINIMENT PETITS, —COUPE	A INTERVALLES REGULIERS PAR LA CREPITATION DES
11	049	DANS LE MONDE OU A ETE JETEE, ELLE N'	A JAMAIS PU CROIRE QUE LA FEMME MERITAT UNE
27	056	ARRETEE DE CLEMENCE? C'EST UN POINT QUI N'	A JAMAIS PU ETRE ECLAIRCI. ENFIN, LE GRAND
39	027	ET LA SERVILITE DE SA TENDRESSE N'	A JAMAIS RIEN DE FATIGANT.
05	063	PAR UNE FETIDE ODEUR DE TABAC MELEE	A JE NE SAIS QUELLE NAUSEABONDE MOISISSURE. ON
20	056	RESTAIT PLUS AUCUN CADEAU, AUCUNE LARGESSE	A JETER A TOUT CE FRETIN HUMAIN; QUAND UN
31	121	DE M'EMMENER AVEC EUX ET DE M'APPRENDRE	A JOUER DE LEURS INSTRUMENTS! MAIS JE N'AI PAS
31	099	CONTENTS D'EUX-MEMES, QU'ILS ONT CONTINUE	A JOUER LEUR MUSIQUE DE SAUVAGES, MEME APRES
09	002	CONTEMPLATIVES ET TOUT A FAIT IMPROPRES	A L'ACTION, QUI CEPENDANT, SOUS UNE IMPULSION
42	027	ABSOLU. MAIS, DURANT TOUTE MA VIE, EXCEPTE	A L'AGE DE CHERUBIN, J'AI ETE PLUS SENSIBLE
47	066	JE L'AI ATTRAPE A SON VOYAGE A PARIS. IL	A L'AIR D'UNE DEMOISELLE, N'EST-CE PAS?'' ET
47	027	COMME CHEZ VOUS, MON AMI, METTEZ-VOUS	A L'AISE. CA VOUS RAPPELLERA L'HOPITAL ET LE
29	048	ET LE PARFUM INCOMPARABLES DONNAIENT	A L'AME LA NOSTALGIE DE PAYS ET DE BONHEURS
30	013	DONC PAS PARFAITEMENT LEGITIME D'ATTRIBUER	A L'AMOUR MATERNEL TOUTES LES ACTIONS ET LES
23	002	LA SOLITUDE EST MAUVAISE POUR L'HOMME; ET	A L'APPUI DE SA THESE IL CITE, COMME TOUS LES
29	028	QUE CETTE CRAINTE QUI NAIT ORDINAIREMENT	A L'ASPECT DE L'INCONNU. SI JE VOULAIS ESSAYER
19	044	ET LES DEUX ENFANTS SE RIAIENT L'UN	A L'AUTRE FRATERNELLEMENT; AVEC DES DENTS
26	008	PENSEES NOUS SERAIENT COMMUNES A L'UN ET	A L'AUTRE, ET QUE NOS DEUX AMES DESORMAIS N'EN
13	050	LES REGRETS ET LES SOUVENIRS, ELLE S'ASSIT	A L'ECART DANS UN JARDIN, POUR ENTENDRE, LOIN
47	060	DANS LA MEME AFFAIRE! COMME ON RIAIT DE CA	A L'ECOLE, DANS LE TEMPS! TU T'EN SOUVIENS?
09	065	IMPOSSIBLE DE DIRE POURQUOI JE FUS PRIS	A L'EGARD DE CE PAUVRE HOMME D'UNE HAINE AUSSI
42	108	CONTRAIRE DE CE QU'ON REPROCHE EN GENERAL	A L'EGOISTE FEMELLE. JE VOUS TROUVE MAL VENUS,
06	030	S'ENFONCA DANS L'ATMOSPHERE DE L'HORIZON,	A L'ENDROIT OU LA SURFACE ARRONDIE DE LA
42	029	J'AI PLUS FINE SENSIBLE QUE TOUT AUTRE	A L'ENERVANTE SOTTISE, A L'IRRITANTE
19	038	ET LE CHATEAU, L'ENFANT PAUVRE MONTRAIT	A L'ENFANT RICHE SON PROPRE JOUJOU, QUE
15	020	MELEE DE PEUR. BREF, JE ME SENTAIS, GRACE	A L'ENTHOUSIASMANTE BEAUTE DONT J'ETAIS
42	022	GLOIRE D'ETRE ARRIVE, DEPUIS LONGTEMPS,	A L'EPOQUE CLIMATERIQUE DU TROISIEME DEGRE OU
28	039	ALLAIT SON TRAIN, PRETANT LES AILES	A L'ESPRIT DE MON AMI ET TIRANT TOUTES LES
33	010	OU DISPARUE; DEMANDEZ AU VENT, A LA VAGUE,	A L'ETOILE, A L'OISEAU, A L'HORLOGE, A TOUT CE
27	028	QUI NE TENDIT PAS UNIQUEMENT AU PLAISIR OU	A L'ETONNEMENT, QUI EST UNE DES FORMES LES
48	033	POUR TORNEO. ALLONS PLUS LOIN ENCORE,	A L'EXTREME BOUT DE LA BALTIQUE; ENCORE PLUS
14	044	COMME L'ENCENS DE CETTE FETE. AU BOUT,	A L'EXTREME BOUT DE LA RANGEE DE BARAQUES,
47	001	COMME J'ARRIVAIS	A L'EXTREMITE DU FAUBOURG, SOUS LES ECLAIRS DU
20	042	MAGNETIQUEMENT LA FORTUNE FUT ADJUGEE	A L'HERITIER UNIQUE D'UNE FAMILLE TRES-RICHE,
28	053	JOUISSANCE DONT JE LE SUPPOSAIS FAIT	A L'HEURE; JE SAIS! J'AURAIS TROUVE CURIEUX,
25	033	MIROIR REFLETANT SA DEMARCHE ET SA BEAUTE.	A L'HEURE OU LES CHIENS EUX-MEMES GEMISSENT DE
13	012	DE VISITER, COMME JE L'INSINUAIS TOUT	A L'HEURE, C'EST SURTOUT LA JOIE DES RICHES.

		POEM	LINE
TERREUR DES CHEVAUX ET DES VOITURES. TOUT	A L'HEURE, COMME JE TRAVERSAIS LE BOULEVARD,	46	006
''AH! IL EST DEJA BIEN LOIN! TOUT	A L'HEURE, VOUS NE POURREZ PLUS LE VOIR. SANS	31	031
DES IMMENSES VILLES, SOIT CEUX QUI ONT DIT	A L'HOMME ABANDONNE, AVEC DES YEUX CLIGNOTANTS	50	042
LES LUEURS ROSES QUI TRAINENT ENCORE	A L'HORIZON COMME L'AGONIE DU JOUR SOUS	22	051
DE L'AZUR. UNE PETITE VOILE FRISSONNANTE	A L'HORIZON, ET QUI PAR SA PETITESSE ET SON	03	008
CETTE RANGEE D'ARBRES QUI EST PRESQUE	A L'HORIZON... ET MAINTENANT IL DESCEND	31	034
VENT, A LA VAGUE, A L'ETOILE, A L'OISEAU,	A L'HORLOGE, A TOUT CE QUI FUIT, A TOUT CE QUI	33	011
DE SON OEIL. J'ATTRIBUAI CETTE ETRANGETE	A L'HORREUR MEME QU'ELLE DEVAIT EPROUVER, ET	30	088
VOYANTES, SERAIENT RELATIVEMENT	A L'IDEE GENERALE ET CONFUSE DE BEAUTE, CE	27	079
DE LA GLOIRE ET DE TOUT CE QUI FAIT CROIRE	A L'IMMORTALITE. MAIS CETTE FILLE MIRACULEUSE	38	004
ARTISTIQUE. RELATIVEMENT AU REVE PUR,	A L'IMPRESSION NON ANALYSEE, L'ART DEFINI,	05	014
SE DONNE TOUT ENTIERE, POESIE ET CHARITE,	A L'IMPREVU QUI SE MONTRE, A L'INCONNU QUI	12	028
ET CHARITE, A L'IMPREVU QUI SE MONTRE,	A L'INCONNU QUI PASSE. IL EST BON D'APPRENDRE	12	029
TRAVAUX SPIRITUELS ECHAPPENT DIFFICILEMENT	A L'INFLUENCE DE CE JUBILE POPULAIRE. ILS	14	015
PAS TOMBER. QUE FAIRE? A QUOI BON DEMANDER	A L'INFORTUNE QUELLE CURIOSITE, QUELLE	14	068
QUE TOUT AUTRE A L'ENERVANTE SOTTISE,	A L'IRRITANTE MEDIOCRITE DES FEMMES. CE QUE	42	029
CE TEMPS-LA AUX TOURISTES POUR LE MELER	A L'OCCASION AVEC DE L'EAU DE NEIGE. JE	15	031
DEMANDEZ AU VENT, A LA VAGUE, A L'ETOILE,	A L'OISEAU, A L'HORLOGE, A TOUT CE QUI FUIT, A	33	011
JE RESPIRE L'ODEUR DU TABAC MELEE	A L'OPIUM ET AU SUCRE; DANS LA NUIT DE TA	17	027
MIEN, ET J'ENTENDIS UNE VOIX QUI ME DISAIT	A L'OREILLE: ''VOUS ETES MEDECIN, MONSIEUR?''	47	004
PAGE, PLACE DERRIERE ELLE, ET LUI PARLER	A L'OREILLE. LA PHYSIONOMIE ESPIEGLE DU JOLI	27	123
QUARANTAINE D'ANNEES, AU VISAGE FATIGUE,	A L'UN ET A L'AUTRE, ET QUE NOS DEUX AMES	26	008
QUI FAIT PENSER AUX SOLEILS D'AUTOMNE,	A LA BARBE GRISONNANTE, TENANT D'UNE MAIN UN	26	030
AUX ETES DE LA SAINT-MARTIN ET	A LA BEAUTE DES FEMMES MURES ET AUX ETES DE LA	50	118
D'AILLEURS L'ESPRIT DE L'EUROPE MARIE	A LA BEAUTE DES FEMMES TRES-MURES.	50	131
ETANT NE DELICAT ET M'ETANT PEU EXERCE	A LA BOXE, POUR ASSOMMER RAPIDEMENT CE	49	046
MOI TOUS CES CHIENS VIGOUREUX ATTELES	A LA CHARRETTE DU BOUCHER, DE LA LAITIERE OU	50	075
''UN BEAU JOUR ELLE S'EST MISE	A LA CHIMIE; DE SORTE QU'ENTRE MA BOUCHE ET LA	42	046
TOUS, CROYEZ-LE BIEN, N'APPARTENAIENT PAS	A LA CLASSE INFIME ET VULGAIRE. J'AI GARDE CES	30	131
FAIRE DES ACTIONS BASSES, ET ME LIVRER	A LA CRAPULE, COMME LES SIMPLES MORTELS. ET ME	46	015
SURFACE ARRONDIE DE LA PLANETE SE DEROBE	A LA CURIOSITE DU REGARD HUMAIN, ET PENDANT	06	031
LE MANGEUR D'AMBROISIE! EN VERITE, IL Y	A LA DE QUOI ME SURPRENDRE. --MON CHER, VOUS	46	003
PERSONNE QUI RESSEMBLAIT SINGULIEREMENT	A LA DEFUNTE, ET QUI, PIETINANT SUR LA TERRE	38	014
QUE LA OU JE SUIS. EH BIEN! J'AI VU,	A LA DERNIERE FOIRE DU VILLAGE VOISIN, TROIS	31	083
ELLE-MEME, LA PERSONNE LA PLUS INTERESSEE	A LA DESTRUCTION DE LA SUPERSTITION! ET	29	070
MALHEURS REPRESENTES SUR TA PEAU.'' QUANT	A LA DIABLESSE, JE MENTIRAIS SI JE N'AVOUAIS	21	083
SONT PENETRANTES! AH! PENETRANTES JUSQU'	A LA DOULEUR! CAR IL EST CERTAINES SENSATIONS	03	002
MYSTERIEUX PAR OU L'ENFER DONNE ASSAUT	A LA FAIBLESSE DE L'HOMME QUI DORT, ET	21	003
NE PEUVENT S'EMPECHER DE REVER AU DINER,	A LA FAMILLE ET A LEURS CHERES PANTOUFLES. SI,	20	031
AU VOYAGE, QU'ON PUISSE OFFRIR	A LA FEMME AIMEE, A LA SOEUR D'ELECTION? OUI,	18	026
INTELLIGENTS, HABILLES DE VETEMENTS	A LA FOIS ERAILLES ET SOMPTUEUX, COIFFES COMME	50	087
PENETRANTE DES RUINES. ELLE AVAIT L'AIR	A LA FOIS IMPERIEUX ET DEGINGANDE, ET SES	21	088
BELLE FELINE, LA SI BIEN NOMMEE, QUI EST	A LA FOIS L'HONNEUR DE SON SEXE, L'ORGUEIL DE	16	013
ALORS CLAIREMENT QU'IL AVAIT VOULU FAIRE	A LA FOIS LA CHARITE ET UNE BONNE AFFAIRE;	28	048
UN DE SES MEILLEURS MOMENTS, ET DECHIRA	A LA FOIS LES OREILLES ET LES COEURS. ET DE	27	129
RECOMPENSE UN BEAU GILET, D'UNE COULEUR,	A LA FOIS RICHE ET FANEE, QUI FAIT PENSER AUX	50	117
LE SECOND SATAN N'AVAIT NI CET AIR	A LA FOIS TRAGIQUE ET SOURIANT, NI CES BELLES	21	054
TANTOT DE PLEURER, OU DE FAIRE LES DEUX	A LA FOIS, ET QU'ON DEVIENDRAIT COMME FOU SI	31	091
LA MORT ARRIVE AU GALOP DE TOUS LES COTES	A LA FOIS, MON AUREOLE, DANS UN MOUVEMENT	46	009
DE CES YEUX SUPPLIANTS, QUI CONTIENNENT	A LA FOIS; POUR L'HOMME SENSIBLE QUI SAIT Y	28	013
EST POETIQUE, GRASSE ET EXCITANTE	A LA FOIS; OU TOUT VOUS RESSEMBLE, MON CHER	18	013
QUI VOUS EUSSENT ATTENDRIS ET EGAYES	A LA FOIS. --J'AURAIS PU FAIRE MA FORTUNE EN	42	096
JE RESTE ATTACHE, POUR TOUJOURS PEUT-ETRE,	A LA FOSSE DE L'IDEAL.	38	025
DU VIEIL HOMME DE LETTRES QUI A SURVECU	A LA GENERATION DONT IL FUT LE BRILLANT	14	080
AGRANDIS; ET ELLE T'A SI TENDREMENT SERREE	A LA GORGE QUE TU EN AS GARDE POUR TOUJOURS	37	011
NE ME LAISSE-JE PAS RETENU DE LUI CRIANT:	A LA GORGE, EN LUI CRIANT: ''SOIS DONC	42	140
DE SON HABIT, DE L'AUTRE, JE L'EMPOIGNAI	A LA GORGE, ET JE ME MIS A LUI SECOUER	49	049
LIGNE COURBE ET LA SPIRALE FONT LEUR COUR	A LA LIGNE DROITE ET DANSENT AUTOUR DANS UNE	32	013
SI COMMUNS, INCAPABLES DE S'ELEVER JUSQU'	A LA LOGIQUE DE L'ABSURDE. ''PARCE QUE! PARCE	20	080
MAIS ELLE FAIT PLUS VOLONTIERS PENSER	A LA LUNE, QUI SANS DOUTE L'A MARQUEE DE SA	36	014
CELUI QUI CRIE A TUE-TETE, UN BATON	A LA MAIN, EST UN MARI. IL A ENCHAINE SA FEMME	11	024
GRANDES QUE CELLES QUI VIENNENT NOUS VOIR	A LA MAISON, ET, QUOIQUE AVEC LEURS GRANDS	31	015
HORREUR ET MON ETONNEMENT QUAND, RENTRANT	A LA MAISON, LE PREMIER OBJET QUI FRAPPA MON	30	049
DIT: ''VOUS SAVEZ QUE JE NE M'AMUSE GUERE	A LA MAISON; ON NE ME MENE JAMAIS AU	31	075
TALENTS DE FANCIOULLE, N'S'ELEVER JUSQU'	A LA MEME FAVEUR.	27	150
A DROITE, QUI PORTE LE NEZ EN L'AIR ET QUI	A LA MINE SI HAUTAINE. EH BIEN! CHER ANGE, JE	43	015
CHAMBRE, ET JE M'ETAIS ENTOURE DES LIVRES	A LA MODE DANS CE TEMPS-LA (IL Y A SEIZE OU	49	002
INDIFFERENT RELATIVEMENT AUX HOMMES ET	A LA MORALE, VERITABLE ARTISTE LUI-MEME, IL NE	27	021
POUR CE QUI AVAIT SERVI D'INSTRUMENT	A LA MORT DE SON FILS, ET LE VOULAIT GARDER	30	113
ET RENOUVELEE, ET, DE LA NAISSANCE	A LA MORT, COMBIEN COMPTONS-NOUS D'HEURES	18	072
BEAUTE, JE ME SENTAIS ABATTU JUSQU'	A LA MORT; ET C'EST POURQUOI, QUAND CHACUN DE	34	042
SUPERIEUR AUX AUTRES; COMME L'ART L'EST	A LA NATURE, OU CELLE-CI EST REFORMEE PAR LE	18	053
PALEUR HABITUELLE, COMME LA NEIGE S'AJOUTE	A LA NEIGE. SES LEVRES SE RESSERRAIENT DE PLUS	27	117
ASSEZ D'INTELLIGENCE POUR JOUER AU DOMINO!	A LA NICHE, TOUS CES FATIGANTS PARASITES!	50	032
FOIS DE SUITE, L'EXPERIENCE MANQUA! MAIS,	A LA ONZIEME, ELLE REUSSIT BEAUCOUP TROP BIEN.	09	024
SI DOUX; CES HOMMES-LA! --J'AI DECOUVERT	A LA PITIE UN PETIT INTERNE, QUI EST JOLI	47	088
S'AGRAFAIT AVEC SES DEUX VASTES GRIFFES	A LA POITRINE DE SA MONTURE; ET SA TETE	06	011
JOUR, A HEURE FIXE, RECLAMER LA SPORTULE	A LA PORTE D'UNE CUISINE DU PALAIS-ROYAL;	50	061
QUI RAMASSENT DES CROUTES DE PAIN	A LA PORTE DES CABARETS. ''SI AU MOINS VOS	11	005
MAIS UN COUP TERRIBLE, LOURD, A RETENTI	A LA PORTE, ET, COMME DANS LES REVES	05	043
GRANDE ASSEMBLEE DES FEES, POUR PROCEDER	A LA REPARTITION DANS DES DONS PARMI TOUS LES	20	001
BAIN DE TENEBRES! D'ABORD, UN DOUBLE TOUR	A LA SERRURE. IL ME SEMBLE QUE CE TOUR DE CLEF	10	007
QU'ON PUISSE OFFRIR A LA FEMME AIMEE,	A LA SOEUR D'ELECTION? OUI, C'EST DANS CETTE	18	027
L'ART POSITIF EST UN BLASPHEME. ICI, TOUT	A LA SUFFISANTE CLARTE ET LA DELICIEUSE	05	015
SAUVAGE. LE PREMIER VENU. JE L'AI VU JETER	A LA TERRE D'UN MAITRE D'HOTEL UN EXCELLENT	22	024
LES ANCIENS GUERRIERS ESPERAIENT AJOUTER	A LA TERREUR DE L'ENNEMI. JE QUESTIONNAI L'UN	06	014
L'HOMME ET DIEU, EST SOUMIS COMME NOUS	A LA TERRIBLE LOI DU TEMPS ET DE SON INFINIE	20	022
DIRIGER LEURS AVIDES CONJECTURES. IL Y	A LA UNE PATURE CERTAINE. CAR S'IL EST UNE	13	010
DIMINUEE OU DISPARUE, DEMANDEZ AU VENT,	A LA VAGUE, A L'ETOILE, A L'OISEAU, A	33	010
UN MUSICIEN A ECRIT L'INVITATION	A LA VALSE; QUEL EST CELUI QUI COMPOSERA	18	025

POEM LINE

20	003	DONS PARMI TOUS LES NOUVEAU-NES, ARRIVES	A	LA VIE DEPUIS VINGT-QUATRE HEURES. TOUTES
42	169	BOUTEILLES, POUR TUER LE TEMPS QUI	A	LA VIE SI DURE, ET ACCELERER LA VIE QUI
50	069	JOURS, LEUR DEPARTEMENT POUR VENIR	A	LA VILLE, GAMBADER PENDANT UNE HEURE, AUTOUR
45	001		A	LA VUE DU CIMETIERE, ESTAMINET.
13	084	ETAIT REVETUE. ELLE AUSSI, COMME LA PLEBE	A	LAQUELLE ELLE S'ETAIT MELEE ET QU'ELLE NE
43	007	EXECRABLE FEMME, A CETTE MYSTERIEUSE FEMME	A	LAQUELLE IL DOIT TANT DE PLAISIRS, TANT DE
30	010	TOUJOURS SEMBLABLE ET D'UNE NATURE	A	LAQUELLE IL SOIT IMPOSSIBLE DE SE TROMPER,
05	017	INFINITESIMALE DU CHOIX LE PLUS EXQUIS,	A	LAQUELLE SE MELE UNE TRES-LEGERE HUMIDITE,
30	074	HEURES. QUAND, PLUS TARD, NOUS EUMES	A	LE DESHABILLER POUR L'ENSEVELISSEMENT, LA
30	060	ET J'AVAIS UNE REPUGNANCE INEXPLICABLE	A	LE FAIRE BRUSQUEMENT TOMBER SUR LE SOL. IL
29	107	SERA FORME PAR VOUS, QUE JE NE VOUS AIDE	A	LE REALISER; VOUS REGNEREZ SUR VOS VULGAIRES
31	055	BRAS, SUR SON COU ET SUR SES EPAULES. ELLE	A	LES BRAS ET LE COU BIEN PLUS GROS QUE TOUTES
21	044	ET D'ATTIRER LES AUTRES AMES JUSQU'	A	LES CONFONDRE AVEC LA TIENNE.'' ET JE LUI
31	057	SI DOUCE, SI DOUCE, QU'ON DIRAIT DU PAPIER	A	LETTRE OU DU PAPIER DE SOIE. J'Y AVAIS TANT
13	042	SES MOEURS AJOUTAIT UN PIQUANT MYSTERIEUX	A	LEUR AUSTERITE. JE NE SAIS DANS QUEL
05	028	ET TERRIBLES MIRETTES; QUE JE RECONNAIS	A	LEUR EFFRAYANTE MALICE! ELLES ATTIRENT,
34	016	IMMOBILE?'' IL Y EN AVAIT QUI PENSAIENT	A	LEUR FOYER, QUI REGRETTAIENT LEURS FEMMES
50	033	CES FATIGANTS PARASITES! QU'ILS RETOURNENT	A	LEUR NICHE SOYEUSE ET CAPITONNEE! JE CHANTE
50	051	DITES-VOUS, HOMMES PEU ATTENTIFS? ILS VONT	A	LEURS AFFAIRES. RENDEZ-VOUS D'AFFAIRES,
20	031	DE REVER AU DINER, A LA FAMILLE ET	A	LEURS CHERES PANTOUFLES. SI, DANS LA JUSTICE
21	066	MERES PORTANT DES AVORTONS ACCROCHES	A	LEURS MAMELLES EXTENUEES. IL Y EN AVAIT
50	058	ET ILS CHERCHENT LEUR VIE OU COURENT	A	LEURS PLAISIRS. IL Y EN A QUI COUCHENT DANS
36	006	VOYAGEUR EMPORTE DANS LA NUIT. COMME IL Y	A	LONGTEMPS DEJA QU'ELLE A DISPARU! ELLE EST
49	045	UNE BALLE. JE CASSAI UN DE MES ONGLES	A	LUI BRISER DEUX DENTS, ET COMME JE NE ME
42	103	QUI, PAR QUELQUE TOUR DE BATON	A	LUI CONNU, FOURNIT PEUT-ETRE A CETTE PAUVRE
49	033	QUE CELUI DE SOCRATE NE SE MANIFESTAIT	A	LUI QUE POUR DEFENDRE, AVERTIR, EMPECHER, ET
49	049	JE L'EMPOIGNAI A LA GORGE, ET JE ME MIS	A	LUI SECOUER VIGOUREUSEMENT LA TETE CONTRE UN
50	100	QUI SE FAIT LA GROSSE PART ET MANGE	A	LUI SEUL PLUS DE SOUPE QUE QUATRE COMEDIENS?
27	108	POUR UN OEIL CLAIRVOYANT, SON IVRESSE,	A	LUI, N'ETAIT PAS SANS MELANGE. SE SENTAIT-IL
38	134	ET JE COMPRIS POURQUOI LA MERE TENAIT TANT	A	M'ARRACHER LA FICELLE ET PAR QUEL COMMERCE
23	027	QUE MON MAUDIT GAZETIER ME LAISSE M'AMUSER	A	MA GUISE. ''VOUS N'EPROUVEZ DONC JAMAIS,--
37	017	L'INFLUENCE DE MON BAISER. TU SERAS BELLE	A	MA MANIERE. TU AIMERAS CE QUE J'AIME ET CE
44	002	ET PAR LA FENETRE OUVERTE DE LA SALLE	A	MANGER JE CONTEMPLAIS LES MOUVANTES
18	036	QUI COLORENT SI RICHEMENT LA SALLE	A	MANGER OU LE SALON, SONT TAMISES PAR DE
05	060	OU INCOMPLETS; L'ALMANACH OU LE CRAYON	A	MARQUE LES DATES SINISTRES! ET CE PARFUM
36	015	PENSER A LA LUNE, QUI SANS DOUTE L'	A	MARQUEE DE SA REDOUTABLE INFLUENCE! NON PAS
42	059	--POUR MOI, REPRIT L'INTERRUPTEUR, JE N'AI	A	ME PLAINDRE QUE DE MOI-MEME. LE BONHEUR EST
30	117	ETAIT ACCOMPLI. IL NE RESTAIT PLUS QU'	A	ME REMETTRE AU TRAVAIL, PLUS VIVEMENT ENCORE
42	056	ET DANS UNE SITUATION QUI M'OBLIGEA	A	ME RETIRER DISCRETEMENT POUR NE PAS LES
21	047	PAUVRE MOI. BIEN QUE J'AIE QUELQUE HONTE	A	ME SOUVENIR, JE NE VEUX RIEN OUBLIER; ET
31	066	ENTRE EUX. L'UN DISAIT: ''HIER ON M'	A	MENE AU THEATRE. DANS DES PALAIS GRANDS ET
49	080	COMPRIS MA THEORIE, ET QU'IL OBEIRAIT	A	MES CONSEILS.
21	108	ET LE SON RAUQUE DU CUIVRE APPORTA	A	MES OREILLES JE NE SAIS QUEL SOUVENIR D'UNE
24	031	ET, LA NUIT, POUR SERVIR D'ACCOMPAGNEMENT	A	MES SONGES, LE CHANT PLAINTIF DES ARBRES A
22	028	L'AUTRE, UN AMBITIEUX BLESSE, DEVENAIT,	A	MESURE QUE LE JOUR BAISSAIT, PLUS AIGRE,
09	021	LE PLUS INOFFENSIF REVEUR QUI AIT EXISTE,	A	MIS UNE FOIS LE FEU A UNE FORET POUR VOIR,
09	063	LE CRI PERCANT, DISCORDANT, MONTA JUSQU'	A	MOI A TRAVERS LA LOURDE ET SALE ATMOSPHERE
26	003	DOUTE MOINS FACILE DE LE COMPRENDRE QU'	A	MOI DE VOUS L'EXPLIQUER! CAR VOUS ETES, JE
42	152	LA DOUCEUR DU CIEL, ET OU MON COEUR,	A	MOI, ETAIT CRISPE COMME L'ENFER... --QUOI!
29	005	Y AVAIT SANS DOUTE CHEZ LUI, RELATIVEMENT	A	MOI, UN DESIR ANALOGUE, CAR IL ME FIT, EN
26	048	AVAIT RAISON CE SOIR-LA, RELATIVEMENT	A	MOI. NON-SEULEMENT J'ETAIS ATTENDRI PAR
35	015	LEGENDE. ET QUELQUEFOIS JE ME LA RACONTE	A	MOI-MEME EN PLEURANT. SI C'EUT ETE UN PAUVRE
31	132	BIZARRE QUE JE POUVAIS AVOIR UN FRERE	A	MOI-MEME INCONNU. LE SOLEIL S'ETAIT COUCHE.
10	043	QUELQUES BEAUX VERS QUI ME PROUVENT	A	MOI-MEME QUE JE NE SUIS PAS LE DERNIER DES
47	078	FEMMES! --SINGULIERE LOGIQUE! ME DIS-JE	A	MOI-MEME. --OH! JE NE M'Y TROMPE GUERE; J'EN
27	059	ET IL SERAIT DIFFICILE DE CONCEVOIR,	A	MOINS DE L'AVOIR VU, TOUT CE QUE LA CLASSE
47	045	FURIEUX. --CHIRURGIEN, ALORS? --NON! NON!	A	MOINS QUE CE NE SOIT POUR TE COUPER LA TETE!
21	103	LOINTAINE PLANETE. ''DIABLE!'' FIS-JE,	A	MOITIE SUBJUGUE, ''VOILA QUI EST PRECIEUX!!''
50	004	DE LA NATURE POMPEUSE QUE J'APPELLERAI	A	MON AIDE. NON. BIEN PLUS VOLONTIERS JE
22	005	CEPENDANT DU HAUT DE LA MONTAGNE ARRIVE	A	MON BALCON, A TRAVERS LES NUES TRANSPARENTES
47	013	--AH! AH! --FIT-ELLE, TOUJOURS SUSPENDUE	A	MON BRAS, ET EN ECLATANT DE RIRE, --VOUS
15	011	SOUVENIR DES CHOSES TERRESTRES N'ARRIVAIT	A	MON COEUR QU'AFFAIBLI ET DIMINUE, COMME LE
30	086	CONDUIRE. ENFIN J'EUS CE COURAGE. MAIS,	A	MON GRAND ETONNEMENT, LA MERE FUT
49	025	TEMPS, J'ENTENDIS UNE VOIX QUI CHUCHOTAIT	A	MON OREILLE, UNE VOIX QUE JE RECONNUS BIEN;
47	075	PAS, CHERI? --MAIS, LUI DIS-JE, SUIVANT	A	MON TOUR, MOI AUSSI, MON IDEE FIXE,
14	069	CURIOSITE; QUELLE MERVEILLE IL AVAIT	A	MONTRER DANS CES TENEBRES PUANTES, DERRIERE
27	050	DES TALENTS SCENIQUES D'UN HOMME CONDAMNE	A	MORT. IL VOULAIT PROFITER DE L'OCCASION POUR
24	031	A MES SONGES, LE CHANT PLAINTIF DES ARBRES	A	MUSIQUE, DES MELANCOLIQUES FILAOS! OUI, EN
31	124	EST TOUJOURS TRES-DIFFICILE DE SE DECIDER	A	N'IMPORTE QUOI, ET AUSSI PARCE QUE J'AVAIS
24	006	GRANDES PELOUSES ET DES BASSINS! CAR ELLE	A	NATURELLEMENT L'AIR D'UNE PRINCESSE.'' EN
15	024	DE TOUT LE MAL TERRESTRE, J'EN ETAIS VENU	A	NE PLUS TROUVER SI RIDICULES LES JOURNAUX
30	021	NOUS TIRONS DE CETTE FACULTE QUI REND	A	NOS YEUX LA VIE PLUS VIVANTE ET PLUS
06	020	BESOIN DE MARCHER. CHOSE CURIEUSE	A	NOTER: AUCUN DE CES VOYAGEURS N'AVAIT L'AIR
09	049	GLISSENT EN NOUS ET NOUS FONT ACCOMPLIR,	A	NOTRE INSU, LEURS PLUS ABSURDES VOLONTES. UN
11	051	MERITAT UNE AUTRE DESTINEE. ''MAINTENANT,	A	NOUS DEUX, CHERE PRECIEUSE! UN PEU! VER LES
30	128	TOUTES TENDANT AU MEME BUT, C'EST-A-DIRE	A	OBTENIR DE MOI UN MORCEAU DE LA FUNESTE ET
09	070	L'HOMME DEVAIT EPROUVER QUELQUE PEINE	A	OPERER SON ASCENSION ET ACCROCHER SON GRAND
09	010	OU NE SE RESIGNE QU'AU BOUT DE SIX MOIS	A	OPERER UNE DEMARCHE NECESSAIRE DEPUIS UN AN,
42	088	CETTE EXTASE CONTAGIEUSE JUSQU'	A	OUBLIER LEURS DEVOIRS. BREF, J'AI VECU
47	066	ANGLAIS; JE L'AI ATTRAPE A SON VOYAGE	A	PARIS. IL A L'AIR D'UNE DEMOISELLE, N'EST-CE
23	011	BAVARD, DONT LE SUPREME PLAISIR CONSISTE	A	PARLER DU HAUT D'UNE CHAIRE OU D'UNE
39	011	INDESTRUCTIBLE DE SON ARMATURE. L'AMOUR N'	A	PAS ALTERE LA SUAVITE DE SON HALEINE
47	030	BLANCS? VOUS N'ETIEZ PAS AINSI, IL N'Y	A	PAS ENCORE BIEN LONGTEMPS, QUAND VOUS ETIEZ
24	014	DANS CES SOLENNELLES GALERIES; IL N'Y	A	PAS UN COIN POUR L'INTIMITE. DECIDEMENT,
31	054	JE ME SUIS AMUSE, PENDANT QU'ELLE DORMAIT,	A	PASSER MA MAIN SUR SES BRAS, SUR SON COU ET
18	006	S'Y EST DONNE CARRIERE, TANT ELLE L'	A	PATIEMMENT ET OPINIATREMENT ILLUSTRE DE SES
34	003	LA MER DONT LES BORDS NE SE LAISSENT QU'	A	PEINE APERCEVOIR! CENT FOIS IL S'ETAIT
18	075	PASSERONS-NOUS JAMAIS DANS CE TABLEAU QU'	A	PEINT MON ESPRIT, CE TABLEAU QUI TE
31	127	DES TROIS AUTRES CAMARADES ME DONNA	A	PENSER QUE CE PETIT ETAIT DEJA UN INCOMPRIS.
30	118	ENCORE QUE D'HABITUDE, POUR CHASSER PEU	A	PEU CE PETIT CADAVRE QUI HANTAIT LES REPLIS
29	122	DE SON INOUIE MUNIFICENCE. MAIS PEU	A	PEU, APRES QUE JE L'EUS QUITTE, L'INCURABLE

POEM LINE

Left context	A	POEM	LINE
ON NE PEUT PAS S'EMPECHER DE LES AIMER. ON	A PEUR, ON A ENVIE DE PLEURER, ET CEPENDANT	31	018
UN JOUET. ET ELLE SERA RENTREE	A PIED, MEDITANT ET REVANT, SEULE, TOUJOURS	13	099
RICHE, TRANQUILLE; HONNETE; OU LE LUXE	A PLAISIR A SE MIRER DANS L'ORDRE; OU LA VIE	18	009
D'UN SOLEIL AUTOMNAL SEMBLAIENT S'ATTARDER	A PLAISIR, SOUS UN CIEL DEJA VERDATRE OU DES	31	002
ET ARISTOCRATIQUE POUR CELUI QUI N'	A PLUS NI CURIOSITE NI AMBITION, A CONTEMPLER,	41	011
DE TOUTE SORTE, S'EXHALAIT, JUSQU'	A PLUSIEURS LIEUES, UNE DELICIEUSE ODEUR DE	34	025
DE LA JOIE ET DE L'ADMIRATION EBRANLERENT	A PLUSIEURS REPRISES LES VOUTES DE L'EDIFICE	27	105
LES AUTRES, ME SEDUISIT TOUT D'ABORD. IL	A POSE PLUS D'UNE FOIS POUR MOI, ET JE L'AI	30	026
JE MENTIRAIS SI JE N'AVOUAIS PAS QU'	A PREMIERE VUE JE LUI TROUVAI UN BIZARRE	21	084
LIEUES, POUR PARTAGER LE REPAS QUE LEUR	A PREPARE LA CHARITE DE CERTAINES PUCELLES	50	063
PHILOSOPHIES QUI AVAIENT JUSQU'	A PRESENT PRIS POSSESSION DU CERVEAU HUMAIN ET	29	063
UNE AVERSE, CHEZ UNE SAUTEUSE QUI M'	A PRIE DE LUI DESSINER UN COSTUME DE VENUSTRE;	10	023
VOULU VOIR S'ENVOLER DES CHANSONS.	A PROPOS D'UN LIVRE, D'UN POEME, D'UN OPERA	42	041
DEVANT LA COUR DE...; MAIS AUCUN D'EUX N'	A PU RAPPELER LES MERVEILLEUX TALENTS DE	27	149
EN SOMME, ELLE EST EXQUISE. LE TEMPS N'	A PU ROMPRE L'HARMONIE PETILLANTE DE SA	39	009
CE TEMPS, LITHOGRAPHIES PAR MAURIN; QU'ON	A PU VOIR ETALEE PENDANT PLUSIEURS ANNEES SUR	47	051
L'IMPLACABLE VIE!'' IL N'Y	A QU'UNE SECONDE DANS LA VIE HUMAINE QUI AIT	05	079
CERVEAU, TOUJOURS OCCUPE A CHERCHER MIDI	A QUATORZE HEURES (DE QUELLE FATIGANTE FACULTE	28	025
SOURIANT ET ATTENDRI, TOUS CES PHILOSOPHES	A QUATRE PATTES, ESCLAVES COMPLAISANTS, SOUMIS	50	102
UN DOMESTIQUE! FI SURTOUT DE CES SERPENTS	A QUATRE PATTES, FRISSONNANTS ET DESOEUVRES,	50	027
COMMANDANT LA CURIOSITE ET L'ADMIRATION.	A QUEL DEMON BIENVEILLANT DOIS-JE D'ETRE AINSI	05	033
D'UN INTERET CAPITAL, ET VERIFIER JUSQU'	A QUEL POINT LES FACULTES HABITUELLES D'UN	27	052
ROMPRE LES OS. ET PUIS, ME SUIS-JE DIT,	A QUELQUE CHOSE MALHEUR EST BON. JE PUIS	46	013
AVEC LUI VOUS POURRIEZ PEUT-ETRE ABOUTIR	A QUELQUE CHOSE. VOYEZ-LE, ET PUIS NOUS	10	028
JAMAIS EXCUSABLE D'ETRE MECHANT, MAIS IL Y	A QUELQUE MERITE A SAVOIR QU'ON L'EST; ET LE	28	057
QUE VOTRE THEATRE ET VOS NUAGES. --IL Y	A QUELQUES JOURS, MES PARENTS M'ONT EMMENE EN	31	045
LUMIERES; DONT LE FLOT MOUVANT S'ARRETAIT	A QUELQUES PAS DE SA REPULSIVE MISERE! JE	14	064
MAIS QU'IMPORTE L'ETERNITE DE LA DAMNATION	A QUI A TROUVE DANS UNE SECONDE L'INFINI DE LA	09	092
TOUT REJOUIE EN VOYANT CE JOLI ENFANT	A QUI CHACUN FAISAIT FETE, A QUI TOUT LE MONDE	02	002
VIE OU COURENT A LEURS PLAISIRS. IL Y EN	A QUI COUCHENT DANS UNE RUINE DE LA BANLIEUE	50	059
MA TRISTE VIE, VOUS RESSEMBLEZ AU PUBLIC,	A QUI IL NE FAUT JAMAIS PRESENTER DES PARFUMS	08	013
LES VOIR, RIEN QUE POUR LES VOIR. IL Y EN	A QUI ME DISENT FROIDEMENT: ''VOUS N'ETES PAS	47	082
TRISTE, SEMBLABLE A UN PRETRE	A QUI ON ARRACHERAIT SA DIVINITE, JE NE	34	033
CE JOLI ENFANT A QUI CHACUN FAISAIT FETE,	A QUI TOUT LE MONDE VOULAIT PLAIRE; CE JOLI	02	002
DU GENRE HUMAIN, UNE RIBOTE DE VITALITE.	A QUI UNE FEE A INSUFFLE DANS SON BERCEAU LE	12	004
POUR LES LUI ENLEVER. ''LE COMMISSAIRE,	A QUI, NATURELLEMENT, JE DUS DECLARER	30	078
LA NOURRISSAIS BIEN; ET CEPENDANT ELLE M'	A QUITTER... --POUR UN FOURNISSEUR AUX VIVRES,	42	099
TERRE D'UN COUP DE TETE DANS L'ESTOMAC.	A QUOI BON DECRIRE UNE LUTTE HIDEUSE QUI DURA	15	061
QUI NE VEULENT PAS TOMBER. QUE FAIRE?	A QUOI BON DEMANDER A L'INFORTUNE QUELLE	14	068
PUISQUE MON AME VOYAGE SI LESTEMENT? ET	A QUOI BON EXECUTER DES PROJETS, PUISQUE LE	24	051
LE POETE QUI A CHANTE LES PAUVRES CHIENS	A RECU POUR RECOMPENSE UN BEAU GILET, D'UNE	50	116
''MA PROFESSION DE PEINTRE ME POUSSE	A REGARDER ATTENTIVEMENT LES VISAGES, LES	30	018
A CHANTER SES PLAISIRS ET SES DOULEURS, ET	A REPANDRE LA CONTAGION DE SA FOLIE DANS LES	21	030
RENOUVELANT SES EXIGENCES, JE SONGEAI	A REPARER LA FATIGUE ET A SOULAGER L'APPETIT	15	027
ET EN TRAITRISES. OH! OUI! LE TEMPS	A REPARU LE TEMPS REGNE EN SOUVERAIN	05	070
DEPLOYER LA TENTE?'' ''MA FOI! NON!''	A REPONDU L'AUTRE, ''IL FAIT UNE SI BELLE	31	107
INEXPLICABLE PEUR. OUI! LE TEMPS REGNE; IL	A REPRIS SA BRUTALE DICTATURE. ET IL ME	05	082
UNE CHINE OCCIDENTALE, OU LA VIE EST DOUCE	A RESPIRER, OU LE BONHEUR EST MARIE AU	18	020
L'ORDRE; OU LA VIE EST GRASSE ET DOUCE	A RESPIRER; D'OU LE DESORDRE, LA TURBULENCE ET	18	010
QUE LA CLASSE PRIVILEGIEE D'UN PETIT ETAT,	A RESSOURCES RESTREINTES, PEUT MONTRER DE	27	061
DE DELICES! MAIS UN COUP TERRIBLE, LOURD,	A RETENTI A LA PORTE, ET, COMME DANS LES REVES	05	043
DE SON HALEINE D'ENFANT; ET LE TEMPS N'	A RIEN ARRACHE DE SON ABONDANTE CRINIERE D'OU	39	012
FERAIENT PLUS QU'UNE! --UN REVE QUI N'	A RIEN D'ORIGINAL, APRES TOUT, SI CE N'EST	26	010
DANS SON EXPANSION LA PLUS HEUREUSE, N'	A RIEN DE COMMUN AVEC CETTE VIE SUPREME DONT	05	036
CE CHARME, JE NE SAURAIS LE COMPARER	A RIEN DE MIEUX QU'A CELUI DES TRES-BELLES	21	085
RICHES. CETTE TURBULENCE DANS LE VIDE N'	A RIEN QUI LES ATTIRE. AU CONTRAIRE, ILS SE	13	014
DU L'EPOUSER'! LES AUTRES SE MIRENT	A RIRE, ET UN TROISIEME DIT A SON TOUR:	42	078
DU PLAISIR ORGUEILLEUX QU'ILS EPROUVENT	A RIVALISER AVEC LES CHEVAUX? EN VOICI DEUX	50	078
CHACUN? --ET IL OFFRIT GALAMMENT LA MAIN	A SA CHERE, DELICIEUSE ET EXECRABLE FEMME,	43	006
PAR TANT DE PHILOSOPHES QUI TRAVAILLENT	A SA GLOIRE SANS LE SAVOIR, ME DIT: ''JE VEUX	29	096
DE CET INCOMPARABLE PRIVILEGE, QU'IL PEUT	A SA GUISE ETRE LUI-MEME ET AUTRUI. COMME CES	12	011
ET LA PLUS ATTRISTANTE, CELLE QUI TRAINE	A SA MAIN UN BAMBIN AVEC QUI ELLE NE PEUT PAS	13	033
UNE PALEUR NOUVELLE S'AJOUTAIT SANS CESSE	A SA PALEUR HABITUELLE, COMME LA NEIGE	27	116
MULTICOLORES LA FEE QUI ETAIT LE PLUS	A SA PORTEE, S'ECRIA: ''EH! MADAME! VOUS NOUS	20	059
DANS UN IMMORTEL FEUILLETON QU'IL	A SANS DOUTE OUBLIE, ET DONT MOI SEUL, ET	50	047
D'ETRE MECHANT, MAIS IL Y A QUELQUE MERITE	A SAVOIR QU'ON L'EST; ET LE PLUS IRREPARABLE	28	057
QUE VOUS LEUR AVEZ DONNE, AYANT APPRIS	A SE DEFIER DE L'HOMME. SUR UNE ROUTE,	19	015
TANT DE PLAISIR A SE PEIGNER, A FUMER,	A SE FAIRE EVENTER OU A SE REGARDER DANS LE	25	040
TRANQUILLE; HONNETE; OU LE LUXE A PLAISIR	A SE MIRER DANS L'ORDRE; OU LA VIE EST GRASSE	18	009
BOUDOIR; OU ELLE PREND TANT DE PLAISIR	A SE PEIGNER, A FUMER, A SE FAIRE EVENTER OU A	25	039
SE PEIGNER, A FUMER, A SE FAIRE EVENTER OU	A SE REGARDER DANS LE MIROIR DE SES GRANDS	25	040
LIVRES A LA MODE DANS CE TEMPS-LA (IL Y	A SEIZE OU DIX-SEPT ANS); JE VEUX PARLER DES	49	003
ET, COMME DANS LES REVES INFERNAUX, IL M'	A SEMBLE QUE JE RECEVAIS UN COUP DE PIOCHE	05	044
HORS DE MOI, SI ELLE M'A AIDE A VIVRE,	A SENTIR QUE JE SUIS ET CE QUE JE SUIS?	35	022
DE SA FOLIE DANS LES NUITS DE SABBAT.	A SES CHEVILLES DELICATES TRAINAIENT QUELQUES	21	032
L'OFFICE DE BONNE ET FAISAIT PRENDRE	A SES ENFANTS L'AIR DU SOIR. TOUS EN	26	033
PENDELOQUES GAZOUILLENT SECRETEMENT	A SES MIGNONNES OREILLES, DE TEMPS EN TEMPS LA	25	020
DE CE GENRE, JE LE MENACAI DE LE RENVOYER	A SES PARENTS. PUIS JE SORTIS, ET MES AFFAIRES	30	045
ET SOUVENT CONTRAINTES DE S'ADAPTER	A SES PASSIONS, TELLES QUE LES FEES; LES	20	066
QUI BAT LA PLAGE A CENT PAS DE LA, FAIT	A SES REVERIES INDECISES UN PUISSANT ET	25	042
PARAISSENT LUI ETRE FERMEES, C'EST QU'	A SES YEUX ELLES NE VALENT PAS LA PEINE D'ETRE	12	015
L'IDEE D'UN DIVERTISSEMENT INNOCENT. IL Y	A SI PEU D'AMUSEMENTS QUI NE SOIENT PAS	19	002
DONT LES FLEURS ET LES NATTES FONT	A SI PEU DE FRAIS UN PARFAIT BOUDOIR; OU ELLE	25	038
SONT SI BIZARREMENT AGRANDIS; ET ELLE T'	A SI TENDREMENT SERREE LA GORGE QUE TU EN AS	37	010
POUR LES PRIER D'AJOUTER LEUR APPROBATION	A SON CONTENTEMENT. L'ANE NE VIT PAS CE BEAU	04	016
IRRITE CONTRE LA BETE FEROCE SUSPENDUE	A SON COU ET COLLEE A SON DOS; ON EUT DIT	06	021
SUR LES CORDES D'UN PETIT PIANO SUSPENDU	A SON COU PAR UNE COURROIE, AVAIT L'AIR DE SE	31	095
BIEN! TIENS! VOILA Z.; CELUI QUI DISAIT	A SON COURS, EN PARLANT DE X.; ''CE MONSTRE	47	057
BETE FEROCE SUSPENDUE A SON COU ET COLLEE	A SON DOS; ON EUT DIT QU'IL LA CONSIDERAIT	06	022
ET LES PAROLES D'UNE MERE, RELATIVES	A SON ENFANT? ET CEPENDANT, ECOUTEZ CETTE	30	015
GOUVERNEMENT LES INSURGES QU'IL SOIGNAIT	A SON HOPITAL. C'ETAIT LE TEMPS DES EMEUTES.	47	062

POEM LINE

31	135	LES ENFANTS SE SEPARERENT, CHACUN ALLANT,	A SON INSU, SELON LES CIRCONSTANCES ET LES
11	070	VOUS CROQUERA, VOUS GOBERA ET VOUS TUERA	A SON PLAISIR! ''TANT POETE QUE JE SOIS, JE NE
29	071	QU'ELLE N'AVAIT EU PEUR, RELATIVEMENT	A SON PROPRE POUVOIR, QU'UNE SEULE FOIS,
15	056	GRIFFES DANS LES YEUX DE L'USURPATEUR!	A SON TOUR CELUI-CI APPLIQUA TOUTES SES FORCES
42	078	SE MIRENT A RIRE, ET UN TROISIEME DIT	A SON TOUR: ''MESSIEURS, J'AI CONNU DES
47	065	UN FAMEUX MEDECIN ANGLAIS; JE L'AI ATTRAPE	A SON VOYAGE A PARIS. IL A L'AIR D'UNE
15	027	JE SONGEAI A REPARER LA FATIGUE ET	A SOULAGER L'APPETIT CAUSES PAR UNE SI LONGUE
31	078	UNE BELLE BONNE POUR ME DORLOTER. IL M'	A SOUVENT SEMBLE QUE MON PLAISIR SERAIT
50	005	NON. BIEN PLUS VOLONTIERS JE M'ADRESSERAIS	A STERNE, ET JE LUI DIRAIS: ''DESCENDS DU
14	079	VOIR L'IMAGE DU VIEIL HOMME DE LETTRES QUI	A SURVECU A LA GENERATION DONT IL FUT LE
20	063	PLUS RIEN. CEPENDANT ELLE SE SOUVINT	A TEMPS D'UNE LOI BIEN CONNUE, QUOIQUE
42	092	ET LE PLUS INSOUCIANT DU MONDE. ELLE M'	A TENU AINSI LONGTEMPS EN EXTASE. ELLE AVAIT
49	058	D'UNE GROSSE BRANCHE D'ARBRE QUI TRAINAIT	A TERRE, ET JE LE BATTIS AVEC L'ENERGIE
37	036	GATEE, QUE JE SUIS MAINTENANT COUCHE	A TES PIEDS, CHERCHANT DANS TOUTE TA PERSONNE
20	075	UN APLOMB DIGNE DE SON RANG: ''JE DONNE	A TON FILS... JE LUI DONNE... LE DON DE
45	031	FACILE A GAGNER, COMME LE BUT EST FACILE	A TOUCHER, ET COMBIEN TOUT EST NEANT, EXCEPTE
13	028	FACILE DE LES RECONNAITRE. D'AILLEURS IL Y	A TOUJOURS DANS LE DEUIL DU PAUVRE QUELQUE
23	034	PART LA BRUYERE, COMME POUR FAIRE HONTE	A TOUS CEUX QUI COURENT S'OUBLIER DANS LA
27	037	QUE LE SOUVERAIN VOULAIT FAIRE GRACE	A TOUS LES CONJURES; ET L'ORIGINE DE CE BRUIT
49	008	BONHEUR PUBLIC, --DE CEUX QUI CONSEILLENT	A TOUS LES PAUVRES DE SE FAIRE ESCLAVES, ET DE
49	076	PHILANTHROPE, QU'IL FAUT APPLIQUER	A TOUS VOS CONFRERES, QUAND ILS VOUS
20	056	PLUS AUCUN CADEAU, AUCUNE LARGESSE A JETER	A TOUT CE FRETIN HUMAIN, QUAND UN BRAVE HOMME,
33	012	A TOUT CE QUI GEMIT, A TOUT CE QUI ROULE,	A TOUT CE QUI CHANTE, A TOUT CE QUI PARLE,
33	011	A L'ETOILE, A L'OISEAU, A L'HORLOGE,	A TOUT CE QUI FUIT, A TOUT CE QUI GEMIT, A
33	011	L'OISEAU, A L'HORLOGE, A TOUT CE QUI FUIT,	A TOUT CE QUI GEMIT, A TOUT CE QUI ROULE, A
33	012	A TOUT CE QUI ROULE, A TOUT CE QUI CHANTE,	A TOUT CE QUI PARLE, DEMANDEZ QUELLE HEURE IL
33	012	A TOUT CE QUI FUIT, A TOUT CE QUI GEMIT,	A TOUT CE QUI ROULE, A TOUT CE QUI CHANTE, A
30	081	ET UNE HABITUDE D'ETAT DE FAIRE PEUR,	A TOUT HASARD, AUX INNOCENTS COMME AUX
30	031	ET LA TORCHE D'EROS. JE PRIS ENFIN	A TOUTE LA DROLERIE DE CE GAMIN UN PLAISIR SI
49	015	LE GERME OBSCUR D'UNE IDEE SUPERIEURE	A TOUTES LES FORMULES DE BONNE FEMME DONT
29	083	TOUJOURS EN PERSONNE, QUOIQUE INVISIBLE,	A TOUTES LES SEANCES ACADEMIQUES. ENCOURAGE
05	058	CRACHATS! LES TRISTES FENETRES OU LA PLUIE	A TRACE DES SILLONS DANS LA POUSSIERE! LES
46	008	HATE, ET QUE JE SAUTILLAIS DANS LA BOUE,	A TRAVERS CE CHAOS MOUVANT OU LA MORT ARRIVE
13	075	FOND DE L'OEIL DU PAUVRE. MAIS CE JOUR-LA,	A TRAVERS CE PEUPLE VETU DE BLOUSES ET
19	036	DE LA REPUGNANTE PATINE DE LA MISERE.	A TRAVERS CES BARREAUX SYMBOLIQUES SEPARANT
21	099	DE TOUS LES JOURNAUX DE L'UNIVERS, ET	A TRAVERS CETTE TROMPETTE ELLE CRIA MON NOM,
24	003	COUR, COMPLIQUE ET FASTUEUX, DESCENDANT,	A TRAVERS L'ATMOSPHERE D'UN BEAU SOIR, LES
21	100	ELLE CRIA MON NOM, QUI ROULA AINSI	A TRAVERS L'ESPACE AVEC LE BRUIT DE CENT MILLE
50	052	D'AFFAIRES, RENDEZ-VOUS D'AMOUR,	A TRAVERS LA BRUME, A TRAVERS LA NEIGE, A
50	053	A TRAVERS LA BRUME, A TRAVERS LA NEIGE,	A TRAVERS LA CROTTE, SOUS LA CANICULE
29	001		A TRAVERS LA FOULE DU BOULEVARD, JE ME SUIS
09	063	CRI PERCANT, DISCORDANT, MONTA JUSQU'A MOI	A TRAVERS LA LOURDE ET SALE ATMOSPHERE
50	053	RENDEZ-VOUS D'AMOUR, A TRAVERS LA BRUME,	A TRAVERS LA NEIGE, A TRAVERS LA CROTTE, SOUS
13	063	D'UN CONCERT PUBLIC. L'ORCHESTRE JETTE	A TRAVERS LA NUIT DES CHANTS DE FETE, DE
15	016	REFLET DU MANTEAU D'UN GEANT AERIEN VOLANT	A TRAVERS LE CIEL. ET JE ME SOUVIENS QUE CETTE
31	069	LES RAYONS DU SOLEIL COUCHANT, EN GLISSANT	A TRAVERS LES BOUCLES ROUSSES DE SA CHEVELURE
32	036	DIVISER ET DE VOUS SEPARER? CHER LISZT,	A TRAVERS LES BRUMES, PAR DELA LES FLEUVES,
22	006	HAUT DE LA MONTAGNE ARRIVE A MON BALCON,	A TRAVERS LES NUES TRANSPARENTES DU SOIR, UN
37	005	ESCALIER DE NUAGES, ET PASSA SANS BRUIT	A TRAVERS LES VITRES. PUIS ELLE S'ETENDIT SUR
44	005	DE L'IMPALPABLE. ET JE ME DISAIS,	A TRAVERS MA CONTEMPLATION: ''--TOUTES CES
35	001	CELUI QUI REGARDE DU DEHORS	A TRAVERS UNE FENETRE OUVERTE, NE VOIT JAMAIS
09	092	L'ETERNITE DE LA DAMNATION A QUI	A TROUVE DANS UNE SECONDE L'INFINI DE LA
11	024	UNE FEMME. L'AUTRE MONSTRE, CELUI QUI CRIE	A TUE-TETE, UN BATON A LA MAIN, EST UN MARI.
10	033	CRIME DE RESPECT HUMAIN! AVOIR REFUSE	A UN AMI UN SERVICE FACILE, ET DONNE UNE
42	025	MEME QUE J'ASPIRE QUELQUEFOIS, COMME	A UN BONHEUR INCONNU, A UN CERTAIN QUATRIEME
39	022	VERITABLE AMATEUR RECONNAIT, MEME ATTELES	A UN CARROSSE DE LOUAGE OU A UN LOURD CHARIOT.
27	121	BOUFFON, QUI BOUFFONNAIT SI BIEN LA MORT.	A UN CERTAIN MOMENT, JE VIS SON ALTESSE SE
42	026	QUELQUEFOIS, COMME A UN BONHEUR INCONNU,	A UN CERTAIN QUATRIEME DEGRE QUI DOIT MARQUER
21	062	QUI SE SUSPENDAIENT VOLONTAIREMENT	A UN CLOU! IL Y AVAIT DE PETITS GNOMES
10	024	UN COSTUME DE VENUSTRE; AVOIR FAIT MA COUR	A UN DIRECTEUR DE THEATRE, QUI M'A DIT EN ME
42	002	C'EST-A-DIRE DANS UN FUMOIR ATTENANT	A UN ELEGANT TRIPOT, QUATRE HOMMES FUMAIENT ET
42	126	L'HISTOIRE DE MON AMOUR RESSEMBLE	A UN INTERMINABLE VOYAGE SUR UNE SURFACE PURE
39	023	MEME ATTELES A UN CARROSSE DE LOUAGE OU	A UN LOURD CHARIOT. ET PUIS ELLE EST SI DOUCE
50	080	CHEVAUX? EN VOICI DEUX QUI APPARTIENNENT	A UN ORDRE ENCORE PLUS CIVILISE! PERMETTEZ-MOI
47	067	N'EST-CE PAS?'' ET COMME JE TOUCHAIS	A UN PAQUET FICELE, POSE AUSSI SUR LE
10	034	FACILE, ET DONNE UNE RECOMMANDATION ECRITE	A UN PARFAIT DROLE; OUF! EST-CE BIEN FINI?
16	004	QU'IL AVAIT OUBLIE SA MONTRE, ET DEMANDA	A UN PETIT GARCON QUELLE HEURE IL ETAIT. LE
20	033	SI, DANS LA JUSTICE SURNATURELLE, IL Y	A UN PEU DE PRECIPITATION ET DE HASARD, NE
50	111	SWEDENBORG AFFIRME BIEN QU'IL Y EN	A UN POUR LES TURCS ET UN POUR LES HOLLANDAIS!
34	033	TRISTE, INCONCEVABLEMENT TRISTE. SEMBLABLE	A UN PRETRE A QUI ON ARRACHERAIT SA DIVINITE,
29	124	DANS MON SEIN! JE N'OSAIS PLUS CROIRE	A UN SI PRODIGIEUX BONHEUR, ET, EN ME
29	093	AIT JAMAIS DONNE UNE SI LONGUE AUDIENCE	A UN SIMPLE MORTEL, ET JE CRAIGNAIS D'ABUSER.
19	005	VOS POCHES DE PETITES INVENTIONS	A UN SOL. --TELLES QUE LE POLICHINELLE PLAT MU
36	012	DANS LES TENEBRES. JE LA COMPARERAIS-	A UN SOLEIL NOIR, SI L'ON POUVAIT CONCEVOIR UN
42	118	K... ET J...., VOUS AVIEZ ETE ACCOUPLES	A UNE CERTAINE FEMME DE MA CONNAISSANCE, OU
09	017	ET LES PLUS NECESSAIRES, ELLES TROUVENT	A UNE CERTAINE MINUTE UN COURAGE DE LUXE POUR
47	104	CANDIDE, COMME UN HOMME SENSIBLE DIRAIT	A UNE COMEDIENNE QU'IL AIMERAIT: ''JE VEUX
09	021	QUI AIT EXISTE, A MIS UNE FOIS LE FEU	A UNE FORET POUR VOIR, DISAIT-IL SI LE FEU
36	016	LA LUNE BLANCHE DES IDYLLES, QUI RESSEMBLE	A UNE FROIDE MARIEE, MAIS LA LUNE SINISTRE ET
10	000		A UNE HEURE DU MATIN
27	013	ARRETES, AINSI QUE FANCIOULLE, ET VOUES	A UNE MORT CERTAINE. JE CROIRAIS VOLONTIERS
05	001	UNE CHAMBRE QUI RESSEMBLE	A UNE REVERIE, UNE CHAMBRE VERITABLEMENT
41	009	ET DE LA BEAUTE. ET PUIS, SURTOUT, IL Y	A UNE SORTE DE PLAISIR MYSTERIEUX ET
48	012	EST BATIE EN MARBRE, ET LE PEUPLE Y	A UNE TELLE HAINE DU VEGETAL, QU'IL ARRACHE
27	032	LIMITES TROP ETROITES, ET DONT LES SIECLES	A VENIR IGNORERONT TOUJOURS LE NOM ET LA BONNE
14	010	CONGE, C'EST L'HORREUR DE L'ECOLE RENVOYEE	A VINGT-QUATRE HEURES. POUR LES GRANDS C'EST
35	022	PLACEE HORS DE MOI, SI ELLE M'A AIDE	A VIVRE, A SENTIR QUE JE SUIS ET CE QUE JE
27	094	DE L'ART EST PLUS APTE QUE TOUTE AUTRE	A VOILER LES TERREURS DU GOUFFRE; QUE LE GENIE
11	051	A NOUS DEUX, CHERE PRECIEUSE!	A VOIR LES ENFERS DONT LE MONDE EST PEUPLE,
33	005	DE QUOI? DE VIN, DE POESIE OU DE VERTU,	A VOTRE GUISE. MAIS ENIVREZ-VOUS. ET SI
33	017	SANS CESSE! DE VIN, DE POESIE OU DE VERTU,	A VOTRE GUISE.''

POEM LINE

24	013	D'OR NE LAISSERAIENT PAS UNE PLACE POUR	ACCROCHER SON IMAGE; DANS CES SOLENNELLES
21	066	DE VIEILLES MERES PORTANT DES AVORTONS	ACCROCHES A LEURS MAMELLES EXTENUEES. IL Y EN
11	034	DONT LES BOYAUX DEVIDES RESTENT UN INSTANT	ACCROCHES AUX DENTS DE LA BETE FEROCE, DE LA
20	013	LES CIRCONSTANCES INVINCIBLES; ETAIENT	ACCUMULES A COTE DU TRIBUNAL, COMME LES PRIX
23	015	MAIS JE DEMANDE QU'IL NE DECRETE PAS D'	ACCUSATION LES AMOUREUX DE LA SOLITUDE ET DU
03	004	ET IL N'EST PAS DE POINTE PLUS	ACEREE QUE CELLE DE L'INFINI. GRAND DELICE QUE
08	003	ET VENEZ RESPIRER UN EXCELLENT PARFUM	ACHETE CHEZ LE MEILLEUR PARFUMEUR DE LA
10	021	ET CELA SANS AVOIR PRIS LA PRECAUTION D'	ACHETER DES GANTS; ETRE MONTE POUR TUER LE
09	085	SES CROCHETS; ET LE CHOC LE RENVERSANT, IL	ACHEVA DE BRISER SOUS SON DOS TOUTE SA PAUVRE
50	093	QUI ANNONCENT QUE LA MACONNERIE EST	ACHEVEE. N'EST-IL PAS JUSTE QUE DE SI ZELES
27	126	VIVEMENT LA LOGE PRINCIERE, COMME POUR S'	ACQUITTER D'UNE COMMISSION URGENTE. QUELQUES
09	018	UN COURAGE DE LUXE POUR EXECUTER LES	ACTES LES PLUS ABSURDES ET SOUVENT MEME LES
31	066	AUTANT QUE MOI, ET VOUS VERREZ!'' LE JEUNE	ACTEUR DE CETTE PRODIGIEUSE REVELATION AVAIT,
12	008	TERMES EGAUX ET CONVERTIBLES POUR LE POETE	ACTIF ET FECOND, QUI NE SAIT PAS PEUPLER SA
13	045	CHERCHAIT DANS LES GAZETTES, AVEC DES YEUX	ACTIFS, JADIS BRULES PAR LES LARMES, DES
42	166	SENTAIENT PAS; QUANT A EUX, CAPABLES D'UNE	ACTION AUSSI RIGOUREUSE, QUOIQUE SUFFISAMMENT
09	052	A FAIRE QUELQUE CHOSE DE GRAND, UNE	ACTION D'ECLAT; ET J'OUVRIS LA FENETRE, HELAS!
09	012	QUELQUEFOIS BRUSQUEMENT PRECIPITES VERS L'	ACTION PAR UNE FORCE IRRESISTIBLE, COMME LA
18	073	PAR LA JOUISSANCE POSITIVE, PAR L'	ACTION REUSSIE ET DECIDEE? VIVRONS-NOUS
49	037	GRAND AFFIRMATEUR, LE MIEN EST UN DEMON D'	ACTION, OU DEMON DE COMBAT. OR, SA VOIX ME
09	002	ET TOUT A FAIT IMPROPRES A L'	ACTION, QUI CEPENDANT; SOUS UNE IMPULSION
46	015	ME PROMENER INCOGNITO, FAIRE DES	ACTIONS BASSES, ET ME LIVRER A LA CRAPULE,
09	060	POUSSE SANS RESISTANCE VERS UNE FOULE D'	ACTIONS DANGEREUSES OU INCONVENANTES.) LA
30	014	D'ATTRIBUER A L'AMOUR MATERNEL TOUTES LES	ACTIONS ET LES PAROLES D'UNE MERE, RELATIVES A
10	030	VANTE (POURQUOI?) DE PLUSIEURS VILAINES	ACTIONS QUE JE N'AI JAMAIS COMMISES; ET AVOIR
10	009	FORTIFIERA LES BARRICADES QUI ME SEPARENT	ACTUELLEMENT DU MONDE. HORRIBLE VIE! HORRIBLE
11	044	DE CES DEUX DESCENDANTS D'EVE ET D'	ADAM, CES OEUVRES DE VOS MAINS, O MON DIEU!
20	066	DE L'HOMME, ET SOUVENT CONTRAINTES DE S'	ADAPTER A SES PASSIONS, TELLES QUE LES FEES,
34	041	VECU, QUI VIVENT ET QUI VIVRONT! EN DISANT	ADIEU A CETTE INCOMPARABLE BEAUTE, JE ME
20	042	D'ATTIRER MAGNETIQUEMENT LA FORTUNE FUT	ADJUGEE A L'HERITIER UNIQUE D'UNE FAMILLE
13	089	SI PAUVRETE IL Y A, NE DOIT PAS	ADMETTRE L'ECONOMIE SORDIDE; UN SI NOBLE
27	001	FANCIOULLE ETAIT UN	ADMIRABLE BOUFFON, ET PRESQUE UN DES AMIS DU
07	001	QUELLE	ADMIRABLE JOURNEE! LE VASTE PARC SE PAME SOUS
42	084	OU AIMER LES VOTRES. ET TOUT LE MONDE L'	ADMIRAIT AUTANT QUE MOI. QUAND NOUS ENTRIONS
27	104	VIVANT. LES EXPLOSIONS DE LA JOIE ET DE L'	ADMIRATION EBRANLERENT A PLUSIEURS REPRISES
26	036	FIXEMENT LE CAFE NOUVEAU AVEC UNE	ADMIRATION EGALE, MAIS NUANCEE DIVERSEMENT PAR
50	002	LES JEUNES ECRIVAINS DE MON SIECLE, DE MON	ADMIRATION POUR BUFFON; MAIS AUJOURD'HUI CE
42	042	OPERA POUR LEQUEL JE LAISSAIS ECHAPPER MON	ADMIRATION: ''VOUS CROYEZ PEUT-ETRE QUE CELA
05	032	NOIRES QUI COMMANDENT LA CURIOSITE ET L'	ADMIRATION. A QUEL DEMON BIENVEILLANT DOIS-JE
42	081	ET D'UN COMIQUE QUI N'EXCLUT PAS L'	ADMIRATION. J'AI PLUS ADMIRE MA DERNIERE
50	075	LA PARESSEUSE BELGIQUE, ET AVEZ-VOUS	ADMIRE COMME MOI TOUS CES CHIENS VIGOUREUX
48	020	DANS CETTE CONTREE DONT TU AS SOUVENT	ADMIRE L'IMAGE DANS LES MUSEES. QUE
42	082	QUI N'EXCLUT PAS L'ADMIRATION. J'AI PLUS	ADMIRE MA DERNIERE MAITRESSE QUE VOUS N'AVEZ
25	056	TOUTES PLUS BELLES QU'ELLE. DOROTHEE EST	ADMIREE ET CHOYEE DE TOUS, ET ELLE SERAIT
25	026	COQUETTE QUE LE PLAISIR D'ETRE	ADMIREE L'EMPORTE CHEZ ELLE SUR L'ORGUEIL DE
42	143	PENDANT PLUSIEURS ANNEES, JE L'AI	ADMIREE, LE COEUR PLEIN DE HAINE. ENFIN, CE
12	022	PARESSEUX, INTERNE COMME UN MOLLUSQUE. J'	ADOPTE COMME SIENNES TOUTES LES PROFESSIONS,
16	016	DANS L'OMBRE OPAQUE, AU FOND DE SES YEUX	ADORABLES JE VOIS TOUJOURS L'HEURE
32	014	DROITE ET DANSENT AUTOUR DANS UNE MUETTE	ADORATION? NE DIRAIT-ON PAS QUE TOUTES CES
29	109	VOUS SEREZ FOURNI DE FLATTERIES ET MEME D'	ADORATIONS; L'ARGENT, L'OR, LES DIAMANTS, LES
14	047	VOUTE, CADUC, DECREPIT, UNE RUINE D'HOMME,	ADOSSE CONTRE UN DES POTEAUX DE SA CAHUTE; UNE
43	023	CHER ANGE, COMBIEN JE VOUS REMERCIE DE MON	ADRESSE!''
10	026	''--VOUS FERIEZ PEUT-ETRE BIEN DE VOUS	ADRESSER A Z...; C'EST LE PLUS LOURD, LE PLUS
50	005	MON AIDE. NON. BIEN PLUS VOLONTIERS JE M'	ADRESSERAIS A STERNE, ET JE LUI DIRAIS:
15	057	APPLIQUA TOUTES SES FORCES A ETRANGLER SON	ADVERSAIRE D'UNE MAIN, PENDANT QUE DE L'AUTRE
15	016	COMME LE REFLET DU MANTEAU D'UN GEANT	AERIEN VOLANT A TRAVERS LE CIEL. ET JE ME
50	092	SE DRESSE, PLANTEE COMME UN DE CES MATS	AERIENS QUI ANNONCENT QUE LA MACONNERIE EST
15	011	TERRESTRES N'ARRIVAIT A MON COEUR QU'	AFFAIBLI ET DIMINUE, COMME LE SON DE LA
49	057	LES OMOPLATES, TERRASSE CE SEXAGENAIRE	AFFAIBLI, JE ME SAISIS D'UNE GROSSE BRANCHE
48	032	ANALOGIES DE LA MORT. -- JE TIENS NOTRE	AFFAIRE, PAUVRE AME! NOUS FERONS NOS MALLES
28	049	FAIRE A LA FOIS LA CHARITE ET UNE BONNE	AFFAIRE; GAGNER QUARANTE SOLS ET LE COEUR D'
47	059	N'ETAIT PAS DE SON AVIS DANS LA MEME	AFFAIRE! COMME ON RIAIT DE CA A L'ECOLE, DANS
12	009	SAIT PAS NON PLUS ETRE SEUL DANS UNE FOULE	AFFAIREE. LE POETE JOUIT DE CET INCOMPARABLE
20	020	BONHEUR. LES PAUVRES FEES ETAIENT TRES-	AFFAIREES! CAR LA FOULE DES SOLLICITEURS ETAIT
30	072	JAMAIS, JE NE SAIS POURQUOI, SE MELER DES	AFFAIRES D'UN PENDU. ENFIN VINT UN MEDECIN QUI
30	046	A SES PARENTS. PUIS JE SORTIS; ET THEY	AFFAIRES ME RETINRENT ASSEZ LONGTEMPS HORS DE
50	052	ILS VONT A LEURS AFFAIRES. RENDEZ-VOUS D'	AFFAIRES, RENDEZ-VOUS D'AMOUR. A TRAVERS LA
50	051	HOMMES PEU ATTENTIFS? ILS VONT A LEURS	AFFAIRES. RENDEZ-VOUS D'AFFAIRES, RENDEZ-VOUS
25	003	ET LA MER MIROITE. LE MONDE STUPEFIE S'	AFFAISSE LACHEMENT ET FAIT LA SIESTE, UNE
42	054	LE MAL. UN JOUR JE TROUVAI CETTE MINERVE,	AFFAMEE DE FORCE IDEALE, EN TETE-A-TETE AVEC
11	059	PARFUMEE, ROBUSTE COQUETTE? ET TOUTES CES	AFFECTATIONS APPRISES DANS LES LIVRES, ET
29	105	PENDANT TOUTE VOTRE VIE, CETTE BIZARRE	AFFECTION DE L'ENNUI, QUI EST LA SOURCE DE
46	018	VOUS VOYEZ! --VOUS DEVRIEZ AU MOINS FAIRE	AFFICHER CETTE AUREOLE, OU LA FAIRE RECLAMER
29	080	DES ACADEMIES; ET MON ETRANGE CONVIVE M'	AFFIRMA QU'IL NE DEDAIGNAIT PAS, EN BEAUCOUP
16	010	COMME ON DIT, DANS LE BLANC DES YEUX, IL	AFFIRMA SANS HESISTER: ''IL N'EST PAS ENCORE
49	036	DEMON PROHIBITEUR! LE MIEN EST UN GRAND	AFFIRMATEUR, LE MIEN EST UN DEMON D'ACTION, OU
50	111	LES CHIENS CROTTES ET DESOLES. SWEDENBORG	AFFIRME BIEN QU'IL Y EN A UN POUR LES TURCS ET
09	022	PRENAIT AVEC AUTANT DE FACILITE QU'ON L'	AFFIRME GENERALEMENT. DIX FOIS DE SUITE;
07	015	UNIVERSELLE; J'AI APERCU UN ETRE	AFFLIGE. AUX PIEDS D'UNE COLOSSALE VENUS, UN
13	036	PENDANT DE LONGUES HEURES UNE VIEILLE	AFFLIGEE DE CETTE ESPECE: CELLE-LA ROIDE,
18	051	BARIOLEE! LES TRESORS DU MONDE Y	AFFLUENT, COMME DANS LA MAISON D'UN HOMME
30	112	SANS DOUTE, ME PARUT-IL; TELLEMENT	AFFOLEE, QU'ELLE S'EPRENAIT DE TENDRESSE
32	025	SON THYRSE SUR LES TETES DE SES COMPAGNES	AFFOLEES AVEC AUTANT D'ENERGIE ET DE CAPRICE
50	067	D'AUTRES QUI, COMME DES NEGRES MARRONS,	AFFOLES D'AMOUR, QUITTENT, A DE CERTAINS
34	018	LEUR PROGENITURE CRIARDE. TOUS ETAIENT SI	AFFOLES PAR L'IMAGE DE LA TERRE ABSENTE,
23	040	DANS LA CELLULE DU RECUEILLEMENT TOUS CES	AFFOLES QUI CHERCHENT LE BONHEUR DANS LE
25	027	L'EMPORTE CHEZ ELLE SUR L'ORGUEIL DE L'	AFFRANCHIE; ET BIEN QU'ELLE SOIT LIBRE, ELLE
50	098	SENSUALITE A CES PAUVRES DIABLES QUI ONT A	AFFRONTER TOUT LE JOUR L'INDIFFERENCE DU
07	019	QUAND LE REMORDS OU L'ENNUI LES OBSEDE,	AFFUBLE D'UN COSTUME ECLATANT ET RIDICULE,
14	055	VITALITE. ICI LA MISERE ABSOLUE, LA MISERE	AFFUBLEE, POUR COMBLE D'HORREUR, DE HAILLONS
29	100	SERVIR D'UNE DE VOS LOCUTIONS VULGAIRES.	AFIN DE COMPENSER LA PERTE IRREMEDIABLE QUE

''SOIS DONC IMPARFAITE, MISERABLE! ''
OR, CE JOUJOU, QUE LE PETIT SOUILLON
MAIS, DURANT TOUTE MA VIE, EXCEPTE A L'
LES HOMMES, DISAIT CELUI-CI, ONT EU L'
NOUS, MALHEUREUSES VIEILLES FEMELLES, L'
EGALE, MAIS NUANCEE DIVERSEMENT PAR L'
LONG TEMPS, HORS DE LA PORTEE DE TOUT
UNE IMPULSION MYSTERIEUSE ET INCONNUE,
CE JOUJOU, QUE LE PETIT SOUILLON AGACAIT,
L'AI ENTERREE, UN JOUR QUE LE PRINTEMPS
SOLIDE CAGE DE FER DERRIERE LAQUELLE S'
QUI LES PLAIGNENT POUR LEUR FORTUNE SI
ALTERE DANS L'EAU D'UNE SOURCE, ET LES
AUTANT D'ENERGIE ET DE CAPRICE QUE VOUS
QUI TRAINENT ENCORE A L'HORIZON COMME L'
COLERES ET SES SOURIRES, LES HUMEURS, LES
MUSCLES ELASTIQUES ET PUISSANTS; ELLE S'
RENCONTREREZ. VOUS VERREZ LEURS YEUX S'
LES ROUVRIR PRESQUE AUSSITOT, DEMESUREMENT
QUE TES YEUX SE SONT SI BIZARREMENT
D'UN TIR, DISANT QU'IL LUI SERAIT
LE FANTOME DISPARU, MOITIE DE SURPRISE
LE VEUX BIEN, PUISQUE CELA VOUS EST ''
LUI FAIRE DES RISETTES ET DES MINES
DE LEUR BONHEUR. PUIS LEURS MAINS
ET LE BON TEMPS DE LA JEUNESSE. --
APRES LE MEDECIN, QUE DIABLE!... --AH!
TARD, APRES LE MEDECIN, QUE DIABLE!... --
UN POIGNARD ENFONCE DANS LEUR CEINTURE,
COMPRENDRE ET SENTIR L'IMMORTELLE BEAUTE!
L'IMMUABILITE DU SPECTACLE ME REVOLTENT...
CE N'EST PAS MOI QUI EN SUIS MORT! --
AVEC UN ACCENT PARFAIT DE CONVICTION. ''--
CONTRE MOI, EN MANIERE DE REPROCHE. ''--
RESPECTUEUSEMENT LA MAIN, IL AJOUTA: ''
IL DESCEND DERRIERE LE CLOCHER...
DE JOURNEES D'AUTOMNE SONT PENETRANTES!
PLEURAIT DANS UN COIN, SE DISANT: --''
ASSOUPI POUR MONTRER DE TELS SCRUPULES.
FAIRE L'HOMME. ''VOUS N'ETES PAS UN HOMME!

SECONDES. EN VERITE, ELLES ETAIENT AUSSI
--POUR MOI, REPRIT L'INTERRUPTEUR, JE N'
NIE QUELQUES AUTRES MEFAITS QUE L'
COLERE.'' PENDANT PLUSIEURS ANNEES, JE L'
SOLITUDE DE LA NUIT. AMES DE CEUX QUI J'
DANS CETTE JOUISSANCE UNIVERSELLE, J'
W... UN FAMEUX MEDECIN ANGLAIS; ELLE S'
AVEC DEGOUT ET JE REPONDIS: ''JE N'
CEUX QUE J'AI AIMES, AMES DE CEUX QUE J'
DE LOIN, JUSQU'AU BORD DE LA FORET, OU J'
TROISIEME DIT A SON TOUR: ''MESSIEURS, J'
RIRE, --DOUZIEME UN MEDECIN FARCEUR, J'EN
--OH! JE NE M'Y TROMPE GUERE; J'EN
J'
SOUPE QUE QUATRE COMEDIENS? QUE DE FOIS J'
SI BON ET SI DOUX, CES HOMMES-LA! --J'
COMPRENNENT PAS...? --DAME! COMME JE LES
SI OPINEMENT SONT, EN GENERAL, COMME JE L'
FEMME, QUOIQUE PLUS TROP JEUNE. JE LUI
C'EST LEUR CANDEUR. JUGEZ DONC COMBIEN J'
J'AI SUPPOSE. --MOI, DIT LE QUATRIEME, J'
DANS LES CIMETIERES. C'EST MOI QUI L'
SA CONNAISSANCE, ET C'EST MOI-MEME QUI L'
QUE LUI-MEME IL NE SAIT PAS POURQUOI. J'
MA VIE, EXCEPTE A L'AGE DE CHERUBIN: J'
ECOUTEZ CETTE PETITE HISTOIRE, OU J'
DE LA VIE EXTERIEURE, IL SE DIT: ''J'
EXCITE LES FOUS. --JE ME SOUVIENS QUE J'
DEMANDERONT L'AUMONE, LA THEORIE QUE J'
EMPHATIQUE QUE VOUS-MEME? EN VERITE, J'
ANGLAISE ET ROMANESQUE DE DIRE: ''J'
D'ARGENT.'' MAIS TU COMPRENDS QUE JE LUI
ANGE, TANTOT EN AMOUR MYTHOLOGIQUE. JE LUI
ENCORE PEUR DE JE NE SAIS QUOI. ENSUITE J'
ET POUR MIEUX ACCENTUER MON REFUS, J'
PAS A LA CLASSE INFIME ET VULGAIRE. J'
DE PLUSIEURS VILAINES ACTIONS QUE J'
JE N'
N'AI PAS EU LE COURAGE DE LA RAMASSER. J'
DE COMMUN AVEC CETTE VIE SUPREME DONT J'
L'ENFLURE, POUR LUI DEGAGER LE COU. ''J'
TA MERE, TA SOEUR OU TON FRERE? --JE N'
BESOINS DE SA DEPLORABLE PROGENITURE. J'
CES ARBRES BIZARRES ET LUISANTS DONT J'
ET AVEC MOI, NE TE GENE PAS; JE N'
CA PAR UNE FOULE DE FACONS, JE NE LUI
DE MA TETE DANS LA FANGE DU MACADAM. JE N'
A JOUER DE LEURS INSTRUMENTS; MAIS JE N'
EST VENU HABITER CHEZ MOI, ET JE NE L'
ET SI NOBLE DANS TOUT SON AIR, QUE JE N'

AFIN QUE JE PUISSE T'AIMER SANS MALAISE ET 42 142
AGACAIT, AGITAIT ET SECOUAIT DANS UNE BOITE 19 040
AGE DE CHERUBIN, J'AI ETE PLUS SENSIBLE QUE 42 028
AGE DE CHERUBIN: C'EST L'EPOQUE OU, FAUTE DE 42 015
AGE EST PASSE DE PLAIRE, MEME AUX INNOCENTS; 02 013
AGE. LES YEUX DU PERE DISAIENT: ''QUE C'EST 26 037
AGENT DE POLICE. AYANT ENSUITE, PAR UN COUP DE 49 054
AGISSENT QUELQUEFOIS AVEC UNE RAPIDITE DONT 09 003
AGITAIT ET SECOUAIT DANS UNE BOITE GRILLEE, 19 040
AGITAIT SON ENCENSOIR JUSQUE DANS LES 38 008
AGITE, HURLANT COMME UN DAMNE, SECOUANT LES 11 016
AGITEE ET POUR LEUR VIE SI CHASTE. 12 039
AGITER AVEC MA MAIN COMME UN MOUCHOIR ODORANT, 17 003
AGITEZ VOTRE GENIE SUR LES COEURS DE VOS 32 026
AGONIE DU JOUR SOUS L'OPPRESSION VICTORIEUSE 22 051
AGONIES ET LES EXTASES DE TOUTES LES AMES QUI 34 039
AGRAFAIT AVEC SES DEUX VASTES GRIFFES A LA 06 010
AGRANDIR DEMESUREMENT. D'ABORD ILS N'OSERONT 19 010
AGRANDIS; OUVRIT ENSUITE LA BOUCHE COMME POUR 27 135
AGRANDIS; ET ELLE T'A SI TENDREMENT SERREE A 37 010
AGREABLE DE TIRER QUELQUES BALLES POUR TUER LE 43 003
AGREABLE DEVANT LA NOUVEAUTE, DEVANT LE FAIT 30 008
AGREABLE.'' C'ETAIT SA REPONSE ORDINAIRE. VOUS 42 066
AGREABLES. MAIS L'ENFANT EPOUVANTE SE 02 007
AGRIPPERONT VIVEMENT LE CADEAU, ET ILS 19 012
AH CA! OU DONC AVEZ-VOUS GAGNE CES CHEVEUX 47 029
AH! --FIT-ELLE, TOUJOURS SUSPENDUE A MON BRAS, 47 012
AH! AH! --FIT-ELLE, TOUJOURS SUSPENDUE A MON 47 012
AH! C'EST BIEN BEAU! LES FEMMES SONT BIEN PLUS 31 013
AH! DEESSE! AYEZ PITIE DE MA TRISTESSE ET DE 07 026
AH! FAUT-IL ETERNELLEMENT SOUFFRIR, OU FUIR 03 023
AH! FIRENT LES AUTRES, ELLE EST DONC MORTE? 42 145
AH! IL EST DEJA BIEN LOIN; TOUT A L'HEURE, 31 031
AH! MISERABLE CHIEN, SI JE VOUS AVAIS OFFERT 08 010
AH! MON CHER ANGE, COMBIEN JE VOUS REMERCIE DE 43 021
AH! ON NE LE VOIT PLUS!'' ET L'ENFANT RESTA 31 035
AH! PENETRANTES JUSQU'A LA DOULEUR! CAR IL EST 03 002
AH! POUR NOUS, MALHEUREUSES VIEILLES FEMELLES, 02 012
AH! S'ILS POUVAIENT REVENIR PENDANT QUE JE 21 117
AH! SI J'ETAIS ''UN HOMME! DE NOUS DEUX, C'EST 42 037
AH! VOUS VOULEZ SAVOIR POURQUOI JE VOUS HAIS 26 001
AHURIES QUE DES MINISTRES UN JOUR D'AUDIENCE, 20 025
AI A ME PLAINDRE QUE DE MOI-MEME. LE BONHEUR 42 059
AI ACCOMPLIS AVEC JOIE, DELIT DE FANFARONNADE, 10 032
AI ADMIREE, LE COEUR PLEIN DE HAINE. ENFIN, CE 42 143
AI AIMES, AMES DE CEUX QUE J'AI CHANTES, 10 038
AI APERCU UN ETRE AFFLIGE. AUX PIEDS D'UNE 07 014
AI ATTRAPE A SON VOYAGE A PARIS. IL A L'AIR 47 065
AI BESOIN, POUR MA JOUISSANCE, DE LA MISERE DE 21 079
AI CHANTES, FORTIFIEZ-MOI, SOUTENEZ-MOI, 10 039
AI COMPRIS SEULEMENT ALORS QU'ILS NE 31 104
AI CONNU DES JOUISSANCES QUE VOUS AVEZ 42 079
AI CONNU PLUSIEURS DANS CE GENRE-LA. VENEZ.'' 47 014
AI CONNU UN BON NOMBRE. J'AIME TANT CES 47 079
AI CONNU UNE CERTAINE BENEDICTA, QUI 38 001
AI CONTEMPLE, SOURIANT ET ATTENDRI, TOUS CES 50 101
AI DECOUVERT A LA PITIE UN PETIT INTERNE, QUI 47 088
AI DERANGES INUTILEMENT, JE LAISSE DIX FRANCS 47 086
AI DIT, LES PLUS INDOLENTS ET LES PLUS REVEURS 09 032
AI DIT: ''VIENS ME VOIR, VIENS ME VOIR 47 094
AI DU SOUFFRIR PAR MA DERNIERE MAITRESSE. 42 031
AI ENDURE DES SOUFFRANCES ATROCES PAR LE 42 106
AI ENTERREE, BIEN CLOSE DANS UNE BIERE D'UN 38 009
AI ENTERREE, UN JOUR QUE LE PRINTEMPS AGITAIT 38 007
AI ETE PLUS D'UNE FOIS VICTIME DE CES CRISES 09 046
AI ETE PLUS SENSIBLE QUE TOUT AUTRE A 42 028
AI ETE SINGULIEREMENT MYSTIFIE PAR L'ILLUSION 30 016
AI EU AUJOURD'HUI, EN REVE, TROIS DOMICILES OU 24 048
AI EU DEUX AMIS QUE LE CREPUSCULE RENDAIT TOUT 22 021
AI EU LA DOULEUR D'ESSAYER SUR VOTRE DOS.'' IL 49 077
AI EU TANT DE PLAISIR A BRODER CETTE 16 032
AI FAIM!'' ET ELLE REPETAIT CES MOTS JOUR ET 42 094
AI FAIT ENTENDRE CA PAR UNE FOULE DE FACONS; 47 096
AI FAIT PORTER LE VIOLON DU VAGABOND, LA 30 029
AI FOURRE MA TETE DANS SES CHEVEUX QUI 31 061
AI FRAPPE SI VIOLEMMENT LA TERRE DU PIED QUE 38 021
AI GARDE CES LETTRES. ''ET ALORS, 30 132
AI JAMAIS COMMISES, ET AVOIR LACHEMENT NIE 10 030
AI JAMAIS ROUGI, MEME DEVANT LES JEUNES 50 001
AI JUGE MOINS DESAGREABLE DE PERDRE MES 46 011
AI MAINTENANT CONNAISSANCE ET QUE JE SAVOURE 05 037
AI NEGLIGE DE VOUS DIRE QUE J'AVAIS VIVEMENT 30 068
AI NI PERE, NI MERE, NI SOEUR, NI FRERE. --TES 01 003
AI OUBLIE DE VOUS DIRE QUE LA DISTRIBUTION, EN 20 051
AI OUBLIE LES NOMS..... DANS L'ATMOSPHERE, 24 019
AI PAS BESOIN D'ARGENT.'' MAIS TU COMPRENDS 47 095
AI PAS DIT TOUT CRUMENT; J'AVAIS SI PEUR DE 47 097
AI PAS EU LE COURAGE DE LA RAMASSER. J'AI JUGE 46 011
AI PAS OSE, SANS DOUTE PARCE QUE IL EST 31 122
AI PAS RECONNU. LA DESTINEE M'AVAIT, EN CES 42 061
AI PAS SOUVENIR D'AVOIR VU SA PAREILLE DANS 13 079

POEM LINE

31	077	PAS DE MOI ET DE MON ENNUI, ET JE N'	AI PAS UNE BELLE BONNE POUR ME DORLOTER. IL
50	107	L'HONNEUR DES CHIENS! ET QUE DE FOIS J'	AI PENSE QU'IL Y AVAIT PEUT-ETRE QUELQUE PART
42	082	COMIQUE QUI N'EXCLUT PAS L'ADMIRATION.	AI PLUS ADMIRE MA DERNIERE MAITRESSE QUE VOUS
21	045	ET JE LUI REPONDIS: ''GRAND MERCI! JE N'	AI QUE FAIRE DE CETTE PACOTILLE D'ETRES QUI,
50	014	ARRIERE LA MUSE ACADEMIQUE! JE N'	AI QUE FAIRE DE CETTE VIEILLE BEGUEULE.
35	013	AVEC SON GESTE, AVEC PRESQUE RIEN, J'	AI REFAIT L'HISTOIRE DE CETTE FEMME, OU PLUTOT
38	020	TELLE QUE JE SUIS!'' MAIS MOI, FURIEUX, J'	AI REPONDU: ''NON! NON! NON!'' ET POUR MIEUX
37	027	LA REINE DES HOMMES AUX YEUX VERTS DONT J'	AI SERRE AUSSI LA GORGE DANS MES CARESSES
05	031	DE L'IMPRUDENT QUI LES CONTEMPLE. JE LES	AI SOUVENT ETUDIEES, CES ETOILES NOIRES QUI
31	103	VOULANT SAVOIR OU ILS DEMEURAIENT, JE LES	AI SUIVIS DE LOIN, JUSQU'AU BORD DE LA FORET,
42	104	SOLDATS. C'EST DU MOINS CE QUE J'	AI SUPPOSE. --MOI, DIT LE QUATRIEME, J'AI
42	120	ENFUIS, OU VOUS SERIEZ MORTS. MOI, J'	AI SURVECU, COMME VOUS VOYEZ. FIGUREZ-VOUS UNE
11	010	PAROLES INUTILES: ''AIMEZ-MOI BIEN! J'EN	AI TANT BESOIN! CONSOLEZ-MOI PAR-CI,
47	016	PASSIONNEMENT LE MYSTERE, PARCE QUE J'	AI TOUJOURS L'ESPOIR DE LE DEBROUILLER. JE ME
31	118	GOSIER''', A DIT UN DES DEUX AUTRES. ''J'	AI TOUT RETENU, COMME VOUS VOYEZ. ENSUITE ILS
30	027	A POSE PLUS D'UNE FOIS POUR MOI, ET JE L'	AI TRANSFORME TANTOT EN PETIT BOHEMIEN, TANTOT
42	156	VOULEZ-VOUS DIRE? --C'ETAIT INEVITABLE. J'	AI TROP LE SENTIMENT DE L'EQUITE POUR BATTRE,
18	060	LEURS AMBITIEUX PROBLEMES! MOI, J'	AI TROUVE MA TULIPE NOIRE ET MON DAHLIA BLEU!
24	049	EN REVE, TROIS DOMICILES OU J'	AI TROUVE UN EGAL PLAISIR. POURQUOI
29	060	TRANQUILLITE DANS LA DROLERIE QUE JE N'	AI TROUVEES DANS AUCUN DES PLUS CELEBRES
47	099	CHER ENFANT! --EH BIEN! CROIRAIS-TU QUE J'	AI UNE DROLE D'ENVIE QUE JE N'OSE PAS LUI
42	089	JUSQU'A OUBLIER LEURS DEVOIRS. BREF, J'	AI VECU QUELQUE TEMPS EN TETE-A-TETE AVEC UN
22	024	COMME UN SAUVAGE, LE PREMIER VENU. JE L'	AI VU JETER A LA TERRE D'UN MAITRE D'HOTEL UN
31	083	AILLEURS QUE LA OU JE SUIS. EH BIEN! J'	AI VU, A LA DERNIERE FOIRE DU VILLAGE VOISIN,
24	033	BIEN LA LE DECOR QUE JE CHERCHAIS. QU'	AI-JE A FAIRE DE PALAIS?'' ET PLUS LOIN, COMME
50	016	LA CITADINE, LA VIVANTE, POUR QU'ELLE M'	AIDE A CHANTER LES BONS CHIENS, LES PAUVRES
29	107	NE SERA FORME PAR VOUS, QUE JE NE VOUS	AIDE A LA REALISER; VOUS REGNEREZ SUR VOS
35	022	LA REALITE PLACEE HORS DE MOI, JE LUI M'A	AIDE A VIVRE, A SENTIR QUE JE SUIS ET CE QUE
30	070	MES VOISINS AVAIENT REFUSE DE ME VENIR EN	AIDE, FIDELES EN CELA AUX HABITUDES DE L'HOMME
50	004	LA NATURE POMPEUSE QUE J'APPELLERAI A MON	AIDE. NON. BIEN PLUS VOLONTIERS DE
20	049	SON ETAT, QUI NE POUVAIT, EN AUCUNE FACON,	AIDER LES FACULTES, NI SOULAGER LES BESOINS DE
21	047	PAS MIEUX QUE MON PAUVRE MOI. BIEN QUE J'	AIE QUELQUE HONTE A ME SOUVENIR, JE NE VEUX
31	016	YEUX CREUX ET LEURS JOUES ENFLAMMEES ELLES	AIENT L'AIR TERRIBLE, ON NE PEUT PAS
22	029	A MESURE QUE LE JOUR BAISSAIT, PLUS	AIGRE, PLUS SOMBRE, PLUS TAQUIN. INDULGENT ET
27	127	MINUTES PLUS TARD UN COUP DE SIFFLET	AIGU, PROLONGE, INTERROMPIT FANCIOULLE DANS UN
20	029	QU'ELLES REGARDAIENT DE TEMPS A AUTRE L'	AIGUILLE DE L'HORLOGE AVEC AUTANT D'IMPATIENCE
05	084	COMME SI J'ETAIS UN BOEUF, AVEC SON DOUBLE	AIGUILLON. --''ET HUE DONC! BOURRIQUE! SUE
50	037	ET DE L'HISTRION, EST MERVEILLEUSEMENT	AIGUILLONNE PAR LA NECESSITE, CETTE SI BONNE
28	039	MA FANTAISIE ALLAIT SON TRAIN, PRETANT DES	AILES A L'ESPRIT DE MON AMI ET TIRANT TOUTES
24	011	VIE. NOUS N'Y SERIONS PAS CHEZ NOUS. D'	AILLEURS CES MURS CRIBLES D'OR NE LAISSERAIENT
13	027	NON, IL EST FACILE DE LES RECONNAITRE. D'	AILLEURS IL Y A TOUJOURS DANS LE DEUIL DU
09	064	ATMOSPHERE PARISIENNE, IL ME SERAIT D'	AILLEURS IMPOSSIBLE DE DIRE POURQUOI JE FUS
48	026	PEUT-ETRE DAVANTAGE? NOUS Y TROUVERIONS D'	AILLEURS L'ESPRIT DE L'EUROPE MARIE A LA
46	021	ICI. VOUS SEUL, VOUS M'AVEZ RECONNU. D'	AILLEURS LA DIGNITE M'ENNUIE. ENSUITE J'AI
31	082	ET JE CROIS TOUJOURS QUE JE SERAIS MIEUX	AILLEURS QUE LA OU JE SUIS. EH BIEN! J'AI VU,
27	019	DES BEAUX-ARTS, EXCELLENT CONNAISSEUR DE	AILLEURS, IL ETAIT VRAIMENT INSATIABLE DE
47	054	--OUI! C'EST X. LE NOM EST AU BAS D'	AILLEURS; MAIS JE LE CONNAIS PERSONNELLEMENT.
31	073	NUEES, ET QU'IL LA TROUVERAIT FREQUEMMENT	AILLEURS. ENFIN LE QUATRIEME DIT: ''VOUS SAVEZ
42	167	QUOIQUE SUFFISAMMENT EXPLIQUEE D'	AILLEURS. ENSUITE ON FIT APPORTER DE NOUVELLES
31	113	OU NOUS TROUVERONS UN PEUPLE PLUS	AIMABLE.'' ''NOUS FERIONS PEUT-ETRE MIEUX
39	024	ELLE EST SI DOUCE ET SI FERVENTE! ELLE	AIME COMME ON AIME EN AUTOMNE; ON DIRAIT QUE
47	033	OPERATIONS GRAVES. EN VOILA UN HOMME QUI	AIME COUPER, TAILLER ET ROGNER! C'ETAIT VOUS
39	025	DOUCE ET SI FERVENTE! ELLE AIME COMME ON	AIME EN AUTOMNE! ON DIRAIT QUE LES APPROCHES
37	018	BELLE A MA MANIERE. TU AIMERAS CE QUE J'	AIME ET CE QUI M'AIME: L'EAU, LES NUAGES; LE
01	014	DONC, EXTRAORDINAIRE ETRANGER? --J'	AIME LES NUAGES... LES NUAGES QUI PASSENT...
47	016	PLUSIEURS DANS CE GENRE-LA. VENEZ.'' J'	AIME PASSIONNEMENT LE MYSTERE, PARCE QUE J'AI
42	030	MEDIOCRITE DES FEMMES. CE QUE J'	AIME SURTOUT DANS LES ANIMAUX, C'EST LEUR
47	080	GUERE! J'EN AI CONNU UN BON NOMBRE. J'	AIME TANT CES MESSIEURS; QUE, BIEN QUE JE NE
51	013	VOILES DU SOIR PASSEMENTES D'OR FIN, JE T'	AIME, O CAPITALE INFAME! COURTISANES ET
37	018	TU AIMERAS CE QUE J'AIME ET CE QUI M'	AIME: L'EAU, LES NUAGES! LE SILENCE ET LA
37	025	D'UNE VOIX RAUQUE ET DOUCE! ''ET TU SERAS	AIMEE DE MES AMANTS, COURTISEE PAR MES
44	001	LA PETITE FOLLE BIEN-	AIMEE ME DONNAIT A DINER, ET PAR LA FENETRE
18	026	AU VOYAGE, QU'ON PUISSE OFFRIR A LA FEMME	AIMEE, A LA SOEUR D'ELECTION? OUI, C'EST DANS
44	007	BELLES QUE LES YEUX DE MA BELLE BIEN-	AIMEE, LA PETITE FOLLE MONSTRUEUSE AUX YEUX
44	012	LA VOIX DE MA CHERE PETITE BIEN-	AIMEE, QUI DISAIT: ''--ALLEZ- VOUS BIENTOT
13	010	CES LIEUX QUE LE POETE ET LE PHILOSOPHE	AIMENT DIRIGER LEURS AVIDES CONJECTURES. IL Y
37	028	MES CARESSES NOCTURNES! DE CEUX-LA QUI	AIMENT LA MER, LA MER IMMENSE, TUMULTUEUSE ET
26	060	EST INCOMMUNICABLE. MEME ENTRE GENS QUI S'	AIMENT!
42	009	ET NOUS CHERCHONS CE QUE NOUS POURRIONS	AIMER ET ESTIMER.'' L'UN D'EUX JETA LA
42	083	QUE VOUS N'AVEZ PU, JE CROIS, HAIR OU	AIMER LES VOTRES, ET TOUT LE MONDE L'ADMIRAIT
42	142	MISERABLE! ''AFIN QUE JE PUISSE T'	AIMER SANS MALAISE ET SANS COLERE,'' PENDANT
31	017	TERRIBLE, ON NE PEUT PAS S'EMPECHER DE LES	AIMER. ON A PEUR, ON A ENVIE DE PLEURER, ET
02	015	AUX PETITS ENFANTS QUE NOUS VOULONS	AIMER!''
01	010	ELLE EST SITUEE. --LA BEAUTE? --JE L'	AIMERAIS VOLONTIERS, DEESSE ET IMMORTELLE.
47	104	SENSIBLE DIRAIT A UNE COMEDIENNE QU'IL	AIMERAIT: ''JE VEUX VOUS VOIR VETUE DU COSTUME
37	018	BAISER. TU AIMERAS BELLE A MA MANIERE. TU	AIMERAS CE QUE J'AIME ET CE QUI M'AIME: L'EAU,
38	019	DE TA FOLIE ET DE TON AVEUGLEMENT, TU M'	AIMERAS TELLE QUE JE SUIS!'' MAIS MOI
48	021	QUE PENSERAIS-TU DE ROTTERDAM, TOI QUI	AIMES LES FORETS DE MATS, ET LES NAVIRES
48	017	MON AME NE REPOND PAS. ''PUISQUE TU	AIMES TANT LE REPOS, AVEC LE SPECTACLE DU
10	039	SOLITUDE DE LA NUIT. AMES DE CEUX QUE J'AI	AIMES, AMES DE CEUX QUE J'AI CHANTES,
01	013	LE HAIS COMME VOUS HAISSEZ DIEU. --EH! QU'	AIMES-TU DONC, EXTRAORDINAIRE ETRANGER?
01	001	QUI	AIMES-TU LE MIEUX, HOMME ENIGMATIQUE, DIS? TON
11	010	DE VOUS REPANDRE EN PAROLES INUTILES: ''	AIMEZ-MOI BIEN! J'EN AI TANT BESOIN!
21	100	TROMPETTE ELLE CRIA MON NOM, QUI ROULA	AINSI A TRAVERS L'ESPACE AVEC LE BRUIT DE CENT
23	039	UN AUTRE SAGE, PASCAL, JE CROIS, RAPPELANT	AINSI DANS LA CELLULE DU RECUEILLEMENT TOUS
30	124	DU SECOND! L'AUTRE, DU TROISIEME, ET	AINSI DE SUITE, LES UNES EN STYLE
21	008	CES TROIS PERSONNAGES, QUI SE DETACHAIENT	AINSI DU FOND OPAQUE DE LA NUIT. ILS AVAIENT
05	033	A QUEL DEMON BIENVEILLANT DOIS-JE D'ETRE	AINSI ENTOURE DE MYSTERE, DE SILENCE, DE PAIX
20	047	EMBARRASSE DE SES MILLIONS.	AINSI FURENT DONNES L'AMOUR DU BEAU ET LA
25	035	MORD, QUEL PUISSANT MOTIF FAIT DONC ALLER	AINSI LA PARESSEUSE DOROTHEE, BELLE ET FROIDE
20	041	LE CARACTERE DISTINCTIF, ETERNEL DES FEES.	AINSI LA PUISSANCE D'ATTIRER MAGNETIQUEMENT LA

POEM LINE

POEM	LINE		
22	064	CES FEUX DE LA FANTAISIE QUI NE S'	ALLUMENT BIEN QUE SOUS LE DEUIL PROFOND DE LA
39	026	ON DIRAIT QUE LES APPROCHES DE L'HIVER	ALLUMENT DANS SON COEUR UN FEU NOUVEAU, ET LA
09	025	ELLE REUSSIT BEAUCOUP TROP BIEN. UN AUTRE	ALLUMERA UN CIGARE A COTE D'UN TONNEAU DE
22	038	ET LES PRINCES, JE CROIS QUE LE CREPUSCULE	ALLUMERAIT ENCORE EN LUI LA BRULANTE ENVIE DE
34	038	EN ELLE ET REPRESENTER PAR SES JEUX, SES	ALLURES, SES COLERES ET SES SOURIRES, LES
05	059	LES MANUSCRITS, RATURES OU INCOMPLETS; L'	ALMANACH OU LE CRAYON A MARQUE LES DATES
42	013	PAS LES CONVERSATIONS BANALES. ON ECOUTE	ALORS CELUI QUI PARLE, COMME ON ECOUTERAIT DE
28	048	D'UNE INCONTESTABLE CANDEUR. JE VIS	ALORS CLAIREMENT QU'IL AVAIT VOULU FAIRE A LA
49	011	NE TROUVERA PAS SURPRENANT QUE JE FUSSE	ALORS DANS UN ETAT D'ESPRIT AVOISINANT LE
47	111	ME FIS COMPRENDRE; ENFIN J'Y PARVINS. MAIS	ALORS ELLE ME REPONDIT D'UN AIR TRES-TRISTE,
31	106	ALORS QU'ILS NE DEMEURAIENT NULLE PART.	ALORS L'UN A DIT: ''FAUT-IL DEPLOYER LA
02	011	LA MAISON DE SES GLAPISSEMENTS.	ALORS LA BONNE VIEILLE SE RETIRA DANS SA
31	040	DIEU, QUE LUI SEUL PEUT APERCEVOIR!'' DIT	ALORS LE TROISIEME, DONT TOUTE LA PETITE
31	104	DE LA FORET, OU J'AI COMPRIS SEULEMENT	ALORS QU'ILS NE DEMEURAIENT NULLE PART. ALORS
42	020	DELIBERER, C'EST DEJA UNE DECADENCE. C'EST	ALORS QU'ON RECHERCHE DECIDEMENT LA BEAUTE.
43	019	LA POUPEE FUT NETTEMENT DECAPITEE.	ALORS S'INCLINANT VERS SA CHERE, SA
22	022	RENDAIT TOUT MALADES. L'UN MECONNAISSAIT	ALORS TOUS LES RAPPORTS D'AMITIE ET DE
21	069	POING SUR SON IMMENSE VENTRE, D'OU SORTAIT	ALORS UN LONG ET RETENTISSANT CLIQUETIS DE
21	097	PARADOXALE. ''ECOUTE.'' ET ELLE EMBOUCHA	ALORS UNE GIGANTESQUE TROMPETTE, ENRUBANNEE,
49	070	LUI AVAIS DONC RENDU L'ORGUEIL ET LA VIE.	ALORS, JE LUI FIS FORCE SIGNES POUR LUI FAIRE
30	133	ET VULGAIRE. J'AI GARDE CES LETTRES. ''ET	ALORS, SOUDAINEMENT, UNE LUEUR SE FIT DANS MON
45	022	BOURDONNEMENT D'UNE SYMPHONIE EN SOURDINE.	ALORS, SOUS LE SOLEIL QUI LUI CHAUFFAIT LE
47	044	''NON! CRIAI-JE FURIEUX. --CHIRURGIEN,	ALORS? --NON! NON! A MOINS QUE CE NE SOIT POUR
34	007	L'AUTRE COTE DU FIRMAMENT ET DECHIFFRER L'	ALPHABET CELESTE DES ANTIPODES, ET CHACUN DES
17	003	Y PLONGER TOUT MON VISAGE, COMME UN HOMME	ALTERE DANS L'EAU D'UNE SOURCE, ET LES AGITER
39	011	DE SON ARMATURE. L'AMOUR N'A PAS	ALTERE LA SUAVITE DE SON HALEINE D'ENFANT; ET
27	054	HABITUELLES D'UN ARTISTE POUVAIENT ETRE	ALTEREES OU MODIFIEES PAR LA SITUATION
21	023	CETTE CEINTURE VIVANTE ETAIENT SUSPENDUS,	ALTERNANT AVEC DES FIOLES PLEINES DE LIQUEURS
42	148	COMME DIT LA POLITIQUE, TELLE ETAIT L'	ALTERNATIVE QUE M'IMPOSAIT LA DESTINEE! UN
48	036	QU'OBLIQUEMENT LA TERRE, ET LES LENTES	ALTERNATIVES DE LA LUMIERE ET DE LA NUIT
50	114	ATTENDAIENT, POUR PRIX DE LEURS CHANTS	ALTERNES, UN BON FROMAGE, UNE FLUTE DU
29	092	RANCUNES.'' IL EST DOUTEUX QUE SON	ALTESSE AIT JAMAIS DONNE UNE SI LONGUE
29	058	HUMAINE. SUR CE SUJET-LA, SON	ALTESSE NE TARISSAIT PAS EN PLAISANTERIES
27	122	LA MORT. A UN CERTAIN MOMENT, JE VIS SON	ALTESSE SE PENCHER VERS UN PETIT PAGE, PLACE
13	082	TOUTE SA PERSONNE. SON VISAGE, TRISTE ET	AMAIGRI, ETAIT EN PARFAITE ACCORDANCE AVEC LE
32	033	VERBE, UNITE DU BUT; VARIETE DES MOYENS,	AMALGAME TOUT-PUISSANT ET INDIVISIBLE DU
27	086	MOI, ET OU SE MELAIENT, DANS UN ETRANGE	AMALGAME, LES RAYONS DE L'ART ET LA GLOIRE DU
37	021	MULTIFORME; LE LIEU OU TU NE SERAS PAS; L'	AMANT QUE TU NE CONNAITRAS PAS! LES FLEURS
37	025	ET DOUCE! ''ET TU SERAS AIMEE DE MES	AMANTS; COURTISEE PAR MES COURTISANS. TU SERAS
48	022	AIMES LES FORETS DE MATS, ET LES NAVIRES	AMARRES AU PIED DES MAISONS?'' MON AME RESTE
39	022	DE GRANDE RACE QUE L'OEIL DU VERITABLE	AMATEUR RECONNAIT, MEME ATTELES A UN CARROSSE
21	011	LE VISAGE DU PREMIER SATAN ETAIT D'UN SEXE	AMBIGU, ET IL Y AVAIT AUSSI, DANS LES LIGNES
18	068	TOUJOURS DES REVES! ET PLUS L'AME EST	AMBITIEUSE ET DELICATE, PLUS LES REVES
22	028	CHOSES LES PLUS SUCCULENTES. L'AUTRE, UN	AMBITIEUSE BLESSE, DEVENAIT A MESURE QUE LE
18	060	CENT MILLE FLORINS POUR QUI RESOUDRA LEURS	AMBITIEUX PROBLEMES! MOI, J'AI TROUVE MA
13	002	DES ALLEES HANTEES PRINCIPALEMENT PAR L'	AMBITION DECUE, PAR LES INVENTEURS MALHEUREUX,
42	035	ELLE GATAIT CETTE GRANDE QUALITE PAR UNE	AMBITION MALSEANTE ET DIFFORME. C'ETAIT UNE
41	011	POUR CELUI QUI N'A PLUS NI CURIOSITE NI	AMBITION, A CONTEMPLER, COUCHE DANS LE
45	028	DE QUINTESSENCES! VOUS, LE MANGEUR D'	AMBITIONS, MAUDITS SOIENT VOS CALCULS, MORTELS
46	003	LES MONTREURS D'ANIMAUX ET LES BOUTIQUIERS	AMBROISIE! EN VERITE, IL Y A LA DE QUOI ME
14	005	SOUS SON IMPASSIBLE ET SA PAUVRE FORTUNE	AMBULANTS, POUR COMPENSER LES MAUVAIS TEMPS DE
09	086	ET LA JOIE CALME OU S'EBAUDISSAIT MON	AMBULATOIRE QUI RENDIT LE BRUIT ECLATANT D'UN
15	072	CHANSONNIERS DISENT QUE LE PLAISIR REND L'	AME AVANT D'AVOIR VU CES PETITS HOMMES AVAIT
26	046	PLUS AVANT DANS LES PROFONDEURS DE CETTE	AME BONNE ET AMOLLIT LE COEUR. LA CHANSON
27	048	BUFFON; MAIS AUJOURD'HUI CE N'EST PAS L'	AME CURIEUSE ET MALADE; IL ETAIT INFINIMENT
50	003	UN REVENEZ-Y DE SUMATRA, QUI EST COMME L'	AME DE CE PEINTRE DE LA NATURE POMPEUSE QUE
18	045	MON AME VOYAGE SUR LE PARFUM COMME L'	AME DE L'APPARTEMENT. UN VRAI PAYS DE COCAGNE,
17	008	DES REVES! TOUJOURS DES REVES! ET PLUS L'	AME DES AUTRES HOMMES SUR LA MUSIQUE. TES
18	068	INSOUCIANCE ET UNE LEGERETE HEROIQUES. L'	AME EST AMBITIEUSE ET DELICATE, PLUS LES REVES
29	042	FEU D'ARTIFICE DE L'ENFER!'' ENFIN, MON	AME EST UNE CHOSE SI IMPALPABLE, SI SOUVENT
48	043	UN PORT EST UN SEJOUR CHARMANT POUR UNE	AME FAIT EXPLOSION, ET SAGEMENT ELLE ME CRIE:
41	001	ET LE PARFUM INCOMPARABLES DONNAIENT A L'	AME FATIGUEE DES LUTTES DE LA VIE. L'AMPLEUR
29	048	HARMONIEUSES; SERVENT A ENTRETENIR DANS L'	AME LA NOSTALGIE DE PAYS ET DE BONHEURS
41	008	AU FOND DES ABIMES SOUS MES PIEDS; MON	AME LE GOUT DU RHYTHME ET DE LA BEAUTE. ET
15	008	ET LE LIQUIDE POUR LES REFLECHIR!'' MON	AME NE SEMBLAIT AUSSI VASTE ET AUSSI PURE QUE
48	016	SOLITUDE NE FUT DANGEREUSE QUE POUR L'	AME NE REPOND PAS. ''PUISQUE TU AIMES TANT LE
23	008	ORGIE, A CETTE SAINTE PROSTITUTION DE L'	AME OISIVE ET DIVAGANTE QUI LA PEUPLE DE SES
12	027	AVEC MON AME. ''DIS-MOI, MON AME, PAUVRE	AME QUI SE DONNE TOUT ENTIERE, POESIE ET
48	008	NAVIRES AMARRES AU PIED DES MAISONS?'' MON	AME REFROIDIE, QUE PENSERAIS- TU D'HABITER
48	024	A LA BEAUTE TROPICALE.'' PAS UN MOT. --MON	AME RESTE MUETTE. ''BATAVIA TE SOURIRAIT
27	055	SE TROUVAIT! AU DELA, EXISTAIT-IL DANS SON	AME SERAIT-ELLE MORTE? ''EN ES-TU DONC VENUE A
24	051	MON CORPS A CHANGER DE PLACE? PUISQUE MON	AME UNE INTENTION PLUS OU MOINS ARRETEE DE
17	007	CE QUE J'ENTENDS DANS TES CHEVEUX! MON	AME VOYAGE SI LESTEMENT? ET A QUOI BON
05	004	LEGEREMENT TEINTEE DE ROSE ET DE BLEU. L'	AME Y PREND UN BAIN DE PARESSE, AROMATISE PAR
29	041	JE DOIS DIRE QUE J'AVAIS JOUE ET PERDU MON	AME, EN PARTIE LIEE, AVEC UNE INSOUCIANCE ET
29	102	IRREMEDIABLE QUE VOUS AVEZ FAITE DE VOTRE	AME, JE VOUS DONNE L'ENJEU QUE VOUS AURIEZ
48	008	SANS CESSE AVEC MON AME. ''DIS-MOI, MON	AME, PAUVRE AME REFROIDIE, QUE PENSERAIS- TU
18	085	DU CIEL DANS LA LIMPIDITE DE TA BELLE	AME; --ET QUAND, FATIGUES PAR LA HOULE ET
48	007	EST UNE QUE JE DISCUTE SANS CESSE AVEC MON	AME. ''DIS-MOI, MON AME, PAUVRE AME REFROIDIE,
15	004	DOUTE EN CE MOMENT QUELQUE CHOSE DANS MON	AME. MES PENSEES VOLTIGEAIENT AVEC UNE
48	032	LA MORT. -- JE TIENS NOTRE AFFAIRE; PAUVRE	AME! NOUS FERONS NOS MALLES POUR TORNEO,
47	058	PORTE SUR SON VISAGE LA NOIRCEUR DE SES	AME!'' TOUT CELA, PARCE QUE L'AUTRE N'ETAIT
05	024	REVES. MAIS COMMENT EST-ELLE ICI? QUI L'A	AMENEE? QUEL POUVOIR MAGIQUE L'A INSTALLEE SUR
34	034	DIVINITE, JE NE POUVAIS, SANS UNE NAVRANTE	AMERTUME, ME DETACHER DE CETTE MER SI
10	038	DANS LE SILENCE ET LA SOLITUDE DE LA NUIT.	AMES DE CEUX QUE J'AI AIMES, AMES DE CEUX QUE
10	039	DE LA NUIT. AMES DE CEUX QUE J'AI AIMES,	AMES DE CEUX QUE J'AI CHANTES, FORTIFIEZ-MOI,
18	034	BEATES, CALMES ET PROFONDES, COMME LES	AMES DES ARTISTES QUI LES CREERENT. LES
26	009	A L'UN ET A L'AUTRE, ET QUE NOS DEUX	AMES DESORMAIS N'EN FERAIENT PLUS QU'UNE; --UN
12	011	GUISE ETRE LUI-MEME ET AUTRUI. COMME CES	AMES ERRANTES QUI CHERCHENT UN CORPS, IL
21	044	DANS AUTRUI, ET D'ATTIRER LES AUTRES	AMES JUSQU'A LES CONFONDRE AVEC LA TIENNE.''

Context	POEM	LINE
SI SUBITEMENT UNE SI FOLLE ENERGIE A CES AMES PARESSEUSES ET VOLUPTUEUSES, ET COMMENT,	09	015
LES AGONIES ET LES EXTASES DE TOUTES LES AMES QUI ONT VECU, QUI VIVENT ET QUI VIVRONT!	34	039
ARMES DE SERRURES ET DE SECRETS COMME DES AMES RAFFINEES. LES MIROIRS, LES METAUX, LES	18	040
PAR LES COEURS BRISES, PAR TOUTES CES AMES TUMULTUEUSES ET FERMEES, EN QUI GRONDENT	13	004
SI TU VEUX, JE TE FERAI LE SEIGNEUR DES AMES, ET TU SERAS LE MAITRE DE LA MATIERE	21	040
TRAIN, PRETANT DES AILES A L'ESPRIT DE MON AMI ET TIRANT TOUTES LES DEDUCTIONS POSSIBLES	28	039
NOUS ELOIGNIONS DU BUREAU DE TABAC, MON AMI FIT UN SOIGNEUX TRIAGE DE SA MONNAIE; DANS	28	002
CHIENS QU'ON FOUETTE. L'OFFRANDE DE MON AMI FUT BEAUCOUP PLUS CONSIDERABLE QUE LA	28	018
CRIME DE RESPECT HUMAIN; AVOIR REFUSE A UN AMI UN SERVICE FACILE, ET DONNE UNE	10	033
''LES ILLUSIONS, --ME DISAIT MON AMI, --SONT AUSSI INNOMBRABLES PEUT-ETRE QUE	30	001
SIX BEAUX ENFANTS; ''EH BIEN! MON CHER AMI, L'EPOUSE EST ''ENCORE AUSSI VIERGE QUE	42	074
OSTENSIBLEMENT LES TALENTS DE SON VIEIL AMI, L'ETRANGE BOUFFON; QUI BOUFFONNAIT SI	27	120
ME DISAIT: ''FAITES COMME CHEZ VOUS, MON AMI, METTEZ-VOUS A L'AISE. CA VOUS RAPPELLERA	47	027
PAREILLE CONDUITE, DE LA PART DE MES AMI, N'ETAIT EXCUSABLE QUE PAR LE DESIR DE	28	027
ASSEZ DE FLAIR POUR SUIVRE LA PISTE D'UN AMI, NI DANS LEUR TETE APLATIE ASSEZ	50	030
GAGNEE D'UNE DE CES LOURDES JOURNEES SANS AMI, SANS CAUSERIE, SANS JOIE, SANS CONFIDENT,	13	055
FIOLE DE LAUDANUM; UNE VIEILLE ET TERRIBLE AMIE! COMME TOUTES LES AMIES, HELAS! FECONDE	05	068
QUE JE REVE DE VISITER AVEC UNE VIEILLE AMIE. PAYS SINGULIER, NOYE DANS LES BRUMES DE	18	002
HABITE PAR CES DEITES IMPALPABLES, AMIES DE L'HOMME, ET SOUVENT CONTRAINTES DE	20	065
VIEILLE ET TERRIBLE AMIE; COMME TOUTES LES AMIES, HELAS! FECONDE EN CARESSES ET EN	05	068
UN ADMIRABLE BOUFFON, ET PRESQUE UN DES AMIS DU PRINCE. MAIS POUR LES PERSONNES VOUEES	27	002
FOUS. --JE ME SOUVIENS QUE J'AI EU DEUX AMIS QUE LE CREPUSCULE RENDAIT TOUT MALADES,	22	021
SOUVENT MEME LES PLUS DANGEREUX. UN DE MES AMIS, LE PLUS INOFFENSIF REVEUR QUI AIT	09	020
LE BRILLANT AMUSEUR; DU VIEUX POETE SANS AMIS, SANS FAMILLE, SANS ENFANTS, DEGRADE PAR	14	081
EN NOUS ASSEYANT; DE VIEUX ET PARFAITS AMIS. NOUS MANGEAMES, NOUS BUMES OUTRE MESURE	29	035
PERE, NI MERE, NI SOEUR, NI FRERE. --TES AMIS? --VOUS VOUS SERVEZ LA D'UNE PAROLE DONT	01	004
MECONNAISSAIT ALORS TOUS LES RAPPORTS D' AMITIE ET DE POLITESSE, ET MALTRAITAIT, COMME	22	022
SOLITAIRE DES HUMAINS, PRIVE D'AMOUR ET D' AMITIE, ET BIEN INFERIEUR EN CELA AU PLUS	07	023
ASSEZ CLAIREMENT LES INCONVENIENTS DE TON AMITIE. GARDE TES PRESENTS.'' LE SECOND SATAN	21	052
DISENT QUE LE PLAISIR REND L'AME BONNE ET AMOLLIT LE COEUR. LA CHANSON AVAIT RAISON CE	26	047
ET SOMBRE LAISSE ENTREVOIR LES SPLENDEURS AMORTIES D'UNE JUPE ECLATANTE, COMME SOUS LE	22	061
FRONT HABITENT LA VOLONTE TENACE ET L' AMOUR DE LA PROIE. CEPENDANT, AU BAS DE CE	36	024
DE SES MILLIONS. AINSI FURENT DONNES L' AMOUR DU BEAU ET LA PUISSANCE POETIQUE AU FILS	20	047
LUI PRESENTE. CE QUE LES HOMMES NOMMENT AMOUR EST BIEN PETIT; BIEN RESTREINT ET BIEN	12	025
ET LE PLUS SOLITAIRE DES HUMAINS, PRIVE D' AMOUR ET D'AMITIE, ET BIEN INFERIEUR EN CELA	07	023
--OUI! CELA NE POUVAIT CONTINUER AINSI. L' AMOUR ETAIT DEVENU POUR MOI UN CAUCHEMAR	42	146
EST DELICIEUSE POURTANT! LE TEMPS ET L' AMOUR L'ONT MARQUEE DE LEURS GRIFFES ET LUI	39	002
AMOUREUSES ET CHARMANTES! LE TEMPS ET L' AMOUR L'ONT VAINEMENT MORDUE A BELLES DENTS;	39	017
DU SEIN DE MA MAITRESSE LES ELANS DE L' AMOUR LE PLUS FORCENE. APRES UN AN DE VIE	42	069
MUET DE MON INSEPARABLE SPECTRE. L' AMOUR M'APPARAISSAIT COMME UNE TUTELLE. QUE DE	42	132
AUSSI DIFFICILE DE SUPPOSER UNE MERE SANS AMOUR MATERNEL QU'UNE LUMIERE SANS CHALEUR;	30	012
PAS PARFAITEMENT LEGITIME D'ATTRIBUER A L' AMOUR MATERNEL TOUTES LES ACTIONS ET LES	30	014
IL SOIT IMPOSSIBLE SE TROMPER. C'EST L' AMOUR MATERNEL. IL EST AUSSI DIFFICILE DE	30	011
PETIT BOHEMIEN, TANTOT EN ANGE, TANTOT EN AMOUR MYTHOLOGIQUE. JE LUI AI FAIT PORTER LE	30	028
INDESTRUCTIBLE DE SON ARMATURE. L' AMOUR N'A PAS ALTERE LA SUAVITE DE SON HALEINE	39	011
VULGAIRES, TELLES QUE LA HAINE ET L' AMOUR PROFANE, M'APPARAISSAIENT MAINTENANT	15	006
ENERGIE SANS VIOLENCE. L'HISTOIRE DE MON AMOUR RESSEMBLE A UN INTERMINABLE VOYAGE SUR	42	125
DE SUITE LES INNOMBRABLES LEGENDES DE L' AMOUR TROMPE, DU DEVOUEMENT MECONNU, DES	13	022
JE VEUX PARLER DU COMIQUE DANS L' AMOUR, ET D'UN COMIQUE QUI N'EXCLUT PAS	42	081
TOURNAIS MES REGARDS VERS LES VOTRES, CHER AMOUR, POUR Y LIRE MA PENSEE; JE PLONGEAIS	26	051
QUI, COMME DES NEGRES MARRONS, AFFOLES DE AMOUR, QUITTENT, A DE CERTAINS JOURS, LEUR	50	068
RENDEZ-VOUS D'AFFAIRES, RENDEZ-VOUS D' AMOUR. A TRAVERS LA BRUME, A TRAVERS LA NEIGE,	50	052
DES CHASES. C'EST LE PREMIER DEGRE DE L' AMOUR. AU SECOND DEGRE, ON COMMENCE A CHOISIR.	42	018
COMME LA JEUNESSE SOUS LA DOMINATION DE L' AMOUR. L'EXTASE UNIVERSELLE DES CHOSES NE	07	003
TOULOUSE, VILLES BENIES DU SOLEIL, AMOUREUSES ET CHARMANTES! LE TEMPS ET L'AMOUR	39	015
QU'IL NE DECRETE PAS D'ACCUSATION LES AMOUREUX DE LA SOLITUDE ET DU MYSTERE. IL Y A	23	015
MUSIQUES DE LA VIE NOUS ARRIVAIENT EN UN AMOUREUX MURMURE.	34	049
ET PLUS DESPOTE QUE TOUS SES PAREILS, AMOUREUX PASSIONNE DES BEAUX-ARTS, EXCELLENT	27	018
JE LA BOUSCULAIS PAR UN GESTE UN PEU TROP AMOUREUX, ELLE SE CONVULSAIT COMME UNE	42	049
PRESENTANT A BRAS TENDU LA PETITE AMPHORE A BAVAROISES OU L'OBELISQUE BICOLORE	26	025
UNE AME FATIGUEE DES LUTTES DE LA VIE. L' AMPLEUR DU CIEL, L'ARCHITECTURE MOBILE DES	41	002
D'OU L'ON PEUT CONTEMPLER LA VILLE EN SON AMPLEUR, HOPITAL, LUPANAR, PURGATOIRE, ENFER,	51	002
TROUVE CURIEUX, SINGULIER, QU'IL S' AMUSAT A COMPROMETTRE LES PAUVRES; MAIS JE NE	28	054
QUATRIEME DIT: ''VOUS SAVEZ QUE JE NE M' AMUSE GUERE A LA MAISON; ON NE ME MENE JAMAIS	31	074
COMME JE NE DORMAIS PAS, JE ME SUIS AMUSE, PENDANT QU'ELLE DORMAIT, A PASSER MA	31	053
DIVERTISSEMENT INNOCENT. IL Y A SI PEU D' AMUSEMENTS QUI NE SOIENT PAS COUPABLES? QUAND	19	002
QUE MON MAUDIT GAZETIER ME LAISSE M' AMUSER A MA GUISE. ''VOUS N'EPROUVEZ DONC	23	027
SONT UN PRISME MERVEILLEUSEMENT PROPRE A AMUSER LES YEUX SANS JAMAIS LES LASSER. LES	41	005
A LA GENERATION DONT IL FUT LE BRILLANT AMUSEUR; DU VIEUX POETE SANS AMIS, SANS	14	080
ELANS DE L'AMOUR LE PLUS FORCENE. APRES UN AN DE VIE COMMUNE, ELLE M'AVOUA QU'ELLE	42	070
A OPERER UNE DEMARCHE NECESSAIRE DEPUIS UN AN, SE SENTENT QUELQUEFOIS BRUSQUEMENT	09	011
C'ETAIT L'EXPLOSION DU NOUVEL AN: CHAOS DE BOUE ET DE NEIGE, TRAVERSE DE	04	001
TROIS CENT SOIXANTE-CINQ FOIS PAR AN. UNE AUTRE ENCORE: JE NE PUIS JAMAIS	13	058
NE SERAIS-TU PAS ENCADREE DANS TON ANALOGIE, ET NE POURRAIS-TU PAS TE MIRER, POUR	18	065
AINSI, FUYONS VERS LES PAYS QUI SONT LES ANALOGIES DE LA MORT. -- JE TIENS NOTRE	48	031
VIE; ON Y RESPIRAIT UNE BEATITUDE SOMBRE, ANALOGUE A CELLE QUE DURENT EPROUVER LES	29	016
CHEZ LUI, RELATIVEMENT A MOI, UN DESIR ANALOGUE, CAR IL ME FIT; EN PASSANT, UN	29	005
CULTIVER LE REVE DE MA VIE.'' ET, TOUT EN ANALYSANT DES YEUX LES DETAILS DE LA GRAVURE,	24	016
AU REVE PUR, A L'IMPRESSION NON ANALYSEE, L'ART DEFINI, L'ART POSITIF EST UN	05	014
OBSEDE PAR CETTE VISION; JE CHERCHAI A ANALYSER MA SOUDAINE DOULEUR, ET JE ME DIS: JE	14	078
ET INDIVISIBLE DU GENIE, QUEL ANALYSTE AURA LE DETESTABLE COURAGE DE VOUS	32	034
ETEINDRE TOUT A FAIT LE SOUVENIR DE ANCIENNES RANCUNES.'' IL EST DOUTEUX QUE SON	29	091
LES LIGNES DE SON CORPS, LA MOLLESSE DES ANCIENS BACCHUS. SES BEAUX YEUX LANGUISSANTS,	21	013
MEME CONNAIT-IL LE RAFFINEMENT PROFOND DES ANCIENS EGYPTIENS; POUR QUI IL N'Y AVAIT PAS	45	006
DE CES CASQUES HORRIBLES PAR LESQUELS LES ANCIENS GUERRIERS ESPERAIENT AJOUTER A LA	06	013
PAR UN MALOTRU ARME D'UN FOUET. COMME L' ANE ALLAIT TOURNER L'ANGLE D'UN TROTTOIR; UN	04	009
DE LA POSTERITE! ET SURTOUT QUE CET ANE N'OUBLIE PAS DE PORTER; DELICATEMENT	50	011
LEUR APPROBATION A SON CONTENTEMENT. L' ANE NE VIT PAS CE BEAU PLAISANT, ET CONTINUA	04	017
REVIENS A CALIFOURCHON SUR CE FAMEUX ANE QUI T'ACCOMPAGNE TOUJOURS DANS LA MEMOIRE	50	010
DE CE TOHU-BOHU ET DE CE VACARME, UN ANE TROTTAIT VIVEMENT, HARCELE PAR UN MALOTRU	04	006
A DEMI EVEILLE, GOUTE LES VOLUPTES DE SON ANEANTISSEMENT. CEPENDANT DOROTHEE, FORTE ET	25	005

POEM LINE

POEM	LINE		
43	022	LA MAIN, IL AJOUTA: ''AH! MON CHER	ANGE, COMBIEN JE VOUS REMERCIE DE MON
49	029	DEMON, POURQUOI N'AURAIS-JE PAS MON BON	ANGE, ET POURQUOI N'AURAIS-JE PAS L'HONNEUR,
47	089	UN PETIT INTERNE, QUI EST JOLI COMME UN	ANGE, ET QUI EST POLI! ET QUI TRAVAILLE, LE
26	058	IL EST DIFFICILE DE S'ENTENDRE, MON CHER	ANGE, ET TANT LA PENSEE EST INCOMMUNICABLE,
43	016	QUI A LA MINE SI HAUTAINE. EH BIEN! CHER	ANGE, JE ME FIGURE QUE C'EST VOUS''. ET IL
49	027	JE RECONNUS BIEN; C'ETAIT CELLE D'UN BON	ANGE, OU D'UN BON DEMON, QUI M'ACCOMPAGNE
30	028	TANTOT EN PETIT BOHEMIEN, TANTOT EN	ANGE, TANTOT EN AMOUR MYTHOLOGIQUE. JE LUI AI
18	014	LA FOIS; OU TOUT VOUS RESSEMBLE, MON CHER	ANGE. TU CONNAIS CETTE MALADIE FIEVREUSE QUI
11	023	ANIMAUX QU'ON APPELLE GENERALEMENT ''MON	ANGE!''; C'EST-A-DIRE UNE FEMME. L'AUTRE
47	065	--VOICI MAINTENANT W., UN FAMEUX MEDECIN	ANGLAIS; JE L'AI ATTRAPE A SON VOYAGE A PARIS.
42	093	ELLE AVAIT UNE MANIERE DOUCE, REVEUSE,	ANGLAISE ET ROMANESQUE DE DIRE: ''J'AI FAIM!''
04	009	D'UN FOUET, COMME L'ANE ALLAIT TOURNER L'	ANGLE D'UN TROTTOIR; UN BEAU MONSIEUR GANTE,
09	071	ET ACCROCHER EN MAINT ENDROIT LES	ANGLES DE SA FRAGILE MARCHANDISE. ENFIN IL
18	017	NOSTALGIE DU PAYS QU'ON IGNORE, CETTE	ANGOISSE DE LA CURIOSITE? IL EST UNE CONTREE
32	043	ABSTRUSES, CHANTRE DE LA VOLUPTE ET DE L'	ANGOISSE ETERNELLES; PHILOSOPHE, POETE ET
30	084	DONT LA SEULE PENSEE ME CAUSAIT UNE	ANGOISSE TERRIBLE: IL FALLAIT AVERTIR LES
22	046	INTERIEURE; VOUS ETES LA DELIVRANCE D'UNE	ANGOISSE! DANS LA SOLITUDE DES PLAINES, DANS
05	073	DE REGRETS, DE SPASMES, DE PEURS, D'	ANGOISSES, DE CAUCHEMARS, DE COLERES ET DE
13	102	ET IL NE PEUT MEME PAS, COMME LE PUR	ANIMAL, COMME LE CHIEN ET LE CHAT; SERVIR DE
14	004	LES FAISEURS DE TOURS, LES MONTREURS D'	ANIMAUX ET LES BOUTIQUIERS AMBULANTS; POUR
11	022	LA VOTRE. ''CE MONSTRE EST UN DE CES	ANIMAUX QU'ON APPELLE GENERALEMENT ''MON
37	033	PARFUMS QUI TROUBLENT LA VOLONTE, ET LES	ANIMAUX SAUVAGES ET VOLUPTUEUX QUI SONT LES
42	030	DES FEMMES. CE QUE J'AIME SURTOUT DANS LES	ANIMAUX, C'EST LEUR CANDEUR. JUGEZ DONC
07	024	INFERIEUR EN CELA AU PLUS IMPARFAIT DES	ANIMAUX. CEPENDANT JE SUIS FAIT, MOI AUSSI,
27	078	STATUES DE L'ANTIQUITE, MIRACULEUSEMENT	ANIMEES, VIVANTES, MARCHANTES, VOYANTES,
21	032	CHEVILLES DELICATES TRAINAIENT QUELQUES	ANNEAUX D'UNE CHAINE D'OR ROMPUE, ET QUAND LA
14	006	POUR COMPENSER LES MAUVAIS TEMPS DE L'	ANNEE. EN CES JOURS-LA IL ME SEMBLE QUE LE
47	051	QU'ON A PU VOIR ETALEE PENDANT PLUSIEURS	ANNEES SUR LE QUAI VOLTAIRE. ''TIENS! LE
26	029	PLANTE UN BRAVE HOMME D'UNE QUARANTAINE D'	ANNEES, AU VISAGE FATIGUE, A LA BARBE
42	143	ET SANS COLERE.'' PENDANT PLUSIEURS	ANNEES, JE L'AI ADMIREE, LE COEUR PLEIN DE
27	038	CONJURES; ET L'ORIGINE DE CE BRUIT FUT L'	ANNONCE D'UN GRAND SPECTACLE OU FANCIOULLE
50	092	PLANTEE COMME UN DE CES MATS AERIENS QUI	ANNONCENT QUE LA MACONNERIE EST ACHEVEE.
05	080	DANS LA VIE HUMAINE QUI AIT MISSION D'	ANNONCER UNE BONNE NOUVELLE, LA BONNE NOUVELLE
13	057	LAISSAIT TOMBER SUR ELLE. DEPUIS BIEN DES	ANS PEUT-ETRE! TROIS CENT SOIXANTE-CINQ FOIS
25	059	RACHETER SA PETITE SOEUR QUI A BIEN ONZE	ANS, ET QUI EST DEJA MURE, ET SI BELLE! ELLE
49	003	DANS CE TEMPS-LA (IL Y A SEIZE OU DIX-SEPT	ANS); JE VEUX PARLER DES LIVRES OU IL EST
47	040	PLUS TARD, ME TUTOYANT, ELLE REPRENAIT SON	ANTIENNE, ET ME DISAIT: ''TU ES MEDECIN,
34	007	ET DECHIFFRER L'ALPHABET CELESTE DES	ANTIPODES. ET CHACUN DES PASSAGERS GEMISSAIT
49	061	L'EXCELLENCE DE SA THEORIE! --JE VIS CETTE	ANTIQUE CARCASSE SE RETOURNER, SE REDRESSER
20	004	VIE DEPUIS VINGT-QUATRE HEURES. TOUTES CES	ANTIQUES ET CAPRICIEUSES SOEURS DU DESTIN,
27	077	CE QUE LES MEILLEURES STATUES DE L'	ANTIQUITE, MIRACULEUSEMENT ANIMEES, VIVANTES,
36	009	NOCTURNE ET PROFOND. SES YEUX SONT DEUX	ANTRES OU SCINTILLE VAGUEMENT LE MYSTERE, ET
09	028	JOUEUR, POUR CONNAITRE LES PLAISIRS DE L'	ANXIETE, POUR RIEN, PAR CAPRICE, PAR
22	001	LE JOUR TOMBE. UN GRAND	APAISEMENT SE FAIT DANS LES PAUVRES ESPRITS
25	031	SOURIANT D'UN BLANC SOURIRE, COMME SI ELLE	APERCEVAIT AU LOIN DANS L'ESPACE UN MIROIR
42	131	GESTE OU UN SENTIMENT DERAISONNABLE SANS	APERCEVOIR IMMEDIATEMENT LE REPROCHE MUET DE
34	003	DONT LES BORDS NE SE LAISSENT QU'A PEINE	APERCEVOIR; CENT FOIS IL S'ETAIT REPLONGE,
31	040	AVEC SON BON DIEU, QUE LUI SEUL PEUT	APERCEVOIR!'' DIT ALORS LE TROISIEME, DONT
35	010	LA VIE. PAR DELA DES VAGUES DE TOITS, J'	APERCOIS UNE FEMME MURE, RIDEE DEJA, PAUVRE,
13	025	SUPPORTES. AVEZ-VOUS QUELQUEFOIS	APERCU DES VEUVES SUR CES BANCS SOLITAIRES,
47	022	BIEN CONNUS. SEULEMENT, DETAIL NON	APERCU PAR REGNIER, DEUX OU TROIS PORTRAITS DE
07	015	DANS CETTE JOUISSANCE UNIVERSELLE, J'AI	APERCU UN ETRE AFFLIGE. AUX PIEDS D'UNE
09	061	LA PREMIERE PERSONNE QUE J'	APERCUS DANS LA RUE, CE FUT UN VITRIER DONT LE
13	075	PEUPLE VETU DE BLOUSES ET D'INDIENNE, J'	APERCUS UN ETRE DONT LA NOBLESSE FAISAIT UN
30	103	TOURNAIENT VERS LA FUNEBRE ARMOIRE, JE M'	APERCUS; AVEC UN DEGOUT MELE D'HORREUR ET DE
16	003	PROMENANT DANS LA BANLIEUE DE NANKIN, S'	APERCUT QU'IL AVAIT OUBLIE SA MONTRE, ET
24	036	COMME IL SUIVAIT UNE GRANDE AVENUE, IL	APERCUT UNE AUBERGE PROPRETTE, OU D'UNE
50	030	LA PISTE D'UN AMI, NI DANS LEUR TETE	APLATIE ASSEZ D'INTELLIGENCE POUR JOUER AU
14	026	PLUIE ET LE SOLEIL; IL LANCAIENT, AVEC L'	APLOMB DES COMEDIENS SUR DE LEURS EFFETS, DES
20	074	DONC LA BONNE FEE REPONDIT, AVEC L'	APLOMB DIGNE DE SON RANG: ''JE DONNE A TON
23	028	ME DIT-IL, AVEC UN TON DE NEZ TRES-	APOSTOLIQUE, --LE BESOIN DE PARTAGER VOS
15	006	TELLES QUE LA HAINE ET L'AMOUR PROFANE, M'	APPARAISSAIENT MAINTENANT AUSSI ELOIGNEES QUE
42	133	DE MON INSEPARABLE SPECTRE. L'AMOUR M'	APPARAISSAIT COMME UNE TUTELLE. QUE DE
19	017	GRILLE D'UN VASTE JARDIN, AU BOUT DUQUEL	APPARAISSAIT LA BLANCHEUR D'UN JOLI CHATEAU
30	125	COMME CHERCHANT A DEGUISER SOUS UN	APPARENT BADINAGE LA SINCERITE DE LA DEMANDE;
18	045	DE SUMATRA, QUI EST COMME L'AME DE L'	APPARTEMENT. UN VRAI PAYS DE COCAGNE, TE
30	131	D'HOMMES; TOUS; CROYEZ-LE BIEN, N'	APPARTENAIENT PAS A LA CLASSE INFIME ET
50	080	AVEC LES CHEVAUX? EN VOICI DEUX QUI	APPARTIENNENT A UN ORDRE ENCORE PLUS CIVILISE!
36	003	JE BRULE DE PEINDRE CELLE QUI M'EST	APPARUE SI RAREMENT ET QUI A FUI SI VITE,
20	052	EN CES CAS SOLENNELS, EST SANS	APPEL, ET QU'AUCUN DON NE PEUT ETRE REFUSE.
04	018	ET CONTINUA DE COURIR AVEC ZELE OU L'	APPELAIT SON DEVOIR. POUR MOI, JE FUS PRIS
30	068	NEGLIGE DE VOUS DIRE QUE J'AVAIS VIVEMENT	APPELE AU SECOURS; MAIS TOUS MES VOISINS
23	042	ET DANS UNE PROSTITUTION QUE JE POURRAIS	APPELER FRATERNITAIRE, SI JE VOULAIS PARLER LA
18	004	BRUMES DE NOTRE NORD, ET QU'ON POURRAIT	APPELER L'ORIENT DE L'OCCIDENT, LA CHINE DE
15	039	NE PUS M'EMPECHER DE RIRE EN ENTENDANT L'	APPELLATION DONT IL VOULAIT BIEN HONORER MON
15	075	Y A DONC UN PAYS SUPERBE OU LE PAIN S'	APPELLE DU GATEAU, FRIANDISE SI RARE QU'ELLE
11	022	''CE MONSTRE EST UN DE CES ANIMAUX QU'ON	APPELLE GENERALEMENT ''MON ANGE!'',
50	004	DE CE PEINTRE DE LA NATURE POMPEUSE QUE J'	APPELLERAI A MON AIDE. NON. BIEN PLUS
15	027	A REPARER LA FATIGUE A ET SOULAGER L'	APPETIT CAUSES PAR UNE SI LONGUE ASCENSION. IL
27	120	ET DE LA RANCUNE, MEME PENDANT QU'IL	APPLAUDISSAIT OSTENSIBLEMENT LES TALENTS DE
27	107	LE PRINCE LUI-MEME, ENIVRE, MELA SES	APPLAUDISSEMENTS A CEUX DE SA COUR. CEPENDANT,
15	056	YEUX DE L'USURPATEUR! A SON TOUR CELUI-CI	APPLIQUA TOUTES SES FORCES A ETRANGLER SON
20	064	D'UNE LOI BIEN CONNUE, QUOIQUE RAREMENT	APPLIQUEE; DANS LE MONDE SURNATUREL, HABITE
49	076	ETES REELLEMENT PHILANTHROPE, QU'IL FAUT	APPLIQUER A TOUS VOS CONFRERES; QUAND ILS VOUS
21	108	CONNAISSANCE; ET LE SON RAUQUE DU CUIVRE	APPORTA A MES OREILLES JE NE SAIS QUEL
20	011	FOI DANS LES FEES ETAIENT VENUS; CHACUN	APPORTANT SON NOUVEAU-NE DANS SES BRAS. LES
42	168	EXPLIQUE D'AILLEURS. ENSUITE ON FIT	APPORTER DE NOUVELLES BOUTEILLES; POUR TUER LE
45	004	A COUP SUR, LE MAITRE DE CE CABARET SAIT	APPRECIER HORACE ET LES POETES ELEVES
27	147	DEPUIS LORS; PLUSIEURS MIMES, JUSTEMENT	APPRECIES DANS DIFFERENTS PAYS; SONT VENUS
31	121	LES PRIER DE M'EMMENER AVEC EUX ET DE M'	APPRENDRE A JOUER DE LEURS INSTRUMENTS; MAIS
11	062	IL ME PREND QUELQUEFOIS ENVIE DE VOUS	APPRENDRE CE QUE C'EST QUE LE VRAI MALHEUR.

	POEM	LINE
A L'INCONNU QUI PASSE. IL EST BON D'		
LE MORCEAU QUE VOUS LEUR AVEZ DONNE, AYANT		
COQUETTE? ET TOUTES CES AFFECTATIONS		
COMME POUR LES PRIER D'AJOUTER LEUR		
SANS DENTS ET SANS CHEVEUX. ET ELLE S'		
OU IL TREBUCHA EN GROGNANT. JE M'		
TANT DE REPROCHES. IL TROUVE QUELQUE CHOSE		
UN RIVAGE FUT SIGNALE; ET NOUS VIMES, EN		
AUX VIVRES, SANS DOUTE? --QUELQUE CHOSE D'		
DE PARIS NE POURRAIT FOURNIR UN EXEMPLE		
GEMISSAIT ET GROGNAIT. ON EUT DIT QUE L'		
CORRESPONDANT DU RIRE ET DU SOURIRE, S'		
ON AIME EN AUTOMNE; ON DIRAIT QUE LES		
''MON BEAU CHIEN, MON CHER TOUTOU,		
EST MAUVAISE POUR L'HOMME; ET A L'		
EXCEPTE L'ASPECT DE CETTE TOURBE QUI S'		
ILS SUPPLIENT, ILS SE DESOLENT, ET ILS		
TOUT; MAIS IL Y A DES GENS D'ESPRIT QUI,		
DOUTE, J'IRAI VOUS VOIR, MAIS PLUS TARD,		
MIENNE, ET JE LUI DIS: ''VOUS AVEZ RAISON;		
EPOUVANTABLE ME REPOND: ''--MONSIEUR, D'		
NON MOINS EXTRAORDINAIRE, IL ME SEMBLAIT,		
AUSSI EST-ELLE MORTE QUELQUES JOURS		
DE SON INOUIE MUNIFICENCE. MAIS PEU A PEU,		
A JOUER LEUR MUSIQUE DE SAUVAGES, MEME		
D'UN AIR MOITIE ABRUTI, MOITIE REVEUR: ''		
LUI ENVOYER. CELA M'A DONNE CONFIANCE.		
EST INCONTESTABLEMENT MALHEUREUSE, QUOIQUE		
QU'UNE; --UN REVE QUI N'A RIEN D'ORIGINAL,		
Y AVAIT PEUT-ETRE QUELQUE PART (QUI SAIT,		
LES ELANS DE L'AMOUR LE PLUS FORCENE.		
DANS UN BOIS... AU BORD D'UNE MARE...		
''JE VAIS VOUS LE DIRE.'' PEU D'INSTANTS		
UN LIT TRES- LARGE AVEC DES DRAPS UN PEU		
ECLAIREE DES LUEURS D'UNE ETERNELLE		
PUISSANT ET PERSONNEL. ENFIN, DANS L'		
QUE L'IVRESSE DE L'ART EST PLUS		
PIROUETTES. LIGNE DROITE ET LIGNE		
ELLE EST VRAIMENT LAIDE; ELLE EST FOURMI;		
JE ME SAISIS D'UNE GROSSE BRANCHE D'		
QUATRE DENTS, ET, AVEC LA MEME BRANCHE D'		
A MES SONGES, LE CHANT PLAINTIF DES		
BELLE CASE EN RUINS, ENVELOPPEE DE TOUS CES		
IL VA PASSER DERRIERE CETTE RANGEE D'		
--ET LE LONG DES CABARETS, AU PIED DES		
HAINE DU VEGETAL, QU'IL ARRACHE TOUS LES		
FORCE IRRESISTIBLE, COMME LA FLECHE D'UN		
TROP LONGTEMPS. L'UN, EN TRAINANT SON		
LUTTES DE LA VIE. L'AMPLEUR DU CIEL, L'		
NAVIRES DE TOUTES FORMES DECOUPANT LEURS		
A MANGER JE CONTEMPLAIS LES MOUVANTES		
SOUVENT UN ENFANT DONT LA PHYSIONOMIE		
LES GARGOULETTES RAFRAICHISSANTES. DANS L'		
LE CERVEAU DANS L'ATMOSPHERE DES		
LE GAZ LUI-MEME Y DEPLOYAIT TOUTE L'		
PARTICIPE BEAUCOUP, NE FUT-CE QUE PAR L'		
MUSQUES S'ILLUMINAIENT, EN VOLETANT, AUX		
ITALIEN; DU BON TEMPS; OFFRAIT AU DIVIN		
ET ENFIN; DANS LA DROITE, UNE PIECE D'		
DE BIEN L'HABILLER, DE LUI DONNER QUELQUE		
ME RESOUDRE A DEPOSER EN PASSANT QUELQUE		
ET LES ETOILES VACILLANTES D'OR ET D'		
DE FLATTERIES ET MEME D'ADORATIONS; L'		
D'OR; DANS LA DROITE, DE PETITES PIECES D'		
MOI, NE TE GENE PAS; JE N'AI PAS BESOIN D'		
ENCORE QUE LE SCULPTEUR PEUT L'ETRE DE L'		
VOUS VOUS CONNAISSEZ EN FORCE?'' ET ELLE		
MAIS MUSICALEMENT ET PITTORESQUEMENT, SANS		
LE DEMON FREQUENTE VOLONTIERS LES LIEUX		
IL Y A UNE SORTE DE PLAISIR MYSTERIEUX ET		
VU SA PAREILLE DANS LES COLLECTIONS DES		
ENDIABLEE DU MIDI FRANCAIS: NIMES, AIX,		
NI L'ELEGANCE INDESTRUCTIBLE DE SON		
TROTTAIT VIVEMENT, HARCELE PAR UN MALOTRU		
MEUBLES SONT VASTES, CURIEUX, BIZARRES,		
HEURES. POUR LES GRANDS C'EST UN		
TU VAS VOIR.'' ET ELLE TIRA D'UNE		
MES YEUX SE TOURNAIENT VERS LA FUNEBRE		
DE MA VIE, PENDU AU PANNEAU DE CETTE		
DE BLEU. L'AME Y PREND UN BAIN DE PARESSE,		
JOUR''; ET, SUR CETTE SAGE PAROLE, IL LUI		
SON HALEINE D'ENFANT; ET LE TEMPS N'A RIEN		
Y A UNE TELLE HAINE DU VEGETAL, QU'IL		
LE SOMMEIL DES HOMMES PURS, MAIS LA LUNE		
ENCORE. JE M'ELANCAI VIVEMENT POUR		
COMPRIS POURQUOI LA MERE TENAIT TANT A M'		
TRISTE, SEMBLABLE A UN PRETRE A QUI ON		
QUITTE SA PETITE CASE SI COQUETTEMENT		
TOUS LES DEUX, EN LEUR PAYANT LES		
EN PASSANT PLUS TARD DANS UNE RUE, IL S'		
ET LES LUMIERES, DONT LE FLOT MOUVANT S'		

	POEM	LINE
APPRENDRE QUELQUEFOIS AUX HEUREUX DE CE MONDE,	12	030
APPRIS A SE DEFIER DE L'HOMME. SUR UNE ROUTE,	19	015
APPRISES DANS LES LIVRES, ET CETTE INFATIGABLE	11	059
APPROBATION A SON CONTENTEMENT. L'ANE NE VIT	04	016
APPROCHA DE LUI, VOULANT LUI FAIRE DES	02	006
APPROCHAI DU BALCON ET JE ME SAISIS D'UN PETIT	09	081
APPROCHANT CETTE PROFONDEUR DE SENTIMENT	28	015
APPROCHANT, QUE C'ETAIT UNE TERRE MAGNIFIQUE,	34	021
APPROCHANT, UNE ESPECE D'EMPLOYE DANS	42	101
APPROCHANT. IL ME PARUT SINGULIER QUE J'EUSSE	29	011
APPROCHE DE LA TERRE EXASPERAIT LEUR	34	008
APPROCHE ET POSE CURIEUSEMENT SON NEZ HUMIDE	08	006
APPROCHES DE L'HIVER ALLUMENT DANS SON COEUR	39	025
APPROCHEZ ET VENEZ RESPIRER EN EXCELLENT	08	002
APPUI DE SA THESE IL CITE, COMME TOUS LES	23	002
APPUIE LA-BAS SUR LA BARRIERE EXTERIEURE	13	070
APPUIENT SOUVENT LEUR MAIN SUR UN POIGNARD	31	012
APRES BOIRE, NE MEPRISENT PAS LES	42	012
APRES LE MEDECIN, QUE DIABLE!... --AH! AH!	47	011
APRES LE PLAISIR D'ETRE ETONNE, IL N'EN EST	28	020
APRES LES IMMORTELS PRINCIPES DE	40	006
APRES PLUSIEURS HEURES, QUE JE N'ETAIS PAS	29	037
APRES QUE J'EUS FAIT SA CONNAISSANCE, ET C'EST	38	006
APRES QUE JE L'EUS QUITTE, L'INCURABLE	29	122
APRES QUE LA FOULE S'EST DISPERSEE. ENFIN ILS	31	100
APRES TOUT, CELA VAUT PEUT-ETRE MIEUX AINSI;	30	092
APRES TOUT, JE SUIS ASSEZ BELLE FEMME, QUOIQUE	47	093
APRES TOUT, PEUT-ETRE, LES JOUISSANCES	11	046
APRES TOUT, SI CE N'EST QUE, REVE PAR TOUS LES	26	010
APRES TOUT?), POUR RECOMPENSER TANT DE	50	108
APRES UN AN DE VIE COMMUNE, ELLE M'AVOUA	42	069
APRES UNE MELANCOLIQUE PROMENADE OU SES YEUX,	42	150
APRES, IL REPARUT; TENANT DANS SES BRAS UN	16	008
APRES, MAIS FRAIS! QUOI DE MIEUX?'' ET EN	24	044
APRES-MIDI, ILS SENTIRENT NAITRE EN EUX, AUX	29	019
APRES-MIDI, SOUS UN CIEL D'AUTOMNE CHARMANT,	13	048
APTE QUE TOUTE AUTRE A VOILER LES TERREURS DU	27	094
ARABESQUE, INTENTION ET EXPRESSION; ROIDEUR DE	32	031
ARAIGNEE, SI VOUS VOULEZ, SQUELETTE MEME; MAIS	39	006
ARBRE QUI TRAINAIT A TERRE, ET JE LE BATTIS	49	058
ARBRE, ME BATTIT DRU COMME PLATRE. --PAR MON	49	067
ARBRES A MUSIQUE, DES MELANCOLIQUES FILAOS!	24	031
ARBRES BIZARRES ET LUISANTS DONT J'AI OUBLIE	24	018
ARBRES QUI EST PRESQUE A L'HORIZON... ET	31	034
ARBRES, FAITES-EN HOMMAGE AUX HEUREUX INCONNUS	19	030
ARBRES. VOILA UN PAYSAGE SELON TON GOUT; UN	48	013
ARC. LE MORALISTE ET LE MEDECIN, QUI	09	013
ARCHET SUR SON VIOLON, SEMBLAIT RACONTER UN	31	093
ARCHITECTURE MOBILE DES NUAGES, LES	41	002
ARCHITECTURES FINES ET COMPLIQUEES SUR UN CIEL	17	019
ARCHITECTURES QUE DIEU FAIT AVEC LES VAPEURS,	44	003
ARDENT ET ESPIEGLE, PLUS QUE TOUTES LES	30	025
ARDENT FOYER DE TA CHEVELURE, JE RESPIRE	17	026
ARDENTS PARFUMS DE LA MORT; IL ENTENDIT UNE	45	023
ARDEUR D'UN DEBUT, ET ECLAIRAIT DE TOUTES SES	26	017
ARDEUR DU DESIR, DE CETTE HUMEUR, HYSTERIQUE	09	056
ARDEURS DE SON SOUFFLE. AUTOUR DE SA TUNIQUE	21	019
ARETIN SOIT UNE DAGUE ENRICHIE DE PIERRERIES,	50	126
ARGENT DE DEUX FRANCS QU'IL AVAIT	28	006
ARGENT ET DE NE PAS LUI IMPOSER D'AUTRE PEINE	30	034
ARGENT SUR UNE DE SES PLANCHES, ESPERANT QU'IL	14	074
ARGENT, DONT ELLE EST SEMEE, REPRESENTENT CES	22	063
ARGENT; L'OR, LES DIAMANTS; LES PALAIS	29	110
ARGENT; DANS LA POCHE GAUCHE DE SA CULOTTE,	28	004
ARGENT.'' MAIS TU COMPRENDS QUE JE LUI AI FAIT	47	096
ARGILE; ET TU CONNAITRAS LE PLAISIR, SANS	21	041
ARGUMENTAIT. ''UN BEAU JOUR ELLE S'EST MISE A	42	045
ARGUTIES, SANS SYLLOGISMES; SANS DEDUCTIONS.	03	014
ARIDES, ET QUE L'ESPRIT DE MEURTRE ET DE	23	005
ARISTOCRATIQUE POUR CELUI QUI N'A PLUS NI	41	010
ARISTOCRATIQUES BEAUTES DU PASSE. UN PARFUM DE	13	080
ARLES, AVIGNON, NARBONNE, TOULOUSE, VILLES	39	014
ARMATURE. L'AMOUR N'A PAS ALTERE LA SUAVITE DE	39	010
ARME D'UN FOUET, COMME L'ANE ALLAIT TOURNER	04	007
ARMES DE SERRURES ET DE SECRETS COMME DES AMES	18	039
ARMISTICE CONCLU AVEC LES PUISSANCES	14	011
ARMOIRE UNE LIASSE DE PAPIERS, QUI N'ETAIT	47	048
ARMOIRE, JE M'APERCUS, AVEC UN DEGOUT MELE	30	103
ARMOIRE! SES PIEDS TOUCHAIENT PRESQUE LE	30	052
AROMATISE PAR LE REGRET ET LE DESIR. --C'EST	05	004
ARRACHE CRUELLEMENT LA PROIE, DONT LES BOYAUX	11	032
ARRACHE DE SON ABONDANTE CRINIERE D'OU	39	012
ARRACHE TOUS LES ARBRES. VOILA UN PAYSAGE	48	012
ARRACHEE DU CIEL, VAINCUE ET REVOLTEE, QUE LES	36	020
ARRACHER CES DERNIERS VESTIGES DU MALHEUR! ET	30	106
ARRACHER LA FICELLE ET PAR QUEL COMMERCE ELLE	30	135
ARRACHERAIT SA DIVINITE; JE NE POUVAIS; SANS	34	033
ARRANGEE, DONT LES FLEURS ET LES NATTES FONT A	25	038
ARRERAGES DE LEURS GAGES. --POUR MOI, REPRIT	42	058
ARRETA DEVANT UNE BOUTIQUE DE GRAVURES; ET,	24	007
ARRETAIT A QUELQUES PAS DE SA REPULSIVE	14	063

POEM	LINE		
27	056	DANS SON AME UNE INTENTION PLUS OU MOINS	ARRETEE DE CLEMENCE? C'EST UN POINT QUI N'A
28	035	PAR EXEMPLE, ALLAIT PEUT-ETRE LE FAIRE	ARRETER COMME FAUX MONNAYEUR OU COMME
43	001	LA VOITURE TRAVERSAIT LE BOIS; IL LA FIT	ARRETER DANS LE VOISINAGE D'UN TIR, DISANT
15	066	EXTENUES, HALETANTS, SANGLANTS, ILS S'	ARRETERENT PAR IMPOSSIBILITE DE CONTINUER; IL
27	013	SOCIETE. LES SEIGNEURS EN QUESTION FURENT	ARRETES, AINSI QUE FANCIOULLE, ET VOUES A UNE
31	047	COMME DANS L'AUBERGE OU NOUS NOUS SOMMES	ARRETES, IL N'Y AVAIT PAS ASSEZ DE LITS POUR
50	014	ENTRE SES LEVRES, SON IMMORTEL MACARON!''	ARRIERE LA MUSE ACADEMIQUE! JE N'AI QUE FAIRE
25	018	SON ENORME CHEVELURE PRESQUE BLEUE TIRE EN	ARRIERE SA TETE DELICATE ET LUI DONNE UN AIR
27	137	CHANCELA UN PEU EN AVANT, UN PEU EN	ARRIERE, ET PUIS TOMBA ROIDE MORT SUR LES
34	049	MUSC, ET D'OU LES MUSIQUES DE LA VIE NOUS	ARRIVAIENT EN UN AMOUREUX MURMURE.
47	001	COMME J'	ARRIVAIS A L'EXTREMITE DU FAUBOURG, SOUS LES
27	075	L'EFFORT, LA VOLONTE. OR, SI UN COMEDIEN	ARRIVAIT A ETRE, RELATIVEMENT AU PERSONNAGE
15	011	LE SOUVENIR DES CHOSES TERRESTRES N'	ARRIVAIT A MON COEUR QU'AFFAIBLI ET DIMINUE,
22	005	CEPENDANT DU HAUT DE LA MONTAGNE	ARRIVE A MON BALCON, A TRAVERS LES NUES
46	008	A TRAVERS CE CHAOS MOUVANT OU LA MORT	ARRIVE AU GALOP DE TOUS LES COTES A LA FOIS,
22	013	DE SABBAT? CETTE SINISTRE ULULATION NOUS	ARRIVE DU NOIR HOSPICE PERCHE SUR LA MONTAGNE;
31	043	JE VAIS VOUS RACONTER COMMENT IL M'EST	ARRIVE QUELQUE CHOSE QUI NE VOUS EST JAMAIS
13	035	TOUT A FAIT SEULE? JE NE SAIS... IL M'EST	ARRIVE UNE FOIS DE SUIVRE PENDANT DE LONGUES
27	058	PU ETRE ECLAIRCI. ENFIN, LE GRAND JOUR	ARRIVE, CETTE PETITE COUR DEPLOYA TOUTES SES
42	021	MOI, MESSIEURS, JE ME FAIS GLOIRE D'ETRE	ARRIVE, DEPUIS LONGTEMPS, A L'EPOQUE
31	044	QUELQUE CHOSE QUI NE VOUS EST JAMAIS	ARRIVE, ET QUI EST UN PEU PLUS INTERESSANT QUE
20	003	DES DONS PARMI TOUS LES NOUVEAU-NES,	ARRIVES A LA VIE DEPUIS VINGT-QUATRE HEURES.
06	030	DE L'HORIZON, A L'ENDROIT OU LA SURFACE	ARRONDIE DE LA PLANETE SE DEROBE A LA
49	004	PARLER DES LIVRES OU IL EST TRAITE DE L'	ART DE RENDRE LES PEUPLES HEUREUX, SAGES ET
27	110	SON POUVOIR DE DESPOTE? HUMILIE DANS SON	ART DE TERRIFIER LES COEURS ET D'ENGOURDIR LES
45	029	MORTELS IMPATIENTS, QUI VENEZ ETUDIER L'	ART DE TUER AUPRES DU SANCTUAIRE DE LA MORT!
05	014	REVE PUR, A L'IMPRESSION NON ANALYSEE, L'	ART DEFINI, L'ART POSITIF EST UN BLASPHEME.
27	094	IRREFUTABLE, QUE L'IVRESSE DE L'	ART EST PLUS APTE QUE TOUTE AUTRE A VOILER LES
27	087	DANS UN ETRANGE AMALGAME, LES RAYONS DE L'	ART ET LA GLOIRE DU MARTYRE. FANCIOULLE
18	053	SINGULIER, SUPERIEUR AUX AUTRES, COMME L'	ART L'EST A LA NATURE, OU CELLE-CI EST
05	015	NON ANALYSEE, L'ART DEFINI, L'	ART POSITIF EST UN BLASPHEME. ICI, TOUT A LA
27	103	QUE DONNE LA VUE D'UN CHEF-D'OEUVRE D'	ART VIVANT. LES EXPLOSIONS DE LA JOIE ET DE
14	056	OU LA NECESSITE; BIEN PLUS QUE L'	ART, AVAIT INTRODUIT LE CONTRASTE. IL NE RIAIT
27	075	DEVINER LE COMEDIEN, C'EST-A-DIRE LE	ART, L'EFFORT, LA VOLONTE. OR, SI UN COMEDIEN
12	002	DE MULTITUDE: JOUIR DE LA FOULE EST UN	ART; ET CELUI-LA SEUL PEUT FAIRE, AUX DEPENS
48	042	ROSES, COMME DES REFLETS D'UN FEU D'	ARTIFICE DE L'ENFER!'' ENFIN, MON AME FAIT
22	048	DES LANTERNES, VOUS ETES LE FEU D'	ARTIFICE DE LA DEESSE LIBERTE. CREPUSCULE!
07	016	D'UNE COLOSSALE VENUS, UN DE CES FOUS	ARTIFICIELS, UN DE CES BOUFFONS VOLONTAIRES
03	000	LE CONFITEOR DE L'	ARTISTE
03	027	ORGUEIL! L'ETUDE DU BEAU EST UN DUEL OU L'	ARTISTE CRIE DE FRAYEUR AVANT D'ETRE VAINCU.
27	021	AUX HOMMES ET A LA MORALE, VERITABLE	ARTISTE LUI-MEME, IL NE CONNAISSAIT D'ENNEMI
27	053	QUEL POINT LES FACULTES HABITUELLES D'UN	ARTISTE POUVAIENT ETRE ALTEREES OU MODIFIEES
36	001	PEUT-ETRE L'HOMME, MAIS HEUREUX L'	ARTISTE QUE LE DESIR DECHIRE! JE BRULE DE
32	044	ETERNELLES, PHILOSOPHE, POETE ET	ARTISTE, JE VOUS SALUE EN L'IMMORTALITE!
27	100	LA TOUTE-PUISSANTE DOMINATION DE L'	ARTISTE. PERSONNE NE REVA PLUS DE MORT, DE
18	034	CALMES ET PROFONDES, COMME LES AMES DES	ARTISTES QUI LES CREERENT. LES SOLEILS
05	013	COUCHANTS. SUR LES MURS NULLE ABOMINATION	ARTISTIQUE. RELATIVEMENT AU REVE PUR, A
27	019	SES PAREILS. AMOUREUX PASSIONNE DES BEAUX-	ARTS, EXCELLENT CONNAISSEUR D'AILLEURS, IL
37	011	SI TENDREMENT SERREE A LA GORGE QUE TU EN	AS GARDE POUR TOUJOURS L'ENVIE DE PLEURER.
48	020	DIVERTIRAS-TU DANS CETTE CONTREE DONT TU	AS SOUVENT ADMIRE L'IMAGE DANS LES MUSEES. QUE
09	070	DEVAIT EPROUVER QUELQUE PEINE A OPERER SON	ASCENSION ET ACCROCHER EN MAINT ENDROIT LES
15	028	L'APPETIT CAUSES PAR UNE SI LONGUE	ASCENSION. JE TIRAI DE MA POCHE UN GROS
13	069	DE SE LAISSER VIVRE; RIEN, EXCEPTE L'	ASPECT DE CETTE TOURBE QUI S'APPUIE LA-BAS SUR
29	028	CETTE CRAINTE QUI NAIT ORDINAIREMENT A L'	ASPECT DE L'INCONNU. SI JE VOULAIS ESSAYER DE
42	111	DIT D'UN TON FORT SERIEUX, PAR UN HOMME D'	ASPECT DOUX ET POSE, D'UNE PHYSIONOMIE PRESQUE
42	025	PARURE, ET CAETERA. J'AVOUERAI MEME QUE J'	ASPIRE QUELQUEFOIS, COMME A UN BONHEUR
36	025	VISAGE INQUIETANT, OU DES NARINES MOBILES	ASPIRENT L'INCONNU ET L'IMPOSSIBLE, ECLATE,
42	023	ELLE-MEME NE SUFFIT PLUS, SI ELLE N'EST	ASSAISONNEE PAR LE PARFUM, LA PARURE, ET
21	003	L'ESCALIER MYSTERIEUX PAR OU L'ENFER DONNE	ASSAUT A LA FAIBLESSE DE L'HOMME QUI DORT, ET
20	001	C'ETAIT GRANDE	ASSEMBLEE DES FEES, POUR PROCEDER A LA
29	120	DE L'HUMILIER DEVANT UNE AUSSI GRANDE	ASSEMBLEE, JE SERAIS VOLONTIERS TOMBE AUX
26	013	SOIR, UN PEU FATIGUEE, VOUS VOULUTES VOUS	ASSEOIR DEVANT UN CAFE NEUF QUI FORMAIT LE
29	034	MON HOTE ET MOI; NOUS ETIONS DEJA, EN NOUS	ASSEYANT, DE VIEUX ET PARFAITS AMIS. NOUS
47	093	M'A DONNE CONFIANCE. APRES TOUT, JE SUIS	ASSEZ BELLE FEMME, QUOIQUE PAS TROP JEUNE. JE
21	051	EMPETRES, SONT DES SYMBOLES QUI EXPLIQUENT	ASSEZ CLAIREMENT LES INCONVENIENTS DE TON
50	030	PISTE D'UN AMI; NI DANS LEUR TETE APLATIE	ASSEZ D'INTELLIGENCE POUR JOUER AU DOMINO! A
50	029	NE LOGENT MEME PAS DANS LEUR MUSEAU POINTU	ASSEZ DE FLAIR POUR SUIVRE LA PISTE D'UN AMI,
31	048	NOUS NOUS SOMMES ARRETES, IL N'Y AVAIT PAS	ASSEZ DE LITS POUR NOUS TOUS; IL A ETE DECIDE
49	056	PAR UN COUP DE PIED LANCE DANS LE DOS,	ASSEZ ENERGIQUE POUR BRISER LES OMOPLATES,
49	046	DEUX DENTS, ET COMME JE NE ME SENTAIS PAS	ASSEZ FORT, ETANT NE DELICAT ET M'ETANT PEU
27	020	IL ETAIT VRAIMENT INSATIABLE DE VOLUPTES,	ASSEZ INDIFFERENT RELATIVEMENT AUX HOMMES ET A
49	053	BANLIEUE DESERTE, JE ME TROUVAIS; POUR UN	ASSEZ LONG TEMPS, HORS DE LA PORTEE DE TOUT
30	046	JE SORTIS, ET MES AFFAIRES ME RETINRENT	ASSEZ LONGTEMPS HORS DE CHEZ MOI. ''QUELS NE
15	074	TOTALEMENT DISPARU! J'EN RESTAI TRISTE	ASSEZ LONGTEMPS, ME REPETANT SANS CESSE: ''IL
11	021	CE MONSTRE POILU DONT LA FORME IMITE	ASSEZ VAGUEMENT LA VOTRE. ''CE MONSTRE EST UN
27	030	PRINCE FUT QU'IL N'EUT JAMAIS UN THEATRE	ASSEZ VASTE POUR SON GENIE. IL Y A DE JEUNES
31	026	REGARDEZ LA-BAS...! LE VOYEZ- VOUS? IL EST	ASSIS SUR CE PETIT NUAGE ISOLE, CE PETIT NUAGE
45	025	VOIX CHUCHOTER SOUS LA TOMBE OU IL S'ETAIT	ASSIS. ET CETTE VOIX DISAIT: ''MAUDITES SOIENT
29	082	ET LA CONSCIENCE DES PEDAGOGUES, ET QU'IL	ASSISTAIT PRESQUE TOUJOURS EN PERSONNE.
30	095	LE CORPS ETAIT ETENDU SUR MON DIVAN, ET,	ASSISTE D'UNE SERVANTE, JE M'OCCUPAIS DES
27	040	ET DES MEILLEURS ROLES, ET AUQUEL	ASSISTERAIENT MEME, DISAIT-ON, LES
47	032	JE ME SOUVIENS QUE C'ETAIT VOUS QUI L'	ASSISTIEZ DANS LES OPERATIONS GRAVES. EN VOILA
13	050	LES REGRETS ET LES SOUVENIRS, ELLE S'	ASSIT A L'ECART DANS UN JARDIN, POUR ENTENDRE,
50	019	EXCEPTE LE PAUVRE DONT ILS SONT LES	ASSOCIES, ET LE POETE QUI LES REGARDE D'UN
49	047	ET M'ETANT PEU EXERCE A LA BOXE, POUR	ASSOMMER RAPIDEMENT CE VIEILLARD, JE LE SAISIS
49	000		ASSOMMONS LES PAUVRES!
21	116	IL FALLAIT QUE JE FUSSE BIEN LOURDEMENT	ASSOUPI POUR MONTRER DE TELS SCRUPULES. AH!
29	019	ILS SENTIRENT NAITRE EN EUX, AUX SONS	ASSOUPISSANTS DES MELODIEUSES CASCADES, LE
29	069	JOUIT DANS TOUTES LES PARTIES DU MONDE. M'	ASSURA QU'ELLE ETAIT, ELLE-MEME, LA PERSONNE
05	075	DE COLERES ET DE NEVROSES. JE VOUS	ASSURE QUE LES SECONDES MAINTENANT SONT
31	063	ET ILS SENTAIENT AUSSI BON, JE VOUS	ASSURE, QUE LES FLEURS DU JARDIN, A CETTE

POEM LINE

```
                    LES PARFUMS, LES FAIT MONTER VERS L'
SOLEIL NOIR, SI L'ON POUVAIT CONCEVOIR UN
PREPARATIFS, QUAND LA MERE ENTRA DANS MON
UNE CERTAINE BENEDICTA, QUI REMPLISSAIT L'
        SANS LE VOULOIR, LEUR PART DE CETTE
ET FASTUEUX, DESCENDANT, A TRAVERS L'
PASSA A COTE DE MOI ET S'ENFONCA DANS L'
QUI LUI CHAUFFAIT LE CERVEAU ET DANS L'
        EST PLUS BLEU ET PLUS PROFOND, OU L'
SANS EN DEVINER L'ENTREE. LA REGNAIT UNE
JUSQU'A MOI A TRAVERS LA LOURDE ET SALE
REMPLISSAIT TOUTE LA CHAMBRE, COMME UNE
LA SOEUR D'ELECTION? OUI, C'EST DANS CETTE
CHAMBRE VERITABLEMENT SPIRITUELLE, OU L'
UNE TRES-LEGERE HUMIDITE, NAGE DANS CETTE
        DONT J'AI OUBLIE LES NOMS.....  DANS L'
AVEC UNE LEGERETE EGALE A CELLE DE L'
DENONCER AU POUVOIR CES INDIVIDUS D'HUMEUR
LE QUATRIEME, J'AI ENDURE DES SOUFFRANCES
QUE, COMME UN LOUP PRIS AU PIEGE, JE RESTE
L'INTERET MORAL ET MYSTERIEUX QUI Y ETAIT
RAYONS D'UN SOLEIL AUTOMNAL SEMBLAIENT S'
PLUS QUE LE ROULEMENT DE QUELQUES FIACRES
ADMIRE COMME MOI TOUS CES CHIENS VIGOUREUX
        DU VERITABLE AMATEUR RECONNAIT, MEME
D'HOMME, C'EST-A-DIRE DANS UN FUMOIR
LES BERGERS DE VIRGILE ET DE THEOCRITE
RELATIVEMENT A MOI. NON-SEULEMENT J'ETAIS
QUE DE FOIS J'AI CONTEMPLE, SOURIANT ET
OBSTINEE DES CUISINIERS QUI VEULENT
JOLIES DENTS DU MONDE, QUI VOUS EUSSENT
FICELE, POSE AUSSI SUR LE GUERIDON: ''
        LA TETE! S... S... C... S... M...! --
OU VONT LES CHIENS, DITES-VOUS, HOMMES PEU
DES MILITAIRES, QUI SURVEILLENT, VOUS EN
JE VOUDRAIS VIVRE. VOUS N'Y AVEZ PAS FAIT
        CELA VA SANS DIRE. ''FAITES BIEN
QUI EST PRECIEUX!'' MAIS EN EXAMINANT PLUS
PROFESSION DE PEINTRE ME POUSSE A REGARDER
AUQUEL JE ME HATAI D'OBEIR. JE LE SUIVIS
ETAIT DEJA UN INCOMPRIS. JE LE REGARDAIS
DANS LE MEME LIT QUE MA BONNE.'' --ILS
LOURDES DRAPERIES QU'UNE MAIN INVISIBLE
TYRAN DU MONDE LUI AURAIENT CERTAINEMENT
TURBULENCE DANS LE VIDE N'A RIEN QUI
RECONNAIS A LEUR EFFRAYANTE MALICE! ELLES
TOI-MEME POUR T'OUBLIER DANS AUTRUI, ET D'
        ETERNEL DES FEES. AINSI LA PUISSANCE D'
LES CHOSES SERIEUSES ONT DE FATALES
S'APPUIE LA-BAS SUR LA BARRIERE EXTERIEURE
W., UN FAMEUX MEDECIN ANGLAIS; JE L'AI
EMPORTER LE PARADIS ECONOMIQUEMENT; ENFIN
LARME NE SUINTA DU COIN DE SON OEIL. J'
N'EST-IL DONC PAS PARFAITEMENT LEGITIME D'
        EST LA VEUVE LA PLUS TRISTE ET LA PLUS
DEJA LE SOLEIL AVAIT JAILLI, RADIEUX OU
PERSONNE; ET JE NE VEUX PAS D'UNE RICHESSE
CELUI-CI? --OUI! C'EST X. LE NOM EST
        TENACE ET L'AMOUR DE LA PROIE. CEPENDANT,
LA DESTINEE! UN SOIR, DANS UN BOIS...
        COMME UN LEZARD. CETTE VILLE EST
JE LES AI SUIVIS DE LOIN, JUSQU'
LA GRAVURE. IL CONTINUAIT MENTALEMENT: ''
        QUE LE GENIE PEUT JOUER LA COMEDIE
EN M'EMPARANT D'UNE COUPE PLEINE JUSQU'
CONVERTIR MON COEUR, COMME LA GUERISON
QUAND NOUS ENTRIONS DANS UN RESTAURANT,
SANS LA DECACHETER, OU NE SE RESIGNE QU'
PEUPLES, LES PRETRES MISSIONNAIRES EXILES
DERRIERE LA GRILLE D'UN VASTE JARDIN,
QUI ETAIT COMME L'ENCENS DE CETTE FETE.
DE QUELLE FACON ELLE DEJEUNA. JE L'AI SUIVIS
NOM QUI MITONNE SUR LE POELE ALLUME, ET
MAIS POUR LES PERSONNES VOUEES PAR ETAT
PAS LA RECOMPENSE D'UN EFFORT; MAIS TOUT
BETE N'ETAIT PAS UN POIDS INERTE;
DANS LE VIDE N'A RIEN QUI LES ATTIRE,
ET DE RHADAMANTHE, SAUTERA BRUSQUEMENT
LE GRAND RENE, TOUTE CETTE MAGIE A DISPARU
POT DE FLEURS, ET QUAND L'HOMME REPARUT
DU MALHEUR! ET COMME J'ALLAIS LES LANCER
PAR LA HOULE...... AUTOUR DE NOUS,
FUMANT LE TABAC LEGEREMENT OPIACE!),
        EXTRAORDINAIRE OU IL SE TROUVAIT;
LE MATIN, NE PEUVENT S'EMPECHER DE REVER
TYRAN ITALIEN, DU BON TEMPS, OFFRAIT
APLATIE ASSEZ D'INTELLIGENCE POUR JOUER
PAR LES CHIENS EN LAISSE, LES DAMES RIANT
L'AMOUR DU BEAU ET LA PUISSANCE POETIQUE
LA LUNE SINISTRE ET ENIVRANTE, SUSPENDUE
        QUE CE REFLET DE LA JOIE DU RICHE
```

Text	POEM	LINE
ASTRE COMME DES FUMEES. CEPENDANT, DANS CETTE	07	012
ASTRE NOIR VERSANT LA LUMIERE ET LE BONHEUR.	36	013
ATELIER. ELLE VOULAIT, DISAIT-ELLE, VOIR LE	30	096
ATMOSPHERE D'IDEAL, ET DONT LES YEUX	38	002
ATMOSPHERE D'INSOUCIANCE. POUR MOI, JE NE	14	017
ATMOSPHERE D'UN BEAU SOIR, LES DEGRES DE	24	004
ATMOSPHERE DE L'HORIZON, A L'ENDROIT OU LA	06	030
ATMOSPHERE DES ARDENTS PARFUMS DE LA MORT, IL	45	023
ATMOSPHERE EST PARFUMEE PAR LES FRUITS; PAR	17	013
ATMOSPHERE EXQUISE, QUOIQUE CAPITEUSE, QUI	29	013
ATMOSPHERE PARISIENNE. IL ME SERAIT D'AILLEURS	09	063
ATMOSPHERE PHOSPHORIQUE, COMME UN POISON	37	014
ATMOSPHERE QU'IL FERAIT BON VIVRE, --LA-BAS,	18	028
ATMOSPHERE STAGNANTE EST LEGEREMENT TEINTEE DE	05	002
ATMOSPHERE, OU L'ESPRIT SOMMEILLANT EST BERCE	05	019
ATMOSPHERE, UNE ODEUR ENIVRANTE,	24	019
ATMOSPHERE; LES PASSIONS VULGAIRES, TELLES QUE	15	005
ATRABILAIRE QUI VEULENT DEPOSER LES PRINCES ET	27	010
ATROCES PAR LE CONTRAIRE DE CE QU'ON REPROCHE	42	107
ATTACHE, POUR TOUJOURS PEUT-ETRE, A LA FOSSE	38	024
ATTACHE. LE SIEUR FANCIOULLE EXCELLAIT SURTOUT	27	064
ATTARDER A PLAISIR, SOUS UN CIEL DEJA VERDATRE	31	002
ATTARDES ET EREINTES. PENDANT QUELQUES HEURES,	10	002
ATTELES A LA CHARRETTE DU BOUCHER, DE LA	50	075
ATTELES A UN CARROSSE DE LOUAGE OU A UN LOURD	39	022
ATTENANT A UN ELEGANT TRIPOT, QUATRE HOMMES	42	002
ATTENDAIENT, POUR PRIX DE LEURS CHANTS	50	113
ATTENDRI PAR CETTE FAMILLE D'YEUX, MAIS JE ME	26	048
ATTENDRI, TOUS CES PHILOSOPHES A QUATRE	50	101
ATTENDRIR UN BEEFSTEAK. TOUT A COUP, --O	49	059
ATTENDRIS ET EGAYES A LA FOIS. --J'AURAIS PU	42	096
ATTENDS UN PEU, --DIT-ELLE! CA, C'EST LES	47	068
ATTENDS! REPRIT-ELLE, TU VAS VOIR.'' ET ELLE	47	047
ATTENTIFS? ILS VONT A LEURS AFFAIRES.	50	050
ATTENTION DE SORCIERS; L'OEUVRE SANS NOM QUI	50	089
ATTENTION, VOUS AUTRES. ILS ETAIENT GRANDS,	31	085
ATTENTION! VOYEZ AVEC QUELLE VORACITE (NON	11	028
ATTENTIVEMENT LA SEDUISANTE VIRAGO, IL ME	21	104
ATTENTIVEMENT LES VISAGES, LES PHYSIONOMIES	30	018
ATTENTIVEMENT, ET BIENTOT, JE DESCENDIS	29	007
ATTENTIVEMENT; IL Y AVAIT DANS SON OEIL ET	31	128
ATTIRA SES CAMARADES PLUS PRES DE LUI, ET	31	050
ATTIRE DES PROFONDEURS DE L'ORIENT, IMITENT	22	055
ATTIRE, DE LA PART D'UN HISTORIEN SEVERE,	27	025
ATTIRE. AU CONTRAIRE, ILS SE SENTENT	13	014
ATTIRENT, ELLES SUBJUGUENT, ELLE DEVORENT LE	05	029
ATTIRER LES AUTRES AMES JUSQU'A SE CONFONDRE	21	043
ATTIRER MAGNETIQUEMENT LA FORTUNE FUT ADJUGEE	20	041
ATTRACTIONS, ET; BIEN QU'IL PUISSE PARAITRE	27	004
ATTRAPANT GRATIS, AU GRE DU VENT, UN LAMBEAU	13	071
ATTRAPE A SON VOYAGE A PARIS. IL A L'AIR D'UNE	47	065
ATTRAPER GRATIS UN BREVET D'HOMME CHARITABLE.	28	051
ATTRIBUAI CETTE ETRANGETE A L'HORREUR MEME	30	088
ATTRIBUER A L'AMOUR MATERNEL TOUTES LES	30	013
ATTRISTANTE, CELLE QUI TRAINE A SA MAIN UN	13	032
ATTRISTE, DE CETTE CUVE IMMENSE DE LA MER DONT	34	001
ATTRISTEE, COMME UN PAPIER DE TENTURE, DE TOUS	21	081
AU BAS D'AILLEURS; MAIS JE LE CONNAIS	47	054
AU BAS DE VISAGE INQUIETANT, OU DES NARINES	36	024
AU BORD D'UNE MARE... APRES UNE MELANCOLIQUE	42	150
AU BORD DE L'EAU; ON DIT QU'ELLE EST BATIE EN	48	010
AU BORD DE LA FORET, OU J'AI COMPRIS SEULEMENT	31	103
AU BORD DE LA MER, UNE BELLE CASE EN BOIS,	24	017
AU BORD DE LA TOMBE AVEC UNE JOIE QUI	27	096
AU BORD: ''A VOTRE IMMORTELLE SANTE, VIEUX	29	052
AU BOUT D'UNE LAME; SEIGNEUR, AYEZ PITIE, AYEZ	47	122
AU BOUT DE QUELQUES MINUTES; CHACUN OUBLIAIT	42	085
AU BOUT DE SIX MOIS A OPERER UNE DEMARCHE	09	009
AU BOUT DU MONDE; CONNAISSENT SANS DOUTE	12	034
AU BOUT DUQUEL APPARAISSAIT LA BLANCHEUR D'UN	19	016
AU BOUT, A L'EXTREME BOUT DE LA RANGEE DE	14	044
AU CABINET DE LECTURE; ET JE L'EPIAI LONGTEMPS	13	043
AU CENTRE DE LAQUELLE UNE LONGUE CUILLER SE	50	090
AU COMIQUE, LES CHOSES SERIEUSES ONT DE	27	003
AU CONTRAIRE UNE GRACE ACCORDEE A CELUI QUI	20	016
AU CONTRAIRE, ELLE ENVELOPPAIT ET OPPRIMAIT	06	009
AU CONTRAIRE, ILS SE SENTENT IRRESISTIBLEMENT	13	014
AU COU D'UN VIEILLARD QUI PASSE A COTE DE LUI	09	039
AU COUP BRUTAL FRAPPE PAR LE SPECTRE. HORREUR!	05	053
AU DEBOUCHE DE LA PORTE, JE LAISSAI TOMBER	09	082
AU DEHORS PAR LA FENETRE OUVERTE, LA PAUVRE	30	108
AU DELA DE LA CHAMBRE ECLAIREE D'UNE LUMIERE	24	023
AU DELA DE LA VARANGUE, LE TAPAGE DES OISEAUX	24	028
AU DELA, EXISTAIT-IL DANS SON AME UNE	27	055
AU DINER, A LA FAMILLE ET A LEURS CHERES	20	031
AU DIVIN ARETIN SOIT UNE DAGUE ENRICHIE DE	50	126
AU DOMINO! A LA NICHE, TOUS CES FATIGANTS	50	031
AU FAUCON PERCHE SUR LEUR POING, LES NYMPHES	26	021
AU FILS D'UN SOMBRE GUEUX, CARRIER DE SON	20	048
AU FOND D'UNE NUIT ORAGEUSE ET BOUSCULEE PAR	36	017
AU FOND DE L'OEIL DU PAUVRE. MAIS CE JOUR-LA,	13	074

POEM LINE

49	013	SEMBLE SEULEMENT QUE JE SENTAIS, CONFINE	AU FOND DE MON INTELLECT, LE GERME OBSCUR
16	016	LA PLEINE LUMIERE OU DANS L'OMBRE OPAQUE,	AU FOND DE SES YEUX ADORABLES JE VOIS TOUJOURS
15	008	ELOIGNEES QUE LES NUEES QUI DEFILAIENT	AU FOND DES ABIMES SOUS MES PIEDS; MON AME ME
31	007	DANS DES PALAIS GRANDS ET TRISTES,	AU FOND DESQUELS ON VOIT LA MER ET LE CIEL,
46	008	TRAVERS CE CHAOS MOUVANT OU LA MORT ARRIVE	AU GALOP DE TOUS LES COTES A LA FOIS, MON
38	023	DU PIED QUE MA JAMBE S'EST ENFONCEE JUSQU'	AU GENOU DANS LA SEPULTURE RECENTE, ET QUE,
47	061	--TIENS, VOILA K., CELUI QUI DENONCAIT	AU GOUVERNEMENT LES INSURGES QU'IL SOIGNAIT A
13	031	SUR SA DOULEUR. LE RICHE PORTE LA SIENNE	AU GRAND COMPLET. QUELLE EST LA VEUVE LA PLUS
13	071	LA BARRIERE EXTERIEURE ATTRAPANT GRATIS,	AU GRE DU VENT, UN LAMBEAU DE MUSIQUE, ET
41	006	LASSER. LES FORMES ELANCEES DES NAVIRES,	AU GREEMENT COMPLIQUE, AUXQUELS LA HOULE
12	032	ORGUEIL, QU'IL EST DES BONHEURS SUPERIEURS	AU LEUR, PLUS VASTES ET PLUS RAFFINES. LES
25	031	BLANC SOURIRE, COMME SI ELLE APERCEVAIT	AU LOIN DANS L'ESPACE UN MIROIR REFLETANT SA
07	028	DELIRE!'' MAIS L'IMPLACABLE VENUS REGARDE	AU LOIN JE NE SAIS QUOI AVEC SES YEUX DE
30	127	ET SANS ORTHOGRAPHE, MAIS TOUTES TENDANT	AU MEME BUT; C'EST-A-DIRE A OBTENIR DE MOI UN
15	046	OU QUE JE M'EN REPENTISSE DEJA. MAIS	AU MEME INSTANT IL FUT CULBUTE PAR UN AUTRE
11	013	PEUT-ETRE LE MOYEN, POUR DEUX SOLS,	AU MILIEU D'UNE FETE, ET SANS ALLER BIEN LOIN.
04	006	LE CERVEAU DU SOLITAIRE LE PLUS FORT.	AU MILIEU DE CE TOHU-BOHU ET DE CE VACARME, UN
15	001	JE VOYAGEAIS. LE PAYSAGE	AU MILIEU DUQUEL J'ETAIS PLACE ETAIT D'UNE
36	028	ET BLANCHE, ET DELICIEUSE, QUI FAIT REVER	AU MIRACLE D'UNE SUPERBE FLEUR ECLOSE DANS UN
40	003	LA GLACE. ''--POURQUOI VOUS REGARDEZ-VOUS	AU MIROIR, PUISQUE VOUS NE POUVEZ VOUS Y VOIR
13	061	REGARD, SINON UNIVERSELLEMENT SYMPATHIQUE,	AU MOINS CURIEUX, SUR LA FOULE DE PARIAS QUI
46	018	A VOUS, COMME VOUS VOYEZ! --VOUS DEVRIEZ	AU MOINS FAIRE AFFICHER CETTE AUREOLE, OU LA
11	006	DE PAIN A LA PORTE DES CABARETS. ''SI	AU MOINS VOS SOUPIRS EXPRIMAIENT LE REMORDS,
05	047	C'EST UN HUISSIER QUI VIENT ME TORTURER	AU NOM DE LA LOI; UNE INFAME CONCUBINE QUI
40	010	CELA NE REGARDE QUE MA CONSCIENCE.''	AU NOM DU BON SENS, J'AVAIS SANS DOUTE RAISON;
30	051	L'ESPIEGLE COMPAGNON DE MA VIE, PENDU	AU PANNEAU DE CETTE ARMOIRE! SES PIEDS
32	042	OU D'INEFFABLE DOULEUR, OU CONFIANT	AU PAPIER VOS MEDITATIONS ABSTRUSES, CHANTRE
30	091	SONT LES DOULEURS MUETTES.'' QUANT	AU PERE, IL SE CONTENTA DE DIRE D'UN AIR
27	076	UN COMEDIEN ARRIVAIT A ETRE, RELATIVEMENT	AU PERSONNAGE QU'IL EST CHARGE D'EXPRIMER, CE
19	008	EST UN SIFFLET; --ET LE LONG DES CABARETS,	AU PIED DES ARBRES, FAITES-EN HOMMAGE AUX
48	022	LES FORETS DE MATS, ET LES NAVIRES AMARRES	AU PIED DES MAISONS?'' MON AME RESTE MUETTE.
38	024	RECENTE, ET QUE, COMME UN LOUP PRIS	AU PIEGE, JE RESTE ATTACHE, POUR TOUJOURS
27	027	QUE CE FUT QUI NE TENDIT PAS UNIQUEMENT	AU PLAISIR OU A L'ETONNEMENT, QUI EST UNE DES
07	024	ET D'AMITIE, ET BIEN INFERIEUR EN CELA	AU PLUS IMPARFAIT DES ANIMAUX. CEPENDANT UN
40	011	BON SENS, J'AVAIS SANS DOUTE RAISON; MAIS,	AU POINT DE VUE DE LA LOI; IL N'AVAIT PAS
31	131	JE NE SAIS POURQUOI, EXCITAIT LA MIENNE,	AU POINT QUE J'EUS UN INSTANT L'IDEE BIZARRE
48	035	LA VIE, SI C'EST POSSIBLE! INSTALLONS-NOUS	AU POLE. LA LE SOLEIL NE FRISE QU'OBLIQUEMENT
18	086	DES PRODUITS DE L'ORIENT, ILS RENTRENT	AU PORT NATAL, CE SONT ENCORE MES PENSEES
27	010	PARTOUT DES HOMMES DE BIEN POUR DENONCER	AU POUVOIR CES INDIVIDUS D'HUMEUR ATRABILAIRE
15	048	NE SAIS D'OU; ET SI PARFAITEMENT SEMBLABLE	AU PREMIER QU'ON AURAIT PU LE PRENDRE POUR SON
08	013	DE MA TRISTE VIE, VOUS RESSEMBLEZ	AU PUBLIC, A QUI IL NE FAUT JAMAIS PRESENTER
05	014	NULLE ABOMINATION ARTISTIQUE. RELATIVEMENT	AU REVE PUR, A L'IMPRESSION NON ANALYSEE,
25	044	DE FER, OU CUIT UN RAGOUT DE CRABES AU RIZ	AU RIZ ET AU SAFRAN, LUI ENVOIE, DU FOND DE LA
25	045	FER, OU CUIT UN RAGOUT DE CRABES AU RIZ ET	AU SAFRAN, LUI ENVOIE, DU FOND DE LA COUR, SES
42	018	CHENES. C'EST LE PREMIER DEGRE DE L'AMOUR.	AU SECOND DEGRE, ON COMMENCE A CHOISIR.
30	069	DE VOUS DIRE QUE J'AVAIS VIVEMENT APPELE	AU SECOURS; MAIS TOUS MES VOISINS AVAIENT
12	036	CHOSE DE CES MYSTERIEUSES IVRESSES; ET,	AU SEIN DE LA VASTE FAMILLE QUE LEUR GENIE
26	027	L'HISTOIRE ET TOUTE LA MYTHOLOGIE MISES	AU SERVICE DE LA GOINFRERIE. DROIT DEVANT
18	012	SONT EXCLUS; OU LE BONHEUR EST MARIE	AU SILENCE; OU LA CUISINE ELLE-MEME EST
18	021	DOUCE A RESPIRER, OU LE BONHEUR EST MARIE	AU SILENCE. C'EST LA QU'IL FAUT ALLER VIVRE,
09	069	SANS QUELQUE GAIETE, QUE, LA CHAMBRE ETANT	AU SIXIEME ETAGE ET L'ESCALIER FORT ETROIT,
35	006	D'UNE CHANDELLE. CE QU'ON PEUT VOIR	AU SOLEIL EST TOUJOURS MOINS INTERESSANT QUE
31	075	GUERE A LA MAISON; ON NE ME MENE JAMAIS	AU SPECTACLE; MON TUTEUR EST TROP AVARE; DIEU
11	061	MELANCOLIE, FAITE POUR INSPIRER	AU SPECTATEUR UN TOUT AUTRE SENTIMENT QUE LA
17	027	L'ODEUR DU TABAC MELEE A L'OPIUM ET	AU SUCRE; DANS LA NUIT DE TA CHEVELURE, JE
31	006	ENTRE EUX. L'UN DISAIT: ''HIER ON M'A MENE	AU SPECTACLE. DANS DES PALAIS GRANDS ET TRISTES,
30	117	IL NE RESTAIT PLUS QU'A ME REMETTRE	AU TRAVAIL, PLUS VIVEMENT ENCORE QUE
47	006	LEGEREMENT FARDEE, LES CHEVEUX FLOTTANT	AU VENT AVEC LES BRIDES DE SON BONNET.
33	010	DEJA DIMINUEE OU DISPARUE, DEMANDEZ	AU VENT, A LA VAGUE, A L'ETOILE, A L'OISEAU,
26	029	UN BRAVE HOMME D'UNE QUARANTAINE D'ANNEES,	AU VISAGE FATIGUE, A LA BARBE GRISONNANTE,
18	000	L'INVITATION	AU VOYAGE
18	026	QUEL EST CELUI QUI COMPOSERA L'INVITATION	AU VOYAGE, QU'ON PUISSE OFFRIR A LA FEMME
29	094	ET JE CRAIGNAIS D'ABUSER. ENFIN, COMME L'	AUBE FRISSONNANTE BLANCHISSAIT LES VITRES; CE
24	041	DANS LA PREMIERE AUBERGE VENUE, DANS L'	AUBERGE DU HASARD, SI FECONDE EN VOLUPTES. UN
31	047	EN VOYAGE AVEC EUX, ET, COMME DANS L'	AUBERGE OU NOUS NOUS SOMMES ARRETES, IL N'Y
24	036	SUIVAIT UNE GRANDE AVENUE, IL APERCUT UNE	AUBERGE PROPRETTE, OU D'UNE FENETRE EGAYEE PAR
24	041	ET LE BONHEUR SONT DANS LA PREMIERE	AUBERGE VENUE, DANS L'AUBERGE DU HASARD, SI
07	004	UNIVERSELLE DES CHOSES NE S'EXPRIME PAR	AUCUN BRUIT; LES EAUX ELLES-MEMES SONT COMME
20	055	CORVEE ACCOMPLIE; CAR IL NE RESTAIT PLUS	AUCUN CADEAU; AUCUNE LARGESSE A JETER A TOUT
27	149	VENUS JOUER DEVANT LA COUR DE...; MAIS	AUCUN CADEAU, AUCUNE LARGESSE A JETER A TOUT
06	020	BESOIN DE MARCHER. CHOSE CURIEUSE A NOTER:	AUCUN D'EUX N'A PU RAPPELER LES MERVEILLEUX
50	120	MURES ET AUX ETES DE LA SAINT-MARTIN.	AUCUN DE CES VOYAGEURS N'AVAIT L'AIR IRRITE
29	061	DANS LA DROLERIE QUE JE N'AI TROUVEES DANS	AUCUN DES PLUS CELEBRES CAUSEURS DE
06	024	FATIGUES ET SERIEUX NE TEMOIGNAIENT D'	AUCUN DESESPOIR; SOUS LA COUPOLE SPLEENETIQUE
20	052	CES CAS SOLENNELS, EST SANS APPEL, ET QU'	AUCUN DON NE PEUT ETRE REFUSE. TOUTES LES FEES
15	050	LE SOL, SE DISPUTANT LA PRECIEUSE PROIE,	AUCUN N'EN VOULANT SANS DOUTE SACRIFIER LA
20	043	FAMILLE TRES-RICHE, QUI, N'ETANT DOUE D'	AUCUN SENS DE CHARITE, NON PLUS QUE D'AUCUNE
15	068	CONTINUER, IL N'Y AVAIT PLUS, A VRAI DIRE,	AUCUN SUJET DE BATAILLE; LE MORCEAU DE PAIN
26	012	TOUS LES HOMMES, IL N'A ETE REALISE PAR	AUCUN. LE SOIR, UN PEU FATIGUEE, VOUS VOULUTES
14	059	PAS; IL NE CRIAIT PAS; IL NE CHANTAIT	AUCUNE CHANSON, NI GAIE, NI LAMENTABLE; IL
20	044	D'AUCUN SENS DE CHARITE, NON PLUS QUE D'	AUCUNE CONVOITISE POUR LES BIENS LES PLUS
29	009	EBLOUISSANTE, OU ECLATAIT UN LUXE DONT	AUCUNE DES HABITATIONS SUPERIEURES DE PARIS NE
29	067	QUI QUE CE SOIT. ELLE NE SE PLAINT EN	AUCUNE DES MAUVAISE REPUTATION DONT
20	049	CARRIER DE SON ETAT, QUI NE POUVAIT, EN	AUCUNE FACON, AIDER LES FACULTES, NI SOULAGER
20	055	CAR IL NE RESTAIT PLUS AUCUN CADEAU,	AUCUNE LARGESSE A JETER A TOUT CE FRETIN
29	093	SON ALTESSE AIT JAMAIS DONNE UNE SI LONGUE	AUDIENCE A UN SIMPLE MORTEL, ET JE CRAIGNAIS
20	026	AUSSI AHURIES QUE DES MINISTRES UN JOUR D'	AUDIENCE, OU DES EMPLOYES DU MONT-DE-PIETE
48	037	ET LA NUIT SUPPRIMENT LA VARIETE ET	AUGMENTENT LA MONOTONIE, CETTE MOITIE DU
10	008	SERRURE. IL ME SEMBLE QUE CE TOUR DE CLEF	AUGMENTERA MA SOLITUDE ET FORTIFIERA LES
49	065	UN REGARD DE HAINE QUI ME PARUT DE BON	AUGURE; LE MALANDRIN DECREPIT SE JETA SUR MOI,
50	003	DE MON ADMIRATION POUR BUFFON? MAIS	AUJOURD'HUI CE N'EST PAS L'AME DE CE PEINTRE

DE LA VIE EXTERIEURE, IL SE DIT: ''J'AI EU
VOUS VOULEZ SAVOIR POURQUOI JE VOUS HAIS
PEUT-ETRE, NOUS NOUS SOUVENONS ENCORE
DONT LES YEUX SUPPLIANTS RECLAMAIENT L'
CONFRERES, QUAND ILS VOUS DEMANDERONT L'
ECLATANTE?'' MAIS EN PASSANT CURIEUSEMENT
QUI VENEZ ETUDIER L'ART DE TUER
PRINCIPAUX ET DE SES MEILLEURS ROLES, ET
PASSANT, UN CLIGNEMENT D'OEIL SIGNIFICATIF
ET INDIVISIBLE DU GENIE, QUEL ANALYSTE
FUIR OU POUR VAINCRE CE TYRAN DU MONDE LUI
COMMENT ILS SE SONT FAITS ET COMMENT ILS
PAR L'IMAGE DE LA TERRE ABSENTE, QU'ILS
PERSONNE. QUELQUEFOIS JE LA REGRETTE: J'
SE REDRESSER AVEC UNE ENERGIE QUE JE N'
DE SOIE. J'Y AVAIS TANT DE PLAISIR QUE J'
UN BREVET D'HOMME CHARITABLE. JE LUI
ATTENDRIS ET EGAYES LA FOIS. --J'
ME PRIVAIT DE TOUS LES BENEFICES QUE J'
SI C'EUT ETE UN PAUVRE VIEUX HOMME, J'
JE LE SUPPOSAIS TOUT A L'HEURE CAPABLE; J'
QUI SORTAIENT DE CETTE BOUCHE D'OU JE N'
PAS MON BON ANGE, ET POURQUOI N'
SOCRATE AVAIT SON BON DEMON, POURQUOI N'
CELA VA SANS DIRE; SANS CELA, POURQUOI L'
SI PARFAITEMENT SEMBLABLE AU PREMIER QU'ON
UN MIROIR, VERTIGINEUSEMENT MONOTONE; QUI
UN PARADIS, COMPARATIVEMENT A CELLE QU'IL
TOUT, CELA VAUT PEUT-ETRE MIEUX AINSI; IL
PERTE D'
SE CONVULSAIT, AVEC UNE INDESTRUCTIBLE
INDESTRUCTIBLE AUREOLE AUTOUR DE LA TETE,
EBOURIFFEE, Y ALLUMAIENT COMME UNE
AU GALOP DE TOUS LES COTES A LA FOIS, MON
DEVRIEZ AU MOINS FAIRE AFFICHER CETTE
OFFERT UN PAQUET D'EXCREMENTS, VOUS L'
VOTRE AME, JE VOUS DONNE L'ENJEU QUE VOUS
CEPENDANT QUE, POUR NOUS DIVERTIR, LES
LES SECONDES. EN VERITE, ELLES ETAIENT
HOMME, J'AURAIS REFAIT LA SIENNE TOUT
''--TOUTES CES FANTASMAGORIES SONT PRESQUE
COMME PROPAGATEUR DE FAUSSE MONNAIE. TOUT
POUVANT DETERMINER SA DESTINEE ET DEVENIR
QUE LE DICTIONNAIRE REPUBLICAIN POURRAIT
TOUJOURS CHAUD ET OU LES FEMMES SENTENT
EPAIS COMME UNE CRINIERE, ET ILS SENTAIENT
SANTE, VIEUX BOUC!'' NOUS CAUSAMES
CHAQUE INSTANT; MAIS, HELAS! IL CHANGEAIT
PIEDS PLONGES DANS LA POUSSIERE D'UN SOL
SE TROMPER; C'EST L'AMOUR MATERNEL. IL EST
VOUS QUI NE REPOSEZ QUE SUR DES ETOFFES
''TANT POETE QUE JE SOIS, JE NE SUIS PAS
SI VOUS VOULEZ, SQUELETTE MEME; MAIS
PROFANE! M'APPARAISSAIENT MAINTENANT
VOICI UN MADRIGAL VRAIMENT MERITOIRE, ET
ETAIT TROP BELLE POUR VIVRE LONGTEMPS;
VIE. LE DEPENDRE N'ETAIT PAS UNE BESOGNE
GISAIT SUR L'HERBE UN JOUJOU SPLENDIDE,
NOUS-MEMES, EN CE CAS, DES JUGES INJUSTES.
ETE LA CRAINTE DE L'HUMILIER DEVANT UNE
ILLUSIONS. --ME DISAIT MON AMI, --SONT
QUEL SOUVENIR D'UNE TROMPETTE PROSTITUEE.
DES HOMMES AUX YEUX VERTS DONT J'AI SERRE
EN PIECES VRAIES? NE POUVAIT-ELLE PAS
LA CHAIR, MALGRE LE POIL POSTICHE?
PORTAIT SUR SON DOS UNE ENORME CHIMERE,
DU PRINCE OFFENSE. DE LA PART D'UN HOMME
DE SE DECIDER A N'IMPORTE QUOI, ET
PIEDS; MON AME ME SEMBLAIT AUSSI VASTE ET
PAS, QUANT A EUX, CAPABLES D'UNE ACTION
A L'EGARD DE CE PAUVRE HOMME D'UNE HAINE
PARDONNER, LEUR OFFRANT DE ME DESHONORER
VOUS CHANGEREZ DE PATRIE ET DE CONTREE
COMME JE TOUCHAIS A UN PAQUET FICELE; POSE
CE N'ETAIT PAS SEULEMENT SUR AUTRUI, MAIS
DES CONTRALTI LES PLUS DELICIEUX ET
PLAISIRS, TANT DE DOULEURS, ET PEUT-ETRE
ABIMES SOUS MES PIEDS; MON AME ME SEMBLAIT
BIEN! MON CHER AMI, L'EPOUSE EST ''ENCORE
GRAND DEUIL DONT ELLE ETAIT REVETUE. ELLE
ETAIT D'UN SEXE AMBIGU, ET IL Y AVAIT
HOMMES ET DES FEMMES; SERIEUX ET TRISTES
LUI DIS-JE, SUIVANT MON TOUR; MOI
COULEUR DE FEU, QUI MARCHE DOUCEMENT, LUI
DES ANIMAUX. CEPENDANT JE SUIS FAIT, MOI
ELLE, LA PETITE VIEILLE, ET COMME ELLE
DELICIEUSE ODEUR DE FLEURS ET DE FRUITS.
D'ABORD LES YEUX, PUIS LES ROUVRIR PRESQUE
QUE CELA EST TRES-FORT? DISAIT- ''ELLE
AJOUTAIT UN PIQUANT MYSTERIEUX A LEUR
LES TETES DE SES COMPAGNES AFFOLEES AVEC

	POEM	LINE
AUJOURD'HUI, EN REVE, TROIS DOMICILES OU J'AI	24	049
AUJOURD'HUI. IL VOUS SERA SANS DOUTE MOINS	26	001
AUJOURD'HUI. OU VONT LES CHIENS, DITES-VOUS,	50	049
AUMONE MIEUX ENCORE QUE LEURS MAINS	21	064
AUMONE, LA THEORIE QUE J'AI EU LA DOULEUR	49	077
AUPRES D'ELLE, JE CRUS EN DEVINER LA RAISON.	13	093
AUPRES DU SANCTUAIRE DE LA MORT! SI VOUS	45	029
AUQUEL ASSISTERAIENT MEME, DISAIT-ON, LES	27	040
AUQUEL JE ME HATAI D'OBEIR. JE LE SUIVIS	29	007
AURA LE DETESTABLE COURAGE DE VOUS DIVISER ET	32	034
AURAIENT CERTAINEMENT ETE, DE LA PART D'UN	27	024
AURAIENT PU NE PAS SE FAIRE?	47	126
AURAIENT, JE CROIS, MANGE DE L'HERBE AVEC PLUS	34	019
AURAIS DU L'EPOUSER'' LES AUTRES SE MIRENT A	42	077
AURAIS JAMAIS SOUPCONNEE DANS UNE MACHINE SI	49	063
AURAIS LONGTEMPS CONTINUE, SI JE N'AVAIS PAS	31	058
AURAIS PRESQUE PARDONNE LE DESIR DE LA	28	052
AURAIS PU FAIRE MA FORTUNE EN LA MONTRANT DANS	42	096
AURAIS PU TIRER DE MA FOLIE PERSONNELLE. AVEC	42	136
AURAIS REFAIT LA SIENNE TOUT AUSSI AISEMENT.	35	016
AURAIS TROUVE CURIEUX, SINGULIER, QU'IL	28	054
AURAIS VOULU VOIR S'ENVOLER QUE DES CHANSONS.	42	040
AURAIS-JE PAS L'HONNEUR, COMME SOCRATE,	49	029
AURAIS-JE PAS MON BON ANGE, ET POURQUOI	49	029
AURAIS-JE PRISE? MAIS ELLE GATAIT CETTE GRANDE	42	034
AURAIT PU LE PRENDRE POUR SON FRERE JUMEAU.	15	048
AURAIT REFLECHI TOUS MES SENTIMENTS ET MES	42	128
AURAIT SUBIE DANS LE TAUDIS PATERNEL.	30	038
AURAIT TOUJOURS MAL FINI!'' ''CEPENDANT LE	30	093
AUREOLE	46	000
AUREOLE AUTOUR DE LA TETE, AUREOLE INVISIBLE	27	084
AUREOLE INVISIBLE POUR TOUS, MAIS VISIBLE POUR	27	085
AUREOLE SULFUREUSE DE PASSION. IL ETAIT FACILE	31	070
AUREOLE, DANS UN MOUVEMENT BRUSQUE, A GLISSE	46	009
AUREOLE, OU LA FAIRE RECLAMER PAR LE	46	018
AURIEZ FLAIRE AVEC DELICES ET PEUT-ETRE	08	011
AURIEZ GAGNE SI LE SORT AVAIT ETE POUR VOUS,	29	102
AURORES BOREALES NOUS ENVERRONT DE TEMPS EN	48	040
AUSSI AHURIES QUE DES MINISTRES UN JOUR	20	025
AUSSI AISEMENT, ET JE ME COUCHE, FIER D'AVOIR	35	017
AUSSI BELLES QUE LES YEUX DE MA BELLE	44	006
AUSSI BIEN LA PIECE FAUSSE SERAIT PEUT-ETRE,	28	036
AUSSI BIEN LA SOURCE DE SON MALHEUR QUE DE SON	20	019
AUSSI BIEN QUALIFIER D'OFFICIEUX, SI LA	50	104
AUSSI BON QUE LES FLEURS, --ET CAETERA, ET	29	116
AUSSI BON, JE VOUS ASSURE, QUE LES FLEURS DU	31	063
AUSSI DE L'UNIVERS, DE SA CREATION ET DE SA	29	054
AUSSI DE VOLUME; ET LORSQUE ENFIN, EXTENUES,	15	065
AUSSI DESOLE QUE CE CIEL; ILS CHEMINAIENT AVEC	06	026
AUSSI DIFFICILE DE SUPPOSER UNE MERE SANS	30	011
AUSSI DOUCES QUE VOTRE PEAU, QUI NE MANGEZ QUE	11	054
AUSSI DUPE QUE VOUS VOUDRIEZ LE CROIRE, ET SI	11	071
AUSSI ELLE EST BREUVAGE, MAGISTERE,	39	007
AUSSI ELOIGNEES QUE LES NUEES QUI DEFILAIENT	15	007
AUSSI EMPHATIQUE QUE VOUS-MEME? EN VERITE,	16	031
AUSSI EST-ELLE MORTE QUELQUES JOURS APRES QUE	38	006
AUSSI FACILE QUE VOUS POUVEZ LE CROIRE. IL	30	058
AUSSI FRAIS QUE SON MAITRE, VERNI, DORE, VETU	19	026
AUSSI FURENT COMMISES CE JOUR-LA QUELQUES	20	037
AUSSI GRANDE ASSEMBLEE, JE SERAIS VOLONTIERS	29	120
AUSSI INNOMBRABLES PEUT-ETRE QUE LES RAPPORTS	30	001
AUSSI JE REPONDIS, AVEC TOUT MON DEDAIN:	21	110
AUSSI LA GORGE DANS MES CARESSES NOCTURNES; JE	37	027
AUSSI LE CONDUIRE EN PRISON? UN CABARETIER, UN	28	033
AUSSI LES YEUX LUI SORTENT MAINTENANT DE LA	11	040
AUSSI LOURDE QU'UN SAC DE FARINE OU DE	06	040
AUSSI NATURELLEMENT OU VOLONTAIREMENT	27	043
AUSSI PARCE QUE J'AVAIS PEUR D'ETRE RATTRAPE	31	124
AUSSI PURE QUE LA COUPOLE DU CIEL DONT J'ETAIS	15	009
AUSSI RIGOUREUSE, QUOIQUE SUFFISAMMENT	42	166
AUSSI SOUDAINE QUE DESPOTIQUE. ''--HE! HE!''	09	065
AUSSI SOUVENT QU'IL LE FAUDRAIT POUR MERITER	21	120
AUSSI SOUVENT QUE VOTRE FANTAISIE VOUS	29	113
AUSSI SUR LE GUERIDON: ''ATTENDS UN PEU;	47	067
AUSSI SUR LUI-MEME, QUE S'EXERCAIT RAGEUSEMENT	22	032
AUSSI UN PEU DE L'ENROUEMENT DES GOSIERS	21	092
AUSSI UNE GRANDE PARTIE DE SON GENIE.	43	008
AUSSI VASTE ET AUSSI PURE QUE LA COUPOLE DU	15	009
AUSSI VIERGE QUE L'ETAIT VOTRE MAITRESSE.''	42	075
AUSSI, COMME LA PLEBE A LAQUELLE ELLE S'ETAIT	13	084
AUSSI, DANS LES LIGNES DE SON CORPS, LA	21	012
AUSSI, MAIS BIEN PLUS BEAUX ET BIEN MIEUX	31	009
AUSSI, MON IDEE FIXE, --POURQUOI ME CROIS-TU	47	075
AUSSI, ON DIRAIT QU'IL NOUS REGARDE.'' ''MAIS	31	027
AUSSI, POUR COMPRENDRE ET SENTIR L'IMMORTELLE	07	025
AUSSI, SANS DENTS ET SANS CHEVEUX, ET BIEN	02	004
AUSSITOT CHACUN FUT JOYEUX, CHACUN ABDIQUA SA	34	027
AUSSITOT, DEMESUREMENT AGRANDIS, OUVRIT	27	134
AUSSITOT; EST-CE QUE VOUS VOUS CONNAISSEZ EN	42	044
AUSTERITE. JE NE SAIS DANS QUEL MISERABLE CAFE	13	042
AUTANT D'ENERGIE ET DE CAPRICE QUE VOUS AGITEZ	32	025

POEM LINE

POEM	LINE		
20	029	TEMPS A AUTRE L'AIGUILLE DE L'HORLOGE AVEC	AUTANT D'IMPATIENCE QUE DES JUGES HUMAINS QUI,
35	002	UNE FENETRE OUVERTE, NE VEUT JAMAIS	AUTANT DE CHOSES QUE CELUI QUI REGARDE UNE
09	022	VOIR, DISAIT-IL SI LE FEU PRENAIT AVEC	AUTANT DE FACILITE QU'ON L'AFFIRME
47	112	ME REPONDIT D'UN AIR TRES-TRISTE, ET MEME,	AUTANT QUE JE PEUX ME SOUVENIR, EN DETOURNANT
31	065	ESSAYEZ, QUAND VOUS POURREZ, D'EN FAIRE	AUTANT QUE MOI, ET VOUS VERREZ!'' LE JEUNE
42	084	LES VOTRES. ET TOUT LE MONDE L'ADMIRAIT	AUTANT QUE MOI. QUAND NOUS ENTRIONS DANS UN
10	027	LE PLUS SOT ET LE PLUS CELEBRE DE TOUS MES	AUTEURS, AVEC LUI VOUS POURRIEZ PEUT-ETRE
31	001	UN BEAU JARDIN OU LES RAYONS D'UN SOLEIL	AUTOMNAL SEMBLAIENT S'ATTARDER A PLAISIR, SOUS
13	048	ENFIN, DANS L'APRES-MIDI, SOUS UN CIEL D'	AUTOMNE CHARMANT, UN DE CES CIELS D'OU
03	001	QUE LES FINS DE JOURNEES D'	AUTOMNE SONT PENETRANTES! AH! PENETRANTES
50	118	ET FANEE, QUI FAIT PENSER AUX SOLEILS D'	AUTOMNE, A LA BEAUTE DES FEMMES MURES ET AUX
39	025	ET SI FERVENTE! ELLE AIME COMME ON AIME EN	AUTOMNE; ON DIRAIT QUE LES APPROCHES DE
20	027	DU MONT-DE-PIETE QUAND UNE FETE NATIONALE	AUTORISE LES DEGAGEMENTS GRATUITS. JE CROIS
09	047	DE CES CRISES ET DE CES ELANS, QUI NOUS	AUTORISENT A CROIRE QUE DES DEMONS MALICIEUX
50	070	A LA VILLE, GAMBADER PENDANT UNE HEURE,	AUTOUR D'UNE BELLE CHIENNE, UN PEU NEGLIGEE
32	014	LEUR COUR A LA LIGNE DROITE ET DANSENT	AUTOUR DANS UNE MUETTE ADORATION? NE DIRAIT-ON
32	007	TUTEUR DE VIGNE, SEC, DUR ET DROIT.	AUTOUR DE CE BATON, DANS DES MEANDRES
13	062	SUR LA FOULE DE PARIAS QUI SE PRESSENT	AUTOUR DE L'ENCEINTE D'UN CONCERT PUBLIC.
27	084	AVEC UNE INDESTRUCTIBLE AUREOLE	AUTOUR DE LA TETE, AUREOLE INVISIBLE POUR
24	023	BOUTS DE MATS BALANCES PAR LA HOULE......	AUTOUR DE NOUS, AU DELA DE LA CHAMBRE ECLAIREE
21	020	EN VOLETANT, AUX ARDEURS DE SON SOUFFLE,	AUTOUR DE SA TUNIQUE DE POURPRE ETAIT ROULE,
32	029	C'EST LA PROMENADE DE VOTRE FANTAISIE	AUTOUR DE VOTRE VOLONTE; C'EST L'ELEMENT
32	017	COULEURS, EXECUTENT UN MYSTIQUE FANDANGO	AUTOUR DU BATON HIERATIQUE? ET QUEL EST,
32	030	VOLONTE; C'EST L'ELEMENT FEMININ EXECUTANT	AUTOUR DU MALE SES PRESTIGIEUSES PIROUETTES.
42	028	CHERUBIN, J'AI ETE PLUS SENSIBLE QUE TOUT	AUTRE A L'ENERVANTE SOTTISE, A L'IRRITANTE
27	094	L'IVRESSE DE L'ART EST PLUS APTE QUE TOUTE	AUTRE A VOILER LES TERREURS DU GOUFFRE; QUE LE
09	025	ELLE REUSSIT BEAUCOUP TROP BIEN. ON	AUTRE ALLUMERA UN CIGARE A COTE D'UN TONNEAU
25	061	SI AVARE, TROP AVARE, POUR COMPRENDRE UNE	AUTRE BEAUTE QUE CELLE DES ECUS!
26	031	MAIN UN PETIT GARCON ET PORTANT SUR L'	AUTRE BRAS UN PETIT ETRE TROP FAIBLE POUR
30	062	AVEC UN BRAS, ET, AVEC LA MAIN DE L'	AUTRE BRAS, COUPER LA CORDE. MAIS CELA FAIT,
26	044	ILS ETAIENT TROP FASCINES POUR EXPRIMER	AUTRE CHOSE QU'UNE JOIE STUPIDE ET PROFONDE.
47	049	ARMOIRE UNE LIASSE DE PAPIERS, QUI N'ETAIT	AUTRE CHOSE QU'UNE COLLECTION DES PORTRAITS
19	030	ET VOICI CE QU'IL REGARDAIT: DE L'	AUTRE COTE DE LA GRILLE, SUR LA ROUTE, ENTRE
34	006	DE JOURS, NOUS POUVIONS CONTEMPLER L'	AUTRE COTE DU FIRMAMENT ET DECHIFFRER
11	050	JAMAIS PU CROIRE QUE LA FEMME MERITAT UNE	AUTRE DESTINEE. ''MAINTENANT, A NOUS DEUX,
13	059	TROIS CENT SOIXANTE-CINQ FOIS PAR AN. UNE	AUTRE ENCORE: JE NE PUIS JAMAIS M'EMPECHER DE
19	031	LES CHARDONS ET LES ORTIES, IL Y AVAIT UN	AUTRE ENFANT, SALE, CHETIF, FULIGINEUX, UN DE
21	026	DANS SA MAIN DROITE IL TENAIT UNE	AUTRE FIOLE DONT LE CONTENU ETAIT D'UN ROUGE
19	044	ET LES DEUX ENFANTS SE RIAIENT L'UN A L'	AUTRE FRATERNELLEMENT, AVEC DES DENTS D'UNE
15	058	ADVERSAIRE D'UNE MAIN, PENDANT QUE DE L'	AUTRE IL TACHAIT DE GLISSER DANS SA POCHE LE
20	029	CROIS MEME QU'ELLES REGARDAIENT DE TEMPS A	AUTRE L'AIGUILLE DE L'HORLOGE AVEC AUTANT
05	061	LES DATES SINISTRES! ET CE PARFUM D'UN	AUTRE MONDE, DONT JE M'ENIVRAIS AVEC UNE
11	024	''MON ANGE!'', C'EST-A-DIRE UNE FEMME. L'	AUTRE MONSTRE, CELUI QUI CRIE A TUE-TETE, UN
15	013	LOIN, BIEN LOIN, SUR LE VERSANT D'UNE	AUTRE MONTAGNE. SUR LE PETIT LAC IMMOBILE,
47	059	DE SON AME!'' TOUT CELA, PARCE QUE L'	AUTRE N'ETAIT PAS DE SON AVIS DANS LA MEME
19	023	SI JOLIS, QU'ON LES CROIRAIT FAITS D'UNE	AUTRE PATE QUE LES ENFANTS DE LA MEDIOCRITE OU
30	035	QUELQUE ARGENT ET DE NE PAS LUI IMPOSER D'	AUTRE PEINE QUE DE NETTOYER MES PINCEAUX ET DE
15	046	MAIS AU MEME INSTANT IL FUT CULBUTE PAR UN	AUTRE PETIT SAUVAGE, SORTI JE NE SAIS D'OU,
23	038	PAS SU RESTER DANS NOTRE CHAMBRE,'' DIT UN	AUTRE SAGE, PASCAL, JE CROIS, RAPPELANT AINSI
11	061	FAITE POUR INSPIRER AU SPECTATEUR UN TOUT	AUTRE SENTIMENT QUE LA PITIE? EN VERITE, IL ME
31	097	QUE LE TROISIEME CHOQUAIT DE TEMPS A	AUTRE SES CYMBALES AVEC UNE VIOLENCE
31	107	LA TENTE?'' ''MA FOI! NON!'' A REPONDU L'	AUTRE, ''IL FAIT UNE SI BELLE NUIT!'' LE
30	123	VOISINES! L'UNE, DU PREMIER ETAGE! L'	AUTRE, DU SECOND! L'AUTRE, DU TROISIEME, ET
30	123	DU PREMIER ETAGE! L'AUTRE, DU SECOND! L'	AUTRE, DU TROISIEME, ET AINSI DE SUITE! LES
31	094	SEMBLAIT RACONTER UN CHAGRIN, ET L'	AUTRE, EN FAISANT SAUTILLER SON PETIT MARTEAU
26	009	NOUS SERAIENT COMMUNES A L'UN ET A L'	AUTRE, ET QUE NOS DEUX AMES DESORMAIS N'EN
49	048	MAIN PAR LE COLLET DE SON HABIT, DE L'	AUTRE, JE L'EMPOIGNAI A LA GORGE, ET JE ME MIS
49	040	CECI: ''CELUI-LA SEUL EST L'EGAL D'UN	AUTRE, QUI LE PROUVE, ET CELUI-LA SEUL EST
09	034	ET LES PLUS REVEURS DES ETRES. UN	AUTRE, TIMIDE A CE POINT QU'IL BAISSE LES YEUX
22	028	GATAIT LES CHOSES LES PLUS SUCCULENTES. L'	AUTRE, UN AMBITIEUX BLESSE, DEVENAIT, A MESURE
27	016	PRINCE N'ETAIT NI MEILLEUR NI PIRE QU'UN	AUTRE! MAIS UNE EXCESSIVE SENSIBILITE LE
50	046	BONHEUR!'' ''OU VONT LES CHIENS?'' DISAIT	AUTREFOIS NESTOR ROQUEPLAN DANS UN IMMORTEL
21	044	T'OUBLIER DANS AUTRUI, ET D'ATTIRER LES	AUTRES AMES JUSQU'A LES CONFONDRE AVEC LA
31	126	DE FRANCE.'' L'AIR PEU INTERESSE DES TROIS	AUTRES CAMARADES ME DONNA A PENSER QUE CE
42	162	PUISQU'ELLE ETAIT PARFAITE?'' LES TROIS	AUTRES COMPAGNONS REGARDERENT CELUI-CI AVEC UN
30	122	DES LOCATAIRES DE MA MAISON, QUELQUES	AUTRES DES MAISONS VOISINES! L'UNE, DU PREMIER
14	038	LES AUTRES GAGNAIENT, LES UNS ET LES	AUTRES EGALEMENT JOYEUX. LES ENFANTS SE
31	056	ET LE COU BIEN PLUS GROS QUE TOUTES LES	AUTRES FEMMES, ET LA PEAU EN EST SI DOUCE, SI
14	037	JOIE, TUMULTE! LES UNS DEPENSAIENT, LES	AUTRES GAGNAIENT, LES UNS ET LES AUTRES
17	008	AME VOYAGE SUR LE PARFUM COMME L'AME DES	AUTRES HOMMES SUR LA MUSIQUE. TES CHEVEUX
30	022	VIVANTE ET PLUS SIGNIFICATIVE QUE POUR LES	AUTRES HOMMES. DANS LE QUARTIER RECULE QUE
10	017	GENS,'' CE QUI IMPLIQUE QUE TOUS LES	AUTRES JOURNAUX SONT REDIGES PAR DES COQUINS;
10	031	COMMISES, ET AVOIR LACHEMENT NIE QUELQUES	AUTRES MEFAITS QUE J'AI ACCOMPLIS AVEC JOIE,
35	019	FIER D'AVOIR VECU ET SOUFFERT DANS D'	AUTRES QUE MOI-MEME. PEUT-ETRE ME DIREZ-VOUS:
50	061	LA PORTE D'UNE CUISINE DU PALAIS-ROYAL; L'	AUTRES QUI ACCOURENT, PAR TROUPES, DE PLUS DE
47	083	PAS MALADE DU TOUT!'' MAIS IL Y EN A D'	AUTRES QUI ME COMPRENNENT, PARCE QUE JE LEUR
50	067	LES HOMMES IMBECILES N'EN VEULENT PLUS. D'	AUTRES QUI, COMME DES NEGRES MARRONS, AFFOLES
42	078	LA REGRETTE: J'AURAIS DU L'EPOUSER'' LES	AUTRES SE MIRENT A RIRE, ET UN TROISIEME DIT A
23	024	DES VOLUPTES EGALES A CELLES QUE D'	AUTRES TIRENT DU SILENCE ET DU RECUEILLEMENT;
18	053	ENTIER. PAYS SINGULIER, SUPERIEUR AUX	AUTRES, COMME L'ART L'EST A LA NATURE, OU
42	145	PAS MOI QUI EN SUIS MORT! --AH! FIRENT LES	AUTRES, ELLE EST DONC MORTE? --OUI! CELA NE
30	126	BADINAGE LA SINCERITE DE LA DEMANDE; LES	AUTRES, LOURDEMENT EFFRONTEES ET SANS
30	026	ARDENT ET ESPIEGLE; PLUS QUE TOUTES LES	AUTRES, ME SEDUISIT TOUT D'ABORD. IL A POSE
28	030	LES CONSEQUENCES DIVERSES, FUNESTES OU	AUTRES, QUE PEUT ENGENDRER UNE PIECE FAUSSE
20	007	UNES AVAIENT L'AIR SOMBRE ET RECHIGNE, LES	AUTRES, UN AIR FOLATRE ET MALIN; LES UNES,
20	008	UNES AVAIENT TOUJOURS ETE JEUNES; LES	AUTRES, VIEILLES, QUI AVAIENT TOUJOURS ETE
06	017	QU'IL N'EN SAVAIT RIEN, NI LUI, NI LES	AUTRES; MAIS QU'EVIDEMMENT ILS ALLAIENT
31	029	''MAIS QUI DONC?'' DEMANDERENT LES	AUTRES. ''DIEU!'' REPONDIT-IL AVEC UN ACCENT
31	117	QUE NOTRE GOSIER'', A DIT UN DES DEUX	AUTRES. ''J'AI TOUT RETENU, COMME VOUS VOYEZ.
31	085	VOUS N'Y AVEZ PAS FAIT ATTENTION, VOUS	AUTRES. ILS ETAIENT GRANDS, PRESQUE NOIRS ET
42	051	CELA A-T-IL FINI? DIT L'UN DES TROIS	AUTRES. JE NE VOUS SAVAIS PAS SI PATIENT.

POEM LINE

29	072	QU'UNE SEULE FOIS, C'ETAIT LE JOUR OU ELLE	AVAIT ENTENDU UN PREDICATEUR, PLUS SUBTIL QUE
27	026	SEVERE, L'EPITHETE DE ''MONSTRE'', S'IL	AVAIT ETE PERMIS, DANS SES DOMAINES, D'ECRIRE
29	103	L'ENJEU QUE VOUS AURIEZ GAGNE SI LE SORT	AVAIT ETE POUR VOUS, C'EST-A-DIRE LA
29	071	DE LA SUPERSTITION. ET M'AVOUA QU'ELLE N'	AVAIT EU PEUR, RELATIVEMENT A SON PROPRE
20	015	DANS UNE DISTRIBUTION DE PRIX. CE QU'IL Y	AVAIT ICI DE PARTICULIER, C'EST QUE LES DONS
14	056	OU LA NECESSITE, BIEN PLUS QUE L'ART,	AVAIT INTRODUIT LE CONTRASTE. IL NE RIAIT PAS,
27	130	COEURS. ET DE L'ENDROIT DE LA SALLE D'OU	AVAIT JAILLI CETTE DESAPPROBATION INATTENDUE,
34	001	CENT FOIS DEJA LE SOLEIL	AVAIT JAILLI, RADIEUX OU ATTRISTE, DE CETTE
42	070	AN DE VIE COMMUNE, ELLE M'AVOUA QU'ELLE N'	AVAIT JAMAIS CONNU LE PLAISIR. JE ME DEGOUTAI
21	088	GARDE LA MAGIE PENETRANTE DES RUINES. ELLE	AVAIT L'AIR A LA FOIS IMPERIEUX ET DEGINGANDE,
31	096	PIANO SUSPENDU A SON COU PAR UNE COURROIE,	AVAIT L'AIR DE SE MOQUER DE LA PLAINTE DE SON
06	020	A NOTER: AUCUN DE CES VOYAGEURS N'	AVAIT L'AIR IRRITE CONTRE LA BETE FEROCE
29	023	SUR LES HAUTES LAMES DE LA MER. IL Y	AVAIT LA DES VISAGES ETRANGES D'HOMMES ET DE
50	105	TROP OCCUPEE DU BONHEUR DES HOMMES	AVAIT LE TEMPS DE MENAGER L'HONNEUR DES
21	054	GARDE TES PRESENTS.'' LE SECOND SATAN N'	AVAIT NI CET AIR A LA FOIS TRAGIQUE ET
16	003	LA BANLIEUE DE NANKIN, S'APERCUT QU'IL	AVAIT OUBLIE SA MONTRE, ET DEMANDA A UN PETIT
28	007	UNE PIECE D'ARGENT DE DEUX FRANCS QU'IL	AVAIT PARTICULIEREMENT EXAMINEE. ''SINGULIERE
26	007	PASSE ENSEMBLE UNE LONGUE JOURNEE QUI M'	AVAIT PARU COURTE. NOUS AVIONS BIEN PROMIS
31	048	OU NOUS NOUS SOMMES ARRETES, IL N'Y	AVAIT PAS ASSEZ DE LITS POUR NOUS TOUS, IL A
45	006	DES ANCIENS EGYPTIENS, POUR QUI IL N'	AVAIT PAS DE BON FESTIN SANS SQUELETTE, OU
20	017	UNE GRACE ACCORDEE A CELUI QUI N'	AVAIT PAS ENCORE VECU, UNE GRACE POUVANT
47	091	GARCON! SES CAMARADES M'ONT DIT QU'IL N'	AVAIT PAS LE SOU, PARCE QUE SES PARENTS SONT
40	011	MAIS, AU POINT DE VUE DE LA LOI, IL N'	AVAIT PAS TORT.
50	107	CHIENS! ET QUE DE FOIS J'AI PENSE QU'IL Y	AVAIT PEUT-ETRE QUELQUE PART (QUI SAIT, APRES
15	067	PAR IMPOSSIBILITE DE CONTINUER, IL N'Y	AVAIT PLUS, A VRAI DIRE, AUCUN SUJET DE
31	134	SOLEIL S'ETAIT COUCHE. LA NUIT SOLENNELLE	AVAIT PRIS PLACE. LES ENFANTS SE SEPARERENT,
27	045	LA VERTU, MEME LA CLEMENCE, SURTOUT S'IL	AVAIT PU ESPERER Y TROUVER DES PLAISIRS
49	035	SUGGERER, PERSUADER. CE PAUVRE SOCRATE N'	AVAIT QU'UN DEMON PROHIBITEUR; LE MIEN EST UN
34	016	DANS UN FAUTEUIL IMMOBILE?'' IL	AVAIT QUI PENSAIENT A LEUR FOYER, QUI
26	047	BONNE ET AMOLLIT LE COEUR. LA CHANSON	AVAIT RAISON CE SOIR-LA, RELATIVEMENT A MOI.
14	060	PAS. IL ETAIT MUET ET IMMOBILE. IL	AVAIT RENONCE, IL AVAIT ABDIQUE. SA DESTINEE
29	004	QUOIQUE JE NE L'EUSSE JAMAIS VU. IL Y	AVAIT SANS DOUTE CHEZ LUI, RELATIVEMENT A MOI,
30	053	PRESQUE LE PLANCHER; UNE CHAISE, QU'IL	AVAIT SANS DOUTE REPOUSSEE DU PIED, ETAIT
49	013	LE VERTIGE OU LA STUPIDITE. IL M'	AVAIT SEMBLE SEULEMENT QUE JE SENTAIS, CONFINE
30	113	DE TENDRESSE MAINTENANT POUR CE QUI	AVAIT SERVI D'INSTRUMENT A LA MORT DE SON
49	028	QUI M'ACCOMPAGNE PARTOUT. PUISQUE SOCRATE	AVAIT SON BON DEMON, POURQUOI N'AURAIS-JE PAS
15	073	MON AME AVANT D'AVOIR VU CES PETITS HOMMES	AVAIT TOTALEMENT DISPARU; J'EN RESTAI TRISTE
19	031	ENTRE LES CHARDONS ET LES ORTIES, IL Y	AVAIT UN AUTRE ENFANT, SALE, CHETIF,
42	093	M'A TENU AINSI LONGTEMPS EN EXTASE. ELLE	AVAIT UNE MANIERE DOUCE, REVEUSE, ANGLAISE ET
28	048	CANDEUR. JE VIS ALORS CLAIREMENT QU'IL	AVAIT VOULU FAIRE A LA FOIS LA CHARITE ET QUE
29	086	DEMANDAI DES NOUVELLES DE DIEU, ET S'IL L'	AVAIT VU RECEMMENT. IL ME REPONDIT, AVEC UNE
42	061	ET JE NE L'AI PAS RECONNU. LA DESTINEE M'	AVAIT, EN CES DERNIERS TEMPS, OCTROYE LA
31	066	ACTEUR DE CETTE PRODIGIEUSE REVELATION	AVAIT, EN FAISANT SON RECIT, LES YEUX
30	129	CORDE. PARMI LES SIGNATAIRES IL Y	AVAIT, JE DOIS LE DIRE, PLUS DE FEMMES QUE
30	111	JE VOUS EN SUPPLIE!'' SON DESESPOIR L'	AVAIT, SANS DOUTE, ME PARUT-IL, TELLEMENT
27	140	REELLEMENT FRUSTRE LE BOURREAU? LE PRINCE	AVAIT-IL LUI-MEME DEVINE TOUTE L'HOMICIDE
27	139	LE SIFFLET, RAPIDE COMME UN GLAIVE,	AVAIT-IL REELLEMENT FRUSTRE LE BOURREAU? LE
49	006	HEURES. J'AVAIS DONC DIGERE, --	AVALE, VEUX-JE DIRE, --TOUTES LES
25	029	LIBRE, ELLE MARCHE SANS SOULIERS. ELLE S'	AVANCE AINSI, HARMONIEUSEMENT, HEUREUSE DE
25	007	FORTE ET FIERE COMME LE SOLEIL, ELLE S'	AVANCE DANS LA RUE DESERTE, SEULE VIVANTE A
25	010	UNE TACHE ECLATANTE ET NOIRE. ELLE S'	AVANCE, BALANCANT MOLLEMENT SON TORSE SI MINCE
31	115	VERS L'ESPAGNE, CAR VOICI LA SAISON QUI S'	AVANCE; FUYONS AVANT LES PLUIES ET NE
15	072	ET LA JOIE CALME OU S'EBAUDISSAIT MON AME	AVANT D'AVOIR VU CES PETITS HOMMES AVAIT
31	125	PARCE QUE J'AVAIS PEUR D'ETRE RATTRAPE	AVANT D'ETRE HORS DE FRANCE.'' L'AIR PEU
03	028	EST UN DUEL OU L'ARTISTE CRIE DE FRAYEUR	AVANT D'ETRE VAINCU.
27	047	QUI, COMME MOI, AVAIENT PU PENETRER PLUS	AVANT DANS LES PROFONDEURS DE CETTE AME
31	115	CAR VOICI LA SAISON QUI S'AVANCE; FUYONS	AVANT LES PLUIES ET NE MOUILLONS QUE NOTRE
31	111	DANSENT COMME DES OURS. HEUREUSEMENT,	AVANT UN MOIS NOUS SERONS EN AUTRICHE, OU NOUS
27	137	CONVULSIVEMENT, CHANCELA UN PEU EN	AVANT, UN PEU EN ARRIERE, ET PUIS TOMBA ROIDE
25	061	LE MAITRE DE L'ENFANT EST SI AVARE, TROP	AVARE, POUR COMPRENDRE UNE AUTRE BEAUTE QUE
25	061	DOROTHEE; LE MAITRE DE L'ENFANT EST SI	AVARE, TROP AVARE, POUR COMPRENDRE UNE AUTRE
31	076	JAMAIS AU SPECTACLE! MON TUTEUR EST TROP	AVARE; DIEU NE S'OCCUPE PAS DE MOI ET DE MON
32	025	SUR LES TETES DE SES COMPAGNES AFFOLEES	AVEC AUTANT D'ENERGIE ET DE CAPRICE QUE VOUS
20	029	DE TEMPS A AUTRE L'AIGUILLE DE L'HORLOGE	AVEC AUTANT D'IMPATIENCE QUE LES JUGES HUMAINS
09	022	POUR VOIR, DISAIT-IL SI LE FEU PRENAIT	AVEC AUTANT DE FACILITE QU'ON L'AFFIRME
05	037	LA PLUS HEUREUSE, N'A RIEN DE COMMUN	AVEC CETTE VIE SUPREME DONT J'AI MAINTENANT
15	031	AUX TOURISTES POUR LE MELER A L'OCCASION	AVEC DE L'EAU DE NEIGE. JE DECOUPAIS
30	065	DANS LES CHAIRS, ET IL FALLAIT MAINTENANT,	AVEC DE MINCES CISEAUX, CHERCHER LA CORDE
24	025	NATTES FRAICHES ET DE FLEURS CAPITEUSES,	AVEC DE RARES SIEGES D'UN ROCOCO PORTUGUAIS,
21	079	DE SA GROSSIERE PAROLE. JE ME DETOURNAI	AVEC DEGOUT ET JE REPONDIS: ''JE N'AI BESOIN,
08	011	PAQUET D'EXCREMENTS; VOUS L'AURIEZ FLAIRE	AVEC DELICES ET PEUT-ETRE DEVORE. AINSI,
40	004	PUISQUE VOUS NE POUVEZ VOUS Y VOIR QU'	AVEC DEPLAISIR?'' L'HOMME EPOUVANTABLE ME
19	045	SE RIAIENT L'UN A L'AUTRE FRATERNELLEMENT,	AVEC DES DENTS D'UNE EGALE BLANCHEUR.
24	044	UN VIN RUDE, ET UN LIT TRES-LARGE	AVEC DES DRAPS UN PEU APRES; MAIS FRAIS; QUOI
21	024	VIVANTE ETAIENT SUSPENDUS, ALTERNANT	AVEC DES FIOLES PLEINES DE LIQUEURS SINISTRES,
27	132	UN ENFANT SE PRECIPITAIT DANS UN CORRIDOR,	AVEC DES RIRES ETOUFFES. FANCIOULLE, SECOUE,
13	045	QU'ELLE CHERCHAIT DANS LES GAZETTES.	AVEC DES YEUX ACTIFS, JADIS BRULES PAR LES
50	107	SOIT CEUX QUI ONT DIT A L'HOMME ABANDONNE,	AVEC DES YEUX CLIGNOTANTS ET SPIRITUELS:
08	008	DEBOUCHE; PUIS, RECULANT SOUDAINEMENT	AVEC EFFROI, IL ABOIE CONTRE MOI, EN MANIERE
09	041	QUI PASSE A COTE DE LUI ET L'EMBRASSERA	AVEC ENTHOUSIASME DEVANT LA FOULE ETONNEE.
31	121	EU D'ABORD ENVIE DE LES PRIER DE M'EMMENER	AVEC EUX ET DE M'APPRENDRE A JOUER DE LEURS
31	046	JOURS; MES PARENTS M'ONT EMMENE EN VOYAGE	AVEC EUX, ET, COMME DANS L'AUBERGE OU NOUS
46	022	LA DIGNITE M'ENNUIE. ENSUITE JE PENSE	AVEC JOIE QUE QUELQUE MAUVAIS POETE LA
10	032	QUELQUES AUTRES MEFAITS QUE J'AI ACCOMPLIS	AVEC JOIE, DELIT DE FANFARONNADE; CRIME DE
31	086	NOIRS ET TRES-FIERS, QUOIQUE EN GUENILLES,	AVEC L'AIR DE N'AVOIR BESOIN DE PERSONNE.
42	091	BROYAIT; DEVORAIT, ENGLOUTISSAIT; MAIS	AVEC L'AIR LE PLUS LEGER ET LE PLUS INSOUCIANT
14	026	VENT, LA PLUIE ET LE SOLEIL; IL LANCAIENT,	AVEC L'APLOMB DES COMEDIENS SURS DE LEURS
07	010	EXCITEES BRULENT DU DESIR DE RIVALISER	AVEC L'AZUR DU CIEL QUI PAR L'ENERGIE DE LEURS
27	105	PLUSIEURS REPRISES LES VOUTES DE L'EDIFICE	AVEC L'ENERGIE D'UN TONNERRE CONTINU. LE
49	058	QUI TRAINAIT A TERRE, ET JE LE BATTIS	AVEC L'ENERGIE OBSTINEE DES CUISINIERS QUI
42	128	REFLECHI TOUS MES SENTIMENTS ET MES GESTES	AVEC L'EXACTITUDE IRONIQUE DE MA PROPRE

MAIS IL FALLAIT ACCORDER CE SENTIMENT	AVEC L'HORREUR QUE CET ETRE M'INSPIRAIT; ME	42 158
COUPABLES! QUAND VOUS SORTIREZ LE MATIN	AVEC L'INTENTION DECIDEE DE FLANER SUR LES	19 003
EN PARFAITE PAIX AVEC MOI-MEME ET	AVEC L'UNIVERS; JE CROIS MEME QUE, DANS MA	15 022
UN PAYSAGE SELON TON GOUT; UN PAYSAGE FAIT	AVEC LA LUMIERE ET LE MINERAL, ET LE LIQUIDE	48 014
LE SOUTENIR TOUT ENTIER AVEC UN BRAS, ET,	AVEC LA MAIN DE L'AUTRE BRAS, COUPER LA CORDE.	30 061
LES DEUX YEUX, ME CASSA QUATRE DENTS, ET,	AVEC LA MEME BRANCHE D'ARBRE, ME BATTIT DRU	49 067
ET DE FAIRE LES MEMES CHOSES, ET DE PARLER	AVEC LA MEME VOIX...'' L'UN DES QUATRE	31 021
AUSSI DESOLE QUE CE CIEL, ILS CHEMINAIENT	AVEC LA PHYSIONOMIE RESIGNEE DE CEUX QUI SONT	06 027
LA DISCUSSION COMME FINIE, ET ME RELEVANT	AVEC LA SATISFACTION D'UN SOPHISTE DU	49 072
LES VITRES. PUIS ELLE S'ETENDIT SUR TOI	AVEC LA TENDRESSE SOUPLE D'UNE MERE, ET ELLE	37 006
LES AUTRES AMES JUSQU'A LA CONFONDRE	AVEC LA TIENNE.'' ET JE LUI REPONDIS: ''GRAND	21 044
NOM, QUI ROULA AINSI A TRAVERS L'ESPACE	AVEC LE BRUIT DE CENT MILLE TONNERRES, ET ME	21 100
ET AMAIGRI, ETAIT EN PARFAITE ACCORDANCE	AVEC LE GRAND DEUIL DONT ELLE ETAIT REVETUE.	13 083
LE TEMPS REGNE EN SOUVERAIN MAINTENANT; ET	AVEC LE HIDEUX VIEILLARD EST REVENU TOUT SON	05 071
PAS. ''PUISQUE TU AIMES TANT LE REPOS,	AVEC LE SPECTACLE DU MOUVEMENT, VEUX-TU VENIR	48 017
FARDEE, LES CHEVEUX FLOTTANT AU VENT	AVEC LES BRIDES DE SON BONNET. ''--NON; JE NE	47 007
ORGUEILLEUX QU'ILS EPROUVENT A RIVALISER	AVEC LES CHEVAUX? EN VOICI DEUX QUI	50 078
DES HOMMES ENTRE EUX, OU DES HOMMES	AVEC LES CHOSES. ET QUAND L'ILLUSION	30 003
LES CHEVEUX; CELUI-CI LUI SAISIT L'OREILLE	AVEC LES DENTS, ET EN CRACHA UN PETIT MORCEAU	15 052
POUR LES GRANDS C'EST UN ARMISTICE CONCLU	AVEC LES PUISSANCES MALFAISANTES DE LA VIE, UN	14 011
LES MOUVANTES ARCHITECTURES QUE DIEU FAIT	AVEC LES VAPEURS, LES MERVEILLEUSES	44 004
NOUS VOIR A LA MAISON, ET, QUOIQUE	AVEC LEURS GRANDS YEUX CREUX ET LEURS JOUES	31 015
''CES GENS-LA ME SONT INSUPPORTABLES	AVEC LEURS YEUX OUVERTS COMME DES PORTES	26 055
ET LE PLUS CELEBRE DE TOUS MES AUTEURS,	AVEC LUI VOUS POURRIEZ PEUT-ETRE ABOUTIR A	10 028
L'HOMME QUI DORT, ET COMMUNIQUE EN SECRET	AVEC LUI. ET ILS SONT VENUS SE POSER	21 004
DANS L'EAU D'UNE SOURCE, ET LES AGITER	AVEC MA MAIN COMME UN MOUCHOIR ODORANT, POUR	17 004
VEUILLEZ ME FAIRE L'HONNEUR DE PARTAGER	AVEC MOI MA BOURSE; ET SOUVENEZ- VOUS, SI VOUS	49 074
''VIENS ME VOIR, VIENS ME VOIR SOUVENT. ET	AVEC MOI, NE TE GENE PAS; JE N'AI PAS BESOIN	47 095
DONT J'ETAIS ENVIRONNE, EN PARFAITE PAIX	AVEC MOI-MEME ET AVEC L'UNIVERS; JE CROIS MEME	15 021
DES INDIVIDUS QUI ACCEPTERAIENT	AVEC MOINS DE REPUGNANCE LE SUPPLICE SUPREME,	23 017
EN EST UNE QUE JE DISCUTE SANS CESSE	AVEC MON AME. ''DIS-MOI, MON AME, PAUVRE AME	48 007
AFFAMEE DE FORCE IDEALE, EN TETE-A-TETE	AVEC MON DOMESTIQUE, ET DANS UNE SITUATION QUI	42 055
DANS LES FAUBOURGS, LES JOURS DE FOIRE,	AVEC PERMISSION DES MAGISTRATS, CELA VA SANS	11 027
DONC JE POSSEDE LE DROIT DE ME MIRER,	AVEC PLAISIR OU DEPLAISIR; CELA NE REGARDE QUE	40 008
AURAIENT, JE CROIS, MANGE DE L'HERBE	AVEC PLUS D'ENTHOUSIASME QUE LES BETES. ENFIN	34 020
VISAGE, AVEC SON VETEMENT, AVEC SON GESTE,	AVEC PRESQUE RIEN, J'AI REFAIT L'HISTOIRE DE	35 013
TAVERNE DE LA RUE VILLA-HERMOSA N'OUBLIERA	AVEC QUELLE PETULANCE LE PEINTRE S'EST	50 121
SANS DIRE. ''FAITES BIEN ATTENTION! VOYEZ	AVEC QUELLE VORACITE (NON SIMULEE PEUT-ETRE!)	11 028
PEUT-ETRE A-T-ELLE UN RENDEZ-VOUS	AVEC QUELQUE JEUNE OFFICIER QUI, SUR DES	25 047
RECONNAISSAIS POUR L'AVOIR VUE TRINQUANT	AVEC QUELQUES DROLES DE MA CONNAISSANCE! LE	21 106
CELLE QUI TRAINE A SA MAIN UN BAMBIN	AVEC QUI ELLE NE PEUT PAS PARTAGER SA REVERIE,	13 033
DE PARTAGER LES BENEFICES ET LA PROPRIETE	AVEC QUI QUE CE SOIT. ELLE NE SE PLAIGNIT EN	29 066
PAS COUCHE SEUL ET D'ETRE DANS UN LIT	AVEC SA BONNE, DANS LES TENEBRES. COMME JE NE	31 052
DE SA CONVOITISE; PUIS, HAPPANT LE MORCEAU	AVEC SA MAIN, SE RECULA VIVEMENT, COMME S'IL	15 043
LUI DIRE? --JE VOUDRAIS QU'IL VINT ME VOIR	AVEC SA TROUSSE ET SON TABLIER, MEME AVEC UN	47 101
MA PUISSANCE?'' DIT LA FAUSSE DEESSE	AVEC SA VOIX CHARMANTE ET PARADOXALE.	21 096
CEPENDANT C'ETAIT LA TERRE, LA TERRE	AVEC SES BRUITS, SES PASSIONS, SES COMMODITES,	34 045
ELASTIQUES ET PUISSANTS; ELLE S'AGRAFAIT	AVEC SES DEUX VASTES GRIFFES A LA POITRINE DE	06 010
VENUS REGARDE AU LOIN JE NE SAIS QUOI	AVEC SES YEUX DE MARBRE.	07 029
PIERRES BIEN TRAVAILLEES. IL ME REGARDA	AVEC SES YEUX INCONSOLABLEMENT NAVRES, D'OU	21 037
ET DE REGRET. ''EST-IL BETE, CELUI-LA,	AVEC SON BON DIEU, QUE LUI SEUL PEUT	31 039
IL ME POUSSE, COMME SI J'ETAIS UN BOEUF,	AVEC SON DOUBLE AIGUILLON. --''ET HUE DONC!	05 083
AVEC SON VISAGE, AVEC SON VETEMENT,	AVEC SON GESTE, AVEC PRESQUE RIEN, J'AI REFAIT	35 013
ENCORE D'AUTRES. LE GROS SATAN TAPAIT	AVEC SON POING SUR SON IMMENSE VENTRE, D'OU	21 068
ET QUI NE SORT JAMAIS. AVEC SON VISAGE,	AVEC SON VETEMENT, AVEC SON GESTE, AVEC	35 012
SUR QUELQUE CHOSE, ET QUI NE SORT JAMAIS.	AVEC SON VISAGE, AVEC SON VETEMENT, AVEC	35 012
VENAIT ME DIRE: ''QUE REGARDES-TU LA	AVEC TANT DE SOIN? QUE CHERCHES-TU DANS LES	16 026
CLIGNOTANTS ET SPIRITUELS; ''PRENDS-MOI	AVEC TOI, ET DE NOS DEUX MISERES NOUS FERONS	50 043
JE TROUVAI DESORMAIS UN MASQUE DE VERRE.	AVEC TOUT CELA, FORT BEGUEULE. SI PARFOIS JE	42 048
TROMPETTE PROSTITUEE. AUSSI JE REPONDIS:	AVEC TOUT MON DEDAIN: ''VA-T'EN! JE NE SUIS	21 110
LA NOBLESSE FAISAIT UN ECLATANT CONTRASTE	AVEC TOUTE LA TRIVIALITE ENVIRONNANTE. C'ETAIT	13 077
LES AUTRES. ''DIEU!'' REPONDIT-IL	AVEC UN ACCENT PARFAIT DE CONVICTION. ''AH! IL	31 030
RETOURNA VERS JE NE SAIS QUELS CAMARADES	AVEC UN AIR DE FATUITE, COMME POUR LES PRIER	04 014
IMMEDIATEMENT. DONC LA BONNE FEE REPONDIT,	AVEC UN APLOMB DIGNE DE SON RANG: ''JE DONNE A	20 074
EN SE LEVANT ET EN ME CONGEDIANT	AVEC UN BON SOURIRE. SI CE N'EUT ETE LA	29 118
LE SOL. IL FALLAIT LE SOUTENIR TOUT ENTIER	AVEC UN BRAS, ET, AVEC LA MAIN DE L'AUTRE	30 061
UN MENDIANT ME TENDIT SON CHAPEAU;	AVEC UN DE CES REGARDS INOUBLIABLES OU	49 022
VERS LA FUNEBRE ARMOIRE, JE M'APERCUS,	AVEC UN DEGOUT MELE D'HORREUR ET DE COLERE,	30 104
LE CLOU ETAIT RESTE FICHE DANS LA PAROI.	AVEC UN LONG BOUT DE CORDE QUI TRAINAIT	30 105
PAS; ELLE REGARDAIT LE MONDE LUMINEUX	AVEC UN OEIL PROFOND, ET ELLE ECOUTAIT EN	13 086
VOIR AVEC SA TROUSSE ET SON TABLIER, MEME	AVEC UN PEU DE SANG DESSUS!'' ELLE DIT CELA	47 101
J'AI VECU QUELQUE TEMPS EN TETE-A-TETE	AVEC UN PHENOMENE VIVANT. ELLE MANGEAIT,	42 089
MACHINE SI SINGULIEREMENT DETRAQUEE, ET,	AVEC UN REGARD DE HAINE QUI ME PARUT DE BON	49 064
AUTRES COMPAGNONS REGARDERENT CELUI-CI	AVEC UN REGARD VAGUE ET LEGEREMENT HEBETE,	42 162
ET EN CRACHA UN PETIT MORCEAU SANGLANT	AVEC UN SUPERBE JURON PATOIS. LE LEGITIME	15 053
N'EPROUVAI DONC JAMAIS,-- ME DIT-IL,	AVEC UN TON DE NEZ TRES-APOSTOLIQUE, --LE	23 028
CONTEMPLAIENT FIXEMENT LE CAFE NOUVEAU	AVEC UNE ADMIRATION EGALE, MAIS NUANCEE	26 036
DE LA VIE. IL ENTRE EN SCENE LEGEREMENT ET	AVEC UNE AISANCE PARFAITE, CE QUI CONTRIBUA A	27 069
OU DES MILITAIRES, QUI SURVEILLENT	AVEC UNE ATTENTION DE SORCIERS, L'OEUVRE SANS	50 089
CARCASSE SE RETOURNER, SE REDRESSER	AVEC UNE ENERGIE QUE JE N'AURAIS JAMAIS	49 062
ET SES YEUX, TOUT GRANDS OUVERTS	AVEC UNE FIXITE EFFRAYANTE, ME CAUSERENT	30 056
LE DISCOURS DE SON CAMARADE ET OBSERVAIT	AVEC UNE FIXITE ETONNANTE JE NE SAIS QUEL	31 024
J'AURAIS PU TIRER DE MA FOLIE PERSONNELLE.	AVEC UNE FROIDE ET INFRANCHISSABLE REGLE, ELLE	42 137
L'INCONNU ET L'IMPOSSIBLE, ECLATE,	AVEC UNE GRACE INEXPRIMABLE, LE RIRE D'UNE	36 026
CHOSE D'INFINIMENT VAGUE, ET JE SORTIS	AVEC UNE GRANDE SOIF. CAR LE GOUT PASSIONNE	49 018
VENAIT, RIAIT, PLEURAIT, SE CONVULSAIT,	AVEC UNE INDESTRUCTIBLE AUREOLE AUTOUR DE LA	27 084
JOUE ET PERDU MON AME, EN PARTIE LIEE,	AVEC UNE INSOUCIANCE ET UNE LEGERETE	29 041
S'IL L'AVAIT VU RECEMMENT. IL ME REGARDAIT	AVEC UNE INSOUCIANCE NUANCEE D'UNE CERTAINE	29 087
PEUT JOUER LA COMEDIE AU BORD DE LA TOMBE	AVEC UNE JOIE QUI L'EMPECHE DE VOIR LA TOMBE,	27 096
DANS MON AME. MES PENSEES VOLTIGEAIENT	AVEC UNE LEGERETE EGALE A CELLE DE	15 004
OU LES HORLOGES SONNENT LE BONHEUR	AVEC UNE PLUS PROFONDE ET PLUS SIGNIFICATIVE	18 030

POEM LINE

```
09 004        ET INCONNUE, AGISSENT QUELQUEFOIS   AVEC UNE RAPIDITE DONT ELLES SE SERAIENT CRUES
05 062             D'UN AUTRE MONDE, DONT JE M'ENIVRAIS   AVEC UNE SENSIBILITE PERFECTIONNEE, HELAS! IL
29 059              ET IRREFUTABLES, ET ELLE S'EXPRIMAIT   AVEC UNE SUAVITE DE DICTION ET UNE
18 002       DE COCAGNE, DIT-ON, QUE JE REVE DE VISITER   AVEC UNE VIEILLE AMIE. PAYS SINGULIER, NOYE
31 098          CHOQUAIT DE TEMPS A AUTRE SES CYMBALES   AVEC UNE VIOLENCE EXTRAORDINAIRE. ILS ETAIENT
38 015            ET QUI, PIETINANT SUR LA TERRE FRAICHE   AVEC UNE VIOLENCE HYSTERIQUE ET BIZARRE,
31 010       QUE CEUX QUE NOUS VOYONS PARTOUT, PARLENT   AVEC UNE VOIX CHANTANTE. ILS SE MENACENT, ILS
04 018           CE BEAU PLAISANT, ET CONTINUA DE COURIR   AVEC ZELE OU L'APPELAIT SON DEVOIR. POUR MOI,
24 035      ET PLUS LOIN, COMME IL SUIVAIT UNE GRANDE   AVENUE, IL APERCUT UNE AUBERGE PROPRETTE, OU
10 023     ETRE MONTE POUR TUER LE TEMPS, PENDANT UNE   AVERSE, CHEZ UNE SAUTEUSE QUI M'A PRIE DE LUI
30 084           CAUSAIT UNE ANGOISSE TERRIBLE: IL FALLAIT   AVERTIR LES PARENTS. MES PIEDS REFUSAIENT DE
49 034          NE SE MANIFESTAIT A LUI QUE POUR DEFENDRE,   AVERTIR, EMPECHER, ET QUE LE MIEN DAIGNE
30 044        OU JE CONSTATAI QUE, MALGRE MES NOMBREUX   AVERTISSEMENTS, IL AVAIT ENCORE COMMIS UN
26 018      ET ECLAIRAIT DE TOUTES SES FORCES LES MURS   AVEUGLANTS DE BLANCHEUR, LES NAPPES
38 018       ET POUR LA PUNITION DE TA FOLIE ET DE TON   AVEUGLEMENT, TU M'AIMERAS TELLE QUE JE SUIS!''
47 106         VOUS PORTIEZ DANS CE FAMEUX ROLE QUE VOUS   AVEZ CREE,'' MOI, M'OBSTINANT, JE REPRIS:
19 015          LOIN DE VOUS LE MORCEAU QUE VOUS LEUR   AVEZ DONNE, AYANT APPRIS A SE DEFIER DE
47 117              LE CREATEUR, VOUS, LE MAITRE; VOUS QUI   AVEZ FAIT LA LOI ET LA LIBERTE; VOUS, LE
29 101       COMPENSER LA PERTE IRREMEDIABLE QUE VOUS   AVEZ FAITE DE VOTRE AME, JE VOUS DONNE L'ENJEU
09 074               ET JE LUI DIS: ''--COMMENT? VOUS N'   AVEZ PAS DE VERRES DE COULEUR? DES VERRES
31 085        VIVENT COMME JE VOUDRAIS VIVRE. VOUS N'Y   AVEZ PAS FAIT ATTENTION, VOUS AUTRES. ILS
09 078           DANS DES QUARTIERS PAUVRES, ET VOUS N'   AVEZ PAS MEME DE VITRES QUI FASSENT VOIR LA
47 120       ETES PLEIN DE MOTIFS ET DE CAUSES, ET QUI   AVEZ PEUT-ETRE MIS DANS MON ESPRIT LE GOUT DE
42 080             J'AI CONNU DES JOUISSANCES QUE VOUS   AVEZ PEUT-ETRE NEGLIGEES. JE VEUX PARLER DU
42 083          ADMIRE MA DERNIERE MAITRESSE QUE VOUS N'   AVEZ PU, JE CROIS, HAIR OU AIMER LES VOTRES.
28 019           QUE LA MIENNE, ET JE LUI DIS: ''VOUS   AVEZ RAISON; APRES LE PLAISIR D'ETRE ETONNE,
28 043     REPRENANT MES PROPRES PAROLES: ''OUI, VOUS   AVEZ RAISON; IL N'EST PAS DE PLAISIR PLUS DOUX
46 021        JE ME TROUVE BIEN ICI. VOUS SEUL, VOUS M'   AVEZ RECONNU. D'AILLEURS LA DIGNITE M'ENNUIE.
50 074      CONNAISSEZ-VOUS LA PARESSEUSE BELGIQUE, ET   AVEZ-VOUS ADMIRE COMME MOI TOUS CES CHIENS
11 039             LE BATON N'EST PAS UN BATON DE COMEDIE:   AVEZ-VOUS ENTENDU RESONNER LA CHAIR, MALGRE LE
47 029     BON TEMPS DE LA JEUNESSE. --AH CA! OU DONC   AVEZ-VOUS GAGNE CES CHEVEUX BLANCS? VOUS
13 025           HUMBLEMENT, SILENCIEUSEMENT SUPPORTES.   AVEZ-VOUS QUELQUEFOIS APERCU DES VEUVES SUR
19 039        SON PROPRE JOUJOU, QUE CELUI-CI EXAMINAIT   AVIDEMENT COMME UN OBJET RARE ET INCONNU. OR,
13 010       ET LE PHILOSOPHE AIMENT DIRIGER LEURS   AVIDES CONJECTURES. IL Y A LA UNE PATURE
42 118        VOUS ETES, VOUS DEUX K... ET J..., VOUS   AVIEZ ETE ACCOUPLES A UNE CERTAINE FEMME DE MA
39 014            DU MIDI FRANCAIS: NIMES, AIX, ARLES,   AVIGNON, NARBONNE, TOULOUSE, VILLES BENIES DU
26 006      FEMININE QUI SE PUISSE RENCONTRER. NOUS   AVIONS PASSE ENSEMBLE UNE LONGUE JOURNEE QUI
47 059        CELA, PARCE QUE L'AUTRE N'ETAIT PAS DE SON   AVIS DANS LA MEME AFFAIRE! COMME ON RIAIT DE
49 031        FOLIE, SIGNE DU SUBTIL LELUT ET DU BIEN-   AVISE BAILLARGER? IL EXISTE CETTE DIFFERENCE
31 087         QUOIQUE EN GUENILLES, AVEC L'AIR DE N'   AVOIR BESOIN DE PERSONNE. LEURS GRANDS YEUX
10 014              SANS DOUTE LA RUSSIE POUR UNE ILE);   AVOIR DISPUTE GENEREUSEMENT CONTRE LE
10 020       PERSONNES, DONT QUINZE ME SONT INCONNUES;   AVOIR DISTRIBUE DES POIGNEES DE MAINS DANS LA
10 024           DE LUI DESSINER UN COSTUME DE VENUSTRE;   AVOIR FAIT MA COUR A UN DIRECTEUR DE THEATRE,
10 031         ACTIONS QUE JE N'AI JAMAIS COMMISES, ET   AVOIR LACHEMENT NIE QUELQUES AUTRES MEFAITS
50 095      COMEDIENS NE SE METTENT PAS EN ROUTE SANS   AVOIR LESTE LEUR ESTOMAC D'UNE SOUPE PUISSANTE
42 134        EMPECHE DE FAIRE; QUE JE REGRETTE DE N'   AVOIR PAS COMMISES! QUE DE DETTES PAYEES
23 037        TOUS NOS MALHEURS NOUS VIENNENT DE L'   AVOIR PAS SU RESTER DANS NOTRE CHAMBRE,'' DIT
10 021           DANS LA MEME PROPORTION, ET CELA SANS   AVOIR PRIS LA PRECAUTION D'ACHETER DES GANTS;
10 033      DE FANFARONNADE: CRIME DE RESPECT HUMAIN!   AVOIR REFUSE A UN AMI UN SERVICE FACILE, ET
13 066         SE CROISENT: LES OISIFS, FATIGUES DE N'   AVOIR RIEN FAIT, SE DANDINENT, FEIGNANT DE
10 018       JOURNAUX SONT REDIGES PAR DES COQUINS;   AVOIR SALUE UNE VINGTAINE DE PERSONNES; DONT
31 132        UN INSTANT L'IDEE BIZARRE QUE JE POUVAIS   AVOIR UN FRERE A MOI-MEME INCONNU. LE SOLEIL
35 018         AUSSI AISEMENT. ET JE ME COUCHE, FIER D'   AVOIR VECU ET SOUFFERT DANS D'AUTRES QUE
15 072       CALME OU S'EBAUDISSAIT MON AME AVANT D'   AVOIR VU CES PETITS HOMMES AVAIT TOTALEMENT
10 012        HORRIBLE VILLE! RECAPITULONS LA JOURNEE:   AVOIR VU PLUSIEURS HOMMES DE LETTRES, DONT
13 079           TOUT SON AIR, QUE JE N'AI PAS SOUVENIR D'   AVOIR VU SA PAREILLE DANS LES COLLECTIONS DES
27 060           DIFFICILE DE CONCEVOIR, A MOINS DE L'   AVOIR VU, TOUT CE QUE LA CLASSE PRIVILEGIEE
21 106       VAGUEMENT QUE JE LA RECONNAISSAIS POUR L'   AVOIR VU TRINQUANT AVEC QUELQUES DROLES DE MA
29 025            D'UNE BEAUTE FATALE, QU'IL ME SEMBLAIT   AVOIR VUS DEJA A DES EPOQUES ET DANS DES PAYS
49 011         QUE JE FUSSE ALORS DANS UN ETAT D'ESPRIT   AVOISINANT LE VERTIGE OU LA STUPIDITE. IL
42 008        ET RAILLEUSE QUI DIT CLAIREMENT: ''NOUS   AVONS FORTEMENT VECU, ET NOUS CHERCHONS CE QUE
13 004      LES INVENTEURS MALHEUREUX, PAR LES GLOIRES   AVORTEES, PAR LES COEURS BRISES, PAR TOUTES
21 066        ET PUIS DE VIEILLES MERES PORTANT DES   AVORTONS ACCROCHES A LEURS MAMELLES EXTENUEES.
29 070      A LA DESTRUCTION DE LA SUPERSTITION, ET M'   AVOUA QU'ELLE N'AVAIT EU PEUR, RELATIVEMENT A
42 070        APRES UN AN DE VIE COMMUNE, ELLE M'   AVOUA QU'ELLE N'AVAIT JAMAIS CONNU LE PLAISIR.
21 083            A LA DIABLESSE. JE MENTIRAIS SI JE N'   AVOUAIS PAS QU'A PREMIERE VUE JE LUI TROUVAI
42 164      FEIGNANT DE NE PAS COMPRENDRE, ET COMME   AVOUANT IMPLICITEMENT QU'ILS NE SE SENTAIENT
49 050           LA TETE CONTRE UN MUR. JE DOIS   AVOUER QUE J'AVAIS PREALABLEMENT INSPECTE LES
42 024         PAR LE PARFUM, LA PARURE, ET CAETERA. J'   AVOUERAI MEME QUE J'ASPIRE QUELQUEFOIS; COMME
14 072      RAISON DE MA TIMIDITE VOUS FAIRE RIRE, J'   AVOUERAI QUE JE CRAIGNAIS DE L'HUMILIER.
19 015         VOUS LE MORCEAU QUE VOUS LEUR AVEZ DONNE,   AYANT APPRIS A SE DEFIER DE L'HOMME. SUR UNE
49 055          HORS DE LA PORTEE DE TOUT AGENT DE POLICE.   AYANT ENSUITE, PAR UN COUP DE PIED LANCE DANS
20 085      VANITEUX, QUI VEUT TOUT COMPRENDRE, ET QUI   AYANT OBTENU POUR SON FILS LE MEILLEUR DES
29 112        PRIERONT DE LES ACCEPTER. SANS QUE VOUS   AYEZ FAIT UN EFFORT POUR LES GAGNER! VOUS
07 026     ET SENTIR L'IMMORTELLE BEAUTE! AH! DEESSE!   AYEZ PITIE DE MA TRISTESSE ET DE MON DELIRE!''
47 123        AU BOUT D'UNE LAME! SEIGNEUR, AYEZ PITIE:   AYEZ PITIE DES FOUS ET DES FOLLES! O CREATEUR
47 122      LA GUERISON AU BOUT D'UNE LAME! SEIGNEUR,   AYEZ PITIE, AYEZ PITIE DES FOUS ET DES FOLLES!
07 010         BRULENT DU DESIR DE RIVALISER AVEC L'   AZUR DU CIEL PAR L'ENERGIE DE LEURS COULEURS,
17 028              JE VOIS RESPLENDIR L'INFINI DE L'   AZUR TROPICAL! SUR LES RIVAGES DUVETES DE TA
25 008     SEULE VIVANTE A CETTE HEURE SOUS L'IMMENSE   AZUR, ET FAISANT SUR LA LUMIERE UNE TACHE
03 008         SILENCE, INCOMPARABLE CHASTETE DE L'   AZUR! UNE PETITE VOILE FRISSONNANTE A
```

POEM LINE

```
08 001                                        ''MON  BEAU CHIEN, MON CHER TOUTOU, APPROCHEZ ET
03 027          MES DESIRS ET MON ORGUEIL! L'ETUDE DU  BEAU EST UN DUEL OU L'ARTISTE CRIE DE FRAYEUR
19 018  FRAPPE PAR LE SOLEIL, SE TENAIT UN ENFANT  BEAU ET FRAIS, HABILLE DE CES VETEMENTS DE
20 047   MILLIONS. AINSI FURENT DONNES L'AMOUR DU  BEAU ET LA PUISSANCE POETIQUE AU FILS D'UN
50 117  PAUVRES CHIENS A RECU POUR RECOMPENSE UN  BEAU GILET, D'UNE COULEUR, A LA FOIS RICHE ET
31 001                                        DANS UN  BEAU JARDIN OU LES RAYONS D'UN SOLEIL AUTOMNAL
42 046          EN FORCE?'' ET ELLE ARGUMENTAIT. ''UN  BEAU JOUR ELLE S'EST MISE A LA CHIMIE; DE
04 010  ALLAIT TOURNER L'ANGLE D'UN TROTTOIR, UN  BEAU MONSIEUR GANTE, VERNI, CRUELLEMENT
17 023  PASSEES SUR UN DIVAN, DANS LA CHAMBRE D'UN  BEAU NAVIRE, BERCEES PAR LE ROULIS
18 063  DAHLIA, C'EST LA, N'EST-CE PAS, DANS CE  BEAU PAYS SI CALME ET SI REVEUX, QU'IL
04 017  A SON CONTENTEMENT. L'ANE NE VIT PAS CE  BEAU PLAISANT, ET CONTINUA DE COURIR AVEC ZELE
24 004  DESCENDANT, A TRAVERS L'ATMOSPHERE D'UN  BEAU SOIR, LES DEGRES DE MARBRE D'UN PALAIS,
18 018  UNE CONTREE QUI TE RESSEMBLE, OU TOUT EST  BEAU, RICHE, TRANQUILLE ET HONNETE, OU LA
18 008          UN VRAI PAYS DE COCAGNE, OU TOUT EST  BEAU, RICHE, TRANQUILLE, HONNETE; OU LE LUXE A
03 024          SOUFFRIR, OU FUIR ETERNELLEMENT LE  BEAU. NATURE, ENCHANTERESSE SANS PITIE, RIVALE
09 089          JE LUI CRIAI FURIEUSEMENT: ''LA VIE EN  BEAU! LA VIE EN BEAU!'' CES PLAISANTERIES
31 013  ENFONCE DANS LEUR CEINTURE. AH! C'EST BIEN  BEAU! LES FEMMES SONT BIEN PLUS BELLES ET BIEN
26 041  PETIT GARCON: ''QUE C'EST BEAU! QUE C'EST  BEAU! MAIS C'EST UNE MAISON OU PEUVENT SEULS
26 039  PERE DISAIENT: ''QUE C'EST BEAU! QUE C'EST  BEAU! ON DIRAIT QUE TOUT L'OR DU PAUVRE MONDE
26 041   --LES YEUX DU PETIT GARCON: ''QUE C'EST  BEAU! QUE C'EST BEAU! ON DIRAIT QUE TOUT L'OR
26 038          LES YEUX DU PERE DISAIENT: ''QUE C'EST  BEAU! QUE C'EST BEAU! ON DIRAIT QUE TOUT L'OR
09 089  FURIEUSEMENT: ''LA VIE EN BEAU! LA VIE EN  BEAU!'' CES PLAISANTERIES NERVEUSES NE SONT
09 079  MEME DE VITRES QUI FASSENT VOIR LA VIE EN  BEAU!'' ET JE LE POUSSAI VIVEMENT VERS
29 080  M'AFFIRMA QU'IL NE DEDAIGNAIT PAS, EN  BEAUCOUP DE CAS, D'INSPIRER LA PLUME, LA
27 017  UNE EXCESSIVE SENSIBILITE LE RENDAIT, EN  BEAUCOUP DE CAS, PLUS CRUEL ET PLUS DESPOTE
28 018  QU'ON FOUETTE. L'OFFRANDE DE MON AMI FUT  BEAUCOUP PLUS CONSIDERABLE QUE LA MIENNE, ET
47 071                 REPRESENTANT DES PHYSIONOMIES  BEAUCOUP PLUS JEUNES. ''QUAND NOUS NOUS
09 024  MANQUA; MAIS, A LA ONZIEME, ELLE REUSSIT  BEAUCOUP TROP BIEN. UN AUTRE ALLUMERA UN
09 056  MAIS D'UNE INSPIRATION FORTUITE, PARTICIPE  BEAUCOUP, NE FUT-CE QUE PAR L'ARDEUR DU DESIR,
21 056  CES BELLES MANIERES INSINUANTES, NI CETTE  BEAUTE DELICATE ET PARFUMEE. C'ETAIT UN HOMME
50 119  FAIT PENSER AUX SOLEILS D'AUTOMNE, A LA  BEAUTE DES FEMMES MURES ET AUX ETES DE LA
50 132          AUX ETES DE LA SAINT-MARTIN ET A LA  BEAUTE DES FEMMES TRES-MURES.
32 020  N'EST QUE LE PRETEXTE POUR MONTRER LA  BEAUTE DES PAMPRES ET DES FLEURS? LE THYRSE
15 021  JE ME SENTAIS, GRACE A L'ENTHOUSIASMANTE  BEAUTE DONT J'ETAIS ENVIRONNE, EN PARFAITE
42 023  CLIMATERIQUE DU TROISIEME DEGRE OU LA  BEAUTE ELLE-MEME NE SUFFIT PLUS, SI ELLE N'EST
29 024  D'HOMMES ET DE FEMMES, MARQUES D'UNE  BEAUTE FATALE, QU'IL ME SEMBLAIT AVOIR VUS
21 087  CEPENDANT NE VIEILLISSENT PLUS, ET DONT LA  BEAUTE GARDE LA MAGIE PENETRANTE DES RUINES.
32 023  PUISSANT ET VENERE, CHER BACCHANT DE LA  BEAUTE MYSTERIEUSE ET PASSIONNEE. JAMAIS
25 061  TROP AVARE, POUR COMPRENDRE UNE AUTRE  BEAUTE QUE CELLE DES ECUS!
48 027  D'AILLEURS L'ESPRIT DE L'EUROPE MARIE A LA  BEAUTE TROPICALE.'' PAS UN MOT. --MON AME
27 080          A L'IDEE GENERALE ET CONFUSE DE  BEAUTE, CE SERAIT LA, SANS DOUTE, UN CAS
38 003  REPANDAIENT LE DESIR DE LA GRANDEUR, DE LA  BEAUTE, DE LA GLOIRE ET DE TOUT CE QUI FAIT
34 041          EN DISANT ADIEU A CETTE INCOMPARABLE  BEAUTE, JE ME SENTAIS ABATTU JUSQU'A LA MORT;
19 033  DONT UN OEIL IMPARTIAL DECOUVRIRAIT LA  BEAUTE, SI, COMME L'OEIL DU CONNAISSEUR DEVINE
25 032  UN MIROIR REFLETANT SA DEMARCHE ET SA  BEAUTE. A L'HEURE OU LES CHIENS EUX-MEMES
41 009  DANS L'AME LE GOUT DU RHYTHME ET DE LA  BEAUTE. ET PUIS, SURTOUT, IL Y A UNE SORTE DE
42 020  C'EST ALORS QU'ON RECHERCHE DECIDEMENT LA  BEAUTE. POUR MOI, MESSIEURS, JE ME FAIS GLOIRE
01 009  SOUS QUELLE LATITUDE ELLE EST SITUEE. --LA  BEAUTE? --JE L'AIMERAIS VOLONTIERS, DEESSE ET
07 026  POUR COMPRENDRE ET SENTIR L'IMMORTELLE  BEAUTE! AH! DEESSE! AYEZ PITIE DE MA TRISTESSE
13 080  DANS LES COLLECTIONS DES ARISTOCRATIQUES  BEAUTES DU PASSE. UN PARFUM DE HAUTAINE VERTU
31 004  COMME DES CONTINENTS EN VOYAGE, QUATRE  BEAUX ENFANTS, QUATRE GARCONS, LAS DE JOUER
42 074  REVOIR; ET ELLE ME DIT, EN ME MONTRANT SIX  BEAUX ENFANTS: ''EH BIEN! MON CHER AMI,
31 009  SERIEUX ET TRISTES AUSSI; MAIS BIEN PLUS  BEAUX ET BIEN MIEUX HABILLES QUE CEUX QUE NOUS
26 052  MA PENSEE; JE PLONGEAIS DANS VOS YEUX SI  BEAUX ET SI BIZARREMENT DOUX, DANS VOS YEUX
42 004          PRECISEMENT NI JEUNES NI VIEUX, NI  BEAUX NI LAIDS; MAIS VIEUX OU JEUNES, ILS
10 042  ACCORDEZ-MOI LA GRACE DE PRODUIRE QUELQUES  BEAUX VERS QUI ME PROUVENT A MOI-MEME QUE JE
21 013  LA MOLLESSE DES ANCIENS BACCHUS. SES  BEAUX YEUX LANGUISSANTS, D'UNE COULEUR
27 019  TOUS SES PAREILS. AMOUREUX PASSIONNE DES  BEAUX-ARTS, EXCELLENT CONNAISSEUR D'AILLEURS,
21 057  A GROS VISAGE SANS YEUX; DONT LA LOURDE  BEDAINE SURPLOMBAIT LES CUISSES; ET DONT TOUTE
49 059  DES CUISINIERS QUI VEULENT ATTENDRIR UN  BEEFSTEAK. TOUT A COUP, --O MIRACLE! O
50 015          JE N'AI QUE FAIRE DE CETTE VIEILLE  BEGUEULE. J'INVOQUE LA MUSE FAMILIERE, LA
42 048  UN MASQUE DE VERRE. AVEC TOUT CELA, FORT  BEGUEULE. SI PARFOIS JE LA BOUSCULAIS PAR UN
26 004          CAR VOUS ETES, JE CROIS, LE PLUS  BEL EXEMPLE D'IMPERMEABILITE FEMININE QUI SE
47 064  EMEUTES. COMMENT EST-CE POSSIBLE QU'UN SI  BEL HOMME AIT SI PEU DE COEUR? --VOICI
50 074          CONNAISSEZ-VOUS LA PARESSEUSE  BELGIQUE, ET AVEZ-VOUS ADMIRE COMME MOI TOUS
50 021  REGARDE D'UN OEIL FRATERNEL. FI DU CHIEN  BELLATRE, DE CE FAT QUADRUPEDE, DANOIS,
37 017  L'INFLUENCE DE MON BAISER. TU SERAS  BELLE A MA MANIERE. TU AIMERAS CE QUE J'AIME
18 085          DU CIEL DANS LA LIMPIDITE DE TA  BELLE AME; --ET QUAND, FATIGUES PAR LA HOULE
44 007  PRESQUE AUSSI BELLES QUE LES YEUX DE MA  BELLE BIEN-AIMEE, LA PETITE FOLLE MONSTRUEUSE
31 077  DE MOI ET DE MON ENNUI, ET JE N'AI PAS UNE  BELLE BONNE POUR ME DORLOTER. IL M'A SOUVENT
24 017  MENTALEMENT: ''AU BORD DE LA MER, UNE  BELLE CASE EN BOIS, ENVELOPPEE DE TOUS CES
50 070  GAMBADER PENDANT UNE HEURE, AUTOUR D'UNE  BELLE CHIENNE, UN PEU NEGLIGEE DANS SA
36 004  RAREMENT ET QUI A FUI SI VITE, COMME UNE  BELLE CHOSE REGRETTABLE DERRIERE LE VOYAGEUR
18 048  EST RICHE, PROPRE ET LUISANT, COMME UNE  BELLE CONSCIENCE, COMME UNE MAGNIFIQUE
24 002  GRAND PARC SOLITAIRE: ''COMME ELLE SERAIT  BELLE DANS UN COSTUME DE COUR, COMPLIQUE ET
11 064  LE VRAI MALHEUR. ''A VOUS VOIR AINSI, MA  BELLE DELICATE; LES PIEDS DANS LA FANGE ET LES
29 076  LE PROGRES DES LUMIERES; QUE LA PLUS  BELLE DES RUSES DU DIABLE EST DE VOUS
25 000                                        LA  BELLE DOROTHEE
25 035  DONC ALLER AINSI LA PARESSEUSE DOROTHEE,  BELLE ET FROIDE COMME LE BRONZE? POURQUOI
16 012  VRAI. POUR MOI, SI JE ME PENCHE VERS LA  BELLE FELINE, LA SI BIEN NOMMEE; QUI EST A LA
47 093  DONNE CONFIANCE. APRES TOUT, JE SUIS ASSEZ  BELLE FEMME, QUOIQUE PAS TROP JEUNE. JE LUI AI
23 042  FRATERNITAIRE, SI JE VOULAIS PARLER LA  BELLE LANGUE DE MON SIECLE.
31 107  NON!'' A REPONDU L'AUTRE, ''IL FAIT UNE SI  BELLE NUIT!'' LE TROISIEME DISAIT EN COMPTANT
38 005  MAIS CETTE FILLE MIRACULEUSE ETAIT TROP  BELLE POUR VIVRE LONGTEMPS; AUSSI EST-ELLE
15 040  PRESQUE BLANC, ET J'EN COUPAI POUR LUI UNE  BELLE TRANCHE QUE JE LUI OFFRIS. LENTEMENT IL
42 033          ''C'ETAIT LA BATARDE D'UN PRINCE.  BELLE, CELA VA SANS DIRE; SANS CELA, POURQUOI
36 007  LONGTEMPS DEJA QU'ELLE A DISPARU! ELLE EST  BELLE, ET PLUS QUE BELLE; ELLE EST
36 007          A DISPARU! ELLE EST BEL, ET PLUS QUE  BELLE! ELLE EST SURPRENANTE. EN ELLE LE NOIR
25 059  BIEN ONZE ANS, ET QUI EST DEJA MURE, ET SI  BELLE! ELLE REUSSIRA SANS DOUTE. LA BONNE
14 033          POUR LA CIRCONSTANCE. LES DANSEUSES,  BELLES COMME DES FEES OU DES PRINCESSES,
25 054  FURIEUSES DE JOIE; ET PUIS ENCORE SI LES  BELLES DAMES DE PARIS SONT TOUTES PLUS BELLES
```

	POEM	LINE
TEMPS ET L'AMOUR L'ONT VAINEMENT MORDUE A		
C'EST BIEN BEAU! LES FEMMES SONT BIEN PLUS		
A MANGER OU LE SALON, SONT TAMISES PAR DE		
A RIEN DE MIEUX QU'A CELUI DES TRES-		
AIR A LA FOIS TRAGIQUE ET SOURIANT, NI CES		
LES BELLES DAMES DE PARIS SONT TOUTES PLUS		
CES FANTASMAGORIES SONT PRESQUE AUSSI		
NI AMBITION, A CONTEMPLER, COUCHE DANS LE		
J'AI CONNU UNE CERTAINE		
EN ECLATANT DE RIRE: ''C'EST MOI, LA VRAIE		
DONT IL NE ME CONVIENT PAS DE PARTAGER LES		
MALGRE MOI! ELLE ME PRIVAIT DE TOUS LES		
ARLES, AVIGNON, NARBONNE, TOULOUSE, VILLES		
ATMOSPHERE, OU L'ESPRIT SOMMEILLANT EST		
A QUI UNE FEE A INSUFFLE DANS SON		
LA FENETRE PENDANT QUE TU DORMAIS DANS TON		
DIVAN, DANS LA CHAMBRE D'UN BEAU NAVIRE,		
JE PUIS, QUAND LE VENT SOUFFLE DE LA-HAUT,		
LES TURCS ET UN POUR LES HOLLANDAIS! LES		
DE LA VIE. LE DEPENDRE N'ETAIT PAS UNE		
ET AVEC MOI, NE TE GENE PAS! JE N'AI PAS		
ETAIENT POUSSES PAR UN INVINCIBLE		
AVEC UN TON DE NEZ TRES-APOSTOLIQUE, --LE		
EN GUENILLES, AVEC L'AIR DE N'AVOIR		
EXCITES PAR LES PUCES, LA PASSION, LE		
DES MAUVAISES LECTURES ENGENDRE UN		
AVEC DEGOUT ET JE REPONDIS: ''JE N'AI		
INUTILES: ''AIMEZ-MOI BIEN! J'EN AI TANT		
FACON, AIDER LES FACULTES, NI SOULAGER LE		
PRIX SUFFISAIT PEUT-ETRE POUR PAYER UN DES		
DIMINUE, COMME LE SON DE LA CLOCHETTE DES		
VOYAGEURS N'AVAIT L'AIR IRRITE CONTRE LA		
UN INSTANT ACCROCHE AUX DENTS DE LA		
D'UN FANTASSIN ROMAIN. LA MONSTRUEUSE		
EXPRESSION D'EXTASE ET DE REGRET. ''EST-IL		
IL A ENCHAINE SA FEMME LEGITIME COMME UNE		
S'INCLINA CEREMONIEUSEMENT DEVANT L'HUMBLE		
DONT LE COEUR INOCCUPE S'EST DONNE AUX		
L'HERBE AVEC PLUS D'ENTHOUSIASME QUE LES		
DES VICES EST DE FAIRE LE MAL PAR		
CONCURRENCE FORMIDABLE: ELLES PIAILLAIENT,		
PETITE AMPHORE A BAVAROISES OU L'OBELISQUE		
MAGISTRATS, CELA VA SANS DIRE. ''FAITES		
ENFONCE DANS LEUR CEINTURE. AH! C'EST		
--OH! MOI, JE VAIS PARTOUT. JE CONNAIS		
LA VOILA! JE LA RECONNAIS. VOILA		
CIMETIERES. C'EST MOI QUI L'AI ENTERREE,		
DE SON GILET EN FAVEUR DU POETE; TANT IL A		
ELLE SE SOUVINT A TEMPS D'UNE LOI		
DANS PLUSIEURS VIEUX POETES FRANCAIS		
LE VOIS BIEN. VENEZ CHEZ MOI. VOUS SEREZ		
MAMELLES EXTENUEES. IL Y EN AVAIT ENCORE		
ME CONGEDIANT: ''--VOUS FERIEZ PEUT-ETRE		
QUE DIEU LAISSAIT TOMBER SUR ELLE, DEPUIS		
LES EAUX ELLES-MEMES SONT COMME ENDORMIES.		
HOMMES DE TOUS LES PAYS QUAND ILS ONT TROP		
DIT-IL, IL NE FAUT PAS MANGER TOUT SON		
COULANTS ET FUMANTS, ECLAIRAIENT TROP		
TENEBREUX (OU ELLE REPOSERAIT SI CALME, SI		
AMOUR EST BIEN PETIT, BIEN RESTREINT ET		
ENSEIGNE, --SE DIT NOTRE PROMENEUR. --MAIS		
ECRITE A UN PARFAIT DROLE! OUF! EST-CE		
DE CETTE VIEILLE PURIFIEE), LA CONSOLATION		
EN ENTENDANT L'APPELLATION DONT IL VOULAIT		
COMMISSAIRE. --MA FOI! NON. JE ME TROUVE		
DES HUMAINS, PRIVE D'AMOUR ET D'AMITIE, IL		
DOULEUR D'ESSAYER SUR VOTRE DOS.'' IL M'A		
DE VOULOIR BIEN ME LE CEDER, PROMETTANT DE		
FILAOS! OUI, EN VERITE, C'EST		
AMI, L'ETRANGE BOUFFON, QUI BOUFFONNAIT SI		
IL ME SEMBLE QUE JE SERAIS TOUJOURS		
PROPAGATEUR DE FAUSSE MONNAIE. TOUT AUSSI		
LA JOUISSANCE D'UNE FEMME QUI ETAIT		
DETERMINER SA DESTINEE ET DEVENIR AUSSI		
ELLE A		
TAUDIS, CE SEJOUR DE L'ETERNEL ENNUI, EST		
DE SA VIE AUX DOULEURS DE LA MIENNE; OU		
IMPERCEPTIBLES QUI PAISSAIENT LOIN,		
PARFAIT DE CONVICTION. ''AH! IL EST DEJA		
SOLS, AU MILIEU D'UNE FETE, ET SANS ALLER		
VERITE! ME DIS-JE, IL FALLAIT QUE JE FUSSE		
SES PARENTS, DE PAUVRES GENS, DE VOULOIR		
DE TOUS ET MECONTENT DE MOI, JE VOUDRAIS		
LA MAISON D'UN HOMME LABORIEUX ET QUI A		
ET TRISTES AUSSI, MAIS BIEN PLUS BEAUX ET		
JE ME PENCHE VERS LA BELLE FELINE, LA SI		
DES PAYS NOUVEAUX. JE NE SUIS JAMAIS		
POUR RACHETER SA PETITE SOEUR QUI A		
CE QUE LES HOMMES NOMMENT AMOUR EST		
DES FEMMES, SERIEUX ET TRISTES AUSSI, MAIS		
BELLES DENTS; ILS N'ONT RIEN DIMINUE DU CHARME	39	018
BELLES ET BIEN PLUS GRANDES QUE CELLES QUI	31	014
BELLES ETOFFES OU PAR CES HAUTES FENETRES	18	037
BELLES FEMMES SUR LE RETOUR, QUI CEPENDANT NE	21	086
BELLES MANIERES INSINUANTES, NI CETTE BEAUTE	21	055
BELLES QU'ELLE. DOROTHEE EST ADMIREE ET CHOYEE	25	054
BELLES QUE LES YEUX DE MA BELLE BIEN-AIMEE, LA	44	006
BELVEDERE OU ACCOUDE SUR LE MOLE, TOUS CES	41	012
BENEDICTA, QUI REMPLISSAIT L'ATMOSPHERE	38	001
BENEDICTA! C'EST MOI, UNE FAMEUSE CANAILLE! ET	38	017
BENEFICES ET LA PROPRIETE AVEC QUI QUE CE	29	066
BENEFICES QUE J'AURAIS PU TIRER DE MA FOLIE	42	136
BENIES DU SOLEIL, AMOUREUSES ET CHARMANTES! LE	39	015
BERCE PAR DES SENSATIONS DE SERRE CHAUDE, LA	05	109
BERCEAU LE GOUT DU TRAVESTISSEMENT ET DU	12	004
BERCEAU, ET SE DIT: ''CETTE ENFANT ME PLAIT.''	37	002
BERCEES PAR LE ROULIS IMPERCEPTIBLE DU PORT,	17	023
BERCER MA PENSEE ETONNEE A CETTE IMITATION DES	22	018
BERGERS DE VIRGILE ET DE THEOCRITE	50	113
BESOGNE AUSSI FACILE QUE VOUS POUVEZ LE	30	058
BESOIN D'ARGENT.'' MAIS TU COMPRENDS QUE JE	47	096
BESOIN DE MARCHER. CHOSE CURIEUSE A NOTER:	06	019
BESOIN DE PARTAGER VOS JOUISSANCES?''	23	029
BESOIN DE PERSONNE. LEURS GRANDS YEUX SOMBRES	31	087
BESOIN OU LE DEVOIR. COMME NOUS, CE SE SONT	50	056
BESOIN PROPORTIONNEL DU GRAND AIR ET DES	49	019
BESOIN, POUR MA JOUISSANCE, DE LA MISERE DE	21	080
BESOIN! CONSOLEZ-MOI PAR-CI, CARESSEZ-MOI	11	010
BESOINS DE SA DEPLORABLE PROGENITURE. J'AI	20	050
BESOINS DU PETIT ETRE, MIEUX ENCORE, UNE	13	097
BESTIAUX IMPERCEPTIBLES QUI PAISSAIENT LOIN,	15	012
BETE FEROCE SUSPENDUE A SON COU ET COLLEE A	06	021
BETE FEROCE, DE LA FEMME, VEUX-JE DIRE.	11	034
BETE N'ETAIT PAS UN POIDS INERTE; AU	06	008
BETE, CELUI-LA, AVEC SON BON DIEU, QUE LUI	31	039
BETE, ET IL LA MONTRE DANS LES FAUBOURGS, LES	11	026
BETE, ET LUI DIT, EN OTANT SON CHAPEAU: ''JE	04	012
BETES, PARCE QUE LES HOMMES IMBECILES N'EN	50	065
BETES. ENFIN UN RIVAGE FUT SIGNALE; ET NOUS	34	020
BETISE.	28	059
BEUGLAIENT, HURLAIENT, C'ETAIT UN MELANGE DE	14	022
BICOLORE DES GLACES PANACHEES; TOUTE	26	025
BIEN ATTENTION! VOYEZ AVEC QUELLE VORACITE	11	028
BIEN BEAU! LES FEMMES SONT BIEN PLUS BELLES ET	31	013
BIEN CES MESSIEURS.'' QUELQUES INSTANTS PLUS	47	038
BIEN CES YEUX DONT LA FLAMME TRAVERSE LE	05	027
BIEN CLOSE DANS UNE BIERE D'UN BOIS PARFUME ET	38	010
BIEN COMPRIS QU'IL ETAIT BON ET HONNETE DE	50	123
BIEN CONNUE, QUOIQUE RAREMENT APPLIQUEE, DANS	20	063
BIEN CONNUS, SEULEMENT, DETAIL NON APERCU PAR	47	021
BIEN CONTENT DE MOI, ALLEZ! --SANS DOUTE,	47	010
BIEN D'AUTRES. LE GROS SATAN TAPAIT AVEC SON	21	067
BIEN DE VOUS ADRESSER A Z...; C'EST LE PLUS	10	026
BIEN DES ANS PEUT-ETRE! TROIS CENT	13	057
BIEN DIFFERENTE DES FETES HUMAINES; C'EST ICI	07	005
BIEN DINE. ET CELUI-LA ME DIT: ''JE PUIS TE	21	074
BIEN EN UN JOUR''; ET, SUR CETTE SAGE PAROLE,	11	031
BIEN ENCORE LA DETRESSE. PARTOUT LA JOIE, LE	14	050
BIEN EVENTEE, FUMANT LE TABAC LEGEREMENT	24	027
BIEN FAIBLE, COMPARE A CETTE INEFFABLE ORGIE,	12	026
BIEN FAITE POUR DONNER SOIF! A COUP SUR, LE	45	002
BIEN FINI? MECONTENT DE TOUS ET MECONTENT DE	10	035
BIEN GAGNEE D'UNE DE CES LOURDES JOURNEES SANS	13	055
BIEN HONORER MON PAIN PRESQUE BLANC, ET J'EN	15	039
BIEN ICI. VOUS SEUL, VOUS M'AVEZ RECONNU.	46	020
BIEN INFERIEUR EN CELA AU PLUS IMPARFAIT DES	07	023
BIEN JURE QU'IL AVAIT COMPRIS MA THEORIE, ET	49	079
BIEN L'HABILLER, DE LUI DONNER QUELQUE ARGENT	30	033
BIEN LA LE DECOR QUE JE CHERCHAIS. QU'AI-JE A	24	033
BIEN LA MORT. A UN CERTAIN MOMENT, JE VIS SON	27	121
BIEN LA OU JE NE SUIS PAS; ET CETTE QUESTION	48	005
BIEN LA PIECE FAUSSE SERAIT PEUT-ETRE, POUR UN	28	036
BIEN LA PLUS DOUCE, LA PLUS SOUMISE ET LA PLUS	42	063
BIEN LA SOURCE DE SON MALHEUR QUE DE SON	20	019
BIEN LAIDE. ELLE EST DELICIEUSE POURTANT! LE	39	001
BIEN LE MIEN. VOICI LES MEUBLES SOTS,	05	055
BIEN LE SAUTE-RUISSEAU D'UN DIRECTEUR DE	05	049
BIEN LOIN SUR LE VERSANT D'UNE AUTRE	15	013
BIEN LOIN; TOUT A L'HEURE, VOUS NE POURREZ	31	031
BIEN LOIN. ''CONSIDERONS BIEN, JE VOUS PRIE,	11	013
BIEN LONGTEMPS, QUAND VOUS ETIEZ INTERNE DE	47	030
BIEN LOURDEMENT ASSOUPI POUR MONTRER DE TELS	21	116
BIEN ME LE CEDER, PROMETTANT DE BIEN	30	033
BIEN ME RACHETER ET M'ENORGUEILLIR UN PEU DANS	10	033
BIEN MERITE DU MONDE ENTIER. PAYS SINGULIER,	18	052
BIEN MIEUX HABILLES QUE CEUX QUE NOUS VOYONS	31	009
BIEN NOMMEE, QUI EST A LA FOIS L'HONNEUR DE	16	013
BIEN NULLE PART, ET JE CROIS TOUJOURS QUE JE	31	081
BIEN ONZE ANS, ET QUI EST DEJA MURE, ET SI	25	029
BIEN PETIT, BIEN RESTREINT ET BIEN FAIBLE,	12	025
BIEN PLUS BEAUX ET BIEN MIEUX HABILLES QUE	31	009

POEM LINE

31	014	AH! C'EST BIEN BEAU! LES FEMMES SONT	BIEN PLUS BELLES ET BIEN PLUS GRANDES QUE
31	014	BEAU! LES FEMMES SONT BIEN PLUS BELLES ET	BIEN PLUS GRANDES QUE CELLES QUI VIENNENT NOUS
31	056	SUR SES EPAULES. ELLE A LES BRAS ET LE COU	BIEN PLUS GROS QUE TOUTES LES AUTRES FEMMES,
14	056	DE HAILLONS COMIQUES, OU LA NECESSITE,	BIEN PLUS QUE L'ART, AVAIT INTRODUIT LE
50	005	POMPEUSE QUE J'APPELLERAI A MON AIDE. NON.	BIEN PLUS VOLONTIERS JE M'ADRESSERAIS A
27	009	IL EXISTE PARTOUT DES HOMMES DE	BIEN POUR DENONCER AU POUVOIR CES INDIVIDUS
26	007	QUI M'AVAIT PARU COURTE. NOUS NOUS ETIONS	BIEN PROMIS QUE TOUTES NOS PENSEES NOUS
25	027	ELLE SUR L'ORGUEIL DE L'AFFRANCHIE; ET,	BIEN QU'ELLE SOIT LIBRE, ELLE MARCHE SANS
22	041	ESPRIT, FAIT LA LUMIERE DANS LE MIEN; ET,	BIEN QU'IL NE SOIT PAS RARE DE VOIR LA MEME
27	004	SERIEUSES ONT DE FATALES ATTRACTIONS. TU SAIS	BIEN QU'IL PUISSE PARAITRE BIZARRE QUE LES
50	111	CROTTES ET DESOLES. SWEDENBORG AFFIRME	BIEN QU'IL Y EN A UN POUR LES TURCS ET UN POUR
30	043	IMMODERE POUR LE SUCRE ET LES LIQUEURS; SI	BIEN QU'UN JOUR OU JE CONSTATAI QUE, MALGRE
50	104	LE DICTIONNAIRE REPUBLICAIN POURRAIT AUSSI	BIEN QUALIFIER D'OFFICIEUX, SI LA REPUBLIQUE,
21	047	NE VALENT PAS MIEUX QUE MON PAUVRE MOI.	BIEN QUE J'AIE QUELQUE HONTE A ME SOUVENIR, JE
47	080	NOMBRE. J'AIME TANT CES MESSIEURS, QUE,	BIEN QUE JE NE SOIS PAS MALADE, JE VAIS
22	065	CES FEUX DE LA FANTAISIE QUI NE S'ALLUMENT	BIEN QUE SOUS LE DEUIL PROFOND DE LA NUIT.
12	026	LES HOMMES NOMMENT AMOUR EST BIEN PETIT,	BIEN RESTREINT ET BIEN FAIBLE, COMPARE A CETTE
21	036	BRILLANTS ET POLIS COMME DES PIERRES	BIEN TRAVAILLEES. IL ME REGARDA AVEC SES YEUX
11	015	ET SANS ALLER BIEN LOIN. ''CONSIDERONS	BIEN, JE VOUS PRIE, CETTE SOLIDE CAGE DE FER
30	131	FEMMES QUE D'HOMMES; MAIS TOUS, CROYEZ-LE	BIEN, N'APPARTENAIENT PAS A LA CLASSE INFIME
51	005	ENORMITE FLEURIT COMME UNE FLEUR. TU SAIS	BIEN, O SATAN, PATRON DE MA DETRESSE, QUE JE
42	065	PRETE! ET SANS ENTHOUSIASME! ''JE LE VEUX	BIEN, PUISQUE CELA VOUS EST ''AGREABLE.''
49	026	A MON OREILLE, UNE VOIX QUE JE RECONNUS	BIEN: C'ETAIT CELLE D'UN BON ANGE, OU D'UN BON
42	098	COMME MONSTRE POLYPHAGE. JE LA NOURRISSAIS	BIEN: ET CEPENDANT ELLE M'A QUITTE... --POUR
42	115	DIT: ''JE VEUX!'' OU: ''IL FAUT!'' OU	BIEN: ''JE NE PARDONNE JAMAIS!'' ''SI, NERVEUX
09	024	A LA ONZIEME, ELLE REUSSIT BEAUCOUP TROP	BIEN. UN AUTRE ALLUMERA UN CIGARE A COTE D'UN
47	009	--OH! SI! VOUS ETES MEDECIN. JE LE VOIS	BIEN. VENEZ CHEZ MOI. VOUS SEREZ BIEN CONTENT
43	016	EN L'AIR ET QUI A LA MINE SI HAUTAINE. EH	BIEN! CHER ANGE, JE ME FIGURE QUE C'EST
47	099	PEUR DE L'HUMILIER, CE CHER ENFANT! --EH	BIEN! CROIRAIS-TU QUE J'AI UNE DROLE D'ENVIE
31	083	MIEUX AILLEURS QUE LA OU JE SUIS. EH	BIEN! J'AI VU, A LA DERNIERE FOIRE DU VILLAGE
11	010	REPANDRE EN PAROLES INUTILES: ''AIMEZ-MOI	BIEN! J'EN AI TANT BESOIN! CONSOLEZ-MOI
42	074	EN ME MONTRANT SIX BEAUX ENFANTS: ''EH	BIEN! MON CHER ARI, L'EPOUSE EST ''ENCORE
47	056	JE LE CONNAIS PERSONNELLEMENT. --JE SAVAIS	BIEN! TIENS! VOILA Z., CELUI QUI DISAIT A SON
44	001	LA PETITE FOLLE	BIEN-AIMEE ME DONNAIT A DINER, ET PAR LA
44	007	AUSSI BELLES QUE LES YEUX DE MA BELLE	BIEN-AIMEE, LA PETITE FOLLE MONSTRUEUSE AUX
44	012	L'EAU-DE-VIE, LA VOIX DE MA CHERE PETITE	BIEN-AIMEE, QUI DISAIT: ''--ALLEZ- VOUS
49	031	DE FOLIE, SIGNE DU SUBTIL LELUT ET DU	BIEN-AVISE BAILLARGER? IL EXISTE CETTE
11	008	MAIS ILS NE TRADUISENT QUE LA SATIETE DU	BIEN-ETRE ET L'ACCABLEMENT DU REPOS. ET PUIS,
11	069	QUE JE SUIS MAINTENANT, COMME VOUS SAVEZ	BIEN), GARE LA GRUE QUI VOUS CROQUERA, VOUS
37	000	LES	BIENFAITS DE LA LUNE
20	044	NON PLUS QUE D'AUCUNE CONVOITISE POUR LES	BIENS LES PLUS VISIBLES DE LA VIE, DEVAIT SE
06	034	A VOULOIR COMPRENDRE CE MYSTERE; MAIS	BIENTOT L'IRRESISTIBLE INDIFFERENCE S'ABATTIT
27	100	SI BLASE ET FRIVOLE QU'IL PUT ETRE, SUBIT	BIENTOT LA TOUTE-PUISSANTE DOMINATION DE
44	013	BIEN-AIMEE, QUI DISAIT: ''--ALLEZ- VOUS	BIENTOT MANGER VOTRE SOUPE, S... B..... DE
03	017	MOI OU S'ELANCENT DES CHOSES, DEVIENNENT	BIENTOT TROP INTENSES. L'ENERGIE DANS LA
30	042	DE TRISTESSE PRECOCE, ET QU'IL MANIFESTA	BIENTOT UN GOUT IMMODERE POUR LE SUCRE ET LES
29	008	D'OBEIR. JE LE SUIVIS ATTENTIVEMENT, ET	BIENTOT, JE DESCENDIS DERRIERE LUI DANS UNE
05	033	LA CURIOSITE ET L'ADMIRATION. A QUEL DEMON	BIENVEILLANT DOIS-JE D'ETRE AINSI ENTOURE DE
38	010	MOI QUI L'AI ENTERREE, BIEN CLOSE DANS UNE	BIERE D'UN BOIS PARFUME ET INCORRUPTIBLE COMME
45	009	DE LA VIE''. ET IL ENTRA; ET UN VERRE DE	BIERE EN FACE DES TOMBES, ET FUMA LENTEMENT UN
18	050	COMME UNE SPLENDIDE ORFEVRERIE; COMME UNE	BIJOUTERIE BARIOLEE! LES TRESORS DU MONDE Y
47	000	MADEMOISELLE	BISTOURI
29	105	DE VAINCRE, PENDANT TOUTE VOTRE VIE, CETTE	BIZARRE AFFECTION DE L'ENNUI, QUI EST LA
21	084	PAS QU'A PREMIERE VUE JE LUI TROUVAI UNE	BIZARRE CHARME. POUR DEFINIR CE CHARME, JE NE
31	132	AU POINT QUE J'EUS UN INSTANT L'IDEE	BIZARRE QUE JE POUVAIS AVOIR UN FRERE A
27	005	ET, BIEN QU'IL PUISSE PARAITRE	BIZARRE QUE LES IDEES DE PATRIE ET DE LIBERTE
30	006	EN DEHORS DE NOUS, NOUS EPROUVONS UN	BIZARRE SENTIMENT, COMPLIQUE MOITIE DE REGRET
38	016	FRAICHE AVEC UNE VIOLENCE HYSTERIQUE ET	BIZARRE, DISAIT EN ECLATANT DE RIRE: ''C'EST
37	010	CETTE VISITEUSE QUE TES YEUX SE SONT SI	BIZARREMENT AGRANDIS; ET ELLE T'A SI
26	053	JE PLONGEAIS DANS VOS YEUX SI BEAUX ET SI	BIZARREMENT DOUX, DANS VOS YEUX VERTS, HABITES
47	114	PAS... JE NE ME SOUVIENS PAS.'' QUELLES	BIZARRERIES NE TROUVE-T-ON PAS DANS UNE GRANDE
20	005	SOEURS DU DESTIN, TOUTES CES MERES	BIZARRES DE LA JOIE ET DE LA DOULEUR, ETAIENT
24	018	EN BOIS, ENVELOPPEE DE TOUS CES ARBRES	BIZARRES ET LUISANTS DONT J'AI OUBLIE LES
27	023	DANGEREUX QUE L'ENNUI, ET LES EFFORTS	BIZARRES QU'IL FAISAIT POUR FUIR OU POUR
18	039	LES MEUBLES SONT VASTES, CURIEUX,	BIZARRES, ARMES DE SERRURES ET DE SECRETS
20	038	BOURDES QU'ON POURRAIT CONSIDERER COMME	BIZARRES, SI LA PRUDENCE, PLUTOT QUE LE
21	028	ET QUI PORTAIT POUR ETIQUETTE CES MOTS	BIZARRES: ''BUVEZ, CECI EST MON SANG, UN
28	046	QU'IL N'ESPERE.'' JE LE REGARDAIS DANS LE	BLANC DES YEUX, ET JE FUS EPOUVANTE DE VOIR
16	009	ET LE REGARDANT; COMME ON DIT, DANS LE	BLANC DES YEUX, IL AFFIRMA SANS HESITER: ''IL
25	030	HEUREUSE DE VIVRE ET SOURIANT D'UN	BLANC SOURIRE, COMME SI ELLE APERCEVAIT AU
11	020	TANTOT LES DANDINEMENTS STUPIDES DE L'OURS	BLANC, CE MONSTRE POILU DONT LA FORME IMITE
15	040	IL VOULAIT BIEN HONORER MON PAIN PRESQUE	BLANC, ET J'EN COUPAI POUR LUI UNE BELLE
36	016	SA REDOUTABLE INFLUENCE; NON PAS LA LUNE	BLANCHE DES IDYLLES, QUI RESSEMBLE A UNE
36	027	LE RIRE D'UNE GRANDE BOUCHE, ROUGE ET	BLANCHE, ET DELICIEUSE, QUI FAIT REVER AU
19	017	JARDIN, AU BOUT DUQUEL APPARAISSAIT LA	BLANCHEUR D'UN JOLI CHATEAU FRAPPE PAR LE
26	019	TOUTES SES FORCES LES MURS AVEUGLANTS DE	BLANCHEUR, LES NAPPES EBLOUISSANTES DES
19	045	AVEC DES DENTS D'UNE EGALE	BLANCHEUR.
29	094	D'ABUSER. ENFIN, COMME L'AUBE FRISSONNANTE	BLANCHISSAIT LES VITRES, CE CELEBRE
47	029	CA! OU DONC AVEZ-VOUS GAGNE CES CHEVEUX	BLANCS? VOUS N'ETIEZ PAS AINSI, IL N'Y A PAS
27	099	ET DE DESTRUCTION. TOUT CE PUBLIC, SI	BLASE ET FRIVOLE QU'IL PUT ETRE, SUBIT BIENTOT
05	015	L'ART DEFINI, L'ART POSITIF EST UN	BLASPHEME. ICI, TOUT A LA SUFFISANTE CLARTE ET
22	028	PLUS SUCCULENTES. L'AUTRE, UN AMBITIEUX	BLESSE, A MESURE QUE LE JOUR
17	013	DE CHARMANTS CLIMATS, OU L'ESPACE EST PLUS	BLEU ET PLUS PROFOND, OU L'ATMOSPHERE EST
05	003	EST LEGEREMENT TEINTEE DE ROSE ET DE	BLEU. L'AME Y PREND UN BAIN DE PARESSE,
18	061	J'AI TROUVE MA TULIPE NOIRE ET MON DAHLIA	BLEU! FLEUR INCOMPARABLE, TULIPE RETROUVEE,
05	006	--C'EST QUELQUE CHOSE DE CREPUSCULAIRE, DE	BLEUATRE ET DE ROSATRE; UN REVE DE VOLUPTE
25	017	LE POIDS DE SON ENORME CHEVELURE PRESQUE	BLEUE TIRE EN ARRIERE SA TETE DELICATE ET LUI
09	075	DE COULEUR? DES VERRES ROSES, ROUGES,	BLEUS, DES VITRES MAGIQUES, DES VITRES DE
13	075	CE JOUR-LA, A TRAVERS CE PEUPLE VETU DE	BLOUSES ET D'INDIENNE, J'APERCUS UN ENFANT DONT
05	083	ET IL ME POUSSE, COMME SI J'ETAIS UN	BOEUF, AVEC SON DOUBLE AIGUILLON. --''ET HUE
50	036	DONT L'INSTINCT, COMME CELUI DU PAUVRE, DU	BOHEMIEN ET DE L'HISTRION, EST

		POEM	LINE
MOI, ET JE L'AI TRANSFORME TANTOT EN PETIT	BOHEMIEN, TANTOT EN ANGE, TANTOT EN AMOUR	30	028
MAIS IL Y A DES GENS D'ESPRIT QUI, APRES	BOIRE, NE MEPRISENT PAS LES CONVERSATIONS	42	012
RARES SIEGES D'UN ROCOCO PORTUGAIS, D'UN	BOIS LOURD ET TENEBREUX (OU ELLE REPOSERAIT SI	24	026
ENTERREE, BIEN CLOSE DANS UNE BIERE D'UN	BOIS PARFUME ET INCORRUPTIBLE COMME LES	38	010
CHAMBRE DU SALTIMBANQUE ABSENT. UN LIT, EN	BOIS PEINT, SANS RIDEAUX, DES COUVERTURES	50	082
''AU BORD DE LA MER, UNE BELLE CASE EN	BOIS, ENVELOPPEE DE TOUS CES ARBRES BIZARRES	24	018
COMME LA VOITURE TRAVERSAIT LE	BOIS, IL LA FIT ARRETER DANS LE VOISINAGE D'UN	43	001
M'IMPOSAIT LA DESTINEE! UN SOIR, DANS UN	BOIS... AU BORD D'UNE MARE... APRES UNE	42	149
AGACAIT, AGITAIT ET SECOUAIT DANS UNE	BOITE GRILLEE, C'ETAIT UN RAT VIVANT! LES	19	041
BON DEMON, POURQUOI N'AURAIS-JE PAS MON	BON ANGE, ET POURQUOI N'AURAIS-JE PAS	49	029
QUE JE RECONNUS BIEN; C'ETAIT CELLE D'UN	BON ANGE, OU D'UN BON DEMON, QUI M'ACCOMPAGNE	49	027
AVEC UN REGARD DE HAINE QUI ME PARUT DE	BON AUGURE, LE MALANDRIN DECREPIT SE JETA SUR	49	065
QUAND ON DIT D'UN COMEDIEN: ''VOILA UN	BON COMEDIEN'', ON SE SERT D'UNE FORMULE QUI	27	072
DE LA FEMME, VEUX-JE DIRE. ''ALLONS! UN	BON COUP DE BATON POUR LA CALMER! CAR ELLE	11	036
SE MONTRE, A L'INCONNU QUI PASSE. IL EST	BON D'APPRENDRE QUELQUEFOIS AUX HEUREUX DE CE	12	030
D'UN COUP DE TETE DANS L'ESTOMAC. A QUOI	BON DECRIRE UNE LUTTE HIDEUSE QUI DURA EN	15	061
NE VEULENT PAS TOMBER. QUE FAIRE? A QUOI	BON DEMANDER A L'INFORTUNE QUELLE CURIOSITE!	14	068
PARTOUT. PUISQUE SOCRATE AVAIT SON	BON DEMON, POURQUOI N'AURAIS-JE PAS MON BON	49	029
BIEN; C'ETAIT CELLE D'UN BON ANGE, OU D'UN	BON DEMON, QUI M'ACCOMPAGNE PARTOUT. PUISQUE	49	027
ON DIT TANT DE MAL, JE SUIS QUELQUEFOIS	BON DIABLE, POUR ME SERVIR D'UNE DE VOS	29	099
REGRET. ''EST-IL BETE, CELUI-LA, AVEC SON	BON DIEU, QUE LUI SEUL PEUT APERCEVOIR!'' DIT	31	039
POETE, TANT IL A BIEN COMPRIS QU'IL ETAIT	BON ET HONNETE DE CHANTER LES PAUVRES CHIENS.	50	123
DIX FRANCS SUR LA CHEMINEE. --C'EST SI	BON ET SI DOUX, CES HOMMES-LA! --J'AI	47	087
MON AME VOYAGE SI LESTEMENT? ET A QUOI	BON EXECUTER DES PROJETS, PUISQUE LE PROJET	24	052
EGYPTIENS, POUR QUI IL N'Y AVAIT PAS DE	BON FESTIN SANS SQUELETTE, OU SANS UN EMBLEME	45	006
POUR PRIX DE LEURS CHANTS ALTERNES, UN	BON FROMAGE, UNE FLUTE DU MEILLEUR FAISEUR, OU	50	114
DEVOIR. COMME NOUS, ILS SE SONT LEVES DE	BON MATIN, ET ILS CHERCHENT LEUR VIE OU	50	057
JE NE M'Y TROMPE GUERE; J'EN AI CONNU UN	BON NOMBRE. J'AIME TANT CES MESSIEURS, QUE,	47	080
MEDECIN? --C'EST QUE TU ES SI GENTIL ET SI	BON POUR LES FEMMES! --SINGULIERE LOGIQUE! ME	47	077
CHAUD ET OU LES FEMMES SENTENT AUSSI	BON QUE LES FLEURS, --ET CAETERA, ET	29	116
NE REGARDE QUE MA CONSCIENCE.'' AU NOM DU	BON SENS, J'AVAIS SANS DOUTE RAISON; MAIS, AU	40	010
EN SE LEVANT ET EN ME CONGEDIANT AVEC UN	BON SOURIRE. SI CE N'EUT ETE LA CRAINTE DE	29	118
DIT: ''JE VEUX QUE VOUS GARDIEZ DE MOI UN	BON SOUVENIR, ET VOUS PROUVER QUE MOI, DONT ON	29	098
L'AISE. CA VOUS RAPPELLERA L'HOPITAL ET LE	BON TEMPS DE LA JEUNESSE. --AH CA! OU DONC	47	028
TEL UN MAGNIFIQUE TYRAN ITALIEN, DU	BON TEMPS, OFFRAIT AU DIVIN ARETIN SOIT UNE	50	125
C'EST DANS CETTE ATMOSPHERE QU'IL FERAIT	BON VIVRE, --LA-BAS, OU LES HEURES PLUS LENTES	18	028
COMME UNE CRINIERE, ET ILS SENTAIENT AUSSI	BON; JE VOUS ASSURE, QUE LES FLEURS DU JARDIN,	31	063
JOURNAUX QUI PRETENDENT QUE L'HOMME EST NE	BON;-- QUAND LA MATIERE INCURABLE RENOUVELANT	15	025
SUIS-JE DIT, A QUELQUE CHOSE MALHEUR DE	BON. JE PUIS MAINTENANT ME PROMENER INCOGNITO,	46	014
CARROSSES, ETINCELANT DE JOUJOUX ET DE	BONBONS, GROUILLANT DE CUPIDITES ET DE	04	003
IMITANT, DANS LA PERFECTION, TANTOT DANS	BONDS CIRCULAIRES DU TIGRE, TANTOT LES	11	018
DE PENSEES, OU LES HORLOGES SONNENT LE	BONHEUR AVEC UNE PLUS PROFONDE ET PLUS	18	030
TOUS CES AFFOLES QUI CHERCHENT LE	BONHEUR DANS LE MOUVEMENT ET DANS UNE	23	040
SI LA REPUBLIQUE, TROP OCCUPEE DU	BONHEUR DES HOMMES, AVAIT LE TEMPS DE MENAGER	50	105
TURBULENCE ET L'IMPREVU SONT EXCLUS; OU LE	BONHEUR EST MARIE AU SILENCE; OU LA CUISINE	18	012
OU LA VIE EST DOUCE A RESPIRER, OU	BONHEUR EST MARIE AU SILENCE. C'EST LA QU'IL	18	021
JE N'AI A ME PLAINDRE QUE DE MOI-MEME. LE	BONHEUR EST VENU HABITER CHEZ MOI, ET JE NE	42	060
MEME QUE J'ASPIRE QUELQUEFOIS, COMME A UN	BONHEUR INCONNU, A UN CERTAIN QUATRIEME DEGRE	42	025
ELUCUBRATIONS DE TOUS CES ENTREPRENEURS DE	BONHEUR PUBLIC, --DE CEUX QUI CONSEILLENT A	49	007
QUI EST SI PRES DE MOI. LE PLAISIR ET LE	BONHEUR SONT DANS LA PREMIERE AUBERGE VENUE,	24	040
RECULENT SANS CESSE LES LIMITES DE LEUR	BONHEUR, CES ALCHIMISTES DE L'HORTICULTURE!	18	057
JE N'OSAIS PLUS CROIRE A UN SI PRODIGIEUX	BONHEUR, ET, EN ME COUCHANT, FAISANT ENCORE MA	29	124
BIEN LA SOURCE DE SON MALHEUR QUE DE SON	BONHEUR. LES PAUVRES FEES ETAIENT	20	019
UN ASTRE NOIR VERSANT LA LUMIERE ET LE	BONHEUR. MAIS ELLE FAIT PLUS VOLONTIERS PENSER	36	013
PAS PRENDRE; ILS DOUTERONT DE LEUR	BONHEUR. ILS DOUTERONT DE LEUR	19	012
NOUS FERONS PEUT-ETRE UNE ESPECE DE	BONHEUR!'' ''OU VONT LES CHIENS?'' DISAIT	50	045
A L'AME LA NOSTALGIE DE PAYS ET DE	BONHEURS INCONNUS, ET, ENIVRE DE TOUTES CES	29	049
UN INSTANT LEUR SOT ORGUEIL, QU'IL EST DES	BONHEURS SUPERIEURS AU LEUR, PLUS VASTES ET	12	032
SEULEMENT JE DOIS DIRE QUE CE PETIT	BONHOMME M'ETONNA QUELQUEFOIS PAR DES CRISES	30	040
OBJET QUI FRAPPA MON REGARD FUT MON PETIT	BONHOMME, L'ESPIEGLE COMPAGNON DE MA VIE,	30	050
VOULU FAIRE A LA FOIS LA CHARITE ET UNE	BONNE AFFAIRE; GAGNER QUARANTE SOLS ET LE	28	049
ET SI BELLE! ELLE REUSSIRA SANS DOUTE,	BONNE DOROTHEE, LE MAITRE DE L'ENFANT EST SI	25	060
DISENT QUE LE PLAISIR REND L'AME	BONNE ET AMOLLIT LE COEUR. LA CHANSON AVAIT	26	046
POUR MARCHER. IL REMPLISSAIT L'OFFICE DE	BONNE ET FAISAIT PRENDRE A SES ENFANTS L'AIR	26	032
OTANT SON CHAPEAU: ''JE VOUS LA SOUHAITE	BONNE ET HEUREUSE!'' PUIS SE RETOURNA VERS JE	04	013
POUR LA CREER IMMEDIATEMENT. DONC LA	BONNE FEE REPONDIT, AVEC UN APLOMB DIGNE DE	20	074
SE DEBATTAIT SOUS LES CARESSES DE LA	BONNE FEMME DECREPITE, ET REMPLISSAIT LA	02	009
IDEE SUPERIEURE A TOUTES LES FORMULES DE	BONNE FEMME DONT J'AVAIS RECEMMENT PARCOURU LE	49	015
AIGUILLONNE PAR LA NECESSITE, CETTE SI	BONNE MERE, CETTE VRAIE PATRONNE DES	50	038
MISSION D'ANNONCER UNE BONNE NOUVELLE, LA	BONNE NOUVELLE QUI CAUSE A CHACUN UNE	05	080
VIE HUMAINE QUI AIT MISSION D'ANNONCER UNE	BONNE NOUVELLE, LA BONNE NOUVELLE QUI CAUSE A	05	080
CASSOLETTES CHAUDES, D'OU S'EXHALAIT LA	BONNE ODEUR D'UNE PARFUMERIE; ET A CHAQUE FOIS	21	017
ET DE MON ENNUI, ET JE N'AI PAS UNE BELLE	BONNE POUR ME DORLOTER. IL M'A SOUVENT SEMBLE	31	087
LA MAISON DE SES GLAPISSEMENTS. ALORS LA	BONNE VIEILLE SE RETIRA DANS SA SOLITUDE	02	011
A VENIR IGNORERONT QUELQUES LE NOM ET LA	BONNE VOLONTE. L'IMPREVOYANTE PROVIDENCE AVAIT	27	033
COUCHE SEUL ET D'ETRE DANS UN LIT AVEC SA	BONNE, DANS LES TENEBRES. COMME JE NE DORMAIS	31	052
QUE JE DORMIRAIS DANS LE MEME LIT QUE MA	BONNE,'' --IL ATTIRA SES CAMARADES PLUS PRES	31	049
VIN CHAUD, CIGARES! ET EN M'OFFRANT CES	BONNES CHOSES ET EN ALLUMANT ELLE- MEME UN	47	025
FLOTTANT AU VENT AVEC LES BRIDES DE SON	BONNET. ''--NON! JE NE SUIS PAS MEDECIN.	47	007
LES	BONS CHIENS	50	000
DU PEINTRE, IL EST CONTRAINT DE PENSER AUX	BONS CHIENS, AUX CHIENS PHILOSOPHES, AUX ETES	50	130
ELYSEENS, POUR M'INSPIRER EN FAVEUR DES	BONS CHIENS, DES PAUVRES CHIENS, UN CHANT	50	007
VIVANTE, POUR QU'ELLE M'AIDE A CHANTER LES	BONS CHIENS, LES PAUVRES CHIENS, LES CHIENS	50	016
ET DE LABEUR, UN PARADIS SPECIAL POUR LES	BONS CHIENS, LES PAUVRES CHIENS, LES CHIENS	50	110
DANS SES BRAS. LES DONS, LES FACULTES, LES	BONS HASARDS, LES CIRCONSTANCES INVINCIBLES,	20	012
DES COMEDIENS SURS DE LEURS EFFETS; DES	BONS MOTS ET DES PLAISANTERIES D'UN COMIQUE	14	027
SEANCES ACADEMIQUES. ENCOURAGE PAR TANT DE	BONTES; JE LUI DEMANDAI DES NOUVELLES DE DIEU,	29	085
LA DESTINEE! UN SOIR, DANS UN BOIS... AU	BORD D'UNE MARE... APRES UNE MELANCOLIQUE	42	150
COMME LE LEZARD. CETTE VILLE EST AU	BORD DE L'EAU; ON DIT QU'ELLE EST BATIE EN	48	101
JE LES AI SUIVIS DE LOIN, JUSQU'AU	BORD DE LA FORET, OU J'AI COMPRIS SEULEMENT	31	103
GRAVURE, IL CONTINUAIT MENTALEMENT: ''AU	BORD DE LA MER, UNE BELLE CASE EN BOIS,	24	017

POEM LINE

27	096	QUE LE GENIE PEUT JOUER LA COMEDIE AU BORD DE LA TOMBE AVEC UNE JOIE QUI L'EMPECHE
29	052	EN M'EMPARANT D'UNE COUPE PLEINE JUSQU'AU BORD: ''A VOTRE IMMORTELLE SANTE, VIEUX
34	002	DE CETTE CUVE IMMENSE DE LA MER DONT LES BORDS NE SE LAISSENT QU'A PEINE APERCEVOIR;
48	040	QUE, POUR NOUS DIVERTIR, LES AURORES BOREALES NOUS ENVERRONT DE TEMPS EN TEMPS
29	053	BORD: ''A VOTRE IMMORTELLE SANTE, VIEUX BOUC!'' NOUS CAUSAMES AUSSI DE L'UNIVERS, DE
49	043	MENDIANT. D'UN SEUL COUP DE POING, JE LUI BOUCHAI UN OEIL, QUI DEVINT, EN UNE SECONDE,
27	135	DEMESUREMENT AGRANDIS, OUVRIT ENSUITE LA BOUCHE COMME POUR RESPIRER CONVULSIVEMENT,
42	040	REFRAINS QUI SORTAIENT DE CETTE BOUCHE D'OU JE N'AURAIS VOULU VOIR S'ENVOLER
42	047	MISE A LA CHIMIE; DE SORTE QU'ENTRE MA BOUCHE ET LA SIENNE JE TROUVAI DESORMAIS UN
36	027	GRACE INEXPRIMABLE, LE RIRE D'UNE GRANDE BOUCHE, ROUGE ET BLANCHE, ET DELICIEUSE, QUI
50	076	CHIENS VIGOUREUX ATTELES A LA CHARRETTE DU BOUCHER, DE LA LAITIERE OU DU BOULANGER, ET
45	019	QUI ECLATAIENT COMME L'EXPLOSION DES BOUCHONS DE CHAMPAGNE DANS LE BOURDONNEMENT
31	069	SOLEIL COUCHANT, EN GLISSANT A TRAVERS LES BOUCLES ROUSSES DE SA CHEVELURE EBOURIFFEE, Y
42	001	DANS UN BOUDOIR D'HOMME, C'EST-A-DIRE DANS UN FUMOIR
25	039	NATTES FONT A SI PEU DE FRAIS UN PARFAIT BOUDOIR? OU ELLE PREND TANT DE PLAISIR A SE
04	001	C'ETAIT L'EXPLOSION DU NOUVEL AN: CHAOS DE BOUE ET DE NEIGE, TRAVERSE DE MILLE CARROSSES,
46	008	GRANDE HATE, ET QUE JE SAUTILLAIS DANS LA BOUE, A TRAVERS CE CHAOS MOUVANT OU LA MORT
27	083	PAS SUPPOSER VIVANTE, POSSIBLE, REELE. CE BOUFFON ALLAIT, VENAIT, RIAIT, PLEURAIT, SE
27	001	FANCIOULLE ETAIT UN ADMIRABLE BOUFFON, ET PRESQUE UN DES AMIS DU PRINCE.
27	121	LES TALENTS DE SON VIEIL AMI, L'ETRANGE BOUFFON, QUI BOUFFONNAIT SI BIEN LA MORT. A UN
27	121	DE SON VIEIL AMI, L'ETRANGE BOUFFON, QUI BOUFFONNAIT SI BIEN LA MORT. A UN CERTAIN
47	026	ET EN ALLUMANT ELLE- MEME UN CIGARE, LA BOUFFONNE CREATURE ME DISAIT: ''FAITES COMME
27	089	JUSQUE DANS LES PLUS EXTRAVAGANTES BOUFFONNERIES. MA PLUME TREMBLE ET DES LARMES
07	017	UN DE CES FOUS ARTIFICIELS, UN DE CES BOUFFONS VOLONTAIRES CHARGE DE FAIRE RIRE LES
50	076	CHARRETTE DU BOUCHER, DE LA LAITIERE OU DU BOULANGER, ET QUI TEMOIGNENT, PAR LEURS
28	034	LE CONDUIRE EN PRISON? UN CABARETIER, UN BOULANGER, PAR EXEMPLE, ALLAIT PEUT-ETRE LE
26	014	UN CAFE NEUF QUI FORMAIT LE COIN D'UN BOULEVARD NEUF, ENCORE TOUT PLEIN DE GRAVOIS
46	007	TOUT A L'HEURE, COMME JE TRAVERSAIS LE BOULEVARD, EN GRANDE HATE, ET QUE JE
29	001	HIER, A TRAVERS LA FOULE DU BOULEVARD, JE ME SUIS SENTI FROLE PAR UN ETRE
20	037	AUSSI FURENT COMMISES CE JOUR-LA QUELQUES BOURDES QU'ON POURRAIT CONSIDERER COMME
45	020	DES BOUCHONS DE CHAMPAGNE DANS LE BOURDONNEMENT D'UNE SYMPHONIE EN SOURDINE.
24	047	LA SAGESSE ET NE SONT PLUS ETOUFFES DES BOURDONNEMENTS DE LA VIE EXTERIEURE, IL SE
27	140	UN GLAIVE, AVAIT-IL REELLEMENT FRUSTRE LE BOURREAU? LE PRINCE AVAIT-IL LUI-MEME DEVINE
30	066	CISEAUX, CHERCHER LA CORDE ENTRE LES DEUX BOURRELETS DE L'ENFLURE, POUR LUI DEGAGER LE
05	084	SON DOUBLE AIGUILLON. --''ET HUE DONC! BOURRIQUE! SUE DONC, ESCLAVE! VIS DONC,
49	074	ME FAIRE L'HONNEUR DE PARTAGER AVEC MOI MA BOURSE? ET SOUVENEZ- VOUS, SI VOUS ETES
30	055	CONVULSIVEMENT SUR UNE EPAULE; SON VISAGE, BOURSOUFLE, ET SES YEUX, TOUT GRANDS OUVERTS
42	049	TOUT CELA, FORT BEGUEULE. SI PARFOIS JE LA BOUSCULAIS PAR UN GESTE UN PEU TROP AMOUREUX,
36	018	SUSPENDUE AU FOND D'UNE NUIT ORAGEUSE ET BOUSCULEE PAR LES NUEES QUI COURENT; NON PAS
47	122	CONVERTIR MON COEUR, COMME LA GUERISON AU BOUT D'UNE LAME! SEIGNEUR, AYEZ PITIE, AYEZ
30	105	RESTE FICHE DANS LA PAROI, AVEC UN LONG BOUT DE CORDE QUI TRAINAIT ENCORE. JE
48	033	ALLONS PLUS LOIN ENCORE, A L'EXTREME BOUT DE LA BALTIQUE; ENCORE PLUS LOIN DE LA
14	044	DE CETTE FETE. AU BOUT, A L'EXTREME BOUT DE LA RANGEE DE BARAQUES, COMME SI,
42	085	QUAND NOUS ENTRIONS DANS UN RESTAURANT, AU BOUT DE QUELQUES MINUTES, CHACUN OUBLIAIT DE
09	009	SANS LA DECACHETER, OU NE SE RESIGNE QU'AU BOUT DE SIX MOIS A OPERER UNE DEMARCHE
12	035	LES PRETRES MISSIONNAIRES EXILES AU BOUT DU MONDE, CONNAISSENT SANS DOUTE QUELQUE
19	017	DERRIERE LA GRILLE D'UN VASTE JARDIN, AU BOUT DUQUEL APPARAISSAIT LA BLANCHEUR D'UN
14	044	QUI ETAIT COMME L'ENCENS DE CETTE FETE. AU BOUT, A L'EXTREME BOUT DE LA RANGEE DE
11	075	JE VOUS JETTERAI PAR LA FENETRE, COMME UNE BOUTEILLE VIDE.''
42	168	ENSUITE ON FIT APPORTER DE NOUVELLES BOUTEILLES, POUR TUER LE TEMPS QUI A LA VIE SI
24	008	TARD DANS UNE RUE, IL S'ARRETA DEVANT UNE BOUTIQUE DE GRAVURES, ET, TROUVANT DANS UN
20	078	POURQUOI?'' DEMANDA OPINIATREMENT LE PETIT BOUTIQUIER, QUI ETAIT SANS DOUTE UN DE CES
14	005	DE TOURS, LES MONTREURS D'ANIMAUX ET LES BOUTIQUIERS AMBULANTS, POUR COMPENSER LES
14	049	DU SAUVAGE LE PLUS ABRUTI, ET DONT DEUX BOUTS DE CHANDELLES, COULANTS ET FUMANTS,
24	022	LOIN, DERRIERE NOTRE PETIT DOMAINE, LES BOUTS DE MATS BALANCES PAR LA HOULE......
49	047	NE DELICAT ET M'ETANT PEU EXERCE A LA BOXE, POUR ASSOMMER RAPIDEMENT CE VIEILLARD,
11	033	LUI ARRACHE CRUELLEMENT LA PROIE, DONT LES BOYAUX DEVIDES RESTENT UN INSTANT ACCROCHES
05	057	ECORNES; LA CHEMINEE SANS FLAMME ET SANS BRAISE, SOUILLEE DE CRACHATS; LES TRISTES
21	023	LANGOUREUSEMENT VERS LUI SES YEUX DE BRAISE. A CETTE CEINTURE VIVANTE ETAIENT
49	057	AFFAIBLI, JE ME SAISIS D'UNE GROSSE BRANCHE D'ARBRE QUI TRAINAIT A TERRE, ET JE LE
49	067	ME CASSA QUATRE DENTS, ET, AVEC LA MEME BRANCHE D'ARBRE, ME BATTIT DRU COMME PLATRE.
31	055	SUR SON COU ET SUR SES EPAULES. ELLE A LES BRAS ET LE COU BIEN PLUS GROS QUE TOUTES LES
30	109	OUVERTE, LA PAUVRE FEMME SAISIT MON BRAS ET ME DIT D'UNE VOIX IRRESISTIBLE: ''OH!
47	002	SOUS LES CELLULES DU GAZ, JE SENTIS UN BRAS QUI SE COULAIT DOUCEMENT SOUS LE MIEN, ET
26	024	LES HEBES ET LES GANYMEDES PRESENTANT A BRAS TENDU LA PETITE AMPHORE A BAVAROISES OU
16	008	APRES, IL REPARUT, TENANT DANS SES BRAS UN FORT GROS CHAT, ET LE REGARDANT, COMME
26	031	UN PETIT GARCON ET PORTANT SUR L'AUTRE BRAS UN PETIT ETRE TROP FAIBLE POUR MARCHER.
30	062	AVEC UN BRAS, ET, AVEC LA MAIN DE L'AUTRE BRAS, COUPER LA CORDE. MAIS CELA FAIT, TOUT
47	013	AH! --FIT-ELLE, TOUJOURS SUSPENDUE A MON BRAS, ET EN ECLATANT DE RIRE, --VOUS ETES UN
30	061	IL FALLAIT LE SOUTENIR TOUT ENTIER AVEC UN BRAS, ET, AVEC LA MAIN DE L'AUTRE BRAS, COUPER
31	054	QU'ELLE DORMAIT, A PASSER MA MAIN SUR SES BRAS, SUR SON COU ET SUR SES EPAULES. ELLE A
20	011	CHACUN APPORTANT SON NOUVEAU-NE DANS SES BRAS. LES DONS, LES FACULTES, LES BONS
26	029	NOUS, SUR LA CHAUSSEE, ETAIT PLANTE UN BRAVE HOMME D'UNE QUARANTAINE D'ANNEES, AU
20	056	A JETER A TOUT CE FRETIN HUMAIN, QUAND UN BRAVE HOMME, UN PAUVRE PETIT COMMERCANT, JE
42	088	CONTAGIEUSE JUSQU'A OUBLIER LEURS DEVOIRS, BREF, J'AI VECU QUELQUE TEMPS EN TETE-A-TETE
15	020	ME REMPLISSAIT D'UNE JOIE MELEE DE PEUR. BREF, JE ME SENTAIS, GRACE A L'ENTHOUSIASMANTE
39	007	SQUELETTE MEME! MAIS AUSSI ELLE EST BREUVAGE, MAGISTERE, SORCELLERIE! EN SOMME,
28	051	ECONOMIQUEMENT; ENFIN ATTRAPER GRATIS UN BREVET D'HOMME CHARITABLE. JE LUI AURAIS
49	030	L'HONNEUR, COMME SOCRATE, D'OBTENIR MON BREVET DE FOLIE, SIGNE DU SUBTIL LELUT ET DU
47	007	LES CHEVEUX FLOTTANT AU VENT AVEC LES BRIDES DE SON BONNET, ''--NON; JE NE SUIS PAS
45	008	OU SANS UN EMBLEME QUELCONQUE DE LA BRIEVETE DE LA VIE''. ET IL ENTRA, BUT UN
28	047	ET JE FUS EPOUVANTE DE VOIR QUE SES YEUX BRILLAIENT D'UNE INCONTESTABLE CANDEUR. JE VIS
31	037	QUI SEPARE LA TERRE DU CIEL DES YEUX OU BRILLAIT UNE INEXPRIMABLE EXPRESSION D'EXTASE
14	080	A SURVECU A LA GENERATION DONT IL FUT LE BRILLANT AMUSEUR! DU VIEUX POETE SANS AMIS,
29	031	JE DIRAIS QUE JAMAIS JE NE VIS D'YEUX BRILLANT PLUS ENERGIQUEMENT DE L'HORREUR DE
21	025	FIOLES PLEINES DE LIQUEURS SINISTRES, DE BRILLANTS COUTEAUX ET DES INSTRUMENTS DE
13	019	ABATTUS; DANS CES YEUX CAVES ET TERNES, OU BRILLANTS DES DERNIERS ECLAIRS DE LA LUTTE,
21	035	VANITEUSEMENT LES ONGLES DE SES PIEDS; BRILLANTS ET POLIS COMME DES PIERRES BIEN
31	088	YEUX SOMBRES SONT DEVENUS TOUT A FAIT BRILLANTS PENDANT QU'ILS FAISAIENT DE LA
25	021	MIGNONNES OREILLES. DE TEMPS EN TEMPS LA BRISE DE MER SOULEVE PAR LE COIN SA JUPE
33	003	PAS SENTIR L'HORRIBLE FARDEAU DU TEMPS QUI BRISE VOS EPAULES ET VOUS PENCHE VERS LA

BALLE. JE CASSAI UN DE MES ONGLES A LUI
LANCE DANS LE DOS, ASSEZ ENERGIQUE POUR
ET LE CHOC LE RENVERSANT, IL ACHEVA DE
PAR LES GLOIRES AVORTEES, PAR LES COEURS
EN VERITE, J'AI EU TANT DE PLAISIR A
DOROTHEE, BELLE ET FROIDE COMME LE
PHENOMENE VIVANT. ELLE MANGEAIT, MACHAIT,
ENGRAISSEES PAR LA DESTRUCTION. UN IMMENSE
SON ESCALIER DE NUAGES, ET PASSA SANS
GRANDES QUE SES ETATS. TOUT D'UN COUP LE
QUI ROULA AINSI A TRAVERS L'ESPACE AVEC LE
PAUVRE FORTUNE AMBULATOIRE QUI RENDIT LE
A TOUS LES CONJURES; ET L'ORIGINE DE CE
TRANQUILLEMENT MON PAIN, QUAND UN
DES CHOSES NE S'EXPRIME PAR AUCUN
C'ETAIT LA TERRE, LA TERRE AVEC SES
JOURNEE! LE VASTE PARC SE PAME SOUS L'OEIL
LE CREPUSCULE ALLUMERAIT ENCORE EN LUI LA
HEUREUX L'ARTISTE QUE LE DESIR DECHIRE! JE
LES OBJETS! QUE LES FLEURS EXCITEES
LES GAZETTES, AVEC DES YEUX ACTIFS, JADIS
RENDEZ-VOUS D'AMOUR. A TRAVERS LA
AMIE. PAYS SINGULIER, NOYE DANS LES
DE VOUS SEPARER? CHER LISZT, A TRAVERS LES
A LA FOIS, MON AUREOLE, DANS UN MOUVEMENT
MINOS, D'EAQUE ET DE RHADAMANTHE, SAUTERA
HYPOTHESES POSSIBLES. MAIS CELUI-CI ROMPIT
DEPUIS UN AN, SE SENTENT QUELQUEFOIS
UNE REPUGNANCE INEXPLICABLE A LE FAIRE
DE SON EPOUX, CELUI-CI SE TOURNA
RENE, TOUTE CETTE MAGIE A DISPARU AU COUP
PEUR. OUI! LE TEMPS REGNE; IL A REPRIS SA
RETENU, COMME VOUS VOYEZ. ENSUITE ILS ONT
DE MON SIECLE, DE MON ADMIRATION POUR
ET PARFAITS AMIS. NOUS MANGEAMES, NOUS
ENTRER DANS UN CAFE OU PASSER DEVANT LE
ONT MIS DANS LE BUT, DANS LE SEUL VRAI
LE PRIX EST FACILE A GAGNER, COMME LE
GENIE. PLUSIEURS BALLES FRAPPERENT LOIN DU
DE LA BRIEVETE DE LA VIE". ET IL ENTRA,
ORTHOGRAPHE, MAIS TOUTES TENDANT AU MEME
CEUX QUI DEPUIS LONGTEMPS ONT MIS DANS LE
LA VOLONTE, SINUOSITE DU VERBE, UNITE DU
ELEGANT TRIPOT; QUATRE HOMMES FUMAIENT ET
CHER? VOUS, DANS UN MAUVAIS LIEU! VOUS, LE
POUR ETIQUETTE CES MOTS BIZARRES: "

	POEM	LINE
BRISER DEUX DENTS, ET COMME JE NE ME SENTAIS	49	045
BRISER LES OMOPLATES, TERRASSE CE SEXAGENAIRE	49	056
BRISER SOUS SON DOS TOUTE SA PAUVRE FORTUNE	09	085
BRISES, PAR TOUTES CES AMES TUMULTUEUSES ET	13	004
BRODER CETTE PRETENTIEUSE GALANTERIE, QUE JE	16	032
BRONZE? POURQUOI A-T-ELLE QUITTE SA PETITE	25	036
BROYAIT, DEVORAIT, ENGLOUTISSAIT, MAIS AVEC	42	090
BRUISSEMENT DE VIE REMPLISSAIT L'AIR, --LA VIE	45	016
BRUIT A TRAVERS LES VITRES. PUIS ELLE	37	005
BRUIT COURUT QUE LE SOUVERAIN VOULAIT FAIRE	27	036
BRUIT DE CENT MILLE TONNERRES, ET ME REVINT	21	101
BRUIT ECLATANT D'UN PALAIS DE CRISTAL CREVE	09	086
BRUIT FUT L'ANNONCE D'UN GRAND SPECTACLE OU	27	037
BRUIT TRES-LEGER ME FIT LEVER LES YEUX. DEVANT	15	033
BRUIT; LES EAUX ELLES-MEMES SONT COMME	07	005
BRUITS, SES PASSIONS, SES COMMODITES, SES	34	045
BRULANT DU SOLEIL, COMME LA JEUNESSE SOUS LA	07	002
BRULANTE ENVIE DE DISTINCTIONS IMAGINAIRES. LA	22	039
BRULE DE PEINDRE CELLE QUI M'EST APPARUE SI	36	003
BRULENT DU DESIR DE RIVALISER AVEC L'AZUR DU	07	010
BRULES PAR LES LARMES, DES NOUVELLES D'UN	13	046
BRUME, A TRAVERS LA NEIGE, A TRAVERS LA	50	053
BRUMES DE NOTRE NORD, ET QU'ON POURRAIT	18	003
BRUMES DES PAYS REVEURS QUE CONSOLE CAMBRINUS,	32	040
BRUMES, PAR DELA LES FLEUVES, PAR-DESSUS LES	32	036
BRUSQUE, A GLISSE DE MA TETE DANS LA FANGE DU	46	010
BRUSQUEMENT AU COU D'UN VIEILLARD QUI PASSE A	09	039
BRUSQUEMENT MA REVERIE EN REPRENANT MES	28	042
BRUSQUEMENT PRECIPITES VERS L'ACTION PAR UNE	09	011
BRUSQUEMENT TOMBER SUR LE SOL. IL FALLAIT LE	30	060
BRUSQUEMENT VERS ELLE, ET LUI DIT: "OBSERVEZ	43	013
BRUTAL FRAPPE PAR LE SPECTRE. HORREUR! JE ME	05	053
BRUTALE DICTATURE. ET IL ME POUSSE, COMME SI	05	082
BRUYERE, COMME POUR FAIRE HONTE A TOUS CEUX	23	034
BU CHACUN UNE TASSE D'EAU-DE-VIE ET SE SONT	31	119
BUFFON; MAIS AUJOURD'HUI CE N'EST PAS L'AME DE	50	002
BUMES OUTRE MESURE DE TOUTES SORTES DE VINS	29	035
BUREAU D'UN THEATRE, OU LES CONTROLEURS LUI	09	037
BUREAU DE TABAC, MON AMI FIT UN SOIGNEUX	28	001
BUT DE LA DETESTABLE VIE!"	45	035
BUT EST FACILE A TOUCHER, ET COMBIEN TOUT EST	45	031
BUT PROPOSE; L'UNE D'ELLES S'ENFONCA MEME DANS	43	010
BUT UN VERRE DE BIERE EN FACE DES TOMBES, ET	45	009
BUT, C'EST-A-DIRE A OBTENIR DE MOI UN MORCEAU	30	127
BUT, DANS LE SEUL VRAI BUT DE LA DETESTABLE	45	035
BUT, VARIETE DES MOYENS, AMALGAME	32	033
BUVAIENT. ILS N'ETAIENT PRECISEMENT NI JEUNES	42	003
BUVEUR DE QUINTESSENCES! VOUS, LE MANGEUR	46	002
BUVEZ, CECI EST MON SANG, UN PARFAIT	21	028

POEM LINE

42	020	DELIBERER, C'EST DEJA UNE DECADENCE.	C'EST ALORS QU'ON RECHERCHE DECIDEMENT LA
26	041	DU PETIT GARCON: ''QUE C'EST BEAU! QUE	C'EST BEAU! MAIS C'EST UNE MAISON OU PEUVENT
26	038	DU PERE DISAIENT: ''QUE C'EST BEAU! QUE	C'EST BEAU! ON DIRAIT QUE TOUT L'OR DU PAUVRE
26	041	MURS.'' --LES YEUX DU PETIT GARCON: ''QUE	C'EST BEAU! QUE C'EST BEAU! MAIS C'EST UNE
26	038	L'AGE. LES YEUX DU PERE DISAIENT: ''QUE	C'EST BEAU! QUE C'EST BEAU! ON DIRAIT QUE TOUT
31	013	POIGNARD ENFONCE DANS LEUR CEINTURE. AH!	C'EST BIEN BEAU! LES FEMMES SONT BIEN PLUS
24	032	DES MELANCOLIQUES FILAOS! OUI, EN VERITE,	C'EST BIEN LA LE DECOR QUE JE CHERCHAIS.
18	028	FEMME AIMEE, A LA SOEUR D'ELECTION? OUI,	C'EST DANS CETTE ATMOSPHERE QU'IL FERAIT BON
42	019	ON COMMENCE A CHOISIR. POUVOIR DELIBERER,	C'EST DEJA UNE DECADENCE. C'EST ALORS QU'ON
42	104	ENFANT LA RATION DE PLUSIEURS SOLDATS.	C'EST DU MOINS CE QUE J'AI SUPPOSE. --MOI, DIT
37	009	ET TES JOUES EXTRAORDINAIREMENT PALES.	C'EST EN CONTEMPLANT CETTE VISITEUSE QUE TES
18	078	CES FLEURS MIRACULEUSES, C'EST TOI.	C'EST ENCORE TOI, CES GRANDS FLEUVES ET CES
22	017	DIT: ''C'EST ICI LA PAIX MAINTENANT!	C'EST ICI LA JOIE DE LA FAMILLE!'' JE PUIS,
22	016	DE MAISONS DONT CHAQUE FENETRE DIT: ''	C'EST ICI LA PAIX MAINTENANT! C'EST ICI LA
10	016	QUI A CHAQUE OBJECTION REPONDAIT: ''--	C'EST ICI LE PARTI DES HONNETES GENS,'' CE QUI
07	006	BIEN DIFFERENTE DES FETES HUMAINES.	C'EST ICI UNE ORGIE SILENCIEUSE. ON DIRAIT
30	011	LAQUELLE IL SOIT IMPOSSIBLE DE TROMPER.	C'EST L'AMOUR MATERNEL. IL EST AUSSI DIFFICILE
32	029	VOTRE FANTAISIE AUTOUR DE VOTRE VOLONTE?	C'EST L'ELEMENT FEMININ EXECUTANT AUTOUR DU
42	016	DISAIT CELUI-CI, ONT EU L'AGE DE CHERUBIN.	C'EST L'EPOQUE OU, FAUTE DE DRYADES, ON
05	041	PLUS DE SECONDES! LE TEMPS A DISPARU.	C'EST L'ETERNITE QUI REGNE, UNE ETERNITE DE
14	009	POUR LES PETITS C'EST UN JOUR DE CONGE,	C'EST L'HORREUR DE L'ECOLE RENVOYEE A
33	001	IL FAUT ETRE TOUJOURS IVRE. TOUT EST LA:	C'EST L'UNIQUE QUESTION. POUR NE PAS SENTIR
32	028	DROITE, FERME ET INEBRANLABLE; LES FLEURS,	C'EST LA PROMENADE DE VOTRE FANTAISIE AUTOUR
24	014	A PAS UN COIN POUR L'INTIMITE. DECIDEMENT,	C'EST LA QU'IL FAUDRAIT DEMEURER POUR CULTIVER
18	022	SILENCE. C'EST LA QU'IL FAUT ALLER VIVRE,	C'EST LA QU'IL FAUT ALLER MOURIR! OUI, C'EST
18	023	C'EST LA QU'IL FAUT ALLER MOURIR! OUI,	C'EST LA QU'IL FAUT ALLER RESPIRER, REVER ET
18	021	OU LE BONHEUR EST MARIE AU SILENCE.	C'EST LA QU'IL FAUT ALLER VIVRE, C'EST LA
18	063	TULIPE RETROUVEE, ALLEGORIQUE DAHLIA,	C'EST LA, N'EST-CE PAS, DANS CE BEAU PAYS SI
10	026	PEUT-ETRE BIEN DE VOUS ADRESSER A Z...!	C'EST LE PLUS LOURD, LE PLUS SOT ET LE PLUS
42	017	SANS DEGOUT, LE TRONC DES CHENES.	C'EST LE PREMIER DEGRE DE L'AMOUR. AU SECOND
47	069	CA, C'EST LES INTERNES, ET CE PAQUET-CI,	C'EST LES EXTERNES.'' ET ELLE DEPLOYA EN
47	068	''ATTENDS UN PEU. --DIT-ELLE, CA,	C'EST LES INTERNES, ET CE PAQUET-CI, C'EST LES
42	030	CE QUE J'AIME SURTOUT DANS LES ANIMAUX,	C'EST LEUR CANDEUR. JUGEZ DONC COMBIEN J'AI DU
38	009	SON ENCENSOIR JUSQUE DANS LES CIMETIERES.	C'EST MOI QUI L'AI ENTERREE! BIEN CLOSE DANS
42	038	AH! SI J'ETAIS ''UN HOMME! DE NOUS DEUX,	C'EST MOI QUI SUIS L'HOMME!'' TELS ETAIENT LES
38	016	ET BIZARRE, DISAIT EN ECLATANT DE RIRE: ''	C'EST MOI, LA VRAIE BENEDICTA! C'EST MOI, UNE
38	017	DE RIRE: ''C'EST MOI, LA VRAIE BENEDICTA!	C'EST MOI, UNE FAMEUSE CANAILLE! ET POUR LA
38	007	APRES QUE J'EUS FAIT SA CONNAISSANCE, ET	C'EST MOI-MEME QUI L'AI ENTERREE, UN JOUR QUE
48	034	BALTIQUE; ENCORE PLUS LOIN DE LA VIE, SI	C'EST POSSIBLE; INSTALLONS-NOUS AU POLE. LA LE
37	035	QUI SONT LES EMBLEMES DE LEUR FOLIE.'' ET	C'EST POUR CELA, MAUDITE CHERE ENFANT GATEE,
34	042	JE ME SENTAIS ABATTU JUSQU'A LA MORT; ET	C'EST POURQUOI, QUAND CHACUN DE MES COMPAGNONS
12	015	PLACES PARAISSENT LUI ETRE FERMEES,	C'EST QU'A SES YEUX ELLES NE VALENT PAS LA
11	063	QUELQUEFOIS ENVIE DE VOUS APPRENDRE CE QUE	C'EST QUE LE VRAI MALHEUR. ''A VOUS VOIR
20	015	PRIX. CE QU'IL Y AVAIT DE PARTICULIER,	C'EST QUE LES DONS N'ETAIENT PAS LA RECOMPENSE
47	077	FIXE. --POURQUOI ME CROIS-TU MEDECIN? --	C'EST QUE TU ES SI GENTIL ET SI BON POUR LES
05	005	AROMATISE PAR LE REGRET ET LE DESIR. --	C'EST QUELQUE CHOSE DE CREPUSCULAIRE, DE
47	087	JE LAISSE DIX FRANCS SUR LA CHEMINEE. --	C'EST SI BON ET SI DOUX, CES HOMMES-LA! --J'AI
13	013	COMME JE L'INSINUAIS TOUT A L'HEURE,	C'EST SURTOUT LA JOIE DES RICHES. CETTE
13	009	LES RENDEZ-VOUS DES ECLOPPES DE LA VIE.	C'EST SURTOUT VERS CES LIEUX QUE LE POETE ET
18	078	CES PARFUMS, CES FLEURS MIRACULEUSES,	C'EST TOI. C'EST ENCORE TOI, CES GRANDS
13	073	L'ETINCELANTE FOURNAISE INTERIEURE.	C'EST TOUJOURS CHOSE INTERESSANTE QUE CE
14	011	A VINGT-QUATRE HEURES. POUR LES GRANDS	C'EST UN ARMISTICE CONCLU AVEC LES PUISSANCES
32	002	THYRSE? SELON LE SENS MORAL ET POETIQUE,	C'EST UN EMBLEME SACERDOTAL DANS LA MAIN DES
05	046	L'ESTOMAC. ET PUIS UN SPECTRE EST ENTRE.	C'EST UN HUISSIER QUI VIENT ME TORTURER AU NOM
14	009	PAREIL AUX ENFANTS. POUR LES PETITS	C'EST UN JOUR DE CONGE, C'EST L'HORREUR DE
27	056	PLUS OU MOINS ARRETEE DE CLEMENCE?	C'EST UN POINT QUI N'A JAMAIS PU ETRE
09	030	POUR RIEN, PAR CAPRICE, PAR DESOEUVREMENT.	C'EST UNE ESPECE D'ENERGIE QUI JAILLIT DE
36	011	ET SON REGARD ILLUMINE COMME L'ECLAIR:	C'EST UNE EXPLOSION DANS LES TENEBRES. JE LA
26	041	''QUE C'EST BEAU! QUE C'EST BEAU! MAIS	C'EST UNE MAISON OU PEUVENT SEULS ENTRER LES
32	027	SUR LES COEURS DE VOS FRERES. --LE BATON,	C'EST VOTRE VOLONTE, DROITE, FERME ET
43	016	EH BIEN! CHER ANGE, JE ME FIGURE QUE	C'EST VOUS''. ET IL FERMA LES YEUX ET IL LACHA
47	054	''TIENS! LE RECONNAIS-TU CELUI-CI? --OUI!	C'EST X. LE NOM EST AU BAS D'AILLEURS; MAIS JE
30	128	MAIS TOUTES TENDANT AU MEME BUT,	C'EST-A-DIRE A OBTENIR DE MOI UN MORCEAU DE LA
42	001	DANS UN BOUDOIR D'HOMME,	C'EST-A-DIRE DANS UN FUMOIR ATTENANT A UN
29	055	DESTRUCTION; DE LA GRANDE IDEE DU SIECLE;	C'EST-A-DIRE DU PROGRES ET DE LA
27	074	SE LAISSE ENCORE DEVINER LE COMEDIEN.	C'EST-A-DIRE L'ART, L'EFFORT, LA VOLONTE. OR,
29	103	GAGNE LE SORT AVAIT ETE POUR VOUS,	C'EST-A-DIRE LA POSSIBILITE DE SOULAGER ET DE
20	070	FEES, DANS UN CAS SEMBLABLE A CELUI-CI,	C'EST-A-DIRE LE CAS D'EPUISEMENT DES LOTS; LA
30	004	LES CHOSES. ET QUAND L'ILLUSION DISPARAIT,	C'EST-A-DIRE QUAND NOUS VOYONS L'ETRE OU LE
11	023	QU'ON APPELLE GENERALEMENT ''MON ANGE!''!	C'EST-A-DIRE UNE FEMME. L'AUTRE MONSTRE, CELUI
49	026	OREILLE, UNE VOIX QUE JE RECONNUS BIEN;	C'ETAIT CELLE D'UN BON ANGE, OU D'UN BON
20	001		C'ETAIT GRANDE ASSEMBLEE DES FEES, POUR
42	156	--COMMENT! --QUE VOULEZ-VOUS DIRE? --	C'ETAIT INEVITABLE. J'AI TROP LE SENTIMENT DE
04	001		C'ETAIT L'EXPLOSION DU NOUVEL AN: CHAOS DE
42	033	DU SOUFFRIR PAR MA DERNIERE MAITRESSE. ''	C'ETAIT LA BATARDE D'UN PRINCE. BELLE, CELA VA
28	021	GRAND QUE CELUI DE CAUSER UNE SURPRISE. --	C'ETAIT LA PIECE FAUSSE!'', ME REPONDIT-IL
34	045	JE NE PUS CRIER QUE: ''DEJA!'' CEPENDANT	C'ETAIT LA TERRE, LA TERRE AVEC SES BRUITS,
29	072	A SON PROPRE POUVOIR; QU'UNE SEULE FOIS,	C'ETAIT LE JOUR OU ELLE AVAIT ENTENDU UN
47	063	LES INSURGES QU'IL SOIGNAIT A SON HOPITAL.	C'ETAIT LE TEMPS DES EMEUTES. COMMENT EST-CE
42	066	BIEN, PUISQUE CELA VOUS EST ''AGREABLE.''	C'ETAIT SA REPONSE ORDINAIRE. VOUS DONNERIEZ
13	053	DES REGIMENTS GRATIFIE LE PEUPLE PARISIEN.	C'ETAIT SANS DOUTE LA A PETITE DEBAUCHE DE
21	056	NI CETTE BEAUTE DELICATE ET PARFUMEE.	C'ETAIT UN HOMME VASTE, A GROS VISAGE SANS
14	022	ELLES PIAILLAIENT, BEUGLAIENT, HURLAIENT.	C'ETAIT UN MELANGE DE CRIS, DE DETONATIONS DE
19	041	ET SECOUAIT DANS UNE BOITE GRILLEE.	C'ETAIT UN RAT VIVANT! LES PARENTS, PAR
14	002	S'EBAUDISSAIT LE PEUPLE EN VACANCES.	C'ETAIT UNE DE CES SOLENNITES SUR LESQUELLES,
13	078	AVEC TOUTE LA TRIVIALITE ENVIRONNANTE.	C'ETAIT UNE FEMME GRANDE, MAJESTUEUSE, ET SI
42	036	PAR UNE AMBITION MALSEANTE ET DIFFORME.	C'ETAIT UNE FEMME QUI VOULAIT TOUJOURS FAIRE
47	005	ETES MEDECIN, MONSIEUR?'' JE REGARDAI;	C'ETAIT UNE GRANDE FILLE, ROBUSTE, AUX YEUX
34	022	SIGNALE; ET NOUS VIMES, EN APPROCHANT, QUE	C'ETAIT UNE TERRE MAGNIFIQUE, EBLOUISSANTE. IL
34	046	SES PASSIONS, SES COMMODITES, SES FETES;	C'ETAIT UNE TERRE RICHE ET MAGNIFIQUE, PLEINE
47	032	ETIEZ INTERNE DE L... JE ME SOUVIENS QUE	C'ETAIT VOUS QUI L'ASSISTIEZ DANS LES

HOMME QUI AIME COUPER, TAILLER ET ROGNER!
ME LA RACONTE A MOI-MEME EN PLEURANT. SI
NE SOIT POUR TE COUPER LA TETE! S... S...
DANS LA MEME AFFAIRE! COMME ON RIAIT DE
LUI, ET PARLA D'UNE VOIX PLUS BASSE. --''
TU COMPRENDS QUE JE LUI AI FAIT ENTENDRE
CHEZ VOUS, MON AMI, METTEZ-VOUS A L'AISE.
LE GUERIDON: ''ATTENDS UN PEU, --DIT-ELLE;
ET LE BON TEMPS DE LA JEUNESSE. --AH
DONNER SOIF! A COUP SUR, LE MAITRE DE CE
COMME J'ALLAIS ENTRER DANS UN
PAS AUSSI LE CONDUIRE EN PRISON? UN
LA QUEUE EST UN SIFFLET, --ET LE LONG DES
DES CROUTES DE PAIN A LA PORTE DES
QUELLE FACON ELLE DEJEUNA. JE LA SUIVIS AU
DES FEES OU DES PRINCESSES, SAUTAIENT ET
POUR L'ENSEVELISSEMENT, LA RIGIDITE
ELLE VOULAIT, DISAIT-ELLE, VOIR LE
POUR CHASSER PEU A PEU CE PETIT
ACCOMPLIE! CAR IL NE RESTAIT PLUS AUCUN
PUIS LEURS MAINS AGRIPPERONT VIVEMENT LE
FATIGANTE FACULTE LA NATURE M'A FAIT
QUE MON REGARD REPOSE SUR CE DELICIEUX
JE VIS UN PAUVRE SALTIMBANQUE, VOUTE,
SENTENT AUSSI BON QUE LES FLEURS, --ET
ASSAISONNEE PAR LE PARFUM, LA PARURE, ET
AUSSI BON QUE LES FLEURS, --ET CAETERA, ET
NE POURRIEZ-VOUS PAS PRIER LE MAITRE DU
AUSTERITE. JE NE SAIS DANS QUEL MISERABLE
SES SPLENDEURS INACHEVEES. LE
VOUS VOULUTES VOUS ASSEOIR DEVANT UN
ET CES SIX YEUX CONTEMPLAIENT FIXEMENT LE
SA PAUVRE VOLONTE POUR ENTRER DANS UN
AUX DANSES DU DIMANCHE, OU LES VIEILLES
BIEN, JE VOUS PRIE, CETTE SOLIDE
CONTRE UN DES POTEAUX DE SA CAHUTE! UNE
ADOSSE CONTRE UN DES POTEAUX DE SA
DES INTELLIGENCES! JE CHANTE LES CHIENS
DE COMMETTRE UNE ERREUR DE SENTIMENT OU DE
NE LUI PARDONNERAI JAMAIS L'INEPTIE DE SON
SOIENT VOS AMBITIONS, MAUDITS SOIENT VOS
TOUTES CES COROLLES DELICATES, TOUS CES
FARCEUR, FARCEUR INCOMPARABLE! REVIENS A
QUATRIEME DEGRE QUI DOIT MARQUER LE
LA, N'EST-CE PAS, DANS CE BEAU PAYS SI
M'AVAIT EMBRUME LE PAYSAGE, ET LA JOIE
QUELS SONT LES INFORTUNES QUE LE SOIR NE
LOURD ET TENEBREUX (OU ELLE REPOSERAIT SI
''ALLONS! UN BON COUP DE BATON POUR LA
VIVENT DISCRETEMENT DES PEINTURES BEATES,
N'ECOUTAIT PLUS LA CONVERSATION. --''
PUIS SE RETOURNA VERS JE NE SAIS QUELS
LOINTAINES, A ENTENDU PARLER PAR SES
ET QUI TRAVAILLE, LE PAUVRE GARCON! SES
L'AIR PEU INTERESSE DES TROIS AUTRES
MEME LIT QUE MA BONNE.'' --IL ATTIRA SON
LES BRUMES DES PAYS REVEURS QUE CONSOLE
BEAU ET FIN, HABILLE DE CES VETEMENTS DE
LA VRAIE BENEDICTA! C'EST MOI, UNE FAMEUSE
DONNERIEZ LA BASTONNADE A CE MUR OU A CE
ENCORE TOI, CES GRANDS FLEUVES ET CES
VICTORIEUSE DE SA NUIT, LES FEUX DES
SES YEUX BRILLAIENT D'UNE INCONTESTABLE
SURTOUT DANS LES ANIMAUX, C'EST LEUR
SANG DESSUS!'' ELLE DIT CELA D'UN AIR FORT
LA NEIGE, A TRAVERS LA CROTTE, SOUS LA
QU'ILS NE SE SENTAIENT PAS, QUANT A EUX,
UNE EXPERIENCE PHYSIOLOGIQUE D'UN INTERET
DU SOIR PASSEMENTES D'OR FIN, JE T'AIME, O
DANS LES LABYRINTHES PIERREUX D'UNE
LA REGNAIT UNE ATMOSPHERE EXQUISE, QUOIQUE
DECOREE DE NATTES FRAICHES ET DE FLEURS
QU'ILS RETOURNENT A LEUR NICHE SOYEUSE ET
DOUX, DANS VOS YEUX VERTS, HABITES PAR LE
LA LUNE, QUI EST LE
AFFOLEES AVEC AUTANT D'ENERGIE ET DE
BIZARRES, SI LA PRUDENCE, PLUTOT QUE LE
LES PLAISIRS DE L'ANXIETE. POUR RIEN, PAR
REGLE, ELLE BARRAIT TOUS MES
LA CHINE DE L'EUROPE, TANT LA CHAUDE ET
HEURES. TOUTES CES ANTIQUES ET
AUTOUR DE CE BIDON; DANS DES MEANDRES
PENSENT PAR MOI, OU JE PENSE PAR ELLES (
FIDELEMENT SA FORME SUR LE SABLE FIN.
FACE DES GRANDES PELOUSES ET DES BASSINS!
UN BON COUP DE BATON POUR LA CALMER!
AH! PENETRANTES JUSQU'A LA DOULEUR!
RELATIVEMENT A MOI, UN DESIR ANALOGUE,
LEVAIENT, CROYANT LEUR CORVEE ACCOMPLIE;
RIEN.'' LA FEE POUVAIT ETRE EMBARRASSEE;

	POEM	LINE
C'ETAIT VOUS QUI LUI TENDIEZ LES INSTRUMENTS,	47	034
C'EUT ETE UN PAUVRE VIEUX HOMME, J'AURAIS	35	016
C... DE S... M...! --ATTENDS, REPRIT-ELLE, TU	47	046
CA A L'ECOLE, DANS LE TEMPS! TU T'EN SOUVIENS?	47	060
CA FAIT UN SINGULIER EFFET, ALLEZ, DE N'ETRE	31	051
CA PAR UNE FOULE DE FACONS! JE NE LUI AI PAS	47	097
CA VOUS RAPPELLERA L'HOPITAL ET LE BON TEMPS	47	027
CA, C'EST LES INTERNES, ET CE PAQUET-CI, C'EST	47	068
CA! OU DONC AVEZ-VOUS GAGNE CES CHEVEUX	47	029
CABARET SAIT APPRECIER HORACE ET LES POETES	45	003
CABARET, UN MENDIANT ME TENDIT SON CHAPEAU,	49	021
CABARETIER, UN BOULANGER, PAR EXEMPLE, ALLAIT	28	033
CABARETS, AU PIED DES ARBRES, FAITES-EN	19	008
CABARETS. ''SI AU MOINS VOS SOUPIRS	11	005
CABINET DE LECTURE; ET JE L'EPIAI LONGTEMPS	13	044
CABRIOLAIENT SOUS LE FEU DES LANTERNES QUI	14	034
CADAVERIQUE ETAIT TELLE, QUE, DESESPERANT DE	30	075
CADAVRE DE SON FILS. JE NE POUVAIS PAS, EN	30	097
CADAVRE QUI HANTAIT LES REPLIS DE MON CERVEAU,	30	118
CADEAU, AUCUNE LARGESSE A JETER A TOUT CE	20	055
CADEAU, ET ILS S'ENFUIRONT COMME FONT LES	19	013
CADEAU!) ENTRA SOUDAINEMENT CETTE IDEE QU'UNE	28	026
CADRAN, SI QUELQUE GENIE MALHONNETE ET	16	023
CADUC, DECREPIT, UNE RUINE D'HOMME, ADOSSE	14	047
CAETERA, ET CAETERA...'', AJOUTA-T-IL EN SE	29	117
CAETERA. J'AVOUERAI MEME QUE J'ASPIRE	42	024
CAETERA...'', AJOUTA-T-IL EN SE LEVANT ET EN	29	117
CAFE DE LES ELOIGNER D'ICI?'' TANT IL EST	26	057
CAFE DE ET DE QUELLE FACON ELLE DEJEUNA. JE LA	13	043
CAFE ETINCELAIT. LE GAZ LUI-MEME Y DEPLOYAIT	26	016
CAFE NEUF QUI FORMAIT LE COIN D'UN BOULEVARD	26	014
CAFE NOUVEAU AVEC UNE ADMIRATION EGALE, MAIS	26	035
CAFE OU PASSER DEVANT LE BUREAU D'UN THEATRE,	09	037
CAFRINES ELLES-MEMES DEVIENNENT IVRES ET	25	052
CAGE DE FER DERRIERE LAQUELLE S'AGITE, HURLANT	11	015
CAHUTE PLUS MISERABLE QUE CELLE DU SAUVAGE LE	14	048
CAHUTE; UNE CAHUTE PLUS MISERABLE QUE CELLE DU	14	048
CALAMITEUX, SOIT CEUX QUI ERRENT, SOLITAIRES,	50	040
CALCUL; FIGUREZ-VOUS UNE SERENITE DESOLANTES	42	122
CALCUL. ON N'EST JAMAIS EXCUSABLE D'ETRE	28	056
CALCULS, MORTELS IMPATIENTS, QUI VENEZ ETUDIER	45	028
CALICES, EXPLOSIONS DE SENTEURS ET DE	32	015
CALIFOURCHON SUR CE FAMEUX ANE QUI	50	009
CALME ABSOLU. MAIS, DURANT TOUTE MA VIE,	42	027
CALME ET SI REVEUX, QU'IL FAUDRAIT ALLER VIVRE	18	063
CALME OU S'EBAUDISSAIT MON AME AVANT D'AVOIR	15	072
CALME PAS, ET QUI PRENNENT, COMME LES HIBOUX,	22	011
CALME, SI BIEN EVENTEE, FUMANT LE TABAC	24	027
CALMER! CAR ELLE DARDE DES YEUX TERRIBLES DE	11	036
CALMES ET PROFONDES, COMME LES AMES DES	18	034
CAMARADE ET OBSERVAIT AVEC UNE FIXITE	31	023
CAMARADES AVEC UN AIR DE FATUITE, COMME POUR	04	014
CAMARADES DE LA CELEBRE DOROTHEE.	25	049
CAMARADES M'ONT DIT QU'IL N'AVAIT PAS LE SOU,	47	090
CAMARADES ME DONNA A PENSER QUE CE PETIT ETAIT	31	126
CAMARADES PLUS PRES DE LUI, ET PARLA D'UNE	31	050
CAMBRINUS, IMPROVISANT DES CHANTS DE	32	041
CAMPAGNE PLEINS DE COQUETTERIE. LE LUXE,	19	019
CANAILLE! ET POUR LA PUNITION DE TA FOLIE ET	38	017
CANAPE, QUE VOUS EN TIRERIEZ PLUS DE SOUPIRS	42	067
CANAUX TRANQUILLES. CES ENORMES NAVIRES QU'ILS	18	079
CANDELABRES QUI FONT DES TACHES D'UN ROUGE	22	053
CANDEUR. JE VIS ALORS CLAIREMENT QU'IL AVAIT	28	048
CANDEUR. JUGEZ DONC COMBIEN J'AI DU SOUFFRIR	42	030
CANDIDE, COMME UN HOMME SENSIBLE DIRAIT A UNE	47	103
CANICULE MORDANTE, SOUS LA PLUIE RUISSELANTE,	50	054
CAPABLE! J'AURAIS TROUVE CURIEUX, SINGULIER,	28	054
CAPABLES D'UNE ACTION AUSSI RIGOUREUSE,	42	165
CAPITAL, ET VERIFIER JUSQU'A QUEL POINT LES	27	052
CAPITALE INFAME! COURTISANES ET BANDITS, TELS	51	013
CAPITALE, SCINTILLEMENT DES ETOILES, EXPLOSION	22	047
CAPITEUSE, QUI FAISAIT OUBLIER PRESQUE	29	014
CAPITEUSES, AVEC DE RARES SIEGES D'UN ROCOCO	24	025
CAPITONNEE! JE CHANTE LE CHIEN CROTTE, LE	50	033
CAPRICE ET INSPIRES PAR LA LUNE, QUAND VOUS ME	26	054
CAPRICE MEME, REGARDA PAR LA FENETRE PENDANT	37	001
CAPRICE QUE VOUS AGITEZ VOTRE GENIE SUR LES	32	026
CAPRICE, ETAIT LE CARACTERE DISTINCTIF,	20	039
CAPRICE, PAR DESOEUVREMENT. C'EST UNE ESPECE	09	029
CAPRICES. POUR COMBLE D'HORREUR, ELLE	42	138
CAPRICIEUSE FANTAISIE S'Y EST DONNE CARRIERE,	18	005
CAPRICIEUSES SOEURS DU DESTIN, TOUTES CES	20	004
CAPRICIEUX, SE JOUENT ET FOLATRENT DES TIGES	20	007
CAR DANS LA GRANDEUR DE LA REVERIE, LE MOI SE	03	012
CAR DOROTHEE EST SI PRODIGIEUSEMENT COQUETTE	25	025
CAR ELLE A NATURELLEMENT L'AIR D'UNE	24	005
CAR ELLE DARDE DES YEUX TERRIBLES DE	11	037
CAR IL EST CERTAINES SENSATIONS DELICIEUSES	03	002
CAR IL ME FIT, EN PASSANT, UN CLIGNEMENT	29	005
CAR IL NE RESTAIT PLUS AUCUN CADEAU, AUCUNE	20	055
CAR IL NE RESTAIT PLUS RIEN. CEPENDANT ELLE SE	20	062

POEM LINE

POEM	LINE		
21	122	LES AVAIS SANS DOUTE FORTEMENT OFFENSES,	CAR ILS NE SONT JAMAIS REVENUS.
13	100	MEDITANT ET REVANT, SEULE, TOUJOURS SEULE;	CAR L'ENFANT EST TURBULENT, EGOISTE, SANS
20	020	LES PAUVRES FEES ETAIENT TRES-AFFAIREES;	CAR LA FOULE DES SOLLICITEURS ETAIT GRANDE, ET
49	018	VAGUE. ET JE SORTIS AVEC UNE GRANDE SOIF.	CAR LE GOUT PASSIONNE DES MAUVAISES LECTURES
13	011	IL Y A LA UNE PATURE CERTAINE,	CAR S'IL EST UNE PLACE QU'ILS DEDAIGNENT DE
31	115	PEUT-ETRE MIEUX D'ALLER VERS L'ESPAGNE,	CAR VOICI LA SAISON QUI S'AVANCE; FUYONS AVANT
26	003	COMPRENDRE QU'A MOI DE VOUS L'EXPLIQUER;	CAR VOUS ETES, JE CROIS, LE PLUS BEL EXEMPLE
45	026	''MAUDITES SOIENT VOS CIBLES ET VOS	CARABINES, TURBULENTS VIVANTS, QUI VOUS
20	039	PRUDENCE, PLUTOT QUE LE CAPRICE, ETAIT LE	CARACTERE DISTINCTIF, ETERNEL DES FEES. AINSI
13	041	DES HABITUDES DE VIEUX CELIBATAIRE, ET LE	CARACTERE MASCULIN DE SES MOEURS AJOUTAIT UN
42	123	FIGUREZ-VOUS UNE SERENITE DESOLANTES DE	CARACTERE; UN DEVOUEMENT SANS COMEDIE ET SANS
26	050	UN PEU HONTEUX DE NOS VERRES ET DE NOS	CARAFES, PLUS GRANDS QUE NOTRE SOIF. JE
49	062	DE SA THEORIE! --JE VIS CETTE ANTIQUE	CARCASSE SE RETOURNER, SE REDRESSER AVEC UNE
02	008	L'ENFANT EPOUVANTE SE DEBATTAIT SOUS LES	CARESSES DE LA BONNE FEMME DECREPITE, ET
17	021	SE PRELASSE A L'ETERNELLE CHALEUR. DANS LES	CARESSES DE TA CHEVELURE, JE RETROUVE LES
05	069	COMME TOUTES LES AMIES; HELAS! FECONDE EN	CARESSES ET EN TRAITRISES. OH! OUI! LE TEMPS A
37	027	DONT J'AI SERRE AUSSI LA GORGE DANS MES	CARESSES NOCTURNES; DE CEUX-LA QUI AIMENT LA
11	011	J'EN AI TANT BESOIN! CONSOLEZ-MOI PAR-CI,	CARESSEZ-MOI PAR-LA'' TENEZ, JE VEUX ESSAYER
50	022	CE FAT QUADRUPEDE, DANOIS, KING-CHARLES,	CARLIN OU GREDIN, SI ENCHANTE DE LUI-MEME
50	072	ET ILS SONT TOUS TRES-EXACTS, SANS	CARNETS, SANS NOTES ET SANS PORTEFEUILLES.
20	048	POETIQUE AU FILS D'UN SOMBRE GUEUX,	CARRIER DE SON ETAT, QUI NE POUVAIT, EN AUCUNE
18	006	ET CAPRICIEUSE FANTAISIE S'Y EST DONNE	CARRIERE, TANT ELLE L'A PATIEMMENT ET
39	023	AMATEUR RECONNAIT, MEME ATTELES A UN	CARROSSE DE LOUAGE OU A UN LOURD CHARIOT. ET
04	002	DE BOUE ET DE NEIGE, TRAVERSE DE MILLE	CARROSSES, ETINCELANT DE JOUJOUX ET DE
19	034	UNE PEINTURE IDEALE SOUS UN VERNIS DE	CARROSSIER, IL LE NETTOYAIT DE LA REPUGNANTE
29	046	SI J'AVAIS EGARE, DANS UNE PROMENADE, MA	CARTE DE VISITE. NOUS FUMAMES LONGUEMENT
24	008	BOUTIQUE DE GRAVURES, ET, TROUVANT DANS UN	CARTON UNE ESTAMPE REPRESENTANT UN PAYSAGE
20	070	CAS SEMBLABLE A CELUI-CI, C'EST-A-DIRE LE	CAS D'EPUISEMENT DES LOTS, LA FACULTE D'EN
20	070	DE LA LOI QUI CONCEDE AUX FEES, DANS UN	CAS SEMBLABLE A CELUI-CI, C'EST-A-DIRE LE CAS
27	080	DE BEAUTE, CE SERAIT LA, SANS DOUTE, UN	CAS SINGULIER ET TOUT A FAIT IMPREVU.
20	051	DE VOUS DIRE QUE LA DISTRIBUTION, EN CES	CAS SOLENNELS, EST SANS APPEL, ET QU'AUCUN DON
29	081	QU'IL NE DEDAIGNAIT PAS, EN BEAUCOUP DE	CAS, D'INSPIRER LA PLUME, LA PAROLE ET LA
20	035	HUMAINE. NOUS SERIONS NOUS-MEMES, EN CE	CAS, DES JUGES INJUSTES. AUSSI FURENT COMMISES
27	017	SENSIBILITE LE RENDAIT, EN BEAUCOUP DE	CAS, PLUS CRUEL ET PLUS DESPOTE QUE TOUS SES
05	022	ET DEVANT LE LIT; ELLE S'EPANCHE EN	CASCADES NEIGEUSES. SUR CE LIT EST COUCHEE
29	020	AUX SONS ASSOUPISSANTS DES MELODIEUSES	CASCADES, LE DESIR DE NE JAMAIS REVOIR LEURS
24	018	''AU BORD DE LA MER, UNE BELLE	CASE EN BOIS, ENVELOPPEE DE TOUS CES ARBRES
25	037	BRONZE? POURQUOI A-T-ELLE QUITTE SA PETITE	CASE SI COQUETTEMENT ARRANGEE, DONT LES FLEURS
24	020	ENIVRANTE, INDEFINISSABLE....., DANS LA	CASE UN PUISSANT PARFUM DE ROSE ET DE
06	013	LE FRONT DE L'HOMME, COMME UN DE CES	CASES HORRIBLES PAR LESQUELS LES ANCIENS
28	011	RENCONTRE D'UN PAUVRE QUI NOUS TENDIT SA	CASQUETTE EN TREMBLANT. --JE NE CONNAIS RIEN
49	066	JETA SUR MOI, ME POCHA LES DEUX YEUX, ME	CASSA QUATRE DENTS, ET, AVEC LA MEME BRANCHE
49	044	EN UNE SECONDE, GROS COMME UNE BALLE. JE	CASSAI UN DE MES ONGLES A LUI BRISER DEUX
21	016	L'ORAGE, ET SES LEVRES ENTR'OUVERTES A DES	CASSOLETTES CHAUDES; ON S'EXHALAIT LA BONNE
51	008	JE VOULAIS M'ENIVRER DE L'ENORME	CATIN DONT LE CHARME INFERNAL ME RAJEUNIT SANS
42	147	AINSI. L'AMOUR ETAIT DEVENU POUR MOI UN	CAUCHEMAR ACCABLANT. VAINCRE OU MOURIR, COMME
05	073	DE SPASMES, DE PEURS, D'ANGOISSES, DE	CAUCHEMARS, DE COLERES ET DE NEVROSES. JE VOUS
31	005	QUATRE GARCONS, LAS DE JOUER SANS DOUTE,	CAUSAIENT ENTRE EUX. L'UN DISAIT: ''HIER ON
30	084	A ACCOMPLIR; DONT LA SEULE PENSEE ME	CAUSAIT UNE ANGOISSE TERRIBLE: IL FALLAIT
29	054	VOTRE IMMORTELLE SANTE, VIEUX BOUC!'' NOUS	CAUSAMES AUSSI DE L'UNIVERS, DE SA CREATION ET
05	081	UNE BONNE NOUVELLE, LA BONNE NOUVELLE QUI	CAUSE A CHACUN UNE INEXPLICABLE PEUR. OUI! LE
22	042	QU'IL NE SOIT PAS RARE DE VOIR LA MEME	CAUSE ENGENDRER DEUX EFFETS CONTRAIRES, J'EN
14	075	QUAND UN GRAND REFLUX DU PEUPLE,	CAUSE PAR JE NE SAIS QUEL TROUBLE, M'ENTRAINA
15	018	QUE CETTE SENSATION SOLENNELLE ET RARE,	CAUSEE PAR UN GRAND MOUVEMENT PARFAITEMENT
28	021	IL N'EN EST PAS DE PLUS GRAND QUE CELUI DE	CAUSER UNE SURPRISE. --C'ETAIT LA PIECE
30	056	OUVERTS AVEC UNE FIXITE EFFRAYANTE, ME	CAUSERENT D'ABORD L'ILLUSION DE LA VIE. LE
42	010	AIMER ET ESTIMER.'' L'UN D'EUX JETA LA	CAUSERIE SUR LE SUJET DES FEMMES. IL EUT ETE
13	056	DE CES LOURDES JOURNEES SANS AMI, SANS	CAUSERIE, SANS JOIE, SANS CONFIDENT, QUE DIEU
15	027	REPARER LA FATIGUE ET A SOULAGER L'APPETIT	CAUSES PAR UNE SI LONGUE ASCENSION. JE TIRAI
47	120	VOUS QUI ETES PLEIN DE MOTIFS ET JE	CAUSES, ET QUI AVEZ PEUT-ETRE MIS DANS MON
29	061	N'AI TROUVEES DANS AUCUN DES PLUS CELEBRES	CAUSEURS DE L'HUMANITE. ELLE M'EXPLIQUA
19	007	LES FORGERONS QUI BATTENT L'ENCLUME, LE	CAVALIER SUR SON CHEVAL DONT LA QUEUE EST UN
13	018	TRAITS RIGIDES OU ABATTUS, DANS CES YEUX	CAVES ET TERNES, OU BRILLANTS DES DERNIERS
32	007	DE VIGNE, SEC, DUR ET DROIT. AUTOUR DE	CE BATON, DANS DES MEANDRES CAPRICIEUX, SE
18	063	DAHLIA, C'EST LA, N'EST-CE PAS, DANS	CE BEAU PAYS SI CALME ET SI REVEUX, QU'IL
04	017	A SON CONTENTEMENT. L'ANE NE VIT PAS	CE BEAU PLAISANT, ET CONTINUA DE COURIR AVEC
10	035	ECRITE LA UN PARFAIT DROLE; OUF! EST-	CE BIEN FINI? MECONTENT DE TOUS ET MECONTENT
27	083	NE PAS SUPPOSER VIVANTE, POSSIBLE, REELE.	CE BOUFFON ALLAIT, VENAIT, RIAIT, PLEURAIT, SE
27	037	GRACE A TOUS LES CONJURES; ET L'ORIGINE DE	CE BRUIT FUT L'ANNONCE D'UN GRAND SPECTACLE OU
45	003	POUR DONNER SOIF! A COUP SUR, LE MAITRE DE	CE CABARET SAIT APPRECIER HORACE ET LES POETES
42	067	VOUS DONNERIEZ LA BASTONNADE A CE MUR OU A	CE CANAPE, QUE VOUS EN TIRERIEZ PLUS DE
20	035	HUMAINE. NOUS SERIONS NOUS-MEMES, EN	CE CAS, DES JUGES INJUSTES. AUSSI FURENT
29	078	QU'IL N'EXISTE PAS!'' LE SOUVENIR DE	CE CELEBRE ORATEUR NOUS CONDUISIT
29	095	FRISSONNANTE BLANCHISSAIT LES VITRES,	CE CELEBRE PERSONNAGE, CHANTE PAR TANT DE
46	008	QUE JE SAUTILLAIS DANS LA BOUE, A TRAVERS	CE CHAOS MOUVANT OU LA MORT ARRIVE AU GALOP DE
21	085	TROUVAI UN BIZARRE CHARME. POUR DEFINIR	CE CHARME, JE NE SAURAIS LE COMPARER A RIEN DE
47	098	CRUMENT; J'AVAIS SI PEUR DE L'HUMILIER,	CE CHER ENFANT! --EH BIEN! CROIRAIS-TU QUE
06	026	LA POUSSIERE D'UN SOL AUSSI DESOLE QUE	CE CIEL, ILS CHEMINAIENT AVEC LA PHYSIONOMIE
45	011	LA FANTAISIE LE PRIT DE DESCENDRE DANS	CE CIMETIERE, DONT L'HERBE ETAIT SI HAUTE ET
30	086	REFUSAIENT DE M'Y CONDUIRE. ENFIN J'EUS	CE COURAGE. MAIS, A MON GRAND ETONNEMENT, LA
16	023	DERANGER PENDANT QUE MON REGARD REPOSE SUR	CE DELICIEUX CADRAN, SI QUELQUE GENIE
42	071	JAMAIS CONNU LE PLAISIR. JE ME DEGOUTAI DE	CE DUEL INEGAL, ET CETTE FILLE INCOMPARABLE SE
50	010	INCOMPARABLE! REVIENS A CALIFOURCHON SUR	CE FAMEUX ANE QUI T'ACCOMPAGNE TOUJOURS DANS
47	105	VETUE DU COSTUME QUE VOUS PORTIEZ DANS	CE FAMEUX ROLE QUE VOUS AVEZ CREE.'' MOI,
50	021	OEIL FRATERNEL. FI DU CHIEN BELLATRE, DE	CE FAT QUADRUPEDE, DANOIS, KING-CHARLES,
20	056	CADEAU, AUCUNE LARGESSE A JETER A TOUT	CE FRETIN HUMAIN, QUAND UN BRAVE HOMME, UN
21	091	FASCINATRICE. CE QUI ME FRAPPA LE PLUS,	CE FUT LE MYSTERE DE SA VOIX, DANS LAQUELLE JE
27	027	DANS SES DOMAINES, D'ECRIRE QUOI QUE	CE FUT QUI NE TENDIT PAS UNIQUEMENT AU PLAISIR
09	061	PERSONNE QUE J'APERCUS DANS LA RUE,	CE FUT UN VITRIER DONT LE CRI PERCANT,
30	031	JE PRIS ENFIN A TOUTE LA DROLERIE DE	CE GAMIN UN PLAISIR SI VIF, QUE JE PRIAI UN
30	045	AVAIT ENCORE COMMIS UN NOUVEAU LARCIN DE	CE GENRE; JE LE MENACAI DE LE RENVOYER A SES

	POEM	LINE
FARCEUR, J'EN AI CONNU PLUSIEURS DANS	CE GENRE-LA. VENEZ.'' J'AIME PASSIONNEMENT LE	47	014
LES MIENNES, LE HIDEUX TROUBLE- FETE! ''	CE GRAND MALHEUR DE NE POUVOIR ETRE SEUL!...''	23	033
IL Y AVAIT DANS SON OEIL ET DANS SON FRONT	CE JE NE SAIS QUOI DE PRECOCEMENT FATAL QUI	31	129
RATATINEE SE SENTIT TOUT REJOUIE EN VOYANT	CE JOLI ENFANT A QUI CHACUN FAISAIT FETE, A	02	002
FETE, A QUI TOUT LE MONDE VOULAIT PLAIRE;	CE JOLI ETRE, SI FRAGILE COMME ELLE, LA PETITE	02	003
JE SERAIS VOLONTIERS TOMBE AUX PIEDS DE	CE JOUEUR GENEREUX POUR LE REMERCIER DE SON	29	121
COMME UN OBJET RARE ET INCONNU. OR,	CE JOUJOU, QUE LE PETIT SOUILLON AGACAIT,	19	040
PAROLE DONT LE SENS M'EST RESTE JUSQU'A	CE JOUR INCONNU. --TA PATRIE? --J'IGNORE SOUS	01	006
DES JUGES INJUSTES. AUSSI FURENT COMMISES	CE JOUR-LA QUELQUES BOURDES QU'ON POURRAIT	20	037
DU RICHE AU FOND DE L'OEIL DU PAUVRE. MAIS	CE JOUR-LA, A TRAVERS CE PEUPLE VETU DE	13	074
ECHAPPENT DIFFICILEMENT A L'INFLUENCE DE	CE JUBILE POPULAIRE. ILS ABSORBENT, SANS LE	14	016
ELLE S'EPANCHE EN CASCADES NEIGEUSES. SUR	CE LIT EST COUCHEE L'IDOLE, LA SOUVERAINE DES	05	023
TE RESSEMBLE? CES TRESORS, CES MEUBLES,	CE LUXE, CET ORDRE, CES PARFUMS, CES FLEURS	18	077
D'UNE INCOMMENSURABLE RAGE CONTRE	CE MAGNIFIQUE IMBECILE, QUI ME PARUT	04	020
IRRESISTIBLES. IL EN PASSA SANS DOUTE EN	CE MOMENT QUELQUE CHOSE DANS MON AME. MES	15	003
MAINTENANT LE RANCI DE LA DESOLATION. DANS	CE MONDE ETROIT, MAIS SI PLEIN DE DEGOUT, UN	05	066
BON D'APPRENDRE QUELQUEFOIS AUX HEUREUX DE	CE MONDE, NE FUT-CE QUE POUR HUMILIER UN	12	030
N'IMPORTE OU! POURVU QUE CE SOIT HORS DE	CE MONDE!''	48	045
FORME IMITE ASSEZ VAGUEMENT LA VOTRE. ''	CE MONSTRE EST UN DE CES ANIMAUX QU'ON APPELLE	11	022
LES DANDINEMENTS STUPIDES DE L'OURS BLANC,	CE MONSTRE POILU DONT LA FORME IMITE ASSEZ	11	020
DISAIT A SON COURS, EN PARLANT DE X.: ''	CE MONSTRE QUI PORTE SUR SON VISAGE LA	47	057
QUELQUES BALLES POUR TUER LE TEMPS. TUER	CE MONSTRE-LA N'EST-CE PAS L'OCCUPATION LA	43	004
ORDINAIRE. VOUS DONNERIEZ LA BASTONNADE A	CE MUR OU A CE CANAPE, QUE VOUS EN TIRERIEZ	42	067
JE M'OBSTINAI A VOULOIR COMPRENDRE	CE MYSTERE; MAIS BIENTOT L'IRRESISTIBLE	06	034
UN PAYSAGE TROPICAL, IL SE DIT: ''NON!	CE N'EST PAS DANS UN PALAIS QUE JE VOUDRAIS	24	010
ADMIRATION POUR BUFFON; MAIS AUJOURD'HUI	CE N'EST PAS L'AME DE CE PEINTRE DE LA NATURE	50	003
ADMIREE, LE COEUR PLEIN DE HAINE. ENFIN,	CE N'EST PAS MOI QUI EN SUIS MORT! --AH!	42	144
ET LES SERVITEURS. MAIS PHYSIQUEMENT	CE N'EST QU'UN BATON, UN PUR BATON, PERCHE A	32	005
QUI N'A RIEN D'ORIGINAL, APRES TOUT, SI	CE N'EST QUE, REVE PAR TOUS LES HOMMES, IL N'A	26	011
JOURNEE; IL SERAIT IMPITOYABLE LE SOIR; ET	CE N'ETAIT PAS SEULEMENT SUR AUTRUI, MAIS	22	031
RECEMMENT PARCOURU LE DICTIONNAIRE; MAIS	CE N'ETAIT QUE L'IDEE D'UNE IDEE, QUELQUE	49	016
EN ME CONGEDIANT AVEC UN BON SOURIRE. SI	CE N'EUT ETE LA CRAINTE DE L'HUMILIER DEVANT	29	119
ALORS? --NON! NON! A MOINS QUE	CE NE SOIT POUR TE COUPER LA TETE! S... S...	47	045
--DIT-ELLE; CA, C'EST LES INTERNES! ET	CE PAQUET-CI, C'EST LES EXTERNES.'' ET ELLE	47	069
LE CRAYON A MARQUE LES DATES SINISTRES! ET	CE PARFUM D'UN AUTRE MONDE, DONT JE M'ENIVRAIS	05	061
TUER LE TEMPS. TUER CE MONSTRE-LA N'EST-	CE PAS L'OCCUPATION LA PLUS ORDINAIRE ET LA	43	004
TU ME DONNERAS TON PORTRAIT, N'EST-	CE PAS, CHERI? --MAIS, LUI DIS-JE, SUIVANT A	47	074
ALLEGORIQUE DAHLIA, C'EST LA, N'EST-	CE PAS, DANS CE BEAU PAYS SI CALME ET SI	18	063
VOIS L'HEURE! IL EST L'ETERNITE!'' N'EST-	CE PAS, MADAME, QUE VOICI UN MADRIGAL VRAIMENT	16	030
ET ME DISAIT: ''TU ES MEDECIN, N'EST-	CE PAS, MON CHAT?'' CET ININTELLIGIBLE REFRAIN	47	040
PARIS. IL A L'AIR D'UNE DEMOISELLE, N'EST-	CE PAS?'' ET COMME JE TOUCHAIS A UN PAQUET	47	066
DESIR DE CREER UN EVENEMENT DANS LA VIE DE	CE PAUVRE DIABLE, PEUT-ETRE MEME DE CONNAITRE	28	029
DE DIRE POURQUOI JE FUS PRIS A L'EGARD DE	CE PAUVRE HOMME D'UNE HAINE AUSSI SOUDAINE QUE	09	065
DAIGNE CONSEILLER, SUGGERER, PERSUADER.	CE PAUVRE SOCRATE N'AVAIT QU'UN DEMON	49	035
MAIS AUJOURD'HUI CE N'EST PAS L'AME DE	CE PEINTRE DE LA NATURE POMPEUSE QUE	50	003
PATERNEL. SEULEMENT JE DOIS DIRE QUE	CE PETIT BONHOMME M'ETONNA QUELQUEFOIS PAR DES	30	040
QUE D'HABITUDE. POUR CHASSER PEU A PEU	CE PETIT CADAVRE QUI HANTAIT LES REPLIS DE MON	30	118
AUTRES CAMARADES ME DONNA A PENSER QUE	CE PETIT ETAIT DEJA UN INCOMPRIS. JE LE	31	127
ELLE LEUR DISAIT: ''COMMENT TROUVEZ-VOUS	CE PETIT FRANCAIS VANITEUX, QUI VEUT TOUT	20	083
IL EST ASSIS SUR CE PETIT NUAGE ISOLE,	CE PETIT NUAGE COULEUR DE FEU, QUI MARCHE	31	026
LE VOYEZ- VOUS? IL EST ASSIS SUR	CE PETIT NUAGE ISOLE, CE PETIT NUAGE COULEUR	31	026
DU PAUVRE. MAIS CE JOUR-LA, A TRAVERS	CE PEUPLE VETU DE BLOUSES ET D'INDIENNE,	13	075
PAS PLUS IVRE QUE LUI. CEPENDANT LE JEU,	CE PLAISIR SURHUMAIN, AVAIT COUPE A DIVERS	29	039
SERAIT-ELLE MORTE? ''EN ES-TU DONC VENUE A	CE POINT D'ENGOURDISSEMENT QUE TU NE TE	48	029
PLUS REVEURS DES ETRES. UN AUTRE, TIMIDE A	CE POINT QU'IL BAISSE LES YEUX MEME DEVANT LES	09	034
YEUX MEME DEVANT LES REGARDS DES HOMMES, A	CE POINT QU'IL LUI FAUT RASSEMBLER TOUTE SA	09	035
C'ETAIT LE TEMPS DES EMEUTES. COMMENT EST-	CE POSSIBLE QU'UN SI BEL HOMME AIT SI PEU DE	47	063
QUE J'EUSSE PU PASSER SI SOUVENT A COTE DE	CE PRESTIGIEUX REPAIRE SANS EN DEVINER	29	012
DELICATES DU PLAISIR. LE GRAND MALHEUR DE	CE PRINCE FUT QU'IL N'EUT JAMAIS UN THEATRE	27	029
NOIR; SI MODIQUE QUE FUT LE PRIX D'ENTREE,	CE PRIX SUFFISAIT PEUT-ETRE POUR PAYER UN DES	13	096
IDEE DE TOMBE ET DE DESTRUCTION. TOUT	CE PUBLIC, SI BLASE ET FRIVOLE QU'IL PUT ETRE,	27	099
EN ELLE ABONDE: ET TOUT	CE QU'ELLE INSPIRE EST NOCTURNE ET PROFOND.	36	008
PAR UNE SORTE DE STUPEFACTION DE	CE QU'IL EPROUVAIT ENCORE, ET LES RAYONS DU	31	068
PAS DE SON JOUJOU PREFERE; ET VOICI	CE QU'IL REGARDAIT: DE L'AUTRE COTE DE LA	19	029
L'ESTRADE, DANS UNE DISTRIBUTION DE PRIX.	CE QU'IL Y AVAIT ICI DE PARTICULIER, C'EST QUE	20	015
QU'UNE FENETRE ECLAIREE D'UNE CHANDELLE.	CE QU'ON PEUT VOIR AU SOLEIL EST TOUJOURS	35	006
SOUFFRANCES ATROCES PAR LE CONTRAIRE DE	CE QU'ON REPROCHE EN GENERAL A L'EGOISTE	42	107
QU'EST-	CE QU'UN THYRSE? SELON LE SENS MORAL ET	32	001
PREND QUELQUEFOIS ENVIE DE VOUS APPRENDRE	CE QUE C'EST QUE LE VRAI MALHEUR. ''A VOUS	11	063
GRIFFES ET LUI ONT CRUELLEMENT ENSEIGNE	CE QUE CHAQUE MINUTE ET CHAQUE BAISER	39	003
DE PLUSIEURS SOLDATS. C'EST DU MOINS	CE QUE J'AI SUPPOSE. --MOI, DIT LE QUATRIEME,	42	104
TU SERAS BELLE A MA MANIERE. TU AIMERAS	CE QUE J'AIME ET CE QUI M'AIME: L'EAU, LES	37	018
A L'IRRITANTE MEDIOCRITE DES FEMMES.	CE QUE J'AIME SURTOUT DANS LES ANIMAUX, C'EST	42	030
CE QUE JE VOIS! TOUT CE QUE JE SENS! TOUT	CE QUE J'ENTENDS DANS TES CHEVEUX! MON AME	17	007
POUVAIS SAVOIR TOUT CE QUE JE VOIS! TOUT	CE QUE J'ENTENDS DANS TES	17	006
L'IDEAL. SI VOUS MEPRISEZ LE SOLIVEAU (	CE QUE JE SENS! TOUT CE QUE J'ENTENDS DANS TES	17	006
M'A AIDE A VIVRE, A SENTIR QUE JE SUIS ET	CE QUE JE SUIS MAINTENANT, COMME VOUS SAVEZ	11	068
DANS L'AIR. SI TU POUVAIS SAVOIR TOUT	CE QUE JE SUIS?	35	023
DE CONCEVOIR, A MOINS DE L'AVOIR VU, TOUT	CE QUE JE VOIS! TOUT CE QUE JE SENS! TOUT CE	17	006
MISERES QUE LA CIRCONSTANCE LUI PRESENTE.	CE QUE LA CLASSE PRIVILEGIEE D'UN PETIT ETAT,	27	060
AU PERSONNAGE QU'IL EST CHARGE D'EXPRIMER,	CE QUE LES HOMMES NOMMENT AMOUR EST BIEN	12	025
DE PAIX ET DE PARFUMS? O BEATITUDE!	CE QUE LES MEILLEURES STATUES DE L'ANTIQUITE,	27	077
AVONS FORTEMENT VECU, ET NOUS CHERCHONS	CE QUE NOUS NOMMONS GENERALEMENT LA VIE, MEME	05	035
FORTUITE, PARTICIPE BEAUCOUP, NE FUT-	CE QUE NOUS POURRIONS AIMER ET ESTIMER.'' L'UN	42	008
CETTE LEGENDE SOIT LA VRAIE?'' QU'IMPORTE	CE QUE PAR L'ARDEUR DU DESIR, DE CETTE HUMEUR,	09	056
AUX HEUREUX DE CE MONDE, NE FUT-	CE QUE POUR HUMILIER UN INSTANT LEUR SOT	12	031
TRES-FORT? DISAIT- ''ELLE AUSSITOT! EST-	CE QUE VOUS VOUS CONNAISSEZ EN FORCE?'' ET	42	044
S'EPRENAIT DE TENDRESSE MAINTENANT POUR	CE QUI AVAIT SERVI D'INSTRUMENT A LA MORT DE	30	113
CE QUI GEMIT, CE QUI ROULE, A TOUT	CE QUI CHANTE, A TOUT CE QUI PARLE, DEMANDEZ	33	012
LEGEREMENT ET AVEC UNE AISANCE PARFAITE,	CE QUI CONTRIBUA A FORTIFIER, DANS LE NOBLE	27	070
IRRESISTIBLEMENT ENTRAINES VERS TOUT	CE QUI EST FAIBLE, RUINE, CONTRISTE, ORPHELIN.	13	015

POEM	LINE		
31	019	ET CEPENDANT L'ON EST CONTENT... ET PUIS,	CE QUI EST PLUS SINGULIER, CELA DONNE ENVIE
24	040	VAGABONDE POUR ALLER CHERCHER SI LOIN	CE QUI EST SI PRES DE MOI. LE PLAISIR ET LE
08	004	ET LE CHIEN, EN FRETILLANT DE LA QUEUE,	CE QUI EST, JE CROIS, CHEZ CES PAUVRES ETRES,
16	011	''IL N'EST PAS ENCORE TOUT A FAIT MIDI.''	CE QUI ETAIT VRAI. POUR MOI, SI JE ME PENCHE
38	004	DE LA BEAUTE, DE LA GLOIRE ET DE TOUT	CE QUI FAIT CROIRE A L'IMMORTALITE. MAIS CETTE
33	011	L'ETOILE, A L'OISEAU, A L'HORLOGE, A TOUT	CE QUI FUIT, A TOUT CE QUI GEMIT, A TOUT CE
33	011	A L'HORLOGE, A TOUT CE QUI FUIT, A TOUT	CE QUI GEMIT, A TOUT CE QUI ROULE, A TOUT CE
10	017	ICI LE PARTI DES HONNETES GENS,''	CE QUI IMPLIQUE QUE TOUS LES AUTRES JOURNAUX
37	018	A MA MANIERE. TU AIMERAS CE QUE J'AIME ET	CE QUI M'AIME: L'EAU, LES NUAGES, LE SILENCE
21	090	CONTENAIENT UNE FORCE FASCINATRICE.	CE QUI ME FRAPPA LE PLUS, CE FUT LE MYSTERE DE
21	075	ET CELUI-LA ME DIT: ''JE PUIS TE DONNER	CE QUI OBTIENT TOUT, CE QUI VAUT TOUT, CE QUI
33	013	CE QUI ROULE, A TOUT CE QUI CHANTE, A TOUT	CE QUI PARLE, DEMANDEZ QUELLE HEURE IL EST; ET
21	076	CE QUI FUIT, A TOUT CE QUI GEMIT, A TOUT	CE QUI REMPLACE TOUT!'' ET IL TAPA SUR SON
33	012	''JE PUIS TE DONNER CE QUI OBTIENT TOUT,	CE QUI ROULE, A TOUT CE QUI CHANTE, A TOUT CE
35	007	SOLEIL EST TOUJOURS MOINS INTERESSANT QUE	CE QUI SE PASSE DERRIERE UNE VITRE. DANS CE
21	076	''JE PUIS TE DONNER CE QUI OBTIENT TOUT!	CE QUI VAUT TOUT, CE QUI REMPLACE TOUT!'' ET
13	073	C'EST TOUJOURS CHOSE INTERESSANTE QUE	CE REFLET DE LA JOIE DU RICHE AU FOND DE
05	055	SOUVIENS! JE ME SOUVIENS! OUI! CE TAUDIS,	CE SEJOUR DE L'ETERNEL ENNUI, EST BIEN LE
42	158	IRREPROCHABLE. MAIS IL FALLAIT ACCORDER	CE SENTIMENT AVEC L'HORREUR QUE CET ETRE
46	025	FERA RIRE! PENSEZ A X, OU A Z! HEIN! COMME	CE SERA DROLE!''
27	080	A L'IDEE GENERALE ET CONFUSE DE BEAUTE.	CE SERAIT LA, SANS DOUTE, UN CAS SINGULIER ET
49	056	POUR BRISER LES OMOPLATES, TERRASSE	CE SEXAGENAIRE AFFAIBLI, JE ME SAISIS D'UNE
26	047	AMOLLIT LE COEUR. LA CHANSON AVAIT RAISON	CE SOIR-LA, RELATIVEMENT A MOI. NON-SEULEMENT
27	081	ET TOUT A FAIT IMPREVU. FANCIOULLE FUT,	CE SOIR-LA, UNE PARFAITE IDEALISATION, QU'IL
48	044	''N'IMPORTE OU! N'IMPORTE OU! POURVU QUE	CE SOIT HORS DE CE MONDE!''
16	015	MON COEUR ET LE PARFUM DE MON ESPRIT, QUE	CE SOIT LA NUIT, QUE CE SOIT LE JOUR, DANS LA
16	015	DE MON ESPRIT, QUE CE SOIT LA NUIT, QUE	CE SOIT LE JOUR, DANS LA PLEINE LUMIERE OU
29	066	LES BENEFICES ET LA PROPRIETE AVEC QUI QUE	CE SOIT. ELLE NE SE PLAIGNIT EN AUCUNE FACON
18	087	DE L'ORIENT, ILS RENTRENT AU PORT NATAL,	CE SONT ENCORE MES PENSEES ENRICHIES QUI
18	081	LES CHANTS MONOTONES DE LA MANOEUVRE,	CE SONT MES PENSEES QUI DORMENT OU QUI ROULENT
15	071	GRAINS DE SABLE AUXQUELS IL ETAIT MELE.	CE SPECTACLE M'AVAIT EMBRUME LE PAYSAGE, ET LA
29	057	LES FORMES DE L'INFATUATION HUMAINE. SUR	CE SUJET-LA, SON ALTESSE NE TARISSAIT PAS EN
18	074	JAMAIS, PASSERONS-NOUS JAMAIS DANS	CE TABLEAU QU'A PEINT MON ESPRIT, CE TABLEAU
18	075	DANS CE TABLEAU QU'A PEINT MON ESPRIT,	CE TABLEAU QUI TE RESSEMBLE? CES TRESORS, CES
05	054	JE ME SOUVIENS! JE ME SOUVIENS! OUI!	CE TAUDIS, CE SEJOUR DE L'ETERNEL ENNUI, EST
47	050	DES PORTRAITS DES MEDECINS ILLUSTRES DE	CE TEMPS, LITHOGRAPHIES PAR MAURIN, QU'ON A PU
15	030	ELIXIR QUE LES PHARMACIENS VENDAIENT DANS	CE TEMPS-LA AUX TOURISTES POUR LE MELER A
49	003	M'ETAIS ENTOURE DES LIVRES A LA MODE DANS	CE TEMPS-LA (IL Y A SEIZE OU DIX-SEPT ANS); JE
04	006	DU SOLITAIRE LE PLUS FORT. AU MILIEU DE	CE TOHU-BOHU ET DE CE VACARME, UN ANE TROTTAIT
10	008	DOUBLE TOUR A LA SERRURE. IL ME SEMBLE QUE	CE TOUR DE CLEF AUGMENTERA MA SOLITUDE ET
05	025	QUEL POUVOIR MAGIQUE L'A INSTALLEE SUR	CE TRONE DE REVERIE ET DE VOLUPTE? QU'IMPORTE
35	007	CE QUI SE PASSE DERRIERE UNE VITRE. DANS	CE TROU NOIR OU LUMINEUX VIT LA VIE, REVE LA
27	024	QU'IL FAISAIT POUR FUIR OU POUR VAINCRE	CE TYRAN DU MONDE LUI AURAIENT CERTAINEMENT
04	006	PLUS FORT. AU MILIEU DE CE TOHU-BOHU ET DE	CE VACARME, UN ANE TROTTAIT VIVEMENT, HARCELE
49	047	EXERCE A LA BOXE, POUR ASSOMMER RAPIDEMENT	CE VIEILLARD, JE LE SAISIS D'UNE MAIN PAR LE
36	024	L'AMOUR DE LA PROIE. CEPENDANT, AU BAS DE	CE VISAGE INQUIETANT, OU DES NARINES MOBILES
21	028	POUR ETIQUETTE CES MOTS BIZARRES: ''BUVEZ,	CECI EST MON SANG, UN PARFAIT CORDIAL!'' DANS
49	039	DEMON DE COMBAT. OR, SA VOIX ME CHUCHOTAIT	CECI: ''CELUI-LA SEUL EST L'EGAL D'UN AUTRE,
30	033	DE PAUVRES GENS, DE VOULOIR BIEN ME LE	CEDER, PROMETTANT DE BIEN L'HABILLER, DE LUI
21	023	VERS LUI SES YEUX DE BRAISE. A CETTE	CEINTURE VIVANTE ETAIENT SUSPENDUS, ALTERNANT
21	021	DE POURPRE ETAIT ROULE, EN MANIERE DE	CEINTURE, UN SERPENT CHATOYANT QUI, LA TETE
31	013	MAIN SUR UN POIGNARD ENFONCE DANS LEUR	CEINTURE. AH! C'EST BIEN BEAU! LES FEMMES SONT
42	051	COMME UNE SENSITIVE VIOLEE... --COMMENT	CELA A-T-IL FINI? DIT L'UN DES TROIS AUTRES.
07	024	D'AMOUR ET D'AMITIE, ET BIEN INFERIEUR EN	CELA AU PLUS IMPARFAIT DES ANIMAUX. CEPENDANT
30	070	REFUSE DE ME VENIR EN AIDE, FIDELES EN	CELA AUX HABITUDES DE L'HOMME CIVILISE, QUI NE
47	103	AVEC UN PEU DE SANG DESSUS!'' ELLE DIT	CELA D'UN AIR FORT CANDIDE, COMME UN HOMME
31	019	ET PUIS, CE QUI EST PLUS SINGULIER,	CELA DONNE ENVIE D'ETRE HABILLE DE MEME, DE
42	043	DE L'AUTRE BRAS, COUPER LA CORDE. MAIS	CELA EST TRES-FORT? DISAIT- ''ELLE AUSSITOT;
30	062	DES IMPERFECTIONS DE VOS MAITRESSES!''	CELA FAIT, TOUT N'ETAIT PAS FINI; LE PETIT
42	111	PAUVRES QUI NE PEUVENT RIEN LUI ENVOYER.	CELA FUT DIT D'UN TON FORT SERIEUX, PAR UN
47	092	LES AUTRES, ELLE EST DONC MORTE? --OUI!	CELA M'A DONNE CONFIANCE. APRES TOUT, JE SUIS
42	146	DE ME MIRER, AVEC PLAISIR OU DEPLAISIR,	CELA NE POUVAIT CONTINUER AINSI. L'AMOUR ETAIT
40	008	DE MAINS DANS LA MEME PROPORTION, ET	CELA NE REGARDE QUE MA CONSCIENCE.'' AU NOM DU
10	021	''C'ETAIT LA BATARDE D'UN PRINCE. BELLE,	CELA SANS AVOIR PRIS LA PRECAUTION D'ACHETER
42	033	DE FOIRE, AVEC PERMISSION DES MAGISTRATS,	CELA VA SANS DIRE; SANS CELA, POURQUOI
11	027	ABRUTI, MOITIE REVEUR: ''APRES TOUT,	CELA VA SANS DIRE. ''FAITES BIEN ATTENTION!
30	092	ENTHOUSIASME! ''JE LE VEUX BIEN, PUISQUE	CELA VAUT PEUT-ETRE MIEUX AINSI; IL AURAIT
42	065	''OH! NON! MADAME, --LUI REPONDIS-JE, --	CELA VOUS EST ''AGREABLE,'' C'ETAIT SA REPONSE
30	101	DESORMAIS UN MASQUE DE VERRE.	CELA VOUS FERAIT MAL.'' ET COMME
42	048	EMBLEMES DE LEUR FOLIE.'' ET C'EST POUR	CELA, FORT BEGUEULE. SI PARFOIS JE LA
37	035	SON VISAGE LA NOIRCEUR DE SON AME!''	CELA, MAUDITE CHERE ENFANT GATEE, QUE JE SUIS
47	058	PRINCE. BELLE, CELA VA SANS DIRE; SANS	CELA, PARCE QUE L'AUTRE N'ETAIT PAS DE SON
42	034	IRRESISTIBLE: ''OH! MONSIEUR! LAISSEZ-MOI	CELA, POURQUOI L'AURAIS-JE PRISE? MAIS ELLE
30	110	DANS LA MAIN DES PRETRES ET DES PRETRESSES	CELA! JE VOUS EN PRIE! JE VOUS EN SUPPLIE!''
32	003	LE PLUS LOURD, LE PLUS SOT ET LE PLUS	CELEBRANT LA DIVINITE DONT ILS SONT LES
10	027	A ENTENDU PARLER PAR SES CAMARADES DE LA	CELEBRE DE TOUS MES AUTEURS; AVEC LUI VOUS
25	049	QU'IL N'EXISTE PAS!'' LE SOUVENIR DE CE	CELEBRE DOROTHEE. INFAILLIBLEMENT ELLE LE
29	078	FRISSONNANTE BLANCHISSAIT LES VITRES; CE	CELEBRE ORATEUR NOUS CONDUISIT NATURELLEMENT
29	095	QUE JE N'AI TROUVEES DANS AUCUN DES PLUS	CELEBRE PERSONNAGE, CHANTE PAR TANT DE POETES
29	061	DEUX OU TROIS PORTRAITS DE DOCTEURS	CELEBRES CAUSEURS DE L'HUMANITE. ELLE
47	023	COTE DU FIRMAMENT ET DECHIFFRER L'ALPHABET	CELEBRES ETAIENT SUSPENDUS AUX MURS. COMME JE
34	007	GARCON QUELLE HEURE IL ETAIT. LE GAMIN DU	CELESTE DES ANTIPODES, ET CHACUN DES PASSAGERS
16	006	ABSOLUE SOLITUDE; A DES HABITUDES DE VIEUX	CELESTE EMPIRE HESITA D'ABORD; PUIS, SE
13	040	UNE VOIX QUE JE RECONNUS BIEN; C'ETAIT	CELIBATAIRE, ET LE CARACTERE MASCULIN DE SES
49	026	VOLTIGEAIT AVEC UNE LEGERETE EGALE A	CELLE D'UN BON ANGE, OU D'UN BON DEMON, QUI
15	005	ET IL N'EST PAS DE POINTE PLUS ACEREE QUE	CELLE DE L'ATMOSPHERE; LES PASSIONS VULGAIRES,
03	005	TRANSFORME EN UNE LUGUBRE HARMONIE, COMME	CELLE DE L'INFINI. GRAND DELICE QUE CELUI DE
22	009	POUR COMPRENDRE UNE AUTRE BEAUTE QUE	CELLE DE LA MAREE QUI MONTE OU D'UNE TEMPETE
25	062		CELLE DES ECUS?
14	049	SA CAHUTE; UNE CAHUTE PLUS MISERABLE QUE	CELLE DU SAUVAGE LE PLUS ABRUTI, ET DONT DEUX
30	038	LUI SEMBLAIT UN PARADIS, COMPARATIVEMENT A	CELLE QU'IL AURAIT SUBIE DANS LE TAUDIS

POEM LINE

POEM	LINE		
21	073	GATEES, D'UN ENORME RIRE IMBECILE, COMME	CERTAINS HOMMES DE TOUS LES PAYS QUAND ILS ONT
50	068	MARRONS, AFFOLES D'AMOUR, QUITTENT, A DE	CERTAINS JOURS, LEUR DEPARTEMENT POUR VENIR A
21	111	SUIS PAS FAIT POUR EPOUSER LA MAITRESSE DE	CERTAINS QUE JE NE VEUX PAS NOMMER.'' CERTES,
21	113	DE CERTAINS QUE JE NE VEUX PAS NOMMER.''	CERTES, D'UNE SI COURAGEUSE ABNEGATION J'AVAIS
14	052	LA JOIE, LE GAIN, LA DEBAUCHE; PARTOUT LA	CERTITUDE DU PAIN POUR LES LENDEMAINS! PARTOUT
27	006	ET DE LIBERTE S'EMPARENT DESPOTIQUEMENT DU	CERVEAU D'UN HISTRION, UN JOUR FANCIOULLE
04	005	D'UNE GRANDE VILLE FAIT POUR TROUBLER LE	CERVEAU DU SOLITAIRE LE PLUS FORT. AU MILIEU
45	022	ALORS, SOUS LE SOLEIL QUI LUI CHAUFFAIT LE	CERVEAU ET DANS L'ATMOSPHERE DES ARDENTS
29	063	AVAIENT JUSQU'A PRESENT PRIS POSSESSION DU	CERVEAU HUMAIN ET DAIGNA MEME ME FAIRE
30	119	CADAVRE QUI HANTAIT LES REPLIS DE MON	CERVEAU, ET DONT LE FANTOME ME FATIGUAIT DE
30	134	SOUDAINEMENT, UNE LUEUR SE FIT DANS MON	CERVEAU, ET JE COMPRIS POURQUOI LA MERE TENAIT
28	024	DE SA PRODIGALITE; MAIS DANS MON MISERABLE	CERVEAU, TOUJOURS OCCUPE A CHERCHER MIDI A
11	059	PARFUMEE, ROBUSTE COQUETTE? ET TOUTES	CES AFFECTATIONS APPRISES DANS LES LIVRES, ET
23	040	DANS LA CELLULE DU RECUEILLEMENT TOUS	CES AFFOLES QUI CHERCHENT LE BONHEUR DANS LE
18	057	SANS CESSE LES LIMITES DE LEUR BONHEUR,	CES ALCHIMISTES DE L'HORTICULTURE! QU'ILS
12	011	A SA GUISE ETRE LUI-MEME ET AUTRUI. COMME	CES AMES ERRANTES QUI CHERCHENT UN CORPS, IL
09	015	VIENT SI SUBITEMENT UNE SI FOLLE ENERGIE A	CES AMES PARESSEUSES ET VOLUPTUEUSES, ET
13	004	PAR LES COEURS BRISES; PAR TOUTES	CES AMES TUMULTUEUSES ET FERMEES, EN QUI
11	022	VAGUEMENT LA VOTRE. ''CE MONSTRE EST UN DE	CES ANIMAUX QU'ON APPELLE GENERALEMENT ''MON
20	004	LA VIE DEPUIS VINGT-QUATRE HEURES. J'AI	CES ANTIQUES ET CAPRICIEUSES SOEURS DU DESTIN,
24	018	UNE BELLE CASE EN BOIS, ENVELOPPEE DE TOUS	CES ARBRES BIZARRES ET LUISANTS DONT J'AI
13	025	QUELQUEFOIS APERCU DES VEUVES SUR	CES BANCS SOLITAIRES, DES VEUVES PAUVRES?
19	036	REPUGNANTE PATINE DE LA MISERE. A TRAVERS	CES BARREAUX SYMBOLIQUES SEPARANT DEUX MONDES,
21	055	CET AIR A LA FOIS TRAGIQUE ET SOURIANT, NI	CES BELLES MANIERES INSINUANTES, NI CETTE
47	025	FEU, VIN CHAUD, CIGARES; ET EN M'OFFRANT	CES BONNES CHOSES ET EN ALLUMANT ELLE- MEME UN
07	017	VENUS, UN DE CES FOUS ARTIFICIELS, UN DE	CES BOUFFONS VOLONTAIRES CHARGE DE FAIRE RIRE
32	015	QUE TOUTES CES COROLLES DELICATES, TOUS	CES CALICES, EXPLOSIONS DE SENTEURS ET DE
18	079	C'EST ENCORE TOI, CES GRANDS FLEUVES ET	CES CANAUX TRANQUILLES. CES ENORMES NAVIRES
20	051	DE VOUS DIRE QUE LA DISTRIBUTION, PAR TOUS	CES CAS SOLENNELS, EST SANS APPEL, ET QU'AUCUN
06	013	LE FRONT DE L'HOMME, COMME UN DE	CES CASQUES HORRIBLES PAR LESQUELS LES ANCIENS
39	021	ET TOUJOURS HEROIQUE, ELLE FAIT PENSER A	CES CHEVAUX DE GRANDE RACE QUE L'OEIL DU
47	029	JEUNESSE. --AH CA! OU DONC AVEZ-VOUS GAGNE	CES CHEVEUX BLANCS? VOUS N'ETIEZ PAS AINSI, IL
50	075	ET AVEZ-VOUS ADMIRE COMME MOI TOUS	CES CHIENS VIGOUREUX ATTELES A LA CHARRETTE DU
03	011	MELODIE MONOTONE DE LA HOULE, TOUTES	CES CHOSES PENSENT PAR MOI, OU JE PENSE PAR
13	049	SOUS UN CIEL D'AUTOMNE CHARMANT, UN DE	CES CIELS D'OU DESCENDENT EN FOULE LES REGRETS
13	051	POUR ENTENDRE, LOIN DE LA FOULE, UN DE	CES CONCERTS DONT LA MUSIQUE DES REGIMENTS
32	015	ADORATION? NE DIRAIT-ON PAS QUE TOUTES	CES COROLLES DELICATES, TOUS CES CALICES,
34	024	DETACHAIENT EN UN VAGUE MURMURE, ET QUE DE	CES COTES, RICHES EN VERDURES DE TOUTE SORTE,
09	046	J'AI ETE PLUS D'UNE FOIS VICTIME DE	CES CRISES ET DE CES ELANS, QUI NOUS
20	065	DANS LE MONDE SURNATUREL, HABITE PAR	CES DEITES IMPALPABLES, AMIES DE L'HOMME, ET
29	050	DE BONHEURS INCONNUS; ET, ENIVRE DE TOUTES	CES DELICES, J'OSAI, DANS UN ACCES DE
13	020	CES RIDES PROFONDES ET NOMBREUSES, DANS	CES DEMARCHES SI LENTES OU SI SACCADEES, IL
42	062	L'AI PAS RECONNU. LA DESTINEE M'AVAIT, EN	CES DERNIERS TEMPS, OCTROYE LA JOUISSANCE
30	107	JE M'ELANCAIS VIVEMENT POUR ARRACHER	CES DERNIERS VESTIGES DU MALHEUR, ET COMME
11	043	''TELLES SONT LES MOEURS CONJUGALES DE	CES DEUX DESCENDANTS D'EVE ET D'ADAM, CES
50	086	MOBILIER! MAIS REGARDEZ, JE VOUS PRIE,	CES DEUX PERSONNAGES INTELLIGENTS, HABILLES DE
27	067	QUI SOUVENT LES PRINCIPAUX DANS	CES DRAMES FEERIQUES DONT L'OBJET EST DE
09	046	D'UNE FOIS VICTIME DE CES CRISES ET DE	CES ELANS, QUI NOUS AUTORISENT A CROIRE QUE
19	022	SPECTACLE HABITUEL DE LA RICHESSE RENDENT	CES ENFANTS-LA SI JOLIS, QU'ON LES CROIRAIT
18	079	GRANDS FLEUVES ET CES CANAUX TRANQUILLES.	CES ENORMES NAVIRES QU'ILS CHARRIENT, TOUT
49	007	DIRE, --TOUTES LES ELUCUBRATIONS DE TOUS	CES ENTREPRENEURS DE BONHEUR PUBLIC, --DE CEUX
14	019	DE TOUTES LES BARAQUES QUI SE PAVANENT A	CES EPOQUES SOLENNELLES. ELLES SE FAISAIENT,
05	031	LES CONTEMPLE. JE LES AI SOUVENT ETUDIEES,	CES ETOILES NOIRES QUI COMMANDENT LA CURIOSITE
44	006	A TRAVERS MA CONTEMPLATION: ''!--TOUTES	CES FANTASMAGORIES SONT PRESQUE AUSSI BELLES
50	032	POUR JOUER AU DOMINO! A LA NICHE, TOUS	CES FATIGANTS PARASITES! QU'ILS RETOURNENT A
22	064	DONT ELLE EST SEMEE, REPRESENTENT	CES FEUX DE LA FANTAISIE QUI NE S'ALLUMENT
18	078	MEUBLES, CE LUXE, CET ORDRE, CES PARFUMS,	CES FLEURS MIRACULEUSES, C'EST TOI. C'EST
07	016	AUX PIEDS D'UNE COLOSSALE VENUS, UN DE	CES FOUS ARTIFICIELS, UN DE CES BOUFFONS
26	055	PAR LA LUNE, QUAND VOUS ME DITES: ''	CES GENS-LA ME SONT INSUPPORTABLES AVEC LEURS
31	109	DISAIT EN COMPTANT LA RECETTE: ''	CES GENS-LA NE SENTENT PAS LA MUSIQUE, ET
18	079	MIRACULEUSES, C'EST ENCORE TOI!	CES GRANDS FLEUVES ET CES CANAUX TRANQUILLES.
18	079	SONT TAMISES PAR DE BELLES ETOFFES OU PAR	CES HAUTES FENETRES OUVRAGEES QUE LE PLOMB
06	015	DE L'ENNEMI. JE SENTAIS L'UN DE	CES HOMMES, QUI LUI DEMANDAI OU ILS ALLAIENT
47	088	LA CHEMINEE. --C'EST SI BON ET SI DOUX,	CES HOMMES-LA! --J'AI DECOUVERT A LA PITIE UN
27	010	HOMMES DE BIEN POUR DENONCER AU POUVOIR	CES INDIVIDUS D'HUMEUR ATRABILAIRE QUI VEULENT
14	007	COMPENSER LES MAUVAIS TEMPS DE L'ANNEE. EN	CES JOURS-LA IL ME SEMBLE QUE LE PEUPLE OUBLIE
14	066	QUE MES REGARDS ETAIENT OFFUSQUES PAR	CES LARMES REBELLES QUI NE VEULENT PAS TOMBER.
30	132	A LA CLASSE INFIME ET VULGAIRE. J'AI GARDE	CES LETTRES. ''ET ALORS, SOUDAINEMENT, UNE
13	009	DES ECLOPPES DE LA VIE. C'EST SURTOUT VERS	CES LIEUX QUE LE POETE ET LE PHILOSOPHE AIMENT
13	055	LA CONSOLATION BIEN GAGNEE D'UNE DE	CES LOURDES JOURNEES SANS AMI, SANS CAUSERIE,
19	032	ENFANT, SALE, CHETIF, FULIGINEUX, UN DE	CES MARMOTS-PARIAS DONT UN OEIL IMPARTIAL
50	092	CUILLER SE DRESSE, PLANTEE COMME UN DE	CES MATS AERIENS QUI ANNONCENT QUE LA
20	005	ET CAPRICIEUSES SOEURS DU DESTIN, TOUTES	CES MERES BIZARRES DE LA JOIE ET DE LA
47	080	J'EN AI CONNU UN BON NOMBRE. J'AIME TANT	CES MESSIEURS, QUE, BIEN QUE JE NE SOIS PAS
47	038	MOI, JE VAIS PARTOUT. JE CONNAIS BIEN	CES MESSIEURS.'' QUELQUES INSTANTS PLUS TARD,
18	077	CE TABLEAU QUI TE RESSEMBLE? CES TRESORS,	CES MEUBLES, CE LUXE, CET ORDRE, CES PARFUMS,
21	028	LUMINEUX, ET QUI PORTAIT POUR ETIQUETTE	CES MOTS BIZARRES: ''BUVEZ, CECI EST MON SANG,
42	094	DE DIRE: ''J'AI FAIM!'' ET ELLE REPETAIT	CES MOTS JOUR ET NUIT EN MONTRANT LES PLUS
41	013	LE BELVEDERE OU ACCOUDE SUR LE MOLE, TOUS	CES MOUVEMENTS DE CEUX QUI PARTENT ET DE CEUX
24	012	NOUS N'Y SERIONS PAS CHEZ NOUS. D'AILLEURS	CES MURS CRIBLES D'OR NE LAISSERAIENT PAS UNE
26	040	DU PAUVRE MONDE EST VENU SE PORTER SUR	CES MURS.'' --LES YEUX DU PETIT GARCON: ''QUE
12	036	CONNAISSENT SANS DOUTE QUELQUE CHOSE DE	CES MYSTERIEUSES IVRESSES! ET, AU SEIN DE LA
11	044	DE CES DEUX DESCENDANTS D'EVE ET D'ADAM,	CES OEUVRES DE VOS MAINS, O MON DIEU! CETTE
18	077	TRESORS, CES MEUBLES, CE LUXE, CET ORDRE,	CES PARFUMS, CES FLEURS MIRACULEUSES, C'EST
50	097	PAS UN PEU DE SENSUALITE A	CES PAUVRES DIABLES QUI ONT A AFFRONTER TOUT
08	005	DE LA QUEUE, CE QUI EST, JE CROIS, CHEZ	CES PAUVRES ETRES, LE SIGNE CORRESPONDANT DU
03	016	SYLLOGISMES, SANS DEDUCTIONS. TOUTEFOIS,	CES PENSEES, QU'ELLES SORTENT DE MOI OU
15	072	OU S'EBAUDISSAIT MON AME AVANT D'AVOIR VU	CES PETITS HOMMES AVAIT TOTALEMENT DISPARU!
11	057	''ET QUE PEUVENT SIGNIFIER POUR MOI TOUS	CES PETITS SOUPIRS QUI GONFLENT VOTRE POITRINE
50	102	J'AI CONTEMPLE, SOURIANT ET ATTENDRI, TOUS	CES PHILOSOPHES A QUATRE PATTES, ESCLAVES
09	090	''LA VIE EN BEAU! LA VIE EN BEAU!''	CES PLAISANTERIES NERVEUSES NE SONT PAS SANS

POEM LINE

BOUTIQUIER, QUI ETAIT SANS DOUTE UN DE
MENDIANT ME TENDIT SON CHAPEAU, AVEC UN DE
REGARD INSOLENT DES JOYEUX ET DES OISIFS.
DES DERNIERS ECLAIRS DE LA LUTTE, DANS
DE LA VIE. ON DIRAIT ENCORE UNE DE
COMME UN DOMESTIQUE! FI SURTOUT DE
ETAIENT EXTRAORDINAIREMENT SERIEUX, ET
UNE PLACE POUR ACCROCHER SON IMAGE; DANS
LE PEUPLE EN VACANCES. C'ETAIT UNE DE
IL S'ETAIT EXILE LUI-MEME DE TOUTES
DONT LA FLAMME TRAVERSE LE CREPUSCULE;
QUELLE MERVEILLE IL AVAIT A MONTRER DANS
EXPERIMENTE NE S'Y TROMPE JAMAIS. DANS
MON ESPRIT, CE TABLEAU QUI TE RESSEMBLE?
UNE SPLENDEUR SULFUREUSE EMANAIT DE
ENFANTS L'AIR DU SOIR. TOUS EN GUENILLES.
TENAIT UN ENFANT BEAU ET FRAIS, HABILLE DE
COMME FAISANT PARTIE DE LUI-MEME. TOUS
MARCHER. CHOSE CURIEUSE A NOTER: AUCUN DE
DANS CES TRAITS RIGIDES OU ABATTUS, DANS
LA VOILA! JE LA RECONNAIS. VOILA BIEN
ILLUMINEE PAR DES YEUX D'UN GRIS CLAIR, DE
PLUS INQUIETANT QUE L'ELOQUENCE MUETTE DE
LEQUEL UNE PALEUR NOUVELLE S'AJOUTAIT SANS
EN EST UNE QUE JE DISCUTE SANS
RIVALE TOUJOURS VICTORIEUSE, LAISSE-MOI!
CHERCHENT ENCORE, QU'ILS RECULENT SANS
ET TU CONNAITRAS LE PLAISIR, SANS
TRISTE ASSEZ LONGTEMPS; ME REPETANT SANS
DONT LE CHARME INFERNAL ME RAJEUNIT SANS
DU TEMPS, ENIVREZ-VOUS; ENIVREZ-VOUS SANS
''QUAND DONC'', DISAIENT-ILS, ''
L'ACCABLEMENT DU REPOS. ET PUIS, VOUS NE
TES PRESENTS.'' LE SECOND SATAN N'AVAIT NI
LA MEMOIRE DE LA POSTERITE; ET SURTOUT QUE
MES PINCEAUX ET DE FAIRE MES COMMISSIONS.
ACCORDER CE SENTIMENT AVEC L'HORREUR QUE
CET ETRE M'INSPIRAIT; ME DEBARRASSER DE
DE SOIN? QUE CHERCHES-TU DANS LES YEUX DE
DANS UNE FOULE AFFAIREE. LE POETE JOUIT DE
MECONNAISSABLE DES VETERANS DE LA JOIE,
''TU ES MEDECIN, N'EST-CE PAS, MON CHAT?''
CES TRESORS, CES MEUBLES, CE LUXE,
PLUS AVANT DANS LES PROFONDEURS DE
CETTE NOSTALGIE DU PAYS QU'ON IGNORE,
L'EXCELLENCE DE SA THEORIE! --DE VIS
COMPAGNON DE MA VIE, PENDU AU PANNEAU DE
ABSORBENT; SANS LE VOULOIR, LEUR PART DE
A LA SOEUR D'ELECTION? OUI, C'EST DANS
MELE UNE TRES-LEGERE HUMIDITE, NAGE DANS
--VOUS DEVRIEZ AU MOINS FAIRE AFFICHER
D'OEIL, ET QUE J'AVAIS VERIFIE QUE DANS
NI CES BELLES MANIERES INSINUANTES; NI
ET DE VAINCRE; PENDANT TOUTE VOTRE VIE,
INSUPPORTABLES REFRAINS QUI SORTAIENT DE
VERS LUI SES YEUX DE BRAISE. A
JE ME LAISSAI DONC ENTRAINER PAR
ET UNE GLOIRE ETONNANTE JAILLIT DE
PEUT-ETRE TE DIVERTIRAS-TU DANS
PLUTOT UNE SYMPATHIE FRATERNELLE QUE
AVAIT JAILLI, RADIEUX OU ATTRISTE, DE
DE L'ENDROIT DE LA SALLE D'OU AVAIT JAILLI
ET DU BIEN-AVISE BAILLARGER? IL EXISTE
LAIDS; MAIS VIEUX OU JEUNES, ILS PORTAIENT
TU DORMAIS DANS TON BERCEAU; ET SE DIT: ''
PAR CETTE COMPAGNE, OU PLUTOT PAR
DE LONGUES HEURES UNE VIEILLE AFFLIGEE DE
NE SUINTA DU COIN DE SON OEIL. J'ATTRIBUAI
ET LA DAME DU COMPTOIR RESSENTAIENT
SAVEZ QUELLE JOUISSANCE NOUS TIRONS DE
A MOI. NON-SEULEMENT J'ETAIS ATTENDRI PAR
CES OEUVRES DE VOS MAINS, O MON DIEU!
PRESQUE RIEN, ME REFAIT L'HISTOIRE DE
DE FRITURE QUI ETAIT COMME L'ENCENS DE
JE ME DEGOUTAI DE CE DUEL INEGAL, ET
CE QUI FAIT CROIRE A L'IMMORTALITE. MAIS
L'AURAIS-JE PRISE? MAIS ELLE GATAIT
MIEUX?'' ET EN RENTRANT SEUL CHEZ LUI, A
DANS LA RUE DESERTE, SEULE VIVANTE A
VOUS ASSURE, QUE LES FLEURS DU JARDIN, A
NE FUT-CE QUE PAR L'ARDEUR DU DESIR, DE
M'A FAIT CADEAU!) ENTRA SOUDAINEMENT
DE LA-HAUT, BERCER MA PENSEE ETONNEE A
VIVENT ET QUI VIVRONT! EN DISANT ADIEU A
BIEN RESTREINT ET BIEN FAIBLE, COMPARE A
AFFECTATIONS APPRISES DANS LES LIVRES, ET
YEUX PENDANT QUE JE CHERCHE A VOUS DECRIRE
L'ASTRE COMME DES FUMEES. CEPENDANT, DANS
PEUT-ETRE ME DIREZ-VOUS: ''ES-TU SUR QUE
COMME UN POISON LUMINEUX; ET TOUTE
COMME DISAIT LE GRAND RENE, TOUTE

	POEM	LINE
CES RAISONNEURS SI COMMUNS, INCAPABLES DE	20	079
CES REGARDS INOUBLIABLES QUI CULBUTERAIENT LES	49	022
CES RETRAITES OMBREUSES SONT LES RENDEZ-VOUS	13	007
CES RIDES PROFONDES ET NOMBREUSES, DANS CES	13	019
CES ROBES ETRANGES DE DANSEUSES, OU UNE GAZE	22	059
CES SERPENTS A QUATRE PATTES, FRISSONNANTS ET	50	027
CES SIX YEUX CONTEMPLAIENT FIXEMENT LE CAFE	26	035
CES SOLENNELLES GALERIES, IL N'Y A PAS UN COIN	24	013
CES SOLENNITES SUR LESQUELLES; PENDANT UN LONG	14	002
CES SPLENDEURS, JE VIS UN PAUVRE SALTIMBANQUE.	14	046
CES SUBTILES ET TERRIBLES MIRETTES, QUE JE	05	028
CES TENEBRES PUANTES, DERRIERE SON RIDEAU	14	069
CES TRAITS RIGIDES OU ABATTUS, DANS CES YEUX	13	017
CES TRESORS, CES MEUBLES, CE LUXE, CET ORDRE,	18	077
CES TROIS PERSONNAGES, QUI SE DETACHAIENT	21	007
CES TROIS VISAGES ETAIENT EXTRAORDINAIREMENT	26	034
CES VETEMENTS DE CAMPAGNE SI PLEINS DE	19	019
CES VISAGES FATIGUES ET SERIEUX NE	06	023
CES VOYAGEURS N'AVAIT L'AIR IRRITE CONTRE LA	06	020
CES YEUX CAVES ET TERNES, OU BRILLANTS DES	13	018
CES YEUX DONT LA FLAMME TRAVERSE LE	05	027
CES YEUX DONT LE REGARD DIT: ''JE VEUX!'' OU:	42	114
CES YEUX SUPPLIANTS, QUI CONTIENNENT A LA	28	012
CESSE A SA PALEUR HABITUELLE, COMME LA NEIGE	27	116
CESSE AVEC MON AME. ''DIS-MOI, MON AME, PAUVRE	48	007
CESSE DE TENTER MES DESIRS ET MON ORGUEIL!	03	026
CESSE LES LIMITES DE LEUR BONHEUR, CES	18	057
CESSE RENAISSANT, DE SORTIR DE TOI-MEME POUR	21	042
CESSE: ''IL Y A DONC UN PAYS SUPERBE OU LE	15	074
CESSE. QUE TU DORMES ENCOR DANS LES DRAPS DU	51	009
CESSE! DE VIN, DE POESIE OU DE VERTU, A VOTRE	33	017
CESSERONS-NOUS DE DORMIR UN SOMMEIL SECOUE PAR	34	010
CESSEZ DE VOUS REPANDRE EN PAROLES INUTILES!	11	009
CET AIR A LA FOIS TRAGIQUE ET SOURIANT, NI CES	21	054
CET ANE N'OUBLIE PAS DE PORTER, DELICATEMENT	50	011
CET ENFANT, DEBARBOUILLE, DEVINT CHARMANT, ET	30	036
CET ETRE M'INSPIRAIT; ME DEBARRASSER DE CET	42	159
CET ETRE SANS LUI MANQUER DE RESPECT. QUE	42	160
CET ETRE? Y VOIS-TU L'HEURE, MORTEL PRODIGUE	16	027
CET INCOMPARABLE PRIVILEGE, QU'IL PEUT A SA	12	010
CET INDESCRIPTIBLE JE NE SAIS QUOI, CETTE	42	006
CET ININTELLIGIBLE REFRAIN ME FIT SAUTER SUR	47	042
CET ORDRE, CES PARFUMS, CES FLEURS	18	077
CETTE AME CURIEUSE ET MALADE, IL ETAIT	27	048
CETTE ANGOISSE DE LA CURIOSITE? IL EST UNE	18	017
CETTE ANTIQUE CARCASSE SE RETOURNER, SE	49	061
CETTE ARMOIRE! SES PIEDS TOUCHAIENT PRESQUE LE	30	051
CETTE ATMOSPHERE D'INSOUCIANCE. POUR MOI, JE	14	017
CETTE ATMOSPHERE QU'IL FERAIT BON VIVRE,	18	028
CETTE ATMOSPHERE, OU L'ESPRIT SOMMEILLANT EST	05	018
CETTE AUREOLE, OU LA FAIRE RECLAMER PAR LE	46	018
CETTE BANLIEUE DESERTE, JE ME TROUVAIS; POUR	49	052
CETTE BEAUTE DELICATE ET PARFUMEE. C'ETAIT UN	21	055
CETTE BIZARRE AFFECTION DE L'ENNUI, QUI EST LA	29	104
CETTE BOUCHE D'OU JE N'AVAIS VOULU VOIR	42	040
CETTE CEINTURE VIVANTE ETAIENT SUSPENDUS,	21	023
CETTE COMPAGNE, OU PLUTOT PAR CETTE ENIGME	47	018
CETTE COMPLEXITE DE LIGNES ET DE COULEURS,	32	011
CETTE CONTREE DONT TU AS SOUVENT ADMIRE	48	019
CETTE CRAINTE QUI NAIT ORDINAIREMENT A	29	027
CETTE CUVE IMMENSE DE LA MER DONT LES BORDS NE	34	002
CETTE DESAPPROBATION INATTENDUE, UN ENFANT SE	27	130
CETTE DIFFERENCE ENTRE LE DEMON DE SOCRATE ET	49	032
CETTE DISTINCTION NON MECONNAISSABLE DES	42	005
CETTE ENFANT ME PLAIT.'' ET ELLE DESCENDIT	37	003
CETTE ENIGME INESPEREE. J'OMETS LA DESCRIPTION	47	018
CETTE ESPECE: CELLE-LA ROIDE, DROITE, SOUS UN	13	036
CETTE ETRANGETE A L'HORREUR MEME QU'ELLE	30	088
CETTE EXTASE CONTAGIEUSE JUSQU'A OUBLIER LEURS	42	087
CETTE FACULTE QUI REND A NOS YEUX LA VIE PLUS	30	021
CETTE FAMILLE D'YEUX, MAIS JE ME SENTAIS UN	26	049
CETTE FEMME EST INCONTESTABLEMENT MALHEUREUSE,	11	045
CETTE FEMME, OU PLUTOT SA LEGENDE, ET	35	014
CETTE FETE. AU BOUT, A L'EXTREME BOUT DE LA	14	043
CETTE FILLE INCOMPARABLE SE MARIA. J'EUS PLUS	42	072
CETTE FILLE MIRACULEUSE ETAIT TROP BELLE POUR	38	005
CETTE GRANDE QUALITE PAR UNE AMBITION	42	035
CETTE HEURE OU LES CONSEILS DE LA SAGESSE NE	24	046
CETTE HEURE SOUS L'IMMENSE AZUR, ET FAISANT	25	047
CETTE HEURE-CI. ESSAYEZ, QUAND VOUS POURREZ,	31	064
CETTE HUMEUR, HYSTERIQUE SELON LES MEDECINS,	09	057
CETTE IDEE QU'UNE PAREILLE CONDUITE, DE LA	28	027
CETTE IMITATION DES HARMONIES DE L'ENFER. LE	22	019
CETTE INCOMPARABLE BEAUTE, JE ME SENTAIS	34	041
CETTE INEFFABLE ORGIE, A CETTE SAINTE	12	026
CETTE INFATIGABLE MELANCOLIE, FAITE POUR	11	060
CETTE INOUBLIABLE SOIREE, FANCIOULLE ME	27	092
CETTE JOUISSANCE UNIVERSELLE, J'AI APERCU UN	07	014
CETTE LEGENDE SOIT LA VRAIE?'' QU'IMPORTE CE	35	020
CETTE LUMIERE VIVANTE PENSAIT ET DISAIT: ''TU	37	015
CETTE MAGIE A DISPARU AU COUP BRUTAL FRAPPE	05	052

POEM LINE

18	015	VOUS RESSEMBLE, MON CHER ANGE. TU CONNAIS	CETTE MALADIE FIEVREUSE QUI S'EMPARE DE NOUS
34	035	MER SI MONSTRUEUSEMENT SEDUISANTE, DE	CETTE MER SI INFINIMENT VARIEE DANS SON
34	035	SANS UNE NAVRANTE AMERTUME, ME DETACHER DE	CETTE MER SI MONSTRUEUSEMENT SEDUISANTE, DE
42	054	LE REMEDE DANS LE MAL. UN JOUR JE TROUVAI	CETTE MINERVE, AFFAMEE DE FORCE IDEALE, EN
48	038	LA VARIETE ET AUGMENTENT LA MONOTONIE,	CETTE MOITIE DU NEANT. LA, NOUS POURRONS
43	007	SA CHERE, DELICIEUSE ET EXECRABLE FEMME, A	CETTE MYSTERIEUSE FEMME A LAQUELLE IL DOIT
18	016	S'EMPARE DE NOUS DANS LES FROIDES MISERES,	CETTE NOSTALGIE DU PAYS QU'ON IGNORE, CETTE
21	046	''GRAND MERCI! JE N'AI QUE FAIRE DE	CETTE PACOTILLE D'ETRES QUI, SANS DOUTE, NE
47	108	ET DE L'OCCASION OU EST NEE EN TOI	CETTE PASSION SI PARTICULIERE?'' DIFFICILEMENT
42	103	DE BATON A LUI CONNU, FOURNIT PEUT-ETRE A	CETTE PAUVRE ENFANT LA RATION DE PLUSIEURS
13	088	VISION! ''A COUP SUR, ME DIS-JE,	CETTE PAUVRETE-LA, SI PAUVRETE IL Y A, NE DOIT
42	076	MAITRESSE.'' RIEN N'ETAIT CHANGE DANS	CETTE PERSONNE. QUELQUEFOIS JE LA REGRETTE:
29	044	SI GENANTE, QUE JE N'EPROUVAI, QUANT A	CETTE PERTE, QU'UN PEU MOINS D'EMOTION QUE SI
27	058	ECLAIRCI. ENFIN! LE GRAND JOUR ARRIVE,	CETTE PETITE COUR DEPLOYA TOUTES SES POMPES,
30	015	A SON ENFANT? ET CEPENDANT, ECOUTEZ	CETTE PETITE HISTOIRE, OU J'AI ETE
09	042	ETONNEE. POURQUOI? PARCE QUE... PARCE QUE	CETTE PHYSIONOMIE LUI ETAIT IRRESISTIBLEMENT
43	014	VERS ELLE, ET LUI DIT: ''OBSERVEZ	CETTE POUPEE, LA-BAS, A DROITE, QUI PORTE LE
16	032	VERITE, J'AI EU TANT DE PLAISIR A BRODER	CETTE PRETENTIEUSE GALANTERIE, QUE JE NE VOUS
31	066	MOI, ET VOUS VERREZ!'' LE JEUNE ACTEUR DE	CETTE PRODIGIEUSE REVELATION AVAIT, EN FAISANT
28	015	IL TROUVE QUELQUE CHOSE APPROCHANT	CETTE PROFONDEUR DE SENTIMENT COMPLIQUE, DANS
48	006	TOUJOURS BIEN LA OU JE NE SUIS PAS, ET	CETTE QUESTION DE DEMENAGEMENT EN EST UNE QUE
31	033	LES PAYS. TENEZ, IL VA PASSER DERRIERE	CETTE RANGEE D'ARBRES QUI EST PRESQUE A
11	032	MANGER TOUT SON BIEN EN UN JOUR'', ET, SUR	CETTE SAGE PAROLE, IL LUI ARRACHE CRUELLEMENT
12	027	FAIBLE, COMPARE A CETTE INEFFABLE ORGIE, A	CETTE SAINTE PROSTITUTION DE L'AME QUI SE
15	017	A TRAVERS LE CIEL. ET JE ME SOUVIENS QUE	CETTE SENSATION SOLENNELLE ET RARE, CAUSEE PAR
50	038	AIGUILLONNE PAR LA NECESSITE,	CETTE SI BONNE MERE, CETTE VRAIE PATRONNE DES
22	013	VENUE DE LA NUIT POUR UN SIGNAL DE SABBAT?	CETTE SINISTRE ULULATION NOUS ARRIVE DU NOIR
11	015	LOIN. ''CONSIDERONS BIEN, JE VOUS PRIE,	CETTE SOLIDE CAGE DE FER DERRIERE LAQUELLE
23	007	LES SOLITUDES. MAIS IL SERAIT POSSIBLE QUE	CETTE SOLITUDE NE FUT DANGEREUSE QUE POUR
30	099	DE S'ENIVRER DE SON MALHEUR ET LUI REFUSER	CETTE SUPREME ET SOMBRE CONSOLATION. ENSUITE
48	018	VEUX-TU VENIR HABITER LA HOLLANDE,	CETTE TERRE BEATIFIANTE? PEUT-ETRE TE
13	070	LAISSER VIVRE, RIEN, EXCEPTE L'ASPECT DE	CETTE TOURBE QUI S'APPUIE LA-BAS SUR LA
42	006	JOIE, CET INDESCRIPTIBLE JE NE SAIS QUOI,	CETTE TRISTESSE FROIDE ET RAILLEUSE QUI DIT
21	099	LES JOURNAUX DE L'UNIVERS, ET A TRAVERS	CETTE TROMPETTE ELLE CRIA MON NOM, QUI ROULA
13	013	L'HEURE, C'EST SURTOUT LA JOIE DES RICHES.	CETTE TURBULENCE DANS LE VIDE N'A RIEN QUI LES
12	018	ET PENSIF TIRE UN SINGULIERE IVRESSE DE	CETTE UNIVERSELLE COMMUNION. CELUI-LA QUI
48	001		CETTE VIE EST UN HOPITAL OU CHAQUE MALADE EST
05	037	LA PLUS HEUREUSE, N'A RIEN DE COMMUN AVEC	CETTE VIE SUPREME DONT J'AI MAINTENANT
50	014	LA MUSE ACADEMIQUE! JE N'AI QUE FAIRE DE	CETTE VIEILLE BEGUEULE. J'INVOQUE LA MUSE
13	053	SANS DOUTE LA LA PETITE DEBAUCHE DE	CETTE VIEILLE INNOCENTE (OU DE CETTE VIEILLE
13	054	DEBAUCHE DE CETTE VIEILLE INNOCENTE (OU DE	CETTE VIEILLE PURIFIEE) LA CONSOLATION BIEN
48	010	ET TU T'Y RAGAILLARDIRAIS COMME UN LEZARD.	CETTE VILLE EST AU BORD DE L'EAU; ON DIT
14	077	DE LUI. ET, M'EN RETOURNANT, OBSEDE PAR	CETTE VISION, JE CHERCHAI A ANALYSER MA
37	009	PALES. C'EST EN CONTEMPLANT	CETTE VISITEUSE QUE TES YEUX SE SONT SI
45	025	SOUS LA TOMBE OU IL S'ETAIT ASSIS. ET	CETTE VOIX DISAIT: ''MAUDITES SOIENT VOS
50	038	PAR LA NECESSITE, CETTE SI BONNE MERE,	CETTE VRAIE PATRONNE DES INTELLIGENCES! JE
27	107	ENIVRE, MELA SES APPLAUDISSEMENTS A	CEUX DE SA COUR. CEPENDANT, POUR UN OEIL
09	031	JAILLIT DE L'ENNUI ET DE LA REVERIE; ET	CEUX EN QUI ELLE SE MANIFESTE SI OPINEMENT
10	038	SILENCE ET LA SOLITUDE DE LA NUIT. AMES DE	CEUX QUE J'AI AIMES, AMES DE CEUX QUE J'AI
10	039	NUIT. AMES DE CEUX QUE J'AI AIMES, AMES DE	CEUX QUE J'AI CHANTES, FORTIFIEZ-MOI,
10	044	DES HOMMES, QUE JE NE SUIS PAS INFERIEUR A	CEUX QUE JE MEPRISE!
31	010	BIEN PLUS BEAUX ET BIEN MIEUX HABILLES QUE	CEUX QUE NOUS VOYONS PARTOUT, PARLENT AVEC UNE
49	008	CES ENTREPRENEURS DE BONHEUR PUBLIC, --DE	CEUX QUI CONSEILLENT A TOUS LES PAUVRES DE SE
23	035	LA BRUYERE, COMME POUR FAIRE HONTE A TOUS	CEUX QUI COURENT S'OUBLIER DANS LA FOULE,
45	034	TROUBLERIEZ MOINS SOUVENT LE SOMMEIL DE	CEUX QUI DEPUIS LONGTEMPS ONT MIS DANS LE BUT,
50	040	JE CHANTE LES CHIENS CALAMITEUX, SOIT	CEUX QUI ERRENT, SOLITAIRES, DANS LES RAVINES
50	120	ET AUX ETES DE LA SAINT-MARTIN. AUCUN DE	CEUX QUI ETAIENT PRESENTS DANS LA TAVERNE DE
12	038	FAITE, ILS DOIVENT RIRE QUELQUEFOIS DE	CEUX QUI LES PLAIGNENT POUR LEUR FORTUNE SI
49	009	LES PAUVRES DE SE FAIRE ESCLAVES, ET DE	CEUX QUI LEUR PERSUADENT QU'ILS SONT TOUS DES
50	042	SINUEUSES DES IMMENSES VILLES, SOIT	CEUX QUI ONT DIT A L'HOMME ABANDONNE, AVEC DES
41	014	QUI PARTENT ET DE CEUX QUI REVIENNENT, SUR	CEUX QUI ONT ENCORE LA FORCE DE VOULOIR, LE
41	013	SUR LE MOLE, TOUS CES MOUVEMENTS DE	CEUX QUI PARTENT ET DE CEUX QUI REVIENNENT, DE
09	058	SELON LES MEDECINS, SATANIQUE SELON	CEUX QUI PENSENT UN PEU MIEUX QUE LES
41	013	CES MOUVEMENTS DE CEUX QUI PARTENT ET DE	CEUX QUI REVIENNENT, DE CEUX QUI ONT ENCORE LA
06	027	AVEC LA PHYSIONOMIE RESIGNEE DE	CEUX QUI SONT CONDAMNES A ESPERER TOUJOURS. ET
27	046	TROUVER DES PLAISIRS INATTENDUS. MAIS POUR	CEUX QUI, COMME MOI, AVAIENT PU PENETRER PLUS
50	017	LES PAUVRES CHIENS, LES CHIENS CROTTES,	CEUX-LA QUE CHACUN ECARTE, COMME PESTIFERES ET
37	028	LA GORGE DANS MES CARESSES NOCTURNES; DE	CEUX-LA QUI AIMENT LA MER, LA MER IMMENSE,
34	027	ET DE FRUITS. AUSSITOT CHACUN FUT JOYEUX,	CHACUN ABDIQUA SA MAUVAISE HUMEUR. TOUTES LES
31	135	PRIS PLACE. LES ENFANTS SE SEPARERENT,	CHACUN ALLANT, A SON INSU, SELON LES
20	011	QUI ONT FOI DANS LES FEES ETAIENT VENUS,	CHACUN APPORTANT SON NOUVEAU-NE DANS SES BRAS.
06	005	PLUSIEURS HOMMES QUI MARCHAIENT COURBES.	CHACUN D'EUX PORTAIT SUR SON DOS UNE ENORME
34	043	JUSQU'A LA MORT; ET C'EST POURQUOI, QUAND	CHACUN DE MES COMPAGNONS DIT: ''ENFIN!'' JE NE
12	001	IL N'EST PAS DONNE A	CHACUN DE PRENDRE UN BAIN DE MULTITUDE: JOUIR
34	007	L'ALPHABET CELESTE DES ANTIPODES. ET	CHACUN DES PASSAGERS GEMISSAIT ET GROGNAIT. ON
50	017	CHIENS, LES CHIENS CROTTES, CEUX-LA QUI	CHACUN ECARTE, COMME PESTIFERES ET POUILLEUX,
02	002	REJOUIE EN VOYANT CE JOLI ENFANT A QUI	CHACUN FAISAIT FETE, A QUI TOUT LE MONDE
34	027	ODEUR DE FLEURS ET DE FRUITS. AUSSITOT	CHACUN FUT JOYEUX, CHACUN ABDIQUA SA MAUVAISE
42	085	RESTAURANT, AU BOUT DE QUELQUES MINUTES,	CHACUN OUBLIAIT DE MANGER POUR LA CONTEMPLER.
27	102	PLUS DE MORT, DE DEUIL, NI DE SUPPLICES.	CHACUN S'ABANDONNA, SANS INQUIETUDE, AUX
06	000		CHACUN SA CHIMERE
05	081	NOUVELLE, LA BONNE NOUVELLE QUI CAUSE A	CHACUN UNE INEXPLICABLE PEUR. OUI! LE TEMPS
31	119	COMME VOUS VOYEZ. ENSUITE ILS ONT BU	CHACUN UNE TASSE D'EAU-DE-VIE ET DE SON
12	013	QUAND IL VEUT, DANS LE PERSONNAGE DE	CHACUN. POUR LUI SEUL, TOUT EST VACANT; ET SI
43	005	LA PLUS ORDINAIRE ET LA PLUS LEGITIME DE	CHACUN? --ET IL OFFRIT GALAMMENT LA MAIN A SA
05	076	FORTEMENT ET SOLENNELLEMENT ACCENTUEES, ET	CHACUNE, EN JAILLISSANT DE LA PENDULE, DIT:
31	093	SUR SON VIOLON, SEMBLAIT RACONTER UN	CHAGRIN, ET L'AUTRE, EN FAISANT SAUTILLER SON
09	007	DE TROUVER CHEZ SON CONCIERGE UNE NOUVELLE	CHAGRINANTE, RODE LACHEMENT UNE HEURE DEVANT
21	033	TRAINAIENT QUELQUES ANNEAUX D'UNE	CHAINE D'OR ROMPUE, ET QUAND LA GENE QUI EN
21	050	COUTELLERIE; TES FIOLES EQUIVOQUES, LES	CHAINES DONT TES PIEDS SONT EMPETRES, SONT DES
11	039	DE COMEDIE, AVEZ-VOUS ENTENDU RESONNER LA	CHAIR, MALGRE LE POIL POSTICHE? AUSSI LES YEUX

POEM LINE

POEM	LINE		
43	012	MEME DANS LE PLAFOND! ET COMME LA	CHARMANTE CREATURE RIAIT FOLLEMENT, SE MOQUANT
21	096	DIT LA FAUSSE DEESSE AVEC SA VOIX	CHARMANTE ET PARADOXALE. ''ECOUTE.'' ET ELLE
44	010	LE DOS, ET J'ENTENDIS UNE VOIX RAUQUE ET	CHARMANTE, UNE VOIX HYSTERIQUE ET COMME
39	016	VILLES BENIES DU SOLEIL, AMOUREUSES ET	CHARMANTES! LE TEMPS ET L'AMOUR L'ONT
17	012	MERS DONT LES MOUSSONS ME PORTENT VERS DE	CHARMANTS CLIMATS, OU L'ESPACE EST PLUS BLEU
29	115	DE VOLUPTES, SANS LASSITUDE, DANS DES PAYS	CHARMANTS OU IL FAIT TOUJOURS CHAUD ET OU LES
51	009	M'ENIVRER DE L'ENORME CATIN DONT LE	CHARME INFERNAL ME RAJEUNIT SANS CESSE. QUE TU
39	018	A BELLES DENTS! ILS N'ONT RIEN DIMINUE DU	CHARME VAGUE, MAIS ETERNEL, DE SA POITRINE
21	085	TROUVAI UN BIZARRE CHARME. POUR DEFINIR CE	CHARME, JE NE SAURAIS LE COMPARER A RIEN DE
21	084	PREMIERE VUE JE LUI TROUVAI UN BIZARRE	CHARME. POUR DEFINIR CE CHARME, JE NE SAURAIS
50	076	MOI TOUS CES CHIENS VIGOUREUX ATTELES A LA	CHARRETTE DU BOUCHER, DE LA LAITIERE OU DU
18	080	TRANQUILLES. CES ENORMES NAVIRES QU'ILS	CHARRIENT, TOUT CHARGES DE RICHESSES, ET D'OU
30	118	PLUS VIVEMENT ENCORE QUE D'HABITUDE, POUR	CHASSER PEU A PEU CE PETIT CADAVRE QUI HANTAIT
12	039	LEUR FORTUNE SI AGITEE ET POUR LEUR VIE SI	CHASTE.
03	008	DE LA MER! SOLITUDE, SILENCE, INCOMPARABLE	CHASTETE DE L'AZUR! UNE PETITE VOILE
16	009	REPARUT, TENANT DANS SES BRAS UN FORT GROS	CHAT, ET LE REGARDANT, COMME ON DIT, DANS LE
13	102	COMME LE PUR ANIMAL, COMME LE CHIEN ET LE	CHAT, SERVIR DE CONFIDENT AUX DOULEURS
47	041	DISAIT: ''TU ES MEDECIN, N'EST-CE PAS, MON	CHAT?'' CET ININTELLIGIBLE REFRAIN ME FIT
19	017	DUQUEL APPARAISSAIT LA BLANCHEUR D'UN JOLI	CHATEAU FRAPPE PAR LE SOLEIL, SE TENAIT UN
19	037	DEUX MONDES, LA GRANDE ROUTE ET LE	CHATEAU, L'ENFANT PAUVRE MONTRAIT A L'ENFANT
21	021	ROULE, EN MANIERE DE CEINTURE, UN SERPENT	CHATOYANT QUI, LA TETE RELEVEE, TOURNAIT
37	022	LES PARFUMS QUI FONT DELIRER! LES	CHATS QUI SE PAMENT SUR LES PIANOS ET QUI
19	014	CADEAU, ET ILS S'ENFUIRONT COMME FONT LES	CHATS QUI VONT MANGER LOIN DE VOUS LE MORCEAU
16	001	LES CHINOIS VOIENT L'HEURE DANS L'OEIL DES	CHATS. UN JOUR UN MISSIONNAIRE, SE PROMENANT
29	116	DES PAYS CHARMANTS OU IL FAIT TOUJOURS	CHAUD ET OU LES FEMMES SENTENT AUSSI BON QUE
47	024	MURS. COMME JE FUS DORLOTE! GRAND FEU, VIN	CHAUD, CIGARES! ET EN M'OFFRANT CES BONNES
48	009	TU D'HABITER LISBONNE? IL DOIT Y FAIRE	CHAUD, ET TU TY RAGAILLARDIRAIS COMME UN
18	005	L'OCCIDENT, LA CHINE DE L'EUROPE, TANT LA	CHAUDE ET CAPRICIEUSE FANTAISIE S'Y EST DONNE
05	020	EST BERCE PAR DES SENSATIONS DE SERRE	CHAUDE. LA MOUSSELINE PLEUT ABONDAMMENT DEVANT
21	016	SES LEVRES ENTR'OUVERTES A DES CASSOLETTES	CHAUDES, D'OU S'EXHALAIT LA BONNE ODEUR D'UNE
45	022	EN SOURDINE. ALORS, SOUS LE SOLEIL QUI LUI	CHAUFFAIT LE CERVEAU ET DANS L'ATMOSPHERE DES
26	028	LA GOINFRERIE. DROIT DEVANT NOUS, SUR LA	CHAUSSEE, ETAIT PLANTE UN BRAVE HOMME D'UNE
27	103	VOLUPTES MULTIPLIEES QUE DONNE LA VUE D'UN	CHEF-D'OEUVRE D'ART VIVANT. LES EXPLOSIONS DE
06	026	D'UN SOL AUSSI DESOLE QUE CE CIEL, ILS	CHEMINAIENT AVEC LA PHYSIONOMIE RESIGNEE DE
05	056	LES MEUBLES SOTS, POUDREUX, ECORNES! LA	CHEMINEE SANS FLAMME ET SANS BRAISE, SOUILLEE
47	087	INUTILEMENT, JE LAISSE DIX FRANCS SUR LA	CHEMINEE. --C'EST SI BON ET SI DOUX, CES
06	002	DANS UNE GRANDE PLAINE POUDREUSE, SANS	CHEMINS, SANS GAZON, SANS UN CHARDON, SANS UNE
42	017	ON EMBRASSE, SANS DEGOUT, LE TRONC DES	CHENES. C'EST LE PREMIER DEGRE DE L'AMOUR. AU
42	074	MONTRANT SIX BEAUX ENFANTS: ''EH BIEN! MON	CHER AMI, L'EPOUSE EST ''ENCORE AUSSI VIERGE
26	051	JE TOURNAIS MES REGARDS VERS LES VOTRES:	CHER AMOUR, POUR Y LIRE MA PENSEE! JE
43	022	LA MAIN, IL AJOUTA: ''AH! MON	CHER ANGE, COMBIEN JE VOUS REMERCIE DE MON
26	058	TANT IL EST DIFFICILE DE S'ENTENDRE, MON	CHER ANGE, ET TANT LA PENSEE EST
43	016	ET QUI A LA MINE SI HAUTAINE. EH BIEN!	CHER ANGE, JE ME FIGURE QUE C'EST VOUS''. ET
18	014	A LA FOIS! OU TOUT VOUS RESSEMBLE, MON	CHER ANGE. TU CONNAIS CETTE MALADIE FIEVREUSE
32	022	DUALITE, MAITRE PUISSANT ET VENERE!	CHER BACCHANT DE LA BEAUTE MYSTERIEUSE ET
47	098	CRUMENT! J'AVAIS SI PEUR DE L'HUMILIER, CE	CHER ENFANT! --EH BIEN! CROIRAIS-TU QUE J'AI
27	142	EST PERMIS D'EN DOUTER. REGRETTA-T IL SON	CHER ET INIMITABLE FANCIOULLE? IL EST DOUX ET
32	036	DE VOUS DIVISER ET DE VOUS SEPARER?	CHER LISZT, A TRAVERS LES BRUMES, PAR DELA LES
08	001	''MON BEAU CHIEN, MON	CHER TOUTOU, APPROCHEZ ET VENEZ RESPIRER UN
46	005	IL Y A LA DE QUOI ME SURPRENDRE. --MON	CHER, VOUS CONNAISSEZ MA TERREUR DES CHEVAUX
09	091	SANS PERIL, ET ON PEUT SOUVENT LES PAYER	CHER. MAIS QU'IMPORTE L'ETERNITE DE LA
46	001	''EH! QUOI! VOUS ICI, MON	CHER? VOUS, DANS UN MAUVAIS LIEU! VOUS, LE
14	077	RETOURNANT, OBSEDE PAR CETTE VISION, JE	CHERCHAI A ANALYSER MA SOUDAINE DOULEUR, ET JE
24	033	EN VERITE, C'EST BIEN LA LE DECOR QUE JE	CHERCHAIS. QU'AI-JE A FAIRE DE PALAIS?'' ET
13	045	ET JE L'EPIAI LONGTEMPS PENDANT QU'ELLE	CHERCHAIT DANS LES GAZETTES, AVEC DES YEUX
30	125	LES UNES EN STYLE DEMI-PLAISANT, COMME	CHERCHANT A DEGUISER SOUS UN APPARENT BADINAGE
37	036	QUE JE SUIS MAINTENANT COUCHE A TES PIEDS,	CHERCHANT DANS TOUTE TA PERSONNE LE REFLET DE
27	091	ME MONTENT AUX YEUX PENDANT QUE JE	CHERCHE A VOUS DECRIRE CETTE INOUBLIABLE
18	056	REFONDUE. QU'ILS CHERCHENT, QU'ILS	CHERCHENT ENCORE, QU'ILS RECULENT SANS CESSE
23	040	DU RECUEILLEMENT TOUS CES AFFOLES QUI	CHERCHENT LE BONHEUR DANS LE MOUVEMENT ET DANS
50	058	ILS SE SONT LEVES DE BON MATIN, ET ILS	CHERCHENT LEUR VIE OU COURENT A LEURS
12	012	ET AUTRUI. COMME CES AMES ERRANTES QUI	CHERCHENT UN CORPS, IL ENTRE, QUAND IL VEUT,
18	056	EST CORRIGEE, EMBELLIE, REFONDUE. QU'ILS	CHERCHENT, QU'ILS CHERCHENT ENCORE, QU'ILS
29	111	LES PALAIS FEERIQUES, VIENDRONT VOUS	CHERCHER ET VOUS PRIERONT DE LES ACCEPTER,
30	065	MAINTENANT, AVEC DE MINCES CISEAUX,	CHERCHER LA CORDE ENTRE LES DEUX BOURRELETS DE
31	072	QUE CELUI-LA NE PERDRAIT PAS SA VIE A	CHERCHER LA DIVINITE DANS LES NUEES, ET QU'IL
28	025	MON MISERABLE CERVEAU, TOUJOURS OCCUPE A	CHERCHER MIDI A QUATORZE HEURES (DE QUELLE
24	039	SOIT UNE GRANDE VAGABONDE POUR ALLER	CHERCHER SI LOIN CE QUI EST SI PRES DE MOI. LE
16	026	REGARDES-TU LA AVEC TANT DE SOIN? QUE	CHERCHES-TU DANS LES YEUX DE CET ETRE? Y
42	008	''NOUS AVONS FORTEMENT VECU, ET NOUS	CHERCHONS CE QUE NOUS POURRIONS AIMER ET
37	035	LEUR FOLIE.'' ET C'EST POUR CELA, MAUDITE	CHERE ENFANT GATEE, QUE JE SUIS MAINTENANT
44	012	ENROUEE PAR L'EAU-DE-VIE, LA VOIX DE MA	CHERE BIEN-AIMEE, QUI DISAIT:
11	051	AUTRE DESTINEE. ''MAINTENANT, A NOUS DEUX,	CHERE PRECIEUSE! A VOIR LES ENFERS DONT LE
30	114	ET LE VOULAIT GARDER COMME UNE HORRIBLE ET	CHERE RELIQUE. --ET ELLE S'EMPARA DU CLOU ET
24	011	DANS UN PALAIS QUE JE VOUDRAIS POSSEDER SA	CHERE VIE. NOUS N'Y SERIONS PAS CHEZ NOUS.
43	006	--ET IL OFFRIT GALAMMENT LA MAIN A SA	CHERE, DELICIEUSE ET EXECRABLE FEMME, A CETTE
43	019	DECAPITEE. ALORS S'INCLINANT VERS SA	CHERE, SA DELICIEUSE, SON EXECRABLE FEMME, A
11	001	''VRAIMENT, MA	CHERE, VOUS ME FATIGUEZ SANS MESURE ET SANS
20	032	DE REVER AU DINER, A LA FAMILLE ET A LEURS	CHERES PANTOUFLES. SI, DANS LA JUSTICE
47	074	TU ME DONNERAS TON PORTRAIT, N'EST-CE PAS,	CHERI? --MAIS, LUI DIS-JE, SUIVANT A MON TOUR,
29	074	SES CONFRERES, S'ECRIER EN CHAIRE: ''MES	CHERS FRERES, N'OUBLIEZ JAMAIS, QUAND VOUS
42	028	DURANT TOUTE MA VIE, EXCEPTE A L'AGE DE	CHERUBIN, J'AI ETE PLUS SENSIBLE QUE TOUT
42	016	HOMMES, DISAIT CELUI-CI, ONT EU L'AGE DE	CHERUBIN: C'EST L'EPOQUE OU, FAUTE DE DRYADES,
19	031	ORTIES, IL Y AVAIT UN AUTRE ENFANT, SALE,	CHETIF, FULIGINEUX, UN DE CES MARMOTS-PARIAS
39	000	UN	CHEVAL DE RACE
19	007	QUI BATTENT L'ENCLUME, LE CAVALIER ET SON	CHEVAL DONT LA QUEUE EST UN SIFFLET, --ET LE
39	021	TOUJOURS HEROIQUE, ELLE FAIT PENSER A CES	CHEVAUX DE GRANDE RACE QUE L'OEIL DU VERITABLE
46	005	--MON CHER, VOUS CONNAISSEZ MA TERREUR DES	CHEVAUX ET DES VOITURES. TOUT A L'HEURE,
50	079	QU'ILS EPROUVENT A RIVALISER AVEC CES	CHEVAUX? EN VOICI DEUX QUI APPARTIENNENT A UN
17	000	UN HEMISPHERE DANS UNE	CHEVELURE
31	070	A TRAVERS LES BOUCLES ROUSSES DE SA	CHEVELURE EBOURIFFEE, Y ALLUMAIENT COMME UNE

POEM LINE

		POEM	LINE
DE SES REFLETS. LE POIDS DE SON ENORME	CHEVELURE PRESQUE BLEUE TIRE EN ARRIERE SA	25	017
ET PAR LA PEAU HUMAINE. DANS L'OCEAN DE TA	CHEVELURE, J'ENTREVOIS UN PORT FOURMILLANT DE	17	016
TROPICAL; SUR LES RIVAGES DUVETES DE TA	CHEVELURE, JE M'ENIVRE DES ODEURS COMBINEES DU	17	029
DANS L'ARDENT FOYER DE TA	CHEVELURE, JE RESPIRE L'ODEUR DU TABAC MELEE A	17	026
CHALEUR. DANS LES CARESSES DE TA	CHEVELURE, JE RETROUVE LES LANGUEURS DES	17	021
A L'OPIUM ET AU SUCRE; DANS LA NUIT DE TA	CHEVELURE, JE VOIS RESPLENDIR L'INFINI DE	17	028
--AH CA! OU DONC AVEZ-VOUS GAGNE CES	CHEVEUX BLANCS? VOUS N'ETIEZ PAS AINSI, IL N'Y	47	029
DES AUTRES HOMMES SUR LA MUSIQUE. TES	CHEVEUX CONTIENNENT TOUT UN REVE, PLEIN DE	17	010
LOURDES ET NOIRES. QUAND JE MORDILLE TES	CHEVEUX ELASTIQUES ET REBELLES, IL ME SEMBLE	17	033
YEUX TRES-OUVERTS, LEGEREMENT FARDEE, LES	CHEVEUX FLOTTANT AU VENT AVEC LES BRIDES DE	47	006
QUOI. ENSUITE J'AI FOURRE MA TETE DANS SES	CHEVEUX QUI PENDAIENT DANS SON DOS, EPAIS	31	061
LONGTEMPS, LONGTEMPS, L'ODEUR DE TES	CHEVEUX, Y PLONGER TOUT MON VISAGE, COMME UN	17	002
EXASPERE, EMPOIGNA LE SECOND PAR LES	CHEVEUX; CELUI-CI LUI SAISIT L'OREILLE AVEC	15	052
ET, COMME ELLE AUSSI, SANS DENTS ET SANS	CHEVEUX. ET ELLE S'APPROCHA DE LUI, VOULANT	02	005
JE SENS! TOUT CE QUE J'ENTENDS DANS TES	CHEVEUX! MON AME VOYAGE SUR LE PARFUM COMME	17	007
SA FOLIE DANS LES NUITS DE SABBAT. A SES	CHEVILLES DELICATES TRAINAIENT QUELQUES	21	032
UNE FLUTE DU MEILLEUR FAISEUR, OU UNE	CHEVRE AUX MAMELLES GONFLEES. LE POETE QUI A	50	115
DE LA QUEUE, CE QUI EST, JE CROIS,	CHEZ CES PAUVRES ETRES, LE SIGNE CORRESPONDANT	08	005
QUE LE PLAISIR D'ETRE ADMIREE L'EMPORTE	CHEZ ELLE SUR L'ORGUEIL DE L'AFFRANCHIE, ET,	25	027
VENEZ RESPIRER UN EXCELLENT PARFUM ACHETE	CHEZ LE MEILLEUR PARFUMEUR DE LA VILLE.'' ET	08	003
QUOI DE MIEUX?'' ET EN RENTRANT SEUL	CHEZ LUI, A CETTE HEURE OU LES CONSEILS DE LA	24	046
L'EUSSE JAMAIS VU. IL Y AVAIT SANS DOUTE	CHEZ LUI, RELATIVEMENT A MOI, UN DESIR	29	005
DEVINT CHARMANT, ET LA VIE QU'IL MENAIT	CHEZ MOI LUI SEMBLAIT UN PARADIS.	30	037
DE MOI-MEME. LE BONHEUR EST VENU HABITER	CHEZ MOI, ET JE NE L'AI PAS RECONNU. LA	42	061
ME RETINRENT ASSEZ LONGTEMPS HORS DE	CHEZ MOI. ''QUELS NE FURENT PAS MON HORREUR ET	30	047
VOUS ETES MEDECIN. JE LE VOIS BIEN. VENEZ	CHEZ MOI. VOUS SEREZ BIEN CONTENT DE MOI,	47	009
SA CHERE VIE. NOUS N'Y SERIONS PAS	CHEZ NOUS. D'AILLEURS CES MURS CRIBLES D'OR NE	24	011
PRIE, QUE L'ESPRIT DE MYSTIFICATION QUI,	CHEZ QUELQUES PERSONNES, N'EST PAS LE RESULTAT	09	054
INCAPABLES. TEL QUI, CRAIGNANT DE TROUVER	CHEZ SON CONCIERGE UNE NOUVELLE CHAGRINANTE,	09	006
POUR TUER LE TEMPS; PENDANT UNE AVERSE,	CHEZ UNE SAUTEUSE QUI M'A PRIE DE LUI DESSINER	10	023
CREATURE ME DISAIT: ''FAITES COMME	CHEZ VOUS, MON AMI, METTEZ-VOUS A L'AISE. CA	47	027
QUI LE REGARDE D'UN OEIL FRATERNEL. FI DU	CHIEN BELLATRE, DE CE FAT QUADRUPEDE, DANOIS,	50	021
NICHE SOYEUSE ET CAPITONNEE! JE CHANTE LE	CHIEN CROTTE, LE CHIEN PAUVRE, LE CHIEN SANS	50	034
CHIEN FLANEUR, LE CHIEN SALTIMBANQUE, LE	CHIEN DONT L'INSTINCT, COMME CELUI DU PAUVRE,	50	035
MEME PAS, COMME LE PUR ANIMAL, COMME LE	CHIEN ET LE CHAT, SERVIR DE CONFIDENT AUX	13	102
LE	CHIEN ET LE FLACON	08	000
CHIEN PAUVRE, LE CHIEN SANS DOMICILE, LE	CHIEN FLANEUR, LE CHIEN SALTIMBANQUE, LE CHIEN	50	035
CAPITONNEE! JE CHANTE LE CHIEN CROTTE, LE	CHIEN PAUVRE, LE CHIEN SANS DOMICILE, LE CHIEN	50	034
CHIEN SANS DOMICILE, LE CHIEN FLANEUR, LE	CHIEN SALTIMBANQUE, LE CHIEN DONT L'INSTINCT,	50	035
LE CHIEN CROTTE, LE CHIEN PAUVRE, LE	CHIEN SANS DOMICILE, LE CHIEN FLANEUR, LE	50	034
LE MEILLEUR PARFUMEUR DE LA VILLE.'' ET LE	CHIEN, EN FRETILLANT DE LA QUEUE, CE QUI EST,	08	004
''MON BEAU	CHIEN, MON CHER TOUTOU, APPROCHEZ ET VENEZ	08	001
EN MANIERE DE REPROCHE. ''--AH! MISERABLE	CHIEN, SI JE VOUS AVAIS OFFERT UN PAQUET	08	010
PENDANT UNE HEURE, AUTOUR D'UNE BELLE	CHIENNE, UN PEU NEGLIGEE DANS SA TOILETTE,	50	070
LES BONS	CHIENS	50	000
LE POETE QUI A CHANTE LES PAUVRES	CHIENS A RECU POUR RECOMPENSE UN BEAU GILET,	50	116
PATRONNE DES INTELLIGENCES! JE CHANTE LES	CHIENS CALAMITEUX, SOIT CEUX QUI ERRENT,	50	040
LES BONS CHIENS, LES PAUVRES CHIENS, LES	CHIENS CROTTES ET DESOLES. SWEDENBORG AFFIRME	50	110
LES BONS CHIENS, LES PAUVRES CHIENS, LES	CHIENS CROTTES, CEUX-LA QUE CHACUN ECARTE,	50	017
PAGES AUX JOUES REBONDIES TRAINES PAR LES	CHIENS EN LAISSE, LES DAMES RIANT AU FAUCON	26	021
SA DEMARCHE ET SA BEAUTE. A L'HEURE OU LES	CHIENS EUX-MEMES GEMISSENT DE DOULEUR SOUS LE	25	033
CONTRAINT DE PENSER AUX BONS CHIENS, AUX	CHIENS PHILOSOPHES, AUX ETES DE LA	50	131
COMPLIQUE, DANS LES YEUX LARMOYANTS DES	CHIENS QU'ON FOUETTE. L'OFFRANDE DE MON AMI	28	016
ET AVEZ-VOUS ADMIRE COMME MOI TOUS CES	CHIENS VIGOUREUX ATTELES A LA CHARRETTE DU	50	075
IL EST CONTRAINT DE PENSER AUX BONS	CHIENS, AUX CHIENS PHILOSOPHES, AUX ETES DE LA	50	130
POUR M'INSPIRER EN FAVEUR DES BONS	CHIENS, DES PAUVRES CHIENS, UN CHANT DIGNE DE	50	008
SOUVENONS ENCORE AUJOURD'HUI. OU VONT LES	CHIENS, DITES-VOUS, HOMMES PEU ATTENTIFS? ILS	50	050
SPECIAL POUR LES BONS CHIENS, LES PAUVRES	CHIENS, LES CHIENS CROTTES ET DESOLES.	50	110
A CHANTER LES BONS CHIENS, LES PAUVRES	CHIENS, LES CHIENS CROTTES, CEUX-LA QUE CHACUN	50	017
POUR QU'ELLE M'AIDE A CHANTER LES BONS	CHIENS, LES PAUVRES CHIENS, LES CHIENS	50	016
LABEUR, UN PARADIS SPECIAL POUR LES BONS	CHIENS, LES PAUVRES CHIENS, LES CHIENS CROTTES	50	110
EN FAVEUR DES BONS CHIENS, DES PAUVRES	CHIENS, UN CHANT DIGNE DE TOI, SENTIMENTAL	50	008
BON ET HONNETE DE CHANTER LES PAUVRES	CHIENS. TEL UN MAGNIFIQUE TYRAN ITALIEN, DU	50	124
UNE ESPECE DE BONHEUR!'' ''OU VONT LES	CHIENS?'' DISAIT AUTREFOIS NESTOR ROQUEPLAN	50	046
AVAIT LE TEMPS DE MENAGER L'HONNEUR DES	CHIENS! ET QUE DE FOIS J'AI PENSE QU'IL Y	50	106
CHACUN SA	CHIMERE	06	000
D'EUX PORTAIT SUR SON DOS UNE ENORME	CHIMERE, AUSSI LOURDE QU'UN SAC DE FARINE OU	06	005
L'ETAIENT EUX-MEMES PAR LEURS ECRASANTES	CHIMERES.	06	037
QUI LA PEUPLE DE SES PASSIONS ET DE SES	CHIMERES. IL EST CERTAIN QU'UN BAVARD, DONT L	23	009
''UN BEAU JOUR ELLE S'EST MISE A LA	CHIMIE; DE SORTE QU'ENTRE MA BOUCHE ET LA	42	046
APPELER L'ORIENT L'OCCIDENT, LA	CHINE DE L'EUROPE, TANT LA CHAUDE ET	18	004
OU LA FANTAISIE A BATI ET DECORE UNE	CHINE OCCIDENTALE, OU LA VIE EST DOUCE A	18	020
LES	CHINOIS VOIENT L'HEURE DANS L'OEIL DES CHATS.	16	001
BRILLANTS COUTEAUX ET DES INSTRUMENTS DE	CHIRURGIE. DANS SA MAIN DROITE IL TENAIT UNE	21	025
MES JAMBES. ''NON! CRIAI-JE FURIEUX. --	CHIRURGIEN, ALORS? --NON! NON! A MOINS QUE CE	47	044
REBORD POSTERIEUR DE SES CROCHETS; ET LE	CHOC LE RENVERSANT, IL ACHEVA DE BRISER SOUS	09	085
MAIS DES ORDURES SOIGNEUSEMENT	CHOISIES.''	08	015
DE L'AMOUR. AU SECOND DEGRE, ON COMMENCE A	CHOISIR. POUVOIR DELIBERER, C'EST DEJA UNE	42	019
L'HARMONIE. UNE SENTEUR INFINITESIMALE DU	CHOIX LE PLUS EXQUIS, A LAQUELLE SE MELE UNE	05	017
DE SON VOISIN, TANDIS QUE LE TROISIEME	CHOQUAIT DE TEMPS A AUTRE SES CYMBALES AVEC	31	097
TANT DE REPROCHES. IL TROUVE QUELQUE	CHOSE APPROCHANT CETTE PROFONDEUR DE SENTIMENT	28	015
PAR UN INVINCIBLE BESOIN DE MARCHER.	CHOSE CURIEUSE A NOTER: AUCUN DE CES VOYAGEURS	06	020
AUX VIVRES, SANS DOUTE? --QUELQUE	CHOSE D'APPROCHANT, UNE ESPECE D'EMPLOYE DANS	42	101
CE N'ETAIT QUE L'IDEE D'UNE IDEE, QUELQUE	CHOSE D'INFINIMENT VAGUE. ET JE SORTIS AVEC	49	017
EN PASSA SANS DOUTE EN CE MOMENT QUELQUE	CHOSE DANS MON AME. MES PENSEES VOLTIGEAIENT	15	003
DU MONDE, CONNAISSEZ SANS DOUTE QUELQUE	CHOSE DE CES MYSTERIEUSES IVRESSES; ET, AU	12	035
PAR LE REGRET ET LE DESIR. --C'EST QUELQUE	CHOSE DE CREPUSCULAIRE, DE BLEUATRE ET DE	05	005
ET POUSSE, ME SEMBLAIT-IL, A FAIRE QUELQUE	CHOSE DE GRAND, UNE ACTION D'ECLAT; ET	09	051
FOURNAISE INTERIEURE. C'EST TOUJOURS	CHOSE INTERESSANTE QUE CE REFLET DE LA JOIE DU	13	073
LES OS. ET PUIS, ME SUIS-JE DIT, A QUELQUE	CHOSE MALHEUR EST BON. JE PUIS MAINTENANT ME	46	014
TOUTES SORTES DE VINS EXTRAORDINAIRES, ET,	CHOSE NON MOINS EXTRAORDINAIRE, IL ME	29	037

POEM LINE

26	044	ETAIENT TROP FASCINES POUR EXPRIMER AUTRE	CHOSE QU'UNE JOIE STUPIDE ET PROFONDE. LES
47	049	UNE LIASSE DE PAPIERS, QUI N'ETAIT AUTRE	CHOSE QUE LA COLLECTION DES PORTRAITS DES
13	028	A TOUJOURS DANS LE DEUIL DU PAUVRE QUELQUE	CHOSE QUI MANQUE, UNE ABSENCE D'HARMONIE QUI
31	043	RACONTER COMMENT IL M'EST ARRIVE QUELQUE	CHOSE QUI NE VOUS EST JAMAIS ARRIVE, ET QUI
36	004	ET QUI A FUI SI VITE, COMME UNE BELLE	CHOSE REGRETTABLE DERRIERE LE VOYAGEUR EMPORTE
29	043	ET UNE LEGERETE HEROIQUES. L'AME EST UNE	CHOSE SI IMPALPABLE, SI SOUVENT INUTILE ET
35	012	DEJA, PAUVRE, TOUJOURS PENCHEE SUR QUELQUE	CHOSE, ET QUI NE SORT JAMAIS. AVEC SON VISAGE,
10	028	VOUS POURRIEZ PEUT-ETRE ABOUTIR A QUELQUE	CHOSE. VOYEZ-LE, ET PUIS NOUS VERRONS!''
47	025	CHAUD, CIGARES; EN M'OFFRANT ELLE- MEME UN CIGARE, LA	CHOSES ET EN ALLUMANT ELLE- MEME UN CIGARE, LA
09	016	ET COMMENT, INCAPABLES D'ACCOMPLIR LES	CHOSES LES PLUS SIMPLES ET LES PLUS
22	027	DES VOLUPTES PROFONDES, LUI GATAIT LES	CHOSES LES PLUS SUCCULENTES. L'AUTRE, UN
07	004	DE L'AMOUR. L'EXTASE UNIVERSELLE DES	CHOSES NE S'EXPRIME PAR AUCUN BRUIT; LES EAUX
03	011	MELODIE MONOTONE DE LA HOULE, TOUTES CES	CHOSES PENSENT PAR MOI, OU JE PENSE PAR ELLES
35	002	FENETRE OUVERTE, NE VOIT JAMAIS AUTANT DE	CHOSES QUE CELUI QUI REGARDE UNE FENETRE
27	003	PERSONNES VOUEES PAR ETAT AU COMIQUE, LES	CHOSES SERIEUSES ONT DE FATALES ATTRACTIONS,
15	010	DONT J'ETAIS ENVELOPPE; LE SOUVENIR DES	CHOSES TERRESTRES N'ARRIVAIT A MON COEUR
18	043	MUETTE ET MYSTERIEUSE; ET DE TOUTES	CHOSES; DE TOUS LES COINS, DES FISSURES DES
03	011	QU'ELLES SORTENT DE MOI OU S'ELANCENT DES	CHOSES, DEVIENNENT BIENTOT TROP INTENSES.
31	021	DE MEME, DE DIRE ET DE FAIRE LES MEMES	CHOSES, ET DE PARLER AVEC LA MEME VOIX...''
30	003	HOMMES ENTRE EUX, OU DES HOMMES AVEC LES	CHOSES. ET QUAND L'ILLUSION DISPARAIT,
25	056	BELLES QU'ELLE. DOROTHEE EST ADMIREE ET	CHOYEE DE TOUS, ET ELLE SERAIT PARFAITEMENT
49	025	EN MEME TEMPS, J'ENTENDIS UNE VOIX QUI	CHUCHOTAIT A MON OREILLE, UNE VOIX QUE JE
49	039	OU DEMON DE COMBAT. OR, SA VOIX ME	CHUCHOTAIT CECI: ''CELUI-LA SEUL EST L'EGAL
45	024	PARFUMS DE LA MORT, IL ENTENDIT UNE VOIX	CHUCHOTER SOUS LA TOMBE OU IL S'ETAIT ASSIS.
45	025	CETTE VOIX DISAIT: ''MAUDITES SOIENT VOS	CIBLES ET VOS CARABINES; TURBULENTS VIVANTS,
13	048	ENFIN, DANS L'APRES-MIDI, SOUS UN	CIEL D'AUTOMNE CHARMANT, UN DE CES CIELS D'OU
18	084	TOUT EN REFLECHISSANT LES PROFONDEURS DU	CIEL DANS LA LIMPIDITE DE TA BELLE AME; --ET
31	002	SEMBLAIENT S'ATTARDER A PLAISIR, SOUS UN	CIEL DEJA VERDATRE OU DES NUAGES D'OR
31	037	FIXANT SUR LA LIGNE QUI SEPARE LA TERRE DU	CIEL DES YEUX OU BRILLAIT UNE INEXPRIMABLE
15	009	VASTE ET AUSSI PURE QUE LA COUPOLE DU	CIEL DONT J'ETAIS ENVELOPPE; LE SOUVENIR DES
03	007	DE NOYER SON REGARD DANS L'IMMENSITE DU	CIEL ET DE LA MER! SOLITUDE, SILENCE,
06	001	SOUS UN GRAND	CIEL GRIS, DANS UNE GRANDE PLAINE POUDREUSE,
17	019	ARCHITECTURES FINES ET COMPLIQUEES SUR UN	CIEL IMMENSE OU SE PRELASSE L'ETERNELLE
03	021	ET MAINTENANT LA PROFONDEUR DU	CIEL ME CONSTERNE; SA LIMPIDITE M'EXASPERE.
07	010	DU DESIR DE RIVALISER AVEC L'AZUR DU	CIEL PAR L'ENERGIE DE LEURS COULEURS, ET QUE
11	065	ET LES YEUX TOURNES VAPOREUSEMENT VERS LE	CIEL, COMME POUR LUI DEMANDER UN ROI, ON
31	008	AU FOND DESQUELS ON VOIT LA MER ET LE	CIEL, DES HOMMES ET DES FEMMES, SERIEUX ET
31	024	FIXITE ETONNANTE JE NE SAIS QUEL POINT DU	CIEL, DIT TOUT A COUP: ''REGARDEZ, REGARDEZ
42	152	A ELLE, REFLECHISSAIENT LA DOUCEUR DU	CIEL, ET OU MON COEUR, A MOI, ETAIT CRISPE
06	026	LA POUSSIERE D'UN SOL AUSSI DESOLE QUE CE	CIEL, ILS CHEMINAIENT AVEC LA PHYSIONOMIE
41	002	DES LUTTES DE LA VIE. L'AMPLEUR DU	CIEL, L'ARCHITECTURE MOBILE DES NUAGES, LES
06	025	DESESPOIR! SOUS LA COUPOLE SPLEENETIQUE DU	CIEL, LES PIEDS PLONGES DANS LA POUSSIERE D'UN
50	006	A STERNE, ET JE LUI DIRAIS: ''DESCENDS DU	CIEL, OU MONTE VERS MOI DES CHAMPS ELYSEENS,
36	021	DES HOMMES PURS, MAIS LA LUNE ARRACHEE DU	CIEL, VAINCUE ET REVOLTEE, QUE LES SORCIERES
15	017	D'UN GEANT AERIEN VOLANT A TRAVERS LE	CIEL. ET JE ME SOUVIENS QUE CETTE SENSATION
13	049	SOUS UN CIEL D'AUTOMNE CHARMANT, UN DE CES	CIELS D'OU DESCENDENT EN FOULE LES REGRETS ET
05	012	LANGUE MUETTE, COMME LES FLEURS, COMME LES	CIELS, COMME LES SOLEILS COUCHANTS. SUR LES
09	025	BEAUCOUP TROP BIEN. UN AUTRE ALLUMERA UN	CIGARE A COTE D'UN TONNEAU DE POUDRE, POUR
47	026	BONNES CHOSES ET EN ALLUMANT ELLE- MEME UN	CIGARE, LA BOUFFONNE CREATURE ME DISAIT:
45	010	EN FACE DES TOMBES, ET FUMA LENTEMENT UN	CIGARE. PUIS, LA FANTAISIE LE PRIT DE
29	047	VISITE. NOUS FUMAMES LONGUEMENT QUELQUES	CIGARES DONT LA SAVEUR ET LE PARFUM
47	024	JE FUS DORLOTE! GRAND FEU, VIN CHAUD,	CIGARES; ET EN M'OFFRANT CES BONNES CHOSES ET
45	000	LE TIR ET LE	CIMETIERE
45	011	LA FANTAISIE LE PRIT DE DESCENDRE DANS CE	CIMETIERE, DONT L'HERBE ETAIT SI HAUTE ET SI
45	001	A LA VUE DU	CIMETIERE, ESTAMINET. --''SINGULIERE ENSEIGNE,
38	009	AGITAIT SON ENCENSOIR JUSQUE DANS LES	CIMETIERES. C'EST MOI QUI L'AI ENTERREE, BIEN
50	062	QUI ACCOURENT, PAR TROUPES, DE PLUS DE	CINQ LIEUES, POUR PARTAGER LE REPAS QUE LEUR A
47	036	FIEREMENT, EN REGARDANT SA MONTRE: ''	CINQ MINUTES, MESSIEURS!'' --OH! MOI, JE VAIS
12	023	LES JOIES ET TOUTES LES MISERES QUE LA	CIRCONSTANCE LUI PRESENTE. CE QUE LES HOMMES
14	032	SOUS LES MAILLOTS LAVES LA VEILLE POUR LA	CIRCONSTANCE. LES DANSEUSES, BELLES COMME DES
31	136	CHACUN ALLANT, A SON INSU, SELON LES	CIRCONSTANCES ET LES HASARDS, MURIR SA
20	012	DONS, LES FACULTES, LES BONS HASARDS, LES	CIRCONSTANCES INVINCIBLES, ETAIENT ACCUMULES LA
11	019	DANS LA PERFECTION, TANTOT LES BONDS	CIRCULAIRES DU TIGRE, TANTOT LES DANDINEMENTS
14	042	EBLOUISSANT COMME UN DIEU. ET PARTOUT	CIRCULAIT, DOMINANT TOUS LES PARFUMS, UNE
30	065	ET IL FALLAIT MAINTENANT, AVEC DE MINCES	CISEAUX, CHERCHER LA CORDE ENTRE LES DEUX
50	015	BEGUEULE. J'INVOQUE LA MUSE FAMILIERE, LA	CITADINE, LA VIVANTE, POUR QU'ELLE M'AIDE A
23	002	POUR L'HOMME; ET A L'APPUI DE SA THESE IL	CITE, COMME TOUS LES INCREDULES; DES PAROLES
30	071	FIDELES EN CELA AUX HABITUDES DE L'HOMME	CIVILISE, QUI NE VEUT JAMAIS; JE NE SAIS
50	081	QUI APPARTIENNENT A UN ORDRE ENCORE PLUS	CIVILISE! PERMETTEZ-MOI DE VOUS INTRODUIRE
25	012	LARGES. SA ROBE DE SOIE COLLANTE, D'UN TON	CLAIR ET ROSE, TRANCHE VIVEMENT SUR LES
42	114	ILLUMINEE PAR DES YEUX D'UN GRIS	CLAIR, DE CES YEUX DONT LE REGARD DIT: ''JE
21	051	SONT DES SYMBOLES QUI EXPLIQUENT ASSEZ	CLAIREMENT LES INCONVENIENTS DE TON AMITIE.
28	048	D'UNE INCONTESTABLE CANDEUR. JE VIS ALORS	CLAIREMENT QU'IL AVAIT VOULU FAIRE A LA FOIS
42	007	TRISTESSE FROIDE ET RAILLEUSE QUI DIT	CLAIREMENT: ''NOUS AVONS FORTEMENT VECU, ET
27	108	A CEUX DE SA COUR. CEPENDANT, POUR UN OEIL	CLAIRVOYANT, SON IVRESSE, A LUI, N'ETAIT PAS
05	016	UN BLASPHEME. ICI, TOUT A LA SUFFISANTE	CLARTE ET LA DELICIEUSE OBSCURITE DU
30	131	CROYEZ-LE BIEN, N'APPARTENAIENT PAS A LA	CLASSE INFIME ET VULGAIRE. J'AI GARDE CES
27	060	A MOINS DE L'AVOIR VU; TOUT CE QUE LA	CLASSE PRIVILEGIEE D'UN PETIT ETAT, A
10	008	A LA SERRURE. IL ME SEMBLE QUE CE TOUR DE	CLEF AUGMENTERA MA SOLITUDE ET FORTIFIERA LES
27	045	ETAIT POSSIBLE, MEME LA VERTU, MEME LA	CLEMENCE. SURTOUT S'IL AVAIT PU ESPERER Y
27	056	AME UNE INTENTION PLUS OU MOINS ARRETEE DE	CLEMENCE? C'EST UN POINT QUI N'A JAMAIS PU
42	112	DOUX ET POSE, D'UNE PHYSIONOMIE PRESQUE	CLERICALE, MALHEUREUSEMENT ILLUMINEE PAR DES
29	006	ANALOGUE, CAR IL ME FIT, EN PASSANT, UN	CLIGNEMENT D'OEIL SIGNIFICATIF AUQUEL JE ME
50	043	ONT DIT A L'HOMME ABANDONNE, AVEC DES YEUX	CLIGNOTANTS ET SPIRITUELS: ''PRENDS-MOI AVEC
42	022	ARRIVE, DEPUIS LONGTEMPS, A L'EPOQUE	CLIMATERIQUE DU TROISIEME DEGRE OU LA BEAUTE
17	012	LES MOUSSONS ME PORTENT VERS DE CHARMANTS	CLIMATS, OU L'ESPACE EST PLUS BLEU ET PLUS
21	069	D'OU SORTAIT ALORS UN LONG ET RETENTISSANT	CLIQUETIS DE METAL, QUI SE TERMINAIT EN UN
31	035	ET MAINTENANT IL DESCEND DERRIERE LE	CLOCHER... AH! ON NE LE VOIT PLUS!'' ET
32	010	ET FUYARDES, CELLES-LA PENCHEES COMME DES	CLOCHES OU LES COUPES RENVERSEES, ET UNE
15	012	QU'AFFAIBLI ET DIMINUE, COMME LE SON DE LA	CLOCHETTE DES BESTIAUX IMPERCEPTIBLES QUI
38	010	C'EST MOI QUI L'AI ENTERREE, BIEN	CLOSE DANS UNE BIERE D'UN BOIS PARFUME ET

POEM LINE

47	027	LA BOUFFONNE CREATURE ME DISAIT: ''FAITES	COMME	CHEZ VOUS, MON AMI, METTEZ-VOUS A
21	059	TOUTE LA PEAU ETAIT DOREE ET ILLUSTREE,	COMME	D'UN TATOUAGE, D'UNE FOULE DE PETITES
31	046	M'ONT EMMENE EN VOYAGE AVEC EUX, ET,	COMME	DANS L'AUBERGE OU NOUS NOUS SOMMES
18	051	BARIOLEE! LES TRESORS DU MONDE Y AFFLUENT,	COMME	DANS LA MAISON D'UN HOMME LABORIEUX ET
05	044	TERRIBLE, LOURD, A RETENTI A LA PORTE, ET,	COMME	DANS LES REVES INFERNAUX, IL M'A SEMBLE
18	040	BIZARRES, ARMES DE SERRURES ET DE SECRETS	COMME	DES AMES RAFFINEES. LES MIROIRS, LES
32	009	SINUEUSES ET FUYARDES, CELLES-LA PENCHEES	COMME	DES CLOCHES OU DES COUPES RENVERSEES. ET
31	003	VERDATRE OU DES NUAGES D'OR FLOTTAIENT	COMME	DES CONTINENTS EN VOYAGE, QUATRE BEAUX
14	033	LA CIRCONSTANCE. LES DANSEUSES, BELLES	COMME	DES FEES OU DES PRINCESSES, SAUTAIENT ET
07	012	LES PARFUMS, LES FAIT MONTER VERS L'ASTRE	COMME	DES FUMEES. CEPENDANT, DANS CETTE
34	031	LA MEMOIRE, ET LES RANCUNES S'ENVOLERENT	COMME	DES FUMEES. MOI SEUL J'ETAIS TRISTE,
50	067	IMBECILES N'EN VEULENT PLUS. D'AUTRES QUI,	COMME	DES NEGRES MARRONS, AFFOLES D'AMOUR,
31	111	PAS LA MUSIQUE, ET LEURS FEMMES DANSENT	COMME	DES OURS. HEUREUSEMENT, AVANT UN MOIS
21	036	ONGLES DE SES PIEDS, BRILLANTS ET POLIS	COMME	DES PIERRES BIEN TRAVAILLEES. IL ME
26	056	INSUPPORTABLES AVEC LEURS YEUX OUVERTS	COMME	DES PORTES COCHERES! NE POURRIEZ-VOUS
48	041	DE TEMPS EN TEMPS LEURS GERBES ROSES,	COMME	DES REFLETS D'UN FEU D'ARTIFICE DE
50	088	A LA FOIS ERAILLES ET SOMPTUEUX, COIFFES	COMME	DES TROUBADOURS OU DES MILITAIRES, QUI
29	089	SALUONS QUAND NOUS NOUS RENCONTRONS, MAIS	COMME	DEUX VIEUX GENTILSHOMMES, EN QUI UNE
05	052	LA SOUVERAINE DES REVES, LA SYLPHIDE,	COMME	DISAIT LE GRAND RENE, TOUTE CETTE MAGIE
42	148	UN CAUCHEMAR ACCABLANT. VAINCRE OU MOURIR,	COMME	DIT LA POLITIQUE, TELLE ETAIT
02	004	FRAGILE COMME ELLE, LA PETITE VIEILLE, ET,	COMME	ELLE AUSSI, SANS DENTS ET SANS CHEVEUX.
24	002	PROMENANT DANS UN GRAND PARC SOLITAIRE: ''	COMME	ELLE SERAIT BELLE DANS UN COSTUME DE
13	095	GRANDE VEUVE TENAIT PAR LA MAIN UN ENFANT	COMME	ELLE VETU DE NOIR; SI MODIQUE QUE FUT LE
02	004	VOULAIT PLAIRE; CE JOLI ETRE, SI FRAGILE	COMME	ELLE, LA PETITE VIEILLE, ET, COMME ELLE
07	005	PAR AUCUN BRUIT; LES EAUX ELLES-MEMES SONT	COMME	ENDORMIES. BIEN DIFFERENTE DES FETES
44	011	ET CHARMANTE; UNE VOIX HYSTERIQUE ET	COMME	ENROUEE PAR L'EAU-DE-VIE, LA VOIX DE MA
06	022	A SON DOS; ON EUT DIT QU'IL LA CONSIDERAIT	COMME	FAISANT PARTIE DE LUI-MEME. TOUS CES
28	035	EXEMPLE, ALLAIT PEUT-ETRE LE FAIRE ARRETER	COMME	FAUX MONNAYEUR OU COMME PROPAGATEUR DE
42	163	AVEC UN REGARD VAGUE ET LEGEREMENT HEBETE,	COMME	FEIGNANT DE NE PAS COMPRENDRE ET COMME
49	071	QUE JE CONSIDERAIS LA DISCUSSION	COMME	FINIE, ET ME RELEVANT AVEC LA
19	013	VIVEMENT LE CADEAU, ET ILS S'ENFUIRONT	COMME	FONT LES CHATS QUI VONT MANGER LOIN DE
31	091	LES DEUX A LA FOIS, ET QU'ON DEVIENDRAIT	COMME	FOU SI ON LES ECOUTAIT TROP LONGTEMPS.
27	097	QUI L'EMPECHE DE VOIR LA TOMBE, PERDU,	COMME	IL EST, DANS UN PARADIS EXCLUANT TOUTE
24	035	A FAIRE DE PALAIS?'' ET PLUS LOIN,	COMME	IL SUIVAIT UNE GRANDE AVENUE, IL APERCUT
36	005	DERRIERE LE VOYAGEUR EMPORTE DANS LA NUIT.	COMME	IL Y A LONGTEMPS DEJA QU'ELLE A DISPARU!
22	043	DEUX EFFETS CONTRAIRES, J'EN SUIS TOUJOURS	COMME	INTRIGUE ET ALARME. O NUIT! O
30	102	REPONDIS-JE, --CELA VOUS FERAIT MAL.'' ET	COMME	INVOLONTAIREMENT MES YEUX SE TOURNAIENT
49	021	DU GRAND AIR ET DES RAFRAICHISSANTS,	COMME	J'ALLAIS ENTRER DANS UN CABARET, UN
30	107	CES DERNIERS VESTIGES DU MALHEUR, ET	COMME	J'ALLAIS LES LANCER AU DEHORS PAR LA
47	001		COMME	J'ARRIVAIS A L'EXTREMITE DU FAUBOURG,
47	024	CELEBRES ETAIENT SUSPENDUS AUX MURS.	COMME	J'EN FUS DORLOTE! GRAND FEU, VIN CHAUD,
09	032	MANIFESTE SI OPINEMENT SONT, EN GENERAL,	COMME	JE L'AI DIT, LES PLUS INDOLENTS ET LES
13	012	UNE PLACE QU'ILS DEDAIGNENT DE VISITER,	COMME	JE L'INSINUAIS TOUT A L'HEURE; C'EST
47	086	ILS NE TE COMPRENNENT PAS...? --DAME!	COMME	JE LES AI DERANGES INUTILEMENT, JE
31	053	UN LIT AVEC SA BONNE, DANS LES TENEBRES.	COMME	JE NE DORMAIS PAS, JE ME SUIS AMUSE,
49	045	DE MES ONGLES A LUI BRISER DEUX DENTS, ET	COMME	JE NE ME SENTAIS PAS ASSEZ FORT, ETANT
47	067	L'AIR D'UNE DEMOISELLE, N'EST-CE PAS?'' ET	COMME	JE TOUCHAIS A UN PAQUET FICELE, POSE
46	006	CHEVAUX ET DES VOITURES. TOUT A L'HEURE,	COMME	JE TRAVERSAIS LE BOULEVARD, EN GRANDE
31	084	DU VILLAGE VOISIN, TROIS HOMMES QUI VIVENT	COMME	JE VOUDRAIS VIVRE. VOUS N'Y AVEZ PAS
42	116	''JE NE PARDONNE JAMAIS!'' ''SI, NERVEUX	COMME	VOUS CONNAIS, VOUS, G..., LACHES ET
22	051	ROSES QUI TRAINENT ENCORE A L'HORIZON	COMME	L'AGONIE DU JOUR SOUS L'OPPRESSION
18	045	UN REVENEZ-Y DE SUMATRA, QUI EST	COMME	L'AME DE L'APPARTEMENT. UN VRAI PAYS DE
17	008	TES CHEVEUX! MON AME VOYAGE SUR LE PARFUM	COMME	L'AME DES AUTRES HOMMES SUR LA MUSIQUE.
04	009	HARCELE PAR UN MALOTRU ARME D'UN FOUET.	COMME	L'ANE ALLAIT TOURNER L'ANGLE D'UN
18	053	PAYS SINGULIER, SUPERIEUR AUX AUTRES,	COMME	L'ART L'EST A LA NATURE, OU CELLE-CI EST
29	094	MORTEL, ET JE CRAIGNAIS D'ABUSER. ENFIN,	COMME	L'AUBE FRISSONNANTE BLANCHISSAIT LES
36	011	LE MYSTERE; ET SON REGARD ILLUMINE	COMME	L'ECLAIR: C'EST UNE EXPLOSION DANS LA
34	013	MANGER DE LA VIANDE QUI NE SOIT PAS SALEE	COMME	L'ELEMENT INFAME QUI NOUS PORTE? QUAND
14	043	PARFUMS, UNE ODEUR DE FRITURE QUI ETAIT	COMME	L'ENCENS DE CETTE FETE. AU BOUT, A
42	152	CIEL, ET OU MON COEUR, A MOI, ETAIT CRISPE	COMME	L'ENFER... --QUOI! --COMMENT! --QUE
16	018	MEME, UNE HEURE VASTE, SOLENNELLE, GRANDE	COMME	L'ESPACE, SANS DIVISIONS DE MINUTES NI
45	019	DE FEU D'UN TIR VOISIN, QUI ECLATAIENT	COMME	L'EXPLOSION DES BOUCHONS DE CHAMPAGNE
19	033	OEIL IMPARTIAL DECOUVRIRAIT LA BEAUTE, SI,	COMME	L'OEIL DU CONNAISSEUR DEVINE UNE
43	011	D'ELLES S'ENFONCA MEME DANS LE PLAFOND; ET	COMME	LA CHARMANTE CREATURE RIAIT FOLLEMENT,
09	012	VERS L'ACTION PAR UNE FORCE IRRESISTIBLE,	COMME	LA FLECHE D'UN ARC. LE MORALISTE ET LE
47	122	DE L'HORREUR POUR CONVERTIR MON COEUR,	COMME	LA GUERISON AU BOUT D'UNE LAME;
07	002	SE PAME SOUS L'OEIL BRULANT DU SOLEIL,	COMME	LA JEUNESSE SOUS LA DOMINATION DE
27	116	SANS CESSE SA PALEUR HABITUELLE,	COMME	LA NEIGE S'AJOUTE A LA NEIGE. SES LEVRES
13	084	DEUIL DONT ELLE ETAIT REVETUE. ELLE AUSSI,	COMME	LA PLEBE A LAQUELLE ELLE S'ETAIT MELEE
43	001		COMME	LA VOITURE TRAVERSAIT LE BOIS, IL LA FIT
25	036	LA PARESSEUSE DOROTHEE, BELLE ET FROIDE	COMME	LE BRONZE? POURQUOI A-T-ELLE QUITTE SA
45	031	SAVIEZ COMME LE PRIX EST FACILE A GAGNER,	COMME	LE BUT EST FACILE A TOUCHER, ET COMBIEN
13	102	IL NE PEUT MEME PAS, COMME LE PUR ANIMAL,	COMME	LE CHIEN ET LE CHAT, SERVIR DE CONFIDENT
11	042	DANS SA RAGE, ELLE ETINCELLE TOUT ENTIERE,	COMME	LE FER QU'ON BAT. ''TELLES SONT LES
45	030	DU SANCTUAIRE DE LA MORT! SI VOUS SAVIEZ	COMME	LE PRIX EST FACILE A GAGNER, COMME LE
13	101	ET SANS PATIENCE; ET IL NE PEUT MEME PAS,	COMME	LE PUR ANIMAL, COMME LE CHIEN ET LE
15	016	PASSAIT QUELQUEFOIS L'OMBRE D'UN NUAGE,	COMME	LE REFLET DU MANTEAU D'UN GEANT AERIEN
25	006	CEPENDANT DOROTHEE, FORTE ET FIERE	COMME	LE SOLEIL, S'AVANCE DANS LA RUE DESERTE.
15	011	A MON COEUR QU'AFFAIBLI ET DIMINUE,	COMME	LE SON DE LA CLOCHETTE DES BESTIAUX
05	010	LES DIRAIT DOUES D'UNE VIE SOMNAMBULIQUE,	COMME	LE VEGETAL ET LE MINERAL. LES ETOFFES
18	034	DES PEINTURES BEATES, CALMES ET PROFONDES,	COMME	LES AMES DES ARTISTES QUI LES CREERENT
05	012	UNE LANGUE MUETTE COMME LES FLEURS,	COMME	LES CIELS, COMME LES SOLEILS COUCHANTS.
38	011	BIERE D'UN BOIS PARFUME ET INCORRUPTIBLE	COMME	LES COFFRES DE L'INDE. ET COMME MES YEUX
37	023	SE PAMENT SUR LES PIANOS ET QUI GEMISSENT	COMME	LES FEMMES, D'UNE VOIX RAUQUE ET DOUCE!
05	011	LES ETOFFES PARLENT UNE LANGUE MUETTE	COMME	LES FLEURS, COMME LES CIELS, COMME LES
22	012	QUE LE SOIR NE CALME PAS, ET QUI PRENNENT	COMME	LES HIBOUX, LA VENUE DE LA NUIT POUR UN
18	066	NE POURRAIS-TU PAS TE MIRER, POUR PARLER	COMME	LES MYSTIQUES, DANS TA PROPRE
14	030	LEURS MEMBRES, SANS FRONT ET SANS CRANE,	COMME	LES ORANGS-OUTANGS, SE PRELASSAIENT
20	014	ETAIENT ACCUMULES A COTE DU TRIBUNAL,	COMME	LES PRIX SUR L'ESTRADE; DANS UNE
46	016	ACTIONS BASSES, ET ME LIVRER A LA CRAPULE,	COMME	LES SIMPLES MORTELS. ET ME VOICI, TOUT
05	012	MUETTE, COMME LES FLEURS, COMME LES CIELS,	COMME	LES SOLEILS COUCHANTS. SUR LES MURS

COMME LES COFFRES DE L'INDE. ET
PARESSEUSE BELGIQUE, ET AVEZ-VOUS ADMIRE
PLAISIRS INATTENDUS. MAIS POUR CEUX QUI,
MA FORTUNE EN LA MONTRANT DANS LES FOIRES
PLACE ENTRE L'HOMME ET DIEU, EST SOUMIS

PUCES, LA PASSION, LE BESOIN OU LE DEVOIR.
SEULS ENTRER LES GENS QUI NE SONT PAS
EST SI DOUCE ET SI FERVENTE! ELLE AIME
BRAS UN FORT GROS CHAT, ET LE REGARDANT,
BANALES. ON ECOUTE ALORS CELUI QUI PARLE,
PAS DE SON AVIS DANS LA MEME AFFAIRE!
CHIENS CROTTES, CEUX-LA QUE CHACUN ECARTE,
LA MEME BRANCHE D'ARBRE, ME BATTIT DRU
SEUL!...'' DIT QUELQUE PART LA BRUYERE,
QUELS CAMARADES AVEC UN AIR DE FATUITE,
YEUX TOURNES VAPOREUSEMENT VERS LE CIEL,
AGRANDIS, OUVRIT ENSUITE LA BOUCHE
PUIS IL QUITTA VIVEMENT LA LOGE PRINCIERE,
FAUSSE'', ME REPONDIT-IL TRANQUILLEMENT.
LE FAIRE ARRETER COMME FAUX MONNAYEUR OU
LES JAMBES OU SUR LES GENOUX DU VISITEUR,
MORCEAU AVEC SA MAIN, SE RECULA VIVEMENT,
DE VIVRE ET SOURIANT D'UN BLANC SOURIRE,
SA BRUTALE DICTATURE. ET IL ME POUSSE,
A L'EXTREME BOUT DE LA RANGEE DE BARAQUES,
INTERNE COMME UN MOLLUSQUE. IL ADOPTE
ET POURQUOI N'AURAIS-JE PAS L'HONNEUR,
SPLENDEURS AMORTIES D'UNE JUPE ECLATANTE,
DONT LES YEUX CREUX, FAROUCHES ET
SE POSER GLORIEUSEMENT DEVANT MOI, DEBOUT
L'HOMME; ET A L'APPUI DE SA THESE IL CITE
DE LAUDANUM! UNE VIEILLE ET TERRIBLE AMIE;
A LA PITIE UN PETIT INTERNE, QUI EST JOLI
ETERNELLEMENT PRIVES L'EGOISTE, FERME
CEPENDANT LEGERE COMME UN SOUPIR, RAPIDE
DE FER DERRIERE LAQUELLE S'AGITE, HURLANT
FABULEUSE SURMONTAIT LE FRONT DE L'HOMME,
UNE LONGUE CUILLER SE DRESSE, PLANTEE
POUR MIEUX VOIR UN ESCAMOTEUR EBLOUISSANT
LORETTE, QUELQUEFOIS HARGNEUX ET INSOLENT
COMME S'IL ETAIT SUR DE PLAIRE, TURBULENT
MORT SUR LES PLANCHES. LE SIFFLET, RAPIDE
DE TES CHEVEUX, Y PLONGER TOUT MON VISAGE,
ELLE DIT CELA D'UN AIR FORT CANDIDE,
Y FAIRE CHAUD, ET TU T'Y RAGAILLARDIRAIS
GENOU DANS LA SEPULTURE RECENTE, ET QUE,
UNE GIGANTESQUE TROMPETTE, ENRUBANNEE,
VOYAGE SUR UNE SURFACE PURE ET POLIE
COMME UN COFFRE, ET LE PARESSEUX, INTERNE
D'UNE SOURCE, ET LES AGITER AVEC MA MAIN
JOUJOU, QUE CELUI-CI EXAMINAIT AVIDEMENT
COMME UN DAMNE, SECOUANT LES BARREAUX
JE NE VEUX PAS D'UNE RICHESSE ATTRISTEE,
COMME UNE ATMOSPHERE PHOSPHORIQUE,
D'AMITIE ET DE POLITESSE, ET MALTRAITAIT;
SUR LES HORLOGES; ET CEPENDANT LEGERE
PAS LA POUR REPANDRE UN VAIN PLEUR; MAIS
LA LUNE REMPLISSAIT TOUTE LA CHAMBRE,
DE SA CHEVELURE EBOURIFFEE, Y ALLUMAIENT
UN OEIL, QUI DEVINT, EN UNE SECONDE, GROS
APPARUE SI RAREMENT ET QUI A FUI SI VITE,
OU TOUT EST RICHE, PROPRE ET LUISANT,
UN MARI. IL A ENCHAINE SA FEMME LEGITIME
CUISINE, COMME UNE SPLENDIDE ORFEVRERIE,
OU JE VOUS JETTERAI PAR LA FENETRE,
CHEVEUX QUI PENDAIENT DANS SON DOS, EPAIS
ENFER, BAGNE, OU TOUT ENORMITE FLEURIT
LA MORT DE SON FILS, ET IL VOULAIT GARDER
DE PLAIRE, TURBULENT COMME UN ENFANT, SOT
ET LUISANT, COMME UNE BELLE CONSCIENCE,
UN PEU TROP AMOUREUX, ELLE SE CONVULSAIT
COMME UNE MAGNIFIQUE BATTERIE DE CUISINE,
SPECTRE. L'AMOUR M'APPARAISSAIT
DE LA DEESSE LIBERTE. CREPUSCULE,
VOUS JAMBES OU SUR, G...! LACHES ET LEGERS
DEESSE ET IMMORTELLE. --L'OR? --JE LE HAIS
LE SOLIVEAU (CE QUE JE SUIS MAINTENANT)
UN DES DEUX AUTRES. ''J'AI TOUT RETENU,
OU VOUS SERIEZ MORTS. MOI, J'AI SURVECU,
ET ME VOICI, TOUT SEMBLABLE A VOUS,
INSTRUMENTS, LES FILS ET LES EPONGES. --ET
DEGRE DE L'AMOUR. AU SECOND DEGRE, ON
COMME UNE SENSITIVE VIOLEE... --
SON HOPITAL. C'ETAIT LE TEMPS DES EMEUTES.
L'IDOLE, LA SOUVERAINE DES REVES. MAIS
SINGULIERES. ''MOI, JE VAIS VOUS RACONTER
SEUL QUI SAIT POURQUOI ILS EXISTENT, ''
A CES AMES PARESSEUSES ET VOLUPTUEUSES, ET

		POEM	LINE
COMME MES YEUX RESTAIENT FICHES SUR LE LIEU OU		38	012
COMME MOI TOUS CES CHIENS VIGOUREUX ATTELES A		50	075
COMME MOI, AVAIENT PU PENETRER PLUS AVANT DANS		27	046
COMME MONSTRE POLYPHAGE. JE LA NOURRISSAIS		42	097
COMME NOUS A LA TERRIBLE LOI DU TEMPS ET DE		20	022
COMME NOUS NOUS ELOIGNIONS DU BUREAU DE TABAC,		28	001
COMME NOUS, ILS SE SONT LEVES DE BON MATIN, ET		50	057
COMME NOUS.'' --QUANT AUX YEUX DU PLUS PETIT,		26	042
COMME ON AIME EN AUTOMNE; ON DIRAIT QUE LES		39	024
COMME ON DIT, DANS LE BLANC DES YEUX, IL		16	009
COMME ON ECOUTERAIT DE LA MUSIQUE DE DANSE.		42	014
COMME ON RIAIT DE CA A L'ECOLE, DANS LE TEMPS!		47	060
COMME PESTIFERES ET POUILLEUX, EXCEPTE LE		50	018
COMME PLATRE. --PAR MON ENERGIQUE MEDICATION,		49	067
COMME POUR FAIRE HONTE A TOUS CEUX QUI COURENT		23	034
COMME POUR LES PRIER D'AJOUTER LEUR		04	015
COMME POUR LUI DEMANDER UN ROI, ON DIRAIT		11	066
COMME POUR RESPIRER CONVULSIVEMENT, CHANCELA		27	135
COMME POUR S'ACQUITTER D'UNE COMMISSION		27	125
COMME POUR SE JUSTIFIER DE SA PRODIGALITE.		28	022
COMME PROPAGATEUR DE FAUSSE MONNAIE. TOUT		28	035
COMME S'IL ETAIT SUR DE PLAIRE, TURBULENT		50	024
COMME S'IL EUT CRAINT QUE MON OFFRE NE FUT PAS		15	043
COMME SI ELLE APERCEVAIT AU LOIN DANS L'ESPACE		25	030
COMME SI J'ETAIS UN BOEUF, AVEC SON DOUBLE		05	083
COMME SI, HONTEUX, IL S'ETAIT EXILE LUI-MEME		14	045
COMME SIENNES TOUTES LES PROFESSIONS, TOUTES		12	022
COMME SOCRATE, D'OBTENIR MON BREVET DE FOLIE,		49	030
COMME SOUS LE NOIR PRESENT TRANSPERCE LE		22	061
COMME SUPPLIANTS, DEVORAIENT LE MORCEAU DE		15	036
COMME SUR UNE ESTRADE. UNE SPLENDEUR		21	006
COMME TOUS LES INCREDULES, DES PAROLES DES		23	003
COMME TOUTES LES AMIES, HELAS! FECONDE EN		05	068
COMME UN ANGE, ET QUI EST POLI! ET QUI		47	089
COMME UN COFFRE, ET LE PARESSEUX, INTERNE		12	021
COMME UN COUP D'OEIL. ET SI QUELQUE IMPORTUN		16	021
COMME UN DAMNE, SECOUANT LES BARREAUX COMME UN		11	016
COMME UN DE CES CASQUES HORRIBLES PAR LESQUELS		06	012
COMME UN DE CES MATS AERIENS QUI ANNONCENT QUE		50	092
COMME UN DIEU, QUI POURRAIT CIRCULAIT, DOMINANT		14	041
COMME UN DOMESTIQUE! FI SURTOUT DE CES		50	026
COMME UN ENFANT, SOT COMME UNE LORETTE.		50	025
COMME UN GLAIVE, AVAIT-IL REELLEMENT FRUSTRE		27	139
COMME UN HOMME ALTERE DANS L'EAU D'UNE SOURCE,		17	002
COMME UN HOMME SENSIBLE DIRAIT A UNE		47	103
COMME UN LEZARD. CETTE VILLE EST AU BORD DE		48	010
COMME UN LOUP PRIS AU PIEGE, JE RESTE ATTACHE,		38	023
COMME UN MIRLITON, DES TITRES DE TOUS LES		21	098
COMME UN MIROIR, VERTIGINEUSEMENT MONOTONE,		42	127
COMME UN MOLLUSQUE. IL ADOPTE COMME SIENNES		12	021
COMME UN MOUCHOIR ODORANT, POUR SECOUER DES		17	004
COMME UN OBJET RARE ET INCONNU. OR, CE JOUJOU,		19	039
COMME UN ORANG-OUTANG EXASPERE PAR L'EXIL,		11	017
COMME UN PAPIER DE TENTURE, DE TOUS LES		21	081
COMME UN POISON LUMINEUX; ET TOUTE CETTE		37	015
COMME UN SAUVAGE, LE PREMIER VENU. JE L'AI VU		22	023
COMME UN SOUPIR, RAPIDE COMME UN COUP D'OEIL.		16	021
COMME UN VIEUX PAILLARD D'UNE VIEILLE		51	007
COMME UNE ATMOSPHERE PHOSPHORIQUE, COMME UN		37	014
COMME UNE AUREOLE SULFUREUSE DE PASSION.		31	070
COMME UNE BALLE. JE CASSAI UN DE MES ONGLES A		49	044
COMME UNE BELLE CHOSE REGRETTABLE DERRIERE LE		36	004
COMME UNE BELLE CONSCIENCE, COMME UNE		18	048
COMME UNE BETE, ET IL LA MONTRE DANS LES		11	025
COMME UNE BIJOUTERIE BARIOLEE! LES TRESORS DU		18	050
COMME UNE BOUTEILLE VIDE.''		11	074
COMME UNE CRINIERE, ET ILS SENTAIENT AUSSI		31	062
COMME UNE FLEUR. TU SAIS BIEN, O SATAN, PATRON		51	004
COMME UNE HORRIBLE ET CHERE RELIGUE. --ET ELLE		30	114
COMME UNE LORETTE, QUELQUEFOIS HARGNEUX ET		50	025
COMME UNE MAGNIFIQUE BATTERIE DE CUISINE,		18	048
COMME UNE SENSITIVE VIOLEE... --COMMENT CELA		42	050
COMME UNE SPLENDIDE ORFEVRERIE, COMME UNE		18	049
COMME UNE TUTELLE. QUE DE SOTTISES ELLE M'A		42	133
COMME VOUS ETES DOUX ET TENDRE! LES LUEURS		22	050
COMME VOUS ETES, VOUS DEUX K... ET J..., VOUS		42	117
COMME VOUS HAISSEZ DIEU. --EH! QU'AIMES-TU		01	012
COMME VOUS SAVEZ BIEN), GARE LA GRUE QUI VOUS		11	069
COMME VOUS VOYEZ. ENSUITE ILS ONT BU CHACUN		31	118
COMME VOUS VOYEZ. FIGUREZ-VOUS UNE PERSONNE		42	120
COMME VOUS VOYEZ! --VOUS DEVRIEZ AU MOINS		46	017
COMME, L'OPERATION FAITE, IL DISAIT FIEREMENT,		47	035
COMMENCE A CHOISIR. POUVOIR DELIBERER, C'EST		42	018
COMMENT CELA A-T-IL FINI? DIT L'UN DES TROIS		42	051
COMMENT EST-CE POSSIBLE QU'UN SI BEL HOMME AIT		47	063
COMMENT EST-ELLE ICI? QUI L'A AMENEE? QUEL		05	024
COMMENT IL M'EST ARRIVE QUELQUE CHOSE QUI NE		31	042
COMMENT ILS AURAIENT PU NE PAS SE FAIRE?		47	125
COMMENT ILS SE SONT FAITS ET COMMENT ILS		47	125
COMMENT TROUVEZ-VOUS CE PETIT FRANCAIS		20	083
COMMENT, INCAPABLES D'ACCOMPLIR LES CHOSES LES		09	016

POEM LINE

20	077	DONNE... LE DON DE PLAIRE!!' ''MAIS PLAIRE	COMMENT? PLAIRE...? PLAIRE POURQUOI?'' DEMANDA
09	074	TOUTES SES VITRES, ET JE LUI DIS: ''--	COMMENT? VOUS N'AVEZ PAS DE VERRES DE COULEUR?
42	154	ETAIT CRISPE COMME L'ENFER... --QUOI! --	COMMENT! --QUE VOULEZ-VOUS DIRE? --C'ETAIT
21	078	MONSTRUEUX, DONT L'ECHO SONORE FIT LE	COMMENTAIRE DE SA GROSSIERE PAROLE. JE ME
20	057	QUAND UN BRAVE HOMME, UN PAUVRE PETIT	COMMERCANT, JE CROIS, SE LEVA, ET EMPOIGNANT
30	135	TANT A M'ARRACHER LA FICELLE ET PAR QUEL	COMMERCE ELLE ENTENDAIT SE CONSOLER.''
42	121	FIGUREZ-VOUS UNE PERSONNE INCAPABLE DE	COMMETTRE UNE ERREUR DE SENTIMENT OU DE
30	044	NOMBREUX AVERTISSEMENTS, IL AVAIT ENCORE	COMMIS UN NOUVEAU LARCIN DE CE GENRE, JE LE
20	037	CE CAS, DES JUGES INJUSTES. AUSSI FURENT	COMMISES CE JOUR-LA QUELQUES BOURDES QU'ON
10	031	VILAINES ACTIONS QUE JE N'AI JAMAIS	COMMISES, ET AUSSI LACHEMENT NIE QUELQUES
42	134	DE FAIRE, QUE JE REGRETTE DE N'AVOIR PAS	COMMISES! QUE DE DETTES PAYEES MALGRE MOI!
30	078	LES VETEMENTS POUR LES LUI ENLEVER. ''LE	COMMISSAIRE, A QUI, NATURELLEMENT, JE DUS
46	019	CETTE AUREOLE, OU LA FAIRE RECLAMER PAR LE	COMMISSAIRE. --MA FOI! NON. JE ME TROUVE BIEN
27	126	PRINCIERE, COMME POUR S'ACQUITTER D'UNE	COMMISSION URGENTE. QUELQUES MINUTES PLUS TARD
30	036	DE NETTOYER MES PINCEAUX ET DE FAIRE MES	COMMISSIONS. CET ENFANT, DEBARBOUILLE, DEVINT
34	046	TERRE AVEC SES BRUITS, SES PASSIONS, SES	COMMODITES, SES FETES; C'ETAIT UNE TERRE RICHE
05	036	EXPANSION LA PLUS HEUREUSE, N'A RIEN DE	COMMUN AVEC CETTE VIE SUPREME DONT J'AI
42	070	LE PLUS FORCENE. APRES UN AN DE VIE	COMMUNE, ELLE M'AVOUA QU'ELLE N'AVAIT JAMAIS
26	008	QUE TOUTES NOS PENSEES NOUS SERAIENT	COMMUNES A L'UN ET A L'AUTRE, ET QUE NOS DEUX
12	018	UN SINGULIERE IVRESSE DE CETTE UNIVERSELLE	COMMUNION. CELUI-LA QUI EPOUSE FACILEMENT LA
21	004	A LA FAIBLESSE DE L'HOMME QUI DORT, ET	COMMUNIQUE EN SECRET AVEC LUI. ET ILS SONT
20	079	ETAIT SANS DOUTE UN DE CES RAISONNEURS SI	COMMUNS, INCAPABLES DE S'ELEVER JUSQU'A LA
47	018	JE ME LAISSAI DONC ENTRAINER PAR CETTE	COMPAGNE, OU PLUTOT PAR CETTE ENIGME
32	025	NE SECOUA SON THYRSE SUR LES TETES DE SES	COMPAGNES AFFOLEES AVEC AUTANT D'ENERGIE ET DE
20	083	LE DOS; ET REJOIGNANT LE CORTEGE DE SES	COMPAGNES, ELLE LEUR DISAIT: ''COMMENT
08	012	DEVORE. AINSI, VOUS-MEME, INDIGNE	COMPAGNON DE MA TRISTE VIE, VOUS RESSEMBLEZ AU
30	051	REGARD FUT MON PETIT BONHOMME, L'ESPIEGLE	COMPAGNON DE MA VIE, PENDU AU PANNEAU DE CETTE
34	043	ET C'EST POURQUOI, QUAND CHACUN DE MES	COMPAGNONS DIT: ''ENFIN!'' JE NE PUS CRIER
42	162	ETAIT PARFAITE?'' LES TROIS AUTRES	COMPAGNONS REGARDERENT CELUI-CI AVEC UN REGARD
30	038	MENAIT CHEZ MOI LUI SEMBLAIT UN PARADIS,	COMPARATIVEMENT A CELLE QU'IL AURAIT SUBIE
12	026	BIEN PETIT, BIEN RESTREINT ET BIEN FAIBLE,	COMPARE A CETTE INEFFABLE ORGIE, A CETTE
21	085	POUR DEFINIR CE CHARME, JE NE SAURAIS LE	COMPARER A RIEN DE MIEUX QU'A CELUI DES
36	012	UNE EXPLOSION DANS LES TENEBRES. LE	COMPARERAIS A UN SOLEIL NOIR, SI L'ON POUVAIT
18	038	OUVRAGEES QUE LE PLOMB DIVISE EN NOMBREUX	COMPARTIMENTS. LES MEUBLES SONT VASTES,
11	048	A DES MALHEURS PLUS IRREMEDIABLES, AFIN DE	COMPENSATION. MAIS DANS LE MONDE OU ELLE A ETE
29	101	D'UNE DE VOS LOCUTIONS VULGAIRES. AFIN DE	COMPENSER LA PERTE IRREMEDIABLE QUE VOUS AVEZ
14	005	ET LES BOUTIQUIERS AMBULANTS, POUR	COMPENSER LES MAUVAIS TEMPS DE L'ANNEE. EN CES
50	102	CES PHILOSOPHES A QUATRE PATTES, ESCLAVES	COMPLAISANTS, SOUMIS OU DEVOUES, QUE LE
13	031	DOULEUR. LE RICHE PORTE LA SIENNE AU GRAND	COMPLET. QUELLE EST LA VEUVE LA PLUS TRISTE ET
32	011	ET UNE GLOIRE ETONNANTE JAILLIT DE CETTE	COMPLEXITE DE LIGNES ET DE COULEURS, TENDRES
24	003	ELLE SERAIT BELLE DANS UN COSTUME DE COUR,	COMPLIQUE ET FASTUEUX, DESCENDANT, A TRAVERS
30	006	NOUS, NOUS EPROUVONS UN BIZARRE SENTIMENT,	COMPLIQUE MOITIE DE REGRET POUR LE FANTOME
41	007	FORMES ELANCEES DES NAVIRES, AU GREEMENT	COMPLIQUE, AUXQUELS LA HOULE IMPRIME DES
28	016	APPROCHANT CETTE PROFONDEUR DE SENTIMENT	COMPLIQUE, DANS LES YEUX LARMOYANTS DES CHIENS
17	019	DECOUPANT LEURS ARCHITECTURES FINES ET	COMPLIQUEES SUR UN CIEL IMMENSE OU SE PRELASSE
22	056	DE L'ORIENT, IMITANT TOUS LES SENTIMENTS	COMPLIQUES QUI LUTTENT DANS LE COEUR DE
22	007	TRANSPARENTES DU SOIR, UN GRAND HURLEMENT,	COMPOSE D'UNE FOULE DE CRIS DISCORDANTS, QUE
18	025	A LA VALSE; QUEL EST CELUI QUI	COMPOSERA L'INVITATION AU VOYAGE, QU'ON PUISSE
06	034	QUELQUES INSTANTS JE M'OBSTINAI A VOULOIR	COMPRENDRE CE MYSTERE; MAIS BIENTOT
42	164	HEBETE, COMME FEIGNANT DE NE PAS	COMPRENDRE ET COMME AVOUANT IMPLICITEMENT
07	025	CEPENDANT JE SUIS FAIT, MOI AUSSI, POUR	COMPRENDRE ET SENTIR L'IMMORTELLE BEAUTE! AH!
26	003	IL VOUS SERA SANS DOUTE MOINS FACILE DE LE	COMPRENDRE QU'A MOI DE VOUS L'EXPLIQUER; CAR
49	070	JE LUI FIS FORCE SIGNES POUR LUI FAIRE	COMPRENDRE QUE JE CONSIDERAIS LA DISCUSSION
25	061	DE L'ENFANT EST SI AVARE, TROP AVARE, POUR	COMPRENDRE UNE AUTRE BEAUTE QUE CELLE DES
20	084	CE PETIT FRANCAIS VANITEUX, QUI VEUT TOUT	COMPRENDRE; ET QUI AYANT OBTENU POUR SON FILS
47	110	SI PARTICULIERE?'' DIFFICILEMENT JE ME FIS	COMPRENDRE; ENFIN J'Y PARVINS. MAIS ALORS ELLE
47	096	JE N'AI PAS BESOIN D'ARGENT.'' MAIS TU	COMPRENDS QUE JE LUI AI FAIT ENTENDRE CA PAR
51	015	SOUVENT VOUS OFFREZ DES PLAISIRS QUE NE	COMPRENNENT PAS LES VULGAIRES PROFANES.
47	085	LEUR FAIS DES MINES. --ET QUAND ILS NE TE	COMPRENNENT PAS...? --DAME! COMME JE LES AI
47	084	DU TOUT!'' MAIS IL Y EN A D'AUTRES QUI ME	COMPRENNENT, PARCE QUE JE LEUR FAIS DES MINES.
49	079	VOTRE DOS.'' IL M'A BIEN JURE QU'IL AVAIT	COMPRIS MA THEORIE, ET QU'IL OBEIRAIT A MES
30	134	UNE LUEUR SE FIT DANS MON CERVEAU, ET JE	COMPRIS POURQUOI LA MERE TENAIT TANT A
50	123	GILET EN FAVEUR DU POETE; TANT IL A BIEN	COMPRIS QU'IL ETAIT BON ET HONNETE DE CHANTER
31	104	LOIN, JUSQU'AU BORD DE LA FORET, OU J'AI	COMPRIS SEULEMENT ALORS QU'ILS NE DEMEURAIENT
28	055	CURIEUX, SINGULIER, QU'IL S'AMUSAT A	COMPROMETTRE LES PAUVRES; MAIS JE NE LUI
31	109	SI BELLE NUIT!'' LE TROISIEME DISAIT EN	COMPTANT LA RECETTE: ''CES GENS-LA NE SENTENT
14	003	SUR LESQUELLES, PENDANT UN LONG TEMPS,	COMPTENT LES SALTIMBANQUES, LES FAISEURS DE
42	087	LES GARCONS EUX-MEMES ET LA DAME DU	COMPTOIR RESSENTAIENT CETTE EXTASE CONTAGIEUSE
18	072	ET, DE LA NAISSANCE A LA MORT, COMBIEN	COMPTONS-NOUS D'HEURES REMPLIES PAR LA
20	069	ONDINES, --JE VEUX PARLER DE LA LOI QUI	CONCEDE AUX FEES, DANS UN CAS SEMBLABLE A
04	021	CE MAGNIFIQUE IMBECILE, QUI ME PARUT	CONCENTRER EN LUI TOUT L'ESPRIT DE LA FRANCE.
13	063	QUI SE PRESSENT AUTOUR DE L'ENCEINTE D'UN	CONCERT PUBLIC. L'ORCHESTRE JETTE A TRAVERS LA
13	051	POUR ENTENDRE, LOIN DE LA FOULE, UN DE CES	CONCERTS DONT LA MUSIQUE DES REGIMENTS
36	012	A UN SOLEIL NOIR, SI L'ON POUVAIT	CONCEVOIR UN ASTRE NOIR VERSANT LA LUMIERE ET
27	059	SES POMPES, ET IL SERAIT DIFFICILE DE	CONCEVOIR, A MOINS DE L'AVOIR VU, TOUT CE QUE
09	006	TEL QUI, CRAIGNANT DE TROUVER CHEZ SOI	CONCIERGE UNE NOUVELLE CHAGRINANTE, RODE
14	011	HEURES. POUR LES GRANDS C'EST UN ARMISTICE	CONCLU AVEC LES PUISSANCES MALFAISANTES DE LA
05	047	ME TORTURER AU NOM DE LA LOI; UNE INFAME	CONCUBINE QUI VIENT CRIER MISERE ET AJOUTER
14	021	ELLES SE FAISAIENT, EN VERITE, UNE	CONCURRENCE FORMIDABLE: ELLES PIAILLAIENT,
27	050	LA VALEUR DES TALENTS SCENIQUES D'UN HOMME	CONDAMNE A MORT. IL VOULAIT PROFITER DE
13	039	DE STOICIENNE. ELLE ETAIT EVIDEMMENT	CONDAMNEE, PAR UNE ABSOLUE SOLITUDE, A DES
06	028	LA PHYSIONOMIE RESIGNEE DE CEUX QUI SONT	CONDAMNES A ESPERER TOUJOURS. ET LE CORTEGE
27	041	MEME, DISAIT-ON, LES GENTILSHOMMES	CONDAMNES; SIGNE EVIDENT, AJOUTAIENT LES
28	033	VRAIES? NE POUVAIT-ELLE PAS AUSSI LES	CONDUIRE EN PRISON? UN CABARETIER, UN
30	085	LES PARENTS. MES PIEDS REFUSAIENT DE M'Y	CONDUIRE. ENFIN J'EUS CE COURAGE. MAIS, A MON
18	083	OU QUI ROULENT SUR TON SEIN. TU LES	CONDUIS DOUCEMENT VERS LA MER QUI EST
29	078	LE SOUVENIR DE CE CELEBRE ORATEUR NOUS	CONDUISIT NATURELLEMENT VERS LE SUJET DES
28	027	SOUDAINEMENT CETTE IDEE QU'UNE PAREILLE	CONDUITE, DE LA PART DE MON AMI, N'ETAIT
22	037	GRATIFIE DE TOUS LES HONNEURS QUE PEUVENT	CONFERER LES REPUBLIQUES ET LES PRINCES, JE
47	093	PEUVENT RIEN LUI ENVOYER. CELA M'A DONNE	CONFIANCE. APRES TOUT, JE SUIS ASSEZ BELLE
32	042	DE DELECTATION OU D'INEFFABLE DOULEUR, OU	CONFIANT AU PAPIER VOS MEDITATIONS ABSTRUSES,

POEM LINE

05	030	DEVORENT LE REGARD DE L'IMPRUDENT QUI LES	CONTEMPLE. JE LES AI SOUVENT ETUDIEES, CES
34	006	DEPUIS NOMBRE DE JOURS, NOUS POUVIONS	CONTEMPLER L'AUTRE COTE DU FIRMAMENT ET
51	002	SUIS MONTE SUR LA MONTAGNE D'OU L'ON PEUT	CONTEMPLER LA VILLE EN SON AMPLEUR, HOPITAL,
41	011	QUI N'A PLUS NI CURIOSITE NI AMBITION, A	CONTEMPLER, COUCHE DANS LE BELVEDERE OU
42	086	MINUTES, CHACUN OUBLIAIT DE MANGER POUR LA	CONTEMPLER. LES GARCONS EUX-MEMES ET LA DAME
21	090	DEGINGANDE, ET SES YEUX, QUOIQUE BATTUS,	CONTENAIENT UNE FORCE FASCINATRICE. CE QUI ME
34	037	SON EFFRAYANTE SIMPLICITE, ET QUI SEMBLE	CONTENIR EN ELLE ET REPRESENTER PAR SES JEUX,
47	010	VOIS BIEN. VENEZ CHEZ MOI. VOUS SEREZ BIEN	CONTENT DE MOI, ALLEZ! --SANS DOUTE, J'IRAI
51	001	LE COEUR	CONTENT, JE SUIS MONTE SUR LA MONTAGNE D'OU
31	019	A ENVIE DE PLEURER, ET CEPENDANT L'ON EST	CONTENT... ET PUIS, CE QUI EST PLUS SINGULIER,
30	091	DOULEURS MUETTES.'' QUANT AU PERE, IL SE	CONTENTA DE DIRE D'UN AIR MOITIE ABRUTI,
04	016	LES PRIER D'AJOUTER LEUR APPROBATION A SON	CONTENTEMENT. L'ANE NE VIT PAS CE BEAU
14	012	MALFAISANTES DE LA VIE, UN REPIT DANS LA	CONTENTION ET LA LUTTE UNIVERSELLES. L'HOMME
31	099	VIOLENCE EXTRAORDINAIRE. ILS ETAIENT SI	CONTENTS D'EUX-MEMES, QU'ILS ONT CONTINUE A
21	026	DROITE IL TENAIT UNE AUTRE FIOLE DONT LE	CONTENU ETAIT D'UN ROUGE LUMINEUX, ET QUI
28	013	MUETTE DE CES YEUX SUPPLIANTS, QUI	CONTIENNENT A LA FOIS, POUR L'HOMME SENSIBLE
17	011	REVE, PLEIN DE VOILURES ET DE MATURES; IL	CONTIENNENT DE GRANDES MERS DONT LES MOUSSONS
18	029	VIVRE, --LA-BAS, OU LES HEURES PLUS LENTES	CONTIENNENT PLUS DE PENSEES, OU LES HORLOGES
17	010	AUTRES HOMMES SUR LA MUSIQUE. TES CHEVEUX	CONTIENNENT TOUT UN REVE, PLEIN DE VOILURES ET
31	004	OU DES NUAGES D'OR FLOTTAIENT COMME DES	CONTINENTS EN VOYAGE, QUATRE BEAUX ENFANTS,
27	106	DE L'EDIFICE AVEC L'ENERGIE D'UN TONNERRE	CONTINU. LE PRINCE LUI-MEME, ENIVRE, MELA SES
04	017	L'ANE NE VIT PAS CE BEAU PLAISANT, ET	CONTINUA DE COURIR AVEC ZELE OU L'APPELAIT SON
24	017	DES YEUX LES DETAILS DE LA GRAVURE, IL	CONTINUAIT MENTALEMENT: ''AU BORD DE LA MER,
31	099	SI CONTENTS D'EUX-MEMES, QU'ILS ONT	CONTINUE A JOUER LEUR MUSIQUE DE SAUVAGES,
31	059	TANT DE PLAISIR QUE J'AURAIS LONGTEMPS	CONTINUE, SI JE N'AVAIS PAS EU PEUR, PEUR DE
42	146	EST DONC MORTE? --OUI! CELA NE POUVAIT	CONTINUER AINSI. L'AMOUR ETAIT DEVENU POUR MOI
15	067	ILS S'ARRETERENT PAR IMPOSSIBILITE DE	CONTINUER, IL N'Y AVAIT PLUS, A VRAI DIRE,
36	022	REVOLTEE, QUE LES SORCIERES THESSALIENNES	CONTRAIGNENT DUREMENT A DANSER SUR L'HERBE
09	027	SAVOIR, POUR TENTER LA DESTINEE, POUR SE	CONTRAINDRE LUI-MEME A FAIRE PREUVE D'ENERGIE,
24	050	OU J'AI TROUVE UN EGAL PLAISIR. POURQUOI	CONTRAINDRE MON CORPS A CHANGER DE PLACE,
13	030	QUI LE REND PLUS NAVRANT. IL EST	CONTRAINT DE LESINER SUR SA DOULEUR. LE RICHE
50	130	POETE ENDOSSE LE GILET DU PEINTRE; IL EST	CONTRAINT DE PENSER AUX BONS CHIENS, AUX
20	066	IMPALPABLES, AMIES DE L'HOMME, ET SOUVENT	CONTRAIRES DE S'ADAPTER A SES PASSIONS.
42	107	J'AI ENDURE DES SOUFFRANCES ATROCES PAR LE	CONTRAIRE DE CE QU'ON REPROCHE EN GENERAL A
20	017	LA RECOMPENSE D'UN EFFORT, MAIS TOUT AU	CONTRAIRE UNE GRACE ACCORDEE A CELUI QUI
06	009	BETE N'ETAIT PAS UN POIDS INERTE; AU	CONTRAIRE, ELLE ENVELOPPAIT ET OPPRIMAIT
13	014	DANS LE VIDE N'A RIEN QUI LES ATTIRE. AU	CONTRAIRE, ILS SE SENTENT IRRESISTIBLEMENT
22	042	VOIR LA MEME CAUSE ENGENDRER DEUX EFFETS	CONTRAIRES. J'EN SUIS TOUJOURS COMME INTRIGUE
21	092	LAQUELLE JE RETROUVAIS LE SOUVENIR DES	CONTRALTI LES PLUS DELICIEUX ET AUSSI UN PEU
13	076	ETRE DONT LA NOBLESSE FAISAIT UN ECLATANT	CONTRASTE AVEC TOUTE LA TRIVIALITE
14	057	BIEN PLUS QUE L'ART, AVAIT INTRODUIT LA	CONTRASTE. IL NE RIAIT PAS, LE MISERABLE! IL
04	020	PRIS SUBITEMENT D'UNE INCOMMENSURABLE RAGE	CONTRE CE MAGNIFIQUE IMBECILE, QUI ME PARUT
06	021	DE CES VOYAGEURS N'AVAIT L'AIR IRRITE	CONTRE LA BETE FEROCE SUSPENDUE A SON COU ET
10	015	POUR UNE ILE)! AVOIR DISPUTE GENEREUSEMENT	CONTRE LE DIRECTEUR D'UNE REVUE, QUI A CHAQUE
07	020	DE CORNES ET DE SONNETTES! TOUT RAMASSE	CONTRE LE PIEDESTAL, LEVE DES YEUX PLEINS DE
08	008	SOUDAINEMENT AVEC EFFROI, IL ABOIE	CONTRE MOI, EN MANIERE DE REPROCHE. ''--AH!
14	047	CADUC, DECREPIT, UNE RUINE D'HOMME, ADOSSE	CONTRE UN DES POTEAUX DE SA CAHUTE; UNE CAHUTE
49	050	MIS A LUI SECOUER VIGOUREUSEMENT LA TETE	CONTRE UN MUR. JE DOIS AVOUER QUE J'AVAIS
16	025	MALHONNETE ET INTOLERANT, QUELQUE DEMON DU	CONTRE-TEMPS VENAIT ME DIRE: ''QUE REGARDES-TU
29	113	LES GAGNER! VOUS CHANGEREZ DE PATRIE ET DE	CONTREE AUSSI SOUVENT QUE VOTRE FANTAISIE VOUS
48	020	PEUT-ETRE TE DIVERTIRAS-TU DANS CETTE	CONTREE DONT TU AS SOUVENT ADMIRE L'IMAGE DANS
18	018	CETTE ANGOISSE DE LA CURIOSITE? IL EST UNE	CONTREE QUI TE RESSEMBLE, OU TOUT EST BEAU,
27	070	ET AVEC UNE AISANCE PARFAITE, CE QUI	CONTRIBUA A FORTIFIER, DANS LE NOBLE PUBLIC,
13	016	VERS TOUT CE QUI EST FAIBLE, RUINE,	CONTRISTE, ORPHELIN. UN OEIL EXPERIMENTE NE
09	038	DEVANT LE BUREAU D'UN THEATRE, OU LES	CONTROLEURS LUI PARAISSENT INVESTIS DE LA
34	029	LES TORTS RECIPROQUES PARDONNES! LES DUELS	CONVENUS FURENT RAYES DE LA MEMOIRE, ET LES
42	013	QUI, APRES BOIRE, NE MEPRISENT PAS LES	CONVERSATIONS BANALES. ON ECOUTE ALORS CELUI
12	007	MULTITUDE; SOLITUDE: TERMES EGAUX ET	CONVERTIBLES POUR LE POETE ACTIF ET FECOND.
47	121	DANS MON ESPRIT LE GOUT DE L'HORREUR POUR	CONVERTIR MON COEUR, COMME LA GUERISON AU BOUT
31	030	REPONDIT-IL AVEC UN ACCENT PARFAIT DE	CONVICTION. ''AH! IL EST DEJA BIEN LOIN; TOUT
29	065	PRINCIPES FONDAMENTAUX DONT IL NE ME	CONVIENT PAS DE PARTAGER LES BENEFICES ET LA
29	080	LE SUJET DES ACADEMIES, ET MON ETRANGE	CONVIVE M'AFFIRMA QU'IL NE DEDAIGNAIT PAS, EN
20	044	SENS DE CHARITE, NON PLUS QUE D'AUCUNE	CONVOITISE POUR LES BIENS LES PLUS VISIBLES DE
11	037	CAR ELLE DARDE DES YEUX TERRIBLES DE	CONVOITISE SUR LA NOURRITURE ENLEVEE. GRAND
15	042	NE QUITTANT PAS DES YEUX L'OBJET DE SA	CONVOITISE; PUIS, HAPPANT LE MORCEAU AVEC SA
14	024	FUSEES. LES QUEUES-ROUGES ET LES JOCRISSES	CONVULSAIENT LES TRAITS DE LEURS VISAGES
42	050	PAR UN GESTE UN PEU TROP AMOUREUX, ELLE SE	CONVULSAIT COMME UNE SENSITIVE VIOLEE...
27	084	ALLAIT, VENAIT, RIAIT, PLEURAIT, SE	CONVULSAIT. AVEC UNE INDESTRUCTIBLE AUREOLE
30	054	A COTE DE LUI; SA TETE ETAIT PENCHEE	CONVULSIVEMENT SUR UNE EPAULE; SON VISAGE,
27	136	ENSUITE LA BOUCHE COMME POUR RESPIRER	CONVULSIVEMENT, CHANCELA UN PEU EN AVANT, UN
23	019	PERMIS DE FAIRE DU HAUT DE L'ECHAFAUD UNE	COPIEUSE HARANGUE, SANS CRAINDRE QUE LES
25	026	FIN. CAR DOROTHEE EST SE PRODIGIEUSEMENT	COQUETTE QUE LE PLAISIR D'ETRE ADMIREE
11	059	GONFLENT VOTRE POITRINE PARFUMEE, ROBUSTE	COQUETTE? ET TOUTES CES AFFECTATIONS APPRISES
25	037	POURQUOI A-T-ELLE QUITTE SA PETITE CASE SI	COQUETTEMENT ARRANGEE, DONT LES FLEURS ET LE
19	020	DE CES VETEMENTS DE CAMPAGNE SI PLEINS DE	COQUETTERIE. LE LUXE, L'INSOUCIANCE ET LE
10	018	LES AUTRES JOURNAUX SONT REDIGES PAR DES	COQUINS; AVOIR SALUE UNE VINGTAINE DE
30	000	LA	CORDE
30	066	AVEC DE MINCES CISEAUX, CHERCHER LA	CORDE ENTRE LES DEUX BOURRELETS DE L'ENFLURE,
30	105	FICHE DANS LA PAROI, AVEC UN LONG BOUT DE	CORDE QUI TRAINAIT ENCORE. JE M'ELANCAI
30	062	AVEC LA MAIN DE L'AUTRE BRAS, COUPER LA	CORDE. MAIS CELA FAIT, TOUT N'ETAIT PAS FINI;
30	129	MOI UN MORCEAU DE LA FUNESTE ET BEATIFIQUE	CORDE. PARMI LES SIGNATAIRES IL Y AVAIT, DE
31	095	SAUTILLER SON PETIT MARTEAU SUR LES	CORDES D'UN PETIT PIANO SUSPENDU A SON COU PAR
21	029	''BUVEZ! CECI EST MON SANG, UN PARFAIT	CORDIAL!'' DANS LA GAUCHE, UN VIOLON QUI LUI
11	030	VOLAILLES PIAILLANTES QUE LUI JETTE SON	CORNAC. ''ALLONS, DIT-IL, IL NE FAUT PAS
07	019	COSTUME ECLATANT ET RIDICULE, COIFFE DE	CORNES ET DE SONNETTES, TOUT RAMASSE CONTRE LE
26	020	DES MIROIRS, LES ORS DES BAGUETTES ET DES	CORNICHES, LES PAGES AUX JOUES REBONDIES
32	015	ADORATION? NE DIRAIT-ON PAS QUE TOUTES CES	COROLLES DELICATES, TOUS CES CALICES,
24	050	UN EGAL PLAISIR. POURQUOI CONTRAINDRE MON	CORPS A CHANGER DE PLACE, PUISQUE MON AME
30	094	AURAIT TOUJOURS MAL FINI!'' ''CEPENDANT LE	CORPS ETAIT ETENDU SUR MON DIVAN, ET, ASSISTE
12	012	COMME CES AMES ERRANTES QUI CHERCHENT UN	CORPS, IL ENTRE, QUAND IL VEUT, DANS LE
21	012	IL Y AVAIT AUSSI, DANS LES LIGNES DE SON	CORPS, LA MOLLESSE DES ANCIENS BACCHUS. SES

PARLER COMME LES MYSTIQUES, DANS TA PROPRE
JE CROIS, CHEZ CES PAUVRES ETRES, LE SIGNE
UN ENFANT SE PRECIPITAIT DANS UN
EST REFORMEE PAR LE REVE, OU ELLE EST
ELOIGNEZ DE MOI LE MENSONGE ET LES VAPEURS
EN LUI TOURNANT LE DOS, ET REJOIGNANT LE
VIEILLARD EST REVENU TOUT SON DEMONIAQUE
SONT CONDAMNES A ESPERER TOUJOURS. ET LE
TOUTES LES FEES SE LEVAIENT, CROYANT LEUR
''COMME ELLE SERAIT BELLE DANS UN
SAUTEUSE QUI M'A PRIE DE LUI DESSINER UN
OU L'ENNUI LES OBSEDE, AFFUBLE D'UN
AIMERAIT: ''JE VEUX VOUS VOIR VETUE DU
TROP BIEN. UN AUTRE ALLUMERA UN CIGARE A
QUE J'EUSSE PU PASSER SI SOUVENT A
POELE, ET CELUI-LA CROIT QU'IL GUERIRAIT A
ET VOICI CE QU'IL REGARDAIT: DE L'AUTRE
AU COU D'UN VIEILLARD QUI PASSE A
DE LA MEDIOCRITE OU DE LA PAUVRETE. A
DOUTE REPOUSSEE DU PIED, ETAIT RENVERSEE A
A ESPERER TOUJOURS. ET LE CORTEGE PASSA A
DE JOURS, NOUS POUVIONS CONTEMPLER L'AUTRE
INVINCIBLES, ETAIENT ACCUMULES A
ET L'ENFANT RESTA LONGTEMPS TOURNE DU MEME
OU LA MORT ARRIVE AU GALOP DE TOUS LES
EN UN VAGUE MURMURE, ET QUE DE CES
ET SUR SES EPAULES. ELLE A LES BRAS ET LE
CONTRE LA BETE FEROCE SUSPENDUE A SON
A PASSER MA MAIN SUR SES BRAS, SUR SON
LES CORDES D'UN PETIT PIANO SUSPENDU A SON
DE L'ENFLURE, POUR LUI DEGAGER LE
EPROUVAIT ENCORE, ET LES RAYONS DU SOLEIL
A UN SI PRODIGIEUX BONHEUR, ET, EN ME
ROUGE OPAQUE SUR LES DERNIERES GLOIRES DU
DES ARTISTES QUI LES CREERENT. LES SOLEILS
FLEURS, COMME LES CIELS, COMME LES SOLEILS
CHERE ENFANT GATEE, QUE JE SUIS MAINTENANT
NI CURIOSITE NI AMBITION, A CONTEMPLER,
UN SINGULIER EFFET, ALLEZ, DE N'ETRE PAS
LA SIENNE TOUT AUSSI AISEMENT. ET JE ME
A MOI-MEME INCONNU. LE SOLEIL S'ETAIT
EN CASCADES NEIGEUSES. SUR CE LIT EST
OU COURENT A LEURS PLAISIRS. IL Y EN A QUI
ECLAIRS DU GAZ, UNE SEINT UN BRAS QUI SE
ABRUTI, ET DONT DEUX BOUTS DE CHANDELLES,
A LA VIE SI DURE, ET ACCELERER LA VIE QUI
SUR CE PETIT NUAGE ISOLE, CE PETIT NUAGE
SES BEAUX YEUX LANGUISSANTS, D'UNE
RECU POUR RECOMPENSE UN BEAU GILET, D'UNE
''--COMMENT? VOUS N'AVEZ PAS DE VERRES DE
SOUPLE D'UNE MERE, ET ELLE DEPOSA SES
ET LEURS PENSEES PRENNENT MAINTENANT LES
AVEC L'AZUR DU CIEL PAR L'ENERGIE DE LEURS
CES CALICES, EXPLOSIONS DE SENTEURS ET DE
DE CETTE MAGIE A DISPARU AU
GRAND RENE, TOUTE CETTE MAGIE A DISPARU AU
PREALABLEMENT INSPECTE LES ENVIRONS D'UN
LEGERE COMME UN SOUPIR, RAPIDE COMME UN
LA FEMME, VEUX-JE DIRE. ''ALLONS! UN BON
AGENT DE POLICE. AYANT ENSUITE, PAR UN
IL M'A SEMBLE QUE JE RECEVAIS UN
ET TOUT A COUP JE RECUS UN VIOLENT
JE SAUTAI SUR MON MENDIANT. D'UN SEUL
URGENTE. QUELQUES MINUTES PLUS TARD UN
ET FIT ROULER LE VAINQUEUR PAR TERRE D'UN
MONSTRUEUSE AUX YEUX VERTS.'' ET TOUT A
PLUS GRANDES QUE SES ETATS. TOUT D'UN
--MAIS BIEN FAITE POUR DONNER SOIF! A
DOUCEMENT LA TETE. SINGULIERE VISION! ''A
REGNE, UNE ETERNITE DE DELICES! MAIS UN
QUI VEULENT ATTENDRIR UN BEEFSTEAK. TOUT A
JE NE SAIS QUEL POINT DU CIEL, DIT TOUT A
LEGITIME DE LE CROIRE. LES GENTILSHOMMES
A TOUT HASARD, AUX INNOCENTS COMME AUX
Y A SI PEU D'AMUSEMENTS QUI NE SOIENT PAS
HONORER MON PAIN PRESQUE BLANC, ET J'EN
QUE LES TAMBOURS DE SANTERRE NE LEUR
LE JEU, CE PLAISIR SURHUMAIN, AVAIT
L'AIR. --LA VIE DES INFINIMENT PETITS, --
DEPLAIRE, M'ECRIER, EN M'EMPARANT D'UNE
UN BRAS, ET, AVEC LA MAIN DE L'AUTRE BRAS,
--NON! NON! A MOINS QUE CE NE SOIT POUR TE
FLECHIR LES MEMBRES, NOUS DUMES LACERER ET
GRAVES. EN VOILA UN HOMME QUI AIME
PENCHEES COMME DES CLOCHES OU DES
SEMBLAIT AUSSI VASTE ET AUSSI PURE QUE LA
NE TEMOIGNAIENT D'AUCUN DESESPOIR, SOUS LA
REGULIERS PAR LA CREPITATION DES
LA LIGNE COURBE ET LA SPIRALE FONT LEUR
UN COSTUME DE VENUSTRE, AVOIR FAIT MA

CORRESPONDANCE? DES REVES! TOUJOURS DES REVES! 18 067
CORRESPONDANT DU RIRE ET DU SOURIRE, 08 005
CORRIDOR, AVEC DES RIRES ETOUFFES. FANCIOULLE, 27 131
CORRIGEE, EMBELLIE, REFONDUE. QU'ILS 18 055
CORRUPTRICES DU MONDE; ET VOUS, SEIGNEUR MON 10 041
CORTEGE DE SES COMPAGNES, ELLE LEUR DISAIT: 20 082
CORTEGE DE SOUVENIRS, DE REGRETS, DE SPASMES; 05 072
CORTEGE PASSA A COTE DE MOI ET S'ENFONCA DANS 06 029
CORVEE ACCOMPLIE; CAR IL NE RESTAIT PLUS AUCUN 20 054
COSTUME DE COUR, COMPLIQUE ET FASTUEUX, 24 002
COSTUME DE VENUSTRE; AVOIR FAIT MA COUR A UN 10 024
COSTUME ECLATANT ET RIDICULE, COIFFE DE CORNES 07 019
COSTUME QUE VOUS PORTIEZ DANS CE FAMEUX ROLE 47 105
COTE D'UN TONNEAU DE POUDRE, POUR VOIR, POUR 09 025
COTE DE CE PRESTIGIEUX REPAIRE SANS EN DEVINER 29 012
COTE DE LA FENETRE. IL ME SEMBLE QUE JE SERAIS 48 004
COTE DE LA GRILLE, SUR LA ROUTE, ENTRE LES 19 030
COTE DE LUI ET L'EMBRASSERA AVEC ENTHOUSIASME 09 040
COTE DE LUI, GISAIT SUR L'HERBE UN JOUJOU 19 025
COTE DE LUI; SA TETE ETAIT PENCHEE 30 054
COTE DE MOI ET S'ENFONCA DANS L'ATMOSPHERE DE 06 029
COTE DU FIRMAMENT ET DECHIFFRER L'ALPHABET 34 006
COTE DU TRIBUNAL, COMME LES PRIX SUR 20 013
COTE, FIXANT SUR LA LIGNE QUI SEPARE LA TERRE 31 036
COTES A LA FOIS, MON AUREOLE, DANS UN 46 009
COTES, RICHES EN VERDURES DE TOUTE SORTE, 34 024
COU BIEN PLUS GROS QUE TOUTES LES AUTRES 31 055
COU D'UN VIEILLARD QUI PASSE A COTE DE LUI ET 09 040
COU ET COLLEE AU SON DOS; ON EUT DIT QU'IL LA 06 021
COU ET SUR SES EPAULES. ELLE A LES BRAS ET LE 31 055
COU PAR UNE COURROIE, AVAIT L'AIR DE SE MOQUER 31 095
COU. ''J'AI NEGLIGE DE VOUS DIRE QUE J'AVAIS 30 067
COUCHANT, EN GLISSANT A TRAVERS LES BOUCLES 31 069
COUCHANT, FAISANT ENCORE MA PRIERE PAR UN 29 125
COUCHANT, LES LOURDES DRAPERIES QU'UNE MAIN 22 054
COUCHANTS, QUI COLORENT SI RICHEMENT LA SALLE 18 035
COUCHANTS. SUR LES MURS NULLE ABOMINATION 05 012
COUCHE A TES PIEDS, CHERCHANT DANS TOUTE TA 37 036
COUCHE DANS LE BELVEDERE OU ACCOUDE SUR LE 41 012
COUCHE SEUL ET D'ETRE DANS UN LIT AVEC SA 31 052
COUCHE, FIER D'AVOIR VECU ET SOUFFERT DANS 35 018
COUCHE. LA NUIT SOLENNELLE AVAIT PRIS PLACE. 31 134
COUCHEE L'IDOLE, LA SOUVERAINE DES REVES. MAIS 05 023
COUCHENT DANS UNE RUINE DE LA BANLIEUE ET QUI 50 059
COULAIT DOUCEMENT SOUS LE MIEN. ET J'ENTENDIS 47 002
COULANTS ET FUMANTS, ECLAIRAIENT TROP BIEN 14 050
COULE SI LENTEMENT. 42 170
COULEUR DE FEU, QUI MARCHE DOUCEMENT. LUI 31 027
COULEUR TENEBREUSE ET INDECISE, RESSEMBLAIENT 21 014
COULEUR, A LA FOIS RICHE ET FANEE, QUI FAIT 50 117
COULEUR? DES VERRES ROSES, ROUGES, BLEUS, DES 09 075
COULEURS SUR TA FACE. TES PRUNELLES EN SONT 37 007
COULEURS TENDRES ET INDECISES DU CREPUSCULE. 22 003
COULEURS, ET QUE LA CHALEUR, RENDANT VISIBLES 07 011
COULEURS, EXECUTENT UN MYSTIQUE FANDANGO 32 016
COULEURS, TENDRES OU ECLATANTES. NE DIRAIT-ON 32 011
COUP BRUTAL FRAPPE PAR LE SPECTRE. HORREUR! JE 05 053
COUP D'OEIL, ET QUE J'AVAIS VERIFIE QUE DANS 49 051
COUP D'OEIL. ET SI QUELQUE IMPORTUN VENAIT ME 16 021
COUP DE BATON POUR LA CALMER! CAR ELLE DARDE 11 036
COUP DE PIED LANCE DANS LE DOS, ASSEZ 49 055
COUP DE PIOCHE DANS L'ESTOMAC. ET PUIS UN 05 045
COUP DE POING DANS LE DOS, ET J'ENTENDIS UNE 44 009
COUP DE POING, JE LUI BOUCHAI UN OEIL, QUI 49 043
COUP DE SIFFLET AIGU, PROLONGE, INTERROMPIT 27 127
COUP DE TETE DANS L'ESTOMAC. A QUOI BON 15 060
COUP JE RECUS UN VIOLENT COUP DE POING DANS LE 44 009
COUP LE BRUIT COURUT QUE LE SOUVERAIN VOULAIT 27 036
COUP SUR, LE MAITRE DE CE CABARET SAIT 45 003
COUP SUR, ME DIS-JE, CETTE PAUVRETE-LA, SI 13 088
COUP TERRIBLE, LOURD, A RETENTI A LA PORTE, 05 043
COUP, --O MIRACLE! O JOUISSANCE DU PHILOSOPHE 49 060
COUP: ''REGARDEZ, REGARDEZ LA-BAS...! LE 31 025
COUPABLES AVAIENT JOUI POUR LA DERNIERE FOIS 27 144
COUPABLES. ''RESTAIT UNE TACHE SUPREME A 30 082
COUPABLES! QUAND VOUS SORTIREZ LE MATIN AVEC 19 002
COUPAI POUR LUI UNE BELLE TRANCHE QUE JE LUI 15 040
COUPASSENT INTEMPESTIVEMENT LA PAROLE. JE NE 23 020
COUPE A DIVERS INTERVALLES NOS FREQUENTES 29 039
COUPE A INTERVALLES REGULIERS PAR LA 45 017
COUPE PLEINE JUSQU'AU BORD: ''A VOTRE 29 052
COUPER LA CORDE. MAIS CELA FAIT, TOUT N'ETAIT 30 062
COUPER LA TETE! S... S... C... DE S... M...! 47 045
COUPER LES VETEMENTS POUR LES LUI ENLEVER. 30 077
COUPER, TAILLER ET ROGNER! C'ETAIT VOUS QUI 47 033
COUPES RENVERSEES. ET UNE GLOIRE ETONNANTE 32 010
COUPOLE DU CIEL DONT J'ETAIS ENVELOPPE; LE 15 009
COUPOLE SPLEENETIQUE DU CIEL, LES PIEDS 06 024
COUPS DE FEU D'UN TIR VOISIN, QUI ECLATAIENT 45 018
COUR A LA LIGNE DROITE ET DANSENT AUTOUR DANS 32 013
COUR A UN DIRECTEUR DE THEATRE, QUI M'A DIT EN 10 024

POEM LINE

POEM	LINE		
27	148	PAYS, SONT VENUS JOUER DEVANT LA	COUR DE...; MAIS AUCUN D'EUX N'A PU RAPPELER
—27	058	ENFIN, LE GRAND JOUR ARRIVE, CETTE PETITE	COUR DEPLOYA TOUTES SES POMPES, ET IL SERAIT
—24	003	ELLE SERAIT BELLE DANS UN COSTUME DE	COUR, COMPLIQUE ET FASTUEUX, DESCENDANT, A
—50	127	ENRICHIE DE PIERRERIES, SOIT UN MANTEAU DE	COUR, EN ECHANGE D'UN PRECIEUX SONNET OU D'UN
—25	045	ET AU SAFRAN, LUI ENVOIE, DU FOND DE LA	COUR, SES PARFUMS EXCITANTS? PEUT-ETRE
—27	107	MELA SES APPLAUDISSEMENTS A CEUX DE SA	COUR. CEPENDANT, POUR UN OEIL CLAIRVOYANT, SON
46	011	LA FANGE DU MACADAM. JE N'AI PAS EU LE	COURAGE DE LA RAMASSER. J'AI JUGE MOINS
09	018	ELLES TROUVENT A UNE CERTAINE MINUTE UN	COURAGE DE LUXE POUR EXECUTER LES ACTES LES
32	035	DU GENIE, QUEL ANALYSTE AURA LE DETESTABLE	COURAGE DE VOUS DIVISER ET DE VOUS SEPARER?
50	109	APRES TOUT?), POUR RECOMPENSER TANT DE	COURAGE, TANT DE PATIENCE ET DE LABEUR, UN
30	086	REFUSANT DE M'Y CONDUIRE. ENFIN J'EUS CE	COURAGE. MAIS, A MON GRAND ETONNEMENT, LA MERE
21	113	JE NE VEUX PAS NOMMER.'' CERTES, D'UNE SI	COURAGEUSE ABNEGATION J'AVAIS LE DROIT D'ETRE
23	013	JE N'EXIGE PAS DE MON GAZETIER LES	COURAGEUSES VERTUS DE CRUSOE, MAIS JE DEMANDE
32	012	ECLATANTES. NE DIRAIT-ON PAS QUE LA LIGNE	COURBE ET LA SPIRALE FONT LEUR COUR A LA LONGUE
06	004	RENCONTRAI PLUSIEURS HOMMES QUI MARCHAIENT	COURBES. CHACUN D'EUX PORTAIT SUR SON DOS UNE
50	058	DE BON MATIN, ET ILS CHERCHENT LEUR VIE EN	COURENT A LEURS PLAISIRS. IL Y EN A QUI
23	035	COMME POUR FAIRE HONTE A TOUS CEUX QUI	COURENT S'OUBLIER DANS LA FOULE, CRAIGNANT
36	019	ORAGEUSE ET BOUSCULEE PAR LES NUEES QUI	COURENT; NON PAS LA LUNE PAISIBLE ET DISCRETE
04	017	VIT PAS CE BEAU PLAISANT, ET CONTINUA DE	COURIR AVEC ZELE OU L'APPELAIT SON DEVOIR.
30	030	AI FAIT PORTER LE VIOLON DU VAGABOND, LA	COURONNE D'EPINES ET LES CLOUS DE LA PASSION,
31	096	PETIT PIANO SUSPENDU A SON COU PAR UNE	COURROIE, AVAIT L'AIR DE SE MOQUER DE LA
20	081	''PARCE QUE! PARCE QUE!'' REPLIQUA LA FEE	COURROUCEE, EN LUI TOURNANT LE DOS; ET
47	057	TIENS! VOILA Z.; CELUI QUI DISAIT A SON	COURS, EN PARLANT DE X.: ''CE MONSTRE QUI
26	007	UNE LONGUE JOURNEE QUI M'AVAIT PARU	COURTE. NOUS NOUS ETIONS BIEN PROMIS QUE
51	013	D'OR FIN. JE T'AIME, O CAPITALE INFAME!	COURTISANES ET BANDITS; TELS SOUVENT VOUS
37	026	AIMEE DE MES AMANTS, COURTISEE PAR MES	COURTISANS. TU SERAS LA REINE DES HOMMES AUX
37	025	DOUCE. ''ET TU SERAS AIMEE DE MES AMANTS,	COURTISEE PAR MES COURTISANS. TU SERAS LA
27	036	QUE SES ETATS. TOUT D'UN COUP LE BRUIT	COURUT QUE LE SOUVERAIN VOULAIT FAIRE GRACE A
21	025	DE LIQUEURS SINISTRES, DE BRILLANTS	COUTEAUX ET DES INSTRUMENTS DE CHIRURGIE. DANS
21	049	PAS, VIEUX MONSTRE! TA MYSTERIEUSE	COUTELLERIE, TES FIOLES EQUIVOQUES; LES
19	027	VERNI, DORE, VETU D'UNE ROBE POURPRE, ET	COUVERT DE PLUMETS ET DE VERROTERIES. MAIS
50	083	UN LIT, EN BOIS PEINT, SANS RIDEAUX, DES	COUVERTURES TRAINANTES ET SOUILLEES DE
25	044	LA MARMITE DE FER, OU CUIT UN RAGOUT DE	CRABES AU RIZ ET AU SAFRAN, LUI ENVOIE, DU
15	053	LUI SAISIT L'OREILLE AVEC LES DENTS, ET EN	CRACHA UN PETIT MORCEAU SANGLANT AVEC UN
05	057	SANS FLAMME ET SANS BRAISE, SOUILLEE DE	CRACHATS; LES TRISTES FENETRES OU LA PLUIE A
29	093	LONGUE AUDIENCE A UN SIMPLE MORTEL, ET JE	CRAIGNAIS D'ABUSER. ENFIN, COMME L'AUBE
14	072	VOUS FAIRE RIRE, J'AVOUERAI QUE JE	CRAIGNAIS DE L'HUMILIER. ENFIN, JE VENAIS DE
09	006	CRUES ELLES-MEMES INCAPABLES. TEL QUI	CRAIGNANT DE TROUVER CHEZ SON CONCIERGE UNE
23	035	CEUX QUI COURENT S'OUBLIER DANS LA FOULE,	CRAIGNANT SANS DOUTE DE NE POUVOIR SE
23	019	DE L'ECHAFAUD UNE COPIEUSE HARANGUE, SANS	CRAINDRE QUE LES TAMBOURS DE SANTERRE NE LEUR
15	044	MAIN, SE RECULA VIVEMENT, COMME S'IL EUT	CRAINT QUE MON OFFRE NE FUT PAS SINCERE OU QUE
29	119	AVEC UN BON SOURIRE. SI CE N'EUT ETE LA	CRAINTE DE L'HUMILIER DEVANT UNE AUSSI GRANDE
29	028	PLUTOT UNE SYMPATHIE FRATERNELLE QUE CETTE	CRAINTE QUI NAIT ORDINAIREMENT A L'ASPECT DE
14	030	DE LEURS MEMBRES, SANS FRONT ET SANS	CRANE, COMME LES ORANGS-OUTANGS, SE
46	015	DES ACTIONS BASSES, ET ME LIVRER A LA	CRAPULE, COMME LES SIMPLES MORTELS. ET ME
04	010	UN BEAU MONSIEUR GANTE, VERNI, CRUELLEMENT	CRAVATE ET EMPRISONNE DANS DES HABITS TOUT
05	060	RATURES OU INCOMPLETS; L'ALMANACH OU LE	CRAYON A MARQUE LES DATES SINISTRES! ET CE
47	117	INNOCENTS. --SEIGNEUR, MON DIEU! VOUS, LE	CREATEUR, VOUS, LE MAITRE! VOUS QUI AVEZ FAIT
47	123	AYEZ PITIE DES FOUS ET DES FOLLES! O	CREATEUR! PEUT-IL EXISTER DES MONSTRES AUX
29	054	NOUS CAUSAMES AUSSI DE L'UNIVERS, DE SA	CREATION ET DE SA FUTURE DESTRUCTION; DE LA
47	026	ELLE- MEME UN CIGARE, LA BOUFFONNE	CREATURE ME DISAIT: ''FAITES COMME CHEZ VOUS,
43	012	DANS LE PLAFOND; ET COMME LA CHARMANTE	CREATURE RIAIT FOLLEMENT, SE MOQUANT DE LA
25	050	INFAILLIBLEMENT ELLE LE PRIERA, LA SIMPLE	CREATURE, DE LUI DECRIRE LE BAL DE L'OPERA, ET
42	064	LA PLUS SOUMISE ET LA PLUS DEVOUEE DES	CREATURES, ET TOUJOURS PRETE! ET SANS
03	018	TROP INTENSES. L'ENERGIE DANS LA VOLUPTE	CREE UN MALAISE ET UNE SOUFFRANCE POSITIVE.
47	106	PORTIEZ DANS CE FAMEUX ROLE QUE VOUS AVEZ	CREE.'' MOI, M'OBSTINANT, JE REPRIS: ''PEUX-TU
20	073	AIT L'IMAGINATION SUFFISANTE POUR LE	CREER IMMEDIATEMENT. DONC LA BONNE FEE
28	028	AMI, N'ETAIT EXCUSABLE QUE PAR LE DESIR DE	CREER UN EVENEMENT DANS LA VIE DE CE PAUVRE
18	035	COMME LES AMES DES ARTISTES QUI ONT	CREERENT. LES SOLEILS COUCHANTS, QUI COLORENT
45	018	--COUPE A INTERVALLES REGULIERS PAR LA	CREPITATION DES COUPS DE FEU D'UN TIR VOISIN,
05	005	ET LE DESIR. --C'EST QUELQUE CHOSE DE LE	CREPUSCULAIRE, DE BLEUATRE ET DE ROSATRE; UN
22	038	ET LES PRINCES, JE CROIS QUE LE	CREPUSCULE ALLUMERAIT ENCORE EN LUI LA
22	000	LE	CREPUSCULE DU SOIR
22	020	IMITATION DES HARMONIES DE L'ENFER.	CREPUSCULE EXCITE LES FOUS. --JE ME SOUVIENS
22	021	ME SOUVIENS QUE J'AI EU DEUX AMIS QUE LE	CREPUSCULE RENDAIT TOUT MALADES. L'UN
22	050	LE FEU D'ARTIFICE DE LA DEESSE LIBERTE! LE	CREPUSCULE, COMME VOUS ETES DOUX ET TENDRE!
05	027	BIEN CES YEUX DONT LA FLAMME TRAVERSE LE	CREPUSCULE; CES SUBTILES ET TERRIBLES
22	004	LES COULEURS TENDRES ET INDECISES DU	CREPUSCULE. CEPENDANT DU HAUT DE LA MONTAGNE
22	033	QUE S'EXERCAIT RAGEUSEMENT SA MANIE	CREPUSCULEUSE. LE PREMIER EST MORT FOU,
31	016	MAISON, ET, QUOIQUE AVEC LEURS GRANDS YEUX	CREUX ET LEURS JOUES ENFLAMMEES ELLES AIENT
25	013	MOULE EXACTEMENT SA TAILLE LONGUE, SON DOS	CREUX ET SA GORGE POINTUE. SON OMBRELLE ROUGE,
15	035	DEGUENILLE, NOIR, EBOURIFFE, DONT LES YEUX	CREUX, FAROUCHES ET COMME SUPPLIANTS,
09	087	LE BRUIT ECLATANT D'UN PALAIS DE CRISTAL	CREVE PAR LA FOUDRE. ET, IVRE DE MA FOLIE, JE
09	062	DANS LA RUE, CE FUT UN VITRIER DONT LE	CRI PERCANT, DISCORDANT, MONTA JUSQU'A MOI A
21	100	ET A TRAVERS CETTE TROMPETTE CLAIRE	CRIA MON NOM, QUI ROULA AINSI A TRAVERS
09	067	QUE DESPOTIQUE. ''--HE! HE!'' ET JE LUI	CRIAI DE MONTER. CEPENDANT JE REFLECHISSAIS;
09	088	LA FOUDRE. ET, IVRE DE MA FOLIE, JE LUI	CRIAI FURIEUSEMENT: ''LA VIE EN BEAU! LA VIE
47	043	ME FIT SAUTER SUR MES JAMBES. ''NON!	CRIAI-JE FURIEUX. --CHIRURGIEN, ALORS? --NON!
14	058	DANSAIT PAS, IL NE GESTICULAIT PAS, IL NE	CRIAIT PAS; IL NE CHANTAIT AUCUNE CHANSON; NI
42	141	RETENU DE LUI SAUTER A LA GORGE, EN LUI	CRIANT: ''SOIS DONC IMPARFAITE, MISERABLE!
34	018	ET MAUSSADES, ET LEUR PROGENITURE	CRIARDE. TOUS ETAIENT SI AFFOLES PAR L'IMAGE
03	020	TENDUS NE DONNENT PLUS QUE DES VIBRATIONS	CRIARDES ET DOULOUREUSES. ET MAINTENANT LA
24	012	SERIONS PAS CHEZ NOUS. D'AILLEURS CES MURS	CRIBLES D'OR NE LAISSERAIENT PAS UNE PLACE
11	024	UNE FEMME. L'AUTRE MONSTRE, CELUI QUI	CRIA A TUE-TETE, UN BATON A LA MAIN, EST UN
03	027	L'ETUDE DU BEAU EST UN DUEL OU L'ARTISTE	CRIE DE FRAYEUR AVANT D'ETRE VAINCU.
48	044	AME FAIT EXPLOSION, ET SAGEMENT ELLE ME	CRIE: ''N'IMPORTE OU! N'IMPORTE OU! POURVU QUE
05	048	DE LA LOI; UNE INFAME CONCUBINE QUI VIENT	CRIER MISERE ET AJOUTER LES TRIVIALITES DE SA
34	044	MES COMPAGNONS DIT: ''ENFIN!'' JE NE PUS	CRIER QUE: ''DEJA!'' CEPENDANT C'ETAIT LA
10	033	AVEC JOIE, DELIT DE FANFARONNADE,	CRIME DE RESPECT HUMAIN; AVOIR REFUSE A UN AMI
28	053	LUI AURAIS PRESQUE PARDONNE LE DESIR DE LA	CRIMINELLE JOUISSANCE DONT JE LE SUPPOSAIS
39	012	LE TEMPS N'A RIEN ARRACHE DE SON ABONDANTE	CRINIERE D'OU S'EXHALE EN FAUVES PARFUMS TOUTE

PENDAIENT DANS SON DOS, EPAIS COMME UNE
UN GRAND HURLEMENT, COMPOSE D'UNE FOULE DE
HURLAIENT. C'ETAIT UN MELANGE DE
TOUT N'ETAIT QUE LUMIERE, POUSSIERE,
J'AI ETE PLUS D'UNE FOIS VICTIME DE CES
BONHOMME M'ETONNA QUELQUEFOIS PAR DES
DU CIEL, ET OU MON COEUR, A MOI, ETAIT
RENDIT LE BRUIT ECLATANT D'UN PALAIS DE
DE GUERRE SUR LE REBORD POSTERIEUR DE SES
ET VOUES A UNE MORT CERTAINE. JE
DE L'HUMILIER, CE CHER ENFANT! --EH BIEN!
RENDENT CES ENFANTS-LA SI JOLIS, QU'ON LES
DE LA GLOIRE ET DE TOUT CE QUI FAIT
RENTRA DANS MON SEIN; JE N'OSAIS PLUS
ET DE CES ELANS, QUI NOUS AUTORISENT A
OU ELLE A ETE JETEE, ELLE N'A JAMAIS PU
SUIS PAS AUSSI DUPE QUE VOUS VOUDRIEZ LE
BESOGNE AUSSI FACILE QUE VOUS POUVEZ LE
FANCIOULLE? IL EST DOUX ET LEGITIME DE LE
AUTORISE LES DEGAGEMENTS GRATUITS. JE
PAIX AVEC MOI-MEME ET AVEC L'UNIVERS; JE
LES REPUBLIQUES ET LES PRINCES. JE
JE NE SUIS JAMAIS BIEN NULLE PART, ET JE
EN FRETILLANT DE LA QUEUE, CE QUI EST, JE
DERNIERE MAITRESSE QUE VOUS N'AVEZ PU, JE
MOI DE VOUS L'EXPLIQUER; CAR VOUS ETES, JE
DE LA TERRE ABSENTE, QU'ILS AURAIENT, JE
CHAMBRE,'' DIT UN AUTRE SAGE, PASCAL, JE
HOMME, UN PAUVRE PETIT COMMERCANT, JE
MOI AUSSI, MON IDEE FIXE. --POURQUOI ME
TRAINENT EN MIROITANT; LES REGARDS SE
ON DIRAIT QU'UNE LUMIERE TOUJOURS
SOUFFRIR EN FACE DU POELE, ET CELUI-LA
VOUS SAVEZ BIEN), GARE LA GRUE QUI VOUS
SOYEUSE ET CAPITONNEE! JE CHANTE LE CHIEN
LA BRUME, A TRAVERS LA NEIGE, A TRAVERS LA
CHIENS, LES PAUVRES CHIENS, LES CHIENS
CHIENS, LES PAUVRES CHIENS, LES CHIENS
LES VIEILLES MENDIANTES QUI RAMASSENT DES
UN EXCELLENT POULET, DANS LEQUEL IL
ETRE REFUSE. TOUTES LES FEES SE LEVAIENT;
LAISSAIS ECHAPPER MON ADMIRATION: ''VOUS
PLUS DE FEMMES QUE D'HOMMES! MAIS TOUS,
LE RENDAIT; EN BEAUCOUP DE CAS, PLUS
TROTTOIR. UN BEAU MONSIEUR GANTE, VERNI,
L'ONT MARQUEE DE LEURS GRIFFES ET LUI ONT
ET, SUR CETTE SAGE PAROLE, IL LUI ARRACHE
AVEC UNE RAPIDITE DONT ELLES SE SERAIENT
FOULE DE FACONS! JE NE LUI AI PAS DIT TOUT
EN PASSANT CURIEUSEMENT AUPRES D'ELLE, JE
DE MON GAZETIER LES COURAGEUSES VERTUS DE
ET AU CENTRE DE LAQUELLE UNE LONGUE
UN GROS MORCEAU DE PAIN, UNE TASSE DE
SUR DES PANNEAUX LUISANTS, OU SUR DES
RECLAMER LA SPORTULE A LA PORTE D'UNE
OU LE BONHEUR EST MARIE AU SILENCE! OU LA
COMME UNE MAGNIFIQUE BATTERIE DE
JE LE BATTIS AVEC L'ENERGIE OBSTINEE DES
DONT LA LOURDE BEDAINE SURPLOMBAIT LES
ET QUE LA MARMITE DE FER, OU
VOTRE PEAU, QUI NE MANGEZ QUE DE LA VIANDE
DE MA CONNAISSANCE! ET LE SON RAUQUE DU
UN MELANGE DE CRIS, DE DETONATIONS DE
DEJA. MAIS AU MEME INSTANT IL FUT
AVEC UN DE CES REGARDS INOUBLIABLES QUI
D'ARGENT; DANS LA POCHE GAUCHE DE SA
C'EST LA QU'IL FAUDRAIT DEMEURER POUR
DE JOUJOUX ET DE BONBONS, GROUILLANT DE
PAR UN INVINCIBLE BESOIN DE MARCHER. CHOSE
AVANT DANS LES PROFONDEURS DE CETTE AME
UNE TACHE SI ECLATANTE?'' MAIS EN PASSANT
DU RIRE ET DU SOURIRE, S'APPROCHE ET POSE
MARCHANDISE. ENFIN IL PARUT: J'EXAMINAI
EN ECHANGE D'UN PRECIEUX SONNET OU D'UN
COMPARTIMENTS. LES MEUBLES SONT VASTES,
TOUT A L'HEURE CAPABLE; J'AURAIS TROUVE
UNIVERSELLEMENT SYMPATHIQUE, AU MOINS
ARRONDIE DE LA PLANETE SE DEROBE A LA
CES ETOILES NOIRES QUI COMMANDENT LA
ARISTOCRATIQUE POUR CELUI QUI N'A PLUS NI
A QUOI BON DEMANDER A L'INFORTUNE QUELLE
DU PAYS QU'ON IGNORE, CETTE ANGOISSE DE LA
JAILLI, RADIEUX OU ATTRISTE, DE CETTE
LE TROISIEME CHOQUAIT DE TEMPS A AUTRE SES

Keyword line	POEM	LINE
CRINIERE, ET ILS SENTAIENT AUSSI BON, JE VOUS	31	062
CRIS DISCORDANTS, QUE L'ESPACE TRANSFORME EN	22	007
CRIS, DE DETONATIONS DE CUIVRE ET D'EXPLOSIONS	14	023
CRIS, JOIE, TUMULTE; LES UNS DEPENSAIENT, LES	14	036
CRISES ET DE CES ELANS, QUI NOUS AUTORISENT A	09	046
CRISES SINGULIERES DE TRISTESSE PRECOCE, ET	30	041
CRISPE COMME L'ENFER... --QUOI! --COMMENT!	42	152
CRISTAL CREVE PAR LA FOUDRE. ET, IVRE DE MA	09	087
CROCHETS! ET LE CHOC LE RENVERSANT, IL ACHEVA	09	084
CROIRAIS VOLONTIERS QUE LE PRINCE FUT PRESQUE	27	014
CROIRAIS-TU QUE J'AI UNE DROLE D'ENVIE QUE JE	47	099
CROIRAIT FAITS D'UNE AUTRE PATE QUE LES	19	022
CROIRE A L'IMMORTALITE. MAIS CETTE FILLE	38	004
CROIRE A UN SI PRODIGIEUX BONHEUR, ET, EN ME	29	124
CROIRE QUE DES DEMONS MALICIEUX SE GLISSENT EN	09	047
CROIRE QUE LA FEMME MERITAT UNE AUTRE	11	050
CROIRE, ET SI VOUS ME FATIGUEZ TROP SOUVENT DE	11	072
CROIRE. IL ETAIT DEJA FORT ROIDE; ET J'AVAIS	30	058
CROIRE. LES GENTILSHOMMES COUPABLES AVAIENT	27	143
CROIS MEME QU'ELLES REGARDAIENT DE TEMPS A	20	028
CROIS MEME QUE, DANS MA PARFAITE BEATITUDE ET	15	022
CROIS QUE LE CREPUSCULE ALLUMERAIT ENCORE EN	22	038
CROIS TOUJOURS QUE JE SERAIS MIEUX AILLEURS	31	081
CROIS, CHEZ CES PAUVRES ETRES; LE SIGNE	08	005
CROIS, HAIR OU AIMER LES VOTRES, ET TOUT LE	42	083
CROIS, LE PLUS BEL EXEMPLE D'IMPERMEABILITE	26	004
CROIS, MANGE DE L'HERBE AVEC PLUS	34	019
CROIS, RAPPELANT AINSI DANS LA CELLULE DU	23	039
CROIS, SE LEVA, ET EMPOIGNANT PAR SA ROBE DE	20	057
CROIS-TU MEDECIN? --C'EST QUE TU ES SI GENTIL	47	076
CROISENT! LES OISIFS, FATIGUES DE N'AVOIR RIEN	13	065
CROISSANTE FAIT DE PLUS EN PLUS ETINCELER LES	07	008
CROIT QU'IL GUERIRAIT A COTE DE LA FENETRE. IL	48	003
CROQUERA, VOUS GOBERA ET VOUS TUERA A SON	11	069
CROTTE, LE CHIEN PAUVRE, LE CHIEN SANS	50	034
CROTTE, SOUS LA CANICULE MORDANTE, SOUS LA	50	053
CROTTES ET DESOLES. SWEDENBORG AFFIRME BIEN	50	110
CROTTES, CEUX-LA QUE CHACUN ECARTE, COMME	50	017
CROUTES DE PAIN A LA PORTE DES CABARETS. ''SI	11	004
CROYAIT VOIR JE NE SAIS QUEL INSULTANT	22	025
CROYANT LEUR CORVEE ACCOMPLIE; CAR IL NE	20	054
CROYEZ PEUT-ETRE QUE CELA EST TRES-FORT?	42	043
CROYEZ-LE BIEN, N'APPARTENAIENT PAS A LA	30	131
CRUEL ET PLUS DESPOTE QUE TOUS SES PAREILS.	27	018
CRUELLEMENT CRAVATE ET EMPRISONNE DANS DES	04	010
CRUELLEMENT ENSEIGNE CE QUE CHAQUE MINUTE ET	39	003
CRUELLEMENT LA PROIE, DONT LES BOYAUX DEVIDES	11	032
CRUES ELLES-MEMES INCAPABLES. TEL QUI,	09	004
CRUMENT! J'AVAIS SI PEUR DE L'HUMILIER, CE	47	098
CRUS EN DEVINER LA RAISON. LA GRANDE VEUVE	13	093
CRUSOE, MAIS JE DEMANDE QU'IL NE DECRETE PAS	23	014
CUILLER SE DRESSE, PLANTEE COMME UN DE CES	50	091
CUIR ET UN FLACON D'UN CERTAIN ELIXIR QUE LES	15	029
CUIRS DORES ET D'UNE RICHESSE SOMBRE, VIVENT	18	032
CUISINE DU PALAIS-ROYAL? D'AUTRES QUI	50	061
CUISINE ELLE-MEME EST POETIQUE, GRASSE ET	18	012
CUISINE, COMME UNE SPLENDIDE ORFEVRERIE, COMME	18	049
CUISINIERS QUI VEULENT ATTENDRIR UN BEEFSTEAK.	49	059
CUISSES, ET DONT TOUTE LA PEAU ETAIT DOREE ET	21	058
CUIT UN RAGOUT DE CRABES AU RIZ ET AU SAFRAN,	25	044
CUITE, ET POUR QUI UN DOMESTIQUE HABILE PREND	11	055
CUIVRE APPORTA A MES OREILLES JE NE SAIS QUEL	21	107
CUIVRE ET D'EXPLOSIONS DE FUSEES. LES	14	023
CULBUTE PAR UN AUTRE PETIT SAUVAGE, SORTI JE	15	046
CULBUTERAIENT LES TRONES, SI L'ESPRIT REMUAIT	49	023
CULOTTE, UNE MASSE DE GROS SOLS; ET ENFIN,	28	005
CULTIVER LE REVE DE MA VIE.'' ET, TOUT EN	24	015
CUPIDITES ET DE DESESPOIRS; DELIRE OFFICIEL	04	003
CURIEUSE A NOTER: AUCUN DE CES VOYAGEURS	06	020
CURIEUSE ET MALADE, IL ETAIT INFINIMENT PLUS	27	048
CURIEUSEMENT AUPRES D'ELLE, JE CRUS EN DEVINER	13	093
CURIEUSEMENT SON NEZ HUMIDE SUR LE FLACON	08	006
CURIEUSEMENT TOUTES SES VITRES, ET JE LUI DIS:	09	073
CURIEUX POEME SATIRIQUE. ET TOUTES LES FOIS	50	128
CURIEUX, BIZARRES, ARMES DE SERRURES ET DE	18	039
CURIEUX, SINGULIER, QU'IL S'AMUSAT A	28	054
CURIEUX, SUR LA FOULE DE PARIAS QUI SE	13	061
CURIOSITE DU REGARD HUMAIN. ET PENDANT	06	031
CURIOSITE ET L'ADMIRATION. A QUEL DEMON	05	032
CURIOSITE NI AMBITION, A CONTEMPLER, COUCHE	41	011
CURIOSITE, QUELLE MERVEILLE IL AVAIT A MONTRER	14	069
CURIOSITE? IL EST UNE CONTREE QUI TE	18	017
CUVE IMMENSE DE LA MER DONT LES BORDS NE SE	34	002
CYMBALES AVEC UNE VIOLENCE EXTRAORDINAIRE. ILS	31	098

POEM	LINE		
31	120	FRONT TOURNE VERS LES ETOILES. J'AVAIS EU	D'ABORD ENVIE DE LES PRIER DE M'EMMENER AVEC
19	011	VERREZ LEURS YEUX S'AGRANDIR DEMESUREMENT.	D'ABORD ILS N'OSERONT PAS PRENDRE; ILS
30	057	AVEC UNE FIXITE EFFRAYANTE, ME CAUSERENT	D'ABORD L'ILLUSION DE LA VIE. LE DEPENDRE
27	134	SECOUE, REVEILLE DANS SON REVE, FERMA	D'ABORD LES YEUX, PUIS LES ROUVRIT PRESQUE
27	063	CELLE-LA ETAIT DOUBLEMENT VRAIE,	D'ABORD PAR LA MAGIE DU LUXE ETALE, ENSUITE
21	009	ET SI PLEIN DE DOMINATION, QUE JE LES PRIS	D'ABORD TOUS LES TROIS POUR DE VRAIS DIEUX. LE
31	060	N'AVAIS PAS EU PEUR, PEUR DE LA REVEILLER	D'ABORD, ET PUIS ENCORE PEUR DE JE NE SAIS
10	007	DE ME DELASSER DANS UN BAIN DE TENEBRES!	D'ABORD, UN DOUBLE TOUR A LA SERRURE. IL ME
16	006	ETAIT. LE GAMIN DU CELESTE EMPIRE HESITA	D'ABORD; PUIS, SE RAVISANT, IL REPONDIT: ''JE
30	026	QUE TOUTES LES AUTRES, ME SEDUISIT TOUT	D'ABORD. IL A POSE PLUS D'UNE FOIS POUR MOI,
29	094	A UN SIMPLE MORTEL, ET JE CRAIGNAIS	D'ABUSER. ENFIN; COMME L'AUBE FRISSONNANTE
24	030	NEGRESSES......, ET, LA NUIT, POUR SERVIR	D'ACCOMPAGNEMENT A MES SONGES, LE CHANT
09	016	ET VOLUPTUEUSES, ET COMMENT, INCAPABLES	D'ACCOMPLIR LES CHOSES LES PLUS SIMPLES ET LES
23	015	MAIS JE DEMANDE QU'IL NE DECRETE PAS	D'ACCUSATION LES AMOUREUX DE LA SOLITUDE ET DU
10	021	ET CELA SANS AVOIR PRIS LA PRECAUTION	D'ACHETER DES GANTS; ETRE MONTE POUR TUER LE
49	037	UN GRAND AFFIRMATEUR, LE MIEN EST UN DEMON	D'ACTION, OU DEMON DE COMBAT. OR, SA VOIX ME
09	060	NOUS POUSSE SANS RESISTANCE VERS UNE FOULE	D'ACTIONS DANGEREUSES OU INCONVENANTES.) LA
11	044	DE CES DEUX DESCENDANTS D'EVE ET	D'ADAM, CES OEUVRES DE VOS MAINS, O MON DIEU!
29	109	VOUS SEREZ FOURNI DE FLATTERIES ET MEME	D'ADORATIONS; L'ARGENT, L'OR, LES DIAMANTS,
50	052	ILS VONT A LEURS AFFAIRES. RENDEZ-VOUS	D'AFFAIRES, RENDEZ-VOUS D'AMOUR. A TRAVERS LA
24	011	CHERE VIE. NOUS N'Y SERIONS PAS CHEZ NOUS.	D'AILLEURS CES MURS CRIBLES D'OR NE
13	027	OU NON, IL EST FACILE DE LES RECONNAITRE.	D'AILLEURS IL Y A TOUJOURS DANS LE DEUIL DU
09	064	SALE ATMOSPHERE PARISIENNE. IL ME SERAIT	D'AILLEURS IMPOSSIBLE DE DIRE POURQUOI JE FUS
48	026	PEUT-ETRE DAVANTAGE? NOUS Y TROUVERIONS	D'AILLEURS L'ESPRIT DE L'EUROPE MARIE A LA
46	021	BIEN ICI. VOUS SEUL, VOUS M'AVEZ RECONNU.	D'AILLEURS LA DIGNITE M'ENNUIE. ENSUITE JE
27	019	DES BEAUX-ARTS, EXCELLENT CONNAISSEUR	D'AILLEURS, IL ETAIT VRAIMENT INSATIABLE DE
47	054	--OUI! C'EST X. LE NOM EST AU BAS	D'AILLEURS; MAIS JE LE CONNAIS
42	167	RIGOUREUSE, QUOIQUE SUFFISAMMENT EXPLIQUE	D'AILLEURS. ENSUITE ON FIT APPORTER DE
04	015	UN AIR DE FATUITE, COMME POUR LES PRIER	D'AJOUTER LEUR APPROBATION A SON CONTENTEMENT.
31	079	M'A SOUVENT SEMBLE QUE MON PLAISIR SERAIT	D'ALLER TOUJOURS DROIT DEVANT MOI, SANS SAVOIR
31	114	AIMABLE.'' ''NOUS FERIONS PEUT-ETRE MIEUX	D'ALLER VERS L'ESPAGNE, CAR VOICI LA SAISON
46	003	BUVEUR DE QUINTESSENCES! VOUS, LE MANGEUR	D'AMBROISIE! EN VERITE, IL Y A LA DE QUOI ME
22	022	L'UN MECONNAISSAIT ALORS TOUS LES RAPPORTS	D'AMITIE ET DE POLITESSE, ET MALTRAITAIT,
07	023	SOLITAIRE DES HUMAINS, PRIVE D'AMOUR ET	D'AMITIE, ET BIEN INFERIEUR EN CELA AU PLUS
07	023	ET LE PLUS SOLITAIRE DES HUMAINS, PRIVE	D'AMOUR ET D'AMITIE, ET BIEN INFERIEUR EN CELA
50	068	QUI, COMME DES NEGRES MARRONS, AFFOLES	D'AMOUR, QUITTENT; A DE CERTAINS JOURS, LEUR
50	052	RENDEZ-VOUS D'AFFAIRES, RENDEZ-VOUS	D'AMOUR. A TRAVERS LA BRUME, A TRAVERS LA
19	002	DIVERTISSEMENT INNOCENT. IL Y A SI PEU	D'AMUSEMENTS QUI NE SOIENT PAS COUPABLES!
29	091	SAURAIT ETEINDRE TOUT A FAIT LE SOUVENIR	D'ANCIENNES RANCUNES.'' IL EST DOUTEUX QUE SON
05	073	DE REGRETS, DE SPASMES, DE PEURS,	D'ANGOISSES, DE CAUCHEMARS, DE COLERES ET DE
14	004	LES FAISEURS DE TOURS, LES MONTREURS	D'ANIMAUX ET LES BOUTIQUIERS AMBULANTS, POUR
26	029	PLANTE UN BRAVE HOMME D'UNE QUARANTAINE	D'ANNEES, AU VISAGE FATIGUE, A LA BARBE
05	080	DANS LA VIE HUMAINE QUI AIT MISSION	D'ANNONCER UNE BONNE NOUVELLE, LA BONNE
12	030	MONTRE, A L'INCONNU QUI PASSE. IL EST BON	D'APPRENDRE QUELQUEFOIS AUX HEUREUX DE CE
42	101	AUX VIVRES, SANS DOUTE? --QUELQUE CHOSE	D'APPROCHANT, UNE ESPECE D'EMPLOYE DANS
40	006	EPOUVANTABLE ME REPOND: ''--MONSIEUR,	D'APRES LES IMMORTELS PRINCIPES DE
49	058	JE ME SAISIS D'UNE GROSSE BRANCHE	D'ARBRE QUI TRAINAIT A TERRE, ET JE LE BATTIS
49	067	QUATRE DENTS, ET, AVEC LA MEME BRANCHE	D'ARBRE, ME BATTIT DRU COMME PLATRE. --PAR MON
31	034	TENEZ, IL VA PASSER DERRIERE CETTE RANGEE	D'ARBRES QUI EST PRESQUE A L'HORIZON... ET
28	006	SOLS, ET ENFIN, DANS LA DROITE, UNE PIECE	D'ARGENT DE DEUX FRANCS QU'IL AVAIT
22	063	PASSE; ET LES ETOILES VACILLANTES D'OR ET	D'ARGENT, DONT ELLE EST SEMEE, REPRESENTENT
28	004	D'OR; DANS LA DROITE, DE PETITES PIECES	D'ARGENT; DANS LA POCHE GAUCHE DE SA CULOTTE,
47	096	MOI, NE TE GENE PAS! JE N'AI PAS BESOIN	D'ARGENT.'' MAIS TU COMPRENDS QUE JE LUI AI
27	103	QUE DONNE LA VUE D'UN CHEF-D'OEUVRE	D'ART VIVANT. LES EXPLOSIONS DE LA JOIE ET DE
48	042	GERBES ROSES, COMME DES REFLETS D'UN FEU	D'ARTIFICE DE L'ENFER!'' ENFIN, MON AME FAIT
22	048	EXPLOSION DES LANTERNES; VOUS ETES LE FEU	D'ARTIFICE DE LA DEESSE LIBERTE. CREPUSCULE,
42	111	DIT D'UN TON FORT SERIEUX, PAR UN HOMME	D'ASPECT DOUX ET POSE, D'UNE PHYSIONOMIE
21	043	DE TOI-MEME POUR T'OUBLIER DANS AUTRUI, ET	D'ATTIRER LES AUTRES AMES JUSQU'A LES
20	041	ETERNEL DES FEES. AINSI LA PUISSANCE	D'ATTIRER MAGNETIQUEMENT LA FORTUNE FUT
30	013	N'EST-IL DONC PAS PARFAITEMENT LEGITIME	D'ATTRIBUER A L'AMOUR MATERNEL TOUTES LES
06	024	FATIGUES ET SERIEUX NE TEMOIGNAIENT	D'AUCUN DESESPOIR! SOUS LA COUPOLE
20	043	FAMILLE TRES-RICHE, QUI, N'ETANT DOUE	D'AUCUN SENS DE CHARITE, NON PLUS QUE D'AUCUNE
20	044	DOUE D'AUCUN SENS DE CHARITE, NON PLUS QUE	D'AUCUNE CONVOITISE POUR LES BIENS LES PLUS
20	026	AUSSI AHURIES QUE DES MINISTRES UN JOUR	D'AUDIENCE, OU DES EMPLOYES DU MONT-DE-PIETE
46	000	PERTE	D'AUREOLE
13	048	ENFIN, DANS L'APRES-MIDI, SOUS UN CIEL	D'AUTOMNE CHARMANT, UN DE CES CIELS D'OU
03	001	QUE LES FINS DE JOURNEES	D'AUTOMNE SONT PENETRANTES! AH! PENETRANTES
50	118	ET FANEE, QUI FAIT PENSER AUX SOLEILS	D'AUTOMNE, A LA BEAUTE DES FEMMES MURES ET AUX
30	035	QUELQUE ARGENT ET DE NE PAS LUI IMPOSER	D'AUTRE PEINE QUE DE NETTOYER MES PINCEAUX ET
35	019	COUCHE, FIER D'AVOIR VECU ET SOUFFERT DANS	D'AUTRES QUI MOI-MEME, PEUT-ETRE ME
50	061	A LA PORTE D'UNE CUISINE DU PALAIS-ROYAL;	D'AUTRES QUI ACCOURENT, PAR TROUPES, DE PLUS
47	083	PAS MALADE DU TOUT!'' MAIS IL Y EN A	D'AUTRES QUI ME COMPRENNENT, PARCE QUE JE LEUR
50	067	LES HOMMES IMBECILES N'EN VEULENT PLUS.	D'AUTRES QUI, COMME DES NEGRES MARRONS,
23	024	PROCURENT DES VOLUPTES EGALES A CELLES QUE	D'AUTRES TIRENT DU SILENCE ET DU
21	067	EXTENUEE. IL Y EN AVAIT ENCORE BIEN	D'AUTRES, LE GROS SATAN TAPAIT AVEC SON POING
35	018	TOUT AUSSI AISEMENT. ET JE ME COUCHE, FIER	D'AVOIR VECU ET SOUFFERT DANS D'AUTRES QUE
15	072	JOIE CALME OU S'EBAUDISSAIT MON AME AVANT	D'AVOIR VU CES PETITS HOMMES AVAIT TOTALEMENT
13	079	TOUT SON AIR; QUE JE N'AI PAS SOUVENIR	D'AVOIR VU SA PAREILLE DANS LES COLLECTIONS
09	039	INVESTIS DE LA MAJESTE DE MINOS,	D'EAQUE ET DE RHADAMANTHE, SAUTERA BRUSQUEMENT
31	119	VOYEZ. ENSUITE ILS ONT BU CHACUN UNE TASSE	D'EAU-DE-VIE ET SE SONT ENDORMIS, LE FRONT
09	052	A FAIRE QUELQUE CHOSE DE GRAND, UNE ACTION	D'ECLAT! ET J'OUVRIS LA FENETRE, HELAS!
27	027	S'IL AVAIT ETE PERMIS, DANS SES DOMAINES,	D'ECRIRE QUOI QUE CE FUT QUI NE TENDIT PAS
18	027	PUISSE OFFRIR A LA FEMME AIMEE, A LA SOEUR	D'ELECTION? OUI; C'EST DANS CETTE ATMOSPHERE
13	093	MAIS EN PASSANT CURIEUSEMENT AUPRES	D'ELLE, PUISQU'ELLE ETAIT PARFAITE?'' LES
42	161	DE RESPECT. QUE VOULIEZ-VOUS QUE JE FISSE	D'ELLES S'ENFONCA MEME DANS LE PLAFOND! ET
43	011	FRAPPERENT LOIN DU BUT PROPOSE; L'UNE	D'ELLES! MAIS CELLE-CI DONNE LE DESIR DE
36	031	L'ENVIE DE LES VAINCRE ET DE JOUIR	D'EMOTION QUE SI J'AVAIS EGARE, DANS UNE
29	045	QUANT A CETTE PERTE, QU'UN PEU MOINS	D'EMPLOYE DANS L'INTENDANCE QUI, PAR QUELQUE
42	101	--QUELQUE CHOSE D'APPROCHANT, UNE ESPECE	D'EN DONNER ENCORE UN, SUPPLEMENTAIRE ET
20	071	LE CAS D'EPUISEMENT DES LOTS, LA FACULTE	D'EN DOUTER. REGRETTA-T IL SON CHER ET
27	141	EFFICACITE DE SA RUSE? IL EST PERMIS	

		POEM	LINE
HEURE-CI. ESSAYEZ, QUAND VOUS POURREZ,	D'EN FAIRE AUTANT QUE MOI, ET VOUS VERREZ!''	31	064
DE SES COMPAGNES AFFOLEES AVEC AUTANT	D'ENERGIE ET DE CAPRICE QUE VOUS AGITEZ VOTRE	32	026
PAR DESOEUVREMENT. C'EST UNE ESPECE	D'ENERGIE QUI JAILLIT DE L'ENNUI ET DE LA	09	030
SE CONTRAINDRE LUI-MEME A FAIRE PREUVE	D'ENERGIE, POUR FAIRE LE JOUEUR, POUR	09	027
N'A PAS ALTERE LA SUAVITE DE SON HALEINE	D'ENFANT; ET LE TEMPS N'A RIEN ARRACHE DE SON	39	011
LE LEGITIME PROPRIETAIRE DU GATEAU ESSAYA	D'ENFONCER SES PETITES GRIFFES DANS LES YEUX	15	055
DANS SON ART DE TERRIFIER LES COEURS ET	D'ENGOURDIR LES ESPRITS? FRUSTRE DE SES	27	111
MORTE? ''EN ES-TU DONC VENUE A CE POINT	D'ENGOURDISSEMENT QUE TU NE TE PLAISES QUE	48	029
ARTISTE LUI-MEME, IL NE CONNAISSAIT	D'ENNEMI DANGEREUX QUE L'ENNUI, ET LES EFFORTS	27	022
HEUREUSE SI ELLE N'ETAIT OBLIGEE	D'ENTASSER PIASTRE SUR PIASTRE POUR RACHETER	25	057
JE CROIS, MANGE DE L'HERBE AVEC PLUS	D'ENTHOUSIASME QUE LES BETES. ENFIN UN RIVAGE	34	020
VETU DE NOIR; SI MODIQUE QUE FUT LE PRIX	D'ENTREE, CE PRIX SUFFISAIT PEUT-ETRE POUR	13	096
--EH BIEN! CROIRAIS-TU QUE J'AI UNE DROLE	D'ENVIE QUE JE N'OSE PAS LUI DIRE? --JE	47	099
SAIT APPRECIER HORACE ET LES POETES ELEVES	D'EPICURE. PEUT-ETRE MEME CONNAIT-IL LE	45	004
PORTER LE VIOLON DU VAGABOND, LA COURONNE	D'EPINES ET LES CLOUS DE LA PASSION, ET LA	30	030
SEMBLABLE A CELUI-CI, C'EST-A-DIRE LE CAS	D'EPUISEMENT DES LOTS, LA FACULTE D'EN DONNER	20	070
ET LES CLOUS DE LA PASSION, ET LA TORCHE	D'EROS. JE PRIS ENFIN A TOUTE LA DROLERIE DE	30	031
SURPRENANT QUE JE FUSSE ALORS DANS UN ETAT	D'ESPRIT AVOISINANT LE VERTIGE OU LA	49	011
PAS PARLER DU TOUT! MAIS IL Y A DES GENS	D'ESPRIT QUI, APRES BOIRE, NE MEPRISENT PAS	42	012
LA THEORIE QUE J'AI EU LA DOULEUR	D'ESSAYER SUR VOTRE DOS.'' IL M'A BIEN JURE	49	077
PAR UN DESIR INVETERE ET UNE HABITUDE	D'ETAT DE FAIRE PEUR, A TOUT HASARD, AUX	30	081
LANTERNES QUI REMPLISSAIENT LEURS JUPES	D'ETINCELLES. TOUT N'ETAIT QUE LUMIERE,	14	035
SI PRODIGIEUSEMENT COQUETTE QUE LE PLAISIR	D'ETRE ADMIREE L'EMPORTE CHEZ ELLE SUR	25	026
A QUEL DEMON BIENVEILLANT DOIS-JE	D'ETRE AINSI ENTOURE DE MYSTERE, DE SILENCE,	05	033
POUR MOI, MESSIEURS; JE ME FAIS GLOIRE	D'ETRE ARRIVE, DEPUIS LONGTEMPS, A L'EPOQUE	42	021
EFFET, ALLEZ, DE N'ETRE PAS COUCHE SEUL ET	D'ETRE DANS UN LIT AVEC SA BONNE, DANS LES	31	052
DIS: ''VOUS AVEZ RAISON; APRES LE PLAISIR	D'ETRE ETONNE, IL N'EN EST PAS DE PLUS GRAND	28	020
SI COURAGEUSE ABNEGATION J'AVAIS LE DROIT	D'ETRE FIER. MAIS MALHEUREUSEMENT JE ME	21	114
QUI EST PLUS SINGULIER, CELA DONNE ENVIE	D'ETRE HABILLE DE MEME, DE DIRE ET DE FAIRE	31	020
QUE J'AVAIS PEUR D'ETRE RATTRAPE AVANT	D'ETRE HORS DE FRANCE.'' L'AIR PEU INTERESSE	31	125
DE SON CALCUL. ON N'EST JAMAIS EXCUSABLE	D'ETRE MECHANT, MAIS IL Y A QUELQUE MERITE A	28	057
QUOI, C'EST PARCE QUE J'AVAIS PEUR	D'ETRE RATTRAPE AVANT D'ETRE HORS DE FRANCE.''	31	124
UN DUEL OU L'ARTISTE CRIE DE FRAYEUR AVANT	D'ETRE VAINCU.	03	028
QU'A SES YEUX LES VALENT PAS LA PEINE	D'ETRE VISITEES. LE PROMENEUR SOLITAIRE ET	12	016
JE N'AI QUE FAIRE DE CETTE PACOTILLE	D'ETRES QUI, SANS DOUTE, NE VALENT PAS MIEUX	21	046
NOUS POURRIONS AIMER ET ESTIMER.'' L'UN	D'EUX JETA LA CAUSERIE SUR LE SUJET DES	42	010
JOUEUR DEVANT LA COUR DE...; MAIS AUCUN	D'EUX N'A PU RAPPELER LES MERVEILLEUX TALENTS	27	149
HOMMES QUI MARCHAIENT COURBES. CHACUN	D'EUX PORTAIT SUR SON DOS UNE ENORME CHIMERE,	06	005
EXTRAORDINAIRE. ILS ETAIENT SI CONTENTS	D'EUX-MEMES, QU'ILS ONT CONTINUE A JOUER LEUR	31	099
MOEURS CONJUGALES DE CES DEUX DESCENDANTS	D'EVE ET D'ADAM, CES OEUVRES DE VOS MAINS, O	11	044
CHIEN. SI JE VOUS AVAIS OFFERT UN PAQUET	D'EXCREMENTS, VOUS L'AURIEZ FLAIRE AVEC	08	011
DE CRIS, DE DETONATIONS DE CUIVRE ET	D'EXPLOSIONS DE FUSEES. LES QUEUES-ROUGES ET	14	023
AU PERSONNAGE QU'IL EST CHARGE	D'EXPRIMER, CE QUE LES MEILLEURES STATUES DE	27	076
PAUVRE AME REFROIDIE, QUE PENSERAIS- TU	D'EXTASE ET DE REGRET. ''EST-IL BETE,	31	038
FAISANT ENCORE MA PRIERE PAR UN RESTE	D'HABITER LISBONNE? IL DOIT Y FAIRE CHAUD, ET	48	009
AU TRAVAIL, PLUS VIVEMENT ENCORE QUE	D'HABITUDE IMBECILE, JE REPETAIS DANS UN	29	125
QUELQUE CHOSE QUI MANQUE, UNE ABSENCE	D'HABITUDE, POUR CHASSER PEU A PEU CE PETIT	30	118
NAISSANCE A LA MORT, COMBIEN COMPTONS-NOUS	D'HARMONIE QUI LE REND PLUS NAVRANT. IL EST	13	029
LA MUSIQUE. ICI RIEN QUE DE RICHE,	D'HEURES REMPLIES PAR LA JOUISSANCE POSITIVE,	18	072
ENFIN ATTRAPER GRATIS UN BREVET	D'HEUREUX! RIEN QUI NE RESPIRE ET N'INSPIRE	13	068
VOUTE, CADUC, DECREPIT, UNE RUINE	D'HOMME CHARITABLE. JE LUI AURAIS PRESQUE	28	051
DANS UN BOUDOIR	D'HOMME, ADOSSE CONTRE UN DES POTEAUX DE SA	14	047
LA MER. IL Y AVAIT LA DES VISAGES ETRANGES	D'HOMME, C'EST-A-DIRE DANS UN FUMOIR ATTENANT	42	001
PORT FOURMILLANT DE CHANTS MELANCOLIQUES	D'HOMMES ET DE FEMMES, MARQUES D'UNE BEAUTE	29	023
AVAIT, JE DOIS LE DIRE, PLUS DE FEMMES QUE	D'HOMMES VIGOUREUX DE TOUTES NATIONS ET DE	17	017
ARMOIRE, JE M'APERCUS, AVEC UN DEGOUT MELE	D'HOMMES; MAIS TOUS, CROYEZ-LE BIEN,	30	130
ABSOLUE, LA MISERE AFFUBLEE, POUR COMBLE	D'HORREUR ET DE COLERE, QUE LE CLOU ETAIT	30	104
BARRAIT TOUS MES CAPRICES. POUR COMBLE	D'HORREUR, DE HAILLONS COMIQUES, OU LA	14	055
JE L'AI VU JETER A LA TERRE D'UN MAITRE	D'HORREUR, ELLE N'EXIGEAIT PAS DE	42	138
POUR DENONCER AU POUVOIR CES INDIVIDUS	D'HOTEL UN EXCELLENT POULET, DANS LEQUEL IL	22	024
L'HOMME SENSIBLE QUI SAIT Y LIRE, PART	D'HUMEUR ATRABILAIRE QUI VEULENT DEPOSER LES	27	010
PRIER LE MAITRE DU CAFE DE LES ELOIGNER	D'HUMILITE, TANT DE REPROCHES. IL TROUVE	28	014
BENEDICTA, QUI REMPLISSAIT L'ATMOSPHERE	D'ICI?'' TANT IL EST DIFFICILE DE S'ENTENDRE,	26	057
ET ELLE DEPLOYA EN EVENTAIL UNE MASSE	D'IDEAL, ET DONT LES YEUX REPANDAIENT LE DESIR	38	002
AUTRE L'AIGUILLE DE L'HORLOGE AVEC AUTANT	D'IMAGES PHOTOGRAPHIQUES, REPRESENTANT DES	47	070
VOUS ETES, JE CROIS, LE PLUS BEL EXEMPLE	D'IMPATIENCE QUE DES JUGES HUMAINS QUI,	20	029
OU D'UNE FENETRE EGAYEE PAR DES RIDEAUX	D'IMPERMEABILITE FEMININE QUI SE PUISSE	26	004
A TRAVERS CE PEUPLE VETU DE BLOUSES ET	D'INDIENNE BARIOLEE SE PENCHAIENT DEUX TETES	24	037
IMPROVISANT DES CHANTS DE DELECTATION OU	D'INDIENNE, J'APERCUS UN ETRE DONT LA NOBLESSE	13	075
QUE L'IDEE D'UNE IDEE, QUELQUE CHOSE	D'INEFFABLE DOULEUR, OU CONFIANT AU PAPIER VOS	32	042
LE VOULOIR, LEUR PART DE CETTE ATMOSPHERE	D'INFINIMENT VAGUE. ET JE SORTIS AVEC UNE	49	017
NE DEDAIGNAIT PAS, EN BEAUCOUP DE CAS,	D'INSOUCIANCE. POUR MOI, JE NE MANQUE JAMAIS,	14	017
IL REPONDIT: ''JE VAIS VOUS LE DIRE.'' PEU	D'INSPIRER LA PLUME, LA PAROLE ET LA	29	081
MAINTENANT POUR CE QUI AVAIT SERVI	D'INSTANTS APRES, IL REPARUT, TENANT DANS SES	16	007
D'UN AMI, NI DANS LEUR TETE APLATIE ASSEZ	D'INSTRUMENT A LA MORT DE SON FILS; IL EST	30	113
D'OEIL SIGNIFICATIF AUQUEL JE ME HATAI	D'INTELLIGENCE POUR JOUER AU DOMINO! A LA	50	031
REGARDE UNE FENETRE FERMEE. IL N'EST PAS	D'OBEIR. JE LE SUIVIS ATTENTIVEMENT, ET	29	007
N'AURAIS-JE PAS L'HONNEUR, COMME SOCRATE,	D'OBJET PLUS PROFOND, PLUS MYSTERIEUX, PLUS	35	003
CAR IL ME FIT, EN PASSANT, UN CLIGNEMENT	D'OBTENIR MON BREVET DE FOLIE, SIGNE DU SUBTIL	49	030
INSPECTE LES ENVIRONS D'UN COUP	D'OEIL SIGNIFICATIF AUQUEL JE ME HATAI	29	006
COMME UN SOUPIR, RAPIDE COMME UN COUP	D'OEIL, ET QUE J'AVAIS VERIFIE QUE DANS CETTE	49	051
REPUBLICAIN POURRAIT AUSSI BIEN QUALIFIER	D'OEIL. ET SI QUELQUE IMPORTUN VENAIT ME	16	021
JE M'ETAIS LEVE MAUSSADE, TRISTE, FATIGUE	D'OFFICIEUX, SI LA REPUBLIQUE, TROP OCCUPEE DU	50	104
CHAQUE HOMME PORTE EN LUI SA DOSE	D'OISIVETE, ET POUSSE, ME SEMBLAIT-IL, A FAIRE	09	050
PASSE; ET LES ETOILES VACILLANTES	D'OPIUM NATUREL, INCESSAMMENT SECRETEE ET	18	070
DANS LES VOILES DU SOIR PASSEMENTEES	D'OR ET D'ARGENT, DONT ELLE EST SEMEE,	22	063
SOUS UN CIEL DEJA VERDATRE OU DES NUAGES	D'OR FIN, JE T'AIME, O CAPITALE INFAME!	51	012
PAS CHEZ NOUS. D'AILLEURS CES MURS CRIBLES	D'OR FLOTTAIT COMME DES CONTINENTS EN	31	003
TRAINAIENT QUELQUES ANNEAUX D'UNE CHAINE	D'OR NE LAISSERAIENT PAS UNE PLACE POUR	24	012
DE SON GILET IL GLISSA DE PETITES PIECES	D'OR ROMPUE, ET QUAND LA GENE QUI EN RESULTAIT	21	033
	D'OR; DANS LA DROITE, DE PETITES PIECES	28	004

POEM LINE

POEM	LINE		
26	010	PLUS QU'UNE; --UN REVE QUI N'A RIEN	D'ORIGINAL, APRES TOUT, SI CE N'EST QUE, REVE
27	130	ET LES COEURS. ET DE L'ENDROIT DE LA SALLE	D'OU AVAIT JAILLI CETTE DESAPPROBATION
13	049	CIEL D'AUTOMNE CHARMANT, UN DE CES CIELS	D'OU DESCENDENT EN FOULE LES REGRETS ET LES
42	040	REFRAINS QUI SORTAIENT DE CETTE BOUCHE	D'OU JE N'AURAIS VOULU VOIR S'ENVOLER QUE DES
51	002	CONTENT, JE SUIS MONTE SUR LA MONTAGNE	D'OU L'ON PEUT CONTEMPLER LA VILLE EN SON
18	010	OU LA VIE EST GRASSE ET DOUCE A RESPIRER;	D'OU LE DESORDRE, LA TURBULENCE ET L'IMPREVU
34	040	MYSTERIEUX PARFUM DE ROSE ET DE MUSC, ET	D'OU LES MUSIQUES DE LA VIE NOUS ARRIVAIENT EN
18	080	CHARRIENT, TOUT CHARGES DE RICHESSES, ET	D'OU MONTENT LES CHANTS MONOTONES DE LA
21	038	AVEC SES YEUX INCONSOLABLEMENT NAVRES,	D'OU S'ECOULAIT UNE INSIDIEUSE IVRESSE, ET IL
21	016	ENTR'OUVERTES A DES CASSOLETTES CHAUDES,	D'OU S'EXHALAIT LA BONNE ODEUR D'UNE
39	013	N'A RIEN ARRACHE DE SON ABONDANTE CRINIERE	D'OU S'EXHALE EN FAUVES PARFUMS TOUTE LA
21	069	AVEC SON POING SUR SON IMMENSE VENTRE,	D'OU SORTAIT ALORS UN LONG ET RETENTISSANT
09	014	TOUT SAVOIR, NE PEUVENT PAS EXPLIQUER	D'OU VIENT SI SUBITEMENT UNE SI FOLLE ENERGIE
15	047	UN AUTRE PETIT SAUVAGE, SORTI JE NE SAIS	D'OU, ET SI PARFAITEMENT SEMBLABLE AU PREMIER
47	103	UN PEU DE SANG DESSUS!!! ELLE DIT CELA	D'UN AIR FORT CANDIDE, COMME UN HOMME SENSIBLE
30	091	QUANT AU PERE, IL SE CONTENTA DE DIRE	D'UN AIR MOITIE ABRUTI, MOITIE REVEUR: ''APRES
47	111	J'Y PARVINS. MAIS ALORS ELLE ME REPONDIT	D'UN AIR TRES-TRISTE, ET MEME, AUTANT QUE JE
50	030	POINTU ASSEZ DE FLAIR POUR SUIVRE LA PISTE	D'UN AMI, NI DANS LEUR TETE APLATIE ASSEZ
09	012	UNE FORCE IRRESISTIBLE, COMME LA FLECHE	D'UN ARC. LE MORALISTE ET LE MEDECIN, QUI
27	053	QUEL POINT LES FACULTES HABITUELLES	D'UN ARTISTE POUVAIENT ETRE ALTEREES OU
05	061	A MARQUE LES DATES SINISTRES! ET CE PARFUM	D'UN AUTRE MONDE, DONT JE M'ENIVRAIS AVEC UNE
49	040	CECI: ''CELUI-LA SEUL EST L'EGAL	D'UN AUTRE, QUI LE PROUVE, ET CELUI-LA SEUL
17	023	PASSEES SUR UN DIVAN, DANS LA CHAMBRE	D'UN BEAU NAVIRE, BERCEES PAR LE ROULIS
24	004	DESCENDANT, A TRAVERS L'ATMOSPHERE	D'UN BEAU SOIR, LES DEGRES DE MARBRE D'UN
25	030	HEUREUSE DE VIVRE ET SOURIANT	D'UN BLANC SOURIRE, COMME SI ELLE APERCEVAIT
24	026	DE RARES SIEGES D'UN ROCOCO PORTUGUAIS,	D'UN BOIS LOURD ET TENEBREUX (OU ELLE
38	010	L'AI ENTERREE, BIEN CLOSE DANS UNE BIERE	D'UN BOIS PARFUME ET INCORRUPTIBLE COMME LES
49	027	VOIX QUE JE RECONNUS BIEN; C'ETAIT CELLE	D'UN BON ANGE, OU D'UN BON DEMON, QUI
49	027	BIEN; C'ETAIT CELLE D'UN BON ANGE, OU	D'UN BON DEMON, QUI M'ACCOMPAGNE PARTOUT.
26	014	DEVANT UN CAFE NEUF QUI FORMAIT LE COIN	D'UN BOULEVARD NEUF, ENCORE TOUT PLEIN DE
15	029	DE PAIN, UNE TASSE DE CUIR ET UN FLACON	D'UN CERTAIN ELIXIR QUE LES PHARMACIENS
27	103	AUX VOLUPTES MULTIPLIEES QUE DONNE LA VUE	D'UN CHEF-D'OEUVRE D'ART VIVANT. LES
27	072	DE DOUCEUR ET DE PARDON. QUAND ON DIT	D'UN COMEDIEN: ''VOILA UN BON COMEDIEN'', ON
42	081	JE VEUX PARLER DU COMIQUE DANS L'AMOUR, ET	D'UN COMIQUE QUI N'EXCLUT PAS L'ADMIRATION.
14	028	EFFETS, DES BONS MOTS ET DES PLAISANTERIES	D'UN COMIQUE SOLIDE ET LOURD, COMME CELUI DE
13	062	QUI SE PRESSENT AUTOUR DE L'ENCEINTE	D'UN CONCERT PUBLIC. L'ORCHESTRE JETTE A
07	019	LE REMORDS OU L'ENNUI NOUS OBSEDE; AFFUBLE	D'UN COSTUME ECLATANT ET RIDICULE, COIFFE DE
49	051	PREALABLEMENT INSPECTE LES ENVIRONS	D'UN COUP D'OEIL, ET QUE J'AVAIS VERIFIE QUE
15	060	ET FIT ROULER LE VAINQUEUR PAR TERRE	D'UN COUP DE TETE DANS L'ESTOMAC. A QUOI BON
27	036	FACULTES PLUS GRANDES QUE SES ETATS. TOUT	D'UN COUP LE BRUIT COURUT QUE LE SOUVERAIN
50	128	COUR, EN ECHANGE D'UN PRECIEUX SONNET OU	D'UN CURIEUX POEME SATIRIQUE. ET TOUTES LES
26	017	LE GAZ LUI-MEME Y DEPLOYAIT TOUTE L'ARDEUR	D'UN DEBUT, ET ECLAIRAIT DE TOUTES SES FORCES
05	049	DE LA MIENNE; OU BIEN LE SAUTE-RUISSEAU	D'UN DIRECTEUR DE JOURNAL QUI RECLAME LA SUITE
50	099	L'INDIFFERENCE DU PUBLIC ET LES INJUSTICES	D'UN DIRECTEUR QUI SE FAIT LA GROSSE PART ET
19	001	JE VEUX DONNER L'IDEE	D'UN DIVERTISSEMENT INNOCENT. IL Y A SI PEU
20	016	QUE LES DONS N'ETAIENT PAS LA RECOMPENSE	D'UN EFFORT, MAIS TOUT AU CONTRAIRE UNE GRACE
21	072	EN MONTRANT IMPUDEMMENT SES DENTS GATEES,	D'UN ENORME RIRE IMBECILE, COMME CERTAINS
06	007	DE FARINE OU DE CHARBON, OU LE FOURNIMENT	D'UN FANTASSIN ROMAIN. MAIS LA MONSTRUEUSE
48	041	LEURS GERBES ROSES, COMME DES REFLETS	D'UN FEU D'ARTIFICE DE L'ENFER!!! ENFIN, MON
27	118	DE PLUS EN PLUS, ET SES YEUX S'ECLAIRAIENT	D'UN FEU INTERIEUR SEMBLABLE A CELUI DE LA
33	008	LES MARCHES D'UN PALAIS, SUR L'HERBE VERTE	D'UN FOSSE, DANS LA SOLITUDE MORNE DE VOTRE
04	007	VIVEMENT, HARCELE PAR UN MALOTRU ARME	D'UN FOUET. COMME L'ANE ALLAIT TOURNER L'ANGLE
15	016	D'UN NUAGE, COMME LE REFLET DU MANTEAU	D'UN GEANT AERIEN VOLANT A TRAVERS LE CIEL. ET
27	038	ET L'ORIGINE DE CE BRUIT FUT L'ANNONCE	D'UN GRAND SPECTACLE OU FANCIOULLE DEVAIT
42	113	MALHEUREUSEMENT ILLUMINEE PAR DES YEUX	D'UN GRIS CLAIR, DE CES YEUX DONT LE REGARD
27	025	AURAIENT CERTAINEMENT ATTIRE, DE LA PART	D'UN HISTORIEN SEVERE, L'EPITHETE DE
27	006	S'EMPARENT DESPOTIQUEMENT DU CERVEAU	D'UN HISTRION, UN JOUR FANCIOULLE ENTRA DANS
27	043	GENEREUSES DU PRINCE OFFENSE. DE LA PART	D'UN HOMME AUSSI NATURELLEMENT ET
27	050	JUGER DE LA VALEUR DES TALENTS SCENIQUES	D'UN HOMME CONDAMNE A MORT. IL VOULAIT
18	051	DU MONDE Y AFFLUENT, COMME DANS LA MAISON	D'UN HOMME LABORIEUX ET QUI A BIEN MERITE DU
27	052	POUR FAIRE UNE EXPERIENCE PHYSIOLOGIQUE	D'UN INTERET CAPITAL, ET VERIFIER JUSQU'A QUEL
13	046	JADIS BRULES PAR LES LARMES, DES NOUVELLES	D'UN INTERET PUISSANT ET PERSONNEL. ENFIN,
19	017	AU BOUT DUQUEL APPARAISSAIT LA BLANCHEUR	D'UN JOLI CHATEAU FRAPPE PAR LE SOLEIL, SE
42	041	VOIR S'ENVOLER QUE DES CHANSONS. A PROPOS	D'UN LIVRE, D'UN POEME, D'UN OPERA POUR LEQUEL
49	024	L'ESPRIT REMUAIT LA MATIERE, ET SI L'OEIL	D'UN MAGNETISEUR FAISAIT MURIR LES RAISINS. EN
22	024	PREMIER VENU. JE L'AI VU JETER A LA TERRE	D'UN MAITRE D'HOTEL UN EXCELLENT POULET, DANS
22	036	LE SECOND PORTE EN LUI L'INQUIETUDE	D'UN MALAISE PERPETUEL, ET FUT-IL GRATIFIE DE
28	031	ENGENDRER UNE PIECE FAUSSE DANS LA MAIN	D'UN MENDIANT. NE POUVAIT-ELLE PAS SE
15	015	PROFONDEUR; PASSAIT QUELQUEFOIS L'OMBRE	D'UN NUAGE, COMME LE REFLET DU MANTEAU D'UN
50	020	LES ASSOCIES, ET LE POETE QUI LES REGARDE	D'UN OEIL FRATERNEL. FI DU CHIEN BELLATRE, DE
42	041	CHANSONS. A PROPOS D'UN LIVRE, D'UN POEME,	D'UN OPERA POUR LEQUEL JE LAISSAIS ECHAPPER
13	006	QUI GRONDENT ENCORE LES DERNIERS SOUPIRS	D'UN ORAGE, ET QUI RECULENT LOIN DU REGARD
09	087	AMBULATOIRE QUI RENDIT LE BRUIT ECLATANT	D'UN PALAIS DE CRISTAL CREVE PAR LA FOUDRE.
24	004	D'UN BEAU SOIR, LES DEGRES DE MARBRE	D'UN PALAIS, EN FACE DES GRANDES PELOUSES ET
33	007	ET SI QUELQUEFOIS, SUR LES MARCHES	D'UN PALAIS, SUR L'HERBE VERTE D'UN FOSSE,
28	010	EN MOI-MEME. NOUS FIMES LA RENCONTRE	D'UN PAUVRE QUI NOUS TENDIT SA CASQUETTE EN
30	072	JE NE SAIS POURQUOI, SE MELER DES AFFAIRES	D'UN PENDU. ENFIN VINT UN MEDECIN QUI DECLARA
27	060	VU; TOUT CE QUE LA CLASSE PRIVILEGIEE	D'UN PETIT ETAT, A RESSOURCES RESTREINTES,
31	095	SAUTILLER SON PETIT MARTEAU SUR LES CORDES	D'UN PETIT PIANO SUSPENDU A SON COU PAR UNE
09	081	JE M'APPROCHAI DU BALCON ET JE ME SAISIS	D'UN PETIT POT DE FLEURS; ET QUAND L'HOMME
42	041	QUE DES CHANSONS. A PROPOS D'UN LIVRE,	D'UN POEME, D'UN OPERA POUR LEQUEL JE LAISSAIS
50	127	SOIT UN MANTEAU DE COUR, EN ECHANGE	D'UN PRECIEUX SONNET OU D'UN CURIEUX POEME
42	033	DERNIERE MAITRESSE. ''C'ETAIT LA BATARDE	D'UN PRINCE. BELLE; CELA VA SANS DIRE; SANS
24	026	DE FLEURS CAPITEUSES, AVEC DE RARES SIEGES	D'UN ROCOCO PORTUGUAIS, D'UN BOIS LOURD ET
21	027	UNE AUTRE FIOLE DONT LE CONTENU ETAIT	D'UN ROUGE LUMINEUX, ET QUI PORTAIT POUR
22	053	FEUX DES CANDELABRES QUI FONT DES TACHES	D'UN ROUGE OPAQUE SUR LES DERNIERES GLOIRES DU
49	042	IMMEDIATEMENT, JE SAUTAI SUR MON ENNEMI,	D'UN SEUL COUP DE POING; JE LUI BOUCHAI UN
21	011	DIEUX. LE VISAGE DU PREMIER SATAN ETAIT	D'UN SEXE AMBIGU, ET IL Y AVAIT AUSSI, DANS
06	026	CIEL, LES PIEDS PLONGES DANS LA POUSSIERE	D'UN SOL AUSSI DESOLE QUE CE CIEL, AIS
31	001	DANS UN BEAU JARDIN OU LES RAYONS	D'UN SOLEIL AUTOMNAL SEMBLAIENT S'ATTARDER A
20	048	DU BEAU ET LA PUISSANCE POETIQUE AU FILS	D'UN SOMBRE GUEUX, CARRIER DE SON ETAT, QUI NE

POEM LINE

17	003	VISAGE, COMME UN HOMME ALTERE DANS L'EAU	D'UNE SOURCE, ET LES AGITER AVEC MA MAIN COMME
36	028	ET DELICIEUSE, QUI FAIT REVER AU MIRACLE	D'UNE SUPERBE FLEUR ECLOSE DANS UN TERRAIN
45	020	DE CHAMPAGNE DANS LE BOURDONNEMENT	D'UNE SYMPHONIE EN SOURDINE. ALORS, SOUS LE
22	009	COMME CELLE DE LA MAREE QUI MONTE OU	D'UNE TEMPETE QUI S'EVEILLE. QUELS SONT LES
23	011	CONSISTE A PARLER DU HAUT D'UNE CHAIRE OU	D'UNE TRIBUNE, RISQUERAIT FORT DE DEVENIR FOU
21	108	A MES OREILLES JE NE SAIS QUEL SOUVENIR	D'UNE TROMPETTE PROSTITUEE. AUSSI JE REPONDIS,
05	010	ONT L'AIR DE REVER! ON LES DIRAIT DOUES	D'UNE VIE SOMNAMBULIQUE, COMME LE VEGETAL ET
51	007	VAIN PLEUR! MAIS COMME UN VIEUX PAILLARD	D'UNE VIEILLE MAITRESSE, JE VOULAIS M'ENIVRER
31	041	PERSONNE ETAIT MARQUEE D'UNE VIVACITE ET	D'UNE VITALITE SINGULIERES. ''MOI, JE VAIS
31	041	TOUTE LA PETITE PERSONNE ETAIT MARQUEE	D'UNE VIVACITE ET D'UNE VITALITE SINGULIERES.
15	037	DE PAIN. ET JE L'ENTENDIS SOUPIRER,	D'UNE VOIX BASSE ET RAUQUE, LE MOT: GATEAU! JE
21	038	UNE INSIDIEUSE IVRESSE, ET IL ME DIT	D'UNE VOIX CHANTANTE: ''SI TU VEUX, SI TU
30	109	LA PAUVRE FEMME SAISIT MON BRAS ET ME DIT	D'UNE VOIX IRRESISTIBLE: ''OH! MONSIEUR!
31	050	SES CAMARADES PLUS PRES DE LUI, ET PARLA	D'UNE VOIX PLUS BASSE. --''CA FAIT UN
37	024	PIANOS ET QUI GEMISSENT COMME LES FEMMES,	D'UNE VOIX RAUQUE ET DOUCE! ''ET TU SERAS
29	031	REGARDS, JE DIRAIS QUE JAMAIS JE NE VIS	D'YEUX BRILLANT PLUS ENERGIQUEMENT DE
26	049	J'ETAIS ATTENDRI PAR CETTE FAMILLE	D'YEUX, MAIS JE ME SENTAIS UN PEU HONTEUX DE
50	126	TEMPS, OFFRAIT AU DIVIN ARETIN SOIT UNE	DAGUE ENRICHIE DE PIERRERIES, SOIT UN MANTEAU
18	061	MOI, J'AI TROUVE MA TULIPE NOIRE ET MON	DAHLIA BLEU! FLEUR INCOMPARABLE, TULIPE
18	063	TULIPE RETROUVEE, ALLEGORIQUE	DAHLIA. C'EST LA, N'EST-CE PAS, DANS CE BEAU
29	064	PRIS POSSESSION DU CERVEAU HUMAIN ET	DAIGNA MEME ME FAIRE CONFIDENCE DE QUELQUES
49	034	AVERTIR, EMPECHER, ET QUE LE MIEN	DAIGNE CONSEILLER, SUGGERER, PERSUADER. CE
42	087	LA CONTEMPLER. LES GARCONS EUX-MEMES ET LA	DAME DU COMPTOIR RESSENTAIENT CETTE EXTASE
47	086	QUAND ILS NE LE COMPRENNENT PAS...? --	DAME! COMME JE LES AI DERANGES INUTILEMENT, JE
25	054	DE JOIE! ET PUIS ENCORE SI LES BELLES	DAMES DE PARIS SONT TOUTES PLUS BELLES
26	021	TRAINES PAR LES CHIENS EN LAISSE, LES	DAMES RIANT AU FAUCON PERCHE SUR LEUR POING,
09	092	CHER. MAIS QU'IMPORTE L'ETERNITE DE LA	DAMNATION A QUI A TROUVE DANS UNE SECONDE
11	016	LAQUELLE S'AGITE, HURLANT COMME UN	DAMNE, SECOUANT LES BARREAUX COMME UN
05	085	BOURRIQUE! SUE DONC, ESCLAVE! VIS DONC,	DAMNE!''
11	019	LES BONDS CIRCULAIRES DU TIGRE, TANTOT LES	DANDINEMENTS STUPIDES DE L'OURS BLANC, CE
13	066	OISIFS, FATIGUES DE N'AVOIR RIEN FAIT, SE	DANDINENT, FEIGNANT DE DEGUSTER INDOLEMMENT LA
42	139	ELLE N'EXIGEAIT PAS DE RECONNAISSANCE, LE	DANGER PASSE. COMBIEN DE FOIS NE ME SUIS-JE
23	007	SERAIT POSSIBLE QUE CETTE SOLITUDE NE FUT	DANGEREUSE QUE POUR L'AME OISIVE ET DIVAGANTE
09	060	SANS RESISTANCE VERS UNE FOULE D'ACTIONS	DANGEREUSES OU INCONVENANTES.) LA PREMIERE
27	022	LUI-MEME, IL NE CONNAISSAIT D'ENNEMI	DANGEREUSE QUE L'ENNUI, ET LES EFFORTS BIZARRES
09	019	LES PLUS ABSURDES ET SOUVENT MEME LES PLUS	DANGEREUX. UN DE MES AMIS, LE PLUS INOFFENSIF
50	021	DU CHIEN BELLATRE, DE CE FAT QUADRUPEDE,	DANOIS, KING-CHARLES, CARLIN OU GREDIN, SI
29	061	DANS LA DROLERIE QUE JE N'AI TROUVEES	DANS AUCUN DES PLUS CELEBRES CAUSEURS DE
21	043	DE SORTIR DE TOI-MEME POUR T'OUBLIER	DANS AUTRUI, ET D'ATTIRER LES AUTRES AMES
18	063	DAHLIA, C'EST LA, N'EST-CE PAS,	DANS CE BEAU PAYS SI CALME ET SI REVEUX, QU'IL
45	011	PUIS, LA FANTAISIE LE PRIT DE DESCENDRE	DANS CE CIMETIERE, DONT L'HERBE ETAIT SI HAUTE
47	105	VOIR VETUE DU COSTUME QUE VOUS PORTIEZ	DANS CE FAMEUX ROLE QUE VOUS AVEZ CREE.'' MOI,
47	014	MEDECIN FARCEUR, J'EN AI CONNU PLUSIEURS	DANS CE GENRE-LA. VENEZ.'' J'AIME
05	066	ICI MAINTENANT LE RANCI DE LA DESOLATION.	DANS CE MONDE ETROIT, MAIS SI PLEIN DE DEGOUT,
18	074	VIVRONS-NOUS JAMAIS, PASSERONS-NOUS JAMAIS	DANS CE TABLEAU QU'A PEINT MON ESPRIT, CE
15	030	ELIXIR QUE LES PHARMACIENS VENDAIENT	DANS CE TEMPS-LA AUX TOURISTES POUR LE MELER A
49	003	ET JE M'ETAIS ENTOURE DES LIVRES A LA MODE	DANS CE TEMPS-LA (IL Y A SEIZE OU DIX-SEPT
35	007	QUE CE QUI SE PASSE DERRIERE UNE VITRE.	DANS CE TROU NOIR OU LUMINEUX VIT LA VIE, REVE
13	020	DANS CES RIDES PROFONDES ET NOMBREUSES,	DANS CES DEMARCHES SI LENTES OU SI SACCADEES,
27	067	PAROLES, QUI SONT SOUVENT LES PRINCIPAUX	DANS CES DRAMES FEERIQUES DONT L'OBJET EST DE
13	019	DES DERNIERS ECLAIRS DE LA LUTTE!	DANS CES RIDES PROFONDES ET NOMBREUSES, DANS
24	013	PAS UNE PLACE POUR ACCROCHER SON IMAGE!	DANS CES SOLENNELLES GALERIES, IL N'Y A PAS UN
14	069	QUELLE MERVEILLE IL AVAIT A MONTRER	DANS CES TENEBRES PUANTES, DERRIERE SON RIDEAU
13	017	UN OEIL EXPERIMENTE NE S'Y TROMPE JAMAIS.	DANS CES TRAITS RIGIDES OU ABATTUS, DANS CES
13	018	DANS CES TRAITS RIGIDES OU ABATTUS,	DANS CES YEUX CAVES ET TERNES, OU BRILLANTS
18	028	AIMEE, A LA SOEUR D'ELECTION? OUI, C'EST	DANS CETTE ATMOSPHERE QU'IL FERAIT BON VIVRE,
05	018	SE MELE UNE TRES-LEGERE HUMIDITE, NAGE	DANS CETTE ATMOSPHERE, OU L'ESPRIT SOMMEILLANT
49	052	COUP D'OEIL, ET QUE J'AVAIS VERIFIE QUE	DANS CETTE BANLIEUE DESERTE, JE ME TROUVAIS,
48	019	BEATIFIANTE? PEUT-ETRE TE DIVERTIRAS-TU	DANS CETTE CONTREE DONT TU AS SOUVENT ADMIRE
07	014	VERS L'ASTRE COMME DES FUMEES. CEPENDANT,	DANS CETTE JOUISSANCE UNIVERSELLE, J'AI APERCU
42	076	VOTRE MAITRESSE.'' RIEN N'ETAIT CHANGE	DANS CETTE PERSONNE. QUELQUEFOIS JE LA
35	018	ME COUCHE, FIER D'AVOIR VECU ET SOUFFERT	DANS D'AUTRES QUE MOI-MEME. PEUT-ETRE ME
04	011	VERNI, CRUELLEMENT CRAVATE ET EMPRISONNE	DANS DES HABITS TOUT NEUFS, S'INCLINA
27	031	IL Y A DE JEUNES NERONS QUI ETOUFFENT	DANS DES LIMITES TROP ETROITES, ET DONT LES
32	007	SEC, DUR ET DROIT. AUTOUR DE CE BATON,	DANS DES MEANDRES CAPRICIEUX, SE JOUENT ET
31	006	DISAIT: ''HIER ON M'A MENE AU THEATRE.	DANS DES PALAIS GRANDS ET TRISTES, AU FOND
29	115	VOUS SOULEREZ DE VOLUPTES, SANS LASSITUDE,	DANS DES PAYS CHARMANTS OU IL FAIT TOUJOURS
29	025	SEMBLAIT AVOIR VUS DEJA A DES EPOQUES ET	DANS DES PAYS DONT IL M'ETAIT IMPOSSIBLE DE ME
09	077	QUE VOUS ETES! VOUS OSEZ VOUS PROMENER	DANS DES QUARTIERS PAUVRES, ET VOUS N'AVEZ PAS
27	148	LORS, PLUSIEURS MIMES, JUSTEMENT APPRECIES	DANS DIFFERENTS PAYS, SONT VENUS JOUER DEVANT
17	005	ODORANT, POUR SECOUER DES SOUVENIRS	DANS L'AIR. SI TU POUVAIS SAVOIR TOUT CE QUE
41	008	HARMONIEUSES, SERVENT A ENTRETENIR	DANS L'AME LE GOUT DU RHYTHME ET DE LA BEAUTE.
42	081	NEGLIGEES. JE VEUX PARLER DU COMIQUE	DANS L'AMOUR, ET D'UN COMIQUE QUI N'EXCLUT PAS
13	048	D'UN INTERET PUISSANT ET PERSONNEL. ENFIN,	DANS L'APRES-MIDI, SOUS UN CIEL D'AUTOMNE
17	026	ET LES GARGOULETTES RAFRAICHISSANTES.	DANS L'ARDENT FOYER DE TA CHEVELURE, JE
06	029	CORTEGE PASSA A COTE DE MOI ET S'ENFONCA	DANS L'ATMOSPHERE DE L'HORIZON, A L'ENDROIT OU
45	023	LE SOLEIL QUI LUI CHAUFFAIT LE CERVEAU ET	DANS L'ATMOSPHERE DES ARDENTS PARFUMS DE LA
24	019	LUISANTS DONT J'AI OUBLIE LES NOMS......	DANS L'ATMOSPHERE, UNE ODEUR ENIVRANTE,
24	041	SONT DANS LA PREMIERE AUBERGE VENUE!	DANS L'AUBERGE DU HASARD, SI FECONDE EN
31	004	M'ONT EMMENE EN VOYAGE AVEC EUX, ET, COMME	DANS L'AUBERGE OU NOUS NOUS SOMMES ARRETES, DE
17	003	TOUT MON VISAGE, COMME UN HOMME ALTERE	DANS L'EAU D'UNE SOURCE, ET LES AGITER AVEC MA
25	031	SOURIRE, COMME SI ELLE APERCEVAIT AU LOIN	DANS L'ESPACE UN MIROIR REFLETANT SA DEMARCHE
15	061	LE VAINQUEUR PAR TERRE D'UN COUP DE TETE	DANS L'ESTOMAC. A QUOI BON DECRIRE UNE LUTTE
05	045	SEMBLE QUE JE RECEVAIS UN COUP DE PIOCHE	DANS L'ESTOMAC. ET PUIS UN SPECTRE EST ENTRE.
37	013	TOUJOURS L'ENVIE DE PLEURER. CEPENDANT,	DANS L'EXPANSION DE SA JOIE, IL LUI
23	012	RISQUERAIT FORT DE DEVENIR FOU FURIEUX	DANS L'ILE DE ROBINSON. JE N'EXIGE PAS DE MON
03	006	GRAND DELICE QUE CELUI DE NOYER SON REGARD	DANS L'IMMENSITE DU CIEL ET DE LA MER!
42	102	CHOSE D'APPROCHANT, UNE ESPECE D'EMPLOYE	DANS L'INTENDANCE QUI, PAR QUELQUE TOUR DE
17	016	PAR LES FEUILLES ET PAR LA PEAU HUMAINE.	DANS L'OCEAN DE TA CHEVELURE, J'ENTREVOIS UN
16	001	LES CHINOIS VOIENT L'HEURE	DANS L'OEIL DES CHATS. UN JOUR UN
16	016	CE SOIT LE JOUR, DANS LA PLEINE LUMIERE OU	DANS L'OMBRE OPAQUE, AU FOND DE SES YEUX

		POEM	LINE
HONNETE; OU LE LUXE A PLAISIR A SE MIRER	DANS L'ORDRE; OU LA VIE EST GRASSE ET DOUCE A	18	009
UN JOUR UN MISSIONNAIRE, SE PROMENANT	DANS LA BANLIEUE DE NANKIN, S'APERCUT QU'IL	16	002
MISERE ET PAR L'INGRATITUDE PUBLIQUE, ET	DANS LA BARAQUE DE QUI LE MONDE OUBLIEUX NE	14	082
EN GRANDE HATE, ET QUE JE SAUTILLAIS	DANS LA BOUE, A TRAVERS CE CHAOS MOUVANT OU LA	46	007
UNE ODEUR ENIVRANTE, INDEFINISSABLE.....;	DANS LA CASE UN PUISSANT PARFUM DE ROSE ET DE	24	020
SAGE, PASCAL, JE CROIS, RAPPELANT AINSI	DANS LA CELLULE DU RECUEILLEMENT TOUS CES	23	039
DES LONGUES HEURES PASSEES SUR UN DIVAN,	DANS LA CHAMBRE D'UN BEAU NAVIRE, BERCEES PAR	17	022
CIVILISE! PERMETTEZ-MOI DE VOUS INTRODUIRE	DANS LA CHAMBRE DU SALTIMBANQUE ABSENT. UN	50	081
MALFAISANTES DE LA VIE, UN REPIT	DANS LA CONTENTION ET LA LUTTE UNIVERSELLES.	14	012
GILET IL GLISSA DE PETITES PIECES D'OR;	DANS LA DROITE, DE PETITES PIECES D'ARGENT;	28	004
CULOTTE, UNE MASSE DE GROS SOLS, ET ENFIN,	DANS LA DROITE, UNE PIECE D'ARGENT DE DEUX	28	006
UNE SUAVITE DE DICTION ET UNE TRANQUILLITE	DANS LA DROLERIE QUE JE N'AI TROUVEES DANS	29	060
UN MOUVEMENT BRUSQUE, A GLISSE DE MA TETE	DANS LA FANGE DU MACADAM. JE N'AI PAS EU LE	46	010
VOIR AINSI, MA BELLE DELICATE, LES PIEDS	DANS LA FANGE ET LES YEUX TOURNES	11	064
HONTE A TOUS CEUX QUI COURENT S'OUBLIER	DANS LA FOULE, CRAIGNANT SANS DOUTE DE NE	23	035
CECI EST MON SANG, UN PARFAIT CORDIAL;''	DANS LA GAUCHE, UN VIOLON QUI LUI SERVAIT SANS	21	029
UN HOMME EPOUVANTABLE ENTRE ET SE REGARDE	DANS LA GLACE. ''--POURQUOI VOUS REGARDEZ-VOUS	40	001
PAR MOI, OU JE PENSE PAR ELLES (CAR	DANS LA GRANDEUR DE LA REVERIE, LE MOI SE PERD	03	012
PAS QU'IL EN SOIT DE MEME QUELQUEFOIS	DANS LA JUSTICE HUMAINE. NOUS SERIONS	20	034
FAMILLE A LEURS CHERES PANTOUFLES. SI	DANS LA JUSTICE SURNATURELLE, IL Y A UN PEU DE	20	032
EN REFLECHISSANT LES PROFONDEURS DU CIEL	DANS LA LIMPIDITE DE TA BELLE AME; --ET QUAND,	18	084
QUE PEUT ENGENDRER UNE PIECE FAUSSE	DANS LA MAIN D'UN MENDIANT. NE POUVAIT-ELLE	28	031
ET POETIQUE, C'EST UN EMBLEME SACERDOTAL	DANS LA MAIN DES PRETRES ET DES PRETRESSES	32	002
LES TRESORS DU MONDE Y AFFLUENT, COMME	DANS LA MAISON D'UN HOMME LABORIEUX ET QUI A	18	051
PARCE QUE L'AUTRE N'ETAIT PAS DE SON AVIS	DANS LA MEME AFFAIRE! COMME ON RIAIT DE CA A	47	059
DERNIERE FOIS DU SPECTACLE DE LA COMEDIE.	DANS LA MEME NUIT ILS FURENT EFFACES DE LA	27	145
AVOIR DISTRIBUE DES POIGNEES DE MAINS	DANS LA MEME PROPORTION, ET CELA SANS AVOIR	10	020
CE FAMEUX ANE QUI T'ACCOMPAGNE TOUJOURS	DANS LA MEMOIRE DE VOTRE CHAMBRE! ET SURTOUT	50	011
DU TABAC MELEE A L'OPIUM ET AU SUCRE;	DANS LA NUIT DE TA CHEVELURE, JE VOIS	17	027
REGRETTABLE DERRIERE LE VOYAGEUR EMPORTE	DANS LA NUIT. COMME IL Y A LONGTEMPS DEJA	36	005
DE COLERE, QUE LE CLOU ETAIT RESTE FICHE	DANS LA PAROI, AVEC UN LONG BOUT DE CORDE QUI	30	105
ORANG-OUTANG EXASPERE PAR L'EXIL, IMITANT	DANS LA PERFECTION, TANTOT LES BONDS	11	018
QUE CE SOIT LA NUIT, QUE CE SOIT LE JOUR,	DANS LA PLEINE LUMIERE OU DANS L'OMBRE OPAQUE,	16	015
LA DROITE, DE PETITES PIECES D'ARGENT;	DANS LA POCHE GAUCHE DE SA CULOTTE, UNE MASSE	28	004
AMI FIT UN SOIGNEUX TRIAGE DE SA MONNAIE;	DANS LA POCHE GAUCHE DE SON GILET IL GLISSA DE	28	002
SPLEENETIQUE DU CIEL, LES PIEDS PLONGES	DANS LA POUSSIERE D'UN SOL AUSSI DESOLE QUE CE	06	025
FENETRES OU LA PLUIE A TRACE DES SILLONS	DANS LA POUSSIERE; LES MANUSCRITS, RATURES OU	05	058
PRES DE MOI. LE PLAISIR ET LE BONHEUR SONT	DANS LA PREMIERE AUBERGE VENUE, DANS L'AUBERGE	24	041
FORTE ET FIERE COMME LE SOLEIL, S'AVANCE	DANS LA RUE DESERTE, SEULE VIVANTE A CETTE	25	007
LA PREMIERE PERSONNE QUE J'APERCUS	DANS LA RUE, CE FUT UN VITRIER DONT LE CRI	09	061
QUE MA JAMBE S'EST ENFONCEE JUSQU'AU GENOU	DANS LA SEPULTURE RECENTE, ET QUE, COMME UN	38	023
VOUS ETES LA DELIVRANCE D'UNE ANGOISSE!	DANS LA SOLITUDE DES PLAINES, DANS LES	22	046
D'UN PALAIS, SUR L'HERBE VERTE D'UN FOSSE,	DANS LA SOLITUDE MORNE DE VOTRE CHAMBRE, VOUS	33	008
AUCUN DE CEUX QUI ETAIENT PRESENTS	DANS LA TAVERNE DE LA RUE VILLA-HERMOSA	50	120
QUE PAR LE DESIR DE CREER UN EVENEMENT	DANS LA VIE DE CE PAUVRE DIABLE, PEUT-ETRE	28	029
VIE!'' IL N'Y A QU'UNE SECONDE	DANS LA VIE HUMAINE QUI AIT MISSION D'ANNONCER	05	079
BIENTOT TROP INTENSES. L'ENERGIE	DANS LA VOLUPTE CREE UN MALAISE ET UNE	03	018
LE PLUS, CE FUT LE MYSTERE DE SA VOIX,	DANS LAQUELLE JE RETROUVAIS LE SOUVENIR DES	21	091
NI AMBITION, A CONTEMPLER, COUCHE	DANS LE BELVEDERE OU ACCOUDE SUR LE MOLE, TOUS	41	012
PLUS QU'IL N'ESPERE.'' JE LE REGARDAIS	DANS LE BLANC DES YEUX, ET JE FUS EPOUVANTE DE	28	046
GROS CHAT, ET LE REGARDANT, COMME ON DIT,	DANS LE BLANC DES YEUX, IL AFFIRMA SANS	16	009
L'EXPLOSION DES BOUCHONS DE CHAMPAGNE	DANS LE BOURDONNEMENT D'UNE SYMPHONIE EN	45	020
DE CEUX QUI DEPUIS LONGTEMPS ONT MIS	DANS LE BUT, DANS LE SEUL VRAI BUT DE LA	45	035
TOUS LES SENTIMENTS COMPLIQUES QUI LUTTENT	DANS LE COEUR DE L'HOMME AUX HEURES	22	057
RECONNAITRE. D'AILLEURS IL Y A TOUJOURS	DANS LE DEUIL DU PAUVRE QUELQUE CHOSE QUI	13	028
AYANT ENSUITE, PAR UN COUP DE PIED LANCE	DANS LE DOS, ASSEZ ENERGIQUE POUR BRISER LES	49	055
A COUP JE RECUS UN VIOLENT COUP DE POING	DANS LE DOS, ET J'ENTENDIS UNE VOIX RAUQUE ET	44	009
PATIENT. --DIEU, REPRIT-IL, MIT LE REMEDE	DANS LE MAL. UN JOUR JE TROUVAI CETTE MINERVE,	42	053
TOUS, IL A ETE DECIDE QUE JE DORMIRAIS	DANS LE MEME LIT QUE MA BONNE.'' --IL ATTIRA	31	049
FUMER, A SE FAIRE EVENTER OU A SE REGARDER	DANS LE MIEN; ET, BIEN QU'IL NE SOIT PAS RARE	22	040
IRREMEDIABLES, ET SANS COMPENSATION. MAIS	DANS LE MIROIR DE SES GRANDS EVENTAILS DE	25	040
BIEN CONNUE, QUOIQUE RAREMENT APPLIQUEE.	DANS LE MONDE OU ELLE A ETE JETEE, ELLE N'A	11	049
TOUS CES AFFOLES QUI CHERCHENT LE BONHEUR	DANS LE MONDE SURNATUREL, HABITE PAR CES	20	064
PARFAITE, CE QUI CONTRIBUA A FORTIFIER,	DANS LE MOUVEMENT ET DANS UNE PROSTITUTION QUE	23	040
UN CORPS, IL ENTRE, QUAND IL VEUT,	DANS LE NOBLE PUBLIC, L'IDEE DE DOUCEUR ET DE	27	070
BUT PROPOSE; L'UNE D'ELLES S'ENFONCA MEME	DANS LE PERSONNAGE DE CHACUN. POUR LUI SEUL,	12	013
SIGNIFICATIVE QUE POUR LES AUTRES HOMMES,	DANS LE PLAFOND; ET COMME LA CHARMANTE	43	011
QUI DEPUIS LONGTEMPS ONT MIS DANS LE BUT,	DANS LE QUARTIER RECULE QUE J'HABITE, ET OU DE	30	022
BIEN ME RACHETER ET M'ENORGUEILLIR UN PEU	DANS LE SEUL VRAI BUT DE LA DETESTABLE VIE!''	45	035
COMPARATIVEMENT A CELLE QU'IL AURAIT SUBIE	DANS LE SILENCE ET LA SOLITUDE DE LA NUIT.	10	037
AFFAIRE! COMME ON RIAIT DE CA A L'ECOLE,	DANS LE TAUDIS PATERNEL. SEULEMENT JE DOIS	30	039
LA JOIE DES RICHES. CETTE TURBULENCE	DANS LE TEMPS? TU T'EN SOUVIENS? --TIENS,	47	060
TRAVERSAIT LE BOIS, IL LA FIT ARRETER	DANS LE VIDE N'A RIEN QUI LES ATTIRE. AU	13	013
D'UN MAITRE D'HOTEL UN EXCELLENT POULET,	DANS LE VOISINAGE D'UN TIR, DISANT QU'IL LUI	43	002
DES FEMMES. CE QUE J'AIME SURTOUT	DANS LEQUEL IL CROYAIT VOIR JE NE SAIS QUEL	22	025
UNE VIEILLE AMIE. PAYS SINGULIER, NOYE	DANS LES ANIMAUX, C'EST LEUR CANDEUR. JUGEZ	42	030
LES SPLENDEURS DE LA VILLE ETERNELLE OU	DANS LES BRUMES DE NOTRE NORD, ET QU'ON	18	003
OU SE PRELASSE L'ETERNELLE CHALEUR.	DANS LES BRUMES DES PAYS REVEURS QUE CONSOLE	32	040
FORT MINCE QUI ETAIT ENTREE PROFONDEMENT	DANS LES CARESSES DE TA CHEVELURE, JE RETROUVE	17	021
LE PRINTEMPS AGITAIT SON ENCENSOIR JUSQUE	DANS LES CHAIRS, ET IL FALLAIT MAINTENANT,	30	064
N'AI PAS SOUVENIR D'AVOIR VU SA PAREILLE	DANS LES CIMETIERES. C'EST MOI QUI L'AI	38	009
RAJEUNIT SANS CESSE. QUE TU DORMES ENCOR	DANS LES COLLECTIONS DES ARISTOCRATIQUES	13	080
LEGITIME COMME UNE BETE, ET IL LA MONTRE	DANS LES DRAPS DU MATIN, LOURDE, OBSCURE,	51	010
ETE VIEILLES. TOUS LES PERES QUI ONT FOI	DANS LES FAUBOURGS, LES JOURS DE FOIRE, AVEC	11	026
PU FAIRE MA FORTUNE EN LA MONTRANT	DANS LES FEES ETAIENT VENUS, CHACUN APPORTANT	20	010
MALADIE FIEVREUSE QUI S'EMPARE DE NOUS	DANS LES FOIRES COMME MONSTRE POLYPHAGE. JE LA	42	097
LONGTEMPS PENDANT QU'ELLE CHERCHAIT	DANS LES FROIDES MISERES, CETTE NOSTALGIE DU	18	016
DE LUI-MEME QU'IL S'ELANCE INDISCRETEMENT	DANS LES GAZETTES; AVEC DES YEUX ACTIFS, JADIS	13	045
VAUVENARGUES DIT QUE	DANS LES JAMBES OU SUR LES GENOUX DU VISITEUR,	50	023
ANGOISSE! DANS LA SOLITUDE DES PLAINES,	DANS LES JARDINS PUBLICS IL EST DES ALLEES	13	001
	DANS LES LABYRINTHES PIERREUX D'UNE CAPITALE,	22	046

POEM LINE

21	012	D'UN SEXE AMBIGU, ET IL Y AVAIT AUSSI,	DANS LES LIGNES DE SON CORPS, LA MOLLESSE DES
11	059	ET TOUTES CES AFFECTATIONS APPRISES	DANS LES LIVRES, ET CETTE INFATIGABLE
23	031	LES SIENNES, ET IL VIENT S'INSINUER	DANS LES MIENNES, LE HIDEUX TROUBLE- FETE!
48	020	CONTREE DONT TU AS SOUVENT ADMIRE L'IMAGE	DANS LES MUSEES. QUE PENSERAIS-TU DANS
31	072	PERDRAIT PAS SA VIE A CHERCHER LA DIVINITE	DANS LES NUEES, ET QU'IL LA TROUVERAIT
21	031	ET A REPANDRE LA CONTAGION DE SA FOLIE	DANS LES NUITS DE SABBAT. A SES CHEVILLES
47	032	SOUVIENS QUE C'ETAIT VOUS QUI L'ASSISTIEZ	DANS LES OPERATIONS GRAVES. EN VOILA UN HOMME
22	001	LE JOUR TOMBE. UN GRAND APAISEMENT SE FAIT	DANS LES PAUVRES ESPRITS FATIGUES DU LABEUR DE
27	089	LE DIVIN ET LE SURNATUREL, JUSQUE	DANS LES PLUS EXTRAVAGANTES BOUFFONNERIES. MA
27	047	COMME MOI, AVAIENT PU PENETRER PLUS AVANT	DANS LES PROFONDEURS DE CETTE AME CURIEUSE ET
50	041	SOIT CEUX QUI ERRENT, SOLITAIRES,	DANS LES RAVINES SINUEUSES DES IMMENSES
05	044	LOURD, A RETENTI A LA PORTE, ET, COMME	DANS LES REVES INFERNAUX, IL M'A SEMBLE QUE JE
27	065	LE SIEUR FANCIOULLE EXCELLAIT SURTOUT	DANS LES ROLES MUETS OU PEU CHARGES DE
23	006	DE LUBRICITE S'ENFLAMME MERVEILLEUSEMENT	DANS LES SOLITUDES. MAIS IL SERAIT POSSIBLE
32	039	SAGESSE, EN QUELQUE LIEU QUE VOUS SOYEZ,	DANS LES SPLENDEURS DE LA VILLE ETERNELLE OU
31	052	SEUL ET D'ETRE DANS UN LIT AVEC SA BONNE,	DANS LES TENEBRES. COMME JE NE DORMAIS PAS, JE
36	011	COMME L'ECLAIR: C'EST UNE EXPLOSION	DANS LES TENEBRES. JE LA COMPARERAIS A UN
51	012	OBSCURE, ENRHUMEE, OU QUE TU TE PAVANES	DANS LES VOILES DU SOIR PASSEMENTES D'OR FIN,
16	026	LA AVEC TANT DE SOIN? QUE CHERCHES-TU	DANS LES YEUX DE CET ETRE? Y VOIS-TU L'HEURE,
15	055	ESSAYA D'ENFONCER SES PETITES GRIFFES	DANS LES YEUX DE L'USURPATEUR; A SON TOUR
28	016	CETTE PROFONDEUR DE SENTIMENT COMPLIQUE,	DANS LES YEUX LARMOYANTS DES CHIENS QU'ON
31	013	SOUVENT LEUR MAIN SUR UN POIGNARD ENFONCE	DANS LEUR CEINTURE. AH! C'EST BIEN BEAU! LES
22	040	LA NUIT, QUI METTAIT SES TENEBRES	DANS LEUR ESPRIT, FAIT LA LUMIERE DANS LE
50	029	NOMME LEVRETTES, ET QUI NE LOGENT MEME PAS	DANS LEUR MUSEAU POINTU ASSEZ DE FLAIR POUR
50	030	DE FLAIR POUR SUIVRE LA PISTE D'UN AMI, NI	DANS LEUR TETE APLATIE ASSEZ D'INTELLIGENCE
00	000	PENDANT QUINZE JOURS JE M'ETAIS CONFINE	DANS MA CHAMBRE, ET JE M'ETAIS ENTOURE DES
15	022	ET AVEC L'UNIVERS; JE CROIS MEME QUE,	DANS MA PARFAITE BEATITUDE ET DANS MON TOTAL
30	019	VISAGES, LES PHYSIONOMIES QUI S'OFFRENT	DANS MA ROUTE, ET VOUS SAVEZ QUELLE JOUISSANCE
37	027	YEUX VERTS DONT J'AI SERRE AUSSI LA GORGE	DANS MES CARESSES NOCTURNES; DE CEUX-LA QUI
15	004	SANS DOUTE EN CE MOMENT QUELQUE CHOSE	DANS MON AME. MES PENSEES VOLTIGEAIENT AVEC
30	096	DERNIERS PREPARATIFS; QUAND LA MERE ENTRA	DANS MON ATELIER. ELLE VOULAIT, DISAIT-ELLE,
30	133	''ET ALORS, SOUDAINEMENT, UNE LUEUR SE FIT	DANS MON CERVEAU, ET JE COMPRIS POURQUOI LA
47	120	ET DE CAUSES; ET QUI AVEZ PEUT-ETRE MIS	DANS MON ESPRIT LE GOUT DE L'HORREUR POUR
28	024	POUR SE JUSTIFIER DE SA PRODIGALITE. MAIS	DANS MON MISERABLE CERVEAU, TOUJOURS OCCUPE A
29	123	L'EUS QUITTE, L'INCURABLE DEFIANCE RENTRA	DANS MON SEIN; JE N'OSAIS PLUS CROIRE A UN SI
15	023	MEME QUE, DANS MA PARFAITE BEATITUDE ET	DANS MON TOTAL OUBLI DE TOUT LE MAL TERRESTRE,
23	016	DE LA SOLITUDE ET DU MYSTERE. IL Y A	DANS NOS RACES JACASSIERES DES INDIVIDUS QUI
23	038	NOUS VIENNENT DE N'AVOIR PAS SU RESTER	DANS NOTRE CHAMBRE,'' DIT UN AUTRE SAGE,
47	021	DESCRIPTION DU TAUDIS; ON PEUT LA TROUVER	DANS PLUSIEURS VIEUX POETES FRANCAIS BIEN
13	042	MYSTERIEUX A LEUR AUSTERITE. JE NE SAIS	DANS QUEL MISERABLE CAFE ET QUELLE FACON
21	025	COUTEAUX ET DES INSTRUMENTS DE CHIRURGIE.	DANS SA MAIN DROITE IL TENAIT UNE AUTRE FIOLE
15	058	QUE DE L'AUTRE IL TACHAIT DE GLISSER	DANS SA POCHE LE PRIX DU COMBAT. MAIS, RAVIVE
11	041	DE LA TETE, ELLE HURLE PLUS NATURELLEMENT.	DANS SA RAGE, ELLE ETINCELLE TOUT ENTIERE,
02	011	ALORS LA BONNE VIEILLE SE RETIRA	DANS SA SOLITUDE ETERNELLE, ET ELLE PLEURAIT
50	070	D'UNE BELLE CHIENNE, UN PEU NEGLIGEE	DANS SA TOILETTE, MAIS FIERE ET
16	008	PEU D'INSTANTS APRES, IL REPARUT, TENANT	DANS SES BRAS UN FORT GROS CHAT, ET LE
20	011	VENUS, CHACUN APPORTANT SON NOUVEAU-NE	DANS SES BRAS. LES DONS, LES FACULTES, LES
31	061	NE SAIS QUOI. ENSUITE J'AI FOURRE MA TETE	DANS SES CHEVEUX QUI PENDAIENT DANS SON DOS,
27	026	DE ''MONSTRE'', S'IL AVAIT ETE PERMIS	DANS SES DOMAINES, D'ECRIRE QUOI QUE CE FUT
25	024	DES DEESSES DE MARBRE QUE L'EUROPE ENFERME	DANS SES MUSEES, IMPRIME FIDELEMENT SA FORME
27	112	FRUSTRE DE SES ESPERANCES ET BAFOUE	DANS SES PREVISIONS? DE TELLES SUPPOSITIONS
27	055	OU IL SE TROUVE; AU DELA, EXISTAIT-IL	DANS SON AME UNE INTENTION PLUS OU MOINS
27	110	DANS SON POUVOIR DE DESPOTE? HUMILIE	DANS SON ART DE TERRIFIER LES COEURS ET
12	004	DE VITALITE, A QUI UNE FEE A INSUFFLE	DANS SON BERCEAU LE GOUT DU TRAVESTISSEMENT ET
39	026	QUE LES APPROCHES DE L'HIVER ALLUMENT	DANS SON COEUR UN FEU NOUVEAU; ET LA SERVILITE
31	062	MA TETE DANS SES CHEVEUX QUI PENDAIENT	DANS SON DOS, EPAIS COMME UNE CRINIERE, ET ILS
34	036	DE CETTE MER SI INFINIMENT VARIEE	DANS SON EFFRAYANTE SIMPLICITE, ET QUI SEMBLE
05	036	QUE NOUS NOMMONS GENERALEMENT LA VIE, MEME	DANS SON EXPANSION LA PLUS HEUREUSE, N'A RIEN
31	128	ATTENTIVEMENT; IL Y AVAIT DANS SON OEIL ET	DANS SON FRONT CE JE NE SAIS QUOI DE
34	004	IL S'ETAIT REPLONGE, ETINCELANT OU MOROSE,	DANS SON IMMENSE BAIN DU SOIR. DEPUIS NOMBRE
31	128	JE LE REGARDAIS ATTENTIVEMENT; IL Y AVAIT	DANS SON OEIL ET DANS SON FRONT CE JE NE SAIS
36	023	DUREMENT A DANSER SUR L'HERBE TERRIFIEE!	DANS SON PETIT FRONT HABITENT LA VOLONTE
27	109	PAS SANS MELANGE. SE SENTAIT-IL VAINCU	DANS SON POUVOIR DE DESPOTE? HUMILIE DANS SON
27	133	ETOUFFES. FANCIOULLE, SECOUE, REVEILLE	DANS SON REVE, FERMA D'ABORD LES YEUX, PUIS
18	066	TE MIRER, POUR PARLER COMME LES MYSTIQUES,	DANS TA PROPRE CORRESPONDANCE? DES REVES!
17	007	TOUT CE QUE JE SENS! TOUT CE QUE J'ENTENDS	DANS TES CHEVEUX! MON AME VOYAGE SUR LE PARFUM
18	065	ET FLEURIR? NE SERAIS-TU PAS ENCADREE	DANS TON ANALOGIE, ET NE POURRAIS-TU PAS TE
37	002	PAR LA FENETRE PENDANT QUE TU DORMAIS	DANS TON BERCEAU; ET SE DIT: ''CETTE ENFANT ME
48	030	D'ENGOURDISSEMENT QUE TU NE TE PLAISES QUE	DANS TON MAL? S'IL EN EST AINSI, FUYONS VERS
13	079	UNE FEMME GRANDE, MAJESTUEUSE, ET SI NOBLE	DANS TOUT SON AIR, QUE JE N'AI PAS SOUVENIR
13	038	DROITE, SOUS UN PETIT CHALE USE, PORTAIT	DANS TOUT SON ETRE UNE FIERTE DE STOICIENNE.
37	036	MAINTENANT COUCHE A TES PIEDS, CHERCHANT	DANS TOUTE TA PERSONNE LE REFLET DE LA
29	068	DE LA MAUVAISE REPUTATION DONT ELLE JOUIT	DANS TOUTES LES PARTIES DU MONDE, M'ASSURA
29	050	ET, ENIVRE DE TOUTES CES DELICES, J'OSAI,	DANS UN ACCES DE FAMILIARITE QUI NE PARUT PAS
10	006	ENFIN! IL M'EST DONC PERMIS DE ME DELASSER	DANS UN BAIN DE TENEBRES! D'ABORD, UN PAUVRE
31	001		DANS UN BEAU JARDIN OU LES RAYONS D'UN SOLEIL
42	149	QUE M'IMPOSAIT LA DESTINEE! UN SOIR,	DANS UN BOIS... AU BORD D'UNE MARE... APRES
42	001		DANS UN BOUDOIR D'HOMME, C'EST-A-DIRE DANS UN
49	021	DES RAFRAICHISSANTS. COMME J'ALLAIS ENTRER	DANS UN CABARET, UN MENDIANT ME TENDIT SON
09	036	TOUTE SA PAUVRE VOLONTE POUR ENTRER	DANS UN CAFE OU PASSER DEVANT LE BUREAU D'UN
24	008	UNE BOUTIQUE DE GRAVURES, ET, TROUVANT	DANS UN CARTON UNE ESTAMPE REPRESENTANT UN
20	070	PARLER DE LA LOI QUI CONCEDE AUX FEES,	DANS UN CAS SEMBLABLE A CELUI-CI, C'EST-A-DIRE
02	012	SA SOLITUDE ETERNELLE, ET ELLE PLEURAIT	DANS UN COIN, SE DISANT: --''AH! POUR NOUS,
27	131	INATTENDUE, UN ENFANT SE PRECIPITAIT	DANS UN CORRIDOR, AVEC DES RIRES ETOUFFES,
24	002	PARC SOLITAIRE: ''COMME ELLE SERAIT BELLE	DANS UN COSTUME DE COUR, COMPLIQUE ET
27	128	AIGU, PROLONGE, INTERROMPIT FANCIOULLE	DANS UN DE SES MEILLEURS MOMENTS, ET DECHIRA LA
29	126	UN RESTE D'HABITUDE IMBECILE, JE REPETAIS	DANS UN DEMI-SOMMEIL: ''MON DIEU! SEIGNEUR,
49	011	TROUVERA PAS SURPRENANT QUE JE FUSSE ALORS	DANS UN ETAT D'ESPRIT AVOISINANT LE VERTIGE OU
27	086	MAIS VISIBLE POUR MOI, ET OU SE MELAIENT	DANS UN ETRANGE AMALGAME, LES RAYONS DE L'ART
34	015	NOUS PORTE? QUAND POURRONS-NOUS DIGERER	DANS UN FAUTEUIL IMMOBILE?'' IL Y EN AVAIT QUI
42	001	DANS UN BOUDOIR D'HOMME, C'EST-A-DIRE	DANS UN FUMOIR ATTENANT A UN ELEGANT TRIPOT,

POEM LINE

POEM	LINE		
14	016	ECHAPPENT DIFFICILEMENT A L'INFLUENCE	DE CE JUBILE POPULAIRE. ILS ABSORBENT, SANS LE
12	030	BON D'APPRENDRE QUELQUEFOIS AUX HEUREUX	DE CE MONDE, NE FUT-CE QUE POUR HUMILIER UN
48	045	OU! N'IMPORTE OU! POURVU QUE CE SOIT HORS	DE CE MONDE!''
28	029	LE DESIR DE CREER UN EVENEMENT DANS LA VIE	DE CE PAUVRE DIABLE, PEUT-ETRE MEME DE
09	065	DE DIRE POURQUOI JE FUS PRIS A L'EGARD	DE CE PAUVRE HOMME D'UNE HAINE AUSSI SOUDAINE
50	003	MAIS AUJOURD'HUI CE N'EST PAS L'AME	DE CE PEINTRE DE LA NATURE POMPEUSE QUE
29	012	QUE J'EUSSE PU PASSER SI SOUVENT A COTE	DE CE PRESTIGIEUX REPAIRE SANS EN DEVINER
27	029	DELICATES DU PLAISIR. LE GRAND MALHEUR	DE CE PRINCE FUT QU'IL N'EUT JAMAIS UN THEATRE
31	068	ECARQUILLES PAR UNE SORTE DE STUPEFACTION	DE CE QU'IL EPROUVAIT ENCORE, ET LES RAYONS DU
42	107	DES SOUFFRANCES ATROCES PAR LE CONTRAIRE	DE CE QU'ON REPROCHE EN GENERAL A L'EGOISTE
47	050	DES PORTRAITS DES MEDECINS ILLUSTRES	DE CE TEMPS, LITHOGRAPHIES PAR MAURIN, QU'ON A
04	006	DU SOLITAIRE LE PLUS FORT. AU MILIEU	DE CE TOHU-BOHU ET DE CE VACARME, UN ANE
04	006	LE PLUS FORT. AU MILIEU DE CE TOHU-BOHU ET	DE CE VACARME, UN ANE TROTTAIT VIVEMENT,
36	024	ET L'AMOUR DE LA PROIE. CEPENDANT, AU BAS	DE CE VISAGE INQUIETANT, OU DES NARINES
21	021	TUNIQUE DE POURPRE ETAIT ROULE, EN MANIERE	DE CEINTURE, UN SERPENT CHATOYANT QUI, LA TETE
47	124	PEUT-IL EXISTER DES MONSTRES AUX YEUX	DE CELUI-LA SEUL QUI SAIT POURQUOI ILS
18	059	QU'ILS PROPOSENT DES PRIX DE SOIXANTE ET	DE CENT MILLE FLORINS POUR QUI RESOUDRA LEURS
21	101	AINSI A TRAVERS L'ESPACE AVEC LE BRUIT	DE CENT MILLE TONNERRES, ET ME REVINT
12	014	POUR LUI SEUL, TOUT EST VACANT; ET SI	DE CERTAINES PLACES PARAISSENT LUI ETRE
50	063	LE REPAS QUE LEUR A PREPARE LA CHARITE	DE CERTAINES PUCELLES SEXAGENAIRES, DONT LE
50	068	MARRONS, AFFOLES D'AMOUR, QUITTENT, A	DE CERTAINS JOURS, LEUR DEPARTEMENT POUR VENIR
21	111	NE SUIS PAS FAIT POUR EPOUSER LA MAITRESSE	DE CERTAINS QUE JE NE VEUX PAS NOMMER.''
11	022	VAGUEMENT LA VOTRE. ''CE MONSTRE EST UN	DE CES ANIMAUX QU'ON APPELLE GENERALEMENT
07	017	VENUS, UN DE CES FOUS ARTIFICIELS, UN	DE CES BOUFFONS VOLONTAIRES CHARGE DE FAIRE
06	013	SURMONTAIT LE FRONT DE L'HOMME, COMME UN	DE CES CASQUES HORRIBLES PAR LESQUELS LES
13	049	SOUS UN CIEL D'AUTOMNE CHARMANT, UN	DE CES CIELS D'OU DESCENDENT EN FOULE LES
13	051	POUR ENTENDRE, LOIN DE LA FOULE, UN	DE CES CONCERTS DONT LA MUSIQUE DES REGIMENTS
34	024	DETACHAIENT EN UN VAGUE MURMURE, ET QUE	DE CES COTES, RICHES EN VERDURES DE TOUTE
09	046	POURQUOI. J'AI ETE PLUS D'UNE FOIS VICTIME	DE CES CRISES ET DE CES ELANS, QUI NOUS
11	043	BAT. ''TELLES SONT LES MOEURS CONJUGALES	DE CES DEUX DESCENDANTS D'EVE ET D'ADAM, CES
09	046	PLUS D'UNE FOIS VICTIME DE CES CRISES ET	DE CES ELANS, QUI NOUS AUTORISENT A CROIRE QUE
07	016	AUX PIEDS D'UNE COLOSSALE VENUS, UN	DE CES FOUS ARTIFICIELS, UN DE CES BOUFFONS
06	015	TERREUR DE L'ENNEMI. JE QUESTIONNAI L'UN	DE CES HOMMES, ET JE LUI DEMANDAI OU ILS
13	055	LA CONSOLATION BIEN GAGNEE D'UNE	DE CES LOURDES JOURNEES SANS AMI, SANS
19	032	AUTRE ENFANT, SALE, CHETIF, FULIGINEUX, UN	DE CES MARMOTS-PARIAS DONT UN OEIL IMPARTIAL
50	092	LONGUE CUILLER SE DRESSE, PLANTEE COMME UN	DE CES MATS AERIENS QUI ANNONCENT QUE LA
12	036	CONNAISSENT SANS DOUTE QUELQUE CHOSE	DE CES MYSTERIEUSES IVRESSES; ET, AU SEIN DE
20	079	PETIT BOUTIQUIER, QUI ETAIT SANS DOUTE UN	DE CES RAISONNEURS SI COMMUNS, INCAPABLES DE
49	022	UN MENDIANT ME TENDIT SON CHAPEAU, AVEC UN	DE CES REGARDS INOUBLIABLES QUI CULBUTERAIENT
22	059	DE LA VIE. ON DIRAIT ENCORE UNE	DE CES ROBES ETRANGES DE DANSEUSES, OU UNE
50	027	INSOLENT COMME UN DOMESTIQUE! FI SURTOUT	DE CES SERPENTS A QUATRE PATTES, FRISSONNANTS
14	002	LE PEUPLE EN VACANCES. C'ETAIT UNE	DE CES SOLENNITES SUR LESQUELLES, PENDANT UN
21	007	ESTRADE. UNE SPLENDEUR SULFUREUSE EMANAIT	DE CES TROIS PERSONNAGES, QUI SE DETACHAIENT
19	019	SE TENAIT UN ENFANT BEAU ET FRAIS, HABILLE	DE CES VETEMENTS DE CAMPAGNE SI PLEINS DE
06	020	DE MARCHER. CHOSE CURIEUSE A NOTER: AUCUN	DE CES VOYAGEURS N'AVAIT L'AIR IRRITE CONTRE
42	114	ILLUMINEE PAR DES YEUX D'UN GRIS CLAIR,	DE CES YEUX DONT LE REGARD DIT: ''JE VEUX!''
28	012	DE PLUS INQUIETANT QUE L'ELOQUENCE MUETTE	DE CES YEUX SUPPLIANTS, QUI CONTIENNENT A LA
42	159	QUE CET ETRE M'INSPIRAIT! ME DEBARRASSER	DE CET ETRE SANS LUI MANQUER DE RESPECT. QUE
16	026	DE SOIN? QUE CHERCHES-TU DANS LES YEUX	DE CET ETRE? Y VOIS-TU L'HEURE, MORTEL
12	010	DANS UNE FOULE AFFAIREE. LE POETE JOUIT	DE CET INCOMPARABLE PRIVILEGE, QU'IL PEUT A SA
27	048	PENETRER PLUS AVANT DANS LES PROFONDEURS	DE CETTE AME CURIEUSE ET MALADE; IL ETAIT
30	051	COMPAGNON DE MA VIE, PENDU AU PANNEAU	DE CETTE ARMOIRE! SES PIEDS TOUCHAIENT PRESQUE
14	017	ILS ABSORBENT, SANS LE VOULOIR, LEUR PART	DE CETTE ATMOSPHERE D'INSOUCIANCE. POUR MOI,
42	039	LES INSUPPORTABLES REFRAINS QUI SORTAIENT	DE CETTE BOUCHE D'OU JE N'AURAIS VOULU VOIR
32	011	ET UNE GLOIRE ETONNANTE JAILLIT	DE CETTE COMPLEXITE DE LIGNES ET DE COULEURS,
34	002	SOLEIL AVAIT JAILLI, RADIEUX OU ATTRISTE,	DE CETTE CUVE IMMENSE DE LA MER DONT LES BORDS
13	036	DE LONGUES HEURES UNE VIEILLE AFFLIGEE	DE CETTE ESPECE; CELLE-LA ROIDE, DROITE, SOUS
30	020	VOUS SAVEZ QUELLE JOUISSANCE NOUS TIRONS	DE CETTE FACULTE QUI REND A NOS YEUX LA VIE
35	014	AVEC PRESQUE RIEN, J'AI REFAIT L'HISTOIRE	DE CETTE FEMME, OU PLUTOT SA LEGENDE, ET
14	043	ODEUR DE FRITURE QUI ETAIT COMME L'ENCENS	DE CETTE FETE. AU BOUT, A L'EXTREME BOUT DE LA
09	057	NE FUT-CE QUE PAR L'ARDEUR DU DESIR,	DE CETTE HUMEUR, HYSTERIQUE SELON LES
34	035	CETTE MER SI MONSTRUEUSEMENT SEDUISANTE,	DE CETTE MER SI INFINIMENT VARIEE DANS SON
34	034	SANS UNE NAVRANTE AMERTUME, ME DETACHER	DE CETTE MER SI MONSTRUEUSEMENT SEDUISANTE, DE
21	045	REPONDIS: ''GRAND MERCI! JE N'AI QUE FAIRE	DE CETTE PACOTILLE D'ETRES QUI, SANS DOUTE, NE
31	066	QUE MOI, ET VOUS VERREZ!'' LE JEUNE ACTEUR	DE CETTE PRODIGIEUSE REVELATION AVAIT, EN
13	069	SE LAISSER VIVRE; RIEN, EXCEPTE L'ASPECT	DE CETTE TOURBE QUI S'APPUIE LA-BAS SUR LA
12	018	ET PENSIF TIRE UN SINGULIERE IVRESSE	DE CETTE UNIVERSELLE COMMUNION. CELUI-LA QUI
50	014	LA MUSE ACADEMIQUE! JE N'AI QUE FAIRE	DE CETTE VIEILLE BEGUEULE. J'INVOQUE LA MUSE
13	053	C'ETAIT SANS DOUTE LA LA PETITE DEBAUCHE	DE CETTE VIEILLE INNOCENTE (OU DE CETTE
13	054	DEBAUCHE DE CETTE VIEILLE INNOCENTE (OU	DE CETTE VIEILLE PURIFIEE), LA CONSOLATION
10	038	LE SILENCE ET LA SOLITUDE DE LA NUIT. AMES	DE CEUX QUE J'AI AIMES, AMES DE CEUX QUE J'AI
10	039	LA NUIT. AMES DE CEUX QUE J'AI AIMES, AMES	DE CEUX QUE J'AI CHANTES, FORTIFIEZ-MOI,
49	008	CES ENTREPRENEURS DE BONHEUR PUBLIC, --	DE CEUX QUI CONSEILLENT A TOUS LES PAUVRES DE
45	034	VOUS TROUBLERIEZ MOINS SOUVENT LE SOMMEIL	DE CEUX QUI DEPUIS LONGTEMPS ONT MIS DANS LE
50	120	ET AUX ETES DE LA SAINT-MARTIN. AUCUN	DE CEUX QUI ETAIENT PRESENTS DANS LA TAVERNE
12	038	S'EST FAITE, ILS DOIVENT RIRE QUELQUEFOIS	DE CEUX QUI LES PLAIGNENT POUR LEUR FORTUNE SI
49	009	TOUS LES PAUVRES DE SE FAIRE ESCLAVES, ET	DE CEUX QUI LEUR PERSUADENT QU'ILS SONT TOUS
41	014	QUI PARTENT ET DE CEUX QUI REVIENNENT,	DE CEUX QUI ONT ENCORE LA FORCE DE VOULOIR, LE
41	013	ACCOUDE SUR LE MOLE, TOUS CES MOUVEMENTS	DE CEUX QUI PARTENT ET DE CEUX QUI REVIENNENT,
41	013	TOUS CES MOUVEMENTS DE CEUX QUI PARTENT ET	DE CEUX QUI REVIENNENT, DE CEUX QUI ONT ENCORE
06	027	CHEMINAIENT AVEC LA PHYSIONOMIE RESIGNEE	DE CEUX QUI SONT CONDAMNES A ESPERER TOUJOURS.
37	028	LA GORGE DANS MES CARESSES NOCTURNES;	DE CEUX-LA QUI AIMENT LA MER, LA MER IMMENSE,
12	013	ENTRE, QUAND IL VEUT, DANS LE PERSONNAGE	DE CHACUN. POUR LUI SEUL, TOUT EST VACANT; ET
43	005	LA PLUS ORDINAIRE ET LA PLUS LEGITIME	DE CHACUN? --ET IL OFFRIT GALAMMENT LA MAIN A
45	020	ECLATAIENT COMME L'EXPLOSION DES BOUCHONS	DE CHAMPAGNE DANS LE BOURDONNEMENT D'UNE
14	049	SAUVAGE LE PLUS ABRUTI, ET DONT DEUX BOUTS	DE CHANDELLES, COULANTS ET FUMANTS,
48	002	OU CHAQUE MALADE EST POSSEDE DU DESIR	DE CHANGER DE LIT. CELUI-CI VOUDRAIT SOUFFRIR
50	123	A BIEN COMPRIS QU'IL ETAIT BON ET HONNETE	DE CHANTER LES PAUVRES CHIENS. TEL UN
17	017	CHEVELURE, J'ENTREVOIS UN PORT FOURMILLANT	DE CHANTS MELANCOLIQUES, D'HOMMES VIGOUREUX DE
06	006	AUSSI LOURDE QU'UN SAC DE FARINE OU	DE CHARBON, OU LE FOURNIMENT D'UN FANTASSIN
20	043	TRES-RICHE, QUI, N'ETANT DOUE D'AUCUN SENS	DE CHARITE, NON PLUS QUE D'AUCUNE CONVOITISE

		POEM	LINE
MERS DONT LES MOUSSONS ME PORTENT VERS	DE CHARMANTS CLIMATS, OU L'ESPACE EST PLUS	17	012
MAIS, DURANT TOUTE MA VIE, EXCEPTE A L'AGE	DE CHERUBIN, J'AI ETE PLUS SENSIBLE QUE TOUT	42	028
LES HOMMES, DISAIT CELUI-CI, ONT EU L'AGE	DE CHERUBIN: C'EST L'EPOQUE OU, FAUTE DE	42	015
AFFAIRES ME RETINRENT ASSEZ LONGTEMPS HORS	DE CHEZ MOI. ''QUELS NE FURENT PAS MON HORREUR	30	047
DE BRILLANTS COUTEAUX ET DES INSTRUMENTS	DE CHIRURGIE. DANS SA MAIN DROITE IL TENAIT	21	025
UNE FENETRE OUVERTE, NE VOIT JAMAIS AUTANT	DE CHOSES QUE CELUI QUI REGARDE UNE FENETRE	35	002
QUI ACCOURENT, PAR TROUPES, DE PLUS	DE CINQ LIEUES, POUR PARTAGER LE REPAS QUE	50	062
A LA SERRURE. IL ME SEMBLE QUE CE TOUR	DE CLEF AUGMENTERA MA SOLITUDE ET FORTIFIERA	10	008
AME UNE INTENTION PLUS OU MOINS ARRETEE	DE CLEMENCE? C'EST UN POINT QUI N'A JAMAIS PU	27	056
IL EST UN PAYS SUPERBE, UN PAYS	DE COCAGNE, DIT-ON, QUE JE REVE DE VISITER	18	001
ET DELICATES VEGETATIONS, UN VRAI PAYS	DE COCAGNE, OU TOUT EST BEAU, RICHE,	18	008
COMME L'AME DE L'APPARTEMENT. UN VRAI PAYS	DE COCAGNE, TE DIS-JE, OU TOUT EST RICHE,	18	047
DU GOUDRON, DU MUSC ET DE L'HUILE	DE COCO. LAISSE-MOI MORDRE LONGTEMPS TES	17	031
POSSIBLE QU'UN SI BEL HOMME AIT SI PEU	DE COEUR? --VOICI MAINTENANT w., UN FAMEUX	47	064
AVEC UN DEGOUT MELE D'HORREUR ET	DE COLERE, QUE LE CLOU ETAIT RESTE FICHE DANS	30	104
DE PEURS, D'ANGOISSES, DE CAUCHEMARS,	DE COLERES ET DE NEVROSES. JE VOUS ASSURE QUE	05	073
VASTES ET PLUS RAFFINES. LES FONDATEURS	DE COLONIES, LES PASTEURS DE PEUPLES, LES	12	033
LE MIEN EST UN DEMON D'ACTION, OU DEMON	DE COMBAT. OR, SA VOIX ME CHUCHOTAIT CECI:	49	037
GRAND DIEU! LE BATON N'EST PAS UN BATON	DE COMEDIE, AVEZ-VOUS ENTENDU RESONNER LA	11	039
VOYEZ. FIGUREZ-VOUS UNE PERSONNE INCAPABLE	DE COMMETTRE UNE ERREUR DE SENTIMENT OU DE	42	121
SON EXPANSION LA PLUS HEUREUSE, N'A RIEN	DE COMMUN AVEC CETTE VIE SUPREME DONT J'AI	05	036
D'UNE DE VOS LOCUTIONS VULGAIRES. AFIN	DE COMPENSER LA PERTE IRREMEDIABLE QUE VOUS	29	100
TOUTES SES POMPES, ET IL SERAIT DIFFICILE	DE CONCEVOIR, A MOINS DE L'AVOIR VU, TOUT CE	27	059
ANIMAL, COMME LE CHIEN ET LE CHAT, SERVIR	DE CONFIDENT AUX DOULEURS SOLITAIRES.	13	102
AUX ENFANTS. POUR LES PETITS C'EST UN JOUR	DE CONGE, C'EST L'HORREUR DE L'ECOLE RENVOYEE	14	009
LA VIE DE CE PAUVRE DIABLE, PEUT-ETRE MEME	DE CONNAITRE LES CONSEQUENCES DIVERSES.	28	029
ILS S'ARRETERENT PAR IMPOSSIBILITE	DE CONTINUER, IL N'Y AVAIT PLUS, A VRAI DIRE,	15	067
LES GAGNER! VOUS CHANGEREZ DE PATRIE ET	DE CONTREE AUSSI SOUVENT QUE VOTRE FANTAISIE	29	113
REPONDIT-IL AVEC UN ACCENT PARFAIT	DE CONVICTION. ''AH! IL EST DEJA BIEN LOIN!	31	030
CALMER! CAR ELLE DARDE DES YEUX TERRIBLES	DE CONVOITISE SUR LA NOURRITURE ENLEVEE. GRAND	11	037
DE CES VETEMENTS DE CAMPAGNE SI PLEINS	DE COQUETTERIE, LE LUXE, L'INSOUCIANCE ET LE	19	019
FICHE DANS LA PAROI, AVEC UN LONG BOUT	DE CORDE QUI TRAINAIT ENCORE. JE M'ELANCAI	30	105
D'UN COSTUME ECLATANT ET RIDICULE, COIFFE	DE CORNES ET DE SONNETTES, TOUT RAMASSE CONTRE	07	019
''--COMMENT? VOUS N'AVEZ PAS DE VERRES	DE COULEUR? DES VERRES ROSES, ROUGES, BLEUS,	09	075
CES CALICES, EXPLOSIONS DE SENTEURS ET	DE COULEURS, EXECUTENT UN MYSTIQUE FANDANGO	32	016
JAILLIT DE CETTE COMPLEXITE DE LIGNES ET	DE COULEURS, TENDRES OU ECLATANTES. NE	32	011
''COMME ELLE SERAIT BELLE DANS UN COSTUME	DE COUR, COMPLIQUE ET FASTUEUX, DESCENDANT, A	24	003
ENRICHIE DE PIERRERIES, SOIT UN MANTEAU	DE COUR, EN ECHANGE D'UN PRECIEUX SONNET OU	50	127
SAIT, APRES TOUT?), POUR RECOMPENSER TANT	DE COURAGE, TANT DE PATIENCE ET DE LABEUR, UN	50	108
NE VIT PAS CE BEAU PLAISANT, ET CONTINUA	DE COURIR AVEC ZELE OU L'APPELAIT SON DEVOIR.	04	017
QUE LA MARMITE DE FER, OU CUIT UN RAGOUT	DE CRABES AU RIZ ET AU SAFRAN, LUI ENVOIE, DU	25	044
SANS FLAMME ET SANS BRAISE, SOUILLEE	DE CRACHATS! LES TRISTES FENETRES OU LA PLUIE	05	057
AMI, N'ETAIT EXCUSABLE QUE PAR LE DESIR	DE CREER UN EVENEMENT DANS LA VIE DE CE PAUVRE	28	028
REGRET ET LE DESIR. --C'EST QUELQUE CHOSE	DE CREPUSCULAIRE, DE BLEUATRE ET DE ROSATRE;	05	005
UN GRAND HURLEMENT, COMPOSE D'UNE FOULE	DE CRIS DISCORDANTS, QUE L'ESPACE TRANSFORME	22	007
BEUGLAIENT, HURLAIENT. C'ETAIT UN MELANGE	DE CRIS, DE DETONATIONS DE CUIVRE ET	14	023
QUI RENDIT LE BRUIT ECLATANT D'UN PALAIS	DE CRISTAL CREVE PAR LA FOUDRE. ET, IVRE DE MA	09	087
PAS DE MON GAZETIER LES COURAGEUSES VERTUS	DE CRUSOE, MAIS JE DEMANDE QU'IL NE DECRETE	23	014
POCHE UN GROS MORCEAU DE PAIN, UNE TASSE	DE CUIR ET UN FLACON D'UN CERTAIN ELIXIR QUE	15	029
CONSCIENCE, COMME UNE MAGNIFIQUE BATTERIE	DE CUISINE, COMME UNE SPLENDIDE ORFEVRERIE,	18	049
C'ETAIT UN MELANGE DE CRIS, DE DETONATIONS	DE CUIVRE ET D'EXPLOSIONS DE FUSEES. LES	14	023
DE JOUJOUX ET DE BONBONS, GROUILLANT	DE CUPIDITES ET DE DESESPOIRS, DELIRE OFFICIEL	04	003
PARLE, COMME ON ECOUTERAIT DE LA MUSIQUE	DE DANSE. ''TOUS LES HOMMES, DISAIT CELUI-CI,	42	014
SI SURPRENANTE QU'ELLE DONNE ENVIE TANTOT	DE DANSER, TANTOT DE PLEURER, OU DE FAIRE LES	31	090
ON DIRAIT ENCORE UNE DE CES ROBES ETRANGES	DE DANSEUSES, OU UNE GAZE TRANSPARENTE ET	22	059
POUR QUI LA DOMESTIQUE HABILE PREND SOIN	DE DECOUPER LES MORCEAUX? ''ET QUE PEUVENT	11	056
DE L'INCONNU. SI JE VOULAIS ESSAYER	DE DEFINIR D'UNE MANIERE QUELCONQUE	29	029
DANS CE MONDE ETROIT, MAIS SI PLEIN	DE DEGOUT, UN SEUL OBJET CONNU ME SOURIT: LA	05	066
N'AVOIR RIEN FAIT, SE DANDINENT, FEIGNANT	DE DEGUSTER INDOLEMMENT LA MUSIQUE. ICI RIEN	13	066
CONSOLE CAMBRINUS, IMPROVISANT DES CHANTS	DE DELECTATION OU D'INEFFABLE DOULEUR, OU	32	041
C'EST L'ETERNITE QUI REGNE, UNE ETERNITE	DE DELICES! MAIS UN COUP TERRIBLE, LOURD, A	05	042
LA OU JE NE SUIS PAS, ET CETTE QUESTION	DE DEMENAGEMENT EN EST UNE QUE JE DISCUTE SANS	48	006
UN CIGARE. PUIS, LA FANTAISIE LE PRIT	DE DESCENDRE DANS CE CIMETIERE, DONT L'HERBE	45	010
ET DE BONBONS, GROUILLANT DE CUPIDITES ET	DE DESESPOIRS, DELIRE OFFICIEL D'UNE GRANDE	04	003
SE SENTAIT-IL VAINCU DANS SON POUVOIR	DE DESPOTE? HUMILIE SON ART DE TERRIFIER	27	110
UN PARADIS EXCLUANT TOUTE IDEE DE TOMBE ET	DE DESTRUCTION. TOUT CE PUBLIC, SI BLASE ET	27	098
HURLAIENT. C'ETAIT UN MELANGE DE CRIS,	DE DETONATIONS DE CUIVRE ET D'EXPLOSIONS DE	14	023
JE REGRETTE DE N'AVOIR PAS COMMISES! QUE	DE DETTES PAYEES MALGRE MOI! ELLE ME PRIVAIT	42	135
L'ARTISTE. PERSONNE NE REVA PLUS DE MORT,	DE DEUIL, NI DE SUPPLICES. CHACUN S'ABANDONNA,	27	101
ENFIN, DANS LA DROITE, UNE PIECE D'ARGENT	DE DEUX FRANCS QU'IL AVAIT PARTICULIEREMENT	28	006
CHAIRE OU D'UNE TRIBUNE, RISQUERAIT FORT	DE DEVENIR FOU FURIEUX DANS L'ILE DE ROBINSON.	23	012
SULFUREUSE DE PASSION. IL ETAIT FACILE	DE DEVINER QUE CELUI-LA NE PERDRAIT PAS SA VIE	31	071
ET ELLE S'EXPRIMAIT AVEC UNE SUAVITE	DE DICTION ET UNE TRANQUILLITE DANS LA	29	059
DE BONTES; JE LUI DEMANDAI DES NOUVELLES	DE DIEU, ET S'IL L'AVAIT VU RECEMMENT. IL ME	29	086
AFFAIRE! GAGNER QUARANTE SOLS ET LE COEUR	DE DIEU! EMPORTER LE PARADIS ECONOMIQUEMENT;	28	050
MUETTES.'' QUANT AU PERE, IL SE CONTENTA	DE DIRE D'UN AIR MOITIE ABRUTI, MOITIE REVEUR:	30	091
CELA DONNE ENVIE D'ETRE HABILLE DE MEME,	DE DIRE ET DE FAIRE LES MEMES CHOSES. ET DE	31	020
IL ME SERAIT D'AILLEURS IMPOSSIBLE	DE DIRE POURQUOI JE FUS PRIS A L'EGARD DE CE	09	064
DOUCE, REVEUSE, ANGLAISE ET ROMANESQUE	DE DIRE: ''J'AI FAIM!'' ET ELLE REPETAIT CES	42	094
ALLUMERAIT ENCORE EN LUI LA BRULANTE ENVIE	DE DISTINCTIONS IMAGINAIRES. LA NUIT, QUI	22	039
PAR REGNIER, DEUX OU TROIS PORTRAITS	DE DOCTEURS CELEBRES ETAIENT SUSPENDUS AUX	47	023
ILS AVAIENT L'AIR SI FIER ET SI PLEIN	DE DOMINATION, QUE JE LES PRIS D'ABORD TOUS	21	009
DONC!'', DISAIENT-ILS, ''CESSERONS-NOUS	DE DORMIR UN SOMMEIL SECOUE PAR LA LAME,	34	010
A FORTIFIER, DANS LE NOBLE PUBLIC, L'IDEE	DE DOUCEUR ET DE PARDON. QUAND ON DIT D'UN	27	071
L'HEURE OU LES CHIENS EUX-MEMES GEMISSENT	DE DOULEUR SOUS LE SOLEIL QUI LES MORD, QUEL	25	033
A LAQUELLE IL DOIT TANT DE PLAISIRS, TANT	DE DOULEURS, ET PEUT-ETRE AUSSI UNE GRANDE	43	008
DE CHERUBIN: C'EST L'EPOQUE OU, FAUTE	DE DRYADES, ON EMBRASSE, SANS DEGOUT, LE TRONC	42	016
DISAIT-IL SI CE FEU PRENAIT AVEC AUTANT	DE FACILITE QU'ON L'AFFIRME GENERALEMENT. DIX	09	022
JE LUI AI FAIT ENTENDRE CA PAR UNE FOULE	DE FACONS; JE NE LUI AI PAS DIT TOUT CRUMENT:	47	097
SUPPLICE SUPREME, S'IL LEUR ETAIT PERMIS	DE FAIRE DU HAUT DE L'ECHAFAUD UNE COPIEUSE	23	018
ET LE PLUS IRREPARABLE DES VICES EST	DE FAIRE LE MAL PAR BETISE.	28	058

POEM LINE

31	091	TANTOT DE DANSER, TANTOT DE PLEURER, OU	DE FAIRE LES DEUX A LA FOIS, ET QU'ON
31	020	ENVIE D'ETRE HABILLE DE MEME, DE DIRE ET	DE FAIRE LES MEMES CHOSES, ET DE PARLER AVEC
30	036	PEINE QUE DE NETTOYER MES PINCEAUX ET	DE FAIRE MES COMMISSIONS. CET ENFANT,
30	081	UN DESIR INVETERE ET UNE HABITUDE D'ETAT	DE FAIRE PEUR, A TOUT HASARD, AUX INNOCENTS
07	017	UN DE CES BOUFFONS VOLONTAIRES CHARGE	DE FAIRE RIRE LES ROIS QUAND LE REMORDS OU
42	134	TUTELLE. QUE DE SOTTISES ELLE M'A EMPECHE	DE FAIRE, QUE JE REGRETTE DE N'AVOIR PAS
29	050	TOUTES CES DELICES, J'OSAI, DANS UN ACCES	DE FAMILIARITE QUI NE PARUT PAS LUI DEPLAIRE,
27	150	N'A PU RAPPELER LES MERVEILLEUX TALENTS	DE FANCIOULLE, NI S'ELEVER JUSQU'A LA MEME
10	032	QUE J'AI ACCOMPLIS AVEC JOIE, DELIT	DE FANFARONNADE, CRIME DE RESPECT HUMAIN!
06	006	UNE ENORME CHIMERE, AUSSI LOURDE QU'UN SAC	DE FARINE OU DE CHARBON, OU LE FOURNIMENT D'UN
27	004	ETAT AU COMIQUE, LES CHOSES SERIEUSES ONT	DE FATALES ATTRACTIONS, ET, BIEN QU'IL PUISSE
39	027	SERVILITE DE SA TENDRESSE N'A JAMAIS RIEN	DE FATIGANT.
04	015	JE NE SAIS QUELS CAMARADES AVEC UN AIR	DE FATUITE, COMME POUR LES PRIER D'AJOUTER
28	036	COMME FAUX MONNAYEUR OU COMME PROPAGATEUR	DE FAUSSE MONNAIE. TOUT AUSSI BIEN LA PIECE
30	130	IL Y AVAIT, JE DOIS LE DIRE, PLUS	DE FEMMES QUE D'HOMMES; MAIS TOUS, CROYEZ-LE
29	023	AVAIT LA DES VISAGES ETRANGES D'HOMMES ET	DE FEMMES, MARQUES D'UNE BEAUTE FATALE, QU'IL
11	015	BIEN, JE VOUS PRIE, CETTE SOLIDE CAGE	DE FER DERRIERE LAQUELLE S'AGITE, HURLANT
25	044	MONOTONE ACCOMPAGNEMENT, ET QUE LA MARMITE	DE FER, OU CUIT UN RAGOUT DE CRABES AU RIZ ET
13	064	JETTE A TRAVERS LA NUIT DES CHANTS	DE FETE, DE TRIOMPHE OU DE VOLUPTE. LES ROBES
45	018	REGULIERS PAR LA CREPITATION DES COUPS	DE FEU D'UN TIR VOISIN, QUI ECLATAIENT COMME
31	027	PETIT NUAGE ISOLE, CE PETIT NUAGE COULEUR	DE FEU, QUI MARCHE DOUCEMENT. LUI AUSSI, ON
50	029	MEME PAS DANS LEUR MUSEAU POINTU ASSEZ	DE FLAIR POUR SUIVRE LA PISTE D'UN AMI, NI
19	004	SORTIREZ LE MATIN AVEC L'INTENTION DECIDEE	DE FLANER SUR LES GRANDES ROUTES, REMPLISSEZ
29	109	VULGAIRES SEMBLABLES, VOUS SEREZ FOURNI	DE FLATTERIES ET MEME D'ADORATIONS; L'ARGENT,
30	076	CADAVERIQUE ETAIT TELLE, QUE, DESESPERANT	DE FLECHIR LES MEMBRES, NOUS DUMES LACERER ET
24	025	LES STORES, DECOREE DE NATTES FRAICHES ET	DE FLEURS CAPITEUSES, AVEC DE RARES SIEGES
34	026	PLUSIEURS LIEUES, UNE DELICIEUSE ODEUR	DE FLEURS ET DE FRUITS. AUSSITOT CHACUN FUT
17	024	IMPERCEPTIBLE DU PORT, ENTRE LES POTS	DE FLEURS ET LES GARGOULETTES
45	015	SE VAUTRAIT TOUT DE SON LONG SUR UN TAPIS	DE FLEURS MAGNIFIQUES ENGRAISSEES PAR LA
09	082	DU BALCON ET JE ME SAISIS D'UN PETIT POT	DE FLEURS, ET QUAND L'HOMME REPARUT AU
11	026	IL LA MONTRE DANS LES FAUBOURGS, LES JOURS	DE FOIRE, AVEC PERMISSION DES MAGISTRATS, CELA
50	101	PLUS DE SOUPE QUE QUATRE COMEDIENS? QUE	DE FOIS J'AI CONTEMPLE, SOURIANT ET ATTENDRI,
50	107	DE MENAGER L'HONNEUR DES CHIENS! ET QUE	DE FOIS J'AI PENSE QU'IL Y AVAIT PEUT-ETRE
42	140	RECONNAISSANCE, LE DANGER PASSE. COMBIEN	DE FOIS NE ME SUIS-JE PAS RETENU DE LUI SAUTER
49	030	COMME SOCRATE, D'OBTENIR MON BREVET	DE FOLIE, SIGNE DU SUBTIL LELUT ET DU
50	084	PUNAISES, DEUX CHAISES DE PAILLE, UN POELE	DE FONTE, OU DEUX INSTRUMENTS DE MUSIQUE
42	054	UN JOUR JE TROUVAI CETTE MINERVE, AFFAMEE	DE FORCE IDEALE, EN TETE-A-TETE AVEC MON
39	004	ET CHAQUE BAISER EMPORTENT DE JEUNESSE ET	DE FRAICHEUR. ELLE EST VRAIMENT LAIDE; ELLE
25	038	LES FLEURS ET LES NATTES FONT A SI PEU	DE FRAIS UN PARFAIT BOUDOIR? OU ELLE PREND
31	125	PEUR D'ETRE RATTRAPE AVANT D'ETRE HORS	DE FRANCE,'' L'AIR PEU INTERESSE DES TROIS
03	027	DU BEAU EST UN DUEL OU L'ARTISTE CRIE	DE FRAYEUR AVANT D'ETRE VAINCU.
14	043	DOMINANT TOUS LES PARFUMS, UNE ODEUR	DE FRITURE QUI ETAIT COMME L'ENCENS DE CETTE
34	026	LIEUES, UNE DELICIEUSE ODEUR DE FLEURS ET	DE FRUITS. AUSSITOT CHACUN FUT JOYEUX, CHACUN
14	024	DE DETONATIONS DE CUIVRE ET D'EXPLOSIONS	DE FUSEES. LES QUEUES-ROUGES ET LES JOCRISSES
15	058	MAIN; PENDANT QUE DE L'AUTRE IL TACHAIT	DE GLISSER DANS SA POCHE LE PRIX DU COMBAT.
09	052	ME SEMBLAIT-IL, A FAIRE QUELQUE CHOSE	DE GRAND, UNE ACTION D'ECLAT; ET J'OUVRIS LA
39	021	HEROIQUE. ELLE FAIT PENSER A CES CHEVAUX	DE GRANDE RACE QUE L'OEIL DU VERITABLE AMATEUR
17	011	DE VOILURES ET DE MATURES; IL CONTIENNENT	DE GRANDES MERS DONT LES MOUSSONS ME PORTENT
26	015	D'UN BOULEVARD NEUF, ENCORE TOUT PLEIN	DE GRAVOIS ET MONTRANT DEJA GLORIEUSEMENT SES
24	008	UNE RUE, IL S'ARRETA DEVANT UNE BOUTIQUE	DE GRAVURES ET, TROUVANT DANS UN CARTON UNE
28	005	LA POCHE GAUCHE DE SA CULOTTE, UNE MASSE	DE GROS SOLS, ET ENFIN, DANS LA DROITE, UNE
09	084	TOMBER PERPENDICULAIREMENT MON ENGIN	DE GUERRE SUR LE REBORD POSTERIEUR DE SES
14	055	LA MISERE AFFUBLEE, POUR COMBLE D'HORREUR,	DE HAILLONS COMIQUES, OU LA NECESSITE, BIEN
49	064	DETRAQUEE, ET, AVEC UN REGARD	DE HAINE QUI ME PARUT DE BON AUGURE, ET
42	144	ANNEES, JE L'AI ADMIREE, LE COEUR PLEIN	DE HAINE. ENFIN, CE N'EST PAS MOI QUI EN SUIS
20	033	IL Y A UN PEU DE PRECIPITATION ET	DE HASARD; NE NOUS ETONNONS PAS QU'IL EN SOIT
13	081	BEAUTES DU PASSE. UN PARFUM	DE HAUTAINE VERTU EMANAIT DE TOUTE SA
31	060	LA REVEILLER D'ABORD, ET PUIS ENCORE PAR	DE JE NE SAIS QUOI. ENSUITE J'AI FOURRE MA
13	060	AUTRE ENCORE; JE NE PUIS JAMAIS M'EMPECHER	DE JETER UN REGARD, SINON UNIVERSELLEMENT
27	031	THEATRE ASSEZ VASTE POUR SON GENIE. IL Y A	DE JEUNES NERONS QUI ETOUFFENT DANS DES
39	004	CHAQUE MINUTE ET CHAQUE BAISER EMPORTENT	DE JEUNESSE ET DE FRAICHEUR. ELLE EST VRAIMENT
25	053	ELLES-MEMES DEVIENNENT IVRES ET FURIEUSES	DE JOIE; ET PUIS ENCORE SI LES BELLES DAMES DE
31	005	QUATRE BEAUX ENFANTS, QUATRE GARCONS, LAS	DE JOUER SANS DOUTE, CAUSAIENT ENTRE EUX. L'UN
36	031	QUI INSPIRENT L'ENVIE DE LES VAINCRE ET	DE JOUIR D'ELLES; MAIS CELLE-CI DONNE LE DESIR
04	002	TRAVERSE DE MILLE CARROSSES, ETINCELANT	DE JOUJOUX ET DE BONBONS, GROUILLANT DE
05	050	OU BIEN LE SAUTE-RUISSEAU D'UN DIRECTEUR	DE JOURNAL QUI RECLAME LA SUITE DU MANUSCRIT.
03	001	QUE LES FINS	DE JOURNEES D'AUTOMNE SONT PENETRANTES! AH!
34	005	SON IMMENSE BAIN DU SOIR. DEPUIS NOMBRE	DE JOURS, NOUS POUVIONS CONTEMPLER L'AUTRE
20	080	INCAPABLES DE S'ELEVER JUSQU'A LA LOGIQUE	DE L'ABSURDE. ''PARCE QUE! PARCE QUE!''
27	104	D'ART VIVANT. LES EXPLOSIONS DE LA JOIE ET	DE L'ADMIRATION EBRANLERENT A PLUSIEURS
25	027	ADMIREE L'EMPORTE CHEZ ELLE SUR L'ORGUEIL	DE L'AFFRANCHIE, ET, BIEN QU'ELLE SOIT LIBRE,
12	027	ORGIE, A CETTE SAINTE PROSTITUTION	DE L'AME QUI SE DONNE TOUT ENTIERE, POESIE ET
42	069	TIRAIENT DU SEIN DE MA MAITRESSE LES ELANS	DE L'AMOUR LE PLUS FORCENE. APRES UN AN DE VIE
13	022	TOUT DE SUITE LES INNOMBRABLES LEGENDES	DE L'AMOUR TROMPE, DU DEVOUEMENT MECONNU, DES
42	018	TRONC DES CHENES. C'EST LE PREMIER DEGRE	DE L'AMOUR. AU SECOND DEGRE, ON COMMENCE A
07	003	COMME LA JEUNESSE SOUS LA DOMINATION	DE L'AMOUR. L'EXTASE UNIVERSELLE DES CHOSES NE
32	043	ABSTRUSES, CHANTRE DE LA VOLUPTE ET	DE L'ANGOISSE ETERNELLES, PHILOSOPHE, POETE ET
14	006	POUR COMPENSER LES MAUVAIS TEMPS	DE L'ANNEE. EN CES JOURS-LA IL ME SEMBLE QUE
27	077	D'EXPRIMER, CE QUE LES MEILLEURES STATUES	DE L'ANTIQUITE, MIRACULEUSEMENT ANIMEES,
09	028	LE JOUEUR, POUR CONNAITRE LES PLAISIRS	DE L'ANXIETE, POUR RIEN, PAR CAPRICE, PAR
18	045	REVENEZ-Y DE SUMATRA; QUI EST COMME L'AME	DE L'APPARTEMENT. UN VRAI PAYS DE COCAGNE, TE
21	041	PLUS ENCORE QUE LE SCULPTEUR PEUT L'ETRE	DE L'ARGILE; ET TU CONNAITRAS LE PLAISIR, SANS
49	004	JE VEUX PARLER DES LIVRES OU IL EST TRAITE	DE L'ART DE RENDRE LES PEUPLES HEUREUX, SAGES
27	094	PEREMPTOIRE, IRREFUTABLE, QUE L'IVRESSE	DE L'ART EST PLUS APTE QUE TOUTE AUTRE A
27	087	DANS UN ETRANGE AMALGAME, LES RAYONS	DE L'ART ET LA GLOIRE DU MARTYRE. FANCIOULLE
03	000	LE CONFITEOR	DE L'ARTISTE
27	100	BIENTOT LA TOUTE-PUISSANTE DOMINATION	DE L'ARTISTE. PERSONNE NE REVA PLUS DE MORT,
15	005	AVEC UNE LEGERETE EGALE A CELLE	DE L'ATMOSPHERE; LES PASSIONS VULGAIRES,
30	061	TOUT ENTIER AVEC UN BRAS; ET, AVEC LA MAIN	DE L'AUTRE BRAS; COUPER LA CORDE. MAIS CELA
19	030	PREFERE, ET VOICI CE QU'IL REGARDAIT:	DE L'AUTRE COTE DE LA GRILLE, SUR LA ROUTE,
15	058	SON ADVERSAIRE D'UNE MAIN; PENDANT QUE	DE L'AUTRE IL TACHAIT DE GLISSER DANS SA POCHE

	POEM	LINE
D'UNE MAIN PAR LE COLLET DE SON HABIT, DE L'AUTRE, JE L'EMPOIGNAI A LA GORGE, ET JE	49	048
IL SERAIT DIFFICILE DE CONCEVOIR; A MOINS DE L'AVOIR VU, TOUT CE QUE LA CLASSE	27	060
TA CHEVELURE, JE VOIS RESPLENDIR L'INFINI DE L'AZUR TROPICAL; SUR LES RIVAGES DUVETES DE	17	028
SOLITUDE, SILENCE, INCOMPARABLE CHASTETE DE L'AZUR! UNE PETITE VOILE FRISSONNANTE A	03	008
TOURISTES POUR LE MELER A L'OCCASION AVEC DE L'EAU DE NEIGE. JE DECOUPAIS TRANQUILLEMENT	15	032
COMME UN LEZARD. CETTE VILLE EST AU BORD DE L'EAU; ON DIT QU'ELLE EST BATIE EN MARBRE,	48	011
S'IL LEUR ETAIT PERMIS DE FAIRE DU HAUT DE L'ECHAFAUD UNE COPIEUSE HARANGUE, SANS	23	018
C'EST UN JOUR DE CONGE, C'EST L'HORREUR DE L'ECOLE RENVOYEE A VINGT-QUATRE HEURES.	14	009
A PLUSIEURS REPRISES LES VOUTES DE L'EDIFICE AVEC L'ENERGIE D'UN TONNERRE	27	105
TOUS LES INCREDULES, DES PAROLES DES PERES DE L'EGLISE. JE SAIS QUE LE DEMON FREQUENTE	23	003
LA FOULE DE PARIAS QUI SE PRESSENT AUTOUR DE L'ENCEINTE D'UN CONCERT PUBLIC. L'ORCHESTRE	13	062
A LA FOIS LES OREILLES ET LES COEURS. ET DE L'ENDROIT DE LA SALLE D'OU AVAIT JAILLI	27	130
SANS DOUTE, LA BONNE DOROTHEE! LE MAITRE DE L'ENFANT EST SI AVARE, TROP AVARE, POUR	25	060
ETONNEE A CETTE IMITATION DES HARMONIES DE L'ENFER. LE CREPUSCULE EXCITE LES FOUS.	22	019
COMME DES REFLETS D'UN FEU D'ARTIFICE DE L'ENFER!'' ENFIN, MON AME FAIT EXPLOSION,	48	042
LA CORDE ENTRE LES DEUX BOURRELETS DE L'ENFLURE, POUR LUI DEGAGER LE COU. ''J'AI	30	066
GUERRIERS ESPERAIENT AJOUTER A LA TERREUR DE L'ENNEMI. JE QUESTIONNAI L'UN DE CES	06	014
C'EST UNE ESPECE D'ENERGIE QUI JAILLIT DE L'ENNUI ET DE LA REVERIE; ET CEUX EN QUI	09	030
BRILLANT PLUS ENERGIQUEMENT DE L'HORREUR DE L'ENNUI ET DU DESIR IMMORTEL DE SE SENTIR	29	032
TOUTE VOTRE VIE, CETTE BIZARRE AFFECTION DE L'ENNUI, QUI EST LA SOURCE DE TOUTES VOS	29	105
VIEILLE MAITRESSE, JE VOULAIS M'ENIVRER DE L'ENORME CATIN DONT LE CHARME INFERNAL ME	51	008
CELUI DE MOLIERE. LES HERCULES, FIERS DE L'ENORMITE DE LEURS MEMBRES, SANS FRONT ET	14	029
LES PLUS DELICIEUX ET AUSSI UN PEU DE L'ENROUEMENT DES GOSIERS INCESSAMMENTS	21	093
JE REPRIS: ''PEUX-TU TE SOUVENIR DE L'EPOQUE ET DE L'OCCASION OU EST NEE EN TOI	47	107
INEVITABLE. J'AI TROP LE SENTIMENT DE L'EQUITE POUR BATTRE, OUTRAGER OU CONGEDIER	42	156
JE ME SOUVIENS! OUI! CE TAUDIS, CE SEJOUR DE L'ETERNEL ENNUI, EST BIEN LE MIEN. VOICI	05	055
NOUS Y TROUVERIONS D'AILLEURS L'ESPRIT DE L'EUROPE MARIE A LA BEAUTE TROPICALE.'' PAS	48	026
APPELER L'ORIENT DE L'OCCIDENT, LA CHINE DE L'EUROPE, TANT LA CHAUDE ET CAPRICIEUSE	18	004
CLARTE ET LA DELICIEUSE OBSCURITE DE L'HARMONIE. UNE SENTEUR INFINITESIMALE DU	05	016
ABSENTE, QU'ILS AURAIENT, JE CROIS, MANGE DE L'HERBE AVEC PLUS D'ENTHOUSIASME QUE LES	34	019
COMME CELUI DU PAUVRE, DU BOHEMIEN ET DE L'HISTRION, EST MERVEILLEUSEMENT	50	037
EN AUTOMNE; ON DIRAIT QUE LES APPROCHES DE L'HIVER ALLUMENT DANS SON COEUR UN FEU	39	025
COMPLIQUES QUI LUTTENT DANS LE COEUR DE L'HOMME AUX HEURES SOLENNELLES DE LA VIE.	22	057
EN AIDE, FIDELES EN CELA AUX HABITUDES DE L'HOMME CIVILISE, QUI NE VEUT JAMAIS, JE NE	30	070
PAR OU L'ENFER DONNE ASSAUT A LA FAIBLESSE DE L'HOMME QUI DORT, ET COMMUNIQUE EN SECRET	21	004
ET SA TETE FABULEUSE SURMONTAIT LE FRONT DE L'HOMME, COMME UN DE CES CASQUES HORRIBLES	06	012
HABITE PAR CES DEITES IMPALPABLES, AMIES DE L'HOMME, ET SOUVENT CONTRAINTES DE	20	065
LEUR AVEZ DONNE, AYANT APPRIS A SE DEFIER DE L'HOMME. SUR UNE ROUTE, DERRIERE LA GRILLE	19	015
COTE DE MOI ET S'ENFONCA DANS L'ATMOSPHERE DE L'HORIZON, A L'ENDROIT OU LA SURFACE	06	030
REGARDAIENT DE TEMPS A AUTRE L'AIGUILLE DE L'HORLOGE AVEC AUTANT D'IMPATIENCE QUE DES	20	029
NE VIS D'YEUX BRILLANT PLUS ENERGIQUEMENT DE L'HORREUR DE L'ENNUI ET DU DESIR IMMORTEL	29	031
AVEZ PEUT-ETRE MIS DANS MON ESPRIT LE GOUT DE L'HORREUR POUR CONVERTIR MON COEUR, COMME	47	121
LIMITES DE LEUR BONHEUR; CES ALCHIMISTES DE L'HORTICULTURE! QU'ILS PROPOSENT DES PRIX	18	058
ODEURS COMBINEES DU GOUDRON, DU MUSC ET DE L'HUILE DE COCO. LAISSE-MOI MORDRE	17	030
DANS AUCUN DES PLUS CELEBRES CAUSEURS DE L'HUMANITE. ELLE M'EXPLIQUA L'ABSURDITE DES	29	061
UN BON SOURIRE. SI CE N'EUT ETE LA CRAINTE DE L'HUMILIER DEVANT UNE AUSSI GRANDE	29	119
AI PAS DIT TOUT CRUMENT! J'AVAIS SI PEUR DE L'HUMILIER, CE CHER ENFANT! --EH BIEN!	47	098
FAIRE RIRE, J'AVOUERAI QUE JE CRAIGNAIS DE L'HUMILIER, ENFIN, JE VENAIS DE ME RESOUDRE	14	072
MA GORGE SERREE PAR LA MAIN TERRIBLE DE L'HYSTERIE, ET IL ME SEMBLA QUE MES REGARDS	14	065
POUR TOUJOURS PEUT-ETRE, A LA FOSSE DE L'IDEAL.	38	025
SOIR, EN FUMANT ET EN CONTEMPLANT LE REPOS DE L'IMMENSE VALLEE, HERISSEE DE MAISONS DONT	22	015
VAPEURS, LES MERVEILLEUSES CONSTRUCTIONS DE L'IMPALPABLE. ET JE ME DISAIS, A TRAVERS MA	44	004
ELLES SUBJUGUENT, ELLE DEVORENT LE REGARD DE L'IMPRUDENT QUI LES CONTEMPLE. JE LES AI	05	030
CRAINTE QUI NAIT ORDINAIREMENT A L'ASPECT DE L'INCONNU. SI JE VOULAIS ESSAYER DE DEFINIR	29	028
PARFUME ET INCORRUPTIBLE COMME LES COFFRES DE L'INDE. ET COMME MES YEUX RESTAIENT FICHES	38	011
ET, EN GENERAL, DE TOUTES LES FORMES DE L'INFATUATION HUMAINE. SUR CE SUJET-LA, SON	29	057
MES PENSEES ENRICHIES QUI REVIENNENT DE L'INFINI VERS TOI.	18	088
N'EST PAS DE POINTE PLUS ACEREE QUE CELLE DE L'INFINI. GRAND DELICE QUE CELUI DE NOYER	03	005
''PEUX-TU TE SOUVENIR DE L'EPOQUE ET DE L'OCCASION OU EST NEE EN TOI CETTE PASSION	47	108
HOMME CONDAMNE A MORT. IL VOULAIT PROFITER DE L'OCCASION POUR FAIRE UNE EXPERIENCE	27	051
NORD, ET QU'ON POURRAIT APPELER L'ORIENT DE L'OCCIDENT, LA CHINE DE L'EUROPE, TANT LA	18	004
QUE CE REFLET DE LA JOIE DU RICHE AU FOND DE L'OEIL DU PAUVRE. MAIS CE JOUR-LA, A	13	074
LA SIMPLE CREATURE, QUI LUI DECRIRE LE BAL DE L'OPERA, ET LUI DEMANDERA SI ON PEUT Y	25	050
CHARGEES ENCORE DES LOURDS PLEURS DE L'ORAGE, ET SES LEVRES ENTR'OUVERTES A DES	21	015
PAR LA HOULE ET GORGES DES PRODUITS DE L'ORIENT, ILS RENTRENT AU PORT NATAL, CE	18	086
MAIN INVISIBLE ATTIRE DES PROFONDEURS DE L'ORIENT, IMITENT TOUS LES SENTIMENTS	22	056
DU TIGRE, TANTOT LES DANDINEMENTS STUPIDES DE L'OURS BLANC. CE MONSTRE POILU DONT LA	11	020
SANTE, VIEUX BOUC!'' NOUS CAUSAMES AUSSI DE L'UNIVERS, DE SA CREATION ET DE SA FUTURE	29	054
MIRLITON, DES TITRES DE TOUS LES JOURNAUX DE L'UNIVERS, ET A TRAVERS CETTE TROMPETTE	21	099
SES PETITES GRIFFES DANS LES YEUX DE L'USURPATEUR; A SON TOUR CELUI-CI APPLIQUA	15	055
BIEN LONGTEMPS, QUAND VOUS ETIEZ INTERNE DE L... JE ME SOUVIENS QUE C'ETAIT VOUS QUI	47	031
ALLONS PLUS LOIN ENCORE, A L'EXTREME BOUT DE LA BALTIQUE; ENCORE PLUS LOIN DE LA VIE, SI	48	034
IL Y EN A QUI COUCHENT DANS UNE RUINE DE LA BANLIEUE ET QUI VIENNENT, CHAQUE JOUR, A	50	059
MAITRE PUISSANT ET VENERE, CHER BACCHANT DE LA BEAUTE MYSTERIEUSE ET PASSIONNEE. JAMAIS	32	023
YEUX REPANDAIENT LE DESIR DE LA GRANDEUR, DE LA BEAUTE, DE LA GLOIRE ET DE TOUT CE QUI	38	003
DANS L'AME LE GOUT DU RHYTHME ET DE LA BEAUTE. ET PUIS, SURTOUT, IL Y A UNE	41	009
RESTENT UN INSTANT ACCROCHES AUX DENTS DE LA BETE FEROCE, DE LA FEMME, VEUX-JE DIRE.	11	034
EPOUVANTE SE DEBATTAIT SOUS LES CARESSES DE LA BONNE FEMME DECREPITE, ET REMPLISSAIT LA	02	009
SQUELETTE, OU SANS UN EMBLEME QUELCONQUE DE LA BRIEVETE DE LA VIE''. ET IL ENTRA, BUT	45	008
A ENTENDU PARLER PAR SES CAMARADES DE LA CELEBRE DOROTHEE. INFAILLIBLEMENT ELLE	25	049
PAR LA HOULE......, AUTOUR DE NOUS, AU DELA DE LA CHAMBRE ECLAIREE D'UNE LUMIERE ROSE	24	023
COEUR QU'AFFAIBLI ET DIMINUE, COMME LE SON DE LA CLOCHETTE DES BESTIAUX IMPERCEPTIBLES	15	012
JOUI POUR LA DERNIERE FOIS DU SPECTACLE DE LA COMEDIE. DANS LA MEME NUIT ILS FURENT	27	145
AU RIZ ET AU SAFRAN, LUI ENVOIE, DU FOND DE LA COUR, SES PARFUMS EXCITANTS? PEUT-ETRE	25	045
JE LUI AURAIS PRESQUE PARDONNE LE DESIR DE LA CRIMINELLE JOUISSANCE DONT JE LE	28	052
DU PAYS QU'ON IGNORE, CETTE ANGOISSE DE LA CURIOSITE? IL EST UNE CONTREE QUI TE	18	017
LES PAYER CHER. MAIS QU'IMPORTE L'ETERNITE DE LA DAMNATION A QUI A TROUVE DANS UNE	09	092
DES LANTERNES, VOUS ETES LE FEU D'ARTIFICE DE LA DEESSE LIBERTE. CREPUSCULE, COMME VOUS	22	049
SOUS UN APPARENT BADINAGE LA SINCERITE DE LA DEMANDE; LES AUTRES, LOURDEMENT	30	126
ON RESPIRE ICI MAINTENANT LE RANCI DE LA DESOLATION. DANS CE MONDE ETROIT, MAIS	05	065
ONT MIS DANS LE BUT, DANS LE SEUL VRAI BUT DE LA DETESTABLE VIE!''	45	035

POEM LINE

20	005	TOUTES CES MERES BIZARRES DE LA JOIE ET	DE LA DOULEUR, ETAIENT FORT DIVERSES: LES UNES
10	004	SINON LE REPOS. ENFIN! LA TYRANNIE	DE LA FACE HUMAINE A DISPARU; ET JE NE
13	023	MECONNU, DES EFFORTS NON RECOMPENSES,	DE LA FAIM ET DU FROID HUMBLEMENT,
22	017	ICI LA PAIX MAINTENANT; C'EST ICI LA JOIE	DE LA FAMILLE!'' JE PUIS, QUAND LE VENT
22	064	DONT ELLE EST SEMEE, REPRESENTENT CES FEUX	DE LA FANTAISIE QUI NE S'ALLUMENT BIEN QUE
37	037	LE REFLET DE LA REDOUTABLE DIVINITE,	DE LA FATIDIQUE MARRAINE, DE LA NOURRICE
11	034	ACCROCHES AUX DENTS DE LA BETE FEROCE,	DE LA FEMME, VEUX-JE DIRE. ''ALLONS! UN BON
48	004	ET CELUI-LA CROIT QU'IL GUERIRAIT A COTE	DE LA FENETRE. IL ME SEMBLE QUE JE SERAIS
30	115	RELIQUE. --ET ELLE S'EMPARA DU CLOU ET	DE LA FICELLE. ''ENFIN! ENFIN! TOUT ETAIT
31	104	JE LES AI SUIVIS DE LOIN, JUSQU'AU BORD	DE LA FORET, OU J'AI COMPRIS SEULEMENT ALORS
12	002	DE PRENDRE UN BAIN DE MULTITUDE: JOUIR	DE LA FOULE EST UN ART; ET CELUI-LA SEUL PEUT
13	051	DANS UN JARDIN, POUR ENTENDRE, LOIN	DE LA FOULE, UN DE CES CONCERTS DONT LA
04	021	ME PARUT CONCENTRER EN LUI TOUT L'ESPRIT	DE LA FRANCE.
30	128	C'EST-A-DIRE A OBTENIR DE MOI UN MORCEAU	DE LA FUNESTE ET BEATIFIQUE CORDE. PARMI LES
38	003	LE DESIR DE LA GRANDEUR, DE LA BEAUTE,	DE LA GLOIRE ET DE TOUT CE QUI FAIT CROIRE A
11	047	PEUT-ETRE, LES JOUISSANCES TITILLANTES	DE LA GLOIRE NE LUI SOIENT PAS INCONNUES. IL Y
26	027	ET TOUTE LA MYTHOLOGIE MISES AU SERVICE	DE LA GOINFRERIE. DROIT DEVANT NOUS, SUR LA
29	055	SA CREATION ET DE SA FUTURE DESTRUCTION;	DE LA GRANDE IDEE DU SIECLE, C'EST-A-DIRE DU
38	003	ET DONT LES YEUX REPANDAIENT LE DESIR	DE LA GRANDEUR, DE LA BEAUTE, DE LA GLOIRE ET
24	016	ET, TOUT EN ANALYSANT DES YEUX LES DETAILS	DE LA GRAVURE, IL CONTINUAIT MENTALEMENT: ''AU
19	030	VOICI CE QU'IL REGARDAIT: DE L'AUTRE COTE	DE LA GRILLE, SUR LA ROUTE, ENTRE LES CHARDONS
03	010	IRREMEDIABLE EXISTENCE, MELODIE MONOTONE	DE LA HOULE, TOUTES CES CHOSES PENSENT PAR
27	119	D'UN FEU INTERIEUR SEMBLABLE A CELUI	DE LA JALOUSIE ET DE LA RANCUNE, MEME PENDANT
47	028	VOUS RAPPELLERA L'HOPITAL ET LE BON TEMPS	DE LA JEUNESSE. --AH CA! OU DONC AVEZ-VOUS
13	073	TOUJOURS CHOSE INTERESSANTE QUE CE REFLET	DE LA JOIE DU RICHE AU FOND DE L'OEIL DU
27	104	CHEF-D'OEUVRE D'ART VIVANT. LES EXPLOSIONS	DE LA JOIE ET DE L'ADMIRATION EBRANLERENT A
20	005	DU DESTIN, TOUTES CES MERES BIZARRES	DE LA JOIE ET DE LA DOULEUR, ETAIENT FORT
42	006	NON MECONNAISSABLE DES VETERANS	DE LA JOIE, CET INDESCRIPTIBLE JE NE SAIS
09	093	A QUI A TROUVE DANS UNE SECONDE L'INFINI	DE LA JOUISSANCE?
22	002	LES PAUVRES ESPRITS FATIGUES DU LABEUR	DE LA JOURNEE; ET LEURS PENSEES PRENNENT
50	076	ATTELES A LA CHARRETTE DU BOUCHER,	DE LA LAITIERE OU DU BOULANGER, ET QUI
49	041	QUI LE PROUVE, ET CELUI-LA SEUL EST DIGNE	DE LA LIBERTE, QUI SAIT LA CONQUERIR.''
20	069	ONDINS ET LES ONDINES. --JE VEUX PARLER	DE LA LOI QUI CONCEDE AUX FEES, DANS UN CAS
40	011	SANS DOUTE RAISON; MAIS, AU POINT DE VUE	DE LA LOI, IL N'AVAIT PAS TORT.
05	047	UN HUISSIER QUI VIENT ME TORTURER AU NOM	DE LA LOI; UNE INFAME CONCUBINE QUI VIENT
48	036	LA TERRE, ET LES LENTES ALTERNATIVES	DE LA LUMIERE ET DE LA NUIT SUPPRIMENT LA
37	000	LES BIENFAITS	DE LA LUNE
13	019	TERNES, OU BRILLANTS DES DERNIERS ECLAIRS	DE LA LUTTE, DANS CES RIDES PROFONDES ET
09	038	OU LES CONTROLEURS LUI PARAISSENT INVESTIS	DE LA MAJESTE DE MINOS, D'EAQUE ET DE
43	012	CREATURE RIAIT FOLLEMENT, SE MOQUANT	DE LA MALADRESSE DE SON EPOUX, CELUI-CI SE
18	081	ET D'OU MONTENT LES CHANTS MONOTONES	DE LA MANOEUVRE, CE SONT MES PENSEES QUI
22	009	EN UNE LUGUBRE HARMONIE, COMME CELLE	DE LA MAREE QUI MONTE OU D'UNE TEMPETE QUI
21	040	SEIGNEUR DES AMES, ET TU SERAS LE MAITRE	DE LA MATIERE VIVANTE, PLUS ENCORE QUE LE
29	067	SOIT. ELLE NE SE PLAIGNIT EN AUCUNE FACON	DE LA MAUVAISE REPUTATION DONT ELLE JOUIT DANS
19	023	FAITS D'UNE AUTRE PATE QUE LES ENFANTS	DE LA MEDIOCRITE OU DE LA PAUVRETE. A COTE DE
34	030	PARDONNES; LES DUELS CONVENUS FURENT RAYES	DE LA MEMOIRE, ET LES RANCUNES S'ENVOLERENT
34	002	RADIEUX OU ATTRISTE, DE CETTE CUVE IMMENSE	DE LA MER DONT LES BORDS NE SE LAISSENT QU'A
03	022	SA LIMPIDITE M'EXASPERE. L'INSENSIBILITE	DE LA MER, L'IMMUABILITE DU SPECTACLE ME
41	004	DES NUAGES, LES COLORATIONS CHANGEANTES	DE LA MER, LE SCINTILLEMENT DES PHARES, SONT
24	017	IL CONTINUAIT MENTALEMENT: ''AU BORD	DE LA MER, UNE BELLE CASE EN BOIS, ENVELOPPEE
29	022	DE NE JAMAIS REMONTER SUR LES HAUTES LAMES	DE LA MER. IL Y AVAIT LA DES VISAGES ETRANGES
03	007	SON REGARD DANS L'IMMENSITE DU CIEL ET	DE LA MER! SOLITUDE! SILENCE! INCOMPARABLE
05	049	LES TRIVIALITES DE SA VIE AUX DOULEURS	DE LA MIENNE; OU BIEN LE SAUTE-RUISSEAU D'UN
21	080	''JE N'AI BESOIN, POUR MA JOUISSANCE,	DE LA MISERE DE PERSONNE; ET JE NE VEUX PAS
21	061	REPRESENTANT LES FORMES NOMBREUSES	DE LA MISERE UNIVERSELLE. IL Y AVAIT DE PETITS
19	035	IL LE NETTOYAIT DE LA REPUGNANTE PATINE	DE LA MISERE. A TRAVERS CES BARREAUX
22	005	INDECISES DU CREPUSCULE. CEPENDANT DU HAUT	DE LA MONTAGNE ARRIVE A MON BALCON, A TRAVERS
45	023	ET DANS L'ATMOSPHERE DES ARDENTS PARFUMS	DE LA MORT, IL ENTENDIT UNE VOIX CHUCHOTER
48	031	VERS LES PAYS QUI SONT LES ANALOGIES	DE LA MORT. -- JE TIENS NOTRE AFFAIRE, PAUVRE
45	030	ETUDIER L'ART DE TUER AUPRES DU SANCTUAIRE	DE LA MORT! SI VOUS SAVIEZ COMME LE PRIX EST
42	014	ALORS CELUI J'AI PARLE, COMME ON ECOUTERAIT	DE LA MUSIQUE DE DANSE. ''TOUS LES HOMMES,
31	089	A FAIT BRILLANTS PENDANT QU'ILS FAISAIENT	DE LA MUSIQUE! UNE MUSIQUE SI SURPRENANTE
18	071	INCESSAMMENT SECRETEE ET RENOUVELEE; ET,	DE LA NAISSANCE A LA MORT, COMBIEN
50	003	CE N'EST PAS L'AME DE CE PEINTRE	DE LA NATURE POMPEUSE QUE J'APPELLERAI A MON
37	038	DIVINITE, DE LA FATIDIQUE MARRAINE,	DE LA NOURRICE EMPOISONNEUSE DE TOUS LES
22	012	QUI PRENNENT, COMME LES HIBOUX, LA VENUE	DE LA NUIT POUR UN SIGNAL DE SABBAT? CETTE
48	037	LES LENTES ALTERNATIVES DE LA LUMIERE ET	DE LA NUIT SUPPRIMENT LA VARIETE ET AUGMENTENT
22	065	S'ALLUMENT BIEN QUE SOUS LE DEUIL PROFOND	DE LA NUIT.
10	038	UN PEU DANS LE SILENCE ET LA SOLITUDE	DE LA NUIT. AMES DE CEUX QUE J'AI AIMES, AMES
21	008	QUI SE DETACHAIENT AINSI DU FOND OPAQUE	DE LA NUIT. ILS AVAIENT L'AIR SI FIER ET SI
27	025	DU MONDE LUI AURAIENT CERTAINEMENT ATTIRE	DE LA PART D'UN HISTORIEN SEVERE, L'EPITHETE
27	043	TENDANCES GENEREUSES DU PRINCE OFFENSE.	DE LA PART D'UN HOMME AUSSI NATURELLEMENT ET
28	027	CETTE IDEE QU'UNE PAREILLE CONDUITE,	DE LA PART DE MON AMI, N'ETAIT EXCUSABLE QUE
30	030	LA COURONNE D'EPINES ET LES CLOUS	DE LA PASSION, ET LA TORCHE D'EROS. JE PRIS
19	024	PATE QUE LES ENFANTS DE LA MEDIOCRITE OU	DE LA PAUVRETE. A COTE DE LUI, GISAIT SUR
05	077	ACCENTUEES, ET CHACUNE, EN JAILLISSANT	DE LA PENDULE, DIT: --''JE SUIS LA VIE,
29	056	IDEE DU SIECLE, C'EST-A-DIRE DU PROGRES ET	DE LA PERFECTIBILITE, ET, EN GENERAL, DE
31	096	PAR UNE COURROIE, AVAIT L'AIR DE SE MOQUER	DE LA PLAINTE DE SON VOISIN, TANDIS QUE LE
06	031	A L'ENDROIT OU LA SURFACE ARRONDIE	DE LA PLANETE SE DEROBE A LA CURIOSITE DU
21	102	ET ME REVINT REPERCUTE PAR L'ECHO	DE LA PLUS LOINTAINE PLANETE. ''DIABLE!''
09	082	ET QUAND L'HOMME REPARUT AU DEBOUCHE	DE LA PORTE, JE LAISSAI TOMBER
49	053	TROUVAIS, POUR UN ASSEZ LONG TEMPS, HORS	DE LA PORTEE DE TOUT AGENT DE POLICE. AYANT
50	011	QUI T'ACCOMPAGNE TOUJOURS DANS LA MEMOIRE	DE LA POSTERITE; ET SURTOUT QUE CET ANE
36	024	HABITENT LA VOLONTE TENACE ET L'AMOUR	DE LA PROIE. CEPENDANT, AU BAS DE CE VISAGE
08	004	DE LA VILLE.'' ET LE CHIEN, EN FRETILLANT	DE LA QUEUE, CE QUI EST, JE CROIS, CHEZ CES
46	011	DU MACADAM. JE N'AI PAS EU LE COURAGE	DE LA RAMASSER. J'AI JUGE MOINS DESAGREABLE DE
27	119	SEMBLABLE A CELUI DE LA JALOUSIE ET	DE LA RANCUNE, MEME PENDANT QU'IL
14	044	DE CETTE FETE. AU BOUT, A L'EXTREME BOUT	DE LA RANGEE DE BARAQUES, COMME SI, HONTEUX,
37	037	CHERCHANT DANS TOUTE TA PERSONNE LE REFLET	DE LA REDOUTABLE DIVINITE, DE LA FATIDIQUE
19	035	UN VERNIS DE CARROSSIER, IL LE NETTOYAIT	DE LA REPUGNANTE PATINE DE LA MISERE. A
31	059	CONTINUE, SI JE N'AVAIS PAS EU PEUR, PEUR	DE LA REVEILLER D'ABORD, ET PUIS ENCORE PEUR

POEM	LINE		
23	005	ARIDES, ET QUE L'ESPRIT DE MEURTRE ET	DE LUBRICITE S'ENFLAMME MERVEILLEUSEMENT DANS
25	050	ELLE LE PRIERA, LA SIMPLE CREATURE,	DE LUI DECRIRE LE BAL DE L'OPERA, ET LUI
10	023	UNE AVERSE, CHEZ UNE SAUTEUSE QUI M'A PRIE	DE LUI DESSINER UN COSTUME DE VENUSTRE; AVOIR
30	034	LE CEDER, PROMETTANT DE BIEN L'HABILLER,	DE LUI DONNER QUELQUE ARGENT ET DE NE PAS LUI
09	040	AU COU D'UN VIEILLARD QUI PASSE A COTE	DE LUI ET L'EMBRASSERA AVEC ENTHOUSIASME
30	100	SOMBRE CONSOLATION. ENSUITE ELLE ME PRIA	DE LUI MONTRER L'ENDROIT OU SON PETIT S'ETAIT
42	140	COMBIEN DE FOIS NE ME SUIS-JE PAS RETENU	DE LUI SAUTER A LA GORGE, EN LUI CRIANT:
31	050	--IL ATTIRA SES CAMARADES PLUS PRES	DE LUI, ET PARLA D'UNE VOIX PLUS BASSE. --''CA
19	025	DE LA MEDIOCRITE OU DE LA PAUVRETE, A COTE	DE LUI, GISAIT SUR L'HERBE UN JOUJOU
02	006	DENTS ET SANS CHEVEUX. ET ELLE S'APPROCHA	DE LUI, VOULANT LUI FAIRE DES RISETTES ET DES
30	054	REPOUSSEE DU PIED, ETAIT RENVERSEE A COTE	DE LUI: SA TETE ETAIT PENCHEE CONVULSIVEMENT
14	076	JE NE SAIS QUEL TROUBLE, M'ENTRAINA LOIN	DE LUI. ET, M'EN RETOURNANT, OBSEDE PAR CETTE
50	022	CARLIN OU GREDIN, SI ENCHANTE	DE LUI-MEME QU'IL S'ELANCE INDISCRETEMENT DANS
06	023	QU'IL LA CONSIDERAIT COMME FAISANT PARTIE	DE LUI-MEME. TOUS CES VISAGES FATIGUES ET
24	029	LA VARANGUE, LE TAPAGE DES OISEAUX IVRES	DE LUMIERES, ET LE JACASSEMENT DES PETITES
09	018	TROUVENT A UNE CERTAINE MINUTE UN COURAGE	DE LUXE POUR EXECUTER LES ACTES LES PLUS
31	121	DE LES PRIER DE M'EMMENER AVEC EUX ET	DE M'APPRENDRE A JOUER DE LEURS INSTRUMENTS;
31	121	J'AVAIS EU D'ABORD ENVIE DE LES PRIER	DE M'EMMENER AVEC EUX ET DE M'APPRENDRE A
30	085	AVERTIR LES PARENTS. MES PIEDS REFUSAIENT	DE M'Y CONDUIRE. ENFIN J'EUS CE COURAGE. MAIS,
44	007	SONT PRESQUE AUSSI BELLES QUE LES YEUX	DE MA BELLE BIEN-AIMEE, LA PETITE FOLLE
44	012	ET COMME ENROUEE PAR L'EAU-DE-VIE, LA VOIX	DE MA CHERE PETITE BIEN-AIMEE, QUI DISAIT:
42	118	AVIEZ ETE ACCOUPLES A UNE CERTAINE FEMME	DE MA CONNAISSANCE, OU VOUS VOUS SERIEZ
21	107	L'AVOIR VUE TRINQUANT AVEC QUELQUES DROLES	DE MA CONNAISSANCE; ET LE SON RAUQUE DU CUIVRE
51	005	UNE FLEUR. TU SAIS BIEN, O SATAN, PATRON	DE MA DETRESSE, QUE JE N'ALLAIS PAS LA POUR
42	136	TOUS LES BENEFICES QUE J'AURAIS PU TIRER	DE MA FOLIE PERSONNELLE. AVEC UNE FROIDE ET
09	088	DE CRISTAL CREVE PAR LA FOUDRE. ET, IVRE	DE MA FOLIE, JE LUI CRIAI FURIEUSEMENT: ''LA
30	121	DE LETTRES: LES UNES, DES LOCATAIRES	DE MA MAISON, QUELQUES AUTRES DES MAISONS
42	068	PLUS DE SOUPIRS QUE N'EN TIRAIENT DU SEIN	DE MA MAITRESSE LES ELANS DE L'AMOUR LE PLUS
15	028	PAR UNE SI LONGUE ASCENSION. JE TIRAI	DE MA POCHE UN GROS MORCEAU DE PAIN, UNE TASSE
42	129	ET MES GESTES AVEC L'EXACTITUDE IRONIQUE	DE MA PROPRE CONSCIENCE, DE SORTE QUE JE NE
46	010	DANS UN MOUVEMENT BRUSQUE, A GLISSE	DE MA TETE DANS LA FANGE DU MACADAM. JE N'AI
14	071	EN VERITE, JE N'OSAIS; ET, DUT LA RAISON	DE MA TIMIDITE VOUS FAIRE RIRE, J'AVOUERAI QUE
08	013	AINSI, VOUS-MEME, INDIGNE COMPAGNON	DE MA TRISTE VIE, VOUS RESSEMBLEZ AU PUBLIC, A
07	026	BEAUTE! AH! DEESSE! AYEZ PITIE	DE MA TRISTESSE ET DE MON DELIRE!'' MAIS
30	051	MON PETIT BONHOMME, L'ESPIEGLE COMPAGNON	DE MA VIE, PENDU AU PANNEAU DE CETTE ARMOIRE!
24	015	FAUDRAIT DEMEURER POUR CULTIVER LE REVE	DE MA VIE.'' ET, TOUT EN ANALYSANT DES YEUX
15	064	LE PROMETTRE! LE GATEAU VOYAGEAIT	DE MAIN EN MAIN ET CHANGEAIT DE POCHE A CHAQUE
10	020	INCONNUES; AVOIR DISTRIBUE DES POIGNEES	DE MAINS DANS LA MEME PROPORTION; ET CELA SANS
22	016	LE REPOS DE L'IMMENSE VALLEE, HERISSEE	DE MAISONS DONT CHAQUE FENETRE DIT: ''C'EST
42	000	PORTRAITS	DE MAITRESSES
29	099	ET VOUS PROUVER QUE MOI, DONT ON DIT TANT	DE MAL, JE SUIS QUELQUEFOIS BON DIABLE, POUR
42	086	BOUT DE QUELQUES MINUTES, CHACUN OUBLIAIT	DE MANGER POUR LA CONTEMPLER. LES GARCONS
24	004	L'ATMOSPHERE D'UN BEAU SOIR, LES DEGRES	DE MARBRE D'UN PALAIS, EN FACE DES GRANDES
25	023	ET SON PIED, PAREIL AUX PIEDS DES DEESSES	DE MARBRE QUE L'EUROPE ENFERME DANS SES
07	029	AU LOIN JE NE SAIS QUOI AVEC SES YEUX	DE MARBRE.
44	013	BIENTOT MANGER VOTRE SOUPE, S... B.....	DE MARCHAND DE NUAGES?''
06	019	ETAIENT POUSSES PAR UN INVINCIBLE BESOIN	DE MARCHER. CHOSE CURIEUSE A NOTER: AUCUN DE
24	022	DERRIERE NOTRE PETIT DOMAINE, DES BOUTS	DE MATS BALANCES PAR LA HOULE...... AUTOUR DE
48	022	DE ROTTERDAM. TOI QUI AIMES LES FORETS	DE MATS, ET LES NAVIRES AMARRES AU PIED DES
17	011	TOUT UN REVE, PLEIN DE VOILURES ET	DE MATURES; IL CONTIENNENT DE GRANDES MERS
10	006	PAR MOI-MEME. ENFIN! IL M'EST DONC PERMIS	DE ME DELASSER DANS UN BAIN DE TENEBRES:
21	120	SUPPLIANT DE ME PARDONNER, LEUR OFFRANT	DE ME DESHONORER AUSSI SOUVENT QU'IL LE
46	012	DESAGREABLE DE PERDRE MES INSIGNES QUE	DE ME FAIRE ROMPRE LES OS. ET PUIS, ME SUIS-JE
40	007	EGAUX EN DROITS; DONC JE POSSEDE LE DROIT	DE ME MIRER; AVEC PLAISIR OU DEPLAISIR, CELA
21	119	LES INVOQUAI A HAUTE VOIX, LES SUPPLIANT	DE ME PARDONNER, LEUR OFFRANT DE ME DESHONORER
14	073	CRAIGNAIS DE L'HUMILIER. ENFIN, JE VENAIS	DE ME RESOUDRE A DEPOSER EN PASSANT QUELQUE
29	026	DANS DES PAYS DONT IL M'ETAIT IMPOSSIBLE	DE ME SOUVENIR EXACTEMENT, ET QUI
30	069	MAIS TOUS MES VOISINS AVAIENT REFUSE	DE ME VENIR EN AIDE, FIDELES EN CELA AUX
20	034	HASARD, NE NOUS ETONNONS PAS QU'IL EN SOIT	DE MEME QUELQUEFOIS DANS LA JUSTICE HUMAINE.
31	020	SINGULIER, CELA DONNE ENVIE D'ETRE HABILLE	DE MEME, DE DIRE ET DE FAIRE LES MEMES CHOSES,
50	105	DU BONHEUR DES HOMMES, AVAIT LE TEMPS	DE MENAGER L'HONNEUR DES CHIENS! ET QUE DE
25	021	OREILLES. DE TEMPS EN TEMPS LA BRISE	DE MER SOULEVE PAR LE COIN SA JUPE FLOTTANTE
37	025	VOIX RAUQUE ET DOUCE! ''ET TU SERAS AIMEE	DE MES AMANTS, COURTISEE PAR MES COURTISANS.
09	020	ET SOUVENT MEME LES PLUS DANGEREUX. UN	DE MES AMIS, LE PLUS INOFFENSIF REVEUR QUI AIT
34	043	LA MORT; ET C'EST POURQUOI, QUAND CHACUN	DE MES COMPAGNONS DIT: ''ENFIN!'' JE NE PUS
49	044	GROS COMME UNE BALLE. JE CASSAI UN	DE MES ONGLES A LUI BRISER DEUX DENTS, ET
21	070	ALORS UN LONG ET RETENTISSANT CLIQUETIS	DE METAL, QUI SE TERMINAIT EN UN VAGUE
23	005	LES LIEUX ARIDES, ET QUE L'ESPRIT	DE MEURTRE ET DE LUBRICITE S'ENFLAMME
21	085	CHARME, JE NE SAURAIS LE COMPARER A RIEN	DE MIEUX QU'A CELUI DES TRES-BELLES FEMMES SUR
24	044	DES DRAPS UN PEU APRES, MAIS FRAIS; QUOI	DE MIEUX?'' ET EN RENTRANT SEUL CHEZ LUI, A
04	002	AN; CHAOS DE BOUE ET DE NEIGE, TRAVERSE	DE MILLE CARROSSES, ETINCELANT DE JOUJOUX ET
30	065	LES CHAIRS; ET IL FALLAIT MAINTENANT, AVEC	DE MINCES CISEAUX, CHERCHER LA CORDE ENTRE LES
09	038	LUI PARAISSENT INVESTIS DE LA MAJESTE	DE MINOS, D'EAQUE ET DE RHADAMANTHE; SAUTERA
16	019	GRANDE COMME L'ESPACE, SANS DIVISIONS	DE MINUTES NI DE SECONDES,--UNE HEURE IMMOBILE
05	040	SECONDE PAR SECONDE! NON! IL N'EST PLUS	DE MINUTES, IL N'EST PLUS DE SECONDES! LE
31	076	EST TROP AVARE; DIEU NE S'OCCUPE PAS	DE MOI ET DE MON ENNUI, ET JE N'AI PAS UNE
06	029	TOUJOURS. ET LE CORTEGE PASSA A COTE	DE MOI ET S'ENFONCA DANS L'ATMOSPHERE DE
10	040	FORTIFIEZ-MOI, SOUTENEZ-MOI, ELOIGNEZ	DE MOI LE MENSONGE ET LES VAPEURS CORRUPTRICES
03	016	TOUTEFOIS, CES PENSEES, QU'ELLES SORTENT	DE MOI OU S'ELANCENT DES CHOSES, DEVIENNENT
29	098	SAVOIR, ME DIT: ''JE VEUX QUE VOUS GARDIEZ	DE MOI UN BON SOUVENIR, ET VOUS PROUVER QUE
30	128	VENEZ CHEZ MOI. VOUS SEREZ BIEN CONTENT	DE MOI UN MORCEAU DE LA FUNESTE ET BEATIFIQUE
47	010	BIEN FINI? MECONTENT DE TOUS ET MECONTENT	DE MOI, ALLEZ! --SANS DOUTE, J'IRAI VOUS VOIR,
10	036	CE QUE PEUT ETRE LA REALITE PLACEE HORS	DE MOI, JE VOUDRAIS BIEN ME RACHETER ET
35	022	ALLER CHERCHER SI LOIN CE QUI EST SI PRES	DE MOI; SI ELLE M'A AIDE A VIVRE, A SENTIR QUE
24	040	L'INTERRUPTEUR. JE N'AI A ME PLAINDRE QUE	DE MOI. LE PLAISIR ET LE BONHEUR SONT DANS LA
42	060	D'UN COMIQUE SOLIDE ET LOURD, COMME CELUI	DE MOI-MEME. LE BONHEUR EST VENU HABITER CHEZ
14	029	DEVANT LES JEUNES ECRIVAINS DE MON SIECLE,	DE MOLIERE. LES HERCULES, FIERS DE L'ENORMITE
50	002	MON CHER ANGE, COMBIEN JE VOUS REMERCIE	DE MON ADMIRATION POUR BUFFON; MAIS
43	022	SON TRAIN, PRETANT DES AILES A L'ESPRIT	DE MON ADRESSE!''
28	039	SON TRAIN, PRETANT DES AILES A L'ESPRIT	DE MON AMI ET TIRANT TOUTES LES DEDUCTIONS
28	018	DES CHIENS QU'ON FOUETTE. L'OFFRANDE	DE MON AMI FUT BEAUCOUP PLUS CONSIDERABLE QUE

IDEE QU'UNE PAREILLE CONDUITE, DE LA PART
UNE ENERGIE SANS VIOLENCE. L'HISTOIRE
''TU SUBIRAS ETERNELLEMENT L'INFLUENCE
CE PETIT CADAVRE QUI HANTAIT SES REPLIS
A LA FOIS L'HONNEUR DE SON SEXE, L'ORGUEIL
AH! DEESSE! AYEZ PITIE DE MA TRISTESSE ET
TROP AVARE; DIEU NE S'OCCUPE PAS DE MOI ET
SEXE, L'ORGUEIL DE MON COEUR ET LE PARFUM
DANS L'ILE DE ROBINSON. JE N'EXIGE PAS
APERCEVOIR IMMEDIATEMENT LE REPROCHE MUET
SEULEMENT QUE JE SENTAIS, CONFINE AU FOND
ROUGI, MEME DEVANT LES JEUNES ECRIVAINS
SI JE VOULAIS PARLER LA BELLE LANGUE
SE PROMENER ET REGARDER? LA VIE FOURMILLE
DESPOTIQUE. ''--HE! HE!'' ET JE LUI CRIAI
LA SIESTE, UNE SIESTE QUI EST UNE ESPECE
DE L'ARTISTE. PERSONNE NE REVA PLUS
LE JUGE QUI PARDONNEZ! VOUS QUI ETES PLEIN
D'ELLES; MAIS CELLE-CI DONNE LE DESIR
PAS DONNE A CHACUN DE PRENDRE UNE BELLE
ENVOYAIT UN MYSTERIEUX PARFUM DE ROSE ET
DANS LA CASE UN PUISSANT PARFUM DE ROSE ET
UN POELE DE FONTE, UN OU DEUX INSTRUMENTS
GRATIS, AU GRE DU VENT, UN LAMBEAU
BIENVEILLANT DOIS-JE D'ETRE AINSI ENTOURE
(OBSERVEZ, JE VOUS PRIE, QUE L'ESPRIT
QUOIQUE EN GUENILLES, AVEC L'AIR
ELLE M'A EMPECHE DE FAIRE, QUE JE REGRETTE
''PRESQUE TOUS NOS MALHEURS NOUS VIENNENT
REGARDS SE CROISENT; LES OISIFS, FATIGUES
DES FEMMES. IL EUT ETE PLUS PHILOSOPHIQUE
--''CA FAIT UN SINGULIER EFFET, ALLEZ'
SE PROMENANT DANS LA BANLIEUE
ROSE TAMISEE PAR LES STORES, DECOREE
D'HOMMES VIGOUREUX DE TOUTES NATIONS ET
PENATES; LEURS FEMMES; LEURS ENFANTS; ET
DES MELODIEUSES CASCADES, LE DESIR
VAGUE ET LEGEREMENT HEBETE, COMME FEIGNANT
DE LUI DONNER QUELQUE ARGENT ET
IDEALISATION, QU'IL ETAIT IMPOSSIBLE
HIDEUX TROUBLE- FETE! ''CE GRAND MALHEUR
DANS LA FOULE, CRAIGNANT SANS DOUTE
L'EXPLOSION DU NOUVEL AN: CHAOS DE BOUE ET
POUR LE MELER A L'OCCASION AVEC DE L'EAU
ET DE NE PAS LUI IMPOSER D'AUTRE PEINE QUE
D'ANGOISSES; DE CAUCHEMARS, DE COLERES ET
DONC JAMAIS,-- ME DIT-IL, AVEC UN TON
PAR LA MAIN UN ENFANT COMME ELLE VETU
SE TERMINAIT EN UN VAGUE GEMISSEMENT FAIT
ME SENTAIS UN PEU HONTEUX DE NOS VERRES ET
ET SPIRITUELS: ''PRENDS-MOI AVEC TOI, ET
D'YEUX, MAIS JE ME SENTAIS UN PEU HONTEUX
AMIE. PAYS SINGULIER, NOYE DANS LES BRUMES
CETTE MALADIE FIEVREUSE QUI S'EMPARE
PAS UN HOMME! AH! SI J'ETAIS ''UN HOMME!
DE MATS BALANCES PAR LA HOULE...... AUTOUR
OU LE FAIT TEL QU'IL EXISTE EN DEHORS
D'AILLEURS. ENSUITE ON FIT APPORTER
CELLE DE L'INFINI. GRAND DELICE QUE CELUI
ELLE DESCENDIT MOELLEUSEMENT SON ESCALIER
VOTRE SOUPE, S... B..... DE MARCHAND
ET SOUILLEES DE PUNAISES, DEUX CHAISES
MENDIANTES QUI RAMASSENT DES CROUTES
DIRE, AUCUN SUJET DE BATAILLE; LE MORCEAU
JE TIRAI DE MA POCHE UN GROS MORCEAU
ET COMME SUPPLIANTS, DEVORAIENT LE MORCEAU
AINSI ENTOURE DE MYSTERE, DE SILENCE,
DECOR QUE JE CHERCHAIS. QU'AI-JE A FAIRE
ET ELLE TIRA D'UNE ARMOIRE UNE LIASSE
BLEUS, DES VITRES MAGIQUES; DES VITRES
DANS LE NOBLE PUBLIC, L'IDEE DE DOUCEUR ET
DE ROSE ET DE BLEU. L'AME Y PREND UN BAIN
ENTOURE DE MYSTERE, DE SILENCE, DE PAIX ET
AU MOINS CURIEUX, SUR LA FOULE
DONT AUCUNE DES HABITATIONS SUPERIEURES
JOIE; ET PUIS ENCORE SI LES BELLES DAMES
DE DIRE ET DE FAIRE LES MEMES CHOSES; ET
DANS LES ROLES MUETS OU PEU CHARGES
ETES MON EGAL! VEUILLEZ ME FAIRE L'HONNEUR
FONDAMENTAUX DONT IL NE ME CONVIENT PAS
TON DE NEZ TRES-APOSTOLIQUE, --LE BESOIN
DISTRIBUTION DE PRIX. CE QU'IL Y AVAIT ICI
JE NE MANQUE JAMAIS, EN VRAI PARISIEN;
Y ALLUMAIENT COMME UNE AUREOLE SULFUREUSE
POUR RECOMPENSER TANT DE COURAGE, TANT
UN EFFORT POUR LES GAGNER! VOUS CHERGNEZ
PUISSE PARAITRE BIZARRE QUE LES IDEES
SI VIF, QUE JE PRIAI UN JOUR SES PARENTS,
DONNAIENT A L'AME LA NOSTALGIE
L'ARTISTE QUE LE DESIR DECHIRE! JE BRULE

DE MON AMI, N'ETAIT EXCUSABLE QUE PAR LE DESIR   28 027
DE MON AMOUR RESSEMBLE A UN INTERMINABLE   42 125
DE MON BAISER. TU SERAS BELLE A MA MANIERE. TU   37 017
DE MON CERVEAU, ET DONT LE FANTOME ME   30 119
DE MON COEUR ET LE PARFUM DE MON ESPRIT, QUE   16 014
DE MON DELIRE!'' MAIS L'IMPLACABLE VENUS   07 027
DE MON ENNUI, ET JE N'AI PAS UNE BELLE BONNE   31 077
DE MON ESPRIT, QUE CE SOIT LA NUIT, QUE CE   16 014
DE MON GAZETIER LES COURAGEUSES VERTUS DE   23 013
DE MON INSEPARABLE SPECTRE. L'AMOUR   42 132
DE MON INTELLECT, LE GERME OBSCUR D'UNE IDEE   49 014
DE MON SIECLE, DE MON ADMIRATION POUR BUFFON?   50 002
DE MON SIECLE.   23 042
DE MONSTRES INNOCENTS. --SEIGNEUR, MON DIEU!   47 116
DE MONTER. CEPENDANT JE REFLECHISSAIS; NON   09 067
DE MORT SAVOUREUSE OU LE DORMEUR, A DEMI   25 004
DE MORT, DE DEUIL, NI DE SUPPLICES. CHACUN   27 101
DE MOTIFS ET DE CAUSES; ET QUI AVEZ PEUT-ETRE   47 119
DE MOURIR LENTEMENT SOUS SON REGARD.   36 031
DE MULTITUDE: JOUIR DE LA FOULE EST UN ART; ET   12 001
DE MUSC, ET D'OU LES MUSIQUES DE LA VIE NOUS   34 048
DE MUSC...... PLUS LOIN, DERRIERE NOTRE PETIT   24 021
DE MUSIQUE DETRAQUES. OH! LE TRISTE MOBILIER!   50 085
DE MUSIQUE, ET REGARDANT L'ETINCELANTE   13 071
DE MYSTERE, DE SILENCE, DE PAIX ET DE PARFUMS?   05 034
DE MYSTIFICATION QUI, CHEZ QUELQUES PERSONNES,   09 053
DE N'AVOIR BESOIN DE PERSONNE. LEURS GRANDS   31 087
DE N'AVOIR PAS COMMISES! QUE DE DETTES PAYEES   42 134
DE N'AVOIR PAS SU RESTER DANS NOTRE CHAMBRE,''   23 037
DE N'AVOIR RIEN FAIT, SE DANDINENT, FEIGNANT   13 066
DE N'EN PAS PARLER DU TOUT; MAIS IL Y A DES   42 011
DE N'ETRE PAS COUCHE SEUL ET D'ETRE DANS UN   31 051
DE NANKIN, S'APERCUT QU'IL AVAIT OUBLIE SA   16 003
DE NATTES FRAICHES ET DE FLEURS CAPITEUSES,   24 024
DE NAVIRES DE TOUTES FORMES DECOUPANT LEURS   17 018
DE NE JAMAIS REMONTER SUR LES HAUTES LAMES DE   29 021
DE NE JAMAIS REVOIR LEURS PENATES, LEURS   29 020
DE NE PAS COMPRENDRE ET COMME AVOUANT   42 164
DE NE PAS LUI IMPOSER D'AUTRE PEINE QUE DE   30 034
DE NE PAS SUPPOSER VIVANTE, POSSIBLE, REELE.   27 082
DE NE POUVOIR ETRE SEUL!...'' DIT QUELQUE PART   23 033
DE NE POUVOIR SE SUPPORTER EUX-MEMES.   23 036
DE NEIGE, TRAVERSE DE MILLE CARROSSES,   04 002
DE NEIGE. JE DECOUPAIS TRANQUILLEMENT MON   15 032
DE NETTOYER MES PINCEAUX ET DE FAIRE MES   30 035
DE NEVROSES. JE VOUS ASSURE QUE LES SECONDES   05 074
DE NEZ TRES-APOSTOLIQUE, --LE BESOIN DE   23 028
DE NOIR! SI MODIQUE QUE FUT LE PRIX D'ENTREE,   13 095
DE NOMBREUSES VOIX HUMAINES. ET IL RIAIT; EN   21 071
DE NOS CARAFES, PLUS GRANDS QUE NOTRE SOIF. JE   26 050
DE NOS DEUX MISERES NOUS FERONS PEUT-ETRE UNE   50 044
DE NOS VERRES ET DE NOS CARAFES, PLUS GRANDS   26 049
DE NOTRE NORD, ET QU'ON POURRAIT APPELER   18 003
DE NOUS DANS LES FROIDES MISERES, CETTE   18 015
DE NOUS DEUX, C'EST MOI QUI SUIS L'HOMME!''   42 038
DE NOUS, AU DELA DE LA CHAMBRE ECLAIREE D'UNE   24 023
DE NOUS, NOUS EPROUVONS UN BIZARRE SENTIMENT,   30 005
DE NOUVELLES BOUTEILLES, POUR TUER LE TEMPS   42 168
DE NOYER SON REGARD DANS L'IMMENSITE DU CIEL   03 006
DE NUAGES, ET PASSA SANS BRUIT A TRAVERS LES   37 004
DE NUAGES?''   44 014
DE PAILLE, UN POELE DE FONTE, UN OU DEUX   50 084
DE PAIN A LA PORTE DES CABARETS. ''SI AU MOINS   11 004
DE PAIN AVAIT DISPARU, ET IL ETAIT EPARPILLE   15 068
DE PAIN, UNE TASSE DE CUIR ET UN FLACON D'UN   15 029
DE PAIN. ET JE L'ENTENDIS SOUPIRER, D'UNE VOIX   15 036
DE PAIX ET DE PARFUMS? O BEATITUDE! CE QUE   05 034
DE PALAIS?'' ET PLUS LOIN, COMME IL SUIVAIT   24 033
DE PAPIERS, QUI N'ETAIT AUTRE CHOSE QUE LA   47 048
DE PARADIS? IMPUDENT QUE VOUS ETES! VOUS OSEZ   09 071
DE PARDON. QUAND ON DIT D'UN COMEDIEN: ''VOILA   27 071
DE PARESSE, AROMATISE PAR LE REGRET ET LE   05 004
DE PARFUMS? O BEATITUDE! CE QUE NOUS NOMMONS   05 034
DE PARIAS QUI SE PRESSENT AUTOUR DE L'ENCEINTE   13 062
DE PARIS NE POURRAIT FOURNIR UN EXEMPLE   29 010
DE PARIS SONT TOUTES PLUS BELLES QU'ELLE.   25 054
DE PARLER AVEC LA MEME VOIX...'' L'UN DES   31 021
DE PAROLES, QUI SONT SOUVENT LES PRINCIPAUX   27 066
DE PARTAGER AVEC MOI MA BOURSE; ET SOUVENEZ-   49 074
DE PARTAGER LES BENEFICES ET LA PROPRIETE AVEC   29 065
DE PARTAGER VOS JOUISSANCES?'' VOYEZ-VOUS LE   23 029
DE PARTICULIER, C'EST QUE LES DONS N'ETAIENT   20 015
DE PASSER LA REVUE DE TOUTES LES BARAQUES QUI   14 018
DE PASSION. IL ETAIT FACILE DE DEVINER QUE   31 071
DE PATIENCE ET DE LABEUR, UN PARADIS SPECIAL   50 109
DE PATRIE ET DE CONTREE AUSSI SOUVENT QUE   29 113
DE PATRIE ET DE LIBERTE S'EMPARENT   27 005
DE PAUVRES GENS, DE VOULOIR BIEN ME LE CEDER,   30 032
DE PAYS ET DE BONHEURS INCONNUS; ET, ENIVRE DE   29 049
DE PEINDRE   36 000
DE PEINDRE CELLE QUI M'EST APPARUE SI RAREMENT   36 003

POEM LINE

30	018	LA PLUS NATURELLE. ''MA PROFESSION	DE PEINTRE ME POUSSE A REGARDER ATTENTIVEMENT
18	029	OU LES HEURES PLUS LENTES CONTIENNENT PLUS	DE PENSEES, OU LES HORLOGES SONNENT LE BONHEUR
50	130	LE GILET DU PEINTRE, IL EST CONTRAINT	DE PENSER AUX BONS CHIENS, AUX CHIENS
46	012	LA RAMASSER. J'AI JUGE MOINS DESAGREABLE	DE PERDRE MES INSIGNES QUE DE ME FAIRE ROMPRE
21	080	BESOIN, POUR MA JOUISSANCE, DE LA MISERE	DE PERSONNE; ET JE NE VEUX PAS D'UNE RICHESSE
31	087	EN GUENILLES, AVEC L'AIR DE N'AVOIR BESOIN	DE PERSONNE. LEURS GRANDS YEUX SOMBRES SONT
10	019	PAR DES COQUINS; AVOIR SALUE UNE VINGTAINE	DE PERSONNES, DONT QUINZE ME SONT INCONNUES;
21	059	COMME D'UN TATOUAGE, D'UNE FOULE	DE PETITES FIGURES MOUVANTES REPRESENTANT LES
19	005	LES GRANDES ROUTES, REMPLISSEZ VOS POCHES	DE PETITES INVENTIONS A UN SOL, --TELLES QUE
28	004	DE PETITES PIECES D'OR; DANS LA DROITE,	DE PETITES PIECES D'ARGENT; DANS LA POCHE
28	003	LA POCHE GAUCHE DE SON GILET IL GLISSA	DE PETITES PIECES D'OR; DANS LA DROITE, DE
21	063	VOLONTAIREMENT A UN CLOU; IL Y AVAIT	DE PETITS GNOMES DIFFORMES, MAIGRES, DONT LES
21	061	DE LA MISERE UNIVERSELLE. IL Y AVAIT	DE PETITS HOMMES EFFLANQUES QUI SE
12	034	LES FONDATEURS DE COLONIES, LES PASTEURS	DE PEUPLES, LES PRETRES MISSIONNAIRES EXILES
15	019	ME REMPLISSAIT D'UNE JOIE MELEE	DE PEUR. BREF, JE ME SENTAIS, GRACE A
05	073	DE SOUVENIRS, DE REGRETS, DE SPASMES,	DE PEURS, D'ANGOISSES, DE CAUCHEMARS, DE
29	096	PAR TANT DE POETES ET SERVI PAR TANT	DE PHILOSOPHES QUI TRAVAILLENT A SA GLOIRE
49	055	DE POLICE. AYANT ENSUITE, PAR UN COUP	DE PIED LANCE DANS LE DOS, ASSEZ ENERGIQUE
50	126	AU DIVIN ARETIN SOIT UNE DAGUE ENRICHIE	DE PIERRERIES, SOIT UN MANTEAU DE COUR, EN
05	045	IL M'A SEMBLE QUE JE RECEVAIS UN COUP	DE PIOCHE DANS L'ESTOMAC. ET PUIS UN SPECTRE
24	051	POURQUOI CONTRAINDRE MON CORPS A CHANGER	DE PLACE, PUISQUE MON AME VOYAGE SI LESTEMENT?
02	014	VIEILLES FEMELLES, L'AGE EST PASSE	DE PLAIRE, MEME AUX INNOCENTS; ET NOUS FAISONS
50	024	GENOUX DU VISITEUR, COMME S'IL ETAIT SUR	DE PLAIRE, TURBULENT COMME UN ENFANT, SOT
20	075	DONNE A TON FILS... JE LUI DONNE... LE DON	DE PLAIRE!'' ''MAIS PLAIRE COMMENT? PLAIRE...?
16	032	QUE VOUS-MEME? EN VERITE, J'AI EU TANT	DE PLAISIR A BRODER CETTE PRETENTIEUSE
25	039	UN PARFAIT BOUDOIR; OU ELLE PREND TANT	DE PLAISIR A SE PEIGNER, A FUMER, A SE FAIRE
41	010	BEAUTE. ET PUIS; SURTOUT, IL Y A UNE SORTE	DE PLAISIR MYSTERIEUX ET ARISTOCRATIQUE POUR
28	044	''OUI, VOUS AVEZ RAISON; IL N'EST PAS	DE PLAISIR PLUS DOUX QUE DE SURPRENDRE UN
31	058	OU DU PAPIER DE SOIE. J'Y AVAIS TANT	DE PLAISIR QUE J'AURAIS LONGTEMPS CONTINUE, SI
43	008	MYSTERIEUSE FEMME A LAQUELLE IL DOIT TANT	DE PLAISIRS, TANT DE DOULEURS, ET PEUT-ETRE
31	018	DE LES AIMER. ON A PEUR, ON A ENVIE	DE PLEURER, ET CEPENDANT L'ON EST CONTENT...
31	090	DONNE ENVIE TANTOT DE DANSER, TANTOT	DE PLEURER, OU DE FAIRE LES DEUX A LA FOIS, ET
37	012	QUE TU EN AS GARDE POUR TOUJOURS L'ENVIE	DE PLEURER. CEPENDANT, DANS L'EXPANSION DE SA
25	041	DANS LE MIROIR DE SES GRANDS EVENTAILS	DE PLUMES, PENDANT QUE LA MER, QUI BAT LA
19	027	DORE, VETU D'UNE ROBE POURPRE, ET COUVERT	DE PLUMETS ET DE VERROTERIES. MAIS L'ENFANT NE
50	062	D'AUTRES QUI ACCOURENT; PAR TROUPES	DE PLUS DE CINQ LIEUES; POUR PARTAGER LE REPAS
07	008	QU'UNE LUMIERE TOUJOURS CROISSANTE FAIT	DE PLUS EN PLUS ETINCELER LES OBJETS; QUE LES
27	117	A LA NEIGE. SES LEVRES SE RESSERRAIENT	DE PLUS EN PLUS, ET SES YEUX S'ECLAIRAIENT
28	020	LE PLAISIR D'ETRE ETONNE, IL N'EN EST PAS	DE PLUS GRAND QUE CELUI DE CAUSER UNE
28	011	EN TREMBLANT. --JE NE CONNAIS RIEN	DE PLUS INQUIETANT QUE L'ELOQUENCE MUETTE DE
42	104	PEUT-ETRE A CETTE PAUVRE ENFANT LA RATION	DE PLUSIEURS SOLDATS. C'EST DU MOINS CE QUE
10	030	NOUS VERRONS!'' M'ETRE VANTE (POURQUOI?)	DE PLUSIEURS VILAINES ACTIONS QUE JE N'AI
15	064	VOYAGEAIT DE MAIN EN MAIN ET CHANGEAIT	DE POCHE A CHAQUE INSTANT! MAIS, HELAS! IL
33	005	ENIVRER SANS TREVE. MAIS DE QUOI? DE VIN,	DE POESIE OU DE VERTU, A VOTRE GUISE. MAIS
33	017	ENIVREZ-VOUS SANS CESSE! DE VIN,	DE POESIE OU DE VERTU, A VOTRE GUISE.''
29	095	CE CELEBRE PERSONNAGE, CHANTE PAR TANT	DE POETES ET SERVI PAR TANT DE PHILOSOPHES QUI
44	009	ET TOUT A COUP JE RECUS UN VIOLENT COUP	DE POING DANS LE DOS, ET J'ENTENDIS UNE VOIX
49	043	JE SAUTAI SUR MON MENDIANT. D'UN SEUL COUP	DE POING, JE LUI BOUCHAI UN OEIL, QUI DEVINT
03	004	N'EXCLUT PAS L'INTENSITE; ET IL N'EST PAS	DE POINTE PLUS ACEREE QUE CELLE DE L'INFINI.
49	054	TEMPS, HORS DE LA PORTEE DE TOUT AGENT	DE POLICE. AYANT ENSUITE, PAR UN COUP DE PIED
22	022	ALORS TOUS LES RAPPORTS D'AMITIE ET	DE POLITESSE, ET MALTRAITAIT, COMME UN
50	012	ET SURTOUT QUE CET ANE N'OUBLIE PAS	DE PORTER, DELICATEMENT SUSPENDU ENTRE SES
09	025	ALLUMERA UN CIGARE A COTE D'UN TONNEAU	DE POUDRE, POUR VOIR, POUR SAVOIR, POUR TENTER
21	020	DE SON SOUFFLE. AUTOUR DE SA TUNIQUE	DE POURPRE ETAIT ROULE, EN MANIERE DE
20	033	LA JUSTICE SURNATURELLE, IL Y A UN PEU	DE PRECIPITATION ET DE HASARD, NE NOUS
31	129	OEIL ET DANS SON FRONT CE JE NE SAIS QUOI	DE PRECOCEMENT FATAL QUI ELOIGNE GENERALEMENT
12	001	IL N'EST PAS DONNE A CHACUN	DE PRENDRE UN BAIN DE MULTITUDE: JOUIR DE LA
20	014	PRIX SUR L'ESTRADE, DANS UNE DISTRIBUTION	DE PRIX. CE QU'IL Y AVAIT ICI DE PARTICULIER,
10	042	SEIGNEUR MON DIEU! ACCORDEZ-MOI LA GRACE	DE PRODUIRE QUELQUES BEAUX VERS QUI ME
34	047	UNE TERRE RICHE ET MAGNIFIQUE, PLEINE	DE PROMESSES, QUI NOUS ENVOYAIT UN MYSTERIEUX
50	083	DES COUVERTURES TRAINANTES ET SOUILLEES	DE PUNAISES, DEUX CHAISES DE PAILLE, UN POELE
40	006	D'APRES LES IMMORTELS PRINCIPES	DE QUATRE-VINGT-NEUF, TOUS LES HOMMES SONT
13	043	JE NE SAIS DANS QUEL MISERABLE CAFE ET	DE QUELLE FACON ELLE DEJEUNA. JE LA SUIVIS AU
28	025	OCCUPE A CHERCHER MIDI A QUATORZE HEURES (	DE QUELLE FATIGANTE FACULTE LA NATURE M'A FAIT
10	001	SEUL! ON N'ENTEND PLUS QUE LE ROULEMENT	DE QUELQUES FIACRES ATTARDES ET EREINTES.
28	038	PETIT SPECULATEUR, LE GERME D'UNE RICHESSE	DE QUELQUES JOURS. ET AINSI MA FANTAISIE
42	085	NOUS ENTRIONS DANS UN RESTAURANT, AU BOUT	DE QUELQUES MINUTES, CHACUN OUBLIAIT DE MANGER
29	064	HUMAIN ET DAIGNA MEME ME FAIRE CONFIDENCE	DE QUELQUES PRINCIPES FONDAMENTAUX DONT IL NE
14	083	L'INGRATITUDE PUBLIQUE, ET DANS LA BARAQUE	DE QUI LE MONDE OUBLIEUX NE VEUT PLUS ENTRER!
46	002	DANS UN MAUVAIS LIEU! VOUS, LE BUVEUR	DE QUINTESSENCES! VOUS, LE MANGEUR
46	003	MANGEUR D'AMBROISIE! EN VERITE, IL Y A LA	DE QUOI ME SURPRENDRE. --MON CHER, VOUS
33	005	IL FAUT VOUS ENIVRER SANS TREVE. MAIS	DE QUOI? DE VIN, DE POESIE OU DE VERTU, A
39	000		UN CHEVAL DE RACE
24	025	FRAICHES ET DE FLEURS CAPITEUSES, AVEC	DE RARES SIEGES D'UN ROCOCO PORTUGAIS, D'UN
42	139	POUR COMBLE D'HORREUR, ELLE N'EXIGEAIT PAS	DE RECONNAISSANCE; LE DANGER PASSE. COMBIEN DE
22	034	LE PREMIER EST MORT FOU, INCAPABLE	DE RECONNAITRE SA FEMME ET SON ENFANT; LE
30	007	UN BIZARRE SENTIMENT, COMPLIQUE MOITIE	DE REGRET POUR LE FANTOME DISPARU, MOITIE
31	038	UNE INEXPRIMABLE EXPRESSION D'EXTASE ET	DE REGRET. ''EST-IL BETE, CELUI-LA, AVEC SON
05	072	TOUT CE DEMONIAQUE CORTEGE DE SOUVENIRS,	DE REGRETS, DE SPASMES, DE PEURS, D'ANGOISSES,
49	004	DES LIVRES OU IL EST TRAITE DE L'ART	DE RENDRE LES PEUPLES HEUREUX, SAGES ET
27	067	DANS CES DRAMES FEERIQUES DONT L'OBJET EST	DE REPRESENTER SYMBOLIQUEMENT LE MYSTERE DE LA
08	009	EFFROI, IL ABOIE CONTRE MOI, EN MANIERE	DE REPROCHE. ''--AH! MISERABLE CHIEN, SI JE
28	014	QUI SAIT Y LIRE, TANT D'HUMILITE, TANT	DE REPROCHES. IL TROUVE QUELQUE CHOSE
23	017	DES INDIVIDUS QUI ACCEPTERAIENT AVEC MOINS	DE REPUGNANCE LE SUPPLICE SUPREME; S'IL LEUR
10	033	AVEC JOIE, DELIT DE FANFARONNADE! CRIME	DE RESPECT HUMAIN! AVOIR REFUSE A UN AMI UN
42	160	DEBARRASSER DE CET ETRE SANS LUI MANQUER	DE RESPECT. QUE VOULIEZ-VOUS QUE JE FISSE
20	031	DEPUIS LE MATIN, NE PEUVENT S'EMPECHER	DE REVER AU DINER, A LA FAMILLE ET A LEURS
05	009	ALANGUIES, ONT L'AIR	DE REVER; ON LES DIRAIT DOUES D'UNE VIE
05	025	POUVOIR MAGIQUE L'A INSTALLEE SUR CE TRONE	DE REVERIE ET DE VOLUPTE? QU'IMPORTE LA
09	039	DE LA MAJESTE DE MINOS, D'EAQUE ET	DE RHADAMANTHE, SAUTERA BRUSQUEMENT AU COU
13	067	INDOLEMMENT LA MUSIQUE. ICI RIEN QUE	DE RICHE, D'HEUREUX; RIEN QUI NE RESPIRE ET

```
NAVIRES QU'ILS CHARRIENT, TOUT CHARGES
LE MOT: GATEAU! JE NE PUS M'EMPECHER
SUSPENDUE A MON BRAS, ET EN ECLATANT
HYSTERIQUE ET BIZARRE, DISAIT EN ECLATANT
QUE LES FLEURS EXCITEES BRULENT DU DESIR
FORT DE DEVENIR FOU FURIEUX DANS L'ILE
CHOSE DE CREPUSCULAIRE, DE BLEUATRE ET
STAGNANTE EST LEGEREMENT TEINTEE
QUI NOUS ENVOYAIT UN MYSTERIEUX PARFUM
DANS LA CASE UN PUISSANT PARFUM
L'IMAGE DANS LES MUSEES. QUE PENSERAIS-TU
AMIES DE L'HOMME, ET SOUVENT CONTRAINTES
DE CES RAISONNEURS SI COMMUNS, INCAPABLES
JE NE POUVAIS PAS, EN VERITE, L'EMPECHER
VOUS REPONDRONT: ''IL EST L'HEURE
FORCE DE VOULOIR, LE DESIR DE VOYAGER OU
ELOIGNER D'ICI?'' TANT IL EST DIFFICILE
POUR LE COUPER LA TETE! S... S... C...
D'HOMME, ADOSSE CONTRE UN DES POTEAUX
EN GLISSANT A TRAVERS LES BOUCLES ROUSSES
NE QUITTANT PAS DES YEUX L'OBJET
ENIVRE, MELA SES APPLAUDISSEMENTS A CEUX
BOUC!'' NOUS CAUSAMES AUSSI DE L'UNIVERS,
PIECES D'ARGENT; DANS LA POCHE GAUCHE
TEMPS N'A PU ROMPRE L'HARMONIE PETILLANTE
LES FACULTES, NI SOULAGER LES BESOINS
SES DOULEURS, ET A REPANDRE LA CONTAGION
ET ACCROCHER EN MAINT ENDROIT LES ANGLES
AUSSI DE L'UNIVERS, DE SA CREATION ET
DONT L'ECHO SONORE FIT LE COMMENTAIRE
DE PLEURER. CEPENDANT, DANS L'EXPANSION
LE SOLEIL ACCABLE LA VILLE
DE TABAC, MON AMI FIT UN SOIGNEUX TRIAGE
AVEC SES DEUX VASTES GRIFFES A LA POITRINE
DU JOUR SOUS L'OPPRESSION VICTORIEUSE
ET ROSE, TRANCHE VIVEMENT SUR LES TENEBRES
DIMINUE DU CHARME VAGUE, MAIS ETERNEL,
TRANQUILLEMENT, COMME POUR SE JUSTIFIER
A LA LUNE, QUI SANS DOUTE L'A MARQUEE
LE FLOT MOUVANT S'ARRETAIT A QUELQUES PAS
DEVINE TOUTE L'HOMICIDE EFFICACITE
SON COEUR UN FEU NOUVEAU, ET LA SERVILITE
DU PHILOSOPHE QUI VERIFIE L'EXCELLENCE
EST MAUVAISE POUR L'HOMME; ET A L'APPUI
AUX ARDEURS DE SON SOUFFLE. AUTOUR
CRIER MISERE ET AJOUTER LES TRIVIALITES
QUI ME FRAPPA LE PLUS, CE FUT LE MYSTERE
LA CONTAGION DE SA FOLIE DANS LES NUITS
HIBOUX, LA VENUE DE LA NUIT POUR UN SIGNAL
EPARPILLE EN MIETTES SEMBLABLES AUX GRAINS
TROUSSE ET SON TABLIER, MEME AVEC UN PEU
HARANGUE, SANS CRAINDRE QUE LES TAMBOURS
QU'ILS ONT CONTINUE A JOUER LEUR MUSIQUE
PARCE QU'IL EST TOUJOURS TRES-DIFFICILE
CEUX QUI CONSEILLENT A TOUS LES PAUVRES
ET N'INSPIRE L'INSOUCIANCE ET LE PLAISIR
A SON COU PAR UNE COURROIE, AVAIT L'AIR
L'HORREUR DE L'ENNUI ET DU DESIR IMMORTEL
D'UNE NATURE A LAQUELLE IL SOIT IMPOSSIBLE
L'ESPACE, SANS DIVISIONS DE MINUTES NI
IL N'EST PLUS DE MINUTES, IL N'EST PLUS
CURIEUX, BIZARRES, ARMES DE SERRURES ET
SOLIDE? ET NE PARDONNEREZ-VOUS PAS UN PEU
DELICATES, TOUS CES CALICES, EXPLOSIONS
QUELQUE CHOSE APPROCHANT CETTE PROFONDEUR
PERSONNE INCAPABLE DE COMMETTRE UNE ERREUR
SOMMEILLANT EST BERCE PAR DES SENSATIONS
SONT VASTES, CURIEUX, BIZARRES, ARMES
DIVAGANTE QUI LA PEUPLE DE SES PASSIONS ET
BACCHUS NE SECOUA SON THYRSE SUR LES TETES
TOURNANT LE DOS; ET REJOIGNANT LE CORTEGE
ENGIN DE GUERRE SUR LE REBORD POSTERIEUR
COEURS ET D'ENGOURDIR LES ESPRITS? FRUSTRE
FEMME DECREPITE, ET REMPLISSAIT LA MAISON
EVENTER OU A SE REGARDER DANS LE MIROIR
CERVEAU, ET DONT LE FANTOME ME FATIGUAIT
PROLONGE, INTERROMPIT FANCIOULLE DANS UN
DEVAIT JOUER L'UN DE SES PRINCIPAUX ET
PLUS TARD PRODIGIEUSEMENT EMBARRASSE
CELIBATAIRE, ET LE CARACTERE MASCULIN
ELLE ENVELOPPAIT ET OPPRIMAIT L'HOMME
L'AME OISIVE ET DIVAGANTE QUI LA PEUPLE
IL CONTEMPLAIT VANITEUSEMENT LES ONGLES
DEPOSER EN PASSANT QUELQUE ARGENT SUR UNE
SPECTACLE OU FANCIOULLE DEVAIT JOUER L'UN
SUR SON VISAGE LE FARD SANGLANT
L'A PATIEMMENT ET OPINIATREMENT ILLUSTRE
LUMIERE QUI DANS L'OMBRE OPAQUE, AU FOND
EST ACHEVEE. N'EST-IL PAS JUSTE QUE
QUELQUES MINUTES PLUS TARD UN COUP
DOIS-JE D'ETRE AINSI ENTOURE DE MYSTERE,
```

```
DE RICHESSES, ET D'OU MONTENT LES CHANTS          18 080
DE RIRE EN ENTENDANT L'APPELLATION DONT IL        15 038
DE RIRE, --VOUS ETES UN MEDECIN FARCEUR, J'EN     47 013
DE RIRE: ''C'EST MOI, LA VRAIE BENEDICTA!         38 016
DE RIVALISER AVEC L'AZUR DU CIEL PAR L'ENERGIE    07 010
DE ROBINSON. JE N'EXIGE PAS DE MON GAZETIER       23 012
DE ROSATRE; UN REVE DE VOLUPTE PENDANT UNE        05 006
DE ROSE ET DE BLEU. L'AME Y PREND UN BAIN DE      05 003
DE ROSE ET DE MUSC, ET D'OU LES MUSIQUES DE LA    34 048
DE ROSE ET DE MUSC....., PLUS LOIN, DERRIERE      24 021
DE ROTTERDAM, TOI QUI AIMES LES FORETS DE         48 021
DE S'ADAPTER A SES PASSIONS, TELLES QUE LES       20 066
DE S'ENIVRER JUSQU'A LA LOGIQUE DE L'ABSURDE.     20 079
DE S'ENIVRER DE SON MALHEUR ET LUI REFUSER        30 098
DE S'ENIVRER! POUR N'ETRE PAS LES ESCLAVES        33 015
DE S'ENRICHIR.                                    41 015
DE S'ENTENDRE, MON CHER ANGE, ET TANT LA          26 058
DE S... M...! --ATTENDS, REPRIT-ELLE, TU VAS      47 046
DE SA CAHUTE; UNE CAHUTE PLUS MISERABLE QUE       14 048
DE SA CHEVELURE EBOURIFFEE, Y ALLUMAIENT COMME    31 070
DE SA CONVOITISE; PUIS, HAPPANT LE MORCEAU        15 042
DE SA COUR. CEPENDANT, POUR UN OEIL               27 107
DE SA CREATION ET DE SA FUTURE DESTRUCTION; DE    29 054
DE SA CULOTTE, UNE MASSE DE GROS SOLS; ET         28 005
DE SA DEMARCHE NI L'ELEGANCE INDESTRUCTIBLE DE    39 009
DE SA DEPLORABLE PROGENITURE. J'AI OUBLIE DE      20 050
DE SA FOLIE DANS LES NUITS DE SABBAT. A SES       21 031
DE SA FRAGILE MARCHANDISE. ENFIN IL PARUT:        09 071
DE SA FUTURE DESTRUCTION; DE LA GRANDE IDEE DU    29 054
DE SA GROSSIERE PAROLE. JE ME DETOURNAI AVEC      21 078
DE SA JOIE, LA LUNE REMPLISSAIT TOUTE LA          37 013
DE SA LUMIERE DROITE ET TERRIBLE; LE SABLE EST    25 001
DE SA MONNAIE; DANS LA POCHE GAUCHE DE SON        28 002
DE SA MONTURE; ET SA TETE FABULEUSE SURMONTAIT    06 011
DE SA NUIT, LES FEUX DES CANDELABRES QUI FONT     22 052
DE SA PEAU ET MOULE EXACTEMENT SA TAILLE          25 012
DE SA POITRINE GARCONNIERE. USEE PEUT-ETRE,       39 019
DE SA PRODIGALITE. MAIS DANS MON MISERABLE        28 023
DE SA REDOUTABLE INFLUENCE! NON PAS LA LUNE       36 015
DE SA REPULSIVE MISERE! JE SENTIS MA GORGE        14 064
DE SA RUSE? IL EST PERMIS D'EN DOUTER.            27 141
DE SA TENDRESSE N'A JAMAIS RIEN DE FATIGANT.      39 027
DE SA THEORIE! --JE VIS CETTE ANTIQUE CARCASSE    49 061
DE SA THESE IL CITE, COMME TOUS LES               23 002
DE SA TUNIQUE DE POURPRE ETAIT ROULE, EN          21 020
DE SA VIE AUX DOULEURS DE LA MIENNE; OU BIEN      05 048
DE SA VOIX, DANS LAQUELLE JE RETROUVAIS LE        21 091
DE SABBAT. A SES CHEVILLES DELICATES              21 031
DE SABBAT? CETTE SINISTRE ULULATION NOUS          22 013
DE SABLE AUXQUELS IL ETAIT MELE. CE SPECTACLE     15 069
DE SANG DESSUS!'' ELLE DIT CELA D'UN AIR FORT     47 102
DE SANTERRE NE LAISSE COUPASSENT                  23 020
DE SAUVAGES: MEME APRES QUE LA FOULE S'EST        31 100
DE SE DECIDER A N'IMPORTE QUOI, ET AUSSI PARCE    31 123
DE SE FAIRE ESCLAVES; ET DE CEUX QUI LEUR         49 008
DE SE LAISSER VIVRE; RIEN, EXCEPTE L'ASPECT DE    13 069
DE SE MOQUER DE LA PLAINTE DE SON VOISIN,         31 096
DE SE SENTIR VIVRE. MON HOTE ET MOI, NOUS         29 032
DE SE TROMPER, C'EST L'AMOUR MATERNEL. IL EST     30 010
DE SECONDES,--UNE HEURE IMMOBILE QUI N'EST PAS    16 019
DE SECONDES! LE TEMPS A DISPARU; C'EST            05 040
DE SECRETS COMME DES AMES RAFFINEES. LES          18 040
DE SENSUALITE A CES PAUVRES DIABLES QUI ONT A     50 097
DE SENTEURS ET DE COULEURS, EXECUTENT UN          32 016
DE SENTIMENT COMPLIQUE, DANS LES YEUX             28 015
DE SENTIMENT OU DE CALCUL! FIGUREZ-VOUS UNE       42 122
DE SERRE CHAUDE. LA MOUSSELINE PLEUT              05 020
DE SERRURES ET DE SECRETS COMME DES AMES          18 039
DE SES CHIMERES. IL EST CERTAIN QU'UN BAVARD,     23 009
DE SES COMPAGNES AFFOLEES AVEC AUTANT             32 025
DE SES COMPAGNES, ELLE LEUR DISAIT: ''COMMENT     20 082
DE SES CROCHETS; ET LE CHOC S'EN RENVERSANT, IL   09 084
DE SES ESPERANCES ET BAFOUE DANS SES              27 111
DE SES GLAPISSEMENTS. ALORS LA BONNE VIEILLE      02 010
DE SES GRANDS EVENTAILS DE PLUMES; PENDANT QUE    25 041
DE SES GRANDS YEUX FIXES. MAIS LE LENDEMAIN JE    30 120
DE SES MEILLEURS MOMENTS, ET DECHIRA A LA FOIS    27 128
DE SES MEILLEURS ROLES, ET AUQUEL                 27 039
DE SES MILLIONS. AINSI FURENT DONNES L'AMOUR      20 046
DE SES MOEURS AJOUTAIT UN PIQUANT MYSTERIEUX A    13 041
DE SES MUSCLES ELASTIQUES ET PUISSANTS; ELLE      06 009
DE SES PASSIONS ET DE SES CHIMERES. IL EST        23 008
DE SES PIEDS, BRILLANTS ET POLIS COMME DES        21 035
DE SES PLANCHES, ESPERANT QU'IL DEVINERAIT MON    14 074
DE SES PRINCIPAUX ET DE SES MEILLEURS ROLES,      27 039
DE SES REFLETS. LE POIDS DE SON ENORME            25 016
DE SES SAVANTES ET DELICATES VEGETATIONS. UN      18 007
DE SES YEUX ADORABLES JE VOIS TOUJOURS L'HEURE    16 016
DE SI ZELES COMEDIENS NE SE METTENT PAS EN        50 094
DE SIFFLET AIGU, PROLONGE, INTERROMPIT            27 127
DE SILENCE, DE PAIX ET DE PARFUMS? O              05 034
```

POEM LINE

09	009	LA DECACHETER, OU NE SE RESIGNE QU'AU BOUT	DE SIX MOIS A OPERER UNE DEMARCHE NECESSAIRE
49	032	IL EXISTE CETTE DIFFERENCE ENTRE LE DEMON	DE SOCRATE ET LE MIEN, QUE CELUI DE SOCRATE NE
49	033	LE DEMON DE SOCRATE ET LE MIEN, QUE CELUI	DE SOCRATE NE SE MANIFESTAIT A LUI QUE POUR
25	011	MINCE SUR SES HANCHES SI LARGES. SA ROBE	DE SOIE COLLANTE, D'UN TON CLAIR ET ROSE,
31	058	DIRAIT DU PAPIER A LETTRE OU DU PAPIER	DE SOIE. J'Y AVAIS TANT DE PLAISIR QUE
16	026	ME DIRE: ''QUE REGARDES-TU LA AVEC TANT	DE SOIN? QUE CHERCHES-TU DANS LES YEUX DE CET
18	058	L'HORTICULTURE! QU'ILS PROPOSENT DES PRIX	DE SOIXANTE ET DE CENT MILLE FLORINS POUR QUI
39	012	D'ENFANT; ET LE TEMPS N'A RIEN ARRACHE	DE SON ABONDANTE CRINIERE D'OU S'EXHALE EN
47	058	QUI PORTE SUR SON VISAGE LA NOIRCEUR	DE SON AME!'' TOUT CELA, PARCE QUE L'AUTRE
25	005	A DEMI EVEILLE, GOUTE LES VOLUPTES	DE SON ANEANTISSEMENT. CEPENDANT DOROTHEE,
39	010	SA DEMARCHE NI L'ELEGANCE INDESTRUCTIBLE	DE SON AVIS DANS LA MEME AFFAIRE! COMME ON
47	059	TOUT CELA, PARCE QUE L'AUTRE N'ETAIT PAS	DE SON AVIS DANS LA MEME AFFAIRE! COMME ON
20	019	AUSSI BIEN LA SOURCE DE SON MALHEUR QUE	DE SON BONHEUR. LES PAUVRES FEES ETAIENT
47	007	CHEVEUX FLOTTANT AU VENT AVEC LES BRIDES	DE SON BONNET. ''--NON; JE NE SUIS PAS
28	056	JE NE LUI PARDONNERAI JAMAIS L'INEPTIE	DE SON CALCUL. ON N'EST JAMAIS EXCUSABLE
31	023	SECONDES N'ECOUTAIT PLUS LE DISCOURS	DE SON CAMARADE ET OBSERVAIT AVEC UNE FIXITE
21	012	ET IL Y AVAIT AUSSI, DANS LES LIGNES	DE SON CORPS, LA MOLLESSE DES ANCIENS BACCHUS.
25	017	LE FARD SANGLANT DE SES REFLETS. LE POIDS	DE SON ENORME CHEVELURE PRESQUE BLEUE TIRE EN
43	013	FOLLEMENT; SE MOQUANT DE LA MALADRESSE	DE SON EPOUX, CELUI-CI SE TOURNA BRUSQUEMENT
20	048	AU FILS D'UN SOMBRE GUEUX, CARRIER	DE SON ETAT, QUI NE POUVAIT, EN AUCUNE FACON,
30	113	CE QUI AVAIT SERVI D'INSTRUMENT A LA MORT	DE SON FILS, ET LE VOULAIT GARDER COMME UNE
30	097	ELLE VOULAIT, DISAIT-ELLE, VOIR LE CADAVRE	DE SON FILS. JE NE POUVAIS PAS, EN VERITE,
43	009	ET PEUT-ETRE AUSSI UNE GRANDE PARTIE	DE SON GENIE. PLUSIEURS BALLES FRAPPERENT LOIN
50	122	PETULANCE LE PEINTRE S'EST DEPOUILLE	DE SON GILET EN FAVEUR DU POETE, TANT IL A
28	003	TRIAGE DE SA MONNAIE; DANS LA POCHE GAUCHE	DE SON GILET IL GLISSA DE PETITES PIECES D'OR;
49	048	JE LE SAISIS D'UNE MAIN PAR LE COLLET	DE SON HABIT, DE L'AUTRE, JE L'EMPOIGNAI A LA
39	011	L'AMOUR N'A PAS ALTERE LA SUAVITE	DE SON HALEINE D'ENFANT; ET LE TEMPS N'A RIEN
15	014	MONTAGNE. SUR LE PETIT LAC IMMOBILE, NOIR	DE SON IMMENSE PROFONDEUR, PASSAIT QUELQUEFOIS
20	023	COMME NOUS A LA TERRIBLE LOI DU TEMPS ET	DE SON INFINIE POSTERITE, LES JOURS, LES
29	121	DE CE JOUEUR GENEREUX POUR LE REMERCIER	DE SON INOUIE MUNIFICENCE. MAIS PEU A PEU,
19	028	MAIS L'ENFANT NE S'OCCUPAIT PAS	DE SON JOUJOU PREFERE, ET VOICI CE QU'IL
45	014	DIT QUE LE SOLEIL IVRE SE VAUTRAIT TOUT	DE SON LONG SUR UN TAPIS DE FLEURS MAGNIFIQUES
30	098	PAS, EN VERITE, L'EMPECHER DE S'ENIVRER	DE SON MALHEUR ET LUI REFUSER CETTE SUPREME ET
20	019	DESTINEE A DEVENIR AUSSI BIEN LA SOURCE	DE SON MALHEUR QUE DE SON BONHEUR. LES PAUVRES
30	087	PAS UNE LARME NE SUINTA DU COIN	DE SON OEIL. J'ATTRIBUAI CETTE ETRANGETE A
20	074	BONNE FEE REPONDIT, AVEC UN APLOMB DIGNE	DE SON RANG: ''JE DONNE A TON FILS... JE LUI
16	013	BIEN NOMMEE, QUI EST A LA FOIS L'HONNEUR	DE SON SEXE, L'ORGUEIL DE MON COEUR ET LE
21	019	S'ILLUMINAIENT, EN VOLETANT, AUX ARDEURS	DE SON SOUFFLE. AUTOUR DE SA TUNIQUE DE
27	120	APPLAUDISSAIT OSTENSIBLEMENT LES TALENTS	DE SON VIEIL AMI, L'ETRANGE BOUFFON, QUI
31	096	AVAIT L'AIR DE SE MOQUER DE LA PLAINTE	DE SON VOISIN, TANDIS QUE LE TROISIEME
07	020	ECLATANT ET RIDICULE. COIFFE DE CORNES ET	DE SONNETTES, TOUT RAMASSE CONTRE LE
50	089	QUI SURVEILLENT, AVEC UNE ATTENTION	DE SORCIERS, L'OEUVRE SANS NOM QUI MITONNE SUR
42	046	BEAU JOUR ELLE S'EST MISE A LA CHIMIE;	DE SORTE QU'ENTRE MA BOUCHE ET LA SIENNE JE
42	129	IRONIQUE DE MA PROPRE CONSCIENCE,	DE SORTE QUE JE NE POUVAIS PAS ME PERMETTRE UN
21	042	LE PLAISIR, SANS CESSE RENAISSANT,	DE SORTIR DE TOI-MEME POUR T'OUBLIER DANS
42	133	M'APPARAISSAIT COMME UNE TUTELLE. QUE	DE SOTTISES ELLE M'A EMPECHE DE FAIRE, QUE JE
29	103	ETE POUR VOUS; C'EST-A-DIRE LA POSSIBILITE	DE SOULAGER ET DE VAINCRE; PENDANT TOUTE VOTRE
50	100	LA GROSSE PART ET MANGE A LUI SEUL PLUS	DE SOUPE QUE QUATRE COMEDIENS? QUE DE FOIS
42	068	OU A CE CANAPE, QUE VOUS EN TIRERIEZ PLUS	DE SOUPIRS QUE N'EN TIRAIENT DU SEIN DE MA
05	072	EST REVENU TOUT SON DEMONIAQUE CORTEGE	DE SOUVENIRS, DE REGRETS, DE SPASMES, DE
05	073	CORTEGE DE SOUVENIRS, DE REGRETS,	DE SPASMES, DE PEURS, D'ANGOISSES, DE
27	061	A RESSOURCES RESTREINTES, PEUT MONTRER	DE SPLENDEURS POUR UNE VRAIE SOLENNITE.
13	038	USE, PORTAIT DANS TOUT SON ETRE UNE FIERTE	DE STOICIENNE. ELLE ETAIT EVIDEMMENT
31	067	RECIT, LES YEUX ECARQUILLES PAR UNE SORTE	DE STUPEFACTION DE CE QU'IL EPROUVAIT ENCORE,
14	040	DE LEURS MERES POUR OBTENIR QUELQUE BATON	DE SUCRE, OU MONTAIENT SUR LES EPAULES DE
13	021	LENTES OU SI SACCADEES, IL DECHIFFRE TOUT	DE SUITE LES INNOMBRABLES LEGENDES DE L'AMOUR
09	023	QU'ON L'AFFIRME GENERALEMENT. DIX FOIS	DE SUITE, L'EXPERIENCE MANQUA! MAIS, A LA
30	124	DU SECOND; L'AUTRE, DU TROISIEME, ET AINSI	DE SUITE, LES UNES EN STYLE DEMI-PLAISANT,
29	003	DESIRE CONNAITRE, QUE JE PUSSE JE RECONNUS TOUT	DE SUITE, QUOIQUE JE NE L'EUSSE JAMAIS VU. IL
24	038	SE PENCHAIENT DEUX TETES RIEUSES. ET TOUT	DE SUITE: ''IL FAUT, --SE DIT-IL, --QUE MA
13	035	JE NE SAIS... IL M'EST ARRIVE UNE FOIS	DE SUIVRE PENDANT DE LONGUES HEURES UNE
18	045	UN PARFUM SINGULIER, UN REVENEZ-Y	DE SUMATRA, QUI EST COMME L'AME DE
27	101	NE REVA PLUS DE MORT, DE DEUIL, NI	DE SUPPLICES. CHACUN S'ABANDONNA, SANS
09	044	PEUT-ETRE; MAIS IL EST PLUS LEGITIME	DE SUPPOSER QUE LUI-MEME IL NE SAIT PAS
30	011	L'AMOUR MATERNEL. IL EST AUSSI DIFFICILE	DE SUPPOSER UNE MERE SANS AMOUR MATERNEL
28	044	IL N'EST PAS DE PLAISIR PLUS DOUX QUE	DE SURPRENDRE UN HOMME EN LUI DONNANT PLUS
30	007	DE REGRET POUR LE FANTOME DISPARU, MOITIE	DE SURPRISE AGREABLE DEVANT LA NOUVEAUTE,
18	085	LES PROFONDEURS DU CIEL DANS LA LIMPIDITE	DE TA BELLE AME; --ET QUAND; FATIGUES PAR LA
17	016	ET PAR LA PEAU HUMAINE. DANS L'OCEAN	DE TA CHEVELURE, J'ENTREVOIS UN PORT
17	029	L'AZUR TROPICAL; SUR LES RIVAGES DUVETES	DE TA CHEVELURE, JE M'ENIVRE DES ODEURS
17	026	RAFRAICHISSANTES. DANS L'ARDENT FOYER	DE TA CHEVELURE, JE RESPIRE L'ODEUR DU TABAC
17	021	L'ETERNELLE CHALEUR. DANS LES CARESSES	DE TA CHEVELURE, JE RETROUVE LES LANGUEURS DE
17	027	MELEE A L'OPIUM ET AU SUCRE; DANS LA NUIT	DE TA CHEVELURE, JE VOIS RESPLENDIR L'INFINI
38	018	UNE FAMEUSE CANAILLE! ET POUR LA PUNITION	DE TA FOLIE ET DE TON AVEUGLEMENT, TU
05	063	IL EST REMPLACE PAR UNE FETIDE ODEUR	DE TABAC MELEE A JE NE SAIS QUELLE NAUSEABONDE
28	001	COMME NOUS NOUS ELOIGNIONS DU BUREAU	DE TABAC, MON AMI FIT UN SOIGNEUX TRIAGE DE SA
27	112	ESPERANCES ET BAFOUE DANS SES PREVISIONS?	DE TELLES SUPPOSITIONS NON EXACTEMENT
21	117	FUSSE BIEN LOURDEMENT ASSOUPI POUR MONTRER	DE TELS SCRUPULES. AH! S'ILS POUVAIENT REVENIR
20	028	JE CROIS MEME QU'ELLES REGARDAIENT	DE TEMPS A AUTRE L'AIGUILLE DE L'HORLOGE AVEC
31	097	VOISIN, TANDIS QUE LE TROISIEME CHOQUAIT	DE TEMPS A AUTRE SES CYMBALES AVEC UNE
25	021	SECRETEMENT A SES MIGNONNES OREILLES.	DE TEMPS EN TEMPS LA BRISE DE MER SOULEVE PAR
48	040	LES AURORES BOREALES NOUS ENVERRONT	DE TEMPS EN TEMPS LEURS GERBES ROSES; COMME
30	112	TELLEMENT AFFOLEE, QU'ELLE S'EPRENAIT	DE TENDRESSE MAINTENANT POUR CE QUI AVAIT
48	039	LA, NOUS POURRONS PRENDRE DE LONGS BAINS	DE TENEBRES, CEPENDANT QUE, PARFOIS,
10	007	DONC PERMIS DE ME DELASSER DANS UN BAIN	DE TENEBRES! D'ABORD, UN DOUBLE TOUR A LA
03	026	TOUJOURS VICTORIEUSE, LAISSE-MOI! CESSE	DE TENTER MES DESIRS ET MON ORGUEIL! L'ETUDE
21	082	D'UNE RICHESSE ATTRISTEE, COMME UN PAPIER	DE TENTURE, DE TOUS LES MALHEURS REPRESENTES
10	013	SI L'ON POUVAIT ALLER EN RUSSIE PAR VOIE	DE TERRE (IL PRENAIT SANS DOUTE LA RUSSIE POUR
27	110	POUVOIR DE DESPOTE? HUMILIE DANS SON ART	DE TERRIFIER LES COEURS ET D'ENGOURDIR LES
17	001	RESPIRER LONGTEMPS, LONGTEMPS, L'ODEUR	DE TES CHEVEUX, Y PLONGER TOUT MON VISAGE,
15	060	ROULER LE VAINQUEUR PAR TERRE D'UN COUP	DE TETE DANS L'ESTOMAC. A QUOI BON DECRIRE UNE

		POEM	LINE
AVOIR FAIT MA COUR A UN DIRECTEUR	DE THEATRE, QUI M'A DIT EN ME CONGEDIANT:	10	025
LES HOLLANDAIS! LES BERGERS DE VIRGILE ET	DE THEOCRITE ATTENDAIENT, POUR PRIX DE LEURS	50	113
D'UN TIR, DISANT QU'IL LUI SERAIT AGREABLE	DE TIRER QUELQUES BALLES POUR TUER LE TEMPS.	43	003
CHIENS, DES PAUVRES CHIENS, UN CHANT DIGNE	DE TOI, SENTIMENTAL FARCEUR, FARCEUR	50	008
PLAISIR, SANS CESSE RENAISSANT, DE SORTIR	DE TOI-MEME POUR T'OUBLIER DANS AUTRUI, ET	21	042
VIE, SOUFFRE LA VIE, PAR DELA DES VAGUES	DE TOITS, J'APERCOIS UNE FEMME MURE, RIDEE	35	010
EST, DANS UN PARADIS EXCLUANT TOUTE IDEE	DE TOMBE ET DE DESTRUCTION. TOUT CE PUBLIC, SI	27	098
ASSEZ CLAIREMENT LES INCONVENIENTS	DE TON AMITIE. GARDE TES PRESENTS.'' LE SECOND	21	052
ET POUR LA PUNITION DE TA FOLIE ET	DE TON AVEUGLEMENT, TU M'AIMERAS TELLE QUE JE	38	018
COMPTENT LES SALTIMBANQUES, LES FAISEURS	DE TOURS, LES MONTREURS D'ANIMAUX ET LES	14	004
LA MER, UNE BELLE CASE EN BOIS, ENVELOPPEE	DE TOUS CES ARBRES BIZARRES ET LUISANTS DONT	24	018
VEUX-JE DIRE, --TOUTES LES ELUCUBRATIONS	DE TOUS CES ENTREPRENEURS DE BONHEUR PUBLIC,	49	007
DROLE! OUF! EST-CE BIEN FINI? MECONTENT	DE TOUS ET MECONTENT DE MOI, JE VOUDRAIS BIEN	10	036
DETTES PAYEES MALGRE MOI! ELLE ME PRIVAIT	DE TOUS LES BENEFICES QUE J'AURAIS PU TIRER DE	42	136
ET MYSTERIEUSE; ET DE TOUTES CHOSES,	DE TOUS LES COINS, DES FISSURES DES TIROIRS ET	18	043
CHAOS MOUVANT OU LA MORT ARRIVE AU GALOP	DE TOUS LES COTES A LA FOIS, MON AUREOLE, DANS	46	009
D'UN MALAISE PERPETUEL, ET FUT-IL GRATIFIE	DE TOUS LES HONNEURS QUE PEUVENT CONFERER LES	22	036
ENRUBANNEE, COMME UN MIRLITON, DES TITRES	DE TOUS LES JOURNAUX DE L'UNIVERS, ET A	21	098
MARRAINE, DE LA NOURRICE EMPOISONNEUSE	DE TOUS LES LUNATIQUES.	37	038
ATTRISTEE; COMME UN PAPIER DE TENTURE,	DE TOUS LES MALHEURS REPRESENTES SUR LA	21	082
RIRE IMBECILE, COMME CERTAINS HOMMES	DE TOUS LES PAYS QUAND ILS ONT TROP BIEN DINE.	21	073
PLUS LOURD; LE PLUS SOT ET LE PLUS CELEBRE	DE TOUS MES AUTEURS, AVEC LUI VOUS POURRIEZ	10	027
EST LA SOURCE DE TOUTES VOS MALADIES ET	DE TOUS VOS MISERABLES PROGRES. JAMAIS UN	29	106
QU'ELLE. DOROTHEE EST ADMIREE ET CHOYEE	DE TOUS, ET ELLE SERAIT PARFAITEMENT HEUREUSE	25	056
UN ASSEZ LONG TEMPS, HORS DE LA PORTEE	DE TOUT AGENT DE POLICE. AYANT ENSUITE, PAR UN	49	054
LA GRANDEUR, DE LA BEAUTE, DE LA GLOIRE ET	DE TOUT CE QUI FAIT CROIRE A L'IMMORTALITE.	38	004
PARFAITE BEATITUDE ET DANS MON TOTAL OUBLI	DE TOUT LE MAL TERRESTRE, J'EN ETAIS VENU A NE	15	023
PASSE. UN PARFUM DE HAUTAINE VERTU EMANAIT	DE TOUTE SA PERSONNE. SON VISAGE, TRISTE ET	13	081
ET QUE DE CES COTES, RICHES EN VERDURES	DE TOUTE SORTE, S'EXHALAIT, JUSQU'A PLUSIEURS	34	025
PAYS ET DE BONHEURS INCONNUS, ET, ENIVRE	DE TOUTES CES DELICES, J'OSAI, DANS UN ACCES	29	049
SI, HONTEUX, IL S'ETAIT EXILE LUI-MEME	DE TOUTES CES SPLENDEURS, JE VIS UN PAUVRE	14	045
UNE SYMPHONIE MUETTE ET MYSTERIEUSE; ET	DE TOUTES CHOSES, DE TOUS LES COINS, DES	18	043
VIGOUREUX DE TOUTES NATIONS ET DE NAVIRES	DE TOUTES FORMES DECOUPANT LEURS ARCHITECTURES	17	018
LES HUMEURS, LES AGONIES ET LES EXTASES	DE TOUTES LES AMES QUI ONT VECU, QUI VIVENT ET	34	039
EN VRAI PARISIEN, DE PASSER LA REVUE	DE TOUTES LES BARAQUES QUI SE PAVANENT A CES	14	019
ET DE LA PERFECTIBILITE, ET, EN GENERAL,	DE TOUTES LES FORMES DE L'INFATUATION HUMAINE.	29	056
ET TIRANT TOUTES LES DEDUCTIONS POSSIBLES	DE TOUTES LES HYPOTHESES POSSIBLES. MAIS	28	040
CHANTS MELANCOLIQUES, D'HOMMES VIGOUREUX	DE TOUTES NATIONS ET DE NAVIRES DE TOUTES	17	018
TOUTE L'ARDEUR D'UN DEBUT, ET ECLAIRAIT	DE TOUTES SES FORCES LES MURS AVEUGLANTS DE	26	018
NOUS MANGEAMES, NOUS BUMES OUTRE MESURE	DE TOUTES SORTES DE VINS EXTRAORDINAIRES, ET,	29	036
AFFECTION DE L'ENNUI, QUI EST LA SOURCE	DE TOUTES VOS MALADIES ET DE TOUS VOS	29	105
DU MONDE LUI-MEME ET L'HOMME OCCUPE	DE TRAVAUX SPIRITUELS ECHAPPENT DIFFICILEMENT	14	015
JE DUS DECLARER L'ACCIDENT, ME REGARDA	DE TRAVERS, ET ME DIT: ''VOILA QUI EST	30	079
A TRAVERS LA NUIT DES CHANTS DE FETE,	DE TRIOMPHE OU DE VOLUPTE. LES ROBES TRAINENT	13	064
QUELQUEFOIS PAR DES CRISES SINGULIERES	DE TRISTESSE PRECOCE, ET QU'IL MANIFESTA	30	041
ELLES-MEMES INCAPABLES. TEL QUI, CRAIGNANT	DE TROUVER CHEZ SON CONCIERGE UNE NOUVELLE	09	006
VOLONTIERS QUE LE PRINCE FUT PRESQUE FACHE	DE TROUVER SON COMEDIEN FAVORI PARMI LES	27	015
IMPATIENTS, QUI VENEZ ETUDIER L'ART	DE TUER AUPRES DU SANCTUAIRE DE LA MORT! SI	45	029
C'EST-A-DIRE LA POSSIBILITE DE SOULAGER ET	DE VAINCRE, PENDANT TOUTE VOTRE VIE, CETTE	29	104
CROIS, SE LEVA, ET EMPOIGNANT PAR SA ROBE	DE VAPEURS MULTICOLORES LA FEE QUI ETAIT LE	20	058
LE QUARTIER RECULE QUE J'HABITE, ET OU	DE VASTES ESPACES GAZONNES SEPARENT ENCORE LES	30	023
QUI M'A PRIE DE LUI DESSINER UN COSTUME	DE VENUSTRE; AVOIR FAIT MA COUR A UN DIRECTEUR	10	024
LA SIENNE JE TROUVAI DESORMAIS UN MASQUE	DE VERRE, AVEC TOUT CELA, FORT BEGUEULE. SI	42	048
JE LUI DIS: ''--COMMENT? VOUS N'AVEZ PAS	DE VERRES DE COULEUR? DES VERRES ROSES,	09	074
ROBE POURPRE, ET COUVERT DE PLUMETS ET	DE VERROTERIES. MAIS L'ENFANT NE S'OCCUPAIT	19	027
TREVE. MAIS DE QUOI? DE VIN, DE POESIE OU	DE VERTU, A VOTRE GUISE. MAIS ENIVREZ-VOUS. ET	33	005
SANS CESSE! DE VIN, DE POESIE OU	DE VERTU, A VOTRE GUISE.''	33	017
DEUX PERSONNAGES INTELLIGENTS, HABILLES	DE VETEMENTS A LA FOIS ERAILLES ET SOMPTUEUX,	50	087
DE L'AMOUR LE PLUS FORCENE. APRES UN AN	DE VIE COMMUNE, ELLE M'AVOUA QU'ELLE N'AVAIT	42	070
PAR LA DESTRUCTION. UN IMMENSE BRUISSEMENT	DE VIE REMPLISSAIT L'AIR, --LA VIE DES	45	016
QUE LEURS MAINS TREMBLANTES, ET PUIS	DE VIEILLES MERES PORTANT DES AVORTONS	21	065
MOI, NOUS ETIONS DEUX, EN NOUS ASSEYANT,	DE VIEUX CELIBATAIRE, ET LE CARACTERE MASCULIN	13	040
UN PUR BATON, PERCHE A HOUBLON, TUTEUR	DE VIEUX ET PARFAITS AMIS. NOUS MANGEAMES,	29	035
ENIVREZ-VOUS; ENIVREZ-VOUS SANS CESSE!	DE VIGNE, SEC, DUR ET DROIT. AUTOUR DE CE	32	006
VOUS ENIVRER SANS TREVE. MAIS DE QUOI?	DE VIN, DE POESIE OU DE VERTU, A VOTRE GUISE.	33	017
NOUS BUMES OUTRE MESURE DE TOUTES SORTES	DE VIN, DE POESIE OU DE VERTU, A VOTRE GUISE.	33	005
ET UN POUR LES HOLLANDAIS! LES BERGERS	DE VINS EXTRAORDINAIRES, ET, CHOSE NON MOINS	29	036
EGARE, DANS UNE PROMENADE, MA CARTE	DE VIRGILE ET DE THEOCRITE ATTENDAIENT, POUR	50	113
UN PAYS DE COCAGNE, DIT-ON, QUE JE REVE	DE VISITE. NOUS FUMAMES LONGUEMENT QUELQUES	29	046
CAR S'IL EST UNE PLACE QU'ILS DEDAIGNENT	DE VISITER AVEC UNE VIEILLE AMIE. PAYS	18	002
AUX DEPENS DU GENRE HUMAIN, UNE RIBOTE	DE VISITER, COMME JE L'INSINUAIS TOUT A	13	012
QUARTIERS PAUVRES, ET VOUS N'AVEZ PAS MEME	DE VITALITE, A QUI UNE FEE A INSUFFLE DANS SON	12	003
S'AVANCE AINSI, HARMONIEUSEMENT, HEUREUSE	DE VITRES QUI FASSENT VOIR LA VIE EN BEAU!''	09	078
CHEVEUX CONTIENNENT TOUT UN REVE, PLEIN	DE VIVRE ET SOURIANT D'UN BLANC SOURIRE, COMME	25	029
SOUDAINE DOULEUR, ET JE ME DIS: JE VIENS	DE VOILURES ET DE MATURES; IL CONTIENNENT DE	17	010
LE MIEN; ET, BIEN QU'IL NE SOIT PAS RARE	DE VOIR L'IMAGE DU VIEIL HOMME DE LETTRES QUI	14	079
DE LA TOMBE AVEC UNE JOIE QUI L'EMPECHE	DE VOIR LA MEME CAUSE ENGENDRER DEUX EFFETS	22	041
LE BLANC DES YEUX, ET LE FUS EPOUVANTE	DE VOIR LA TOMBE, PERDU, COMME IL EST, DANS UN	27	096
OU, SANS QUE PERSONNE S'EN INQUIETE, ET	DE VOIR QUE SES YEUX BRILLAIENT D'UNE	28	047
INSTANT! MAIS; HELAS! IL CHANGEAIT AUSSI	DE VOIR TOUJOURS DES PAYS NOUVEAUX. JE NE SUIS	31	080
DE BLEUATRE ET DE ROSATRE; UN REVE	DE VOLUME! ET LORSQUE ENFIN, EXTENUES,	15	065
LA NUIT DES CHANTS DE FETE, DE TRIOMPHE OU	DE VOLUPTE PENDANT UNE ECLIPSE. LES MEUBLES	05	006
L'A INSTALLEE SUR CE TRONE DE REVERIE ET	DE VOLUPTE. LES ROBES TRAINENT EN MIROITANT;	13	064
VOUS L'ORDONNERA; VOUS VOUS SOULEREZ	DE VOLUPTE? QU'IMPORTE? LA VOILA! JE LA	05	025
D'AILLEURS; IL ETAIT VRAIMENT INSATIABLE	DE VOLUPTES, SANS LASSITUDE, DANS LES PAYS	29	114
QUE VOUS AGITEZ VOTRE GENIE SUR LES COEURS	DE VOS FRERES. --LE BATON, C'EST VOTRE	27	020
BON DIABLE, POUR ME SERVIR D'UNE	DE VOS LOCUTIONS VULGAIRES. AFIN DE COMPENSER	29	100
DESCENDANTS D'EVE ET D'ADAM, CES OEUVRES	DE VOS MAINS, O MON DIEU! CETTE FEMME EST	11	044
MORTELS, A VOUS PLAINDRE DES IMPERFECTIONS	DE VOS MAITRESSES!'' CELA FUT DIT D'UN TON	42	109
ET SI VOUS ME FATIGUEZ TROP SOUVENT	DE VOS PRECIEUSES PLEURNICHERIES, JE VOUS	11	073

POEM LINE

29	101	LA PERTE IRREMEDIABLE QUE VOUS AVEZ FAITE	DE VOTRE AME, JE VOUS DONNE L'ENJEU QUE VOUS
33	008	VERTE D'UN FOSSE, DANS LA SOLITUDE MORNE	DE VOTRE CHAMBRE, VOUS VOUS REVEILLEZ;
32	021	FLEURS? LE THYRSE EST LA REPRESENTATION	DE VOTRE ETONNANTE DUALITE, MAITRE PUISSANT ET
32	029	LES FLEURS, C'EST LA PROMENADE	DE VOTRE FANTAISIE AUTOUR DE VOTRE VOLONTE;
11	053	EST PEUPLE, QUE VOULEZ-VOUS QUE JE PENSE	DE VOTRE JOLI ENFER, VOUS QUI NE REPOSEZ QUE
32	029	LA PROMENADE DE VOTRE FANTAISIE AUTOUR	DE VOTRE VOLONTE; C'EST L'ELEMENT FEMININ
30	033	UN JOUR SES PARENTS, DE PAUVRES GENS,	DE VOULOIR BIEN ME LE CEDER, PROMETTANT DE
41	014	DE CEUX QUI ONT ENCORE LA FORCE	DE VOULOIR, LE DESIR DE VOYAGER OU DE
10	026	CONGEDIANT: ''--VOUS FERIEZ PEUT-ETRE BIEN	DE VOUS ADRESSER A Z...; C'EST LE PLUS LOURD,
11	062	EN VERITE, IL ME PREND QUELQUEFOIS ENVIE	DE VOUS APPRENDRE CE QUE C'EST QUE LE VRAI
30	068	POUR LUI DEGAGER LE COU. ''J'AI NEGLIGE	DE VOUS DIRE QUE J'AVAIS VIVEMENT APPELE AU
20	051	DE SA DEPLORABLE PROGENITURE. J'AI OUBLIE	DE VOUS DIRE QUE LA DISTRIBUTION, EN CES CAS
32	035	QUEL ANALYSTE AURA LE DETESTABLE COURAGE	DE VOUS DIVISER ET DE VOUS SEPARER? CHER
11	012	PAR-LA'' TENEZ, JE VEUX ESSAYER	DE VOUS GUERIR; NOUS EN TROUVERONS PEUT-ETRE
50	081	ORDRE ENCORE PLUS CIVILISE! PERMETTEZ-MOI	DE VOUS INTRODUIRE DANS LA CHAMBRE DU
26	003	MOINS FACILE DE LE COMPRENDRE QU'A MOI	DE VOUS L'EXPLIQUER; CAR VOUS ETES, JE CROIS,
19	014	COMME FONT LES CHATS QUI VONT MANGER LOIN	DE VOUS LE MORCEAU QUE VOUS LEUR AVEZ DONNE,
29	076	QUE LA PLUS BELLE DES RUSES DU DIABLE EST	DE VOUS PERSUADER QU'IL N'EXISTE PAS!'' LE
11	009	DU REPOS. ET PUIS, VOUS NE CESSEZ	DE VOUS REPANDRE EN PAROLES INUTILES:
32	035	LE DETESTABLE COURAGE DE VOUS DIVISER ET	DE VOUS SEPARER? CHER LISZT, A TRAVERS LES
41	015	ONT ENCORE LA FORCE DE VOULOIR, LE DESIR	DE VOYAGER OU DE S'ENRICHIR.
21	010	JE LES PRIS D'ABORD TOUS LES TROIS POUR	DE VRAIS DIEUX. LE VISAGE DU PREMIER SATAN
40	011	J'AVAIS SANS DOUTE RAISON; MAIS, AU POINT	DE VUE DE LA LOI, IL N'AVAIT PAS TORT.
47	057	CELUI QUI DISAIT A SON COURS, EN PARLANT	DE X.: ''CE MONSTRE QUI PORTE SUR SON VISAGE
27	149	PAYS, SONT VENUS JOUER DEVANT LA COUR	DE...; MAIS AUCUN D'EUX N'A PU RAPPELER LES
30	036	ET DE FAIRE MES COMMISSIONS. CET ENFANT	DEBARBOUILLE, DEVINT CHARMANT, ET LA VIE QU'IL
29	017	EPROUVER LES MANGEURS DE LOTUS QUAND,	DEBARQUANT DANS UNE ILE ENCHANTEE, ECLAIREE
42	159	L'HORREUR QUE CET ETRE M'INSPIRAIT; ME	DEBARRASSER DE CET ETRE SANS LUI MANQUER DE
02	008	AGREABLES. MAIS L'ENFANT EPOUVANTE SE	DEBATTAIT SOUS LES CARESSES DE LA BONNE FEMME
13	053	PARISIEN. C'ETAIT SANS DOUTE LA LA PETITE	DEBAUCHE DE CETTE VIEILLE INNOCENTE (OU DE
14	052	LA DETRESSE. PARTOUT LA JOIE, LE GAIN, LA	DEBAUCHE; PARTOUT LA CERTITUDE DU PAIN POUR
09	082	POT DE FLEURS, ET QUAND L'HOMME REPARUT AU	DEBOUCHE DE LA PORTE, JE LAISSAI TOMBER
08	007	CURIEUSEMENT SON NEZ HUMIDE SUR LE FLACON	DEBOUCHE; PUIS, RECULANT SOUDAINEMENT AVEC
21	006	VENUS SE POSER GLORIEUSEMENT DEVANT MOI,	DEBOUT COMME SUR UNE ESTRADE. UNE SPLENDEUR
47	017	PARCE QUE J'AI TOUJOURS L'ESPOIR DE LE	DEBROUILLER. JE ME LAISSAI DONC ENTRAINER PAR
26	017	LUI-MEME Y DEPLOYAIT TOUTE L'ARDEUR D'UN	DEBUT, ET ECLAIRAIT DE TOUTES SES FORCES LES
09	009	QUI GARDE QUINZE JOURS UNE LETTRE SANS LA	DECACHETER, OU NE SE RESIGNE QU'AU BOUT DE SIX
42	019	CHOISIR. POUVOIR DELIBERER, C'EST DEJA UNE	DECADENCE. C'EST ALORS QU'ON RECHERCHE
43	018	LACHA LA DETENTE. LA POUPEE FUT NETTEMENT	DECAPITEE. ALORS S'INCLINANT VERS SA CHERE, SA
13	021	DEMARCHES SI LENTES OU SI SACCADEES, IL	DECHIFFRE TOUT DE SUITE LES INNOMBRABLES
34	006	CONTEMPLER L'AUTRE COTE DU FIRMAMENT ET	DECHIFFRER L'ALPHABET CELESTE DES ANTIPODES.
14	070	CES TENEBRES PUANTES, DERRIERE SON RIDEAU	DECHIQUETE? EN VERITE, JE N'OSAIS; ET, DUT LA
27	129	DANS UN DE SES MEILLEURS MOMENTS, ET	DECHIRA A LA FOIS LES OREILLES ET LES COEURS.
11	029	VORACITE (NON SIMULEE PEUT-ETRE!) ELLE	DECHIRE DES LAPINS VIVANTS ET DES VOLAILLES
36	002	MAIS HEUREUX L'ARTISTE QUE LE DESIR	DECHIRE! JE BRULE DE PEINDRE CELLE QUI M'EST
31	048	PAS ASSEZ DE LITS POUR NOUS TOUS; IL A ETE	DECIDE QUE JE DORMIRAIS DANS LE MEME LIT QUE
19	003	VOUS SORTIREZ LE MATIN AVEC L'INTENTION	DECIDEE DE FLANER SUR LES GRANDES ROUTES;
18	073	POSITIVE! PAR L'ACTION REUSSIE ET	DECIDEE? VIVRONS-NOUS JAMAIS, PASSERONS-NOUS
42	020	UNE DECADENCE. C'EST ALORS QU'ON RECHERCHE	DECIDEMENT LA BEAUTE. POUR MOI, MESSIEURS, JE
24	014	IL N'Y A PAS UN COIN POUR L'INTIMITE.	DECIDEMENT, C'EST LA QU'IL FAUDRAIT DEMEURER
31	123	QU'IL EST TOUJOURS TRES-DIFFICILE DE SE	DECIDER A N'IMPORTE QUOI, ET AUSSI PARCE QUE
32	018	CEPENDANT; LE MORTEL IMPRUDENT QUI OSERA	DECIDER SI LES FLEURS ET LES PAMPRES ONT ETE
30	073	D'UN PENDU. ENFIN VINT UN MEDECIN QUI	DECLARA QUE L'ENFANT ETAIT MORT DEPUIS
30	078	COMMISSAIRE, A QUI, NATURELLEMENT, JE DUS	DECLARER L'ACCIDENT, ME REGARDA DE TRAVERS, ET
24	033	FILAOS! OUI, EN VERITE, C'EST BIEN LA LE	DECOR QUE JE CHERCHAIS. QU'AI-JE A FAIRE DE
18	019	ET HONNETE, OU LA FANTAISIE A BATI LE	DECORE UNE CHINE OCCIDENTALE, OU LA VIE EST
24	024	D'UNE LUMIERE ROSE TAMISEE PAR LES STORES,	DECOREE DE NATTES FRAICHES ET DE FLEURS
15	033	A L'OCCASION AVEC DE L'EAU DE NEIGE. JE	DECOUPAIS TRANQUILLEMENT MON PAIN, QUAND UN
17	018	NATIONS ET DE NAVIRES DE TOUTES FORMES	DECOUPANT LEURS ARCHITECTURES FINES ET
11	056	QUI UN DOMESTIQUE HABILE PREND SOIN DE	DECOUPER LES MORCEAUX? ''ET QUE PEUVENT
47	088	SI BON ET SI DOUX, CES HOMMES-LA! --J'AI	DECOUVERT A LA PITIE UN PETIT INTERNE, QUI EST
19	033	CES MARMOTS-PARIAS DONT UN OEIL IMPARTIAL	DECOUVRIRAIT LA BEAUTE. SI, COMME L'OEIL DU
49	065	QUI ME PARUT DE BON AUGURE, LE MALANDRIN	DECREPIT SE JETA SUR MOI, ME POCHA LES DEUX
14	047	VIS UN PAUVRE SALTIMBANQUE, VOUTE, CADUC,	DECREPIT, UNE RUINE D'HOMME, ADOSSE CONTRE UN
02	009	SOUS LES CARESSES DE LA BONNE FEMME	DECREPITE, ET REMPLISSAIT LA MAISON DE SES
23	014	VERTUS DE CRUSOE, MAIS JE DEMANDE QU'IL NE	DECRETE PAS D'ACCUSATION LES AMOUREUX DE LA
27	092	AUX YEUX PENDANT QUE JE CHERCHE A VOUS	DECRIRE CETTE INOUBLIABLE SOIREE. FANCIOULLE
25	050	ELLE LE PRIERA, LA SIMPLE CREATURE, DE LUI	DECRIRE LE BAL DE L'OPERA, ET LUI DEMANDERA SI
15	061	COUP DE TETE DANS L'ESTOMAC. A QUOI BON	DECRIRE UNE LUTTE HIDEUSE QUI DURA EN VERITE
13	003	HANTEES PRINCIPALEMENT PAR L'AMBITION	DECUE, PAR LES INVENTEURS MALHEUREUX, PAR LES
29	080	ET MON ETRANGE CONVIVE M'AFFIRMA QU'IL NE	DEDAIGNAIT PAS; EN BEAUCOUP DE CAS, D'INSPIRER
23	030	LE SUBTIL ENVIEUX! IL SAIT QUE JE	DEDAIGNE LES SIENNES, ET IL VIENT S'INSINUER
13	011	CERTAINE. CAR S'IL EST UNE PLACE QU'ILS	DEDAIGNENT DE VISITER, COMME JE L'INSINUAIS
21	110	AUSSI JE REPONDIS, AVEC TOUT MON	DEDAIN: ''VA-T'EN! JE NE SUIS PAS FAIT POUR
28	040	A L'ESPRIT DE MON AMI ET TIRANT TOUTES LES	DEDUCTIONS POSSIBLES DE TOUTES LES HYPOTHESES
03	015	SANS ARGUTIES, SANS SYLLOGISMES, SANS	DEDUCTIONS. TOUTEFOIS, CES PENSEES, QU'ELLES
21	096	CONNAITRE MA PUISSANCE?'' DIT LA FAUSSE	DEESSE AVEC SA VOIX CHARMANTE ET PARADOXALE,
01	010	--LA BEAUTE? --JE L'AIMERAIS VOLONTIERS,	DEESSE ET IMMORTELLE. --L'OR? --JE LE HAIS
22	049	VOUS ETES LE FEU D'ARTIFICE DE LA	DEESSE LIBERTE. CREPUSCULE, COMME VOUS ETES
07	021	YEUX PLEINS DE LARMES VERS L'IMMORTELLE	DEESSE. ET SES YEUX DISENT: --''JE SUIS LE
07	026	ET SENTIR L'IMMORTELLE BEAUTE! AH!	DEESSE! AYEZ PITIE DE MA TRISTESSE ET DE MON
25	023	SUPERBE! ET SON PIED, PAREIL AUX PIEDS DES	DEESSES DE MARBRE QUE L'EUROPE ENFERME DANS
26	022	PERCHE SUR LEUR POING, LES NYMPHES ET LES	DEESSES PORTANT SUR LEUR TETE DES FRUITS, DES
49	034	SOCRATE NE SE MANIFESTAIT A LUI QUE POUR	DEFENDRE, AVERTIR, EMPECHER, ET IL NE POUVAIT
29	123	APRES QUE JE L'EUS QUITTE, L'INCURABLE	DEFIANCE RENTRA DANS MON SEIN; JE N'OSAIS PLUS
19	015	VOUS LEUR AVEZ DONNE, AYANT APPRIS A SE	DEFIER DE L'HOMME. SUR UNE ROUTE, DERRIERE LA
15	007	AUSSI ELOIGNEES QUE LES NUEES QUI	DEFILAIENT AU FOND DES ABIMES SOUS MES PIEDS;
05	015	PUR, A L'IMPRESSION NON ANALYSEE. L'ART	DEFINI, L'ART POSITIF EST UN BLASPHEME. ICI,
21	085	VUE JE LUI TROUVAI UN BIZARRE CHARME. POUR	DEFINIR CE CHARME, JE NE SAURAIS LE COMPARER A
29	029	DE L'INCONNU. SI JE VOULAIS ESSAYER DE	DEFINIR D'UNE MANIERE QUELCONQUE L'EXPRESSION
38	014	QUI RESSEMBLAIT SINGULIEREMENT A LA	DEFUNTE, ET QUI, PIETINANT SUR LA TERRE

POEM LINE

POEM	LINE		
33	010	L'IVRESSE DEJA DIMINUEE OU DISPARUE,	DEMANDEZ AU VENT, A LA VAGUE, A L'ETOILE, A
33	013	A TOUT CE QUI CHANTE, A TOUT CE QUI PARLE,	DEMANDEZ QUELLE HEURE IL EST; ET LE VENT, LA
25	032	LOIN DANS L'ESPACE UN MIROIR REFLETANT SA	DEMARCHE ET SA BEAUTE. A L'HEURE OU LES CHIENS
09	010	QU'AU BOUT DE SIX MOIS A OPERER UNE	DEMARCHE NECESSAIRE DEPUIS UN AN, SE SENTENT
39	010	N'A PU ROMPRE L'HARMONIE PETILLANTE DE SA	DEMARCHE ET L'ELEGANCE INDESTRUCTIBLE DE SON
13	020	RIDES PROFONDES ET NOMBREUSES, DANS CES	DEMARCHES SI LENTES OU SI SACCADEES, IL
27	011	PRINCES ET OPERER, SANS LA CONSULTER, LE	DEMENAGEMENT D'UNE SOCIETE. LES SEIGNEURS EN
48	006	LA OU JE NE SUIS PAS, ET CETTE QUESTION DE	DEMENAGEMENT EN EST UNE QUE JE DISCUTE SANS
27	135	YEUX, PUIS LES ROUVRIT PRESQUE AUSSITOT,	DEMESUREMENT AGRANDIS, OUVRIT ENSUITE LA
19	011	VOUS VERREZ LEURS YEUX S'AGRANDIR	DEMESUREMENT. D'ABORD ILS N'OSERONT PAS
31	105	OU J'AI COMPRIS SEULEMENT ALORS QU'ILS NE	DEMEURAIENT NULLE PART. ALORS L'UN A DIT:
31	103	ET SONT PARTIS. MOI, VOULANT SAVOIR OU ILS	DEMEURAIENT, JE LES AI SUIVIS DE LOIN,
29	008	JE DESCENDIS DERRIERE LUI DANS UNE	DEMEURE SOUTERRAINE, EBLOUISSANTE, OU ECLATAIT
24	015	DECIDEMENT, C'EST LA QU'IL FAUDRAIT	DEMEURER POUR CULTIVER LE REVE DE MA VIE.''
25	005	ESPECE DE MORT SAVOUREUSE OU LE DORMEUR, A	DEMI EVEILLE, GOUTE LES VOLUPTES DE SON
30	124	ET AINSI DE SUITE. LES UNES EN STYLE	DEMI-PLAISANT, COMME CHERCHANT A DEGUISER SOUS
29	126	D'HABITUDE IMBECILE, JE REPETAIS DANS UN	DEMI-SOMMEIL: ''MON DIEU! SEIGNEUR, MON DIEU!
47	066	A SON VOYAGE A PARIS. IL A L'AIR D'UNE	DEMOISELLE, N'EST-CE PAS?'' ET COMME JE
05	033	LA CURIOSITE ET L'ADMIRATION. A QUEL	DEMON BIENVEILLANT DOIS-JE D'ETRE AINSI
49	037	EST UN GRAND AFFIRMATEUR. LE MIEN EST UN	DEMON D'ACTION, OU DEMON DE COMBAT. OR, SA
49	037	LE MIEN EST UN DEMON D'ACTION, OU	DEMON DE COMBAT. OR, SA VOIX ME CHUCHOTAIT
49	032	IL EXISTE CETTE DIFFERENCE ENTRE LE	DEMON DE SOCRATE ET LE MIEN, QUE CELUI DE
16	024	GENIE MALHONNETE ET INTOLERANT, QUELQUE	DEMON DU CONTRE-TEMPS VENAIT ME DIRE: ''QUE
23	004	DES PERES DE L'EGLISE. JE SAIS QUE LE	DEMON FREQUENTE VOLONTIERS LES LIEUX ARIDES,
49	036	PERSUADER. CE PAUVRE SOCRATE N'AVAIT QU'UN	DEMON PROHIBITEUR; LE MIEN EST UN GRAND
49	028	PARTOUT. PUISQUE SOCRATE AVAIT SON BON	DEMON, POURQUOI N'AURAIS-JE PAS MON BON ANGE,
49	027	C'ETAIT CELLE D'UN BON ANGE, OU D'UN BON	DEMON, QUI M'ACCOMPAGNE PARTOUT. PUISQUE
05	072	LE HIDEUX VIEILLARD EST REVENU TOUT SON	DEMONIAQUE CORTEGE DE SOUVENIRS, DE REGRETS,
09	047	QUI NOUS AUTORISENT A CROIRE QUE NOUS	DEMONS MALICIEUX SE GLISSENT EN NOUS ET NOUS
47	061	SOUVIENS? --TIENS, VOILA K., CELUI QUI	DENONCAIT AU GOUVERNEMENT LES INSURGES QU'IL
27	009	IL EXISTE PARTOUT DES HOMMES DE BIEN POUR	DENONCER AU POUVOIR CES INDIVIDUS D'HUMEUR
19	045	L'UN A L'AUTRE FRATERNELLEMENT, AVEC DES	DENTS D'UNE EGALE BLANCHEUR.
11	034	DEVIDES RESTENT UN INSTANT ACCROCHES AUX	DENTS DE LA BETE FEROCE, DE LA FEMME, VEUX-JE
42	095	JOUR ET NUIT EN MONTRANT LES PLUS JOLIES	DENTS DU MONDE, QUI VOUS EUSSENT ATTENDRIS ET
02	005	PETITE VIEILLE, ET, COMME ELLE AUSSI, SANS	DENTS ET SANS CHEVEUX. ELLE S'APPROCHA DE
21	072	ET IL RIAIT, EN MONTRANT IMPUDEMMENT SES	DENTS GATEES, D'UN ENORME RIRE IMBECILE, COMME
49	045	CASSAI UN DE MES ONGLES A LUI BRISER DEUX	DENTS, ET COMME JE NE ME SENTAIS PAS ASSEZ
15	053	CELUI-CI LUI SAISIT L'OREILLE AVEC LES	DENTS, ET EN CRACHA UN PETIT MORCEAU SANGLANT
49	066	ME POCHA LES DEUX YEUX, ME CASSA QUATRE	DENTS, ET, AVEC LA MEME BRANCHE D'ARBRE, ME
39	018	ET L'AMOUR L'ONT VAINEMENT MORDUE A BELLES	DENTS! ILS N'ONT RIEN DIMINUE DU CHARME VAGUE,
50	068	QUITTENT, A DE CERTAINS JOURS, LEUR	DEPARTEMENT POUR VENIR A LA VILLE, GAMBADER
30	057	CAUSERENT D'ABORD L'ILLUSION DE LA VIE. LE	DEPENDRE N'ETAIT PAS UNE BESOGNE AUSSI FACILE
12	003	UN ART; ET CELUI-LA SEUL PEUT FAIRE, AUX	DEPENS DU GENRE HUMAIN, UNE RIBOTE DE
14	037	POUSSIERE, CRIS, JOIE, TUMULTE; LES UNS	DEPENSAIENT, LES AUTRES GAGNAIENT, LES UNS ET
29	051	ACCES DE FAMILIARITE QUI NE PARUT PAS LUI	DEPLAIRE, M'ECRIER, EN M'EMPARANT D'UNE COUPE
40	008	LE DROIT DE ME MIRER; AVEC PLAISIR OU	DEPLAISIR; CELA ME REGARDE QUE MA
40	004	PUISQUE VOUS NE POUVEZ VOUS Y VOIR QU'AVEC	DEPLAISIR?'' L'HOMME EPOUVANTABLE ME REPOND:
20	050	FACULTES, NI SOULAGER LES BESOINS DE SA	DEPLORABLE PROGENITURE. J'AI OUBLIE DE VOUS
47	070	PAQUET-CI, C'EST LES EXTERNES.'' ET ELLE	DEPLOYA EN EVENTAIL UNE MASSE D'IMAGES
27	058	LE GRAND JOUR ARRIVE, CETTE PETITE COUR	DEPLOYA TOUTES SES POMPES, ET IL SERAIT
26	017	LE CAFE ETINCELAIT. LE GAZ LUI-MEME Y	DEPLOYAIT TOUTE L'ARDEUR D'UN DEBUT, ET
31	106	NULLE PART. ALORS L'UN A DIT: ''FAUT-IL	DEPLOYER LA TENTE?'' ''MA FOI! NON!'' A
37	007	LA TENDRESSE SOUPLE D'UNE MERE, ET ELLE	DEPOSA SES COULEURS SUR TA FACE. TES PRUNELLES
14	073	ENFIN, JE VENAIS DE ME RESOUDRE A	DEPOSER EN PASSANT QUELQUE ARGENT SUR UNE DE
27	011	INDIVIDUS D'HUMEUR ATRABILAIRE QUI VEULENT	DEPOSER LES PRINCES ET OPERER, SANS LA
50	122	AVEC QUELLE PETULANCE LE PEINTRE S'EST	DEPOUILLE DE SON GILET EN FAVEUR DU POETE,
13	057	QUE DIEU LAISSAIT TOMBER SUR ELLE,	DEPUIS BIEN DES ANS PEUT-ETRE! TROIS CENT
20	030	QUE DES JUGES HUMAINS QUI, SIEGEANT	DEPUIS LE MATIN, NE PEUVENT S'EMPECHER DE
45	034	MOINS SOUVENT LE SOMMEIL DE CEUX QUI	DEPUIS LONGTEMPS ONT MIS DANS LE BUT, DANS LE
42	021	JE ME FAIS GLOIRE D'ETRE ARRIVE,	DEPUIS LONGTEMPS, A L'EPOQUE CLIMATERIQUE DU
27	147	LA MEME NUIT ILS FURENT EFFACES DE LA VIE.	DEPUIS LORS, PLUSIEURS MIMES, JUSTEMENT
34	005	OU MOROSE, DANS SON IMMENSE BAIN DU SOIR.	DEPUIS NOMBRE DE JOURS, NOUS POUVIONS
30	073	QUI DECLARA QUE L'ENFANT ETAIT MORT	DEPUIS PLUSIEURS HEURES. QUAND, PLUS TARD,
31	022	VOIX...'' L'UN DES QUATRE ENFANTS, QUI	DEPUIS QUELQUES SECONDES N'ECOUTAIT PLUS LE
09	010	SIX MOIS A OPERER UNE DEMARCHE NECESSAIRE	DEPUIS UN AN, SE SENTENT QUELQUEFOIS
20	003	TOUS LES NOUVEAU-NES, ARRIVES A LA VIE	DEPUIS VINGT-QUATRE HEURES. TOUTES CES
42	131	PAS ME PERMETTRE UN GESTE OU UN SENTIMENT	DERAISONNABLE SANS APERCEVOIR IMMEDIATEMENT LE
16	022	D'OEIL. ET SI QUELQUE IMPORTUN VENAIT ME	DERANGER PENDANT QUE MON REGARD REPOSE SUR CE
47	086	PAS...? --DAME! COMME JE LES AI	DERANGES INUTILEMENT, JE LAISSE DIX FRANCS SUR
10	043	PROUVENT A MOI-MEME QUE JE NE SUIS PAS LE	DERNIER DES HOMMES, QUE JE NE SUIS PAS
07	022	DEESSE. ET SES YEUX DISENT: --''JE SUIS LE	DERNIER ET LE PLUS SOLITAIRE DES HUMAINS,
31	083	QUE LA OU JE SUIS, EH BIEN! J'AI VU, A LA	DERNIERE FOIRE DU VILLAGE VOISIN, TROIS HOMMES
27	145	COUPABLES AVAIENT JOUI POUR LA	DERNIERE FOIS DU SPECTACLE DE LA COMEDIE. DANS
42	082	PAS L'ADMIRATION. J'AI PLUS ADMIRE MA	DERNIERE MAITRESSE QUE VOUS N'AVEZ PU; JE
42	031	JUGEZ DONC COMBIEN J'AI DU SOUFFRIR PAR MA	DERNIERE MAITRESSE. ''C'ETAIT LA BATARDE D'UN
21	002	NON MOINS EXTRAORDINAIRE, ONT LA NUIT	DERNIERE MONTE L'ESCALIER MYSTERIEUX PAR OU
22	054	FONT DES TACHES D'UN ROUGE OPAQUE SUR LES	DERNIERES GLOIRES DU COUCHANT, LES LOURDES
13	019	CES YEUX CAVES ET TERNES, OU BRILLANTS DES	DERNIERS ECLAIRS DE LA LUTTE, DANS CES RIDES
30	095	ASSISTE D'UNE SERVANTE. JE M'OCCUPAIS DES	DERNIERS PREPARATIFS, QUAND LA MERE ENTRA DANS
13	005	ET FERMEES, EN QUI GRONDENT ENCORE LES	DERNIERS SOUPIRS D'UN ORAGE, ET QUI RECULENT
42	062	PAS RECONNU. LA DESTINEE M'AVAIT, EN CES	DERNIERS TEMPS, OCTROYE LA JOUISSANCE D'UNE
30	107	JE M'ELANCAI VIVEMENT POUR ARRACHER CES	DERNIERS VESTIGES DU MALHEUR, ET COMME
06	031	OU LA SURFACE ARRONDIE DE LA PLANETE SE	DEROBE A LA CURIOSITE DU REGARD HUMAIN. ET
31	033	VISITER TOUS LES PAYS. TENEZ, IL VA PASSER	DERRIERE CETTE RANGEE D'ARBRES QUI EST PRESQUE
27	123	SE PENCHER VERS UN PETIT PAGE, PLACE	DERRIERE ELLE, ET LUI PARLER A L'OREILLE. LA
19	016	A SE DEFIER DE L'HOMME. SUR UNE ROUTE,	DERRIERE LA GRILLE D'UN VASTE JARDIN, AU BOUT
11	016	JE VOUS PRIE, CETTE SOLIDE CAGE DE FER	DERRIERE LAQUELLE S'AGITE, HURLANT COMME UN
31	035	A L'HORIZON... ET MAINTENANT IL DESCEND	DERRIERE LE CLOCHER. AH! ON NE LE VOIT
36	005	SI VITE, COMME UNE BELLE CHOSE REGRETTABLE	DERRIERE LE VOYAGEUR EMPORTE DANS LA NUIT.
29	008	ATTENTIVEMENT, ET BIENTOT, JE DESCENDIS	DERRIERE LUI DANS UNE DEMEURE SOUTERRAINE,
24	021	PARFUM DE ROSE ET DE MUSC....., PLUS LOIN,	DERRIERE NOTRE PETIT DOMAINE, DES BOUTS DE

AVAIT A MONTRER DANS CES TENEBRES PUANTES,
MOINS INTERESSANT QUE CE QUI SE PASSE
QUE LES NUEES QUI DEFILAIENT AU FOND
NOUS CONDUISIT NATURELLEMENT VERS LE SUJET
MAINTENANT ME PROMENER INCOGNITO, FAIRE
VEUT JAMAIS, JE NE SAIS POURQUOI, SE MELER
MA FANTAISIE ALLAIT SON TRAIN, PRETANT
DIT QUE DANS LES JARDINS PUBLICS IL EST
ARMES DE SERRURES ET DE SECRETS COMME
VEUX, SI TU VEUX, JE TE FERAI LE SEIGNEUR
ETAIT UN ADMIRABLE BOUFFON, ET PRESQUE UN
DANS LES LIGNES DE SON CORPS, LA MOLLESSE
MEME CONNAIT-IL LE RAFFINEMENT PROFOND
BIEN INFERIEUR EN CELA AU PLUS IMPARFAIT
DIEU LAISSAIT TOMBER SUR ELLE, DEPUIS BIEN
FIRMAMENT ET DECHIFFRER L'ALPHABET CELESTE
A MES SONGES, LE CHANT PLAINTIF
--ET LE LONG DES CABARETS, AU PIED
CHAUFFAIT LE CERVEAU ET DANS L'ATMOSPHERE
VU SA PAREILLE DANS LES COLLECTIONS
CALMES ET PROFONDES, COMME LES AMES
MON AME VOYAGE SUR LE PARFUM COMME L'AME
ET PUIS DE VIEILLES MERES PORTANT
NAPPES EBLOUISSANTES DES MIROIRS, LES ORS
PALAIS, EN FACE DES GRANDES PELOUSES ET
QUE TOUS SES PAREILS. AMOUREUX PASSIONNE
CE PRIX SUFFISAIT PEUT-ETRE POUR FLATTER SON
ET DIMINUE, COMME LE SON DE LA CLOCHETTE
UN INSTANT LEUR SOT ORGUEIL, QU'IL EST
CHAMPS ELYSEENS, POUR M'INSPIRER EN FAVEUR
DES COMEDIENS SURS DE LEURS EFFETS,
VOISIN, QUI ECLATAIENT COMME L'EXPLOSION
PLUS LOIN, DERRIERE NOTRE PETIT DOMAINE,
DONT LA QUEUE EST UN SIFFLET, --ET LE LONG
RAMASSENT DES CROUTES DE PAIN A LA PORTE
VICTORIEUSE DE SA NUIT, LES FEUX
DE L'ORAGE, ET SES LEVRES ENTR'OUVERTES A
''DESCENDS DU CIEL, OU MONTE VERS MOI
D'OU JE N'AURAIS VOULU VOIR S'ENVOLER QUE
REVEURS QUE CONSOLE CAMBRINUS, IMPROVISANT
L'ORCHESTRE JETTE A TRAVERS LA NUIT
LES CHINOIS VOIENT L'HEURE DANS L'OEIL
ON EMBRASSE, SANS DEGOUT, LE TRONC
--MON CHER, VOUS CONNAISSEZ MA TERREUR
COMPLIQUE, DANS LES YEUX LARMOYANTS
AVAIT LE TEMPS DE MENAGER L'HONNEUR
DE L'AMOUR. L'EXTASE UNIVERSELLE
CIEL DONT J'ETAIS ENVELOPPE; LE SOUVENIR
QU'ELLES SORTENT DE MOI OU S'ELANCENT
ET FUYARDES; CELLES-LA PENCHEES COMME
ET LE SOLEIL; IL LANCAIENT, AVEC L'APLOMB
OU DES NUAGES D'OR FLOTTAIENT COMME
DANS LAQUELLE JE RETROUVAIS LE SOUVENIR
TOUS LES AUTRES JOURNAUX SONT REDIGES PAR
DES MIROIRS, LES ORS DES BAGUETTES ET
CELLES-LA PENCHEES COMME DES CLOCHES OU
A INTERVALLES REGULIERS PAR LA CREPITATION
UN LIT, EN BOIS PEINT, SANS RIDEAUX,
DOUCE, ET PLUS SOUMISE ET LA PLUS DEVOUEE
CE PETIT BONHOMME M'ETONNA QUELQUEFOIS PAR
QUE LES VIEILLES MENDIANTES QUI RAMASSENT
SUR DES PANNEAUX LUISANTS, OU SUR
ET JE LE BATTIS AVEC L'ENERGIE OBSTINEE
ET SUPERBE; ET SON PIED, PAREIL AUX PIEDS
VIVANTS, QUI VOUS SOUCIEZ SI PEU
ELANS, QUI NOUS AUTORISENT A CROIRE QUE
L'UN A L'AUTRE FRATERNELLEMENT, AVEC
CES YEUX CAVES ET TERNES, OU BRILLANTS
ET, ASSISTE D'UNE SERVANTE, JE M'OCCUPAIS
NE MOUILLONS QUE NOTRE GOSIER'', UN
DE L'HUMANITE. ELLE M'EXPLIQUA L'ABSURDITE
DES FEES, POUR PROCEDER A LA REPARTITION
UN LIN RUDE, ET UN LIT TRES- LARGE AVEC
RETRAITES OMBREUSES SONT LES RENDEZ-VOUS
POUR COMPRENDRE UNE AUTRE BEAUTE QUE CELLE
DE L'AMOUR TROMPE, DU DEVOUEMENT MECONNU,
SOIGNAIT A SON HOPITAL. C'ETAIT LE TEMPS
QUE DES MINISTRES UN JOUR D'AUDIENCE, OU
FATALE; QU'IL ME SEMBLAIT AVOIR VUS DEJA A
JOLI ENFER; VOUS QUI NE REPOSEZ QUE SUR
DES FISSURES DES TIROIRS ET DES PLIS
PIERREUX D'UNE CAPITALE, SCINTILLEMENT
LES PLUS INDOLENTS ET LES PLUS REVEURS
PROVIDENCE AVAIT DONNE A CELUI-CI
SI FECONDE EN VOLUPTES. UN GRAND FEU,
LES DONS
CIRCONSTANCE. LES DANSEUSES, BELLES COMME
C'ETAIT GRANDE ASSEMBLEE
ETAIT LE CARACTERE DISTINCTIF, ETERNEL
PENSER AUX SOLEILS D'AUTOMNE, A LA BEAUTE
ECLOSE DANS UN TERRAIN VOLCANIQUE. IL Y A

	POEM	LINE
DERRIERE SON RIDEAU DECHIQUETE? EN VERITE, JE	14	070
DERRIERE UNE VITRE. DANS CE TROU NOIR OU	35	007
DES ABIMES SOUS MES PIEDS; MON AME ME SEMBLAIT	15	008
DES ACADEMIES, ET MON ETRANGE CONVIVE	29	079
DES ACTIONS BASSES, ET ME LIVRER A LA CRAPULE,	46	015
DES AFFAIRES D'UN PENDU. ENFIN VINT UN MEDECIN	30	072
DES AILES A L'ESPRIT DE MON AMI ET TIRANT	28	039
DES ALLEES HANTEES PRINCIPALEMENT PAR	13	002
DES AMES RAFFINEES. LES MIROIRS, LES METAUX,	18	040
DES AMES, ET TU SERAS LE MAITRE DE LA MATIERE	21	040
DES AMIS DU PRINCE. MAIS POUR LES PERSONNES	27	002
DES ANCIENS BACCHUS. SES BEAUX YEUX	21	013
DES ANCIENS EGYPTIENS, POUR QUI IL N'Y AVAIT	45	005
DES ANIMAUX. CEPENDANT JE SUIS FAIT, MOI	07	024
DES ANS PEUT-ETRE! TROIS CENT SOIXANTE-CINQ	13	057
DES ANTIPODES. ET CHACUN DES PASSAGERS	34	007
DES ARBRES A MUSIQUE, DES MELANCOLIQUES	24	031
DES ARBRES, FAITES-EN HOMMAGE AUX ENFANTS	19	008
DES ARDENTS PARFUMS DE LA MORT, IL ENTENDIT	45	023
DES ARISTOCRATIQUES BEAUTES DU PASSE. UN	13	080
DES ARTISTES QUI LES CREERENT. LES SOLEILS	18	034
DES AUTRES HOMMES SUR LA MUSIQUE. TES CHEVEUX	17	008
DES AVORTONS ACCROCHES A LEURS MAMELLES	21	066
DES BAGUETTES ET DES CORNICHES; LES PAGES AUX	26	020
DES BASSINS! CAR ELLE A NATURELLEMENT L'AIR	24	005
DES BEAUX-ARTS, EXCELLENT CONNAISSEUR	27	019
DES BESOINS DU PETIT ETRE, MIEUX ENCORE, UNE	13	097
DES BESTIAUX IMPERCEPTIBLES QUI PAISSAIENT	15	012
DES BONHEURS SUPERIEURS AU LEUR, PLUS VASTES	12	032
DES BONS CHIENS, DES PAUVRES CHIENS, UN CHANT	50	007
DES BONS MOTS ET DES PLAISANTERIES D'UN	14	027
DES BOUCHONS DE CHAMPAGNE DANS LE	45	019
DES BOUTS DE MATS BALANCES PAR LA HOULE......	24	022
DES CABARETS, AU PIED DES ARBRES, FAITES-EN	19	008
DES CABARETS. ''SI AU MOINS VOS SOUPIRS	11	005
DES CANDELABRES QUI FONT DES TACHES D'UN ROUGE	22	053
DES CASSOLETTES CHAUDES, D'OU S'EXHALAIT LA	21	016
DES CHAMPS ELYSEENS, POUR M'INSPIRER EN FAVEUR	50	006
DES CHANSONS. A PROPOS D'UN LIVRE, D'UN POEME,	42	041
DES CHANTS DE DELECTATION OU D'INEFFABLE	32	041
DES CHANTS DE FETE, DE TRIOMPHE OU DE VOLUPTE.	13	063
DES CHATS. UN JOUR UN MISSIONNAIRE, SE	16	001
DES CHENES. C'EST LE PREMIER DEGRE DE L'AMOUR.	42	017
DES CHEVAUX ET DES VOITURES. TOUT A L'HEURE,	46	005
DES CHIENS QU'ON FOUETTE. L'OFFRANDE DE MON	28	016
DES CHIENS! ET QUE DE FOIS J'AI PENSE QU'IL Y	50	106
DES CHOSES NE S'EXPRIME PAR AUCUN BRUIT; LES	07	004
DES CHOSES TERRESTRES N'ARRIVAIT A MON COEUR	15	010
DES CHOSES, DEVIENNENT BIENTOT TROP INTENSES.	03	017
DES CLOCHES OU DES COUPES RENVERSEES. ET UNE	32	009
DES COMEDIENS SURS DE LEURS EFFETS, DES BONS	14	026
DES CONTINENTS EN VOYAGE. QUATRE BEAUX	31	003
DES CONTRALTI LES PLUS DELICIEUX ET AUSSI UN	21	092
DES COQUINS; AVOIR SALUE UNE VINGTAINE DE	10	018
DES CORNICHES; LES PAGES AUX JOUES REBONDIES	26	020
DES COUPES RENVERSEES. ET UNE GLOIRE ETONNANTE	32	010
DES COUPS DE FEU D'UN TIR VOISIN, QUI	45	018
DES COUVERTURES TRAINANTES ET SOUILLEES DE	50	083
DES CREATURES, ET TOUJOURS PRETE! ET SANS	42	064
DES CRISES SINGULIERES DE TRISTESSE PRECOCE,	30	040
DES CROUTES DE PAIN A LA PORTE DES CABARETS,	11	004
DES CUIRS DORES ET D'UNE RICHESSE SOMBRE,	18	032
DES CUISINIERS QUI VEULENT ATTENDRIR UN	49	059
DES DEESSES DE MARBRE QUE L'EUROPE ENFERME	25	023
DES DEFUNTS ET DE LEUR DIVIN REPOS! MAUDITES	45	027
DES DEMONS MALICIEUX SE GLISSENT EN NOUS ET	09	047
DES DENTS D'UNE EGALE BLANCHEUR.	19	045
DES DERNIERS ECLAIRS DE LA LUTTE, DANS CES	13	019
DES DERNIERS PREPARATIFS, QUAND LA MERE ENTRA	30	095
DES DEUX AUTRES. ''J'AI TOUT RETENU, COMME	31	116
DES DIFFERENTES PHILOSOPHIES QUI AVAIENT	29	062
DES DONS PARMI TOUS LES NOUVEAU-NES, ARRIVES A	20	002
DES DRAPS UN PEU APRES, MAIS FRAIS; QUOI DE	24	044
DES ECLOPPES DE LA VIE. C'EST SURTOUT VERS CES	13	008
DES ECUS!	25	062
DES EFFORTS NON RECOMPENSES, DE LA FAIM ET DU	13	023
DES EMEUTES. COMMENT EST-CE POSSIBLE QU'UN SI	47	063
DES EMPLOYES DU MONT-DE-PIETE QUAND UNE FETE	20	026
DES EPOQUES ET DANS DES PAYS DONT IL M'ETAIT	29	025
DES ETOFFES AUSSI DOUCES QUE VOTRE PEAU; QUI	11	054
DES ETOFFES S'ECHAPPE UN PARFUM SINGULIER; UN	18	044
DES ETOILES, EXPLOSION DES LANTERNES, VOUS	22	047
DES ETRES. UN AUTRE, TIMIDE A CE POINT QU'IL	09	033
DES FACULTES PLUS GRANDES QUE SES ETATS. TOUT	27	034
DES FAIENCES VOYANTES, UN SOUPER PASSABLE, UN	24	042
DES FEES	20	000
DES FEES OU DES PRINCESSES, SAUTAIENT ET	14	033
DES FEES, POUR PROCEDER A LA REPARTITION DES	20	001
DES FEES. AINSI LA PUISSANCE D'ATTIRER	20	040
DES FEMMES MURES ET AUX ETES DE LA	50	119
DES FEMMES QUI INSPIRENT L'ENVIE DE LES	36	030

POEM LINE

50	132	AUX ETES DE LA SAINT-MARTIN ET A LA BEAUTE	DES FEMMES TRES-MURES.
31	008	ON VOIT LA MER ET LE CIEL, DES HOMMES ET	DES FEMMES, SERIEUX ET TRISTES AUSSI, MAIS
42	029	SOTTISE, A L'IRRITANTE MEDIOCRITE	DES FEMMES. CE QUE J'AIME SURTOUT DANS LES
42	010	L'UN D'EUX JETA LA CAUSERIE SUR LE SUJET	DES FEMMES. IL EUT ETE PLUS PHILOSOPHIQUE DE
07	006	SONT COMME ENDORMIS. BIEN DIFFERENTE	DES FETES HUMAINES, C'EST ICI UNE ORGIE
21	024	VIVANTE ETAIENT SUSPENDUS, ALTERNANT AVEC	DES FIOLES PLEINES DE LIQUEURS SINISTRES, DE
18	043	ET DE TOUTES CHOSES, DE TOUS LES COINS,	DES FISSURES DES TIROIRS ET DES PLIS DES
32	008	SE JOUENT ET FOLATRENT DES TIGES ET	DES FLEURS, CELLES-CI SINUEUSES ET FUYARDES,
32	021	POUR MONTRER LA BEAUTE DES PAMPRES ET	DES FLEURS? LE THYRSE EST LA REPRESENTATION DE
47	123	AYEZ PITIE, AYEZ PITIE DES FOUS ET	DES FOLLES! O CREATEUR! PEUT-IL EXISTER DES
05	008	PENDANT UNE ECLIPSE. LES MEUBLES ONT	DES FORMES ALLONGEES, PROSTREES, ALANGUIES.
27	028	AU PLAISIR OU A L'ETONNEMENT, QUI EST UNE	DES FORMES LES PLUS DELICATES DU PLAISIR. LE
47	123	LAME; SEIGNEUR, AYEZ PITIE, AYEZ PITIE	DES FOUS ET DES FOLLES! O CREATEUR! PEUT-IL
26	023	ET LES DEESSES PORTANT SUR LEUR TETE	DES FRUITS, DES PATES ET DU GIBIER, LES HEBES
07	012	LES FAIT MONTER VERS L'ASTRE COMME	DES FUMEES. CEPENDANT, DANS CETTE JOUISSANCE
34	031	ET LES RANCUNES S'ENVOLERENT COMME	DES FUMEES. MOI SEUL J'ETAIS TRISTE,
10	022	SANS AVOIR PRIS LA PRECAUTION D'ACHETER	DES GANTS; ETRE MONTE POUR TUER LE TEMPS,
42	012	DE N'EN PAS PARLER DU TOUT! MAIS IL Y A	DES GENS D'ESPRIT QUI, APRES BOIRE, NE
26	025	A BAVAROISES OU L'OBELISQUE BICOLORE	DES GLACES PANACHEES; TOUTE L'HISTOIRE ET
21	093	DELICIEUX ET AUSSI UN PEU DE L'ENROUEMENT	DES GOSIERS INCESSAMMENTS LAVES PAR
24	005	LES DEGRES DE MARBRE D'UN PALAIS, EN FACE	DES GRANDES PELOUSES ET DES BASSINS! CAR ELLE
29	010	OU ECLATAIT UN LUXE DONT AUCUNE	DES HABITATIONS SUPERIEURES DE PARIS NE
04	011	CRUELLEMENT CRAVATE ET EMPRISONNE DANS	DES HABITS TOUT NEUFS, S'INCLINA
13	040	CONDAMNEE, PAR UNE ABSOLUE SOLITUDE, A	DES HABITUDES DE VIEUX CELIBATAIRE, ET LE
22	019	BERCER MA PENSEE ETONNEE A CETTE IMITATION	DES HARMONIES DE L'ENFER. LE CREPUSCULE EXCITE
37	026	PAR MES COURTISANS. TU SERAS LA REINE	DES HOMMES AUX YEUX VERTS DONT J'AI SERRE
30	003	QUE LES RAPPORTS DES HOMMES ENTRE EUX, OU	DES HOMMES AVEC LES CHOSES. ET QUAND
27	009	MECONTENTS. IL EXISTE PARTOUT	DES HOMMES DE BIEN POUR DENONCER AU POUVOIR
30	002	INNOMBRABLES PEUT-ETRE QUE LES RAPPORTS	DES HOMMES ENTRE EUX, OU DES HOMMES AVEC LES
31	008	FOND DESQUELS ON VOIT LA MER ET LE CIEL,	DES HOMMES ET LES FEMMES, SERIEUX ET TRISTES
36	020	PAISIBLE ET DISCRETE VISITANT LE SOMMEIL	DES HOMMES PURS, MAIS LA LUNE ARRACHEE DU
09	035	BAISSE LES YEUX MEME DEVANT LES REGARDS	DES HOMMES, A CE POINT QU'IL LUI FAUT
50	105	SI LA REPUBLIQUE, TROP OCCUPEE DU BONHEUR	DES HOMMES, AVAIT LE TEMPS DE MENAGER
10	044	A MOI-MEME QUE JE NE SUIS PAS LE DERNIER	DES HOMMES, QUE JE NE SUIS PAS INFERIEUR A
10	017	REPONDAIT: ''--C'EST ICI LE PARTI	DES HONNETES GENS,'' CE QUI IMPLIQUE QUE TOUS
07	023	SUIS LE DERNIER ET LE PLUS SOLITAIRE	DES HUMAINS, PRIVE D'AMOUR ET D'AMITIE, ET
36	016	INFLUENCE! NON PAS LA LUNE BLANCHE	DES IDYLLES, QUI RESSEMBLE A UNE FROIDE
50	041	SOLITAIRES, DANS LES RAVINES SINUEUSES	DES IMMENSES VILLES, SOIT CEUX QUI ONT DIT A
42	109	TROP FORTUNES MORTELS, A VOUS PLAINDRE	DES IMPERFECTIONS DE VOS MAITRESSES!'' CELA
23	016	MYSTERE. IL Y A DANS NOS RACES JACASSIERES	DES INDIVIDUS QUI ACCEPTERAIENT AVEC MOINS DE
45	017	DE VIE REMPLISSAIT L'AIR, --COUPE A INTERVALLES	DES INFINIMENT PETITS, --COUPE A INTERVALLES
21	018	ET A CHAQUE FOIS QU'IL SOUPIRAIT,	DES INSECTES MUSQUES S'ILLUMINAIENT, EN
21	025	SINISTRES, DE BRILLANTS COUTEAUX ET	DES INSTRUMENTS DE CHIRURGIE. DANS SA MAIN
50	038	CETTE SI BONNE MERE, CETTE VRAIE PATRONNE	DES INTELLIGENCES! JE CHANTE LES CHIENS
12	019	QUI EPOUSE FACILEMENT LA FOULE CONNAIT	DES JOUISSANCES FIEVREUSES, DONT SERONT
42	079	DIT A SON TOUR: ''MESSIEURS, J'AI CONNU	DES JOUISSANCES QUE VOUS AVEZ PEUT-ETRE
13	007	ET QUI RECULENT LOIN DU REGARD INSOLENT	DES JOYEUX ET DES OISIFS. CES RETRAITES
20	030	DE L'HORLOGE AVEC AUTANT D'IMPATIENCE QUE	DES JUGES HUMAINS QUI, SIEGEANT DEPUIS LE
20	036	NOUS SERIONS NOUS-MEMES, EN CE CAS,	DES JUGES INJUSTES. AUSSI FURENT COMMISES CE
14	034	SAUTAIENT ET CABRIOLAIENT SOUS LE FEU	DES LANTERNES QUI REMPLISSAIENT LEURS JUPES
22	048	SCINTILLEMENT DES ETOILES. EXPLOSION	DES LANTERNES, VOUS ETES LE FEU D'ARTIFICE DE
11	029	(NON SIMULEE PEUT-ETRE!) ELLE DECHIRE	DES LAPINS VIVANTS ET DES VOLAILLES
27	090	BOUFFONNERIES. MA PLUME TREMBLE ET	DES LARMES D'UNE EMOTION TOUJOURS PRESENTE ME
27	031	IL Y A DE JEUNES NERONS QUI ETOUFFENT DANS	DES LIMITES TROP ETROITES, ET DONT LES SIECLES
49	002	DANS MA CHAMBRE, ET JE M'ETAIS ENTOURE	DES LIVRES A LA MODE DANS CE TEMPS-LA (IL Y A
49	004	Y A SEIZE OU DIX-SEPT ANS); JE VEUX PARLER	DES LIVRES OU IL EST TRAITE DE L'ART DE RENDRE
30	121	JE MIS UN PAQUET DE LETTRES: LES UNES,	DES LOCATAIRES DE MA MAISON, QUELQUES AUTRES
17	022	DE TA CHEVELURE, JE RETROUVE LES LANGUEURS	DES LONGUES HEURES PASSEES SUR UN DIVAN, DANS
20	071	CELUI-CI, C'EST-A-DIRE LE CAS D'EPUISEMENT	DES LOTS, LA FACULTE D'EN DONNER ENCORE UN,
20	085	QUI AYANT OBTENU POUR SON FILS LE MEILLEUR	DES LOTS, OSE ENCORE INTERROGER ET DISCUTER
21	015	A DES VIOLETTES CHARGEES ENCORE	DES LOURDS PLEURS DE L'ORAGE, ET SES LEVRES
29	018	DANS UNE ILE ENCHANTEE, ECLAIRE	DES LUEURS D'UNE ETERNELLE APRES-MIDI, ILS
29	075	QUAND VOUS ENTENDREZ VANTER LE PROGRES	DES LUMIERES, QUE LA PLUS BELLE DES RUSES DU
41	002	UN SEJOUR CHARMANT POUR UNE AME FATIGUEE	DES LUTTES DE LA VIE. L'AMPLEUR DU CIEL,
11	027	LES JOURS DE FOIRE, AVEC PERMISSION	DES MAGISTRATS; CELA VA SANS DIRE. ''FAITES
30	122	LOCATAIRES DE MA MAISON, QUELQUES AUTRES	DES MAISONS VOISINES; L'UNE, DU PREMIER ETAGE;
48	022	DE MATS, ET LES NAVIRES AMARRES AU PIED	DES MAISONS?'' MON AME RESTE MUETTE. ''BATAVIA
11	048	GLOIRE NE LUI SOIENT PAS INCONNUES. IL Y A	DES MALHEURS PLUS IRREMEDIABLES; ET SANS
49	019	UNE GRANDE SOIF. CAR LE GOUT PASSIONNE	DES MAUVAISES LECTURES ENGENDRE UN BESOIN
32	007	DUR ET DROIT. AUTOUR DE CE BATON, DANS	DES MEANDRES CAPRICIEUX, SE JOUENT ET
47	049	CHOSE QUE LA COLLECTION DES PORTRAITS	DES MEDECINS ILLUSTRES DE CE TEMPS,
24	032	LE CHANT PLAINTIF DES ARBRES A MUSIQUE,	DES MELANCOLIQUES FILAOS! OUI, EN VERITE,
29	020	NAITRE EN EUX, AUX SONS ASSOUPISSANTS	DES MELODIEUSES CASCADES, LE DESIR DE NE
50	088	COIFFES COMME DES TROUBADOURS OU	DES MILITAIRES, QUI SURVEILLENT, AVEC UNE
02	007	DE LUI, VOULANT LUI FAIRE DES RISETTES ET	DES MINES AGREABLES. MAIS L'ENFANT EPOUVANTE
47	084	QUI ME COMPRENNENT, PARCE QUE JE LEUR FAIS	DES MINES. --ET QUAND ILS NE TE COMPRENNENT
20	025	EN VERITE, ELLES ETAIENT AUSSI AHURIES QUE	DES MINISTRES UN JOUR D'AUDIENCE, OU DES
26	019	DE BLANCHEUR, LES NAPPES EBLOUISSANTES	DES MIROIRS; LES ORS DES BAGUETTES ET DES
47	124	ET DES FOLLES! O CREATEUR! PEUT-IL EXISTER	DES MONSTRES AUX YEUX DE CELUI-LA SEUL QUI
32	033	SINUOSITE DU VERBE, UNITE DU BUT, VARIETE	DES MOYENS, AMALGAME TOUT-PUISSANT ET
36	025	AU BAS DE CE VISAGE INQUIETANT, OU	DES NARINES MOBILES ASPIRENT L'INCONNU ET
09	001	IL Y A	DES NATURES PUREMENT CONTEMPLATIVES ET TOUT A
41	006	JAMAIS LES LASSER. LES FORMES ELANCEES	DES NAVIRES, AU GREEMENT COMPLIQUE, AUXQUELS
50	067	N'EN VEULENT PLUS. D'AUTRES QUI, COMME	DES NEGRES MARRONS, AFFOLES D'AMOUR, QUITTENT,
13	046	YEUX ACTIFS, JADIS BRULES PAR LES LARMES,	DES NOUVELLES D'UN INTERET PUISSANT ET
29	085	PAR TANT DE BONTES, JE LUI DEMANDAI	DES NOUVELLES DE DIEU, ET S'IL L'AVAIT VU
31	003	A PLAISIR, SOUS UN CIEL DEJA VERDATRE OU	DES NUAGES D'OR FLOTTAIENT COMME DES
41	003	L'AMPLEUR DU CIEL, L'ARCHITECTURE MOBILE	DES NUAGES, LES COLORATIONS CHANGEANTES DE LA
17	029	DUVETES DE TA CHEVELURE, JE M'ENIVRE	DES ODEURS COMBINEES DU GOUDRON, DU MUSC ET DE
24	029	AU DELA DE LA VARANGUE, LE TAPAGE	DES OISEAUX IVRES DE LUMIERES, ET LE
13	007	LOIN DU REGARD INSOLENT DES JOYEUX ET	DES OISIFS. CES RETRAITES OMBREUSES SONT LES

PARFUMS DELICATS QUI L'EXASPERENT, MAIS
COMPLIQUE, AUXQUELS LA HOULE IMPRIME
LA MUSIQUE, ET LEURS FEMMES DANSENT COMME
''HIER ON M'A MENE AU THEATRE. DANS
QUE LE PRETEXTE POUR MONTRER LA BEAUTE
ET PLUS SIGNIFICATIVE SOLENNITE. SUR
PUBLIC, A QUI IL NE FAUT JAMAIS PRESENTER
THESE IL CITE, COMME TOUS LES INCREDULES,
CELESTE DES ANTIPODES. ET CHACUN
DEESSES PORTANT SUR LEUR TETE DES FRUITS,
LES YEUX
POUR M'INSPIRER EN FAVEUR DES BONS CHIENS,
PAS LE SOU, PARCE QUE SES PARENTS SONT
SOULEREZ DE VOLUPTES, SANS LASSITUDE, DANS
AVOIR VUS DEJA A DES EPOQUES ET DANS
S'EN INQUIETE, ET DE VOIR TOUJOURS
DE LA VILLE ETERNELLE OU DANS LES BRUMES
LA PLUME, LA PAROLE ET LA CONSCIENCE
D'UNE RICHESSE SOMBRE, VIVENT DISCRETEMENT
COMME TOUS LES INCREDULES, DES PAROLES
IVRES DE LUMIERES, ET LE JACASSEMENT
CHANGEANTES DE LA MER, LE SCINTILLEMENT
D'IMAGES PHOTOGRAPHIQUES, REPRESENTANT
DE SES PIEDS, BRILLANTS ET POLIS COMME
AVEC QUELQUE JEUNE OFFICIER QUI, SUR
D'UNE ANGOISSE! DANS LA SOLITUDE
SURS DE LEURS EFFETS, DES BONS MOTS ET
SURTOUT S'IL AVAIT PU ESPERER Y TROUVER
ET BANDITS, TELS SOUVENT VOUS OFFREZ
LES COINS, DES FISSURES DES TIROIRS ET
DROLERIE QUE JE N'AI TROUVEES DANS AUCUN
QUINZE ME SONT INCONNUES; AVOIR DISTRIBUE
AVEC LEURS YEUX OUVERTS COMME
QUI N'ETAIT AUTRE CHOSE QUE LA COLLECTION
UNE RUINE D'HOMME, ADOSSE CONTRE UN
C'EST UN EMBLEME SACERDOTAL DANS LA MAIN
SACERDOTAL DANS LA MAIN DES PRETRES ET
LES DANSEUSES, BELLES COMME DES FEES OU
DE L'HORTICULTURE! QU'ILS DEVORENT
QUAND, FATIGUES PAR LA HOULE ET GORGES
DRAPERIES QU'UNE MAIN INVISIBLE ATTIRE
SI LESTEMENT? ET A QUOI BON EXECUTER
VOUS ETES! VOUS OSEZ VOUS PROMENER DANS
ET DE PARLER AVEC LA MEME VOIX...'' L'UN
UN BESOIN PROPORTIONNEL DU GRAND AIR ET
TEMPS EN TEMPS LEURS GERBES ROSES, COMME
FOULE, UN DE CES CONCERTS DONT LA MUSIQUE
PARADISIAQUE, L'IDOLE, LA SOUVERAINE
CE LIT EST COUCHEE L'IDOLE, LA SOUVERAINE
PROPRE CORRESPONDANCE? DES REVES! TOUJOURS
MYSTIQUES, DANS TA PROPRE CORRESPONDANCE?
TOUT A L'HEURE, C'EST SURTOUT LA JOIE
PROPRETTE, OU D'UNE FENETRE EGAYEE PAR
SE PRECIPITAIT DANS UN CORRIDOR, AVEC
ELLE S'APPROCHA DE LUI, VOULANT LUI FAIRE
CEUX QUI LEUR PERSUADENT QU'ILS SONT TOUS
DONT LA BEAUTE GARDE LA MAGIE PENETRANTE
OU L'ESPRIT SOMMEILLANT EST BERCE PAR
REVER ET ALLONGER LES HEURES PAR L'INFINI
LES TRISTES FENETRES OU LA PLUIE A TRACE
FEES ETAIENT TRES-AFFAIREES; CAR LA FOULE
--MOI, DIT LE QUATRIEME, J'AI ENDURE
COMME UN MOUCHOIR ODORANT, POUR SECOUER
ET REBELLES, IL ME SEMBLE QUE JE MANGE
CHAINES DONT LES SONT EMPETRES; SONT
SA NUIT, LES FEUX DES CANDELABRES QUI FONT
QUE LE PRINCE VOULAIT JUGER DE LA VALEUR
AJOUTAIENT LES ESPRITS SUPERFICIELS,
CAPRICIEUX, SE JOUENT ET FOLATRENT
CHOSES, DE TOUS LES COINS, DES FISSURES
TROMPETTE, ENRUBANNEE, COMME UN MIRLITON,
ET IL ENTRA, BUT UN VERRE DE BIERE EN FACE
LE COMPARER A RIEN DE MIEUX QU'A CELUI
HORS DE FRANCE.'' L'AIR PEU INTERESSE
--COMMENT CELA A-T-IL FINI? DIT L'UN
FOIS ERAILLES ET SOMPTUEUX, COIFFES COMME
VIE, REVE LA VIE, SOUFFRE LA VIE. PAR DELA
VOUS N'AVEZ PAS DE VERRES DE COULEUR?
CETTE DISTINCTION NON MECONNAISSABLE
DES VEUVES SUR CES BANCS SOLITAIRES,
SUPPORTES. AVEZ-VOUS QUELQUEFOIS APERCU
MES NERFS TROP TENDUS NE DONNENT PLUS QUE
SAVOIR QU'ON L'EST! ET LE PLUS IRREPARABLE
TENEBREUSE ET INDECISE, RESSEMBLAIENT A
LES HAUTES LAMES DE LA MER. IL Y AVAIT LA
ROSES, ROUGES, BLEUS, DES VITRES MAGIQUES,
COULEUR? DES VERRES ROSES, ROUGES, BLEUS,
VOUS CONNAISSEZ MA TERREUR DES CHEVAUX ET
ELLE DECHIRE DES LAPINS VIVANTS ET
LEURS EFFUSIONS ORATOIRES LEUR PROCURENT

	POEM	LINE
DES ORDURES SOIGNEUSEMENT CHOISIES.''	08	015
DES OSCILLATIONS HARMONIEUSES, SERVENT A	41	007
DES OURS. HEUREUSEMENT, AVANT UN MOIS NOUS	31	111
DES PALAIS GRANDS ET TRISTES, AU FOND DESQUELS	31	006
DES PAMPRES ET DES FLEURS? LE THYRSE EST LA	32	020
DES PANNEAUX LUISANTS, OU SUR DES CUIRS DORES	18	032
DES PARFUMS DELICATS QUI L'EXASPERENT, MAIS	08	014
DES PAROLES DES PERES DE L'EGLISE. JE SAIS QUE	23	003
DES PASSAGERS GEMISSAIT ET GROGNAIT. ON EUT	34	007
DES PATES ET DU GIBIER, LES HEBES ET LES	26	023
DES PAUVRES	26	000
DES PAUVRES CHIENS, UN CHANT DIGNE DE TOI,	50	008
DES PAUVRES QUI NE PEUVENT RIEN LUI ENVOYER.	47	091
DES PAYS CHARMANTS OU IL FAIT TOUJOURS CHAUD	29	115
DES PAYS DONT IL M'ETAIT IMPOSSIBLE DE ME	29	025
DES PAYS NOUVEAUX. JE NE SUIS JAMAIS BIEN	31	080
DES PAYS REVEURS QUE CONSOLE CAMBRINUS,	32	040
DES PEDAGOGUES, ET QU'IL ASSISTAIT PRESQUE	29	081
DES PEINTURES BEATES, CALMES ET PROFONDES,	18	033
DES PERES DE L'EGLISE. JE SAIS QUE LE DEMON	23	003
DES PETITES NEGRESSES.....' ET, LA NUIT, POUR	24	030
DES PHARES, SONT UN PRISME MERVEILLEUSEMENT	41	004
DES PHYSIONOMIES BEAUCOUP PLUS JEUNES. ''QUAND	47	071
DES PIERRES BIEN TRAVAILLEES. IL ME REGARDA	21	036
DES PLAGES LOINTAINES, A ENTENDU PARLER PAR	25	048
DES PLAINES, DANS LES LABYRINTHES PIERREUX	22	046
DES PLAISANTERIES D'UN COMIQUE SOLIDE ET	14	027
DES PLAISIRS INATTENDUS. MAIS POUR CEUX QUI,	27	046
DES PLAISIRS QUE NE COMPRENNENT PAS LES	51	014
DES PLIS DES ETOFFES S'ECHAPPE UN PARFUM	18	044
DES PLUS CELEBRES CAUSEURS DE L'HUMANITE. ELLE	29	061
DES POIGNEES DE MAINS DANS LA MEME PROPORTION,	10	020
DES PORTES COCHERES! NE POURRIEZ-VOUS PAS	26	056
DES PORTRAITS DES MEDECINS ILLUSTRES DE CE	47	049
DES POTEAUX DE SA CAHUTE! UNE CAHUTE PLUS	14	048
DES PRETRES ET DES PRETRESSES CELEBRANT LA	32	003
DES PRETRESSES CELEBRANT LA DIVINITE DONT ILS	32	003
DES PRINCESSES, SAUTAIENT ET CABRIOLAIENT SOUS	14	033
DES PRIX DE SOIXANTE ET DE CENT MILLE FLORINS	18	058
DES PRODUITS DE L'ORIENT, ILS RENTRENT AU PORT	18	086
DES PROFONDEURS DE L'ORIENT, IMITENT TOUS LES	22	055
DES PROJETS, PUISQUE LE PROJET EST EN LUI-MEME	24	052
DES QUARTIERS PAUVRES, ET VOUS N'AVEZ PAS MEME	09	077
DES QUATRE ENFANTS, QUI DEPUIS QUELQUES	31	022
DES RAFRAICHISSANTS. COMME J'ALLAIS ENTRER	49	020
DES REFLETS D'UN FEU D'ARTIFICE DE L'ENFER!''	48	041
DES REGIMENTS GRATIFIE LE PEUPLE PARISIEN.	13	052
DES REVES. LA SYLPHIDE, COMME DISAIT LE GRAND	05	051
DES REVES. MAIS COMMENT EST-ELLE ICI? QUI L'A	05	023
DES REVES! ET PLUS L'AME EST AMBITIEUSE ET	18	068
DES REVES! TOUJOURS DES REVES! ET PLUS L'AME	18	068
DES RICHES. CETTE TURBULENCE DANS LE VIDE N'A	13	013
DES RIDEAUX D'INDIENNE BARIOLEE SE PENCHAIENT	24	037
DES RIRES ETOUFFES. FANCIOULLE, SECOUE,	27	132
DES RISETTES ET DES MINES AGREABLES. MAIS	02	006
DES ROIS DETRONES. --ON NE TROUVERA PAS	49	010
DES RUINES. ELLE AVAIT L'AIR A LA FOIS	21	088
DES RUSES DU DIABLE EST DE VOUS PERSUADER	29	076
DES SENSATIONS DE SERRE CHAUDE. LA MOUSSELINE	05	019
DES SENSATIONS. UN MUSICIEN A ECRIT	18	024
DES SILLONS DANS LA POUSSIERE; LES MANUSCRITS,	05	058
DES SOLLICITEURS ETAIT GRANDE, ET LE MONDE	20	020
DES SOUFFRANCES ATROCES PAR LE CONTRAIRE DE CE	42	106
DES SOUVENIRS DANS L'AIR. SI TU POUVAIS SAVOIR	17	005
DES SOUVENIRS.	17	034
DES SYMBOLES QUI EXPLIQUENT ASSEZ CLAIREMENT	21	051
DES TACHES D'UN ROUGE OPAQUE SUR LES DERNIERES	22	053
DES TALENTS SCENIQUES D'UN HOMME CONDAMNE A	27	049
DES TENDANCES GENEREUSES DU PRINCE OFFENSE. DE	27	042
DES TIGES ET DES FLEURS, CELLES-CI SINUEUSES	32	008
DES TIROIRS ET DES PLIS DES ETOFFES S'ECHAPPE	18	043
DES TITRES DE TOUS LES JOURNAUX DE L'UNIVERS,	21	098
DES TOMBES, ET FUMA LENTEMENT UN CIGARE. PUIS,	45	009
DES TRES-BELLES FEMMES SUR LE RETOUR, QUI	21	086
DES TROIS AUTRES CAMARADES ME DONNA A PENSER	31	126
DES TROIS AUTRES. JE NE VOUS SAVAIS PAS SI	42	051
DES TROUBADOURS OU DES MILITAIRES; QUI	50	088
DES VAGUES DE TOITS, J'APERCOIS UNE FEMME	35	010
DES VERRES ROSES, ROUGES, BLEUS, DES VITRES	09	075
DES VETERANS DE LA JOIE, CET INDESCRIPTIBLE JE	42	005
DES VEUVES PAUVRES? QU'ELLES SOIENT EN DEUIL	13	026
DES VEUVES SUR CES BANCS SOLITAIRES, DES	13	025
DES VIBRATIONS CRIARDES ET DOULOUREUSES. ET	03	020
DES VICES EST DE FAIRE LE MAL PAR BETISE.	28	058
DES VIOLETTES CHARGEES ENCORE DES LOURDS	21	014
DES VISAGES ETRANGES D'HOMMES ET DE FEMMES,	29	023
DES VITRES DE PARADIS? IMPUDENT QUE VOUS ETES!	09	076
DES VITRES MAGIQUES, DES VITRES DE PARADIS?	09	075
DES VOITURES. TOUT A L'HEURE, COMME JE	46	006
DES VOLAILLES PIAILLANTES QUE LUI JETTE SON	11	030
DES VOLUPTES EGALES A CELLES QUE D'AUTRES	23	023

POEM LINE

22	026	INSULTANT HIEROGLYPHE. LE SOIR, PRECURSEUR	DES VOLUPTES PROFONDES, LUI GATAIT LES CHOSES
13	045	QU'ELLE CHERCHAIT DANS LES GAZETTES, AVEC	DES YEUX ACTIFS, JADIS BRULES PAR LES LARMES,
50	042	CEUX QUI ONT DIT A L'HOMME ABANDONNE, AVEC	DES YEUX CLIGNOTANTS ET SPIRITUELS:
42	113	CLERICALE, MALHEUREUSEMENT ILLUMINEE PAR	DES YEUX D'UN GRIS CLAIR, DE CES YEUX DONT LE
15	042	LENTEMENT IL SE RAPPROCHA, NE QUITTANT PAS	DES YEUX L'OBJET DE SA CONVOITISE; PUIS,
24	016	LE REVE DE MA VIE.'' ET, TOUT EN ANALYSANT	DES YEUX LES DETAILS DE LA GRAVURE, IL
31	037	SUR LA LIGNE QUI SEPARE LA TERRE DU CIEL	DES YEUX OU BRILLAIT UNE INEXPRIMABLE
07	021	TOUT RAMASSE CONTRE LE PIEDESTAL, LEVE	DES YEUX PLEINS DE LARMES VERS L'IMMORTELLE
11	037	DE BATON POUR LA CALMER! CAR ELLE DARDE	DES YEUX TERRIBLES DE CONVOITISE SUR LA
28	046	N'ESPERE.'' JE LE REGARDAIS DANS LE BLANC	DES YEUX, ET JE FUS EPOUVANTE DE VOIR QUE SES
16	009	LE REGARDANT, COMME ON DIT, DANS LE BLANC	DES YEUX, IL AFFIRMA SANS HESISTER: ''IL N'EST
46	012	LE COURAGE DE LA RAMASSER. J'AI JUGE MOINS	DESAGREABLE DE PERDRE MES INSIGNES QUE DE ME
27	130	DE LA SALLE D'OU AVAIT JAILLI CETTE	DESAPPROBATION INATTENDUE, UN ENFANT SE
31	035	PRESQUE A L'HORIZON... ET MAINTENANT IL	DESCEND DERRIERE LE CLOCHER... AH! ON NE LE
24	003	UN COSTUME DE COUR, COMPLIQUE ET FASTUEUX,	DESCENDANT, A TRAVERS L'ATMOSPHERE D'UN BEAU
11	043	SONT LES MOEURS CONJUGALES DE CES DEUX	DESCENDANTS D'EVE ET D'ADAM, CES OEUVRES DE
13	049	D'AUTOMNE CHARMANT, UN DE CES CIELS D'OU	DESCENDENT EN FOULE LES REGRETS ET LES
29	008	JE LE SUIVIS ATTENTIVEMENT, ET BIENTOT, JE	DESCENDIS DERRIERE LUI DANS UNE DEMEURE
37	004	SE DIT: ''CETTE ENFANT ME PLAIT.'' ET ELLE	DESCENDIT MOELLEUSEMENT SON ESCALIER DE
45	011	UN CIGARE. PUIS, LA FANTAISIE LE PRIT DE	DESCENDRE DANS CE CIMETIERE, DONT L'HERBE
50	006	A STERNE, ET JE LUI DIRAIS: ''	DESCENDS DU CIEL, OU MONTE VERS MOI DES CHAMPS
47	020	PAR CETTE ENIGME INESPEREE. J'OMETS LA	DESCRIPTION DU TAUDIS; ON PEUT LA TROUVER DANS
49	052	J'AVAIS VERIFIE QUE DANS CETTE BANLIEUE	DESERTE, JE ME TROUVAIS; POUR UN ASSEZ LONG
25	007	COMME LE SOLEIL, S'AVANCE DANS LA RUE	DESERTE, SEULE VIVANTE A CETTE HEURE SOUS
30	076	LA RIGIDITE CADAVERIQUE ETAIT TELLE, QUE,	DESESPERANT DE FLECHIR LES MEMBRES, NOUS DUMES
02	000	LE	DESESPOIR DE LA VIEILLE
30	111	JE VOUS EN PRIE! JE VOUS EN SUPPLIE!'' SON	DESESPOIR L'AVAIT, SANS DOUTE, ME PARUT-IL,
15	059	LE PRIX DU COMBAT. MAIS, RAVIVE PAR LE	DESESPOIR, LE VAINCU SE REDRESSA ET FIT ROULER
06	024	ET SERIEUX NE TEMOIGNAIENT D'AUCUN	DESESPOIR; SOUS LA COUPOLE SPLEENETIQUE DU
04	004	DE BONBONS, GROUILLANT DE CUPIDITES ET DE	DESESPOIRS, DELIRE OFFICIEL D'UNE GRANDE VILLE
30	074	HEURES. QUAND, PLUS TARD, NOUS EUMES A LE	DESHABILLER POUR L'ENSEVELISSEMENT, LA
31	138	ET GRAVITER VERS LA GLOIRE OU VERS LE	DESHONNEUR.
21	120	DE ME PARDONNER, LEUR OFFRANT DE ME	DESHONORER AUSSI SOUVENT QU'IL LE FAUDRAIT
29	005	DOUTE CHEZ LUI, RELATIVEMENT A MOI, UN	DESIR ANALOGUE, CAR IL ME FIT, EN PASSANT, UN
48	002	UN HOPITAL OU CHAQUE MALADE EST POSSEDE DU	DESIR DE CHANGER DE LIT. CELUI-CI VOUDRAIT
28	028	DE MON AMI, N'ETAIT EXCUSABLE QUE PAR LE	DESIR DE CREER UN EVENEMENT DANS LA VIE DE CE
28	052	JE LUI AURAIS PRESQUE PARDONNE LE	DESIR DE LA CRIMINELLE JOUISSANCE DONT JE LE
38	003	D'IDEAL, ET DONT LES YEUX REPANDAIENT LE	DESIR DE LA GRANDEUR, DE LA BEAUTE, DE LA
36	031	DE CELLE-D'ELLES! MAIS CELLE-CI DONNE LE	DESIR DE MOURIR LENTEMENT SOUS SON REGARD.
29	020	ASSOUPISSANTS DES MELODIEUSES CASCADES, LE	DESIR DE NE JAMAIS REVOIR LEURS PENATES, LEURS
36	000	LE	DESIR DE PEINDRE
07	010	OBJETS; QUE LES FLEURS EXCITEES BRULENT DU	DESIR DE RIVALISER AVEC L'AZUR DU CIEL PAR
41	015	QUI ONT ENCORE LA FORCE DE VOULOIR, LE	DESIR DE VOYAGER OU DE S'ENRICHIR.
36	002	L'HOMME, MAIS HEUREUX L'ARTISTE QUE LE	DESIR DECHIRE! JE BRULE DE PEINDRE CELLE QUI
29	032	DE L HORREUR DE L'ENNUI ET DU	DESIR IMMORTEL DE SE SENTIR VIVRE. MON HOTE ET
30	080	QUI EST LOUCHE!!'' MU SANS DOUTE PAR UN	DESIR INVETERE ET UNE HABITUDE D'ETAT DE FAIRE
29	107	DE TOUS VOS MISERABLES PROGRES. JAMAIS UN	DESIR NE SERA FORME PAR VOUS, QUE JE NE VOUS
09	057	BEAUCOUP, FUT-CE QUE PAR L'ARDEUR DU	DESIR, DE CETTE HUMEUR, HYSTERIQUE SELON LES
05	005	DE PARESSE, AROMATISE PAR LE REGRET ET LE	DESIR. --C'EST QUELQUE CHOSE DE CREPUSCULAIRE,
29	003	UN ETRE MYSTERIEUX QUE J'AVAIS TOUJOURS	DESIRE CONNAITRE, ET QUE JE RECONNUS TOUT DE
23	026	DU RECUEILLEMENT! MAIS JE LES MEPRISE. JE	DESIRE SURTOUT QUE MON MAUDIT GAZETIER ME
03	026	LAISSE-MOI! CESSE DE TENTER MES	DESIRS ET MON ORGUEIL! L'ETUDE DU BEAU EST UN
09	029	DE L'ANXIETE, POUR RIEN, PAR CAPRICE, PAR	DESOEUVREMENT. C'EST UNE ESPECE D'ENERGIE QUI
50	028	SERPENTS A QUATRE PATTES, FRISSONNANTS ET	DESOEUVRES, QU'ON NOMME LEVRETTES, ET QUI NE
42	123	OU DE CALCUL! FIGUREZ-VOUS UNE SERENITE	DESOLANTES DE CARACTERE; UN DEVOUEMENT SANS
05	065	ON RESPIRE ICI MAINTENANT LE RANCI DE LA	DESOLATION. DANS CE MONDE ETROIT, MAIS SI
06	026	PLONGES DANS LA POUSSIERE D'UN SOL AUSSI	DESOLE QUE CE CIEL, ILS CHEMINAIENT AVEC LA
31	011	ILS SE MENACENT, ILS SUPPLIENT, ILS SE	DESOLENT, ET ILS APPUIENT SOUVENT LEUR MAIN
50	111	LES PAUVRES CHIENS, LES CHIENS CROTTES ET	DESOLES. SWEDENBORG AFFIRME BIEN QU'IL Y EN A
18	011	EST GRASSE ET DOUCE A RESPIRER; D'OU LE	DESORDRE, LA TURBULENCE ET L'IMPREVU SONT
26	009	A L'UN ET A L'AUTRE, ET QUE NOS DEUX AMES	DESORMAIS N'EN FERAIENT PLUS QU'UNE; --UN REVE
42	047	QU'ENTRE MA BOUCHE ET LA SIENNE JE TROUVAI	DESORMAIS UN MASQUE DE VERRE. AVEC TOUT CELA,
27	018	EN BEAUCOUP DE CAS, PLUS CRUEL ET PLUS	DESPOTE QUE TOUS SES PAREILS. AMOUREUX
27	110	SE SENTAIT-IL VAINCU DANS SON POUVOIR DE	DESPOTE? HUMILIE DANS SON ART DE TERRIFIER LES
09	066	HOMME D'UNE HAINE AUSSI SOUDAINE QUE	DESPOTIQUE. ''--HE! HE!'' ET JE LUI CRIAI DE
27	006	IDEES DE PATRIE ET DE LIBERTE S'EMPARENT	DESPOTIQUEMENT DU CERVEAU D'UN HISTRION, UN
31	007	DANS DES PALAIS GRANDS ET TRISTES, AU FOND	DESQUELS ON VOIT LA MER ET LE CIEL, DES HOMMES
10	023	CHEZ UNE SAUTEUSE QUI M'A PRIE DE LUI	DESSINER UN COSTUME DE VENUSTRE; AVOIR FAIT MA
47	102	ET SON TABLIER, MEME AVEC UN PEU DE SANG	DESSUS!'' ELLE DIT CELA D'UN AIR FORT CANDIDE,
20	004	CES ANTIQUES ET CAPRICIEUSES SOEURS DU	DESTIN; TOUTES CES MERES BIZARRES DE LA JOIE
20	018	VECU, UNE GRACE POUVANT DETERMINER SA	DESTINEE A DEVENIR AUSSI BIEN LA SOURCE DE
14	061	IL AVAIT RENONCE, IL AVAIT ABDIQUE. SA	DESTINEE ETAIT FAITE. MAIS QUEL REGARD
42	061	CHEZ MOI, ET JE NE L'AI PAS RECONNU. SA	DESTINEE M'AVAIT, EN CES DERNIERS TEMPS,
09	026	POUR VOIR, POUR SAVOIR, POUR TENTER LA	DESTINEE, POUR SE CONTRAINDRE LUI-MEME A FAIRE
31	134	LES CIRCONSTANCES ET LES HASARDS; MURIR SA	DESTINEE, SCANDALISER SES PROCHES ET GRAVITER
11	050	PU CROIRE QUE LA FEMME MERITAT UNE AUTRE	DESTINEE. ''MAINTENANT, A NOUS DEUX, CHERE
42	149	ETAIT L'ALTERNATIVE QUE M'IMPOSAIT LA	DESTINEE! UN SOIR, DANS UN BOIS... AU BORD
29	070	LA PERSONNE LA PLUS INTERESSEE A LA	DESTRUCTION DE LA SUPERSTITION, ET M'AVOUA
29	055	L'UNIVERS, DE SA CREATION ET DE SA FUTURE	DESTRUCTION; DE LA GRANDE IDEE DU SIECLE.
27	098	PARADIS EXCLUANT TOUTE IDEE DE TOMBE ET DE	DESTRUCTION. TOUT EST PUBLIC, SI BLASE ET
45	016	DE FLEURS MAGNIFIQUES ENGRAISSEES PAR LA	DESTRUCTION. UN IMMENSE BRUISSEMENT DE VIE
21	007	EMANAIT DE CES TROIS PERSONNAGES, QUI SE	DETACHAIENT AINSI DU FOND OPAQUE DE LA NUIT,
34	023	SEMBLAIT QUE LES MUSIQUES DE LA VIE S'EN	DETACHAIENT EN UN VAGUE MURMURE, ET QUE DE CES
34	034	NE POUVAIS, SANS UNE NAVRANTE AMERTUME, ME	DETACHER DE CETTE MER SI MONSTRUEUSEMENT
47	022	POETES FRANCAIS BIEN CONNUS. SEULEMENT,	DETAIL NON APERCU PAR REGNIER, DEUX OU TROIS
24	016	VIE.'' ET, TOUT EN ANALYSANT DES YEUX LES	DETAILS DE LA GRAVURE, IL CONTINUAIT
43	017	ET IL FERMA LES YEUX ET IL LACHA LA	DETENTE. LA POUPEE FUT NETTEMENT DECAPITEE.
20	018	N'AVAIT PAS ENCORE VECU, UNE GRACE POUVANT	DETERMINER SA DESTINEE ET DEVENIR AUSSI BIEN
32	035	DU GENIE, QUEL ANALYSTE AURA LE	DETESTABLE COURAGE DE VOUS DIVISER ET DE VOUS
45	035	DANS LE BUT, DANS LE SEUL VRAI BUT DE LA	DETESTABLE VIE!''
14	023	HURLAIENT. C'ETAIT UN MELANGE DE CRIS, DE	DETONATIONS DE CUIVRE ET D'EXPLOSIONS DE

POEM LINE

42	064	LA PLUS DOUCE, LA PLUS SOUMISE ET LA PLUS	DEVOUEE DES CREATURES, ET TOUJOURS PRETE! ET
13	022	LEGENDES DE L'AMOUR TROMPE, DU	DEVOUEMENT MECONNU, DES EFFORTS NON
42	123	UNE SERENITE DESOLANTE DE CARACTERE; UN	DEVOUEMENT SANS COMEDIE ET SANS EMPHASE; UNE
50	103	PATTES, ESCLAVES COMPLAISANTS, SOUMIS OU	DEVOUES, QUE LE DICTIONNAIRE REPUBLICAIN
46	018	SEMBLABLE A VOUS, COMME VOUS VOYEZ! --VOUS	DEVRIEZ AU MOINS FAIRE AFFICHER CETTE AUREOLE,
29	076	LUMIERES, QUE LA PLUS BELLE DES RUSES DU	DIABLE EST DE VOUS PERSUADER QU'IL N'EXISTE
29	127	DIEU! SEIGNEUR, MON DIEU! FAITES QUE LE	DIABLE ME TIENNE SA PAROLE!''
28	029	UN EVENEMENT DANS LA VIE DE CE PAUVRE	DIABLE, PEUT-ETRE MEME DE CONNAITRE LES
29	099	DIT TANT DE MAL, JE SUIS QUELQUEFOIS BON	DIABLE, POUR ME SERVIR D'UNE DE VOS LOCUTIONS
21	103	L'ECHO DE LA PLUS LOINTAINE PLANETE. ''	DIABLE!'' FIS-JE, A MOITIE SUBJUGUE, ''VOILA
47	012	MAIS PLUS TARD, APRES LE MEDECIN, QUE	DIABLE!... --AH! AH! --FIT-ELLE, TOUJOURS
50	097	PAS UN PEU DE SENSUALITE A CES PAUVRES	DIABLESSE, JE MENTIRAIS SI JE N'AVOUAIS PAS
21	083	REPRESENTES SUR TA PEAU.'' QUANT A LA	DIABLESSE, NON MOINS EXTRAORDINAIRE, ONT LA
21	001	DEUX SUPERBES SATANS ET UNE	DIAMANTS, LES PALAIS FEERIQUES, VIENDRONT VOUS
29	110	ET MEME D'ADORATIONS; L'ARGENT, L'OR, LES	DICTATURE. ET IL ME POUSSE, COMME SI J'ETAIS
05	082	LE TEMPS REGNE; IL A REPRIS SA BRUTALE	DICTION ET UNE TRANQUILLITE DANS LA DROLERIE
29	059	ET ELLE S'EXPRIMAIT AVEC UNE SUAVITE DE	DICTIONNAIRE REPUBLICAIN POURRAIT AUSSI BIEN
50	103	COMPLAISANTS, SOUMIS OU DEVOUES, QUE LE	DICTIONNAIRE. MAIS CE N'ETAIT QUE L'IDEE D'UNE
49	016	FEMME DONT J'AVAIS RECEMMENT PARCOURU LE	DICTIONNAIRE. MAIS CE N'ETAIT QUE L'IDEE D'UNE
44	003	LES MOUVANTES ARCHITECTURES QUE	DIEU FAIT AVEC LES VAPEURS, LES MERVEILLEUSES
13	056	CAUSERIE, SANS JOIE, SANS CONFIDENT, QUE	DIEU LAISSAIT TOMBER SUR ELLE, DEPUIS BIEN DES
31	076	AU SPECTACLE; MON TUTEUR EST TROP AVARE;	DIEU NE S'OCCUPE PAS DE MOI ET DE MON ENNUI,
20	022	INTERMEDIAIRE, PLACE ENTRE L'HOMME ET	DIEU, EST SOUMIS COMME NOUS A LA TERRIBLE LOI
29	086	BONTES, JE LUI DEMANDAI DES NOUVELLES DE	DIEU, ET S'IL L'AVAIT VU RECEMMENT. IL ME
31	039	''EST-IL BETE, CELUI-LA, AVEC SON BON	DIEU, QUE LUI SEUL PEUT APERCEVOIR!'' DIT
42	053	JE NE VOUS SAVAIS PAS SI PATIENT. --	DIEU, REPRIT-IL, MIT LE REMEDE DANS LE MAL. UN
28	050	GAGNER QUARANTE SOLS ET LE COEUR DE	DIEU! EMPORTER LE PARADIS ECONOMIQUEMENT!
01	012	--L'OR? --JE LE HAIS COMME VOUS HAISSEZ	DIEU. --EH! QU'AIMES-TU DONC, EXTRAORDINAIRE
14	041	VOIR UN ESCAMOTEUR EBLOUISSANT COMME UN	DIEU. ET PARTOUT CIRCULAIT, DOMINANT TOUS LES
10	041	DU MONDE! VOYEZ, SEIGNEUR MON	DIEU! ACCORDEZ-MOI LA GRACE DE PRODUIRE
11	045	ET D'ADAM, CES OEUVRES DE VOS MAINS, O MON	DIEU! CETTE FEMME EST INCONTESTABLEMENT
29	127	UN DEMI-SOMMEIL: ''MON DIEU! SEIGNEUR, MON	DIEU! FAITES QUE LE DIABLE ME TIENNE SA
11	038	SUR LA NOURRITURE ENLEVEE. GRAND	DIEU! LE BATON N'EST PAS UN BATON DE COMEDIE,
29	127	JE REPETAIS DANS UN DEMI-SOMMEIL: ''MON	DIEU! SEIGNEUR, MON DIEU! FAITES QUE LE DIABLE
47	116	DE MONSTRES INNOCENTS. --NOUS VOUS	DIEU! VOUS, LE CREATEUR, VOUS, LE MAITRE; VOUS
31	030	QUI DONC?'' DEMANDERENT LES AUTRES. ''	DIEU!'' REPONDIT-IL AVEC UN ACCENT PARFAIT DE
21	010	PRIS D'ABORD TOUS LES TROIS POUR DE VRAIS	DIEUX. LE VISAGE DU PREMIER SATAN ETAIT D'UN
49	032	DU BIEN-AVISE BAILLARGER? IL EXISTE CETTE	DIFFERENCE ENTRE LE DEMON DE SOCRATE ET LE
07	006	ELLES-MEMES SONT COMME ENDORMIES.	DIFFERENTE DES FETES HUMAINES; C'EST ICI UNE
29	062	ELLE M'EXPLIQUA L'ABSURDITE DES	DIFFERENTES PHILOSOPHIES QUI AVAIENT JUSQU'A
27	148	PLUSIEURS MIMES; JUSTEMENT APPRECIES DANS	DIFFERENTS PAYS, SONT VENUS JOUER DEVANT LA
27	059	DEPLOYA TOUTES SES POMPES, ET IL SERAIT	DIFFICILE DE CONCEVOIR, A MOINS DE L'AVOIR VU,
26	058	CAFE DE LES ELOIGNER D'ICI?'' TANT IL EST	DIFFICILE DE S'ENTENDRE, MON CHER ANGE, ET
31	123	SANS DOUTE PARCE QU'IL EST TOUJOURS TRES-	DIFFICILE DE SE DECIDER A N'IMPORTE QUOI, ET
30	011	C'EST L'AMOUR MATERNEL. IL EST AUSSI	DIFFICILE DE SUPPOSER UNE MERE SANS AMOUR
14	015	OCCUPE DE TRAVAUX SPIRITUELS ECHAPPENT	DIFFICILEMENT A L'INFLUENCE DE CE JUBILE
47	110	EN TOI CETTE PASSION SI PARTICULIERE?''	DIFFICILEMENT JE ME FIS COMPRENDRE? ENFIN J'Y
42	036	QUALITE PAR UNE AMBITION MALSEANTE ET	DIFFORME. C'ETAIT UNE FEMME QUI VOULAIT
21	063	A UN CLOU! IL Y AVAIT DE PETITS GNOMES	DIFFORMES, MAIGRES, DONT LES YEUX SUPPLIANTS
49	006	EN VINGT-QUATRE HEURES. J'AVAIS DONC	DIGERE, --AVALE, VEUX-JE DIRE, --TOUTES LES
34	014	INFAME QUI NOUS PORTE? QUAND POURRONS-NOUS	DIGERER DANS UN FAUTEUIL IMMOBILE?'' IL Y EN
49	040	AUTRE, QUI LE PROUVE, ET CELUI-LA SEUL EST	DIGNE DE LA LIBERTE, QUI SAIT LA CONQUERIR.''
20	074	DONC A LA BONNE FEE REPONDIT, AVEC UN APLOMB	DIGNE DE SON RANG: ''JE DONNE A TON FILS... JE
50	008	BONS CHIENS, DES PAUVRES CHIENS, UN CHANT	DIGNE DE TOI, SENTIMENTAL FARCEUR, FARCEUR
46	021	SEUL, VOUS M'AVEZ RECONNU. C'AILLEURS LA	DIGNITE M'ENNUIE. ENSUITE JE PENSE AVEC JOIE
25	052	Y ALLER PIEDS NUS, COMME AUX DANSES DU	DIMANCHE, OU LES VIEILLES CAFRINES ELLES-MEMES
39	018	MORDUE A BELLES DENTS; ILS N'ONT RIEN	DIMINUE DU CHARME VAGUE, MAIS ETERNEL, DE SA
15	011	N'ARRIVAIT A MON COEUR QU'AFFAIBLI ET	DIMINUE, COMME LE SON DE LA CLOCHETTE DES
33	009	VOUS VOUS REVEILLEZ, L'IVRESSE DEJA	DIMINUEE OU DISPARUE, DEMANDEZ AU VENT, A LA
21	074	DE TOUS LES PAYS QUAND ILS ONT TROP BIEN	DINE. ET CELUI-LA ME DIT: ''JE PUIS TE DONNER
20	031	MATIN, NE PEUVENT S'EMPECHER DE REVER AU	DINER, A LA FAMILLE ET A LEURS CHERES
44	001	LA PETITE FOLLE BIEN-AIMEE ME DONNAIT A	DINER, ET PAR LA FENETRE OUVERTE DE LA SALLE A
29	030	SINGULIERE DE LEURS REGARDS, JE	DIRAIS QUE JAMAIS JE NE VIS D'YEUX BRILLANT
50	006	JE M'ADRESSERAIS A STERNE, ET JE LUI	DIRAIS: ''DESCENDS DU CIEL, OU MONTE VERS MOI
47	104	AIR FORT CANDIDE, COMME UN HOMME SENSIBLE	DIRAIT A UNE COMEDIENNE QU'IL AIMERAIT: ''JE
05	009	LES MEUBLES ONT L'AIR DE REVER; ON LES	DIRAIT DOUES D'UNE VIE SOMNAMBULIQUE, COMME LE
31	057	LA PEAU EN EST SI DOUCE, SI DOUCE, QU'ON	DIRAIT DU PAPIER A LETTRE OU DU PAPIER DE
22	059	AUX HEURES SOLENNELLES DE LA VIE. ON	DIRAIT ENCORE UNE DE CES ROBES ETRANGES DE
31	028	FEU, UN AIR MARCHE DOUCEMENT. LUI AUSSI, ON	DIRAIT QU'IL NOUS REGARDE.'' ''MAIS QUI
07	008	C'EST ICI UNE ORGIE SILENCIEUSE. ON	DIRAIT QU'UNE LUMIERE TOUJOURS CROISSANTE FAIT
39	025	ELLE AIME COMME ON AIME EN AUTOMNE; ON	DIRAIT QUE LES APPROCHES DE L'HIVER ALLUMENT
26	039	''QUE C'EST BEAU! QUE C'EST BEAU! ON	DIRAIT QUE TOUT L'OR DU PAUVRE MONDE EST VENU
11	066	CIEL, COMME POUR LUI DEMANDER UN ROI, ON	DIRAIT VRAISEMBLABLEMENT UNE JEUNE GRENOUILLE
11	002	ME FATIGUEZ SANS MESURE ET SANS PITIE! ON	DIRAIT, A VOUS ENTENDRE SOUPIRER, QUE VOUS
32	012	ET DE COULEURS, TENDRES OU ECLATANTES. NE	DIRAIT-ON PAS QUE LA LIGNE COURBE ET LA
32	014	AUTOUR DANS UNE MUETTE ADORATION? NE	DIRAIT-ON PAS QUE TOUTES CES COROLLES
30	091	QUANT AU PERE, IL SE CONTENTA DE	DIRE D'UN AIR MOITIE ABRUTI, MOITIE REVEUR:
31	020	DONNE ENVIE D'ETRE HABILLE DE MEME, LE	DIRE ET DE FAIRE LES MEMES CHOSES, ET DE
09	064	IL ME SERAIT D'AILLEURS IMPOSSIBLE DE	DIRE POURQUOI JE FUS PRIS A L'EGARD DE CE
30	039	DANS LE TAUDIS PATERNEL. SEULEMENT JE DOIS	DIRE QUE CE PETIT BONHOMME M'ETONNA
29	040	NOS FREQUENTES LIBATIONS, ET JE DOIS	DIRE QUE J'AVAIS JOUE ET PERDU MON AME, EN
30	068	LUI DEGAGER LE COU. ''J'AI NEGLIGE DE VOUS	DIRE QUE J'AVAIS VIVEMENT APPELE AU SECOURS;
20	051	PROGENITURE. J'AI OUBLIE DE VOUS	DIRE QUE LA DISTRIBUTION. EN CES CAS
49	006	J'AVAIS DONC DIGERE, --AVALE, VEUX-JE	DIRE, --TOUTES LES ELUCUBRATIONS DE TOUS CES
15	067	DE CONTINUER, IL N'Y AVAIT PLUS, A VRAI	DIRE, AUCUN SUJET DE BATAILLE; LE MORCEAU DE
30	130	LES SIGNATAIRES IL Y AVAIT, JE DOIS LE	DIRE, PLUS DE FEMMES QUE D'HOMMES; MAIS TOUS,
42	034	BATARDE D'UN PRINCE. BELLE, CELA VA SANS	DIRE; SANS CELA, POURQUOI L'AURAIS-JE PRISE?
42	094	DOUCE, REVEUSE, ANGLAISE ET ROMANESQUE DE	DIRE: ''J'AI FAIM!'' ET ELLE REPETAIT CES MOTS
16	025	QUELQUE DEMON DU CONTRE-TEMPS VENAIT ME	DIRE: ''QUE REGARDES-TU LA AVEC TANT DE SOIN?
11	035	DE LA BETE FEROCE, DE LA FEMME, VEUX-JE	DIRE. ''ALLONS! UN BON COUP DE BATON POUR LA
11	027	PERMISSION DES MAGISTRATS, CELA VA SANS	DIRE. ''FAITES BIEN ATTENTION! VOYEZ AVEC

		POEM	LINE
RAVISANT, IL REPONDIT: ''JE VAIS VOUS LE	DIRE.'' PEU D'INSTANTS APRES, IL REPARUT,	16	007
--QUOI? --COMMENT? --QUE VOULEZ-VOUS	DIRE? --C'ETAIT INEVITABLE. J'AI TROP LE	42	155
UNE DROLE D'ENVIE QUE JE N'OSE PAS LUI	DIRE? --JE VOUDRAIS QU'IL VINT ME VOIR AVEC SA	47	100
AVOIR DISPUTE GENEREUSEMENT CONTRE LE	DIRECTEUR D'UNE REVUE, QUI A CHAQUE OBJECTION	10	015
LA MIENNE; OU BIEN LE SAUTE-RUISSEAU D'UN	DIRECTEUR DE JOURNAL QUI RECLAME LA SUITE DU	05	050
DE VENUSTRE; AVOIR FAIT MA COUR A UNE	DIRECTEUR DE THEATRE, QUI M'A DIT EN ME	10	024
DU PUBLIC ET LES INJUSTICES D'UN	DIRECTEUR QUI SE FAIT LA GROSSE PART ET MANGE	50	099
DANS D'AUTRES QUE MOI-MEME. PEUT-ETRE ME	DIREZ-VOUS: ''ES-TU SUR QUE CETTE LEGENDE SOIT	35	020
LIEUX QUE LE POETE ET LE PHILOSOPHE AIMENT	DIRIGER LEURS AVIDES CONJECTURES. IL Y A LA	13	010
CURIEUSEMENT TOUTES SES VITRES, ET JE LUI	DIS: ''--COMMENT? VOUS N'AVEZ PAS DE VERRES DE	09	074
D'UN SOPHISTE DU PORTIQUE, JE LUI	DIS: ''MONSIEUR, VOUS ETES MON EGAL! VEUILLEZ	49	073
PLUS CONSIDERABLE QUE LA MIENNE, ET JE LUI	DIS: ''VOUS AVEZ RAISON; APRES LE PLAISIR	28	019
A ANALYSER MA SOUDAINE DOULEUR, ET JE ME	DIS: JE VIENS DE VOIR L'IMAGE DU VIEIL HOMME	14	078
QUI AIMES-TU LE MIEUX, HOMME ENIGMATIQUE,	DIS? TON PERE, TA MERE, TA SOEUR OU TON FRERE?	01	001
POUR LES FEMMES! --SINGULIERE LOGIQUE! ME	DIS-JE A MOI-MEME. --OH! JE NE M'Y TROMPE	47	078
TETE. SINGULIERE VISION! ''A COUP SUR, ME	DIS-JE EN MOI-MEME. NOUS FIMES LA RENCONTRE	28	008
MA FORCE M'ABANDONNA. ''EN VERITE, ME	DIS-JE, CETTE PAUVRETE-LA, SI PAUVRETE IL Y A,	13	088
LE MOI SE PERD VITE!); ELLES PENSENT,	DIS-JE, IL FALLAIT QUE JE FUSSE BIEN	21	115
L'APPARTEMENT. UN VRAI PAYS DE COCAGNE, TE	DIS-JE, MAIS MUSICALEMENT ET PITTORESQUEMENT,	03	013
PORTRAIT, N'EST-CE PAS, CHERI? --MAIS, LUI	DIS-JE, OU TOUT EST RICHE, PROPRE ET LUISANT,	18	047
QUE JE DISCUTE AVEC MON AME. ''	DIS-JE, SUIVANT A MON TOUR, MOI AUSSI, MON	47	075
DIVERSEMENT PAR L'AGE. LES YEUX DU PERE	DIS-MOI, MON AME, PAUVRE AME REFROIDIE; QUE	48	008
LEUR SOUFFRANCE. ''QUAND DONC'',	DISAIENT: ''QUE C'EST BEAU! QUE C'EST BEAU! ON	26	038
CONSTRUCTIONS DE L'IMPALPABLE. ET JE ME	DISAIENT-ILS, ''CESSERONS-NOUS DE DORMIR UN	34	010
SAVAIS BIEN! TIENS! VOILA Z., CELUI QUI	DISAIS, A TRAVERS MA CONTEMPLATION: ''--TOUTES	44	005
DE BONHEUR!'' ''OU VONT LES CHIENS?''	DISAIT A L'OREILLE: ''VOUS ETES MEDECIN,	47	004
DE LA MUSIQUE DE DANSE. ''TOUS LES TEMPS,	DISAIT A SON COURS, EN PARLANT DE X.: ''CE	47	056
FAIT UNE SI BELLE NUIT!'' LE TROISIEME	DISAIT AUTREFOIS NESTOR ROQUEPLAN DANS UN	50	046
AVEC UNE VIOLENCE HYSTERIQUE ET BIZARRE,	DISAIT CELUI-CI, ONT EU L'AGE DE CHERUBIN;	42	015
EPONGES. --ET COMME, L'OPERATION FAITE, IL	DISAIT EN COMPTANT LA RECETTE: ''CES GENS-LA	31	109
SOUVERAINE DES REVES, LA SYLPHIDE, COMME	DISAIT EN ECLATANT DE RIRE: ''C'EST MOI, LA	38	016
''LES ILLUSIONS, '' ME	DISAIT FIEREMENT, EN REGARDANT SA MONTRE:	47	035
IL SE	DISAIT LE GRAND RENE, TOUTE CETTE MAGIE A	05	052
LA VOIX DE MA CHERE PETITE BIEN-AIMEE, QUI	DISAIT MON AMI, --SONT AUSSI INNOMBRABLES	30	001
LE CORTEGE DE SES COMPAGNES, ELLE LEUR	DISAIT, EN SE PROMENANT DANS UN GRAND PARC	24	001
MEME UN CIGARE, LA BOUFFONNE CREATURE ME	DISAIT: ''--ALLEZ- VOUS BIENTOT MANGER VOTRE	44	012
SANS DOUTE, CAUSAIENT ENTRE EUX. L'UN	DISAIT: ''COMMENT TROUVEZ-VOUS CE PETIT	20	083
TOMBE OU IL S'ETAIT ASSIS. ET CETTE VOIX	DISAIT: ''FAITES COMME CHEZ VOUS, MON AMI,	47	026
ELLE REPRENAIT SON ANTIENNE, ET ME	DISAIT: ''HIER ON M'A MENE AU THEATRE. DANS	31	006
ET TOUTE CETTE LUMIERE VIVANTE PENSAIT ET	DISAIT: ''MAUDITES SOIENT VOS CIBLES ET VOS	45	025
CROYEZ PEUT-ETRE QUE CELA EST TRES-FORT?	DISAIT: ''TU ES MEDECIN, N'EST-CE PAS, MON	47	040
MERE ENTRA DANS MON ATELIER. ELLE VOULAIT,	DISAIT: ''TU SUBIRAS ETERNELLEMENT L'INFLUENCE	37	016
MIS UNE FOIS LE FEU A UNE FORET POUR VOIR,	DISAIT- ''ELLE AUSSITOT! EST-CE QUE VOUS VOUS	42	043
ROLES, ET AUQUEL ASSISTERAIENT MEME,	DISAIT-ELLE, VOIR LE CADAVRE DE SON FILS. JE	30	097
ONT VECU, QUI VIVENT ET QUI VIVRONT! EN	DISAIT-IL SI LE FEU PRENAIT AVEC AUTANT DE	09	021
LA FIT ARRETER DANS LE VOISINAGE D'UN TIR,	DISAIT-ON, LES GENTILSHOMMES CONDAMNES; SIGNE	27	040
ET ELLE PLEURAIT DANS UN COIN, SE	DISANT ADIEU A CETTE INCOMPARABLE BEAUTE, JE	34	041
CE FUT UN VITRIER DONT LE CRI PERCANT,	DISANT QU'IL LUI SERAIT AGREABLE DE TIRER	43	002
HURLEMENT, COMPOSE D'UNE FOULE DE CRIS	DISANT: --''AH! POUR NOUS, MALHEUREUSES	02	012
QUELQUES SECONDES N'ECOUTENT PLUS LE	DISCORDANT, MONTA JUSQU'A MOI A TRAVERS LA	09	062
QUI COURENT! NON PAS LA LUNE PAISIBLE ET	DISCORDANTS, QUE L'ESPACE TRANSFORME EN UNE	22	007
DORES ET D'UNE RICHESSE SOMBRE, VIVENT	DISCOURS DE SON CAMARADE ET OBSERVAIT AVEC UNE	31	023
UNE SITUATION QUI M'OBLIGEA A ME RETIRER	DISCRETE VISITANT LE SOMMEIL DES HOMMES PURS,	36	019
LUI FAIRE COMPRENDRE QUE JE CONSIDERAIS LA	DISCRETEMENT DES PEINTURES BEATES, CALMES ET	18	033
QUESTION DE DEMENAGEMENT EN EST UNE QUE JE	DISCRETEMENT POUR NE PAS LES FAIRE ROUGIR. LE	42	056
DES LOTS, OSE ENCORE INTERROGER ET	DISCUSSION COMME FINIE, ET ME RELEVANT AVEC LA	49	071
RIEN NE POUR LES VOIR. IL Y EN A QUI	DISCUTE SANS CESSE AVEC MON AME. ''DIS-MOI,	48	007
JOIE STUPIDE ET PROFONDE. LES CHANSONNIERS	DISCUTER L'INDISCUTABLE?''	20	086
VERS L'IMMORTELLE DEESSE, ET SES YEUX	DISENT FROIDEMENT: ''VOUS N'ETES PAS MALADE DU	47	082
AVEC LES CHOSES. ET QUAND L'ILLUSION	DISENT QUE LE PLAISIR REND L'AME BONNE ET	26	046
DISAIT LE GRAND RENE, TOUTE CETTE MAGIE A	DISENT: --''JE SUIS LE DERNIER ET LE PLUS	30	022
DE BATAILLE! LE MORCEAU DE PAIN AVAIT	DISPARAIT, C'EST-A-DIRE QUAND NOUS VOYONS	30	004
ENFIN! LA TYRANNIE DE LA FACE HUMAINE A	DISPARU AU COUP BRUTAL FRAPPE PAR LE SPECTRE.	05	053
COMPLIQUE MOITIE DE REGRET POUR LE FANTOME	DISPARU; ET IL ETAIT EPARPILLE EN MIETTES	15	068
IL N'EST PLUS DE SECONDES! LE TEMPS A	DISPARU; ET IL NE SOUFFRIRAI PLUS QUE PAR	10	004
VU CES PETITS HOMMES AVAIT TOTALEMENT	DISPARU; MOITIE DE SURPRISE AGREABLE DEVANT LA	30	007
COMME IL Y A LONGTEMPS DEJA QU'ELLE A	DISPARU; C'EST L'ETERNITE QUI REGNE, UNE	05	041
VOUS REVEILLEZ, L'IVRESSE DEJA DIMINUEE OU	DISPARU; J'EN RESTAI TRISTE ASSEZ LONGTEMPS,	15	073
DE SAUVAGES, MEME APRES QUE LA FOULE S'EST	DISPARU! ELLE EST BELLE, ET PLUS QUE BELLE;	36	006
ENSEMBLE ILS ROULERENT SUR LE SOL, SE	DISPARUE, DEMANDEZ AU VENT, A LA VAGUE, A	33	010
SANS DOUTE LA RUSSIE POUR UNE ILE!); AVOIR	DISPERSEE. ENFIN ILS ONT RAMASSE LEURS SOUS,	31	100
YEUX ADORABLES JE VOIS TOUJOURS L'HEURE	DISPUTANT LA PRECIEUSE PROIE, AUCUN N'EN	15	049
PLUTOT QUE LE CAPRICE, ETAIT LE CARACTERE	DISPUTE GENEREUSEMENT CONTRE LE DIRECTEUR	10	015
MAIS VIEUX OU JEUNES, ILS PORTAIENT CETTE	DISTINCTEMENT; TOUJOURS LA MEME, UNE HEURE	16	017
ENCORE EN LUI LA BRULANTE ENVIE DE	DISTINCTIF, ETERNEL DES FEES. AINSI LA	20	039
DONT QUINZE ME SONT INCONNUES; AVOIR	DISTINCTION NON MECONNAISSABLE DES VETERANS DE	42	005
COMME LES PRIX SUR L'ESTRADE, DANS UNE	DISTINCTIONS IMAGINAIRES. LA NUIT, QUI METTAIT	22	039
J'AI OUBLIE DE VOUS DIRE QUE LA	DISTRIBUE DES POIGNEES DE MAINS DANS LA MEME	10	020
DES IMMENSES VILLES, SOIT CEUX QUI ONT	DISTRIBUTION DE PRIX. CE QU'IL Y AVAIT ICI DE	20	014
AUTRES SE MIRENT A RIRE, ET UN TROISIEME	DISTRIBUTION, EN CES CAS SOLENNELS, EST SANS	20	051
BON DIEU, QUE LUI SEUL PEUT APERCEVOIR!''	DIT A L'HOMME ABANDONNE, AVEC DES YEUX	50	042
MEME AVEC UN PEU DE SANG DESSUS!'' ELLE	DIT A SON TOUR: ''MESSIEURS, J'AI CONNU DES	42	078
CETTE TRISTESSE FROIDE ET RAILLEUSE QUI	DIT ALORS LE TROISIEME, DONT TOUTE LA PETITE	31	040
L'IDEE DE DOUCEUR ET DE PARDON. QUAND ON	DIT CELA D'UN AIR FORT CANDIDE, COMME UN HOMME	47	103
DE VOS MAITRESSES!'' CELA FUT	DIT CLAIREMENT: ''NOUS AVONS FORTEMENT VECU,	42	007
UNE CRUELLE IVRESSE, ET LA	DIT D'UN COMEDIEN: ''VOILA UN BON COMEDIEN'',	27	072
LA PAUVRE FEMME SAISIT MON BRAS ET ME	DIT D'UN TON FORT SERIEUX, PAR UN HOMME	42	111
	DIT D'UNE VOIX CHANTANTE: ''SI TU VEUX, SI TU	21	038
	DIT D'UNE VOIX IRRESISTIBLE: ''OH! MONSIEUR!	30	109
MA COUR A UN DIRECTEUR DE THEATRE, QUI M'A	DIT EN ME CONGEDIANT: ''--VOUS FERIEZ	10	025
VIOLEE... --COMMENT CELA A-T-IL FINI?	DIT L'UN DES TROIS AUTRES. JE NE VOUS SAVAIS	42	051

POEM	LINE	
21	095	''VEUX-TU CONNAITRE MA PUISSANCE?'' DIT LA FAUSSE DEESSE AVEC SA VOIX CHARMANTE ET
42	148	ACCABLANT. VAINCRE OU MOURIR, COMME DIT LA POLITIQUE, TELLE ETAIT L'ALTERNATIVE
42	106	C'EST DU MOINS CE QUE J'AI SUPPOSE. --MOI, DIT LE QUATRIEME, J'AI ENDURE DES SOUFFRANCES
45	002	ESTAMINET. --''SINGULIERE ENSEIGNE, --SE DIT NOTRE PROMENEUR, --MAIS BIEN FAITE POUR
48	011	CETTE VILLE EST AU BORD DE L'EAU; ON DIT QU'ELLE EST BATIE EN MARBRE, ET QUE LE
06	022	A SON COU ET COLLEE A SON DOS; ON EUT DIT QU'IL LA CONSIDERAIT COMME FAISANT PARTIE
47	091	LE PAUVRE GARCON! SES CAMARADES M'ONT DIT QU'IL N'AVAIT PAS LE SOU, PARCE QUE SES
13	001	VAUVENARGUES DIT QUE DANS LES JARDINS PUBLICS IL EST DES
34	008	PASSAGERS GEMISSAIT ET GROGNAIT. ON EUT DIT QUE L'APPROCHE DE LA TERRE EXASPERAIT LEUR
23	001	UN GAZETIER PHILANTHROPE ME DIT QUE LA SOLITUDE EST MAUVAISE POUR L'HOMME,
45	014	LA CHALEUR Y FAISAIENT RAGE, ET L'ON EUT DIT QUE LE SOLEIL IVRE SE VAUTRAIT TOUT DE SON
23	033	MALHEUR DE NE POUVOIR ETRE SEUL!...'' DIT QUELQUE PART LA BRUYERE, COMME POUR FAIRE
29	099	SOUVENIR, ET VOUS PROUVER QUE MOI, DONT ON DIT TANT DE MAL, JE SUIS QUELQUEFOIS BON
31	024	ETONNANTE JE NE SAIS QUEL POINT DU CIEL, DIT TOUT A COUP: ''REGARDEZ! REGARDEZ
47	098	PAR UNE FOULE DE FACONS; JE NE LUI AI PAS DIT TOUT CRUMENT; J'AVAIS SI PEUR DE
23	038	PAS SU RESTER DANS NOTRE CHAMBRE,'' DIT UN AUTRE SAGE, PASCAL, JE CROIS, RAPPELANT
31	116	ET NE MOUILLONS QUE NOTRE GOSIER'', A DIT UN DES DEUX AUTRES. ''J'AI TOUT RETENU,
46	013	FAIRE ROMPRE LES OS. ET PUIS, ME SUIS-JE DIT, A QUELQUE CHOSE MALHEUR EST BON. JE PUIS
16	009	FORT GROS CHAT, ET LE REGARDANT, COMME ON DIT, DANS LE BLANC DES YEUX, IL AFFIRMA SANS
42	073	TARD LA FANTAISIE DE LA REVOIR, ET ELLE ME DIT, EN ME MONTRANT SIX BEAUX ENFANTS: ''EH
04	012	DEVANT L'HUMBLE BETE, ET LUI DIT, EN OTANT SON CHAPEAU: ''JE VOUS LA
09	032	OPINEMENT SONT, EN GENERAL, COMME JE L'AI DIT, LES PLUS INDOLENTS ET LES PLUS REVEURS
22	016	HERISSEE DE MAISONS DONT CHAQUE FENETRE DIT: ''C'EST ICI LA PAIX MAINTENANT; C'EST ICI
37	003	QUE TU DORMAIS DANS TON BERCEAU, ET SE DIT: ''CETTE ENFANT ME PLAIT.'' ET ELLE
34	043	POURQUOI, QUAND CHACUN DE MES COMPAGNONS DIT: ''ENFIN!'' JE NE PUS CRIER QUE: ''DEJA!''
31	106	NE DEMEURAIENT NULLE PART. ALORS L'UN A DIT: ''FAUT-IL DEPLOYER LA TENTE?'' ''MA FOI!
24	048	BOURDONNEMENTS DE LA VIE EXTERIEURE, IL SE DIT: ''J'AI EU AUJOURD'HUI, EN REVE, TROIS
21	075	ILS ONT TROP BIEN DINE. ET CELUI-LA ME DIT: ''JE PUIS TE DONNER CE QUI OBTIENT TOUT,
29	097	TRAVAILLENT A SA GLOIRE SANS LE SAVOIR, ME DIT: ''JE VEUX QUE VOUS GARDIEZ DE MOI UN BON
42	114	GRIS CLAIR, ET CES YEUX DONT LE REGARD DIT: ''JE VEUX!'' OU: ''IL FAUT!'' OU BIEN:
24	009	REPRESENTANT UN PAYSAGE TROPICAL, IL SE DIT: ''NON! CE N'EST PAS DANS UN PALAIS QUE JE
43	014	SE TOURNA BRUSQUEMENT VERS ELLE, ET LUI DIT: ''OBSERVEZ CETTE POUPEE, LA-BAS, A
47	094	FEMME, QUOIQUE PAS TROP JEUNE. JE LUI AI DIT: ''VIENS ME VOIR, VIENS ME VOIR SOUVENT.
30	079	L'ACCIDENT, ME REGARDA DE TRAVERS, ET ME DIT: ''VOILA QUI EST LOUCHE!'' MU SANS DOUTE
31	074	FREQUEMMENT AILLEURS. ENFIN LE QUATRIEME DIT: ''VOUS SAVEZ QUE JE NE M'AMUSE GUERE A LA
05	077	ET CHACUNE, EN JAILLISSANT DE LA PENDULE, DIT: --''JE SUIS LA VIE, L'INSUPPORTABLE,
47	068	SUR LE GUERIDON: ''ATTENDS UN PEU, -- DIT-IL; CA, C'EST LES INTERNES, ET CE
24	038	RIEUSES. ET TOUT DE SUITE: ''IL FAUT, --SE DIT-IL, --QUE MA PENSEE SOIT UNE GRANDE
23	028	GUISE. ''VOUS N'EPROUVEZ DONC JAMAIS,-- ME DIT-IL, AVEC UN TON DE NEZ TRES-APOSTOLIQUE,
11	031	QUE LUI JETTE SON CORNAC. ''ALLONS, DIT-IL, IL NE FAUT PAS MANGER TOUT SON BIEN EN
18	001	EST UN PAYS SUPERBE, UN PAYS DE COCAGNE, DIT-ON, QUE JE REVE DE VISITER AVEC UNE
26	054	ET INSPIRES PAR LA LUNE, QUAND VOUS ME DITES: ''CES GENS-LA ME SONT INSUPPORTABLES
50	050	ENCORE AUJOURD'HUI. OU VONT LES CHIENS, DITES-VOUS, HOMMES PEU ATTENTIFS? ILS VONT A
23	008	NE FUT DANGEREUSE QUE POUR L'AME OISIVE ET DIVAGANTE QUI A PEUPLE DE SES PASSIONS ET DE
17	022	DES LONGUES HEURES PASSEES SUR UN DIVAN, DANS LA CHAMBRE D'UN BEAU NAVIRE,
30	094	''CEPENDANT LE CORPS ETAIT ETENDU SUR MON DIVAN, ET, ASSISTE D'UNE SERVANTE, DE
29	040	JEU; CE PLAISIR SURHUMAIN, AVAIT COUPE A DIVERS INTERVALLES NOS FREQUENTES LIBATIONS,
26	036	AVEC UNE ADMIRATION EGALE, MAIS NUANCEE DIVERSEMENT PAR L'AGE. LES YEUX DU PERE
28	030	MEME DE CONNAITRE LES CONSEQUENCES DIVERSES, FUNESTES OU AUTRES, QUE PEUT
20	006	DE LA JOIE ET DE LA DOULEUR, ETAIENT FORT DIVERSES: LES UNES AVAIENT L'AIR SOMBRE ET
48	040	DE TENEBRES; CEPENDANT QUE, POUR NOUS DIVERTIR, LES AURORES BOREALES NOUS ENVERRONT
48	019	CETTE TERRE BEATIFIANTE? PEUT-ETRE TE DIVERTIRAS-TU DANS CETTE CONTREE DONT TU AS
19	001	JE VEUX DONNER L'IDEE D'UN DIVERTISSEMENT INNOCENT. IL Y A SI PEU
50	126	TYRAN ITALIEN, DU BON TEMPS, OFFRAIT AU DIVIN ARETIN SOIT UNE DAGUE ENRICHIE DE
27	088	PAR JE NE SAIS QUELLE GRACE SPECIALE, JE DIVIN ET LE SURNATUREL, JUSQUE DANS LES PLUS
45	027	VOUS SOUCIEZ SI PEU DES DEFUNTS ET DE LEUR DIVIN REPOS! MAUDITES SOIENT VOS AMBITIONS,
31	072	NE PERDRAIT PAS SA VIE A CHERCHER LA DIVINITE DANS LES NUEES, ET JE NE
32	003	DES PRETRES ET DES PRETRESSES CELEBRANT LA DIVINITE DONT ILS SONT LES INTERPRETES ET LES
37	037	TA PERSONNE LE REFLET DE LA REDOUTABLE DIVINITE, DE LA FATIDIQUE MARRAINE, DE LA
34	033	A UN PRETRE A QUI ON ARRACHERAIT SA DIVINITE, JE NE POUVAIS, SANS UNE NAVRANTE
18	038	CES HAUTES FENETRES OUVRAGEES QUE LE PLOMB DIVISE EN NOMBREUX COMPARTIMENTS, LES MEUBLES
32	035	AURA LE DETESTABLE COURAGE DE VOUS DIVISER ET DE VOUS SEPARER? CHER LISZT, A
16	019	SOLENNELLE, GRANDE COMME L'ESPACE, SANS DIVISIONS DE MINUTES NI DE SECONDES,--UNE
09	023	DE FACILITE QU'ON L'AFFIRME GENERALEMENT. DIX FOIS DE SUITE; L'EXPERIENCE MANQUA! MAIS,
47	087	JE LES AI DERANGES INUTILEMENT, JE LAISSE DIX FRANCS SUR LA CHEMINEE. --C'EST SI BON ET
49	003	LA MODE DANS CE TEMPS-LA (IL Y A SEIZE OU DIX-SEPT ANS); JE VEUX PARLER DES LIVRES OU IL
47	023	PAR REGNIER, DEUX OU TROIS PORTRAITS DE DOCTEURS CELEBRES ETAIENT SUSPENDUS AUX MURS.
49	050	VIGOUREUSEMENT LA TETE CONTRE UN MUR. JE DOIS AVOUER QUE J'AVAIS PREALABLEMENT INSPECTE
30	039	DANS LE TAUDIS PATERNEL. SEULEMENT JE DOIS DIRE QUE CE PETIT BONHOMME M'ETONNA
29	040	NOS FREQUENTES LIBATIONS, ET JE DOIS DIRE QUE J'AVAIS JOUE ET PERDU MON AME,
30	129	PARMI LES SIGNATAIRES IL Y AVAIT, JE DOIS LE DIRE, PLUS DE FEMMES QUE D'HOMMES;
05	033	ET L'ADMIRATION. A QUEL DEMON BIENVEILLANT DOIS-JE D'ETRE AINSI ENTOURE DE MYSTERE, DE
42	026	INCONNU, A UN CERTAIN QUATRIEME DEGRE QUI DOIT MARQUER LE CALME ABSOLU. MAIS; DURANT
13	089	CETTE PAUVRETE-LA! SI PAUVRETE IL Y A, NE DOIT PAS ADMETTRE L'ECONOMIE SORDIDE; UN SI
43	007	A CETTE MYSTERIEUSE FEMME A LAQUELLE IL DOIT TANT DE PLAISIRS, TANT DE DOULEURS, ET
48	009	QUE PENSERAIS- TU D'HABITER LISBONNE? IL DOIT Y FAIRE CHAUD, ET TU T'Y RAGAILLARDIRAIS
12	037	FAMILLE QUE L'UN GENIE S'EST FAITE, ILS DOIVENT RIRE QUELQUEFOIS DE CEUX QUI LES
24	022	MUSC..... PLUS LOIN, DERRIERE NOTRE PETIT DOMAINE, DES BOUTS DE MATS BALANCES PAR LA
27	026	S'IL AVAIT ETE PERMIS, DANS SES DOMAINES, D'ECRIRE QUOI QUE CE FUT QUI NE
11	055	QUE DE LA VIANDE CUITE, ET POUR QUI UN DOMESTIQUE HABILE PREND SOIN DE DECOUPER LES
42	055	DE FORCE IDEALE, EN TETE-A-TETE AVEC MON DOMESTIQUE, ET DANS UNE SITUATION QUI
50	026	QUELQUEFOIS HARGNEUX ET INSOLENT COMME UN DOMESTIQUE! FI SURTOUT DE CES SERPENTS LA
12	005	TRAVESTISSEMENT ET DU MASQUE, LA HAINE DU DOMICILE, ET LA PASSION DU VOYAGE. MULTITUDE,
50	035	CROTTE; LE CHIEN PAUVRE, LE CHIEN SANS DOMICILE, LE CHIEN FLANEUR, LE CHIEN
24	049	DIT: ''J'AI EU AUJOURD'HUI, EN REVE, TROIS DOMICILES OU J'AI TROUVE UN EGAL PLAISIR.
14	042	COMME UN DIEU. ET PARTOUT CIRCULAIT, DOMINANT TOUS LES PARFUMS, UNE ODEUR DE
07	003	DU SOLEIL, COMME LA JEUNESSE SOUS LA DOMINATION DE L'AMOUR. L'EXTASE UNIVERSELLE
27	100	PUT ETRE, SUBIT BIENTOT LA TOUTE-PUISSANTE DOMINATION DE L'ARTISTE. PERSONNE NE REVA PLUS
21	009	ILS AVAIENT L'AIR SI FIER ET SI PLEIN DE DOMINATION, QUE JE LES PRIS D'ABORD TOUS LES
50	031	APLATIE ASSEZ D'INTELLIGENCE POUR JOUER AU DOMINO! A LA NICHE, TOUS CES FATIGANTS
20	075	DONNE A TON FILS... JE LUI DONNE... LE DON DE PLAIRE!'' ''MAIS PLAIRE COMMENT?

	POEM	LINE
CAS SOLENNELS, EST SANS APPEL, ET QU'AUCUN		
QUI LES MORD, QUEL PUISSANT MOTIF FAIT		
LE BON TEMPS DE LA JEUNESSE. --AH CA! OU		
LES ANIMAUX, C'EST LEUR CANDEUR. JUGEZ		
ET RICHES, EN VINGT-QUATRE HEURES. J'AVAIS		
L'ESPOIR DE LE DEBROUILLER. JE ME LAISSAI		
SAUTER A LA GORGE, EN LUI CRIANT: ''SOIS		
M'AMUSER A MA GUISE. ''VOUS N'EPROUVEZ		
TOUS LES HOMMES SONT EGAUX EN DROITS;		
SUFFISANTE POUR LE CREER IMMEDIATEMENT.		
MORT! --AH! FIRENT LES AUTRES, ELLE EST		
QU'UNE LUMIERE SANS CHALEUR; N'EST-IL		
PLUS QUE PAR MOI-MEME. ENFIN! IL M'EST		
MON ENERGIQUE MEDICATION. JE LUI AVAIS		
UN SI NOBLE VISAGE M'EN REPOND. POURQUOI		
ME REPETANT SANS CESSE: ''IL Y A		
--MON AME SERAIT-ELLE MORTE? ''EN ES-TU		
TERRE EXASPERAIT LEUR SOUFFRANCE. ''QUAND		
DONC! BOURRIQUE! SUE DONC, ESCLAVE! VIS		
AIGUILLON. --''ET HUE DONC! BOURRIQUE! SUE		
COMME VOUS HAISSEZ DIEU. --EH! QU'AIMES-TU		
ON DIRAIT QU'IL NOUS REGARDE.'' ''MAIS QUI		
AVEC SON DOUBLE AIGUILLON. --''ET HUE		
INTERESSE DES TROIS AUTRES CAMARADES ME		
DONT LA SAVEUR ET LE PARFUM INCOMPARABLES		
LA PETITE FOLLE BIEN-AIMEE ME		
DOUX QUE DE SURPRENDRE UN HOMME EN LUI		
VOLONTE. L'IMPREVOYANTE PROVIDENCE AVAIT		
IL N'EST PAS		
AVEC UN APLOMB DIGNE DE SON RANG: ''JE		
MONTE L'ESCALIER MYSTERIEUX PAR OU L'ENFER		
SEXAGENAIRES, DONT LE COEUR INOCCUPE S'EST		
LA CHAUDE ET CAPRICIEUSE FANTAISIE S'Y EST		
QUI NE PEUVENT RIEN LUI ENVOYER. CELA M'A		
ET PUIS, CE QUI EST PLUS SINGULIER, CELA		
UNE MUSIQUE SI SURPRENANTE QU'ELLE		
QUE VOUS AVEZ FAITE DE VOTRE AME; OU VOUS		
INQUIETUDE, AUX VOLUPTES MULTIPLIEES QUE		
VAINCRE ET DE JOUIR D'ELLES; MAIS CELLE-CI		
CETTE SAINTE PROSTITUTION DE L'AME QUI SE		
TIRE EN ARRIERE SA TETE DELICATE ET LUI		
REFUSE A UN AMI UN SERVICE FACILE. ET		
IL EST DOUTEUX QUE SON ALTESSE AIT JAMAIS		
LOIN DE VOUS LE MORCEAU QUE VOUS LEUR AVEZ		
SON RANG: ''JE DONNE A TON FILS... JE LUI		
POSITIVE. MES NERFS TROP TENDUS NE		
CAS D'EPUISEMENT DES LOTS, LA FACULTE D'EN		
JE VEUX		
PROMETTANT DE BIEN L'HABILLER, DE LUI		
NOTRE PROMENEUR. --MAIS BIEN FAITE POUR		
JEUNES. ''QUAND NOUS NOUS REVERRONS, TU ME		
C'ETAIT SA REPONSE ORDINAIRE. AINSI FURENT		
EMBARRASSE DE SES MILLIONS. AINSI FURENT		
Y AVAIT ICI DE PARTICULIER, C'EST QUE LES		
FEES, POUR PROCEDER A LA REPARTITION DES		
SON NOUVEAU-NE DANS SES BRAS. LES		
EBLOUISSANTE, OU ECLATAIT UN LUXE		
DE L'IMMENSE VALLEE, HERISSEE DE MAISONS		
QUE CELLE DU SAUVAGE LE PLUS ABRUTI, ET		
LES ETOILES VACILLANTES D'OR ET D'ARGENT,		
EN PARFAITE ACCORDANCE AVEC LE GRAND DEUIL		
EN PARFAITE FACON DE LA MAUVAISE REPUTATION		
AGISSENT QUELQUEFOIS AVEC UNE RAPIDITE		
DE LETTRES QUI A SURVECU A LA GENERATION		
VUS DEJA A DES EPOQUES ET DANS DES PAYS		
DE QUELQUES PRINCIPES FONDAMENTAUX		
DE RIRE EN ENTENDANT L'APPELLATION		
PESTIFERES ET POUILLEUX, EXCEPTE LE PAUVRE		
ET DES PRETRESSES CELEBRANT LA DIVINITE		
N'A RIEN DE COMMUN AVEC CETTE VIE SUPREME		
DE TOUS CES ARBRES BIZARRES ET LUISANTS		
SERAS LA REINE DES HOMMES AUX YEUX VERTS		
A TOUTES LES FORMULES DE BONNE FEMME		
VASTE ET AUSSI PURE QUE LA COUPOLE DU CIEL		
SENTAIS, GRACE A L'ENTHOUSIASMANTE BEAUTE		
LE DESIR DE LA CRIMINELLE JOUISSANCE		
SINISTRES! ET CE PARFUM D'UN AUTRE MONDE,		
ET IL TAPA SUR SON VENTRE MONSTRUEUX,		
LE PRIT DE DESCENDRE DANS CE CIMETIERE,		
FLANEUR, LE CHIEN SALTIMBANQUE, LE CHIEN		
LES PRINCIPAUX DANS CES DRAMES FEERIQUES		
AVOIR VU PLUSIEURS HOMMES DE LETTRES,		
QUI CEPENDANT NE VIEILLISSENT PLUS, ET		
JE LA RECONNAIS. VOILA BIEN CES YEUX		
STUPIDES DE L'OURS BLANC, CE MONSTRE POILU		
UN HOMME VASTE, A GROS VISAGE SANS YEUX,		
LOIN DE LA, UNE DE CES CONCERTS		
BLOUSES ET D'INDIENNE, J'APERCUS UN ETRE		
BATIMENTS, J'OBSERVAI SOUVENT UN ENFANT		
DON NE PEUT ETRE REFUSE. TOUTES LES FEES SE	20	052
DONC ALLER AINSI LA PARESSEUSE DOROTHEE; BELLE	25	035
DONC AVEZ-VOUS GAGNE CES CHEVEUX BLANCS? VOUS	47	029
DONC COMBIEN J'AI DU SOUFFRIR PAR MA DERNIERE	42	031
DONC DIGERE, --AVALE, VEUX-JE DIRE, --TOUTES	49	006
DONC ENTRAINER PAR CETTE COMPAGNE, OU PLUTOT	47	017
DONC IMPARFAITE, MISERABLE! ''AFIN QUE JE	42	141
DONC JAMAIS,-- ME DIT-IL, AVEC UN TON DE NEZ	23	027
DONC JE POSSEDE LE DROIT DE ME MIRER; AVEC	40	007
DONC LA BONNE FEE REPONDIT, AVEC UN APLOMB	20	074
DONC MORTE? --OUI! CELA NE POUVAIT CONTINUER	42	145
DONC PAS PARFAITEMENT LEGITIME D'ATTRIBUER A	30	013
DONC PERMIS DE ME DELASSER DANS UN BAIN DE	10	006
DONC RENDU L'ORGUEIL ET LA VIE. ALORS, JE LUI	49	069
DONC RESTE-T-ELLE VOLONTAIREMENT DANS UN	13	090
DONC UN PAYS SUPERBE OU LE PAIN S'APPELLE DU	15	074
DONC VENUE A CE POINT D'ENGOURDISSEMENT QUE TU	48	029
DONC'', DISAIENT-ILS, ''CESSERONS-NOUS DE	34	009
DONC, DAMNE!''	05	085
DONC, ESCLAVE! VIS DONC, DAMNE!''	05	085
DONC, EXTRAORDINAIRE ETRANGER? --J'AIME LES	01	013
DONC?'' DEMANDERENT LES AUTRES. ''DIEU!''	31	029
DONC! BOURRIQUE! SUE DONC, ESCLAVE! VIS DONC,	05	084
DONNA A PENSER QUE CE PETIT ETAIT DEJA UN	31	126
DONNAIENT A L'AME LA NOSTALGIE DE PAYS ET DE	29	048
DONNAIT A DINER, ET PAR LA FENETRE OUVERTE DE	44	001
DONNANT PLUS QU'IL N'ESPERE.'' JE LE REGARDAIS	28	045
DONNE A CELUI-CI DES FACULTES PLUS GRANDES QUE	27	034
DONNE A CHACUN DE PRENDRE UN BAIN DE	12	001
DONNE A TON FILS... JE LUI DONNE... LE DON DE	20	075
DONNE ASSAUT A LA FAIBLESSE DE L'HOMME QUI	21	003
DONNE AUX BETES, PARCE QUE LES HOMMES	50	065
DONNE CARRIERE, TANT ELLE L'A PATIEMMENT ET	18	006
DONNE CONFIANCE. APRES TOUT, JE SUIS ASSEZ	47	092
DONNE ENVIE D'ETRE HABILLE DE MEME, DE DIRE ET	31	019
DONNE ENVIE TANTOT DE DANSER, TANTOT DE	31	090
DONNE L'ENJEU QUE VOUS AURIEZ GAGNE SI LE SORT	29	102
DONNE LA VUE D'UN CHEF-D'OEUVRE D'ART VIVANT.	27	103
DONNE LE DESIR DE MOURIR LENTEMENT SOUS SON	36	031
DONNE TOUT ENTIERE, POESIE ET CHARITE, A	12	027
DONNE UN AIR TRIOMPHANT ET PARESSEUX. DE	25	018
DONNE UNE RECOMMANDATION ECRITE A UN PARFAIT	10	034
DONNE UNE SI LONGUE AUDIENCE A UN SIMPLE	29	092
DONNE, AYANT APPRIS A SE DEFIER DE L'HOMME.	19	015
DONNE... LE DON DE PLAIRE!'' ''MAIS PLAIRE	20	075
DONNER CE QUI OBTIENT TOUT, CE QUI VAUT TOUT,	21	075
DONNER ENCORE UN, SUPPLEMENTAIRE ET	20	071
DONNER L'IDEE D'UN DIVERTISSEMENT INNOCENT. IL	19	001
DONNER QUELQUE ARGENT ET DE NE PAS LUI IMPOSER	30	034
DONNER SOIF! A COUP SUR, LE MAITRE DE CE	45	003
DONNERAS TON PORTRAIT? N'EST-CE PAS, CHERI?	47	073
DONNERIEZ LA BASTONNADE A CE MUR OU A CE	42	066
DONNES L'AMOUR DU BEAU ET LA PUISSANCE	20	047
DONS DES FEES	20	000
DONS N'ETAIENT PAS LA RECOMPENSE D'UN EFFORT,	20	015
DONS PARMI TOUS LES NOUVEAU-NES, ARRIVES A LA	20	002
DONS, LES FACULTES, LES BONS HASARDS, LES	20	012
DONT AUCUNE DES HABITATIONS SUPERIEURES DE	29	009
DONT CHAQUE FENETRE DIT: ''C'EST ICI LA PAIX	22	016
DONT DEUX BOUTS DE CHANDELLES, COULANTS ET	14	049
DONT ELLE EST SEMEE, REPRESENTENT CES FEUX DE	22	063
DONT ELLE ETAIT REVETUE. ELLE AUSSI, COMME LA	13	083
DONT ELLE JOUIT DANS TOUTES LES PARTIES DU	29	068
DONT ELLES SE SERAIENT CRUES ELLES-MEMES	09	004
DONT IL FUT LE BRILLANT AMUSEUR; DU VIEUX	14	080
DONT IL M'ETAIT IMPOSSIBLE DE ME SOUVENIR	29	025
DONT IL NE ME CONVIENT PAS DE PARTAGER LES	29	065
DONT IL VOULAIT BIEN HONORER MON PAIN PRESQUE	15	039
DONT ILS SONT LES ASSOCIES, ET LE POETE QUI	50	019
DONT ILS SONT LES INTERPRETES ET LES	32	004
DONT J'AI MAINTENANT CONNAISSANCE ET QUE JE	05	037
DONT J'AI OUBLIE LES NOMS...... DANS	24	019
DONT J'AI SERRE AUSSI LA GORGE DANS MES	37	027
DONT J'AVAIS RECEMMENT PARCOURU LE	49	015
DONT J'ETAIS ENVELOPPE; LE SOUVENIR DES CHOSES	15	010
DONT J'ETAIS ENVIRONNE, EN PARFAITE PAIX AVEC	15	021
DONT JE LE SUPPOSAIS TOUT A L'HEURE CAPABLE;	28	053
DONT JE M'ENIVRAIS AVEC UNE SENSIBILITE	05	061
DONT L'ECHO SONORE FIT LE COMMENTAIRE DE SA	21	077
DONT L'HERBE ETAIT SI HAUTE ET SI INVITANTE;	45	011
DONT L'INSTINCT, COMME CELUI DU CHIEN, DU	50	036
DONT L'OBJET EST DE REPRESENTER SYMBOLIQUEMENT	27	067
DONT L'UN M'A DEMANDE SI L'ON POUVAIT ALLER EN	10	012
DONT LA BEAUTE GARDE LA MAGIE PENETRANTE DES	21	087
DONT LA FLAMME TRAVERSE LE CREPUSCULE; CES	05	027
DONT LA FORME IMITE ASSEZ VAGUEMENT LA VOTRE.	11	020
DONT LA LOURDE BEDAINE SURPLOMBAIT LES	21	057
DONT LA MUSIQUE DES REGIMENTS GRATIFIE LE	13	051
DONT LA NOBLESSE FAISAIT UN ECLATANT CONTRASTE	13	076
DONT LA PHYSIONOMIE ARDENT ET ESPIEGLE, PLUS	30	025

POEM LINE

19	007	L'ENCLUME, LE CAVALIER ET SON CHEVAL	DONT LA QUEUE EST UN SIFFLET, --ET LE LONG DES
29	047	NOUS FUMAMES LONGUEMENT QUELQUES CIGARES	DONT LA SAVEUR ET LE PARFUM INCOMPARABLES
30	083	''RESTAIT UNE TACHE SUPREME A ACCOMPLIR,	DONT LA SEULE PENSEE ME CAUSAIT UNE ANGOISSE
51	009	JE VOULAIS M'ENIVRER DE L'ENORME CATIN	DONT LE CHARME INFERNAL ME RAJEUNIT SANS
50	064	DE CERTAINES PUCELLES SEXAGENAIRES,	DONT LE COEUR INOCCUPE S'EST DONNE AUX BETES,
21	026	SA MAIN DROITE IL TENAIT UNE AUTRE FIOLE	DONT LE CONTENU ETAIT D'UN ROUGE LUMINEUX, ET
09	062	J'APERCUS DANS LA RUE, CE FUT UN VITRIER	DONT LE CRI PERCANT, DISCORDANT, MONTA JUSQU'A
30	119	QUI HANTAIT LES REPLIS DE MON CERVEAU, ET	DONT LE FANTOME ME FATIGUAIT DE SES GRANDS
14	063	IL PROMENAIT SUR LA FOULE ET LES LUMIERES,	DONT LE FLOT MOUVANT S'ARRETAIT A QUELQUES PAS
11	052	DEUX, CHERE PRECIEUSE! A VOIR LES ENFERS	DONT LE MONDE EST PEUPLE, QUE VOULEZ-VOUS QUE
42	114	PAR DES YEUX D'UN GRIS CLAIR, DE CES YEUX	DONT LE REGARD DIT: ''JE VEUX!'' OU: ''IL
01	005	AMIS? --VOUS VOUS SERVEZ LA D'UNE PAROLE	DONT LE SENS M'EST RESTE JUSQU'A CE JOUR
23	010	SES CHIMERES. IL EST CERTAIN QU'UN BAVARD,	DONT LE SUPREME PLAISIR CONSISTE A PARLER DU
03	003	IL EST CERTAINES SENSATIONS DELICIEUSES	DONT LE VAGUE N'EXCLUT PAS L'INTENSITE; ET IL
34	002	ATTRISTE, DE CETTE CUVE IMMENSE DE LA MER	DONT LES BORDS NE SE LAISSENT QU'A PEINE
11	033	IL LUI ARRACHE CRUELLEMENT LA PROIE,	DONT LES BOYAUX DEVIDES RESTENT UN INSTANT
25	038	SA PETITE CASE SI COQUETTEMENT ARRANGEE,	DONT LES FLEURS ET LES NATTES FONT A SI PEU DE
17	012	DE MATURES; ILS CONTIENNENT DE GRANDES MERS	DONT LES MOUSSONS ME PORTENT VERS DE CHARMANTS
27	032	DANS DES LIMITES TROP ETROITES; ET	DONT LES SIECLES A VENIR IGNORERONT TOUJOURS
15	035	UN PETIT ETRE DEGUENILLE, NOIR, EBOURIFFE	DONT LES YEUX CREUX, FAROUCHES ET COMME
38	002	QUI REMPLISSAIT L'ATMOSPHERE D'IDEAL, ET	DONT LES YEUX REPANDAIENT LE DESIR DE LA
21	063	AVAIT DE PETITS GNOMES DIFFORMES, MAIGRES,	DONT LES YEUX SUPPLIANTS RECLAMAIENT L'AUMONE
50	048	FEUILLETON QU'IL A SANS DOUTE OUBLIE, ET	DONT MOI SEUL, ET SAINTE-BEUVE PEUT-ETRE, NOUS
29	099	UN BON SOUVENIR, ET VOUS PROUVER QUE MOI,	DONT ON DIT TANT DE MAL, JE SUIS QUELQUEFOIS
10	019	AVOIR SALUE UNE VINGTAINE DE PERSONNES,	DONT QUINZE ME SONT INCONNUES; AVOIR DISTRIBUE
12	020	FOULE CONNAIT DES JOUISSANCES FIEVREUSES,	DONT SERONT ETERNELLEMENT PRIVES L'EGOISTE,
21	050	TES FIOLES EQUIVOQUES, LES CHAINES	DONT TES PIEDS SONT EMPETRES; SONT DES
21	058	LOURDE BEDAINE SURPLOMBAIT LES CUISSES, ET	DONT TOUTE LA PEAU ETAIT DOREE ET ILLUSTREE,
31	040	PEUT APERCEVOIR!'' DIT ALORS LE TROISIEME,	DONT TOUTE LA PETITE PERSONNE ETAIT MARQUEE
48	020	TE DIVERTIRAS-TU DANS CETTE CONTREE	DONT TU AS SOUVENT ADMIRE L'IMAGE DANS LES
19	032	FULIGINEUX, UN DE CES MARMOTS-PARIAS	DONT UN OEIL IMPARTIAL DECOUVRIRAIT LA BEAUTE,
19	026	AUSSI FRAIS QUE SON MAITRE, VERNI,	DORE, VETU D'UNE ROBE POURPRE, ET COUVERT DE
21	058	LES CUISSES, ET DONT TOUTE LA PEAU ETAIT	DOREE ET ILLUSTREE, COMME D'UN TATOUAGE, D'UNE
18	032	DES PANNEAUX LUISANTS, OU SUR DES CUIRS	DORES ET D'UNE RICHESSE SOMBRE, VIVENT
47	024	ETAIENT SUSPENDUS AUX MURS. COMME JE FUS	DORLOTE! GRAND FEU, VIN CHAUD, CIGARES; ET EN
31	078	ET JE N'AI PAS UNE BELLE BONNE POUR ME	DORLOTER. IL M'A SOUVENT SEMBLE QUE MON
37	002	REGARDA PAR LA FENETRE PENDANT QUE TU	DORMAIS DANS TON BERCEAU, ET SE DIT: ''CETTE
31	053	SA BONNE, DANS LES TENEBRES. COMME JE ME	DORMAIS PAS, JE ME SUIS AMUSE, PENDANT QU'ELLE
31	054	PAS, JE ME SUIS AMUSE, PENDANT QU'ELLE	DORMAIT, A PASSER MA MAIN SUR SES BRAS, SUR
18	082	DE LA MANOEUVRE, CE SONT MES PENSEES QUI	DORMENT OU QUI ROULENT SUR TON SEIN. TU LES
51	010	INFERNAL ME RAJEUNIT SANS CESSE. TU ES	DORMES ENCOR DANS LES DRAPS DU MATIN, LOURDE,
25	004	EST UNE ESPECE DE MORT SAVOUREUSE OU LE	DORMEUR, A DEMI EVEILLE, GOUTE LES VOLUPTES DE
34	010	DONC'', DISAIENT-ILS, ''CESSERONS-NOUS DE	DORMIR UN SOMMEIL SECOUE PAR LA LAME, TROUBLE
31	049	POUR NOUS TOUS; IL A ETE DECIDE QUE JE	DORMIRAIS DANS LE MEME LIT QUE MA BONNE.''
25	000	LA BELLE	DOROTHEE
25	056	DE PARIS SONT TOUTES PLUS BELLES QU'ELLE.	DOROTHEE EST ADMIREE ET CHOYEE DE TOUS, ET
25	025	FIDELEMENT SA FORME SUR LE SABLE FIN. CAR	DOROTHEE EST SI PRODIGIEUSEMENT COQUETTE QUE
25	035	MOTIF FAIT DONC ALLER AINSI LA PARESSEUSE	DOROTHEE, BELLE ET FROIDE COMME LE BRONZE?
25	006	VOLUPTES DE SON ANEANTISSEMENT. CEPENDANT	DOROTHEE, FORTE ET FIERE COMME LE SOLEIL,
25	060	BELLE! ELLE REUSSIRA SANS DOUTE, LA BONNE	DOROTHEE; LE MAITRE DE L'ENFANT EST SI AVARE,
25	049	PARLER PAR SES CAMARADES DE LA CELEBRE	DOROTHEE. INFAILLIBLEMENT ELLE LE PRIERA, LA
21	004	DONNE ASSAUT A LA FAIBLESSE DE L'HOMME QUI	DORT, ET COMMUNIQUE EN SECRET AVEC LUI. ET ILS
25	013	ET MOULE EXACTEMENT SA TAILLE LONGUE, SON	DOS CREUX ET SA GORGE POINTUE. SON OMBRELLE
09	085	RENVERSANT, IL ACHEVA DE BRISER SOUS SON	DOS TOUTE SA PAUVRE FORTUNE AMBULATOIRE QUI
06	005	COURBES. CHACUN EVOK PORTAIT SUR SON	DOS UNE ENORME CHIMERE, AUSSI LOURDE QU'UN SAC
49	055	ENSUITE, PAR UN COUP DE PIED LANCE DANS LE	DOS, ASSEZ ENERGIQUE POUR BRISER LES
31	062	DANS SES CHEVEUX QUI PENDAIENT DANS SON	DOS, EPAIS COMME UNE CRINIERE, ET ILS
44	010	JE RECUS UN VIOLENT COUP DE POING DANS LE	DOS, ET J'ENTENDIS UNE VOIX RAUQUE ET
31	102	SOUS, ONT CHARGE LEUR BAGAGE SUR LEUR	DOS, ET PARTIS. MOI, VOULANT SAVOIR OU
20	082	LA FEE COURROUCEE, EN LUI TOURNANT LE	DOS; ET REJOIGNANT LE CORTEGE DE SES
06	022	FEROCE SUSPENDUE A SON COU ET COLLEE A SON	DOS; ON EUT DIT QU'IL LA CONSIDERAIT COMME
49	078	QUE J'AI EU LA DOULEUR D'ESSAYER SUR VOTRE	DOS.'' IL M'A BIEN JURE QU'IL AVAIT COMPRIS MA
18	070	DU POSSIBLE. CHAQUE HOMME PORTE EN LUI SA	DOSE D'OPIUM NATUREL, INCESSAMMENT SECRETEE ET
05	000	LA CHAMBRE	DOUBLE
05	084	COMME SI J'ETAIS UN BOEUF, AVEC SON	DOUBLE AIGUILLON. --''ET HUE DONC! BOURRIQUE!
10	007	DANS UN BAIN DE TENEBRES! D'ABORD, LE	DOUBLE TOUR A LA SERRURE. IL ME SEMBLE QUE CE
27	062	POUR UNE VRAIE SOLENNITE. CELLE-LA ETAIT	DOUBLEMENT VRAIE, D'ABORD PAR LA MAGIE DU LUXE
18	020	UNE CHINE OCCIDENTALE, OU LA VIE EST	DOUCE A RESPIRER, OU LE BONHEUR EST MARIE AU
18	010	DANS L'ORDRE; OU LA VIE EST GRASSE ET	DOUCE A RESPIRER; D'OU LE DESORDRE, LA
39	024	OU A UN LOURD CHARIOT. ET PUIS ELLE EST SI	DOUCE ET SI FERVENTE! ELLE AIME COMME ON AIME
42	063	D'UNE FEMME QUI ETAIT BIEN LA PLUS	DOUCE, LA PLUS SOUMISE ET LA PLUS DEVOUEE DES
31	057	FEMMES, ET LA PEAU EN EST SI DOUCE, SI	DOUCE, QU'ON DIRAIT DU PAPIER A LETTRE OU DU
42	093	EN EXTASE. ELLE AVAIT UNE MANIERE	DOUCE, REVEUSE, ANGLAISE ET ROMANESQUE DE
31	057	LES AUTRES FEMMES, ET LA PEAU EN EST SI	DOUCE, SI DOUCE, QU'ON DIRAIT DU PAPIER A
37	024	COMME LES FEMMES, D'UNE VOIX RAUQUE ET	DOUCE! ''ET TU SERAS AIMEE DE MES AMANTS,
13	087	OEIL PROFOND, ET ELLE ECOUTAIT EN HOCHANT	DOUCEMENT LA TETE. SINGULIERE VISION! ''A COUP
47	003	DU GAZ, JE SENTIS UN BRAS QUI SE COULAIT	DOUCEMENT SOUS LE MIEN, ET J'ENTENDIS UNE VOIX
18	083	QUI ROULENT SUR TON SEIN. TU LES CONDUIS	DOUCEMENT VERS LA MER QUI EST L'INFINI, TOUT
31	027	CE PETIT NUAGE COULEUR DE FEU, QUI MARCHE	DOUCEMENT. LUI AUSSI, ON DIRAIT QU'IL NOUS
11	054	QUI NE REPOSEZ QUE SUR DES ETOFFES AUSSI	DOUCES QUE VOTRE PEAU, QUI NE MANGEZ QUE DE LA
42	151	OU SES YEUX, A ELLE, REFLECHISSAIENT LA	DOUCEUR DU CIEL, ET OU MON COEUR, A MOI, ETAIT
27	071	FORTIFIER, DANS LE NOBLE PUBLIC, L'IDEE DE	DOUCEUR ET DE PARDON. QUAND ON DIT D'UN
13	101	CAR L'ENFANT EST TURBULENT, EGOISTE, SANS	DOUCEUR ET SANS PATIENCE; ET IL NE PEUT MEME
42	124	SANS COMEDIE ET SANS EMPHASE; UNE	DOUCEUR ET SANS FAIBLESSE; UNE ENERGIE SANS
20	043	D'UNE FAMILLE TRES-RICHE, QUI, N'ETANT	DOUE D'AUCUN SENS DE CHARITE, NON PLUS QUE
05	009	MEUBLES ONT L'AIR DE REVER! ON LES DIRAIT	DOUES D'UNE VIE SOMNANBULIQUE, COMME LE
49	077	L'AUMONE, LA THEORIE QUE J'AI EU LA	DOULEUR D'ESSAYER SUR VOTRE DOS.'' IL M'A BIEN
14	008	IL ME SEMBLE QUE LE PEUPLE OUBLIE TOUT, LA	DOULEUR ET LE TRAVAIL; IL DEVIENT PAREIL AUX
25	033	OU LES CHIENS EUX-MEMES GEMISSENT DE LA	DOULEUR SOUS LE SOLEIL QUI LES MORD, QUEL
14	078	VISION. JE CHERCHAI A ANALYSER MA SOUDAINE	DOULEUR, ET JE ME DIS: JE VIENS DE VOIR
20	005	CES MERES BIZARRES DE LA JOIE ET DE LA	DOULEUR, ETAIENT FORT DIVERSES: LES UNES

POEM	LINE		
27	006	ET DE LIBERTE S'EMPARENT DESPOTIQUEMENT	DU CERVEAU D'UN HISTRION, UN JOUR FANCIOULLE
29	063	AVAIENT JUSQU'A PRESENT PRIS POSSESSION	DU CERVEAU HUMAIN ET DAIGNA MEME ME FAIRE
39	018	A BELLES DENTS! ILS N'ONT RIEN DIMINUE	DU CHARME VAGUE, MAIS ETERNEL, DE SA POITRINE
50	021	QUI LES REGARDE D'UN OEIL FRATERNEL. FI	DU CHIEN BELLATRE, DE CE FAT QUADRUPEDE,
05	017	DE L'HARMONIE. UNE SENTEUR INFINITESIMALE	DU CHOIX LE PLUS EXQUIS, A LAQUELLE SE MELE
18	084	TOUT EN REFLECHISSANT LES PROFONDEURS	DU CIEL DANS LA LIMPIDITE DE TA BELLE AME;
31	037	FIXANT SUR LA LIGNE QUI SEPARE LA TERRE	DU CIEL DES YEUX OU BRILLAIT UNE INEXPRIMABLE
15	009	AUSSI VASTE ET AUSSI PURE QUE LA COUPOLE	DU CIEL DONT J'ETAIS ENVELOPPE; LE SOUVENIR
03	007	CELUI DE NOYER SON REGARD DANS L'IMMENSITE	DU CIEL ET DE LA MER! SOLITUDE, SILENCE,
03	021	DOULOUREUSES. ET MAINTENANT LA PROFONDEUR	DU CIEL ME CONSTERNE; SA LIMPIDITE M'EXASPERE.
07	010	BRULENT DU DESIR DE RIVALISER AVEC L'AZUR	DU CIEL PAR L'ENERGIE DE LEURS COULEURS, ET
31	024	UNE FIXITE ETONNANTE JE NE SAIS QUEL POINT	DU CIEL, DIT TOUT A COUP: ''REGARDEZ, REGARDEZ
42	151	YEUX, A ELLE, REFLECHISSAIENT LA DOUCEUR	DU CIEL, ET OU MON COEUR, A MOI, ETAIT CRISPE
41	002	FATIGUEE DES LUTTES DE LA VIE. L'AMPLEUR	DU CIEL, L'ARCHITECTURE MOBILE DES NUAGES, LES
06	025	DESESPOIR; SOUS LA COUPOLE SPLEENETIQUE	DU CIEL, LES PIEDS PLONGES DANS LA POUSSIERE
50	006	A STERNE, ET JE LUI DIRAIS: ''DESCENDS	DU CIEL, OU MONTE VERS MOI DES CHAMPS
36	020	DES HOMMES PURS, MAIS LA LUNE ARRACHEE	DU CIEL, VAINCUE ET REVOLTEE, QUE LES
45	001	A LA VUE	DU CIMETIERE, ESTAMINET. --''SINGULIERE
30	115	ET CHERE RELIQUE. --ET ELLE S'EMPARA	DU CLOU ET DE LA FICELLE. ''ENFIN! ENFIN! TOUT
30	087	FUT IMPASSIBLE, PAS UNE LARME NE SUINTA	DU COIN DE SON OEIL. J'ATTRIBUAI CETTE
15	059	TACHAIT DE GLISSER DANS SA POCHE LE PRIX	DU COMBAT. MAIS, RAVIVE PAR LE DESESPOIR, LE
42	080	AVEZ PEUT-ETRE NEGLIGEES. JE VEUX PARLER	DU COMIQUE DANS L'AMOUR, ET D'UN COMIQUE QUI
42	087	LES GARCONS EUX-MEMES ET LA DAME	DU COMPTOIR RESSENTAIENT CETTE EXTASE
19	033	DECOUVRIRAIT LA BEAUTE, SI, COMME L'OEIL	DU CONNAISSEUR DEVINE UNE PEINTURE IDEALE SOUS
16	025	MALHONNETE ET INTOLERANT, QUELQUE DEMON	DU CONTRE-TEMPS VENAIT ME DIRE: ''QUE
47	105	QU'IL AIMERAIT: ''JE VEUX VOUS VOIR VETUE	DU COSTUME QUE VOUS PORTIEZ DANS CE FAMEUX
22	054	ROUGE OPAQUE SUR LES DERNIERES GLOIRES	DU COUCHANT, LES LOURDES DRAPERIES QU'UNE MAIN
22	004	LES COULEURS TENDRES ET INDECISES	DU CREPUSCULE. CEPENDANT DU HAUT DE LA
21	107	DE MA CONNAISSANCE; ET LE SON RAUQUE	DU CUIVRE APPORTA A MES OREILLES JE NE SAIS
35	001	CELUI QUI REGARDE	DU DEHORS A TRAVERS UNE FENETRE OUVERTE, NE
48	002	UN HOPITAL OU CHAQUE MALADE EST POSSEDE	DU DESIR DE CHANGER DE LIT. CELUI-CI VOUDRAIT
07	010	OBJETS; QUE LES FLEURS EXCITEES BRULENT	DU DESIR DE RIVALISER AVEC L'AZUR DU CIEL PAR
29	032	ENERGIQUEMENT DE L'HORREUR DE L'ENNUI ET	DU DESIR IMMORTEL DE SE SENTIR VIVRE. MON HOTE
09	057	BEAUCOUP, NE FUT-CE QUE PAR L'ARDEUR	DU DESIR, DE CETTE HUMEUR, HYSTERIQUE SELON
20	004	TOUTES CES ANTIQUES ET CAPRICIEUSES SOEURS	DU DESTIN; TOUTES CES MERES BIZARRES DE LA
13	022	INNOMBRABLES LEGENDES DE L'AMOUR TROMPE,	DU DEVOUEMENT MECONNU, DES EFFORTS NON
29	076	DES LUMIERES, QUE LA PLUS BELLE DES RUSES	DU DIABLE EST DE VOUS PERSUADER QU'IL N'EXISTE
25	052	PEUT Y ALLER PIEDS NUS, COMME AUX DANSES	DU DIMANCHE, OU LES VIEILLES CAFRINES
12	005	DU TRAVESTISSEMENT ET DU MASQUE, LA HAINE	DU DOMICILE ET LA PASSION DU VOYAGE.
47	001	COMME J'ARRIVAIS A L'EXTREMITE	DU FAUBOURG, SOUS LES ECLAIRS DU GAZ, JE
34	006	NOUS POUVIONS CONTEMPLER L'AUTRE COTE	DU FIRMAMENT ET DECHIFFRAIT L'ALPHABET CELESTE
25	045	DE CRABES AU RIZ ET AU SAFRAN, LUI ENVOIE;	DU FOND DE LA COUR, SES PARFUMS EXCITANTS?
21	008	PERSONNAGES, QUI SE DETACHAIENT AINSI	DU FOND OPAQUE DE LA NUIT. ILS AVAIENT L'AIR
13	023	DES EFFORTS NON RECOMPENSES, DE LA FAIM ET	DU FROID HUMBLEMENT, SILENCIEUSEMENT
15	054	JURON PATOIS. LE LEGITIME PROPRIETAIRE	DU GATEAU ESSAYA D'ENFONCER SES PETITES
15	075	DONC UN PAYS SUPERBE OU LE PAIN S'APPELLE	DU GATEAU, FRIANDISE SI RARE QU'ELLE SUFFIT
47	002	L'EXTREMITE DU FAUBOURG, SOUS LES ECLAIRS	DU GAZ, JE SENTIS UN BRAS QUI SE COULAIT
32	034	AMALGAME TOUT-PUISSANT ET INDIVISIBLE	DU GENIE, QUEL ANALYSTE AURA LE DETESTABLE
12	003	ET CELUI-LA SEUL PEUT FAIRE, AUX DEPENS	DU GENRE HUMAIN, UNE RIBOTE DE VITALITE, A QUI
26	023	SUR LEUR TETE DES FRUITS, DES PATES ET	DU GIBIER; LES HEBES ET LES GANYMEDES
17	030	JE M'ENIVRE DES ODEURS COMBINEES	DU GOUDRON, DU MUSC ET DE L'HUILE DE COCO.
27	095	APTE QUE TOUTE AUTRE A VOILER LES TERREURS	DU GOUFFRE; QUE LE GENIE PEUT JOUER LA COMEDIE
49	020	LECTURES ENGENDRE UN BESOIN PROPORTIONNEL	DU GRAND AIR ET DES RAFRAICHISSANTS. COMME
24	041	LA PREMIERE AUBERGE VENUE, DANS L'AUBERGE	DU HASARD, SI FECONDE EN VOLUPTES. UN GRAND
23	011	DONT LE SUPREME PLAISIR CONSISTE A PARLER	DU HAUT D'UNE CHAIRE OU D'UNE TRIBUNE,
23	018	SUPREME, S'IL LEUR ETAIT PERMIS DE FAIRE	DU HAUT DE L'ECHAFAUD UNE COPIEUSE HARANGUE,
22	005	ET INDECISES DU CREPUSCULE. CEPENDANT	DU HAUT DE LA MONTAGNE ARRIVE A MON BALCON, A
31	063	AUSSI BON, JE VOUS ASSURE, QUE LES FLEURS	DU JARDIN, A CETTE HEURE-CI. ESSAYEZ, QUAND
27	124	A L'OREILLE. LA PHYSIONOMIE ESPIEGLE	DU JOLI ENFANT S'ILLUMINA D'UN SOURIRE; ET
22	052	TRAINENT ENCORE A L'HORIZON COMME L'AGONIE	DU JOUR SOUS L'OPPRESSION VICTORIEUSE DE SA
42	077	QUELQUEFOIS JE LA REGRETTE: J'AURAIS	DU L'EPOUSER!'' LES AUTRES SE MIRENT A RIRE, ET
22	002	SE FAIT DANS LES PAUVRES ESPRITS FATIGUES	DU LABEUR DE LA JOURNEE; ET LEURS PENSEES
27	063	DOUBLEMENT VRAIE, D'ABORD PAR LA MAGIE	DU LUXE ETALE, ENSUITE PAR L'INTERET MORAL ET
46	010	BRUSQUE, A GLISSE DE MA TETE DANS LA FANGE	DU MACADAM. JE N'AI PAS EU LE COURAGE DE LA
32	030	C'EST L'ELEMENT FEMININ EXECUTANT AUTOUR	DU MALE SES PRESTIGIEUSES PIROUETTES. LIGNE
30	107	POUR ARRACHER CES DERNIERS VESTIGES	DU MALHEUR; ET COMME J'ALLAIS LE LANCER AU
15	016	L'OMBRE D'UN NUAGE, COMME LE REFLET	DU MANTEAU D'UN GEANT AERIEN VOLANT A TRAVERS
05	050	DIRECTEUR DE JOURNAL QUI RECLAME LA SUITE	DU MANUSCRIT. LA CHAMBRE PARADISIAQUE,
27	087	AMALGAME; LES RAYONS DE L'ART ET LA GLOIRE	DU MARTYRE. FANCIOULLE INTRODUISAIT, PAR JE NE
12	005	SON BERCEAU LE GOUT DU TRAVESTISSEMENT ET	DU MASQUE, LA HAINE DU DOMICILE ET LA PASSION
10	000	A UNE HEURE	DU MATIN
51	010	CESSE. QUE TU DORMES ENCOR DANS LES DRAPS	DU MATIN, LOURDE, OBSCURE, ENRHUMEE, OU QUE TU
50	115	CHANTS ALTERNES, UN BON FROMAGE, UNE FLUTE	DU MEILLEUR FAISEUR, OU UNE CHEVRE AUX
31	036	PLUS!'' ET L'ENFANT RESTA LONGTEMPS TOURNE	DU MEME COTE, FIXANT SUR LA LIGNE QUI SEPARE
39	014	FAUVES PARFUMS TOUTE LA VITALITE ENDIABLEE	DU MIDI FRANCAIS: NIMES, AIX, ARLES, AVIGNON,
42	104	LA RATION DE PLUSIEURS SOLDATS. C'EST	DU MOINS CE QUE J'AI SUPPOSE. --MOI, DIT LE
48	000	N'IMPORTE OU HORS	DU MONDE
18	052	D'UN HOMME LABORIEUX ET QUI A BIEN MERITE	DU MONDE ENTIER. PAYS SINGULIER, SUPERIEUR AUX
27	024	FAISAIT POUR FUIR OU POUR VAINCRE CE TYRAN	DU MONDE LUI AURAIENT CERTAINEMENT ATTIRE, DE
14	014	ET LA LUTTE UNIVERSELLES. L'HOMME	DU MONDE LUI-MEME ET L'HOMME OCCUPE DE TRAVAUX
18	051	COMME UNE BIJOUTERIE BARIOLEE! LES TRESORS	DU MONDE Y AFFLUENT, COMME DANS LA MAISON D'UN
12	035	LES PRETRES MISSIONNAIRES EXILES AU BOUT	DU MONDE, CONNAISSENT SANS DOUTE QUELQUE CHOSE
29	068	DONT ELLE JOUIT DANS TOUTES LES PARTIES	DU MONDE, M'ASSURA QU'ELLE ETAIT, ELLE-MEME,
42	092	ET NUIT EN MONTRANT LES PLUS JOLIES DENTS	DU MONDE, QUI VOUS EUSSENT ATTENDRIS ET EGAYES
10	041	LE MENSONGE ET LES VAPEURS CORRUPTRICES	DU MONDE; ET VOUS, SEIGNEUR MON DIEU!
42	092	L'AIR LE PLUS LEGER ET LE PLUS INSOUCIANT	DU MONDE. ELLE M'A TENU AINSI LONGTEMPS EN
10	010	BARRICADES QUI ME SEPARENT ACTUELLEMENT	DU MONDE. HORRIBLE VIE! HORRIBLE VILLE!
20	026	UN JOUR D'AUDIENCE, OU DES EMPLOYES	DU MONT-DE-PIETE QUAND UNE FETE NATIONALE
48	117	TU AIMES TANT LE REPOS, AVEC LE SPECTACLE	DU MOUVEMENT, VEUX-TU VENIR HABITER LA
17	030	M'ENIVRE DES ODEURS COMBINEES DU GOUDRON,	DU MUSC ET DE L'HUILE DE COCO. LAISSE-MOI
23	015	LES AMOUREUX DE LA SOLITUDE ET	DU MYSTERE. IL Y A DANS NOS RACES JACASSIERES

POEM LINE

34	029	TOUS LES TORTS RECIPROQUES PARDONNES; LES	DUELS CONVENUS FURENT RAYES DE LA MEMOIRE, ET
30	076	DESESPERANT DE FLECHIR LES MEMBRES, NOUS	DUMES LACERER ET COUPER LES VETEMENTS POUR LES
11	071	POETE QUE JE SOIS, JE NE SUIS PAS AUSSI	DUPE QUE VOUS VOUDRIEZ LE CROIRE, ET SI VOUS
19	017	LA GRILLE D'UN VASTE JARDIN, AU BOUT	DUQUEL APPARAISSAIT LA BLANCHEUR D'UN JOLI
15	001	JE VOYAGEAIS. LE PAYSAGE AU MILIEU	DUQUEL J'ETAIS PLACE ETAIT D'UNE GRANDEUR ET
32	006	PERCHE A HOUBLON, TUTEUR DE VIGNE, SEC,	DUR ET DROIT. AUTOUR DE CE BATON, DANS DES
15	062	A QUOI BON DECRIRE UNE LUTTE HIDEUSE QUI	DURA EN VERITE PLUS LONGTEMPS QUE LEURS FORCES
42	027	QUI DOIT MARQUER LE CALME ABSOLU. MAIS,	DURANT TOUTE MA VIE, EXCEPTE A L'AGE DE
42	169	POUR TUER LE TEMPS QUI A LA VIE SI	DURE, ET ACCELERER LA VIE QUI COULE SI
36	022	LES SORCIERES THESSALIENNES CONTRAIGNENT	DUREMENT A DANSER SUR L'HERBE TERRIFIEE! DANS
29	016	UNE BEATITUDE SOMBRE, ANALOGUE A CELLE QUE	DURENT EPROUVER LES MANGEURS DE LOTUS QUAND,
30	078	''LE COMMISSAIRE, A QUI, NATURELLEMENT, JE	DUS DECLARER L'ACCIDENT, ME REGARDA DE
14	071	DECHIQUETE? EN VERITE, JE N'OSAIS; ET,	DUT LA RAISON DE MA TIMIDITE VOUS FAIRE RIRE,
17	029	DE L'AZUR TROPICAL; SUR LES RIVAGES	DUVETES DE TA CHEVELURE, JE M'ENIVRE DES

POEM LINE

POEM	LINE		
27	075	LE COMEDIEN, C'EST-A-DIRE L'ART, L'	EFFORT, LA VOLONTE. OR, SI UN COMEDIEN
20	016	LES DONS N'ETAIENT PAS LA RECOMPENSE D'UN	EFFORT, MAIS TOUT AU CONTRAIRE UNE GRACE
27	023	D'ENNEMI DANGEREUX QUE L'ENNUI, ET LES	EFFORTS BIZARRES QU'IL FAISAIT POUR FUIR OU
13	023	L'AMOUR TROMPE, DU DEVOUEMENT MECONNU, DES	EFFORTS NON RECOMPENSES, DE LA FAIM ET DU
05	029	MIRETTES, QUE JE RECONNAIS A LEUR	EFFRAYANTE MALICE! ELLES ATTIRENT, ELLES
34	036	DE CETTE MER SI INFINIMENT VARIEE DANS SON	EFFRAYANTE SIMPLICITE, ET QUI SEMBLE CONTENIR
30	056	YEUX, TOUT GRANDS OUVERTS AVEC UNE FIXITE	EFFRAYANTE, ME CAUSERENT D'ABORD L'ILLUSION DE
08	008	DEBOUCHE; PUIS, RECULANT SOUDAINEMENT AVEC	EFFROI, IL ABOIE CONTRE MOI, EN MANIERE DE
30	126	DE LA DEMANDE; LES AUTRES, LOURDEMENT	EFFRONTEES ET SANS ORTHOGRAPHE, MAIS TOUTES
23	022	PLAINS PAS, PARCE QUE JE DEVINE QUE LEURS	EFFUSIONS ORATOIRES LEUR PROCURENT DES
49	040	ME CHUCHOTAIT CECI: ''CELUI-LA SEUL EST L'	EGAL D'UN AUTRE, QUI LE PROUVE, ET CELUI-LA
24	050	EN REVE, TROIS DOMICILES OU J'AI TROUVE UN	EGAL PLAISIR. POURQUOI CONTRAINDRE MON CORPS A
49	073	JE LUI DIS: ''MONSIEUR, VOUS ETES MON	EGAL! VEUILLEZ ME FAIRE L'HONNEUR DE PARTAGER
15	005	MES PENSEES VOLTIGEAIENT AVEC UNE LEGERETE	EGALE A CELLE DE L'ATMOSPHERE; LES PASSIONS
19	045	FRATERNELLEMENT, AVEC DES DENTS D'UNE	EGALE BLANCHEUR.
26	036	LE CAFE NOUVEAU AVEC UNE ADMIRATION	EGALE, MAIS NUANCEE DIVERSEMENT PAR L'AGE. LES
14	038	AUTRES GAGNAIENT, LES UNS ET LES	EGALEMENT JOYEUX. LES ENFANTS SE SUSPENDAIENT
23	023	ORATOIRES LEUR PROCURENT DES VOLUPTES	EGALES A CELLES QUE D'AUTRES TIRENT DU SILENCE
09	065	DE DIRE POURQUOI JE FUS PRIS A L'	EGARD DE CE PAUVRE HOMME D'UNE HAINE AUSSI
29	045	QU'UN PEU MOINS D'EMOTION QUE SI J'AVAIS	EGARE, DANS UNE PROMENADE, MA CARTE DE VISITE.
40	007	DE QUATRE-VINGT-NEUF, TOUS LES HOMMES SONT	EGAUX EN DROITS; DONC JE POSSEDE LE DROIT DE
12	007	DU VOYAGE. MULTITUDE; SOLITUDE: TERMES	EGAUX ET CONVERTIBLES POUR LE POETE ACTIF ET
24	036	UNE AUBERGE PROPRETTE, OU D'UNE FENETRE	EGAYEE PAR DES RIDEAUX D'INDIENNE BARIOLEE SE
42	096	DU MONDE, QUI VOUS EUSSENT ATTENDRIS ET	EGAYES A LA FOIS. --J'AURAIS PU FAIRE MA
23	003	INCREDULES, DES PAROLES DES PERES DE L'	EGLISE. JE SAIS QUE LE DEMON FREQUENTE
42	108	DE CE QU'ON REPROCHE EN GENERAL A L'	EGOISTE FEMELLE. JE VOUS TROUVE MAL VENUS,
12	020	DONT SERONT ETERNELLEMENT PRIVES L'	EGOISTE, FERME COMME UN COFFRE, ET LE
13	100	SEULE! CAR L'ENFANT EST TURBULENT,	EGOISTE, SANS DOUCEUR ET SANS PATIENCE; ET IL
45	006	LE RAFFINEMENT PROFOND DES ANCIENS	EGYPTIENS, POUR QUI IL N'Y AVAIT PAS DE BON
43	016	NEZ EN L'AIR ET QUI A LA MINE SI HAUTAINE.	EH BIEN! CHER ANGE, JE ME FIGURE QUE C'EST
47	099	SI PEUR DE L'HUMILIER, CE CHER ENFANT. --	EH BIEN! CROIRAIS-TU QUE J'AI UNE DROLE
31	082	SERAIS MIEUX AILLEURS QUE LA OU JE SUIS.	EH BIEN! J'AI VU, A LA DERNIERE FOIRE DU
42	074	DIT, EN ME MONTRANT SIX BEAUX ENFANTS: ''	EH BIEN! MON CHER AMI, L'EPOUSE EST ''ENCORE
20	060	QUI ETAIT LE PLUS A SA PORTEE, S'ECRIA: ''	EH! MADAME! VOUS NOUS OUBLIEZ! IL Y A ENCORE
01	013	--JE LE HAIS COMME VOUS HAISSEZ DIEU. --	EH! QU'AIMES-TU DONC, EXTRAORDINAIRE ETRANGER?
46	001	''	EH! QUOI! VOUS ICI, MON CHER? VOUS, DANS UN
30	106	BOUT DE CORDE QUI TRAINAIT ENCORE. JE M'	ELANCAI VIVEMENT POUR ARRACHER CES DERNIERS
50	023	GREDIN, SI ENCHANTE DE LUI-MEME QU'IL S'	ELANCE INDISCRETEMENT DANS LES JAMBES OU SUR
41	006	YEUX SANS JAMAIS LES LASSER. LES FORMES	ELANCEES DES NAVIRES, AU GREEMENT COMPLIQUE,
03	017	CES PENSEES, QU'ELLES SORTENT DE MOI OU S'	ELANCENT DES CHOSES, DEVIENNENT BIENTOT TROP
42	069	N'EN TIRAIENT DU SEIN DE MA MAITRESSE LES	ELANS DE L'AMOUR LE PLUS FORCENE. APRES UN AN
09	047	D'UNE FOIS VICTIME DE CES CRISES ET DE CES	ELANS, QUI NOUS AUTORISENT A CROIRE QUE DES
06	010	ET OPPRIMAIT L'HOMME DE SES MUSCLES	ELASTIQUES ET PUISSANTS; ELLE S'AGRAFAIT AVEC
17	033	ET NOIRES. QUAND JE MORDILLE TES CHEVEUX	ELASTIQUES ET REBELLES, IL ME SEMBLE QUE JE
18	027	OFFRIR A LA FEMME AIMEE, A LA SOEUR D'	ELECTION? OUI, C'EST DANS CETTE ATMOSPHERE
39	010	L'HARMONIE PETILLANTE DE SA DEMARCHE NI L'	ELEGANCE INDESTRUCTIBLE DE SON ARMATURE.
42	002	C'EST-A-DIRE DANS UN FUMOIR ATTENANT A UN	ELEGANT TRIPOT, QUATRE HOMMES FUMAIENT ET
32	030	AUTOUR DE VOTRE VOLONTE; C'EST L'	ELEMENT FEMININ EXECUTANT AUTOUR DU MALE SES
34	013	LA VIANDE QUI NE SOIT PAS SALEE COMME L'	ELEMENT INFAME QUI NOUS PORTE? QUAND
20	080	RAISONNEURS SI COMMUNS, INCAPABLES DE S'	ELEVER JUSQU'A LA LOGIQUE DE L'ABSURDE.
27	150	MERVEILLEUX TALENTS DE FANCIOULLE, NI S'	ELEVER JUSQU'A MEME FAVEUR.
45	004	SAIT APPRECIER HORACE ET LES POETES	ELEVES D'EPICURE. PEUT-ETRE MEME CONNAIT-IL LE
15	030	TASSE DE CUIR ET UN FLACON D'UN CERTAIN	ELIXIR QUE LES PHARMACIENS VENDAIENT DANS CE
36	006	LA NUIT, COMME IL Y A LONGTEMPS DEJA QU'	ELLE A DISPARU! ELLE EST BELLE, ET PLUS QUE
11	049	SANS COMPENSATION. MAIS DANS LE MONDE OU	ELLE A ETE JETEE, ELLE N'A JAMAIS PU CROIRE
31	055	SES BRAS, SUR SON COU ET SUR SES EPAULES,	ELLE A LES BRAS ET LE COU BIEN PLUS GROS QUE
24	006	DES GRANDES PELOUSES ET DES BASSINS! CAR	ELLE A NATURELLEMENT L'AIR D'UNE PRINCESSE.''
39	024	ET PUIS ELLE EST SI DOUCE ET SI FERVENTE!	ELLE AIME COMME ON AIME EN AUTOMNE; ON DIRAIT
20	072	ET EXCEPTIONNEL, POURVU TOUTEFOIS QU'	ELLE AIT L'IMAGINATION SUFFISANTE POUR LE
25	030	ET SOURIANT D'UN BLANC SOURIRE, COMME SI	ELLE APERCEVAIT AU LOIN DANS L'ESPACE UN
42	045	QUE VOUS VOUS CONNAISSEZ EN FORCE?'' ET	ELLE ARGUMENTAIT. ''UN BEAU JOUR ELLE S'EST
13	084	LE GRAND DEUIL DONT ELLE ETAIT REVETUE.	ELLE AUSSI, COMME LA PLEBE A LAQUELLE ELLE
02	004	COMME ELLE, LA PETITE VIEILLE, ET, COMME	ELLE AUSSI, SANS DENTS ET SANS CHEVEUX. ET
42	044	QUE CELA EST TRES-FORT? DISAIT- ''	ELLE AUSSITOT; EST-CE QUE VOUS VOUS CONNAISSEZ
29	072	QU'UNE SEULE FOIS, C'ETAIT LE JOUR OU	ELLE AVAIT ENTENDU UN PREDICATEUR, PLUS SUBTIL
21	088	GARDE LA MAGIE PENETRANTE DES RUINES.	ELLE AVAIT L'AIR A LA FOIS IMPERIEUX ET
42	092	ELLE M'A AINSI LONGTEMPS TENU EN EXTASE.	ELLE AVAIT UNE MANIERE DOUCE, REVEUSE,
42	137	AVEC UNE FROIDE ET INFRANCHISSABLE REGLE,	ELLE BARRAIT TOUS MES CAPRICES. POUR COMBLE
13	044	ET JE L'EPIAI LONGTEMPS PENDANT QU'	ELLE CHERCHAIT DANS LES GAZETTES, AVEC DES
21	099	DE L'UNIVERS, ET A TRAVERS CETTE TROMPETTE	ELLE CRIA MON NOM, QUI ROULA AINSI A TRAVERS
11	023	UN BON COUP DE BATON POUR LA CALMER! CAR	ELLE DARDE DES YEUX TERRIBLES DE CONVOITISE
11	029	QUELLE VORACITE (NON SIMULEE PEUT-ETRE!)	ELLE DECHIRE DES LAPINS VIVANTS ET DES
13	043	QUEL MISERABLE CAFE ET DE QUELLE FACON	ELLE DEJEUNA. JE LA SUIVIS AU CABINET DE
47	070	ET CE PAQUET-CI, C'EST LES EXTERNES.'' ET	ELLE DEPLOYA EN EVENTAIL UNE MASSE D'IMAGES
37	007	AVEC LA TENDRESSE SOUPLE D'UNE MERE, ET	ELLE DEPOSA SES COULEURS SUR TA FACE. TES
37	004	ET SE DIT: ''CETTE ENFANT ME PLAIT.'' ET	ELLE DESCENDIT MOELLEUSEMENT SON ESCALIER DE
30	088	CETTE ETRANGETE A L'HORREUR MEME QU'	ELLE DEVAIT EPROUVER; ET JE ME SOUVINS DE LA
05	030	MALICE! ELLES ATTIRENT, ELLES SUBJUGUENT;	ELLE DEVORENT LE REGARD DE L'IMPRUDENT QUI LES
47	103	MEME AVEC UN PEU DE SANG DESSUS!''	ELLE DIT CELA D'UN AIR FORT CANDIDE, COMME UN
31	090	LA MUSIQUE; UNE MUSIQUE SI SURPRENANTE QU'	ELLE DONNE ENVIE TANTOT DE DANSER, TANTOT DE
31	054	DORMAIS PAS; JE ME SUIS AMUSE, PENDANT QU'	ELLE DORMAIT; A PASSER MA MAIN SUR SES BRAS,
13	086	MONDE LUMINEUX AVEC UN OEIL PROFOND, ET	ELLE ECOUTAIT EN HOCHANT DOUCEMENT LA TETE.
21	097	CHARMANTE ET PARADOXALE. ''ECOUTE.'' ET	ELLE EMBOUCHA ALORS UNE GIGANTESQUE TROMPETTE,
30	135	M'ARRACHER LA FICELLE ET PAR QUEL COMMERCE	ELLE ENTENDAIT SE CONSOLER.''
06	009	N'ETAIT PAS UN POIDS INERTE; AU CONTRAIRE,	ELLE ENVELOPPAIT ET OPPRIMAIT L'HOMME DE SES
48	011	VILLE EST AU BORD DE L'EAU; ON DIT QU'	ELLE EST BATIE EN MARBRE, ET QUE LE PEUPLE Y A
36	007	IL Y A LONGTEMPS DEJA QU'ELLE A DISPARU!	ELLE EST BELLE, ET PLUS QUE BELLE; ELLE EST
39	001		ELLE EST BIEN LAIDE. ELLE EST DELICIEUSE
39	000	SI VOUS VOULEZ, SQUELETTE MEME; MAIS AUSSI	ELLE EST BREUVAGE, MAGISTERE, SORCELLERIE! EN
18	054	OU CELLE-CI SE REFORMEE PAR LE REVE, OU	ELLE EST CORRIGEE, EMBELLIE, REFONDUE. QU'ILS
39	001	ELLE EST BIEN LAIDE.	ELLE EST DELICIEUSE POURTANT! LE TEMPS ET

E

QUI EN SUIS MORT! --AH! FIRENT LES AUTRES,
MAGISTERE, SORCELLERIE! EN SOMME,
ET DE FRAICHEUR. ELLE EST VRAIMENT LAIDE,
ETOILES VACILLANTES D'OR ET D'ARGENT, DONT
DE LOUAGE OU A UN LOURD CHARIOT. ET PUIS
PATRIE? --J'IGNORE SOUS QUELLE LATITUDE
ELLE EST BELLE, ET PLUS QUE BELLE,
EMPORTENT DE JEUNESSE ET DE FRAICHEUR.
SIMPLICITE, ET QUI SEMBLE CONTENIR EN
TOUT SON ETRE UNE FIERTE DE STOICIENNE.
VOULIEZ-VOUS QUE JE FISSE D'ELLE, PUISQU'
ACCORDANCE AVEC LE GRAND DEUIL DONT
TOUTES LES PARTIES DU MONDE, M'ASSURA QU'
HURLE PLUS NATURELLEMENT. DANS SA RAGE,
MAIS NON FATIGUEE, ET TOUJOURS HEROIQUE,
VERSANT LA LUMIERE ET LE BONHEUR. MAIS
VOLONTAIREMENT DANS UN MILIEU OU
CELA, POURQUOI L'AURAIS-JE PRISE? MAIS
YEUX LUI SORTENT MAINTENANT DE LA TETE,
LA SOUVERAINE DES REVES. MAIS COMMENT EST-
EN ELLE LE NOIR ABONDE; ET TOUT CE QU'
FACON DE SA MAUVAISE REPUTATION DONT
FANTAISIE S'Y EST DONNE CARRIERE, TANT
PLUS QUE BELLE; ELLE EST SURPRENANTE. EN
DE LA CELEBRE DOROTHEE. INFAILLIBLEMENT
ET REJOIGNANT LE CORTEGE DE SES COMPAGNES,
ETRE LA REALITE PLACEE HORS DE MOI, SI
COMME UNE TUTELLE. QUE DE SOTTISES
JE LA NOURRISSAIS BIEN; ET CEPENDANT
PLUS LEGER ET LE PLUS INSOUCIANT DU MONDE.
LA CITADINE, LA VIVANTE, POUR QU'
PLUS FORCENE. APRES UN AN DE VIE COMMUNE,
DES PLUS CELEBRES CAUSEURS DE L'HUMANITE.
EN TETE-A-TETE AVEC UN PHENOMENE VIVANT,
L'AFFRANCHIE, ET, BIEN QU'ELLE SOIT LIBRE,
ENFIN! MON AME FAIT EXPLOSION, ET SAGEMENT
PLUS TARD LA FANTAISIE DE LA REVOIR, ET
SUPREME ET SOMBRE CONSOLATION. ENSUITE
COMMISES! QUE DE DETTES PAYEES MALGRE MOI!
COMPRENDRE; ENFIN J'Y PARVINS. MAIS ALORS
BELLE POUR VIVRE LONGTEMPS; AUSSI EST-
TROPICALE.'' PAS UN MOT. --MON AME SERAIT-
MAIS DANS LE MONDE OU ELLE A ETE JETEE;
DE LA SUPERSTITION, ET M'AVOUA QU'
UN AN DE VIE COMMUNE, ET M'AVOUA QU'
OU LA BEAUTE ELLE-MEME NE SUFFIT PLUS, SI
ET ELLE SERAIT PARFAITEMENT HEUREUSE SI
TOUS MES CAPRICES. POUR COMBLE D'HORREUR,
QUI TRAINE A SA MAIN UN BAMBIN AVEC QUI
LA PROPRIETE AVEC QUI PUCE CE SOIT.
PLEBE A LAQUELLE ELLE S'ETAIT MELEE ET QU'
MULTIPLIER EN PIECES VRAIES? NE POUVAIT-
DANS LA MAIN D'UN MENDIANT. NE POUVAIT-
SE RETIRA DANS SA SOLITUDE ETERNELLE; OU
A SI PEU DE FRAIS UN PARFAIT BOUDOIR; OU
ET FROIDE COMME LE BRONZE? POURQUOI A-T-
S'ETAIT MELEE ET QU'ELLE NE VOYAIT PAS,
ET ROMANESQUE DE DIRE: ''J'AI FAIM!'' ET
D'UN BOIS LOURD ET TENEBREUX (OU
QUELQUES INSTANTS PLUS TARD, ME TUTOYANT,
ANS, ET QUI EST DEJA MURE, ET SI BELLE!
L'EXPERIENCE MANQUA! MAIS, A LA ONZIEME,
DE SES MUSCLES ELASTIQUES ET PUISSANTS!
ELLE AUSSI, SANS DENTS ET SANS CHEVEUX. ET
EN FOULE LES REGRETS ET LES SOUVENIRS,
SOIT LIBRE, ELLE MARCHE SANS SOULIERS.
LA LUMIERE UNE TACHE ECLATANTE ET NOIRE.
COMME UNE HORRIBLE ET CHERE RELIQUE. --ET
DEVANT LES FENETRES ET DEVANT LE LIT;
DOUTE, ME PARUT-IL, TELLEMENT AFFOLEE QU'
ET ELLE ARGUMENTAIT. ''UN BEAU JOUR
ELLE AUSSI, COMME LA PLEBE A LAQUELLE
SANS BRUIT A TRAVERS LES VITRES. PUIS
PLAISANTERIES LEGERES ET IRREFUTABLES, ET
PAR UN GESTE UN PEU TROP AMOUREUX,
L'ENNUI ET DE LA REVERIE; ET CEUX EN QUI
CAR IL NE RESTAIT PLUS RIEN. CEPENDANT
ENCORE, UNE SUPERFLUITE, UN JOUET. ET
DANS UN GRAND PARC SOLITAIRE: ''COMME
DOROTHEE EST ADMIREE ET CHOYEE DE TOUS, ET
L'ORGUEIL DE L'AFFRANCHIE; ET, BIEN QU'
S'APPELLE DU GATEAU, FRIANDISE SI RARE QU'
LE PLAISIR D'ETRE ADMIREE L'EMPORTE CHEZ
YEUX SE SONT SI BIZARREMENT AGRANDIS; ET
--ATTENDS, REPRIT-ELLE, TU VAS VOIR.'' ET
SES PARFUMS EXCITANTS? PEUT-ETRE A-T-
VEUVE TENAIT PAR LA MAIN UN ENFANT COMME
VISAGE M'EN REPOND. POURQUOI DONC RESTE-T-
QUAND LA MERE ENTRA DANS MON ATELIER.
CONFIDENT, QUE DIEU LAISSAIT TOMBER SUR
EPOUX, CELUI-CI SE TOURNA BRUSQUEMENT VERS

	POEM	LINE
ELLE EST DONC MORTE? --OUI! CELA NE POUVAIT	42	145
ELLE EST EXQUISE! LE TEMPS N'A PU ROMPRE	39	008
ELLE EST FOURMI, ARAIGNEE, SI VOUS VOULEZ,	39	006
ELLE EST SEMEE, REPRESENTENT CES FEUX DE LA	22	063
ELLE EST SI DOUCE ET SI FERVENTE! ELLE AIME	39	024
ELLE EST SITUEE. --LA BEAUTE? --JE L'AIMERAIS	01	008
ELLE EST SURPRENANTE. EN ELLE LE NOIR ABONDE:	36	007
ELLE EST VRAIMENT LAIDE; ELLE EST FOURMI,	39	006
ELLE ET REPRESENTER PAR SES JEUX, SES ALLURES,	34	037
ELLE ETAIT EVIDEMMENT CONDAMNEE, PAR UNE	13	039
ELLE ETAIT PARFAITE?'' LES TROIS AUTRES	42	161
ELLE ETAIT REVETUE. ELLE AUSSI, COMME LA PLEBE	13	083
ELLE ETAIT, ELLE-MEME, LA PERSONNE LA PLUS	29	069
ELLE ETINCELLE TOUT ENTIERE, COMME LE FER	11	042
ELLE FAIT PENSER A CES CHEVAUX DE GRANDE RACE	39	021
ELLE FAIT PLUS VOLONTIERS PENSER A LA LUNE,	36	014
ELLE FAIT UNE TACHE SI ECLATANTE?'' MAIS EN	13	091
ELLE GATAIT CETTE GRANDE QUALITE PAR UNE	42	034
ELLE HURLE PLUS NATURELLEMENT. DANS SA RAGE,	11	041
ELLE ICI? QUI L'A AMENEE? QUEL POUVOIR MAGIQUE	05	024
ELLE INSPIRE EST NOCTURNE ET PROFOND. SES YEUX	36	008
ELLE JOUIT DANS TOUTES SES PARTIES DU MONDE,	29	068
ELLE L'A PATIEMMENT ET OPINIATREMENT ILLUSTRE	18	006
ELLE LE NOIR ABONDE: ET TOUT CE QU'ELLE	36	008
ELLE LE PRIERA, LA SIMPLE CREATURE, DE LUI	25	050
ELLE LEUR DISAIT: ''COMMENT TROUVEZ-VOUS CE	20	083
ELLE M'A AIDE A VIVRE, A SENTIR QUE JE SUIS ET	35	022
ELLE M'A EMPECHE DE FAIRE, QUE JE REGRETTE DE	42	133
ELLE M'A QUITTE... --POUR UN FOURNISSEUR AUX	42	099
ELLE M'A TENU AINSI LONGTEMPS EN EXTASE. ELLE	42	092
ELLE M'AIDE A CHANTER LES BONS CHIENS, LES	50	016
ELLE M'AVOUA QU'ELLE N'AVAIT JAMAIS CONNU LE	42	070
ELLE M'EXPLIQUA L'ABSURDITE DES DIFFERENTES	29	062
ELLE MANGEAIT, MACHAIT, BROYAIT, DEVORAIT,	42	090
ELLE MARCHE SANS SOULIERS. ELLE S'AVANCE	25	028
ELLE ME CRIE: ''N'IMPORTE OU! N'IMPORTE OU!	48	043
ELLE ME DIT, EN ME MONTRANT SIX BEAUX ENFANTS:	42	073
ELLE ME PRIA DE LUI MONTRER L'ENDROIT OU SON	30	100
ELLE ME PRIVAIT DE TOUS LES BENEFICES QUE	42	135
ELLE ME REPONDIT D'UN AIR TRES-TRISTE, ET	47	111
ELLE MORTE QUELQUES JOURS APRES QUE J'EUS FAIT	38	006
ELLE MORTE? ''EN ES-TU DONC VENUE A CE POINT	48	028
ELLE N'A JAMAIS PU CROIRE QUE LA FEMME MERITAT	11	049
ELLE N'AVAIT EU PEUR, RELATIVEMENT A SON	29	071
ELLE N'AVAIT JAMAIS CONNU LE PLAISIR. JE ME	42	070
ELLE N'EST ASSAISONNEE PAR LE PARFUM, LA	42	023
ELLE N'ETAIT OBLIGEE D'ENTASSER PIASTRE SUR	25	057
ELLE N'EXIGEAIT PAS DE RECONNAISSANCE. LE	42	138
ELLE NE PEUT PAS PARTAGER SA REVERIE, OU CELLE	13	033
ELLE NE SE PLAIGNIT EN AUCUNE FACON DE LA	29	067
ELLE NE VOYAIT PAS, ELLE REGARDAIT LE MONDE	13	085
ELLE PAS AUSSI LE CONDUIRE EN PRISON? UN	28	033
ELLE PAS SE MULTIPLIER EN PIECES VRAIES? NE	28	032
ELLE PLEURAIT DANS UN COIN, SE DISANT: --''AH!	02	012
ELLE PREND TANT DE PLAISIR A SE PEIGNER, A	25	039
ELLE QUITTE SA PETITE CASE SI COQUETTEMENT	25	037
ELLE REGARDAIT LE MONDE LUMINEUX AVEC UN OEIL	13	085
ELLE REPETAIT CES MOTS JOUR ET NUIT EN	42	094
ELLE REPOSERAIT SI CALME, SI BIEN EVENTEE,	24	027
ELLE REPRENAIT SON ANTIENNE, ET ME DISAIT:	47	039
ELLE REUSSIRA SANS DOUTE, LA BONNE DOROTHEE,	25	059
ELLE REUSSIT BEAUCOUP TROP BIEN. UN AUTRE	09	024
ELLE S'AGRAFAIT AVEC SES DEUX VASTES GRIFFES AU	06	010
ELLE S'APPROCHA DE LUI, VOULANT LUI FAIRE DES	02	006
ELLE S'ASSIT A L'ECART DANS UN JARDIN, POUR	13	050
ELLE S'AVANCE AINSI, HARMONIEUSEMENT, HEUREUSE	25	029
ELLE S'AVANCE, BALANCANT MOLLEMENT SON TORSE	25	010
ELLE S'EMPARA DU CLOU ET DE LA FICELLE,	30	115
ELLE S'EPANCHE EN CASCADES NEIGEUSES. SUR CE	05	022
ELLE S'EPRENAIT DE TENDRESSE MAINTENANT POUR	30	112
ELLE S'EST MISE A LA CHIMIE; DE SORTE QU'ENTRE	42	046
ELLE S'ETAIT MELEE ET QU'ELLE NE VOYAIT PAS,	13	084
ELLE S'ETENDIT SUR TOI AVEC LA TENDRESSE	37	005
ELLE S'EXPRIMAIT AVEC UNE SUAVITE DE DICTION	29	059
ELLE SE CONVULSAIT COMME UNE SENSITIVE	42	050
ELLE SE MANIFESTE SI OPINEMENT SONT; EN	09	031
ELLE SE SOUVIENT A TEMPS D'UNE LOI BIEN CONNUE,	20	063
ELLE SERA RENTREE A PIED, MEDITANT ET REVANT,	13	099
ELLE SERAIT BELLE DANS UN COSTUME DE COUR,	24	002
ELLE SERAIT PARFAITEMENT HEUREUSE SI ELLE	25	056
ELLE SOIT LIBRE, ELLE MARCHE SANS SOULIERS.	25	027
ELLE SUFFIT POUR ENGENDRER UNE GUERRE	15	076
ELLE SUR L'ORGUEIL DE L'AFFRANCHIE; ET, BIEN	25	027
ELLE T'A SI TENDREMENT SERREE A LA GORGE QUE	37	010
ELLE TIRA D'UNE ARMOIRE UNE LIASSE DE PAPIERS,	47	048
ELLE UN RENDEZ-VOUS AVEC QUELQUE JEUNE	25	047
ELLE VETU DE NOIR; SI MODIQUE QUE FUT LE PRIX	13	095
ELLE VOLONTAIREMENT DANS UN MILIEU OU ELLE	13	091
ELLE VOULAIT, DISAIT-ELLE, VOIR LE CADAVRE DE	30	096
ELLE, DEPUIS BIEN DES ANS PEUT-ETRE! TROIS	13	057
ELLE, ET LUI DIT: ''OBSERVEZ CETTE POUPEE,	43	014

POEM LINE

27	123	PENCHER VERS UN PETIT PAGE, PLACE DERRIERE	ELLE, ET LUI PARLER A L'OREILLE. LA
13	093	MAIS EN PASSANT CURIEUSEMENT AUPRES D'	ELLE, JE CRUS EN DEVINER LA RAISON. LA GRANDE
02	004	PLAIRE; CE JOLI ETRE, SI FRAGILE COMME	ELLE, LA PETITE VIEILLE, ET, COMME ELLE AUSSI,
42	161	RESPECT. QUE VOULIEZ-VOUS QUE JE FISSE D'	ELLE, PUISQU'ELLE ETAIT PARFAITE?'' LES TROIS
42	151	UNE MELANCOLIQUE PROMENADE OU SES YEUX, A	ELLE, REFLECHISSAIENT LA DOUCEUR DU CIEL, ET
47	012	MEDECIN; QUE DIABLE!... --AH! AH! --FIT-	ELLE, TOUJOURS SUSPENDUE A MON BRAS, ET EN
47	047	S... C... DE S... M...! --ATTENDS, REPRIT-	ELLE, TU VAS VOIR.'' ET ELLE TIRA D'UNE
30	097	DANS MON ATELIER. ELLE VOULAIT, DISAIT-	ELLE, VOIR LE CADAVRE DE SON FILS. JE NE
47	068	SUR LE GUERIDON: ''ATTENDS UN PEU, --DIT-	ELLE; CA, C'EST LES INTERNES; ET CE PAQUET-CI,
25	055	DAMES DE PARIS SONT TOUTES PLUS BELLES QU'	ELLE. DOROTHEE EST ADMIREE ET CHOYEE DE TOUS,
47	025	M'OFFRANT CES BONNES CHOSES ET EN ALLUMANT	ELLE- MEME UN CIGARE, LA BOUFFONNE CREATURE ME
18	012	EST MARIE AU SILENCE; OU LA CUISINE	ELLE-MEME EST POETIQUE, GRASSE ET EXCITANTE A
42	023	DU TROISIEME DEGRE OU LA BEAUTE	ELLE-MEME NE SUFFIT PLUS, SI ELLE N'EST
29	069	PARTIES DU MONDE, M'ASSURA QU'ELLE ETAIT,	ELLE-MEME, LA PERSONNE LA PLUS INTERESSEE A LA
19	043	DOUTE, AVAIENT TIRE LE JOUJOU DE LA VIE	ELLE-MEME. ET LES DEUX ENFANTS SE RIAIENT L'UN
31	016	YEUX CREUX ET LEURS JOUES ENFLAMMEES	ELLES AIENT L'AIR TERRIBLE; ON NE PEUT PAS
05	029	QUE JE RECONNAIS A LEUR EFFRAYANTE MALICE!	ELLES ATTIRENT; ELLES SUBJUGUENT; ELLE
20	025	LES MINUTES, LES SECONDES. EN VERITE,	ELLES ETAIENT AUSSI AHURIES QUE DES MINISTRES
12	015	LUI ETRE FERMEES; C'EST QU'A SES YEUX	ELLES NE VALENT PAS LA PEINE D'ETRE VISITEES.
03	013	DE LA REVERIE, LE MOI SE PERD VITE!);	ELLES PENSENT, DIS-JE, MAIS MUSICALEMENT ET
14	022	EN VERITE, UNE CONCURRENCE FORMIDABLE;	ELLES PIAILLAIENT, BEUGLAIENT, HURLAIENT.
20	028	DEGAGEMENTS GRATUITS. JE CROIS MEME QU'	ELLES REGARDAIENT DE TEMPS A AUTRE L'AIGUILLE
43	011	FRAPPERENT LOIN DU BUT PROPOSE! L'UNE D'	ELLES S'ENFONCA MEME DANS LE PLAFOND; ET COMME
14	021	QUI SE PAVANENT A CES EPOQUES SOLENNELLES.	ELLES SE FAISAIENT, EN VERITE, UNE CONCURRENCE
09	004	QUELQUEFOIS AVEC UNE RAPIDITE DONT	ELLES SE SERAIENT CRUES ELLES-MEMES
13	026	BANCS SOLITAIRES, DES VEUVES PAUVRES? QU'	ELLES SOIENT EN DEUIL OU NON, IL EST FACILE DE
03	016	DEDUCTIONS. TOUTEFOIS, CES PENSEES, QU'	ELLES SORTENT DE MOI OU S'ELANCENT DES CHOSES,
05	029	A LEUR EFFRAYANTE MALICE! ELLES ATTIRENT;	ELLES SUBJUGUENT; ELLE DEVORENT LE REGARD DE
09	017	LES PLUS SIMPLES ET LES PLUS NECESSAIRES.	ELLES TROUVENT A UNE CERTAINE MINUTE UN
03	012	CHOSES PENSENT PAR MOI, OU JE PENSE PAR	ELLES (CAR DANS LA GRANDEUR DE LA REVERIE, LE
36	031	L'ENVIE DE LES VAINCRE ET DE JOUIR D'	ELLES! MAIS CELLE-CI DONNE LE DESIR DE MOURIR
25	053	DU DIMANCHE, OU LES VIEILLES CAFRINES	ELLES-MEMES DEVIENNENT IVRES ET FURIEUSES DE
09	004	UNE RAPIDITE DONT ELLES SE SERAIENT CRUES	ELLES-MEMES INCAPABLES. TEL QUI, CRAIGNANT DE
07	005	NE S'EXPRIME PAR AUCUN BRUIT; LES EAUX	ELLES-MEMES SONT COMME ENDORMIES. BIEN
31	129	JE NE SAIS QUOI DE PRECOCEMENT FATAL QUI	ELOIGNE GENERALEMENT LA SYMPATHIE, ET QUI, JE
15	007	PROFANE, M'APPARAISSAIENT MAINTENANT AUSSI	ELOIGNEES QUE LES NUEES QUI DEFILAIENT AU FOND
18	069	AMBITIEUSE ET DELICATE, PLUS LES REVES L'	ELOIGNENT DU POSSIBLE. CHAQUE HOMME PORTE EN
26	057	PAS PRIER LE MAITRE DU CAFE DE LES	ELOIGNER D'ICI?'' TANT IL EST DIFFICILE DE
10	040	J'AI CHANTEES, FORTIFIEZ-MOI, SOUTENEZ-MOI,	ELOIGNEZ DE MOI LE MENSONGE ET LES VAPEURS
28	001	COMME NOUS NOUS	ELOIGNIONS DU BUREAU DE TABAC, MON AMI FIT UN
28	012	NE CONNAIS RIEN DE PLUS INQUIETANT QUE L'	ELOQUENCE MUETTE DE CES YEUX SUPPLIANTS, QUI
49	007	--AVALE, VEUX-JE DIRE, --TOUTES LES	ELUCUBRATIONS DE TOUS CES ENTREPRENEURS DE
50	007	DU CIEL, OU MONTE VERS MOI DES CHAMPS	ELYSEENS, POUR M'INSPIRER EN FAVEUR DES ENFANTS
21	007	SUR UNE ESTRADE. UNE SPLENDEUR SULFUREUSE	EMANAIT DE CES TROIS PERSONNAGES, QUI SE
13	081	DU PASSE. UN PARFUM DE HAUTAINE VERTU	EMANAIT DE TOUTE SA PERSONNE. SON VISAGE,
20	045	SE TROUVER PLUS TARD PRODIGIEUSEMENT	EMBARRASSE DE SES MILLIONS. AINSI FURENT
20	062	ETRE VENU POUR RIEN.'' LA FEE POUVAIT ETRE	EMBARRASSEE; CAR IL NE RESTAIT PLUS RIEN.
18	055	PAR LE REVE, OU ELLE EST CORRIGEE,	EMBELLIE, REFONDUE. QU'ILS CHERCHENT, QU'ILS
45	007	DE BON FESTIN SANS SQUELETTE, OU SANS UN	EMBLEME QUELCONQUE DE LA BRIEVETE DE LA VIE''.
32	002	SELON LE SENS MORAL ET POETIQUE, C'EST UN	EMBLEME SACERDOTAL DANS LA MAIN DES PRETRES ET
37	034	SAUVAGES ET VOLUPTUEUX QUI SONT LES	EMBLEMES DE LEUR FOLIE.'' ET C'EST POUR CELA,
21	097	ET PARADOXALE. ''ECOUTE,'' ET ELLE	EMBOUCHA ALORS UNE GIGANTESQUE TROMPETTE,
42	016	C'EST L'EPOQUE OU, FAUTE DE DRYADES, ON	EMBRASSE, SANS DEGOUT, LE TRONC DES CHENES.
09	040	VIEILLARD QUI PASSE A COTE DE LUI ET L'	EMBRASSERA AVEC ENTHOUSIASME DEVANT LA FOULE
15	071	IL ETAIT MELE. CE SPECTACLE M'AVAIT	EMBRUME LE PAYSAGE, ET LA JOIE CALME OU
47	063	A SON HOPITAL. C'ETAIT LE TEMPS DES	EMEUTES. COMMENT EST-CE POSSIBLE QU'UN SI BEL
31	046	--IL Y A QUELQUES JOURS, MES PARENTS M'ONT	EMMENE EN VOYAGE AVEC EUX, ET, COMME PENDANT
31	121	EU D'ABORD ENVIE DE LES PRIER DE M'	EMMENER AVEC EUX ET DE M'APPRENDRE A JOUER DE
29	045	QUANT A CETTE PERTE, QU'UN PEU MOINS D'	EMOTION QUE SI J'AVAIS EGARE, DANS UNE
27	090	MA PLUME TREMBLE ET DES LARMES D'UNE	EMOTION TOUJOURS PRESENTE ME MONTENT AUX YEUX
30	115	HORRIBLE ET CHERE RELIQUE. --ET ELLE S'	EMPARA DU CLOU ET DE LA FICELLE. ''ENFIN!
29	051	NE PARUT PAS LUI DEPLAIRE, M'ECRIER, EN M'	EMPARANT D'UNE COUPE PLEINE JUSQU'AU BORD: ''A
18	015	TU CONNAIS CETTE MALADIE FIEVREUSE QUI S'	EMPARE DE NOUS DANS LES FROIDES MISERES, CETTE
27	005	QUE LES IDEES DE PATRIE ET DE LIBERTE S'	EMPARENT DESPOTIQUEMENT DU CERVEAU D'UN
42	134	UNE TUTELLE. QUE DE SOTTISES ELLE M'A	EMPECHE DE FAIRE, QUE JE REGRETTE DE N'AVOIR
27	096	AU BORD DE LA TOMBE AVEC UNE JOIE QUI L'	EMPECHE DE VOIR LA TOMBE, PERDU, COMME IL EST,
13	060	AN. UNE AUTRE ENCORE: JE NE PUIS JAMAIS M'	EMPECHER DE JETER UN REGARD, SINON
31	017	AIENT L'AIR TERRIBLE; ON NE PEUT PAS S'	EMPECHER DE LES AIMER. ON A PEUR, ON A ENVIE
20	031	SIEGEANT DEPUIS LE MATIN, NE PEUVENT S'	EMPECHER DE REVER AU DINER, A LA FAMILLE ET A
15	038	ET RAUQUE; LE MOT: GATEAU! JE NE PUS M'	EMPECHER DE RIRE EN ENTENDANT L'APPELLATION
30	098	SON FILS. JE NE POUVAIS PAS, EN VERITE, L'	EMPECHER DE S'ENIVRER DE SON MALHEUR ET LUI
49	034	A LUI QUE POUR DEFENDRE, AVERTIR,	EMPECHER, ET QUE LE MIEN DAIGNE CONSEILLER,
21	051	LES CHAINES DONT TES PIEDS SONT	EMPETRES, SONT DES SYMBOLES QUI EXPLIQUENT
42	124	UN DEVOUEMENT SANS COMEDIE ET SANS	EMPHASE; UNE DOUCEUR SANS FAIBLESSE! UNE
16	031	UN MADRIGAL VRAIMENT MERITOIRE, N'EST-IL	EMPHATIQUE QUE VOUS-MEME? EN VERITE, J'AI EU
16	006	QUELLE HEURE IL ETAIT. LE GAMIN DU CELESTE	EMPIRE HESITA D'ABORD; PUIS, SE RAVISANT, IL
42	101	CHOSE D'APPROCHANT, UNE ESPECE D'	EMPLOYE DANS L'INTENDANCE QUI, PAR QUELQUE
20	026	DES MINISTRES UN JOUR D'AUDIENCE, OU DES	EMPLOYES DU MONT-DE-PIETE QUAND UNE FETE
15	051	POUR SON FRERE. LE PREMIER, EXASPERE,	EMPOIGNA LE SECOND PAR LES CHEVEUX; CELUI-CI
49	048	LE COLLET DE SON HABIT, DE L'AUTRE, JE L'	EMPOIGNAI A LA GORGE, ET JE ME MIS A LUI
20	057	PETIT COMMERCANT, JE CROIS, SE LEVA, ET	EMPOIGNANT PAR SA ROBE DE VAPEURS MULTICOLORES
37	038	DE LA FATIDIQUE MARRAINE, DE LA NOURRICE	EMPOISONNEUSE DE TOUS LES LUNATIQUES.
25	026	COQUETTE QUE LE PLAISIR D'ETRE ADMIREE L'	EMPORTE CHEZ ELLE SUR L'ORGUEIL DE
36	005	CHOSE REGRETTABLE DERRIERE LE VOYAGEUR	EMPORTE DANS LA NUIT. COMME IL Y A LONGTEMPS
39	004	CE QUE CHAQUE MINUTE ET CHAQUE BAISER	EMPORTENT DE JEUNESSE ET DE FRAICHEUR. ELLE
28	050	GAGNER QUARANTE SOLS ET LE COEUR DE DIEU''	EMPORTER LE PARADIS ECONOMIQUEMENT; ENFIN
04	011	GANTE, VERNI, CRUELLEMENT CRAVATE ET	EMPRISONNE DANS DES HABITS TOUT NEUFS,
47	083	N'ETES PAS MALADE DU TOUT!!' MAIS IL Y	EN A D'AUTRES QUI ME COMPRENNENT, PARCE QUE JE
50	059	LEUR VIE OU COURENT A LEURS PLAISIRS. IL Y	EN A QUI COUCHENT DANS UNE RUINE DE LA
47	082	LES VOIR, RIEN QUE POUR LES VOIR. IL Y	EN A QUI ME DISENT FROIDEMENT: ''VOUS N'ETES
50	111	DESOLES. SWEDENBORG AFFIRME BIEN QU'IL Y	EN A UN POUR LES TURCS ET UN POUR LES

	POEM	LINE
RIRE, --VOUS ETES UN MEDECIN FARCEUR, J'		
MOI-MEME. --OH! JE NE M'Y TROMPE GUERE; J'		
EN PAROLES INUTILES: ''AIMEZ-MOI BIEN! J'		
MES VOISINS AVAIENT REFUSE DE ME VENIR		
ET EN M'OFFRANT CES BONNES CHOSES ET		
EN PETIT BOHEMIEN; TANTOT EN ANGE, TANTOT		
CULTIVER LE REVE DE MA VIE.'' ET, TOUT		
TANTOT EN PETIT BOHEMIEN, TANTOT		
UN RIVAGE FUT SIGNALE; ET NOUS VIMES,		
DE SON ENORME CHEVELURE PRESQUE BLEUE TIRE		
CHANCELA UN PEU EN AVANT, UN PEU		
T'A SI TENDREMENT SERREE A LA GORGE QUE TU		
AVEC QUI QUE CE SOIT. ELLE NE SE PLAIGNIT		
CARRIER DE SON ETAT, QUI NE POUVAIT,		
ET SI FERVENTE! ELLE AIME COMME ON AIME		
HEUREUSEMENT; AVANT UN MOIS NOUS SERONS		
ACCROCHES A LEURS MAMELLES EXTENUEES. IL Y		
DIGERER DANS UN FAUTEUIL IMMOBILE?'' IL Y		
RESPIRER CONVULSIVEMENT, CHANCELA UN PEU		
FOLIE, JE LUI CRIAI FURIEUSEMENT: ''LA VIE		
FURIEUSEMENT: ''LA VIE EN BEAU! LA VIE		
PAS MEME DE VITRES QUI FASSENT VOIR LA VIE		
CONVIVE M'AFFIRMA QU'IL NE DEDAIGNAIT PAS,		
MAIS UNE EXCESSIVE SENSIBILITE LE RENDAIT,		
LA CHAMBRE DU SALTIMBANQUE ABSENT. UN LIT,		
''AU BORD DE LA MER, UNE BELLE CASE		
COMME TOUTES LES AMIES, HELAS! FECONDE		
FENETRES ET DEVANT LE LIT; ELLE S'EPANCHE		
JUSTICE HUMAINE. NOUS SERIONS NOUS-MEMES,		
IRRESISTIBLES. IL EN PASSA SANS DOUTE		
D'AMOUR ET D'AMITIE, ET BIEN INFERIEUR		
REFUSE DE ME VENIR EN AIDE, FIDELES		
OUBLIE DE VOUS DIRE QUE LA DISTRIBUTION,		
NE L'AI PAS RECONNU. LA DESTINEE M'AVAIT,		
COMPENSER LES MAUVAIS TEMPS DE L'ANNEE.		
PLUS SUBTIL QUE SES CONFRERES; S'ECRIER		
QUELQUE MAUVAIS POETE LA RAMASSERA ET S'		
UNE SI BELLE NUIT!'' LE TROISIEME DISAIT		
TES JOUES EXTRAORDINAIREMENT PALES. C'EST		
SUR LA MONTAGNE; ET, LE SOIR, EN FUMANT ET		
BIEN HONORER MON PAIN PRESQUE BLANC, ET J'		
LUI SAISIT L'OREILLE AVEC LES DENTS, ET		
VOYONS L'ETRE OU LE FAIT TEL QU'IL EXISTE		
IL SEMBLAIT QUE LES MUSIQUES DE LA VIE S'		
ET MEME, AUTANT QUE JE PEUX ME SOUVENIR,		
DES VEUVES PAUVRES? QU'ELLES SOIENT		
A COTE DE CE PRESTIGIEUX REPAIRE SANS		
CURIEUSEMENT AUPRES D'ELLE, JE CRUS		
QUI ONT VECU, QUI VIVENT ET QUI VIVRONT!		
CAS D'EPUISEMENT DES LOTS; LA FACULTE D'		
EFFICACITE DE SA RUSE? IL EST PERMIS D'		
TOUS LES HOMMES SONT EGAUX		
DE PIERRERIES, SOIT UN MANTEAU DE COUR,		
GALANTERIE, QUE JE NE VOUS DEMANDERAI RIEN		
TOUJOURS SUSPENDUE A MON BRAS, ET		
UNE VIOLENCE HYSTERIQUE ET BIZARRE, DISAIT		
ET OU REGNAIT UN SI RICHE SOLEIL.		
SIMPLICITE, ET QUI SEMBLE CONTENIR		
ET PLUS QUE SURPRENANTE.		
MOT: GATEAU! JE NE PUS M'EMPECHER DE RIRE		
UN MOT. --MON AME SERAIT-ELLE MORTE? ''		
TU NE TE PLAISES QUE DANS TON MAL? S'IL		
APRES LE PLAISIR D'ETRE ETONNE, IL N'Y		
QUE TOUTES LES AUTRES FEMMES, ET LA PEAU		
PAS, ET CETTE QUESTION DE DEMENAGEMENT		
TOTAL OUBLI DE TOUT LE MAL TERRESTRE. J'		
C'EST LES EXTERNES.'' ET ELLE DEPLOYA		
SUBJUGUE, ''VOILA QUI EST PRECIEUX!'' MAIS		
DU MONDE. ELLE M'A TENU AINSI LONGTEMPS		
SOIR; LES DEGRES DE MARBRE D'UN PALAIS,		
VIE''. ET IL ENTRA; BUT UN VERRE DE BIERE		
CHANGER DE LIT. CELUI-CI VOUDRAIT SOUFFRIR		
HEURE-CI. ESSAYEZ, QUAND VOUS POURREZ, D'		
SEMBLAIT RACONTER UN CHAGRIN, ET L'AUTRE,		
DE CETTE PRODIGIEUSE REVELATION AVAIT,		
DE SON ABONDANTE CRINIERE D'OU S'EXHALE		
MOI DES CHAMPS ELYSEENS, POUR M'INSPIRER		
LE PEINTRE S'EST DEPOUILLE DE SON GILET		
PLEURNICHERIES, JE VOUS TRAITERAI		
L'AUTRE, ET QUE NOS DEUX AMES DESORMAIS N'		
AUSSITOT; EST-CE QUE VOUS VOUS CONNAISSEZ		
CHARMANT, UN DE CES CIELS D'OU DESCENDENT		
PARFUMEUR DE LA VILLE.'' ET LE CHIEN,		
PERCHE SUR LA MONTAGNE; ET, LE SOIR,		
INDIFFERENCE S'ABATTIT SUR MOI, ET J'		
PAR LE CONTRAIRE DE CE QU'ON REPROCHE		
QUI ELLE SE MANIFESTE SI OPINEMENT SONT,		
DU PROGRES ET DE LA PERFECTIBILITE, ET,		
ENCORE, ET LES RAYONS DU SOLEIL COUCHANT,		
L'HEURE, COMME JE TRAVERSAIS LE BOULEVARD,		
EN AI CONNU PLUSIEURS DANS CE GENRE-LA.	47	014
EN AI CONNU UN BON NOMBRE. J'AIME TANT CES	47	079
EN AI TANT BESOIN! CONSOLEZ-MOI PAR-CI,	11	010
EN AIDE, FIDELES EN CELA AUX HABITUDES DE	30	070
EN ALLUMANT ELLE- MEME UN CIGARE, LA BOUFFONNE	47	025
EN AMOUR MYTHOLOGIQUE. JE LUI AI FAIT PORTER	30	028
EN ANALYSANT DES YEUX LES DETAILS DE LA	24	016
EN ANGE, TANTOT EN AMOUR MYTHOLOGIQUE. JE LUI	30	028
EN APPROCHANT, QUE C'ETAIT UNE TERRE	34	021
EN ARRIERE SA TETE DELICATE ET LUI DONNE UN	25	018
EN ARRIERE, ET PUIS TOMBA ROIDE MORT SUR LES	27	137
EN AS GARDE POUR TOUJOURS L'ENVIE DE PLEURER.	37	011
EN AUCUNE FACON DE LA MAUVAISE REPUTATION DONT	29	067
EN AUCUNE FACON, AIDER LES FACULTES; NI	20	049
EN AUTOMNE; ON DIRAIT QUE LES APPROCHES DE	39	025
EN AUTRICHE, OU NOUS TROUVERONS UN PEUPLE PLUS	31	112
EN AVAIT ENCORE BIEN D'AUTRES. LE GROS SATAN	21	067
EN AVAIT QUI PENSAIENT A LEUR FOYER, QUI	34	016
EN AVANT, UN PEU EN ARRIERE, ET PUIS TOMBA	27	136
EN BEAU! LA VIE EN BEAU!'' CES PLAISANTERIES	09	089
EN BEAU!'' CES PLAISANTERIES NERVEUSES NE SONT	09	089
EN BEAU!'' ET JE LE POUSSAI VIVEMENT VERS	09	079
EN BEAUCOUP DE CAS, D'INSPIRER LA PLUME, LA	29	080
EN BEAUCOUP DE CAS, PLUS CRUEL ET PLUS DESPOTE	27	017
EN BOIS PEINT, SANS RIDEAUX, DES COUVERTURES	50	082
EN BOIS, ENVELOPPEE DE TOUS CES ARBRES	24	018
EN CARESSES ET EN TRAITRISES. OH! OUI! LE	05	069
EN CASCADES NEIGEUSES. SUR CE LIT EST COUCHEE	05	022
EN CE CAS; DES JUGES INJUSTES. AUSSI FURENT	20	035
EN CE MOMENT QUELQUE CHOSE DANS MON AME. MES	15	003
EN CELA AU PLUS IMPARFAIT DES ANIMAUX.	07	024
EN CELA AUX HABITUDES DE L'HOMME CIVILISE, QUI	30	070
EN CES CAS SOLENNELS, EST SANS APPEL, ET	20	051
EN CES DERNIERS TEMPS, OCTROYE LA JOUISSANCE	42	062
EN CES JOURS-LA IL ME SEMBLE QUE LE PEUPLE	14	007
EN CHAIRE: ''MES CHERS FRERES, N'OUBLIEZ	29	073
EN COIFFERA IMPUDEMMENT. FAIRE UN HEUREUX,	46	023
EN COMPTANT LA RECETTE: ''CES GENS-LA NE	31	109
EN CONTEMPLANT CETTE VISITEUSE QUE TES YEUX SE	37	009
EN CONTEMPLANT LE REPOS DE L'IMMENSE VALLEE,	22	015
EN COUPAI POUR LUI UNE BELLE TRANCHE QUE JE	15	040
EN CRACHA UN PETIT MORCEAU SANGLANT AVEC UN	15	053
EN DEHORS DE NOUS, NOUS EPROUVONS UN BIZARRE	30	005
EN DETACHAIENT EN UN VAGUE MURMURE, ET QUE DE	34	023
EN DETOURNANT LES YEUX: ''JE NE SAIS PAS... JE	47	112
EN DEUIL OU NON, IL EST FACILE DE LES	13	026
EN DEVINER L'ENTREE. LA REGNAIT UNE ATMOSPHERE	29	013
EN DEVINER LA RAISON. LA GRANDE VEUVE TENAIT	13	093
EN DISANT ADIEU A CETTE INCOMPARABLE BEAUTE,	34	041
EN DONNER ENCORE UN, SUPPLEMENTAIRE ET	20	071
EN DOUTER. REGRETTA-T IL SON CHER ET	27	141
EN DROITS; DONC JE POSSEDE LE DROIT DE ME	40	007
EN ECHANGE D'UN PRECIEUX SONNET OU D'UN	50	127
EN ECHANGE.	16	033
EN ECLATANT DE RIRE, --VOUS ETES UN MEDECIN	47	013
EN ECLATANT DE RIRE: ''C'EST MOI, LA VRAIE	38	016
EN EFFET, LA LUMIERE ET LA CHALEUR Y FAISAIENT	45	013
EN ELLE ET REPRESENTER PAR SES JEUX, SES	34	037
EN ELLE LE NOIR ABONDE: ET TOUT CE QU'ELLE	36	008
EN ENTENDANT L'APPELLATION DONT IL VOULAIT	15	038
EN ES-TU DONC VENUE A CE POINT	48	029
EN EST AINSI, FUYONS VERS LES PAYS QUI SONT	48	030
EN EST PAS DE PLUS GRAND QUE CELUI DE CAUSER	28	020
EN EST SI DOUCE, SI DOUCE, QU'ON DIRAIT DU	31	057
EN EST UNE QUE JE DISCUTE SANS CESSE AVEC MON	48	006
EN ETAIS VENU A NE PLUS TROUVER SI RIDICULES	15	024
EN EUX, AUX SONS ASSOUPISSANTS DES MELODIEUSES	29	019
EN EVENTAIL UNE MASSE D'IMAGES	47	070
EN EXAMINANT PLUS ATTENTIVEMENT LA SEDUISANTE	21	104
EN EXTASE. ELLE AVAIT UNE MANIERE DOUCE,	42	092
EN FACE DES GRANDES PELOUSES ET DES BASSINS!	24	005
EN FACE DES TOMBES, ET FUMA LENTEMENT UN	45	009
EN FACE DU POELE, ET CELUI-LA CROIT QU'IL	48	003
EN FAIRE AUTANT QUE MOI, ET VOUS VERREZ!'' LE	31	064
EN FAISANT SAUTILLER SON PETIT MARTEAU SUR LES	31	094
EN FAISANT SON RECIT, LES YEUX ECARQUILLES PAR	31	067
EN FAUVES PARFUMS TOUTE LA VITALITE ENDIABLEE	39	013
EN FAVEUR DES BONS CHIENS, DES PAUVRES CHIENS,	50	007
EN FAVEUR DU POETE, TANT IL A BIEN COMPRIS	50	122
EN FEMME SAUVAGE, OU JE VOUS JETTERAI PAR LA	11	073
EN FERAIENT PLUS QU'UNE! --UN REVE QUI N'A	26	009
EN FORCE?'' ET ELLE ARGUMENTAIT. ''UN BEAU	42	044
EN FOULE LES REGRETS ET LES SOUVENIRS, ELLE	13	049
EN FRETILLANT DE LA QUEUE; ET JE	08	004
EN FUMANT ET EN CONTEMPLANT LE REPOS DE	22	014
EN FUS PLUS LOURDEMENT ACCABLE QU'ILS NE	06	035
EN GENERAL A L'EGOISTE FEMELLE. JE VOUS TROUVE	42	107
EN GENERAL, COMME L'AI DIT, LES PLUS	09	032
EN GENERAL, DE TOUTES LES FORMES DE	29	056
EN GLISSANT A TRAVERS LES BOUCLES ROUSSES DE	31	069
EN GRANDE HATE, ET QUE JE SAUTILLAIS DANS LA	46	007

POEM LINE

09	080	VIVEMENT VERS L'ESCALIER, OU IL TREBUCHA	EN GROGNANT. JE M'APPROCHAI DU BALCON ET JE ME
31	086	PRESQUE NOIRS ET TRES-FIERS, QUOIQUE	EN GUENILLES, AVEC L'AIR DE N'AVOIR BESOIN DE
26	033	PRENDRE A SES ENFANTS L'AIR DU SOIR. TOUS	EN GUENILLES. CES TROIS VISAGES ETAIENT
13	086	AVEC UN OEIL PROFOND, ET ELLE ECOUTAIT	EN HOCHANT DOUCEMENT LA TETE. SINGULIERE
19	009	DES CABARETS, AU PIED DES ARBRES, FAITES-	EN HOMMAGE AUX ENFANTS INCONNUS ET PAUVRES QUE
31	080	MOI, SANS SAVOIR OU, SANS QUE PERSONNE S'	EN INQUIETE, ET DE VOIR TOUJOURS DES PAYS
05	076	ET SOLENNELLEMENT ACCENTUEES, ET CHACUNE,	EN JAILLISSANT DE LA PENDULE, DIT: --''JE SUIS
43	015	POUPEE, LA-BAS, A DROITE, QUI PORTE LE NEZ	EN L'AIR ET QUI A LA MINE SI HAUTAINE. EH
32	044	POETE ET ARTISTE, JE VOUS SALUE	EN L'IMMORTALITE!
42	097	A LA FOIS. --J'AURAIS PU FAIRE MA FORTUNE	EN LA MONTRANT DANS LES FOIRES COMME MONSTRE
26	021	AUX JOUES REBONDIES TRAINES PAR LES CHIENS	EN LAISSE, LES DAMES RIANT AU FAUCON PERCHE
42	057	LE SOIR, JE LES CONGEDIAI TOUS LES DEUX,	EN LEUR PAYANT LES ARRERAGES DE LEURS GAGES.
42	141	PAS RETENU DE LUI SAUTER A LA GORGE,	EN LUI CRIANT: ''SOIS DONC IMPARFAITE,
28	045	PLUS DOUX DE SURPRENDRE UN HOMME	EN LUI DONNANT PLUS QU'IL N'ESPERE.'' JE LE
22	035	SA FEMME ET SON ENFANT! LE SECOND PORTE	EN LUI L'INQUIETUDE D'UN MALAISE PERPETUEL, ET
22	038	CROIS QUE LE CREPUSCULE ALLUMERAIT ENCORE	EN LUI LA BRULANTE ENVIE DE DISTINCTIONS
18	070	DU POSSIBLE. CHAQUE HOMME PORTE	EN LUI SA DOSE D'OPIUM NATUREL, INCESSAMMENT
20	082	PARCE QUE!'' REPLIQUA LA FEE COURROUCEE,	EN LUI TOURNANT LE DOS; ET REJOIGNANT LE
04	021	IMBECILE, QUI ME PARUT CONCENTRER	EN LUI TOUT L'ESPRIT DE LA FRANCE.
24	052	DES PROJETS, PUISQUE LE PROJET EST	EN LUI-MEME UNE JOUISSANCE SUFFISANTE?''
29	051	QUI NE PARUT PAS LUI DEPLAIRE, M'ECRIER,	EN M'EMPARANT D'UNE COUPE PLEINE JUSQU'AU
47	025	DORLOTE! GRAND FEU, VIN CHAUD, CIGARES; ET	EN M'OFFRANT CES BONNES CHOSES ET EN ALLUMANT
15	064	LE PROMETTRE? LE GATEAU VOYAGEAIT DE MAIN	EN MAIN ET CHANGEAIT DE POCHE A CHAQUE
09	071	PEINE A OPERER SON ASCENSION ET ACCROCHER	EN MAINT ENDROIT LES ANGLES DE SA FRAGILE
21	020	DE SA TUNIQUE DE POURPRE ETAIT ROULE,	EN MANIERE DE CEINTURE; UN SERPENT CHATOYANT
08	008	AVEC EFFROI, IL ABOIE CONTRE MOI,	EN MANIERE DE REPROCHE. ''--AH! MISERABLE
48	011	AU BORD DE L'EAU! ON DIT QU'ELLE EST BATIE	EN MARBRE, ET QUE LE PEUPLE Y A UNE TELLE
29	117	CAETERA...'', AJOUTA-T-IL EN SE LEVANT ET	EN ME CONGEDIANT AVEC UN BON SOURIRE. SI CE
10	025	A UN DIRECTEUR DE THEATRE, QUI M'A DIT	EN ME CONGEDIANT: ''--VOUS FERIEZ PEUT-ETRE
29	124	CROIRE A UN SI PRODIGIEUX BONHEUR; ET EN	EN ME COUCHANT, FAISANT ENCORE MA PRIERE PAR
42	073	LA FANTAISIE DE LA REVOIR, ET ELLE ME DIT,	EN ME MONTRANT SIX BEAUX ENFANTS: ''EH BIEN!
49	025	MAGNETISEUR FAISAIT MURIR LES RAISINS.	EN MEME TEMPS, J'ENTENDIS UNE VOIX QUI
15	069	PAIN AVAIT DISPARU, ET IL ETAIT EPARPILLE	EN MIETTES SEMBLABLES AUX GRAINS DE SABLE
13	065	TRIOMPHE OU DE VOLUPTE. LES ROBES TRAINENT	EN MIROITANT; LES REGARDS SE CROISENT; LES
28	009	ET MINUTIEUSE REPARTITION!'' ME DIS-JE	EN MOI-MEME. NOUS FIMES LA RENCONTRE D'UN
21	071	DE NOMBREUSES VOIX HUMAINES. ET IL RIAIT,	EN MONTRANT IMPUDEMMENT SES DENTS GATEES, D'UN
42	095	ET ELLE REPETAIT CES MOTS JOUR ET NUIT	EN MONTRANT LES PLUS JOLIES DENTS DU MONDE,
18	038	FENETRES OUVRAGEES QUE LE PLOMB DIVISE	EN NOMBREUX COMPARTIMENTS. LES MEUBLES SONT
29	034	VIVRE. MON HOTE ET MOI, NOUS ETIONS DEJA,	EN NOUS ASSEYANT, DE VIEUX ET PARFAITS AMIS.
09	048	QUE DES DEMONS MALICIEUX SE GLISSENT	EN NOUS ET NOUS FONT ACCOMPLIR, A NOTRE INSU,
04	012	DEVANT L'HUMBLE BETE, ET LUI DIT,	EN OTANT SON CHAPEAU: ''JE VOUS LA SOUHAITE
13	082	SON VISAGE, TRISTE ET AMAIGRI, ETAIT	EN PARFAITE ACCORDANCE AVEC LE GRAND DEUIL
15	021	BEAUTE DONT J'ETAIS ENVIRONNE,	EN PARFAITE PAIX AVEC MOI-MEME ET AVEC
47	057	VOILA Z., CELUI QUI DISAIT A SON COURS,	EN PARLANT DE X.: ''CE MONSTRE QUI PORTE SUR
11	009	ET PUIS, VOUS NE CESSEZ DE VOUS REPANDRE	EN PAROLES INUTILES: ''AIMEZ-MOI BIEN! J'EN AI
29	041	DIRE QUE J'AVAIS JOUE ET PERDU MON AME,	EN PARTIE LIEE, AVEC UNE INSOUCIANCE ET UNE
42	011	IL EUT ETE PLUS PHILOSOPHIQUE DE N'	EN PAS PARLER DU TOUT; MAIS IL Y A DES GENS
15	003	ET D'UNE NOBLESSE IRRESISTIBLES. IL	EN PASSA SANS DOUTE EN CE MOMENT QUELQUE CHOSE
13	093	ELLE FAIT UNE TACHE SI ECLATANTE?'' MAIS	EN PASSANT CURIEUSEMENT AUPRES D'ELLE, JE CRUS
24	007	A NATURELLEMENT L'AIR D'UNE PRINCESSE.''	EN PASSANT PLUS TARD DANS UNE RUE, IL S'ARRETA
14	073	ENFIN, JE VENAIS DE ME RESOUDRE A DEPOSER	EN PASSANT QUELQUE ARGENT SUR UNE DE SES
29	006	A MOI, UN DESIR ANALOGUE, CAR IL ME FIT,	EN PASSANT, UN CLIGNEMENT D'OEIL SIGNIFICATIF
29	082	ET QU'IL ASSISTAIT PRESQUE TOUJOURS	EN PERSONNE, QUOIQUE INVISIBLE, A TOUTES LES
30	027	POUR MOI, ET JE L'AI TRANSFORME TANTOT	EN PETIT BOHEMIEN, TANTOT EN ANGE, TANTOT EN
28	032	NE POUVAIT-ELLE PAS SE MULTIPLIER	EN PIECES VRAIES? NE POUVAIT-ELLE PAS AUSSI LE
29	058	CE SUJET-LA, SON ALTESSE NE TARISSAIT PAS	EN PLAISANTERIES LEGERES ET IRREFUTABLES, ET
35	015	ET QUELQUEFOIS JE ME LA RACONTE A MOI-MEME	EN PLEURANT. SI C'EUT ETE UN PAUVRE VIEUX
07	009	LUMIERE TOUJOURS CROISSANTE FAIT DE PLUS	EN PLUS ETINCELER LES OBJETS; QUE LES FLEURS
27	117	NEIGE. SES LEVRES SE RESSERRAIENT DE PLUS	EN PLUS, ET SES YEUX S'ECLAIRAIENT D'UN FEU
30	110	''OH! MONSIEUR! LAISSEZ-MOI CELA! JE VOUS	EN PRIE! JE VOUS EN SUPPLIE!'' SON DESESPOIR
28	033	NE POUVAIT-ELLE PAS AUSSI LE CONDUIRE	EN PRISON? UN CABARETIER, UN BOULANGER, PAR
32	038	OU L'IMPRIMERIE TRADUIT VOTRE SAGESSE,	EN QUELQUE LIEU QUE VOUS SOYEZ, DANS LES
27	012	DEMENAGEMENT D'UNE SOCIETE. LES SEIGNEURS	EN QUESTION FURENT ARRETES, AINSI QUE
09	031	DE L'ENNUI ET DE LA REVERIE; ET CEUX	EN QUI ELLE SE MANIFESTE SI OPINEMENT SONT, EN
13	005	TOUTES CES AMES TUMULTUEUSES ET FERMEES;	EN QUI GRONDENT ENCORE LES DERNIERS SOUPIRS
29	089	MAIS COMME DEUX VIEUX GENTILSHOMMES,	EN QUI UNE POLITESSE INNEE NE SAURAIT ETEINDRE
18	084	VERS LA MER QUI EST L'INFINI, TOUT	EN REFLECHISSANT LES PROFONDEURS DU CIEL DANS
47	036	L'OPERATION FAITE, IL DISAIT FIEREMENT,	EN REGARDANT SA MONTRE: ''CINQ MINUTES,
24	046	PEU APRES, MAIS FRAIS! QUOI DE MIEUX?'' ET	EN RENTRANT SEUL CHEZ LUI, A CETTE HEURE OU
15	045	MON OFFRE NE FUT PAS SINCERE OU QUE JE M'	EN REPENTISSE DEJA. MAIS AU MEME INSTANT IL
13	090	L'ECONOMIE SORDIDE; UN SI NOBLE VISAGE M'	EN REPOND. POURQUOI DONC RESTE-T-ELLE
28	042	CELUI-CI ROMPIT BRUSQUEMENT MA REVERIE	EN REPRENANT MES PROPRES PAROLES: ''OUI, VOUS
15	073	PETITS HOMMES AVAIT TOTALEMENT DISPARU; J'	EN RESTAI TRISTE ASSEZ LONGTEMPS, ME REPETANT
21	033	CHAINE D'OR ROMPUE, ET QUAND LA GENE QUI	EN RESULTAIT LE FORCAIT A BAISSER LES YEUX
14	077	TROUBLE, M'ENTRAINA LOIN DE LUI. ET, M'	EN RETOURNANT, OBSEDE PAR CETTE VISION, JE
24	049	IL SE DIT: ''J'AI EU AUJOURD'HUI,	EN REVE, TROIS DOMICILES OU J'AI TROUVE UN
50	095	DE SI ZELES COMEDIENS SE METTENT PAS	EN ROUTE SANS AVOIR LESTE LEUR ESTOMAC D'UNE
10	013	L'UN M'A DEMANDE SI L'ON POUVAIT ALLER	EN RUSSIE PAR VOIE DE TERRE (IL PRENAIT SANS
06	016	ALLAIENT AINSI. IL ME REPONDIT QU'IL N'	EN SAVAIT RIEN, NI LUI, NI LES AUTRES; MAIS
27	069	LE MYSTERE DE LA VIE. IL ENTRA	EN SCENE LEGEREMENT ET AVEC UNE AISANCE
29	117	--ET CAETERA, ET CAETERA...'', AJOUTA-T-IL	EN SE LEVANT ET EN ME CONGEDIANT AVEC UN BON
24	001	IL SE DISAIT:	EN SE PROMENANT DANS UN GRAND PARC SOLITAIRE:
21	004	DE L'HOMME QUI DORT, ET COMMUNIQUE	EN SECRET AVEC LUI. ET ILS SONT VENUS SE POSER
20	034	ET DE HASARD, NE NOUS ETONNONS PAS QU'IL	EN SOIT DE MEME QUELQUEFOIS DANS LA JUSTICE
39	008	ELLE EST BREUVAGE, MAGISTERE, SORCELLERIE!	EN SOMME, ELLE EST EXQUISE. LE TEMPS N'A PU
51	002	D'OU L'ON PEUT CONTEMPLER LA VILLE	EN SON AMPLEUR, HOPITAL, LUPANAR, PURGATOIRE,
37	007	SES COULEURS SUR TA FACE. TES PRUNELLES	EN SONT RESTEES VERTES; ET TES JOUES
45	021	DANS LE BOURDONNEMENT D'UNE SYMPHONIE	EN SOURDINE. ALORS, SOUS LE SOLEIL QUI LUI
05	070	OH! OUI! LE TEMPS A REPARU! LE TEMPS REGNE	EN SOUVERAIN MAINTENANT; ET AVEC LE HIDEUX
47	060	DE CA A L'ECOLE, DANS LE TEMPS! TU T'	EN SOUVIENS? --TIENS, VOILA K., CELUI QUI
30	124	DU TROISIEME, ET AINSI DE SUITE, LES UNES	EN STYLE DEMI-PLAISANT, COMME CHERCHANT A

		POEM	LINE
DE HAINE. ENFIN, CE N'EST PAS MOI QUI	EN SUIS MORT! --AH! FIRENT LES AUTRES, ELLE	42	144
CAUSE ENGENDRER DEUX EFFETS CONTRAIRES, J'	EN SUIS TOUJOURS COMME INTRIGUE ET ALARME. O	22	042
LAISSEZ-MOI CELA! JE VOUS EN PRIE! JE VOUS	EN SUPPLIE!'' SON DESESPOIR L'AVAIT, SANS	30	110
A SES MIGNONNES OREILLES. DE TEMPS	EN TEMPS LA BRISE DE MER SOULEVE PAR LE COIN	25	021
AURORES BOREALES NOUS ENVERRONT DE TEMPS	EN TEMPS LEURS GERBES ROSES, COMME DES REFLETS	48	041
CETTE MINERVE, AFFAMEE DE FORCE IDEALE,	EN TETE-A-TETE AVEC MON DOMESTIQUE, ET DANS	42	055
DEVOIRS. BREF, J'AI VECU QUELQUE TEMPS	EN TETE-A-TETE AVEC UN PHENOMENE VIVANT. ELLE	42	089
VOUS EN TIRERIEZ PLUS DE SOUPIRS QUE N'	EN TIRAIENT DU SEIN DE MA MAITRESSE LES ELANS	42	068
A CE MUR OU A CE CANAPE, QUE VOUS	EN TIRERIEZ PLUS DE SOUPIRS QUE N'EN TIRAIENT	42	067
DE L'EPOQUE ET DE L'OCCASION OU EST NEE	EN TOI CETTE PASSION SI PARTICULIERE?''	47	108
SI ON LES ECOUTAIT TROP LONGTEMPS. L'UN,	EN TRAINANT SON ARCHET SUR SON VIOLON,	31	092
LES AMIES, HELAS! FECONDE EN CARESSES ET	EN TRAITRISES. OH! OUI! LE TEMPS A REPARU! LE	05	069
D'UN PAUVRE QUI NOUS TENDIT SA CASQUETTE	EN TREMBLANT. --JE NE CONNAIS RIEN DE PLUS	28	011
JE VEUX ESSAYER DE VOUS GUERIR! NOUS	EN TROUVERONS PEUT-ETRE LE MOYEN, POUR DEUX	11	012
LES MUSIQUES DE LA VIE NOUS ARRIVAIENT	EN UN AMOUREUX MURMURE.	34	049
IL NE FAUT PAS MANGER TOUT SON BIEN	EN UN JOUR''. ET, SUR CETTE SAGE PAROLE, IL	11	031
CLIQUETIS DE METAL, QUI SE TERMINAIT	EN UN VAGUE GEMISSEMENT FAIT DE NOMBREUSES	21	070
LES MUSIQUES DE LA VIE S'EN DETACHAIENT	EN UN VAGUE MURMURE, ET QUE DE CES COTES,	34	024
CRIS DISCORDANTS, QUE L'ESPACE TRANSFORME	EN UNE LUGUBRE HARMONIE, COMME CELLE DE LA	22	008
POING, QUI LUI BOUCHAI UN OEIL, QUI DEVINT	EN UNE SECONDE, GROS COMME UNE BALLE. JE	49	043
SE REPANDAIT, S'EBAUDISSAIT LE PEUPLE	EN VACANCES. C'ETAIT UNE DE CES SOLENNITES SUR	14	002
VAGUE MURMURE, ET QUE DE CES COTES, RICHES	EN VERDURES DE TOUTE SORTE, S'EXHALAIT,	34	024
BON DECRIRE UNE LUTTE HIDEUSE QUI DURA	EN VERITE PLUS LONGTEMPS QUE LEURS FORCES	15	062
A MUSIQUE, DES MELANCOLIQUES FILAOS! OUI,	EN VERITE, C'EST BIEN LA LE DECOR QUE JE	24	032
LES HEURES, LES MINUTES, LES SECONDES.	EN VERITE, ELLES ETAIENT AUSSI AHURIES QUE DES	20	025
UN TOUT AUTRE SENTIMENT QUE LA PITIE?	EN VERITE, IL ME PREND QUELQUEFOIS ENVIE DE	11	061
VOUS, LE MANGEUR D'AMBROISIE!	EN VERITE, IL Y A LA DE QUOI ME SURPRENDRE.	46	003
ET AUSSI EMPHATIQUE QUE VOUS-MEME?	EN VERITE, J'AI EU TANT DE PLAISIR A BRODER	16	031
PUANTES, DERRIERE SON RIDEAU DECHIQUETE?	EN VERITE, JE N'OSAIS; ET, DUT LA RAISON DE MA	14	070
LE CADAVRE DE SON FILS. JE NE POUVAIS PAS,	EN VERITE, L'EMPECHER DE S'ENIVRER DE SON	30	098
ET TOUTE MA FORCE M'ABANDONNA. ''	EN VERITE, ME DIS-JE, IL FALLAIT QUE JE FUSSE	21	115
EPOQUES SOLENNELLES. ELLES SE FAISAIENT,	EN VERITE, UNE CONCURRENCE FORMIDABLE: ELLES	14	021
BETES, PARCE QUE LES HOMMES IMBECILES N'	EN VEULENT PLUS. D'AUTRES QUI, COMME DES	50	066
LES PEUPLES HEUREUX, SAGES ET RICHES,	EN VINGT-QUATRE HEURES. J'AVAIS DONC DIGERE,	49	005
EPROUVENT A RIVALISER AVEC LES CHEVAUX?	EN VOICI DEUX QUI APPARTIENNENT A UN ORDRE	50	080
L'ASSISTIEZ DANS LES OPERATIONS GRAVES,	EN VOILA UN HOMME QUI AIME COUPER, TAILLER ET	47	032
DES INSECTES MUSQUES S'ILLUMINAIENT,	EN VOLANT, AUX ARDEURS DE SON SOUFFLE,	21	019
DANS L'AUBERGE DU HASARD! SI FECONDE	EN VOLUPTES. UN GRAND FEU, DES FAIENCES	24	042
SE DISPUTANT LA PRECIEUSE PROIE, AUCUN N'	EN VOULANT SANS DOUTE SACRIFIER LA MOITIE POUR	15	050
A QUELQUES JOURS, MES PARENTS M'ONT EMMENE	EN VOYAGE AVEC EUX, ET, COMME DANS L'AUBERGE	31	046
D'OR FLOTTAIENT COMME DES CONTINENTS	EN VOYAGE, QUATRE BEAUX ENFANTS, QUATRE	31	004
VIEILLE RATATINEE SE SENTIT TOUT REJOUIE	EN VOYANT CE JOLI ENFANT A QUI CHACUN FAISAIT	02	001
POUR MOI, JE NE MANQUE JAMAIS.	EN VRAI PARISIEN, DE PASSER LA REVUE DE TOUTES	14	018
JE REPONDIS, AVEC TOUT MON DEDAIN: ''VA-T'	EN! JE NE SUIS PAS FAIT POUR EPOUSER LA	21	110
ALLER VIVRE ET FLEURIR? NE SERAIS-TU PAS	ENCADREE DANS TON ANALOGIE! JE NE POURRAIS-TU	18	065
DE PARIAS QUI SE PRESSENT AUTOUR DE L'	ENCEINTE D'UN CONCERT PUBLIC. L'ORCHESTRE	13	062
UNE ODEUR DE FRITURE QUI ETAIT COMME L'	ENCENS DE CETTE FETE. AU BOUT, A L'EXTREME	14	043
UN JOUR QUE LE PRINTEMPS AGITAIT SON	ENCENSOIR JUSQUE DANS LES CIMETIERES. C'EST	38	008
LES FLEURS SINISTRES QUI RESSEMBLENT AUX	ENCENSOIRS D'UNE RELIGION INCONNUE, LES	37	031
UN BATON A LA MAIN, EST UN MARI. IL A	ENCHAINE SA FEMME LEGITIME COMME UNE BETE, ET	11	025
DANOIS, KING-CHARLES, CARLIN OU GREDIN, SI	ENCHANTE DE LUI-MEME QU'IL S'ELANCE	50	022
DE LOTUS QUAND, DEBARQUANT DANS UNE ILE	ENCHANTEE, ECLAIREE DES LUEURS D'UNE ETERNELLE	29	018
OU FUIR ETERNELLEMENT LE BEAU? NATURE,	ENCHANTERESSE SANS PITIE, RIVALE TOUJOURS	03	025
UN SEUL FIL, LES FORGERONS QUI BATTENT L'	ENCLUME, LE CAVALIER ET SON CHEVAL DONT LA	19	006
ME RAJEUNIT SANS CESSE. QUE TU DORMES	ENCOR DANS LES DRAPS DU MATIN, LOURDE,	51	010
ET TENDRE! LES LUEURS ROSES QUI TRAINENT	ENCOR A L'HORIZON COMME L'AGONIE DU JOUR SOUS	22	051
PEUT-ETRE, NOUS NOUS SOUVENONS	ENCORE AUJOURD'HUI. OU VONT LES CHIENS,	50	049
''EH BIEN! MON CHER AMI, L'EPOUSE EST ''	ENCORE AUSSI VIERGE QUE L'ETAIT VOTRE	42	075
A LEURS MAMELLES EXTENUEES. IL Y EN AVAIT	ENCORE BIEN D'AUTRES. LE GROS SATAN TAPAIT	21	067
VOUS N'ETIEZ PAS AINSI. IL N'Y A PAS	ENCORE BIEN LONGTEMPS, QUAND VOUS ETIEZ	47	030
MES NOMBREUX AVERTISSEMENTS, IL AVAIT	ENCORE COMMIS UN NOUVEAU LARCIN DE CE GENRE,	30	044
RESSEMBLAIENT A DES VIOLETTES CHARGEES	ENCORE DES LOURDS PLEURS DE L'ORAGE, ET SES	21	015
IMPLIQUE QUE SOUS LE PERSONNAGE SE LAISSE	ENCORE DEVINER LE COMEDIEN; C'EST-A-DIRE	27	074
JE CROIS QUE LE CREPUSCULE ALLUMERAIT	ENCORE EN LUI LA BRULANTE ENVIE DE	22	038
POUR SON FILS LE MEILLEUR DES LOTS, OSE	ENCORE INTERROGER ET DISCUTER	20	085
COULANTS ET FUMANTS, ECLAIRAIENT TROP BIEN	ENCORE LA DETRESSE. PARTOUT LA JOIE, LE GAIN,	14	051
ET DE CEUX QUI REVIENNENT. DE CEUX QUI ONT	ENCORE LA FORCE DE VOULOIR, LE DESIR DE	41	014
ET OU DE VASTES ESPACES GAZONNES SEPARENT	ENCORE LES BATIMENTS, J'OBSERVAI SOUVENT UN	30	024
TUMULTUEUSES ET FERMEES, EN QUI GRONDENT	ENCORE LES DERNIERS SOUPIRS D'UN ORAGE, ET QUI	13	005
BONHEUR. ET, EN ME COUCHANT, FAISANT	ENCORE MA PRIERE PAR UN RESTE D'HABITUDE	29	125
ILS RENTRENT AU PORT NATAL. CE SONT	ENCORE MES PENSEES ENRICHIES QUI REVIENNENT DE	18	087
''EH! MADAME! VOUS NOUS OUBLIEZ! IL Y A	ENCORE MON PETIT! JE NE VEUX PAS ETRE VENU	20	060
SOMBRE, PLUS TAQUIN. INDULGENT ET SOCIABLE	ENCORE PENDANT LA JOURNEE, IL ETAIT	22	030
PEUR DE LA REVEILLER D'ABORD, ET PUIS	ENCORE PEUR DE JE NE SAIS QUOI. ENSUITE J'AI	31	060
EN VOICI DEUX QUI APPARTIENNENT A UN ORDRE	ENCORE PLUS CIVILISE! PERMETTEZ-MOI DE VOUS	50	080
ENCORE, A L'EXTREME BOUT DE LA BALTIQUE!	ENCORE PLUS LOIN DE LA VIE, SI C'EST POSSIBLE!	48	034
QU'A ME REMETTRE AU TRAVAIL, PLUS VIVEMENT	ENCORE QUE D'HABITUDE; POUR CHASSER PEU A PEU	30	117
LE MAITRE DE LA MATIERE VIVANTE, PLUS	ENCORE QUE LE SCULPTEUR PEUT L'ETRE DE	21	041
YEUX SUPPLIANTS RECLAMAIENT L'AUMONE MIEUX	ENCORE QUE LEURS MAINS TREMBLANTES; ET PUIS DE	21	064
IVRES ET FURIEUSES DE JOIE! ET PUIS	ENCORE SI LES BELLES DAMES DE PARIS SONT	25	054
CES FLEURS MIRACULEUSES! C'EST TOI. C'EST	ENCORE TOI, CES GRANDS FLEUVES ET CES CANAUX	18	078
IL AFFIRMA SANS HESISTER: ''IL N'EST PAS	ENCORE TOUT A FAIT MIDI.'' CE QUI ETAIT VRAI.	16	010
QUI FORMAIT LE COIN D'UN BOULEVARD NEUF,	ENCORE TOUT PLEIN DE GRAVOIS ET MONTRANT DEJA	26	015
DES LOTS, LA FACULTE D'EN DONNER	ENCORE UN, SUPPLEMENTAIRE ET EXCEPTIONNEL,	20	071
HEURES SOLENNELLES DE LA VIE. ON DIRAIT	ENCORE UNE DE CES ROBES ETRANGES DE DANSEUSES,	22	059
UNE GRACE ACCORDEE A CELUI QUI N'AVAIT PAS	ENCORE VECU, UNE GRACE POUVANT DETERMINER SA	20	017
NOS MALLES POUR TORNEO. ALLONS PLUS LOIN	ENCORE, A L'EXTREME BOUT DE LA BALTIQUE;	48	033
DE STUPEFACTION DE CE QU'IL EPROUVAIT	ENCORE, ET LES RAYONS DU SOLEIL COUCHANT, EN	31	068
QU'ILS CHERCHENT, QU'ILS CHERCHENT	ENCORE, QU'ILS RECULENT SANS CESSE LES LIMITES	18	056
PAYER UN DES BESOINS DU PETIT ETRE, MIEUX	ENCORE, UNE SUPERFLUITE, UN JOUET. ET ELLE	13	097
CENT SOIXANTE-CINQ FOIS PAR AN. UNE AUTRE	ENCORE: JE NE PUIS JAMAIS M'EMPECHER DE JETER	13	059

POEM LINE

POEM	LINE		
30	106	AVEC UN LONG BOUT DE CORDE QUI TRAINAIT	ENCORE. JE M'ELANCAI VIVEMENT POUR ARRACHER
29	085	A TOUTES LES SEANCES ACADEMIQUES.	ENCOURAGE PAR TANT DE BONTES, JE LUI DEMANDAI
39	013	EN FAUVES PARFUMS TOUTE LA VITALITE	ENDIABLEE DU MIDI FRANCAIS: NIMES, AIX, ARLES,
07	005	BRUIT; LES EAUX ELLES-MEMES SONT COMME	ENDORMIES. BIEN DIFFERENTE DES FETES HUMAINES,
31	119	CHACUN UNE TASSE D'EAU-DE-VIE ET SE SONT	ENDORMIS, LE FRONT TOURNE VERS LES ETOILES.
50	129	SATIRIQUE. ET TOUTES LES FOIS QUE LE POETE	ENDOSSE LE GILET DU PEINTRE, IL EST CONTRAINT
27	130	FOIS LES OREILLES ET LES COEURS. ET DE L'	ENDROIT DE LA SALLE D'OU AVAIT JAILLI CETTE
09	071	OPERER SON ASCENSION ET ACCROCHER EN MAINT	ENDROIT LES ANGLES DE SA FRAGILE MARCHANDISE.
06	030	DANS L'ATMOSPHERE DE L'HORIZON, L'	ENDROIT OU LA SURFACE ARRONDIE DE LA PLANETE
30	100	ENSUITE ELLE ME PRIA DE LUI MONTRER L'	ENDROIT OU SON PETIT S'ETAIT PENDU. ''OH! NON!
42	106	SUPPOSE. --MOI, DIT LE QUATRIEME, J'AI	ENDURE DES SOUFFRANCES ATROCES PAR LE
09	015	D'OU VIENT SI SUBITEMENT UNE SI FOLLE	ENERGIE A CES AMES PARESSEUSES ET
27	105	REPRISES LES VOUTES DE L'EDIFICE AVEC L'	ENERGIE D'UN TONNERRE CONTINU. LE PRINCE
03	018	DEVIENNENT BIENTOT TROP INTENSES.	ENERGIE DANS LA VOLUPTE CREE UN MALAISE ET UNE
07	010	DE RIVALISER AVEC L'AZUR DU CIEL PAR L'	ENERGIE DE LEURS COULEURS, ET QUE LA CHALEUR,
32	026	DE SES COMPAGNES AFFOLEES AVEC AUTANT D'	ENERGIE ET DE CAPRICE QUE VOUS AGITEZ VOTRE
49	058	TRAINAIT A TERRE, ET JE LE BATTIS AVEC L'	ENERGIE OBSTINEE DES CUISINIERS QUI VEULENT
49	062	SE RETOURNER, SE REDRESSER AVEC UNE	ENERGIE QUE JE N'AURAIS JAMAIS SOUPCONNEE DANS
09	030	PAR DESOEUVREMENT. C'EST UNE ESPECE D'	ENERGIE QUI JAILLIT DE L'ENNUI ET DE LA
42	125	EMPHASE; UNE DOUCEUR SANS FAIBLESSE; UNE	ENERGIE SANS VIOLENCE. L'HISTOIRE DE MON AMOUR
09	027	SE CONTRAINDRE LUI-MEME A FAIRE PREUVE D'	ENERGIE, POUR FAIRE LE JOUEUR, POUR CONNAITRE
49	068	ME BATTIT DRU COMME PLATRE. --PAR MON	ENERGIQUE MEDICATION, JE LUI AVAIS DONC RENDU
49	056	UN COUP DE PIED LANCE DANS LE DOS, ASSEZ	ENERGIQUE POUR BRISER LES OMOPLATES, TERRASSE
29	031	QUE JAMAIS JE NE VIS D'YEUX BRILLANT PLUS	ENERGIQUEMENT DE L'HORREUR DE L'ENNUI ET DU
42	029	J'AI ETE PLUS SENSIBLE QUE TOUT AUTRE A L'	ENERVANTE SOTTISE; A L'IRRITANTE MEDIOCRITE
02	002	SE SENTIT TOUT REJOUIE EN VOYANT CE JOLI	ENFANT A QUI CHACUN FAISAIT FETE, A QUI TOUT
19	018	CHATEAU FRAPPE PAR LE SOLEIL, SE TENAIT UN	ENFANT BEAU ET FRAIS, HABILLE DE CES VETEMENTS
13	095	LA GRANDE VEUVE TENAIT PAR LA MAIN UN	ENFANT COMME ELLE VETU DE NOIR; SI MODIQUE QUE
30	025	LES BATIMENTS, J'OBSERVAI SOUVENT UN	ENFANT DONT LA PHYSIONOMIE ARDENT ET ESPIEGLE,
02	008	RISETTES ET DES MINES AGREABLES. MAIS L'	ENFANT EPOUVANTE SE DEBATTAIT SOUS LES
25	060	DOUTE, LA BONNE DOROTHEE! LE MAITRE DE L'	ENFANT EST SI AVARE, TROP AVARE, POUR
13	100	ET REVANT, SEULE, TOUJOURS SEULE; CAR L'	ENFANT EST TURBULENT, EGOISTE, SANS DOUCEUR ET
30	073	ENFIN VINT UN MEDECIN QUI DECLARA QUE L'	ENFANT ETAIT MORT DEPUIS PLUSIEURS HEURES.
37	035	FOLIE.'' ET C'EST POUR CELA, MAUDITE CHERE	ENFANT GATEE, QUE JE SUIS MAINTENANT COUCHE A
42	103	CONNU, FOURNIT PEUT-ETRE A CETTE PAUVRE	ENFANT LA RATION DE PLUSIEURS SOLDATS. C'EST
37	003	DANS TON BERCEAU, ET SE DIT: ''CETTE	ENFANT ME PLAIT.'' ET ELLE DESCENDIT
19	028	DE PLUMETS ET DE VERROTERIES. MAIS L'	ENFANT NE S'OCCUPAIT PAS DE SON JOUJOU
19	037	MONDES, LA GRANDE ROUTE ET LE CHATEAU, L'	ENFANT PAUVRE MONTRAIT A L'ENFANT RICHE SON
31	036	CLOCHER... AH! ON NE LE VOIT PLUS!'' ET L'	ENFANT RESTA LONGTEMPS TOURNE DU MEME COTE,
19	038	LE CHATEAU, L'ENFANT PAUVRE MONTRAIT A L'	ENFANT RICHE SON PROPRE JOUJOU, QUE CELUI-CI
27	124	L'OREILLE. LA PHYSIONOMIE ESPIEGLE DU JOLI	ENFANT S'ILLUMINA D'UN SOURIRE; ET PUIS IL
27	131	JAILLI CETTE DESAPPROBATION INATTENDUE, UN	ENFANT SE PRECIPITAIT DANS UN CORRIDOR, AVEC
30	036	PINCEAUX ET DE FAIRE MES COMMISSIONS. CET	ENFANT, DEBARBOUILLE, DEVINT CHARMANT, ET LA
19	031	ET LES ORTIES, IL Y AVAIT UN AUTRE	ENFANT, SALE, CHETIF, FULIGINEUX, UN DE CES
50	025	ETAIT SUR DE PLAIRE, TURBULENT COMME UN	ENFANT, SOT COMME UNE LORETTE, QUELQUEFOIS
39	011	PAS ALTERE LA SUAVITE DE SON HALEINE D'	ENFANT; ET LE TEMPS N'A RIEN ARRACHE DE SON
22	035	INCAPABLE DE RECONNAITRE SA FEMME ET SON	ENFANT; LE SECOND PORTE EN LUI L'INQUIETUDE
30	015	ET LES PAROLES D'UNE MERE, RELATIVES A SON	ENFANT? ET CEPENDANT, ECOUTEZ CETTE PETITE
47	099	J'AVAIS SI PEUR DE L'HUMILIER, CE CHER	ENFANT! --EH BIEN! CROIRAIS-TU QUE J'AI UNE
15	062	EN VERITE PLUS LONGTEMPS QUE LEURS FORCES	ENFANTINES NE SEMBLAIENT LE PROMETTRE? LE
19	023	CROIRAIT FAITS D'UNE AUTRE PATE QUE LES	ENFANTS DE LA MEDIOCRITE OU DE LA PAUVRETE. A
19	009	AU PIED DES ARBRES, FAITES-EN HOMMAGE AUX	ENFANTS INCONNUS ET PAUVRES QUE VOUS
26	033	L'OFFICE DE BONNE ET FAISAIT PRENDRE A SES	ENFANTS L'AIR DU SOIR. TOUS EN GUENILLES. CES
02	015	ET NOUS FAISONS HORREUR AUX PETITS	ENFANTS QUE NOUS VOULONS AIMER!''
19	044	LE JOUJOU DE LA VIE ELLE-MEME. ET LES DEUX	ENFANTS SE RIAIENT L'UN A L'AUTRE
31	135	LA NUIT SOLENNELLE AVAIT PRIS PLACE. LES	ENFANTS SE SEPARERENT, CHACUN ALLANT, A SON
14	038	UNS ET LES AUTRES EGALEMENT JOYEUX. LES	ENFANTS SE SUSPENDAIENT AUX JUPONS DE LEURS
14	081	VIEUX POETE SANS AMIS, SANS FAMILLE, SANS	ENFANTS, DEGRADE PAR SA MISERE ET PAR
29	021	REVOIR LEURS PENATES, LEURS FEMMES, LEURS	ENFANTS, ET DE NE JAMAIS REMONTER SUR LES
31	004	DES CONTINENTS EN VOYAGE, QUATRE BEAUX	ENFANTS, QUATRE GARCONS, LAS DE JOUER SANS
31	022	AVEC LA MEME VOIX...'' L'UN DES QUATRE	ENFANTS, QUI DEPUIS QUELQUES SECONDES
42	074	ET ELLE ME DIT, EN ME MONTRANT SIX BEAUX	ENFANTS: ''EH BIEN! MON CHER AMI, L'EPOUSE EST
14	008	ET LE TRAVAIL; IL DEVIENT PAREIL AUX	ENFANTS. POUR LES PETITS C'EST UN JOUR DE
19	022	HABITUEL DE LA RICHESSE RENDENT CES	
21	003	MONTE L'ESCALIER MYSTERIEUX PAR OU L'	ENFER DONNE ASSAUT A LA FAIBLESSE DE L'HOMME
51	003	SON AMPLEUR, HOPITAL, LUPANAR, PURGATOIRE,	ENFER, BAGNE, OU TOUT ENORMITE FLEURIT COMME
11	053	QUE VOULEZ-VOUS QUE JE PENSE DE VOTRE JOLI	ENFER, VOUS QUI NE REPOSEZ QUE SUR DES ETOFFES
22	019	A CETTE IMITATION DES HARMONIES DE L'	ENFER. LE CREPUSCULE EXCITE LES FOUS. --JE ME
42	152	OU MON COEUR, A MOI, ETAIT CRISPE COMME L'	ENFER... --QUOI! --COMMENT! --QUE VOULEZ-VOUS
48	042	LES REFLETS D'UN FEU D'ARTIFICE DE L'	ENFER!'' ENFIN, MON AME FAIT EXPLOSION, ET
25	024	PIEDS DES DEESSES DE MARBRE QUE L'EUROPE	ENFERME DANS SES MUSEES, IMPRIME FIDELEMENT SA
11	052	A NOUS DEUX, CHERE PRECIEUSE! A VOIR LES	ENFERS DONT LE MONDE EST PEUPLE, QUE
30	031	LA PASSION, ET LA TORCHE D'EROS. JE PRIS	ENFIN A TOUTE LA DROLERIE DE CE GAMIN UN
28	051	DIEU; EMPORTER LE PARADIS ECONOMIQUEMENT;	ENFIN ATTRAPER GRATIS UN BREVET D'HOMME
09	073	LES ANGLES DE SA FRAGILE MARCHANDISE.	ENFIN IL PARUT: J'EXAMINAI CURIEUSEMENT TOUTES
31	101	MEME APRES QUE LA FOULE S'EST DISPERSEE.	ENFIN ILS ONT RAMASSE LEURS SOUS, ONT CHARGE
30	085	MES PIEDS REFUSAIENT DE M'Y CONDUIRE.	ENFIN J'EUS CE COURAGE. MAIS, A MON GRAND
47	110	DIFFICILEMENT JE ME FIS COMPRENDRE;	ENFIN J'Y PARVINS. MAIS ALORS ELLE ME REPONDIT
31	074	QU'IL LA TROUVERAIT FREQUEMMENT AILLEURS.	ENFIN LE QUATRIEME DIT: ''VOUS SAVEZ QUE JE NE
34	021	AVEC PLUS D'ENTHOUSIASME QUE LES BETES.	ENFIN UN RIVAGE FUT SIGNALE; ET NOUS VIMES, EN
30	072	SE MELER DES AFFAIRES D'UN PENDU.	ENFIN VINT UN MEDECIN QUI DECLARA QUE L'ENFANT
42	144	JE L'AI ADMIREE, LE COEUR PLEIN DE HAINE.	ENFIN, CE N'EST PAS MOI QUI EN SUIS MORT!
29	094	SIMPLE MORTEL, ET JE CRAIGNAIS D'ABUSER.	ENFIN, COMME L'AUBE FRISSONNANTE BLANCHISSAIT
13	048	D'UN INTERET PUISSANT ET PERSONNEL.	ENFIN, DANS L'APRES-MIDI, SOUS UN CIEL
28	006	DE SA CULOTTE, UNE MASSE DE GROS SOLS, ET	ENFIN, DANS LA DROITE, UNE PIECE D'ARGENT DE
15	066	IL CHANGEAIT AUSSI DE VOLUME; ET LORSQUE	ENFIN, EXTENUES, HALETANTS, SANGLANTS, ILS
14	072	J'AVOUERAI QUE JE CRAIGNAIS DE L'HUMILIER.	ENFIN, JE VENAIS DE ME RESOUDRE A DEPOSER EN
27	058	UN POINT QUI N'A JAMAIS PU ETRE ECLAIRCI.	ENFIN, LE GRAND JOUR ARRIVE, CETTE PETITE COUR
48	043	REFLETS D'UN FEU D'ARTIFICE DE L'ENFER! ''	ENFIN, MON AME FAIT EXPLOSION, ET SAGEMENT
30	116	ELLE S'EMPARA DU CLOU ET DE LA FICELLE. ''	ENFIN! ENFIN! TOUT ETAIT ACCOMPLI. IL NE
10	006	ET JE NE SOUFFRIRAI PLUS QUE PAR MOI-MEME.	ENFIN! IL M'EST DONC PERMIS DE ME DELASSER

POSSEDERONS LE SILENCE, SINON LE REPOS.
DU CLOU ET DE LA FICELLE. ''ENFIN!
QUAND CHACUN DE MES COMPAGNONS DIT: ''
QUE L'ESPRIT DE MEURTRE ET DE LUBRICITE S'
LEURS GRANDS YEUX CREUX ET LEURS JOUES
LA CORDE ENTRE LES DEUX BOURRELETS DE L'
ET LE CORTEGE PASSA A COTE DE MOI ET S'
LOIN DU BUT PROPOSE; L'UNE D'ELLES S'
APPUIENT SOUVENT LEUR MAIN SUR UN POIGNARD
LA TERRE DU PIED QUE MA JAMBE S'EST
LEGITIME PROPRIETAIRE DU GATEAU ESSAYA D'
YEUX RESTAIENT FICHES SUR LE LIEU OU ETAIT
AGRIPPERONT VIVEMENT LE CADEAU, ET ILS S'
DE MA CONNAISSANCE, OU VOUS VOUS SERIEZ
LE GOUT PASSIONNE DES MAUVAISES LECTURES
NE SOIT PAS RARE DE VOIR LA MEME CAUSE
FRIANDISE SI RARE QU'ELLE SUFFIT POUR
DIVERSES, FUNESTES OU AUTRES, QUE PEUT
JE LAISSAI TOMBER PERPENDICULAIREMENT MON
ELLE MANGEAIT, MACHAIT, BROYAIT, DEVORAIT,
DANS SON ART DE TERRIFIER LES COEURS ET D'
MORTE? ''EN ES-TU DONC VENUE A CE POINT D'
LONG SUR UN TAPIS DE FLEURS MAGNIFIQUES
QUI AIMES-TU LE MIEUX, HOMME
PAR CETTE COMPAGNE, OU PLUTOT PAR CETTE
ET CE PARFUM D'UN AUTRE MONDE, DONT JE M'
NOMS..... DANS L'ATMOSPHERE, UNE ODEUR
FROIDE MARIEE, MAIS LA LUNE SINISTRE ET
DE PAYS ET DE BONHEURS INCONNUS, ET,
LES RIVAGES DUVETES DE TA CHEVELURE, JE M'
D'UN TONNERRE CONTINU, LE PRINCE LUI-MEME,
D'UNE VIEILLE MAITRESSE, JE VOULAIS M'
POUVAIS PAS; EN VERITE, L'EMPECHER DE S'
ET VOUS PENCHE VERS LA TERRE, IL FAUT VOUS
VOUS REPONDRONT: ''IL EST L'HEURE DE S'

MARTYRISES DU TEMPS, ENIVREZ-VOUS;
PAS LES ESCLAVES MARTYRISES DU TEMPS,
DE POESIE OU DE VERTU, A VOTRE GUISE. MAIS
AVEZ FAITE DE CETTE MON AME, JE VOUS DONNE L'
TERRIBLES DE CONVOITISE SUR LA NOURRITURE
ET COUPER LES VETEMENTS POUR LES LUI
ARTISTE LUI-MEME, IL NE CONNAISSAIT D'
ESPERAIENT AJOUTER A LA TERREUR DE L'
UNE ESPECE D'ENERGIE QUI JAILLIT DE L'
PLUS ENERGIQUEMENT DE L'HORREUR DE L'
FAIRE RIRE LES ROIS QUAND LE REMORDS OU L'
OUI! CE TAUDIS, CE SEJOUR DE L'ETERNEL
DIEU NE S'OCCUPE PAS DE MOI ET DE MON
NE CONNAISSAIT D'ENNEMI DANGEREUX QUE L'
VOTRE VIE, CETTE BIZARRE AFFECTION DE L'
M'AVEZ RECONNU. D'AILLEURS LA DIGNITE M'
DE MOI, JE VOUDRAIS BIEN ME RACHETER DE L'
MAITRESSE, JE VOULAIS M'ENIVRER DE L'
SANGLANT DE SES REFLETS. LE POIDS DE SON
CHACUN D'EUX PORTAIT SUR SON DOS UNE
IMPUDEMMENT SES DENTS GATEES; D'UN
FLEUVES ET CES CANAUX TRANQUILLES. CES
DE MOLIERE. LES HERCULES, FIERS DE L'
LUPANAR, PURGATOIRE, ENFER, BAGNE, OU TOUT
DANS LES DRAPS DU MATIN, LOURDE, OBSCURE,
OFFRAIT AU DIVIN ARETIN SOIT UNE DAGUE
AU PORT NATAL, CE SONT ENCORE MES PENSEES
DE VOULOIR, LE DESIR DE VOYAGER OU DE S'
ET CHARMANTE, UNE VOIX HYSTERIQUE ET COMME
LES PLUS DELICIEUX ET AUSSI UN PEU DE L'
EMBOUCHA ALORS UNE GIGANTESQUE TROMPETTE,
DE LEURS GRIFFES ET LUI ONT CRUELLEMENT
DU CIMETIERE, ESTAMINET. --''SINGULIERE
PU LE PRENDRE POUR SON FRERE JUMEAU.
SE PUISSE RENCONTRER. NOUS AVIONS PASSE
TARD, NOUS EUMES A LE DESHABILLER POUR L'
CETTE SUPREME ET SOMBRE CONSOLATION.
''J'AI TOUT RETENU, COMME VOUS VOYEZ.
ET PUIS ENCORE PEUR DE JE NE SAIS QUOI.
RECONNU. D'AILLEURS LA DIGNITE M'ENNUIE.
AUSSITOT, DEMESUREMENT AGRANDIS, OUVRIT
QUOIQUE SUFFISAMMENT EXPLIQUEE D'AILLEURS.
VRAIE: D'ABORD PAR LA MAGIE DU LUXE ETALE.
LA PORTEE DE TOUT AGENT DE POLICE. AYANT
HEUREUSE SI ELLE N'ETAIT OBLIGEE LE
ENFIN! SEUL! ON N'
LA FICELLE ET PAR QUEL CONSOLER L'
GATEAU! JE NE PUS M'EMPECHER DE RIRE EN
DEVORAILE LE MORCEAU DE PAIN. ET JE L'
MURIR LES RAISINS. EN MEME TEMPS, J'
SE COULAIT DOUCEMENT SOUS LE MIEN, ET J'
VIOLENT COUP DE POING DANS LE DOS, ET J'
DES ARDENTS PARFUMS DE LA MORT, IL
MAIS TU COMPRENDS QUE JE LUI AI FAIT

	POEM	LINE
ENFIN! LA TYRANNIE DE LA FACE HUMAINE A	10	004
ENFIN! SEUL! ON N'ENTEND PLUS QUE LE ROULEMENT	10	001
ENFIN! TOUT ETAIT ACCOMPLI. IL NE RESTAIT PLUS	30	116
ENFIN!'' JE PUS CRIER QUE: ''DEJA!''	34	043
ENFLAMME MERVEILLEUSEMENT DANS LES SOLITUDES.	23	005
ENFLAMMEES ELLES AIENT L'AIR TERRIBLE, ON NE	31	016
ENFLURE, POUR LUI DEGAGER LE COU. ''J'AI	30	066
ENFONCA DANS L'ATMOSPHERE DE L'HORIZON, A	06	029
ENFONCA MEME DANS LE PLAFOND; ET COMME LA	43	011
ENFONCE DANS LEUR CEINTURE. AH! C'EST BIEN	31	012
ENFONCEE JUSQU'AU GENOU DANS LA SEPULTURE	38	022
ENFONCER SES PETITES GRIFFES DANS LES YEUX DE	15	055
ENFOUI MON TRESOR, JE VIS SUBITEMENT UNE	38	013
ENFUIRONT COMME FONT LES CHATS QUI VONT MANGER	19	013
ENFUIS, OU VOUS SERIEZ MORTS. MOI, J'AI	42	119
ENGENDRE UN BESOIN PROPORTIONNEL DU GRAND AIR	49	019
ENGENDRER DEUX EFFETS CONTRAIRES; J'EN SUIS	22	042
ENGENDRER UNE GUERRE PARFAITEMENT	15	076
ENGENDRER UNE PIECE FAUSSE DANS LA MAIN D'UN	28	031
ENGIN DE GUERRE SUR LE REBORD POSTERIEUR DE	09	084
ENGLOUTISSAIT, MAIS AVEC L'AIR LE PLUS LEGER	42	090
ENGOURDIR LES ESPRITS? FRUSTRE DE SES	27	111
ENGOURDISSEMENT QUE TU NE TE PLAISES QUE DANS	48	029
ENGRAISSEES PAR LA DESTRUCTION. UN IMMENSE	45	015
ENIGMATIQUE, DIS? TON PERE, TA MERE, TA SOEUR	01	001
ENIGME INESPEREE. J'OMETS LA DESCRIPTION DU	47	018
ENIVRAIS AVEC UNE SENSIBILITE PERFECTIONNEE,	05	061
ENIVRANTE, INDEFINISSABLE..... DANS LA CASE	24	020
ENIVRANTE. SUSPENDUE AU FOND D'UNE NUIT	36	017
ENIVRE DE TOUTES CES DELICES, J'OSAI, DANS UN	29	049
ENIVRE DES ODEURS COMBINEES DU GOUDRON, DU	17	029
ENIVRE, MELA SES APPLAUDISSEMENTS A CEUX DE SA	27	106
ENIVRER DE L'ENORME CATIN DONT LE CHARME	51	008
ENIVRER DE SON MALHEUR ET LUI REFUSER CETTE	30	098
ENIVRER SANS TREVE. MAIS DE QUOI? DE VIN, DE	33	004
ENIVRER! POUR N'ETRE PAS LES ESCLAVES	33	015
ENIVREZ-VOUS	33	000
ENIVREZ-VOUS SANS CESSE! DE VIN, DE POESIE OU	33	016
ENIVREZ-VOUS; ENIVREZ-VOUS SANS CESSE! DE VIN,	33	016
ENIVREZ-VOUS. ET SI QUELQUEFOIS, SUR LES	33	006
ENJEU QUE VOUS AURIEZ GAGNE SI LE SORT AVAIT	29	102
ENLEVEE. GRAND DIEU! LE BATON N'EST PAS UN	11	038
ENLEVER. ''LE COMMISSAIRE, A QUI	30	077
ENNEMI DANGEREUX QUE L'ENNUI, ET LES EFFORTS	27	022
ENNEMI. JE QUESTIONNAI L'UN DE CES HOMMES; ET	06	014
ENNUI ET DE LA REVERIE; ET CEUX EN QUI ELLE SE	09	030
ENNUI ET DU DESIR IMMORTEL DE SE SENTIR VIVRE.	29	032
ENNUI LES OBSEDE, AFFUBLE D'UN COSTUME	07	018
ENNUI, EST BIEN LE MIEN. VOICI LES MEUBLES	05	055
ENNUI, ET JE N'AI PAS UNE BELLE BONNE POUR ME	31	077
ENNUI, ET LES EFFORTS BIZARRES QU'IL FAISAIT	27	023
ENNUI, QUI EST LA SOURCE DE TOUTES VOS	29	105
ENNUIE. ENSUITE JE PENSE AVEC JOIE QUE QUELQUE	46	021
ENORGUEILLIR UN PEU DANS LE SILENCE ET LA	10	037
ENORME CATIN DONT LE CHARME INFERNAL ME	51	008
ENORME CHEVELURE PRESQUE BLEUE TIRE EN ARRIERE	25	017
ENORME CHIMERE, AUSSI LOURDE QU'UN SAC DE	06	005
ENORME RIRE IMBECILE, COMME CERTAINS HOMMES DE	21	072
ENORMES NAVIRES QU'ILS CHARRIENT, TOUT CHARGES	18	079
ENORMITE DE LEURS MEMBRES, SANS FRONT ET SANS	14	029
ENORMITE FLEURIT COMME UNE FLEUR. TU SAIS	51	004
ENRHUMEE, OU QUE TU TE PAVANES DANS LES VOILES	51	011
ENRICHIE DE PIERRERIES, SOIT UN MANTEAU DE	50	126
ENRICHIES QUI REVIENNENT DE L'INFINI VERS TOI.	18	087
ENRICHIR.	41	015
ENROUEE PAR L'EAU-DE-VIE, LA VOIX DE MA CHERE	44	011
ENROUEMENT DES GOSIERS INCESSAMMENTS LAVES PAR	21	093
ENRUBANNEE, COMME UN MIRLITON, DES TITRES DE	21	098
ENSEIGNE CE QUE CHAQUE MINUTE ET CHAQUE BAISER	39	003
ENSEIGNE, --SE DIT NOTRE PROMENEUR, --MAIS	45	001
ENSEMBLE ILS ROULERENT SUR LE SOL, SE	15	049
ENSEMBLE UNE LONGUE JOURNEE QUI M'AVAIT PARU	26	006
ENSEVELISSEMENT; LA RIGIDITE CADAVERIQUE ETAIT	30	074
ENSUITE ELLE ME PRIA DE LUI MONTRER L'ENDROIT	30	099
ENSUITE ILS ONT BU CHACUN UNE TASSE	31	118
ENSUITE J'AI FOURRE MA TETE DANS SES CHEVEUX	31	061
ENSUITE JE PENSE AVEC JOIE QUE QUELQUE MAUVAIS	46	021
ENSUITE LA BOUCHE COMME POUR RESPIRER	27	135
ENSUITE ON FIT APPORTER DE NOUVELLES	42	168
ENSUITE PAR L'INTERET MORAL ET MYSTERIEUX QUI	27	063
ENSUITE, PAR UN COUP DE PIED LANCE DANS LE	49	055
ENTASSER PIASTRE SUR PIASTRE POUR RACHETER SA	25	057
ENTEND PLUS QUE LE ROULEMENT DE QUELQUES	10	001
ENTENDAIT SE CONSOLER.''	30	135
ENTENDANT L'APPELLATION DONT IL VOULAIT BIEN	15	038
ENTENDIS SOUPIRER, D'UNE VOIX BASSE ET RAUQUE,	15	037
ENTENDIS UNE VOIX QUI CHUCHOTAIT A MON	49	025
ENTENDIS UNE VOIX QUI ME DISAIT A L'OREILLE:	47	003
ENTENDIS UNE VOIX RAUQUE ET CHARMANTE, UNE	44	010
ENTENDIT UNE VOIX CHUCHOTER SOUS LA TOMBE OU	45	024
ENTENDRE CA PAR UNE FOULE DE FACONS; JE NE LUI	47	097

POEM LINE

11	002	MESURE ET SANS PITIE; ON DIRAIT, A VOUS	ENTENDRE SOUPIRER, QUE VOUS SOUFFREZ PLUS QUE
13	051	S'ASSIT A L'ECART DANS UN JARDIN, POUR	ENTENDRE, LOIN DE LA FOULE, UN DE CES CONCERTS
26	058	D'ICI?'' TANT IL EST DIFFICILE DE S'	ENTENDRE, MON CHER ANGE, ET TANT LA PENSEE EST
29	075	CHERS FRERES, N'OUBLIEZ JAMAIS, QUAND VOUS	ENTENDREZ VANTER LE PROGRES DES LUMIERES, QUE
17	007	VOIS! TOUT CE QUE JE SENS! TOUT CE QUE J'	ENTENDS DANS TES CHEVEUX! MON AME VOYAGE SUR
25	048	OFFICIER QUI, SUR DES PLAGES LOINTAINES, A	ENTENDU PARLER PAR SES CAMARADES DE LA CELEBRE
11	039	N'EST PAS UN BATON DE COMEDIE, AVEZ-VOUS	ENTENDU RESONNER LA CHAIR, MALGRE LE POIL
29	072	SEULE FOIS, C'ETAIT LE JOUR OU ELLE AVAIT	ENTENDU UN PREDICATEUR, PLUS SUBTIL QUE SES
38	009	DANS LES CIMETIERES. C'EST MOI QUI L'AI	ENTERREE, BIEN CLOSE DANS UNE BIERE D'UN BOIS
38	008	CONNAISSANCE, ET C'EST MOI-MEME QUI L'AI	ENTERREE, UN JOUR QUE LE PRINTEMPS AGITAIT SON
15	020	DE PEUR. BREF, JE ME SENTAIS, GRACE A L'	ENTHOUSIASMANTE BEAUTE DONT J'ETAIS ENVIRONNE,
09	041	PASSE A COTE DE LUI ET L'EMBRASSERA AVEC	ENTHOUSIASME DEVANT LA FOULE ETONNEE.
34	020	JE CROIS, MANGE DE L'HERBE AVEC PLUS D'	ENTHOUSIASME QUE LES BETES. ENFIN UN RIVAGE
42	065	DES CREATURES, ET TOUJOURS PRETE! ET SANS	ENTHOUSIASME! ''JE LE VEUX BIEN, PUISQUE CELA
30	061	SUR LE SOL. IL FALLAIT LE SOUTENIR TOUT	ENTIER AVEC UN BRAS, ET, AVEC LA MAIN DE
18	052	LABORIEUX ET QUI A BIEN MERITE DU MONDE	ENTIER. PAYS SINGULIER, SUPERIEUR AUX AUTRES,
11	042	DANS SA RAGE, ELLE ETINCELLE TOUT	ENTIERE, COMME LE FER QU'ON BAT. ''TELLES SONT
12	028	PROSTITUTION DE L'AME QUI SE DONNE TOUT	ENTIERE, POESIE ET CHARITE, A L'IMPREVU QUI SE
05	033	DEMON BIENVEILLANT DOIS-JE D'ETRE AINSI	ENTOURE DE MYSTERE, DE SILENCE, DE PAIX ET DE
49	002	CONFINE DANS MA CHAMBRE, ET JE M'ETAIS	ENTOURE DES LIVRES A LA MODE DANS CE TEMPS-LA
21	016	LOURDS PLEURS DE L'ORAGE, ET SES LEVRES	ENTR'OUVERTES A DES CASSOLETTES CHAUDES, D'OU
30	096	DES DERNIERS PREPARATIFS, QUAND LA MERE	ENTRA DANS MON ATELIER. ELLE VOULAIT,
27	007	CERVEAU D'UN HISTRION, UN JOUR FANCIOULLE	ENTRA DANS UNE CONSPIRATION FORMEE PAR
27	069	SYMBOLIQUEMENT LE MYSTERE DE LA VIE. IL	ENTRA EN SCENE LEGEREMENT ET AVEC UNE AISANCE
28	026	FACULTE LA NATURE M'A FAIT CADEAU!)	ENTRA SOUDAINEMENT CETTE IDEE QU'UNE PAREILLE
45	009	DE LA BRIEVETE DE LA VIE''. ET IL	ENTRA, BUT UN VERRE DE BIERE EN FACE DES
14	076	CAUSE PAR JE NE SAIS QUEL TROUBLE, M'	ENTRAINA LOIN DE LUI. ET, M'EN RETOURNANT,
47	017	DE LE DEBROUILLER. JE ME LAISSAI DONC	ENTRAINER PAR CETTE COMPAGNE, OU PLUTOT PAR
13	015	CONTRAIRE, ILS SE SENTENT IRRESISTIBLEMENT	ENTRAINES VERS TOUT CE QUI EST FAIBLE, RUINE,
40	001	UN HOMME EPOUVANTABLE	ENTRE ET SE REGARDE DANS LA GLACE.
30	003	PEUT-ETRE QUE LES RAPPORTS DES HOMMES	ENTRE EUX, OU DES HOMMES AVEC LES CHOSES. ET
31	005	LAS DE JOUER SANS DOUTE, CAUSAIENT	ENTRE EUX. L'UN DISAIT: ''HIER ON M'A MENE AU
26	059	ET TANT LA PENSEE EST INCOMMUNICABLE, MEME	ENTRE GENS QUI S'AIMENT!
20	022	GRANDE, ET LE MONDE INTERMEDIAIRE, PLACE	ENTRE L'HOMME ET DIEU, EST SOUMIS COMME NOUS A
49	032	BAILLARGER? IL EXISTE CETTE DIFFERENCE	ENTRE LE DEMON DE SOCRATE ET LE MIEN, QUE
19	030	L'AUTRE COTE DE LA GRILLE, SUR LA ROUTE,	ENTRE LES CHARDONS ET LES ORTIES, IL Y AVAIT
30	066	AVEC DE MINCES CISEAUX, CHERCHER LA CORDE	ENTRE LES DEUX BOURRELETS DE L'ENFLURE, POUR
17	024	PAR LE ROULIS IMPERCEPTIBLE DU PORT,	ENTRE LES POTS DE FLEURS ET LES GARGOULETTES
42	047	ELLE S'EST MISE A LA CHIMIE; DE SORTE QU'	ENTRE MA BOUCHE ET LA SIENNE JE TROUVAI
50	012	PAS DE PORTER, DELICATEMENT SUSPENDU	ENTRE SES LEVRES, SON IMMORTEL MACARON!''
12	012	AMES ERRANTES QUI CHERCHENT UN CORPS, IL	ENTRE, QUAND IL VEUT, DANS LE PERSONNAGE DE
05	046	DANS L'ESTOMAC. ET PUIS UN SPECTRE EST	ENTRE. C'EST UN HUISSIER QUI VIENT ME TORTURER
30	064	SERVI D'UNE FICELLE FORT MINCE QUI ETAIT	ENTREE PROFONDEMENT DANS LES CHAIRS, ET IL
13	096	DE NOIR! SI MODIQUE QUE FUT LE PRIX D'	ENTREE, CE PRIX SUFFISAIT PEUT-ETRE POUR PAYER
29	013	CE PRESTIGIEUX REPAIRE SANS EN DEVINER L'	ENTREE. LA REGNAIT UNE ATMOSPHERE EXQUISE,
49	007	--TOUTES LES ELUCUBRATIONS DE TOUS CES	ENTREPRENEURS DE BONHEUR PUBLIC, --DE CEUX QUI
49	021	AIR ET DES RAFRAICHISSANTS. COMME J'ALLAIS	ENTRER DANS UN CABARET, UN MENDIANT ME TENDIT
09	036	RASSEMBLER TOUTE SA PAUVRE VOLONTE POUR	ENTRER DANS UN CAFE OU PASSER DEVANT LE BUREAU
26	042	MAIS C'EST UNE MAISON OU PEUVENT SEULS	ENTRER LES GENS QUI NE SONT PAS COMME NOUS.''
14	083	DE QUI LE MONDE OUBLIEUX NE VEUT PLUS	ENTRER!
41	008	DES OSCILLATIONS HARMONIEUSES, SERVENT A	ENTRETENIR DANS L'AME LE GOUT DU RHYTHME ET DE
22	060	OU UNE GAZE TRANSPARENTE ET SOMBRE LAISSE	ENTREVOIR LES SPLENDEURS AMORTIES D'UNE JUPE
17	016	HUMAINE. DANS L'OCEAN DE TA CHEVELURE, J'	ENTREVOIS UN PORT FOURMILLANT DE CHANTS
42	084	L'ADMIRAIT AUTANT QUE MOI. QUAND NOUS	ENTRIONS DANS UN RESTAURANT, AU BOUT DE
06	009	PAS UN POIDS INERTE; AU CONTRAIRE, ELLE	ENVELOPPAIT ET OPPRIMAIT L'HOMME DE SES
15	010	PURE QUE LA COUPOLE DU CIEL DONT J'ETAIS	ENVELOPPE; LE SOUVENIR DES CHOSES TERRESTRES
24	018	BORD DE LA MER. UNE BELLE CASE EN BOIS,	ENVELOPPEE DE TOUS CES ARBRES BIZARRES ET
48	040	NOUS DIVERTIR, LES AURORES BOREALES NOUS	ENVERRONT DE TEMPS EN TEMPS LEURS GERBES
31	020	CE QUI EST PLUS SINGULIER, CELA DONNE	ENVIE D'ETRE HABILLE DE MEME, DE DIRE ET DE
22	039	ALLUMERAIT ENCORE EN LUI LA BRULANTE	ENVIE DE DISTINCTIONS IMAGINAIRES. LA NUIT,
31	120	VERS LES ETOILES. J'AVAIS EU D'ABORD	ENVIE DE LES PRIER DE M'EMMENER AVEC EUX ET DE
36	030	IL Y A DES FEMMES QUI INSPIRENT L'	ENVIE DE LES VAINCRE ET DE JOUIR D'ELLES; MAIS
31	018	S'EMPECHER DE LES AIMER. ON A PEUR, ON A	ENVIE DE PLEURER, ET CEPENDANT L'ON EST
37	011	GORGE QUE TU EN AS GARDE POUR TOUJOURS L'	ENVIE DE PLEURER. CEPENDANT, DANS L'EXPANSION
11	062	PITIE? EN VERITE, IL ME PREND QUELQUEFOIS	ENVIE DE VOUS APPRENDRE CE QUE C'EST QUE LE
47	099	BIEN! CROIRAIS-TU QUE J'AI UNE DROLE D'	ENVIE QUE JE N'OSE PAS LUI DIRE? --JE VOUDRAIS
31	090	UNE MUSIQUE SI SURPRENANTE QU'ELLE DONNE	ENVIE TANTOT DE DANSER, TANTOT DE PLEURER, OU
23	030	VOS JOUISSANCES?'' VOYEZ-VOUS LE SUBTIL	ENVIEUX! IL SAIT QUE JE DEDAIGNE LES SIENNES,
13	077	CONTRASTE AVEC TOUTE LA TRIVIALITE	ENVIRONNANTE. C'ETAIT UNE FEMME GRANDE,
15	021	A L'ENTHOUSIASMANTE BEAUTE DONT J'ETAIS	ENVIRONNE, EN PARFAITE PAIX AVEC MOI-MEME ET
49	051	QUE J'AVAIS PREALABLEMENT INSPECTE LES	ENVIRONS D'UN COUP D'OEIL, ET QUE J'AVAIS
25	045	RAGOUT DE CRABES AU RIZ ET AU SAFRAN, LUI	ENVOIE, DU FOND DE LA COUR, SES PARFUMS
42	040	BOUCHE D'OU JE N'AURAIS VOULU VOIR S'	ENVOLER QUE DES CHANSONS. A PROPOS D'UN LIVRE,
34	030	RAYES DE LA MEMOIRE, ET LES RANCUNES S'	ENVOLERENT COMME DES FUMEES. MOI SEUL J'ETAIS
34	048	MAGNIFIQUE, PLEINE DE PROMESSES, QUI NOUS	ENVOYAIT UN MYSTERIEUX PARFUM DE ROSE ET DE
47	092	SONT DES PAUVRES QUI NE PEUVENT RIEN LUI	ENVOYER. CELA M'A DONNE CONFIANCE. APRES TOUT,
31	062	SES CHEVEUX QUI PENDAIENT DANS SON DOS,	EPAIS COMME UNE CRINIERE, ET ILS SENTAIENT
05	022	LES FENETRES ET DEVANT LE LIT; ELLE S'	EPANCHE EN CASCADES NEIGEUSES. SUR CE LIT EST
15	069	MORCEAU DE PAIN AVAIT DISPARU, ET IL ETAIT	EPARPILLE EN MIETTES SEMBLABLES AUX GRAINS DE
30	055	TETE ETAIT PENCHEE CONVULSIVEMENT SUR UNE	EPAULE; SON VISAGE, BOURSOUFLE, ET SES YEUX,
14	040	BATON DE SUCRE; SUR SON COU ET SUR SES	EPAULES DE LEURS PERES POUR MIEUX VOIR UN
33	003	L'HORRIBLE FARDEAU DU TEMPS QUI BRISE VOS	EPAULES ET VOUS PENCHE VERS LA TERRE, IL FAUT
31	055	MAIN SUR SES BRAS, SUR SON COU ET SUR SES	EPAULES. ELLE A LES BRAS ET LE COU BIEN PLUS
13	044	LA SUIVIS AU CABINET DE LECTURE; ET JE L'	EPIAI LONGTEMPS PENDANT QU'ELLE CHERCHAIT DANS
45	004	APPRECIER HORACE ET LES POETES ELEVES D'	EPICURE. PEUT-ETRE MEME CONNAIT-IL LE
51	000		EPILOGUE
30	030	LE VIOLON DU VAGABOND, LA COURONNE D'	EPINES ET LES CLOUS DE LA PASSION, ET LA
27	025	DE LA PART D'UN HISTORIEN SEVERE, L'	EPITHETE DE ''MONSTRE''; S'IL AVAIT ETE
47	035	TENDIEZ LES INSTRUMENTS, LES FILS ET LES	EPONGES. --ET COMME, L'OPERATION FAITE, IL
42	022	D'ETRE ARRIVE, DEPUIS LONGTEMPS, A L'	EPOQUE CLIMATERIQUE DU TROISIEME DEGRE OU LA
47	108	JE REPRIS: ''PEUX-TU TE SOUVENIR DE L'	EPOQUE ET DE L'OCCASION OU EST NEE EN TOI

	POEM	LINE
ONT EU L'AGE DE CHERUBIN: C'EST L'		
QU'IL ME SEMBLAIT AVOIR VUS DEJA A DES		
TOUTES LES BARAQUES QUI SE PAVANENT A CES		
BEAUX ENFANTS: ''EH BIEN! MON CHER AMI, L'		
CETTE UNIVERSELLE COMMUNION. CELUI-LA QUI		
''VA-T'EN! JE NE SUIS PAS FAIT POUR		
QUELQUEFOIS JE LA REGRETTE: J'AURAIS DU L'		
UN HOMME		
VOUS Y VOIR QU'AVEC DEPLAISIR?'' L'HOMME		
DANS LE BLANC DES YEUX, ET JE FUS		
ET DES MINES AGREABLES. MAIS L'ENFANT		
SE MOQUANT DE LA MALADRESSE DE SON		
ME PARUT-IL, TELLEMENT AFFOLEE, QU'ELLE S'		
ET QUELQUEFOIS SI GENANTE, QUE JE N'		
PAR UNE SORTE DE STUPEFACTION DE CE QU'IL		
TRIOMPHANTS, DU PLAISIR ORGUEILLEUX QU'ILS		
SOMBRE, ANALOGUE A CELLE QUE DURENT		
ET L'ESCALIER FORT ETROIT, L'HOMME DEVAIT		
ETRANGETE A L'HORREUR MEME QU'ELLE DEVAIT		
ME LAISSE M'AMUSER A MA GUISE. ''VOUS N'		
TEL QU'IL EXISTE EN DEHORS DE NOUS, NOUS		
A CELUI-CI, C'EST-A-DIRE LE CAS D'		
INEVITABLE. J'AI TROP LE SENTIMENT DE L'		
TA MYSTERIEUSE COUTELLERIE, TES FIOLES		
HABILLES DE VETEMENTS A LA FOIS		
ROULEMENT DE QUELQUES FIACRES ATTARDES ET		
LES TENTATIONS OU		
LES CLOUS DE LA PASSION, ET LA TORCHE D'		
ETRE LUI-MEME ET AUTRUI. COMME CES AMES		
LES CHIENS CALAMITEUX, SOIT CEUX QUI		
UNE PERSONNE INCAPABLE DE COMMETTRE UNE		
REPRENAIT SON ANTIENNE, ET ME DISAIT: ''TU		
ME CROIS-TU MEDECIN? --C'EST QUE TU		
UN MOT. --MON AME SERAIT-ELLE MORTE? ''EN		
QUE MOI-MEME. PEUT-ETRE ME DIREZ-VOUS: ''		
ET ELLE DESCENDIT MOELLEUSEMENT SON		
LA CHAMBRE ETANT AU SIXIEME ETAGE ET L'		
ONT LA NUIT DERNIERE MONTE L'		
BEAU!'' ET JE LE POUSSAI VIVEMENT VERS L'		
EPAULES DE LEURS PERES POUR MIEUX VOIR UN		
--''ET HUE DONC! BOURRIQUE! SUE DONC,		
TOUS LES PHILOSOPHES A QUATRE PATTES,		
L'HEURE DE S'ENIVRER! POUR N'ETRE PAS LES		
CONSEILLENT A TOUS LES PAUVRES DE SE FAIRE		
CRIA MON NOM, QUI ROULA AINSI A TRAVERS L'		
PORTENT VERS DE CHARMANTS CLIMATS, OU L'		
D'UNE FOULE DE CRIS DISCORDANTS, QUE L'		
COMME SI ELLE APERCEVAIT AU LOIN DANS L'		
HEURE VASTE, SOLENNELLE, GRANDE COMME L'		
RECULE QUE J'HABITE, ET OU DE VASTES		
FERIONS PEUT-ETRE MIEUX D'ALLER VERS L'		
DOUTE? --QUELQUE CHOSE D'APPROCHANT, UNE		
PAR CAPRICE, PAR DESOEUVREMENT. C'EST UNE		
NOS DEUX MISERES NOUS FERIONS PEUT-ETRE UNE		
ET FAIT LA SIESTE. UNE SIESTE QUI EST UNE		
HEURES UNE VIEILLE AFFLIGEE DE CETTE		
PAR LESQUELS LES ANCIENS GUERRIERS		
ET D'ENGOURDIR LES ESPRITS? FRUSTRE DE SES		
QUELQUE ARGENT SUR UNE DE SES PLANCHES,		
UN HOMME EN LUI DONNANT PLUS QU'IL N'		
RESIGNEE DE CEUX QUI SONT CONDAMNES A		
MEME LA CLEMENCE, SURTOUT S'IL AVAIT PU		
MON REGARD FUT MON PETIT BONHOMME, ET		
ET LUI PARLER A L'OREILLE. LA PHYSIONOMIE		
UN ENFANT DONT LA PHYSIONOMIE ARDENT ET		
LE MYSTERE, PARCE QUE J'AI TOUJOURS L'		
QUE JE FUSSE ALORS DANS UN ETAT D'		
NOUS Y TROUVERIONS D'AILLEURS L'		
QUI ME PARUT CONCENTRER EN LUI TOUT L'		
VOLONTIERS LES LIEUX ARIDES, ET QUI N'		
ALLAIT SON TRAIN, PRETANT DES AILES A L'		
HELAS! (OBSERVEZ, JE VOUS PRIE, QUE L'		
CAUSES, ET QUI AVEZ PEUT-ETRE MIS DANS MON		
INJUSTIFIABLES, TRAVERSERENT MON		
PARLER DU TOUT! MAIS IL Y A DES GENS D'		
QUI CULBUTERAIENT LES TRONES; SI L'		
NAGE DANS CETTE ATMOSPHERE, OU L'		
JAMAIS DANS CE TABLEAU QU'A PEINT MON		
NUIT, QUI METTAIT SES TENEBRES DANS LEUR		
L'ORGUEIL DE MON COEUR ET LE PARFUM DE MON		
GRAND APAISEMENT SE FAIT DANS LES PAUVRES		
CONDAMNES; SIGNE EVIDENT, AJOUTAIENT LES		
DE TERRIFIER LES COEURS ET D'ENGOURDIR LES		
PATOIS. LE LEGITIME PROPRIETAIRE DU GATEAU		
A L'ASPECT DE L'INCONNU. SI JE VOULAIS		
CARESSEZ-MOI PAR-LA'' TENEZ, JE VEUX		
LA THEORIE QUE J'AI EU LA DOULEUR D'		
LES FLEURS DU JARDIN, A CETTE HEURE-CI.		
''JE LE VEUX BIEN, PUISQUE CELA VOUS		
ENFANTS: ''EH BIEN! MON CHER AMI, L'EPOUSE		
LA BELLE FELINE, LA SI BIEN NOMMEE, QUI		

	POEM	LINE
EPOQUE OU, FAUTE DE DRYADES, ON EMBRASSE, SANS	42	016
EPOQUES ET DANS DES PAYS DONT IL M'ETAIT	29	025
EPOQUES SOLENNELLES. ELLES SE FAISAIENT, EN	14	019
EPOUSE EST ''ENCORE AUSSI VIERGE QUE L'ETAIT	42	074
EPOUSE FACILEMENT LA FOULE CONNAIT DES	12	019
EPOUSER LA MAITRESSE DE CERTAINS QUE JE NE	21	111
EPOUSER'' LES AUTRES SE MIRENT A RIRE, ET UN	42	077
EPOUVANTABLE ENTRE ET SE REGARDE DANS LA	40	001
EPOUVANTABLE ME REPOND: ''--MONSIEUR, D'APRES	40	005
EPOUVANTE DE VOIR QUE SES YEUX BRILLAIENT	28	046
EPOUVANTE SE DEBATTAIT SOUS LES CARESSES DE LA	02	008
EPOUX, CELUI-CI SE TOURNA BRUSQUEMENT VERS	43	013
EPRENAIT DE TENDRESSE MAINTENANT POUR CE QUI	30	112
EPROUVAI, QUANT A CETTE PERTE, QU'UN PEU MOINS	29	044
EPROUVAIT ENCORE, ET LES RAYONS DU SOLEIL	31	068
EPROUVENT A RIVALISER AVEC LES CHEVAUX? EN	50	078
EPROUVER LES MANGEURS DE LOTUS QUAND,	29	017
EPROUVER QUELQUE PEINE A OPERER SON ASCENSION	09	070
EPROUVER, ET JE ME SOUVINS DE LA SENTENCE	30	089
EPROUVEZ DONC JAMAIS,-- ME DIT-IL, AVEC UN TON	23	027
EPROUVONS UN BIZARRE SENTIMENT, COMPLIQUE	30	006
EPUISEMENT DES LOTS, LA FACULTE D'EN DONNER	20	070
EQUITE POUR BATTRE, OUTRAGER OU CONGEDIER UN	42	156
EQUIVOQUES, LES CHAINES DONT TES PIEDS SONT	21	050
ERAILLES ET SOMPTUEUX, COIFFES COMME DES	50	087
EREINTES. PENDANT QUELQUES HEURES, NOUS	10	002
EROS, PLUTUS ET LA GLOIRE	21	000
EROS. JE PRIS ENFIN A TOUTE LA DROLERIE DE CE	30	031
ERRANTES QUI CHERCHENT UN CORPS, ILS ENTRE,	12	012
ERRENT, SOLITAIRES, DANS LES RAVINES SINUEUSES	50	040
ERREUR DE SENTIMENT OU DE CALCUL; FIGUREZ-VOUS	42	122
ES MEDECIN, N'EST-CE PAS, MON CHAT?'' CET	47	040
ES SI GENTIL ET SI BON POUR LES FEMMES!	47	077
ES-TU DONC VENUE A CE POINT D'ENGOURDISSEMENT	48	029
ES-TU SUR QUE CETTE LEGENDE SOIT LA VRAIE?''	35	020
ESCALIER DE NUAGES, ET PASSA SANS BRUIT A	37	004
ESCALIER FORT ETROIT, L'HOMME DEVAIT EPROUVER	09	069
ESCALIER MYSTERIEUX PAR OU L'ENFER DONNE	21	002
ESCALIER, OU IL TREBUCHA EN GROGNANT. JE	09	080
ESCAMOTEUR EBLOUISSANT COMME UN DIEU. ET	14	041
ESCLAVE! VIS DONC, DAMNE!''	05	085
ESCLAVES COMPLAISANTS, SOUMIS OU DEVOUES, QUE	50	102
ESCLAVES MARTYRISES DU TEMPS, ENIVREZ-VOUS;	33	015
ESCLAVES, ET DE CEUX QUI LEUR PERSUADENT	49	009
ESPACE AVEC LE BRUIT DE CENT MILLE TONNERRES,	21	100
ESPACE EST PLUS BLEU ET PLUS PROFOND, OU	17	013
ESPACE TRANSFORME EN UNE LUGUBRE HARMONIE,	22	008
ESPACE UN MIROIR REFLETANT SA DEMARCHE ET SA	25	031
ESPACE, SANS DIVISIONS DE MINUTES NI DE	16	018
ESPACES GAZONNES SEPARENT ENCORE LES	30	023
ESPAGNE, CAR VOICI LA SAISON QUI S'AVANCE;	31	114
ESPECE D'EMPLOYE DANS L'INTENDANCE QUI, PAR	42	101
ESPECE D'ENERGIE QUI JAILLIT DE L'ENNUI ET DE	09	030
ESPECE DE BONHEUR!'' ''OU VONT LES CHIENS?''	50	044
ESPECE DE MORT SAVOUREUSE OU LE DORMEUR, A	25	004
ESPECE; CELLE-LA ROIDE, DROITE, SOUS UN PETIT	13	054
ESPERAIENT AJOUTER A LA TERREUR DE L'ENNEMI.	06	014
ESPERANCES ET BAFOUE DANS SES PREVISIONS? DE	27	111
ESPERANT QU'IL DEVINERAIT MON INTENTION, QUAND	14	074
ESPERE.'' JE LE REGARDAIS DANS LE BLANC DES	28	045
ESPERER TOUJOURS. ET LE CORTEGE PASSA A COTE	06	028
ESPERER Y TROUVER DES PLAISIRS INATTENDUS.	27	045
ESPIEGLE COMPAGNON DE MA VIE, PENDU AU PANNEAU	30	050
ESPIEGLE DU JOLI ENFANT S'ILLUMINA D'UN	27	124
ESPIEGLE, PLUS QUE TOUTES LES AUTRES, ME	30	025
ESPOIR DE LE DEBROUILLER. JE ME LAISSAI DONC	47	017
ESPRIT AVOISINANT LE VERTIGE OU LA STUPIDITE.	49	011
ESPRIT DE L'EUROPE MARIE A LA BEAUTE	48	026
ESPRIT DE LA FRANCE.	04	021
ESPRIT DE MEURTRE ET DE LUBRICITE S'ENFLAMME	23	005
ESPRIT DE MON AMI ET TIRANT TOUTES LES	28	039
ESPRIT DE MYSTIFICATION QUI, CHEZ QUELQUES	09	053
ESPRIT LE GOUT DE L'HORREUR POUR CONVERTIR MON	47	121
ESPRIT PENDANT QUE JE CONTEMPLAIS LE VISAGE DU	27	114
ESPRIT QUI, APRES BOIRE, NE MEPRISENT PAS LES	42	012
ESPRIT REMUAIT LA MATIERE, ET SI L'OEIL D'UN	49	023
ESPRIT SOMMEILLANT EST BERCE PAR DES	05	019
ESPRIT, CE TABLEAU QUI TE RESSEMBLE? CES	18	075
ESPRIT, FAIT LA LUMIERE DANS LE MIEN; ET, BIEN	22	040
ESPRIT, QUE CE SOIT LA NUIT, QUE CE SOIT LE	16	014
ESPRITS FATIGUES DU LABEUR DE LA JOURNEE; ET	22	002
ESPRITS SUPERFICIELS, DES TENDANCES GENEREUSES	27	041
ESPRITS? FRUSTRE DE SES ESPERANCES ET BAFOUE	27	111
ESSAYA D'ENFONCER SES PETITES GRIFFES DANS LES	15	055
ESSAYER DE DEFINIR D'UNE MANIERE QUELCONQUE	29	029
ESSAYER DE VOUS GUERIR! NOUS EN TROUVERONS	11	011
ESSAYER SUR VOTRE DOS.'' IL M'A BIEN JURE	49	077
ESSAYEZ, QUAND VOUS POURREZ, D'EN FAIRE AUTANT	31	064
EST ''AGREABLE.'' C'ETAIT SA REPONSE	42	065
EST ''ENCORE AUSSI VIERGE QUE L'ETAIT VOTRE	42	074
EST A LA FOIS L'HONNEUR DE SON SEXE; L'ORGUEIL	16	013

POEM LINE

18	053	SUPERIEUR AUX AUTRES, COMME L'ART L'	EST	A LA NATURE, OU CELLE-CI EST REFORMEE PAR
50	093	AERIENS QUI ANNONCENT QUE LA MACONNERIE	EST	ACHEVEE. N'EST-IL PAS JUSTE QUE DE SI
25	056	SONT TOUTES PLUS BELLES QU'ELLE. DOROTHEE	EST	ADMIREE ET CHOYEE DE TOUS, ET ELLE SERAIT
48	030	TU NE TE PLAISES QUE DANS TON MAL? S'IL EN	EST	AINSI, FUYONS VERS LES PAYS QUI SONT LES
42	020	DELIBERER, C'EST DEJA UNE DECADENCE. C'	EST	ALORS QU'ON RECHERCHE DECIDEMENT LA
18	068	REVES! TOUJOURS DES REVES! ET PLUS L'AME	EST	AMBITIEUSE ET DELICATE, PLUS LES REVES
36	003	DECHIRE! JE BRULE DE PEINDRE CELLE QUI M'	EST	APPARUE SI RAREMENT ET QUI A FUI SI VITE,
31	043	''MOI, JE VAIS VOUS RACONTER COMMENT IL M'	EST	ARRIVE QUELQUE CHOSE QUI NE VOUS EST
13	035	EST TOUT A FAIT SEULE? JE NE SAIS... IL M'	EST	ARRIVE UNE FOIS DE SUIVRE PENDANT DE
42	023	ELLE-MEME NE SUFFIT PLUS, SI ELLE N'	EST	ASSAISONNEE PAR LE PARFUM, LA PARURE, ET
31	026	REGARDEZ LA-BAS...! LE VOYEZ- VOUS? IL	EST	ASSIS SUR CE PETIT NUAGE ISOLE, CE PETIT
47	054	CELUI-CI? --OUI! C'EST X. LE NOM	EST	AU BAS D'AILLEURS; MAIS JE LE CONNAIS
48	010	COMME UN LEZARD. CETTE VILLE	EST	AU BORD DE L'EAU; ON DIT QU'ELLE EST BATIE
30	011	DE SE TROMPER, C'EST L'AMOUR MATERNEL. IL	EST	AUSSI DIFFICILE DE SUPPOSER UNE MERE SANS
48	011	VILLE EST AU BORD DE L'EAU; ON DIT QU'ELLE	EST	BATIE EN MARBRE, ET QUE LE PEUPLE Y A UNE
18	018	EST UNE CONTREE QUI TE RESSEMBLE, OU TOUT	EST	BEAU, RICHE, TRANQUILLE ET HONNETE, OU LA
18	008	UN VRAI PAYS DE COCAGNE, OU TOUT	EST	BEAU, RICHE, TRANQUILLE, HONNETE; OU LE
26	041	DU PETIT GARCON: ''QUE C'EST BEAU! QUE C'	EST	BEAU! MAIS C'EST UNE MAISON OU PEUVENT
26	038	DU PERE DISAIENT: ''QUE C'EST BEAU! QUE C'	EST	BEAU! ON DIRAIT QUE TOUT L'OR DU PAUVRE
26	041	--LES YEUX DU PETIT GARCON: ''QUE C'	EST	BEAU! QUE C'EST BEAU! MAIS C'EST UNE
26	038	L'AGE. LES YEUX DU PERE DISAIENT: ''QUE C'	EST	BEAU! QUE C'EST BEAU! ON DIRAIT QUE TOUT
36	007	Y A LONGTEMPS DEJA QU'ELLE A DISPARU! ELLE	EST	BELLE, ET PLUS QUE BELLE; ELLE EST
05	019	CETTE ATMOSPHERE, OU L'ESPRIT SOMMEILLANT	EST	BERCE PAR DES SENSATIONS DE SERRE CHAUDE.
31	013	ENFONCE DANS LEUR CEINTURE. AH! C'	EST	BIEN BEAU! LES FEMMES SONT BIEN PLUS
24	032	MELANCOLIQUES FILAOS! OUI, EN VERITE, C'	EST	BIEN LA LE DECOR QUE JE CHERCHAIS.
39	001	ELLE	EST	BIEN LAIDE. ELLE EST DELICIEUSE POURTANT!
05	055	CE TAUDIS, CE SEJOUR DE L'ETERNEL ENNUI,	EST	BIEN LE MIEN. VOICI LES MEUBLES SOTS,
12	025	PRESENTE. CE QUE LES HOMMES NOMMENT AMOUR	EST	BIEN PETIT, BIEN RESTREINT ET BIEN FAIBLE,
12	030	QUI SE MONTRE, A L'INCONNU QUI PASSE. IL	EST	BON D'APPRENDRE QUELQUEFOIS AUX HEUREUX DE
46	014	ME SUIS-JE DIT, A QUELQUE CHOSE MALHEUR	EST	BON. JE PUIS MAINTENANT ME PROMENER
39	007	VOULEZ, SQUELETTE MEME; MAIS AUSSI ELLE	EST	BREUVAGE, MAGISTERE, SORCELLERIE! EN
18	025	A ECRIT L'INVITATION A LA VALSE; QUEL	EST	CELUI QUI COMPOSERA L'INVITATION AU
23	010	DE SES PASSIONS ET DE SES CHIMERES. IL	EST	CERTAIN QU'UN BAVARD, DONT LE SUPREME
03	002	AH! PENETRANTS JUSQU'A LA DOULEUR! CAR IL	EST	CERTAINES SENSATIONS DELICIEUSES DONT LE
27	076	A ETRE, RELATIVEMENT AU PERSONNAGE QU'IL	EST	CHARGE D'EXPRIMER, CE QUE LES MEILLEURS
18	045	SINGULIER, UN REVENEZ-Y DE SUMATRA, UN	EST	COMME L'AME DE L'APPARTEMENT, UN VRAI PAYS
31	018	ON A ENVIE DE PLEURER, ET CEPENDANT L'ON	EST	CONTENT... ET PUIS, CE QUI EST PLUS
13	030	D'HARMONIE QUI LE REND PLUS NAVRANT. IL	EST	CONTRAINT DE LESINER SUR SA DOULEUR. LE
50	130	LE POETE ENDOSSE LE GILET DU PEINTRE, IL	EST	CONTRAINT DE PENSER AUX BONS CHIENS, AUX
18	054	CELLE-CI EST REFORMEE PAR LE REVE, OU ELLE	EST	CORRIGEE, EMBELLIE, REFONDUE. QU'ILS
05	023	EN CASCADES NEIGEUSES. SUR CE LIT	EST	COUCHEE L'IDOLE, LA SOUVERAINE DES REVES.
18	028	AIMEE, A LA SOEUR D'ELECTION? OUI, C'	EST	DANS CETTE ATMOSPHERE QU'IL FERAIT BON
28	058	L'EST; ET LE PLUS IRREPARABLE DES VICES	EST	DE FAIRE LE MAL PAR BETISE.
27	067	DANS CES DRAMES FEERIQUES DONT L'OBJET	EST	DE REPRESENTER SYMBOLIQUEMENT LE MYSTERE
29	076	QUE LA PLUS BELLE DES RUSES DU DIABLE	EST	DE VOUS PERSUADER QU'IL N'EXISTE PAS!'' LE
31	031	UN ACCENT PARFAIT DE CONVICTION. ''AH! IL	EST	DEJA BIEN LOIN; TOUT A L'HEURE, VOUS NE
25	059	PETITE SOEUR QUI A BIEN ONZE ANS, ET QUI	EST	DEJA MURE, ET SI BELLE! ELLE REUSSIRA SANS
42	019	COMMENCE A CHOISIR. POUVOIR DELIBERER, C'	EST	DEJA UNE DECADENCE. C'EST ALORS QU'ON
39	001	ELLE	EST	BIEN LAIDE. ELLE
50	122	AVEC QUELLE PETULANCE LE PEINTRE S'	EST	DELICIEUSE POURTANT! LE TEMPS ET L'AMOUR
13	001	DIT QUE DANS LES JARDINS PUBLICS IL	EST	DEPOUILLE DE SON GILET EN FAVEUR DU POETE,
12	032	UN INSTANT LEUR SOT ORGUEIL, QU'IL	EST	DES ALLEES HANTEES PRINCIPALEMENT PAR
26	058	DU CAFE DE LES ELOIGNER D'ICI?'' TANT IL	EST	DES BONHEURS SUPERIEURS AU LEUR, PLUS
49	040	AUTRE, QUI LE PROUVE, ET CELUI-LA SEUL	EST	DIFFICILE DE S'ENTENDRE, MON CHER ANGE, ET
31	100	DE SAUVAGES, MEME APRES QUE LA FOULE S'	EST	DIGNE DE LA LIBERTE, QUI SAIT LA
42	145	SUIS MORT! --AH! FIRENT LES AUTRES, ELLE	EST	DISPERSEE. ENFIN ILS ONT RAMASSE LEURS
10	006	PLUS QUE PAR MOI-MEME. ENFIN! IL M'	EST	DONC MORTE? --OUI! CELA NE POUVAIT
50	065	SEXAGENAIRES, DONT LE COEUR INOCCUPE S'	EST	DONNE PERMIS DE ME DELASSER DANS UN BAIN DE
18	005	LA CHAUDE ET CAPRICIEUSE FANTAISIE S'Y	EST	DONNE AUX BETES, PARCE QUE LES HOMMES
18	020	ET DECORE UNE CHINE OCCIDENTALE, OU LA VIE	EST	DONNE CARRIERE, TANT ELLE L'A PATIEMMENT
29	092	LE SOUVENIR D'ANCIENNES RANCUNES.'' IL	EST	DOUCE A RESPIRER, OU LE BONHEUR EST MARIE
27	143	IL SON CHER ET INIMITABLE FANCIOULLE? IL	EST	DOUTEUX QUE SON ALTESSE AIT JAMAIS DONNE
42	104	ENFANT LA RATION DE PLUSIEURS SOLDATS.'' IL	EST	DOUX ET LEGITIME DE LE CROIRE. LES
25	002	DE SA LUMIERE DROITE ET TERRIBLE; LE SABLE	EST	EBLOUISSANT ET LA MER MIROITE. LE MONDE
37	009	ET TES JOUES EXTRAORDINAIREMENT PALES. C'	EST	EN CONTEMPLANT CETTE VISITEUSE QUE TES
24	052	EXECUTER DES PROJETS, PUISQUE LE PROJET	EST	EN LUI-MEME UNE JOUISSANCE SUFFISANTE?''
18	078	CES FLEURS MIRACULEUSES; C'EST TOI. C'	EST	ENCORE TOI, CES GRANDS FLEUVES ET CES
38	022	LA TERRE DU PIED QUE MA JAMBE S'	EST	ENFONCEE JUSQU'AU GENOU DANS LA SEPULTURE
05	046	PIOCHE DANS L'ESTOMAC. ET PUIS UN SPECTRE	EST	ENTRE. C'EST UN HUISSIER QUI VIENT ME
39	008	MAGISTERE, SORCELLERIE! EN SOMME, IL	EST	EXQUISE. LE TEMPS N'A PU ROMPRE L'HARMONIE
45	030	DE LA MORT! SI VOUS SAVIEZ COMME LE PRIX	EST	FACILE A GAGNER, COMME LE BUT EST FACILE A
45	031	LE PRIX EST FACILE A GAGNER, COMME LE BUT	EST	FACILE A TOUCHER, ET COMBIEN TOUT EST
13	027	QU'ELLES SOIENT EN DEUIL OU NON; IL	EST	FACILE DE LES RECONNAITRE. D'AILLEURS IL Y
13	015	ENTRAINES VERS TOUT CE QUI	EST	FAIBLE, RUINE, CONTRISTE, ORPHELIN. UN
12	037	SEIN DE LA VASTE FAMILLE QUE LEUR GENIE S'	EST	FAITE; ILS DOIVENT RIRE QUELQUEFOIS DE
39	006	FRAICHEUR. ELLE EST VRAIMENT LAIDE; ELLE	EST	FOURMI, ARAIGNEE, SI VOUS VOULEZ,
18	010	PLAISIR A SE MIRER DANS L'ORDRE; OU LA VIE	EST	GRASSE ET DOUCE A RESPIRER; D'OU LE
22	017	DIT: ''C'EST ICI LA PAIX MAINTENANT; C'	EST	ICI LA JOIE DE LA FAMILLE!'' JE PUIS,
22	016	DE MAISONS DONT CHAQUE FENETRE DIT: ''C'	EST	ICI LA PAIX MAINTENANT; C'EST ICI LA JOIE
10	016	QUI A CHAQUE OBJECTION REPONDAIT: ''--C'	EST	ICI LE PARTI DES HONNETES GENS,'' CE QUI
07	006	BIEN DIFFERENTE DES FETES HUMAINES, C'	EST	ICI UNE ORGIE SILENCIEUSE. ON DIRAIT
26	059	MON CHER ANGE, ET TANT LA PENSEE	EST	INCOMMUNICABLE, MEME ENTRE GENS QUI
11	045	DE VOS MAINS, O MON DIEU! CETTE FEMME	EST	INCONTESTABLEMENT MALHEUREUSE, QUOIQUE
31	043	IL M'EST ARRIVE QUELQUE CHOSE QUI NE VOUS	EST	JAMAIS ARRIVE; ET QUI EST UN PEU PLUS
28	056	JAMAIS L'INEPTIE DE SON CALCUL. ON N'	EST	JAMAIS EXCUSABLE D'ETRE MECHANT, MAIS IL Y
47	089	DECOUVERT A LA PITIE UN PETIT INTERNE, QUI	EST	JOLI COMME UN ANGE, ET QUI EST POLI! ET
30	011	IL SOIT IMPOSSIBLE DE SE TROMPER, C'	EST	L'AMOUR MATERNEL. IL EST AUSSI DIFFICILE
49	039	VOIX ME CHUCHOTAIT CECI: ''CELUI-LA SEUL	EST	L'EGAL D'UN AUTRE, QUI LE PROUVE, ET
32	029	FANTAISIE AUTOUR DE VOTRE VOLONTE; C'	EST	L'ELEMENT FEMININ EXECUTANT AUTOUR DU MALE
42	016	CELUI-CI, ONT EU L'AGE DE CHERUBIN: C'	EST	L'EPOQUE OU, FAUTE DE DRYADES, ON
05	041	PLUS DE SECONDES! LE TEMPS A DISPARU; C'	EST	L'ETERNITE QUI REGNE, UNE ETERNITE DE

	POEM	LINE
SANS HESITER: ''OUI, JE VOIS L'HEURE; IL		
L'OISEAU, L'HORLOGE, VOUS REPONDRONT: ''IL		
POUR LES PETITS C'EST UN JOUR DE CONGE, C'		
TU LES CONDUIS DOUCEMENT VERS LA MER QUI		
FAUT ETRE TOUJOURS IVRE. TOUT EST LA: C'		
FERME ET INEBRANLABLE; LES FLEURS, C'		
UN COIN POUR L'INTIMITE. DECIDEMENT, C'		
C'EST LA QU'IL FAUT ALLER VIVRE, C'		
C'EST LA QU'IL FAUT ALLER MOURIR! OUI, C'		
OU LE BONHEUR EST MARIE AU SILENCE. C'		
DES PAMPRES ET DES FLEURS? LE THYRSE		
CETTE BIZARRE AFFECTION DE L'ENNUI, QUI		
PORTE LA SIENNE AU GRAND COMPLET. QUELLE		
LAQUELLE		
TULIPE RETROUVEE, ALLEGORIQUE DAHLIA, C'		
IL FAUT ETRE TOUJOURS IVRE. TOUT		
LA LUNE, QUI		
PEUT-ETRE BIEN DE VOUS ADRESSER A Z...: L'		
SANS DEGOUT, LE TRONC DES CHENES. C'		
SPIRITUELLE, OU L'ATMOSPHERE STAGNANTE		
C'EST LES INTERNES, ET CE PAQUET-CI, C'		
''ATTENDS UN PEU, --DIT-ELLE; CA, C'		
CE QUE J'AIME SURTOUT DANS LES ANIMAUX, C'		
REGARDA DE TRAVERS, ET ME DIT: ''VOILA QUI		
ET L'IMPREVU SONT EXCLUS; OU LE BONHEUR		
LA VIE EST DOUCE A RESPIRER, OU LE BONHEUR		
PHILANTHROPE ME DIT QUE LA SOLITUDE		
DU PAUVRE, DU BOHEMIEN ET DE L'HISTRION,		
ELLE ARGUMENTAIT. ''UN BEAU JOUR ELLE S'		
ENCENSOIR JUSQUE DANS LES CIMETIERES, C'		
SI J'ETAIS ''UN HOMME! DE NOUS DEUX, C'		
BIZARRE, DISAIT EN ECLATANT DE RIRE: ''C'		
RIRE: ''C'EST MOI, LA VRAIE BENEDICTA! ''C'		
QUE J'EUS FAIT SA CONNAISSANCE, ET C'		
ETIQUETTE CES MOTS BIZARRES: ''BUVEZ, CECI		
SA MANIE CREPUSCULEUSE. LE PREMIER		
LES JOURNAUX QUI PRETENDENT QUE L'HOMME		
BUT EST FACILE A TOUCHER, ET COMBIEN TOUT		
SOUVENIR DE L'EPOQUE ET DE L'OCCASION OU		
LE NOIR ABONDE: ET TOUT CE QU'ELLE INSPIRE		
PLUS BLEU ET PLUS PROFOND, OU L'ATMOSPHERE		
QUI REGARDE UNE FENETRE FERMEE. IL N'		
PAYSAGE TROPICAL, IL SE DIT: ''NON! CE N'		
PAROLES: ''OUI, VOUS AVEZ RAISON; IL N'		
APRES LE PLAISIR D'ETRE ETONNE, IL N'EN		
VAGUE N'EXCLUT PAS L'INTENSITE; ET IL N'		
IL N'		
YEUX, IL AFFIRMA SANS HESISTER: ''IL N'		
POUR BUFFON; MAIS AUJOURD'HUI CE N'		
QUI, CHEZ QUELQUES PERSONNES, N'		
NI DE SECONDES,--UNE HEURE IMMOBILE QUI N'		
LE COEUR PLEIN DE HAINE. ENFIN, CE N'		
ENLEVEE. GRAND DIEU! LE BATON N'		
MALHEUREUSES VIEILLES FEMELLES; L'AGE		
TOUTE L'HOMICIDE EFFICACITE DE SA RUSE? IL		
PRECIEUSE! A VOIR LES ENFERS DONT LE MONDE		
IRREFUTABLE, QUE L'IVRESSE DE L'ART		
VERS DE CHARMANTS CLIMATS, OU L'ESPACE		
MINUTE, SECONDE PAR SECONDE! NON! IL N'		
NON! IL N'EST PLUS DE MINUTES, IL N'		
SYMPATHIQUE? PEUT-ETRE; MAIS IL		
L'ON EST CONTENT... ET PUIS, CE QUI		
MARIE AU SILENCE! OU LA CUISINE ELLE-MEME		
QUI EST JOLI COMME UN ANGE, ET QUI		
CETTE VIE EST UN HOPITAL OU CHAQUE MALADE		
ENCORE PLUS LOIN DE LA VIE, SI C'		
SONT LES EMBLEMES DE LEUR FOLIE.'' ET C'		
ME FIS-JE, A MOITIE SUBJUGUE, ''VOILA QUI		
FIS-JE, A MOITIE SUBJUGUE, ''VOILA QUI		
PASSER DERRIERE CETTE RANGEE D'ARBRES QUI		
PLACES PARAISSENT LUI ETRE FERMEES, C'		
ET LES SERVITEURS. MAIS PHYSIQUEMENT CE N'		
ETE FAITS POUR LE BATON, OU SI LE BATON N'		
ENVIE DE VOUS APPRENDRE CE QUE C'		
CE QU'IL Y AVAIT ICI DE PARTICULIER, C'		
FIXE, --POURQUOI ME CROIS-TU MEDECIN? --C'		
N'A RIEN D'ORIGINAL, APRES TOUT, SI CE N'		
AROMATISE PAR LE REGRET ET LE DESIR. --C'		
COMME L'ART L'EST A LA NATURE, OU CELLE-CI		
UNE SENSIBILITE PERFECTIONNEE, HELAS! IL		
SERVEZ LA D'UNE PAROLE DONT LE SENS M'		
MAINTENANT! ET AVEC LE HIDEUX VIEILLARD		
VRAI PAYS DE COCAGNE, TE DIS-JE, OU TOUT		
QUE LA DISTRIBUTION, EN CES CAS SOLENNELS,		
VACILLANTES D'OR ET D'ARGENT, DONT ELLE		
LA BONNE DOROTHEE! ET LE MAITRE DE L'ENFANT		
JE LAISSE DIX FRANCS SUR LA CHEMINEE. --C'		
LOUAGE OU UN LOURD CHARIOT. ET PUIS CELA		
TOUTES LES AUTRES FEMMES, ET LA PEAU EN		
POUR ALLER CHERCHER SI LOIN CE QUI		
SA FORME SUR LE SABLE FIN. CAR DOROTHEE		

	POEM	LINE
EST L'ETERNITE!'' N'EST-CE PAS, MADAME, QUE	16	028
EST L'HEURE DE S'ENIVRER! POUR N'ETRE PAS LES	33	015
EST L'HORREUR DE L'ECOLE RENVOYEE A	14	009
EST L'INFINI, TOUT EN REFLECHISSANT LES	18	083
EST L'UNIQUE QUESTION. POUR NE PAS SENTIR	33	001
EST LA PROMENADE DE VOTRE FANTAISIE AUTOUR DE	32	028
EST LA QU'IL FAUDRAIT DEMEURER POUR CULTIVER	24	014
EST LA QU'IL FAUT ALLER MOURIR! OUI, C'EST LA	18	022
EST LA QU'IL FAUT ALLER RESPIRER, REVER ET	18	023
EST LA QU'IL FAUT ALLER VIVRE, C'EST LA QU'IL	18	021
EST LA REPRESENTATION DE VOTRE ETONNANTE	32	021
EST LA VEUVE LA PLUS TRISTE ET LA PLUS	13	032
EST LA VRAIE?	38	000
EST LA, N'EST-CE PAS, DANS CE BEAU PAYS SI	18	063
EST LA: C'EST L'UNIQUE QUESTION. POUR NE PAS	33	001
EST LE CAPRICE MEME, REGARDA PAR LA FENETRE	37	001
EST LE PLUS LOURD, LE PLUS SOT ET LE PLUS	10	026
EST LE PREMIER DEGRE DE L'AMOUR. AU SECOND	42	017
EST LEGEREMENT TEINTEE DE ROSE ET DE BLEU.	05	003
EST LES EXTERNES.'' ET ELLE DEPLOYA EN	47	069
EST LES INTERNES, ET CE PAQUET-CI, C'EST LES	47	068
EST LEUR CANDEUR. JUGEZ DONC COMBIEN J'AI DU	42	030
EST LOUCHE!'' MU SANS DOUTE PAR UN DESIR	30	080
EST MARIE AU SILENCE; OU LA CUISINE ELLE-MEME	18	012
EST MARIE AU SILENCE. C'EST LA QU'IL FAUT	18	021
EST MAUVAISE POUR L'HOMME; ET A L'APPUI DE SA	23	001
EST MERVEILLEUSEMENT AIGUILLONNE PAR LA	50	037
EST MISE A LA CHIMIE; DE SORTE QU'ENTRE MA	42	046
EST MOI QUI L'AI ENTERREE, BIEN CLOSE DANS UNE	38	009
EST MOI QUI SUIS L'HOMME!'' TELS ETAIENT LES	42	038
EST MOI, LA VRAIE BENEDICTA! C'EST MOI, UNE	38	016
EST MOI, UNE FAMEUSE CANAILLE! ET POUR LA	38	017
EST MOI-MEME QUI L'AI ENTERREE, UN JOUR QUE LE	38	007
EST MON SANG, UN PARFAIT CORDIAL;'' DANS LA	21	028
EST MORT FOU, INCAPABLE DE RECONNAITRE SA	22	030
EST NE BON;-- QUAND LA MATIERE INCURABLE	15	025
EST NEANT, EXCEPTE LA MORT, VOUS NE VOUS	45	032
EST NEE EN TOI CETTE PASSION SI	47	108
EST NOCTURNE ET PROFOND. SES YEUX SONT DEUX	36	008
EST PARFUMEE DES FRUITS, PAR LES FEUILLES	17	014
EST PAS D'OBJET PLUS PROFOND, PLUS MYSTERIEUX,	35	003
EST PAS DANS UN PALAIS QUE JE VOUDRAIS	24	010
EST PAS DE PLAISIR PLUS DOUX QUE DE SURPRENDRE	28	044
EST PAS DE PLUS GRAND QUE CELUI DE CAUSER UNE	28	020
EST PAS DE POINTE PLUS ACEREE QUE CELLE DE	03	004
EST PAS DONNE A CHACUN DE PRENDRE UN BAIN DE	12	001
EST PAS ENCORE TOUT A FAIT MIDI.'' CE QUI	16	010
EST PAS L'AME DE CE PEINTRE DE LA NATURE	50	003
EST PAS LE RESULTAT D'UN TRAVAIL OU D'UNE	09	034
EST PAS MARQUEE SUR LES HORLOGES, ET CEPENDANT	16	020
EST PAS MOI QUI EN SUIS MORT! --AH! FIRENT LES	42	144
EST PAS UN BATON DE COMEDIE. AVEZ-VOUS ENTENDU	11	038
EST PASSE DE PLAIRE, MEME AUX INNOCENTS! ET	02	013
EST PERMIS D'EN DOUTER. REGRETTA-T IL SON CHER	27	141
EST PEUPLE, QUE VOULEZ-VOUS QUE JE PENSE DE	11	052
EST PLUS APTE QUE TOUTE AUTRE A VOILER LES	27	094
EST PLUS BLEU ET PLUS PROFOND, OU L'ATMOSPHERE	17	013
EST PLUS DE MINUTES, IL N'EST PLUS DE	05	040
EST PLUS DE SECONDES! LE TEMPS A DISPARU;	05	040
EST PLUS LEGITIME DE SUPPOSER QUE LUI-MEME IL	09	044
EST PLUS SINGULIER, CELA DONNE ENVIE D'ETRE	31	019
EST POETIQUE, GRASSE ET EXCITANTE A LA FOIS!	18	012
EST POLI! ET QUI TRAVAILLE, LE PAUVRE GARCON!	47	089
EST POSSEDE DU DESIR DE CHANGER DE LIT.	48	001
EST POSSIBLE; INSTALLONS-NOUS AU POLE. LA LE	48	034
EST POUR CELA, MAUDITE CHERE ENFANT GATEE, QUE	37	035
EST POURQUOI, QUAND CHACUN DE MES COMPAGNONS	34	042
EST PRECIEUX!'' MAIS EN EXAMINANT PLUS	21	103
EST PRESQUE A L'HORIZON... ET MAINTENANT IL	31	034
EST QU'A SES YEUX ELLES NE VALENT PAS LA PEINE	12	015
EST QU'UN BATON, UN PUR BATON, PERCHE A	32	005
EST QUE LE PRETEXTE POUR MONTRER LA BEAUTE DES	32	020
EST QUE LE VRAI MALHEUR. ''A VOUS VOIR AINSI,	11	063
EST QUE LES DONS N'ETAIENT PAS LA RECOMPENSE	20	015
EST QUE TU ES SI GENTIL ET SI BON POUR LES	47	077
EST QUE, REVE PAR TOUS LES HOMMES, IL N'A ETE	26	101
EST QUELQUE CHOSE DE CREPUSCULAIRE, DE	05	005
EST REFORMEE PAR LE REVE, OU ELLE EST	18	054
EST REMPLACE PAR UNE FETIDE ODEUR DE TABAC	05	062
EST RESTE JUSQU'A CE JOUR INCONNU. --TA	01	001
EST REVENU TOUT SON DEMONIAQUE CORTEGE DE	05	071
EST RICHE, PROPRE ET LUISANT, COMME UNE BELLE	18	047
EST SANS APPEL, ET QU'AUCUN DON NE PEUT ETRE	20	052
EST SEMEE, REPRESENTENT CES FEUX DE LA	22	063
EST SI AVARE, TROP AVARE, POUR COMPRENDRE UNE	25	060
EST SI BON ET SI DOUX, CES HOMMES-LA! --J'AI	47	087
EST SI DOUCE ET SI FERVENTE! ELLE AIME COMME	39	041
EST SI DOUCE, SI DOUCE, QU'ON DIRAIT DU PAPIER	31	057
EST SI PRES DE MOI. LE PLAISIR ET LE BONHEUR	24	040
EST SI PRODIGIEUSEMENT COQUETTE QUE LE PLAISIR	25	025

POEM LINE

POEM	LINE	Context
01	008	--J'IGNORE SOUS QUELLE LATITUDE ELLE EST SITUEE. --LA BEAUTE? --JE L'AIMERAIS
20	022	PLACE ENTRE L'HOMME ET DIEU, EST SOUMIS COMME NOUS A LA TERRIBLE LOI DU
36	007	ELLE EST BELLE, ET PLUS QUE BELLE; ELLE EST SURPRENANTE. EN ELLE LE NOIR ABONDE: ET
13	013	COMME JE L'INSINUAIS TOUT A L'HEURE, C' EST SURTOUT LA JOIE DES RICHES. CETTE
13	009	LES RENDEZ-VOUS DES ECLOPPES DE LA VIE. C' EST SURTOUT VERS CES LIEUX QUE LE POETE ET LE
18	078	CES PARFUMS, CES FLEURS MIRACULEUSES, C' EST TOI. C'EST ENCORE TOI, CES GRANDS FLEUVES
13	073	L'ETINCELANTE FOURNAISE INTERIEURE. C' EST TOUJOURS CHOSE INTERESSANTE QUE CE REFLET
35	006	CHANDELLE. CE QU'ON PEUT VOIR AU SOLEIL EST TOUJOURS MOINS INTERESSANT QUE CE QUI SE
31	123	JE N'AI PAS OSE, SANS DOUTE PARCE QU'IL EST TOUJOURS TRES-DIFFICILE DE SE DECIDER A
13	034	PEUT PAS PARTAGER SA REVERIE, OU CELLE QUI EST TOUT A FAIT SEULE? JE NE SAIS... IL M'EST
49	004	ANS); JE VEUX PARLER DES LIVRES OU IL EST TRAITE DE L'ART DE RENDRE LES PEUPLES
42	043	''VOUS CROYEZ PEUT-ETRE QUE CELA EST TRES-FORT? DISAIT- ''ELLE AUSSITOT; EST-CE
31	076	NE ME MENE JAMAIS AU SPECTACLE; MON TUTEUR EST TROP AVARE; DIEU NE S'OCCUPE PAS DE MOI ET
13	100	SEULE, TOUJOURS SEULE; CAR L'ENFANT EST TURBULENT, EGOISTE, SANS DOUCEUR ET SANS
14	011	A VINGT-QUATRE HEURES. POUR LES GRANDS C' EST UN ARMISTICE CONCLU AVEC LES PUISSANCES
12	002	UN BAIN DE MULTITUDE: JOUIR DE LA FOULE EST UN ART; ET CELUI-LA SEUL PEUT FAIRE, AUX
05	015	NON ANALYSEE, L'ART DEFINI, L'ART POSITIF EST UN BLASPHEME. ICI, TOUT A LA SUFFISANTE
11	022	ASSEZ VAGUEMENT LA VOTRE. ''C'EST MONSTRE EST UN DE CES ANIMAUX QU'ON APPELLE
49	037	LE MIEN EST UN GRAND AFFIRMATEUR; LE MIEN EST UN DEMON D'ACTION, OU DEMON DE COMBAT, OR,
03	027	MES DESIRS ET MON ORGUEIL! L'ETUDE DU BEAU EST UN DUEL OU L'ARTISTE CRIE DE FRAYEUR AVANT
32	002	SELON LE SENS MORAL ET POETIQUE, C' EST UN EMBLEME SACERDOTAL DANS LA MAIN DES
49	036	N'AVAIT QU'UN DEMON PROHIBITEUR; LE MIEN EST UN GRAND AFFIRMATEUR, LE MIEN EST UN DEMON
48	001	CETTE VIE EST UN HOPITAL OU CHAQUE MALADE EST POSSEDE DU
05	046	ET PUIS UN SPECTRE EST ENTRE. C' EST UN HUISSIER QUI VIENT ME TORTURER AU NOM
14	009	PAREIL AUX ENFANTS. POUR LES PETITS C' EST UN JOUR DE CONGE, C'EST L'HORREUR DE
11	025	QUI CRIE A TUE-TETE, UN BATON A LA MAIN, EST UN MARI. IL A ENCHAINE SA FEMME LEGITIME
18	001	IL EST UN PAYS SUPERBE, UN PAYS DE COCAGNE,
31	044	QUI NE VOUS EST JAMAIS ARRIVE, ET QUI EST UN PEU PLUS INTERESSANT QUE VOTRE THEATRE
27	056	PLUS OU MOINS ARRETEE DE CLEMENCE? C' EST UN POINT QUI N'A JAMAIS PU ETRE ECLAIRCI.
41	001	UN PORT EST UN SEJOUR CHARMANT POUR UNE AME FATIGUEE
19	007	LE CAVALIER ET SON CHEVAL DONT LA QUEUE EST UN SIFFLET, --ET LE LONG DES CABARETS, AU
29	042	ET UNE LEGERETE INOUIES. L'AME EST UNE CHOSE SI IMPALPABLE, SI SOUVENT
18	017	IGNORE, CETTE ANGOISSE DE LA CURIOSITE? IL EST UNE CONTREE QUI LE RESSEMBLE, OU TOUT EST
27	028	AU PLAISIR OU A L'ETONNEMENT, QUI EST UNE DES FORMES LES PLUS DELICATES DU
09	030	RIEN, PAR CAPRICE, PAR DESOEUVREMENT. C' EST UNE ESPECE D'ENERGIE QUI JAILLIT DE
25	004	ET FAIT LA SIESTE, UNE SIESTE QUI EST UNE ESPECE DE MORT SAVOUREUSE OU LE
36	011	ET SON REGARD ILLUMINE COMME L'ECLAIR: C' EST UNE EXPLOSION DANS LES TENEBRES. JE LA
26	041	''QUE C'EST BEAU! QUE C'EST BEAU! MAIS C' EST UNE MAISON OU PEUVENT SEULS ENTRER LES
13	011	IL Y A LA UNE PATURE CERTAINE. CAR S'IL EST UNE PLACE QU'ILS DEDAIGNENT DE VISITER,
48	006	PAS, ET CETTE QUESTION DE DEMENAGEMENT EST UNE QUE JE DISCUTE SANS CESSE AVEC MON
12	013	PERSONNAGE DE CHACUN. POUR LUI SEUL, TOUT EST VACANT; ET SI DE CERTAINES PLACES
42	060	A ME PLAINDRE QUE DE MOI-MEME. LE BONHEUR EST VENU HABITER CHEZ MOI, ET JE NE L'AI PAS
26	039	ON DIRAIT QUE TOUT L'OR DU PAUVRE MONDE EST VENU SE PORTER SUR CES MURS.'' --LES YEUX
32	027	LES COEURS DE VOS FRERES. --LE BATON, C' EST VOTRE VOLONTE, DROITE, FERME ET
43	016	EH BIEN! CHER ANGE, JE ME FIGURE QUE C' EST VOUS''. IL FERMA LES YEUX ET IL LACHA
39	006	DE JEUNESSE ET DE FRAICHEUR. ELLE EST VRAIMENT LAIDE; ELLE EST FOURMI, ARAIGNEE,
47	054	LE RECONNAIS-TU CELUI-CI? --OUI! C' EST X. LE NOM EST AU BAS D'AILLEURS; MAIS JE
32	017	AUTOUR DU BATON HIERATIQUE? ET QUEL EST, CEPENDANT, LE MORTEL IMPRUDENT QUI OSERA
27	097	DE VOIR LA TOMBE, PERDU, COMME IL EST, DANS UN PARADIS EXCLUANT TOUTE IDEE DE
08	004	CHIEN, EN FRETILLANT DE LA QUEUE, CE QUI EST, JE CROIS, CHEZ CES PAUVRES ETRES, LE
28	058	IL Y A QUELQUE MERITE A SAVOIR QU'ON L' EST; ET LE PLUS IRREPARABLE DES VICES EST DE
33	013	CE QUI PARLE, DEMANDEZ QUELLE HEURE IL EST; ET LE VENT, LA VAGUE, L'ETOILE, L'OISEAU,
30	128	MAIS TOUTES TENDANT AU MEME BUT, C' EST-A-DIRE A OBTENIR DE MOI UN MORCEAU DE LA
42	001	DANS UN BOUDOIR D'HOMME, C' EST-A-DIRE DANS UN FUMOIR ATTENANT A UN
29	055	DE LA GRANDE IDEE DU SIECLE, C' EST-A-DIRE DU PROGRES ET DE LA PERFECTIBILITE,
27	074	SE LAISSE ENCORE DEVINER LE COMEDIEN, C' EST-A-DIRE L'ART, L'EFFORT, LA VOLONTE. OR, SI
29	103	GAGNE SI LE SORT AVAIT ETE POUR VOUS, C' EST-A-DIRE LA POSSIBILITE DE SOULAGER ET DE
20	070	FEES; DANS UN CAS SEMBLABLE A CELUI-CI, C' EST-A-DIRE LE CAS D'EPUISEMENT DES LOTS, LA
30	004	CHOSES. ET QUAND L'ILLUSION DISPARAIT, C' EST-A-DIRE QUAND NOUS VOYONS L'ETRE OU LE FAIT
11	023	APPELLE GENERALEMENT ''MON ANGE!'', C' EST-A-DIRE UNE FEMME. L'AUTRE MONSTRE, CELUI
10	035	ECRITE A UN PARFAIT DROLE! OUF! EST-CE BIEN FINI? MECONTENT DE TOUS ET
43	004	POUR TUER LE TEMPS. TUER CE MONSTRE-LA, N' EST-CE PAS L'OCCUPATION LA PLUS ORDINAIRE ET
47	074	REVERRONS, TU ME DONNERAS TON PORTRAIT, N' EST-CE PAS, CHERI? --MAIS, LUI DIS-JE, SUIVANT
18	063	ALLEGORIQUE DAHLIA, C'EST LA, N' EST-CE PAS, DANS CE BEAU PAYS SI CALME ET SI
16	030	JE VOIS L'HEURE; IL EST L'ETERNITE!'' N' EST-CE PAS, MADAME, QUE VOICI UN MADRIGAL
47	040	ET ME DISAIT: ''TU ES MEDECIN, N' EST-CE PAS, MON CHAT?'' CET ININTELLIGIBLE
47	066	A PARIS. IL A L'AIR D'UNE DEMOISELLE, N' EST-CE PAS?'' ET COMME JE TOUCHAIS A UN PAQUET
47	063	C'ETAIT LE TEMPS DES EMEUTES. COMMENT EST-CE POSSIBLE QU'UN SI BEL HOMME AIT SI PEU
32	001	QU' EST-CE QU'UN THYRSE? SELON LE SENS MORAL ET
42	044	EST TRES-FORT? DISAIT- ''ELLE AUSSITOT; EST-CE QUE VOUS VOUS CONNAISSEZ EN FORCE?'' ET
05	024	LA SOUVERAINE DES REVES. MAIS COMMENT EST-ELLE ICI? QUI L'A AMENEE? QUEL POUVOIR
38	006	TROP BELLE POUR VIVRE LONGTEMPS; AUSSI EST-ELLE MORTE QUELQUES JOURS APRES QUE J'EUS
31	039	EXPRESSION D'EXTASE ET DE REGRET. '' EST-IL BETE, CELUI-LA, AVEC SON BON DIEU, QUE
30	013	MATERNEL QU'UNE LUMIERE SANS CHALEUR; EST-IL DONC PAS PARFAITEMENT LEGITIME
50	094	QUE LA MACONNERIE EST ACHEVEE. N' EST-IL PAS JUSTE QUE DE SI ZELES COMEDIENS NE
45	001	A LA VUE DU CIMETIERE. ESTAMINET. --''SINGULIERE ENSEIGNE, --SE DIT
24	009	GRAVURES, ET, TROUVANT DANS UN CARTON UNE ESTAMPE REPRESENTANT UN PAYSAGE TROPICAL, IL
42	009	CHERCHONS CE QUE NOUS POURRIONS AIMER ET ESTIMER.'' L'UN D'EUX JETA LA CAUSERIE SUR LE
50	095	METTENT PAS EN ROUTE SANS AVOIR LESTE LEUR ESTOMAC D'UNE SOUPE PUISSANTE ET SOLIDE? ET NE
15	061	PAR TERRE D'UN COUP DE TETE DANS L' ESTOMAC. A QUOI BON DECRIRE UNE LUTTE HIDEUSE
05	045	QUE JE RECEVAIS UN COUP DE PIOCHE DANS L' ESTOMAC. ET PUIS UN SPECTRE EST ENTRE. C'EST
20	014	A COTE DU TRIBUNAL, COMME LES PRIX SUR L' ESTRADE, DANS UNE DISTRIBUTION DE PRIX. CE
21	006	DEVANT MOI, DEBOUT COMME SUR UNE ESTRADE. UNE SPLENDEUR SULFUREUSE EMANAIT DE
21	017	LA BONNE ODEUR D'UNE PARFUMERIE; ET A CHAQUE FOIS QU'IL SOUPIRAIT, DES INSECTES
23	002	QUE LA SOLITUDE EST MAUVAISE POUR L'HOMME; ET A L'APPUI DE SA THESE IL CITE, COMME TOUS
26	008	NOS PENSEES NOUS SERAIENT COMMUNES A L'UN ET A L'AUTRE, ET QUE NOS DEUX AMES DESORMAIS
50	131	PHILOSOPHES, AUX ETES DE LA SAINT-MARTIN ET A LA BEAUTE DES FEMMES TRES-MURES.
27	021	ASSEZ INDIFFERENT RELATIVEMENT AUX HOMMES ET A LA MORALE, VERITABLE ARTISTE LUI-MEME, IL
20	031	S'EMPECHER DE REVER AU DINER, A LA FAMILLE ET A LEURS CHERES PANTOUFLES. SI, DANS LA
24	051	PUISQUE MON AME VOYAGE SI LESTEMENT? ET A QUOI BON EXECUTER DES PROJETS, PUISQUE LE
21	030	A CHANTER SES PLAISIRS ET SES DOULEURS, ET A REPANDRE LA CONTAGION DE SA FOLIE DANS

	POEM	LINE
EXIGENCES, JE SONGEAI A REPARER LA FATIGUE ET A SOULAGER L'APPETIT CAUSES PAR UNE SI	15	027
TITRES DE TOUS LES JOURNAUX DE L'UNIVERS, ET A TRAVERS CETTE TROMPETTE ELLE CRIA MON	21	099
POUR TUER LE TEMPS QUI A LA VIE SI DURE, ET ACCELERER LA VIE QUI COULE SI LENTEMENT.	42	169
QUELQUE PEINE A OPERER SON ASCENSION ET ACCROCHER EN MAINT ENDROIT LES ANGLES DE SA	09	070
L'AUTRE, DU SECOND; L'AUTRE, DU TROISIEME; ET AINSI DE SUITE; LES UNES EN STYLE	30	124
LE GERME D'UNE RICHESSE DE QUELQUES JOURS. ET AINSI MA FANTAISIE ALLAIT SON TRAIN,	28	038
INFAME CONCUBINE QUI VIENT CRIER MISERE ET AJOUTER LES TRIVIALITES DE SA VIE AUX	05	048
J'EN SUIS TOUJOURS COMME INTRIGUE ET ALARME. O NUIT! O RAFRAICHISSANTES	22	043
C'EST LA QU'IL FAUT ALLER RESPIRER, REVER ET ALLONGER LES HEURES PAR L'INFINI DES	18	023
ET VULGAIRE. J'AI GARDE CES LETTRES. '' ET ALORS, SOUDAINEMENT, UNE LUEUR SE FIT DANS	30	133
DE TOUTE SA PERSONNE. SON VISAGE, TRISTE ET AMAIGRI, ETAIT EN PARFAITE ACCORDANCE AVEC	13	082
DISANT QUE LE PLAISIR REND L'AME BONNE ET AMOLLIT LE COEUR. LA CHANSON AVAIT RAISON	26	047
IL Y A UNE SORTE DE PLAISIR MYSTERIEUX ET ARISTOCRATIQUE POUR CELUI QUI N'A PLUS NI	41	010
L'ANGOISSE ETERNELLES, PHILOSOPHE, POETE ET ARTISTE, JE VOUS SALUE EN L'IMMORTALITE!	32	044
QUE DE FOIS J'AI CONTEMPLE, SOURIANT ET ATTENDRI, TOUS CES PHILOSOPHES A QUATRE	50	101
SANS NOM QUI MITONNE SUR LE POELE ALLUME ET AU CENTRE DE LAQUELLE UNE LONGUE CUILLER SE	50	090
DE FER, OU CUIT UN RAGOUT DE CRABES AU RIZ ET AU SAFRAN, LUI ENVOIE, DU FOND DE LA COUR,	25	045
RESPIRE L'ODEUR DU TABAC MELEE A L'OPIUM ET AU SUCRE; DANS LA NUIT DE TA CHEVELURE,	17	027
ET DE LA NUIT SUPPRIMENT LA VARIETE ET AUGMENTENT LA MONOTONIE, CETTE MOITIE DU	48	037
SES PRINCIPAUX ET DE SES MEILLEURS ROLES, ET AUQUEL ASSISTERAIENT MEME, DISAIT-ON, LES	27	039
QUE VOICI UN MADRIGAL VRAIMENT MERITOIRE, ET AUSSI EMPHATIQUE QUE VOUS-MEME? EN VERITE,	16	031
DE SE DECIDER A N'IMPORTE QUOI, ET AUSSI PARCE QUE J'AVAIS PEUR D'ETRE	31	124
MES PIEDS; MON AME ME SEMBLAIT AUSSI VASTE ET AUSSI PURE QUE LA COUPOLE DU CIEL DONT	15	009
SOUVENIR DES CONTRALTI LES PLUS DELICIEUX ET AUSSI UN PEU DE L'ENROUEMENT DES GOSIERS	21	092
QU'IL PEUT A SA GUISE ETRE LUI-MEME ET AUTRUI. COMME CES AMES ERRANTES QUI	12	011
D'AUTOMNE, A LA BEAUTE DES FEMMES MURES ET AUX ETES DE LA SAINT-MARTIN, AUCUN DE CEUX	50	119
ENVIRONNE, EN PARFAITE PAIX AVEC MOI-MEME ET AVEC L'UNIVERS! JE CROIS MEME QUE, DANS MA	15	022
LE TEMPS REGNE EN SOUVERAIN MAINTENANT! ET AVEC LE HIDEUX VIEILLARD EST REVENU TOUT	05	071
''VIENS ME VOIR, VIENS ME VOIR SOUVENT. ET AVEC MOI, NE TE GENE PAS; JE N'AI PAS	47	095
DE LA VIE. IL ENTRA EN SCENE LEGEREMENT ET AVEC UNE AISANCE PARFAITE, CE QUI CONTRIBUA	27	069
CONNAISSEZ-VOUS LA PARESSEUSE BELGIQUE, ET AVEZ-VOUS ADMIRE COMME MOI TOUS CES CHIENS	50	074
ACTIONS QUE JE N'AI JAMAIS COMMISES, ET AVOIR LACHEMENT NIE QUELQUES AUTRES MEFAITS	10	031
LES ESPRITS? FRUSTRE DE SES ESPERANCES ET BAFOUE DANS SES PREVISIONS? DE TELLES	27	112
JE T'AIME, O CAPITALE INFAME! COURTISANES ET BANDITS, TELS SOUVENT VOUS OFFREZ DES	51	014
A OBTENIR DE MOI UN MORCEAU DE LA FUNESTE ET BEATIFIQUE CORDE. PARMI LES SIGNATAIRES IL	30	128
AMOUR EST BIEN PETIT, BIEN RESTREINT ET BIEN FAIBLE, COMPARE A CETTE INEFFABLE	12	026
DES HUMAINS, PRIVE D'AMOUR ET D'AMITIE! ET BIEN INFERIEUR EN CELA AU PLUS IMPARFAIT	07	023
ET TRISTES AUSSI, MAIS BIEN PLUS BEAUX ET BIEN MIEUX HABILLES QUE CEUX QUE NOUS	31	009
BEAU! LES FEMMES SONT BIEN PLUS BELLES ET BIEN PLUS GRANDES QUE CELLES QUI VIENNENT	31	014
HATAI D'OBEIR. JE LE SUIVIS ATTENTIVEMENT; ET BIENTOT, JE DESCENDIS DERRIERE LUI DANS UNE	29	007
TERRE FRAICHE JE VEUX VIOLENCE HYSTERIQUE ET BIZARRE, DISAIT EN ECLATANT DE RIRE:	38	016
LE RIRE D'UNE GRANDE BOUCHE, ROUGE ET BLANCHE, ET DELICIEUSE, QUI FAIT REVER AU	36	027
SUSPENDUE AU FOND D'UNE NUIT ORAGEUSE ET BOUSCULEE PAR LES NUEES QUI COURENT; NON	36	018
UN ELEGANT TRIPOT; QUATRE HOMMES FUMAIENT ET BUVAIENT. ILS N'ETAIENT PRECISEMENT NI	42	003
APRES QUE J'EUS FAIT SA CONNAISSANCE, ET C'EST MOI-MEME QUI L'AI ENTERREE, UN JOUR	38	007
QUI SONT LES EMBLEMES DE LEUR FOLIE.'' ET C'EST POUR CELA, MAUDITE CHERE ENFANT	37	035
JE ME SENTAIS ABATTU JUSQU'A LA MORT; ET C'EST POURQUOI, QUAND CHACUN DE MES	34	042
DES FEES OU DES PRINCESSES, SAUTAIENT ET CABRIOLAIENT SOUS LE FEU DES LANTERNES QUI	14	033
SENTENT AUSSI BON QUE LES FLEURS, -- ET CAETERA, ET CAETERA...'', AJOUTA-T-IL EN SE	29	117
ASSAISONNEE PAR LE PARFUM, LA FLEUR, ET CAETERA. J'AVOUERAI MEME QUE J'ASPIRE	42	024
AUSSI BON QUE LES FLEURS, --ET CAETERA, ET CAETERA...'', AJOUTA-T-IL EN SE LEVANT ET	29	117
QU'ILS RETOURNENT A LEUR NICHE SOYEUSE ET CAPITONNEE! JE CHANTE LE CHIEN CROTTE, LE	50	033
LA CHINE DE L'EUROPE, TANT LA CHAUDE ET CAPRICIEUSE FANTAISIE S'Y EST DONNE	18	005
VINGT-QUATRE HEURES. TOUTES CES ANTIQUES ET CAPRICIEUSES SOEURS DU DESTIN; TOUTES CES	20	004
LA JOURNEE, IL ETAIT IMPITOYABLE LE SOIR! ET CE N'ETAIT PAS SEULEMENT SUR AUTRUI, MAIS	22	031
PEU, --DIT-ELLE; CA, C'EST LES INTERNES; ET CE PAQUET-CI, C'EST LES EXTERNES.'' ET ELLE	47	069
OU LE CRAYON A MARQUE LES DATES SINISTRES! ET CE PARFUM D'UN AUTRE MONDE, DONT JE	05	061
M'A AIDE A VIVRE, A SENTIR QUE JE SUIS ET CE QUE JE SUIS?	35	023
A MA MANIERE. TU AIMERAS CE QUE J'AIME ET CE QUI M'AIME: L'EAU, LES NUAGES, LE	37	018
POIGNEES DE MAINS DANS LA MEME PROPORTION; ET CELA SANS AVOIR PRIS LA PRECAUTION	10	021
VOUDRAIT SOUFFRIR EN FACE DU POELE, ET CELUI-LA CROIT QU'IL GUERIRAIT A COTE DE LA	48	003
LES PAYS QUAND ILS ONT TROP BIEN DINE. ET CELUI-LA ME DIT: ''JE PUIS TE DONNER CE QUI	21	075
SEUL EST L'EGAL D'UN AUTRE, QUI LE PROUVE; ET CELUI-LA SEUL EST DIGNE DE LA LIBERTE, QUI	49	040
MULTITUDE; JOUIR DE LA FOULE EST UN ART! ET CELUI-LA SEUL PEUT FAIRE, AUX DEPENS DU	12	002
MONSTRE POLYPHAGE. JE LA NOURRISSAIS BIEN; ET CEPENDANT ELLE M'A QUITTE... --POUR UN	42	098
AIMER, ON A PEUR; ON A ENVIE DE PLEURER; ET CEPENDANT L'ON EST CONTENT... ET PUIS; CE	31	018
QUI N'EST PAS MARQUEE SUR LES HORLOGES! ET CEPENDANT LEGERE COMME UN SOUPIR, RAPIDE	16	020
D'UNE MERE, RELATIVES A SON ENFANT? ET CEPENDANT, ECOUTEZ CETTE PETITE HISTOIRE,	30	015
TOI. C'EST ENCORE TOI; CES GRANDS FLEUVES ET CES CANAUX TRANQUILLES, CES ENORMES NAVIRES	18	079
ETAIENT EXTRAORDINAIREMENT SERIEUX, ET CES SIX YEUX CONTEMPLAIENT FIXEMENT LE CAFE	26	035
PLAISIR. JE ME DEGOUTAI DE CE DUEL INEGAL, ET CETTE FILLE INCOMPARABLE SE MARIA. J'EUS	42	071
CES AFFECTATIONS APPRISES DANS LES LIVRES, ET CETTE INFATIGABLE MELANCOLIE, FAITE POUR	11	060
SERAIS TOUJOURS BIEN LA OU JE NE SUIS PAS; ET CETTE QUESTION DE DEMENAGEMENT EN EST UNE	48	006
SOUS LA TOMBE OU IL S'ETAIT ASSIS. ET CETTE VOIX DISAIT: ''MAUDITES SOIENT VOS	45	025
QUI JAILLIT DE L'ENNUI ET DE LA REVERIE! ET CEUX EN QUI ELLE SE MANIFESTE SI OPINEMENT	09	031
L'ALPHABET CELESTE DES ANTIPODES. ET CHACUN DES PASSAGERS GEMISSAIT ET GROGNAIT.	34	007
FORTEMENT ET SOLENNELLEMENT ACCENTUEES, ET CHACUNE, EN JAILLISSANT DE LA PENDULE, DIT:	05	076
LE GATEAU VOYAGEAIT DE MAIN EN MAIN ET CHANGEAIT DE POCHE A CHAQUE INSTANT; MAIS	15	064
CRUELLEMENT ENSEIGNE CE QUE CHAQUE MINUTE ET CHAQUE BAISER EMPORTENT DE JEUNESSE ET DE	39	004
DE L'AME QUI SE DONNE TOUT ENTIERE, POESIE ET CHARITE, A L'IMPREVU QUI SE MONTRE, A	12	028
DANS LE DOS, ET J'ENTENDIS UNE VOIX RAUQUE ET CHARMANTE, UNE VOIX HYSTERIQUE ET COMME	44	010
VILLES BENIES DU SOLEIL, AMOUREUSES ET CHARMANTES! LE TEMPS ET L'AMOUR L'ONT	39	015
ET LE VOULAIT GARDER COMME UNE HORRIBLE ET CHERE RELIQUE. --ET ELLE S'EMPARA DU CLOU	30	114
PLUS BELLES QU'ELLE. DOROTHEE EST ADMIREE ET CHOYEE DE TOUS; ELLE SERAIT PARFAITEMENT	25	056
CONTRE LA BETE FEROCE SUSPENDUE A SON COU ET COLLEE A SON DOS! ON EUT DIT QU'IL LA	06	021
GAGNER, COMME LE BUT EST FACILE A TOUCHER! ET COMBIEN TOUT EST NEANT, EXCEPTE LA MORT,	45	031
COMME FEIGNANT DE NE PAS COMPRENDRE ET COMME AVOUANT IMPLICITEMENT QU'ILS NE SE	42	164
RAUQUE ET CHARMANTE, UNE VOIX HYSTERIQUE ET COMME ENROUEE PAR L'EAU-DE-VIE, LA VOIX DE	44	011
REPONDIS-JE, --CELA VOUS FERAIT MAL.'' ET COMME INVOLONTAIREMENT MES YEUX SE	30	102
ARRACHER CES DERNIERS VESTIGES DU MALHEUR! ET COMME J'ALLAIS LES LANCER AU DEHORS PAR LA	30	107
UN DE MES ONGLES A LUI BRISER DEUX DENTS, ET COMME JE NE ME SENTAIS PAS ASSEZ FORT,	49	045

POEM LINE

POEM	LINE		
47	067	A L'AIR D'UNE DEMOISELLE, N'EST-CE PAS?''	ET COMME JE TOUCHAIS A UN PAQUET FICELE, POSE
43	011	D'ELLES S'ENFONCA MEME DANS LE PLAFOND;	ET COMME LA CHARMANTE CREATURE RIAIT
30	012	INCORRUPTIBLE COMME LES COFFRES DE L'INDE.	ET COMME MES YEUX RESTAIENT FICHES SUR LE LIEU
15	036	EBOURIFFE, DONT LES YEUX CREUX, FAROUCHES	ET COMME SUPPLIANTS, DEVORAIENT LE MORCEAU DE
47	035	INSTRUMENTS, LES FILS ET LES EPONGES. --	ET COMME, L'OPERATION FAITE, IL DISAIT
47	125	ILS EXISTENT, COMMENT ILS SE SONT FAITS	ET COMMENT ILS AURAIENT PU NE PAS SE FAIRE?
09	016	A CES AMES PARESSEUSES ET VOLUPTUEUSES,	ET COMMENT, INCAPABLES D'ACCOMPLIR LES CHOSES
21	004	ASSAUT A LA FAIBLESSE DE L'HOMME QUI DORT,	ET COMMUNIQUE EN SECRET AVEC LUI. ET ILS SONT
17	019	FORMES DECOUPANT LEURS ARCHITECTURES FINES	ET COMPLIQUEES SUR UN CIEL IMMENSE OU SE
27	079	SERAIENT RELATIVEMENT A L'IDEE GENERALE	ET CONFUSE DE BEAUTE, CE SERAIT LA, SANS
04	017	L'ANE NE VIT PAS CE BEAU PLAISANT,	ET CONTINUA DE COURIR AVEC ZELE OU L'APPELAIT
12	007	VOYAGE. MULTITUDE, SOLITUDE: TERMES EGAUX	ET CONVERTIBLES POUR LE POETE ACTIF ET FECOND.
30	077	DE FLECHIR LES MEMBRES, NOUS DUMES LACERER	ET COUPER LES VETEMENTS POUR LES LUI ENLEVER.
19	027	VERNI, DORE, VETU D'UNE ROBE POURPRE,	ET COUVERT DE PLUMETS ET DE VERROTERIES. MAIS
11	044	CONJUGALES DE CES DEUX DESCENDANTS D'EVE	ET D'ADAM, CES OEUVRES DE VOS MAINS, O MON
07	023	PLUS SOLITAIRE DES HUMAINS, PRIVE D'AMOUR	ET D'AMITIE, ET BIEN INFERIEUR EN CELA AU PLUS
22	063	PASSE; ET LES ETOILES VACILLANTES D'OR	ET D'ARGENT, DONT ELLE EST SEMEE, REPRESENTENT
21	043	DE TOI-MEME POUR T'OUBLIER DANS AUTRUI;	ET D'ATTIRER LES AUTRES AMES JUSQU'A LES
27	111	DANS SON ART DE TERRIFIER LES COEURS	ET D'ENGOURDIR LES ESPRITS? FRUSTRE DE SES
31	052	EFFET, ALLEZ, DE N'ETRE PAS COUCHE SEUL	ET D'ETRE DANS UN LIT AVEC SA BONNE, DANS LES
14	023	MELANGE DE CRIS, DE DETONATIONS DE CUIVRE	ET D'EXPLOSIONS DE FUSEES. LES QUEUES-ROUGES
13	075	A TRAVERS CE PEUPLE VETU DE BLOUSES	ET D'INDIENNE, J'APERCUS UN ETRE DONT LA
34	048	UN MYSTERIEUX PARFUM DE ROSE ET DE MUSC,	ET D'OU LES MUSIQUES DE LA VIE NOUS ARRIVAIENT
18	080	CHARRIENT, TOUT CHARGES DE RICHESSES,	ET D'OU MONTENT LES CHANTS MONOTONES DE LA
42	081	JE VEUX PARLER DU COMIQUE DANS L'AMOUR,	ET D'UN COMIQUE QUI N'EXCLUT PAS L'ADMIRATION,
30	010	EVIDENT, TRIVIAL, TOUJOURS SEMBLABLE	ET D'UNE NATURE A LAQUELLE IL SOIT IMPOSSIBLE DE
15	002	DUQUEL J'ETAIS PLACE ETAIT D'UNE GRANDEUR	ET D'UNE NOBLESSE IRRESISTIBLES. IL EN PASSA
18	032	PANNEAUX LUISANTS, OU SUR DES CUIRS DORES	ET D'UNE RICHESSE SOMBRE, VIVENT DISCRETEMENT
31	041	PERSONNE ETAIT MARQUEE D'UNE VIVACITE	ET D'UNE VITALITE SINGULIERES. ''MOI, JE VAIS
29	064	PRESENT PRIS POSSESSION DU CERVEAU HUMAIN	ET DAIGNA MEME ME FAIRE CONFIDENCE DE QUELQUES
29	025	ME SEMBLAIT AVOIR VUS DEJA A DES EPOQUES	ET DANS DES PAYS DONT IL M'ETAIT IMPOSSIBLE DE
45	022	LE SOLEIL QUI LUI CHAUFFAIT LE CERVEAU	ET DANS L'ATMOSPHERE DES ARDENTS PARFUMS DE LA
14	082	SA MISERE ET PAR L'INGRATITUDE PUBLIQUE,	ET DANS LA BARAQUE DE QUI LE MONDE OUBLIEUX NE
15	023	CROIS MEME QUE, DANS MA PARFAITE BEATITUDE	ET DANS MON TOTAL OUBLI DE TOUT LE MAL
31	128	ATTENTIVEMENT; IL Y AVAIT DANS SON OEIL	ET DANS SON FRONT CE JE NE SAIS QUOI DE
23	041	QUI CHERCHENT LE BONHEUR DANS LE MOUVEMENT	ET DANS UNE PROSTITUTION QUE JE POURRAIS
42	055	EN TETE-A-TETE AVEC MON DOMESTIQUE,	ET DANS UNE SITUATION QUI M'OBLIGEA A ME
32	013	SPIRALE FONT LEUR COUR A LA LIGNE DROITE	ET DANSENT AUTOUR DANS UNE MUETTE ADORATION?
05	003	STAGNANTE EST LEGEREMENT TEINTEE DE ROSE	ET DE BLEU. L'AME Y PREND UN BAIN DE PARESSE,
04	003	DE MILLE CARROSSES, ETINCELANT DE JOUJOUX	ET DE BONBONS, GROUILLANT DE CUPIDITES ET DE
29	049	DONNAIENT A L'AME LA NOSTALGIE DE PAYS	ET DE BONHEURS INCONNUS, ET, ENIVRE DE TOUTES
32	026	COMPAGNES AFFOLEES AVEC AUTANT D'ENERGIE	ET DE CAPRICE QUE VOUS AGITEZ VOTRE GENIE SUR
47	120	PARDONNEZ! VOUS QUI ETES PLEIN DE MOTIFS	ET DE CAUSES, ET QUI AVEZ PEUT-ETRE MIS DANS
04	006	LE PLUS FORT. AU MILIEU DE CE TOHU-BOHU	ET DE CE VACARME, UN ANE TROTTAIT VIVEMENT,
18	059	QU'ILS PROPOSENT DES PRIX DE SOIXANTE	ET DE CENT MILLE FLORINS POUR QUI RESOUDRA
09	046	ETE PLUS D'UNE FOIS VICTIME DE CES CRISES	ET DE CES ELANS, QUI NOUS AUTORISENT A CROIRE
49	009	A TOUS LES PAUVRES DE SE FAIRE ESCLAVES,	ET DE CEUX QUI LEUR PERSUADENT QU'ILS SONT
41	013	TOUS CES MOUVEMENTS DE CEUX QUI PARTENT	ET DE CEUX QUI REVIENNENT, DE CEUX QUI ONT
30	104	M'APERCUS, AVEC UN DEGOUT MELE D'HORREUR	ET DE COLERE, QUE LE CLOU ETAIT RESTE FICHE
29	113	POUR LES GAGNER; VOUS CHANGEREZ DE PATRIE	ET DE CONTREE AUSSI SOUVENT QUE VOTRE
32	016	TOUS CES CALICES, EXPLOSIONS DE SENTEURS	ET DE COULEURS, EXECUTENT UN MYSTIQUE FANDANGO
32	011	JAILLIT DE CETTE COMPLEXITE DE LIGNES	ET DE COULEURS, TENDRES OU ECLATANTES, NE
04	003	ET DE BONBONS, GROUILLANT DE CUPIDITES	ET DE DESESPOIRS, DELIRE OFFICIEL D'UNE GRANDE
27	098	UN PARADIS EXCLUANT TOUTE IDEE DE TOMBE	ET DE DESTRUCTION. TOUT CE PUBLIC, SI BLASE ET
31	020	ENVIE D'ETRE HABILLE DE MEME, DE DIRE	ET DE FAIRE LES MEMES CHOSES, ET DE PARLER
30	035	D'AUTRE PEINE QUE DE NETTOYER MES PINCEAUX	ET DE FAIRE MES COMMISSIONS. CET ENFANT,
29	023	Y AVAIT LA DES VISAGES ETRANGES D'HOMMES	ET DE FEMMES, MARQUES D'UNE BEAUTE FATALE,
24	025	PAR LES STORES, DECOREE DE NATTES FRAICHES	ET DE FLEURS CAPITEUSES, AVEC DE RARES SIEGES
39	004	ET CHAQUE BAISER EMPORTENT DE JEUNESSE	ET DE FRAICHEUR. ELLE EST VRAIMENT LAIDE; ELLE
34	026	LIEUES, UNE DELICIEUSE ODEUR DE FLEURS	ET DE FRUITS. AUSSITOT CHACUN FUT JOYEUX; ELLE
20	033	IL Y A UN PEU DE PRECIPITATION	ET DE HASARD, NE NOUS ETONNONS PAS QU'IL EN
36	031	QUI INSPIRENT L'ENVIE DE LES VAINCRE	ET DE JOUIR D'ELLES; MAIS CELLE-CI DONNE LE
27	104	D'ART VIVANT. LES EXPLOSIONS DE LA JOIE	ET DE L'ADMIRATION EBRANLERENT A PLUSIEURS
32	043	ABSTRUSES; CHANTRE DE LA VOLUPTE	ET DE L'ANGOISSE ETERNELLES, PHILOSOPHE, POETE
27	129	A LA FOIS LES OREILLES ET LES COEURS.	ET DE L'ENDROIT DE LA SALLE D'OU AVAIT JAILLI
50	036	COMME CELUI DU PAUVRE, DU BOHEMIEN	ET DE L'HISTRION, EST MERVEILLEUSEMENT
17	030	DES ODEURS COMBINEES DU GOUDRON, DU MUSC	ET DE L'HUILE DE COCO. LAISSE-MOI MORDRE
47	108	REPRIS: ''PEUX-TU TE SOUVENIR DE L'EPOQUE	ET DE L'OCCASION OU EST NEE EN TOI CETTE
41	009	A ENTRETENIR DANS L'AME LE GOUT DU RHYTHME	ET DE LA BEAUTE. ET PUIS, SURTOUT, IL Y A UNE
20	005	TOUTES CES MERES BIZARRES DE LA JOIE	ET DE LA DOULEUR, ETAIENT FORT DIVERSES: LES
30	115	CHERE RELIQUE. --ET ELLE S'EMPARA DU CLOU	ET DE LA FICELLE. ''ENFIN! ENFIN! TOUT ETAIT
03	007	NOYER SON REGARD DANS L'IMMENSITE DU CIEL	ET DE LA MER! SOLITUDE; SILENCE; INCOMPARABLE
48	036	ET LES LENTES ALTERNATIVES DE LA LUMIERE	ET DE LA NUIT SUPPRIMENT LA VARIETE ET
29	056	IDEE DU SIECLE, C'EST-A-DIRE DU PROGRES	ET DE LA PERFECTIBILITE, ET, EN GENERAL, DE
27	119	INTERIEUR SEMBLABLE A CELUI DE LA JALOUSIE	ET DE LA RANCUNE, MEME PENDANT QU'IL
09	030	ESPECE D'ENERGIE QUI JAILLIT DE L'ENNUI	ET DE LA REVERIE; ET CEUX EN QUI ELLE SE
50	109	TANT DE COURAGE, TANT DE PATIENCE	ET DE LABEUR, UN PARADIS SPECIAL POUR LES BONS
45	027	QUI VOUS SOUCIEZ SI PEU DES DEFUNTS	ET DE LEUR DIVIN REPOS! MAUDITES SOIENT VOS
27	005	PARAITRE BIZARRE QUE LES IDEES DE PATRIE	ET DE LIBERTE S'EMPARENT DESPOTIQUEMENT DU
23	005	LIEUX ARIDES, ET QUE L'ESPRIT DE MEURTRE	ET DE LUBRICITE S'ENFLAMME MERVEILLEUSEMENT
31	121	ENVIE DE LES PRIER DE M'EMMENER AVEC EUX	ET DE M'APPRENDRE A JOUER DE LEURS
17	011	TOUT UN REVE, PLEIN DE VOILURES	ET DE MATURES; LE CONTINENT DE GRANDES MERS
07	027	AH! DEESSE! AYEZ PITIE DE MA TRISTESSE	ET DE MON DELIRE!'' MAIS L'IMPLACABLE VENUS
31	077	TROP AVARE! DIEU NE S'OCCUPE PAS DE MOI	ET DE MON ENNUI, ET N'AI PAS UNE BELLE
34	048	NOUS ENVOYAIT UN MYSTERIEUX PARFUM DE ROSE	ET DE MUSC, ET D'OU LES MUSIQUES DE LA VIE
24	021	DANS LA CASE UN PUISSANT PARFUM DE ROSE	ET DE MUSC......PLUS LOIN, DERRIERE NOTRE
17	018	D'HOMMES VIGOUREUX DE TOUTES NATIONS	ET DE NAVIRES DE TOUTES FORMES DECOUPANT LEURS
29	021	PENATES, LEURS FEMMES, LEURS ENFANTS,	ET DE NE JAMAIS REMONTER SUR LES HAUTES LAMES
30	034	L'HABILLER, DE LUI DONNER QUELQUE ARGENT	ET DE NE PAS LUI IMPOSER D'AUTRE PEINE QUE DE
04	001	L'EXPLOSION DU NOUVEL AN: CHAOS DE BOUE	ET DE NEIGE, TRAVERSE DE MILLE CARROSSES,
05	074	D'ANGOISSES, DE CAUCHEMARS, DE COLERES	ET DE NEVROSES. JE VOUS ASSURE QUE LES

JE ME SENTAIS UN PEU HONTEUX DE NOS VERRES
ET SPIRITUELS: ''PRENDS-MOI AVEC TOI,
DANS LE NOBLE PUBLIC, L'IDEE DE DOUCEUR
ENTOURE DE MYSTERE, DE SILENCE, DE PAIX
DE DIRE ET DE FAIRE LES MEMES CHOSES,
ALORS TOUS LES RAPPORTS D'AMITIE
JE NE SAIS DANS QUEL MISERABLE CAFE
UNE INEXPRIMABLE EXPRESSION D'EXTASE
INVESTIS DE LA MAJESTE DE MINOS, D'EAQUE
CHOSE DE CREPUSCULAIRE, DE BLEUATRE
AUSSI DE L'UNIVERS, DE SA CREATION
CURIEUX, BIZARRES, ARMES DE SERRURES
ET DIVAGANTE QUI LA PEUPLE DE SES PASSIONS
DEVAIT JOUER L'UN DE SES PRINCIPAUX
COMME NOUS A LA TERRIBLE LOI DU TEMPS
ECLATANT ET RIDICULE, COIFFE DE CORNES
LES HOLLANDAIS! LES BERGERS DE VIRGILE
CANAILLE! ET POUR LA PUNITION DE TA FOLIE
QUI EST LA SOURCE DE TOUTES VOS MALADIES
DE LA GRANDEUR, DE LA BEAUTE, DE LA GLOIRE
YEUX UNE SYMPHONIE MUETTE ET MYSTERIEUSE:
C'EST-A-DIRE LA POSSIBILITE DE SOULAGER
D'UNE ROBE POURPRE, ET COUVERT DE PLUMETS
OU, SANS QUE PERSONNE S'EN INQUIETE,
L'A INSTALLEE SUR CE TRONE DE REVERIE
AURA LE DETESTABLE COURAGE DE VOUS DIVISER
CONTEMPLER L'AUTRE COTE DU FIRMAMENT
DANS UN DE SES MEILLEURS MOMENTS,
JOUISSANCE POSITIVE, PAR L'ACTION REUSSIE
ET HONNETE, OU LA FANTAISIE A BATI
ELLE AVAIT L'AIR A LA FOIS IMPERIEUX
DES REVES! ET PLUS L'AME EST AMBITIEUSE
ET OPINIATREMENT ILLUSTRE DE SES SAVANTES
D'UNE GRANDE BOUCHE, ROUGE ET BLANCHE,
S'APERCUT QU'IL AVAIT OUBLIE SA MONTRE,
D'UN PALAIS, EN FACE DES GRANDES PELOUSES
DES MIROIRS, LES ORS DES BAGUETTES
ON VOIT LA MER ET LE CIEL, DES HOMMES
SE JOUENT ET FOLATRENT DES TIGES
POUR MONTRER LA BEAUTE DES PAMPRES
SEIGNEUR, AYEZ PITIE! AYEZ PITIE DES FOUS
LIQUEURS SINISTRES, DE BRILLANTS COUTEAUX
BOUFFONNERIES. MA PLUME TREMBLE
DE LUI, VOULANT LUI FAIRE DES RISETTES
LOIN DU REGARD INSOLENT DES JOYEUX
SURS DE LEURS EFFETS, DES BONS MOTS
TOUS LES COINS, DES FISSURES DES TIROIRS
SACERDOTAL DANS LA MAIN DES PRETRES
UN BESOIN PROPORTIONNEL DU GRAND AIR
VOUS CONNAISSEZ MA TERREUR DES CHEVAUX
ELLE DECHIRE DES LAPINS VIVANTS
CES SERPENTS A QUATRE PATTES, FRISSONNANTS
LES PAUVRES CHIENS, LES CHIENS CROTTES
PLEUT ABONDAMMENT DEVANT LES FENETRES
UNE GRACE POUVANT DETERMINER SA DESTINEE
MONDE INTERMEDIAIRE, PLACE ENTRE L'HOMME
GRANDE QUALITE PAR UNE AMBITION MALSEANTE
N'ARRIVAIT A MON COEUR QU'AFFAIBLI
ET TOUTE CETTE LIVRANTE VIVANTE PENSAIT
QUI COURENT; NON PAS LA LUNE PAISIBLE
MEILLEUR DES LOTS, OSE ENCORE INTERROGER
NE FUT DANGEREUSE QUE POUR L'AME OISIVE
AVOIR REFUSE A UN AMI UN SERVICE FACILE,
QUE CELLE DU SAUVAGE LE PLUS ABRUTI;
QUI CEPENDANT NE VIEILLISSENT PLUS,
QUI HANTAIT LES REPLIS DE MON CERVEAU,
ETOUFFENT DANS DES LIMITES TROP ETROITES,
QUI REMPLISSAIT L'ATMOSPHERE D'IDEAL,
FEUILLETON QU'IL A SANS DOUTE OUBLIE,
LA LOURDE BEDAINE SURPLOMBAIT LES CUISSES,
MIRER DANS L'ORDRE; OU LA VIE EST GRASSE
COMME LES FEMMES; D'UNE VOIX RAUQUE
DONNENT PLUS QUE DES VIBRATIONS CRIARDES
A HOUBLON, TUTEUR DE VIGNE, SEC, DUR
MON BREVET DE FOLIE. MON SUBTIL LELUT
PLUS ENERGIQUEMENT DE L'HORREUR DE L'ENNUI
DES EFFORTS NON RECOMPENSES, DE LA FAIM
SUR LEUR TETE DES FRUITS, DES PATES
SON BERCEAU LE GOUT DU TRAVESTISSEMENT
D'ACCUSATION LES AMOUREUX DE LA SOLITUDE
A CELLES QUE D'AUTRES TIRENT DU SILENCE
ETRES, LE SIGNE CORRESPONDANT DU RIRE
Y DEPLOYAIT TOUTE L'ARDEUR D'UN DEBUT,
DENTS DU MONDE, QUI VOUS EUSSENT ATTENDRIS
QUE VOUS VOUS CONNAISSEZ EN FORCE?''
ET CE PAQUET-CI, C'EST LES EXTERNES.''
TOI AVEC LA TENDRESSE SOUPLE D'UNE MERE,
ET SE DIT: ''CETTE ENFANT ME PLAIT.''
LE MONDE LUMINEUX AVEC UN OEIL PROFOND,
VOIX CHARMANTE ET PARADOXALE. ''ECOUTE.''
J'EUS PLUS TARD LA FANTAISIE DE LA REVOIR,

ET DE NOS CARAFES, PLUS GRANDS QUE NOTRE SOIF. 26 050
ET DE NOS DEUX MISERES NOUS FERONS PEUT-ETRE 50 044
ET DE PARDON. QUAND ON DIT D'UN COMEDIEN: 27 071
ET DE PARFUMS? O BEATITUDE! CE QUE NOUS 05 034
ET DE PARLER AVEC LA MEME VOIX...'' L'UN DES 31 021
ET DE POLITESSE, ET MALTRAITAIT, COMME UN 22 022
ET DE QUELLE FACON ELLE DEJEUNA. JE LA SUIVIS 13 043
ET DE REGRET. ''EST-IL BETE, CELUI-LA, AVEC 31 038
ET DE RHADAMANTHE, SAUTERA BRUSQUEMENT AU COU 89 039
ET DE ROSATRE; UN REVE DE VOLUPTE PENDANT UNE 05 006
ET DE SA FUTURE DESTRUCTION; DE LA GRANDE IDEE 29 054
ET DE SECRETS COMME DES AMES RAFFINEES. LES 18 040
ET DE SES CHIMERES. IL EST CERTAIN QU'UN 23 008
ET DE SES MEILLEURS ROLES, ET AUQUEL 27 039
ET DE SON INFINIE POSTERITE, LES JOURS, LES 20 023
ET DE SONNETTES, TOUT RAMASSE CONTRE LE 07 020
ET DE THEOCRITE ATTENDAIENT, POUR PRIX DE 50 113
ET DE TON AVEUGLEMENT, TU M'AIMERAS TELLE QUE 38 018
ET DE TOUS VOS MISERABLES PROGRES. JAMAIS UN 29 106
ET DE TOUT CE QUI FAIT CROIRE A L'IMMORTALITE. 38 003
ET DE TOUTES CHOSES, DE TOUS LES COINS, DES 18 042
ET DE VAINCRE, PENDANT TOUTE VOTRE VIE, CETTE 29 104
ET DE VERROTERIES. MAIS L'ENFANT NE S'OCCUPAIT 19 027
ET DE VOIR TOUJOURS DES PAYS NOUVEAUX. JE NE 31 080
ET DE VOLUPTE? M'IMPORTE? LA VOILA! JE LA 05 025
ET DE VOUS SEPARER? CHER LISZT, A TRAVERS LES 32 035
ET DECHIFFRER L'ALPHABET CELESTE DES 34 006
ET DECHIRA A LA FOIS LES OREILLES ET LES 27 129
ET DECIDEE? VIVRONS-NOUS JAMAIS, 18 073
ET DECORE UNE CHINE OCCIDENTALE, OU LA VIE EST 18 019
ET DEGINGANDE, ET SES YEUX, QUOIQUE BATTUS, 21 089
ET DELICATE; PLUS LES REVES L'ELOIGNENT DU 18 069
ET DELICATES VEGETATIONS. UN VRAI PAYS DE 18 007
ET DELICIEUSE, QUI FAIT REVER AU MIRACLE D'UNE 36 027
ET DEMANDA A UN PETIT GARCON QUELLE HEURE IL 16 004
ET DES BASSINS! CAR ELLE A NATURELLEMENT L'AIR 24 005
ET DES CORNICHES, LES PAGES AUX JOUES 26 020
ET DES FEMMES, SERIEUX ET TRISTES AUSSI, MAIS 31 008
ET DES FLEURS, CELLES-CI SINUEUSES ET 32 008
ET DES FLEURS? LE THYRSE EST LA REPRESENTATION 32 021
ET DES FOLLES! O CREATEUR! PEUT-IL EXISTER DES 47 123
ET DES INSTRUMENTS DE CHIRURGIE. DANS SA MAIN 21 025
ET DES LARMES D'UNE EMOTION TOUJOURS PRESENTE 27 090
ET DES MINES AGREABLES. MAIS L'ENFANT 02 007
ET DES OISIFS. CES RETRAITES OMBREUSES SONT 13 007
ET DES PLAISANTERIES D'UN COMIQUE SOLIDE ET 14 027
ET DES PLIS DES ETOFFES S'ECHAPPE UN PARFUM 18 044
ET DES PRETRESSES CELEBRANT LA DIVINITE DONT 32 003
ET DES RAFRAICHISSANTS. COMME J'ALLAIS ENTRER 49 020
ET DES VOITURES. TOUT A L'HEURE, COMME JE 46 006
ET DES VOLAILLES PIAILLANTES QUE LUI JETTE SON 11 030
ET DESOEUVRES, QU'ON NOMME LEVRETTES, ET SON 50 027
ET DESOLES. SWEDENBORG AFFIRME BIEN QU'IL Y EN 50 111
ET DEVANT LE LIT! ELLE S'EPANCHE EN CASCADES 05 022
ET DEVENIR AUSSI BIEN LA SOURCE DE SON MALHEUR 20 018
ET DIEU, EST SOUMIS COMME NOUS A LA TERRIBLE 20 022
ET DIFFORME. C'ETAIT UNE FEMME QUI VOULAIT 42 035
ET DIMINUE, COMME LE SON DE LA CLOCHETTE DES 15 011
ET DISAIT: ''TU SUBIRAS ETERNELLEMENT 37 016
ET DISCRETE VISITANT LE SOMMEIL DES HOMMES 36 019
ET DISCUTER L'INDISCUTABLE?'' 20 086
ET DIVAGANTE QUI LA PEUPLE DE SES PASSIONS ET 23 008
ET DONNE UNE RECOMMANDATION ECRITE A UN 10 034
ET DONT DEUX BOUTS DE CHANDELLES, COULANTS ET 14 049
ET DONT LA BEAUTE GARDE LA MAGIE PENETRANTE 21 087
ET DONT LE FANTOME ME FATIGUAIT DE SES GRANDS 30 119
ET DONT LES SIECLES A VENIR IGNORERONT 27 032
ET DONT LES YEUX REPANDAIENT LE DESIR DE LA 38 002
ET DONT MOI SEUL, ET SAINTE-BEUVE PEUT-ETRE, 50 047
ET DONT TOUTE LA PEAU ETAIT DOREE ET 21 058
ET DOUCE A RESPIRER; D'OU LE DESORDRE, LA 18 010
ET DOUCE! ''ET TU SERAS AIMEE DE MES AMANTS, 37 024
ET DOULOUREUSES. ET MAINTENANT LA PROFONDEUR 03 020
ET DROIT. AUTOUR DE CE BATON, DANS DES 32 006
ET DU BIEN-AVISE BAILLARGER? IL EXISTE CETTE 49 031
ET DU DESIR IMMORTEL DE SE SENTIR VIVRE. MON 29 032
ET DU FROID HUMBLEMENT, SILENCIEUSEMENT 13 023
ET DU GIBIER, LES HEBES ET LES GANYMEDES 26 023
ET DU MASQUE, LA HAINE DU DOMICILE ET LA 12 005
ET DU MYSTERE. IL Y A DANS NOS RACES 23 015
ET DU RECUEILLEMENT! MAIS JE LES MEPRISE. JE 23 024
ET DU SOURIRE, S'APPROCHE ET POSE CURIEUSEMENT 08 006
ET ECLAIRAIT DE TOUTES SES FORCES LES MURS 26 018
ET EGAYES A LA FOIS. --J'AURAIS PU FAIRE MA 42 096
ET ELLE ARGUMENTAIT. ''UN BEAU JOUR ELLE S'EST 42 045
ET ELLE DEPLOYA EN EVENTAIL UNE MASSE D'IMAGES 47 070
ET ELLE DEPOSA SES COULEURS SUR TA FACE. TES 37 006
ET ELLE DESCENDIT MOELLEUSEMENT SON ESCALIER 37 004
ET ELLE ECOUTAIT EN HOCHANT DOUCEMENT LA TETE. 13 086
ET ELLE EMBOUCHA ALORS UNE GIGANTESQUE 21 097
ET ELLE ME DIT, EN ME MONTRANT SIX BEAUX 42 073

POEM LINE

POEM	LINE		
02	012	SE RETIRA DANS SA SOLITUDE ETERNELLE,	ET ELLE PLEURAIT DANS UN COIN, SE DISANT:
42	094	ET ROMANESQUE DE DIRE: ''J'AI FAIM!''	ET ELLE REPETAIT CES MOTS JOUR ET NUIT EN
02	006	ELLE AUSSI, SANS DENTS ET SANS CHEVEUX,	ET ELLE S'APPROCHA DE LUI, VOULANT LUI FAIRE
30	115	COMME UNE HORRIBLE ET CHERE RELIQUE. --	ET ELLE S'EMPARA DU CLOU ET DE LA FICELLE.
29	059	EN PLAISANTERIES LEGERES ET IRREFUTABLES,	ET ELLE S'EXPRIMAIT AVEC UNE SUAVITE DE
13	099	MIEUX ENCORE, UNE SUPERFLUITE, UN JOUET,	ET ELLE SERA RENTREE A PIED, MEDITANT ET
25	056	DOROTHEE EST ADMIREE ET CHOYEE DE TOUS,	ET ELLE SERAIT PARFAITEMENT HEUREUSE SI ELLE
37	010	TES YEUX SE SONT SI BIZARREMENT AGRANDIS;	ET ELLE T'A SI TENDREMENT SERREE A LA GORGE
47	048	--ATTENDS, REPRIT-ELLE, TU VAS VOIR.''	ET ELLE TIRA D'UNE ARMOIRE UNE LIASSE DE
20	057	PETIT COMMERCANT, JE CROIS, SE LEVA,	ET EMPOIGNANT PAR SA ROBE DE VAPEURS
04	010	MONSIEUR GANTE, VERNI, CRUELLEMENT CRAVATE	ET EMPRISONNE DANS DES HABITS TOUT NEUFS,
47	025	CIGARES! ET EN M'OFFRANT CES BONNES CHOSES	ET EN ALLUMANT ELLE- MEME UN CIGARE, LA
22	015	SUR LA MONTAGNE; ET, LE SOIR, EN FUMANT	ET EN CONTEMPLANT LE REPOS DE L'IMMENSE
15	053	LUI SAISIT L'OREILLE AVEC LES DENTS.	ET EN CRACHA UN PETIT MORCEAU SANGLANT AVEC UN
47	013	--FIT-ELLE, TOUJOURS SUSPENDUE A MON BRAS,	ET EN ECLATANT DE RIRE, --VOUS ETES UN MEDECIN
47	025	DORLOTE! GRAND FEU, VIN CHAUD, CIGARES!	ET EN M'OFFRANT CES BONNES CHOSES ET EN
29	117	ET CAETERA...'', AJOUTA-T-IL EN SE LEVANT	ET EN ME CONGEDIANT AVEC UN BON SOURIRE. SI CE
24	046	UN PEU APRES, MAIS FRAIS! QUOI DE MIEUX?''	ET EN RENTRANT SEUL CHEZ LUI, A CETTE HEURE OU
05	069	LES AMIES, HELAS! FECONDE EN CARESSES	ET EN TRAITRISES. OH! OUI! LE TEMPS A REPARU;
28	006	DE SA CULOTTE, UNE MASSE DE GROS SOLS,	ET ENFIN, DANS LA DROITE, UNE PIECE D'ARGENT
36	017	A UNE FROIDE MARIEE, MAIS LA LUNE SINISTRE	ET ENIVRANTE, SUSPENDUE AU FOND D'UNE NUIT
10	002	LE ROULEMENT DE QUELQUES FIACRES ATTARDES	ET EREINTES. PENDANT QUELQUES HEURES, NOUS
30	025	UN ENFANT DONT LA PHYSIONOMIE ARDENT	ET ESPIEGLE, PLUS QUE TOUTES LES AUTRES, ME
42	009	NOUS CHERCHONS CE QUE NOUS POURRIONS AIMER	ET ESTIMER.'' L'UN D'EUX JETA LA CAUSERIE SUR
20	072	D'EN DONNER ENCORE UN, SUPPLEMENTAIRE	ET EXCEPTIONNEL, POURVU TOUTEFOIS QU'ELLE AIT
18	013	LA CUISINE ELLE-MEME EST POETIQUE, GRASSE	ET EXCITANTE A LA FOIS? OU TOUT VOUS
43	006	GALAMMENT LA MAIN A SA CHERE, DELICIEUSE	ET EXECRABLE FEMME, A CETTE MYSTERIEUSE FEMME
32	032	LIGNE DROITE ET LIGNE ARABESQUE, INTENTION	ET EXPRESSION, ROIDEUR DE LA VOLONTE,
16	027	ETRE? Y VOIS-TU L'HEURE, MORTEL PRODIGUE	ET FAINEANT?'' JE REPONDRAIS SANS HESITER:
26	032	MARCHER. IL REMPLISSAIT L'OFFICE DE BONNE	ET FAISAIT PRENDRE A SES ENFANTS L'AIR DU
25	008	VIVANTE A CETTE HEURE SOUS L'IMMENSE AZUR,	ET FAISANT SUR LA LUMIERE UNE TACHE ECLATANTE
25	003	LE MONDE STUPEFIE S'AFFAISSE LACHEMENT	ET FAIT LA SIESTE, UNE SIESTE QUI EST UNE
50	118	BEAU GILET, D'UNE COULEUR, A LA FOIS RICHE	ET FANEE, QUI FAIT PENSER AUX SOLEILS
24	003	BELLE DANS UN COSTUME DE COUR, COMPLIQUE	ET FASTUEUX, DESCENDANT, A TRAVERS
12	008	EGAUX ET CONVERTIBLES POUR LE POETE ACTIF	ET FECOND. QUI NE SAIT PAS PEUPLER SA
13	005	BRISES, PAR TOUTES CES AMES TUMULTUEUSES	ET FERMEES, EN QUI GRONDENT ENCORE LES
25	006	ANEANTISSEMENT. CEPENDANT DOROTHEE, FORTE	ET FIERE COMME LE SOLEIL, S'AVANCE DANS LA RUE
15	060	PAR LE DESESPOIR, LE VAINCU SE REDRESSA	ET FIT ROULER LE VAINQUEUR PAR TERRE D'UN COUP
18	064	ET SI REVEUX, QU'IL FAUDRAIT ALLER VIVRE	ET FLEURIR? NE SERAIS-TU PAS ENCADREE DANS TON
32	008	DANS DES MEANDRES CAPRICIEUX, SE JOUENT	ET FOLATRENT DES TIGES ET DES FLEURS,
10	009	QUE CE TOUR DE CLEF AUGMENTERA MA SOLITUDE	ET FORTIFIERA LES BARRICADES QUI ME SEPARENT
19	018	PAR LE SOLEIL, SE TENAIT UN ENFANT BEAU	ET FRAIS, HABILLE DE CES VETEMENTS DE CAMPAGNE
27	099	DE DESTRUCTION. TOUT CE PUBLIC, SI BLASE	ET FRIVOLE QU'IL PUT ETRE, SUBIT BIENTOT LA
25	035	ALLER AINSI LA PARESSEUSE DOROTHEE, BELLE	ET FROIDE COMME LE BRONZE? POURQUOI A-T-ELLE
45	010	BUT UN VERRE DE BIERE EN FACE DES TOMBES,	ET FUMA LENTEMENT UN CIGARE. PUIS, LA
14	050	ET DONT DEUX BOUTS DE CHANDELLES, COULANTS	ET FUMANTS, ECLAIRAIENT TROP BIEN ENCORE LA
25	053	CAFRINES ELLES-MEMES DEVIENNENT IVRES	ET FURIEUSES DE JOIE; ET PUIS ENCORE SI LES
22	036	LUI L'INQUIETUDE D'UN MALAISE PERPETUEL,	ET FUT-IL GRATIFIE DE TOUS LES HONNEURS QUE
32	009	TIGES ET DES FLEURS, CELLES-CI SINUEUSES	ET FUYARDES, CELLES-LA PENCHEES COMME DES
18	086	AME! --ET QUAND, FATIGUES PAR LA HOULE	ET GORGES DES PRODUITS DE L'ORIENT, ILS
31	137	MURIR SA DESTINEE, SCANDALISER SES PROCHES	ET GRAVITER VERS LA GLOIRE OU VERS LE
34	008	ET CHACUN DES PASSAGERS GEMISSAIT	ET GROGNAIT. ON EUT DIT QUE L'APPROCHE DE LA
04	013	SON CHAPEAU: ''JE VOUS LA SOUHAITE BONNE	ET HEUREUSE!'' PUIS SE RETOURNA VERS JE NE
50	123	TANT IL A BIEN COMPRIS QU'IL ETAIT BON	ET HONNETE DE CHANTER LES PAUVRES CHIENS. TEL
18	019	OU TOUT EST BEAU, RICHE, TRANQUILLE	ET HONNETE, OU LA FANTAISIE A BATI ET DECORE
05	084	UN BOEUF, AVEC SON DOUBLE AIGUILLON. --''	ET HUE DONC! BOURRIQUE! SUE DONC, ESCLAVE! VIS
45	009	QUELCONQUE DE LA BRIEVETE DE LA VIE''.	ET IL ENTRA, BUT UN VERRE DE BIERE EN FACE DES
15	069	LE MORCEAU DE PAIN AVAIT DISPARU,	ET IL ETAIT EPARPILLE EN MIETTES SEMBLABLES
30	064	ETAIT ENTREE PROFONDEMENT DANS LES CHAIRS,	ET IL FALLAIT MAINTENANT, AVEC DE MINCES
43	017	CHER ANGE, JE ME FIGURE QUE C'EST VOUS''.	ET IL FERMA LES YEUX ET IL LACHA LA DETENTE.
11	026	ENCHAINE SA FEMME LEGITIME COMME UNE BETE,	ET IL LA MONTRE DANS LES FAUBOURGS, LES JOURS
43	017	QUE C'EST VOUS''. ET IL FERMA LES YEUX	ET IL LACHA LA DETENTE. A POUPEE FUT
21	038	D'OU S'ECOULAIT UNE INSIDIEUSE IVRESSE,	ET IL ME DIT D'UNE VOIX CHANTANTE: ''SI TU
05	083	REGNE! IL A REPRIS SA BRUTALE DICTATURE.	ET IL ME POUSSE, COMME SI J'ETAIS UN BOEUF,
14	065	SERREE PAR LA MAIN TERRIBLE DE L'HYSTERIE,	ET IL ME SEMBLA QUE MES REGARDS ETAIENT
03	004	DONT LE VAGUE N'EXCLUT PAS L'INTENSITE;	ET IL N'EST PAS DE POINTE PLUS ACEREE QUE
13	101	EGOISTE, SANS DOUCEUR ET SANS PATIENCE;	ET IL NE PEUT MEME PAS, COMME LE PUR ANIMAL,
43	005	ET LA PLUS LEGITIME DE CHACUN? --	ET IL OFFRIT GALAMMENT LA MAIN A SA CHERE,
21	071	FAIT DE NOMBREUSES VOIX HUMAINES.	ET IL RIAIT, EN MONTRANT IMPUDEMMENT SES DENTS
27	059	PETITE COUR DEPLOYA TOUTES SES POMPES,	ET IL SERAIT DIFFICILE DE CONCEVOIR, A MOINS
21	076	CE QUI VAUT TOUT, CE QUI REMPLACE TOUT!''	ET IL TAPA SUR SON VENTRE MONSTRUEUX, DONT
23	030	IL SAIT QUE JE DEDAIGNE LES SIENNES,	ET IL VIENT S'INSINUER DANS LES MIENNES, LE
21	011	DU PREMIER SATAN ETAIT D'UN SEXE AMBIGU,	ET IL Y AVAIT AUSSI, DANS LES LIGNES DE SON
21	058	CUISSES, ET DONT TOUTE LA PEAU ETAIT DOREE	ET ILLUSTREE, COMME D'UN TATOUAGE, D'UNE FOULE
31	012	MENACENT, ILS SUPPLIENT, ILS SE DESOLENT,	ET ILS APPUIENT SOUVENT LEUR MAIN SUR UN
50	057	NOUS, ILS SE SONT LEVES DE BON MATIN,	ET ILS CHERCHENT LEUR VIE OU COURENT A LEURS
19	013	MAINS AGRIPPERONT VIVEMENT LE CADEAU,	ET ILS S'ENFUIRONT COMME FONT LES CHATS QUI
31	062	DANS SON DOS, EPAIS COMME UNE CRINIERE,	ET ILS SENTAIENT AUSSI BON, JE VOUS ASSURE,
50	072	SA TOILETTE, MAIS FIERE ET RECONNAISSANTE.	ET ILS SONT TOUS TRES-EXACTS, SANS CARNETS,
21	005	DORT, ET COMMUNIQUE EN SECRET AVEC LUI.	ET ILS SONT VENUS SE POSER GLORIEUSEMENT
14	060	IL N'IMPLORAIT PAS. IL ETAIT MUET	ET IMMOBILE. IL AVAIT RENONCE, IL AVAIT
01	010	BEAUTE? --JE L'AIMERAIS VOLONTIERS, DEESSE	ET IMMORTELLE. --L'OR? --JE LE HAIS COMME VOUS
43	020	SON EXECRABLE FEMME, SON INEVITABLE	ET IMPITOYABLE MUSE, ET LUI BAISANT
19	039	EXAMINAIT AVIDEMENT COMME UN OBJET RARE	ET INCONNU. OR, CE JOUJOU QUE LE PETIT
09	003	CEPENDANT, SOUS UNE IMPULSION MYSTERIEUSE	ET INCONNUE, AGISSENT QUELQUEFOIS AVEC UNE
38	010	CLOSE DANS UNE BIERE D'UN BOIS PARFUME	ET INCORRUPTIBLE COMME LES COFFRES DE L'INDE.
01	014	LANGUISSANTS, D'UNE COULEUR TENEBREUSE	ET INDECISE, RESSEMBLAIENT A DES VIOLETTES
22	004	PRENNENT MAINTENANT LES COULEURS TENDRES	ET INDECISES DU CREPUSCULE. CEPENDANT DU HAUT
32	034	VARIETE DES MOYENS, AMALGAME TOUT-PUISSANT	ET INDIVISIBLE DU GENIE, QUEL ANALYSTE AURA LE
32	028	BATON, C'EST VOTRE VOLONTE, DROITE, FERME	ET INEBRANLABLE! LES FLEURS, C'EST LA
42	137	DE MA FOLIE PERSONNELLE. AVEC UNE FROIDE	ET INFRANCHISSABLE REGLE, ELLE BARRAIT TOUS

	ET	POEM	LINE
PERMIS D'EN DOUTER. REGRETTA-T IL SON CHER	ET INIMITABLE FANCIOULLE? IL EST DOUX ET	27	142
COMME UNE LORETTE, QUELQUEFOIS HARGNEUX	ET INSOLENT COMME UN DOMESTIQUE! FI SURTOUT DE	50	026
VOS YEUX VERTS, HABITES PAR LE CAPRICE	ET INSPIRES PAR LA LUNE, QUAND VOUS ME DITES:	26	054
CADRAN, SI QUELQUE GENIE MALHONNETE	ET INTOLERANT, QUELQUE DEMON DU CONTRE-TEMPS	16	024
NE TARISSAIT PAS EN PLAISANTERIES LEGERES	ET IRREFUTABLES, ET ELLE S'EXPRIMAIT AVEC UNE	29	058
LE CROIRE. IL ETAIT DEJA FORT ROIDE,	ET J'AVAIS UNE REPUGNANCE INEXPLICABLE A LE	30	059
BIEN HONORER MON PAIN PRESQUE BLANC,	ET J'EN COUPAI POUR LUI UNE BELLE TRANCHE QUE	15	040
INDIFFERENCE S'ABATTIT SUR MOI,	ET J'EN FUS PLUS LOURDEMENT ACCABLE QU'ILS NE	06	035
QUI SE COULAIT DOUCEMENT SOUS LE MIEN,	ET J'ENTENDIS UNE VOIX QUI ME DISAIT A	47	003
UN VIOLENT COUP DE POING DANS LE DOS,	ET J'ENTENDIS UNE VOIX RAUQUE ET CHARMANTE,	44	010
CHOSE DE GRAND, UNE ACTION D'ECLAT;	ET J'OUVRIS LA FENETRE, HELAS! (OBSERVEZ, JE	09	052
ET LEGERS COMME VOUS ETES, VOUS DEUX X...	ET J..., VOUS AVIEZ ETE ACCOUPLES A UNE	42	117
UNE LUEUR SE FIT DANS MON CERVEAU,	ET JE COMPRIS POURQUOI LA MERE TENAIT TANT A	30	134
UNE SI LONGUE AUDIENCE A UN SIMPLE MORTEL,	ET JE CRAIGNAIS D'ABUSER. ENFIN, COMME L'AUBE	29	093
JE NE SUIS JAMAIS BIEN NULLE PART,	ET JE CROIS TOUJOURS QUE JE SERAIS MIEUX	31	081
INTERVALLES NOS FREQUENTES LIBATIONS,	ET JE DOIS DIRE QUE J'AVAIS JOUE ET PERDU MON	29	040
JE LE REGARDAIS DANS LE BLANC DES YEUX,	ET JE FUS EPOUVANTE DE VOIR QUE SES YEUX	28	046
IL A POSE PLUS D'UNE FOIS POUR MOI,	ET JE L'AI TRANSFORME TANTOT EN PETIT	30	027
SUPPLIANTS, DEVORAIENT LE MORCEAU DE PAIN.	ET JE L'ENTENDIS SOUPIRER, D'UNE VOIX BASSE ET	15	037
JE LA SUIVIS AU CABINET DE LECTURE,	ET JE L'EPIAI LONGTEMPS PENDANT QU'ELLE	13	044
BRANCHE D'ARBRE QUI TRAINAIT A TERRE,	ET JE LE BATTIS AVEC L'ENERGIE OBSTINEE DES	49	058
VITRES QUI FASSENT VOIR LA VIE EN BEAU!''	ET JE LE POUSSAI VIVEMENT VERS L'ESCALIER, OU	09	079
JE NE FERAIS PAS TANT LE DELICAT!''	ET JE LES INVOQUAI A HAUTE VOIX, LES SUPPLIANT	21	119
SOUDAINE QUE DESPOTIQUE. ''--HE! HE!''	ET JE LUI CRIAI DE MONTER. CEPENDANT JE	09	067
JE QUESTIONNAI L'UN DE CES HOMMES,	ET JE LUI DEMANDAI OU ILS ALLAIENT AINSI. IL	06	015
PLUS VOLONTIERS JE M'ADRESSERAIS A STERNE,	ET JE LUI DIRAIS: ''DESCENDS DU CIEL, OU MONTE	50	005
J'EXAMINAI CURIEUSEMENT TOUTES SES VITRES,	ET JE LUI DIS: ''--COMMENT? VOUS N'AVEZ PAS DE	09	074
BEAUCOUP PLUS CONSIDERABLE QUE LA MIENNE,	ET JE LUI DIS: ''VOUS AVEZ RAISON; APRES LE	28	019
JUSQU'A LES CONFONDRE AVEC LA TIENNE.''	ET JE LUI REPONDIS: ''GRAND MERCI! JE N'AI QUE	21	045
JOURS JE M'ETAIS CONFINE DANS MA CHAMBRE,	ET JE M'ETAIS ENTOURE DES LIVRES A LA MODE	49	002
REFAIT LA SIENNE TOUT AUSSI AISEMENT.	ET JE ME COUCHE, FIER D'AVOIR VECU ET SOUFFERT	35	018
CHERCHAI A ANALYSER MA SOUDAINE DOULEUR,	ET JE ME DIS: JE VIENS DE VOIR L'IMAGE DU	14	078
CONSTRUCTIONS DE L'IMPALPABLE.	ET JE ME DISAIS, A TRAVERS MA CONTEMPLATION:	44	005
DE L'AUTRE, JE L'EMPOIGNAI A LA GORGE,	ET JE ME MIS A LUI SECOUER VIGOUREUSEMENT LA	49	049
EN GROGNANT. JE M'APPROCHAI DU BALCON	ET JE ME SAISIS D'UN PETIT POT DE FLEURS, ET	09	081
GEANT AERIEN VOLANT A TRAVERS LE CIEL.	ET JE ME SOUVIENS QUE CETTE SENSATION	15	017
A L'HORREUR MEME QU'ELLE DEVAIT EPROUVER,	ET JE ME SOUVIENS DE LA SENTENCE CONNUE: ''LES	30	089
NE S'OCCUPE PAS DE MOI ET DE MON ENNUI,	ET JE N'AI PAS UNE BELLE BONNE POUR ME	31	077
LE BONHEUR EST VENU HABITER CHEZ MOI,	ET JE NE L'AI PAS RECONNU. LA DESTINEE	42	061
LA TYRANNIE DE LA FACE HUMAINE A DISPARU,	ET JE NE SOUFFRIRAI PLUS QUE PAR MOI-MEME.	10	004
MA JOUISSANCE, DE LA MISERE DE PERSONNE;	ET JE NE VEUX PAS D'UNE RICHESSE ATTRISTEE,	21	080
PAROLE. JE ME DETOURNAI AVEC DEGOUT	ET JE REPONDIS: ''JE N'AI BESOIN, POUR MA	21	079
IDEE, QUELQUE CHOSE D'INFINIMENT VAGUE.	ET JE SORTIS AVEC UNE GRANDE SOIF. CAR LE GOUT	49	018
NE TRADUISENT QUE LA SATIETE DU BIEN-ETRE	ET L'ACCABLEMENT DU REPOS. ET PUIS, VOUS NE	11	008
ETOILES NOIRES QUI COMMANDENT LA CURIOSITE	ET L'ADMIRATION. A QUEL DEMON BIENVEILLANT	05	032
SON VIOLET FRONT HABITENT LA VOLONTE TENACE	ET L'AMOUR DE LA PROIE. CEPENDANT, AU BAS DE	36	023
ELLE EST DELICIEUSE POURTANT! LE TEMPS	ET L'AMOUR L'ONT MARQUEE DE LEURS GRIFFES ET	39	002
SOLEIL, AMOUREUSES ET CHARMANTES! LE TEMPS	ET L'AMOUR L'ONT VAINEMENT MORDUE A BELLES	39	017
PASSIONS VULGAIRES, TELLES QUE LA HAINE	ET L'AMOUR PROFANE, M'APPARAISSAIENT	15	006
SON VIOLON, SEMBLAIT RACONTER UN CHAGRIN,	ET L'AUTRE, EN FAISANT SAUTILLER SON PETIT	31	094
COU D'UN VIEILLARD QUI TRAINAIT A COTE DE LUI	ET L'EMBRASSERA AVEC ENTHOUSIASME DEVANT LA	09	040
LE CLOCHER... AH! ON NE LE VOIT PLUS!''	ET L'ENFANT RESTA LONGTEMPS TOURNE DU MEME	31	036
QUE, LA CHAMBRE ETANT AU SIXIEME ETAGE	ET L'ESCALIER FORT ETROIT, L'HOMME DEVAIT	09	069
UNIVERSELLES. L'HOMME DU MONDE LUI-MEME	ET L'HOMME OCCUPE DE TRAVAUX SPIRITUELS	14	014
OU DES NARINES MOBILES ASPIRENT L'INCONNU	ET L'IMPOSSIBLE, ECLATE, AVEC UNE GRACE	36	025
RESPIRER, D'OU LE DESORDRE, LA TURBULENCE	ET L'IMPREVU SONT EXCLUS, OU LE BONHEUR EST	18	011
LA LUMIERE ET LA CHALEUR Y FAISAIENT RAGE,	ET L'ON EUT DIT QUE LE SOLEIL IVRE SE VAUTRAIT	45	013
VOULAIT FAIRE GRACE A TOUS LES CONJURES!	ET L'ORIGINE DE CE BRUIT FUT L'ANNONCE D'UN	27	037
SIECLES A VENIR IGNORERONT TOUJOURS LE NOM	ET LA BONNE VOLONTE. L'IMPREVOYANTE PROVIDENCE	27	033
UN SI RICHE SOLEIL. EN EFFET, LA LUMIERE	ET LA CHALEUR Y FAISAIENT RAGE, ET L'ON EUT	45	013
DE CAS, D'INSPIRER LA PLUME, LA PAROLE	ET LA CONSCIENCE DES PEDAGOGUES, ET QU'IL	29	081
POUR LA CONTEMPLER. LES GARCONS EUX-MEMES	ET LA DAME DU COMPTOIR RESSENTAIENT CETTE	42	087
ICI, TOUT A LA SUFFISANTE CLARTE	ET LA DELICIEUSE OBSCURITE DE L'HARMONIE. UNE	05	016
LES METAUX, LES ETOFFES, L'ORFEVRERIE	ET LA FAIENCE Y JOUENT POUR LES YEUX UNE	18	041
LES TENTATIONS OU EROS, PLUTUS	ET LA GLOIRE	21	000
UN ETRANGE AMALGAME, LES RAYONS DE L'ART	ET LA GLOIRE DU MARTYRE. FANCIOULLE	27	087
CE SPECTACLE M'AVAIT EMBRUME LE PAYSAGE,	ET LA JOIE CALME OU S'EBAUDISSAIT MON AME	15	071
VOUS, LE MAITRE! VOUS QUI AVEZ FAIT LA LOI	ET LA LIBERTE; VOUS, LE SOUVERAIN QUI LAISSEZ	47	118
DE LA VIE, UN REPIT DANS LA CONTENTION	ET LA LUTTE UNIVERSELLES. L'HOMME DU MONDE	14	012
ET TERRIBLE; LE SABLE EST EBLOUISSANT	ET LA MER MIROITE. LE MONDE STUPEFIE	25	002
QUI M'AIME: L'EAU, LES NUAGES, LE SILENCE	ET LA NUIT; LA MER IMMENSE ET VERTE; L'EAU	37	019
ET DU MASQUE, LA HAINE DU DOMICILE	ET LA PASSION DU VOYAGE. MULTITUDE, SOLITUDE:	12	006
PLUS GROS QUE TOUTES LES AUTRES FEMMES,	ET LA PEAU EN EST SI DOUCE, SI DOUCE, QU'ON	31	056
LA FEMME SAUVAGE	ET LA PETITE-MAITRESSE	11	000
QUELLE EST LA VEUVE LA PLUS TRISTE	ET LA PLUS ATTRISTANTE, CELLE QUI TRAINE A SA	13	032
ETAIT BIEN LA PLUS DOUCE, LA PLUS SOUMISE	ET LA PLUS DEVOUEE DES CREATURES, ET TOUJOURS	42	063
PAS L'OCCUPATION LA PLUS ORDINAIRE	ET LA PLUS LEGITIME DE CHACUN? --ET IL OFFRIT	43	005
ME CONVIENT DE PARTAGER LES BENEFICES	ET LA PROPRIETE AVEC QUI QUE CE SOIT. ELLE NE	29	066
AINSI FURENT DONNES L'AMOUR DU BEAU	ET LA PUISSANCE POETIQUE AU FILS D'UN SOMBRE	20	047
ALLUMENT DANS SON COEUR UN FEU NOUVEAU,	ET LA SERVILITE DE SA TENDRESSE N'A JAMAIS	39	026
A LA CHIMIE! DE SORTE QU'ENTRE MA BOUCHE	ET LA SIENNE JE TROUVAI DESORMAIS UN MASQUE DE	42	047
ET M'ENORGUEILLIR UN PEU DANS LE SILENCE	ET LA SOLITUDE DE LA NUIT. AMES DE CEUX QUE	10	038
NE DIRAIT-ON PAS QUE LA LIGNE COURBE	ET LA SPIRALE FONT LEUR COUR A LA LIGNE DROITE	32	013
D'EPINES ET LES CLOUS DE LA PASSION,	ET LA TORCHE D'EROS. JE PRIS ENFIN A TOUTE LA	30	030
LE FOU	ET LA VENUS	07	000
CET ENFANT, DEBARBOUILLE, DEVINT CHARMANT,	ET LA VIE QU'IL MENAIT CHEZ MOI LUI SEMBLAIT	30	037
JE LUI AVAIS DONC RENDU L'ORGUEIL	ET LA VIE. ALORS, JE LUI FIS FORCE SIGNES POUR	49	069
A L'AISE. CA VOUS RAPPELLERA L'HOPITAL	ET LE BON TEMPS DE LA JEUNESSE. --AH CA! OU	47	028
LOIN CE QUI EST SI PRES DE MOI, LE PLAISIR	ET LE BONHEUR SONT DANS LA PREMIERE AUBERGE	24	040
CONCEVOIR UN ASTRE NOIR VERSANT LA LUMIERE	ET LE BONHEUR. MAIS ELLE FAIT PLUS VOLONTIERS	36	013
A DES HABITUDES DE VIEUX CELIBATAIRE,	ET LE CARACTERE MASCULIN DE SES MOEURS	13	040

POEM LINE

13	102	PAS, COMME LE PUR ANIMAL, COMME LE CHIEN	ET LE	CHAT, SERVIR DE CONFIDENT AUX DOULEURS
19	037	SEPARANT DEUX MONDES, LA GRANDE ROUTE	ET LE	CHATEAU, L'ENFANT PAUVRE MONTRAIT A
08	004	CHEZ LE MEILLEUR PARFUMEUR DE LA VILLE.''	ET LE	CHIEN, EN FRETILLANT DE LA QUEUE, CE QUI
09	085	SUR LE REBORD POSTERIEUR DE SES CROCHETS,	ET LE	CHOC LE RENVERSANT, IL ACHEVA DE BRISER
31	008	TRISTES, AU FOND DESQUELS ON VOIT LA MER	ET LE	CIEL, DES HOMMES ET DES FEMMES, SERIEUX
45	000	LE TIR	ET LE	CIMETIERE
28	050	ET UNE BONNE AFFAIRE; GAGNER QUARANTE SOLS	ET LE	COEUR DE DIEU; EMPORTER LE PARADIS
06	029	QUI SONT CONDAMNES A ESPERER TOUJOURS.	ET LE	CORTEGE PASSA A COTE DE MOI ET S'ENFONCA
31	055	COU ET SUR SES EPAULES. ELLE A LES BRAS	ET LE	COU BIEN PLUS GROS QUE TOUTES LES AUTRES
05	005	BAIN DE PARESSE, AROMATISE PAR LE REGRET	ET LE	DESIR. --C'EST QUELQUE CHOSE DE
08	000	LE CHIEN	ET LE	FLACON
24	029	LE TAPAGE DES OISEAUX IVRES DE LUMIERES,	ET LE	JACASSEMENT DES PETITES NEGRESSES.....
48	014	FAIT AVEC LA LUMIERE ET LE MINERAL,	ET LE	LIQUIDE POUR LES REFLECHIR!'' MON AME SE
19	008	CHEVAL DONT LA QUEUE EST UN SIFFLET, --	ET LE	LONG DES CABARETS, AU PIED DES ARBRES,
09	013	COMME LA FLECHE D'UN ARC. LE MORALISTE	ET LE	MEDECIN, QUI PRETENDENT TOUT SAVOIR, NE
49	033	CETTE DIFFERENCE ENTRE LE DEMON DE SOCRATE	ET LE	MIEN, QUE CELUI DE SOCRATE NE SE
48	014	TON GOUT; UN PAYSAGE FAIT AVEC LA LUMIERE	ET LE	MINERAL, ET LE LIQUIDE POUR LES
05	010	D'UNE VIE SOMNAMBULIQUE, COMME LE VEGETAL	ET LE	MINERAL. LES ETOFFES PARLENT UNE LANGUE
20	021	LA FOULE DES SOLLICITEURS ETAIT GRANDE,	ET LE	MONDE INTERMEDIAIRE; PLACE ENTRE L'HOMME
12	021	PRIVES L'EGOISTE, FERME COMME UN COFFRE,	ET LE	PARESSEUX, INTERNE COMME UN MOLLUSQUE.
16	014	DE SON SEXE, L'ORGUEIL DE MON COEUR	ET LE	PARFUM DE MON ESPRIT, QUE CE SOIT LA
29	048	LONGUEMENT QUELQUES CIGARES DONT LA SAVEUR	ET LE	PARFUM INCOMPARABLES DONNAIENT A L'AME
13	009	C'EST SURTOUT VERS CES LIEUX QUE LE POETE	ET LE	PHILOSOPHE AIMENT DIRIGER LEURS AVIDES
13	069	QUI NE RESPIRE ET N'INSPIRE L'INSOUCIANCE	ET LE	PLAISIR DE SE LAISSER VIVRE; RIEN;
10	027	A Z...; C'EST LE PLUS LOURD, LE PLUS SOT	ET LE	PLUS CELEBRE DE TOUS MES AUTEURS, AVEC
42	091	MAIS AVEC L'AIR LE PLUS LEGER	ET LE	PLUS INSOUCIANT DU MONDE. ELLE M'A TENU
28	058	Y A QUELQUE MERITE A SAVOIR QU'ON L'EST;	ET LE	PLUS IRREPARABLE DES VICES EST DE FAIRE
07	022	ET SES YEUX DISENT: --''JE SUIS LE DERNIER	ET LE	PLUS SOLITAIRE DES HUMAINS, PRIVE
50	019	LE PAUVRE DONT ILS SONT LES ASSOCIES,	ET LE	POETE QUI LES REGARDE D'UN OEIL
16	009	TENANT DANS SES BRAS UN FORT GROS CHAT,	ET LE	REGARDANT, COMME ON DIT, DANS LE BLANC
14	026	BASANES, RACORNIS PAR LE VENT, LA PLUIE	ET LE	SOLEIL; IL LANCAIENT, AVEC L'APLOMB DES
21	107	AVEC QUELQUES DROLES DE MA CONNAISSANCE;	ET LE	SON RAUQUE DU CUIVRE APPORTA A MES
19	021	DE COQUETTERIE. LE LUXE, L'INSOUCIANCE	ET LE	SPECTACLE HABITUEL DE LA RICHESSE
27	088	JE NE SAIS QUELLE GRACE SPECIALE, LE DIVIN	ET LE	SURNATUREL, JUSQUE DANS LES PLUS
39	012	ALTERE LA SUAVITE DE SON HALEINE D'ENFANT;	ET LE	TEMPS N'A RIEN ARRACHE DE SON ABONDANTE
14	008	QUE LE PEUPLE OUBLIE TOUT, LA DOULEUR	ET LE	TRAVAIL; IL DEVIENT PAREIL AUX ENFANTS.
33	013	QUI PARLE, DEMANDEZ QUELLE HEURE IL EST!	ET LE	VENT, LA VAGUE, L'ETOILE, L'OISEAU,
30	114	SERVI D'INSTRUMENT A LA MORT DE SON FILS,	ET LE	VOULAIT GARDER COMME UNE HORRIBLE ET
42	163	REGARDERENT CELUI-CI AVEC UN REGARD VAGUE	ET LEGEREMENT	HEBETE, COMME FEIGNANT DE NE PAS
42	117	COMME JE VOUS CONNAIS, VOUS, G...! LACHES	ET LEGERS	COMME VOUS ETES; VOUS DEUX K... ET
27	143	CHER ET INIMITABLE FANCIOULLE? IL EST DOUX	ET LEGITIME	DE LE CROIRE. LES GENTILSHOMMES
17	003	UN HOMME ALTERE DANS L'EAU D'UNE SOURCE,	ET LES	AGITER AVEC MA MAIN COMME UN MOUCHOIR
37	033	LES PARFUMS QUI TROUBLENT LA VOLONTE,	ET LES	ANIMAUX SAUVAGES ET VOLUPTUEUX QUI SONT
14	037	DEPENSAIENT LES AUTRES GAGNAIENT; LES UNS	ET LES	AUTRES EGALEMENT JOYEUX. LES ENFANTS SE
14	005	FAISEURS DE TOURS, LES MONTREURS D'ANIMAUX	ET LES	BOUTIQUIERS AMBULANTS, POUR COMPENSER
30	030	VIOLON DU VAGABOND, LA COURONNE D'EPINES	ET LES	CLOUS DE LA PASSION, ET LA TORCHE
27	129	MOMENTS, ET DECHIRA A LA FOIS LES OREILLES	ET LES	COEURS. ET DE L'ENDROIT DE LA SALLE
26	022	FAUCON PERCHE SUR LEUR POING, LES NYMPHES	ET LES	DEESSES PORTANT SUR LEUR TETE DES
19	044	TIRE LE JOUJOU DE LA VIE ELLE-MEME.	ET LES	DEUX ENFANTS SE RIAIENT L'UN A L'AUTRE
27	023	D'ENNEMI DANGEREUX QUE L'ENNUI,	ET LES	EFFORTS BIZARRES QU'IL FAISAIT POUR
47	034	QUI LUI TENDIEZ LES INSTRUMENTS, LES FILS	ET LES	EPONGES. --ET COMME L'OPERATION FAITE,
22	062	PRESENT TRANSPERCE LE DELICIEUX PASSE!	ET LES	ETOILES VACILLANTES D'OR ET D'ARGENT,
34	039	ET SES SOURIRES; LES HUMEURS, LES AGONIES	ET LES	EXTASES DE TOUTES LES AMES QUI ONT
26	024	FRUITS, DES PATES ET DU GIBIER; LES HEBES	ET LES	GANYMEDES PRESENTANT A BRAS TENDU
17	024	DU PORT; ENTRE LES POTS DE FLEURS	ET LES	GARGOULETTES RAFRAICHISSANTES. DANS
31	136	A SON INSU; SELON LES CIRCONSTANCES	ET LES	HASARDS, MURIR SA DESTINEE. SCANDALISER
50	098	TOUT LE JOUR L'INDIFFERENCE DU PUBLIC	ET LES	INJUSTICES D'UN DIRECTEUR QUI SE FAIT
14	024	D'EXPLOSIONS DE FUSEES. LES QUEUES-ROUGES	ET LES	JOCRISSES CONVULSAIENT LES TRAITS DE
48	036	SOLEIL NE FRISE QU'OBLIGUEMENT LA TERRE,	ET LES	LENTES ALTERNATIVES DE LA LUMIERE ET DE
30	042	BIENTOT UN GOUT IMMODERE POUR LE SUCRE	ET LES	LIQUEURS; SI BIEN QU'UN JOUR OU JE
14	063	INOUBLIABLE, IL PROMENAIT SUR LA FOULE	ET LES	LUMIERES, DONT LE FLOT MOUVANT
25	038	SI COQUETTEMENT ARRANGEE; DONT LES FLEURS	ET LES	NATTES FONT A SI PEU DE FRAIS UN
48	022	TOI QUI AIMES LES FORETS DE MATS,	ET LES	NAVIRES AMARRES AU PIED DES MAISONS?''
44	000	LA SOUPE	ET LES	NUAGES
20	068	LES SYLPHES, LES NIXES, LES ONDINS	ET LES	ONDINES, --JE VEUX PARLER DE LA LOI QUI
19	031	GRILLE, SUR LA ROUTE, ENTRE LES CHARDONS	ET LES	ORTIES, IL Y AVAIT UN AUTRE ENFANT,
32	019	IMPRUDENT QUI OSERA DECIDER SI LES FLEURS	ET LES	PAMPRES ONT ETE FAITS POUR LE BATON, OU
30	014	A L'AMOUR MATERNEL TOUTES LES ACTIONS	ET LES	PAROLES D'UNE MERE, RELATIVES A SON
09	017	D'ACCOMPLIR LES CHOSES LES PLUS SIMPLES	ET LES	PLUS NECESSAIRES, ELLES TROUVENT A UNE
09	032	COMME JE L'AI DIT, LES PLUS INDOLENTS	ET LES	PLUS REVEURS DES ETRES. UN AUTRE,
45	004	MAITRE DE CE CABARET SAIT APPRECIER HORACE	ET LES	POETES ELEVES D'EPICURE. PEUT-ETRE MEME
22	037	QUE PEUVENT CONFERER LES REPUBLIQUES	ET LES	PRINCES; JE CROIS QUE LE CREPUSCULE
34	030	DUELS CONVENUS FURENT RAYES DE LA MEMOIRE,	ET LES	RANCUNES S'ENVOLERENT COMME DES FUMEES.
31	068	STUPEFACTION DE CE QU'IL EPROUVAIT ENCORE,	ET LES	RAYONS DU SOLEIL COUCHANT, EN GLISSANT
32	004	LA DIVINITE DONT ILS SONT LES INTERPRETES	ET LES	SERVITEURS. MAIS PHYSIQUEMENT CE N'EST
13	050	CIELS D'OU DESCENDEN EN FOULE LES REGRETS	ET LES	SOUVENIRS. ELLE S'ASSIT A L'ECART DANS
10	040	SOUTENEZ-MOI, ELOIGNEZ DE MOI LE MENSONGE	ET LES	VAPEURS CORRUPTRICES DU MONDE; ET VOUS,
11	065	MA BELLE DELICATE, LES PIEDS DANS LA FANGE	ET LES	YEUX TOURNES VAPOREUSEMENT VERS LE
34	017	LEURS FEMMES INFIDELES ET MAUSSADES,	ET LEUR	PROGENITURE CRIARDE. TOUS ETAIENT SI
31	110	''CES GENS-LA NE SENTENT PAS LA MUSIQUE,	ET LEURS	FEMMES DANSENT COMME DES OURS.
31	016	ET, QUOIQUE AVEC LEURS GRANDS YEUX CREUX	ET LEURS	JOUES ENFLAMMEES ELLES AIENT L'AIR
22	003	ESPRITS FATIGUES DU LABEUR DE LA JOURNEE;	ET LEURS	PENSEES PRENNENT MAINTENANT LES
32	031	SES PRESTIGIEUSES PIROUETTES. LIGNE DROITE	ET LIGNE	ARABESQUE, INTENTION ET EXPRESSION,
15	065	MAIS, HELAS! IL CHANGEAIT AUSSI DE VOLUME;	ET LORSQUE	ENFIN, EXTENUES, HALETANTS,
14	028	ET DES PLAISANTERIES D'UN COMIQUE SOLIDE	ET LOURD,	COMME CELUI DE MOLIERE. LES
43	020	FEMME, SON INEVITABLE ET IMPITOYABLE MUSE,	ET LUI	BAISANT RESPECTUEUSEMENT LA MAIN, IL
25	051	DE LUI DECRIRE LE BAL DE L'OPERA,	ET LUI	DEMANDERA SI ON PEUT Y ALLER PIEDS NUS,
04	012	CEREMONIEUSEMENT DEVANT L'HUMBLE BETE,	ET LUI	DIT, EN OTANT SON CHAPEAU: ''JE VOUS LA
43	014	CELUI-CI SE TOURNA BRUSQUEMENT VERS ELLE,	ET LUI	DIT: ''OBSERVEZ CETTE POUPEE, LA-BAS, A
25	018	BLEUE TIRE EN ARRIERE SA TETE DELICATE	ET LUI	DONNE UN AIR TRIOMPHANT ET PARESSEUX,
39	003	ET L'AMOUR L'ONT MARQUEE DE LEURS GRIFFES	ET LUI	ONT CRUELLEMENT ENSEIGNE CE QUE CHAQUE

	POEM	LINE
VERS UN PETIT PAGE, PLACE DERRIERE ELLE, ET LUI PARLER A L'OREILLE. LA PHYSIONOMIE	27	123
L'EMPECHER DE S'ENIVRER DE SON MALHEUR ET LUI REFUSER CETTE SUPREME ET SOMBRE	30	098
TE DIS-JE, OU TOUT EST RICHE, PROPRE ET LUISANT, COMME UNE BELLE CONSCIENCE, COMME	18	048
ENVELOPPEE DE TOUS CES ARBRES BIZARRES ET LUISANTS DONT J'AI OUBLIE LES NOMS......,	24	018
A LA DESTRUCTION DE LA SUPERSTITION, ET M'AVOUA QU'ELLE N'AVAIT EU PEUR,	29	070
DE MOI, JE VOUDRAIS BIEN ME RACHETER ET M'ENORGUEILLIR UN PEU DANS LE SILENCE ET LA	10	037
SENTAIS PAS ASSEZ FORT, ETANT NE DELICAT ET M'ETANT PEU EXERCE A LA BOXE, POUR ASSOMMER	49	046
SES FETES; C'ETAIT UNE TERRE RICHE ET MAGNIFIQUE, PLEINE DE PROMESSES, QUI NOUS	34	047
D'ARBRES QUI EST PRESQUE A L'HORIZON... ET MAINTENANT IL DESCEND DERRIERE LE	31	034
DES VIBRATIONS CRIARDES ET DOULOUREUSES. ET MAINTENANT LA PROFONDEUR DU CIEL ME	03	021
DANS LES PROFONDEURS DE CETTE AME CURIEUSE ET MALADE, IL ETAIT INFINIMENT PLUS PROBABLE	27	048
ET RECHIGNE, LES AUTRES, UN AIR FOLATRE ET MALIN; LES UNES, JEUNES, QUI AVAIENT	20	007
LES RAPPORTS D'AMITIE ET DE POLITESSE, ET MALTRAITAIT, COMME UN SAUVAGE, LE PREMIER	22	023
D'UN DIRECTEUR QUI SE FAIT LA GROSSE PART ET MANGE A LUI SEUL PLUS DE SOUPE QUE QUATRE	50	099
QUI REGRETTAIENT LEURS FEMMES INFIDELES ET MAUSSADES, ET LEUR PROGENITURE CRIARDE.	34	017
ME TUTOYANT, ELLE REPRENAIT SON ANTIENNE, ET ME DISAIT: ''TU ES MEDECIN, N'EST-CE PAS,	47	040
OUVERTE, LA PAUVRE FEMME SAISIT MON BRAS ET ME DIT D'UNE VOIX IRRESISTIBLE: ''OH!	30	109
L'ACCIDENT, ME REGARDA DE TRAVERS, ET ME DIT: ''VOILA QUI EST LOUCHE!'' MU SANS	30	079
INCOGNITO, FAIRE PRESQUE DES ACTIONS BASSES. ET ME LIVRER A LA CRAPULE, COMME LES SIMPLES	46	015
JE CONSIDERAIS LA DISCUSSION COMME FINIE, ET ME RELEVANT AVEC LA SATISFACTION D'UN	49	071
AVEC LE BRUIT DE CENT MILLE TONNERRES, ET ME REVINT REPERCUTE PAR L'ECHO-DE LA PLUS	21	101
A LA CRAPULE, COMME LES SIMPLES MORTELS. ET ME VOICI, TOUT SEMBLABLE A VOUS, COMME VOUS	46	016
OUF! EST-CE BIEN FINI? MECONTENT DE TOUS ET MECONTENT DE MOI, JE VOUDRAIS BIEN ME	10	036
VOUS SEREZ FOURNI DE FLATTERIES ET MEME D'ADORATIONS; L'ARGENT, L'OR, LES	29	109
ELLE ME REPONDIT D'UN AIR TRES-TRISTE, ET MEME, AUTANT QUE JE PEUX ME SOUVENIR, EN	47	111
LE RENVOYER A SES PARENTS. PUIS JE SORTIS, ET MES AFFAIRES ME RETINRENT ASSEZ LONGTEMPS	30	046
QUI AURAIT REFLECHI TOUS MES SENTIMENTS ET MES GESTES AVEC L'EXACTITUDE IRONIQUE DE MA	42	128
PARTICULIEREMENT EXAMINEE. ''SINGULIERE ET MINUTIEUSE REPARTITION!'' ME DIS-JE EN	28	008
IMMORTEL DE SE SENTIR VIVRE. MON HOTE ET MOI, NOUS ETIONS DEJA, EN NOUS ASSEYANT, DE	29	034
MOI, J'AI TROUVE MA TULIPE NOIRE ET MON DAHLIA BLEU! FLEUR INCOMPARABLE, TULIPE	18	060
MOI. ''QUELS NE FURENT PAS MON HORREUR ET MON ETONNEMENT QUAND, RENTRANT A LA MAISON,	30	048
NATURELLEMENT VERS LE SUJET DES ACADEMIES, ET MON ETRANGE CONVIVE M'AFFIRMA QU'IL NE	29	079
LAISSE-MOI! CESSE DE TENTER MES DESIRS ET MON ORGUEIL! L'ETUDE DU BEAU EST UN DUEL OU	03	026
FAIT A SES REVERIES INDECISES UN PUISSANT ET MONOTONE ACCOMPAGNEMENT, ET QUE LA MANIERE	25	043
NEUF, ENCORE TOUT PLEIN DE GRAVOIS ET MONTRANT DEJA GLORIEUSEMENT SES SPLENDEURS	26	015
MER SOULEVE PAR LE COIN SA JUPE FLOTTANTE ET MONTRE SA JAMBE LUISANTE ET SUPERBE; ET SON	25	022
VIVEMENT LES TENEBRES DE SA PEAU ET MOULE EXACTEMENT SA TAILLE LONGUE, SON DOS	25	013
TUMULTUEUSE ET VERTE. L'EAU INFORME ET MULTIFORME, LE LIEU OU ILS NE SONT PAS; LA	37	029
LA MER IMMENSE ET VERTE; L'EAU INFORME ET MULTIFORME; LE LIEU OU TU NE SERAS PAS;	37	020
JOUENT POUR LES YEUX UNE SYMPHONIE MUETTE ET MYSTERIEUSE; ET DE TOUTES CHOSES, DE TOUS	18	042
DU LUXE ETALE. ENSUITE PAR L'INTERET MORAL ET MYSTERIEUX QUI Y ETAIT ATTACHE. LE SIEUR	27	064
DE RICHE, D'HEUREUX; RIEN QUI NE RESPIRE ET N'INSPIRE L'INSOUCIANCE ET LE PLAISIR DE SE	13	068
QUI S'AVANCE; FUYONS AVANT LES PLUIES ET NE MOUILLONS QUE NOTRE GOSIER'', A DIT UN	31	116
ESTOMAC D'UNE SOUPE PUISSANTE ET SOLIDE? ET NE PARDONNEREZ-VOUS PAS UN PEU DE	50	096
SERAIS-TU PAS ENCADREE DANS TON ANALOGIE, ET NE POURRAIS-TU PAS TE MIRER, POUR PARLER	18	065
FAISANT SUR LA LUMIERE UNE TACHE ECLATANTE ET NOIRE. ELLE S'AVANCE, BALANCANT MOLLEMENT	25	009
MORDRE LONGTEMPS TES TRESSES LOURDES ET NOIRES. QUAND JE MORDILLE TES CHEVEUX	17	032
DE LA LUTTE; DANS CES RIDES PROFONDES ET NOMBREUSES, DANS CES DEMARCHES SI LENTES OU	13	020
CLAIREMENT: ''NOUS AVONS FORTEMENT VECU, ET NOUS CHERCHONS CE QUE NOUS POURRIONS AIMER	42	008
EST PASSE DE PLAIRE, MEME AUX INNOCENTS! ET NOUS FAISONS HORREUR AUX PETITS ENFANTS QUE	09	014
DES DEMONS MALICIEUX SE GLISSENT EN NOUS ET NOUS FONT ACCOMPLIR, A NOTRE INSU, LEURS	09	048
LES BETES. ENFIN UN RIVAGE FUT SIGNALE; ET NOUS VIMES, EN APPROCHANT, QUE C'ETAIT UNE	34	021
FAIM!'' ET ELLE REPETAIT CES MOTS JOUR ET NUIT EN MONTRANT LES PLUS JOLIES DENTS DU	42	095
PLUS LE DISCOURS DE SON CAMARADE ET OBSERVAIT AVEC UNE FIXITE ETONNANTE JE NE	31	023
NERVEUSES NE SONT PAS SANS PERIL, ET ON NE PEUT SOUVENT LES PAYER CHER. MAIS	09	090
QUI VEULENT DEPOSER LES PRINCES ET OPERER, SANS LA CONSULTER, LE DEMENAGEMENT	27	011
DONNE CARRIERE. TANT ELLE L'A PATIEMMENT ET OPINIATREMENT ILLUSTRE DE SES SAVANTES ET	18	006
INERTE; AU CONTRAIRE, ELLE ENVELOPPAIT ET OPPRIMAIT L'HOMME DE SES MUSCLES ELASTIQUES	06	009
DANS LE QUARTIER RECULE QUE J'HABITE, ET OU DE VASTES ESPACES GAZONNES SEPARENT	30	023
PAYS CHARMANTS OU IL FAIT TOUJOURS CHAUD ET OU LES FEMMES SENTENT AUSSI BON QUE LES	29	116
ELLE, REFLECHISSAIENT LA DOUCEUR DU CIEL, ET OU MON COEUR, A MOI, ETAIT CRISPE COMME	42	152
L'HERBE ETAIT SI HAUTE ET SI INVITANTE, ET OU REGNAIT UN SI RICHE SOLEIL. EN EFFET, LA	45	012
POUR TOUS, MAIS VISIBLE POUR MOI, ET OU SE MELAIENT, DANS UN ETRANGE AMALGAME,	27	086
SANS ENFANTS, DEGRADE PAR SA MISERE ET PAR L'INGRATITUDE PUBLIQUE, ET DANS LA	14	082
FOLLE BIEN-AIMEE ME DONNAIT A DINER, ET PAR LA FENETRE OUVERTE DE LA SALLE A MANGER	44	001
PARFUMEE PAR LES FRUITS, PAR LES FEUILLES ET PAR LA PEAU HUMAINE. DANS L'OCEAN DE TA	17	014
MERE TENAIT TANT A M'ARRACHER LA FICELLE ET PAR QUEL COMMERCE ELLE ENTENDAIT SE	30	135
LA FAUSSE DEESSE AVEC SA VOIX CHARMANTE ET PARADOXALE. ''ECOUTE.'' ET ELLE EMBOUCHA	21	096
DELICATE ET LUI DONNE UN AIR TRIOMPHANT ET PARESSEUX. DE LOURDES PENDELOQUES	25	019
ETIONS DEJA, EN NOUS ASSEYANT, DE VIEUX ET PARFAITS AMIS. NOUS MANGEAMES, NOUS BUMES	29	035
INSINUANTES; NI CETTE BEAUTE DELICATE ET PARFUMEE. C'ETAIT UN HOMME VASTE, A GROS	21	056
ATTIRA SES CAMARADES PLUS PRES DE LUI, ET PARLA D'UNE VOIX PLUS BASSE. --''CA FAIT UN	31	050
UN ESCAMOTEUR EBLOUISSANT COMME UN DIEU. ET PARTOUT CIRCULAIT, DOMINANT TOUS LES	14	042
MOELLEUSEMENT SON ESCALIER DE NUAGES ET PASSA SANS BRUIT A TRAVERS LES VITRES. PUIS	37	005
CHER BACCHANT DE LA BEAUTE MYSTERIEUSE ET PASSIONNEE. JAMAIS NYMPHE EXASPEREE PAR	32	023
FAITES-EN HOMMAGE AUX ENFANTS INCONNUS ET PAUVRES QUE VOUS RENCONTREREZ. VOUS VERREZ	19	009
SE DEROBE A LA CURIOSITE DU REGARD HUMAIN. ET PENDANT QUELQUES INSTANTS JE M'OBSTINAI A	06	033
D'ETRE VISITEES. LE PROMENEUR SOLITAIRE ET PENSIF TIRE UN SINGULIERE IVRESSE DE CETTE	12	017
ET JE DOIS DIRE QUE J'AVAIS JOUE ET PERDU MON AME, EN PARTIE LIEE, AVEC UNE	29	041
DES NOUVELLES D'UN INTERET PUISSANT ET PERSONNEL. ENFIN, DANS L'APRES-MIDI, SOUS	13	047
DOIT TANT DE PLAISIRS, TANT DE DOULEURS, ET PEUT-ETRE AUSSI UNE GRANDE PARTIE DE SON	43	008
VOUS L'AURIEZ FLAIRE AVEC DELICES ET PEUT-ETRE DEVORE. AINSI, VOUS-MEME, INDIGNE	08	012
ELLES PENSENT, DIS-JE, MAIS MUSICALEMENT ET PITTORESQUEMENT, SANS ARGUTIES, SANS	03	013
LE RENDAIT, EN BEAUCOUP DE CAS, PLUS CRUEL ET PLUS DESPOTE QUE TOUS SES PAREILS. AMOUREUX	27	018
DES REVES! TOUJOURS DES REVES! ET PLUS L'AME EST AMBITIEUSE ET DELICATE, PLUS	18	068
CHERCHAIS. QU'AI-JE A FAIRE DE PALAIS?'' ET PLUS LOIN, COMME IL SUIVAIT UNE GRANDE	24	035
CLIMATS, OU L'ESPACE EST PLUS BLEU ET PLUS PROFOND, OU L'ATMOSPHERE EST PARFUMEE	17	013
DEJA QU'ELLE A DISPARU! ELLE EST BELLE, ET PLUS QUE BELLE; ELLE EST SURPRENANTE. EN	36	007
BONHEURS SUPERIEURS AU LEUR, PLUS VASTES ET PLUS RAFFINES LES FONDATEURS DE COLONIES,	12	033
QUI REND A NOS YEUX LA VIE PLUS VIVANTE ET PLUS SIGNIFICATIVE QUE POUR LES AUTRES	30	021
SONNENT LE BONHEUR AVEC UNE PLUS PROFONDE ET PLUS SIGNIFICATIVE SOLENNITE. SUR DES	18	031

POEM	LINE		
32	001	QU'UN THYRSE? SELON LE SENS MORAL	ET POETIQUE, C'EST UN EMBLEME SACERDOTAL DANS
42	126	INTERMINABLE VOYAGE SUR UNE SURFACE PURE	ET POLIE COMME UN MIROIR, VERTIGINEUSEMENT
21	035	LES ONGLES DE SES PIEDS, BRILLANTS	ET POLIS COMME DES PIERRES BIEN TRAVAILLEES.
26	031	TENANT D'UNE MAIN UN PETIT GARCON	ET PORTANT SUR L'AUTRE BRAS UN PETIT ETRE TROP
08	006	DU RIRE ET DU SOURIRE, S'APPROCHE	ET POSE CURIEUSEMENT SON NEZ HUMIDE SUR LE
42	112	FORT SERIEUX, PAR UN HOMME D'ASPECT DOUX	ET POSE, D'UNE PHYSIONOMIE PRESQUE CLERICALE,
50	018	QUE CHACUN ECARTE, COMME PESTIFERES	ET POUILLEUX, EXCEPTE LE PAUVRE DONT ILS SONT
38	018	C'EST MOI, UNE FAMEUSE CANAILLE!	ET POUR LA PUNITION DE TA FOLIE ET DE TON
12	039	LES PLAIGNENT POUR LEUR FORTUNE SI AGITEE	ET POUR LEUR VIE SI CHASTE.
38	021	FURIEUX, J'AI REPONDU: ''NON! NON! NON!''	ET POUR MIEUX ACCENTUER MON REFUS, J'AI FRAPPE
11	055	QUI NE MANGEZ QUE DE LA VIANDE CUITE,	ET POUR QUI UN DOMESTIQUE HABILE PREND SOIN DE
49	029	POURQUOI N'AURAIS-JE PAS MON BON ANGE,	ET POURQUOI N'AURAIS-JE PAS L'HONNEUR, COMME
09	051	LEVE MAUSSADE, TRISTE, FATIGUE D'OISIVETE,	ET POUSSE, ME SEMBLAIT-IL, A FAIRE QUELQUE
27	001	FANCIOULLE ETAIT UN ADMIRABLE BOUFFON,	ET PRESQUE UN DES AMIS DU PRINCE. MAIS POUR
36	009	ET TOUT CE QU'ELLE INSPIRE EST NOCTURNE	ET PROFOND. SES YEUX SONT DEUX ANTRES OU
26	045	EXPRIMER AUTRE CHOSE QU'UNE JOIE STUPIDE	ET PROFONDE. LES CHANSONNIERS DISENT QUE LE
18	034	DISCRETEMENT DES PEINTURES BEATES, CALMES	ET PROFONDES, COMME LES AMES DES ARTISTES QUI
21	065	MIEUX ENCORE QUE LEURS MAINS TREMBLANTES!	ET PUIS DE VIEILLES MERES PORTANT DES AVORTONS
39	024	CARROSSE DE LOUAGE OU A UN LOURD CHARIOT.	ET PUIS ELLE EST SI DOUCE ET SI FERVENTE! ELLE
31	060	PAS EU PEUR, PEUR DE LA REVEILLER D'ABORD,	ET PUIS ENCORE PEUR DE JE NE SAIS QUOI.
25	053	DEVIENNENT IVRES ET FURIEUSES DE JOIE!	ET PUIS ENCORE SI LES BELLES DAMES DE PARIS
27	125	DU JOLI ENFANT S'ILLUMINA D'UN SOURIRE!	ET PUIS IL QUITTA VIVEMENT LA LOGE PRINCIERE,
10	029	ABOUTIR A QUELQUE CHOSE. VOYEZ-LE,	ET PUIS NOUS VERRONS!'' M'ETRE VANTE
27	137	UN PEU EN AVANT, UN PEU EN ARRIERE,	ET PUIS TOMBA ROIDE MORT SUR LES PLANCHES. LE
05	046	RECEVAIS UN COUP DE PIOCHE DANS L'ESTOMAC.	ET PUIS UN SPECTRE EST ENTRE. C'EST UN
31	019	PLEURER, ET CEPENDANT L'ON EST CONTENT...	ET PUIS, CE QUI EST PLUS SINGULIER, CELA DONNE
46	013	INSIGNES QUE DE ME FAIRE ROMPRE LES OS.	ET PUIS, ME SUIS-JE DIT, A QUELQUE CHOSE
41	009	L'AME LE GOUT DU RHYTHME ET DE LA BEAUTE.	ET PUIS, SURTOUT, IL Y A UNE SORTE DE PLAISIR
11	008	DU BIEN-ETRE ET L'ACCABLEMENT DU REPOS.	ET PUIS, VOUS NE CESSEZ DE VOUS REPANDRE EN
06	010	L'HOMME DE SES MUSCLES ELASTIQUES	ET PUISSANTS! ELLE S'AGRAFAIT AVEC SES DEUX
20	052	EN CES CAS SOLENNELS, EST SANS APPEL.	ET QU'AUCUN DON NE PEUT ETRE REFUSE. TOUTES
13	085	LA PLEBE A LAQUELLE ELLE S'ETAIT MELEE	ET QU'ELLE NE VOYAIT PAS, ELLE REGARDAIT LE
29	082	LA PAROLE ET LA CONSCIENCE DES PEDAGOGUES,	ET QU'IL ASSISTAIT PRESQUE TOUJOURS EN
31	073	VIE A CHERCHER LA DIVINITE DANS LES NUEES,	ET QU'IL LA TROUVERAIT FREQUEMMENT AILLEURS.
30	041	CRISES SINGULIERES DE TRISTESSE PRECOCE,	ET QU'IL MANIFESTA BIENTOT UN GOUT IMMODERE
49	079	BIEN JURE QU'IL AVAIT COMPRIS MA THEORIE,	ET QU'IL OBEIRAIT A MES CONSEILS.
31	091	PLEURER, OU DE FAIRE LES DEUX A LA FOIS,	ET QU'ON DEVIENDRAIT COMME FOU SI ON LES
18	003	NOYE DANS LES BRUMES DE NOTRE NORD,	ET QU'ON POURRAIT APPELER L'ORIENT DE
47	085	PARCE QUE JE LEUR FAIS DES MINES. --	ET QUAND ILS NE TE COMPRENNENT PAS...? --DAME!
09	082	ET JE ME SAISIS D'UN PETIT POT DE FLEURS;	ET QUAND L'HOMME REPARUT AU DEBOUCHE DE LA
30	004	ENTRE EUX, OU DES HOMMES AVEC LES CHOSES.	ET QUAND L'ILLUSION DISPARAIT, C'EST-A-DIRE
21	033	QUELQUES ANNEAUX D'UNE CHAINE D'OR ROMPUE,	ET QUAND LA GENE QUI EN RESULTAIT LE FORCAIT A
21	048	A ME SOUVENIR, JE NE VEUX RIEN OUBLIER!	ET QUAND MEME JE NE TE CONNAITRAIS PAS, VIEUX
18	085	CIEL DANS LA LIMPIDITE DE TA BELLE AME; --	ET QUE DE CES COTES, RICHES EN VERDURES DE
34	024	VIE S'EN DETACHAIENT EN UN VAGUE MURMURE,	ET QUE DE FOIS J'AI PENSE QU'IL Y AVAIT
50	107	LE TEMPS DE MENAGER L'HONNEUR DES CHIENS!	ET QUE J'AVAIS VERIFIE QUE DANS CETTE BANLIEUE
49	051	INSPECTE LES ENVIRONS D'UN COUP D'OEIL,	ET QUE JE RECONNUS TOUT DE SUITE, QUOIQUE JE
29	003	QUE J'AVAIS TOUJOURS DESIRE CONNAITRE,	ET QUE JE SAUTILLAIS DANS LA BOUE, A TRAVERS
46	007	TRAVERSAIS LE BOULEVARD, EN GRANDE HATE,	ET QUE JE SAVOURE MINUTE PAR MINUTE, SECONDE
05	038	SUPREME DONT J'AI MAINTENANT CONNAISSANCE	ET QUE L'ESPRIT DE MEURTRE ET DE LUBRICITE
23	005	FREQUENTE VOLONTIERS LES LIEUX ARIDES,	ET QUE LA CHALEUR, RENDANT VISIBLES LES
07	011	DU CIEL PAR L'ENERGIE DE LEURS COULEURS,	ET QUE LA MARMITE DE FER, OU CUIT UN RAGOUT DE
25	043	UN PUISSANT ET MONOTONE ACCOMPAGNEMENT,	ET QUE LE MIEN DAIGNE CONSEILLER, SUGGERER,
49	034	LUI QUE POUR DEFENDRE, AVERTIR, EMPECHER,	ET QUE LE PEUPLE Y A UNE TELLE HAINE DU
48	011	L'EAU; ON DIT QU'ELLE EST BATIE EN MARBRE,	ET QUE LES VIEILLES MENDIANTES QUI RAMASSENT
11	003	PLUS QUE LES GLANEUSES SEXAGENAIRES	ET QUE NOS DEUX AMES DESORMAIS N'EN FERAIENT
26	009	SERAIENT COMMUNES A L'UN ET A L'AUTRE?	ET QUE PEUVENT SIGNIFIER POUR MOI TOUS CES
11	057	PREND SOIN DE DECOUPER LES MORCEAUX? ''	ET QUE, COMME UN LOUP PRIS AU PIEGE, JE RESTE
38	023	JUSQU'AU GENOU DANS LA SEPULTURE RECENTE,	ET QUEL EST, CEPENDANT, LE MORTEL IMPRUDENT
32	017	FANDANGO AUTOUR DU BATON HIERATIQUE?	ET QUELQUEFOIS JE ME LA RACONTE A MOI-MEME EN
35	014	DE CETTE FEMME, OU PLUTOT SA LEGENDE,	ET QUELQUEFOIS SI GENANTE, QUE JE N'EPROUVAI,
29	043	CHOSE SI IMPALPABLE, SI SOUVENT INUTILE	ET QUI A BIEN MERITE DU MONDE ENTIER. PAYS
18	052	COMME DANS LA MAISON D'UN HOMME LABORIEUX	ET QUI A FUI SI VITE, COMME UNE BELLE FEMME
36	004	CELLE QUI M'EST APPARUE SI RAREMENT	ET QUI A LA MINE SI HAUTAINE. EH BIEN! CHER
43	015	A DROITE, QUI PORTE LE NEZ EN L'AIR	ET QUI AVEZ PEUT-ETRE MIS DANS MON ESPRIT LE
47	120	QUI EST PLEIN DE MOTIFS ET DE CAUSES,	ET QUI AYANT OBTENU POUR SON FILS LE MEILLEUR
20	084	VANITEUX, QUI VEUT TOUT COMPRENDRE,	ET QUI EST DEJA MURE, ET SI BELLE! ELLE
25	059	SA PETITE SOEUR DE BIEN ONZE ANS,	ET QUI EST POLI! ET QUI TRAVAILLE, LE PAUVRE
47	089	PETIT INTERNE, QUI EST JOLI COMME UN ANGE,	ET QUI EST UN PEU PLUS INTERESSANT QUE VOTRE
31	044	CHOSE QUI NE VOUS EST JAMAIS ARRIVE,	ET QUI GEMISSENT COMME LES FEMMES, D'UNE VOIX
37	023	LES CHATS QUI SE PAMENT SUR LES PIANOS	ET QUI M'INSPIRAIENT PLUTOT UNE SYMPATHIE
29	026	IMPOSSIBLE DE ME SOUVENIR EXACTEMENT,	ET QUI NE LOGENT MEME PAS DANS LEUR MUSEAU
50	028	ET DESOEUVRES, QU'ON NOMME LEVRETTES,	ET QUI NE SORT JAMAIS. AVEC SON VISAGE, AVEC
35	012	TOUJOURS PENCHEE SUR QUELQUE CHOSE,	ET QUI PAR SA PETITESSE ET SON ISOLEMENT IMITE
03	009	UNE PETITE VOILE FRISSONNANTE A L'HORIZON,	ET QUI PORTAIT POUR ETIQUETTE CES MOTS
21	027	DONT LE CONTENU ETAIT D'UN ROUGE LUMINEUX,	ET QUI PRENNENT, COMME LES HIBOUX, LA VENUE DE
22	011	LES INFORTUNES QUE LE SOIR NE CALME PAS,	ET QUI RECULENT LOIN DU REGARD INSOLENT DES
13	006	ENCORE LES DERNIERS SOUPIRS D'UN ORAGE,	ET QUI SEMBLE CONTENIR EN ELLE ET REPRESENTER
34	036	VARIEE DANS SON EFFRAYANTE SIMPLICITE,	ET QUI TEMOIGNENT, PAR LEURS ABOIEMENTS
50	077	BOUCHER, DE LA LAITIERE OU DU BOULANGER,	ET QUI TRAVAILLE, LE PAUVRE GARCON! SES
47	090	EST JOLI COMME UN ANGE, ET QUI EST POLI!	ET QUI VIENNENT, CHAQUE JOUR, A HEURE FIXE,
50	060	QUI COUCHENT DANS UNE RUINE DE LA BANLIEUE	ET QUI VIVRONT! EN DISANT ADIEU A CETTE
34	040	TOUTES LES AMES QUI ONT VECU, QUI VIVENT	ET QUI, JE NE SAIS POURQUOI, EXCITAIT LA
31	130	QUI ELOIGNE GENERALEMENT LA SYMPATHIE,	ET QUI, PIETINANT SUR LA TERRE FRAICHE AVEC
38	014	RESSEMBLAIT SINGULIEREMENT A LA DEFUNTE,	ET RAILLEUSE QUI DIT CLAIREMENT: ''NOUS AVONS
42	007	JE NE SAIS QUOI, CETTE TRISTESSE FROIDE	ET RARE, CAUSEE PAR UN GRAND MOUVEMENT
15	018	ME SOUVIENS QUE CETTE SENSATION SOLENNELLE	ET RAUQUE, LE MOT: GATEAU! JE NE PUS
15	037	JE L'ENTENDIS SOUPIRER, D'UNE VOIX BASSE	ET REBELLES, IL ME SEMBLE QUE JE MANGE DES
17	033	QUAND JE MORDILLE TES CHEVEUX ELASTIQUES	ET RECHIGNE, LES AUTRES, UN AIR FOLATRE ET
20	006	DIVERSES: LES UNES AVAIENT L'AIR SOMBRE	ET RECONNAISSANTE. ET ILS SONT TOUS
50	071	PEU NEGLIGEE DANS SA TOILETTE, MAIS FIERE	

AU GRE DU VENT, UN LAMBEAU DE MUSIQUE,	ET REGARDANT L'ETINCELANTE FOURNAISE	13 072
GRANDE VILLE, QUAND ON SAIT SE PROMENER	ET REGARDER? LA VIE FOURMILLE DE MONSTRES	47 115
LA FEE COURROUCEE, EN LUI TOURNANT LE DOS;	ET REJOIGNANT LE CORTEGE DE SES COMPAGNES,	20 082
LES CARESSES DE LA BONNE FEMME DECREPITE,	ET REMPLISSAIT LA MAISON DE SES GLAPISSEMENTS.	02 009
D'OPIUM NATUREL, INCESSAMMENT SECRETEE	ET RENOUVELEE, ET, DE LA NAISSANCE A LA MORT,	18 071
SIMPLICITE, ET QUI SEMBLE CONTENIR EN ELLE	ET REPRESENTER PAR SES JEUX, SES ALLURES, SES	34 037
IMMENSE VENTRE, D'OU SORTAIT ALORS UN LONG	ET RETENTISSANT CLIQUETIS DE METAL, QUI SE	21 069
ET ELLE SERA RENTREE A PIED, MEDITANT	ET REVANT, SEULE, TOUJOURS SEULE; CAR L'ENFANT	13 099
MAIS LA LUNE ARRACHEE DU CIEL, VAINCUE	ET REVOLTEE, QUE LES SORCIERES THESSALIENNES	36 021
L'ART DE RENDRE LES PEUPLES HEUREUX, SAGES	ET RICHES, EN VINGT-QUATRE HEURES. J'AVAIS	49 005
LES OBSEDE, AFFUBLE D'UN COSTUME ECLATANT	ET RIDICULE, COIFFE DE CORNES ET DE SONNETTES,	07 019
EN VOILA UN HOMME QUI AIME COUPER, TAILLER	ET ROGNER! C'ETAIT VOUS QUI LUI TENDIEZ LES	47 033
AVAIT UNE MANIERE DOUCE, REVEUSE, ANGLAISE	ET ROMANESQUE DE DIRE: ''J'AI FAIM!'' ET ELLE	42 093
SA ROBE DE SOIE COLLANTE, D'UN TON CLAIR	ET ROSE, TRANCHE VIVEMENT SUR LES TENEBRES DE	25 012
QUE QUELQUE MAUVAIS POETE LA RAMASSERA	ET S'EN COIFFERA IMPUDEMMENT. FAIRE UN	46 023
ET LE CORTEGE PASSA A COTE DE MOI	ET S'ENFONCA DANS L'ATMOSPHERE DE L'HORIZON, A	06 029
JE LUI DEMANDAI DES NOUVELLES DE DIEU,	ET S'IL L'AVAIT VU RECEMMENT. IL ME REPONDIT,	29 086
L'ESPACE UN MIROIR REFLETANT SA DEMARCHE	ET SA BEAUTE. A L'HEURE OU LES CHIENS	25 032
EXACTEMENT SA TAILLE LONGUE, SON DOS CREUX	ET SA GORGE POINTUE. SON OMBRELLE ROUGE,	25 014
GRIFFES A LA POITRINE DE SA MONTURE;	ET SA TETE FABULEUSE SURMONTAIT LE FRONT DE	06 011
L'ENFER!'' ENFIN, MON AME FAIT EXPLOSION,	ET SAGEMENT ELLE ME CRIE: ''N'IMPORTE OU!	48 043
A SANS DOUTE OUBLIE, ET DONT MOI SEUL,	ET SAINTE-BEUVE PEUT-ETRE, NOUS NOUS SOUVENONS	15 048
MONTA JUSQU'A MOI A TRAVERS LA LOURDE	ET SALE ATMOSPHERE PARISIENNE. IL ME SERAIT	09 063
POUR DEUX SOLS, AU MILIEU D'UNE FETE,	ET SANS ALLER BIEN LOIN. ''CONSIDERONS BIEN,	11 013
POUDREUX, ECORNES; LA CHEMINEE SANS FLAMME	ET SANS BRAISE, SOUILLEE DE CRACHATS; LES	05 057
VIEILLE, ET, COMME ELLE AUSSI, SANS DENTS	ET SANS CHEVEUX. ET ELLE S'APPROCHA DE LUI,	02 005
''AFIN QUE JE PUISSE T'AIMER SANS MALAISE	ET SANS COLERE.'' PENDANT PLUSIEURS ANNEES, JE	42 142
IL Y A DES MALHEURS PLUS IRREMEDIABLES,	ET SANS COMPENSATION. MAIS DANS LE MONDE OU	11 048
DE L'ENORMITE DE LEURS MEMBRES, SANS FRONT	ET SANS CRANE, COMME LES ORANGS-OUTANGS, SE	14 030
DE CARACTERE; UN DEVOUEMENT SANS COMEDIE	ET SANS EMPHASE; UNE DOUCEUR SANS FAIBLESSE;	42 124
DEVOUEE DES CREATURES, ET TOUJOURS PRETE!	ET SANS ENTHOUSIASME! ''JE LE VEUX BIEN,	42 064
DEMANDE; LES AUTRES, LOURDEMENT EFFRONTEES	ET SANS ORTHOGRAPHE. MAIS TOUTES TENDANT AU	30 126
EST TURBULENT, EGOISTE, SANS DOUCEUR	ET SANS PATIENCE; ET IL NE PEUT MEME PAS,	13 101
MA CHERE, VOUS ME FATIGUEZ SANS MESURE	ET SANS PITIE; ON DIRAIT, A VOUS ENTENDRE	11 002
TOUS TRES-EXACTS, SANS CARNETS, SANS NOTES	ET SANS PORTEFEUILLES. CONNAISSEZ-VOUS LA	50 073
PENDANT QUE TU DORMAIS DANS TON BERCEAU,	ET SE DIT: ''CETTE ENFANT ME PLAIT.'' ET ELLE	37 003
UN HOMME EPOUVANTABLE ENTRE	ET SE REGARDE DANS LA GLACE. ''--POURQUOI VOUS	40 001
ILS ONT BU CHACUN UNE TASSE D'EAU-DE-VIE	ET SE SENT ENDORMIS, LE FRONT TOURNE VERS LES	31 119
QUE LE PETIT SOUILLON AGACAIT, AGITAIT	ET SECOUAIT DANS UNE BOITE GRILLEE, C'ETAIT UN	19 040
JE SUIS FAIT, MOI AUSSI, POUR COMPRENDRE	ET SENTIR L'IMMORTELLE BEAUTE! AH! DEESSE!	07 025
DE LUI-MEME. TOUS CES VISAGES FATIGUES	ET SERIEUX NE TEMOIGNAIENT D'AUCUN DESESPOIR;	06 023
PERSONNAGE, CHANTE PAR TANT DE POETES	ET SERVI PAR TANT DE PHILOSOPHES QUI	29 096
SERVAIT SANS DOUTE A CHANTER SES PLAISIRS	ET SES DOULEURS, ET A REPANDRE LA CONTAGION DE	21 030
ENCORE DES LOURDS PLEURS DE L'ORAGE,	ET SES LEVRES ENTR'OUVERTES A DES CASSOLETTES	21 015
PAR SES JEUX, SES ALLURES, SES COLERES	ET SES SOURIRES; LES HUMEURS, LES AGONIES ET	34 038
PLEINS DE LARMES VERS L'IMMORTELLE DEESSE,	ET SES YEUX DISENT: --''JE SUIS LE DERNIER ET	07 022
LEVRES SE RESSERRAIENT DE PLUS EN PLUS;	ET SES YEUX S'ECLAIRAIENT D'UN FEU INTERIEUR	27 118
L'AIR A LA FOIS IMPERIEUX ET DEGINGANDE,	ET SES YEUX, QUOIQUE BATTUS, CONTENAIENT UNE	21 089
SUR UNE EPAULE; SON VISAGE, BOURSOUFLE,	ET SES YEUX, TOUT GRANDS OUVERTS AVEC UNE	30 055
QUI A BIEN ONZE ANS, ET QUI EST DEJA MURE,	ET SI BELLE! ELLE REUSSIRA SANS DOUTE, LA	25 059
JE PLONGEAIS DANS VOS YEUX SI BEAUX	ET SI BIZARREMENT DOUX, DANS VOS YEUX VERTS,	26 052
MEDECIN? --C'EST QUE TU ES SI GENTIL	ET SI BON POUR LES FEMMES! --SINGULIERE	47 077
DE CHACUN. POUR LUI SEUL, TOUT EST VACANT;	ET SI DE CERTAINES PLACES PARAISSENT LUI ETRE	12 014
DIX FRANCS SUR LA CHEMINEE. --C'EST SI BON	ET SI DOUX, QUE LES HOMMES-LA! --J'AI DECOUVERT A	47 087
CE CIMETIERE, DONT L'HERBE ETAIT SI HAUTE	ET SI FERVENTE! ELLE AIME COMME ON AIME EN	39 024
TRONES, SI L'ESPRIT REMUAIT LA MATIERE,	ET SI INVITANTE, ET OU REGNAIT UN SI RICHE	45 012
C'ETAIT UNE FEMME GRANDE, MAJESTUEUSE,	ET SI L'OEIL D'UN MAGNETISEUR FAISAIT MURIR	49 024
PETIT SAUVAGE, SORTI JE NE SAIS D'OU,	ET SI NOBLE DANS TOUT SON AIR, QUE JE N'AI PAS	13 078
DE LA NUIT. ILS AVAIENT L'AIR SI FIER	ET SI PARFAITEMENT SEMBLABLE AU PREMIER QU'ON	15 047
UN SOUPIR, RAPIDE COMME UN COUP D'OEIL.	ET SI PLEIN DE DOMINATION, QUE JE LES PRIS	21 009
VERTU, A VOTRE GUISE. MAIS ENIVREZ-VOUS.	ET SI QUELQUE IMPORTUN VENAIT ME DERANGER	16 022
N'EST-CE PAS, DANS CE BEAU PAYS SI CALME	ET SI QUELQUEFOIS, SUR LES MARCHES D'UN	33 007
AUSSI DUPE QUE VOUS VOUDRIEZ LE CROIRE,	ET SI REVEUX, QU'IL FAUDRAIT ALLER VIVRE ET	18 064
AIGRE, PLUS SOMBRE, PLUS TAQUIN. INDULGENT	ET SI VOUS ME FATIGUEZ TROP SOUVENT DE VOS	11 072
QUE LES SECONDES MAINTENANT SONT FORTEMENT	ET SOCIABLE ENCORE PENDANT LA JOURNEE, IL	22 030
LESTE LEUR ESTOMAC D'UNE SOUPE PUISSANTE	ET SOLENNELLEMENT ACCENTUEES, ET CHACUNE, EN	05 076
SON MALHEUR ET LUI REFUSER CETTE SUPREME	ET SOLIDE? ET NE PARDONNEREZ-VOUS PAS UN PEU	50 096
DE DANSEUSES, OU UNE GAZE TRANSPARENTE	ET SOMBRE CONSOLATION. ENSUITE ELLE ME PRIA DE	30 099
HABILLES DE VETEMENTS A LA FOIS ERAILLES	ET SOMBRE LAISSE ENTREVOIR LES SPLENDEURS	22 060
QUI BATTENT L'ENCLUME, LE CAVALIER	ET SOMPTUEUX, COIFFES COMME DES TROUBADOURS OU	50 088
FOU, INCAPABLE DE RECONNAITRE SA FEMME	ET SON CHEVAL DONT LA QUEUE EST UN SIFFLET;	19 007
A L'HORIZON, ET QUI PAR SA PETITESSE	ET SON ENFANT! LE SECOND PORTE EN LUI	22 035
ET MONTRE SA JAMBE LUISANTE ET SUPERBE;	ET SON ISOLEMENT IMITE MON IRREMEDIABLE	03 009
ANTRES OU SCINTILLE VAGUEMENT LE MYSTERE,	ET SON REGARD ILLUMINE COMME L'ECLAIR: C'EST	36 010
QU'IL VINT ME VOIR AVEC SA TROUSSE	ET SON TABLIER, MEME AVEC UN PEU DE SANG	47 101
SOUS, ONT CHARGE LEUR BAGAGE SUR LEUR DOS,	ET SONT PARTIS. MOI, VOULANT SAVOIR OU ILS	31 102
ET JE ME COUCHE, FIER D'AVOIR VECU	ET SOUFFERT DANS D'AUTRES QUE MOI-MEME.	35 018
SANS RIDEAUX, DES COUVERTURES TRAINANTES	ET SOUILLEES DE PUNAISES, DEUX CHAISES DE	50 083
AINSI, HARMONIEUSEMENT, HEUREUSE DE VIVRE	ET SOURIANT D'UN BLANC SOURIRE, COMME SI ELLE	25 030
N'AVAIT NI CET AIR A LA FOIS TRAGIQUE	ET SOURIANT, NI CES BELLES MANIERES	21 054
L'HONNEUR DE PARTAGER AVEC MOI MA BOURSE;	ET SOUVENEZ- VOUS, SI VOUS ETES REELLEMENT	49 074
CES DEITES IMPALPABLES, AMIES DE L'HOMME,	ET SOUVENT CONTRAINTES DE S'ADAPTER A SES	20 066
POUR EXECUTER LES ACTES LES PLUS ABSURDES	ET SOUVENT MEME LES PLUS DANGEREUX. UN DE MES	09 019
ABANDONNE, AVEC DES YEUX CLIGNOTANTS	ET SPIRITUELS; ''PRENDS-MOI AVEC TOI, ET DE	50 043
JUPE FLOTTANTE ET MONTRE SA JAMBE LUISANTE	ET SUPERBE; ET SON POIL, PAREIL AUX PIEDS DES	25 022
A PASSER MA MAIN SUR SES BRAS, SUR SON COU	ET SUR SES EPAULES. ELLE A LES BRAS ET LE COU	31 055
TOUJOURS DANS LA MEMOIRE DE LA POSTERITE!	ET SURTOUT QUE CET ANE N'OUBLIE PAS DE PORTER,	50 011
FAIRE UN HEUREUX, QUELLE JOUISSANCE!	ET SURTOUT UN HEUREUX QUI ME FERA RIRE! PENSEZ	46 024
DIFFICILE DE S'ENTENDRE, MON CHER ANGE,	ET TANT LA PENSEE EST INCOMMUNICABLE, MEME	26 058
LIBERTE. CREPUSCULE, COMME VOUS ETES DOUX	ET TENDRE! LES LUEURS ROSES QUI TRAINENT	22 050

POEM LINE

24	026	D'UN ROCOCO PORTUGUAIS, D'UN BOIS LOURD	ET TENEBREUX (OU ELLE REPOSERAIT SI CALME, SI
13	018	RIGIDES OU ABATTUS, DANS CES YEUX CAVES	ET TERNES, OU BRILLANTS DES DERNIERS ECLAIRS
05	068	SOURIT: LA FIOLE DE LAUDANUM; UNE VIEILLE	ET TERRIBLE AMIE; COMME TOUTES LES AMIES,
25	001	ACCABLE LA VILLE DE SA LUMIERE DROITE	ET TERRIBLE; LE SABLE EST EBLOUISSANT ET LA
05	028	TRAVERSE LE CREPUSCULE; CES SUBTILES	ET TERRIBLES MIRETTES, QUE JE RECONNAIS A LEUR
37	008	TES PRUNELLES EN SONT RESTEES VERTES,	ET TES JOUES EXTRAORDINAIREMENT PALES. C'EST
28	039	PRETANT DES AILES A L'ESPRIT DE MON AMI	ET TIRANT TOUTES LES DEDUCTIONS POSSIBLES DE
39	020	USEE PEUT-ETRE, MAIS NON FATIGUEE,	ET TOUJOURS HEROIQUE, ELLE FAIT PENSER A CES
42	064	SOUMISE ET LA PLUS DEVOUEE DES CREATURES,	ET TOUJOURS PRETE! ET SANS ENTHOUSIASME! ''JE
44	009	PETITE FOLLE MONSTRUEUSE AUX YEUX VERTS.''	ET TOUT A COUP JE RECUS UN VIOLENT COUP DE
27	080	CE SERAIT LA, SANS DOUTE, UN CAS SINGULIER	ET TOUT A FAIT IMPREVU. FANCIOULLE FUT, CE
09	001	IL Y A DES NATURES PUREMENT CONTEMPLATIVES	ET TOUT A FAIT IMPROPRES A L'ACTION, QUI
36	008	EST SURPRENANTE. EN ELLE LE NOIR ABONDE:	ET TOUT CE QU'ELLE INSPIRE EST NOCTURNE ET
24	038	BARIOLEE SE PENCHAIENT DEUX TETES RIEUSES.	ET TOUT DE SUITE: ''IL FAUT, --SE DIT-IL,
42	083	PU, JE CROIS, HAIR OU AIMER LES VOTRES.	ET TOUT LE MONDE L'ADMIRAIT AUTANT QUE MOI.
37	015	PHOSPHORIQUE, COMME UN POISON LUMINEUX;	ET TOUTE CETTE LUMIERE VIVANTE PENSAIT ET
26	026	DES GLACES PANACHEES; TOUTE L'HISTOIRE	ET TOUTE LA MYTHOLOGIE MISES AU SERVICE DE LA
21	114	MAIS MALHEUREUSEMENT JE ME REVEILLAI,	ET TOUTE MA FORCE M'ABANDONNA. ''EN VERITE, ME
11	059	VOTRE POITRINE PARFUMEE, ROBUSTE COQUETTE?	ET TOUTES CES AFFECTATIONS APPRISES DANS LES
50	129	SONNET OU D'UN CURIEUX POEME SATIRIQUE.	ET TOUTES LES FOIS QUE LE POETE ENDOSSE LE
12	023	TOUTES LES PROFESSIONS, TOUTES LES JOIES	ET TOUTES LES MISERES QUE LA CIRCONSTANCE LUI
31	086	AUTRES. ILS ETAIENT GRANDS, PRESQUE NOIRS	ET TRES-FIERS, QUOIQUE EN GUENILLES, AVEC
31	008	LE CIEL; DES HOMMES ET DES FEMMES, SERIEUX	ET TRISTES AUSSI; MAIS BIEN PLUS BEAUX ET BIEN
31	007	MENE AU THEATRE. DANS DES PALAIS GRANDS	ET TRISTES, AU FOND DESQUELS ON VOIT LA MER ET
21	041	QUE LE SCULPTEUR PEUT L'ETRE DE L'ARGILE!	ET TU CONNAITRAS LE PLAISIR, SANS CESSE
37	025	LES FEMMES, D'UNE VOIX RAUQUE ET DOUCE! ''	ET TU SERAS AIMEE DE MES AMANTS, COURTISEE PAR
21	040	TU VEUX, JE TE FERAI LE SEIGNEUR DES AMES,	ET TU SERAS LE MAITRE DE LA MATIERE VIVANTE,
48	009	D'HABITER LISBONNE? IL DOIT Y FAIRE CHAUD,	ET TU T'Y RAGAILLARDIRAS COMME UN LEZARD.
15	029	UN GROS MORCEAU DE PAIN, UNE TASSE DE CUIR	ET UN FLACON D'UN CERTAIN ELIXIR QUE LES
24	043	VOYANTES, UN SOUPER PASSABLE, UN VIN RUDE,	ET UN LIT TRES- LARGE AVEC DES DRAPS UN PEU
50	112	BIEN QU'IL Y EN A UN POUR LES TURCS	ET UN POUR LES HOLLANDAIS! LES BERGERS DE
42	078	L'EPOUSER'' LES AUTRES SE MIRENT A RIRE,	ET UN TROISIEME DIT A SON TOUR: ''MESSIEURS,
28	049	AVAIT VOULU FAIRE A LA FOIS LA CHARITE	ET UNE BONNE AFFAIRE: GAGNER QUARANTE SOLS ET
21	001	DEUX SUPERBES SATANS	ET UNE DIABLESSE, NON MOINS EXTRAORDINAIRE,
32	010	DES CLOCHES OU DES COUPES RENVERSEES,	ET UNE GLOIRE ETONNANTE JAILLIT DE CETTE
30	080	MU SANS DOUTE PAR UN DESIR INVETERE	ET UNE HABITUDE D'ETAT DE FAIRE PEUR, A TOUT
29	042	AME, EN PARTIE LIEE, AVEC UNE INSOUCIANCE	ET UNE LEGERETE HEROIQUES. L'AME EST UNE CHOSE
03	018	L'ENERGIE DANS LA VOLUPTE CREE UN MALAISE	ET UNE SOUFFRANCE POSITIVE. MES NERFS TROP
29	060	S'EXPRIMAIT AVEC UNE SUAVITE DE DICTION	ET UNE TRANQUILLITE DANS LA DROLERIE QUE JE
32	022	VOTRE ETONNANTE DUALITE, MAITRE PUISSANT	ET VENERE, CHER BACCHANT DE LA BEAUTE
08	002	BEAU CHIEN, MON CHER TOUTOU; APPROCHEZ	ET VENEZ RESPIRER UN EXCELLENT PARFUM ACHETE
27	052	PHYSIOLOGIQUE D'UN INTERET CAPITAL,	ET VERIFIER JUSQU'A QUEL POINT LES FACULTES
37	029	AIMENT LA MER, LA MER IMMENSE, TUMULTUEUSE	ET VERTE, L'EAU INFORME ET MULTIFORME; LE LIEU
37	020	LE SILENCE ET LA NUIT! LA MER IMMENSE	ET VERTE; L'EAU INFORME ET MULTIFORME; LE LIEU
19	028	NE S'OCCUPAIT PAS DE SON JOUJOU PREFERE,	ET VOICI CE QU'IL REGARDAIT: DE L'AUTRE COTE
27	043	DE LA PART D'UN HOMME AUSSI NATURELLEMENT	ET VOLONTAIREMENT EXCENTRIQUE, TOUT ETAIT
09	015	SI FOLLE ENERGIE A CES AMES PARESSEUSES	ET VOLUPTUEUSES, ET COMMENT, INCAPABLES
37	033	LA VOLONTE, ET LES ANIMAUX SAUVAGES	ET VOLUPTUEUX QUI SONT LES EMBLEMES DE LEUR
45	026	VOIX DISAIT: ''MAUDITES SOIENT VOS CIBLES	ET VOS CARABINES, TURBULENTS VIVANTS, QUI VOUS
31	045	UN PEU PLUS INTERESSANT QUE VOTRE THEATRE	ET VOS NUAGES. --IL Y A QUELQUES JOURS, MES
27	013	FURENT ARRETES; AINSI QUE FANCIOULLE,	ET VOUES A UNE MORT CERTAINE. JE CROIRAIS
09	078	VOUS PROMENER DANS DES QUARTIERS PAUVRES,	ET VOUS N'AVEZ PAS MEME DE VITRES QUI FASSENT
33	003	FARDEAU DU TEMPS QUI BRISE VOS EPAULES	ET VOUS PENCHE VERS LA TERRE, IL FAUT VOUS
29	111	PALAIS FEERIQUES, VIENDRONT VOUS CHERCHER	ET VOUS PRIERONT DE LES ACCEPTER, SANS QUE
29	098	QUE VOUS GARDIEZ DE MOI UN BON SOUVENIR,	ET VOUS PROUVER QUE MOI, DONT ON DIT TANT DE
30	020	PHYSIONOMIES QUI S'OFFRENT DANS MA ROUTE,	ET VOUS SAVEZ QUELLE JOUISSANCE NOUS TIRONS DE
45	033	FATIGUERIEZ PAS TANT, LABORIEUX VIVANTS,	ET VOUS TROUBLERIEZ MOINS SOUVENT LE SOMMEIL
11	070	LA GRUE QUI VOUS CROQUERA, VOUS GOBERA	ET VOUS TUERA A SON PLAISIR! ''TANT POETE QUE
31	065	VOUS POURREZ, D'EN FAIRE AUTANT QUE MOI,	ET VOUS VERREZ!'' LE JEUNE ACTEUR DE CETTE
10	041	ET LES VAPEURS CORRUPTRICES DU MONDE!	ET VOUS, SEIGNEUR MON DIEU! ACCORDEZ-MOI LA
30	131	N'APPARTENAIENT PAS A LA CLASSE INFIME	ET VULGAIRE. J'AI GARDE CES LETTRES. ''ET
30	094	LE CORPS ETAIT ETENDU SUR MON DIVAN,	ET, ASSISTE D'UNE SERVANTE, JE M'OCCUPAIS DES
12	036	CHOSE DE CES MYSTERIEUSES IVRESSES;	ET, AU SEIN DE LA VASTE FAMILLE QUE LEUR GENIE
30	061	LE SOUTENIR TOUT ENTIER AVEC UN BRAS,	ET, AVEC LA MAIN DE L'AUTRE BRAS, COUPER LA
49	067	LES DEUX YEUX, ME CASSA QUATRE DENTS,	ET, AVEC LA MEME BRANCHE D'ARBRE, ME BATTIT
49	064	UNE MACHINE SI SINGULIEREMENT DETRAQUEE,	ET, AVEC UN REGARD DE HAINE QUI ME PARUT DE
25	027	CHEZ ELLE SUR L'ORGUEIL DE L'AFFRANCHIE,	ET, BIEN QU'ELLE SOIT LIBRE, ELLE MARCHE SANS
22	041	LEUR ESPRIT, FAIT LA LUMIERE DANS LE MIEN!	ET, BIEN QU'IL NE SOIT PAS RARE DE VOIR LA
27	004	SERIEUSES ONT DE FATALES ATTRACTIONS,	ET, BIEN QU'IL PUISSE PARAITRE BIZARRE QUE LES
29	036	DE TOUTES SORTES DE VINS EXTRAORDINAIRES,	ET, CHOSE NON MOINS EXTRAORDINAIRE, IL ME
31	046	PARENTS M'ONT EMMENE EN VOYAGE AVEC EUX,	ET, COMME DANS L'AUBERGE OU NOUS NOUS SOMMES
05	043	TERRIBLE, LOURD, A RETENTI A LA PORTE,	ET, COMME DANS LES REVES INFERNAUX, IL M'A
02	004	SI FRAGILE COMME ELLE, LA PETITE VIEILLE,	ET, COMME ELLE AUSSI, SANS DENTS ET SANS
18	071	INCESSAMMENT SECRETEE ET RENOUVELEE,	ET, DE LA NAISSANCE A LA MORT, COMBIEN
14	071	RIDEAU DECHIQUETE? EN VERITE, JE N'OSAIS!	ET, DUT LA RAISON DE MA TIMIDITE VOUS FAIRE
29	056	DU PROGRES ET DE LA PERFECTIBILITE,	ET, EN GENERAL, DE TOUTES LES FORMES DE
29	124	PLUS CROIRE A UN SI PRODIGIEUX BONHEUR,	ET, EN ME COUCHANT, FAISANT ENCORE MA PRIERE
29	049	NOSTALGIE DE PAYS ET DE BONHEURS INCONNUS,	ET, ENIVRE DE TOUTES CES DELICES, J'OSAI, DANS
09	088	PALAIS DE CRISTAL CREVE PAR LA FOUDRE.	ET, IVRE DE MA FOLIE, JE LUI CRIAI
24	030	LE JACASSEMENT DES PETITES NEGRESSES......	ET, LA NUIT, POUR SERVIR D'ACCOMPAGNEMENT A
22	014	DU NOIR HOSPICE PERCHE SUR LA MONTAGNE!	ET, LE SOIR, EN FUMANT ET EN CONTEMPLANT LE
14	077	SAIS QUEL TROUBLE, M'ENTRAINA LOIN DE LUI.	ET, M'EN RETOURNANT, OBSEDE PAR CETTE VISION,
31	015	CELLES QUI VIENNENT NOUS VOIR A LA MAISON,	ET, QUOIQUE AVEC LEURS GRANDS YEUX CREUX ET
11	032	PAS MANGER TOUT SON BIEN EN UN JOUR''.''	ET, SUR CETTE SAGE PAROLE, IL LUI ARRACHE
24	016	POUR CULTIVER LE REVE DE MA VIE.''	ET, TOUT EN ANALYSANT DES YEUX LES DETAILS DE
24	008	S'ARRETA DEVANT UNE BOUTIQUE DE GRAVURES,	ET, TROUVANT DANS UN CARTON UNE ESTAMPE
09	069	GAIETE; QUE, LA CHAMBRE ETANT AU SIXIEME	ETAGE ET L'ESCALIER FORT ETROIT, L'HOMME
30	123	DES MAISONS VOISINES; L'UNE, DU PREMIER	ETAGE; L'AUTRE, DU SECOND; L'AUTRE, DU
20	013	HASARDS; LES CIRCONSTANCES INVINCIBLES,	ETAIENT ACCUMULES A COTE DU TRIBUNAL, COMME
20	025	MINUTES, LES SECONDES. EN VERITE, ELLES	ETAIENT AUSSI AHURIES QUE DES MINISTRES UN
06	036	FUS PLUS LOURDEMENT ACCABLE QU'ILS NE L'	ETAIENT EUX-MEMES PAR LEURS ECRASANTES

	POEM	LINE
SOIR. TOUS EN GUENILLES. CES TROIS VISAGES	ETAIENT EXTRAORDINAIREMENT SERIEUX, ET CES SIX	26	034
BIZARRES DE LA JOIE ET DE LA DOULEUR,	ETAIENT FORT DIVERSES; LES UNES AVAIENT L'AIR	20	006
AVEZ PAS FAIT ATTENTION, VOUS AUTRES. ILS	ETAIENT GRANDS, PRESQUE NOIRS ET TRES-FIERS,	31	085
DEUX, C'EST MOI QUI SUIS L'HOMME!'' TELS	ETAIENT LES INSUPPORTABLES REFRAINS QUI	42	039
ET IL ME SEMBLA QUE MES REGARDS	ETAIENT OFFUSQUES PAR CES LARMES REBELLES QUI	14	066
ICI DE PARTICULIER, C'EST QUE LES DONS N'	ETAIENT PAS LA RECOMPENSE D'UN EFFORT, MAIS	20	016
ILS ALLAIENT QUELQUE PART, PUISQU'ILS	ETAIENT POUSSES PAR UN INVINCIBLE BESOIN DE	06	018
QUATRE HOMMES FUMAIENT ET BUVAIENT. ILS N'	ETAIENT PRECISEMENT NI JEUNES NI VIEUX, NI	42	003
ETES DE LA SAINT-MARTIN. AUCUN DE CEUX QUI	ETAIENT PRESENTS DANS LA TAVERNE DE LA RUE	50	120
ET LEUR PROGENITURE CRIARDE. TOUS	ETAIENT SI AFFOLES PAR L'IMAGE DE LA TERRE	34	018
AVEC UNE VIOLENCE EXTRAORDINAIRE. ILS	ETAIENT SI CONTENTS D'EUX-MEMES, QU'ILS ONT	31	098
OU TROIS PORTRAITS DE DOCTEURS CELEBRES	ETAIENT SUSPENDUS AUX MURS. COMME JE FUS	47	023
YEUX DE BRAISE. A CETTE CEINTURE VIVANTE	ETAIENT SUSPENDUS, ALTERNANT AVEC DES FIOLES	21	023
QUE DE SON BONHEUR. LES PAUVRES FEES	ETAIENT TRES-AFFAIREES; CAR LA FOULE DES	20	020
--QUANT AUX YEUX DU PLUS PETIT, ILS	ETAIENT TROP FASCINES POUR EXPRIMER AUTRE	26	043
TOUS LES PERES QUI ONT FOI DANS LES FEES	ETAIENT VENUS, CHACUN APPORTANT SON NOUVEAU-NE	20	010
''VOUS N'ETES PAS UN HOMME! AH! SI J'	ETAIS ''UN HOMME! DE NOUS DEUX, C'EST MOI QUI	42	037
RELATIVEMENT A MOI. NON-SEULEMENT J'	ETAIS ATTENDRI PAR CETTE FAMILLE D'YEUX, MAIS	26	048
PENDANT QUINZE JOURS JE M'	ETAIS CONFINE DANS MA CHAMBRE, ET JE M'ETAIS	00	000
M'ETAIS CONFINE DANS MA CHAMBRE, ET JE M'	ETAIS CONFINE DANS MA CHAMBRE, ET JE M'ETAIS	49	002
AUSSI PURE QUE LA COUPOLE DU CIEL DONT J'	ETAIS ENVELOPPE; LE SOUVENIR DES CHOSES	15	010
GRACE A L'ENTHOUSIASMANTE BEAUTE DONT J'	ETAIS ENVIRONNE, EN PARFAITE PAIX AVEC	15	021
PLUS ABSURDES VOLONTES. UN MATIN JE M'	ETAIS LEVE MAUSSADE, TRISTE, FATIGUE	09	050
APRES PLUSIEURS HEURES, QUE JE N'	ETAIS PAS PLUS IVRE QUE LUI. CEPENDANT LE JEU,	29	038
VOYAGEAIS. LE PAYSAGE AU MILIEU DUQUEL J'	ETAIS PLACE ETAIT D'UNE GRANDEUR ET D'UNE	15	001
S'ENVOLERENT COMME DES FUMEES. MOI SEUL J'	ETAIS TRISTE, INCONCEVABLEMENT TRISTE.	34	032
DICTATURE. ET IL ME POUSSE, COMME SI J'	ETAIS UN BOEUF, AVEC SON DOUBLE AIGUILLON.	05	083
TOTAL OUBLI DE TOUT LE MAL TERRESTRE, J'EN	ETAIS VENU A NE PLUS TROUVER SI RIDICULES LES	15	024
ET DE LA FICELLE. ''ENFIN! TOUT	ETAIT ACCOMPLI. IL NE RESTAIT PLUS QU'A ME	30	116
UNE VOIX CHUCHOTER SOUS LA TOMBE OU IL S'	ETAIT ASSIS. ET CETTE VOIX DISAIT: ''MAUDITES	45	024
PAR L'INTERET MORAL ET MYSTERIEUX QUI Y	ETAIT ATTACHE. LE SIEUR FANCIOULLE EXCELLAIT	27	064
ARMOIRE UNE LIASSE DE PAPIERS, QUI N'	ETAIT AUTRE CHOSE QUE LA COLLECTION DES	47	049
OCTROYE LA JOUISSANCE D'UNE FEMME QUI	ETAIT BIEN LA PLUS DOUCE, LA PLUS SOUMISE ET	42	063
DU POETE, TANT IL A BIEN COMPRIS QU'IL	ETAIT BON ET HONNETE DE CHANTER LES PAUVRES	50	123
OREILLE, UNE VOIX QUE JE RECONNUS BIEN; C'	ETAIT CELLE D'UN BON ANGE, OU D'UN BON DEMON,	49	026
QUE L'ETAIT VOTRE MAITRESSE.'' RIEN N'	ETAIT CHANGE DANS CETTE PERSONNE. QUELQUEFOIS	42	076
TOUS LES PARFUMS, UNE ODEUR DE FRITURE QUI	ETAIT COMME L'ENCENS DE CETTE FETE. AU BOUT, A	14	043
UN FRERE A MOI-MEME INCONNU. LE SOLEIL S'	ETAIT COUCHE. LA NUIT SOLENNELLE AVAIT PRIS	31	134
DOUCEUR DU CIEL, ET OU MON COEUR, A MOI,	ETAIT CRISPE COMME L'ENFER... --QUOI!	42	152
IL TENAIT UNE AUTRE FIOLE DONT LE CONTENU	ETAIT D'UN ROUGE LUMINEUX, ET QUI PORTAIT POUR	21	027
DE VRAIS DIEUX. LE VISAGE DU PREMIER SATAN	ETAIT D'UN SEXE AMBIGU, ET IL Y AVAIT AUSSI,	21	011
LE PAYSAGE AU MILIEU DUQUEL J'ETAIS PLACE	ETAIT D'UNE GRANDEUR ET D'UNE NOBLESSE	15	002
AUSSI FACILE QUE VOUS POUVEZ LE CROIRE. IL	ETAIT DEJA FORT ROIDE, ET J'AVAIS UNE	30	059
CAMARADES ME DONNA A PENSER QUE CE PETIT	ETAIT DEJA UN INCOMPRIS. JE LE REGARDAIS	31	127
CELA NE POUVAIT CONTINUER AINSI. L'AMOUR	ETAIT DEVENU POUR MOI UN CAUCHEMAR ACCABLANT,	42	147
LES CUISSES, ET DONT TOUTE LA PEAU	ETAIT DOREE ET ILLUSTREE, COMME D'UN TATOUAGE,	21	058
POUR UNE VRAIE SOLENNITE. CELLE-LA	ETAIT DOUBLEMENT VRAIE, D'ABORD PAR LA MAGIE	27	062
PERSONNE. SON VISAGE, TRISTE ET AMAIGRI	ETAIT EN PARFAITE ACCORDANCE AVEC LE GRAND	13	082
MES YEUX RESTAIENT FICHES SUR LE LIEU OU	ETAIT ENFOUI MON TRESOR. JE VIS SUBITEMENT UNE	38	013
S'ETAIT SERVI D'UNE FICELLE FORT MINCE QUI	ETAIT ENTREE PROFONDEMENT DANS LES CHAIRS, ET	30	064
LE MORCEAU DE PAIN AVAIT DISPARU, ET IL	ETAIT EPARPILLE EN MIETTES SEMBLABLES AUX	15	069
TOUJOURS MAL FINI!'' ''CEPENDANT LE CORPS	ETAIT ETENDU SUR MON DIVAN; ET, ASSISTE D'UNE	30	094
SON ETRE UNE FIERTE DE STOICIENNE. ELLE	ETAIT EVIDEMMENT CONDAMNEE, PAR UNE ABSOLUE	13	039
CONDUITE, DE LA PART DE MON AMI, N'	ETAIT EXCUSABLE QUE PAR LE DESIR DE CREER UN	28	028
DE BARAQUES, COMME SI, HONTEUX, IL S'	ETAIT EXILE LUI-MEME DE TOUTES CES SPLENDEURS,	14	045
UNE AUREOLE SULFUREUSE DE PASSION. IL	ETAIT FACILE DE DEVINER QUE CELUI-LA NE	31	071
RENONCE, IL AVAIT ABDIQUE. SA DESTINEE	ETAIT FAITE. MAIS QUEL REGARD PROFOND,	14	061
C'	ETAIT GRANDE ASSEMBLEE DES FEES, POUR PROCEDER	20	001
CAR LA FOULE DES SOLLICITEURS	ETAIT GRANDE, ET LE MONDE INTERMEDIAIRE, PLACE	20	021
ET SOCIABLE ENCORE PENDANT LA JOURNEE, IL	ETAIT IMPITOYABLE LE SOIR; ET CE N'ETAIT PAS	22	030
A DES EPOQUES ET DANS DES PAYS DONT IL M'	ETAIT IMPOSSIBLE DE ME SOUVENIR EXACTEMENT, ET	29	026
SOIR-LA, UNE PARFAITE IDEALISATION, QU'IL	ETAIT IMPOSSIBLE DE NE PAS SUPPOSER VIVANTE,	27	082
--COMMENT! --QUE VOULEZ-VOUS DIRE? --C'	ETAIT INEVITABLE. J'AI TROP LE SENTIMENT DE	42	156
DE CETTE AME CURIEUSE ET MALADE, IL	ETAIT INFINIMENT PLUS PROBABLE QUE LE PRINCE	27	048
QUE... PARCE QUE CETTE PHYSIONOMIE LUI	ETAIT IRRESISTIBLEMENT SYMPATHIQUE? PEUT-ETRE;	09	043
OU MOURIR, COMME DIT LA POLITIQUE, TELLE	ETAIT L'ALTERNATIVE QUE M'IMPOSAIT LA	42	148
C'	ETAIT L'EXPLOSION DU NOUVEL AN: CHAOS DE BOUE	04	001
SOUFFRIR PAR MA DERNIERE MAITRESSE. ''C'	ETAIT LA BATARDE D'UN PRINCE. BELLE, CELA VA	42	033
QUE CELUI DE CAUSER UNE SURPRISE. --C'	ETAIT LA PIECE FAUSSE'', ME REPONDIT-IL	28	021
NE LUI CRIER QUE: ''DEJA!'' CEPENDANT C'	ETAIT LA TERRE, LA TERRE AVEC SES BRUITS, SES	34	045
SI LA PRUDENCE, PLUTOT QUE LE CAPRICE,	ETAIT LE CARACTERE DISTINCTIF, ETERNEL DES	20	039
SON PROPRE POUVOIR, QU'UNE SEULE FOIS, C'	ETAIT LE JOUR OU ELLE AVAIT ENTENDU UN	29	072
SA ROBE DE VAPEURS MULTICOLORES LA FEE QUI	ETAIT LE PLUS A SA PORTEE, S'ECRIA: ''EH!	20	059
INSURGES QU'IL SOIGNAIT A SON HOPITAL. C'	ETAIT LE TEMPS DES EMEUTES. COMMENT EST-CE	47	063
TROISIEME, DONT TOUTE LA PETITE PERSONNE	ETAIT MARQUEE D'UNE VIVACITE ET D'UNE VITALITE	31	041
SEMBLABLES AUX GRAINS DE SABLE AUXQUELS IL	ETAIT MELE. CE SPECTACLE M'AVAIT EMBRUME LE	15	070
AUSSI, COMME LA PLEBE A LAQUELLE ELLE S'	ETAIT MELEE ET QU'ELLE NE VOYAIT PAS, ELLE	13	084
VINT UN MEDECIN QUI DECLARA QUE L'ENFANT	ETAIT MORT DEPUIS PLUSIEURS HEURES. QUAND,	30	073
NI LAMENTABLE, IL N'IMPLORAIT PAS. IL	ETAIT MUET ET IMMOBILE. IL AVAIT RENONCE, IL	14	060
FAVORI PARMI LES REBELLES. LE PRINCE N'	ETAIT NI MEILLEUR NI PIRE QU'UN AUTRE; MAIS	27	016
SERAIT PARFAITEMENT HEUREUSE SI ELLE N'	ETAIT OBLIGEE D'ENTASSER PIASTRE SUR PIASTRE	25	057
QUE JE FISSE D'ELLE, PUISQU'ELLE	ETAIT PARFAITE?'' LES TROIS AUTRES COMPAGNONS	42	161
SON AME!'' TOUT CELA, PARCE QUE L'AUTRE N'	ETAIT PAS DE SON AVIS DANS LA MEME AFFAIRE!	47	059
COUPER LA CORDE. MAIS CELA FAIT, TOUT N'	ETAIT PAS FINI; LE PETIT MONSTRE S'ETAIT SERVI	30	062
OEIL CLAIRVOYANT, SON IVRESSE, A LUI, N'	ETAIT PAS SANS MELANGE. SE SENTAIT-IL VAINCU	27	109
IL ETAIT IMPITOYABLE LE SOIR; ET CE N'	ETAIT PAS SEULEMENT SUR AUTRUI, MAIS AUSSI SUR	22	031
ROMAIN. MAIS LA MONSTRUEUSE BETE N'	ETAIT PAS UN POIDS INERTE; AU CONTRAIRE, ELLE	06	008
L'ILLUSION DE LA VIE. LE DEPENDRE N'	ETAIT PAS UNE BESOGNE AUSSI FACILE QUE VOUS	30	057
ETAIT RENVERSEE A COTE DE LUI; SA TETE	ETAIT PENCHEE CONVULSIVEMENT SUR UNE EPAULE;	30	054
DE LUI MONTRER L'ENDROIT OU SON PETIT S'	ETAIT PENDU. ''OH! NON! MADAME, --LUI	30	100
REPUGNANCE LE SUPPLICE SUPREME, S'IL LEUR	ETAIT PERMIS DE FAIRE DU HAUT DE L'ECHAFAUD	23	018

POEM LINE

26	028	DROIT DEVANT NOUS, SUR LA CHAUSSEE,	ETAIT PLANTE UN BRAVE HOMME D'UNE QUARANTAINE
27	044	ET VOLONTAIREMENT EXCENTRIQUE, TOUT	ETAIT POSSIBLE, MEME LA VERTU, MEME LA
49	016	PARCOURU LE DICTIONNAIRE. MAIS CE N'	ETAIT QUE L'IDEE D'UNE IDEE, QUELQUE CHOSE
14	036	LEURS JUPES D'ETINCELLES. TOUT N'	ETAIT QUE LUMIERE, POUSSIERE, CRIS, JOIE,
30	053	QU'IL AVAIT SANS DOUTE REPOUSSEE DU PIED,	ETAIT RENVERSEE A COTE DE LUI; SA TETE ETAIT
34	003	QU'A PEINE APERCEVOIR; CENT FOIS IL S'	ETAIT REPLONGE, ETINCELANT OU MOROSE, DANS SON
30	105	MELE D'HORREUR ET DE COLERE, QUE LE CLOU	ETAIT RESTE FICHE DANS LA PAROI; AVEC UN LONG
13	083	ACCORDANCE AVEC LE GRAND DEUIL DONT ELLE	ETAIT REVETUE. ELLE AUSSI, COMME LA PLEBE A
21	020	SOUFFLE. AUTOUR DE SA TUNIQUE DE POURPRE	ETAIT ROULE, EN MANIERE DE CEINTURE, UN
42	066	PUISQUE CELA VOUS EST ''AGREABLE.'' C'	ETAIT SA REPONSE ORDINAIRE. VOUS DONNERIEZ LA
13	053	REGIMENTS GRATIFIE LE PEUPLE PARISIEN. C'	ETAIT SANS DOUTE LA LA PETITE DEBAUCHE DE
20	078	OPINIATREMENT LE PETIT BOUTIQUIER, QUI	ETAIT SANS DOUTE UN DE CES RAISONNEURS SI
30	063	TOUT N'ETAIT PAS FINI; LE PETIT MONSTRE S'	ETAIT SERVI D'UNE FICELLE FORT MINCE QUI ETAIT
45	011	DESCENDRE DANS CE CIMETIERE, DONT L'HERBE	ETAIT SI HAUTE ET SI INVITANTE, ET OU REGNAIT
50	024	OU SUR LES GENOUX DU VISITEUR, COMME. S'IL	ETAIT SUR DE PLAIRE, TURBULENT COMME UN
30	075	L'ENSEVELISSEMENT, LA RIGIDITE CADAVERIQUE	ETAIT TELLE, QUE, DESESPERANT DE FLECHIR LES
38	005	MAIS CETTE FILLE MIRACULEUSE	ETAIT TROP BELLE POUR VIVRE LONGTEMPS; AUSSI
27	001	FANCIOULLE	ETAIT UN ADMIRABLE BOUFFON, ET PRESQUE UN DES
21	056	NI CETTE BEAUTE DELICATE ET PARFUMEE. C'	ETAIT UN HOMME VASTE, A GROS VISAGE SANS YEUX,
14	022	PIAILLAIENT, BEUGLAIENT, HURLAIENT. C'	ETAIT UN MELANGE DE CRIS, DE DETONATIONS DE
19	041	ET SECOUAIT DANS UNE BOITE GRILLEE, C'	ETAIT UN RAT VIVANT! LES PARENTS, PAR ECONOMIE
14	002	S'EBAUDISSAIT LE PEUPLE EN VACANCES. C'	ETAIT UNE DE CES SOLENNITES SUR LESQUELLES,
13	078	AVEC TOUTE LA TRIVIALITE ENVIRONNANTE. C'	ETAIT UNE FEMME GRANDE, MAJESTUEUSE, ET SI
42	036	PAR UNE AMBITION MALSEANTE ET DIFFORME. C'	ETAIT UNE FEMME QUI VOULAIT TOUJOURS FAIRE
47	005	ETES MEDECIN, MONSIEUR?'' JE REGARDAI; C'	ETAIT UNE GRANDE FILLE, ROBUSTE, AUX YEUX
34	022	ET NOUS VIMES, EN APPROCHANT, QUE C'	ETAIT UNE TERRE MAGNIFIQUE, EBLOUISSANTE. IL
34	046	PASSIONS, SES COMMODITES, SES FETES; C'	ETAIT UNE TERRE RICHE ET MAGNIFIQUE, PLEINE DE
42	075	L'EPOUSE EST ''ENCORE AUSSI VIERGE QUE L'	ETAIT VOTRE MAITRESSE.'' RIEN N'ETAIT CHANGE
47	032	INTERNE DE L... JE ME SOUVIENS QUE C'	ETAIT VOUS QUI L'ASSISTIEZ DANS LES OPERATIONS
47	034	QUI AIME COUPER, TAILLER ET ROGNER! C'	ETAIT VOUS QUI LUI TENDIEZ LES INSTRUMENTS,
16	011	PAS ENCORE TOUT A FAIT MIDI.'' CE QUI	ETAIT VRAI. POUR MOI, SI JE ME PENCHE VERS LA
27	020	EXCELLENT CONNAISSEUR D'AILLEURS, IL	ETAIT VRAIMENT INSATIABLE DE VOLUPTES. ASSEZ
29	069	LES PARTIES DU MONDE, M'ASSURA QU'ELLE	ETAIT, ELLE-MEME, LA PERSONNE LA PLUS
16	005	DEMANDA A UN PETIT GARCON QUELLE HEURE IL	ETAIT. LE GAMIN DU CELESTE EMPIRE HESITA
14	001	PARTOUT S'	ETALAIT, SE REPANDAIT, S'EBAUDISSAIT LE PEUPLE
27	063	VRAIE, D'ABORD PAR LA MAGIE DU LUXE	ETALE, ENSUITE PAR L'INTERET MORAL ET
47	051	LITHOGRAPHIES PAR MAURIN, QU'ON A PU VOIR	ETALEE PENDANT PLUSIEURS ANNEES SUR LE QUAI
09	069	NON SANS QUELQUE GAIETE, QUE, LA CHAMBRE	ETANT AU SIXIEME ETAGE ET L'ESCALIER FORT
20	043	UNIQUE D'UNE FAMILLE TRES-RICHE, QUI, N'	ETANT D'AUCUN SENS DE CHARITE, NON PLUS
49	046	PAS ASSEZ FORT, ETANT LE DELICAT ET M'	ETANT NE DELICAT ET M'ETANT PEU EXERCE A LA
49	046	ET COMME JE NE ME SENTAIS PAS ASSEZ FORT,	ETANT NE DELICAT ET M'ETANT PEU EXERCE A LA
27	003	PRINCE. MAIS POUR LES PERSONNES VOUEES PAR	ETAT AU COMIQUE, LES CHOSES SERIEUSES ONT DE
49	011	PAS SURPRENANT QUE JE FUSSE ALORS DANS UN	ETAT D'ESPRIT AVOISINANT LE VERTIGE OU LA
30	081	PAR UN DESIR INVETERE ET UNE HABITUDE D'	ETAT DE FAIRE PEUR, A TOUT HASARD; AUX
27	061	CE QUE LA CLASSE PRIVILEGIEE D'UN PETIT	ETAT, A RESSOURCES RESTREINTES, PEUT MONTRER
20	048	AU FILS DE SON GUEUX, CARRIER DE SON	ETAT, QUI NE POUVAIT, EN AUCUNE FACON, AIDER
27	035	CELUI-CI DES FACULTES PLUS GRANDES QUE CE	ETATS. TOUT D'UN COUP LE BRUIT COURUT QUE LE
42	118	ETES, VOUS DEUX K... ET J..., VOUS AVIEZ	ETE ACCOUPLES A UNE CERTAINE FEMME DE MA
31	048	PAS ASSEZ DE LITS POUR NOUS TOUS, IL A	ETE DECIDE QUE JE DORMIRAIS DANS LE MEME LIT
32	019	DECIDER SI LES FLEURS ET LES PAMPRES ONT	ETE FAITS POUR LE BATON, OU SI LE BATON N'EST
11	049	COMPENSATION. MAIS DANS LE MONDE OU ELLE A	ETE JETEE; ELLE N'A JAMAIS PU CROIRE QUE LA
20	008	LES UNES, JEUNES, QUI AVAIENT TOUJOURS	ETE JEUNES; LES AUTRES, VIEILLES, QUI AVAIENT
29	119	AVEC UN BON SOURIRE. SI CE N'EUT	ETE PAR LA CRAINTE DE L'HUMILIER DEVANT UNE AUSSI
27	026	L'EPITHETE DE ''MONSTRE'', S'IL AVAIT	ETE PERMIS; DANS SES DOMAINES, D'ECRIRE QUOI
09	046	QUE LUI-MEME IL NE SAIT PAS POURQUOI. J'AI	ETE PLUS D'UNE FOIS VICTIME DE CES CRISES ET
42	011	CAUSERIE SUR LE SUJET DES FEMMES. IL EUT	ETE PLUS PHILOSOPHIQUE DE N'EN PAS PARLER DU
42	028	MA VIE, EXCEPTE A L'AGE DE CHERUBIN, J'AI	ETE PLUS SENSIBLE QUE TOUT AUTRE A L'ENERVANTE
29	103	QUE VOUS AURIEZ GAGNE SI LE SORT AVAIT	ETE POUR VOUS, C'EST-A-DIRE LA POSSIBILITE DE
26	011	QUE, REVE PAR TOUS LES HOMMES, IL N'A	ETE REALISE PAR AUCUN. LE SOIR, UN PEU
30	016	ECOUTEZ CETTE PETITE HISTOIRE, OU J'AI	ETE SINGULIEREMENT MYSTIFIE PAR L'ILLUSION LA
35	016	RACONTE A MOI-MEME EN PLEURANT. SI C'EUT	ETE UN PAUVRE VIEUX HOMME, J'AURAIS REFAIT LA
20	009	LES AUTRES, VIEILLES, QUI AVAIENT TOUJOURS	ETE VIEILLES. TOUS LES PERES QUI ONT FOI DANS
29	090	EN QUI UNE POLITESSE INNEE NE SAURAIT	ETEINDRE TOUT A FAIT LE SOUVENIR D'ANCIENNES
37	006	BRUIT A TRAVERS LES VITRES. PUIS ELLE S'	ETENDIT SUR TOI AVEC LA TENDRESSE SOUPLE D'UNE
30	094	MAL FINI!'' ''CEPENDANT LE CORPS ETAIT	ETENDU SUR MON DIVAN, ET, ASSISTE D'UNE
20	040	LE CAPRICE, ETAIT LE CARACTERE DISTINCTIF,	ETERNEL DES FEES. AINSI LA PUISSANCE D'ATTIRER
05	055	SOUVIENS! OUI! CE TAUDIS, CE SEJOUR DE L'	ETERNEL ENNUI, EST BIEN LE MIEN. VOICI LES
39	019	N'ONT RIEN DIMINUE DE CHARME VAGUE, MAIS	ETERNEL, DE SA POITRINE GARCONNIERE. USEE
29	018	ILE ENCHANTEE, ECLAIREE DES LUEURS D'UNE	ETERNELLE APRES-MIDI. ILS SENTIRENT NAITRE EN
17	020	SUR UN CIEL IMMENSE OU SE PRELASSE L'	ETERNELLE CHALEUR. DANS LES CARESSES DE TA
32	039	SOYEZ, DANS LES SPLENDEURS DE LA VILLE	ETERNELLE OU DANS LES BRUMES DES PAYS REVEURS
02	011	BONNE VIEILLE SE RETIRA DANS SA SOLITUDE	ETERNELLE, ET ELLE PLEURAIT DANS UN COIN, SE
37	016	VIVANTE PENSAIT ET DISAIT: ''TU SUBIRAS	ETERNELLEMENT L'INFLUENCE DE MON BAISER. TU
03	024	FAUT-IL ETERNELLEMENT SOUFFRIR, OU FUIR	ETERNELLEMENT LE BEAU? NATURE, ENCHANTERESSE
12	020	DES JOUISSANCES FIEVREUSES; DONT SERONT	ETERNELLEMENT PRIVES L'EGOISTE, FERME COMME UN
03	023	DU SPECTACLE ME REVOLTENT... AH! FAUT-IL	ETERNELLEMENT SOUFFRIR, OU FUIR ETERNELLEMENT
32	044	CHANTRE DE LA VOLUPTE ET DE L'ANGOISSE	ETERNELLES, PHILOSOPHE, POETE ET ARTISTE, JE
05	041	A DISPARU! C'EST L'ETERNITE QUI REGNE, UNE	ETERNITE DE DELICES! MAIS UN COUP TERRIBLE,
09	091	SOUVENT LES PAYER CHER. MAIS QU'IMPORTE L'	ETERNITE DE LA DAMNATION A QUI A TROUVE DANS
05	041	DE SECONDES! LE TEMPS A DISPARU; C'EST L'	ETERNITE QUI REGNE, UNE ETERNITE DE DELICES!
16	029	HESITER: ''OUI, JE VOIS L'HEURE; IL EST L'	ETERNITE!'' N'EST-CE PAS, MADAME, QUE VOICI UN
50	131	BONS CHIENS, AUX CHIENS PHILOSOPHES, AUX	ETES DE LA SAINT-MARTIN ET A LA BEAUTE DES
50	119	A LA BEAUTE DES FEMMES MURES ET AUX	ETES DE LA SAINT-MARTIN. AUCUN DE CEUX QUI
22	050	LA DEESSE LIBERTE. CREPUSCULE, COMME VOUS	ETES DOUX ET TENDRE! LES LUEURS ROSES QUI
22	045	MOI LE SIGNAL D'UNE FETE INTERIEURE, VOUS	ETES LA DELIVRANCE D'UNE ANGOISSE! DANS LA
22	048	DES ETOILES. EXPLOSION DES LANTERNES, VOUS	ETES LE FEU D'ARTIFICE DE LA DEESSE LIBERTE.
47	004	UNE VOIX QUI ME DISAIT A L'OREILLE: ''VOUS	ETES MEDECIN, MONSIEUR?'' JE REGARDAI; C'ETAIT
47	009	LAISSEZ-MOI PASSER. --OH! SI! VOUS	ETES MEDECIN. JE LE VOIS BIEN. VENEZ CHEZ MOI.
49	073	DU PORTIQUE, JE LUI DIS: ''MONSIEUR, VOUS	ETES MON EGAL! VEUILLEZ ME FAIRE L'HONNEUR DE
47	083	Y EN A QUI ME DISENT FROIDEMENT: ''VOUS N'	ETES PAS MALADE DU TOUT!'' MAIS IL Y EN A
42	037	VOULAIT TOUJOURS FAIRE L'HOMME. ''VOUS N'	ETES PAS UN HOMME! AH! SI J'ETAIS ''UN HOMME!

```
VOUS, LE JUGE QUI PARDONNEZ; VOUS QUI              47  119
O NUIT! O RAFRAICHISSANTES TENEBRES! VOUS          22  044
MOI MA BOURSE! ET SOUVENEZ- VOUS, SI VOUS          49  075
A MON BRAS, ET EN ECLATANT DE RIRE, --VOUS         47  013
QU'A MOI DE VOUS L'EXPLIQUER; CAR VOUS             26  004
VOUS, G...., LACHES ET LEGERS COMME VOUS           42  117
DES VITRES DE PARADIS? IMPUDENT QUE VOUS           09  077
A PAS ENCORE BIEN LONGTEMPS, QUAND VOUS            47  031
GAGNE CES CHEVEUX BLANCS? VOUS N'                   47  030
SES SPLENDEURS INACHEVEES. LE CAFE                 26  016
ET DE NEIGE, TRAVERSE DE MILLE CARROSSES,          04  002
APERCEVOIR: CENT FOIS IL S'ETAIT REPLONGE,         34  004
UN LAMBEAU DE MUSIQUE, ET REGARDANT L'             13  072
TOUJOURS CROISSANT FAIT DE PLUS EN PLUS            07  009
PLUS NATURELLEMENT. DANS SA RAGE, ELLE             11  042
LANTERNES QUI REMPLISSAIENT LEURS JUPES D'         14  035
JOURNEE QUI M'AVAIT PARU COURTE. NOUS NOUS         26  007
DE SE SENTIR VIVRE. MON HOTE ET MOI, NOUS          29  034
D'UN ROUGE LUMINEUX, ET QUI PORTAIT POUR           21  027
ENFER; VOUS QUI NE REPOSEZ QUE SUR DES             11  054
OU LE SALON, SONT TAMISES PAR DE BELLES            18  037
COMME LE VEGETAL ET LE MINERAL. LE                 05  011
DES FISSURES DES TIROIRS ET DES PLIS DES           18  044
RAFFINEES. LES MIROIRS, LES METAUX, LES            18  041
DEMANDEZ AU VENT, A LA VAGUE, A L'                  33  010
HEURE IL EST; ET LE VENT, LA VAGUE, L'             33  014
CONTEMPLE. JE LES AI SOUVENT ETUDIEES, CES         05  031
TRANSPERCE LE DELICIEUX PASSE; ET LES              22  063
PIERREUX D'UNE CAPITALE, SCINTILLEMENT DES         22  048
SE SONT ENDORMIS, LE FRONT TOURNE VERS LES         31  120
JE DOIS DIRE QUE CE PETIT BONHOMME M'              30  040
LE THYRSE EST LA REPRESENTATION DE VOTRE           32  022
OU DES COUPES RENVERSEES. ET UNE GLOIRE            32  010
SON CAMARADE ET OBSERVAIT AVEC UNE FIXITE          31  024
AVEZ RAISON; APRES LE PLAISIR D'ETRE               28  020
VENT SOUFFLE DE LA-HAUT; BERCER MA PENSEE          22  018
AVEC ENTHOUSIASME DEVANT LA FOULE                  09  041
''QUELS NE FURENT PAS MON HORREUR ET MON           30  048
ENFIN J'EUS CE COURAGE. MAIS, A MON GRAND          30  086
TENDIT PAS UNIQUEMENT AU PLAISIR OU A L'           27  028
PEU DE PRECIPITATION ET DE HASARD, NE NOUS         20  034
SON GENIE. IL Y A DE JEUNES NERONS QUI             27  031
OU LES CONSEILS DE LA SAGESSE NE SONT PLUS         24  047
DANS UN CORRIDOR, AVEC DES RIRES                   27  132
POUR MOI, ET OU SE MELAIENT; DANS UN               27  086
LES TALENTS DE SON VIEIL AMI, L'                   27  121
VERS LE SUJET DES ACADEMIES, ET MON                29  079
                                        L'         01  000

--EH! QU'AIMES-TU DONC, EXTRAORDINAIRE             01  013
LAMES DE LA MER. IL Y AVAIT LA DES VISAGES         29  023
LA VIE. ON DIRAIT ENCORE UNE DE CES ROBES          22  059
DU COIN DE SON OEIL. J'ATTRIBUAI CETTE             30  088
TOUR CELUI-CI APPLIQUA TOUTES SES FORCES A         15  057
PRODIGIEUSEMENT COQUETTE QUE LE PLAISIR D'         25  026
JOUISSANCE UNIVERSELLE. J'AI APERCU UN             07  015
A QUEL DEMON BIENVEILLANT DOIS-JE D'               05  033
HABITUELLES D'UN ARTISTE POUVAIENT                 27  053
POUR MOI, MESSIEURS, JE ME FAIS GLOIRE D'          42  021
ALLEZ, DE N'ETRE PAS COUCHE SEUL ET D'             31  052
PLUS ENCORE QUE LE SCULPTEUR PEUT L'               21  041
LES YEUX. DEVANT MOI SE TENAIT UN PETIT            15  035
DE BLOUSES ET D'INDIENNE, J'APERCUS UN             13  076
CLEMENCE? C'EST UN POINT QUI N'A JAMAIS PU         27  057
PAS ETRE VENU POUR RIEN.'' LA FEE PLUS             20  062
ILS NE TRADUISAIENT QUE LA SATIETE DU BIEN-        11  008
''VOUS AVEZ RAISON; APRES LE PLAISIR D'            28  020
ET SI DE CERTAINES PLACES PARAISSENT LUI           12  014
COURAGEUSE ABNEGATION J'AVAIS LE DROIT D'          21  114
EST PLUS SINGULIER; CELA DONNE ENVIE D'            31  020
QUE J'AVAIS PEUR D'ETRE RATTRAPE AVANT D'          31  125
SOIT LA VRAIE?'' QU'IMPORTE CE QUE PEUT            35  021
                      PRIVILEGE, QU'IL PEUT A SA GUISE   12  011
CE SENTIMENT AVEC L'HORREUR QUE CET                42  159
SON CALCUL. ON N'EST JAMAIS EXCUSABLE D'           28  057
PRIS LA PRECAUTION D'ACHETER DES GANTS;            10  022
BOULEVARD, JE ME SUIS SENTI FROLE PAR UN           29  002
C'EST-A-DIRE QUAND NOUS VOYONS L'                  30  005
FAIT UN SINGULIER EFFET, ALLEZ, DE N'              31  051
''IL EST L'HEURE DE S'ENIVRER! POUR N'             33  015
QUOI, ET AUSSI PARCE QUE J'AVAIS PEUR D'           31  124
EST SANS APPEL, ET QU'AUCUN DON NE PEUT            20  052
ETRE M'INSPIRAIT; ME DEBARRASSER DE CET            42  160
PEUPLER SA SOLITUDE, NE SAIT PAS NON PLUS          12  009
FETE! ''CE GRAND MALHEUR DE NE POUVOIR             23  033
                                   IL FAUT         33  001
ET PORTANT SUR L'AUTRE BRAS UN PETIT               26  031
UN PETIT CHALE USE; PORTAIT TOUT SON               13  038
DUEL OU L'ARTISTE CRIE DE FRAYEUR AVANT D'         03  028
VOYEZ-LE; ET PUIS NOUS VERRONS!'' M'               10  029
IL Y A ENCORE MON PETIT! JE NE VEUX PAS            20  061
SES YEUX ELLES NE VALENT PAS LA PEINE D'           12  016

ETES PLEIN DE MOTIFS ET DE CAUSES, ET QUI AVEZ     47  119
ETES POUR MOI LE SIGNAL D'UNE FETE INTERIEURE,     22  044
ETES REELLEMENT PHILANTHROPE, QU'IL FAUT           49  075
ETES UN MEDECIN FARCEUR, J'EN AI CONNU             47  013
ETES, JE CROIS, LE PLUS BEL EXEMPLE                26  004
ETES, VOUS DEUX K... ET J... VOUS AVIEZ ETE        42  117
ETES! VOUS OSEZ VOUS PROMENER DANS DES             09  077
ETIEZ INTERNE DE L... JE ME SOUVIENS QUE           47  031
ETIEZ PAS AINSI, IL N'Y A PAS ENCORE BIEN          47  030
ETINCELAIT. LE GAZ LUI-MEME Y DEPLOYAIT TOUTE      26  016
ETINCELANT DE JOUJOUX ET DE BONBONS,               04  002
ETINCELANT OU MOROSE, DANS SON IMMENSE BAIN DU     34  004
ETINCELANTE FOURNAISE INTERIEURE. C'EST            13  072
ETINCELER LES OBJETS; QUE LES FLEURS EXCITEES      07  009
ETINCELLE TOUT ENTIERE, COMME LE FER QU'ON         11  042
ETINCELLES. TOUT N'ETAIT QUE LUMIERE,              14  035
ETIONS BIEN PROMIS QUE TOUTES NOS PENSEES NOUS     26  007
ETIONS DEJA, EN NOUS ASSEYANT, DE VIEUX ET         29  034
ETIQUETTE CES MOTS BIZARRES: ''BUVEZ, CECI EST     21  027
ETOFFES AUSSI DOUCES QUE VOTRE PEAU, QUI NE        11  054
ETOFFES OU PAR DE BELLES FENETRES OUVRAGEES        18  037
ETOFFES PARLENT UNE LANGUE MUETTE, COMME LES       05  011
ETOFFES S'ECHAPPE UN PARFUM SINGULIER, UN          18  044
ETOFFES, L'ORFEVRERIE ET LA FAIENCE Y JOUENT       18  041
ETOILE, A L'OISEAU, A L'HORLOGE, A TOUT CE QUI     33  010
ETOILE, L'OISEAU, L'HORLOGE, VOUS REPONDRONT:      33  014
ETOILES NOIRES QUI COMMANDENT LA CURIOSITE ET      05  031
ETOILES VACILLANTES D'OR ET D'ARGENT, DONT         22  063
ETOILES, EXPLOSION DES LANTERNES, VOUS ETES LE     22  048
ETOILES. J'AVAIS EU D'ABORD ENVIE DE PRIER         31  120
ETONNA QUELQUEFOIS PAR DES CRISES SINGULIERES      30  040
ETONNANTE DUALITE, MAITRE PUISSANT ET VENERE,      32  022
ETONNANTE JAILLIT DE CETTE COMPLEXITE DE           32  010
ETONNANTE JE NE SAIS QUEL POINT DU CIEL, DIT       31  024
ETONNE, IL N'EN EST PAS DE PLUS GRAND QUE          28  020
ETONNEE A CETTE IMITATION DES HARMONIES DE         22  018
ETONNEE. POURQUOI? PARCE QUE... PARCE QUE          09  041
ETONNEMENT QUAND, RENTRANT A LA MAISON, LE         30  048
ETONNEMENT, LA MERE FUT IMPASSIBLE, PAS UNE        30  086
ETONNEMENT, QUI EST UNE DES FORMES LES PLUS        27  028
ETONNONS PAS QU'IL EN SOIT DE MEME QUELQUEFOIS     20  034
ETOUFFENT DANS LES LIMITES TROP ETROITES, ET       27  031
ETOUFFES PAR LES BOURDONNEMENTS DE LA VIE          24  047
ETOUFFES. FANCIOULLE, SECOUE, REVEILLE DANS        27  132
ETRANGE AMALGAME, LES RAYONS DE L'ART ET LA        27  086
ETRANGE BOUFFON, QUI BOUFFONNAIT SI BIEN LA        27  121
ETRANGE CONVIVE M'AFFIRMA QU'IL NE DEDAIGNAIT      29  079
ETRANGER                                           01  000
ETRANGER? --J'AIME LES NUAGES... LES NUAGES        01  013
ETRANGES D'HOMMES ET DE FEMMES, MARQUES D'UNE      29  023
ETRANGES DE DANSEUSES, OU UNE GAZE                 22  059
ETRANGETE A L'HORREUR MEME QU'ELLE DEVAIT          30  088
ETRANGLER SON ADVERSAIRE D'UNE MAIN, PENDANT       15  057
ETRE ADMIREE L'EMPORTE CHEZ ELLE SUR L'ORGUEIL     25  026
ETRE AFFLIGE. AUX PIEDS D'UNE COLOSSALE VENUS,     07  015
ETRE AINSI ENTOURE DE MYSTERE, DE SILENCE, DE      05  033
ETRE ALTEREES OU MODIFIEES PAR LA SITUATION        27  053
ETRE ARRIVE. DEPUIS LONGTEMPS, A L'EPOQUE          42  021
ETRE DANS UN LIT AVEC SA BONNE, DANS LES           31  052
ETRE DE L'ARGILE; ET TU CONNAITRAS LE PLAISIR,     21  041
ETRE DEGUENILLE, NOIR, EBOURIFFE, DONT LES         15  035
ETRE DONT LA NOBLESSE FAISAIT UN ECLATANT          13  076
ETRE ECLAIRCI. ENFIN, LE GRAND JOUR ARRIVE,        27  057
ETRE EMBARRASSEE; CAR IL NE RESTAIT PLUS RIEN.     20  062
ETRE ET L'ACCABLEMENT DU REPOS. ET PUIS, VOUS      11  008
ETRE ETONNE, IL N'EN EST PAS DE PLUS GRAND QUE     28  020
ETRE FERMEES, C'EST QU'A SES YEUX ELLES NE         12  014
ETRE FIER. MAIS MALHEUREUSEMENT JE ME              21  114
ETRE HABILLE DE MEME, DE DIRE ET DE FAIRE LES      31  020
ETRE HORS DE FRANCE.'' L'AIR PEU INTERESSE DES     31  125
ETRE LA REALITE EXTERIEURE HORS DE MOI, SI ELLE    35  021
ETRE LUI-MEME ET AUTRUI. COMME CES AMES            12  011
ETRE M'INSPIRAIT; ME DEBARRASSER DE CET ETRE       42  159
ETRE MECHANT; MAIS IL Y A QUELQUE MERITE A         28  057
ETRE MONTE POUR TUER LE TEMPS, PENDANT UNE         10  022
ETRE MYSTERIEUX QUE J'AVAIS TOUJOURS DESIRE        29  002
ETRE OU LE FAIT TEL QU'IL EXISTE EN DEHORS DE      30  005
ETRE PAS COUCHE SEUL ET D'ETRE DANS UN LIT         31  051
ETRE PAS LES ESCLAVES MARTYRISES DU TEMPS,         33  015
ETRE RATTRAPE AVANT D'ETRE HORS DE FRANCE.''       31  124
ETRE REFUSE. TOUTES LES FEES SE LEVAIENT,          20  052
ETRE SANS LUI MANQUER DE RESPECT. QUE              42  160
ETRE SEUL DANS UNE FOULE AFFAIREE. LE POETE        12  009
ETRE SEUL!...'' DIT QUELQUE PART LA BRUYERE,       23  033
ETRE TOUJOURS IVRE. TOUT EST LA: C'EST             33  001
ETRE TROP FAIBLE POUR MARCHER. IL REMPLISSAIT      26  031
ETRE UNE FIERTE DE STOICIENNE. ELLE ETAIT          13  038
ETRE VAINCU.                                       03  028
ETRE VANTE (POURQUOI?) DE PLUSIEURS VILAINES       10  029
ETRE VENU POUR RIEN.'' LA FEE POUVAIT ETRE         20  061
ETRE VISITEES. LE PROMENEUR SOLITAIRE ET           12  016
```

POEM LINE

POEM	LINE		
13	097	POUR PAYER UN DES BESOINS DU PETIT	ETRE, MIEUX ENCORE, UNE SUPERFLUITE, UN JOUET.
27	076	LA VOLONTE. OR, SI UN COMEDIEN ARRIVAIT A	ETRE, RELATIVEMENT AU PERSONNAGE QU'IL EST
02	003	QUI TOUT LE MONDE VOULAIT PLAIRE; CE JOLI	ETRE, SI FRAGILE COMME ELLE, LA PETITE
27	099	CE PUBLIC, SI BLASE ET FRIVOLE QU'IL PUT	ETRE, SUBIT BIENTOT LA TOUTE-PUISSANCE
16	027	SOIN? QUE CHERCHES-TU DANS LES YEUX DE CET	ETRE? Y VOIS-TU L'HEURE, MORTEL PRODIGUE ET
21	046	JE N'AI QUE FAIRE DE CETTE PACOTILLE D'	ETRES QUI, SANS DOUTE, NE VALENT PAS MIEUX QUE
08	005	CE QUI EST, JE CROIS, CHEZ CES PAUVRES	ETRES, LE SIGNE CORRESPONDANT DU RIRE ET DU
09	033	LES PLUS INDOLENTS ET LES PLUS REVEURS DES	ETRES. UN AUTRE, TIMIDE A CE POINT QU'IL
09	069	ETANT AU SIXIEME ETAGE ET L'ESCALIER FORT	ETROIT, L'HOMME DEVAIT EPROUVER QUELQUE PEINE
05	066	LE RANCI DE LA DESOLATION. DANS CE MONDE	ETROIT, MAIS SI PLEIN DE DEGOUT, UN SEUL OBJET
27	032	NERONS QUI ETOUFFENT DANS DES LIMITES TROP	ETROITES, ET DONT LES SIECLES A VENIR
03	027	DE TENTER MES DESIRS ET MON ORGUEIL! L'	ETUDE DU BEAU EST UN DUEL OU L'ARTISTE CRIE DE
05	031	QUI LES CONTEMPLE. JE LES AI SOUVENT	ETUDIEES, CES ETOILES NOIRES QUI COMMANDENT LA
45	029	VOS CALCULS, MORTELS IMPATIENTS, QUI VENEZ	ETUDIER L'ART DE TUER AUPRES DU SANCTUAIRE DE
24	048	DE LA VIE EXTERIEURE, IL SE DIT: ''J'AI	EU AUJOURD'HUI, EN REVE, TROIS DOMICILES OU
31	120	LE FRONT TOURNE VERS LES ETOILES. J'AVAIS	EU D'ABORD ENVIE DE LES PRIER DE M'EMMENER
22	021	EXCITE LES FOUS. --JE ME SOUVIENS QUE J'AI	EU DEUX AMIS QUE LE CREPUSCULE RENDAIT TOUT
42	015	''TOUS LES HOMMES, DISAIT CELUI-CI, ONT	EU L'AGE DE CHERUBIN: C'EST L'EPOQUE OU, FAUTE
49	077	DEMANDERONT L'AUMONE, LA THEORIE QUE J'AI	EU LA DOULEUR D'ESSAYER SUR VOTRE DOS.'' IL
46	011	TETE DANS LA FANGE DU MACADAM. JE N'AI PAS	EU LE COURAGE DE LA RAMASSER. J'AI JUGE MOINS
31	059	LONGTEMPS CONTINUE, SI JE N'AVAIS PAS	EU PEUR, PEUR DE LA REVEILLER D'ABORD, ET PUIS
29	071	SUPERSTITION, ET M'AVOUA QU'ELLE N'AVAIT	EU PEUR, RELATIVEMENT A SON PROPRE POUVOIR,
16	032	EMPHATIQUE QUE VOUS-MEME? EN VERITE, J'AI	EU TANT DE PLAISIR A BRODER CETTE PRETENTIEUSE
30	074	PLUSIEURS HEURES. QUAND, PLUS TARD, NOUS	EUMES A LE DESHABILLER POUR L'ENSEVELISSEMENT,
25	024	AUX PIEDS DES DEESSES DE MARBRE QUE L'	EUROPE ENFERME DANS SES MUSEES, IMPRIME
48	026	Y TROUVERIONS D'AILLEURS L'ESPRIT DE L'	EUROPE MARIE A LA BEAUTE TROPICALE.'' PAS UN
18	005	L'ORIENT DE L'OCCIDENT, LA CHINE DE L'	EUROPE, TANT LA CHAUDE ET CAPRICIEUSE
30	086	PIEDS REFUSAIENT DE M'Y CONDUIRE. ENFIN J'	EUS CE COURAGE. MAIS, A MON GRAND ETONNEMENT,
38	007	EST-ELLE MORTE QUELQUES JOURS APRES QUE J'	EUS FAIT SA CONNAISSANCE, ET C'EST MOI-MEME
42	072	ET CETTE FILLE INCOMPARABLE SE MARIA. J'	EUS PLUS TARD LA FANTAISIE DE LA REVOIR, ET
29	122	MAIS PEU A PEU, APRES QUE JE L'	EU QUITTE, L'INCURABLE DEFIANCE RENTRA DANS
31	131	EXCITAIT LA MIENNE, AU POINT QUE JE L'	EUS UN INSTANT L'IDEE BIZARRE QUE JE POUVAIS
29	004	RECONNUS TOUT DE SUITE, QUOIQUE JE NE L'	EUSSE JAMAIS VU. IL Y AVAIT SANS DOUTE CHEZ
29	011	APPROCHANT. IL ME PARUT SINGULIER QUE J'	EUSSE PU PASSER SI SOUVENT A COTE DE CE
42	096	LES PLUS JOLIES DENTS DU MONDE, QUI VOUS	EUSSENT ATTENDRIS ET EGAYES A LA FOIS.
15	044	SA MAIN, SE RECULA VIVEMENT, COMME S'IL	EUT CRAINT QUE MON OFFRE NE FUT PAS SINCERE OU
06	022	A SON COU ET COLLEE A SON DOS; ON	EUT DIT QU'IL LA CONSIDERAIT COMME FAISANT
34	008	DES PASSAGERS GEMISSENT ET GROGNAIT. ON	EUT DIT QUE L'APPROCHE DE LA TERRE EXASPERAIT
45	014	ET LA CHALEUR Y FAISAIENT RAGE, ET L'ON	EUT DIT QUE LE SOLEIL IVRE SE VAUTRAIT TOUT DE
29	119	CONGEDIANT AVEC UN BON SOURIRE. SI CE N'	EUT ETE LA CRAINTE DE L'HUMILIER DEVANT UNE
42	011	LA CAUSERIE SUR LE SUJET DES FEMMES. IL	EUT ETE PLUS PHILOSOPHIQUE DE N'EN PAS PARLER
35	016	LA RACONTE A MOI-MEME EN PLEURANT. SI C'	EUT ETE UN PAUVRE VIEUX HOMME, J'AURAIS REFAIT
27	030	LE GRAND MALHEUR DE CE PRINCE FUT QU'IL N'	EUT JAMAIS UN THEATRE ASSEZ VASTE POUR SON
31	121	ENVIE DE LES PRIER DE M'EMMENER AVEC	EUX ET DE M'APPRENDRE A JOUER DE LEURS
42	010	NOUS POURRIONS AIMER ET ESTIMER.'' L'UN D'	EUX JETA LA CAUSERIE SUR LE SUJET DES FEMMES.
27	149	JOUER DEVANT LA COUR DE...; MAIS AUCUN D'	EUX N'A PU RAPPELER LES MERVEILLEUX TALENTS DE
06	005	HOMMES QUI MARCHAIENT COURBES. CHACUN D'	EUX PORTAIT SUR SON DOS UNE ENORME CHIMERE,
29	019	APRES-MIDI, ILS SENTIRENT NAITRE EN	EUX, AUX SONS ASSOUPISSANTS DES MELODIEUSES
42	165	QU'ILS NE SE SENTAIENT PAS, QUANT A	EUX, CAPABLES D'UNE ACTION AUSSI RIGOUREUSE,
31	046	MES PARENTS M'ONT EMMENE EN VOYAGE AVEC	EUX, ET, COMME DANS L'AUBERGE OU NOUS NOUS
30	003	QUE LES RAPPORTS DES HOMMES ENTRE	EUX, OU DES HOMMES AVEC LES CHOSES. ET QUAND
31	005	LAS DE JOUER SANS DOUTE, CAUSAIENT ENTRE	EUX. L'UN DISAIT: ''HIER ON M'A MENE AU
42	087	DE MANGER POUR LA CONTEMPLER. LES GARCONS	EUX-MEMES ET LA DAME DU COMPTOIR RESSENTAIENT
25	033	ET SA BEAUTE. A L'HEURE OU LES CHIENS	EUX-MEMES GEMISSENT DE DOULEUR SOUS LE SOLEIL
06	036	LOURDEMENT ACCABLE QU'ILS NE L'ETAIENT	EUX-MEMES PAR LEURS ECRASANTES CHIMERES.
31	099	EXTRAORDINAIRE. ILS ETAIENT SI CONTENTS D'	EUX-MEMES, QU'ILS ONT CONTINUE A JOUER LEUR
23	036	SANS DOUTE DE NE POUVOIR SE SUPPORTER	EUX-MEMES, ''PRESQUE TOUS NOS MALHEURS NOUS
11	044	CONJUGALES DE CES DEUX DESCENDANTS D'	EVE ET D'ADAM, CES OEUVRES DE VOS MAINS, O MON
25	005	DE MORT SAVOUREUSE OU LE DORMEUR, A DEMI	EVEILLE, GOUTE LES VOLUPTES DE SON
21	118	POUVAIENT REVENIR PENDANT QUE JE SUIS	EVEILLE, JE NE FERAIS PAS TANT LE DELICAT!''
22	010	LA MAREE QUI MONTE OU D'UNE TEMPETE QUI S'	EVEILLE. QUELS SONT LES INFORTUNES QUE LE SOIR
28	028	EXCUSABLE QUE PAR LE DESIR DE CREER UN	EVENEMENT DANS LA VIE DE CE PAUVRE DIABLE,
47	070	C'EST LES EXTERNES.'' ET ELLE DEPLOYA EN	EVENTAIL UNE MASSE D'IMAGES PHOTOGRAPHIQUES,
25	041	A SE REGARDER DANS LE MIROIR DE SES GRANDS	EVENTAILS DE PLUMES, PENDANT QUE LA MER, QUI
24	027	(OU ELLE REPOSERAIT SI CALME, SI BIEN	EVENTEE, FUMANT LE TABAC LEGEREMENT OPIACE!),
25	040	PLAISIR A SE PEIGNER, A FUMER, A SE	EVENTER OU A SE REGARDER DANS LE MIROIR DE SES
13	039	ETRE UNE FIERTE DE STOICIENNE. ELLE ETAIT	EVIDEMMENT CONDAMNEE, PAR UNE ABSOLUE
06	017	RIEN, NI LUI, NI LES AUTRES! MAIS QU'	EVIDEMMENT ILS ALLAIENT QUELQUE PART,
27	041	LES GENTILSHOMMES CONDAMNES! SIGNE	EVIDENT, AJOUTAIENT LES ESPRITS SUPERFICIELS,
30	009	LE FAIT REEL. S'IL EXISTE UN PHENOMENE	EVIDENT, TRIVIAL, TOUJOURS SEMBLABLE ET D'UNE
27	113	SES PREVISIONS? DE TELLES SUPPOSITIONS NE	EXACTEMENT JUSTIFIEES, MAIS NON ABSOLUMENT
25	013	SUR LES TENEBRES DE SA PEAU ET MOULE	EXACTEMENT SA TAILLE LONGUE, SON DOS CREUX ET
29	026	DONT IL M'ETAIT IMPOSSIBLE DE ME SOUVENIR	EXACTEMENT, ET QUI M'INSPIRAIENT PLUTOT UNE
42	129	TOUS MES SENTIMENTS ET MES GESTES AVEC L'	EXACTITUDE IRONIQUE DE MA PROPRE CONSCIENCE,
50	072	ET RECONNAISSANTE. ET ILS SONT TOUS TRES-	EXACTS, SANS CARNETS, SANS NOTES ET SANS
09	073	SA FRAGILE MARCHANDISE. ENFIN IL PARUT: J'	EXAMINAI CURIEUSEMENT TOUTES SES VITRES, ET JE
19	039	RICHE SON PROPRE JOUJOU, QUE CELUI-CI	EXAMINAIT AVIDEMENT COMME UN OBJET RARE ET
21	104	''VOILA QUI EST PRECIEUX!'' MAIS EN	EXAMINANT PLUS ATTENTIVEMENT LA SEDUISANTE
28	007	DEUX FRANCS QU'IL AVAIT PARTICULIEREMENT	EXAMINEE. ''SINGULIERE ET MINUTIEUSE
34	009	ON EUT DIT QUE L'APPROCHE DE LA TERRE	EXASPERAIT LEUR SOUFFRANCE. ''QUAND DONC'',
11	017	LES BARREAUX COMME UN ORANG-OUTANG	EXASPERE PAR L'EXIL, IMITANT, DANS LA
15	051	LA MOITIE POUR SON FRERE. LE PREMIER,	EXASPERE, EMPOIGNA LE SECOND PAR LES CHEVEUX,
03	022	DU CIEL ME CONSTERNE; SA LIMPIDITE M'	EXASPERE. L'INSENSIBILITE DE LA MER,
32	024	MYSTERIEUSE ET PASSIONNEE. JAMAIS NYMPHE	EXASPEREE PAR L'INVINCIBLE BACCHUS NE SECOUA
08	014	PRESENTER DES PARFUMS DELICATS QUI L'	EXASPERENT, MAIS DES ORDURES SOIGNEUSEMENT
27	065	QUI Y ETAIT ATTACHE. LE SIEUR FANCIOULLE	EXCELLAIT SURTOUT DANS LES ROLES MUETS OU PEU
49	061	O JOUISSANCE DU PHILOSOPHE QUI VERIFIE L'	EXCELLENCE DE SA THEORIE! --JE VIS CETTE
27	019	AMOUREUX PASSIONNE DES BEAUX-ARTS,	EXCELLENT CONNAISSEUR D'AILLEURS, IL ETAIT
08	002	TOUTOU, APPROCHEZ ET VENEZ RESPIRER UN	EXCELLENT PARFUM ACHETE CHEZ LE MEILLEUR
22	025	VU JETER A LA TERRE D'UN MAITRE D'HOTEL UN	EXCELLENT POULET, DANS LEQUEL IL CROYAIT VOIR
27	044	AUSSI NATURELLEMENT ET VOLONTAIREMENT	EXCENTRIQUE, TOUT ETAIT POSSIBLE, MEME LA

	POEM	LINE
CALME ABSOLU. MAIS, DURANT TOUTE MA VIE, EXCEPTE A L'AGE DE CHERUBIN, J'AI ETE PLUS	42	027
ET LE PLAISIR DE SE LAISSER VIVRE; RIEN, EXCEPTE L'ASPECT DE CETTE TOURBE QUI S'APPUIE	13	069
A TOUCHER, ET COMBIEN TOUT EST NEANT, EXCEPTE LA MORT, VOUS NE VOUS FATIGUERIEZ PAS	45	032
ECARTE, COMME PESTIFERES ET POUILLEUX, EXCEPTE LE PAUVRE DONT ILS SONT LES ASSOCIES,	50	018
D'EN DONNER ENCORE UN, SUPPLEMENTAIRE ET EXCEPTIONNEL, POURVU TOUTEFOIS QU'ELLE AIT	20	072
NI MEILLEUR NI PIRE QU'UN AUTRE; MAIS UNE EXCESSIVE SENSIBILITE LE RENDAIT, EN BEAUCOUP	27	017
LA SYMPATHIE, ET QUI, JE NE SAIS POURQUOI, EXCITAIT LA MIENNE, AU POINT QUE J'EUS UN	31	131
CUISINE ELLE-MEME EST POETIQUE, GRASSE ET EXCITANTE A LA FOIS; OU TOUT VOUS RESSEMBLE,	18	013
ENVOIE; DU FOND DE LA COUR, SES PARFUMS EXCITANTS? PEUT-ETRE A-T-ELLE UN RENDEZ-VOUS	25	046
DES HARMONIES DE L'ENFER. LE CREPUSCULE EXCITE LES FOUS. --JE ME SOUVIENS QUE J'AI EU	22	020
PLUS ETINCELER LES OBJETS; QUE LES FLEURS EXCITEES BRULENT DU DESIR DE RIVALISER AVEC	07	009
TROTTENT, ILS PASSENT SOUS LES VOITURES, EXCITES PAR LES PUCES, LA PASSION, LE BESOIN	50	056
PERDU, COMME IL EST, DANS UN PARADIS EXCLUANT TOUTE IDEE DE TOMBE ET DE	27	097
DESORDRE, LA TURBULENCE ET L'IMPREVU SONT EXCLUS; OU LE BONHEUR EST MARIE AU SILENCE; OU	18	011
DANS L'AMOUR, ET D'UN COMIQUE QUI N' EXCLUT PAS L'ADMIRATION. J'AI PLUS ADMIRE MA	42	081
SENSATIONS DELICIEUSES DONT LE VAGUE N' EXCLUT PAS L'INTENSITE; ET IL N'EST PAS DE	03	003
SI JE VOUS AVAIS OFFERT UN PAQUET D' EXCREMENTS, VOUS L'AURIEZ FLAIRE AVEC DELICES	08	011
L'INEPTIE DE SON CALCUL. ON N'EST JAMAIS EXCUSABLE D'ETRE MECHANT, MAIS IL Y A QUELQUE	28	056
CONDUITE, DE LA PART DE MON AMI, N'ETAIT EXCUSABLE QUE PAR LE DESIR DE CREER UN	28	028
LA MAIN A SA CHERE, DELICIEUSE ET EXECRABLE FEMME, A CETTE MYSTERIEUSE FEMME A	43	006
VERS SA CHERE, SA DELICIEUSE, SON EXECRABLE FEMME, SON INEVITABLE ET IMPITOYABLE	43	019
DE VOTRE VOLONTE; C'EST L'ELEMENT FEMININ EXECUTANT AUTOUR DU MALE SES PRESTIGIEUSES	32	030
EXPLOSIONS DE SENTEURS ET DE COULEURS, EXECUTENT UN MYSTIQUE FANDANGO AUTOUR DU BATON	32	016
MON AME VOYAGE SI LESTEMENT? ET A QUOI BON EXECUTER DES PROJETS, PUISQUE LE PROJET EST EN	24	052
CERTAINE MINUTE UN COURAGE DE LUXE POUR EXECUTER LES ACTES LES PLUS ABSURDES ET	09	018
DE PARIS NE POURRAIT FOURNIR UN EXEMPLE APPROCHANT. IL ME PARUT SINGULIER QUE	29	011
CAR VOUS ETES, JE CROIS, LE PLUS BEL EXEMPLE D'IMPERMEABILITE FEMININE QUI SE	26	004
PRISON? UN CABARETIER, UN BOULANGER, PAR EXEMPLE, ALLAIT PEUT-ETRE LE FAIRE ARRETER	28	034
AUTRUI, MAIS AUSSI SUR LUI-MEME, QUE S' EXERCAIT RAGEUSEMENT SA MANIE CREPUSCULEUSE.	22	032
FORT, ETANT LE DELICAT ET M'ETANT PEU EXERCE A LA BOXE, POUR ASSOMMER RAPIDEMENT CE	49	046
A DES CASSOLETTES CHAUDES, D'OU S' EXHALAIT LA BONNE ODEUR D'UNE PARFUMERIE; ET A	21	017
RICHES EN VERDURES DE TOUTE SORTE, S' EXHALAIT, JUSQU'A PLUSIEURS LIEUES, UNE	34	025
ARRACHE DE SON ABONDANTE CRINIERE D'OU S' EXHALE EN FAUVES PARFUMS TOUTE LA VITALITE	39	013
FOU FURIEUX DANS L'ILE DE ROBINSON. SE N' EXIGE PAS DE MON GAZETIER LES COURAGEUSES	23	013
CAPRICES. POUR COMBLE D'HORREUR, ELLE N' EXIGEAIT PAS DE RECONNAISSANCE, LE DANGER	42	139
QUAND LA MATIERE INCURABLE RENOUVELANT SES EXIGENCES, JE SONGEAI A REPARER LA FATIGUE ET	15	026
COMME UN ORANG-OUTANG EXASPERE PAR L' EXIL, IMITANT, DANS LA PERFECTION, TANTOT LES	11	018
DE BARAQUES, COMME SI, HONTEUX, IL S'ETAIT EXILE LUI-MEME DE TOUTES CES SPLENDEURS, JE	14	045
DE PEUPLES; LES PRETRES MISSIONNAIRES EXILES AU BOUT DU MONDE, CONNAISSENT SANS	12	034
EXTRAORDINAIRE OU IL SE TROUVAIT; AU DELA, EXISTAIT-IL DANS SON AME UNE INTENTION PLUS OU	27	055
LELUT ET DU BIEN-AVISE BAILLARGER? LE EXISTE CETTE DIFFERENCE ENTRE LE DEMON DE	49	032
NOUS VOYONS L'ETRE OU LE FAIT TEL QU'IL EXISTE EN DEHORS DE NOUS, NOUS EPROUVONS UN	30	005
PAR QUELQUES GENTILSHOMMES MECONTENTS. IL EXISTE PARTOUT DES HOMMES DE BIEN POUR	27	009
DU DIABLE EST DE VOUS PERSUADER QU'IL N' EXISTE PAS!'' LE SOUVENIR DE CE CELEBRE	29	077
LA NOUVEAUTE, DEVANT LE FAIT REEL. S'IL EXISTE UN PHENOMENE EVIDENT, TRIVIAL, TOUJOURS	30	009
AMIS; LE PLUS INOFFENSIF REVEUR QUI AIT EXISTE, A MIS UNE FOIS LE FEU A UNE FORET POUR	09	021
ET SON ISOLEMENT IMITE MON IRREMEDIABLE EXISTENCE. MELODIE MONOTONE DE LA HOULE,	03	010
DE CELUI-LA SEUL QUI SAIT POURQUOI ILS EXISTENT, COMME ILS SE SONT FAITS ET COMMENT	47	125
FOUS ET DES FOLLES! O CREATEUR! PEUT-IL EXISTER DES MONSTRES AUX YEUX DE CELUI-LA SEUL	47	124
L'ENVIE DE PLEURER. CEPENDANT, DANS L' EXPANSION DE SA JOIE, LA LUNE REMPLISSAIT	37	013
NOMMONS GENERALEMENT LA VIE, MEME DANS SON EXPANSION LA PLUS HEUREUSE, N'A RIEN DE COMMUN	05	036
GENERALEMENT. DIX FOIS DE SUITE, L' EXPERIENCE MANQUA! MAIS, A LA ONZIEME, ELLE	09	023
PROFITER DE L'OCCASION POUR FAIRE UNE EXPERIENCE PHYSIOLOGIQUE D'UN INTERET CAPITAL,	27	051
RUINE, CONTRISTE, ORPHELIN. UN OEIL EXPERIMENTE NE S'Y TROMPE JAMAIS. DANS CES	13	017
CELEBRES CAUSEURS DE L'HUMANITE. ELLE M' EXPLIQUA L'ABSURDITE DES DIFFERENTES	29	062
AUSSI RIGOUREUSE, QUOIQUE SUFFISAMMENT EXPLIQUEE D'AILLEURS. ENSUITE ON FIT APPORTER	42	166
PIEDS SONT EMPETRES, SORT DES SYMBOLES QUI EXPLIQUENT ASSEZ CLAIREMENT LES INCONVENIENTS	21	051
QUI PRETENDENT TOUT SAVOIR, NE PEUVENT PAS EXPLIQUER D'OU VIENT SI SUBITEMENT UNE SI	09	014
DE LE COMPRENDRE QU'A MOI DE VOUS L' EXPLIQUER; CAR VOUS ETES, JE CROIS, LE PLUS	26	003
REGARD ILLUMINE COMME L'ECLAIR: C'EST UNE EXPLOSION DANS LES TENEBRES. JE LA COMPARERAIS	36	011
D'UN TIR VOISIN, QUI ECLATAIENT COMME L' EXPLOSION DES BOUCHONS DE CHAMPAGNE DANS LE	45	019
D'UNE CAPITALE. SCINTILLEMENT DES ETOILES, EXPLOSION DES LANTERNES; VOUS ETES LE FEU	22	048
C'ETAIT L' EXPLOSION DU NOUVEL AN: CHAOS DE BOUE ET DE	04	001
DU PAIN POUR LES LENDEMAINS; PARTOUT L' EXPLOSION FRENETIQUE DE LA VITALITE. ICI LA	14	053
DE L'ENFER!'' ENFIN, MON AME FAIT EXPLOSION, ET SAGEMENT ELLE ME CRIE:	48	043
DE CRIS, DE DETONATIONS DE FUSEES. LES EXPLOSIONS DE FUSEES. LES QUEUES-ROUGES ET LES	14	023
VUE D'UN CHEF-D'OEUVRE D'ART VIVANT. LES EXPLOSIONS DE LA JOIE ET DE L'ADMIRATION.	27	104
CES COROLLES DELICATES, TOUS CES CALICES, EXPLOSIONS DE SENTEURS ET DE COULEURS,	32	015
CIEL DES YEUX OU BRILLAIT UNE INEXPRIMABLE EXPRESSION D'EXTASE ET DE REGRET. ''EST-IL	31	038
DE DEFINIR D'UNE MANIERE QUELCONQUE L' EXPRESSION SINGULIERE DE LEURS REGARDS, JE	29	030
DROITE ET LIGNE ARABESQUE, INTENTION ET EXPRESSION, ROIDEUR DE LA VOLONTE, SINUOSITE	32	032
DES CABARETS. ''SI AU MOINS VOS SOUPIRS EXPRIMAIENT LE REMORDS, ILS VOUS FERAIENT	11	006
LEGERES ET IRREFUTABLES; ET ELLE S' EXPRIMAIT AVEC UNE SUAVITE DE DICTION ET UNE	29	059
L'EXTASE UNIVERSELLE DES CHOSES NE S' EXPRIME PAR AUCUN BRUIT; LES EAUX ELLES-MEMES	07	004
PLUS PETIT, ILS ETAIENT TROP FASCINES POUR EXPRIMER AUTRE CHOSE QU'UNE JOIE STUPIDE ET	26	044
AU PERSONNAGE QU'IL EST CHARGE D' EXPRIMER, CE QUE LES MEILLEURES STATUES DE	27	076
SENTEUR INFINITESIMALE DU CHOIX LE PLUS EXQUIS, A LAQUELLE SE MELE UNE TRES-LEGERE	05	017
L'ENTREE. LA REGNAIT UNE ATMOSPHERE EXQUISE, QUOIQUE CAPITEUSE, QUI FAISAIT	29	013
MAGISTERE, SORCELLERIE! EN SOMME, ELLE EST EXQUISE. LE TEMPS N'A PU ROMPRE L'HARMONIE	39	008
ET LA DAME DU COMPTOIR RESSENTAIENT CETTE EXTASE CONTAGIEUSE JUSQU'A OUBLIER LEURS	42	088
OU BRILLAIT UNE INEXPRIMABLE EXPRESSION D' EXTASE ET DE REGRET. ''EST-IL BETE, CELUI-LA,	31	038
JEUNESSE SOUS LA DOMINATION DE L'AMOUR. L' EXTASE UNIVERSELLE DES CHOSES NE S'EXPRIME PAR	07	004
DU MONDE. ELLE M'A TENU AINSI LONGTEMPS EN EXTASE. ELLE AVAIT UNE MANIERE DOUCE, REVEUSE,	42	092
SOURIRES, LES HUMEURS; LES EXTASES DE TOUTES LES AMES QUI ONT VECU,	34	039
DES AVORTONS ACCROCHES A LEURS MAMELLES EXTENUEES. IL Y EN AVAIT ENCORE BIEN D'AUTRES.	21	066
AUSSI DE VOLUME; ET LORSQUE ENFIN, EXTENUES, HALETANTS, SANGLANTS, ILS	15	066
TOURBE QUI S'APPUIE LA-BAS SUR LA BARRIERE EXTERIEURE ATTRAPANT GRATIS, AU GRE DU VENT,	13	070
ETOUFFES PAR LES BOURDONNEMENTS DE LA VIE EXTERIEURE, IL SE DIT: ''J'AI EU AUJOURD'HUI,	24	048
LES INTERNES, ET CE PAQUET-CI, C'EST LES EXTERNES.'' ET ELLE DEPLOYA EN EVENTAIL UNE	47	069
VOUS HAISSEZ DIEU. --EH! QU'AIMES-TU DONC EXTRAORDINAIRE ETRANGER? --J'AIME LES	01	013
ALTEREES OU MODIFIEES PAR LA SITUATION EXTRAORDINAIRE OU IL SE TROUVAIT; AU DELA,	27	054

[122]

POEM LINE

29	037	VINS EXTRAORDINAIRES, ET, CHOSE NON MOINS	EXTRAORDINAIRE, IL ME SEMBLAIT, APRES
21	002	SATANS ET UNE DIABLESSE, NON MOINS	EXTRAORDINAIRE, ONT LA NUIT DERNIERE MONTE
31	098	A AUTRE SES CYMBALES AVEC UNE VIOLENCE	EXTRAORDINAIRE. ILS ETAIENT SI CONTENTS
37	008	EN SONT RESTEES VERTES, ET TES JOUES	EXTRAORDINAIREMENT PALES. C'EST EN CONTEMPLANT
26	034	EN GUENILLES. CES TROIS VISAGES ETAIENT	EXTRAORDINAIREMENT SERIEUX, ET CES SIX YEUX
29	036	OUTRE MESURE DE TOUTES SORTES DE VINS	EXTRAORDINAIRES, ET, CHOSE NON MOINS
27	089	ET LE SURNATUREL, JUSQUE DANS LES PLUS	EXTRAVAGANTES BOUFFONNERIES. MA PLUME TREMBLE
48	033	POUR TORNEO. ALLONS PLUS LOIN ENCORE, A L'	EXTREME BOUT DE LA BALTIQUE; ENCORE PLUS LOIN
14	044	L'ENCENS DE CETTE FETE. AU BOUT, A L'	EXTREME BOUT DE LA RANGEE DE BARAQUES, COMME
47	001	COMME J'ARRIVAIS A L'	EXTREMITE DU FAUBOURG, SOUS LES ECLAIRS DU

	POEM	LINE
A LA POITRINE DE SA MONTURE; ET SA TETE — FABULEUSE SURMONTAIT LE FRONT DE L'HOMME,	06	012
SOIR, LES DEGRES DE MARBRE D'UN PALAIS, EN — FACE DES GRANDES PELOUSES ET DES BASSINS! CAR	24	005
ET IL ENTRA, BUT UN VERRE DE BIERE EN — FACE DES TOMBES, ET FUMA LENTEMENT UN CIGARE.	45	009
DE LIT. CELUI-CI VOUDRAIT SOUFFRIR EN — FACE DU POELE, ET CELUI-LA CROIT QU'IL	48	003
SINON LE REPOS. ENFIN! LA TYRANNIE DE LA — FACE HUMAINE A DISPARU, ET JE NE SOUFFRIRAI	10	004
MERE, ET ELLE DEPOSA SES COULEURS SUR TA — FACE. TES PRUNELLES EN SONT RESTEES VERTES, ET	37	007
VOLONTIERS QUE LE PRINCE FUT PRESQUE — FACHE DE TROUVER SON COMEDIEN FAVORI PARMI LES	27	014
LA MORT! SI VOUS SAVIEZ COMME LE PRIX EST — FACILE A GAGNER, COMME LE BUT EST FACILE A	45	030
PRIX EST FACILE A GAGNER, COMME LE BUT EST — FACILE A TOUCHER, ET COMBIEN TOUT EST NEANT.	45	031
AUREOLE SULFUREUSE DE PASSION. IL ETAIT — FACILE DE DEVINER QUE CELUI-LA NE PERDRAIT PAS	31	071
AUJOURD'HUI. IL VOUS SERA SANS DOUTE MOINS — FACILE DE LE COMPRENDRE QU'A MOI DE VOUS	26	002
QU'ELLES SOIENT EN DEUIL OU NON, IL EST — FACILE DE LES RECONNAITRE. D'AILLEURS IL Y A	13	027
LE DEPENDRE N'ETAIT PAS UNE BESOGNE AUSSI — FACILE QUE VOUS POUVEZ LE CROIRE. IL ETAIT	30	058
HUMAIN; AVOIR REFUSE A UN AMI UN SERVICE — FACILE, ET DONNE UNE RECOMMANDATION ECRITE A	10	034
UNIVERSELLE COMMUNION. CELUI-LA QUI EPOUSE — FACILEMENT LA FOULE CONNAIT DES JOUISSANCES	12	019
DISAIT-IL SI LE FEU PRENAIT AVEC AUTANT DE — FACILITE QU'ON L'AFFIRME GENERALEMENT. DIX	09	022
QUE CE SOIT. ELLE NE SE PLAIGNIT EN AUCUNE — FACON DE LA MAUVAISE REPUTATION DONT ELLE	29	067
SAIS DANS QUEL MISERABLE CAFE ET DE QUELLE — FACON ELLE DEJEUNA. JE LA SUIVIS AU CABINET DE	13	043
DE SON ETAT, QUI NE POUVAIT, EN AUCUNE — FACON, AIDER LES FACULTES, NI SOULAGER LES	20	049
LUI AI FAIT ENTENDRE CA PAR UNE FOULE DE — FACONS; JE NE LUI AI PAS DIT TOUT CRUMENT!	47	097
LE CAS D'EPUISEMENT DES LOTS, LA — FACULTE D'EN DONNER ENCORE UN; SUPPLEMENTAIRE	20	071
A QUATORZE HEURES (DE QUELLE FATIGANTE — FACULTE LA NATURE M'A FAIT CADEAU!) ENTRA	28	026
QUELLE JOUISSANCE NOUS TIRONS DE CETTE — FACULTE QUI REND A NOS YEUX LA VIE PLUS	30	021
ET VERIFIER JUSQU'A QUEL POINT LES — FACULTES HABITUELLES D'UN ARTISTE POUVAIENT	27	053
PROVIDENCE AVAIT DONNE A CELUI-CI DES — FACULTES PLUS GRANDES QUE SES ETATS. TOUT D'UN	27	034
NOUVEAU-NE DANS SES BRAS. LES DONS, LES — FACULTES; LES BONS HASARDS, LES CIRCONSTANCES	20	012
QUI NE POUVAIT, EN AUCUNE FACON, AIDER LES — FACULTES; NI SOULAGER LES BESOINS DE SA	20	049
SUR L'AUTRE BRAS UN PETIT ETRE TROP — FAIBLE POUR MARCHER. IL REMPLISSAIT L'OFFICE	26	032
EST BIEN PETIT, BIEN RESTREINT ET BIEN — FAIBLE, COMPARE A CETTE INEFFABLE ORGIE, A	12	026
ENTRAINES VERS TOUT CE QUI EST — FAIBLE, RUINE, CONTRISTE, ORPHELIN. UN OEIL	13	015
PAR OU L'ENFER DONNE ASSAUT A LA — FAIBLESSE DE L'HOMME QUI DORT, ET COMMUNIQUE	21	003
COMEDIE ET SANS EMPHASE; UNE DOUCEUR SANS — FAIBLESSE! UNE ENERGIE SANS VIOLENCE.	42	124
METAUX, LES ETOFFES, L'ORFEVRERIE ET LA — FAIENCE Y JOUENT POUR LES YEUX UNE SYMPHONIE	18	041
SI FECONDE EN VOLUPTES. UN GRAND FEU, — FAIENCES VOYANTES, UN SOUPER PASSABLE, UN VIN	24	042
DES EFFORTS NON RECOMPENSES, DE LA — FAIM ET DU FROID HUMBLEMENT; SILENCIEUSEMENT	13	023
ANGLAISE ET ROMANESQUE DE DIRE: ''J'AI — FAIM!!'' ET ELLE REPETAIT CES MOTS JOUR ET NUIT	42	094
Y VOIS-TU L'HEURE, MORTEL PRODIGUE ET — FAINEANT?'' JE REPONDRAIS SANS HESITER: ''OUI,	16	031
JE VIS ALORS CLAIREMENT QU'IL AVAIT VOULU — FAIRE A LA FOIS LA CHARITE ET UNE BONNE	28	048
COMME VOUS VOYEZ! --VOUS DEVRIEZ AU MOINS — FAIRE AFFICHER CETTE AUREOLE, OU LA FAIRE	46	018
PAR EXEMPLE, ALLAIT PEUT-ETRE LE — FAIRE ARRETER COMME FAUX MONNAYEUR OU COMME	28	034
ESSAYEZ, QUAND VOUS POURREZ, D'EN — FAIRE AUTANT QUE MOI, ET VOUS VERREZ!'' LE	31	065
J'AVAIS UNE REPUGNANCE INEXPLICABLE A LE — FAIRE BRUSQUEMENT TOMBER SUR LE SOL. IL	30	060
TU D'HABITER LISBONNE? IL DOIT Y — FAIRE CHAUD, ET TU T'Y RAGAILLARDIRAIS COMME	48	009
ALORS, JE LUI FIS FORCE SIGNES POUR LUI — FAIRE COMPRENDRE QUE JE CONSIDERAIS LA	49	070
DU CERVEAU HUMAIN ET DAIGNA MEME ME — FAIRE CONFIDENCE DE QUELQUES PRINCIPES	29	064
LUI REPONDIS: ''GRAND MERCI! JE N'AI QUE — FAIRE DE CETTE PACOTILLE D'ETRES QUI, SANS	21	045
ARRIERE LA MUSE ACADEMIQUE! JE N'AI QUE — FAIRE DE CETTE VIEILLE BEGUEULE. J'INVOQUE LA	50	014
LA LE DECOR QUE JE CHERCHAIS. QU'AI-JE A — FAIRE DE PALAIS?'' ET PLUS LOIN, COMME IL	24	033
JE PUIS MAINTENANT ME PROMENER INCOGNITO, — FAIRE DES ACTIONS BASSES, ET ME LIVRER A LA	46	015
ET ELLE S'APPROCHA DE LUI, VOULANT LUI — FAIRE DES RISETTES ET DES MINES AGREABLES.	02	006
SUPREME, S'IL LEUR ETAIT PERMIS DE — FAIRE DU HAUT DE L'ECHAFAUD UNE COPIEUSE	23	018
QUI CONSEILLENT A TOUS LES PAUVRES DE SE — FAIRE ESCLAVES, ET DE CEUX QUI LEUR PERSUADENT	49	009
DE PLAISIR A SE PEIGNER, A FUMER, A SE — FAIRE EVENTER OU A SE REGARDER DANS LE MIROIR	25	040
LE BRUIT COURUT QUE LE SOUVERAIN VOULAIT — FAIRE GRACE A TOUS LES CONJURES; ET L'ORIGINE	27	037
DIT QUELQUE PART LA BRUYERE, COMME POUR — FAIRE HONTE A TOUS CEUX QUI COURENT S'OUBLIER	23	034
C'ETAIT UNE FEMME QUI VOULAIT TOUJOURS — FAIRE L'HOMME. ''VOUS N'ETES PAS UN HOMME! AH!	42	036
VOUS ETES MON EGAL! VEUILLEZ ME — FAIRE L'HONNEUR DE PARTAGER AVEC MOI MA	49	073
LUI-MEME A FAIRE PREUVE D'ENERGIE, POUR — FAIRE LE JOUEUR, POUR CONNAITRE LES PLAISIRS	09	028
ET LE PLUS IRREPARABLE DES VICES EST DE — FAIRE LE MAL PAR BETISE.	28	058
TANTOT DE DANSER, TANTOT DE PLEURER, OU DE — FAIRE LES DEUX A LA FOIS, ET QU'ON DEVIENDRAIT	31	091
D'ETRE HABILLE DE MEME, DE DIRE ET DE — FAIRE LES MEMES CHOSES, ET DE PARLER AVEC LA	31	020
ET EGAYES A LA FOIS. --J'AURAIS PU — FAIRE MA FORTUNE EN LA MONTRANT DANS LES	42	097
PEINE DE NETTOYER MES PINCEAUX ET DE — FAIRE MES COMMISSIONS. CET ENFANT,	30	036
DESIR INVETERE ET UNE HABITUDE D'ETAT DE — FAIRE PEUR, A TOUT HASARD, AUX INNOCENTS COMME	30	081
DESTINEE, POUR SE CONTRAINDRE LUI-MEME A — FAIRE PREUVE D'ENERGIE, POUR FAIRE LE JOUEUR,	09	027
D'OISIVETE ET POUSSE, ME SEMBLAIT-IL, A — FAIRE QUELQUE CHOSE DE GRAND, UNE ACTION	09	051
MOINS FAIRE AFFICHER CETTE AUREOLE, OU LA — FAIRE RECLAMER PAR LE COMMISSAIRE. --MA FOI!	46	019
UN DE CES BOUFFONS VOLONTAIRES CHARGE DE — FAIRE RIRE LES ROIS QUAND LE REMORDS OU	07	017
ET, DUT LA RAISON DE MA TIMIDITE VOUS — FAIRE RIRE, J'AVOUERAI QUE JE CRAIGNAIS DE	14	072
DE PERDRE MES INSIGNES POUR NE PAS LES — FAIRE ROMPRE LES OS. ET PUIS, ME SUIS-JE DIT,	46	013
A ME RETIRER DISCRETEMENT POUR NE PAS LES — FAIRE ROUGIR. LE SOIR, JE LES CONGEDIAI TOUS	42	057
LA RAMASSERA ET S'EN COIFFERA IMPUDEMMENT. — FAIRE UN HEUREUX, QUELLE JOUISSANCE! ET	46	023
IL VOULAIT PROFITER DE L'OCCASION POUR — FAIRE UNE EXPERIENCE PHYSIOLOGIQUE D'UN	27	051
LA FOULE EST UN ART; ET CELUI-LA SEUL PEUT — FAIRE, AUX DEPENS DU GENRE HUMAIN, UNE RIBOTE	12	003
QUE DE SOTTISES ELLE M'A EMPECHE DE — FAIRE, QUE JE REGRETTE DE N'AVOIR PAS	42	134
LA LIBERTE; VOUS, LE SOUVERAIN QUI LAISSEZ — FAIRE, VOUS, LE JUGE QUI PARDONNEZ; VOUS QUI	47	118
FAITS ET COMMENT ILS AURAIENT PU NE PAS SE — FAIRE?	47	126
REBELLES QUI NE VEULENT PAS TOMBER. QUE — FAIRE? A QUOI BON DEMANDER A L'INFORTUNE	14	068
QUI ME COMPRENNENT, PARCE QUE JE LEUR — FAIS DES MINES. --ET QUAND ILS NE TE	47	084
LA BEAUTE. POUR MOI, MESSIEURS, JE ME — FAIS GLOIRE D'ETRE ARRIVE, DEPUIS LONGTEMPS, A	42	021
TOUT A FAIT BRILLANTS PENDANT QU'ILS — FAISAIENT DE LA MUSIQUE; UNE MUSIQUE SI	31	089
EN EFFET, LA LUMIERE ET LA CHALEUR Y — FAISAIENT RAGE, ET L'ON EUT DIT QUE LE SOLEIL	45	013
A CES EPOQUES SOLENNELLES. ELLES SE — FAISAIENT, EN VERITE, UNE CONCURRENCE	14	021
EN VOYANT LE JOLI ENFANT A QUI CHACUN — FAISAIT FETE, A QUI TOUT LE MONDE VOULAIT	02	002
LA MATIERE, ET SI L'OEIL D'UN MAGNETISEUR — FAISAIT MURIR LES RAISINS. EN MEME TEMPS,	49	024
ATMOSPHERE EXQUISE, QUOIQUE CAPITEUSE, QUI — FAISAIT OUBLIER PRESQUE INSTANTANEMENT TOUTES	29	014
QUE L'ENNUI; ET LES EFFORTS BIZARRES QU'IL — FAISAIT POUR FUIR OU POUR VAINCRE CE TYRAN DU	27	023
IL REMPLISSAIT L'OFFICE DE BONNE ET — FAISAIT PRENDRE A SES ENFANTS L'AIR DU SOIR.	26	033
J'APERCUS UN ETRE DONT LA NOBLESSE — FAISAIT UN ECLATANT CONTRASTE AVEC TOUTE LA	13	076
SI PRODIGIEUX BONHEUR, ET, EN ME COUCHANT, — FAISANT ENCORE MA PRIERE PAR UN RESTE	29	125
DOS; ON EUT DIT QU'IL LA CONSIDERAIT COMME — FAISANT PARTIE DE LUI-MEME. TOUS CES VISAGES	06	023

POEM	LINE		
31	094	RACONTER UN CHAGRIN, ET L'AUTRE, EN	FAISANT SAUTILLER SON PETIT MARTEAU SUR LES
31	067	DE CETTE PRODIGIEUSE REVELATION AVAIT, EN	FAISANT SON RECIT, LES YEUX ECARQUILLES PAR
25	008	A CETTE HEURE SOUS L'IMMENSE AZUR, ET	FAISANT SUR LA LUMIERE UNE TACHE ECLATANTE ET
50	115	UN BON FROMAGE, UNE FLUTE DU MEILLEUR	FAISEUR, OU UNE CHEVRE AUX MAMELLES GONFLEES.
14	004	TEMPS, COMPTENT LES SALTIMBANQUES, ET	FAISEURS DE TOURS, LES MONTREURS D'ANIMAUX ET
02	014	DE PLAIRE, MEME AUX INNOCENTS; ET NOUS	FAISONS HORREUR AUX PETITS ENFANTS QUE NOUS
25	042	LA MER, QUI BAT LA PLAGE A CENT PAS DE LA,	FAIT A SES REVERIES INDECISES UN PUISSANT ET
31	085	COMME JE VOUDRAIS VIVRE. VOUS N'Y AVEZ PAS	FAIT ATTENTION, VOUS AUTRES. ILS ETAIENT
48	014	UN PAYSAGE SELON TON GOUT; UN PAYSAGE	FAIT AVEC LA LUMIERE ET LE MINERAL, ET LE
44	003	LES MOUVANTES ARCHITECTURES QUE DIEU	FAIT AVEC LES VAPEURS, LES MERVEILLEUSES
31	088	GRANDS YEUX SOMBRES SONT DEVENUS TOUT A	FAIT BRILLANTS PENDANT QU'ILS FAISAIENT DE LA
28	026	(DE QUELLE FATIGANTE FACULTE LA NATURE M'A	FAIT CADEAU!) ENTRA SOUDAINEMENT CETTE IDEE
38	004	LA BEAUTE, DE LA GLOIRE ET DE TOUT CE QUI	FAIT CROIRE A L'IMMORTALITE. MAIS CETTE FILLE
22	001	LE JOUR TOMBE. UN GRAND APAISEMENT SE	FAIT DANS LES PAUVRES ESPRITS FATIGUES DU
21	070	QUI SE TERMINAIT EN UN VAGUE GEMISSEMENT	FAIT DE NOMBREUSES VOIX HUMAINES. ET IL RIAIT,
07	008	DIRAIT QU'UNE LUMIERE TOUJOURS CROISSANTE	FAIT DE PLUS EN PLUS ETINCELER LES OBJETS; QUE
25	034	SOLEIL QUI LES MORD, QUEL PUISSANT MOTIF	FAIT DONC ALLER AINSI LA PARESSEUSE DOROTHEE,
47	096	MAIS TU COMPRENDS QUE JE LUI AI	FAIT ENTENDRE CA PAR UNE FOULE DE FACONS; JE
48	043	D'ARTIFICE DE L'ENFER!'' ENFIN, MON AME	FAIT EXPLOSION, ET SAGEMENT ELLE ME CRIE:
27	081	LA, SANS DOUTE, UN CAS SINGULIER ET TOUT A	FAIT IMPREVU. FANCIOULLE FUT, CE SOIR-LA, UNE
09	002	NATURES PUREMENT CONTEMPLATIVES ET TOUT A	FAIT IMPROPRES A L'ACTION, QUI CEPENDANT, SOUS
50	099	ET LES INJUSTICES D'UN DIRECTEUR QUI SE	FAIT LA GROSSE PART ET MANGE A LUI SEUL PLUS
47	117	CREATEUR, VOUS, LE MAITRE; VOUS QUI AVEZ	FAIT LA LOI ET LA LIBERTE; VOUS, LE SOUVERAIN
22	040	QUI METTAIT SES TENEBRES DANS LEUR ESPRIT,	FAIT LA LUMIERE DANS LE MIEN; ET, BIEN QU'IL
25	003	LE MONDE STUPEFIE S'AFFAISSE LACHEMENT ET	FAIT LA SIESTE, UNE SIESTE QUI EST UNE ESPECE
29	090	POLITESSE INNEE NE SAURAIT ETEINDRE TOUT A	FAIT LE SOUVENIR D'ANCIENNES RANCUNES.'' IL
10	024	LUI DESSINER UN COSTUME DE VENUSTRE; AVOIR	FAIT MA COUR A UN DIRECTEUR DE THEATRE, QUI
16	011	HESISTER: ''IL N'EST PAS ENCORE TOUT A	FAIT MIDI.'' CE QUI ETAIT VRAI. POUR MOI, SI
07	012	CHALEUR, RENDANT VISIBLES LES PARFUMS, LES	FAIT MONTER VERS L'ASTRE COMME DES FUMEES.
39	021	NON FATIGUEE, ET TOUJOURS HEROIQUE, ELLE	FAIT PENSER A CES CHEVAUX DE GRANDE RACE QUE
50	118	COULEUR, A LA FOIS RICHE ET FANEE, QUI	FAIT PENSER AUX SOLEILS D'AUTOMNE, A LA BEAUTE
36	014	LA LUMIERE ET LE BONHEUR. MAIS ELLE	FAIT PLUS VOLONTIERS PENSER A LA LUNE, QUI
30	029	TANTOT EN AMOUR MYTHOLOGIQUE. JE LUI AI	FAIT PORTER LE VIOLON DU VAGABOND; LA COURONNE
21	111	TOUT MON DEDAIN: ''VA-T'EN! JE NE SUIS PAS	FAIT POUR EPOUSER LA MAITRESSE DE CERTAINS QUE
04	004	DELIRE OFFICIEL D'UNE GRANDE VILLE	FAIT POUR TROUBLER LE CERVEAU DU SOLITAIRE LE
30	008	AGREABLE DEVANT LA NOUVEAUTE, DEVANT LE	FAIT REEL. S'IL EXISTE UN PHENOMENE EVIDENT,
36	028	ROUGE ET BLANCHE, ET DELICIEUSE; QUI	FAIT REVER AU MIRACLE D'UNE SUPERBE FLEUR
38	007	MORTE QUELQUES JOURS APRES QUE J'EUS	FAIT SA CONNAISSANCE, ET C'EST MOI-MEME QUI
13	034	SA REVERIE, OU CELLE QUI EST TOUT A	FAIT SEULE? JE NE SAIS... IL M'EST ARRIVE UNE
30	005	QUAND NOUS VOYONS L'ETRE OU LE	FAIT TEL QU'IL EXISTE EN DEHORS DE NOUS, NOUS
29	115	LASSITUDE, DANS DES PAYS CHARMANTS OU IL	FAIT TOUJOURS CHAUD ET OU LES FEMMES SENTENT
29	112	DE LES ACCEPTER; SANS QUE VOUS AYEZ	FAIT UN EFFORT POUR LES GAGNER? VOUS CHANGEREZ
31	051	ET PARLA D'UNE VOIX PLUS BASSE. --''CA	FAIT UN SINGULIER EFFET, ALLEZ, DE N'ETRE PAS
31	107	''MA FOI! NON!'' A REPONDU L'AUTRE, --''IL	FAIT UNE SI BELLE NUIT!'' LE TROISIEME DISAIT
13	091	VOLONTAIREMENT DANS UN MILIEU OU ELLE	FAIT UNE TACHE SI ECLATANTE?'' MAIS EN PASSANT
07	025	IMPARFAIT DES ANIMAUX. CEPENDANT JE SUIS	FAIT, MOI AUSSI, POUR COMPRENDRE ET SENTIR
13	066	LES OISIFS, FATIGUES DE N'AVOIR RIEN	FAIT, SE DANDINENT, FEIGNANT DE DEGUSTER
30	062	L'AUTRE BRAS, COUPER LA CORDE. MAIS CELA	FAIT, TOUT N'ETAIT PAS FINI! LE PETIT MONSTRE
29	101	LA PERTE IRREMEDIABLE QUE VOUS AVEZ	FAITE DE VOTRE AME, JE VOUS DONNE L'ENJEU QUE
45	003	--SE DIT NOTRE PROMENEUR, --MAIS BIEN	FAITE POUR DONNER SOIF! A COUP SUR, LE MAITRE
11	060	LIVRES, ET CETTE INFATIGABLE MELANCOLIE,	FAITE POUR INSPIRER AU SPECTATEUR UN TOUT
47	035	ET LES EPONGES. --ET COMME, L'OPERATION	FAITE, IL DISAIT FIEREMENT, EN REGARDANT SA
12	037	DE LA VASTE FAMILLE QUE LEUR GENIE S'EST	FAITE, ILS DOIVENT RIRE QUELQUEFOIS DE CEUX
14	061	IL AVAIT ABDIQUE. SA DESTINEE ETAIT	FAITE. MAIS QUEL REGARD PROFOND, INOUBLIABLE,
11	028	DES MAGISTRATS; CELA VA SANS DIRE. ''	FAITES BIEN ATTENTION! VOYEZ AVEC QUELLE
47	026	LA BOUFFONNE CREATURE ME DISAIT: ''	FAITES COMME CHEZ VOUS, MON AMI, METTEZ-VOUS A
29	127	''MON DIEU! SEIGNEUR! MON DIEU!	FAITES QUE LE DIABLE ME TIENNE SA PAROLE!''
19	009	LE LONG DES CABARETS, AU PIED DES ARBRES,	FAITES-EN HOMMAGE AUX ENFANTS INCONNUS ET
19	023	ENFANTS-LA SI JOLIS, QU'ON LES CROIRAIT	FAITS D'UNE AUTRE PATE QUE LES ENFANTS DE LA
47	125	POURQUOI ILS EXISTENT, COMMENT ILS SE SONT	FAITS ET COMMENT ILS AURAIENT PU NE PAS SE
32	019	SI LES FLEURS ET LES PAMPRES ONT ETE	FAITS POUR LE BATON, OU SI LE BATON N'EST QUE
42	158	UN SERVITEUR IRREPROCHABLE. MAIS IL	FALLAIT ACCORDER CE SENTIMENT AVEC L'HORREUR
30	084	ME CAUSAIT UNE ANGOISSE TERRIBLE: IL	FALLAIT AVERTIR LES PARENTS. MES PIEDS
30	060	LE FAIRE BRUSQUEMENT TOMBER SUR LE SOL. IL	FALLAIT LE SOUTENIR TOUT ENTIER AVEC UN BRAS;
30	065	ENTREE PROFONDEMENT DANS LES CHAIRS, ET IL	FALLAIT MAINTENANT, AVEC DE MINCES CISEAUX,
21	116	M'ABANDONNA. ''EN VERITE, ME DIS-JE, IL	FALLAIT QUE JE FUSSE BIEN LOURDEMENT ASSOUPI
38	017	MOI, LA VRAIE BENEDICTA! C'EST MOI, UNE	FAMEUSE CANAILLE! ET POUR LA PUNITION DE TA
50	010	REVIENS A CALIFOURCHON SUR CE	FAMEUX ANE QUI T'ACCOMPAGNE TOUJOURS DANS LA
47	065	SI PEU DE COEUR? --VOICI MAINTENANT W., UN	FAMEUX MEDECIN ANGLAIS; JE L'AI ATTRAPE A SON
47	106	VETUE DU COSTUME QUE VOUS PORTIEZ DANS UN	FAMEUX ROLE QUE VOUS AVEZ CREE.'' MOI,
29	050	CES DELICES, J'OSAI, DANS UN ACCES DE	FAMILIARITE QUI NE PARUT PAS LUI DEPLAIRE,
50	015	CETTE VIEILLE BEGUEULE. J'INVOQUE LA MUSE	FAMILIERE, LA CITADINE, LA VIVANTE, POUR
26	049	NON-SEULEMENT J'ETAIS ATTENDRI PAR CETTE	FAMILLE D'YEUX, MAIS JE ME SENTAIS UN PEU
20	031	PEUVENT S'EMPECHER DE REVER AU DINER, A LA	FAMILLE ET A LEURS CHERES PANTOUFLES. SI, DANS
12	037	IVRESSES! ET, AU SEIN DE LA VASTE	FAMILLE QUE LEUR GENIE S'EST FAITE, ILS
20	042	FUT ADJUGEE A L'HERITIER UNIQUE D'UNE	FAMILLE TRES-RICHE, QUI, N'ETANT DOUE D'AUCUN
14	081	AMUSEUR; DU VIEUX POETE SANS AMIS, SANS	FAMILLE, SANS ENFANTS, DEGRADE PAR SA MISERE
22	017	PAIX MAINTENANT; C'EST ICI LA JOIE DE LA	FAMILLE!'' JE PUIS, QUAND LE VENT SOUFFLE DE
27	128	DE SIFFLET AIGU, PROLONGE, INTERROMPIT	FANCIOULLE DANS UN DE SES MEILLEURS MOMENTS,
27	038	FUT L'ANNONCE D'UN GRAND SPECTACLE OU	FANCIOULLE DEVAIT JOUER L'UN DE SES PRINCIPAUX
27	006	DU CERVEAU D'UN HISTRION, UN JOUR	FANCIOULLE ENTRA DANS UNE CONSPIRATION FORMEE
27	001		FANCIOULLE ETAIT UN ADMIRABLE BOUFFON, ET
27	065	MYSTERIEUX QUI Y ETAIT ATTACHE. LE SIEUR	FANCIOULLE EXCELLAIT SURTOUT DANS LES ROLES
27	081	UN CAS SINGULIER ET TOUT A FAIT IMPREVU.	FANCIOULLE FUT, CE SOIR-LA, UNE PARFAITE
27	087	RAYONS DE L'ART ET LA GLOIRE DU MARTYRE.	FANCIOULLE INTRODUISAIT, PAR JE NE SAIS QUELLE
27	092	A VOUS DECRIRE CETTE INOUBLIABLE SOIREE.	FANCIOULLE ME PROUVAIT, D'UNE MANIERE
27	013	EN QUESTION FURENT ARRETES; AINSI QUE	FANCIOULLE; ET VOICI A UNE MORT CERTAINE. JE
27	150	N'A PU RAPPELER LES MERVEILLEUX TALENTS DE	FANCIOULLE, NI S'ELEVER JUSQU'A LA MEME
27	133	DANS UN CORRIDOR, AVEC DES RIRES ETOUFFES.	FANCIOULLE, SECOUE, REVEILLE DANS SON REVE,
27	142	REGRETTA-T IL SON CHER ET INIMITABLE	FANCIOULLE? IL EST DOUX ET LEGITIME DE LE
32	017	ET DE COULEURS, EXECUTENT UN MYSTIQUE	FANDANGO AUTOUR DU BATON HIERATIQUE? ET QUEL

POEM LINE

POEM	LINE		
20	081	''PARCE QUE! PARCE QUE!'' REPLIQUA LA	FEE COURROUCEE, EN LUI TOURNANT LE DOS; ET
20	062	JE NE VEUX PAS ETRE VENU POUR RIEN.'' LA	FEE POUVAIT ETRE EMBARRASSEE; CAR IL NE
20	058	PAR SA ROBE DE VAPEURS MULTICOLORES LA	FEE QUI ETAIT LE PLUS A SA PORTEE, S'ECRIA:
20	074	POUR LE CREER IMMEDIATEMENT. DONC LA BONNE	FEE REPONDIT, AVEC UN APLOMB DIGNE DE SON
27	067	SOUVENT LES PRINCIPAUX DANS CES DRAMES	FEERIQUES DONT L'OBJET EST DE REPRESENTER
29	110	L'ARGENT, L'OR, LES DIAMANTS, LES PALAIS	FEERIQUES, VIENDRONT VOUS CHERCHER ET VOUS
20	000	LES DONS DES	FEES
20	020	MALHEUR QUE DE SON BONHEUR. LES PAUVRES	FEES ETAIENT TRES-AFFAIREES; CAR LA FOULE DES
20	010	TOUS LES PERES QUI ONT FOI DANS LES	FEES ETAIENT VENUS, CHACUN APPORTANT SON
14	033	LES DANSEUSES, BELLES COMME DES	FEES OU DES PRINCESSES, SAUTAIENT ET
20	054	DON NE PEUT ETRE REFUSE. TOUTES LES	FEES SE LEVAIENT, CROYANT LEUR CORVEE
20	069	--JE VEUX PARLER DE LA LOI QUI CONCEDE AUX	FEES, DANS UN CAS SEMBLABLE A CELUI-CI,
20	067	S'ADAPTER A SES PASSIONS, TELLES QUE LES	FEES, LES GNOMES, LES SALAMANDRES, LES
20	001	C'ETAIT GRANDE ASSEMBLEE DES	FEES, POUR PROCEDER A LA REPARTITION DES DONS
20	040	ETAIT LE CARACTERE DISTINCTIF, ETERNEL DES	FEES. AINSI LA PUISSANCE D'ATTIRER
13	066	DE N'AVOIR RIEN FAIT, SE DANDINENT,	FEIGNANT DE DEGUSTER INDOLEMMENT LA MUSIQUE.
42	163	REGARD VAGUE ET LEGEREMENT HEBETE, COMME	FEIGNANT DE NE PAS COMPRENDRE ET COMME AVOUANT
16	012	POUR MOI, SI JE ME PENCHE VERS LA BELLE	FELINE, LA SI BIEN NOMMEE, QUI EST A LA FOIS
42	108	CE QU'ON REPROCHE EN GENERAL A L'EGOISTE	FEMELLE. JE VOUS TROUVE MAL VENUS, TROP
02	013	--''AH! POUR NOUS, MALHEUREUSES VIEILLES	FEMELLES, L'AGE EST PASSE DE PLAIRE, MEME AUX
32	030	AUTOUR DE VOTRE VOLONTE; C'EST L'ELEMENT	FEMININ EXECUTANT AUTOUR DU MALE SES
26	005	LE PLUS BEL EXEMPLE D'IMPERMEABILITE	FEMININE QUI SE PUISSE RENCONTRER. NOUS AVIONS
43	007	ET EXECRABLE FEMME, C'EST L'ETERNELLE	FEMME A LAQUELLE IL DOIT TANT DE PLAISIRS,
18	026	AU VOYAGE, QU'ON PUISSE OFFRIR A LA	FEMME AIMEE, A LA SOEUR D'ELECTION? OUI, C'EST
42	118	VOUS AVIEZ ETE ACCOUPLES A UNE CERTAINE	FEMME DE MA CONNAISSANCE, OU VOUS VOUS SERIEZ
02	009	SE DEBATTAIT SOUS LES CARESSES DE LA BONNE	FEMME DECREPITE; ET REMPLISSAIT LA MAISON DE
49	015	SUPERIEURE A TOUTES LES FORMULES DE BONNE	FEMME DONT J'AVAIS RECEMMENT PARCOURU LE
11	045	OEUVRES DE VOS MAINS, O MON DIEU! CETTE	FEMME EST INCONTESTABLEMENT MALHEUREUSE,
22	035	EST MORT FOU, INCAPABLE DE RECONNAITRE SA	FEMME ET SON ENFANT; LE SECOND PORTE EN LUI
13	078	LA TRIVIALITE ENVIRONNANTE. C'ETAIT UNE	FEMME GRANDE, MAJESTUEUSE, ET SI NOBLE DANS
11	025	A LA MAIN, EST UN MARI. IL A ENCHAINE SA	FEMME LEGITIME COMME UNE BETE, ET IL LA MONTRE
11	050	JETEE; ELLE N'A JAMAIS PU CROIRE QUE LA	FEMME MERITAT UNE AUTRE DESTINEE.
35	010	DELA DES VAGUES DE TOITS, J'APERCOIS UNE	FEMME MURE, RIDEE DEJA, PAUVRE, TOUJOURS
37	030	MULTIFORME. LE LIEU OU ILS NE SONT PAS, LA	FEMME QU'ILS NE CONNAISSENT PAS, LES FLEURS
42	063	TEMPS, OCTROYE LA JOUISSANCE D'UNE	FEMME QUI ETAIT BIEN LA PLUS DOUCE, LA PLUS
42	036	MALSEANTE ET DIFFORME. C'ETAIT UNE	FEMME QUI VOULAIT TOUJOURS FAIRE L'HOMME.
30	108	DEHORS PAR LA FENETRE OUVERTE, LA PAUVRE	FEMME SAISIT MON BRAS ET ME DIT D'UNE VOIX
11	000	LA	FEMME SAUVAGE ET LA PETITE-MAITRESSE
11	000	PLEURNICHERIES, JE VOUS TRAITERAI EN	FEMME SAUVAGE, OU JE VOUS JETTERAI PAR LA
43	007	MAIN A SA CHERE, DELICIEUSE ET EXECRABLE	FEMME, A CETTE MYSTERIEUSE FEMME A LAQUELLE IL
35	014	RIEN, J'AI REFAIT L'HISTOIRE DE CETTE	FEMME, OU PLUTOT SA LEGENDE, ET QUELQUEFOIS JE
47	093	CONFIANCE. APRES TOUT, JE SUIS ASSEZ BELLE	FEMME, QUOIQUE PAS TROP JEUNE. JE LUI AI DIT:
43	020	SA CHERE, SA DELICIEUSE, SON EXECRABLE	FEMME, SON INEVITABLE ET IMPITOYABLE MUSE; ET
11	034	AUX DENTS DE LA BETE FEROCE, DE LA	FEMME, VEUX-JE DIRE. ''ALLONS! UN BON COUP DE
11	023	''MON ANGE!'', C'EST-A-DIRE UNE	FEMME. L'AUTRE MONSTRE, CELUI QUI CRIE A
31	110	NE SENTENT PAS LA MUSIQUE, ET LEURS	FEMMES DANSENT COMME DES OURS. HEUREUSEMENT,
34	017	A LEUR FOYER, QUI REGRETTAIENT LEURS	FEMMES INFIDELES ET MAUSSADES, ET LEUR
50	119	AUX SOLEILS D'AUTOMNE, A LA BEAUTE DES	FEMMES MURES ET AUX ETES DE LA SAINT-MARTIN.
30	130	IL Y AVAIT, JE DOIS LE DIRE, PLUS DE	FEMMES QUE D'HOMMES; MAIS TOUS, CROYEZ-LE
36	030	DANS UN TERRAIN VOLCANIQUE. IL Y A DES	FEMMES QUI INSPIRENT L'ENVIE DE LES VAINCRE ET
29	116	OU IL FAIT TOUJOURS CHAUD ET OU LES	FEMMES SENTENT AUSSI BON QUE LES FLEURS, --ET
31	013	LEUR CEINTURE. AH! C'EST BIEN BEAU! LES	FEMMES SONT BIEN PLUS BELLES ET BIEN PLUS
21	086	A RIEN DE MIEUX QU'A CELUI DES TRES-BELLES	FEMMES SUR LE RETOUR, QUI CEPENDANT NE
50	132	ETES DE LA SAINT-MARTIN ET A LA BEAUTE DES	FEMMES TRES-MURES.
37	024	SUR LES PIANOS ET QUI GEMISSENT COMME LES	FEMMES, D'UNE VOIX RAUQUE ET DOUCE! ''ET TU
31	056	COU BIEN PLUS GROS QUE TOUTES LES AUTRES	FEMMES, ET LA PEAU EN EST SI DOUCE, SI DOUCE,
29	021	DE NE JAMAIS REVOIR LEURS PENATES, LEURS	FEMMES, LEURS ENFANTS, ET DE NE JAMAIS
29	024	LA DES VISAGES ETRANGES D'HOMMES ET DE	FEMMES, MARQUES D'UNE BEAUTE FATALE, QU'IL ME
31	008	VOIT LA MER ET LE CIEL, DES HOMMES ET DES	FEMMES, SERIEUX ET TRISTES AUSSI, MAIS BIEN
42	029	SOTTISE, A L'IRRITANTE MEDIOCRITE DES	FEMMES. CE QUE J'AIME SURTOUT DANS LES
42	010	D'EUX JETA LA CAUSERIE SUR LE SUJET DES	FEMMES. IL EUT ETE PLUS PHILOSOPHIQUE DE N'EN
47	077	QUE TU ES SI GENTIL ET SI BON POUR LES	FEMMES! --SINGULIERE LOGIQUE! ME DIS-JE A
22	016	VALLEE, HERISSEE DE MAISONS DONT CHAQUE	FENETRE DIT: ''C'EST ICI LA PAIX MAINTENANT;
35	005	PLUS TENEBREUX, PLUS EBLOUISSANT QU'UNE	FENETRE ECLAIREE D'UNE CHANDELLE. CE QU'ON
24	036	IL APERCUT UNE AUBERGE PROPRETTE, OU D'UNE	FENETRE EGAYEE PAR DES RIDEAUX D'INDIENNE
35	003	AUTANT DE CHOSES QUE CELUI QUI REGARDE UNE	FENETRE FERMEE. IL N'EST PAS D'OBJET PLUS
44	002	BIEN-AIMEE ME DONNAIT A DINER, ET PAR LA	FENETRE OUVERTE DE LA SALLE A MANGER JE
30	108	COMME J'ALLAIS LES LANCER AU DEHORS PAR LA	FENETRE OUVERTE, LA PAUVRE FEMME SAISIT MON
35	001	CELUI QUI REGARDE DU DEHORS A TRAVERS UNE	FENETRE OUVERTE, NE VOIT JAMAIS AUTANT DE
37	002	QUI EST LE CAPRICE MEME, REGARDA PAR LA	FENETRE PENDANT QUE TU DORMAIS DANS TON
11	074	FEMME SAUVAGE, OU JE VOUS JETTERAI PAR LA	FENETRE, COMME UNE BOUTEILLE VIDE.''
09	052	GRAND, UNE ACTION D'ECLAT! ET J'OUVRIS LA	FENETRE, HELAS! (OBSERVEZ, JE VOUS PRIE, QUE
48	004	CROIT QU'IL GUERIRAIT A COTE DE LA	FENETRE. IL ME SEMBLE QUE JE SERAIS TOUJOURS
35	000	LES	FENETRES
05	021	LA MOUSSELINE PLEUT ABONDAMMENT DEVANT LES	FENETRES ET DEVANT LE LIT; ELLE S'EPANCHE EN
05	058	BRAISE, SOUILLEE DE CRACHATS; LES TRISTES	FENETRES OU LA PLUIE A TRACE DES SILLONS DANS
18	037	PAR DE BELLES ETOFFES OU PAR CES HAUTES	FENETRES OUVRAGEES QUE LE PLOMB DIVISE EN
11	016	BIEN, JE VOUS PRIE, DANS CETTE SOLIDE CAGE DE	FER DERRIERE LAQUELLE S'AGITE, HURLANT COMME
11	042	ELLE ETINCELLE TOUT ENTIERE, COMME LE	FER QU'ON BAT. ''TELLES SONT LES MOEURS
25	044	ACCOMPAGNEMENT, ET QUE LA MARMITE DE	FER, OU CUIT UN RAGOUT DE CRABES AU RIZ ET AU
46	024	JOUISSANCE! ET SURTOUT UN HEUREUX QUI ME	FERA RIRE! PENSEZ A X, OU A Z! HEIN! COMME CE
21	039	CHANTANTE: ''SI TU VEUX, SI TU VEUX, JE TE	FERAI LE SEIGNEUR DES AMES, ET TU SERAS LE
26	009	ET QUE NOS DEUX AMES DESORMAIS N'EN	FERAIENT PLUS QU'UNE! --UN REVE QUI N'A RIEN
11	007	SOUPIRS EXPRIMAIENT LE REMORDS, ILS VOUS	FERAIENT QUELQUE HONNEUR; MAIS ILS NE
21	118	REVENIR PENDANT QUE JE SUIS EVEILLE, JE NE	FERAIS PAS TANT LE DELICAT!'' ET JE LES
18	028	OUI, C'EST DANS CETTE ATMOSPHERE QU'IL	FERAIT BON VIVRE, --LA-BAS! OU LES HEURES PLUS
30	102	MADAME, --LUI REPONDIS-JE, --CELA VOUS	FERAIT MAL.'' ET COMME INVOLONTAIREMENT MES
10	026	QUI M'A DIT EN ME CONGEDIANT: ''--VOUS	FERIEZ PEUT-ETRE BIEN DE VOUS ADRESSER A Z...;
31	114	UN PEUPLE PLUS AIMABLE.'' ''NOUS	FERIONS PEUT-ETRE MIEUX D'ALLER VERS
27	133	SECOUE, REVEILLE DANS SON REVE,	FERMA D'ABORD LES YEUX, PUIS LES ROUVRIT
43	017	ANGE, JE ME FIGURE QUE C'EST VOUS''. ET IL	FERMA LES YEUX ET IL LACHA LA DETENTE. LA

SERONT ETERNELLEMENT PRIVES L'EGOISTE,		
--LE BATON, C'EST VOTRE VOLONTE, DROITE,		
CHOSES QUE CELUI QUI REGARDE UNE FENETRE		
SI DE CERTAINES PLACES PARAISSENT LUI ETRE		
PAR TOUTES CES AMES TUMULTUEUSES ET		
N'AVAIT L'AIR IRRITE CONTRE LA BETE		
UN INSTANT ACCROCHES AUX DENTS DE LA BETE		
JE TIENS NOTRE AFFAIRE, PAUVRE AME! NOUS		
AVEC TOI, ET DE NOS DEUX MISERES NOUS		
CHARIOT. ET PUIS ELLE EST SI DOUCE ET SI		
POUR QUI IL N'Y AVAIT PAS DE BON		
VOUS ETES POUR MOI LE SIGNAL D'UNE		
OU DES EMPLOYES DU MONT-DE-PIETE QUAND UNE		
VOYANT LE JOLI ENFANT A QUI CHACUN FAISAIT		
JETTE A TRAVERS LA NUIT DES CHANTS DE		
LE MOYEN, POUR DEUX SOLS, AU MILIEU D'UNE		
FRITURE QUI ETAIT COMME L'ENCENS DE CETTE		
DANS LES MIENNES, LE HIDEUX TROUBLE-		
SONT COMME ENDORMIS. BIEN DIFFERENTE DES		
BRUITS, SES PASSIONS, SES COMMODITES, SES		
HELAS! IL EST REMPLACE PAR UN		
REVEUR QUI AIT EXISTE, A MIS UNE FOIS LE		
LEURS GERBES ROSES, COMME DES REFLETS D'UN		
EXPLOSION DES LANTERNES, VOUS ETES LE		
REGULIERS PAR LA CREPITATION DES COUPS DE		
SAUTAIENT ET CABRIOLAIENT SOUS LE		
EN PLUS, ET SES YEUX S'ECLAIRAIENT D'UN		
DE L'HIVER ALLUMENT DANS SON COEUR UN		
FEU A UNE FORET POUR VOIR, DISAIT-IL SI LE		
HASARD, SI FECONDE EN VOLUPTES. UN GRAND		
NUAGE ISOLE, CE PETIT NUAGE COULEUR DE		
AUX MURS. COMME JE FUS DORLOTE! GRAND		
EST PARFUMEE PAR LES FRUITS, PAR LES		
NESTOR ROQUEPLAN DANS UN IMMORTEL		
DONT ELLE EST SEMEE, REPRESENTENT CES		
L'OPPRESSION VICTORIEUSE DE SA NUIT, LES		
POETE QUI LES REGARDE D'UN OEIL FRATERNEL.		
HARGNEUX ET INSOLENT COMME UN DOMESTIQUE!		
N'ENTEND PLUS QUE LE ROULEMENT DE QUELQUES		
PAS?'' ET COMME JE TOUCHAIS A UN PAQUET		
LA MERE TENAIT SANT A M'ARRACHER LA		
FINI! LE PETIT MONSTRE S'ETAIT SERVI D'UNE		
--ELLE S'EMPARA DU CLOU ET DE LA		
ET DE COLERE, QUE LE CLOU ETAIT RESTE		
DE L'INDE. ET COMME MES YEUX RESTAIENT		
L'EUROPE ENFERME DANS SES MUSEES, IMPRIME		
AVAIENT REFUSE DE ME VENIR EN AIDE,		
TOUT AUSSI AISEMENT. ET JE ME COUCHE,		
OPAQUE DE LA NUIT. ILS AVAIENT L'AIR SI		
ABNEGATION J'AVAIS LE DROIT D'ETRE		
CEPENDANT DOROTHEE, FORTE ET		
UN PEU NEGLIGEE DANS SA TOILETTE, MAIS		
--ET COMME, L'OPERATION FAITE, IL DISAIT		
COMME CELUI DE MOLIERE. LES HERCULES,		
ILS ETAIENT GRANDS, PRESQUE NOIRS ET TRES-		
CHALE USE, PORTAIT DANS TOUT SON ETRE UNE		
MON CHER ANGE. TU CONNAIS CETTE MALADIE		
LA FOULE CONNAIT CES JOUISSANCES		
SI HAUTAINE. EH BIEN! CHER ANGE, JE ME		
D'UN TATOUAGE, D'UNE FOULE DE PETITES		
MOI, J'AI SURVECU, COMME VOUS VOYEZ.		
UNE ERREUR DE SENTIMENT OU DE CALCUL!		
QUE LE POLICHINELLE PLAT MU PAR UN SEUL		
DES ARBRES A MUSIQUE, DES MELANCOLIQUES		
JE ME DEGOUTAI DE CE DUEL INEGAL, ET CETTE		
FAIT CROIRE A L'IMMORTALITE. MAIS CETTE		
JE REGARDAI; C'ETAIT UNE GRANDE		
DU BEAU ET LA PUISSANCE POETIQUE AU		
VOUS QUI LUI TENDIEZ LES INSTRUMENTS, LES		
COMPRENDRE, ET QUI AYANT OBTENU POUR SON		
AVAIT SERVI D'INSTRUMENT A LA MORT DE SON		
DISAIT-ELLE, VOIR LE CADAVRE DE SON		
APLOMB DIGNE DE SON RANG: ''JE DONNE A TON		
REPARTITION!'' ME DIS-JE EN MOI-MEME. NOUS		
DANS LES VOILES DU SOIR PASSEMENTES D'OR		
IMPRIME FIDELEMENT SA FORME SUR LE SABLE		
FORMES DECOUPANT LEURS ARCHITECTURES		
LA CORDE. MAIS CELA FAIT, TOUT N'ETAIT PAS		
SENSITIVE VIOLEE... --COMMENT CELA A-T-IL		
A UN PARFAIT DROLE! OUF! EST-CE BIEN		
MIEUX AINSI; IL AURAIT TOUJOURS MAL		
QUE JE CONSIDERAIS LA DISCUSSION COMME		
QUE LA		
DEGOUT, UN SEUL OBJET CONNU ME SOURIT! LA		
DANS SA MAIN DROITE IL TENAIT UNE AUTRE		
MONSTRE, TA MYSTERIEUSE COUTELLERIE, TES		
ETAIENT SUSPENDUS, ALTERNANT AVEC DE		
CE N'EST PAS MOI QUI EN SUIS MORT! --AH!		
NOUS POUVIONS CONTEMPLER L'AUTRE COTE DU		
SI PARTICULIERE?'' DIFFICILEMENT JE ME		
RENDU L'ORGUEIL ET LA VIE. ALORS, JE LUI		

	POEM	LINE
FERME COMME UN COFFRE, ET LE PARESSEUX,	12	021
FERME ET INEBRANLABLE! LES FLEURS, C'EST LA	32	028
FERMEE. IL N'EST PAS D'OBJET PLUS PROFOND,	35	003
FERMEES, C'EST QU'A SES YEUX ELLES NE VALENT	12	014
FERMEES, EN QUI GRONDENT ENCORE LES DERNIERS	13	005
FEROCE SUSPENDUE A SON COU ET COLLEE A SON	06	021
FEROCE, DE LA FEMME, VEUX-JE DIRE. ''ALLONS!	11	034
FERONS NOS MALLES POUR TORNEO. ALLONS PLUS	48	032
FERONS PEUT-ETRE UNE ESPECE DE BONHEUR!'' ''OU	50	044
FERVENTE! ELLE AIME COMME ON AIME EN AUTOMNE;	39	024
FESTIN SANS SQUELETTE, OU SANS UN EMBLEME	45	007
FETE INTERIEURE, VOUS ETES LA DELIVRANCE D'UNE	22	045
FETE NATIONALE AUTORISE LES DEGAGEMENTS	20	027
FETE, A QUI TOUT LE MONDE VOULAIT PLAIRE; CE	02	002
FETE, DE TRIOMPHE OU DE VOLUPTE. LES ROBES	13	064
FETE, ET SANS ALLER BIEN LOIN. ''CONSIDERONS	11	013
FETE. AU BOUT, A L'EXTREME BOUT DE LA RANGEE	14	043
FETE! ''CE GRAND MALHEUR DE NE POUVOIR ETRE	23	032
FETES HUMAINES, C'EST ICI UNE ORGIE	07	006
FETES! C'ETAIT UNE TERRE RICHE ET MAGNIFIQUE,	34	046
FETIDE ODEUR DE TABAC MELEE A JE NE SAIS	05	063
FEU A UNE FORET POUR VOIR, DISAIT-IL SI LE FEU	09	021
FEU D'ARTIFICE DE L'ENFER!'' ENFIN, MON AME	48	041
FEU D'ARTIFICE DE LA DEESSE LIBERTE.	22	048
FEU D'UN TIR VOISIN, QUI ECLATAIENT COMME	45	018
FEU DES LANTERNES QUI REMPLISSAIENT LEURS	14	034
FEU INTERIEUR SEMBLABLE A CELUI DE LA JALOUSIE	27	118
FEU NOUVEAU, ET LA SERVILITE DE SA TENDRESSE	39	026
FEU PRENAIT AVEC AUTANT DE FACILITE QU'ON	09	022
FEU, DES FAIENCES VOYANTES, UN SOUPER	24	042
FEU, QUI MARCHE DOUCEMENT. LUI AUSSI, ON	31	027
FEU, VIN CHAUD, CIGARES! ET EN M'OFFRANT CES	47	024
FEUILLES ET PAR LA PEAU HUMAINE. DANS L'OCEAN	17	014
FEUILLETON QU'IL A SANS DOUTE OUBLIE, ET DONT	50	047
FEUX DE LA FANTAISIE QUI NE S'ALLUMENT BIEN	22	064
FEUX DES CANDELABRES QUI FONT DES TACHES D'UN	22	053
FI DU CHIEN BELLATRE, DE CE FAT QUADRUPEDE,	50	021
FI SURTOUT DE CES SERPENTS A QUATRE PATTES,	50	026
FIACRES ATTARDES ET EREINTES. PENDANT QUELQUES	10	002
FICELE, POSE AUSSI SUR LE GUERIDON: ''ATTENDS	47	067
FICELLE ET PAR QUEL COMMERCE ELLE ENTENDAIT SE	30	135
FICELLE FORT MINCE QUI ETAIT ENTREE	30	063
FICELLE. ''ENFIN! ENFIN! TOUT ETAIT ACCOMPLI.	30	115
FICHE DANS LA PAROI, AVEC UN LONG BOUT DE	30	105
FICHES SUR LE LIEU OU ETAIT ENFOUI MON TRESOR,	38	012
FIDELEMENT SA FORME SUR LE SABLE FIN. CAR	25	024
FIDELES EN CELA AUX HABITUDES DE L'HOMME	30	070
FIER D'AVOIR VECU ET SOUFFERT DANS D'AUTRES	35	018
FIER ET SI PLEIN DE DOMINATION, QUE JE LES	21	009
FIER. MAIS MALHEUREUSEMENT IL ME REVEILLAI, ET	21	114
FIERE COMME LE SOLEIL, S'AVANCE DANS LA RUE	25	006
FIERE ET RECONNAISSANTE. ET ILS SONT TOUS	50	071
FIEREMENT, EN REGARDANT SA MONTRE: ''CINQ	47	036
FIERS DE L'ENORMITE DE LEURS MEMBRES, SANS	14	029
FIERS, QUOIQUE EN GUENILLES, AVEC L'AIR DE	31	086
FIERTE DE STOICIENNE. ELLE ETAIT EVIDEMMENT	13	038
FIEVREUSE QUI S'EMPARE DE NOUS DANS LES	18	015
FIEVREUSES, DONT SERONT ETERNELLEMENT PRIVES	12	019
FIGURE QUE C'EST VOUS'', ET IL FERMA LES YEUX	43	016
FIGURES MOUVANTES REPRESENTANT LES FORMES	21	060
FIGUREZ-VOUS UNE PERSONNE INCAPABLE DE	42	121
FIGUREZ-VOUS UNE SERENITE DESOLANTES DE	42	122
FIL, LES FORGERONS QUI BATTENT L'ENCLUME, LE	19	006
FILAOS! OUI, EN VERITE, C'EST BIEN LA LE DECOR	24	032
FILLE INCOMPARABLE SE MARIA. J'EUS PLUS TARD	42	072
FILLE MIRACULEUSE ETAIT TROP BELLE POUR VIVRE	38	005
FILLE, ROBUSTE, AUX YEUX TRES-OUVERTS,	47	005
FILS D'UN SOMBRE GUEUX, CARRIER DE SON ETAT,	20	048
FILS ET LES EPONGES. --ET COMME, L'OPERATION	47	034
FILS LE MEILLEUR DES LOTS; ET ONCE ENCORE	20	085
FILS, ET LE VOULAIT GARDER COMME UNE HORRIBLE	30	114
FILS. JE NE POUVAIS PAS, EN VERITE, L'EMPECHER	30	097
FILS... JE LE DONNE... LE DON DE PLAIRE!''	20	075
FIMES LA RENCONTRE D'UN PAUVRE QUI NOUS TENDIT	28	010
FIN; JE T'AIME; O CAPITALE INFAME! COURTISANES	51	012
FIN. CAR DOROTHEE EST SI PRODIGIEUSEMENT	25	025
FINES ET COMPLIQUEES SUR UN CIEL IMMENSE OU SE	17	019
FINI; LE PETIT MONSTRE S'ETAIT SERVI D'UNE	30	063
FINI? DIT L'UN DES TROIS AUTRES. JE NE VOUS	42	051
FINI? MECONTENT DE TOUS ET MECONTENT DE MOI,	10	035
FINI!'' ''CEPENDANT LE CORPS ETAIT ETENDU SUR	30	093
FINIE, ET ME RELEVANT AVEC LA SATISFACTION	49	071
FINS DE JOURNEES D'AUTOMNE SONT PENETRANTES!	03	001
FIOLE DE LAUDANUM! UNE VIEILLE ET TERRIBLE	05	067
FIOLE DONT LE CONTENU ETAIT D'UN ROUGE	21	026
FIOLES EQUIVOQUES, LES CHAINES DONT TES PIEDS	21	050
FIOLES PLEINES DE LIQUEURS SINISTRES, DE	21	024
FIRENT LES AUTRES; ELLE EST DONC MORTE? --OUI!	42	145
FIRMAMENT ET DECHIFFRER L'ALPHABET CELESTE DES	34	006
FIS COMPRENDRE; ENFIN J'Y PARVINS. MAIS ALORS	47	110
FIS FORCE SIGNES POUR LUI FAIRE COMPRENDRE QUE	49	070

POEM	LINE		
21	103	DE LA PLUS LOINTAINE PLANETE. ''DIABLE!''	FIS-JE, A MOITIE SUBJUGUE, ''VOILA QUI EST
42	161	DE RESPECT. QUE VOULIEZ-VOUS QUE JE	FISSE D'ELLE, PUISQU'ELLE ETAIT PARFAITE?''
18	043	DE TOUTES CHOSES, DE TOUS LES COINS, DES	FISSURES DES TIROIRS ET DES PLIS DES ETOFFES
42	168	EXPLIQUEE D'AILLEURS. ENSUITE ON	FIT APPORTER DE NOUVELLES BOUTEILLES, POUR
43	001	COMME LA VOITURE TRAVERSAIT LE BOIS, IL LA	FIT ARRETER DANS LE VOISINAGE D'UN TIR, DISANT
30	133	''ET ALORS, SOUDAINEMENT, UNE LUEUR SE	FIT DANS MON CERVEAU, ET JE COMPRIS POURQUOI
21	077	SON VENTRE MONSTRUEUX, DONT L'ECHO SONORE	FIT LE COMMENTAIRE DE SA GROSSIERE PAROLE. JE
15	034	MON PAIN, QUAND UN BRUIT TRES-LEGER ME	FIT LEVER LES YEUX. DEVANT MOI SE TENAIT UN
15	060	PAR LE DESESPOIR, LE VAINCU SE REDRESSA ET	FIT ROULER LE VAINQUEUR PAR TERRE D'UN COUP DE
47	042	MON CHAT?'' CET ININTELLIGIBLE REFRAIN ME	FIT SAUTER SUR MES JAMBES. ''NON! CRIAI-JE
28	002	ELOIGNIONS DU BUREAU DE TABAC, MON AMI	FIT UN SOIGNEUX TRIAGE DE SA MONNAIE; DANS LA
29	006	A MOI, UN DESIR ANALOGUE, CAR IL ME	FIT, EN PASSANT, UN CLIGNEMENT D'OEIL
47	012	LE MEDECIN, QUE DIABLE!... --AH! AH! --	FIT-ELLE, TOUJOURS SUSPENDUE A MON BRAS, ET EN
31	036	RESTA LONGTEMPS TOURNE DU MEME COTE,	FIXANT SUR LA LIGNE QUI SEPARE LA TERRE DU
47	076	SUIVANT A MON TOUR, MOI AUSSI, MON IDEE	FIXE, --POURQUOI ME CROIS-TU MEDECIN? --C'EST
50	060	ET QUI VIENNENT, CHAQUE JOUR, A HEURE	FIXE, RECLAMER LA SPORTULE A LA PORTE D'UNE
26	035	SERIEUX, ET CES SIX YEUX CONTEMPLAIENT	FIXEMENT LE CAFE NOUVEAU AVEC UNE ADMIRATION
30	120	LE FANTOME ME FATIGUAIT DE SES GRANDS YEUX	FIXES. MAIS LE LENDEMAIN JE RECUS UN PAQUET DE
30	056	ET SES YEUX, TOUT GRANDS OUVERTS AVEC UNE	FIXITE EFFRAYANTE, ME CAUSERENT D'ABORD
31	024	DE SON CAMARADE ET OBSERVAIT AVEC UNE	FIXITE ETONNANTE JE NE SAIS QUEL POINT DU
08	000	LE CHIEN ET LE	FLACON
15	029	MORCEAU DE PAIN, UNE TASSE DE CUIR ET UN	FLACON D'UN CERTAIN ELIXIR QUE LES PHARMACIENS
08	007	ET POSE CURIEUSEMENT SON NEZ HUMIDE SUR LE	FLACON DEBOUCHE; PUIS, RECULANT SOUDAINEMENT
50	029	MEME PAS DANS LEUR MUSEUM POINTU ASSEZ DE	FLAIR POUR SUIVRE LA PISTE D'UN AMI, NI DANS
08	011	UN PAQUET D'EXCREMENTS, VOUS L'AURIEZ	FLAIRE AVEC DELICES ET PEUT-ETRE DEVORE.
05	057	SOTS, POUDREUX, ECORNES; LA CHEMINEE SANS	FLAMME ET SANS BRAISE, SOUILLEE DE CRACHATS;
05	027	LA RECONNAIS. VOILA BIEN CES YEUX DONT LA	FLAMME TRAVERSE LE CREPUSCULE; CES SUBTILES ET
19	004	LE MATIN AVEC L'INTENTION DECIDEE DE	FLANER SUR LES GRANDES ROUTES, REMPLISSEZ VOS
50	035	PAUVRE, LE CHIEN SANS DOMICILE, LE CHIEN	FLANEUR, LE CHIEN SALTIMBANQUE, LE CHIEN DONT
29	109	VULGAIRES SEMBLABLES! VOUS SEREZ FOURNI DE	FLATTERIES ET MEME D'ADORATIONS! L'ARGENT,
09	012	PAR UNE FORCE IRRESISTIBLE, COMME LA	FLECHE D'UN ARC. LE MORALISTE ET LE MEDECIN,
30	076	ETAIT TELLE, QUE, DESESPERANT DE	FLECHIR LES MEMBRES, NOUS DUMES LACERER ET
36	028	QUI FAIT REVER AU MIRACLE D'UNE SUPERBE	FLEUR ECLOSE DANS UN TERRAIN VOLCANIQUE. IL Y
18	062	TROUVE MA TULIPE NOIRE ET MON DAHLIA BLEU!	FLEUR INCOMPARABLE, TULIPE RETROUVEE,
51	004	BAGNE, OU TOUT ENORME FLEURIT COMME UNE	FLEUR. TU SAIS BIEN, O SATAN, PATRON DE MA
18	064	SI REVEUX, QU'IL FAUDRAIT ALLER VIVRE ET	FLEURIR? NE SERAIS-TU PAS ENCADREE DANS TON
51	004	PURGATOIRE, ENFER, BAGNE, OU TOUT ENORME	FLEURIT COMME UNE FLEUR. TU SAIS BIEN, O
24	025	STORES, DECOREE DE NATTES FRAICHES ET DE	FLEURS CAPITEUSES, AVEC DE RARES SIEGES D'UN
31	063	AUSSI BON, JE VOUS ASSURE, QUE LES	FLEURS DU JARDIN, A CETTE HEURE-LA. ESSAYEZ,
34	026	PLUSIEURS LIEUES, UNE DELICIEUSE ODEUR DE	FLEURS ET DE FRUITS. AUSSITOT CHACUN FUT
17	024	IMPERCEPTIBLE DU PORT, ENTRE LES POTS DE	FLEURS ET LES GARGOULETTES RAFRAICHISSANTES.
25	038	CASE SI COQUETTEMENT ARRANGEE, DONT LES	FLEURS ET LES NATTES FONT A SI PEU DE FRAIS UN
32	018	MORTEL IMPRUDENT QUI OSERA DECIDER SI LES	FLEURS ET LES PAMPRES ONT ETE FAITS POUR LE
07	009	PLUS EN PLUS ETINCELER LES OBJETS; QUE LES	FLEURS EXCITEES BRULENT DU DESIR DE RIVALISER
45	015	VAUTRAIT TOUT DE SON LONG SUR UN TAPIS DE	FLEURS MAGNIFIQUES ENGRAISSEES PAR LA
18	078	CE LUXE, FERME ET CORDRE; CES PARFUMS, CES	FLEURS MIRACULEUSES; C'EST TOI. C'EST ENCORE
37	021	PAS! L'AMANT QUE TU NE CONNAITRAS PAS; LES	FLEURS MONSTRUEUSES; LES PARFUMS QUI FONT
37	031	LA FEMME QU'ILS NE CONNAISSENT PAS, LES	FLEURS SINISTRES QUI RESSEMBLENT AUX
29	116	ET OU LES FEMMES SENTENT AUSSI BON QUE LES	FLEURS, --ET CAETERA, ET CAETERA...'',
32	028	DROITE, FERME ET INEBRANLABLE; LES	FLEURS, C'EST LA PROMENADE DE VOTRE FANTAISIE
32	008	SE JOUENT ET FOLATRENT DES TIGES ET DES	FLEURS, CELLES-CI SINUEUSES ET FUYARDES,
05	012	PARLENT UNE LANGUE MUETTE, COMME LES	FLEURS, COMME LES CIELS; COMME LES SOLEILS
09	082	BALCON ET JE ME SAISIS D'UN PETIT POT DE	FLEURS, ET QUAND L'HOMME REPARUT AU DEBOUCHE
32	021	POUR MONTRER LA BEAUTE DES PAMPRES ET DES	FLEURS? LE THYRSE EST LA REPRESENTATION DE
18	079	C'EST TOI. C'EST ENCORE TOI, CES GRANDS	FLEUVES ET CES CANAUX TRANQUILLES. CES ENORMES
32	036	LISZT, A TRAVERS LES BRUMES, PAR DELA LES	FLEUVES, PAR-DESSUS LES VILLES OU LES PIANOS
18	059	DES PRIX DE SOIXANTE ET DE CENT MILLE	FLORINS POUR QUI RESOUDRA LEURS AMBITIEUX
14	063	SUR LA FOULE ET LES LUMIERES, DONT LE	FLOT MOUVANT S'ARRETAIT A QUELQUES PAS DE SA
31	003	UN CIEL DEJA VERDATRE OU DES NUAGES D'OR	FLOTTAIENT COMME DES CONTINENTS EN VOYAGE,
47	006	LEGEREMENT FARDEE, LES CHEVEUX	FLOTTANT AU VENT AVEC LES BRIDES DE SON
25	022	BRISE DE MER SOULEVE PAR LE COIN SA JUPE	FLOTTANTE ET MONTRE SA JAMBE LUISANTE ET
50	115	LEURS CHANTS ALTERNES, UN BON FROMAGE, UNE	FLUTE DU MEILLEUR FAISEUR, OU UNE CHEVRE AUX
20	010	ETE VIEILLES. TOUS LES PERES QUI ONT	FOI DANS LES FEES ETAIENT VENUS, CHACUN
46	020	LA FAIRE RECLAMER PAR LE COMMISSAIRE. --MA	FOI! NON. JE ME TROUVE BIEN ICI. VOUS SEUL,
31	107	A DIT: ''FAUT-IL DEPLOYER LA TENTE?'' ''MA	FOI! NON!'' A REPONDU L'AUTRE, ''IL FAIT UNE
31	083	JE SUIS. EH BIEN! J'AI VU, A LA DERNIERE	FOIRE DU VILLAGE VOISIN, TROIS HOMMES QUI
11	027	LA MONTRE DANS LES FAUBOURGS, LES JOURS DE	FOIRE, AVEC PERMISSION DES MAGISTRATS, CELA VA
42	097	FAIRE MA FORTUNE EN LA MONTRANT DANS LES	FOIRES COMME MONSTRE POLYPHAGE. JE LA
09	023	FACILITE QU'ON L'AFFIRME GENERALEMENT. DIX	FOIS DE SUITE, L'EXPERIENCE MANQUA! MAIS, A LA
13	035	SEULE? JE NE SAIS... IL M'EST ARRIVE UNE	FOIS DE SUIVRE PENDANT DE LONGUES HEURES UNE
34	001	CENT	FOIS DEJA LE SOLEIL AVAIT JAILLI, RADIEUX OU
27	145	COUPABLES AVAIENT JOUI POUR LA DERNIERE	FOIS DU SPECTACLE DE LA COMEDIE. DANS LA MEME
50	087	INTELLIGENTS, HABILLES DE VETEMENTS A LA	FOIS ERAILLES ET SOMPTUEUX, COIFFES COMME DES
34	003	NE SE LAISSENT QU'A PEINE APERCEVOIR; CENT	FOIS IL S'ETAIT REPLONGE, ETINCELANT OU
21	088	DES RUINES. ELLE AVAIT L'AIR A LA	FOIS IMPERIEUX ET DEGINGANDE, ET SES YEUX,
50	101	PLUS DE SOUPE QUE QUATRE COMEDIENS? QUE DE	FOIS J'AI CONTEMPLE, SOURIANT ET ATTENDRI,
50	107	DE MENAGER L'HONNEUR DES CHIENS! ET QUE DE	FOIS J'AI PENSE QU'IL Y AVAIT PEUT-ETRE
16	013	FELINE, LA SI BIEN NOMMEE, QUI EST A LA	FOIS L'HONNEUR DE SON SEXE, L'ORGUEIL DE MON
28	049	CLAIREMENT QU'IL AVAIT VOULU FAIRE A LA	FOIS LA CHARITE ET UNE BONNE AFFAIRE; GAGNER
09	021	REVEUR QUI AIT EXISTE, A MIS UNE	FOIS LE FEU A UNE FORET POUR VOIR, DISAIT-IL
27	129	DE SES MEILLEURS MOMENTS, ET DECHIRA LA	FOIS LES OREILLES ET LES COEURS, ET DE
42	140	LE DANGER PASSE. COMBIEN DE	FOIS NE ME SUIS-JE PAS RETENU DE LUI SAUTER A
13	058	ANS PEUT-ETRE! TROIS CENT SOIXANTE-CINQ	FOIS PAR AN. UNE AUTRE ENCORE: JE PUIS
30	027	TOUT D'ABORD. IL A POSE PLUS D'UNE	FOIS POUR MOI, ET JE L'AI TRANSFORME TANTOT EN
21	018	BONNE ODEUR D'UNE PARFUMERIE! ET A CHAQUE	FOIS QU'IL SOUPIRAIT, DES INSECTES MUSQUES
50	129	CURIEUX POEME SATIRIQUE. ET TOUTES LES	FOIS QUE LE POETE ENDOSSE LE GILET DU PEINTRE,
50	117	UN BEAU GILET, D'UNE COULEUR, A LA	FOIS RICHE ET FANEE, QUI FAIT PENSER AUX
21	054	LE SECOND SATAN N'AVAIT NI CET AIR A LA	FOIS TRAGIQUE ET SOURIANT, NI CES BELLES
09	046	NE SAIT PAS POURQUOI. J'AI ETE PLUS D'UNE	FOIS VICTIME DE CES CRISES ET DE CES ELANS,
29	072	A SON PROPRE POUVOIR, QU'UNE SEULE	FOIS, C'ETAIT LE JOUR OU ELLE AVAIT ENTENDU UN
31	091	DE PLEURER, OU DE FAIRE LES DEUX A LA	FOIS, ET QU'ON DEVIENDRAIT COMME FOU SI ON LES

ARRIVE AU GALOP DE TOUS LES COTES A LA		
CES YEUX SUPPLIANTS, QUI CONTIENNENT A LA		
EST POETIQUE, GRASSE ET EXCITANTE A LA		
QUI VOUS EUSSENT ATTENDRIS ET EGAYES A LA		
SOMBRE ET RECHIGNE, LES AUTRES, UN AIR		
DANS DES MEANDRES CAPRICIEUX, SE JOUENT ET		
DOULEURS, ET A REPANDRE LA CONTAGION DE SA		
CANAILLE! ET POUR LA PUNITION DE TA		
LES BENEFICES QUE J'AURAIS PU TIRER DE MA		
CREVE PAR LA FOUDRE. ET, IVRE DE MA		
COMME SOCRATE, D'OBTENIR MON BREVET DE		
VOLUPTUEUX QUI SONT LES EMBLEMES DE LEUR		
LA PETITE		
EXPLIQUER D'OU VIENT SI SUBITEMENT UNE SI		
LES YEUX DE MA BELLE BIEN-AIMEE, LA PETITE		
ET COMME LA CHARMANTE CREATURE RIAIT		
AYEZ PITIE, AYEZ PITIE DES FOUS ET DES		
LUNE SINISTRE ET ENIVRANTE, SUSPENDUE AU		
QUE CE REFLET DE LA JOIE DU RICHE AU		
CRABES AU RIZ ET AU SAFRAN, LUI ENVOIE, DU		
SEULEMENT QUE JE SENTAIS, CONFINE AU		
PLEINE LUMIERE OU DANS L'OMBRE OPAQUE, AU		
ELOIGNEES QUE LES NUEES QUI DEFILAIENT AU		
DANS DES PALAIS GRANDS ET TRISTES, AU		
PERSONNAGES, QUI SE DETACHAIENT AINSI DU		
ME FAIRE CONFIDENCE DE QUELQUES PRINCIPES		
AU LEUR, PLUS VASTES ET PLUS RAFFINES. LES		
ARRANGEE, DONT LES FLEURS ET LES NATTES		
MALICIEUX SE GLISSENT EN NOUS ET NOUS		
LES FLEURS MONSTRUEUSES; LES PARFUMS QUI		
DE SA NUIT, LES FEUX DES CANDELABRES QUI		
LE CADEAU, ET ILS S'ENFUIRONT COMME		
PAS QUE LA LIGNE COURBE ET LA SPIRALE		
DEUX CHAISES DE PAILLE, UN POELE DE		
ET QUAND LA GENE QUI EN RESULTAIT DE		
QUI REVIENNENT, DE CEUX QUI ONT ENCORE LA		
SES YEUX, QUOIQUE BEAUX, CONTENAIENT UNE		
JOUR JE TROUVAI CETTE MINERVE, AFFAMEE DE		
PRECIPITES VERS L'ACTION PAR UNE		
JE ME REVEILLAI, ET TOUTE MA		
L'ORGUEIL DE LA VIE. ALORS, JE LUI FIS		
EST-CE QUE VOUS VOUS CONNAISSEZ DE		
MA MAITRESSE LES ELANS DE L'AMOUR LE PLUS		
A SON TOUR CELUI-CI APPLIQUA TOUTES SES		
DURA EN VERITE PLUS LONGTEMPS QUE LEURS		
D'UN DEBUT, ET ECLAIRAIT DE TOUTES SES		
AIT EXISTE, A MIS UNE FOIS LE FEU A UNE		
LES AI SUIVIS DE LA MAIN, JUSQU'AU BORD DE LA		
DE ROTTERDAM, TOI QUI AIMES LES		
POLICHINELLE PLAT MU PAR UN SEUL FIL, LES		
VOUS ASSEOIR DEVANT UN CAFE NEUF QUI		
DE L'OURS BLANC, CE MONSTRE POILU DONT LA		
PROGRES. JAMAIS UN DESIR NE SERA		
DANS SES MUSEES, IMPRIME FIDELEMENT SA		
PENDANT UNE ECLIPSE. LES MEUBLES ONT DES		
ET, EN GENERAL, DE TOUTES LES		
DE TOUTES NATIONS ET DE NAVIRES DE TOUTES		
LES YEUX SANS JAMAIS LES LASSER. LES		
PLAISIR OU A L'ETONNEMENT, QUI EST UNE DES		
PETITES FIGURES MOUVANTES REPRESENTANT LES		
SE FAISAIENT, EN VERITE, UNE CONCURRENCE		
UN BON COMEDIEN'', ON SE SERT D'UNE		
OBSCUR D'UNE IDEE SUPERIEURE A TOUTES LES		
UN MASQUE DE VERRE. AVEC TOUT CELA,		
DE SANG DESSUS!'' ELLE DIT CELA D'UN AIR		
D'UNE CHAIRE OU D'UNE TRIBUNE, RISQUERAIT		
DE LA JOIE ET DE LA DOULEUR, ETAIENT		
ETANT AU SIXIEME ETAGE ET L'ESCALIER		
APRES, IL REPARUT, TENANT DANS SES BRAS UN		
PETIT MONSTRE S'ETAIT SERVI D'UNE FICELLE		
QUE VOUS POUVEZ LE CROIRE. IL ETAIT DEJA		
DE VOS MAITRESSES!'' CELA FUT DIT D'UN TON		
DENTS, ET COMME JE NE ME SENTAIS PAS ASSEZ		
TROUBLER LE CERVEAU DU SOLITAIRE LE PLUS		
''VOUS CROYEZ PEUT-ETRE QUE CELA EST TRES-		
DE SON ANEANTISSEMENT. CEPENDANT DOROTHEE,		
ASSURE QUE LES SECONDES MAINTENANT SONT		
FAVEURS; MAIS JE LES AVAIS SANS DOUTE		
RAILLEUSE QUI DIT CLAIREMENT: ''NOUS AVONS		
UNE AISANCE PARFAITE, CE QUI CONTRIBUA A		
CE TOUR DE CLEF AUGMENTERA MA SOLITUDE ET		
J'AI AIMES, AMES DE CEUX QUE J'AI CHANTES,		
D'UNE COMBINAISON; MAIS D'UNE INSPIRATION		
DE BRISER SOUS SON DOS TOUTE SA PAUVRE		
EGAYES A LA FOIS. --J'AURAIS PU FAIRE MA		
LA PUISSANCE D'ATTIRER MAGNETIQUEMENT LA		
DE CEUX QUI LES PLAIGNENT POUR LEUR		
FEMELLE. JE VOUS TROUVE MAL VENUS, TROP		
ATTACHE, POUR TOUJOURS PEUT-ETRE, A LA		
D'UN PALAIS, SUR L'HERBE VERTE D'UN		

	POEM	LINE
FOIS, MON AUREOLE, DANS UN MOUVEMENT BRUSQUE,	46	009
FOIS, POUR L'HOMME SENSIBLE QUI SAIT Y LIRE,	28	013
FOIS; OU TOUT VOUS RESSEMBLE, MON CHER ANGE.	18	013
FOIS. --J'AURAIS PU FAIRE MA FORTUNE EN LA	42	096
FOLATRE ET MALIN; LES UNES, JEUNES, QUI	20	007
FOLATRENT DES TIGES ET DES FLEURS, CELLES-CI	32	008
FOLIE DANS LES NUITS DE SABBAT. A SES	21	031
FOLIE ET DE TON AVEUGLEMENT, TU M'AIMERAS	38	018
FOLIE PERSONNELLE. AVEC UNE FROIDE ET	42	136
FOLIE, JE LUI CRIAI FURIEUSEMENT: ''LA VIE EN	09	088
FOLIE, SIGNE DU SUBTIL LELUT ET DU BIEN-AVISE	49	031
FOLIE.'' ET C'EST POUR CELA, MAUDITE CHERE	37	034
FOLLE BIEN-AIMEE ME DONNAIT A DINER, ET PAR LA	44	001
FOLLE ENERGIE A CES AMES PARESSEUSES ET	09	015
FOLLE MONSTRUEUSE AUX YEUX VERTS.'' ET TOUT A	44	007
FOLLEMENT, SE MOQUANT DE LA MALADRESSE DE SON	43	012
FOLLES! O CREATEUR! PEUT-IL EXISTER DES	47	123
FOND D'UNE NUIT ORAGEUSE ET BOUSCULEE PAR LES	36	018
FOND DE L'OEIL DU PAUVRE. MAIS CE JOUR-LA, A	13	074
FOND DE LA COUR, SES PARFUMS EXCITANTS?	25	045
FOND DE MON INTELLECT, LE GERME OBSCUR D'UNE	49	014
FOND DE SES YEUX ADORABLES JE VOIS TOUJOURS	16	016
FOND DES ABIMES SOUS MES PIEDS; MON AME ME	15	008
FOND DESQUELS ON VOIT LA MER ET LE CIEL, DES	31	007
FOND OPAQUE DE LA NUIT. ILS AVAIENT L'AIR SI	21	008
FONDAMENTAUX DONT IL NE ME CONVIENT PAS DE	29	065
FONDATEURS DE COLONIES, LES PASTEURS DE	12	033
FONT A SI PEU DE FRAIS UN PARFAIT BOUDOIR? OU	25	038
FONT ACCOMPLIR, A NOTRE INSU, LEURS PLUS	09	048
FONT DELIRER; LES CHATS QUI SE PAMENT SUR LES	37	022
FONT DES TACHES D'UN ROUGE OPAQUE SUR LES	22	053
FONT LES CHATS QUI VONT MANGER LOIN DE VOUS LE	19	013
FONT LEUR COUR A LA LIGNE DROITE ET DANSENT	32	013
FONTE, UN OU DEUX INSTRUMENTS DE MUSIQUE	50	084
FORCAIT A BAISSER LES YEUX VERS LA TERRE, IL	21	034
FORCE DE VOULOIR, LE DESIR DE VOYAGER OU DE	41	014
FORCE FASCINATRICE. CE QUI ME FRAPPA LE PLUS,	21	090
FORCE IDEALE, EN TETE-A-TETE AVEC MON	42	054
FORCE IRRESISTIBLE, COMME LA FLECHE D'UN ARC.	09	012
FORCE M'ABANDONNA. ''EN VERITE, ME DIS-JE, IL	21	115
FORCE SIGNES POUR LUI FAIRE COMPRENDRE QUE JE	49	070
FORCE?'' ET ELLE ARGUMENTAIT. ''UN BEAU JOUR	42	044
FORCENE. APRES UN AN DE VIE COMMUNE, ELLE	42	069
FORCES A ETRANGLER SON ADVERSAIRE D'UNE MAIN,	15	057
FORCES ENFANTINES NE SEMBLAIENT LE PROMETTRE?	15	062
FORCES LES MURS AVEUGLANTS DE BLANCHEUR, LES	26	018
FORET POUR VOIR, DISAIT-IL SI LE FEU PRENAIT	09	021
FORET; OU J'AI COMPRIS SEULEMENT ALORS QU'ILS	31	104
FORETS DE MATS, ET LES NAVIRES AMARRES AU PIED	48	022
FORGERONS QUI BATTENT L'ENCLUME, LE CAVALIER	19	006
FORMAIT LE COIN D'UN BOULEVARD NEUF, ENCORE	26	014
FORME IMITE ASSEZ VAGUEMENT LA VOTRE. ''CE	11	020
FORME PAR VOUS, QUE JE NE VOUS AIDE A LA	29	107
FORME SUR LE SABLE FIN. CAR DOROTHEE EST SI	25	025
FORMEE PAR QUELQUES GENTILSHOMMES MECONTENTS.	27	007
FORMES ALLONGEES, PROSTREES, ALANGUIES. LES	05	008
FORMES DE L'INFATUATION HUMAINE. SUR CE	29	057
FORMES DECOUPANT LEURS ARCHITECTURES FINES ET	17	018
FORMES ELANCEES DES NAVIRES, AU GREEMENT	41	006
FORMES LES PLUS DELICATES DU PLAISIR. LE GRAND	27	028
FORMES NOMBREUSES DE LA MISERE UNIVERSELLE. IL	21	060
FORMIDABLE: ELLES PIAILLAIENT, BEUGLAIENT,	14	021
FORMULE QUI IMPLIQUE QUE SOUS LE PERSONNAGE SE	27	073
FORMULES DE BONNE FEMME DONT J'AVAIS RECEMMENT	49	015
FORT BEGUEULE. SI PARFOIS JE LA BOUSCULAIS PAR	42	048
FORT CANDIDE, COMME UN HOMME SENSIBLE DIRAIT A	47	103
FORT DE DEVENIR FOU FURIEUX DANS L'ILE DE	23	012
FORT DIVERSES; LES UNES AVAIENT L'AIR SOMBRE	20	006
FORT ETROIT; L'HOMME DEVAIT EPROUVER QUELQUE	09	069
FORT GROS CHAT, ET LE REGARDANT, COMME ON DIT,	16	008
FORT MINCE QUI ETAIT ENTREE PROFONDEMENT DANS	30	063
FORT ROIDE, ET J'AVAIS UNE REPUGNANCE	30	059
FORT SERIEUX, PAR UN HOMME D'ESPRIT DOUX ET	42	111
FORT, ETANT NE DELICAT ET M'ETANT PEU EXERCE A	49	046
FORT. AU MILIEU DE CE TOHU-BOHU ET DE CE	04	005
FORT? DISAIT-- ''ELLE AUSSITOT: EST-CE QUE VOUS	42	043
FORTE ET FIERE COMME LE SOLEIL, S'AVANCE DANS	25	006
FORTEMENT ET SOLENNELLEMENT ACCENTUEES, ET	05	075
FORTEMENT OFFENSES, CAR ILS NE SONT JAMAIS	21	122
FORTEMENT VECU, ET NOUS CHERCHONS CE QUE NOUS	42	008
FORTIFIER, DANS LE NOBLE PUBLIC, L'IDEE DE	27	070
FORTIFIERA LES BARRICADES QUI ME SEPARENT	10	009
FORTIFIEZ-MOI, SOUTENEZ-MOI, ELOIGNEZ DE MOI	10	039
FORTUITE, PARTICIPE BEAUCOUP, NE FUT-CE QUE	09	056
FORTUNE AMBULATOIRE QUI RENDIT LE BRUIT	09	086
FORTUNE EN LA MONTRANT DANS LES FOIRES COMME	42	097
FORTUNE FUT ADJUGEE A L'HERITIER UNIQUE D'UNE	20	041
FORTUNE SI AGITEE ET POUR LEUR VIE SI CHASTE.	12	038
FORTUNES MORTELS, A VOUS PLAINDRE DES	42	108
FOSSE DE L'IDEAL.	38	025
FOSSE, DANS LA SOLITUDE MORNE DE VOTRE	33	008

POEM LINE

07	000	LE	FOU ET LA VENUS
23	012	D'UNE TRIBUNE, RISQUERAIT FORT DE DEVENIR	FOU FURIEUX DANS L'ILE DE ROBINSON. JE N'EXIGE
31	092	DEUX A LA FOIS, ET QU'ON DEVIENDRAIT COMME	FOU SI ON LES ECOUTAIT TROP LONGTEMPS. L'UN,
22	034	MANIE CREPUSCULEUSE. LE PREMIER EST MORT	FOU, INCAPABLE DE RECONNAITRE SA FEMME ET SON
09	087	D'UN PALAIS DE CRISTAL CREVE PAR LA	FOUDRE. ET, IVRE DE MA FOLIE, JE LUI CRIAI
04	008	VIVEMENT, HARCELE PAR UN MALOTRU ARME D'UN	FOUET. COMME L'ANE ALLAIT TOURNER L'ANGLE D'UN
28	017	DANS LES YEUX LARMOYANTS DES CHIENS QU'ON	FOUETTE. L'OFFRANDE DE MON AMI FUT BEAUCOUP
12	009	NE SAIT PAS NON PLUS ETRE SEUL DANS UNE	FOULE AFFAIREE. LE POETE JOUIT DE CET
12	019	CELUI-LA QUI EPOUSE FACILEMENT LA	FOULE CONNAIT DES JOUISSANCES FIEVREUSES, DONT
09	059	QUI NOUS POUSSE SANS RESISTANCE VERS UNE	FOULE D'ACTIONS DANGEREUSES OU INCONVENANTES.)
22	007	DU SOIR, UN GRAND HURLEMENT, COMPOSE D'UNE	FOULE DE CRIS DISCORDANTS, QUE L'ESPACE
47	097	QUE JE LUI AI FAIT ENTENDRE CA PAR UNE	FOULE DE FACONS; JE NE LUI AI PAS DIT TOUT
13	062	SYMPATHIQUE, AU MOINS CURIEUX, SUR LA	FOULE DE PARIAS QUI SE PRESSENT AUTOUR DE
21	059	ET ILLUSTREE, COMME D'UN TATOUAGE, D'UNE	FOULE DE PETITES FIGURES MOUVANTES
20	020	FEES ETAIENT TRES-AFFAIREES; CAR LA	FOULE DES SOLLICITEURS ETAIT GRANDE, ET LE
29	001	HIER, A TRAVERS LA	FOULE DU BOULEVARD, JE ME SUIS SENTI FROLE PAR
12	002	PRENDRE UN BAIN DE MULTITUDE: JOUIR DE LA	FOULE EST UN ART; ET CELUI-LA SEUL PEUT FAIRE,
14	063	PROFOND, INOUBLIABLE, IL PROMENAIT SUR LA	FOULE ET LES LUMIERES, DONT LE FLOT MOUVANT
09	041	L'EMBRASSERA AVEC ENTHOUSIASME DEVANT LA	FOULE ETONNEE. POURQUOI? PARCE QUE... PARCE
13	049	UN DE CES CIELS D'OU DESCENDENT EN	FOULE LES REGRETS ET LES SOUVENIRS, ELLE
31	100	MUSIQUE DE SAUVAGES, MEME APRES QUE LA	FOULE S'EST DISPERSEE. ENFIN ILS ONT RAMASSE
23	035	A TOUS CEUX QUI COURENT S'OUBLIER DANS LA	FOULE, CRAIGNANT SANS DOUTE DE NE POUVOIR SE
13	051	DANS UN JARDIN, POUR ENTENDRE, LOIN DE LA	FOULE, UN DE CES CONCERTS DONT LA MUSIQUE DES
12	000	LES	FOULES
39	006	ELLE EST VRAIMENT LAIDE; ELLE EST	FOURMI, ARAIGNEE, SI VOUS VOULEZ, SQUELETTE
17	016	DE TA CHEVELURE, J'ENTREVOIS UN PORT	FOURMILLANT DE CHANTS MELANCOLIQUES; D'HOMMES
47	115	ON SAIT SE PROMENER ET REGARDER? LA VIE	FOURMILLE DE MONSTRES INNOCENTS. --SEIGNEUR,
13	072	DE MUSIQUE, ET REGARDANT L'ETINCELANTE	FOURNAISE INTERIEURE. C'EST TOUJOURS CHOSE
29	109	SUR VOS VULGAIRES SEMBLABLES; VOUS SEREZ	FOURNI DE FLATTERIES ET MEME D'ADORATIONS;
06	007	QU'UN SAC DE FARINE OU DE CHARBON, OU LE	FOURNIMENT D'UN FANTASSIN ROMAIN. MAIS LA
29	010	SUPERIEURES DE PARIS NE POURRAIT	FOURNIR UN EXEMPLE APPROCHANT. IL ME PARUT
42	100	ET CEPENDANT ELLE M'A QUITTE... --POUR UN	FOURNISSEUR AUX VIVRES, SANS DOUTE? --QUELQUE
42	103	PAR QUELQUE TOUR DE BATON A LUI CONNU,	FOURNIT PEUT-ETRE A CETTE PAUVRE ENFANT LA
31	061	PEUR DE JE NE SAIS QUOI. ENSUITE J'AI	FOURRE MA TETE DANS SES CHEVEUX QUI PENDAIENT
07	016	AUX PIEDS D'UNE COLOSSALE VENUS, UN DE CES	FOUS ARTIFICIELS, UN DE CES BOUFFONS
47	123	LAME; SEIGNEUR, AYEZ PITIE, AYEZ PITIE DES	FOUS ET DES FOLLES! O CREATEUR! PEUT-IL
22	020	DE L'ENFER. LE CREPUSCULE EXCITE LES	FOUS. --JE ME SOUVIENS QUE J'AI EU DEUX AMIS
17	026	RAFRAICHISSANTES. DANS L'ARDENT	FOYER DE TA CHEVELURE, JE RESPIRE L'ODEUR DU
34	016	IL Y EN AVAIT QUI PENSAIENT A LEUR	FOYER, QUI REGRETTAIENT LEURS FEMMES INFIDELES
02	003	LE MONDE VOULAIT PLAIRE; LE JOLI ETRE, SI	FRAGILE COMME ELLE, LA PETITE VIEILLE, ET,
09	071	EN MAINT ENDROIT LES ANGLES DE SA	FRAGILE MARCHANDISE. ENFIN IL PARUT:
38	015	LA DEFUNTE, ET QUI, PIETINANT SUR LA TERRE	FRAICHE AVEC UNE VIOLENCE HYSTERIQUE ET
24	025	TAMISEE PAR LES STORES, DECOREE DE NATTES	FRAICHES ET DE FLEURS CAPITEUSES, AVEC DE
39	005	CHAQUE BAISER EMPORTENT DE JEUNESSE ET DE	FRAICHEUR. ELLE EST VRAIMENT LAIDE; ELLE EST
19	026	SUR L'HERBE UN JOUJOU SPLENDIDE, AUSSI	FRAIS QUE SON MAITRE, VERNI, DORE, VETU D'UNE
25	038	LES FLEURS ET LES NATTES FONT A SI PEU DE	FRAIS UN PARFAIT BOUDOIR; OU ELLE PREND TANT
19	018	PAR LE SOLEIL, SE TENAIT UN ENFANT BEAU ET	FRAIS, HABILLE DE CES VETEMENTS DE CAMPAGNE SI
24	044	LARGE AVEC DES DRAPS UN PEU APRES; MAIS	FRAIS; QUOI DE MIEUX?'' ET EN RENTRANT SEUL
47	021	LA TROUVER DANS PLUSIEURS VIEUX POETES	FRANCAIS BIEN CONNUS. SEULEMENT, DETAIL NON
20	084	DISAIT: ''COMMENT TROUVEZ-VOUS CE PETIT	FRANCAIS VANITEUX, QUI VEUT TOUT COMPRENDRE,
39	014	TOUTE LA VITALITE ENDIABLEE DU MIDI	FRANCAIS: NIMES, AIX, ARLES, AVIGNON,
04	021	CONCENTRER EN LUI TOUT L'ESPRIT DE LA	FRANCE.
31	125	PEUR D'ETRE RATTRAPE AVANT D'ETRE HORS DE	FRANCE.'' L'AIR PEU INTERESSE DES TROIS AUTRES
28	007	DANS LA DROITE, UNE PIECE D'ARGENT DE DEUX	FRANCS QU'IL AVAIT PARTICULIEREMENT EXAMINEE.
47	087	LES AI DERANGES INUTILEMENT. JE LAISSE DIX	FRANCS SUR LA CHEMINEE. --C'EST SI BON ET SI
21	090	UNE FORCE FASCINATRICE. CE QUI ME	FRAPPA LE PLUS; CE FUT LE MYSTERE DE SA VOIX,
30	050	RENTRANT A LA MAISON, LE PREMIER OBJET QUI	FRAPPA MON REGARD FUT MON PETIT BONHOMME,
19	018	LA BLANCHEUR D'UN JOLI CHATEAU	FRAPPE PAR LE SOLEIL, SE TENAIT UN ENFANT BEAU
05	053	TOUTE CETTE MAGIE A DISPARU AU COUP BRUTAL	FRAPPE PAR LE SPECTRE. HORREUR! JE ME
38	021	ET POUR MIEUX ACCENTUER MON REFUS, J'AI	FRAPPE SI VIOLEMMENT LA TERRE DU PIED QUE MA
43	010	PARTIE DE SON GENIE. PLUSIEURS BALLES	FRAPPERENT LOIN DU BUT PROPOSE; L'UNE D'ELLES
50	020	ET LE POETE QUI LES REGARDE D'UN OEIL	FRATERNEL. FI DU CHIEN BELLATRE, DE CE FAT
29	027	ET QUI M'INSPIRAIENT PLUTOT UNE SYMPATHIE	FRATERNELLE QUE CETTE CRAINTE QUI NAIT
19	044	LES DEUX ENFANTS SE RIAIENT L'UN A L'AUTRE	FRATERNELLEMENT, AVEC DES DENTS D'UNE EGALE
23	042	UNE PROSTITUTION QUE JE POURRAIS APPELER	FRATERNITAIRE, SI JE VOULAIS PARLER LA BELLE
15	077	POUR ENGENDRER UNE GUERRE PARFAITEMENT	FRATRICIDE!''
03	027	DU BEAU EST UN DUEL OU L'ARTISTE CRIE DE	FRAYEUR AVANT D'ETRE VAINCU.
14	054	POUR LES LENDEMAINS; PARTOUT L'EXPLOSION	FRENETIQUE DE LA VITALITE. ICI LA MISERE
31	073	DANS LES NUEES, ET QU'IL LA TROUVERAIT	FREQUEMMENT AILLEURS. ENFIN LE QUATRIEME DIT:
23	004	PERES DE L'EGLISE. JE SAIS QUE LE DEMON	FREQUENTE VOLONTIERS LES LIEUX ARIDES, ET QUE
29	040	AVAIT COUPE A DIVERS INTERVALLES NOS	FREQUENTES LIBATIONS, ET JE DOIS DIRE QUE
31	132	L'IDEE BIZARRE QUE JE POUVAIS AVOIR UN	FRERE A MOI-MEME INCONNU. LE SOLEIL S'ETAIT
15	048	QU'ON AURAIT PU LE PRENDRE POUR SON	FRERE JUMEAU. ENSEMBLE ILS SE ROULERENT SUR LE
01	003	--JE N'AI NI PERE, NI MERE, NI SOEUR, NI	FRERE. --TES AMIS? --VOUS VOUS SERVEZ LA D'UNE
15	051	SANS DOUTE SACRIFIER LA MOITIE POUR SON	FRERE. LE PREMIER, EXASPERE, EMPOIGNA LE
01	002	DIS? TON PERE, TA MERE, TA SOEUR OU TON	FRERE? --JE N'AI NI PERE, NI MERE, NI SOEUR,
29	074	CONFRERES, S'ECRIER EN CHAIRE: ''MES CHERS	FRERES, N'OUBLIEZ JAMAIS, QUAND VOUS ENTENDREZ
32	027	AGITEZ VOTRE GENIE SUR LES COEURS DE VOS	FRERES. --LE BATON, C'EST VOTRE VOLONTE,
08	004	PARFUMEUR DE LA VILLE.'' ET LE CHIEN, EN	FRETILLANT DE LA QUEUE, CE QUI EST, JE CROIS,
20	056	CADEAU, AUCUNE LARGESSE A JETER A TOUT CE	FRETIN HUMAIN, QUAND UN BRAVE HOMME, UN PAUVRE
15	075	SUPERBE OU LE PAIN S'APPELLE DU GATEAU,	FRIANDISE SI RARE QU'ELLE SUFFIT POUR
48	035	INSTALLONS-NOUS AU POLE. LA LE SOLEIL NE	FRISE QU'OBLIQUEMENT LA TERRE, ET LES LENTES
03	008	CHASTETE DE L'AZUR! UNE PETITE VOILE	FRISSONNANTE A L'HORIZON, ET QUI PAR SA
29	044	JE CRAIGNAIS D'ABUSER. ENFIN, COMME L'AUBE	FRISSONNANTE BLANCHISSAIT LES VITRES, CE
50	027	SURTOUT DE CES SERPENTS A QUATRE PATTES,	FRISSONNANTS ET DESOEUVRES; QU'ON NOMME
14	043	DOMINANT TOUS LES PARFUMS, UNE ODEUR DE	FRITURE QUI ETAIT COMME L'ENCENS DE CETTE
27	099	DESTRUCTION. TOUT CE PUBLIC, SI BLASE ET	FRIVOLE QU'IL PUT ETRE, SUBIT BIENTOT LA
13	024	EFFORTS NON RECOMPENSES; DE LA FAIM ET DU	FROID HUMBLEMENT, SILENCIEUSEMENT SUPPORTES.
25	035	AINSI LA PARESSEUSE DOROTHEE, BELLE ET	FROIDE COMME LE BRONZE? POURQUOI A-T-ELLE
42	137	PU TIRER DE MA FOLIE PERSONNELLE. AVEC UNE	FROIDE ET INFRANCHISSABLE REGLE, ELLE BARRAIT
42	007	JE NE SAIS QUOI, CETTE TRISTESSE	FROIDE ET RAILLEUSE QUI DIT CLAIREMENT: ''NOUS

	POEM	LINE
BLANCHE DES IDYLLES, QUI RESSEMBLE A UNE FROIDE MARIEE, MAIS LA LUNE SINISTRE ET	36	016
QUE POUR LES VOIR. IL Y EN A QUI ME DISENT FROIDEMENT: ''VOUS N'ETES PAS MALADE DU	47	082
FIEVREUSE QUI S'EMPARE DE NOUS DANS LES FROIDES MISERES, CETTE NOSTALGIE DU PAYS QU'ON	18	016
LA FOULE DU BOULEVARD, JE ME SUIS SENTI FROLE PAR UN ETRE MYSTERIEUX QUE J'AVAIS	29	002
POUR PRIX DE LEURS CHANTS ALTERNES, UN BON FROMAGE, UNE FLUTE DU MEILLEUR FAISEUR, OU UNE	50	114
ET SA TETE FABULEUSE SURMONTAIT LE FRONT CE JE NE SAIS QUOI DE PRECOCEMENT FATAL	31	129
IL Y AVAIT DANS SON OEIL ET DANS SON FRONT DE L'HOMME, COMME UN DE CES CASQUES	06	012
FIERS DE L'ENORMITE DE LEURS MEMBRES, SANS FRONT ET SANS CRANE, COMME LES ORANGS-OUTANGS,	14	030
SUR L'HERBE TERRIFIEE! DANS SON PETIT FRONT HABITENT LA VOLONTE TENACE ET L'AMOUR DE	36	023
TASSE D'EAU-DE-VIE ET SE SONT ENDORMIS, LE FRONT TOURNE VERS LES ETOILES. J'AVAIS EU	31	120
ET LES DEESSES PORTANT SUR LEUR TETE DES FRUITS, DES PATES ET DU GIBIER, LES HEBES ET	26	023
OU L'ATMOSPHERE EST PARFUMEE PAR LES FRUITS, PAR LES FEUILLES ET PAR LA PEAU	17	014
UNE DELICIEUSE ODEUR DE FLEURS ET DE FRUITS. AUSSITOT CHACUN FUT JOYEUX, CHACUN	34	026
LES COEURS ET D'ENGOURDIR LES ESPRITS? FRUSTRE DE SES ESPERANCES ET BAFOUE DANS SES	27	111
COMME UN GLAIVE, AVAIT-IL REELLEMENT FRUSTRE LE BOURREAU? LE PRINCE AVAIT-IL	27	140
QUI M'EST APPARUE SI RAREMENT ET QUI A FUI SI VITE, COMME UNE BELLE CHOSE REGRETTABLE	36	004
AH! FAUT-IL ETERNELLEMENT SOUFFRIR, OU FUIR ETERNELLEMENT LE BEAU? NATURE,	03	024
ET LES EFFORTS BIZARRES QU'IL FAISAIT POUR FUIR OU POUR VAINCRE CE TYRAN DU MONDE LUI	27	023
A L'OISEAU, A L'HORLOGE, A TOUT CE QUI FUIT, A TOUT CE QUI GEMIT, A TOUT CE QUI	33	011
IL Y AVAIT UN AUTRE ENFANT, SALE, CHETIF, FULIGINEUX, UN DE CES MARMOTS-PARIAS DONT UN	19	032
UN VERRE DE BIERE EN FACE DES TOMBES, ET FUMA LENTEMENT UN CIGARE. PUIS, LA FANTAISIE	45	010
A UN ELEGANT TRIPOT. QUATRE HOMMES FUMAIENT ET BUVAIENT. ILS N'ETAIENT	42	003
UNE PROMENADE, MA CARTE DE VISITE. NOUS FUMAMES LONGUEMENT QUELQUES CIGARES DONT LA	29	047
PERCHE SUR LA MONTAGNE; ET, LE SOIR, EN FUMANT ET EN CONTEMPLANT LE REPOS DE L'IMMENSE	22	015
ELLE REPOSERAIT SI CALME, SI BIEN EVENTEE, FUMANT LE TABAC LEGEREMENT OPIACE!), AU DELA	24	027
DONT DEUX BOUTS DE CHANDELLES, COULANTS ET FUMANTS, ECLAIRAIENT TROP BIEN ENCORE LA	14	050
LES FAIT MONTER VERS L'ASTRE COMME DES FUMEES. CEPENDANT, DANS CETTE JOUISSANCE	07	013
ET LES RANCUNES S'ENVOLERENT COMME DES FUMEES. MOI SEUL J'ETAIS TRISTE,	34	031
ELLE PREND TANT DE PLAISIR A SE PEIGNER, A FUMER, A SE FAIRE EVENTER OU A SE REGARDER	25	040
UN BOUDOIR D'HOMME, C'EST-A-DIRE DANS UN FUMOIR ATTENANT A UN ELEGANT TRIPOT, QUATRE	42	002
MES YEUX SE TOURNAIENT VERS LA FUNEBRE ARMOIRE, JE M'APERCUS, AVEC UN DEGOUT	30	103
A OBTENIR DE MOI UN MORCEAU DE LA FUNESTE ET BEATIFIQUE CORDE. PARMI LES	30	128
DE CONNAITRE LES CONSEQUENCES DIVERSES, FUNESTES OU AUTRES, QUE PEUT ENGENDRER UNE	28	030
D'UNE SOCIETE. LES SEIGNEURS EN QUESTION FURENT ARRETES; AINSI QUE FANCIOULLE, ET VOUES	27	012
EN CE CAS, DES JUGES INJUSTES. AUSSI FURENT COMMISES CE JOUR-LA QUELQUES BOURDES	20	037
EMBARRASSE DE SES MILLIONS. AINSI FURENT DONNES L'AMOUR DU BEAU ET LA PUISSANCE	20	047
DE LA COMEDIE. DANS LA MEME NUIT ILS FURENT EFFACES DE LA VIE. DEPUIS LORS,	27	146
SA MAUVAISE HUMEUR. TOUTES LES QUERELLES FURENT OUBLIEES; TOUS LES TORTS RECIPROQUES	34	028
LONGTEMPS HORS DE CHEZ MOI. ''QUELS NE FURENT PAS MON HORREUR ET MON ETONNEMENT	30	048
RECIPROQUES PARDONNES; LES DUELS CONVENUS FURENT RAYES DE LA MEMOIRE, ET LES RANCUNES	34	030
FOUDRE. ET, IVRE DE MA FOLIE, JE LUI CRIAI FURIEUSEMENT: ''LA VIE EN BEAU! LA VIE EN	09	088
CAFRINES ELLES-MEMES DEVIENNENT IVRES ET FURIEUSES DE JOIE; ET PUIS ENCORE SI LES	25	053
TRIBUNE, RISQUERAIT FORT DE DEVENIR FOU FURIEUX DANS L'ILE DE ROBINSON. JE N'EXIGE PAS	23	012
M'AIMERAS TELLE QUE JE SUIS!'' MAIS MOI, FURIEUX, J'AI REPONDU: ''NON! NON! NON!'' ET	38	020
FIT SAUTER SUR MES JAMBES. ''NON! CRIAI-JE FURIEUX. --CHIRURGIEN, ALORS? --NON! NON! A	47	043
ETAIENT SUSPENDUS AUX MURS. COMME LE FUS DORLOTE! GRAND FEU, VIN CHAUD, CIGARES; ET	47	024
LE REGARDAIS DANS LE BLANC DES YEUX, ET JE FUS EPOUVANTE DE VOIR QUE SES YEUX BRILLAIENT	28	046
INDIFFERENCE S'ABATTIT SUR MOI, ET J'EN FUS PLUS LOURDEMENT ACCABLE QU'ILS NE	06	035
D'AILLEURS IMPOSSIBLE DE DIRE POURQUOI JE FUS PRIS A L'EGARD DE CE PAUVRE HOMME D'UNE	09	065
OU L'APPELAIT SON DEVOIR. POUR MOI, JE FUS PRIS SUBITEMENT D'UNE INCOMMENSURABLE RAGE	04	019
DETONATIONS DE CUIVRE ET D'EXPLOSIONS DE FUSEES. LES QUEUES-ROUGES ET LES JOCRISSES	14	024
--ON NE TROUVERA PAS SURPRENANT QUE JE FUSSE DANS UN ETAT D'ESPRIT AVOISINANT	49	011
''EN VERITE, ME DIS-JE, IL FALLAIT QUE JE FUSSE BIEN LOURDEMENT ASSOUPI POUR MONTRER DE	21	116
D'ATTIRER MAGNETIQUEMENT LA FORTUNE FUT ADJUGEE A L'HERITIER UNIQUE D'UNE FAMILLE	20	042
QU'ON FOUETTE. L'OFFRANDE DE MON AMI FUT BEAUCOUP PLUS CONSIDERABLE QUE LA MIENNE,	28	018
REPENTISSE DEJA. MAIS AU MEME INSTANT IL FUT CULBUTE PAR UN AUTRE PETIT SAUVAGE, SORTI	15	046
IL SERAIT POSSIBLE QUE CETTE SOLITUDE NE FUT DANGEREUSE QUE POUR L'AME OISIVE ET	23	007
IMPERFECTIONS DE VOS MAITRESSES!'' CELA FUT DIT D'UN TON FORT SERIEUX, PAR UN HOMME	42	111
MAIS, A MON GRAND ETONNEMENT, LA MERE FUT IMPASSIBLE, PAS UNE LARME NE SUINTA DU	30	087
DE FLEURS ET DE FRUITS. AUSSITOT CHACUN FUT JOYEUX, CHACUN ABDIQUA SA MAUVAISE HUMEUR.	34	027
LES CONJURES; ET L'ORIGINE DE CE BRUIT FUT L'ANNONCE D'UN GRAND SPECTACLE OU	27	038
QUI A SURVECU A LA GENERATION DONT IL FUT LE BRILLANT AMUSEUR; DU VIEUX POETE SANS	14	080
FASCINATRICE. CE QUI ME FRAPPA LE PLUS, CE FUT LE MYSTERE DE SA VOIX, DANS LAQUELLE JE	21	091
COMME ELLE VETU DE NOIR; SI MODIQUE QUE FUT LE PRIX D'ENTREE; CE PRIX SUFFISAIT	13	095
LE PREMIER OBJET QUI FRAPPA MON REGARD FUT MON PETIT BONHOMME, L'ESPIEGLE COMPAGNON	30	050
LES YEUX ET IL LACHA LA DETENTE. LA POUPEE FUT NETTEMENT DECAPITEE. ALORS S'INCLINANT	43	017
COMME S'IL EUT CRAINT QUE MON OFFRE NE FUT PAS SINCERE OU QUE JE M'EN REPENTISSE	15	044
JE CROIRAIS VOLONTIERS QUE LE PRINCE FUT PRESQUE FACHE DE TROUVER SON COMEDIEN	27	014
DU PLAISIR. LE GRAND MALHEUR DE CE PRINCE FUT QU'IL N'EUT JAMAIS UN THEATRE ASSEZ VASTE	27	029
DANS SES DOMAINES, D'ECRIRE QUOI QUE CE FUT QUI NE TENDIT PAS UNIQUEMENT AU PLAISIR OU	27	027
QUE LES BETES. ENFIN UN RIVAGE FUT SIGNALE; ET NOUS VIMES, EN APPROCHANT, QUE	34	021
PERSONNE QUE J'APERCUS DANS LA RUE, CE FUT UN VITRIER DONT LE CRI PERCANT,	09	062
ET TOUT A FAIT IMPREVU. FANCIOULLE FUT, CE SOIR-LA, UNE PARFAITE IDEALISATION,	27	081
QUELQUEFOIS AUX HEUREUX DE CE MONDE, NE FUT-CE QUE PAR L'ARDEUR DU DESIR, DE CETTE	09	056
L'INQUIETUDE D'UN MALAISE PERPETUEL, ET FUT-CE QUE POUR HUMILIER UN INSTANT LEUR SOT	12	031
DE L'UNIVERS; DE SA CREATION ET DE SA FUT-IL GRATIFIE DE TOUS LES HONNEURS QUE	22	036
ET DES FLEURS. CELLES-CI SINUEUSES ET FUTURE DESTRUCTION; DE LA GRANDE IDEE DU	29	055
CAR VOICI LA SAISON QUI S'AVANCE; FUYARDES, CELLES-LA PENCHEES COMME DES CLOCHES	32	009
QUE DANS TON MAL? S'IL EN EST AINSI, FUYONS AVANT LES PLUIES ET NE MOUILLONS QUE	31	115
FUYONS VERS LES PAYS QUI SONT LES ANALOGIES DE	48	031

POEM	LINE		
42	116	''SI, NERVEUX COMME JE VOUS CONNAIS, VOUS,	G..., LACHES ET LEGERS COMME VOUS ETES, VOUS
42	058	EN LEUR PAYANT LES ARRERAGES DE LEURS	GAGES. --POUR MOI, REPRIT L'INTERRUPTEUR, JE
14	037	TUMULTE; LES UNS DEPENSAIENT, LES AUTRES	GAGNAIENT, LES UNS ET LES AUTRES EGALEMENT
47	029	DE LA JEUNESSE. --AH CA! OU DONC AVEZ-VOUS	GAGNE CES CHEVEUX BLANCS? VOUS N'ETIEZ PAS
29	102	AME, JE VOUS DONNE L'ENJEU QUE VOUS AURIEZ	GAGNE SI LE SORT AVAIT ETE POUR VOUS,
13	055	VIEILLE PURIFIEE), LA CONSOLATION BIEN	GAGNEE D'UNE DE CES LOURDES JOURNEES SANS AMI,
28	049	A LA FOIS LA CHARITE ET UNE BONNE AFFAIRE;	GAGNER QUARANTE SOLS ET LE COEUR DE DIEU;
45	031	SI VOUS SAVIEZ COMME LE PRIX EST FACILE A	GAGNER, COMME LE BUT EST FACILE A TOUCHER, ET
29	112	SANS QUE VOUS AYEZ FAIT UN EFFORT POUR LES	GAGNER; VOUS CHANGEREZ DE PATRIE ET DE CONTREE
14	059	PAS; IL NE CHANTAIT AUCUNE CHANSON, NI	GAIE, NI LAMENTABLE, IL N'IMPLORAIT PAS. IL
09	068	JE REFLECHISSAIS, NON SANS QUELQUE	GAIETE, QUE, LA CHAMBRE ETANT AU SIXIEME ETAGE
14	052	ENCORE LA DETRESSE. PARTOUT LA JOIE, LE	GAIN, LA DEBAUCHE; PARTOUT LA CERTITUDE DU
43	006	LA PLUS LEGITIME DE CHACUN? --ET IL OFFRIT	GALAMMENT LA MAIN A SA CHERE, DELICIEUSE ET
43	000	LE	GALANT TIREUR
16	033	DE PLAISIR A BRODER CETTE PRETENTIEUSE	GALANTERIE, QUE JE NE VOUS DEMANDERAI RIEN EN
24	013	ACCROCHER SON IMAGE; DANS CES SOLENNELLES	GALERIES, IL N'Y A PAS UN COIN POUR
46	009	CE CHAOS MOUVANT OU LA MORT ARRIVE AU	GALOP DE TOUS LES COTES A LA FOIS, MON
50	069	LEUR DEPARTEMENT POUR VENIR A LA VILLE,	GAMBADER PENDANT UNE HEURE, AUTOUR D'UNE BELLE
16	006	UN PETIT GARCON QUELLE HEURE IL ETAIT,	GAMIN DU CELESTE EMPIRE HESITA D'ABORD; PUIS,
30	031	JE PRIS ENFIN A TOUTE LA DROLERIE DE CE	GAMIN UN PLAISIR SI VIF, QUE JE PRIAI UN JOUR
04	010	L'ANGLE D'UN TROTTOIR, UN BEAU MONSIEUR	GANTE, VERNI, CRUELLEMENT CRAVATE ET
10	022	AVOIR PRIS LA PRECAUTION D'ACHETER DES	GANTS! ETRE MONTE POUR TUER LE TEMPS; PENDANT
26	024	DES PATES ET DU GIBIER, LES HEBES ET LES	GANYMEDES PRESENTANT A BRAS TENDU LA PETITE
26	031	GRISONNANTE, TENANT D'UNE MAIN UN PETIT	GARCON ET PORTANT SUR L'AUTRE BRAS UN PETIT
16	004	OUBLIE SA MONTRE, ET DEMANDA A UN PETIT	GARCON QUELLE HEURE IL ETAIT. LE GAMIN DU
26	040	PORTER SUR CES MURS.'' --LES YEUX DU PETIT	GARCON: ''QUE C'EST BEAU! QUE C'EST BEAU! MAIS
47	090	QUI EST POLI! ET QUI TRAVAILLE, LE PAUVRE	GARCON! SES CAMARADES M'ONT DIT QU'IL N'AVAIT
39	019	CHARME VAGUE, MAIS ETERNEL, DE SA POITRINE	GARCONNIERE. USEE PEUT-ETRE, MAIS NON
42	086	OUBLIAIT DE MANGER POUR LA CONTEMPLER. LES	GARCONS EUX-MEMES ET LA DAME DU COMPTOIR
31	005	EN VOYAGE, QUATRE BEAUX ENFANTS, QUATRE	GARCONS, LAS DE JOUER SANS DOUTE, CAUSAIENT
30	132	PAS A LA CLASSE INFIME ET VULGAIRE. J'AI	GARDE CES LETTRES. ''ET ALORS, SOUDAINEMENT,
21	087	NE VIEILLISSENT PLUS, ET DONT LA BEAUTE	GARDE LA MAGIE PENETRANTE DES RUINES. ELLE
37	011	TENDREMENT SERREE A LA GORGE QUE TU EN AS	GARDE POUR TOUJOURS L'ENVIE DE PLEURER.
09	008	DEVANT SA PORTE SANS OSER RENTRER, TEL QUI	GARDE QUINZE JOURS UNE LETTRE SANS LA
21	052	LES INCONVENIENTS DE TON AMITIE.	GARDE TES PRESENTS.'' LE SECOND SATAN N'AVAIT
30	114	A LA MORT DE SON FILS, ET LE VOULAIT	GARDER COMME UNE HORRIBLE ET CHERE RELIQUE.
29	097	SANS LE SAVOIR, ME DIT: ''JE VEUX QUE JE	GARDIEZ DE MOI UN BON SOUVENIR, ET VOUS
11	069	SUIS MAINTENANT, COMME VOUS SAVEZ BIEN),	GARE LA GRUE QUI VOUS CROQUERA, VOUS GOBERA ET
17	024	DU PORT; ENTRE LES POTS DE FLEURS ET LES	GARGOULETTES RAFRAICHISSANTES. DANS L'ARDENT
42	035	POURQUOI L'AURAIS-JE PRISE? MAIS ELLE	GATAIT CETTE GRANDE QUALITE PAR UNE AMBITION
22	027	PRECURSEUR DES VOLUPTES PROFONDES, LUI	GATAIT LES CHOSES LES PLUS SUCCULENTES.
15	000	LE	GATEAU
15	054	JURON PATOIS. LE LEGITIME PROPRIETAIRE DU	GATEAU ESSAYA D'ENFONCER SES PETITES GRIFFES
15	063	ENFANTINES NE SEMBLAIENT LE PROMETTRE? LE	GATEAU VOYAGEAIT DE MAIN EN MAIN ET CHANGEAIT
15	075	UN PAYS SUPERBE OU LE PAIN S'APPELLE DU	GATEAU, FRIANDISE SI RARE QU'ELLE SUFFIT POUR
15	038	D'UNE VOIX BASSE ET RAUQUE, LE MOT:	GATEAU! JE NE PUS M'EMPECHER DE RIRE EN
37	035	ET C'EST POUR CELA, MAUDITE CHERE ENFANT	GATEE, QUE JE SUIS MAINTENANT COUCHE A TES
21	072	RIAIT, EN MONTRANT IMPUDEMMENT SES DENTS	GATEES, D'UN ENORME RIRE IMBECILE, COMME
28	005	DE PETITES PIECES D'ARGENT; DANS LA POCHE	GAUCHE DE SA CULOTTE, UNE MASSE DE GROS SOLS,
28	003	TRIAGE DE SA MONNAIE; DANS LA POCHE	GAUCHE DE SON GILET IL GLISSA DE PETITES
21	029	MON SANG; UN PARFAIT CORDIAL!'' DANS LA	GAUCHE, UN VIOLON QUI LUI SERVAIT SANS DOUTE A
26	017	INACHEVEES. LE CAFE ETINCELAIT. LE	GAZ LUI-MEME Y DEPLOYAIT TOUTE L'ARDEUR D'UN
47	002	DU FAUBOURG; SOUS LES ECLAIRS DU	GAZ; JE SENTIS UN BRAS QUI SE COULAIT
22	060	DE CES ROBES ETRANGES DE DANSEUSES, OU UNE	GAZE TRANSPARENTE ET SOMBRE LAISSE ENTREVOIR
23	013	L'ILE DE ROBINSON. JE N'EXIGE PAS DE MON	GAZETIER LES COURAGEUSES VERTUS DE CRUSOE,
23	026	MEPRISE. JE DESIRE SURTOUT QUE MON MAUDIT	GAZETIER ME LAISSE M'AMUSER A MA GUISE. ''VOUS
23	001		GAZETIER PHILANTHROPE ME DIT QUE LA SOLITUDE
13	045	PENDANT QU'ELLE CHERCHAIT DANS LES	GAZETTES, AVEC DES YEUX ACTIFS, JADIS BRULES
06	002	PLAINE POUDREUSE, SANS CHEMINS, SANS	GAZON, SANS UN CHARDON, SANS UNE ORTIE, JE
30	023	QUE J'HABITE, ET OU DE VASTES ESPACES	GAZONNES SEPARENT ENCORE LES BATIMENTS,
25	019	ET PARESSEUX. DE LOURDES PENDELOQUES	GAZOUILLENT SECRETEMENT A SES MIGNONNES
15	016	NUAGE, COMME LE REFLET DU MANTEAU D'UN	GEANT AERIEN VOLANT A TRAVERS LE CIEL. ET JE
34	008	DES ANTIPODES. ET CHACUN DES PASSAGERS	GEMISSAIT ET GROGNAIT. ON EUT DIT QUE
21	070	DE METAL, QUI SE TERMINAIT EN UN VAGUE	GEMISSEMENT FAIT DE NOMBREUSES VOIX HUMAINES.
37	023	CHATS QUI SE PAMENT SUR LES PIANOS ET QUI	GEMISSENT COMME LES FEMMES, D'UNE VOIX RAUQUE
25	033	BEAUTE. A L'HEURE OU LES CHIENS EUX-MEMES	GEMISSENT DE DOULEUR SOUS LE SOLEIL QUI LES
33	012	A TOUT CE QUI FUIT, A TOUT CE QUI	GEMIT, A TOUT CE QUI ROULE, A TOUT CE QUI
29	044	SI SOUVENT INUTILE ET QUELQUEFOIS SI	GENANTE, QUE JE N'EPROUVAI, QUANT A CETTE
47	095	VIENS ME VOIR SOUVENT. ET AVEC MOI, NE TE	GENE PAS; JE N'AI PAS BESOIN D'ARGENT.'' MAIS
21	033	D'UNE CHAINE D'OR ROMPUE; ET QUAND LA	GENE QUI EN RESULTAIT LE FORCAIT A BAISSER LES
42	107	PAR LE CONTRAIRE DE CE QU'ON REPROCHE EN	GENERAL A L'EGOISTE FEMELLE. JE VOUS TROUVE
09	032	ELLE SE MANIFESTE SI OPINEMENT SONT, EN	GENERAL, COMME JE L'AI DIT, LES PLUS INDOLENTS
29	056	DU PROGRES ET DE LA PERFECTIBILITE, ET EN	GENERAL, DE TOUTES LES FORMES DE L'INFATUATION
27	079	VOYANTES, SERAIENT RELATIVEMENT A L'IDEE	GENERALE ET CONFUSE DE BEAUTE, CE SERAIT LA,
11	023	EST UN DE CES ANIMAUX QU'ON APPELLE	GENERALEMENT ''MON ANGE!'', C'EST-A-DIRE UNE
31	130	SAIS QUOI DE PRECOCEMENT FATAL QUI ELOIGNE	GENERALEMENT LA SYMPATHIE, ET QUI, JE NE SAIS
05	035	PARFUMS? O BEATITUDE! CE QUE NOUS NOMMONS	GENERALEMENT LA VIE, MEME DANS SON EXPANSION
09	023	AVEC AUTANT DE FACILITE QU'ON L'AFFIRME	GENERALEMENT. DIX FOIS DE SUITE, L'EXPERIENCE
14	080	VIEIL HOMME DE LETTRES QUI A SURVECU A LA	GENERATION DONT IL FUT LE BRILLANT AMUSEUR; DU
10	015	LA RUSSIE POUR UNE ILE); AVOIR DISPUTE	GENEREUSEMENT CONTRE LE DIRECTEUR D'UNE REVUE,
27	042	LES ESPRITS SUPERFICIELS, DES TENDANCES	GENEREUSES DU PRINCE OFFENSE. DE LA PART D'UN
29	000	LE JOUEUR	GENEREUX
29	121	VOLONTIERS TOMBE AUX PIEDS DE CE JOUEUR	GENEREUX POUR LE REMERCIER DE SON INOUIE
16	024	REPOSE SUR CE DELICIEUX CADRAN, SI QUELQUE	GENIE MALHONNETE ET INTOLERANT, QUELQUE DEMON
27	095	A VOILER LES TERREURS DU GOUFFRE, QUE LE	GENIE PEUT JOUER LA COMEDIE AU BORD DE LA
12	037	ET, AU SEIN DE LA VASTE FAMILLE QUE LEUR	GENIE S'EST FAITE; ILS DEVRONT RIRE
32	026	ET DE CAPRICE QUE VOUS AGITEZ VOTRE	GENIE SUR LES COEURS DE VOS FRERES. --LE
32	034	AMALGAME TOUT-PUISSANT ET INDIVISIBLE DU	GENIE, QUEL ANALYSTE AURA LE DETESTABLE
27	030	JAMAIS UN THEATRE ASSEZ VASTE POUR SON	GENIE. IL Y A DE JEUNES NERONS QUI ETOUFFENT
43	009	PEUT-ETRE AUSSI UNE GRANDE PARTIE DE SON	GENIE. PLUSIEURS BALLES FRAPPERENT LOIN DU BUT
38	023	PIED QUE MA JAMBE S'EST ENFONCEE JUSQU'AU	GENOU DANS LA SEPULTURE RECENTE, ET QUE, COMME

INDISCRETEMENT DANS LES JAMBES OU SUR LES
ET CELUI-LA SEUL PEUT FAIRE, UNE RIBOTE DE
ENCORE COMMIS UN NOUVEAU LARCIN DE CE
FARCEUR, J'EN AI CONNU PLUSIEURS DANS CE
N'EN PAS PARLER DU TOUT; MAIS IL Y A DES
UNE MAISON OU PEUVENT SEULS ENTRER LES
LA PENSEE EST INCOMMUNICABLE, MEME ENTRE
JE PRIAI UN JOUR SES PARENTS, DE PAUVRES
''--C'EST ICI LE PARTI DES HONNETES
PAR LA LUNE, QUAND VOUS ME DITES: ''CES
DISAIT EN COMPTANT LA RECETTE: ''CES
ME CROIS-TU MEDECIN? --C'EST QUE TU ES SI
AUQUEL ASSISTERAIENT MEME, DISAIT-ON, LES
IL EST DOUX ET LEGITIME DE LE CROIRE. LES
DANS UNE CONSPIRATION FORMEE PAR QUELQUES
NOUS RENCONTRONS, MAIS COMME DES VIEUX
NOUS ENVERRONT DE TEMPS EN TEMPS LEURS
POUR UN PAUVRE PETIT SPECULATEUR, LE
CONFINE AU FOND DE MON INTELLECT, LE
QUE JE NE POUVAIS PAS ME PERMETTRE DE
SI PARFOIS JE LA BOUSCULAIS PAR UN
SON VISAGE, AVEC SON VETEMENT, AVEC SON
AURAIT REFLECHI TOUS MES SENTIMENTS ET MES
NE PLEURAIT PAS, IL NE DANSAIT PAS, IL NE
SUR LEUR TETE DES FRUITS, DES PATES ET DU
''ECOUTE.'' ET ELLE EMBOUCHA ALORS UNE
ET TOUTES LES FOIS QUE LE POETE ENDOSSE LE
LE PEINTRE S'EST DEPOUILLE DE SON
DE SA MONNAIE! DE LA POCHE GAUCHE DE SON
CHIENS A RECU POUR RECOMPENSE UN BEAU
OU DE LA PAUVRETE. A COTE DE LUI,
EPOUVANTABLE ENTRE ET SE REGARDE DANS LA
A BAVAROISES OU L'OBELISQUE BICOLORE DES
LES PLANCHES, LE SIFFLET, RAPIDE COMME UN
SOUPIRER, QUE VOUS SOUFFREZ PLUS QUE LES
DECREPITE; ET REMPLISSAIT LA MAISON DE SES
DANS LA POCHE GAUCHE DE SON GILET IL
ET LES RAYONS DU SOLEIL COUCHANT, EN
MON AUREOLE, DANS UN MOUVEMENT BRUSQUE, A
A CROIRE QUE DES DEMONS MALICIEUX SE
MAIN, PENDANT QUE DE L'AUTRE IL TACHAIT DE
LES TENTATIONS OU EROS, PLUTUS ET LA
LA BEAUTE. POUR MOI, MESSIEURS, JE ME FAIS
AMALGAME, LES RAYONS DE L'ART ET LA
DESIR DE LA GRANDEUR, DE LA BEAUTE, ET UNE
CLOCHES OU DES COUPES RENVERSEES. ET UNE
LES JOUISSANCES TITILLANTES DE LA
SES PROCHES ET GRAVITER VERS LA
TANT DE PHILOSOPHES QUI TRAVAILLENT A SA
LES VILLES OU LES PIANOS CHANTENT VOTRE
PAR LES INVENTEURS MALHEUREUX, PAR LES
TACHES D'UN ROUGE OPAQUE SUR LES DERNIERES
AVEC LUI. ET ILS SONT VENUS SE POSER
TOUT PLEIN DE GRAVOIS ET MONTRANT DEJA
A UN CLOU; IL Y AVAIT DE PETITS
A SES PASSIONS; TELLES QUE LES FEES, LES
GARE LA GRUE QUI VOUS CROQUERA, VOUS
TOUTE LA MYTHOLOGIE MISES AU SERVICE DE LA
FAISEUR, OU UNE CHEVRE AUX MAMELLES
POUR MOI TOUS CES PETITS SOUPIRS QUI
AUX YEUX VERTS DONT J'AI SERRE AUSSI LA
SA TAILLE LONGUE, SON DOS CREUX ET SA
ET ELLE T'A SI TENDREMENT SERREE A LA
PAS DE SA REPULSIVE MISERE! JE SENTIS MA
ME SUIS-JE PAS RETENU DE LUI CRIANT: ''SOIS DONC IMPARFAITE,
SON HABIT; DE L'AUTRE, JE L'EMPOIGNAI A LA
AME; --ET QUAND, FATIGUES PAR LA HOULE ET
AVANT LES PLUIES ET NOUS MOUILLONS QUE NOTRE
ET AUSSI UN PEU DE L'ENROUEMENT DES
JE M'ENIVRE DES ODEURS COMBINEES DU
QUE TOUTE AUTRE A VOILER LES TERREURS DU
QUI AVEZ PEUT-ETRE MIS DANS MON ESPRIT LE
SERVENT A ENTRETENIR DANS L'AME LE
QUI UNE FEE A INSUFFLE DANS SON BERCEAU LE
PRECOCE, ET QU'IL MANIFESTA BIENTOT UN
ET JE SORTIS AVEC UNE GRANDE SOIF. CAR LE
LES ARBRES. VOILA UN PAYSAGE SELON TON
SAVOUREUSE OU LE DORMEUR, A DEMI EVEILLE,
--TIENS, VOILA K., CELUI QUI DENONCAIT AU
JOIE MELEE DE PEUR. BREF, JE ME SENTAIS,
COURUT QUE LE SOUVERAIN VOULAIT FAIRE
D'UN EFFORT, MAIS TOUT AU CONTRAIRE UNE
VOUS, SEIGNEUR MON DIEU! ACCORDEZ-MOI LA
ET L'IMPOSSIBLE; ECLATE, AVEC UNE GRANDE
A CELUI QUI N'AVAIT PAS ENCORE VECU, UNE
INTRODUISAIT; PAR JE NE SAIS QUELLE
ETAIT EPARPILLE EN MIETTES SEMBLABLES AUX
QU'UN DEMON PROHIBITEUR; LE MIEN EST UN
ENGENDRE UN BESOIN PROPORTIONNEL DU
LE JOUR TOMBE. UN
SOUS UN

	POEM	LINE
GENOUX DU VISITEUR, COMME S'IL ETAIT SUR DE	50	024
GENRE HUMAIN, UNE RIBOTE DE VITALITE, A QUI	12	003
GENRE, JE LE MENACAI DE LE RENVOYER A SES	30	045
GENRE-LA. VENEZ.'' J'AIME PASSIONNEMENT LE	47	014
GENS D'ESPRIT QUI, APRES BOIRE, NE MEPRISENT	42	012
GENS QUI NE SONT PAS COMME NOUS.'' --QUANT AUX	26	042
GENS QUI S'AIMENT!	26	059
GENS, DE VOULOIR BIEN ME LE CEDER, PROMETTANT	30	033
GENS,'' CE QUI IMPLIQUE QUE TOUS LES AUTRES	10	017
GENS-LA ME SONT INSUPPORTABLES AVEC LEURS YEUX	26	055
GENS-LA NE SENTENT PAS LA MUSIQUE, ET LEURS	31	110
GENTIL ET SI BON POUR LES FEMMES! --SINGULIERE	47	077
GENTILSHOMMES CONDAMNES; SIGNE EVIDENT,	27	040
GENTILSHOMMES COUPABLES AVAIENT JOUI POUR LA	27	144
GENTILSHOMMES MECONTENTS. IL EXISTE PARTOUT	27	008
GENTILSHOMMES, EN QUI UNE POLITESSE INNEE NE	29	089
GERBES ROSES, COMME DES REFLETS D'UN FEU	48	041
GERME D'UNE RICHESSE DE QUELQUES JOURS. ET	28	037
GERME OBSCUR D'UNE IDEE SUPERIEURE A TOUTES	49	014
GESTE OU UN SENTIMENT DERAISONNABLE SANS	42	130
GESTE UN PEU TROP AMOUREUX, ELLE SE CONVULSAIT	42	049
GESTE, AVEC PRESQUE RIEN, J'AI REFAIT	35	013
GESTES AVEC L'EXACTITUDE IRONIQUE DE MA PROPRE	42	128
GESTICULAIT PAS, IL NE CRIAIT PAS; IL NE	14	058
GIBIER, LES HEBES ET LES GANYMEDES PRESENTANT	26	023
GIGANTESQUE TROMPETTE, ENRUBANNEE, COMME UN	21	097
GILET DU PEINTRE, IL EST CONTRAINT DE PENSER	50	129
GILET EN FAVEUR DU POETE; TANT IL A BIEN	50	122
GILET IL GLISSA DE PETITES PIECES D'OR; DANS	28	003
GILET, D'UNE COULEUR, A LA FOIS RICHE ET	50	117
GISAIT SUR L'HERBE UN JOUJOU SPLENDIDE, AUSSI	19	025
GLACE. ''--POURQUOI VOUS REGARDEZ-VOUS AU	40	002
GLACES PANACHEES; TOUTE L'HISTOIRE ET TOUTE LA	26	026
GLAIVE, AVAIT-IL REELLEMENT FRUSTRE LE	27	139
GLANEUSES SEXAGENAIRES ET QUE LES VIEILLES	11	003
GLAPISSEMENTS. ALORS LA BONNE VIEILLE SE	02	010
GLISSA DE PETITES PIECES D'OR; DANS LA DROITE,	28	003
GLISSANT A TRAVERS LES BOUCLES ROUSSES DE SA	31	069
GLISSE DE MA TETE DANS LA FANGE DU MACADAM. JE	46	010
GLISSENT EN NOUS ET NOUS FONT ACCOMPLIR, A	09	048
GLISSER DANS SA POCHE LE PRIX DU COMBAT. MAIS,	15	058
GLOIRE	21	000
GLOIRE D'ETRE ARRIVE, DEPUIS LONGTEMPS, A	42	021
GLOIRE DU MARTYRE. FANCIOULLE INTRODUISAIT;	27	087
GLOIRE ET DE TOUT CE QUI FAIT CROIRE A	38	003
GLOIRE ETONNANTE JAILLIT DE CETTE COMPLEXITE	32	010
GLOIRE NE LUI SOIENT PAS INCONNUES. IL Y A DES	11	047
GLOIRE OU VERS LE DESHONNEUR.	31	137
GLOIRE SANS LE SAVOIR, ME DIT: ''JE VEUX QUE	29	097
GLOIRE, OU L'IMPRIMERIE TRADUIT VOTRE SAGESSE,	32	037
GLOIRES AVORTEES, PAR LES COEURS BRISES, PAR	13	003
GLOIRES DU COUCHANT, LES LOURDES DRAPERIES	22	054
GLORIEUSEMENT DEVANT MOI, DEBOUT COMME SUR UNE	21	005
GLORIEUSEMENT SES SPLENDEURS INACHEVEES. LE	26	015
GNOMES DIFFORMES, MAIGRES, DONT LES YEUX	21	063
GNOMES, LES SALAMANDRES, LES SYLPHIDES, LES	20	067
GOBERA ET VOUS TUERA A SON PLAISIR! ''TANT	11	070
GOINFRERIE. DROIT DEVANT NOUS, SUR LA	26	027
GONFLEES. LE POETE QUI A CHANTE LES PAUVRES	50	116
GONFLENT VOTRE POITRINE PARFUMEE; ROBUSTE	11	058
GORGE DANS MES CARESSES NOCTURNES; DE CEUX-LA	37	027
GORGE POINTUE. SON OMBRELLE ROUGE, TAMISANT LA	25	014
GORGE QUE TU EN AS GARDE POUR TOUJOURS L'ENVIE	37	011
GORGE SERREE PAR LA MAIN TERRIBLE DE	14	064
GORGE, EN LUI CRIANT: ''SOIS DONC IMPARFAITE,	42	141
GORGE, ET JE ME MIS A LUI SECOUER	49	049
GORGES DES PRODUITS DE L'ORIENT, ILS RENTRENT	18	086
GOSIER''; A DIT UN DES DEUX AUTRES. ''J'AI	31	116
GOSIERS INCESSAMMENT LAVES PAR L'EAU-DE-VIE.	21	093
GOUDRON, DU MUSC ET DE L'HUILE DE COCO.	17	030
GOUFFRE! QUE LE GENIE PEUT JOUER LA COMEDIE AU	27	095
GOUT DE L'HORREUR POUR CONVERTIR MON COEUR,	47	121
GOUT DU RHYTHME ET DE LA BEAUTE. ET PUIS,	41	008
GOUT DU TRAVESTISSEMENT ET DU MASQUE, LA HAINE	12	005
GOUT IMMODERE POUR LE SUCRE ET LES LIQUEURS;	30	042
GOUT PASSIONNE DES MAUVAISES LECTURES ENGENDRE	49	018
GOUT; UN PAYSAGE FAIT AVEC LA LUMIERE ET LE	48	013
GOUTE LES VOLUPTES DE SON ANEANTISSEMENT.	25	005
GOUVERNEMENT LES INSURGES QU'IL SOIGNAIT A SON	47	062
GRACE A L'ENTHOUSIASMANTE BEAUTE DONT J'ETAIS	15	020
GRACE A TOUS LES CONJURES; ET L'ORIGINE DE CE	27	037
GRACE ACCORDEE A CELUI QUI N'AVAIT PAS ENCORE	20	017
GRACE DE PRODUIRE QUELQUES BEAUX VERS QUI ME	10	042
GRACE INEXPRIMABLE, LE RIRE D'UNE GRANDE	36	026
GRACE POUVANT DETERMINER SA DESTINEE ET	20	018
GRACE SPECIALE, LE DIVIN ET LE SURNATUREL,	27	088
GRAINS DE SABLE AUXQUELS IL ETAIT MELE. CE	15	069
GRAND AFFIRMATEUR, LE MIEN EST UN DEMON	49	036
GRAND AIR ET DES RAFRAICHISSANTS. COMME	49	020
GRAND APAISEMENT SE FAIT DANS LES PAUVRES	22	001
GRAND CIEL GRIS, DANS UNE GRANDE PLAINE	06	001

POEM LINE

13	031	SA DOULEUR. LE RICHE PORTE LA SIENNE AU	GRAND COMPLET. QUELLE EST LA VEUVE LA PLUS
03	006	POINTE PLUS ACEREE QUE CELLE DE L'INFINI.	GRAND DELICE QUE CELUI DE NOYER SON REGARD
13	083	ETAIT EN PARFAITE ACCORDANCE AVEC LE	GRAND DEUIL DONT ELLE ETAIT REVETUE. ELLE
11	038	DE CONVOITISE SUR LA NOURRITURE ENLEVEE.	GRAND DIEU! LE BATON N'EST PAS UN BATON DE
30	086	ENFIN J'EUS CE COURAGE. MAIS, A MON	GRAND ETONNEMENT, LA MERE FUT IMPASSIBLE, PAS
24	042	DU HASARD, SI FECONDE EN VOLUPTES. UN	GRAND FEU, DES FAIENCES VOYANTES, UN SOUPER
47	024	SUSPENDUS AUX MURS. COMME JE FUS DORLOTE!	GRAND FEU, VIN CHAUD, CIGARES! ET EN M'OFFRANT
22	006	TRAVERS LES NUES TRANSPARENTES DU SOIR, UN	GRAND HURLEMENT, COMPOSE D'UNE FOULE DE CRIS
27	058	QUI N'A JAMAIS PU ETRE ECLAIRCI. ENFIN, LE	GRAND JOUR ARRIVE, CETTE PETITE COUR DEPLOYA
27	029	FORMES LES PLUS DELICATES DU PLAISIR. LE	GRAND MALHEUR DE CE PRINCE FUT QU'IL N'EUT
23	033	LES MIENNES, LE HIDEUX TROUBLE- FETE! ''CE	GRAND MALHEUR DE NE POUVOIR ETRE SEUL!...''
21	045	AVEC LA TIENNE.'' ET JE LUI REPONDIS: ''	GRAND MERCI! JE N'AI QUE FAIRE DE CETTE
15	018	SOLENNELLE ET RARE, CAUSEE PAR UN	GRAND MOUVEMENT PARFAITEMENT SILENCIEUX, ME
24	001	IL SE DISAIT, EN SE PROMENANT DANS UN	GRAND PARC SOLITAIRE: ''COMME ELLE SERAIT
28	020	D'ETRE ETONNE, IL N'EN EST PAS DE PLUS	GRAND QUE CELUI DE CAUSER UNE SURPRISE.
14	075	QU'IL DEVINERAIT MON INTENTION, QUAND UN	GRAND REFLUX DU PEUPLE, CAUSE PAR JE NE SAIS
05	052	DES REVES, LA SYLPHIDE, COMME DISAIT LE	GRAND RENE, TOUTE CETTE MAGIE A DISPARU AU
27	038	L'ORIGINE DE CE BRUIT FUT L'ANNONCE D'UN	GRAND SPECTACLE OU FANCIOULLE DEVAIT JOUER
09	052	ME SEMBLAIT-IL, A FAIRE QUELQUE CHOSE DE	GRAND, UNE ACTION D'ECLAT; ET J'OUVRIS LA
20	001	C'ETAIT	GRANDE ASSEMBLEE DES FEES, POUR PROCEDER A LA
29	120	LA CRAINTE DE L'HUMILIER DEVANT UNE AUSSI	GRANDE ASSEMBLEE, JE SERAIS VOLONTIERS TOMBE
24	035	ET PLUS LOIN, COMME IL SUIVAIT UNE	GRANDE AVENUE, IL APERCUT UNE AUBERGE
36	027	AVEC UNE GRACE INEXPRIMABLE, LE RIRE D'UNE	GRANDE BOUCHE, ROUGE ET BLANCHE, ET
16	018	LA MEME, UNE HEURE VASTE, SOLENNELLE,	GRANDE COMME L'ESPACE, SANS DIVISIONS DE
47	005	MONSIEUR?'' JE REGARDAI; C'ETAIT UNE	GRANDE FILLE, ROBUSTE, AUX YEUX TRES-OUVERTS,
46	007	COMME JE TRAVERSAIS LE BOULEVARD, EN	GRANDE HATE, ET QUE JE SAUTILLAIS DANS LA
29	055	ET DE SA FUTURE DESTRUCTION; DE LA	GRANDE IDEE DU SIECLE, C'EST-A-DIRE DU PROGRES
43	009	TANT DE DOULEURS, ET PEUT-ETRE AUSSI UNE	GRANDE PARTIE DE SON GENIE. PLUSIEURS BALLES
06	001	SOUS UN GRAND CIEL GRIS, DANS UNE	GRANDE PLAINE POUDREUSE, SANS CHEMINS, SANS
42	035	L'AURAIS-JE PRISE? MAIS ELLE GATAIT CETTE	GRANDE QUALITE PAR UNE AMBITION MALSEANTE ET
39	021	ELLE FAIT PENSER A CES CHEVAUX DE	GRANDE RACE QUE L'OEIL DU VERITABLE AMATEUR
19	037	SYMBOLIQUES SEPARANT DEUX MONDES, LA	GRANDE ROUTE ET LE CHATEAU, L'ENFANT PAUVRE
49	018	D'INFINIMENT VAGUE. ET JE SORTIS AVEC UNE	GRANDE SOIF. CAR LE GOUT PASSIONNE DES
24	039	--SE DIT-IL, --QUE MA PENSEE SOIT UNE	GRANDE VAGABONDE POUR ALLER CHERCHER SI LOIN
13	094	D'ELLE. JE CRUS LA DEVINER LA RAISON. LA	GRANDE VEUVE TENAIT PAR LA MAIN UN ENFANT
04	004	ET DE DESESPOIRS; DELIRE OFFICIEL D'UNE	GRANDE VILLE FAIT POUR TROUBLER LE CERVEAU DU
47	114	CAR LA FOULE DES SOLLICITEURS ETAIT	GRANDE VILLE, QUAND ON SAIT SE PROMENER ET
20	021	BIZARRERIES NE TROUVE-T-ON PAS DANS UNE	GRANDE, ET LE MONDE INTERMEDIAIRE, PLACE ENTRE
13	078	TRIVIALITE ENVIRONNANTE. C'ETAIT UNE FEMME	GRANDE, MAJESTEUSE, ET SI NOBLE DANS TOUT SON
17	011	VOILURES ET DE MATURES; IL CONTIENNENT DE	GRANDES MERS DONT LES MOUSSONS ME PORTENT VERS
24	005	DEGRES DE MARBRE D'UN PALAIS. EN FACE DES	GRANDES PELOUSES ET DES BASSINS! CAR ELLE A
31	014	FEMMES SONT BIEN PLUS BELLES ET BIEN PLUS	GRANDES QUE CELLES QUI VIENNENT NOUS VOIR A LA
27	034	AVAIT DONNE A CELUI-CI DES FACULTES PLUS	GRANDES QUE SES ETATS. TOUT D'UN COUP LE BRUIT
19	004	AVEC L'INTENTION DECIDEE DE FLANER SUR LES	GRANDES ROUTES, REMPLISSEZ VOS POCHES DE
03	012	MOI, OU JE PENSE PAR ELLES (CAR DANS LA	GRANDEUR DE LA REVERIE, LE MOI SE PERD VITE!);
15	002	AU MILIEU DUQUEL J'ETAIS PLACE ETAIT D'UNE	GRANDEUR ET D'UNE NOBLESSE IRRESISTIBLES. IL
38	003	DONT LES YEUX REPANDAIENT LE DESIR DE LA	GRANDEUR, DE LA BEAUTE, DE LA GLOIRE ET DE
14	010	RENVOYEE A VINGT-QUATRE HEURES. POUR LES	GRANDS C'EST UN ARMISTICE CONCLU AVEC LES
31	007	ON M'A MENE AU THEATRE. DANS DES PALAIS	GRANDS ET TRISTES, AU FOND DESQUELS ON VOIT LA
25	041	OU A SE REGARDER DANS LE MIROIR DE SES	GRANDS EVENTAILS DE PLUMES, PENDANT QUE LA
18	079	C'EST TOI. C'EST ENCORE TOI, CES	GRANDS FLEUVES ET CES CANAUX TRANQUILLES. CES
30	056	SON VISAGE, BOURSOUFLE, ET SES YEUX, TOUT	GRANDS OUVERTS AVEC UNE FIXITE EFFRAYANTE, ME
26	050	DE NOS VERRES ET DE NOS CARAFES, PLUS	GRANDS QUE NOTRE SOIF. JE TOURNAIS MES REGARDS
31	016	VOIR A LA MAISON, ET, QUOIQUE AVEC LEURS	GRANDS YEUX CREUX ET LEURS JOUES ENFLAMMEES
30	120	ET DONT LE FANTOME ME FATIGUAIT DE SES	GRANDS YEUX FIXES. MAIS LE LENDEMAIN JE RECUS
31	087	L'AIR DE N'AVOIR BESOIN DE PERSONNE. LEURS	GRANDS YEUX SOMBRES SONT DEVENUS TOUT A FAIT
31	085	FAIT ATTENTION, VOUS AUTRES. ILS ETAIENT	GRANDS, PRESQUE NOIRS ET TRES-FIERS, QUOIQUE
18	010	A SE MIRER DANS L'ORDRE; OU LA VIE EST	GRASSE ET DOUCE A RESPIRER; D'OU LE DESORDRE,
18	013	OU LA CUISINE ELLE-MEME EST POETIQUE,	GRASSE ET EXCITANTE A LA FOIS; OU TOUT VOUS
22	036	D'UN MALAISE PERPETUEL, ET FUT-IL	GRATIFIE DE TOUS LES HONNEURS QUE PEUVENT
13	052	CES CONCERTS DONT LA MUSIQUE DES REGIMENTS	GRATIFIE LE PEUPLE PARISIEN. C'ETAIT DANS
28	051	LE PARADIS ECONOMIQUEMENT; ENFIN ATTRAPER	GRATIS UN BREVET D'HOMME CHARITABLE. JE LUI
13	071	SUR LA BARRIERE EXTERIEURE ATTRAPANT	GRATIS, AU GRE DU VENT, UN LAMBEAU DE MUSIQUE,
20	027	FETE NATIONALE AUTORISE LES DEGAGEMENTS	GRATUITS. JE CROIS MEME QU'ELLES REGARDAIENT
47	032	VOUS QUI L'ASSISTIEZ DANS LES OPERATIONS	GRAVES. EN VOILA UN HOMME QUI AIME COUPER,
31	137	SA DESTINEE. SCANDALISER SES PROCHES ET	GRAVITER VERS LA GLOIRE OU VERS LE DESHONNEUR.
26	015	D'UN BOULEVARD NEUF, ENCORE TOUT PLEIN DE	GRAVOIS ET MONTRANT DEJA GLORIEUSEMENT SES
24	016	EN ANALYSANT DES YEUX LES DETAILS DE LA	GRAVURE, IL CONTINUAIT MENTALEMENT: ''AU BORD
24	008	RUE, IL S'ARRETA DEVANT UNE BOUTIQUE DE	GRAVURES, ET, TROUVANT DANS UN CARTON UNE
13	071	BARRIERE EXTERIEURE ATTRAPANT GRATIS, AU	GRE DU VENT, UN LAMBEAU DE MUSIQUE, ET
50	022	DANOIS: KING-CHARLES, CARLIN OU	GREDIN, SI ENCHANTE DE LUI-MEME QU'IL S'ELANCE
41	006	LES FORMES ELANCEES DES NAVIRES, LE	GREEMENT COMPLIQUE, AUXQUELS LA HOULE IMPRIME
11	067	ROI, ON DIRAIT VRAISEMBLABLEMENT UNE JEUNE	GRENOUILLE QUI INVOQUERAIT L'IDEAL. SI VOUS
06	011	ELLE S'AGRAFAIT AVEC SES DEUX VASTES	GRIFFES A LA POITRINE DE SA MONTURE! ET SA
15	055	DU GATEAU ESSAYA D'ENFONCER SES PETITES	GRIFFES DANS LES YEUX DE L'USURPATEUR; A SON
39	003	LE TEMPS ET L'AMOUR L'ONT MARQUEE DE LEURS	GRIFFES ET LUI ONT CRUELLEMENT ENSEIGNE CE QUE
19	016	DE L'HOMME. SUR UNE ROUTE, DERRIERE LA	GRILLE D'UN VASTE JARDIN, AU BOUT DUQUEL
19	030	CE QU'IL REGARDAIT: DE L'AUTRE COTE DE LA	GRILLE, SUR LA ROUTE, ENTRE LES CHARDONS ET
19	041	AGITAIT ET SECOUAIT DANS UNE BOITE	GRILLEE, C'ETAIT UN RAT VIVANT! LES PARENTS,
42	113	ILLUMINEE PAR DES YEUX D'UN	GRIS CLAIR, DE CES YEUX DONT LE REGARD DIT:
06	001	SOUS UN GRAND CIEL	GRIS, DANS UNE GRANDE PLAINE POUDREUSE, SANS
26	030	D'ANNEES, AU VISAGE FATIGUE, A LA BARBE	GRISONNANTE, TENANT D'UNE MAIN UN PETIT GARCON
34	008	ET CHACUN DES PASSAGERS GEMISSAIT ET	GROGNAIT. ON EUT DIT QUE L'APPROCHE DE LA
09	080	VERS L'ESCALIER; OU IL TREBUCHA EN	GROGNANT. JE M'APPROCHAI DU BALCON ET JE ME
13	005	CES AMES TUMULTUEUSES ET FERMEES; EN QUI	GRONDENT ENCORE LES DERNIERS SOUPIRS D'UN
16	008	IL REPARUT, TENANT DANS SES BRAS UN FORT	GROS CHAT, ET LE REGARDANT, COMME ON DIT, DANS
49	044	UN OEIL, QUI DEVINT, EN UNE SECONDE,	GROS COMME UNE BALLE. JE CASSAI UN DE MES
15	029	LONGUE ASCENSION. JE TIRAI DE MA POCHE UN	GROS MORCEAU DE PAIN, UNE TASSE DE CUIR ET UN
31	056	ELLE A LES BRAS ET LE COU BIEN PLUS	GROS QUE TOUTES LES AUTRES FEMMES; ET LA PEAU
21	068	IL Y EN AVAIT ENCORE BIEN D'AUTRES. LE	GROS SATAN TAPAIT AVEC SON POING SUR SON
28	005	POCHE GAUCHE DE SA CULOTTE, UNE MASSE DE	GROS SOLS, ET ENFIN, DANS LA DROITE, UNE PIECE

G[135]

	POEM	LINE
ET PARFUMEE. C'ETAIT UN HOMME VASTE, A		
SEXAGENAIRE AFFAIBLI, JE ME SAISIS D'UNE		
INJUSTICES D'UN DIRECTEUR QUI SE FAIT LA		
L'ECHO SONORE FIT LE COMMENTAIRE DE SA		
ETINCELANT DE JOUJOUX ET DE BONBONS,		
COMME VOUS SAVEZ BIEN), GARE LA		
PRESQUE NOIRS ET TRES-FIERS, QUOIQUE EN		
A SES ENFANTS L'AIR DU SOIR. TOUS EN		
DIT: ''VOUS SAVEZ QUE JE NE M'AMUSE		
DIS-JE A MOI-MEME. --OH! JE NE M'Y TROMPE		
A UN PAQUET FICELE, POSE AUSSI SUR LE		
PAR-LA'' TENEZ, JE VEUX ESSAYER DE VOUS		
EN FACE DU POELE, ET CELUI-LA CROIT QU'IL		
POUR CONVERTIR MON COEUR, COMME LA		
SI RARE QU'ELLE SUFFIT POUR ENGENDRER UNE		
TOMBER PERPENDICULAIREMENT MON ENGIN DE		
CASQUES HORRIBLES PAR LESQUELS LES ANCIENS		
LA PUISSANCE POETIQUE AU FILS D'UN SOMBRE		
INCOMPARABLE PRIVILEGE, QU'IL PEUT A SA		
MAUDIT GAZETIER ME LAISSE M'AMUSER A MA		
DE VIN, DE POESIE OU DE VERTU, A VOTRE		
DE VIN, DE POESIE OU DE VERTU, A VOTRE		
GROS VISAGE SANS YEUX, DONT LA LOURDE BEDAINE	21	057
GROSSE BRANCHE D'ARBRE QUI TRAINAIT A TERRE,	49	057
GROSSE PART ET MANGE A LUI SEUL PLUS DE SOUPE	50	099
GROSSIERE PAROLE. JE ME DETOURNAI AVEC DEGOUT	21	078
GROUILLANT DE CUPIDITES ET DE DESESPOIRS,	04	003
GRUE QUI VOUS CROQUERA, VOUS GOBERA ET VOUS	11	069
GUENILLES, AVEC L'AIR DE N'AVOIR BESOIN DE	31	086
GUENILLES. CES TROIS VISAGES ETAIENT	26	033
GUERE A LA MAISON; ON NE ME MENE JAMAIS AU	31	075
GUERE; J'EN AI CONNU UN BON NOMBRE. J'AIME	47	079
GUERIDON: ''ATTENDS UN PEU, --DIT-ELLE; CA,	47	068
GUERIR; NOUS EN TROUVERONS PEUT-ETRE LE MOYEN,	11	012
GUERIRAIT A COTE DE LA FENETRE. IL ME SEMBLE	48	003
GUERISON AU BOUT D'UNE LAME; SEIGNEUR, AYEZ	47	122
GUERRE PARFAITEMENT FRATRICIDE!''	15	076
GUERRE SUR LE REBORD POSTERIEUR DE SES	09	084
GUERRIERS ESPERAIENT AJOUTER A LA TERREUR DE	06	013
GUEUX, CARRIER DE SON ETAT, QUI NE POUVAIT, EN	20	048
GUISE ETRE LUI-MEME ET AUTRUI. COMME CES AMES	12	011
GUISE. ''VOUS N'EPROUVEZ DONC JAMAIS,-- ME	23	027
GUISE. MAIS ENIVREZ-VOUS. ET SI QUELQUEFOIS,	33	006
GUISE.''	33	017

POEM LINE

11	055	LA VIANDE CUITE, ET POUR QUI UN DOMESTIQUE HABILE PREND SOIN DE DECOUPER LES MORCEAUX?
19	019	SOLEIL, SE TENAIT UN ENFANT BEAU ET FRAIS, HABILLE DE CES VETEMENTS DE CAMPAGNE SI PLEINS
31	020	PLUS SINGULIER, CELA DONNE ENVIE D'ETRE HABILLE DE MEME, DE DIRE ET DE FAIRE LES MEMES
30	034	BIEN ME LE CEDER, PROMETTANT DE BIEN L' HABILLER, DE LUI DONNER QUELQUE ARGENT ET DE
50	087	PRIE, CES DEUX PERSONNAGES INTELLIGENTS, HABILLES DE VETEMENTS A LA FOIS ERAILLES ET
31	019	AUSSI, MAIS BIEN PLUS BEAUX ET BIEN MIEUX HABILLES QUE CEUX QUE NOUS VOYONS PARTOUT,
49	048	LE SAISIS D'UNE MAIN PAR LE COLLET DE SON HABIT, DE L'AUTRE, JE L'EMPOIGNAI A LA GORGE,
29	010	OU ECLATAIT UN LUXE DONT AUCUNE DES HABITATIONS SUPERIEURES DE PARIS NE POURRAIT
20	065	APPLIQUEE, DANS LE MONDE SURNATUREL, HABITE PAR CES DEITES IMPALPABLES, AMIES DE
30	023	HOMMES. DANS LE QUARTIER RECULE QUE J' HABITE, ET OU DE VASTES ESPACES GAZONNES
36	023	L'HERBE TERRIFIEE! DANS SON PETIT FRONT HABITENT LA VOLONTE TENACE ET L'AMOUR DE LA
42	060	QUE DE MOI-MEME. LE BONHEUR EST VENU HABITER CHEZ MOI, ET JE NE L'AI PAS RECONNU.
48	018	LE SPECTACLE DU MOUVEMENT, VEUX-TU VENIR HABITER LA HOLLANDE, CETTE TERRE BEATIFIANTE?
48	009	PAUVRE AME AFFROIDIE, QUE PENSERAIS- TU D' HABITER LISBONNE? IL DOIT Y FAIRE CHAUD, ET TU
26	053	SI BIZARREMENT DOUX, DANS VOS YEUX VERTS, HABITES PAR LE CAPRICE ET INSPIRES PAR LA
04	011	CRUELLEMENT CRAVATE ET EMPRISONNE DANS DES HABITS TOUT NEUFS, S'INCLINA CEREMONIEUSEMENT
30	081	MU SANS DOUTE PAR UN DESIR INVETERE ET UNE HABITUDE D'ETAT DE FAIRE PEUR, A TOUT HASARD,
29	125	FAISANT ENCORE MA PRIERE PAR UN RESTE D' HABITUDE IMBECILE, JE REPETAIS DANS UN
30	118	AU TRAVAIL, PLUS VIVEMENT ENCORE QUE D' HABITUDE, POUR CHASSER PEU A PEU CE PETIT
30	070	DE ME VENIR EN AIDE, FIDELES EN CELA AUX HABITUDES DE L'HOMME CIVILISE, QUI NE VEUT
13	040	CONDAMNEE, PAR UNE ABSOLUE SOLITUDE, A DES HABITUDES DE VIEUX CELIBATAIRE, ET LE
19	021	LE LUXE, L'INSOUCIANCE ET LE SPECTACLE HABITUEL DE LA RICHESSE RENDENT CES ENFANTS-LA
27	116	NOUVELLE S'AJOUTAIT SANS CESSE A SA PALEUR HABITUELLE, COMME LA NEIGE S'AJOUTE A LA
27	053	VERIFIER JUSQU'A QUEL POINT LES FACULTES HABITUELLES D'UN ARTISTE POUVAIENT ETRE
14	055	MISERE AFFUBLEE, POUR COMBLE D'HORREUR, DE HAILLONS COMIQUES, OU LA NECESSITE, BIEN PLUS
09	065	PRIS A L'EGARD DE CE PAUVRE HOMME D'UNE HAINE AUSSI SOUDAINE QUE DESPOTIQUE. ''--HE!
12	005	GOUT DU TRAVESTISSEMENT ET DU MASQUE, LA HAINE DU DOMICILE ET LA PASSION DU VOYAGE.
48	012	EN MARBRE, ET QUE LE PEUPLE Y A UNE TELLE HAINE DU VEGETAL, QU'IL ARRACHE TOUS LES
15	006	LES PASSIONS VULGAIRES, TELLES QUE LA HAINE ET L'AMOUR PROFANE, M'APPARAISSAIENT
49	064	DETRAQUEE, ET, AVEC UN REGARD DE HAINE QUI ME PARUT DE BON AUGURE, LE MALANDRIN
42	144	ANNEES, JE L'AI ADMIREE, LE COEUR PLEIN DE HAINE. ENFIN, CE N'EST PAS MOI QUI EN SUIS
42	083	MAITRESSE QUE VOUS N'AVEZ PU, JE CROIS, HAIR OU AIMER LES VOTRES, ET TOUT LE MONDE
26	001	AH! VOUS VOULEZ SAVOIR POURQUOI JE VOUS HAIS AUJOURD'HUI. IL VOUS SERA SANS DOUTE
01	012	DEESSE ET IMMORTELLE. --L'OR? --JE LE HAIS COMME VOUS HAISSEZ DIEU. --EH!
01	012	--L'OR? --JE LE HAIS COMME VOUS HAISSEZ DIEU. --EH! QU'AIMES-TU DONC,
39	011	L'AMOUR N'A PAS ALTERE LA SUAVITE DE SON HALEINE D'ENFANT; ET LE TEMPS N'A RIEN ARRACHE
15	066	DE VOLUME; ET LORSQUE ENFIN, EXTENUES, HALETANTS, SANGLANTS, ILS S'ARRETERENT PAR
25	011	MOLLEMENT SON TORSE SI MINCE SUR SES HANCHES SI LARGES. SA ROBE DE SOIE COLLANTE,
30	119	CHASSER PEU A PEU CE PETIT CADAVRE QUI HANTAIT LES REPLIS DE MON CERVEAU, ET DONT LE
13	002	DANS LES JARDINS PUBLICS IL EST DES ALLEES HANTEES PRINCIPALEMENT PAR L'AMBITION DECUE,
15	042	DES YEUX L'OBJET DE SA CONVOITISE; PUIS, HAPPANT LE MORCEAU AVEC SA MAIN; SE RECULA
23	019	FAIRE DU HAUT DE L'ECHAFAUD UNE COPIEUSE HARANGUE, SANS CRAINDRE QUE LES TAMBOURS DE
04	007	DE CE VACARME, UN ANE TROTTAIT VIVEMENT, HARCELE PAR UN MALOTRU ARME D'UN FOUET. COMME
50	026	ENFANT, SOT COMME UNE LORETTE, QUELQUEFOIS HARGNEUX ET INSOLENT COMME UN DOMESTIQUE! FI
39	009	EST EXQUISE. LE TEMPS N'A PU ROMPRE L' HARMONIE PETILLANTE DE SA DEMARCHE NI
13	029	QUELQUE CHOSE QUI MANQUE, UNE ABSENCE D' HARMONIE QUI LE REND PLUS NAVRANT. IL EST
22	008	QUE L'ESPACE TRANSFORME EN UNE LUGUBRE HARMONIE, COMME CELLE DE LA MAREE QUI MONTE OU
05	016	CLARTE ET LA DELICIEUSE OBSCURITE DE L' HARMONIE. UNE SENTEUR INFINITESIMALE DU CHOIX
22	019	MA PENSEE ETONNEE A CETTE IMITATION DES HARMONIES DE L'ENFER. LE CREPUSCULE EXCITE LES
25	029	MARCHE SANS SOULIERS. ELLE S'AVANCE AINSI, HARMONIEUSEMENT, HEUREUSE DE VIVRE ET SOURIANT
41	100	AUXQUELS LA HOULE IMPRIME DES OSCILLATIONS HARMONIEUSES, SERVENT A ENTRETENIR DANS L'AME
30	081	UNE HABITUDE D'ETAT DE FAIRE PEUR, A TOUT HASARD, AUX INNOCENTS COMME AUX COUPABLES.
20	033	IL Y A UN PEU DE PRECIPITATION ET DE HASARD, NE NOUS ETONNONS PAS QU'IL EN SOIT DE
24	042	PREMIERE AUBERGE VENUE, DANS L'AUBERGE DU HASARD, SI FECONDE EN VOLUPTES. UN GRAND FEU,
20	012	SES BRAS. LES FACULTES, LES DONS HASARDS, LES CIRCONSTANCES INVINCIBLES,
31	136	A SON INSU, SELON LES CIRCONSTANCES ET LES HASARDS, MURIR SA DESTINEE, SCANDALISER SES
29	007	D'OEIL SIGNIFICATIF AUQUEL JE ME HATAI D'OBEIR. JE LE SUIVIS ATTENTIVEMENT, ET
46	007	JE TRAVERSAIS LE BOULEVARD, EN GRANDE HATE, ET QUE JE SAUTILLAIS DANS LA BOUE, A
23	011	LE SUPREME PLAISIR CONSISTE A PARLER DU HAUT D'UNE CHAIRE OU D'UNE TRIBUNE, RISQUERAIT
23	018	S'IL LEUR ETAIT PERMIS DE FAIRE DU HAUT DE L'ECHAFAUD UNE COPIEUSE HARANGUE; SANS
22	005	ET INDECISES DU CREPUSCULE. CEPENDANT DU HAUT DE LA MONTAGNE ARRIVE A MON BALCON, A
34	012	LAME, TROUBLE PAR UN VENT QUI RONFLE PLUS HAUT QUE NOUS? QUAND POURRONS-NOUS MANGER DE
13	081	BEAUTES DU PASSE. UN PARFUM DE HAUTAINE VERTU EMANAIT DE TOUTE SA PERSONNE.
43	015	PORTE LE NEZ EN L'AIR ET QUI A LA MINE SI HAUTAINE. EH BIEN! CHER ANGE, JE ME FIGURE QUE
45	011	DANS CE CIMETIERE, DONT L'HERBE ETAIT SI HAUTE ET SI INVITANTE, ET OU REGNAIT UN SI
21	119	TANT LE DELICAT!'' ET JE LES INVOQUAI A HAUTE VOIX, LES SUPPLIANT DE ME PARDONNER,
18	037	TAMISES PAR DE BELLES ETOFFES OU PAR CES HAUTES FENETRES OUVRAGEES QUE LE PLOMB DIVISE
29	022	ENFANTS, ET DE NE JAMAIS REMONTER SUR LES HAUTES LAMES DE LA MER. IL Y AVAIT LA DES
09	067	HAINE AUSSI SOUDAINE QUE DESPOTIQUE. ''-- HE! HE!'' ET JE LUI CRIAI DE MONTER. CEPENDANT
09	067	AUSSI SOUDAINE QUE DESPOTIQUE. ''--HE! HE!'' ET JE LUI CRIAI DE MONTER. CEPENDANT JE
26	024	DES FRUITS, DES PATES ET DU GIBIER, LES HEBES ET LES GANYMEDES PRESENTANT A BRAS TENDU
42	163	AVEC UN REGARD VAGUE ET LEGEREMENT HEBETE, COMME FEIGNANT DE NE PAS COMPRENDRE ET
46	025	QUI ME FERA RIRE! PENSEZ A X, OU A Z! HEIN! COMME CE SERA DROLE!''
05	068	ET TERRIBLE AMIE! COMME TOUTES LES AMIES, HELAS! FECONDE EN CARESSES ET EN TRAITRISES,
15	065	CHANGEAIT DE POCHE A CHAQUE INSTANT; MAIS, HELAS! IL CHANGEAIT AUSSI DE VOLUME; ET
05	062	AVEC UNE SENSIBILITE PERFECTIONNEE, HELAS! IL EST REMPLACE PAR UNE FETIDE ODEUR DE
09	052	ACTION D'ECLAT; ET J'OUVRIS LA FENETRE, HELAS! (OBSERVEZ, JE VOUS PRIE, QUE L'ESPRIT
17	000	UN HEMISPHERE DANS UNE CHEVELURE
34	019	QU'ILS AURAIENT, JE CROIS, MANGE DE L' HERBE AVEC PLUS D'ENTHOUSIASME QUE LES BETES.
45	011	DE DESCENDRE DANS CE CIMETIERE, DONT L' HERBE ETAIT SI HAUTE ET SI INVITANTE, ET OU
36	022	CONTRAIGNENT DUREMENT A DANSER SUR L' HERBE TERRIFIEE! DANS SON PETIT FRONT HABITENT
19	025	LA PAUVRETE, A COTE DE LUI, GISAIT SUR L' HERBE UN JOUJOU SPLENDIDE, AUSSI FRAIS QUE SON
33	008	SUR LES MARCHES D'UN PALAIS, SUR L' HERBE VERTE D'UN FOSSE, DANS LA SOLITUDE MORNE
14	029	ET LOURD, COMME CELUI DE MOLIERE. LES HERCULES, FIERS DE L'ENORMITE DE LEURS
22	016	CONTEMPLANT LE REPOS DE L'IMMENSE VALLEE, HERISSEE DE MAISONS DONT CHAQUE FENETRE DIT:
20	042	MAGNETIQUEMENT LA FORTUNE FUT ADJUGEE A L' HERITIER UNIQUE D'UNE FAMILLE TRES-RICHE, QUI,
27	000	UNE MORT HEROIQUE
39	020	PEUT-ETRE, MAIS NON FATIGUEE, ET TOUJOURS HEROIQUE, ELLE FAIT PENSER A CES CHEVAUX DE
29	042	LIEE, AVEC UNE INSOUCIANCE ET UNE LEGERETE HEROIQUES. L'AME EST UNE CHOSE SI IMPALPABLE,
16	010	DANS LE BLANC DES YEUX, IL AFFIRMA SANS HESISTER: ''IL N'EST PAS ENCORE TOUT A FAIT
16	006	HEURE IL ETAIT. LE GAMIN DU CELESTE EMPIRE HESITA D'ABORD; PUIS, SE RAVISANT, IL

POEM LINE

```
18 070   LES REVES L'ELOIGNENT DU POSSIBLE. CHAQUE   HOMME PORTE EN LUI SA DOSE D'OPIUM NATUREL,
47 033              DANS LES OPERATIONS GRAVES. EN VOILA UN   HOMME QUI AIME COUPER, TAILLER ET ROGNER!
21 004              L'ENFER DONNE ASSAUT A LA FAIBLESSE DE L'   HOMME QUI DORT, ET COMMUNIQUE EN SECRET AVEC
09 082              D'UN PETIT POT DE FLEURS, ET QUAND L'   HOMME REPARUT AU DEBOUCHE DE LA PORTE, JE
47 103              DIT CELA D'UN AIR FORT CANDIDE, COMME UN   HOMME SENSIBLE DIRAIT A UNE COMEDIENNE QU'IL
28 013              QUI CONTIENNENT A LA FOIS, POUR L'   HOMME SENSIBLE QUI SAIT Y LIRE, TANT
21 056              BEAUTE DELICATE ET PARFUMEE. C'ETAIT UN   HOMME VASTE, A GROS VISAGE SANS YEUX, DONT LA
14 047              VOUTE, CADUC, DECREPIT, UNE RUINE D'   HOMME, ADOSSE CONTRE UN DES POTEAUX DE SA
42 001              DANS UN BOUDOIR D'   HOMME, C'EST-A-DIRE DANS UN FUMOIR ATTENANT A
06 012              TETE FABULEUSE SURMONTAIT LE FRONT DE L'   HOMME, COMME UN DE CES CASQUES HORRIBLES PAR
20 066              PAR CES DEITES IMPALPABLES, AMIES DE L'   HOMME, ET SOUVENT CONTRAINTES DE S'ADAPTER A
35 016              EN PLEURANT. SI C'EUT ETE UN PAUVRE VIEUX   HOMME, J'AURAIS REFAIT LA SIENNE TOUT AUSSI
36 001              MALHEUREUX PEUT-ETRE L'   HOMME, MAIS HEUREUX L'ARTISTE QUE LE DESIR
20 056              A TOUT CE FRETIN HUMAIN, QUAND UN BRAVE   HOMME, UN PAUVRE PETIT COMMERCANT, JE CROIS,
23 002              DIT QUE LA SOLITUDE EST MAUVAISE POUR L'   HOMME, ET A L'APPUI DE SA THESE IL CITE, COMME
42 037              UNE FEMME QUI VOULAIT TOUJOURS FAIRE L'   HOMME. ''VOUS N'ETES PAS UN HOMME! AH! SI
19 015              AVEZ DONNE, AYANT APPRIS A SE DEFIER DE L'   HOMME. SUR UNE ROUTE, DERRIERE LA GRILLE D'UN
42 037              FAIRE L'HOMME. ''VOUS N'ETES PAS UN   HOMME! AH! SI J'ETAIS ''UN HOMME! DE NOUS
42 038              N'ETES PAS UN HOMME! AH! SI J'ETAIS ''UN   HOMME! DE NOUS DEUX, C'EST MOI QUI SUIS
42 038              HOMME! DE NOUS DEUX, C'EST MOI QUI SUIS L'   HOMME!'' TELS ETAIENT LES INSUPPORTABLES
37 026              PAR MES COURTISANS. TU SERAS LA REINE DES   HOMMES AUX YEUX VERTS DONT J'AI SERRE AUSSI LA
15 073              MON AME AVANT D'AVOIR VU CES PETITS   HOMMES AVAIT TOTALEMENT DISPARU; J'EN RESTAI
30 003              LES RAPPORTS DES HOMMES ENTRE EUX, OU DES   HOMMES AVEC LES CHOSES. ET QUAND L'ILLUSION
27 009              MECONTENTS. IL EXISTE PARTOUT DES   HOMMES DE BIEN POUR DENONCER AU POUVOIR CES
10 012              LA JOURNEE: AVOIR VU PLUSIEURS   HOMMES DE LETTRES, DONT L'UN M'A DEMANDE SI
21 073              D'UN ENORME RIRE IMBECILE, COMME CERTAINS   HOMMES DE TOUS LES PAYS QUAND ILS ONT TROP
21 061              MISERE UNIVERSELLE. IL Y AVAIT DE PETITS   HOMMES EFFLANQUES QUI SE SUSPENDAIENT
30 003              PEUT-ETRE QUE LES RAPPORTS DES   HOMMES ENTRE EUX, OU DES HOMMES AVEC LES
27 021              ASSEZ INDIFFERENT RELATIVEMENT AUX   HOMMES ET A LA MORALE, VERITABLE ARTISTE
29 023              MER. IL Y AVAIT LA DES VISAGES ETRANGES D'   HOMMES ET DE FEMMES, MARQUES D'UNE BEAUTE
31 008              DESQUELS ON VOIT LA MER ET LE CIEL, DES   HOMMES ET DES FEMMES, SERIEUX ET TRISTES
42 002              ATTENANT A ELEGANT TRIPOT, QUATRE   HOMMES FUMAIENT ET BUVAIENT. ILS N'ETAIENT
50 065              S'EST DONNE AUX BETES, PARCE QUE LES   HOMMES IMBECILES N'EN VEULENT PLUS. D'AUTRES
12 025              LA CIRCONSTANCE LUI PRESENTE. CE QUE LES   HOMMES NOMMENT AMOUR EST BIEN PETIT, BIEN
50 050              OU VONT LES CHIENS, DITES-VOUS,   HOMMES PEU ATTENTIFS? ILS VONT A LEURS
36 020              ET DISCRETE VISITANT LE SOMMEIL DES   HOMMES PURS, MAIS LA LUNE ARRACHEE DU CIEL,
06 003              SANS UNE ORTIE, JE RENCONTRAI PLUSIEURS   HOMMES QUI MARCHAIENT COURBES. CHACUN D'EUX
31 084              LA DERNIERE FOIRE DU VILLAGE VOISIN, TROIS   HOMMES QUI VIVENT COMME JE VOUDRAIS VIVRE.
40 006              PRINCIPES DE QUATRE-VINGT-NEUF, TOUS LES   HOMMES SONT EGAUX EN DROITS; DONC JE POSSEDE
17 008              SUR LE PARFUM COMME L'AME DES AUTRES   HOMMES SUR LA MUSIQUE. TES CHEVEUX CONTIENNENT
17 017              FOURMILLANT DE CHANTS MELANCOLIQUES, D'   HOMMES VIGOUREUX DE TOUTES NATIONS ET DE
09 035              LES YEUX MEME DEVANT LES REGARDS DES   HOMMES, A CE POINT QU'IL LUI FAUT RASSEMBLER
50 105              LA REPUBLIQUE, TROP OCCUPEE DU BONHEUR DES   HOMMES, AVAIT LE TEMPS DE MENAGER L'HONNEUR
42 015              DE LA MUSIQUE DE DANSE. ''TOUS LES   HOMMES, DISAIT CELUI-CI, ONT EU L'AGE DE
06 015              DE L'ENNEMI. JE QUESTIONNAI L'UN DE CES   HOMMES, ET JE LUI DEMANDAI OU ILS ALLAIENT
26 011              TOUT, SI CE N'EST QUE, REVE PAR TOUS LES   HOMMES, IL N'A ETE REALISE PAR AUCUN. LE SOIR,
10 044              MOI-MEME QUE JE NE SUIS PAS LE DERNIER DES   HOMMES, QUE JE NE SUIS PAS INFERIEUR A CEUX
30 130              JE DOIS LE DIRE, PLUS DE FEMMES QUE D'   HOMMES; MAIS TOUS, CROYEZ-LE BIEN,
30 022              ET PLUS SIGNIFICATIVE QUE POUR LES AUTRES   HOMMES. DANS LE QUARTIER RECULE QUE J'HABITE,
47 088              CHEMINEE. --C'EST SI BON ET SI DOUX, CES   HOMMES-LA! --J'AI DECOUVERT A LA PITIE UN
50 123              TANT IL A BIEN COMPRIS QU'IL ETAIT BON ET   HONNETE DE CHANTER LES PAUVRES CHIENS. TEL UN
18 019              OU TOUT EST BEAU, RICHE, TRANQUILLE ET   HONNETE. OU LA FANTAISIE A BATI ET DECORE UNE
18 009              OU TOUT EST BEAU, RICHE, TRANQUILLE,   HONNETE; OU LE LUXE A PLAISIR A SE MIRER DANS
10 017              REPONDAIT: ''--C'EST ICI LE PARTI DES   HONNETES GENS,'' CE QUI IMPLIQUE QUE TOUS LES
49 074              VOUS ETES MON EGAL! VEUILLEZ ME FAIRE L'   HONNEUR DE PARTAGER AVEC MOI MA BOURSE; ET
16 013              LA SI BIEN NOMMEE, QUI EST A LA FOIS L'   HONNEUR DE SON SEXE, L'ORGUEIL DE MON COEUR ET
50 106              DES HOMMES, AVAIT LE TEMPS DE MENAGER L'   HONNEUR DES CHIENS! ET QUE DE FOIS J'AI PENSE
49 030              BON ANGE, ET POURQUOI N'AURAIS-JE PAS L'   HONNEUR, COMME SOCRATE, D'OBTENIR MON BREVET
11 007              LE REMORDS, ILS VOUS FERAIENT QUELQUE   HONNEUR! MAIS ILS NE TRADUISENT QUE LA SATIETE
22 036              PERPETUEL, ET FUT-IL GRATIFIE DE TOUS LES   HONNEURS QUE PEUVENT CONFERER LES REPUBLIQUES
15 039              L'APPELLATION DONT IL VOULAIT BIEN   HONORER MON PAIN PRESQUE BLANC, ET J'EN COUPAI
21 047              QUE MON PAUVRE MOI. BIEN QUE J'AIE QUELQUE   HONTE A ME SOUVENIR; JE NE VEUX RIEN OUBLIER;
23 034              QUELQUE PART LA BRUYERE, COMME POUR FAIRE   HONTE A TOUS CEUX QUI COURENT S'OUBLIER DANS
26 049              FAMILLE D'YEUX, MAIS JE ME SENTAIS UN PEU   HONTEUX DE NOS VERRES ET DE NOS CARAFES, PLUS
14 045              BOUT DE LA RANGEE DE BARAQUES, COMME SI,   HONTEUX, IL S'ETAIT EXILE LUI-MEME DE TOUTES
47 028              A L'AISE. CA VOUS RAPPELLERA L'   HOPITAL ET LE BON TEMPS DE LA JEUNESSE. --AH
48 001              CETTE VIE EST UN   HOPITAL OU CHAQUE MALADE EST POSSEDE DU DESIR
51 003              PEUT CONTEMPLER LA VILLE EN SON AMPLEUR,   HOPITAL, LUPANAR, PURGATOIRE, ENFER, BAGNE, OU
47 062              LES INSURGES QU'IL SOIGNAIT A SON   HOPITAL. C'ETAIT LE TEMPS DES EMEUTES. COMMENT
45 004              LE MAITRE DE CE CABARET SAIT APPRECIER   HORACE ET LES POETES ELEVES D'EPICURE.
22 051              LES LUEURS ROSES QUI TRAINENT ENCORE A L'   HORIZON COMME L'AGONIE DU JOUR SOUS
06 030              MOI ET S'ENFONCA DANS L'ATMOSPHERE DE L'   HORIZON; A L'ENDROIT OU LA SURFACE ARRONDIE DE
03 009              L'AZUR! UNE PETITE VOILE FRISSONNANTE A L'   HORIZON, ET QUI PAR SA PETITESSE ET SON
31 034              CETTE RANGEE D'ARBRES QUI EST PRESQUE A L'   HORIZON... ET MAINTENANT IL DESCEND DERRIERE
16 000              L'   HORLOGE
20 029              DE TEMPS A AUTRE L'AIGUILLE DE L'   HORLOGE AVEC AUTANT D'IMPATIENCE QUE DES JUGES
33 011              A LA VAGUE, A L'ETOILE, A L'OISEAU, A L'   HORLOGE, A TOUT CE QUI FUIT; A TOUT CE QUI
33 014              LE VENT, LA VAGUE, L'ETOILE, L'OISEAU, L'   HORLOGE, VOUS REPONDRONT: ''IL EST L'HEURE DE
18 030              LENTES CONTIENNENT PLUS DE PENSEES, OU LES   HORLOGES SONNENT LE BONHEUR AVEC UNE PLUS
16 020              IMMOBILE QUI N'EST PAS MARQUEE SUR LES   HORLOGES, ET CEPENDANT LEGERE COMME UN SOUPIR,
02 014              MEME AUX INNOCENTS! ET NOUS FAISONS   HORREUR AUX PETITS ENFANTS QUE NOUS VOULONS
14 009              PETITS C'EST UN JOUR DE CONGE, C'EST L'   HORREUR DE L'ECOLE RENVOYEE A VINGT-QUATRE
29 032              D'YEUX BRILLANT PLUS ENERGIQUEMENT DE L'   HORREUR DE L'ENNUI ET DU DESIR IMMORTEL DE SE
30 104              JE M'APERCUS, AVEC UN DEGOUT MELE D'   HORREUR ET DE COLERE, QUE LE CLOU ETAIT RESTE
30 048              DE CHEZ MOI. ''QUELS NE FURENT PAS MON   HORREUR ET MON ETONNEMENT QUAND, RENTRANT A LA
30 088              SON OEIL. J'ATTRIBUAI CETTE ETRANGETE A L'   HORREUR MEME QU'ELLE DEVAIT EPROUVER, ET JE ME
47 121              MIS DANS MON ESPRIT LE GOUT DE L'   HORREUR POUR CONVERTIR MON COEUR, COMME LA
42 159              IL FALLAIT ACCORDER CE SENTIMENT AVEC L'   HORREUR QUE CET ETRE M'INSPIRAIT; ME
14 055              LA MISERE AFFUBLEE, POUR COMBLE D'   HORREUR, DE HAILLONS COMIQUES, OU LA
42 138              BARRAIT TOUS MES CAPRICES. POUR COMBLE D'   HORREUR, ELLE N'EXIGEAIT PAS DE
05 054              AU COUP BRUTAL FRAPPE PAR LE SPECTRE.   HORREUR! JE ME SOUVIENS! JE ME SOUVIENS! OUI!
```

POEM LINE

20	015	UNE DISTRIBUTION DE PRIX. CE QU'IL Y AVAIT	ICI DE PARTICULIER, C'EST QUE LES DONS
22	017	DIT: ''C'EST ICI LA PAIX MAINTENANT; C'EST	ICI LA JOIE DE LA FAMILLE!'' JE PUIS, QUAND LE
14	054	L'EXPLOSION FRENETIQUE DE LA VITALITE.	ICI LA MISERE ABSOLUE; LA MISERE AFFUBLEE,
22	016	MAISONS DONT CHAQUE FENETRE DIT: ''C'EST	ICI LA PAIX MAINTENANT; C'EST ICI LA JOIE DE
10	016	A CHAQUE OBJECTION REPONDAIT: ''--C'EST	ICI LE PARTI DES HONNETES GENS,'' CE QUI
05	064	QUELLE NAUSEABONDE MOISISSURE. ON RESPIRE	ICI MAINTENANT LE RANCI DE LA DESOLATION. DANS
13	067	DE DEGUSTER INDOLEMENT LA MUSIQUE.	ICI RIEN QUE DE RICHE, D'HEUREUX! RIEN QUI NE
07	006	BIEN DIFFERENTE DES FETES HUMAINES, C'EST	ICI UNE ORGIE SILENCIEUSE. ON DIRAIT QU'UNE
46	001	''EH! QUOI! VOUS	ICI, MON CHER? VOUS, DANS UN MAUVAIS LIEU!
05	015	DEFINI, L'ART POSITIF EST UN BLASPHEME.	ICI, TOUT A LA SUFFISANTE CLARTE ET LA
46	020	--MA FOI! NON. JE ME TROUVE BIEN	ICI. VOUS SEUL, VOUS M'AVEZ RECONNU.
05	024	DES REVES. MAIS COMMENT EST-ELLE	ICI? QUI L'A AMENEE? QUEL POUVOIR MAGIQUE L'A
26	057	PRIER LE MAITRE DU CAFE DE LES ELOIGNER D'	ICI?'' TANT IL EST DIFFICILE DE S'ENTENDRE,
38	002	BENEDICTA, QUI REMPLISSAIT L'ATMOSPHERE D'	IDEAL, ET DONT LES YEUX REPANDAIENT LE DESIR
38	025	POUR TOUJOURS PEUT-ETRE, A LA FOSSE DE L'	IDEAL.
11	067	UNE JEUNE GRENOUILLE QUI INVOQUERAIT L'	IDEAL. SI VOUS MEPRISEZ LE SOLIVEAU (CE QUE JE
19	034	L'OEIL DU CONNAISSEUR DEVINE UNE PEINTURE	IDEALE SOUS UN VERNIS DE CARROSSIER, IL LE
42	054	JE TROUVAI CETTE MINERVE, AFFAMEE DE FORCE	IDEALE, EN TETE-A-TETE AVEC MON DOMESTIQUE, ET
27	081	FANCIOULLE FUT, CE SOIR-LA, UNE PARFAITE	IDEALISATION, QU'IL ETAIT IMPOSSIBLE DE NE PAS
31	131	MIENNE, AU POINT QUE J'EUS UN INSTANT L'	IDEE BIZARRE QUE JE POUVAIS AVOIR UN FRERE A
19	001	JE VEUX DONNER L'	IDEE D'UN DIVERTISSEMENT INNOCENT. IL Y A SI
49	017	LE DICTIONNAIRE. MAIS CE N'ETAIT QUE L'	IDEE D'UNE IDEE, QUELQUE CHOSE D'INFINIMENT
27	070	A FORTIFIER, DANS LE NOBLE PUBLIC, L'	IDEE DE DOUCEUR ET DE PARDON. QUAND ON DIT
27	098	IL EST, DANS UN PARADIS EXCLUANT TOUTE	IDEE DE TOMBE ET DE DESTRUCTION. TOUT CE
29	055	ET DE SA FUTURE DESTRUCTION; DE LA GRANDE	IDEE DU SIECLE, C'EST-A-DIRE DU PROGRES ET DE
47	076	DIS-JE, SUIVANT A MON TOUR, MOI AUSSI, MON	IDEE FIXE. --POURQUOI ME CROIS-TU MEDECIN?
27	079	VOYANTES, SERAIENT RELATIVEMENT A L'	IDEE GENERALE ET CONFUSE DE BEAUTE, CE SERAIT
28	027	M'A FAIT CADEAU!) ENTRA SUBITEMENT CETTE	IDEE QU'UNE PAREILLE CONDUITE, DE LA PART DE
49	014	DE MON INTELLECT, LE GERME OBSCUR D'UNE	IDEE SUPERIEURE A TOUTES LES FORMULES DE BONNE
49	017	MAIS CE N'ETAIT QUE L'IDEE D'UNE	IDEE, QUELQUE CHOSE D'INFINIMENT VAGUE. ET JE
27	005	BIEN QU'IL PUISSE PARAITRE BIZARRE QUE LES	IDEES DE PATRIE ET DE LIBERTE S'EMPARENT
05	051	DU MANUSCRIT. LA CHAMBRE PARADISIAQUE, L'	IDOLE, LA SOUVERAINE DES REVES, LA SYLPHIDE,
05	023	NEIGEUSES. SUR CE LIT EST COUCHEE L'	IDOLE, LA SOUVERAINE DES REVES. MAIS COMMENT
36	016	INFLUENCE; NON PAS LA LUNE BLANCHE DES	IDYLLES, QUI RESSEMBLE A UNE FROIDE MARIEE,
01	008	JUSQU'A CE JOUR INCONNU. --TA PATRIE? --J'	IGNORE SOUS QUELLE LATITUDE ELLE EST SITUEE.
18	017	MISERES, CETTE NOSTALGIE DU PAYS QU'ON	IGNORE, CETTE ANGOISSE DE LA CURIOSITE? IL EST
27	032	TROP ETROITES, ET DONT LES SIECLES A VENIR	IGNORERONT TOUJOURS LE NOM ET LA BONNE
50	123	DE SON GILET EN FAVEUR DU POETE, TANT	IL A BIEN COMPRIS QU'IL ETAIT BON ET HONNETE
11	025	TUE-TETE; UN BATON A LA MAIN, EST UN MARI.	IL A ENCHAINE SA FEMME LEGITIME COMME UNE
31	048	AVAIT PAS ASSEZ DE LITS POUR NOUS TOUS,	IL A ETE DECIDE QUE JE DORMIRAIS DANS LE MEME
47	066	JE L'AI ATTRAPE A SON VOYAGE A PARIS.	IL A L'AIR D'UNE DEMOISELLE, N'EST-CE PAS?''
30	026	LES AUTRES, ME SEDUISIT TOUT D'ABORD.	IL A POSE PLUS D'UNE FOIS POUR MOI, ET JE L'AI
05	082	INEXPLICABLE PEUR. OUI! LE TEMPS REGNE;	IL A REPRIS SA BRUTALE DICTATURE. ET IL ME
50	047	ROQUEPLAN DANS UN IMMORTEL FEUILLETON QU'	IL A SANS DOUTE OUBLIE, ET DONT MOI SEUL, ET
08	008	PUIS, RECULANT SOUDAINEMENT AVEC EFFROI,	IL ABOIE CONTRE MOI, EN MANIERE DE REPROCHE.
27	085	DE SES CROCHETS; ET LE CHOC LE RENVERSANT,	IL ACHEVA DE BRISER SOUS SON DOS TOUTE SA
12	022	LE PARESSEUX, INTERNE COMME UN MOLLUSQUE.	IL ADOPTE COMME SIENNES TOUTES LES
16	010	COMME ON DIT, DANS LE BLANC DES YEUX,	IL AFFIRMA SANS HESITER: ''IL N'EST PAS
47	104	HOMME SENSIBLE DIRAIT A UNE COMEDIENNE QU'	IL AIMERAIT: ''JE VEUX VOUS VOIR VETUE DU
43	021	ET LUI BAISANT RESPECTUEUSEMENT LA MAIN,	IL AJOUTA: ''AH! MON CHER ANGE, COMBIEN JE
24	035	LOIN, COMME IL LE SUIVAIT UNE GRANDE AVENUE,	IL APERCUT UNE AUBERGE PROPRETTE, OU D'UNE
27	119	ET DE LA RANCUNE, MEME PENDANT QU'	IL APPLAUDISSAIT OSTENSIBLEMENT LES TALENTS DE
48	012	PEUPLE Y A UNE TELLE HAINE DU VEGETAL, QU'	IL ARRACHE TOUS SES ARBRES. VOILA UN PAYSAGE
29	082	DANS LE MEME LIT QUE MA BONNE.'' --	IL ASSISTAIT PRESQUE TOUJOURS EN PERSONNE,
31	049	UN PARADIS, COMPARATIVEMENT A CELLE QU'	IL ATTIRA SES CAMARADES TOUT PRES DE LUI, ET
30	038	TOUT, CELA VAUT PEUT-ETRE MIEUX AINSI;	IL AURAIT SUBIE DANS LE TAUDIS PATERNEL.
30	093	QUELLE CURIOSITE! QUELLE MERVEILLE	IL AURAIT TOUJOURS MAL FINI!'' ''CEPENDANT LE
14	069	ETAIT MUET ET IMMOBILE. IL AVAIT RENONCE,	IL AVAIT A MONTRER DANS CES TENEBRES PUANTES,
14	061	SUR VOTRE DOS.'' IL M'A BIEN JURE QU'	IL AVAIT ABDIQUE. SA DESTINEE ETAIT FAITE.
49	079	QUE, MALGRE MES NOMBREUX AVERTISSEMENTS,	IL AVAIT COMPRIS MA THEORIE, ET QU'IL OBEIRAIT
30	044	SEVERE, L'EPITHETE DE ''MONSTRE'', S'	IL AVAIT ENCORE COMMIS UN NOUVEAU LARCIN DE CE
27	026	DANS LA BANLIEUE DE NANKIN, S'APERCUT QU'	IL AVAIT ETE PERMIS, DANS SES DOMAINES,
16	003	UNE PIECE D'ARGENT DE DEUX FRANCS QU'	IL AVAIT OUBLIE SA MONTRE, ET DEMANDA A UN
27	007	LA VERTU, MEME LA CLEMENCE, SURTOUT S'	IL AVAIT PARTICULIEREMENT EXAMINEE.
14	060	PAS. IL ETAIT MUET ET IMMOBILE.	IL AVAIT PU ESPERER Y TROUVER DES PLAISIRS
30	053	PRESQUE LE PLANCHER; UNE CHAISE, QU'	IL AVAIT RENONCE, IL AVAIT ABDIQUE. SA
28	048	CANDEUR. JE VIS ALORS CLAIREMENT QU'	IL AVAIT SANS DOUTE REPOUSSEE DU PIED, ETAIT
31	030	LES AUTRES. ''DIEU!'' REPONDIT--	IL AVAIT VOULU FAIRE A LA FOIS LA CHARITE ET
09	034	DES ETRES. UN AUTRE, TIMIDE AU POINT QU'	IL AVEC UN ACCENT PARFAIT DE CONVICTION. ''AH!
31	039	EXPRESSION D'EXTASE ET DE REGRET. ''EST-	IL BAISSE LES YEUX MEME DEVANT LES REGARDS DES
15	065	DE POCHE A CHAQUE INSTANT; MAIS, HELAS!	IL BETE, CELUI-LA, AVEC SON BON DIEU, QUE LUI
23	002	POUR L'HOMME, ET A L'APPUI DE SA THESE	IL CHANGEAIT AUSSI DE VOLUME; ET LORSQUE
21	034	FORCAIT A BAISSER LES YEUX VERS LA TERRE,	IL CITE, COMME TOUS LES INCREDULES, DES
17	011	UN REVE, PLEIN DE VOILURES ET DE MATURES;	IL CONTEMPLAIT VANITEUSEMENT LES ONGLES DE SES
24	017	DES PLUS LES DETAILS DE LA GRAVURE,	IL CONTIENNENT DE GRANDES MERS DONT LES
22	025	D'HOTEL UN EXCELLENT POULET, DANS LEQUEL	IL CONTINUAIT MENTALEMENT: ''AU BORD DE LA
27	055	OU IL SE TROUVAIT; AU DELA; EXISTAIT-	IL CROYAIT VOIR JE NE SAIS QUEL INSULTANT
13	021	CES DEMARCHES SI LENTES OU SI SACCADEES,	IL DANS SON AME UNE INTENTION PLUS OU MOINS
31	106	NULLE PART. ALORS L'UN A DIT: ''FAUT-	IL DECHIFFRE TOUT DE SUITE LES INNOMBRABLES
31	034	EST PRESQUE A L'HORIZON... ET MAINTENANT	IL DEPLOYER LA TENTE?'' ''MA FOI! NON!'' A
14	008	OUBLIE TOUT, LA DOULEUR ET LE TRAVAIL;	IL DESCEND DERRIERE LE CLOCHER... AH! ON NE LE
14	074	SUR UNE DE SES PLANCHES, ESPERANT QU'	IL DEVIENT PAREIL AUX ENFANTS. POUR LES PETITS
47	035	EPONGES. --ET COMME, L'OPERATION FAITE,	IL DEVINERAIT MON INTENTION; QUAND UN GRAND
43	007	A CETTE MYSTERIEUSE FEMME A LAQUELLE	IL DISAIT FIEREMENT, EN REGARDANT SA MONTRE:
48	009	QUE PENSERAIS- TU D'HABITER LISBONNE?	IL DOIT TANT DE PLAISIRS, TANT DE DOULEURS, ET
30	013	QU'UNE LUMIERE SANS CHALEUR; MAIS	IL DOIT Y FAIRE CHAUD, ET TU T'Y
48	030	QUE TU NE TE PLAISES QUE DANS TON MAL? S'	IL EN EST AINSI, FUYONS VERS LES PAYS QUI SONT
15	003	GRANDEUR ET D'UNE NOBLESSE IRRESISTIBLES.	IL EN PASSA SANS DOUTE EN CE MOMENT QUELQUE
29	117	--ET CAETERA. ET CAETERA...'', AJOUTA-T-	IL EN SE LEVANT ET EN ME CONGEDIANT AVEC UN
20	034	ET DE HASARD, NE NOUS ETONNONS PAS QU'	IL EN SOIT DE MEME QUELQUEFOIS DANS LA JUSTICE

DES ARDENTS PARFUMS DE LA MORT,
SYMBOLIQUEMENT LE MYSTERE DE LA VIE.
QUELCONQUE DE LA BRIEVETE DE LA VIE''. ET
CES AMES ERRANTES QUI CHERCHENT UN CORPS,
PAR UNE SORTE DE STUPEFACTION DE CE QU'
REGARDEZ LA-BAS...! LE VOYEZ- VOUS?
DE SE TROMPER, C'EST L'AMOUR MATERNEL.
QUI SE MONTRE, A L'INCONNU QUI PASSE.
PEUPLE DE SES PASSIONS ET DE SES CHIMERES.
AH! PENETRANTES JUSQU'A LA DOULEUR! CAR
A ETRE, RELATIVEMENT AU PERSONNAGE QU'
D'HARMONIE QUI LE REND PLUS NAVRANT.
QUE LE POETE ENDOSSE LE GILET DU PEINTRE,
UN ACCENT PARFAIT DE CONVICTION. ''AH!
DIT QUE DANS LES JARDINS PUBLICS
HUMILIER UN INSTANT LEUR SOT ORGUEIL, QU'
DU CAFE DE LES ELOIGNER D'ICI?'' TANT
A FAIT LE SOUVENIR D'ANCIENNES RANCUNES.''
IL SON CHER ET INIMITABLE FANCIOULLE?
PAUVRES? QU'ELLES SOIENT EN DEUIL OU NON,
SANS HESITER: ''OUI, JE VOIS L'HEURE!
L'OISEAU, L'HORLOGE, VOUS REPONDRONT: ''
TOUTE L'HOMICIDE EFFICACITE DE SA RUSE?
SYMPATHIQUE? PEUT-ETRE! MAIS
AVEC UNE SENSIBILITE PERFECTIONNEE, HELAS!
MAIS JE N'AI PAS OSE, SANS DOUTE PARCE QU'
ANS); JE VEUX PARLER DES LIVRES OU

IGNORE, CETTE ANGOISSE DE LA CURIOSITE?
IL Y A LA UNE PATURE CERTAINE. CAR S'
L'EMPECHE DE VOIR LA TOMBE, PERDU, COMME
A TOUT CE QUI PARLE, DEMANDEZ QUELLE HEURE
DU POETE, TANT IL A BIEN COMPRIS QU'
AUSSI FACILE QUE VOUS POUVEZ LE CROIRE.
LE MORCEAU DE PAIN AVAIT DISPARU, ET
COMME UNE AUREOLE SULFUREUSE DE PASSION.
ET SOCIABLE ENCORE PENDANT LA JOURNEE,
CE SOIR-LA, UNE PARFAITE IDEALISATION, QU'
DE CETTE AME CURIEUSE ET MALADE,
SEMBLABLES AUX GRAINS DE SABLE AUXQUELS
GAIE, NI LAMENTABLE, NI N'IMPLORAIT PAS.
OU SUR LES GENOUX DU VISITEUR, COMME S'
EXCELLENT CONNAISSEUR D'AILLEURS,
ET DEMANDA A UN PETIT GARCON QUELLE HEURE
DU SPECTACLE ME REVOLTENT... AH! FAUT-
AVEC SA MAIN, SE RECULA VIVEMENT, COMME S'
JETA LA CAUSERIE SUR LE SUJET DES FEMMES.
SUBTIL LELUT ET LE BIEN-AVISE BAILLARGER?
NOUS VOYONS L'ETRE OU LE FAIT TEL QU'
PAR QUELQUES GENTILSHOMMES MECONTENTS.
LA NOUVEAUTE, DEVANT LE FAIT REEL. S'
DES FOUS ET DES FOLLES! O CREATEUR! PEUT-
QUE L'ENNUI, ET LES EFFORTS BIZARRES QU'
SANS LASSITUDE, DANS DES PAYS CHARMANTS OU
''MA FOI! NON!'' A REPONDU L'AUTRE, ''
CONGEDIER UN SERVITEUR IRREPROCHABLE. MAIS
PENSEE ME CAUSAIT UNE ANGOISSE TERRIBLE:
A LE FAIRE BRUSQUEMENT TOMBER SUR LE SOL.
ENTREE PROFONDEMENT DANS LES CHAIRS, ET
FORCE M'ABANDONNA. ''EN VERITE, ME DIS-JE,
CE BEAU PAYS SI CALME ET SI REVEUX, QU'
POUR L'INTIMITE. DECIDEMENT, C'EST LA QU'
LA QU'IL FAUT ALLER VIVRE, C'EST LA QU'
QU'IL FAUT ALLER MOURIR! OUI, C'EST LA QU'
BONHEUR EST MARIE AU SILENCE. C'EST LA QU'
SI VOUS ETES REELLEMENT PHILANTHROPE, QU'

VOS EPAULES ET VOUS PENCHE VERS LA TERRE,
DEUX TETES RIEUSES, ET TOUT DE SUITE: ''
DONT LE REGARD DIT: ''JE VEUX!'' OU: ''
OUI, C'EST DANS CETTE ATMOSPHERE QU'
ANGE, JE ME FIGURE QUE C'EST VOUS''. ET
SENSITIVE VIOLEE... --COMMENT CELA A-T-
M'EN REPENTISSE DEJA. MAIS AU MEME INSTANT
LETTRES QUI A SURVECU A LA GENERATION DONT
MONNAIE; DANS LA POCHE GAUCHE DE SON GILET
D'UN MALAISE PERPETUEL, ET FUT-
EN FACE DU POELE, ET CELUI-LA CROIT DU'
LUI DEMANDAI DES NOUVELLES DE DIEU, ET S'
COU ET COLLEE A SON DOS; ON EUT DIT QU'
COMME LA VOITURE TRAVERSAIT LE BOIS,
SA FEMME LEGITIME COMME UNE BETE, ET
LA DIVINITE DANS LES NUEES, ET QU'
QUE C'EST VOUS''. ET IL FERMA LES YEUX ET
PAR LE VENT, LA PLUIE ET LE SOLEIL!
OFFRANT DE ME DESHONORER AUSSI SOUVENT QU'
IDEALE SOUS UN VERNIS DE CARROSSIER,
ELEVES D'EPICURE. PEUT-ETRE MEME CONNAIT-
DE REPUGNANCE LE SUPPLICE SUPREME, S'
EN UN JOUR'', ET, SUR CETTE SAGE PAROLE,
LES REGARDS DES HOMMES, A CE POINT QU'

	POEM	LINE
IL ENTENDIT UNE VOIX CHUCHOTER SOUS LA TOMBE	45	023
IL ENTRA EN SCENE LEGEREMENT ET AVEC UNE	27	068
IL ENTRA, BUT UN VERRE DE BIERE EN FACE DES	45	009
IL ENTRE, QUAND IL VEUT, DANS LE PERSONNAGE DE	12	012
IL EPROUVAIT ENCORE, ET LES RAYONS DU SOLEIL	31	068
IL EST ASSIS SUR CE PETIT NUAGE ISOLE, CE	31	026
IL EST AUSSI DIFFICILE DE SUPPOSER UNE MERE	30	011
IL EST BON D'APPRENDRE QUELQUEFOIS AUX HEUREUX	12	030
IL EST CERTAIN QU'UN BAVARD, DONT LE SUPREME	23	010
IL EST CERTAINES SENSATIONS DELICIEUSES DONT	03	002
IL EST CHARGE D'EXPRIMER, CE QUE LES	27	076
IL EST CONTRAINT DE LESINER SUR SA DOULEUR. LE	13	030
IL EST CONTRAINT DE PENSER AUX BONS CHIENS,	50	130
IL EST DEJA BIEN LOIN; TOUT A L'HEURE, VOUS NE	13	031
IL EST DES ALLEES HANTEES PRINCIPALEMENT PAR	13	001
IL EST DES BONHEURS SUPERIEURS AU LEUR, PLUS	12	032
IL EST DIFFICILE DE S'ENTENDRE, MON CHER ANGE,	26	058
IL EST DOUTEUX QUE SON ALTESSE AIT JAMAIS	29	092
IL EST DOUX ET LEGITIME DE LE CROIRE. LES	27	143
IL EST FACILE DE LES RECONNAITRE. D'AILLEURS	13	027
IL EST L'ETERNITE!'' N'EST-CE PAS, MADAME, QUE	16	028
IL EST L'HEURE DE S'ENIVRER! POUR N'ETRE PAS	33	015
IL EST PERMIS D'EN DOUTER. REGRETTA-T IL SON	27	141
IL EST PLUS LEGITIME DE SUPPOSER QUE LUI-MEME	09	044
IL EST REMPLACE PAR UNE FETIDE ODEUR DE TABAC	05	062
IL EST TOUJOURS TRES-DIFFICILE DE SE DECIDER A	31	123
IL EST TRAITE DE L'ART DE RENDRE LES PEUPLES	49	004
IL EST UN PAYS SUPERBE, UN PAYS DE COCAGNE.	18	001
IL EST UNE CONTREE QUI TE RESSEMBLE, OU TOUT	18	017
IL EST UNE PLACE QU'ILS DEDAIGNENT DE VISITER,	13	011
IL EST, DANS UN PARADIS EXCLUANT TOUTE IDEE DE	27	097
IL EST; ET LE VENT, LA VAGUE, L'ETOILE,	33	013
IL ETAIT BON ET HONNETE DE CHANTER LES PAUVRES	50	123
IL ETAIT DEJA FORT ROIDE, ET J'AVAIS UNE	30	058
IL ETAIT EPARPILLE EN MIETTES SEMBLABLES AUX	15	069
IL ETAIT FACILE DE DEVINER QUE CELUI-LA NE	31	071
IL ETAIT IMPITOYABLE LE SOIR; ET CE N'ETAIT	22	030
IL ETAIT IMPOSSIBLE DE NE PAS SUPPOSER	27	082
IL ETAIT INFINIMENT PLUS PROBABLE QUE LE	27	048
IL ETAIT MELE. CE SPECTACLE M'AVAIT EMBRUME LE	15	070
IL ETAIT MUET ET IMMOBILE. IL AVAIT RENONCE,	14	060
IL ETAIT SUR DE PLAIRE, TURBULENT COMME UN	50	024
IL ETAIT VRAIMENT INSATIABLE DE VOLUPTES,	27	020
IL ETAIT. LE GAMIN DU CELESTE EMPIRE HESITA	16	004
IL ETERNELLEMENT SOUFFRIR, OU FUIR	03	023
IL EUT CRAINT QUE MON OFFRE NE FUT PAS SINCERE	15	043
IL EUT ETE PLUS PHILOSOPHIQUE DE N'EN PAS	42	011
IL EXISTE CETTE DIFFERENCE ENTRE LE DEMON DE	49	032
IL EXISTE EN DEHORS DE NOUS; NOUS EPROUVONS UN	30	005
IL EXISTE PARTOUT DES HOMMES DE BIEN POUR	27	009
IL EXISTE UN PHENOMENE EVIDENT, TRIVIAL,	30	008
IL EXISTER DES MONSTRES AUX YEUX DE CELUI-LA	47	123
IL FAISAIT POUR FUIR OU POUR VAINCRE CE TYRAN	27	023
IL FAIT TOUJOURS CHAUD ET OU LES FEMMES	29	115
IL FAIT UNE SI BELLE NUIT!!'' LE TROISIEME	31	107
IL FALLAIT ACCORDER CE SENTIMENT AVEC	42	158
IL FALLAIT AVERTIR LES PARENTS. MES PIEDS	30	084
IL FALLAIT LE SOUTENIR TOUT ENTIER AVEC UN	30	060
IL FALLAIT MAINTENANT, AVEC DE MINCES CISEAUX,	30	065
IL FALLAIT QUE JE FUSSE BIEN LOURDEMENT	21	115
IL FAUDRAIT ALLER VIVRE ET FLEURIR? NE	18	064
IL FAUDRAIT DEMEURER POUR CULTIVER LE REVE DE	24	015
IL FAUT ALLER MOURIR! OUI, C'EST LA QU'IL FAUT	18	022
IL FAUT ALLER RESPIRER, REVER ET ALLONGER LES	18	023
IL FAUT ALLER VIVRE, C'EST LA QU'IL FAUT ALLER	18	021
IL FAUT APPLIQUER A TOUS VOS CONFRERES; QUAND	49	075
IL FAUT ETRE TOUJOURS IVRE. TOUT EST LA: C'EST	33	001
IL FAUT VOUS ENIVRER SANS TREVE. MAIS DE QUOI?	33	004
IL FAUT, --SE DIT-IL, --QUE MA PENSEE SOIT UNE	24	038
IL FAUT!'' OU BIEN: ''JE NE PARDONNE JAMAIS!''	42	114
IL FERAIT BON VIVRE, --LA-BAS, OU LES HEURES	18	028
IL FERMA LES YEUX ET IL LACHA LA DETENTE. LA	43	017
IL FINI? DIT L'UN DES TROIS AUTRES. JE NE VOUS	51	051
IL FUT CULBUTE PAR UN AUTRE PETIT SAUVAGE.	15	046
IL FUT LE BRILLANT AMUSEUR; DU VIEUX POETE	14	080
IL GLISSA DE PETITES PIECES D'OR; DANS LA	28	003
IL GRATIFIE DE TOUS LES HONNEURS QUE PEUVENT	22	036
IL GUERIRAIT A COTE DE LA FENETRE, ME	48	003
IL L'AVAIT VU RECEMMENT. IL ME REPONDIT, AVEC	29	086
IL LA CONSIDERAIT COMME FAISANT PARTIE DE	06	022
IL LA FIT ARRETER DANS LE VOISINAGE D'UN TIR,	43	001
IL LA MONTRE AUX FAUBOURGS, LES JOURS DE	11	026
IL LA TROUVERAIT FREQUEMMENT AILLEURS. ENFIN	31	073
IL LACHA LA DETENTE. LA POUPEE FUT NETTEMENT	43	017
IL LANCAIENT, AVEC L'APLOMB DES COMEDIENS SURS	14	026
IL LE FAUDRAIT POUR MERITER LEURS FAVEURS?	21	121
IL LE NETTOYAIT DE LA REPUGNANTE PATINE DE LA	19	034
IL LE RAFFINEMENT PROFOND DES ANCIENS	45	005
IL LEUR ETAIT PERMIS DE FAIRE DU HAUT DE	23	018
IL LUI ARRACHE CRUELLEMENT LA PROIE, DONT LES	11	032
IL LUI FAUT RASSEMBLER TOUTE SA PAUVRE VOLONTE	09	035

[142]

POEM	LINE		
43	002	DANS LE VOISINAGE D'UN TIR, DISANT QU'	IL LUI SERAIT AGREABLE DE TIRER QUELQUES
27	140	FRUSTRE LE BOURREAU? LE PRINCE AVAIT-	IL LUI-MEME DEVINE TOUTE L'HOMICIDE EFFICACITE
49	079	EU LA DOULEUR D'ESSAYER SUR VOTRE DOS.''	IL M'A BIEN JURE QU'IL AVAIT COMPRIS MA
05	044	PORTE, ET, COMME DANS LES REVES INFERNAUX,	IL M'A SEMBLE QUE JE RECEVAIS UN COUP DE
31	078	N'AI PAS UNE BELLE BONNE POUR ME DORLOTER.	IL M'A SOUVENT SEMBLE QUE MON PLAISIR SERAIT
49	013	AVOISINANT LE VERTIGE OU LA STUPIDITE.	IL M'AVAIT SEMBLE SEULEMENT QUE JE SENTAIS,
31	043	''MOI, JE VAIS VOUS RACONTER COMMENT	IL M'EST ARRIVE QUELQUE CHOSE QUI NE VOUS EST
13	035	QUI EST TOUT A FAIT SEULE? JE NE SAIS...	IL M'EST ARRIVE UNE FOIS DE SUIVRE PENDANT DE
10	006	SOUFFRIRAI PLUS QUE PAR MOI-MEME. ENFIN!	IL M'EST DONC PERMIS DE ME DELASSER DANS UN
29	025	DEJA A DES EPOQUES ET DANS DES PAYS DONT	IL M'ETAIT IMPOSSIBLE DE ME SOUVENIR
30	041	SINGULIERES DE TRISTESSE PRECOCE, ET QU'	IL MANIFESTA BIENTOT UN GOUT IMMODERE POUR LE
21	038	D'OU S'ECOULAIT UNE INSIDIEUSE IVRESSE, ET	IL ME DIT D'UNE VOIX CHANTANTE: ''SI TU VEUX,
29	006	RELATIVEMENT A MOI, UN DESIR ANALOGUE, CAR	IL ME FIT, EN PASSANT, UN CLIGNEMENT D'OEIL
29	011	NE POURRAIT FOURNIR UN EXEMPLE APPROCHANT.	IL ME PARUT SINGULIER QUE J'EUSSE PU PASSER SI
05	083	IL A REPRIS SA BRUTALE DICTATURE. ET	IL ME POUSSE, COMME SI J'ETAIS UN BOEUF, AVEC
11	062	AUTRE SENTIMENT QUE LA PITIE? EN VERITE,	IL ME PREND QUELQUEFOIS ENVIE DE VOUS
21	037	POLIS COMME DES PIERRES BIEN TRAVAILLEES.	IL ME REGARDA AVEC SES YEUX INCONSOLABLEMENT
06	016	ET JE LUI DEMANDAI OU ILS ALLAIENT AINSI.	IL ME REPONDIT QU'IL N'EN SAVAIT RIEN, NI LUI,
29	086	DE DIEU, ET S'IL L'AVAIT VU RECEMENT.	IL ME REPONDIT, AVEC UNE INSOUCIANCE NUANCEE
14	065	PAR LA MAIN TERRIBLE DE L'HYSTERIE, ET	IL ME SEMBLA QUE MES REGARDS ETAIENT OFFUSQUES
21	105	PLUS ATTENTIVEMENT LA SEDUISANTE VIRAGO,	IL ME SEMBLA VAGUEMENT QUE JE LA RECONNAISSAIS
29	024	FEMMES, MARQUES D'UNE BEAUTE FATALE, QU'	IL ME SEMBLAIT AVOIR VUS DEJA A DES EPOQUES ET
29	037	ET, CHOSE MOINS EXTRAORDINAIRE,	IL ME SEMBLAIT, APRES PLUSIEURS HEURES, QUE JE
10	008	D'ABORD, UN DOUBLE TOUR A LA SERRURE.	IL ME SEMBLE QUE CE TOUR DE CLEF AUGMENTERA MA
17	034	TES CHEVEUX ELASTIQUES ET REBELLES.	IL ME SEMBLE QUE JE MANGE DES SOUVENIRS.
48	005	QU'IL GUERIRAIT A COTE DE LA FENETRE.	IL ME SEMBLE QUE JE SERAIS TOUJOURS BIEN LA OU
14	007	MAUVAIS TEMPS DE L'ANNEE. EN CES JOURS-LA	IL ME SEMBLE QUE LE PEUPLE OUBLIE TOUT, LA
09	064	LA LOURDE ET SALE ATMOSPHERE PARISIENNE.	IL ME SERAIT D'AILLEURS IMPOSSIBLE DE DIRE
30	037	DEVINT CHARMANT, ET LA VIE QU'	IL MENAIT CHEZ MOI LUI SEMBLAIT UN PARADIS,
26	011	SI CE N'EST QUE, REVE PAR TOUS LES HOMMES,	IL N'A ETE REALISE PAR AUCUN. LE SOIR, UN PEU
47	091	PAUVRE GARCON! SES CAMARADES M'ONT DIT QU'	IL N'AVAIT PAS LE SOU, PARCE QUE SES PARENTS
40	011	RAISON! MAIS, AU POINT DE VUE DE LA LOI,	IL N'AVAIT PAS TORT.
28	020	RAISON? APRES LE PLAISIR D'ETRE ETONNE,	IL N'EN EST PAS DE PLUS GRAND QUE CELUI DE
06	016	OU ILS ALLAIENT AINSI. IL ME REPONDIT QU'	IL N'EN SAVAIT RIEN, NI LUI, NI LES AUTRES;
28	045	UN HOMME EN LUI DONNANT PLUS QU'	IL N'ESPERE.'' JE LE REGARDAIS DANS LE BLANC
35	003	QUE CELUI QUI REGARDE UNE FENETRE FERMEE.	IL N'EST PAS D'OBJET PLUS PROFOND, PLUS
28	043	PROPRES PAROLES: ''OUI, VOUS AVEZ RAISON!	IL N'EST PAS DE PLAISIR PLUS DOUX QUE DE
03	004	DONT LE VAGUE N'EXCLUT PAS L'INTENSITE; ET	IL N'EST PAS DE POINTE PLUS ACEREE QUE CELLE
12	001		IL N'EST PAS DONNE A CHACUN DE PRENDRE UN BAIN
16	010	DES YEUX, IL AFFIRMA SANS HESISTER: ''	IL N'EST PAS ENCORE TOUT A FAIT MIDI.'' CE QUI
05	040	PAR MINUTE, SECONDE PAR SECONDE! NON!	IL N'EST PLUS DE MINUTES; IL N'EST PLUS DE
05	040	SECONDE! NON! IL N'EST PLUS DE MINUTES,	IL N'EST PLUS DE SECONDES! LE TEMPS A DISPARU;
27	030	LE GRAND MALHEUR DE CE PRINCE FUT QU'	IL N'EUT JAMAIS UN THEATRE ASSEZ VASTE POUR
29	076	RUSES DU DIABLE EST DE VOUS PERSUADER QU'	IL N'EXISTE PAS!'' LE SOUVENIR DE CE CELEBRE
14	059	AUCUNE CHANSON, NI GAIE, NI LAMENTABLE.	IL N'IMPLORAIT PAS. IL ETAIT MUET ET IMMOBILE.
47	030	CHEVEUX BLANCS? VOUS N'ETIEZ PAS AINSI,	IL N'Y A PAS ENCORE BIEN LONGTEMPS, QUAND VOUS
24	014	SON IMAGE! DANS CES SOLENNELLES GALERIES,	IL N'Y A PAS UN COIN POUR L'INTIMITE.
05	079	VIE, L'INSUPPORTABLE, L'IMPLACABLE VIE!''	IL N'Y A QU'UNE SECONDE DANS LA VIE HUMAINE
31	047	L'AUBERGE OU NOUS NOUS SOMMES ARRETES.	IL N'Y AVAIT PAS ASSEZ DE LITS POUR NOUS TOUS,
45	006	PROFOND DES ANCIENS EGYPTIENS, POUR QUI	IL N'Y AVAIT PAS DE BON FESTIN SANS SQUELETTE,
15	067	PAR IMPOSSIBILITE DE CONTINUER,	IL N'Y AVAIT PLUS, A VRAI DIRE, AUCUN SUJET DE
14	058	IL NE GESTICULAIT PAS, IL NE CRIAIT PAS;	IL NE CHANTAIT AUCUNE CHANSON, NI GAIE, NI
27	022	A LA MORALE, VERITABLE ARTISTE LUI-MEME,	IL NE CONNAISSAIT D'ENNEMI DANGEREUX QUE
14	058	IL NE DANSAIT PAS, IL NE GESTICULAIT PAS;	IL NE CRIAIT PAS; IL NE CHANTAIT AUCUNE
14	058	PAS; LE MISERABLE! IL NE PLEURAIT PAS;	IL NE DANSAIT PAS, IL NE GESTICULAIT PAS, IL
23	014	VERTUS DE CRUSOE, MAIS JE DEMANDE QU'	IL NE DECRETE PAS D'ACCUSATION LES AMOUREUX DE
29	080	ET MON ETRANGE CONVIVE M'AFFIRMA QU'	IL NE DEDAIGNAIT PAS, EN BEAUCOUP DE CAS,
08	013	VIE, VOUS RESSEMBLEZ AU PUBLIC, A QUI	IL NE FAUT JAMAIS PRESENTER DES PARFUMS
11	031	LUI JETTE SON CORNAC. ''ALLONS, DIT-IL,	IL NE FAUT PAS MANGER TOUT SON BIEN EN UN
14	058	IL NE PLEURAIT PAS, IL NE DANSAIT PAS;	IL NE GESTICULAIT PAS, IL NE CRIAIT PAS; IL NE
29	065	DE QUELQUES PRINCIPES FONDAMENTAUX DONT	IL NE ME CONVIENT PAS DE PARTAGER LES
13	101	EGOISTE, SANS DOUCEUR ET SANS PATIENCE; ET	IL NE PEUT MEME PAS, COMME LE PUR ANIMAL,
14	057	CONTRASTE. IL NE RIAIT PAS, LE MISERABLE!	IL NE PLEURAIT PAS, IL NE DANSAIT PAS, IL NE
20	055	CROYANT LEUR CORVEE ACCOMPLIE; CAR	IL NE RESTAIT PLUS AUCUN CADEAU, AUCUNE
30	116	''ENFIN! ENFIN! TOUT ETAIT ACCOMPLI.	IL NE RESTAIT PLUS QU'A ME REMETTRE AU
20	062	LA FEE POUVAIT ETRE EMBARRASSEE; CAR	IL NE RESTAIT PLUS RIEN. CEPENDANT ELLE SE
14	057	QUE L'ART, AVAIT INTRODUIT LE CONTRASTE.	IL NE RIAIT PAS, LE MISERABLE! IL NE PLEURAIT
09	044	EST PLUS LEGITIME DE SUPPOSER QUE LUI-MEME	IL NE SAIT PAS POURQUOI. J'AI ETE PLUS D'UNE
22	041	FAIT LA LUMIERE DANS LE MIEN, ET BIEN QU'	IL NE SOIT PAS RARE DE VOIR LA MEME CAUSE
31	028	MARCHE DOUCEMENT. LUI AUSSI, ON DIRAIT QU'	IL NOUS REGARDE.'' ''MAIS QUI DONC?''
49	080	QU'IL AVAIT COMPRIS MA THEORIE, ET QU'	IL OBEIRAIT A MES CONSEILS.
43	005	ET LA PLUS LEGITIME DE CHACUN? --ET	IL OFFRIT GALAMMENT LA MAIN A SA CHERE,
09	073	ANGLES DE SA FRAGILE MARCHANDISE. ENFIN	IL PARUT: J'EXAMINAI CURIEUSEMENT TOUTES SES
50	094	QUE LA MACONNERIE EST ACHEVEE. N'EST-	IL PAS JUSTE DE QUE SI ZELES COMEDIENS NE SE
12	010	JOUIT DE CET INCOMPARABLE PRIVILEGE, QU'	IL PEUT A SA GUISE ETRE LUI-MEME ET AUTRUI.
10	014	ALLER EN RUSSIE PAR VOIE DE TERRE (	IL PRENAIT SANS DOUTE LA RUSSIE POUR UNE ILE!)
14	062	MAIS QUEL REGARD PROFOND, INOUBLIABLE,	IL PROMENAIT SUR LA FOULE ET LES LUMIERES,
27	004	ONT DE FATALES ATTRACTIONS, ET, BIEN QU'	IL PUISSE PARAITRE BIZARRE QUE LES IDEES DE
27	099	TOUT CE PUBLIC, SI BLASE ET FRIVOLE QU'	IL PUT ETRE, SUBIT BIENTOT LA TOUTE-PUISSANTE
27	125	ENFANT S'ILLUMINA D'UN SOURIRE; ET PUIS	IL QUITTA VIVEMENT LA LOGE PRINCIERE, COMME
27	139	LE SIFFLET, RAPIDE COMME UN GLAIVE, AVAIT-	IL REELLEMENT FRUSTRE LE BOURREAU? LE PRINCE
19	029	PAS LE LUI DIRE.'' VOICI CE QU'	IL REGARDAIT: DE L'AUTRE COTE DE LA GRILLE,
26	032	UN PETIT ETRE TROP FAIBLE POUR MARCHER.	IL REMPLISSAIT L'OFFICE DE BONNE ET FAISAIT
16	008	VAIS VOUS LE DIRE.'' PEU D'INSTANTS APRES,	IL REPARUT: TENANT DANS SES BRAS UN FORT GROS
16	007	EMPIRE HESITA D'ABORD; PUIS, SE RAVISANT,	IL REPONDIT: ''JE VAIS VOUS LE DIRE.'' PEU
21	071	FAIT DE NOMBREUSES VOIX HUMAINES. ET	IL RIAIT, EN MONTRANT IMPUDEMMENT SES DENTS
28	054	J'AURAIS TROUVE CURIEUX, SINGULIER, QU'	IL S'AMUSAT A COMPROMETTRE LES PAUVRES! MAIS
24	007	EN PASSANT PLUS TARD DANS UNE RUE,	IL S'ARRETA DEVANT UNE BOUTIQUE DE GRAVURES,
50	023	OU GREDIN! SI ENCHANTE DE LUI-MEME QU'	IL S'ELANCE INDISCRETEMENT DANS LES JAMBES OU
45	024	UNE VOIX CHUCHOTER SOUS LA TOMBE OU	IL S'ETAIT ASSIS. ET CETTE VOIX DISAIT:
14	045	LA RANGEE DE BARAQUES, COMME SI, HONTEUX,	IL S'ETAIT EXILE LUI-MEME DE TOUTES CES

POEM LINE

POEM	LINE		
47	126	COMMENT ILS SE SONT FAITS ET COMMENT	ILS AURAIENT PU NE PAS SE FAIRE?
34	019	PAR L'IMAGE DE LA TERRE ABSENTE, QU'	ILS AURAIENT, JE CROIS, MANGE DE L'HERBE AVEC
21	008	AINSI DU FOND OPAQUE DE LA NUIT.	ILS AVAIENT L'AIR SI FIER ET SI PLEIN DE
18	080	TRANQUILLES. CES ENORMES NAVIRES QU'	ILS CHARRIENT, TOUT CHARGES DE RICHESSES, ET
06	026	D'UN SOL AUSSI DESOLE QUE CE CIEL,	ILS CHEMINAIENT AVEC LA PHYSIONOMIE RESIGNEE
18	056	EMBELLIE, REFONDUE. QU'ILS CHERCHENT, QU'	ILS CHERCHENT ENCORE, QU'ILS RECULENT SANS
50	057	NOUS, ILS SE SONT LEVES DE BON MATIN, ET	ILS CHERCHENT LEUR VIE OU COURENT A LEURS
18	056	ELLE EST CORRIGEE, EMBELLIE, REFONDUE. QU'	ILS CHERCHENT, QU'ILS CHERCHENT ENCORE, QU'ILS
13	011	CERTAINE. CAR S'IL EST UNE PLACE QU'	ILS DEDAIGNENT DE VISITER, COMME JE
31	103	ET SONT PARTIS. MOI, VOULANT SAVOIR OU	ILS DEMEURAIENT, JE LES AI SUIVIS DE LOIN,
12	037	VASTE FAMILLE QUE LEUR GENIE S'EST FAITE,	ILS DOIVENT RIRE QUELQUEFOIS DE CEUX QUI LES
19	011	D'ABORD ILS N'OSERONT PAS PRENDRE;	ILS DOUTERONT DE LEUR BONHEUR. PUIS LEURS
50	078	TRIOMPHANTS, DU PLAISIR ORGUEILLEUX QU'	ILS EPROUVENT A RIVALISER AVEC LES CHEVAUX? EN
31	085	N'Y AVEZ PAS FAIT ATTENTION, VOUS AUTRES.	ILS ETAIENT GRANDS, PRESQUE NOIRS ET
06	018	ILS ALLAIENT QUELQUE PART, PUISQU'	ILS ETAIENT POUSSES PAR UN INVINCIBLE BESOIN
31	098	CYMBALES AVEC UNE VIOLENCE EXTRAORDINAIRE.	ILS ETAIENT SI CONTENTS D'EUX-MEMES, QU'ILS
26	043	NOUS.'' --QUANT AUX YEUX DU PLUS PETIT,	ILS ETAIENT TROP FASCINES POUR EXPRIMER AUTRE
47	125	YEUX DE CELUI-LA SEUL QUI SAIT POURQUOI	ILS EXISTENT, COMMENT ILS SE SONT FAITS ET
31	088	DEVENUS TOUT A FAIT BRILLANTS PENDANT QU'	ILS FAISAIENT DE LA MUSIQUE; UNE MUSIQUE SI
27	146	SPECTACLE DE LA COMEDIE. DANS LA MEME NUIT	ILS FURENT EFFACES DE LA VIE. DEPUIS LORS,
42	003	QUATRE HOMMES FUMAIENT ET BUVAIENT.	ILS N'ETAIENT PRECISEMENT NI JEUNES NI VIEUX,
39	018	L'ONT VAINEMENT MORDUE A BELLES DENTS;	ILS N'ONT RIEN DIMINUE DU CHARME VAGUE, MAIS
19	011	YEUX S'AGRANDIR DEMESUREMENT. D'ABORD	ILS N'OSERONT PAS PRENDRE; ILS DOUTERONT DE
37	030	LE LIEU OU ILS NE SONT PAS, LA FEMME QU'	ILS NE CONNAISSENT PAS; LES FLEURS SINISTRES
31	104	FORET, OU J'AI COMPRIS SEULEMENT ALORS QU'	ILS NE DEMEURAIENT NULLE PART. ALORS L'UN A
06	036	ET J'EN FUS PLUS LOURDEMENT ACCABLE QU'	ILS NE L'ETAIENT EUX-MEMES PAR LEURS
42	165	ET COMME AVOUANT IMPLICITEMENT QU'	ILS NE SE SENTAIENT PAS, QUANT A EUX, CAPABLES
21	122	AVAIS SANS DOUTE FORTEMENT OFFENSES, CAR	ILS NE SONT JAMAIS REVENUS.
37	030	L'EAU INFORME ET MULTIFORME, LE LIEU OU	ILS NE SONT PAS, LA FEMME QU'ILS NE
47	085	QUE JE LEUR FAIS DES MINES. --ET QUAND	ILS NE TE COMPRENNENT PAS...? --DAME! COMME JE
11	007	ILS VOUS FERAIENT QUELQUE HONNEUR; MAIS	ILS NE TRADUISENT QUE LA SATIETE DU BIEN-ETRE
31	118	TOUT RETENU, COMME VOUS VOYEZ. ENSUITE	ILS ONT BU CHACUN UNE TASSE D'EAU-DE-VIE ET SE
31	099	ILS ETAIENT SI CONTENTS D'EUX-MEMES, QU'	ILS ONT CONTINUE A JOUER LEUR MUSIQUE DE
31	101	APRES QUE LA FOULE S'EST DISPERSEE. ENFIN	ILS ONT RAMASSE LEURS SOUS, ONT CHARGE LEUR
21	073	CERTAINS HOMMES DE TOUS LES PAYS QUAND	ILS ONT TROP BIEN DINE, ET CELUI-LA ME DIT:
50	055	ILS VONT, ILS VIENNENT, ILS TROTTENT,	ILS PASSENT SOUS LES VOITURES, EXCITES PAR LES
42	004	NI BEAUX NI LAIDS; MAIS VIEUX OU JEUNES,	ILS PORTAIENT CETTE DISTINCTION NON
21	117	POUR MONTRER DE TELS SCRUPULES. AH! S'	ILS POUVAIENT REVENIR PENDANT QUE JE SUIS
18	058	CES ALCHIMISTES DE L'HORTICULTURE! QU'	ILS PROPOSENT DES PRIX DE SOIXANTE ET DE CENT
18	056	CHERCHENT, QU'ILS CHERCHENT ENCORE, QU'	ILS RECULENT SANS CESSE LES LIMITES DE LEUR
18	086	HOULE ET GORGES DES PRODUITS DE L'ORIENT,	ILS RENTRENT AU PORT NATAL, CE SONT ENCORE MES
50	033	NICHE, TOUS CES FATIGANTS PARASITES! QU'	ILS RETOURNENT A LEUR NICHE SOYEUSE ET
15	049	LE PRENDRE POUR SON FRERE JUMEAU. ENSEMBLE	ILS ROULERENT SUR LE SOL, SE DISPUTANT LA
15	066	ENFIN, EXTENUES, HALETANTS, SANGLANTS,	ILS S'ARRETERENT PAR IMPOSSIBILITE DE
19	013	MAINS AGRIPPERONT VIVEMENT LE CADEAU, ET	ILS S'ENFUIRONT COMME FONT LES CHATS QUI VONT
31	011	CHANTANTE. ILS SE MENACENT, ILS SUPPLIENT,	ILS SE DESOLENT, ET ILS APPUIENT SOUVENT LEUR
31	011	PARTOUT, PARLENT AVEC UNE VOIX CHANTANTE.	ILS SE MENACENT, ILS SUPPLIENT, ILS SE
13	014	N'A RIEN QUI LES ATTIRE. AU CONTRAIRE,	ILS SE SENTENT IRRESISTIBLEMENT ENTRAINES VERS
47	125	QUI SAIT POURQUOI ILS EXISTENT, COMMENT	ILS SE SONT FAITS ET COMMENT ILS AURAIENT PU
50	057	LE BESOIN OU LE DEVOIR. COMME NOUS,	ILS SE SONT LEVES DE BON MATIN, ET ILS
31	062	DANS SON DOS, EPAIS COMME UNE CRINIERE, ET	ILS SENTAIENT AUSSI BON, JE VOUS ASSURE, QUE
29	019	DES LUEURS D'UNE ETERNELLE APRES-MIDI,	ILS SENTIRENT NAITRE EN EUX, AUX SONS
50	019	ET POUILLEUX, EXCEPTE LE PAUVRE DONT	ILS SONT LES ASSOCIES, ET LE POETE QUI LES
32	004	DES PRETRESSES CELEBRANT LA DIVINITE DONT	ILS SONT LES INTERPRETES ET LES SERVITEURS.
49	009	ET DE CEUX QUI LEUR PERSUADENT QU'	ILS SONT TOUS DES ROIS DETRONES. --ON NE
50	072	TOILETTE, MAIS FIERE ET RECONNAISSANTE. ET	ILS SONT TOUS TRES-EXACTS, SANS CARNETS, SANS
21	005	DORT, ET COMMUNIQUE EN SECRET AVEC LUI. ET	ILS SONT VENUS SE POSER GLORIEUSEMENT DEVANT
31	011	AVEC UNE VOIX CHANTANTE. ILS SE MENACENT,	ILS SUPPLIENT, ILS SE DESOLENT, ET ILS
50	055	PLUIE RUISSELANTE. ILS VONT, ILS VIENNENT,	ILS TROTTENT, ILS PASSENT SOUS LES VOITURES,
50	055	SOUS LA PLUIE RUISSELANTE. ILS VONT,	ILS VIENNENT, ILS TROTTENT, ILS PASSENT SOUS
50	051	CHIENS, DITES-VOUS, HOMMES PEU ATTENTIFS?	ILS VONT A LEURS AFFAIRES. RENDEZ-VOUS
50	054	MORDANTE, SOUS LA PLUIE RUISSELANTE,	ILS VONT, ILS VIENNENT, ILS TROTTENT, ILS
49	076	FAUT APPLIQUER A TOUS VOS CONFRERES, QUAND	ILS VOUS DEMANDERONT L'AUMONE, LA THEORIE QUE
11	006	MOINS VOS SOUPIRS EXPRIMAIENT LE REMORDS,	ILS VOUS FERAIENT QUELQUE HONNEUR; MAIS ILS NE
34	010	LEUR SOUFFRANCE. ''QUAND DONC!'', DISAIENT-	ILS, ''CESSERONS-NOUS DE DORMIR UN SOMMEIL
48	020	CETTE CONTREE DONT TU AS SOUVENT ADMIRE L'	IMAGE DANS LES MUSEES. QUE PENSERAIS-TU DE
34	018	CRIARDE. TOUS ETAIENT SI AFFOLES PAR L'	IMAGE DE LA TERRE ABSENTE? QU'ILS AURAIENT,
14	079	DOULEUR. ET JE ME DIS: JE VIENS DE VOIR L'	IMAGE DU VIEIL HOMME DE LETTRES QUI A SURVECU
24	013	PAS UNE PLACE POUR ACCROCHER SON	IMAGE! DANS CES SOLENNELLES GALERIES, IL N'Y A
47	070	ET ELLE DEPLOYA EN EVENTAIL UNE MASSE D'	IMAGES PHOTOGRAPHIQUES, REPRESENTANT DES
22	039	EN LUI LA BRULANTE ENVIE DE DISTINCTIONS	IMAGINAIRES. LA NUIT, QUI METTAIT SES TENEBRES
20	073	POURVU TOUTEFOIS QU'ELLE AIT L'	IMAGINATION SUFFISANTE POUR LE CREER
21	072	SES DENTS GATEES, D'UN ENORME RIRE	IMBECILE, COMME CERTAINS HOMMES DE TOUS LES
29	126	ENCORE MA PRIERE PAR UN RESTE D'HABITUDE	IMBECILE, JE REPETAIS DANS UN DEMI-SOMMEIL:
04	020	INCOMMENSURABLE RAGE CONTRE CE MAGNIFIQUE	IMBECILE, QUI ME PARUT CONCENTRER EN LUI TOUT
50	065	DONNE AUX BETES, PARCE QUE LES HOMMES	IMBECILES N'EN VEULENT PLUS. D'AUTRES QUI,
11	018	COMME UN ORANG-OUTANG EXASPERE PAR L'EXIL,	IMITANT, DANS LA PERFECTION, TANTOT LES BONDS
22	019	LA-HAUT, BERCER MA PENSEE ETONNEE A CETTE	IMITATION DES HARMONIES DE L'ENFER. LE
11	020	BLANC, CE MONSTRE POILU DONT LA FORME	IMITE ASSEZ VAGUEMENT LA VOTRE. ''CE MONSTRE
03	009	ET QUI PAR SA PETITESSE ET SON ISOLEMENT	IMITE MON IRREMEDIABLE EXISTENCE, MELODIE
22	056	ATTIRE DES PROFONDEURS DE L'ORIENT,	IMITENT TOUS LES SENTIMENTS COMPLIQUES QUI
42	131	UN SENTIMENT DERAISONNABLE SANS APERCEVOIR	IMMEDIATEMENT LE REPROCHE MUET DE MON
49	042	DE LA LIBERTE, QUI SAIT LA CONQUERIR.''	IMMEDIATEMENT, JE SAUTAI SUR MON MENDIANT.
20	073	AIT L'IMAGINATION SUFFISANTE POUR LE CREER	IMMEDIATEMENT. DONC LA BONNE FEE REPONDIT,
25	008	SEULE VIVANTE A CETTE HEURE SOUS L'	IMMENSE AZUR, ET FAISANT SUR LA LUMIERE UNE
34	004	REPLONGE, ETINCELANT OU MOROSE, DANS SON	IMMENSE BAIN DU SOIR. DEPUIS NOMBRE DE JOURS,
45	016	ENGRAISSEES PAR LA DESTRUCTION. UN	IMMENSE BRUISSEMENT DE VIE REMPLISSAIT L'AIR,
34	002	JAILLI, RADIEUX OU ATTRISTE, DE CETTE CUVE	IMMENSE DE LA MER DONT LES BORDS NE SE
37	019	LES NUAGES, LE SILENCE ET LA NUIT; LA MER	IMMENSE ET VERTE; L'EAU INFORME ET MULTIFORME;
17	020	FINES ET COMPLIQUEES SUR UN CIEL	IMMENSE OU SE PRELASSE L'ETERNELLE CHALEUR.
15	014	SUR LE PETIT LAC IMMOBILE, NOIR DE SON	IMMENSE PROFONDEUR, PASSAIT QUELQUEFOIS

POEM LINE

03	007	DU CIEL ET DE LA MER! SOLITUDE, SILENCE,	INCOMPARABLE CHASTETE DE L'AZUR! UNE PETITE
12	010	UNE FOULE AFFAIREE. LE POETE JOUIT DE CET	INCOMPARABLE PRIVILEGE, QU'IL PEUT A SA GUISE
42	072	DEGOUTAI DE CE DUEL INEGAL, ET CETTE FILLE	INCOMPARABLE SE MARIA. J'EUS PLUS TARD LA
18	062	MA TULIPE NOIRE ET MON DAHLIA BLEU! FLEUR	INCOMPARABLE, TULIPE RETROUVEE, ALLEGORIQUE
50	009	DIGNE DE TOI, SENTIMENTAL FARCEUR, FARCEUR	INCOMPARABLE! REVIENS A CALIFOURCHON SUR CE
29	048	CIGARES DONT LA SAVEUR ET LE PARFUM	INCOMPARABLES DONNAIENT A L'AME LA NOSTALGIE
05	059	LA POUSSIERE; LES MANUSCRITS, RATURES OU	INCOMPLETS; L'ALMANACH OU LE CRAYON A MARQUE
31	127	DONNA A PENSER QUE CE PETIT ETAIT DEJA UN	INCOMPRIS. JE LE REGARDAIS ATTENTIVEMENT; IL Y
34	032	COMME DES FUMEES. MOI SEUL J'ETAIS TRISTE,	INCONCEVABLEMENT TRISTE. SEMBLABLE A UN PRETRE
36	025	OU DES NARINES MOBILES ASPIRENT L'	INCONNU ET L'IMPOSSIBLE, ECLATE, AVEC UNE
12	029	CHARITE, A L'IMPREVU QUI SE MONTRE, A L'	INCONNU QUI PASSE. IL EST BON D'APPRENDRE
42	026	J'ASPIRE QUELQUEFOIS, COMME A UN BONHEUR	INCONNU, A UN CERTAIN QUATRIEME DEGRE QUI DOIT
01	006	DONT LE SENS M'EST RESTE JUSQU'A CE JOUR	INCONNU. --TA PATRIE? --J'IGNORE SOUS QUELLE
31	132	QUE JE POUVAIS AVOIR UN FRERE A MOI-MEME	INCONNU. LE SOLEIL S'ETAIT COUCHE. LA NUIT
19	039	EXAMINAIT AVIDEMENT COMME UN OBJET RARE ET	INCONNU. OR, CE JOUJOU, QUE LE PETIT SOUILLON
29	028	QUI NAIT ORDINAIREMENT A L'ASPECT DE L'	INCONNUE. SI JE VOULAIS ESSAYER DE DEFINIR
09	003	SOUS UNE IMPULSION MYSTERIEUSE ET	INCONNUE, AGISSENT QUELQUEFOIS AVEC UNE
37	032	RESSEMBLENT AUX ENCENSOIRS D'UNE RELIGION	INCONNUE, LES PARFUMS QUI TROUBLENT LA
10	019	DE PERSONNES, DONT QUINZE ME SONT	INCONNUES; AVOIR DISTRIBUE DES POIGNEES DE
11	047	TITILLANTES DE LA GLOIRE NE LUI SOIENT PAS	INCONNUES. IL Y A DES MALHEURS PLUS
19	009	DES ARBRES. FAITES-EN HOMMAGE AUX ENFANTS	INCONNUS ET PAUVRES QUE VOUS RENCONTREREZ.
29	049	L'AME LA NOSTALGIE DE PAYS ET DE BONHEURS	INCONNUS, ET, ENIVRE DE TOUTES CES DELICES,
21	037	TRAVAILLEES. IL ME REGARDA AVEC SES YEUX	INCONSOLABLEMENT NAVRES, D'OU S'ECOULAIT UNE
28	047	DE VOIR QUE SES YEUX BRILLAIENT D'UNE	INCONTESTABLE CANDEUR. JE VIS ALORS CLAIREMENT
11	045	DE VOS MAINS, O MON DIEU! CETTE FEMME EST	INCONTESTABLEMENT MALHEUREUSE, QUOIQUE APRES
09	060	VERS UNE FOULE D'ACTIONS DANGEREUSES OU	INCONVENANTES.) LA PREMIERE PERSONNE QUE
21	052	QUI EXPLIQUENT ASSEZ CLAIREMENT LES	INCONVENIENTS DE TON AMITIE. GARDE TES
38	010	CLOSE DANS UNE BIERE D'UN BOIS PARFUME ET	INCORRUPTIBLE COMME LES COFFRES DE L'INDE. ET
23	003	DE SA THESE IL CITE, COMME TOUS LES	INCREDULES, DES PAROLES DES PERES DE L'EGLISE.
29	123	PEU A PEU; APRES QUE JE L'EUS QUITTE, L'	INCURABLE DEFIANCE RENTRA DANS MON SEIN; JE
15	026	QUE L'HOMME EST NE BON; -- QUAND LA MATIERE	INCURABLE RENOUVELANT SES EXIGENCES; JE
38	011	ET INCORRUPTIBLE COMME LES COFFRES DE L'	INDE. ET COMME MES YEUX RESTAIENT FICHES SUR
21	014	LANGUISSANTS, D'UNE COULEUR TENEBREUSE ET	INDECISE, RESSEMBLAIENT A DES VIOLETTES
22	004	MAINTENANT LES COULEURS TENDRES ET	INDECISES DU CREPUSCULE. CEPENDANT DU HAUT DE
25	043	A CENT PAS DE LA, FAIT SES REVERIES	INDECISES UN PUISSANT ET MONOTONE
24	020	DANS L'ATMOSPHERE, UNE ODEUR ENIVRANTE,	INDEFINISSABLE....., DANS LA CASE UN PUISSANT
42	006	DES VETERANS DE LA JOIE, CET	INDESCRIPTIBLE JE NE SAIS QUOI. CETTE
27	084	RIAIT, PLEURAIT, SE CONVULSAIT, AVEC UNE	INDESTRUCTIBLE AUREOLE AUTOUR DE LA TETE,
39	010	PETILLANTE DE SA DEMARCHE NI L'ELEGANCE	INDESTRUCTIBLE DE SON ARMATURE. L'AMOUR N'A
24	037	OU D'UNE FENETRE EGAYEE PAR DES RIDEAUX D'	INDIENNE BARIOLEE SE PENCHAIENT DEUX TETES
13	075	A TRAVERS CE PEUPLE VETU DE BLOUSES ET D'	INDIENNE, J'APERCUS UN ETRE DONT LA NOBLESSE
50	098	QUI ONT A AFFRONTER TOUT LE JOUR L'	INDIFFERENCE DU PUBLIC ET LES INJUSTICES D'UN
06	034	CE MYSTERE! MAIS BIENTOT L'IRRESISTIBLE	INDIFFERENCE S'ABATTIT SUR MOI; ET J'EN FUS
27	020	VRAIMENT INSATIABLE DE VOLUPTES. ASSEZ	INDIFFERENT RELATIVEMENT AUX HOMMES ET A LA
08	012	ET PEUT-ETRE DEVORE. AINSI, VOUS-MEME,	INDIGNE COMPAGNON DE MA TRISTE VIE, VOUS
50	023	SI ENCHANTE DE LUI-MEME QU'IL S'ELANCE	INDISCRETEMENT DANS LES JAMBES OU SUR LES
20	086	LOTS, OSE ENCORE I TERROGER ET DISCUTER L'	INDISCUTABLE?''
27	010	DE SIRE FAIRE DENONCER AU POUVOIR CES	INDIVIDUS D'HUMEUR ATRABILAIRE QUI VEULENT
23	016	IL Y A DANS NOS RACES JACASSIERES DES	INDIVIDUS QUI ACCEPTERAIENT AVEC MOINS DE
32	034	DES MOYENS, AMALGAME TOUT-PUISSANT ET	INDIVISIBLE DU GENIE, QUEL ANALYSTE AURA LE
13	067	FAIT, SE DANDINENT, FEIGNANT DE DEGUSTER	INDOLEMMENT LA MUSIQUE. ICI RIEN QUE DE RICHE,
09	032	EN GENERAL, COMME JE L'AI DIT, LES PLUS	INDOLENTS ET LES PLUS REVEURS DES ETRES. UN
22	030	PLUS AIGRE, PLUS SOMBRE, PLUS TAQUIN.	INDULGENT ET SOCIABLE ENCORE PENDANT LA
32	028	C'EST VOTRE VOLONTE, DROITE, FERME ET	INEBRANLABLE; LES FLEURS, C'EST LA PROMENADE
32	042	DES CHANTS DE DELECTATION OU D'	INEFFABLE DOULEUR, OU CONFIANT AU PAPIER VOS
12	026	RESTREINT ET BIEN FAIBLE, COMPARE A CETTE	INEFFABLE ORGIE, A CETTE SAINTE PROSTITUTION
42	071	LE PLAISIR. JE ME DEGOUTAI DE CE DUEL	INEGAL, ET CETTE FILLE INCOMPARABLE SE MARIA.
28	056	MAIS JE NE LUI PARDONNERAI JAMAIS L'	INEPTIE DE SON CALCUL. ON N'EST JAMAIS
06	008	LA MONSTRUEUSE BETE N'ETAIT PAS UN POIDS	INERTE; AU CONTRAIRE, ELLE ENVELOPPAIT ET
47	019	CETTE COMPAGNE, OU PLUTOT PAR CETTE ENIGME	INESPEREE. J'OMETS LA DESCRIPTION DU TAUDIS,
43	020	SA DELICIEUSE, SON EXECRABLE FEMME, SON	INEVITABLE ET IMPITOYABLE MUSE, ET LUI BAISANT
42	156	--QUE VOULEZ-VOUS DIRE? --C'ETAIT	INEVITABLE. J'AI TROP LE SENTIMENT DE L'EQUITE
30	059	DEJA FORT ROIDE, ET J'AVAIS UNE REPUGNANCE	INEXPLICABLE A LE FAIRE BRUSQUEMENT TOMBER SUR
05	081	LA BONNE NOUVELLE QUI CAUSE A CHACUN UNE	INEXPLICABLE PEUR. OUI! LE TEMPS REGNE; IL A
31	038	LA TERRE DU CIEL DES YEUX OU BRILLAIT UNE	INEXPRIMABLE EXPRESSION D'EXTASE ET DE REGRET.
36	026	ET L'IMPOSSIBLE, ECLATE, AVEC UNE GRACE	INEXPRIMABLE, LE RIRE D'UNE GRANDE BOUCHE,
25	049	PAR SES CAMARADES DE LA CELEBRE DOROTHEE.	INFAILLIBLEMENT ELLE LE PRIERA, LA SIMPLE
05	047	VIENT ME TORTURER AU NOM DE LA LOI; UNE	INFAME CONCUBINE QUI VIENT CRIER MISERE ET
34	014	QUI NE SOIT PAS SALEE COMME L'ELEMENT	INFAME QUI NOUS PORTE? QUAND POURRONS-NOUS
51	013	D'OR FIN. JE T'AIME, O CAPITALE	INFAME! COURTISANES ET BANDITS, TELS SOUVENT
11	060	APPRISES DANS LES LIVRES, ET CETTE	INFATIGABLE MELANCOLIE, FAITE POUR INSPIRER AU
29	057	ET, EN GENERAL, DE TOUTES LES FORMES DE L'	INFATUATION HUMAINE. SUR CE SUJET-LA, SON
10	044	LE DERNIER DES HOMMES; QUE JE NE SUIS PAS	INFERIEUR A CEUX QUE JE MEPRISE!
07	024	PRIVE D'AMOUR ET D'AMITIE, ET BIEN	INFERIEUR EN CELA AU PLUS IMPARFAIT DES
51	009	M'ENIVRER DE L'ENORME CATIN DONT LE CHARME	INFERNAL ME RAJEUNIT SANS CESSE. QUE TU DORMES
05	044	A LA PORTE, ET, COMME DANS LES REVES	INFERNAUX, IL M'A SEMBLE QUE JE RECEVAIS UN
34	017	LEUR FOYER, QUI REGRETTAIENT LEURS FEMMES	INFIDELES ET MAUSSADES, ET LEUR PROGENITURE
30	131	BIEN, N'APPARTENAIENT PAS A LA CLASSE	INFIME ET VULGAIRE. J'AI GARDE CES LETTRES,
17	028	DE TA CHEVELURE, JE VOIS RESPLENDIR L'	INFINI DE L'AZUR TROPICAL; SUR LES RIVAGES
09	093	A QUI A TROUVE DANS UNE SECONDE L'	INFINI DE LA JOUISSANCE?
18	024	REVER ET ALLONGER LES HEURES PAR L'	INFINI DES SENSATIONS. UN MUSICIEN A ECRIT
18	088	MES PENSEES ENRICHIES QUI REVIENNENT DE L'	INFINI VERS TOI.
18	083	CONDUIS DOUCEMENT VERS LA MER QUI EST L'	INFINI, TOUT EN REFLECHISSANT LES PROFONDEURS
03	005	PAS DE POINTE PLUS ACEREE QUE CELLE DE L'	INFINI. GRAND DELICE QUE CELUI DE NOYER SON
20	023	NOUS A LA TERRIBLE LOI DU TEMPS ET DE SON	INFINIE POSTERITE, LES JOURS, LES HEURES, LES
45	017	DE VIE REMPLISSAIT L'AIR. --LA VIE DES	INFINIMENT PETITS, --COUPE A INTERVALLES
27	048	DE CETTE AME CURIEUSE ET MALADE, IL ETAIT	INFINIMENT PLUS PROBABLE QUE LE PRINCE VOULAIT
49	017	QUE L'IDEE D'UNE IDEE, QUELQUE CHOSE D'	INFINIMENT VAGUE. ET JE SORTIS AVEC UNE GRANDE
34	036	SEDUISANTE DE CETTE MER SI	INFINIMENT VARIEE DANS SON EFFRAYANTE
05	017	OBSCURITE DE L'HARMONIE. UNE SENTEUR	INFINITESIMALE DU CHOIX LE PLUS EXQUIS, A
14	015	SPIRITUELS ECHAPPENT DIFFICILEMENT A L'	INFLUENCE DE CE JUBILE POPULAIRE. ILS

POEM LINE

03	017	DES CHOSES, DEVIENNENT BIENTOT TROP	INTENSES. L'ENERGIE DANS LA VOLUPTE CREE UN
03	004	DELICIEUSES DONT LE VAGUE N'EXCLUT PAS L'	INTENSITE; ET IL N'EST PAS DE POINTE PLUS
19	003	QUAND VOUS SORTIREZ LE MATIN AVEC L'	INTENTION DECIDEE DE FLANER SUR LES GRANDES
32	032	LIGNE DROITE ET LIGNE ARABESQUE,	INTENTION ET EXPRESSION, ROIDEUR DE LA
27	055	AU DELA, EXISTAIT-IL DANS SON AME UNE	INTENTION PLUS OU MOINS ARRETEE DE CLEMENCE?
14	075	PLANCHES, ESPERANT QU'IL DEVINERAIT MON	INTENTION, QUAND UN GRAND REFLUX DU PEUPLE,
35	006	PEUT VOIR AU SOLEIL EST TOUJOURS MOINS	INTERESSANT QUE CE QUI SE PASSE DERRIERE UNE
31	044	EST JAMAIS ARRIVE, ET QUI EST UN PEU PLUS	INTERESSANT QUE VOTRE THEATRE ET VOS NUAGES.
13	073	FOURNAISE INTERIEURE. C'EST TOUJOURS CHOSE	INTERESSANTE QUE CE REFLET DE LA JOIE DU RICHE
31	126	AVANT D'ETRE HORS DE FRANCE.'' L'AIR PEU	INTERESSE DES TROIS AUTRES CAMARADES ME DONNA
29	070	ETAIT, ELLE-MEME, LA PERSONNE LA PLUS	INTERESSEE A LA DESTRUCTION DE LA
27	052	FAIRE UNE EXPERIENCE PHYSIOLOGIQUE D'UN	INTERET CAPITAL, ET VERIFIER JUSQU'A QUEL
27	064	PAR LA MAGIE DU LUXE ETALE, ENSUITE PAR L'	INTERET MORAL ET MYSTERIEUX QUI Y ETAIT
13	046	BRULES PAR LES LARMES, DES NOUVELLES PLUS	INTERET PUISSANT ET PERSONNEL. ENFIN, DANS
27	118	PLUS, ET SES YEUX S'ECLAIRAIENT D'UN FEU	INTERIEUR SEMBLABLE A CELUI DE LA JALOUSIE ET
22	045	VOUS ETES POUR MOI LE SIGNAL D'UNE FETE	INTERIEURE, VOUS ETES LA DELIVRANCE D'UNE
13	072	ET REGARDANT L'ETINCELANTE FOURNAISE	INTERIEURE. C'EST TOUJOURS CHOSE INTERESSANTE
20	021	DES SOLLICITEURS ETAIT GRANDE, ET LE MONDE	INTERMEDIAIRE, PLACE ENTRE L'HOMME ET DIEU,
42	126	L'HISTOIRE DE MON AMOUR RESSEMBLE A UN	INTERMINABLE VOYAGE SUR UNE SURFACE PURE ET
12	021	FERME COMME UN COFFRE, ET LE PARESSEUX,	INTERNE COMME UN MOLLUSQUE. IL ADOPTE COMME
47	031	ENCORE BIEN LONGTEMPS, QUAND VOUS ETIEZ	INTERNE DE L... JE ME SOUVIENS QUE C'ETAIT
47	089	--J'AI DECOUVERT A LA PITIE UN PETIT	INTERNE, QUI EST JOLI COMME UN ANGE, ET QUI
47	069	UN PEU, --DIT-ELLE; CA, C'EST LES	INTERNES, ET CE PAQUET-CI, C'EST LES
32	004	CELEBRANT LA DIVINITE DONT ILS SONT LES	INTERPRETES ET LES SERVITEURS. MAIS
20	086	SON FILS LE MEILLEUR DES LOTS, OSE ENCORE	INTERROGER ET DISCUTER L'INDISCUTABLE?''
27	128	TARD UN COUP DE SIFFLET AIGU, PROLONGE,	INTERROMPIT FANCIOULLE DANS UN DE SES
42	059	DE LEURS GAGES. --POUR MOI, REPRIT L'	INTERRUPTEUR, JE N'AI A ME PLAINDRE QUE DE
29	040	CE PLAISIR SURHUMAIN, AVAIT COUPE A DIVERS	INTERVALLES NOS FREQUENTES LIBATIONS, ET JE
45	017	--LA VIE DES INFINIMENT PETITS, --COUPE A	INTERVALLES REGULIERS PAR LA CREPITATION DES
24	014	GALERIES, IL N'Y A PAS UN COIN POUR L'	INTIME. DECIDEMENT, C'EST LA QU'IL FAUDRAIT
16	024	CADRAN, SI QUELQUE GENIE MALHONNETE ET	INTOLERANT, QUELQUE DEMON DU CONTRE-TEMPS
22	043	CONTRAIRES, J'EN SUIS TOUJOURS COMME	INTRIGUE ET ALARME. O NUIT! O RAFRAICHISSANTES
50	081	PLUS CIVILISE! PERMETTEZ-MOI DE VOUS	INTRODUIRE DANS LA CHAMBRE DU SALTIMBANQUE
27	087	L'ART ET LA GLOIRE DU MARTYRE. FANCIOULLE	INTRODUISAIT, PAR JE NE SAIS QUELLE GRACE
14	056	LA NECESSITE, BIEN PLUS QUE L'ART, AVAIT	INTRODUIT LE CONTRASTE. IL NE RIAIT PAS, LE
29	043	EST UNE CHOSE SI IMPALPABLE, SI SOUVENT	INUTILE ET QUELQUEFOIS SI GENANTE, QUE JE
47	086	PAS...? --DAME! COMME JE LES AI DERANGES	INUTILEMENT, ET LAISSE DIX FRANCS SUR LA
11	009	VOUS NE CESSEZ DE VOUS REPANDRE EN PAROLES	INUTILES: ''AIMEZ-MOI BIEN! J'EN AI TANT
13	003	PAR L'AMBITION DECUE, PAR LES	INVENTEURS MALHEUREUX, PAR LES GLOIRES
19	005	ROUTES, REMPLISSEZ VOS POCHES DE PETITES	INVENTIONS A UN SOL, --TELLES QUE LE
09	038	THEATRE, OU LES CONTROLEURS LUI PARAISSENT	INVESTIS DE LA MAJESTE DE MINOS, D'EAQUE ET DE
30	080	EST LOUCHE!'' MU SANS DOUTE PAR UN DESIR	INVETERE ET UNE HABITUDE D'ETAT DE FAIRE PEUR,
32	024	PASSIONNEE. JAMAIS NYMPHE EXASPEREE PAR L'	INVINCIBLE BACCHUS NE SECOUA SON THYRSE SUR
06	018	PART, PUISQU'ILS ETAIENT POUSSES PAR UN	INVINCIBLE BESOIN DE MARCHER. CHOSE CURIEUSE A
20	013	LES BONS HASARDS, LES CIRCONSTANCES	INVINCIBLES, ETAIENT ACCUMULES A COTE DU
22	055	LES LOURDES DRAPERIES QU'UNE MAIN	INVISIBLE ATTIRE DES PROFONDEURS DE L'ORIENT,
27	085	AUREOLE AUTOUR DE LA TETE, AUREOLE	INVISIBLE POUR TOUS, MAIS VISIBLE POUR MOI, ET
29	083	PRESQUE TOUJOURS EN PERSONNE, QUOIQUE	INVISIBLE, A TOUTES LES SEANCES ACADEMIQUES.
45	012	DONT L'HERBE ETAIT SI HAUTE ET SI	INVITANTE, ET OU REGNAIT UN SI RICHE SOLEIL.
18	025	DES SENSATIONS. UN MUSICIEN A ECRIT L'	INVITATION A LA VALSE; QUEL EST CELUI QUI
18	000	L'	INVITATION AU VOYAGE
18	025	LA VALSE; QUEL EST CELUI QUI COMPOSERA L'	INVITATION AU VOYAGE, QU'ON PUISSE OFFRIR A LA
30	102	--CELA VOUS FERAIT MAL.'' ET COMME	INVOLONTAIREMENT MES YEUX SE TOURNAIENT VERS
21	119	NE FERAIS PAS TANT LE DELICAT!'' ET JE LES	INVOQUAI A HAUTE VOIX, LES SUPPLIANT DE ME
50	015	QUE FAIRE DE CETTE VIEILLE BEGUEULE. J'	INVOQUE LA MUSE FAMILIERE, LA CITADINE, LA
11	067	VRAISEMBLABLEMENT UNE JEUNE GRENOUILLE QUI	INVOQUERAIT L'IDEAL. SI VOUS MEPRISEZ LE
47	011	CONTENT DE MOI, ALLEZ! --SANS DOUTE, J'	IRAI VOUS VOIR, MAIS PLUS TARD. APRES LE
42	129	SENTIMENTS ET MES GESTES AVEC L'EXACTITUDE	IRONIQUE DE MA PROPRE CONSCIENCE; DE SORTE QUE
27	093	ME PROUVAIT, D'UNE MANIERE PEREMPTOIRE,	IRREFUTABLE, QUE L'IVRESSE DE L'ART EST PLUS
29	059	TARISSAIT PAS EN PLAISANTERIES LEGERES ET	IRREFUTABLES. ET ELLE S'EXPRIMAIT AVEC UNE
03	010	SA PETITESSE ET SON ISOLEMENT IMITE MON	IRREMEDIABLE EXISTENCE, MELODIE MONOTONE DE LA
29	101	VULGAIRES. AFIN DE COMPENSER LA PERTE	IRREMEDIABLE QUE VOUS AVEZ FAITE DE VOTRE AME,
11	048	PAS INCONNUES. IL Y A DES MALHEURS PLUS	IRREMEDIABLES, ET SANS COMPENSATION. MAIS DANS
28	058	MERITE A SAVOIR QU'ON L'EST; ET LE PLUS	IRREPARABLE DES VICES EST DE FAIRE LE MAL PAR
42	157	BATTRE, OUTRAGER OU CONGEDIER UN SERVITEUR	IRREPROCHABLE. MAIS IL FALLAIT ACCORDER CE
06	034	COMPRENDRE CE MYSTERE; MAIS BIENTOT L'	IRRESISTIBLE INDIFFERENCE S'ABATTIT SUR MOI,
09	012	PRECIPITES VERS L'ACTION PAR UNE FORCE	IRRESISTIBLE, COMME LA FLECHE D'UN ARC. LE
30	109	FEMME SAISIT MON BRAS ET ME DIT D'UNE VOIX	IRRESISTIBLE: ''OH! MONSIEUR! LAISSEZ-MOI
13	015	LES ATTIRE. AU CONTRAIRE, ILS SE SENTENT	IRRESISTIBLEMENT ENTRAINES VERS TOUT CE QUI
09	043	PARCE QUE CETTE PHYSIONOMIE LUI ETAIT	IRRESISTIBLEMENT SYMPATHIQUE? PEUT-ETRE; MAIS
15	002	ETAIT D'UNE GRANDEUR ET D'UNE NOBLESSE	IRRESISTIBLES. ET EN PASSA SANS DOUTE EN CE
42	029	QUE TOUT AUTRE A L'ENERVANTE SOTTISE, A L'	IRRITANTE MEDIOCRITE DES FEMMES. CE QUE J'AIME
06	021	AUCUN DE CES VOYAGEURS N'AVAIT L'AIR	IRRITE CONTRE LA BETE FEROCE SUSPENDUE A SON
31	026	VOUS? IL EST ASSIS SUR CE PETIT NUAGE	ISOLE, CE PETIT NUAGE COULEUR DE FEU, QUI
03	009	L'HORIZON, ET QUI PAR SA PETITESSE ET SON	ISOLEMENT IMITE MON IRREMEDIABLE EXISTENCE,
50	125	PAUVRES CHIENS. TEL UN MAGNIFIQUE TYRAN	ITALIEN, DU BON TEMPS, OFFRAIT AU DIVIN ARETIN
09	088	PALAIS DE CRISTAL CREVE PAR LA FOUDRE. ET,	IVRE DE MA FOLIE, JE LUI CRIAI FURIEUSEMENT:
29	038	PLUSIEURS HEURES, QUE JE N'ETAIS PAS PLUS	IVRE QUE LUI. CEPENDANT LE JEU, CE PLAISIR
45	014	RAGE, ET L'ON EUT DIT QUE LE SOLEIL	IVRE SE VAUTRAIT TOUT DE SON LONG SUR UN TAPIS
33	001	IL FAUT ETRE TOUJOURS	IVRE. TOUT EST LA: C'EST L'UNIQUE QUESTION.
24	029	DELA DE LA VARANGUE. LE TAPAGE DES OISEAUX	IVRES DE LUMIERES, ET LE JACASSEMENT DES
25	053	VIEILLES CAFRINES ELLES-MEMES DEVIENNENT	IVRES ET FURIEUSES DE JOIE; ET PUIS ENCORE SI
12	018	SOLITAIRE ET PENSIF TIRE UN SINGULIERE	IVRESSE DE CETTE UNIVERSELLE COMMUNION.
27	094	MANIERE PEREMPTOIRE, IRREFUTABLE, QUE L'	IVRESSE DE L'ART EST PLUS APTE QUE TOUTE AUTRE
33	009	DE VOTRE CHAMBRE, VOUS VOUS REVEILLEZ, L'	IVRESSE DEJA DIMINUEE OU DISPARUE, DEMANDEZ AU
27	108	CEPENDANT, POUR UN OEIL CLAIRVOYANT, SON	IVRESSE, A LUI, N'ETAIT PAS SANS MELANGE. SE
21	038	NAVRES, D'OU S'ECOULAIT UNE INSIDIEUSE	IVRESSE; ET IL ME DIT D'UNE VOIX CHANTANTE:
12	036	DOUTE QUELQUE CHOSE DE CES MYSTERIEUSES	IVRESSES; ET, AU SEIN DE LA VASTE FAMILLE QUE

POEM LINE

LACHEMENT NIE QUELQUES AUTRES MEFAITS QUE
LA SOLITUDE DE LA NUIT. AMES DE CEUX QUE
DANS CETTE JOUISSANCE UNIVERSELLE,
DE CEUX QUE J'AI AIMES, AMES DE CEUX QUE
DE LOIN, JUSQU'AU BORD DE LA FORET, OU
UN TROISIEME DIT A SON TOUR: ''MESSIEURS,

DE SOUPE QUE QUATRE COMEDIENS? QUE DE FOIS
SI BON ET SI DOUX, CES HOMMES-LA! --
C'EST LEUR CANDEUR. JUGEZ DONC COMBIEN
QUE J'AI. DIT LE QUATRIEME,
QUE LUI-MEME IL NE SAIT PAS POURQUOI.
TOUTE MA VIE, EXCEPTE A L'AGE DE CHERUBIN,
ECOUTEZ CETTE PETITE HISTOIRE, OU
DE LA VIE EXTERIEURE, IL SE DIT: ''
EXCITE LES FOUS. --JE ME SOUVIENS QUE
VOUS DEMANDERONT L'AUMONE, LA THEORIE QUE
AUSSI EMPHATIQUE QUE VOUS-MEME? EN VERITE,
ANGLAISE ET ROMANESQUE DE DIRE: ''
ENCORE PEUR DE JE NE SAIS QUOI. ENSUITE
NON!'' ET POUR MIEUX ACCENTUER MON REFUS,
PAS A LA CLASSE INFIME ET VULGAIRE,
JE N'AI PAS EU LE COURAGE DE LA RAMASSER.
RIEN DE COMMUN AVEC CETTE VIE SUPREME DONT
DE L'ENFLURE, POUR LUI DEGAGER LE COU. ''
LES BESOINS DE SA DEPLORABLE PROGENITURE.
TOUS LES ARBRES BIZARRES ET LUISANTS DONT
L'HONNEUR DES CHIENS! ET QUE DE FOIS
COMIQUE QUI N'EXCLUT PAS L'ADMIRATION.
AVEC SON GESTE, AVEC PRESQUE RIEN,
TELLE QUE JE SUIS!'' MAIS MOI, FURIEUX
AUJOURD'HUI, EN REVE, TROIS DOMICILES OU
LA REINE DES HOMMES AUX YEUX VERTS DONT
PLUSIEURS SOLDATS. C'EST DU MOINS CE QUE
SERIEZ ENFUIS, OU VOUS SERIEZ MORTS. MOI,
J'AIME PASSIONNEMENT LE MYSTERE, PARCE QUE
GOSIER''. A DIT UN DE DEUX AUTRES. ''
VOULEZ-VOUS DIRE? --C'ETAIT INEVITABLE.
RESOUDRA LEURS AMBITIEUX PROBLEMES! MOI,
AUJOURD'HUI, EN REVE, TROIS DOMICILES OU
CE CHER ENFANT! --EH BIEN! CROIRAIS-TU QUE
JUSQU'A OUBLIER LEURS DEVOIRS. BREF,
MIEUX AILLEURS QUE LA OU JE SUIS. EH BIEN!
PAS MIEUX QUE MON PAUVRE MOI. BIEN QUE
BELLE A MA MANIERE. TU AIMERAS CE QUE
DONC, EXTRAORDINAIRE ETRANGER? --
CONNU PLUSIEURS DANS CE GENRE-LA. VENEZ.''
L'IRRITANTE MEDIOCRITE DES FEMMES. CE QUE
TROMPE GUERE! J'EN AI CONNU UN BON NOMBRE.
DU GRAND AIR ET DES RAFRAICHISSANTS. COMME
CES DERNIERS VESTIGES DU MALHEUR, BIEN QUE
LA VIE. PAR DELA DES VAGUES DE TOITS,
INCONVENANTES.) LA PREMIERE PERSONNE QUE
CE PEUPLE VETU DE BLOUSES ET D'INDIENNE,
DE CE PEINTRE DE LA NATURE POMPEUSE QUE
COMME
LA PARURE, ET CAETERA. J'AVOUERAI MEME QUE
UNE LARME NE SUINTA DU COIN DE SON OEIL.
PERSONNE. QUELQUEFOIS JE LE REGRETTE:
DE SOIE. J'Y AVAIS TANT DE PLAISIR QUE
EUSSENT ATTENDRIS ET EGAYES A LA FOIS. --
ELLE ME SUPPOSAIT DE TOUS LES BENEFICES QUE
SI C'EUT ETE UN PAUVRE VIEUX HOMME,
JE LE SUPPOSAIS TOUT A L'HEURE CAPABLE,
SAGES ET RICHES, EN VINGT-QUATRE HEURES.
PERTE, QU'UN PEU MOINS D'EMOTION QUE SI
LE FRONT TOURNE VERS LES ETOILES.
FREQUENTES LIBATIONS, ET JE DOIS DIRE QUE
CERTES, D'UNE SI COURAGEUSE ABNEGATION
A N'IMPORTE QUOI, ET AUSSI PARCE QUE
LA TETE CONTRE UN MUR. JE DOIS AVOUER QUE
A TOUTES LES FORMULES DE BONNE FEMME DONT
QUE MA CONSCIENCE.'' AU NOM DU BON SENS,
FACONS! JE NE LUI AI PAS DIT TOUT CRUMENT!
SENTI FROLE PAR UN ETRE MYSTERIEUX QUE
LE CROIRE. IL ETAIT DEJA FORT ROIDE, ET
LES ENVIRONS D'UN COUP D'OEIL, ET QUE
LE COU. ''J'AI NEGLIGE DE VOUS DIRE QUE
PAR LE PARFUM, LA PARURE, ET CAETERA.
LA RAISON DE MA TIMIDITE VOUS FAIRE RIRE,
DE RIRE, --VOUS ETES UN MEDECIN FARCEUR,
A MOI-MEME. --OH! JE NE M'Y TROMPE GUERE;
EN PAROLES INUTILES: ''AIMEZ-MOI BIEN!
BIEN HONORER MON PAIN PRESQUE BLANC, ET
MON TOTAL OUBLI DE TOUT LE MAL TERRESTRE,
INDIFFERENCE S'ABATTIT SUR MOI, ET
PETITS HOMMES AVAIT TOTALEMENT DISPARU;
CAUSE ENGENDRER DEUX EFFETS CONTRAIRES!
FAISAIT MURIR LES RAISINS. EN MEME TEMPS,
QUI SE COULAIT DOUCEMENT SOUS LE MIEN, ET
UN VIOLENT COUP DE POING DANS LE DOS, ET
JE VOIS! TOUT CE QUE JE SENS! TOUT CE QUE

		POEM	LINE
J'AI	ACCOMPLIS AVEC JOIE, DELIT DE	10	032
J'AI	AIMES, AMES DE CEUX QUE J'AI CHANTES,	10	038
J'AI	APERCU UN ETRE AFFLIGE. AUX PIEDS D'UNE	07	014
J'AI	CHANTES, FORTIFIEZ-MOI, SOUTENEZ-MOI,	10	039
J'AI	COMPRIS SEULEMENT ALORS QU'ILS NE	31	104
J'AI	CONNU DES JOUISSANCES QUE VOUS AVEZ	42	079
J'AI	CONNU UNE CERTAINE BENEDICTA, QUI	38	001
J'AI	CONTEMPLE, SOURIANT ET ATTENDRI, TOUS CES	50	101
J'AI	DECOUVERT A LA PITIE UN PETIT INTERNE,	47	088
J'AI	DU SOUFFRIR PAR MA DERNIERE MAITRESSE.	42	031
J'AI	ENDURE DES SOUFFRANCES ATROCES PAR LE	42	106
J'AI	ETE PLUS D'UNE FOIS VICTIME DE CES CRISES	09	046
J'AI	ETE PLUS SENSIBLE QUE TOUT AUTRE A	42	028
J'AI	ETE SINGULIEREMENT MYSTIFIE PAR	30	016
J'AI	EU AUJOURD'HUI, EN REVE, TROIS DOMICILES	24	048
J'AI	EU DEUX AMIS QUE LE CREPUSCULE RENDAIT	22	021
J'AI	EU LA DOULEUR D'ESSAYER SUR VOTRE DOS.''	49	077
J'AI	EU TANT DE PLAISIR A BRODER CETTE	16	032
J'AI	FAIM!'' ET ELLE REPETAIT CES MOTS JOUR ET	42	094
J'AI	FOURRE MA TETE DANS SES CHEVEUX QUI	31	061
J'AI	FRAPPE SI VIOLEMMENT LA TERRE DU PIED QUE	38	021
J'AI	GARDE CES LETTRES. ''ET ALORS,	30	132
J'AI	JUGE MOINS DESAGREABLE DE PERDRE MES	46	011
J'AI	MAINTENANT CONNAISSANCE ET QUE JE SAVOURE	05	037
J'AI	NEGLIGE DE VOUS DIRE QUE J'AVAIS VIVEMENT	30	068
J'AI	OUBLIE DE VOUS DIRE QUE LA DISTRIBUTION,	20	051
J'AI	OUBLIE LES NOMS...... DANS L'ATMOSPHERE,	24	019
J'AI	PENSE QU'IL Y AVAIT PEUT-ETRE QUELQUE	50	107
J'AI	PLUS ADMIRE MA DERNIERE MAITRESSE QUE	42	082
J'AI	REFAIT L'HISTOIRE DE CETTE FEMME, OU	35	013
J'AI	REPONDU: ''NON! NON! NON!'' ET POUR MIEUX	38	020
J'AI	SERRE AUSSI LA GORGE DANS MES CARESSES	37	027
J'AI	SUPPOSE. --MOI, DIT LE QUATRIEME, J'AI	42	104
J'AI	SURVECU, COMME VOUS VOYEZ. FIGUREZ-VOUS	42	120
J'AI	TOUJOURS L'ESPOIR DE LE DEBROUILLER. JE	47	016
J'AI	TOUT RETENU, COMME VOUS VOYEZ. ENSUITE	31	118
J'AI	TROP LE SENTIMENT DE L'EQUITE POUR	42	156
J'AI	TROUVE MA TULIPE NOIRE ET MON DAHLIA	18	060
J'AI	TROUVE UN EGAL PLAISIR. POURQUOI	24	049
J'AI	UNE DROLE D'ENVIE QUE JE N'OSE PAS LUI	47	099
J'AI	VECU QUELQUE TEMPS EN TETE-A-TETE AVEC UN	42	089
J'AI	VU, A LA DERNIERE FOIRE DU VILLAGE	31	083
J'AIE	QUELQUE HONTE A ME SOUVENIR, JE NE VEUX	21	047
J'AIME	ET CE QUI M'AIME: L'EAU, LES NUAGES, LE	37	018
J'AIME	LES NUAGES... LES NUAGES QUI PASSENT...	01	014
J'AIME	PASSIONNEMENT LE MYSTERE, PARCE QUE	47	016
J'AIME	SURTOUT DANS LES ANIMAUX, C'EST LEUR	42	030
J'AIME	TANT CES MESSIEURS, QUE, BIEN QUE JE NE	47	080
J'ALLAIS	ENTRER DANS UN CABARET, UN MENDIANT	49	021
J'ALLAIS	LES LANCER AU DEHORS PAR LA FENETRE	30	107
J'APERCOIS	UNE FEMME MURE, RIDEE DEJA, PAUVRE,	35	010
J'APERCUS	DANS LA RUE, CE FUT UN VITRIER DONT	09	061
J'APERCUS	UN ETRE DONT LA NOBLESSE FAISAIT UN	13	075
J'APPELLERAI	A MON AIDE. NON. BIEN PLUS	50	004
J'ARRIVAI	A L'EXTREMITE DU FAUBOURG, SOUS LES	47	001
J'ASPIRE	QUELQUEFOIS, COMME A UN BONHEUR	42	025
J'ATTRIBUAI	CETTE ETRANGETE A L'HORREUR MEME	30	088
J'AURAIS	DU L'EPOUSER! LES AUTRES SE MIRENT A	42	077
J'AURAIS	LONGTEMPS CONTINUE, SI JE N'AVAIS PAS	31	058
J'AURAIS	PU FAIRE MA FORTUNE EN LA MONTRANT	42	096
J'AURAIS	PU TIRER DE MA FOLIE PERSONNELLE.	42	136
J'AURAIS	REFAIT LA SIENNE TOUT AUSSI AISEMENT.	35	016
J'AURAIS	TROUVE CURIEUX, SINGULIER, QU'IL	28	054
J'AVAIS	DONC DIGERE, --AVALE, VEUX-JE DIRE,	49	006
J'AVAIS	EGARE, DANS UNE PROMENADE, MA CARTE DE	29	045
J'AVAIS	EU D'ABORD ENVIE DE LES PRIER DE	31	120
J'AVAIS	JOUE ET PERDU MON AME, EN PARTIE LIEE,	29	041
J'AVAIS	LE DROIT D'ETRE FIER. MAIS	21	113
J'AVAIS	PEUR D'ETRE RATTRAPE AVANT D'ETRE HORS	31	124
J'AVAIS	PREALABLEMENT INSPECTE LES ENVIRONS	49	050
J'AVAIS	RECEMMENT PARCOURU LE DICTIONNAIRE.	49	015
J'AVAIS	SANS DOUTE RAISON; MAIS, AU POINT DE	40	010
J'AVAIS	SI PEUR DE L'HUMILIER, CE CHER ENFANT!	47	098
J'AVAIS	TOUJOURS DESIRE CONNAITRE, ET QUE JE	29	002
J'AVAIS	UNE REPUGNANCE INEXPLICABLE A LE FAIRE	30	059
J'AVAIS	VERIFIE QUE DANS CETTE BANLIEUE	49	052
J'AVAIS	VIVEMENT APPELE AU SECOURS; MAIS TOUS	30	068
J'AVOUERAI	MEME QUE J'ASPIRE QUELQUEFOIS,	42	024
J'AVOUERAI	QUE JE CRAIGNAIS DE L'HUMILIER.	14	072
J'EN AI	CONNU PLUSIEURS DANS CE GENRE-LA.	47	014
J'EN AI	CONNU UN BON NOMBRE. J'AIME TANT CES	47	079
J'EN AI	TANT BESOIN! CONSOLEZ-MOI PAR-CI,	11	010
J'EN	COUPAI POUR LUI UNE BELLE TRANCHE QUE JE	15	040
J'EN	ETAIS VENU A NE PLUS TROUVER SI RIDICULES	15	024
J'EN	FUS PLUS LOURDEMENT ACCABLE QU'ILS NE	06	035
J'EN	RESTAI TRISTE ASSEZ LONGTEMPS,	15	073
J'EN	SUIS TOUJOURS COMME INTRIGUE ET ALARME. O	22	042
J'ENTENDIS	UNE VOIX QUI CHUCHOTAIT A MON	49	025
J'ENTENDIS	UNE VOIX QUI ME DISAIT A L'OREILLE;	47	003
J'ENTENDIS	UNE VOIX RAUQUE ET CHARMANTE, UNE	44	010
J'ENTENDS	DANS TES CHEVEUX! MON AME VOYAGE SUR	17	007

[150]

POEM LINE

17	016	HUMAINE. DANS L'OCEAN DE TA CHEVELURE,	J'ENTREVOIS UN PORT FOURMILLANT DE CHANTS
42	037	''VOUS N'ETES PAS UN HOMME! AH! SI	J'ETAIS ''UN HOMME! DE NOUS DEUX, C'EST MOI
26	048	SOIR-LA, RELATIVEMENT A MOI. NON-SEULEMENT	J'ETAIS ATTENDRI PAR CETTE FAMILLE D'YEUX.
15	010	ET AUSSI PURE QUE LA COUPOLE DU CIEL DONT	J'ETAIS ENVELOPPE! LE SOUVENIR DES CHOSES
15	021	GRACE A L'ENTHOUSIASMANTE BEAUTE DONT	J'ETAIS ENVIRONNE. EN PARFAITE PAIX AVEC
15	001	JE VOYAGEAIS. LE PAYSAGE AU MILIEU DUQUEL	J'ETAIS PLACE ETAIT D'UNE GRANDEUR ET D'UNE
34	032	S'ENVOLERENT COMME DES FUMEES. MOI SEUL	J'ETAIS TRISTE, INCONCEVABLEMENT TRISTE.
05	083	DICTATURE. ET IL ME POUSSE, COMME SI	J'ETAIS UN BOEUF, AVEC SON DOUBLE AIGUILLON.
30	086	PIEDS REFUSAIENT DE M'Y CONDUIRE. ENFIN	J'EUS CE COURAGE. MAIS, A MON GRAND
38	007	EST-ELLE MORTE QUELQUES JOURS APRES QUE	J'EUS FAIT SA CONNAISSANCE. ET C'EST MOI-MEME
42	072	ET CETTE FILLE INCOMPARABLE SE MARIA.	J'EUS PLUS TARD LA FANTAISIE DE LA REVOIR, ET
31	131	POURQUOI, EXCITAIT LA MIENNE, AU POINT QUE	J'EUS UN INSTANT L'IDEE BIZARRE QUE J'AURAIS
29	011	APPROCHANT. IL ME PARUT SINGULIER QUE	J'EUSSE PU PASSER SI SOUVENT A COTE DE CE
09	073	DE SA FRAGILE MARCHANDISE. ENFIN IL PARUT:	J'EXAMINAI CURIEUSEMENT TOUTES SES VITRES, ET
30	023	AUTRES HOMMES. DANS LE QUARTIER RECULE QUE	J'HABITE, ET OU DE VASTES ESPACES GAZONNES
01	008	JUSQU'A CE JOUR INCONNU. --TA PATRIE? --	J'IGNORE SOUS QUELLE LATITUDE ELLE EST SITUEE.
50	015	N'AI QUE FAIRE DE CETTE VIEILLE BEGUEULE.	J'INVOQUE LA MUSE FAMILIERE, LA CITADINE, LA
47	011	BIEN CONTENT DE MOI, ALLEZ! --SANS DOUTE,	J'IRAI VOUS VOIR, MAIS PLUS TARD, APRES LE
30	024	GAZONNES SEPARENT ENCORE LES BATIMENTS	J'OBSERVAI SOUVENT UN ENFANT DONT LA
47	020	OU PLUTOT PAR CETTE ENIGME INESPEREE.	J'OMETS LA DESCRIPTION DU TAUDIS; ON PEUT LA
29	050	ET, ENIVRE DE TOUTES CES DELICES,	J'OSAI: DANS UN ACCES DE FAMILIARITE QUI NE
09	052	CHOSE DE GRAND, UNE ACTION D'ECLAT; ET	J'OUVRIS LA FENETRE, HELAS! (OBSERVEZ, JE VOUS
31	058	DU PAPIER A LETTRE OU DU PAPIER DE SOIE.	J'Y AVAIS TANT DE PLAISIR QUE J'AURAIS
47	110	DIFFICILEMENT JE ME FIS COMPRENDRE; ENFIN	J'Y PARVINS. MAIS ALORS ELLE ME REPONDIT D'UN
42	118	LEGERS COMME VOUS ETES, VOUS DEUX K... ET	J.... VOUS AVIEZ ETE ACCOUPLES A UNE CERTAINE
24	029	DES OISEAUX IVRES DE LUMIERES, ET LE	JACASSEMENT DES PETITES NEGRESSES....., ET, LA
23	016	ET DU MYSTERE. IL Y A DANS NOS RACES	JACASSIERES DES INDIVIDUS QUI ACCEPTERAIENT
13	045	DANS LES GAZETTES, AVEC DES YEUX ACTIFS,	JADIS BRULES PAR LES LARMES, DES NOUVELLES
27	130	ET DE L'ENDROIT DE LA SALLE D'OU AVAIT	JAILLI CETTE DESAPPROBATION INATTENDUE, UN
34	001	CENT FOIS DEJA LE SOLEIL AVAIT	JAILLI, RADIEUX OU ATTRISTE, DE CETTE CUVE
05	077	SOLENNELLEMENT ACCENTUEES, ET CHACUNE, EN	JAILLISSANT DE LA PENDULE, DIT: --''JE SUIS LA
32	011	COUPES RENVERSEES, ET UNE GLOIRE ETONNANTE	JAILLIT DE CETTE COMPLEXITE DE LIGNES ET DE
09	030	C'EST UNE ESPECE D'ENERGIE QUI	JAILLIT DE L'ENNUI ET DE LA REVERIE; ET CEUX
27	119	D'UN FEU INTERIEUR SEMBLABLE A CELUI DE LA	JALOUSIE ET DE LA RANCUNE, MEME PENDANT QU'IL
31	043	M'EST ARRIVE QUELQUE CHOSE QUI NE VOUS EST	JAMAIS ARRIVE, ET QUI EST UN PEU PLUS
31	075	M'AMUSE GUERE A LA MAISON; ON NE ME MENE	JAMAIS AU SPECTACLE; MON TUTEUR EST TROP
35	002	A TRAVERS UNE FENETRE OUVERTE, NE VOIT	JAMAIS AUTANT DE CHOSES QUE CELUI QUI REGARDE
31	081	TOUJOURS DES PAYS NOUVEAUX. JE NE SUIS	JAMAIS BIEN NULLE PART, ET JE CROIS TOUJOURS
10	030	DE PLUSIEURS VILAINES ACTIONS QUE JE N'AI	JAMAIS COMMISES, ET AVOIR LACHEMENT NIE
42	070	VIE COMMUNE. ELLE M'AVOUA QU'ELLE N'AVAIT	JAMAIS CONNU LE PLAISIR. JE ME DEGOUTAI DE CE
18	074	VIVRONS-NOUS JAMAIS, PASSERONS-NOUS	JAMAIS DANS CE TABLEAU QU'A PEINT MON ESPRIT,
29	092	IL EST DOUTEUX QUE SON ALTESSE AIT	JAMAIS DONNE UNE SI LONGUE AUDIENCE A UN
28	056	JAMAIS L'INEPTIE DE SON CALCUL. ON N'EST	JAMAIS EXCUSABLE D'ETRE MECHANT, MAIS IL Y A
29	031	SINGULIERE DE LEURS REGARDS. JE DIRAIS QUE	JAMAIS JE NE VIS D'YEUX BRILLANT PLUS
28	056	LES PAUVRES; MAIS JE NE LUI PARDONNERAI	JAMAIS L'INEPTIE DE SON CALCUL. ON N'EST
41	005	PROPRE A AMUSER LES YEUX SANS	JAMAIS LES LASSER. LES FORMES ELANCEES DES
13	060	FOIS PAR AN. UNE AUTRE ENCORE: JE NE PUIS	JAMAIS M'EMPECHER DE JETER UN REGARD, SINON
32	023	DE LA BEAUTE MYSTERIEUSE ET PASSIONNEE.	JAMAIS NYMPHE EXASPEREE PAR L'INVINCIBLE
08	014	RESSEMBLEZ AU PUBLIC, A QUI IL NE FAUT	JAMAIS PRESENTER DES PARFUMS DELICATS QUI
11	049	LE MONDE OU ELLE A ETE JETEE, ELLE N'A	JAMAIS PU CROIRE QUE LA FEMME MERITAT UNE
27	057	DE CLEMENCE? C'EST UN POINT QUI N'A	JAMAIS PU ETRE ECLAIRCI. ENFIN, LE GRAND JOUR
29	022	LEURS FEMMES, LEURS ENFANTS, ET DE NE	JAMAIS REMONTER SUR LES HAUTES LAMES DE LA
29	123	DOUTE FORTEMENT OFFENSES; CAR ILS NE SONT	JAMAIS REVENUS.
29	020	DES MELODIEUSES CASCADES, LE DESIR DE NE	JAMAIS REVOIR LEURS PENATES, LEURS FEMMES,
39	027	ET LA SERVILITE DE SA TENDRESSE N'A	JAMAIS RIEN DE FATIGANT.
50	001	JE N'AI	JAMAIS ROUGI, MEME DEVANT LES JEUNES ECRIVAINS
49	063	REDRESSER AVEC UNE ENERGIE QUE JE N'AURAIS	JAMAIS SOUPCONNEE DANS UNE MACHINE SI
29	106	ET DE TOUS VOS MISERABLES PROGRES.	JAMAIS UN DESIR NE SERA FORME PAR VOUS, QUE JE
27	030	GRAND MALHEUR DE CE PRINCE FUT QU'IL N'EUT	JAMAIS UN THEATRE ASSEZ VASTE POUR SON GENIE.
29	004	TOUT DE SUITE, QUOIQUE JE NE L'EUSSE	JAMAIS VU. IL Y AVAIT SANS DOUTE CHEZ LUI,
14	018	D'INSOUCIANCE. POUR MOI, JE NE MANQUE	JAMAIS, EN VRAI PARISIEN, DE PASSER LA REVUE
30	071	HABITUES DE L'HOMME CIVILISE, QUI NE VEUT	JAMAIS; JE NE SAIS POURQUOI, SE MELER DES
18	074	L'ACTION REUSSIE ET DECIDEE? VIVRONS-NOUS	JAMAIS; PASSERONS-NOUS JAMAIS DANS CE TABLEAU
29	074	EN CHAIRE: ''MES CHERS FRERES, N'OUBLIEZ	JAMAIS; QUAND VOUS ENTENDREZ VANTER LE PROGRES
23	027	A MA GUISE. ''VOUS N'EPROUVEZ DONC	JAMAIS,-- ME DIT-IL, AVEC UN TON DE NEZ
35	012	PENCHEE SUR QUELQUE CHOSE, IL NE SORT	JAMAIS. AVEC SON VISAGE, AVEC SON VETEMENT,
13	017	UN OEIL EXPERIMENTE NE S'Y TROMPE	JAMAIS. DANS CES TRAITS RIGIDES OU ABATTUS,
42	115	OU; ''IL FAUT!'' OU BIEN: ''JE NE PARDONNE	JAMAIS!'' ''SI, NERVEUX COMME JE VOUS CONNAIS,
25	022	PAR LE COIN SA JUPE FLOTTANTE ET MONTRE SA	JAMBE LUISANTE ET SUPERBE! ET SON PIED, PAREIL
38	022	SI VIOLEMMENT LA TERRE DU PIED QUE MA	JAMBE S'EST ENFONCEE JUSQU'AU GENOU DANS LA
50	023	QU'IL S'ELANCE INDISCRETEMENT DANS LES	JAMBES OU SUR LES GENOUX DU VISITEUR, COMME
47	042	REFRAIN ME FIT SAUTER SUR MES	JAMBES. ''NON! CRIAI-JE FURIEUX. --CHIRURGIEN,
31	001	DANS UN BEAU	JARDIN OU LES RAYONS D'UN SOLEIL AUTOMNAL
31	063	BON, JE VOUS ASSURE, QUE LES FLEURS DU	JARDIN, A CETTE HEURE-CI. ESSAYEZ, QUAND VOUS
19	016	UNE ROUTE, DERRIERE LA GRILLE D'UN VASTE	JARDIN, AU BOUT DUQUEL APPARAISSAIT LA
13	050	SOUVENIRS, ELLE S'ASSIT A L'ECART DANS UN	JARDIN, POUR ENTENDRE, LOIN DE LA FOULE, UN DE
13	001	VAUVENARGUES DIT QUE DANS LES	JARDINS PUBLICS IL EST DES ALLEES HANTEES
24	033	BIEN LA LE DECOR QUE JE CHERCHAIS. QU'AI-	JE A FAIRE DE PALAIS?'' ET PLUS LOIN, COMME IL
47	078	LES FEMMES! --SINGULIERE LOGIQUE! ME DIS-	JE A MOI-MEME. --OH! JE NE M'Y TROMPE GUERE!
36	003	HEUREUX L'ARTISTE QUE LE DESIR DECHIRE!	JE BRULE DE PEINDRE CELLE QUI M'EST APPARUE SI
49	044	EN UNE SECONDE, GROS COMME UNE BALLE.	JE CASSAI UN DE MES ONGLES A LUI BRISER DEUX
50	034	A LEUR NICHE SOYEUSE ET CAPITONNEE!	JE CHANTE LE CHIEN CROTTE, LE CHIEN PAUVRE, LE
50	040	CETTE VRAIE PATRONNE DES INTELLIGENCES!	JE CHANTE LES CHIENS CALAMITEUX, SOIT CEUX QUI
14	077	M'EN RETOURNANT, OBSEDE PAR CETTE VISION,	JE CHERCHAI A ANALYSER MA SOUDAINE DOULEUR, ET
24	033	OUI, EN VERITE, C'EST BIEN LA LE DECOR QUE	JE CHERCHAIS. QU'AI-JE A FAIRE DE PALAIS?'' ET
27	091	PRESENTE ME MONTENT AUX YEUX PENDANT QUE	JE CHERCHE A VOUS DECRIRE CETTE INOUBLIABLE
30	134	UNE LUEUR SE FIT DANS MON CERVEAU, ET	JE COMPRIS POURQUOI LA MERE TENAIT TANT A
47	037	MESSIEURS!'' --OH! MOI, JE VAIS PARTOUT.	JE CONNAIS BIEN CES MESSIEURS.'' QUELQUES
49	071	FORCE SIGNES POUR LUI FAIRE COMPRENDRE QUE	JE CONSIDERAIS LA DISCUSSION COMME FINIE, ET
30	043	ET LES LIQUEURS! SI BIEN QU'UN JOUR OU	JE CONSTATAI QUE, MALGRE MES NOMBREUX
27	114	TRAVERSERENT MON ESPRIT PENDANT QUE	JE CONTEMPLAIS LE VISAGE DU PRINCE, SUR LEQUEL

LA FENETRE OUVERTE DE LA SALLE A MANGER
SI LONGUE AUDIENCE A UN SIMPLE MORTEL, ET
TIMIDITE VOUS FAIRE RIRE, J'AVOUERAI QUE
FANCIOULLE, ET VOUES A UNE MORT CERTAINE.
AUTORISE LES DEGAGEMENTS GRATUITS.
PAIX AVEC MOI-MEME ET AVEC L'UNIVERS;
CONFERER LES REPUBLIQUES ET LES PRINCES,
JE NE SUIS JAMAIS BIEN NULLE PART, ET
EN FRETILLANT DE LA QUEUE; CE QUI EST,
MA DERNIERE MAITRESSE QUE VOUS N'AVEZ PU,
MOI DE VOUS L'EXPLIQUER; CAR VOUS ETES,
DE LA TERRE ABSENTE, QU'ILS AURAIENT,
CHAMBRE,'' DIT UN AUTRE SAGE, PASCAL,
BRAVE HOMME, UN PAUVRE PETIT COMMERCANT,
EN PASSANT CURIEUSEMENT AUPRES D'ELLE,
A QUEL DEMON BIENVEILLANT DOIS-
MELER A L'OCCASION AVEC DE L'EAU DE NEIGE.
VOYEZ-VOUS LE SUBTIL ENVIEUX! IL SAIT QUE
LES COURAGEUSES VERTUS DE CRUSOE, MAIS
JE LE SUIVIS ATTENTIVEMENT, ET BIENTOT,
ET DU RECUEILLEMENT; MAIS JE LES MEPRISE.
LA PAROLE. JE NE LES PLAINS PAS, PARCE QUE
L'EXPRESSION SINGULIERE DE LEURS REGARDS,
J'AVAIS DONC DIGERE, --AVALE, VEUX-
DE LA BETE FEROCE, DE LA FEMME, VEUX-
QUESTION DE DEMENAGEMENT EN EST UNE QUE
ME FAIRE ROMPRE LES OS. ET PUIS, ME SUIS-
VIGOUREUSEMENT LA TETE CONTRE UN MUR.
SUBIE DANS LE TAUDIS PATERNEL. SEULEMENT
INTERVALLES AUX FREQUENTES LIBATIONS, ET
CORDE. PARMI LES SIGNATAIRES IL Y AVAIT,
AVEC UN APLOMB DIGNE DE SON RANG: ''
LITS POUR NOUS TOUS, IL A ETE DECIDE QUE
''LE COMMISSAIRE, A QUI, NATURELLEMENT,
ET MINUTIEUSE REPARTITION!'' ME DIS-
MANQUER DE RESPECT. QUE VOULIEZ-VOUS QUE
FIT SAUTER SUR MES JAMBES. ''NON! CRIAI-
CELEBRES ETAIENT SUSPENDUS AUX MURS. COMME
JE LE REGARDAIS DANS LE BLANC DES YEUX, ET
D'AILLEURS IMPOSSIBLE DE DIRE POURQUOI
ZELE OU L'APPELAIT SON DEVOIR. POUR MOI,
--ON NE TROUVERA PAS SURPRENANT QUE
''EN VERITE, ME DIS-JE, IL FALLAIT QUE
SANS COLERE.'' PENDANT PLUSIEURS ANNEES,
MAINTENANT W.' UN FAMEUX MEDECIN ANGLAIS;
SON OPINEMENT SONT, EN GENERAL, COMME
IL A POSE PLUS D'UNE FOIS POUR MOI, ET
COMME UN SAUVAGE, LE PREMIER VENU.
LATITUDE ELLE EST SITUEE. --LA BEAUTE? --
PAR LE COLLET DE SON HABIT, DE L'AUTRE,
DEVORAIENT LE MORCEAU DE L'AUTRE,
JE LA SUIVIS AU CABINET DE LECTURE; ET
MUNIFICENCE. MAIS PEU A PEU, APRES QUE
PLACE QU'ILS DEDAIGNENT DE VISITER, COMME
AVEC TOUT CELA, FORT BEGUEULE. SI PARFOIS
C'EST UNE EXPLOSION DANS LES TENEBRES,
DANS LES FOIRES COMME MONSTRE POLYPHAGE.
ET DE VOLUPTE? QU'IMPORTE? LA VOILA!
VIRAGO, IL ME SEMBLA VAGUEMENT QUE
CHANGE DANS CETTE PERSONNE. QUELQUEFOIS
CAFE ET DE QUELLE FACON ELLE DEJEUNA.
L'HOMME REPARUT AU DEBOUCHE DE LA PORTE,
LIVRE, D'UN POEME, D'UN OPERA POUR LEQUEL
BRANCHE D'ARBRE QUI TRAINAIT A TERRE, ET
X. LE NOM EST AU BAS D'AILLEURS; MAIS
DEESSE ET IMMORTELLE. --L'OR? --
COMMIS UN NOUVEAU LARCIN DE CE GENRE,
QUI FASSENT VOIR LA VIE EN BEAU!'' ET
QUE CE PETIT ETAIT DEJA UN INCOMPRIS.
EN LUI DONNANT PLUS QU'IL N'ESPERE.''
POUR ASSOMMER RAPIDEMENT CE VIEILLARD,
SIGNIFICATIF AUQUEL JE ME HATAI D'OBEIR.
LE DESIR DE LA CRIMINELLE JOUISSANCE DONT
TOUJOURS PRETE! ET SANS ENTHOUSIASME! ''
PASSER. --OH! SI! VOUS ETES MEDECIN.
NE TE COMPRENNENT PAS...? --DAME! COMME
REGARD DE L'IMPRUDENT QUI LES CONTEMPLE.
MOI, VOULANT SAVOIR OU ILS DEMEURAIENT,
FAUDRAIT POUR MERITER LEURS FAVEURS! MAIS
POUR NE PAS LES FAIRE ROUGIR. LE SOIR,
JE NE FERAIS PAS TEL LE DELICAT!'' ET
DU SILENCE ET DU RECUEILLEMENT; MAIS
SI FIER ET SI PLEIN DE DOMINATION; QUE
A D'AUTRES QUI ME COMPRENNENT! AVEC UNE
ASSEZ BELLE FEMME, QUOIQUE PAS TROP JEUNE.
BESOIN D'ARGENT.'' MAIS TU COMPRENDS QUE
EN ANGE, TANTOT EN AMOUR MYTHOLOGIQUE.
GRATIS EN VERTU D'HOMME CHARITABLE.
PLATRE. --PAR MON ENERGIQUE MEDICATION,
SUR MON MENDIANT. D'UN SEUL COUP DE POING,

	POEM	LINE
JE CONTEMPLAIS LES MOUVANTES ARCHITECTURES QUE	44	002
JE CRAIGNAIS D'ABUSER. ENFIN, COMME L'AUBE	29	093
JE CRAIGNAIS DE L'HUMILIER. ENFIN, JE VENAIS	14	072
JE CROIRAIS VOLONTIERS QUE LE PRINCE FUT	27	014
JE CROIS MEME QU'ELLES REGARDAIENT DE TEMPS A	20	028
JE CROIS MEME QUE, DANS MA PARFAITE BEATITUDE	15	022
JE CROIS QUE LE CREPUSCULE ALLUMERAIT ENCORE	22	038
JE CROIS TOUJOURS QUE JE SERAIS MIEUX AILLEURS	31	081
JE CROIS, CHEZ CES PAUVRES ETRES, LE SIGNE	08	004
JE CROIS, HAIR OU AIMER LES VOTRES. ET TOUT LE	42	083
JE CROIS, LE PLUS BEL EXEMPLE D'IMPERMEABILITE	26	004
JE CROIS, MANGE DE L'HERBE AVEC PLUS	34	019
JE CROIS, RAPPELANT AINSI DANS LA CELLULE DU	23	039
JE CROIS, SE LEVA, ET EMPOIGNANT PAR SA ROBE	20	057
JE CRUS EN DEVINER LA RAISON. LA GRANDE VEUVE	13	093
JE D'ETRE AINSI ENTOURE DE MYSTERE, DE	05	033
JE DECOUPAIS TRANQUILLEMENT MON PAIN, QUAND UN	15	033
JE DEDAIGNE LES SIENNES, ET IL VIENT	23	030
JE DEMANDE QU'IL NE DECRETE PAS D'ACCUSATION	23	014
JE DESCENDIS DERRIERE LUI DANS UNE DEMEURE	29	008
JE DESIRE SURTOUT QUE MON MAUDIT GAZETIER ME	23	026
JE DEVINE QUE LEURS EFFUSIONS ORATOIRES LEUR	23	022
JE DIRAIS QUE JAMAIS JE NE VIS D'YEUX BRILLANT	29	030
JE DIRE, --TOUTES LES ELUCUBRATIONS DE TOUS	49	006
JE DIRE. ''ALLONS! UN BON COUP DE BATON POUR	11	035
JE DISCUTE SANS CESSE AVEC MON AME. ''DIS-MOI,	48	007
JE DIT, A QUELQUE CHOSE MALHEUR EST BON. JE	46	013
JE DOIS AVOUER QUE J'AVAIS PREALABLEMENT	49	050
JE DOIS DIRE QUE CE PETIT BONHOMME M'ETONNA	30	039
JE DOIS DIRE QUE J'AVAIS JOUE ET PERDU MON	29	040
JE DOIS LE DIRE, PLUS DE FEMMES QUE D'HOMMES;	30	129
JE DONNE A TON FILS... JE LUI DONNE... LE DON	20	075
JE DORMIRAIS DANS LE MEME LIT QUE MA BONNE.''	31	049
JE DUS DECLARER L'ACCIDENT, ME REGARDA DE	30	078
JE EN MOI-MEME. NOUS FIMES LA RENCONTRE D'UN	28	008
JE FISSE D'ELLE, PUISQU'ELLE ETAIT PARFAITE?''	42	161
JE FURIEUX. --CHIRURGIEN, ALORS? --NON! NON! A	47	043
JE FUS DORLOTE! GRAND FEU, VIN CHAUD, CIGARES;	47	024
JE FUS EPOUVANTE DE VOIR QUE SES YEUX	28	046
JE FUS PRIS A L'EGARD DE CE PAUVRE HOMME D'UNE	09	065
JE FUS PRIS SUBITEMENT D'UNE INCOMMENSURABLE	04	019
JE FUSSE ALORS DANS UN ETAT D'ESPRIT	49	011
JE FUSSE BIEN LOURDEMENT ASSOUPI POUR MONTRER	21	116
JE L'AI ADMIREE, LE COEUR PLEIN DE HAINE.	42	143
JE L'AI ATTRAPE SON VOYAGE A PARIS. IL A	47	065
JE L'AI DIT, LES PLUS INDOLENTS ET LES PLUS	09	032
JE L'AI TRANSFORME TANTOT EN PETIT BOHEMIEN,	30	027
JE L'AI VU JETER A LA TERRE D'UN MAITRE	22	024
JE L'AIMERAIS VOLONTIERS, DEESSE ET	01	010
JE L'EMPOIGNAI A LA GORGE, ET JE ME MIS A LUI	49	048
JE L'ENTENDIS SOUPIRER, D'UNE VOIX BASSE ET	15	037
JE L'EPIAI LONGTEMPS PENDANT QU'ELLE CHERCHAIT	13	044
JE L'EUS QUITTE, L'INCURABLE DEFIANCE RENTRA	29	122
JE L'INSINUAIS TOUT A L'HEURE, C'EST SURTOUT	13	012
JE LA BOUSCULAIS PAR UN GESTE UN PEU TROP	42	049
JE LA COMPARERAIS A UN SOLEIL NOIR, SI L'ON	36	012
JE LA NOURRISSAIS BIEN; ET CEPENDANT ELLE M'A	42	098
JE LA RECONNAIS. VOILA BIEN CES YEUX DONT LA	05	026
JE LA RECONNAISSAIS POUR L'AVOIR VUE TRINQUANT	21	105
JE LA REGRETTE: J'AURAIS DU L'EPOUSER!'' LES	42	076
JE LA SUIVIS AU CABINET DE LECTURE; ET JE	13	043
JE LAISSAI TOMBER PERPENDICULAIREMENT MON	09	083
JE LAISSAIS ECHAPPER MON ADMIRATION: ''VOUS	42	042
JE LAISSE DIX FRANCS SUR LA CHEMINEE. --C'EST	47	086
JE LE BATTIS AVEC L'ENERGIE OBSTINEE DES	49	058
JE LE CONNAIS PERSONNELLEMENT. --JE SAVAIS	47	055
JE LE HAIS COMME VOUS HAISSEZ DIEU. --EH!	01	012
JE LE MENACAI DE LE RENVOYER A SES PARENTS.	30	045
JE LE POUSSAI VIVEMENT VERS L'ESCALIER, OU IL	09	109
JE LE REGARDAIS ATTENTIVEMENT; IL Y AVAIT DANS	31	127
JE LE REGARDAIS DANS LE BLANC DES YEUX, ET JE	28	046
JE LE SAISIS D'UNE MAIN PAR LE COLLET DE SON	49	047
JE LE SUIVIS ATTENTIVEMENT, ET BIENTOT, JE	29	007
JE LE SUPPOSAIS TOUT A L'HEURE CAPABLE;	28	053
JE LE VEUX BIEN, PUISQUE CELA VOUS EST	42	065
JE LE VOIS BIEN. VENEZ CHEZ MOI. VOUS SEREZ	47	009
JE LES AI DERANGES INUTILEMENT, JE LAISSE DIX	47	086
JE LES AI SOUVENT ETUDIEES, CES ETOILES NOIRES	05	031
JE LES AI SUIVIS DE LOIN, JUSQU'AU BORD DE LA	31	103
JE LES AVAIS SANS DOUTE FORTEMENT OFFENSES,	21	121
JE LES CONGEDIAI TOUS LES DEUX, EN LEUR PAYANT	42	057
JE LES INVOQUAI A HAUTE VOIX, LES SUPPLIANT DE	21	119
JE LES MEPRISE. JE DESIRE SURTOUT QUE MON	23	025
JE LES PRIS D'ABORD TOUS LES TROIS POUR DE	21	009
JE LEUR FAIS DES MINES. --ET QUAND ILS NE TE	47	084
JE LUI AI DIT: ''VIENS ME VOIR, VIENS ME VOIR	47	094
JE LUI AI FAIT ENTENDRE CA PAR UNE FOULE DE	47	096
JE LUI AI FAIT PORTER LE VIOLON DU VAGABOND;	30	029
JE LUI AURAIS PRESQUE PARDONNE LE DESIR DE LA	28	052
JE LUI AVAIS DONC RENDU L'ORGUEIL ET LA VIE.	49	068
JE LUI BOUCHAI UN OEIL, QUI DEVINT, EN UNE	49	043

POEM LINE

09	067	SOUDAINE QUE DESPOTIQUE. ''--HE! HE!''' ET	JE LUI CRIAI DE MONTER. CEPENDANT JE
09	088	CREVE PAR LA FOUDRE. ET, IVRE DE MA FOLIE,	JE LUI CRIAI FURIEUSEMENT: ''LA VIE EN BEAU!
29	085	ACADEMIQUES. ENCOURAGE PAR TANT DE BONTES,	JE LUI DEMANDAI DES NOUVELLES DE DIEU, ET S'IL
06	015	JE QUESTIONNAI L'UN DE CES HOMMES, ET	JE LUI DEMANDAI OU ILS ALLAIENT AINSI. IL ME
50	005	VOLONTIERS JE M'ADRESSERAIS A STERNE, ET	JE LUI DIRAIS: ''DESCENDS DU CIEL, OU MONTE
09	074	CURIEUSEMENT TOUTES SES VITRES, ET	JE LUI DIS: ''--COMMENT? VOUS N'AVEZ PAS DE
49	072	LA SATISFACTION D'UN SOPHISTE DU PORTIQUE,	JE LUI DIS: ''MONSIEUR, VOUS ETES MON EGAL!
28	019	PLUS CONSIDERABLE QUE LA MIENNE, ET	JE LUI DIS: ''VOUS AVEZ RAISON; APRES LE
20	075	DE SON RANG: ''JE DONNE A TON FILS...	JE LUI DONNE... LE DON DE PLAIRE!'' ''MAIS
49	070	DONC RENDU L'ORGUEIL ET LA VIE. ALORS,	JE LUI FIS FORCE SIGNES POUR LUI FAIRE
15	041	J'EN COUPAI POUR LUI UNE BELLE TRANCHE QUE	JE LUI OFFRIS. LENTEMENT IL SE RAPPROCHA, NE
21	045	JUSQU'A LES CONFONDRE AVEC LA TIENNE.'' LE	JE LUI REPONDIS: ''GRAND MERCI! JE N'AI QUE
21	084	SI JE N'AVOUAIS PAS QU'A PREMIERE VUE	JE LUI TROUVAI UN BIZARRE CHARME. POUR DEFINIR
50	005	A MON AIDE. NON. BIEN PLUS VOLONTIERS	JE M'ADRESSERAIS A STERNE, ET JE LUI DIRAIS:
30	103	SE TOURNAIENT VERS LA FUNEBRE ARMOIRE,	JE M'APERCUS, AVEC UN DEGOUT MELE D'HORREUR ET
09	081	L'ESCALIER, OU IL TREBUCHA EN GROGNANT.	JE M'APPROCHAI DU BALCON ET JE ME SAISIS D'UN
30	106	UN LONG BOUT DE CORDE QUI TRAINAIT ENCORE.	JE M'ELANCAI VIVEMENT POUR ARRACHER CES
15	044	QUE MON OFFRE NE FUT PAS SINCERE OU QUE	JE M'EN REPENTISSE DEJA. MAIS AU MEME INSTANT
05	061	ET CE PARFUM D'UN AUTRE MONDE, DONT	JE M'ENIVRAIS AVEC UNE SENSIBILITE
17	029	SUR LES RIVAGES DUVETES DE TA CHEVELURE,	JE M'ENIVRE DES ODEURS COMBINEES DU GOUDRON,
00	000	PENDANT QUINZE JOURS	JE M'ETAIS CONFINE DANS MA CHAMBRE, ET JE
49	002	JE M'ETAIS CONFINE DANS MA CHAMBRE, ET	JE M'ETAIS ENTOURE DES LIVRES A LA MODE DANS
09	050	LEURS PLUS ABSURDES VOLONTES. UN MATIN	JE M'ETAIS LEVE MAUSSADE, TRISTE, FATIGUE
06	033	HUMAIN. ET PENDANT QUELQUES INSTANTS	JE M'OBSTINAI A VOULOIR COMPRENDRE CE MYSTERE;
30	095	SUR MON DIVAN, ET, ASSISTE D'UNE SERVANTE,	JE M'OCCUPAIS DES DERNIERS PREPARATIFS, QUAND
17	034	ELASTIQUES ET REBELLES, IL ME SEMBLE QUE	JE MANGE DES SOUVENIRS.
35	018	REFAIT LA SIENNE TOUT AUSSI AISEMENT. ET	JE ME COUCHE, FIER D'AVOIR VECU ET SOUFFERT
42	071	QU'ELLE N'AVAIT JAMAIS CONNU LE PLAISIR.	JE ME DEGOUTAI DE CE DUEL INEGAL, ET CETTE
21	079	FIT LE COMMENTAIRE DE SA GROSSIERE PAROLE.	JE ME DETOURNAI AVEC DEGOUT ET JE REPONDIS:
14	078	A ANALYSER MA SOUDAINE DOULEUR, ET	JE ME DIS: JE VIENS DE VOIR L'IMAGE DU VIEIL
44	005	CONSTRUCTIONS DE L'IMPALPABLE. ET	JE ME DISAIS, A TRAVERS MA CONTEMPLATION:
42	021	DECIDEMENT LA BEAUTE. POUR MOI, MESSIEURS,	JE ME FAIS GLOIRE D'ETRE ARRIVE, DEPUIS
43	016	A LA MINE SI HAUTAINE. EH BIEN! CHER ANGE,	JE ME FIGURE QUE C'EST VOUS''. ET IL FERMA LES
47	110	PASSION SI PARTICULIERE?'' DIFFICILEMENT	JE ME FIS COMPRENDRE; ENFIN J'Y PARVINS. MAIS
29	007	UN CLIGNEMENT D'OEIL SIGNIFICATIF AUQUEL	JE ME HATAI D'OBEIR. JE LE SUIVIS
35	015	OU PLUTOT SA LEGENDE, ET QUELQUEFOIS	JE ME LA RACONTE A MOI-MEME EN PLEURANT. SI
47	017	J'AI TOUJOURS L'ESPOIR DE LE DEBROUILLER.	JE ME LAISSAI DONC ENTRAINER PAR CETTE
49	049	DE L'AUTRE, JE L'EMPOIGNAI A LA GORGE, ET	JE ME MIS A LUI SECOUER VIGOUREUSEMENT LA TETE
16	012	MIDI.'' CE QUI ETAIT VRAI. POUR MOI, SI	JE ME PENCHE VERS LA BELLE FELINE, LA SI BIEN
21	114	LE DROIT D'ETRE FIER. MAIS MALHEUREUSEMENT	JE ME REVEILLAI, ET TOUTE MA FORCE
09	081	EN GROGNANT. JE M'APPROCHAI DU BALCON ET	JE ME SAISIS D'UN PETIT POT DE FLEURS, ET
49	057	TERRASSE CE SEXAGENAIRE AFFAIBLI;	JE ME SAISIS D'UNE GROSSE BRANCHE D'ARBRE QUI
34	041	DISANT ADIEU A CETTE INCOMPARABLE BEAUTE,	JE ME SENTAIS ABATTU JUSQU'A LA MORT; ET C'EST
26	049	ATTENDRI PAR CETTE FAMILLE D'YEUX, MAIS	JE ME SENTAIS UN PEU HONTEUX DE NOS VERRES ET
15	020	D'UNE JOIE MELEE DE PEUR. BREF,	JE ME SENTAIS, GRACE A L'ENTHOUSIASMANTE
47	031	QUAND VOUS ETIEZ INTERNE DE L...	JE ME SOUVIENS QUE C'ETAIT VOUS QUI
15	017	GEANT AERIEN VOLANT A TRAVERS LE CIEL. ET	JE ME SOUVIENS QUE CETTE SENSATION SOLENNELLE
22	020	L'ENFER. LE CREPUSCULE EXCITE LES FOUS. --	JE ME SOUVIENS QUE J'AI EU DEUX AMIS QUE LE
05	054	BRUTAL FRAPPE PAR LE SPECTRE. HORREUR!	JE ME SOUVIENS! JE ME SOUVIENS! OUI! CE
05	054	PAR LE SPECTRE. HORREUR! JE ME SOUVIENS!	JE ME SOUVIENS! OUI! CE TAUDIS, CE SEJOUR DE
30	089	L'HORREUR MEME QU'ELLE DEVAIT EPROUVER, ET	JE ME SOUVINS DE LA SENTENCE CONNUE: ''LES
31	053	LES TENEBRES. COMME JE NE DORMAIS PAS,	JE ME SUIS AMUSE, PENDANT QU'ELLE DORMAIT, A
29	001	HIER, A TRAVERS LA FOULE DU BOULEVARD,	JE ME SUIS SENTI FROLE PAR UN ETRE MYSTERIEUX
49	052	VERIFIE QUE DANS CETTE BANLIEUE DESERTE,	JE ME TROUVAIS; POUR UN ASSEZ LONG TEMPS, HORS
46	020	PAR LE COMMISSAIRE. --MA FOI! NON.	JE ME TROUVE BIEN ICI. VOUS SEUL, VOUS M'AVEZ
21	083	SUR TA PEAU.'' QUANT A LA DIABLESSE,	JE MENTIRAIS SI JE N'AVOUAIS PAS QU'A PREMIERE
10	044	QUE JE NE SUIS PAS INFERIEUR A CEUX QUE	JE MEPRISE!
17	033	TES TRESSES LOURDES ET NOIRES. QUAND	JE MORDILLE TES CHEVEUX ELASTIQUES ET
42	059	GAGES. --POUR MOI, REPRIT L'INTERRUPTEUR.	JE N'AI A ME PLAINDRE QUE DE MOI-MEME. IL
21	079	DETOURNAI AVEC DEGOUT ET JE REPONDIS: ''	JE N'AI BESOIN, POUR MA JOUISSANCE, DE LA
10	030	DE PLUSIEURS VILAINES ACTIONS QUE	JE N'AI JAMAIS COMMISES, ET AVOIR LACHEMENT
50	001		JE N'AI JAMAIS ROUGI, MEME DEVANT LES JEUNES
01	003	PERE, TA MERE, TA SOEUR OU TON FRERE? --	JE N'AI NI PERE, NI MERE, NI SOEUR, NI FRERE.
47	095	VOIR SOUVENT. AVEC MOI, NE TE GENE PAS;	JE N'AI PAS BESOIN D'ARGENT.'' MAIS TU
46	011	DE MA TETE DANS LA FANGE DU MACADAM.	JE N'AI PAS EU LE COURAGE DE L'EN RAMASSER. J'AI
31	122	A JOUER DE LEURS INSTRUMENTS! MAIS	JE N'AI PAS OSE, SANS DOUTE PARCE QU'IL EST
13	079	ET SI NOBLE DANS TOUT SON AIR, QUE	JE N'AI PAS SOUVENIR D'AVOIR VU SA PAREILLE
31	077	NE S'OCCUPE PAS DE MOI ET DE MON ENNUI, ET	JE N'AI PAS UNE BELLE BONNE POUR ME DORLOTER.
21	045	ET JE LUI REPONDIS: ''GRAND MERCI!	JE N'AI QUE FAIRE DE CETTE PACOTILLE D'ETRES
50	014	MACARON!'' ARRIERE LA MUSE ACADEMIQUE!	JE N'AI QUE FAIRE DE CETTE VIEILLE BEGUEULE.
29	060	ET UNE TRANQUILLITE DANS LA DROLERIE QUE	JE N'AI TROUVEES DANS AUCUN DES PLUS CELEBRES
51	006	BIEN, O SATAN, PATRON DE MA DETRESSE, QUE	JE N'ALLAIS PAS LA POUR REPANDRE UN VAIN
49	063	SE REDRESSER AVEC UNE ENERGIE QUE	JE N'AURAIS JAMAIS SOUPCONNEE DANS UNE MACHINE
42	040	QUI SORTAIENT DE CETTE BOUCHE D'OU	JE N'AURAIS VOULU VOIR S'ENVOLER QUE DES
31	059	QUE J'AURAIS LONGTEMPS CONTINUE; SI	JE N'AVAIS PAS EU PEUR, PEUR DE LA REVEILLER
21	083	QUANT A LA DIABLESSE, JE MENTIRAIS SI	JE N'AVOUAIS PAS QU'A PREMIERE VUE JE LUI
29	044	INUTILE ET QUELQUEFOIS SI GENANTE, QUE	JE N'EPROUVAI, QUANT A CETTE PERTE, QU'UN PEU
29	038	ME SEMBLAIT, APRES PLUSIEURS HEURES, QUE	JE N'ETAIS PLUS IVRE QUE LUI. CEPENDANT LE
23	013	FOU FURIEUX DANS L'ILE DE ROBINSON.	JE N'EXIGE PAS DE MON GAZETIER LES COURAGEUSES
29	123	L'INCURABLE DEFIANCE RENTRA DANS MON SEIN;	JE N'OSAIS PLUS CROIRE A UN SI PRODIGIEUX
14	071	DERRIERE SON RIDEAU DECHIQUETE? EN VERITE,	JE N'OSAIS; ET, DUT LA RAISON DE MA TIMIDITE
47	100	CROIRAIS-TU QUE J'AI UNE DROLE D'ENVIE QUE	JE N'OSE PAS LUI DIRE? --JE VOUDRAIS QU'IL
28	011	NOUS TENDIT SA CASQUETTE EN TREMBLANT. --	JE NE CONNAIS RIEN DE PLUS INQUIETANT QUE
31	053	AVEC SA BONNE, DANS LES TENEBRES. COMME	JE NE DORMAIS PAS; JE ME SUIS AMUSE, PENDANT
21	118	REVENIR PENDANT QUE JE SUIS EVEILLE.	JE NE FERAIS PAS TANT LE DELICAT!!! ET JE LES
42	061	LE BONHEUR EST VENU HABITER CHEZ MOI, ET	JE NE L'AI PAS RECONNU. LA DESTINEE M'AVAIT
29	004	ET QUE JE RECONNUS TOUT DE SUITE, QUOIQUE	JE NE L'EUSSE JAMAIS VU. IL Y AVAIT SANS DOUTE
23	022	COUPASSENT INTEMPESTIVEMENT LA PAROLE.	JE NE LES PLAINS PAS, PARCE QUE JE DEVINE QUE
47	097	FAIT ENTENDRE CA PAR UNE FOULE DE FACONS;	JE NE LUI AI PAS DIT TOUT CRUMENT; J'AVAIS SI
28	055	S'AMUSAT A COMPROMETTRE LES PAUVRES; MAIS	JE NE LUI PARDONNERAI JAMAIS L'INEPTIE DE SON
31	074	ENFIN LE QUATRIEME DIT: ''VOUS SAVEZ QUE	JE NE M'AMUSE GUERE A LA MAISON; ON NE ME MENE

LOGIQUE! ME DIS-JE A MOI-MEME. --OH!
CETTE ATMOSPHERE D'INSOUCIANCE. POUR MOI,
ONGLES A LUI BRISER DEUX DENTS, ET COMME
DETOURNANT LES YEUX: ''JE NE SAIS PAS...
''JE VEUX!'' OU: ''IL FAUT!'' OU BIEN: ''
DE MA PROPRE CONSCIENCE, DE SORTE QUE
DISAIT-ELLE, VOIR LE CADAVRE DE SON FILS.
PRETRE A QUI ON ARRACHERAIT SA DIVINITE,
    FOIS PAR AN. UNE AUTRE ENCORE:
CHACUN DE MES COMPAGNONS DIT: ''ENFIN!''
    VOIX BASSE ET RAUQUE, LE MOT: GATEAU!
CULBUTE PAR UN AUTRE PETIT SAUVAGE, SORTI
UN PIQUANT MYSTERIEUX A LEUR AUSTERITE.
ME SOUVENIR, EN DETOURNANT LES YEUX: ''
ELOIGNE GENERALEMENT LA SYMPATHIE, ET QUI
DE L'HOMME CIVILISE, QUI NE VEUT JAMAIS,
POULET, DANS LEQUEL IL CROYAIT VOIR
ET OBSERVAIT AVEC UNE FIXITE ETONNANTE
RAUQUE DU CUIVRE APPORTA A MES OREILLES
QUAND UN GRAND REFLUX DU PEUPLE, CAUSE PAR
DU MARTYRE. FANCIOULLE INTRODUISAIT, PAR
PAR UNE FETIDE ODEUR DE TABAC MELEE A
BONNE ET HEUREUSE!'' PUIS SE RETOURNA VERS
MAIS L'IMPLACABLE VENUS REGARDE AU LOIN
Y AVAIT DANS SON OEIL ET DANS SON FRONT CE
VETERANS DE LA JOIE, CET INDESCRIPTIBLE
REVEILLER D'ABORD, ET PUIS ENCORE PEUR DE
OU CELLE QUI EST TOUT A FAIT SEULE?
UN BIZARRE CHARME. POUR DEFINIR CE CHARME,
J'AIME TANT CES MESSIEURS, QUE, BIEN QUE
TYRANNIE DE LA FACE HUMAINE A DISPARU, ET
ET DE VOIR TOUJOURS DES PAYS NOUVEAUX.
A SON PLAISIR. ''TANT POETE QUE JE SOIS,
REPONDIS, AVEC TOUT MON DEDAIN: ''VA-T'EN!
JE NE SUIS PAS LE DERNIER DES HOMMES, ''
BEAUX VERS QUI ME PROUVENT A MOI-MEME QUE
AVEC LES BRIDES DE SON BONNET. ''--NON,
SEMBLE QUE JE SERAIS TOUJOURS BIEN LA OU
JE NE VEUX RIEN OUBLIER! ET QUAND MEME
JOUISSANCE, DE LA MISERE DE PERSONNE! ET
NOUS OUBLIEZ! IL Y A ENCORE MON PETIT!
POUR EPOUSER LA MAITRESSE DE CERTAINS QUE
QUE J'AIE QUELQUE HONTE A ME SOUVENIR,
DE LEURS REGARDS. JE DIRAIS QUE JAMAIS
UN DESIR NE SERA FORME PAR VOUS, QUE
BRODER DE PRETENTIEUSE GALANTERIE, QUE
A-T-IL FINI? DIT L'UN DES TROIS AUTRES,
PAS MON BON ANGE, ET POURQUOI N'AURAIS-
AVAIT SON BON DEMON, POURQUOI N'AURAIS-
DANGER PASSE. COMBIEN DE FOIS NE ME SUIS-
D'AILLEURS LA DIGNITE M'ENNUIE. ENSUITE
LE MONDE EST PEUPLE, QUE VOULEZ-VOUS QUE
TOUTES CES CHOSES PENSENT PAR MOI, OU
D'UN AIR TRES-TRISTE, ET MEME, AUTANT QUE
VOTRES, CHER AMOUR! POUR Y LIRE MA PENSEE!
TOUS LES HOMMES SONT EGAUX EN DROITS! DONC
LE MOUVEMENT ET DANS UNE PROSTITUTION QUE
QUE J'EUS UN INSTANT L'IDEE BIZARRE QUE
DE CE GAMIN UN PLAISIR SI VIF, QUE
CLOUS DE LA PASSION, ET LA TORCHE D'EROS,
SANS DIRE! SANS CELA, POURQUOI L'AURAIS-
DIT, A QUELQUE CHOSE MALHEUR EST BON.
ONT TROP BIEN DINE. ET CELUI-LA ME DIT: ''
    C'EST ICI LA JOIE DE LA FAMILLE!''
DONC IMPARFAITE, MISERABLE! ''AFIN QUE
AJOUTER A LA TERREUR DE L'ENNEMI.
LES REVES INFERNAUX, IL M'A SEMBLE QUE
CES SUBTILES ET TERRIBLES MIRETTES, QUE
QUI CHUCHOTAIT A MON OREILLE, UNE VOIX
J'AVAIS TOUJOURS DESIRE CONNAITRE, ET QUE
SES GRANDS YEUX FIXES. MAIS LE LENDEMAIN
    AUX YEUX VERTS.'' ET TOUT A COUP
HE!'' ET JE LUI CRIAI DE MONTER. CEPENDANT
    ''VOUS ETES MEDECIN, MONSIEUR?''
DE SOTTISES ELLE M'A EMPECHE DE FAIRE, UNE
GAZON, SANS UN CHARDON, SANS UNE ORTIE,
PRIERE PAR UN RESTE D'HABITUDE IMBECILE!
SOUVENIR D'UNE TROMPETTE PROSTITUEE. AUSSI
PAROLE. JE ME DETOURNAI AVEC DEGOUT ET
L'HEURE, MORTEL PRODIGE ET FAINEANT?''
QUE VOUS AVEZ CREE.'' MOI, M'OBSTINANT,
DANS L'ARDENT FOYER DE TA CHEVELURE,
ET QUE, COMME UN LOUP PRIS AU PIEGE,
FUT LE MYSTERE DE SA VOIX, DANS LAQUELLE
DANS LES CARESSES DE TA CHEVELURE.
SUPERBE, UN PAYS DE COCAGNE, DIT-ON, QUE
DES PAROLES DES PERES DE L'EGLISE.
QUI SAIT LA CONQUERIR.'' IMMEDIATEMENT,
LE BOULEVARD, EN GRANDE HATE, ET QUE
MAIS JE LE CONNAIS PERSONNELLEMENT. --
DONT J'AI MAINTENANT CONNAISSANCE ET QUE

	POEM	LINE
JE NE M'Y TROMPE GUERE: J'EN AI CONNU UN BON	47	079
JE NE MANQUE JAMAIS, EN VRAI PARISIEN, DE	14	018
JE NE ME SENTAIS PAS ASSEZ FORT, ETANT NE	49	045
JE NE ME SOUVIENS PAS.'' QUELLES BIZARRERIES	47	113
JE NE PARDONNE JAMAIS!'' ''SI, NERVEUX COMME	42	115
JE NE POUVAIS PAS ME PERMETTRE UN GESTE OU UN	42	130
JE NE POUVAIS PAS, EN VERITE, L'EMPECHER DE	30	097
JE NE POUVAIS, SANS UNE NAVRANTE AMERTUME, ME	34	033
JE NE PUIS JAMAIS M'EMPECHER DE JETER UN	13	060
JE NE PUS CRIER QUE: ''DEJA!'' CEPENDANT	34	043
JE NE PUS M'EMPECHER DE RIRE EN ENTENDANT	15	038
JE NE SAIS D'OU, ET SI PARFAITEMENT SEMBLABLE	15	047
JE NE SAIS DANS QUEL MISERABLE CAFE ET DE	13	013
JE NE SAIS PAS... JE NE ME SOUVIENS PAS.''	47	113
JE NE SAIS POURQUOI, EXCITAIT LA MIENNE, AU	31	130
JE NE SAIS POURQUOI, SE MELER DES AFFAIRES	30	071
JE NE SAIS QUEL INSULTANT HIEROGLYPHE. LE	22	025
JE NE SAIS QUEL POINT DU CIEL, DIT TOUT A	31	024
JE NE SAIS QUEL SOUVENIR D'UNE TROMPETTE	21	108
JE NE SAIS QUEL TROUBLE, M'ENTRAINA LOIN DE	14	076
JE NE SAIS QUELLE GRACE SPECIALE, LE DIVIN ET	27	088
JE NE SAIS QUELLE NAUSEABONDE MOISISSURE. ON	05	063
JE NE SAIS QUELS CAMARADES AVEC UN AIR DE	04	014
JE NE SAIS QUOI AVEC SES YEUX DE MARBRE.	07	028
JE NE SAIS QUOI DE PRECOCEMENT FATAL QUI	31	129
JE NE SAIS QUOI, CETTE TRISTESSE FROIDE ET	42	006
JE NE SAIS QUOI. ENSUITE J'AI FOURRE MA TETE	31	060
JE NE SAIS... IL M'EST ARRIVE UNE FOIS DE	13	035
JE NE SAURAIS LE COMPARER A RIEN DE MIEUX QU'A	21	085
JE NE SOIS PAS MALADE, JE VAIS QUELQUEFOIS LES	47	080
JE NE SOUFFRIRAI PLUS QUE PAR MOI-MEME. ENFIN!	10	004
JE NE SUIS JAMAIS BIEN NULLE PART, ET JE CROIS	31	081
JE NE SUIS PAS AUSSI DUPE QUE VOUS VOUDRIEZ LE	11	071
JE NE SUIS PAS FAIT POUR EPOUSER LA MAITRESSE	21	111
JE NE SUIS PAS INFERIEUR A CEUX QUE JE	10	044
JE NE SUIS PAS LE DERNIER DES HOMMES, QUE JE	10	043
JE NE SUIS PAS MEDECIN. LAISSEZ-MOI PASSER.	47	080
JE NE SUIS PAS, ET CETTE QUESTION DE	48	005
JE NE TE CONNAITRAIS PAS, VIEUX MONSTRE, TA	21	048
JE NE VEUX PAS D'UNE RICHESSE ATTRISTEE, COMME	21	081
JE NE VEUX PAS ETRE VENU POUR RIEN.'' LA FEE	20	061
JE NE VEUX PAS NOMMER.'' CERTES, D'UNE SI	21	112
JE NE VEUX RIEN OUBLIER! ET QUAND MEME JE NE	21	048
JE NE VIS D'YEUX BRILLANT PLUS ENERGIQUEMENT	29	031
JE NE VOUS AIDE A LE REALISER! VOUS REGNEREZ	29	107
JE NE VOUS DEMANDERAI RIEN EN ECHANGE.	16	033
JE NE VOUS SAVAIS PAS SI PATIENT. --DIEU,	42	052
JE PAS L'HONNEUR, COMME SOCRATE, D'OBTENIR MON	49	029
JE PAS MON BON ANGE, ET POURQUOI N'AURAIS-JE	49	029
JE PAS RETENU DE LUI SAUTER A LA GORGE, EN LUI	42	140
JE PENSE AVEC JOIE QUE QUELQUE MAUVAIS POETE	46	022
JE PENSE DE VOTRE JOLI ENFER, VOUS QUI NE	11	053
JE PENSE PAR ELLES (CAR DANS LA GRANDEUR DE LA	03	011
JE PEUX ME SOUVENIR, EN DETOURNANT LES YEUX:	47	112
JE PLONGEAIS DANS VOS YEUX SI BEAUX ET SI	26	052
JE POSSEDE LE DROIT DE ME MIRER! AVEC PLAISIR	40	007
JE POURRAIS APPELER FRATERNITAIRE, SI JE	23	041
JE POUVAIS AVOIR UN FRERE A MOI-MEME INCONNU.	31	132
JE PRIAI UN JOUR SES PARENTS, DE PAUVRES GENS,	30	032
JE PRIS ENFIN A TOUTE LA DROLERIE DE CE GAMIN	30	031
JE PRISE? MAIS ELLE GATAIT CETTE GRANDE	42	034
JE PUIS MAINTENANT ME PROMENER INCOGNITO,	46	014
JE PUIS TE DONNER CE QUI OBTIENT TOUT, CE QUI	21	075
JE PUIS, QUAND LE VENT SOUFFLE DE LA-HAUT,	22	017
JE PUISSE T'AIMER SANS MALAISE ET SANS	42	142
JE QUESTIONNAI L'UN DE CES HOMMES, ET JE LUI	06	015
JE RECEVAIS UN COUP DE PIOCHE DANS L'ESTOMAC.	05	044
JE RECONNAIS A LEUR EFFRAYANTE MALICE! ELLES	05	028
JE RECONNUS BIEN! C'ETAIT CELLE D'UN BON ANGE,	49	026
JE RECONNUS TOUT DE SUITE, QUOIQUE JE NE	29	003
JE RECUS UN PAQUET DE LETTRES: LES UNES, DES	30	120
JE RECUS UN VIOLENT COUP DE POING DANS LE DOS,	44	009
JE REFLECHISSAIS, NON SANS QUELQUE GAIETE,	09	068
JE REGARDAI: C'ETAIT UNE GRANDE FILLE,	47	005
JE REGRETTE DE N'AVOIR PAS COMMISES! UN COUP DE	42	134
JE RENCONTRAI PLUSIEURS HOMMES QUI MARCHAIENT	06	003
JE REPETAIS DANS UN DEMI-SOMMEIL: ''MON DIEU!	29	126
JE REPONDIS, AVEC TOUT MON DEDAIN: ''VA-T'EN!	21	110
JE REPONDIS: ''JE N'AI BESOIN, POUR MA	21	079
JE REPONDRAIS SANS HESITER: ''OUI, JE VOIS	16	028
JE REPRIS: ''PEUX-TU TE SOUVENIR DE L'EPOQUE	47	107
JE RESPIRE L'ODEUR DU TABAC MELEE A L'OPIUM ET	17	026
JE RESTE ATTACHE, POUR TOUJOURS PEUT-ETRE, A	38	024
JE RETROUVAIS LE SOUVENIR DES CONTRALTI LES	21	091
JE RETROUVE LES LANGUEURS DES LONGUES HEURES	17	021
JE REVE DE VISITER AVEC UNE VIEILLE AMIE. PAYS	18	002
JE SAIS QUE LE DEMON FREQUENTE VOLONTIERS LES	23	004
JE SAUTAI SUR MON MENDIANT. D'UN SEUL COUP DE	49	042
JE SAUTILLAIS DANS LA BOUE, A TRAVERS CE CHAOS	46	007
JE SAVAIS BIEN! TIENS! VOILA Z.! CELUI QUI	47	056
JE SAVOURE MINUTE PAR MINUTE, SECONDE PAR	05	038

POEM LINE

17	007	SAVOIR TOUT CE QUE JE VOIS! TOUT CE QUE	JE SENS! TOUT CE QUE J'ENTENDS DANS TES
49	013	STUPIDITE. IL M'AVAIT SEMBLE SEULEMENT QUE	JE SENTAIS, CONFINE AU FOND DE MON INTELLECT,
14	064	A QUELQUES PAS DE SA REPULSIVE MISERE!	JE SENTIS MA GORGE SERREE PAR LA MAIN TERRIBLE
47	002	DU FAUBOURG, SOUS LES ECLAIRS DU GAZ,	JE SENTIS UN BRAS QUI SE COULAIT DOUCEMENT
31	082	BIEN NULLE PART, ET JE CROIS TOUJOURS QUE	JE SERAIS MIEUX AILLEURS QUE LA OU JE SUIS. EH
48	005	A COTE DE LA FENETRE. IL ME SEMBLE QUE	JE SERAIS TOUJOURS BIEN LA OU JE NE SUIS PAS,
29	120	DEVANT UNE AUSSI GRANDE ASSEMBLEE,	JE SERAIS VOLONTIERS TOMBE AUX PIEDS DE CE
11	071	VOUS TUERA A SON PLAISIR! ''TANT POETE QUE	JE SOIS, JE NE SUIS PAS AUSSI DUPE QUE VOUS
15	026	INCURABLE RENOUVELANT SES EXIGENCES,	JE SONGEAI A REPARER LA FATIGUE ET A SOULAGER
49	018	IDEE, QUELQUE CHOSE D'INFINIMENT VAGUE. ET	JE SORTIS AVEC UNE GRANDE SOIF. CAR LE GOUT
30	046	MENACAI DE LE RENVOYER A SES PARENTS. PUIS	JE SORTIS, ET MES AFFAIRES ME RETINRENT ASSEZ
47	093	CELA M'A DONNE CONFIANCE. APRES TOUT,	JE SUIS ASSEZ BELLE FEMME, QUOIQUE PAS TROP
35	023	SI ELLE M'A AIDE A VIVRE, A SENTIR QUE	JE SUIS ET CE QUE JE SUIS?
21	118	AH! S'ILS POUVAIENT REVENIR PENDANT QUE	JE SUIS EVEILLE, JE NE FERAIS PAS TANT LE
07	025	AU PLUS IMPARFAIT DES ANIMAUX. CEPENDANT	JE SUIS FAIT, MOI AUSSI, POUR COMPRENDRE ET
05	077	EN JAILLISSANT DE LA PENDULE, DIT: --''	JE SUIS LA VIE, L'INSUPPORTABLE, L'IMPLACABLE
07	022	DEESSE. ET SES YEUX DISENT: --''	JE SUIS LE DERNIER ET LE PLUS SOLITAIRE DES
37	036	POUR CELA, MAUDITE CHERE ENFANT GATEE, QUE	JE SUIS MAINTENANT COUCHE A TES PIEDS,
11	068	SI VOUS MEPRISEZ LE SOLIVEAU (CE QUE	JE SUIS MAINTENANT, COMME VOUS SAVEZ BIEN),
51	001	LE COEUR CONTENT,	JE SUIS MONTE SUR LA MONTAGNE D'OU L'ON PEUT
29	099	PROUVER QUE MOI, DONT ON DIT TANT DE MAL,	JE SUIS QUELQUEFOIS BON DIABLE, POUR ME SERVIR
31	082	QUE JE SERAIS MIEUX AILLEURS QUE LA OU	JE SUIS. EH BIEN! J'AI VU, A LA DERNIERE FOIRE
35	023	A VIVRE, A SENTIR QUE JE SUIS ET CE QUE	JE SUIS?
38	019	DE TON AVEUGLEMENT, TU M'AIMERAS TELLE QUE	JE SUIS!'' MAIS MOI, FURIEUX, J'AI REPONDU:
51	013	LES VOILES DU SOIR PASSEMENTEES D'OR FIN,	JE T'AIME, O CAPITALE INFAME! COURTISANES ET
21	039	VOIX CHANTANTE: ''SI TU VEUX, SI TU VEUX,	JE TE FERAI LE SEIGNEUR DES AMES, ET TU SERAS
48	032	PAYS QUI SONT LES ANALOGIES DE LA MORT. --	JE TIENS NOTRE AFFAIRE, PAUVRE AME! NOUS
15	028	CAUSES PAR UNE SI LONGUE ASCENSION.	JE TIRAI DE MA POCHE UN GROS MORCEAU DE PAIN,
47	067	D'UNE DEMOISELLE, N'EST-CE PAS?'' ET COMME	JE TOUCHAIS A UN PAQUET FICELE, POSE AUSSI SUR
26	051	NOS CARAFES, PLUS GRANDS QUE NOTRE SOIF.	JE TOURNAIS MES REGARDS VERS LES VOTRES, CHER
46	006	ET DES VOITURES. TOUT A L'HEURE, COMME	JE TRAVERSAIS LE BOULEVARD, EN GRANDE HATE, ET
42	054	MIT LE REMEDE DANS LE MAL. UN JOUR	JE TROUVAI CETTE MINERVE, AFFAMEE DE FORCE
42	047	DE SORTE QU'ENTRE MA BOUCHE ET LA SIENNE	JE TROUVAI DESORMAIS UN MASQUE DE VERRE. AVEC
47	037	''CINQ MINUTES, MESSIEURS!'' --OH! MOI,	JE VAIS PARTOUT. JE CONNAIS BIEN CES
47	081	QUE, BIEN QUE JE NE SOIS PAS MALADE,	JE VAIS QUELQUEFOIS LES VOIR, RIEN QUE POUR
16	007	PUIS, SE RAVISANT, IL REPONDIT: ''	JE VAIS VOUS LE DIRE.'' PEU D'INSTANTS APRES,
31	042	ET D'UNE VITALITE SINGULIERES. ''MOI,	JE VAIS VOUS RACONTER COMMENT IL M'EST ARRIVE
14	073	QUE JE CRAIGNAIS DE L'HUMILIER. ENFIN,	JE VENAIS DE ME RESOUDRE A DEPOSER EN PASSANT
19	001		JE VEUX DONNER L'IDEE D'UN DIVERTISSEMENT
11	011	PAR-CI, CARESSEZ-MOI PAR-LA'' TENEZ,	JE VEUX ESSAYER DE VOUS GUERIR! NOUS EN
20	069	LES NIXES, LES ONDINS ET LES ONDINES, --	JE VEUX PARLER DE LA LOI QUI CONCEDE AUX FEES,
49	003	TEMPS-LA (IL Y A SEIZE OU DIX-SEPT ANS),	JE VEUX PARLER DES LIVRES OU IL EST TRAITE DE
42	080	QUE VOUS AVEZ PEUT-ETRE NEGLIGEES.	JE VEUX PARLER DU COMIQUE DANS L'AMOUR, ET
29	097	A SA GLOIRE SANS LE SAVOIR, ME DIT: ''	JE VEUX QUE VOUS GARDIEZ DE MOI UN BON
47	104	DIRAIT A UNE COMEDIENNE QU'IL AIMERAIT: ''	JE VEUX VOUS VOIR VETUE DU COSTUME QUE VOUS
42	114	CLAIR, DE CES YEUX DONT LE REGARD DIT: ''	JE VEUX!'' OU: ''IL FAUT!'' OU BIEN: ''JE
14	078	MA SOUDAINE DOULEUR, ET JE ME DIS:	JE VIENS DE VOIR L'IMAGE DU VIEIL HOMME DE
28	048	BRILLAIENT D'UNE INCONTESTABLE CANDEUR.	JE VIS ALORS CLAIREMENT QU'IL AVAIT VOULU
49	061	QUI VERIFIE L'EXCELLENCE DE SA THEORIE! --	JE VIS CETTE ANTIQUE CARCASSE SE RETOURNER, SE
27	122	A UN CERTAIN MOMENT,	JE VIS SON ALTESSE SE PENCHER VERS UN PETIT
38	013	SUR LE LIEU OU ETAIT ENFOUI MON TRESOR,	JE VIS SUBITEMENT UNE PETITE PERSONNE QUI
14	046	EXILE LUI-MEME DE TOUTES CES SPLENDEURS,	JE VIS UN PAUVRE SALTIMBANQUE, VOUTE, CADUC,
16	028	JE REPONDRAIS SANS HESITER: ''OUI,	JE VOIS L'HEURE; IL EST L'ETERNITE!'' N'EST-CE
17	028	ET AU SUCRE! DANS LA NUIT DE TA CHEVELURE,	JE VOIS RESPLENDIR L'INFINI DE L'AZUR
16	017	OPAQUE, AU FOND DE SES YEUX ADORABLES	JE VOIS TOUJOURS L'HEURE DISTINCTEMENT,
17	006	L'AIR. SI TU POUVAIS SAVOIR TOUT CE QUE	JE VOIS! TOUT CE QUE JE SENS! TOUT CE QUE
10	036	MECONTENT DE TOUS ET MECONTENT DE MOI,	JE VOUDRAIS BIEN ME RACHETER ET M'ENORGUEILLIR
24	010	''NON! CE N'EST PAS DANS UN PALAIS QUE	JE VOUDRAIS POSSEDER SA CHERE VIE. NOUS N'Y
47	100	D'ENVIE QUE JE N'OSE PAS LUI DIRE? --	JE VOUDRAIS QU'IL VINT ME VOIR AVEC SA TROUSSE
31	084	VOISIN, TROIS HOMMES QUI VIVENT COMME	JE VOUDRAIS VIVRE. VOUS N'Y AVEZ PAS FAIT
29	029	ORDINAIREMENT A L'ASPECT DE L'INCONNU. SI	JE VOULAIS ESSAYER DE DEFINIR D'UNE MANIERE
51	008	UN VIEUX PAILLARD D'UNE VIEILLE MAITRESSE,	JE VOULAIS M'ENIVRER DE L'ENORME CATIN DONT LE
23	042	QUE JE POURRAIS APPELER FRATERNITAIRE, SI	JE VOULAIS PARLER LA BELLE LANGUE DE MON
05	075	DE CAUCHEMARS, DE COLERES ET DE NEVROSES.	JE VOUS ASSURE QUE LES SECONDES MAINTENANT
31	063	UNE CRINIERE, ET ILS SENTAIENT AUSSI BON,	JE VOUS ASSURE, QUE LES FLEURS DU JARDIN, A
08	010	DE REPROCHE. ''--AH! MISERABLE CHIEN, SI	JE VOUS AVAIS OFFERT UN PAQUET D'EXCREMENTS,
42	116	NE PARDONNE JAMAIS!'' ''SI, NERVEUX COMME	JE VOUS CONNAIS, VOUS, G..... LACHES ET LEGERS
29	102	QUE VOUS AVEZ FAITE DE VOTRE AME,	JE VOUS DONNE L'ENJEU QUE VOUS AURIEZ GAGNE AU
30	110	''OH! MONSIEUR! LAISSEZ-MOI CELA!	JE VOUS EN PRIE! JE VOUS EN SUPPLIE!!' SON
30	110	LAISSEZ-MOI CELA! JE VOUS EN PRIE!	JE VOUS EN SUPPLIE!'' SON DESESPOIR L'AVAIT,
26	001	AH! VOUS VOULEZ SAVOIR POURQUOI	JE VOUS HAIS AUJOURD'HUI. IL VOUS SERA SANS
11	074	JE VOUS TRAITERAI EN FEMME SAUVAGE, OU	JE VOUS JETTERAI PAR LA FENETRE, COMME UNE
04	013	BETE, ET LUI DIT, EN OTANT SON CHAPEAU: ''	JE VOUS LA SOUHAITE BONNE ET HEUREUSE!'' PUIS
50	086	OH! LE TRISTE MOBILIER! MAIS REGARDEZ,	JE VOUS PRIE, CES DEUX PERSONNAGES
11	015	SANS ALLER BIEN LOIN. ''CONSIDERONS BIEN,	JE VOUS PRIE, CETTE SOLIDE CAGE DE FER
09	053	ET J'OUVRIS LA FENETRE, HELAS! (OBSERVEZ,	JE VOUS PRIE, QUE L'ESPRIT DE MYSTIFICATION
43	022	IL AJOUTA: ''AH! MON CHER ANGE, COMBIEN	JE VOUS REMERCIE DE MON ADRESSE!''
32	044	ETERNELLES, PHILOSOPHE, POETE ET ARTISTE,	JE VOUS SALUE EN L'IMMORTALITE!
11	073	SOUVENT DE VOS PRECIEUSES PLEURNICHERIES,	JE VOUS TRAITERAI EN FEMME SAUVAGE, OU JE VOUS
42	108	REPROCHE EN GENERAL A L'EGOISTE FEMELLE.	JE VOUS TROUVE MAL VENUS, TROP FORTUNES
15	001		JE VOYAGEAIS. LE PAYSAGE AU MILIEU DUQUEL
30	101	PENDU. ''OH! NON! MADAME, --LUI REPONDIS-	JE, --CELA VOUS FERAIT MAL!'' ET COMME
21	103	PLUS LOINTAINE PLANETE. ''DIABLE!''' FIS-	JE, A MOITIE SUBJUGUE, ''VOILA QUI EST
13	088	SINGULIERE VISION! ''A COUP SUR, ME DIS-	JE, CETTE PAUVRETE-LA; SI PAUVRETE IL Y A, NE
21	115	MA FORCE M'ABANDONNA. ''EN VERITE, ME DIS-	JE, IL FALLAIT QUE JE FUSSE BIEN LOURDEMENT
03	013	LE MOI SE PERD VITE!); ELLES PENSENT, DIS-	JE, MAIS MUSICALEMENT ET PITTORESQUEMENT, SANS
18	047	UN VRAI PAYS DE COCAGNE, DIS-	JE, OU TOUT EST RICHE, PROPRE ET LUISANT,
47	075	N'EST-CE PAS? CHERI? --MAIS, LUI DIS-	JE, SUIVANT A MON TOUR, MOI AUSSI, MON IDEE
42	010	POURRIONS AIMER ET ESTIMER.'' L'UN D'EUX	JETA LA CAUSERIE SUR LE SUJET DES FEMMES. IL
49	065	DE BON AUGURE, LE MALANDRIN DECREPIT ME	JETA SUR MOI, ME POCHA LES DEUX YEUX, ME CASSA
11	049	MAIS DANS LE MONDE OU ELLE A ETE	JETEE, ELLE N'A JAMAIS PU CROIRE QUE LA FEMME

		POEM	LINE
UN SAUVAGE, LE PREMIER VENU. JE L'AI VU	JETER A LA TERRE D'UN MAITRE D'HOTEL UN	22	024
PLUS AUCUN CADEAU, AUCUNE LARGESSE A	JETER A TOUT CE FRETIN HUMAIN, QUAND UN BRAVE	20	056
ENCORE: JE NE PUIS JAMAIS M'EMPECHER DE	JETER UN REGARD, SINON UNIVERSELLEMENT	13	060
D'UN CONCERT PUBLIC. L'ORCHESTRE	JETTE A TRAVERS LA NUIT DES CHANTS DE FETE, DE	13	063
ET DES VOLAILLES PIAILLANTES QUE LUI	JETTE SON CORNAC. ''ALLONS, DIT-IL, IL NE FAUT	11	030
TRAITERAI EN FEMME SAUVAGE, OU JE VOUS	JETTERAI PAR LA FENETRE, COMME UNE BOUTEILLE	11	074
PAS PLUS IVRE QUE LUI. CEPENDANT LE	JEU, CE PLAISIR SURHUMAIN, AVAIT COUPE A	29	039
FAIRE AUTANT QUE MOI, ET VOUS VERREZ!'' LE	JEUNE ACTEUR DE CETTE PRODIGIEUSE REVELATION	31	066
UN ROI, ON DIRAIT VRAISEMBLABLEMENT UNE	JEUNE GRENOUILLE QUI INVOQUERAIT L'IDEAL. SI	11	067
A-T-ELLE UN RENDEZ-VOUS AVEC QUELQUE	JEUNE OFFICIER QUI, SUR DES PLAGES LOINTAINES,	25	047
SUIS ASSEZ BELLE FEMME, QUOIQUE PAS TROP	JEUNE. JE LUI AI DIT: ''VIENS ME VOIR, VIENS	47	094
JE N'AI JAMAIS ROUGI, MEME DEVANT LES	JEUNES ECRIVAINS DE MON SIECLE, DE MON	50	001
ASSEZ VASTE POUR SON GENIE. IL Y A DE	JEUNES NERONS QUI ETOUFFENT DANS DES LIMITES	27	031
ET BUVAIENT. ILS N'ETAIENT PRECISEMENT NI	JEUNES NI VIEUX, NI BEAUX NI LAIDS; MAIS VIEUX	42	003
NI VIEUX, NI BEAUX NI LAIDS; MAIS VIEUX OU	JEUNES, ILS PORTAIENT CETTE DISTINCTION NON	42	004
AUTRES, UN AIR FOLATRE ET MALIN; LES UNES,	JEUNES, QUI AVAIENT TOUJOURS ETE JEUNES; LES	20	008
LES UNES, JEUNES, QUI AVAIENT TOUJOURS ETE	JEUNES; LES AUTRES, VIEILLES, QUI AVAIENT	20	008
DES PHYSIONOMIES BEAUCOUP PLUS	JEUNES. ''QUAND NOUS NOUS REVERRONS, TU ME	47	072
MINUTE ET CHAQUE BAISER EMPORTENT DE	JEUNESSE ET DE FRAICHEUR. ELLE EST VRAIMENT	39	004
SOUS L'OEIL BRULANT DU SOLEIL, COMME LA	JEUNESSE SOUS LA DOMINATION DE L'AMOUR.	07	002
RAPPELLERA L'HOPITAL ET LE BON TEMPS DE LA	JEUNESSE. --AH CA! OU DONC AVEZ-VOUS GAGNE CES	47	028
CONTENIR EN ELLE ET REPRESENTER PAR SES	JEUX, SES ALLURES, SES COLERES ET SES	34	037
DE FUSEES. LES QUEUES-ROUGES ET LES	JOCRISSES CONVULSAIENT LES TRAITS DE LEURS	14	024
M'AVAIT EMBRUME LE PAYSAGE, ET LA	JOIE CALME OU S'EBAUDISSAIT MON AME AVANT	15	071
ICI LA PAIX MAINTENANT; C'EST ICI LA	JOIE DE LA FAMILLE!'' JE PUIS, QUAND LE VENT	22	017
TOUT A L'HEURE, C'EST SURTOUT LA	JOIE DES RICHES. CETTE TURBULENCE DANS LE VIDE	13	013
CHOSE INTERESSANTE QUE CE REFLET DE LA	JOIE DU RICHE AU FOND DE L'OEIL DU PAUVRE.	13	074
D'ART VIVANT. LES EXPLOSIONS DE LA	JOIE ET DE L'ADMIRATION EBRANLERENT A	27	104
DU DESTIN, TOUTES CES MERES BIZARRES DE LA	JOIE ET DE LA DOULEUR, ETAIENT FORT DIVERSES:	20	005
SILENCIEUX, ME REMPLISSAIT D'UNE	JOIE MELEE DE PEUR. BREF, JE ME SENTAIS, GRACE	15	019
LA DIGNITE M'ENNUIE. ENSUITE JE PENSE AVEC	JOIE QUE QUELQUE MAUVAIS POETE LA RAMASSERA ET	46	022
LA COMEDIE AU BORD DE LA TOMBE AVEC UNE	JOIE QUI L'EMPECHE DE VOIR LA TOMBE, PERDU,	27	096
FASCINES POUR EXPRIMER AUTRE CHOSE QU'UNE	JOIE STUPIDE ET PROFONDE. LES CHANSONNIERS	26	044
NON MECONNAISSABLE DES VETERANS DE LA	JOIE, CET INDESCRIPTIBLE JE NE SAIS QUOI,	42	006
AUTRES MEFAITS QUE J'AI ACCOMPLIS AVEC	JOIE, DELIT DE FANFARONNADE, CRIME DE RESPECT	10	032
PLEURER. CEPENDANT, DANS L'EXPANSION DE SA	JOIE, LA LUNE REMPLISSAIT TOUTE LA CHAMBRE,	37	013
TROP BIEN ENCORE LA DETRESSE. PARTOUT LA	JOIE, LE GAIN, LA DEBAUCHE; PARTOUT LA	14	052
JOURNEES SANS AMI, SANS CAUSERIE, SANS	JOIE, SANS CONFIDENT, QUE DIEU LAISSAIT TOMBER	13	056
TOUT N'ETAIT QUE LUMIERE, POUSSIERE, CRIS,	JOIE, TUMULTE; LES UNS DEPENSAIENT, LES AUTRES	14	036
DEVIENNENT IVRES ET FURIEUSES DE	JOIE; ET PUIS ENCORE SI LES BELLES DAMES DE	25	053
SIENNES TOUTES LES PROFESSIONS, TOUTES LES	JOIES ET TOUTES LES MISERES QUE LA	12	023
BOUT DUQUEL APPARAISSAIT LA BLANCHEUR D'UN	JOLI CHATEAU FRAPPE PAR LE SOLEIL, SE TENAIT	19	017
A LA PITIE UN PETIT INTERNE, QUI EST	JOLI COMME UN ANGE, ET QUI EST POLI! ET QUI	47	089
SE SENTIT TOUT REJOUIE EN VOYANT CE	JOLI ENFANT A QUI CHACUN FAISAIT FETE, A QUI	02	002
A L'OREILLE. LA PHYSIONOMIE ESPIEGLE DU	JOLI ENFANT S'ILLUMINA D'UN SOURIRE; ET PUIS	27	124
QUE VOULEZ-VOUS QUE JE PENSE DE VOTRE	JOLI ENFER, VOUS QUI NE REPOSEZ QUE SUR DES	11	053
A QUI TOUT LE MONDE VOULAIT PLAIRE; CE	JOLI ETRE, SI FRAGILE COMME ELLE, LA PETITE	02	003
CES MOTS JOUR ET NUIT EN MONTRANT LES PLUS	JOLIES DENTS DU MONDE, QUI VOUS EUSSENT	42	095
DE LA RICHESSE RENDENT CES ENFANTS-LA SI	JOLIS, QU'ON LES CROIRAIT FAITS D'UNE AUTRE	19	022
LIBATIONS, ET JE DOIS DIRE QUE J'AVAIS	JOUE ET PERDU MON AME, EN PARTIE LIEE, AVEC	29	041
CE BATON, DANS DES MEANDRES CAPRICIEUX, SE	JOUENT ET FOLATRENT DES TIGES ET DES FLEURS,	32	008
LES ETOFFES, L'ORFEVRERIE ET LA FAIENCE Y	JOUENT POUR LES YEUX UNE SYMPHONIE MUETTE ET	18	041
TETE APLATIE ASSEZ D'INTELLIGENCE POUR	JOUER AU DOMINO! A LA NICHE, TOUS CES	50	031
DE M'EMMENER AVEC EUX ET DE M'APPRENDRE A	JOUER DE LEURS INSTRUMENTS; MAIS JE N'AI PAS	31	122
APPRECIES DANS DIFFERENTS PAYS, SONT VENUS	JOUER DEVANT LA COUR DE...; MAIS AUCUN D'EUX	27	148
D'UN GRAND SPECTACLE OU FANCIOULLE DEVAIT	JOUER L'UN DE SES PRINCIPAUX ET DE SES	27	039
LES TERREURS DU GOUFFRE; QUE LE GENIE PEUT	JOUER LA COMEDIE AU BORD DE LA TOMBE AVEC UNE	27	095
D'EUX-MEMES, QU'ILS ONT CONTINUE A	JOUER LEUR MUSIQUE DE SAUVAGES, MEME APRES QUE	31	099
BEAUX ENFANTS, QUATRE GARCONS, LAS DE	JOUER SANS DOUTE, CAUSAIENT ENTRE EUX. L'UN	31	005
AVEC LEURS GRANDS YEUX CREUX ET LEURS	JOUES ENFLAMMEES ELLES AIENT L'AIR TERRIBLE,	31	016
PRUNELLES EN SONT RESTEES VERTES, ET TES	JOUES EXTRAORDINAIREMENT PALES. C'EST EN	37	008
BAGUETTES ET DES CORNICHES, LES PAGES AUX	JOUES REBONDIES TRAINES PAR LES CHIENS EN	26	020
ETRE, MIEUX ENCORE, UNE SUPERFLUITE, UN	JOUET. ET ELLE SERA RENTREE A PIED, MEDITANT	13	098
LE	JOUEUR GENEREUX	29	000
JE SERAIS VOLONTIERS TOMBE AUX PIEDS DE CE	JOUEUR GENEREUX POUR LE REMERCIER DE SON	29	121
A FAIRE PREUVE D'ENERGIE, POUR FAIRE LE	JOUEUR, POUR CONNAITRE LES PLAISIRS DE	09	028
LES GENTILSHOMMES COUPABLES AVAIENT	JOUI POUR LA DERNIERE FOIS DU SPECTACLE DE LA	27	144
QUI INSPIRENT L'ENVIE DE LES VAINCRE ET DE	JOUIR D'ELLES; MAIS CELLE-CI DONNE LE DESIR DE	36	031
A CHACUN DE PRENDRE UN BAIN DE MULTITUDE:	JOUIR DE LA FOULE EST UN ART; ET CELUI-LA SEUL	12	002
M'AVAIT, EN CES DERNIERS TEMPS, OCTROYE LA	JOUISSANCE D'UNE FEMME QUI ETAIT BIEN LA PLUS	42	062
PRESQUE PARDONNE LE DESIR DE LA CRIMINELLE	JOUISSANCE DONT JE LE SUPPOSAIS TOUT A L'HEURE	28	053
UN BEEFSTEAK. TOUT A COUP, --O MIRACLE! O	JOUISSANCE DU PHILOSOPHE QUI VERIFIE	49	060
DANS MA ROUTE, ET VOUS SAVEZ QUELLE	JOUISSANCE NOUS TIRONS DE CETTE FACULTE QUI	30	020
COMPTONS-NOUS D'HEURES REMPLIES PAR LA	JOUISSANCE POSITIVE, PAR L'ACTION REUSSIE ET	18	073
PUISQUE LE PROJET EST EN LUI-MEME UNE	JOUISSANCE SUFFISANTE?''	24	053
COMME DES FUMEES. CEPENDANT, DANS CETTE	JOUISSANCE UNIVERSELLE, J'AI APERCU UN ETRE	07	014
ET JE REPONDIS: ''JE N'AI BESOIN, POUR MA	JOUISSANCE, DE LA MISERE DE PERSONNE; ET JE NE	21	080
A TROUVE DANS UNE SECONDE L'INFINI DE LA	JOUISSANCE?	09	093
IMPUDEMMENT. FAIRE UN HEUREUX, QUELLE	JOUISSANCE! ET SURTOUT UN HEUREUX QUI ME FERA	46	024
QUI EPOUSE FACILEMENT LA FOULE CONNAIT DES	JOUISSANCES FIEVREUSES, DONT SERONT	12	019
A SON TOUR: ''MESSIEURS, J'AI CONNU DES	JOUISSANCES QUE VOUS AVEZ PEUT-ETRE NEGLIGEES.	42	079
QUOIQUE APRES TOUT, PEUT-ETRE, LES	JOUISSANCES TITILLANTES DE LA GLOIRE NE LUI	11	046
--LE BESOIN DE PARTAGER VOS	JOUISSANCES?'' VOYEZ-VOUS LE SUBTIL ENVIEUX!	23	029
FACON DE LA MAUVAISE REPUTATION DONT ELLE	JOUIT DANS TOUTES LES PARTIES DU MONDE,	29	068
SEUL DANS UNE FOULE AFFAIREE. LE POETE	JOUIT DE CET INCOMPARABLE PRIVILEGE, QU'IL	12	010
PAR ECONOMIE SANS DOUTE, AVAIENT TIRE LE	JOUJOU DE LA VIE ELLE-MEME. ET LES DEUX	19	042
LE	JOUJOU DU PAUVRE	19	000
MAIS L'ENFANT NE S'OCCUPAIT PAS DE SON	JOUJOU PREFERE, ET VOICI CE QU'IL REGARDAIT:	19	028
A COTE DE LUI, GISAIT SUR L'HERBE UN	JOUJOU SPLENDIDE, AUSSI FRAIS QUE SON MAITRE,	19	025
MONTRAIT A L'ENFANT RICHE SON PROPRE	JOUJOU, QUE CELUI-CI EXAMINAIT AVIDEMENT COMME	19	038
COMME UN OBJET RARE ET INCONNU. OR, CE	JOUJOU, QUE LE PETIT SOUILLON AGACAIT, AGITAIT	19	040

POEM LINE

04	003	TRAVERSE DE MILLE CARROSSES, ETINCELANT DE	JOUJOUX ET DE BONBONS, GROUILLANT DE CUPIDITES
27	058	JAMAIS PU ETRE ECLAIRCI. ENFIN, LE GRAND	JOUR ARRIVE, CETTE PETITE COUR DEPLOYA TOUTES
22	029	BLESSE, DEVENAIT, A MESURE QUE LE	JOUR BAISSAIT, PLUS AIGRE, PLUS SOMBRE, PLUS
20	026	ETAIENT AUSSI AHURIES QUE DES MINISTRES UN	JOUR D'AUDIENCE, OU DES EMPLOYES DU
14	009	AUX ENFANTS. POUR LES PETITS C'EST UN	JOUR DE CONGE, C'EST L'HORREUR DE L'ECOLE
42	046	EN FORCE?'' ET ELLE ARGUMENTAIT. ''UN BEAU	JOUR ELLE S'EST MISE A LA CHIMIE; DE SORTE
42	095	''J'AI FAIM!'' ET ELLE REPETAIT CES MOTS	JOUR ET NUIT EN MONTRANT LES PLUS JOLIES DENTS
27	006	DU CERVEAU D'UN HISTRION, UN	JOUR FANCIOULLE ENTRA DANS UNE CONSPIRATION
01	006	PAROLE DONT LE SENS M'EST RESTE JUSQU'A CE	JOUR INCONNU. --TA PATRIE? --J'IGNORE SOUS
42	054	REPRIT-IL, MIT LE REMEDE DANS LE MAL. UN	JOUR JE TROUVAI CETTE MINERVE, AFFAMEE DE
50	098	DIABLES QUI ONT A AFFRONTER TOUT LE	JOUR L'INDIFFERENCE DU PUBLIC ET LES
29	072	POUVOIR, QU'UNE SEULE FOIS, C'ETAIT LE	JOUR OU ELLE AVAIT ENTENDU UN PREDICATEUR,
30	043	LE SUCRE ET LES LIQUEURS; SI BIEN QU'UN	JOUR OU JE CONSTATAI QUE, MALGRE MES NOMBREUX
38	008	ET C'EST MOI-MEME QUI L'AI ENTERREE, UN	JOUR QUE LE PRINTEMPS AGITAIT SON ENCENSOIR
30	032	GAMIN UN PLAISIR SI VIF, QUE JE PRIAI UN	JOUR SES PARENTS, DE PAUVRES GENS, DE VOULOIR
22	052	ENCORE A L'HORIZON COMME L'AGONIE DU	JOUR SOUS L'OPPRESSION VICTORIEUSE DE SA NUIT,
22	001	LE	JOUR TOMBE. UN GRAND APAISEMENT SE FAIT DANS
16	002	VOIENT L'HEURE DANS L'OEIL DES CHATS. UN	JOUR UN MISSIONNAIRE, SE PROMENANT DANS LA
11	032	IL NE FAUT PAS MANGER TOUT SON BIEN EN UN	JOUR'', ET, SUR CETTE SAGE PAROLE, IL LUI
50	060	DE LA BANLIEUE ET QUI VIENNENT, CHAQUE	JOUR, A HEURE FIXE, RECLAMER LA SPORTULE A LA
16	015	QUE CE SOIT LA NUIT, QUE CE SOIT LE	JOUR, DANS LA PLEINE LUMIERE OU DANS L'OMBRE
20	037	JUGES INJUSTES. AUSSI FURENT COMMISES CE	JOUR-LA QUELQUES BOURDES QU'ON POURRAIT
13	074	RICHE AU FOND DE L'OEIL DU PAUVRE. MAIS CE	JOUR-LA, A TRAVERS CE PEUPLE VETU DE BLOUSES
05	050	BIEN LE SAUTE-RUISSEAU D'UN DIRECTEUR DE	JOURNAL QUI RECLAME LA SUITE DU MANUSCRIT. LA
21	099	COMME UN MIRLITON, DES TITRES DE TOUS LES	JOURNAUX DE L'UNIVERS, ET A TRAVERS CETTE
15	025	VENU A NE PLUS TROUVER SI RIDICULES LES	JOURNAUX QUI PRETENDENT QUE L'HOMME EST NE
10	018	CE QUI IMPLIQUE QUE TOUS LES AUTRES	JOURNAUX SONT REDIGES PAR DES COQUINS; AVOIR
26	006	NOUS AVIONS PASSE ENSEMBLE UNE LONGUE	JOURNEE QUI M'AVAIT PARU COURTE. NOUS NOUS
22	030	INDULGENT ET SOCIABLE ENCORE PENDANT LA	JOURNEE, IL ETAIT IMPITOYABLE LE SOIR; ET CE
22	002	PAUVRES ESPRITS FATIGUES DU LABEUR DE LA	JOURNEE; ET LEURS PENSEES PRENNENT MAINTENANT
10	011	VIE! HORRIBLE VILLE! RECAPITULONS LA	JOURNEE: AVOIR VU PLUSIEURS HOMMES DE LETTRES,
07	001	QUELLE ADMIRABLE	JOURNEE! LE VASTE PARC SE PAME SOUS L'OEIL
03	001	QUE LES FINS DE CE	JOURNEES D'AUTOMNE SONT PENETRANTES! AH!
13	055	BIEN GAGNEE D'UNE DE CES LOURDES	JOURNEES SANS AMI, SANS CAUSERIE, SANS JOIE,
38	006	LONGTEMPS; AUSSI EST-ELLE MORTE QUELQUES	JOURS APRES QUE J'EUS FAIT SA CONNAISSANCE, ET
11	026	ET IL LA MONTRE DANS LES FAUBOURGS, LES	JOURS DE FOIRE, AVEC PERMISSION DES
00	000	PENDANT QUINZE	JOURS JE M'ETAIS CONFINE DANS MA CHAMBRE, ET
09	008	SANS OSER RENTRER, TEL QUI GARDE QUINZE	JOURS UNE LETTRE SANS LA DECACHETER, OU NE SE
20	023	DU TEMPS ET DE SON INFINIE POSTERITE, LES	JOURS, LES HEURES, LES MINUTES, LES SECONDES,
50	068	AFFOLES D'AMOUR, QUITTENT, A DE CERTAINS	JOURS, LEUR DEPARTEMENT POUR VENIR A LA VILLE,
31	045	THEATRE ET VOS NUAGES. --IL Y A QUELQUES	JOURS, MES PARENTS M'ONT EMMENE EN VOYAGE AVEC
34	005	SON IMMENSE BAIN DU SOIR. DEPUIS NOMBRE DE	JOURS, NOUS POUVIONS CONTEMPLER L'AUTRE COTE
28	038	LE GERME D'UNE RICHESSE DE QUELQUES	JOURS. ET AINSI MA FANTAISIE ALLAIT SON TRAIN,
14	007	LES MAUVAIS TEMPS DE L'ANNEE. EN CES	JOURS-LA IL ME SEMBLE QUE LE PEUPLE OUBLIE
13	007	QUI RECULENT LOIN DU REGARD INSOLENT DES	JOYEUX ET DES OISIFS. CES RETRAITES OMBREUSES
34	027	FLEURS ET DE FRUITS. AUSSITOT CHACUN FUT	JOYEUX, CHACUN ABDIQUA SA MAUVAISE HUMEUR.
14	038	GAGNAIENT; LES UNS ET LES AUTRES EGALEMENT	JOYEUX. LES ENFANTS SE SUSPENDAIENT AUX JUPONS
14	016	DIFFICILEMENT A L'INFLUENCE DE CE	JUBILE POPULAIRE, ILS ABSORBENT, SANS LE
46	012	PAS EU LE COURAGE DE LA RAMASSER. J'AI	JUGE MOINS DESAGREABLE DE PERDRE MES INSIGNES
47	119	LE SOUVERAIN QUI LAISSEZ FAIRE, VOUS, LE	JUGE QUI PARDONNEZ; VOUS QUI ETES PLEIN DE
27	049	PLUS PROBABLE QUE LE PRINCE VOULAIT	JUGER DE LA VALEUR DES TALENTS SCENIQUES D'UN
20	030	L'HORLOGE AVEC AUTANT D'IMPATIENCE QUE DES	JUGES HUMAINS QUI, SIEGEANT DEPUIS LE MATIN,
20	036	NOUS SERIONS NOUS-MEMES; EN CE CAS, DES	JUGES INJUSTES. AUSSI FURENT COMMISES CE
42	031	DANS LES ANIMAUX, C'EST LEUR CANDEUR.	JUGEZ DONC COMBIEN J'AI DU SOUFFRIR PAR MA
15	049	QU'ON AURAIT PU LE PRENDRE POUR SON FRERE	JUMEAU. ENSEMBLE ILS ROULERENT SUR LE SOL, SE
22	061	ENTREVOIR LES SPLENDEURS AMORTIES D'UNE	JUPE ECLATANTE, COMME SOUS LE NOIR PRESENT
25	022	LA BRISE DE MER SOULEVE PAR LE COIN SA	JUPE FLOTTANTE ET MONTRE SA JAMBE LUISANTE ET
14	035	FEU DES LANTERNES QUI REMPLISSAIENT LEURS	JUPES D'ETINCELLES. TOUT N'ETAIT QUE LUMIERE,
14	039	JOYEUX. LES ENFANTS SE SUSPENDAIENT AUX	JUPONS DE LEURS MERES POUR OBTENIR QUELQUE
49	079	D'ESSAYER SUR VOTRE DOS.'' IL M'A BIEN	JURE QU'IL AVAIT COMPRIS MA THEORIE, ET QU'IL
15	054	UN PETIT MORCEAU SANGLANT AVEC UN SUPERBE	JURON PATOIS. LE LEGITIME PROPRIETAIRE DU
01	006	LA D'UNE PAROLE DONT LE SENS M'EST RESTE	JUSQU'A CE JOUR INCONNU. --TA PATRIE?
03	002	SONT PENETRANTES! AH! PENETRANTES	JUSQU'A LA DOULEUR! CAR IL EST CERTAINES
20	080	SI COMMUNS, INCAPABLES DE S'ELEVER	JUSQU'A LA LOGIQUE DE L'ABSURDE. ''PARCE QUE!
27	150	TALENTS DE FANCIOULLE, NI S'ELEVER	JUSQU'A LA MEME FAVEUR.
34	042	INCOMPARABLE BEAUTE, JE ME SENTAIS ABATTU	JUSQU'A LA MORT; ET C'EST POURQUOI, QUAND
21	044	DANS AUTRUI, ET D'ATTIRER LES AUTRES AMES	JUSQU'A LES CONFONDRE AVEC LA TIENNE.'' ET JE
09	063	DONT LE CRI PERCANT, DISCORDANT, MONTA	JUSQU'A MOI A TRAVERS LA LOURDE ET SALE
42	088	RESSENTAIENT CETTE EXTASE CONTAGIEUSE	JUSQU'A OUBLIER LEURS DEVOIRS. BREF, J'AI VECU
34	025	EN VERDURES DE TOUTE SORTE, S'EXHALAIT,	JUSQU'A PLUSIEURS LIEUES, UNE DELICIEUSE ODEUR
29	063	DES DIFFERENTES PHILOSOPHIES QUI AVAIENT	JUSQU'A PRESENT PRIS POSSESSION DU CERVEAU
27	052	D'UN INTERET CAPITAL, ET VERIFIER	JUSQU'A QUEL POINT LES FACULTES HABITUELLES
31	103	ILS DEMEURAIENT; JE LES AI SUIVIS DE LOIN,	JUSQU'AU BORD DE LA FORET, OU J'AI COMPRIS
29	052	M'ECRIER; EN M'EMPARANT D'UNE COUPE PLEINE	JUSQU'AU BORD: ''A VOTRE IMMORTELLE SANTE,
38	023	TERRE DU PIED QUE MA JAMBE S'EST ENFONCEE	JUSQU'AU GENOU DANS LA SEPULTURE RECENTE, ET
38	009	QUE LE PRINTEMPS AGITAIT SON ENCENSOIR	JUSQUE DANS LES CIMETIERES. C'EST MOI QUI L'AI
27	089	GRACE SPECIALE, LE DIVIN ET LE SURNATUREL,	JUSQUE DANS LES PLUS EXTRAVAGANTES
50	094	LA MACONNERIE EST ACHEVEE. N'EST-IL PAS	JUSTE QUE DE SI ZELES COMEDIENS NE SE METTENT
27	147	DE LA VIE. DEPUIS LORS, PLUSIEURS MIMES,	JUSTEMENT APPRECIES DANS DIFFERENTS PAYS, SONT
20	035	QU'IL EN SOIT DE MEME QUELQUEFOIS DANS LA	JUSTICE HUMAINE. NOUS SERIONS NOUS-MEMES, EN
20	032	ET A LEURS CHERES PANTOUFLES. SI, DANS LA	JUSTICE SURNATURELLE, IL Y A UN PEU DE
27	113**	DE TELLES SUPPOSITIONS NON EXACTEMENT	JUSTIFIEES, MAIS NON ABSOLUMENT
28	023	REPONDIT-IL TRANQUILLEMENT, COMME POUR SE	JUSTIFIER DE SA PRODIGALITE. MAIS DANS MON

		POEM	LINE
LE TEMPS! TU T'EN SOUVIENS? --TIENS, VOILA	K., CELUI QUI DENONCAIT AU GOUVERNEMENT LES	47	061
ET LEGERS COMME VOUS ETES, VOUS DEUX	K... ET J...., VOUS AVIEZ ETE ACCOUPLES A UNE	42	117
BELLATRE, DE CE FAT QUADRUPEDE, DANOIS,	KING-CHARLES, CARLIN OU GREDIN, SI ENCHANTE DE	50	022

POEM LINE

POEM	LINE		
05	024	DES REVES. MAIS COMMENT EST-ELLE ICI? QUI	L'A AMENEE? QUEL POUVOIR MAGIQUE L'A INSTALLEE
05	025	ICI? QUI L'A AMENEE? QUEL POUVOIR MAGIQUE	L'A INSTALLEE SUR CE TRONE DE REVERIE ET DE
36	015	PENSER A LA LUNE, QUI SANS DOUTE	L'A MARQUEE DE SA REDOUTABLE INFLUENCE! NON
18	006	S'Y EST DONNE CARRIERE, TANT ELLE	L'A PATIEMMENT ET OPINIATREMENT ILLUSTRE DE
20	080	DE S'ELEVER JUSQU'A LA LOGIQUE DE	L'ABSURDE. ''PARCE QUE! PARCE QUE!'' REPLIQUA
29	062	CAUSEURS DE L'HUMANITE. ELLE M'EXPLIQUA	L'ABSURDITE DES DIFFERENTES PHILOSOPHIES QUI
11	008	TRADUISENT QUE LA SATIETE DU BIEN-ETRE ET	L'ACCABLEMENT DU REPOS. ET PUIS, VOUS NE
30	079	A QUI, NATURELLEMENT, JE DUS DECLARER	L'ACCIDENT. ME REGARDA DE TRAVERS, ET ME DIT:
09	012	QUELQUEFOIS BRUSQUEMENT PRECIPITES VERS	L'ACTION PAR UNE FORCE IRRESISTIBLE, COMME LA
18	073	REMPLIES PAR LA JOUISSANCE POSITIVE, PAR	L'ACTION REUSSIE ET DECIDEE? VIVRONS-NOUS
09	002	CONTEMPLATIVES ET TOUT A FAIT IMPROPRES A	L'ACTION, QUI CEPENDANT, SOUS UNE IMPULSION
42	084	HAIR OU AIMER LES VOTRES. ET TOUT LE MONDE	L'ADMIRAIT AUTANT QUE MOI. QUAND NOUS ENTRIONS
27	104	VIVANT. LES EXPLOSIONS DE LA JOIE ET DE	L'ADMIRATION EBRANLERENT A PLUSIEURS REPRISES
05	032	NOIRES QUI COMMANDENT LA CURIOSITE ET	L'ADMIRATION. A QUEL DEMON BIENVEILLANT
42	081	L'AMOUR, ET D'UN COMIQUE QUI N'EXCLUT PAS	L'ADMIRATION. J'AI PLUS ADMIRE MA DERNIERE
09	022	FEU PRENAIT AVEC AUTANT DE FACILITE QU'ON	L'AFFIRME GENERALEMENT. DIX FOIS DE SUITE,
25	027	L'EMPORTE CHEZ ELLE SUR L'ORGUEIL DE	L'AFFRANCHIE, ET, BIEN QU'ELLE SOIT LIBRE,
42	028	MAIS, DURANT TOUTE MA VIE, EXCEPTE A	L'AGE DE CHERUBIN, J'AI ETE PLUS SENSIBLE QUE
42	015	''TOUS LES HOMMES, DISAIT CELUI-CI, ONT EU	L'AGE DE CHERUBIN: C'EST L'EPOQUE OU, FAUTE DE
02	013	POUR NOUS, MALHEUREUSES VIEILLES FEMELLES,	L'AGE EST PASSE DE PLAIRE, MEME AUX INNOCENTS;
26	037	EGALE, MAIS NUANCEE DIVERSEMENT PAR	L'AGE. LES YEUX DU PERE DISAIENT: ''QUE C'EST
22	051	QUI TRAINENT ENCORE A L'HORIZON COMME	L'AGONIE DU JOUR SOUS L'OPPRESSION VICTORIEUSE
42	143	COLERE.'' PENDANT PLUSIEURS ANNEES, JE	L'AI ADMIREE, LE COEUR PLEIN DE HAINE. ENFIN!
47	065	W., UN FAMEUX MEDECIN ANGLAIS; JE	L'AI ATTRAPE A SON VOYAGE A PARIS. IL A L'AIR
09	032	SI OPINEMENT SONT, EN GENERAL, COMME JE	L'AI DIT, LES PLUS INDOLENTS ET LES PLUS
38	009	JUSQUE DANS LES CIMETIERES. C'EST MOI QUI	L'AI ENTERREE, BIEN CLOSE DANS UNE BIERE D'UN
38	007	SA CONNAISSANCE, ET C'EST MOI-MEME QUI	L'AI ENTERREE, UN JOUR QUE LE PRINTEMPS
42	061	EST VENU HABITER CHEZ MOI, ET JE NE	L'AI PAS RECONNU. LA DESTINEE M'AVAIT, EN CES
30	027	IL A POSE PLUS D'UNE FOIS POUR MOI, ET JE	L'AI TRANSFORME TANTOT EN PETIT BOHEMIEN,
22	024	COMME UN SAUVAGE, LE PREMIER VENU. JE	L'AI VU JETER A LA TERRE D'UN MAITRE D'HOTEL
20	029	MEME QU'ELLES REGARDAIENT DE TEMPS A AUTRE	L'AIGUILLE DE L'HORLOGE AVEC AUTANT
01	010	ELLE EST SITUEE. --LA BEAUTE? --JE	L'AIMERAIS VOLONTIERS, DEESSE ET IMMORTELLE.
21	088	LA MAGIE PENETRANTE DES RUINES. ELLE AVAIT	L'AIR A LA FOIS IMPERIEUX ET DEGINGANDE, ET
47	066	JE L'AI ATTRAPE A SON VOYAGE A PARIS. IL A	L'AIR D'UNE DEMOISELLE, N'EST-CE PAS?'' ET
24	006	ET DES BASSINS! CAR ELLE A NATURELLEMENT	L'AIR D'UNE PRINCESSE.'' EN PASSANT PLUS TARD
31	087	ET TRES-FIERS, QUOIQUE EN GUENILLES, AVEC	L'AIR DE N'AVOIR BESOIN DE PERSONNE. LEURS
05	009	PROSTREES, ALANGUIES. LES MEUBLES ONT	L'AIR DE REVER; ON LES DIRAIT DOUES D'UNE VIE
31	096	SUSPENDU A SON COU PAR UNE COURROIE, AVAIT	L'AIR DE SE MOQUER DE LA PLAINTE DE SON
26	033	DE BONNE ET FAISAIT PRENDRE A SES ENFANTS	L'AIR DU SOIR. TOUS EN GUENILLES. CES TROIS
43	015	LA-BAS, A DROITE, QUI PORTE LE NEZ EN	L'AIR ET QU'A LA MINE SI HAUTAINE. EH BIEN!
06	021	A NOTER: AUCUN DE CES VOYAGEURS N'AVAIT	L'AIR IRRITE CONTRE LA BETE FEROCE SUSPENDUE A
42	091	DEVORAIT, ENGLOUTISSAIT. MAIS AVEC	L'AIR LE PLUS LEGER ET LE PLUS INSOUCIANT DU
31	126	RATTRAPE AVANT D'ETRE HORS DE FRANCE.''	L'AIR PEU INTERESSE DES TROIS AUTRES CAMARADES
21	008	DU FOND OPAQUE DE LA NUIT. ILS AVAIENT	L'AIR SI FIER ET SI PLEIN DE DOMINATION, QUE
20	006	ETAIENT FORT DIVERSES: LES UNES AVAIENT	L'AIR SOMBRE ET RECHIGNE, LES AUTRES, UN AIR
31	017	ET LEURS JOUES ENFLAMMEES ELLES AVAIENT	L'AIR TERRIBLE, ON NE PEUT PAS S'EMPECHER DE
45	017	UN IMMENSE BRUISSEMENT DE VIE REMPLISSAIT	L'AIR, --LA VIE DES INFINIMENT PETITS, --COUPE
17	005	ODORANT, POUR SECOUER DES SOUVENIRS DANS	L'AIR. SI TU POUVAIS SAVOIR TOUT CE QUE JE
47	027	COMME CHEZ VOUS, MON AMI, METTEZ-VOUS A	L'AISE. CA VOUS RAPPELLERA L'HOPITAL ET LE BON
05	059	LES MANUSCRITS, RATURES OU INCOMPLETS;	L'ALMANACH OU LE CRAYON A MARQUE LES DATES
34	007	L'AUTRE COTE DU FIRMAMENT ET DECHIFFRER	L'ALPHABET CELESTE DES ANTIPODES, ET CHACUN
42	148	COMME DIT LA POLITIQUE, TELLE ETAIT	L'ALTERNATIVE QUE M'IMPOSAIT LA DESTINEE! UN
37	021	ET MULTIFORME; LE LIEU OU TU NE SERAS PAS;	L'AMANT QUE TU NE CONNAITRAS PAS; LES FLEURS
13	002	EST DES ALLEES HANTEES PRINCIPALEMENT PAR	L'AMBITION DECUE, PAR LES INVENTEURS
26	046	CHANSONNIERS DISENT QUE LE PLAISIR REND	L'AME BONNE ET AMOLLIT LE COEUR. LA CHANSON
50	003	POUR BUFFON; MAIS AUJOURD'HUI CE N'EST PAS	L'AME DE CE PEINTRE DE LA NATURE POMPEUSE QUE
18	045	UN REVENEZ-Y DE SUMATRA, QUI EST COMME	L'AME DE L'APPARTEMENT. UN VRAI PAYS DE
17	008	MON AME VOYAGE SUR LE PARFUM COMME	L'AME DES AUTRES HOMMES SUR LA MUSIQUE. TES
18	068	DES REVES! TOUJOURS DES REVES! ET PLUS	L'AME EST AMBITIEUSE ET DELICATE, PLUS LES
29	042	UNE INSOUCIANCE ET UNE LEGERETE HEROIQUES.	L'AME EST UNE CHOSE SI IMPALPABLE, SI SOUVENT
29	048	ET LE PARFUM INCOMPARABLE DONNAIENT A	L'AME LA NOSTALGIE DE PAYS ET DE BONHEURS
41	008	HARMONIEUSES, SERVENT A ENTRETENIR DANS	L'AME LE GOUT DU RHYTHME ET DE LA BEAUTE. DE
23	008	CETTE SOLITUDE NE FUT DANGEREUSE QUE POUR	L'AME OISIVE ET DIVAGANTE QUI LA PEUPLE DE SES
12	027	ORGIE, A CETTE SAINTE PROSTITUTION DE	L'AME QUI SE DONNE TOUT ENTIERE, POESIE ET
05	004	EST LEGEREMENT TEINTEE DE ROSE ET DE BLEU.	L'AME Y PREND UN BAIN DE PARESSE, AROMATISE
36	024	PETIT FRONT HABITENT LA VOLONTE TENACE ET	L'AMOUR DE LA PROIE. CEPENDANT, AU BAS DE CE
20	047	DE SES MILLIONS. AINSI FURENT DONNES	L'AMOUR DU BEAU ET LA PUISSANCE POETIQUE AU
42	146	--OUI! CELA NE POUVAIT CONTINUER AINSI.	L'AMOUR ETAIT DEVENU POUR MOI UN CAUCHEMAR
39	002	ELLE EST DELICIEUSE POURTANT! LE TEMPS ET	L'AMOUR L'ONT MARQUEE DE LEURS GRIFFES ET LUI
39	017	AMOUREUSES ET CHARMANTES! LE TEMPS ET	L'AMOUR L'ONT VAINEMENT MORDUE A BELLES DENTS;
42	069	DU SEIN DE MA MAITRESSE! LES ELANS DE	L'AMOUR LE PLUS FORCENE. APRES UN AN DE VIE
42	132	REPROCHE MUET DE MON INSEPARABLE SPECTRE.	L'AMOUR M'APPARAISSAIT COMME UNE TUTELLE. QUE
30	014	PAS PARFAITEMENT LEGITIME D'ATTRIBUER A	L'AMOUR MATERNEL TOUTES LES ACTIONS ET LES
30	011	IL SOIT IMPOSSIBLE DE SE TROMPER. C'EST	L'AMOUR MATERNEL. IL EST AUSSI DIFFICILE DE
39	011	L'ELEGANCE INDESTRUCTIBLE DE SON ARMATURE.	L'AMOUR N'A PAS ALTERE LA SUAVITE DE SON
15	006	PASSIONS VULGAIRES, TELLES QUE LA HAINE ET	L'AMOUR PROFANE, M'APPARAISSAIENT MAINTENANT
13	022	TOUT DE SUITE LES INNOMBRABLES LEGENDES DE	L'AMOUR TROMPE, DU DEVOUEMENT MECONNU, DES
42	081	NEGLIGEES. JE VEUX PARLER DU COMIQUE DANS	L'AMOUR, ET D'UN COMIQUE QUI N'EXCLUT PAS
42	018	DES CHENES. C'EST LE PREMIER DEGRE DE	L'AMOUR. AU SECOND DEGRE, ON COMMENCE A
07	003	COMME LA JEUNESSE SOUS LA DOMINATION DE	L'AMOUR. L'EXTASE UNIVERSELLE DES CHOSES NE
41	002	UNE AME FATIGUEE DES LUTTES DE LA VIE.	L'AMPLEUR DU CIEL, L'ARCHITECTURE MOBILE DES
04	009	PAR UN MALOTRU ARME D'UN FOUET. COMME	L'ANE ALLAIT TOURNER L'ANGLE D'UN TROTTOIR; UN
04	017	LEUR APPROBATION A SON CONTENTEMENT.	L'ANE NE VIT PAS CE BEAU PLAISANT, ET CONTINUA
04	009	D'UN FOUET. COMME L'ANE ALLAIT TOURNER	L'ANGLE D'UN TROTTOIR, UN BEAU MONSIEUR GANTE,
32	043	ABSTRUSES, CHANTRE DE LA VOLUPTE ET DE	L'ANGOISSE ETERNELLES, PHILOSOPHE, POETE ET
14	006	POUR COMPENSER LES MAUVAIS TEMPS DE	L'ANNEE. EN CES JOURS-LA IL ME SEMBLE QUE LE
27	038	LES CONJURES; ET L'ORIGINE DE CE FIRUT FUT	L'ANNONCE D'UN GRAND SPECTACLE OU FANCIOULLE
27	077	CE QUE LES MEILLEURS STATUES DE	L'ANTIQUITE, MIRACULEUSEMENT ANIMEES,
09	028	LE JOUEUR, POUR CONNAITRE LES PLAISIRS DE	L'ANXIETE, POUR RIEN, PAR CAPRICE, PAR
14	026	LA PLUIE ET LE SOLEIL; IL LANCAIENT, AVEC	L'APLOMB DES COMEDIENS SURS DE LEURS EFFETS,
18	045	DE SUMATRA, QUI EST COMME L'AME DE	L'APPARTEMENT. UN VRAI PAYS DE COCAGNE, TE

POEM	LINE		
34	013	DE LA VIANDE QUI NE SOIT PAS SALEE COMME	L'ELEMENT INFAME QUI NOUS PORTE? QUAND
18	069	EST AMBITIEUSE ET DELICATE, PLUS LES REVES	L'ELOIGNENT DU POSSIBLE. CHAQUE HOMME PORTE EN
28	012	NE CONNAIS RIEN DE PLUS INQUIETANT QUE	L'ELOQUENCE MUETTE DE CES YEUX SUPPLIANTS, QUI
09	040	D'UN VIEILLARD QUI PASSE A COTE DE LUI ET	L'EMBRASSERA AVEC ENTHOUSIASME DEVANT LA FOULE
27	096	AU BORD DE LA TOMBE AVEC UNE JOIE QUI	L'EMPECHE DE VOIR LA TOMBE, PERDU, COMME IL
30	098	DE SON FILS. JE NE POUVAIS PAS, EN VERITE,	L'EMPECHER DE S'ENIVRER DE SON MALHEUR ET LUI
49	048	PAR LE COLLET DE SON HABIT, DE L'AUTRE, JE	L'EMPOIGNAI A LA GORGE, ET JE ME MIS A LUI
25	026	COQUETTE QUE LE PLAISIR D'ETRE ADMIREE	L'EMPORTE CHEZ ELLE SUR L'ORGUEIL DE
13	062	FOULE DE PARIAS QUI SE PRESSENT AUTOUR DE	L'ENCEINTE D'UN CONCERT PUBLIC. L'ORCHESTRE
14	043	UNE ODEUR DE FRITURE QUI ETAIT COMME	L'ENCENS DE CETTE FETE. AU BOUT, A L'EXTREME
19	006	PAR UN SEUL FIL, LES FORGERONS QUI BATTENT	L'ENCLUME, LE CAVALIER ET SON CHEVAL DONT LA
27	130	LA FOIS LES OREILLES ET LES COEURS. ET DE	L'ENDROIT DE LA SALLE D'OU AVAIT JAILLI CETTE
06	030	DANS L'ATMOSPHERE DE L'HORIZON, A	L'ENDROIT OU LA SURFACE ARRONDIE DE LA PLANETE
30	100	ENSUITE ELLE ME PRIA DE LUI MONTRER	L'ENDROIT OU SON PETIT S'ETAIT PENDU. ''OH!
27	105	REPRISES LES VOUTES DE L'EDIFICE AVEC	L'ENERGIE D'UN TONNERRE CONTINU. LE PRINCE
03	018	CHOSES, DEVIENNENT BIENTOT TROP INTENSES.	L'ENERGIE DANS LA VOLUPTE CREE UN MALAISE ET
07	010	DESIR DE RIVALISER AVEC L'AZUR DU CIEL PAR	L'ENERGIE DE LEURS COULEURS, ET QUE LA
49	058	QUI TRAINAIT A TERRE, ET JE LE BATTIS AVEC	L'ENERGIE OBSTINEE DES CUISINIERS QUI VEULENT
42	029	J'AI ETE PLUS SENSIBLE QUE TOUT AUTRE A	L'ENERVANTE SOTTISE, A L'IRRITANTE MEDIOCRITE
02	008	DES RISETTES ET DES MINES AGREABLES. MAIS	L'ENFANT EPOUVANTE SE DEBATTAIT SOUS LES
25	060	DOUTE, LA BONNE DOROTHEE! LE MAITRE DE	L'ENFANT EST SI AVARE, TROP AVARE, POUR
13	100	ET REVANT, SEULE, TOUJOURS SEULE; CAR	L'ENFANT EST TURBULENT, EGOISTE, SANS DOUCEUR
30	073	ENFIN UN MEDECIN QUI DECLARA QUE	L'ENFANT ETAIT MORT DEPUIS PLUSIEURS HEURES.
19	028	COUVERT DE PLUMETS ET DE VERROTERIES. MAIS	L'ENFANT NE S'OCCUPAIT PAS DE SON JOUJOU
19	037	MONDES, LA GRANDE ROUTE ET LE CHATEAU,	L'ENFANT PAUVRE MONTRAIT A L'ENFANT RICHE SON
31	036	LE CLOCHER... AH! ON NE LE VOIT PLUS!'' ET	L'ENFANT RESTA LONGTEMPS TOURNE DU MEME COTE,
19	038	ET LE CHATEAU, L'ENFANT PAUVRE MONTRAIT A	L'ENFANT RICHE SON PROPRE JOUJOU, QUE CELUI-CI
21	003	MONTE L'ESCALIER MYSTERIEUX PAR OU	L'ENFER DONNE ASSAUT A LA FAIBLESSE DE L'HOMME
22	019	ETONNEE A CETTE IMITATION DES HARMONIES DE	L'ENFER. LE CREPUSCULE EXCITE LES FOUS. --JE
42	152	ET OU MON COEUR, A MOI; ETAIT CRISPE COMME	L'ENFER... --QUOI! --COMMENT! --QUE
48	042	COMME DES REFLETS D'UN FEU D'ARTIFICE DE	L'ENFER!'' ENFIN, MON AME FAIT EXPLOSION, ET
30	066	LA CORDE ENTRE LES DEUX BOURRELETS DE	L'ENFLURE, POUR LUI DEGAGER LE COU. ''J'AI
29	102	AVEZ FAITE DE VOTRE AME, JE VOUS DONNE	L'ENJEU QUE VOUS AURIEZ GAGNE SI LE SORT AVAIT
06	014	ESPERAIENT AJOUTER A LA TERREUR DE	L'ENNEMI. JE QUESTIONNAI L'UN DE CES HOMMES,
09	030	C'EST UNE ESPECE D'ENERGIE QUI JAILLIT DE	L'ENNUI ET DE LA REVERIE; ET CEUX EN QUI ELLE
29	032	PLUS ENERGIQUEMENT DE L'HORREUR DE	L'ENNUI ET DU DESIR IMMORTEL DE SE SENTIR
07	018	DE FAIRE RIRE LES ROIS QUAND LE REMORDS OU	L'ENNUI LES OBSEDE, AFFUBLE D'UN COSTUME
27	023	IL NE CONNAISSAIT D'ENNEMI DANGEREUX QUE	L'ENNUI, ET LES EFFORTS BIZARRES QU'IL FAISAIT
29	105	VOTRE VIE, CETTE BIZARRE AFFECTION DE	L'ENNUI, QUI EST LA SOURCE DE TOUTES VOS
51	008	VIEILLE MAITRESSE. JE VOULAIS M'ENIVRER DE	L'ENORME CATIN DONT LE CHARME INFERNAL ME
14	029	CELUI DE MOLIERE. LES HERCULES, FIERS DE	L'ENORMITE DE LEURS MEMBRES, SANS FRONT ET
21	093	LES PLUS DELICIEUX ET AUSSI UN PEU DE	L'ENROUEMENT DES GOSIERS INCESSAMMENT LAVES
30	074	TARD, NOUS LAMES LE DESHABILLER POUR	L'ENSEVELISSEMENT; LA RIGIDITE CADAVERIQUE
15	037	DEVORAIENT LE MORCEAU DE PAIN. ET JE	L'ENTENDIS SOUPIRER, D'UNE VOIX BASSE ET
15	020	DE PEUR. BREF, JE ME SENTAIS, GRACE A	L'ENTHOUSIASMANTE BEAUTE DONT J'ETAIS
29	013	DE CE PRESTIGIEUX REPAIRE SANS EN DEVINER	L'ENTREE. LA REGNAIT UNE ATMOSPHERE EXQUISE,
36	030	IL Y A DES FEMMES QUI INSPIRENT	L'ENVIE DE LES VAINCRE ET DE JOUIR D'ELLES;
37	011	LA GORGE QUE TU EN AS GARDE POUR TOUJOURS	L'ENVIE DE PLEURER. CEPENDANT, DANS
13	044	JE LA SUIVIS AU CABINET DE LECTURE; ET J'	L'EPIAI LONGTEMPS PENDANT QU'ELLE CHERCHAIT
27	025	ATTIRE, DE LA PART D'UN HISTORIEN SEVERE,	L'EPITHETE DE ''MONSTRE'', S'IL AVAIT ETE
42	022	GLOIRE D'ETRE ARRIVE, DEPUIS LONGTEMPS, A	L'EPOQUE CLIMATERIQUE DU TROISIEME DEGRE OU LA
47	108	JE REPRIS: ''PEUX-TU TE SOUVENIR DE	L'EPOQUE ET DE L'OCCASION OU EST NEE EN TOI
42	016	CELUI-CI, ONT EU L'AGE DE CHERUBIN: C'EST	L'EPOQUE OU, FAUTE DE DRYADES, ON EMBRASSE,
42	074	BEAUX ENFANTS: ''EH BIEN! MON CHER AMI,	L'EPOUSE EST ''ENCORE AUSSI VIERGE QUE L'ETAIT
42	077	QUELQUEFOIS JE LA REGRETTE: J'AURAIS DU	L'EPOUSER'' LES AUTRES SE MIRENT A RIRE, ET UN
42	156	INEVITABLE. J'AI TROP LE SENTIMENT DE	L'EQUITE POUR BATTRE, OUTRAGER OU CONGEDIER UN
09	069	QUE, LA CHAMBRE ETANT AU SIXIEME ETAGE ET	L'ESCALIER FORT ETROIT, L'HOMME DEVAIT
21	002	EXTRAORDINAIRE, ONT LA NUIT DERNIERE MONTE	L'ESCALIER MYSTERIEUX PAR OU L'ENFER DONNE
09	080	EN BEAU!'' ET JE LE POUSSAI VIVEMENT VERS	L'ESCALIER, OU IL TREBUCHA EN GROGNANT. JE
21	100	CRIA MON NOM, QUI ROULA AINSI A TRAVERS	L'ESPACE AVEC LE BRUIT DE CENT MILLE
17	013	ME PORTENT VERS DE CHARMANTS CLIMATS, OU	L'ESPACE EST PLUS BLEU ET PLUS PROFOND, OU
22	008	D'UNE FOULE DE CRIS DISCORDANTS, QUE	L'ESPACE TRANSFORME EN UNE LUGUBRE HARMONIE,
25	031	COMME SI ELLE APERCEVAIT AU LOIN DANS	L'ESPACE UN MIROIR REFLETANT SA DEMARCHE ET SA
16	018	UNE HEURE VASTE, SOLENNELLE, GRANDE COMME	L'ESPACE, SANS DIVISIONS DE MINUTES NI DE
31	114	FERIONS PEUT-ETRE MIEUX D'ALLER VERS	L'ESPAGNE, CAR VOICI LA SAISON QUI S'AVANCE;
30	050	FRAPPA MON REGARD FUT MON PETIT BONHOMME,	L'ESPIEGLE COMPAGNON DE MA VIE, PENDU AU
47	017	LE MYSTERE, PARCE QUE J'AI TOUJOURS	L'ESPOIR DE LE DEBROUILLER. JE ME LAISSAI DONC
48	026	DAVANTAGE? NOUS Y TROUVERIONS D'AILLEURS	L'ESPRIT DE L'EUROPE MARIE A LA BEAUTE
04	021	QUI ME PARUT CONCENTRER EN LUI TOUT	L'ESPRIT DE LA FRANCE.
23	005	VOLONTIERS LES LIEUX ARIDES, ET QUE	L'ESPRIT DE MEURTRE ET DE LUBRICITE S'ENFLAMME
28	039	ALLAIT SON TRAIN, PRETANT DES AILES A	L'ESPRIT DE MON AMI ET TIRANT TOUTES LES
09	053	HELAS! (OBSERVEZ, JE VOUS PRIE, QUE	L'ESPRIT DE MYSTIFICATION QUI, CHEZ QUELQUES
49	023	QUI CULBUTERAIENT LES TRONES, SI	L'ESPRIT REMUAIT LA MATIERE; ET SI L'OEIL D'UN
05	019	HUMIDITE, NAGE DANS CETTE ATMOSPHERE, OU	L'ESPRIT SOMMEILLANT EST BERCE PAR DES
18	053	SUPERIEUR AUX AUTRES; COMME L'ART	L'EST A LA NATURE, OU CELLE-CI EST REFORMEE
28	058	MAIS IL Y A QUELQUE MERITE A SAVOIR QU'ON	L'EST; ET LE PLUS IRREPARABLE DES VICES EST DE
15	061	VAINQUEUR PAR TERRE D'UN COUP DE TETE DANS	L'ESTOMAC. A QUOI BON DECRIRE UNE LUTTE
05	045	QUE JE RECEVAIS UN COUP DE PIOCHE DANS	L'ESTOMAC. ET PUIS UN SPECTRE EST ENTRE. C'EST
20	014	A COTE DU TRIBUNAL, COMME LES PRIX SUR	L'ESTRADE, DANS UNE DISTRIBUTION DE PRIX. CE
06	036	J'EN FUS PLUS LOURDEMENT ACCABLE QU'ILS NE	L'ETAIENT EUX-MEMES PAR LEURS ECRASANTES
42	075	L'EPOUSE EST ''ENCORE AUSSI VIERGE QUE	L'ETAIT VOTRE MAITRESSE.'' RIEN N'ETAIT CHANGE
05	055	ME SOUVIENS! OUI! CE TAUDIS, CE SEJOUR DE	L'ETERNEL ENNUI, EST BIEN LE MIEN. VOICI LES
17	020	SUR UN CIEL IMMENSE OU SE PRELASSE	L'ETERNELLE CHALEUR. DANS LES CARESSES DE TA
09	091	SOUVENT LES PAYER CHER. MAIS QU'IMPORTE	L'ETERNITE DE LA DAMNATION A QUI A TROUVE DANS
05	041	DE SECONDES! LE TEMPS A DISPARU; C'EST	L'ETERNITE QUI REGNE, UNE ETERNITE DE DELICES!
16	029	HESITER: ''OUI, JE VOIS L'HEURE! IL EST	L'ETERNITE!'' N'EST-CE PAS, MADAME, QUE VOICI
13	072	VENT, UN LAMBEAU DE MUSIQUE, ET REGARDANT	L'ETINCELANTE FOURNAISE INTERIEURE. C'EST
33	010	DISPARUE, DEMANDEZ AU VENT, A LA VAGUE, A	L'ETOILE, A L'OISEAU, A L'HORLOGE, A TOUT CE
33	014	QUELLE HEURE IL EST! ET LE VENT, LA VAGUE,	L'ETOILE, L'OISEAU, L'HORLOGE, VOUS
27	028	NE TENDIT PAS UNIQUEMENT AU PLAISIR OU A	L'ETONNEMENT, QUI EST UNE DES FORMES LES PLUS
27	121	LES TALENTS DE SON VIEIL AMI,	L'ETRANGE BOUFFON, QUI BOUFFONNAIT SI BIEN LA

VIVANTE, PLUS ENCORE QUE LE SCULPTEUR PEUT
DISPARAIT, C'EST-A-DIRE QUAND NOUS VOYONS
CESSE DE TENTER MES DESIRS ET MON ORGUEIL!
PAREIL AUX PIEDS DES DEESSES DE MARBRE QUE
NOUS Y TROUVERIONS D'AILLEURS L'ESPRIT DE
L'ORIENT DE L'OCCIDENT, LA CHINE DE
MUNIFICENCE. MAIS PEU A PEU, APRES QUE JE
JE RECONNUS TOUT DE SUITE, QUOIQUE JE NE
TOUS MES SENTIMENTS ET MES GESTES AVEC
JAMAIS PRESENTER DES PARFUMS DELICATS QUI
O JOUISSANCE DU PHILOSOPHE QUI VERIFIE
COMME UN ORANG-OUTANG EXASPERE PAR
L'ENVIE DE PLEURER. CEPENDANT, DANS
L'AFFIRME GENERALEMENT. DIX FOIS DE SUITE,
FACILE DE LE COMPRENDRE QU'A MOI DE VOUS
FEU D'UN TIR VOISIN, QUI ECLATAIENT COMME
C'ETAIT
DU PAIN POUR LES LENDEMAINS; PARTOUT
DE DEFINIR D'UNE MANIERE QUELCONQUE
LA JEUNESSE SOUS LA DOMINATION DE L'AMOUR.
POUR TORNEO. ALLONS PLUS LOIN ENCORE; A
COMME L'ENCENS DE CETTE FETE. AU BOUT, A
COMME J'ARRIVAIS A
BIEN ME LE CEDER, PROMETTANT DE BIEN
ELLE EST EXQUISE. LE TEMPS N'A PU ROMPRE
CLARTE ET LA DELICIEUSE OBSCURITE DE
QU'ILS AURAIENT, JE CROIS, MANGE DE
PRIT DE DESCENDRE DANS CE CIMETIERE, DONT
CONTRAIGNENT DUREMENT A DANSER SUR
DE LA PAUVRETE. A COTE DE LUI, GISAIT SUR
SUR LES MARCHES D'UN PALAIS, SUR
MAGNETIQUEMENT LA FORTUNE FUT ADJUGEE A
JOUISSANCE DONT JE LE SUPPOSAIS TOUT A
LES CHINOIS VOIENT
L'HORLOGE, VOUS REPONDRONT: ''IL EST
DE SES YEUX ADORABLES JE VOIS TOUJOURS
REFLETANT SA DEMARCHE ET SA BEAUTE. A
DE VISITER, COMME JE L'INSINUAIS TOUT A
DES CHEVAUX ET DES VOITURES. TOUT A
DANS LES YEUX DE CET ETRE? Y VOIS-TU
''AH! IL EST DEJA BIEN LOIN! TOUT A
JE REPONDRAIS SANS HESITER: ''OUI, JE VOIS
SON GESTE, AVEC PRESQUE RIEN, J'AI REFAIT
SANS FAIBLESSE; UNE ENERGIE SANS VIOLENCE.
BICOLORE DES GLACES PANACHEES; TOUTE
COMME CELUI DU PAUVRE, DU BOHEMIEN ET DE
EN AUTOMNE; ON DIRAIT QUE LES APPROCHES DE
LE PRINCE AVAIT-IL LUI-MEME DEVINE TOUTE
IMMENSES VILLES, SOIT CEUX QUI ONT DIT A
COMPLIQUES QUI LUTTENT DANS LE COEUR DE
EN AIDE, FIDELES EN CELA AUX HABITUDES DE
CONTRAIRE, ELLE ENVELOPPAIT ET OPPRIMAIT
SIXIEME ETAGE ET L'ESCALIER FORT ETROIT,
LA CONTENTION ET LA LUTTE UNIVERSELLES.
NE POUVEZ VOUS Y VOIR QU'AVEC DEPLAISIR?''
RIDICULES LES JOURNAUX QUI PRETENDENT QUE
ET LE MONDE INTERMEDIAIRE, PLACE ENTRE
UNIVERSELLES. L'HOMME DU MONDE LUI-MEME ET
OU L'ENFER DONNE ASSAUT A LA FAIBLESSE DE
SAISIS D'UN PETIT POT DE FLEURS, ET QUAND
QUI CONTIENNENT A LA FOIS, POUR
SA TETE FABULEUSE SURMONTAIT LE FRONT DE
PAR CES DEITES IMPALPABLES, PLACE ENTRE
MALHEUREUX PEUT-ETRE
ME DIT QUE LA SOLITUDE EST MAUVAISE POUR
UNE FEMME QUI VOULAIT TOUJOURS FAIRE
AVEZ DONNE, AYANT APPRIS A SE DEFIER DE
HOMME! DE NOUS DEUX, C'EST MOI QUI SUIS
VOUS ETES MON EGAL! VEUILLEZ ME FAIRE
LA SI BIEN NOMMEE, QUI EST A LA FOIS
DES HOMMES, AVAIT LE TEMPS DE MENAGER
MON BON ANGE, ET POURQUOI N'AURAIS-JE PAS
METTEZ-VOUS A L'AISE. CA VOUS RAPPELLERA
LES LUEURS ROSES QUI TRAINENT ENCORE A
DE MOI ET S'ENFONCA DANS L'ATMOSPHERE DE
DE L'AZUR! UNE PETITE VOILE FRISSONNANTE A
CETTE RANGEE D'ARBRES QUI EST PRESQUE A

REGARDAIENT DE TEMPS A AUTRE L'AIGUILLE DE
A LA VAGUE, A L'ETOILE, A L'OISEAU,
ET LE VENT, LA VAGUE, L'ETOILE, L'OISEAU,
LES PETITS C'EST UN JOUR DE CONGE, C'EST
VIS D'YEUX BRILLANT PLUS ENERGIQUEMENT DE
DE SON OEIL. J'ATTRIBUAI CETTE ETRANGETE A
PEUT-ETRE MIS DANS MON ESPRIT LE GOUT DE
MAIS IL FALLAIT ACCORDER CE SENTIMENT AVEC
L'UNIQUE QUESTION. POUR NE PAS SENTIR
DE LEUR BONHEUR, CES ALCHIMISTES DU PRIX DE
ODEURS COMBINEES DU GOUDRON, DU MUSC ET DE
DANS AUCUN DES PLUS CELEBRES CAUSEURS DE

	POEM	LINE
L'ETRANGER	01	000
L'ETRE DE L'ARGILE; ET TU CONNAITRAS LE	21	041
L'ETRE OU LE FAIT TEL QU'IL EXISTE EN DEHORS	30	005
L'ETUDE DU BEAU EST UN DUEL OU L'ARTISTE CRIE	03	027
L'EUROPE ENFERME DANS SES MUSEES; IMPRIME	25	024
L'EUROPE MARIE A LA BEAUTE TROPICALE.'' PAS UN	48	026
L'EUROPE, TANT LA CHAUDE ET CAPRICIEUSE	18	005
L'EUS QUITTE, L'INCURABLE DEFIANCE RENTRA DANS	29	122
L'EUSSE JAMAIS VU. IL Y AVAIT SANS DOUTE CHEZ	29	004
L'EXACTITUDE IRONIQUE DE MA PROPRE CONSCIENCE,	42	129
L'EXASPERENT, MAIS DES ORDURES SOIGNEUSEMENT	08	014
L'EXCELLENCE DE SA THEORIE! --JE VIS CETTE	49	061
L'EXIL, IMITANT, DANS LA PERFECTION; TANTOT	11	018
L'EXPANSION DE SA JOIE, LA LUNE REMPLISSAIT	37	013
L'EXPERIENCE MANQUA; MAIS, A LA ONZIEME, ELLE	09	023
L'EXPLIQUER; CAR VOUS ETES, JE CROIS, LE PLUS	26	003
L'EXPLOSION DES BOUCHONS DE CHAMPAGNE DANS LE	45	019
L'EXPLOSION DU NOUVEL AN: CHAOS DE BOUE ET DE	04	001
L'EXPLOSION FRENETIQUE DE LA VITALITE. ICI LA	14	053
L'EXPRESSION SINGULIERE DE LEURS REGARDS, JE	29	030
L'EXTASE UNIVERSELLE DES CHOSES NE S'EXPRIME	07	004
L'EXTREME BOUT DE LA BALTIQUE; ENCORE PLUS	48	033
L'EXTREME BOUT DE LA RANGEE DE BARAQUES, COMME	14	044
L'EXTREMITE DU FAUBOURG; SOUS LES ECLAIRS DU	47	001
L'HABILLER, LUI DONNER QUELQUE ARGENT ET DE	30	034
L'HARMONIE PETILLANTE DE SA DEMARCHE NI	39	009
L'HARMONIE. UNE SENTEUR INFINITESIMALE DU	05	016
L'HERBE AVEC PLUS D'ENTHOUSIASME QUE LES	34	019
L'HERBE ETAIT SI HAUTE ET SI INVITANTE; ET OU	45	011
L'HERBE TERRIFIEE! DANS SON PETIT FRONT	36	022
L'HERBE UN JOUJOU SPLENDIDE, AUSSI FRAIS QUE	19	025
L'HERBE VERTE D'UN FOSSE; DANS LA SOLITUDE	33	008
L'HERITIER UNIQUE D'UNE FAMILLE TRES-RICHE,	20	042
L'HEURE CAPABLE; J'AURAIS TROUVE CURIEUX,	28	053
L'HEURE DANS L'OEIL DES CHATS. UN JOUR UN	16	001
L'HEURE DE S'ENIVRER! POUR N'ETRE PAS LES	33	015
L'HEURE DISTINCTEMENT; TOUJOURS LA MEME, UNE	16	017
L'HEURE OU LES CHIENS EUX-MEMES GEMISSENT DE	25	033
L'HEURE, C'EST SURTOUT LA JOIE DES RICHES.	13	012
L'HEURE, COMME JE TRAVERSAIS LE BOULEVARD; EN	46	006
L'HEURE, MORTEL PRODIGUE ET FAINEANT?'' JE	16	027
L'HEURE, VOUS NE POURREZ PLUS LE VOIR. SANS	31	031
L'HEURE; IL EST L'ETERNITE!'' N'EST-CE PAS,	16	028
L'HISTOIRE DE CETTE FEMME, OU PLUTOT SA	35	014
L'HISTOIRE DE MON AMOUR RESSEMBLE A UN	42	125
L'HISTOIRE ET TOUTE LA MYTHOLOGIE MISES AU	26	026
L'HISTRION, EST MERVEILLEUSEMENT AIGUILLONNE	50	037
L'HIVER ALLUMENT DANS SON COEUR UN FEU	39	026
L'HOMICIDE EFFICACITE DE SA RUSE? IL EST	27	141
L'HOMME ABANDONNE, AVEC DES YEUX CLIGNOTANTS	50	042
L'HOMME AUX HEURES SOLENNELLES DE LA VIE. ON	22	057
L'HOMME CIVILISE, QUI NE VEUT JAMAIS, JE NE	30	070
L'HOMME DE SES MUSCLES ELASTIQUES ET	06	009
L'HOMME DEVAIT EPROUVER QUELQUE PEINE A OPERER	09	069
L'HOMME DU MONDE LUI-MEME ET L'HOMME OCCUPE DE	14	014
L'HOMME EPOUVANTABLE ME REPOND: ''--MONSIEUR,	40	005
L'HOMME EST NE BON!-- QUAND LA MATIERE	15	025
L'HOMME ET DIEU, EST SOUMIS COMME NOUS A LA	20	022
L'HOMME OCCUPE DE TRAVAUX SPIRITUELS ECHAPPENT	14	014
L'HOMME QUI DORT, ET COMMUNIQUE EN SECRET AVEC	21	004
L'HOMME REPARUT AU DEBOUCHE DE LA PORTE, JE	09	082
L'HOMME SENSIBLE QUI SAIT Y LIRE; TANT	28	013
L'HOMME, COMME UN DE CES CASQUES HORRIBLES PAR	06	012
L'HOMME, ET SOUVENT CONTRAINTES DE S'ADAPTER A	20	066
L'HOMME, MAIS HEUREUX L'ARTISTE QUE LE DESIR	36	001
L'HOMME! ET A L'APPUI DE LA TESE IL CITE,	23	002
L'HOMME. ''VOUS N'ETES PAS UN HOMME! AH! SI	42	037
L'HOMME. SUR UNE ROUTE, DERRIERE LA GRILLE	19	015
L'HOMME!'' TELS ETAIENT LES INSUPPORTABLES	42	038
L'HONNEUR DE PARTAGER AVEC MOI MA BOURSE! ET	49	074
L'HONNEUR DE SON SEXE, L'ORGUEIL DE MON COEUR	16	013
L'HONNEUR DES CHIENS! ET QUE DE FOIS J'AI	50	106
L'HONNEUR, COMME SOCRATE, D'OBTENIR MON BREVET	49	030
L'HOPITAL ET LE BON TEMPS DE LA JEUNESSE. --AH	47	028
L'HORIZON COMME L'AGONIE DU JOUR SOUS	22	051
L'HORIZON, A L'ENDROIT OU LA SURFACE ARRONDIE	06	030
L'HORIZON, ET QUI PAR SA PETITESSE ET SON	03	009
L'HORIZON... ET MAINTENANT IL DESCEND DERRIERE	31	034
L'HORLOGE	16	000
L'HORLOGE AVEC AUTANT D'IMPATIENCE QUE DES	20	029
L'HORLOGE, A TOUT CE QUI FUIT, A TOUT CE QUI	33	011
L'HORLOGE, VOUS REPONDRONT: ''IL EST L'HEURE	33	014
L'HORREUR DE L'ECOLE RENVOYEE A VINGT-QUATRE	14	009
L'HORREUR DE L'ENNUI ET DU DESIR IMMORTEL DE	29	032
L'HORREUR MEME QU'ELLE DEVAIT EPROUVER, ET JE	30	088
L'HORREUR POUR CONVERTIR MON COEUR, COMME LA	47	121
L'HORREUR QUE CET ETRE M'INSPIRAIT; ME	42	159
L'HORRIBLE FARDEAU DU TEMPS QUI BRISE VOS	33	002
L'HORTICULTURE! QU'ILS PROPOSENT DES PRIX DE	18	058
L'HUILE DE COCO. LAISSE-MOI MORDRE LONGTEMPS	17	030
L'HUMANITE. ELLE M'EXPLIQUA L'ABSURDITE DES	29	061

POEM LINE

04	012	NEUFS, S'INCLINA CEREMONIEUSEMENT DEVANT	L'HUMBLE BETE, ET LUI DIT, EN OTANT SON
29	119	BON SOURIRE. SI CE N'EUT ETE LA CRAINTE DE	L'HUMILIER DEVANT UNE AUSSI GRANDE ASSEMBLEE,
47	098	PAS DIT TOUT CRUMENT! J'AVAIS SI PEUR DE	L'HUMILIER: CE CHER ENFANT! --EH BIEN!
14	072	FAIRE RIRE, J'AVOUERAI QUE JE CRAIGNAIS DE	L'HUMILIER. ENFIN, JE VENAIS DE ME RESOUDRE A
14	065	MA GORGE SERREE PAR LA MAIN TERRIBLE DE	L'HYSTERIE, ET IL ME SEMBLA QUE MES REGARDS
38	025	POUR TOUJOURS PEUT-ETRE, A LA FOSSE DE	L'IDEAL.
11	067	UNE JEUNE GRENOUILLE QUI INVOQUERAIT	L'IDEAL. SI VOUS MEPRISEZ LE SOLIVEAU (CE QUE
31	131	LA MIENNE, AU POINT QUE J'EUS UN INSTANT	L'IDEE BIZARRE QUE JE POUVAIS AVOIR UN FRERE A
19	001	JE VEUX DONNER	L'IDEE D'UN DIVERTISSEMENT INNOCENT. IL Y A SI
49	017	LE DICTIONNAIRE. MAIS CE N'ETAIT QUE	L'IDEE D'UNE IDEE, QUELQUE CHOSE D'INFINIMENT
27	070	A FORTIFIER, DANS LE NOBLE PUBLIC,	L'IDEE DE DOUCEUR ET DE PARDON. QUAND ON DIT
27	079	VOYANTES, SERAIENT RELATIVEMENT A	L'IDEE GENERALE ET CONFUSE DE BEAUTE, CE
05	051	DU MANUSCRIT. LA CHAMBRE PARADISIAQUE,	L'IDOLE, LA SOUVERAINE DES REVES, LA SYLPHIDE,
05	023	CASCADES NEIGEUSES. SUR CE LIT EST COUCHEE	L'IDOLE, LA SOUVERAINE DES REVES. MAIS COMMENT
23	012	FORT DE DEVENIR FOU FURIEUX DANS	L'ILE DE ROBINSON. JE N'EXIGE PAS DE MON
30	057	FIXITE EFFRAYANTE, ME CAUSERENT D'ABORD	L'ILLUSION DE LA VIE. LE DEPENDRE N'ETAIT PAS
30	004	OU DES HOMMES AVEC LES CHOSES. ET QUAND	L'ILLUSION DISPARAIT, C'EST-A-DIRE QUAND NOUS
30	017	OU J'AI ETE SINGULIEREMENT MYSTIFIE PAR	L'ILLUSION LA PLUS NATURELLE. ''MA PROFESSION
48	020	CETTE CONTREE DONT TU AS SOUVENT ADMIRE	L'IMAGE DANS LES MUSEES. QUE PENSERAIS-TU DE
34	018	CRIARDE. TOUS ETAIENT SI AFFOLES PAR	L'IMAGE DE LA TERRE ABSENTE, QU'ILS AURAIENT,
14	079	DOULEUR, ET JE ME DIS: JE VIENS DE VOIR	L'IMAGE DU VIEIL HOMME DE LETTRES QUI A
20	073	EXCEPTIONNEL, POURVU TOUTEFOIS QU'ELLE AIT	L'IMAGINATION SUFFISANTE POUR LE CREER
25	008	DESERTE, SEULE VIVANTE A CETTE HEURE SOUS	L'IMMENSE AZUR, ET FAISANT SUR LA LUMIERE UNE
22	015	EN FUMANT ET EN CONTEMPLANT LE REPOS DE	L'IMMENSE VALLEE, HERISSEE DE MAISONS DONT
03	006	DELICE QUE CELUI DE NOYER SON REGARD DANS	L'IMMENSITE DU CIEL ET DE LA MER! SOLITUDE,
38	004	LA GLOIRE ET DE TOUT CE QUI FAIT CROIRE A	L'IMMORTALITE. MAIS CETTE FILLE MIRACULEUSE
32	045	POETE ET ARTISTE, JE VOUS SALUE EN	L'IMMORTALITE!
07	026	FAIT, MOI AUSSI, POUR COMPRENDRE ET SENTIR	L'IMMORTELLE BEAUTE! AH! DEESSE! AYEZ PITIE DE
07	021	LEVE DES YEUX PLEINS DE LARMES VERS	L'IMMORTELLE DEESSE. ET SES YEUX DISENT:
03	022	M'EXASPERE. L'INSENSIBILITE DE LA MER,	L'IMMUABILITE DU SPECTACLE ME REVOLTENT... AH!
44	005	LES MERVEILLEUSES CONSTRUCTIONS DE	L'IMPALPABLE. ET JE ME DISAIS, A TRAVERS MA
07	028	DE MA TRISTESSE ET DE MON DELIRE!'' MAIS	L'IMPLACABLE VENUS REGARDE AU LOIN JE NE SAIS
05	078	DIT: --''JE SUIS LA VIE, L'INSUPPORTABLE	L'IMPLACABLE VIE!'' IL N'Y A QU'UNE SECONDE
36	026	DES NARINES MOBILES ASPIRENT L'INCONNU ET	L'IMPOSSIBLE, ECLATE, AVEC UNE GRACE
05	014	ARTISTIQUE. RELATIVEMENT AU REVE PUR, A	L'IMPRESSION NON ANALYSEE, L'ART DEFINI, L'ART
27	033	TOUJOURS LE NOM ET LA BONNE VOLONTE.	L'IMPREVOYANTE PROVIDENCE AVAIT DONNE A
12	028	DONNE TOUT ENTIERE, POESIE ET CHARITE, A	L'IMPREVU QUI SE MONTRE, A L'INCONNU QUI
18	011	D'OU LE DESORDRE, LA TURBULENCE ET	L'IMPREVU SONT EXCLUS; OU LE BONHEUR EST MARIE
32	038	OU LES PIANOS CHANTENT VOTRE GLOIRE, OU	L'IMPRIMERIE TRADUIT VOTRE SAGESSE, EN QUELQUE
05	030	SUBJUGUENT; ELLE DEVORENT LE REGARD DE	L'IMPRUDENT QUI LES CONTEMPLE. JE LES AI
36	025	OU DES NARINES MOBILES ASPIRENT	L'INCONNU ET L'IMPOSSIBLE; ECLATE, AVEC UNE
12	029	ET CHARITE, A L'IMPREVU QUI SE MONTRE, A	L'INCONNU QUI PASSE. IL EST BON D'APPRENDRE
29	028	QUI NAIT ORDINAIREMENT A L'ASPECT DE	L'INCONNU. SI JE VOULAIS ESSAYER DE DEFINIR
29	123	MAIS PEU A PEU; APRES QUE JE L'EUS QUITTE,	L'INCURABLE DEFIANCE RENTRA DANS MON SEIN; JE
38	011	ET INCORRUPTIBLE COMME LES COFFRES DE	L'INDE. ET COMME MES YEUX RESTAIENT FICHES SUR
50	098	DIABLES QUI ONT A AFFRONTER TOUT LE JOUR	L'INDIFFERENCE DU PUBLIC ET LES INJUSTICES
20	086	LOTS, OSE ENCORE INTERROGER ET DISCUTER	L'INDISCUTABLE?''
28	056	PAUVRES! MAIS JE NE LUI PARDONNERAI JAMAIS	L'INEPTIE DE SON CALCUL. ON N'EST JAMAIS
29	057	ET, EN GENERAL, DE TOUTES LES FORMES DE	L'INFATUATION HUMAINE. SUR CE SUJET-LA, SON
17	028	NUIT DE TA CHEVELURE, JE VOIS RESPLENDIR	L'INFINI DE L'AZUR TROPICAL; SUR LES RIVAGES
09	093	DAMNATION A QUI A TROUVE DANS UNE SECONDE	L'INFINI DE LA JOUISSANCE?
18	024	RESPIRER, REVER ET ALLONGER LES HEURES PAR	L'INFINI DES SENSATIONS. UN MUSICIEN A ECRIT
18	088	MES PENSEES ENRICHIES QUI REVIENNENT DE	L'INFINI VERS TOI.
18	083	LES CONDUIS DOUCEMENT VERS LA MER QUI EST	L'INFINI, TOUT EN REFLECHISSANT LES
03	005	PAS DE POINTE PLUS ACEREE QUE CELLE DE	L'INFINI. GRAND DELICE QUE CELUI DE NOYER SON
14	015	SPIRITUELS ECHAPPENT DIFFICILEMENT A	L'INFLUENCE DE CE JUBILE POPULAIRE. ILS
37	017	ET DISAIT: ''TU SUBIRAS ETERNELLEMENT	L'INFLUENCE DE MON BAISER. TU SERAS BELLE A MA
14	068	TOMBER. QUE FAIRE? A QUOI BON DEMANDER A	L'INFORTUNE QUELLE CURIOSITE, QUELLE MERVEILLE
14	082	SANS ENFANTS, DEGRADE PAR SA MISERE ET PAR	L'INGRATITUDE PUBLIQUE, ET DANS LA BARAQUE DE
22	035	ET SON ENFANT! LE SECOND PORTE EN LUI	L'INQUIETUDE D'UN MALAISE PERPETUEL, ET FUT-IL
03	022	ME CONSTERNE; SA LIMPIDITE M'EXASPERE.	L'INSENSIBILITE DE LA MER, L'IMMUABILITE DU
13	012	QU'ILS DEDAIGNENT DE VISITER, COMME JE	L'INSINUAIS TOUT A L'HEURE, C'EST SURTOUT LA
13	068	RIEN QUI NE RESPIRE ET N'INSPIRE	L'INSOUCIANCE ET LE PLAISIR DE SE LAISSER
19	021	SI PLEINS DE COQUETTERIE. LE LUXE,	L'INSOUCIANCE ET LE SPECTACLE HABITUEL DE LA
50	036	LE CHIEN SALTIMBANQUE, LE CHIEN DONT	L'INSTINCT, COMME CELUI DU PAUVRE, DU BOHEMIEN
05	077	DE LA PENDULE, DIT: --''JE SUIS LA VIE,	L'INSUPPORTABLE, L'IMPLACABLE VIE!'' IL N'Y A
42	102	D'APPROCHANT, UNE ESPECE D'EMPLOYE DANS	L'INTENDANCE QUI, PAR QUELQUE TOUR DE BATON A
03	004	DELICIEUSES DONT LE VAGUE N'EXCLUT PAS	L'INTENSITE; ET IL N'EST PAS DE POINTE PLUS
19	003	QUAND VOUS SORTIREZ LE MATIN AVEC	L'INTENTION DECIDEE DE FLANER SUR LES GRANDES
27	064	PAR LA MAGIE DU LUXE ETALE, ENSUITE PAR	L'INTERET MORAL ET MYSTERIEUX QUI Y ETAIT
42	059	DE LEURS GAGES. --POUR MOI, REPRIT	L'INTERRUPTEUR, JE N'AI A ME PLAINDRE QUE DE
24	014	GALERIES, IL N'Y A PAS UN COIN POUR	L'INTIMITE. DECIDEMENT, C'EST LA QU'IL
32	024	ET PASSIONNEE. JAMAIS NYMPHE EXASPEREE PAR	L'INVINCIBLE BACCHUS NE SECOUA SON THYRSE SUR
18	025	DES SENSATIONS. UN MUSICIEN A ECRIT	L'INVITATION A LA VALSE; QUEL EST CELUI QUI
18	000		L'INVITATION AU VOYAGE
18	025	A LA VALSE; QUEL EST CELUI QUI COMPOSERA	L'INVITATION AU VOYAGE; QU'ON PUISSE OFFRIR A
06	034	COMPRENDRE CE MYSTERE; MAIS BIENTOT	L'IRRESISTIBLE INDIFFERENCE S'ABATTIT SUR MOI,
42	029	QUE TOUT AUTRE A L'ENERVANTE SOTTISE, A	L'IRRITANTE MEDIOCRITE DES FEMMES. CE QUE
27	094	MANIERE PEREMPTOIRE, IRREFUTABLE, QUE	L'IVRESSE DE L'ART EST PLUS APTE QUE TOUTE
33	009	DE VOTRE CHAMBRE; VOUS VOUS RAPPROCHA,	L'IVRESSE DEJA DIMINUEE OU DISPARUE, DEMANDEZ
26	025	TENDU LA PETITE AMPHORE A BAVAROISES OU	L'OBELISQUE BICOLORE DES GLACES PANACHEES!
15	042	IL SE RAPPROCHA, NE QUITTANT PAS DES YEUX	L'OBJET DE SA CONVOITISE; PUIS, HAPPANT LE
27	067	PRINCIPAUX DANS CES DRAMES FEERIQUES DONT	L'OBJET EST DE REPRESENTER SYMBOLIQUEMENT LE
15	031	CE TEMPS-LA AUX TOURISTES POUR LE MELER A	L'OCCASION AVEC DE L'EAU DE NEIGE. JE
47	108	''PEUX-TU TE SOUVENIR DE L'EPOQUE ET DE	L'OCCASION OU EST NEE EN TOI CETTE PASSION SI
27	051	CONDAMNE A MORT. IL VOULAIT PROFITER DE	L'OCCASION POUR FAIRE UNE EXPERIENCE
18	004	ET QU'ON POURRAIT APPELER L'ORIENT DE	L'OCCIDENT, LA CHINE DE L'EUROPE, TANT LA
43	004	LE TEMPS. TUER CE MONSTRE-LA N'EST-CE PAS	L'OCCUPATION LA PLUS ORDINAIRE ET LA PLUS
17	016	LES FEUILLES ET PAR LA PEAU HUMAINE. DANS	L'OCEAN DE TA CHEVELURE, J'ENTREVOIS UN PORT
17	001	LAISSE-MOI RESPIRER LONGTEMPS, LONGTEMPS,	L'ODEUR DE TES CHEVEUX, Y PLONGER TOUT MON
17	026	L'ARDENT FOYER DE TA CHEVELURE, JE RESPIRE	L'ODEUR DU TABAC MELEE A L'OPIUM ET AU SUCRE;

JOURNEE! LE VASTE PARC SE PAME SOUS
SI L'ESPRIT REMUAIT LA MATIERE, ET SI
LES CHINOIS VOIENT L'HEURE DANS
DECOUVRIRAIT LA BEAUTE. SI, COMME
CE REFLET DE LA JOIE DU RICHE AU FOND DE
PENSER A CES CHEVAUX DE GRANDE RACE QUE
AVEC UNE ATTENTION DE SORCIERS,
TROP FAIBLE POUR MARCHER. IL REMPLISSAIT
YEUX LARMOYANTS DES CHIENS QU'ON FOUETTE,
AU VENT, A LA VAGUE, A L'ETOILE, A
IL EST; ET LE VENT, LA VAGUE, L'ETOILE,
IMMENSE PROFONDEUR, PASSAIT QUELQUEFOIS
LE JOUR, DANS LA PLEINE LUMIERE OU DANS
PEUR, ON A ENVIE DE PLEURER, ET CEPENDANT
LUMIERE ET LA CHALEUR Y FAISAIENT RAGE, ET
JE SUIS MONTE SUR LA MONTAGNE D'OU
DE LETTRES, DONT L'UN M'A DEMANDE SI
JE LA COMPARERAIS A UN SOLEIL NOIR, SI
DELICIEUSE POURTANT! LE TEMPS ET L'AMOUR
ET CHARMANTES! LE TEMPS ET L'AMOUR
SIMPLE CREATURE, DE LUI DECRIRE LE BAL DE
LES FILS ET LES EPONGES. --ET COMME,
JE RESPIRE L'ODEUR DU TABAC MELEE A
A L'HORIZON COMME L'AGONIE DU JOUR SOUS
BEAU! QUE C'EST BEAU! ON DIRAIT QUE TOUT
FLATTERIES ET MEME D'ADORATIONS; L'ARGENT,
VOLONTIERS, DEESSE ET IMMORTELLE. --
CHARGEES ENCORE DES LOURDS PLEURS DE
AUTOUR DE L'ENCEINTE D'UN CONCERT PUBLIC.
AUSSI SOUVENT QUE VOTRE FANTAISIE VOUS
OU LE LUXE A PLAISIR A SE MIRER DANS
PAR LES CHEVEUX; CELUI-CI LUI SAISIT
ET J'ENTENDIS UNE VOIX QUI ME DISAIT A
PAGE, PLACE DERRIERE ELLE, ET LUI PARLER A
LES MIROIRS, LES METAUX, LES ETOFFES,
D'ETRE ADMIREE L'EMPORTE CHEZ ELLE SUR
QUI EST A LA FOIS L'HONNEUR DE SON SEXE,
MEDICATION. JE LUI AVAIS DONC RENDU
DE NOTRE NORD; ET QU'ON POURRAIT APPELER
PAR LA HOULE ET GORGES DES PRODUITS DE
MAIN INVISIBLE ATTIRE DES PROFONDEURS DE
FAIRE GRACE A TOUS LES CONJURES; ET
TIGRE, TANTOT LES DANDINEMENTS STUPIDES DE
QU'ILS NE DEMEURAIENT NULLE PART. ALORS
ELLE-MEME. ET LES DEUX ENFANTS SE RIAIENT
CE QUE NOUS POURRIONS AIMER ET ESTIMER.''
A LA TERREUR DE L'ENNEMI. JE QUESTIONNAI
GRAND SPECTACLE OU FANCIOLLE DEVAIT JOUER
ET DE PARLER AVEC LA MEME VOIX...''
VIOLEE... --COMMENT CELA A-T-IL FINI? DIT
DE JOUER SANS DOUTE; CAUSAIENT ENTRE EUX.
NOS PENSEES NOUS SERAIENT COMMUNES A
AVOIR VU PLUSIEURS HOMMES DE LETTRES, DONT
QUE LE CREPUSCULE RENDAIT TOUT MALADES.
FOU SI ON LES ECOUTAIT TROP LONGTEMPS.
BALLES FRAPPERENT LOIN DU BUT PROPOSE;
QUELQUES AUTRES DES MAISONS VOISINES;
ETRE TOUJOURS IVRE. TOUT EST LA: C'EST
VIEUX BOUC!'' NOUS CAUSAMES AUSSI DE
DES TITRES DE TOUS LES JOURNAUX DE
EN PARFAITE PAIX AVEC MOI-MEME ET AVEC
SES PETITES GRIFFES DANS LES YEUX DE
LONGTEMPS, QUAND VOUS ETIEZ INTERNE DE
VENAIT ME DIRE: ''QUE REGARDES-TU
PLUS LOIN ENCORE, A L'EXTREME BOUT DE
UN JOUR UN MISSIONNAIRE, SE PROMENANT DANS
IL Y EN A QUI COUCHENT DANS UNE RUINE DE
ET PAR L'INGRATITUDE PUBLIQUE, ET DANS
QUARANTAINE D'ANNEES, AU VISAGE FATIGUE, A
DE CETTE TOURBE QUI S'APPUIE LA-BAS SUR
SA REPONSE ORDINAIRE. VOUS DONNERIEZ
PAR MA DERNIERE MAITRESSE. ''C'ETAIT
QUI FAIT PENSER AUX SOLEILS D'AUTOMNE, A
AUX ETES DE LA SAINT-MARTIN ET A
BATON N'EST QUE LE PRETEXTE POUR MONTRER
CLIMATERIQUE DU TROISIEME DEGRE OU
CEPENDANT NE VIEILLISSENT PLUS, ET DONT
PUISSANT ET VENERE, CHER BACCHANT DE
D'AILLEURS L'ESPRIT DE L'EUROPE MARIE A
REPANDAIENT LE DESIR DE LA GRANDEUR, DE
DONT UN OEIL IMPARTIAL DECOUVRIRAIT
DANS L'AME LE GOUT DU RHYTHME ET DE
C'EST ALORS QU'ON RECHERCHE DECIDEMENT
SOUS QUELLE LATITUDE ELLE EST SITUEE. --

ETAIT VRAI. POUR MOI; SI JE ME PENCHE VERS
FRATERNITAIRE, SI JE VOULAIS PARLER
CES VOYAGEURS N'AVAIT L'AIR IRRITE CONTRE
RESTENT UN INSTANT ACCROCHES AUX DENTS DE
VASTE JARDIN, AU BOUT DUQUEL APPARAISSAIT
ET SI BELLE! ELLE REUSSIRA SANS DOUTE,

POEM LINE

POEM	LINE		
20	074	POUR LE CREER IMMEDIATEMENT. DONC	LA BONNE FEE REPONDIT, AVEC UN APLOMB DIGNE DE
02	009	SE DEBATTAIT SOUS LES CARESSES DE	LA BONNE FEMME DECREPITE, ET REMPLISSAIT LA
05	080	AIT MISSION D'ANNONCER UNE BONNE NOUVELLE,	LA BONNE NOUVELLE QUI CAUSE A CHACUN UNE
21	017	A DES CASSOLETTES CHAUDES, D'OU S'EXHALAIT	LA BONNE ODEUR D'UNE PARFUMERIE; ET A CHAQUE
02	011	LA MAISON DE SES GLAPISSEMENTS. ALORS	LA BONNE VIEILLE SE RETIRA DANS SA SOLITUDE
27	033	A VENIR IGNORERONT TOUJOURS LE NOM ET	LA BONNE VOLONTE. L'IMPREVOYANTE PROVIDENCE
27	135	DEMESUREMENT AGRANDIS; OUVRIT ENSUITE	LA BOUCHE COMME POUR RESPIRER CONVULSIVEMENT,
46	007	EN GRANDE HATE, ET QUE JE SAUTILLAIS DANS	LA BOUE, A TRAVERS CE CHAOS MOUVANT OU LA MORT
47	026	ET EN ALLUMANT ELLE- MEME UN CIGARE,	LA BOUFFONNE CREATURE ME DISAIT: ''FAITES
42	049	TOUT CELA, FORT BEGUEULE. SI PARFOIS JE	LA BOUSCULAIS PAR UN GESTE UN PEU TROP
49	046	ETANT NE DELICAT ET M'ETANT PEU EXERCE A	LA BOXE, POUR ASSOMMER RAPIDEMENT CE
45	008	OU SANS UN EMBLEME QUELCONQUE DE	LA BRIEVETE DE LA VIE''. ET IL ENTRA, BUT UN
25	021	SES MIGNONNES OREILLES. DE TEMPS EN TEMPS	LA BRISE DE MER SOULEVE PAR LE COIN SA JUPE
22	038	QUE LE CREPUSCULE ALLUMERAIT ENCORE EN LUI	LA BRULANTE ENVIE DE DISTINCTIONS IMAGINAIRES.
50	053	D'AFFAIRES; RENDEZ-VOUS D'AMOUR. A TRAVERS	LA BRUME, A TRAVERS LA NEIGE, A TRAVERS LA
23	034	POUVOIR ETRE SEUL!...'' DIT QUELQUE PART	LA BRUYERE, COMME POUR FAIRE HONTE A TOUS CEUX
11	036	DIRE. ''ALLONS! UN BON COUP DE BATON POUR	LA CALMER! CAR ELLE DARDE DES YEUX TERRIBLES
50	054	LA NEIGE, A TRAVERS LA CROTTE, SOUS	LA CANICULE MORDANTE, SOUS LA PLUIE
24	020	ODEUR ENIVRANTE, INDEFINISSABLE...... DANS	LA CASE UN PUISSANT PARFUM DE ROSE ET DE
42	010	AIMER ET ESTIMER.'' L'UN D'EUX JETA	LA CAUSERIE SUR LE SUJET DES FEMMES. IL EUT
25	049	A ENTENDU PARLER PAR SES CAMARADES DE	LA CELEBRE DOROTHEE. INFAILLIBLEMENT ELLE LE
23	039	PASCAL, JE CROIS, RAPPELANT AINSI DANS	LA CELLULE DU RECUEILLEMENT TOUS CES AFFOLES
14	052	LA JOIE, LE GAIN, LA DEBAUCHE; PARTOUT	LA CERTITUDE DU PAIN POUR LES LENDEMAINS;
11	039	DE COMEDIE, AVEZ-VOUS ENTENDU RESONNER	LA CHAIR, MALGRE LE POIL POSTICHE? AUSSI LES
45	013	SI RICHE SOLEIL. EN EFFET, LA LUMIERE ET	LA CHALEUR Y FAISAIENT RAGE, ET L'ON EUT DIT
07	011	PAR L'ENERGIE DE LEURS COULEURS, ET QUE	LA CHALEUR, RENDANT VISIBLES LES PARFUMS, LES
17	022	LONGUES HEURES PASSEES SUR UN DIVAN, DANS	LA CHAMBRE D'UN BEAU NAVIRE, BERCEES PAR LE
05	000		LA CHAMBRE DOUBLE
50	081	PERMETTEZ-MOI DE VOUS INTRODUIRE DANS	LA CHAMBRE DU SALTIMBANQUE ABSENT. UN LIT, EN
24	023	LA HOULE...... AUTOUR DE NOUS, AU DELA DE	LA CHAMBRE ECLAIREE D'UNE LUMIERE ROSE TAMISEE
09	068	NON SANS QUELQUE GAIETE, QUE,	LA CHAMBRE ETANT AU SIXIEME ETAGE ET
05	051	JOURNAL QUI RECLAME LA SUITE DU MANUSCRIT.	LA CHAMBRE PARADISIAQUE, L'IDOLE, LA
37	014	DE SA JOIE, LA LUNE REMPLISSAIT TOUTE	LA CHAMBRE, COMME UNE ATMOSPHERE PHOSPHORIQUE,
26	047	REND L'AME BONNE ET AMOLLIT LE COEUR.	LA CHANSON AVAIT RAISON CE SOIR-LA.
50	063	POUR PARTAGER LE REPAS QUE LEUR A PREPARE	LA CHARITE DE CERTAINES PUCELLES SEXAGENAIRES,
28	049	QU'IL AVAIT VOULU FAIRE A LA FOIS	LA CHARITE ET UNE BONNE AFFAIRE; GAGNER
43	011	S'ENFONCA MEME DANS LE PLAFOND; SE	LA CHARMANTE CREATURE RIAIT FOLLEMENT, SE
50	076	MOI TOUS CES CHIENS VIGOUREUX ATTELES A	LA CHARRETTE DU BOUCHER, DE LA LAITIERE OU DU
18	005	DE L'OCCIDENT, LA CHINE DE L'EUROPE, TANT	LA CHAUDE ET CAPRICIEUSE FANTAISIE S'Y EST
26	028	DE LA GOINFRERIE. DROIT DEVANT NOUS, SUR	LA CHAUSSEE, ETAIT PLANTE UN BRAVE HOMME D'UNE
05	056	VOICI LES MEUBLES SOTS, POUDREUX, ECORNES;	LA CHEMINEE SANS FLAMME ET SANS BRAISE,
47	087	INUTILEMENT. JE LAISSE DIX FRANCS SUR	LA CHEMINEE. --C'EST SI BON ET SI DOUX, CES
42	046	''UN BEAU JOUR ELLE S'EST MISE A	LA CHIMIE; DE SORTE QU'ENTRE MA BOUCHE ET LA
18	004	POURRAIT APPELER L'ORIENT DE L'OCCIDENT,	LA CHINE DE L'EUROPE, TANT LA CHAUDE ET
12	023	TOUTES LES JOIES ET TOUTES LES MISERES QUE	LA CIRCONSTANCE LUI PRESENTE. CE QUE LES
14	032	SOUS LES MAILLOTS LAVES LA VEILLE POUR	LA CIRCONSTANCE. LES DANSEUSES, BELLES COMME
50	015	BEGUEULE. J'INVOQUE LA MUSE FAMILIERE,	LA CITADINE, LA VIVANTE, POUR QU'ELLE M'AIDE A
30	131	CROYEZ-LE BIEN, N'APPARTENAIENT PAS A	LA CLASSE INFIME ET VULGAIRE. J'AI GARDE CES
27	060	A MOINS DE L'AVOIR VU, TOUT CE QUE	LA CLASSE PRIVILEGIEE D'UN PETIT ETAT, A
27	045	TOUT ETAIT POSSIBLE, MEME LA VERTU, MEME	LA CLEMENCE, SURTOUT S'IL AVAIT PU ESPERER Y
15	012	QU'AFFAIBLI ET DIMINUE, COMME LE SON DE	LA CLOCHETTE DES BESTIAUX IMPERCEPTIBLES QUI
47	049	DE PAPIERS, QUI N'ETAIT AUTRE CHOSE QUE	LA COLLECTION DES PORTRAITS DES MEDECINS
27	095	DU GOUFFRE; QUE LE GENIE PEUT JOUER	LA COMEDIE AU BORD DE LA TOMBE AVEC UNE JOIE
27	145	JOUI POUR LA DERNIERE FOIS DU SPECTACLE DE	LA COMEDIE. DANS LA MEME NUIT ILS FURENT
36	012	C'EST UNE EXPLOSION DANS LES TENEBRES.	LA COMPARERAIS A UN SOLEIL NOIR, SI L'ON
49	041	SEUL EST DIGNE DE LA LIBERTE, QUI SAIT	LA CONQUERIR.'' IMMEDIATEMENT, JE SAUTAI SUR
29	181	DE CAS; D'INSPIRER LA PLUME, LA PAROLE ET	LA CONSCIENCE DES PEDAGOGUES; ET QU'IL
06	022	COU ET COLLEE A SON DOS; ON EUT DIT QU'IL	LA CONSIDERAIT COMME FAISANT PARTIE DE
13	054	INNOCENTE (OU DE CETTE VIEILLE PURIFIEE)	LA CONSOLATION BIEN GAGNEE D'UNE DE CES
27	011	DEPOSER LES PRINCES ET OPERER, SANS	LA CONSULTER, LE DEMENAGEMENT D'UNE SOCIETE.
21	031	PLAISIRS ET SES DOULEURS, ET A REPANDRE	LA CONTAGION DE SA FOLIE DANS LES NUITS DE
42	086	MINUTES; CHACUN OUBLIAIT DE MANGER POUR	LA CONTEMPLER. LES GARCONS EUX-MEMES ET LA
14	012	MALFAISANTES DE LA VIE, UN REPIT DANS	LA CONTENTION ET LA LUTTE UNIVERSELLES.
30	000		LA CORDE
30	065	AVEC DE MINCES CISEAUX, CHERCHER	LA CORDE ENTRE LES DEUX BOURRELETS DE
30	062	ET, AVEC LA MAIN DE L'AUTRE BRAS, COUPER	LA CORDE. MAIS CELA FAIT, TOUT N'ETAIT PAS
15	009	ME SEMBLAIT AUSSI VASTE ET AUSSI PURE QUE	LA COUPOLE DU CIEL DONT J'ETAIS ENVELOPPE; LE
06	024	NE TEMOIGNAIENT D'AUCUN DESESPOIR; SOUS	LA COUPOLE SPLEENETIQUE DU CIEL, LES PIEDS
27	148	DIFFERENTS PAYS, SONT VENUS JOUER DEVANT	LA COUR DE...; MAIS AUCUN D'EUX N'A PU
25	045	RIZ ET AU SAFRAN, LUI ENVOIE, DU FOND DE	LA COUR, SES PARFUMS EXCITANTS? PEUT-ETRE
30	029	LUI AI FAIT PORTER LE VIOLON DU VAGABOND,	LA COURONNE D'EPINES ET LES CLOUS DE LA
29	119	AVEC UN BON SOURIRE. SI CE N'EUT ETE	LA CRAINTE DE L'HUMILIER DEVANT UNE AUSSI
46	015	FAIRE LES ACTIONS BASSES, ET ME LIVRER A	LA CRAPULE, COMME LES SIMPLES MORTELS. ET ME
45	018	--COUPE A INTERVALLES REGULIERS PAR	LA CREPITATION DES COUPS DE FEU D'UN TIR
28	052	JE LUI AURAIS PRESQUE PARDONNE LE DESIR DE	LA CRIMINELLE JOUISSANCE DONT JE LE SUPPOSAIS
50	053	LA BRUME, A TRAVERS LA NEIGE, A TRAVERS	LA CROTTE, SOUS LA CANICULE MORDANTE, SOUS
18	012	OU LE BONHEUR EST MARIE AU SILENCE; OU	LA CUISINE ELLE-MEME EST POETIQUE, GRASSE ET
06	031	SURFACE ARRONDIE DE LA PLANETE SE DEROBE A	LA CURIOSITE DU REGARD HUMAIN. ET PENDANT
05	032	CES ETOILES NOIRES QUI COMMANDENT	LA CURIOSITE ET L'ADMIRATION. A QUEL DEMON
18	017	DU PAYS QU'ON IGNORE; CETTE ANGOISSE DE	LA CURIOSITE? IL EST UNE CONTREE QUI TE
01	005	NI FRERE. --TES AMIS? --VOUS VOUS SERVEZ	LA D'UNE PAROLE DONT LE SENS M'EST RESTE
42	087	LA CONTEMPLER. LES GARCONS EUX-MEMES ET	LA DAME DU COMPTOIR RESSENTAIENT CETTE EXTASE
09	092	PAYER CHER. MAIS QU'IMPORTE L'ETERNITE DE	LA DAMNATION A QUI A TROUVE DANS UNE SECONDE
46	003	LE MANGEUR D'AMBROISIE! EN VERITE, IL Y A	LA DE QUOI ME SURPRENDRE. --MON CHER, VOUS
14	052	LA DETRESSE. PARTOUT LA JOIE, LE GAIN,	LA DEBAUCHE; PARTOUT LA CERTITUDE DU PAIN POUR
09	009	TEL QUI GARDE QUINZE JOURS UNE LETTRE SANS	LA DECACHETER, OU NE SE RESIGNE QU'AU BOUT DE
22	049	LANTERNES; VOUS ETES LE FEU D'ARTIFICE DE	LA DEESSE LIBERTE. CREPUSCULE, COMME VOUS ETES
38	014	PERSONNE QUI RESSEMBLAIT SINGULIEREMENT A	LA DEFUNTE, ET QUI, PIETINANT SUR LA TERRE
05	016	ICI; TOUT A LA SUFFISANTE CLARTE ET	LA DELICIEUSE OBSCURITE DE L'HARMONIE. UNE
22	045	LE SIGNAL D'UNE FETE INTERIEURE, VOUS ETES	LA DELIVRANCE D'UNE ANGOISSE! DANS LA SOLITUDE
30	126	SOUS UN APPARENT BADINAGE LA SINCERITE DE	LA DEMANDE; LES AUTRES, LOURDEMENT EFFRONTEES

QUE LA OU JE SUIS. EH BIEN! J'AI VU, A
GENTILSHOMMES COUPABLES AVAIENT JOUI POUR
SUR LES HAUTES LAMES DE LA MER. IL Y AVAIT
PLUTOT PAR CETTE ENIGME INESPEREE. J'OMETS
ON RESPIRE ICI MAINTENANT LE RANCI DE
CHEZ MOI, ET JE NE L'AI PAS RECONNU.
POUR VOIR, POUR SAVOIR, POUR TENTER
TELLE ETAIT L'ALTERNATIVE QUE M'IMPOSAIT
LA PERSONNE LA PLUS INTERESSEE A
DE FLEURS MAGNIFIQUES ENGRAISSEES PAR
VOUS'', ET IL FERMA LES YEUX ET IL LACHA
MIS DANS LE BUT, DANS LE SEUL VRAI BUT DE
ET FUMANTS, ECLAIRAIENT TROP BIEN ENCORE
REPRESENTES SUR TA PEAU.'' QUANT A
VOUS SEUL, VOUS M'AVEZ RECONNU. D'AILLEURS
LUI FAIRE COMPRENDRE QUE JE CONSIDERAIS
PROGENITURE. J'AI OUBLIE DE VOUS DIRE QUE
CELUI-LA NE PERDRAIT PAS SA VIE A CHERCHER
DES PRETRES ET DES PRETRESSES CELEBRANT
BRULANT DU SOLEIL, COMME LA JEUNESSE SOUS
OU SES YEUX, A ELLE, REFLECHISSAIENT
L'AUMONE, LA THEORIE QUE J'AI EU
IL ME SEMBLE QUE LE PEUPLE OUBLIE TOUT,
TOUTES CES MERES BIZARRES DE LA JOIE ET DE
SONT PENETRANTES! AH! PENETRANTES JUSQU'A
IL GLISSA DE PETITES PIECES D'OR! DANS
UNE MASSE DE GROS SOLS, ET ENFIN, DANS
ET LA TORCHE D'EROS. JE PRIS ENFIN A TOUTE
DE DICTION ET UNE TRANQUILLITE DANS
SINON LE REPOS. ENFIN! LA TYRANNIE DE
C'EST-A-DIRE LE CAS D'EPUISEMENT DES LOTS,
MYSTERIEUX PAR OU L'ENFER DONNE ASSAUT A
LES METAUX, LES ETOFFES, L'ORFEVRERIE ET
MECONNU, DES EFFORTS NON RECOMPENSES, DE
AU MOINS FAIRE AFFICHER CETTE AUREOLE, OU
NE PEUVENT S'EMPECHER DE REVER AU DINER, A
LA PAIX MAINTENANT! C'EST ICI LA JOIE DE
BRUSQUE, A GLISSE DE MA TETE DANS
AINSI, MA BELLE DELICATE, LES PIEDS DANS
EST BEAU, RICHE, TRANQUILLE ET HONNETE, OU
INCOMPARABLE SE MARIA. J'EUS PLUS TARD
TOMBES, ET FUMA LENTEMENT UN CIGARE. PUIS,
ELLE EST SEMEE, REPRESENTENT CES FEUX DE
LE REFLET DE LA REDOUTABLE DIVINITE, DE
SES EXIGENCES, JE SONGEAI A REPARER
''VEUX-TU CONNAITRE MA PUISSANCE?'' DIT

''PARCE QUE! PARCE QUE!'' REPLIQUA
JE NE VEUX PAS ETRE VENU POUR RIEN.''
PAR SA ROBE DE VAPEURS MULTICOLORES
AU VOYAGE, QU'ON PUISSE OFFRIR A
A ETE JETEE, ELLE N'A JAMAIS PU CROIRE QUE
ET MULTIFORME, LE LIEU OU ILS NE SONT PAS,

ACCROCHES AUX DENTS DE LA BETE FEROCE, DE
BIEN-AIMEE ME DONNAIT A DINER, ET PAR
ET COMME J'ALLAIS LES LANCER AU DEHORS PAR
LUNE, QUI EST LE CAPRICE MEME, REGARDA PAR
EN FEMME SAUVAGE, OU JE VOUS JETTERAI PAR
DE GRAND, UNE ACTION D'ECLAT! ET J'OUVRIS
CELUI-LA CROIT QU'IL GUERIRAIT A COTE DE
POURQUOI LA MERE TENAIT TANT A M'ARRACHER
RELIQUE. --ET ELLE S'EMPARA DU CLOU ET DE
DE DEGOUT, UN SEUL OBJET CONNU ME SOURIT:
COMME LA VOITURE TRAVERSAIT LE BOIS, IL
JE LA RECONNAIS. VOILA BIEN CES YEUX DONT
L'ACTION PAR UNE FORCE IRRESISTIBLE, COMME
INTELLIGENTS, HABILLES DE VETEMENTS A
PENETRANTE DES RUINES. ELLE AVAIT L'AIR A
BELLE FELINE, LA SI BIEN NOMMEE! QUI EST A
ALORS CLAIREMENT QU'IL AVAIT VOULU FAIRE A
UN DE SES MEILLEURS MOMENTS, ET DECHIRA A
RECOMPENSE UN BEAU GILET, D'UNE COULEUR, A
LE SECOND SATAN N'AVAIT NI CET AIR A
TANTOT DE PLEURER, OU DE FAIRE LES DEUX A
MORT ARRIVE AU GALOP DE TOUS LES COTES A
DE CES YEUX SUPPLIANTS, QUI CONTIENNENT A
EST POETIQUE, GRASSE ET EXCITANTE A
QUI VOUS EUSSENT ATTENDRIS ET EGAYES A
QUI REVIENNENT, DE CEUX QUI ONT ENCORE
JE LES AI SUIVIS DE LOIN, JUSQU'AU BORD DE
DE L'OURS BLANC, CE MONSTRE POILU DONT
LA PUISSANCE D'ATTIRER MAGNETIQUEMENT
RESTE ATTACHE, POUR TOUJOURS PEUT-ETRE, A
ECLATANT D'UN PALAIS DE CRISTAL CREVE PAR
COMMUNION. CELUI-LA QUI EPOUSE FACILEMENT
SYMPATHIQUE, AU MOINS CURIEUX, SUR
PAUVRES FEES ETAIENT TRES-AFFAIREES! CAR
HIER, A TRAVERS
DE PRENDRE UN BAIN DE MULTITUDE: JOUIR DE
PROFOND, INOUBLIABLE, IL PROMENAIT SUR

	POEM	LINE
LA DERNIERE FOIRE DU VILLAGE VOISIN, TROIS	31	083
LA DERNIERE FOIS DU SPECTACLE DE LA COMEDIE.	27	144
LA DES VISAGES ETRANGES D'HOMMES ET DE FEMMES,	29	023
LA DESCRIPTION DU TAUDIS; ON PEUT LA TROUVER	47	020
LA DESOLATION. DANS CE MONDE ETROIT, MAIS SI	05	065
LA DESTINEE M'AVAIT, EN CES DERNIERS TEMPS,	42	061
LA DESTINEE, POUR SE CONTRAINDRE LUI-MEME A	09	026
LA DESTINEE! UN SOIR, DANS UN BOIS... AU BORD	42	149
LA DESTRUCTION DE LA SUPERSTITION, ET M'AVOUA	29	070
LA DESTRUCTION. UN IMMENSE BRUISSEMENT DE VIE	45	015
LA DETENTE. LA POUPEE FUT NETTEMENT DECAPITEE.	43	017
LA DETESTABLE VIE!''	45	035
LA DETRESSE. PARTOUT LA JOIE, LE GAIN, LA	14	051
LA DIABLESSE, LE MENTIRAIS SI JE N'AVOUAIS PAS	21	083
LA DIGNITE M'ENNUIE. ENSUITE JE PENSE AVEC	46	021
LA DISCUSSION COMME FINIE, ET ME RELEVANT AVEC	49	071
LA DISTRIBUTION, EN CES CAS SOLENNELS, EST	20	051
LA DIVINITE DANS LES NUEES, ET QU'IL LA	31	072
LA DIVINITE DONT ILS SONT LES INTERPRETES ET	32	003
LA DOMINATION DE L'AMOUR. L'EXTASE UNIVERSELLE	07	003
LA DOUCEUR DU CIEL, ET OU MON COEUR, A MOI,	42	151
LA DOULEUR D'ESSAYER SUR VOTRE DOS.'' IL M'A	49	077
LA DOULEUR ET LE TRAVAIL! IL DEVINT PAREIL	14	008
LA DOULEUR, ETAIENT FORT DIVERSES: LES UNES	20	005
LA DOULEUR! CAR IL EST CERTAINES SENSATIONS	03	002
LA DROITE, DE PETITES PIECES D'ARGENT; DANS LA	28	004
LA DROITE, UNE PIECE D'ARGENT DE DEUX FRANCS	28	006
LA DROLERIE DE CE GAMIN UN PLAISIR SI VIF, QUE	30	031
LA DROLERIE QUE JE N'AI TROUVEES DANS AUCUN	29	060
LA FACE HUMAINE A DISPARU, ET JE NE SOUFFRIRAI	10	004
LA FACULTE D'EN DONNER ENCORE UN,	20	071
LA FAIBLESSE DE L'HOMME QUI DORT, ET	21	003
LA FAIENCE Y JOUENT POUR LES YEUX UNE	18	041
LA FAIM ET DU FROID HUMBLEMENT,	13	023
LA FAIRE RECLAMER PAR LE COMMISSAIRE. --MA	46	019
LA FAMILLE ET A LEURS CHERES PANTOUFLES. SI,	20	031
LA FAMILLE!'' JE PUIS, QUAND LE VENT SOUFFLE	22	017
LA FANGE DU MACADAM. JE N'AI PAS EU LE COURAGE	46	010
LA FANGE ET LES YEUX TOURNES VAPOREUSEMENT	11	065
LA FANTAISIE A BATI ET DECORE UNE CHINE	18	019
LA FANTAISIE DE LA REVOIR, ET ELLE ME DIT, EN	42	072
LA FANTAISIE LE PRIT DE DESCENDRE DANS CE	45	010
LA FANTAISIE QUI NE S'ALLUMENT BIEN QUE SOUS	22	064
LA FATIDIQUE MARRAINE, DE LA NOURRICE	37	038
LA FATIGUE ET A SOULAGER L'APPETIT CAUSES PAR	15	027
LA FAUSSE DEESSE AVEC SA VOIX CHARMANTE ET	21	095
LA FAUSSE MONNAIE	28	000
LA FEE COURROUCEE, EN LUI TOURNANT LE DOS; ET	20	081
LA FEE POUVAIT ETRE EMBARRASSEE; CAR IL NE	20	062
LA FEE QUI ETAIT LE PLUS A SA PORTEE; S'ECRIA:	20	058
LA FEMME AIMEE, A LA SOEUR D'ELECTION? OUI,	18	026
LA FEMME MERITAT UNE AUTRE DESTINEE.	11	050
LA FEMME QU'ILS NE CONNAISSENT PAS, LES FLEURS	37	030
LA FEMME SAUVAGE ET LA PETITE-MAITRESSE	11	000
LA FEMME, VEUX-JE DIRE. ''ALLONS! UN BON COUP	11	034
LA FENETRE OUVERTE DE LA SALLE A MANGER JE	44	002
LA FENETRE OUVERTE, LA PAUVRE FEMME SAISIT MON	30	108
LA FENETRE PENDANT QUE TU DORMAIS DANS TON	37	001
LA FENETRE, COMME UNE BOUTEILLE VIDE.''	11	074
LA FENETRE, HELAS! (OBSERVEZ, JE VOUS PRIE,	09	052
LA FENETRE. IL ME SEMBLE QUE JE SERAIS	48	004
LA FICELLE ET PAR QUEL COMMERCE ELLE ENTENDAIT	30	135
LA FICELLE. ''ENFIN! ENFIN! TOUT ETAIT	30	115
LA FIOLE DE LAUDANUM! UNE VIEILLE ET TERRIBLE	05	067
LA FIT ARRETER DANS LE VOISINAGE D'UN TIR,	43	001
LA FLAMME TRAVERSE LE CREPUSCULE; SES SUBTILES	05	027
LA FLECHE D'UN ARC. LE MORALISTE ET LE	09	012
LA FOIS ERAILLES ET SOMPTUEUX, COIFFES COMME	50	087
LA FOIS IMPERIEUX ET DEGINGANDE, ET SES YEUX,	21	088
LA FOIS L'HONNEUR DU SON SEXE, L'ORGUEIL DE	16	013
LA FOIS LA CHARITE ET UNE BONNE AFFAIRE!	28	049
LA FOIS LES OREILLES ET LES COEURS. ET DE	27	129
LA FOIS RICHE ET FANEE, QUI FAIT PENSER AUX	50	117
LA FOIS TRAGIQUE ET SOURIANT, NI CES BELLES	21	054
LA FOIS, ET QU'ON DEVIENDRAIT COMME FOU SI ON	31	091
LA FOIS, MON AUREOLE, DANS UN MOUVEMENT	46	009
LA FOIS, POUR L'HOMME SENSIBLE QUI SAIT Y	28	013
LA FOIS! OU TOUT VOUS RESSEMBLE, MON CHER	18	013
LA FOIS. --J'AURAIS PU FAIRE MA FORTUNE EN LA	42	096
LA FORCE DE VOULOIR, LE DESIR DE VOYAGER OU DE	41	014
LA FORET, OU J'AI COMPRIS SEULEMENT ALORS	31	104
LA FORME IMITE ASSEZ VAGUEMENT LA VOTRE. ''CE	11	020
LA FORTUNE FUT ADJUGEE A L'HERITIER UNIQUE	20	041
LA FOSSE DE L'IDEAL.	38	025
LA FOUDRE. ET, IVRE DE MA FOLIE, JE LUI CRIAI	09	087
LA FOULE CONNAIT DES JOUISSANCES FIEVREUSES,	12	019
LA FOULE DE PARIAS QUI SE PRESSENT AUTOUR DE	13	061
LA FOULE DES SOLLICITEURS ETAIT GRANDE, ET LE	20	020
LA FOULE DU BOULEVARD, JE ME SUIS SENTI FROLE	29	001
LA FOULE EST UN ART; ET CELUI-LA SEUL PEUT	12	002
LA FOULE ET LES LUMIERES, DONT LE FLOT MOUVANT	14	063

POEM	LINE		
09	041	ET L'EMBRASSERA AVEC ENTHOUSIASME DEVANT	LA FOULE ETONNEE. POURQUOI? PARCE QUE... PARCE
31	100	LEUR MUSIQUE DE SAUVAGES, MEME APRES QUE	LA FOULE S'EST DISPERSEE. ENFIN ILS ONT
23	035	A TOUS CEUX QUI COURENT S'OUBLIER DANS	LA FOULE, CRAIGNANT SANS DOUTE DE NE POUVOIR
13	051	DANS UN JARDIN, POUR ENTENDRE, LOIN DE	LA FOULE, UN DE CES CONCERTS DONT LA MUSIQUE
04	021	PARUT CONCENTRER EN LUI TOUT L'ESPRIT DE	LA FRANCE.
30	103	MES YEUX SE TOURNAIENT VERS	LA FUNEBRE ARMOIRE, JE M'APERCUS, AVEC UN
30	128	A OBTENIR DE MOI UN MORCEAU DE	LA FUNESTE ET BEATIFIQUE CORDE. PARMI LES
21	029	EST MON SANG, UN PARFAIT CORDIAL!'' DANS	LA GAUCHE, UN VIOLON QUI LUI SERVAIT SANS
21	033	ANNEAUX D'UNE CHAINE D'OR ROMPUE, ET QUAND	LA GENE QUI EN RESULTAIT LA FORCAIT A BAISSER
14	080	DU VIEIL HOMME DE LETTRES QUI A SURVECU A	LA GENERATION DONT IL FUT LE BRILLANT AMUSEUR;
40	002	EPOUVANTABLE ENTRE ET SE REGARDE DANS	LA GLACE. ''—POURQUOI VOUS REGARDEZ-VOUS AU
21	000	LES TENTATIONS OU EROS, PLUTUS ET	LA GLOIRE
27	087	ETRANGE AMALGAME, LES RAYONS DE L'ART ET	LA GLOIRE DU MARTYRE. FANCIOULLE INTRODUISAIT,
38	003	LE DESIR DE LA GRANDEUR, DE LA BEAUTE, DE	LA GLOIRE ET DE TOUT CE QUI FAIT CROIRE A
11	047	PEUT-ETRE, LES JOUISSANCES TITILLANTES DE	LA GLOIRE NE LUI SOIENT PAS INCONNUES. IL Y A
31	137	SCANDALISER SES PROCHES ET GRAVITER VERS	LA GLOIRE OU VERS LE DESHONNEUR.
26	027	ET TOUTE LA MYTHOLOGIE MISES AU SERVICE DE	LA GOINFRERIE. DROIT DEVANT NOUS, SUR LA
37	027	AUX YEUX VERTS DONT J'AI SERRE AUSSI	LA GORGE DANS MES CARESSES NOCTURNES; DE
37	011	ET ELLE T'A SI TENDREMENT SERREE A	LA GORGE QUE TU EN AS GARDE POUR TOUJOURS
42	140	NE ME SUIS—JE PAS RETENU DE LUI SAUTER A	LA GORGE, EN LUI CRIANT: ''SOIS DONC
49	049	DE SON HABIT, DE L'AUTRE, JE L'EMPOIGNAI A	LA GORGE, ET JE ME MIS A LUI SECOUER
10	042	ET VOUS, SEIGNEUR MON DIEU! ACCORDEZ-MOI	LA GRACE DE PRODUIRE QUELQUES BEAUX VERS QUI
29	055	CREATION ET DE SA FUTURE DESTRUCTION; DE	LA GRANDE IDEE DU SIECLE, C'EST-A-DIRE DU
19	037	BARREAUX SYMBOLIQUES SEPARANT DEUX MONDES,	LA GRANDE ROUTE ET LE CHATEAU, L'ENFANT PAUVRE
13	094	D'ELLE, JE CRUS EN DEVINER LA RAISON.	LA GRANDE VEUVE TENAIT PAR LA MAIN UN ENFANT
03	012	PAR MOI, OU JE PENSE PAR ELLES (CAR DANS	LA GRANDEUR DE LA REVERIE, LE MOI SE PERD
38	003	ET DONT LES YEUX REPANDAIENT LE DESIR DE	LA GRANDEUR, DE LA BEAUTE, DE LA GLOIRE ET DE
24	016	TOUT EN ANALYSANT DES YEUX LES DETAILS DE	LA GRAVURE, IL CONTINUAIT MENTALEMENT: ''AU
19	016	DEFIER DE L'HOMME. SUR UNE ROUTE, DERRIERE	LA GRILLE D'UN VASTE JARDIN, AU BOUT DUQUEL
19	030	CE QU'IL REGARDAIT: DE L'AUTRE COTE DE	LA GRILLE, SUR LA ROUTE, ENTRE LES CHARDONS ET
50	099	LES INJUSTICES D'UN DIRECTEUR QUI SE FAIT	LA GROSSE PART ET MANGE A LUI SEUL PLUS DE
11	069	MAINTENANT; COMME VOUS SAVEZ BIEN), GARE	LA GRUE QUI VOUS CROQUERA, VOUS GOBERA ET VOUS
47	122	L'HORREUR POUR CONVERTIR MON COEUR, COMME	LA GUERISON AU BOUT D'UNE LAME; SEIGNEUR, AYEZ
12	005	LE GOUT DU TRAVESTISSEMENT ET DU MASQUE,	LA HAINE DU DOMICILE ET LA PASSION DU VOYAGE.
15	006	LES PASSIONS VULGAIRES, TELLES QUE	LA HAINE ET L'AMOUR PROFANE, M'APPARAISSAIENT
48	018	DU MOUVEMENT, VEUX-TU VENIR HABITER	LA HOLLANDE, CETTE TERRE BEATIFIANTE?
18	085	DE TA BELLE AME; —ET QUAND, FATIGUES PAR	LA HOULE ET GORGES DES PRODUITS DE L'ORIENT,
41	007	NAVIRES, AU GREEMENT COMPLIQUE, AUXQUELS	LA HOULE IMPRIME DES OSCILLATIONS
03	010	EXISTENCE, MELODIE MONOTONE DE	LA HOULE, TOUTES CES CHOSES PENSENT PAR MOI,
24	022	DOMAINE, DES BOUTS DE MATS BALANCES PAR	LA HOULE....., AUTOUR DE NOUS, AU DELA DE LA
27	119	D'UN FEU INTERIEUR SEMBLABLE A CELUI DE	LA JALOUSIE ET DE LA RANCUNE, MEME ENFANT
07	002	PAME SOUS L'OEIL BRULANT DU SOLEIL, COMME	LA JEUNESSE SOUS LA DOMINATION DE L'AMOUR.
47	028	RAPPELLERA L'HOPITAL ET LE BON TEMPS DE	LA JEUNESSE. —AH CA! OU DONC AVEZ-VOUS GAGNE
15	071	SPECTACLE M'AVAIT EMBRUME LE PAYSAGE, ET	LA JOIE CALME OU S'EBAUDISSAIT MON AME AVANT
22	017	''C'EST ICI LA PAIX MAINTENANT; C'EST ICI	LA JOIE DE LA FAMILLE!'' JE PUIS, QUAND LE
13	013	L'INSINUAIS TOUT A L'HEURE; C'EST SURTOUT	LA JOIE DES RICHES. CETTE TURBULENCE DANS LE
13	073	CHOSE INTERESSANTE QUE CE REFLET DE	LA JOIE DU RICHE AU FOND DE L'OEIL DU PAUVRE.
27	104	D'ART VIVANT. LES EXPLOSIONS DE	LA JOIE ET DE L'ADMIRATION EBRANLERENT A
20	005	DU DESTIN, TOUTES CES MERES BIZARRES DE	LA JOIE ET DE LA DOULEUR, ETAIENT FORT
42	006	NON MECONNAISSABLE DES VETERANS DE	LA JOIE, CET INDESCRIPTIBLE JE NE SAIS QUOI,
14	052	TROP BIEN ENCORE LA DETRESSE. PARTOUT	LA JOIE, LE GAIN, LA DEBAUCHE; PARTOUT LA
42	062	M'AVAIT, EN CES DERNIERS TEMPS, OCTROYE	LA JOUISSANCE D'UNE FEMME QUI ETAIT BIEN LA
18	073	COMPTONS-NOUS D'HEURES REMPLIES PAR	LA JOUISSANCE POSITIVE, PAR L'ACTION REUSSIE
09	093	QUI A TROUVE DANS UNE SECONDE L'INFINI DE	LA JOUISSANCE?
22	030	INDULGENT ET SOCIABLE ENCORE PENDANT	LA JOURNEE, IL ETAIT IMPITOYABLE LE SOIR; ET
22	002	LES PAUVRES ESPRITS FATIGUES DU LABEUR DE	LA JOURNEE; ET LEURS PENSEES PRENNENT
10	011	HORRIBLE VILLE! HORRIBLE VILLE! RECAPITULONS	LA JOURNEE: AVOIR VU PLUSIEURS HOMMES DE
20	034	PAS QU'IL EN SOIT DE MEME QUELQUEFOIS DANS	LA JUSTICE HUMAINE. NOUS SERIONS NOUS-MEMES,
20	032	ET A LEURS CHERES PANTOUFLES. SI, DANS	LA JUSTICE SURNATURELLE, IL Y A UN PEU DE
13	053	LE PEUPLE PARISIEN. C'ETAIT SANS DOUTE	LA LAITIERE OU DU BOULANGER, ET QUI
50	076	ATTELES A LA CHARRETTE DU BOUCHER, DE	LA LAITIERE OU DU BOULANGER, ET QUI
34	011	DE DORMIR UN SOMMEIL SECOUE PAR	LA LAME, TROUBLE PAR UN VENT QUI RONFLE PLUS
24	033	FILAOS! OUI, EN VERITE, C'EST BIEN	LA LE DECOR QUE JE CHERCHAIS. QU'AI-JE A FAIRE
48	035	C'EST POSSIBLE! INSTALLONS-NOUS AU POLE.	LA LE SOLEIL NE FRISE QU'OBLIQUEMENT LA TERRE,
49	041	LE PROUVE, ET CELUI-LA SEUL EST DIGNE DE	LA LIBERTE, QUI SAIT LA CONQUERIR.''
47	118	LE MAITRE; VOUS QUI AVEZ FAIT LA LOI ET	LA LIBERTE; VOUS, LE SOUVERAIN QUI LAISSEZ
32	012	OU ECLATANTES. NE DIRAIT-ON PAS QUE	LA LIGNE COURBE ET LA SPIRALE FONT LEUR COUR A
32	013	COURBE ET LA SPIRALE FONT LEUR COUR A	LA LIGNE DROITE ET DANSENT AUTOUR DANS UNE
31	037	LONGTEMPS TOURNE DU MEME COTE, FIXANT SUR	LA LIGNE QUI SEPARE LA TERRE DU CIEL DES YEUX
18	084	REFLECHISSANT LES PROFONDEURS DU CIEL DANS	LA LIMPIDITE DE TA BELLE AME; —ET QUAND,
27	125	D'UN SOURIRE; ET PUIS IL QUITTA VIVEMENT	LA LOGE PRINCIERE, COMME POUR S'ACQUITTER
20	080	SI COMMUNS, INCAPABLES DE S'ELEVER JUSQU'A	LA LOGIQUE DE L'ABSURDE. ''PARCE QUE! PARCE
47	118	VOUS, LE MAITRE; VOUS QUI AVEZ FAIT	LA LOI ET LA LIBERTE; VOUS, LE SOUVERAIN QUI
20	069	ONDINS ET LES ONDINES, —JE VEUX PARLER DE	LA LOI QUI CONCEDE AUX FEES, DANS UN CAS
40	011	DOUTE RAISON! MAIS, AU POINT DE VUE DE	LA LOI, IL N'AVAIT PAS TORT.
05	047	HUISSIER QUI VIENT ME TORTURER AU NOM DE	LA LOI; UNE INFAME CONCUBINE QUI VIENT CRIER
21	057	HOMME VASTE, A GROS VISAGE SANS YEUX, DONT	LA LOURDE BEDAINE SURPLOMBAIT LES CUISSES, ET
09	063	DISCORDANT, MONTA JUSQU'A MOI A TRAVERS	LA LOURDE ET SALE ATMOSPHERE PARISIENNE. IL ME
22	040	SES TENEBRES DANS LEUR GORGE! FAIT	LA LUMIERE ET LE MIEN! ET, BIEN QU'IL NE
48	036	LA TERRE, ET LES LENTES ALTERNATIVES DE	LA LUMIERE ET DE LA NUIT SUPPRIMENT LA VARIETE
45	013	OU REGNAIT UN SI RICHE SOLEIL. EN EFFET,	LA LUMIERE ET LA CHALEUR Y FAISAIENT RAGE; ET
36	013	POUVAIT CONCEVOIR UN ASTRE NOIR VERSANT	LA LUMIERE ET LE BONHEUR. MAIS ELLE FAIT PLUS
48	014	SELON TON GOUT; UN PAYSAGE FAIT AVEC	LA LUMIERE ET LE MINERAL, ET LE LIQUIDE POUR
25	008	HEURE SOUS L'IMMENSE AZUR, ET FAISANT SUR	LA LUMIERE UNE TACHE ECLATANTE ET NOIRE. ELLE
25	015	POINTUE. SON OMBRELLE ROUGE, TAMISANT	LA LUMIERE, PROJETE SUR SON VISAGE SOMBRE LE
37	000	LES BIENFAITS DE	LA LUNE
36	020	VISITANT LE SOMMEIL DES HOMMES PURS, MAIS	LA LUNE ARRACHEE DU CIEL, VAINCUE ET REVOLTEE,
36	016	DE SA REDOUTABLE INFLUENCE; NON PAS	LA LUNE BLANCHE DES IDYLLES, QUI RESSEMBLE A
36	019	PAR LES NUEES QUI COURENT; NON PAS	LA LUNE PAISIBLE ET DISCRETE VISITANT LE
37	013	CEPENDANT, DANS L'EXPANSION DE SA JOIE,	LA LUNE REMPLISSAIT TOUTE LA CHAMBRE, COMME
36	017	QUI RESSEMBLE A UNE FROIDE MARIEE, MAIS	LA LUNE SINISTRE ET ENIVRANTE, SUSPENDUE AU

		POEM	LINE
HABITES PAR LE CAPRICE ET INSPIRES PAR	LA LUNE, QUAND VOUS ME DITES: ''CES GENS-LA ME	26	054
	LA LUNE, QUI EST LE CAPRICE MEME, REGARDA PAR	37	001
MAIS ELLE FAIT PLUS VOLONTIERS PENSER A	LA LUNE, QUI SANS DOUTE L'A MARQUEE DE SA	36	014
DE LA VIE, UN REPIT DANS LA CONTENTION ET	LA LUTTE UNIVERSELLES. L'HOMME DU MONDE	14	012
OU BRILLANTS DES DERNIERS ECLAIRS DE	LA LUTTE, DANS CES RIDES PROFONDES ET	13	019
UN DE CES MATS AERIENS QUI ANNONCENT QUE	LA MACONNERIE EST ACHEVEE. N'EST-IL PAS JUSTE	50	092
ETAIT DOUBLEMENT VRAIE, D'ABORD PAR	LA MAGIE DU LUXE ETALE, ENSUITE PAR L'INTERET	27	063
VIEILLISSENT PLUS, ET DONT LA BEAUTE GARDE	LA MAGIE PENETRANTE DES RUINES. ELLE AVAIT	21	087
DE CHACUN? --ET IL OFFRIT GALAMMENT	LA MAIN A SA CHERE, DELICIEUSE ET EXECRABLE	43	006
QUE PEUT ENGENDRER UNE PIECE FAUSSE DANS	LA MAIN D'UN MENDIANT. NE POUVAIT-ELLE PAS SE	28	031
TOUT ENTIER AVEC UN BRAS, ET, AVEC	LA MAIN DE L'AUTRE BRAS, COUPER LA CORDE. MAIS	30	061
POETIQUE, C'EST UN EMBLEME SACERDOTAL DANS	LA MAIN DES PRETRES ET DES PRETRESSES	32	002
MISERE! JE SENTIS MA GORGE SERREE PAR	LA MAIN TERRIBLE DE L'HYSTERIE, ET IL ME	14	065
LA RAISON. LA GRANDE VEUVE TENAIT PAR	LA MAIN UN ENFANT COMME ELLE VETU DE NOIR; SI	13	094
CELUI QUI CRIE A TUE-TETE, UN BATON A	LA MAIN, EST UN MARI. IL A ENCHAINE SA FEMME	11	024
MUSE, ET LUI BAISANT RESPECTUEUSEMENT	LA MAIN, IL AJOUTA: ''AH! MON CHER ANGE,	43	021
TRESORS DU MONDE Y AFFLUENT, COMME DANS	LA MAISON D'UN HOMME LABORIEUX ET QUI A BIEN	18	051
LA BONNE FEMME DECREPITE, ET REMPLISSAIT	LA MAISON DE SES GLAPISSEMENTS. ALORS LA BONNE	02	009
QUE CELLES QUI VIENNENT NOUS VOIR A	LA MAISON, ET, QUOIQUE AVEC LEURS GRANDS YEUX	31	015
ET MON ETONNEMENT QUAND, RENTRANT A	LA MAISON, LE PREMIER OBJET QUI FRAPPA MON	30	049
''VOUS SAVEZ QUE JE NE M'AMUSE GUERE A	LA MAISON; ON NE ME MENE JAMAIS AU SPECTACLE;	31	075
JE NE SUIS PAS FAIT POUR EPOUSER	LA MAITRESSE DE CERTAINS QUE JE NE VEUX PAS	21	111
LES CONTROLEURS LUI PARAISSENT INVESTIS DE	LA MAJESTE DE MINOS, D'EAQUE ET DE	09	038
CREATURE RIAIT FOLLEMENT, SE MOQUANT DE	LA MALADRESSE DE SON EPOUX, CELUI-CI SE TOURNA	43	012
ET D'OU MONTENT LES CHANTS MONOTONES DE	LA MANOEUVRE, CE SONT MES PENSEES QUI DORMENT	18	081
EN UNE LUGUBRE HARMONIE, COMME CELLE DE	LA MAREE QUI MONTE OU D'UNE TEMPETE QUI	22	009
ET MONOTONE ACCOMPAGNEMENT, ET QUE	LA MARMITE DE FER, OU CUIT UN RAGOUT DE CRABES	25	044
PRETENDENT QUE L'HOMME EST NE BON;-- QUAND	LA MATIERE INCURABLE RENOUVELANT SES	15	026
DES AMES, ET TU SERAS LE MAITRE DE	LA MATIERE VIVANTE, PLUS ENCORE QUE LE	21	040
LES TRONES; SI L'ESPRIT REMUAIT	LA MATIERE, ET SI L'OEIL D'UN MAGNETISEUR	49	023
ELLE NE SE PLAIGNIT EN AUCUNE FACON DE	LA MAUVAISE REPUTATION DONT ELLE JOUIT DANS	29	067
FAITS D'UNE AUTRE PATE QUE LES ENFANTS DE	LA MEDIOCRITE OU DE LA PAUVRETE. A COTE DE	19	023
QUE L'AUTRE N'ETAIT PAS DE SON AVIS DANS	LA MEME AFFAIRE! COMME ON RIAIT DE CA A	47	059
DEUX YEUX, ME CASSA QUATRE DENTS, ET, AVEC	LA MEME BRANCHE D'ARBRE, ME BATTIT DRU COMME	49	067
ET, BIEN QU'IL NE SOIT PAS RARE DE VOIR	LA MEME CAUSE ENGENDRER DEUX EFFETS	22	041
TALENTS DE FANCIOULLE, NI S'ELEVER JUSQU'A	LA MEME FAVEUR.	27	150
FOIS DU SPECTACLE DE LA COMEDIE. DANS	LA MEME NUIT ILS FURENT EFFACES DE LA VIE.	27	145
AVOIR DISTRIBUE DES POIGNEES DE MAINS DANS	LA MEME PROPORTION, ET CELA SANS AVOIR PRIS LA	10	030
FAIRE LES MEMES CHOSES, ET DE PARLER AVEC	LA MEME VOIX...'' L'UN DES QUATRE ENFANTS, QUI	31	021
TOUJOURS L'HEURE DISTINCTEMENT, TOUJOURS	LA MEME, UNE HEURE VASTE, SOLENNELLE, GRANDE	16	017
FAMEUX ANE QUI T'ACCOMPAGNE TOUJOURS DANS	LA MEMOIRE DE LA POSTERITE! ET SURTOUT QUE CET	50	011
LES DUELS CONVENUS FURENT RAYES DE	LA MEMOIRE, ET LES RANCUNES S'ENVOLERENT COMME	34	030
OU ATTRISTE, DE CETTE CUVE IMMENSE DE	LA MER DONT LES BORDS NE SE LAISSENT QU'A	34	022
ET TRISTES, AU FOND DESQUELS ON VOIT	LA MER ET LE CIEL, DES HOMMES ET DES FEMMES,	31	007
L'EAU, LES NUAGES, LE SILENCE ET LA NUIT;	LA MER IMMENSE ET VERTE; L'EAU INFORME ET	37	019
NOCTURNES; DE CEUX-LA QUI AIMENT LA MER,	LA MER IMMENSE, TUMULTUEUSE ET VERTE, L'EAU	37	028
ET TERRIBLE! LE SABLE EST EBLOUISSANT ET	LA MER MIROITE, LE MONDE STUPEFIE S'AFFAISSE	25	002
TON SEIN. TU LES CONDUIS DOUCEMENT VERS	LA MER QUI EST L'INFINI, TOUT EN REFLECHISSANT	18	083
LIMPIDITE M'EXASPERE. L'INSENSIBILITE DE	LA MER, L'IMMUABILITE DU SPECTACLE ME	03	022
CARESSES NOCTURNES; DE CEUX-LA QUI AIMENT	LA MER, LA MER IMMENSE, TUMULTUEUSE ET VERTE,	37	028
DES NUAGES, LES COLORATIONS CHANGEANTES DE	LA MER, LE SCINTILLEMENT DES PHARES, SONT UN	41	004
GRANDS EVENTAILS DE PLUMES; PENDANT QUE	LA MER, QUI BAT LA PLAGE A CENT PAS DE LA,	25	041
IL CONTINUAIT MENTALEMENT: ''AU BORD DE	LA MER, UNE BELLE CASE EN BOIS, ENVELOPPEE DE	24	017
NE JAMAIS REMONTER SUR LES HAUTES LAMES DE	LA MER. IL Y AVAIT LA DES VISAGES ETRANGES	29	022
SON REGARD DANS L'IMMENSITE DU CIEL ET DE	LA MER! SOLITUDE, SILENCE, INCOMPARABLE	03	007
M'OCCUPAIS DES DERNIERS PREPARATIFS; QUAND	LA MERE ENTRA DANS MON ATELIER. ELLE VOULAIT,	30	096
CE COURAGE. MAIS, A MON GRAND ETONNEMENT,	LA MERE FUT IMPASSIBLE, PAS UNE LARME NE	30	086
DANS MON CERVEAU, ET JE COMPRIS POURQUOI	LA MERE TENAIT TANT A M'ARRACHER LA FICELLE ET	30	134
ET QUI, JE NE SAIS POURQUOI, EXCITAIT	LA MIENNE, AU POINT QUE J'EUS UN INSTANT	31	131
MON AMI FUT BEAUCOUP PLUS CONSIDERABLE QUE	LA MIENNE, ET JE LUI DIS: ''VOUS AVEZ RAISON;	28	019
LES TRIVIALITES DE SA VIE AUX DOULEURS DE	LA MIENNE; OU BIEN LE SAUTE-RUISSEAU D'UN	05	049
DROITE, QUI PORTE LE NEZ EN L'AIR ET QUI A	LA MINE SI HAUTAINE. EH BIEN! CHER ANGE, JE ME	43	015
L'EXPLOSION FRENETIQUE DE LA VITALITE. ICI	LA MISERE ABSOLUE, LA MISERE AFFUBLEE, POUR	14	054
DE LA VITALITE. ICI LA MISERE ABSOLUE,	LA MISERE AFFUBLEE, POUR COMBLE D'HORREUR, DE	14	054
''JE N'AI BESOIN, POUR MA JOUISSANCE, DE	LA MISERE DE PERSONNE; ET JE NE VEUX PAS D'UNE	21	080
REPRESENTANT LES FORMES NOMBREUSES DE	LA MISERE UNIVERSELLE. IL Y AVAIT DE PETITS	21	061
IL LE NETTOYAIT DE LA REPUGNANTE PATINE DE	LA MISERE. A TRAVERS CES BARREAUX SYMBOLIQUES	19	035
ET JE M'ETAIS ENTOURE DES LIVRES A	LA MODE DANS CE TEMPS-LA (IL Y A SEIZE OU	49	002
AUCUN N'EN VOULANT SANS DOUTE SACRIFIER	LA MOITIE POUR SON FRERE. LE PREMIER,	15	051
AVAIT AUSSI, DANS LES LIGNES DE SON CORPS,	LA MOLLESSE DES ANCIENS BACCHUS. SES BEAUX	21	012
NUIT SUPPRIMENT LA VARIETE ET AUGMENTENT	LA MONOTONIE, CETTE MOITIE DU NEANT. LA, NOUS	48	037
LE FOURNIMENT D'UN FANTASSIN ROMAIN. MAIS	LA MONSTRUEUSE BETE N'ETAIT PAS UN POIDS	06	008
DU CREPUSCULE. CEPENDANT DU HAUT DE	LA MONTAGNE ARRIVE A MON BALCON, A TRAVERS LES	22	005
LE COEUR CONTENT, JE SUIS MONTE SUR	LA MONTAGNE D'OU L'ON PEUT CONTEMPLER LA VILLE	51	001
NOUS ARRIVE DU NOIR HOSPICE PERCHE SUR	LA MONTAGNE; ET, LE SOIR; EN FUMANT ET EN	22	014
LA FOIS. --J'AURAIS PU FAIRE MA FORTUNE EN	LA MONTRANT DANS LES FOIRES COMME MONSTRE	42	097
SA LEGITIME COMME UNE BETE, ET IL	LA MONTRE DANS LES FAUBOURGS, LES JOURS DE	11	026
INDIFFERENT RELATIVEMENT AUX HOMMES ET A	LA MORALE, VERITABLE ARTISTE LUI-MEME, IL NE	27	021
LA BOUE, A TRAVERS CE CHAOS MOUVANT OU	LA MORT ARRIVE AU GALOP DE TOUS LES COTES A LA	46	008
POUR CE QUI AVAIT SERVI D'INSTRUMENT A	LA MORT DE SON FILS, ET LE VOULAIT GARDER	30	113
ET RENOUVELEE; ET, DE LA NAISSANCE A	LA MORT, COMBIEN COMPTONS-NOUS D'HEURES	18	072
DANS L'ATMOSPHERE DES ARDENTS PARFUMS DE	LA MORT, IL ENTENDIT UNE VOIX CHUCHOTER SOUS	45	023
ET COMBIEN TOUT EST NEANT, EXCEPTE	LA MORT, VOUS NE VOUS FATIGUERIEZ PAS TANT,	45	032
BEAUTE, JE ME SENTAIS ABATTU JUSQU'A	LA MORT; ET C'EST POURQUOI, QUAND CHACUN DE	34	042
VERS LES PAYS QUI SONT LES ANALOGIES DE	LA MORT. -- JE TIENS NOTRE AFFAIRE, PAUVRE	48	031
L'ETRANGE BOUFFON, QUI BOUFFONNAIT SI BIEN	LA MORT. A UN CERTAIN MOMENT, JE VIS SON	27	121
L'ART DE TUER AUPRES DU SANCTUAIRE DE	LA MORT! SI VOUS SAVIEZ COMME LE PRIX EST	45	030
BERCE PAR DES SENSATIONS DE SERRE CHAUDE.	LA MOUSSELINE PLEUT ABONDAMMENT DEVANT LES	05	021
LEVRES, SON IMMORTEL MACARON!'' ARRIERE	LA MUSE ACADEMIQUE! JE N'AI QUE FAIRE DE CETTE	50	014
FAIRE DE CETTE VIEILLE BEGUEULE. J'INVOQUE	LA MUSE FAMILIERE, LA CITADINE, LA VIVANTE,	50	015
CELUI QUI PARLE, COMME ON ECOUTERAIT DE	LA MUSIQUE DE DANSE. ''TOUS LES HOMMES, DISAIT	42	014

POEM	LINE		
13	051	LOIN DE LA FOULE, UN DE CES CONCERTS DONT	LA MUSIQUE DES REGIMENTS GRATIFIE LE PEUPLE
31	110	LA RECETTE: ''CES GENS-LA NE SENTENT PAS	LA MUSIQUE, ET LEURS FEMMES DANSENT COMME DES
31	089	FAIT BRILLANTS PENDANT QU'ILS FAISAIENT DE	LA MUSIQUE; UNE MUSIQUE SI SURPRENANTE QU'ELLE
13	067	FEIGNANT DE DEGUSTER INDOLEMMENT	LA MUSIQUE. ICI RIEN QUE DE RICHE, D'HEUREUX;
17	009	PARFUM COMME L'AME DES AUTRES HOMMES SUR	LA MUSIQUE. TES CHEVEUX CONTIENNENT TOUT UN
26	026	PANACHEES; TOUTE L'HISTOIRE ET TOUTE	LA MYTHOLOGIE MISES AU SERVICE DE LA
18	071	SECRETEE ET RENOUVELEE; ET, DE	LA NAISSANCE A LA MORT, COMBIEN COMPTONS-NOUS
28	026	HEURES (DE QUELLE FATIGANTE FACULTE	LA NATURE M'A FAIT CADEAU!) ENTRA SOUDAINEMENT
50	003	CE N'EST PAS L'AME DE CE PEINTRE DE	LA NATURE POMPEUSE QUE J'APPELLERAI A MON
18	053	SUPERIEUR AUX AUTRES, COMME L'ART L'EST A	LA NATURE, OU CELLE-CI EST REFORMEE PAR LE
14	056	COMBLE D'HORREUR, DE HAILLONS COMIQUES, OU	LA NECESSITE, BIEN PLUS QUE L'ART, AVAIT
50	037	EST MERVEILLEUSEMENT AIGUILLONNE PAR	LA NECESSITE, CETTE SI BONNE MERE, CETTE VRAIE
27	116	SANS CESSE A SA PALEUR HABITUELLE, COMME	LA NEIGE S'AJOUTE A LA NEIGE. SES LEVRES SE
50	053	D'AMOUR. A TRAVERS LA BRUME, A TRAVERS	LA NEIGE, A TRAVERS LA CROTTE, SOUS LA
27	117	HABITUELLE, COMME LA NEIGE S'AJOUTE A	LA NEIGE. SES LEVRES SE RESSERRAIENT DE PLUS
50	032	D'INTELLIGENCE POUR JOUER AU DOMINO! A	LA NICHE, TOUS CES FATIGANTS PARASITES! QU'ILS
13	076	ET D'INDIENNE, J'APERCUS UN ETRE DONT	LA NOBLESSE FAISAIT UN ECLATANT CONTRASTE AVEC
47	058	X.: ''CE MONSTRE QUI PORTE SUR SON VISAGE	LA NOIRCEUR DE SON AME!'' TOUT CELA, PARCE QUE
29	048	LE PARFUM INCOMPARABLES DONNAIENT A L'AME	LA NOSTALGIE DE PAYS ET DE BONHEURS INCONNUS,
37	038	DIVINITE, DE LA FATIDIQUE MARRAINE, DE	LA NOURRICE EMPOISONNEUSE DE TOUS LES
42	098	LES FOIRES COMME MONSTRE POLYPHAGE. JE	LA NOURRISSAIS BIEN; ET CEPENDANT ELLE M'A
11	037	DARDE DES YEUX TERRIBLES DE CONVOITISE SUR	LA NOURRITURE ENLEVEE. GRAND DIEU! LE BATON
30	008	MOITIE DE SURPRISE AGREABLE DEVANT	LA NOUVEAUTE, DEVANT LE FAIT REEL. S'IL EXISTE
17	027	DU TABAC MELEE A L'OPIUM ET AU SUCRE; DANS	LA NUIT DE TA CHEVELURE, JE VOIS RESPLENDIR
21	002	DIABLESSE, NON MOINS EXTRAORDINAIRE, ONT	LA NUIT DERNIERE MONTE L'ESCALIER MYSTERIEUX
13	063	PUBLIC. L'ORCHESTRE JETTE A TRAVERS	LA NUIT DES CHANTS DE FETE, DE TRIOMPHE OU DE
22	012	PRENNENT, COMME LES HIBOUX, LA VENUE DE	LA NUIT POUR UN SIGNAL DE SABBAT? CETTE
31	134	INCONNU. LE SOLEIL S'ETAIT COUCHE.	LA NUIT SOLENNELLE AVAIT PRIS PLACE. LES
48	037	LENTES ALTERNATIVES DE LA LUMIERE ET DE	LA NUIT SUPPRIMENT LA VARIETE ET AUGMENTENT LA
24	030	DES PETITES NEGRESSES.....; ET	LA NUIT, POUR SERVIR D'ACCOMPAGNEMENT A MES
16	015	ET LE PARFUM DE MON ESPRIT, QUE CE SOIT	LA NUIT, QUE CE SOIT LE JOUR, DANS LA PLEINE
22	039	ENVIE DE DISTINCTIONS IMAGINAIRES.	LA NUIT, QUI METTAIT SES TENEBRES DANS LEUR
37	019	M'AIME: L'EAU, LES NUAGES, LE SILENCE ET	LA NUIT; LA MER IMMENSE ET VERTE; L'EAU
22	065	BIEN SUR SOUS LE DEUIL PROFOND DE	LA NUIT.
10	038	DERRIERE LA VOYAGEUR EMPORTE DANS	LA NUIT. AMES DE CEUX QUE J'AI AIMES, AMES DE
36	005	DE SUITE; L'EXPERIENCE MANQUA! MAIS, A	LA NUIT. COMME IL Y A LONGTEMPS DEJA QU'ELLE A
21	008	QUI SE DETACHAIENT AINSI DU FOND OPAQUE DE	LA NUIT. ILS AVAIENT L'AIR SI FIER ET SI PLEIN
09	024		LA ONZIEME, ELLE REUSSIT BEAUCOUP TROP BIEN.
48	005	IL ME SEMBLE QUE JE SERAIS TOUJOURS BIEN	LA OU JE NE SUIS PAS, ET CETTE QUESTION DE
31	082	TOUJOURS QUE JE SERAIS MIEUX AILLEURS QUE	LA OU JE SUIS. EH BIEN! J'AI VU, A LA DERNIERE
22	016	DONT CHAQUE FENETRE DIT: ''C'EST ICI	LA PAIX MAINTENANT; C'EST ICI LA JOIE DE LA
50	074	ET SANS PORTEFEUILLES. CONNAISSEZ-VOUS	LA PARESSEUSE BELGIQUE? ET AVEZ-VOUS ADMIRE
25	035	QUEL PUISSANT MOTIF FAIT DONC ALLER AINSI	LA PARESSEUSE DOROTHEE, BELLE ET FROIDE COMME
30	105	COLERE, QUE LE CLOU ETAIT RESTE FICHE DANS	LA PAROI, AVEC UN LONG BOUT DE CORDE QUI
29	081	EN BEAUCOUP DE CAS, D'INSPIRER LA PLUME,	LA PAROLE ET LA CONSCIENCE DES PEDAGOGUES, ET
23	021	NE LEUR COUPASSENT INTEMPESTIVEMENT	LA PAROLE. JE NE LES PLAINS PAS, PARCE QUE JE
27	025	MONDE LUI AURAIENT CERTAINEMENT ATTIRE, DE	LA PART D'UN HISTORIEN SEVERE, L'EPITHETE DE
27	043	TENDANCES GENEREUSES DU PRINCE OFFENSE. DE	LA PART D'UN HOMME AUSSI NATURELLEMENT ET
28	027	CETTE IDEE QU'UNE PAREILLE CONDUITE, DE	LA PART DE MON AMI, N'ETAIT EXCUSABLE QUE PAR
42	024	SI ELLE N'EST ASSAISONNEE PAR LE PARFUM,	LA PARURE, ET CAETERA. J'AVOUERAI MEME QUE
12	006	ET DU MASQUE, LA HAINE DU DOMICILE ET	LA PASSION DU VOYAGE. MULTITUDE, SOLITUDE:
30	030	LA COURONNE D'EPINES ET LES CLOUS DE	LA PASSION, LA TORCHE D'EROS. JE PRIS ENFIN
50	056	SOUS LES VOITURES, EXCITES PAR LES PUCES,	LA PASSION, LE BESOIN OU LE DEVOIR. COMME
30	108	LANCER AU DEHORS PAR LA FENETRE OUVERTE,	LA PAUVRE FEMME SAISIT MON BRAS ET ME DIT
19	024	QUE LES ENFANTS DE LA MEDIOCRITE OU DE	LA PAUVRETE. A COTE DE LUI, GISAIT SUR L'HERBE
31	056	PLUS GROS QUE TOUTES LES AUTRES FEMMES, ET	LA PEAU EN EST SI DOUCE, SI DOUCE, QU'ON
21	058	SURPLOMBAIT LES CUISSES; ET DONT TOUTE	LA PEAU ETAIT DOREE ET ILLUSTREE, COMME D'UN
17	015	PAR LES FRUITS, PAR LES FEUILLES ET PAR	LA PEAU HUMAINE. DANS L'OCEAN DE TA CHEVELURE,
12	015	C'EST QU'A SES YEUX ELLES NE VALENT PAS	LA PEINE D'ETRE VISITEES. LE PROMENEUR
05	077	ACCENTUEES; ET CHACUNE, EN JAILLISSANT DE	LA PENDULE, DIT: --''JE SUIS LA VIE,
26	059	DE S'ENTENDRE, MON CHER ANGE, ET TANT	LA PENSEE EST INCOMMUNICABLE, MEME ENTRE GENS
29	056	DU SIECLE; C'EST-A-DIRE DU PROGRES ET DE	LA PERFECTIBILITE, ET, EN GENERAL, DE TOUTES
11	018	EXASPERE PAR L'EXIL, IMITANT, DANS	LA PERFECTION: TANTOT LES BONDS CIRCULAIRES DU
29	069	MONDE, M'ASSURA QU'ELLE ETAIT, ELLE-MEME,	LA PERSONNE LA PLUS INTERESSEE A LA
29	101	VOS LOCUTIONS VULGAIRES. AFIN DE COMPENSER	LA PERTE IRREMEDIABLE QUE VOUS AVEZ FAITE DE
26	024	ET LES GANYMEDES PRESENTANT A BRAS TENDU	LA PETITE AMPHORE A BAVAROISES OU L'OBELISQUE
13	053	LE PEUPLE PARISIEN. C'ETAIT SANS DOUTE LA	LA PETITE DEBAUCHE DE CETTE VIEILLE INNOCENTE
44	001		LA PETITE FOLLE BIEN-AIMEE ME DONNAIT A DINER,
44	007	QUE LES YEUX DE MA BELLE BIEN-AIMEE,	LA PETITE FOLLE MONSTRUEUSE AUX YEUX VERTS,''
31	040	DIT ALORS LE TROISIEME, DONT TOUTE	LA PETITE PERSONNE ETAIT MARQUEE D'UNE
02	001		LA PETITE VIEILLE RATATINEE SE SENTIT TOUT
02	004	CE JOLI ETRE, SI FRAGILE COMME ELLE,	LA PETITE VIEILLE, ET, COMME ELLE AUSSI, SANS
11	000	LA FEMME SAUVAGE ET	LA PETITE-MAITRESSE
23	008	QUE POUR L'AME OISIVE ET DIVAGANTE QUI	LA PEUPLE DE SES PASSIONS ET DE SES CHIMERES.
30	025	J'OBSERVAI SOUVENT UN ENFANT DONT	LA PHYSIONOMIE ARDENT ET ESPIEGLE, PLUS QUE
27	123	DERRIERE ELLE, ET LUI PARLER A L'OREILLE.	LA PHYSIONOMIE ESPIEGLE DU JOLI ENFANT
06	027	DESOLE QUE CE CIEL, ILS CHEMINAIENT AVEC	LA PHYSIONOMIE RESIGNEE DE CEUX QUI SONT
28	036	DE FAUSSE MONNAIE. TOUT AUSSI BIEN	LA PIECE FAUSSE SERAIT PEUT-ETRE, POUR UN
28	021	CELUI DE CAUSER UNE SURPRISE. --C'ETAIT	LA PIECE FAUSSE'', ME REPONDIT-IL
50	030	MUSEAU POINTU ASSEZ DE FLAIR POUR SUIVRE	LA PISTE D'UN AMI, NI DANS LEUR TETE APLATIE
47	088	SI DOUX, CES HOMMES-LA! --J'AI DECOUVERT A	LA PITIE UN PETIT INTERNE, QUI EST JOLI COMME
11	061	AU SPECTATEUR UN TOUT AUTRE SENTIMENT QUE	LA PITIE? EN VERITE, IL ME PREND QUELQUEFOIS
25	042	DE PLUMES, PENDANT QUE LA MER, QUI BAT	LA PLAGE A CENT PAS DE LA, FAIT A SES REVERIES
31	096	UNE COURROIE, AVAIT L'AIR DE SE MOQUER DE	LA PLAINTE DE SON VOISIN, TANDIS QUE LE
06	031	A L'ENDROIT OU LA SURFACE ARRONDIE DE	LA PLANETE SE DEROBE A LA CURIOSITE DU REGARD
13	084	DONT ELLE ETAIT REVETUE. ELLE AUSSI, COMME	LA PLEBE A LAQUELLE ELLE S'ETAIT MELEE ET
16	015	CE SOIT LA NUIT, QUE CE SOIT LE JOUR, DANS	LA PLEINE LUMIERE OU DANS L'OMBRE OPAQUE, AU
05	058	DE CRACHATS; LES TRISTES FLEURS OU	LA PLUIE A TRACE SES SILLONS DANS LA
14	026	VISAGES BASANES; RACORNIS PAR LE VENT,	LA PLUIE ET LE SOLEIL; IL LANCAIENT, AVEC
50	054	LA CROTTE, SOUS LA CANICULE MORDANTE, SOUS	LA PLUIE RUISSELANTE, ILS VONT, ILS VIENNENT,
29	081	PAS, EN BEAUCOUP DE CAS, D'INSPIRER	LA PLUME, LA PAROLE ET LA CONSCIENCE DES

[170]

POEM LINE

30	089	DEVAIT EPROUVER, ET JE ME SOUVINS DE	LA SENTENCE CONNUE: ''LES DOULEURS LES PLUS
38	023	JAMBE S'EST ENFONCEE JUSQU'AU GENOU DANS	LA SEPULTURE RECENTE, ET QUE, COMME UN LOUP
10	007	DE TENEBRES! D'ABORD, UN DOUBLE TOUR A	LA SERRURE. IL ME SEMBLE QUE CE TOUR DE CLEF
39	026	ALLUMENT DANS SON COEUR UN FEU NOUVEAU, ET	LA SERVILITE DE SA TENDRESSE N'A JAMAIS RIEN
30	083	UNE TACHE SUPREME A ACCOMPLIR, DONT	LA SEULE PENSEE ME CAUSAIT UNE ANGOISSE
16	012	MOI, SI JE ME PENCHE VERS LA BELLE FELINE,	LA SI BIEN NOMMEE, QUI EST A LA FOIS L'HONNEUR
13	031	DE LESINER SUR SA DOULEUR. LE RICHE PORTE	LA SIENNE AU GRAND COMPLET. QUELLE EST LA
42	047	LA CHIMIE; DE SORTE QU'ENTRE MA BOUCHE ET	LA SIENNE JE TROUVAI DESORMAIS UN MASQUE DE
35	017	ETE UN PAUVRE VIEUX HOMME, J'AURAIS REFAIT	LA SIENNE TOUT AISEMENT. ET JE ME
25	003	STUPEFIE S'AFFAISSE LACHEMENT ET FAIT	LA SIESTE, UNE SIESTE QUI EST UNE ESPECE DE
25	050	DOROTHEE. INFAILLIBLEMENT ELLE LE PRIERA,	LA SIMPLE CREATURE, DE LUI DECRIRE LE BAL DE
30	125	A DEGUISER SOUS UN APPARENT BADINAGE	LA SINCERITE DE LA DEMANDE; LES AUTRES,
27	054	POUVAIENT ETRE ALTEREES OU MODIFIEES PAR	LA SITUATION EXTRAORDINAIRE OU IL SE TROUVAIT;
18	027	QU'ON PUISSE OFFRIR A LA FEMME AIMEE, A	LA SOEUR D'ELECTION? OUI, C'EST DANS CETTE
23	000		LA SOLITUDE
10	038	M'ENORGUEILLIR UN PEU DANS LE SILENCE ET	LA SOLITUDE DE LA NUIT. AMES DE CEUX QUE J'AI
22	046	ETES LA DELIVRANCE D'UNE ANGOISSE! DANS	LA SOLITUDE DES PLAINES, DANS LES LABYRINTHES
23	001	UN GAZETIER PHILANTHROPE ME DIT QUE	LA SOLITUDE EST MAUVAISE POUR L'HOMME; ET A
23	015	DECRETE PAS D'ACCUSATION LES AMOUREUX DE	LA SOLITUDE ET DU MYSTERE. IL Y A DANS NOS
33	008	PALAIS, SUR L'HERBE VERTE D'UN FOSSE, DANS	LA SOLITUDE MORNE DE VOTRE CHAMBRE, VOUS VOUS
04	013	LUI DIT, EN OTANT SON CHAPEAU: ''JE VOUS	LA SOUHAITE BONNE ET HEUREUSE!'' PUIS SE
44	000		LA SOUPE ET LES NUAGES
20	019	SA DESTINEE ET DEVENIR AUSSI BIEN	LA SOURCE DE SON MALHEUR QUE DE SON BONHEUR.
29	105	BIZARRE AFFECTION DE L'ENNUI, QUI EST	LA SOURCE DE TOUTES VOS MALADIES ET DE TOUS
05	051	LA CHAMBRE PARADISIAQUE, L'IDOLE,	LA SOUVERAINE DES REVES, LA SYLPHIDE, COMME
05	023	NEIGEUSES. SUR CE LIT EST COUCHEE L'IDOLE,	LA SOUVERAINE DES REVES. MAIS COMMENT EST-ELLE
32	013	NE DIRAIT-ON PAS QUE LA LIGNE COURBE ET	LA SPIRALE FONT LEUR COUR A LA LIGNE DROITE ET
50	060	CHAQUE JOUR, A HEURE FIXE, RECLAMER	LA SPORTULE A LA PORTE D'UNE CUISINE DU
49	012	UN ETAT D'ESPRIT AVOISINANT LE VERTIGE OU	LA STUPIDITE. IL M'AVAIT SEMBLE SEULEMENT QUE
39	011	DE SON ARMATURE. L'AMOUR N'A PAS ALTERE	LA SUAVITE DE SON HALEINE D'ENFANT; ET LE
05	015	POSITIF EST UN BLASPHEME. ICI, TOUT A	LA SUFFISANTE CLARTE ET LA DELICIEUSE
05	050	D'UN DIRECTEUR DE JOURNAL QUI RECLAME	LA SUITE DU MANUSCRIT. LA CHAMBRE
13	043	CAFE ET DE QUELLE FACON ELLE DEJEUNA. JE	LA SUIVIS AU CABINET DE LECTURE; ET JE L'EPIAI
29	070	PLUS INTERESSEE A LA DESTRUCTION DE	LA SUPERSTITION, ET M'AVOUA QU'ELLE N'AVAIT EU
06	030	L'ATMOSPHERE DE L'HORIZON; A L'ENDROIT OU	LA SURFACE ARRONDIE DE LA PLANETE SE DEROBE A
05	052	L'IDOLE, LA SOUVERAINE DES REVES,	LA SYLPHIDE, COMME DISAIT LE GRAND RENE, TOUTE
31	130	PRECOCEMENT FATAL QUI ELOIGNE GENERALEMENT	LA SYMPATHIE, ET QUI, JE NE SAIS POURQUOI,
50	120	AUCUN DE CEUX QUI ETAIENT PRESENTS DANS	LA TAVERNE DE LA RUE VILLA-HERMOSA N'OUBLIERA
37	006	VITRES. PUIS ELLE S'ETENDIT SUR TOI AVEC	LA TENDRESSE SOUPLE D'UNE MERE, ET ELLE DEPOSA
31	106	PART. ALORS L'UN A DIT: ''FAUT-IL DEPLOYER	LA TENTE?'' ''MA FOI! NON!'' A REPONDU
34	019	TOUS ETAIENT SI AFFOLES PAR L'IMAGE DE	LA TERRE ABSENTE, QU'ILS AURAIENT, JE CROIS,
34	045	QUE: ''DEJA!'' CEPENDANT C'ETAIT LA TERRE,	LA TERRE AVEC SES BRUITS, SES PASSIONS, SES
22	024	LE PREMIER VENU. JE L'AI VU JETER A	LA TERRE D'UN MAITRE D'HOTEL UN EXCELLENT
31	037	MEME COTE, FIXANT SUR LA LIGNE QUI SEPARE	LA TERRE DU CIEL DES YEUX OU BRILLAIT UNE
38	022	MON REFUS, J'AI FRAPPE SI VIOLEMMENT	LA TERRE DU PIED QUE MA JAMBE S'EST ENFONCEE
34	009	ET GROGNAIT. ON EUT DIT QUE L'APPROCHE DE	LA TERRE EXASPERAIT LEUR SOUFFRANCE. ''QUAND
38	015	A LA DEFUNTE, ET QUI, PIETINANT SUR	LA TERRE FRAICHE AVEC UNE VIOLENCE HYSTERIQUE
48	036	POLE. LA LE SOLEIL NE FRISE QU'OBLIQUEMENT	LA TERRE, ET LES LENTES ALTERNATIVES DE LA
21	034	LE FORCAIT A BAISSER LES YEUX VERS	LA TERRE, IL CONTEMPLAIT VANITEUSEMENT LES
33	003	QUI BRISE VOS EPAULES ET VOUS PENCHE VERS	LA TERRE, IL FAUT VOUS ENIVRER SANS TREVE.
34	045	PUS CRIER QUE: ''DEJA!'' CEPENDANT C'ETAIT	LA TERRE, LA TERRE AVEC SES BRUITS, SES
06	014	LES ANCIENS GUERRIERS ESPERAIENT AJOUTER A	LA TERREUR DE L'ENNEMI. JE QUESTIONNAI L'UN DE
20	022	L'HOMME ET DIEU, EST SOUMIS COMME NOUS A	LA TERRIBLE LOI DU TEMPS ET DE SON INFINIE
49	050	ET JE ME MIS A LUI SECOUER VIGOUREUSEMENT	LA TETE CONTRE UN MUR. JE DOIS AVOUER QUE
21	021	DE CEINTURE, UN SERPENT CHATOYANT QUI,	LA TETE RELEVEE, TOURNAIT LANGOUREUSEMENT VERS
27	085	AVEC UNE INDESTRUCTIBLE AUREOLE AUTOUR DE	LA TETE, AUREOLE INVISIBLE POUR TOUS, MAIS
11	041	AUSSI LES YEUX LUI SORTENT MAINTENANT DE	LA TETE, ELLE HURLE PLUS NATURELLEMENT. DANS
13	087	ET ELLE ECOUTAIT EN HOCHANT DOUCEMENT	LA TETE. SINGULIERE VISION! ''A COUP SUR, ME
47	046	NON! A MOINS QUE CE NE SOIT POUR TE COUPER	LA TETE! S... S... C... DE S... M...!
49	077	QUAND ILS VOUS DEMANDERONT L'AUMONE,	LA THEORIE QUE J'AI EU A LA DOULEUR D'ESSAYER
21	044	LES AUTRES AMES JUSQU'A LES CONFONDRE AVEC	LA TIENNE.'' ET JE LUI REPONDIS: ''GRAND
27	096	LE GENIE PEUT JOUER LA COMEDIE AU BORD DE	LA TOMBE AVEC UNE JOIE QUI L'EMPECHE DE VOIR
45	024	MORT, IL ENTENDIT UNE VOIX CHUCHOTER SOUS	LA TOMBE OU IL S'ETAIT ASSIS. ET CETTE VOIX
27	097	TOMBE AVEC UNE JOIE QUI L'EMPECHE DE VOIR	LA TOMBE, PERDU, COMME IL EST, DANS UN PARADIS
30	030	D'EPINES ET LES CLOUS DE LA PASSION, ET	LA TORCHE D'EROS. JE PRIS ENFIN A TOUTE LA
27	100	ET FRIVOLE QU'IL PUT ETRE, SUBIT BIENTOT	LA TOUTE-PUISSANTE DOMINATION DE L'ARTISTE.
13	077	FAISAIT UN ECLATANT CONTRASTE AVEC TOUTE	LA TRIVIALITE ENVIRONNANTE. C'ETAIT UNE FEMME
47	020	J'OMETS LA DESCRIPTION DU TAUDIS; ON PEUT	LA TROUVER DANS PLUSIEURS VIEUX POETES
31	073	LA DIVINITE DANS LES NUEES, ET QU'IL	LA TROUVERAIT FREQUEMMENT AILLEURS. ENFIN LE
18	011	ET DOUCE A RESPIRER! D'OU LE DESORDRE,	LA TURBULENCE ET L'IMPREVU SONT EXCLUS; OU LE
10	004	LE SILENCE, SINON LE REPOS. ENFIN!	LA TYRANNIE DE LA FACE HUMAINE A DISPARU, ET
13	010	DIRIGER LEURS AVIDES CONJECTURES. IL Y A	LA UNE PATURE CERTAINE. CAR S'IL EST UNE PLACE
33	010	DIMINUEE OU DISPARUE, DEMANDEZ AU VENT, A	LA VAGUE, A L'ETOILE, A L'OISEAU, A L'HORLOGE,
33	014	DEMANDEZ QUELLE HEURE IL EST; ET LE VENT,	LA VAGUE, L'ETOILE, L'OISEAU, L'HORLOGE, VOUS
27	049	PROBABLE QUE LE PRINCE VOULAIT JUGER DE	LA VALEUR DES TALENTS SCENIQUES D'UN HOMME
18	025	UN MUSICIEN A ECRIT L'INVITATION A	LA VALSE; QUEL EST CELUI QUI COMPOSERA
24	028	LE TABAC LEGEREMENT OPIACE!), AU DELA DE	LA VARANGUE, LE TAPAGE DES OISEAUX IVRES DE
48	037	DE LA LUMIERE ET DE LA NUIT SUPPRIMENT	LA VARIETE ET AUGMENTENT LA MONOTONIE, CETTE
12	036	CES MYSTERIEUSES IVRESSES; ET, AU SEIN DE	LA VASTE FAMILLE QUE LEUR GENIE S'EST FAITE,
14	032	MAJESTUEUSEMENT SOUS LES MAILLOTS LAVES	LA VEILLE POUR LA CIRCONSTANCE. LES DANSEUSES,
22	012	PAS, ET QUI PRENNENT, COMME LES HIBOUX,	LA VENUE DE LA NUIT POUR UN SIGNAL DE SABBAT?
07	000	LE FOU ET	LA VENUS
27	044	EXCENTRIQUE, TOUT ETAIT POSSIBLE, MEME	LA VERTU, MEME LA CLEMENCE, SURTOUT S'IL AVAIT
13	032	LA SIENNE AU GRAND COMPLET. QUELLE EST	LA VEUVE LA PLUS TRISTE ET LA PLUS
11	055	QUE VOTRE PEAU, QUI NE MANGEZ QUE DE	LA VIANDE CUITE, ET POUR QUI UN DOMESTIQUE
34	013	QUE NOUS? QUAND POURRONS-NOUS MANGER DE	LA VIANDE NE SOIT PAS SALEE COMME
28	029	PAR LE DESIR DE CREER UN EVENEMENT DANS	LA VIE DE CE PAUVRE DIABLE, PEUT-ETRE MEME DE
20	003	DONS PARMI TOUS LES NOUVEAU-NES, ARRIVES A	LA VIE DEPUIS VINGT-QUATRE HEURES. TOUTES CES
45	017	BRUISSEMENT DE VIE REMPLISSAIT L'AIR, --	LA VIE DES INFINIMENT PETITS, --COUPE A
19	043	SANS DOUTE, AVAIENT TIRE LE JOUJOU DE	LA VIE ELLE-MEME. ET LES DEUX ENFANTS SE
09	088	DE MA FOLIE, JE LUI CRIAI FURIEUSEMENT: ''	LA VIE EN BEAU! LA VIE EN BEAU!'' CES

		POEM	LINE
LUI CRIAI FURIEUSEMENT: ''LA VIE EN BEAU!	LA VIE EN BEAU!'' CES PLAISANTERIES NERVEUSES	09	089
N'AVEZ PAS MEME DE VITRES QUI FASSENT VOIR	LA VIE EN BEAU!'' ET JE LE POUSSAI VIVEMENT	09	079
A BATI ET DECORE UNE CHINE OCCIDENTALE, OU	LA VIE EST DOUCE A RESPIRER, OU LE BONHEUR EST	18	020
LUXE A PLAISIR A SE MIRER DANS L'ORDRE; OU	LA VIE EST GRASSE ET DOUCE A RESPIRER; D'OU LE	18	010
PLUS ETOUFFES PAR LES BOURDONNEMENTS DE	LA VIE EXTERIEURE, IL SE DIT: ''J'AI EU	24	048
QUAND ON SAIT SE PROMENER ET REGARDER?	LA VIE FOURMILLE DE MONSTRES INNOCENTS.	47	115
VIE!'' IL N'Y A QU'UNE SECONDE DANS	LA VIE HUMAINE QUI AIT MISSION D'ANNONCER UNE	05	079
ROSE ET DE MUSC; ET D'OU LES MUSIQUES DE	LA VIE NOUS ARRIVAIENT EN UN AMOUREUX MURMURE.	34	049
DE CETTE FACULTE QUI REND A NOS YEUX	LA VIE PLUS VIVANTE ET PLUS SIGNIFICATIVE QUE	30	021
ENFANT, DEBARBOUILLE, DEVINT CHARMANT, ET	LA VIE QU'IL MENAIT CHEZ MOI LUI SEMBLAIT UN	30	037
TEMPS QUI A LA VIE SI DURE, ET ACCELERER	LA VIE QUI COULE SI LENTEMENT.	42	169
IL SEMBLAIT QUE LES MUSIQUES DE	LA VIE S'EN DETACHAIENT EN UN VAGUE MURMURE,	34	023
BOUTEILLES, POUR TUER LE TEMPS QUI A	LA VIE SI DURE, ET ACCELERER LA VIE QUI COULE	42	169
UN EMBLEME QUELCONQUE DE LA BRIEVETE DE	LA VIE'', ET IL ENTRA, BUT UN VERRE DE BIERE	45	008
POUR LES BIENS LES PLUS VISIBLES DE	LA VIE, DEVAIT SE TROUVER PLUS TARD	20	044
DE LA PENDULE, DIT: --''JE SUIS	LA VIE, L'INSUPPORTABLE, L'IMPLACABLE VIE!''	05	077
CE QUE NOUS NOMMONS GENERALEMENT	LA VIE, MEME DANS SON EXPANSION LA PLUS	05	035
VITRE. DANS CE TROU NOIR OU LUMINEUX VIT	LA VIE, REVE LA VIE, SOUFFRE LA VIE. PAR DELA	35	008
BOUT DE LA BALTIQUE; ENCORE PLUS LOIN DE	LA VIE, SI C'EST POSSIBLE; INSTALLONS-NOUS AU	48	034
CE TROU NOIR OU LUMINEUX VIT LA VIE, REVE	LA VIE, SOUFFRE LA VIE. PAR DELA DES VAGUES DE	35	008
CONCLU AVEC LES PUISSANCES MALFAISANTES DE	LA VIE, UN REPIT DANS LA CONTENTION ET LA	14	012
JE LUI AVAIS DONC RENDU L'ORGUEIL ET	LA VIE! ON Y RESPIRAIT UNE BEATITUDE SOMBRE,	29	015
TOUTES LES FASTIDIEUSES HORREURS DE	LA VIE. ALORS, JE LUI FIS FORCE SIGNES POUR	49	069
SONT LES RENDEZ-VOUS DES ECLOPPES DE	LA VIE. C'EST SURTOUT VERS CES LIEUX QUE LE	13	008
DANS LA MEME NUIT ILS FURENT EFFACES DE	LA VIE. DEPUIS LORS, PLUSIEURS MIMES,	27	146
REPRESENTER SYMBOLIQUEMENT LE MYSTERE DE	LA VIE. IL ENTRA EN SCENE LEGEREMENT ET AVEC	27	068
POUR UNE AME FATIGUEE DES LUTTES DE	LA VIE. L'AMPLEUR DU CIEL, L'ARCHITECTURE	41	002
ME CAUSERENT D'ABORD L'ILLUSION DE	LA VIE. LE DEPENDRE N'ETAIT PAS UNE BESOGNE	30	057
COEUR DE L'HOMME AUX HEURES SOLENNELLES DE	LA VIE. ON DIRAIT ENCORE UNE DE CES ROBES	22	058
LUMINEUX VIT LA VIE, REVE LA VIE, SOUFFRE	LA VIE. PAR DELA DES VAGUES DE TOITS,	35	009
LE DESESPOIR DE	LA VIEILLE	02	000
LE SOLEIL ACCABLE	LA VILLE EN SA LUMIERE DROITE ET TERRIBLE; LE	25	001
SUR LA MONTAGNE D'OU L'ON PEUT CONTEMPLER	LA VILLE EN SON AMPLEUR, HOPITAL, LUPANAR,	51	002
QUE VOUS SOYEZ, DANS LES SPLENDEURS DE	LA VILLE ETERNELLE OU DANS LES BRUMES DES PAYS	32	039
JOURS, LEUR DEPARTEMENT POUR VENIR A	LA VILLE GAMBADER PENDANT UNE HEURE, AUTOUR	50	069
ACHETE CHEZ LE MEILLEUR PARFUMEUR DE	LA VILLE.'' ET LE CHIEN, EN FRETILLANT DE LA	08	003
D'OU S'EXHALE EN FAUVES PARFUMS TOUTE	LA VITALITE ENDIABLEE DU MIDI FRANCAIS: NIMES,	39	013
PARTOUT L'EXPLOSION FRENETIQUE DE	LA VITALITE. ICI LA MISERE ABSOLUE, LA MISERE	14	054
J'INVOQUE LA MUSE FAMILIERE, LA CITADINE,	LA VIVANTE, POUR QU'ELLE M'AIDE A CHANTER LES	50	016
DE REVERIE ET DE VOLUPTE? QU'IMPORTE?	LA VOILA! JE LA RECONNAIS. VOILA BIEN CES YEUX	05	026
COMME	LA VOITURE TRAVERSAIT LE BOIS, IL LA FIT	43	001
ET COMME ENROUEE PAR L'EAU-DE-VIE,	LA VOIX DE MA CHERE PETITE BIEN-AIMEE, QUI	44	011
TERRIFIEE! DANS SON PETIT FRONT HABITENT	LA VOLONTE TENACE ET L'AMOUR DE LA PROIE.	36	023
INCONNUE, LES PARFUMS QUI TROUBLENT	LA VOLONTE, ET LES ANIMAUX SAUVAGES ET	37	032
INTENTION ET EXPRESSION, ROIDEUR DE	LA VOLONTE, SINUOSITE DU VERBE, UNITE DU BUT,	32	032
LE COMEDIEN, C'EST-A-DIRE L'ART, L'EFFORT,	LA VOLONTE, OR, SI UN COMEDIEN ARRIVAIT A	27	075
BIENTOT TROP INTENSES. L'ENERGIE DANS	LA VOLUPTE CREE UN MALAISE ET UNE SOUFFRANCE	03	018
VOS MEDITATIONS ABSTRUSES, CHANTRE DE	LA VOLUPTE ET DE L'ANGOISSE ETERNELLES,	32	043
POILU DONT LA FORME IMITE ASSEZ VAGUEMENT	LA VOTRE. ''CE MONSTRE EST UN DE CES ANIMAUX	11	021
DISAIT EN ECLATANT DE RIRE: ''C'EST MOI,	LA VRAIE BENEDICTA! C'EST MOI, UNE FAMEUSE	38	017
LAQUELLE EST	LA VRAIE?	38	000
''ES-TU SUR QUE CETTE LEGENDE SOIT	LA VRAIE?'' QU'IMPORTE CE QUE PEUT ETRE LA	35	021
AUX VOLUPTES MULTIPLIEES QUE DONNE	LA VUE D'UN CHEF-D'OEUVRE D'ART VIVANT. LES	27	103
A	LA VUE DU CIMETIERE, ESTAMINET. --''SINGULIERE	45	001
QUE LA MER, QUI BAT LA PLAGE A CENT PAS DE	LA, FAIT A SES REVERIES INDECISES UN PUISSANT	25	042
RETROUVEE, ALLEGORIQUE DAHLIA, C'EST	LA, N'EST-CE PAS, DANS CE BEAU PAYS SI CALME	18	063
LA MONOTONIE, CETTE MOITIE DU NEANT.	LA, NOUS POURRONS PRENDRE DE LONGS BAINS DE	48	038
GENERALE ET CONFUSE DE BEAUTE, CE SERAIT	LA, SANS DOUTE, UN CAS SINGULIER ET TOUT A	27	080
IL FAUT ETRE TOUJOURS IVRE. TOUT EST	LA: C'EST L'UNIQUE QUESTION. POUR NE PAS	33	001
L'ASPECT DE CETTE TOURBE QUI S'APPUIE	LA-BAS SUR LA BARRIERE EXTERIEURE ATTRAPANT	13	070
ELLE, ET LUI DIT: ''OBSERVEZ CETTE POUPEE,	LA-BAS, A DROITE, QUI PORTE LE NEZ EN L'AIR ET	43	014
ATMOSPHERE QU'IL FERAIT BON VIVRE, --	LA-BAS, OU LES HEURES PLUS LENTES CONTIENNENT	18	029
LES NUAGES... LES NUAGES QUI PASSENT, --	LA-BAS... LA-BAS... LES MERVEILLEUX NUAGES!	01	014
LES NUAGES QUI PASSENT... LA-BAS...	LA-BAS... LES MERVEILLEUX NUAGES!	01	015
DIT TOUT A COUP: ''REGARDEZ, REGARDEZ	LA-BAS...! LE VOYEZ- VOUS? IL EST ASSIS SUR CE	31	025
JE PUIS, QUAND LE VENT SOUFFLE DE	LA-HAUT, BERCER MA PENSEE ETONNEE A CETTE	22	018
FAIT DANS LES PAUVRES ESPRITS FATIGUES DU	LABEUR DE LA JOURNEE; ET LEURS PENSEES	22	002
TANT DE COURAGE, TANT DE PATIENCE ET DE	LABEUR, UN PARADIS SPECIAL POUR LES BONS	50	109
AFFLUENT, COMME DANS LA MAISON D'UN HOMME	LABORIEUX ET QUI A BIEN MERITE DU MONDE	18	052
MORT, VOUS NE VOUS FATIGUERIEZ PAS TANT,	LABORIEUX VIVANTS, ET VOUS TROUBLERIEZ MOINS	45	033
DANS LA SOLITUDE DES PLAINES, DANS LES	LABYRINTHES PIERREUX D'UNE CAPITALE,	22	047
VERSANT D'UNE AUTRE MONTAGNE. SUR LE PETIT	LAC IMMOBILE, NOIR DE SON IMMENSE PROFONDEUR,	15	014
DE FLECHIR LES MEMBRES, NOUS DUMES	LACERER ET COUPER LES VETEMENTS POUR LES LUI	30	076
MER MIROITE. LE MONDE STUPEFIE S'AFFAISSE	LACHA LA DETENTE. LA POUPEE FUT NETTEMENT	43	017
C'EST VOUS''. ET IL FERMA LES YEUX ET IL	LACHEMENT ET FAIT LA SIESTE, UNE SIESTE QUI	25	003
QUE JE N'AI JAMAIS COMMISES; ET AVOIR	LACHEMENT NIE QUELQUES AUTRES MEFAITS QUE J'AI	10	031
CONCIERGE UNE NOUVELLE CHAGRINANTE, RODE	LACHEMENT UNE HEURE DEVANT SA PORTE SANS OSER	09	007
NERVEUX COMME JE VOUS CONNAIS; VOUS, G....	LACHES ET LEGERS COMME VOUS ETES, VOUS DEUX	42	117
ET DE FRAICHEUR. ELLE EST VRAIMENT	LAIDE! ELLE EST FOURMI, ARAIGNEE, SI VOUS	39	006
ELLE EST BIEN	LAIDE. ELLE EST DELICIEUSE POURTANT! LE TEMPS	39	001
NI JEUNES NI VIEUX, NI BEAUX NI	LAIDS! MAIS VIEUX OU JEUNES, ILS PORTAIENT	42	004
TOUJOURS L'ESPOIR DE LE DEBROUILLER. JE ME	LAISSAI DONC ENTRAINER PAR CETTE COMPAGNE, OU	47	017
REPARUT AU DEBOUCHE DE LA PORTE, JE	LAISSAI TOMBER PERPENDICULAIREMENT MON ENGIN	09	083
D'UN POEME, D'UN OPERA POUR LEQUEL JE	LAISSAIS ECHAPPER MON ADMIRATION: ''VOUS	42	042
SANS JOIE, SANS CONFIDENT, QUE DIEU	LAISSAIT TOMBER SUR ELLE, DEPUIS BIEN DES ANS	13	056
COMME JE LES AI DERANGES INUTILEMENT, JE	LAISSE DIX FRANCS SUR LA CHEMINEE. --C'EST SI	47	087
QUI IMPLIQUE QUE SOUS LE PERSONNAGE SE	LAISSE ENCORE DEVINER LE COMEDIEN,	27	074
OU UNE GAZE TRANSPARENTE ET SOMBRE	LAISSE ENTREVOIR LES SPLENDEURS AMORTIES D'UNE	22	060
DESIRE SURTOUT QUE MON MAUDIT GAZETIER ME	LAISSE M'AMUSER A MA GUISE. ''VOUS N'EPROUVEZ	23	026
JOUES REBONDIES TRAINES PAR LES CHIENS EN	LAISSE, LES DAMES RIANT AU FAUCON PERCHE SUR	26	021
DU GOUDRON, DU MUSC ET DE L'HUILE DE COCO.	LAISSE-MOI MORDRE LONGTEMPS TES TRESSES	17	032

POEM LINE

POEM	LINE		
17	001		LAISSE-MOI RESPIRER LONGTEMPS, LONGTEMPS,
03	026	SANS PITIE, RIVALE TOUJOURS VICTORIEUSE,	LAISSE-MOI! CESSE DE TENTER MES DESIRS ET MON
34	003	IMMENSE DE LA MER DONT LES BORDS NE SE	LAISSENT QU'A PEINE APERCEVOIR; CENT FOIS IL
13	069	L'INSOUCIANCE ET LE PLAISIR DE SE	LAISSER VIVRE; RIEN, EXCEPTE L'ASPECT DE CETTE
24	012	NOUS. D'AILLEURS CES MURS CRIBLES D'OR NE	LAISSERAIENT PAS UNE PLACE POUR ACCROCHER SON
47	118	LOI ET LA LIBERTE; VOUS, LE SOUVERAIN QUI	LAISSEZ FAIRE, VOUS, LE JUGE QUI PARDONNEZ;
30	110	D'UNE VOIX IRRESISTIBLE: ''OH! MONSIEUR!	LAISSEZ-MOI CELA! JE VOUS EN PRIE! JE VOUS EN
47	008	BONNET. ''--NON! JE NE SUIS PAS MEDECIN.	LAISSEZ-MOI PASSER. --OH! SI! VOUS ETES
50	076	ATTELES A LA CHARRETTE DU BOUCHER, DE LA	LAITIERE OU DU BOULANGER, ET QUI TEMOIGNENT,
13	071	ATTRAPANT GRATIS, AU GRE DU VENT, UN	LAMBEAU DE MUSIQUE, ET REGARDANT L'ETINCELANTE
34	011	DE DORMIR UN SOMMEIL SECOUE PAR LA	LAME, TROUBLE PAR UN VENT QUI RONFLE PLUS HAUT
47	122	MON COEUR; COMME LA GUERISON AU BOUT D'UNE	LAME; SEIGNEUR, AYEZ PITIE, AYEZ PITIE DES
14	059	IL NE CHANTAIT AUCUNE CHANSON, NI GAIE, NI	LAMENTABLE, IL N'IMPLORAIT PAS. IL ETAIT MUET
29	022	ET DE NE JAMAIS REMONTER SUR LES HAUTES	LAMES DE LA MER. IL Y AVAiT LA DES VISAGES
14	026	PAR LE VENT, LA PLUIE ET LE SOLEIL; IL	LANCAIENT, AVEC L'APLOMB DES COMEDIENS SURS DE
49	055	POLICE. AYANT ENSUITE, PAR UN COUP DE PIED	LANCE DANS LE DOS, ASSEZ ENERGIQUE POUR BRISER
30	108	VESTIGES DU MALHEUR, ET COMME J'ALLAIS LES	LANCER AU DEHORS PAR LA FENETRE OUVERTE, LA
21	022	CHATOYANT QUI, LA TETE RELEVEE, TOURNAIT	LANGOUREUSEMENT VERS LUI SES YEUX DE BRAISE. A
23	042	SI JE VOULAIS PARLER LA BELLE	LANGUE AU SIECLE.
05	011	ET LE MINERAL. LES ETOFFES PARLENT UNE	LANGUE MUETTE, COMME LES FLEURS, COMME LES
17	021	CARESSES DE TA CHEVELURE, JE RETROUVE LES	LANGUEURS DES LONGUES HEURES PASSEES SUR UN
21	013	DES ANCIENS BACCHUS. SES BEAUX YEUX	LANGUISSANTS, D'UNE COULEUR TENEBREUSE ET
14	034	SAUTAIENT ET CABRIOLAIENT SOUS LE FEU DES	LANTERNES QUI REMPLISSAIENT LEURS JUPES
22	048	SCINTILLEMENT DES ETOILES; EXPLOSION DES	LANTERNES. VOUS ETES LE FEU D'ARTIFICE DE LA
11	029	(NON SIMULEE PEUT-ETRE!) ELLE DECHIRE DES	LAPINS VIVANTS ET DES VOLAILLES PIAILLANTES
13	084	REVETUE. ELLE AUSSI, COMME LA PLEBE A	LAQUELLE ELLE S'ETAIT MELEE ET QU'ELLE NE
38	000		LAQUELLE EST LA VRAIE?
43	007	FEMME, A CETTE MYSTERIEUSE FEMME A	LAQUELLE IL DOIT TANT DE PLAISIRS, TANT DE
30	010	TOUJOURS SEMBLABLE ET D'UNE NATURE A	LAQUELLE IL SOIT IMPOSSIBLE DE SE TROMPER,
21	091	PLUS, CE FUT LE MYSTERE DE SA VOIX, DANS	LAQUELLE JE RETROUVAIS LE SOUVENIR DES
11	016	PRIE, CETTE SOLIDE CAGE DE FER DERRIERE	LAQUELLE S'AGITE, HURLANT COMME UN DAMNE,
05	018	INFINITESIMALE DU CHOIX LE PLUS EXQUIS, A	LAQUELLE SE MELE UNE TRES-LEGERE HUMIDITE,
50	091	SUR LE POELE ALLUME, ET AU CENTRE DE	LAQUELLE UNE LONGUE CUILLER SE DRESSE, PLANTEE
30	045	IL AVAIT ENCORE COMMIS UN NOUVEAU	LARCIN DE CE GENRE, JE LE MENACAI DE LE
24	044	PASSABLE, UN VIN RUDE, ET UN LIT TRES-	LARGE AVEC DES DRAPS UN PEU APRES, MAIS FRAIS;
25	011	SON TORSE SI MINCE SUR SES HANCHES SI	LARGES. SA ROBE DE SOIE COLLANTE, D'UN TON
20	055	IL NE RESTAIT PLUS AUCUN CADEAU, AUCUNE	LARGESSE A JETER A TOUT CE FRETIN HUMAIN,
30	087	LA MERE FUT IMPASSIBLE, PAS UNE	LARME NE SUINTA DU COIN DE SON OEIL.
27	090	BOUFFONNERIES. MA PLUME TREMBLE ET DES	LARMES D'UNE EMOTION TOUJOURS PRESENTE ME
14	066	QUE MES REGARDS ETAIENT OFFUSQUES PAR CES	LARMES REBELLES QUI NE VEULENT PAS TOMBER. QUE
07	021	LE PIEDESTAL, LEVE DES YEUX PLEINS DE	LARMES VERS L'IMMORTELLE DEESSE. ET SES YEUX
13	046	AVEC DES YEUX ACTIFS, JADIS BRULES PAR DES	LARMES, DES NOUVELLES D'UN INTERET PUISSANT ET
28	016	DE SENTIMENT COMPLIQUE, DANS LES YEUX	LARMOYANTS DES CHIENS QU'ON FOUETTE.
31	005	QUATRE BEAUX ENFANTS, QUATRE GARCONS,	LAS DE JOUER SANS DOUTE, CAUSAIENT ENTRE EUX.
41	006	PROPRE A AMUSER LES YEUX SANS JAMAIS LES	LASSER. LES FORMES ELANCEES DES NAVIRES, AU
29	115	VOUS VOUS SOULEREZ DE VOLUPTES, SANS	LASSITUDE, DANS DES PAYS CHARMANTS OU IL FAIT
01	008	--TA PATRIE? --J'IGNORE SOUS QUELLE	LATITUDE ELLE EST SITUEE. --LA BEAUTE? --JE
05	067	UN SEUL OBJET CONNU ME SOURIT: LA FIOLE DE	LAUDANUM; UNE VIEILLE ET TERRIBLE AMIE; COMME
14	032	MAJESTUEUSEMENT SOUS LES MAILLOTS	LAVES LA VEILLE POUR LA CIRCONSTANCE. LES
21	093	DE L'ENROUEMENT DES GOSIERS INCESSAMMENT	LAVES PAR L'EAU-DE-VIE. ''VEUX-TU CONNAITRE MA
25	050	PRIERA, LA SIMPLE CREATURE, DE LUI DECRIRE	LE BAL DE L'OPERA, ET LUI DEMANDERA SI ON PEUT
11	038	SUR LA NOURRITURE ENLEVEE. GRAND DIEU!	LE BATON N'EST PAS UN BATON DE COMEDIE.
32	019	PAMPRES ONT ETE FAITS POUR LE BATON, OU SI	LE BATON N'EST QUE LE PRETEXTE POUR MONTRER LA
32	027	GENIE SUR LES COEURS DE VOS FRERES. --	LE BATON, C'EST VOTRE VOLONTE, DROITE, FERME
32	019	FLEURS ET LES PAMPRES ONT ETE FAITS POUR	LE BATON, OU SI LE BATON N'EST QUE LE PRETEXTE
49	058	D'ARBRE QUI TRAINAIT A TERRE, ET JE	LE BATTIS AVEC L'ENERGIE OBSTINEE DES
03	024	SOUFFRIR, OU FUIR ETERNELLEMENT	LE BEAU? ENCHANTERESSE SANS PITIE,
41	012	NI AMBITION, A CONTEMPLER, COUCHE DANS	LE BELVEDERE OU ACCOUDE SUR LE MOLE, TOUS CES
23	028	AVEC UN TON DE NEZ TRES-APOSTOLIQUE, --	LE BESOIN DE PARTAGER VOS JOUISSANCES?''
50	056	EXCITES PAR LES PUCES, LA PASSION	LE BESOIN OU LE DEVOIR. COMME NOUS, ILS SE
30	131	DE FEMMES QUE D'HOMMES! MAIS TOUS, CROYEZ-	LE BIEN, N'APPARTENAIENT PAS A LA CLASSE
28	046	QU'IL N'ESPERE.'' JE LE REGARDAIS DANS	LE BLANC DES YEUX, ET JE FUS EPOUVANTE DE VOIR
16	009	CHAT, ET LE REGARDANT, COMME ON DIT, DANS	LE BLANC DES YEUX, IL AFFIRMA SANS HESITER:
43	001	COMME LA VOITURE TRAVERSAIT	LE BOIS, IL LA FIT ARRETER DANS LE VOISINAGE
47	028	A L'AISE. CA VOUS RAPPELLERA L'HOPITAL ET	LE BON TEMPS DE LA JEUNESSE. --AH CA! OU DONC
18	030	PLUS DE PENSEES; OU LES HORLOGES SONNENT	LE BONHEUR AVEC UNE PLUS PROFONDE ET PLUS
23	040	TOUS CES AFFOLES QUI CHERCHENT	LE BONHEUR DANS LE MOUVEMENT ET DANS UNE
18	011	LA TURBULENCE ET L'IMPREVU SONT EXCLUS; OU	LE BONHEUR EST MARIE AU SILENCE; OU LA CUISINE
18	020	OU LA VIE EST DOUCE A RESPIRER, OU	LE BONHEUR EST MARIE AU SILENCE. C'EST LA
42	060	JE N'AI A ME PLAINDRE QUE DE MOI-MEME.	LE BONHEUR EST VENU HABITER CHEZ MOI, ET JE NE
24	040	CE QUI EST SI PRES DE MOI. LE PLAISIR ET	LE BONHEUR SONT DANS LA PREMIERE AUBERGE
36	013	UN ASTRE NOIR VERSANT LA LUMIERE ET	LE BONHEUR. MAIS ELLE FAIT PLUS VOLONTIERS
46	007	TOUT A L'HEURE, COMME JE TRAVERSAIS	LE BOULEVARD, EN GRANDE HATE, ET QUE JE
45	020	L'EXPLOSION DES BOUCHONS DE CHAMPAGNE DANS	LE BOURDONNEMENT D'UNE SYMPHONIE EN SOURDINE.
27	140	UN GLAIVE, AVAIT-IL REELLEMENT FRUSTRE	LE BOURREAU? LE PRINCE AVAIT-IL LUI-MEME
14	080	QUI A SURVECU A LA GENERATION DONT IL FUT	LE BRILLANT AMUSEUR! DU VIEUX POETE SANS AMIS,
25	036	PARESSEUSE DOROTHEE, BELLE ET FROIDE COMME	LE BRONZE? POURQUOI A-T-ELLE QUITTE SA PETITE
27	036	PLUS GRANDES QUE SES ETATS. TOUT D'UN COUP	LE BRUIT COURUT QUE LE SOUVERAIN VOULAIT FAIRE
21	100	QUI ROULA AINSI A TRAVERS L'ESPACE AVEC	LE BRUIT DE CENT MILLE TONNERRES, ET ME REVINT
09	086	SA PAUVRE FORTUNE AMBULATOIRE QUI RENDIT	LE BRUIT ECLATANT D'UN PALAIS DE CRISTAL CREVE
09	037	POUR ENTRER DANS UN CAFE OU PASSER DEVANT	LE BUREAU D'UN THEATRE, OU LES CONTROLEURS LUI
45	031	COMME LE PRIX EST FACILE A GAGNER, COMME	LE BUT EST FACILE A TOUCHER, ET COMBIEN TOUT
45	035	DE CEUX QUI DEPUIS LONGTEMPS ONT MIS DANS	LE BUT, DANS LE SEUL VRAI BUT DE LA DETESTABLE
46	002	CHER? VOUS, DANS UN MAUVAIS LIEU! VOUS,	LE BUVEUR DE QUINTESSENCES! VOUS, LE MANGEUR
30	097	ATELIER. ELLE VOULAIT, DISAIT-ELLE, VOIR	LE CADAVRE DE SON FILS. JE NE POUVAIS PAS, EN
19	013	PUIS LEURS MAINS AGRIPPERONT VIVEMENT	LE CADEAU, ET ILS S'ENFUIRONT COMME FONT LES
26	016	GLORIEUSEMENT SES SPLENDEURS INACHEVEES.	LE CAFE ETINCELAIT. LE GAZ LUI-MEME Y
26	035	ET CES SIX YEUX CONTEMPLAIENT FIXEMENT	LE CAFE NOUVEAU AVEC UNE ADMIRATION EGALE,
42	027	CERTAIN QUATRIEME DEGRE OU DOIT MARQUER	LE CALME ABSOLU. MAIS, DURANT TOUTE MA VIE,
26	053	DOUX, DANS VOS YEUX VERTS, HABITES PAR	LE CAPRICE ET INSPIRES PAR LA LUNE, QUAND VOUS
37	001	LA LUNE, QUI EST	LE CAPRICE MEME, REGARDA PAR LA FENETRE

COMME BIZARRES, SI LA PRUDENCE, PLUTOT QUE
LA PRUDENCE, PLUTOT QUE LE CAPRICE, ETAIT
A DES HABITUDES DE VIEUX CELIBATAIRE, ET
UN CAS SEMBLABLE A CELUI-CI, C'EST-A-DIRE
FIL, LES FORGERONS QUI BATTENT L'ENCLUME,
DE PAUVRES GENS, DE VOULOIR BIEN ME
D'UNE GRANDE VILLE FAIT POUR TROUBLER
ALORS, SOUS LE SOLEIL QUI LUI CHAUFFAIT
POUR SERVIR D'ACCOMPAGNEMENT A MES SONGES,
VOULAIS M'ENIVRER DE L'ENORME CATIN DONT
COMME LE PUR ANIMAL, COMME LE CHIEN ET
SEPARANT DEUX MONDES, LA GRANDE ROUTE ET
NICHE SOYEUSE ET CAPITONNEE! JE CHANTE
LE CHIEN FLANEUR, LE CHIEN SALTIMBANQUE,
PEUT MEME PAS, COMME LE PUR ANIMAL, COMME

LE CHIEN PAUVRE, LE CHIEN SANS DOMICILE,
ET CAPITONNEE! JE CHANTE LE CHIEN CROTTE,
LE CHIEN SANS DOMICILE, LE CHIEN FLANEUR,
CHANTE LE CHIEN CROTTE, LE CHIEN PAUVRE,
LE MEILLEUR PARFUMEUR DE LA VILLE.'' ET
LE REBORD POSTERIEUR DE SES CROCHETS; ET
ET LES YEUX TOURNES VAPOREUSEMENT VERS
AU FOND DESQUELS ON VOIT LA MER ET
MANTEAU D'UN GEANT AERIEN VOLANT A TRAVERS
LE TIR ET

ET MAINTENANT IL DESCEND DERRIERE
UN DEGOUT MELE D'HORREUR ET DE COLERE, QUE

UNE BONNE AFFAIRE! GAGNER QUARANTE SOLS ET
LES SENTIMENTS COMPLIQUES QUI LUTTENT DANS
DE CERTAINES PUCELLES SEXAGENAIRES, DONT
PENDANT PLUSIEURS ANNEES, JE L'AI ADMIREE,
QUE LE PLAISIR REND L'AME BONNE ET AMOLLIT
ASSEOIR DEVANT UN CAFE NEUF QUI FORMAIT
TEMPS EN TEMPS LA BRISE DE MER SOULEVE PAR
CE VIEILLARD; JE LE SAISIS D'UNE MAIN PAR
LE PERSONNAGE SE LAISSE ENCORE DEVINER
VENTRE MONSTRUEUX; DONT L'ECHO SONORE FIT
LES VETEMENTS POUR LE LUI ENLEVER. ''
CETTE AUREOLE, OU LA FAIRE RECLAMER PAR
POUR DEFINIR CE CHARME, JE NE SAURAIS
IL VOUS SERA SANS DOUTE MOINS FACILE DE
PIECES VRAIES? NE POUVAIT-ELLE PAS AUSSI

X. LE NOM EST AU BAS D'AILLEURS; MAIS JE
MAIN DROITE IL TENAIT UNE AUTRE FIOLE DONT
J'AI ENDURE DES SOUFFRANCES ATROCES PAR
BIEN PLUS QUE L'ART, AVAIT INTRODUIT
IL AURAIT TOUJOURS MAL FINI!'' ''CEPENDANT
EN LUI TOURNANT LE DOS; ET REJOIGNANT
QUI SONT CONDAMNES A ESPERER TOUJOURS. ET
COU ET SUR SES EPAULES. ELLE A LES BRAS ET
BOURRELETS DE L'ENFLURE; POUR LUI DEGAGER
DANS LA FANGE DU MACADAM. JE N'AI PAS EU
RATURES OU INCOMPLETS; L'ALMANACH OU
INNOCENTS. --SEIGNEUR, MON DIEU! VOUS,
QU'ELLE AIT L'IMAGINATION SUFFISANTE POUR
REPUBLIQUES ET LES PRINCES, JE CROIS QUE

CETTE IMITATION DES HARMONIES DE L'ENFER.
--JE ME SOUVIENS QUE J'AI EU DEUX AMIS QUE
BIEN CES YEUX DONT LA FLAMME TRAVERSE
DANS LA RUE, CE FUT UN VITRIER DONT
NE SUIS PAS AUSSI DUPE QUE VOUS VOUDRIEZ
UNE BESOGNE AUSSI FACILE QUE VOUS POUVEZ
FANCIOULLE? IL EST DOUX ET LEGITIME DE
ELLE N'EXIGEAIT PAS DE RECONNAISSANCE,
PARCE QUE J'AI TOUJOURS L'ESPOIR DE
FILAOS! OUI, EN VERITE, C'EST BIEN LA
QUE JE SUIS EVEILLE, JE NE FERAIS PAS TANT
COMME SOUS LE NOIR PRESENT TRANSPERCE
LES PRINCES ET OPERER, SANS LA CONSULTER,
IL EXISTE CETTE DIFFERENCE ENTRE
PAROLES DES PERES DE L'EGLISE. JE SAIS QUE
ME CAUSERENT D'ABORD L'ILLUSION DE LA VIE.
ME PROUVENT A MOI-MEME QUE JE NE SUIS PAS
DEESSE. ET SES YEUX DISENT: --''JE SUIS

POCHE LE PRIX DU COMBAT. MAIS, RAVIVE PAR
HEURES. QUAND, PLUS TARD, NOUS EUMES A
PROCHES ET GRAVITER VERS LA GLOIRE OU VERS
PART DE MON AMI; N'ETAIT EXCUSABLE QUE PAR
CHARITABLE. JE LUI AURAIS PRESQUE PARDONNE
D'IDEAL, ET DONT LES YEUX REPANDAIENT
ET DE JOUIR D'ELLES; MAIS CELLE-CI DONNE
ASSOUPISSANTS DES MELODIEUSES CASCADES.

CEUX QUI ONT ENCORE LA FORCE DE VOULOIR,
L'HOMME, MAIS HEUREUX L'ARTISTE QUE
DE PARESSE, AROMATISE PAR LE REGRET ET

	POEM	LINE
LE CAPRICE, ETAIT LE CARACTERE DISTINCTIF,	20	039
LE CARACTERE DISTINCTIF, ETERNEL DES FEES.	20	039
LE CARACTERE MASCULIN DE SES MOEURS AJOUTAIT	13	040
LE CAS D'EPUISEMENT DES LOTS, LA FACULTE D'EN	20	070
LE CAVALIER ET SON CHEVAL DONT LA QUEUE EST UN	19	007
LE CEDER, PROMETTANT DE BIEN L'HABILLER, DE	30	033
LE CERVEAU DU SOLITAIRE LE PLUS FORT. AU	04	005
LE CERVEAU ET DANS L'ATMOSPHERE DES ARDENTS	45	022
LE CHANT PLAINTIF DES ARBRES A MUSIQUE, DES	24	031
LE CHARME INFERNAL ME RAJEUNIT SANS CESSE. QUE	51	009
LE CHAT, SERVIR DE CONFIDENT AUX DOULEURS	13	102
LE CHATEAU, L'ENFANT PAUVRE MONTRAIT A	19	037
LE CHIEN CROTTE, LE CHIEN PAUVRE, LE CHIEN	50	034
LE CHIEN DONT L'INSTINCT, COMME CELUI DU	50	035
LE CHIEN ET LE CHAT, SERVIR DE CONFIDENT AUX	13	102
LE CHIEN ET LE FLACON	08	000
LE CHIEN FLANEUR, LE CHIEN SALTIMBANQUE, LE	50	035
LE CHIEN PAUVRE, LE CHIEN SANS DOMICILE, LE	50	034
LE CHIEN SALTIMBANQUE, LE CHIEN DONT	50	035
LE CHIEN SANS DOMICILE, LE CHIEN FLANEUR, LE	50	034
LE CHIEN, EN FRETILLANT DE LA QUEUE, CE QUI	08	004
LE CHOC LE RENVERSANT, IL ACHEVA DE BRISER	09	085
LE CIEL, COMME POUR LUI DEMANDER UN ROI, ON	11	065
LE CIEL, DES HOMMES ET DES FEMMES, SERIEUX ET	31	008
LE CIEL. ET JE ME SOUVIENS QUE CETTE SENSATION	15	017
LE CIMETIERE	45	000
LE CLOCHER... AH! ON NE LE VOIT PLUS!'' ET	31	035
LE CLOU ETAIT RESTE FICHE DANS LA PAROI, AVEC	30	104
LE COEUR CONTENT, JE SUIS MONTE SUR LA	51	001
LE COEUR DE DIEU! EMPORTER LE PARADIS	28	050
LE COEUR DE L'HOMME AUX HEURES SOLENNELLES DE	22	057
LE COEUR INOCCUPE S'EST DONNE AUX BETES, PARCE	50	064
LE COEUR PLEIN DE HAINE. ENFIN, CE N'EST PAS	42	143
LE COEUR. LA CHANSON AVAIT RAISON CE SOIR-LA,	26	047
LE COIN D'UN BOULEVARD NEUF, ENCORE TOUT PLEIN	26	014
LE COIN SA JUPE FLOTTANTE ET MONTRE SA JAMBE	25	021
LE COLLET DE SON HABIT, DE L'AUTRE, JE	49	048
LE COMEDIEN, C'EST-A-DIRE L'ART, L'EFFORT, LA	27	074
LE COMMENTATEUR DE SA GROSSIERE PAROLE. JE ME	21	077
LE COMMISSAIRE, A QUI, NATURELLEMENT, JE DUS	30	078
LE COMMISSAIRE. --MA FOI! NON. JE ME TROUVE	46	019
LE COMPARER A RIEN DE MIEUX QU'A CELUI DES	21	085
LE COMPRENDRE QU'A MOI OU DE VOUS L'EXPLIQUER;	26	003
LE CONDUIRE EN PRISON? UN CABARETIER, UN	28	033
LE CONFITEOR DE L'ARTISTE	03	000
LE CONNAIS PERSONNELLEMENT. --JE SAVAIS BIEN!	47	055
LE CONTENU ETAIT D'UN ROUGE LUMINEUX, ET QUI	21	026
LE CONTRASTE DE CE QU'ON REPROCHE EN GENERAL A	42	107
LE CONTRASTE. IL NE RIAIT PAS, LE MISERABLE!	14	056
LE CORPS ETAIT ETENDU SUR MON DIVAN, ET,	30	094
LE CORTEGE DE SES COMPAGNES, ELLE LEUR DISAIT:	20	082
LE CORTEGE PASSA A COTE DE MOI ET S'ENFONCA	06	029
LE COU BIEN PLUS GROS QUE TOUTES LES AUTRES	31	055
LE COU. ''J'AI NEGLIGE DE VOUS DIRE QUE	30	067
LE COURAGE DE LA RAMASSER. J'AI JUGE MOINS	46	011
LE CRAYON A MARQUE LES DATES SINISTRES! ET CE	05	059
LE CREATEUR, LE MAITRE; VOUS QUI AVEZ	47	117
LE CREER IMMEDIATEMENT. DONC LA BONNE FEE	20	073
LE CREPUSCULE ALLUMERAIT ENCORE EN LUI LA	22	038
LE CREPUSCULE DU SOIR	22	000
LE CREPUSCULE EXCITE LES FOUS. --JE ME	22	020
LE CREPUSCULE RENDAIT TOUT MALADES. L'UN	22	021
LE CREPUSCULE; CES SUBTILES ET TERRIBLES	05	027
LE CRI PERCANT, MONTA JUSQU'A MOI	09	062
LE CROIRE, ET SI VOUS ME FATIGUEZ TROP SOUVENT	11	072
LE CROIRE. IL ETAIT DEJA FORT ROIDE, ET	30	058
LE CROIRE. LES GENTILSHOMMES COUPABLES AVAIENT	27	143
LE DANGER PASSE. COMBIEN DE FOIS NE ME SUIS-JE	42	139
LE DEBROUILLER. JE ME LAISSAI DONC ENTRAINER	47	017
LE DECOR QUE JE CHERCHAIS. QU'AI-JE A FAIRE DE	24	033
LE DELICAT!'' ET JE LES INVOQUAI A HAUTE VOIX,	21	118
LE DELICIEUX PASSE; ET LES ETOILES VACILLANTES	22	062
LE DEMENAGEMENT D'UNE SOCIETE. LES SEIGNEURS	27	011
LE DEMON DE SOCRATE ET LE MIEN, QUE CELUI DE	49	032
LE DEMON FREQUENTE VOLONTIERS LES LIEUX	23	004
LE DEPENDRE N'ETAIT PAS UNE BESOGNE AUSSI	30	057
LE DERNIER DES HOMMES, QUE JE NE SUIS PAS	10	043
LE DERNIER ET LE PLUS SOLITAIRE DES HUMAINS,	07	022
LE DESESPOIR DE LA VIEILLE	02	000
LE DESESPOIR, LE VAINCU SE REDRESSA ET FIT	15	059
LE DESHABILLER POUR L'ENSEVELISSEMENT, LA	30	074
LE DESHONNEUR.	31	138
LE DESIR DE CREER UN EVENEMENT DANS LA VIE DE	28	028
LE DESIR DE LA CRIMINELLE JOUISSANCE DONT JE	28	052
LE DESIR DE LA GRANDEUR, DE LA BEAUTE, DE LA	38	003
LE DESIR DE MOURIR LENTEMENT SOUS SON REGARD.	36	031
LE DESIR DE NE JAMAIS REVOIR LEURS PENATES,	29	020
LE DESIR DE PEINDRE	36	000
LE DESIR DE VOYAGER OU DE S'ENRICHIR.	41	015
LE DESIR DECHIRE! JE BRULE DE PEINDRE CELLE	36	002
LE DESIR. --C'EST QUELQUE CHOSE DE	05	005

POEM LINE

18	010	VIE EST GRASSE ET DOUCE A RESPIRER; D'OU	LE DESORDRE, LA TURBULENCE ET L'IMPREVU SONT
32	035	INDIVISIBLE DU GENIE, QUEL ANALYSTE AURA	LE DETESTABLE COURAGE DE VOUS DIVISER ET DE
13	028	D'AILLEURS IL Y A TOUJOURS DANS	LE DEUIL DU PAUVRE QUELQUE CHOSE QUI MANQUE,
22	065	FANTAISIE QUI NE S'ALLUMENT BIEN QUE SOUS	LE DEUIL PROFOND DE LA NUIT.
50	056	PAR LES PUCES, LA PASSION, LE BESOIN OU	LE DEVOIR, COMME NOUS, ILS SE SONT LEVES DE
29	127	''MON DIEU! SEIGNEUR, MON DIEU! FAITES QUE	LE DIABLE ME TIENNE SA PAROLE!''
50	103	COMPLAISANTS, SOUMIS OU DEVOUES, QUE	LE DICTIONNAIRE REPUBLICAIN POURRAIT AUSSI
49	016	FEMME DONT J'AVAIS RECEMMENT PARCOURU	LE DICTIONNAIRE. MAIS CE N'ETAIT QUE L'IDEE
30	130	PARMI LES SIGNATAIRES IL Y AVAIT, JE DOIS	LE DIRE, PLUS DE FEMMES QUE D'HOMMES; MAIS
16	007	SE RAVISANT, IL REPONDIT: ''JE VAIS VOUS	LE DIRE.'' PEU D'INSTANTS APRES, IL REPARUT,
10	015	ILE); AVOIR DISPUTE GENEREUSEMENT CONTRE	LE DIRECTEUR D'UNE REVUE, QUI A CHAQUE
31	023	DEPUIS QUELQUES SECONDES N'ECOUTAIT PLUS	LE DISCOURS DE SON CAMARADE ET OBSERVAIT AVEC
27	088	PAR JE NE SAIS QUELLE GRACE SPECIALE,	LE DIVIN ET LE SURNATUREL, JUSQUE DANS LES
20	075	''JE DONNE A TON FILS... JE LUI DONNE...	LE DON DE PLAIRE!'' ''MAIS PLAIRE COMMENT?
25	004	QUI EST UNE ESPECE DE MORT SAVOUREUSE OU	LE DORMEUR, A DEMI EVEILLE, GOUTE LES VOLUPTES
49	055	ENSUITE, PAR UN COUP DE PIED LANCE DANS	LE DOS, ASSEZ ENERGIQUE POUR BRISER LES
44	010	JE RECUS UN VIOLENT COUP DE POING DANS	LE DOS, ET J'ENTENDIS UNE VOIX RAUQUE ET
20	082	LA FEE COURROUCEE, EN LUI TOURNANT	LE DOS, ET REJOIGNANT LE CORTEGE DE SES
21	113	D'UNE SI COURAGEUSE ABNEGATION J'AVAIS	LE DROIT D'ETRE FIER. MAIS MALHEUREUSEMENT JE
40	007	SONT EGAUX EN DROITS; DONC JE POSSEDE	LE DROIT DE ME MIRER; AVEC PLAISIR OU
28	034	BOULANGER, PAR EXEMPLE, ALLAIT PEUT-ETRE	LE FAIRE ARRETER COMME FAUX MONNAYEUR OU COMME
30	060	ET J'AVAIS UNE REPUGNANCE INEXPLICABLE A	LE FAIRE BRUSQUEMENT TOMBER SUR LE SOL. IL
30	008	AGREABLE DEVANT LA NOUVEAUTE, DEVANT	LE FAIT REEL. S'IL EXISTE UN PHENOMENE
30	005	C'EST-A-DIRE QUAND NOUS VOYONS L'ETRE OU	LE FAIT TEL QU'IL EXISTE EN DEHORS DE NOUS,
30	007	SENTIMENT, COMPLIQUE MOITIE DE REGRET POUR	LE FANTOME DISPARU; MOITIE DE SURPRISE
30	119	HANTAIT LES REPLIS DE MON CERVEAU, ET DONT	LE FANTOME ME FATIGUAIT DE SES GRANDS YEUX
25	016	LA LUMIERE, PROJETTE SUR SON VISAGE SOMBRE	LE FARD SANGLANT DE SES REFLETS. LE POIDS DE
21	121	DE ME DESHONORER AUSSI SOUVENT QU'IL	LE FAUDRAIT POUR MERITER LEURS FAVEURS; MAIS
11	042	RAGE, ELLE ETINCELLE TOUT ENTIERE, COMME	LE FER QU'ON BAT. ''TELLES SONT LES MOEURS
09	021	REVEUR QUI AIT EXISTE, A MIS UNE FOIS	LE FEU A UNE FORET POUR VOIR, DISAIT-IL SI LE
22	048	EXPLOSION DES LANTERNES, VOUS ETES	LE FEU D'ARTIFICE DE LA DEESSE LIBERTE.
14	034	PRINCESSES, SAUTAIENT ET CABRIOLAIENT SOUS	LE FEU DES LANTERNES QUI REMPLISSAIENT LEURS
09	022	LE FEU A UNE FORET POUR VOIR, DISAIT-IL SI	LE FEU PRENAIT AVEC AUTANT DE FACILITE QU'ON
08	000		LE FLACON
08	007	ET POSE CURIEUSEMENT SON NEZ HUMIDE SUR	LE FLACON DEBOUCHE; PUIS, RECULANT
14	063	SUR LA FOULE ET LES LUMIERES, DONT	LE FLOT MOUVANT S'ARRETAIT A QUELQUES PAS DE
21	034	ROMPUE, ET QUAND LA GENE QUI EN RESULTAIT	LE FORCAIT A BAISSER LES YEUX VERS LA TERRE,
07	000		LE FOU ET LA VENUS
06	007	QU'UN SAC DE FARINE OU DE CHARBON, OU	LE FOURNIMENT D'UN FANTASSIN ROMAIN. MAIS LA
06	012	MONTURE; ET SA TETE FABULEUSE SURMONTAIT	LE FRONT DE L'HOMME, COMME UN DE CES CASQUES
31	119	TASSE D'EAU-DE-VIE ET SE SONT ENDORMIS,	LE FRONT TOURNE VERS LES ETOILES. J'AVAIS EU
14	052	BIEN ENCORE LA DETRESSE. PARTOUT LA JOIE,	LE GAIN, LA DEBAUCHE; PARTOUT LA CERTITUDE DU
43	000		LE GALANT TIREUR
16	006	A UN PETIT GARCON QUELLE HEURE IL ETAIT.	LE GAMIN DU CELESTE EMPIRE HESITA D'ABORD;
15	000		LE GATEAU
15	063	ENFANTINES NE SEMBLAIENT LE PROMETTRE?	LE GATEAU VOYAGEAIT DE MAIN EN MAIN ET
26	017	SPLENDEURS INACHEVEES. LE CAFE ETINCELAIT.	LE GAZ LUI-MEME Y DEPLOYAIT TOUTE L'ARDEUR
27	095	A VOILER LES TERREURS DU GOUFFRE; QUE	LE GENIE PEUT JOUER LA COMEDIE AU BORD DE LA
28	037	POUR UN PAUVRE PETIT SPECULATEUR,	LE GERME D'UNE RICHESSE DE QUELQUES JOURS. ET
49	014	SENTAIS, CONFINE AU FOND DE MON INTELLECT,	LE GERME OBSCUR D'UNE IDEE SUPERIEURE A TOUTES
50	129	ET TOUTES LES FOIS QUE LE POETE ENDOSSE	LE GILET DU PEINTRE, IL EST CONTRAINT DE
47	121	ET QUI AVEZ PEUT-ETRE MIS DANS MON ESPRIT	LE GOUT DE L'HORREUR POUR CONVERTIR MON COEUR,
41	008	SERVENT A ENTRETENIR DANS L'AME	LE GOUT DU RHYTHME ET DE LA BEAUTE. ET PUIS,
12	004	A QUI UNE FEE A INSUFFLE DANS SON BERCEAU	LE GOUT DU TRAVESTISSEMENT ET DU MASQUE, LA
49	018	ET JE SORTIS UNE GRANDE SOIF. CAR	LE GOUT PASSIONNE DES MAUVAISES LECTURES
13	083	AMAIGRI, ETAIT EN PARFAITE ACCORDANCE AVEC	LE GRAND DEUIL DONT ELLE ETAIT REVETUE. ELLE
27	058	QUI N'A JAMAIS PU ETRE ECLAIRCI. ENFIN,	LE GRAND JOUR ARRIVE, CETTE PETITE COUR
27	029	DES FORMES LES PLUS DELICATES DU PLAISIR.	LE GRAND MALHEUR DE CE PRINCE FUT QU'IL N'EUT
05	052	DES REVES, LA SYLPHIDE, COMME DISAIT	LE GRAND RENE, TOUTE CETTE MAGIE A DISPARU AU
21	068	IL Y EN AVAIT ENCORE BIEN D'AUTRES.	LE GROS SATAN TAPAIT AVEC SON POING SUR SON
47	068	A UN PAQUET FICELE, POSE AUSSI SUR	LE GUERIDON: ''ATTENDS UN PEU, --DIT-ELLE! CA,
01	012	DEESSE ET IMMORTELLE. --L'OR? --JE	LE HAIS COMME VOUS HAISSEZ DIEU. --EH!
23	031	ET IL VIENT S'INSINUER DANS LES MIENNES,	LE HIDEUX TROUBLE- FETE! ''CE GRAND MALHEUR DE
05	071	REGNE EN SOUVERAIN MAINTENANT; ET AVEC	LE HIDEUX VIEILLARD EST REVENU TOUT SON
24	029	TAPAGE DES OISEAUX IVRES DE LUMIERES, ET	LE JACASSEMENT DES PETITES NEGRESSES....., ET,
29	039	N'ETAIS PLUS IVRE QUE LUI. CEPENDANT	LE JEU; CE PLAISIR SURHUMAIN, AVAIT COUPE A
31	066	FAIRE AUTANT QUE MOI, ET VOUS VERREZ!''	LE JEUNE ACTEUR DE CETTE PRODIGIEUSE
29	000		LE JOUEUR GENEREUX
09	028	A FAIRE PREUVE D'ENERGIE, POUR FAIRE	LE JOUEUR, POUR CONNAITRE LES PLAISIRS DE
19	042	PAR ECONOMIE SANS DOUTE, AVAIENT TIRE	LE JOUJOU DE LA VIE ELLE-MEME. ET LES DEUX
19	000		LE JOUJOU DU PAUVRE
22	029	AMBITIEUX BLESSE, DEVENAIT, A MESURE QUE	LE JOUR BAISSAIT, PLUS AIGRE, PLUS SOMBRE,
50	098	PAUVRES DIABLES QUI ONT A AFFRONTER TOUT	LE JOUR L'INDIFFERENCE DU PUBLIC ET LA
29	072	PROPRE POUVOIR, QU'UNE SEULE FOIS, C'ETAIT	LE JOUR OU ELLE AVAIT ENTENDU UN PREDICATEUR,
22	001		LE JOUR TOMBE. UN GRAND APAISEMENT SE FAIT
16	015	ESPRIT, QUE CE SOIT LA NUIT, QUE CE SOIT	LE JOUR, DANS LA PLEINE LUMIERE OU DANS
47	119	LE SOUVERAIN QUI LAISSEZ FAIRE, VOUS,	LE JUGE QUI PARDONNEZ; VOUS QUI ETES PLEIN DE
15	054	SANGLANT AVEC UN SUPERBE JURON PATOIS.	LE LEGITIME PROPRIETAIRE DU GATEAU ESSAYA
30	120	FATIGUAIT DE SES GRANDS YEUX FIXES. MAIS	LE LENDEMAIN JE RECUS UN PAQUET DE LETTRES:
38	012	ET COMME MES YEUX RESTAIENT FICHES SUR	LE LIEU OU ETAIT ENFOUI MON TRESOR, JE VIS
37	029	ET VERTE; L'EAU INFORME ET MULTIFORME,	LE LIEU OU ILS NE SONT PAS; LA FEMME QU'ILS NE
37	029	ET VERTE; L'EAU INFORME ET MULTIFORME,	LE LIEU OU TU NE SERAS PAS; L'AMANT QUE TU NE
48	014	FAIT AVEC LA LUMIERE ET LE MINERAL, ET	LE LIQUIDE POUR LES REFLECHIR!'' MON AME NE
05	022	ABONDAMMENT DEVANT LES FENETRES ET DEVANT	LE LIT; ELLE S'EPANCHE EN CASCADES NEIGEUSES.
19	008	CHEVAL DONT LA QUEUE EST UN SIFFLET, --ET	LE LONG DES CABARETS, AU PIED DES ARBRES,
18	009	EST BEAU, RICHE, TRANQUILLE, HONNETE; OU	LE LUXE A PLAISIR A SE MIRER DANS L'ORDRE; OU
19	021	DE COMPAGNIE SI PLEINS DE COQUETTERIE.	LE LUXE, L'INSOUCIANCE ET LE SPECTACLE
45	003	BIEN FAITE POUR DONNER SOIF! A COUP SUR,	LE MAITRE DE CE CABARET SAIT APPRECIER HORACE
25	060	REUSSIRA SANS DOUTE, LA BONNE DOROTHEE!	LE MAITRE DE L'ENFANT EST SI AVARE, TROP
21	040	TE FERAI LE SEIGNEUR DES AMES, ET TU SERAS	LE MAITRE DE LA MATIERE VIVANTE, PLUS ENCORE
26	057	COCHERES! NE POURRIEZ-VOUS PAS PRIER	LE MAITRE DU CAFE DE LES ELOIGNER D'ICI?''

	POEM	LINE
MON DIEU! VOUS, LE CREATEUR, VOUS,		
LE PLUS IRREPARABLE DES VICES EST DE FAIRE		
BEATITUDE ET DANS MON TOTAL OUBLI DE TOUT		
--DIEU, REPRIT-IL, MIT LE REMEDE DANS		
DE HAINE QUI ME PARUT DE BON AUGURE,		
VOUS, LE BUVEUR DE QUINTESSENCES! VOUS,		
SOIENT PAS COUPABLES! QUAND VOUS SORTIEZ		
QUE DES JUGES HUMAINS QUI, SIEGEANT DEPUIS		
J'IRAI VOUS VOIR, MAIS PLUS TARD, APRES		
COMME LA FLECHE D'UN ARC. LE MORALISTE ET		
ET QUI AYANT OBTENU POUR SON FILS		
RESPIRER UN EXCELLENT PARFUM ACHETE CHEZ		
DANS CE TEMPS-LA AUX TOURISTES POUR		
IL A ETE DECIDE QUE JE DORMIRAIS DANS		
COMMIS UN NOUVEAU LARCIN DE CE GENRE, JE		
SOUTENEZ-MOI, ELOIGNEZ DE MOI		
POUR DEFENDRE, AVERTIR, EMPECHER, ET QUE		
LE MIEN EST UN GRAND AFFIRMATEUR,		
SOCRATE N'AVAIT QU'UN DEMON PROHIBITEUR,		
UN BRAS QUI SE COULAIT DOUCEMENT SOUS		
DIFFERENCE ENTRE LE DEMON DE SOCRATE ET		
DANS LEUR ESPRIT, FAIT LA LUMIERE DANS		
CE SEJOUR DE L'ETERNEL ENNUI, EST BIEN		
QUI AIMES-TU		
GOUT, UN PAYSAGE FAIT AVEC LA LUMIERE ET		
VIE SOMNAMBULIQUE, COMME LE VEGETAL ET		
A SE FAIRE EVENTER OU A SE REGARDER DANS		
INTRODUIT LE CONTRASTE. IL NE RIAIT PAS,		
ELLES (CAR DANS LA GRANDEUR DE LA REVERIE,		
COUCHE DANS LE BELVEDERE OU ACCOUDE SUR		
CHERE PRECIEUSE! A VOIR LES ENFERS DONT		
LA FOULE DES SOLLICITEURS ETAIT GRANDE, ET		
CROIS, HAIR OU AIMER LES VOTRES, ET TOUT		
ET QU'ELLE NE VOYAIT PAS, ELLE REGARDAIT		
ET SANS COMPENSATION. MAIS DANS		
PUBLIQUE, ET DANS LA BARAQUE DE QUI		
SABLE EST EBLOUISSANT ET LA MER MIROITE.		
CONNUE, QUOIQUE RAREMENT APPLIQUEE, DANS		
A QUI CHACUN FAISAIT FETE, A QUI TOUT		
IRRESISTIBLE, COMME LA FLECHE D'UN ARC.		
L'OBJET DE SA CONVOITISE, PUIS, HAPPANT		
A VRAI DIRE, AUCUN SUJET DE BATAILLE,		
FAROUCHES ET COMME SUPPLIANTS, DEVORAIENT		
LES CHATS QUI VONT MANGER LOIN DE VOUS		
BATON HIERATIQUE? ET QUEL EST, CEPENDANT,		
SOUPIRER, D'UNE VOIX BASSE ET RAUQUE,		
CES AFFOLES QUI CHERCHENT LE BONHEUR DANS		
VOUS GUERIR, NOUS EN TROUVERONS PEUT-ETRE		
L'OBJET EST DE REPRESENTER SYMBOLIQUEMENT		
CE QUI ME FRAPPA LE PLUS, CE FUT		
SONT DEUX ANTRES OU SCINTILLE VAGUEMENT		
CE GENRE-LA. VENEZ.'' J'AIME PASSIONNEMENT		
IDEALE SOUS UN VERNIS DE CARROSSIER, IL		
CETTE POUPEE, LA-BAS, A DROITE, QUI PORTE		
CE QUI CONTRIBUA A FORTIFIER, DANS		
QUE BELLE! ELLE EST SURPRENANTE. EN ELLE		
AMORTIES D'UNE JUPE ECLATANTE, COMME SOUS		
LE RECONNAIS-TU CELUI-CI? --OUI! C'EST X.		
LES SIECLES A VENIR IGNORERONT TOUJOURS		
CESSE: ''IL Y A DONC UN PAYS SUPERBE OU		
SOLS ET LE COEUR DE DIEU, EMPORTER		
L'EGOISTE, FERME COMME UN COFFRE, ET		
DANS TES CHEVEUX! MON AME VOYAGE SUR		
DE SON SEXE, L'ORGUEIL DE MON COEUR ET		
QUELQUES CIGARES DONT LA SAVEUR ET		
SUFFIT PLUS, SI ELLE N'EST ASSAISONNE PAR		
CHAQUE OBJECTION REPONDAIT: ''--C'EST ICI		
COMME PESTIFERES ET POUILLEUX, EXCEPTE		
ANGE, ET QUI EST POLI! ET QUI TRAVAILLE,		
JE VOYAGEAIS.		
ETAIT MELE. CE SPECTACLE M'AVAIT EMBRUME		
N'OUBLIERA AVEC QUELLE PETULANCE		
UN CORPS, IL ENTRE, QUAND IL VEUT, DANS		
SERT D'UNE FORMULE QUI IMPLIQUE QUE SOUS		
PLAIRE POURQUOI?'' DEMANDA OPINIATREMENT		
SUR LE VERSANT D'UNE AUTRE MONTAGNE. SUR		
MAIS CELA FAIT, TOUT N'ETAIT PAS FINI,		
OBJET RARE ET INCONNU. OR, CE JOUJOU, QUE		
S'ETALAIT, SE REPANDAIT, S'EBAUDISSAIT		
L'ANNEE. EN CES JOURS-LA IL ME SEMBLE QUE		
DONT LA MUSIQUE DES REGIMENTS GRATIFIE		
ON DIT QU'ELLE EST BATIE EN MARBRE, ET QUE		
SURTOUT CES LIEUX QUE LE POETE AIME ET		
ET DE SONNETTES, TOUT RAMASSE CONTRE		
PROPOSE, LIVRE D'ELLES S'ENFONCA MEME DANS		
EST SI PRODIGIEUSEMENT COQUETTE QUE		
ET JE LUI DIS: ''VOUS AVEZ RAISON, APRES		
NE RESPIRE ET N'INSPIRE L'INSOUCIANCE ET		
SI LOIN CE QUI EST SI PRES DE MOI.		
LE MAITRE, VOUS QUI AVEZ FAIT LA LOI ET LA	47	117
LE MAL PAR BETISE.	28	058
LE MAL TERRESTRE, J'EN ETAIS VENU A NE PLUS	15	023
LE MAL. UN JOUR JE TROUVAI CETTE MINERVE,	42	053
LE MALANDRIN DECREPIT SE JETA SUR MOI, ME	49	065
LE MANGEUR D'AMBROISIE! EN VERITE, IL Y A LA	46	003
LE MATIN AVEC L'INTENTION DECIDEE DE FLANER	19	003
LE MATIN, NE PEUVENT S'EMPECHER DE REVER AU	20	030
LE MAUVAIS VITRIER	09	000
LE MEDECIN, QUE DIABLE!... --AH! AH!	47	011
LE MEDECIN, QUI PRETENDENT TOUT SAVOIR, NE	09	013
LE MEILLEUR DES LOTS, OSE ENCORE INTERROGER ET	20	085
LE MEILLEUR PARFUMEUR DE LA VILLE,'' ET LE	08	003
LE MELER A L'OCCASION AVEC DE L'EAU DE NEIGE.	15	031
LE MEME LIT QUE MA BONNE,'' --IL ATTIRA SES	31	049
LE MENACAI DE LE RENVOYER A SES PARENTS. PUIS	30	045
LE MENSONGE ET LES VAPEURS CORRUPTRICES DU	10	040
LE MIEN DAIGNE CONSEILLER, SUGGERER,	49	034
LE MIEN EST UN DEMON D'ACTION, OU DEMON DE	49	037
LE MIEN EST UN GRAND AFFIRMATEUR, LE MIEN EST	49	036
LE MIEN, ET J'ENTENDIS UNE VOIX QUI ME DISAIT	47	003
LE MIEN, QUE CELUI DE SOCRATE NE SE	49	033
LE MIEN, ET, BIEN QU'IL NE SOIT PAS RARE DE	22	041
LE MIEUX. VOICI LES MEUBLES SOTS, POUDREUX,	05	055
LE MIEUX, HOMME ENIGMATIQUE, DIS? TON PERE, TA	01	001
LE MINERAL, ET LE LIQUIDE POUR LES	48	014
LE MINERAL. LES ETOFFES PARLENT UNE LANGUE	05	010
LE MIROIR	40	000
LE MIROIR DE SES GRANDS EVENTAILS DE PLUMES,	25	004
LE MISERABLE! IL NE PLEURAIT PAS, IL NE	14	057
LE MOI SE PERD VITE!) ELLES PENSENT, DIS-JE,	03	012
LE MOLE, TOUS CES MOUVEMENTS DE CEUX QUI	41	012
LE MONDE EST PEUPLE, QUE VOULEZ-VOUS QUE JE	11	052
LE MONDE INTERMEDIAIRE, PLACE ENTRE L'HOMME ET	20	021
LE MONDE L'ADMIRAIT AUTANT QUE MOI. QUAND NOUS	42	083
LE MONDE LUMINEUX AVEC UN OEIL PROFOND, ET	13	085
LE MONDE OU ELLE A ETE JETEE, ELLE N'A JAMAIS	11	049
LE MONDE OUBLIEUX NE VEUT PLUS ENTRER!	14	083
LE MONDE STUPEFIE S'APPLAUSE LACHEMENT ET FAIT	25	002
LE MONDE SURNATUREL, HABITE PAR CES DEITES	20	064
LE MONDE VOULAIT PLAIRE, CE JOLI ETRE, SI	02	003
LE MORALISTE ET LE MEDECIN, QUI PRETENDENT	09	013
LE MORCEAU AVEC SA MAIN, SE RECULA VIVEMENT,	15	042
LE MORCEAU DE PAIN AVAIT DISPARU, ET IL ETAIT	15	068
LE MORCEAU DE PAIN. ET JE L'ENTENDIS SOUPIRER,	15	036
LE MORCEAU QUE VOUS LEUR AVEZ DONNE, AYANT	19	014
LE MORTEL IMPRUDENT QUI OSERA DECIDER SI LES	32	018
LE MOT: GATEAU! JE NE PUS M'EMPECHER DE RIRE	15	038
LE MOUVEMENT ET DANS UNE PROSTITUTION QUE JE	23	040
LE MOYEN, POUR DEUX SOLS, AU MILIEU D'UNE	11	012
LE MYSTERE DE LA VIE. IL ENTRA EN SCENE	27	068
LE MYSTERE DE SA VOIX, DANS LAQUELLE JE	21	091
LE MYSTERE, ET SON REGARD ILLUMINE COMME	36	010
LE MYSTERE, PARCE QUE J'AI TOUJOURS L'ESPOIR	47	016
LE NETTOYAIT DE LA REPUGNANTE PATINE DE LA	19	035
LE NEZ EN L'AIR ET QUI A LA MINE SI HAUTAINE.	43	015
LE NOBLE PUBLIC, L'IDEE DE DOUCEUR ET DE	27	070
LE NOIR ABONDE: ET TOUT CE QU'ELLE INSPIRE EST	36	008
LE NOIR PRESENT TRANSPERCE LE DELICIEUX PASSE!	22	062
LE NOM EST AU BAS D'AILLEURS, MAIS JE LE	47	054
LE NOM ET LA BONNE VOLONTE. L'IMPREVOYANTE	27	033
LE PAIN S'APPELLE DU GATEAU, FRIANDISE SI RARE	15	075
LE PARADIS ECONOMIQUE, ENFIN ATTRAPER	28	050
LE PARESSEUX, INTERNE COMME UN MOLLUSQUE. IL	12	021
LE PARFUM COMME L'AME DES AUTRES HOMMES SUR LA	17	008
LE PARFUM DE MON ESPRIT, QUE CE SOIT LA NUIT,	16	014
LE PARFUM INCOMPARABLES DONNAIENT A TRAVERS	29	048
LE PARFUM, LA PARURE, ET CAETERA. J'AVOUERAI	42	024
LE PARTI DES HONNETES GENS,'' CE QUI IMPLIQUE	10	016
LE PAUVRE DONT ILS SONT LES ASSOCIES, ET LE	50	018
LE PAUVRE GARCON! SES CAMARADES M'ONT DIT	47	090
LE PAYSAGE AU MILIEU DUQUEL J'ETAIS PLACE	15	001
LE PAYSAGE, ET LA JOIE CALME OU S'EBAUDISSAIT	15	071
LE PEINTRE S'EST DEPOUILLE DE SON GILET EN	50	121
LE PERSONNAGE DE CHACUN. POUR LUI SEUL, TOUT	12	013
LE PERSONNAGE SE LAISSE ENCORE DEVINER LE	27	073
LE PETIT BOUTIQUIER, QUI ETAIT SANS DOUTE UN	20	078
LE PETIT LAC IMMOBILE, NOIR DE SON IMMENSE	15	014
LE PETIT MONSTRE S'ETAIT SERVI D'UNE FICELLE	30	063
LE PETIT SOUILLON AGACAIT, AGITAIT ET SECOUAIT	19	040
LE PEUPLE EN VACANCES. C'ETAIT UNE DE CES	14	001
LE PEUPLE OUBLIE TOUT, LA DOULEUR ET LE	14	007
LE PEUPLE PARISIEN. C'ETAIT SANS DOUTE LA LA	13	052
LE PEUPLE Y A UNE TELLE HAINE DU VEGETAL,	48	011
LE PHILOSOPHE AIMENT DIRIGER LEURS AVIDES	13	009
LE PIEDESTAL, LEVE DES YEUX PLEINS DE LARMES	07	020
LE PLAFOND, ET COMME LA CHARMANTE CREATURE	43	011
LE PLAISIR D'ETRE ADMIREE L'EMPORTE CHEZ ELLE	25	026
LE PLAISIR D'ETRE ETONNE, IL N'EN EST PAS DE	28	020
LE PLAISIR DE SE LAISSER VIVRE, RIEN, EXCEPTE	13	069
LE PLAISIR ET LE BONHEUR SONT DANS LA PREMIERE	24	040

POEM LINE

26	046	ET PROFONDE. LES CHANSONNIERS DISENT QUE	LE PLAISIR REND L'AME BONNE ET AMOLLIT LE
21	042	PEUT L'ETRE DE L'ARGILE; ET TU CONNAITRAS	LE PLAISIR, SANS CESSE RENAISSANT, DE SORTIR
42	071	ELLE M'AVOUA QU'ELLE N'AVAIT JAMAIS CONNU	LE PLAISIR. JE ME DEGOUTAI DE CE DUEL INEGAL,
30	052	ARMOIRE! SES PIEDS TOUCHAIENT PRESQUE	LE PLANCHER; UNE CHAISE, QU'IL AVAIT SANS
18	038	OU PAR CES HAUTES FENETRES OUVRAGEES QUE	LE PLOMB DIVISE EN NOMBREUX COMPARTIMENTS. LES
20	059	DE VAPEURS MULTICOLORES LA FEE QUI ETAIT	LE PLUS A SA PORTEE, S'ECRIA: ''EH! MADAME!
14	049	CAHUTE PLUS MISERABLE QUE CELLE DU SAUVAGE	LE PLUS ABRUTI, ET DONT DEUX BOUTS DE
26	004	VOUS L'EXPLIQUER; CAR VOUS ETES, JE CROIS,	LE PLUS BEL EXEMPLE D'IMPERMEABILITE FEMININE
10	027	Z...; C'EST LE PLUS LOURD, LE PLUS SOT ET	LE PLUS CELEBRE DE TOUS MES AUTEURS, AVEC LUI
05	017	UNE SENTEUR INFINITESIMALE DU CHOIX	LE PLUS EXQUIS, A LAQUELLE SE MELE UNE
42	069	SEIN DE MA MAITRESSE LES ELANS DE L'AMOUR	LE PLUS FORCENE. APRES UN AN DE VIE COMMUNE,
04	005	FAIT POUR TROUBLER LE CERVEAU DU SOLITAIRE	LE PLUS FORT. AU MILIEU DE CE TOHU-BOHU ET DE
09	020	MEME LES PLUS DANGEREUX. UN DE MES AMIS,	LE PLUS INOFFENSIF REVEUR QUI AIT EXISTE,
42	091	MAIS AVEC L'AIR LE PLUS LEGER ET	LE PLUS INSOUCIANT DU MONDE. ELLE M'A TENU
28	058	A QUELQUE MERITE A SAVOIR QU'ON L'EST; ET	LE PLUS IRREPARABLE DES VICES EST DE FAIRE LE
42	091	DEVORAIT; ENGLOUTISSAIT, MAIS AVEC L'AIR	LE PLUS LEGER ET LE PLUS INSOUCIANT DU MONDE.
10	026	BIEN DE VOUS ADRESSER A Z...; C'EST	LE PLUS LOURD, LE PLUS SOT ET LE PLUS CELEBRE
07	022	SES YEUX DISENT: --''JE SUIS LE DERNIER ET	LE PLUS SOLITAIRE DES HUMAINS, PRIVE D'AMOUR
10	027	VOUS ADRESSER A Z...; C'EST LE PLUS LOURD,	LE PLUS SOT ET LE PLUS CELEBRE DE TOUS MES
21	090	UNE FORCE FASCINATRICE. CE QUI ME FRAPPA	LE PLUS, CE FUT LE MYSTERE DE SA VOIX, DANS
50	090	L'OEUVRE SANS NOM QUI MITONNE SUR	LE POELE ALLUME, ET AU CENTRE DE LAQUELLE UNE
12	008	TERMES EGAUX ET CONVERTIBLES POUR	LE POETE ACTIF ET FECOND. QUI NE SAIT PAS
50	129	POEME SATIRIQUE. ET TOUTES LES FOIS QUE	LE POETE ENDOSSE LE GILET DU PEINTRE, IL EST
13	009	LA VIE. C'EST SURTOUT VERS CES LIEUX QUE	LE POETE ET LE PHILOSOPHE AIMENT DIRIGER LEURS
12	010	PLUS ETRE SEUL DANS UNE FOULE AFFAIREE.	LE POETE JOUIT DE CET INCOMPARABLE PRIVILEGE,
50	116	OU UNE CHEVRE AUX MAMELLES GONFLEES.	LE POETE QUI A CHANTE LES PAUVRES CHIENS, LE
50	019	LE PAUVRE DONT ILS SONT LES ASSOCIES, ET	LE POETE QUI LES REGARDE D'UN OEIL FRATERNEL.
25	017	SOMBRE LE FARD SANGLANT DE SES REFLETS.	LE POIDS DE SON ENORME CHEVELURE PRESQUE BLEUE
11	040	ENTENDU RESONER LA CHAIR, MALGRE	LE POIL POSTICHE? AUSSI LES YEUX LUI SORTENT
19	005	PETITES INVENTIONS A UN SOL, --TELLES QUE	LE POLICHINELLE PLAT MU PAR UN SEUL FIL, LES
41	000		LE PORT
09	079	QUI FASSENT VOIR LA VIE EN BEAU!'' ET JE	LE POUSSAI VIVEMENT VERS L'ESCALIER, OU IL
42	017	SANS DEGOUT, LE TRONC DES CHENES. C'EST	LE PREMIER DEGRE DE L'AMOUR. AU SECOND DEGRE,
22	034	RAGEUSEMENT SA MANIE CREPUSCULEUSE.	LE PREMIER EST MORT FOU, INCAPABLE DE
30	049	ETONNEMENT QUAND, RENTRANT A LA MAISON,	LE PREMIER OBJET QUI FRAPPA MON REGARD FUT MON
22	023	ET MALTRAITAIT, COMME UN SAUVAGE,	LE PREMIER VENU. JE L'AI VU JETER A LA TERRE
15	051	DOUTE SACRIFIER LA MOITIE POUR SON FRERE.	LE PREMIER, EXASPERE, EMPOIGNA LE SECOND PAR
15	048	SEMBLABLE AU PREMIER QU'ON AURAIT PU	LE PRENDRE POUR SON FRERE JUMEAU. ENSEMBLE ILS
32	020	POUR LE BATON; OU SI LE BATON N'EST QUE	LE PRETEXTE POUR MONTRER LA BEAUTE DES PAMPRES
25	050	LA CELEBRE DOROTHEE. INFAILLIBLEMENT ELLE	LE PRIERA; LA SIMPLE CREATURE, DE LUI DECRIRE
27	140	AVAIT-IL REELLEMENT FRUSTRE LE BOURREAU?	LE PRINCE AVAIT-IL LUI-MEME DEVINE TOUTE
27	014	MORT CERTAINE. JE CROIRAIS VOLONTIERS QUE	LE PRINCE FUT PRESQUE FACHE DE TROUVER SON
27	106	AVEC L'ENERGIE D'UN TONNERRE CONTINU.	LE PRINCE LUI-MEME, ENIVRE, MELA SES
27	015	SON COMEDIEN FAVORI PARMI LES REBELLES.	LE PRINCE N'ETAIT NI MEILLEUR NI PIRE QU'UN
27	049	IL ETAIT INFINIMENT PLUS PROBABLE QUE	LE PRINCE VOULAIT JUGER DE LA VALEUR DES
38	008	MOI-MEME QUI L'AI ENTERREE, UN JOUR QUE	LE PRINTEMPS AGITAIT SON ENCENSOIR JUSQUE DANS
45	010	LENTEMENT UN CIGARE. PUIS, LA FANTAISIE	LE PRIT DE DESCENDRE DANS CE CIMETIERE, DONT
13	095	ELLE VETU DE NOIR; SI MODIQUE QUE FUT	LE PRIX D'ENTREE, CE PRIX SUFFISAIT PEUT-ETRE
15	058	IL TACHAIT DE GLISSER DANS SA POCHE	LE PRIX DU COMBAT. MAIS, RAVIVE PAR LE
45	030	DE LA MORT! SI VOUS SAVIEZ COMME	LE PRIX EST FACILE A GAGNER, COMME LE BUT EST
29	075	JAMAIS, QUAND VOUS ENTENDREZ VANTER	LE PROGRES DES LUMIERES, QUE LA PLUS BELLE DES
24	052	A QUOI BON EXECUTER DES PROJETS, PUISQUE	LE PROJET EST EN LUI-MEME UNE JOUISSANCE
12	017	NE VALENT PAS LA PEINE D'ETRE VISITEES.	LE PROMENEUR ATTENTIF ET PENSIF TIRE UN
15	063	QUE LEURS FORCES ENFANTINES NE SEMBLAIENT	LE PROMETTRE? LE GATEAU VOYAGEAIT DE MAIN EN
49	040	''CELUI-LA SEUL EST L'EGAL D'UN AUTRE, QUI	LE PROUVE, ET CELUI-LA SEUL EST DIGNE DE LA
13	102	PATIENCE! ET IL NE PEUT MEME PAS, COMME	LE PUR ANIMAL, COMME LE CHIEN ET LE CHAT,
47	051	VOIR ETALEE PENDANT PLUSIEURS ANNEES SUR	LE QUAI VOLTAIRE. ''TIENS! LE RECONNAIS-TU
30	022	QUE POUR LES AUTRES HOMMES. DANS	LE QUARTIER RECULE QUE J'HABITE, ET OU DE
31	074	LA TROUVERAIT FREQUEMMENT AILLEURS. ENFIN	LE QUATRIEME DIT: ''VOUS SAVEZ QUE JE NE
42	106	DU MOINS CE QUE J'AI SUPPOSE. --MOI, DIT	LE QUATRIEME, J'AI ENDURE DES SOUFFRANCES
45	005	D'EPICURE. PEUT-ETRE MEME CONNAIT-IL	LE RAFFINEMENT PROFOND DES ANCIENS EGYPTIENS,
05	064	MOISISSURE. ON RESPIRE ICI MAINTENANT	LE RANCI DE LA DESOLATION. DANS CE MONDE
29	107	SERA FORME PAR VOUS, QUE JE NE VOUS AIDE A	LE REALISER; VOUS REGNEREZ SUR VOS VULGAIRES
09	084	MON ENGIN DE GUERRE SUR	LE REBORD POSTERIEUR DE SES CROCHETS; ET LE
47	053	ANNEES SUR LE QUAI VOLTAIRE. ''TIENS!	LE RECONNAIS-TU CELUI-CI? --OUI! C'EST X. LE
37	037	PIEDS, CHERCHANT DANS TOUTE TA PERSONNE	LE REFLET DE LA REDOUTABLE DIVINITE, DE LA
15	016	QUELQUEFOIS L'OMBRE D'UN NUAGE, COMME	LE REFLET DU MANTEAU D'UN GEANT AERIEN VOLANT
05	030	ATTIRENT, ELLES SUBJUGUENT; ELLE DEVORENT	LE REGARD DE L'IMPRUDENT QUI LES CONTEMPLE. LE
42	114	DES YEUX D'UN GRIS CLAIR, DE CES YEUX DONT	LE REGARD DIT: ''JE VEUX!'' OU: ''IL FAUT!''
31	127	QUE CE PETIT ETAIT DEJA UN INCOMPRIS. JE	LE REGARDAIS ATTENTIVEMENT; IL Y AVAIT DANS
28	046	EN LUI DONNANT PLUS QU'IL N'ESPERE.'' JE	LE REGARDAIS DANS LE BLANC DES YEUX; ET JE FUS
16	009	TENANT DANS SES BRAS UN FORT GROS CHAT, ET	LE REGARDANT, COMME ON DIT, DANS LE BLANC DES
05	004	Y PREND UN BAIN DE PARESSE, AROMATISE PAR	LE REGRET ET LE DESIR. --C'EST QUELQUE CHOSE
42	053	PAS SI PATIENT. --DIEU, REPRIT-IL, MIT	LE REMEDE DANS LE MAL. UN JOUR JE TROUVAI
29	121	TOMBE AUX PIEDS DE CE JOUEUR GENEREUX POUR	LE REMERCIER DE SON INOUIE MUNIFICENCE. MAIS
07	018	CHARGE DE FAIRE RIRE LES ROIS QUAND	LE REMORDS OU L'ENNUI LES OBSEDE, AFFUBLE D'UN
11	006	''SI AU MOINS VOS SOUPIRS EXPRIMAIENT	LE REMORDS, ILS VOUS FERAIENT QUELQUE HONNEUR!
13	029	QUI MANQUE, UNE ABSENCE D'HARMONIE QUI	LE REND PLUS NAVRANT. IL EST CONTRAINT DE
27	017	AUTRE; MAIS UNE EXCESSIVE SENSIBILITE	LE RENDAIT, EN BEAUCOUP DE CAS, PLUS CRUEL ET
09	085	POSTERIEUR DE SES CROCHETS; ET LE CHOC	LE RENVERSANT, IL ACHEVA DE BRISER SOUS SON
30	045	LARCIN DE CE GENRE, JE LE MENACAI DE	LE RENVOYER A SES PARENTS. PUIS JE SORTIS, ET
50	063	DE PLUS DE CINQ LIEUES, POUR PARTAGER	LE REPAS QUE LEUR A PREPARE LA CHARITE DE
22	015	ET, LE SOIR, EN FIN ET EN CONTEMPLANT	LE REPOS DE L'IMMENSE VALLEE, HERISSEE DE
48	017	AME NE REPOND PAS. ''PUISQUE TU AIMES TANT	LE REPOS, AVEC LE SPECTACLE DU MOUVEMENT,
10	003	HEURES, NOUS POSSEDERONS LE SILENCE, SINON	LE REPOS. ENFIN! LA TYRANNIE DE LA FACE
42	131	SANS APERCEVOIR IMMEDIATEMENT	LE REPROCHE MUET DE MON INSEPARABLE SPECTRE.
09	054	QUI, CHEZ QUELQUES PERSONNES, N'EST PAS	LE RESULTAT D'UN TRAVAIL OU D'UNE COMBINAISON,
21	086	QU'A CELUI DES TRES-BELLES FEMMES SUR	LE RETOUR, QUI CEPENDANT NE VIEILLISSENT PLUS,
24	015	LA QU'IL FAUDRAIT DEMEURER POUR CULTIVER	LE REVE DE MA VIE.'' ET, TOUT EN ANALYSANT DES
18	054	A LA NATURE, OU CELLE-CI EST REFORMEE PAR	LE REVE, OU ELLE EST CORRIGEE, EMBELLIE,
13	030	EST CONTRAINT DE LESINER SUR SA DOULEUR.	LE RICHE PORTE LA SIENNE AU GRAND COMPLET.

POEM LINE

50	085	DEUX INSTRUMENTS DE MUSIQUE DETRAQUES. OH!	LE TRISTE MOBILIER! MAIS REGARDEZ, JE VOUS
31	097	DE LA PLAINTE DE SON VOISIN, TANDIS QUE	LE TROISIEME CHOQUAIT DE TEMPS A AUTRE SES
31	109	L'AUTRE, ''IL FAIT UNE SI BELLE NUIT!''	LE TROISIEME DISAIT EN COMPTANT LA RECETTE:
31	040	QUE LUI SEUL PEUT APERCEVOIR!'' DIT ALORS	LE TROISIEME, DONT TOUTE LA PETITE PERSONNE
42	017	DE DRYADES, ON EMBRASSE, SANS DEGOUT,	LE TRONC DES ARBRES. C'EST LE PREMIER DEGRE DE
03	003	EST CERTAINES SENSATIONS DELICIEUSES DONT	LE VAGUE N'EXCLUT PAS L'INTENSITE; ET IL N'EST
15	059	DU COMBAT. MAIS, RAVIVE PAR LE DESESPOIR,	LE VAINCU SE REDRESSA ET FIT ROULER LE
15	060	LE VAINCU SE REDRESSA ET FIT ROULER	LE VAINQUEUR PAR TERRE D'UN COUP DE TETE DANS
07	001	QUELLE ADMIRABLE JOURNEE!	LE VASTE PARC SE PAME SOUS L'OEIL BRULANT DU
05	010	DOUES D'UNE VIE SOMNAMBULIQUE, COMME	LE VEGETAL ET LE MINERAL. LES ETOFFES PARLENT
22	018	LA JOIE DE LA FAMILLE!'' JE PUIS, QUAND	LE VENT SOUFFLE DE LA-HAUT, BERCER MA PENSEE
14	025	DE LEURS VISAGES BASANES, RACORNIS PAR	LE VENT, LA PLUIE ET LE SOLEIL; IL LANCAIENT,
33	013	PARLE, DEMANDEZ QUELLE HEURE IL EST; ET	LE VENT, LA VAGUE, L'ETOILE, L'OISEAU,
15	013	QUI PAISSAIENT LOIN, BIEN LOIN, SUR	LE VERSANT D'UNE AUTRE MONTAGNE. SUR LE PETIT
49	012	ALORS DANS UN ETAT D'ESPRIT AVOISINANT	LE VERTIGE OU LA STUPIDITE. IL M'AVAIT SEMBLE
42	065	TOUJOURS PRETE! ET SANS ENTHOUSIASME! ''JE	LE VEUX BIEN, PUISQUE CELA VOUS EST
13	013	LA JOIE DES RICHES. CETTE TURBULENCE DANS	LE VIDE N'A RIEN QUI LES ATTIRE. AU CONTRAIRE,
14	000		LE VIEUX SALTIMBANQUE
30	029	AMOUR MYTHOLOGIQUE. JE LUI AI FAIT PORTER	LE VIOLON DU VAGABOND, LA COURONNE D'EPINES ET
21	011	TOUS LES TROIS POUR DE VRAIS DIEUX.	LE VISAGE DU PREMIER SATAN ETAIT D'UN SEXE
27	114	MON ESPRIT PENDANT QUE JE CONTEMPLAIS	LE VISAGE DU PRINCE, SUR LEQUEL UNE PALEUR
31	032	LOIN; TOUT A L'HEURE, VOUS NE POURREZ PLUS	LE VOIR. SANS DOUTE IL VOYAGE, POUR VISITER
47	009	PASSER. --OH! SI! VOUS ETES MEDECIN. JE	LE VOIS BIEN. VENEZ CHEZ MOI. VOUS SEREZ BIEN
43	002	TRAVERSAIT LE BOIS. IL LA FIT ARRETER DANS	LE VOISINAGE D'UN TIR, DISANT QU'IL LUI SERAIT
31	035	DESCEND DERRIERE LE CLOCHER... AH! ON NE	LE VOIT PLUS!'' ET L'ENFANT RESTA LONGTEMPS
30	114	D'INSTRUMENT A LA MORT DE SON FILS, IL	LE VOULAIT GARDER COMME UNE HORRIBLE ET CHERE
14	016	CE JUBILE POPULAIRE. ILS ABSORBENT, SANS	LE VOULOIR, LEUR PART DE CETTE ATMOSPHERE
36	005	COMME UNE BELLE CHOSE REGRETTABLE DERRIERE	LE VOYAGEUR EMPORTE DANS LA NUIT. COMME IL Y A
31	025	A COUP: ''REGARDEZ, REGARDEZ LA-BAS...!	LE VOYEZ- VOUS? IL EST ASSIS SUR CE PETIT
11	063	ENVIE DE VOUS APPRENDRE CE QUE C'EST QUE	LE VRAI MALHEUR. ''A VOUS VOIR AINSI, MA BELLE
10	029	PEUT-ETRE ABOUTIR A QUELQUE CHOSE. VOYEZ-	LE, ET PUIS NOUS VERRONS;'' M'ETRE VANTE
13	044	ELLE DEJEUNA. JE LA SUIVIS AU CABINET DE	LECTURE; ET JE L'EPIAI LONGTEMPS PENDANT
49	019	SOIF. CAR LE GOUT PASSIONNE DES MAUVAISES	LECTURES ENGENDRE UN BESOIN PROPORTIONNEL DU
35	020	ME DIREZ-VOUS: ''ES-TU SUR QUE CETTE	LEGENDE SOIT LA VRAIE?'' QU'IMPORTE CE QUE
35	014	L'HISTOIRE DE CETTE FEMME, OU PLUTOT SA	LEGENDE, ET QUELQUEFOIS JE ME LA RACONTE A
13	022	DECHIFFRE TOUT DE SUITE LES INNOMBRABLES	LEGENDES DE L'AMOUR TROMPE, DU DEVOUEMENT
42	091	ENGLOUTISSAIT, MAIS AVEC L'AIR LE PLUS	LEGER ET LE PLUS INSOUCIANT DU MONDE. ELLE M'A
15	034	MON PAIN, QUAND UN BRUIT TRES-	LEGER ME FIT LEVER LES YEUX. DEVANT MOI SE
16	021	PAS MARQUEE SUR LES HORLOGES, ET CEPENDANT	LEGERE COMME UN SOUPIR, RAPIDE COMME UN COUP
05	018	PLUS EXQUIS, A LAQUELLE SE MELE UNE TRES-	LEGERE HUMIDITE, NAGE DANS CETTE ATMOSPHERE,
27	069	LE MYSTERE DE LA VIE. IL ENTRA EN SCENE	LEGEREMENT ET AVEC UNE AISANCE PARFAITE, CE
47	006	FILLE, ROBUSTE, AUX YEUX TRES-OUVERTS,	LEGEREMENT FARDEE, LES CHEVEUX FLOTTANT AU
42	163	CELUI-CI AVEC UN REGARD VAGUE ET	LEGEREMENT HEBETE, COMME FEIGNANT DE NE PAS
24	028	SI CALME, SI BIEN EVENTEE, FUMANT LE TABAC	LEGEREMENT OPIACE!), AU DELA DE LA VARANGUE,
05	003	SPIRITUELLE, OU L'ATMOSPHERE STAGNANTE EST	LEGEREMENT TEINTEE DE ROSE ET DE BLEU. L'AME Y
29	058	ALTESSE NE TARISSAIT PAS EN PLAISANTERIES	LEGERES ET IRREFUTABLES; ET ELLE S'EXPRIMAIT
15	005	MON AME. MES PENSEES VOLTIGEAIENT AVEC UNE	LEGERETE EGALE A CELLE DE L'ATMOSPHERE; LES
29	042	PARTIE LIEE, AVEC UNE INSOUCIANCE ET UNE	LEGERETE HEROIQUES. L'AME EST UNE CHOSE SI
42	117	JE VOUS CONNAIS, VOUS, G...., LACHES ET	LEGERS COMME VOUS ETES, VOUS DEUX K... ET
11	025	MAIN, EST UN MARI. IL A ENCHAINE SA FEMME	LEGITIME COMME UNE BETE, ET IL LA MONTRE DANS
30	013	CHALEUR; N'EST-IL DONC PAS PARFAITEMENT	LEGITIME D'ATTRIBUER A L'AMOUR MATERNEL TOUTES
43	005	L'OCCUPATION LA PLUS ORDINAIRE ET LA PLUS	LEGITIME DE CHACUN? --ET IL OFFRIT GALAMMENT
27	143	ET INIMITABLE FANCIOULLE? IL EST DOUX ET	LEGITIME DE LE CROIRE. LES GENTILSHOMMES
09	044	SYMPATHIQUE? PEUT-ETRE; MAIS IL EST PLUS	LEGITIME DE SUPPOSER QUE LUI-MEME IL NE SAIT
15	054	SANGLANT AVEC UN SUPERBE JURON PATOIS. LE	LEGITIME PROPRIETAIRE DU GATEAU ESSAYA
49	031	MON BREVET DE FOLIE, SIGNE DU SUBTIL	LELUT ET DU BIEN-AVISE BAILLARGER? IL EXISTE
30	120	DE SES GRANDS YEUX FIXES. MAIS LE	LENDEMAIN JE RECUS UN PAQUET DE LETTRES: LES
14	053	PARTOUT LA CERTITUDE DU PAIN POUR LES	LENDEMAINS; PARTOUT L'EXPLOSION FRENETIQUE DE
15	041	LUI UNE BELLE TRANCHE QUE JE LUI OFFRIS,	LENTEMENT IL SE RAPPROCHA, NE QUITTANT PAS DES
36	032	MAIS CELLE-CI DONNE LE DESIR DE MOURIR	LENTEMENT SOUS SON REGARD.
45	010	VERRE DE BIERE EN FACE DES TOMBES, ET FUMA	LENTEMENT UN CIGARE. PUIS, LA FANTAISIE LE
42	170	SI DURE, ET ACCELERER LA VIE QUI COULE SI	LENTEMENT.
48	036	NE FRISE QU'OBLIQUEMENT LA TERRE, ET LES	LENTES ALTERNATIVES DE LA LUMIERE ET DE LA
18	029	BON VIVRE. --LA-BAS, OU LES HEURES PLUS	LENTES CONTIENNENT PLUS DE PENSEES, OU LES
13	021	ET NOMBREUSES, DANS CES DEMARCHES SI	LENTES OU SI SACCADEES, IL DECHIFFRE TOUT DE
22	025	MAITRE D'HOTEL UN EXCELLENT POULET; DANS	LEQUEL IL CROYAIT VOIR JE NE SAIS QUEL
42	042	D'UN LIVRE, D'UN POEME, D'UN OPERA POUR	LEQUEL JE LAISSAIS ECHAPPER MON ADMIRATION:
27	115	JE CONTEMPLAIS LE VISAGE DU PRINCE, SUR	LEQUEL UNE PALEUR NOUVELLE S'AJOUTAIT SANS
29	111	VENIR CHERCHER ET VOUS PRIERONT DE	LES ACCEPTER; SANS QUE VOUS AYEZ FAIT UN
09	018	MINUTE UN COURAGE DE LUXE POUR EXECUTER	LES ACTES LES PLUS ABSURDES ET SOUVENT MEME
30	014	D'ATTRIBUER A L'AMOUR MATERNEL TOUTES	LES ACTIONS ET LES PAROLES D'UNE MERE,
17	003	HOMME ALTERE DANS L'EAU D'UNE SOURCE, ET	LES AGITER AVEC MA MAIN COMME UN MOUCHOIR
34	038	SES COLERES ET SES SOUPIRS, SES HUMEURS,	LES AGONIES ET LES EXTASES DE TOUTES LES AMES
47	086	NE TE COMPRENNENT PAS...? --DAME! COMME JE	LES AI DERANGES INUTILEMENT, JE LAISSE DIX
05	031	DE L'IMPRUDENT QUI LES CONTEMPLE, DE	LES AI SOUVENT ETUDIEES; CES ETOILES NOIRES
31	103	MOI, VOULANT SAVOIR OU ILS DEMEURAIENT, JE	LES AI SUIVIS DE LOIN, JUSQU'AU BORD DE LA
31	017	TERRIBLE, ON NE PEUT PAS S'EMPECHER DE	LES AIMER. ON A PEUR, ON A ENVIE DE PLEURER,
18	034	BEATES, CALMES ET PROFONDES, COMME	LES AMES DES ARTISTES QUI LES CREERENT.
34	039	LES AGONIES ET LES EXTASES DE TOUTES	LES AMES QUI ONT VECU, QUI VIVENT ET QUI
05	068	UNE VIEILLE ET TERRIBLE AMIE; COMME TOUTES	LES AMIES; HELAS! FECONDE EN CARESSES ET EN
23	015	DEMANDE QU'IL NE DECRETE PAS D'ACCUSATION	LES AMOUREUX DE LA SOLITUDE ET DU MYSTERE. IL
48	031	EST AINSI, FUYONS VERS LES PAYS QUI SONT	LES ANALOGIES DE LA MORT. -- JE TIENS NOTRE
06	013	UN DE CES CASQUES HORRIBLES PAR LESQUELS	LES ANCIENS GUERRIERS ESPERAIENT AJOUTER A LA
09	071	ASCENSION ET ACCROCHER EN MAINT ENDROIT	LES ANGLES DE SA FRAGILE MARCHANDISE. ENFIN IL
37	033	LES PARFUMS QUI TROUBLENT LA VOLONTE, ET	LES ANIMAUX SAUVAGES ET VOLUPTUEUX QUI SONT
42	030	DES FEMMES. CE QUE J'AIME SURTOUT DANS	LES ANIMAUX, C'EST LEUR CANDEUR. JUGEZ DONC
39	025	COMME ON AIME EN AUTOMNE; ON DIRAIT QUE	LES APPROCHES DE L'HIVER ALLUMENT DANS SON
48	013	TELLE HAINE DU VEGETAL, QU'IL ARRACHE TOUS	LES ARBRES. VOILA UN PAYSAGE SELON TON GOUT;
42	058	CONGEDIAI TOUS LES DEUX, EN LEUR PAYANT	LES ARRERAGES DE LEURS GAGES. --POUR MOI,
50	019	POUILLEUX, EXCEPTE LE PAUVRE DONT ILS SONT	LES ASSOCIES, ET LE POETE QUI LES REGARDE D'UN
13	014	CETTE TURBULENCE DANS LE VIDE N'A RIEN QUI	LES ATTIRE. AU CONTRAIRE, ILS SE SENTENT

CEPENDANT QUE, POUR NOUS DIVERTIR,
POUR T'OUBLIER DANS AUTRUI, ET D'ATTIRER
LES AUTRES GAGNAIENT, LES UNS ET
BRAS ET LE COU BIEN PLUS GROS QUE TOUTES
CRIS, JOIE, TUMULTE! LES UNS DEPENSAIENT,
VIVANTE ET PLUS SIGNIFICATIVE QUE POUR
HONNETES GENS,'' CE QUI IMPLIQUE QUE TOUS
JE LA REGRETTE: J'AURAIS DU L'EPOUSER''
PAS MOI QUI EN SUIS MORT! --AH! FIRENT
BADINAGE LA SINCERITE DE LA DEMANDE;
ARDENT ET ESPIEGLE, PLUS QUE TOUTES
LES UNES AVAIENT L'AIR SOMBRE ET RECHIGNE,
JEUNES, QUI AVAIENT TOUJOURS ETE JEUNES;
QU'IL N'EN SAVAIT RIEN, NI LUI, NI
REGARDE.'' ''MAIS QUI DONC?'' DEMANDERENT
POUR MERITER LEURS FAVEURS! MAIS JE
PARISIEN, DE PASSER LA REVUE DE TOUTES
S'AGITE, HURLANT COMME UN DAMNE, SECOUANT
CLEF AUGMENTERA MA SOLITUDE ET FORTIFIERA
DE VASTES ESPACES GAZONNES SEPARENT ENCORE
ET FURIEUSES DE JOIE; ET PUIS ENCORE SI
DONT IL NE ME CONVIENT PAS DE PARTAGER
PAYEES MALGRE MOI! ELLE ME PRIVAIT DE TOUS
POUR LES TURCS ET UN POUR LES HOLLANDAIS!
FACON, AIDER LES FACULTES, NI SOULAGER
DE L'HERBE AVEC PLUS D'ENTHOUSIASME QUE

NON PLUS QUE D'AUCUNE CONVOITISE POUR
IMITANT, DANS LA PERFECTION, TANTOT

ET DE LABEUR, UN PARADIS SPECIAL POUR
LA VIVANTE, POUR QU'ELLE M'AIDE A CHANTER
DANS SES BRAS. LES DONS, LES FACULTES,
DE CETTE CUVE IMMENSE DE LA MER DONT
DU SOLEIL COUCHANT, EN GLISSANT A TRAVERS
DE LA SAGESSE NE SONT PLUS ETOUFFES PAR
DE TOURS, LES MONTREURS D'ANIMAUX ET
IL LUI ARRACHE CRUELLEMENT LA PROIE, DONT
SUR SON COU ET SUR SES EPAULES. ELLE A
FARDEE, LES CHEVEUX FLOTTANT AU VENT AVEC
VIEILLE AMIE. PAYS SINGULIER, NOYE DANS
SPLENDEURS DE LA VILLE ETERNELLE OU DANS
ET DE VOUS SEPARER? CHER LISZT, A TRAVERS
MAIS L'ENFANT EPOUVANTE SE DEBATTAIT SOUS
OU SE PRELASSE L'ETERNELLE CHALEUR. DANS
COUTELLERIE, TES FIOLES EQUIVOQUES,
MINCE QUI ETAIT ENTREE PROFONDEMENT DANS
CHOSE QU'UNE JOIE STUPIDE ET PROFONDE.
TOUT CHARGES DE RICHESSES, ET D'OU MONTENT
COTE DE LA GRILLE, SUR LA ROUTE, ENTRE
LES PARFUMS QUI FONT DELIRER;
LE CADEAU, ET ILS S'ENFUIRONT COMME FONT
QU'ILS EPROUVENT A RIVALISER AVEC
AUX YEUX TRES-OUVERTS, LEGEREMENT FARDEE,
PREMIER, EXASPERE, EMPOIGNA LE SECOND PAR
PATRONNE DES INTELLIGENCES! JE CHANTE
POUR LES BONS CHIENS, LES PAUVRES CHIENS,
LES BONS CHIENS, LES PAUVRES CHIENS,
LES PAGES AUX JOUES REBONDIES TRAINES PAR
SA DEMARCHE ET SA BEAUTE. A L'HEURE OU
NOUS SOUVENONS ENCORE AUJOURD'HUI. OU VONT
UNE ESPECE DE BONHEUR!'' ''OU VONT

ET COMMENT, INCAPABLES D'ACCOMPLIR
DES VOLUPTES PROFONDES, LUI GATAIT
LES PERSONNES VOUEES PAR ETAT AU COMIQUE,
DES HOMMES ENTRE EUX, OU DES HOMMES AVEC
UNE LANGUE MUETTE, LES FLEURS, COMME
AGITAIT SON ENCENSOIR JUSQUE DANS
CHACUN ALLANT, A SON INSU, SELON
LES DONS, LES FACULTES, LES BONS HASARDS,
DU VAGABOND, LA COURONNE D'EPINES ET
MALHEUREUX, PAR LES GLOIRES AVORTEES, PAR
DE CAPRICE QUE VOUS AGITEZ VOTRE GENIE SUR
DESPOTE? HUMILIE DANS SON ART DE TERRIFIER
ET DECHIRA A LA FOIS LES OREILLES ET
D'UN BOIS PARFUME ET INCORRUPTIBLE COMME
MYSTERIEUSE; ET DE TOUTES CHOSES, DE TOUS
PAS SOUVENIR D'AVOIR VU SA PAREILLE DANS
DU CIEL, L'ARCHITECTURE MOBILE DES NUAGES,
DORMENT OU QUI ROULENT SUR TON SEIN. TU
ET D'ATTIRER LES AUTRES AMES JUSQU'A
POUR NE PAS LE FAIRE ROUGIR. LE SOIR, JE
LE SOUVERAIN VOULAIT FAIRE GRACE A TOUS
RENTRANT SEUL CHEZ LUI, A CETTE HEURE OU
PAUVRE DIABLE, PEUT-ETRE MEME DE CONNAITRE
ELLE DEVORENT LE REGARD DE L'IMPRUDENT QUI
PASSER DEVANT LE BUREAU D'UN THEATRE, OU
QUI, APRES BOIRE, NE MEPRISENT PAS
EN FAISANT SAUTILLER SON PETIT MARTEAU SUR
MOUVANT OU LA MORT ARRIVE AU GALOP DE TOUS

Concordance line	POEM	LINE
LES AURORES BOREALES NOUS ENVERRONT DE TEMPS	48	040
LES AUTRES AMES JUSQU'A LES CONFONDRE AVEC LA	21	043
LES AUTRES EGALEMENT JOYEUX. LES ENFANTS SE	14	037
LES AUTRES FEMMES, ET LA PEAU EN EST SI DOUCE,	31	056
LES AUTRES GAGNAIENT, LES UNS ET LES AUTRES	14	037
LES AUTRES HOMMES. DANS LE QUARTIER RECULE QUE	30	022
LES AUTRES JOURNAUX SONT REDIGES PAR DES	10	017
LES AUTRES SE MIRENT A RIRE, ET UN TROISIEME	42	078
LES AUTRES, ELLE EST DONC MORTE? --OUI! CELA	42	145
LES AUTRES, LOURDEMENT EFFRONTEES ET SANS	30	126
LES AUTRES, ME SEDUISIT TOUT D'ABORD. IL A	30	026
LES AUTRES, UN AIR FOLATRE ET MALIN; LES UNES,	20	007
LES AUTRES, VIEILLES, QUI AVAIENT TOUJOURS ETE	20	008
LES AUTRES; MAIS QU'EVIDEMMENT ILS ALLAIENT	06	017
LES AUTRES. ''DIEU!'' REPONDIT-IL AVEC UN	31	029
LES AVAIS SANS DOUTE FORTEMENT OFFENSES, CAR	21	121
LES BARAQUES QUI SE PAVANENT A CES EPOQUES	14	019
LES BARREAUX COMME UN ORANG-OUTANG EXASPERE	11	017
LES BARRICADES QUI ME SEPARENT ACTUELLEMENT DU	10	009
LES BATIMENTS, J'OBSERVAI SOUVENT UN ENFANT	30	024
LES BELLES DAMES DE PARIS SONT TOUTES PLUS	25	054
LES BENEFICES ET LA PROPRIETE AVEC QUI QUE CE	29	066
LES BENEFICES QUE J'AURAIS PU TIRER DE MA	42	136
LES BERGERS DE VIRGILE ET DE THEOCRITE	50	113
LES BESOINS DE SA DEPLORABLE PROGENITURE. J'AI	21	050
LES BETES. ENFIN UN RIVAGE FUT SIGNALE; ET	34	020
LES BIENFAITS DE LA LUNE	37	000
LES BIENS LES PLUS VISIBLES DE LA VIE, DEVAIT	20	044
LES BONDS CIRCULAIRES DU TIGRE, TANTOT LES	11	018
LES BONS CHIENS	50	000
LES BONS CHIENS, LES PAUVRES CHIENS, LES	50	110
LES BONS CHIENS, LES PAUVRES CHIENS, LES	50	016
LES BONS HASARDS, LES CIRCONSTANCES	20	012
LES BORDS SE NE LAISSENT QU'A PEINE	34	002
LES BOUCLES ROUSSES DE SA CHEVELURE	31	069
LES BOURDONNEMENTS DE LA VIE EXTERIEURE, IL SE	24	047
LES BOUTIQUIERS AMBULANTS, POUR COMPENSER LES	14	005
LES BOYAUX DEVIDES RESTENT UN INSTANT	11	033
LES BRAS ET LE COU BIEN PLUS GROS QUE TOUTES	31	055
LES BRIDES DE SON BONNET. ''--NON; JE NE SUIS	47	007
LES BRUMES DE NOTRE NORD; ET QU'ON POURRAIT	18	003
LES BRUMES DES PAYS REVEURS QUE CONSOLE	32	040
LES BRUMES; PAR DELA LES FLEUVES, PAR-DESSUS	32	036
LES CARESSES DE LA BONNE FEMME DECREPITE, ET	02	008
LES CARESSES DE TA CHEVELURE, JE RETROUVE LES	17	021
LES CHAINES DONT TES PIEDS SONT EMPETRES; SONT	21	050
LES CHAIRS; ET IL FALLAIT MAINTENANT, AVEC DE	30	064
LES CHANSONNIERS DISENT QUE LE PLAISIR REND	26	046
LES CHANTS MONOTONES DE LA MANOEUVRE, CE SONT	18	081
LES CHARDONS ET LES ORTIES, IL Y AVAIT UN	19	030
LES CHATS QUI SE PAMENT SUR LES PIANOS ET QUI	37	022
LES CHATS QUI VONT MANGER LOIN DE VOUS LE	19	013
LES CHEVAUX? EN VOICI DEUX QUI APPARTIENNENT A	50	079
LES CHEVEUX FLOTTANT AU VENT AVEC LES BRIDES	47	006
LES CHEVEUX; CELUI-CI LUI SAISIT L'OREILLE	15	052
LES CHIENS CALAMITEUX, SOIT CEUX QUI ERRENT,	50	040
LES CHIENS CROTTES ET DESOLES. SWEDENBORG	50	110
LES CHIENS CROTTES, CEUX-LA QUE CHACUN ECARTE,	50	017
LES CHIENS EN LAISSE; LES DAMES RIANT AU	26	021
LES CHIENS EUX-MEMES GEMISSENT DE DOULEUR SOUS	25	033
LES CHIENS, DITES-VOUS, HOMMES PEU ATTENTIFS?	50	050
LES CHIENS?'' DISAIT AUTREFOIS NESTOR	50	046
LES CHINOIS VOIENT L'HEURE DANS L'OEIL DES	16	001
LES CHOSES LES PLUS SIMPLES ET LES PLUS	09	016
LES CHOSES LES PLUS SUCCULENTES. L'AUTRE, UN	22	027
LES CHOSES SERIEUSES ONT DE FATALES	27	003
LES CHOSES. ET QUAND L'ILLUSION DISPARAIT,	30	003
LES CIELS; COMME LES SOLEILS COUCHANTS. SUR	05	012
LES CIMETIERES. C'EST MOI QUI L'AI ENTERREE,	38	009
LES CIRCONSTANCES ET LES HASARDS, MURIR SA	31	136
LES CIRCONSTANCES INVINCIBLES, ETAIENT	20	012
LES CLOUS DE LA PASSION, ET LA TORCHE D'EROS,	30	030
LES COEURS BRISES, PAR TOUTES CES AMES	13	004
LES COEURS DE VOS FRERES. --LE BATON, C'EST	32	027
LES COEURS ET D'ENGOURDIR LES ESPRITS? FRUSTRE	27	110
LES COEURS. ET DE L'ENDROIT DE LA SALLE D'OU	27	129
LES COFFRES DE L'INDE. ET COMME MES YEUX	38	011
LES COINS; DES FISSURES DES TIROIRS ET DES	18	043
LES COLLECTIONS DES ARISTOCRATIQUES BEAUTES DU	13	080
LES COLORATIONS CHANGEANTES DE LA MER, LE	41	003
LES CONDUIS DOUCEMENT VERS LA MER QUI EST	18	083
LES CONFONDRE AVEC LA TIENNE.'' ET JE LUI	21	044
LES CONGEDIAI TOUS LES DEUX, EN LEUR PAYANT	42	057
LES CONJURES; ET L'ORIGINE DE CE BRUIT FUT	27	037
LES CONSEILS DE LA SAGESSE NE SONT PLUS	24	046
LES CONSEQUENCES DIVERSES, FUNESTES OU AUTRES,	28	030
LES CONTEMPLE. JE LES AI SOUVENT ETUDIEES, CES	05	030
LES CONTROLEURS LUI PARAISSENT INVESTIS DE LA	09	037
LES CONVERSATIONS BANALES. ON ECOUTE ALORS	42	013
LES CORDES D'UN PETIT PIANO SUSPENDU A SON COU	31	094
LES COTES A LA FOIS, MON AUREOLE, DANS UN	46	009

POEM LINE

22	003	ET LEURS PENSEES PRENNENT MAINTENANT	LES COULEURS TENDRES ET INDECISES DU
23	013	ROBINSON. JE N'EXIGE PAS DE MON GAZETIER	LES COURAGEUSES VERTUS DE CRUSOE, MAIS JE
18	035	PROFONDES, COMME DES AMES DES ARTISTES QUI	LES CREERENT. LES SOLEILS COUCHANTS, QUI
19	022	RENDENT CES ENFANTS-LA SI JOLIS, QU'ON	LES CROIRAIT FAITS D'UNE AUTRE PATE QUE LES
21	058	YEUX, DONT LA LOURDE BEDAINE SURPLOMBAIT	LES CUISSES, ET DONT TOUTE LA PEAU ETAIT DOREE
26	021	TRAINES PAR LES CHIENS EN LAISSE,	LES DAMES RIANT AU FAUCON PERCHE SUR LEUR
11	019	LES BONDS CIRCULAIRES DU TIGRE, TANTOT	LES DANDINEMENTS STUPIDES DE L'OURS BLANC, CE
14	032	LAVES LA VEILLE POUR LA CIRCONSTANCE.	LES DANSEUSES, BELLES COMME DES FEES OU DES
05	060	L'ALMANACH OU LE CRAYON A MARQUE	LES DATES SINISTRES! ET CE PARFUM D'UN AUTRE
28	040	A L'ESPRIT DE MON AMI ET TIRANT TOUTES	LES DEDUCTIONS POSSIBLES DE TOUTES LES
26	022	PERCHE SUR LEUR POING, LES NYMPHES ET	LES DEESSES PORTANT SUR LEUR TETE DES FRUITS,
20	027	QUAND UNE FETE NATIONALE AUTORISE	LES DEGAGEMENTS GRATUITS. JE CROIS MEME
24	004	A TRAVERS L'ATMOSPHERE D'UN BEAU SOIR,	LES DEGRES DE MARBRE D'UN PALAIS, EN FACE DES
15	053	CELUI-CI LUI SAISIT L'OREILLE AVEC	LES DENTS, ET EN CRACHA UN PETIT MORCEAU
22	054	QUI FONT DES TACHES D'UN ROUGE OPAQUE SUR	LES DERNIERES GLOIRES DU COUCHANT. LES LOURDES
13	005	ET FERMEES, EN QUI GRONDENT ENCORE	LES DERNIERS SOUPIRS D'UN ORAGE, ET QUI
24	016	MA VIE.'' ET, TOUT EN ANALYSANT DES YEUX	LES DETAILS DE LA GRAVURE, IL CONTINUAIT
31	091	DE DANSER, TANTOT DE PLEURER, OU DE FAIRE	LES DEUX A LA FOIS, ET QU'ON DEVIENDRAIT COMME
30	066	DE MINCES CISEAUX, CHERCHER LA CORDE ENTRE	LES DEUX BOURRELETS DE L'ENFLURE, POUR LUI
19	044	TIRE LE JOUJOU DE LA VIE ELLE-MEME. ET	LES DEUX ENFANTS SE RIAIENT L'UN A L'AUTRE
49	066	DECREPIT SE JETA SUR MOI, ME POCHA	LES DEUX YEUX, ME CASSA QUATRE DENTS, ET, AVEC
42	057	ROUGIR. LE SOIR, JE LES CONGEDIAI TOUS	LES DEUX, EN LEUR PAYANT LES ARRERAGES DE
29	110	ET MEME D'ADORATIONS; L'ARGENT, L'OR,	LES DIAMANTS, LES PALAIS FEERIQUES, VIENDRONT
05	009	LES MEUBLES ONT L'AIR DE REVER; ON	LES DIRAIT DOUES D'UNE VIE SOMNAMBULIQUE,
20	000		LES DONS DES FEES
20	015	Y AVAIT ICI DE PARTICULIER, C'EST QUE	LES DONS N'ETAIENT PAS LA RECOMPENSE D'UN
20	012	APPORTANT SON NOUVEAU-NE DANS SES BRAS.	LES DONS, LES FACULTES, LES BONS HASARDS, LES
30	090	ET JE ME SOUVINS DE LA SENTENCE CONNUE: ''	LES DOULEURS LES PLUS TERRIBLES SONT LES
30	090	''LES DOULEURS LES PLUS TERRIBLES SONT	LES DOULEURS MUETTES.'' QUANT AU PERE, IL SE
51	010	SANS CESSE. QUE TU DORMES ENCOR DANS	LES DRAPS DU MATIN, LOURDE, OBSCURE, ENRHUMEE,
34	029	TOUS LES TORTS RECIPROQUES PARDONNES;	LES DUELS CONVENUS FURENT RAYES DE LA MEMOIRE,
07	005	DES CHOSES NE S'EXPRIME PAR AUCUN BRUIT!	LES EAUX ELLES-MEMES SONT COMME ENDORMIES.
47	001	J'ARRIVAIS A L'EXTREMITE DU FAUBOURG, SOUS	LES ECLAIRS DU GAZ. JE SENTIS UN BRAS QUI SE
31	092	FOIS, ET QU'ON DEVIENDRAIT COMME FOU SI ON	LES ECOUTAIT TROP LONGTEMPS. L'UN, EN TRAINANT
27	023	D'ENNEMI DANGEREUX QUE L'ENNUI, ET	LES EFFORTS BIZARRES QU'IL FAISAIT POUR FUIR
42	069	QUE N'EN TIRAIENT DU SEIN DE MA MAITRESSE	LES ELANS DE L'AMOUR LE PLUS FORCENE. APRES UN
26	057	PAS PRIER LE MAITRE DU CAFE DE	LES ELOIGNER D'ICI?'' TANT IL EST DIFFICILE DE
49	006	DIGERE, --AVALE, VEUX-JE DIRE, --TOUTES	LES ELUCUBRATIONS DE TOUS CES ENTREPRENEURS DE
37	034	ANIMAUX SAUVAGES ET VOLUPTUEUX QUI SONT	LES EMBLEMES DE LA FOLIE.'' ET C'EST POUR
19	023	LES CROIRAIT FAITS D'UNE AUTRE PATE QUE	LES ENFANTS DE LA MEDIOCRITE OU DE LA
31	135	LA NUIT SOLENNELLE AVAIT PRIS PLACE.	LES ENFANTS SE SEPARERENT, CHACUN ALLANT, A
14	038	LES UNS ET LES AUTRES EGALEMENT JOYEUX.	LES ENFANTS SE SUSPENDAIENT AUX JUPONS DE
11	051	A NOUS DEUX, CHERE PRECIEUSE! A VOIR	LES ENFERS DONT LE MONDE EST PEUPLE, QUE
49	051	AVOUER QUE J'AVAIS PREALABLEMENT INSPECTE	LES ENVIRONS D'UN COUP D'OEIL, ET QUE J'AVAIS
14	040	QUELQUE BATON DE SUCRE, OU MONTAIENT SUR	LES EPAULES DE LEURS PERES POUR MIEUX VOIR UN
47	035	LUI TENDIEZ LES INSTRUMENTS, LES FILS ET	LES EPONGES. --ET COMME, L'OPERATION FAITE, IL
33	015	EST L'HEURE DE S'ENIVRER! POUR N'ETRE PAS	LES ESCLAVES MARTYRISES DU TEMPS,
27	041	CONDAMNES; SIGNE EVIDENT, AJOUTAIENT	LES ESPRITS SUPERFICIELS, DES TENDANCES
27	111	ART DE TERRIFIER LES COEURS ET D'ENGOURDIR	LES ESPRITS? FRUSTRE DE SES ESPERANCES ET
05	011	COMME LE VEGETAL ET LE MINERAL.	LES ETOFFES PARLENT UNE LANGUE MUETTE, COMME
18	041	AMES RAFFINEES. LES MIROIRS, LES METAUX,	LES ETOFFES, L'ORFEVRERIE ET LA FAIENCE Y
22	062	PRESENT TRANSPERCE LE DELICIEUX PASSE; ET	LES ETOILES VACILLANTES D'OR ET D'ARGENT, DONT
31	120	ET SE SONT ENDORMIS, LE FRONT TOURNE VERS	LES ETOILES. J'AVAIS EU D'ABORD ENVIE DE LES
27	104	LA VUE D'UN CHEF-D'OEUVRE D'ART VIVANT.	LES EXPLOSIONS DE LA JOIE ET DE L'ADMIRATION
34	039	SES SOURIRES, LES HUMEURS, LES AGONIES ET	LES EXTASES DE TOUTES LES AMES QUI ONT VECU,
47	069	C'EST LES INTERNES, ET CE PAQUET-CI, C'EST	LES EXTERNES.'' ET ELLE DEPLOYA EN EVENTAIL
27	053	CAPITAL, ET VERIFIER JUSQU'A QUEL POINT	LES FACULTES HABITUELLES D'UN ARTISTE
20	012	SON NOUVEAU-NE DANS SES BRAS. LES DONS,	LES FACULTES, LES BONS HASARDS, LES
20	049	QUI NE POUVAIT, EN AUCUNE FACON, AIDER	LES FACULTES, NI SOULAGER LES BESOINS DE SA
42	056	A ME RETIRER DISCRETEMENT POUR NE PAS	LES FAIRE ROUGIR. LE SOIR, JE LES CONGEDIAI
14	004	UN LONG TEMPS, COMPTENT LES SALTIMBANQUES.	LES FAISEURS DE TOURS, LES MONTREURS D'ANIMAUX
07	012	LA CHALEUR, RENDANT VISIBLES LES PARFUMS,	LES FAIT MONTER VERS L'ASTRE COMME DES FUMEES.
29	015	OUBLIER PRESQUE INSTANTANEMENT TOUTES	LES FASTIDIEUSES HORREURS DE LA VIE; ON Y
11	026	COMME UNE BETE, ET IL LA MONTRE DANS	LES FAUBOURGS, LES JOURS DE FOIRE, AVEC
20	010	VIEILLES. TOUS LES PERES QUI ONT FOI DANS	LES FEES ETAIENT VENUS, CHACUN APPORTANT SON
20	054	QU'AUCUN DON NE PEUT ETRE REFUSE. TOUTES	LES FEES SE LEVAIENT, CROYANT LEUR CORVEE
20	067	DE S'ADAPTER A SES PASSIONS, TELLES QUE	LES FEES, LES GNOMES, LES SALAMANDRES, LES
29	116	CHARMANTS OU IL FAIT TOUJOURS CHAUD ET OU	LES FEMMES SENTENT AUSSI BON QUE LES FLEURS,
31	013	DANS LEUR CEINTURE. AH! C'EST BIEN BEAU!	LES FEMMES SONT BIEN PLUS BELLES ET BIEN PLUS
37	023	SUR LES PIANOS ET QUI GEMISSENT COMME	LES FEMMES, D'UNE VOIX RAUQUE ET DOUCE! ''ET
47	077	--C'EST QUE TU ES SI GENTIL ET SI BON POUR	LES FEMMES! --SINGULIERE LOGIQUE! ME DIS-JE A
35	000		LES FENETRES
05	021	LA MOUSSELINE PLEUT ABONDAMMENT DEVANT	LES FENETRES ET DEVANT LE LIT; ELLE S'EPANCHE
17	014	EST PARFUMEE PAR LES FRUITS, PAR	LES FEUILLES ET PAR LA PEAU HUMAINE. DANS
22	052	SOUS L'OPPRESSION VICTORIEUSE DE SA NUIT,	LES FEUX DES CANDELABRES QUI FONT DES TACHES
47	034	VOUS QUI LUI TENDIEZ LES INSTRUMENTS,	LES FILS ET LES EPONGES. --ET COMME,
03	001	QUE	LES FINS DE JOURNEES D'AUTOMNE SONT
31	063	SENTAIENT AUSSI BON, JE VOUS ASSURE, QUE	LES FLEURS DU JARDIN, A CETTE HEURE-CI.
25	038	PETITE CASE SI COQUETTEMENT ARRANGEE, DONT	LES FLEURS ET LES NATTES FONT A SI PEU DE
32	018	LE MORTEL IMPRUDENT QUI OSERA DECIDER SI	LES FLEURS ET LES PAMPRES ONT ETE FAITS POUR
07	009	DE PLUS EN PLUS ETINCELER LES OBJETS; QUE	LES FLEURS EXCITEES BRULENT DU DESIR DE
37	021	PAS! L'AMANT QUE TU NE CONNAITRAS PAS!	LES FLEURS MONSTRUEUSES! LES PARFUMS QUI FONT
37	031	PAS, LA FEMME QU'ILS NE CONNAISSENT PAS!	LES FLEURS SINISTRES QUI RESSEMBLENT AUX
29	116	ET OU LES FEMMES SENTENT AUSSI BON QUE	LES FLEURS, --ET CAETERA, ET CAETERA...'',
32	028	VOLONTE, DROITE, FERME ET INEBRANLABLE;	LES FLEURS, C'EST LA PROMENADE DE VOTRE
05	011	ETOFFES PARLENT UNE LANGUE MUETTE, COMME	LES FLEURS, COMME LES CIELS, COMME LES SOLEILS
32	036	CHER LISZT; A TRAVERS LES BRUMES, PAR DELA	LES FLEUVES, PAR-DESSUS LES VILLES OU LES
42	097	PU FAIRE MA FORTUNE EN LA MONTRANT DANS	LES FOIRES COMME MONSTRE POLYPHAGE. JE LA
50	129	OU D'UN CURIEUX POEME SATIRIQUE. ET TOUTES	LES FOIS QUE LE POETE ENDOSSE LE GILET DU
12	033	AU LEUR, PLUS VASTES ET PLUS RAFFINES.	LES FONDATEURS DE COLONIES, LES PASTEURS DE
48	022	PENSERAIS-TU DE ROTTERDAM, TOI QUI AIMES	LES FORETS DE MATS, ET LES NAVIRES AMARRES AU

LE POLICHINELLE PLAT MU PAR UN SEUL FIL,
PERFECTIBILITE; ET, EN GENERAL, DE TOUTES
A AMUSER LES YEUX SANS JAMAIS LES LASSER.
DE PETITES FIGURES MOUVANTES REPRESENTANT
OBSCUR D'UNE IDEE SUPERIEURE A TOUTES

HARMONIES DE L'ENFER. LE CREPUSCULE EXCITE
FIEVREUSE QUI S'EMPARE DE NOUS DANS
PROFOND, OU L'ATMOSPHERE EST PARFUMEE PAR
SANS QUE VOUS AYEZ FAIT UN EFFORT POUR
DES PATES ET DU GIBIER, LES HEBES ET
OUBLIAIT DE MANGER POUR LA CONTEMPLER.
DU PORT, ENTRE LES POTS DE FLEURS ET
LONGTEMPS PENDANT QU'ELLE CHERCHAIT DANS
INDISCRETEMENT DANS LES JAMBES OU SUR
C'EST UNE MAISON OU PEUVENT SEULS ENTRER
ET AUQUEL ASSISTERAIENT MEME, DISAIT-ON,
IL EST DOUX ET LEGITIME DE LE CROIRE.
SOUPIRER, QUE VOUS SOUFFREZ PLUS QUE
DECUE, PAR LES INVENTEURS MALHEUREUX, PAR
A SES PASSIONS, TELLES QUE LES FEES,
AVEC L'INTENTION DECIDEE DE FLANER SUR
RENVOYEE A VINGT-QUATRE HEURES. POUR
A SON INSU, SELON LES CIRCONSTANCES ET
ENFANTS, ET DE NE JAMAIS REMONTER SUR
TETE DES FRUITS, DES PATES ET DU GIBIER,
SOLIDE ET LOURD, COMME CELUI DE MOLIERE.
FAUT ALLER RESPIRER, REVER ET ALLONGER
QU'IL FERAIT BON VIVRE, --LA-BAS, OU
ET DE SON INFINIE POSTERITE, LES JOURS,
SOIR NE CALME PAS, ET QUI PRENNENT, COMME
QU'IL Y EN A UN POUR LES TURCS ET UN POUR
INOCCUPE S'EST DONNE AUX BETES, PARCE QUE
QUE LA CIRCONSTANCE LUI PRESENTE. CE QUE
PRINCIPES DE QUATRE-VINGT-NEUF, TOUS
ECOUTERAIT DE LA MUSIQUE DE DANSE. ''TOUS
APRES TOUT, SI CE N'EST QUE, REVE PAR TOUS
PERPETUEL, ET FUT-IL GRATIFIE DE TOUS
LENTES CONTIENNENT PLUS DE PENSEES, OU
HEURE IMMOBILE QUI N'EST PAS MARQUEE SUR
SES ALLURES, SES COLERES ET SES SOURIRES,
TOUTES LES DEDUCTIONS POSSIBLES DE TOUTES
ET, BIEN QU'IL PUISSE PARAITRE BIZARRE QUE
''
ME REPOND: ''--MONSIEUR, D'APRES
SYMBOLES QUI EXPLIQUENT ASSEZ CLAIREMENT
A L'APPUI DE SA THESE IL CITE, COMME TOUS
OU D'UNE TEMPETE QUI S'EVEILLE. QUELS SONT
TOUT LE JOUR L'INDIFFERENCE DU PUBLIC ET
SI SACCADEES, IL DECHIFFRE TOUT DE SUITE
ET ROGNER! C'ETAIT VOUS QUI LUI TENDIEZ
C'EST MOI QUI SUIS L'HOMME!'' TELS ETAIENT
K., CELUI QUI DENONCAIT AU GOUVERNEMENT
''ATTENDS UN PEU,--DIT-ELLE; CA, C'EST
CELEBRANT LA DIVINITE DONT ILS SONT
PRINCIPALEMENT PAR L'AMBITION DECUE, PAR
JE NE FERAIS PAS TANT LE DELICAT!'' ET JE
QU'IL S'ELANCE INDISCRETEMENT DANS
VAUVENARGUES DIT QUE DANS
JE N'AI JAMAIS ROUGI, MEME DEVANT
DE FUSEES. LES QUEUES-ROUGES ET
SIENNES TOUTES LES PROFESSIONS, TOUTES
QUOIQUE APRES TOUT, PEUT-ETRE,
COMME UN MIRLITON, DES TITRES DE TOUS
ETAIS VENU A NE PLUS TROUVER SI RIDICULES
BETE, ET IL LA MONTRE DANS LES FAUBOURGS,
LOI DU TEMPS ET DE SON INFINIE POSTERITE,
DANS LA SOLITUDE DES PLAINES, DANS
VESTIGES DU MALHEUR, ET COMME J'ALLAIS
LES CARESSES DE TA CHEVELURE, JE RETROUVE
AVEC DES YEUX ACTIFS, JADIS BRULES PAR
PROPRE A AMUSER LES YEUX SANS JAMAIS
PARTOUT LA CERTITUDE DU PAIN POUR
NE FRISE QU'OBLIQUEMENT LA TERRE, ET
JE SAIS QUE LE DEMON FREQUENTE VOLONTIERS
SEXE AMBIGU, ET IL Y AVAIT AUSSI, DANS
ENCORE, QU'ILS RECULENT SANS CESSE
BIENTOT UN GOUT IMMODERE POUR LE SUCRE ET
ET TOUTES CES AFFECTATIONS APPRISES DANS
SUR LES DERNIERES GLOIRES DU COUCHANT,
COMME VOUS ETES DOUX ET TENDRE!
DUMES LACERER ET COUPER LES VETEMENTS POUR
INOUBLIABLE, IL PROMENAIT SUR LA FOULE ET
DE LA NOURRICE EMPOISONNEUSE DE TOUS
SE PRELASSAIENT MAJESTUEUSEMENT SOUS
COMME UN PAPIER DE TENTURE, DE TOUS
ANALOGUE A CELLE QUE DURENT EPROUVER
A TRACE DES SILLONS DANS LA POUSSIERE;
MAIS ENIVREZ-VOUS. ET SI QUELQUEFOIS, SUR
LES BOUTIQUIERS AMBULANTS, POUR COMPENSER
SELON CEUX QUI PENSENT UN PEU MIEUX QUE

	POEM	LINE
LES FORGERONS QUI BATTENT L'ENCLUME, LE	19	006
LES FORMES DE L'INFATUATION HUMAINE. SUR CE	29	057
LES FORMES ELANCEES DES NAVIRES, AU GREEMENT	41	006
LES FORMES NOMBREUSES DE LA MISERE	21	060
LES FORMULES DE BONNE FEMME DONT J'AVAIS	49	015
LES FOULES	12	000
LES FOUS. --JE ME SOUVIENS QUE J'AI EU DEUX	22	020
LES FROIDES MISERES, CETTE NOSTALGIE DU PAYS	18	016
LES FRUITS, PAR LES FEUILLES ET PAR LA PEAU	17	014
LES GAGNER; VOUS CHANGEREZ DE PATRIE ET DE	29	112
LES GANYMEDES PRESENTANT A BRAS TENDU LA	26	024
LES GARCONS EUX-MEMES ET LA DAME DU COMPTOIR	42	086
LES GARGOULETTES RAFRAICHISSANTES. DANS	17	024
LES GAZETTES, AVEC DES YEUX ACTIFS, JADIS	13	045
LES GENOUX DU VISITEUR, COMME S'IL ETAIT SUR	50	023
LES GENS QUI NE SONT PAS COMME NOUS.'' --QUANT	26	042
LES GENTILSHOMMES CONDAMNES; SIGNE EVIDENT,	27	040
LES GENTILSHOMMES COUPABLES AVAIENT JOUI POUR	27	144
LES GLANEUSES SEXAGENAIRES ET QUE LES VIEILLES	11	003
LES GLOIRES AVORTEES, PAR LES COEURS BRISES,	13	003
LES GNOMES, LES SALAMANDRES, LES SYLPHIDES,	20	067
LES GRANDES ROUTES, REMPLISSEZ VOS POCHES DE	19	004
LES GRANDS C'EST UN ARMISTICE CONCLU AVEC LES	14	010
LES HASARDS, MURIR SA DESTINEE; SCANDALISER	31	136
LES HAUTES LAMES DE LA MER. IL Y AVAIT LA DES	29	022
LES HEBES ET LES GANYMEDES PRESENTANT A BRAS	26	024
LES HERCULES, FIERS DE L'ENORMITE DE LEURS	14	029
LES HEURES PAR L'INFINI DES SENSATIONS. UN	18	024
LES HEURES PLUS LENTES CONTIENNENT PLUS DE	18	029
LES HEURES, LES MINUTES, LES SECONDES. EN	20	024
LES HIBOUX, LA VENUE DE LA NUIT POUR UN SIGNAL	22	012
LES HOLLANDAIS! LES BERGERS DE VIRGILE ET DE	50	112
LES HOMMES IMBECILES N'EN VEULENT PLUS.	50	065
LES HOMMES NOMMENT AMOUR EST BIEN PETIT, BIEN	12	025
LES HOMMES SONT EGAUX EN DROITS; DONC JE	40	006
LES HOMMES, DISAIT CELUI-CI; ONT EU L'AGE DE	42	015
LES HOMMES, IL N'A ETE REALISE PAR AUCUN. LE	26	011
LES HONNEURS QUE PEUVENT CONFERER LES	22	036
LES HORLOGES SONNENT LE BONHEUR AVEC UNE PLUS	18	030
LES HORLOGES, ET CEPENDANT LEGERE COMME UN	16	020
LES HUMEURS, LES AGONIES ET LES EXTASES DE	34	038
LES HYPOTHESES POSSIBLES. MAIS CELUI-CI ROMPIT	28	040
LES IDEES DE PATRIE ET DE LIBERTE S'EMPARENT	27	005
LES ILLUSIONS, --ME DISAIT MON AMI, --SONT	30	001
LES IMMORTELS PRINCIPES DE QUATRE-VINGT-NEUF,	40	006
LES INCONVENIENTS DE TON AMITIE. GARDE TES	21	052
LES INCREDULES, DES PAROLES DES PERES DE	23	003
LES INFORTUNES QUE LE SOIR NE CALME PAS, ET	22	011
LES INJUSTICES D'UN DIRECTEUR QUI SE FAIT LA	50	098
LES INNOMBRABLES LEGENDES DE L'AMOUR TROMPE,	13	021
LES INSTRUMENTS, LES FILS ET LES EPONGES. --ET	47	034
LES INSUPPORTABLES REFRAINS QUI SORTAIENT DE	42	039
LES INSURGES QU'IL SOIGNAIT A SON HOPITAL.	47	062
LES INTERNES, ET CE PAQUET-CI, C'EST LES	47	069
LES INTERPRETES ET LES SERVITEURS. MAIS	32	004
LES INVENTEURS MALHEUREUX, PAR LES GLOIRES	13	003
LES INVOQUAI A HAUTE VOIX, LES SUPPLIANT DE ME	21	119
LES JAMBES OU SUR LES GENOUX DU VISITEUR,	50	023
LES JARDINS PUBLICS IL EST DES ALLEES HANTEES	13	001
LES JEUNES ECRIVAINS DE MON SIECLE, DE MON	50	001
LES JOCRISSES CONVULSAIENT LES TRAITS DE LEURS	14	024
LES JOIES ET TOUTES LES MISERES QUE LA	12	023
LES JOUISSANCES TITILLANTES DE LA GLOIRE NE	11	046
LES JOURNAUX DE L'UNIVERS, ET A TRAVERS CETTE	21	098
LES JOURNAUX QUI PRETENDENT QUE L'HOMME EST NE	15	025
LES JOURS DE FOIRE, AVEC PERMISSION DES	11	026
LES JOURS, LES HEURES, LES MINUTES, LES	20	023
LES LABYRINTHES PIERREUX D'UNE CAPITALE,	22	046
LES LANCER AU DEHORS PAR LA FENETRE OUVERTE,	30	107
LES LANGUEURS DES LONGUES HEURES PASSEES SUR	17	021
LES LARMES, DES NOUVELLES D'UN INTERET	13	046
LES LASSER. LES FORMES ELANCEES DES NAVIRES,	41	006
LES LENDEMAINS; PARTOUT L'EXPLOSION FRENETIQUE	14	053
LES LENTES ALTERNATIVES DE LA LUMIERE ET DE LA	48	036
LES LIEUX ARIDES, ET QUE L'ESPRIT DE MEURTRE	23	004
LES LIGNES DE SON CORPS, LA MOLLESSE DES	21	012
LES LIMITES DE LEUR BONHEUR, CES ALCHIMISTES	18	057
LES LIQUEURS; SI BIEN QU'UN JOUR OU JE	30	042
LES LIVRES, ET CETTE INFATIGABLE MELANCOLIE,	11	059
LES LOURDES DRAPERIES QU'UNE MAIN INVISIBLE	22	054
LES LUEURS ROSES QUI TRAINENT ENCORE A	22	050
LES LUI ENLEVER. ''LE COMMISSAIRE, A QUI,	30	077
LES LUMIERES, DONT LE FLOT MOUVANT S'ARRETAIT	14	063
LES LUNATIQUES.	37	039
LES MAILLOTS LAVES LA VEILLE POUR LA	14	031
LES MALHEURS REPRESENTES SUR TA PEAU.'' QUANT	21	082
LES MANGEURS DE LOTUS QUAND, DEBARQUANT DANS	29	017
LES MANUSCRITS, RATURES OU INCOMPLETS;	05	059
LES MARCHES D'UN PALAIS, SUR L'HERBE VERTE	33	007
LES MAUVAIS TEMPS DE L'ANNEE. EN CES JOURS-LA	14	005
LES MEDECINS, QUI NOUS POUSSE SANS RESISTANCE	09	058

POEM LINE

09	057	DESIR, DE CETTE HUMEUR, HYSTERIQUE SELON LES MEDECINS, SATANIQUE SELON CEUX QUI PENSENT
27	077	QU'IL EST CHARGE D'EXPRIMER, CE QUE LES MEILLEURES STATUES DE L'ANTIQUITE,
30	076	ETAIT TELLE, QUE, DESESPERANT DE FLECHIR LES MEMBRES, NOUS DUMES LACERER ET COUPER LES
31	020	HABILLE DE MEME, DE DIRE ET DE FAIRE LES MEMES CHOSES, ET DE PARLER AVEC LA MEME
23	025	DU SILENCE ET DU RECUEILLEMENT; MAIS JE LES MEPRISE. JE DESIRE SURTOUT QUE MON MAUDIT
44	004	QUE DIEU FAIT AVEC LES VAPEURS, LES MERVEILLEUSES CONSTRUCTIONS DE
01	015	NUAGES QUI PASSENT... LA-BAS... LA-BAS... LES MERVEILLEUX NUAGES!
27	149	DE...; MAIS AUCUN D'EUX N'A PU RAPPELER LES MERVEILLEUX TALENTS DE FANCIOULLE, NI
18	040	COMME DES AMES RAFFINEES. LES MIROIRS, LES METAUX, LES ETOFFES, L'ORFEVRERIE ET LA
05	008	UN REVE DE VOLUPTE PENDANT UNE ECLIPSE. LES MEUBLES ONT DES FORMES ALLONGEES,
05	009	FORMES ALLONGEES, PROSTREES, ALANGUIES. LES MEUBLES ONT L'AIR DE REVER; ON LES DIRAIT
18	038	LE PLOMB DIVISE EN NOMBREUX COMPARTIMENTS. LES MEUBLES SONT VASTES, CURIEUX, BIZARRES,
05	056	L'ETERNEL ENNUI, EST BIEN LE MIEN. VOICI LES MEUBLES SOTS, POUDREUX, ECORNES; LA
23	031	LES SIENNES, ET IL VIENT S'INSINUER DANS LES MIENNES, LE HIDEUX TROUBLE- FETE! ''CE
20	024	INFINIE POSTERITE, LES JOURS, LES HEURES, LES MINUTES, LES SECONDES. EN VERITE, ELLES
18	040	ET DE SECRETS COMME DES AMES RAFFINEES. LES MIROIRS, LES METAUX, LES ETOFFES,
12	023	PROFESSIONS, TOUTES LES JOIES ET TOUTES LES MISERES QUE LA CIRCONSTANCE LUI PRESENTE.
11	043	COMME LE FER QU'ON BAT. ''TELLES SONT LES MOEURS CONJUGALES DE CES DEUX DESCENDANTS
14	004	LES SALTIMBANQUES, LES FAISEURS DE TOURS, LES MONTREURS D'ANIMAUX ET LES BOUTIQUIERS
11	056	DOMESTIQUE HABILE PREND SOIN DE DECOUPER LES MORCEAUX? ''ET QUE PEUVENT SIGNIFIER POUR
25	034	GEMISSENT DE DOULEUR SOUS LE SOLEIL QUI LES MORD, QUEL PUISSANT MOTIF FAIT DONC ALLER
17	012	IL CONTIENNENT DE GRANDES MERS DONT LES MOUSSONS ME PORTENT VERS DE CHARMANTS
44	003	DE LA SALLE A MANGER JE CONTEMPLAIS LES MOUVANTES ARCHITECTURES QUE DIEU FAIT AVEC
26	018	DEBUT, ET ECLAIRAIT DE TOUTES SES FORCES LES MURS AVEUGLANTS DE BLANCHEUR, LES NAPPES
05	013	CIELS, COMME LES SOLEILS COUCHANTS. SUR LES MURS NULLE ABOMINATION ARTISTIQUE.
48	020	DONT TU AS SOUVENT ADMIRE L'IMAGE DANS LES MUSEES. QUE PENSERAIS-TU DE ROTTERDAM, TOI
34	049	PARFUM DE ROSE ET DE MUSC, ET D'OU LES MUSIQUES DE LA VIE NOUS ARRIVAIENT EN UN
34	023	MAGNIFIQUE, EBLOUISSANTE. IL SEMBLAIT QUE LES MUSIQUES DE LA VIE S'EN DETACHAIENT EN UN
18	066	PAS TE MIRER. POUR PARLER COMME LES MYSTIQUES, DANS TA PROPRE CORRESPONDANCE?
26	019	FORCES LES MURS AVEUGLANTS DE BLANCHEUR, LES NAPPES EBLOUISSANTES DES MIROIRS, LES ORS
25	038	COQUETTEMENT ARRANGEE, DONT LES FLEURS ET LES NATTES FONT A SI PEU DE FRAIS UN PARFAIT
48	022	TOI QUI AIMES LES FORETS DE MATS, ET LES NAVIRES AMARRES AU PIED DES MAISONS?'' MON
20	068	SALAMANDRES, LES SYLPHIDES, LES SYLPHES, LES NIXES, LES ONDINS ET LES ONDINES, --JE
24	019	BIZARRES ET LUISANTS DONT J'AI OUBLIE LES NOMS....., DANS L'ATMOSPHERE, UNE ODEUR
20	002	A LA REPARTITION DES DONS PARMI TOUS LES NOUVEAU-NES, ARRIVES A LA VIE DEPUIS
44	000	LA SOUPE ET LES NUAGES
01	014	ETRANGER? --J'AIME LES NUAGES... LES NUAGES QUI PASSENT... LA-BAS... LA-BAS...
37	019	CE QUE J'AIME ET CE QUI M'AIME: L'EAU, LES NUAGES, LE SILENCE ET LA NUIT; LA MER
01	014	DONC, EXTRAORDINAIRE ETRANGER? --J'AIME LES NUAGES... LES NUAGES QUI PASSENT...
36	018	FOND D'UNE NUIT ORAGEUSE ET BOUSCULEE PAR LES NUEES QUI COURENT; NON PAS LA LUNE
15	007	MAINTENANT AUSSI ELOIGNEES QUE LES NUEES QUI DEFILAIENT AU FOND DES ABIMES
31	073	PAS SA VIE A CHERCHER LA DIVINITE DANS LES NUEES, ET QU'IL LA TROUVERAIT FREQUEMMENT
22	006	LA MONTAGNE ARRIVE A MON BALCON, A TRAVERS LES NUES TRANSPARENTES DU SOIR, UN GRAND
21	031	A REPANDRE LA CONTAGION DE SA FOLIE DANS LES NUITS DE SABBAT, A SES CHEVILLES DELICATES
26	022	RIANT AU FAUCON PERCHE SUR LEUR POING, LES NYMPHES ET LES DEESSES PORTANT SUR LEUR
07	009	CROISSANTE FAIT DE PLUS EN PLUS ETINCELER LES OBJETS; QUE LES FLEURS EXCITEES BRULENT DU
07	018	RIRE LES ROIS QUAND LE REMORDS OU L'ENNUI LES OBSEDE, AFFUBLE D'UN COSTUME ECLATANT ET
13	065	EN MIROITANT; LES REGARDS SE CROISENT; LES OISIFS, FATIGUES DE N'AVOIR RIEN FAIT, SE
49	056	DANS LE DOS, ASSEZ ENERGIQUE POUR BRISER LES OMOPLATES, TERRASSE CE SEXAGENAIRE
20	068	LES SYLPHES, LES NIXES, LES ONDINS ET LES ONDINES, --JE VEUX PARLER DE LA LOI QUI
20	068	LES SYLPHIDES, LES SYLPHES, LES NIXES, LES ONDINS ET LES ONDINES, --JE VEUX PARLER DE
21	035	LA TERRE, IL CONTEMPLAIT VANITEUSEMENT LES ONGLES DE SES PIEDS, BRILLANTS ET POLIS
47	032	QUE C'ETAIT VOUS QUI L'ASSISTIEZ DANS LES OPERATIONS GRAVES. EN VOILA UN HOMME QUI
14	030	MEMBRES, SANS FRONT ET SANS CRANE, COMME LES ORANGS-OUTANGS, SE PRELASSAIENT
27	129	MEILLEURS MOMENTS, ET DECHIRA A LA FOIS LES OREILLES ET LES COEURS. ET DE L'ENDROIT DE
26	019	LES NAPPES EBLOUISSANTES DES MIROIRS, LES ORS DES BAGUETTES ET DES CORNICHES, LES
19	031	SUR LA ROUTE, ENTRE LES CHARDONS ET LES ORTIES, IL Y AVAIT UN AUTRE ENFANT, SALE,
46	013	PERDRE MES INSIGNES QUE DE ME FAIRE ROMPRE LES OS. ET PUIS, ME SUIS-JE DIT, A QUELQUE
26	020	LES ORS DES BAGUETTES ET DES CORNICHES, LES PAGES AUX JOUES REBONDIES TRAINES PAR LES
29	110	L'ARGENT, L'OR, LES DIAMANTS, LES PALAIS FEERIQUES, VIENDRONT VOUS CHERCHER
32	019	QUI OSERA DECIDER SI LES FLEURS ET LES PAMPRES ONT ETE FAITS POUR LE BATON, OU SI
19	041	UNE BOITE GRILLEE, C'ETAIT UN RAT VIVANT! LES PARENTS, PAR ECONOMIE SANS DOUTE, AVAIENT
30	085	UNE ANGOISSE TERRIBLE: IL FALLAIT AVERTIR LES PARENTS. MES PIEDS REFUSAIENT DE M'Y
37	022	CONNAITRAS PAS; LES FLEURS MONSTRUEUSES; LES PARFUMS QUI FONT DELIRER; LES CHATS QUI SE
37	032	AUX ENCENSOIRS D'UNE RELIGION INCONNUE, LES PARFUMS QUI TROUBLENT LA VOLONTE, ET LES
07	012	ET QUE LA CHALEUR, RENDANT VISIBLES LES PARFUMS, LES FAIT MONTER VERS L'ASTRE
14	042	DIEU. ET PARTOUT CIRCULAIT, DOMINANT TOUS LES PARFUMS, UNE ODEUR DE FRITURE QUI ETAIT
30	014	A L'AMOUR MATERNEL TOUTES LES ACTIONS ET LES PAROLES D'UNE MERE, RELATIVES A SON
29	068	REPUTATION DONT ELLE JOUIT DANS TOUTES LES PASSIONS DU MONDE, M'ASSURA QU'ELLE ETAIT,
15	005	LEGERETE EGALE A CELLE DE L'ATMOSPHERE; LES PASSIONS VULGAIRES, TELLES QUE LA HAINE ET
12	033	PLUS RAFFINES. LES FONDATEURS DE COLONIES, LES PASTEURS DE PEUPLES; LES PRETRES
50	116	MAMELLES GONFLEES. LE POETE QUI A CHANTE LES PAUVRES CHIENS A RECU POUR RECOMPENSE UN
50	110	UN PARADIS SPECIAL POUR LES BONS CHIENS, LES PAUVRES CHIENS, LES CHIENS CROTTES ET
50	017	QU'ELLE M'AIDE A CHANTER LES BONS CHIENS, LES PAUVRES CHIENS, LES CHIENS CROTTES,
50	124	QU'IL ETAIT BON ET HONNETE DE CHANTER LES PAUVRES CHIENS. TEL UN MAGNIFIQUE TYRAN
49	008	PUBLIC, --DE CEUX QUI CONSEILLENT A TOUS LES PAUVRES DE SE FAIRE ESCLAVES, ET DE CEUX
22	001	TOMBE. UN GRAND APAISEMENT SE FAIT DANS LES PAUVRES ESPRITS FATIGUES DU LABEUR DE LA
20	020	SOURCE DE SON MALHEUR QUE DE SON BONHEUR. LES PAUVRES FEES ETAIENT TRES-AFFAIREES; CAR
28	055	SINGULIER, QU'IL S'AMUSAT A COMPROMETTRE LES PAUVRES; MAIS JE NE LUI PARDONNERAI JAMAIS
49	000	ASSOMMONS LES PAUVRES!
09	091	NE SONT PAS SANS PERIL, ET ON PEUT SOUVENT LES PAYER CHER. MAIS QU'IMPORTE L'ETERNITE DE
21	073	IMBECILE, COMME CERTAINS HOMMES DE TOUS LES PAYS QUAND ILS ONT TROP BIEN DINE. ET
48	031	TON MAL? S'IL EN EST AINSI, FUYONS VERS LES PAYS QUI SONT LES ANALOGIES DE LA MORT. --
31	033	SANS DOUTE IL VOYAGE, POUR VISITER TOUS LES PAYS. TENEZ, IL VA PASSER DERRIERE CETTE
20	010	QUI AVAIENT TOUJOURS ETE VIEILLES. TOUS LES PERES QUI ONT FOI DANS LES FEES ETAIENT
27	002	PRESQUE UN DES AMIS DU PRINCE. MAIS POUR LES PERSONNES VOUEES PAR ETAT AU COMIQUE; LES
14	009	IL DEVIENT PAREIL AUX ENFANTS, POUR LES PETITS C'EST UN JOUR DE CONGE, C'EST
49	004	LIVRES OU IL EST TRAITE DE L'ART DE RENDRE LES PEUPLES HEUREUX, SAGES ET RICHES, EN
15	030	CUIR ET UN FLACON D'UN CERTAIN ELIXIR QUE LES PHARMACIENS VENDAIENT DANS CE TEMPS-LA AUX
30	019	A REGARDER ATTENTIVEMENT LES VISAGES, LES PHYSIONOMIES QUI S'OFFRENT DANS MA ROUTE,
32	037	DELA LES FLEUVES, PAR-DESSUS LES VILLES OU LES PIANOS CHANTENT VOTRE GLOIRE, OU

POEM LINE

	POEM	LINE
FONT DELIRER! LES CHATS QUI SE PAMENT SUR LES PIANOS ET QUI GEMISSENT COMME LES FEMMES,	37	023
''A VOUS VOIR AINSI, MA BELLE DELICATE, LES PIEDS DANS LA FANGE ET LES YEUX TOURNES	11	064
SOUS LA COUPOLE SPLEENETIQUE DU CIEL, LES PIEDS PLONGES DANS LA POUSSIERE D'UN SOL	06	025
ILS DOIVENT RIRE QUELQUEFOIS DE CEUX QUI LES PLAIGNENT POUR LEUR FORTUNE SI AGITEE ET	12	038
INTEMPESTIVEMENT LA PAROLE. JE NE LES PLAINS PAS, PARCE QUE JE DEVINE QUE LEURS	23	022
POUR FAIRE LE JOUEUR, POUR CONNAITRE LES PLAISIRS DE L'ANXIETE, POUR RIEN, PAR	09	028
EN ARRIERE, ET PUIS TOMBA ROIDE MORT SUR LES PLANCHES. LE SIFFLET, RAPIDE COMME UN	27	138
VOICI LA SAISON QUI S'AVANCE! FUYONS AVANT LES PLUIES ET NE MOUILLONS QUE NOTRE GOSIER''.	31	116
UN COURAGE DE LUXE POUR EXECUTER LES ACTES LES PLUS ABSURDES ET SOUVENT MEME LES PLUS	09	019
ACTES LES PLUS ABSURDES ET SOUVENT MEME LES PLUS DANGEREUX. UN DE MES AMIS, LE PLUS	09	019
OU A L'ETONNEMENT, QUI EST UNE DES FORMES LES PLUS DELICATES DU PLAISIR. LE GRAND	27	028
JE RETROUVAIS LE SOUVENIR DES CONTRALTI LES PLUS DELICIEUX ET AUSSI UN PEU DE	21	092
LE DIVIN ET LE SURNATUREL, JUSQUE DANS LES PLUS EXTRAVAGANTES BOUFFONNERIES. MA PLUME	27	089
SONT, EN GENERAL, COMME JE L'AI DIT, LES PLUS INDOLENTS ET LES PLUS REVEURS DES	09	032
REPETAIT CES MOTS JOUR ET NUIT EN MONTRANT LES PLUS JOLIES DENTS DU MONDE, QUI VOUS	42	095
D'ACCOMPLIR LES CHOSES LES PLUS SIMPLES ET LES PLUS NECESSAIRES, ELLES TROUVENT A UNE	09	017
COMME JE L'AI DIT, LES PLUS INDOLENTS ET LES PLUS REVEURS DES ETRES. UN AUTRE, TIMIDE A	09	032
COMMENT, INCAPABLES D'ACCOMPLIR LES CHOSES LES PLUS SIMPLES ET LES PLUS NECESSAIRES,	09	016
VOLUPTES PROFONDES, LUI GATAIT LES PLUS LES PLUS SUCCULENTES. L'AUTRE, UN AMBITIEUX	22	027
DE LA SENTENCE CONNUE: ''LES DOULEURS LES PLUS TERRIBLES SONT LES DOULEURS	30	090
QUE D'AUCUNE CONVOITISE POUR LES BIENS LES PLUS VISIBLES DE LA VIE, DEVAIT SE TROUVER	20	044
DE CE CABARET SAIT APPRECIER HORACE ET LES POETES ELEVES D'EPICURE. PEUT-ETRE MEME	45	004
PAR LE ROULIS IMPERCEPTIBLE DU PORT, ENTRE LES POTS DE FLEURS ET LES GARGOULETTES	17	024
DE COLONIES, LES PASTEURS DE PEUPLES, LES PRETRES MISSIONNAIRES EXILES AU BOUT DU	12	034
AVEC UN AIR DE FATUITE, COMME POUR LES PRIER D'AJOUTER LEUR APPROBATION A SON	04	015
LES ETOILES. J'AVAIS EU D'ABORD ENVIE DE LES PRIER DE M'EMMENER AVEC EUX ET DE	31	121
D'HUMEUR ATRABILAIRE QUI VEULENT DEPOSER LES PRINCES ET OPERER, SANS LA CONSULTER, LE	27	011
QUE PEUVENT CONFERER LES REPUBLIQUES ET LES PRINCES, JE CROIS QUE LE CREPUSCULE	22	037
PEU CHARGES DE PAROLES, QUI SONT SOUVENT LES PRINCIPAUX DANS CES DRAMES FEERIGUES DONT	27	066
SI FIER ET SI PLEIN DE DOMINATION, QUE JE LES PRIS D'ABORD TOUS LES TROIS POUR DE VRAIS	21	009
ACCUMULES A COTE DU TRIBUNAL, COMME LES PRIX SUR L'ESTRADE, DANS UNE DISTRIBUTION	20	014
MOLLUSQUE. IL ADOPTE COMME SIENNES TOUTES LES PROFESSIONS, TOUTES LES JOIES ET TOUTES	12	022
MOI, AVAIENT PU PENETRER PLUS AVANT DANS LES PROFONDEURS DE CETTE AME CURIEUSE ET	27	047
QUI EST L'INFINI, TOUT EN REFLECHISSANT LES PROFONDEURS DU CIEL DANS LA LIMPIDITE DE	18	084
	LES PROJETS	24	000
ILS PASSENT SOUS LES VOITURES, EXCITES PAR LES PUCES, LA PASSION, LE BESOIN OU LE DEVOIR.	50	056
LES GRANDS C'EST UN ARMISTICE CONCLU AVEC LES PUISSANCES MALFAISANTES DE LA VIE, UN	14	011
CHACUN ABDIQUA SA MAUVAISE HUMEUR. TOUTES LES QUERELLES FURENT OUBLIEES, TOUS LES TORTS	34	028
DE CUIVRE ET D'EXPLOSIONS DE FUSEES. LES QUEUES-ROUGES ET LES JOCRISSES	14	024
SI L'OEIL D'UN MAGNETISEUR FAISAIT MURIR LES RAISINS. EN MEME TEMPS, J'ENTENDIS UNE	49	024
CONVENUS FURENT RAYES DE LA MEMOIRE, ET LES RANCUNES S'ENVOLERENT COMME DES FUMEES.	34	030
MALADES. L'UN MECONNAISSAIT ALORS TOUS LES RAPPORTS D'AMITIE ET DE POLITESSE, ET	22	022
--SONT AUSSI INNOMBRABLES PEUT-ETRE QUE LES RAPPORTS DES HOMMES ENTRE EUX, OU DES	30	002
SOIT CEUX QUI ERRENT, SOLITAIRES, DANS LES RAVINES SINUEUSES DES IMMENSES VILLES,	50	041
DANS UN BEAU JARDIN OU LES RAYONS D'UN SOLEIL AUTOMNAL SEMBLAIENT	31	001
OU SE MELAIENT, DANS UN ETRANGE AMALGAME, LES RAYONS DE L'ART ET LA GLOIRE DU MARTYRE.	27	086
DE CE QU'IL EPROUVAIT ENCORE, ET LES RAYONS DU SOLEIL COUCHANT, EN GLISSANT A	31	068
FACHE DE TROUVER SON COMEDIEN FAVORI PARMI LES REBELLES. LE PRINCE N'ETAIT NI MEILLEUR NI	27	015
SOIENT EN DEUIL OU NON, IL EST FACILE DE LES RECONNAITRE. D'AILLEURS IL Y A TOUJOURS	13	027
LUMIERE ET LE MINERAL, ET LE LIQUIDE POUR LES REFLECHIR!'' MON AME NE REPOND PAS.	48	014
ILS SONT LES ASSOCIES, ET LE POETE QUI LES REGARDE D'UN OEIL FRATERNEL. FI DU CHIEN	50	019
CE POINT QU'IL BAISSE LES YEUX MEME DEVANT LES REGARDS DES HOMMES, A CE POINT QU'IL LUI	09	035
VOLUPTE. LES ROBES TRAINENT EN MIROITANT, LES REGARDS SE CROISENT; LES OISIFS, FATIGUES	13	065
UN DE CES CIELS D'OU DESCENDENT EN FOULE LES REGRETS ET LES SOUVENIRS, ELLE S'ASSIT A	13	049
DES OISIFS. CES RETRAITES OMBREUSES SONT LES RENDEZ-VOUS DES ECLOPPES DE LA VIE. C'EST	13	008
PEU A PEU CE PETIT CADAVRE QUI HANTAIT LES REPLIS DE MON CERVEAU, ET DONT LE FANTOME	30	119
DE TOUS LES HONNEURS QUE PEUVENT CONFERER LES REPUBLIQUES ET LES PRINCES, JE CROIS QUE	22	037
A RETENTI A LA PORTE, ET, COMME DANS LES REVES INFERNAUX, IL M'A SEMBLE QUE JE	05	044
L'AME EST AMBITIEUSE ET DELICATE, PLUS LES REVES L'ELOIGNENT DU POSSIBLE. CHAQUE	18	069
L'INFINI DE L'AZUR TROPICAL: SUR LES RIVAGES DUVETES DE TA CHEVELURE, JE	17	029
CHANTS DE FETE, DE TRIOMPHE OU DE VOLUPTE. LES ROBES TRAINENT EN MIROITANT; LES REGARDS	13	064
BOUFFONS VOLONTAIRES CHARGE DE FAIRE RIRE LES ROIS QUAND LE REMORDS OU L'ENNUI LES	07	018
LE SIEUR FANCIOULLE EXCELLAIT SURTOUT DANS LES ROLES MUETS OU PEU CHARGES DE PAROLES, QUI	27	065
SON REVE, FERMA D'ABORD LES YEUX, PUIS LES ROUVRIT PRESQUE AUSSITOT, DEMESUREMENT	27	134
PASSIONS, TELLES QUE LES FEES, LES GNOMES, LES SALAMANDRES, LES SYLPHIDES, LES SYLPHES,	20	067
PENDANT UN LONG TEMPS, COMPTENT LES SALTIMBANQUES, LES FAISEURS DE TOURS, LES	14	003
EN PERSONNE, QUOIQUE INVISIBLE, A TOUTES LES SEANCES ACADEMIQUES. ENCOURAGE PAR TANT DE	29	083
COLERES ET DE NEVROSES. JE VOUS ASSURE QUE LES SECONDES MAINTENANT SONT FORTEMENT ET	05	075
LES JOURS, LES HEURES, LES MINUTES, LES SECONDES. EN VERITE, ELLES ETAIENT AUSSI	20	024
CONSULTER, LE DEMENAGEMENT D'UNE SOCIETE. LES SEIGNEURS EN QUESTION FURENT ARRETES,	27	012
DES PROFONDEURS DE L'ORIENT, IMITENT TOUS LES SENTIMENTS COMPLIQUES QUI LUTTENT DANS LE	22	056
DIVINITE DONT ILS SONT LES INTERPRETES ET LES SERVITEURS. MAIS PHYSIQUEMENT CE N'EST	32	004
DANS DES LIMITES TROP ETROITES, ET DONT LES SIECLES A VENIR IGNORERONT TOUJOURS LE NOM	27	032
LE SUBTIL ENVIEUX! IL SAIT QUE JE DEDAIGNE LES SIENNES, ET IL VIENT S'INSINUER DANS LES	23	030
DE LA FUNESTE ET BEATIFIQUE CORDE. PARMI LES SIGNATAIRES IL Y AVAIT, JE DOIS LE DIRE,	30	129
BASSES, ET ME LIVRER A LA CRAPULE, COMME LES SIMPLES MORTELS. ET ME VOICI, TOUT	46	016
LES AMES DES ARTISTES QUI LES CREERENT. LES SOLEILS COUCHANTS, QUI COLORENT SI	18	035
COMME LES FLEURS, COMME LES CIELS, COMME LES SOLEILS COUCHANTS. SUR LES MURS NULLE	05	012
LUBRICITE S'ENFLAMME MERVEILLEUSEMENT DANS LES SOLITUDES. MAIS IL SERAIT POSSIBLE QUE	23	006
ARRACHE DU CIEL, VAINCUE ET REVOLTEE, QUE LES SORCIERES THESSALIENNES CONTRAIGNENT	36	021
D'OU DESCENDENT EN FOULE LES REGRETS ET LES SOUVENIRS. ELLE S'ASSIT A L'ECART DANS UN	13	050
TRANSPARENTE ET SOMBRE LAISSE ENTREVOIR LES SPLENDEURS AMORTIES D'UNE JUPE ECLATANTE,	22	061
EN QUELQUE LIEU QUE VOUS SOYEZ, DANS LES SPLENDEURS DE LA VILLE ETERNELLE OU DANS	32	039
ECLAIREE D'UNE LUMIERE ROSE TAMISEE PAR LES STORES, DECOREE DE NATTES FRAICHES ET DE	24	024
ET JE LES INVOQUAI A HAUTE VOIX, LES SUPPLIANT DE ME PARDONNER, LEUR OFFRANT DE	21	119
GNOMES, LES SALAMANDRES, LES SYLPHIDES, LES SYLPHES, LES NIXES, LES ONDINS ET LES	20	068
QUE LES FEES, LES GNOMES, LES SALAMANDRES, LES SYLPHIDES, LES SYLPHES, LES NIXES, LES	20	068
PENDANT QU'IL APPLAUDISSAIT OSTENSIBLEMENT LES TALENTS DE SON VIEIL AMI, L'ETRANGE	27	120
UNE COPIEUSE HARANGUE, SANS CRAINDRE QUE LES TAMBOURS DE SANTERRE NE LEUR COUPASSENT	23	019
TON CLAIR ET ROSE, TRANCHE VIVEMENT SUR LES TENEBRES DE SA PEAU ET MOULE EXACTEMENT SA	25	012
ET D'ETRE DANS UN LIT AVEC SA BONNE, DANS LES TENEBRES. COMME JE NE DORMAIS PAS, JE ME	31	052

POEM LINE

36	011	COMME L'ECLAIR: C'EST UNE EXPLOSION DANS	LES TENEBRES. JE LA COMPARERAIS A UN SOLEIL
21	000		LES TENTATIONS OU EROS, PLUTUS ET LA GLOIRE
27	095	EST PLUS APTE QUE TOUTE AUTRE A VOILER	LES TERREURS DU GOUFFRE; QUE LE GENIE PEUT
32	025	BACCHUS NE SECOUA SON THYRSE SUR	LES TETES DE SES COMPAGNES AFFOLEES AVEC
34	029	TOUTES LES QUERELLES FURENT OUBLIEES, TOUS	LES TORTS RECIPROQUES PARDONNES; LES DUELS
14	025	ET LES JOCRISSES CONVULSAIENT	LES TRAITS DE LEURS VISAGES BASANES, RACORNIS
18	050	ORFEVRERIE, COMME UNE BIJOUTERIE BARIOLEE!	LES TRESORS DU MONDE Y AFFLUENT, COMME DANS LA
05	057	ET SANS BRAISE, SOUILLEE DE CRACHATS!	LES TRISTES FENETRES OU LA PLUIE A TRACE DES
05	048	QUI VIENT CRIER MISERE ET AJOUTER	LES TRIVIALITES DE SA VIE AUX DOULEURS DE LA
42	162	D'ELLE, PUISQU'ELLE ETAIT PARFAITE?''	LES TROIS AUTRES COMPAGNONS REGARDERENT
21	010	DOMINATION, QUE JE LES PRIS D'ABORD TOUS	LES TROIS POUR DE VRAIS DIEUX. LE VISAGE DU
49	023	CES REGARDS INOUBLIABLES QUI CULBUTERAIENT	LES TRONES, SI L'ESPRIT REMUAIT LA MATIERE, ET
50	112	AFFIRME BIEN QU'IL Y EN A UN POUR	LES TURCS ET UN POUR LES HOLLANDAIS. LES
20	006	ET DE LA DOULEUR, ETAIENT FORT DIVERSES:	LES UNES AVAIENT L'AIR SOMBRE ET RECHIGNE, LES
30	124	L'AUTRE, DU TROISIEME, ET AINSI DE SUITE;	LES UNES EN STYLE DEMI-PLAISANT, COMME
30	121	LENDEMAIN JE RECUS UN PAQUET DE LETTRES:	LES UNES, DES LOCATAIRES DE MA MAISON,
20	007	LES AUTRES, UN AIR FOLATRE ET MALIN;	LES UNES, JEUNES, QUI AVAIENT TOUJOURS ETE
14	037	LUMIERE, POUSSIERE, CRIS, JOIE, TUMULTE;	LES UNS DEPENSAIENT, LES AUTRES GAGNAIENT, LES
14	037	LES UNS DEPENSAIENT, LES AUTRES GAGNAIENT,	LES UNS ET LES AUTRES EGALEMENT JOYEUX. LES
36	030	IL Y A DES FEMMES QUI INSPIRENT L'ENVIE DE	LES VAINCRE ET DE JOUIR D'ELLES; MAIS CELLE-CI
10	040	ELOIGNEZ DE MOI LE MENSONGE ET	LES VAPEURS CORRUPTRICES DU MONDE; ET VOUS,
44	004	MOUVANTES ARCHITECTURES QUE DIEU FAIT AVEC	LES VAPEURS, LES MERVEILLEUSES CONSTRUCTIONS
30	077	LES MEMBRES, NOUS DUMES LACERER ET COUPER	LES VETEMENTS POUR LES LUI ENLEVER. ''LE
13	000		LES VEUVES
25	052	NUS, COMME AUX DANSES DU DIMANCHE, OU	LES VIEILLES CAFRINES ELLES-MEMES DEVIENNENT
11	004	PLUS QUE LES GLANEUSES SEXAGENAIRES ET QUE	LES VIEILLES MENDIANTES QUI RAMASSENT DES
32	037	BRUMES, PAR DELA LES FLEUVES, PAR-DESSUS	LES VILLES OU LES PIANOS CHANTENT VOTRE
30	019	PEINTRE ME POUSSE A REGARDER ATTENTIVEMENT	LES VISAGES, LES PHYSIONOMIES QUI S'OFFRENT
29	095	COMME L'AUBE FRISSONNANTE BLANCHISSAIT	LES VITRES, CE CELEBRE PERSONNAGE, CHANTE PAR
37	005	DE NUAGES, ET PASSA SANS BRUIT A TRAVERS	LES VITRES. PUIS ELLE S'ETENDIT SUR TOI AVEC
31	000		LES VOCATIONS
51	012	ENRHUMEE, OU QUE TU TE PAVANES DANS	LES VOILES DU SOIR PASSEMENTES D'OR FIN, UE
47	081	JE NE SOIS PAS MALADE. JE VAIS QUELQUEFOIS	LES VOIR, RIEN QUE POUR LES VOIR. IL Y EN A
47	082	VAIS QUELQUEFOIS LES VOIR: RIEN QUE POUR	LES VOIR. IL Y EN A QUI ME DISENT FROIDEMENT:
50	055	VIENNENT; ILS TROTTENT; ILS PASSENT SOUS	LES VOITURES, EXCITES PAR LES PUCES, LA
25	005	OU LE DORMEUR, A DEMI EVEILLE, GOUTE	LES VOLUPTES DE SON ANEANTISSEMENT. CEPENDANT
26	051	NOTRE SOIF. JE TOURNAIS MES REGARDS VERS	LES VOTRES, CHER AMOUR, POUR Y LIRE MA PENSEE;
42	083	VOUS N'AVEZ PU, JE CROIS, HAIR OU AIMER	LES VOTRES. ET TOUT LE MONDE L'ADMIRAIT AUTANT
27	105	EBRANLERENT A PLUSIEURS REPRISES	LES VOUTES DE L'EDIFICE AVEC L'ENERGIE D'UN
51	015	OFFREZ DES PLAISIRS QUE NE COMPRENNENT PAS	LES VULGAIRES PROFANES.
15	035	ETRE DEGUENILLE, NOIR, EBOURIFFE, DONT	LES YEUX CREUX, FAROUCHES ET COMME SUPPLIANTS,
16	026	LA AVEC TANT DE SOIN? QUE CHERCHES-TU DANS	LES YEUX DE CET ETRE? Y VOIS-TU L'HEURE,
15	055	ESSAYA D'ENFONCER SES PETITES GRIFFES DANS	LES YEUX DE L'USURPATEUR: A SON TOUR CELUI-CI
44	007	SONT PRESQUE AUSSI BELLES QUE	LES YEUX DE MA BELLE BIEN-AIMEE, LA PETITE
26	000		LES YEUX DES PAUVRES
26	038	EGALE, MAIS NUANCEE DIVERSEMENT PAR L'AGE.	LES YEUX DU PERE DISAIENT: ''QUE C'EST BEAU!
26	040	EST VENU SE PORTER SUR CES MURS.'' --	LES YEUX DU PETIT GARCON: ''QUE C'EST BEAU!
31	067	REVELATION AVAIT, EN FAISANT SON RECIT,	LES YEUX ECARQUILLES PAR UNE SORTE DE
43	017	JE ME FIGURE QUE C'EST VOUS''. ET IL FERMA	LES YEUX ET IL LACHA LA DETENTE. LA POUPEE FUT
28	016	PROFONDEUR DE SENTIMENT COMPLIQUE, DANS	LES YEUX LARMOYANTS DES CHIENS QU'ON FOUETTE,
11	040	LA CHAIR, MALGRE LE POIL POSTICHE? AUSSI	LES YEUX LUI SORTENT MAINTENANT DE LA TETE,
09	034	UN AUTRE, TIMIDE A CE POINT QU'IL BAISSE	LES YEUX MEME DEVANT LES REGARDS DES HOMMES, A
38	002	REMPLISSAIT L'ATMOSPHERE D'IDEAL, ET DONT	LES YEUX REPANDAIENT LE DESIR DE LA GRANDEUR,
41	005	UN PRISME MERVEILLEUSEMENT PROPRE A AMUSER	LES YEUX SANS JAMAIS LES LASSER. LES FORMES
21	063	DE PETITS GNOMES DIFFORMES, MAIGRES; DONT	LES YEUX SUPPLIANTS RECLAMAIENT L'AUMONE MIEUX
11	065	BELLE DELICATE, LES PIEDS DANS LA FANGE ET	LES YEUX TOURNES VAPOREUSEMENT VERS LE CIEL,
18	042	L'ORFEVRERIE ET LA FAIENCE Y JOUENT POUR	LES YEUX UNE SYMPHONIE MUETTE ET MYSTERIEUSE;
22	034	GENE QUI EN RESULTAIT LE FORCAIT A BAISSER	LES YEUX VERS LA TERRE, IL CONTEMPLAIT
27	134	REVEILLE DANS SON REVE, FERMA D'ABORD	LES YEUX, PUIS LES ROUVRIT PRESQUE AUSSITOT,
47	112	QUE JE PEUX ME SOUVENIR, EN DETOURNANT	LES YEUX: ''JE NE SAIS PAS... JE NE ME
15	034	QUAND UN BRUIT TRES-LEGER ME FIT LEVER	LES YEUX. DEVANT MOI SE TENAIT UN PETIT ETRE
13	030	LE REND PLUS NAVRANT. IL EST CONTRAINT DE	LESINER SUR SA DOULEUR. LE RICHE PORTE LA
14	002	C'ETAIT UNE DE CES SOLENNITES SUR	LESQUELLES, PENDANT UN LONG TEMPS, COMPTENT
06	013	COMME UN DE CES CASQUES HORRIBLES PAR	LESQUELS LES ANCIENS GUERRIERS ESPERAIENT
50	095	NE SE METTENT PAS EN ROUTE SANS AVOIR	LESTE LEUR ESTOMAC D'UNE SOUPE PUISSANTE ET
24	051	DE PLACE, PUISQUE MON AME VOYAGE SI	LESTEMENT? ET A QUOI BON EXECUTER DES PROJETS,
31	057	DOUCE, SI DOUCE, QU'ON DIRAIT DU PAPIER A	LETTRE OU DU PAPIER DE SOIE. J'Y AVAIS TANT DE
09	009	RENTRER; TEL QUI GARDE QUINZE JOURS UNE	LETTRE SANS LA DECACHETER, OU NE SE RESIGNE
14	079	JE VIENS DE VOIR L'IMAGE DU VIEIL HOMME DE	LETTRES QUI A SURVECU A LA GENERATION DONT IL
10	012	LA JOURNEE: AVOIR VU PLUSIEURS HOMMES DE	LETTRES, DONT L'UN M'A DEMANDE SI L'ON POUVAIT
30	121	MAIS LE LENDEMAIN JE RECUS UN PAQUET DE	LETTRES: LES UNES, DES LOCATAIRES DE MA
30	132	CLASSE INFIME ET VULGAIRE. J'AI GARDE CES	LETTRES. ''ET ALORS, SOUDAINEMENT, UNE LUEUR
50	063	DE CINQ LIEUES, POUR PARTAGER LE REPAS QUE	LEUR A PREPARE LA CHARITE DE CERTAINES
04	015	DE FATUITE; COMME POUR LES PRIER D'AJOUTER	LEUR APPROBATION A SON CONTENTEMENT. L'ANE NE
13	042	MOEURS AJOUTAIT UN PIQUANT MYSTERIEUX A	LEUR AUSTERITE. JE NE SAIS DANS QUEL MISERABLE
19	015	MANGER LOIN DE VOUS LE MORCEAU QUE VOUS	LEUR AVEZ DONNE, AYANT APPRIS A SE DEFIER DE
31	101	ILS ONT RAMASSE LEURS SOUS, ONT CHARGE	LEUR BAGAGE SUR LEUR DOS, ET SONT PARTIS. MOI,
18	057	QU'ILS RECULENT SANS CESSE LES LIMITES DE	LEUR BONHEUR. CES ALCHIMISTES DE
19	012	N'OSERONT PAS PRENDRE; ILS DOUTERONT DE	LEUR BONHEUR. PUIS LEURS MAINS AGRIPPERONT
42	030	QUE J'AIME SURTOUT DANS LES ANIMAUX, C'EST	LEUR CANDEUR. JUGEZ DONC COMBIEN J'AI DU
31	013	LEUR MAIN SUR UN POIGNARD ENFONCE DANS	LEUR CEINTURE. AH! C'EST BIEN BEAU! LES FEMMES
20	054	TOUTES LES FEES SE LEVAIENT, CROYANT	LEUR CORVEE ACCOMPLIE; CAR IL NE RESTAIT PLUS
23	020	CRAINDRE QUE LES TAMBOURS DE SANTERRE NE	LEUR COUPASSENT INTEMPESTIVEMENT LA PAROLE,
32	013	PAS QUE LA LIGNE COURBE ET LA SPIRALE FONT	LEUR COUR A LA LIGNE DROITE ET DANSENT AUTOUR
50	068	D'AMOUR, QUITTENT, A DE CERTAINS JOURS,	LEUR DEPARTEMENT POUR VENIR A LA VILLE,
20	083	LE CORTEGE DE SES COMPAGNES, ELLE	LEUR DISAIT: ''COMMENT TROUVEZ-VOUS CE PETIT
45	027	QUI VOUS SOUCIEZ SI PEU DES DEFUNTS ET DE	LEUR DIVIN REPOS! MAUDITES SOIENT VOS
31	102	LEURS SOUS, ONT CHARGE LEUR BAGAGE SUR	LEUR DOS, ET SONT PARTIS. MOI, VOULANT SAVOIR
05	029	ET TERRIBLES MIRETTES; QUE JE RECONNAIS A	LEUR EFFRAYANTE MALICE! ELLES ATTIRENT, ELLES
22	040	LA NUIT, QUI METTAIT SES TENEBRES DANS	LEUR ESPRIT, FAIT LA LUMIERE DANS LE MIEN! ET,
50	095	SE METTENT PAS EN ROUTE SANS AVOIR LESTE	LEUR ESTOMAC D'UNE SOUPE PUISSANTE ET SOLIDE?

POEM LINE

34	026	TOUTE SORTE, S'EXHALAIT, JUSQU'A PLUSIEURS	LIEUES, UNE DELICIEUSE ODEUR DE FLEURS ET DE
23	004	SAIS QUE LE DEMON FREQUENTE VOLONTIERS LES	LIEUX ARIDES, ET QUE L'ESPRIT DE MEURTRE ET DE
13	009	ECLOPPES DE LA VIE. C'EST SURTOUT VERS CES	LIEUX QUE LE POETE ET LE PHILOSOPHE AIMENT
32	031	PRESTIGIEUSES PIROUETTES. LIGNE DROITE ET	LIGNE ARABESQUE, INTENTION ET EXPRESSION.
32	012	OU ECLATANTES. NE DIRAIT-ON PAS QUE LA	LIGNE COURBE ET LA SPIRALE FONT LEUR COUR A LA
32	013	COURBE ET LA SPIRALE FONT LEUR COUR A LA	LIGNE DROITE ET DANSENT AUTOUR DANS UNE MUETTE
32	031	DU MALE SES PRESTIGIEUSES PIROUETTES.	LIGNE DROITE ET LIGNE ARABESQUE, INTENTION ET
31	037	TOURNE DU MEME COTE, FIXANT SUR LA	LIGNE QUI SEPARE LA TERRE DU CIEL DES YEUX OU
21	012	SEXE AMBIGU, ET IL Y AVAIT AUSSI, DANS LES	LIGNES DE SON CORPS, LA MOLLESSE DES ANCIENS
32	011	ETONNANTE JAILLIT DE CETTE COMPLEXITE DE	LIGNES ET DE COULEURS, TENDRES OU ECLATANTES.
18	057	ENCORE, QU'ILS RECULENT SANS CESSE LES	LIMITES DE LEUR BONHEUR, CES ALCHIMISTES DE
27	031	A DE JEUNES NERONS QUI ETOUFFENT DANS DES	LIMITES TROP ETROITES, ET DONT LES SIECLES A
18	085	LES PROFONDEURS DU CIEL DANS LA	LIMPIDITE DE TA BELLE AME; --ET QUAND,
03	022	LA PROFONDEUR DU CIEL ME CONSTERNE; SA	LIMPIDITE M'EXASPERE. L'INSENSIBILITE DE LA
21	024	ALTERNANT AVEC DES FIOLES PLEINES DE	LIQUEURS SINISTRES; DE BRILLANTS COUTEAUX ET
30	042	UN GOUT IMMODERE POUR LE SUCRE ET LES	LIQUEURS; SI BIEN QU'UN JOUR OU JE CONSTATAI
48	014	FAIT AVEC LA LUMIERE ET LE MINERAL, ET LE	LIQUIDE POUR LES REFLECHIR!'' MON AME NE
26	052	VERS LES VOTRES, CHER AMOUR, POUR Y	LIRE MA PENSEE! JE PLONGEAIS DANS VOS YEUX SI
28	014	LA FOIS, POUR L'HOMME SENSIBLE QUI SAIT Y	LIRE, TANT D'HUMILITE, TANT DE REPROCHES, IL
48	009	AME REFROIDIE, QUE PENSERAIS- TU D'HABITER	LISBONNE? IL DOIT Y FAIRE CHAUD, ET TU T'Y
32	036	DE VOUS DIVISER ET DE VOUS SEPARER? CHER	LISZT, A TRAVERS LES BRUMES, PAR DELA LES
31	052	N'ETRE PAS COUCHE SEUL ET D'ETRE DANS UN	LIT AVEC SA BONNE, DANS LES TENEBRES. COMME JE
05	023	S'EPANCHE EN CASCADES NEIGEUSES. SUR CE	LIT EST COUCHEE L'IDOLE, LA SOUVERAINE DES
31	049	A ETE DECIDE QUE JE DORMIRAIS DANS LE MEME	LIT QUE MA BONNE.'' --IL ATTIRA SES CAMARADES
24	043	UN SOUPER PASSABLE, UN VIN RUDE, ET UN	LIT TRES- LARGE AVEC DES DRAPS UN PEU APRES,
50	082	DANS LA CHAMBRE DU SALTIMBANQUE ABSENT. UN	LIT, EN BOIS PEINT, SANS RIDEAUX, DES
05	022	DEVANT LES FENETRES ET DEVANT LE	LIT; ELLE S'EPANCHE EN CASCADES NEIGEUSES. SUR
48	002	MALADE POSSEDE DU DESIR DE CHANGER DE	LIT. CELUI-CI VOUDRAIT SOUFFRIR EN FACE DU
47	050	DES MEDECINS ILLUSTRES DE CE TEMPS,	LITHOGRAPHIES PAR MAURIN; QU'ON A PU VOIR
31	048	SOMMES ARRETES; IL N'Y AVAIT PAS ASSEZ DE	LITS POUR NOUS TOUS, IL A ETE DECIDE QUE JE
42	041	S'ENVOLER QUE DES CHANSONS. A PROPOS D'UN	LIVRE, D'UN POEME, D'UN OPERA POUR LEQUEL JE
46	015	INCOGNITO, FAIRE DES ACTIONS BASSES, ET ME	LIVRER A LA CRAPULE, COMME LES SIMPLES
49	002	DANS MA CHAMBRE, ET JE M'ETAIS ENTOURE DES	LIVRES A LA MODE DANS CE TEMPS-LA (IL Y A
49	004	SEIZE OU DIX-SEPT ANS); JE VOUS PARLER DES	LIVRES OU IL EST TRAITE DE L'ART DE RENDRE LES
11	060	TOUTES CES AFFECTATIONS APPRISES DANS LES	LIVRES, ET CETTE INFATIGABLE MELANCOLIE, FAITE
30	121	RECUS UN PAQUET DE LETTRES; LES UNES, DES	LOCATAIRES DE MA MAISON, QUELQUES AUTRES DES
29	100	BON DIABLE, POUR ME SERVIR D'UNE DE VOS	LOCUTIONS VULGAIRES. AFIN DE COMPENSER LA
27	125	SOURIRE; ET PUIS IL QUITTA VIVEMENT LA	LOGE PRINCIERE, COMME POUR S'ACQUITTER D'UNE
50	028	QU'ON NOMME LEVRETTES, ET QUI NE	LOGENT MEME PAS DANS LEUR MUSEAU POINTU ASSEZ
20	080	COMMUNS, INCAPABLES DE S'ELEVER JUSQU'A LA	LOGIQUE DE L'ABSURDE. ''PARCE QUE! PARCE
47	078	ET SI BON POUR LES FEMMES! --SINGULIERE	LOGIQUE! ME DIS-JE A MOI-MEME. --OH! JE NE M'Y
29	063	CEPENDANT ELLE SE SOUVINT A TEMPS D'UNE	LOI BIEN CONNUE, QUOIQUE RAREMENT APPLIQUEE,
20	023	DIEU; EST SOUMIS COMME NOUS A LA TERRIBLE	LOI DE FER ET DE SON INFINIE POSTERITE, LES
47	118	VOUS, LE MAITRE; VOUS QUI AVEZ FAIT LA	LOI ET LA LIBERTE; VOUS, LE SOUVERAIN QUI
20	069	ET LES ONDINES, --JE VEUX PARLER DE LA	LOI QUI CONCEDE AUX FEES, DANS UN CAS
40	011	DOUTE RAISON; MAIS, AU POINT DE VUE DE LA	LOI; IL N'AVAIT PAS TORT.
05	047	QUI VIENT ME TORTURER AU NOM DE LA	LOI; UNE INFAME CONCUBINE QUI VIENT CRIER
24	040	GRANDE VAGABONDE POUR ALLER CHERCHER SI	LOIN CE QUI EST SI PRES DE MOI. LE PLAISIR ET
25	031	BLANC SOURIRE, COMME SI ELLE APERCEVAIT AU	LOIN DANS L'ESPACE UN MIROIR REFLETANT SA
13	051	A L'ECART DANS UN JARDIN, POUR ENTENDRE,	LOIN DE LA FOULE, UN DE CES CONCERTS DONT LA
48	034	L'EXTREME BOUT DE LA BALTIQUE; ENCORE PLUS	LOIN DE LA VIE, SI C'EST POSSIBLE;
14	076	PAR JE NE SAIS QUEL TROUBLE, M'ENTRAINA	LOIN DE LUI. ET, M'EN RETOURNANT, OBSEDE PAR
19	014	COMME FONT LES CHATS QUI VONT MANGER	LOIN DE VOUS LE MORCEAU QUE VOUS LEUR AVEZ
43	010	DE SON GENIE. PLUSIEURS BALLES FRAPPERENT	LOIN DU BUT PROPOSE; L'UNE D'ELLES S'ENFONCA
13	006	SOUPIRS D'UN ORAGE, ET QUI RECULENT	LOIN DU REGARD INSOLENT DES JOYEUX ET DES
48	033	FERONS NOS MALLES POUR TORNEO. ALLONS PLUS	LOIN ENCORE, A L'EXTREME BOUT DE LA BALTIQUE;
07	028	MAIS L'IMPLACABLE VENUS REGARDE AU	LOIN JE NE SAIS QUOI AVEC SES YEUX DE MARBRE.
15	013	DES BESTIAUX IMPERCEPTIBLES QUI PAISSAIENT	LOIN, BIEN LOIN, SUR LE VERSANT D'UNE AUTRE
24	035	QU'AI-JE A FAIRE DE PALAIS?'' ET PLUS	LOIN, COMME IL SUIVAIT UNE GRANDE AVENUE, IL
24	021	PARFUM DE ROSE ET DE MUSC..... PLUS	LOIN, DERRIERE NOTRE PETIT DOMAINE, DES BOUTS
31	103	OU ILS DEMEURAIENT, JE LES AI SUIVIS DE	LOIN, JUSQU'AU BORD DE LA FORET, OU J'AI
15	013	IMPERCEPTIBLES QUI PAISSAIENT LOIN, BIEN	LOIN, SUR LE VERSANT D'UNE AUTRE MONTAGNE. SUR
31	031	DE CONVICTION. ''AH! IL EST DEJA BIEN	LOIN; TOUT A L'HEURE, VOUS NE POURREZ PLUS LE
11	014	AU MILIEU D'UNE FETE, ET SANS ALLER BIEN	LOIN. ''CONSIDERONS BIEN, JE VOUS PRIE, CETTE
21	102	ME REVINT REPERCUTE PAR L'ECHO DE LA PLUS	LOINTAINE PLANETE. ''DIABLE!'' FIS-JE, A
25	048	QUELQUE JEUNE OFFICIER QUI, SUR DES PLAGES	LOINTAINES, A ENTENDU PARLER PAR SES CAMARADES
30	105	ETAIT RESTE FICHE DANS LA PAROI, AVEC UN	LONG BOUT DE CORDE QUI TRAINAIT ENCORE. JE
19	008	DONT LA QUEUE EST UN SIFFLET; --ET LE	LONG DES CABARETS, AU PIED DES ARBRES,
21	069	SON IMMENSE VENTRE, D'OU SORTAIT ALORS UN	LONG ET RETENTISSANT CLIQUETIS DE METAL, QUI
45	015	QUE LE SOLEIL IVRE SE VAUTRAIT TOUT DE SON	LONG SUR UN TAPIS DE FLEURS MAGNIFIQUES
14	003	CES SOLENNITES SI LESQUELLES, PENDANT UN	LONG TEMPS, COMPTENT LES SALTIMBANQUES; LES
49	053	DESERTE, JE ME TROUVAIS, POUR UN ASSEZ	LONG TEMPS, HORS DE LA PORTEE DE TOUT AGENT DE
48	039	DU NEANT. LA, NOUS POURRONS PRENDRE DE	LONGS BAINS DE TENEBRES; CEPENDANT QUE, POUR
31	059	J'Y AVAIS TANT DE PLAISIR QUE J'AURAIS	LONGTEMPS CONTINUE, SI JE N'AVAIS PAS EU PEUR,
36	006	EMPORTE DANS LA NUIT. COMME IL Y A	LONGTEMPS DEJA QU'ELLE A DISPARU! ELLE EST
42	092	INSOUCIANT DU MONDE. ELLE M'A TENU AINSI	LONGTEMPS EN EXTASE. ELLE AVAIT UNE MANIERE
30	047	SORTIS, ET MES AFFAIRES ME RETINRENT ASSEZ	LONGTEMPS HORS DE CHEZ MOI. ''QUELS NE FURENT
45	034	SOUVENT LE SOMMEIL DE CEUX QUI DEPUIS	LONGTEMPS ONT MIS DANS LE BUT; DANS LE SEUL
13	044	AU CABINET DE LECTURE; ET JE L'EPIAI	LONGTEMPS PENDANT QU'ELLE CHERCHAIT DANS LES
15	062	UNE LUTTE HIDEUSE QUI DURA EN VERITE PLUS	LONGTEMPS QUE LEURS FORCES ENFANTINES NE
17	032	ET DE L'HUILE DE COCO. LAISSE-MOI MORDRE	LONGTEMPS TES TRESSES LOURDES ET NOIRES. QUAND
31	036	ON NE LE VOIT PLUS!'' ET L'ENFANT RESTA	LONGTEMPS TOURNE DU MEME COTE, FIXANT SUR LA
42	022	JE ME FAIS GLOIRE D'ETRE ARRIVE, DEPUIS	LONGTEMPS, A L'EPOQUE CLIMATERIQUE DU
17	001	LAISSE-MOI RESPIRER LONGTEMPS,	LONGTEMPS, L'ODEUR DE TES CHEVEUX, Y PLONGER
17	001	LAISSE-MOI RESPIRER	LONGTEMPS, LONGTEMPS, L'ODEUR DE TES CHEVEUX,
15	074	DISPARU; J'EN RESTAI TRISTE ASSEZ	LONGTEMPS, ME REPETANT SANS CESSE: ''IL Y A
47	030	PAS AINSI. IL N'Y A PAS ENCORE BIEN	LONGTEMPS, QUAND VOUS ETIEZ INTERNE DE L.... Y
38	006	MIRACULEUSE ETAIT TROP BELLE POUR VIVRE	LONGTEMPS; AUSSI EST-ELLE MORTE QUELQUES JOURS
31	092	COMME FOU SI ON L'ECOUTAIT TROP	LONGTEMPS. L'UN; EN TIRANT SON ARCHET SUR LA
15	028	ET A SOULAGER L'APPETIT CAUSES PAR UNE SI	LONGUE ASCENSION. JE TIRAI DE MA POCHE UN GROS
29	093	QUE SON ALTESSE AIT JAMAIS DONNE UNE SI	LONGUE AUDIENCE A UN SIMPLE MORTEL, ET JE

POEM LINE

30	100	CONSOLATION. ENSUITE ELLE ME PRIA DE	LUI MONTRER L'ENDROIT OU SON PETIT S'ETAIT
15	041	COUPAI POUR LUI UNE BELLE TRANCHE QUE JE	LUI OFFRIS. LENTEMENT IL SE RAPPROCHA, NE
39	003	L'AMOUR L'ONT MARQUEE DE LEURS GRIFFES ET	LUI ONT CRUELLEMENT ENSEIGNE CE QUE CHAQUE
09	038	LE BUREAU D'UN THEATRE, OU LES CONTROLEURS	LUI PARAISSENT INVESTIS DE LA MAJESTE DE
28	055	A COMPROMETTRE LES PAUVRES; MAIS JE NE	LUI PARDONNERAI JAMAIS L'INEPTIE DE SON
27	123	UN PETIT PAGE, PLACE DERRIERE ELLE, ET	LUI PARLER A L'OREILLE. LA PHYSIONOMIE
12	024	ET TOUTES LES MISERES QUE LA CIRCONSTANCE	LUI PRESENTE. CE QUE LES HOMMES NOMMENT AMOUR
49	033	QUE CELUI DE SOCRATE NE SE MANIFESTA A	LUI QUE POUR DEFENDRE, AVERTIR, EMPECHER, ET
30	098	L'EMPECHER DE S'ENIVRER DE SON MALHEUR ET	LUI REFUSER CETTE SUPREME ET SOMBRE
21	045	LES CONFONDRE AVEC LA TIENNE.'' ET JE	LUI REPONDIS: ''GRAND MERCI! JE N'AI QUE FAIRE
30	101	PETIT S'ETAIT PENDU. ''OH! NON! MADAME, --	LUI REPONDIS-JE, --CELA VOUS FERAIT MAL.'' ET
18	070	DU POSSIBLE. CHAQUE HOMME PORTE EN	LUI SA DOSE D'OPIUM NATUREL, INCESSAMMENT
15	052	LE SECOND PAR LES CHEVEUX; CELUI-CI	LUI SAISIT L'OREILLE AVEC LES DENTS; ET TOUS
42	140	DE FOIS NE ME SUIS-JE PAS RETENU DE	LUI SAUTER A LA GORGE, EN LUI CRIANT: ''SOIS
49	049	JE L'EMPOIGNAI A LA GORGE, ET JE ME MIS A	LUI SECOUER VIGOUREUSEMENT LA TETE CONTRE UN
30	037	CHARMANT, ET LA VIE QU'IL MENAIT CHEZ MOI	LUI SEMBLAIT UN PARADIS. COMPARATIVEMENT A
43	002	DANS LE VOISINAGE D'UN TIR, DISANT QU'IL	LUI SERAIT AGREABLE DE TIRER QUELQUES BALLES
21	029	CORDIAL!'' DANS LA GAUCHE, UN VIOLON QUI	LUI SERVAIT SANS DOUTE A CHANTER SES PLAISIRS
21	022	RELEVEE, TOURNAIT LANGOUREUSEMENT VERS	LUI SES YEUX DE BRAISE. A CETTE CEINTURE
31	039	BETE, CELUI-LA, AVEC SON BON DIEU, QUE	LUI SEUL PEUT APERCEVOIR!'' DIT ALORS LE
50	100	QUI SE FAIT LA GROSSE PART ET MANGE A	LUI SEUL PLUS DE SOUPE QUE QUATRE COMEDIENS?
12	013	VEUT, DANS LE PERSONNAGE DE CHACUN. POUR	LUI SEUL, TOUT EST VACANT; ET SI DE CERTAINES
11	047	JOUISSANCES TITILLANTES DE LA GLOIRE NE	LUI SOIENT PAS INCONNUES. IL Y A DES MALHEURS
11	040	MALGRE LE POIL POSTICHE? AUSSI LES YEUX	LUI SORTENT MAINTENANT DE LA TETE, ELLE HURLE
47	034	TAILLER ET ROGNER! C'ETAIT VOUS QUI	LUI TENDIEZ LES INSTRUMENTS, LES FILS ET LES
20	082	QUE!'' REPLIQUA LA FEE COURROUCEE, EN	LUI TOURNANT LE DOS; ET REJOIGNANT LE CORTEGE
04	021	IMBECILE, QUI ME PARUT CONCENTRER EN	LUI TOUT L'ESPRIT DE LA FRANCE.
21	084	SI JE N'AVOUAIS PAS QU'A PREMIERE VUE JE	LUI TROUVAI UN BIZARRE CHARME. POUR DEFINIR CE
15	040	PAIN PRESQUE BLANC, ET J'EN COUPAI POUR	LUI UNE BELLE TRANCHE QUE JE LUI OFFRIS.
10	028	LE PLUS CELEBRE DE TOUS MES AUTEURS, AVEC	LUI VOUS POURRIEZ PEUT-ETRE ABOUTIR A QUELQUE
24	046	QUOI DE MIEUX?'' ET EN RENTRANT SEUL CHEZ	LUI, A CETTE HEURE OU LES CONSEILS DE LA
31	050	--IL ATTIRA SES CAMARADES PLUS PRES DE	LUI, ET PARLA D'UNE VOIX PLUS BASSE. --''CA
19	025	LA MEDIOCRITE OU DE LA PAUVRETE. A COTE DE	LUI, GISAIT SUR L'HERBE UN JOUJOU SPLENDIDE,
27	108	POUR UN OEIL CLAIRVOYANT, SON IVRESSE, A	LUI, N'ETAIT PAS SANS MELANGE. SE SENTAIT-IL
06	017	IL ME REPONDIT QU'IL N'EN SAVAIT RIEN, NI	LUI, NI LES AUTRES; MAIS QU'EVIDEMMENT ILS
29	005	JAMAIS VU. IL Y AVAIT SANS DOUTE CHEZ	LUI, RELATIVEMENT A MOI, UN DESIR ANALOGUE,
02	006	ET SANS CHEVEUX. ET ELLE S'APPROCHA DE	LUI, VOULANT LUI FAIRE DES PETITES MINES ET DES
30	054	DU PIED; ETAIT RENVERSEE A COTE DE	LUI; SA TETE ETAIT PENCHEE CONVULSIVEMENT SUR
29	038	HEURES, QUE JE N'ETAIS PAS PLUS IVRE QUE	LUI. CEPENDANT LE JEU; CE PLAISIR SURHUMAIN,
21	005	QUI DORT, ET COMMUNIQUE EN SECRET AVEC	LUI. ET ILS SONT VENUS SE POSER GLORIEUSEMENT
14	076	NE SAIS QUEL TROUBLE, M'ENTRAINA LOIN DE	LUI. ET, M'EN RETOURNANT, OBSEDE PAR CETTE
09	027	TENTER LA DESTINEE; POUR SE CONTRAINDRE	LUI-MEME A FAIRE PREUVE D'ENERGIE; POUR FAIRE
14	045	COMME SI, HONTEUX, IL S'ETAIT EXILE	LUI-MEME DE TOUTES CES SPLENDEURS, JE VIS UN
27	140	FRUSTRE LE BOURREAU? LE PRINCE AVAIT-IL	LUI-MEME DEVINE TOUTE L'HOMICIDE EFFICACITE DE
12	011	PRIVILEGE, QU'IL PEUT A SA GUISE ETRE	LUI-MEME ET AUTRUI. COMME CES AMES ERRANTES
14	014	ET LA LUTTE UNIVERSELLE. L'HOMME DU MONDE	LUI-MEME ET L'HOMME OCCUPE DE TRAVAUX
09	044	MAIS IL EST PLUS LEGITIME DE SUPPOSER QUE	LUI-MEME IL NE SAIT PAS POURQUOI. J'AI ETE
50	022	CARLIN OU GREDIN, SI ENCHANTE DE	LUI-MEME QU'IL S'ELANCE INDISCRETEMENT DANS
24	053	DES PROJETS; PUISQUE LE PROJET EST EN	LUI-MEME UNE JOUISSANCE SUFFISANTE?''
26	017	INACHEVEES. LE CAFE ETINCELAIT. LE GAZ	LUI-MEME Y DEPLOYAIT TOUTE L'ARDEUR D'UN
27	106	L'ENERGIE D'UN TONNERRE CONTINU. LE PRINCE	LUI-MEME, ENIVRE, MELA SES APPLAUDISSEMENTS A
27	022	HOMMES ET A LA MORALE, VERITABLE ARTISTE	LUI-MEME, IL NE CONNAISSAIT D'ENNEMI DANGEREUX
22	032	PAS SEULEMENT SUR AUTRUI, MAIS AUSSI SUR	LUI-MEME, QUE S'EXERCAIT RAGEUSEMENT SA MANIE
06	023	LA CONSIDERAIT COMME FAISANT PARTIE DE	LUI-MEME. TOUS CES VISAGES FATIGUES ET SERIEUX
18	048	TE DIS-JE, OU TOUT EST RICHE, PROPRE ET	LUISANT, COMME UNE BELLE CONSCIENCE, COMME UNE
25	022	COIN SA JUPE FLOTTANTE ET MONTRE SA JAMBE	LUISANTE ET SUPERBE; ET SON PIED, PAREIL AUX
24	019	ENVELOPPEE DE TOUS CES ARBRES BIZARRES ET	LUISANTS DONT J'AI OUBLIE LES NOMS......, DANS
18	032	SIGNIFICATIVE SOLENNITE. SUR DES PANNEAUX	LUISANTS, OU SUR DES CUIRS DORES ET D'UNE
22	040	SES TENEBRES DANS LEUR ESPRIT, FAIT LA	LUMIERE DANS LE MIEN; ET, BIEN QU'IL NE SOIT
25	001	LE SOLEIL ACCABLE LA VILLE DE SA	LUMIERE DROITE ET TERRIBLE; LE SABLE EST
48	036	LA TERRE, ET LES LENTES ALTERNATIVES DE LA	LUMIERE ET DE LA NUIT SUPPRIMENT LA VARIETE ET
45	013	REGNAIT UN SI RICHE SOLEIL. EN EFFET, LA	LUMIERE ET LA CHALEUR Y FAISAIENT RAGE; ET
36	013	POUVAIT CONCEVOIR UN ASTRE NOIR VERSANT LA	LUMIERE ET LE BONHEUR. MAIS ELLE FAIT PLUS
48	014	SELON TON GOUT; UN PAYSAGE FAIT AVEC LA	LUMIERE ET LE MINERAL, ET LE LIQUIDE POUR LES
16	015	NUIT, QUE CE SOIT LE JOUR, DANS LA PLEINE	LUMIERE OU DANS L'OMBRE OPAQUE, AU FOND DE SES
24	024	NOUS, AU DELA DE LA CHAMBRE ECLAIREE D'UNE	LUMIERE ROSE TAMISEE PAR LES STORES, DECOREE
30	012	UNE MERE SANS AMOUR MATERNEL QU'UNE	LUMIERE SANS CHALEUR; N'EST-IL DONC PAS
07	008	UNE ORGIE SILENCIEUSE. ON DIRAIT QU'UNE	LUMIERE TOUJOURS CROISSANTE FAIT DE PLUS EN
25	008	SOUS L'IMMENSE AZUR, ET FAISANT SUR LA	LUMIERE UNE TACHE ECLATANTE ET NOIRE. ELLE
37	016	COMME UN POISON LUMINEUX; ET TOUTE CETTE	LUMIERE VIVANTE PENSAIT ET DISAIT: ''TU
14	036	LEURS JUPES D'ETINCELLES. TOUT N'ETAIT QUE	LUMIERE, POUSSIERE, CRIS, JOIE, TUMULTE; LES
25	015	POINTUE. SON OMBRELLE ROUGE, TAMISANT LA	LUMIERE, PROJETTE SUR SON VISAGE SOMBRE LE
14	063	IL PROMENAIT SUR LA FOULE ET LES	LUMIERES, DONT LE FLOT MOUVANT S'ARRETAIT A
24	029	VARANGUE! LE TAPAGE DES OISEAUX IVRES DE	LUMIERES, ET LE JACASSEMENT DES PETITES
29	075	QUAND VOUS ENTENDREZ VANTER LE PROGRES DES	LUMIERES, QUE LA PLUS BELLE DES RUSES DU
35	008	DERRIERE UNE VITRE. DANS CE TROU NOIR OU	LUMINEUX VIT LA VIE, REVE LA VIE, SOUFFRE LA
21	027	FIOLE DONT LE CONTENU ETAIT D'UN ROUGE	LUMINEUX, ET QUI PORTAIT POUR ETIQUETTE CES
37	015	ATMOSPHERE PHOSPHORIQUE, COMME UN POISON	LUMINEUX; ET TOUTE CETTE LUMIERE VIVANTE
13	086	NE VOYAIT PAS, ELLE REGARDAIT LE MONDE	LUMINEUX AVEC UN OEIL PROFOND, ET ELLE
37	039	DE LA NOURRICE EMPOISONNEUSE DE TOUS LES	LUNATIQUES.
37	000	LES BIENFAITS DE LA	LUNE
36	020	LE SOMMEIL DES HOMMES PURS; MAIS LA	LUNE ARRACHEE DU CIEL, VAINCUE ET REVOLTEE,
36	016	DE SA REDOUTABLE INFLUENCE; NON PAS LA	LUNE BLANCHE DES IDYLLES, QUI RESSEMBLE A UNE
36	019	PAR LES NUEES QUI COURENT; NON PAS LA	LUNE PAISIBLE ET DISCRETE VISITANT LE SOMMEIL
37	013	CEPENDANT, DANS L'EXPANSION DE SA JOIE, LA	LUNE REMPLISSAIT TOUTE LA CHAMBRE, COMME UNE
36	017	QUI RESSEMBLE A UNE FROIDE MARIEE; MAIS LA	LUNE SINISTRE ET ENIVRANTE, SUSPENDUE AU FOND
26	054	HABITES PAR LE CAPRICE ET INSPIRES PAR LA	LUNE, QUAND VOUS ME DITES: ''CES GENS-LA ME
37	001	LA	LUNE, QUI EST LE CAPRICE MEME, REGARDA PAR LA
36	014	MAIS ELLE FAIT PLUS VOLONTIERS PENSER A LA	LUNE, QUI SANS DOUTE LA MARQUEE DE SA
51	003	LA VILLE EN SON AMPLEUR, HOPITAL,	LUPANAR, PURGATOIRE, ENFER, BAGNE, OU TOUT
15	061	DANS L'ESTOMAC. A QUOI BON DECRIRE UNE	LUTTE HIDEUSE QUI DURA EN VERITE PLUS

LA VIE, UN REPIT DANS LA CONTENTION ET LA	LUTTE UNIVERSELLES. L'HOMME DU MONDE LUI-MEME	14 012
OU BRILLANTS DES DERNIERS ECLAIRS DE LA	LUTTE, DANS CES RIDES PROFONDES ET NOMBREUSES,	13 019
IMITENT TOUS LES SENTIMENTS COMPLIQUES QUI	LUTTENT DANS LE COEUR DE L'HOMME AUX HEURES	22 057
SEJOUR CHARMANT POUR UNE AME FATIGUEE DES	LUTTES DE LA VIE. L'AMPLEUR DU CIEL,	41 002
BEAU, RICHE, TRANQUILLE, HONNETE; OU LE	LUXE A PLAISIR A SE MIRER DANS L'ORDRE; OU LA	18 009
SOUTERRAINE, EBLOUISSANTE, OU ECLATAIT UN	LUXE DONT AUCUNE DES HABITATIONS SUPERIEURES	29 009
DOUBLEMENT VRAIE, D'ABORD PAR LA MAGIE DU	LUXE ETALE, ENSUITE PAR L'INTERET MORAL ET	27 063
A UNE CERTAINE MINUTE UN COURAGE DE	LUXE POUR EXECUTER LES ACTES LES PLUS ABSURDES	09 018
TE RESSEMBLE? CES TRESORS, CES MEUBLES, CE	LUXE, CET ORDRE, CES PARFUMS, CES FLEURS	18 077
DE CAMPAGNE SI PLEINS DE COQUETTERIE. LE	LUXE, L'INSOUCIANCE ET LE SPECTACLE HABITUEL	19 021

POEM LINE

POEM	LINE			
35	022	LA REALITE PLACEE HORS DE MOI, SI ELLE	M'A	AIDE A VIVRE, A SENTIR QUE JE SUIS ET CE
49	079	LA DOULEUR D'ESSAYER SUR VOTRE DOS.'' IL	M'A	BIEN JURE QU'IL AVAIT COMPRIS MA THEORIE,
10	012	VU PLUSIEURS HOMMES DE LETTRES, DONT L'UN	M'A	DEMANDE SI L'ON POUVAIT ALLER EN RUSSIE
10	025	MA COUR A UN DIRECTEUR DE THEATRE, QUI	M'A	DIT EN ME CONGEDIANT: ''--VOUS FERIEZ
47	092	QUI NE PEUVENT RIEN LUI ENVOYER. CELA	M'A	DONNE CONFIANCE. APRES TOUT, JE SUIS ASSEZ
42	134	COMME UNE TUTELLE. QUE DE SOTTISES ELLE	M'A	EMPECHE DE FAIRE, QUE JE REGRETTE DE
28	026	(DE QUELLE FATIGANTE FACULTE LA NATURE	M'A	FAIT CADEAU!) ENTRA SOUDAINEMENT CETTE
31	006	ENTRE EUX. L'UN DISAIT: ''HIER ON	M'A	MENE AU THEATRE. DANS DES PALAIS GRANDS ET
10	023	PENDANT UNE AVERSE, CHEZ UNE SAUTEUSE QUI	M'A	PRIE DE LUI DESSINER UN COSTUME DE
42	099	JE LA NOURRISSAIS BIEN; ET CEPENDANT ELLE	M'A	QUITTE... --POUR UN FOURNISSEUR AUX
05	044	ET, COMME DANS LES REVES INFERNAUX, IL	M'A	SEMBLE QUE JE RECEVAIS UN COUP DE PIOCHE
31	078	PAS UNE BELLE BONNE POUR ME DORLOTER. IL	M'A	SOUVENT SEMBLE QUE MON PLAISIR SERAIT
42	092	LEGER ET LE PLUS INSOUCIANT DU MONDE. ELLE	M'A	TENU AINSI LONGTEMPS EN EXTASE. ELLE AVAIT
21	115	JE ME REVEILLAI, ET TOUTE MA FORCE	M'A	''EN VERITE, ME DIS-JE, IL
49	027	D'UN BON ANGE, OU D'UN BON DEMON, QUI	M'ACCOMPAGNE	PARTOUT. PUISQUE SOCRATE AVAIT
50	005	A MON AIDE. NON. BIEN PLUS VOLONTIERS JE	M'ADRESSERAIS	A STERNE, ET JE LUI DIRAIS:
29	080	DES ACADEMIES, ET MON ETRANGE CONVIVE	M'AFFIRMA	QU'IL NE DEDAIGNAIT PAS, EN BEAUCOUP
50	016	LA CITADINE, LA VIVANTE, POUR QU'ELLE	M'AIDE	A CHANTER LES BONS CHIENS, LES PAUVRES
37	018	TU AIMERAS CE QUE J'AIME ET CE QUI	M'AIME:	L'EAU, LES NUAGES, LE SILENCE ET LA
38	019	DE TA FOLIE ET DE TON AVEUGLEMENT, TU	M'AIMERAS	TELLE QUE JE SUIS!'' MAIS MOI,
31	074	LE QUATRIEME DIT: ''VOUS SAVEZ QUE JE NE	M'AMUSE	GUERE A LA MAISON; ON NE ME MENE
23	027	SURTOUT QUE MON MAUDIT GAZETIER ME LAISSE	M'AMUSER	A MA GUISE. ''VOUS N'EPROUVEZ DONC
30	103	SE TOURNAIENT VERS LA FUNEBRE ARMOIRE, JE	M'APERCUS,	AVEC UN DEGOUT MELE D'HORREUR ET DE
15	006	TELLES QUE LA HAINE ET L'AMOUR PROFANE,	M'APPARAISSAIENT	MAINTENANT AUSSI ELOIGNEES
42	133	MUET DE MON INSEPARABLE SPECTRE. L'AMOUR	M'APPARAISSAIT	COMME UNE TUTELLE. QUE DE
31	121	DE LES PRIER DE M'EMMENER AVEC EUX ET DE	M'APPRENDRE	A JOUER DE LEURS INSTRUMENTS; MAIS
09	081	L'ESCALIER, OU IL TREBUCHA EN GROGNANT. JE	M'APPROCHAI	DU BALCON ET JE ME SAISIS D'UN
30	135	JE COMPRIS POURQUOI LA MERE TENAIT TANT A	M'ARRACHER	LA FICELLE ET PAR QUEL COMMERCE
29	069	JOUIT DANS TOUTES LES PARTIES DU MONDE,	M'ASSURA	QU'ELLE ETAIT, ELLE-MEME, LA PERSONNE
15	071	SABLE AUXQUELS IL ETAIT MELE. CE SPECTACLE	M'AVAIT	EMBRUME LE PAYSAGE, ET LA JOIE CALME
26	007	PASSE ENSEMBLE UNE LONGUE JOURNEE QUI	M'AVAIT	PARU COURTE. NOUS NOUS ETIONS BIEN
49	013	AVOISINANT LE VERTIGE OU LA STUPIDITE. IL	M'AVAIT	SEMBLE SEULEMENT QUE JE SENTAIS,
42	061	ET JE NE L'AI PAS RECONNU. LA DESTINEE	M'AVAIT,	EN CES DERNIERS TEMPS, OCTROYE LA
46	021	JE ME TROUVE BIEN ICI. VOUS SEUL, VOUS	M'AVEZ	RECONNU. D'AILLEURS LA DIGNITE
29	070	A LA DESTRUCTION DE LA SUPERSTITION, ET	M'AVOUA	QU'ELLE N'AVAIT EU PEUR, RELATIVEMENT
42	070	FORCENE. APRES UN AN DE VIE COMMUNE, ELLE	M'AVOUA	QU'ELLE N'AVAIT JAMAIS CONNU LE
29	051	FAMILIERE QUI NE PARUT PAS LUI DEPLAIRE,	M'ECRIER,	EN M'EMPARANT D'UNE COUPE PLEINE
30	106	LONG BOUT DE CORDE QUI TRAINAIT ENCORE. JE	M'ELANCAI	VIVEMENT POUR ARRACHER CES DERNIERS
31	121	J'AVAIS EU D'ABORD ENVIE DE LES PRIER DE	M'EMMENER	AVEC EUX ET DE M'APPRENDRE A JOUER
29	051	NE PARUT PAS LUI DEPLAIRE, M'ECRIER, EN	M'EMPARANT	D'UNE COUPE PLEINE JUSQU'AU BORD:
13	060	AN. UNE AUTRE ENCORE: JE NE PUIS JAMAIS	M'EMPECHER	DE JETER UN REGARD, SINON
15	038	BASSE ET RAUQUE, LE MOT: GATEAU! JE NE PUS	M'EMPECHER	DE RIRE EN ENTENDANT L'APPELLATION
15	045	QUE MON OFFRE NE FUT PAS SINCERE OU QUE JE	M'EN	REPENTISSE DEJA. MAIS AU MEME INSTANT IL
13	090	L'ECONOMIE SORDIDE: UN SI NOBLE VISAGE	M'EN	REPOND. POURQUOI DONC RESTE-T-ELLE
14	077	QUEL TROUBLE, M'ENTRAINA LOIN DE LUI. ET,	M'EN	RETOURNANT, OBSEDE PAR CETTE VISION, JE
05	061	ET CE PARFUM D'UN AUTRE MONDE, DONT JE	M'ENIVRAIS	AVEC UNE SENSIBILITE PERFECTIONNEE,
17	029	D'UNE VIEILLE MAITRESSE, JE VOULAIS	M'ENIVRER	DES ODEURS COMBINEES DU GOUDRON, DU
51	008	VOUS M'AVEZ RECONNU. D'AILLEURS LA DIGNITE	M'ENIVRER	DE L'ENORME CATIN DONT LE CHARME
46	021	DE MOI, JE VOUDRAIS BIEN ME RACHETER ET	M'ENNUIE.	ENSUITE JE PENSE AVEC JOIE QUE
10	037	PEUPLE, CAUSE PAR JE NE SAIS QUEL TROUBLE,	M'ENORGUEILLIR	UN PEU DANS LE SILENCE ET LA
14	076	DECHIRE! JE BRULE DE PEINDRE CELLE QUI	M'ENTRAINA	LOIN DE LUI. ET, M'EN RETOURNANT,
36	003	''MOI, JE VAIS VOUS RACONTER COMMENT IL	M'EST	APPARUE SI RAREMENT ET QUI A FUI SI
31	043	PLUS PAR MOI-MEME. ENFIN! IL	M'EST	ARRIVE QUELQUE CHOSE QUI NE VOUS EST
13	035	EST TOUT A FAIT SEULE? JE NE SAIS... IL	M'EST	ARRIVE UNE FOIS DE SUIVRE PENDANT DE
10	006	VOUS SERVEZ LA D'UNE PAROLE DONT LE SENS	M'EST	DONC PERMIS DE ME DELASSER DANS UN BAIN
01	005	PENDANT QUINZE JOURS JE	M'EST	RESTE JUSQU'A CE JOUR INCONNU. --TA
00	000	JE M'ETAIS CONFINE DANS MA CHAMBRE, ET JE	M'ETAIS	CONFINE DANS MA CHAMBRE, ET JE M'ETAIS
49	002	LEURS PLUS ABSURDES VOLONTES. UN MATIN JE	M'ETAIS	ENTOURE DE LIVRES A LA MODE DANS CE
09	050	A DES EPOQUES ET DANS DES PAYS DONT IL	M'ETAIS	LEVE MAUSSADE, TRISTE, FATIGUE
29	026	PAS ASSEZ FORT, ETANT NE DELICAT ET	M'ETAIT	IMPOSSIBLE DE ME SOUVENIR EXACTEMENT,
49	046	JE DOIS DIRE QUE CE PETIT BONHOMME	M'ETANT	PEU EXERCE A LA BOXE, POUR ASSOMMER
30	040	CHOSE. VOYEZ-LE! ET PUIS NOUS VERRONS!''	M'ETRE	VANTE (POURQUOI?) DE PLUSIEURS VILAINES
10	029	DU CIEL NON CONSTERNE, LA LIMPIDITE	M'EXASPERE.	L'INSENSIBILITE DE LA MER,
03	022	PLUS CELEBRES CAUSEURS DE L'HUMANITE. ELLE	M'EXPLIQUA	L'ABSURDITE DES DIFFERENTES
29	062	POLITIQUE, TELLE ETAIT L'ALTERNATIVE QUE	M'IMPOSAIT	LA DESTINEE! UN SOIR, DANS UN
42	149	DE ME SOUVENIR EXACTEMENT, ET QUI	M'INSPIRAIENT	PLUTOT UNE SYMPATHIE FRATERNELLE
29	027	CE SENTIMENT AVEC L'HORREUR QUE CET ETRE	M'INSPIRAIT;	ME DEBARRASSER DE CET ETRE SANS
42	159	MONTE VERS MOI EN CHAMPS ELYSEENS; POUR	M'INSPIRER	EN FAVEUR DES BONS CHIENS; DES
50	007	MON DOMESTIQUE, ET DANS UNE SITUATION QUI	M'OBLIGEA	A ME RETIRER DISCRETEMENT POUR NE
42	056	HUMAIN. ET PENDANT QUELQUES INSTANTS JE	M'OBSTINAI	A VOULOIR COMPRENDRE CE MYSTERE;
06	033	CE FAMEUX ROLE QUE VOUS AVEZ CREE.'' MOI,	M'OBSTINANT,	JE REPRIS: ''PEUX-TU TE SOUVENIR
47	107	MON DIVAN, ET, ASSISTE D'UNE SERVANTE, JE	M'OCCUPAIS	DES DERNIERS PREPARATIFS, QUAND LA
30	095	GRAND FEU, VIN CHAUD, CIGARES! ET EN	M'OFFRANT	CES BONNES CHOSES ET EN ALLUMANT
47	025	TRAVAILLE, LE PAUVRE GARCON! SES CAMARADES	M'ONT	DIT QU'IL N'AVAIT PAS LE SOU, PARCE QUE
47	090	--IL Y A QUELQUES JOURS, MES PARENTS	M'ONT	EMMENE EN VOYAGE AVEC EUX, ET, COMME
31	046	LES PARENTS. MES PIEDS REFUSAIENT DE	M'Y	CONDUIRE. ENFIN J'EUS LE COURAGE. MAIS, A
30	085	LOGIQUE! ME DIS-JE A MOI-MEME. --OH! JE NE	M'Y	TROMPE GUERE; J'EN AI CONNU UN BON NOMBRE.
47	079	TE COUPER LA TETE! S... S... C... DE S...	M....!	--ATTENDS, REPRIT-ELLE, TU VAS VOIR.''
47	046	SONT PRESQUE AUSSI BELLES QUE LES YEUX DE	MA	BELLE BIEN-AIMEE, LA PETITE FOLLE
44	007	QUE LE VRAI MALHEUR. ''A VOUS VOIR AINSI,	MA	BELLE DELICATE, LES PIEDS DANS LA FANGE ET
11	064	QUE JE DORMIRAIS DANS LE MEME LIT QUE	MA	BONNE.'' --IL ATTIRA SES CAMARADES PLUS
31	049	S'EST MISE A LA CHIMIE; DE SORTE QU'ENTRE	MA	BOUCHE ET LA SIENNE JE TROUVAI DESORMAIS UN
42	047	ME FAIRE L'HONNEUR DE PARTAGER AVEC MOI	MA	BOURSE; ET SOUVENEZ- VOUS, SI VOUS ETES
29	046	QUE SI J'AVAIS EGARE, DANS UNE PROMENADE,	MA	CARTE DE VISITE. NOUS FUMAMES LONGUEMENT
00	000	QUINZE JOURS JE M'ETAIS CONFINE DANS	MA	CHAMBRE ET JE M'ETAIS ENTOURE DES LIVRES A
44	012	COMME ENROUEE PAR L'EAU-DE-VIE, LA VOIX DE	MA	CHERE PETITE BIEN-AIMEE, QUI DISAIT:
11	001	''VRAIMENT,	MA	CHERE, VOUS ME FATIGUEZ SANS MESURE ET SANS
42	119	ETE ACCOUPLES A UNE CERTAINE FEMME DE	MA	CONNAISSANCE, OU VOUS VOUS SERIEZ ENFUIS,
21	107	VUE TRINQUANT AVEC QUELQUES DROLES DE	MA	CONNAISSANCE; ET LE SON RAUQUE DU CUIVRE
40	008	PLAISIR OU DEPLAISIR, CELA NE REGARDE QUE	MA	CONSCIENCE.'' AU NOM DU BON SENS, J'AVAIS

M [191]

		POEM	LINE
L'IMPALPABLE. ET JE ME DISAIS, A TRAVERS	MA CONTEMPLATION: ''--TOUTES CES	44	005
UN COSTUME DE VENUSTRE; AVOIR FAIT	MA COUR A UN DIRECTEUR DE THEATRE, QUI M'A DIT	10	024
PAS L'ADMIRATION. J'AI PLUS ADMIRE	MA DERNIERE MAITRESSE QUE VOUS N'AVEZ PU; JE	42	082
JUGEZ DONC COMBIEN J'AI DU SOUFFRIR PAR	MA DERNIERE MAITRESSE. ''C'ETAIT LA BATARDE	42	031
FLEUR. TU SAIS BIEN, O SATAN, PATRON DE	MA DETRESSE, QUE JE N'ALLAIS PAS LA POUR	51	005
D'UNE RICHESSE DE QUELQUES JOURS. ET AINSI	MA FANTAISIE ALLAIT SON TRAIN, PRETANT DES	28	038
LA FAIRE RECLAMER PAR LE COMMISSAIRE. --	MA FOI! NON. JE ME TROUVE BIEN ICI. VOUS SEUL,	46	020
A DIT: ''FAUT-IL DEPLOYER LA TENTE?'' ''	MA FOI! NON!'' A REPONDU L'AUTRE, ''IL FAIT	31	107
LES BENEFICES QUE J'AURAIS PU TIRER DE	MA FOLIE PERSONNELLE. AVEC UNE FROIDE ET	42	136
CRISTAL CREVE PAR LA FOUDRE. ET, IVRE DE	MA FOLIE, JE LUI CRIAI FURIEUSEMENT: ''LA VIE	09	088
MALHEUREUSEMENT JE ME REVEILLAI, ET TOUTE	MA FORCE M'ABANDONNA. ''EN VERITE, ME DIS-JE,	21	115
ET EGAYES A LA FOIS. --J'AURAIS PU FAIRE	MA FORTUNE EN LA MONTRANT DANS LES FOIRES	42	097
PAS DE SA REPULSIVE MISERE! JE SENTIS	MA GORGE SERREE PAR LA MAIN TERRIBLE DE	14	064
MON MAUDIT GAZETIER ME LAISSE M'AMUSER A	MA GUISE. ''VOUS N'EPROUVEZ DONC JAMAIS,-- ME	23	027
FRAPPE SI VIOLEMMENT LA TERRE DU PIED QUE	MA JAMBE S'EST ENFONCEE JUSQU'AU GENOU DANS LA	38	022
ET JE REPONDIS: ''JE N'AI BESOIN, POUR	MA JOUISSANCE, DE LA MISERE DE PERSONNE; ET JE	21	080
L'EAU D'UNE SOURCE, ET LES AGITER AVEC	MA MAIN COMME UN MOUCHOIR ODORANT, POUR	17	004
AMUSE, PENDANT QU'ELLE DORMAIT, A PASSER	MA MAIN SUR SES BRAS, SUR SON COU ET SUR SES	31	054
DE LETTRES: LES UNES, DES LOCATAIRES DE	MA MAISON, QUELQUES AUTRES DES MAISONS	30	121
DE SOUPIRS QUE N'EN TIRAIENT DU SEIN DE	MA MAITRESSE LES ELANS DE L'AMOUR LE PLUS	42	068
DE MON BAISER. TU SERAS BELLE A	MA MANIERE. TU AIMERAS CE QUE J'AIME ET CE QUI	37	017
ET AVEC L'UNIVERS! JE CROIS MEME QUE, DANS	MA PARFAITE BEATITUDE ET DANS MON TOTAL OUBLI	15	022
QUAND LE VENT SOUFFLE DE LA-HAUT, BERCER	MA PENSEE ETONNEE A CETTE IMITATION DES	22	018
DE SUITE: ''IL FAUT, --SE DIT-IL, --QUE	MA PENSEE SOIT UNE GRANDE VAGABONDE POUR ALLER	24	039
VERS LES VOTRES, CHER AMOUR, POUR Y LIRE	MA PENSEE; JE PLONGEAIS DANS VOS YEUX SI BEAUX	26	052
DANS LES PLUS EXTRAVAGANTES BOUFFONNERIES.	MA PLUME TREMBLE ET DES LARMES D'UNE EMOTION	27	090
PAR UNE SI LONGUE ASCENSION. JE TIRAI DE	MA POCHE UN GROS MORCEAU DE PAIN; UNE TASSE DE	15	028
ET, EN ME COUCHANT, FAISANT ENCORE	MA PRIERE PAR UN RESTE D'HABITUDE IMBECILE, JE	29	125
PAR L'ILLUSION LA PLUS NATURELLE. ''	MA PROFESSION DE PEINTRE ME POUSSE A REGARDER	30	018
MES GESTES AVEC L'EXACTITUDE IRONIQUE DE	MA PROPRE CONSCIENCE, DE SORTE QUE JE NE	42	129
PAR L'EAU-DE-VIE. ''VEUX-TU CONNAITRE	MA PUISSANCE?'' DIT LA FAUSSE DEESSE AVEC SA	21	095
MAIS CELUI-CI ROMPIT BRUSQUEMENT	MA REVERIE EN REPRENANT MES PROPRES PAROLES:	28	042
LES PHYSIONOMIES QUI S'OFFRENT DANS	MA ROUTE, ET VOUS SAVEZ QUELLE JOUISSANCE NOUS	30	020
ME SEMBLE QUE CE TOUR DE CLEF AUGMENTERA	MA SOLITUDE ET FORTIFIERA LES BARRICADES QUI	10	008
PAR CETTE VISION, JE CHERCHAI A ANALYSER	MA SOUDAINE DOULEUR, ET ME DIS: JE VIENS DE	14	078
ME SURPRENDRE. --MON CHER, VOUS CONNAISSEZ	MA TERREUR DES CHEVAUX ET DES VOITURES. TOUT A	46	005
DANS UN MOUVEMENT BRUSQUE, A GLISSE DE	MA TETE DANS LA FANGE DU MACADAM. JE N'AI PAS	46	010
IL M'A BIEN JURE QU'IL AVAIT COMPRIS	MA TETE DANS SES CHEVEUX QUI PENDAIENT DANS	31	061
VERITE, JE N'OSAIS; ET, DUT LA RAISON DE	MA THEORIE, ET QU'IL OBEIRAIT A MES CONSEILS.	49	079
AINSI, VOUS-MEME, INDIGNE COMPAGNON DE	MA TIMIDITE VOUS FAIRE RIRE, J'AVOUERAI QUE JE	14	071
BEAUTE! AH! DEESSE! AYEZ PITIE DE	MA TRISTE VIE, VOUS RESSEMBLEZ AU PUBLIC, A	08	013
AMBITIEUX PROBLEMES! MOI, J'AI TROUVE	MA TRISTESSE ET DE MON DELIRE!'' MAIS	07	026
LE CALME ABSOLU. MAIS, DURANT TOUTE	MA TULIPE NOIRE ET MON DAHLIA BLEU! FLEUR	18	060
PETIT BONHOMME, L'ESPIEGLE COMPAGNON DE	MA VIE, EXCEPTE A L'AGE DE CHERUBIN, J'AI ETE	42	027
FAUDRAIT DEMEURER POUR CULTIVER LE REVE DE	MA VIE, PENDU AU PANNEAU DE CETTE ARMOIRE! SES	30	051
A GLISSE DE MA TETE DANS LA FANGE DU	MA VIE.'' ET, TOUT EN ANALYSANT DES YEUX LES	24	015
SUSPENDU ENTRE SES LEVRES, SON IMMORTEL	MACADAM. JE N'AI PAS EU LE COURAGE DE LA	46	011
AVEC UN PHENOMENE VIVANT. ELLE MANGEAIT,	MACARON!'' ARRIERE LA MUSE ACADEMIQUE! JE N'AI	50	013
QUE JE N'AURAIS JAMAIS SOUPCONNEE DANS UNE	MACHAIT, BROYAIT, DEVORAIT, ENGLOUTISSAIT,	49	063
DE CES MATS AERIENS QUI ANNONCENT QUE LA	MACHINE SI SINGULIEREMENT DETRAQUEE; ET, AVEC	49	063
OU SON PETIT S'ETAIT PENDU. ''OH! NON!	MACONNERIE EST ACHEVEE. N'EST-IL PAS JUSTE QUE	50	093
IL EST L'ETERNITE!'' N'EST-CE PAS	MADAME, --LUI REPONDIS-JE, --CELA VOUS FERAIT	30	101
ETAIT LE PLUS A SA PORTEE, S'ECRIA: ''EH!	MADAME, QUE VOICI UN MADRIGAL VRAIMENT	16	030
	MADAME! VOUS NOUS OUBLIEZ! IL Y A ENCORE MON	20	060
N'EST-CE PAS, MADAME, QUE VOICI UN	MADEMOISELLE BISTOURI	47	000
COMME VOUS; DEVAIT DU GRAND RENE, TOUTE CETTE	MADRIGAL VRAIMENT MERITOIRE, ET AUSSI	16	030
ETAIT DOUBLEMENT VRAIE, D'ABORD PAR LA	MAGIE A DISPARU AU COUP BRUTAL FRAPPE PAR LE	05	053
PLUS, ET DONT LA BEAUTE GARDE LA	MAGIE DU LUXE ETALE, ENSUITE PAR L'INTERET	27	063
EST-ELLE ICI? QUI L'A AMENEE? QUEL POUVOIR	MAGIE PENETRANTE DES RUINES. ELLE AVAIT L'AIR	21	088
VERRES ROSES, ROUGES, BLEUS, DES VITRES	MAGIQUE L'A INSTALLEE SUR CE TRONE DE REVERIE	05	025
MEME; MAIS AUSSI ELLE EST BREUVAGE,	MAGIQUES, DES VITRES DE PARADIS? IMPUDENT QUE	09	076
LES JOURS DE FOIRE, AVEC PERMISSION DES	MAGISTERE, SORCELLERIE! EN SOMME, ELLE EST	39	008
DES FEES. AINSI LA PUISSANCE D'ATTIRER	MAGISTRATS, CELA VA SANS DIRE. ''FAITES BIEN	11	027
REMUAIT LA MATIERE, ET SI L'OEIL D'UN	MAGNETIQUEMENT LA FORTUNE FUT ADJUGEE A	20	041
COMME UNE BELLE CONSCIENCE, COMME UNE	MAGNETISEUR FAISAIT MURIR LES RAISINS. EN MEME	49	024
D'UNE INCOMMENSURABLE RAGE CONTRE CE	MAGNIFIQUE BATTERIE DE CUISINE, COMME UNE	18	049
DE CHANTER LES PAUVRES CHIENS. TEL UN	MAGNIFIQUE IMBECILE, QUI ME PARUT CONCENTRER	04	020
EN APPROCHANT, QUE C'ETAIT UNE TERRE	MAGNIFIQUE TYRAN ITALIEN, DU BON TEMPS,	50	125
SES FETES; C'ETAIT UNE TERRE RICHE ET	MAGNIFIQUE, EBLOUISSANTE. IL SEMBLAIT QUE LES	34	022
TOUT DE SON LONG SUR UN TAPIS DE FLEURS	MAGNIFIQUE, PLEINE DE PROMESSES, QUI NOUS	34	047
IL Y AVAIT DE PETITS GNOMES DIFFORMES,	MAGNIFIQUES ENGRAISSEES PAR LA DESTRUCTION. UN	45	015
SE PRELASSAIENT MAJESTUEUSEMENT SOUS LES	MAIGRES, DONT LES YEUX SUPPLIANTS RECLAMAIENT	21	063
DE CHACUN? --ET IL OFFRIT GALAMMENT LA	MAILLOTS LAVES LA VEILLE POUR LA CIRCONSTANCE.	14	031
L'EAU D'UNE SOURCE, ET LES AGITER AVEC MA	MAIN A SA CHERE, DELICIEUSE ET EXECRABLE	43	006
PEUT ENGENDRER UNE PIECE FAUSSE DANS LA	MAIN COMME UN MOUCHOIR ODORANT, POUR SECOUER	17	004
TOUT ENTIER AVEC UN BRAS, ET, AVEC LA	MAIN D'UN MENDIANT. NE POUVAIT-ELLE PAS SE	28	031
C'EST UN EMBLEME SACERDOTAL DANS LA	MAIN DE L'AUTRE BRAS, COUPER LA CORDE. MAIS	30	061
ET DES INSTRUMENTS DE CHIRURGIE. DANS SA	MAIN DES PRETRES ET DES PRETRESSES CELEBRANT	32	003
LE PROMETTRE? LE GATEAU VOYAGEAIT DE	MAIN DROITE IL TENAIT UNE AUTRE FIOLE DONT LE	21	026
PROMETTRE? LE GATEAU VOYAGEAIT DE MAIN EN	MAIN EN MAIN ET CHANGEAIT DE POCHE A CHAQUE	15	064
DU COUCHANT, LES LOURDES DRAPERIES QU'UNE	MAIN ET CHANGEAIT DE POCHE A CHAQUE INSTANT;	15	064
CE VIEILLARD, JE LE SAISIS D'UNE	MAIN INVISIBLE ATTIRE DES PROFONDEURS DE	22	055
PENDANT QU'ELLE DORMAIT, A PASSER MA	MAIN PAR LE COLLET DE SON HABIT, DE L'AUTRE,	49	048
SE DESOLENT, ET ILS APPUIENT SOUVENT LEUR	MAIN SUR SES BRAS, SUR SON COU ET SUR SES	31	054
MISERE! JE SENTIS MA GORGE SERREE PAR LA	MAIN SUR UN POIGNARD ENFONCE DANS LEUR	31	012
LA PLUS ATTRISTANTE, CELLE QUI TRAINE A SA	MAIN TERRIBLE DE L'HYSTERIE, ET IL ME SEMBLA	14	065
LA RAISON. LA GRANDE VEUVE TENAIT PAR LA	MAIN UN BAMBIN COMME QUI ELLE NE PEUT PAS	13	033
A LA BARBE GRISONNANTE, TENANT D'UNE	MAIN UN ENFANT COMME ELLE VETU DE NOIR; SI	13	094
CELUI QUI CRIE A TUE-TETE, UN BATON A LA	MAIN UN PETIT GARCON ET PORTANT SUR L'AUTRE	26	030
MUSE, ET LUI BAISANT RESPECTUEUSEMENT LA	MAIN, EST UN MARI. IL A ENCHAINE SA FEMME	11	025
	MAIN, IL AJOUTA: ''AH! MON CHER ANGE, COMBIEN	43	021

POEM LINE

15	057	FORCES A ETRANGLER SON ADVERSAIRE D'UNE	MAIN, PENDANT QUE DE L'AUTRE IL TACHAIT DE
15	043	PUIS, HAPPANT LE MORCEAU AVEC SA	MAIN, SE RECULA VIVEMENT, COMME S'IL EUT
19	012	ILS DOUTERONT DE LEUR BONHEUR. PUIS LEURS	MAINS AGRIPPERONT VIVEMENT LE CADEAU, ET ILS
10	020	INCONNUES; AVOIR DISTRIBUE DES POIGNEES DE	MAINS DANS LA MEME PROPORTION, ET CELA SANS
21	065	L'AUMONE MIEUX ENCORE QUE LEURS	MAINS TREMBLANTES; ET PUIS DE VIEILLES MERES
11	044	D'EVE ET D'ADAM, CES OEUVRES DE VOS	MAINS, O MON DIEU! CETTE FEMME EST
09	071	A OPERER SON ASCENSION ET ACCROCHER EN	MAINT ENDROIT LES ANGLES DE SA FRAGILE
15	007	HAINE ET L'AMOUR PROFANE, M'APPARAISSAIENT	MAINTENANT AUSSI ELOIGNEES QUE LES NUEES QUI
05	037	DE COMMUN AVEC CETTE VIE SUPREME DONT J'AI	MAINTENANT CONNAISSANCE ET QUE JE SAVOURE
37	036	MAUDITE CHERE ENFANT GATEE, QUE JE SUIS	MAINTENANT COUCHE A TES PIEDS, CHERCHANT DANS
11	040	POIL POSTICHE? AUSSI LES YEUX LUI SORTENT	MAINTENANT DE LA TETE, ELLE HURLE PLUS
31	034	D'ARBRES QUI EST PRESQUE A L'HORIZON... LA	MAINTENANT IL DESCEND DERRIERE LE CLOCHER...
03	021	VIBRATIONS CRIARDES ET DOULOUREUSES. ET	MAINTENANT LA PROFONDEUR DU CIEL ME CONSTERNE;
05	064	NAUSEABONDE MOISISSURE. ON RESPIRE ICI	MAINTENANT LE RANCI DE LA DESOLATION. DANS CE
22	003	DE LA JOURNEE; ET LEURS PENSEES PRENNENT	MAINTENANT LES COULEURS TENDRES ET INDECISES
46	014	A QUELQUE CHOSE MALHEUR EST BON. JE PUIS	MAINTENANT ME PROMENER INCOGNITO, FAIRE DES
30	112	AFFOLEE, QU'ELLE S'EPRENAIT DE TENDRESSE	MAINTENANT POUR CE QUI AVAIT SERVI
05	075	NEVROSES. JE VOUS ASSURE QUE LES SECONDES	MAINTENANT SONT FORTEMENT ET SOLENNELLEMENT
47	064	SI BEL HOMME AIT SI PEU DE COEUR? --VOICI	MAINTENANT W., UN FAMEUX MEDECIN ANGLAIS; JE
11	051	LA FEMME MERITAT UNE AUTRE DESTINEE. ''	MAINTENANT, A NOUS DEUX, CHERE PRECIEUSE! A
30	065	DANS LES CHAIRS, ET IL FALLAIT	MAINTENANT, AVEC DE MINCES CISEAUX, CHERCHER
11	068	VOUS MEPRISEZ LE SOLIVEAU (CE QUE JE SUIS	MAINTENANT, COMME VOUS SAVEZ BIEN), GARE LA
22	017	CHAQUE FENETRE DIT: ''C'EST ICI LA PAIX	MAINTENANT; C'EST ICI LA JOIE DE LA FAMILLE!''
05	071	A REPARU; LE TEMPS REGNE EN SOUVERAIN	MAINTENANT; ET AVEC LE HIDEUX VIEILLARD EST
47	111	JE ME FIS COMPRENDRE; ENFIN J'Y PARVINS.	MAIS ALORS ELLE ME REPONDIT D'UN AIR
15	046	SINCERE OU QUE JE M'EN REPENTISSE DEJA.	MAIS AU MEME INSTANT IL FUT CULBUTE PAR UN
27	149	SONT VENUS JOUER DEVANT LA COUR DE...;	MAIS AUCUN D'EUX N'A PU RAPPELER LES
50	002	MON SIECLE, DE MON ADMIRATION POUR BUFFON;	MAIS AUJOURD'HUI CE N'EST PAS L'AME DE CE
39	007	ARAIGNEE, SI VOUS VOULEZ, SQUELETTE MEME;	MAIS AUSSI ELLE EST BREUVAGE, MAGISTERE,
22	032	ET CE N'ETAIT PAS SEULEMENT SUR AUTRUI,	MAIS AUSSI SUR LUI-MEME, QUE S'EXERCAIT
42	091	MACHAIT, BROYAIT, DEVORAIT, ENGLOUTISSAIT,	MAIS AVEC L'AIR LE PLUS LEGER ET LE PLUS
45	002	ENSEIGNE, --SE DIT NOTRE PROMENEUR, --	MAIS BIEN FAITE POUR DONNER SOIF! A COUP SUR,
31	009	ET DES FEMMES, SERIEUX ET TRISTES AUSSI,	MAIS BIEN PLUS BEAUX ET BIEN MIEUX HABILLES
06	034	A VOULOIR COMPRENDRE CE MYSTERE!	MAIS BIENTOT L'IRRESISTIBLE INDIFFERENCE
26	041	GARCON: ''QUE C'EST BEAU! QUE C'EST BEAU!	MAIS C'EST UNE MAISON OU PEUVENT SEULS ENTRER
13	074	JOIE DU RICHE AU FOND DE L'OEIL DU PAUVRE.	MAIS CE JOUR-LA, A TRAVERS CE PEUPLE VETU DE
49	016	RECEMMENT PARCOURU LE DICTIONNAIRE.	MAIS CE N'ETAIT QUE L'IDEE D'UNE IDEE, QUELQUE
30	062	LA MAIN DE L'AUTRE BRAS, COUPER LA CORDE.	MAIS CELA FAIT, TOUT N'ETAIT PAS FINI; LE
36	031	DE LA VAINCRE ET DE JOUIR D'ELLES;	MAIS CELLE-CI DONNE LE DESIR DE MOURIR
28	042	DE TOUTES LES HYPOTHESES POSSIBLES.	MAIS CELUI-CI ROMPIT BRUSQUEMENT MA REVERIE EN
38	005	TOUT CE QUI FAIT CROIRE A L'IMMORTALITE.	MAIS CETTE FILLE MIRACULEUSE ETAIT TROP BELLE
29	089	NOUS SALUONS QUAND NOUS NOUS RENCONTRONS,	MAIS COMME DEUX VIEUX GENTILSHOMMES, EN QUI
51	007	PAS LA POUR REGARDER EN VAIN PLEUR;	MAIS COMME UN VIEUX PAILLARD D'UNE VIEILLE
05	023	COUCHEE L'IDOLE, LA SOUVERAINE DES REVES.	MAIS COMMENT EST-ELLE ICI? QUI L'A AMENEE?
09	055	D'UN TRAVAIL OU D'UNE COMBINAISON,	MAIS D'UNE INSPIRATION FORTUITE, PARTICIPE
11	049	PLUS IRREMEDIABLES, ET SANS COMPENSATION.	MAIS DANS LE MONDE OU ELLE A ETE JETEE, ELLE
28	024	COMME POUR SE JUSTIFIER DE SA PRODIGALITE.	MAIS DANS MON MISERABLE CERVEAU, TOUJOURS
33	005	LA TERRE; IL FAUT VOUS ENIVRER SANS TREVE.	MAIS DE QUOI? DE VIN, DE POESIE OU DE VERTU, A
08	015	DES PARFUMS DELICATS QUI L'EXASPERENT,	MAIS DES ORDURES SOIGNEUSEMENT CHOISIES.''
36	014	NOIR VERSANT LA LUMIERE ET LE BONHEUR.	MAIS ELLE FAIT PLUS VOLONTIERS PENSER A LA
42	034	SANS CELA, POURQUOI L'AURAIS-JE PRISE?	MAIS ELLE GATAIT CETTE GRANDE QUALITE PAR UNE
21	104	SUBJUGUE; ''VOILA QUI EST PRECIEUX!''	MAIS EN EXAMINANT PLUS ATTENTIVEMENT LA
13	093	OU ELLE FAIT UNE TACHE SI ECLATANTE?''	MAIS EN PASSANT CURIEUSEMENT AUPRES D'ELLE, JE
33	006	VIN, DE POESIE OU DE VERTU, A VOTRE GUISE.	MAIS ENIVREZ-VOUS. ET SI QUELQUEFOIS, SUR LES
39	019	ILS N'ONT RIEN DIMINUE DU CHARME VAGUE,	MAIS ETERNEL, DE SA POITRINE GARCONNIERE. USEE
50	071	CHIENNE, UN PEU NEGLIGEE DANS SA TOILETTE.	MAIS FIERE ET RECONNAISSANTE. ET ILS SONT TOUS
24	044	TRES- LARGE DES DRAPS UN PEU APRES.	MAIS FRAIS; QUOI DE MIEUX?'' EN RENTRANT
36	001	MALHEUREUX PEUT-ETRE L'HOMME,	MAIS HEUREUX L'ARTISTE QUE LE DESIR DECHIRE!
09	043	IRRESISTIBLE SYMPATHIQUE? PEUT-ETRE;	MAIS IL EST PLUS LEGITIME DE SUPPOSER QUE
42	158	MERVEILLEUSEMENT DANS LES SOLITUDES.	MAIS IL FALLAIT ACCORDER CE SENTIMENT AVEC
23	006	OU CONGEDIER UN SERVITEUR IRREPROCHABLE.	MAIS IL SERAIT POSSIBLE QUE CETTE SOLITUDE NE
42	012	PHILOSOPHIQUE DE N'EN PAS PARLER DU TOUT;	MAIS IL Y A DES GENS D'ESPRIT QUI, APRES
28	057	ON N'EST JAMAIS EXCUSABLE D'ETRE MECHANT,	MAIS IL Y A QUELQUE MERITE A SAVOIR QU'ON
47	083	''VOUS N'ETES PAS MALADE DU TOUT!''	MAIS IL Y EN A D'AUTRES QUI ME COMPRENNENT.
11	007	ILS VOUS FERAIENT QUELQUE HONNEUR;	MAIS ILS NE TRADUISENT QUE LA SATIETE DU
23	014	GAZETIER LES COURAGEUSES VERTUS DE CRUSOE;	MAIS JE DEMANDE QU'IL NE DECRETE PAS
47	054	C'EST X. LE NOM EST AU BAS D'AILLEURS;	MAIS JE LE CONNAIS PERSONNELLEMENT. --JE
21	121	LE FAUDRAIT POUR MERITER LEURS FAVEURS;	MAIS JE LES AVAIS SANS DOUTE FORTEMENT
23	024	TIRENT DU SILENCE ET DU RECUEILLEMENT;	MAIS JE LES MEPRISE. JE DESIRE SURTOUT QUE MON
26	049	J'ETAIS ATTENDRI PAR CETTE FAMILLE D'YEUX,	MAIS JE ME SENTAIS UN PEU HONTEUX DE NOS
31	122	M'APPRENDRE A JOUER DE LEURS INSTRUMENTS;	MAIS JE N'AI PAS OSE, SANS DOUTE PARCE QU'IL
28	055	QU'IL S'AMUSAT A COMPROMETTRE LES PAUVRES;	MAIS JE NE LUI PARDONNERAI JAMAIS L'INEPTIE DE
02	008	FAIRE DES RISETTES ET DES MINES AGREABLES.	MAIS L'ENFANT EPOUVANTE SE DEBATTAIT SOUS LES
19	027	ET COUVERT DE PLUMETS ET DE VERROTERIES.	MAIS L'ENFANT NE S'OCCUPAIT PAS DE SON JOUJOU
07	028	PITIE DE MA TRISTESSE ET DE MON DELIRE!''	MAIS L'IMPLACABLE VENUS REGARDE AU LOIN JE NE
36	020	VISITANT LE SOMMEIL DES HOMMES PURS,	MAIS L'IMPLACABLE VENUS REGARDE AU LOIN JE NE
36	017	QUI RESSEMBLE A UNE FROIDE MARIEE,	MAIS LA LUNE ARRACHEE DU CIEL, VAINCUE ET
06	008	OU LE FOURNIMENT D'UN FANTASSIN ROMAIN.	MAIS LA LUNE SINISTRE ET ENIVRANTE, SUSPENDUE
30	120	ME FATIGUAIT DE SES GRANDS YEUX FIXES.	MAIS LA MONSTRUEUSE BETE N'ETAIT PAS UN POIDS
21	114	ABNEGATION J'AVAIS LE DROIT D'ETRE FIER.	MAIS LE LENDEMAIN JE RECUS UN PAQUET DE
38	020	TU M'AIMERAS TELLE QUE JE SUIS!''	MAIS MALHEUREUSEMENT JE ME REVEILLAI, ET TOUTE
03	013	MOI SE PERD VITE!); ELLES PENSENT, DIS-JE	MAIS MOI, FURIEUX, J'AI REPONDU: ''NON! NON!
27	113	SUPPOSITIONS NON EXACTEMENT JUSTIFIEES;	MAIS MUSICALEMENT ET PITTORESQUEMENT, SANS
39	020	SA POITRINE GARCONNIERE. USEE PEUT-ETRE,	MAIS NON ABSOLUMENT INJUSTIFIABLES,
26	036	LE CAFE NOUVEAU AVEC UNE ADMIRATION EGALE,	MAIS NON FATIGUEE, ET TOUJOURS HEROIQUE, ELLE
29	122	LE REMERCIER DE SON INOUIE MUNIFICENCE.	MAIS NUANCEE DIVERSEMENT PAR L'AGE. LES YEUX
32	004	SONT LES INTERPRETES ET LES SERVITEURS.	MAIS PEU A PEU, APRES QUE JE L'EUS QUITTE,
20	077	JE LUI DONNE... LE DON DE PLAIRE!'' ''	MAIS PHYSIQUEMENT CE N'EST QU'UN BATON; UN PUR
47	011	ALLEZ! --SANS DOUTE, J'IRAI VOUS VOIR,	MAIS PLAIRE COMMENT? PLAIRE...? PLAIRE
27	046	ESPERER Y TROUVER DES PLAISIRS INATTENDUS.	MAIS PLUS TARD, APRES LE MEDECIN, UNE
27	002	BOUFFON, ET PRESQUE UN DES AMIS DU PRINCE.	MAIS POUR CEUX QUI, COMME MOI, AVAIENT PU
			MAIS POUR LES PERSONNES VOUEES PAR ETAT AU

N'EN SAVAIT RIEN, NI LUI, NI LES AUTRES;
PERIL, ET ON PEUT SOUVENT LES PAYER CHER.
IL AVAIT ABDIQUE. SA DESTINEE ETAIT FAITE.
AUSSI, ON DIRAIT QU'IL NOUS REGARDE.'' ''
MUSIQUE DETRAQUES. OH! LE TRISTE MOBILIER!
DE LA DESOLATION. DANS CE MONDE ETROIT,
QUE J'AVAIS VIVEMENT APPELE AU SECOURS!
DOIS LE DIRE, PLUS DE FEMMES QUE D'HOMMES;
N'ETAIENT PAS LA RECOMPENSE D'UN EFFORT,
LOURDEMENT EFFRONTEES ET SANS ORTHOGRAPHE,
GENE PAS; JE N'AI PAS BESOIN D'ARGENT.''
QUI REGNE, UNE ETERNITE DE DELICES!
N'ETAIT NI MEILLEUR NI PIRE QU'UN AUTRE;
NI JEUNES NI VIEUX, NI BEAUX NI LAIDS;
DE LA TETE, AUREOLE INVISIBLE POUR TOUS,
DIX FOIS DE SUITE, L'EXPERIENCE MANQUA
DE M'Y CONDUIRE. ENFIN J'EUS CE COURAGE.
DU BON SENS, J'AVAIS SANS DOUTE RAISON
DEGRE QUI DOIT MARQUER LE CALME ABSOLU.
ET CHANGEAIT DE POCHE A CHAQUE INSTANT;
TON PORTRAIT, N'EST-CE PAS, CHERI? --
GLISSER DANS SA POCHE LE PRIX DU COMBAT.
TRESORS DU MONDE Y AFFLUENT, COMME DANS LA
BONNE FEMME DECREPITE, ET REMPLISSAIT LA
C'EST BEAU! QUE C'EST BEAU! MAIS C'EST UNE
QUE CELLES QUI VIENNENT NOUS VOIR, A LA
ET MON ETONNEMENT QUAND, RENTRANT A LA
DE LETTRES: LES UNES; DES LOCATAIRES DE MA
''VOUS SAVEZ QUE JE NE M'AMUSE GUERE A LA
LE REPOS DE L'IMMENSE VALLEE, HERISSEE DE
DE MA MAISON; QUELQUES AUTRES DES
MATS; ET LES NAVIRES AMARRES AU PIED DES
VENU. JE L'AI VU JETER A LA TERRE D'UN
FAITE POUR DONNER SOIF! A COUP SUR,
REUSSIRA SANS DOUTE, LA BONNE DOROTHEE! LE
FERAI LE SEIGNEUR DES AMES, ET TU SERAS LE
COCHERES! NE POURRIEZ-VOUS PAS PRIER LE
REPRESENTATION DE VOTRE ETONNANTE DUALITE,
UN JOUJOU SPLENDIDE, AUSSI FRAIS QUE SON
MON DIEU! VOUS, LE CREATEUR, VOUS, LE
LA FEMME SAUVAGE ET LA PETITE-
JE NE SUIS PAS FAIT POUR EPOUSER LA
DE SOUPIRS QUE N'EN TIRAIENT DU SEIN DE MA
L'ADMIRATION. J'AI PLUS ADMIRE MA DERNIERE
MAIS COMME UN VIEUX PAILLARD D'UNE VIEILLE
COMBIEN J'AI DU SOUFFRIR PAR MA DERNIERE
''ENCORE AUSSI VIERGE QUE L'ETAIT VOTRE
PORTRAITS DE
A VOUS PLAINDRE DES IMPERFECTIONS DE VOS
CONTROLEURS LUI PARAISSENT INVESTIS DE LA
ENVIRONNANTE. C'ETAIT UNE FEMME GRANDE,
COMME LES ORANGS-OUTANGS, SE PRELASSAIENT
PEUT-ETRE MIEUX AINSI; IL AURAIT TOUJOURS
PLUS IRREPARABLE DES VICES EST DE FAIRE LE
ET DANS MON TOTAL OUBLI DE TOUT LE
A L'EGOISTE FEMELLE. JE VOUS TROUVE
VOUS PROUVER QUE MOI; DONT ON DIT TANT DE
--DIEU, REPRIT-IL, MIT LE REMEDE DANS LE
--LUI REPONDIS-JE, --CELA VOUS FERAIT
QUE TU NE TE PLAISES QUE DANS TON
ME DISENT FROIDEMENT: ''VOUS N'ETES PAS
CETTE VIE EST UN HOPITAL OU CHAQUE
LES PROFONDEURS DE CETTE AME CURIEUSE ET
MESSIEURS, QUE, BIEN QUE JE NE SOIS PAS
DEUX AMIS QUE LE CREPUSCULE RENDAIT TOUT
RESSEMBLE, MON CHER ANGE. TU CONNAIS CETTE
L'ENNUI, QUI EST LA SOURCE DE TOUTES VOS
CREATURE RIAIT FOLLEMENT, SE MOQUANT DE LA
''AFIN QUE JE PUISSE T'AIMER SANS
L'ENERGIE DANS LA VOLUPTE CREE UN
LE SECOND PORTE EN LUI L'INQUIETUDE D'UN
DE HAINE QUI ME PARUT DE BON AUGURE; LE
L'ELEMENT FEMININ EXECUTANT AUTOUR DU
UN ARMISTICE CONCLU AVEC LES PUISSANCES
AVEZ-VOUS ENTENDU RESONNER LA CHAIR,
SI BIEN QU'UN JOUR OU JE CONSTATAI QUE,
N'AVOIR PAS COMMISES! QUE DE DETTES PAYEES
LES PLUS DELICATES DU PLAISIR. LE GRAND
LE HIDEUX TROUBLE-FETE! ''CE GRAND
ET PUIS, ME SUIS-JE DIT, A QUELQUE CHOSE
EN VERITE, L'EMPECHER DE S'ENIVRER DE SON
ET DEVENIR AUSSI BIEN LA SOURCE DE SON
POUR ARRACHER CES DERNIERS VESTIGES DU
DE VOUS APPRENDRE CE QUE C'EST QUE LE VRAI
DIEU! CETTE FEMME EST INCONTESTABLEMENT
POSE, D'UNE PHYSIONOMIE PRESQUE CLERICALE,
J'AVAIS LE DROIT D'ETRE FIER. MAIS
UN COIN, SE DISANT: --''AH! POUR NOUS,

PAR L'AMBITION DECUE, PAR LES INVENTEURS
SE SUPPORTER EUX-MEMES. ''PRESQUE TOUS NOS

	POEM	LINE
MAIS QU'EVIDEMMENT ILS ALLAIENT QUELQUE PART,	06	017
MAIS QU'IMPORTE L'ETERNITE DE LA DAMNATION A	09	091
MAIS QUEL REGARD PROFOND, INOUBLIABLE, IL	14	062
MAIS QUI DONC?'' DEMANDERENT LES AUTRES.	31	029
MAIS REGARDEZ, JE VOUS PRIE, CES DEUX	50	086
MAIS SI PLEIN DE DEGOUT, UN SEUL OBJET CONNU	05	066
MAIS TOUS MES VOISINS AVAIENT REFUSE DE ME	30	069
MAIS TOUS, CROYEZ-LE BIEN, N'APPARTENAIENT PAS	30	130
MAIS TOUT AU CONTRAIRE UNE GRACE ACCORDEE A	20	016
MAIS TOUTES TENDANT AU MEME BUT, C'EST-A-DIRE	30	127
MAIS TU COMPRENDS QUE JE LUI AI FAIT ENTENDRE	47	096
MAIS UN COUP TERRIBLE, LOURD, A RETENTI A LA	05	043
MAIS UNE EXCESSIVE SENSIBILITE LE RENDAIT, EN	27	016
MAIS VIEUX OU JEUNES, ILS PORTAIENT CETTE	42	004
MAIS VISIBLE POUR MOI, ET OU SE MELAIENT, DANS	27	085
MAIS, A LA ONZIEME, ELLE REUSSIT BEAUCOUP TROP	09	024
MAIS, A MON GRAND ETONNEMENT, LA MERE FUT	30	086
MAIS, AU POINT DE VUE DE LA LOI, IL N'AVAIT	40	010
MAIS, DURANT TOUTE MA VIE, EXCEPTE A L'AGE DE	42	027
MAIS, HELAS! IL CHANGEAIT AUSSI DE VOLUME; ET	15	065
MAIS, LUI DIS-JE, SUIVANT A MON TOUR, MOI	47	075
MAIS, RAVIVE PAR LE DESESPOIR, LE VAINCU SE	15	059
MAISON D'UN HOMME LABORIEUX ET QUI A BIEN	18	051
MAISON DE SES GLAPISSEMENTS. ALORS LA BONNE	02	009
MAISON OU PEUVENT SEULS ENTRER LES GENS QUI NE	26	041
MAISON, ET, QUOIQUE AVEC LEURS GRANDS YEUX	31	015
MAISON, LE PREMIER OBJET QUI FRAPPA MON REGARD	30	049
MAISON, QUELQUES AUTRES DES MAISONS VOISINES,	30	122
MAISON; ON NE ME MENE JAMAIS AU SPECTACLE; MON	31	075
MAISONS DONT CHAQUE FENETRE DIT: ''C'EST ICI	22	016
MAISONS VOISINES; L'UNE, DU PREMIER ETAGE;	30	122
MAISONS?'' MON AME RESTE MUETTE. ''BATAVIA TE	48	023
MAITRE D'HOTEL UN EXCELLENT POULET, DANS	22	024
MAITRE DE CE CABARET SAVENT APPRECIER HORACE ET	45	003
MAITRE DE L'ENFANT EST SI AVARE, TROP AVARE,	25	060
MAITRE DE LA MATIERE VIVANTE, PLUS ENCORE QUE	21	040
MAITRE DU CAFE LES ELOIGNER D'ICI?'' TANT	26	057
MAITRE PUISSANT ET VENERE, CHER BACCHANT DE LA	32	022
MAITRE, VERNI, DORE, VETU D'UNE ROBE POURPRE,	19	026
MAITRE; VOUS QUI AVEZ FAIT LA LOI ET LA	47	117
MAITRESSE	11	000
MAITRESSE DE CERTAINS QUE JE NE VEUX PAS	21	111
MAITRESSE LES ELANS DE L'AMOUR LE PLUS	42	068
MAITRESSE QUE VOUS N'AVEZ PU, JE CROIS, HAIR	42	082
MAITRESSE, JE VOULAIS M'ENIVRER DE L'ENORME	51	007
MAITRESSE. ''C'ETAIT LA BATARDE D'UN PRINCE.	42	032
MAITRESSE.'' RIEN N'ETAIT CHANGE DANS CETTE	42	075
MAITRESSES	42	000
MAITRESSES!'' CELA FUT DIT D'UN TON FORT	42	110
MAJESTE DE MINOS, D'EAQUE ET DE RHADAMANTHE,	09	038
MAJESTUEUSE, ET SI NOBLE DANS TOUT SON AIR,	13	078
MAJESTUEUSEMENT SOUS LES MAILLOTS LAVES LA	14	031
MAL FINI!'' ''CEPENDANT LE CORPS ETAIT ETENDU	30	093
MAL PAR BETISE.	28	058
MAL TERRESTRE, J'EN ETAIS VENU A NE PLUS	15	023
MAL VENUS, TROP FORTUNES MORTELS, A VOUS	42	108
MAL, JE SUIS QUELQUEFOIS BON DIABLE, POUR ME	29	099
MAL. UN JOUR JE TROUVAI CETTE MINERVE, AFFAMEE	42	053
MAL.'' ET COMME INVOLONTAIREMENT MES YEUX SE	30	102
MAL? S'IL EN EST AINSI, FUYONS VERS LES PAYS	48	030
MALADE DU TOUT!'' MAIS IL Y EN A D'AUTRES QUI	47	083
MALADE EST POSSEDE DU DESIR DE CHANGER DE LIT.	48	001
MALADE, IL ETAIT INFINIMENT PLUS PROBABLE QUE	27	048
MALADE, JE VAIS QUELQUEFOIS LES VOIR, RIEN QUE	47	081
MALADES. L'UN MECONNAISSAIT ALORS TOUS LES	22	021
MALADIE FIEVREUSE QUI S'EMPARE DE NOUS DANS	18	015
MALADIES ET DE TOUS VOS MISERABLES PROGRES.	29	106
MALADRESSE DE SON EPOUX, CELUI-CI SE TOURNA	43	013
MALAISE ET SANS COLERE.'' PENDANT PLUSIEURS	42	142
MALAISE ET UNE SOUFFRANCE POSITIVE. MES NERFS	03	018
MALAISE PERPETUEL, ET FUT-IL GRATIFIE DE TOUS	22	036
MALANDRIN DECREPIT SE JETA SUR MOI, ME POCHA	49	065
MALE DES PRESTIGIEUSES PIROUETTES. LIGNE	32	030
MALFAISANTES DE LA VIE, UN REPIT DANS LA	14	011
MALGRE LE POIL POSTICHE? AUSSI LES YEUX LUI	11	040
MALGRE MES NOMBREUX AVERTISSEMENTS, IL AVAIT	30	043
MALGRE MOI! ELLE ME PRIVAIT DE TOUS LES	42	135
MALHEUR DE CE PRINCE FUT QU'IL N'EUT JAMAIS UN	27	029
MALHEUR DE NE POUVOIR ETRE SEUL!...'' DIT	23	033
MALHEUR EST BON. JE PUIS MAINTENANT ME	46	014
MALHEUR ET LUI REFUSER CETTE SUPREME ET SOMBRE	30	098
MALHEUR QUE DE SON BONHEUR. LES PAUVRES FEES	20	019
MALHEUR, ET COMME J'ALLAIS LES LANCER AU	30	107
MALHEUR. ''A VOUS VOIR AINSI, MA BELLE	11	063
MALHEUREUSE, QUOIQUE APRES TOUT, PEUT-ETRE,	11	045
MALHEUREUSEMENT ILLUMINEE PAR DES YEUX D'UN	42	113
MALHEUREUSEMENT JE ME REVEILLAI, ET TOUTE MA	21	114
MALHEUREUSES VIEILLES FEMELLES, L'AGE EST	02	013
MALHEUREUX PEUT-ETRE L'HOMME, MAIS HEUREUX	36	001
MALHEUREUX, PAR LES GLOIRES AVORTEES, PAR LES	13	003
MALHEURS NOUS VIENNENT DE N'AVOIR PAS SU	23	037

POEM	LINE		
11	048	NE LUI SOIENT PAS INCONNUES. IL Y A DES	MALHEURS PLUS IRREMEDIABLES, ET SANS
21	082	COMME UN PAPIER DE TENTURE, DE TOUS LES	MALHEURS REPRESENTES SUR TA PEAU.'' QUANT A LA
16	024	SUR CE DELICIEUX CADRAN, SI QUELQUE GENIE	MALHONNETE ET INTOLERANT, QUELQUE DEMON DU
05	029	QUE JE RECONNAIS A LEUR EFFRAYANTE	MALICE! ELLES ATTIRENT, ELLES SUBJUGUENT, ELLE
09	048	NOUS AUTORISENT A CROIRE QUE DES DEMONS	MALICIEUX SE GLISSENT EN NOUS ET NOUS FONT
20	007	ET RECHIGNE, LES AUTRES, UN AIR FOLATRE ET	MALIN; LES UNES, JEUNES, QUI AVAIENT TOUJOURS
48	032	NOTRE AFFAIRE, PAUVRE AME! NOUS FERONS NOS	MALLES POUR TORNEO. ALLONS PLUS LOIN ENCORE, A
04	007	UN ANE TROTTAIT VIVEMENT, HARCELE PAR UN	MALOTRU ARME D'UN FOUET. COMME L'ANE ALLAIT
42	035	CETTE GRANDE QUALITE PAR UNE AMBITION	MALSEANTE ET DIFFORME. C'ETAIT UNE FEMME QUI
22	023	LES RAPPORTS D'AMITIE ET DE POLITESSE, ET	MALTRAITAIT, COMME UN SAUVAGE, LE PREMIER
21	066	PORTANT DES AVORTONS ACCROCHES A LEURS	MAMELLES EXTENUEES. IL Y EN AVAIT ENCORE BIEN
50	115	DU MEILLEUR FAISEUR; OU UNE CHEVRE AUX	MAMELLES GONFLEES. LE POETE QUI A CHANTE LES
50	099	DIRECTEUR QUI SE FAIT LA GROSSE PART ET	MANGE A LUI SEUL PLUS DE SOUPE QUE QUATRE
34	019	TERRE ABSENTE; QU'ILS AURAIENT, JE CROIS,	MANGE DE L'HERBE AVEC PLUS D'ENTHOUSIASME QUE
17	034	ET REBELLES, IL ME SEMBLE QUE JE	MANGE DES SOUVENIRS.
42	090	TETE-A-TETE AVEC UN PHENOMENE VIVANT. ELLE	MANGEAIT, MACHAIT, BROYAIT, DEVORAIT,
29	035	ASSEYANT, DE VIEUX ET PARFAITS AMIS. NOUS	MANGEAMES, NOUS BUMES OUTRE MESURE DE TOUTES
34	012	PLUS HAUT QUE NOUS? QUAND POURRONS-NOUS	MANGER DE LA VIANDE QUI NE SOIT PAS SALEE
44	002	ET PAR LA FENETRE OUVERTE DE LA SALLE A	MANGER JE CONTEMPLAIS LES MOUVANTES
19	014	S'ENFUIRONT COMME FONT LES CHATS QUI VONT	MANGER LOIN DE VOUS LE MORCEAU QUE VOUS LEUR
18	036	QUI COLORENT SI RICHEMENT LA SALLE A	MANGER OU LE SALON, SONT TAMISES PAR DE BELLES
42	086	DE QUELQUES MINUTES, CHACUN OUBLIAIT DE	MANGER POUR LA CONTEMPLER. LES GARCONS
11	031	CORNAC. ''ALLONS, DIT-IL, IL NE FAUT PAS	MANGER TOUT SON BIEN EN UN JOUR'', ET, SUR
44	013	QUI DISAIT: ''—ALLEZ-VOUS BIENTOT	MANGER VOTRE SOUPE, S... B..... DE MARCHAND DE
46	003	VOUS, LE BUVEUR DE QUINTESSENCES! VOUS, LE	MANGEUR D'AMBROISIE! EN VERITE, IL Y A LA DE
29	017	ANALOGUE A CELLE QUE DURENT EPROUVER LES	MANGEURS DE LOTUS QUAND, DEBARQUANT DANS UNE
11	054	AUSSI DOUCES QUE VOTRE PEAU; QUI NE	MANGEZ QUE DE LA VIANDE CUITE, ET POUR QUI UN
22	033	LUI-MEME, QUE S'EXERCAIT RAGEUSEMENT SA	MANIE CREPUSCULEUSE. LE PREMIER EST MORT FOU,
21	021	DE SA TUNIQUE DE POURPRE ETAIT ROULE, EN	MANIERE DE CEINTURE, UN SERPENT CHATOYANT QUI,
08	008	AVEC EFFROI, IL ABOIE CONTRE MOI, EN	MANIERE DE REPROCHE. ''—AH! MISERABLE CHIEN,
42	093	AINSI LONGTEMPS EN EXTASE. ELLE AVAIT UNE	MANIERE DOUCE, REVEUSE, ANGLAISE ET ROMANESQUE
27	093	SOIREE, FANCIOULLE ME PROUVAIT, D'UNE	MANIERE PEREMPTOIRE, IRREFUTABLE, QUE
29	029	SI JE VOULAIS ESSAYER DE DEFINIR D'UNE	MANIERE QUELCONQUE L'EXPRESSION SINGULIERE DE
37	018	DE MON BAISER. TU SERAS BELLE A MA	MANIERE. TU AIMERAS CE QUE J'AIME ET CE QUI
21	055	FOIS TRAGIQUE ET SOURIANT, NI CES BELLES	MANIERES INSINUANTES, NI CETTE BEAUTE DELICATE
30	041	SINGULIERES DE TRISTESSE PRECOCE, ET QU'IL	MANIFESTA BIENTOT UN GOUT IMMODERE POUR LE
49	033	ET LE MIEN, QUE CELUI DE SOCRATE NE SE	MANIFESTAIT A LUI QUE POUR DEFENDRE, AVERTIR,
09	031	ET DE LA REVERIE; ET CEUX EN QUI ELLE SE	MANIFESTE SI OPINEMENT SONT, EN GENERAL, COMME
18	081	ET D'OU MONTENT LES CHANTS MONOTONES DE LA	MANOEUVRE, CE SONT MES PENSEES QUI DORMENT OU
09	023	DIX FOIS DE SUITE, L'EXPERIENCE	MANQUA! MAIS, A LA ONZIEME, ELLE REUSSIT
14	018	ATMOSPHERE D'INSOUCIANCE. POUR MOI, JE NE	MANQUE JAMAIS, EN VRAI PARISIEN, DE PASSER LA
13	029	DANS LE DEUIL DU PAUVRE QUELQUE CHOSE QUI	MANQUE, UNE ABSENCE D'HARMONIE QUI LE REND
42	160	ME DEBARRASSER DE CET ETRE SANS LUI	MANQUER DE RESPECT. QUE VOULIEZ-VOUS QUE JE
15	016	L'OMBRE D'UN NUAGE, COMME LE REFLET DU	MANTEAU D'UN GEANT AERIEN VOLANT A TRAVERS LE
50	127	UNE DAGUE ENRICHIE DE PIERRERIES, SOIT UN	MANTEAU DE COUR, EN ECHANGE D'UN PRECIEUX
05	050	DE JOURNAL QUI RECLAME LA SUITE DU	MANUSCRIT. LA CHAMBRE PARADISIAQUE, L'IDOLE,
05	059	A TRACE DES SILLONS DANS LA POUSSIERE; LES	MANUSCRITS, RATURES OU INCOMPLETS; L'ALMANACH
24	004	L'ATMOSPHERE D'UN BEAU SOIR, LES DEGRES DE	MARBRE D'UN PALAIS, EN FACE DES GRANDES
25	023	SON PIED; PAREIL AUX PIEDS DES DEESSES DE	MARBRE QUE L'EUROPE ENFERME DANS SES MUSEES,
48	011	BORD DE L'EAU; ON DIT QU'ELLE EST BATIE EN	MARBRE, ET QUE LE PEUPLE Y A UNE TELLE HAINE
07	029	AU LOIN JE NE SAIS QUOI AVEC SES YEUX DE	MARBRE.
06	003	ORTIE; JE RENCONTRAI PLUSIEURS HOMMES QUI	MARCHAIENT COURBES. CHACUN D'EUX PORTAIT SUR
44	013	BIENTOT MANGER VOTRE SOUPE, S... B..... DE	MARCHAND DE NUAGES?''
09	071	EN MAINT ENDROIT LES ANGLES DE SA FRAGILE	MARCHANDISE. ENFIN IL PARUT: J'EXAMINAI
27	078	MIRACULEUSEMENT ANIMEES, VIVANTES,	MARCHANTES, VOYANTES, SERAIENT RELATIVEMENT A
31	027	ISOLE, CE PETIT NUAGE COULEUR DE FEU, QUI	MARCHE DOUCEMENT. LUI AUSSI, ON DIRAIT QU'IL
25	028	ET, BIEN QU'ELLE SOIT LIBRE, ELLE	MARCHE SANS SOULIERS. ELLE S'AVANCE AINSI,
06	019	POUSSES PAR UN INVINCIBLE BESOIN DE	MARCHER. CHOSE CURIEUSE A NOTER: AUCUN DE CES
26	032	BRAS UN PETIT ETRE TROP FAIBLE POUR	MARCHER. IL REMPLISSAIT L'OFFICE DE BONNE ET
33	007	ENIVREZ-VOUS. ET SI QUELQUEFOIS, SUR LES	MARCHES D'UN PALAIS, SUR L'HERBE VERTE D'UN
42	150	UN SOIR, DANS UN BOIS... AU BORD D'UNE	MARE... APRES UNE MELANCOLIQUE PROMENADE OU
22	009	EN UNE LUGUBRE HARMONIE, COMME CELLE DE LA	MAREE QUI MONTE OU D'UNE TEMPETE QUI
11	025	A TUE-TETE, UN BATON A LA MAIN; EST UN	MARI. IL A ENCHAINE SA FEMME LEGITIME COMME
42	072	INEGAL, ET CETTE FILLE INCOMPARABLE SE	MARIA. J'EUS PLUS TARD LA FANTAISIE DE LA
48	026	D'AILLEURS L'ESPRIT DE L'EUROPE	MARIE A LA BEAUTE TROPICALE.'' PAS UN MOT.
18	012	L'IMPREVU SONT EXCLUS; OU LE BONHEUR EST	MARIE AU SILENCE; OU LA CUISINE ELLE-MEME EST
18	021	EST DOUCE A RESPIRER; OU LE BONHEUR EST	MARIE AU SILENCE. C'EST LA QU'IL FAUT ALLER
36	017	DES IDYLLES, QUI RESSEMBLE A UNE FROIDE	MARIEE; MAIS LA LUNE SINISTRE ET ENIVRANTE,
25	044	ET MONOTONE ACCOMPAGNEMENT; ET QUE LA	MARMITE DE FER, OU CUIT UN RAGOUT DE CRABES AU
19	032	SALE, CHETIF, FULIGINEUX, UN DES	MARMOTS-PARIAS DONT UN OEIL IMPARTIAL
05	060	OU INCOMPLETS; L'ALMANACH OU LE CRAYON A	MARQUE LES DATES SINISTRES! ET CE PARFUM D'UN
31	041	DONT TOUTE LA PETITE PERSONNE ETAIT	MARQUEE D'UNE VIVACITE ET D'UNE VITALITE
39	002	POURTANT! LE TEMPS ET L'AMOUR L'ONT	MARQUEE DE LEURS GRIFFES ET LUI ONT
36	015	PENSER A LA LUNE, QUI SANS DOUTE L'A	MARQUEE DE SA REDOUTABLE INFLUENCE; NON PAS LA
16	020	HEURE IMMOBILE QUI N'EST PAS	MARQUEE SUR LES HORLOGES, ET CEPENDANT LEGERE
42	026	A UN CERTAIN QUATRIEME DEGRE QUI DOIT	MARQUER LE CALME ABSOLU. MAIS, DURANT TOUTE MA
29	024	VISAGES ETRANGES D'HOMMES ET DE FEMMES,	MARQUES D'UNE BEAUTE FATALE, QU'IL ME SEMBLAIT
37	038	DE LA REDOUTABLE DIVINITE, DE LA FATIDIQUE	MARRAINE, DE LA NOURRICE EMPOISONNEUSE DE TOUS
50	067	PLUS. D'AUTRES QUI, COMME DES NEGRES	MARRONS, AFFOLES D'AMOUR, QUITTENT, A DE
31	094	ET L'AUTRE, EN FAISANT SAUTILLER SON PETIT	MARTEAU SUR LES CORDES D'UN PETIT PIANO
27	087	LES RAYONS DE L'ART ET LA GLOIRE DU	MARTYRE. FANCIOULLE INTRODUISAIT, PAR JE NE
33	016	DE S'ENIVRER! POUR N'ETRE PAS LES ESCLAVES	MARTYRISES DU TEMPS, ENIVREZ-VOUS!
13	041	DE VIEUX CELIBATAIRE, ET LE CARACTERE	MASCULIN DE SES MOEURS AJOUTAIT UN PIQUANT
42	048	ET LA SIENNE JE TROUVAI DESORMAIS LA	MASQUE DE VERRE. AVEC TOUT CELA, FORT
12	005	BERCEAU LE GOUT DU TRAVESTISSEMENT ET DU	MASQUE, LA HAINE DU DOMICILE ET LA PASSION DU
47	070	ET ELLE DEPLOYA EN EVENTAIL UNE	MASSE D'IMAGES PHOTOGRAPHIQUES, REPRESENTANT
28	005	DANS LA POCHE GAUCHE DE SA CULOTTE, UNE	MASSE DE GROS SOLS; ET ENFIN, DANS LA DROITE,
30	012	DIFFICILE DE SUPPOSER UNE MERE SANS AMOUR	MATERNEL QU'UNE LUMIERE SANS CHALEUR; N'EST-IL
30	014	LEGITIME D'ATTRIBUER A L'AMOUR	MATERNEL TOUTES LES ACTIONS ET LES PAROLES
30	011	IMPOSSIBLE DE SE TROMPER, C'EST L'AMOUR	MATERNEL. IL EST AUSSI DIFFICILE DE SUPPOSER
15	026	QUE L'HOMME EST NE BON;-- QUAND LA	MATIERE INCURABLE RENOUVELANT SES EXIGENCES,

```
                    DES AMES, ET TU SERAS LE MAITRE DE LA
                      LES TRONES, SI L'ESPRIT REMUAIT LA
                                         A UNE HEURE DU
              PAS COUPABLES! QUAND VOUS SORTIREZ LE
            INSU, LEURS PLUS ABSURDES VOLONTES. UN
                COMME NOUS, ILS SE SONT LEVES DE BON
             QUE TU DORMES ENCOR DANS LES DRAPS DU
           DES JUGES HUMAINS QUI, SIEGEANT DEPUIS LE
         CUILLER SE DRESSE, PLANTEE COMME UN DE CES
        DERRIERE NOTRE PETIT DOMAINE, DES BOUTS DE
           DE ROTTERDAM, TOI QUI AIMES LES FORETS DE
               TOUT UN REVE, PLEIN DE VOILURES ET DE
          JE LES MEPRISE. JE DESIRE SURTOUT QUE MON
                      DE LEUR FOLIE.'' ET C'EST POUR CELA,
           SI PEU DES DEFUNTS ET DE LEUR DIVIN REPOS!
          IL S'ETAIT ASSIS. ET CETTE VOIX DISAIT: ''
               REPOS! MAUDITES SOIENT VOS AMBITIONS,
             ILLUSTRES DE CE TEMPS, LITHOGRAPHIES PAR
                      VOLONTES. UN MATIN JE M'ETAIS LEVE
          QUI REGRETTAIENT LEURS FEMMES INFIDELES ET
                QUOI! VOUS ICI, MON CHER? VOUS, DANS UN
             ENSUITE JE PENSE AVEC JOIE QUE QUELQUE
           BOUTIQUIERS AMBULANTS, POUR COMPENSER LES
                                                     LE
                CHACUN FUT JOYEUX, CHACUN ABDIQUA SA
             PHILANTHROPE ME DIT QUE LA SOLITUDE EST
          ELLE NE SE PLAIGNIT EN AUCUNE FACON DE LA
          UNE GRANDE SOIF. CAR LE GOUT PASSIONNE DES
               DENTS; ET, AVEC LA MEME BRANCHE D'ARBRE,
               SE JETA SUR MOI, ME POCHA LES DEUX YEUX,
           SUPREME A ACCOMPLIR, DONT LA SEULE PENSEE
           GRANDS OUVERTS AVEC UNE FIXITE EFFRAYANTE,
              D'ACTION, OU DEMON DE COMBAT. OR, SA VOIX
                DU TOUT!'' MAIS IL Y EN A D'AUTRES QUI
                     AJOUTA-T-IL EN SE LEVANT ET EN
        A UN DIRECTEUR DE THEATRE, QUI M'A DIT EN
              ET MAINTENANT LA PROFONDEUR DU CIEL
        QUELQUES PRINCIPES FONDAMENTAUX DONT IL NE
           CROIRE A UN SI PRODIGIEUX BONHEUR, ET, EN
              LA SIENNE TOUT AUSSI AISEMENT. ET JE
           MON AME FAIT EXPLOSION, ET SAGEMENT ELLE
          TOUR, MOI AUSSI, MON IDEE FIXE, --POURQUOI
            AVEC L'HORREUR QUE CET ETRE M'INSPIRAIT:
         MOI-MEME. ENFIN! IL M'EST DONC PERMIS DE
          COUP D'OEIL. ET SI QUELQUE IMPORTUN VENAIT
            SUPPLIANT DE ME PARDONNER, LEUR OFFRANT DE
          JE NE POUVAIS, SANS UNE NAVRANTE AMERTUME,
         LE COMMENTAIRE DE SA GROSSIERE PAROLE. JE
             QUELQUE DEMON DU CONTRE-TEMPS VENAIT
             DANS D'AUTRES QUE MOI-MEME. PEUT-ETRE
            A ANALYSER MA SOUDAINE DOULEUR, ET LE
         BON POUR LES FEMMES? --SINGULIERE LOGIQUE!
             ''SINGULIERE ET MINUTIEUSE REPARTITION!''
           LA TETE. SINGULIERE VISION! ''A COUP SUR,
           TOUTE MA FORCE M'ABANDONNA. ''EN VERITE,
                CONSTRUCTIONS DE L'IMPALPABLE. ET JE
          SOUS LE MIEN, ET J'ENTENDIS UNE VOIX QUI
                               ''LES ILLUSIONS, --
               MEME UN CIGARE, LA BOUFFONNE CREATURE
          TUTOYANT, ELLE REPRENAIT SON ANTIENNE, ET
            RIEN QUE POUR LES VOIR. IL Y EN A QUI
          S'ECOULAIT UNE INSIDIEUSE IVRESSE; ET IL
                LA PAUVRE FEMME SAISIT MON BRAS ET
                          UN GAZETIER PHILANTHROPE
           TARD LA FANTAISIE DE LA REVOIR, ET ELLE
         QUAND ILS ONT TROP BIEN DINE. ET CELUI-LA
           TRAVAILLENT A SA GLOIRE SANS LE SAVOIR.
          L'ACCIDENT, ME REGARDA DE TRAVERS, ET
        MA GUISE. ''VOUS N'EPROUVEZ DONC JAMAIS,--
             ET INSPIRES PAR LA LUNE, QUAND VOUS
          PEU INTERESSE DES TROIS AUTRES CAMARADES
                    LA PETITE FOLLE BIEN-AIMEE
         JEUNES. ''QUAND NOUS NOUS REVERRONS, TU
      ENNUI, ET JE N'AI PAS UNE BELLE BONNE POUR
              DU CERVEAU HUMAIN ET DAIGNA MEME
          ''MONSIEUR, VOUS ETES MON EGAL! VEUILLEZ
       DESAGREABLE DE PERDRE MES INSIGNES QUE DE
            LA BOUTEILLE. POUR MOI, MESSIEURS, JE
       REPLIS DE MON CERVEAU, ET DONT LE FANTOME
                         ''VRAIMENT, MA CHERE, VOUS
         QUE VOUS VOUDRIEZ LE CROIRE, ET SI VOUS
             JOUISSANCE! ET SURTOUT UN HEUREUX QUI
         MINE SI HAUTAINE. EH BIEN! CHER ANGE, JE
                  SI PARTICULIERE?'' DIFFICILEMENT JE
              MON PAIN? QUAND ON BRUIT TRES-LEGER
             MON CHAT?'' CET ININTELLIGIBLE REFRAIN
             A MOI, UN DESIR ANALOGUE, CAR IL
       CONTENAIENT UNE FORCE FASCINATRICE. CE QUI
            CLIGNEMENT D'OEIL SIGNIFICATIF AUQUEL JE
           OU PLUTOT SA LEGENDE, ET QUELQUEFOIS JE
```

	POEM	LINE
MATIERE VIVANTE, PLUS ENCORE QUE LE SCULPTEUR	21	040
MATIERE, ET SI L'OEIL D'UN MAGNETISEUR FAISAIT	49	023
MATIN	10	000
MATIN AVEC L'INTENTION DECIDEE DE FLANER SUR	19	003
MATIN JE M'ETAIS LEVE MAUSSADE, TRISTE,	09	050
MATIN, ET ILS CHERCHENT LEUR VIE OU COURENT A	50	057
MATIN, LOURDE, OBSCURE, ENRHUMEE, OU QUE TU TE	51	010
MATIN, NE PEUVENT S'EMPECHER DE REVER AU	20	030
MATS AERIENS QUI ANNONCENT QUE LA MACONNERIE	50	092
MATS BALANCES PAR LA HOULE....., AUTOUR DE	24	022
MATS, ET LES NAVIRES AMARRES AU PIED DES	48	022
MATURES; IL CONTIENNENT DE GRANDES MERS DONT	17	011
MAUDIT GAZETIER ME LAISSE M'AMUSER A MA GUISE.	23	026
MAUDITE CHERE ENFANT GATEE, QUE JE SUIS	37	035
MAUDITES SOIENT VOS AMBITIONS, MAUDITS SOIENT	45	027
MAUDITES SOIENT VOS CIBLES ET VOS CARABINES,	45	025
MAUDITS SOIENT VOS CALCULS, MORTELS	45	028
MAURIN, QU'ON A PU VOIR ETALEE PENDANT	47	050
MAUSSADE, TRISTE, FATIGUE D'OISIVETE, ET	09	050
MAUSSADES, ET LEUR PROGENITURE CRIARDE. TOUS	34	017
MAUVAIS LIEU! VOUS, LE BUVEUR DE	46	001
MAUVAIS POETE LA RAMASSERA ET S'EN COIFFERA	46	022
MAUVAIS TEMPS DE L'ANNEE. EN CES JOURS-LA IL	14	005
MAUVAIS VITRIER	09	000
MAUVAISE HUMEUR. TOUTES LES QUERELLES FURENT	34	027
MAUVAISE POUR L'HOMME; ET A L'APPUI DE SA	23	002
MAUVAISE REPUTATION DONT ELLE JOUIT DANS	29	067
MAUVAISES LECTURES ENGENDRE UN BESOIN	49	019
ME BATTIT DRU COMME PLATRE. --PAR MON	49	067
ME CASSA QUATRE DENTS, ET, AVEC LA MEME	49	066
ME CAUSAIT UNE ANGOISSE TERRIBLE: IL FALLAIT	30	084
ME CAUSERENT D'ABORD L'ILLUSION DE LA VIE. LE	30	056
ME CHUCHOTAIT CECI: ''CELUI-LA SEUL EST L'EGAL	49	039
ME COMPRENNENT, PARCE QUE JE LEUR FAIS DES	47	084
ME CONGEDIANT AVEC UN BON SOURIRE. SI CE N'EUT	29	118
ME CONGEDIANT: ''--VOUS FERIEZ PEUT-ETRE BIEN	10	025
ME CONSTERNE; SA LIMPIDITE M'EXASPERE.	03	021
ME CONVIENT PAS DE PARTAGER LES BENEFICES ET	29	065
ME COUCHANT, FAISANT ENCORE MA PRIERE PAR UN	29	124
ME COUCHE, FIER D'AVOIR VECU ET SOUFFERT DANS	35	018
ME CRIE: ''N'IMPORTE OU! N'IMPORTE OU! POURVU	48	043
ME CROIS-TU MEDECIN? --C'EST QUE TU ES SI	47	076
ME DEBARRASSER DE CET ETRE SANS LUI MANQUER DE	42	159
ME DEGOUTAI DE CE DUEL INEGAL, ET CETTE FILLE	42	071
ME DELASSER DANS UN BAIN DE TENEBRES! D'ABORD,	10	006
ME DERANGER PENDANT QUE MON REGARD REPOSE SUR	16	022
ME DESHONORER AUSSI SOUVENT QU'IL LE FAUDRAIT	21	120
ME DETACHER DE CETTE MER SI MONSTRUEUSEMENT	34	034
ME DETOURNAI AVEC DEGOUT ET JE REPONDIS: ''JE	21	079
ME DIRE: ''QUE REGARDES-TU LA AVEC TANT DE	16	025
ME DIREZ-VOUS: ''ES-TU SUR QUE CETTE LEGENDE	35	020
ME DIS: JE VIENS DE VOIR L'IMAGE DU VIEIL	14	078
ME DIS-JE A MOI-MEME. --OH! JE NE M'Y TROMPE	47	078
ME DIS-JE EN MOI-MEME. NOUS FIMES LA RENCONTRE	28	008
ME DIS-JE, CETTE PAUVRETE-LA, SI PAUVRETE IL Y	13	088
ME DIS-JE, IL FALLAIT QUE JE FUSSE BIEN	21	115
ME DISAIS, A TRAVERS MA CONTEMPLATION:	44	005
ME DISAIT A L'OREILLE: ''VOUS ETES MEDECIN,	47	003
ME DISAIT MON AMI, --SONT AUSSI INNOMBRABLES	30	001
ME DISAIT: ''FAITES COMME CHEZ VOUS, MON AMI,	47	026
ME DISAIT: ''TU ES MEDECIN, N'EST-CE PAS, MON	47	040
ME DISENT FROIDEMENT: ''VOUS N'ETES PAS MALADE	47	082
ME DIT D'UNE VOIX CHANTANTE: ''SI TU VEUX, SI	21	038
ME DIT D'UNE VOIX IRRESISTIBLE: ''OH!	30	109
ME DIT QUE LA SOLITUDE EST MAUVAISE POUR	23	001
ME DIT, EN ME MONTRANT SIX BEAUX ENFANTS: ''EH	42	073
ME DIT: ''JE PUIS TE DONNER CE QUI OBTIENT	21	075
ME DIT: ''JE VEUX QUE VOUS GARDIEZ DE MOI UN	29	097
ME DIT: ''VOILA QUI EST LOUCHE!'' MU SANS	30	079
ME DIT-IL, AVEC LE TON DE NEZ	23	028
ME DITES: ''CES GENS-LA ME SONT INSUPPORTABLES	26	054
ME DONNA A PENSER QUE CE PETIT ETAIT DEJA UN	31	126
ME DONNAIT A DINER, ET PAR LA FENETRE OUVERTE	44	001
ME DONNERAS TON PORTRAIT, N'EST-CE PAS, CHERI?	47	073
ME DORLOTER. IL M'A SOUVENT SEMBLE QUE MON	31	077
ME FAIRE CONFIDENCE DE QUELQUES PRINCIPES	29	064
ME FAIRE L'HONNEUR DE PARTAGER AVEC MOI MA	49	073
ME FAIRE ROMPRE LES OS. ET PUIS, ME SUIS-JE	46	013
ME FAIS GLOIRE D'ETRE ARRIVE, DEPUIS	42	021
ME FATIGUAIT DE SES GRANDS YEUX FIXES. MAIS LE	30	119
ME FATIGUEZ SANS MESURE ET SANS PITIE; ON	11	001
ME FATIGUEZ TROP SOUVENT DE VOS PRECIEUSES	11	072
ME FERA RIRE! PENSEZ A X, OU A Z! HEIN! COMME	46	024
ME FIGURE QUE C'EST VOUS''. ET IL FERMA LES	43	016
ME FIS COMPRENDRE? ENFIN J'Y PARVINS. MAIS	47	110
ME FIT LEVER LES YEUX. DEVANT MOI SE TENAIT UN	15	034
ME FIT SAUTER SUR MES JAMBES. ''NON! CRIAI-JE	47	042
ME FIT, EN PASSANT, UN CLIGNEMENT D'OEIL	29	006
ME FRAPPA LE PLUS; CE FUT LE MYSTERE DE SA	21	090
ME HATAI D'OBEIR. JE LE SUIVIS ATTENTIVEMENT,	29	007
ME LA RACONTE A MOI-MEME EN PLEURANT. SI C'EUT	35	015

POEM LINE

47	017	TOUJOURS L'ESPOIR DE LE DEBROUILLER. JE	ME	LAISSAI DONC ENTRAINER PAR CETTE COMPAGNE,
23	026	JE DESIRE SURTOUT QUE MON MAUDIT GAZETIER	ME	LAISSE M'AMUSER A MA GUISE. ''VOUS
30	033	PARENTS, DE PAUVRES GENS, DE VOULOIR BIEN	ME	LE CEDER, PROMETTANT DE BIEN L'HABILLER, DE
46	015	INCOGNITO, FAIRE DES ACTIONS BASSES, ET	ME	LIVRER A LA CRAPULE, COMME LES SIMPLES
31	075	QUE JE NE M'AMUSE GUERE A LA MAISON; ON NE	ME	MENE JAMAIS AU SPECTACLE; MON TUTEUR EST
40	007	EN DROITS; DONC JE POSSEDE LE DROIT DE	ME	MIRER; AVEC PLAISIR OU DEPLAISIR, CELA NE
49	049	L'AUTRE, JE L'EMPOIGNAI A LA GORGE, ET JE	ME	MIS A LUI SECOUER VIGOUREUSEMENT LA TETE
27	091	DES LARMES D'UNE EMOTION TOUJOURS PRESENTE	ME	MONTENT AUX YEUX PENDANT QUE JE CHERCHE A
42	073	FANTAISIE DE LA REVOIR, ET ELLE ME DIT, EN	ME	MONTRANT SIX BEAUX ENFANTS: ''EH BIEN! MON
21	119	INVOQUAI A HAUTE VOIX, LES SUPPLIANT DE	ME	PARDONNER, LEUR OFFRANT DE ME DESHONORER
04	020	RAGE CONTRE CE MAGNIFIQUE IMBECILE, QUI	ME	PARUT CONCENTRER EN LUI TOUT L'ESPRIT DE LA
49	065	DETRAQUEE, ET, AVEC UN REGARD DE HAINE QUI	ME	PARUT DE BON AUGURE, LE MALANDRIN DECREPIT
29	011	POURRAIT FOURNIR UN EXEMPLE APPROCHANT. IL	ME	PARUT SINGULIER QUE J'EUSSE PU PASSER SI
30	111	SON DESESPOIR L'AVAIT, SANS DOUTE,	ME	PARUT-IL, TELLEMENT AFFOLEE, QU'ELLE
16	012	MIDI.'' CE QUI ETAIT VRAI. POUR MOI, SI JE	ME	PENCHE VERS LA BELLE FELINE, LA SI BIEN
42	130	CONSCIENCE, DE SORTE QUE JE NE POUVAIS PAS	ME	PERMETTRE UN GESTE OU UN SENTIMENT
42	059	MOI, REPRIT L'INTERRUPTEUR, JE N'AI A	ME	PLAINDRE QUE DE MOI-MEME. LE BONHEUR EST
37	003	TON BERCEAU, ET SE DIT: ''CETTE ENFANT	ME	PLAIT.'' ET ELLE DESCENDIT MOELLEUSEMENT
49	066	LE MALANDRIN DECREPIT SE JETA SUR MOI,	ME	POCHA LES DEUX YEUX, ME CASSA QUATRE DENTS,
17	012	DE GRANDES MERS DONT LES MOUSSONS	ME	PORTENT VERS DE CHARMANTS CLIMATS, OU
30	018	PLUS NATURELLE. ''MA PROFESSION DE PEINTRE	ME	POUSSE A REGARDER ATTENTIVEMENT LES
05	083	IL A REPRIS SA BRUTALE DICTATURE. ET IL	ME	POUSSE, COMME SI J'ETAIS UN BOEUF, AVEC SON
11	062	SENTIMENT QUE LA PITIE? EN VERITE, IL	ME	PREND QUELQUEFOIS ENVIE DE VOUS APPRENDRE
30	100	ET SOMBRE CONSOLATION. ENSUITE ELLE	ME	PRIA DE LUI MONTRER L'ENDROIT OU SON PETIT
42	135	QUE DE DETTES PAYEES MALGRE MOI! ELLE	ME	PRIVAIT DE TOUS LES BENEFICES QUE J'AURAIS
46	014	CHOSE MALHEUR EST BON. JE PUIS MAINTENANT	ME	PROMENER INCOGNITO, FAIRE DES ACTIONS
27	092	CETTE INOUBLIABLE SOIREE. FANCIOULLE	ME	PROUVAIT, D'UNE MANIERE PEREMPTOIRE,
10	043	GRACE DE PRODUIRE QUELQUES BEAUX VERS QUI	ME	PROUVENT A MOI-MEME QUE JE NE SUIS PAS LE
10	037	TOUS ET MECONTENT DE MOI, JE VOUDRAIS BIEN	ME	RACHETER ET M'ENORGUEILLIR UN PEU DANS LE
51	009	DE L'ENORME CATIN DONT LE CHARME INFERNAL	ME	RAJEUNIT SANS CESSE. QUE TU DORMES ENCOR
21	037	COMME DES PIERRES BIEN TRAVAILLEES. IL	ME	REGARDA AVEC SES YEUX INCONSOLABLEMENT
30	079	NATURELLEMENT, JE DUS DECLARER L'ACCIDENT,	ME	REGARDA DE TRAVERS, ET ME DIT: ''VOILA QUI
49	071	CONSIDERAIS LA DISCUSSION COMME FINIE, ET	ME	RELEVANT AVEC LA SATISFACTION D'UN SOPHISTE
30	117	ETAIT ACCOMPLI. IL NE RESTAIT PLUS QU'A	ME	REMETTRE AU TRAVAIL, PLUS VIVEMENT ENCORE
15	019	GRAND MOUVEMENT PARFAITEMENT SILENCIEUX,	ME	REMPLISSAIT D'UNE JOIE MELEE DE PEUR. BREF,
15	074	J'EN RESTAI TRISTE ASSEZ LONGTEMPS,	ME	REPETANT SANS CESSE: ''IL Y A DONC UN PAYS
40	005	QU'AVEC DEPLAISIR?'' L'HOMME EPOUVANTABLE	ME	REPOND: ''--MONSIEUR, D'APRES LES IMMORTELS
47	111	ENFIN J'Y PARVINS. MAIS ALORS ELLE	ME	REPONDIT D'UN AIR TRES-TRISTE, ET MEME,
06	016	JE LUI DEMANDAI OU ILS ALLAIENT AINSI. IL	ME	REPONDIT QU'IL NE'EN SAVAIT RIEN, NI LUI, NI
29	086	DE DIEU, ET S'IL L'AVAIT VU RECEMMENT. IL	ME	REPONDIT, AVEC UNE INSOUCIANCE NUANCEE
28	022	UNE SURPRISE. --C'ETAIT LA PIECE FAUSSE'',	ME	REPONDIT-IL TRANQUILLEMENT, COMME POUR SE
14	073	DE L'HUMILIER. ENFIN, JE VENAIS DE	ME	RESOUDRE A DEPOSER EN PASSANT QUELQUE
30	046	PARENTS. PUIS JE SORTIS, ET MES AFFAIRES	ME	RETINRENT ASSEZ LONGTEMPS HORS DE CHEZ MOI.
42	056	ET DANS UNE SITUATION QUI M'OBLIGEA A	ME	RETIRER DISCRETEMENT POUR NE PAS LES FAIRE
21	114	DROIT D'ETRE FIER. MAIS MALHEUREUSEMENT JE	ME	REVEILLAI, ET TOUTE MA FORCE M'ABANDONNA.
21	101	AVEC LE BRUIT DE CENT MILLE TONNERRES, ET	ME	REVINT REPERCUTE PAR L'ECHO DE LA PLUS
03	023	DE LA MER, L'IMMUABILITE DU SPECTACLE	ME	REVOLTENT... AH! FAUT-IL ETERNELLEMENT
09	081	GROGNANT. JE M'APPROCHAI DU BALCON ET JE	ME	SAISIS D'UN PETIT POT DE FLEURS; ET QUAND
49	057	TERRASSE CE SEXAGENAIRE AFFAIBLI, JE	ME	SAISIS D'UNE GROSSE BRANCHE D'ARBRE QUI
30	026	ET ESPIEGLE, PLUS QUE TOUTES LES AUTRES,	ME	SEDUISIT TOUT D'ABORD. IL A POSE PLUS D'UNE
14	065	PAR LA MAIN TERRIBLE DE L'HYSTERIE, ET IL	ME	SEMBLA QUE MES REGARDS ETAIENT OFFUSQUES
21	105	ATTENTIVEMENT LA SEDUISANTE VIRAGO, IL	ME	SEMBLA VAGUEMENT QUE JE LA RECONNAISSAIS
15	008	AU FOND DES ABIMES SOUS MES PIEDS; MON AME	ME	SEMBLAIT AUSSI VASTE ET AUSSI PURE QUE LA
29	024	FEMMES, MARQUES D'UNE BEAUTE FATALE, QU'IL	ME	SEMBLAIT AVOIR VUS DEJA A DES EPOQUES ET
29	037	ET, CHOSE NON MOINS EXTRAORDINAIRE, IL	ME	SEMBLAIT, APRES PLUSIEURS HEURES, QUE JE
09	051	TRISTE, FATIGUE D'OISIVETE, ET POUSSE,	ME	SEMBLAIT-IL, A FAIRE QUELQUE CHOSE DE
10	008	D'ABORD, UN DOUBLE TOUR A LA SERRURE. IL	ME	SEMBLE QUE CE TOUR DE CLEF AUGMENTERA MA
17	034	TES CHEVEUX ELASTIQUES ET REBELLES, IL	ME	SEMBLE QUE JE MANGE DES SOUVENIRS.
48	005	QU'IL GUERIRAIT A COTE DE LA FENETRE. IL	ME	SEMBLE QUE JE SERAIS TOUJOURS BIEN LA OU JE
14	007	TEMPS DE L'ANNEE. EN CES JOURS-LA IL	ME	SEMBLE QUE LE PEUPLE OUBLIE TOUT, LA
34	041	ADIEU A CETTE INCOMPARABLE BEAUTE, JE	ME	SENTAIS ABATTU JUSQU'A LA MORT; ET C'EST
49	045	A LUI BRISER DEUX DENTS, ET COMME JE NE	ME	SENTAIS PAS ASSEZ FORT, ETANT NE DELICAT ET
26	049	ATTENDRI PAR CETTE FAMILLE D'YEUX, MAIS JE	ME	SENTAIS UN PEU HONTEUX DE NOS VERRES ET DE
15	020	D'UNE JOIE MELEE DE PEUR. BREF, JE	ME	SENTAIS, GRACE A L'ENTHOUSIASMANTE BEAUTE
10	009	SOLITUDE ET FORTIFIERA LES BARRICADES QUI	ME	SEPARENT ACTUELLEMENT DU MONDE. HORRIBLE
09	064	LOURDE ET SALE ATMOSPHERE PARISIENNE. IL	ME	SERAIT D'AILLEURS IMPOSSIBLE DE DIRE
29	100	MAL, JE SUIS QUELQUEFOIS BON DIABLE, POUR	ME	SERVIR D'UNE DE VOS LOCUTIONS VULGAIRES.
10	019	UNE VINGTAINE DE PERSONNES; DONT QUINZE	ME	SONT INCONNUES! AVOIR DISTRIBUE DES
26	055	LUNE, QUAND VOUS ME DITES: ''CES GENS-LA	ME	SONT INSUPPORTABLES AVEC LEURS YEUX OUVERTS
05	067	SI PLEIN DE DEGOUT, UN SEUL OBJET CONNU	ME	SOURIT: LA FIOLE DE LAUDANUM; UNE VIEILLE
29	026	DES PAYS DONT IL M'ETAIT IMPOSSIBLE DE	ME	SOUVENIR EXACTEMENT, ET QUI M'INSPIRAIENT
47	112	TRES-TRISTE, ET MEME, AUTANT QUE JE PEUX	ME	SOUVENIR, EN DETOURNANT LES YEUX: ''JE NE
21	047	PAUVRE MOI. BIEN QUE J'AIE QUELQUE HONTE A	ME	SOUVENIR, JE NE VEUX RIEN OUBLIER! ET QUAND
47	113	LES YEUX: ''JE NE SAIS PAS... JE NE	ME	SOUVIENS PAS.'' QUELLES BIZARRERIES NE
47	031	QUAND VOUS ETIEZ INTERNE DE L.... JE	ME	SOUVIENS QUE C'ETAIT VOUS QUI L'ASSISTIEZ
15	017	AERIEN VOLANT A TRAVERS LE CIEL. ET JE	ME	SOUVIENS QUE CETTE SENSATION SOLENNELLE ET
22	020	LE CREPUSCULE EXCITE LES FOUS. --JE	ME	SOUVIENS! J'AI EU DEUX AMIS QUE LE
05	054	BRUTAL FRAPPE PAR LE SPECTRE. HORREUR! JE	ME	SOUVIENS! JE ME SOUVIENS! OUI! CE TAUDIS,
05	054	LE SPECTRE. HORREUR! JE ME SOUVIENS! JE	ME	SOUVIENS! OUI! CE TAUDIS, CE SEJOUR DE
30	089	MEME QU'ELLE DEVAIT EPROUVER, ET JE	ME	SOUVINS DE LA SENTENCE CONNUE: ''LES
31	053	LES TENEBRES. COMME JE NE DORMAIS PAS, JE	ME	SUIS AMUSE, PENDANT QU'ELLE DORMAIT, A
29	001	HIER, A TRAVERS LA FOULE DU BOULEVARD, JE	ME	SUIS SENTI FROLE PAR UN ETRE MYSTERIEUX QUE
46	013	QUE DE ME FAIRE ROMPRE LES OS. ET PUIS,	ME	SUIS-JE DIT, A QUELQUE CHOSE MALHEUR EST
42	140	LE DANGER PASSE. COMBIEN DE FOIS NE	ME	SUIS-JE PAS RETENU DE LUI SAUTER A LA
46	004	D'AMBROISIE! EN VERITE, IL Y A LA DE QUOI	ME	SURPRENDRE. --MON CHER, VOUS CONNAISSEZ MA
49	021	ENTRER DANS UN CABARET, UN MENDIANT	ME	TENDIT SON CHAPEAU, AVEC UN DE CES REGARDS
29	127	SEIGNEUR, MON DIEU! FAITES QUE LE DIABLE	ME	TIENNE SA PAROLE!''
05	047	EST ENTRE. C'EST UN HUISSIER QUI VIENT	ME	TORTURER AU NOM DE LA LOI; UNE INFAME
49	052	QUE DANS CETTE BANLIEUE DESERTE, JE	ME	TROUVAIS, POUR UN ASSEZ LONG TEMPS, HORS DE
46	020	PAR LE COMMISSAIRE. --MA FOI! NON. JE	ME	TROUVE BIEN ICI. VOUS SEUL, VOUS M'AVEZ
47	039	MESSIEURS.'' QUELQUES INSTANTS PLUS TARD,	ME	TUTOYANT, ELLE REPRENAIT SON ANTIENNE, ET

	POEM	LINE
MAIS TOUS MES VOISINS AVAIENT REFUSE DE		
LA CRAPULE, COMME LES SIMPLES MORTELS. ET		
PAS LUI DIRE? --JE VOUDRAIS QU'IL VINT		
JE LUI AI DIT: ''VIENS ME VOIR, VIENS		
PAS TROP JEUNE. JE LUI AI DIT: ''VIENS		
DUR ET DROIT. AUTOUR DE CE BATON: DANS CE		
CALCUL. ON N'EST JAMAIS EXCUSABLE D'ETRE		
ILS PORTAIENT CETTE DISTINCTION NON		
LE CREPUSCULE RENDAIT TOUT MALADES. L'UN		
LEGENDES DE L'AMOUR TROMPE, DU DEVOUEMENT		
EST-CE BIEN FINI? MECONTENT DE TOUS ET		
A UN PARFAIT DROLE! OUF! EST-CE BIEN FINI?		
FORMEE PAR QUELQUES GENTILSHOMMES		
DE COEUR? --VOICI MAINTENANT W., UN FAMEUX		
ET EN ECLATANT DE RIRE, --VOUS ETES UN		
DES AFFAIRES D'UN PENDU. ENFIN VINT UN		
QUI ME DISAIT A L'OREILLE: ''VOUS ETES		
SON ANTIENNE, ET ME DISAIT: ''TU ES		
J'IRAI VOUS VOIR, MAIS PLUS TARD, APRES LE		
LA FLECHE D'UN ARC. LE MORALISTE ET LE		
LAISSEZ-MOI PASSER. --OH! SI! VOUS ETES		
DE SON BONNET. ''--NON! JE NE SUIS PAS		
MON IDEE FIXE. --POURQUOI ME CROIS-TU		
CHOSE QUE LA COLLECTION DES PORTRAITS DES		
CEUX QUI PENSENT UN PEU MIEUX QUE LES		
DE CETTE HUMEUR, HYSTERIQUE SELON LES		
DRU COMME PLATRE. --PAR MON ENERGIQUE		
AUTRE A L'ENERVANTE SOTTISE, A L'IRRITANTE		
D'UNE AUTRE PATE QUE LES ENFANTS DE LA		
UN JOUET. ET ELLE SERA RENTREE A PIED,		
DOULEUR, OU CONFIANT AU PAPIER VOS		
ET AVOIR LACHEMENT NIE QUELQUES AUTRES		
ET QUI AYANT OBTENU POUR SON FILS LE		
ALTERNES, UN BON FROMAGE, UNE FLUTE DU		
PARMI LES REBELLES. LE PRINCE N'ETAIT NI		
UN EXCELLENT PARFUM ACHETE CHEZ LE		
QU'IL EST CHARGE D'EXPRIMER, CE QUE LES		
INTERROMPIT FANCIOULLE DANS UN DE SES		
JOUER L'UN DE SES PRINCIPAUX ET DE SES		
CONTINU. LE PRINCE LUI-MEME, ENIVRE,		
POUR TOUS, MAIS VISIBLE POUR MOI, ET OU SE		
DANS LES LIVRES, ET CETTE INFATIGABLE		
UN BOIS... AU BORD D'UNE MARE... APRES UNE		
CHANT PLAINTIF DES ARBRES A MUSIQUE, DES		
J'ENTREVOIS UN PORT FOURMILLANT DE CHANTS		
BEUGLAIENT, HURLAIENT. C'ETAIT UN		
SON IVRESSE, LA LUI: N'ETAIT PAS SEIN		
ARMOIRE, JE M'APERCUS, AVEC UN DEGOUT		
DU CHOIX LE PLUS EXQUIS, A LAQUELLE SE		
AUX GRAINS DE SABLE AUXQUELS IL ETAIT		
EST REMPLACE PAR UNE FETIDE ODEUR DE TABAC		
TA CHEVELURE, JE RESPIRE L'ODEUR DU TABAC		
SILENCIEUX, ME REMPLISSAIT D'UNE JOIE		
COMME LA PLEBE A LAQUELLE ELLE S'ETAIT		
DANS CE TEMPS-LA AUX TOURISTES POUR LE		
NE VEUT JAMAIS, JE NE SAIS POURQUOI! LE		
IMITE MON IRREMEDIABLE EXISTENCE,		
NAITRE EN EUX, AUX SONS ASSOUPISSANTS DES		
TELLE, QUE, DESESPERANT DE FLECHIR LES		
LES HERCULES, FIERS DE L'ENORMITE DE LEURS		
LA DESTINEE, POUR SE CONTRAINDRE LUI-		
L'AUTRE N'ETAIT PAS DE SON AVIS DANS LA		
CONTINUE A JOUER LEUR MUSIQUE DE SAUVAGES,		
QUE L'OEIL DU VERITABLE AMATEUR RECONNAIT,		
FEMELLES, L'AGE EST PASSE DE PLAIRE,		
ME VOIR AVEC SA TROUSSE ET SON TABLIER,		
YEUX, ME CASSA QUATRE DENTS, ET, AVEC LA		
SANS ORTHOGRAPHE, MAIS TOUTES TENDANT AU		
ET, BIEN QU'IL NE SOIT PAS RARE DE VOIR LA		
ET LES POETES ELEVES D'EPICURE. PEUT-ETRE		
VOUS SEREZ FOURNI DE FLATTERIES ET		
DU BUT PROPOSE! L'UNE D'ELLES S'ENFONCA		
CE QUE NOUS NOMMONS GENERALEMENT LA VIE,		
DANS LA VIE DE CE PAUVRE DIABLE, PEUT-ETRE		
COMME SI, HONTEUX, IL S'ETAIT EXILE LUI-		
DES QUARTIERS PAUVRES, ET VOUS N'AVEZ PAS		
JE N'AI JAMAIS ROUGI,		
TIMIDE A CE POINT QU'IL BAISSE LES YEUX		
LE BOURREAU? LE PRINCE AVAIT-IL LUI-		
ET QUELQUEFOIS JE ME LA RACONTE A MOI-		
ET TANT LA PENSEE EST INCOMMUNICABLE,		
EST MARIE AU SILENCE! OU LA CUISINE ELLE-		
PRIVILEGE, QU'IL PEUT A SA GUISE ETRE LUI-		
ENVIRONNE, EN PARFAITE PAIX AVEC MOI-		
LUTTE UNIVERSELLES. L'HOMME DU MONDE LUI-		
DE FANCIOULLE, NI S'ELEVER JUSQU'A LA		
IL EST PLUS LEGITIME DE SUPPOSER QUE L'UN-		
QUE JE POUVAIS AVOIR UN FRERE A MOI-		
OU QUE JE M'EN REPENTISSE DEJA. MAIS AU		
JE NE VEUX RIEN OUBLIER! ET QUAND		

	POEM	LINE
ME VENIR EN AIDE, FIDELES EN CELA AUX	30	069
ME VOICI, TOUT SEMBLABLE A VOUS, COMME VOUS	46	016
ME VOIR AVEC SA TROUSSE ET SON TABLIER, MEME	47	100
ME VOIR SOUVENT. ET AVEC MOI, NE TE GENE PAS;	47	094
ME VOIR, VIENS ME VOIR SOUVENT. ET AVEC MOI,	47	094
MEANDRES CAPRICIEUX, SE JOUENT ET FOLATRENT	32	007
MECHANT, MAIS IL Y A QUELQUE MERITE A SAVOIR	28	057
MECONNAISSABLE DES VETERANS DE LA JOIE, CET	42	005
MECONNAISSAIT ALORS TOUS LES RAPPORTS D'AMITIE	22	022
MECONNU, DES EFFORTS NON RECOMPENSES, DE LA	13	023
MECONTENT DE MOI, JE VOUDRAIS BIEN ME RACHETER	10	036
MECONTENT DE TOUS ET MECONTENT DE MOI, JE	10	036
MECONTENTS. IL EXISTE PARTOUT DES HOMMES DE	27	008
MEDECIN ANGLAIS; JE L'AI ATTRAPE A SON VOYAGE	47	065
MEDECIN FARCEUR, J'EN AI CONNU PLUSIEURS DANS	47	013
MEDECIN QUI DECLARA QUE L'ENFANT ETAIT MORT	30	072
MEDECIN, MONSIEUR?'' JE REGARDAI; C'ETAIT UNE	47	004
MEDECIN, N'EST-CE PAS, MON CHAT?'' CET	47	040
MEDECIN, QUE DIABLE!... --AH! AH! --FIT-ELLE,	47	011
MEDECIN, QUI PRETENDENT TOUT SAVOIR, NE	09	013
MEDECIN, JE LE VOIS BIEN. VENEZ CHEZ MOI. VOUS	47	009
MEDECIN, LAISSEZ-MOI PASSER. --OH! SI! VOUS	47	008
MEDECIN? --C'EST QUE TU ES SI GENTIL ET SI BON	47	076
MEDECINS ILLUSTRES DE CE TEMPS, LITHOGRAPHIES	47	050
MEDECINS, QUI NOUS POUSSE SANS RESISTANCE VERS	09	059
MEDECINS, SATANIQUE SELON CEUX QUI PENSENT UN	09	057
MEDICATION, JE LUI AVAIS DONC RENDU L'ORGUEIL	49	068
MEDIOCRITE DES FEMMES. CE QUE J'AIME SURTOUT	42	029
MEDIOCRITE OU DE LA PAUVRETE. A COTE DE LUI,	19	023
MEDITANT ET REVANT, SEULE, TOUJOURS SEULE! CAR	13	099
MEDITATIONS ABSTRUSES, CHANTRE DE LA VOLUPTE	32	042
MEFAITS QUE J'AI ACCOMPLIS AVEC JOIE, DELIT DE	10	032
MEILLEUR DES LOTS, OSE ENCORE INTERROGER ET	20	085
MEILLEUR FAISEUR, OU UNE CHEVRE AUX MAMELLES	50	115
MEILLEUR NI PIRE QU'UN AUTRE; MAIS UNE	27	016
MEILLEUR PARFUMEUR DE LA VILLE.'' ET LE CHIEN,	08	003
MEILLEURES STATUES DE L'ANTIQUITE,	27	077
MEILLEURS MOMENTS, ET DECHIRA A LA FOIS LES	27	128
MEILLEURS ROLES, ET AUQUEL ASSISTERAIENT MEME	27	039
MELA SES APPLAUDISSEMENTS A CEUX DE SA COUR.	27	106
MELAIENT, DANS UN ETRANGE AMALGAME, LES RAYONS	27	086
MELANCOLIE, FAITE POUR INSPIRER AU SPECTATEUR	11	060
MELANCOLIQUE PROMENADE OU SES YEUX, A ELLE,	42	150
MELANCOLIQUES FILAOS! OUI, EN VERITE, C'EST	24	032
MELANCOLIQUES, D'HOMMES VIGOUREUX DE TOUTES	17	017
MELANGE DE CRIS, DE DETONATIONS DE CUIVRE ET	14	023
MELANGE. SE SENTAIT-IL VAINCU DANS SON POUVOIR	27	109
MELE D'HORREUR ET DE COLERE, QUE LE CLOU ETAIT	30	104
MELE UNE TRES-LEGERE HUMIDITE, NAGE DANS CETTE	05	018
MELE. CE SPECTACLE M'AVAIT EMBRUME LE PAYSAGE.	15	070
MELEE A JE NE SAIS QUELLE NAUSEABONDE	05	063
MELEE A L'OPIUM ET AU SUCRE! DANS LA NUIT DE	17	027
MELEE DE PEUR. BREF, JE ME SENTAIS, GRACE A	15	019
MELEE ET QU'ELLE NE VOYAIT PAS, ELLE REGARDAIT	13	085
MELER A L'OCCASION AVEC DE L'EAU DE NEIGE. JE	15	031
MELER DES AFFAIRES D'UN PENDU. ENFIN VINT UN	30	071
MELODIE MONOTONE DE LA HOULE, TOUTES CES	03	010
MELODIEUSES CASCADES, LE DESIR DE NE JAMAIS	29	020
MEMBRES, NOUS DUMES LACERER ET COUPER LES	30	076
MEMBRES, SANS FRONT ET SANS CRANE, COMME LES	14	030
MEME A FAIRE PREUVE D'ENERGIE; POUR FAIRE LE	09	027
MEME AFFAIRE! COMME ON RIAIT DE CA A L'ECOLE!	47	059
MEME APRES QUE LA FOULE S'EST DISPERSEE. ENFIN	31	100
MEME ATTELES A UN CARROSSE DE LOUAGE OU A UN	39	022
MEME AUX INNOCENTS! ET NOUS FAISONS HORREUR	02	014
MEME AVEC UN PEU DE SANG DESSUS!'' ELLE DIT	47	101
MEME BRANCHE D'ARBRE, ME BATTIT DRU COMME	49	067
MEME BUT, C'EST-A-DIRE A OBTENIR DE MOI UN	30	127
MEME CAUSE ENGENDRER DEUX EFFETS CONTRAIRES,	22	041
MEME CONNAIT-IL LE RAFFINEMENT PROFOND DES	45	005
MEME COTE, FIXANT SUR LA LIGNE QUI SEPARE LA	31	036
MEME D'ADORATIONS! L'ARGENT, L'OR, LES	29	109
MEME DANS LE PLAFOND; ET COMME LA CHARMANTE	43	011
MEME DANS SON EXPANSION LA PLUS HEUREUSE, N'A	05	035
MEME DE CONNAITRE LES CONSEQUENCES DIVERSES,	28	029
MEME DE TOUTES CES SPLENDEURS, JE VIS UN	14	045
MEME DE VITRES QUI FASSENT VOIR LA VIE EN	09	078
MEME DEVANT LES JEUNES ECRIVAINS DE MON	50	001
MEME DEVANT LES REGARDS DES HOMMES!, A CE POINT	09	034
MEME DEVINE TOUTE L'HOMICIDE EFFICACITE DE SA	27	140
MEME EN PLEURANT. SI C'EUT ETE UN PAUVRE VIEUX	35	015
MEME ENTRE GENS QUI S'AIMENT!	26	059
MEME EST POETIQUE, GRASSE ET EXCITANTE A LA	18	012
MEME ET AUTRUI. COMME CES AMES ERRANTES QUI	12	011
MEME ET AVEC L'UNIVERS; JE CROIS MEME QUE,	15	022
MEME ET L'HOMME OCCUPE DE TRAVAUX SPIRITUELS	14	014
MEME FAVEUR.	27	150
MEME IL NE SAIT PAS POURQUOI. J'AI ETE PLUS	09	044
MEME INCONNU. LE SOLEIL S'ETAIT COUCHE. LA	31	132
MEME INSTANT IL FUT CULBUTE PAR UN AUTRE PETIT	15	046
MEME JE NE TE CONNAITRAIS PAS, VIEUX MONSTRE,	21	048

POEM LINE

POEM	LINE		
27	045	TOUT ETAIT POSSIBLE, MEME LA VERTU,	MEME LA CLEMENCE, SURTOUT S'IL AVAIT PU
27	044	EXCENTRIQUE, TOUT ETAIT POSSIBLE,	MEME LA VERTU, MEME LA CLEMENCE, SURTOUT S'IL
09	019	LES ACTES LES PLUS ABSURDES ET SOUVENT	MEME LES PLUS DANGEREUX. UN DE MES AMIS, LE
31	049	IL A ETE DECIDE QUE JE DORMIRAIS DANS LE	MEME LIT QUE MA BONNE.'' --IL ATTIRA SES
29	064	POSSESSION DU CERVEAU HUMAIN ET DAIGNA	MEME ME FAIRE CONFIDENCE DE QUELQUES PRINCIPES
42	023	DU TROISIEME DEGRE OU LA BEAUTE ELLE-	MEME NE SUFFIT PLUS, SI ELLE N'EST ASSAISONNEE
27	145	FOIS DU SPECTACLE DE LA COMEDIE. DANS LA	MEME NUIT ILS FURENT EFFACES DE LA VIE. DEPUIS
50	029	QU'ON NOMME LEVRETTES, ET QUI LE LOGENT	MEME PAS DANS LEUR MUSEUM POINTU ASSEZ DE
13	101	DOUCEUR ET SANS PATIENCE; ET IL NE PEUT	MEME PAS, COMME LE PUR ANIMAL, COMME LE CHIEN
27	119	A CELUI DE LA JALOUSIE ET DE LA RANCUNE,	MEME PENDANT QU'IL APPLAUDISSAIT
21	043	SANS CESSE RENAISSANT, DE SORTIR DE TOI-	MEME POUR T'OUBLIER DANS AUTRUI, ET D'ATTIRER
10	020	DISTRIBUE DES POIGNEES DE MAINS DANS LA	MEME PROPORTION, ET CELA SANS AVOIR PRIS LA
30	088	J'ATTRIBUAI CETTE ETRANGETE A L'HORREUR	MEME QU'ELLE DEVAIT EPROUVER, ET JE ME SOUVINS
20	028	LES DEGAGEMENTS GRATUITS. JE CROIS	MEME QU'ELLES REGARDAIENT DE TEMPS A AUTRE
50	022	CARLIN OU GREDIN, SI ENCHANTE DE LUI-	MEME QU'IL S'ELANCE INDISCRETEMENT DANS LES
42	025	PARFUM, LA PARURE, ET CAETERA. J'AVOUERAI	MEME QUE J'ASPIRE QUELQUEFOIS, COMME A UN
10	043	QUELQUES BEAUX VERS QUI ME PROUVENT A MOI-	MEME QUE JE NE SUIS PAS LE DERNIER DES HOMMES,
15	022	AVEC MOI-MEME ET AVEC L'UNIVERS; JE CROIS	MEME QUE, DANS MA PARFAITE BEATITUDE ET DANS
20	034	NE NOUS ETONNONS PAS QU'IL EN SOIT DE	MEME QUELQUEFOIS DANS LA JUSTICE HUMAINE. NOUS
38	007	J'EUS FAIT SA CONNAISSANCE, ET C'EST MOI-	MEME QUI L'AI ENTERRE, UN JOUR QUE LE
49	025	MAGNETISEUR FAISAIT MURIR LES RAISINS. EN	MEME TEMPS, J'ENTENDIS UNE VOIX QUI CHUCHOTAIT
47	026	CES BONNES CHOSES ET EN ALLUMANT ELLE-	MEME UN CIGARE, LA BOUFFONNE CREATURE ME
24	053	DES PROJETS; PUISQUE LE PROJET EST EN LUI-	MEME UNE JOUISSANCE SUFFISANTE?''
31	021	LES MEMES CHOSES, ET DE PARLER AVEC LA	MEME VOIX...'' L'UN DES QUATRE ENFANTS, QUI
26	017	LE CAFE ETINCELAIT. LE GAZ LUI-	MEME Y DEPLOYAIT TOUTE L'ARDEUR D'UN DEBUT, ET
47	111	ELLE ME REPONDIT D'UN AIR TRES-TRISTE, ET	MEME, AUTANT QUE JE PEUX ME SOUVENIR, EN
31	020	CELA DONNE ENVIE D'ETRE HABILLE DE	MEME, DE DIRE ET DE FAIRE LES MEMES CHOSES, ET
27	040	MEILLEURS ROLES, ET AUQUEL ASSISTERAIENT	MEME, DISAIT-ON, LES GENTILSHOMMES CONDAMNES;
27	106	D'UN TONNERRE CONTINU. LE PRINCE LUI-	MEME, ENIVRE, MELA SES APPLAUDISSEMENTS A CEUX
27	022	ET A LA MORALE, VERITABLE ARTISTE LUI-	MEME, IL NE CONNAISSAIT D'ENNEMI DANGEREUX QUE
08	012	DELICES ET PEUT-ETRE DEVORE. AINSI, VOUS-	MEME, INDIGNE COMPAGNON DE MA TRISTE VIE, VOUS
29	069	DU MONDE, M'ASSURA QU'ELLE ETAIT, ELLE-	MEME, LA PERSONNE LA PLUS INTERESSEE A LA
22	032	SEULEMENT SUR AUTRUI, MAIS AUSSI SUR LUI-	MEME, QUE S'EXERCAIT RAGEUSEMENT SA MANIE
37	001	LA LUNE, QUI EST LE CAPRICE	MEME, REGARDA PAR LA FENETRE PENDANT QUE TU
16	017	L'HEURE DISTINCTEMENT; TOUJOURS LA	MEME, UNE HEURE VASTE, SOLENNELLE, GRANDE
39	007	ARAIGNEE, SI VOUS VOULEZ, SQUELETTE	MEME; MAIS AUSSI ELLE EST BREUVAGE, MAGISTERE,
47	078	--SINGULIERE LOGIQUE! ME DIS-JE A MOI-	MEME. --OH! JE NE M'Y TROMPE GUERE! J'EN AI
10	005	ET JE NE SOUFFRIRAI PLUS QUE PAR LUI-	MEME. ENFIN! IL M'EST DONC PERMIS DE ME
19	043	AVAIENT TIRE LE JOUJOU DE LA VIE ELLE-	MEME. ET LES DEUX ENFANTS SE RIAIENT L'UN A
42	060	JE N'AI A ME PLAINDRE QUE DE MOI-	MEME. LE BONHEUR EST VENU HABITER CHEZ MOI, ET
28	009	REPARTITION!'' ME DIS-JE EN MOI-	MEME. NOUS FIMES LA RENCONTRE D'UN PAUVRE QUI
35	019	VECU ET SOUFFERT DANS D'AUTRES QUE MOI-	MEME. PEUT-ETRE ME DIREZ-VOUS: ''ES-TU SUR QUE
06	023	CONSIDERAIT COMME FAISANT PARTIE DE MOI-	MEME. TOUS CES VISAGES FATIGUES ET SERIEUX NE
16	031	MERITOIRE, ET AUSSI EMPHATIQUE QUE VOUS-	MEME? EN VERITE, J'AI EU TANT DE PLAISIR A
31	020	HABILLE DE MEME, DE DIRE ET DE FAIRE LES	MEMES CHOSES, ET DE PARLER AVEC LA MEME
25	053	DIMANCHE, OU LES VIEILLES CAFRINES ELLES-	MEMES DEVIENNENT IVRES ET FURIEUSES DE JOIE;
42	087	POUR LA CONTEMPLER. LES GARCONS EUX-	MEMES ET LA DAME DU COMPTOIR RESSENTIAENT
25	033	ET SA BEAUTE. A L'HEURE OU LES CHIENS EUX-	MEMES GEMISSENT DE DOULEUR SOUS LE SOLEIL QUI
09	004	DONT ELLES SE SERAIENT CRUES ELLES-	MEMES INCAPABLES. TEL QUI, CRAIGNANT DE
06	036	ACCABLE QU'ILS NE L'ETAIENT EUX-	MEMES PAR LEURS ECRASANTES CHIMERES.
07	005	S'EXPRIME PAR AUCUN BRUIT; LES EAUX ELLES-	MEMES SONT COMME ENDORMIES. BIEN DIFFERENTE
20	035	LA JUSTICE HUMAINE. NOUS SERIONS NOUS-	MEMES, EN CE CAS, DES JUGES INJUSTES. AUSSI
31	099	ILS ETAIENT SI CONTENTS D'EUX-	MEMES, QU'ILS ONT CONTINUE A JOUER LEUR
23	036	SANS DOUTE DE NE POUVOIR SE SUPPORTER EUX-	MEMES. ''PRESQUE TOUS NOS MALHEURS NOUS
50	011	ANE QUI T'ACCOMPAGNE TOUJOURS DANS LA	MEMOIRE DE LA POSTERITE; ET SURTOUT QUE CET
34	030	LES DUELS CONVENUS FURENT RAYES DE LA	MEMOIRE, ET LES RANCUNES S'ENVOLERENT COMME
30	045	UN NOUVEAU LARCIN DE CE GENRE, JE LE	MENACAI DE LE RENVOYER A SES PARENTS. PUIS JE
31	011	PARLENT AVEC UNE VOIX CHANTANTE. ILS SE	MENACENT, ILS SUPPLIENT, ILS SE DESOLENT, ET
50	106	DU BONHEUR DES HOMMES, AVAIT LE TEMPS DE	MENAGER L'HONNEUR DES CHIENS! ET QUE DE FOIS
30	037	DEVINT CHARMANT, ET LA VIE QU'IL	MENAIT CHEZ MOI LUI SEMBLAIT UN PARADIS;
49	021	COMME J'ALLAIS ENTRER DANS UN CABARET, UN	MENDIANT ME TENDIT SON CHAPEAU, AVEC UN DE CES
49	042	IMMEDIATEMENT, JE SAUTAI SUR MON	MENDIANT. D'UN SEUL COUP DE POING, JE LUI
28	031	UNE PIECE FAUSSE DANS LA MAIN D'UN	MENDIANT. NE POUVAIT-ELLE PAS SE MULTIPLIER EN
11	004	GLANEUSES SEXAGENAIRES ET QUE LES VIEILLES	MENDIANTES QUI RAMASSENT DES CROUTES DE PAIN A
31	006	ENTRE EUX. L'UN DISAIT: ''HIER ON M'A	MENE AU THEATRE. DANS DES PALAIS GRANDS ET
31	075	JE NE M'AMUSE GUERE A LA MAISON; ON NE ME	MENE JAMAIS AU SPECTACLE; MON TUTEUR EST TROP
10	040	SOUTENEZ-MOI, ELOIGNEZ DE MOI LE	MENSONGE ET LES VAPEURS CORRUPTRICES DU MONDE;
24	017	LES DETAILS DE LA GRAVURE, IL CONTINUAIT	MENTALEMENT: ''AU BORD DE LA MER, UNE BELLE
21	083	SUR TA PEAU.'' QUANT A LA DIABLESSE, JE	MENTIRAIS SI JE N'AVOUAIS PAS QU'A PREMIERE
23	025	SILENCE ET DU RECUEILLEMENT! MAIS JE LES	MEPRISE. JE DESIRE SURTOUT QUE MON MAUDIT
10	045	QUE JE NE SUIS PAS INFERIEUR A CEUX QUE JE	MEPRISE!
42	012	Y A DES GENS D'ESPRIT QUI, APRES BOIRE, NE	MEPRISENT PAS LES CONVERSATIONS BANALES. ON
11	068	QUI INVOQUERAIT L'IDEAL. SI VOUS	MEPRISEZ LE SOLIVEAU (CE QUE JE SUIS
34	002	OU ATTRISTE, DE CETTE CUVE IMMENSE DE LA	MER DONT LES BORDS NE SE LAISSENT QU'A PEINE
31	007	ET TRISTES, AU FOND DESQUELS ON VOIT LA	MER ET LE CIEL, DES HOMMES ET DES FEMMES,
37	019	LES NUAGES; LE SILENCE ET LA NUIT; LA	MER IMMENSE ET VERTE; L'EAU INFORME ET
37	028	DE CEUX-LA QUI AIMENT LA MER, LA	MER IMMENSE, TUMULTUEUSE ET VERTE; L'EAU
25	002	TERRIBLE; LE SABLE EST EBLOUISSANT ET LA	MER MIROITE. LE MONDE STUPEFIE S'AFFAISSE
18	083	TON SEIN. TU LES CONDUIS DOUCEMENT VERS LA	MER QUI EST L'INFINI, TOUT EN REFLECHISSANT
34	035	SI MONSTRUEUSEMENT SEDUISANTE, DE CETTE	MER SI INFINIMENT VARIEE DANS SON EFFRAYANTE
34	035	NAVRANTE AMERTUME, ME DETACHER DE CETTE	MER SI MONSTRUEUSEMENT SEDUISANTE, DE CETTE
25	021	OREILLES, DE TEMPS EN TEMPS LA BRISE DE	MER SOULEVE PAR LE COIN SA JUPE FLOTTANTE ET
03	022	M'EXASPERE. L'INSENSIBILITE DE LA	MER, L'IMMUABILITE DU SPECTACLE ME
37	028	NOCTURNES! DE CEUX-LA QUI AIMENT LA	MER, LA MER IMMENSE, TUMULTUEUSE ET VERTE;
41	004	NUAGES; LES COLORATIONS CHANGEANTES DE LA	MER, LE SCINTILLEMENT DES PHARES, SONT UN
25	042	GRANDS EVENTAILS DE PLUMES; PENDANT QUE LA	MER, QUI BAT LA PLAGE A CENT PAS DE LA, FAIT A
24	017	IL CONTINUAIT MENTALEMENT: ''AU BORD DE LA	MER, UNE BELLE CASE EN BOIS, ENVELOPPEE DE
29	022	JAMAIS REMONTER SUR LES HAUTES LAMES DE LA	MER. IL Y AVAIT LA DES VISAGES ETRANGES
03	007	REGARD DANS L'IMMENSITE DU CIEL ET DE LA	MER! SOLITUDE! SILENCE! INCOMPARABLE CHASTETE
21	045	LA TIENNE.'' ET JE LUI REPONDIS: ''GRAND	MERCI! JE N'AI QUE FAIRE DE CETTE PACOTILLE
30	096	DES DERNIERS PREPARATIFS, QUAND LA	MERE ENTRA DANS MON ATELIER. ELLE VOULAIT,

POEM LINE

```
05 049   TRIVIALITES DE SA VIE AUX DOULEURS DE LA   MIENNE; OU BIEN LE SAUTE-RUISSEAU D'UN
23 031   SIENNES; ET IL VIENT S'INSINUER DANS LES   MIENNES, LE HIDEUX TROUBLE- FETE! ''CE GRAND
15 069   AVAIT DISPARU, ET IL ETAIT EPARPILLE EN   MIETTES SEMBLABLES AUX GRAINS DE SABLE
38 021   J'AI REPONDU: ''NON! NON! NON!'' ET POUR   MIEUX ACCENTUER MON REFUS, J'AI FRAPPE SI
31 082   PART, ET JE CROIS TOUJOURS QUE JE SERAIS   MIEUX AILLEURS QUE LA OU JE SUIS. EH BIEN!
30 093   REVEUR: ''APRES TOUT, CELA VAUT PEUT-ETRE   MIEUX AINSI; IL AURAIT TOUJOURS MAL FINI!''
31 114   PLUS AIMABLE.'' ''NOUS FERIONS PEUT-ETRE   MIEUX D'ALLER VERS L'ESPAGNE, CAR VOICI LA
21 064   LES YEUX SUPPLIANTS RECLAMAIENT L'AUMONE   MIEUX ENCORE QUE LEURS MAINS TREMBLANTES; ET
13 097   POUR PAYER UN DES BESOINS DU PETIT ETRE,   MIEUX ENCORE, UNE SUPERFLUITE, UN JOUET. ET
31 009   AUSSI, MAIS BIEN PLUS BEAUX ET BIEN   MIEUX HABILLES QUE CEUX QUE NOUS VOYONS
21 086   JE NE SAURAIS LE COMPARER A RIEN DE   MIEUX QU'A CELUI DES TRES-BELLES FEMMES SUR LE
09 058   SATANIQUE SELON CEUX QUI PENSENT UN PEU   MIEUX QUE LES MEDECINS, QUI NOUS POUSSE SANS
21 046   D'ETRES QUI, SANS DOUTE, NE VALENT PAS   MIEUX QUE MON PAUVRE MOI. BIEN QUE J'AIE
14 041   SUR LES EPAULES DE LEURS PERES POUR   MIEUX VOIR UN ESCAMOTEUR EBLOUISSANT COMME UN
01 001   QUI AIMES-TU LE   MIEUX, HOMME ENIGMATIQUE, DIS? TON PERE, TA
24 045   DRAPS UN PEU APRES, MAIS FRAIS; QUOI DE   MIEUX?'' ET EN RENTRANT SEUL CHEZ LUI, A CETTE
25 020   PENDELOQUES GAZOUILLENT SECRETEMENT A SES   MIGNONNES OREILLES. DE TEMPS EN TEMPS LA BRISE
11 013   PEUT-ETRE LE MOYEN, POUR DEUX SOLS, AU   MILIEU D'UNE FETE, ET SANS ALLER BIEN LOIN.
04 006   LE CERVEAU DU SOLITAIRE LE PLUS FORT. AU   MILIEU DE CE TOHU-BOHU ET DE CE VACARME, UN
15 001   JE VOYAGEAIS. LE PAYSAGE AU   MILIEU DUQUEL J'ETAIS PLACE ETAIT D'UNE
13 091   DONC RESTE-T-ELLE VOLONTAIREMENT DANS UN   MILIEU OU ELLE FAIT UNE TACHE SI ECLATANTE?''
50 089   COIFFES COMME DES TROUBADOURS OU DES   MILITAIRES, QUI SURVEILLENT, AVEC UNE
04 002   AN: CHAOS DE BOUE ET DE NEIGE, TRAVERSE DE   MILLE CARROSSES, ETINCELANT DE JOUJOUX ET DE
18 059   PROPOSENT DES PRIX DE SOIXANTE ET DE CENT   MILLE FLORINS POUR QUI RESOUDRA LEURS
21 101   A TRAVERS L'ESPACE AVEC LE BRUIT DE CENT   MILLE TONNERRES, ET ME REVINT REPERCUTE PAR
20 046   TARD PRODIGIEUSEMENT EMBARRASSE DE SES   MILLIONS. AINSI FURENT DONNES L'AMOUR DU BEAU
27 147   EFFACES DE LA VIE. DEPUIS LORS, PLUSIEURS   MIMES, JUSTEMENT APPRECIES DANS DIFFERENTS
30 064   MONSTRE S'ETAIT SERVI D'UNE FICELLE FORT   MINCE QUI ETAIT ENTREE PROFONDEMENT DANS LES
25 010   S'AVANCE, BALANCANT MOLLEMENT SON TORSE SI   MINCE SUR SES HANCHES SI LARGES. SA ROBE DE
30 065   CHAIRS; ET IL FALLAIT MAINTENANT, AVEC DE   MINCES CISEAUX, CHERCHER LA CORDE ENTRE LES
43 015   QUI PORTE LE NEZ EN L'AIR ET QUI A LA   MINE SI HAUTAINE. EH BIEN! CHER ANGE, JE ME
48 014   UN PAYSAGE FAIT AVEC LA LUMIERE ET LE   MINERAL, ET LE LIQUIDE POUR LES REFLECHIR!''
05 010   VIE SOMNAMBULIQUE, COMME LE VEGETAL ET LE   MINERAL. LES ETOFFES PARLENT UNE LANGUE
42 054   DANS LE MAL. UN JOUR JE TROUVAI CETTE   MINERVE, AFFAMEE DE FORCE IDEALE, EN
02 007   LUI, VOULANT LUI FAIRE DES RISETTES ET DES   MINES AGREABLES. MAIS L'ENFANT EPOUVANTE SE
47 084   ME COMPRENNENT, PARCE QUE JE LEUR FAIS DES   MINES. --ET QUAND ILS NE TE COMPRENNENT
20 025   ELLES ETAIENT AUSSI AHURIES QUE DES   MINISTRES UN JOUR D'AUDIENCE, OU DES EMPLOYES
09 038   LUI PARAISSENT INVESTIS DE LA MAJESTE DE   MINOS, D'EAQUE ET DE RHADAMANTHE, SAUTERA
39 004   LUI ONT CRUELLEMENT ENSEIGNE CE QUE CHAQUE   MINUTE ET CHAQUE BAISER EMPORTENT DE JEUNESSE
05 038   MAINTENANT CONNAISSANCE ET QUE JE SAVOURE   MINUTE PAR MINUTE, SECONDE PAR SECONDE! NON!
09 018   NECESSAIRES, ELLES TROUVENT A UNE CERTAINE   MINUTE UN COURAGE DE LUXE POUR EXECUTER LES
05 038   CONNAISSANCE ET QUE JE SAVOURE MINUTE PAR   MINUTE, SECONDE PAR SECONDE! NON! IL N'EST
16 019   GRANDE COMME L'ESPACE, SANS DIVISIONS DE   MINUTES NI DE SECONDES;--UNE HEURE IMMOBILE
27 127   D'UNE COMMISSION URGENTE. QUELQUES   MINUTES PLUS TARD UN COUP DE SIFFLET AIGU,
42 085   DANS UN RESTAURANT, AU BOUT DE QUELQUES   MINUTES, CHACUN OUBLIAIT DE MANGER POUR LA
05 040   SECONDE PAR SECONDE! NON! IL N'EST PLUS DE   MINUTES, IL N'EST PLUS DE SECONDES! LE TEMPS A
20 024   POSTERITE; LES JOURS; LES HEURES; LES   MINUTES, LES SECONDES, EN VERITE; ELLES
47 036   FIEREMENT, EN REGARDANT SA MONTRE: ''CINQ   MINUTES, MESSIEURS!'' --OH! MOI, JE VAIS
28 008   PARTICULIEREMENT EXAMINEE. ''SINGULIERE ET   MINUTIEUSE REPARTITION!'' ME DIS-JE EN
36 028   BLANCHE, ET DELICIEUSE, QUI FAIT REVER AU   MIRACLE D'UNE SUPERBE FLEUR ECLOSE DANS UN
49 060   ATTENDRIR UN BEEFSTEAK. TOUT A COUP, --O   MIRACLE! O JOUISSANCE DU PHILOSOPHE QUI
38 005   CROIRE A L'IMMORTALITE. MAIS CETTE FILLE   MIRACULEUSE ETAIT TROP BELLE POUR VIVRE
27 077   QUE LES MEILLEURES STATUES DE L'ANTIQUITE,   MIRACULEUSEMENT ANIMEES, VIVANTES, MARCHANTES,
18 078   LUXE, CET ORDRE, CES PARFUMS, CES FLEURS   MIRACULEUSES, C'EST TOI. C'EST ENCORE TOI, CES
42 078   J'AURAIS DU L'EPOUSER'' LES AUTRES SE   MIRENT A RIRE, ET UN TROISIEME DIT A SON TOUR:
18 009   HONNETE; OU LE LUXE A PLAISIR A SE   MIRER DANS L'ORDRE; OU LA VIE EST GRASSE ET
18 066   TON ANALOGIE, ET NE POURRAIS-TU PAS TE   MIRER, POUR PARLER COMME LES MYSTIQUES, DANS
40 008   EN DROITS; DONC CE POSSEDE LE DROIT DE ME   MIRER; AVEC PLAISIR OU DEPLAISIR, CELA NE
05 028   LE CREPUSCULE; CES SUBTILES ET TERRIBLES   MIRETTES, QUE JE RECONNAIS A LEUR EFFRAYANTE
21 098   TROMPETTE, ENRUBANNEE, COMME UN   MIRLITON, DES TITRES DE TOUS LES JOURNAUX DE
40 000   LE   MIROIR
25 041   SE FAIRE EVENTER OU A SE REGARDER DANS LE   MIROIR DE SES GRANDS EVENTAILS DE PLUMES,
25 031   ELLE APERCEVAIT AU LOIN DANS L'ESPACE UN   MIROIR REFLETANT SA DEMARCHE ET SA BEAUTE. A
40 003   GLACE. ''--POURQUOI VOUS REGARDEZ-VOUS AU   MIROIR, PUISQUE VOUS NE POUVEZ VOUS Y VOIR
42 127   SUR UNE SURFACE PURE ET POLIE COMME UN   MIROIR, VERTIGINEUSEMENT MONOTONE, QUI AURAIT
18 040   DE SECRETS COMME DES AMES RAFFINEES. LES   MIROIRS, LES METAUX, LES ETOFFES, L'ORFEVRERIE
26 019   DE BLANCHEUR, LES NAPPES EBLOUISSANTES DES   MIROIRS, LES ORS DES BAGUETTES DES
13 065   OU DE VOLUPTE. LES ROBES TRAINENT EN   MIROITANT; LES REGARDS SE CROISENT; LES
25 002   LE SABLE EST EBLOUISSANT ET LA MER   MIROITE. LE MONDE STUPEFIE S'AFFAISSE
49 049   JE L'EMPOIGNAI A LA GORGE, ET JE ME   MIS A LUI SECOUER VIGOUREUSEMENT LA TETE
45 035   SOMMEIL DE CEUX QUI DEPUIS LONGTEMPS ONT   MIS DANS LE BUT; DANS LE SEUL VRAI BUT DE LA
47 120   MOTIFS ET DE CAUSES, ET QUI AVEZ PEUT-ETRE   MIS DANS MON ESPRIT LE GOUT DE L'HORREUR POUR
09 021   PLUS INOFFENSIF REVEUR QUI AIT EXISTE, A   MIS UNE FOIS LE FEU A UNE FORET POUR VOIR;
42 046   ARGUMENTAIT. ''UN BEAU JOUR ELLE S'EST   MISE A LA CHIMIE; DE SORTE QU'ENTRE MA BOUCHE
13 042   A LEUR AUSTERITE. JE NE SAIS DANS QUEL   MISERABLE CAFE ET DE QUELLE FACON ELLE
28 024   JUSTIFIER DE SA PRODIGALITE. MAIS DANS MON   MISERABLE CERVEAU, TOUJOURS OCCUPE A CHERCHER
08 010   MOI, EN MANIERE DE REPROCHE. ''--AH!   MISERABLE CHIEN, SI JE VOUS AVAIS OFFERT UN
14 048   DES POTEAUX DE SA CAHUTE; UNE CAHUTE PLUS   MISERABLE QUE CELLE DU SAUVAGE LE PLUS ABRUTI,
42 141   EN LUI CRIANT: ''SOIS DONC IMPARFAITE,   MISERABLE! AFIN QUE JE PUISSE T'AIMER SANS
14 057   LE CONTRASTE. IL NE RIAIT PAS; LE   MISERABLE! IL NE PLEURAIT PAS; IL NE DANSAIT
29 106   DE TOUTES VOS MALADIES ET DE TOUS VOS   MISERABLES PROGRES. JAMAIS UN DESIR NE SERA
14 054   FRENETIQUE DE LA VITALITE. ICI LA   MISERE ABSOLUE, LA MISERE AFFUBLEE, POUR
14 054   DE LA VITALITE. ICI LA MISERE ABSOLUE, LA   MISERE AFFUBLEE, POUR COMBLE D'HORREUR, DE
21 080   N'AI BESOIN; POUR MA JOUISSANCE, DE LA   MISERE DE PERSONNE; ET JE NE VEUX PAS D'UNE
05 048   LOI; UNE INFAME CONCUBINE QUI VIENT CRIER   MISERE ET AJOUTER LES TRIVIALITES DE SA VIE
14 082   SANS FAMILLE, SANS ENFANTS, DEGRADE PAR SA   MISERE ET PAR L'INGRATITUDE PUBLIQUE, ET DANS
21 061   REPRESENTANT LES FORMES NOMBREUSES DE LA   MISERE UNIVERSELLE. IL Y AVAIT DE PETITS
19 035   LE NETTOYAIT DE LA REPUGNANTE PATINE DE LA   MISERE. A TRAVERS CES BARREAUX SYMBOLIQUES
14 064   S'ARRETAIT A QUELQUES PAS DE SA REPULSIVE   MISERE! JE SENTIS MA GORGE SERREE PAR LA MAIN
50 044   ''PRENDS-MOI AVEC TOI, ET DE NOS DEUX   MISERES NOUS FERONS PEUT-ETRE UNE ESPECE DE
12 023   TOUTES LES JOIES ET TOUTES LES   MISERES QUE LA CIRCONSTANCE LUI PRESENTE. CE
```

POEM LINE

42	084	ET TOUT LE MONDE L'ADMIRAIT AUTANT QUE	MOI. QUAND NOUS ENTRIONS DANS UN RESTAURANT,
47	010	ETES MEDECIN. JE LE VOIS BIEN. VENEZ CHEZ	MOI. VOUS SEREZ BIEN CONTENT DE MOI, ALLEZ!
03	026	RIVALE TOUJOURS VICTORIEUSE, LAISSE-	MOI! CESSE DE TENTER MES DESIRS ET MON
42	135	PAS COMMISES! QUE DE DETTES PAYEES MALGRE	MOI! ELLE ME PRIVAIT DE TOUS LES BENEFICES QUE
35	015	LEGENDE, ET QUELQUEFOIS JE ME LA RACONTE A	MOI-MEME EN PLEURANT. SI C'EUT ETE UN PAUVRE
15	022	J'ETAIS ENVIRONNE, EN PARFAITE PAIX AVEC	MOI-MEME ET AVEC L'UNIVERS; JE CROIS MEME QUE,
31	132	BIZARRE QUE JE POUVAIS AVOIR UN FRERE A	MOI-MEME INCONNU. LE SOLEIL S'ETAIT COUCHE. LA
10	043	QUELQUES BEAUX VERS QUI ME PROUVENT A	MOI-MEME QUE JE NE SUIS PAS LE DERNIER DES
38	007	A QUE J'EUS FAIT SA CONNAISSANCE, ET C'EST	MOI-MEME QUI L'AI ENTERRE, UN JOUR QUE LE
47	078	FEMMES! --SINGULIERE LOGIQUE! ME DIS-JE A	MOI-MEME. --OH! JE NE M'Y TROMPE GUERE; J'EN
10	005	DISPARU, ET JE NE SOUFFRIRAI PLUS QUE PAR	MOI-MEME. ENFIN! IL M'EST DONC PERMIS DE ME
42	060	JE N'AI A ME PLAINDRE QUE DE	MOI-MEME. LE BONHEUR EST VENU HABITER CHEZ
28	009	ET MINUTIEUSE REPARTITION!'' ME DIS-JE EN	MOI-MEME. NOUS FIMES LA RENCONTRE D'UN PAUVRE
35	019	D'AVOIR VECU ET SOUFFERT DANS D'AUTRES QUE	MOI-MEME. PEUT-ETRE ME DIREZ-VOUS: ''ES-TU SUR
27	056	DANS SON AME UNE INTENTION PLUS OU	MOINS ARRETEE DE CLEMENCE? C'EST UN POINT QUI
42	104	LA RATION DE PLUSIEURS SOLDATS. C'EST DU	MOINS CE QUE J'AI SUPPOSE. --MAIS, DIT CE
13	061	SINON UNIVERSELLEMENT SYMPATHIQUE, AU	MOINS CURIEUX, SUR LA FOULE DE PARIAS QUI SE
29	045	N'EPROUVAI, QUANT A CETTE PERTE, QU'UN PEU	MOINS D'EMOTION QUE SI J'AVAIS EGARE, DANS UNE
27	060	ET IL SERAIT DIFFICILE DE CONCEVOIR, A	MOINS DE L'AVOIR VU, TOUT CE QUE LA CLASSE
23	017	DES INDIVIDUS QUI ACCEPTERAIENT AVEC	MOINS DE REPUGNANCE LE SUPPLICE SUPREME, S'IL
46	012	EU LE COURAGE DE LA RAMASSER. J'AI JUGE	MOINS DESAGREABLE DE PERDRE MES INSIGNES QUE
29	037	DE VINS EXTRAORDINAIRES, ET, CHOSE NON	MOINS EXTRAORDINAIRE, IL ME SEMBLAIT, APRES
21	001	DEUX SUPERBES SATANS ET UNE DIABLESSE, NON	MOINS EXTRAORDINAIRE, ONT LA NUIT DERNIERE
26	002	HAIS AUJOURD'HUI. IL VOUS SERA SANS DOUTE	MOINS FACILE DE LE COMPRENDRE QU'A MOI DE VOUS
46	018	VOUS, COMME VOUS VOYEZ! --VOUS DEVRIEZ AU	MOINS FAIRE AFFICHER CETTE AUREOLE, OU LA
35	006	CE QU'ON PEUT VOIR AU SOLEIL EST TOUJOURS	MOINS INTERESSANT QUE CE QUI SE PASSE DERRIERE
47	045	--CHIRURGIEN, ALORS? --NON! NON! LA	MOINS QUE CE NE SOIT POUR TE COUPER LA TETE!
45	033	LABORIEUX VIVANTS, ET VOUS TROUBLERIEZ	MOINS SOUVENT LE SOMMEIL DE CEUX QUI DEPUIS
11	006	DE PAIN A LA PORTE DES CABARETS. ''SI AU	MOINS VOS SOUPIRS EXPRIMAIENT LE REMORDS, ILS
09	010	OU NE SE RESIGNE QU'AU BOUT DE SIX	MOIS A OPERER UNE DEMARCHE NECESSAIRE DEPUIS
31	111	COMME DES OURS. HEUREUSEMENT, AVANT UN	MOIS NOUS SERONS EN AUTRICHE, OU NOUS
05	064	MELEE A JE NE SAIS QUELLE NAUSEABONDE	MOISISSURE. ON RESPIRE ICI MAINTENANT LE RANCI
30	092	AU PERE, IL SE CONTENTA DE DIRE D'UN AIR	MOITIE ABRUTI, MOITIE REVEUR: ''APRES TOUT,
30	006	EPROUVONS UN BIZARRE SENTIMENT, COMPLIQUE	MOITIE DE REGRET POUR LE FANTOME DISPARU,
30	007	MOITIE DE REGRET POUR LE FANTOME DISPARU,	MOITIE DE SURPRISE AGREABLE DEVANT LA
48	038	VARIETE ET AUGMENTENT LA MONOTONIE, CETTE	MOITIE DU NEANT. LA, NOUS POURRONS PRENDRE DE
15	051	AUCUN N'EN VOULANT SANS DOUTE SACRIFIER LA	MOITIE POUR SON FRERE. LE PREMIER, EXASPERE,
30	092	CONTENTA DE DIRE D'UN AIR MOITIE ABRUTI,	MOITIE REVEUR: ''APRES TOUT, CELA VAUT
21	103	LOINTAINE PLANETE. ''DIABLE!'' FIS-JE, JE	MOITIE SUBJUGUE, ''VOILA QUI EST PRECIEUX!''
41	012	COUCHE DANS LE BELVEDERE OU ACCOUDE SUR LE	MOLE, TOUS CES MOUVEMENTS DE CEUX QUI PARTENT
14	029	COMIQUE SOLIDE ET LOURD, COMME CELUI DE	MOLIERE. LES HERCULES, FIERS DE L'ENORMITE DE
25	010	ET NOIRE. ELLE S'AVANCE, BALANCANT	MOLLEMENT SON TORSE SI MINCE SUR SES HANCHES
21	012	AUSSI, DANS LES LIGNES DE SON CORPS, LA	MOLLESSE DES ANCIENS BACCHUS. SES BEAUX YEUX
12	022	COFFRE, ET LE PARESSEUX, INTERNE COMME UN	MOLLUSQUE. IL ADOPTE COMME SIENNES TOUTES LES
15	003	IL EN PASSA SANS DOUTE EN CE	MOMENT QUELQUE CHOSE DANS MON AME. MES PENSEES
27	122	BOUFFONNAIT SI BIEN LA MORT. A UN CERTAIN	MOMENT, JE VIS SON ALTESSE SE PENCHER VERS UN
27	129	FANCIOULLE DANS UN DE SES MEILLEURS	MOMENTS, ET DECHIRA A LA FOIS LES OREILLES ET
50	002	LES JEUNES ECRIVAINS DE MON SIECLE, DE	MON ADMIRATION POUR BUFFON? MAIS AUJOURD'HUI
42	042	OPERA POUR LEQUEL JE LAISSAIS ECHAPPER	MON ADMIRATION: ''VOUS CROYEZ PEUT-ETRE QUE
43	022	MON CHER ANGE, COMBIEN JE VOUS REMERCIE DE	MON ADRESSE!''
50	004	DE LA NATURE POMPEUSE QUE J'APPELLERAI A	MON AIDE. NON. BIEN PLUS VOLONTIERS JE
15	072	PAYSAGE, ET LA JOIE CALME OU S'EBAUDISSAIT	MON AME AVANT D'AVOIR VU CES PETITS HOMMES
48	043	D'UN FEU D'ARTIFICE DE L'ENFER!'' ENFIN	MON AME FAIT EXPLOSION, ET SAGEMENT ELLE ME
15	008	AU FOND DES ABIMES SOUS MES PIEDS!	MON AME ME SEMBLAIT AUSSI VASTE ET AUSSI PURE
48	016	ET LE LIQUIDE POUR LES REFLECHIR!''	MON AME NE REPOND PAS. ''PUISQUE TU AIMES TANT
48	024	LES NAVIRES AMARRES AU PIED DES MAISONS?''	MON AME RESTE MUETTE. ''BATAVIA TE SOURIRAIT
48	028	A LA BEAUTE TROPICALE.'' PAS UN MOT. --	MON AME SERAIT-ELLE MORTE? ''EN ES-TU DONC
24	051	MON CORPS A CHANGER DE PLACE, PUISQUE	MON AME VOYAGE SI LESTEMENT? ET A QUOI BON
17	007	TOUT CE QUE J'ENTENDS DANS TES CHEVEUX!	MON AME VOYAGE SUR LE PARFUM COMME L'AME DES
29	041	ET JE DOIS DIRE QUE J'AVAIS JOUE ET PERDU	MON AME, EN PARTIE LIEE, AVEC UNE INSOUCIANCE
48	008	SANS CESSE AVEC MON AME. ''DIS-MOI,	MON AME, PAUVRE AME REFROIDIE, QUE PENSERAIS-
48	007	EN EST UNE QUE JE DISCUTE SANS CESSE AVEC	MON AME. ''DIS-MOI, MON AME, PAUVRE AME
15	004	SANS DOUTE EN CE MOMENT QUELQUE CHOSE DANS	MON AME. MES PENSEES VOLTIGEAIENT AVEC UNE
28	039	SON TRAIN; PRETANT DES AILES A L'ESPRIT DE	MON AMI ET TIRANT TOUTES LES DEDUCTIONS
28	001	NOUS NOUS ELOIGNIONS DU BUREAU DE TABAC,	MON AMI FIT UN SOIGNEUX TRIAGE DE SA MONNAIE;
28	018	DES CHIENS QU'ON FOUETTE. L'OFFRANDE DE	MON AMI FUT BEAUCOUP PLUS CONSIDERABLE QUE LA
30	001	''LES ILLUSIONS! --ME DISAIT	MON AMI, --SONT AUSSI INNOMBRABLES PEUT-ETRE
47	027	ME DISAIT: ''FAITES COMME CHEZ VOUS,	MON AMI, METTEZ-VOUS A L'AISE. CA VOUS
28	027	QU'UNE PAREILLE CONDUITE, DE LA PART DE	MON AMI, N'ETAIT EXCUSABLE QUE PAR LE DESIR DE
42	125	UNE ENERGIE SANS VIOLENCE. L'HISTOIRE DE	MON AMOUR RESSEMBLE A UN INTERMINABLE VOYAGE
11	023	CES ANIMAUX QU'ON APPELLE GENERALEMENT ''	MON ANGE!'', C'EST-A-DIRE UNE FEMME. L'AUTRE
30	096	PREPARATIFS, QUAND LA MERE ENTRA DANS	MON ATELIER. ELLE VOULAIT, DISAIT-ELLE, VOIR
46	009	AU GALOP DE TOUS LES COTES A LA FOIS,	MON AUREOLE, DANS UN MOUVEMENT BRUSQUE, A
37	017	''TU SUBIRAS ETERNELLEMENT L'INFLUENCE DE	MON BAISER. TU SERAS BELLE A MA MANIERE. TU
22	005	CEPENDANT DU HAUT DE LA MONTAGNE ARRIVE A	MON BALCON, A TRAVERS LES NUES TRANSPARENTES
08	001	''	MON BEAU CHIEN, MON CHER TOUTOU, APPROCHEZ ET
49	029	SON BON DEMON, POURQUOI N'AURAIS-JE PAS	MON BON ANGE, ET POURQUOI N'AURAIS-JE PAS
30	109	LA FENETRE OUVERTE, LA PAUVRE FEMME SAISIT	MON BRAS ET ME DIT D'UNE VOIX IRRESISTIBLE:
47	013	--AH! AH! --FIT-ELLE, TOUJOURS SUSPENDUE A	MON BRAS, ET EN ECLATANT DE RIRE, --VOUS ETES
49	030	PAS L'HONNEUR, COMME SOCRATE, D'OBTENIR	MON BREVET DE FOLIE, SIGNE DU SUBTIL LELUT ET
30	119	CE PETIT CADAVRE QUI HANTAIT LES REPLIS DE	MON CERVEAU, ET DONT LE FANTOME ME FATIGUAIT
30	133	ALORS, SOUDAINEMENT, UNE LUEUR SE FIT DANS	MON CERVEAU, ET JE COMPRIS POURQUOI LA MERE
47	041	ME DISAIT: ''TU ES MEDECIN, N'EST-CE PAS,	MON CHAT?'' CET ININTELLIGIBLE REFRAIN ME FIT
42	074	ME MONTRANT SIX BEAUX ENFANTS: ''EH BIEN!	MON CHER AMI, L'EPOUSE EST ''ENCORE AUSSI
43	022	RESPECTUEUSEMENT LA MAIN, IL AJOUTA: ''AH!	MON CHER ANGE, COMBIEN JE VOUS REMERCIE DE MON
26	058	TANT IL EST DIFFICILE DE S'ENTENDRE,	MON CHER ANGE, ET TANT LA PENSEE EST
18	014	A LA FOIS! OU TOUT VOUS RESSEMBLE,	MON CHER ANGE. TU CONNAIS CETTE MALADIE
08	001	''MON BEAU CHIEN,	MON CHER TOUTOU, APPROCHEZ ET VENEZ RESPIRER
46	005	IL Y A LA DE QUOI ME SURPRENDRE. --	MON CHER, VOUS CONNAISSEZ MA TERREUR DES
46	001	''EH! QUOI! VOUS ICI	MON CHER? VOUS, DANS UN MAUVAIS LIEU! VOUS, LE
16	014	FOIS L'HONNEUR DE SON SEXE, L'ORGUEIL DE	MON COEUR ET LE PARFUM DE MON ESPRIT, QUE CE

DES CHOSES TERRESTRES N'ARRIVAIT A
REFLECHISSAIENT LA DOUCEUR DU CIEL, ET OU
ESPRIT LE GOUT DE L'HORREUR POUR CONVERTIR
UN EGAL PLAISIR. POURQUOI CONTRAINDRE
MOI, J'AI TROUVE MA TULIPE NOIRE ET
PROSTITUEE. AUSSI JE REPONDIS, AVEC TOUT
DEESSE! AYEZ PITIE DE MA TRISTESSE ET DE
CORRUPTRICES DU MONDE; ET VOUS, SEIGNEUR
ET D'ADAM, CES OEUVRES DE VOS MAINS, O
UN DEMI-SOMMEIL: ''MON DIEU! SEIGNEUR,
JE REPETAIS DANS UN DEMI-SOMMEIL: ''
DE MONSTRES INNOCENTS. --SEIGNEUR,
''CEPENDANT LE CORPS ETAIT ETENDU SUR
DE FORCE IDEALE, EN TETE-A-TETE AVEC
JE LUI DIS: ''MONSIEUR, VOUS ETES
D'ARBRE, ME BATTIT DRU COMME PLATRE. --PAR
JE LAISSAI TOMBER PERPENDICULAIREMENT
AVARE; DIEU NE S'OCCUPE PAS DE MOI ET DE
DE CAUSES, ET QUI AVEZ PEUT-ETRE MIS DANS
ABSOLUMENT INJUSTIFIABLES, TRAVERSERENT
JAMAIS DANS CE TABLEAU QU'A PEINT
L'ORGUEIL DE MON COEUR ET LE PARFUM DE
MOI. ''QUELS NE FURENT PAS MON HORREUR ET
VERS LE SUJET DES ACADEMIES, ET
DANS L'ILE DE ROBINSON, JE N'EXIGE PAS DE
CONDUIRE. ENFIN J'EUS LE COURAGE. MAIS, A
HORS DE CHEZ MOI. ''QUELS NE FURENT PAS
ET DU DESIR IMMORTEL DE SE SENTIR VIVRE.
LUI DIS-JE, SUIVANT A MON TOUR, MOI AUSSI,
IMMEDIATEMENT LE REPROCHE MUET DE
QUE JE SENTAIS, CONFINE AU FOND DE
DE SES PLANCHES, ESPERANT QU'IL DEVINERAIT
PAR SA PETITESSE ET SON ISOLEMENT IMITE
MAIS JE LES MEPRISE. JE DESIRE SURTOUT QUE
CONQUERIR.'' IMMEDIATEMENT JE SAUTAI SUR
SE JUSTIFIER DE SA PRODIGALITE. MAIS DANS
ET A TRAVERS CETTE TROMPETTE ELLE CRIA
RECULA VIVEMENT, COMME S'IL EUT CRAINT QUE
J'ENTENDIS UNE VOIX QUI CHUCHOTAIT A
LAISSE-MOI! CESSE DE TENTER MES DESIRS ET
L'APPELLATION DONT IL VOULAIT BIEN HONORER
DE NEIGE. JE DECOUPAIS TRANQUILLEMENT
QUI, SANS DOUTE, NE VALENT PAS MIEUX QUE
LE PREMIER OBJET QUI FRAPPA MON REGARD FUT
MADAME! VOUS NOUS OUBLIEZ! IL Y A ENCORE
ME DORLOTER. IL M'A SOUVENT SEMBLE QUE
''NON! NON! NON!'' ET POUR MIEUX ACCENTUER
A LA MAISON, LE PREMIER OBJET QUI FRAPPA
IMPORTUN VENAIT ME DERANGER PENDANT QUE
CES MOTS BIZARRES: ''BUVEZ, CECI EST
QUITTE, L'INCURABLE DEFIANCE RENTRA DANS
ROUGI, MEME DEVANT LES JEUNES ECRIVAINS DE
SI JE VOULAIS PARLER LA BELLE LANGUE DE
QUE, DANS MA PARFAITE BEATITUDE ET DANS
PAS, CHERI? --MAIS, LUI DIS-JE, SUIVANT A
FICHES SUR LE LIEU OU ETAIT ENFOUI
MAISON! ON NE ME MENE JAMAIS AU SPECTACLE;
L'ODEUR DE TES CHEVEUX, Y PLONGER TOUT
N'IMPORTE OU HORS DU
HOMME LABORIEUX ET QUI A BIEN MERITE DE
CHERE PRECIEUSE! A VOIR LES ENFERS DONT LE
BEAU! ON DIRAIT QUE TOUT L'OR DU PAUVRE
LE RANCI DE LA DESOLATION. DANS CE
FOULE DES SOLLICITEURS ETAIT GRANDE, ET LE
HAIR OU AIMER LES VOTRES. ET TOUT LE
POUR FUIR OU POUR VAINCRE CE TYRAN DU
ET LA LUTTE UNIVERSELLES. L'HOMME DU
QU'ELLE NE VOYAIT PAS, ELLE REGARDAIT LE
ET SANS COMPENSATION. MAIS DANS LE
PUBLIQUE; ET DANS LA BARAQUE DE QUI LE
EST EBLOUISSANT ET LA MER MIROITE, DANS
QUOIQUE RAREMENT APPLIQUEE, DANS LE
A QUI CHACUN FAISAIT FETE, A QUI TOUT LE
UNE BIJOUTERIE BARIOLEE! LES TRESORS DU
PRETRES MISSIONNAIRES EXILES AU BOUT DU
DATES SINISTRES! ET CE PARFUM D'UN AUTRE
DONT ELLE JOUIT DANS TOUTES LES PARTIES DU
D'APPRENDRE QUELQUEFOIS AUX HEUREUX DE CE
NUIT EN MONTRANT LES PLUS JOLIES DENTS DU
LE MENSONGE ET LES VAPEURS CORRUPTRICES DU
LE PLUS LEGER ET LE PLUS INSOUCIANT DU
BARRICADES QUI ME SEPARENT ACTUELLEMENT DU
OU! POURVU QUE CE SOIT HORS DE CE
CES BARREAUX SYMBOLIQUES SEPARANT DEUX
LA FAUSSE
MON AMI FIT UN SOIGNEUX TRIAGE DE SA
MONNAYEUR OU COMME PROPAGATEUR DE FAUSSE
PEUT-ETRE LE FAIRE ARRETER COMME FAUX
A SES REVERIES INDECISES UN PUISSANT ET
IMITE MON IRREMEDIABLE EXISTENCE, MELODIE
ET POLIE COMME UN MIROIR, VERTIGINEUSEMENT

	POEM	LINE
MON COEUR QU'AFFAIBLI ET DIMINUE, COMME LE SON	15	011
MON COEUR, A MOI, ETAIT CRISPE COMME	42	152
MON COEUR, COMME LA GUERISON AU BOUT D'UNE	47	121
MON CORPS A CHANGER DE PLACE, PUISQUE MON AME	24	050
MON DAHLIA BLEU! FLEUR INCOMPARABLE, TULIPE	18	061
MON DEDAIN: ''VA-T'EN! JE NE SUIS PAS FAIT	21	110
MON DELIRE!'' MAIS L'IMPLACABLE VENUS REGARDE	07	027
MON DIEU! ACCORDEZ-MOI LA GRACE DE PRODUIRE	10	041
MON DIEU! CETTE FEMME EST INCONTESTABLEMENT	11	045
MON DIEU! FAITES QUE LE DIABLE ME TIENNE SA	29	127
MON DIEU! SEIGNEUR, MON DIEU! FAITES QUE LE	29	126
MON DIEU! VOUS, LE CREATEUR, VOUS, LE MAITRE;	47	116
MON DIVAN, ET, ASSISTE D'UNE SERVANTE, JE	30	094
MON DOMESTIQUE, ET DANS UNE SITUATION QUI	42	055
MON EGAL! VEUILLEZ ME FAIRE L'HONNEUR DE	49	073
MON ENERGIQUE MEDICATION, JE LUI AVAIS DONC	49	068
MON ENGIN DE GUERRE SUR LE REBORD POSTERIEUR	09	083
MON ENNUI, ET JE N'AI PAS UNE BELLE BONNE POUR	31	077
MON ESPRIT LE GOUT DE L'HORREUR POUR CONVERTIR	47	120
MON ESPRIT PENDANT QUE JE CONTEMPLAIS LE	27	114
MON ESPRIT, CE TABLEAU TE RESSEMBLE? CES	18	075
MON ESPRIT, QUE CE SOIT LA NUIT, QUE CE SOIT	16	014
MON ETONNEMENT QUAND, RENTRANT A LA MAISON, LE	30	048
MON ETRANGE CONVIVE M'AFFIRMA QUE	29	079
MON GAZETIER LES COURAGEUSES VERTUS DE CRUSOE,	23	013
MON GRAND ETONNEMENT, LA MERE FUT IMPASSIBLE,	30	086
MON HORREUR ET MON ETONNEMENT QUAND, RENTRANT	30	048
MON HOTE ET MOI, NOUS ETIONS DEJA, EN NOUS	29	034
MON IDEE FIXE, --POURQUOI ME CROIS-TU MEDECIN?	47	076
MON INSEPARABLE SPECTRE, L'AMOUR	42	132
MON INTELLECT, LE GERME OBSCUR D'UNE IDEE	49	014
MON INTENTION, QUAND UN GRAND REFLUX DU	14	075
MON IRREMEDIABLE EXISTENCE, MELODIE MONOTONE	03	010
MON MAUDIT GAZETIER ME LAISSE M'AMUSER A MA	23	026
MON MENDIANT, D'UN SEUL COUP DE POING, JE LUI	49	042
MON MISERABLE CERVEAU, TOUJOURS OCCUPE A	28	024
MON NOM, QUI ROULA AINSI A TRAVERS L'ESPACE	21	100
MON OFFRE NE FUT PAS SINCERE OU QUE JE M'EN	15	044
MON OREILLE, ET QUE JE RECONNUS BIEN;	49	026
MON ORGUEIL! L'ETUDE DU BEAU EST UN DUEL OU	03	026
MON PAIN PRESQUE BLANC, ET J'EN COUPAI POUR	15	039
MON PAIN, QUAND UN BRUIT TRES-LEGER ME FIT	15	033
MON PAUVRE MOI. BIEN QUE J'AIE QUELQUE HONTE A	21	047
MON PETIT BONHOMME, L'ESPIEGLE COMPAGNON DE MA	30	050
MON PETIT! JE NE VEUX PAS ETRE VENU POUR	20	060
MON PLAISIR SERAIT D'ALLER TOUJOURS DROIT	31	078
MON REFUS, J'AI FRAPPE SI VIOLEMMENT LA TERRE	38	021
MON REGARD FUT MON PETIT BONHOMME, L'ESPIEGLE	30	050
MON REGARD REPOSE SUR CE DELICIEUX CADRAN, SI	16	023
MON SANG, UN PARFAIT CORDIAL!'' DANS LA	21	028
MON SEIN; JE N'OSAIS PLUS CROIRE A UN SI	29	123
MON SIECLE, DE MON ADMIRATION POUR BUFFON;	50	002
MON SIECLE.	23	043
MON TOTAL OUBLI DE TOUT LE MAL TERRESTRE, J'EN	15	023
MON TOUR, MOI AUSSI, MON IDEE FIXE, --POURQUOI	47	075
MON TRESOR, JE VIS SUBITEMENT UNE PETITE	38	013
MON TUTEUR EST TROP AVARE; DIEU NE S'OCCUPE	31	076
MON VISAGE, COMME UN HOMME ALTERE DANS L'EAU	17	002
MONDE	48	000
MONDE ENTIER. PAYS SINGULIER, SUPERIEUR AUX	18	052
MONDE EST PEUPLE, QUE VOULEZ-VOUS QUE JE PENSE	11	052
MONDE EST VENU SE PORTER SUR CES MURS.''	26	039
MONDE ETROIT, MAIS SI PLEIN DE DEGOUT; UN SEUL	05	066
MONDE INTERMEDIAIRE, PLACE ENTRE L'HOMME ET	20	021
MONDE L'ADMIRAIT AUTANT QUE MOI. QUAND NOUS	42	084
MONDE LUI AURAIENT CERTAINEMENT ATTIRE, DE LA	27	024
MONDE LUI-MEME ET L'HOMME OCCUPE DE TRAVAUX	14	014
MONDE LUMINEUX AVEC UN OEIL PROFOND, ET ELLE	13	085
MONDE OU ELLE A ETE JETEE; MAIS N'A JAMAIS PU	11	049
MONDE OUBLIEUX NE VEUT PLUS ENTRER!	14	083
MONDE STUPEFIE S'AFFAISSE LACHEMENT ET FAIT LA	25	003
MONDE SURNATUREL, HABITE PAR CES DEITES	20	064
MONDE VOULAIT PLAIRE; CE JOLI ETRE, SI FRAGILE	02	003
MONDE Y AFFLUENT, COMME DANS LA MAISON D'UN	18	051
MONDE, CONNAISSENT SANS DOUTE QUELQUE CHOSE DE	12	035
MONDE, DONT JE M'ENIVRAIS AVEC UNE SENSIBILITE	05	061
MONDE, M'ASSURA QU'ELLE ETAIT, ELLE-MEME, LA	29	068
MONDE, NE FUT-CE PAS POUR HUMILIER UN INSTANT	12	031
MONDE, QUI VOUS EUSSENT ATTENDRIS ET EGAYES A	42	095
MONDE, ET VOUS; SEIGNEUR MON DIEU!	10	041
MONDE. ELLE M'A TENU AINSI LONGTEMPS EN	42	092
MONDE. HORRIBLE VIE! HORRIBLE VILLE!	10	010
MONDE!''	48	045
MONDES, LA GRANDE ROUTE ET LE CHATEAU,	19	037
MONNAIE	28	000
MONNAIE; DANS LA POCHE GAUCHE DE SON GILET IL	28	002
MONNAIE. TOUT AUSSI BIEN LA PIECE FAUSSE	28	036
MONNAYEUR OU COMME PROPAGATEUR DE FAUSSE	28	035
MONOTONE ACCOMPAGNE, ET QUE LA MARMITE DE	25	043
MONOTONE DE LA HOULE, TOUTES CES CHOSES	03	010
MONOTONE, QUI AURAIT REFLECHI TOUS MES	42	127

POEM	LINE	
18	081	DE RICHESSES, ET D'OU MONTENT LES CHANTS MONOTONES DE LA MANOEUVRE, CE SONT MES PENSEES
48	037	SUPPRIMENT LA VARIETE ET AUGMENTENT LA MONOTONIE, CETTE MOITIE DU NEANT. LA, NOUS
04	010	TOURNER L'ANGLE D'UN TROTTOIR, UN BEAU MONSIEUR GANTE, VERNI, CRUELLEMENT CRAVATE ET
40	005	L'HOMME EPOUVANTABLE ME REPOND: ''-- MONSIEUR, D'APRES LES IMMORTELS PRINCIPES DE
49	073	D'UN SOPHISTE DU PORTIQUE, JE LUI DIS: '' MONSIEUR, VOUS ETES MON EGAL! VEUILLEZ ME
47	004	DISAIT A L'OREILLE: ''VOUS ETES MEDECIN, MONSIEUR?'' JE REGARDAI; C'ETAIT UNE GRANDE
30	110	ET ME DIT D'UNE VOIX IRRESISTIBLE: ''OH! MONSIEUR! LAISSEZ-MOI CELA! JE VOUS EN PRIE!
11	022	FORME IMITE ASSEZ VAGUEMENT LA VOTRE. ''CE MONSTRE EST UN DE CES ANIMAUX QU'ON APPELLE
11	020	DANDINEMENTS STUPIDES DE L'OURS BLANC, CE MONSTRE POILU DONT LA FORME IMITE ASSEZ
42	098	EN LA MONTRANT DANS LES FOIRES COMME MONSTRE POLYPHAGE. JE LA NOURRISSAIS BIEN; ET
47	057	DISAIT A SON COURS, EN PARLANT DE X.: ''CE MONSTRE QUI PORTE SUR SON VISAGE LA NOIRCEUR
30	063	CELA FAIT, TOUT N'ETAIT PAS FINI; LE PETIT MONSTRE S'ETAIT SERVI D'UNE FICELLE FORT MINCE
27	026	D'UN HISTORIEN SEVERE, L'EPITHETE DE '' MONSTRE'', S'IL AVAIT ETE PERMIS, DANS SES
11	024	ANGE!''', C'EST-A-DIRE UNE FEMME. L'AUTRE MONSTRE, CELUI QUI CRIE A TUE-TETE, UN BATON A
21	049	QUAND MEME JE NE TE CONNAITRAIS PAS, VIEUX MONSTRE, TA MYSTERIEUSE COUTELLERIE, TES
43	004	BALLES POUR TUER LE TEMPS. TUER CE MONSTRE-LA N'EST-CE PAS L'OCCUPATION LA PLUS
47	124	FOLLES! O CREATEUR! PEUT-IL EXISTER DES MONSTRES AUX YEUX DE CELUI-LA SEUL QUI SAIT
47	116	PROMENER ET REGARDER? LA VIE FOURMILLE DE MONSTRES INNOCENTS. --SEIGNEUR, MON DIEU!
44	008	DE MA BELLE BIEN-AIMEE, LA PETITE FOLLE MONSTRUEUSE AUX YEUX VERTS.'' ET TOUT A COUP
06	008	FOURNIMENT D'UN FANTASSIN ROMAIN. MAIS LA MONSTRUEUSE BETE N'ETAIT PAS UN POIDS INERTE;
34	035	AMERTUME, ME DETACHER DE CETTE MER SI MONSTRUEUSEMENT SEDUISANTE DE CETTE MER SI
37	022	QUE TU NE CONNAITRAS PAS; LES FLEURS MONSTRUEUSES; LES PARFUMS QUI FONT DELIRER;
21	077	REMPLACE TOUT!'' ET IL TAPA SUR SON VENTRE MONSTRUEUX, DONT L'ECHO SONORE FIT LE
20	026	UN JOUR D'AUDIENCE, OU DES EMPLOYES DU MONT-DE-PIETE QUAND UNE FETE NATIONALE
09	062	VITRIER DONT LE CRI PERCANT, DISCORDANT, MONTA JUSQU'A MOI A TRAVERS LA LOURDE ET SALE
22	005	DU CREPUSCULE. CEPENDANT DU HAUT DE LA MONTAGNE ARRIVE A MON BALCON, A TRAVERS LES
51	001	LE COEUR CONTENT, JE SUIS MONTE SUR LA MONTAGNE D'OU L'ON PEUT CONTEMPLER LA VILLE EN
22	014	NOUS ARRIVE DU NOIR HOSPICE PERCHE SUR LA MONTAGNE; ET, LE SOIR, EN FUMANT ET EN
15	014	BIEN LOIN, SUR LE VERSANT D'UNE AUTRE MONTAGNE. SUR LE PETIT LAC IMMOBILE, NOIR DE
14	040	POUR OBTENIR QUELQUE BATON DE SUCRE, OU MONTAIENT SUR LES EPAULES DE LEURS PERES POUR
21	002	MOINS EXTRAORDINAIRE, ONT LA NUIT DERNIERE MONTE L'ESCALIER MYSTERIEUX PAR OU L'ENFER
22	009	HARMONIE, COMME CELLE DE LA MAREE QUI MONTE OU D'UNE TEMPETE QUI S'EVEILLE. QUELS
10	022	LA PRECAUTION D'ACHETER DES GANTS; ETRE MONTE POUR TUER LE TEMPS; PENDANT UNE AVERSE,
51	001	LE COEUR CONTENT, JE SUIS MONTE SUR LA MONTAGNE D'OU L'ON PEUT
50	006	ET JE LUI DIRAIS: ''DESCENDS DU CIEL, OU MONTE VERS MOI DES CHAMPS ELYSEENS; POUR
27	091	LARMES D'UNE EMOTION TOUJOURS PRESENTE ME MONTENT AUX YEUX PENDANT QUE JE CHERCHE A VOUS
18	081	TOUT CHARGES DE RICHESSES, ET D'OU MONTENT LES CHANTS MONOTONES DE LA MANOEUVRE,
07	012	RENDANT VISIBLES LES PARFUMS, LES FAIT MONTER VERS L'ASTRE COMME DES FUMEES.
09	067	''--HE! HE!'' ET JE LUI CRIAI DE MONTER. CEPENDANT JE REFLECHISSAIS; NON SANS
19	038	ROUTE ET LE CHATEAU, L'ENFANT PAUVRE MONTRAIT A L'ENFANT RICHE SON PROPRE JOUJOU,
42	097	FOIS. --J'AURAIS PU FAIRE MA FORTUNE EN LA MONTRANT DANS LES FOIRES COMME MONSTRE
26	015	NEUF, ENCORE TOUT PLEIN DE GRAVOIS ET MONTRANT DEJA GLORIEUSEMENT SES SPLENDEURS
21	071	NOMBREUSES VOIX HUMAINES. ET IL RIAIT, EN MONTRANT IMPUDEMMENT SES DENTS GATEES, D'UN
42	095	ET ELLE REPETAIT CES MOTS JOUR ET NUIT EN MONTRANT LES PLUS JOLIES DENTS DU MONDE, QUI
42	073	DE LA REVOIR, ET ELLE ME DIT, EN ME MONTRANT SIX BEAUX ENFANTS: ''EH BIEN! MON
11	026	SA FEMME LEGITIME COMME UNE BETE, ET IL LA MONTRE DANS LES FAUBOURGS, LES JOURS DE FOIRE,
25	022	SOULEVE PAR LE COIN SA JUPE FLOTTANTE ET MONTRE SA JAMBE LUISANTE ET SUPERBE; ET SON
12	028	POESIE ET CHARITE, A L'IMPREVU QUI SE MONTRE, A L'INCONNU QUI PASSE. IL EST BON
16	004	DE NANKIN, S'APERCUT QU'IL AVAIT OUBLIE SA MONTRE, ET DEMANDA A UN PETIT GARCON QUELLE
47	036	IL DISAIT FIEREMENT, EN REGARDANT SA MONTRE: ''CINQ MINUTES, MESSIEURS!'' --OH!
14	069	CURIOSITE, QUELLE MERVEILLE IL AVAIT A MONTRER DANS CES TENEBRES PUANTES, DERRIERE
27	061	PETIT ETAT, A RESSOURCES RESTREINTES, PEUT MONTRER DE SPLENDEURS POUR UNE VRAIE
21	116	QUE JE FUSSE BIEN LOURDEMENT ASSOUPI POUR MONTRER DE TELS SCRUPULES. AH! S'ILS POUVAIENT
30	100	CONSOLATION. ENSUITE ELLE ME PRIA DE LUI MONTRER L'ENDROIT OU SON PETIT S'ETAIT PENDU.
32	020	OU SI LE BATON N'EST QUE LE PRETEXTE POUR MONTRER LA BEAUTE DES PAMPRES ET DES FLEURS?
14	004	SALTIMBANQUES, LES FAISEURS DE TOURS, LES MONTREURS D'ANIMAUX ET LES BOUTIQUIERS
06	011	DEUX VASTES GRIFFES A LA POITRINE DE SA MONTURE; ET SA TETE FABULEUSE SURMONTAIT LE
43	012	LA CHARMANTE CREATURE RIAIT FOLLEMENT, EN MOQUANT DE LA MALADRESSE DE SON EPOUX.
31	096	COU PAR UNE COURROIE, AVAIT L'AIR DE SE MOQUER DE LA PLAINTE DE SON VOISIN, TANDIS QUE
27	064	MAGIE DU LUXE ETALE, ENSUITE PAR L'INTERET MORAL ET MYSTERIEUX QUI Y ETAIT ATTACHE. LE
32	001	QU'EST-CE QU'UN THYRSE? SELON LE SENS MORAL ET POETIQUE, C'EST UN EMBLEME SACERDOTAL
27	021	RELATIVEMENT AUX HOMMES ET A LA MORALE, VERITABLE ARTISTE LUI-MEME, IL NE
09	013	IRRESISTIBLE, COMME LA FLECHE D'UN ARC. LE MORALISTE ET LE MEDECIN, QUI PRETENDENT TOUT
15	043	L'OBJET DE SA CONVOITISE; PUIS, HAPPANT LE MORCEAU AVEC SA MAIN; IL SE RECULA VIVEMENT,
30	128	MEME BUT, C'EST-A-DIRE A OBTENIR DE MOI UN MORCEAU DE LA FUNESTE ET BEATIFIQUE CORDE.
15	068	A VRAI DIRE, AUCUN SUJET DE BATAILLE; LE MORCEAU DE PAIN AVAIT DISPARU, ET IL ETAIT
15	029	ASCENSION. JE TIRAI DE MA POCHE UN GROS MORCEAU DE PAIN, UNE TASSE DE CUIR ET UN
15	036	ET COMME SUPPLIANTS, DEVORAIENT LE MORCEAU DE PAIN. ET JE L'ENTENDIS SOUPIRER,
19	014	LES CHATS QUI VONT MANGER LOIN DE VOUS LE MORCEAU QUE VOUS LEUR AVEZ DONNE, AYANT APPRIS
15	053	AVEC LES DENTS, ET EN CRACHA UN PETIT MORCEAU SANGLANT AVEC UN SUPERBE JURON PATOIS.
11	056	HABILE PREND SOIN DE DECOUPER LES MORCEAUX? ''ET QUE PEUVENT SIGNIFIER POUR MOI
25	034	DE DOULEUR SOUS LE SOLEIL QUI LES MORD, QUEL PUISSANT MOTIF FAIT DONC ALLER
50	054	A TRAVERS LA CROTTE, SOUS LA CANICULE MORDANTE, SOUS LA PLUIE RUISSELANTE, ILS VONT,
17	033	TES TRESSES LOURDES ET NOIRES. QUAND JE MORDILLE TES CHEVEUX ELASTIQUES ET REBELLES,
17	032	DU MUSC ET DE L'HUILE DE COCO. LAISSE-MOI MORDRE LONGTEMPS TES TRESSES LOURDES ET
39	017	LE TEMPS ET L'AMOUR L'ONT VAINEMENT MORDUE A BELLES DENTS; ILS N'ONT RIEN DIMINUE
33	008	L'HERBE VERTE D'UN FOSSE, DANS LA SOLITUDE MORNE DE VOTRE CHAMBRE, VOUS VOUS REVEILLEZ,
34	004	FOIS IL S'ETAIT REPLONGE, ETINCELANT OU MOROSE, DANS SON IMMENSE BAIN DU SOIR. DEPUIS
46	008	LA BOUE, A TRAVERS CE CHAOS MOUVANT OU LA MORT ARRIVE AU GALOP DE TOUS LES COTES A LA
27	013	AINSI QUE FANCIOULLE; ET VOUES A UNE MORT CERTAINE. JE CROIRAIS VOLONTIERS QUE LA
30	113	POUR CE QUI AVAIT SERVI D'INSTRUMENT A LA MORT DE SON FILS, ET IL VOULAIT GARDER COMME
30	073	UN MEDECIN QUI DECLARA QUE L'ENFANT ETAIT MORT DEPUIS PLUSIEURS HEURES. QUAND, PLUS
22	034	SA MANIE CREPUSCULEUSE. LE PREMIER EST MORT FOU, INCAPABLE DE RECONNAITRE SA FEMME ET
27	000	UNE MORT HEROIQUE
25	004	SIESTE, UNE SIESTE QUI EST UNE ESPECE DE MORT SAVOUREUSE OU LE DORMEUR, A DEMI EVEILLE,
27	137	UN PEU EN ARRIERE, ET PUIS TOMBA ROIDE MORT SUR LES PLANCHES. LE SIFFLET, RAPIDE
18	072	ET RENOUVELEE; ET, DE LA NAISSANCE A LA MORT, COMBIEN COMPTONS-NOUS D'HEURES REMPLIES
27	101	DE L'ARTISTE. PERSONNE NE REVA PLUS DE MORT, DE DEUIL, NI DE SUPPLICES. CHACUN
45	023	L'ATMOSPHERE DES ARDENTS PARFUMS DE LA MORT, IL ENTENDIT UNE VOIX CHUCHOTER SOUS LA
45	032	ET COMBIEN TOUT EST NEANT, EXCEPTE LA MORT, VOUS NE VOUS FATIGUEREZ PAS TANT,
34	042	BEAUTE, JE ME SENTAIS ABATTU JUSQU'A LA MORT; ET C'EST POURQUOI, QUAND CHACUN DE MES

POEM LINE

POEM	LINE		
31	089	QU'ILS FAISAIENT DE LA MUSIQUE; UNE	MUSIQUE SI SURPRENANTE QU'ELLE DONNE ENVIE
24	032	MES SONGES, LE CHANT PLAINTIF DES ARBRES A	MUSIQUE, DES MELANCOLIQUES FILAOS! OUI, EN
31	110	RECETTE: ''CES GENS-LA NE SENTENT PAS LA	MUSIQUE, ET LEURS FEMMES DANSENT COMME DES
13	072	GRATIS, AU GRE DU VENT, UN LAMBEAU DE	MUSIQUE, ET REGARDANT L'ETINCELANTE FOURNAISE
31	089	BRILLANTS PENDANT QU'ILS FAISAIENT DE LA	MUSIQUE; UNE MUSIQUE SI SURPRENANTE QU'ELLE
13	067	FEIGNANT DE DEGUSTER INDOLEMMENT LA	MUSIQUE. ICI RIEN QUE DE RICHE, D'HEUREUX;
17	009	COMME L'AME DES AUTRES HOMMES SUR LA	MUSIQUE. TES CHEVEUX CONTIENNENT TOUT UN REVE,
34	049	PARFUM DE ROSE ET DE MUSC, ET D'OU LES	MUSIQUES DE LA VIE NOUS ARRIVAIENT EN UN
34	023	EBLOUISSANTE. IL SEMBLAIT QUE LES	MUSIQUES DE LA VIE S'EN DETACHAIENT EN UN
21	018	CHAQUE FOIS QU'IL SOUPIRAIT, DES INSECTES	MUSQUES S'ILLUMINAIENT, EN VOLETANT, AUX
27	068	EST DE REPRESENTER SYMBOLIQUEMENT LE	MYSTERE DE LA VIE. IL ENTRA EN SCENE
21	091	CE QUI ME FRAPPA LE PLUS, CE FUT LE	MYSTERE DE SA VOIX, DANS LAQUELLE JE
05	034	DOIS-JE D'ETRE AINSI ENTOURE DE	MYSTERE, DE SILENCE, DE PAIX ET DE PARFUMS? O
36	010	SONT DEUX ANTRES OU SCINTILLE VAGUEMENT LE	MYSTERE, ET SON REGARD ILLUMINE COMME
47	016	GENRE-LA. VENEZ.'' J'AIME PASSIONNEMENT LE	MYSTERE, PARCE QUE J'AI TOUJOURS L'ESPOIR DE
06	034	JE M'OBSTINAI A VOULOIR COMPRENDRE CE	MYSTERE; MAIS BIENTOT L'IRRESISTIBLE
23	015	LES AMOUREUX DE LA SOLITUDE ET DU	MYSTERE. IL Y A DANS NOS RACES JACASSIERES DES
21	049	NE TE CONNAITRAIS PAS, VIEUX MONSTRE, TA	MYSTERIEUSE COUTELLERIE, TES FIOLES
09	003	QUI CEPENDANT, SOUS UNE IMPULSION	MYSTERIEUSE ET INCONNUE, AGISSENT QUELQUEFOIS
32	023	ET VENERE, CHER BACCHANT DE LA BEAUTE	MYSTERIEUSE ET PASSIONNEE. JAMAIS NYMPHE
43	007	DELICIEUSE ET EXECRABLE FEMME, A CETTE	MYSTERIEUSE FEMME A LAQUELLE IL DOIT TANT DE
18	042	POUR LES YEUX UNE SYMPHONIE MUETTE ET	MYSTERIEUSE; ET DE TOUTES CHOSES, DE TOUS LES
12	036	SANS DOUTE QUELQUE CHOSE DE CES	MYSTERIEUSES IVRESSES; ET, AU SEIN DE LA VASTE
13	042	MASCULIN DE SES MOEURS AJOUTAIT UN PIQUANT	MYSTERIEUX A LEUR AUSTERITE. JE NE SAIS DANS
41	010	PUIS, SURTOUT, IL Y A UNE SORTE DE PLAISIR	MYSTERIEUX ET ARISTOCRATIQUE POUR CELUI QUI
21	003	ONT LA NUIT DERNIERE MONTE L'ESCALIER	MYSTERIEUX PAR OU L'ENFER DONNE ASSAUT A LA
34	048	PLEINE DE PROMESSES, QUI NOUS ENVOYAIT UN	MYSTERIEUX PARFUM DE ROSE ET DE MUSC, ET D'OU
29	002	JE ME SUIS SENTI FROLE PAR UN ETRE	MYSTERIEUX QUE J'AVAIS TOUJOURS DESIRE
27	064	LUXE ETALE, ENSUITE PAR L'INTERET MORAL ET	MYSTERIEUX QUI Y ETAIT ATTACHE. LE SIEUR
35	004	IL N'EST PAS D'OBJET PLUS PROFOND, PLUS	MYSTERIEUX, PLUS FECOND, PLUS TENEBREUX, PLUS
09	053	(OBSERVEZ, JE VOUS PRIE, QUE L'ESPRIT DE	MYSTIFICATION QUI, CHEZ QUELQUES PERSONNES,
30	016	HISTOIRE, OU J'AI ETE SINGULIEREMENT	MYSTIFIE PAR L'ILLUSION LA PLUS NATURELLE.
32	016	DE SENTEURS ET DE COULEURS, EXECUTENT UN	MYSTIQUE FANDANGO AUTOUR DU BATON HIERATIQUE?
18	066	PAS TE MIRER, POUR PARLER COMME LES	MYSTIQUES, DANS TA PROPRE CORRESPONDANCE? DES
26	026	PANACHEES; TOUTE L'HISTOIRE ET TOUTE LA	MYTHOLOGIE MISES AU SERVICE DE LA GOINFRERIE.
30	028	BOHEMIEN, TANTOT EN ANGE, TANTOT EN AMOUR	MYTHOLOGIQUE. JE LUI AI FAIT PORTER LE VIOLON

		POEM	LINE
CE N'EST QUE, REVE PAR TOUS LES HOMMES, IL	N'A ETE REALISE PAR AUCUN. LE SOIR, UN PEU	26	011
DANS LE MONDE OU ELLE A ETE JETEE, ELLE	N'A JAMAIS PU CROIRE QUE LA FEMME MERITAT UNE	11	049
ARRETEE DE CLEMENCE? C'EST UN POINT QUI	N'A JAMAIS PU ETRE ECLAIRCI. ENFIN, LE GRAND	27	056
NOUVEAU, ET LA SERVILITE DE SA TENDRESSE	N'A JAMAIS RIEN DE FATIGANT.	39	027
INDESTRUCTIBLE DE SON ARMATURE. L'AMOUR	N'A PAS ALTERE LA SUAVITE DE SON HALEINE	39	011
ET ARISTOCRATIQUE POUR CELUI QUI	N'A PLUS NI CURIOSITE NI AMBITION, A	41	011
DEVANT LA COUR DE...; MAIS AUCUN D'EUX	N'A PU RAPPELER LES MERVEILLEUX TALENTS DE	27	149
EN SOMME, ELLE EST EXQUISE. LE TEMPS	N'A PU ROMPRE L'HARMONIE PETILLANTE DE SA	39	009
DE SON HALEINE D'ENFANT; ET LE TEMPS	N'A RIEN ARRACHE DE SON ABONDANTE CRINIERE	39	012
N'EN FERAIENT PLUS QU'UNE; --UN REVE QUI	N'A RIEN D'ORIGINAL, APRES TOUT, SI CE N'EST	26	010
MEME DANS SON EXPANSION LA PLUS HEUREUSE,	N'A RIEN DE COMMUN AVEC CETTE VIE SUPREME DONT	05	036
DES RICHES. CETTE TURBULENCE DANS LE VIDE	N'A RIEN QUI LES ATTIRE. AU CONTRAIRE, ILS SE	13	014
--POUR MOI, REPRIT L'INTERRUPTEUR, JE	N'AI A ME PLAINDRE QUE DE MOI-MEME. LE BONHEUR	42	059
DETOURNAI AVEC DEGOUT ET JE REPONDIS: ''JE	N'AI BESOIN, POUR MA JOUISSANCE, DE LA MISERE	21	079
DE PLUSIEURS VILAINES ACTIONS QUE JE	N'AI JAMAIS COMMISES, ET AVOIR LACHEMENT NIE	10	030
JE	N'AI JAMAIS ROUGI, MEME DEVANT LES JEUNES	50	001
PERE, TA MERE, TA SOEUR OU TON FRERE? --JE	N'AI NI PERE, NI MERE, NI SOEUR, NI FRERE.	01	003
SOUVENT. ET AVEC MOI, NE TE GENE PAS; JE	N'AI PAS BESOIN D'ARGENT.'' MAIS TU COMPRENDS	47	095
DE MA TETE DANS LA FANGE DU MACADAM, JE	N'AI PAS EU LE COURAGE DE LA RAMASSER. J'AI	46	011
A JOUER DE LEURS INSTRUMENTS; MAIS JE	N'AI PAS OSE, SANS DOUTE PARCE QU'IL EST	31	122
ET SI NOBLE DANS TOUT SON AIR, QUE JE	N'AI PAS SOUVENIR D'AVOIR VU SA PAREILLE DANS	13	079
S'OCCUPE PAS DE MOI ET DE MON ENNUI, ET JE	N'AI PAS UNE BELLE BONNE POUR ME DORLOTER. IL	31	077
ET JE LUI REPONDIS: ''GRAND MERCI! JE	N'AI QUE FAIRE DE CETTE PACOTILLE D'ETRES QUI,	21	045
MACARON!'' ARRIERE LA MUSE ACADEMIQUE! JE	N'AI QUE FAIRE DE CETTE VIEILLE BEGUEULE.	50	014
UNE TRANQUILLITE DANS LA DROLERIE QUE JE	N'AI TROUVEES DANS AUCUN DES PLUS CELEBRES	29	060
O SATAN, PATRON DE MA DETRESSE, QUE JE	N'ALLAIS PAS LA POUR REPANDRE UN VAIN PLEUR;	51	006
QUE D'HOMMES! MAIS TOUS, CROYEZ-LE BIEN,	N'APPARTENAIENT PAS A LA CLASSE INFIME ET	30	131
LE SOUVENIR DES CHOSES TERRESTRES	N'ARRIVAIT A MON COEUR QU'AFFAIBLI ET DIMINUE,	15	011
SE REDRESSER AVEC UNE ENERGIE QUE JE	N'AURAIS JAMAIS SOUPCONNEE DANS UNE MACHINE SI	49	063
QUI SORTAIENT DE CETTE BOUCHE D'OU JE	N'AURAIS VOULU VOIR S'ENVOLER QUE DES	42	040
N'AURAIS-JE PAS MON BON ANGE, ET POURQUOI	N'AURAIS-JE PAS L'HONNEUR, COMME SOCRATE,	49	029
SOCRATE AVAIT SON BON DEMON, POURQUOI	N'AURAIS-JE PAS MON BON ANGE, ET POURQUOI	49	029
QUE J'AURAIS LONGTEMPS CONTINUE, SI JE	N'AVAIS PAS EU PEUR, PEUR DE LA REVEILLER	31	059
DE LA SUPERSTITION, ET M'AVOUA QU'ELLE	N'AVAIT EU PEUR, RELATIVEMENT A SON PROPRE	29	071
UN AN DE VIE COMMUNE, ELLE M'AVOUA QU'ELLE	N'AVAIT JAMAIS CONNU LE PLAISIR. DE ME	42	070
CURIEUSE A NOTER: AUCUN DE CES VOYAGEURS	N'AVAIT L'AIR IRRITE CONTRE LA BETE FEROCE	06	020
GARDE TES PRESENTS.'' LE SECOND SATAN	N'AVAIT NI CET AIR A LA FOIS TRAGIQUE ET	21	054
CONTRAIRE UNE GRACE ACCORDEE A CELUI QUI	N'AVAIT PAS ENCORE VECU, UNE GRACE POUVANT	20	017
GARCON! SES CAMARADES M'ONT DIT QU'IL	N'AVAIT PAS LE SOU, PARCE QUE SES PARENTS SONT	47	091
MAIS, AU POINT DE VUE DE LA LOI, IL	N'AVAIT PAS TORT.	40	011
SUGGERER, PERSUADER. CE PAUVRE SOCRATE	N'AVAIT QU'UN DEMON PROHIBITEUR; LE MIEN EST	49	035
VITRES; ET JE LUI DIS: ''--COMMENT? VOUS	N'AVEZ PAS DE VERRES DE COULEUR? DES VERRES	09	074
DANS DES QUARTIERS PAUVRES, ET VOUS	N'AVEZ PAS MEME DE VITRES QUI FASSENT VOIR LA	09	078
PLUS ADMIRE MA DERNIERE MAITRESSE QUE VOUS	N'AVEZ PU, JE CROIS, HAIR OU AIMER LES VOTRES.	42	083
M'A EMPECHE DE FAIRE, QUE JE REGRETTE DE	N'AVOIR BESOIN DE PERSONNE. LEURS GRANDS YEUX	31	087
TOUS NOS MALHEURS NOUS VIENNENT DE	N'AVOIR PAS COMMISES! QUE DE DETTES PAYEES	42	134
SE CROISENT; LES OISIFS, FATIGUES DE	N'AVOIR PAS SU RESTER DANS NOTRE CHAMBRE,''	23	037
QUANT A LA DIABLESSE, JE MENTIRAIS SI JE	N'AVOUAIS PAS QU'A PREMIERE VUE JE LUI TROUVAI	21	083
ENFANTS, QUI DEPUIS QUELQUES SECONDES	N'ECOUTAIT PLUS LE DISCOURS DE SON CAMARADE ET	31	023
RAISON; APRES LE PLAISIR D'ETRE ETONNE, IL	N'EN EST PAS DE PLUS GRAND QUE CELUI DE CAUSER	28	020
A L'AUTRE, ET QUE NOS DEUX AMES DESORMAIS	N'EN FERAIENT PLUS QU'UNE; --UN REVE QUI N'A	26	009
FEMMES. IL EUT ETE PLUS PHILOSOPHIQUE DE	N'EN PAS PARLER DU TOUT; MAIS IL Y A DES GENS	42	011
ILS ALLAIENT AINSI. IL ME REPONDIT QU'IL	N'EN SAVAIT RIEN, NI LUI, NI LES AUTRES! MAIS	06	016
QUE VOUS EN TIRERIEZ PLUS DE SOUPIRS QUE	N'EN TIRAIENT DU SEIN DE MA MAITRESSE LES	42	068
AUX BETES, PARCE QUE LES HOMMES IMBECILES	N'EN VEULENT PLUS. D'AUTRES QUI, COMME DES	50	066
SE DISPUTANT LA PRECIEUSE PROIE, AUCUN	N'EN VOULANT SANS DOUTE SACRIFIER LA MOITIE	15	050
ENFIN! SEUL! ON	N'ENTEND PLUS QUE LE ROULEMENT DE QUELQUES	10	001
ME LAISSE M'AMUSER A MA GUISE. ''VOUS	N'EPROUVAI, QUANT A CETTE PERTE, QU'UN PEU	29	044
INUTILE ET QUELQUEFOIS SI GENANTE, QUE JE	N'EPROUVEZ DONC JAMAIS;-- ME DIT-IL, AVEC UN	23	027
UN HOMME EN LUI DONNANT PLUS QU'IL	N'ESPERE.'' JE LE REGARDAIS DANS LE BLANC DES	28	045
BEAUTE ELLE-MEME NE SUFFIT PLUS, SI ELLE	N'EST ASSAISONNEE PAR LE PARFUM, LA PARURE, ET	42	023
CELUI QUI REGARDE UNE FENETRE FERMEE.	N'EST JAMAIS EXCUSABLE D'ETRE MECHANT, MAIS IL	28	056
UN PAYSAGE TROPICAL, IL SE DIT: ''NON! CE	N'EST PAS D'OBJET PLUS PROFOND, PLUS	35	003
PAROLES: ''OUI, VOUS AVEZ RAISON; IL	N'EST PAS DANS UN PALAIS QUE JE VOUDRAIS	24	010
LE VAGUE N'EXCLUT PAS L'INTENSITE; ET IL	N'EST PAS DE PLAISIR PLUS DOUX QUE DE	28	044
IL	N'EST PAS DE POINTE PLUS ACEREE QUE CELLE DE	03	046
DES YEUX, IL AFFIRMA SANS HESISTER: ''IL	N'EST PAS DONNE A CHACUN DE PRENDRE UN BAIN DE	12	001
POUR BUFFON; MAIS AUJOURD'HUI CE	N'EST PAS ENCORE TOUT A FAIT MIDI.'' CE QUI	16	010
QUI, CHEZ QUELQUES PERSONNES,	N'EST PAS L'AME DE CE PEINTRE DE LA NATURE	50	003
NI DE SECONDES.--UNE HEURE IMMOBILE QUI	N'EST PAS LE RESULTAT D'UN TRAVAIL OU D'UNE	09	054
LE COEUR PLEIN DE HAINE. ENFIN, CE	N'EST PAS MARQUEE SUR LES HORLOGES, ET	16	020
NOURRITURE ENLEVEE. GRAND DIEU! LE BATON	N'EST PAS MOI QUI EN SUIS MORT! --AH! FIRENT	42	144
PAR MINUTE, SECONDE PAR SECONDE! NON! IL	N'EST PAS UN BATON DE COMEDIE, AVEZ-VOUS	11	038
SECONDE! NON! IL N'EST PLUS DE MINUTES, IL	N'EST PLUS DE MINUTES; IL N'EST PLUS DE	05	040
ET LES SERVITEURS. MAIS PHYSIQUEMENT CE	N'EST PLUS DE SECONDES! LE TEMPS A DISPARU;	05	040
QUI N'A RIEN D'ORIGINAL, APRES TOUT, SI CE	N'EST QU'UN BATON, UN PUR BATON, PERCHE A	32	005
POUR TUER LE TEMPS. TUER CE MONSTRE--LA	N'EST QUE LE PRETEXTE POUR MONTRER LA BEAUTE	32	020
REVERRONS, TU ME DONNERAS TON PORTRAIT;	N'EST-CE PAS L'OCCUPATION LA PLUS ORDINAIRE ET	43	004
RETROUVEE; ALLEGORIQUE DAHLIA, C'EST LA,	N'EST-CE PAS, CHERI? --MAIS, LUI DIS-JE,	47	074
JE VOIS L'HEURE; IL EST L'ETERNITE!''	N'EST-CE PAS, DANS CE BEAU PAYS SI CALME ET SI	18	063
ANTIENNE, ET ME DISAIT: ''TU ES MEDECIN,	N'EST-CE PAS, MADAME, QUE VOICI UN MADRIGAL	16	030
A PARIS. IL A L'AIR D'UNE DEMOISELLE,	N'EST-CE PAS, MON CHAT?'' CET ININTELLIGIBLE	47	040
MATERNEL QU'UNE LUMIERE SANS CHALEUR!	N'EST-CE PAS?'' CE COMME JE TOUCHAIS A UN	47	066
ANNONCENT QUE LA MACONNERIE EST ACHEVEE.	N'EST-IL DONC PAS PARFAITEMENT LEGITIME	30	013
ICI DE PARTICULIER. C'EST QUE LES DONS	N'EST-IL PAS JUSTE QUE DE SI ZELES COMEDIENS	50	094
QUATRE HOMMES FUMAIENT ET BUVAIENT. ILS	N'ETAIENT PAS LA RECOMPENSE D'UN EFFORT, MAIS	20	003
SEMBLAIT, APRES PLUSIEURS HEURES, QUE LE	N'ETAIENT PRECISEMENT NI JEUNES NI VIEUX, NI	42	003
D'UNE ARMOIRE UNE LIASSE DE PAPIERS, QUI	N'ETAIS PAS PLUS IVRE QUE LUI. CEPENDANT LE	29	038
	N'ETAIT AUTRE CHOSE QUE LA COLLECTION DES	47	049

POEM LINE

POEM	LINE		
42	076	VIERGE QUE L'ETAIT VOTRE MAITRESSE.'' RIEN	N'ETAIT CHANGE DANS CETTE PERSONNE.
28	028	PAREILLE CONDUITE, DE LA PART DE MON AMI,	N'ETAIT EXCUSABLE QUE PAR LE DESIR DE CREER UN
27	016	FAVORI PARMI LES REBELLES. LE PRINCE	N'ETAIT NI MEILLEUR NI PIRE QU'UN AUTRE; MAIS
25	057	ELLE SERAIT PARFAITEMENT HEUREUSE SI ELLE	N'ETAIT OBLIGEE D'ENTASSER PIASTRE SUR PIASTRE
47	059	DE SON AME!'' TOUT CELA, PARCE QUE L'AUTRE	N'ETAIT PAS DE SON AVIS DANS LA MEME AFFAIRE!
30	062	COUPER LA CORDE. MAIS CELA FAIT,	N'ETAIT PAS FINI! LE PETIT MONSTRE S'ETAIT
27	109	UN OEIL CLAIRVOYANT, SON IVRESSE, A LUI,	N'ETAIT PAS SANS MELANGE. SE SENTAIT-IL VAINCU
22	031	IL ETAIT IMPITOYABLE LE SOIR; ET CE	N'ETAIT PAS SEULEMENT SUR AUTRUI, MAIS AUSSI
06	008	FANTASSIN ROMAIN. MAIS LA MONSTRUEUSE BETE	N'ETAIT PAS UN POIDS INERTE; AU CONTRAIRE,
30	057	D'ABORD L'ILLUSION DE LA VIE. LE DEPENDRE	N'ETAIT PAS UNE BESOGNE AUSSI FACILE QUE VOUS
49	016	PARCOURU LE DICTIONNAIRE. MAIS CE	N'ETAIT QUE L'IDEE D'UNE IDEE, QUELQUE CHOSE
14	036	LEURS JUPES D'ETINCELLES. TOUT	N'ETAIT QUE LUMIERE, POUSSIERE, CRIS, JOIE,
20	043	UNIQUE D'UNE FAMILLE TRES-RICHE, QUI,	N'ETANT DOUE D'AUCUN SENS DE CHARITE, NON PLUS
47	083	IL Y EN A QUI ME DISENT FROIDEMENT: ''VOUS	N'ETES PAS MALADE DU TOUT!'' MAIS IL Y EN A
42	037	QUI VOULAIT TOUJOURS FAIRE L'HOMME. ''VOUS	N'ETES PAS UN HOMME! AH! SI J'ETAIS ''UN
47	030	AVEZ-VOUS GAGNE CES CHEVEUX BLANCS? VOUS	N'ETIEZ PAS AINSI, IL N'Y A PAS ENCORE BIEN
31	051	--''CA FAIT UN SINGULIER EFFET, ALLEZ, DE	N'ETRE PAS COUCHE SEUL ET D'ETRE DANS UN LIT
33	015	''IL EST L'HEURE DE S'ENIVRER! POUR	N'ETRE PAS LES ESCLAVES MARTYRISES DU TEMPS,
29	119	ME CONGEDIANT AVEC UN BON SOURIRE. SI CE	N'EUT ETE LA CRAINTE DE L'HUMILIER DEVANT UNE
27	030	LE GRAND MALHEUR DE CE PRINCE FUT QU'IL	N'EUT JAMAIS UN THEATRE ASSEZ VASTE POUR SON
42	081	COMIQUE DANS L'AMOUR, ET D'UN COMIQUE QUI	N'EXCLUT PAS L'ADMIRATION. J'AI PLUS ADMIRE MA
03	003	SENSATIONS DELICIEUSES DONT LE VAGUE	N'EXCLUT PAS L'INTENSITE; ET IL N'EST PAS DE
23	013	FOU FURIEUX DANS L'ILE DE ROBINSON. JE	N'EXIGE PAS DE MON GAZETIER LES COURAGEUSES
42	139	MES CAPRICES. POUR COMBLE D'HORREUR, ELLE	N'EXIGEAIT PAS DE RECONNAISSANCE, LE DANGER
29	077	DU DIABLE EST DE VOUS PERSUADER QU'IL	N'EXISTE PAS!'' LE SOUVENIR DE CE CELEBRE
14	060	AUCUNE CHANSON, NI GAIE, NI LAMENTABLE, IL	N'IMPLORAIT PAS. IL ETAIT MUET ET IMMOBILE. IL
48	000		N'IMPORTE OU HORS DU MONDE
48	044	EXPLOSION, ET SAGEMENT ELLE ME CRIE: ''	N'IMPORTE OU! N'IMPORTE OU! POURVU QUE CE SOIT
48	044	ET SAGEMENT ELLE ME CRIE: ''N'IMPORTE OU!	N'IMPORTE OU! POURVU QUE CE SOIT HORS DE CE
31	124	TOUJOURS TRES-DIFFICILE DE SE DECIDER A	N'IMPORTE QUOI, ET AUSSI PARCE QUE J'AVAIS
13	068	RICHE, D'HEUREUX? RIEN QUI NE RESPIRE ET	N'INSPIRE L'INSOUCIANCE ET LE PLAISIR DE SE
39	018	L'ONT VAINEMENT MORDUE A BELLES DENTS; ILS	N'ONT RIEN DIMINUE DU CHARME VAGUE, MAIS
29	124	DEFIANCE RENTRA DANS MON SEIN; JE	N'OSAIS PLUS CROIRE A UN SI PRODIGIEUX
14	071	SON RIDEAU DECHIQUETE? EN VERITE, JE	N'OSAIS; ET, DUT LA RAISON DE MA TIMIDITE VOUS
47	100	QUE J'AI UNE DROLE D'ENVIE QUE JE	N'OSE PAS LUI DIRE? --JE VOUDRAIS QU'IL VINT
19	011	YEUX S'AGRANDIR DEMESUREMENT. D'ABORD ILS	N'OSERONT PAS PRENDRE; ILS DOUTERONT DE LEUR
50	012	DE LA POSTERITE; ET SURTOUT QUE CET ANE	N'OUBLIE PAS DE PORTER, DELICATEMENT SUSPENDU
50	121	DANS LA TAVERNE DE LA RUE VILLA-HERMOSA	N'OUBLIERA AVEC QUELLE PETULANCE LE PEINTRE
29	074	S'ECRIER EN CHAIRE: ''MES CHERS FRERES,	N'OUBLIEZ JAMAIS, QUAND VOUS ENTENDREZ VANTER
47	030	CHEVEUX BLANCS? VOUS N'ETIEZ PAS AINSI, IL	N'Y A PAS ENCORE BIEN LONGTEMPS, QUAND VOUS
24	014	IMAGE! DANS CES SOLENNELLES GALERIES, IL	N'Y A PAS UN COIN POUR L'INTIMITE. DECIDEMENT,
05	079	L'INSUPPORTABLE, L'IMPLACABLE VIE!'' IL	N'Y A QU'UNE SECONDE DANS LA VIE HUMAINE QUI
31	047	L'AUBERGE OU NOUS NOUS SOMMES ARRETES; IL	N'Y AVAIT PAS ASSEZ DE LITS POUR NOUS TOUS; IL
45	006	PROFOND DES ANCIENS EGYPTIENS; POUR QUI IL	N'Y AVAIT PAS DE BON FESTIN SANS SQUELETTE, OU
15	067	PAR IMPOSSIBILITE DE CONTINUER, IL	N'Y AVAIT PLUS, A VRAI DIRE, AUCUN SUJET DE
31	084	QUI VIVENT COMME JE VOUDRAIS VIVRE. VOUS	N'Y AVEZ PAS FAIT ATTENTION, VOUS AUTRES. ILS
24	011	JE VOUDRAIS POSSEDER SA CHERE VIE. VOUS	N'Y SERIONS PAS CHEZ NOUS. ''D'AILLEURS CES MURS
05	018	LAQUELLE SE MELE UNE TRES-LEGERE HUMIDITE,	NAGE DANS CETTE ATMOSPHERE, OU L'ESPRIT
18	071	SECRETE ET RENOUVELEE, ET, DE LA	NAISSANCE A LA MORT, COMBIEN COMPTONS-NOUS
29	028	FRATERNELLE QUE CETTE CRAINTE QUI	NAIT ORDINAIREMENT A L'ASPECT DE L'INCONNU. SI
29	019	D'UNE ETERNELLE APRES-MIDI. ILS SENTIRENT	NAITRE EN EUX, AUX SONS ASSOUPISSANTS DES
16	003	SE PROMENANT DANS LA BANLIEUE DE	NANKIN, S'APERCUT QU'IL AVAIT OUBLIE SA
26	019	LES MURS AVEUGLANTS DE BLANCHEUR, LES	NAPPES EBLOUISSANTES DES MIROIRS, LES ORS DES
39	014	MIDI FRANCAIS: NIMES, AIX, ARLES, AVIGNON,	NARBONNE, TOULOUSE, VILLES BENIES DU SOLEIL,
36	025	AU BAS DE CE VISAGE INQUIETANT, OU DES	NARINES MOBILES ASPIRENT L'INCONNU ET
18	087	PRODUITS DE L'ORIENT, ILS RENTRENT AU PORT	NATAL, CE SONT ENCORE MES PENSEES ENRICHIES
20	027	EMPLOYES DU MONT-DE-PIETE QUAND UNE FETE	NATIONALE AUTORISE LES DEGAGEMENTS GRATUITS.
17	018	D'HOMMES VIGOUREUX DE TOUTES	NATIONS ET DE NAVIRES DE TOUTES FORMES
25	038	ARRANGEE, DONT LES FLEURS ET LES	NATTES FONT A SI PEU DE FRAIS UN PARFAIT
24	025	ROSE TAMISEE PAR LES STORES, DECOREE DE	NATTES FRAICHES ET DE FLEURS CAPITEUSES, AVEC
30	010	TRIVIAL, TOUJOURS SEMBLABLE ET D'UNE	NATURE A LAQUELLE IL SOIT IMPOSSIBLE DE SE
28	026	HEURES (DE QUELLE FATIGANTE FACULTE LA	NATURE M'A FAIT CADEAU!) ENTRA SOUDAINEMENT
50	004	CE N'EST PAS L'AME DE CE PEINTRE DE LA	NATURE POMPEUSE QUE J'APPELLERAI A MON AIDE.
03	024	SOUFFRIR, OU FUIR ETERNELLEMENT LE BEAU?	NATURE, ENCHANTERESSE SANS PITIE, RIVALE
18	054	AUX AUTRES; COMME L'ART L'EST A LA	NATURE, OU CELLE-CI EST REFORMEE PAR LE REVE,
18	070	CHAQUE HOMME PORTE EN LUI SA DOSE D'OPIUM	NATUREL, INCESSAMMENT SECRETEE ET RENOUVELEE,
30	017	MYSTIFIE PAR L'ILLUSION LA PLUS	NATURELLE. ''MA PROFESSION DE PEINTRE ME
27	043	OFFENSE. DE LA PART D'UN HOMME AUSSI	NATURELLEMENT ET VOLONTAIREMENT EXCENTRIQUE,
24	006	PELOUSES ET DES BASSINS! CAR ELLE A	NATURELLEMENT L'AIR D'UNE PRINCESSE.'' EN
29	078	DE CE CELEBRE ORATEUR NOUS CONDUISIT	NATURELLEMENT VERS LE SUJET DES ACADEMIES; ET
30	078	LES LUI ENLEVER. ''LE COMMISSAIRE, A QUI,	NATURELLEMENT, JE DUS DECLARER L'ACCIDENT, ME
11	041	MAINTENANT DE LA TETE, ELLE HURLE PLUS	NATURELLEMENT, DANS SA RAGE, ELLE ETINCELLE
09	001	IL Y A DES	NATURES PUREMENT CONTEMPLATIVES ET TOUT A FAIT
05	064	ODEUR DE TABAC MELEE A JE NE SAIS QUELLE	NAUSEABONDE MOISISSURE. ON RESPIRE ICI
17	023	SUR UN DIVAN, DANS LA CHAMBRE D'UN BEAU	NAVIRE, BERCEES PAR LE ROULIS IMPERCEPTIBLE DU
48	022	TOI QUI AIMES LES FORETS DE MATS, ET LES	NAVIRES AMARRES AU PIED DES MAISONS?'' MON AME
17	018	D'HOMMES VIGOUREUX DE TOUTES NATIONS ET DE	NAVIRES DE TOUTES FORMES DECOUPANT LEURS
18	080	ET CES CANAUX TRANQUILLES. CES ENORMES	NAVIRES QU'ILS CHARRIENT; TOUT CHARGES DE
41	006	JAMAIS LES LASSER. LES FORMES ELANCEES DES	NAVIRES, AU GREEMENT COMPLIQUE, AUXQUELS LA
13	029	UNE ABSENCE D'HARMONIE QUI LE REND PLUS	NAVRANT. IL EST CONTRAINT DE LESINER SUR SA
34	034	SA DIVINITE; JE NE POUVAIS, SANS UNE	NAVRANTE AMERTUME, ME DETACHER DE CETTE MER SI
21	037	ME REGARDA AVEC SES YEUX INCONSOLABLEMENT	NAVRES; D'OU S'ECOULAIT UNE INSIDIEUSE
15	025	JOURNAUX QUI PRETENDENT QUE L'HOMME EST	NE BON;-- QUAND LA MATIERE INCURABLE
22	011	QUELS SONT LES INFORTUNES QUE LE SOIR	NE CALME PAS, ET QUI PRENNENT, COMME LES
11	009	ET L'ACCABLEMENT DU REPOS; ET PUIS, VOUS	NE CESSEZ DE VOUS REPANDRE EN PAROLES
14	059	NE GESTICULAIT PAS, IL NE CRIAIT PAS; IL	NE CHANTAIT AUCUNE CHANSON, NI GAIE, NI
51	015	TELS SOUVENT VOUS OFFREZ DES PLAISIRS QUE	NE COMPRENNENT PAS LES VULGAIRES PROFANES.
28	011	TENDIT SA CASQUETTE EN TREMBLANT. --JE	NE CONNAIS RIEN DE PLUS INQUIETANS QUE
27	022	LA MORALE, VERITABLE ARTISTE LUI-MEME, IL	NE CONNAISSAIT D'ENNEMI DANGEREUX QUE L'ENNUI.
37	030	LIEU OU ILS NE SONT PAS, LA FEMME QU'ILS	NE CONNAISSENT PAS, LES FLEURS SINISTRES QUI
37	021	LE LIEU OU TU NE SERAS PAS; L'AMANT QUE TU	NE CONNAITRAS PAS; LES FLEURS MONSTRUEUSES;

POEM LINE

		POEM	LINE
NE DANSAIT PAS, IL NE GESTICULAIT PAS, IL	NE CRIAIT PAS; IL NE CHANTAIT AUCUNE CHANSON,	14	058
PAS, LE MISERABLE! IL NE PLEURAIT PAS, IL	NE DANSAIT PAS, IL NE GESTICULAIT PAS, IL NE	14	058
VERTUS DE CRUSOE, MAIS JE DEMANDE QU'IL	NE DECRETE PAS D'ACCUSATION LES AMOUREUX DE LA	23	014
ET MON ETRANGE CONVIVE M'AFFIRMA QU'IL	NE DEDAIGNAIT PAS, EN BEAUCOUP DE CAS,	29	080
JE NE ME SENTAIS PAS ASSEZ FORT, ETANT	NE DELICAT ET M'ETANT PEU EXERCE A LA BOXE,	49	046
OU J'AI COMPRIS SEULEMENT ALORS QU'ILS	NE DEMEURAIENT NULLE PART. ALORS L'UN A DIT:	31	104
ET DE COULEURS, TENDRES OU ECLATANTES.	NE DIRAIT-ON PAS QUE LA LIGNE COURBE ET LA	32	012
DANSENT AUTOUR DANS UNE MUETTE ADORATION?	NE DIRAIT-ON PAS QUE TOUTES CES COROLLES	32	014
CETTE PAUVRETE-LA, SI PAUVRETE IL Y A,	NE DOIT PAS ADMETTRE L'ECONOMIE SORDIDE; UN SI	13	089
SOUFFRANCE POSITIVE. MES NERFS TROP TENDUS	NE DONNENT PLUS QUE DES VIBRATIONS CRIARDES ET	03	019
VIE, VOUS RESSEMBLEZ AU PUBLIC, A QUI TU	NE DORMAIS PAS; JE ME SUIS AMUSE, PENDANT	31	053
LUI JETTE SON CORNAC. ''ALLONS, DIT-IL, IL	NE FAUT JAMAIS PRESENTER DES PARFUMS DELICATS	08	014
REVENIR PENDANT QUE JE SUIS EVEILLE, ET	NE FAUT PAS MANGER TOUT SON BIEN EN UN JOUR'',	11	031
INSTALLONS-NOUS AU POLE. LA LE SOLEIL	NE FERAIS PAS TANT LE DELICAT!'' ET JE LES	21	118
ASSEZ LONGTEMPS HORS DE CHEZ MOI. ''QUELS	NE FRISE QU'OBLIQUEMENT LA TERRE, ET LES	48	035
MAIS IL SERAIT POSSIBLE QUE CETTE SOLITUDE	NE FURENT PAS MON HORREUR ET MON ETONNEMENT	30	048
COMME S'IL EUT CRAINT QUE MON OFFRE	NE FUT DANGEREUSE QUE POUR L'AME OISIVE ET	23	007
INSPIRATION FORTUITE, PARTICIPE BEAUCOUP,	NE FUT PAS SINCERE OU QUE JE M'EN REPENTISSE	15	044
QUELQUEFOIS AUX HEUREUX DE CE MONDE,	NE FUT-CE QUE PAR L'ARDEUR DU DESIR, DE CETTE	09	056
IL NE PLEURAIT PAS, IL NE DANSAIT PAS, IL	NE FUT-CE QUE POUR HUMILIER UN INSTANT LEUR	12	031
LEURS FEMMES, LEURS ENFANTS, ET DE	NE GESTICULAIT PAS, IL NE CRIAIT PAS; IL NE	14	058
DES MELODIEUSES CASCADES; LE DESIR DE	NE JAMAIS REMONTER SUR LES HAUTES LAMES DE LA	29	021
BONHEUR EST VENU HABITER CHEZ MOI, ET IL	NE JAMAIS REVOIR LEURS PENATES, LEURS FEMMES,	29	020
ET J'EN FUS PLUS LOURDEMENT ACCABLE QU'ILS	NE L'AI PAS RECONNU. LA DESTINEE M'AVAIT, EN	42	061
QUE JE RECONNUS TOUT DE SUITE, QUOIQUE JE	NE L'ETAIENT EUX-MEMES PAR LEURS ECRASANTES	06	036
NOUS. D'AILLEURS CES MURS CRIBLES D'OR	NE L'EUSSE JAMAIS VU. IL Y AVAIT SANS DOUTE	29	004
IL DESCEND DERRIERE LE CLOCHER... AH! ON	NE LAISSERAIENT PAS UNE PLACE POUR ACCROCHER	24	012
COUPASSENT INTEMPESTIVEMENT LA PAROLE. JE	NE LE VOIT PLUS!'' ET L'ENFANT RESTA LONGTEMPS	31	035
SANS CRAINDRE LES TAMBOURS DE SANTERRE	NE LES PLAINS PAS, PARCE QUE JE DEVINE QUE	23	022
DESOEUVRES, QU'ON NOMME LEVRETTES, ET QUI	NE LEUR COUPASSENT INTEMPESTIVEMENT LA PAROLE.	23	020
ENTENDRE CA PAR UNE FOULE DE FACONS; MAIS JE	NE LOGENT MEME PAS DANS LEUR MUSEAU POINTU	50	028
A COMPROMETTRE LES PAUVRES; MAIS JE	NE LUI AI PAS DIT TOUT CRUMENT; J'AVAIS SI	47	097
LES JOUISSANCES TITILLANTES DE LA GLOIRE	NE LUI PARDONNERAI JAMAIS L'INEPTIE DE SON	28	055
LE QUATRIEME DIT: ''VOUS SAVEZ QUE JE	NE LUI SOIENT PAS INCONNUES. IL Y A DES	11	047
LOGIQUE! ME DIS-JE A MOI-MEME. --OH! JE	NE M'AMUSE GUERE A LA MAISON; ON NE ME MENE	31	074
ETOFFES AUSSI DOUCES QUE VOTRE PEAU, QUI	NE M'Y TROMPE GUERE; J'EN AI CONNU UN BON	47	079
ATMOSPHERE D'INSOUCIANCE. POUR MOI, JE	NE MANGEZ QUE DE LA VIANDE CUITE, ET POUR QUI	11	054
DE QUELQUES FONDAMENTAUX DONT IL	NE MANQUE JAMAIS, EN VRAI PARISIEN; DE PASSER	14	018
QUE JE NE M'AMUSE GUERE A LA MAISON; ON	NE ME CONVIENT PAS DE PARTAGER LES BENEFICES	29	065
A LUI BRISER DEUX DENTS; ET COMME LE	NE ME MENE JAMAIS AU SPECTACLE; MON TUTEUR EST	31	075
LES YEUX: ''JE NE SAIS PAS... JE	NE ME SENTAIS PAS ASSEZ FORT, ETANT NE DELICAT	49	045
LE DANGER PASSE. COMBIEN DE FOIS	NE ME SOUVIENS PAS.'' QUELLES BIZARRERIES NE	47	113
IL Y A DES GENS D'ESPRIT QUI, APRES BOIRE,	NE ME SUIS-JE PAS RETENU DE LUI SAUTER A LA	42	140
QUI S'AVANCE; FUYONS AVANT LES PLUIES ET	NE MEPRISENT PAS LES CONVERSATIONS BANALES. ON	42	012
Y A UN PEU DE PRECIPITATION ET DE HASARD,	NE MOUILLONS QUE NOTRE GOSIER'', A DIT UN DES	31	116
VEUX!'' OU: ''IL FAUT!'' OU BIEN: ''JE	NE NOUS ETONNONS PAS QU'IL EN SOIT DE MEME	20	033
D'UNE SOUPE PUISSANTE ET SOLIDE? ET	NE PARDONNE JAMAIS!'' ''SI, NERVEUX COMME JE	42	115
J'OSAI, DANS UN ACCES DE FAMILIARITE QUI	NE PARDONNEREZ-VOUS PAS UN PEU DE SENSUALITE A	50	096
ET LEGEREMENT HEBETE, FEIGNANT DE	NE PARUT PAS LUI DEPLAIRE, M'ECRIER, EN	29	051
M'OBLIGEA ME RETIRER DISCRETEMENT POUR	NE PAS COMPRENDRE ET COMME AVOUANT	42	164
DE LUI DONNER QUELQUE ARGENT ET DE	NE PAS LES FAIRE ROUGIR. LE SOIR, JE LES	42	056
SE SONT FAITS ET COMMENT ILS AURAIENT PU	NE PAS LUI IMPOSER D'AUTRE PEINE QUE DE	30	034
TOUT EST LA: C'EST L'UNIQUE QUESTION. POUR	NE PAS SE FAIRE?	47	126
IDEALISATION; QU'IL ETAIT IMPOSSIBLE DE	NE PAS SENTIR L'HORRIBLE FARDEAU DU TEMPS QUI	33	002
IL ETAIT FACILE DE DEVINER QUE CELUI-LA	NE PAS SUPPOSER VIVANTE, POSSIBLE, REELE. CE	27	082
SOLENNELS, EST SANS APPEL, ET QU'AUCUN DON	NE PERDRAIT PAS SA VIE A CHERCHER LA DIVINITE	31	072
SANS DOUCEUR ET SANS PATIENCE; ET IL	NE PEUT ETRE REFUSE. TOUTES LES FEES SE	20	052
TRAINE A SA MAIN UN BAMBIN QUI ELLE	NE PEUT MEME PAS, COMME LE PUR ANIMAL, COMME	13	101
ENFLAMMEES ELLES AIENT L'AIR TERRIBLE, ON	NE PEUT PAS PARTAGER SA REVERIE, OU CELLE QUI	13	033
ET LE MEDECIN, QUI PRETENDENT TOUT SAVOIR,	NE PEUT PAS S'EMPECHER DE LES AIMER. ON A	31	017
PARCE QUE SES PARENTS SONT DES PAUVRES QUI	NE PEUVENT PAS EXPLIQUER D'OU VIENT SI	09	014
HUMAINS QUI, SIEGEANT DEPUIS LE MATIN,	NE PEUVENT RIEN LUI ENVOYER. CELA M'A DONNE	47	092
IL NE RIAIT PAS, IL NE DANSAIT PAS, IL	NE PEUVENT S'EMPECHER DE REVER AU DINER, A LA	20	030
TOUT LE MAL TERRESTRE. J'EN ETAIS VENU A	NE PLEURAIT PAS, IL NE DANSAIT PAS, IL	14	057
PAS ENCADREE DANS TON ANALOGIE, ET	NE PLUS TROUVER SI RIDICULES LES JOURNAUX QUI	15	024
DES HABITATIONS SUPERIEURES DE PARIS	NE POURRAIS-TU PAS TE MIRER, POUR PARLER COMME	18	065
EST DEJA BIEN LOIN; TOUT A L'HEURE, VOUS	NE POURRAIT FOURNIR UN EXEMPLE APPROCHANT. IL	29	010
YEUX OUVERTS COMME DES PORTES COCHERES!	NE POURREZ PLUS LE VOIR. SANS DOUTE IL VOYAGE,	31	031
DE MA PROPRE CONSCIENCE, DE SORTE QUE JE	NE POURRIEZ-VOUS PAS PRIER LE MAITRE DU CAFE	26	056
VOIR LE CADAVRE DE SON FILS. JE	NE POUVAIS PAS ME PERMETTRE UN GESTE OU UN	42	130
A QUI ON ARRACHERAIT SA DIVINITE. JE	NE POUVAIS PAS, EN VERITE, L'EMPECHER DE	30	097
AUTRES, ELLE EST DONC MORTE? --OUI! CELA	NE POUVAIS, SANS UNE NAVRANTE AMERTUME, ME	34	033
SOMBRE GUEUX, CARRIER DE SON ETAT, QUI	NE POUVAIT CONTINUER AINSI. L'AMOUR ETAIT	42	146
PAS SE MULTIPLIER EN PIECES VRAIES?	NE POUVAIT, EN AUCUNE FACON, AIDER LES	20	049
PIECE FAUSSE DANS LA MAIN D'UN MENDIANT.	NE POUVAIT-ELLE PAS AUSSI LE CONDUIRE EN	28	033
VOUS REGARDEZ-VOUS AU MIROIR, PUISQUE VOUS	NE POUVAIT-ELLE PAS SE MULTIPLIER EN PIECES	28	032
TROUBLE-FETE! ''CE GRAND MALHEUR DE	NE POUVEZ VOUS Y VOIR QU'AVEC DEPLAISIR?''	40	004
DANS LA FOULE, CRAIGNANT SANS DOUTE DE	NE POUVOIR ETRE SEUL!...'' DIT QUELQUE PART LA	23	033
FOIS PAR AN. UNE AUTRE CONSEQUENCE: JE	NE POUVOIR SE SUPPORTER EUX-MEMES. ''PRESQUE	23	036
DE MES COMPAGNONS DIT: ''ENFIN!'' JE	NE PUIS JAMAIS M'EMPECHER DE JETER UN REGARD,	13	060
VOIX BASSE ET RAUQUE, LE MOT: GATEAU! LE	NE PUS CRIER QUE: ''DEJA!'' CEPENDANT C'ETAIT	34	043
JE LUI OFFRIS. LENTEMENT IL SE RAPPROCHA,	NE PUS M'EMPECHER DE RIRE EN ENTENDANT	15	038
ME MIRER; AVEC PLAISIR OU DEPLAISIR, JE	NE QUITTANT PAS DES YEUX L'OBJET DE SA	15	041
LE LIQUIDE POUR LES REFLECHIR!'' MON AME	NE REGARDE PAS MA CONSCIENCE.'' AU NOM DU BON	40	008
QUE JE PENSE DE VOTRE JOLI ENFER, VOUS QUI	NE REPOND PAS. ''PUISQUE TU AIMES TANT LE	48	016
ICI RIEN QUE DE RICHE, D'HEUREUX; RIEN QUI	NE REPOSEZ QUE SUR DES ETOFFES AUSSI DOUCES	11	053
''ENFIN! ENFIN! TOUT ETAIT ACCOMPLI.	NE RESPIRE ET N'INSPIRE L'INSOUCIANCE ET LE	13	068
LA FEE POUVAIT ETRE EMBARRASSEE; CAR IL	NE RESTAIT PLUS AUCUN CADEAU, AUCUNE LARGESSE	20	055
DOMINATION DE L'ARTISTE. PERSONNE	NE RESTAIT PLUS QU'A ME REMETTRE AU TRAVAIL,	30	116
	NE RESTAIT PLUS RIEN. CEPENDANT ELLE SE	20	062
	NE REVA PLUS DE MORT, DE DEUIL, NI DE	27	101

POEM LINE

14	057	L'ART, AVAIT INTRODUIT LE CONTRASTE. IL	NE RIAIT PAS, LE MISERABLE! IL NE PLEURAIT
22	064	REPRESENTENT CES FEUX DE LA FANTAISIE QUI	NE S'ALLUMENT BIEN QUE SOUS LE DEUIL PROFOND
07	004	L'AMOUR. L'EXTASE UNIVERSELLE DES CHOSES	NE S'EXPRIME PAR AUCUN BRUIT; LES EAUX
19	028	PLUMETS ET DE VERROTERIES. MAIS L'ENFANT	NE S'OCCUPAIT PAS DE SON JOUJOU PREFERE, ET
31	076	SPECTACLE! MON TUTEUR EST TROP AVARE; DIEU	NE S'OCCUPE PAS DE MOI ET DE MON ENNUI, ET JE
13	017	CONTRISTE, ORPHELIN. UN OEIL EXPERIMENTE	NE S'Y TROMPE JAMAIS. DANS CES TRAITS RIGIDES
15	047	PAR UN AUTRE PETIT SAUVAGE, SORTI JE	NE SAIS D'OU, ET SI PARFAITEMENT SEMBLABLE,
13	042	UN PIQUANT MYSTERIEUX A LEUR AUSTERITE. JE	NE SAIS DANS QUEL MISERABLE CAFE ET DE QUELLE
47	113	ME SOUVENIR, EN DETOURNANT LES YEUX: ''JE	NE SAIS PAS... JE NE ME SOUVIENS PAS.''
31	130	GENERALEMENT LA SYMPATHIE, ET QUI, JE	NE SAIS POURQUOI, EXCITAIT LA MIENNE, AU POINT
30	071	L'HOMME CIVILISE, QUI NE VEUT JAMAIS, JE	NE SAIS POURQUOI, SE MELER DES AFFAIRES D'UN
22	025	POULET, DANS LEQUEL IL CROYAIT VOIR JE	NE SAIS QUEL INSULTANT HIEROGLYPHE. LE SOIR,
31	024	ET OBSERVAIT AVEC UNE FIXITE ETONNANTE JE	NE SAIS QUEL POINT DU CIEL, DIT TOUT A COUP:
21	108	RAUQUE DU CUIVRE APPORTA A MES OREILLES JE	NE SAIS QUEL SOUVENIR D'UNE TROMPETTE
14	076	UN GRAND REFLUX DU PEUPLE, CAUSE PAR JE	NE SAIS QUEL TROUBLE, M'ENTRAINA LOIN DE LUI.
27	088	MARTYRE, FANCIOULLE INTRODUISAIT, PAR JE	NE SAIS QUELLE GRACE SPECIALE, LE DIVIN ET LE
05	063	PAR UNE FETIDE ODEUR DE TABAC MELEE A JE	NE SAIS QUELLE NAUSEABONDE MOISISSURE. ON
04	014	ET HEUREUSE!'' PUIS SE RETOURNA VERS JE	NE SAIS QUELS CAMARADES AVEC UN AIR DE
07	028	MAIS L'IMPLACABLE VENUS REGARDE AU LOIN JE	NE SAIS QUOI AVEC SES YEUX DE MARBRE.
31	129	DANS SON OEIL ET DANS SON FRONT CE JE	NE SAIS QUOI DE PRECOCEMENT FATAL QUI ELOIGNE
42	006	VETERANS DE LA JOIE, CET INDESCRIPTIBLE JE	NE SAIS QUOI, CETTE TRISTESSE FROIDE ET
31	060	D'ABORD, ET PUIS ENCORE PEUR DE JE	NE SAIS QUOI. ENSUITE J'AI FOURRE MA TETE DANS
13	035	OU CELLE QUI EST TOUT A FAIT SEULE? JE	NE SAIS... IL M'EST ARRIVE UNE FOIS DE SUIVRE
12	009	QUI NE SAIT PAS PEUPLER SA SOLITUDE; JE	NE SAIT PAS NON PLUS ETRE SEUL DANS UNE FOULE
12	008	POUR LE POETE ACTIF ET FECOND. QUI	NE SAIT PAS PEUPLER SA SOLITUDE, NE SAIT PAS
09	044	PLUS LEGITIME DE SUPPOSER QUE LUI-MEME IL	NE SAIT PAS POURQUOI. J'AI ETE PLUS D'UNE FOIS
21	085	BIZARRE CHARME. POUR DEFINIR CE CHARME, JE	NE SAURAIS LE COMPARER A RIEN DE MIEUX QU'A
29	090	GENTILSHOMMES, EN QUI UNE POLITESSE INNEE	NE SAURAIT ETEINDRE TOUT A FAIT LE SOUVENIR
34	003	CUVE IMMENSE DE LA MER DONT LES BORDS	NE SE LAISSENT QU'A PEINE APERCEVOIR; CENT
49	033	SOCRATE ET LE MIEN, QUE CELUI DE SOCRATE	NE SE MANIFESTAIT A LUI QUE POUR DEFENDRE,
50	094	PAS JUSTE QUE DE SI ZELES COMEDIENS	NE SE METTENT PAS EN ROUTE SANS AVOIR LESTE
29	067	ET LA PROPRIETE AVEC QUI QUE CE SOIT. ELLE	NE SE PLAIGNIT EN AUCUNE FACON DE LA MAUVAISE
09	009	JOURS UNE LETTRE SANS LA DECACHETER, OU	NE SE RESIGNE QU'AU BOUT DE SIX MOIS A OPERER
42	165	ET COMME AVOUANT IMPLICITEMENT QU'ILS	NE SE SENTAIENT PAS, QUANT A EUX, CAPABLES
32	024	NYMPHE EXASPEREE PAR L'INVINCIBLE BACCHUS	NE SECOUA SON THYRSE SUR LES TETES DE SES
15	063	PLUS LONGTEMPS QUE LEURS FORCES ENFANTINES	NE SEMBLAIENT LE PROMETTRE? LE GATEAU
31	110	EN COMPTANT LA RECETTE: ''CES GENS-LA	NE SENTENT PAS LA MUSIQUE, ET LEURS FEMMES
29	107	VOS MISERABLES PROGRES. JAMAIS UN DESIR	NE SERA FORME PAR VOUS, QUE JE NE VOUS AIDE A
18	064	QU'IL FAUDRAIT ALLER VIVRE ET FLEURIR?	NE SERAIS-TU PAS ENCADREE DANS TON ANALOGIE,
37	020	L'EAU INFORME ET MULTIFORME! LE LIEU OU TU	NE SERAS PAS! L'AMANT QUE TU NE CONNAITRAS
19	002	INNOCENT. IL Y A SI PEU D'AMUSEMENTS QUI	NE SOIENT PAS COUPABLES! QUAND VOUS SORTIREZ
47	081	TANT CES MESSIEURS, QUE, BIEN QUE JE	NE SOIS PAS MALADE, JE VAIS QUELQUEFOIS UNE
22	041	LA LUMIERE DANS LE MIEN; ET, BIEN QU'IL	NE SOIT PAS RARE DE VOIR LA MEME CAUSE
34	013	POURRONS-NOUS MANGER DE LA VIANDE QUI	NE SOIT PAS SALEE COMME L'ELEMENT INFAME QUI
47	045	ALORS? - -NON! NON! A MOINS QUE CE	NE SOIT POUR LE COUPER LA TETE! S... S... C...
21	122	SANS DOUTE FO.TEMENT OFFENSES, CAR ILS	NE SONT JAMAIS REVENUS.
26	042	OU PEUVENT ..EULS ENTRER LES GENS QUI	NE SONT PAS COMME NOUS.'' --QUANT AUX YEUX DU
09	090	VIE EN BEAU!'' CES PLAISANTERIES NERVEUSES	NE SONT PAS SANS PERIL, ET ON PEUT SOUVENT LES
37	030	INFORME ET MULTIFORME, LE LIEU OU ILS	NE SONT PAS, LA FEMME QU'ILS NE CONNAISSENT
24	047	CETTE HEURE OU LES CONSEILS DE LA SAGESSE	NE SONT PLUS ETOUFFES PAR LES BOURDONNEMENTS
35	012	TOUJOURS PENCHEE SUR QUELQUE CHOSE, ET QUI	NE SORT JAMAIS. AVEC SON VISAGE, AVEC SON
10	005	DE LA FACE HUMAINE A DISPARU, ET JE	NE SOUFFRIRAI PLUS QUE PAR MOI-MEME. ENFIN! IL
42	023	DU TROISIEME DEGRE OU LA BEAUTE ELLE-MEME	NE SUFFIT PLUS, SI ELLE N'EST ASSAISONNEE PAR
30	087	LA MERE FUT IMPASSIBLE, PAS UNE LARME	NE SUINTA DU COIN DE SON OEIL. J'ATTRIBUAI
31	081	ET DE VOIR TOUJOURS DES PAYS NOUVEAUX. JE	NE SUIS JAMAIS BIEN NULLE PART, ET JE CROIS
11	071	SON PLAISIR! ''TANT POETE QUE JE SOIS, JE	NE SUIS PAS AUSSI DUPE QUE VOUS VOUDRIEZ LE
21	111	AVEC TOUT MON DEDAIN: ''VA-T'EN! JE	NE SUIS PAS FAIT POUR EPOUSER LA MAITRESSE DE
10	044	NE SUIS PAS LE DERNIER DES HOMMES, JE	NE SUIS PAS INFERIEUR A CEUX QUE JE MEPRISE!
10	043	VERS QUI ME PROUVENT A MOI-MEME QUE JE	NE SUIS PAS LE DERNIER DES HOMMES, QUE JE NE
47	008	AVEC LES BRIDES DE SON BONNET. ''--NON! JE	NE SUIS PAS MEDECIN. LAISSEZ-MOI PASSER. --OH!
48	005	QUE JE SERAIS TOUJOURS BIEN LA OU JE	NE SUIS PAS, ET CETTE QUESTION DE DEMENAGEMENT
29	058	HUMAINE. SUR CE SUJET-LA, SON ALTESSE	NE TARISSAIT PAS EN PLAISANTERIES LEGERES ET
47	085	QUE JE LEUR FAIS DES MINES. --ET QUAND ILS	NE TE COMPRENNENT PAS...? --DAME! COMME JE LES
21	048	JE NE VEUX RIEN OUBLIER; ET QUAND MEME JE	NE TE CONNAITRAIS PAS, JE VOUS MONSTRE, TA
47	095	VOIR, VIENS ME VOIR SOUVENT. ET AVEC MOI,	NE TE GENE PAS! JE N'AI PAS BESOIN D'ARGENT.''
48	030	VENUE A CE POINT D'ENGOURDISSEMENT QUE TU	NE TE PLAISES QUE DANS TON MAL? S'IL EN EST
06	024	TOUS CES VISAGES FATIGUES ET SERIEUX	NE TEMOIGNAIENT D'AUCUN DESESPOIR; SOUS LA
27	027	SES DOMAINES, D'ECRIRE QUOI QUE CE FUT QUI	NE TENDIT PAS UNIQUEMENT AU PLAISIR OU A
11	007	VOUS FERAIENT GRANDE HONNEUR! MAIS ILS	NE TRADUISENT QUE LA SATIETE DU BIEN-ETRE ET
47	114	NE ME SOUVIENS PAS.'' QUELLES BIZARRERIES	NE TROUVE-T-ON PAS DANS UNE GRANDE VILLE,
49	010	QU'ILS SONT TOUS DES ROIS DETRONES. --ON	NE TROUVERA PAS SURPRENANT QUE JE FUSSE ALORS
12	015	ETRE FERMEES; C'EST QU'A SES YEUX ELLES	NE VALENT PAS LA PEINE D'ETRE VISITEES. LE
21	046	CETTE PACOTILLE D'ETRES QUI, SANS DOUTE,	NE VALENT PAS MIEUX QUE MON PAUVRE MOI. BIEN
14	067	OFFUSQUES PAR CES LARMES REBELLES QUI	NE VEULENT PAS TOMBER. QUE FAIRE? A QUOI BON
30	071	AUX HABITUDES DE L'HOMME CIVILISE, QUI	NE VEUT JAMAIS, JE NE SAIS POURQUOI, SE MELER
14	083	DANS LA BARAQUE DE QUI LE MONDE OUBLIEUX	NE VEUT PLUS ENTRER!
21	081	DE LA MISERE DE PERSONNE; ET JE	NE VEUX PAS D'UNE RICHESSE ATTRISTEE, COMME UN
20	061	NOUS OUBLIEZ! IL Y A ENCORE MON PETIT! JE	NE VEUX PAS ETRE VENU POUR RIEN.'' LA FEE
21	112	EPOUSER LA MAITRESSE DE CERTAINS QUE JE	NE VEUX PAS NOMMER.'' CERTES, D'UNE SI
21	048	QUE J'AIE QUELQUE HONTE A ME SOUVENIR, JE	NE VEUX RIEN OUBLIER; ET QUAND MEME JE NE TE
21	087	FEMMES SUR LE RETOUR, QUI CEPENDANT	NE VIEILLISSENT PLUS, ET DONT LA BEAUTE GARDE
29	031	DE LEURS REGARDS. JE DIRAIS QUE JAMAIS JE	NE VIS D'YEUX BRILLANT PLUS ENERGIQUEMENT DE
04	017	LEUR APPROBATION A SON CONTENTEMENT. L'ANE	NE VIT PAS CE BEAU PLAISANT, ET CONTINUA DE
35	002	DU DEHORS A TRAVERS UNE FENETRE OUVERTE,	NE VOIT JAMAIS AUTANT DE CHOSES QUE CELUI QUI
29	107	UN DESIR NE SERA FORME PAR VOUS, QUE JE	NE VOUS AIDE A LE REALISER; VOUS REGNEREZ SUR
16	033	CETTE PRETENTIEUSE GALANTERIE, QUE JE	NE VOUS DEMANDERAI RIEN EN ECHANGE.
31	043	COMMENT IL M'EST ARRIVE QUELQUE CHOSE QUI	NE VOUS EST JAMAIS ARRIVE, ET QUI EST UN PEU
45	032	TOUT EST NEANT, EXCEPTE LA MORT, VOUS	NE VOUS FATIGUERIEZ PAS TANT, LABORIEUX
42	052	A-T-IL FINI? DIT L'UN DES TROIS AUTRES. JE	NE VOUS SAVAIS PAS SI PATIENT. --DIEU,
13	085	A LAQUELLE ELLE S'ETAIT MELEE ET QU'ELLE	NE VOYAIT PAS, ELLE REGARDAIT LE MONDE
45	032	EST FACILE A TOUCHER, ET COMBIEN TOUT EST	NEANT, EXCEPTE LA MORT, VOUS NE VOUS

	POEM	LINE
AUGMENTENT LA MONOTONIE, CETTE MOITIE DU		
BOUT DE SIX MOIS A OPERER UNE DEMARCHE		
LES CHOSES LES PLUS SIMPLES ET LES PLUS		
D'HORREUR, DE HAILLONS COMIQUES, OU LA		
EST MERVEILLEUSEMENT AIGUILLONNE PAR LA		
DE L'EPOQUE ET DE L'OCCASION OU EST		
L'ENFLURE, POUR LUI DEGAGER LE COU. ''J'AI		
HEURE, AUTOUR D'UNE BELLE CHIENNE, UN PEU		
DES JOUISSANCES QUE VOUS AVEZ PEUT-ETRE		
N'EN VEULENT PLUS. D'AUTRES QUI, COMME DES		
DE LUMIERES, ET LE JACASSEMENT DES PETITES		
CESSE A SA PALEUR HABITUELLE, COMME LA		
D'AMOUR. A TRAVERS LA BRUME, A TRAVERS LA		
DU NOUVEL AN: CHAOS DE BOUE ET DE		
LE MELER A L'OCCASION AVEC DE L'EAU DE		
HABITUELLE, COMME LA NEIGE S'AJOUTE A LA		
DEVANT LE LIT: ELLE S'EPANCHE EN CASCADES		
UN MALAISE ET UNE SOUFFRANCE POSITIVE. MES		
VASTE POUR SON GENIE. IL Y A DE JEUNES		
BEAU! LA VIE EN BEAU!'' CES PLAISANTERIES		
OU BIEN: ''JE NE PARDONNE JAMAIS!'' ''SI,		
DES DONS PARMI TOUS LES NOUVEAU-		
''OU VONT LES CHIENS?'' DISAIT AUTREFOIS		
YEUX ET IL LACHA LA DETENTE. LA POUPEE FUT		
IDEALE SOUS UN VERNIS DE CARROSSIER, IL LE		
DE NE PAS LUI IMPOSER D'AUTRE PEINE QUE DE		
VOUS VOULUTES VOUS ASSEOIR DEVANT UN CAFE		
NEUF QUI FORMAIT LE COIN D'UN BOULEVARD		
CRAVATE ET EMPRISONNE DANS DES HABITS TOUT		
DE CAUCHEMARS, DE COLERES ET DE		
POUPEE. LA-BAS, A DROITE, QUI PORTE LE		
S'APPROCHE ET POSE CURIEUSEMENT SON		
DONC JAMAIS!'-- ME DIT-IL, AVEC UN TON DE		
POUR CELUI QUI N'A PLUS NI CURIOSITE		
N'ETAIENT PRECISEMENT NI JEUNES NI VIEUX,		
NI CET AIR A LA FOIS TRAGIQUE ET SOURIANT,		
TES PRESENTS.'' LE SECOND SATAN N'AVAIT		
NI CES BELLES MANIERES INSINUANTES,		
ET ARISTOCRATIQUE POUR CELUI QUI N'A PLUS		
DE FLAIR POUR SUIVRE LA PISTE D'UN AMI,		
COMME L'ESPACE, SANS DIVISIONS DE MINUTES		
PERSONNE NE REVA PLUS DE MORT, DE DEUIL,		
--JE N'AI NI PERE, NI MERE, NI SOEUR,		
CRIAIT PAS! IL NE CHANTAIT AUCUNE CHANSON.		
ET BUVAIENT. ILS N'ETAIENT PRECISEMENT		
L'HARMONIE PETILLANTE DE SA DEMARCHE		
PRECISEMENT NI JEUNES NI VIEUX, NI BEAUX		
IL NE CHANTAIT AUCUNE CHANSON, NI GAIE,		
REPONDIT QU'IL N'EN SAVAIT RIEN, NI LUI,		
IL ME REPONDIT QU'IL N'EN SAVAIT RIEN,		
PARMI LES REBELLES. LE PRINCE N'ETAIT		
TA SOEUR OU TON FRERE? --JE N'AI NI PERE,		
TA MERE, TA SOEUR OU TON FRERE? --JE N'AI		
REBELLES. LE PRINCE N'ETAIT NI MEILLEUR		
LES MERVEILLEUX TALENTS DE FANCIOULLE,		
OU TON FRERE? --JE N'AI NI PERE, NI MERE,		
EN AUCUNE FACON, AIDER LES FACULTES.		
ILS N'ETAIENT PRECISEMENT NI JEUNES		
PARASITES! QU'ILS RETOURNENT A LEUR		
D'INTELLIGENCE POUR JOUER AU DOMINO! A LA		
N'AI JAMAIS COMMISES, ET AVOIR LACHEMENT		
LA VITALITE ENDIABLEE DU MIDI FRANCAIS:		
LES SYLPHIDES, LES SYLPHES, LES		
UNE FEMME GRANDE, MAJESTUEUSE, ET SI		
CE QUI CONTRIBUA A FORTIFIER, DANS LE		
PAS ADMETTRE L'ECONOMIE SORDIDE: UN SI		
ET D'INDIENNE, J'APERCUS UN ETRE DONT LA		
PLACE ETAIT D'UNE GRANDEUR ET D'UNE		
ABONDE: ET TOUT CE QU'ELLE INSPIRE EST		
SERRE AUSSI LA GORGE DANS MES CARESSES		
BELLE: ELLE EST SURPRENANTE. EN ELLE LE		
AUTRE MONTAGNE. SUR LE PETIT LAC IMMOBILE,		
CETTE SINISTRE ULULATION NOUS ARRIVE DU		
SE PASSE DERRIERE UNE VITRE. DANS CE TROU		
D'UNE JUPE ECLATANTE, COMME SOUS LE		
NOIR, SI L'ON POUVAIT CONCEVOIR UN ASTRE		
MOI SE TENAIT UN PETIT ETRE DEGUENILLE,		
TENEBRES. JE LA COMPARERAIS A UN SOLEIL		
PAR LA MAIN UN ENFANT COMME ELLE VETU DE		
''CE MONSTRE QUI PORTE SUR SON VISAGE LA		
PROBLEMES! MOI, J'AI TROUVE MA TULIPE		
SUR LA LUMIERE UNE TACHE ECLATANTE ET		
JE LES AI SOUVENT ETUDIEES, CES ETOILES		
MORDRE LONGTEMPS TES TRESSES LOURDES ET		
VOUS AUTRES. ILS ETAIENT GRANDS, PRESQUE		
C'EST UN HUISSIER QUI VIENT ME TORTURER AU		
CELA NE REGARDE QUE MA CONSCIENCE.'' AU		
RECONNAIS-TU CELUI-CI? --OUI! C'EST X. LE		
LES SIECLES A VENIR IGNORERONT TOUJOURS LE		
UNE ATTENTION DE SORCIERS; L'OEUVRE SANS		
ET A TRAVERS CETTE TROMPETTE ELLE CRIA MON		
NEANT. LA, NOUS POURRONS PRENDRE DE LONGS	48	038
NECESSAIRE DEPUIS UN AN, SE SENTENT	09	010
NECESSAIRES, ELLES TROUVENT A UNE CERTAINE	09	017
NECESSITE, BIEN PLUS QUE L'ART, AVAIT	14	056
NECESSITE, CETTE SI BONNE MERE, CETTE VRAIE	50	038
NEE EN TOI CETTE PASSION SI PARTICULIERE?''	47	108
NEGLIGE DE VOUS DIRE QUE J'AVAIS VIVEMENT	30	068
NEGLIGEE DANS SA TOILETTE, MAIS FIERE ET	50	070
NEGLIGEES. JE VEUX PARLER DU COMIQUE DANS	42	080
NEGRES MARRONS, AFFOLES D'AMOUR, QUITTENT, A	50	067
NEGRESSES......, ET, LA NUIT, POUR SERVIR	24	030
NEIGE S'AJOUTE A LA NEIGE. SES LEVRES SE	27	116
NEIGE, A TRAVERS LA CROTTE, SOUS LA CANICULE	50	053
NEIGE, TRAVERSE DE MILLE CARROSSES, ETINCELANT	04	002
NEIGE. JE DECOUPAIS TRANQUILLEMENT MON PAIN,	15	032
NEIGE. SES LEVRES SE RESSERRAIENT DE PLUS EN	27	117
NEIGEUSES. SUR CE LIT EST COUCHEE L'IDOLE, LA	05	022
NERFS TROP TENDUS NE DONNENT PLUS QUE DES	03	019
NERONS QUI ETOUFFENT DANS DES LIMITES TROP	27	031
NERVEUSES NE SONT PAS SANS PERIL, ET ON PEUT	09	090
NERVEUX COMME JE VOUS CONNAIS, VOUS, G...,	42	116
NES, ARRIVES A LA VIE DEPUIS VINGT-QUATRE	20	002
NESTOR ROQUEPLAN DANS UN IMMORTEL FEUILLETON	50	046
NETTEMENT DECAPITEE. ALORS S'INCLINANT VERS SA	43	018
NETTOYAIT DE LA REPUGNANTE PATINE DE LA	19	035
NETTOYER MES PINCEAUX ET DE FAIRE MES	30	035
NEUF QUI FORMAIT LE COIN D'UN BOULEVARD NEUF,	26	014
NEUF, ENCORE TOUT PLEIN DE GRAVOIS ET MONTRANT	26	015
NEUFS, S'INCLINA CEREMONIEUSEMENT DEVANT	04	011
NEVROSES. JE VOUS ASSURE QUE LES SECONDES	05	074
NEZ EN L'AIR ET QUI A LA MINE SI HAUTAINE. EH	43	015
NEZ HUMIDE SUR LE FLACON DEBOUCHE; PUIS;	08	007
NEZ TRES-APOSTOLIQUE, --LE BESOIN DE PARTAGER	23	028
NI AMBITION, A CONTEMPLER, COUCHE DANS LE	41	011
NI BEAUX NI LAIDS; MAIS VIEUX OU JEUNES, ILS	42	004
NI CES BELLES MANIERES INSINUANTES, NI CETTE	21	055
NI CET AIR A LA FOIS TRAGIQUE ET SOURIANT, NI	21	054
NI CETTE BEAUTE DELICATE ET PARFUMEE. C'ETAIT	21	055
NI CURIOSITE NI AMBITION, A CONTEMPLER, COUCHE	41	011
NI DANS LEUR TETE APLATIE ASSEZ D'INTELLIGENCE	50	030
NI DE SECONDES,--UNE HEURE IMMOBILE QUI N'EST	16	019
NI DE SUPPLICES. CHACUN S'ABANDONNA, SANS	27	101
NI FRERE. --TES AMIS? --VOUS VOUS SERVEZ LA	01	003
NI GAIE, NI LAMENTABLE, IL N'IMPLORAIT PAS. IL	14	059
NI JEUNES NI VIEUX, NI BEAUX NI LAIDS; MAIS	42	003
NI L'ELEGANCE INDESTRUCTIBLE DE SON ARMATURE.	39	010
NI LAIDS; MAIS VIEUX OU JEUNES, ILS PORTAIENT	42	004
NI LAMENTABLE, IL N'IMPLORAIT PAS. IL ETAIT	14	059
NI LES AUTRES; MAIS QU'EVIDEMMENT ILS ALLAIENT	06	017
NI LUI, NI LES AUTRES; MAIS QU'EVIDEMMENT ILS	06	017
NI MEILLEUR NI PIRE QU'UN AUTRE; MAIS UNE	27	016
NI MERE, NI SOEUR, NI FRERE. --TES AMIS?	01	003
NI PERE, NI MERE, NI SOEUR, NI FRERE. --TES	01	003
NI PIRE QU'UN AUTRE; MAIS UNE EXCESSIVE	27	016
NI S'ELEVER JUSQU'A LA MEME FAVEUR.	27	150
NI SOEUR, NI FRERE. --TES AMIS? --VOUS VOUS	01	003
NI SOULAGER LES BESOINS DE SA DEPLORABLE	20	049
NI VIEUX, NI BEAUX NI LAIDS; MAIS VIEUX OU	42	004
NICHE SOYEUSE ET CAPITONNEE! JE CHANTE LE	50	033
NICHE, TOUS CES FATIGANTS PARASITES! QU'ILS	50	032
NIE QUELQUES AUTRES MEFAITS QUE J'AI ACCOMPLIS	10	031
NIMES, AIX, ARLES, AVIGNON, NARBONNE,	39	014
NIXES, LES ONDINS ET LES ONDINES, --JE VEUX	20	068
NOBLE DANS TOUT SON AIR, QUE JE N'AI PAS	13	078
NOBLE PUBLIC, L'IDEE DE DOUCEUR ET DE PARDON.	27	070
NOBLE VISAGE M'EN REPOND. POURQUOI DONC	13	090
NOBLESSE FAISAIT UN ECLATANT CONTRASTE AVEC	13	076
NOBLESSE IRRESISTIBLE. IL EN PASSA SANS DOUTE	15	002
NOCTURNE ET PROFOND. SES YEUX SONT DEUX ANTRES	36	009
NOCTURNES; DE CEUX-LA QUI AIMENT LA MER, LA	37	027
NOIR ABONDE: ET TOUT CE QU'ELLE INSPIRE EST	36	008
NOIR DE SON IMMENSE PROFONDEUR, PASSAIT	15	014
NOIR HOSPICE PERCHE SUR LA MONTAGNE; ET, LE	22	014
NOIR OU LUMINEUX VIT LA VIE, REVE LA VIE,	35	008
NOIR PRESENT TRANSPERCE LE DELICIEUX PASSE; ET	22	062
NOIR VERSANT LA LUMIERE ET LE BONHEUR. MAIS	36	013
NOIR, EBOURIFFE, DONT LES YEUX CREUX,	15	035
NOIR, SI L'ON POUVAIT CONCEVOIR UN ASTRE NOIR	36	012
NOIR; SI MODIQUE QUE FUT LE PRIX D'ENTREE? CE	13	095
NOIRCEUR DE SON AME!'' TOUT CELA, PARCE QUE	47	058
NOIRE ET MON DAHLIA BLEU! FLEUR INCOMPARABLE,	18	060
NOIRE. ELLE S'AVANCE, BALANCANT MOLLEMENT SON	25	009
NOIRES QUI COMMANDENT LA CURIOSITE ET	05	031
NOIRES. QUAND JE MORDILLE TES CHEVEUX	17	033
NOIRS ET TRES-FIERS, QUOIQUE EN GUENILLES,	31	086
NOM DE LA LOI; UNE INFAME CONCUBINE QUI VIENT	05	047
NOM DU BON SENS, J'AVAIS SANS DOUTE RAISON;	40	010
NOM EST AU BAS D'AILLEURS; MAIS JE LE CONNAIS	47	054
NOM ET LA BONNE VOLONTE. L'IMPREVOYANTE	27	033
NOM QUI MITONNE SUR LE POELE ALLUME, ET AU	50	090
NOM, QUI ROULA AINSI A TRAVERS L'ESPACE AVEC	21	100

POEM	LINE		
34	005	DANS SON IMMENSE BAIN DU SOIR. DEPUIS	NOMBRE DE JOURS, NOUS POUVIONS CONTEMPLER
47	080	NE M'Y TROMPE GUERE; J'EN AI CONNU UN BON	NOMBRE. J'AIME TANT CES MESSIEURS, QUE, BIEN
21	060	FIGURES MOUVANTES REPRESENTANT LES FORMES	NOMBREUSES DE LA MISERE UNIVERSELLE. IL Y
21	071	TERMINAIT EN UN VAGUE GEMISSEMENT FAIT DE	NOMBREUSES VOIX HUMAINES. ET IL RIAIT, EN
13	020	DE LA LUTTE, DANS CES RIDES PROFONDES ET	NOMBREUSES), DANS CES DEMARCHES SI LENTES OU SI
30	043	QU'UN JOUR OU JE CONSTATAI QUE, MALGRE MES	NOMBREUX AVERTISSEMENTS, IL AVAIT ENCORE
18	038	FENETRES OUVRAGEES QUE LE PLOMB DIVISE EN	NOMBREUX COMPARTIMENTS. LES MEUBLES SONT
50	028	PATTES, FRISSONNANTS ET DESOEUVRES, QU'ON	NOMME LEVRETTES, ET QUI NE LOGENT MEME PAS
16	013	ME PENCHE VERS LA BELLE FELINE, LA SI BIEN	NOMMEE, QUI EST A LA FOIS L'HONNEUR DE SON
12	025	LUI PRESENTE. CE QUE LES HOMMES	NOMMENT AMOUR EST BIEN PETIT, BIEN RESTREINT
21	112	MAITRESSE DE CERTAINS QUE JE NE VEUX PAS	NOMMER.'' CERTES, D'UNE SI COURAGEUSE
05	035	ET DE PARFUMS? O BEATITUDE! CE QUE NOUS	NOMMONS GENERALEMENT LA VIE, MEME DANS SON
24	019	BIZARRES ET LUISANTS DONT J'AI OUBLIE LES	NOMS....., DANS L'ATMOSPHERE, UNE ODEUR
27	113	NON EXACTEMENT JUSTIFIEES, MAIS	NON ABSOLUMENT INJUSTIFIABLES, TRAVERSERENT
05	014	RELATIVEMENT AU REVE PUR, A L'IMPRESSION	NON ANALYSEE, L'ART DEFINI, L'ART POSITIF EST
47	022	FRANCAIS BIEN CONNUS. SEULEMENT, DETAIL	NON APERCU PAR REGNIER, DEUX OU TROIS
27	112	SES PREVISIONS? DE TELLES SUPPOSITIONS	NON EXACTEMENT JUSTIFIEES, MAIS NON ABSOLUMENT
39	020	POITRINE GARCONNIERE. USEE PEUT-ETRE, MAIS	NON FATIGUEE, ET TOUJOURS HEROIQUE. ELLE FAIT
42	005	OU JEUNES; ILS PORTAIENT CETTE DISTINCTION	NON MECONNAISSABLE DES VETERANS DE LA JOIE,
29	037	SORTES DE VINS EXTRAORDINAIRES, ET, CHOSE	NON MOINS EXTRAORDINAIRE, IL ME SEMBLAIT,
21	001	DEUX SUPERBES SATANS ET UNE DIABLESSE,	NON MOINS EXTRAORDINAIRE, ONT LA NUIT DERNIERE
36	015	L'A MARQUEE DE SA REDOUTABLE INFLUENCE;	NON PAS LA LUNE BLANCHE DES IDYLLES, QUI
36	019	ET BOUSCULEE PAR LES NUEES QUI COURENT;	NON PAS LA LUNE PAISIBLE ET DISCRETE VISITANT
12	009	SAIT PAS PEUPLER SA SOLITUDE, NE SAIT PAS	NON PLUS ETRE SEUL DANS UNE FOULE AFFAIREE. EN
20	043	QUI; N'ETANT DOUE D'AUCUN SENS DE CHARITE,	NON PLUS QUE D'AUCUNE CONVOITISE POUR LES
13	023	TROMPE; DU DEVOUEMENT MECONNU; DES EFFORTS	NON RECOMPENSES, DE LA FAIM ET DU FROID
09	068	DE MONTER. CEPENDANT JE REFLECHISSAIS:	NON SANS QUELQUE GAIETE; QUE, LA CHAMBRE ETANT
11	029	ATTENTION! VOYEZ AVEC QUELLE VORACITE (	NON SIMULEE PEUT-ETRE!) ELLE DECHIRE DES
13	027	PAUVRES? QU'ELLES SOIENT EN DEUIL OU	NON, IL EST FACILE DE LES RECONNAITRE.
47	008	VENT AVEC LES BRIDES DE SON BONNET. ''--	NON! JE NE SUIS PAS MEDECIN. LAISSEZ-MOI
50	004	POMPEUSE QUE J'APPELLERAI A MON AIDE.	NON. BIEN PLUS VOLONTIERS JE M'ADRESSERAIS A
46	020	RECLAMER PAR LE COMMISSAIRE. --MA FOI!	NON. JE ME TROUVE BIEN ICI. VOUS SEUL, VOUS
47	045	FURIEUX. --CHIRURGIEN, ALORS? --NON!	NON! A MOINS QUE CE NE SOIT POUR TE COUPER LA
24	010	UN PAYSAGE TROPICAL, IL SE DIT: ''	NON! CE N'EST PAS DANS UN PALAIS QUE JE
47	043	REFRAIN ME FIT SAUTER SUR MES JAMBES. ''	NON! CRIAI-JE FURIEUX. --CHIRURGIEN, ALORS?
05	040	MINUTE PAR MINUTE, SECONDE PAR SECONDE!	NON! IL N'EST PLUS DE MINUTES, IL N'EST PLUS
30	101	OU SON PETIT S'ETAIT PENDU. ''OH!	NON! MADAME, --LUI REPONDIS-JE, --CELA VOUS
47	045	CRIAI-JE FURIEUX. --CHIRURGIEN, ALORS? --	NON! NON! A MOINS QUE CE NE SOIT POUR TE
38	020	MAIS MOI, FURIEUX, J'AI REPONDU: ''	NON! NON! NON!'' ET POUR MIEUX ACCENTUER MON
38	020	MAIS MOI, FURIEUX, J'AI REPONDU: ''NON!	NON! NON!'' ET POUR MIEUX ACCENTUER MON REFUS
31	107	''FAUT-IL DEPLOYER LA TENTE?'' ''MA FOI!	NON!'' A REPONDU L'AUTRE, ''IL FAIT UNE SI
38	020	MOI, FURIEUX, J'AI REPONDU: ''NON! NON!	NON!'' ET POUR MIEUX ACCENTUER MON REFUS, J'AI
26	048	RAISON CE SOIR-LA, RELATIVEMENT A MOI.	NON-SEULEMENT J'ETAIS ATTENDRI PAR CETTE
18	003	SINGULIER DANS LES BRUMES DE NOTRE	NORD, ET QU'ON POURRAIT APPELER L'ORIENT DE
26	050	SENTAIS UN PEU HONTEUX DE NOS VERRES ET DE	NOS CARAFES, PLUS GRANDS QUE NOTRE SOIF. JE
26	009	COMMUNES A L'UN ET A L'AUTRE, ET QUE	NOS DEUX AMES DESORMAIS N'EN FERAIENT PLUS
50	044	SPIRITUELS: ''PRENDS-MOI AVEC TOI, ET DE	NOS DEUX MISERES NOUS FERONS PEUT-ETRE UNE
29	040	AVAIT COUPE A DIVERS INTERVALLES	NOS FREQUENTES LIBATIONS, ET JE DOIS DIRE QUE
23	037	SE SUPPORTER EUX-MEMES. ''PRESQUE TOUS	NOS MALHEURS NOUS VIENNENT DE N'AVOIR PAS SU
48	032	NOTRE AFFAIRE, PAUVRE AME! NOUS FERONS	NOS MALLES POUR TORNEO. ALLONS PLUS LOIN
26	008	NOUS ETIONS BIEN PROMIS QUE TOUTES	NOS PENSEES NOUS SERAIENT COMMUNES A L'UN ET A
23	016	DE LA SOLITUDE ET DU MYSTERE. IL Y A DANS	NOS RACES JACASSIERES DES INDIVIDUS QUI
26	050	MAIS JE ME SENTAIS UN PEU HONTEUX DE	NOS VERRES ET DE NOS CARAFES, PLUS GRANDS QUE
30	021	NOUS TIRONS DE CETTE FACULTE QUI REND A	NOS YEUX LA VIE PLUS VIVANTE ET PLUS
29	049	PARFUM INCOMPARABLES DONNAIENT A L'AME LA	NOSTALGIE DE PAYS ET DE BONHEURS INCONNUS, ET,
18	016	DE NOUS DANS LES FROIDES MISERES; CETTE	NOSTALGIE DU PAYS QU'ON IGNORE, CETTE ANGOISSE
06	020	BESOIN DE MARCHER. CHOSE CURIEUSE A	NOTER: AUCUN DE CES VOYAGEURS N'AVAIT L'AIR
50	072	SONT TOUS TRES-EXACTS, SANS CARNETS, SANS	NOTES ET SANS PORTEFEUILLES. CONNAISSEZ-VOUS
48	032	SONT LES ANALOGIES DE LA MORT. -- JE TIENS	NOTRE AFFAIRE, PAUVRE AME! NOUS FERONS NOS
23	038	VIENNENT DE N'AVOIR PAS SU RESTER DANS	NOTRE CHAMBRE,'' DIT UN AUTRE SAGE, PASCAL, JE
31	116	AVANT LES PLUIES ET NE MOUILLONS QUE	NOTRE GOSIER'', A DIT UN DES DEUX AUTRES.
09	049	GLISSENT EN NOUS ET NOUS FONT ACCOMPLIR, A	NOTRE INSU, LEURS PLUS ABSURDES VOLONTES. UN
18	003	PAYS SINGULIER, NOYE DANS LES BRUMES DE	NOTRE NORD, ET QU'ON POURRAIT APPELER L'ORIENT
24	022	ROSE ET DE MUSC....., PLUS LOIN, DERRIERE	NOTRE PETIT DOMAINE; DES BOUTS DE MATS
45	002	--''SINGULIERE ENSEIGNE,--SE DIT	NOTRE PROMENEUR. --MAIS BIEN FAITE POUR DONNER
26	050	VERRES ET DE NOS CARAFES, PLUS GRANDS QUE	NOTRE SOIF. JE TOURNAIS MES REGARDS VERS LES
37	038	DIVINITE, DE LA FATIDIQUE MARRAINE, DE LA	NOURRICE EMPOISONNEUSE DE TOUS LES LUNATIQUES.
42	098	LES FOIRES COMME MONSTRE POLYPHAGE. JE LA	NOURRISSAIS BIEN; ET CEPENDANT ELLE M'A
11	038	DES YEUX TERRIBLES DE CONVOITISE SUR LA	NOURRITURE ENLEVEE. GRAND DIEU! LE BATON N'EST
20	022	ENTRE L'HOMME ET DIEU, EST SOUMIS COMME	NOUS A LA TERRIBLE LOI DU TEMPS ET DE SON
34	049	ET DE MUSC; ET D'OU LES MUSIQUES DE LA VIE	NOUS ARRIVAIENT EN UN AMOUREUX MURMURE.
22	013	SIGNAL DE SABBAT? CETTE SINISTRE ULULATION	NOUS ARRIVE DU NOIR HOSPICE PERCHE SUR LA
29	034	MON HOTE ET MOI; NOUS ETIONS DEJA EN	NOUS ASSEYANT, DE VIEUX ET PARFAITS AMIS. NOUS
48	035	DE LA VIE, SI C'EST POSSIBLE! INSTALLONS-	NOUS AU POLE. LA LE SOLEIL NE FRISE
09	047	VICTIME DE CES CRISES ET DE CES ELANS, QUI	NOUS AUTORISENT A CROIRE QUE DES DEMONS
26	006	FEMININE QUI SE PUISSE RENCONTRER.	NOUS AVIONS PASSE ENSEMBLE UNE LONGUE JOURNEE
42	007	FROIDE ET RAILLEUSE QUI DIT CLAIREMENT: ''	NOUS AVONS FORTEMENT VECU, ET NOUS CHERCHONS
29	035	DE VIEUX ET PARFAITS AMIS. NOUS MANGEAMES-	NOUS BUMES OUTRE MESURE DE TOUTES SORTES DE
29	054	''A VOTRE IMMORTELLE SANTE, VIEUX BOUC!!!''	NOUS CAUSAMES AUSSI DE L'UNIVERS, DE SA
42	008	''NOUS AVONS FORTEMENT VECU,'' ET	NOUS CHERCHONS CE QUE NOUS POURRIONS AIMER ET
29	078	PAS!'' LE SOUVENIR DE CE CELEBRE ORATEUR	NOUS CONDUISIT NATURELLEMENT VERS LE SUJET DES
18	072	LA NAISSANCE A LA MORT, COMBIEN COMPTONS-	NOUS D'HEURES REMPLIES PAR LA JOUISSANCE
18	016	CETTE MALADIE FIEVREUSE QUI S'EMPARE DE	NOUS DANS LES FROIDES MISERES; CETTE NOSTALGIE
34	010	''QUAND DONC'', DISAIENT-ILS, ''CESSERONS-	NOUS DE DORMIR UN SOMMEIL SECOUE PAR LA LAME,
42	038	UN HOMME! AH! SI J'ETAIS ''UN HOMME! DE	NOUS DEUX, C'EST MOI QUI SUIS L'HOMME!'' TELS
11	051	UNE AUTRE DESTINEE.'' ''MAINTENANT,'' A	NOUS DEUX, CHERE PRECIEUSE! A VOIR LES ENFERS
34	014	INFAME QUI NOUS PORTE? QUAND POURRONS-	NOUS DIGERER DANS UN FAUTEUIL IMMOBILE?'' IL Y
48	039	BAINS DE TENEBRES; CEPENDANT QUE, POUR	NOUS DIVERTIR, LES AURORES BOREALES NOUS
30	076	QUE, DESESPERANT DE FLECHIR LES MEMBRES,	NOUS DUMES LACERER ET COUPER LES VETEMENTS
28	001	COMME NOUS	NOUS ELOIGNIONS DU BUREAU DE TABAC, MON AMI
11	012	TENEZ; JE VEUX ESSAYER DE VOUS GUERIR;	NOUS EN TROUVERONS PEUT-ETRE LE MOYEN, POUR

```
POEM LINE

41  003              DU CIEL, L'ARCHITECTURE MOBILE DES     NUAGES, LES COLORATIONS CHANGEANTES DE LA MER,
31  045      PLUS INTERESSANT QUE VOTRE THEATRE ET VOS     NUAGES. --IL Y A QUELQUES JOURS, MES PARENTS
01  014          EXTRAORDINAIRE ETRANGER? --J'AIME LES     NUAGES... LES NUAGES QUI PASSENT... LA-BAS...
44  014        VOTRE SOUPE, S.... B..... DE MARCHAND DE     NUAGES?''
01  015               LA-BAS... LA-BAS.... LES MERVEILLEUX     NUAGES!
29  087             IL ME REPONDIT, AVEC UNE INSOUCIANCE     NUANCEE D'UNE CERTAINE TRISTESSE: ''NOUS NOUS
26  036             NOUVEAU AVEC UNE ADMIRATION EGALE, MAIS     NUANCEE DIVERSEMENT PAR L'AGE. LES YEUX DU
36  018         D'UNE NUIT ORAGEUSE ET BOUSCULEE PAR LES     NUEES QUI COURENT; NON PAS LA LUNE PAISIBLE ET
15  007          MAINTENANT AUSSI ELOIGNEES QUE LES     NUEES QUI DEFILAIENT AU FOND DES ABIMES SOUS
31  073       PAS SA VIE A CHERCHER LA DIVINITE DANS LES     NUEES, ET QU'IL LA TROUVERAIT FREQUEMMENT
22  006              ARRIVE A MON BALCON, A TRAVERS LES     NUES TRANSPARENTES DU SOIR, UN GRAND
17  027        TABAC MELEE A L'OPIUM ET AU SUCRE; DANS LA     NUIT DE TA CHEVELURE, JE VOIS RESPLENDIR
21  002             NON MOINS EXTRAORDINAIRE, ONT LA     NUIT DERNIERE MONTE L'ESCALIER MYSTERIEUX PAR
13  063                PUBLIC. L'ORCHESTRE JETTE A TRAVERS LA     NUIT DES CHANTS DE FETE, DE TRIOMPHE OU DE
42  095          FAIM!'' ET ELLE REPETAIT CES MOTS JOUR ET     NUIT EN MONTRANT LES PLUS JOLIES DENTS DU
27  146              DU SPECTACLE DE LA COMEDIE. DANS LA MEME     NUIT ILS FURENT EFFACES DE LA VIE. DEPUIS
36  018           ET ENIVRANTE, SUSPENDUE AU FOND D'UNE     NUIT ORAGEUSE ET BOUSCULEE PAR LES NUEES QUI
22  012        PRENNENT, COMME LES HIBOUX, LA VENUE DE LA     NUIT POUR UN SIGNAL DE SABBAT? CETTE SINISTRE
31  134             INCONNU. LE SOLEIL S'ETAIT COUCHE. LES     NUIT SOLENNELLE AVAIT PRIS PLACE. LES ENFANTS
48  037      LENTES ALTERNATIVES DE LA LUMIERE ET DE LA     NUIT SUPPRIMENT LA VARIETE ET AUGMENTENT LA
22  052        JOUR SOUS L'OPPRESSION VICTORIEUSE DE SA     NUIT, LES FEUX DES CANDELABRES QUI FONT DES
24  030              DES PETITES NEGRESSES...... ET, LA     NUIT, POUR SERVIR D'ACCOMPAGNEMENT A MES
16  015       ET LE PARFUM DE MON ESPRIT, QUE CE SOIT LA     NUIT, QUE CE SOIT LE JOUR; DANS LA PLEINE
22  039           ENVIE DE DISTINCTIONS IMAGINAIRES. LA     NUIT, QUI METTAIT SES TENEBRES DANS LEUR
37  019             L'EAU, LES NUAGES, LE SILENCE ET LA     NUIT; LA MER IMMENSE ET VERTE; L'EAU INFORME
22  065             BIEN QUE SOUS LE DEUIL PROFOND DE LA     NUIT.
10  038         PEU DANS LE SILENCE ET LA SOLITUDE DE LA     NUIT. AMES DE CEUX QUE J'AI AIMES, AMES DE
36  005             DERRIERE LE VOYAGEUR EMPORTE DANS LA     NUIT. COMME IL Y A LONGTEMPS DEJA QU'ELLE A
21  008        SE DETACHAIENT AINSI DU FOND OPAQUE DE LA     NUIT. ILS AVAIENT L'AIR SI FIER ET SI PLEIN DE
22  044         SUIS TOUJOURS COMME INTRIGUE ET ALARME. O     NUIT! O RAFRAICHISSANTES TENEBRES! VOUS ETES
31  108          A REPONDU L'AUTRE, ''IL FAIT UNE SI BELLE     NUIT!'' LE TROISIEME DISAIT EN COMPTANT LA
21  031       REPANDRE LA CONTAGION DE SA FOLIE DANS LES     NUITS DE SABBAT. A SES CHEVILLES DELICATES
05  013        COMME LES SOLEILS COUCHANTS. SUR LES MURS     NULLE ABOMINATION ARTISTIQUE. RELATIVEMENT AU
31  081           DES PAYS NOUVEAUX. JE NE SUIS JAMAIS BIEN     NULLE PART, ET JE CROIS TOUJOURS QUE JE SERAIS
31  105         SEULEMENT ALORS QU'ILS NE DEMEURAIENT     NULLE PART. ALORS L'UN A DIT: ''FAUT-IL
25  051         ET LUI DEMANDERA SI ON PEUT Y ALLER PIEDS     NUS, COMME AUX DANSES DU DIMANCHE, OU LES
32  024        BEAUTE MYSTERIEUSE ET PASSIONNEE. JAMAIS     NYMPHE EXASPEREE PAR L'INVINCIBLE BACCHUS NE
26  022        RIANT AU FAUCON PERCHE SUR LEUR POING, LES     NYMPHES ET LES DEESSES PORTANT SUR LEUR TETE
```

DE SILENCE, DE PAIX ET DE PARFUMS?
DU SOIR PASSEMENTEES D'OR FIN, JE T'AIME,
PITIE, AYEZ PITIE DES FOUS ET DES FOLLES!
UN BEEFSTEAK. TOUT A COUP, --O MIRACLE!
ATTENDRIR UN BEEFSTEAK. TOUT A COUP, --
D'EVE ET D'ADAM, CES OEUVRES DE VOS MAINS,
SUIS TOUJOURS COMME INTRIGUE ET ALARME.
TOUJOURS COMME INTRIGUE ET ALARME. O NUIT!
FLEURIT COMME UNE FLEUR. TU SAIS BIEN,
D'OEIL SIGNIFICATIF AUQUEL JE ME HATAI D'
QU'IL AVAIT COMPRIS MA THEORIE, ET QU'IL
TENDU LA PETITE AMPHORE A BAVAROISES OU L'
LE DIRECTEUR D'UNE REVUE, QUI A CHAQUE
ETROIT, MAIS SI PLEIN DE DEGOUT, UN SEUL
SE RAPPROCHA, NE QUITTANT PAS DES YEUX L'
DANS CES DRAMES FEERIQUES DONT L'
UNE FENETRE FERMEE. IL N'EST PAS D'
QUAND, RENTRANT A LA MAISON, LE PREMIER
QUE CELUI-CI EXAMINAIT AVIDEMENT COMME UN
FAIT DE PLUS EN PLUS ETINCELER LES
DOMESTIQUE, ET DANS UNE SITUATION QUI M'
PARFAITEMENT HEUREUSE SI ELLE N'ETAIT
AU POLE. LA LE SOLEIL NE FRISE QU'
CONFINE AU FOND DE MON INTELLECT, LE GERME
ENCOR DANS LES DRAPS DU MATIN, LOURDE,
A LA SUFFISANTE CLARTE ET LA DELICIEUSE
LOIN DE LUI. ET, M'EN RETOURNANT,
LES ROIS QUAND LE REMORDS OU L'ENNUI LES
GAZONNES SEPARENT ENCORE LES BATIMENTS, J'
PLUS LE DISCOURS DE SON CAMARADE ET
BRUSQUEMENT VERS ELLE, ET LUI DIT: ''
D'ECLAT; ET J'OUVRIS LA FENETRE, HELAS! (
HUMAIN. ET PENDANT QUELQUES INSTANTS JE M'
FAMEUX ROLE QUE VOUS AVEZ CREE.'' MOI, M'
A TERRE, ET JE LE BATTIS AVEC L'ENERGIE
TOUTES TENDANT AU MEME BUT, C'EST-A-DIRE A
PAS L'HONNEUR, COMME SOCRATE, D'
AUX JUPONS DE LEURS MERES POUR
QUI VEUT TOUT COMPRENDRE, ET QUI AYANT
ME DIT: ''JE PUIS TE DONNER CE QUI
TEMPS-LA AUX TOURISTES POUR LE MELER A L'
''PEUX-TU TE SOUVENIR DE L'EPOQUE ET DE L'
CONDAMNE A MORT. IL VOULAIT PROFITER DE L'
ET QU'ON POURRAIT APPELER L'ORIENT DE L'
OU LA FANTAISIE A BATI ET DECORE UNE CHINE
DIVAN, ET, ASSISTE D'UNE SERVANTE, JE M'
ET DE VERROTERIES. MAIS L'ENFANT NE S'
TEMPS. TUER CE MONSTRE-LA N'EST-CE PAS L'
MAIS MON MISERABLE CERVEAU, TOUJOURS
L'HOMME DU MONDE LUI-MEME ET L'HOMME
MON TUTEUR EST TROP AVARE; DIEU NE S'
D'OFFICIEUX, SI LA REPUBLIQUE, TROP
FEUILLES ET PAR LA PEAU HUMAINE. DANS L'
DESTINEE M'AVAIT, EN CES DERNIERS TEMPS,
CHAUDES, D'OU S'EXHALAIT LA BONNE
JUSQU'A PLUSIEURS LIEUES; UNE DELICIEUSE
CIRCULAIT, DOMINANT TOUS LES PARFUMS, UNE
HELAS! IL EST REMPLACE PAR UNE FETIDE
RESPIRER LONGTEMPS, LONGTEMPS, L'
FOYER DE TA CHEVELURE, JE RESPIRE L'
LES NOMS..... DANS L'ATMOSPHERE, UNE
DUVETES DE TA CHEVELURE, JE M'ENIVRE DES
LES AGITER AVEC MA MAIN COMME UN MOUCHOIR
JOURNEE! LE VASTE PARC SE PAME SOUS L'
A CEUX DE SA COUR. CEPENDANT, DANS UN
SI L'ESPRIT REMUAIT LA MATIERE, ET SI L'
LES CHINOIS VOIENT L'HEURE DANS L'
DECOUVRIRAIT LA BEAUTE. SI, COMME L'
REFLET DE LA JOIE DU RICHE AU FOND DE L'
PENSER A CES CHEVAUX DE GRANDE RACE QUE L'
ATTENTIVEMENT! IL Y AVAIT DANS SON
EST FAIBLE, RUINE, CONTRISTE, ORPHELIN. UN
ASSOCIES, ET LE POETE QUI LES REGARDE D'UN
UN DE CES MARMOTS-PARIAS DONT UN
ELLE REGARDAIT LE MONDE LUMINIEUX AVEC UN
IL ME FIT, EN PASSANT, UN CLIGNEMENT D'
INSPECTE LES ENVIRONS D'UN COUP D'
D'UN SEUL COUP DE POING; JE LUI BOUCHAI UN
COMME UN SOUPIR, RAPIDE COMME UN COUP D'
PAS UNE LARME NE SUINTA DU COIN DE SON
MULTIPLIEES QUE DONNE LA VUE D'UN CHEF-D'
AVEC UNE ATTENTION DE SORCIERS, L'
CES DEUX DESCENDANTS D'EVE ET D'ADAM, CES
DES TENDANCES GENEREUSES DU PRINCE
MAIS JE LES AVAIS SANS DOUTE FORTEMENT
''--AH! MISERABLE CHIEN, SI JE VOUS AVAIS
FAIBLE POUR MARCHER. IL REMPLISSAIT L'
DE CUPIDITES ET DE DESESPOIRS, DELIRE
A-T-ELLE UN RENDEZ-VOUS AVEC QUELQUE JEUNE
POURRAIT AUSSI BIEN QUALIFIER D'
UN MAGNIFIQUE TYRAN ITALIEN, DU BON TEMPS,

	POEM	LINE
O BEATITUDE! CE QUE NOUS NOMMONS GENERALEMENT	05	034
O CAPITALE INFAME! COURTISANES ET BANDITS,	51	013
O CREATEUR! PEUT-IL EXISTER DES MONSTRES AUX	47	123
O JOUISSANCE DU PHILOSOPHE QUI VERIFIE	49	060
O MIRACLE! O JOUISSANCE DU PHILOSOPHE QUI	49	060
O MON DIEU! CETTE FEMME EST INCONTESTABLEMENT	11	045
O NUIT! O RAFRAICHISSANTES TENEBRES! VOUS ETES	22	044
O RAFRAICHISSANTES TENEBRES! VOUS ETES POUR	22	044
O SATAN, PATRON DE MA DETRESSE, QUE JE	51	005
OBEIR. JE LE SUIVIS ATTENTIVEMENT, ET BIENTOT,	29	007
OBEIRAIT A MES CONSEILS.	49	080
OBELISQUE BICOLORE DES GLACES PANACHEES; TOUTE	26	025
OBJECTION REPONDAIT: ''--C'EST ICI LE PARTI	10	016
OBJET CONNU ME SOURIT: LA FIOLE DE LAUDANUM;	05	067
OBJET DE SA CONVOITISE; PUIS, HAPPANT LE	15	042
OBJET EST DE REPRESENTER SYMBOLIQUEMENT LE	27	067
OBJET PLUS PROFOND, PLUS MYSTERIEUX, PLUS	35	003
OBJET QUI FRAPPA MON REGARD FUT MON PETIT	30	049
OBJET RARE ET INCONNU. OR, CE JOUJOU, QUE LE	19	039
OBJETS! QUE LES FLEURS EXCITEES BRULENT DU	07	009
OBLIGEA A ME RETIRER DISCRETEMENT POUR NE PAS	42	056
OBLIGEE D'ENTASSER PIASTRE SUR PIASTRE POUR	25	057
OBLIQUEMENT LA TERRE, ET LES LENTES	48	035
OBSCUR D'UNE IDEE SUPERIEURE A TOUTES LES	49	014
OBSCURE, ENRHUMEE, OU QUE TU TE PAVANES DANS	51	011
OBSCURITE DE L'HARMONIE. UNE SENTEUR	05	016
OBSEDE PAR CETTE VISION, JE CHERCHAI A	14	077
OBSEDE, AFFUBLE D'UN COSTUME ECLATANT ET	07	018
OBSERVAI SOUVENT UN ENFANT DONT LA PHYSIONOMIE	30	024
OBSERVAIT AVEC UNE FIXITE ETONNANTE JE NE SAIS	31	023
OBSERVEZ CETTE POUPEE, LA-BAS, A DROITE, QUI	43	014
OBSERVEZ, JE VOUS PRIE, QUE L'ESPRIT DE	09	053
OBSTINAI A VOULOIR COMPRENDRE CE MYSTERE; MAIS	06	033
OBSTINANT, JE REPRIS: ''PEUX-TU TE SOUVENIR DE	47	107
OBSTINEE DES CUISINIERS QUI VEULENT ATTENDRIR	49	059
OBTENIR DE MOI UN MORCEAU DE LA FUNESTE ET	30	128
OBTENIR MON BREVET DE FOLIE, SIGNE DU SUBTIL	49	030
OBTENIR QUELQUE BATON DE SUCRE, OU MONTAIENT	14	039
OBTENU POUR SON FILS LE MEILLEUR DES LOTS, OSE	20	085
OBTIENT TOUT, CE QUI VAUT TOUT, CE QUI	21	075
OCCASION AVEC DE L'EAU DE NEIGE. JE DECOUPAIS	15	031
OCCASION OU EST NEE EN TOI CETTE PASSION SI	47	108
OCCASION POUR FAIRE UNE EXPERIENCE	27	051
OCCIDENT. LA CHINE DE L'EUROPE, TANT LA CHAUDE	18	004
OCCIDENTALE, OU LA VIE ETAIT DOUCE A RESPIRER,	18	020
OCCUPAIS DES DERNIERS PREPARATIFS, QUAND LA	30	095
OCCUPAIT PAS DE SON JOUJOU PREFERE, ET VOICI	19	028
OCCUPATION LA PLUS ORDINAIRE ET LA PLUS	43	004
OCCUPE A CHERCHER MIDI A QUATORZE HEURES (DE	28	024
OCCUPE DE TRAVAUX SPIRITUELS ECHAPPENT	14	014
OCCUPE PAS DE MOI ET DE MON ENNUI; NI EN N'AI	31	076
OCCUPEE DU BONHEUR DES HOMMES, AVAIT LE TEMPS	50	105
OCEAN DE TA CHEVELURE, J'ENTREVOIS UN PORT	17	016
OCTROYE LA JOUISSANCE D'UNE FEMME QUI ETAIT	42	062
ODEUR D'UNE PARFUMERIE; ET A CHAQUE FOIS QU'IL	21	017
ODEUR DE FLEURS ET DE FRUITS. AUSSITOT CHACUN	34	026
ODEUR DE FRITURE QUI ETAIT COMME L'ENCENS DE	14	043
ODEUR DE TABAC MELEE A JE NE SAIS QUELLE	05	063
ODEUR DE TES CHEVEUX, Y PLONGER TOUT MON	17	001
ODEUR DU TABAC MELEE A L'OPIUM ET AU SUCRE;	17	026
ODEUR ENIVRANTE, INDEFINISSABLE...... DANS LA	24	020
ODEURS COMBINEES DU GOUDRON, DU MUSC ET DE	17	030
ODORANT, POUR SECOUER DES SOUVENIRS DANS	17	004
OEIL BRULANT DU SOLEIL, COMME LA JEUNESSE SOUS	07	002
OEIL CLAIRVOYANT, SON IVRESSE, A LUI, N'ETAIT	27	108
OEIL D'UN MAGNETISEUR FAISAIT MURIR LES	49	024
OEIL DES CHATS. UN JOUR UN MISSIONNAIRE, SE	16	001
OEIL DU CONNAISSEUR DEVINE UNE PEINTURE IDEALE	19	033
OEIL DU PAUVRE. MAIS CE JOUR-LA, A TRAVERS CE	13	074
OEIL DU VERITABLE AMATEUR RECONNAIT, MEME	39	022
OEIL ET DANS SON FRONT CE JE NE SAIS QUOI DE	31	128
OEIL EXPERIMENTE NE S'Y TROMPE JAMAIS. DANS	13	017
OEIL FRATERNEL. FI DU CHIEN BELLATRE, DE CE	50	020
OEIL IMPARTIAL DECOUVRIRAIT LA BEAUTE, SI,	19	032
OEIL PROFOND, ET ELLE ECOUTAIT EN HOCHANT	13	086
OEIL SIGNIFICATIF AUQUEL JE ME HATAI D'OBEIR.	29	006
OEIL, ET QUE J'AVAIS VERIFIE QUE DANS CETTE	49	051
OEIL, QUI DEVINT EN UNE SECONDE, GROS COMME	49	043
OEIL. ET SI QUELQUE IMPORTUN VENAIT ME	16	021
OEIL. J'ATTRIBUAI CETTE ETRANGETE A L'HORREUR	30	088
OEUVRE D'ART VIVANT. LES EXPLOSIONS DE LA JOIE	27	103
OEUVRE SANS NOM QUI MITONNE SUR LE POELE	50	090
OEUVRES DE VOS MAINS, O MON DIEU! CETTE FEMME	11	044
OFFENSE. DE LA PART D'UN HOMME AUSSI	27	042
OFFENSES; CAR ILS NE SONT JAMAIS REVENUS.	21	122
OFFERT UN PAQUET D'EXCREMENTS, VOUS L'AURIEZ	08	010
OFFICE DE BONNE ET FAISAIT PRENDRE A SES	26	032
OFFICIEL D'UNE GRANDE VILLE FAIT POUR TROUBLER	04	004
OFFICIER QUI, SUR DES PLAGES LOINTAINES, A	25	048
OFFICIEUX, SI LA REPUBLIQUE, TROP OCCUPEE DU	50	104
OFFRAIT AU DIVIN ARETIN SOIT UNE DAGUE	50	125

POEM	LINE		
28	018	LARMOYANTS DES CHIENS QU'ON FOUETTE. L'	OFFRANDE DE MON AMI FUT BEAUCOUP PLUS
47	025	GRAND FEU, VIN CHAUD, CIGARES; ET EN M'	OFFRANT CES BONNES CHOSES ET EN ALLUMANT ELLE-
21	120	VOIX, LES SUPPLIANT DE ME PARDONNER, LEUR	OFFRANT DE ME DESHONORER AUSSI SOUVENT QU'IL
15	044	VIVEMENT, COMME S'IL EUT CRAINT QUE MON	OFFRE NE FUT PAS SINCERE OU QUE JE M'EN
30	019	LES VISAGES, LES PHYSIONOMIES QUI S'	OFFRENT DANS MA ROUTE, ET VOUS SAVEZ QUELLE
51	014	COURTISANES ET BANDITS, TELS SOUVENT VOUS	OFFREZ DES PLAISIRS QUE NE COMPRENNENT PAS LES
18	026	L'INVITATION AU VOYAGE, QU'ON PUISSE	OFFRIR A LA FEMME AIMEE, A LA SOEUR
15	041	POUR LUI UNE BELLE TRANCHE QUE JE LUI	OFFRIS. LENTEMENT IL SE RAPPROCHA, NE QUITTANT
43	005	ET LA PLUS LEGITIME DE CHACUN? --ET IL	OFFRIT GALAMMENT LA MAIN A SA CHERE,
14	066	ET IL ME SEMBLA QUE MES REGARDS ETAIENT	OFFUSQUES PAR CES LARMES REBELLES QUI NE
47	079	LOGIQUE! ME DIS-JE A MOI-MEME. --	OH! JE NE M'Y TROMPE GUERE; J'EN AI CONNU UN
50	085	OU DEUX INSTRUMENTS DE MUSIQUE DETRAQUES.	OH! LE TRISTE MOBILIER! MAIS REGARDEZ, JE VOUS
47	037	SA MONTRE: "CINQ MINUTES, MESSIEURS!" --	OH! MOI, JE VAIS PARTOUT. JE CONNAIS BIEN CES
30	109	BRAS ET ME DIT D'UNE VOIX IRRESISTIBLE: "	OH! MONSIEUR! LAISSEZ-MOI CELA! JE VOUS EN
30	101	L'ENDROIT OU SON PETIT S'ETAIT PENDU. "	OH! NON! MADAME, --LUI REPONDIS-JE, --CELA
05	070	FECONDE EN CARESSES ET EN TRAITRISES.	OH! OUI! LE TEMPS A REPARU; LE TEMPS REGNE EN
47	009	SUIS MEDECIN. LAISSEZ-MOI PASSER. --	OH! SI! VOUS ETES MEDECIN. JE LE VOIS BIEN.
33	011	AU VENT, A LA VAGUE, A L'ETOILE, A L'	OISEAU, A L'HORLOGE, A TOUT CE QUI FUIT, A
33	014	IL EST; ET LE VENT, LA VAGUE, L'ETOILE, L'	OISEAU, L'HORLOGE VOUS REPONDRONT: "IL EST
24	029	AU DELA DE LA VARANGUE, LE TAPAGE DES	OISEAUX IVRES DE LUMIERES, ET LE JACASSEMENT
13	065	EN MIROITANT; LES REGARDS SE CROISENT; LES	OISIFS, FATIGUES DE N'AVOIR RIEN FAIT, SE
13	007	LOIN DU REGARD INSOLENT DES JOYEUX ET DES	OISIFS. CES RETRAITES OMBREUSES SONT LES
23	008	SOLITUDE NE FUT DANGEREUSE QUE POUR L'AME	OISIVE ET DIVAGANTE QUI LA PEUPLE DE SES
09	050	M'ETAIS LEVE MAUSSADE, TRISTE, FATIGUE DE	OISIVETE, ET POUSSE, ME SEMBLAIT-IL, A FAIRE
15	015	IMMENSE PROFONDEUR, PASSAIT QUELQUEFOIS L'.	OMBRE D'UN NUAGE, COMME LE REFLET DU MANTEAU
16	016	LE JOUR, DANS LA PLEINE LUMIERE OU DANS L'	OMBRE OPAQUE, AU FOND DE SES YEUX ADORABLES DE
25	015	SON DOS CREUX ET SA GORGE POINTUE. SON	OMBRELLE ROUGE, TAMISANT LA LUMIERE, PROJETTE
13	007	DES JOYEUX ET DES OISIFS. CES RETRAITES	OMBREUSES SONT LES RENDEZ-VOUS DES ECLOPPES DE
47	020	OU PLUTOT PAR CETTE ENIGME INESPEREE. J'	OMETS LA DESCRIPTION DU TAUDIS; ON PEUT LA
49	056	LE DOS, ASSEZ ENERGIQUE POUR BRISER LES	OMOPLATES, TERRASSE CE SEXAGENAIRE AFFAIBLI;
31	018	PAS S'EMPECHER DE LES AIMER. ON A PEUR;	ON A ENVIE DE PLEURER, ET CEPENDANT L'ON EST
31	018	ON NE PEUT PAS S'EMPECHER DE LES AIMER.	ON A PEUR, ON A ENVIE DE PLEURER, ET CEPENDANT
47	051	DE CE TEMPS, LITHOGRAPHIES PAR MAURIN, QU'	ON A PU VOIR ETALEE PENDANT PLUSIEURS ANNEES
39	025	SI DOUCE ET SI FERVENTE! ELLE AIME COMME	ON AIME EN AUTOMNE; ON DIRAIT QUE LES
11	022	"CE MONSTRE EST UN DE CES ANIMAUX QU'	ON APPELLE GENERALEMENT "MON ANGE!",
34	033	TRISTE, SEMBLABLE A UN PRETRE A QUI	ON ARRACHERAIT SA DIVINITE. JE NE POUVAIS,
15	048	SI PARFAITEMENT SEMBLABLE AU PREMIER QU'	ON AURAIT PU LE PRENDRE POUR SON FRERE JUMEAU.
11	042	ETINCELLE TOUT ENTIERE, COMME LE FER QU'	ON BAT. "TELLES SONT LES MOEURS CONJUGALES DE
42	018	PREMIER DEGRE DE L'AMOUR. AU SECOND DEGRE,	ON COMMENCE A CHOISIR. POUVOIR DELIBERER,
31	091	OU DE FAIRE LES FOLIES. EN FOIS, ET QU'	ON DEVIENDRAIT COMME FOU SI ON LES ECOUTAIT
31	057	ET LA PEAU EN EST SI DOUCE, SI DOUCE, QU'	ON DIRAIT DU PAPIER A LETTRE OU DU PAPIER DE
22	059	L'HOMME AUX HEURES SOLENNELLES DE LA VIE.	ON DIRAIT ENCORE UNE DE CES ROBES ETRANGES DE
31	027	DE FEU, QUI MARCHE DOUCEMENT. LUI AUSSI,	ON DIRAIT QU'IL NOUS REGARDE." "MAIS QUI
07	008	HUMAINES, C'EST ICI UNE ORGIE SILENCIEUSE.	ON DIRAIT QU'UNE LUMIERE TOUJOURS CROISSANTE
39	025	ELLE AIME COMME ON AIME EN AUTOMNE;	ON DIRAIT QUE LES APPROCHES DE L'HIVER
26	039	"QUE C'EST BEAU! QUE C'EST BEAU!	ON DIRAIT QUE TOUT L'OR DU PAUVRE MONDE EST
11	066	LE CIEL, COMME POUR LUI DEMANDER UN ROI;	ON DIRAIT VRAISEMBLABLEMENT UNE JEUNE
11	002	ME FATIGUEZ SANS MESURE ET SANS PITIE;	ON DIT D'UN COMEDIEN: "VOILA UN BON
27	072	L'IDEE DE DOUCEUR ET DE PARDON. QUAND	ON DIT QU'ELLE EST BATIE EN MARBRE, ET QUE LE
48	011	LEZARD. CETTE VILLE EST AU BORD DE L'EAU;	ON DIT TANT DE MAL, JE SUIS QUELQUEFOIS BON
29	099	SOUVENIR, ET VOUS PROUVER QUE MOI, DONT	ON DIT, DANS LE BLANC DES YEUX, IL AFFIRMA
16	009	UN FORT GROS CHAT; ET LE REGARDANT, COMME	ON ECOUTE ALORS CELUI QUI PARLE, COMME ON
42	013	MEPRISENT PAS LES CONVERSATIONS BANALES.	ON ECOUTERAIT DE LA MUSIQUE DE DANSE. "TOUS
42	014	ON ECOUTE ALORS CELUI QUI PARLE, COMME	ON EMBRASSE, SANS DEGOUT, LE TRONC DES CHENES.
42	016	C'EST L'EPOQUE OU, FAUTE DE DRYADES,	ON EST CONTENT... ET PUIS, CE QUI EST PLUS
31	018	ON A ENVIE DE PLEURER, ET CEPENDANT L'	ON EUT DIT QU'IL LA CONSIDERAIT COMME FAISANT
06	022	SUSPENDUE A SON COU ET COLLEE A SON DOS;	ON EUT DIT QUE L'APPROCHE DE LA TERRE
34	008	DES PASSAGERS GEMISSAIT ET GROGNAIT.	ON EUT DIT QUE LE SOLEIL IVRE SE VAUTRAIT TOUT
45	014	ET LA CHALEUR Y FAISAIENT RAGE, ET L'	ON FIT APPORTER DE NOUVELLES BOUTEILLES, POUR
42	168	SUFFISAMMENT EXPLIQUEE D'AILLEURS. ENSUITE	ON FOUETTE. L'OFFRANDE DE MON AMI FUT BEAUCOUP
28	017	MISERES; CETTE NOSTALGIE DU PAYS QU'	ON IGNORE; CETTE ANGOISSE DE LA CURIOSITE? IL
18	017	DANS LES YEUX LARMOYANTS DES CHIENS QU'	ON L'AFFIRME GENERALEMENT. DIX FOIS DE SUITE,
09	022	LE FEU PRENAIT AVEC AUTANT DE FACILITE QU'	ON L'EST; ET LE PLUS IRREPARABLE DES VICES EST
28	057	MAIS IL Y A QUELQUE MERITE A SAVOIR QU'	ON LES CROIRAIT FAITS D'UNE AUTRE PATE QUE LES
19	022	RENDENT CES ENFANTS-LA SI JOLIS, QU'	ON LES DIRAIT DOUES D'UNE VIE SOMNAMBULIQUE,
05	009	ALANGUIES. LES MEUBLES ONT L'AIR DE REVER;	ON LES ECOUTAIT TROP LONGTEMPS. L'UN, EN
31	092	LA FOIS, ET QU'ON DEVIENDRAIT COMME FOU SI	ON M'A MENE AU THEATRE. DANS DES PALAIS GRANDS
31	006	CAUSAIENT ENTRE EUX. L'UN DISAIT: "HIER	ON N'ENTEND PLUS QUE LE ROULEMENT DE QUELQUES
10	001	ENFIN! SEUL!	ON N'EST JAMAIS EXCUSABLE D'ETRE MECHANT, MAIS
28	056	JAMAIS L'INEPTIE DE SON CALCUL.	ON NE LE VOIT PLUS!!" ET L'ENFANT RESTA
31	016	IL DESCEND DERRIERE LE CLOCHER... AH!	ON NE ME MENE JAMAIS AU SPECTACLE! MON TUTEUR
31	075	SAVEZ QUE JE NE M'AMUSE GUERE A LA MAISON;	ON NE PEUT PAS S'EMPECHER DE LES AIMER. ON A
31	017	ENFLAMMEES ELLES AIENT L'AIR TERRIBLE;	ON NE TROUVERA PAS SURPRENANT QUE JE FUSSE
49	010	QU'ILS SONT TOUS DES ROIS DETRONES. --	ON NOMME LEVRETTES, ET QUI NE LOGENT MEME PAS
50	028	PATTES, FRISSONNANTS ET DESOEUVRES, QU'	ON PAS DANS UNE GRANDE VILLE, QUAND ON SAIT SE
47	114	PAS." QUELLES BIZARRERIES NE TROUVE-T-	ON PAS QUE LA LIGNE COURBE ET LA SPIRALE FONT
32	012	TENDRES OU ECLATANTES. NE DIRAIT-	ON PAS QUE TOUTES CES COROLLES DELICATES, TOUS
32	014	DANS UNE MUETTE ADORATION? NE DIRAIT-	ON PEUT CONTEMPLER LA VILLE EN SON AMPLEUR,
51	002	JE SUIS MONTE SUR LA MONTAGNE D'OU L'	ON PEUT LA TROUVER DANS PLUSIEURS VIEUX POETES
47	020	J'OMETS LA DESCRIPTION DU TAUDIS;	ON PEUT SOUVENT LES PAYER CHER. MAIS
09	091	NERVEUSES NE SONT PAS SANS PERIL, ET	ON PEUT VOIR AU SOLEIL EST TOUJOURS MOINS
35	006	FENETRE ECLAIREE D'UNE CHANDELLE. CE QU'	ON PEUT Y ALLER PIEDS NUS, COMME AUX DANSES DU
25	051	LE BAL DE L'OPERA, ET LUI DEMANDERA SI	ON POURRAIT APPELER L'ORIENT DE L'OCCIDENT, LA
18	003	NOYE DANS LES BRUMES DE NOTRE NORD, ET QU'	ON POURRAIT CONSIDERER COMME BIZARRES, ET L'
20	038	COMMISES CE JOUR-LA QUELQUES BOURDES QU'	ON POUVAIT ALLER EN RUSSIE PAR VOIE DE TERRE
10	013	DE LETTRES, DONT L'UN M'A DEMANDE SI L'	ON POUVAIT CONCEVOIR UN ASTRE NOIR VERSANT LA
36	012	JE LA COMPARERAIS A UN SOLEIL NOIR, SI L'	ON PUISSE OFFRIR A LA FEMME AIMEE, A LA SOEUR
18	026	QUI COMPOSERA L'INVITATION AU VOYAGE, QU'	ON RECHERCHE DECIDEMENT LA BEAUTE. POUR MOI,
42	020	C'EST DEJA UNE DECADENCE. C'EST ALORS QU'	ON REPROCHE EN GENERAL A L'EGOISTE FEMELLE.
42	107	ATROCES PAR LE CONTRAIRE DE CE QU'	ON RESPIRE ICI MAINTENANT LE RANCI DE LA
05	064	JE NE SAIS QUELLE NAUSEABONDE MOISISSURE.	

DE SON AVIS DANS LA MEME AFFAIRE! COMME
PAS DANS UNE GRANDE VILLE, QUAND
D'UN COMEDIEN: ''VOILA UN BON COMEDIEN'':
PALAIS GRANDS ET TRISTES, AU FOND DESQUELS
LES FASTIDIEUSES HORREURS DE LA VIE;
ET AUQUEL ASSISTERAIENT MEME, DISAIT-
UN PAYS SUPERBE, UN PAYS DE COCAGNE, DIT-
LES SYLPHES, LES NIXES, LES ONDINS ET LES
LES SYLPHIDES, LES SYLPHES, LES NIXES, LES
GROS COMME UNE BALLE. JE CASSAI UN DE MES
LA TERRE, IL CONTEMPLAIT VANITEUSEMENT LES
DE SENSUALITE A CES PAUVRES DIABLES QUI
TOUT RETENU, COMME VOUS VOYEZ. ENSUITE ILS
ENFIN ILS ONT RAMASSE LEURS SOUS,
ETAIENT SI CONTENTS D'EUX-MEMES, QU'ILS
L'ONT MARQUEE DE LEURS GRIFFES ET LUI
PAR ETAT AU COMIQUE, LES CHOSES SERIEUSES
VOLUPTE PENDANT UNE ECLIPSE. LES MEUBLES
DES IMMENSES VILLES, SOIT CEUX QUI
LE PAUVRE GARCON! SES CAMARADES M'
--IL Y A QUELQUES JOURS, MES PARENTS M'
ET DE CEUX QUI REVIENNENT, DE CEUX QUI
OSERA DECIDER SI LES FLEURS ET LES PAMPRES
DANSE. ''TOUS LES HOMMES,'' DISAIT CELUI-CI,
TOUJOURS ETE VIEILLES. TOUS LES PERES QUI
PROSTREES, ALANGUIES. LES MEUBLES
UNE DIABLESSE, NON MOINS EXTRAORDINAIRE,
POURTANT! LE TEMPS ET L'AMOUR L'
LE SOMMEIL DE CEUX QUI DEPUIS LONGTEMPS
QUE LA FOULE S'EST DISPERSEE. ENFIN ILS
VAINEMENT MORDUE A BELLES DENTS; ILS N'
CERTAINS HOMMES DE TOUS LES PAYS QUAND ILS
ET CHARMANTES! LE TEMPS ET L'AMOUR L'
ET LES EXTASES DE TOUTES LES AMES QUI
POUR RACHETER SA PETITE SOEUR QUI A BIEN
DE SUITE, L'EXPERIENCE MANQUA; MAIS, A LA
QUI SE DETACHAIENT AINSI DU FOND
CANDELABRES QUI FONT DES TACHES D'UN ROUGE
DANS LA PLEINE LUMIERE OU DANS L'OMBRE
A PROPOS D'UN LIVRE, D'UN POEME, D'UN
CREATURE, DE LUI DECRIRE LE BAL DE L'
LES FILS ET LES EPONGES. --ET COMME, L'
QUE C'ETAIT VOUS QUI L'ASSISTIEZ DANS LES
L'HOMME DEVAIT EPROUVER QUELQUE PEINE A
OU NE SE RESIGNE QU'AU BOUT DE SIX MOIS A
QUI VEULENT DEPOSER LES PRINCES ET
BIEN EVENTEE, FUMANT LE TABAC LEGEREMENT
ET CEUX EN QUI ELLE SE MANIFESTE SI
CARRIERE, TANT ELLE L'A PATIEMMENT ET
PLAIRE...? PLAIRE POURQUOI?'' DEMANDA
JE RESPIRE L'ODEUR DU TABAC MELEE A L'
CHAQUE HOMME PORTE EN LUI SA DOSE D'
A L'HORIZON COMME L'AGONIE DU JOUR SOUS L'
INERTE; AU CONTRAIRE, ELLE ENVELOPPAIT ET
QUE C'EST BEAU! ON DIRAIT QUE TOUT L'
PASSE; ET LES ETOILES VACILLANTES D'
DANS LES VOILES DU SOIR PASSEMENTES D'
UN CIEL DEJA VERDATRE OU DES NUAGES D'
CHEZ NOUS. D'AILLEURS CES MURS CRIBLES D'
QUELQUES ADORATIONS. L'ARGENT, L'
AVIDEMENT COMME UN OBJET RARE ET INCONNU.
ET MEME D'ADORATIONS! L'ARGENT, L'
C'EST-A-DIRE L'ART, L'EFFORT, LA VOLONTE.
SON GILET IL GLISSA DE PETITES PIECES D'
VOLONTIERS, DEESSE ET IMMORTELLE. --L'
GRONDENT ENCORE LES DERNIERS SOUPIRS D'UN
CHARGEES ENCORE DE LOURDS PLEURS DE L'
ET ENIVRANTE; SUSPENDUE AU FOND D'UNE NUIT
UN DAMNE, SECOUANT LES BARREAUX COMME UN
SANS FRONT ET SANS CRANE, COMME LES
N'EXISTE PAS!'' LE SOUVENIR DE CE CELEBRE
PARCE QUE JE DEVINE QUE LEURS EFFUSIONS
DE L'ENCEINTE D'UN CONCERT PUBLIC. L'
N'EST-CE PAS L'OCCUPATION LA PLUS
VOUS EST ''AGREABLE,'' C'ETAIT SA REPONSE
FRATERNELLE QUE CETTE CRAINTE QUI NAIT
AUSSI SOUVENT QUE VOTRE FANTAISIE VOUS L'
EN VOICI DEUX QUI APPARTIENNENT A UN
CES TRESORS, CES MEUBLES, CE LUXE, CET
OU LE LUXE A PLAISIR A SE MIRER DANS L'
DELICATS QUI L'EXASPERENT, MAIS DES
PAR LES CHEVEUX; CELUI-CI LUI SAISIT L'
J'ENTENDIS UNE VOIX QUI CHUCHOTAIT A MON
ET J'ENTENDIS UNE VOIX QUI ME DISAIT A L'
PLACE DERRIERE ELLE, ET LUI PARLER A L'
MOMENTS, ET DECHIRA A LA FOIS LES
ET SON RAUQUE DU CUIVRE APPORTA A MES
GAZOUILLENT SECRETEMENT A SES MIGNONNES
LES MIROIRS, LES METAUX, LES ETOFFES, L'
BATTERIE DE CUISINE, COMME UNE SPLENDIDE

	POEM	LINE
ON RIAIT DE CA A L'ECOLE, DANS LE TEMPS! TU	47	060
ON SAIT SE PROMENER ET REGARDER? LA VIE	47	115
ON SE SERT D'UNE FORMULE QUI IMPLIQUE QUE SOUS	27	073
ON VOIT LA MER ET LE CIEL, DES HOMMES ET DES	31	007
ON Y RESPIRAIT UNE BEATITUDE SOMBRE, ANALOGUE	29	015
ON, LES GENTILSHOMMES CONDAMNES; SIGNE	27	040
ON, QUE JE REVE DE VISITER AVEC UNE VIEILLE	18	001
ONDINES, --JE VEUX PARLER DE LA LOI QUI	20	069
ONDINS ET LES ONDINES, --JE VEUX PARLER DE LA	20	068
ONGLES A LUI BRISER DEUX DENTS; ET COMME JE NE	49	045
ONGLES DE SES PIEDS, BRILLANTS ET POLIS COMME	21	035
ONT A AFFRONTER TOUT LE JOUR L'INDIFFERENCE DU	50	097
ONT BU CHACUN UNE TASSE D'EAU-DE-VIE ET SE	31	118
ONT CHARGE LEUR BAGAGE SUR LEUR DOS, ET SONT	31	101
ONT CONTINUE A JOUER LEUR MUSIQUE DE SAUVAGES;	31	099
ONT CRUELLEMENT ENSEIGNE CE QUE CHAQUE MINUTE	39	003
ONT DE FATALES ATTRACTIONS, ET, BIEN QU'IL	27	003
ONT DES FORMES ALLONGEES, PROSTREES;	05	008
ONT DIT A L'HOMME ABANDONNE, AVEC DES YEUX	50	042
ONT DIT QU'IL N'AVAIT PAS LE SOU, PARCE QUE	47	090
ONT EMMENE EN VOYAGE AVEC EUX, ET, COMME DANS	31	046
ONT ENCORE LA FORCE DE VOULOIR, LE DESIR DE	41	014
ONT ETE FAITS POUR LE BATON, OU SI LE BATON	32	019
ONT EU L'AGE DE CHERUBIN: C'EST L'EPOQUE OU,	42	015
ONT FOI DANS LES FEES ETAIENT VENUS, CHACUN	20	010
ONT L'AIR DE REVER; ON LES DIRAIT DOUES D'UNE	05	009
ONT LA NUIT DERNIERE MONTE L'ESCALIER	21	002
ONT MARQUEE DE LEURS GRIFFES ET LUI ONT	39	002
ONT MIS DANS LE BUT, DANS LE SEUL VRAI BUT DE	45	034
ONT RAMASSE LEURS SOUS, ONT CHARGE LEUR BAGAGE	31	101
ONT RIEN DIMINUE DU CHARME VAGUE, MAIS	39	018
ONT TROP BIEN DINE. ET CELUI-LA ME DIT: ''JE	21	074
ONT VAINEMENT MORDUE A BELLES DENTS; ILS N'ONT	39	017
ONT VECU, QUI VIVENT ET QUI VIVRONT! EN DISANT	34	039
ONZE ANS, ET QUI EST DEJA MURE, ET SI BELLE!	25	059
ONZIEME, ELLE REUSSIT BEAUCOUP TROP BIEN. UN	09	024
OPAQUE DE LA NUIT. ILS AVAIENT L'AIR SI FIER	21	008
OPAQUE SUR LES DERNIERES GLOIRES DU COUCHANT,	22	054
OPAQUE, AU FOND DE SES YEUX ADORABLES JE VOIS	16	016
OPERA PAR LEQUEL JE LAISSAIS ECHAPPER MON	42	042
OPERA, ET LUI DEMANDERA SI ON PEUT Y ALLER	25	051
OPERATION FAITE. IL DISAIT FIEREMENT, EN	47	035
OPERATIONS GRAVES. EN VOILA UN HOMME QUI AIME	47	032
OPERER SON ASCENSION ET ACCROCHER EN MAINT	09	070
OPERER UNE DEMARCHE NECESSAIRE DEPUIS UN AN,	09	010
OPERER, SANS LA CONSULTER, LE DEMENAGEMENT	27	011
OPIACE!), AU DELA DE LA VARANGUE, LE TAPAGE	24	028
OPINEMENT SONT, EN GENERAL, COMME JE L'AI DIT,	09	031
OPINIATREMENT ILLUSTRE DE CES SAVANTES ET	18	006
OPINIATREMENT LE PETIT BOUTIQUIER, QUI ETAIT	20	078
OPIUM ET AU SUCRE! DANS LA NUIT DE TA	17	027
OPIUM NATUREL, INCESSAMMENT SECRETEE ET	18	070
OPPRESSION VICTORIEUSE DE SA NUIT; LES FEUX	22	052
OPPRIMAIT L'HOMME DE SES MUSCLES ELASTIQUES ET	06	009
OR DU PAUVRE MONDE EST VENU SE PORTER SUR CES	26	039
OR ET D'ARGENT, DONT ELLE EST SEMEE,	22	063
OR FIN, JE T'AIME, O CAPITALE INFAME!	51	012
OR FLOTTAIENT COMME DES CONTINENTS EN VOYAGE,	31	003
OR NE LAISSERAIENT PAS UNE PLACE POUR	24	012
OR ROMPUE? ET QUAND LA GENE EUT EN RESULTAIT	21	033
OR, CE JOUJOU, QUE LE PETIT SOUILLON AGACAIT,	19	040
OR, LES DIAMANTS, LES PALAIS FEERIQUES,	29	110
OR, SA VOIX ME CHUCHOTAIT CECI: ''CELUI-LA	49	039
OR, SI UN COMEDIEN ARRIVAIT A ETRE,	27	075
OR; DANS LA DROITE, DE PETITES PIECES	28	004
OR? --JE LE HAIS COMME VOUS HAISSEZ DIEU.	01	011
ORAGE, ET QUI RECULENT LOIN DU REGARD INSOLENT	13	006
ORAGE, ET SES LEVRES ENTR'OUVERTES A DES	21	015
ORAGEUSE ET BOUSCULEE PAR LES NUEES QUI	36	018
ORANG-OUTANG EXASPERE PAR L'EXIL, IMITANT,	11	017
ORANGS-OUTANGS, SE PRELASSAIENT	14	030
ORATEUR NOUS CONDUISIT NATURELLEMENT VERS LE	29	078
ORATOIRES LEUR PROCURENT DES VOLUPTES EGALES A	23	023
ORCHESTRE JETTE A TRAVERS LA NUIT DES CHANTS	13	063
ORDINAIRE ET LA PLUS LEGITIME DE CHACUN? --ET	43	005
ORDINAIRE. VOUS DONNERIEZ LA BASTONNADE A CE	42	066
ORDINAIREMENT A L'ASPECT DE L'INCONNU. SI JE	29	028
ORDONNERA! VOUS VOUS SOULEREZ DE VOLUPTES,	29	114
ORDRE ENCORE PLUS CIVILISE! PERMETTEZ-MOI DE	50	080
ORDRE, CES PARFUMS, CES FLEURS MIRACULEUSES,	18	077
ORDRE; OU LA VIE EST GRASSE ET DOUCE A	18	010
ORDURES SOIGNEUSEMENT CHOISIES.''	08	015
OREILLE AVEC LES DENTS, ET EN CRACHA UN PETIT	15	052
OREILLE, UNE VOIX QUE JE RECONNUS BIEN;	49	026
OREILLE: ''VOUS ETES MEDECIN, MONSIEUR?'' JE	47	061
OREILLE. LA PHYSIONOMIE ESPIEGLE DU JOLI	27	123
OREILLES ET LES COEURS. ET DE L'ENDROIT DE LA	27	129
OREILLES JE NE SAIS QUEL SOUVENIR D'UNE	21	108
OREILLES. DE TEMPS EN TEMPS LA BRISE DE MER	25	020
ORFEVRERIE ET LA FAIENCE Y JOUENT POUR LES	18	041
ORFEVRERIE, COMME UNE BIJOUTERIE BARIOLEE! LES	18	050

POEM LINE

07	006	DES FETES HUMAINES, C'EST ICI UNE	ORGIE SILENCIEUSE. ON DIRAIT QU'UNE LUMIERE
12	027	ET BIEN FAIBLE, COMPARE A CETTE INEFFABLE	ORGIE, A CETTE SAINTE PROSTITUTION DE L'AME
25	027	D'ETRE ADMIREE L'EMPORTE CHEZ ELLE SUR L'	ORGUEIL DE L'AFFRANCHIE, ET, BIEN QU'ELLE SOIT
16	014	EST A LA FOIS L'HONNEUR DE SON SEXE, L'	ORGUEIL DE MON COEUR ET LE PARFUM DE MON
49	069	MEDICATION, JE LUI AVAIS DONC RENDU L'	ORGUEIL ET LA VIE. ALORS, JE LUI FIS FORCE
12	032	QUE POUR HUMILIER UN INSTANT LEUR SOT	ORGUEIL, QU'IL EST DES BONHEURS SUPERIEURS AU
03	026	CESSE DE TENTER MES DESIRS ET MON	ORGUEIL! L'ETUDE DU BEAU EST UN DUEL OU
50	078	LEURS ABOIEMENTS TRIOMPHANTS, DU PLAISIR	ORGUEILLEUX QU'ILS EPROUVENT A RIVALISER AVEC
18	004	NOTRE NORD, ET QU'ON POURRAIT APPELER L'	ORIENT DE L'OCCIDENT, LA CHINE DE L'EUROPE,
18	086	PAR LA HOULE ET GORGES DES PRODUITS DE L'	ORIENT, ILS RENTRENT AU PORT NATAL, CE SONT
22	056	INVISIBLE ATTIRE DES PROFONDEURS DE L'	ORIENT, IMITENT TOUS LES SENTIMENTS COMPLIQUES
26	010	PLUS QU'UNE: --UN REVE QUI N'A RIEN D'	ORIGINAL, APRES TOUT, SI CE N'EST QUE, REVE
27	037	FAIRE GRACE A TOUS LES CONJURES; ET L'	ORIGINE DE CE BRUIT FUT L'ANNONCE D'UN GRAND
13	016	TOUT CE QUI EST FAIBLE, RUINE, CONTRISTE,	ORPHELIN. UN OEIL EXPERIMENTE NE S'Y TROMPE
26	019	LES NAPPES EBLOUISSANTES DES MIROIRS, LES	ORS DES BAGUETTES ET DES CORNICHES, LES PAGES
30	127	LES AUTRES, LOURDEMENT EFFRONTEES ET SANS	ORTHOGRAPHE, MAIS TOUTES TENDANT AU MEME BUT,
06	003	SANS GAZON, SANS UN CHARDON, SANS UNE	ORTIE, JE RENCONTRAI PLUSIEURS HOMMES QUI
19	031	SUR LA ROUTE, ENTRE LES CHARDONS ET LES	ORTIES, IL Y AVAIT UN AUTRE ENFANT, SALE,
46	013	MES INSIGNES QUE DE ME FAIRE ROMPRE LES	OS. ET PUIS, ME SUIS-JE DIT, A QUELQUE CHOSE
29	050	ET, ENIVRE DE TOUTES CES DELICES, J'	OSAI, DANS UN ACCES DE FAMILIARITE QUI NE
29	124	DEFIANCE RENTRA DANS MON SEIN; JE N'	OSAIS PLUS CROIRE A UN SI PRODIGIEUX BONHEUR,
14	071	SON RIDEAU DECHIQUETE? EN VERITE, JE N'	OSAIS; ET, DUT LA RAISON DE MA TIMIDITE VOUS
41	007	COMPLIQUE, AUXQUELS LA HOULE IMPRIME DES	OSCILLATIONS HARMONIEUSES, SERVENT A
20	085	OBTENU POUR SON FILS LE MEILLEUR DES LOTS,	OSE ENCORE INTERROGER ET DISCUTER
47	100	QUE J'AI UNE DROLE D'ENVIE QUE JE N'	OSE PAS LUI DIRE? --JE VOUDRAIS QU'IL VINT ME
31	122	DE LEURS INSTRUMENTS! MAIS JE N'AI PAS	OSE, SANS DOUTE PARCE QU'IL EST TOUJOURS
09	008	LACHEMENT UNE HEURE DEVANT SA PORTE SANS	OSER RENTRER, TEL QUI GARDE QUINZE JOURS UNE
32	018	EST, CEPENDANT, LE MORTEL IMPRUDENT QUI	OSERA DECIDER SI LES FLEURS ET LES PAMPRES ONT
19	011	S'AGRANDIR DEMESUREMENT. D'ABORD ILS N'	OSERONT PAS PRENDRE; ILS DOUTERONT DE LEUR
09	077	DE PARADIS? IMPUDENT QUE VOUS ETES! VOUS	OSEZ VOUS PROMENER DANS DES QUARTIERS PAUVRES,
27	120	RANCUNE. MEME PENDANT QU'IL APPLAUDISSAIT	OSTENSIBLEMENT LES TALENTS DE SON VIEIL AMI,
04	012	DEVANT L'HUMBLE BETE, ET LUI DIT, EN	OTANT SON CHAPEAU: ''JE VOUS LA SOUHAITE BONNE
42	067	VOUS DONNERIEZ LA BASTONNADE A CE MUR	OU A CE CANAPE, QUE VOUS EN TIRERIEZ PLUS DE
27	028	QUI NE TENDIT PAS UNIQUEMENT AU PLAISIR	OU A L'ETONNEMENT, QUI EST UNE DES FORMES LES
25	040	A SE PEIGNER, A FUMER, A SE FAIRE EVENTER	OU A SE REGARDER DANS LE MIROIR DE SES GRANDS
39	023	MEME ATTELES A UN CARROSSE DE LOUAGE	OU A UN LOURD CHARIOT. ET PUIS ELLE EST SI
46	025	UN HEUREUX QUI ME FERA RIRE! PENSEZ A X.	OU A Z! HEIN! COMME CE SERA DROLE!''
13	018	S'Y TROMPE JAMAIS. DANS CES TRAITS RIGIDES	OU ABATTUS, DANS CES YEUX CAVES ET TERNES, OU
41	012	A CONTEMPLER, COUCHE DANS LE BELVEDERE	OU ACCOUDE SUR LA MOLE, TOUS LES MOUVEMENTS DE
42	083	QUE VOUS N'AVEZ PU, JE CROIS, HAIR	OU AIMER LES VOTRES. ET TOUT LE MONDE
34	001	FOIS DEJA LE SOLEIL AVAIT JAILLI, RADIEUX	OU ATTRISTE, DE CETTE CUVE IMMENSE DE LA MER
28	030	LES CONSEQUENCES DIVERSES, FUNESTES	OU AUTRES, QUE PEUT ENGENDRER UNE PIECE FAUSSE
27	130	LES COEURS. ET DE L'ENDROIT DE LA SALLE D'	OU AVAIT JAILLI CETTE DESAPPROBATION
05	049	DE SA VIE AUX DOULEURS DE LA MIENNE;	OU BIEN LE SAUTE-RUISSEAU D'UN DIRECTEUR DE
42	115	REGARD DIT: ''JE VEUX!'' OU: ''IL FAUT!''	OU BIEN: ''JE NE PARDONNE JAMAIS!'' ''SI
31	037	LIGNE QUI SEPARE LA TERRE DU CIEL DES YEUX	OU BRILLAIT UNE INEXPRIMABLE EXPRESSION
13	019	OU ABATTUS, DANS CES YEUX CAVES ET TERNES,	OU BRILLANTS DES DERNIERS ECLAIRS DE LA LUTTE,
13	034	QUI NE PEUT PAS PARTAGER SA REVERIE,	OU CELLE QUI EST TOUT A FAIT SEULE? JE NE
18	054	AUX AUTRES, COMME L'ART L'EST A LA NATURE,	OU CELLE-CI EST REFORMEE PAR LE REVE, OU ELLE
48	001	CETTE VIE EST UN HOPITAL	OU CHAQUE MALADE EST POSSEDE DU DESIR DE
28	035	LE FAIRE ARRETER COMME FAUX MONNAYEUR	OU COMME PROPAGATEUR DE FAUSSE MONNAIE. TOUT
32	042	DE DELECTATION OU D'INEFFABLE DOULEUR,	OU CONFIANT AU PAPIER VOS MEDITATIONS
42	157	DE L'EQUITE POUR BATTRE, OUTRAGER	OU CONGEDIER UN SERVITEUR IRREPROCHABLE. MAIS
50	058	DE BON MATIN, ET ILS CHERCHENT LEUR VIE	OU COURENT A LEURS PLAISIRS. IL Y EN A QUI
25	044	ACCOMPAGNEMENT, ET QUE LA MARMITE DE FER,	OU CUIT UN RAGOUT DE CRABES AU RIZ ET AU
32	041	IMPROVISANT DES CHANTS DE DELECTATION	OU D'INEFFABLE DOULEUR, OU CONFIANT AU PAPIER
49	027	BIEN; C'ETAIT CELLE D'UN BON ANGE,	OU D'UN BON DEMON, QUI M'ACCOMPAGNE PARTOUT.
50	128	DE COUR, EN ECHANGE D'UN PRECIEUX SONNET	OU D'UN CURIEUX POEME SATIRIQUE. ET TOUTES LES
09	055	N'EST PAS LE RESULTAT D'UN TRAVAIL	OU D'UNE COMBINAISON, MAIS D'UNE INSPIRATION
24	036	AVENUE, IL APERCUT UNE AUBERGE PROPRETTE,	OU D'UNE FENETRE EGAYEE PAR DES RIDEAUX
22	009	COMME CELLE DE LA MAREE QUI MONTE	OU D'UNE TEMPETE QUI S'EVEILLE. QUELS SONT LES
23	011	CONSISTE A PARLER DU HAUT D'UNE CHAIRE	OU D'UNE TRIBUNE, RISQUERAIT FORT DE DEVENIR
16	016	CE SOIT LE JOUR, DANS LA PLEINE LUMIERE	OU DANS L'OMBRE OPAQUE, AU FOND DE SES YEUX
32	040	DANS LES SPLENDEURS DE LA VILLE ETERNELLE	OU DANS LES BRUMES DES PAYS REVEURS QUE
42	122	DE COMMETTRE UNE ERREUR DE SENTIMENT	OU DE CALCUL; FIGUREZ-VOUS UNE SERENITE
13	054	DEBAUCHE DE CETTE VIEILLE INNOCENTE (	OU DE CETTE VIEILLE PURIFIEE) LA CONSOLATION
06	006	CHIMERE; AUSSI LOURDE QU'UN SAC DE FARINE	OU DE CHARBON, OU LE FOURNIMENT D'UN FANTASSIN
31	091	ENVIE TANTOT DE DANSER, TANTOT DE PLEURER,	OU DE FAIRE LES DEUX A LA FOIS, ET QU'ON
19	023	PATE QUE LES ENFANTS DE LA MEDIOCRITE	OU DE LA PAUVRETE. A COTE DE LUI, GISAIT SUR
41	015	LA FORCE DE VOULOIR, LE DESIR DE VOYAGER	OU DE S'ENRICHIR.
30	023	DANS LE QUARTIER RECULE QUE J'HABITE, ET	OU DE VASTES ESPACES GAZONNES SEPARENT ENCORE
33	005	TREVE. MAIS DE QUOI? DE VIN, DE POESIE	OU DE VERTU, A VOTRE GUISE. MAIS ENIVREZ-VOUS.
33	017	ENIVREZ-VOUS SANS CESSE! DE VIN, DE POESIE	OU DE VERTU, A VOTRE GUISE.''
13	064	LA NUIT DES CHANTS DE FETE, DE TRIOMPHE	OU DE VOLUPTE. LES ROBES TRAINENT EN
49	037	LE MIEN EST UN DEMON D'ACTION,	OU DEMON DE COMBAT. OR, SA VOIX ME CHUCHOTAIT
40	008	POSSEDE LE DROIT DE ME MIRER; AVEC PLAISIR	OU DEPLAISIR, CELA NE REGARDE QUE MA
32	010	CELLES-LA PENCHEES COMME DES CLOCHES	OU DES COUPES RENVERSEES. ET UNE GLOIRE
20	026	QUE DES MINISTRES UN JOUR D'AUDIENCE,	OU DES EMPLOYES DU MONT-DE-PIETE QUAND UNE
30	003	QUE LES RAPPORTS DES HOMMES ENTRE EUX,	OU DES HOMMES AVEC LES CHOSES. ET QUAND
50	088	SOMPTUEUX, COIFFES COMME DES TROUBADOURS	OU DES MILITAIRES, QUI SURVEILLENT, AVEC UNE
36	025	CEPENDANT, AU BAS DE CE VISAGE INQUIETANT,	OU DES NARINES MOBILES ASPIRENT L'INCONNU ET
31	003	A PLAISIR, SOUS UN CIEL DEJA VERDATRE	OU DES NUAGES D'OR FLOTTAIENT COMME DES
14	033	LES DANSEUSES, BELLES COMME LES FEES	OU DES PRINCESSES, SAUTAIENT ET CABRIOLAIENT
13	049	D'AUTOMNE CHARMANT, UN DE CES CIELS D'	OU DESCENDENT EN FOULE LES REGRETS ET LES
50	084	CHAISES DE PAILLE, UN POELE DE FONTE, UN	OU DEUX INSTRUMENTS DE MUSIQUE DETRAQUES. OH!
50	103	PATTES, ESCLAVES COMPLAISANTS, SOUMIS	OU DEVOUES, QUE LE DICTIONNAIRE REPUBLICAIN
33	010	VOUS REVEILLEZ, L'IVRESSE DEJA DIMINUEE	OU DISPARUE, DEMANDEZ AU VENT, A LA VAGUE, A
49	003	A LA MODE DANS CE TEMPS-LA (IL Y A SEIZE	OU DIX-SEPT ANS); JE VEUX PARLER DES LIVRES OU
47	029	ET LE BON TEMPS DE LA JEUNESSE. --DU CA!	OU DONC AVEZ-VOUS GAGNE CES CHEVEUX BLANCS?
50	076	A LA CHARRETTE DU BOUCHER, DE LA LAITIERE	OU DU BOULANGER, ET QUI TEMOIGNENT, PAR LEURS
31	058	SI DOUCE, QU'ON DIRAIT DU PAPIER A LETTRE	OU DU PAPIER DE SOIE. J'Y AVAIS TANT DE

POEM LINE

18	037	SALON, SONT TAMISES PAR DE BELLES ETOFFES	OU PAR CES HAUTES FENETRES OUVRAGEES QUE LE
09	037	SA PAUVRE VOLONTE POUR ENTRER DANS UN CAFE	OU PASSER DEVANT LE BUREAU D'UN THEATRE, OU
27	066	EXCELLAIT SURTOUT DANS LES ROLES MUETS	OU PEU CHARGES DE PAROLES, QUI SONT SOUVENT
26	042	QUE C'EST BEAU! MAIS C'EST UNE MAISON	OU PEUVENT SEULS ENTRER LES GENS QUI NE SONT
47	018	LAISSAI DONC ENTRAINER PAR CETTE COMPAGNE,	OU PLUTOT PAR CETTE ENIGME INESPEREE. J'OMETS
35	014	J'AI REFAIT L'HISTOIRE DE CETTE FEMME,	OU PLUTOT SA LEGENDE, ET QUELQUEFOIS JE ME LA
27	023	EFFORTS BIZARRES QU'IL FAISAIT POUR FUIR	OU POUR VAINCRE CE TYRAN DU MONDE LUI AURAIENT
15	044	CRAINT QUE MON OFFRE NE FUT PAS SINCERE	OU QUE JE M'EN REPENTISSE DEJA. MAIS AU MEME
51	011	DRAPS DU MATIN, LOURDE, OBSCURE, ENRHUMEE,	OU QUE TU TE PAVANES DANS LES VOILES DU SOIR
18	082	MANOEUVRE, CE SONT MES PENSEES QUI DORMENT	OU QUI ROULENT SUR TON SEIN. TU LES CONDUIS
45	012	L'HERBE ETAIT SI HAUTE ET SI INVITANTE, ET	OU REGNAIT UN SI RICHE SOLEIL. EN EFFET, LA
15	072	EMBRUME LE PAYSAGE, ET LA JOIE CALME	OU S'EBAUDISSAIT MON AME AVANT D'AVOIR VU CES
21	038	AVEC SES YEUX INCONSOLABLEMENT NAVRES, D'	OU S'ECOULAIT UNE INSIDIEUSE IVRESSE, ET IL ME
03	016	CES PENSEES, QU'ELLES SORTENT DE MOI	OU S'ELANCENT DES CHOSES, DEVIENNENT BIENTOT
21	016	A DES CASSOLETTES CHAUDES, D'	OU S'EXHALAIT LA BONNE ODEUR D'UNE PARFUMERIE;
39	013	RIEN ARRACHE DE SON ABONDANTE CRINIERE D'	OU S'EXHALE EN FAUVES PARFUMS TOUTE LA
45	007	AVAIT PAS DE BON FESTIN SANS SQUELETTE,	OU SANS UN EMBLEME QUELCONQUE DE LA BRIEVETE
36	009	ET PROFOND. SES YEUX SONT DEUX ANTRES	OU SCINTILLE VAGUEMENT LE MYSTERE, ET SON
27	086	POUR TOUS, MAIS VISIBLE POUR MOI, ET	OU SE MELAIENT, DANS UN ETRANGE AMALGAME, LES
17	020	FINES ET COMPLIQUEES SUR UN CIEL IMMENSE	OU SE PRELASSE L'ETERNELLE CHALEUR. DANS LES
42	151	MARE... APRES UNE MELANCOLIQUE PROMENADE	OU SES YEUX, A ELLE, REFLECHISSAIENT LA
32	019	LES PAMPRES ONT ETE FAITS POUR LE BATON,	OU SI LE BATON N'EST QUE LE PRETEXTE POUR
13	021	NOMBREUSES, DANS CES DEMARCHES SI LENTES	OU SI SACCADEES, IL DECHIFFRE TOUT DE SUITE
30	100	ELLE ME PRIA DE LUI MONTRER L'ENDROIT	OU SON PETIT S'ETAIT PENDU. ''OH! NON! MADAME,
21	069	AVEC SON POING SUR SON IMMENSE VENTRE, D'	OU SORTAIT ALORS UN LONG ET RETENTISSANT
18	032	SOLENNITE. SUR DES PANNEAUX LUISANTS,	OU SUR DES CUIRS DORES ET D'UNE RICHESSE
50	023	S'ELANCE INDISCRETEMENT DANS LES JAMBES	OU SUR LES GENOUX DU VISITEUR, COMME S'IL
01	002	DIS? TON PERE, TA MERE, TA SOEUR	OU TON FRERE? --JE N'AI NI PERE, NI MERE, NI
51	004	LUPANAR, PURGATOIRE, ENFER, BAGNE,	OU TOUT ENORMITE FLEURIT COMME UNE FLEUR. TU
18	018	IL EST UNE CONTREE QUI TE RESSEMBLE,	OU TOUT EST BEAU, RICHE, TRANQUILLE ET
18	008	VEGETATIONS. UN VRAI PAYS DE COCAGNE,	OU TOUT EST BEAU, RICHE, TRANQUILLE, HONNETE;
18	047	UN VRAI PAYS DE COCAGNE, TE DIS-JE,	OU TOUT EST RICHE, PROPRE ET LUISANT, COMME
18	013	POETIQUE, GRASSE ET EXCITANTE A LA FOIS,	OU TOUT VOUS RESSEMBLE, MON CHER ANGE. TU
47	022	DETAIL NON APERCU PAR REGNIER, DEUX	OU TROIS PORTRAITS DE DOCTEURS CELEBRES
37	020	L'EAU INFORME ET MULTIFORME; LE LIEU	OU TU NE SERAS PAS; L'AMANT QUE TU NE
42	130	JE NE POUVAIS PAS ME PERMETTRE UN GESTE	OU UN SENTIMENT DERAISONNABLE SANS APERCEVOIR
50	115	FROMAGE, UNE FLUTE DU MEILLEUR FAISEUR,	OU UNE CHEVRE AUX MAMELLES GONFLEES. LE POETE
22	060	UNE DE CES ROBES ETRANGES DE DANSEUSES,	OU UNE GAZE TRANSPARENTE ET SOMBRE LAISSE
31	137	SES PROCHES ET GRAVITER VERS LA GLOIRE	OU VERS LE DESHONNEUR.
09	014	TOUT SAVOIR, NE PEUVENT PAS EXPLIQUER D'	OU VIENT SI SUBITEMENT UNE SI FOLLE ENERGIE A
50	050	NOUS NOUS SOUVENONS ENCORE AUJOURD'HUI.	OU VONT LES CHIENS, DITES-VOUS, HOMMES PEU
50	046	PEUT-ETRE UNE ESPECE DE BONHEUR!'' ''	OU VONT LES CHIENS?'' DISAIT AUTREFOIS NESTOR
42	119	CONNAISSANCE, OU VOUS VOUS SERIEZ ENFUIS,	OU VOUS SERIEZ MORTS. MOI, J'AI SURVECU, COMME
42	119	A UNE CERTAINE FEMME DE MA CONNAISSANCE,	OU VOUS VOUS SERIEZ ENFUIS, OU VOUS SERIEZ
15	047	AUTRE PETIT SAUVAGE, SORTI JE NE SAIS D'	OU, ET SI PARFAITEMENT SEMBLABLE AU PREMIER
42	016	ONT EU L'AGE DE CHERUBIN: C'EST L'EPOQUE	OU, FAUTE DE DRYADES, ON EMBRASSE, SANS
31	079	TOUJOURS DROIT DEVANT MOI, SANS SAVOIR	OU, SANS QUE PERSONNE S'EN INQUIETE, ET DE
42	114	CES YEUX DONT LE REGARD DIT: ''JE VEUX!''	OU: ''IL FAUT!'' OU BIEN: ''JE NE PARDONNE
48	044	ET SAGEMENT ELLE ME CRIE: ''N'IMPORTE	OU! N'IMPORTE OU! POURVU QUE CE SOIT HORS DE
48	044	ELLE ME CRIE: ''N'IMPORTE OU! N'IMPORTE	OU! POURVU QUE CE SOIT HORS DE CE MONDE!''
15	023	MA PARFAITE BEATITUDE ET DANS MON TOTAL	OUBLI DE TOUT LE MAL TERRESTRE, J'EN ETAIS
42	086	AU BOUT DE QUELQUES MINUTES, CHACUN	OUBLIAIT DE MANGER POUR LA CONTEMPLER. LES
20	051	BESOINS DE SA DEPLORABLE PROGENITURE. J'AI	OUBLIE DE VOUS DIRE QUE LA DISTRIBUTION, EN
24	019	CES ARBRES BIZARRES ET LUISANTS DONT J'AI	OUBLIE LES NOMS....., DANS L'ATMOSPHERE, UNE
50	012	DE LA POSTERITE; ET SURTOUT QUE CET ANE N'	OUBLIE PAS DE PORTER, DELICATEMENT SUSPENDU
16	003	BANLIEUE DE NANKIN, S'APERCUT QU'IL AVAIT	OUBLIE SA MONTRE, ET DEMANDA A UN PETIT GARCON
14	007	EN CES JOURS-LA IL ME SEMBLE QUE LE PEUPLE	OUBLIE TOUT, LA DOULEUR ET LE TRAVAIL; IL
50	047	UN IMMORTEL FEUILLETON QU'IL A SANS DOUTE	OUBLIE, ET DONT MOI SEUL, ET SAINTE-BEUVE
34	028	HUMEUR. TOUTES LES QUERELLES FURENT	OUBLIEES, TOUS LES TORTS RECIPROQUES
21	043	RENAISSANT, DE SORTIR DE TOI-MEME POUR T'	OUBLIER DANS AUTRUI, ET D'ATTIRER LES AUTRES
23	035	FAIRE HONTE A TOUS CEUX QUI COURENT S'	OUBLIER DANS LA FOULE, CRAIGNANT SANS DOUTE DE
42	088	CETTE EXTASE CONTAGIEUSE JUSQU'A	OUBLIER LEURS DEVOIRS. BREF, J'AI VECU QUELQUE
29	014	EXQUISE, QUOIQUE CAPITEUSE, QUI FAISAIT	OUBLIER PRESQUE INSTANTANEMENT TOUTES LES
21	048	HONTE A ME SOUVENIR, JE NE VEUX RIEN	OUBLIER; ET QUAND MEME JE NE TE CONNAITRAIS
50	121	DANS LA TAVERNE DE LA RUE VILLA-HERMOSA N'	OUBLIERA AVEC QUELLE PETULANCE LE PEINTRE
14	083	ET DANS LA BARAQUE DE QUI LE MONDE	OUBLIEUX NE VEUT PLUS ENTRER!
29	074	S'ECRIER EN CHAIRE: ''MES CHERS FRERES, N'	OUBLIEZ JAMAIS, QUAND VOUS ENTENDREZ VANTER LE
20	060	PORTEE, S'ECRIA: ''EH! MADAME! VOUS NOUS	OUBLIEZ! IL Y A ENCORE MON PETIT! JE NE VEUX
10	035	RECOMMANDATION ECRITE A UN PARFAIT DROLE?	OUF! EST-CE BIEN FINI? MECONTENT DE TOUS ET
18	028	A LA FEMME AIMEE, A LA SOEUR D'ELECTION?	OUI, C'EST DANS CETTE ATMOSPHERE QU'IL FERAIT
18	023	VIVRE, C'EST LA QU'IL FAUT ALLER MOURIR!	OUI, C'EST LA QU'IL FAUT ALLER RESPIRER, REVER
24	032	A MUSIQUE DES MELANCOLIQUES FILAOS!	OUI, EN VERITE; C'EST BIEN LA LE DECOR QUE JE
16	028	FAINEANT?'' JE REPONDRAIS SANS HESITER: ''	OUI, JE VOIS L'HEURE; IL EST L'ETERNITE!''
28	043	EN REPRENANT MES PROPRES PAROLES: ''	OUI, VOUS AVEZ RAISON; IL N'EST PAS DE PLAISIR
47	054	''TIENS! LE RECONNAIS-TU CELUI-CI? --	OUI! C'EST X. LE NOM EST AU BAS D'AILLEURS;
05	054	HORREUR! JE ME SOUVIENS! JE ME SOUVIENS!	OUI! CE TAUDIS, CE SEJOUR DE L'ETERNEL ENNUI,
42	146	FIRENT LES AUTRES, ELLE EST DONC MORTE? --	OUI! CELA NE POUVAIT CONTINUER AINSI. L'AMOUR
05	070	FECONDE EN CARESSES ET EN TRAITRISES. OH!	OUI! LE TEMPS A REPARU; LE TEMPS REGNE EN
05	082	QUI CAUSE A CHACUN UNE INEXPLICABLE PEUR.	OUI! LE TEMPS REGNE; IL A REPRIS SA BRUTALE
11	020	TANTOT LES DANDINEMENTS STUPIDES DE L'	OURS BLANC, CE MONSTRE POILU DONT LA FORME
31	111	MUSIQUE, ET LEURS FEMMES DANSENT COMME DES	OURS. HEUREUSEMENT, AVANT UN MOIS NOUS SERONS
42	157	TROP LE SENTIMENT DE L'EQUITE POUR BATTRE,	OUTRAGER OU CONGEDIER UN SERVITEUR
29	036	PARFAITS AMIS. NOUS MANGEAMES, NOUS BUMES	OUTRE MESURE DE TOUTES SORTES DE VINS
44	002	ME DONNAIT A DINER, ET PAR LA FENETRE	OUVERTE DE LA SALLE A MANGER JE CONTEMPLAIS
30	108	LES LANCER AU DEHORS PAR LA FENETRE	OUVERTE, LA PAUVRE FEMME SAISIT MON BRAS ET ME
35	002	REGARDE DU DEHORS A TRAVERS UNE FENETRE	OUVERTE, NE VOIT JAMAIS AUTANT DE CHOSES QUE
21	016	PLEURS DE L'ORAGE, ET SES LEVRES ENTR'	OUVERTES A DES CASSOLETTES CHAUDES, D'OU
30	056	BOURSOUFLE, ET SES YEUX, TOUT GRANDS	OUVERTS AVEC UNE FIXITE EFFRAYANTE, ME
26	056	ME SONT INSUPPORTABLES AVEC LEURS YEUX	OUVERTS COMME DES PORTES COCHERES! NE
47	006	UNE GRANDE FILLE, ROBUSTE, AUX YEUX TRES-	OUVERTS, LEGEREMENT FARDEE; LES CHEVEUX
18	037	BELLES ETOFFES OU PAR CES HAUTES FENETRES	OUVRAGEES QUE LE PLOMB DIVISE EN NOMBREUX

		POEM	LINE
CHOSE DE GRAND, UNE ACTION D'ECLAT; ET J'	OUVRIS LA FENETRE, HELAS! (OBSERVEZ, JE VOUS	09	052
PRESQUE AUSSITOT, DEMESUREMENT AGRANDIS,	OUVRIT ENSUITE LA BOUCHE COMME POUR RESPIRER	27	135

POEM LINE

21	046	''GRAND MERCI! JE N'AI QUE FAIRE DE CETTE	PACOTILLE D'ETRES QUI, SANS DOUTE, NE VALENT
27	123	VIS SON ALTESSE SE PENCHER VERS UN PETIT	PAGE, PLACE DERRIERE ELLE, ET LUI PARLER A
26	020	ORS DES BAGUETTES ET DES CORNICHES; LES	PAGES AUX JOUES REBONDIES TRAINES PAR LES
51	007	UN VAIN PLEUR; MAIS COMME UN VIEUX	PAILLARD D'UNE VIEILLE MAITRESSE, JE VOULAIS
50	084	ET SOUILLEES DE PUNAISES, DEUX CHAISES DE	PAILLE, UN POELE DE FONTE, UN OU DEUX
11	005	MENDIANTES QUI RAMASSENT DES CROUTES DE	PAIN A LA PORTE DES CABARETS. ''SI AU MOINS
15	068	AUCUN SUJET DE BATAILLE; LE MORCEAU DE	PAIN AVAIT DISPARU, ET IL ETAIT EPARPILLE EN
14	053	GAIN, LA DEBAUCHE; PARTOUT LA CERTITUDE DE	PAIN POUR LES LENDEMAINS; PARTOUT L'EXPLOSION
15	039	DONT IL VOULAIT BIEN HONORER MON	PAIN PRESQUE BLANC, ET J'EN COUPAI POUR LUI
15	075	CESSE: ''IL Y A DONC UN PAYS SUPERBE OU LE	PAIN S'APPELLE DU GATEAU, FRIANDISE SI RARE
15	033	DE NEIGE. JE DECOUPAIS TRANQUILLEMENT MON	PAIN, QUAND UN BRUIT TRES-LEGER ME FIT LEVER
15	029	JE TIRAI DE MA POCHE UN GROS MORCEAU DE	PAIN, UNE TASSE DE CUIR ET UN FLACON D'UN
15	037	COMME SUPPLIANTS, DEVORAIENT LE MORCEAU DE	PAIN. ET JE L'ENTENDIS SOUPIRER, D'UNE VOIX
36	019	PAR LES NUEES QUI COURENT; NON PAS LA LUNE	PAISIBLE ET DISCRETE VISITANT LE SOMMEIL DES
15	013	CLOCHETTE DES BESTIAUX IMPERCEPTIBLES QUI	PAISSAIENT LOIN, BIEN LOIN, SUR LE VERSANT
15	021	BEAUTE DONT J'ETAIS ENVIRONNE, EN PARFAITE	PAIX AVEC MOI-MEME ET AVEC L'UNIVERS; JE CROIS
05	034	AINSI ENTOURE DE MYSTERE, DE SILENCE, DE	PAIX ET DE PARFUMS? O BEATITUDE! ''ILS NOUS
22	017	DONT CHAQUE FENETRE DIT: ''C'EST ICI LA	PAIX MAINTENANT; C'EST ICI LA JOIE DE LA
09	087	QUI RENDIT LE BRUIT ECLATANT D'UN	PALAIS DE CRISTAL CREVE PAR LA FOUDRE. ET,
29	110	L'ARGENT, L'OR, LES DIAMANTS, LES	PALAIS FEERIQUES, VIENDRONT VOUS CHERCHER ET
31	007	''HIER ON M'A MENE AU THEATRE. DANS DES	PALAIS GRANDS ET TRISTES, AU FOND DESQUELS ON
24	010	IL SE DIT: ''NON! CE N'EST PAS DANS UN	PALAIS QUE JE VOUDRAIS POSSEDER SA CHERE VIE.
24	005	D'UN BEAU SOIR, LES DEGRES DE MARBRE D'UN	PALAIS, EN FACE DES GRANDES PELOUSES ET DES
33	007	ET SI QUELQUEFOIS, SUR LES MARCHES D'UN	PALAIS, SUR L'HERBE VERTE D'UN FOSSE, DANS LA
24	034	QUE JE CHERCHAIS. QU'AI-JE A FAIRE DE	PALAIS?'' ET PLUS LOIN, COMME IL SUIVAIT UNE
50	061	LA SPORTULE A LA PORTE D'UNE CUISINE DU	PALAIS-ROYAL; D'AUTRES QUI ACCOURENT, PAR
37	009	VERTES, ET TES JOUES EXTRAORDINAIREMENT	PALES. C'EST EN CONTEMPLANT CETTE VISITEUSE
27	116	PALEUR NOUVELLE S'AJOUTAIT SANS CESSE A SA	PALEUR HABITUELLE, COMME LA NEIGE S'AJOUTE A
27	115	LE VISAGE DU PRINCE, SUR LEQUEL UNE	PALEUR NOUVELLE S'AJOUTAIT SANS CESSE A SA
07	001	QUELLE ADMIRABLE JOURNEE! LE VASTE PARC SE	PAME SOUS L'OEIL BRULANT DU SOLEIL, COMME LA
37	023	PARFUMS QUI FONT DELIRER; LES CHATS QUI SE	PAMENT SUR LES PIANOS ET QUI GEMISSENT COMME
32	020	QUE LE PRETEXTE POUR MONTRER LA BEAUTE DES	PAMPRES ET DES FLEURS? LE THYRSE EST LA
32	019	QUI OSERA DECIDER SI LES FLEURS ET LES	PAMPRES ONT ETE FAITS POUR LE BATON, OU SI LE
26	026	OU L'OBELISQUE BICOLORE DES GLACES	PANACHEES! TOUTE L'HISTOIRE ET TOUTE LA
30	051	L'ESPIEGLE COMPAGNON DE MA VIE, PENDU AU	PANNEAU DE CETTE ARMOIRE! SES PIEDS TOUCHAIENT
18	032	ET PLUS SIGNIFICATIVE SOLENNITE. SUR DES	PANNEAUX LUISANTS, OU SUR LES CUIRS DORES ET
20	032	AU DINER, A LA FAMILLE ET A LEURS CHERES	PANTOUFLES. SI, DANS LA JUSTICE SURNATURELLE,
31	057	EN EST SI DOUCE, SI DOUCE, QU'ON DIRAIT DU	PAPIER A LETTRE OU DU PAPIER DE SOIE. J'Y
31	058	QU'ON DIRAIT DU PAPIER A LETTRE OU DU	PAPIER DE SOIE. J'Y AVAIS TANT DE PLAISIR QUE
21	081	PAS D'UNE RICHESSE ATTRISTEE, COMME UN	PAPIER DE TENTURE, DE TOUS LES MALHEURS
32	042	OU D'INEFFABLE DOULEUR, OU CONFIANT AU	PAPIER VOS MEDITATIONS ABSTRUSES, CHANTRE DE
47	048	ET ELLE TIRA D'UNE ARMOIRE UNE LIASSE DE	PAPIERS, QUI N'ETAIT AUTRE CHOSE QUE LA
08	011	YEUX FIXES. MAIS LE LENDEMAIN JE RECUS UN	PAQUET D'EXCREMENTS, VOUS L'AURIEZ FLAIRE AVEC
30	121	CHIEN, SI JE VOUS AVAIS OFFERT UN	PAQUET DE LETTRES: LES UNES, DES LOCATAIRES DE
47	067	N'EST-CE PAS?'' ET COMME JE TOUCHAIS A UN	PAQUET FICELE, POSE AUSSI SUR LE GUERIDON:
47	069	--DIT-ELLE! CA, C'EST LES INTERNES, ET CE	PAQUET-CI, C'EST LES EXTERNES,'' ET ELLE
13	058	PEUT-ETRE! TROIS CENT SOIXANTE-CINQ FOIS	PAR AN. UNE AUTRE ENCORE: JE NE PUIS JAMAIS
07	004	UNIVERSELLE DES CHOSES NE S'EXPRIME	PAR AUCUN BRUIT; LES EAUX ELLES-MEMES SONT
26	012	PAR TOUS LES HOMMES; IL SE REALISE	PAR AUCUN. LE SOIR, UN PEU FATIGUEE, ELLE
28	059	IRREPARABLE DES VICES EST DE FAIRE LE MAL	PAR BETISE.
09	029	LES PLAISIRS DE L'ANXIETE, POUR RIEN,	PAR CAPRICE, PAR DESOEUVREMENT. C'EST UNE
20	065	DANS LE MONDE SURNATUREL, HABITE	PAR CES DEITES IMPALPABLES, AMIES DE L'HOMME,
18	037	SONT TAMISES PAR DE BELLES ETOFFES OU	PAR CES HAUTES FENETRES OUVRAGEES QUE LE PLOMB
14	066	SEMBLA QUE MES REGARDS ETAIENT OFFUSQUES	PAR CES LARMES REBELLES QUI NE VEULENT PAS
47	018	DEBROUILLER. JE ME LAISSAI DONC ENTRAINER	PAR CETTE COMPAGNE, OU PLUTOT PAR CETTE ENIGME
47	018	ENTRAINER PAR CETTE COMPAGNE, OU PLUTOT	PAR CETTE ENIGME INESPEREE. J'OMETS LA
26	048	A MOI. NON-SEULEMENT J'ETAIS ATTENDRI	PAR CETTE FAMILLE D'YEUX, MAIS JE ME SENTAIS
14	077	LOIN DE LUI. ET, M'EN RETOURNANT, OBSEDE	PAR CETTE VISION, JE CHERCHAI A ANALYSER MA
18	036	SALLE A MANGER OU LE SALON, SONT TAMISES	PAR DE BELLES ETOFFES OU PAR CES HAUTES
35	010	VIT LA VIE, REVE LA VIE, SOUFFRE LA VIE.	PAR DELA DES VAGUES DE TOITS, J'APERCOIS UNE
32	036	SEPARER? CHER LISZT, A TRAVERS LES BRUMES,	PAR DELA LES FLEUVES, PAR-DESSUS LES VILLES OU
10	018	QUE TOUS LES AUTRES JOURNAUX SONT REDIGES	PAR DES COQUINS; AVOIR SALUE UNE VINGTAINE DE
30	040	QUE CE PETIT BONHOMME M'ETONNA QUELQUEFOIS	PAR DES CRISES SINGULIERES DE TRISTESSE
24	037	AUBERGE PROPRETTE, OU D'UNE FENETRE EGAYEE	PAR DES RIDEAUX D'INDIENNE BARIOLEE SE
05	019	OU L'ESPRIT SOMMEILLANT EST BERCE	PAR DES SENSATIONS DE SERRE CHAUDE. LA
42	113	CLERICALE, MALHEUREUSEMENT ILLUMINEE	PAR DES YEUX D'UN GRIS CLAIR, DE CES YEUX DONT
09	029	DE L'ANXIETE, POUR RIEN, PAR CAPRICE,	PAR DESOEUVREMENT. C'EST UNE ESPECE D'ENERGIE
19	042	C'ETAIT UN RAT VIVANT! LES PARENTS,	PAR ECONOMIE SANS DOUTE, AVAIENT TIRE LE
03	012	CES CHOSES PENSENT POUR MOI, OU JE PENSE	PAR ELLES (CAR DANS LA GRANDEUR DE LA REVERIE,
27	003	DU PRINCE. MAIS POUR LES PERSONNES VOUEES	PAR ETAT AU COMIQUE, LES CHOSES SERIEUSES ONT
28	034	EN PRISON? UN CABARETIER, UN BOULANGER,	PAR EXEMPLE, ALLAIT PEUT-ETRE LE FAIRE ARRETER
15	066	HALETANTS, SANGLANTS, ILS S'ARRETERENT	PAR IMPOSSIBILITE DE CONTINUER, IL N'Y AVAIT
14	076	QUAND UN GRAND REFLUX DU PEUPLE, CAUSE	PAR JE NE SAIS QUEL TROUBLE, M'ENTRAINA LOIN
27	088	DU MARTYRE. FANCIOULLE INTRODUISAIT,	PAR JE NE SAIS QUELLE GRACE SPECIALE, LE DIVIN
18	073	REMPLIES PAR LA JOUISSANCE POSITIVE,	PAR L'ACTION REUSSIE ET DECIDEE? VIVRONS-NOUS
26	037	ADMIRATION EGALE. MAIS NUANCEE DIVERSEMENT	PAR L'AGE, LES YEUX DU PERE DISAIENT: ''UNE
13	002	IL EST DES ALLEES HANTEES PRINCIPALEMENT	PAR L'AMBITION DECUE, PAR LES INVENTEURS
09	056	PARTICIPE BEAUCOUP, NE FUT-CE QUE	PAR L'ARDEUR DU DESIR, DE CETTE HUMEUR,
44	011	UNE VOIX HYSTERIQUE ET COMME ENROUEE	PAR L'EAU-DE-VIE, LA VOIX DE MA CHERE PETITE
21	093	DES GOSIERS INCESSAMMENT LAVES	PAR L'EAU-DE-VIE. ''VEUX-TU CONNAITRE MA
21	101	MILLE TONNERRES, ET ME REVINT REPERCUTE	PAR L'ECHO DE LA PLUS LOINTAINE PLANETE.
07	010	DU DESIR DE RIVALISER AVEC L'AZUR DU CIEL	PAR L'ENERGIE DE LEURS COULEURS, ET QUE LA
11	018	BARREAUX COMME UN ORANG-OUTANG EXASPERE	PAR L'EXIL, IMITANT, DANS LA PERFECTION,
30	016	OU J'AI ETE SINGULIEREMENT MYSTIFIE	PAR L'ILLUSION LA PLUS NATURELLE. ''MA
34	018	CRIARDE. TOUS ETAIENT SI AFFOLES	PAR L'IMAGE DE LA TERRE ABSENTE, QU'ILS
18	024	RESPIRER, REVER ET ALLONGER LES HEURES	PAR L'INFINI DES SENSATIONS. UN MUSICIEN A
14	082	SANS ENFANTS; DEGRADE PAR SA MISERE ET	PAR L'INGRATITUDE PUBLIQUE; ET DANS LA BARAQUE
27	064	PAR LA MAGIE DU LUXE ETALE, ENSUITE	PAR L'INTERET MORAL ET MYSTERIEUX QUI Y ETAIT
32	024	ET PASSIONNEE. JAMAIS NYMPHE EXASPEREE	PAR L'INVINCIBLE BACCHUS NE SECOUA SON THYRSE
45	018	PETITS, --COUPE A INTERVALLES REGULIERS	PAR LA CREPITATION DES COUPS DE FEU D'UN TIR
45	015	UN TAPIS DE FLEURS MAGNIFIQUES ENGRAISSEES	PAR LA DESTRUCTION. UN IMMENSE BRUISSEMENT DE

		POEM	LINE
FOLLE BIEN-AIMEE ME DONNAIT A DINER, ET	PAR LA FENETRE OUVERTE DE LA SALLE A MANGER JE	44	002
ET COMME J'ALLAIS LES LANCER AU DEHORS	PAR LA FENETRE OUVERTE, LA PAUVRE FEMME SAISIT	30	108
LA LUNE, QUI EST LE CAPRICE MEME, REGARDA	PAR LA FENETRE PENDANT QUE TU DORMAIS DANS TON	37	001
EN FEMME SAUVAGE, OU JE VOUS JETTERAI	PAR LA FENETRE, COMME UNE BOUTEILLE VIDE.''	11	074
ECLATANT D'UN PALAIS DE CRISTAL CREVE	PAR LA FOUDRE. ET, IVRE DE MA FOLIE, JE LUI	09	087
DE TA BELLE AME; --ET QUAND, FATIGUES	PAR LA HOULE ET GORGES DES PRODUITS DE	18	085
PETIT DOMAINE, DES BOUTS DE MATS BALANCES	PAR LA HOULE....., AUTOUR DE NOUS, AU DELA DE	24	022
COMBIEN COMPTONS-NOUS D'HEURES REMPLIES	PAR LA JOUISSANCE POSITIVE, PAR L'ACTION	18	073
DE DORMIR UN SOMMEIL SECOUE	PAR LA LAME, TROUBLE PAR UN VENT QUI RONFLE	34	011
VERTS, HABITES PAR LE CAPRICE ET INSPIRES	PAR LA LUNE, QUAND VOUS ME DITES: ''CES	26	054
CELLE-LA ETAIT DOUBLEMENT VRAIE, D'ABORD	PAR LA MAGIE DU LUXE ETALE, ENSUITE PAR	27	063
MISERE! JE SENTIS MA GORGE SERREE	PAR LA MAIN TERRIBLE DE L'HYSTERIE, ET IL ME	14	065
DEVINER LA RAISON. LA GRANDE VEUVE TENAIT	PAR LA MAIN UN ENFANT COMME ELLE VETU DE NOIR;	13	094
EST MERVEILLEUSEMENT AIGUILLONNE	PAR LA NECESSITE; CETTE SI BONNE MERE, CETTE	50	037
PAR LES FRUITS, PAR LES FEUILLES ET	PAR LA PEAU HUMAINE. DANS L'OCEAN DE TA	17	014
POUVAIENT ETRE ALTEREES OU MODIFIEES	PAR LA SITUATION EXTRAORDINAIRE OU IL SE	27	054
DOUX, DANS VOS YEUX VERTS, HABITES	PAR LE CAPRICE ET INSPIRES PAR LA LUNE, QUAND	26	053
DE TEMPS EN TEMPS LA BRISE DE MER SOULEVE	PAR LE COIN SA JUPE FLOTTANTE ET MONTRE SA	25	021
CE VIEILLARD, JE LE SAISIS D'UNE MAIN	PAR LE COLLET DE SON HABIT, DE L'AUTRE, JE	49	048
CETTE AUREOLE, OU LA FAIRE RECLAMER	PAR LE COMMISSAIRE. --MA FOI! NON. JE ME	46	019
J'AI ENDURE DES SOUFFRANCES ATROCES	PAR LE CONTRAIRE DE CE QU'ON REPROCHE EN	42	107
SA POCHE LE PRIX DU COMBAT. MAIS, RAVIVE	PAR LE DESESPOIR, LE VAINCU SE REDRESSA ET FIT	15	059
LA PART DE MON AMI, N'ETAIT EXCUSABLE QUE	PAR LE DESIR DE CREER UN EVENEMENT DANS LA VIE	28	028
NE SUFFIT PLUS, SI ELLE N'EST ASSAISONNEE	PAR LE PARFUM, LA PARURE, ET CAETERA.	42	024
Y PREND UN BAIN DE PARESSE, AROMATISE	PAR LE REGRET ET LE DESIR. --C'EST QUELQUE	05	004
A LA NATURE, OU CELLE-CI EST REFORMEE	PAR LE REVE, OU ELLE EST CORRIGEE, EMBELLIE,	18	054
DANS LA CHAMBRE D'UN BEAU NAVIRE, BERCEES	PAR LE ROULIS IMPERCEPTIBLE DU PORT, ENTRE LES	17	023
LA BLANCHEUR D'UN JOLI CHATEAU FRAPPE	PAR LE SOLEIL, SE TENAIT UN ENFANT BEAU ET	19	018
MAGIE A DISPARU AU COUP BRUTAL FRAPPE	PAR LE SPECTRE. HORREUR! JE ME SOUVIENS! JE ME	05	053
TRAITS DES VISAGES BASANES, RACORNIS	PAR LE VENT, LA PLUIE ET LE SOLEIL; IL	14	025
DE LA SAGESSE NE SONT PLUS ETOUFFES	PAR LES BOURDONNEMENTS DE LA VIE EXTERIEURE,	24	047
LE PREMIER, EXASPERE, EMPOIGNA LE SECOND	PAR LES CHEVEUX; CELUI-CI LUI SAISIT L'OREILLE	15	052
LES PAGES AUX JOUES REBONDIES TRAINES	PAR LES CHIENS EN LAISSE, LES DAMES RIANT AU	26	021
MALHEUREUX, PAR LES GLOIRES AVORTEES,	PAR LES COEURS BRISES, PAR TOUTES CES AMES	13	004
L'ATMOSPHERE EST PARFUMEE PAR LES FRUITS,	PAR LES FEUILLES ET PAR LA PEAU HUMAINE. DANS	17	014
PLUS PROFOND, OU L'ATMOSPHERE EST PARFUMEE	PAR LES FRUITS, PAR LES FEUILLES ET PAR LA	17	014
DECUE. PAR LES INVENTEURS MALHEUREUX,	PAR LES GLOIRES AVORTEES, PAR LES COEURS	13	003
PRINCIPALEMENT PAR L'AMBITION DECUE,	PAR LES INVENTEURS MALHEUREUX, PAR LES GLOIRES	13	003
AVEC DES YEUX ACTIFS, JADIS BRULES	PAR LES LARMES, DES NOUVELLES D'UN INTERET	13	046
AU FOND D'UNE NUIT ORAGEUSE ET BOUSCULEE	PAR LES NUEES QUI COURENT; NON PAS LA LUNE	36	018
ILS PASSENT SOUS LES VOITURES, EXCITES	PAR LES PUCES, LA PASSION, LE BESOIN OU LE	50	056
ECLAIREE D'UNE LUMIERE ROSE TAMISEE	PAR LES STORES, DECOREE DE NATTES FRAICHES ET	24	024
L'HOMME, COMME UN DE CES CASQUES HORRIBLES	PAR LESQUELS LES ANCIENS GUERRIERS ESPERAIENT	06	013
OU DU BOULANGER, ET QUI TEMOIGNENT,	PAR LEURS ABOIEMENTS TRIOMPHANTS, DU PLAISIR	50	077
ACCABLE QU'ILS NE L'ETAIENT EUX-MEMES	PAR LEURS ECRASANTES CHIMERES.	06	036
JUGEZ DONC COMBIEN J'AI DU SOUFFRIR	PAR MA DERNIERE MAITRESSE. ''C'ETAIT LA	42	031
ILLUSTRES DE CE TEMPS, LITHOGRAPHIES	PAR MAURIN, QU'ON A PU VOIR ETALEE PENDANT	47	050
TU SERAS AIMEE DE MES AMANTS, COURTISEE	PAR MES COURTISANS. TU SERAS LA REINE DES	37	025
CONNAISSANCE ET QUE JE SAVOURE MINUTE	PAR MINUTE, SECONDE PAR SECONDE! NON! IL N'EST	05	038
DE LA HOULE; TOUTES CES CHOSES PENSENT	PAR MOI, OU JE PENSE PAR ELLES (CAR DANS LA	03	011
A DISPARU, ET JE NE SOUFFRIRAI PLUS QUE	PAR MOI-MEME. ENFIN! IL M'EST DONC PERMIS DE	10	005
D'ARBRE, ME BATTIT DRU COMME PLATRE. --	PAR MON ENERGIQUE MEDICATION, JE LUI AVAIS	49	068
NUIT DERNIERE MONTE L'ESCALIER MYSTERIEUX	PAR OU L'ENFER DONNE ASSAUT A LA FAIBLESSE DE	21	003
TENAIT TANT A M'ARRACHER LA FICELLE ET	PAR QUEL COMMERCE ELLE ENTENDAIT SE	30	135
ESPECE D'EMPLOYE DANS L'INTENDANCE QUI,	PAR QUELQUE TOUR DE BATON A LUI CONNU, FOURNIT	42	102
ENTRA DANS UNE CONSPIRATION FORMEE	PAR QUELQUES GENTILSHOMMES MECONTENTS, IL	27	007
BIEN CONNUS. SEULEMENT, DETAIL NON APERCU	PAR REGNIER, DEUX OU TROIS PORTRAITS DE	47	022
AMIS, SANS FAMILLE, SANS ENFANTS, DEGRADE	PAR SA MISERE ET PAR L'INGRATITUDE PUBLIQUE,	14	082
VOILE FRISSONNANTE A L'HORIZON, ET QUI	PAR SA PETITESSE ET SON ISOLEMENT IMITE MON	03	009
JE CROIS, SE LEVA, ET EMPOIGNANT	PAR SA ROBE DE VAPEURS MULTICOLORES LA FEE QUI	20	058
QUE JE SAVOURE MINUTE PAR MINUTE, SECONDE	PAR SECONDE! NON! IL N'EST PLUS DE MINUTES, IL	05	038
DES PLAGES LOINTAINES, A ENTENDU PARLER	PAR SES CAMARADES DE LA CELEBRE DOROTHEE.	25	049
QUI SEMBLE CONTENIR EN ELLE ET REPRESENTER	PAR SES JEUX, SES ALLURES, SES COLERES ET SES	34	037
TOUTES LES SEANCES ACADEMIQUES. ENCOURAGE	PAR TANT DE BONTES, JE LUI DEMANDAI DES	29	085
CHANTE PAR TANT DE POETES ET SERVI	PAR TANT DE PHILOSOPHES QUI TRAVAILLENT A SA	29	096
LES VITRES; CE CELEBRE PERSONNAGE, CHANTE	PAR TANT DE POETES ET SERVI PAR TANT DE	29	095
SE REDRESSA ET FIT ROULER LE VAINQUEUR	PAR TERRE D'UN COUP DE TETE DANS L'ESTOMAC. A	15	060
APRES TOUT, SI CE N'EST QUE, REVE	PAR TOUS LES HOMMES, IL N'A ETE REALISE PAR	26	011
GLOIRES AVORTEES, PAR LES COEURS BRISES,	PAR TOUTES CES AMES TUMULTUEUSES ET FERMEES,	13	004
DU PALAIS-ROYAL; D'AUTRES QUI ACCOURENT,	PAR TROUPES, DE PLUS DE CINQ LIEUES, POUR	50	062
DEJA. MAIS AU MEME INSTANT IL FUT CULBUTE	PAR UN AUTRE PETIT SAUVAGE, SORTI JE NE SAIS	15	046
DE TOUT AGENT DE POLICE. AYANT ENSUITE,	PAR UN COUP DE PIED LANCE DANS LE DOS, ASSEZ	49	055
''VOILA QUI EST LOUCHE!'' MU SANS DOUTE	PAR UN DESIR INVETERE ET UNE HABITUDE D'ETAT	30	080
FOULE DU BOULEVARD, JE ME SUIS SENTI FROLE	PAR UN ETRE MYSTERIEUX QUE J'AVAIS TOUJOURS	29	002
FORT BEGUEULE. SI PARFOIS JE LA BOUSCULAIS	PAR UN GESTE UN PEU TROP AMOUREUX, ELLE SE	42	049
CETTE SENSATION SOLENNELLE ET RARE, CAUSEE	PAR UN GRAND MOUVEMENT PARFAITEMENT	15	018
CELA FUT DIT D'UN TON FORT SERIEUX,	PAR UN HOMME D'ASPECT DOUX ET POSE, D'UNE	42	111
QUELQUE PART, PUISQU'ILS ETAIENT POUSSES	PAR UN INVINCIBLE BESOIN DE MARCHER. CHOSE	06	018
VACARME, UN ANE TROTTAIT VIVEMENT, HARCELE	PAR UN MALOTRU ARME D'UN FOUET. COMME L'ANE	04	007
EN ME COUCHANT, FAISANT ENCORE MA PRIERE	PAR UN RESTE D'HABITUDE IMBECILE, JE REPETAIS	29	125
SOL, --TELLES QUE LE POLICHINELLE PLAT MU	PAR UN SEUL FIL, LES FORGERONS QUI BATTENT	19	006
UN SOMMEIL SECOUE PAR LA LAME, TROUBLE	PAR UN VENT QUI RONFLE PLUS HAUT QUE NOUS?	34	011
ELLE ETAIT EVIDEMMENT CONDAMNEE.	PAR UNE ABSOLUE SOLITUDE, A DES HABITUDES DE	13	039
MAIS ELLE GATAIT CETTE GRANDE QUALITE	PAR UNE AMBITION MALSEANTE ET DIFFORME.	42	035
CORDES D'UN PETIT PIANO SUSPENDU A SON COU	PAR UNE COURROIE, AVAIT L'AIR DE SE MOQUER DE	31	095
PERFECTIONNEE, HELAS! IL EST REMPLACE	PAR UNE FETIDE ODEUR DE TABAC MELEE A JE NE	05	063
BRUSQUEMENT PRECIPITES VERS L'ACTION	PAR UNE FORCE IRRESISTIBLE, COMME LA FLECHE	09	012
COMPRENDS QUE JE LUI AI FAIT ENTENDRE CA	PAR UNE FOULE DE FACONS; JE NE LUI AI PAS DIT	47	097
LA FATIGUE ET A SOULAGER L'APPETIT CAUSES	PAR UNE SI LONGUE ASCENSION. JE TIRAI DE MA	15	028
EN FAISANT SON RECIT, LES YEUX ECARQUILLES	PAR UNE SORTE DE STUPEFACTION DE CE QU'IL	31	067
DEMANDE SI L'ON POUVAIT ALLER EN RUSSIE	PAR VOIE DE TERRE (IL PRENAIT SANS DOUTE LA	10	013

POEM LINE

POEM	LINE		
29	107	PROGRES. JAMAIS UN DESIR NE SERA FORME	PAR VOUS, QUE JE NE VOUS AIDE A LE REALISER;
11	011	BIEN! J'EN AI TANT BESOIN! CONSOLEZ-MOI	PAR-CI, CARESSEZ-MOI PAR-LA'' TENEZ, JE VEUX
32	037	TRAVERS LES BRUMES, PAR DELA LES FLEUVES,	PAR-DESSUS LES VILLES OU LES PIANOS CHANTENT
11	011	BESOIN! CONSOLEZ-MOI PAR-CI, CARESSEZ-MOI	PAR-LA'' TENEZ, JE VEUX ESSAYER DE VOUS
28	050	SOLS ET LE COEUR DE DIEU; EMPORTER DE	PARADIS ECONOMIQUEMENT; ENFIN ATTRAPER GRATIS
27	097	LA TOMBE, PERDU, COMME IL EST, DANS UN	PARADIS EXCLUANT TOUTE IDEE DE TOMBE ET DE
50	109	COURAGE, TANT DE PATIENCE ET DE LABEUR, UN	PARADIS SPECIAL POUR LES BONS CHIENS, LES
30	038	VIE QU'IL MENAIT CHEZ MOI LUI SEMBLAIT UN	PARADIS, COMPARATIVEMENT A CELLE QU'IL AURAIT
09	076	BLEUS, DES VITRES MAGIQUES, DES VITRES DE	PARADIS? IMPUDENT QUE VOUS ETES! VOUS OSEZ
05	051	RECLAME LA SUITE DU MANUSCRIT. LA CHAMBRE	PARADOXALE. ''ECOUTE.'' ET ELLE EMBOUCHA ALORS
21	096	LA FAUSSE DEESSE AVEC SA VOIX CHARMANTE ET	PARAISSENT INVESTIS DE LA MAJESTE DE MINOS,
09	038	D'UN THEATRE, OU LES CONTROLEURS LUI	PARAISSENT LUI ETRE FERMEES, C'EST QU'A SES
12	014	TOUT EST VACANT; ET SI DE CERTAINES PLACES	PARAITRE BIZARRE QUE LES IDEES DE PATRIE ET DE
27	004	FATALES ATTRACTIONS, ET, BIEN QU'IL PUISSE	PARASITES! QU'ILS RETOURNENT A LEUR NICHE
50	032	AU DOMINO! A LA NICHE, TOUS CES FATIGANTS	PARC SE PAME SOUS L'OEIL BRULANT DU SOLEIL,
07	001	QUELLE ADMIRABLE JOURNEE! LE VASTE	PARC SOLITAIRE: ''COMME ELLE SERAIT BELLE DANS
24	001	SE DISAIT, EN SE PROMENANT DANS UN GRAND	PARC QU'IL EST TOUJOURS TRES-DIFFICILE DE SE
31	123	MAIS JE N'AI PAS OSE, SANS DOUTE	PARCE QUE CETTE PHYSIONOMIE LUI ETAIT
09	042	LA FOULE ETONNEE. POURQUOI? PARCE QUE...	PARCE QUE J'AI TOUJOURS L'ESPOIR DE LE
47	016	VENEZ.'' J'AIME PASSIONNEMENT LE MYSTERE,	PARCE QUE J'AVAIS PEUR D'ETRE RATTRAPE AVANT
31	124	DE SE DECIDER A N'IMPORTE QUOI, ET AUSSI	PARCE QUE JE DEVINE QUE LEURS EFFUSIONS
23	022	LA PAROLE. JE NE LES PLAINS PAS,	PARCE QUE LE LEUR FAIS DES MINES. --ET QUAND
47	084	IL Y EN A D'AUTRES QUI ME COMPRENNENT!	PARCE QUE L'AUTRE N'ETAIT PAS DE SON AVIS DANS
47	058	LA NOIRCEUR DE SON AME!'' TOUT CELA	PARCE QUE LES HOMMES IMBECILES N'EN VEULENT
50	065	LE COEUR INOCCUPE S'EST DONNE AUX BETES,	PARCE QUE SES PARENTS SONT DES PAUVRES QUI NE
47	091	M'ONT DIT QU'IL N'AVAIT PAS LE SOU,	PARCE QUE... PARCE QUE CETTE PHYSIONOMIE LUI
09	042	DEVANT LA FOULE ETONNEE. POURQUOI?	PARCE QUE! PARCE QUE!'' REPLIQUA LA FEE
20	081	JUSQU'A LA LOGIQUE DE L'ABSURDE. ''	PARCE QUE!'' REPLIQUA LA FEE COURROUCEE, EN
20	081	LA LOGIQUE DE L'ABSURDE. ''PARCE QUE!''	PARCOURU LE DICTIONNAIRE. MAIS CE N'ETAIT QUE
49	016	DE BONNE FEMME DONT J'AVAIS RECEMMENT	PARDON. QUAND ON DIT D'UN COMEDIEN: ''VOILA UN
27	071	LE NOBLE PUBLIC, L'IDEE DE DOUCEUR ET DE	PARDONNE JAMAIS!'' ''SI, NERVEUX COMME JE VOUS
42	115	VEUX!'' OU: ''IL FAUT!'' ''IL NE	PARDONNE LE DESIR DE LA CRIMINELLE JOUISSANCE
28	052	D'HOMME CHARITABLE. JE LUI AURAIS PRESQUE	PARDONNER, LEUR OFFRANT DE ME DESHONORER AUSSI
21	120	INVOQUAI A HAUTE VOIX, LES SUPPLIANT DE ME	PARDONNERAI JAMAIS L'INEPTIE DE SON CALCUL. ON
28	055	A COMPROMETTRE LES PAUVRES! MAIS JE NE LUI	PARDONNEREZ-VOUS PAS UN PEU DE SENSUALITE A
50	096	D'UNE SOUPE PUISSANTE ET SOLIDE? ET NE	PARDONNES; LES DUELS CONVENUS FURENT RAYES DE
34	029	OUBLIEES, TOUS LES TORTS RECIPROQUES	PARDONNEZ; VOUS QUI ETES PLEIN DE MOTIFS ET DE
47	119	QUI LAISSEZ FAIRE, VOUS, LE JUGE QUI	PAREIL AUX ENFANTS. POUR LES PETITS C'EST UN
14	008	TOUT, LA DOULEUR ET LE TRAVAIL; IL DEVIENT	PAREIL AUX PIEDS DES DEESSES DE MARBRE QUE
25	023	SA JAMBE LUISANTE ET SUPERBE; ET SON PIED,	PAREILLE CONDUITE. DE LA PART DE MON AMI,
28	027	ENTRA SOUDAINEMENT CETTE IDEE QU'UNE	PAREILLE DANS LES COLLECTIONS DES
13	080	QUE JE N'AI PAS SOUVENIR D'AVOIR VU SA	PAREILS. AMOUREUX PASSIONNE DES BEAUX-ARTS,
27	018	PLUS CRUEL ET PLUS DESPOTE QUE TOUS SES	PARENTS M'ONT EMMENE EN VOYAGE AVEC EUX, ET,
31	046	VOS NUAGES. --IL Y A QUELQUES JOURS, MES	PARENTS SONT DES PAUVRES QUI NE PEUVENT RIEN
47	091	QU'IL N'AVAIT PAS LE SOU, PARCE QUE SES	PARENTS, DE PAUVRES GENS, DE VOULOIR BIEN ME
30	032	PLAISIR SI VIF, QUE JE PRIAI UN JOUR SES	PARENTS, PAR ECONOMIE SANS DOUTE, AVAIENT TIRE
19	042	BOITE GRILLEE; C'ETAIT UN RAT VIVANT! LES	PARENTS. MES PIEDS REFUSAIENT DE M'Y CONDUIRE.
30	085	ANGOISSE TERRIBLE: IL FALLAIT AVERTIR LES	PARENTS. PUIS JE SORTIS, ET MES AFFAIRES ME
30	046	GENRE: JE LE MENACAI DE LE RENVOYER A SES	PARESSE, AROMATISE PAR LE REGRET ET LE DESIR.
05	004	ROSE ET DE BLEU. L'AME Y PREND UN BAIN DE	PARESSEUSE BELGIQUE, ET AVEZ-VOUS ADMIRE COMME
50	074	ET SANS PORTEFEUILLES. CONNAISSEZ-VOUS LA	PARESSEUSE DOROTHEE, BELLE ET FROIDE COMME LE
25	035	PUISSANT MOTIF FAIT DONC ALLER AINSI LA	PARESSEUSES ET VOLUPTUEUSES, ET COMMENT,
09	015	SUBITEMENT SI FOLLE ENERGIE A CES AMES	PARESSEUX, INTERNE COMME UN MOLLUSQUE. IL
12	021	L'EGOISTE, FERME COMME UN COFFRE, ET LE	PARESSEUX. DE LOURDES PENDELOQUES GAZOUILLENT
25	019	DELICATE ET LUI DONNE UN AIR TRIOMPHANT ET	PARFAIT BOUDOIR; OU ELLE PREND TANT DE PLAISIR
25	039	ET LES NATTES FONT A SI PEU DE FRAIS UN	PARFAIT CORDIAL;'' DANS LA GAUCHE, UN VIOLON
21	028	BIZARRES;'' BUVEZ, CECI EST MON SANG, UN	PARFAIT DE CONVICTION. ''AH! IL EST DEJA BIEN
31	030	''DIEU!'' REPONDIT-IL AVEC UN ACCENT	PARFAIT DROLE; OUF! EST-CE BIEN FINI?
10	034	ET DONNE UNE RECOMMANDATION ECRITE A UN	PARFAITE ACCORDANCE AVEC LE GRAND DEUIL DONT
13	082	SON VISAGE, TRISTE ET AMAIGRI, ETAIT EN	PARFAITE BEATITUDE ET DANS MON TOTAL OUBLI DE
15	023	AVEC L'UNIVERS; JE CROIS MEME QUE, DANS MA	PARFAITE IDEALISATION, QU'IL ETAIT IMPOSSIBLE
27	081	IMPREVU. FANCIOULLE FUT, CE SOIR-LA, UNE	PARFAITE PAIX AVEC MOI-MEME ET AVEC L'UNIVERS;
15	021	BEAUTE DONT J'ETAIS ENVIRONNE, EN	PARFAITE, CE QUI CONTRIBUA A FORTIFIER, DANS
27	069	EN SCENE LEGEREMENT ET AVEC UNE AISANCE	PARFAITE?'' LES TROIS AUTRES COMPAGNONS
42	161	QUE JE FISSE D'ELLE, PUISQU'ELLE ETAIT	PARFAITEMENT FRATRICIDE!''
15	076	QU'ELLE SUFFIT POUR ENGENDRER UNE GUERRE	PARFAITEMENT HEUREUSE SI ELLE N'ETAIT OBLIGEE
25	057	ADMIREE ET CHOYEE DE TOUS, ET ELLE SERAIT	PARFAITEMENT LEGITIME D'ATTRIBUER A L'AMOUR
30	013	LUMIERE SANS CHALEUR; N'EST-IL DONC PAS	PARFAITEMENT SEMBLABLE AU PREMIER QU'ON AURAIT
15	047	SAUVAGE, SORTI JE NE SAIS D'OU; ET SI	PARFAITEMENT SILENCIEUX, ME REMPLISSAIT D'UNE
15	018	ET RARE, CAUSEE PAR UN GRAND MOUVEMENT	PARFAITS AMIS. NOUS MANGEAMES, NOUS BUMES
29	035	ETIONS DEJA, EN NOUS ASSEYANT, DE VIEUX ET	PARFOIS JE LA BOUSCULAIS PAR UN GESTE UN PEU
42	048	VERRE. AVEC TOUT CELA, FORT BEGUEULE. SI	PARFUM ACHETE CHEZ LE MEILLEUR PARFUMEUR DE LA
08	002	APPROCHEZ ET VENEZ RESPIRER UN EXCELLENT	PARFUM COMME L'AME DES AUTRES HOMMES SUR LA
17	008	DANS TES CHEVEUX! MON AME VOYAGE SUR LE	PARFUM D'UN AUTRE MONDE; DONT JE M'ENIVRAIS
05	061	CRAYON A MARQUE LES DATES SINISTRES! ET CE	PARFUM DE HAUTAINE VERTU EMANAIT DE TOUTE SA
13	081	DES ARISTOCRATIQUES BEAUTES DU PASSE. UN	PARFUM DE MON ESPRIT, QUE CE SOIT LA NUIT, QUE
16	014	DE SON SEXE, L'ORGUEIL DE MON COEUR ET LE	PARFUM DE ROSE ET DE MUSC; ET D'OU LES
34	048	PROMESSES, QUI NOUS ENVOYAIT UN MYSTERIEUX	PARFUM DE ROSE ET DE MUSC...... PLUS LOIN,
24	021	DANS LA CASE UN PUISSANT	PARFUM INCOMPARABLES DONNAIENT A L'AME LA
29	048	QUELQUES CIGARES DONT LA SAVEUR ET LE	PARFUM SINGULIER, UN REVENEZ-Y DE SUMATRA, QUI
18	044	ET DES PLIS DES ETOFFES S'ECHAPPE UN	PARFUM, LA PARURE, ET CAETERA. J'AVOUERAI MEME
42	024	PLUS, SI ELLE N'EST ASSAISONNEE PAR LE	PARFUME ET INCORRUPTIBLE COMME LES COFFRES DE
38	010	BIEN CLOSE DANS UNE BIERE D'UN BOIS	PARFUMEE PAR LES FRUITS, PAR LES FEUILLES ET
17	014	BLEU ET PLUS PROFOND, OU L'ATMOSPHERE EST	PARFUMEE, ROBUSTE COQUETTE? ET TOUTES CES
11	058	PETITS SOUPIRS QUI GONFLENT VOTRE POITRINE	PARFUMEE. C'ETAIT UN HOMME VASTE, A GROS
21	056	INSINUANTES; NI CETTE BEAUTE DELICATE ET	PARFUMERIE! A CHAQUE FOIS QU'IL SOUPIRAIT,
21	017	D'OU S'EXHALAIT LA BONNE ODEUR D'UNE	PARFUMEUR DE LA VILLE.'' ET LE CHIEN, EN
08	003	EXCELLENT PARFUM ACHETE CHEZ LE MEILLEUR	PARFUMS DE LA MORT, IL ENTENDIT UNE VOIX
45	023	CERVEAU ET DANS L'ATMOSPHERE DES ARDENTS	PARFUMS DELICATS QUI L'EXASPERENT, MAIS DES
08	014	A QUI IL NE FAUT JAMAIS PRESENTER DES	PARFUMS EXCITANTS? PEUT-ETRE A-T-ELLE UN
25	045	LUI ENVOIE, DU FOND DE LA COUR, SES	

PAS; LES FLEURS MONSTRUEUSES; LES
ENCENSOIRS D'UNE RELIGION INCONNUE, LES
ABONDANTE CRINIERE D'OU S'EXHALE EN FAUVES
CES MEUBLES, CE LUXE, CET ORDRE, CES
ET QUE LA CHALEUR, RENDANT VISIBLES LES
ET PARTOUT CIRCULAIT, DOMINANT TOUS LES
DE MYSTERE, DE SILENCE, DE PAIX ET DE
CHETIF, FULIGINEUX, UN DE CES MARMOTS-
AU MOINS CURIEUX, SUR LA FOULE DE
DONT AUCUNE DES HABITATIONS SUPERIEURES DE
ET PUIS ENCORE SI LES BELLES DAMES DE
ANGLAIS; JE L'AI ATTRAPE A SON VOYAGE A
POUR MOI, JE NE MANQUE JAMAIS, EN VRAI
MUSIQUE DES REGIMENTS GRATIFIE LE PEUPLE
MOI A TRAVERS LA LOURDE ET SALE ATMOSPHERE
ATTIRA SES CAMARADES PLUS PRES DE LUI, ET
VOILA Z., CELUI QUI DISAIT A SON COURS, EN
BANALES. ON ECOUTE ALORS CELUI QUI
ROULE, A TOUT CE QUI CHANTE, A TOUT CE QUI
HABILLES QUE CEUX QUE NOUS VOYONS PARTOUT,
LE VEGETAL ET LE MINERAL. LES ETOFFES
UN PETIT PAGE, PLACE DERRIERE ELLE, ET LUI
DIRE QUE FAIRE LES MEMES CHOSES, ET DE
ET NE POURRAIS-TU PAS TE MIRER, POUR
LES ONDINS ET LES ONDINES, --JE VEUX
(IL Y A SEIZE OU DIX-SEPT ANS); JE VEUX
QUE VOUS AVEZ PEUT-ETRE NEGLIGEES. JE VEUX
BAVARD, DONT LE SUPREME PLAISIR CONSISTE A
IL EUT ETE PLUS PHILOSOPHIQUE DE N'EN PAS
APPELER FRATERNITAIRE, SI JE VOULAIS
QUI, SUR DES PLAGES LOINTAINES, A ENTENDU
FACHE DE TROUVER SON COMEDIEN FAVORI
MORCEAU DE LA FUNESTE ET BEATIFIEE CORDE.
POUR PROCEDER A LA REPARTITION DES DONS
QUE LE CLOU ETAIT RESTE FICHE DANS LA
--TES AMIS? --VOUS VOUS SERVEZ LA D'UNE
BEAUCOUP DE CAS, D'INSPIRER LA PLUME, LA
SON BIEN EN UN JOUR'', ET, SUR CETTE SAGE
SONORE FIT LE COMMENTAIRE DE SA GROSSIERE
NE LEUR COUPASSENT INTEMPESTIVEMENT LA
DIEU! FAITES QUE LE DIABLE ME TIENNE SA
L'AMOUR MATERNEL TOUTES LES ACTIONS ET LES
IL CITE, COMME TOUS LES INCREDULES, DES
PUIS, VOUS NE CESSEZ DE VOUS REPANDRE EN
DANS LES ROLES MUETS OU PEU CHARGES DE
MA REVERIE EN REPRENANT MES PROPRES
LUI AURAIENT CERTAINEMENT ATTIRE, DE LA
GENEREUSES DU PRINCE OFFENSEE. DE LA
ILS ABSORBENT, SANS LE VOULOIR, LEUR
CETTE IDEE QU'UNE PAREILLE CONDUITE, DE LA
D'UN DIRECTEUR QUI SE FAIT LA GROSSE
DE NE POUVOIR ETRE SEUL!...'' DIT QUELQUE
J'AI PENSE QU'IL Y AVAIT PEUT-ETRE QUELQUE
NOUVEAUX. JE NE SUIS JAMAIS BIEN NULLE
MAIS QU'EVIDEMMENT ILS ALLAIENT QUELQUE
ALORS QU'ILS NE DEMEURAIENT NULLE
MON EGAL! VEUILLEZ ME FAIRE L'HONNEUR DE
PAR TROUPES, DE PLUS DE CINQ LIEUES, POUR
FONDAMENTAUX DONT IL NE ME CONVIENT PAS DE
MAIN UN BAMBIN AVEC QUI ELLE NE PEUT PAS
DE NEZ TRES-APOSTOLIQUE, --LE BESOIN DE
LE MOLE; TOUS LES MOUVEMENTS DE CEUX QUI
OBJECTION REPONDAIT: ''--C'EST ICI LE
MAIS D'UNE INSPIRATION FORTUITE,
DE PRIX. CE QU'IL Y AVAIT ICI DE
OU EST NEE EN TOI CETTE PASSION SI
PIECE D'ARGENT DE DEUX FRANCS QU'IL AVAIT
EUT ETE QU'IL LA CONSIDERAIT COMME FAISANT
DE DOULEURS, ET PEUT-ETRE AUSSI UNE GRANDE
DIRE QUE J'AVAIS JOUE ET PERDU MON AME, EN
REPUTATION DONT ELLE JOUIT DANS TOUTES LES
CHARGE LEUR BAGAGE SUR LEUR DOS, ET SONT
ESCAMOTEUR EBLOUISSANT COMME UN DIEU. IL
GENTILSHOMMES MECONTENTS. IL EXISTE
LA CERTITUDE DU PAIN POUR LES LENDEMAINS;
PARTOUT LA JOIE, LE GAIN, LA DEBAUCHE;
ECLAIRAIENT TROP BIEN ENCORE LA DETRESSE.

MIEUX HABILLES QUE CEUX QUE NOUS VOYONS
MINUTES, MESSIEURS!'' --OH! MOI, JE VAIS
ANGE, OU D'UN BON DEMON, QUI M'ACCOMPAGNE
ENSEMBLE UNE LONGUE JOURNEE QUI M'AVAIT
ELLE N'EST ASSAISONNEE PAR LE PARFUM, LA
RAGE CONTRE CE MAGNIFIQUE IMBECILE, QUI ME
ET, AVEC UN REGARD DE HAINE QUI ME
DANS UN ACCES DE FAMILIARITE QUI NE
FOURNIR UN EXEMPLE APPROCHANT. IL ME
ANGLES DE SA FRAGILE MARCHANDISE. ENFIN IL
SON DESESPOIR L'AVAIT; SANS DOUTE, ME
JE ME FIS COMPRENDRE; ENFIN J'Y
MAIS TOUS, CROYEZ-LE BIEN, N'APPARTENAIENT

	POEM	LINE
PARFUMS QUI FONT DELIRER; LES CHATS QUI SE	37	022
PARFUMS QUI TROUBLENT LA VOLONTE, ET LES	37	032
PARFUMS TOUTE LA VITALITE ENDIABLEE DU MIDI	39	013
PARFUMS, CES FLEURS MIRACULEUSES; C'EST TOI.	18	077
PARFUMS, LES FAIT MONTER VERS L'ASTRE COMME	07	012
PARFUMS, UNE ODEUR DE FRITURE QUI ETAIT COMME	14	042
PARFUMS? O BEATITUDE! CE QUE NOUS NOMMONS	05	034
PARIAS DONT UN OEIL IMPARTIAL DECOUVRIRAIT LA	19	032
PARIAS QUI SE PRESSENT AUTOUR DE L'ENCEINTE	13	062
PARIS NE POURRAIT FOURNIR UN EXEMPLE	29	010
PARIS SONT TOUTES PLUS BELLES QU'ELLE.	25	054
PARIS. IL A L'AIR D'UNE DEMOISELLE, N'EST-CE	47	066
PARISIEN, DE PASSER LA REVUE DE TOUTES LES	14	018
PARISIEN. C'ETAIT SANS DOUTE LA LA PETITE	13	052
PARISIENNE. IL ME SERAIT D'AILLEURS IMPOSSIBLE	09	063
PARLA D'UNE VOIX PLUS BASSE. --''CA FAIT UN	31	050
PARLANT DE X.: ''CE MONSTRE QUI PORTE SUR SON	47	057
PARLE, COMME ON ECOUTERAIT DE LA MUSIQUE DE	42	014
PARLE, DEMANDEZ QUELLE HEURE IL EST; ET LE	33	013
PARLENT AVEC UNE VOIX CHANTANTE. ILS SE	31	010
PARLENT UNE LANGUE MUETTE, COMME LES FLEURS,	05	011
PARLER A L'OREILLE. LA PHYSIONOMIE ESPIEGLE DU	27	123
PARLER AVEC LA MEME VOIX...'' L'UN DES QUATRE	31	021
PARLER COMME LES MYSTIQUES, DANS TA PROPRE	18	066
PARLER DE LA LOI QUI CONCEDE AUX FEES, DANS UN	20	069
PARLER DES LIVRES ON S'EST TRAITE DE L'ART DE	49	004
PARLER DU COMIQUE DANS L'AMOUR, ET D'UN	42	080
PARLER DU HAUT D'UNE CHAIRE OU D'UNE TRIBUNE,	23	011
PARLER DU TOUT; MAIS IL Y A DES GENS D'ESPRIT	42	011
PARLER LA BELLE LANGUE DE MON SIECLE.	23	042
PARLER PAR SES CAMARADES DE LA CELEBRE	25	048
PARMI LES REBELLES. LE PRINCE N'ETAIT NI	27	015
PARMI LES SIGNATAIRES IL Y AVAIT, JE DOIS LE	30	129
PARMI TOUS LES NOUVEAU-NES, ARRIVES A LA VIE	20	002
PAROI, AVEC UN LONG BOUT DE CORDE QUI TRAINAIT	30	105
PAROLE DONT LE SENS M'EST RESTE JUSQU'A CE	01	005
PAROLE ET LA CONSCIENCE DES PEDAGOGUES, ET	29	081
PAROLE, IL LUI ARRACHE CRUELLEMENT LA PROIE,	11	032
PAROLE. JE ME DETOURNAI AVEC DEGOUT ET LE	21	078
PAROLE. JE NE LES PLAINS PAS, PARCE QUE JE	23	021
PAROLE!!'	29	128
PAROLES D'UNE MERE, RELATIVES A SON ENFANT? ET	30	014
PAROLES DES PERES DE L'EGLISE. JE SAIS QUE LE	23	003
PAROLES INUTILES! ''AIMEZ-MOI BIEN! J'EN AI	11	009
PAROLES, QUI SONT SOUVENT LES PRINCIPAUX DANS	27	066
PAROLES: ''OUI, VOUS AVEZ RAISON; IL N'EST PAS	28	043
PART D'UN HISTORIEN SEVERE, L'EPITHETE ET	27	025
PART D'UN HOMME AUSSI NATURELLEMENT ET	27	043
PART DE CETTE ATMOSPHERE D'INSOUCIANCE. POUR	14	017
PART DE MON AMI, N'ETAIT EXCUSABLE QUE PAR LE	28	027
PART ET MANGE A LUI SEUL PLUS DE SOUPE QUE	50	099
PART LA BRUYERE, COMME POUR FAIRE HONTE A TOUS	23	034
PART (QUI SAIT, APRES TOUT?); POUR RECOMPENSER	50	108
PART, ET JE CROIS TOUJOURS QUE JE SERAIS MIEUX	31	081
PART, PUISQU'ILS ETAIENT POUSSES PAR UN	06	018
PART. ALORS L'UN A DIT: ''FAUT-IL DEPLOYER LA	31	105
PARTAGER AVEC MOI MA BOURSE? ET SOUVENEZ-	49	074
PARTAGER LE REPAS QUE LEUR A PREPARE LA	50	063
PARTAGER LES BENEFICES ET LA PROPRIETE AVEC	29	066
PARTAGER SA REVERIE, OU CELLE QUI EST TOUT A	13	034
PARTAGER VOS JOUISSANCES?'' VOYEZ-VOUS LE	23	029
PARTENT ET DE CEUX QUI REVIENNENT, DE CEUX QUI	41	013
PARTI DES HONNETES GENS,'' CE QUI IMPLIQUE QUE	10	016
PARTICIPE BEAUCOUP, NE FUT-CE QUE PAR L'ARDEUR	09	056
PARTICULIER; C'EST QUE LES DONS N'ETAIENT PAS	20	015
PARTICULIERE?'' DIFFICILEMENT JE ME FIS	47	109
PARTICULIEREMENT EXAMINEE. ''SINGULIERE ET	28	007
PARTIE DE LUI-MEME. TOUS CES VISAGES FATIGUES	06	023
PARTIE DE SON GENIE. PLUSIEURS BALLES	43	009
PARTIE LIEE, AVEC UNE INSOUCIANCE ET UNE	29	041
PARTIES DU MONDE, M'ASSURA QU'ELLE ETAIT,	29	068
PARTIS. MOI, VOULANT SAVOIR OU ILS	31	102
PARTOUT CIRCULAIT, DOMINANT TOUS LES PARFUMS,	14	042
PARTOUT DES HOMMES DE BIEN POUR DENONCER AU	27	009
PARTOUT L'EXPLOSION FRENETIQUE DE LA VITALITE.	14	053
PARTOUT LA CERTITUDE DU PAIN POUR LES	14	052
PARTOUT LA JOIE, LE GAIN, LA DEBAUCHE; PARTOUT	14	052
PARTOUT S'ETALAIT, SE REPANDAIT, S'EBAUDISSAIT	14	001
PARTOUT, PARLENT AVEC UNE VOIX CHANTANTE. ILS	31	010
PARTOUT. JE CONNAIS BIEN CES MESSIEURS.''	47	037
PARTOUT. PUISQUE SOCRATE AVAIT SON BON DEMON,	49	028
PARU COURTE. NOUS NOUS ETIONS BIEN PROMIS QUE	26	007
PARURE, ET CAETERA. J'AVOUERAI MEME QUE	42	024
PARUT CONCENTRER EN LUI TOUT L'ESPRIT DE LA	04	020
PARUT DE BON AUGURE. LE MALANDRIN DECREPIT SE	49	065
PARUT PAS LUI DEPLAIRE, M'ECRIER, EN	29	051
PARUT SINGULIER QUE J'EUSSE PU PASSER SI	29	011
PARUT: J'EXAMINAI CURIEUSEMENT TOUTES SES	09	073
PARUT-IL, TELLEMENT AFFOLEE QU'ELLE	30	111
PARVINS. MAIS ALORS ELLE ME REPONDIT D'UN AIR	47	110
PAS A LA CLASSE INFIME ET VULGAIRE. J'AI GARDE	30	131

POEM LINE

13	089	PAUVRETE-LA, SI PAUVRETE IL Y A, NE DOIT	PAS	ADMETTRE L'ECONOMIE SORDIDE; UN SI NOBLE
47	030	GAGNE CES CHEVEUX BLANCS? VOUS N'ETIEZ	PAS	AINSI, IL N'Y A PAS ENCORE BIEN LONGTEMPS,
39	011	DE SON ARMATURE. L'AMOUR N'A	PAS	ALTERE LA SUAVITE DE SON HALEINE D'ENFANT;
31	048	OU NOUS NOUS SOMMES ARRETES, IL N'Y AVAIT	PAS	ASSEZ DE LITS POUR NOUS TOUS, IL A ETE
49	046	DEUX DENTS, ET COMME JE NE ME SENTAIS	PAS	ASSEZ FORT; ETANT NE DELICAT ET M'ETANT
11	071	''TANT POETE QUE JE SOIS, JE NE SUIS	PAS	AUSSI DUPE QUE VOUS VOUDRIEZ LE CROIRE, ET
28	033	EN PIECES VRAIES? NE POUVAIT-ELLE	PAS	AUSSI LE CONDUIRE EN PRISON? UN
47	095	ET AVEC MOI; NE TE GENE PAS; JE N'AI	PAS	BESOIN D'ARGENT.'' MAIS TU COMPRENDS QUE
04	017	A SON CONTENTEMENT. L'ANE NE VIT	PAS	CE BEAU PLAISANT, ET CONTINUA DE COURIR
24	011	POSSEDER SA CHERE VIE. NOUS N'Y SERIONS	PAS	CHEZ NOUS. D'AILLEURS SES MURS CRIBLES
26	042	PEUVENT SEULS ENTRER LES GENS QUI NE SONT	PAS	COMME NOUS.'' --QUANT AUX YEUX DU PLUS
42	134	DE FAIRE, QUE JE REGRETTE DE N'AVOIR	PAS	COMMISES! QUE DE DETTES PAYEES MALGRE MOI!
42	164	ET LEGEREMENT HEBETE, COMME FEIGNANT DE NE	PAS	COMPRENDRE ET COMME AVOUANT IMPLICITEMENT
31	052	FAIT UN SINGULIER EFFET, ALLEZ; DE N'ETRE	PAS	COUCHE SEUL ET D'ETRE DANS UN LIT AVEC SA
19	002	IL Y A SI PEU D'AMUSEMENTS QUI NE SOIENT	PAS	COUPABLES! QUAND VOUS SORTIREZ LE MATIN
23	014	CRUSOE, MAIS JE DEMANDE QU'IL NE DECRETE	PAS	D'ACCUSATION LES AMOUREUX DE LA SOLITUDE
35	003	QUI REGARDE UNE FENETRE FERMEE. IL N'EST	PAS	D'OBJET PLUS PROFOND, PLUS MYSTERIEUX,
21	081	DE LA MISERE DE PERSONNE; ET JE NE VEUX	PAS	D'UNE RICHESSE ATTRISTEE; COMME UN PAPIER
50	029	NOMME LEVRETTES, ET QUI NE LOGENT MEME	PAS	DANS LEUR MUSEAU POINTU ASSEZ DE FLAIR
24	010	TROPICAL, IL SE DIT: ''NON! CE N'EST	PAS	DANS UN PALAIS QUE JE VOUDRAIS POSSEDER SA
47	114	PAS.'' QUELLES BIZARRERIES NE TROUVE-T-ON	PAS	DANS UNE GRANDE VILLE, QUAND ON SAIT SE
45	006	ANCIENS EGYPTIENS, POUR QUI IL N'Y AVAIT	PAS	DE BON FESTIN SANS SQUELETTE, OU SANS UN
25	042	QUE LA MER; QUI BAT LA PLAGE A CENT	PAS	DE LA, FAIT A SES REVERIES INDECISES UN
31	076	TUTEUR EST TROP AVARE; DIEU NE S'OCCUPE	PAS	DE MOI ET DE MON ENNUI, ET JE N'AI PAS UNE
23	013	FURIEUX DANS L'ILE DE ROBINSON. JE N'EXIGE	PAS	DE MON GAZETIER LES COURAGEUSES VERTUS DE
29	065	FONDAMENTAUX DONT IL NE ME CONVIENT	PAS	DE PARTAGER LES BENEFICES ET LA PROPRIETE
28	044	PAROLES: ''OUI, VOUS AVEZ RAISON; IL N'EST	PAS	DE PLAISIR PLUS DOUX QUE DE SURPRENDRE UN
28	020	LE PLAISIR D'ETRE ETONNE, IL N'EN EST	PAS	DE PLUS GRAND QUE CELUI DE CAUSER UNE
03	004	N'EXCLUT PAS L'INTENSITE; ET IL N'EST	PAS	DE POINTE PLUS ACEREE QUE CELLE DE
50	012	POSTERITE; ET SURTOUT QUE CET ANE N'OUBLIE	PAS	DE PORTER, DELICATEMENT SUSPENDU ENTRE SES
42	139	POUR COMBLE D'HORREUR, ELLE N'EXIGEAIT	PAS	DE RECONNAISSANCE, LE DANGER PASSE.
14	064	DONT LE FLOT MOUVANT S'ARRETAIT A QUELQUES	PAS	DE SA REPULSIVE MISERE! JE SENTIS MA GORGE
47	059	TOUT CELA, PARCE QUE L'AUTRE N'ETAIT	PAS	DE SON AVIS DANS LA MEME AFFAIRE! COMME ON
19	028	VERROTERIES. MAIS L'ENFANT NE S'OCCUPAIT	PAS	DE SON JOUJOU PREFERE; ET VOICI CE QU'IL
09	074	ET JE LUI DIS: ''--COMMENT? VOUS N'AVEZ	PAS	DE VERRES DE COULEUR? DES VERRES ROSES,
15	042	LENTEMENT IL SE RAPPROCHA, NE QUITTANT	PAS	DES YEUX L'OBJET DE SA CONVOITISE; PUIS,
47	097	CA PAR UNE FOULE DE FACONS; JE NE LUI AI	PAS	DIT TOUT CRUMENT; J'AVAIS SI PEUR DE
12	001	IL N'EST	PAS	DONNE A CHACUN DE PRENDRE UN BAIN DE
29	058	SUR CE SUJET-LA, SON ALTESSE NE TARISSAIT	PAS	EN PLAISANTERIES LEGERES ET IRREFUTABLES,
50	095	QUE DE SI ZELES COMEDIENS NE SE METTENT	PAS	EN ROUTE SANS AVOIR LESTE LEUR ESTOMAC
18	065	ALLER VIVRE ET FLEURIR? NE SERAIS-TU	PAS	ENCADREE DANS TON ANALOGIE; ET NE
47	030	BLANCS? VOUS N'ETIEZ PAS AINSI, IL N'Y A	PAS	ENCORE BIEN LONGTEMPS, QUAND VOUS ETIEZ
16	010	YEUX, IL AFFIRMA SANS HESISTER: ''IL N'Y A	PAS	ENCORE TOUT A FAIT MIDI.'' CE QUI ETAIT
20	017	UNE GRACE ACCORDEE A CELUI QUI N'AVAIT	PAS	ENCORE VECU, ET D'ETRE DANS UN SIMPLE
20	061	IL Y A ENCORE MON PETIT! JE NE VEUX	PAS	ETRE VENU POUR RIEN.'' LA FEE POUVAIT ETRE
46	011	MA TETE DANS LA FANGE DU MACADAM. JE N'AI	PAS	EU LE COURAGE DE LA RAMASSER. J'AI JUGE
31	059	J'AURAIS LONGTEMPS CONTINUE, SI JE N'AVAIS	PAS	EU PEUR, PEUR DE LA REVEILLER D'ABORD; ET
09	014	QUI PRETENDAIT TOUT SAVOIR, NE PEUVENT	PAS	EXPLIQUER D'OU VIENT SI SUBITEMENT UNE SI
31	085	COMME JE VOUDRAIS VIVRE. VOUS N'Y AVEZ	PAS	FAIT ATTENTION, VOUS AUTRES. ILS ETAIENT
21	111	TOUT MON DEDAIN: ''VA-T'EN! JE NE SUIS	PAS	FAIT POUR EPOUSER LA MAITRESSE DE CERTAINS
30	063	LA CORDE. MAIS CELA FAIT, TOUT N'ETAIT	PAS	FINI; LE PETIT MONSTRE S'ETAIT SERVI D'UNE
11	047	TITILLANTES DE LA GLOIRE NE LUI SOIENT	PAS	INCONNUES. IL Y A DES MALHEURS PLUS
10	044	PAS LE DERNIER DES HOMMES; QUE JE NE SUIS	PAS	INFERIEUR A CEUX QUE JE MEPRISE!
50	094	QUE LA MACONNERIE EST ACHEVEE. N'EST-IL	PAS	JUSTE QUE DE SI ZELES COMEDIENS NE SE
42	081	DANS L'AMOUR, ET D'UN COMIQUE QUI N'EXCLUT	PAS	L'ADMIRATION. J'AI PLUS ADMIRE MA DERNIERE
50	003	POUR BUFFON; MAIS AUJOURD'HUI CE N'EST	PAS	L'AME DE CE PEINTRE DE LA NATURE POMPEUSE
49	030	PAS MON BON ANGE, ET POURQUOI N'AURAIS-JE	PAS	L'HONNEUR, COMME SOCRATE, D'OBTENIR MON
03	004	DELICIEUSES DONT LE VAGUE N'EXCLUT	PAS	L'INTENSITE; ET IL N'EST PAS DE POINTE
43	004	TUER LE TEMPS. TUER CE MONSTRE-LA N'EST-CE	PAS	L'OCCUPATION LA PLUS ORDINAIRE ET LA PLUS
36	015	MARQUEE DE SA REDOUTABLE INFLUENCE; NON	PAS	LA LUNE BLANCHE DES IDYLLES, QUI RESSEMBLE
36	019	BOUSCULEE PAR LES NUEES QUI COURENT; NON	PAS	LA LUNE PAISIBLE ET DISCRETE VISITANT LE
31	110	LA RECETTE: ''CES GENS-LA NE SENTENT	PAS	LA MUSIQUE; ET LEURS FEMMES DANSENT COMME
12	015	C'EST QU'A SES YEUX ELLES NE VALENT	PAS	LA PEINE D'ETRE VISITEES. LE PROMENEUR
51	006	PATRON DE MA DETRESSE, QUE JE N'ALLAIS	PAS	LA POUR REPANDRE UN VAIN PLEUR; MAIS COMME
20	016	PARTICULIER, C'EST QUE LES DONS N'ETAIENT	PAS	LA RECOMPENSE D'UN EFFORT, MAIS TOUT AU
10	043	QUI ME PROUVENT A MOI-MEME QUE JE NE SUIS	PAS	LE DERNIER DES HOMMES; QUE JE NE SUIS PAS
09	054	QUI, CHEZ QUELQUES PERSONNES, N'EST	PAS	LE RESULTAT D'UN TRAVAIL OU D'UNE
47	091	SES CAMARADES M'ONT DIT QU'IL N'AVAIT	PAS	LE SOU, PARCE QUE SES PARENTS SONT DES
42	013	D'ESPRIT QUI, APRES BOIRE, NE MEPRISENT	PAS	LES CONVERSATIONS BANALES. ON ECOUTE ALORS
33	015	''IL EST L'HEURE DE S'ENIVRER! POUR N'ETRE	PAS	LES ESCLAVES MARTYRISES DU TEMPS,
42	056	A ME RETIRER DISCRETEMENT POUR NE	PAS	LES FAIRE ROUGIR. LE SOIR, JE LES
51	015	OFFREZ DES PLAISIRS QUE NE COMPRENNENT	PAS	LES VULGAIRES PROFANES.
29	051	DANS UN ACCES DE FAMILIARITE QUI NE PEUT	PAS	LUI DEPLAIRE, M'ECRIER; EN M'EMPARANT
47	100	QUE J'AI UNE DROLE D'ENVIE QUE JE N'OSE	PAS	LUI DIRE? --JE VOUDRAIS QU'IL VINT ME VOIR
30	034	DE LUI DONNER QUELQUE ARGENT ET DE NE	PAS	LUI IMPOSER D'AUTRE PEINE QUE DE NETTOYER
47	083	A QUI ME DISENT FROIDEMENT: ''VOUS N'ETES	PAS	MALADE DU TOUT!'' MAIS IL Y EN A D'AUTRES
47	081	CES MESSIEURS, QUE, BIEN QUE JE NE SOIS	PAS	MALADE, JE VAIS QUELQUEFOIS LES VOIR, RIEN
11	031	SON CORNAC. ''ALLONS, DIT-IL, IL NE FAUT	PAS	MANGER TOUT SON BIEN EN UN JOUR''; ET, SUR
16	020	DE SECONDES,--UNE HEURE IMMOBILE QUI N'EST	PAS	MARQUEE SUR LES HORLOGES, ET CEPENDANT
42	130	CONSCIENCE, DE SORTE QUE JE NE POUVAIS	PAS	ME PERMETTRE UN GESTE OU UN SENTIMENT
47	008	BRIDES DE SON BONNET. ''--NON! JE NE SUIS	PAS	MEDECIN. LAISSEZ-MOI PASSER. --OH! SI!
09	078	DANS DES QUARTIERS PAUVRES; ET VOUS N'AVEZ	PAS	MEME DE VITRES QUI FASSENT VOIR LA VIE EN
21	046	D'ETRES QUI, SANS DOUTE, NE VALENT	PAS	MIEUX QUE MON PAUVRE MOI. BIEN QUE J'AIE
42	144	LE COEUR PLEIN DE HAINE. ENFIN, CE N'EST	PAS	MOI QUI EN SUIS MORT! --AH! FIRENT LES
49	029	AVAIT SON BON DEMON, POURQUOI N'AURAIS-JE	PAS	MON BON ANGE, ET POURQUOI N'AURAIS-JE PAS
30	048	HORS DE CHEZ MOI. ''QUELS NE FURENT	PAS	MON HORREUR ET MON ETONNEMENT QUAND,
21	112	LA MAITRESSE DE CERTAINS QUE JE NE VEUX	PAS	NOMMER.'' CERTES, D'UNE SI COURAGEUSE
12	009	NE SAIT PAS PEUPLER SA SOLITUDE, NE SAIT	PAS	NON PLUS ETRE SEUL DANS UNE FOULE
31	122	A JOUER DE LEURS INSTRUMENTS; MAIS JE N'AI	PAS	OSE, SANS DOUTE PARCE QU'IL EST TOUJOURS
30	013	QU'UNE LUMIERE SANS CHALEUR; N'EST-IL DONC	PAS	PARFAITEMENT LEGITIME D'ATTRIBUER A
42	011	IL EUT ETE PLUS PHILOSOPHIQUE DE N'EN	PAS	PARLER DU TOUT; MAIS IL Y A DES GENS

	POEM	LINE
A SA MAIN UN BAMBIN AVEC QUI ELLE NE PEUT **PAS** PARTAGER SA REVERIE, OU CELLE QUI EST TOUT	13	034
POUR LE POETE ACTIF ET FECOND, QUI NE SAIT **PAS** PEUPLER SA SOLITUDE, NE SAIT PAS NON PLUS	12	008
APRES PLUSIEURS HEURES, QUE JE N'ETAIS **PAS** PLUS IVRE QUE LUI. CEPENDANT LE JEU, CE	29	038
DE SUPPOSER QUE LUI-MEME IL NE SAIT **PAS** POURQUOI. J'AI ETE PLUS D'UNE FOIS VICTIME	09	045
DEMESUREMENT. D'ABORD ILS N'OSERONT **PAS** PRENDRE; ILS DOUTERONT DE LEUR BONHEUR.	19	011
DES PORTES COCHERES! NE POURRIEZ-VOUS **PAS** PRIER LE MAITRE DU CAFE DE LES ELOIGNER	26	057
LA DIABLESSE, ET JE N'AVOUAIS **PAS** QU'A PREMIERE VUE JE LUI TROUVAI UN	21	083
ET DE HASARD, NE NOUS ETONNONS **PAS** QU'IL EN SOIT DE MEME QUELQUEFOIS DANS LA	20	034
TENDRES OU ECLATANTES, NE DIRAIT-ON **PAS** QUE LA LIGNE COURBE ET LA SPIRALE FONT	32	012
DANS UNE MUETTE ADORATION? NE DIRAIT-ON **PAS** QUE TOUTES CES COROLLES DELICATES, TOUS	32	014
DANS LE MIEN; ET, BIEN QU'IL NE SOIT **PAS** RARE DE VOIR LA MEME CAUSE ENGENDRER DEUX	22	041
EST VENU HABITER CHEZ MOI, ET JE NE L'AI **PAS** RECONNU. LA DESTINEE M'AVAIT, EN CES	42	061
PASSE. COMBIEN DE FOIS NE ME SUIS-JE **PAS** RETENU DE LUI SAUTER A LA GORGE, EN LUI	42	140
ELLES AIENT L'AIR TERRIBLE, ON NE PEUT **PAS** S'EMPECHER DE LES AIMER. ON A PEUR, ON A	31	017
FACILE DE DEVINER QUE CELUI-LA NE PERDRAIT **PAS** SA VIE A CHERCHER LA DIVINITE DANS LES	31	072
MANGER DE LA VIANDE QUI NE SOIT **PAS** SALEE COMME L'ELEMENT INFAME QUI NOUS	34	013
CLAIRVOYANT, SON IVRESSE, A LUI, N'ETAIT **PAS** SANS MELANGE. SE SENTAIT-IL VAINCU DANS	27	109
CES PLAISANTERIES NERVEUSES NE SONT **PAS** SANS PERIL, ET ON PEUT SOUVENT LES PAYER	09	090
SONT FAITS ET COMMENT ILS AURAIENT PU NE **PAS** SE FAIRE?	47	126
LA MAIN D'UN MENDIANT. NE POUVAIT-ELLE **PAS** SE MULTIPLIER EN PIECES VRAIES? NE	28	032
EST LA: C'EST L'UNIQUE QUESTION. POUR NE **PAS** SENTIR L'HORRIBLE FARDEAU DU TEMPS QUI	33	002
ETAIT IMPITOYABLE LE SOIR; ET CE N'ETAIT **PAS** SEULEMENT SUR AUTRUI, MAIS AUSSI SUR	22	031
L'UN DES TROIS AUTRES. JE NE VOUS SAVAIS **PAS** SI PATIENT. --DIEU; REPRIT-IL, MIT LE	42	052
COMME S'IL EUT CRAINT QUE MON OFFRE NE FUT **PAS** SINCERE OU QUE JE M'EN REPENTISSE DEJA.	15	044
ET SI NOBLE DANS TOUT SON AIR, QUE JE N'AI **PAS** SOUVENIR D'AVOIR VU SA PAREILLE DANS LES	13	079
TOUS NOS MALHEURS NOUS VIENNENT DE N'AVOIR **PAS** SU RESTER DANS NOTRE CHAMBRE,'' DIT UN	23	038
IDEALISATION; QU'IL ETAIT IMPOSSIBLE DE NE **PAS** SUPPOSER VIVANTE, POSSIBLE, REELE. CE	27	082
TOUS DES ROIS DETRONES. --ON NE TROUVERA **PAS** SURPRENANT QUE JE FUSSE ALORS DANS UN ETAT	49	010
PENDANT QUE JE SUIS EVEILLE; JE NE FERAIS **PAS** TANT LE DELICAT!'' ET JE LES INVOQUAI A	21	118
EXCEPTE LA MORT, VOUS NE VOUS FATIGUERIEZ **PAS** TANT, LABORIEUX VIVANTS; ET VOUS	45	033
DANS TON ANALOGIE, ET NE POURRAIS-TU **PAS** TE MIRER, POUR PARLER COMME LES MYSTIQUES,	18	066
PAR CES LARMES REBELLES QUI NE VEULENT **PAS** TOMBER. QUE FAIRE? A QUOI BON DEMANDER A	14	067
AU POINT DE VUE DE LA LOI, IL N'AVAIT **PAS** TORT.	40	011
TOUT, JE SUIS ASSEZ BELLE FEMME, QUOIQUE **PAS** TROP JEUNE. JE LUI AI DIT: ''VIENS ME	47	094
ENLEVEE. GRAND DIEU! LE BATON N'EST **PAS** UN BATON DE COMEDIE, AVEZ-VOUS ENTENDU	11	038
DANS CES SOLENNELLES GALERIES, IL N'Y A **PAS** UN COIN POUR L'INTIMITE. DECIDEMENT, C'EST	24	014
DE L'HOMME. ''VOUS N'ETES **PAS** UN HOMME! AH! SI J'ETAIS ''UN HOMME! DE	42	037
DE L'EUROPE MARIE A LA BEAUTE TROPICALE.'' **PAS** UN MOT. --MON AME SERAIT-ELLE MORTE? ''EN	48	028
ET SOLIDE? ET NE PARDONNEREZ-VOUS **PAS** UN PEU DE SENSUALITE A CES PAUVRES DIABLES	50	096
ROMAIN. MAIS LA MONSTRUEUSE BETE N'ETAIT **PAS** UN POIDS INERTE; AU CONTRAIRE, ELLE	06	008
PAS DE MOI ET DE MON ENNUI, ET JE N'AI **PAS** UNE BELLE BONNE POUR ME DORLOTER. IL M'A	31	077
L'ILLUSION DE LA VIE. LE DEPENDRE N'ETAIT **PAS** UNE BESOGNE AUSSI FACILE QUE VOUS POUVEZ	30	057
GRAND ETONNEMENT. LA MERE FUT IMPASSIBLE, **PAS** UNE LARME NE SUINTA DU COIN DE SON OEIL.	30	087
CES MURS CRIBLES D'OR NE LAISSERAIENT **PAS** UNE PLACE POUR ACCROCHER SON IMAGE; DANS	24	012
D'ECRIRE QUOI QUE CE FUT QUI NE TENDIT **PAS** UNIQUEMENT AU PLAISIR OU A L'ETONNEMENT,	27	027
TU ME DONNERAS TON PORTRAIT, N'EST-CE **PAS,** CHERI? --MAIS, LUI DIS-JE, SUIVANT A MON	47	074
ET SANS PATIENCE; ET IL NE PEUT MEME **PAS,** COMME LE PUR ANIMAL, COMME LE CHIEN ET LE	13	101
ALLEGORIQUE DAHLIA, C'EST LA, PEUT-ETRE **PAS,** DANS CE BEAU PAYS SI CALME ET SI REVEUX,	18	063
ELLE S'ETAIT MELEE ET QU'ELLE NE VOYAIT **PAS,** ELLE REGARDAIT LE MONDE LUMINEUX AVEC UN	13	085
CONVIVE M'AFFIRMA QU'IL NE DEDAIGNAIT **PAS,** EN BEAUCOUP DE CAS, D'INSPIRER LA PLUME,	29	080
VOIR LE CADAVRE DE SON FILS. JE NE POUVAIS **PAS,** EN VERITE, L'EMPECHER DE S'ENIVRER DE SON	30	097
JE SERAIS TOUJOURS BIEN LA OU JE NE SUIS **PAS,** ET CETTE QUESTION DE DEMENAGEMENT EN EST	48	006
SONT LES INFORTUNES QUE LE SOIR NE CALME **PAS,** ET QUI PRENNENT, COMME LES HIBOUX, LA	22	011
PAS, IL NE DANSAIT PAS, IL GESTICULAIT **PAS,** IL NE CRIAIT PAS; IL NE CHANTAIT AUCUNE	14	058
NE RIAIT PAS, LE MISERABLE! IL NE PLEURAIT **PAS,** IL NE DANSAIT PAS, IL NE GESTICULAIT PAS,	14	057
IL NE PLEURAIT PAS, IL NE DANSAIT **PAS,** IL NE GESTICULAIT PAS, IL NE CRIAIT PAS;	14	058
DANS LES TENEBRES. COMME JE NE DORMAIS **PAS,** JE ME SUIS AMUSE, PENDANT QU'ELLE	31	053
ET MULTIFORME, LE LIEU OU ILS NE SONT **PAS,** LA FEMME QU'ILS NE CONNAISSENT PAS, LES	37	030
AVAIT INTRODUIT LE CONTRASTE. IL NE RIAIT **PAS,** LE MISERABLE! IL NE PLEURAIT PAS, IL NE	14	057
SONT PAS, LA FEMME QU'ILS NE CONNAISSENT **PAS,** LES FLEURS SINISTRES QUI RESSEMBLENT AUX	37	031
L'HEURE; IL EST L'ETERNITE!'' N'EST-CE **PAS,** MADAME, QUE VOICI UN MADRIGAL VRAIMENT	16	030
ET ME DISAIT: ''TU ES MEDECIN, N'EST-CE **PAS,** MON CHAT?'' CET ININTELLIGIBLE REFRAIN ME	47	041
LA PAROLE. JE NE LES PLAINS **PAS,** PARCE QUE JE DEVINE QUE LEURS EFFUSIONS	23	022
IMPLICITEMENT QU'ILS NE SE SENTAIENT **PAS,** QUANT A EUX, CAPABLES D'UNE ACTION AUSSI	42	165
ET QUAND MEME JE NE CONNAITRAIS **PAS,** VIEUX MONSTRE, TA MYSTERIEUSE	21	049
PAS, IL NE GESTICULAIT PAS, IL NE CRIAIT **PAS;** IL NE CHANTAIT AUCUNE CHANSON, NI GAIE,	14	058
ME VOIR SOUVENT. ET AVEC MOI, NE TE GENE **PAS;** JE N'AI PAS BESOIN D'ARGENT.'' MAIS TU	47	095
ET MULTIFORME; LE LIEU OU TU NE SERAS **PAS;** L'AMANT QUE TU NE CONNAITRAS PAS; LES	37	021
NE SERAS PAS; L'AMANT QUE TU NE CONNAITRAS **PAS;** LES FLEURS MONSTRUEUSES; LES PARFUMS QUI	37	021
POUR LES REFLECHIR!'' MON AME NE REPOND **PAS.** ''PUISQUE TU AIMES TANT LE REPOS, AVEC LE	48	016
NI GAIE, NI LAMENTABLE, IL N'IMPLORAIT **PAS.** IL ETAIT MUET ET IMMOBILE. IL AVAIT	14	060
''JE NE SAIS PAS... JE NE ME SOUVIENS **PAS.''** QUELLES BIZARRERIES NE TROUVE-T-ON PAS	47	113
EN DETOURNANT LES YEUX: ''JE NE SAIS **PAS...** JE NE ME SOUVIENS PAS.'' QUELLES	47	113
MINES. --ET QUAND ILS NE TE COMPRENNENT **PAS...?** --DAME! COMME JE LES AI DERANGES	47	085
IL A L'AIR D'UNE DEMOISELLE, N'EST-CE **PAS?''** ET COMME JE TOUCHAIS A UN CERCUEIL	47	066
EST DE VOUS PERSUADER QU'IL N'EXISTE **PAS!''** LE SOUVENIR DE CE CELEBRE ORATEUR NOUS	29	077
DANS NOTRE CHAMBRE,'' DIT UN AUTRE SAGE, **PASCAL,** JE CROIS, RAPPELANT AINSI DANS LA	23	039
A ESPERER TOUJOURS. ET LE CORTEGE **PASSA** A COTE DE MOI ET S'ENFONCA DANS LA	06	029
MOELLEUSEMENT SON ESCALIER DE NUAGES, ET **PASSA** SANS BRUIT A TRAVERS LES VITRES. PUIS	37	005
ET D'UNE NOBLESSE IRRESISTIBLE. IL EN **PASSA** SANS DOUTE UN MOMENT QUELQUE CHOSE	15	003
FEU, DES FAIENCES VOYANTES, UN SOUPER **PASSABLE,** UN VIN RUDE, ET UN LIT TRES- LARGE	24	043
CELESTE DES ANTIPODES. ET CHACUN DE **PASSAGERS** GEMISSAIT ET GROGNAIT. ON EUT DIT	34	007
IMMOBILE, NOIR DE SON IMMENSE PROFONDEUR, **PASSAIT** QUELQUEFOIS L'OMBRE D'UN NUAGE; COMME	15	015
FAIT UNE TACHE SI ECLATANTE?'' MAIS EN **PASSANT** CURIEUSEMENT AUPRES D'ELLE, JE CRUS EN	13	093
NATURELLEMENT L'AIR D'UNE PRINCESSE.'' EN **PASSANT** PLUS TARD DANS UNE RUE, IL S'ARRETA	24	007
JE VENAIS DE ME RESOUDRE A DEPOSER EN **PASSANT** QUELQUE ARGENT SUR UNE DE SES	14	073
MOI, UN DESIR ANALOGUE, CAR IL ME FIT, EN **PASSANT,** UN CLIGNEMENT D'OEIL SIGNIFICATIF	29	026
BRUSQUEMENT AU COU D'UN VIEILLARD QUI **PASSE** A COTE DE LUI ET L'EMBRASSERA AVEC	09	040
MALHEUREUSES VIEILLES FEMELLES, L'AGE EST **PASSE** DE PLAIRE, MEME AUX INNOCENTS; ET NOUS	02	013
TOUJOURS MOINS INTERESSANT QUE CE QUI **PASSE** DERRIERE UNE VITRE. DANS CE TROU NOIR OU	35	007
QUI SE PUISSE RENCONTRER. NOUS AVIONS **PASSE** ENSEMBLE UNE LONGUE JOURNEE QUI M'AVAIT	26	006

POEM	LINE		
22	062	LE NOIR PRESENT TRANSPERCE LE DELICIEUX	PASSE; ET LES ETOILES VACILLANTES D'OR ET
42	139	PAS DE RECONNAISSANCE; LE DANGER	PASSE. COMBIEN DE FOIS NE ME SUIS-JE PAS
12	029	A L'IMPREVU QUI SE MONTRE, A L'INCONNU QUI	PASSE. IL EST BON D'APPRENDRE QUELQUEFOIS AUX
13	081	COLLECTIONS DES ARISTOCRATIQUES BEAUTES DU	PASSE. UN PARFUM DE HAUTAINE VERTU EMANAIT DE
17	022	RETROUVE LES LANGUEURS DES LONGUES HEURES	PASSEES SUR UN DIVAN, DANS LA CHAMBRE D'UN
51	012	QUE TU TE PAVANES DANS LES VOILES DU SOIR	PASSEMENTES D'OR FIN, JE T'AIME, O CAPITALE
50	055	ILS VONT, ILS VIENNENT, ILS TROTTENT, ILS	PASSENT SOUS LES VOITURES, EXCITES PAR LES
01	014	--J'AIME LES NUAGES... LES NUAGES QUI	PASSENT... LA-BAS... LA-BAS... LES MERVEILLEUX
31	033	POUR VISITER TOUS LES PAYS. TENEZ, IL VA	PASSER DERRIERE CETTE RANGEE D'ARBRES QUI EST
09	037	PAUVRE VOLONTE POUR ENTRER DANS UN CAFE OU	PASSER DEVANT LE BUREAU D'UN THEATRE, OU LES
14	018	JE NE MANQUE JAMAIS, EN VRAI PARISIEN, DE	PASSER LA REVUE DE TOUTES LES BARAQUES QUI SE
31	054	ME SUIS AMUSE, PENDANT QU'ELLE DORMAIT, A	PASSER MA MAIN SUR SES BRAS, SUR SON COU ET
29	012	IL ME PARUT SINGULIER QUE J'EUSSE PU	PASSER SI SOUVENT A COTE DE CE PRESTIGIEUX
47	008	JE NE SUIS PAS MEDECIN. LAISSEZ-MOI	PASSER. --OH! SI! VOUS ETES MEDECIN. JE LE
18	074	REUSSIE ET DECIDEE? VIVRONS-NOUS JAMAIS,	PASSERONS-NOUS JAMAIS DANS CE TABLEAU QU'A
12	006	ET DU MASQUE. LA HAINE DU DOMICILE ET LA	PASSION DU VOYAGE. MULTITUDE: SOLITUDE: TERMES
47	108	ET DE L'OCCASION OU EST NEE EN TOI CETTE	PASSION SI PARTICULIERE?•' DIFFICILEMENT JE ME
30	030	LA COURONNE D'EPINES ET LES CLOUS DE LA	PASSION, ET LA TORCHE D'EROS. JE PRIS ENFIN A
50	056	LES VOITURES, EXCITES PAR LES PUCES, LA	PASSION, LE BESOIN OU LE DEVOIR. COMME NOUS,
31	071	ALLUMAIENT COMME UNE AUREOLE SULFUREUSE DE	PASSION. IL ETAIT FACILE DE DEVINER QUE
27	019	DESPOTE QUE TOUS SES PAREILS. AMOUREUX	PASSIONNE DES BEAUX-ARTS, EXCELLENT
49	018	SORTIS AVEC UNE GRANDE SOIF. CAR LE GOUT	PASSIONNE DES MAUVAISES LECTURES ENGENDRE UN
32	023	CHER BACCHANT DE LA BEAUTE MYSTERIEUSE ET	PASSIONNEE. JAMAIS NYMPHE EXASPEREE PAR
47	016	DANS CE GENRE-LA. VENEZ.'' J'AIME	PASSIONNEMENT LE MYSTERE, PARCE QUE J'AI
23	008	OISIVE ET DIVAGANTE QUI LA PEUPLE DE CES	PASSIONS ET DE SES CHIMERES. IL EST CERTAIN
15	005	EGALE A CELLE DE L'ATMOSPHERE; LES	PASSIONS VULGAIRES, TELLES QUE LA HAINE ET
34	046	LA TERRE, LA TERRE AVEC SES BRUITS, SES	PASSIONS, SES COMMODITES, SES FETES; C'ETAIT
20	066	ET SOUVENT CONTRAINTES DE S'ADAPTER A SES	PASSIONS, TELLES QUE LES FEES; LES GNOMES, LES
12	034	RAFFINES. LES FONDATEURS DE COLONIES, LES	PASTEURS DE PEUPLES, LES PRETRES MISSIONNAIRES
19	023	QU'ON LES CROIRAIT FAITS D'UNE AUTRE	PATE QUE LES ENFANTS DE LA MEDIOCRITE OU DE LA
30	039	A CELLE QU'IL AURAIT SUBIE DANS LE TAUDIS	PATERNEL. SEULEMENT JE DOIS DIRE QUE CE PETIT
26	023	PORTANT SUR LEUR TETE DES FRUITS; DES	PATES ET DU GIBIER, LES HEBES ET LES GANYMEDES
18	006	S'Y EST DONNE CARRIERE, TANT ELLE L'A	PATIEMMENT ET OPINIATREMENT ILLUSTRE DE SES
50	109	POUR RECOMPENSER TANT DE COURAGE, TANT DE	PATIENCE ET DE LABEUR, UN PARADIS SPECIAL POUR
13	101	TURBULENT, EGOISTE, SANS DOUCEUR ET SANS	PATIENCE; ET IL NE PEUT MEME PAS, COMME LE PUR
42	052	DES TROIS AUTRES. JE NE VOUS SAVAIS PAS SI	PATIENT. --DIEU! REPRIT-IL, MIT LE REMEDE DANS
19	035	IL LE NETTOYAIT DE LA REPUGNANTE	PATINE DE LA MISERE. A TRAVERS CES BARREAUX
15	054	MORCEAU SANGLANT AVEC UN SUPERBE JURON	PATOIS. LE LEGITIME PROPRIETAIRE DU GATEAU
29	113	EFFORT POUR LES GAGNER; VOUS CHANGEREZ DE	PATRIE ET DE CONTREE AUSSI SOUVENT QUE VOTRE
27	005	PUISSE PARAITRE BIZARRE LES IDEES DE	PATRIE ET DE LIBERTE S'EMPARENT DESPOTIQUEMENT
01	007	M'EST RESTE JUSQU'A CE JOUR INCONNU. --TA	PATRIE? --J'IGNORE SOUS QUELLE LATITUDE EST
51	005	COMME UNE FLEUR. TU SAIS BIEN, O SATAN,	PATRON DE MA DETRESSE, QUE JE N'ALLAIS PAS LA
50	038	CETTE SI BONNE MERE, CETTE VRAIE	PATRONNE DES INTELLIGENCES! JE CHANTE LES
50	102	ET ATTENDRI, TOUS CES PHILOSOPHES A QUATRE	PATTES, ESCLAVES COMPLAISANTS, SOUMIS OU
50	027	FI SURTOUT DE CES SERPENTS A QUATRE	PATTES, FRISSONNANTS ET DESOEUVRES, QU'ON
13	011	LEURS FOLLES CONJECTURES. IL Y A LA UNE	PATURE CERTAINE. CAR S'IL EST UNE PLACE QU'ILS
19	000	LE JOUJOU DU	PAUVRE
48	008	CESSE AVEC MON AME. ''DIS-MOI, MON AME,	PAUVRE AME REFROIDIE, QUE PENSERAIS- TU
48	032	DE LA MORT. -- JE TIENS NOTRE AFFAIRE.	PAUVRE AME! NOUS FERONS NOS MALLES POUR
28	029	DE CREER UN EVENEMENT DANS LA VIE DE CE	PAUVRE DIABLE, PEUT-ETRE MEME DE CONNAITRE LES
50	018	COMME PESTIFERES ET POUILLEUX, EXCEPTE LE	PAUVRE DONT ILS SONT LES ASSOCIES, ET LE POETE
42	103	A LUI CONNU, FOURNIT PEUT-ETRE A CETTE	PAUVRE ENFANT LA RATION DE PLUSIEURS SOLDATS.
30	108	AU DEHORS PAR LA FENETRE OUVERTE, LA	PAUVRE FEMME SAISIT MON BRAS ET ME DIT D'UNE
09	086	IL ACHEVA DE BRISER SOUS SON DOS TOUTE SA	PAUVRE FORTUNE AMBULATOIRE QUI RENDIT LE BRUIT
47	090	ET QUI EST POLI! ET QUI TRAVAILLE; LE	PAUVRE GARCON! SES CAMARADES M'ONT DIT QU'IL
09	065	DIRE POURQUOI JE FUS PRIS A L'EGARD DE CE	PAUVRE HOMME D'UNE HAINE AUSSI SOUDAINE QUE
21	047	SANS DOUTE, NE VALENT PAS MIEUX QUE MON	PAUVRE MOI. BIEN QUE J'AIE QUELQUE HONTE A ME
26	039	QUE C'EST BEAU! ON DIRAIT QUE TOUT L'OR DU	PAUVRE MONDE EST VENU SE PORTER SUR CES
19	037	LA GRANDE ROUTE ET LE CHATEAU, L'ENFANT	PAUVRE MONTRAIT A L'ENFANT RICHE SON PROPRE
20	057	CE FRETIN HUMAIN, QUAND UN BRAVE HOMME, UN	PAUVRE PETIT COMMERCANT, JE CROIS, SE LEVA, ET
28	037	LA PIECE FAUSSE SERAIT PEUT-ETRE, POUR UN	PAUVRE PETIT SPECULATEUR, LE GERME D'UNE
13	028	IL Y A TOUJOURS DANS LE DEUIL DU	PAUVRE QUELQUE CHOSE QUI MANQUE, UNE ABSENCE
28	010	EN MOI-MEME. NOUS FIMES LA RENCONTRE D'UN	PAUVRE QUI NOUS TENDIT SA CASQUETTE EN
14	046	DE TOUTES CES SPLENDEURS, JE VIS UN	PAUVRE SALTIMBANQUE, VOUTE, CADUC, DECREPIT,
49	035	A MOI-MEME EN PLEURANT. SI C'EUT ETE UN	PAUVRE SOCRATE N'AVAIT QU'UN DEMON
35	016	DAIGNE CONSEILLER, SUGGERER, PERSUADER. CE	PAUVRE VIEUX HOMME, J'AURAIS REFAIT LA SIENNE
09	036	POINT QU'IL LUI FAUT RASSEMBLER TOUTE SA	PAUVRE VOLONTE POUR ENTRER DANS UN CAFE OU
50	036	LE CHIEN DONT L'INSTINCT, COMME CELUI DU	PAUVRE, DU BOHEMIEN ET DE L'HISTRION, EST
50	034	JE CHANTE LE CHIEN CROTTE, LE CHIEN	PAUVRE, LE CHIEN SANS DOMICILE, LE CHIEN
35	011	J'APERCOIS UNE FEMME MURE, RIDEE DEJA,	PAUVRE, TOUJOURS PENCHEE SUR QUELQUE CHOSE, ET
13	074	DE LA JOIE DU RICHE AU FOND DE L'OEIL DU	PAUVRE. MAIS CE JOUR-LA, A TRAVERS CE PEUPLE
26	000	LES YEUX DES	PAUVRES
50	116	GONFLEES. LE POETE QUI A CHANTE LES	PAUVRES CHIENS A RECU POUR RECOMPENSE UN BEAU
50	110	PARADIS SPECIAL POUR LES BONS CHIENS, LES	PAUVRES CHIENS, LES CHIENS CROTTES ET DESOLES.
50	017	M'AIDE A CHANTER LES BONS CHIENS, LES	PAUVRES CHIENS, LES CHIENS CROTTES, CEUX-LA
50	008	M'INSPIRER EN FAVEUR DES BONS CHIENS, DES	PAUVRES CHIENS, UN CHANT DIGNE DE TOI,
50	124	QU'IL ETAIT BON ET HONNETE DE CHANTER LES	PAUVRES CHIENS, TEL UN MAGNIFIQUE TYRAN
49	008	--DE CEUX QUI CONSEILLENT A TOUS LES	PAUVRES DE SE FAIRE ESCLAVES, ET DE CEUX QUI
50	097	PAS UN PEU DE SENSUALITE A CES	PAUVRES DIABLES QUI ONT A AFFRONTER TOUT LE
22	002	UN GRAND APAISEMENT SE FAIT DANS LES	PAUVRES ESPRITS FATIGUES DU LABEUR DE LA
08	005	LA QUEUE, CE QUI EST, JE CROIS, CHEZ CES	PAUVRES ETRES, LE SIGNE CORRESPONDANT DU RIRE
20	020	DE SON MALHEUR QUE DE SON BONHEUR. LES	PAUVRES FEES ETAIENT TRES-AFFAIREES! CAR LA
30	032	VIF, QUE JE PRIAI UN JOUR SES PARENTS, DE	PAUVRES GENS, DE VOULOIR BIEN ME LE CEDER,
19	009	FAITES-EN HOMMAGE AUX ENFANTS INCONNUS ET	PAUVRES QUE VOUS RENCONTREREZ. VOUS VERREZ
47	020	PAS LE SOU? PARCE QUE SES PARENTS SONT DES	PAUVRES QUI NE PEUVENT RIEN LUI ENVOYER. CELA
09	078	VOUS OSEZ VOUS PROMENER DANS DES QUARTIERS	PAUVRES; ET VOUS N'AVEZ PAS MEME DE VITRES QUI
28	055	QU'IL S'AMUSAT A COMPROMETTRE LES	PAUVRES! MAIS JE NE LUI PARDONNERAI JAMAIS
13	026	SUR CES BANCS SOLITAIRES, DES VEUVES	PAUVRES? QU'ELLES SOIENT EN DEUIL OU NON, IL
49	000	ASSOMMONS LES	PAUVRES!
13	089	COUP SUR, ME DIS-JE, CETTE PAUVRETE-LA, SI	PAUVRETE IL Y A, NE DOIT PAS ADMETTRE
19	024	QUE LES ENFANTS DE LA MEDIOCRITE OU DE LA	PAUVRETE. A COTE DE LUI, GISAIT SUR L'HERBE UN

VISION! ''A COUP SUR, ME DIS-JE, CETTE
LA REVUE DE TOUTES LES BARAQUES QUI SE
LOURDE, OBSCURE, ENRHUMEE, OU QUE TU TE
JE LES CONGEDIAI TOUS LES DEUX, EN LEUR
DE N'AVOIR PAS COMMISES! QUE DE DETTES
PAS SANS PERIL, ET ON PEUT SOUVENT LES
D'ENTREE, CE PRIX SUFFISAIT PEUT-ETRE POUR
DE VOLUPTES, SANS LASSITUDE, DANS DES
IL EST UN PAYS SUPERBE, UN
SAVANTES ET DELICATES VEGETATIONS, UN VRAI
EST COMME L'AME DE L'APPARTEMENT. UN VRAI
AVOIR VUS DEJA A DES EPOQUES ET DANS DES
DONNAIENT A L'AME LA NOSTALGIE DE
S'EN INQUIETE, ET DE VOIR TOUJOURS DES
LES FROIDES MISERES, CETTE NOSTALGIE DU
COMME CERTAINS HOMMES DE TOUS LES
MAL? S'IL EN EST AINSI, FUYONS VERS LES
LA VILLE ETERNELLE OU DANS LES BRUMES DE
C'EST LA, N'EST-CE PAS, DANS CE BEAU
JE REVE DE VISITER AVEC UNE VIEILLE AMIE.
ET QUI A BIEN MERITE DU MONDE ENTIER.
ME REPETANT SANS CESSE: ''IL Y A DONC UN
IL EST UN
MIMES, JUSTEMENT APPRECIES DANS DIFFERENTS
DOUTE IL VOYAGE, POUR VISITER TOUS LES
JE VOYAGEAIS. LE
VOILA UN PAYSAGE SELON TON GOUT; UN
QU'IL ARRACHE TOUS LES ARBRES. VOILA
DANS UN CARTON UNE ESTAMPE REPRESENTANT UN
MELE. CE SPECTACLE M'AVAIT EMBRUME LE
GROS QUE TOUTES LES AUTRES FEMMES, ET LA
TRANCHE VIVEMENT SUR LES TENEBRES DE SA
SURPLOMBAIT LES CUISSES, ET DONT TOUTE
PAR LES FRUITS, PAR LES FEUILLES ET PAR LA
QUE SUR DES ETOFFES AUSSI DOUCES QUE VOTRE
DE TOUS LES MALHEURS REPRESENTES SUR TA
LA PLUME, LA PAROLE ET LA CONSCIENCE DES
OU ELLE PREND TANT DE PLAISIR A SE
LE DESIR DE
QUE LE DESIR DECHIRE! JE BRULE DE
ETROIT, L'HOMME DEVAIT EPROUVER QUELQUE
LA MER DONT LES BORDS NE SE LAISSENT QU'A
C'EST QU'A SES YEUX ELLES NE VALENT PAS LA
ARGENT ET DE NE PAS LUI IMPOSER D'AUTRE
PASSERONS-NOUS JAMAIS DANS CE TABLEAU QU'A
DU SALTIMBANQUE ABSENT. UN LIT, EN BOIS
MAIS AUJOURD'HUI CE N'EST PAS L'AME DE CE
LA PLUS NATURELLE. ''MA PROFESSION DE
N'OUBLIERA AVEC QUELLE PETULANCE LE
LES FOIS QUE LE POETE ENDOSSE LE GILET DU
SI, COMME L'OEIL DU CONNAISSEUR DEVINE UNE
RICHESSE SOMBRE, VIVENT DISCRETEMENT DES
DE MARBRE D'UN PALAIS, EN FACE DES GRANDES
LE DESIR DE NE JAMAIS REVOIR LEURS
PAR DES RIDEAUX D'INDIENNE BARIOLEE OU
CE QUI ETAIT VRAI. POUR MOI, SI JE ME
DU TEMPS QUI BRISE VOS EPAULES ET VOUS
RENVERSEE A COTE DE LUI; SA TETE ETAIT
FEMME MURE, RIDEE DEJA, PAUVRE, TOUJOURS
CELLES-CI SINUEUSES ET FUYARDES, CELLES-LA
A UN CERTAIN MOMENT, JE VIS SON ALTESSE SE
J'AI FOURRE MA TETE DANS SES CHEVEUX QUI
SAIS... IL M'EST ARRIVE UNE FOIS DE SUIVRE
PLUS TAQUIN. INDULGENT ET SOCIABLE ENCORE
PAR MAURIN, QU'ON A PU VOIR ETALEE
T'AIMER SANS MALAISE ET SANS COLERE.''
DE LECTURE; ET JE L'EPIAI LONGTEMPS
COMME JE NE DORMAIS PAS, JE ME SUIS AMUSE,
DE LA JALOUSIE ET DE LA RANCUNE, MEME
SOMBRES SONT DEVENUS TOUT A FAIT BRILLANTS
A ETRANGLER SON ADVERSAIRE D'UNE MAIN,
TOUJOURS PRESENTE ME MONTENT AUX YEUX
INJUSTIFIABLES, TRAVERSERENT MON ESPRIT
SCRUPULES. AH! S'ILS POUVAIENT REVENIR
MIROIR DE SES GRANDS EVENTAILS DE PLUMES,
ET SI QUELQUE IMPORTUN VENAIT ME DERANGER
LE CAPRICE MARIN. REGARDA PAR LA FENETRE
DE QUELQUES FIACRES ATTARDES ET EREINTES,
DEROBE A LA CURIOSITE DU REGARD HUMAIN. ET

LA POSSIBILITE DE SOULAGER ET DE VAINCRE,
UNE DE CES SOLENNITES SUR LESQUELLES,
DES GANTS; ETRE MONTE POUR TUER LE TEMPS,
BLEUATRE ET DE ROSATRE; UN REVE DE LOURDES
POUR VENIR A LA VILLE; GAMBADER
UN AIR TRIOMPHANT ET PARESSEUX, DE
BONHOMME; L'ESPIEGLE COMPAGNON DE MA VIE,
LUI MONTRER L'ENDROIT OU SON PETIT S'ETAIT
SAIS POURQUOI, SE MELER DES AFFAIRES D'UN
ET CHACUNE, EN JAILLISSANT DE LA
PLUS, ET DONT LA BEAUTE GARDE LA MAGIE

	POEM	LINE
PAUVRETE-LA, SI PAUVRETE IL Y A, NE DOIT PAS	13	088
PAVANENT A CES EPOQUES SOLENNELLES. ELLES SE	14	019
PAVANES DANS LES VOILES DU SOIR PASSEMENTES	51	011
PAYANT LES ARRERAGES DE LEURS GAGES. --POUR	42	058
PAYEES MALGRE MOI! ELLE ME PRIVAIT DE TOUS LES	42	135
PAYER CHER. MAIS QU'IMPORTE L'ETERNITE DE LA	09	091
PAYER UN DES BESOINS DU PETIT ETRE, MIEUX	13	096
PAYS CHARMANTS OU IL FAIT TOUJOURS CHAUD ET OU	29	115
PAYS DE COCAGNE, DIT-ON, QUE JE REVE DE	18	001
PAYS DE COCAGNE, OU TOUT EST BEAU, RICHE,	18	008
PAYS DE COCAGNE, TE DIS-JE, OU TOUT EST RICHE,	18	047
PAYS DONT IL M'ETAIT IMPOSSIBLE DE ME SOUVENIR	29	025
PAYS ET DE BONHEURS INCONNUS, ET, ENIVRE DE	29	049
PAYS NOUVEAUX. JE NE SUIS JAMAIS BIEN NULLE	31	080
PAYS QU'ON IGNORE, CETTE ANGOISSE DE LA	18	016
PAYS QUAND ILS ONT TROP BIEN DINE. ET CELUI-LA	21	073
PAYS QUI SONT LES ANALOGIES DE LA MORT. -- JE	48	031
PAYS REVEURS QUE CONSOLE CAMBRINUS,	32	040
PAYS SI CALME ET SI REVEUX, QU'IL FAUDRAIT	18	063
PAYS SINGULIER, NOYE DANS LES BRUMES DE NOTRE	18	002
PAYS SINGULIER, SUPERIEUR AUX AUTRES, COMME	18	052
PAYS SUPERBE OU LE PAIN S'APPELLE DU GATEAU,	15	075
PAYS SUPERBE, UN PAYS DE COCAGNE, DIT-ON, QUE	18	001
PAYS, SONT VENUS JOUER DEVANT LA COUR DE...;	27	148
PAYS. TENEZ, IL VA PASSER DERRIERE CETTE	31	033
PAYSAGE AU MILIEU DUQUEL J'ETAIS PLACE ETAIT	15	001
PAYSAGE FAIT AVEC LA LUMIERE ET LE MINERAL, ET	48	013
PAYSAGE SELON TON GOUT; UN PAYSAGE FAIT AVEC	48	013
PAYSAGE TROPICAL, IL SE DIT: ''NON! CE N'EST	24	009
PAYSAGE, EN EST SI CALME OU S'EBAUDISSAIT MON	15	071
PEAU EN EST SI DOUCE, SI DOUCE, QU'ON DIRAIT	31	056
PEAU ET MOULE EXACTEMENT SA TAILLE LONGUE, SON	25	013
PEAU ETAIT DOREE ET ILLUSTREE, COMME D'UN	21	058
PEAU HUMAINE. DANS L'OCEAN DE TA CHEVELURE,	17	015
PEAU, QUI NE MANGEZ QUE DE LA VIANDE CUITE, ET	11	054
PEAU.'' QUANT A LA DIABLESSE, JE MENTIRAIS SI	21	082
PEDAGOGUES, ET QU'IL ASSISTAIT PRESQUE	29	082
PEIGNER, A FUMER, A SE FAIRE EVENTER OU A SE	25	039
PEINDRE	36	000
PEINDRE CELLE QUI M'EST APPARUE SI RAREMENT ET	36	003
PEINE A OPERER SON ASCENSION ET ACCROCHER EN	09	070
PEINE APERCEVOIR! CENT FOIS IL S'ETAIT	34	003
PEINE D'ETRE VISITEES. LE PROMENEUR SOLITAIRE	12	015
PEINE DE NETTOYER MES PINCEAUX ET DE FAIRE	10	035
PEINT MON ESPRIT, CE TABLEAU QUI TE RESSEMBLE?	18	075
PEINT, SANS RIDEAUX, DES COUVERTURES	50	082
PEINTRE DE LA NATURE POMPEUSE QUE J'APPELLERAI	50	003
PEINTRE ME POUSSE A REGARDER ATTENTIVEMENT LES	30	018
PEINTRE S'EST DEPOUILLE DE SON GILET EN FAVEUR	50	122
PEINTRE, IL EST CONTRAINT DE PENSER AUX BONS	50	130
PEINTURE IDEALE SOUS UN VERNIS DE CARROSSIER,	19	034
PEINTURES BEATES, CALMES ET PROFONDES, COMME	18	033
PELOUSES ET DES BASSINS! CAR ELLE A	24	005
PENATES, LEURS FEMMES, LEURS ENFANTS, ET DE NE	29	021
PENCHAIENT DEUX TETES RIEUSES. ET TOUT DE	24	037
PENCHE VERS LA BELLE FELINE, LA SI BIEN	16	012
PENCHE VERS LA TERRE, IL FAUT VOUS ENIVRER	33	003
PENCHEE CONVULSIVEMENT SUR UNE EPAULE; SON	30	054
PENCHEE SUR QUELQUE CHOSE, ET QUI NE SORT	35	011
PENCHEES COMME DES CLOCHES OU DES COUPES	32	009
PENCHER VERS UN PETIT PAGE, PLACE DERRIERE	27	122
PENDAIENT DANS SON DOS, EPAIS COMME UNE	31	061
PENDANT DE LONGUES HEURES UNE VIEILLE AFFLIGEE	13	035
PENDANT LA JOURNEE, IL ETAIT IMPITOYABLE LE	22	030
PENDANT PLUSIEURS ANNEES SUR LE QUAI VOLTAIRE.	47	051
PENDANT PLUSIEURS ANNEES, JE L'AI ADMIREE, LE	42	143
PENDANT QU'ELLE CHERCHAIT DANS LES GAZETTES;	13	044
PENDANT QU'ELLE DORMAIT; A PASSER MA MAIN SUR	31	054
PENDANT QU'IL APPLAUDISSAIT OSTENSIBLEMENT LES	27	119
PENDANT QU'ILS FAISAIENT DE LA MUSIQUE; UNE	31	088
PENDANT QUE DE L'AUTRE IL TACHAIT DE GLISSER	15	057
PENDANT QUE JE CHERCHE A VOUS DECRIRE CETTE	27	091
PENDANT QUE JE CONTEMPLAIS LE VISAGE DU	27	114
PENDANT QUE JE SUIS EVEILLE, JE NE FERAIS PAS	21	117
PENDANT QUE LA MER, QUI BAT LA PLAGE A CENT	25	041
PENDANT QUE MON REGARD REPOSE SUR CE DELICIEUX	16	022
PENDANT QUE TU DORMAIS DANS TON BERCEAU, ET SE	37	002
PENDANT QUELQUES HEURES, NOUS POSSEDERONS LE	10	002
PENDANT QUELQUES INSTANTS JE M'OBSTINAI A	06	033
PENDANT QUINZE JOURS JE M'ETAIS CONFINE DANS	00	000
PENDANT TOUTE VOTRE VIE, CETTE BIZARRE	29	104
PENDANT UN LONG TEMPS, COMPTENT LES	14	003
PENDANT UNE AVERSE, CHEZ UNE SAUTEUSE QUI M'A	10	022
PENDANT UNE ECLIPSE. LES MEUBLES ONT DES	05	006
PENDANT UNE HEURE, AUTOUR D'UNE BELLE CHIENNE,	50	069
PENDELOQUES GAZOUILLENT SECRETEMENT A SES	25	019
PENDU AU PANNEAU DE CETTE ARMOIRE, SES PIEDS	30	051
PENDU. ''OH! NON! MADAME, --LUI REPONDIS-JE,	30	101
PENDU. ENFIN VINT UN MEDECIN QUI DECLARA QUE	30	072
PENDULE, DIT: --''JE SUIS LA VIE,	05	077
PENETRANTE DES RUINES. ELLE AVAIT L'AIR A LA	21	088

POEM LINE

03	002	JOURNEES D'AUTOMNE SONT PENETRANTES! AH!
03	001	QUE LES FINS DE JOURNEES D'AUTOMNE SONT
27	047	MAIS POUR CEUX QUI, COMME MOI, AVAIENT PU
34	016	UN FAUTEUIL IMMOBILE?'' IL Y EN AVAIT QUI
37	016	LUMINEUX; ET TOUTE CETTE LUMIERE VIVANTE
46	022	D'AILLEURS LA DIGNITE M'ENNUIE. ENSUITE O
11	053	MONDE EST PEUPLE, QUE VOULEZ-VOUS QUE JE
03	011	TOUTES CES CHOSES PENSENT PAR MOI, OU JE
50	107	L'HONNEUR DES CHIENS! ET QUE DE FOIS J'AI
26	059	DE S'ENTENDRE, MON CHER ANGE, ET TANT LA
22	018	LE VENT SOUFFLE DE LA-HAUT, BERCER MA
30	084	TACHE SUPREME A ACCOMPLIR, DONT LA SEULE
24	039	DE SUITE: ''IL FAUT, --SE DIT-IL, --QUE MA
26	052	LES VOTRES, CHER AMOUR, POUR Y LIRE MA
18	087	RENTRENT AU PORT NATAL, CE SONT ENCORE MES
26	008	NOUS ETIONS BIEN PROMIS QUE TOUTES NOS
22	003	FATIGUES DU LABEUR DE LA JOURNEE; ET LEURS
18	082	MONOTONES DE LA MANOEUVRE, CE SONT MES
15	004	CE MOMENT QUELQUE CHOSE DANS MON AME. MES
18	030	LES HEURES PLUS LENTES CONTIENNENT PLUS DE
03	016	SANS DEDUCTIONS. TOUTEFOIS, CES
03	011	MONOTONE DE LA HOULE, TOUTES CES CHOSES
09	058	LES MEDECINS, SATANIQUE SELON CEUX QUI
03	013	LA REVERIE, LE MOI SE PERD VITE!); ELLES
39	021	FATIGUEE, ET TOUJOURS HEROIQUE, ELLE FAIT
36	014	LE BONHEUR. MAIS ELLE FAIT PLUS VOLONTIERS
50	130	LE GILET DU PEINTRE, IL EST CONTRAINT DE
50	118	A LA FOIS RICHE ET FANEE, QUI FAIT
31	127	DES TROIS AUTRES CAMARADES ME DONNA A
48	008	MON AME, PAUVRE AME REFROIDIE, QUE
48	021	ADMIRE L'IMAGE DANS LES MUSEES. QUE
46	025	ET SURTOUT UN HEUREUX QUI ME FERA RIRE!
12	017	D'ETRE VISITEES. LE PROMENEUR SOLITAIRE ET
09	062	DANS LA RUE, CE FUT UN VITRIER DONT LE CRI
32	006	CE N'EST QU'UN BATON, UN PUR BATON,
22	014	ULULATION NOUS ARRIVE DU NOIR HOSPICE
26	022	EN LAISSE; LES DAMES RIANT AU FAUCON
03	013	DANS LA GRANDEUR DE LA REVERIE, LE MOI SE
31	072	IL ETAIT FACILE DE DEVINER QUE CELUI-LA NE
46	012	RAMASSER. J'AI JUGE MOINS DESAGREABLE DE
29	041	ET JE DOIS DIRE QUE J'AVAIS JOUE ET
27	097	UNE JOIE QUI L'EMPECHE DE VOIR LA TOMBE,
26	038	NUANCEE DIVERSEMENT PAR L'AGE. LES YEUX DU
30	091	SONT LES DOULEURS MUETTES.'' QUANT AU
01	003	LE MIEUX, HOMME ENIGMATIQUE, DIS? TON
01	002	FANCIOULLE ME PROUVAIT, D'UNE MANIERE
27	093	COMME TOUS LES INCREDULES, DES PAROLES DES
23	003	OU MONTAIENT SUR LES EPAULES DE LEURS
14	040	AVAIENT TOUJOURS ETE VIEILLES. TOUS LES
20	010	SIECLE, C'EST-A-DIRE DU PROGRES ET DE LA
11	056	EXASPERE PAR L'EXIL, IMITANT DANS LA
05	018	DONT JE M'ENIVRAIS AVEC UNE SENSIBILITE
09	062	PLAISANTERIES NERVEUSES NE SONT PAS SANS
50	090	A UN ORDRE ENCORE PLUS CIVILISE!
42	081	DE SORTE QUE JE NE POUVAIS PAS ME
27	130	L'HOMICIDE EFFICACITE DE SA RUSE? IL EST
23	141	LE SUPPLICE SUPREME, S'IL LEUR ETAIT
10	018	QUE PAR MOI-MEME. ENFIN! IL M'EST DONC
27	006	L'EPITHETE DE ''MONSTRE'', S'IL AVAIT ETE
11	026	LES FAUBOURGS, LES JOURS DE FOIRE, AVEC
09	027	AU DEBOUCHE DE LA PORTE, JE LAISSAI TOMBER
22	083	PORTE EN LUI L'INQUIETUDE D'UN MALAISE
12	036	UN CORPS, IL ENTRE, QUAND IL VEUT, DANS LE
27	013	COMEDIEN ARRIVAIT A ETRE, RELATIVEMENT AU
27	076	D'UNE FORMULE QUI IMPLIQUE QUE SOUS LE
29	074	BLANCHISSAIT LES VITRES, CE CELEBRE
50	095	MAIS REGARDEZ, JE VOUS PRIE, CES DEUX
21	086	SPLENDEUR SULFUREUSE EMANAIT DE CES TROIS
31	007	ALORS LE TROISIEME, DONT TOUTE LA PETITE
42	041	COMME VOUS VOYEZ. FIGUREZ-VOUS UNE
29	121	M'ASSURA QU'ELLE ETAIT, ELLE-MEME, LA
37	069	A TES PIEDS, CHERCHANT DANS TOUTE TA
27	037	TOUTE-PUISSANTE DOMINATION DE L'ARTISTE.
09	100	DANGEREUSES OU INCONVENANTES.) LA PREMIERE
38	061	MON TRESOR, JE VIS SUBITEMENT UNE PETITE
31	014	DROIT DEVANT MOI, SANS SAVOIR OU, SANS QUE
29	080	ET QU'IL M'ASSISTAIT PRESQUE TOUJOURS EN
21	082	POUR MA JOUISSANCE, DE LA MISERE DE
31	080	GUENILLES, AVEC L'AIR DE N'AVOIR BESOIN DE
42	087	RIEN N'ETAIT CHANGE DANS CETTE
13	076	DE HAUTAINE VERTU EMANAIT DE TOUTE SA
13	082	DES NOUVELLES D'UN INTERET PUISSANT ET
42	047	QUE J'AURAIS PU TIRER DE MA FOLIE
47	137	EST AU BAS D'AILLEURS! MAIS JE LE CONNAIS
27	055	UN DES AMIS DU PRINCE. MAIS POUR LES
10	002	DES COQUINS; AVOIR SALUE UNE VINGTAINE DE
09	019	DE MYSTIFICATION QUI, CHEZ QUELQUES
49	054	DE SE FAIRE ESCLAVES, ET CE SONT EUX QUI LEUR
29	009	PLUS BELLE DES RUSES DU DIABLE EST DE VOUS
49	076	QUE LE MIEN DAIGNE CONSEILLER, SUGGERER,
	035	

PENETRANTES JUSQU'A LA DOULEUR! CAR IL EST
PENETRANTES! AH! PENETRANTES JUSQU'A LA
PENETRER PLUS AVANT DANS LES PROFONDEURS DE
PENSAIENT A LEUR FOYER, QUI REGRETTAIENT LEURS
PENSAIT ET DISAIT: ''TU SUBIRAS ETERNELLEMENT
PENSE AVEC JOIE QUE QUELQUE MAUVAIS POETE LA
PENSE DE VOTRE JOLI ENFER. VOUS QUI NE REPOSEZ
PENSE PAR ELLES (CAR DANS LA GRANDEUR DE LA
PENSEE EST INCOMMUNICABLE. MEME ENTRE GENS QUI
PENSEE ETONNEE A CETTE IMITATION DES HARMONIES
PENSEE ME CAUSAIT UNE ANGOISSE TERRIBLE: IL
PENSEE SOIT UNE GRANDE VAGABONDE POUR ALLER
PENSEE! JE PLONGEAIS DANS VOS YEUX SI BEAUX ET
PENSEES ENRICHIES QUI REVIENNENT DE L'INFINI
PENSEES NOUS SERAIENT COMMUNES A L'UN ET A
PENSEES PRENNENT MAINTENANT LES COULEURS
PENSEES QUI DORMENT OU QUI ROULENT SUR LES
PENSEES VOLTIGEAIENT AVEC UNE LEGERETE EGALE A
PENSEES, OU LES HORLOGES SONNENT LE BONHEUR
PENSEES, QU'ELLES SORTENT DE MOI OU S'ELANCENT
PENSENT PAR MOI, OU JE PENSE PAR ELLES (CAR
PENSENT UN PEU MIEUX QUE LES MEDECINS, QUI
PENSENT, DIS-JE, MAIS MUSICALEMENT ET
PENSER A CES CHEVAUX DE GRANDE RACE QUE L'OEIL
PENSER A LA LUNE, QUI SANS DOUTE L'A MARQUEE
PENSER AUX BONS CHIENS, AUX CHIENS
PENSER AUX SOLEILS D'AUTOMNE, A LA BEAUTE DES
PENSER QUE CE PETIT ETAIT DEJA UN INCOMPRIS.
PENSERAIS- TU D'HABITER LISBONNE? IL DOIT Y
PENSERAIS-TU DE ROTTERDAM? TOI QUI AIMES LES
PENSEZ A X, OU A Z! HEIN! COMME CE SERA
PENSIF TIRE UN SINGULIER IVRESSE DE CETTE
PERCANT, DISCORDANT, MONTA JUSQU'A MOI A
PERCHE A HOUBLON, TUTEUR DE VIGNE, SEC, DUR ET
PERCHE SUR LA MONTAGNE; ET LE SOIR, EN FUMANT
PERCHE SUR LEUR POING, LES NYMPHES ET LES
PERD VITE!); ELLES PENSENT, DIS-JE, MAIS
PERDRAIT PAS SA VIE A CHERCHER LA DIVINITE
PERDRE MES INSIGNES QUE DE ME FAIRE ROMPRE LES
PERDU MON AME, EN PARTIE LIEE, GAGNE
PERDU, COMME IL SE; DANS UN PARADIS EXCLUANT
PERE DISAIENT: ''QUE C'EST BEAU! QUE C'EST
PERE, IL SE CONTENTA DE DIRE D'UN AIR MOITIE
PERE, NI MERE, NI SOEUR; NI FRERE. --TES AMIS?
PERE, TA MERE, TA SOEUR OU TON FRERE? --JE
PEREMPTOIRE, IRREFUTABLE, QUE L'IVRESSE DE
PERES DE L'EGLISE. JE SAIS QUE LE DEMON
PERES POUR MIEUX VOIR UN ESCAMOTEUR
PERES QUI ONT FOI DANS LES FEES ETAIENT VENUS,
PERFECTIBILITE ET, EN GENERAL, DE TOUTES LES
PERFECTION, TANTOT LES BONDS CIRCULAIRES DU
PERFECTIONNEE, HELAS! IL EST REMPLACE PAR UNE
PERIL, ET ON PEUT SOUVENT LE PAYER CHER. MAIS
PERMETTEZ-MOI DE VOUS INTRODUIRE DANS LA
PERMETTRE UN GESTE OU UN SENTIMENT
PERMIS D'EN DOUTER. REGRETTA-T IL SON CHER ET
PERMIS DE FAIRE DU HAUT DE L'ECHAFAUD UNE
PERMIS DE ME DELASSER DANS UN BAIN DE
PERMIS; DANS SES DOMAINES, D'ECRIRE QUOI QUE
PERMISSION DES MAGISTRATS; CELA VA SANS DIRE.
PERPENDICULAIREMENT MON ENGIN DE GUERRE SUR LE
PERPETUEL, ET FUT-IL GRATIFIE DE TOUS LES
PERSONNAGE DE CHACUN. POUR LUI SEUL, TOUT EST
PERSONNAGE QU'IL EST CHARGE D'EXPRIMER; CE QUE
PERSONNAGE SE LAISSE ENCORE DEVINER LE
PERSONNAGE, CHANTE PAR TANT DE POETES ET SERVI
PERSONNAGES INTELLIGENTS, HABILES DE
PERSONNAGES, QUI SE DETACHAIENT AINSI DU FOND
PERSONNE ETAIT MARQUEE D'UNE VIVACITE ET D'UNE
PERSONNE INCAPABLE DE COMMETTRE UNE ERREUR DE
PERSONNE LA PLUS INTERESSEE A LA DESTRUCTION
PERSONNE LA PLUS INTERESSEE A LA REDOUTABLE DIVINITE,
PERSONNE NE REVA PLUS DE MORT, DE DEUIL, NI DE
PERSONNE QUE J'APERCUS DANS LA RUE, CE FUT UN
PERSONNE QUI RESSEMBLAIT SINGULIEREMENT A LA
PERSONNE S'EN INQUIETE, ET DE VOIR TOUJOURS
PERSONNE, QUOIQUE INVISIBLE, A TOUTES LES
PERSONNE; ET JE NE VEUX PAS D'UNE RICHESSE
PERSONNE. LEURS GRANDS YEUX SOMBRES SONT
PERSONNE. QUELQUEFOIS JE LA REGRETTE: J'AURAIS
PERSONNE. SON VISAGE, TRISTE ET AMAIGRI, ETAIT
PERSONNEL. ENFIN, DANS L'APRES-MIDI, SOUS UN
PERSONNELLE. AVEC UNE FROIDE ET
PERSONNELLEMENT. --JE SAVAIS BIEN! TIENS!
PERSONNES VOUEES POUR ETAT AU COMIQUE, LES
PERSONNES, DONT QUINZE ME SONT INCONNUES;
PERSONNES, N'EST PAS LE RESULTAT D'UN TRAVAIL
PERSUADER QU'ILS SONT TOUS DES ROIS DETRONES.
PERSUADER QU'IL N'EXISTE PAS!'' LE SOUVENIR DE
PERSUADER. CE PAUVRE SOCRATE N'AVAIT QU'UN

LOCUTIONS VULGAIRES. AFIN DE COMPENSER LA
GENANTE, QUE JE N'EPROUVAI, QUANT A CETTE
CROTTES; CEUX-LA QUE CHACUN ECARTE, COMME
EXQUISE. LE TEMPS N'A PU ROMPRE L'HARMONIE
POUR MOI; ET JE L'AI TRANSFORME TANTOT EN
PATERNEL. SEULEMENT JE DOIS DIRE QUE CE
OBJET QUI FRAPPA MON REGARD FUT MON
POURQUOI?'' DEMANDA OPINIATREMENT LE
QUE D'HABITUDE, POUR CHASSER PEU A PEU CE
ESPECE; CELLE-LA ROIDE, DROITE, SOUS UN
HUMAIN, QUAND UN BRAVE HOMME, UN PAUVRE
ET DE MUSC...... PLUS LOIN, DERRIERE NOTRE
AUTRES CAMARADES ME DONNA A PENSER QUE CE
VU; TOUT CE QUE LA CLASSE PRIVILEGIEE D'UN
LEVER LES YEUX. DEVANT MOI SE TENAIT UN
GARCON ET PORTANT SUR L'AUTRE BRAS UN
PEUT-ETRE POUR PAYER UN DES BESOINS DU
LEUR DISAIT: ''COMMENT TROUVEZ-VOUS CE
A DANSER LA ''HERBE TERRIFIEE! DANS SON
LA BARBE GRISONNANTE, TENANT D'UNE MAIN UN
AVAIT OUBLIE SA MONTRE, ET DEMANDA A UN
SE PORTER SUR CES MURS.'' --LES YEUX DU
HOMMES-LA! --J'AI DECOUVERT A LA PITIE UN
LE VERSANT D'UNE AUTRE MONTAGNE. SUR LE
ET L'AUTRE, EN FAISANT SAUTILLER SON
MAIS CELA FAIT, TOUT N'ETAIT PAS FINI! LE
L'OREILLE AVEC LES DENTS, ET EN CRACHA UN
IL EST ASSIS SUR CE PETIT NUAGE ISOLE, CE
LE VOYEZ- VOUS? IL EST ASSIS SUR CE
JE VIS SON ALTESSE SE PENCHER VERS UN
SON PETIT MARTEAU SUR LES CORDES D'UN
M'APPROCHAI DU BALCON ET JE ME SAISIS D'UN
ME PRIA DE LUI MONTRER L'ENDROIT OU SON
MEME INSTANT IL FUT CULBUTE PAR UN AUTRE
RARE ET INCONNU. OR, CE JOUJOU, QUE LE
FAUSSE SERAIT PEUT-ETRE, POUR UN PAUVRE
CE QUE LES HOMMES NOMMENT AMOUR EST BIEN
PAS COMME NOUS.'' --QUANT AUX YEUX DU PLUS
VOUS OUBLIEZ! IL Y A ENCORE MON
LES GANYMEDES PRESENTANT A BRAS TENDU LA
PAR L'EAU-DE-VIE, LA VOIX DE MA CHERE
LE BRONZE? POURQUOI A-T-ELLE QUITTE SA
ENFIN, LE GRAND JOUR ARRIVE, CETTE
PEUPLE PARISIEN. C'ETAIT SANS DOUTE LA LA
QUE LES YEUX DE MA BELLE BIEN-AIMEE, LA
A SON ENFANT? ET CEPENDANT, ECOUTEZ CETTE
DIT ALORS LE TROISIEME, DONT TOUTE LA
ENFOUI MON TRESOR, JE VIS SUBITEMENT UNE
PIASTRE SUR PIASTRE POUR RACHETER SA
CE JOLI ETRE, SI FRAGILE COMME ELLE, LA
INCOMPARABLE CHASTETE DE L'AZUR! UNE
LA FEMME SAUVAGE ET LA
COMME D'UN TAUREAU, D'UNE FOULE DE
DU GATEAU ESSAYA D'ENFONCER SES
GRANDES ROUTES, REMPLISSEZ VOS POCHES DE
IVRES DE LUMIERES; ET LE JACASSEMENT DES
DE PETITES PIECES D'OR; DANS LA DROITE, DE
LA POCHE GAUCHE DE SON GILET IL GLISSA DE
FRISSONNANTE A L'HORIZON; ET QUI PAR SA
IL DEVIENT PAREIL AUX ENFANTS. POUR LES
AUX INNOCENTS; ET NOUS FAISONS HORREUR AUX
VOLONTAIREMENT A UN CLOU; IL Y AVAIT DE
S'EBAUDISSAIT MON AVANT D'AVOIR VU CES
DE LA MISERE UNIVERSELLE. IL Y AVAIT DE
QUE PEUVENT SIGNIFIER POUR MOI TOUS CES
REMPLISSAIT L'AIR, --LA VIE DES INFINIMENT
RUE VILLA-HERMOSA N'OUBLIERA AVEC QUELLE
ENCORE QUE D'HABITUDE, POUR CHASSER
REMERCIER DE SON INOUIE MUNIFICENCE. MAIS
ET UN LIT TRES- LARGE AVEC DES DRAPS UN
OU VONT LES CHIENS, DITES-VOUS, HOMMES
ENCORE QUE D'HABITUDE, POUR CHASSER PEU A
EXCELLAIT SURTOUT DANS LES ROLES MUETS OU
D'UN DIVERTISSEMENT INNOCENT. IL Y A SI
IL REPONDIT: ''JE VAIS VOUS LE DIRE.''
BIEN ME RACHETER ET M'ENORGUEILLIR UN
EST-CE POSSIBLE QU'UN SI BEL HOMME AIT SI
DONT LES FLEURS ET LES NATTES FONT A SA
CONTRALTI LES PLUS DELICIEUX ET AUSSI UN
DANS LA JUSTICE SURNATURELLE; IL Y A UN
SA TROUSSE ET SON TABLIER; MEME AVEC UN
ET SOLIDE? ET NE PARDONNEREZ-VOUS PAS UN
TURBULENTS VIVANTS, QUI VOUS SOUCIEZ SI
CHANCELA UN PEU EN AVANT, UN
POUR RESPIRER CONVULSIVEMENT, CHANCELA UN
ASSEZ FORT, ETANT DELICAT ET M'ETANT
IL N'A ETE REALISE PAR AUCUN. LE SOIR, UN
FAMILLE D'YEUX, MAIS JE ME SENTAIS UN

POEM LINE

31	126	AVANT D'ETRE HORS DE FRANCE.'' L'AIR	PEU INTERESSE DES TROIS AUTRES CAMARADES ME
09	058	SATANIQUE SELON CEUX QUI PENSENT UN	PEU MIEUX QUE LES MEDECINS, QUI NOUS POUSSE
29	045	JE N'EPROUVAI, QUANT A CETTE PERTE, QU'UN	PEU MOINS D'EMOTION QUE SI J'AVAIS EGARE, DANS
50	070	UNE HEURE, AUTOUR D'UNE BELLE CHIENNE, UN	PEU NEGLIGEE DANS SA TOILETTE, MAIS FIERE ET
31	044	NE VOUS EST JAMAIS ARRIVE, ET QUI EST UN	PEU PLUS INTERESSANT QUE VOTRE THEATRE ET VOS
42	049	PARFOIS JE LA BOUSCULAIS PAR UN GESTE UN	PEU TROP AMOUREUX, ELLE SE CONVULSAIT COMME
47	068	POSE AUSSI SUR LE GUERIDON: ''ATTENDS UN	PEU, --DIT-ELLE! CA, C'EST LES INTERNES, ET CE
29	122	DE SON INOUIE MUNIFICENCE. MAIS PEU A	PEU, APRES QUE JE L'EUS QUITTE, L'INCURABLE
23	008	QUE POUR L'AME OISIVE ET DIVAGANTE QUI LA	PEUPLE DE SES PASSIONS ET DE SES CHIMERES. IL
14	001	S'ETALAIT, SE REPANDAIT, S'EBAUDISSAIT LE	PEUPLE EN VACANCES. C'ETAIT UNE DE CES
14	007	EN CES JOURS-LA IL ME SEMBLE QUE LE	PEUPLE OUBLIE TOUT, LA DOULEUR ET LE TRAVAIL,
13	052	DONT LA MUSIQUE DES REGIMENTS GRATIFIE LE	PEUPLE PARISIEN. C'ETAIT SANS DOUTE LA LA
31	112	SERONS EN AUTRICHE, OU NOUS TROUVERONS UN	PEUPLE PLUS AIMABLE.'' ''NOUS FERIONS
13	075	DU PAUVRE. MAIS CE JOUR-LA, A TRAVERS CE	PEUPLE VETU DE BLOUSES ET D'INDIENNE,
48	012	DIT QU'ELLE EST BATIE EN MARBRE, ET QUE LE	PEUPLE Y A UNE TELLE HAINE DU VEGETAL, QU'IL
14	075	MON INTENTION, QUAND UN GRAND REFLUX DU	PEUPLE, CAUSE PAR JE NE SAIS QUEL TROUBLE,
11	052	A VOIR LES ENFERS DONT LE MONDE EST	PEUPLE, QUE VOULEZ-VOUS QUE JE PENSE DE VOTRE
12	008	LE POETE ACTIF ET FECOND. QUI NE SAIT PAS	PEUPLER SA SOLITUDE, NE SAIT PAS NON PLUS ETRE
49	005	OU IL EST TRAITE DE L'ART DE RENDRE LES	PEUPLES HEUREUX, SAGES ET RICHES, EN
12	034	FONDATEURS DE COLONIES, LES PASTEURS DE	PEUPLES, LES PRETRES MISSIONNAIRES EXILES AU
31	124	DE LA REVEILLER D'ABORD, ET PUIS ENCORE	PEUR D'ETRE RATTRAPE AVANT D'ETRE HORS DE
31	060	N'IMPORTE QUOI, ET AUSSI PARCE QUE J'AVAIS	PEUR DE JE NE SAIS QUOI. ENSUITE J'AI FOURRE
47	098	NE LUI AI PAS DIT TOUT CRUMENT! J'AVAIS	PEUR DE L'HUMILIER, CE CHER ENFANT! --EH BIEN!
31	059	CONTINUE, SI JE N'AVAIS PAS EU PEUR.	PEUR DE LA REVEILLER D'ABORD, ET PUIS ENCORE
30	081	INVETERE ET UNE HABITUDE D'ETAT DE FAIRE	PEUR, A TOUT HASARD, AUX INNOCENTS COMME AUX
31	018	NE PEUT PAS S'EMPECHER DE LES AIMER. ON A	PEUR, ON A ENVIE DE PLEURER, ET CEPENDANT L'ON
31	059	LONGTEMPS CONTINUE, SI JE N'AVAIS PAS EU	PEUR, PEUR DE LA REVEILLER D'ABORD, ET PUIS
29	071	ET M'AVOUA QU'ELLE N'AVAIT EU	PEUR, RELATIVEMENT A SON PROPRE POUVOIR.
15	020	ME REMPLISSAIT D'UNE JOIE MELEE DE	PEUR. BREF, JE ME SENTAIS, GRACE A
05	081	QUI CAUSE A CHACUN UNE INEXPLICABLE	PEUR. OUI! LE TEMPS REGNE; IL A REPRIS SA
05	073	DE SOUVENIRS, DE REGRETS, DE SPASMES, DE	PEURS, D'ANGOISSES, DE CAUCHEMARS, DE COLERES
12	011	JOUIT DE CET INCOMPARABLE PRIVILEGE, QU'IL	PEUT A SA GUISE ETRE LUI-MEME ET AUTRUI. COMME
31	040	CELUI-LA, AVEC SON BON DIEU, QUE LUI SEUL	PEUT APERCEVOIR!'' DIT ALORS LE TROISIEME,
51	002	JE SUIS MONTE SUR LA MONTAGNE D'OU L'ON	PEUT CONTEMPLER LA VILLE EN SON AMPLEUR,
28	031	DIVERSES, FUNESTES OU AUTRES, QUE	PEUT ENGENDRER UNE PIECE FAUSSE DANS LA MAIN
35	021	LEGENDE SOIT LA VRAIE?'' QU'IMPORTE CE QUE	PEUT ETRE LA REALITE PLACEE HORS DE MOI, SI
20	052	EST SANS APPEL, ET QU'AUCUN DON NE	PEUT ETRE REFUSE. TOUTES LES FEES SE LEVAIENT,
12	003	DE LA FOULE EST UN ART; ET CELUI-LA SEUL	PEUT FAIRE, AUX DEPENS DU GENRE HUMAIN, UNE
27	095	LES TERREURS DU GOUFFRE; QUE LE GENIE	PEUT JOUER LA COMEDIE AU BORD DE LA TOMBE AVEC
21	041	VIVANTE, PLUS ENCORE QUE LE SCULPTEUR	PEUT L'ETRE DE L'ARGILE! ET TU CONNAITRAS LE
47	020	J'OMETS LA DESCRIPTION DU TAUDIS: ON	PEUT LA TROUVER DANS PLUSIEURS VIEUX POETES
13	101	SANS DOUCEUR ET SANS PATIENCE; ET IL NE	PEUT MEME PAS, COMME LE PUR ANIMAL, COMME LE
27	061	D'UN PETIT ETAT, A RESSOURCES RESTREINTES,	PEUT MONTRER DE SPLENDEURS POUR UNE VRAIE
13	033	A SA MAIN UN BAMBIN AVEC QUI ELLE NE	PEUT PAS PARTAGER SA REVERIE, OU CELLE QUI EST
31	017	ELLES AIENT L'AIR TERRIBLE; ON NE	PEUT PAS S'EMPECHER DE LES AIMER. ON A PEUR,
09	091	NERVEUSES NE SONT PAS SANS PERIL, ET ON	PEUT SOUVENT LES PAYER CHER. MAIS QU'IMPORTE
35	006	FENETRE ECLAIREE D'UNE CHANDELLE. CE QU'ON	PEUT VOIR AU SOLEIL EST TOUJOURS MOINS
25	051	LE BAL DE L'OPERA, ET LUI DEMANDERA SI ON	PEUT Y ALLER PIEDS NUS; COMME AUX DANSES DU
42	103	QUELQUE TOUR DE BATON A LUI CONNU, FOURNIT	PEUT-ETRE A CETTE PAUVRE ENFANT LA RATION DE
25	047	DU FOND DE LA COUR, SES PARFUMS EXCITANTS!	PEUT-ETRE A-T-ELLE UN RENDEZ-VOUS AVEC QUELQUE
10	028	TOUS MES AUTEURS, AVEC LUI VOUS POURRIEZ	PEUT-ETRE ABOUTIR A QUELQUE CHOSE. VOYEZ-LE,
43	008	TANT DE PLAISIRS, TANT DE DOULEURS, ET	PEUT-ETRE AUSSI UNE GRANDE PARTIE DE SON
10	026	M'A DIT EN ME CONGEDIANT: ''--VOUS FERIEZ	PEUT-ETRE BIEN DE VOUS ADRESSER A Z...; C'EST
48	025	AME RESTE MUETTE. ''BATAVIA TE SOURIRAIT	PEUT-ETRE DAVANTAGE? NOUS Y TROUVERIONS
08	012	VOUS L'AURIEZ FLAIRE AVEC DELICES ET	PEUT-ETRE DEVORE. AINSI, VOUS-MEME, INDIGNE
36	001	MALHEUREUX	PEUT-ETRE L'HOMME, MAIS HEUREUX L'ARTISTE QUE
28	034	UN BOULANGER, PAR EXEMPLE, ALLAIT	PEUT-ETRE LE FAIRE ARRETER COMME FAUX
11	012	ESSAYER DE VOUS GUERIR; NOUS EN TROUVERONS	PEUT-ETRE LE MOYEN, POUR DEUX SOLS, AU MILIEU
35	020	ET SOUFFERT DANS D'AUTRES QUE MOI-MEME.	PEUT-ETRE ME DIREZ-VOUS: ''ES-TU SUR QUE CETTE
45	005	HORACE ET LES POETES ELEVES D'EPICURE.	PEUT-ETRE MEME CONNAIT-IL LE RAFFINEMENT
28	029	EVENEMENT DANS LA VIE DE CE PAUVRE DIABLE:	PEUT-ETRE MEME DE CONNAITRE LES CONSEQUENCES
30	092	MOITIE REVEUR: ''APRES TOUT, CELA VAUT	PEUT-ETRE MIEUX AINSI; IL AURAIT TOUJOURS MAL
31	114	UN PEUPLE PLUS AIMABLE.'' ''NOUS FERIONS	PEUT-ETRE MIEUX D'ALLER VERS L'ESPAGNE, CAR
47	120	PLEIN DE MOTIFS ET DE CAUSES; ET QUI AVEZ	PEUT-ETRE MIS DANS MON ESPRIT LE GOUT DE
42	080	J'AI CONNU DES JOUISSANCES QUE VOUS AVEZ	PEUT-ETRE NEGLIGEES. JE VEUX PARLER DU COMIQUE
13	096	FUT LE PRIX D'ENTREE; CE PRIX SUFFISAIT	PEUT-ETRE POUR PAYER UN DES BESOINS DU PETIT
42	043	ECHAPPER MON ADMIRATION: ''VOUS CROYEZ	PEUT-ETRE QUE CELA EST TRES-FORT? DISAIT-
30	002	DISAIT MON AMI, --SONT AUSSI INNOMBRABLES	PEUT-ETRE QUE LES RAPPORTS DES HOMMES ENTRE
50	107	ET QUE DE FOIS J'AI PENSE QU'IL Y AVAIT	PEUT-ETRE QUELQUE PART (QUI SAIT, APRES
48	019	LA HOLLANDE, CETTE TERRE BEATIFIANTE?	PEUT-ETRE TE DIVERTIRAS-TU DANS CETTE CONTREE
50	044	TOI, ET DE NOS DEUX MISERES NOUS FERONS	PEUT-ETRE UNE ESPECE DE BONHEUR!'' ''OU VONT
38	025	AU PIEGE, JE RESTE ATTACHE, POUR TOUJOURS	PEUT-ETRE, A LA FOSSE DE L'IDEAL.
11	046	MALHEUREUSE, QUOIQUE APRES TOUT,	PEUT-ETRE, LES JOUISSANCES TITILLANTES DE LA
39	020	ETERNEL, DE SA POITRINE GARCONNIERE. USEE	PEUT-ETRE, MAIS NON FATIGUEE, ET TOUJOURS
50	048	OUBLIE, ET DONT MOI SEUL, ET SAINTE-BEUVE	PEUT-ETRE, NOUS NOUS SOUVENONS ENCORE
28	037	TOUT AUSSI BIEN LA PIECE FAUSSE SERAIT	PEUT-ETRE, POUR UN PAUVRE PETIT SPECULATEUR,
09	043	LUI ETAIT IRRESISTIBLEMENT SYMPATHIQUE?	PEUT-ETRE! MAIS IL EST PLUS LEGITIME DE
13	057	TOMBER SUR ELLE, DEPUIS BIEN DES ANS	PEUT-ETRE! TROIS CENT SOIXANTE-CINQ FOIS PAR
11	029	VOYEZ AVEC QUELLE VORACITE (NON SIMULEE	PEUT-ETRE!) ELLE DECHIRE DES LAPINS VIVANTS ET
47	123	PITIE DES FOUS ET DES FOLLES! O CREATEUR!	PEUT-IL EXISTER DES MONSTRES AUX YEUX DE
22	037	FUT-IL GRATIFIE DE TOUS LES HONNEURS QUE	PEUVENT CONFERER LES REPUBLIQUES ET LES
09	014	LE MEDECIN, QUI PRETENDENT TOUT SAVOIR, NE	PEUVENT PAS EXPLIQUER D'OU VIENT SI SUBITEMENT
47	092	QUE SES PARENTS SONT LES PAUVRES QUI NE	PEUVENT RIEN LUI ENVOYER. CELA M'A DONNE
20	031	HUMAINS QUI, SIEGEANT DEPUIS LE MATIN, NE	PEUVENT S'EMPECHER DE REVER AU DINER, A LA
26	042	QUE C'EST BEAU! MAIS C'EST UNE MAISON OU	PEUVENT SEULS ENTRER LES GENS QUI NE SONT PAS
11	057	SOIN DE DECOUPER LES MORCEAUX? ''ET UNE	PEUVENT SIGNIFIER POUR MOI TOUS CES PETITS
47	112	AIR TRES-TRISTE, ET MEME, AUTANT QUE JE	PEUX ME SOUVENIR, EN DETOURNANT LES YEUX: ''JE
47	107	CREE.'' MOI, M'OBSTINANT, JE REPRIS: ''	PEUX-TU TE SOUVENIR DE L'EPOQUE ET DU
41	004	DE LA MER, LE SCINTILLEMENT DES	PHARES, SONT UN PRISME MERVEILLEUSEMENT PROPRE
15	030	ET UN FLACON D'UN CERTAIN ELIXIR QUE LES	PHARMACIENS VENDAIENT DANS CE TEMPS-LA AUX
30	009	DEVANT LE FAIT REEL. S'IL EXISTE UN	PHENOMENE EVIDENT, TRIVIAL, TOUJOURS SEMBLABLE

	POEM	LINE
VECU QUELQUE TEMPS EN TETE-A-TETE AVEC UN		
UN GAZETIER		
ET SOUVENEZ- VOUS, SI VOUS ETES REELLEMENT		
SURTOUT VERS CES LIEUX QUE LE POETE ET LE		
TOUT A COUP, --O MIRACLE! O JOUISSANCE DU		
DE LA VOLUPTE ET DE L'ANGOISSE ETERNELLES,		
CONTEMPLE, SOURIANT ET ATTENDRI, TOUS CES		
PAR TANT DE POETES ET SERVI PAR TANT DE		
DE PENSER AUX BONS CHIENS, AUX CHIENS		
M'EXPLIQUA L'ABSURDITE DES DIFFERENTES		
SUR LE SUJET DES FEMMES. IL EUT ETE PLUS		
TOUTE LA CHAMBRE, COMME UNE ATMOSPHERE		
DEPLOYA EN EVENTAIL UNE MASSE D'IMAGES		
DE L'OCCASION POUR FAIRE UNE EXPERIENCE		
J'OBSERVAI SOUVENT UN ENFANT DONT LA		
ELLE, ET LUI PARLER A L'OREILLE. LA		
POURQUOI? PARCE QUE... PARCE QUE CETTE		
PAR UN HOMME D'ASPECT DOUX ET POSE, D'UNE		
QUE CE CIEL, ILS CHEMINAIENT AVEC LA		
D'IMAGES PHOTOGRAPHIQUES, REPRESENTANT DES		
A REGARDER ATTENTIVEMENT LES VISAGES, LES		
LES INTERPRETES ET LES SERVITEURS. MAIS		
VERITE, UNE CONCURRENCE FORMIDABLE: ELLES		
DES LAPINS VIVANTS ET DES VOLAILLES		
PETIT MARTEAU SUR LES CORDES D'UN PETIT		
LES FLEUVES, PAR-DESSUS LES VILLES OU LES		
DELIRER; LES CHATS QUI SE PAMENT SUR LES		
N'ETAIT OBLIGEE D'ENTASSER PIASTRE SUR		
SI ELLE N'ETAIT OBLIGEE D'ENTASSER		
GROS SOLS, ET ENFIN, DANS LA DROITE, UNE		
FUNESTES OU AUTRES, QUE PEUT ENGENDRER UNE		
DE FAUSSE MONNAIE. TOUT AUSSI BIEN LA		
CELUI DE CAUSER UNE SURPRISE. --C'ETAIT LA		
PIECES D'OR; DANS LA DROITE, DE PETITES		
GAUCHE DE SON GILET IL GLISSA DE PETITES		
NE POUVAIT-ELLE PAS SE MULTIPLIER EN		
UN SIFFLET, --ET LE LONG DES CABARETS, AU		
FORETS DE MATS; ET LES NAVIRES AMARRES AU		
DE POLICE. AYANT ENSUITE, PAR UN COUP DE		
J'AI FRAPPE SI VIOLEMMENT LA TERRE DU		
QU'IL AVAIT SANS DOUTE REPOUSSEE DU		
UN JOUET. ET ELLE SERA RENTREE A		
SA JAMBE LUISANTE ET SUPERBE; ET SON		
ET DE SONNETTES; TOUT RAMASSE CONTRE LE		
J'AI APERCU UN ETRE AFFLIGE. AUX		
VOUS VOIR AINSI, MA BELLE DELICATE, LES		
ASSEMBLEE, JE SERAIS VOLONTIERS TOMBE AUX		
ET SUPERBE; ET SON PIED, PAREIL AUX		
ET LUI DEMANDERA SI ON PEUT Y ALLER		
SOUS LA COUPOLE SPLEENETIQUE DU CIEL, LES		
IL FALLAIT AVERTIR LES PARENTS. MES		
FIOLES EQUIVOQUES; LES CHAINES DONT LES		
PENDU AU PANNEAU DE CETTE ARMOIRE! SES		
VANITEUSEMENT LES ONGLES DE SES		
GATEE, QUE JE SUIS MAINTENANT COUCHE A TES		
QUI DEFILAIENT AU FOND DES ABIMES SOUS MES		
RECENTE, ET QUE, COMME UN LOUP PRIS AU		
AU DIVIN ARETIN SOIT UNE DAGUE ENRICHIE DE		
DE SES PIEDS, BRILLANTS ET POLIS COMME DES		
SOLITUDE DES PLAINES, DANS LES LABYRINTHES		
SINGULIEREMENT A LA DEFUNTE, ET QUI,		
IMPOSER D'AUTRE PEINE QUE DE NETTOYER MES		
IL M'A SEMBLE QUE JE RECEVAIS UN COUP DE		
MASCULIN DE SES MOEURS AJOUTAIT UN		
REBELLES. LE PRINCE N'ETAIT NI MEILLEUR NI		
EXECUTANT AUTOUR DU MALE SES PRESTIGIEUSES		
POINTU ASSEZ DE FLAIR POUR SUIVRE LA		
L'IMMORTELLE BEAUTE! AH! DEESSE! AYEZ		
D'UNE LAME; SEIGNEUR, AYEZ PITIE, AYEZ		
DOUX, CES HOMMES-LA! --J'AI DECOUVERT A LA		
LE BEAU? NATURE, ENCHANTERESSE SANS		
VOUS ME FATIGUEZ SANS MESURE ET SANS		
SPECTATEUR UN TOUT AUTRE SENTIMENT QUE LA		
PENSENT, DIS-JE. MAIS MUSICALEMENT ET		
SON ALTESSE SE PENCHER VERS UN PETIT PAGE,		
ETAIT GRANDE, ET LE MONDE INTERMEDIAIRE,		
LE PAYSAGE AU MILIEU DUQUEL J'ETAIS		
MURS CRIBLES D'OR NE LAISSERAIENT PAS UNE		
A LA UNE PATURE CERTAINE. CAR S'IL EST UNE		
CONTRAINDRE MON CORPS A CHANGER DE		
COUCHE. LA NUIT SOLENNELLE AVAIT PRIS		
QU'IMPORTE CE QUE PEUT ETRE LA REALITE		
SEUL, TOUT EST VACANT; ET SI DE CERTAINES		
L'UNE D'ELLES S'ENFONCA MEME DANS LE		
DE PLUMES, PENDANT QUE LA MER, QUI BAT LA		
AVEC QUELQUE JEUNE OFFICIER QUI, SUR DES		
DOIVENT RIRE QUELQUEFOIS DE CEUX QUI LES		
PROPRIETE AVEC QUI QUE CE SOIT. ELLE NE SE		
MAL VENUS, TROP FORTUNES MORTELS, A VOUS		
MOI, REPRIT L'INTERRUPTEUR, JE N'AI A ME		
PHENOMENE VIVANT. ELLE MANGEAIT, MACHAIT,	42	089
PHILANTHROPE ME DIT QUE LA SOLITUDE EST	23	001
PHILANTHROPE, QU'IL FAUT APPLIQUER A TOUS VOS	49	075
PHILOSOPHE AIMENT DIRIGER LEURS AVIDES	13	009
PHILOSOPHE QUI VERIFIE L'EXCELLENCE DE SA	49	060
PHILOSOPHE, POETE ET ARTISTE, JE VOUS SALUE EN	32	044
PHILOSOPHES A QUATRE PATTES, ESCLAVES	50	102
PHILOSOPHES QUI TRAVAILLENT A SA GLOIRE SANS	29	096
PHILOSOPHES, AUX ETES DE LA SAINT-MARTIN ET A	50	131
PHILOSOPHIES QUI AVAIENT JUSQU'A PRESENT PRIS	29	062
PHILOSOPHIQUE DE N'EN PAS PARLER DU TOUT! MAIS	42	011
PHOSPHORIQUE, COMME UN POISON LUMINEUX; ET	37	014
PHOTOGRAPHIQUES, REPRESENTANT DES PHYSIONOMIES	47	070
PHYSIOLOGIQUE D'UN INTERET CAPITAL, ET	27	051
PHYSIONOMIE ARDENT ET ESPIEGLE, PLUS QUE	30	025
PHYSIONOMIE ESPIEGLE DU JOLI ENFANT S'ILLUMINA	27	124
PHYSIONOMIE LUI ETAIT IRRESISTIBLEMENT	09	042
PHYSIONOMIE PRESQUE CLERICALE, MALHEUREUSEMENT	42	112
PHYSIONOMIE RESIGNEE DE CEUX QUI SONT	06	027
PHYSIONOMIES BEAUCOUP PLUS JEUNES. ''QUAND	47	071
PHYSIONOMIES QUI S'OFFRENT DANS MA ROUTE, ET	30	019
PHYSIQUEMENT CE N'EST QU'UN BATON, UN PUR	32	005
PIAILLAIENT, BEUGLAIENT, HURLAIENT. C'ETAIT UN	14	022
PIAILLANTES QUE LUI JETTE SON CORNAC.	11	030
PIANO SUSPENDU A SON COU PAR UNE COURROIE,	31	095
PIANOS CHANTENT VOTRE GLOIRE, OU L'IMPRIMERIE	32	037
PIANOS ET QUI GEMISSENT COMME LES FEMMES,	37	023
PIASTRE POUR RACHETER SA PETITE SOEUR QUI A	25	058
PIASTRE SUR PIASTRE POUR RACHETER SA PETITE	25	058
PIECE D'ARGENT DE DEUX FRANCS QU'IL AVAIT	28	006
PIECE FAUSSE DANS LA MAIN DU MENDIANT, LE	28	031
PIECE FAUSSE SERAIT PEUT-ETRE, POUR UN PAUVRE	28	036
PIECE FAUSSE!', ME REPONDIT-IL TRANQUILLEMENT,	28	021
PIECES D'ARGENT; DANS LA POCHE GAUCHE DE SA	28	004
PIECES D'OR; DANS LA DROITE, DE PETITES PIECES	28	003
PIECES VRAIES? NE POUVAIT-ELLE PAS AUSSI LE	28	032
PIED DES ARBRES, FAITES-EN HOMMAGE AUX ENFANTS	19	008
PIED DES MAISONS?'' MON AME RESTE MUETTE.	48	022
PIED LANCE DANS LE DOS, ASSEZ ENERGIQUE POUR	49	055
PIED QUE MA JAMBE S'EST ENFONCEE JUSQU'AU	38	022
PIED, ETAIT RENVERSEE A COTE DE LUI; SA TETE	30	053
PIED, MEDITANT ET REVANT, SEULE, TOUJOURS	13	099
PIED, PAREIL AUX PIEDS DES DEESSES DE MARBRE	25	023
PIEDESTAL; LEVE DES YEUX PLEINS DE LARMES VERS	07	020
PIEDS D'UNE COLOSSALE VENUS, UN DE CES FOUS	07	016
PIEDS DANS LA FANGE ET LES YEUX TOURNES	11	064
PIEDS DE CE JOUEUR GENEREUX POUR LE REMERCIER	29	121
PIEDS DES DEESSES DE MARBRE QUE L'EUROPE	25	023
PIEDS NUS, COMME AUX DANSES DU DIMANCHE, ON	25	051
PIEDS PLONGES DANS LA POUSSIERE D'UN SOL AUSSI	06	025
PIEDS REFUSAIENT DE M'Y CONDUIRE. ENFIN J'EUS	30	085
PIEDS SONT EMPETRES, SONT DES SYMBOLES QUI	21	050
PIEDS TOUCHAIENT PRESQUE LE PLANCHER; UNE	30	052
PIEDS, BRILLANTS ET POLIS COMME DES PIERRES	21	035
PIEDS, CHERCHANT DANS TOUTE TA PERSONNE LE	37	036
PIEDS; MON AME ME SEMBLAIT AUSSI VASTE ET	15	008
PIEGE, JE RESTE ATTACHE, POUR TOUJOURS	38	024
PIERRERIES, SOIT UN MANTEAU DE COUR; EN	50	126
PIERRES BIEN TRAVAILLEES. IL ME REGARDA AVEC	21	036
PIERREUX D'UNE CAPITALE, SCINTILLEMENT DES	22	047
PIETINANT SUR LA TERRE FRAICHE AVEC UNE	38	015
PINCEAUX ET DE FAIRE MES COMMISSIONS. CET	30	035
PIOCHE DANS L'ESTOMAC. ET PUIS UN SPECTRE EST	05	045
PIQUANT MYSTERIEUX A LEUR AUSTERITE. JE NE	13	041
PIRE QU'UN AUTRE; MAIS UNE EXCESSIVE	27	016
PIROUETTES; LIGNE DROITE ET LIGNE ARABESQUE,	32	031
PISTE D'UN AMI, NI DANS LEUR TETE APLATIE	50	030
PITIE DE MA TRISTESSE ET DE MON DELIRE!'' MAIS	07	026
PITIE DES FOUS ET DES FOLLES! O CREATEUR!	47	123
PITIE UN PETIT INTERNE; PUIS EST JOLI COMME UN	47	088
PITIE, AYEZ PITIE DES FOUS ET DES FOLLES! O	47	123
PITIE, RIVALE TOUJOURS VICTORIEUSE,	03	025
PITIE; ON DIRAIT, A VOUS ENTENDRE SOUPIRER,	11	002
PITIE? EN VERITE, IL ME PREND QUELQUEFOIS	11	061
PITTORESQUEMENT, SANS ARGUTIES, SANS	03	014
PLACE DERRIERE ELLE, ET LUI PARLER A	27	123
PLACE ENTRE L'HOMME ET DIEU, EST SOUMIS COMME	20	021
PLACE ETAIT D'UNE GRANDEUR ET D'UNE NOBLESSE	15	001
PLACE POUR ACCROCHER SON IMAGE; DANS CES	24	012
PLACE QU'ILS DEDAIGNENT DE VISITER, COMME JE	13	011
PLACE, PUISQUE MON AME VOYAGE SI LESTEMENT? ET	24	051
PLACE. LES ENFANTS SE SEPARERENT, CHACUN	31	135
PLACEE HORS DE MOI, ET ELLE M'A AIDE A VIVRE,	35	022
PLACES PARAISSENT LUI ETRE FERMEES; C'EST QU'A	12	014
PLAFOND; ET COMME LA CHARMANTE CREATURE RIAIT	43	011
PLAGE A CENT PAS DE LA, FAIT A SES REVERIES	25	042
PLAGES LOINTAINES, A ENTENDU PARLER PAR SES	25	048
PLAIGNENT POUR LEUR FORTUNE SI AGITEE ET POUR	12	038
PLAIGNIT EN AUCUNE FACON DE LA MAUVAISE	29	067
PLAINDRE DES IMPERFECTIONS DE VOS	42	109
PLAINDRE QUE DE MOI-MEME. LE BONHEUR EST VENU	42	060

POEM LINE

06	001	SOUS UN GRAND CIEL GRIS, DANS UNE GRANDE	PLAINE POUDREUSE, SANS CHEMINS, SANS GAZON,
22	046	D'UNE ANGOISSE! DANS LA SOLITUDE DES	PLAINES, DANS LES LABYRINTHES PIERREUX D'UNE
23	022	INTEMPESTIVEMENT LA PAROLE. JE NE LES	PLAINS PAS, PARCE QUE JE DEVINE QUE LEURS
31	096	COURROIE, AVAIT L'AIR DE SE MOQUER DE LA	PLAINTE DE SON VOISIN, TANDIS QUE LE TROISIEME
24	031	D'ACCOMPAGNEMENT A MES SONGES, LE CHANT	PLAINTIF DES ARBRES A MUSIQUE, DES
20	077	JE LUI DONNE... LE DON DE PLAIRE!'' ''MAIS	PLAIRE COMMENT? PLAIRE...? PLAIRE POURQUOI?''
20	077	''MAIS PLAIRE COMMENT? PLAIRE...?	PLAIRE POURQUOI?'' DEMANDA OPINIATREMENT LE
02	014	VIEILLES FEMELLES, L'AGE EST PASSE DE	PLAIRE, MEME AUX INNOCENTS; ET NOUS FAISONS
50	024	DU VISITEUR, COMME S'IL ETAIT SUR DE	PLAIRE, TURBULENT COMME UN ENFANT; SOT COMME
02	003	FAISAIT FETE, A QUI TOUT LE MONDE VOULAIT	PLAIRE; CE JOLI ETRE, SI FRAGILE COMME ELLE,
20	077	LE DON DE PLAIRE!'' ''MAIS PLAIRE COMMENT?	PLAIRE...? PLAIRE POURQUOI?'' DEMANDA
20	076	A TON FILS... JE LUI DONNE... LE DON DE	PLAIRE!'' ''MAIS PLAIRE COMMENT? PLAIRE...?
04	000		UN
30	124	ET AINSI DE SUITE, LES UNES EN STYLE DEMI-	PLAISANT
04	017	SON CONTENTEMENT. L'ANE NE VIT PAS CE BEAU	PLAISANT, COMME CHERCHANT A DEGUISER SOUS UN
14	028	SURS DE LEURS EFFETS, DES BONS MOTS ET DES	PLAISANT, ET CONTINUA DE COURIR AVEC ZELE OU
29	058	SUJET-LA, SON ALTESSE NE TARISSAIT PAS EN	PLAISANTERIES D'UN COMIQUE SOLIDE ET LOURD,
09	090	''LA VIE EN BEAU! LA VIE EN BEAU!'' CES	PLAISANTERIES LEGERES ET IRREFUTABLES, ET ELLE
48	030	A CE POINT D'ENGOURDISSEMENT QUE TU NE TE	PLAISANTERIES NERVEUSES NE SONT PAS SANS
16	032	QUE VOUS-MEME? EN VERITE, J'AI EU TANT DE	PLAISES QUE DANS TON MAL? S'IL EN EST AINSI,
18	009	RICHE, TRANQUILLE, HONNETE? OU LE LUXE A	PLAISIR A BRODER CETTE PRETENTIEUSE
25	039	UN PARFAIT BOUDOIR, OU ELLE PREND TANT DE	PLAISIR A SE MIRER DANS L'ORDRE? OU LA VIE EST
23	010	EST CERTAIN QU'UN BAVARD, DONT LE SUPREME	PLAISIR A SE PEIGNER, A FUMER, A SE FAIRE
25	026	JE LUI DIS: ''VOUS AVEZ RAISON; APRES LE	PLAISIR CONSISTE A PARLER DU HAUT D'UNE CHAIRE
28	020	RESPIRE ET N'INSPIRE L'INSOUCIANCE ET LE	PLAISIR D'ETRE ADMIREE L'EMPORTE CHEZ ELLE SUR
13	069	SI LOIN CE QUI EST SI PRES DE MOI. LE	PLAISIR D'ETRE ETONNE, IL N'EN EST PAS DE PLUS
24	040	ET PUIS, SURTOUT, IL Y A UNE SORTE DE	PLAISIR DE SE LAISSER VIVRE; RIEN, EXCEPTE
41	010	PAR LEURS ABOIEMENTS TRIOMPHANTS, DU	PLAISIR ET LE BONHEUR SONT DANS LA PREMIERE
50	078	QUE CE FUT QUI NE TENDIT PAS UNIQUEMENT AU	PLAISIR MYSTERIEUX ET ARISTOCRATIQUE POUR
27	028	DONC JE POSSEDE LE DROIT DE ME MIRER; AVEC	PLAISIR ORGUEILLEUX QU'ILS EPROUVENT A
40	008	''OUI, VOUS AVEZ RAISON; IL N'EST PAS DE	PLAISIR OU A L'ETONNEMENT, QUI EST UNE DES
28	044	OU DU PAPIER DE SOIE. J'Y AVAIS TANT DE	PLAISIR OU DEPLAISIR; CELA NE REGARDE QUE MA
31	058	PROFONDE. LES CHANSONNIERS DISENT QUE LE	PLAISIR PLUS DOUX QUE DE SURPRENDRE UN HOMME
26	046	ME DORLOTER. IL M'A SOUVENT SEMBLE QUE MON	PLAISIR QUE J'AURAIS LONGTEMPS CONTINUE, SI JE
31	078	ENFIN A TOUTE LA DROLERIE DE CE GAMIN UN	PLAISIR REND L'AME BONNE ET AMOLLIT LE COEUR.
30	032	PLUS IVRE QUE LUI. CEPENDANT LE JEU; CE	PLAISIR SERAIT D'ALLER TOUJOURS DROIT DEVANT
29	039	L'ETRE DE L'ARGILE! ET TU CONNAITRAS LE	PLAISIR SI VIF, QUE JE PRIAI UN JOUR SES
21	042	SOLEIL AUTOMNAL SEMBLAIENT S'ATTARDER A	PLAISIR SURHUMAIN, AVAIT COUPE A DIVERS
31	002	M'AVOUA QU'ELLE N'AVAIT JAMAIS CONNU A	PLAISIR, SANS CESSE RENAISSANT, DE SORTIR DE
42	071	EST UNE DES FORMES LES PLUS DELICATES DU	PLAISIR, SOUS UN CIEL DEJA VERDATRE OU DES
27	029	TROIS DOMICILES OU J'AI TROUVE UN EGAL	PLAISIR. JE ME DEGOUTAI DE CE DUEL INEGAL, ET
24	050	CROQUERA, VOUS GOBERA ET VOUS TUERA A SON	PLAISIR. LE GRAND MALHEUR DE CE PRINCE FUT
11	070	POUR FAIRE LE JOUEUR, POUR CONNAITRE LES	PLAISIR! ''TANT POETE QUE JE SOIS, JE NE SUIS
09	028	QUI LUI SERVAIT SANS DOUTE A CHANTER SES	PLAISIRS DE L'ANXIETE, POUR RIEN, PAR CAPRICE,
21	030	S'IL AVAIT PU ESPERER Y TROUVER DES	PLAISIRS ET SES DOULEURS, ET A REPANDRE LA
27	046	ET BANDITS, TELS SOUVENT VOUS OFFREZ DES	PLAISIRS INATTENDUS. MAIS POUR CEUX QUI, COMME
51	014	FEMME A LAQUELLE IL DOIT TANT DE	PLAISIRS QUE NE COMPRENNENT PAS LES VULGAIRES
43	008	ILS CHERCHENT LEUR VIE OU COURENT A LEURS	PLAISIRS, TANT DE DOULEURS, ET PEUT-ETRE AUSSI
50	058	TON BERCEAU, ET SE DIT: ''CETTE ENFANT ME	PLAISIRS. IL Y EN A QUI COUCHENT DANS UNE
37	003	ARMOIRE! SES PIEDS TOUCHAIENT PRESQUE LE	PLAIT,'' ET ELLE DESCENDIT MOELLEUSEMENT SON
30	052	EN PASSANT QUELQUE ARGENT SUR UNE DE SES	PLANCHER; UNE CHAISE, QU'IL AVAIT SANS DOUTE
14	074	ARRIERE, ET PUIS TOMBA ROIDE MORT SUR LES	PLANCHES, ESPERANT QU'IL DEVINERAIT MON
27	138	A L'ENDROIT OU LA SURFACE ARRONDIE DE LA	PLANCHES. LE SIFFLET, RAPIDE COMME UN GLAIVE,
06	031	REPERCUTE PAR L'ECHO DE LA PLUS LOINTAINE	PLANETE SE DEROBE A LA CURIOSITE DU REGARD
21	102	DROIT DEVANT NOUS, SUR LA CHAUSSEE, ETAIT	PLANETE. ''DIABLE!'' FIS-JE, A MOITIE
26	028	DE LAQUELLE UNE LONGUE CUILLER SE DRESSE,	PLANTE UN BRAVE HOMME D'UNE QUARANTAINE
50	091	A UN SOL, --TELLES QUE LE POLICHINELLE	PLANTEE COMME UN DE CES MATS AERIENS QUI
19	006	MEME BRANCHE D'ARBRE, ME BATTIT DRU COMME	PLAT MU PAR UN SEUL FIL, LES FORGERONS QUI
49	068	ELLE ETAIT REVETUE. ELLE AUSSI, COMME LA	PLATRE. --PAR MON ENERGIQUE MEDICATION, JE LUI
13	084	DESOLATION. DANS CE MONDE ETROIT, MAIS SI	PLEBE A LAQUELLE ELLE S'ETAIT MELEE ET QU'ELLE
05	066	LA NUIT. ILS AVAIENT L'AIR SI FIER ET SI	PLEIN DE DEGOUT, UN SEUL OBJET CONNU ME
21	009	LE COIN D'UN BOULEVARD NEUF, ENCORE TOUT	PLEIN DE DOMINATION, QUE JE LES PRIS D'ABORD
26	015	ANNEES, JE L'AI ADMIREE, LE COEUR	PLEIN DE GRAVOIS ET MONTRANT DEJA
42	143	VOUS, LE JUGE QUI PARDONNEZ; VOUS QUI ETES	PLEIN DE HAINE. ENFIN, CE N'EST PAS MOI QUI EN
47	119	TES CHEVEUX CONTIENNENT TOUT UN REVE,	PLEIN DE MOTIFS ET DE CAUSES, ET QUI AVEZ
17	010	C'ETAIT UNE TERRE RICHE ET MAGNIFIQUE,	PLEIN DE VOILURES ET DE MATURES; IL
34	047	M'ECRIER, EN M'EMPARANT D'UNE COUPE	PLEINE DE PROMESSES, QUI NOUS ENVOYAIT UN
29	052	SOIT LA NUIT, QUE CE SOIT LE JOUR, DANS LA	PLEINE JUSQU'AU BORD: ''A VOTRE IMMORTELLE
16	015	SUSPENDUS, ALTERNANT AVEC DES FIOLES	PLEINE LUMIERE OU DANS L'OMBRE OPAQUE, AU FOND
21	024	HABILLE DE CES VETEMENTS DE CAMPAGNE SI	PLEINES DE LIQUEURS SINISTRES, DE BRILLANTS
19	019	RAMASSE CONTRE LE PIEDESTAL, LEVE DES YEUX	PLEINES DE COQUETTERIE. LE LUXE, L'INSOUCIANCE
07	031	JE N'ALLAIS PAS LA POUR REPANDRE UN VAIN	PLEINS DE LARMES VERS L'IMMORTELLE DEESSE. ET
51	006	RETIRA DANS SA SOLITUDE ETERNELLE, ET ELLE	PLEUR; MAIS COMME UN VIEUX PAILLARD D'UNE
02	012	IL NE RIAIT PAS, LE MISERABLE! IL NE	PLEURAIT DANS UN COIN, SE DISANT: --''AH! POUR
14	057	REELE. CE BOUFFON ALLAIT, VENAIT, RIAIT,	PLEURAIT PAS, IL NE DANSAIT PAS, IL NE
27	083	QUELQUEFOIS JE ME LA RACONTE A MOI-MEME EN	PLEURAIT, SE CONVULSAIT, AVEC UNE
35	015	DE LES AIMER. ON A PEUR, ON A ENVIE DE	PLEURANT. SI C'EUT ETE UN PAUVRE VIEUX HOMME,
31	018	DONNE ENVIE TANTOT DE DANSER, TANTOT DE	PLEURER, ET CEPENDANT L'ON EST CONTENT... ET
31	090	TU EN AS GARDE POUR TOUJOURS L'ENVIE DE	PLEURER, OU DE FAIRE LES DEUX A LA FOIS, ET
37	012	ME FATIGUEZ TROP SOUVENT DE VOS PRECIEUSES	PLEURER. CEPENDANT, DANS L'EXPANSION DE SA
11	073	A DES VIOLETTES CHARGEES ENCORE DE LOURDS	PLEURNICHERIES, JE VOUS TRAITERAI EN FEMME
21	015	SENSATIONS DE SERRE CHAUDE. LA MOUSSELINE	PLEURS DE L'ORAGE, ET SES LEVRES ENTR'OUVERTES
05	021	LES COINS, DES FISSURES DES TIROIRS ET DES	PLEUT ABONDAMMENT DEVANT LES FENETRES ET
18	044	PAR CES HAUTES FENETRES OUVRAGEES QUE LE	PLIS DE ETOFFES S'ECHAPPE UN PARFUM
18	038	CHER AMOUR, POUR LIRE MA PENSEE; ET	PLOMB DIVISE EN NOMBREUX COMPARTIMENTS. LES
26	052	LONGTEMPS, L'ODEUR DE TES CHEVEUX, Y	PLONGEAIS DANS VOS YEUX SI BEAUX ET SI
17	002	LA COUPOLE SPLEENETIQUE DU CIEL, LES PIEDS	PLONGER TOUT MON VISAGE, COMME UN HOMME ALTERE
06	015	DE CRACHATS; LES TRISTES FENETRES OU LA	PLONGES DANS LA POUSSIERE D'UN SOL AUSSI
05	058	VISAGES BASANES, RACORNIS PAR LE VENT, LA	PLUIE A TRACE DES SILLONS DANS LA POUSSIERE;
14	026	CROTTE, SOUS LA CANICULE MORDANTE, SOUS LA	PLUIE ET LE SOLEIL; ILS LANCAIENT, AVEC
50	054		PLUIE RUISSELANTE, ILS VONT, ILS VIENNENT, ILS

POEM LINE

48	033	NOUS FERONS NOS MALLES POUR TORNEO. ALLONS	PLUS LOIN ENCORE, A L'EXTREME BOUT DE LA
24	035	QU'AI-JE A FAIRE DE PALAIS?'' ET	PLUS LOIN, COMME IL SUIVAIT UNE GRANDE AVENUE,
24	021	PUISSANT PARFUM DE ROSE ET DE MUSC....,	PLUS LOIN, DERRIERE NOTRE PETIT DOMAINE, DES
21	102	ET ME REVINT REPERCUTE PAR L'ECHO DE LA	PLUS LOINTAINE PLANETE. ''DIABLE!'' FIS-JE, A
15	062	UNE LUTTE HIDEUSE QUI DURA EN VERITE	PLUS LONGTEMPS QUE LEURS FORCES ENFANTINES NE
10	026	BIEN DE VOUS ADRESSER A Z...; C'EST LE	PLUS LOURD, LE PLUS SOT ET LE PLUS CELEBRE DE
06	035	S'ABATTIT SUR MOI; ET J'EN FUS	PLUS LOURDEMENT ACCABLE QU'ILS NE L'ETAIENT
14	048	UN DES POTEAUX DE SA CAHUTE; UNE CAHUTE	PLUS MISERABLE QUE CELLE DU SAUVAGE LE PLUS
35	004	FERMEE. IL N'EST PAS D'OBJET PLUS PROFOND,	PLUS MYSTERIEUX, PLUS FECOND, PLUS TENEBREUX,
30	017	SINGULIEREMENT MYSTIFIE PAR L'ILLUSION LA	PLUS NATURELLE. ''MA PROFESSION DE PEINTRE ME
11	041	SORTENT MAINTENANT DE LA TETE, ELLE HURLE	PLUS NATURELLEMENT. DANS SA RAGE, ELLE
13	029	MANQUE, UNE ABSENCE D'HARMONIE QUI LE REND	PLUS NAVRANT. IL EST CONTRAINT DE LESINER SUR
09	017	LES CHOSES LES PLUS SIMPLES ET LES	PLUS NECESSAIRES; ELLES TROUVENT A UNE
41	011	ET ARISTOCRATIQUE POUR CELUI QUI N'A	PLUS NI CURIOSITE NI AMBITION, A CONTEMPLER,
43	004	CE MONSTRE-LA N'EST-CE PAS L'OCCUPATION LA	PLUS ORDINAIRE ET LA PLUS LEGITIME DE CHACUN?
27	056	EXISTAIT-IL DANS SON AME UNE INTENTION	PLUS OU MOINS ARRETEE DE CLEMENCE? C'EST UN
26	043	SONT PAS COMME NOUS.'' --QUANT AUX YEUX DU	PLUS PETIT, ILS ETAIENT TROP FASCINES POUR
42	011	SUR LE SUJET DES FEMMES. IL EUT ETE	PLUS PHILOSOPHIQUE DE N'EN PAS PARLER DU TOUT;
31	050	QUE MA BONNE.'' --IL ATTIRA SES CAMARADES	PLUS PRES DE LUI, ET PARLA D'UNE VOIX PLUS
27	048	CURIEUSE ET MALADE, IL ETAIT INFINIMENT	PLUS PROBABLE QUE LE PRINCE VOULAIT JUGER DE
17	013	CLIMATS, OU L'ESPACE EST PLUS BLEU ET	PLUS PROFOND, OU L'ATMOSPHERE EST PARFUMEE PAR
35	003	UNE FENETRE FERMEE. IL N'EST PAS D'OBJET	PLUS PROFOND, PLUS MYSTERIEUX, PLUS FECOND,
18	031	LES HORLOGES SONNENT LE BONHEUR AVEC UNE	PLUS PROFONDE ET PLUS SIGNIFICATIVE SOLENNITE.
30	116	ENFIN! TOUT ETAIT ACCOMPLI. IL NE RESTAIT	PLUS QU'A ME REMETTRE AU TRAVAIL, PLUS
28	045	QUE DE SURPRENDRE UN HOMME EN LUI DONNANT	PLUS QU'IL N'ESPERE.'' JE LE REGARDAIS DANS LE
26	009	QUE NOS DEUX AMES DESORMAIS N'EN FERAIENT	PLUS QU'UNE; --UN REVE QUI N'A RIEN
36	007	DEJA QU'ELLE A DISPARU! ELLE EST BELLE, ET	PLUS QUE BELLE; ELLE EST SURPRENANTE. EN ELLE
20	043	N'ETANT DOUE D'AUCUN SENS DE CHARITE, NON	PLUS QUE D'AUCUNE CONVOITISE POUR LES BIENS
03	019	POSITIVE. MES NERFS TROP TENDUS NE DONNENT	PLUS QUE DES VIBRATIONS CRIARDES ET
14	056	HAILLONS COMIQUES, OU LA NECESSITE, BIEN	PLUS QUE L'ART, AVAIT INTRODUIT LE CONTRASTE.
10	001	ENFIN! SEUL! ON N'ENTEND	PLUS QUE LE ROULEMENT DE QUELQUES FIACRES
11	003	VOUS ENTENDRE SOUPIRER, QUE VOUS SOUFFREZ	PLUS QUE LES GLANEUSES SEXAGENAIRES ET QUE LES
10	005	HUMAINE A DISPARU, ET JE NE SOUFFRIRAI	PLUS QUE PAR MOI-MEME. ENFIN! IL M'EST DONC
30	025	DONT L'AI DIT, LES PLUS INDOLENTS ET LES	PLUS QUE TOUTES LES AUTRES, ME SEDUISIT TOUT
12	033	SUPERIEURS AU LEUR, PLUS VASTES ET	PLUS RAFFINES. LES FONDATEURS DE COLONIES, LES
09	033	JE VIS LES PLUS INDOLENTS ET LES	PLUS REVEURS DES ETRES. UN AUTRE, TIMIDE A CE
20	062	ETRE EMBARRASSEE? CAR IL NE RESTAIT	PLUS RIEN. CEPENDANT ELLE SE SOUVINT A TEMPS
42	028	VIE, EXCEPTE A L'AGE DE CHERUBIN, J'AI ETE	PLUS SENSIBLE QUE TOUT AUTRE A L'ENERVANTE
30	022	QUI REND A NOS YEUX LA VIE PLUS VIVANTE ET	PLUS SIGNIFICATIVE QUE POUR LES AUTRES HOMMES.
18	031	LE BONHEUR AVEC UNE PLUS PROFONDE ET	PLUS SIGNIFICATIVE SOLENNITE. SUR DES PANNEAUX
09	016	INCAPABLES D'ACCOMPLIR LES CHOSES LES	PLUS SIMPLES ET LES PLUS NECESSAIRES; ELLES
31	019	L'ON EST CONTENT... ET PUIS, CE QUI EST	PLUS SINGULIER, CELA DONNE ENVIE D'ETRE
07	022	YEUX DISENT: --''JE SUIS LE DERNIER ET LE	PLUS SOLITAIRE DES HUMAINS, PRIVE D'AMOUR ET
22	029	A MESURE QUE LE JOUR BAISSAIT, PLUS AIGRE,	PLUS SOMBRE, PLUS TAQUIN. INDULGENT ET
10	027	ADRESSER A Z...; C'EST UNE PLUS LOURD, LE	PLUS SOT ET LE PLUS CELEBRE DE TOUS MES
42	063	FEMME QUI ETAIT BIEN LA PLUS DOUCE, LA	PLUS SOUMISE ET LA PLUS DEVOUEE DES CREATURES,
29	073	JOUR OU ELLE AVAIT ENTENDU UN PREDICATEUR,	PLUS SUBTIL QUE SES CONFRERES, S'ECRIER EN
22	027	PROFONDES, LUI GATAIT LES CHOSES LES	PLUS SUCCULENTES. L'AUTRE, UN AMBITIEUX
22	029	LE JOUR BAISSAIT, PLUS AIGRE, PLUS SOMBRE,	PLUS TAQUIN. INDULGENT ET SOCIABLE ENCORE
24	007	L'AIR D'UNE PRINCESSE.'' EN PASSANT	PLUS TARD DANS UNE RUE, IL S'ARRETA DEVANT UNE
42	072	CETTE FILLE INCOMPARABLE SE MARIA. J'EUS	PLUS TARD LA FANTAISIE DE LA REVOIR, ET ELLE
20	045	PLUS VISIBLES DE LA VIE; DEVAIT SE TROUVER	PLUS TARD PRODIGIEUSEMENT EMBARRASSE DE SES
27	127	D'UNE COMMISSION URGENTE. QUELQUES MINUTES	PLUS TARD UN COUP DE SIFFLET AIGU, PROLONGE,
47	011	--SANS DOUTE, J'IRAI VOUS VOIR, MAIS	PLUS TARD, APRES LE MEDECIN, QUE DIABLE!...
47	039	BIEN DES MESSIEURS.'' QUELQUES INSTANTS	PLUS TARD, ME TUTOYANT, ELLE REPRENAIT SON
30	074	ETAIT MORT DEPUIS PLUSIEURS HEURES. QUAND,	PLUS TARD, NOUS EUMES A LA DESHABILLER POUR
35	004	PROFOND, PLUS MYSTERIEUX, PLUS FECOND,	PLUS TENEBREUX, PLUS EBLOUISSANT QU'UNE
30	090	DE LA SENTENCE CONNUE: ''LES DOULEURS LES	PLUS TERRIBLES SONT LES DOULEURS MUETTES.''
13	032	AU GRAND COMPLET. QUELLE EST LA VEUVE LA	PLUS TRISTE ET LA PLUS ATTRISTANTE, CELLE QUI
15	024	LE MAL TERRESTRE. J'EN ETAIS VENU A NE	PLUS TROUVER SI RIDICULES LES JOURNAUX QUI
12	032	QU'IL EST DES BONHEURS SUPERIEURS AU LEUR,	PLUS VASTES ET PLUS RAFFINES. LES FONDATEURS
20	044	QUE D'AUCUNE CONVOITISE POUR LES BIENS LES	PLUS VISIBLES DE LA VIE; DEVAIT SE TROUVER
30	021	CETTE FACULTE QUI REND A NOS YEUX LA VIE	PLUS VIVANTE ET PLUS SIGNIFICATIVE QUE POUR
30	117	RESTAIT PLUS QU'A ME REMETTRE AU TRAVAIL,	PLUS VIVEMENT ENCORE QUE D'HABITUDE, POUR
50	005	QUE J'APPELLERAI A MON AIDE. NON. BIEN	PLUS VOLONTIERS JE M'ADRESSERAIS A STERNE, ET
36	014	LA LUMIERE ET LE BONHEUR. MAIS ELLE FAIT	PLUS VOLONTIERS PENSER A LA LUNE, QUI SANS
15	067	IMPOSSIBILITE DE CONTINUER, IL N'Y AVAIT	PLUS, A VRAI DIRE, AUCUN SUJET DE BATAILLE; LE
21	091	FORCE FASCINATRICE. CE QUI ME FRAPPA LE	PLUS, CE FUT LE MYSTERE DE SA VOIX, DANS
21	087	LE RETOUR, QUI CEPENDANT NE VIEILLISSENT	PLUS, ET DONT LA BEAUTE GARDE LA MAGIE
27	118	SES LEVRES SE RESSERRAIENT DE PLUS EN	PLUS, ET SES YEUX S'ECLAIRAIENT D'UN FEU
42	023	DEGRE OU LA BEAUTE ELLE-MEME NE SUFFIT	PLUS, SI ELLE N'EST ASSAISONNEE PAR LE PARFUM,
50	066	QUE LES HOMMES IMBECILES N'EN VEULENT	PLUS. D'AUTRES QUI, COMME DES NEGRES MARRONS,
31	035	DERRIERE LE CLOCHER... AH! ON NE LE VOIT	PLUS!'' ET L'ENFANT RESTA LONGTEMPS TOURNE DU
47	051	PAR MAURIN, QU'ON A PU VOIR ETALEE PENDANT	PLUSIEURS ANNEES SUR LE QUAI VOLTAIRE.
42	143	SANS MALAISE ET SANS COLERE.'' PENDANT	PLUSIEURS ANNEES, JE L'AI ADMIREE, LE COEUR
43	010	AUSSI UNE GRANDE PARTIE DE SON GENIE.	PLUSIEURS BALLES FRAPPERENT LOIN DU BUT
47	014	ETES UN MEDECIN FARCEUR, J'EN AI CONNU	PLUSIEURS DANS CE GENRE-LA. VENEZ..'' J'AIME
29	038	EXTRAORDINAIRE, IL ME SEMBLAIT, APRES	PLUSIEURS HEURES, QUE JE N'ETAIS PAS PLUS IVRE
30	073	QUI DECLARA QUE L'ENFANT ETAIT MORT DEPUIS	PLUSIEURS HEURES. QUAND, PLUS TARD, NOUS EUMES
10	012	VILLE! RECAPITULONS LA JOURNEE: AVOIR VU	PLUSIEURS HOMMES DE LETTRES, DONT L'UN M'A
06	003	UN CHARDON; SANS UNE ORTIE, JE RENCONTRAI	PLUSIEURS HOMMES QUI MARCHAIENT COURBES,
34	025	DE TOUTE SORTE, S'EXHALAIT, JUSQU'A	PLUSIEURS LIEUES, UNE DELICIEUSE ODEUR DE
27	147	ILS FURENT EFFACES DE LA VIE. DEPUIS LORS,	PLUSIEURS MIMES, JUSTEMENT APPRECIES DANS
27	105	LA JOIE ET DE L'ADMIRATION EBRANLERENT A	PLUSIEURS REPRISES LES VOUTES DE L'EDIFICE
42	104	A CETTE PAUVRE ENFANT LA RATION DE	PLUSIEURS SOLDATS. C'EST DU MOINS CE QUE J'AI
47	021	DU TAUDIS! ON PEUT LA VOIR PENDANT	PLUSIEURS VIEUX POETES FRANCAIS BIEN CONNUS.
10	030	VERRONS!'' M'ETRE VANTE (POURQUOI?) DE	PLUSIEURS VILAINES ACTIONS QUE JE N'AI JAMAIS
47	018	DONC ENTRAINER PAR CETTE COMPAGNE, OU	PLUTOT PAR CETTE ENIGME INESPEREE. J'OMETS LA
20	039	CONSIDERER COMME BIZARRES? SI LA PRUDENCE,	PLUTOT QUE LE CAPRICE, ETAIT LE CARACTERE
35	014	J'AI REFAIT L'HISTOIRE DE CETTE FEMME, OU	PLUTOT SA LEGENDE, ET QUELQUEFOIS JE ME LA
29	027	SOUVENIR EXACTEMENT, ET QUI M'INSPIRAIENT	PLUTOT UNE SYMPATHIE FRATERNELLE QUE CETTE

POEM LINE

```
05  043        UN COUP TERRIBLE, LOURD, A RETENTI A LA   PORTE, ET, COMME DANS LES REVES INFERNAUX, IL
09  083    ET QUAND L'HOMME REPARUT AU DEBOUCHE DE LA   PORTE, JE LAISSAI TOMBER PERPENDICULAIREMENT
34  014       PAS SALEE COMME L'ELEMENT INFAME QUI NOUS PORTE? QUAND POURRONS-NOUS DIGERER DANS UN
49  053        POUR UN ASSEZ LONG TEMPS, HORS DE LA     PORTEE DE TOUT AGENT DE POLICE. AYANT ENSUITE,
20  059        MULTICOLORES LA FEE QUI ETAIT LE PLUS A SA PORTEE, S'ECRIA: ''EH! MADAME! VOUS NOUS
50  073              SANS CARNETS, SANS NOTES ET SANS    PORTEFEUILLES. CONNAISSEZ-VOUS LA PARESSEUSE
17  012        DE GRANDES MERS DONT LES MOUSSONS ME      PORTENT VERS DE CHARMANTS CLIMATS, OU L'ESPACE
30  029              EN AMOUR MYTHOLOGIQUE. JE LUI AI FAIT PORTER LE VIOLON DU VAGABOND, LA COURONNE
26  040        QUE TOUT L'OR DU PAUVRE MONDE EST VENU SE PORTER SUR CES MURS.'' --LES YEUX DU PETIT
50  012       ET SURTOUT QUE CET ANE N'OUBLIE PAS DE     PORTER, DELICATEMENT SUSPENDU ENTRE SES
26  056              AVEC LEURS YEUX OUVERTS COMME DES    PORTES COCHERES! NE POURRIEZ-VOUS PAS PRIER LE
47  105        VEUX VOUS VOIR VETUE DU COSTUME QUE VOUS  PORTIEZ DANS CE FAMEUX ROLE QUE VOUS AVEZ
49  072        AVEC LA SATISFACTION D'UN SOPHISTE DU      PORTIQUE, JE LUI DIS: ''MONSIEUR, VOUS ETES
47  074             NOUS NOUS REVERRONS, TU ME DONNERAS TON PORTRAIT, N'EST-CE PAS, CHERI? --MAIS, LUI
47  022             NON APERCU PAR REGNIER, DEUX OU TROIS PORTRAITS DE DOCTEURS CELEBRES ETAIENT
42  000                                                   PORTRAITS DE MAITRESSES
47  049        N'ETAIT AUTRE CHOSE QUE LA COLLECTION DES PORTRAITS DES MEDECINS ILLUSTRES DE CE TEMPS,
24  026             AVEC DE RARES SIEGES D'UN ROCOCO      PORTUGAIS, D'UN BOIS LOURD ET TENEBREUX (OU
47  067        ET COMME JE TOUCHAIS A UN PAQUET FICELE,   POSE AUSSI SUR LE GUERIDON: ''ATTENDS UN PEU,
08  006             DU RIRE ET DU SOURIRE, S'APPROCHE ET  POSE CURIEUSEMENT SON NEZ HUMIDE SUR LE FLACON
30  026        LES AUTRES, ME SEDUISIT TOUT D'ABORD. IL A POSE PLUS D'UNE FOIS POUR MOI, ET JE L'AI
42  112            SERIEUX, PAR UN HOMME D'ASPECT DOUX ET POSE, D'UNE PHYSIONOMIE PRESQUE CLERICALE.
21  005        EN SECRET AVEC LUI. ET ILS SONT VENUS SE   POSER GLORIEUSEMENT DEVANT MOI, DEBOUT COMME
05  015             NON ANALYSEE, L'ART DEFINI, L'ART     POSITIF EST UN BLASPHEME. ICI, TOUT A LA
18  073             D'HEURES REMPLIES PAR LA JOUISSANCE   POSITIVE, PAR L'ACTION REUSSIE ET DECIDEE?
03  019        VOLUPTE CREE UN MALAISE ET UNE SOUFFRANCE  POSITIVE. MES NERFS TROP TENDUS NE DONNENT
48  001             VIE EST UN HOPITAL OU CHAQUE MALADE EST POSSEDE DU DESIR DE CHANGER DE LIT. CELUI-CI
40  007        LES HOMMES SONT EGAUX EN DROITS; DONC JE   POSSEDE LE DROIT DE ME MIRER; AVEC PLAISIR OU
24  010        N'EST PAS DANS UN PALAIS QUE JE VOUDRAIS   POSSEDER SA CHERE VIE. NOUS N'Y SERIONS PAS
10  003        ET EREINTES. PENDANT QUELQUES HEURES, NOUS POSSEDERONS LE SILENCE, SINON LE REPOS. ENFIN!
29  063             QUI AVAIENT JUSQU'A PRESENT PRIS       POSSESSION DU CERVEAU HUMAIN ET DAIGNA MEME ME
29  103        SORT AVAIT ETE POUR VOUS, C'EST-A-DIRE LA  POSSIBILITE DE SOULAGER ET DE VAINCRE, PENDANT
47  063             LE TEMPS DES EMEUTES. COMMENT EST-CE  POSSIBLE QU'UN SI BEL HOMME AIT SI PEU DE
23  007             DANS LES SOLITUDES. MAIS IL SERAIT    POSSIBLE QUE CETTE SOLITUDE NE FUT DANGEREUSE
27  044        ET VOLONTAIREMENT EXCENTRIQUE, TOUT ETAIT  POSSIBLE, MEME LA VERTU, MEME LA CLEMENCE,
27  083        IMPOSSIBLE DE NE PAS SUPPOSER VIVANTE,     POSSIBLE, REELE. CE BOUFFON ALLAIT, VENAIT,
48  034        ENCORE PLUS LOIN DE LA VIE, SI C'EST       POSSIBLE; INSTALLONS-NOUS AU POLE, LA LE
18  069        ET DELICATE. PLUS LES REVES L'ELOIGNENT DU POSSIBLE. CHAQUE HOMME PORTE EN LUI SA DOSE
28  040        DE MON AMI ET TIRANT TOUTES LES DEDUCTIONS POSSIBLES DE TOUTES LES HYPOTHESES POSSIBLES.
28  041             POSSIBLES DE TOUTES LES HYPOTHESES    POSSIBLES. MAIS CELUI-CI ROMPIT BRUSQUEMENT MA
09  084        MON ENGIN DE GUERRE SUR LE REBORD          POSTERIEUR DE SES CROCHETS; ET LE CHOC LE
20  023        LA TERRIBLE LOI DU TEMPS ET DE SON INFINIE POSTERITE, LES JOURS, LES HEURES, LES MINUTES,
50  011        TOUJOURS DANS LA MEMOIRE DE LA CHAIR       POSTERITE; ET SURTOUT QUE CET ANE N'OUBLIE PAS
11  040        ENTENDU RESONNER LA CHAIR, MALGRE LE POIL  POSTICHE? AUSSI LES YEUX LUI SORTENT
09  082             DU BALCON ET JE ME SAISIS D'UN PETIT  POT DE FLEURS, ET QUAND L'HOMME REPARUT AU
14  048             UNE RUINE D'HOMME, ADOSSE CONTRE UN   POTEAUX DE SA CAHUTE; UNE CAHUTE PLUS
17  024        LE ROULIS IMPERCEPTIBLE DU PORT, ENTRE LES POTS DE FLEURS ET LES GARGOUILLETTES
06  026        ALLUMERA SUR A COTE D'UN TONNEAU DE        POUDRE, POUR VOIR, POUR SAVOIR; POUR TENTER LA
06  001        UN GRAND CIEL GRIS, DANS UNE GRANDE PLAINE POUDREUSE, SANS CHEMINS, SANS GAZON, SANS UN
05  056        EST BIEN LE MIEN. VOICI LES MEUBLES SOTS,  POUDREUX, ECORNES; LA CHEMINEE SANS FLAMME ET
50  018        QUE CHACUN ECARTE, COMME PESTIFERES ET     POUILLEUX, EXCEPTE LE PAUVRE DONT ILS SONT LES
22  025        LA TERRE D'UN MAITRE D'HOTEL UN EXCELLENT  POULET, DANS LEQUEL IL CROYAIT VOIR JE NE SAIS
43  017        FERMA LES YEUX ET LACHA LA DETENTE. LA     POUPEE FUT NETTEMENT DECAPITEE. ALORS
43  014        VERS ELLE, ET LUI DIT: ''OBSERVEZ CETTE    POUPEE, LA-BAS, A DROITE, QUI PORTE LE NEZ EN
24  013        CRIBLES D'OR NE LAISSERAIENT PAS UNE PLACE POUR ACCROCHER SON IMAGE; DANS CES SOLENNELLES
24  039        --QUE MA PENSEE SOIT UNE GRANDE VAGABONDE  POUR ALLER CHERCHER SI LOIN CE QUI EST SI PRES
30  106        QUI TRAINAIT ENCORE. JE M'ELANCAI VIVEMENT POUR ARRACHER CES DERNIERS VESTIGES DU
49  047        DELICAT ET M'ETANT PEU EXERCE A LA BOXE,   POUR ASSOMMER RAPIDEMENT CE VIEILLARD; JE LE
42  157        J'AI TROP LE SENTIMENT DE L'EQUITE         POUR BATTRE, OUTRAGER OU CONGEDIER UN
49  056        DE PIED LANCE DANS LE DOS, ASSEZ ENERGIQUE POUR BRISER LES OMOPLATES, TERRASSE CE
50  002        ECRIVAINS DE MON SIECLE, DE MON ADMIRATION POUR BUFFON; MAIS AUJOURD'HUI CE N'EST PAS
30  113        QU'ELLE S'EPRENAIT DE TENDRESSE MAINTENANT POUR CE QUI AVAIT SERVI D'INSTRUMENT A LA MORT
37  035        LES EMBLEMES DE LEUR FOLIE.'' ET C'EST     POUR CELA, MAUDITE CHERE ENFANT GATEE, QUE JE
41  010        DE PLAISIR MYSTERIEUX ET ARISTOCRATIQUE    POUR CELUI QUI N'A PLUS NI CURIOSITE NI
27  046        Y TROUVER DES PLAISIRS INATTENDUS. MAIS    POUR CEUX QUI, COMME MOI, AVAIENT PU PENETRER
30  118        PLUS VIVEMENT ENCORE QUE D'HABITUDE.       POUR CHASSER PEU A PEU CE PETIT CADAVRE QUI
14  055        ICI LA MISERE ABSOLUE, LA MISERE AFFUBLEE, POUR COMBLE D'HORREUR, DE HAILLONS COMIQUES,
42  138        REGLE. ELLE BARRAIT TOUS MES CAPRICES,     POUR COMBLE D'HORREUR, ELLE N'EXIGEAIT PAS DE
14  005        D'ANIMAUX ET LES BOUTIQUIERS AMBULANTS,    POUR COMPENSER LES MAUVAIS TEMPS DE L'ANNEE.
07  025        CEPENDANT JE SUIS FAIT, MOI AUSSI,         POUR COMPRENDRE ET SENTIR L'IMMORTELLE BEAUTE!
25  061        DE L'ENFANT EST SI AVARE, TROP AVARE,      POUR COMPRENDRE UNE AUTRE BEAUTE QUE CELLE DES
09  028        PREUVE D'ENERGIE. POUR FAIRE LE JOUEUR,    POUR CONNAITRE LES PLAISIRS DE L'ANXIETE, POUR
47  121        MIS DANS MON ESPRIT LE GOUT DE L'HORREUR   POUR CONVERTIR MON COEUR, COMME LA GUERISON AU
24  015        C'EST LA QU'IL FAUDRAIT DEMEURER           POUR CULTIVER LE REVE DE MA VIE.'' ET, TOUT EN
21  010        QUE JE LES PRIS D'ABORD TOUS LES TROIS     POUR DE VRAIS DIEUX. LE VISAGE DU PREMIER
49  034        DE SOCRATE NE SE MANIFESTAIT A LUI QUE     POUR DEFENDRE, AVERTIR, EMPECHER, ET QUE LE
21  084        VUE JE LUI TROUVAI UN BIZARRE CHARME.      POUR DEFINIR CE CHARME, JE NE SAURAIS LE
27  009        IL EXISTE PARTOUT DES HOMMES DE BIEN       POUR DENONCER AU POUVOIR CES INDIVIDUS
11  013        NOUS EN TROUVERONS PEUT-ETRE LE MOYEN,     POUR DEUX SOLS, AU MILIEU D'UNE FETE, ET SANS
45  003        DIT NOTRE PROMENEUR. --MAIS BIEN FAITE     POUR DONNER SOIF! LA, A COUP SUR, LE MAITRE DE CE
15  076        GATEAU! FRIANDISE SI RARE QU'ELLE SUFFIT   POUR ENGENDRER UNE GUERRE PARFAITEMENT
13  050        ELLE S'ASSIT A L'ECART DANS UN JARDIN,     POUR ENTENDRE, LOIN DE LA FOULE, UN DE CES
09  036        FAUT RASSEMBLER TOUTE SA PAUVRE VOLONTE    POUR ENTRER DANS UN CAFE OU PASSER DEVANT LE
21  111        MON DEDAIN: ''VA-T'EN! JE NE SUIS PAS FAIT POUR EPOUSER LA MAITRESSE DE CERTAINS QUE JE
21  027        ETAIT D'UN ROUGE LUMINEUX, ET QUI PORTAIT  POUR ETIQUETTE CES MOTS BIZARRES: ''BUVEZ,
09  018        A UNE CERTAINE MINUTE UN COURAGE DE LUXE   POUR EXECUTER LES ACTES LES PLUS ABSURDES ET
26  044        DU PLUS PETIT, ILS ETAIENT TROP FASCINES   POUR EXPRIMER AUTRE CHOSE QU'UNE JOIE STUPIDE
23  034        DIT QUELQUE PART LA BRUYERE, COMME         POUR FAIRE HONTE A TOUS CEUX QUI COURENT
09  027        LUI-MEME A FAIRE PREUVE D'ENERGIE,         POUR FAIRE LE JOUEUR, POUR CONNAITRE LES
27  051        A MORT. IL VOULAIT PROFITER DE L'OCCASION  POUR FAIRE UNE EXPERIENCE PHYSIOLOGIQUE D'UN
27  023        ET LES EFFORTS BIZARRES QU'IL FAISAIT      POUR FUIR OU POUR VAINCRE CE TYRAN DU MONDE
```

	POEM	LINE
AUX HEUREUX DE CE MONDE, NE FUT-CE QUE — POUR HUMILIER UN INSTANT LEUR SOT ORGUEIL,	12	031
ET CETTE INFATIGABLE MELANCOLIE, FAITE — POUR INSPIRER AU SPECTATEUR UN TOUT AUTRE	11	060
LEUR TETE APLATIE ASSEZ D'INTELLIGENCE — POUR JOUER AU DOMINO! A LA NICHE, TOUS CES	50	031
QUE CETTE SOLITUDE NE FUT DANGEREUSE QUE — POUR L'AME OISIVE ET DIVAGANTE QUI LA PEUPLE	23	007
SEMBLA VAGUEMENT QUE JE LA RECONNAISSAIS — POUR L'AVOIR VUE TRINQUANT AVEC QUELQUES	21	106
PLUS TARD, NOUS EUMES A LE DESHABILLER — POUR L'ENSEVELISSEMENT, LA RIGIDITE	30	074
SUPPLIANTS, QUI CONTIENNENT A LA FOIS, — POUR L'HOMME SENSIBLE QUI SAIT Y LIRE, TANT	28	013
ME DIT QUE LA SOLITUDE EST MAUVAISE — POUR L'HOMME; ET A L'APPUI DE SA THESE IL	23	002
SOLENNELLES GALERIES, IL N'Y A PAS UN COIN — POUR L'INTIMITE. DECIDEMENT, C'EST LA QU'IL	24	014
DIRE. ''ALLONS! UN BON COUP DE BATON — POUR LA CALMER! CAR ELLE DARDE DES YEUX	11	036
SOUS LES MAILLOTS LAVES LA VEILLE — POUR LA CIRCONSTANCE. LES DANSEUSES, BELLES	14	032
MINUTES, CHACUN OUBLIAIT DE MANGER — POUR LA CONTEMPLER. LES GARCONS EUX-MEMES ET	42	086
LES GENTILSHOMMES COUPABLES AVAIENT JOUI — POUR LA DERNIERE FOIS DU SPECTACLE DE LA	27	144
C'EST MOI, UNE FAMEUSE CANAILLE! ET — POUR LA PUNITION DE TA FOLIE ET DE TON	38	018
SI LES FLEURS ET LES PAMPRES ONT ETE FAITS — POUR LE BATON, OU SI LE BATON N'EST QUE LE	32	019
QU'ELLE AIT L'IMAGINATION SUFFISANTE — POUR LE CREER IMMEDIATEMENT. DONC LA BONNE FEE	20	073
SENTIMENT, COMPLIQUE MOITIE DE REGRET — POUR LE FANTOME DISPARU, MOITIE DE SURPRISE	30	007
VENDAIENT DANS CE TEMPS-LA AUX TOURISTES — POUR LE MELER A L'OCCASION AVEC DE L'EAU DE	15	031
SOLITUDE: TERMES EGAUX ET CONVERTIBLES — POUR LE POETE ACTIF ET FECOND, QUI NE SAIT PAS	12	007
TOMBE AUX PIEDS DE CE JOUEUR GENEREUX — POUR LE REMERCIER DE SON INOUIE MUNIFICENCE.	29	121
QU'IL MANIFESTA BIENTOT UN GOUT IMMODERE — POUR LE SUCRE ET LES LIQUEURS; SI BIEN QU'UN	30	042
PROPOS D'UN LIVRE, D'UN POEME, D'UN OPERA — POUR LEQUEL JE LAISSAIS ECHAPPER MON	42	042
VIE PLUS VIVANTE ET PLUS SIGNIFICATIVE QUE — POUR LES AUTRES HOMMES. DANS LE QUARTIER	30	022
CHARITE, NON PLUS QUE D'AUCUNE CONVOITISE — POUR LES BIENS LES PLUS VISIBLES DE LA VIE,	20	044
PATIENCE ET DE LABEUR, UN PARADIS SPECIAL — POUR LES BONS CHIENS, LES PAUVRES CHIENS, LES	50	110
--C'EST QUE TU ES SI GENTIL ET SI BON — POUR LES FEMMES! --SINGULIERE LOGIQUE! ME	47	077
SANS QUE VOUS AYEZ FAIT UN EFFORT — POUR LES GAGNER; VOUS CHANGEREZ DE PATRIE ET	29	112
DE L'ECOLE RENVOYEE A VINGT-QUATRE HEURES. — POUR LES GRANDS C'EST UN ARMISTICE CONCLU AVEC	14	010
BIEN QU'IL Y EN A UN POUR LES TURCS ET UN — POUR LES HOLLANDAIS! LES BERGERS DE VIRGILE ET	50	112
LA DEBAUCHE! PARTOUT LA CERTITUDE DU PAIN — POUR LES LENDEMAINS; PARTOUT L'EXPLOSION	14	053
NOUS DUMES LACERER ET COUPER LES VETEMENTS — POUR LES LUI ENLEVER. ''LE COMMISSAIRE, A QUI,	30	077
ET PRESQUE UN DES AMIS DU PRINCE. MAIS — POUR LES PERSONNES VOUEES PAR ETAT AU COMIQUE,	27	002
LE TRAVAIL! IL DEVIENT PAREIL AUX ENFANTS. — POUR LES PETITS C'EST UN JOUR DE CONGE, C'EST	14	009
CAMARADES AVEC UN AIR DE FATUITE, COMME — POUR LES PRIER D'AJOUTER LEUR APPROBATION A	04	015
LA LUMIERE ET LE MINERAL, ET LE LIQUIDE — POUR LES REFLECHIR!'' MON AME NE REPOND PAS.	48	014
SWEDENBORG AFFIRME BIEN QU'IL Y EN A UN — POUR LES TURCS ET UN POUR LES HOLLANDAIS! LES	50	112
JE VAIS QUELQUEFOIS LES VOIR, RIEN QUE — POUR LES VOIR. IL Y EN A QUI ME DISENT	47	082
L'ORFEVRERIE ET LA FAIENCE Y JOUENT — POUR LES YEUX UNE SYMPHONIE MUETTE ET	18	042
RIRE QUELQUEFOIS DE CEUX QUI LES PLAIGNENT — POUR LEUR FORTUNE SI AGITEE ET POUR LEUR VIE	12	038
PLAIGNENT POUR LEUR FORTUNE SI AGITEE ET — POUR LEUR VIE SI CHASTE.	12	039
ENTRE LES DEUX BOURRELETS DE L'ENFLURE, — POUR LUI DEGAGER LE COU. ''J'AI NEGLIGE DE	30	066
TOURNES VAPOREUSEMENT VERS LE CIEL, COMME — POUR LUI DEMANDER UN ROI, ON DIRAIT	11	066
ET LA VIE. ALORS, JE LUI FIS FORCE SIGNES — POUR LUI FAIRE COMPRENDRE QUE JE CONSIDERAIS	49	070
IL VEUT, DANS LE PERSONNAGE DE CHACUN. — POUR LUI SEUL, TOUT EST VACANT; ET SI DE	12	013
MON PAIN PRESQUE BLANC, ET J'EN COUPAI — POUR LUI UNE BELLE TRANCHE QUE JE LUI OFFRIS.	15	040
OU MONTE VERS MOI DES CHAMPS ELYSEENS, — POUR M'INSPIRER EN FAVEUR DES BONS CHIENS, DES	50	007
DEGOUT ET JE REPONDIS: ''JE N'AI BESOIN, — POUR MA JOUISSANCE, DE LA MISERE DE PERSONNE;	21	080
SUR L'AUTRE BRAS UN PETIT ETRE TROP FAIBLE — POUR MARCHER. IL REMPLISSAIT L'OFFICE DE BONNE	26	032
MON ENNUI, ET JE N'AI PAS UNE BELLE BONNE — POUR ME DORLOTER. IL M'A SOUVENT SEMBLE QUE	31	077
DE MAL, JE SUIS QUELQUEFOIS BON DIABLE, — POUR ME SERVIR D'UNE DE VOS LOCUTIONS	29	100
DESHONORER AUSSI SOUVENT QU'IL LE FAUDRAIT — POUR MERITER LEURS FAVEURS; MAIS JE LES AVAIS	21	121
J'AI REPONDU: ''NON! NON! NON!'' ET — POUR MIEUX ACCENTUER MON REFUS, J'AI FRAPPE SI	38	021
MONTAIENT SUR LES EPAULES DE LEURS PERES — POUR MIEUX VOIR UN ESCAMOTEUR EBLOUISSANT	14	040
O RAFRAICHISSANTES TENEBRES! VOUS ETES — POUR MOI LE SIGNAL D'UNE FETE INTERIEURE, VOUS	22	044
LES MORCEAUX? ''ET QUE PEUVENT SIGNIFIER — POUR MOI TOUS CES PETITS SOUPIRS QUI GONFLENT	11	057
CONTINUER AINSI. L'AMOUR ETAIT DEVENU — POUR MOI UN CAUCHEMAR ACCABLANT. VAINCRE OU	42	147
TOUT D'ABORD. IL A POSE PLUS D'UNE FOIS — POUR MOI, ET JE L'AI TRANSFORME TANTOT EN	30	027
AUREOLE INVISIBLE POUR TOUS, MAIS VISIBLE — POUR MOI, ET OU SE MELAIENT, DANS UN ETRANGE	27	085
COURIR AVEC ZELE OU L'APPELAIT SON DEVOIR. — POUR MOI, JE FUS PRIS SUBITEMENT D'UNE	04	019
PART DE CETTE ATMOSPHERE D'INSOUCIANCE. — POUR MOI, JE NE MANQUE JAMAIS, EN VRAI	14	017
QU'ON RECHERCHE DECIDEMENT LA BEAUTE. — POUR MOI, MESSIEURS, JE ME FAIS GLOIRE D'ETRE	42	020
PAYANT LES ARRERAGES DE LEURS GAGES. -- — POUR MOI, REPRIT L'INTERRUPTEUR, JE N'AI A ME	42	059
TOUT A FAIT MIDI.'' CE QUI ETAIT VRAI. — POUR MOI, SI JE ME PENCHE VERS LA BELLE	16	012
QUE LE FUSSE BIEN LOURDEMENT ASSOUPI — POUR MONTRER DE TELS SCRUPULES. AH! S'ILS	21	116
OU SI LE BATON N'EST QUE LE PRETEXTE — POUR MONTRER LA BEAUTE DES PAMPRES ET DES	32	020
REPONDRONT: ''L'HEURE DE S'ENIVRER! — POUR N'ETRE PAS LES ESCLAVES MARTYRISES DU	33	015
QUI M'OBLIGEA A ME RETIRER DISCRETEMENT — POUR NE PAS LES FAIRE ROUGIR. LE SOIR, JE LES	42	056
TOUT EST LA: C'EST L'UNIQUE QUESTION. — POUR NE PAS SENTIR L'HORRIBLE FARDEAU DU TEMPS	33	002
DE LONGS BAINS DE TENEBRES; CEPENDANT QUE — POUR NOUS DIVERTIR, LES AURORES BOREALES NOUS	48	039
ARRETES, IL N'Y AVAIT PAS ASSEZ DE LITS — POUR NOUS TOUS, IL A ETE DECIDE QUE JE	31	048
PLEURAIT DANS UN COIN, SE DISANT: --''AH! — POUR NOUS, MALHEUREUSES VIEILLES FEMELLES,	02	013
SE SUSPENDAIENT AUX JUPONS DE LEURS MERES — POUR OBTENIR QUELQUE BATON DE SUCRE, OU	14	039
ANALOGIE: ET NE POURRAIS-TU PAS TE MIRER — POUR PARLER COMME LES MYSTIQUES, DANS TA	18	066
PAR TROUPES, DE PLUS DE CINQ LIEUES; — POUR PARTAGER LE REPAS QUE LEUR A PREPARE LA	50	062
PRIX D'ENTREE; CE PRIX SUFFISAIT PEUT-ETRE — POUR PAYER UN DES BESOINS DU PETIT ETRE, MIEUX	13	096
DE VIRGILE ET DE THEOCRITE ATTENDAIENT; — POUR PRIX DE LEURS CHANTS ALTERNES, UN BON	50	114
C'ETAIT GRANDE ASSEMBLEE DES FEES, — POUR PROCEDER A LA REPARTITION DES DONS PARMI	20	001
MUSE FAMILIERE, LA CITADINE, LA VIVANTE; — POUR QU'ELLE M'AIDE A CHANTER LES BONS CHIENS,	50	016
RAFFINEMENT PROFOND DES ANCIENS EGYPTIENS, — POUR QUI IL N'Y AVAIT PAS DE BON FESTIN SANS	45	006
PRIX DE SOIXANTE ET DE CENT MILLE FLORINS — POUR QUI RESOUDRA LEURS AMBITIEUX PROBLEMES!	18	059
QUI NE MANGEZ QUE DE LA VIANDE CUITE; ET — POUR QUI UN DOMESTIQUE HABILE PREND SOIN DE	11	055
OBLIGEE D'ENTASSER PIASTRE SUR PIASTRE — POUR RACHETER SA PETITE SOEUR QUI A BIEN ONZE	25	058
QUI A CHANTE LES PAUVRES CHIENS A RECU — POUR RECOMPENSER UN BEAU GILET, D'UNE COULEUR,	50	117
QUELQUE PART (QUI SAIT, APRES TOUT?): — POUR RECOMPENSER TANT DE COURAGE, TANT DE	50	108
DE MA DETRESSE, QUE JE N'ALLAIS PAS LA — POUR REPANDRE UN VAIN PLEUR; MAIS COMME UN	51	006
AGRANDIS, OUVRIT ENSUITE LA BOUCHE COMME — POUR RESPIRER CONVULSIVEMENT, CHANCELA UN PEU	27	136
POUR CONNAITRE LES PLAISIRS DE L'ANXIETE, — POUR RIEN, PAR CAPRICE, PAR DESOEUVREMENT,	09	029
ENCORE MON PETIT! JE NE VEUX PAS ETRE VENU — POUR RIEN.'' LA FEE POUVAIT ETRE EMBARRASSEE;	20	061
QUITTA VIVEMENT LA LOGE PRINCIERE, COMME — POUR S'ACQUITTER D'UNE COMMISSION URGENTE.	27	126
A COTE D'UN TONNEAU DE POUDRE, POUR VOIR, — POUR SAVOIR, POUR TENTER LA DESTINEE, POUR SE	09	026
POUR SAVOIR, POUR TENTER LA DESTINEE, — POUR SE CONTRAINDRE LUI-MEME A FAIRE PREUVE	09	026

POEM LINE

28	022	ME REPONDIT-IL TRANQUILLEMENT, COMME	POUR SE JUSTIFIER DE SA PRODIGALITE. MAIS DANS
17	004	AVEC MA MAIN COMME UN MOUCHOIR ODORANT,	POUR SECOUER DES SOUVENIRS DANS L'AIR. SI TU
24	030	DES PETITES NEGRESSES....., ET, LA NUIT,	POUR SERVIR D'ACCOMPAGNEMENT A MES SONGES, LE
20	085	VEUT TOUT COMPRENDRE, ET QUI AYANT OBTENU	POUR SON FILS LE MEILLEUR DES LOTS, OSE ENCORE
15	048	AU PREMIER QU'ON AURAIT PU LE PRENDRE	POUR SON FRERE JUMEAU. ENSEMBLE ILS ROULERENT
15	051	VOULANT SANS DOUTE SACRIFIER LA MOITIE	POUR SON FRERE. LE PREMIER, EXASPERE, EMPOIGNA
27	030	QU'IL N'EUT JAMAIS UN THEATRE ASSEZ VASTE	POUR SON GENIE. IL Y A DE JEUNES NERONS QUI
50	029	PAS DANS LEUR MUSEAU POINTU ASSEZ DE FLAIR	POUR SUIVRE LA PISTE D'UN AMI, NI DANS LEUR
21	043	CESSE RENAISSANT, DE SORTIR DE TOI-MEME	POUR T'OUBLIER DANS AUTRUI, ET D'ATTIRER LES
47	045	ALORS? --NON! NON! A MOINS QUE CE NE SOIT	POUR TE COUPER LA TETE! S... S... C... DE S...
09	026	TONNEAU DE POUDRE, POUR VOIR, POUR SAVOIR,	POUR TENTER LA DESTINEE. POUR SE CONTRAINDRE
48	033	PAUVRE AME! NOUS FERONS NOS MALLES	POUR TORNEO. ALLONS PLUS LOIN ENCORE, A
37	011	SERREE A LA GORGE QUE TU EN AS GARDE	POUR TOUJOURS L'ENVIE DE PLEURER. CEPENDANT,
38	024	UN LOUP PRIS AU PIEGE, JE RESTE ATTACHE,	POUR TOUJOURS PEUT-ETRE, A LA FOSSE DE
27	085	AUTOUR DE LA TETE, AUREOLE INVISIBLE	POUR TOUS, MAIS VISIBLE POUR MOI, ET OU SE
04	004	DELIRE OFFICIEL D'UNE GRANDE VILLE FAIT	POUR TROUBLER LE CERVEAU DU SOLITAIRE LE PLUS
42	168	ON FIT APPORTER DE NOUVELLES BOUTEILLES,	POUR TUER LE TEMPS QUI A LA VIE SI DURE, ET
10	022	PRECAUTION D'ACHETER DES GANTS; ETRE MONTE	POUR TUER LE TEMPS, PENDANT UNE AVERSE, CHEZ
43	003	SERAIT AGREABLE DE TIRER QUELQUES BALLES	POUR TUER LE TEMPS. TUER CE MONSTRE-LA
49	053	CETTE BANLIEUE DESERTE, JE ME TROUVAIS,	POUR UN ASSEZ LONG TEMPS, HORS DE LA PORTEE DE
42	100	BIEN; ET CEPENDANT ELLE M'A QUITTE... --	POUR UN FOURNISSEUR AUX VIVRES, SANS DOUTE?
27	108	A CEUX DE SA COUR. CEPENDANT,	POUR UN OEIL CLAIRVOYANT, SON IVRESSE, A LUI,
28	037	BIEN LA PIECE FAUSSE SERAIT PEUT-ETRE,	POUR UN PAUVRE PETIT SPECULATEUR, LE GERME
22	012	COMME LES HIBOUX, LA VENUE DE LA NUIT	POUR UN SIGNAL DE SABBAT? CETTE SINISTRE
41	001	UN PORT EST UN SEJOUR CHARMANT	POUR UNE AME FATIGUEE DES LUTTES DE LA VIE.
10	014	DE TERRE (IL PRENAIT SANS DOUTE LA RUSSIE	POUR UNE ILE); AVOIR DISPUTE GENEREUSEMENT
27	062	RESTREINTES, PEUT MONTRER DE SPLENDEURS	POUR UNE VRAIE SOLENNITE. CELLE-LA ETAIT
27	024	BIZARRES QU'IL FAISAIT POUR FUIR OU	POUR VAINCRE CE TYRAN DU MONDE LUI AURAIENT
50	069	A DE CERTAINS JOURS, LEUR DEPARTEMENT	POUR VENIR A LA VILLE, GAMBADER PENDANT UNE
31	032	PLUS LE VOIR. SANS DOUTE LE VOYAGE,	POUR VISITER TOUS LES PAYS. TENEZ, IL VA
38	005	CETTE FILLE MIRACULEUSE ETAIT TROP BELLE	POUR VIVRE LONGTEMPS; AUSSI EST-ELLE MORTE
09	021	EXISTE, A MIS UNE FOIS LE FEU A UNE FORET	POUR VOIR, DISAIT-IL SI LE FEU PRENAIT AVEC
09	026	UN CIGARE A COTE D'UN TONNEAU DE POUDRE,	POUR VOIR, POUR SAVOIR, POUR TENTER LA
29	103	QUE VOUS AURIEZ GAGNE SI LE SORT AVAIT ETE	POUR VOUS, C'EST-A-DIRE LA POSSIBILITE DE
26	051	MES REGARDS VERS LES VOTRES, CHER AMOUR,	POUR Y LIRE MA PENSEE; JE PLONGEAIS DANS VOS
21	020	DE SON SOUFFLE. AUTOUR DE SA TUNIQUE DE	POURPRE, ET COUVERT DE PLUMETS ET DE
19	027	SON MAITRE, VERNI, DORE, VETU D'UNE ROBE	POURPRE ETAIT ROULE, EN MANIERE DE CEINTURE,
25	037	DOROTHEE, BELLE ET FROIDE COMME LE BRONZE?	POURQUOI A-T-ELLE QUITTE SA PETITE CASE SI
24	050	DOMICILES OU J'AI TROUVE UN EGAL PLAISIR.	POURQUOI DONC RESTE-T-ELLE VOLONTAIREMENT DANS
13	090	SORDIDE! UN SI NOBLE VISAGE M'EN REPOND.	POURQUOI ILS EXISTENT, COMMENT ILS SE SONT
47	125	AUX YEUX DE CELUI-LA SEUL QUI SAIT	POURQUOI JE VOUS HAIS AUJOURD'HUI. IL VOUS
09	064	IL ME SERAIT D'AILLEURS IMPOSSIBLE DE DIRE	POURQUOI L'AURAIS-JE PRISE? MAIS ELLE GATAIT
26	001	AH! VOUS VOULEZ SAVOIR	POURQUOI LA MERE TENAIT TANT A M'ARRACHER LA
42	034	BELLE, CELA VA SANS DIRE; SANS CELA,	POURQUOI ME CROIS-TU MEDECIN? --C'EST QUE TU
30	134	SE FIT DANS MON CERVEAU, ET JE COMPRIS	POURQUOI N'AURAIS-JE PAS L'HONNEUR, COMME
47	076	A MON TOUR, MOI AUSSI, MON IDEE FIXE, --	POURQUOI N'AURAIS-JE PAS MON BON ANGE, ET
49	029	POURQUOI N'AURAIS-JE PAS MON BON ANGE, ET	POURQUOI VOUS REGARDEZ-VOUS AU MIROIR, PUISQUE
49	028	PUISQUE SOCRATE AVAIT SON BON DEMON,	POURQUOI, EXCITAIT LA MIENNE, AU POINT QUE
40	003	ENTRE ET SE REGARDE DANS LA GLACE. ''--	POURQUOI, QUAND CHACUN DE MES COMPAGNONS DIT:
31	130	LA SYMPATHIE, ET QUI, JE NE SAIS	POURQUOI, SE MELER DES AFFAIRES D'UN PENDU.
34	042	SENTAIS ABATTU JUSQU'A LA MORT; ET C'EST	POURQUOI. J'AI ETE PLUS D'UNE FOIS VICTIME DE
30	071	CIVILISE, QUI NE VEUT JAMAIS, JE NE SAIS	POURQUOI? PARCE QUE... PARCE QUE CETTE
09	045	DE SUPPOSER QUE LUI-MEME IL NE SAIT PAS	POURQUOI?) DEMANDA OPINIATREMENT LE PETIT
09	042	AVEC ENTHOUSIASME DEVANT LA FOULE ETONNEE.	POURQUOI?) DE PLUSIEURS VILAINES ACTIONS QUE
20	077	''MAIS PLAIRE COMMENT? PLAIRE...? PLAIRE	POURRAIS APPELER FRATERNITAIRE, SI JE VOULAIS
10	029	ET PUIS NOUS VERRONS!'' M'ETRE VANTE (	POURRAIS-TU PAS TE MIRER, POUR PARLER COMME
23	041	MOUVEMENT ET DANS UNE PROSTITUTION QUE JE	POURRAIT APPELER L'ORIENT DE L'OCCIDENT, LA
18	065	PAS ENCADREE DANS TON ANALOGIE, ET NE	POURRAIT AUSSI BIEN QUALIFIER D'OFFICIEUX, SI
18	004	DANS LES BRUMES DE NOTRE NORD, ET QU'ON	POURRAIT CONSIDERER COMME BIZARRES, SI LA
50	103	DEVOUES, QUE LE DICTIONNAIRE REPUBLICAIN	POURREZ PLUS LE VOIR. SANS DOUTE IL VOYAGE,
20	038	COMMISES CE JOUR-LA QUELQUES BOURDES QU'ON	POURREZ, D'EN FAIRE AUTANT QUE MOI, ET TOUS
29	010	DES HABITATIONS SUPERIEURES DE PARIS NE	POURRIEZ PEUT-ETRE ABOUTIR A QUELQUE CHOSE.
31	032	DEJA BIEN LOIN! TOUT A L'HEURE, VOUS NE	POURRIEZ-VOUS PAS PRIER LE MAITRE DU CAFE DE
31	064	A CETTE HEURE-CI. ESSAYEZ, QUAND VOUS	POURRIONS AIMER ET ESTIMER.'' L'UN D'EUX JETA
10	028	CELEBRE DE TOUS MES AUTEURS, AVEC LUI VOUS	POURRONS PRENDRE DE LONGS BAINS DE TENEBRES,
26	056	YEUX OUVERTS COMME DES PORTES COCHERES! NE	POURRONS-NOUS DIGERER DANS UN FAUTEUIL
42	009	VECU; ET NOUS CHERCHONS CE QUE NOUS	POURRONS-NOUS MANGER DE LA VIANDE QUI NE SOIT
48	038	MONOTONIE, CETTE MOITIE DU NEANT. LA, NOUS	POURTANT! LE TEMPS ET L'AMOUR L'ONT MARQUEE DE
34	014	L'ELEMENT INFAME QUI NOUS PORTE? QUAND	POURVU QUE CE SOIT HORS DE CE MONDE!''
34	012	VENT QUI RONFLE PLUS HAUT QUE NOUS? QUAND	POURVU TOUTEFOIS QU'ELLE AIT L'IMAGINATION
39	001	ELLE EST BIEN LAIDE. ELLE EST DELICIEUSE	POUSSAI VIVEMENT VERS L'ESCALIER, OU IL
48	044	ME CRIE: ''N'IMPORTE OU! N'IMPORTE OU!	POUSSE A REGARDER ATTENTIVEMENT LES VISAGES,
20	072	ENCORE UN, SUPPLEMENTAIRE ET EXCEPTIONNEL,	POUSSE SANS RESISTANCE VERS UNE FOULE
09	079	NATURELLE. ''MA PROFESSION DE PEINTRE ME	POUSSE, COMME SI J'ETAIS UN BOEUF, AVEC SON
30	018	NATURELLE. ''MA PROFESSION DE PEINTRE ME	POUSSE, ME SEMBLAIT-IL, A FAIRE QUELQUE CHOSE
09	059	UN PEU MIEUX QUE LES MEDECINS, QUI NOUS	POUSSES PAR UN INVINCIBLE BESOIN DE MARCHER,
05	083	IL A REPRIS SA BRUTALE DICTATURE. ET IL ME	POUSSIERE D'UN SOL AUSSI DESOLE QUE CE CIEL,
09	051	MAUSSADE, TRISTE, FATIGUE D'OISIVETE, ET	POUSSIERE, CRIS, JOIE, TUMULTE! LES UNS
06	018	ALLAIENT QUELQUE PART, PUISQU'ILS ETAIENT	POUSSIERE! LES MANUSCRITS, RATURES OU
06	026	DU CIEL, LES PIEDS PLONGES DANS LA	POUVAIENT ETRE ALTEREES OU MODIFIEES PAR LA
14	036	D'ETINCELLES. TOUT N'ETAIT QUE LUMIERE,	POUVAIENT REVENIR PENDANT QUE JE SUIS EVEILLE,
05	058	OU LA PLUIE A TRACE DES SILLONS DANS LA	POUVAIS AVOIR UN FRERE A MOI-MEME INCONNU. JE
27	053	LES FACULTES HABITUELLES D'UN ARTISTE	POUVAIS PAS ME PERMETTRE UN GESTE OU UN
21	117	POUR MONTRER DE TELS SCRUPULES. AH! S'ILS	POUVAIS PAS, EN VERITE! L'EMPECHER DE
31	132	QUE J'EUS UN INSTANT L'IDEE BIZARRE QUE JE	POUVAIS SAVOIR TOUT CE QUE JE VOIS! TOUT CE
42	130	MA PROPRE CONSCIENCE, DE SORTE QUE JE NE	POUVAIS, SANS UNE NAVRANTE AMERTUME, ME
30	097	VOIR LE CADAVRE DE SON FILS. JE NE	POUVAIT ALLER EN RUSSIE PAR VOIE DE TERRE (IL
17	006	SECOUER DES SOUVENIRS DANS L'AIR. SI TU	POUVAIT CONCEVOIR UN ASTRE NOIR VERSANT LA
34	034	A QUI ON ARRACHERAIT SA DIVINITE. JE NE	
10	013	DE LETTRES, DONT L'UN M'A DEMANDE SI L'ON	
36	012	LA COMPARERAIS A UN SOLEIL NOIR, SI L'ON	

POEM	LINE		
15	025	PLUS TROUVER SI RIDICULES LES JOURNAUX QUI	PRETENDENT QUE L'HOMME EST NE BON;-- QUAND LA
09	013	D'UN ARC. LE MORALISTE ET LE MEDECIN, QUI	PRETENDENT TOUT SAVOIR, NE PEUVENT PAS
16	032	J'AI EU TANT DE PLAISIR A BRODER CETTE	PRETENTIEUSE GALANTERIE, QUE JE NE VOUS
32	020	POUR LE BATON, OU SI LE BATON N'EST QUE LE	PRETEXTE POUR MONTRER LA BEAUTE DES PAMPRES ET
34	033	INCONCEVABLEMENT TRISTE. SEMBLABLE A UN	PRETRE A QUI ON ARRACHERAIT SA DIVINITE, JE NE VOUS
32	003	UN EMBLEME SACERDOTAL DANS LA MAIN DES	PRETRES ET DES PRETRESSES CELEBRANT LA
12	034	DE COLONIES, LES PASTEURS DE PEUPLES, LES	PRETRES MISSIONNAIRES EXILES AU BOUT DU MONDE,
32	003	SACERDOTAL DANS LA MAIN DES PRETRES ET DES	PRETRESSES CELEBRANT LA DIVINITE DONT ILS SONT
09	027	POUR SE CONTRAINDRE LUI-MEME A FAIRE	PREUVE D'ENERGIE, POUR FAIRE LE JOUEUR, POUR
27	112	DE SES ESPERANCES ET BAFOUE DANS SES	PREVISIONS? DE TELLES SUPPOSITIONS NON
30	100	ET SOMBRE CONSOLATION. ENSUITE ELLE ME	PRIA DE LUI MONTRER L'ENDROIT OU SON PETIT
30	032	DE CE GAMIN UN PLAISIR SI VIF, QUE JE	PRIAI UN JOUR SES PARENTS, DE PAUVRES GENS,
10	023	UNE AVERSE, CHEZ UNE SAUTEUSE QUI M'A	PRIE DE LUI DESSINER UN COSTUME DE VENUSTRE;
50	086	LE TRISTE MOBILIER! MAIS REGARDEZ, JE VOUS	PRIE, CES DEUX PERSONNAGES INTELLIGENTS,
11	015	BIEN LOIN. ''CONSIDERONS BIEN, JE VOUS	PRIE, CETTE SOLIDE CAGE DE FER DERRIERE
09	053	LA FENETRE, HELAS! (OBSERVEZ, JE VOUS	PRIE, QUE L'ESPRIT DE MYSTIFICATION QUI, CHEZ
30	110	MONSIEUR! LAISSEZ-MOI CELA! JE VOUS EN	PRIE! JE VOUS EN SUPPLIE!!! SON DESESPOIR
04	015	AVEC UN AIR DE FATUITE, COMME POUR LES	PRIER D'AJOUTER LEUR APPROBATION A SON
31	121	ETOILES. J'AVAIS EU D'ABORD ENVIE DE LES	PRIER DE M'EMMENER AVEC EUX ET DE M'APPRENDRE
26	057	DES PORTES COCHERES! NE POURRIEZ-VOUS PAS	PRIER LE MAITRE DU CAFE DE LES ELOIGNER
25	050	CELEBRE DOROTHEE. INFAILLIBLEMENT ELLE LE	PRIERA, LA SIMPLE CREATURE, DE LUI DECRIRE LE
29	125	ET, EN ME COUCHANT, FAISANT ENCORE MA	PRIERE PAR UN RESTE D'HABITUDE IMBECILE, JE
29	111	FEERIQUES; VIENDRONT VOUS CHERCHER ET VOUS	PRIERONT DE LES ACCEPTER, SANS QUE VOUS AYEZ
27	140	REELLEMENT FRUSTRE LE BOURREAU? LE	PRINCE AVAIT-IL LUI-MEME DEVINE TOUTE
27	014	CERTAINE. JE CROIRAIS VOLONTIERS, JE VOUS	PRINCE FUT PRESQUE FACHE DE TROUVER SON
27	029	DU PLAISIR. LE GRAND MALHEUR DE CE	PRINCE FUT QU'IL N'EUT JAMAIS UN THEATRE ASSEZ
27	106	AVEC L'ENERGIE D'UN TONNERRE CONTINU. LE	PRINCE LUI-MEME, ENIVRE, MELA SES
27	016	SON COMEDIEN FAVORI PARMI LES REBELLES. LE	PRINCE N'ETAIT NI MEILLEUR NI PIRE QU'UN
27	042	SUPERFICIELS, DES TENDANCES GENEREUSES DU	PRINCE OFFENSE. DE LA PART D'UN HOMME AUSSI
27	049	IL ETAIT INFINIMENT PLUS PROBABLE QUE LE	PRINCE VOULAIT JUGER DE LA VALEUR DES TALENTS
27	115	PENDANT QUE JE CONTEMPLAIS LE VISAGE DU	PRINCE, SUR LEQUEL UNE PALEUR NOUVELLE
42	033	MAITRESSE. ''C'ETAIT LA BATARDE D'UN	PRINCE. BELLE, CELA VA SANS DIRE; SANS CELA,
27	002	BOUFFON, ET PRESQUE UN DES AMIS DU	PRINCE. MAIS POUR LES PERSONNES VOUEES PAR
27	011	ATRABILAIRE QUI VEULENT DEPOSER LES	PRINCES ET OPERER, SANS LA CONSULTER; LES
22	037	CAR ELLE A NATURELLEMENT L'AIR D'UNE	PRINCES, JE CROIS QUE LE CREPUSCULE ALLUMERAIT
24	006	PEUVENT CONFERER LES REPUBLIQUES ET LES	PRINCESSE.'' EN PASSANT PLUS TARD DANS UNE
14	033	DANSEUSES, BELLES COMME DES FEES OU DES	PRINCESSES, SAUTAIENT ET CABRIOLAIENT SOUS LE
27	125	ET PUIS IL QUITTA VIVEMENT LA LOGE	PRINCIERE, COMME POUR S'ACQUITTER D'UNE
13	002	JARDINS PUBLICS IL EST DES ALLEES HANTEES	PRINCIPALEMENT PAR L'AMBITION DECUE, PAR LES
27	067	CHARGES DE PAROLES, QUI SONT SOUVENT LES	PRINCIPAUX DANS CES DRAMES FEERIQUES DONT
27	039	OU FANCIOULLE DEVAIT JOUER L'UN DE SES	PRINCIPAUX ET DE SES MEILLEURS ROLES, ET
40	006	''--MONSIEUR, D'APRES LES IMMORTELS	PRINCIPES DE QUATRE-VINGT-NEUF, TOUS LES
29	065	MEME ME FAIRE CONFIDENCE DE QUELQUES	PRINCIPES FONDAMENTAUX DONT IL NE ME CONVIENT
38	008	MOI-MEME QUI L'AI ENTERREE, UN JOUR QUE LE	PRINTEMPS AGITAIT SON ENCENSOIR JUSQUE DANS
09	065	IMPOSSIBLE DE DIRE POURQUOI JE FUS	PRIS A L'EGARD DE CE PAUVRE HOMME D'UNE HAINE
38	024	SEPULTURE RECENT, ET QUE, COMME UN LOUP	PRIS AU PIEGE, JE RESTE ATTACHE, POUR TOUJOURS
21	009	FIER ET SI PLEIN DE DOMINATION, QUE JE LUI	PRIS D'ABORD TOUS LES TROIS POUR DE VRAIS
30	031	DE LA PASSION, ET LA TORCHE D'EROS. JE	PRIS ENFIN A TOUTE LA DROLERIE DE CE GAMIN UN
10	021	LA MEME PROPORTION, ET CELA SANS AVOIR	PRIS LA PRECAUTION D'ACHETER DES GANTS; ETRE
31	134	S'ETAIT COUCHE. JE TOUT SOLENNELLE AVAIT	PRIS PLACE. LES ENFANTS SE SEPARERENT; CHACUN
29	063	PHILOSOPHIES QUI AVAIENT JUSQU'A PRESENT	PRIS POSSESSION DU CERVEAU HUMAIN ET DAIGNA
04	019	OU L'APPELAIT SON DEVOIR. POUR MOI, JE FUS	PRIS SUBITEMENT D'UNE INCOMMENSURABLE RAGE
42	034	SANS DIRE! SANS CELA, POURQUOI L'AURAIS-JE	PRISE? MAIS ELLE GATAIT CETTE GRANDE QUALITE
41	004	MER, LE SCINTILLEMENT DES PHARES, SONT UN	PRISME MERVEILLEUSEMENT PROPRE A AMUSER LES
28	033	NE POUVAIT-ELLE PAS AUSSI LE CONDUIRE EN	PRISON? UN CABARETIER, UN BOULANGER, PAR
45	010	LENTEMENT UN CIGARE. PUIS, LA FANTAISIE LUI	PRIT DE DESCENDRE DANS CE CIMETIERE, DONT
42	135	QUE DE DETTES PAYEES MALGRE MOI! ELLE ME	PRIVAIT DE TOUS LES BENEFICES QUE J'AURAIS PU
07	023	DERNIER ET LE PLUS SOLITAIRE DES HUMAINS,	PRIVE D'AMOUR ET D'AMITIE, ET BIEN INFERIEUR
12	020	FIEVREUSES, DONT SERONT ETERNELLEMENT	PRIVES L'EGOISTE, FERME COMME UN COFFRE, ET LE
12	010	LE POETE JOUIT DE CET INCOMPARABLE	PRIVILEGE, QU'IL PEUT A SA GUISE ETRE LUI-MEME
27	060	MOINS DE L'AVOIR VU; TOUT CE QUE LA CLASSE	PRIVILEGIEE D'UN PETIT ETAT, A RESSOURCES
13	096	ELLE VETU DE NOIR! SI MODIQUE QUE FUT LE	PRIX D'ENTREE, CE PRIX SUFFISAIT PEUT-ETRE
50	114	VIRGILE ET DE THEOCRITE ATTENDAIENT, POUR	PRIX DE LEURS CHANTS ALTERNES, UN BON FROMAGE,
18	058	DE L'HORTICULTURE! QU'ILS PROPOSENT DES	PRIX DE SOIXANTE ET DE CENT MILLE FLORINS POUR
15	058	IL TACHAIT DE GLISSER DANS SA POCHE UN	PRIX DU COMBAT. MAIS, RAVIVE PAR LE DESESPOIR,
45	030	DE LA MORT! COMME LE	PRIX EST FACILE A GAGNER, LE BUT EST
13	096	SI MODIQUE QUE FUT LE PRIX D'ENTREE, CE	PRIX SUFFISAIT PEUT-ETRE POUR PAYER UN DES
20	014	ACCUMULES A COTE DU TRIBUNAL, COMME LES	PRIX SUR L'ESTRADE, DANS UNE DISTRIBUTION DE
20	015	SUR L'ESTRADE, DANS UNE DISTRIBUTION DE	PRIX. CE QU'IL Y AVAIT ICI DE PARTICULIER,
27	049	ET MALADE, IL ETAIT INFINIMENT PLUS	PROBABLE QUE LE PRINCE VOULAIT JUGER DE LA
18	060	FLORINS POUR QUI RESOUDRA LEURS AMBITIEUX	PROBLEMES! MOI, J'AI TROUVE MA TULIPE NOIRE ET
20	001	C'ETAIT GRANDE ASSEMBLEE DES FEES, POUR	PROCEDER A LA REPARTITION DES DONS PARMI TOUS
31	137	MURIR SA DESTINEE, SCANDALISER LES	PROCHES ET GRAVITER VERS LA GLOIRE OU VERS LE
23	023	DEVINE QUE LEURS EFFUSIONS ORATOIRES LEUR	PROCURENT DES VOLUPTES EGALES A CELLES QUE
28	023	COMME POUR SE JUSTIFIER DE LA	PRODIGALITE. MAIS DANS MON MISERABLE CERVEAU,
31	066	ET VOUS VERREZ!'' LE JEUNE ACTEUR DE CETTE	PRODIGIEUSE REVELATION AVAIT; EN FAISANT SON
25	025	SUR LE SABLE FIN. CAR DOROTHEE EST SI	PRODIGIEUSEMENT COQUETTE QUE LE PLAISIR D'ETRE
20	045	DE LA VIE, DEVAIT SE TROUVER PLUS TARD	PRODIGIEUSEMENT EMBARRASSE DE SES MILLIONS.
29	124	MON SEIN; JE N'OSAIS PLUS CROIRE A UN SI	PRODIGIEUX BONHEUR, ET, EN ME COUCHANT,
16	027	DE CET ETRE? Y VOIS-TU L'HEURE, MORTEL	PRODIGUE ET FAINEANT?'' JE REPONDRAIS SANS
10	042	MON DIEU! ACCORDEZ-MOI LA GRACE DE	PRODUIRE QUELQUES BEAUX VERS QUI ME PROUVENT A
18	086	QUAND, FATIGUES PAR LA HOULE ET GORGES DES	PRODUITS DE L'ORIENT, ILS RENTRENT AU PORT
15	006	VULGAIRES, TELLES QUE LA HAINE ET L'AMOUR	PROFANE, M'APPARAISSAIENT MAINTENANT AUSSI
51	015	QUE NE COMPRENNENT PAS LES VULGAIRES	PROFANES.
30	018	PAR L'ILLUSION LA PLUS NATURELLE. ''MA	PROFESSION DE PEINTRE ME POUSSE A REGARDER
12	022	IL ADOPTE COMME SIENNES TOUTES LES	PROFESSIONS, TOUTES LES JOIES ET TOUTES LES
27	051	D'UN HOMME CONDAMNE A MORT. IL VOULAIT	PROFITER DE L'OCCASION POUR FAIRE UNE
22	065	QUI NE S'ALLUMENT BIEN QUE SOUS LE DEUIL	PROFOND DE LA NUIT.
45	005	PEUT-ETRE MEME CONNAIT-IL LE RAFFINEMENT	PROFOND DES ANCIENS EGYPTIENS, POUR QUI IL N'Y
13	086	REGARDAIT LE MONDE LUMINEUX AVEC UN OEIL	PROFOND, ET ELLE ECOUTAIT EN HOCHANT DOUCEMENT
14	062	SA DESTINEE ETAIT FAITE. MAIS QUEL REGARD	PROFOND, INOUBLIABLE, IL PROMENAIT SUR LA

POEM LINE

	POEM	LINE
CLIMATS, OU L'ESPACE EST PLUS BLEU ET PLUS ... PROFOND, OU L'ATMOSPHERE EST PARFUMEE PAR LES	17	013
FENETRE FERMEE. IL N'EST PAS D'OBJET PLUS ... PROFOND, PLUS MYSTERIEUX, PLUS FECOND, PLUS	35	004
ET TOUT CE QU'ELLE INSPIRE EST NOCTURNE ET ... PROFOND. SES YEUX SONT DEUX ANTRES OU	36	009
HORLOGES SONNENT LE BONHEUR AVEC UNE PLUS ... PROFONDE ET PLUS SIGNIFICATIVE SOLENNITE. SUR	18	031
AUTRE CHOSE QU'UNE JOIE STUPIDE ET ... PROFONDE. LES CHANSONNIERS DISENT QUE LE	26	045
D'UNE FICELLE FORT MINCE QUI ETAIT ENTREE ... PROFONDEMENT DANS LES CHAIRS, ET IL FALLAIT	30	064
ECLAIRS DE LA LUTTE, DANS CES RIDES ... PROFONDES ET NOMBREUSES, DANS CES DEMARCHES SI	13	020
DES PEINTURES BEATES, CALMES ET ... PROFONDES, COMME LES AMES DES ARTISTES QUI LES	18	034
LE SOIR, PRECURSEUR DES VOLUPTES ... PROFONDES, LUI GATAIT LES CHOSES LES PLUS	22	027
IL TROUVE QUELQUE CHOSE APPROCHANT CETTE ... PROFONDEUR DE SENTIMENT COMPLIQUE, DANS LES	28	015
LE PETIT LAC IMMOBILE, NOIR DE SON IMMENSE ... PROFONDEUR DU CIEL ME CONSTERNE; SA LIMPIDITE	03	021
AVAIENT PU PENETRER PLUS AVANT DANS LES ... PROFONDEUR, PASSAIT QUELQUEFOIS L'OMBRE D'UN	15	015
DRAPERIES QU'UNE MAIN INVISIBLE ATTIRE DES ... PROFONDEURS DE CETTE AME CURIEUSE ET MALADE.	27	047
EST L'INFINI, TOUT EN REFLECHISSANT LES ... PROFONDEURS DE L'ORIENT, IMITENT TOUS LES	22	055
FEMMES INFIDELES ET MAUSSADES, ET LEUR ... PROFONDEURS DU CIEL DANS LA LIMPIDITE DE TA	18	084
NI SOULAGER LES BESOINS DE SA DEPLORABLE ... PROGENITURE. TOUS ETAIENT SI AFFOLES	34	017
JAMAIS, QUAND VOUS ENTENDREZ VANTER LE ... PROGENITURE. J'AI OUBLIE DE VOUS DIRE QUE LA	20	050
LA GRANDE IDEE DU SIECLE, C'EST-A-DIRE DU ... PROGRES DES LUMIERES, QUE LA PLUS BELLE DES	29	075
VOS MALADIES ET DE TOUS VOS MISERABLES ... PROGRES ET DE LA PERFECTIBILITE, ET, EN	29	056
CE PAUVRE SOCRATE N'AVAIT QU'UN DEMON ... PROGRES. JAMAIS UN DESIR NE SERA FORME PAR	29	106
SUR LE SOL, SE DISPUTANT LA PRECIEUSE ... PROHIBITEUR; LE MIEN EST UN GRAND AFFIRMATEUR,	49	036
SAGE PAROLE, IL LUI ARRACHE CRUELLEMENT LA ... PROIE, AUCUN N'EN VOULANT SANS DOUTE SACRIFIER	15	050
LA VOLONTE TENACE ET L'AMOUR DE LA ... PROIE, DONT LES BOYAUX DEVIDES RESTENT UN	11	033
QUOI BON EXECUTER DES PROJETS, PUISQUE LE ... PROIE. CEPENDANT, AU BAS DE CE VISAGE	36	024
LES ... PROJET EST EN LUI-MEME UNE JOUISSANCE	24	052
SI LESTEMENT? ET A QUOI BON EXECUTER DES ... PROJETS	24	000
SON OMBRELLE ROUGE, TAMISANT LA LUMIERE, ... PROJETS, PUISQUE LE PROJET EST EN LUI-MEME UNE	24	052
MINUTES PLUS TARD UN COUP DE SIFFLET AIGU, ... PROJETTE SUR SON VISAGE SOMBRE LE FARD	25	015
ET INEBRANLABLE; LES FLEURS, C'EST LA ... PROLONGE, INTERROMPIT FANCIOULLE DANS UN DE	27	128
BORD D'UNE MARE... APRES UNE MELANCOLIQUE ... PROMENADE DE VOTRE FANTAISIE AUTOUR DE VOTRE	32	028
D'EMOTION QUE SI J'AVAIS EGARE, DANS UNE ... PROMENADE OU SES YEUX, A ELLE, REFLECHISSAIENT	42	150
MAIS QUEL REGARD PROFOND, INOUBLIABLE, IL ... PROMENADE, MA CARTE DE VISITE. NOUS FUMAMES	29	046
DES CHATS. UN JOUR UN MISSIONNAIRE, IL ... PROMENAIT SUR LA FOULE ET LES LUMIERES, DONT	14	062
IL SE DISAIT, EN SE ... PROMENANT DANS LA BANLIEUE DE NANKIN,	16	002
IMPUDENT QUE VOUS ETES! VOUS OSEZ VOUS ... PROMENANT DANS UN GRAND PARC SOLITAIRE:	24	001
DANS UNE GRANDE VILLE, QUAND ON SAIT SE ... PROMENER DANS DES QUARTIERS PAUVRES, ET VOUS	09	077
MALHEUR EST BON. JE PUIS MAINTENANT ME ... PROMENER ET REGARDER? LA VIE FOURMILLE DE	47	115
NE VALENT PAS LA PEINE D'ETRE VISITEES. LE ... PROMENER INCOGNITO, FAIRE DES ACTIONS BASSES,	46	014
--''SINGULIERE ENSEIGNE, --SE DIT NOTRE ... PROMENEUR SOLITAIRE ET PENSIF TIRE UN	12	017
UNE TERRE RICHE ET MAGNIFIQUE, PLEINE DE ... PROMENEUR. --MAIS BIEN FAITE POUR DONNER SOIF!	45	002
PAUVRES GENS, DE VOULOIR BIEN ME LE CEDER, ... PROMESSES, QUI NOUS ENVOYAIT UN MYSTERIEUX	34	047
LEURS FORCES ENFANTINES NE SEMBLAIENT LE ... PROMETTANT DE BIEN L'HABILLER, DE LUI DONNER	30	033
M'AVAIT PARU COURTE. NOUS ETIONS BIEN ... PROMETTRE? LE GATEAU VOYAGEAIT DE MAIN EN MAIN	15	063
ARRETER COMME FAUX MONNAYEUR OU COMME ... PROMIS QUE TOUTES NOS PENSEES NOUS SERAIENT	26	007
DES POIGNEES DE MAINS DANS LA MEME ... PROPAGATEUR DE FAUSSE MONNAIE. TOUT AUSSI BIEN	28	035
DES MAUVAISES LECTURES ENGENDRE UN BESOIN ... PROPORTION, ET CELA SANS AVOIR PRIS LA	10	021
VOULU VOIR S'ENVOLER QUE DES CHANSONS. A ... PROPORTIONNEL DU GRAND AIR ET DES	49	019
PLUSIEURS BALLES FRAPPERENT LOIN DU BUT ... PROPOS D'UN LIVRE, D'UN POEME, D'UN OPERA POUR	42	041
CES ALCHIMISTES DE L'HORTICULTURE! QU'ILS ... PROPOSE; L'UNE D'ELLES S'ENFONCA MEME DANS LE	43	010
PHARES, SONT UN PRISME MERVEILLEUSEMENT ... PROPOSENT DES PRIX DE SOIXANTE ET DE CENT	18	058
GESTES AVEC L'EXACTITUDE IRONIQUE DE MA ... PROPRE A AMUSER LES YEUX SANS JAMAIS LES	41	005
POUR PARLER COMME LES MYSTIQUES, DANS TA ... PROPRE CONSCIENCE, DE SORTE QUE JE NE POUVAIS	42	129
DE COCAGNE, TE DIS-JE, OU TOUT EST RICHE, ... PROPRE CORRESPONDANCE? DES REVES! TOUJOURS DES	18	067
PAUVRE MONTRAIT A L'ENFANT RICHE SON ... PROPRE ET LUISANT, COMME UNE BELLE CONSCIENCE,	18	048
N'AVAIT EU PEUR, RELATIVEMENT A SON ... PROPRE JOUJOU, QUE CELUI-CI EXAMINAIT	19	038
BRUSQUEMENT MA REVERIE EN REPRENANT MES ... PROPRE POUVOIR, QU'UNE SEULE FOIS, C'ETAIT LE	29	071
UNE GRANDE AVENUE, IL APERCUT UNE AUBERGE ... PROPRES PAROLES: ''OUI, VOUS AVEZ RAISON; IL	28	043
AVEC UN SUPERBE JURON PATOIS. LE LEGITIME ... PROPRETTE, OU D'UNE FENETRE EGAYEE PAR DES	24	036
PAS DE PARTAGER LES BENEFICES ET LA ... PROPRIETAIRE DU GATEAU ESSAYA D'ENFONCER SES	15	054
JE NE SAIS QUEL SOUVENIR D'UNE TROMPETTE ... PROPRIETE AVEC QUI QUE CE SOIT. ELLE NE SE	29	066
A CETTE INEFFABLE ORGIE, A CETTE SAINTE ... PROSTITUEE. AUSSI JE REPONDIS, AVEC TOUT MON	21	109
LE BONHEUR DANS LE MOUVEMENT ET DANS UNE ... PROSTITUTION DE L'AME QUI SE DONNE TOUT	12	027
LES MEUBLES ONT DES FORMES ALLONGEES, ... PROSTITUTION QUE JE POURRAIS APPELER	23	041
CETTE INOUBLIABLE SOIREE. FANCIOULLE ME ... PROSTREES, ALANGUIES. LES MEUBLES ONT L'AIR DE	05	008
SEUL EST L'EGAL D'UN AUTRE, QUI LE ... PROUVAIT, D'UNE MANIERE PEREMPTOIRE,	27	093
DE PRODUIRE QUELQUES BEAUX VERS QUI ME ... PROUVE, ET CELUI-LA SEUL EST DIGNE DE LA	49	040
GARDIEZ DE MOI UN BON SOUVENIR, ET VOUS ... PROUVENT A MOI-MEME QUE JE NE SUIS PAS LE	10	043
LE NOM ET LA BONNE VOLONTE. L'IMPREVOYANTE ... PROUVER QUE MOI; DONT ON DIT TANT DE MAL, JE	29	098
POURRAIT CONSIDERER COMME BIZARRES, SI LA ... PROVIDENCE AVAIT DONNE A CELUI-CI DES FACULTES	27	033
ELLE DEPOSA SES COULEURS SUR TA FACE. TES ... PRUDENCE, PLUTOT QUE LE CAPRICE, ETAIT LE	20	038
MONDE OU ELLE A ETE JETEE. ELLE N'A JAMAIS ... PRUNELLES EN SONT RESTEES VERTES, ET TES JOUES	37	007
MEME LA CLEMENCE, SURTOUT S'IL AVAIT ... PU CROIRE QUE LA FEMME MERITAIT UNE AUTRE	11	049
DE CLEMENCE? C'EST UN POINT QUI N'A JAMAIS ... PU ESPERER Y TROUVER DES PLAISIRS INATTENDUS.	27	045
ATTENDRIS ET EGAYES A LA FOIS. --J'AURAIS ... PU ETRE ECLAIRCI. ENFIN, LE GRAND JOUR ARRIVE,	27	057
SEMBLABLE AU PREMIER QU'ON AURAIT ... PU FAIRE MA FORTUNE EN LA MONTRANT DANS LES	42	097
ILS SE SONT FAITS ET COMMENT ILS AURAIENT ... PU LE PRENDRE POUR SON FRERE JUMEAU. ENSEMBLE	15	048
IL ME PARUT SINGULIER QUE J'EUSSE ... PU NE PAS SE FAIRE?	47	126
MAIS POUR CEUX QUI, COMME MOI, AVAIENT ... PU PASSER SI SOUVENT A COTE DE CE PRESTIGIEUX	29	012
DEVANT LA COUR DE...; MAIS AUCUN D'EUX N'A ... PU PENETRER PLUS AVANT DANS LES PROFONDEURS DE	27	047
EN SOMME, ELLE EST EXQUISE. LE TEMPS N'A ... PU RAPPELER LES MERVEILLEUX TALENTS DE	27	149
PRIVAIT DE TOUS LES BENEFICES QUE J'AURAIS ... PU ROMPRE L'HARMONIE PETILLANTE DE SA DEMARCHE	39	009
TEMPS, LITHOGRAPHIES PAR MAURIN, QU'ON A ... PU TIRER DE MA FOLIE PERSONNELLE. AVEC UNE	42	136
MA DERNIERE MAITRESSE QUE J'AURAIS ... PU VOIR ETALEE PENDANT PLUSIEURS ANNEES SUR LE	47	051
IL AVAIT A MONTRER DANS CES TENEBRES ... PU, JE CROIS, HAIR OU AIMER LES VOTRES. ET	42	083
A AFFRONTER TOUT LE JOUR L'INDIFFERENCE DU ... PUANTES, DERRIERE SON RIDEAU DECHIQUETE? EN	14	070
DE TOUS LES ENTREPRENEURS DE BONHEUR ... PUBLIC ET LES INJUSTICES D'UN DIRECTEUR QUI SE	50	098
DE MA TRISTE VIE, VOUS RESSEMBLEZ AU ... PUBLIC. --DE CEUX QUI CONSEILLENT A TOUS LES	49	008
QUI CONTRIBUA A FORTIFIER, DANS LE NOBLE ... PUBLIC, A QUI IL NE FAUT JAMAIS PRESENTER DES	08	013
IDEE DE TOMBE ET DE DESTRUCTION. TOUT CE ... PUBLIC, L'IDEE DE DOUCEUR ET DE PARDON. QUAND	27	070
PRESSENT AUTOUR DE L'ENCEINTE D'UN CONCERT ... PUBLIC, SI BLASE ET FRIVOLE QU'IL PUT ETRE,	27	099
	PUBLIC. L'ORCHESTRE JETTE A TRAVERS LA NUIT	13	063

POEM LINE

POEM	LINE		
13	001	VAUVENARGUES DIT QUE DANS LES JARDINS	PUBLICS IL EST DES ALLEES HANTEES
14	082	DEGRADE PAR SA MISERE ET PAR L'INGRATITUDE	PUBLIQUE, ET DANS LA BARAQUE DE QUI LE MONDE
50	064	QUE LEUR A PREPARE LA CHARITE DE CERTAINES	PUCELLES SEXAGENAIRES, DONT LE COEUR INOCCUPE
50	056	PASSENT SOUS LES VOITURES, EXCITES PAR LES	PUCES, LA PASSION, LE BESOIN OU LE DEVOIR.
21	065	ENCORE QUE LEURS MAINS TREMBLANTES; ET	PUIS DE VIEILLES MERES PORTANT DES AVORTONS
39	024	DE LOUAGE OU A UN LOURD CHARIOT. ET	PUIS ELLE EST SI DOUCE ET SI FERVENTE! ELLE
37	005	ET PASSA SANS BRUIT A TRAVERS LES VITRES.	PUIS ELLE S'ETENDIT SUR TOI AVEC LA TENDRESSE
31	060	EU PEUR, PEUR DE LA REVEILLER D'ABORD;	PUIS ENCORE PEUR DE JE NE SAIS QUOI. ENSUITE
25	053	DEVIENNENT IVRES ET FURIEUSES DE JOIE; ET	PUIS ENCORE SI LES BELLES DAMES DE PARIS SONT
27	125	DU JOLI ENFANT S'ILLUMINA D'UN SOURIRE; ET	PUIS IL QUITTA VIVEMENT LA LOGE PRINCIERE,
13	060	FOIS PAR AN. UNE AUTRE ENCORE: JE NE	PUIS JAMAIS M'EMPECHER DE JETER UN REGARD,
30	046	LE MENACAI DE LE RENVOYER A SES PARENTS.	PUIS JE SORTIS, ET MES AFFAIRES ME RETINRENT
27	134	DANS SON REVE, FERMA D'ABORD LES YEUX;	PUIS LES ROUVRIT PRESQUE AUSSITOT,
19	012	PRENDRE; ILS DOUTERONT DE LEUR BONHEUR.	PUIS LEURS MAINS AGRIPPERONT VIVEMENT LE
46	014	DIT, A QUELQUE CHOSE MALHEUR EST BON. JE	PUIS MAINTENANT ME PROMENER INCOGNITO, FAIRE
10	029	ABOUTIR A QUELQUE CHOSE. VOYEZ-LE, ET	PUIS NOUS VERRONS!'' M'ETRE VANTE (POURQUOI?)
04	014	''JE VOUS LA SOUHAITE BONNE ET HEUREUSE!''	PUIS SE RETOURNA VERS JE NE SAIS QUELS
21	075	TROP BIEN DINE. ET CELUI-LA ME DIT: ''JE	PUIS TE DONNER CE QUI OBTIENT TOUT, CE QUI
27	137	UN PEU EN AVANT, UN PEU EN ARRIERE, ET	PUIS TOMBA ROIDE MORT SUR LES PLANCHES. LE
05	046	UN COUP DE PIOCHE DANS L'ESTOMAC. ET	PUIS UN SPECTRE EST ENTRE. C'EST UN HUISSIER
31	019	ET CEPENDANT L'ON EST CONTENT... ET	PUIS, CE QUI EST PLUS SINGULIER, CELA DONNE
15	042	PAS DES YEUX L'OBJET DE SA CONVOITISE; ET	PUIS, HAPPANT LE MORCEAU AVEC SA MAIN, SE
45	010	DES TOMBES, ET FUMA LENTEMENT UN CIGARE.	PUIS, LA FANTAISIE LE PRIT DE DESCENDRE DANS
46	013	INSIGNES QUE DE ME FAIRE ROMPRE LES OS. ET	PUIS, ME SUIS-JE DIT, A QUELQUE CHOSE MALHEUR
22	017	C'EST ICI LA JOIE DE LA FAMILLE!'' JE	PUIS, QUAND LE VENT SOUFFLE DE LA-HAUT, BERCER
08	007	SON NEZ HUMIDE SUR LE FLACON DEBOUCHE;	PUIS, RECULANT SOUDAINEMENT AVEC EFFROI, IL
16	006	LE GAMIN DU CELESTE EMPIRE HESITA D'ABORD;	PUIS, SE RAVISANT, IL REPONDIT: ''JE VAIS VOUS
41	009	LE GOUT DU RHYTHME ET DE LA BEAUTE. ET	PUIS, SURTOUT, IL Y A UNE SORTE DE PLAISIR
11	009	DU BIEN-ETRE ET L'ACCABLEMENT DU REPOS. ET	PUIS, VOUS NE CESSEZ DE VOUS REPANDRE EN
42	161	QUE VOULIEZ-VOUS QUE JE FISSE D'ELLE,	PUISQU'ELLE ETAIT PARFAITE?'' LES TROIS AUTRES
06	018	QU'EVIDEMMENT ILS ALLAIENT QUELQUE PART,	PUISQU'ILS ETAIENT POUSSES PAR UN INVINCIBLE
42	065	ET SANS ENTHOUSIASME! ''JE LE VEUX BIEN,	PUISQUE CELA VOUS EST ''AGREABLE.'' C'ETAIT SA
24	052	ET A QUOI BON EXECUTER DES PROJETS,	PUISQUE LE PROJET EST EN LUI-MEME UNE
24	051	CONTRAINDRE MON CORPS A CHANGER DE PLACE,	PUISQUE MON AME VOYAGE SI LESTEMENT? ET A QUOI
49	028	D'UN BON DEMON, QUI M'ACCOMPAGNE PARTOUT.	PUISQUE SOCRATE AVAIT SON BON DEMON, POURQUOI
48	017	LES REFLECHIR!'' MON AME NE REPOND PAS. ''	PUISQUE TU AIMES TANT LE REPOS, AVEC LE
40	003	''—POURQUOI VOUS REGARDEZ-VOUS AU MIROIR,	PUISQUE VOUS NE POUVEZ VOUS Y VOIR QU'AVEC
20	041	DISTINCTIF, ETERNEL DES FEES. AINSI LA	PUISSANCE D'ATTIRER MAGNETIQUEMENT LA FORTUNE
20	047	AINSI FURENT DONNES L'AMOUR DU BEAU ET LA	PUISSANCE POETIQUE AU FILS D'UN SOMBRE GUEUX,
21	095	PAR L'EAU-DE-VIE. ''VEUX-TU CONNAITRE MA	PUISSANCE?'' DIT LA FAUSSE DEESSE AVEC SA VOIX
14	011	GRANDS C'EST UN ARMISTICE CONCLU AVEC LES	PUISSANCES MALFAISANTES DE LA VIE, UN REPIT
32	034	DU BUT, VARIETE DES MOYENS, AMALGAME TOUT-	PUISSANT ET INDIVISIBLE DU GENIE, QUEL
25	043	DE LA, FAIT A SES REVERIES INDECISES UN	PUISSANT ET MONOTONE ACCOMPAGNEMENT, ET QUE LA
13	046	PAR LES LARMES, DES NOUVELLES D'UN INTERET	PUISSANT ET PERSONNEL. ENFIN, DANS
32	022	DE VOTRE ETONNANTE DUALITE; MAITRE	PUISSANT ET VENERE, CHER BACCHANT DE LA BEAUTE
25	034	DOULEUR SOUS LE SOLEIL QUI LES MORD, QUEL	PUISSANT MOTIF FAIT DONC ALLER AINSI LA
24	021	INDEFINISSABLE..... DANS LA CASE ON	PUISSANT PARFUM DE ROSE ET DE MUSC..... PLUS
27	100	QU'IL PUT ETRE, SUBIT BIENTOT LA TOUTE-	PUISSANTE DOMINATION DE L'ARTISTE. PERSONNE NE
50	096	SANS AVOIR LESTE LEUR ESTOMAC D'UNE SOUPE	PUISSANTE ET SOLIDE? ET NE PARDONNEREZ-VOUS
06	010	L'HOMME DE SES MUSCLES ELASTIQUES ET	PUISSANTS; ELLE S'AGRAFAIT AVEC SES DEUX
18	026	COMPOSERA L'INVITATION AU VOYAGE, QU'ON	PUISSE OFFRIR A LA FEMME AIMEE, A LA SOEUR
27	004	ONT DE FATALES ATTRACTIONS, ET, BIEN QU'IL	PUISSE PARAITRE BIZARRE QUE LES IDEES DE
26	005	EXEMPLE D'IMPERMEABILITE FEMININE QUI SE	PUISSE RENCONTRER. NOUS AVIONS PASSE ENSEMBLE
42	142	DONC IMPARFAITE, MISERABLE! ''AFIN QUE JE	PUISSE T'AIMER SANS MALAISE ET SANS COLERE.''
50	084	DES COUVERTURES TRAINANTES ET SOUILLEES DE	PUNAISES, DEUX CHAISES DE PAILLE, UN POELE DE
38	018	MOI, UNE FAMEUSE CANAILLE! ET POUR LA	PUNITION DE TA FOLIE ET DE TON AVEUGLEMENT, TU
13	102	PATIENCE; ET IL NE PEUT MEME PAS, COMME LE	PUR ANIMAL, COMME LE CHIEN ET LE CHAT, SERVIR
32	005	MAIS PHYSIQUEMENT CE N'EST QU'UN BATON, UN	PUR BATON, PERCHE A HOUBLON, TUTEUR DE VIGNE,
05	014	ARTISTIQUE. RELATIVEMENT AU REVE	PUR, A L'IMPRESSION NON ANALYSEE, L'ART
42	126	A UN INTERMINABLE VOYAGE SUR UNE SURFACE	PURE ET POLIE COMME UN MIROIR.
15	009	MON AME ME SEMBLAIT AUSSI VASTE ET AUSSI	PURE QUE LA COUPOLE DU CIEL DONT J'ETAIS
09	001	IL Y A DES NATURES	PUREMENT CONTEMPLATIVES ET TOUT A FAIT
51	003	LA VILLE EN SON AMPLEUR, HOPITAL, LUPANAR,	PURGATOIRE, ENFER, BAGNE, OU TOUT ENORMITE
13	054	VIEILLE INNOCENTE (OU DE CETTE VIEILLE	PURIFIEE); LA CONSOLATION BIEN GAGNEE D'UNE DE
36	020	ET DISCRETE VISITANT LE SOMMEIL DES HOMMES	PURS; MAIS LA LUNE ARRACHEE DU CIEL, VAINCUE
34	043	DE MES COMPAGNONS DIT: ''ENFIN!'' JE NE	PUS CRIER QUE: ''DEJA!'' CEPENDANT C'ETAIT LA
15	038	BASSE ET RAUQUE, LE MOT: GATEAU! JE NE	PUS M'EMPECHER DE RIRE EN ENTENDANT
27	099	TOUT CE PUBLIC, SI BLASE ET FRIVOLE QU'IL	PUT ETRE, SUBIT BIENTOT LA TOUTE-PUISSANTE

JE NE SAURAIS LE COMPARER A RIEN DE MIEUX		
TOUT ETAIT ACCOMPLI. IL NE RESTAIT PLUS		
SANS DOUTE MOINS FACILE DE LE COMPRENDRE		
DE LA MER DONT LES BORDS NE SE LAISSENT		
PASSERONS-NOUS JAMAIS DANS CE TABLEAU		
JE MENTIRAIS SI JE N'AVOUAIS PAS		
PLACES PARAISSENT LUI ETRE FERMEES, C'EST		
CHOSES TERRESTRES N'ARRIVAIT A MON COEUR		
C'EST BIEN LA LE DECOR QUE JE CHERCHAIS.		
LE HAIS COMME VOUS HAISSEZ DIEU. --EH!		
SANS LA DECACHETER, OU NE SE RESIGNE		
EN CES CAS SOLENNELS, EST SANS APPEL, ET		
MIROIR, PUISQUE VOUS NE POUVEZ VOUS Y VOIR		
DANS LA NUIT. COMME IL Y A LONGTEMPS DEJA		
ET EXCEPTIONNEL, POURVU TOUTEFOIS		
LECTURE; ET JE L'EPIAI LONGTEMPS PENDANT		
CETTE ETRANGETE A L'HORREUR MEME		
DE LA MUSIQUE; UNE MUSIQUE SI SURPRENANTE		
NE DORMAIS PAS, JE ME SUIS AMUSE, PENDANT		
CETTE VILLE EST AU BORD DE L'EAU; ON DIT		
DANS TOUTES LES PARTIES DU MONDE, M'ASSURA		
EN ELLE LE NOIR ABONDE: ET TOUT CE		
FAMILIERE, LA CITADINE, LA VIVANTE, POUR		
DESTRUCTION DE LA SUPERSTITION, ET M'AVOUA		
APRES UN AN DE VIE COMMUNE, ELLE M'AVOUA		
LA PLEBE A LAQUELLE ELLE S'ETAIT MELEE ET		
DOUTE, ME PARUT-IL, TELLEMENT AFFOLEE,		
SUR L'ORGUEIL DE L'AFFRANCHIE, ET, BIEN		
S'APPELLE DU GATEAU; FRIANDISE SI RARE		
DAMES DE PARIS SONT TOUTES PLUS BELLES		
LES DEGAGEMENTS GRATUITS. JE CROIS MEME		
CES AMES SOLITAIRES, DES VEUVES PAUVRES?		
SANS DEDUCTIONS. TOUTEFOIS, CES PENSEES,		
JOUR ELLE S'EST MISE A LA CHIMIE; DE SORTE		
SAVAIT RIEN, NI LUI, NI LES AUTRES; MAIS		
ROQUEPLAN DANS UN IMMORTEL FEUILLETON		
UN HOMME SENSIBLE DIRAIT A UNE COMEDIENNE		
LA JALOUSIE ET DE LA RANCUNE, MEME PENDANT		
LE PEUPLE Y A UNE TELLE HAINE DU VEGETAL,		
PAROLE ET LA CONSCIENCE DES PEDAGOGUES, ET		
UN PARADIS; COMPARATIVEMENT A CELLE		
SUR VOTRE DOS.'' IL M'A BIEN JURE		
DANS LA BANLIEUE DE NANKIN, S'APERCUT		
DROITE, UNE PIECE D'ARGENT DE DEUX FRANCS		
PRESQUE LE PLANCHER; UNE CHAISE,		
CANDEUR. JE VIS ALORS CLAIREMENT		
DES ETRES. UN AUTRE, TIMIDE A CE POINT		
ARGENT SUR UNE DE SES PLANCHES, ESPERANT		
ET DE HASARD, NE NOUS ETONNONS PAS		
PAR UNE SORTE DE STUPEFACTION DE CE		
A ETRE, RELATIVEMENT AU PERSONNAGE		
POUR HUMILIER UN INSTANT LEUR SOT ORGUEIL,		
MAIS JE N'AI PAS OSE, SANS DOUTE PARCE		
EN FAVEUR DU POETE; TANT IL A BIEN COMPRIS		
CE SOIR-LA, UNE PARFAITE IDEALISATION,		
QUAND NOUS VOYONS L'ETRE OU LE FAIT TEL		
QUE L'ENNUI, ET LES EFFORTS BIZARRES		
DANS CE BEAU PAYS SI CALME ET SI REVEUX,		
COIN POUR L'INTIMITE. DECIDEMENT, C'EST LA		
C'EST LA QU'IL FAUT ALLER VIVRE, C'EST LA		
LA QU'IL FAUT ALLER MOURIR! OUI, C'EST LA		
LE BONHEUR EST MARIE AU SILENCE. C'EST LA		
SI VOUS ETES REELLEMENT PHILANTHROPE,		
OUI, C'EST DANS CETTE ATMOSPHERE		
EN FACE DU POELE, ET CELUI-LA CROIT		
A SON COU ET COLLEE A SON DOS; ON EUT DIT		
A CHERCHER LA DIVINITE DANS LES NUEES, ET		
OFFRANT DE ME DESHONORER AUSSI SOUVENT		
DEVANT LES REGARDS DES HOMMES, A CE POINT		
ARRETER LE VOISINAGE D'UN TIR, DISANT		
SINGULIERES DE TRISTESSE PRECOCE; ET		
ET DE TEMPS, MARQUES D'UNE BEAUTE FATALE,		
DEBARBOUILLE, DEVINT CHARMANT, ET LA VIE		
LE PAUVRE GARCON! SES CAMARADES M'ONT DIT		
OU ILS ALLAIENT AINSI. IL ME REPONDIT		
DE SURPRENDRE UN HOMME EN LUI DONNANT PLUS		
PLAISIR. LE GRAND MALHEUR DE CE PRINCE FUT		
DES RUSES DU DIABLE EST DE VOUS PERSUADER		
VERTUS DE CRUSOE, MAIS JE DEMANDE		
ET MON ETRANGE CONVIVE M'AFFIRMA		
FAIT LA LUMIERE DANS LE MIEN; LUI, BIEN		
QUI MARCHE DOUCEMENT. LUI AUSSI, ON DIRAIT		
JURE QU'IL AVAIT COMPRIS MA THEORIE, ET		
POETE JOUIT DE CET INCOMPARABLE PRIVILEGE,		
ONT DE FATALES ATTRACTIONS, ET, BIEN		
TOUT CE PUBLIC, SI BLASE ET FRIVOLE		
PAS DE SON JOUJOU PREFERE, ET VOICI CE		
J'AURAIS TROUVE CURIEUX, SINGULIER,		
CARLIN OU GREDIN, SI ENCHANTE DE LUI-MEME		
QUI DENONCAIT AU GOUVERNEMENT LES INSURGES		

	POEM	LINE
QU'A CELUI DES TRES-BELLES FEMMES SUR LE	21	086
QU'A ME REMETTRE AU TRAVAIL, PLUS VIVEMENT	30	117
QU'A MOI DE VOUS L'EXPLIQUER; CAR VOUS ETES,	26	003
QU'A PEINE APERCEVOIR; CENT FOIS IL S'ETAIT	34	003
QU'A PEINT MON ESPRIT, CE TABLEAU QUI TE	18	075
QU'A PREMIERE VUE JE LUI TROUVAI UN BIZARRE	21	084
QU'A SES YEUX ELLES NE VALENT PAS LA PEINE	12	015
QU'AFFAIBLI ET DIMINUE, COMME LE SON DE LA	15	011
QU'AI-JE A FAIRE DE PALAIS?'' ET PLUS LOIN,	24	033
QU'AIMES-TU DONC, EXTRAORDINAIRE ETRANGER?	01	013
QU'AU BOUT DE SIX MOIS A OPERER UNE DEMARCHE	09	009
QU'AUCUN DON NE PEUT ENTRE REFUSE. TOUTES LES	20	052
QU'AVEC DEPLAISIR?'' L'HOMME EPOUVANTABLE ME	40	004
QU'ELLE A DISPARU! ELLE EST BELLE, ET PLUS QUE	36	006
QU'ELLE AIT L'IMAGINATION SUFFISANTE POUR LE	20	072
QU'ELLE CHERCHAIT DANS LES GAZETTES, AVEC DES	13	044
QU'ELLE DEVAIT EPROUVER, ET JE ME SOUVINS DE	30	088
QU'ELLE DONNE ENVIE TANTOT DE DANSER, TANTOT	31	090
QU'ELLE DORMAIT, A PASSER MA MAIN SUR SES	31	054
QU'ELLE EST BATIE EN MARBRE, ET QUE LE PEUPLE	48	011
QU'ELLE ETAIT, ELLE-MEME, LA PERSONNE LA PLUS	29	069
QU'ELLE INSPIRE EST NOCTURNE ET PROFOND. SES	36	008
QU'ELLE M'AIDE A CHANTER LES BONS CHIENS, LES	50	016
QU'ELLE N'AVAIT EU PEUR, RELATIVEMENT A SON	29	071
QU'ELLE N'AVAIT JAMAIS CONNU LE PLAISIR. JE ME	42	070
QU'ELLE NE VOYAIT PAS, ELLE REGARDAIT LE MONDE	13	085
QU'ELLE S'EPRENAIT DE TENDRESSE MAINTENANT	30	112
QU'ELLE SOIT LIBRE, ELLE MARCHE SANS SOULIERS,	25	027
QU'ELLE SUFFIT POUR ENGENDRER UNE GUERRE	15	076
QU'ELLE. DOROTHEE EST ADMIREE ET CHOYEE DE	25	055
QU'ELLES REGARDAIENT DE TEMPS A AUTRE	20	028
QU'ELLES SOIENT EN DEUIL OU NON, IL EST FACILE	13	026
QU'ELLES SORTENT DE MOI OU S'ELANCENT DES	03	016
QU'ENTRE MA BOUCHE ET LA SIENNE JE TROUVAI	42	047
QU'EST-CE QU'UN THYRSE? SELON LE SENS MORAL ET	32	001
QU'EVIDEMMENT ILS ALLAIENT QUELQUE PART,	06	017
QU'IL A SANS DOUTE OUBLIE, ET DONT MOI SEUL,	50	047
QU'IL AIMERAIT: ''JE VEUX VOUS VOIR VETUE DU	47	104
QU'IL APPLAUDISSAIT OSTENSIBLEMENT LES TALENTS	27	119
QU'IL ARRACHE TOUS LES ARBRES. VOILA UN	48	012
QU'IL ASSISTAIT PRESQUE TOUJOURS EN PERSONNE.	29	082
QU'IL AURAIT SUBIE DANS LE TAUDIS PATERNEL.	30	038
QU'IL AVAIT COMPRIS MA THEORIE, ET QU'IL	49	079
QU'IL AVAIT OUBLIE SA MONTRE, ET DEMANDA A UN	16	003
QU'IL AVAIT PARTICULIEREMENT EXAMINEE.	28	007
QU'IL AVAIT SANS DOUTE REPOUSSEE DU PIED,	30	053
QU'IL AVAIT VOULU FAIRE A LA FOIS LA CHARITE	28	048
QU'IL BAISSE LES YEUX MEME DEVANT LES REGARDS	09	034
QU'IL DEVINERAIT MON INTENTION, QUAND UN GRAND	14	074
QU'IL EN SOIT DE MEME QUELQUEFOIS DANS LA	20	034
QU'IL EPROUVAIT ENCORE, ET LES RAYONS DU	31	068
QU'IL EST CHARGE D'EXPRIMER, CE QUE LES	27	076
QU'IL EST DES BONHEURS SUPERIEURS AU LEUR,	12	032
QU'IL EST TOUJOURS TRES-DIFFICILE DE SE	31	123
QU'IL ETAIT BON ET HONNETE DE CHANTER LES	50	123
QU'IL ETAIT IMPOSSIBLE DE NE PAS SUPPOSER	27	082
QU'IL EXISTE EN DEHORS DE NOUS, NOUS EPROUVONS	30	005
QU'IL FAISAIT POUR FUIR OU POUR VAINCRE CE	27	023
QU'IL FAUDRAIT AVOIR VIVRE ET FLEURIR? NE	18	064
QU'IL FAUDRAIT DEMEURER POUR CULTIVER LE REVE	24	015
QU'IL FAUT ALLER MOURIR! OUI, C'EST LA QU'IL	18	022
QU'IL FAUT ALLER RESPIRER, REVER ET ALLONGER	18	023
QU'IL FAUT ALLER VIVRE, C'EST LA QU'IL FAUT	18	021
QU'IL FAUT APPLIQUER A TOUS VOS CONFRERES,	49	075
QU'IL FERAIT BON VIVRE, --LA-BAS, OU LES	18	028
QU'IL GUERIRAIT A COTE DE LA FENETRE. IL ME	48	003
QU'IL LA CONSIDERAIT COMME FAISANT PARTIE DE	06	022
QU'IL LA TROUVERAIT FREQUEMMENT RENTRANT.	31	073
QU'IL LE FAUDRAIT POUR MERITER LEURS FAVEURS;	21	121
QU'IL LUI FAUT RASSEMBLER TOUTE SA PAUVRE	09	035
QU'IL LUI SERAIT AGREABLE DE TIRER QUELQUES	43	002
QU'IL MANIFESTA BIENTOT UN GOUT IMMODERE POUR	30	041
QU'IL ME SEMBLAIT AVOIR VUS DEJA A DES EPOQUES	29	024
QU'IL MENAIT CHEZ MOI LUI SEMBLAIT UN PARADIS,	30	037
QU'IL N'AVAIT PAS LE SOU, PARCE QUE SES	47	091
QU'IL N'EN SAVAIT RIEN, NI LUI, NI LES AUTRES;	06	016
QU'IL N'ESPERE.'' JE LE REGARDAIS DANS LE	28	045
QU'IL N'EUT JAMAIS UN THEATRE ASSEZ VASTE POUR	27	030
QU'IL N'EXISTE PAS!!' LE SOUVENIR DE CE	29	076
QU'IL NE DECRETE PAS D'ACCUSATION LES AMOUREUX	23	014
QU'IL NE DEDAIGNAIT PAS, EN BEAUCOUP DE CAS,	29	080
QU'IL NE SOIT PAS RARE DE VOIR LA MEME CAUSE	22	041
QU'IL NOUS REGARDE.'' ''MAIS QUI DONC?''	31	028
QU'IL OBEIRAIT A MES CONSEILS.	49	080
QU'IL PEUT A SA GUISE ETRE LUI-MEME ET AUTRUI.	12	010
QU'IL PUISSE PARAITRE BIZARRE QUE LES IDEES DE	27	004
QU'IL PUT ETRE, SUBIT BIENTOT LA	27	099
QU'IL REGARDAIT: DE L'AUTRE COTE DE LA GRILLE,	19	029
QU'IL S'AMUSAT A COMPROMETTRE LES PAUVRES;	28	054
QU'IL S'ELANCE INDISCRETEMENT DANS LES JAMBES	50	023
QU'IL SOIGNAIT A SON HOPITAL. C'ETAIT LE TEMPS	47	062

POEM LINE

POEM	LINE		
21	018	ODEUR D'UNE PARFUMERIE; ET A CHAQUE FOIS	QU'IL SOUPIRAIT, DES INSECTES MUSQUES
47	100	QUE JE N'OSE PAS LUI DIRE? --JE VOUDRAIS	QU'IL VINT ME VOIR AVEC SA TROUSSE ET SON
20	015	DANS UNE DISTRIBUTION DE PRIX. CE	QU'IL Y AVAIT ICI DE PARTICULIER, C'EST QUE
50	107	DES CHIENS! ET QUE DE FOIS J'AI PENSE	QU'IL Y AVAIT PEUT-ETRE QUELQUE PART (QUI
50	111	ET DESOLES. SWEDENBORG AFFIRME BIEN	QU'IL Y EN A UN POUR LES TURCS ET UN POUR LES
34	019	AFFOLES PAR L'IMAGE DE LA TERRE ABSENTE,	QU'ILS AURAIENT, JE CROIS, MANGE DE L'HERBE
18	080	CANAUX TRANQUILLES. CES ENORMES NAVIRES	QU'ILS CHARRIENT, TOUT CHARGES DE RICHESSES,
18	056	EMBELLIE, REFONDUE. QU'ILS CHERCHENT,	QU'ILS CHERCHENT ENCORE, QU'ILS RECULENT SANS
18	056	OU ELLE EST CORRIGEE, EMBELLIE, REFONDUE.	QU'ILS CHERCHENT, QU'ILS CHERCHENT ENCORE,
13	011	PATURE CERTAINE. CAR S'IL EST UNE PLACE	QU'ILS DEDAIGNENT DE VISITER, COMME JE
50	078	TRIOMPHANTS, DU PLAISIR ORGUEILLEUX	QU'ILS EPROUVENT A RIVALISER AVEC LES CHEVAUX?
31	088	SONT DEVENUS TOUT A FAIT BRILLANTS PENDANT	QU'ILS FAISAIENT DE LA MUSIQUE; UNE MUSIQUE SI
37	030	LE LIEU OU ILS NE SONT PAS, LA FEMME	QU'ILS NE CONNAISSENT PAS, LES FLEURS
31	104	LA FORET, OU J'AI COMPRIS SEULEMENT ALORS	QU'ILS NE DEMEURAIENT NULLE PART. ALORS L'UN A
06	036	MOI, ET J'EN FUS PLUS LOURDEMENT ACCABLE	QU'ILS NE L'ETAIENT EUX-MEMES PAR LEURS
42	165	COMPRENDRE ET COMME AVOUANT IMPLICITEMENT	QU'ILS NE SE SENTAIENT PAS, QUANT A EUX,
31	099	ILS ETAIENT SI CONTENTS D'EUX-MEMES,	QU'ILS ONT CONTINUE A JOUER LEUR MUSIQUE DE
18	058	CES ALCHIMISTES DE L'HORTICULTURE!	QU'ILS PROPOSENT DES PRIX DE SOIXANTE ET DE
18	056	QU'ILS CHERCHENT, QU'ILS CHERCHENT ENCORE,	QU'ILS RECULENT SANS CESSE LES LIMITES DE LEUR
50	033	A LA NICHE, TOUS CES FATIGANTS PARASITES!	QU'ILS RETOURNENT A LEUR NICHE SOYEUSE ET
49	009	ESCLAVES, ET DE CEUX QUI LEUR PERSUADENT	QU'ILS SONT TOUS DES ROIS DETRONES. --ON NE
35	021	SUR QUE CETTE LEGENDE SOIT LA VRAIE?''	QU'IMPORTE CE QUE PEUT ETRE LA REALITE PLACEE
09	091	ET ON PEUT SOUVENT LES PAYER CHER. MAIS	QU'IMPORTE L'ETERNITE DE LA DAMNATION A QUI A
05	026	SUR CE TRONE DE REVERIE ET DE VOLUPTE?	QU'IMPORTE? LA VOILA! JE LA RECONNAIS. VOILA
48	035	AU POLE. LA LE SOLEIL NE FRISE	QU'OBLIQUEMENT LA TERRE, ET LES LENTES
47	051	DE CE TEMPS, LITHOGRAPHIES PAR MAURIN,	QU'ON A PU VOIR ETALEE PENDANT PLUSIEURS
11	022	VOTRE. ''CE MONSTRE EST UN DE CES ANIMAUX	QU'ON APPELLE GENERALEMENT ''MON ANGE!'',
15	048	ET SI PARFAITEMENT SEMBLABLE AU PREMIER	QU'ON AURAIT PU LE PRENDRE POUR SON FRERE
11	042	ELLE ETINCELLE TOUT ENTIERE, COMME LE FER	QU'ON BAT. ''TELLES SONT LES MOEURS CONJUGALES
31	091	OU DE FAIRE LES DEUX A LA FOIS, ET	QU'ON DEVIENDRAIT COMME FOU SI ON LES ECOUTAIT
31	057	ET LA PEAU EN EST SI DOUCE, SI DOUCE,	QU'ON DIRAIT DU PAPIER A LETTRE OU DU PAPIER
28	017	DANS LES YEUX LARMOYANTS DES CHIENS	QU'ON FOUETTE. L'OFFRANDE DE MON AMI FUT
18	017	FROIDES MISERES, CETTE NOSTALGIE DU PAYS	QU'ON IGNORE, CETTE ANGOISSE DE LA CURIOSITE?
09	022	SI LE FEU PRENAIT AVEC AUTANT DE FACILITE	QU'ON L'AFFIRME GENERALEMENT. DIX FOIS DE
28	057	MAIS IL Y A QUELQUE MERITE A SAVOIR	QU'ON L'EST! ET LE PLUS IRREPARABLE DES VICES
19	022	RICHESSE RENDENT CES ENFANTS-LA SI JOLIS,	QU'ON LES CROIRAIT FAITS D'UNE AUTRE PATE QUE
50	028	QUATRE PATTES, FRISSONNANTS ET DESOEUVRES,	QU'ON NOMME LEVRETTES, ET QUI NE LOGENT MEME
35	006	FENETRE ECLAIREE D'UNE CHANDELLE. CE	QU'ON PEUT VOIR AU SOLEIL EST TOUJOURS MOINS
18	003	NOYE DANS LES BRUMES DE NOTRE NORD, ET	QU'ON POURRAIT APPELER L'ORIENT DE L'OCCIDENT,
20	038	COMMISES CE JOUR-LA QUELQUES BOURDES	QU'ON POURRAIT CONSIDERER COMME BIZARRES, SI
18	026	QUI COMPOSERA L'INVITATION AU VOYAGE,	QU'ON PUISSE OFFRIR A LA FEMME AIMEE, A LA
42	020	C'EST DEJA UNE DECADENCE. C'EST ALORS	QU'ON RECHERCHE DECIDEMENT LA BEAUTE. POUR
42	107	SOUFFRANCES ATROCES PAR LE CONTRAIRE DE CE	QU'ON REPROCHE EN GENERAL A L'EGOISTE FEMELLE.
27	016	LE PRINCE N'ETAIT NI MEILLEUR NI PIRE	QU'ON AUTRE; MAIS UNE EXCESSIVE SENSIBILITE LE
32	005	LES SERVITEURS. MAIS PHYSIQUEMENT CE N'EST	QU'UN BATON; UN PUR BATON, PERCHE A HOUBLON,
23	010	ET DE SES CHIMERES. IL EST CERTAIN	QU'UN BAVARD, DONT LE SUPREME PLAISIR CONSISTE
49	036	PERSUADER. CE PAUVRE SOCRATE N'AVAIT	QU'UN DEMON PROHIBITEUR; LE MIEN EST UN GRAND
30	043	POUR LA FORCE ET LES LIQUEURS! SI BIEN	QU'UN JOUR OU JE CONSTATAI QUE, MALGRE MES
29	044	QUE JE N'EPROUVAI, QUANT A CETTE PERTE,	QU'UN PEU MOINS D'EMOTION QUE SI J'AVAIS
06	006	SON DOS UNE ENORME CHIMERE, AUSSI LOURDE	QU'UN SAC DE FARINE OU DE CHARBON, OU LE
47	064	TEMPS DES EMEUTES. COMMENT EST-CE POSSIBLE	QU'UN SI BEL HOMME AIT SI PEU DE COEUR?
32	001	QU'EST-CE	QU'UN THYRSE? SELON LE SENS MORAL ET POETIQUE,
35	005	FECOND, PLUS TENEBREUX, PLUS EBLOUISSANT	QU'UNE FENETRE ECLAIREE D'UNE CHANDELLE. QUE
26	044	TROP FASCINES POUR EXPRIMER AUTRE CHOSE	QU'UNE JOIE STUPIDE ET PROFONDE. LES
30	012	DE SUPPOSER UNE MERE SANS AMOUR MATERNEL	QU'UNE LUMIERE SANS CHALEUR; N'EST-IL DONC PAS
07	008	C'EST ICI UNE ORGIE SILENCIEUSE. ON DIRAIT	QU'UNE LUMIERE TOUJOURS CROISSANTE FAIT DE
22	055	GLOIRES DU COUCHANT, LES LOURDES DRAPERIES	QU'UNE MAIN INVISIBLE ATTIRE DES PROFONDEURS
28	027	CADEAU!) ENTRA SOUDAINEMENT CETTE IDEE	QU'UNE PAREILLE CONDUITE, DE LA PART DE MON
05	079	L'IMPLACABLE VIE!'' IL N'Y A	QU'UNE SECONDE DANS LA VIE HUMAINE QUI AIT
29	072	PEUR, RELATIVEMENT A SON PROPRE POUVOIR,	QU'UNE SEULE FOIS; C'ETAIT LE JOUR OU ELLE
26	010	NOS DEUX AMES DESORMAIS N'EN FERAIENT PLUS	QU'UNE; --UN REVE QUI N'A RIEN D'ORIGINAL,
50	021	FRATERNEL. FI DU CHIEN BELLATRE, DE CE FAT	QUADRUPEDE, DANOIS, KING-CHARLES, CARLIN OU
47	052	ETALEE PENDANT PLUSIEURS ANNEES SUR LE	QUAI VOLTAIRE. ''TIENS! LE RECONNAIS-TU
50	104	REPUBLICAIN POURRAIT AUSSI BIEN	QUALIFIER D'OFFICIEUX, SI LA REPUBLIQUE, TROP
42	035	PRISE? MAIS ELLE GATAIT CETTE GRANDE	QUALITE PAR UNE AMBITION MALSEANTE ET
34	042	ABATTU JUSQU'A LA MORT; ET C'EST POURQUOI,	QUAND CHACUN DE MES COMPAGNONS DIT: ''ENFIN!''
34	009	DE LA TERRE EXASPERAIT LEUR SOUFFRANCE. ''	QUAND DONC'', DISAIENT-ILS, ''CESSERONS-NOUS
12	012	ERRANTES QUI CHERCHAIT UN CORPS, IL ENTRE,	QUAND IL VEUT, DANS LE PERSONNAGE DE CHACUN.
47	085	PARCE QUE JE LEUR FAIS DES MINES. --ET	QUAND ILS NE TE COMPRENNENT PAS...? --DAME!
21	073	COMME CERTAINS HOMMES DE TOUS LES PAYS	QUAND ILS ONT TROP BIEN DINE. ET CELUI-LA ME
49	076	QU'IL FAUT APPLIQUER A TOUS VOS CONFRERES,	QUAND ILS VOUS DEMANDERONT L'AUMONE, LA
17	033	LONGTEMPS TES TRESSES LOURDES ET NOIRES,	QUAND JE MORDILLE TES CHEVEUX ELASTIQUES ET
09	082	JE ME SAISIS D'UN PETIT POT DE FLEURS, ET	QUAND L'HOMME REPARUT AU DEBOUCHE DE LA PORTE,
30	004	EUX, OU DES HOMMES AVEC LES CHOSES.	QUAND L'ILLUSION DISPARAIT; C'EST-A-DIRE QUAND
21	033	ANNEAUX D'UNE CHAINE D'OR ROMPUE, ET	QUAND LA GENE QUI EN RESULTAIT LE FORCAIT A
15	026	QUI PRETENDENT QUE L'HOMME EST NE BON;--	QUAND LA MATIERE INCURABLE RENOUVELANT SES
30	096	JE M'OCCUPAIS DES DERNIERS PREPARATIFS,	QUAND LA MERE ENTRA DANS MON ATELIER. ELLE
07	018	VOLONTAIRES CHARGE DE FAIRE RIRE LES ROIS	QUAND LE REMORDS OU L'ENNUI LES OBSEDE,
22	018	ICI LA JOIE DE LA FAMILLE!'' JE PUIS,	QUAND LE VENT SOUFFLE DE LA-HAUT, BERCER MA
21	048	A ME SOUVENIR, JE NE VEUX RIEN OUBLIER; ET	QUAND MEME JE NE TE CONNAITRAIS PAS, VIEUX
42	084	TOUT LE MONDE L'ADMIRAIT AUTANT QUE MOI.	QUAND NOUS ENTRIONS DANS UN RESTAURANT, AU
29	088	CERTAINE TRISTESSE: ''NOUS NOUS SALUONS	QUAND NOUS NOUS RENCONTRONS, MAIS COMME DEUX
47	073	DES PHYSIONOMIES BEAUCOUP PLUS JEUNES. ''	QUAND NOUS NOUS REVERRONS, TU ME DONNERAS TON
30	004	QUAND L'ILLUSION DISPARAIT, C'EST-A-DIRE	QUAND NOUS VOYONS L'ETRE OU LE FAIT TEL QU'IL
27	072	PUBLIC, L'IDEE DE DOUCEUR ET DE PARDON,	QUAND ON DIT D'UN COMEDIEN: ''VOILA UN BON
47	115	NE TROUVE-T-ON PAS DANS UNE GRANDE VILLE,	QUAND ON SAIT SE PROMENER ET REGARDER? LA VIE
34	014	COMME L'ELEMENT INFAME QUE NOUS PORTE?	QUAND POURRONS-NOUS DIGERER DANS UN FAUTEUIL,
34	012	PAR UN VENT QUI RONFLE PLUS HAUT QUE NOUS?	QUAND POURRONS-NOUS MANGER DE LA VIANDE QUI NE
20	056	LARGESSE A JETER A TOUT CE FRETIN HUMAIN,	QUAND UN BRAVE HOMME, UN PAUVRE PETIT
15	033	JE DECOUPAIS TRANQUILLEMENT MON PAIN,	QUAND UN BRUIT TRES-LEGER ME FIT LEVER LES
14	075	ESPERANT QU'IL DEVINERAIT MON INTENTION,	QUAND UN GRAND REFLUX DU PEUPLE, CAUSE PAR JE

POEM LINE

POEM	LINE		
30	035	ET DE NE PAS LUI IMPOSER D'AUTRE PEINE	QUE DE NETTOYER MES PINCEAUX ET DE FAIRE MES
13	067	DEGUSTER INDOLEMMENT LA MUSIQUE. ICI RIEN	QUE DE RICHE, D'HEUREUX; RIEN QUI NE RESPIRE
50	094	MACONNERIE EST ACHEVEE. N'EST-IL PAS JUSTE	QUE DE SI ZELES COMEDIENS NE SE METTENT PAS EN
20	019	AUSSI BIEN LA SOURCE DE SON MALHEUR	QUE DE SON BONHEUR. LES PAUVRES FEES ETAIENT
42	133	L'AMOUR M'APPARAISSAIT COMME UNE TUTELLE.	QUE DE SOTTISES ELLE M'A EMPECHE DE FAIRE, QUE
28	044	D'OU JE N'AURAIS VOULU VOIR S'ENVOLER	QUE DE SURPRENDRE UN HOMME EN LUI DONNANT PLUS
09	047	DE CES ELANS, QUI NOUS AUTORISENT A CROIRE	QUE DES CHANSONS. A PROPOS D'UN LIVRE, D'UN
20	029	DE L'HORLOGE AVEC AUTANT D'IMPATIENCE	QUE DES DEMONS MALICIEUX SE GLISSENT EN NOUS
20	025	EN VERITE, ELLES ETAIENT AUSSI AHURIES	QUE DES JUGES HUMAINS QUI, SIEGEANT DEPUIS LE
03	020	MES NERFS TROP TENDUS NE DONNENT PLUS	QUE DES MINISTRES UN JOUR D'AUDIENCE, OU DES
09	066	CE PAUVRE HOMME D'UNE HAINE AUSSI SOUDAINE	QUE DES VIBRATIONS CRIARDES ET DOULOUREUSES.
47	012	VOIR, MAIS PLUS TARD, APRES LE MEDECIN,	QUE DESPOTIQUE. ''--HE! HE!'' ET JE LUI CRIAI
44	003	JE CONTEMPLAIS LES MOUVANTES ARCHITECTURES	QUE DIABLE!... --AH! AH! --FIT-ELLE, TOUJOURS
13	056	SANS CAUSERIE, SANS JOIE, SANS CONFIDENT,	QUE DIEU FAIT AVEC LES VAPEURS, LES
27	103	SANS INQUIETUDE, AUX VOLUPTES MULTIPLIEES	QUE DIEU LAISSAIT TOMBER SUR ELLE, DEPUIS BIEN
29	016	UNE BEATITUDE SOMBRE, ANALOGUE A CELLE	QUE DONNE LA VUE D'UN CHEF-D'OEUVRE D'ART
21	045	ET JE LUI REPONDIS: ''GRAND MERCI! JE N'AI	QUE DURENT EPROUVER LES MANGEURS DE LOTUS
50	014	ARRIERE LA MUSE ACADEMIQUE! JE N'AI	QUE FAIRE DE CETTE PACOTILLE D'ETRES QUI, SANS
14	068	LARMES REBELLES QUI NE VEULENT PAS TOMBER.	QUE FAIRE DE CETTE VIEILLE BEGUEULE. J'INVOQUE
27	013	EN QUESTION FURENT ARRETES, AINSI	QUE FAIRE? A QUOI BON DEMANDER A L'INFORTUNE
13	095	ENFANT COMME ELLE VETU DE NOIR; SI MODIQUE	QUE FANCIOULLE, ET VOUES A UNE MORT CERTAINE.
10	032	LACHEMENT NIE QUELQUES AUTRES MEFAITS	QUE FUT LE PRIX D'ENTREE, CE PRIX SUFFISAIT
10	038	ET LA SOLITUDE DE LA NUIT. AMES DE CEUX	QUE J'AI ACCOMPLIS AVEC JOIE, DELIT DE
10	039	AMES DE CEUX QUE J'AI AIMES, AMES DE CEUX	QUE J'AI AIMES, AMES DE CEUX QUE J'AI CHANTES,
22	020	EXCITE LES FOUS. --JE ME SOUVIENS	QUE J'AI CHANTES, FORTIFIEZ-MOI, SOUTENEZ-MOI,
49	077	ILS VOUS DEMANDERONT L'AUMONE, LA THEORIE	QUE J'AI EU DEUX AMIS QUE LE CREPUSCULE
42	104	DE PLUSIEURS SOLDATS. C'EST DU MOINS CE	QUE J'AI EU LA DOULEUR D'ESSAYER SUR VOTRE
47	016	J'AIME PASSIONNEMENT LE MYSTERE, PARCE	QUE J'AI SUPPOSE. --MOI, DIT LE QUATRIEME,
47	099	CE CHER ENFANT! --EH BIEN! CROIRAIS-TU	QUE J'AI TOUJOURS L'ESPOIR DE LE DEBROUILLER.
21	047	TU SERAS BELLE A MA MANIERE. TU AIMERAS CE	QUE J'AI UNE DROLE D'ENVIE QUE JE N'OSE PAS
37	018	OU INCONVENANTES.) LA PREMIERE PERSONNE	QUE J'AIE QUELQUE HONTE A ME SOUVENIR, JE NE
42	030	L'AME DE CE PEINTRE DE LA NATURE POMPEUSE	QUE J'AIME ET CE QUI M'AIME; L'EAU, LES
50	004	LA PARURE, ET CAETERA. J'AVOUERAI MEME	QUE J'AIME SURTOUT DANS LES ANIMAUX, C'EST
42	025	PAPIER DE SOIE. J'Y AVAIS TANT DE PLAISIR	QUE J'APERCUS DANS LA RUE, CE FUT UN VITRIER
31	058	MOI! ELLE ME PRIVAIT DE TOUS LES BENEFICES	QUE J'APPELLERAI A MON AIDE. NON. BIEN PLUS
42	136	NOS FREQUENTES LIBATIONS, ET JE DOIS DIRE	QUE J'ASPIRE QUELQUEFOIS, COMME A UN BONHEUR
29	041	DECIDER A N'IMPORTE QUOI, ET AUSSI PARCE	QUE J'AURAIS LONGTEMPS CONTINUE, SI JE N'AVAIS
31	124	LA TETE CONTRE UN MUR. JE DOIS AVOUER	QUE J'AURAIS PU TIRER DE MA FOLIE PERSONNELLE.
49	050	ME SUIS SENTI FROLE PAR UN ETRE MYSTERIEUX	QUE J'AVAIS JOUE ET PERDU MON AME, EN PARTIE
29	002	INSPECTE LES ENVIRONS D'UN COUP D'OEIL, ET	QUE J'AVAIS PEUR D'ETRE RATTRAPE AVANT D'ETRE
49	052	LE COU. ''J'AI NEGLIGE DE VOUS DIRE	QUE J'AVAIS PREALABLEMENT INSPECTE LES
30	068	QUE JE VOIS! TOUT CE QUE JE SENS! TOUT CE	QUE J'AVAIS TOUJOURS DESIRE CONNAITRE, ET QUE
17	007	AUSSI EST-ELLE MORTE QUELQUES JOURS APRES	QUE J'AVAIS VERIFIE QUE DANS CETTE BANLIEUE
38	007	POURQUOI, EXCITAIT LA MIENNE, AU POINT	QUE J'AVAIS VIVEMENT APPELE AU SECOURS; MAIS
31	131	EXEMPLE APPROCHANT. IL ME PARUT SINGULIER	QUE J'ENTENDS DANS TES CHEVEUX! MON AME VOYAGE
29	011	LES AUTRES HOMMES. DANS LE QUARTIER RECULE	QUE J'EUS FAIT SA CONNAISSANCE, JE DINAIS
30	023	SINGULIERE DE LEURS REGARDS, JE DIRAIS	QUE J'EUS UN INSTANT L'IDEE BIZARRE QUE JE
24	033	OUI, EN VERITE, C'EST BIEN LA LE DECOR	QUE J'EUSSE PU PASSER SI SOUVENT A COTE DE CE
27	091	PRESENTE ME MONTENT AUX YEUX PENDANT	QUE J'HABITE, ET OU DE VASTES ESPACES GAZONNES
49	071	FIS FORCE SIGNES POUR LUI FAIRE COMPRENDRE	QUE JAMAIS JE NE VIS D'YEUX BRILLANT PLUS
27	114	TRAVERSERENT MON ESPRIT PENDANT	QUE JE CHERCHAIS. QU'AI-JE A FAIRE DE
14	072	DE MA TIMIDITE VOUS FAIRE RIRE, J'AVOUERAI	QUE JE CHERCHE A VOUS DECRIRE CETTE
23	030	VOYEZ-VOUS LE SUBTIL ENVIEUX! IL SAIT	QUE JE CONSIDERAIS LA DISCUSSION COMME FINIE,
23	022	LA PAROLE. JE NE LES PLAINS PAS, PARCE	QUE JE CONTEMPLAIS LE VISAGE DU PRINCE, SUR
48	007	CETTE QUESTION DE DEMENAGEMENT EN EST UNE	QUE JE CRAIGNAIS DE L'HUMILIER. ENFIN, JE
31	048	DE LITS POUR NOUS TOUS, IL A ETE DECIDE	QUE JE DEDAIGNE LES SIENNES, ET IL VIENT
42	161	LUI MANQUER DE RESPECT. QUE VOULIEZ-VOUS	QUE JE DEVINE QUE LEURS EFFUSIONS ORATOIRES
49	011	DETRONES. --ON NE TROUVERA PAS SURPRENANT	QUE JE DISCUTE SANS CESSE AVEC MON AME.
21	116	''EN VERITE, ME DIS-JE, IL FALLAIT	QUE JE DORMIRAIS DANS LE MEME LIT QUE MA
29	122	INOUIE MUNIFICENCE. MAIS PEU A PEU, APRES	QUE JE FISSE D'ELLE, PUISQU'ELLE ETAIT
21	105	SEDUISANTE VIRAGO! IL ME SEMBLA VAGUEMENT	QUE JE FUSSE ALORS DANS UN ETAT D'ESPRIT
21	009	L'AIR SI FIER ET SI PLEIN DE DOMINATION,	QUE JE FUSSE BIEN LOURDEMENT ASSOUPI POUR
47	084	Y EN A D'AUTRES QUI ME COMPRENNENT, PARCE	QUE JE L'EUS QUITTE, L'INCURABLE DEFIANCE
47	096	PAS BESOIN D'ARGENT.'' MAIS TU COMPRENDS	QUE JE LA RECONNAISSAIS POUR L'AVOIR VUE
15	041	ET J'EN COUPAI POUR LUI UNE BELLE TRANCHE	QUE JE LES PRIS D'ABORD TOUS LES TROIS POUR DE
15	044	CRAINT QUE MON OFFRE NE FUT PAS SINCERE OU	QUE JE LEUR FAIS DES MINES. --ET QUAND ILS NE
17	034	ELASTIQUES ET REBELLES, IL ME SEMBLE	QUE JE LUI AI FAIT ENTENDRE CA PAR UNE FOULE
10	044	QUE JE NE SUIS PAS INFERIEUR A CEUX	QUE JE LUI OFFRIS. LENTEMENT IL SE RAPPROCHA,
10	030	(POURQUOI?) DE PLUSIEURS VILAINES ACTIONS	QUE JE M'EN REPENTISSE DEJA. MAIS AU MEME
13	079	ET SI NOBLE DANS TOUT SON AIR,	QUE JE MANGE DES SOUVENIRS.
29	060	ET UNE TRANQUILLITE DANS LA DROLERIE	QUE JE MEPRISE!
51	006	SAIS BIEN, O SATAN, PATRON DE MA DETRESSE,	QUE JE N'AI JAMAIS COMMISES, ET AVOIR
49	063	RETOURNER, SE REDRESSER AVEC UNE ENERGIE	QUE JE N'AI PAS SOUVENIR D'AVOIR VU SA
29	044	SOUVENT INUTILE ET QUELQUEFOIS SI GENANTE,	QUE JE N'AI TROUVEES DANS AUCUN DES PLUS
29	038	IL ME SEMBLAIT, APRES PLUSIEURS HEURES,	QUE JE N'ALLAIS PAS LA POUR REPANDRE UN VAIN
47	100	CROIRAIS-TU QUE J'AI UNE DROLE D'ENVIE	QUE JE N'AURAIS JAMAIS SOUPCONNEE DANS UNE
31	074	ENFIN LE QUATRIEME DIT: ''VOUS SAVEZ	QUE JE N'EPROUVAI, QUANT A CETTE PERTE, QU'UN
42	130	IRONIQUE DE MA PROPRE CONSCIENCE, DE SORTE	QUE JE N'ETAIS PAS PLUS IVRE QUE LUI.
47	080	J'AIME TANT CES MESSIEURS, QUE, BIEN	QUE JE N'OSE PAS LUI DIRE? --JE VOUDRAIS QU'IL
10	044	QUE JE NE SUIS PAS LE DERNIER DES HOMMES,	QUE JE NE M'AMUSE GUERE A LA MAISON; ON ME ME
10	043	BEAUX VERS QUI ME PROUVENT A MOI-MEME	QUE JE NE POUVAIS PAS ME PERMETTRE UN GESTE OU
21	112	FAIT POUR EPOUSER LA MAITRESSE DE CERTAINS	QUE JE NE SOIS PAS MALADE, JE VAIS QUELQUEFOIS
29	107	JAMAIS UN DESIR NE SERA FORME PAR VOUS,	QUE JE NE SUIS PAS INFERIEUR A CEUX QUE JE
16	033	A BRODER CETTE PRETENTIEUSE GALANTERIE,	QUE JE NE SUIS PAS LE DERNIER DES HOMMES, QUE
11	052	DONT LE MONDE EST PEUPLE, QUE VOULEZ-VOUS	QUE JE NE VEUX PAS NOMMER.'' CERTES, D'UNE SI
47	112	D'UN AIR TRES-TRISTE, ET MEME, AUTANT	QUE JE NE VOUS AIDE A LE REALISER; SOYEZ
23	041	DANS LE MOUVEMENT ET DANS UNE PROSTITUTION	QUE JE NE VOUS DEMANDERAI RIEN EN ECHANGE.
31	132	POINT QUE J'EUS UN INSTANT L'IDEE BIZARRE	QUE JE PENSE DE VOTRE JOLI ENFER, VOUS QUI NE
			QUE JE PEUX ME SOUVENIR, EN DETOURNANT LES
			QUE JE POURRAIS APPELER FRATERNITAIRE, SI JE
			QUE JE POUVAIS AVOIR UN FRERE A MOI-MEME

LA DROLERIE DE CE GAMIN UN PLAISIR SI VIF,
''SOIS DONC IMPARFAITE, MISERABLE! ''AFIN
DANS LES REVES INFERNAUX, IL M'A SEMBLE
CES SUBTILES ET TERRIBLES MIRETTES,
QUI CHUCHOTAIT A MON OREILLE, UNE VOIX
QUE J'AVAIS TOUJOURS DESIRE CONNAITRE, ET
QUE DE SOTTISES ELLE M'A EMPECHE DE FAIRE,
PAYS SUPERBE, UN PAYS DE COCAGNE, DIT-ON,
LE BOULEVARD, EN GRANDE HATE, ET
DONT J'AI MAINTENANT CONNAISSANCE ET
SAVOIR TOUT CE QUE JE VOIS! TOUT CE
LA STUPIDITE. IL M'AVAIT SEMBLE SEULEMENT
BIEN NULLE PART, ET JE CROIS TOUJOURS
A COTE DE LA FENETRE. IL ME SEMBLE
ET VOUS TUERA A SON PLAISIR! ''TANT POETE
DE MOI, SI ELLE M'A AIDE A VIVRE, A SENTIR
AH! S'ILS POUVAIENT REVENIR PENDANT
POUR CELA, MAUDITE CHERE ENFANT GATEE,
L'IDEAL. SI VOUS MEPRISEZ LE SOLIVEAU (CE
AIDE A VIVRE, A SENTIR QUE JE SUIS ET CE
ET DE TON AVEUGLEMENT, TU M'AIMERAS TELLE
DANS L'AIR. SI TU POUVAIS SAVOIR TOUT CE
SE DIT: ''NON! CE N'EST PAS DANS UN PALAIS
GEMISSAIT ET GROGNAIT. ON EUT DIT
COMIQUES, OU LA NECESSITE, BIEN PLUS
LA NOIRCEUR DE SON AME!'' TOUT CELA, PARCE
--JE NE CONNAIS RIEN DE PLUS INQUIETANT
PENDU. ENFIN VINT UN MEDECIN QUI DECLARA
IL NE CONNAISSAIT D'ENNEMI DANGEREUX
COMPOSE D'UNE FOULE DE CRIS DISCORDANTS,
FREQUENTE VOLONTIERS LES LIEUX ARIDES, ET
FENETRE, HELAS! ''OBSERVEZ, JE VOUS PRIE,
AMI, L'EPOUSE EST ''ENCORE AUSSI VIERGE
PAREIL AUX PIEDS DES DEESSES DE MARBRE
SI RIDICULES LES JOURNAUX QUI PRETENDENT
PARCOURU LE DICTIONNAIRE. MAIS CE N'ETAIT
D'UNE MANIERE PEREMPTOIRE, IRREFUTABLE!
FAIT PENSER A CES CHEVAUX DE GRANDE RACE
CIEL PAR L'ENERGIE DE LEURS COULEURS, ET
TOUTES LES JOIES ET TOUTES LES MISERES
CONCEVOIR, A MOINS DE L'AVOIR VU, TOUT CE
LIASSE DE PAPIERS, QUI N'ETAIT AUTRE CHOSE
AME ME SEMBLAIT AUSSI VASTE ET AUSSI PURE
PROGENITURE. J'AI OUBLIE DE VOUS DIRE
A ETE JETEE, ELLE N'A JAMAIS PU CROIRE
JOUER LEUR MUSIQUE DE SAUVAGES, MEME APRES
LES PASSIONS VULGAIRES, TELLES
TENDRES OU ECLATANTES. NE DIRAIT-ON PAS
COMME UN DE CES MATS AERIENS QUI ANNONCENT
UN PUISSANT ET MONOTONE ACCOMPAGNEMENT, ET
DE SES GRANDS EVENTAILS DE PLUMES, PENDANT
DE MON AMI FUT BEAUCOUP PLUS CONSIDERABLE
TOUJOURS QUE JE SERAIS MIEUX AILLEURS ET
AU SPECTATEUR UN TOUT AUTRE SENTIMENT
ENTENDRE VANTER LE PROGRES DES LUMIERES,
QUELQUE HONNEUR; MAIS ILS NE TRADUISENT
UN GAZETIER PHILANTHROPE ME DIT
COMME BIZARRES, SI LA PRUDENCE, PLUTOT
UN DEGOUT MELE D'HORREUR ET DE COLERE,
LES REPUBLIQUES ET LES PRINCES, JE CROIS
--JE ME SOUVIENS QUE J'AI EU DEUX AMIS
DES PAROLES DES PERES DE L'EGLISE. --JE
PEUT-ETRE L'HOMME, MAIS HEUREUX L'ARTISTE
''MON DIEU! SEIGNEUR, MON DIEU! FAITES
ESCLAVES COMPLAISANTS, SOUMIS OU DEVOUES,
AUTRE A VOILER LES TERREURS DU GOUFFRE;
UN AMBITIEUX BLESSE, DEVENAIT, A MESURE
QUE POUR DEFENDRE, AVERTIR, EMPECHER, ET
UN OBJET RARE ET INCONNU. OR, CE JOUJOU,
DE L'ANNEE. EN CES JOURS-LA IL ME SEMBLE
ON DIRAIT QU'ELLE EST BATIE EN MARBRE, ET
DOROTHEE EST SI PRODIGIEUSEMENT COQUETTE
ET PROFONDE. LES CHANSONNIERS DISENT
OU PAR CES HAUTES FENETRES OUVRAGEES
POEME SATIRIQUE. ET TOUTES LES FOIS
DE LA VIE. C'EST SURTOUT VERS CES LIEUX
DE PETITES INVENTIONS A UN SOL, --TELLES
FAITS POUR LE BATON, OU SI LE BATON N'EST
UNE MORT CERTAINE. JE CROIRAIS VOLONTIERS
MALADE. IL ETAIT INFINIMENT PLUS PROBABLE
C'EST MOI-MEME QUI L'AI ENTERRE, UN JOUR
ENFIN! SEUL! ON N'ENTEND PLUS
MAITRE DE LA MATIERE VIVANTE, PLUS ENCORE
QUI S'EVEILLE. QUELS SONT LES INFORTUNES
CHALEUR Y FAISAIENT RAGE, ET L'ON EUT DIT
SES ETATS. TOUT D'UN COUP LE BRUIT COURUT
MOQUER DE LA PLAINTE DE SON VOISIN, TANDIS
ENVIE DE VOUS APPRENDRE CE QUE C'EST
AIME COMME ON AIME EN AUTOMNE; ON DIRAIT
MANGE DE L'HERBE AVEC PLUS D'ENTHOUSIASME
CE QU'IL Y AVAIT ICI DE PARTICULIER, C'EST

	POEM	LINE
QUE JE PRIAI UN JOUR SES PARENTS, DE PAUVRES	30	032
QUE JE PUISSE T'AIMER SANS MALAISE ET SANS	42	142
QUE JE RECEVAIS UN COUP DE PIOCHE DANS	05	044
QUE JE RECONNAIS A LEUR EFFRAYANTE MALICE!	05	028
QUE JE RECONNUS BIEN; C'ETAIT CELLE D'UN BON	49	026
QUE JE RECONNUS TOUT DE SUITE, QUOIQUE JE NE	29	003
QUE JE REGRETTE DE N'AVOIR PAS COMMISES! QUE	42	134
QUE JE REVE DE VISITER AVEC UNE VIEILLE AMIE.	18	002
QUE JE SAUTILLAIS DANS LA BOUE, A TRAVERS CE	46	007
QUE JE SAVOURE MINUTE PAR MINUTE, SECONDE PAR	05	038
QUE JE SENS! TOUT CE QUE J'ENTENDS DANS TES	17	006
QUE JE SENTAIS, CONFINE AU FOND DE MON	49	013
QUE JE SERAIS MIEUX AILLEURS QUE LA OU JE	31	082
QUE JE SERAIS TOUJOURS BIEN LA OU JE NE SUIS	48	005
QUE JE SOIS, JE NE SUIS PAS AUSSI DUPE QUE	11	071
QUE JE SUIS ET CE QUE JE SUIS?	35	022
QUE JE SUIS EVEILLE, JE NE FERAIS PAS TANT LE	21	118
QUE JE SUIS MAINTENANT COUCHE A TES PIEDS,	37	035
QUE JE SUIS MAINTENANT, COMME VOUS SAVEZ	11	068
QUE JE SUIS?	35	023
QUE JE SUIS!'' MAIS MOI, FURIEUX, J'AI	38	019
QUE JE VOIS! TOUT CE QUE JE SENS! TOUT CE QUE	17	006
QUE JE VOUDRAIS POSSEDER SA CHERE VIE. NOUS	24	010
QUE L'APPROCHE DE LA TERRE EXASPERAIT LEUR	34	008
QUE L'ART, AVAIT INTRODUIT LE CONTRASTE. IL NE	14	056
QUE L'AUTRE N'ETAIT PAS DE SON AVIS DANS LA	47	059
QUE L'ELOQUENCE MUETTE DE CES YEUX SUPPLIANTS,	28	012
QUE L'ENFANT ETAIT MORT DEPUIS PLUSIEURS	30	073
QUE L'ENNUI, ET LES EFFORTS BIZARRES QU'IL	27	022
QUE L'ESPACE TRANSFORME EN UNE LUGUBRE	22	007
QUE L'ESPRIT DE MEURTRE ET DE LUBRICITE	23	005
QUE L'ESPRIT DE MYSTIFICATION QUI, CHEZ	09	053
QUE L'ETAIT VOTRE MAITRESSE.'' RIEN N'ETAIT	42	075
QUE L'EUROPE ENFERME DANS SES MUSEES, IMPRIME	25	023
QUE L'HOMME EST NE BON;-- QUAND LA MATIERE	15	025
QUE L'IDEE D'UNE IDEE, QUELQUE CHOSE	49	016
QUE L'IVRESSE DE L'ART EST PLUS APTE QUE TOUTE	27	093
QUE L'OEIL DU VERITABLE AMATEUR RECONNAIT	39	021
QUE LA CHALEUR, RENDANT VISIBLES LES PARFUMS,	07	011
QUE LA CIRCONSTANCE LUI PRESENTE. CE QUE LES	12	023
QUE LA CLASSE PRIVILEGIEE D'UN PETIT ETAT, A	27	060
QUE LA COLLECTION DES PORTRAITS DES MEDECINS	47	049
QUE LA COUPOLE DU CIEL DONT J'ETAIS ENVELOPPE;	15	009
QUE LA DISTRIBUTION, EN CES CAS SOLENNELS, EST	20	051
QUE LA FEMME MERITAT UNE AUTRE DESTINEE.	11	050
QUE LA FOULE S'EST DISPERSEE. ENFIN ILS ONT	31	100
QUE LA HAINE ET L'AMOUR PROFANE.	15	006
QUE LA LIGNE COURBE ET LA SPIRALE FONT LEUR	32	012
QUE LA MACONNERIE EST ACHEVEE. N'EST-IL PAS	50	092
QUE LA MARMITE DE FER, OU CUIT UN RAGOUT DE	25	044
QUE LA MER, QUI BAT LA PLAGE A CENT PAS DE LA,	25	041
QUE LA MIENNE, ET JE LUI DIS: ''VOUS AVEZ	28	019
QUE LA OU JE SUIS. EH BIEN! J'AI VU, A LA	31	082
QUE LA PITIE? EN VERITE, IL ME PREND	11	061
QUE LA PLUS BELLE DES RUSES DU DIABLE EST DE	29	075
QUE LA SATIETE DU BIEN-ETRE ET L'ACCABLEMENT	11	008
QUE LA SOLITUDE EST MAUVAISE POUR L'HOMME; ET	23	001
QUE LE CAPRICE, ETAIT LE CARACTERE DISTINCTIF,	20	039
QUE LE CLOU ETAIT RESTE FICHE DANS LA PAROI,	30	104
QUE LE CREPUSCULE ALLUMERAIT ENCORE EN LUI LA	22	038
QUE LE CREPUSCULE RENDAIT TOUT MALADES. L'UN	22	021
QUE LE DEMON FREQUENTE VOLONTIERS LES LIEUX	23	004
QUE LE DESIR DECHIRE! JE BRULE DE PEINDRE	36	002
QUE LE DIABLE TIENNE SA PAROLE!''	29	127
QUE LE DICTIONNAIRE REPUBLICAIN POURRAIT AUSSI	50	103
QUE LE GENIE PEUT JOUER LA COMEDIE AU BORD DE	27	095
QUE LE JOUR BAISSAIT, PLUS AIGRE, PLUS SOMBRE,	22	028
QUE LE MIEN DAIGNE CONSEILLER, SUGGERER,	49	034
QUE LE PETIT SOUILLON AGACAIT, AGITAIT ET	19	040
QUE LE PEUPLE OUBLIE TOUT, LA DOULEUR ET LE	14	007
QUE LE PEUPLE Y A UNE TELLE HAINE DU VEGETAL,	48	011
QUE LE PLAISIR D'ETRE ADMIRE L'EMPORTE CHEZ	25	026
QUE LE PLAISIR REND L'AME BONNE ET AMOLLIT LE	26	046
QUE LE PLOMB DIVISE EN NOMBREUX COMPARTIMENTS.	18	038
QUE LE POETE ENDOSSE LE GILET DU PEINTRE, IL	50	129
QUE LE POETE ET LE PHILOSOPHE AIMENT DIRIGER	13	009
QUE LE POLICHINELLE PLAT MU PAR UN SEUL FIL,	19	005
QUE LE PRETEXTE POUR MONTRER LA BEAUTE DES	32	020
QUE LE PRINCE FUT PRESQUE FACHE DE TROUVER SON	27	014
QUE LE PRINCE VOULAIT JUGER DE LA VALEUR DES	27	049
QUE LE PRINTEMPS AGITAIT SON ENCENSOIR JUSQUE	38	008
QUE LE ROULEMENT DE QUELQUES FIACRES ATTARDES	10	001
QUE LE SCULPTEUR PEUT L'ETRE DE L'ARGILE; ET	21	041
QUE LE SOIR NE CALME PAS, ET QUI PRENNENT,	22	011
QUE LE SOLEIL IVRE SE VAUTRAIT TOUT DE SON	45	014
QUE LE SOUVERAIN VOULAIT FAIRE GRACE A TOUS	27	036
QUE LE TROISIEME CHOQUAIT DE TEMPS A AUTRE SES	31	097
QUE LE VRAI MALHEUR. ''A VOUS VOIR AINSI, MA	11	063
QUE LES APPROCHES DE L'HIVER ALLUMENT DANS SON	39	025
QUE LES BETES. ENFIN UN RIVAGE FUT SIGNALE; ET	34	020
QUE LES DONS N'ETAIENT PAS LA RECOMPENSE D'UN	20	015

POEM LINE

19	023	QU'ON LES CROIRAIT FAITS D'UNE AUTRE PATE	QUE LES ENFANTS DE LA MEDIOCRITE OU DE LA
20	067	DE S'ADAPTER A SES PASSIONS, TELLES	QUE LES FEES, LES GNOMES, LES SALAMANDRES, LES
03	001		QUE LES FINS DE JOURNEES D'AUTOMNE SONT
31	063	ILS SENTAIENT AUSSI BON, JE VOUS ASSURE,	QUE LES FLEURS DU JARDIN, A CETTE HEURE-CI.
07	009	FAIT DE PLUS EN PLUS ETINCELER LES OBJETS;	QUE LES FLEURS EXCITEES BRULENT DU DESIR DE
29	116	CHAUD ET OU LES FEMMES SENTENT AUSSI BON	QUE LES FLEURS, --ET CAETERA, ET CAETERA...'',
11	003	ENTENDRE SOUPIRER, QUE VOUS SOUFFREZ PLUS	QUE LES GLANEUSES SEXAGENAIRES ET QUE LES
50	065	INOCCUPE S'EST DONNE AUX BETES, PARCE	QUE LES HOMMES IMBECILES N'EN VEULENT PLUS.
12	025	QUE LA CIRCONSTANCE LUI PRESENTE. CE	QUE LES HOMMES NOMMENT AMOUR EST BIEN PETIT,
27	005	ET, BIEN QU'IL PUISSE PARAITRE BIZARRE	QUE LES IDEES DE PATRIE ET DE LIBERTE
09	058	SELON CEUX QUI PENSENT UN PEU MIEUX	QUE LES MEDECINS, QUI NOUS POUSSE SANS
27	077	PERSONNAGE QU'IL EST CHARGE D'EXPRIMER, CE	QUE LES MEILLEURES STATUES DE L'ANTIQUITE,
34	023	MAGNIFIQUE, EBLOUISSANTE. IL SEMBLAIT	QUE LES MUSIQUES DE LA VIE S'EN DETACHAIENT EN
15	007	MAINTENANT AUSSI ELOIGNEES	QUE LES NUEES QUI DEFILAIENT AU FOND DES
15	030	DE CUIR ET UN FLACON D'UN CERTAIN ELIXIR	QUE LES PHARMACIENS VENDAIENT DANS CE TEMPS-LA
30	002	AMI, --SONT AUSSI INNOMBRABLES PEUT-ETRE	QUE LES RAPPORTS DES HOMMES ENTRE EUX, OU DES
05	075	DE COLERES ET DE NEVROSES. JE VOUS ASSURE	QUE LES SECONDES MAINTENANT SONT FORTEMENT ET
36	021	ARRACHEE DU CIEL, VAINCUE ET REVOLTEE,	QUE LES SORCIERES THESSALIENNES CONTRAIGNENT
23	019	UNE COPIEUSE HARANGUE, SANS CRAINDRE	QUE LES TAMBOURS DE SANTERRE NE LEUR
11	004	PLUS QUE LES GLANEUSES SEXAGENAIRES ET	QUE LES VIEILLES MENDIANTES QUI RAMASSENT DES
44	007	FANTASMAGORIES SONT PRESQUE AUSSI BELLES	QUE LES YEUX DE MA BELLE BIEN-AIMEE, LA PETITE
50	063	DE CINQ LIEUES, POUR PARTAGER LE REPAS	QUE LEUR A PREPARE LA CHARITE DE CERTAINES
12	037	IVRESSES; ET, AU SEIN DE LA VASTE FAMILLE	QUE LEUR GENIE S'EST FAITE, ILS DOIVENT RIRE
23	022	JE NE LES PLAINS PAS, PARCE QUE JE DEVINE	QUE LEURS EFFUSIONS ORATOIRES LEUR PROCURENT
15	062	HIDEUSE QUI DURA EN VERITE PLUS LONGTEMPS	QUE LEURS FORCES ENFANTINES NE SEMBLAIENT LE
21	064	RECLAMAIENT L'AUMONE MIEUX ENCORE	QUE LEURS MAINS TREMBLANTES; ET PUIS DE
11	030	VIVANTS ET DES VOLAILLES PIAILLANTES	QUE LUI JETTE SON CORNAC. ''ALLONS, DIT-IL, IL
31	039	BETE, CELUI-LA, AVEC SON BON DIEU,	QUE LUI SEUL PEUT APERCEVOIR!'' DIT ALORS LE
29	038	HEURES, QUE JE N'ETAIS PAS PLUS IVRE	QUE LUI. CEPENDANT LE JEU, CE PLAISIR
09	044	MAIS IL EST PLUS LEGITIME DE SUPPOSER	QUE LUI-MEME IL NE SAIT PAS POURQUOI. J'AI ETE
14	036	LEURS JUPES D'ETINCELLES. TOUT N'ETAIT	QUE LUMIERE, POUSSIERE, CRIS, JOIE, TUMULTE;
42	149	LA POLITIQUE, TELLE ETAIT L'ALTERNATIVE	QUE M'IMPOSAIT LA DESTINEE! UN SOIR, DANS UN
31	049	DECIDE QUE JE DORMIRAIS DANS LE MEME LIT	QUE MA BONNE.'' --IL ATTIRA SES CAMARADES PLUS
40	008	AVEC PLAISIR OU DEPLAISIR, CELA LE REGARDE	QUE MA CONSCIENCE.'' AU NOM DU BON SENS,
38	022	J'AI FRAPPE SI VIOLEMMENT LA TERRE DU PIED	QUE MA JAMBE S'EST ENFONCEE JUSQU'AU GENOU
24	038	TOUT DE SUITE: ''IL FAUT, --SE DIT-IL, --	QUE MA PENSEE SOIT UNE GRANDE VAGABONDE POUR
14	066	TERRIBLE DE L'HYSTERIE, ET IL ME SEMBLA	QUE MES REGARDS ETAIENT OFFUSQUES PAR CES
29	098	DE MOI UN BON SOUVENIR, ET VOUS PROUVER	QUE MOI, DONT ON DIT TANT DE MAL, JE SUIS
31	065	QUAND VOUS POURREZ, D'EN FAIRE AUTANT	QUE MOI, ET VOUS VERREZ!'' LE JEUNE ACTEUR DE
42	084	VOTRES. ET TOUT LE MONDE L'ADMIRAIT AUTANT	QUE MOI. QUAND NOUS ENTRIONS DANS UN
35	019	D'AVOIR VECU ET SOUFFERT DANS D'AUTRES	QUE MOI-MEME. PEUT-ETRE ME DIREZ-VOUS: ''ES-TU
23	026	MAIS JE LES MEPRISE. JE DESIRE SURTOUT	QUE MON MAUDIT GAZETIER ME LAISSE M'AMUSER A
15	044	SE RECULA VIVEMENT, COMME S'IL EUT CRAINT	QUE MON OFFRE NE FUT PAS SINCERE OU QUE JE
21	047	QUI, SANS DOUTE, NE VALENT PAS MIEUX	QUE MON PAUVRE MOI. BIEN QUE J'AIE QUELQUE
31	078	POUR ME DORLOTER. IL M'A SOUVENT SEMBLE	QUE MON PLAISIR SERAIT D'ALLER TOUJOURS DROIT
16	023	IMPORTUN VENAIT ME DERANGER PENDANT	QUE MON REGARD REPOSE SUR CE DELICIEUX CADRAN.
42	068	QUE VOUS EN TIRERIEZ PLUS DE SOUPIRS	QUE N'EN TIRAIENT DU SEIN DE MA MAITRESSE LES
51	015	TELS SOUVENT VOUS OFFREZ DES PLAISIRS	QUE NE COMPRENNENT PAS LES VULGAIRES PROFANES.
26	009	SERAIENT COMMUNES A L'UN ET A L'AUTRE, ET	QUE NOS DEUX AMES DESORMAIS N'EN FERAIENT PLUS
31	116	FUYONS AVANT LES PLUIES ET NE MOUILLONS	QUE NOTRE GOSIER'', A DIT UN DE MES AUTRES.
26	050	NOS VERRES ET DE NOS CARAFES, PLUS GRANDS	QUE NOTRE SOIF. JE TOURNAIS MES REGARDS VERS
05	035	DE PAIX ET DE PARFUMS? O BEATITUDE! CE	QUE NOUS NOMMONS GENERALEMENT LA VIE, MEME
42	004	AVONS FORTEMENT VECU, ET NOUS CHERCHONS CE	QUE NOUS POURRIONS AIMER ET ESTIMER.'' L'UN
02	015	ET NOUS FAISONS HORREUR AUX PETITS ENFANTS	QUE NOUS VOULONS AIMER!''
31	010	PLUS BEAUX ET BIEN MIEUX HABILLES QUE CEUX	QUE NOUS VOYONS PARTOUT, PARLENT AVEC UNE VOIX
34	012	TROUBLE PAR UN VENT QUI RONFLE PLUS HAUT	QUE NOUS? QUAND POURRONS-NOUS MANGER DE LA
09	056	FORTUITE, PARTICIPE BEAUCOUP, NE FUT-CE	QUE PAR L'ARDEUR DU DESIR, DE CETTE HUMEUR,
28	028	DE LA PART DE MON AMI, N'ETAIT EXCUSABLE	QUE PAR LE DESIR DE CREER UN EVENEMENT DANS LA
10	005	A DISPARU, ET JE NE SOUFFRIRAI PLUS	QUE PAR MOI-MEME. ENFIN! IL M'EST DONC PERMIS
48	008	''DIS-MOI, MON AME, PAUVRE AME REFROIDIE,	QUE PENSERAIS- TU D'HABITER LISBONNE? IL DOIT
48	021	AS SOUVENT ADMIRE L'IMAGE DANS LES MUSEES.	QUE PENSERAIS-TU DE ROTTERDAM, TOI QUI AIMES
31	080	DROIT DEVANT MOI, SANS SAVOIR OU, SANS	QUE PERSONNE S'EN INQUIETE, ET DE VOIR
28	030	CONSEQUENCES DIVERSES, FUNESTES OU AUTRES,	QUE PEUT ENGENDRER UNE PIECE FAUSSE DANS LA
35	021	LEGENDE SOIT LA VRAIE?'' QU'IMPORTE CE	QUE PEUT ETRE LA REALITE PLACEE HORS DE MOI,
22	037	ET FUT-IL GRATIFIE DE TOUS LES HONNEURS	QUE PEUVENT CONFERER LES REPUBLIQUES ET LES
11	057	PREND SOIN DE DECOUPER LES MORCEAUX? ''ET	QUE PEUVENT SIGNIFIER POUR MOI TOUS CES PETITS
49	033	CELUI DE SOCRATE NE SE MANIFESTAIT A LUI	QUE POUR DEFENDRE, AVERTIR, EMPECHER, ET QUE
12	031	AUX HEUREUX DE CE MONDE, NE FUT-CE	QUE POUR HUMILIER UN INSTANT LEUR SOT ORGUEIL,
23	007	QUE CETTE SOLITUDE NE FUT DANGEREUSE	QUE POUR L'AME OISIVE ET DIVAGANTE QUI LA
30	022	LA VIE PLUS VIVANTE ET PLUS SIGNIFICATIVE	QUE POUR LES AUTRES HOMMES. DANS LE QUARTIER
47	081	MALADE, JE VAIS QUELQUEFOIS LES VOIR, RIEN	QUE POUR LES VOIR. IL Y EN A QUI ME DISENT
50	100	PART ET MANGE A LUI SEUL PLUS DE SOUPE	QUE QUATRE COMEDIENS? QUE DE FOIS J'AI
46	022	M'ENNUIE. ENSUITE JE PENSE AVEC JOIE	QUE QUELQUE MAUVAIS POETE LA RAMASSERA ET S'EN
16	025	DEMON DU CONTRE-TEMPS VENAIT ME DIRE: ''	QUE REGARDES-TU LA AVEC TANT DE SOIN? QUE
22	032	SUR AUTRUI, MAIS AUSSI SUR LUI-MEME,	QUE S'EXERCAIT RAGEUSEMENT SA MANIE
29	073	AVAIT ENTENDU UN PREDICATEUR, PLUS SUBTIL	QUE SES CONFRERES, S'ECRIER EN CHAIRE: ''MES
27	035	DONNE A CELUI-CI DES FACULTES PLUS GRANDES	QUE SES ETATS. TOUT D'UN COUP LE BRUIT COURUT
47	091	M'ONT DIT QU'IL N'AVAIT PAS LE SOU; PARCE	QUE SES PARENTS SONT DE PAUVRES QUI NE
28	047	DES YEUX, ET JE FUS EPOUVANTE DE VOIR	QUE SES YEUX BRILLAIENT D'UNE INCONTESTABLE
29	045	A CETTE PERTE, QU'UN PEU MOINS D'EMOTION	QUE SI J'AVAIS EGARE, DANS UNE PROMENADE, MA
29	092	D'ANCIENNES RANCUNES.'' IL EST DOUTEUX	QUE SON ALTESSE AIT JAMAIS DONNE UNE SI LONGUE
19	026	L'HERBE UN JOUJOU SPLENDIDE, AUSSI FRAIS	QUE SON MAITRE, VERNI, DORE, VETU D'UNE ROBE
22	065	DE LA FANTAISIE QUI NE S'ALLUMENT BIEN	QUE SOUS LE DEUIL PROFOND DE LA NUIT.
27	073	ON SE SERT D'UNE FORMULE QUI IMPLIQUE	QUE SOUS LE PERSONNAGE SE LAISSE ENCORE
11	053	DE VOTRE JOLI ENFER, VOUS QUI NE REPOSEZ	QUE SUR DES ETOFFES AUSSI DOUCES QUE VOTRE
37	009	C'EST EN CONTEMPLANT CETTE VISITEUSE	QUE TES YEUX SE SONT SI BIZARREMENT AGRANDIS;
10	017	PARTI DES HONNETES GENS,'' CE QUI IMPLIQUE	QUE TOUS LES AUTRES JOURNAUX SONT REDIGES PAR
27	018	DE CAS, PLUS CRUEL ET PLUS DESPOTE	QUE TOUS SES PAREILS. AMOUREUX PASSIONNE DES
42	028	L'AGE DE CHERUBIN,'' J'AI ETE PLUS SENSIBLE	QUE TOUT AUTRE A L'ENERVANTE SOTTISE, A
26	039	C'EST BEAU! QUE C'EST BEAU! ON DIRAIT	QUE TOUT L'OR DU PAUVRE MONDE EST VENU SE
27	094	QUE L'IVRESSE DE L'ART EST PLUS APTE	QUE TOUTE AUTRE A VOILER LES TERREURS DU

UNE MUETTE ADORATION? NE DIRAIT-ON PAS
ELLE A LES BRAS ET LE COU BIEN PLUS GROS
LA PHYSIONOMIE ARDENT ET ESPIEGLE, PLUS
PARU COURTE. NOUS NOUS ETIONS BIEN PROMIS
MEME, REGARDA LA FENETRE PENDANT
LE CHARME INFERNAL ME RAJEUNIT SANS CESSE.
ELLE T'A SI TENDREMENT SERREE A LA GORGE
--POURQUOI ME CROIS-TU MEDECIN? --C'EST
LE LIEU OU TU NE SERAS PAS; L'AMANT
DONC VENUE A CE POINT D'ENGOURDISSEMENT
DU MATIN, LOURDE, OBSCURE, ENRHUMEE, OU
IL EST L'ETERNITE!'' N'EST-CE PAS, MADAME,
DE PATRIE ET DE CONTREE AUSSI SOUVENT
REPOSEZ QUE SUR DES ETOFFES AUSSI DOUCES
ARRIVE, ET QUI EST UN PEU PLUS INTERESSANT
COMME L'ENFER... --QUOI! --COMMENT! --
VOIR LES ENFERS DONT LE MONDE EST PEUPLE,
DE CET ETRE SANS LUI MANQUER DE RESPECT.
AVEC AUTANT D'ENERGIE ET DE CAPRICE
FAITE DE VOTRE AME, JE VOUS DONNE L'ENJEU
QUE VOUS PORTIEZ DANS CE FAMEUX ROLE
AFIN DE COMPENSER LA PERTE IRREMEDIABLE
''MESSIEURS, J'AI CONNU DES JOUISSANCES
ET VOUS PRIERONT DE LES ACCEPTER, SANS
LA BASTONNADE A CE MUR OU A CE CANAPE,
MAGIQUES, DES VITRES DE PARADIS? IMPUDENT
GLOIRE SANS LE SAVOIR, ME DIT: ''JE VEUX
QUI VONT MANGER LOIN DE VOUS LE MORCEAU
J'AI PLUS ADMIRE MA DERNIERE MAITRESSE
''JE VEUX VOUS REVIR VETUE DU COSTUME
N'ETAIT PAS UNE BESOGNE AUSSI FACILE
HOMMAGE AUX ENFANTS INCONNUS ET PAUVRES
ON DIRAIT, A VOUS ENTENDRE SOUPIRER,
TRADUIT VOTRE SAGESSE, EN QUELQUE LIEU
QUE JE SOIS; JE NE SUIS PAS AUSSI DUPE
TRES-FORT? DISAIT- ''ELLE AUSSITOT; EST-CE
VRAIMENT MERITOIRE, ET AUSSI EMPHATIQUE
UN BON NOMBRE. J'AIME TANT CES MESSIEURS;
GENOU DANS LA SEPULTURE RECENTE, ET
MOI-MEME ET AVEC L'UNIVERS; JE CROIS MEME
LA RIGIDITE CADAVERIQUE ETAIT TELLE,
JE REFLECHISSAIS; NON SANS QUELQUE GAIETE,
SI BIEN QU'UN JOUR OU JE CONSTATAI
DE LONGS BAINS DE TENEBRES; CEPENDANT
RIEN D'ORIGINAL, APRES TOUT, SI CE N'EST
COMPAGNONS DIT: ''ENFIN!'' JE NE PUS CRIER
DEVANT LA FOULE ETONNEE. POURQUOI? PARCE
JUSQU'A LA LOGIQUE DE L'ABSURDE. ''PARCE
LOGIQUE DE L'ABSURDE. ''PARCE QUE! PARCE
TOUT-PUISSANT ET INDIVISIBLE DU GENIE,
TENAIT TANT A M'ARRACHER LA FICELLE ET PAR
COMMANDANT LA CURIOSITE ET L'ADMIRATION. A
MUSICIEN A ECRIT L'INVITATION A LA VALSE;
FANDANGO AUTOUR DU BATON HIERATIQUE? ET
DANS LEQUEL IL CROYAIT VOIR JE NE SAIS
A LEUR AUSTERITE. JE NE SAIS DANS
AVEC UNE FIXITE ETONNANTE JE NE SAIS
D'UN INTERET CAPITAL, ET VERIFIER JUSQU'A
MAIS COMMENT EST-ELLE ICI? QUI L'A AMENEE?
DE DOULEUR SOUS LE SOLEIL QUI LES MORD,
ABDIQUE. SA DESTINEE ETAIT FAITE. MAIS
CUIVRE APPORTA A MES OREILLES JE NE SAIS
REFLUX DU PEUPLE, CAUSE PAR JE NE SAIS
FESTIN SANS SQUELETTE, OU SANS UN EMBLEME
VOULAIS ESSAYER DE DEFINIR D'UNE MANIERE

FAIRE? A QUOI BON DEMANDER A L'INFORTUNE
LE RICHE PORTE LA SIENNE AU GRAND COMPLET.
JE NE SAIS DANS QUEL MISERABLE CAFE ET DE
A CHERCHER MIDI A QUATORZE HEURES (DE
FANCIOULLE INTRODUISAIT, PAR JE NE SAIS
QUI CHANTE, A TOUT CE QUI PARLE; DEMANDEZ
SA MONTRE, ET DEMANDA A UN PETIT GARCON
QUI S'OFFRENT DANS MA ROUTE, ET VOUS SAVEZ
COIFFERA IMPUDEMMENT. FAIRE UN HEUREUX,
JOUR INCONNU? --TA PATRIE? --J'IGNORE SOUS
DEMANDER A L'INFORTUNE QUELLE CURIOSITE,
FETIDE ODEUR DE TABAC MELEE A JE NE SAIS
DE LA RUE VILLA-HERMOSA N'OUBLIERA AVEC
DIRE. ''FAITES BIEN ATTENTION! VOYEZ AVEC
NE SAIS PAS... JE NE ME SOUVIENS PAS.''
DE BIEN L'HABILLER, DE LUI DONNER
VENAIS DE ME RESOUDRE A DEPOSER EN PASSANT
AUX JUPONS DE LEURS MERES POUR OBTENIR
D'HUMILITE, TANT DE REPROCHES. IL TROUVE
UN FOURNISSEUR AUX VIVRES, SANS DOUTE? --
MAIS CE QUE L'IDEE D'UNE IDEE.
IL EN PASSA SANS DOUTE EN CE MOMENT
AU BOUT DU MONDE; CONNAISSENT SANS DOUTE
PAR LE REGRET ET LE DESIR. --C'EST
ET POUSSE, ME SEMBLAIT-IL, A FAIRE

	POEM	LINE
QUE TOUTES CES COROLLES DELICATES, TOUS CES	32	015
QUE TOUTES LES AUTRES FEMMES, ET LA PEAU EN	31	056
QUE TOUTES LES AUTRES, ME SEDUISIT TOUT	30	025
QUE TOUTES NOS PENSEES NOUS SERAIENT COMMUNES	26	007
QUE TU DORMAIS DANS TON BERCEAU, ET SE DIT:	37	002
QUE TU DORMES ENCOR DANS LES DRAPS DU MATIN,	51	010
QUE TU EN AS GARDE POUR TOUJOURS L'ENVIE DE	37	011
QUE TU ES SI GENTIL ET SI BON POUR LES FEMMES!	47	077
QUE TU NE CONNAITRAS PAS; LES FLEURS	37	021
QUE TU NE TE PLAISES QUE DANS TON MAL? S'IL EN	48	030
QUE TU TE PAVANES DANS LES VOILES DU SOIR	51	011
QUE VOICI UN MADRIGAL VRAIMENT MERITOIRE, ET	16	030
QUE VOTRE FANTAISIE VOUS L'ORDONNERA; VOUS	29	113
QUE VOTRE PEAU, QUI NE MANGEZ QUE DE LA VIANDE	11	054
QUE VOTRE THEATRE ET VOS NUAGES. --IL Y A	31	044
QUE VOULEZ-VOUS DIRE? --C'ETAIT INEVITABLE.	42	155
QUE VOULEZ-VOUS QUE JE PENSE DE VOTRE JOLI	11	052
QUE VOULIEZ-VOUS QUE JE FISSE D'ELLE,	42	160
QUE VOUS AGITEZ VOTRE GENIE SUR LES COEURS DE	32	026
QUE VOUS AURIEZ GAGNE SI LE SORT AVAIT ETE	29	102
QUE VOUS AVEZ CREE.'' MOI, M'OBSTINANT, JE	47	106
QUE VOUS AVEZ FAITE DE VOTRE AME, JE VOUS	29	101
QUE VOUS AVEZ PEUT-ETRE NEGLIGEES. JE VEUX	42	079
QUE VOUS AYEZ FAIT UN EFFORT POUR LES GAGNER;	29	111
QUE VOUS EN TIRERIEZ PLUS DE SOUPIRS QUE N'EN	42	067
QUE VOUS ETES! VOUS OSEZ VOUS PROMENER DANS	09	076
QUE VOUS GARDIEZ DE MOI UN BON SOUVENIR, ET	29	097
QUE VOUS LEUR AVEZ DONNE, AYANT APPRIS A SE	19	014
QUE VOUS N'AVEZ PU, JE CROIS, HAIR OU AIMER	42	082
QUE VOUS PORTIEZ DANS CE FAMEUX ROLE QUE VOUS	47	105
QUE VOUS POUVEZ LE CROIRE. IL ETAIT DEJA FORT	30	058
QUE VOUS RENCONTREREZ. VOUS VERREZ LEURS YEUX	19	009
QUE VOUS SOUFFREZ PLUS QUE LES GLANEUSES	11	003
QUE VOUS SOYEZ, DANS LES SPLENDEURS DE LA	32	039
QUE VOUS VOUDRIEZ LE CROIRE, ET SI VOUS ME	11	071
QUE VOUS VOUS CONNAISSEZ EN FORCE?'' ET ELLE	42	044
QUE VOUS-MEME? EN VERITE, J'AI EU TANT DE	16	031
QUE, BIEN QUE JE NE SOIS PAS MALADE, JE VAIS	47	080
QUE, COMME UN LOUP PRIS AU PIEGE, JE RESTE	38	023
QUE, DANS MA PARFAITE BEATITUDE ET DANS MON	15	022
QUE, DESESPERANT DE FLECHIR LES MEMBRES, NOUS	30	075
QUE, LA CHAMBRE ETANT AU SIXIEME ETAGE ET	09	068
QUE, MALGRE MES NOMBREUX AVERTISSEMENTS, IL	30	043
QUE, POUR NOUS DIVERTIR, LES AURORES BOREALES	48	039
QUE; REVE PAR TOUS LES HOMMES, IL N'A ETE	26	011
QUE: ''DEJA!'' CEPENDANT C'ETAIT LA TERRE, LA	34	044
QUE... PARCE QUE CETTE PHYSIONOMIE LUI ETAIT	09	042
QUE! PARCE QUE!'' REPLIQUA LA FEE COURROUCEE,	20	081
QUE!'' REPLIQUA LA FEE COURROUCEE, EN LUI	20	081
QUEL ANALYSTE AURA LE DETESTABLE COURAGE DE	32	034
QUEL COMMERCE ELLE ENTENDAIT SE CONSOLER.''	30	135
QUEL DEMON BIENVEILLANT DOIS-JE D'ETRE AINSI	05	033
QUEL EST CELUI QUI COMPOSERA L'INVITATION AU	18	025
QUEL EST, CEPENDANT, LE MORTEL IMPRUDENT QUI	32	017
QUEL INSULTANT HIEROGLYPHE. LE SOIR,	22	025
QUEL MISERABLE CAFE ET DE QUELLE FACON ELLE	13	042
QUEL POINT DU CIEL, DIT TOUT A COUP:	31	024
QUEL POINT LES FACULTES HABITUELLES D'UN	27	052
QUEL POUVOIR MAGIQUE L'A INSTALLEE SUR CE	05	024
QUEL PUISSANT MOTIF FAIT DONC ALLER AINSI LA	25	034
QUEL REGARD PROFOND, INOUBLIABLE, IL PROMENAIT	14	062
QUEL SOUVENIR D'UNE TROMPETTE PROSTITUEE.	21	108
QUEL TROUBLE, M'ENTRAINA LOIN DE LUI. ET, M'EN	14	076
QUELCONQUE DE LA BRIEVETE DE LA VIE'', ET IL	45	007
QUELCONQUE L'EXPRESSION SINGULIERE DE LEURS	29	029
QUELLE ADMIRABLE JOURNEE! LE VASTE PARC SE	07	001
QUELLE CURIOSITE, QUELLE MERVEILLE IL AVAIT A	14	068
QUELLE EST LA VEUVE LA PLUS TRISTE ET LA PLUS	13	032
QUELLE FACON ELLE DEJEUNA. JE LA SUIVIS AU	13	043
QUELLE FATIGANTE FACULTE LA NATURE M'A FAIT	28	025
QUELLE GRACE SPECIALE, LE DIVIN ET LE	27	088
QUELLE HEURE IL EST; ET LE VENT, LA VAGUE,	33	013
QUELLE HEURE IL ETAIT. LE GAMIN DU CELESTE	16	004
QUELLE JOUISSANCE NOUS TIRONS DE CETTE FACULTE	30	020
QUELLE JOUISSANCE! ET SURTOUT UN HEUREUX QUI	46	023
QUELLE LATITUDE ELLE EST SITUEE. --LA BEAUTE?	01	008
QUELLE MERVEILLE IL AVAIT A MONTRER DANS CES	14	069
QUELLE NAUSEABONDE MOISISSURE. ON RESPIRE ICI	05	063
QUELLE PETULANCE LE PEINTRE S'EST DEPOUILLE DE	50	121
QUELLE VORACITE (NON SIMULEE PEUT-ETRE!) ELLE	11	028
QUELLES BIZARRERIES NE TROUVE-T-ON PAS DANS	47	114
QUELQUE ARGENT ET DE NE PAS LUI IMPOSER	30	034
QUELQUE ARGENT SUR UNE DE SES PLANCHES,	14	073
QUELQUE BATON DE SUCRE, OU MONTAIENT SUR LES	14	039
QUELQUE CHOSE APPROCHANT CETTE PROFONDEUR DE	28	015
QUELQUE CHOSE D'APPROCHANT, UNE ESPECE	42	101
QUELQUE CHOSE D'INFINIMENT VAGUE. ET JE SORTIS	49	017
QUELQUE CHOSE DANS MON AME. MES PENSEES	15	003
QUELQUE CHOSE DE CES MYSTERIEUSES IVRESSES?	12	035
QUELQUE CHOSE DE CREPUSCULAIRE, DE BLEUATRE ET	05	005
QUELQUE CHOSE DE GRAND, UNE ACTION D'ECLAT; ET	09	051

POEM LINE

POEM	LINE		
46	013	ROMPRE LES OS. ET PUIS, ME SUIS-JE DIT, A	QUELQUE CHOSE MALHEUR EST BON. JE PUIS
13	028	IL Y A TOUJOURS DANS LE DEUIL DU PAUVRE	QUELQUE CHOSE QUI MANQUE, UNE ABSENCE
31	043	VAIS VOUS RACONTER COMMENT IL M'EST ARRIVE	QUELQUE CHOSE QUI NE VOUS EST JAMAIS ARRIVE,
35	011	RIDEE DEJA, PAUVRE, TOUJOURS PENCHEE SUR	QUELQUE CHOSE, ET QUI NE SORT JAMAIS. AVEC SON
10	028	AVEC LUI VOUS POURRIEZ PEUT-ETRE ABOUTIR A	QUELQUE CHOSE. VOYEZ-LE, ET PUIS NOUS
16	024	SI QUELQUE GENIE MALHONNETE ET INTOLERANT,	QUELQUE DEMON DU CONTRE-TEMPS VENAIT ME DIRE:
09	068	CEPENDANT JE REFLECHISSAIS, NON SANS	QUELQUE GAIETE, QUE, LA CHAMBRE ETANT AU
16	024	REGARD REPOSE SUR CE DELICIEUX CADRAN, SI	QUELQUE GENIE MALHONNETE ET INTOLERANT,
11	007	EXPRIMAIENT LE REMORDS, ILS VOUS FERAIENT	QUELQUE HONNEUR; MAIS ILS NE TRADUISENT QUE LA
21	047	MIEUX QUE MON PAUVRE MOI. BIEN QUE J'AIE	QUELQUE HONTE A ME SOUVENIR, JE NE VEUX RIEN
16	022	SOUPIR, RAPIDE COMME UN COUP D'OEIL. ET SI	QUELQUE IMPORTUN VENAIT ME DERANGER PENDANT
25	047	PEUT-ETRE A-T-ELLE UN RENDEZ-VOUS AVEC	QUELQUE JEUNE OFFICIER QUI, SUR DES PLAGES
32	038	OU L'IMPRIMERIE TRADUIT VOTRE SAGESSE, EN	QUELQUE LIEU QUE VOUS SOYEZ, DANS LES
46	022	M'ENNUIE. ENSUITE JE PENSE AVEC JOIE QUE	QUELQUE MAUVAIS POETE LA RAMASSERA ET S'EN
28	057	EXCUSABLE D'ETRE MECHANT, MAIS IL Y A	QUELQUE MERITE A SAVOIR QU'ON L'EST; ET LE
23	034	MALHEUR DE NE POUVOIR ETRE SEUL!...'' DIT	QUELQUE PART LA BRUYERE, COMME POUR FAIRE
50	107	DE FOIS J'AI PENSE QU'IL Y AVAIT PEUT-ETRE	QUELQUE PART (QUI SAIT, APRES TOUT?), POUR
06	018	AUTRES; MAIS QU'EVIDEMMENT ILS ALLAIENT	QUELQUE PART, PUISQU'ILS ETAIENT POUSSES PAR
09	070	FORT ETROIT, L'HOMME DEVAIT EPROUVER	QUELQUE PEINE A OPERER SON ASCENSION ET
42	089	OUBLIER LEURS DEVOIRS. BREF, J'AI VECU	QUELQUE TEMPS EN TETE-A-TETE AVEC UN PHENOMENE
42	102	D'EMPLOYE DANS L'INTENDANCE QUI, PAR	QUELQUE TOUR DE BATON A LUI CONNU, FOURNIT
13	025	SILENCIEUSEMENT SUPPORTES. AVEZ-VOUS	QUELQUEFOIS APERCU DES VEUVES SUR CES BANCS
12	030	QUI PASSE. IL EST BON D'APPRENDRE	QUELQUEFOIS AUX HEUREUX DE CE MONDE, NE FUT-CE
09	003	MYSTERIEUSE ET INCONNU, AGISSENT	QUELQUEFOIS AVEC UNE RAPIDITE DONT ELLES SE
29	099	QUE MOI, DONT ON DIT TANT DE MAL, JE SUIS	QUELQUEFOIS BON DIABLE, POUR ME SERVIR D'UNE
09	011	NECESSAIRE DEPUIS UN AN; SE SENTENT	QUELQUEFOIS BRUSQUEMENT PRECIPITES VERS
20	034	NE NOUS ETONNONS PAS QU'IL EN SOIT DE MEME	QUELQUEFOIS DANS LA JUSTICE HUMAINE. NOUS
12	037	LEUR GENIE S'EST FAITE; ILS DOIVENT RIRE	QUELQUEFOIS DE CEUX QUI LES PLAIGNENT POUR
11	062	QUE LA PITIE? EN VERITE, IL ME PREND	QUELQUEFOIS ENVIE DE VOUS APPRENDRE CE QUE
50	025	COMME UN ENFANT, SOT COMME UNE LORETTE,	QUELQUEFOIS HARGNEUX ET INSOLENT COMME UN
42	076	RIEN N'ETAIT CHANGE DANS CETTE PERSONNE.	QUELQUEFOIS JE LA REGRETTE: J'AURAIS DU
35	014	DE CETTE FEMME, OU PLUTOT SA LEGENDE, ET	QUELQUEFOIS JE ME LA RACONTE A MOI-MEME EN
15	015	NOIR D'UN IMMENSE PROFONDEUR; PASSAIT	QUELQUEFOIS L'OMBRE D'UN NUAGE, COMME LE
47	081	BIEN QUE JE NE SOIS PAS MALADE; JE VAIS	QUELQUEFOIS LES VOIR, RIEN QUE POUR LES VOIR.
30	040	DOIS DIRE QUE CE PETIT BONHOMME M'ETONNA	QUELQUEFOIS PAR DES CRISES SINGULIERES DE
29	043	CHOSE SI IMPALPABLE, SI SOUVENT INUTILE ET	QUELQUEFOIS SI GENANTE, QUE JE N'EPROUVAI;
42	025	ET CAETERA. J'AVOUERAI MEME QUE J'ASPIRE	QUELQUEFOIS, COMME A UN BONHEUR INCONNU, A UN
33	007	A VOTRE GUISE. MAIS ENIVREZ-VOUS. ET SI	QUELQUEFOIS, SUR LES MARCHES D'UN PALAIS, SUR
21	032	A SES CHEVILLES DELICATES TRAINAIENT	QUELQUES ANNEAUX D'UNE CHAINE D'OR ROMPUE, ET
30	122	LES UNES, DES LOCATAIRES DE MA MAISON,	QUELQUES AUTRES DES MAISONS VOISINES; L'UNE,
10	031	JAMAIS COMMISES; ET AVOIR LACHEMENT NIE	QUELQUES AUTRES MEFAITS QUE J'AI ACCOMPLIS
43	003	DISANT QU'IL LUI SERAIT AGREABLE DE TIRER	QUELQUES BALLES POUR TUER LE TEMPS. TUER CE
10	042	DIEU! ACCORDEZ-MOI LA GRACE DE PRODUIRE	QUELQUES BEAUX VERS QUI ME PROUVENT A MOI-MEME
20	037	INJUSTES. AUSSI FURENT COMMISES CE JOUR-LA	QUELQUES BOURDES QU'ON POURRAIT CONSIDERER
29	047	CARTE DE VISITE. NOUS FUMAMES LONGUEMENT	QUELQUES CIGARES DONT LA SAVEUR ET LE PARFUM
21	106	POUR L'AVOIR VUE TRINQUANT AVEC	QUELQUES DROLES DE MA CONNAISSANCE; ET LE SON
10	002	SEUL! ON N'ENTEND PLUS QUE LE ROULEMENT DE	QUELQUES FIACRES ATTARDES ET EREINTES. PENDANT
27	007	ENTRA DANS UNE CONSPIRATION FORMEE PAR	QUELQUES GENTILSHOMMES MECONTENTS. IL EXISTE
10	002	FIACRES ATTARDES ET EREINTES. PENDANT	QUELQUES HEURES, NOUS POSSEDERONS LE SILENCE,
06	033	LA CURIOSITE DU REGARD HUMAIN. ET PENDANT	QUELQUES INSTANTS JE M'OBSTINAI A VOULOIR
47	039	PARTOUT. JE CONNAIS BIEN CES MESSIEURS.''	QUELQUES INSTANTS PLUS TARD; ME TUTOYANT, ELLE
38	006	POUR VIVRE LONGTEMPS; AUSSI EST-ELLE MORTE	QUELQUES JOURS APRES QUE J'EUS FAIT SA
31	045	QUE VOTRE THEATRE ET VOS NUAGES. --IL Y A	QUELQUES JOURS, MES PARENTS M'ONT EMMENE EN
28	038	SPECULATEUR, LE GERME D'UNE RICHESSE DE	QUELQUES JOURS. ET AINSI MA FANTAISIE ALLAIT
27	127	POUR S'ACQUITTER D'UNE COMMISSION URGENTE.	QUELQUES MINUTES PLUS TARD UN COUP DE SIFFLET
42	085	ENTRIONS DANS UN RESTAURANT; AU BOUT DE	QUELQUES MINUTES, CHACUN OUBLIAIT DE MANGER
14	064	DONT LE FLOT MOUVANT S'ARRETAIT A	QUELQUES PAS DE SA REPULSIVE MISERE! JE SENTIS
09	054	QUE L'ESPRIT DE MYSTIFICATION QUI, CHEZ	QUELQUES PERSONNES, N'EST PAS LE RESULTAT D'UN
29	064	ET DAIGNA MEME ME FAIRE CONFIDENCE DE	QUELQUES PRINCIPES FONDAMENTAUX DONT IL NE ME
31	022	L'UN DES QUATRE ENFANTS, QUI DEPUIS	QUELQUES SECONDES N'ECOUTAIT PLUS LE DISCOURS
04	014	PUIS SE RETOURNA VERS JE NE SAIS	QUELS CAMARADES AVEC UN AIR DE FATUITE, COMME
30	048	ASSEZ LONGTEMPS HORS DE CHEZ MOI. ''	QUELS NE FURENT PAS MON HORREUR ET MON
22	011	QUI MONTE OU D'UNE TEMPETE QUI S'EVEILLE.	QUELS SONT LES INFORTUNES QUE LE SOIR NE CALME
34	028	ABDIQUA SA MAUVAISE HUMEUR. TOUTES LES	QUERELLES FURENT OUBLIEES; TOUS LES TORTS
48	006	BIEN LA OU JE NE SUIS PAS, ET CETTE	QUESTION DE DEMENAGEMENT EN EST UNE QUE JE
27	012	D'UNE SOCIETE. LES SEIGNEURS EN	QUESTION FURENT ARRETES, AINSI QUE FANCIOULLE,
33	002	TOUJOURS IVRE. TOUT EST LA: C'EST L'UNIQUE	QUESTION. POUR NE PAS SENTIR L'HORRIBLE
06	015	AJOUTER A LA TERREUR DE L'ENNEMI. JE	QUESTIONNAI L'UN DE CES HOMMES; ET JE LUI
19	007	LE CAVALIER ET SON CHEVAL DONT LA	QUEUE EST UN SIFFLET, --ET LE LONG DES
08	004	VILLE.'' ET LE CHIEN, EN FRETILLANT DE LA	QUEUE, CE QUI EST; JE CROIS; CHEZ CES PAUVRES
14	024	DE CUIVRE ET D'EXPLOSIONS DE FUSEES. LES	QUEUES-ROUGES ET LES JOCRISSES CONVULSAIENT
18	052	DANS LA MAISON D'UN HOMME LABORIEUX ET	QUI A BIEN MERITE DU MONDE ENTIER. PAYS
25	058	SUR PIASTRE POUR RACHETER SA PETITE SOEUR	QUI A BIEN ONZE ANS, ET QUI EST DEJA MURE, ET
50	116	UNE CHEVRE AUX MAMELLES GONFLEES. LE POETE	QUI A CHANTE LES PAUVRES CHIENS A RECU POUR
10	016	CONTRE LE DIRECTEUR D'UNE REVUE,	QUI A CHAQUE OBJECTION REPONDAIT: ''--C'EST
36	004	CELLE QUI M'EST APPARUE SI RAREMENT ET	QUI A FUI SI VITE, COMME UNE BELLE CHOSE
43	015	A DROITE, QUI PORTE LE NEZ EN L'AIR ET	QUI A LA MINE SI HAUTAINE. EH BIEN! CHER ANGE,
42	169	NOUVELLES BOUTEILLES. POUR TUER LE TEMPS	QUI A LA VIE SI DURE, ET ACCELERER LA VIE QUI
14	079	DE VOIR L'IMAGE DU VIEIL HOMME DE LETTRES	QUI A SURVECU A LA GENERATION DONT IL FUT LE
09	092	QU'IMPORTE L'ETERNITE DE LA DAMNATION A	QUI A TROUVE DANS UNE SECONDE L'INFINI DE LA
23	016	A DANS NOS RACES JACASSIERES DES INDIVIDUS	QUI ACCEPTERAIENT AVEC MOINS DE REPUGNANCE LE
50	062	D'UNE CUISINE DU PALAIS-ROYAL; D'AUTRES	QUI ACCOURENT, PAR TROUPES, DE PLUS DE CINQ
47	033	LES OPERATIONS GRAVES. EN VOILA UN HOMME	QUI AIME COUPER, TAILLER ET ROGNER! C'ETAIT
37	028	DANS MES CARESSES NOCTURNES; DE CEUX-LA	QUI AIMENT LA MER, LA MER IMMENSE, TUMULTUEUSE
48	021	MUSEES. QUE PENSERAIS-TU DE ROTTERDAM, TOI	QUI AIMES LES FORETS DE MATS, ET LES NAVIRES
01	001		QUI AIMES-TU LE MIEUX, HOMME ENIGMATIQUE, DIS?
09	020	UN DE MES AMIS, LE PLUS INOFFENSIF REVEUR	QUI AIT EXISTE, A MIS UNE FOIS LE FEU A UNE
05	079	N'Y A QU'UNE SECONDE DANS LA VIE HUMAINE	QUI AIT MISSION D'ANNONCER UNE BONNE NOUVELLE,
50	092	PLANTEE COMME UNE DE CES MATS AERIENS	QUI ANNONCENT QUE LA MACONNERIE EST ACHEVEE.
50	080	RIVALISER AVEC CES CHEVAUX? EN VOICI DEUX	QUI APPARTIENNENT A UN ORDRE ENCORE PLUS
42	127	UN MIROIR, VERTIGINEUSEMENT MONOTONE,	QUI AURAIT REFLECHI TOUS MES SENTIMENTS ET MES

POEM LINE

30	049	RENTRANT A LA MAISON, LE PREMIER OBJET	QUI FRAPPA MON REGARD FUT MON PETIT BONHOMME,
33	011	A L'OISEAU, A L'HORLOGE, A TOUT CE	QUI FUIT, A TOUT CE QUI GEMIT, A TOUT CE QUI
09	008	DEVANT SA PORTE SANS OSER RENTRER, TEL	QUI GARDE QUINZE JOURS UNE LETTRE SANS LA
37	023	LES CHATS QUI SE PAMENT SUR LES PIANOS ET	QUI GEMISSENT COMME LES FEMMES, D'UNE VOIX
33	011	A L'HORLOGE, A TOUT CE QUI FUIT, A TOUT CE	QUI GEMIT, A TOUT CE QUI ROULE, A TOUT CE QUI
11	058	SIGNIFIER POUR MOI TOUS CES PETITS SOUPIRS	QUI GONFLENT VOTRE POITRINE PARFUMEE, ROBUSTE
13	005	CES AMES TUMULTUEUSES ET FERMEES, EN	QUI GRONDENT ENCORE LES DERNIERS SOUPIRS D'UN
30	118	POUR CHASSER PEU A PEU CE PETIT CADAVRE	QUI HANTAIT LES REPLIS DE MON CERVEAU, ET DONT
45	006	PROFOND DES ANCIENS EGYPTIENS, POUR	QUI IL N'Y AVAIT PAS DE BON FESTIN SANS
08	013	TRISTE VIE, VOUS RESSEMBLEZ AU PUBLIC, A	QUI IL NE FAUT JAMAIS PRESENTER DES PARFUMS
27	073	BON COMEDIEN'', ON SE SERT D'UNE FORMULE	QUI IMPLIQUE QUE SOUS LE PERSONNAGE SE LAISSE
10	017	ICI LE PARTI DES HONNETES GENS,'' CE	QUI IMPLIQUE QUE TOUS LES AUTRES JOURNAUX SONT
36	030	UN TERRAIN VOLCANIQUE. IL Y A DES FEMMES	QUI INSPIRENT L'ENVIE DE LES VAINCRE ET DE
11	067	VRAISEMBLABLEMENT UNE JEUNE GRENOUILLE	QUI INVOQUERAIT L'IDEAL. SI VOUS MEPRISEZ LE
09	030	DESOEUVREMENT. C'EST UNE ESPECE D'ENERGIE	QUI JAILLIT DE L'ENNUI ET DE LA REVERIE; ET
05	024	DES REVES. MAIS COMMENT EST-ELLE ICI?	QUI L'A AMENEE? QUEL POUVOIR MAGIQUE L'A
38	009	JUSQUE DANS LES CIMETIERES. C'EST MOI	QUI L'AI ENTERREE, BIEN CLOSE DANS UNE BIERE
38	007	FAIT SA CONNAISSANCE, ET C'EST MOI-MEME	QUI L'AI ENTERREE, UN JOUR QUE LE PRINTEMPS
47	032	DE L... JE ME SOUVIENS QUE C'ETAIT VOUS	QUI L'ASSISTIEZ DANS LES OPERATIONS GRAVES.
27	096	COMEDIE AU BORD DE LA TOMBE AVEC UNE JOIE	QUI L'EMPECHE DE VOIR LA TOMBE, PERDU, COMME
08	014	FAUT JAMAIS PRESENTER DES PARFUMS DELICATS	QUI L'EXASPERENT, MAIS DES ORDURES
23	008	QUE POUR L'AME OISIVE ET DIVAGANTE	QUI LA PEUPLE DE SES PASSIONS ET DE SES
47	118	LA LOI ET LA LIBERTE; VOUS, LE SOUVERAIN	QUI LAISSEZ FAIRE, VOUS, LE JUGE QUI
14	083	PUBLIQUE, ET DANS LA BARAQUE DE	QUI LE MONDE OUBLIEUX NE VEUT PLUS ENTRER!
49	040	''CELUI-LA SEUL EST L'EGAL D'UN AUTRE,	QUI LE PROUVE, ET CELUI-LA SEUL EST DIGNE DE
13	029	CHOSE QUI MANQUE, UNE ABSENCE D'HARMONIE	QUI LE REND PLUS NAVRANT. IL EST CONTRAINT DE
13	014	CETTE TURBULENCE DANS LE VIDE N'A RIEN	QUI LES ATTIRE. AU CONTRAIRE, ILS SE SENTENT
05	030	ELLE DEVORENT LE REGARD DE L'IMPRUDENT	QUI LES CONTEMPLE. JE LES AI SOUVENT ETUDIEES,
18	035	ET PROFONDES, COMME LES AMES DES ARTISTES	QUI LES CREERENT. LES SOLEILS COUCHANTS, QUI
25	034	GEMISSENT DE DOULEUR SOUS LE SOLEIL	QUI LES MORD, QUEL PUISSANT MOTIF FAIT DONC
12	038	ILS DOIVENT RIRE QUELQUEFOIS DE CEUX	QUI LES PLAIGNENT POUR LEUR FORTUNE SI AGITEE
50	019	DONT ILS SONT LES ASSOCIES, ET LE POETE	QUI LES REGARDE D'UN OEIL FRATERNEL. FI DU
49	009	PAUVRES DE SE FAIRE ESCLAVES, ET DE CEUX	QUI LEUR PERSUADENT QU'ILS SONT TOUS DES ROIS
45	022	EN SOURDINE. ALORS, SOUS LE SOLEIL	QUI LUI CHAUFFAIT LE CERVEAU ET DANS
21	029	CORDIAL!'' DANS LA GAUCHE, UN VIOLON	QUI LUI SERVAIT SANS DOUTE A CHANTER SES
47	034	COUPER, TAILLER ET ROGNER! C'ETAIT MOI	QUI LUI TENDIEZ LES INSTRUMENTS, LES FILS ET
22	056	IMITENT LES SENTIMENTS COMPLIQUES	QUI LUTTENT DANS LE COEUR DE L'HOMME AUX
10	025	FAIT MA COUR A UN DIRECTEUR DE THEATRE,	QUI M'A DIT EN ME CONGEDIANT: ''—VOUS FERIEZ
10	023	PENDANT UNE AVERSE, CHEZ UNE SAUTEUSE	QUI M'A PRIE DE LUI DESSINER UN COSTUME DE
49	027	CELLE D'UN BON ANGE, OU D'UN BON DEMON,	QUI M'ACCOMPAGNE PARTOUT. PUISQUE SOCRATE
37	018	MA MANIERE. TU AIMERAS CE QUE J'AIME ET CE	QUI M'AIME: L'EAU, LES NUAGES, LE SILENCE ET
26	006	AVIONS PASSE ENSEMBLE UNE LONGUE JOURNEE	QUI M'AVAIT PARU COURTE. NOUS NOUS ETIONS BIEN
36	003	DESIR DECHIRE! JE BRULE DE PEINDRE CELLE	QUI M'EST APPARUE SI RAREMENT ET QUI A FUI SI
29	026	IMPOSSIBLE DE ME SOUVENIR EXACTEMENT, ET	QUI M'INSPIRAIT PLUTOT UNE SYMPATHIE
42	056	AVEC MON DOMESTIQUE, ET DANS UNE SITUATION	QUI M'OBLIGEA A ME RETIRER DISCRETEMENT POUR
13	028	DANS LE DEUIL DU PAUVRE QUELQUE CHOSE	QUI MANQUE, UNE ABSENCE D'HARMONIE QUI LE REND
06	003	UNE ORTIE, JE RENCONTRAI PLUSIEURS HOMMES	QUI MARCHAIENT COURBES. CHACUN D'EUX PORTAIT
31	027	ISOLE, CE PETIT NUAGE COULEUR DE FEU,	QUI MARCHE DOUCEMENT. LUI AUSSI, ON DIRAIT
47	083	MALADE DU TOUT!'' MAIS IL Y EN A D'AUTRES	QUI ME COMPRENNENT, PARCE QUE JE LEUR FAIS DES
47	003	SOUS LE MIEN, ET J'ENTENDIS UNE VOIX	QUI ME DISAIT A L'OREILLE: ''VOUS ETES
47	082	VOIR, RIEN QUE POUR LES VOIR. IL Y EN A	QUI ME DISENT FROIDEMENT: ''VOUS N'ETES PAS
46	024	QUELLE JOUISSANCE! ET SURTOUT UN HEUREUX	QUI ME FERA RIRE! PENSEZ A X, OU A Z! HEIN!
21	090	CONTENAIENT UNE FORCE FASCINATRICE. CE	QUI ME FRAPPA LE PLUS, CE FUT LE MYSTERE DE LA
04	020	RAGE CONTRE CE MAGNIFIQUE IMBECILE,	QUI ME PARUT CONCENTRER EN LUI TOUT L'ESPRIT
49	065	DETRAQUEE, ET, AVEC UN REGARD DE HAINE	QUI ME PARUT DE BON AUGURE, LE MALANDRIN
10	043	LA GRACE DE PRODUIRE QUELQUES BEAUX VERS	QUI ME PROUVENT A MOI-MEME QUE JE NE SUIS PAS
10	009	MA SOLITUDE ET FORTIFIERA LES BARRICADES	QUI ME SEPARENT ACTUELLEMENT DU MONDE.
22	039	DE DISTINCTIONS IMAGINAIRES. LA NUIT,	QUI METTAIT SES TENEBRES DANS LEUR ESPRIT,
50	090	ATTENTION DE SORCIERS. L'OEUVRE SANS NOM	QUI MITONNE SUR LE POELE ALLUME, ET AU CENTRE
22	009	LUGUBRE HARMONIE, COMME CELLE DE LA MAREE	QUI MONTE OU D'UNE TEMPETE QUI S'EVEILLE.
27	056	MOINS ARRETEE DE CLEMENCE? C'EST UN POINT	QUI N'A JAMAIS PU ETRE ECLAIRCI. ENFIN, LE
41	011	MYSTERIEUX ET ARISTOCRATIQUE POUR CELUI	QUI N'A NI CURIOSITE NI AMBITION, A
26	010	N'EN FERAIENT PLUS QU'UNE! --UN REVE	QUI N'A RIEN D'ORIGINAL, APRES TOUT, SI CE
20	017	AU CONTRAIRE UNE GRACE ACCORDEE A CELUI	QUI N'AVAIT PAS ENCORE VECU, UNE GRACE POUVANT
16	020	NI DE SECONDES.--UNE HEURE IMMOBILE	QUI N'EST PAS MARQUEE SUR LES HORLOGES, ET
47	048	TIRA D'UNE ARMOIRE UNE LIASSE DE PAPIERS,	QUI N'ETAIT AUTRE CHOSE QUE LA COLLECTION DES
42	081	DU COMIQUE DANS L'AMOUR, ET D'UN COMIQUE	QUI N'EXCLUT PAS L'ADMIRATION. J'AI PLUS
29	028	SYMPATHIE FRATERNELLE QUE CETTE CRAINTE	QUI NAIT ORDINAIREMENT A L'ASPECT DE
50	028	ET DESOEUVRES, QU'ON NOMME LEVRETTES, ET	QUI NE LOGENT MEME PAS DANS LEUR MUSEAU POINTU
11	054	DES ETOFFES AUSSI DOUCES QUE VOTRE PEAU,	QUI NE MANGEZ QUE DE LA VIANDE CUITE, ET POUR
29	050	J'OSAI, DANS UN ACCES DE FAMILIARITE	QUI NE PARUT PAS LUI DEPLAIRE, M'ECRIER, EN
47	092	PARCE QUE SES PARENTS SONT DES PAUVRES	QUI NE PEUVENT RIEN LUI ENVOYER. CELA M'A
20	049	D'UN SOMBRE GUEUX, CARRIER DE SON ETAT,	QUI NE POUVAIT, EN AUCUNE FACON, AIDER LES
11	053	QUE JE PENSE DE VOTRE JOLI ENFER, VOUS	QUI NE REPOSEZ QUE SUR DES ETOFFES AUSSI
13	068	ICI RIEN QUE DE RICHE, D'HEUREUX; RIEN	QUI NE RESPIRE ET N'INSPIRE L'INSOUCIANCE ET
22	064	REPRESENTENT CES FEUX DE LA FANTAISIE	QUI NE S'ALLUMENT BIEN QUE SOUS LE DEUIL
12	008	POUR LE POETE ACTIF ET FECOND,	QUI NE SAIT PAS PEUPLER SA SOLITUDE, NE SAIT
19	002	INNOCENT. IL Y A SI PEU D'AMUSEMENTS	QUI NE SOIENT PAS COUPABLES! QUAND VOUS
34	013	QUAND POURRONS-NOUS MANGER DE LA VIANDE	QUI NE SOIT PAS SALEE COMME L'ELEMENT INFAME
26	042	MAISON OU PEUVENT SEULS ENTRER LES GENS	QUI NE SONT PAS COMME NOUS.'' --QUANT AUX YEUX
35	012	TOUJOURS PENCHEE SUR QUELQUE CHOSE, ET	QUI NE SORT JAMAIS. AVEC SON VISAGE, AVEC SON
27	027	SES DOMAINES, D'ECRIRE QUOI QUE CE FUT	QUI NE TENDIT PAS UNIQUEMENT AU PLAISIR OU A
14	067	ETAIENT OFFUSQUES PAR CES LARMES REBELLES	QUI NE VEULENT PAS TOMBER. QUE FAIRE? A QUOI
30	071	EN CELA AUX HABITUDES DE L'HOMME CIVILISE.	QUI NE VEUT JAMAIS, JE NE SAIS POURQUOI, SE
31	043	COMMENT M'EST ARRIVE QUELQUE CHOSE	QUI NE VOUS EST JAMAIS ARRIVE: ET CEST UN
09	047	VICTIME DE CES CRISES ET DE CES ELANS,	QUI NOUS AUTORISENT A CROIRE QUE DES DEMONS
34	047	RICHE ET MAGNIFIQUE, PLEINE DE PROMESSES,	QUI NOUS ENVOYAI UN MYSTERIEUX PARFUM DE ROSE
34	014	NE SOIT PAS SALEE COMME L'ELEMENT INFAME	QUI NOUS PORTE? QUAND POURRONS-NOUS DIGERER
09	059	QUI PENSENT UN PEU MIEUX QUE LES MEDECINS,	QUI NOUS POUSSE SANS RESISTANCE VERS UNE FOULE
28	010	NOUS FIMES LA RENCONTRE D'UN PAUVRE	QUI NOUS TENDIT SA CASQUETTE EN TREMBLANT.
21	075	ET CELUI-LA ME DIT: ''JE PUIS TE DONNER CE	QUI OBTIENT TOUT, CE QUI VAUT TOUT, CE QUI

TRISTE, SEMBLABLE A UN PRETRE A
UN PEU DE SENSUALITE A CES PAUVRES DIABLES
SINUEUSES DES IMMENSES VILLES, SOIT CEUX
PARTENT ET DE CEUX QUI REVIENNENT, DE CEUX
TOUJOURS ETE VIEILLES. TOUS LES PERES
AGONIES ET LES EXTASES DE TOUTES LES AMES
QUEL EST, CEPENDANT, LE MORTEL IMPRUDENT
LA CLOCHETTE DES BESTIAUX IMPERCEPTIBLES
PETITE VOILE FRISSONNANT A L'HORIZON, ET
SOUVERAIN QUI LAISSEZ FAIRE, VOUS, LE JUGE
BANALES. ON ECOUTE ALORS CELUI
QUI ROULE, A TOUT CE QUI CHANTE, A TOUT CE
SUR LE MOLE, TOUS CES MOUVEMENTS DE CEUX
SAUTERA BRUSQUEMENT AU COU D'UN VIEILLARD
A L'IMPREVU QUI SE MONTRE, A L'INCONNU
--J'AIME LES NUAGES... LES NUAGES
J'AI FOURRE MA TETE DANS SES CHEVEUX
DANS UN FAUTEUIL IMMOBILE?'' IL Y EN AVAIT
SELON LES MEDECINS, SATANIQUE SELON CEUX
LE CONTENU ETAIT D'UN ROUGE LUMINEUX, ET
''OBSERVEZ CETTE POUPEE, LA-BAS, A DROITE,
SON COURS, EN PARLANT DE X.: ''CE MONSTRE
INFORTUNES QUE LE SOIR NE CALME PAS, ET
NE PLUS TROUVER SI RIDICULES LES JOURNAUX
D'UN ARC. LE MORALISTE ET LE MEDECIN,
LES BENEFICES ET LA PROPRIETE AVEC
ET QUE LES VIEILLES MENDIANTES
SAUTE-RUISSEAU D'UN DIRECTEUR DE JOURNAL
ENCORE LES DERNIERS SOUPIRS D'UN ORAGE, ET
CELUI
NE VOIT JAMAIS AUTANT DE CHOSES QUE CELUI
LE TEMPS A DISPARU; C'EST L'ETERNITE
IL Y EN AVAIT QUI PENSAIENT A LEUR FOYER,
CE QUI OBTIENT TOUT, CE QUI VAUT TOUT, CE
ET CABRIOLAIENT SOUS LE FEU DES LANTERNES
J'AI CONNU UNE CERTAINE BENEDICTA,
JOUISSANCE NOUS TIRONS DE CETTE FACULTE
DOS TOUTE SA PAUVRE FORTUNE AMBULATOIRE
DE SOIXANTE ET DE CENT MILLE FLORINS POUR
JE VIS SUBITEMENT UNE PETITE PERSONNE
NON PAS LA LUNE BLANCHE DES IDYLLES,
UNE CHAMBRE
NE CONNAISSENT PAS, LES FLEURS SINISTRES
CE SONT ENCORE LES PENSEES ENRICHIES
MOUVEMENTS DE CEUX QUI PARTENT ET DE CEUX
SECOUE PAR LA LAME, TROUBLE PAR UN VENT
TRAVERS CETTE TROMPETTE ELLE CRIA MON NOM,
QUI FUIT, A TOUT CE QUI GEMIT, A TOUT CE
CE SONT MES PENSEES QUI DORMENT OU
PENSEE EST INCOMMUNICABLE, MEME ENTRE GENS
RIEN, EXCEPTE L'ASPECT DE CETTE TOURBE
VERS L'ESPAGNE, CAR VOICI LA SAISON
ANGE. TU CONNAIS CETTE MALADIE FIEVREUSE
DE LA MAREE QUI MONTE OU D'UNE TEMPETE
LES VISAGES, LES PHYSIONOMIES
ET CELUI-LA SEUL EST DIGNE DE LA LIBERTE
DES MONSTRES AUX YEUX DE CELUI-LA SEUL
A LA FOIS, POUR L'HOMME SENSIBLE
QU'IL Y AVAIT PEUT-ETRE QUELQUE PART (
FAIT PLUS VOLONTIERS PENSER A LA LUNE,
SOUS LES ECLAIRS DU GAZ, JE SENTIS UN BRAS
EMANAIT DE CES TROIS PERSONNAGES,
A CETTE SAINTE PROSTITUTION DE L'AME
DU PUBLIC ET LES INJUSTICES D'UN DIRECTEUR
ENTIERE, POESIE ET CHARITE, A L'IMPREVU
LES PARFUMS QUI FONT DELIRER; LES CHATS
EST TOUJOURS MOINS INTERESSANT QUE CE
DE PASSER LA REVUE DE TOUTES LES BARAQUES
AU MOINS CURIEUX, SUR LA FOULE DE PARIAS
PLUS BEL EXEMPLE D'IMPERMEABILITE FEMININE
IL Y AVAIT DE PETITS HOMMES EFFLANQUES
LONG ET RETENTISSANT CLIQUETIS DE METAL,
VARIEE DANS SON EFFRAYANTE SIMPLICITE, ET
TOURNE DU MEME COTE, FIXANT SUR LA LIGNE
AVEC LA PHYSIONOMIE RESIGNEE DE CEUX
S'IL EN EST AINSI, FUYONS VERS LES PAYS
ET LES ANIMAUX SAUVAGES ET VOLUPTUEUX
LES ROLES MUETS OU PEU CHARGES DE PAROLES,
TELS ETAIENT LES INSUPPORTABLES REFRAINS
''UN HOMME! DE NOUS DEUX, C'EST MOI
COMME DES TROUBADOURS OU DES MILITAIRES,
REVIENS A CALIFOURCHON SUR CE FAMEUX ANE
DE LA CURIOSITE? IL EST UNE CONTREE
TABLEAU QU'A PEINT MON ESPRIT, CE TABLEAU
DE LA LAITIERE OU DU BOULANGER, ET
JOLI ENFANT A QUI CHACUN FAISAIT FETE, A
JE ME SAISIS D'UNE GROSSE BRANCHE D'ARBRE
DANS LA PAROI, AVEC UN LONG BOUT DE CORDE
PLUS TRISTE ET LA PLUS ATTRISTANTE; CELLE
VOUS ETES DOUX ET TENDRE! LES LUEURS ROSES
JOLI COMME UN ANGE, ET QUI EST POLI! ET

	POEM	LINE
QUI ON ARRACHERAIT SA DIVINITE, JE NE POUVAIS,	34	033
QUI ONT A AFFRONTER TOUT LE JOUR	50	097
QUI ONT DIT A L'HOMME ABANDONNE, AVEC DES YEUX	50	042
QUI ONT ENCORE LA FORCE DE VOULOIR, LE DESIR	41	014
QUI ONT FOI DANS LES FEES ETAIENT VENUS,	20	010
QUI ONT VECU, QUI VIVENT ET QUI VIVRONT! EN	34	039
QUI OSERA DECIDER SI LES FLEURS ET LES PAMPRES	32	018
QUI PAISSAIENT LOIN, BIEN LOIN, SUR LE VERSANT	15	012
QUI PAR SA PETITESSE ET SON ISOLEMENT IMITE	03	009
QUI PARDONNEZ; VOUS QUI ETES PLEIN DE MOTIFS	47	119
QUI PARLE, COMME ON ECOUTERAIT DE LA MUSIQUE	42	013
QUI PARLE, DEMANDEZ QUELLE HEURE IL EST; ET LE	33	013
QUI PARTENT ET DE CEUX QUI REVIENNENT, DE CEUX	41	013
QUI PASSE A COTE DE LUI ET L'EMBRASSERA AVEC	09	040
QUI PASSE. IL EST BON D'APPRENDRE QUELQUEFOIS	12	029
QUI PASSENT... LA-BAS... LA-BAS... LES	01	014
QUI PENDAIENT DANS SON DOS, EPAIS COMME UNE	31	061
QUI PENSAIENT A LEUR FOYER, QUI REGRETTAIENT	34	016
QUI PENSENT UN PEU MIEUX QUE LES MEDECINS, QUI	09	058
QUI PORTAIT POUR ETIQUETTE CES MOTS BIZARRES:	21	027
QUI PORTE LE NEZ EN L'AIR ET QUI A LA MINE SI	43	015
QUI PORTE SUR SON VISAGE LA NOIRCEUR DE SON	47	057
QUI PRENNENT, COMME LES HIBOUX, LA VENUE DE LA	22	012
QUI PRETENDENT QUE L'HOMME EST NE BON;-- QUAND	15	025
QUI PRETENDENT TOUT SAVOIR, NE PEUVENT PAS	09	013
QUI QUE CE SOIT. ELLE NE SE PLAIGNIT EN AUCUNE	29	066
QUI RAMASSENT DES CROUTES DE PAIN A LA PORTE	11	004
QUI RECLAME LA SUITE DU MANUSCRIT. LA CHAMBRE	05	050
QUI RECULENT LOIN DU REGARD INSOLENT DES	13	006
QUI REGARDE DU DEHORS A TRAVERS UNE FENETRE	35	001
QUI REGARDE UNE FENETRE FERMEE. IL N'EST PAS	35	003
QUI REGNE, UNE ETERNITE DE DELICES! MAIS UN	05	041
QUI REGRETTAIENT LEURS FEMMES INFIDELES ET	34	016
QUI REMPLACE TOUT!'' ET IL TAPA SUR SON VENTRE	21	076
QUI REMPLISSAIENT LEURS JUPES D'ETINCELLES.	14	034
QUI REMPLISSAIT L'ATMOSPHERE D'IDEAL, ET DONT	38	001
QUI REND A NOS YEUX LA VIE PLUS VIVANTE ET	30	021
QUI RENDIT LE BRUIT ECLATANT D'UN PALAIS DE	09	086
QUI RESOUDRA LEURS AMBITIEUX PROBLEMES! MOI,	18	059
QUI RESSEMBLAIT SINGULIEREMENT A LA DEFUNTE	38	014
QUI RESSEMBLE A UNE FROIDE MARIEE, MAIS LA	36	016
QUI RESSEMBLE A UNE REVERIE, UNE CHAMBRE	05	001
QUI RESSEMBLENT AUX ENCENSOIRS D'UNE RELIGION	37	031
QUI REVIENNENT DE L'INFINI VERS TOI.	18	087
QUI REVIENNENT, DE CEUX QUI ONT ENCORE LA	41	013
QUI RONFLE PLUS HAUT QUE NOUS? QUAND	34	011
QUI ROULA AINSI A TRAVERS L'ESPACE AVEC LE	21	100
QUI ROULE, A TOUT CE QUI CHANTE, A TOUT CE QUI	33	012
QUI ROULENT SUR TON SEIN. TU LES CONDUIS	18	082
QUI S'AIMENT!	26	059
QUI S'APPUIE LA-BAS SUR LA BARRIERE EXTERIEURE	13	070
QUI S'AVANCE; FUYONS AVANT LES PLUIES ET NE	31	115
QUI S'EMPARE DE NOUS DANS LES FROIDES MISERES,	18	015
QUI S'EVEILLE. QUELS SONT LES INFORTUNES QUE	22	009
QUI S'OFFRENT DANS MA ROUTE, ET VOUS SAVEZ	30	019
QUI SAIT LA CONQUERIR.'' IMMEDIATEMENT, JE	49	041
QUI SAIT POURQUOI ILS EXISTENT, COMMENT ILS SE	47	124
QUI SAIT Y LIRE, TANT D'HUMILITE, TANT DE	28	013
QUI SAIT, APRES TOUT?), POUR RECOMPENSER TANT	50	108
QUI SANS DOUTE L'A MARQUEE DE SA REDOUTABLE	36	014
QUI SE COULAIT DOUCEMENT SOUS LE MIEN, ET	47	002
QUI SE DETACHAIENT AINSI DU FOND OPAQUE DE LA	21	007
QUI SE DONNE TOUT ENTIERE, POESIE ET CHARITE,	12	027
QUI SE FAIT LA GROSSE PART ET MANGE A LUI SEUL	50	099
QUI SE MONTRE, A L'INCONNU QUI PASSE. IL EST	12	028
QUI SE PAMENT SUR LES PIANOS ET QUI GEMISSENT	37	022
QUI SE PASSE DERRIERE UNE VITRE. DANS CE TROU	35	007
QUI SE PAVANENT A CES EPOQUES SOLENNELLES.	14	019
QUI SE PRESSENT AUTOUR DE L'ENCEINTE D'UN	13	062
QUI SE PUISSE RENCONTRER. NOUS AVIONS PASSE	26	005
QUI SE SUSPENDAIENT VOLONTAIREMENT A UN CLOU;	21	062
QUI SE TERMINAIT EN UN VAGUE GEMISSEMENT FAIT	21	070
QUI SEMBLE CONTENIR EN ELLE ET REPRESENTER PAR	34	037
QUI SEPARE LA TERRE DU CIEL DES YEUX OU	31	037
QUI SONT CONDAMNES A ESPERER TOUJOURS. ET LE	06	027
QUI SONT LES ANALOGIES DE LA MORT. -- JE TIENS	48	031
QUI SONT LES EMBLEMES DE LEUR FOLIE.'' ET	37	033
QUI SONT SOUVENT LES PRINCIPAUX DANS CES	27	066
QUI SORTAIENT DE CETTE BOUCHE D'OU JE N'AURAIS	42	039
QUI SUIS L'HOMME!'' TELS ETAIENT LES	42	038
QUI SURVEILLENT, AVEC UNE ATTENTION DE	50	089
QUI T'ACCOMPAGNE TOUJOURS DANS LA MEMOIRE DE	50	010
QUI TE RESSEMBLE, OU TOUT EST BEAU, RICHE,	18	018
QUI TE RESSEMBLE? CES TRESORS, CES MEUBLES, CE	18	075
QUI TEMOIGNENT, PAR LEURS ABOIEMENTS	50	077
QUI TOUT LE MONDE VOULAIT PLAIRE; CE JOLI	02	002
QUI TRAINAIT A TERRE, ET DE LE BATTIS AVEC	49	058
QUI TRAINAIT ENCORE. JE M'ELANCAI VIVEMENT	30	106
QUI TRAINE A SA MAIN UN BAMBIN AVEC QUI ELLE	13	033
QUI TRAINENT ENCORE A L'HORIZON COMME L'AGONIE	22	051
QUI TRAVAILLE, LE PAUVRE GARCON! SES CAMARADES	47	090

POEM LINE

POEM	LINE		
29	096	DE POETES ET SERVI PAR TANT DE PHILOSOPHES	QUI TRAVAILLENT A SA GLOIRE SANS LE SAVOIR, ME
37	032	D'UNE RELIGION INCONNUE, LES PARFUMS	QUI TROUBLENT LA VOLONTE, ET LES ANIMAUX
11	055	NE MANGEZ QUE DE LA VIANDE CUITE, ET POUR	QUI UN DOMESTIQUE HABILE PREND SOIN DE
12	004	DU GENRE HUMAIN, UNE RIBOTE DE VITALITE, A	QUI UNE FEE A INSUFFLE DANS SON BERCEAU LE
29	089	MAIS COMME DEUX VIEUX GENTILSHOMMES, EN	QUI UNE POLITESSE INNEE NE SAURAIT ETEINDRE
21	076	PUIS TE DONNER CE QUI OBTIENT TOUT, CE	QUI VAUT TOUT, CE QUI REMPLACE TOUT!'' ET IL
45	029	SOIENT VOS CALCULS, MORTELS IMPATIENTS,	QUI VENEZ ETUDIER L'ART DE TUER AUPRES DU
49	061	--O MIRACLE! O JOUISSANCE DU PHILOSOPHE	QUI VERIFIE L'EXCELLENCE DE SA THEORIE! --JE
49	059	AVEC L'ENERGIE OBSTINEE DES CUISINIERS	QUI VEULENT ATTENDRIR UN BEEFSTEAK. TOUT A
27	010	POUVOIR CES INDIVIDUS D'HUMEUR ATRABILAIRE	QUI VEULENT DEPOSER LES PRINCES ET OPERER,
20	084	TROUVEZ-VOUS CE PETIT FRANCAIS VANITEUX,	QUI VEUT TOUT COMPRENDRE, ET QUI AYANT OBTENU
31	014	BELLES ET BIEN PLUS GRANDES QUE CELLES	QUI VIENNENT NOUS VOIR A LA MAISON, ET,
50	060	COUCHENT DANS UNE RUINE DE LA BANLIEUE ET	QUI VIENNENT, CHAQUE JOUR, A HEURE FIXE,
05	047	AU NOM DE LA LOI; UNE INFAME CONCUBINE	QUI VIENT CRIER MISERE ET AJOUTER LES
05	046	UN SPECTRE EST ENTRE. C'EST UN HUISSIER	QUI VIENT ME TORTURER AU NOM DE LA LOI; UNE
31	084	FOIRE DU VILLAGE VOISIN, TROIS HOMMES	QUI VIVENT COMME JE VOUDRAIS VIVRE. VOUS N'Y
34	040	EXTASES DE TOUTES LES AMES QUI ONT VECU,	QUI VIVENT ET QUI VIVRONT! EN DISANT ADIEU A
34	040	LES AMES QUI ONT VECU, QUI VIVENT ET	QUI VIVRONT! EN DISANT ADIEU A CETTE
19	014	ET ILS S'ENFUIRONT COMME FONT LES CHATS	VONT MANGER LOIN DE VOUS LE MORCEAU QUE
42	036	MALSEANTE ET DIFFORME. C'ETAIT UNE FEMME	QUI VOULAIT TOUJOURS FAIRE L'HOMME. ''VOUS
11	069	COMME VOUS SAVEZ BIEN) GARE LA GRUE	QUI VOUS CROQUERA, VOUS GOBERA ET VOUS TUERA A
42	096	MONTRANT LES PLUS JOLIES DENTS DU MONDE,	QUI VOUS EUSSENT ATTENDRIS ET EGAYES A LA
45	026	ET VOS CARABINES, TURBULENTS VIVANTS,	QUI VOUS SOUCIEZ SI PEU DES DEFUNTS ET DE LEUR
27	064	ENSUITE PAR L'INTERET MORAL ET MYSTERIEUX	QUI Y ETAIT ATTACHE. LE SIEUR FANCIOULLE
42	012	DU TOUT; MAIS IL Y A DES GENS D'ESPRIT	QUI, APRES BOIRE, NE MEPRISENT PAS LES
09	054	VOUS PRIE, QUE L'ESPRIT DE MYSTIFICATION	QUI, CHEZ QUELQUES PERSONNES, N'EST PAS LE
50	067	IMBECILES N'EN VEULENT PLUS. D'AUTRES	QUI, COMME DES NEGRES MARRONS, AFFOLES
27	046	DES PLAISIRS INATTENDUS. MAIS POUR CEUX	QUI, COMME MOI, AVAIENT PU PENETRER PLUS AVANT
09	006	SERAIENT CRUES ELLES-MEMES INCAPABLES. TEL	QUI, CRAIGNANT DE TROUVER CHEZ SON CONCIERGE
31	130	QUI ELOIGNE GENERALEMENT LA SYMPATHIE, ET	QUI, JE NE SAIS POURQUOI, EXCITAIT LA MIENNE,
21	021	MANIERE DE CEINTURE, UN SERPENT CHATOYANT	QUI, LA TETE RELEVEE, TOURNAIT LANGOUREUSEMENT
20	043	UNIQUE D'UNE FAMILLE TRES-RICHE,	QUI, N'ETANT DOUE D'AUCUN SENS DE CHARITE, NON
30	078	POUR LES LUI ENLEVER. ''LE COMMISSAIRE, A	QUI, NATURELLEMENT, JE DUS DECLARER
42	102	UNE ESPECE D'EMPLOYE DANS L'INTENDANCE	QUI, PAR QUELQUE TOUR DE BATON A LUI CONNU,
38	015	SINGULIEREMENT A LA DEFUNTE. ET	QUI, PIETINANT SUR LA TERRE FRAICHE AVEC UNE
21	046	N'AI QUE FAIRE DE CETTE PACOTILLE D'ETRES	QUI, SANS DOUTE, NE VALENT PAS MIEUX QUE MON
20	030	AUTANT D'IMPATIENCE QUE DES JUGES HUMAINS	QUI, SIEGEANT DEPUIS LE MATIN, NE PEUVENT
25	048	UN RENDEZ-VOUS AVEC QUELQUE JEUNE OFFICIER	QUI, SUR DES PLAGES LOINTAINES, A ENTENDU
46	002	DANS UN MAUVAIS LIEU! VOUS, LE BUVEUR DE	QUINTESSENCES! VOUS, LE MANGEUR D'AMBROISIE!
00	000	PENDANT	QUINZE JOURS JE M'ETAIS CONFINE DANS MA
09	008	SA PORTE SANS OSER RENTRER, TEL QUI GARDE	QUINZE JOURS UNE LETTRE SANS LA DECACHETER, OU
10	019	SALUE UNE VINGTAINE DE PERSONNES, DONT	QUINZE ME SONT INCONNUES; AVOIR DISTRIBUE DES
27	125	ENFANT S'ILLUMINA D'UN SOURIRE; ET PUIS IL	QUITTA VIVEMENT LA LOGE PRINCIERE, COMME POUR
15	041	LUI OFFRIS. LENTEMENT IL SE RAPPROCHA, CE	QUITTANT PAS DES YEUX L'OBJET DE SA
25	037	FROIDE COMME LE BRONZE? POURQUOI A-T-ELLE	QUITTE SA PETITE CASE SI COQUETTEMENT
29	123	MAIS PEU A PEU, APRES QUE JE L'EUS	QUITTE... --POUR UN FOURNISSEUR AUX VIVRES,
42	099	LA NOURRISSAIS BIEN; ET CEPENDANT ELLE M'A	QUITTENT, A DE CERTAINS JOURS, LEUR
50	068	COMME DES NEGRES MARRONS, AFFOLES D'AMOUR,	QUOI AVEC SES YEUX DE MARBRE.
07	029	VENUS REGARDE AU LOIN JE NE SAIS	QUOI BON DECRIRE UNE LUTTE HIDEUSE QUI DURA EN
15	061	TERRE D'UN COUP DE TETE DANS L'ESTOMAC. A	QUOI BON DEMANDER A L'INFORTUNE QUELLE
14	068	QUI NE VEULENT PAS TOMBER. QUE FAIRE? A	QUOI BON EXECUTER DES PROJETS, PUISQUE LE
24	052	PUISQUE MON AME VOYAGE SI LESTEMENT? ET A	QUOI DE MIEUX?'' ET EN RENTRANT SEUL CHEZ LUI,
24	044	AVEC DES DRAPS UN PEU APRES, MAIS FRAIS;	QUOI DE PRECOCEMENT FATAL QUI ELOIGNE
31	129	SON OEIL ET DANS SON FRONT CE JE NE SAIS	QUOI ME SURPRENDRE. --MON CHER, VOUS
46	003	D'AMBROISIE! EN VERITE, IL Y A LA DE	QUOI QUE CE FUT QUI NE TENDIT PAS UNIQUEMENT
27	027	ETE PERMIS; DANS SES DOMAINES, D'ECRIRE	QUOI, CETTE TRISTESSE FROIDE ET RAILLEUSE QUI
42	006	DE LA JOIE, CET INDESCRIPTIBLE JE NE SAIS	QUOI, ET AUSSI PARCE QUE J'AVAIS PEUR D'ETRE
31	124	TRES-DIFFICILE DE SE DECIDER A N'IMPORTE	QUOI. ENSUITE J'AI FOURRE MA TETE DANS SES
31	060	D'ABORD, ET PUIS ENCORE PEUR DE JE NE SAIS	QUOI? DE VIN, DE POESIE OU DE VERTU, A VOTRE
33	005	IL FAUT VOUS ENIVRER SANS TREVE. MAIS DE	QUOI! --COMMENT! --QUE VOULEZ-VOUS DIRE?
42	153	A MOI, ETAIT CRISPE COMME L'ENFER... --	QUOI! VOUS ICI, MON CHER? VOUS, DANS UN
46	001	''EH!	QUOIQUE APRES TOUT, PEUT-ETRE, LES JOUISSANCES
11	046	FEMME EST INCONTESTABLEMENT MALHEUREUSE,	QUOIQUE AVEC LEURS GRANDS YEUX CREUX ET LEURS
31	015	QUI VIENNENT NOUS VOIR A LA MAISON, ET,	QUOIQUE BATTUS, CONTENAIENT UNE FORCE
21	089	FOIS IMPERIEUX ET DEGINGANDE, ET SES YEUX,	QUOIQUE CAPITEUSE, QUI FAISAIT OUBLIER PRESQUE
29	014	LA REGNAIT UNE ATMOSPHERE EXQUISE,	QUOIQUE EN GUENILLES, AVEC L'AIR DE N'AVOIR
31	086	GRANDS, PRESQUE NOIRS ET TRES-FIERS,	QUOIQUE INVISIBLE, A TOUTES LES SEANCES
29	083	ASSISTAIT PRESQUE TOUJOURS EN PERSONNE,	QUOIQUE JE NE L'EUSSE JAMAIS VU. IL Y AVAIT
29	004	ET QUE JE RECONNUS TOUT DE SUITE,	QUOIQUE PAS TROP JEUNE. JE LUI AI DIT: ''VIENS
47	093	APRES TOUT, JE SUIS ASSEZ BELLE FEMME,	QUOIQUE RAREMENT APPLIQUEE, DANS LE MONDE
20	064	SE SOUVINT A TEMPS D'UNE LOI BIEN CONNUE,	QUOIQUE SUFFISAMMENT EXPLIQUEE D'AILLEURS.
42	166	CAPABLES D'UNE ACTION AUSSI RIGOUREUSE,	

		POEM	LINE
UN CHEVAL DE	RACE	39	000
ELLE FAIT PENSER A CES CHEVAUX DE GRANDE	RACE QUE L'OEIL DU VERITABLE AMATEUR	39	021
LA SOLITUDE ET DU MYSTERE. IL Y A DANS NOS	RACES JACASSIERES DES INDIVIDUS QUI	23	016
ET MECONTENT DE MOI, JE VOUDRAIS BIEN ME	RACHETER ET M'ENORGUEILLIR UN PEU DANS LE	10	037
D'ENTASSER PIASTRE SUR PIASTRE POUR	RACHETER SA PETITE SOEUR QUI A BIEN ONZE ANS,	25	058
PLUTOT SA LEGENDE, ET QUELQUEFOIS JE ME LA	RACONTE A MOI-MEME EN PLEURANT. SI C'EUT ETE	35	015
VITALITE SINGULIERES. ''MOI, JE VAIS VOUS	RACONTER COMMENT IL M'EST ARRIVE QUELQUE CHOSE	31	042
SON ARCHET SUR SON VIOLON, SEMBLAIT	RACONTER UN CHAGRIN, ET L'AUTRE, EN FAISANT	31	093
LES TRAITS DE LEURS VISAGES BASANES,	RACORNIS PAR LE VENT, LA PLUIE ET LE SOLEIL;	14	025
CENT FOIS DEJA LE SOLEIL AVAIT JAILLI,	RADIEUX OU ATTRISTE, DE CETTE CUVE IMMENSE DE	34	001
DE SERRURES ET DE SECRETS COMME DES AMES	RAFFINEES. LES MIROIRS, LES METAUX, LES	18	040
D'EPICURE. PEUT-ETRE MEME CONNAIT-IL LE	RAFFINEMENT PROFOND DES ANCIENS EGYPTIENS,	45	005
SUPERIEURS AU LEUR, PLUS VASTES ET PLUS	RAFFINES. LES FONDATEURS DE COLONIES, LES	12	033
COMME INTRIGUE ET ALARME. O NUIT! O	RAFRAICHISSANTES TENEBRES! VOUS ETES POUR MOI	22	044
LES POTS DE FLEURS ET LES GARGOULETTES	RAFRAICHISSANTES. DANS L'ARDENT FOYER DE TA	17	025
BESOIN PROPORTIONNEL DU GRAND AIR ET DES	RAFRAICHISSANTS. COMME J'ALLAIS ENTRER DANS UN	49	020
LISBONNE? IL DOIT Y FAIRE CHAUD, ET TU T'Y	RAGAILLARDIRAIS COMME UN LEZARD. CETTE VILLE	48	010
FUS PRIS SUBITEMENT D'UNE INCOMMENSURABLE	RAGE CONTRE CE MAGNIFIQUE IMBECILE, QUI ME	04	020
ELLE HURLE PLUS NATURELLEMENT. DANS SA	RAGE, ELLE ETINCELLE TOUT ENTIERE, COMME LE	11	042
LA LUMIERE ET LA CHALEUR Y FAISAIENT	RAGE, ET L'ON EUT DIT QUE LE SOLEIL IVRE SE	45	013
MAIS AUSSI SUR LUI-MEME, QUE S'EXERCAIT	RAGEUSEMENT SA MANIE CREPUSCULEUSE. LE PREMIER	22	032
ET QUE LA MARMITE DE FER, OU CUIT UN	RAGOUT DE CRABES AU RIZ ET AU SAFRAN, LUI	25	044
JE NE SAIS QUOI, CETTE TRISTESSE FROIDE ET	RAILLEUSE QUI DIT CLAIREMENT: ''NOUS AVONS	42	007
L'OEIL D'UN MAGNETISEUR FAISAIT MURIR LES	RAISINS. EN MEME TEMPS, J'ENTENDIS UNE VOIX	49	024
ET AMOLLIT LE COEUR. LA CHANSON AVAIT	RAISON CE SOIR-LA; RELATIVEMENT A MOI.	26	047
EN VERITE, JE N'OSAIS; ET, DUT LA	RAISON DE MA TIMIDITE VOUS FAIRE RIRE,	14	071
QUE LA MIENNE, ET JE LUI DIS: ''VOUS AVEZ	RAISON; APRES LE PLAISIR D'ETRE ETONNE, IL	28	019
MES PROPRES PAROLES: ''OUI, VOUS AVEZ	RAISON; IL N'EST PAS DE PLAISIR PLUS DOUX QUE	28	043
AU NOM DU BON SENS, J'AVAIS SANS DOUTE	RAISON; MAIS, AU POINT DE VUE DE LA LOI, IL	40	010
AUPRES D'ELLE, JE CRUS EN DEVINER LA	RAISON. LA GRANDE VEUVE TENAIT PAR LA MAIN UN	13	094
BOUTIQUIER, QUI ETAIT SANS DOUTE UN DE CES	RAISONNEURS SI COMMUNS, INCAPABLES DE S'ELEVER	20	079
L'ENORME CATIN DONT LE CHARME INFERNAL ME	RAJEUNIT SANS CESSE. QUE TU DORMES ENCOR DANS	51	009
COIFFE DE CORNES ET DE SONNETTES, TOUT	RAMASSE CONTRE LE PIEDESTAL, LEVE DES YEUX	07	020
LA FOULE S'EST DISPERSEE. ENFIN ILS ONT	RAMASSE LEURS SOUS, ONT CHARGE LEUR BAGAGE SUR	31	101
ET QUE LES VIEILLES MENDIANTES QUI	RAMASSENT DES CROUTES DE PAIN A LA PORTE DES	11	004
MACADAM. JE N'AI PAS EU LE COURAGE DE LA	RAMASSER. J'AI JUGE MOINS DESAGREABLE DE	46	011
AVEC JOIE QUE QUELQUE MAUVAIS POETE LA	RAMASSERA ET S'EN COIFFERA IMPUDEMMENT. FAIRE	46	022
MOISISSURE. ON RESPIRE ICI MAINTENANT LE	RANCI DE LA DESOLATION. DANS CE MONDE ETROIT,	05	065
SEMBLABLE A CELUI DE LA JALOUSIE ET DE LA	RANCUNE, MEME PENDANT QU'IL APPLAUDISSAIT	27	119
FURENT RAYES DE LA MEMOIRE, ET LES	RANCUNES S'ENVOLERENT COMME DES FUMEES. MOI	34	030
TOUT A FAIT LE SOUVENIR D'ANCIENNES	RANCUNES.'' IL EST DOUTEUX QUE SON ALTESSE AIT	29	091
FEE REPONDIT, AVEC UN APLOMB DIGNE DE SON	RANG: ''JE DONNE A TON FILS... JE LUI DONNE...	20	075
PAYS. TENEZ, IL VA PASSER DERRIERE CETTE	RANGEE D'ARBRES QUI EST PRESQUE A L'HORIZON...	31	033
FETE. AU BOUT, A L'EXTREME BOUT DE LA	RANGEE DE BARAQUES, COMME SI, HONTEUX, IL	14	044
ET CEPENDANT LEGERE COMME UN SOUPIR,	RAPIDE COMME UN COUP D'OEIL. ET SI QUELQUE	16	021
ROIDE MORT SUR LES PLANCHES. LE SIFFLET,	RAPIDE COMME UN GLAIVE, AVAIT-IL REELLEMENT	27	139
PEU EXERCE A LA BOXE, POUR ASSOMMER	RAPIDEMENT CE VIEILLARD, JE LE SAISIS D'UNE	49	047
ET INCONNUE, AGISSANT QUELQUEFOIS AVEC UNE	RAPIDITE DONT ELLES SE SERAIENT CRUES	09	004
DIT UN AUTRE SAGE, PASCAL, JE CROIS,	RAPPELANT AINSI DANS LA CELLULE DU	23	039
LA COUR DE...; MAIS AUCUN D'EUX N'A PU	RAPPELER LES MERVEILLEUX TALENTS DE	27	149
MON AMI, METTEZ-VOUS A L'AISE. CA VOUS	RAPPELLERA L'HOPITAL ET LE BON TEMPS DE LA	47	028
MALADES. L'UN MECONNAISSAIT ALORS TOUS LES	RAPPORTS D'AMITIE ET DE POLITESSE, ET	22	022
AUSSI INNOMBRABLES PEUT-ETRE QUE LES	RAPPORTS DES HOMMES ENTRE EUX, OU DES HOMMES	30	002
TRANCHE QUE JE LUI OFFRIS. LENTEMENT IL SE	RAPPROCHA, NE QUITTANT PAS DES YEUX L'OBJET DE	15	041
DANS LE MIEN; ET, BIEN QU'IL NE SOIT PAS	RARE DE VOIR LA MEME CAUSE ENGENDRER DEUX	22	041
EXAMINAIT AVIDEMENT COMME UN OBJET	RARE ET INCONNU. OR, CE JOUJOU, QUE LE PETIT	19	039
LE PAIN S'APPELLE DU GATEAU, FRIANDISE SI	RARE QU'ELLE SUFFIT POUR ENGENDRER UNE GUERRE	15	076
A TEMPS D'UNE LOI BIEN CONNUE, QUOIQUE	RARE, CAUSEE PAR UN GRAND MOUVEMENT	15	018
SOUVIENS QUE CETTE SENSATION SOLENNELLE ET	RAREMENT APPLIQUEE, DANS LE MONDE SURNATUREL,	20	064
DE PEINDRE CELLE QUI M'EST APPARUE SI	RAREMENT ET QUI A FUI SI VITE, COMME UNE BELLE	36	003
FRAICHES ET DE FLEURS CAPITEUSES, AVEC DE	RARES SIEGES D'UN ROCOCO PORTUGUAIS, D'UN BOIS	24	025
DES HOMMES, A CE POINT QU'IL LUI FAUT	RASSEMBLER TOUTE SA PAUVRE VOLONTE POUR ENTRER	09	036
DANS UNE BOITE GRILLEE; C'ETAIT UN	RAT VIVANT! LES PARENTS, PAR ECONOMIE SANS	19	041
LA PETITE VIEILLE	RATATINEE SE SENTIT TOUT REJOUIE EN VOYANT CE	02	001
FOURNIT PEUT-ETRE A CETTE PAUVRE ENFANT LA	RATION DE PLUSIEURS SOLDATS. C'EST DU MOINS CE	42	104
ET AUSSI PARCE QUE J'AVAIS PEUR D'ETRE	RATTRAPE AVANT D'ETRE HORS DE FRANCE.'' L'AIR	31	125
SILLONS DANS LA POUSSIERE; LES MANUSCRITS,	RATURES OU INCOMPLETS; L'ALMANACH OU LE CRAYON	05	059
DROLES DE MA CONNAISSANCE; ET LE SON	RAUQUE DU CUIVRE APPORTA A MES OREILLES JE NE	21	107
POING DANS LE DOS, ET J'ENTENDIS UNE VOIX	RAUQUE ET CHARMANTE, UNE VOIX HYSTERIQUE ET	44	010
QUI GEMISSENT COMME LES FEMMES, D'UNE VOIX	RAUQUE ET DOUCE! ''ET TU SERAS AIMEE DE MES	37	024
L'ENTENDIS SOUPIRER, D'UNE VOIX BASSE ET	RAUQUE, LE MOT: GATEAU! JE NE PUS M'EMPECHER	15	037
SOIT CEUX QUI ERRENT, SOLITAIRES, DANS LES	RAVINES SINUEUSES DES IMMENSES VILLES, SOIT	50	041
DU CELESTE EMPIRE HESITA D'ABORD; PUIS, SE	RAVISANT, IL REPONDIT: ''JE VAIS VOUS LE	16	007
DANS SA POCHE LE PRIX DU COMBAT. MAIS,	RAVIVE PAR LE DESESPOIR, LE VAINCU SE REDRESSA	15	059
PARDONNES; LES DUELS CONVENUS FURENT	RAYES DE LA MEMOIRE, ET LES RANCUNES	34	030
DANS UN BEAU JARDIN OU LES	RAYONS D'UN SOLEIL AUTOMNAL SEMBLAIENT	31	001
SE MELAIENT, DANS UN ETRANGE AMALGAME, LES	RAYONS DE L'ART ET LA GLOIRE DU MARTYRE.	27	086
DE CE QU'IL EPROUVAIT ENCORE, ET LES	RAYONS DU SOLEIL COUCHANT, EN GLISSANT A	31	068
QUE, REVE PAR TOUS LES HOMMES, IL N'A ETE	REALISE PAR AUCUN. LE SOIR, UN PEU FATIGUEE,	26	011
FORME PAR VOUS, QUE JE NE VOUS AIDE A LE	REALISER; VOUS REGNEREZ SUR VOS VULGAIRES	27	108
LA VRAIE?'' QU'IMPORTE CE QUE PEUT ETRE LA	REALITE PLACEE HORS DE MOI, SI ELLE M'A AIDE A	35	021
REGARDS ETAIENT OFFUSQUES PAR CES LARMES	REBELLES QUI NE VEULENT PAS TOMBER. QUE FAIRE?	14	066
JE MORDILLE TES CHEVEUX ELASTIQUES ET	REBELLES. IL ME SEMBLE QUE JE MANGE DES	17	034
DE TROUVER SON COMEDIEN FAVORI PARMI LES	REBELLES. LE PRINCE N'ETAIT NI MEILLEUR NI	27	015
ET DES CORNICHES; LES PAGES AUX JOUES	REBONDIES TRAINES PAR LES CHIENS EN LAISSE,	26	020
MON ENGIN DE GUERRE SUR LE	REBORD POSTERIEUR DE SES CROCHETS; ET LE CHOC	09	084
DU MONDE. HORRIBLE VIE! HORRIBLE VILLE!	RECAPITULONS LA JOURNEE: AVOIR VU PLUSIEURS	10	011
LES FORMULES DE BONNE FEMME DONT J'AVAIS	RECEMMENT PARCOURU LE DICTIONNAIRE. MAIS CE	49	016
DES NOUVELLES DE DIEU, ET S'IL L'AVAIT VU	RECEMMENT. IL ME REPONDIT, AVEC UNE	29	086
ENFONCEE JUSQU'AU GENOU DANS LA SEPULTURE	RECENTE, ET QUE, COMME UN LOUP PRIS AU PIEGE,	38	023
NUIT!'' LE TROISIEME DISAIT EN COMPTANT LA	RECETTE: ''CES GENS-LA NE SENTENT PAS LA	31	109

POEM LINE

```
05 045  LES REVES INFERNAUX, IL M'A SEMBLE QUE JE     RECEVAIS UN COUP DE PIOCHE DANS L'ESTOMAC. ET
42 020           DEJA UNE DECADENCE. C'EST ALORS QU'ON  RECHERCHE DECIDEMENT LA BEAUTE. POUR MOI,
20 007  DIVERSES: LES UNES AVAIENT L'AIR SOMBRE ET     RECHIGNE, LES AUTRES, UN AIR FOLATRE ET MALIN;
34 029  QUERELLES FURENT OUBLIEES, TOUS LES TORTS      RECIPROQUES PARDONNES; LES DUELS CONVENUS
31 067           REVELATION AVAIT, EN FAISANT SON       RECIT, LES YEUX ECARQUILLES PAR UNE SORTE DE
21 064            MAIGRES, DONT LES YEUX SUPPLIANTS     RECLAMAIENT L'AUMONE MIEUX ENCORE QUE LEURS
05 050                 D'UN DIRECTEUR DE JOURNAL QUI    RECLAME LA SUITE DU MANUSCRIT. LA CHAMBRE
50 060  QUI VIENNENT, CHAQUE JOUR, A HEURE FIXE,       RECLAMER LA SPORTULE A LA PORTE D'UNE CUISINE
46 019  FAIRE AFFICHER CETTE AUREOLE, OU LA FAIRE      RECLAMER PAR LE COMMISSAIRE. --MA FOI! NON. JE
10 034  A UN AMI UN SERVICE FACILE, ET DONNE UNE       RECOMMANDATION ECRITE A UN PARFAIT DROLE; OUF!
20 016            C'EST QUE LES DONS N'ETAIENT PAS LA   RECOMPENSE D'UN EFFORT, MAIS TOUT AU CONTRAIRE
50 117  A CHANTE LES PAUVRES CHIENS A RECU POUR        RECOMPENSE UN BEAU GILET, D'UNE COULEUR, A LA
50 108  QUELQUE PART (QUI SAIT, APRES TOUT?), POUR     RECOMPENSER TANT DE COURAGE, TANT DE PATIENCE
13 023  DU DEVOUEMENT MECONNU, DES EFFORTS NON         RECOMPENSES, DE LA FAIM ET DU FROID
05 028  CES SUBTILES ET TERRIBLES MIRETTES, QUE JE     RECONNAIS A LEUR EFFRAYANTE MALICE! ELLES
05 026  ET DE VOLUPTE? QU'IMPORTE? LA VOILA! JE LA     RECONNAIS. VOILA BIEN CES YEUX DONT LA FLAMME
47 053  ANNEES SUR LE QUAI VOLTAIRE. ''TIENS! LE       RECONNAIS-TU CELUI-CI? --OUI! C'EST X. LE NOM
21 106  VIRAGO, IL ME SEMBLA VAGUEMENT QUE JE LA       RECONNAISSAIS POUR L'AVOIR VUE TRINQUANT AVEC
42 139  COMBLE D'HORREUR, ELLE N'EXIGEAIT PAS DE       RECONNAISSANCE, LE DANGER PASSE. COMBIEN DE
50 071  NEGLIGEE DANS SA TOILETTE, MAIS FIERE ET       RECONNAISSANTE. ET ILS SONT TOUS TRES-EXACTS,
39 022          RACE QUE L'OEIL DU VERITABLE AMATEUR    RECONNAIT, MEME ATTELES A UN CARROSSE DE
22 034            LE PREMIER EST MORT FOU, INCAPABLE DE RECONNAITRE SA FEMME ET SON ENFANT; LE SECOND
13 027           EN DEUIL OU NON, IL EST FACILE DE LES  RECONNAITRE. D'AILLEURS IL Y A TOUJOURS DANS
46 021  ME TROUVE BIEN ICI. VOUS SEUL, VOUS M'AVEZ     RECONNU. D'AILLEURS LA DIGNITE M'ENNUIE
42 061  VENU HABITER CHEZ MOI, ET JE NE L'AI PAS       RECONNU. LA DESTINEE M'AVAIT, EN CES DERNIERS
49 026  CHUCHOTAIT A MON OREILLE, UNE VOIX QUE JE      RECONNUS BIEN; C'ETAIT CELLE D'UN BON ANGE, OU
29 003         TOUJOURS DESIRE CONNAITRE, ET QUE JE     RECONNUS TOUT DE SUITE, QUOIQUE JE NE L'EUSSE
50 116  LE POETE QUI A CHANTE LES PAUVRES CHIENS A     RECU POUR RECOMPENSE UN BEAU GILET, D'UNE
23 039  CROIS, RAPPELANT AINSI DANS LA CELLULE DU      RECUEILLEMENT TOUS CES AFFOLES QUI CHERCHENT
23 024            QUE D'AUTRES TIRENT DU SILENCE ET DU  RECUEILLEMENT; MAIS JE LES MEPRISE. JE DESIRE
15 043  PUIS, HAPPANT LE MORCEAU AVEC SA MAIN, SE      RECULA VIVEMENT, COMME S'IL EUT CRAINT QUE MON
08 007  NEZ HUMIDE SUR LE FLACON DEBOUCHE; PUIS,       RECULANT SOUDAINEMENT AVEC EFFROI, IL ABOIE
30 023  POUR LES AUTRES HOMMES. DANS LE QUARTIER       RECULE QUE J'HABITE, ET OU DE VASTES ESPACES
13 006  LES DERNIERS SOUPIRS D'UN ORAGE, ET QUI        RECULENT LOIN DU REGARD INSOLENT DES JOYEUX ET
18 056  CHERCHENT, QU'ILS CHERCHENT ENCORE, QU'ILS     RECULENT SANS CESSE LES LIMITES DE LEUR
30 121  GRANDS YEUX FIXES. MAIS LE LENDEMAIN IL        RECUS UN PAQUET DE LETTRES: LES UNES, DES
44 009             AUX YEUX VERTS.'' ET TOUT A COUP JE  RECUS UN VIOLENT COUP DE POING DANS LE DOS, ET
10 018  IMPLIQUE QUE TOUS LES AUTRES JOURNAUX SONT     REDIGES PAR DES COQUINS; AVOIR SALUE UNE
37 037           DANS TOUTE TA PERSONNE LE REFLET DE LA REDOUTABLE DIVINITE, DE LA FATIDIQUE MARRAINE,
36 015  LA LUNE, QUI SANS DOUTE L'A MARQUEE DE SA      REDOUTABLE INFLUENCE; NON PAS LA LUNE BLANCHE
15 060  RAVIVE PAR LE DESESPOIR, LE VAINCU SE          REDRESSA ET FIT ROULER LE VAINQUEUR PAR TERRE
49 062  CETTE ANTIQUE CARCASSE SE RETOURNER, SE        REDRESSER AVEC UNE ENERGIE QUE JE N'AURAIS
30 008           DEVANT LA NOUVEAUTE, DEVANT LE FAIT    REEL. S'IL EXISTE UN PHENOMENE EVIDENT,
27 083           DE NE PAS SUPPOSER VIVANTE, POSSIBLE,  REELE. CE BOUFFON ALLAIT, VENAIT, RIAIT,
27 139  SIFFLET, RAPIDE COMME UN GLAIVE, AVAIT-IL      REELLEMENT FRUSTRE LE BOURREAU? LE PRINCE
49 075  MA BOURSE; ET SOUVENEZ- VOUS, SI VOUS ETES     REELLEMENT PHILANTHROPE, QU'IL FAUT APPLIQUER
35 013  AVEC SON GESTE, AVEC PRESQUE RIEN, J'AI        REFAIT L'HISTOIRE DE CETTE FEMME, OU PLUTOT SA
35 016  C'EUT ETE UN PAUVRE VIEUX HOMME, J'AURAIS      REFAIT LA SIENNE TOUT AUSSI AISEMENT, ET JE ME
42 128         VERTIGINEUSEMENT MONOTONE, QUI AURAIT    REFLECHI TOUS MES SENTIMENTS ET MES GESTES
48 015  ET LE MINERAL, ET LE LIQUIDE POUR LES          REFLECHIR!'' MON AME NE REPOND PAS. ''PUISQUE
42 151             PROMENADE OU SES YEUX, A ELLE,       REFLECHISSAIENT LA DOUCEUR DU CIEL, ET OU MON
09 068  ET JE LUI CRIAI DE MONTER. CEPENDANT JE        REFLECHISSAIS; NON SANS QUELQUE GAIETE, QUE,
18 084           VERS LA MER QUI EST L'INFINI, TOUT EN  REFLECHISSANT LES PROFONDEURS DU CIEL DANS LA
13 073  C'EST TOUJOURS CHOSE INTERESSANTE QUE CE       REFLET DE LA JOIE DU RICHE AU FOND DE L'OEIL
37 037  PIEDS; CHERCHANT DANS TOUTE TA PERSONNE LE     REFLET DE LA REDOUTABLE DIVINITE, DE LA
15 016  QUELQUEFOIS L'OMBRE D'UN NUAGE, COMME LE       REFLET DU MANTEAU D'UN GEANT AERIEN VOLANT A
25 031  APERCEVAIT AU LOIN DANS L'ESPACE UN MIROIR     REFLETANT SA DEMARCHE ET SA BEAUTE. A L'HEURE
48 041  EN TEMPS LEURS GERBES ROSES, COMME DES         REFLETS D'UN FEU D'ARTIFICE DE L'ENFER!''
25 016  SON VISAGE SOMBRE LE FARD SANGLANT DE SES      REFLETS. LE POIDS DE SON ENORME CHEVELURE
14 075  DEVINERAIT MON INTENTION, QUAND UN GRAND       REFLUX DU PEUPLE, CAUSE PAR JE NE SAIS QUEL
18 055          LE REVE, OU ELLE EST CORRIGEE, EMBELLIE, REFONDUE. QU'ILS CHERCHENT, QU'ILS CHERCHENT
18 054  L'ART L'EST A LA NATURE, OU CELLE-CI EST       REFORMEE PAR LE REVE, OU ELLE EST CORRIGEE,
47 042             PAS, MON CHAT?'' CET ININTELLIGIBLE  REFRAIN ME FIT SAUTER SUR MES JAMBES. ''NON!
42 039  L'HOMME!'' TELS ETAIENT LES INSUPPORTABLES     REFRAINS QUI SORTAIENT DE CETTE BOUCHE D'OU JE
48 008           MON AME. ''DIS-MOI, MON AME, PAUVRE AME REFROIDIE, QUE PENSERAIS- TU D'HABITER
38 021  NON! NON!'' ET POUR MIEUX ACCENTUER MON        REFUS, J'AI FRAPPE SI VIOLEMMENT LA TERRE DU
30 085  IL FALLAIT AVERTIR LES PARENTS. MES PIEDS      REFUSAIENT DE M'Y CONDUIRE. ENFIN J'EUS CE
10 033               CRIME DE RESPECT HUMAIN; AVOIR     REFUSE A UN AMI UN SERVICE FACILE, ET DONNE
30 069  AU SECOURS; MAIS TOUS MES VOISINS AVAIENT      REFUSE DE ME VENIR EN AIDE, FIDELES EN CELA
20 053  SANS APPEL, ET QU'AUCUN DON NE PEUT ETRE       REFUSE. TOUTES LES FEES SE LEVAIENT, CROYANT
30 099           DE S'ENIVRER DE SON MALHEUR ET LUI     REFUSER CETTE SUPREME ET SOMBRE CONSOLATION.
03 006             GRAND DELICE QUE CELUI DE NOYER SON  REGARD DANS L'IMMENSITE DU CIEL ET DE LA MER!
49 064  SI SINGULIEREMENT DETRAQUEE; ET, AVEC UN       REGARD DE HAINE QUI ME PARUT DE BON AUGURE. JE
05 030            ELLES SUBJUGUENT, ELLE DEVORENT LE    REGARD DE L'IMPRUDENT QUI LES CONTEMPLE. JE
42 114  YEUX D'UN GRIS CLAIR, DE CES YEUX DONT LE      REGARD DIT: ''JE VEUX!'' OU: ''IL FAUT!'' OU
30 050  LA MAISON, LE PREMIER OBJET QUI FRAPPA MON     REGARD FUT MON PETIT BONHOMME, L'ESPIEGLE
06 031  DE LA PLANETE SE DEROBE A LA CURIOSITE DU      REGARD HUMAIN. ET PENDANT QUELQUES INSTANTS JE
36 010  OU SCINTILLE VAGUEMENT LE MYSTERE; ET SON      REGARD ILLUMINE COMME L'ECLAIR: C'EST UNE
13 006             D'UN ORAGE, ET QUI RECULENT LOIN DU  REGARD INSOLENT DES JOYEUX ET DES OISIFS. CES
14 062            SA DESTINEE ETAIT FAITE. MAIS QUEL    REGARD PROFOND, INOUBLIABLE, IL PROMENAIT SUR
16 023            VENAIT ME DERANGER PENDANT QUE MON    REGARD REPOSE SUR CE DELICIEUX CADRAN, SI
42 163  COMPAGNONS REGARDERENT CELUI-CI AVEC UN        REGARD VAGUE ET LEGEREMENT HEBETE, COMME
13 060  JE NE PUIS JAMAIS M'EMPECHER DE JETER UN       REGARD, SINON UNIVERSELLEMENT SYMPATHIQUE, AU
36 032           LE DESIR DE MOURIR LENTEMENT SOUS SON  REGARD.
21 037  COMME DES PIERRES BIEN TRAVAILLEES. IL ME      REGARDA AVEC SES YEUX INCONSOLABLEMENT NAVRES,
30 079             JE DUS DECLARER L'ACCIDENT, ME       REGARDA DE TRAVERS, ET ME DIT: ''VOILA QUI EST
37 001            LA LUNE, QUI EST LE CAPRICE MEME,     REGARDA DE LA FENETRE PENDANT QUE TU DORMAIS
47 005          ''VOUS ETES MEDECIN, MONSIEUR?'' JE     REGARDAI; C'ETAIT UNE GRANDE FILLE, ROBUSTE,
20 028            GRATUITS. JE CROIS MEME QU'ELLES      REGARDAIENT DE TEMPS A AUTRE L'AIGUILLE DE
31 127  CE PETIT ETAIT DEJA UN INCOMPRIS. JE LE        REGARDAIS ATTENTIVEMENT; IL Y AVAIT DANS SON
28 046  LUI DONNANT PLUS QU'IL N'ESPERE.'' JE LE       REGARDAIS DANS LE BLANC DES YEUX, ET JE FUS
```

MELEE ET QU'ELLE NE VOYAIT PAS, ELLE	REGARDAIT LE MONDE LUMINEUX AVEC UN OEIL	13	085
DE SON JOUJOU PREFERE, ET VOICI CE QU'IL	REGARDAIT: DE L'AUTRE COTE DE LA GRILLE, SUR	19	029
AU GRE DU VENT, UN LAMBEAU DE MUSIQUE, ET	REGARDANT L'ETINCELANTE FOURNAISE INTERIEURE.	13	072
L'OPERATION FAITE, IL DISAIT FIEREMENT, EN	REGARDANT SA MONTRE: ''CINQ MINUTES,	47	036
DANS SES BRAS UN FORT GROS CHAT, ET LE	REGARDANT, COMME ON DIT, DANS LE BLANC DES	16	009
DE MON DELIRE!'' MAIS L'IMPLACABLE VENUS	REGARDE AU LOIN JE NE SAIS QUOI AVEC SES YEUX	07	028
ILS SONT LES ASSOCIES, ET LE POETE QUI LES	REGARDE D'UN OEIL FRATERNEL. FI DU CHIEN	50	019
UN HOMME EPOUVANTABLE ENTRE ET SE	REGARDE DANS LA GLACE. ''--POURQUOI VOUS	40	001
CELUI QUI	REGARDE DU DEHORS A TRAVERS UNE FENETRE	35	001
MIRER; AVEC PLAISIR OU DEPLAISIR, CELA NE	REGARDE QUE MA CONSCIENCE.'' AU NOM DU BON	40	008
VOIT JAMAIS AUTANT DE CHOSES QUE CELUI QUI	REGARDE UNE FENETRE FERMEE. IL N'EST PAS	35	003
DOUCEMENT. LUI AUSSI, ON DIRAIT QU'IL NOUS	REGARDE.'' ''MAIS QUI DONC?'' DEMANDERENT LES	31	028
''MA PROFESSION DE PEINTRE ME POUSSE A	REGARDER ATTENTIVEMENT LES VISAGES, LES	30	018
A FUMER, A SE FAIRE EVENTER OU A	REGARDER DANS LE MIROIR DE SES GRANDS	25	040
GRANDE VILLE, QUAND ON SAIT SE PROMENER ET	REGARDER? LA VIE FOURMILLE DE MONSTRES	47	115
PARFAITE?'' LES TROIS AUTRES COMPAGNONS	REGARDERENT CELUI-CI AVEC UN REGARD VAGUE ET	42	162
DU CONTRE-TEMPS VENAIT ME DIRE: ''QUE	REGARDES-TU LA AVEC TANT DE SOIN? QUE	16	025
DU CIEL, DIT TOUT A COUP: ''REGARDEZ,	REGARDEZ LA-BAS...! LE VOYEZ- VOUS? IL EST	31	025
DETRAQUES. OH! LE TRISTE MOBILIER! MAIS	REGARDEZ, JE VOUS PRIE, CES DEUX PERSONNAGES	50	086
QUEL POINT DU CIEL, DIT TOUT A COUP: ''	REGARDEZ, REGARDEZ LA-BAS...! LE VOYEZ- VOUS?	31	025
REGARDE DANS LA GLACE. ''--POURQUOI VOUS	REGARDEZ-VOUS AU MIROIR, PUISQUE VOUS NE	40	003
QU'IL BAISSE LES YEUX MEME DEVANT LES	REGARDS DES HOMMES, A CE POINT QU'IL LUI FAUT	09	035
DE L'HYSTERIE, ET IL ME SEMBLA QUE MES	REGARDS ETAIENT OFFUSQUES PAR CES LARMES	14	066
ME TENDIT SON CHAPEAU, AVEC UN DE CES	REGARDS INOUBLIABLES QUI CULBUTERAIENT LES	49	022
LES ROBES TRAINENT EN MIROITANT; LES	REGARDS SE CROISENT; LES OISIFS, FATIGUES DE	13	065
GRANDS QUE NOTRE SOIF. JE TOURNAIS MES	REGARDS VERS LES VOTRES, CHER AMOUR, POUR Y	26	051
L'EXPRESSION SINGULIERE DE LEURS	REGARDS, JE DIRAIS QUE JAMAIS JE NE VIS D'YEUX	29	030
UN DE CES CONCERTS DONT LA MUSIQUE DES	REGIMENTS GRATIFIE LE PEUPLE PARISIEN. C'ETAIT	13	052
AVEC UNE FROIDE ET INFRANCHISSABLE	REGLE, ELLE BARRAIT TOUS MES CAPRICES. POUR	42	137
ETAIT SI HAUTE ET SI INVITANTE, ET OU	REGNAIT UN SI RICHE SOLEIL. EN EFFET, LA	45	012
REPAIRE SANS EN DEVINER L'ENTREE. LA	REGNAIT UNE ATMOSPHERE EXQUISE, QUOIQUE	29	013
OH! OUI! LE TEMPS A REPARU! LE TEMPS	REGNE EN SOUVERAIN MAINTENANT; ET AVEC LE	05	070
LE TEMPS A DISPARU! C'EST L'ETERNITE QUI	REGNE, UNE ETERNITE DE DELICES! MAIS UN COUP	05	041
UNE INEXPLICABLE PEUR. OUI! LE TEMPS	REGNE; IL A REPRIS SA BRUTALE DICTATURE. ET IL	05	082
QUE JE NE VOUS AIDE A LE REALISER; VOUS	REGNEREZ SUR VOS VULGAIRES SEMBLABLES; VOUS	29	108
CONNUS. SEULEMENT, DETAIL NON APERCU PAR	REGNIER, DEUX OU TROIS PORTRAITS DE DOCTEURS	47	022
PREND UN BAIN DE PARESSE, AROMATISE PAR LE	REGRET ET LE DESIR. --C'EST QUELQUE CHOSE DE	05	005
UN BIZARRE SENTIMENT, COMPLIQUE MOITIE DE	REGRET POUR LE FANTOME DISPARU, MOITIE DE	30	007
UNE INEXPRIMABLE EXPRESSION D'EXTASE ET DE	REGRET. ''EST-IL BETE, CELUI-LA; AVEC SON BON	31	038
DE CES CIELS D'OU DESCENDENT EN FOULE LES	REGRETS ET LES SOUVENIRS, ELLE S'ASSIT A	13	049
SON DEMONIAQUE CORTEGE DE SOUVENIRS, DE	REGRETS, DE SPASMES, DE PEURS, D'ANGOISSES, DE	05	072
DE SA RUSE? IL EST PERMIS D'EN DOUTER.	REGRETTA-T IL SON CHER ET INIMITABLE	27	142
QUI A FUI SI VITE, COMME UNE BELLE CHOSE	REGRETTABLE DERRIERE LE VOYAGEUR EMPORTE DANS	36	004
Y EN AVAIT QUI PENSAIENT A LEUR FOYER, QUI	REGRETTAIENT LEURS FEMMES INFIDELES ET	34	016
SOTTISES ELLE M'A EMPECHE DE FAIRE, QUE JE	REGRETTE DE N'AVOIR PAS COMMISES! QUE DE	42	134
DANS CETTE PERSONNE. QUELQUEFOIS JE LA	REGRETTE: J'AURAIS DU L'EPOUSER!'' LES AUTRES	42	077
INFINIMENT PETITS, --COUPE A INTERVALLES	REGULIERS PAR LA CREPITATION DES COUPS DE FEU	45	018
COURTISEE PAR MES COURTISANS. TU SERAS LA	REINE DES HOMMES AUX YEUX VERTS DONT J'AI	37	026
FEE COURROUCEE, EN LUI TOURNANT LE DOS; ET	REJOIGNANT LE CORTEGE DE SES COMPAGNES, ELLE	20	082
LA PETITE VIEILLE RATATINEE SE SENTIT TOUT	REJOUIE EN VOYANT CE JOLI ENFANT A QUI CHACUN	02	001
VIVANTES, MARCHANTES, VOYANTES, SERAIENT	RELATIVEMENT A L'IDEE GENERALE ET CONFUSE DE	27	079
JAMAIS VU. IL Y AVAIT SANS DOUTE CHEZ LUI,	RELATIVEMENT A MOI, UN DESIR ANALOGUE, CAR IL	29	005
COEUR. LA CHANSON AVAIT RAISON CE SOIR-LA,	RELATIVEMENT A MOI. NON-SEULEMENT J'ETAIS	26	048
ET M'AVOUA QU'ELLE N'AVAIT EU PEUR,	RELATIVEMENT A SON PROPRE POUVOIR, QU'UNE	29	071
OR, SI UN COMEDIEN ARRIVAIT A ETRE,	RELATIVEMENT AU PERSONNAGE QU'IL EST CHARGE	27	076
SUR LES MURS NULLE ABOMINATION ARTISTIQUE.	RELATIVEMENT AU REVE PUR, A L'IMPRESSION NON	05	013
INSATIABLE DE VOLUPTES. ASSEZ PARFAITEMENT	RELATIVEMENT AUX HOMMES ET A LA MORALE,	27	021
LES ACTIONS ET LES PAROLES D'UNE MERE,	RELATIVES A SON ENFANT? ET CEPENDANT, ECOUTEZ	30	015
LA DISCUSSION COMME FINIE, ET ME	RELEVANT AVEC LA SATISFACTION D'UN SOPHISTE DU	49	071
UN SERPENT CHATOYANT QUI, LA TETE	RELEVEE, TOURNAIT LANGOUREUSEMENT VERS LUI SES	21	022
QUI RESSEMBLENT AUX ENCENSOIRS D'UNE	RELIGION INCONNUE, LES PARFUMS QUI TROUBLENT	37	032
VOULAIT GARDER COMME UNE HORRIBLE ET CHERE	RELIQUE. --ET ELLE S'EMPARA DU CLOU ET DE LA	30	115
PAS SI PATIENT. --DIEU; REPRIT-IL, MIT LE	REMEDE DANS LE MAL. UN JOUR JE TROUVAI CETTE	42	053
''AH! MON CHER ANGE, COMBIEN JE VOUS	REMERCIE DE MON ADRESSE!''	43	022
AUX PIEDS DE CE JOUEUR GENEREUX POUR LE	REMERCIER DE SON INOUIE MUNIFICENCE. MAIS PEU	29	121
ETAIT ACCOMPLI. IL NE RESTAIT PLUS QU'A ME	REMETTRE AU TRAVAIL, PLUS VIVEMENT ENCORE QUE	30	117
FEMMES, LEURS ENFANTS, ET DE NE JAMAIS	REMONTER SUR LES HAUTES LAMES DE LA MER. IL Y	29	022
CHARGE DE FAIRE RIRE LES ROIS QUAND LE	REMORDS OU L'ENNUI LES OBSEDE, AFFUBLE D'UN	07	018
''SI AU MOINS VOS SOUPIRS EXPRIMAIENT LE	REMORDS, ILS VOUS FERAIENT QUELQUE HONNEUR!	11	006
SENSIBILITE PERFECTIONNEE, HELAS! IL EST	REMPLACE PAR UNE FETIDE ODEUR DE TABAC MELEE A	05	062
QUI OBTIENT TOUT, CE QUI VAUT TOUT. TOUT	REMPLACE TOUT!'' ET IL TAPA SUR SON VENTRE	21	076
A LA MORT, COMBIEN COMPTONS-NOUS D'HEURES	REMPLIES PAR LA JOUISSANCE POSITIVE, PAR	18	072
CABRIOLAIENT SOUS LE FEU DES LANTERNES QUI	REMPLISSAIENT LEURS JUPES D'ETINCELLES. TOUT	14	034
MOUVEMENT PARFAITEMENT SILENCIEUX, UN	REMPLISSAIT D'UNE JOIE MELEE DE PEUR. BREF, JE	15	019
DESTRUCTION. UN IMMENSE BRUISSEMENT DE VIE	REMPLISSAIT L'AIR, --LA VIE DES INFINIMENT	45	016
J'AI CONNU UNE CERTAINE BENEDICTA, QUI	REMPLISSAIT L'ATMOSPHERE D'IDEAL, ET DONT LES	38	001
UN PETIT ETRE TROP FAIBLE POUR MARCHER. IL	REMPLISSAIT L'OFFICE DE BONNE ET FAISAIT	26	032
CARESSES DE LA BONNE FEMME DECREPITE, ET	REMPLISSAIT LA MAISON DE SES GLAPISSEMENTS.	02	009
DANS L'EXPANSION DE SA JOIE, LA LUNE	REMPLISSAIT TOUTE LA CHAMBRE, COMME UNE	37	013
DECIDEE DE FLANER SUR LES GRANDES ROUTES,	REMPLISSEZ VOS POCHES DE PETITES INVENTIONS A	19	004
QUI CULBUTERAIENT LES TRONES, SI L'ESPRIT	REMUAIT LA MATIERE, ET SI L'OEIL D'UN	49	023
ET TU CONNAITRAS LE PLAISIR, SANS CESSE	RENAISSANT, DE SORTIR DE TOI-MEME POUR	21	042
GAZON, SANS UN CHARDON, SANS UNE ORTIE, LE	RENCONTRAI PLUSIEURS HOMMES QUI MARCHAIENT	06	003
ME DIS-JE EN MOI-MEME. NOUS FIMES LA	RENCONTRE D'UN PAUVRE QUI NOUS TENDIT SA	28	010
D'IMPERMEABILITE FEMININE QUI SE PUISSE	RENCONTRER. NOUS AVIONS PASSE ENSEMBLE UNE	26	005
AUX ENFANTS INCONNUS ET PAUVRES QUE VOUS	RENCONTREREZ. VOUS VERREZ LEURS YEUX	19	010
''NOUS NOUS SALUONS QUAND NOUS NOUS	RENCONTRONS, MAIS COMME DEUX VIEUX	29	088
NOUS TIRONS DE CETTE FACULTE QUI	REND A NOS YEUX LA VIE PLUS VIVANTE ET PLUS	30	021
LES CHANSONNIERS DISENT QUE LE PLAISIR	REND L'AME BONNE ET AMOLLIT LE COEUR. LA	26	046
QUI MANQUE, UNE ABSENCE D'HARMONIE QUI LE	REND PLUS NAVRANT. IL EST CONTRAINT DE LESINER	13	029
QUE J'AI EU DEUX AMIS QUE LE CREPUSCULE	RENDAIT TOUT MALADES. L'UN MECONNAISSAIT ALORS	22	021

POEM LINE

27	017	AUTRE; MAIS UNE EXCESSIVE SENSIBILITE LE	RENDAIT, EN BEAUCOUP DE CAS, PLUS CRUEL ET
07	011	DE LEURS COULEURS, ET QUE LA CHALEUR,	RENDANT VISIBLES LES PARFUMS, LES FAIT MONTER
19	022	ET LE SPECTACLE HABITUEL DE LA RICHESSE	RENDENT CES ENFANTS-LA SI JOLIS; QU'ON LES
25	047	PARFUMS EXCITANTS? PEUT-ETRE A-T-ELLE UN	RENDEZ-VOUS AVEC QUELQUE JEUNE OFFICIER QUI,
50	052	PEU ATTENTIFS? ILS VONT A LEURS AFFAIRES.	RENDEZ-VOUS D'AFFAIRES. RENDEZ-VOUS D'AMOUR. A
50	052	A LEURS AFFAIRES. RENDEZ-VOUS D'AFFAIRES.	RENDEZ-VOUS D'AMOUR. A TRAVERS LA BRUME, A
13	008	OISIFS. CES RETRAITES ͡ ᴵREUSES SONT LES	RENDEZ-VOUS DES ECLOPPES DE LA VIE. C'EST
09	086	TOUTE SA PAUVRE FORTUNE AMBULATOIRE QUI	RENDIT LE BRUIT ECLATANT D'UN PALAIS DE
49	004	DES LIVRES OU IL EST TRAITE DE L'ART DE	RENDRE CES PEUPLES HEUREUX, SAGES ET RICHES,
49	069	ENERGIQUE MEDICATION, JE LUI AVAIS DONC	RENDU L'ORGUEIL ET LA VIE. ALORS, JE LUI FIS
05	052	REVES, LA SYLPHIDE, COMME DISAIT LE GRAND	RENE, TOUTE CETTE MAGIE A DISPARU AU COUP
14	061	PAS. IL ETAIT MUET ET IMMOBILE. IL AVAIT	RENONCE, IL AVAIT ABDIQUE. SA DESTINEE ETAIT
15	026	EST NE BON;-- QUAND LA MATIERE INCURABLE	RENOUVELANT SES EXIGENCES, JE SONGEAI A
18	071	D'OPIUM NATUREL, INCESSAMMENT SECRETEE ET	RENOUVELEE, ET, DE LA NAISSANCE A LA MORT,
29	123	QUE JE L'EUS QUITTE, L'INCURABLE DEFIANCE	RENTRA DANS MON SEIN; JE N'OSAIS PLUS CROIRE A
30	049	PAS MON HORREUR ET MON ETONNEMENT QUAND,	RENTRANT A LA MAISON, LE PREMIER OBJET QUI
24	046	APRES, MAIS FRAIS! QUOI DE MIEUX?'' ET EN	RENTRANT SEUL CHEZ LUI, A CETTE HEURE OU LES
13	099	UNE SUPERFLUITE, UN JOUET. ET ELLE SERA	RENTREE A PIED, MEDITANT ET REVANT, SEULE,
18	086	ET GORGES DES PRODUITS DE L'ORIENT, ILS	RENTRENT AU PORT NATAL, CE SONT ENCORE MES
09	008	UNE HEURE DEVANT SA PORTE SANS OSER	RENTRER, TEL QUI GARDE QUINZE JOURS UNE LETTRE
09	085	POSTERIEUR DE SES CROCHETS; ET LE CHOC LE	RENVERSANT, IL ACHEVA DE BRISER SOUS SON DOS
30	054	AVAIT SANS DOUTE REPOUSSEE DU PIED, ETAIT	RENVERSEE A COTE DE LUI; SA TETE ETAIT PENCHEE
32	010	PENCHEES COMME DES CLOCHES OU DES COUPES	RENVERSEES. ET UNE GLOIRE ETONNANTE JAILLIT DE
14	010	JOUR DE CONGE; C'EST L'HORREUR DE L'ECOLE	RENVOYEE A VINGT-QUATRE HEURES. POUR LES
30	045	LARCIN DE CE GENRE; JE LE MENACAI DE LE	RENVOYER A SES PARENTS. PUIS JE SORTIS, ET MES
29	012	PASSER SI SOUVENT A COTE DE CE PRESTIGIEUX	REPAIRE SANS EN DEVINER L'ENTREE. LA REGNAIT
38	002	L'ATMOSPHERE D'IDEAL, ET DONT LES YEUX	REPANDAIENT LE DESIR DE LA GRANDEUR, DE LA
14	001	PARTOUT S'ETALAIT, SE	REPANDAIT, S'EBAUDISSAIT LE PEUPLE EN
11	009	DU REPOS. ET PUIS, VOUS NE CESSEZ DE VOUS	REPANDRE EN PAROLES INUTILES: ''AIMEZ-MOI
21	030	CHANTER SES PLAISIRS ET SES DOULEURS, ET A	REPANDRE LA CONTAGION DE SA FOLIE DANS LES
51	006	MA DETRESSE, QUE JE N'ALLAIS PAS LA POUR	REPANDRE UN VAIN PLEUR; MAIS COMME UN VIEUX
15	027	RENOUVELANT SES EXIGENCES, JE SONGEAI A	REPARER LA FATIGUE ET A SOULAGER L'APPETIT
20	002	ASSEMBLEE DES FEES, POUR PROCEDER A LA	REPARTITION DES DONS PARMI TOUS LES
28	008	EXAMINEE. ''SINGULIERE ET MINUTIEUSE	REPARTITION!'' ME DIS-JE EN MOI-MEME. NOUS
05	070	ET EN TRAITRISES. OH! OUI! LE TEMPS A	REPARU; LE TEMPS REGNE EN SOUVERAIN
09	082	D'UN PETIT POT DE FLEURS; ET QUAND L'HOMME	REPARUT AU DEBOUCHE DE LA PORTE, JE LAISSAI
16	008	VOUS LE DIRE.'' PEU D'INSTANTS APRES, IL	REPARUT, TENANT DANS SES BRAS UN FORT GROS
50	063	DE PLUS DE CINQ LIEUES, POUR PARTAGER LE	REPAS QUE LEUR A PREPARE LA CHARITE DE
15	045	OFFRE NE FUT PAS SINCERE OU QUE JE M'EN	REPENTISSE DEJA. MAIS AU MEME INSTANT IL FUT
21	101	DE CENT MILLE TONNERRES, ET ME REVINT	REPERCUTE PAR L'ECHO DE LA PLUS LOINTAINE
29	126	PAR UN RESTE D'HABITUDE IMBECILE, JE	REPETAIS DANS UN DEMI-SOMMEIL: ''MON DIEU!
42	094	ROMANESQUE DE DIRE: ''J'AI FAIM!'' ET ELLE	REPETAIT CES MOTS JOUR ET NUIT EN MONTRANT LES
15	074	J'EN RESTAI TRISTE ASSEZ LONGTEMPS, ME	REPETANT SANS CESSE: ''IL Y A DONC UN PAYS
14	012	LES PUISSANCES MALFAISANTES DE LA VIE, UN	REPIT DANS LA CONTENTION ET LA LUTTE
20	081	DE L'ABSURDE. ''PARCE QUE! PARCE QUE!''	REPLIQUA LA FEE COURROUCEE, EN LUI TOURNANT LE
30	119	PEU A PEU CE PETIT CADAVRE QUI HANTAIT LES	REPLIS DE MON CERVEAU, ET DONT LE FANTOME ME
34	004	PEINE APERCEVABLE; CENT FOIS IL S'ETAIT	REPLONGE, ETINCELANT OU MOROSE, DANS SON
48	016	LIQUIDE POUR LES REFLECHIR!'' MON AME NE	REPOND PAS. ''PUISQUE TU AIMES TANT LE REPOS,
40	005	DEPLAISIR?'' L'HOMME EPOUVANTABLE ME	REPOND: ''--MONSIEUR, D'APRES LES IMMORTELS
13	090	SORDIDE; UN SI NOBLE VISAGE M'EN	REPOND. POURQUOI DONC RESTE-T-ELLE
10	016	D'UNE REVUE, QUI A CHAQUE OBJECTION	REPONDAIT: ''--C'EST ICI LE PARTI DES HONNETES
21	110	D'UNE TROMPETTE PROSTITUEE. AUSSI JE	REPONDIS, AVEC TOUT MON DEDAIN: ''VA-T'EN! JE
21	045	LES CONFONDRE AVEC LA TIENNE'', ET JE LUI	REPONDIS: ''GRAND MERCI! JE N'AI QUE FAIRE DE
21	079	PAROLE. JE ME DETOURNAI AVEC DEGOUT ET JE	REPONDIS: ''JE N'AI BESOIN, POUR MA
30	101	S'ETAIT PENDU. ''OH! NON! MADAME,--LUI	REPONDIS-JE, --CELA VOUS FERAIT MAL.'' ET
47	111	ENFIN J'Y PARVINS. MAIS ALORS ELLE ME	REPONDIT D'UN AIR TRES-TRISTE, ET MEME, AUTANT
06	016	LUI DEMANDAI OU ILS ALLAIENT AINSI. IL ME	REPONDIT QU'IL N'EN SAVAIT RIEN; NI LUI; NI
20	074	LE CREER IMMEDIATEMENT. DONC LA BONNE FEE	REPONDIT, AVEC UN APLOMB DIGNE DE SON RANG:
29	087	DIEU, ET S'IL L'AVAIT VU RECEMMENT. IL ME	REPONDIT, AVEC UNE INSOUCIANCE NUANCEE D'UNE
16	007	HESITA D'ABORD; PUIS, SE RAVISANT, IL	REPONDIT: ''JE VAIS VOUS LE DIRE.'' PEU
31	030	DONC?'' DEMANDERENT LES AUTRES. ''DIEU!''	REPONDIT-IL AVEC UN ACCENT PARFAIT DE
28	022	SURPRISE. --C'ETAIT LA PIECE FAUSSE'', ME	REPONDIT-IL TRANQUILLEMENT, COMME POUR SE
16	028	L'HEURE, MORTEL PRODIGE ET FAINEANT?'' JE	REPONDRAIS SANS HESITER: ''OUI, JE VOIS
33	014	VAGUE, L'ETOILE, L'OISEAU, L'HORLOGE, VOUS	REPONDRONT: ''IL EST L'HEURE DE S'ENIVRER!
31	107	DEPLOYER LA TENTE? '' ''MA FOI! NON!'' A	REPONDU L'AUTRE, ''IL FAIT UNE SI BELLE
38	020	QUE JE SUIS!'' MAIS MOI, FURIEUX, J'AI	REPONDU: ''NON! NON! NON!'' ET POUR MIEUX
42	066	CELA VOUS EST ''AGREABLE.'' C'ETAIT SA	REPONSE ORDINAIRE. VOUS DONNERIEZ LA
22	015	LE SOIR, EN FUMANT ET EN CONTEMPLANT LE	REPOS DE L'IMMENSE VALLEE, HERISSEE DE MAISONS
48	017	NE REPOND PAS. ''PUISQUE TU AIMES TANT LE	REPOS, AVEC LE SPECTACLE DU MOUVEMENT, VEUX-TU
10	003	NOUS POSSEDERONS LE SILENCE, SINON LE	REPOS. ENFIN! LA TYRANNIE DE LA FACE HUMAINE A
11	008	SATIETE DU BIEN-ETRE ET L'ACCABLEMENT DU	REPOS. ET PUIS, VOUS NE CESSEZ DE VOUS
45	027	SI PEU DES DEFUNTS ET DE LEUR DIVIN	REPOS! MAUDITES SOIENT VOS AMBITIONS, MAUDITS
16	023	VENAIT SUR CE DERANGER PENDANT QUE MON REGARD	REPOSE SUR CE DELICIEUX CADRAN SI QUELQUE
24	027	D'UN BOIS LOURD ET TENEBREUX (OU ELLE	REPOSERAIT SI CALME, SI BIEN EVENTEE, FUMANT
11	053	JE PENSE DE VOTRE JOLI ENFER, VOUS QUI NE	REPOSEZ QUE SUR DES ETOFFES AUSSI DOUCES QUE
30	053	UNE CHAISE, QU'IL AVAIT SANS DOUTE	REPOUSSEE DU PIED, ETAIT RENVERSEE A COTE DE
47	039	INSTANTS PLUS TARD, ME TUTOYANT, ELLE	REPRENAIT SON ANTIENNE, ET ME DISAIT: ''TU ES
28	042	CELUI-CI ROMPIT BRUSQUEMENT MA REVERIE EN	REPRENANT MES PROPRES PAROLES: ''OUI, VOUS
47	071	UNE MASSE D'IMAGES PHOTOGRAPHIQUES,	REPRESENTANT DES PHYSIONOMIES BEAUCOUP PLUS
21	060	D'UNE FOULE DE PETITES FIGURES MOUVANTES	REPRESENTANT LES FORMES NOMBREUSES DE LA
24	009	ET, TROUVANT DANS UN CARTON UNE ESTAMPE	REPRESENTANT UN PAYSAGE TROPICAL, IL SE DIT:
32	021	PAMPRES ET DES FLEURS? LE THYRSE EST LA	REPRESENTATION DE VOTRE ETONNANTE DUALITE,
22	064	D'OR ET D'ARGENT, DONT ELLE EST SEMEE,	REPRESENTENT CES FEUX DE LA FANTAISIE QUI NE
34	037	ET QUI SEMBLE CONTENIR EN PUISSANCE DU	REPRESENTER PAR SES JEUX, SES ALLURES, SES
27	068	CES DRAMES FEERIQUES DONT L'OBJET EST DE	REPRESENTER SYMBOLIQUEMENT LE MYSTERE DE LA
21	082	UN PAPIER DE TENTURE, DE TOUS LES MALHEURS	REPRESENTES SUR TA PEAU.'' QUANT A LA
05	082	PEUR. OH! LE TEMPS REGNE; IL A	REPRIS SA BRUTALE DICTATURE. ET IL ME POUSSE,
47	107	QUE VOUS AVEZ CREE.'' MOI, M'OBSTINANT, JE	REPRIS: ''PEUX-TU TE SOUVENIR DE L'EPOQUE ET
27	105	ET DE L'ADMIRATION EBRANLERENT A PLUSIEURS	REPRISES LES VOUTES DE L'EDIFICE AVEC
42	059	LES ARRERAGES DE LEURS GAGES. --POUR MOI,	REPRIT L'INTERRUPTEUR, JE N'AI A ME PLAINDRE
47	047	S... S... C... DE S... M...! --ATTENDS,	REPRIT-ELLE, TU VAS VOIR.'' ET ELLE TIRA D'UNE

JE NE VOUS SAVAIS PAS SI PATIENT. --DIEU,
ATROCES PAR LE CONTRAIRE DE CE QU'ON
SANS APERCEVOIR IMMEDIATEMENT LE
EFFROI, IL ABOIE CONTRE MOI, EN MANIERE DE
QUI SAIT Y LIRE, TANT D'HUMILITE, TANT DE
SOUMIS OU DEVOUES, QUE LE DICTIONNAIRE
AUSSI BIEN QUALIFIER D'OFFICIEUX, SI LA
TOUS LES HONNEURS QUE PEUVENT CONFERER LES
IL ETAIT DEJA FORT ROIDE, ET J'AVAIS DES
INDIVIDUS QUI ACCEPTERAIENT AVEC MOINS DE
DE CARROSSIER, IL LE NETTOYAIT DE LA
MOUVANT S'ARRETAIT A QUELQUES PAS DE SA
SE PLAIGNIT EN AUCUNE FACON DE LA MAUVAISE
UNE LETTRE SANS LA DECACHETER, OU NE SE
CIEL, ILS CHEMINAIENT AVEC LA PHYSIONOMIE
QUE LES MEDECINS, QUI NOUS POUSSE SANS
PAS UN BATON DE COMEDIE, AVEZ-VOUS ENTENDU
SOIXANTE ET DE CENT MILLE FLORINS POUR QUI
DE L'HUMILIER. ENFIN, JE VENAIS DE ME
AVEC JOIE, DELIT DE FANFARONNADE, CRIME DE
DE CET ETRE SANS LUI MANQUER DE
ET IMPITOYABLE MUSE, ET LUI BAISANT
LES FASTIDIEUSES HORREURS DE LA VIE; ON Y
RIEN QUE DE RICHE, D'HEUREUX; RIEN QUI NE
NE SAIS QUELLE NAUSEABONDE MOISISSURE. ON
DANS L'ARDENT FOYER DE TA CHEVELURE, JE
OUVRIT ENSUITE LA BOUCHE COMME POUR
LAISSE-MOI
CHIEN, MON CHER TOUTOU, APPROCHEZ ET VENEZ
CHINE OCCIDENTALE, OU LA VIE EST DOUCE A
MOURIR! OUI, C'EST LA QU'IL FAUT ALLER
L'ORDRE; OU LA VIE EST GRASSE ET DOUCE A
DANS LA NUIT DE TA CHEVELURE, JE VOIS
D'UNE COULEUR TENEBREUSE ET INDECISE,
JE VIS SUBITEMENT UNE PETITE PERSONNE QUI
SANS VIOLENCE. L'HISTOIRE DE MON AMOUR
NON PAS LA LUNE BLANCHE DES IDYLLES, QUI
UNE CHAMBRE QUI
ET EXCITANTE A LA FOIS; OU TOUT VOUS
DE LA CURIOSITE? IL EST UNE CONTREE QUI TE
QU'A PEINT MON ESPRIT, CE TABLEAU QUI TE
CONNAISSENT PAS, LES FLEURS SINISTRES QUI
INDIGNE COMPAGNON DE MA TRISTE VIE, VOUS
GARCONS EUX-MEMES ET LA DAME DU COMPTOIR
NEIGE S'AJOUTE A LA NEIGE. SES LEVRES SE
LA CLASSE PRIVILEGIEE D'UN PETIT ETAT,
AH! ON NE LE VOIT PLUS!'' ET L'ENFANT
HOMMES AVAIT TOTALEMENT DISPARU; J'EN
LES COFFRES DE L'INDE. ET COMME MES YEUX
CROYANT LEUR CORVEE ACCOMPLIE; CAR IL NE
''ENFIN! ENFIN! TOUT ETAIT ACCOMPLI. IL NE
LA FEE POUVAIT ETRE EMBARRASSEE; CAR IL NE
AUX INNOCENTS COMME AUX COUPABLES. ''
QUE MOI. QUAND NOUS ENTRIONS DANS UN
ET QUE, COMME UN LOUP PRIS AU PIEGE, JE
COUCHANT, FAISANT ENCORE MA PRIERE PAR UN
D'HORREUR ET DE COLERE; QUE LE CLOU FAIT
SERVEZ LA D'UNE PAROLE DONT LE SENS M'EST
AMARRES AU PIED DES MAISONS?'' MON AME
SI NOBLE VISAGE M'EN REPOND. POURQUOI DONC
SUR TA FACE. TES PRUNELLES EN SONT
LA PROIE; DONT LES BOYAUX DEVIDES
MALHEURS NOUS VIENNENT DE N'AVOIR PAS SU
HOMMES NOMMENT AMOUR EST BIEN PETIT, BIEN
PRIVILEGIEE D'UN PETIT ETAT, A RESSOURCES
D'OR ROMPUE, ET QUAND LA GENE QUI EN
QUI, CHEZ QUELQUES PERSONNES; N'EST PAS LE
DELICES! MAIS UN COUP TERRIBLE, LOURD, A
VENTRE, D'OU SORTAIT ALORS UN LONG ET
PASSE. COMBIEN DE FOIS NE ME SUIS-JE PAS
A DIT UN DES DEUX AUTRES. ''J'AI TOUT
PUIS JE SORTIS, ET MES AFFAIRES ME
GLAPISSEMENTS. ALORS LA BONNE VIEILLE SE
ET DANS UNE SITUATION QUI M'OBLIGEA A ME
QU'A CELUI DES TRES-BELLES FEMMES SUR LE
LA SOUHAITE BONNE ET HEUREUSE!'' PUIS ELLE
TROUBLE, M'ENTRAINA LOIN DE LUI. ET, M'EN
TOUS CES FATIGANTS PARASITES! QU'ILS
--JE VIS CETTE ANTIQUE CARCASSE SE
INSOLENT DES JOYEUX ET DES OISIFS. CES
LE MYSTERE DE SA VOIX, DANS LAQUELLE JE
DANS LES CARESSES DE TA CHEVELURE, UNE
DAHLIA BLEU! FLEUR INCOMPARABLE, TULIPE
PAR LA JOUISSANCE POSITIVE; ET L'ACTION
ET QUI EST DEJA MURE, ET SI BELLE! ELLE
MANQUA! MAIS, A LA ONZIEME! ELLE
DOMINATION DE L'ARTISTE. PERSONNE NE
ET ELLE SERA RENTREE A PIED, MEDITANT ET
QU'IL FAUDRAIT DEMEURER POUR CULTIVER LE
UN PAYS DE COCAGNE, DIT-ON, QUE JE
DE BLEUATRE ET DE ROSATRE; UN

	POEM	LINE
REPRIT-IL, MIT LE REMEDE DANS LE MAL. UN JOUR	42	053
REPROCHE EN GENERAL A L'EGOISTE FEMELLE. JE	42	107
REPROCHE MUET DE MON INSEPARABLE SPECTRE.	42	132
REPROCHE. ''--AH! MISERABLE CHIEN, SI JE VOUS	08	009
REPROCHES. IL TROUVE QUELQUE CHOSE APPROCHANT	28	014
REPUBLICAIN POURRAIT AUSSI BIEN QUALIFIER	50	103
REPUBLIQUE, TROP OCCUPEE DU BONHEUR DES	50	104
REPUBLIQUES ET LES PRINCES, JE CROIS QUE LE	22	037
REPUGNANCE INEXPLICABLE A LE FAIRE BRUSQUEMENT	30	059
REPUGNANCE LE SUPPLICE SUPREME, S'IL LEUR	23	017
REPUGNANTE PATINE DE LA MISERE. A TRAVERS CES	19	035
REPULSIVE MISERE! JE SENTIS MA GORGE SERREE	14	064
REPUTATION DONT ELLE JOUIT DANS TOUTES LES	29	067
RESIGNE QU'AU BOUT DE SIX MOIS A OPERER UNE	09	009
RESIGNEE DE CEUX QUI SONT CONDAMNES A ESPERER	06	027
RESISTANCE VERS UNE FOULE D'ACTIONS	09	059
RESONNER LA CHAIR, MALGRE LE POIL POSTICHE?	11	039
RESOUDRA LEURS AMBITIEUX PROBLEMES! MOI, J'AI	18	059
RESOUDRE A DEPOSER EN PASSANT QUELQUE ARGENT	14	073
RESPECT HUMAIN; AVOIR REFUSE A UN AMI UN	10	033
RESPECT. QUE VOULIEZ-VOUS QUE LE FISSE D'ELLE,	42	160
RESPECTUEUSEMENT LA MAIN, IL AJOUTA: ''AH! MON	43	021
RESPIRAIT UNE BEATITUDE SOMBRE, ANALOGUE A	29	015
RESPIRE ET N'INSPIRE L'INSOUCIANCE ET LE	13	068
RESPIRE ICI MAINTENANT LE RANCI DE LA	05	064
RESPIRE L'ODEUR DU TABAC MELEE A L'OPIUM ET AU	17	026
RESPIRER CONVULSIVEMENT, CHANCELA UN PEU EN	27	136
RESPIRER LONGTEMPS, LONGTEMPS, L'ODEUR DE TES	17	001
RESPIRER UN EXCELLENT PARFUM ACHETE CHEZ LE	08	002
RESPIRER, OU LE BONHEUR EST MARIE AU SILENCE.	18	020
RESPIRER, REVER ET ALLONGER LES HEURES PAR	18	023
RESPIRER; D'OU LE DESORDRE, LA TURBULENCE ET	18	010
RESPLENDIR L'INFINI DE L'AZUR TROPICAL; UN	17	028
RESSEMBLAIENT A DES VIOLETTES CHARGEES ENCORE	21	014
RESSEMBLAIT SINGULIEREMENT A LA DEFUNTE, ET	38	014
RESSEMBLE A UN INTERMINABLE VOYAGE SUR UNE	42	125
RESSEMBLE A UNE FROIDE MARIEE, MAIS LA LUNE	36	016
RESSEMBLE A UNE REVERIE, UNE CHAMBRE	05	001
RESSEMBLE, MON CHER ANGE. TU CONNAIS CETTE	18	013
RESSEMBLE, OU TOUT EST BEAU, RICHE, TRANQUILLE	18	018
RESSEMBLE? CES TRESORS, CES MEUBLES, CE LUXE,	18	075
RESSEMBLENT AUX ENCENSOIRS D'UNE RELIGION	37	031
RESSEMBLEZ AU PUBLIC, A QUI IL NE FAUT JAMAIS	08	013
RESSENTAIENT CETTE EXTASE CONTAGIEUSE JUSQU'A	42	087
RESSERRAIENT DE PLUS EN PLUS, ET SES YEUX	27	117
RESSOURCES RESTREINTES, PEUT MONTRER DE	27	061
RESTA LONGTEMPS TOURNE DU MEME COTE, FIXANT	31	036
RESTAI TRISTE ASSEZ LONGTEMPS, ME REPETANT	15	073
RESTAIENT FICHES SUR LE LIEU OU ETAIT ENFOUI	38	012
RESTAIT PLUS AUCUN CADEAU, AUCUNE LARGESSE A	20	055
RESTAIT PLUS QU'A ME REMETTRE AU TRAVAIL, PLUS	30	116
RESTAIT PLUS RIEN. CEPENDANT ELLE SE SOUVINT A	20	062
RESTAIT UNE TACHE SUPREME A ACCOMPLIR, DONT LA	30	083
RESTAURANT, AU BOUT DE QUELQUES MINUTES,	42	085
RESTE ATTACHE, POUR TOUJOURS PEUT-ETRE, A LA	38	024
RESTE D'HABITUDE IMBECILE, JE REPETAIS DANS UN	29	125
RESTE FICHE DANS LA PAROI, AVEC UN LONG BOUT	30	105
RESTE JUSQU'A CE JOUR INCONNU. --TA PATRIE?	01	006
RESTE MUETTE. ''BATAVIA TE SOURIRAIT PEUT-ETRE	48	024
RESTE-T-ELLE VOLONTAIREMENT DANS UN MILIEU OU	13	091
RESTEES VERTES, ET TES JOUES	37	008
RESTENT UN INSTANT ACCROCHES AUX DENTS DE LA	11	033
RESTER DANS NOTRE CHAMBRE,'' DIT UN AUTRE	23	038
RESTREINT ET BIEN FAIBLE; COMPARE A CETTE	12	026
RESTREINTES, PEUT MONTRER DE SPLENDEURS POUR	27	061
RESULTAIT LE FORCAIT A BAISSER LES YEUX VERS	21	033
RESULTAT D'UN TRAVAIL OU D'UNE COMBINAISON,	09	054
RETENTI A LA PORTE, ET, COMME DANS LES REVES	05	043
RETENTISSANT CLIQUETIS DE METAL, QUI SE	21	069
RETENU DE LUI SAUTER A LA GORGE, EN LUI	42	140
RETENU, COMME VOUS VOYEZ. ENSUITE ILS ONT BU	31	118
RETINRENT ASSEZ LONGTEMPS HORS DE CHEZ MOI.	30	046
RETIRA DANS SA SOLITUDE ETERNELLE; ET ELLE	02	011
RETIRER DISCRETEMENT POUR NE PAS LES FAIRE	42	056
RETOUR, QUI CEPENDANT NE VIEILLISSENT PLUS, ET	21	086
RETOURNA VERS JE NE SAIS QUELS CAMARADES AVEC	04	014
RETOURNANT, OBSEDE PAR CETTE VISION, JE	14	077
RETOURNENT A LEUR NICHE SOYEUSE ET CAPITONNEE!	50	033
RETOURNER, SE REDRESSER AVEC UNE ENERGIE QUE	49	062
RETRAITES OMBREUSES SONT LES RENDEZ-VOUS DES	13	007
RETROUVAIS LE SOUVENIR DES CONTRALTI LES PLUS	21	091
RETROUVE LES LANGUEURS DES LONGUES HEURES	17	021
RETROUVEE, ALLEGORIQUE DAHLIA, C'EST LA	18	062
REUSSIE ET DECIDEE? VIVRONS-NOUS JAMAIS,	18	073
REUSSIRA SANS DOUTE, LA BONNE DOROTHEE; LE	25	059
REUSSIT BEAUCOUP TROP BIEN. UN AUTRE ALLUMERA	09	024
REVA PLUS DE MORT, DE DEUIL, NI DE SUPPLICES.	27	101
REVANT, SEULE, TOUJOURS SEULE; CAR L'ENFANT	13	099
REVE DE MA VIE.'' ET, TOUT EN ANALYSANT SES	24	015
REVE DE VISITER AVEC UNE VIEILLE AMIE. PAYS	18	002
REVE DE VOLUPTE PENDANT UNE ECLIPSE. LES	05	006

Context	Entry	POEM	LINE
DANS SON EXPANSION LA PLUS HEUREUSE, N'A	RIEN DE COMMUN AVEC CETTE VIE SUPREME DONT	05	036
ET LA SERVILITE DE SA TENDRESSE N'A JAMAIS	RIEN DE FATIGANT.	39	027
CE CHARME. JE NE SAURAIS LE COMPARER A	RIEN DE MIEUX QU'A CELUI DES TRES-BELLES	21	085
SA CASQUETTE EN TREMBLANT. --JE NE CONNAIS	RIEN DE PLUS INQUIETANT QUE L'ELOQUENCE MUETTE	28	011
VAINEMENT MORDUE A BELLES DENTS; ILS N'ONT	RIEN DIMINUE DU CHARME VAGUE, MAIS ETERNEL, DE	39	018
GALANTERIE, QUE JE NE VOUS DEMANDERAI	RIEN EN ECHANGE.	16	033
CROISENT; LES OISIFS, FATIGUES DE N'AVOIR	RIEN FAIT, SE DANDINENT, FEIGNANT DE DEGUSTER	13	066
PARENTS SONT DES PAUVRES QUI NE PEUVENT	RIEN LUI ENVOYER. CELA M'A DONNE CONFIANCE.	47	092
VIERGE QUE L'ETAIT VOTRE MAITRESSE.''	RIEN N'ETAIT CHANGE DANS CETTE PERSONNE.	42	075
QUELQUE HONTE A ME SOUVENIR, JE NE VEUX	RIEN OUBLIER; ET QUAND MEME JE NE TE	21	048
DE DEGUSTER INDOLEMMENT LA MUSIQUE. ICI	RIEN QUE DE RICHE, D'HEUREUX; RIEN QUI	13	067
PAS MALADE. JE VAIS QUELQUEFOIS LES VOIR,	RIEN QUE POUR LES VOIR. IL Y EN A QUI ME	47	081
RICHES. CETTE TURBULENCE DANS LE VIDE N'A	RIEN QUI LES ATTIRE. AU CONTRAIRE, ILS SE	13	014
MUSIQUE. ICI RIEN QUE DE RICHE, D'HEUREUX!	RIEN QUI NE RESPIRE ET N'INSPIRE L'INSOUCIANCE	13	068
ET LE PLAISIR DE SE LAISSER VIVRE!	RIEN, EXCEPTE L'ASPECT DE CETTE TOURBE QUI	13	069
SON VETEMENT, AVEC SON GESTE, AVEC PRESQUE	RIEN, J'AI REFAIT L'HISTOIRE DE CETTE FEMME,	35	013
AINSI. IL ME REPONDIT QU'IL N'EN SAVAIT	RIEN, NI LUI, NI LES AUTRES; MAIS	06	016
CONNAITRE LES PLAISIRS DE L'ANXIETE, POUR	RIEN, PAR CAPRICE, PAR DESOEUVREMENT. C'EST	09	029
ETRE EMBARRASSEE; CAR IL NE RESTAIT PLUS	RIEN. CEPENDANT ELLE SE SOUVIENT A TEMPS D'UNE	20	063
MON PETIT! JE NE VEUX PAS ETRE VENU POUR	RIEN.'' LA FEE POUVAIT ETRE EMBARRASSEE; CAR	20	061
BARIOLEE SE PENCHAIENT DEUX TETES	RIEUSES. ET TOUT DE SUITE: ''IL FAUT, --SE	24	038
NE S'Y TROMPE JAMAIS. DANS CES TRAITS	RIGIDES OU ABATTUS, DANS CES YEUX CAVES ET	13	018
LE DESHABILLER POUR L'ENSEVELISSEMENT, LA	RIGIDITE CADAVERIQUE ETAIT TELLE, QUE,	30	075
QUANT A EUX, CAPABLES D'UNE ACTION AUSSI	RIGOUREUSE, QUOIQUE SUFFISAMMENT EXPLIQUEE	42	166
ECLATE, AVEC UNE GRACE INEXPRIMABLE, LE	RIRE D'UNE GRANDE BOUCHE, ROUGE ET BLANCHE, ET	36	026
LE MOT: GATEAU! JE NE PUS M'EMPECHER DE	RIRE EN ENTENDANT L'APPELLATION DONT IL	15	038
PAUVRES ETRES; LE SIGNE CORRESPONDANT DU	RIRE ET DU SOURIRE, S'APPROCHE ET POSE	08	006
IMPUDEMMENT SES DENTS GATEES, D'UN ENORME	RIRE IMBECILE, COMME CERTAINS HOMMES DE TOUS	21	072
CES BOUFFONS VOLONTAIRES CHARGE DE FAIRE	RIRE LES ROIS QUAND LE REMORDS OU L'ENNUI LES	07	018
QUE LEUR GENIE S'EST FAITE, ILS DOIVENT	RIRE QUELQUEFOIS DE CEUX QUI LES PLAIGNENT	12	037
SUSPENDUE A MON BRAS, ET EN ECLATANT DE	RIRE, --VOUS ETES UN MEDECIN FARCEUR, J'EN AI	47	013
DU L'EPOUSER'' LES AUTRES SE MIRENT A	RIRE, ET UN TROISIEME DIT A SON TOUR:	42	078
DUT LA RAISON DE MA TIMIDITE VOUS FAIRE	RIRE, J'AVOUERAI QUE JE CRAIGNAIS DE	14	072
ET BIZARRE, DISAIT EN ECLATANT DE	RIRE: ''C'EST MOI, LA VRAIE BENEDICTA! C'EST	38	016
ET SURTOUT UN HEUREUX QUI ME FERA	RIRE! PENSEZ A X, OU A Z! HEIN! COMME CE SERA	46	024
SE PRECIPITAIT DANS UN CORRIDOR, AVEC DES	RIRES ETOUFFEES, FANCIOULLE, SECOUE, REVEILLE	27	132
S'APPROCHA DE LUI, VOULANT LUI FAIRE DES	RISETTES ET DES MINES AGREABLES. MAIS L'ENFANT	02	006
DU HAUT D'UNE CHAIRE OU D'UNE TRIBUNE,	RISQUERAIT FORT DE DEVENIR FOU FURIEUX DANS	23	012
D'ENTHOUSIASME QUE LES BETES. ENFIN UN	RIVAGE FUT SIGNALE; ET NOUS VIMES, EN	34	021
L'INFINI DE L'AZUR TROPICAL; SUR LES	RIVAGES DUVETES DE TA CHEVELURE, JE M'ENIVRE	17	029
LE BEAU? NATURE, ENCHANTERESSE SANS PITIE;	RIVALE TOUJOURS VICTORIEUSE, LAISSE-MOI! CESSE	03	025
LES FLEURS EXCITEES BRULENT DU DESIR DE	RIVALISER AVEC L'AZUR DU CIEL PAR L'ENERGIE DE	07	010
DU PLAISIR ORGUEILLEUX QU'ILS EPROUVENT A	RIVALISER AVEC LES CHEVAUX? EN VOICI DEUX QUI	50	078
DE FER, OU CUIT UN RAGOUT DE CRABES AU	RIZ ET AU SAFRAN, LUI ENVOIE, DU FOND DE LA	25	044
SI MINCE SUR SES HANCHES SI LARGES. SA	ROBE DE SOIE COLLANTE, D'UN TON CLAIR ET ROSE,	25	011
JE CROIS, SE LEVA, ET EMPOIGNANT PAR SA	ROBE DE VAPEURS MULTICOLORES LA FEE QUI ETAIT	20	058
QUE SON MAITRE, VERNI, DORE, VETU D'UNE	ROBE POURPRE, ET COUVERT DE PLUMETS ET DE	19	026
DE LA VIE. ON DIRAIT ENCORE UNE DE CES	ROBES ETRANGES DE DANSEUSES, OU UNE GAZE	22	059
DE FETE, LE TRIOMPHE OU DE VOLUPTE. LES	ROBES TRAINENT EN MIROITANT; LES REGARDS SE	13	064
FORT DE DEVENIR FOU FURIEUX DANS L'ILE DE	ROBINSON. JE N'EXIGE PAS DE MON GAZETIER LES	23	012
QUI GONFLENT VOTRE POITRINE PARFUMEE,	ROBUSTE COQUETTE; ET TOUTES CES AFFECTATIONS	11	058
JE REGARDAI; C'ETAIT UNE GRANDE FILLE,	ROBUSTE, AUX YEUX TRES-OUVERTS, LEGEREMENT	47	005
CAPITEUSES; AVEC DE RARES SIEGES D'UN	ROCOCO PORTUGUAIS, D'UN BOIS LOURD ET	24	026
SON CONCIERGE UNE NOUVELLE CHAGRINANTE,	RODE LACHEMENT UNE HEURE DEVANT SA PORTE SANS	09	007
VOILA UN HOMME QUI AIME COUPER, TAILLER ET	ROGNER! C'ETAIT VOUS QUI LUI TENDIEZ LES	47	033
VERS LE CIEL, COMME POUR LUI DEMANDER UN	ROI, ON DIRAIT VRAISEMBLABLEMENT UNE JEUNE	11	066
EN AVANT, UN PEU EN ARRIERE, ET PUIS TOMBA	ROIDE MORT SUR LES PLANCHES. LE SIFFLET,	27	137
VIEILLE AFFLIGEE DE CETTE ESPECE. CELLE-LA	ROIDE, DROITE, SOUS UN PETIT CHALE USE,	13	037
VOUS POUVEZ LE CROIRE. IL ETAIT DEJA FORT	ROIDE, ET J'AVAIS UNE REPUGNANCE INEXPLICABLE	30	059
LIGNE ARABESQUE, INTENTION ET EXPRESSION,	ROIDEUR DE LA VOLONTE, SINUOSITE DU VERBE,	32	032
QUI LEUR PERSUADENT QU'ILS SONT DES	ROIS DETRONES. --ON NE TROUVERA PAS SURPRENANT	49	010
VOLONTAIRES CHARGE DE FAIRE RIRE LES	ROIS QUAND LE REMORDS OU L'ENNUI LES OBSEDE,	07	018
DU COSTUME QUE VOUS PORTIEZ DANS CE FAMEUX	ROLE QUE VOUS AVEZ CREE.'' MOI, M'OBSTINANT,	47	106
FANCIOULLE EXCELLAIT SURTOUT DANS LES	ROLES MUETS OU PEU CHARGES DE PAROLES, QUI	27	065
L'UN DE SES PRINCIPAUX ET DE SES MEILLEURS	ROLES, ET AUQUEL ASSISTERAIENT MEME.	27	039
CHARBON, OU LE FOURNIRENT D'UN FANTASSIN	ROMAIN. MAIS LA MONSTRUEUSE BETE N'ETAIT PAS	06	007
UNE MANIERE DOUCE, REVEUSE, ANGLAISE ET	ROMANESQUE DE DIRE: ''J'AI FAIM!'' ET ELLE	42	093
LES HYPOTHESES POSSIBLES. MAIS CELUI-CI	ROMPIT BRUSQUEMENT MA REVERIE EN REPRENANT MES	28	042
SOMME, ELLE EST EXQUISE. LE TEMPS N'A PU	ROMPRE L'HARMONIE PETILLANTE DE SA DEMARCHE NI	39	009
DE PERDRE MES INSIGNES QUE DE ME FAIRE	ROMPRE LES OS. ET PUIS, ME SUIS-JE DIT,	46	013
QUELQUES ANNEAUX D'UNE CHAINE D'OR	ROMPUE, ET QUAND LA GENE QUI EN RESULTAIT LE	21	033
PAR LA LAME, TROUBLE PAR UN VENT QUI	RONFLE PLUS HAUT QUE NOUS? QUAND POURRONS-NOUS	34	011
VONT LES CHIENS?'' DISAIT AUTREFOIS NESTOR	ROQUEPLAN DANS UN IMMORTEL FEUILLETON QU'IL A	50	046
CHOSE DE CREPUSCULAIRE, DE BLEUATRE ET DE	ROSATRE; UN REVE DE VOLUPTE PENDANT UNE	05	006
STAGNANTE EST LEGEREMENT TEINTEE DE	ROSE ET DE BLEU. L'AME Y PREND UN BAIN DE	05	003
QUI NOUS ENVOYAIT UN MYSTERIEUX PARFUM DE	ROSE ET DE MUSC; ET D'OU LES MUSIQUES DE LA	34	048
DANS LA CASE UN PUISSANT PARFUM DE	ROSE ET DE MUSC...... PLUS LOIN, DERRIERE	24	021
DELA DE LA CHAMBRE ECLAIREE D'UNE LUMIERE	ROSE TAMISEE PAR LES STORES, DECOREE DE NATTES	24	024
ROBE DE SOIE COLLANTE, D'UN TON CLAIR ET	ROSE, TRANCHE VIVEMENT SUR LES TENEBRES DE SA	25	012
COMME VOUS ETES DOUX ET TENDRE! LES LUEURS	ROSES QUI TRAINENT ENCORE A L'HORIZON COMME	22	051
ENVERRONT DE TEMPS EN TEMPS LEURS GERBES	ROSES, COMME DES REFLETS D'UN FEU D'ARTIFICE	48	041
PAS DE VERRES DE COULEUR? DES VERRES	ROSES, ROUGES, BLEUS, DES VITRES MAGIQUES, DES	09	075
DANS LES MUSEES. QUE PENSERAIS-TU DE	ROTTERDAM, TOI QUI AIMES LES FORETS DE MATS,	48	021
INEXPRIMABLE, LE RIRE D'UNE GRANDE BOUCHE,	ROUGE ET BLANCHE, ET DELICIEUSE, QUI FAIT	36	027
UNE AUTRE FIOLE DONT LE CONTENU ETAIT D'UN	ROUGE LUMINEUX, ET QUI PORTAIT POUR ETIQUETTE	21	027
DES CANDELABRES QUI FONT DES TACHES D'UN	ROUGE OPAQUE SUR LES DERNIERES GLOIRES DU	22	053
CREUX ET SA GORGE POINTUE. SON OMBRELLE	ROUGE, TAMISANT LA LUMIERE, PROJETTE SUR SON	25	015
ET D'EXPLOSIONS DE FUSEES. ROUGES,	ROUGES ET LES JOCRISSES CONVULSAIENT LES	14	024
DE VERRES DE COULEUR? DES VERRES ROSES,	ROUGES, BLEUS, DES VITRES MAGIQUES, DES VITRES	09	075
JE N'AI JAMAIS	ROUGI, MEME DEVANT LES JEUNES ECRIVAINS DE MON	50	001
RETIRER DISCRETEMENT POUR NE PAS LES FAIRE	ROUGIR. LE SOIR, JE LES CONGEDIAI TOUS LES	42	057

POEM LINE

21	100	CETTE TROMPETTE ELLE CRIA MON NOM, QUI	ROULA AINSI A TRAVERS L'ESPACE AVEC LE BRUIT
33	012	FUIT, A TOUT CE QUI GEMIT, A TOUT CE QUI	ROULE, A TOUT CE QUI CHANTE, A TOUT CE QUI
21	020	AUTOUR DE SA TUNIQUE DE POURPRE ETAIT	ROULE, EN MANIERE DE CEINTURE, UN SERPENT
10	001	ENFIN! SEUL! ON N'ENTEND PLUS QUE LE	ROULEMENT DE QUELQUES FIACRES ATTARDES ET
18	082	CE SONT MES PENSEES QUI DORMENT OU QUI	ROULENT SUR TON SEIN. TU LES CONDUIS DOUCEMENT
15	060	LE DESESPOIR, LE VAINCU SE REDRESSA ET FIT	ROULER LE VAINQUEUR PAR TERRE D'UN COUP DE
15	049	POUR SON FRERE JUMEAU. ENSEMBLE ILS	ROULERENT SUR LE SOL, SE DISPUTANT LA
17	023	CHAMBRE D'UN BEAU NAVIRE, BERCEES PAR LE	ROULIS IMPERCEPTIBLE DU PORT, ENTRE LES POTS
31	069	EN GLISSANT A TRAVERS LES BOUCLES	ROUSSES DE SA CHEVELURE EBOURIFFEE, Y
19	037	SEPARANT DEUX MONDES, LA GRANDE	ROUTE ET LE CHATEAU; L'ENFANT PAUVRE MONTRAIT
50	095	DE SI ZELES COMEDIENS NE SE METTENT PAS EN	ROUTE SANS AVOIR LESTE LEUR ESTOMAC D'UNE
19	016	APPRIS A SE DEFIER DE L'HOMME. SUR UNE	ROUTE, DERRIERE LA GRILLE D'UN VASTE JARDIN,
19	030	DE L'AUTRE COTE DE LA GRILLE, SUR LA	ROUTE, ENTRE LES CHARDONS ET LES ORTIES, IL Y
30	020	LES PHYSIONOMIES QUI S'OFFRENT DANS MA	ROUTE, ET VOUS SAVEZ QUELLE JOUISSANCE NOUS
19	004	DECIDEE DE FLANER SUR LES GRANDES	ROUTES, REMPLISSEZ VOS POCHES DE PETITES
27	134	SON REVE, FERMA D'ABORD LES YEUX, PUIS LES	ROUVRIT PRESQUE AUSSITOT, DEMESUREMENT
24	043	VOYANTES, UN SOUPER PASSABLE, UN VIN	RUDE, ET UN LIT TRES- LARGE AVEC DES DRAPS UN
25	007	ET FIERE COMME LE SOLEIL, S'AVANCE DANS LA	RUE DESERTE, SEULE VIVANTE A CETTE HEURE SOUS
50	121	QUI ETAIENT PRESENTS DANS LA TAVERNE DE LA	RUE VILLA-HERMOSA N'OUBLIERA AVEC QUELLE
09	061	LA PREMIERE PERSONNE QUE J'APERCUS DANS LA	RUE, CE FUT UN VITRIER DONT LE CRI PERCANT,
24	007	PRINCESSE.'' EN PASSANT PLUS TARD DANS UNE	RUE, IL S'ARRETA DEVANT UNE BOUTIQUE DE
14	047	SALTIMBANQUE, VOUTE, CADUC, DECREPIT, UNE	RUINE D'HOMME, ADOSSE CONTRE UN DES POTEAUX DE
50	059	PLAISIRS. IL Y EN A QUI COUCHENT DANS UNE	RUINE DE LA BANLIEUE ET QUI VIENNENT, CHAQUE
13	016	ENTRAINES VERS TOUT CE QUI EST FAIBLE,	RUINE, CONTRISTE, ORPHELIN. UN OEIL
21	088	LA BEAUTE GARDE LA MAGIE PENETRANTE DES	RUINES. ELLE AVAIT L'AIR A LA FOIS IMPERIEUX
05	049	DOULEURS DE LA MIENNE; OU BIEN LE SAUTE-	RUISSEAU D'UN DIRECTEUR DE JOURNAL QUI RECLAME
50	054	SOUS LA CANICULE MORDANTE, SOUS LA PLUIE	RUISSELANTE, ILS VONT, ILS VIENNENT, ILS ●
27	141	DEVINE TOUTE L'HOMICIDE EFFICACITE DE SA	RUSE? IL EST PERMIS D'EN DOUTER. REGRETTA-T IL
29	076	DES LUMIERES; QUE LA PLUS BELLE DES	RUSES DU DIABLE EST DE VOUS PERSUADER QU'IL
10	013	L'UN M'A DEMANDE SI L'ON POUVAIT ALLER EN	RUSSIE PAR VOIE DE TERRE (IL PRENAIT SANS
10	014	VOIE DE TERRE (IL PRENAIT SANS DOUTE LA	RUSSIE POUR UNE ILE); AVOIR DISPUTE

DE MORT, DE DEUIL, NI DE SUPPLICES. CHACUN
MAIS BIENTOT L'IRRESISTIBLE INDIFFERENCE
VIVEMENT LA LOGE PRINCIERE, COMME POUR
DE L'HOMME, ET SOUVENT CONTRAINTES DE
ET LA MER MIROITE. LE MONDE STUPEFIE
CETTE SOLIDE CAGE DE FER DERRIERE LAQUELLE
SES MUSCLES ELASTIQUES ET PUISSANTS; ELLE
VOUS RENCONTREREZ. VOUS VERREZ LEURS YEUX
EST INCOMMUNICABLE. MEME ENTRE GENS QUI
DU PRINCE, SUR LEQUEL UNE PALEUR NOUVELLE
A SA PALEUR HABITUELLE, COMME LA NEIGE
CES FEUX DE LA FANTAISIE QUI NE
J'AURAIS TROUVE CURIEUX, SINGULIER, QU'IL
SE PROMENANT DANS LA BANLIEUE DE NANKIN!
''IL Y A DONC UN PAYS SUPERBE OU LE PAIN
AUSSI, SANS DENTS ET SANS CHEVEUX. ET ELLE
SIGNE CORRESPONDANT DU RIRE ET DU SOURIRE,
RIEN, EXCEPTE L'ASPECT DE CETTE TOURBE QUI
EN PASSANT PLUS TARD DANS UNE RUE, IL
ET LES LUMIERES, DONT LE FLOT MOUVANT
ENFIN, EXTENUES, HALETANTS, SANGLANTS, ILS
FOULE LES REGRETS ET LES SOUVENIRS, ELLE
LES RAYONS D'UN SOLEIL AUTOMNAL SEMBLAIENT
LIBRE, ELLE MARCHE SANS SOULIERS. ELLE
DOROTHEE, FORTE ET FIERE COMME LE SOLEIL,
LUMIERE UNE TACHE ECLATANTE ET NOIRE. ELLE
VERS L'ESPAGNE, CAR VOICI LA SAISON QUI
PARTOUT S'ETALAIT, SE REPANDAIT,
EMBRUME LE PAYSAGE, ET LA JOIE CALME OU
DES TIROIRS ET DES PLIS DES ETOFFES
RESSERRAIENT DE PLUS EN PLUS, ET SES YEUX
SES YEUX INCONSOLABLEMENT NAVRES, D'OU
LA FEE QUI ETAIT LE PLUS A SA PORTEE,
PLUS SUBTIL QUE SES CONFRERES,
OU GREDIN, SI ENCHANTE DE LUI-MEME QU'IL
CES PENSEES, QU'ELLES SORTENT DE MOI OU
CES RAISONNEURS SI COMMUNS, INCAPABLES DE
LES MERVEILLEUX TALENTS DE FANCIOULLE, NI
UNE HORRIBLE ET CHERE RELIQUE. --ET ELLE
TU CONNAIS CETTE MALADIE FIEVREUSE QUI
QUE LES IDEES DE PATRIE ET DE LIBERTE
ELLES AIENT L'AIR TERRIBLE, ON NE PEUT PAS
QUI, SIEGEANT DEPUIS LE MATIN, NE PEUVENT
QUE QUELQUE MAUVAIS POETE LA RAMASSERA ET
IL SEMBLAIT QUE LES MUSIQUES DE LA VIE
MOI, SANS SAVOIR OU, SANS QUE PERSONNE
ET QUE L'ESPRIT DE MEURTRE ET DE LUBRICITE
ET LE CORTEGE PASSA A COTE DE MOI ET
LOIN DU BUT PROPOSE; L'UNE D'ELLES
AGRIPPERONT VIVEMENT LE CADEAU, ET ELLE
NE POUVAIS PAS, EN VERITE, L'EMPECHER DE
VOUS REPONDRAIT: ''IL EST L'HEURE DE
DE VOULOIR, LE DESIR DE VOYAGER OU DE
ELOIGNER D'ICI?'' TANT IL EST DIFFICILE DE
CETTE BOUCHE D'OU JE N'AURAIS VOULU VOIR
RAYES DE LA MEMOIRE, ET LES RANCUNES
DEVANT LES FENETRES ET DEVANT LE LIT; ELLE
ME PARUT-IL, TELLEMENT AFFOLEE, QU'ELLE
AVEC QUELLE PETULANCE LE PEINTRE
DE SAUVAGES, MEME APRES QUE LA FOULE
SEXAGENAIRES, DONT LE COEUR INOCCUPE
VIOLEMMENT LA TERRE DU PIED QUE MA JAMBE
AU SEIN DE LA VASTE FAMILLE QUE LEUR GENIE
ET ELLE ARGUMENTAIT. ''UN BEAU JOUR ELLE
UNE VOIX CHUCHOTER SOUS LA TOMBE OU IL
UN FRERE A MOI-MEME INCONNU. LE SOLEIL
RANGEE DE BARAQUES, COMME SI, HONTEUX, IL
ELLE AUSSI, COMME LA PLEBE A LAQUELLE ELLE
PRIA DE LUI MONTRER L'ENDROIT OU SON PETIT
QU'A PEINE APERCEVOIR; CENT FOIS IL
TOUT N'ETAIT PAS FINI! LE PETIT MONSTRE
PARTOUT
SANS BRUIT A TRAVERS LES VITRES. PUIS ELLE
DE LA MAREE QUI MONTE OU D'UNE TEMPETE QUI
SUR AUTRUI, MAIS AUSSI SUR LUI-MEME, QUE
A DES CASSOLETTES CHAUDES, D'OU
COTES, RICHES EN VERDURES DE TOUTE SORTE,
ARRACHE DE SON ABONDANTE CRINIERE D'OU
LEGERES ET IRREFUTABLES; ET ELLE
L'EXTASE UNIVERSELLE DES CHOSES NE
SEVERE, L'EPITHETE DE ''MONSTRE'',
MEME LA VERTU, MEME LA CLEMENCE, SURTOUT
QUE TU NE TE PLAISES QUE DANS TON MAL?
IL Y A LA UNE PATURE CERTAINE. CAR
OU SUR LES GENOUX DU VISITEUR, COMME
AVEC SA MAIN, SE RECULA VIVEMENT, COMME
DEVANT LA NOUVEAUTE, DEVANT LE FAIT REEL.
JE LUI DEMANDAI DES NOUVELLES DE DIEU, ET
MOINS DE REPUGNANCE LE SUPPLICE SUPREME,
LA PHYSIONOMIE ESPIEGLE DU JOLI ENFANT
FOIS QU'IL SOUPIRAIT; DES INSECTES MUSQUES

S'ABANDONNA, SANS INQUIETUDE, AUX VOLUPTES 27 102
S'ABATTIT SUR MOI, ET J'EN FUS PLUS LOURDEMENT 06 035
S'ACQUITTER D'UNE COMMISSION URGENTE. QUELQUES 27 126
S'ADAPTER A SES PASSIONS, TELLES QUE LES FEES, 20 066
S'AFFAISSE LACHEMENT ET FAIT LA SIESTE. UNE 25 003
S'AGITE, HURLANT COMME UN DAMNE, SECOUANT LES 11 016
S'AGRAFAIT AVEC SES DEUX VASTES GRIFFES A LA 06 010
S'AGRANDIR DEMESUREMENT. D'ABORD ILS N'OSERONT 19 010
S'AIMENT! 26 060
S'AJOUTAIT SANS CESSE A SA PALEUR HABITUELLE, 27 115
S'AJOUTE A LA NEIGE. SES LEVRES SE 27 117
S'ALLUMENT BIEN QUE SOUS LE DEUIL PROFOND DE 22 064
S'AMUSAT A COMPROMETTRE LES PAUVRES! MAIS JE 28 054
S'APERCUT QU'IL AVAIT OUBLIE SA MONTRE, ET 16 003
S'APPELLE DU GATEAU, FRIANDISE SI RARE QU'ELLE 15 075
S'APPROCHA DE LUI, VOULANT LUI FAIRE DES 02 006
S'APPROCHE ET POSE CURIEUSEMENT SON NEZ HUMIDE 08 006
S'APPUIE LA-BAS SUR LA BARRIERE EXTERIEURE 13 070
S'ARRETA DEVANT UNE BOUTIQUE DE GRAVURES, ET, 24 007
S'ARRETAIT A QUELQUES PAS DE SA REPULSIVE 14 063
S'ARRETERENT PAR IMPOSSIBILITE DE CONTINUER, 15 066
S'ASSIT A L'ECART DANS UN JARDIN, POUR 13 050
S'ATTARDER A PLAISIR, SOUS UN CIEL DEJA 31 002
S'AVANCE AINSI, HARMONIEUSEMENT, HEUREUSE DE 25 029
S'AVANCE DANS LA RUE DESERTE, SEULE VIVANTE A 25 007
S'AVANCE, BALANCANT MOLLEMENT SON TORSE SI 25 010
S'AVANCE; FUYONS AVANT LES PLUIES ET NE 31 115
S'EBAUDISSAIT LE PEUPLE EN VACANCES. C'ETAIT 14 001
S'EBAUDISSAIT MON AME AVANT D'AVOIR VU CES 15 072
S'ECHAPPE UN PARFUM SINGULIER, UN REVENEZ-Y DE 18 044
S'ECLAIRAIENT D'UN FEU INTERIEUR SEMBLABLE A 27 118
S'ECOULAIT UNE INSIDIEUSE IVRESSE, ET IL ME 21 038
S'ECRIA: ''EH! MADAME! VOUS NOUS OUBLIEZ! IL Y 20 059
S'ECRIER EN CHAIRE: ''MES CHERS FRERES, 29 073
S'ELANCE INDISCRETEMENT DANS LES JAMBES OU SUR 50 023
S'ELANCENT DES CHOSES, DEVIENNENT BIENTOT TROP 03 017
S'ELEVER JUSQU'A LA LOGIQUE DE L'ABSURDE. 20 080
S'ELEVER JUSQU'A LA MEME FAVEUR. 27 150
S'EMPARA DU CLOU ET DE LA FICELLE. ''ENFIN! 30 115
S'EMPARE DE NOUS DANS LES FROIDES MISERES, 18 015
S'EMPARENT DESPOTIQUEMENT DU CERVEAU D'UN 27 005
S'EMPECHER DE LES AIMER. ON A PEUR, ON A ENVIE 31 017
S'EMPECHER DE REVER AU DINER, A LA FAMILLE ET 20 031
S'EN COIFFERA IMPUDEMMENT. FAIRE UN HEUREUX, 46 023
S'EN DETACHAIENT EN UN VAGUE MURMURE, ET QUE 34 023
S'EN INQUIETE, ET DE VOIR TOUJOURS DES PAYS 31 080
S'ENFLAMME MERVEILLEUSEMENT DANS LES 23 005
S'ENFONCA DANS L'ATMOSPHERE DE L'HORIZON, A 06 029
S'ENFONCA MEME DANS LE PLAFOND; ET COMME LA 43 011
S'ENFUIRONT COMME FONT LES CHATS QUI VONT 19 013
S'ENIVRER DE SON MALHEUR ET LUI REFUSER CETTE 30 098
S'ENIVRER! POUR N'ETRE PAS LES ESCLAVES 33 015
S'ENRICHIR. 41 015
S'ENTENDRE, MON CHER ANGE, ET TANT LA PENSEE 26 058
S'ENVOLER QUE DES CHANSONS. A PROPOS D'UN 42 040
S'ENVOLERONT COMME DES FUMEES. MOI SEUL 34 030
S'EPANCHE EN CASCADES NEIGEUSES. SUR CE LIT 05 022
S'EPRENAIT DE TENDRESSE MAINTENANT POUR CE QUI 30 112
S'EST DEPOUILLE DE SON GILET EN FAVEUR DU 50 012
S'EST DISPERSEE. ENFIN ILS ONT RAMASSE LEURS 31 100
S'EST DONNE AUX BETES, PARCE QUE LES HOMMES 50 065
S'EST ENFONCEE JUSQU'AU GENOU DANS LA 38 022
S'EST FAITE, ILS DOIVENT RIRE QUELQUEFOIS DE 12 037
S'EST MISE A LA CHIMIE; DE SORTE QU'ENTRE MA 42 046
S'ETAIT ASSIS. ET CETTE VOIX DISAIT: 45 024
S'ETAIT COUCHE. LA NUIT SOLENNELLE AVAIT PRIS 31 134
S'ETAIT EXILE LUI-MEME DE TOUTES CES 14 045
S'ETAIT MELEE ET QU'ELLE NE VOYAIT PAS, ELLE 13 084
S'ETAIT PENDU. ''OH! NON! MADAME, --LUI 30 100
S'ETAIT REPLONGE, ETINCELANT OU MOROSE, DANS 34 003
S'ETAIT SERVI D'UNE FICELLE FORT MINCE QUI 30 063
S'ETALAIT, SE REPANDAIT, S'EBAUDISSAIT LE 14 001
S'ETENDIT SUR TOI AVEC LA TENDRESSE SOUPLE 37 004
S'EVEILLE. QUELS SONT LES INFORTUNES QUE LE 22 010
S'EXERCAIT RAGEUSEMENT SA MANIE CREPUSCULEUSE. 22 032
S'EXHALAIT LA BONNE ODEUR D'UNE PARFUMERIE; ET 21 017
S'EXHALAIT, JUSQU'A PLUSIEURS LIEUES, UNE 34 025
S'EXHALE EN FAUVES PARFUMS TOUTE LA VITALITE 39 013
S'EXPRIMAIT AVEC UNE SUAVITE DE DICTION ET UNE 29 059
S'EXPRIME PAR AUCUN BRUIT; LES EAUX 07 004
S'IL AVAIT ETE PERMIS; DANS SES DOMAINES, 27 026
S'IL AVAIT PU ESPERER Y TROUVER DES PLAISIRS 27 045
S'IL EN EST AINSI, FUYONS VERS LES PAYS QUI 48 030
S'IL EST UNE PLACE QU'ILS DEDAIGNENT DE 13 011
S'IL ETAIT SUR DE PLAIRE, TURBULENT COMME UN 50 024
S'IL EUT CRAINT QUE MON OFFRE NE FUT PAS 15 043
S'IL EXISTE UN PHENOMENE EVIDENT, TRIVIAL, 30 008
S'IL L'AVAIT VU RECEMMENT. IL ME REPONDIT, 29 086
S'IL LEUR ETAIT PERMIS DE FAIRE DU HAUT DE 23 018
S'ILLUMINA D'UN SOURIRE; ET PUIS IL QUITTA 27 124
S'ILLUMINAIENT, EN VOLETANT, AUX ARDEURS DE 21 018

POEM	LINE		
21	117	POUR MONTRER DE TELS SCRUPULES. AH!	S'ILS POUVAIENT REVENIR PENDANT QUE JE SUIS
04	011	ET EMPRISONNE DANS DES HABITS TOUT NEUFS,	S'INCLINA CEREMONIEUSEMENT DEVANT L'HUMBLE
43	019	LA POUPEE FUT NETTEMENT DECAPITEE. ALORS	S'INCLINANT VERS SA CHERE, SA DELICIEUSE, SON
23	031	QUE JE DEDAIGNE LES SIENNES, ET IL VIENT	S'INSINUER DANS LES MIENNES, LE HIDEUX
19	028	ET DE VERROTERIES. MAIS L'ENFANT NE	S'OCCUPAIT PAS DE SON JOUJOU PREFERE, ET VOICI
31	076	MON TUTEUR EST TROP AVARE; DIEU NE	S'OCCUPE PAS DE MOI. ET DE MON ENNUI, ET JE
30	019	LES VISAGES, LES PHYSIONOMIES QUI	S'OFFRENT DANS MA ROUTE, ET VOUS SAVEZ QUELLE
23	035	POUR FAIRE HONTE A TOUS CEUX QUI COURENT	S'OUBLIER DANS LA FOULE, CRAIGNANT SANS DOUTE
18	005	TANT LA CHAUDE ET CAPRICIEUSE FANTAISIE	S'Y EST DONNE CARRIERE, TANT ELLE L'A
13	017	ORPHELIN. UN OEIL EXPERIMENTE NE	S'Y TROMPE JAMAIS. DANS CES TRAITS RIGIDES OU
44	013	VOUS BIENTOT MANGER VOTRE SOUPE,	S... B..... DE MARCHAND DE NUAGES?''
47	046	CE NE SOIT POUR TE COUPER LA TETE! S...	S... C... DE S... M...! --ATTENDS,
47	046	POUR TE COUPER LA TETE! S... S... C... DE	S... M...! --ATTENDS, REPRIT-ELLE, TU VAS
47	046	QUE CE NE SOIT POUR TE COUPER LA TETE!	S... S... C... DE S... M...! --ATTENDS,
25	032	UN MIROIR REFLETANT SA DEMARCHE ET	SA BEAUTE. A L'HEURE OU LES CHIENS EUX-MEMES
31	052	PAS COUCHE SEUL ET D'ETRE DANS UN LIT AVEC	SA BONNE. DANS LES TENEBRES, COMME JE NE
05	082	PEUR. OUI! LE TEMPS REGNE; IL A REPRIS	SA BRUTALE DICTATURE. ET IL ME POUSSE, COMME
14	048	D'HOMME, ADOSSE CONTRE UN DES POTEAUX DE	SA CAHUTE; UNE CAHUTE PLUS MISERABLE QUE CELLE
28	011	LA RENCONTRE D'UN PAUVRE QUI NOUS TENDIT	SA CASQUETTE EN TREMBLANT. --JE NE CONNAIS
24	011	DANS UN PALAIS, QUE JE VOUDRAIS POSSEDER	SA CHERE VIE. NOUS N'Y SERIONS PAS CHEZ NOUS.
43	006	CHACUN? --ET IL OFFRIT GALAMMENT LA MAIN A	SA CHERE, DELICIEUSE ET EXECRABLE FEMME, A
43	019	DECAPITEE. ALORS S'INCLINANT VERS	SA CHERE, SA DELICIEUSE, SON EXECRABLE FEMME,
31	070	GLISSANT A TRAVERS LES BOUCLES ROUSSES DE	SA CHEVELURE EBOURIFFEE, Y ALLUMAIENT COMME
06	000	CHACUN	SA CHIMERE
38	007	MORTE QUELQUES JOURS APRES QUE J'EUS FAIT	SA CONNAISSANCE, ET C'EST MOI-MEME QUI L'AI
15	042	NE QUITTANT PAS DES YEUX L'OBJET DE	SA CONVOITISE; PUIS, HAPPANT LE MORCEAU AVEC
27	107	MELA SES APPLAUDISSEMENTS A CEUX DE	SA COUR. CEPENDANT, POUR UN OEIL CLAIRVOYANT,
29	054	NOUS CAUSAMES AUSSI DE L'UNIVERS, DE	SA CREATION ET DE SA FUTURE DESTRUCTION; DE LA
28	005	PIECES D'ARGENT; DANS LA POCHE GAUCHE DE	SA CULOTTE, UNE MASSE DE GROS SOLS; ET ENFIN,
43	019	ALORS S'INCLINANT VERS SA CHERE,	SA DELICIEUSE, SON EXECRABLE FEMME, SON
25	031	AU LOIN DANS L'ESPACE UN MIROIR REFLETANT	SA DEMARCHE ET SA BEAUTE. A L'HEURE OU LES
39	009	N'A PU ROMPRE L'HARMONIE PETILLANTE DE	SA DEMARCHE NI L'ELEGANCE INDESTRUCTIBLE DE
20	050	LES FACULTES, NI SOULAGER LES BESOINS DE	SA DEPLORABLE PROGENITURE. J'AI OUBLIE DE VOUS
20	018	ENCORE VECU, UNE GRACE POUVANT DETERMINER	SA DESTINEE ET DEVENIR AUSSI BIEN LA SOURCE DE
14	061	IL AVAIT RENONCE. IL AVAIT ABDIQUE.	SA DESTINEE ETAIT FAITE. MAIS QUEL REGARD
31	136	LES CIRCONSTANCES ET LES HASARDS, MURIR	SA DESTINEE, SCANDALISER SES PROCHES ET
34	033	SEMBLABLE A UN PRETRE A QUI ON ARRACHERAIT	SA DIVINITE, JE NE POUVAIS, SANS UNE NAVRANTE
18	070	DU POSSIBLE. CHAQUE HOMME PORTE EN LUI	SA DOSE D'OPIUM NATUREL, INCESSAMMENT SECRETEE
13	030	NAVRANT. IL EST CONTRAINT DE LESINER SUR	SA DOULEUR. LE RICHE PORTE LA SIENNE AU GRAND
22	034	EST MORT FOU, INCAPABLE DE RECONNAITRE	SA FEMME ET SON ENFANT; LE SECOND PORTE EN LUI
11	025	A LA MAIN; EST UN MARI. IL A ENCHAINE	SA FEMME LEGITIME COMME UNE BETE, ET IL LA
21	031	DOULEURS, ET A REPANDRE LA CONTAGION DE	SA FOLIE DANS LES NUITS DE SABBAT. A SES
25	025	DANS SES MUSEES, IMPRIME FIDELEMENT	SA FORME SUR LE SABLE FIN. CAR DOROTHEE EST SI
09	071	ACCROCHER EN MAINT ENDROIT LES ANGLES DE	SA FRAGILE MARCHANDISE. ENFIN IL PARUT:
29	055	AUSSI DE L'UNIVERS, DE SA CREATION ET DE	SA FUTURE DESTRUCTION; DE LA GRANDE IDEE DU
29	097	PAR TANT DE PHILOSOPHES QUI TRAVAILLENT A	SA GLOIRE SANS LE SAVOIR, ME DIT: ''JE VEUX
25	014	SA TAILLE LONGUE, SON DOS CREUX ET	SA GORGE POINTUE. SON OMBRELLE ROUGE, TAMISANT
21	078	DONT L'ECHO SONORE FIT LE COMMENTAIRE DE	SA GROSSIERE PAROLE. JE ME DETOURNAI AVEC
12	011	CET INCOMPARABLE PRIVILEGE, QU'IL PEUT A	SA GUISE ETRE LUI-MEME ET AUTRUI. COMME CES
25	022	PAR LE COIN SA JUPE FLOTTANTE ET MONTRE	SA JAMBE LUISANTE ET SUPERBE; ET SON PIED,
37	013	DE PLEURER. CEPENDANT, DANS L'EXPANSION DE	SA JOIE, LA LUNE REMPLISSAIT TOUTE LA CHAMBRE,
25	022	TEMPS LA BRISE DE MER SOULEVE PAR LE COIN	SA JUPE FLOTTANTE ET MONTRE SA JAMBE LUISANTE
35	014	L'HISTOIRE DE CETTE FEMME, OU PLUTOT	SA LEGENDE, ET QUELQUEFOIS JE ME LA RACONTE A
03	021	LA PROFONDEUR DU CIEL ME CONSTERNE;	SA LIMPIDITE M'EXASPERE. L'INSENSIBILITE DE LA
25	001	LE SOLEIL ACCABLE LA VILLE DE	SA LUMIERE DROITE ET TERRIBLE; LE SABLE EST
21	026	ET DES INSTRUMENTS DE CHIRURGIE. DANS	SA MAIN DROITE IL TENAIT UNE AUTRE FIOLE DONT
13	033	ET LA PLUS ATTRISTANTE; CELLE QUI TRAINE A	SA MAIN UN BAMBIN AVEC QUI ELLE NE PEUT PAS
15	043	CONVOITISE; PUIS, HAPPANT LE MORCEAU AVEC	SA MAIN, SE RECULA VIVEMENT, COMME S'IL EUT
22	032	SUR LUI-MEME, QUE S'EXERCAIT RAGEUSEMENT	SA MANIE CREPUSCULEUSE. LE PREMIER EST MORT
34	027	AUSSITOT CHACUN FUT JOYEUX, CHACUN ABDIQUA	SA MAUVAISE HUMEUR. TOUTES LES QUERELLES
14	082	SANS FAMILLE, LES ENFANTS, DEGRADE PAR	SA MISERE ET PAR L'INGRATITUDE PUBLIQUE, ET
28	002	TABAC, MON AMI FIT UN SOIGNEUX TRIAGE DE	SA MONNAIE; DANS LA POCHE GAUCHE DE SON GILET
16	003	DE NANKIN, S'APERCUT QU'IL AVAIT OUBLIE	SA MONTRE, ET DEMANDA A UN PETIT GARCON QUELLE
47	036	FAITE. IL DISAIT FIEREMENT, EN REGARDANT	SA MONTRE: ''CINQ MINUTES, MESSIEURS!'' --OH!
06	011	SES DEUX VASTES GRIFFES A LA POITRINE DE	SA MONTURE; ET SA TETE FABULEUSE SURMONTAIT LE
22	052	DU JOUR SOUS L'OPPRESSION VICTORIEUSE DE	SA NUIT, LES FEUX DES CANDELABRES QUI FONT DES
27	116	PALEUR NOUVELLE S'AJOUTAIT SANS CESSE A	SA PALEUR HABITUELLE, COMME LA NEIGE S'AJOUTE
13	080	AIR, MON DIEU! FAITES QUE LE DIABLE ME TIENNE	SA PAREILLE DANS LES COLLECTIONS DES
29	128	MON DIEU! FAITES QUE LE DIABLE ME TIENNE	SA PAROLE!''
09	086	IL ACHEVA DE BRISER SOUS SON DOS TOUTE	SA PAUVRE FORTUNE AMBULATOIRE QUI RENDIT LE
09	036	A CE POINT QU'IL LUI FAUT RASSEMBLER TOUTE	SA PAUVRE VOLONTE POUR ENTRER DANS UN CAFE OU
25	012	ROSE, TRANCHE VIVEMENT SUR LES TENEBRES DE	SA PEAU ET MOULE EXACTEMENT SA TAILLE LONGUE,
13	082	PARFUM DE HAUTAINE VERTU EMANAIT DE TOUTE	SA PERSONNE. SON VISAGE, TRISTE ET AMAIGRI,
25	037	COMME LE BRONZE? POURQUOI A-T-ELLE QUITTE	SA PETITE CASE SI COQUETTEMENT ARRANGEE; DONT
25	058	PIASTRE SUR PIASTRE POUR RACHETER	SA PETITE SOEUR QUI A BIEN ONZE ANS, ET QUI
03	009	VOILE FRISSONNANTE A L'HORIZON, ET QUI PAR	SA PETITESSE ET SON ISOLEMENT IMITE MON
15	038	QUE DE L'AUTRE IL TACHAIT DE GLISSER DANS	SA POCHE LE PRIX DU COMBAT. MAIS, RAVIVE PAR
39	019	DIMINUE DU CHARME VAGUE, MAIS ETERNEL, DE	SA POITRINE GARCONNIERE. USEE PEUT-ETRE, MAIS
09	008	RODE LACHEMENT UNE HEURE DEVANT	SA PORTE SANS OSER RENTRER, TEL QUI GARDE
20	059	MULTICOLORES LA FEE QUI ETAIT LE PLUS A	SA PORTEE, S'ECRIA: ''EH! MADAME! VOUS NOUS
28	023	TRANQUILLEMENT, COMME POUR SE JUSTIFIER DE	SA PRODIGALITE. MAIS DANS MON MISERABLE
11	041	TETE; ELLE HURLE PLUS NATURELLEMENT. DANS	SA RAGE, ELLE ETINCELLE TOUT ENTIERE; COMME LE
36	015	A LA LUNE, QUI SANS DOUTE L'A MARQUEE DE	SA REDOUTABLE INFLUENCE; NON PAS LA LUNE
42	066	CELA VOUS EST ''AGREABLE.'' C'ETAIT	SA REPONSE ORDINAIRE. VOUS DONNERIEZ LA
14	064	FLOT MOUVANT S'ARRETAIT A QUELQUES PAS DE	SA REPULSIVE MISERE! JE SENTIS MA GORGE SERREE
13	034	BAMBIN AVEC QUI ELLE NE PEUT PAS PARTAGER	SA REVERIE, OU CELLE QUI EST TOUT A FAIT
25	011	TORSE SI MINCE SUR SES HANCHES SI LARGES,	SA ROBE DE SOIE COLLANTE, D'UN TON CLAIR ET
20	058	JE CROIS, SE LEVA, ET EMPOIGNANT PAR	SA ROBE DE VAPEURS MULTICOLORES LA FEE QUI
27	141	DEVINE TOUTE L'HOMICIDE EFFICACITE DE	SA RUSE? IL EST PERMIS D'EN DOUTER. REGRETTA-T
02	011	ALORS LA BONNE VIEILLE SE RETIRA DANS	SA SOLITUDE ETERNELLE, ET ELLE PLEURAIT DANS
12	008	ACTIF ET FECOND. QUI NE SAIT PAS PEUPLER	SA SOLITUDE, NE SAIT PAS NON PLUS ETRE SEUL

TENEBRES DE SA PEAU ET MOULE EXACTEMENT	SA TAILLE LONGUE, SON DOS CREUX ET SA GORGE	25 013
COEUR UN FEU NOUVEAU, ET LA SERVILITE DE	SA TENDRESSE N'A JAMAIS RIEN DE FATIGANT.	39 027
CHEVELURE PRESQUE BLEUE TIRE EN ARRIERE	SA TETE DELICATE ET LUI DONNE UN AIR	25 018
DU PIED, ETAIT RENVERSEE A COTE DE LUI;	SA TETE ETAIT PENCHEE CONVULSIVEMENT SUR UNE	30 054
GRIFFES A LA POITRINE DE SA MONTURE; ET	SA TETE FABULEUSE SURMONTAIT LE FRONT DE	06 011
DU PHILOSOPHE QUI VERIFIE L'EXCELLENCE DE	SA THEORIE! --JE VIS CETTE ANTIQUE CARCASSE SE	49 061
EST MAUVAISE POUR L'HOMME; ET A L'APPUI DE	SA THESE IL CITE, COMME TOUS LES INCREDULES,	23 002
D'UNE BELLE CHIENNE, UN PEU NEGLIGEE DANS	SA TOILETTE, MAIS FIERE ET RECONNAISSANTE. ET	50 070
--JE VOUDRAIS QU'IL VINT ME VOIR AVEC	SA TROUSSE ET SON TABLIER, MEME AVEC UN PEU DE	47 101
AUX ARDEURS DE SON SOUFFLE. AUTOUR DE	SA TUNIQUE DE POURPRE ETAIT ROULE, EN MANIERE	21 020
DE DEVINER QUE CELUI-LA NE PERDRAIT PAS	SA VIE A CHERCHER LA DIVINITE DANS LES NUEES,	31 072
CRIER MISERE ET AJOUTER LES TRIVIALITES DE	SA VIE AUX DOULEURS DE LA MIENNE; OU BIEN LE	05 048
MA PUISSANCE?'' DIT LA FAUSSE DEESSE AVEC	SA VOIX CHARMANTE ET PARADOXALE. ''ECOUTE,''	21 096
UN DEMON D'ACTION; OU DEMON DE COMBAT. OR,	SA VOIX ME CHUCHOTAIT CECI: ''CELUI-LA SEUL	49 039
ME FRAPPA LE PLUS; CE FUT LE MYSTERE DE	SA VOIX, DANS LAQUELLE JE RETROUVAIS LE	21 091
LA CONTAGION DE LA FOLIE DANS LES NUITS DE	SABBAT. A SES CHEVILLES DELICATES TRAINAIENT	21 031
LA VENUE DE LA NUIT POUR UN SIGNAL DE	SABBAT? CETTE SINISTRE ULULATION NOUS ARRIVE	22 013
EN MIETTES SEMBLABLES AUX GRAINS DE	SABLE AUXQUELS IL ETAIT MELE. CE SPECTACLE	15 070
VILLE DE SA LUMIERE DROITE ET TERRIBLE; LE	SABLE EST EBLOUISSANT ET LA MER MIROITE. LE	25 002
MUSEES, IMPRIME FIDELEMENT SA FORME SUR LE	SABLE FIN. CAR DOROTHEE EST SI PRODIGIEUSEMENT	25 025
DOS UNE ENORME CHIMERE, AUSSI LOURDE QU'UN	SAC DE FARINE OU DE CHARBON, OU LE FOURNIMENT	06 006
DANS CES DEMARCHES SI LENTES OU SI	SACCADEES, IL DECHIFFRE TOUT DE SUITE LES	13 021
SENS MORAL ET POETIQUE, C'EST UN EMBLEME	SACERDOTAL DANS LA MAIN DES PRETRES ET DES	32 002
PROIE, AUCUN N'EN VOULANT SANS DOUTE	SACRIFIER LA MOITIE POUR SON FRERE. LE	15 050
OU CUIT UN RAGOUT DE CRABES AU RIZ ET AU	SAFRAN, LUI ENVOIE, DU FOND DE LA COUR, SES	25 045
TOUT SON BIEN EN UN JOUR'', ET, SUR CETTE	SAGE PAROLE, IL LUI ARRACHE CRUELLEMENT LA	11 032
RESTER DANS NOTRE CHAMBRE,'' DIT UN AUTRE	SAGE, PASCAL, JE CROIS, RAPPELANT AINSI DANS	23 038
ENFIN, MON AME FAIT EXPLOSION, ET	SAGEMENT ELLE ME CRIE: ''N'IMPORTE OU!	48 043
DE L'ART DE RENDRE LES PEUPLES HEUREUX,	SAGES ET RICHES, EN VINGT-QUATRE HEURES.	49 005
LUI, A CETTE HEURE OU LES CONSEILS DE LA	SAGESSE NE SONT PLUS ETOUFFES PAR LES	24 047
GLOIRE, OU L'IMPRIMERIE TRADUIT VOTRE	SAGESSE, EN QUELQUE LIEU QUE VOUS SOYEZ, DANS	32 038
AUX CHIENS PHILOSOPHES, AUX ETES DE LA	SAINT-MARTIN ET A LA BEAUTE DES FEMMES	50 131
BEAUTE DES FEMMES MURES ET AUX ETES DE LA	SAINT-MARTIN. AUCUN DE CEUX QUI ETAIENT	50 119
COMPARE A CETTE INEFFABLE ORGIE, A CETTE	SAINTE PROSTITUTION DE L'AME QUI SE DONNE TOUT	12 027
A SANS DOUTE OUBLIE, ET DONT MOI SEUL, ET	SAINTE-BEUVE PEUT-ETRE, NOUS NOUS SOUVENONS	50 048
TOUT ENTIER FLEURIT COMME UNE FLEUR. TU	SAIS BIEN, O SATAN, PATRON DE MA DETRESSE, QUE	51 005
PAR UN AUTRE PETIT SAUVAGE, SORTI JE NE	SAIS D'OU, ET SI PARFAITEMENT SEMBLABLE AU	15 047
PIQUANT MYSTERIEUX A LEUR AUSTERITE. JE NE	SAIS DANS QUEL MISERABLE CAFE ET DE QUELLE	13 042
SOUVENIR, EN DETOURNANT LES YEUX: ''JE NE	SAIS PAS... JE NE ME SOUVIENS PAS.'' QUELLES	47 113
GENERALEMENT LA SYMPATHIE, ET QUI, JE NE	SAIS POURQUOI, EXCITAIT LA MIENNE, AU POINT	31 130
CIVILISE, QUI NE VEUT JAMAIS, JE NE	SAIS POURQUOI, SE MELER DES AFFAIRES D'UN	30 071
DES PAROLES DES PERES DE L'EGLISE. JE	SAIS QUE LE DEMON FREQUENTE VOLONTIERS LES	23 004
POULET, DANS LEQUEL IL CROYAIT VOIR JE NE	SAIS QUEL INSULTANT HIEROGLYPHE. LE SOIR,	22 025
OBSERVAIT AVEC UNE FIXITE ETONNANTE JE NE	SAIS QUEL POINT DU CIEL, DIT TOUT A COUP:	31 024
DU CUIVRE APPORTA A MES OREILLES JE NE	SAIS QUEL SOUVENIR D'UNE TROMPETTE PROSTITUEE.	21 108
UN GRAND REFLUX DU PEUPLE, CAUSE PAR JE NE	SAIS QUEL TROUBLE, M'ENTRAINA LOIN DE LUI. ET,	14 076
FANCIOULLE INTRODUISAIT, PAR JE NE	SAIS QUELLE GRACE SPECIALE, LE DIVIN ET LE	27 088
UNE FETIDE ODEUR DE TABAC MELEE A JE NE	SAIS QUELLE NAUSEABONDE MOISISSURE. ON RESPIRE	05 063
ET HEUREUSE!'' PUIS SE RETOURNA VERS JE NE	SAIS QUELS CAMARADES AVEC UN AIR DE FATUITE,	04 014
L'IMPLACABLE VENUS REGARDE AU LOIN JE NE	SAIS QUOI AVEC SES YEUX DE MARBRE,	07 028
DANS SON OEIL ET DANS SON FRONT CE JE NE	SAIS QUOI DE PRECOCEMENT FATAL QUI ELOIGNE	31 129
DE LA JOIE, CET INDESCRIPTIBLE JE NE	SAIS QUOI, CETTE TRISTESSE FROIDE ET RAILLEUSE	42 006
D'ABORD, ET PUIS ENCORE PEUR DE JE NE	SAIS QUOI. ENSUITE J'AI FOURRE MA TETE DANS	31 060
OU CELLE QUI EST TOUT A FAIT SEULE? JE NE	SAIS... IL M'EST ARRIVE UNE FOIS DE SUIVRE	13 035
JE M'APPROCHAI DU BALCON ET JE ME	SAISIS D'UN PETIT POT DE FLEURS, ET QUAND	09 081
TERRASSE CE SEXAGENAIRE AFFAIBLI, JE ME	SAISIS D'UNE GROSSE BRANCHE D'ARBRE QUI	49 057
ASSOMMER RAPIDEMENT CE VIEILLARD, JE LE	SAISIS D'UNE MAIN PAR LE COLLET DE SON HABIT,	49 047
LE SECOND PAR LES CHEVEUX; CELUI-CI LUI	SAISIT L'OREILLE AVEC LES DENTS, ET EN CRACHA	15 052
PAR LA FENETRE OUVERTE, LA PAUVRE FEMME	SAISIT MON BRAS ET ME DIT D'UNE VOIX	30 109
MIEUX D'ALLER VERS L'ESPAGNE, CAR VOICI LA	SAISON QUI S'AVANCE: FUYONS AVANT LES PLUIES	31 115
SOIF! A COUP SUR, LE MAITRE DE CE CABARET	SAIT APPRECIER HORACE ET LES POETES ELEVES	45 004
CELUI-LA SEUL EST DIGNE DE LA LIBERTE, QUI	SAIT LA CONQUERIR.'' IMMEDIATEMENT, JE SAUTAI	49 041
QUI NE SAIT PAS PEUPLER SA SOLITUDE, NE	SAIT PAS NON PLUS ETRE SEUL DANS UNE FOULE	12 009
POUR LE POETE ACTIF ET FECOND. QUI NE	SAIT PAS PEUPLER SA SOLITUDE, NE SAIT PAS NON	12 008
LEGITIME DE SUPPOSER QUE LUI-MEME IL NE	SAIT PAS POURQUOI. J'AI ETE PLUS D'UNE FOIS	09 044
DES MONSTRES AUX YEUX DE CELUI-LA SEUL NE	SAIT POURQUOI ILS EXISTENT, COMMENT ILS SE	47 124
VOYEZ-VOUS LE SUBTIL ENVIEUX! IL	SAIT QUE JE DEDAIGNE LES SIENNES, ET IL VIENT	23 030
PAS DANS UNE GRANDE VILLE, QUAND ON	SAIT SE PROMENER ET REGARDER? LA VIE FOURMILLE	47 115
A LA FOIS, POUR L'HOMME SENSIBLE QUI	SAIT Y LIRE, TANT D'HUMILITE, TANT DE	28 013
QU'IL Y AVAIT PEUT-ETRE QUELQUE PART (QUI	SAIT, APRES TOUT?) POUR RECOMPENSER TANT DE	50 108
TELLES QUE LES FEES, LES GNOMES, LES	SALAMANDRES, LES SYLPHIDES, LES SYLPHES, LES	20 067
MONTA JUSQU'A MOI A TRAVERS LA LOURDE ET	SALE ATMOSPHERE PARISIENNE. IL ME SERAIT	09 063
ET LES ORTIES, IL Y AVAIT UN AUTRE ENFANT,	SALE, CHETIF, FULIGINEUX, UN DE CES.	19 031
MANGER DE LA VIANDE QUI NE SOIT PAS	SALEE COMME L'ELEMENT INFAME QUI NOUS PORTE?	34 013
A DINER, ET PAR LA FENETRE OUVERTE DE LA	SALLE A MANGER JE CONTEMPLAIS LES MOUVANTES	44 002
COUCHANTS, QUI COLORENT SI RICHEMENT LA	SALLE A MANGER OU LE SALON, SONT TAMISES PAR	18 036
ET LES COEURS. ET DE L'ENDROIT DE LA	SALLE D'OU AVAIT JAILLI CETTE DESAPPROBATION	27 130
SI RICHEMENT LA SALLE A MANGER OU LE	SALON, SONT TAMISES PAR DE BELLES ETOFFES OU	18 036
LE VIEUX	SALTIMBANQUE	14 000
DE VOUS INTRODUIRE DANS LA CHAMBRE DU	SALTIMBANQUE ABSENT. UN LIT, EN BOIS PEINT,	50 082
SANS DOMICILE, LE CHIEN FLANEUR, LE CHIEN	SALTIMBANQUE, LE CHIEN DONT L'INSTINCT, COMME	50 035
DE TOUTES CES SPLENDEURS, JE VIS UN PAUVRE	SALTIMBANQUE, VOUTE, CADUC, DECREPIT, UNE	14 046
PENDANT UN LONG TEMPS, COMPTENT LES	SALTIMBANQUES, LES FAISEURS DE TOURS, LES	14 003
PHILOSOPHE, POETE ET ARTISTE, JE VOUS	SALUE EN L'IMMORTALITE!	32 044
D'UNE CERTAINE TRISTESSE: ''NOUS NOUS	SALUE UNE VINGTAINE DE PERSONNES, DONT QUINZE	10 018
QUI VENEZ ETUDIER L'ART DE TUER AUPRES DU	SALUONS QUAND NOUS NOUS RENCONTRONS, MAIS	29 088
ET SON TABLIER, MEME AVEC UN PEU DE	SANCTUAIRE DE LA MORT! SI VOUS SAVIEZ COMME LE	45 029
CES MOTS BIZARRES: ''BUVEZ, CECI EST MON	SANG DESSUS!'' ELLE DIT CELA D'UN AIR FORT	47 102
LES DENTS, ET EN CRACHA UN PETIT MORCEAU	SANG, UN PARFAIT CORDIAL!'' DANS LA GAUCHE, UN	21 028
PROJETTE SUR SON VISAGE SOMBRE LE FARD	SANGLANT AVEC UN SUPERBE JURON PATOIS. LE	15 053
	SANGLANT DE SES REFLETS. LE POIDS DE SON	25 016

POEM LINE

POEM	LINE		
15	066	ET LORSQUE ENFIN, EXTENUES, HALETANTS,	SANGLANTS, ILS S'ARRETERENT PAR IMPOSSIBILITE
11	013	POUR DEUX SOLS, AU MILIEU D'UNE FETE, ET	SANS ALLER BIEN LOIN. ''CONSIDERONS BIEN, JE
13	055	BIEN GAGNEE D'UNE DE CES LOURDES JOURNEES	SANS AMI, SANS CAUSERIE, SANS JOIE, SANS
14	081	IL FUT LE BRILLANT AMUSEUR, DU VIEUX POETE	SANS AMIS, SANS FAMILLE, SANS ENFANTS, DEGRADE
30	012	EST AUSSI DIFFICILE DE SUPPOSER UNE MERE	SANS AMOUR MATERNEL QU'UNE LUMIERE SANS
42	131	UN GESTE OU UN SENTIMENT DERAISONNABLE	SANS APERCEVOIR IMMEDIATEMENT LE REPROCHE MUET
20	052	LA DISTRIBUTION, EN CES CAS SOLENNELS, EST	SANS APPEL, ET QU'AUCUN NE PEUT ETRE
03	014	MAIS MUSICALEMENT ET PITTORESQUEMENT,	SANS ARGUTIES, SANS SYLLOGISMES, SANS
50	095	ZELES COMEDIENS NE SE METTENT PAS EN ROUTE	SANS AVOIR LESTE LEUR ESTOMAC D'UNE SOUPE
10	021	DE MAINS DANS LA MEME PROPORTION, ET CELA	SANS AVOIR PRIS LA PRECAUTION D'ACHETER DES
05	057	ECORNES; LA CHEMINEE SANS FLAMME ET	SANS BRAISE, SOUILLEE DE CRACHATS; LES TRISTES
37	005	SON ESCALIER DE NUAGES, ET PASSA	SANS BRUIT A TRAVERS LES VITRES. PUIS ELLE
50	072	ET ILS SONT TOUS TRES-EXACTS,	SANS CARNETS, SANS NOTES ET SANS
13	055	D'UNE DE CES LOURDES JOURNEES SANS AMI,	SANS CAUSERIE, SANS JOIE, SANS CONFIDENT, QUE
42	034	D'UN PRINCE. BELLE, CELA VA SANS DIRE;	SANS CELA, POURQUOI L'AURAIS-JE PRISE? MAIS
27	116	SUR LEQUEL UNE PALEUR NOUVELLE S'AJOUTAIT	SANS CESSE A SA PALEUR HABITUELLE, COMME LA
48	007	DE DEMENAGEMENT EN EST UNE QUE JE DISCUTE	SANS CESSE AVEC MON AME. ''DIS-MOI, MON AME,
18	057	QU'ILS CHERCHENT ENCORE, QU'ILS RECULENT	SANS CESSE LES LIMITES DE LEUR BONHEUR, CES
21	042	DE L'ARGILE; ET TU CONNAITRAS LE PLAISIR,	SANS CESSE RENAISSANT, DE SORTIR DE TOI-MEME
15	074	RESTAI TRISTE ASSEZ LONGTEMPS, ME REPETANT	SANS CESSE: ''IL Y A DONC UN PAYS SUPERBE OU
51	009	CATIN DONT LE CHARME INFERNAL ME RAJEUNIT	SANS CESSE, QUE TU DORMES ENCOR DANS LES DRAPS
33	016	DU TEMPS; ENIVREZ-VOUS; ENIVREZ-VOUS	SANS CESSE! DE VIN, DE POESIE OU DE VERTU, A
30	012	MERE SANS AMOUR MATERNEL QU'UNE LUMIERE	SANS CHALEUR; N'EST-IL DONC PAS PARFAITEMENT
06	002	GRIS, DANS UNE GRANDE PLAINE POUDREUSE,	SANS CHEMINS, SANS GAZON, SANS UN CHARDON,
02	005	ET, COMME ELLE AUSSI, SANS DENTS ET	SANS CHEVEUX, ET ELLE S'APPROCHA DE LUI,
42	142	QUE JE PUISSE T'AIMER SANS MALAISE ET	SANS COLERE.'' PENDANT PLUSIEURS ANNEES, JE
42	123	DESOLANTES DE CARACTERE; UN DEVOUEMENT	SANS COMEDIE ET SANS EMPHASE; UNE DOUCEUR SANS
11	048	IL Y A DES MALHEURS PLUS IRREMEDIABLES, ET	SANS COMPENSATION. MAIS DANS LE MONDE OU ELLE
13	056	SANS AMI, SANS CAUSERIE, SANS JOIE,	SANS CONFIDENT, QUE DIEU LAISSAIT TOMBER SUR
23	019	HAUT DE L'ECHAFAUD UNE COPIEUSE HARANGUE,	SANS CRAINDRE QUE LES TAMBOURS DE SANTERRE NE
14	030	L'ENORMITE DE LEURS MEMBRES, SANS FRONT ET	SANS CRANE, COMME LES ORANGS-OUTANGS, SE
03	014	SANS ARGUTIES, SANS SYLLOGISMES,	SANS DEDUCTIONS. TOUTEFOIS, CES PENSEES,
42	017	OU, FAUTE DE DRYADES, ON EMBRASSE,	SANS DEGOUT, LE TRONC DES CHENES. C'EST LE
02	004	LA PETITE VIEILLE, ET, COMME ELLE AUSSI,	SANS DENTS ET SANS CHEVEUX, ET ELLE S'APPROCHA
42	033	LA BATARDE D'UN PRINCE. BELLE, CELA VA	SANS DIRE; SANS CELA, POURQUOI L'AURAIS-JE
11	027	AVEC PERMISSION DES MAGISTRATS, CELA VA	SANS DIRE. ''FAITES BIEN ATTENTION! VOYEZ AVEC
16	018	VASTE, SOLENNELLE, GRANDE COMME L'ESPACE,	SANS DIVISIONS DE MINUTES NI DE SECONDES,--SANS
50	034	LE CHIEN CROTTE, LE CHIEN PAUVRE, LE CHIEN	SANS DOMICILE, LE CHIEN FLANEUR, LE CHIEN
13	100	CAR L'ENFANT EST TURBULENT, EGOISTE,	SANS DOUCEUR ET SANS PATIENCE; ET IL NE PEUT
21	029	DANS LA GAUCHE, UN VIOLON QUI LUI SERVAIT	SANS DOUTE A CHANTER SES PLAISIRS ET SES
29	004	JE NE L'EUSSE JAMAIS VU. IL Y AVAIT	SANS DOUTE CHEZ LUI, RELATIVEMENT A MOI, UN
23	035	COURENT S'OUBLIER DANS LA FOULE, CRAIGNANT	SANS DOUTE DE NE POUVOIR SE SUPPORTER
15	003	D'UNE NOBLESSE IRRESISTIBLE. IL EN PASSA	SANS DOUTE EN CE MOMENT QUELQUE CHOSE DANS MON
21	122	MERITER LEURS FAVEURS; MAIS JE LES AVAIS	SANS DOUTE FORTEMENT OFFENSES, CAR ILS NE SONT
31	032	A L'HEURE, VOUS NE POURREZ PLUS LE VOIR.	SANS DOUTE LE VOYAGE, POUR VISITER TOUS LES
36	014	FAIT PLUS VOLONTIERS PENSER A LA LUNE, QUI	SANS DOUTE L'A MARQUEE DE SA REDOUTABLE
13	053	GRATIFIE LE PEUPLE PARISIEN. C'ETAIT	SANS DOUTE LA LA PETITE DEBAUCHE DE CETTE
10	014	EN RUSSIE PAR VOIE DE TERRE (IL PRENAIT	SANS DOUTE LA RUSSIE POUR UNE ILE); AVOIR
26	002	JE VOUS HAIS AUJOURD'HUI. IL VOUS SERA	SANS DOUTE MOINS FACILE DE LE COMPRENDRE QU'A
50	047	DANS UN IMMORTEL FEUILLETON QU'IL A	SANS DOUTE OUBLIE, ET DONT MOI SEUL, ET
30	080	ET ME DIT: ''VOILA QUI EST LOUCHE!'' MU	SANS DOUTE PAR UN DESIR INVETERE ET UNE
31	122	LEURS INSTRUMENTS; MAIS JE N'AI PAS OSE,	SANS DOUTE PARCE QU'IL EST TOUJOURS
12	035	EXILES AU BOUT DU MONDE, CONNAISSENT	SANS DOUTE QUELQUE CHOSE DE CES MYSTERIEUSES
40	010	CONSCIENCE.'' AU NOM DU BON SENS, J'AVAIS	SANS DOUTE RAISON; MAIS, AU POINT DE VUE DE LA
30	053	LE PLANCHER; UNE CHAISE, QU'IL AVAIT	SANS DOUTE REPOUSSEE DU PIED; ETAIT RENVERSEE
15	050	LA PRECIEUSE PROIE, AUCUN N'EN VOULANT	SANS DOUTE SACRIFIER LA MOITIE POUR SON FRERE.
20	078	LE PETIT BOUTIQUIER, QUI ETAIT	SANS DOUTE UN DE CES RAISONNEURS SI COMMUNS,
19	042	UN RAT VIVANT! LES PARENTS, PAR ECONOMIE	SANS DOUTE, AVAIENT TIRE LE JOUJOU DE LA VIE
31	005	ENFANTS, QUATRE GARCONS, LAS DE JOUER	SANS DOUTE, CAUSAIENT ENTRE EUX. L'UN DISAIT:
47	010	VOUS SEREZ BIEN CONTENT DE MOI, ALLEZ! --	SANS DOUTE, J'IRAI VOUS VOIR, MAIS PLUS TARD,
25	060	EST DEJA MURE, ET SI BELLE! ELLE REUSSIRA	SANS DOUTE, LA BONNE DOROTHEE; LE MAITRE DE
30	111	VOUS EN SUPPLIE!'' SON DESESPOIR L'AVAIT,	SANS DOUTE, ME PARUT-IL, TELLEMENT AFFOLEE,
21	046	QUE FAIRE DE CETTE PACOTILLE D'ETRES QUI,	SANS DOUTE, NE VALENT PAS MIEUX QUE MON PAUVRE
27	080	ET CONFUSE DE BEAUTE, CE SERAIT LA	SANS DOUTE? --QUELQUE CHOSE D'APPROCHANT, UNE
42	100	--POUR UN FOURNISSEUR AUX VIVRES,	
42	124	CARACTERE; UN DEVOUEMENT SANS COMEDIE ET	SANS EMPHASE; UNE DOUCEUR SANS FAIBLESSE; UNE
29	012	SOUVENT A COTE DE CE PRESTIGIEUX REPAIRE	SANS EN DEVINER L'ENTREE. LA REGNAIT UNE
14	081	DU VIEUX POETE SANS AMIS, SANS FAMILLE,	SANS ENFANTS, DEGRADE PAR SA MISERE ET PAR
42	064	DES CREATURES, ET TOUJOURS PRETE! ET	SANS ENTHOUSIASME! ''JE LE VEUX BIEN! PUISQUE
42	124	SANS COMEDIE ET SANS EMPHASE; UNE DOUCEUR	SANS FAIBLESSE; UNE ENERGIE SANS VIOLENCE.
14	081	AMUSEUR, DU VIEUX POETE SANS AMIS,	SANS FAMILLE, SANS ENFANTS, DEGRADE PAR SA
05	057	SOTS; POUDREUX, ECORNES; LA CHEMINEE	SANS FLAMME ET SANS BRAISE, SOUILLEE DE
14	030	FIERS DE L'ENORMITE DE LEURS MEMBRES,	SANS FRONT ET SANS CRANE, COMME LES
06	002	UNE GRANDE PLAINE POUDREUSE, SANS CHEMINS,	SANS GAZON, SANS UN CHARDON, SANS UNE ORTIE,
16	010	ON DIT, DANS LE BLANC DES YEUX, IL AFFIRMA	SANS HESITER: ''IL N'EST PAS ENCORE TOUT A
16	028	PRODIGUE ET FAINEANT?'' JE REPONDRAIS	SANS HESITER: ''OUI, JE VOIS L'HEURE! IL EST
27	102	NI DE SUPPLICES. CHACUN S'ABANDONNA,	SANS INQUIETUDE, AUX VOLUPTES MULTIPLIEES QUE
41	005	MERVEILLEUSEMENT PROPRE A AMUSER LES YEUX	SANS JAMAIS LES LASSER. LES FORMES ELANCEES
13	056	LOURDES JOURNEES SANS AMI, SANS CAUSERIE,	SANS JOIE, SANS CONFIDENT, QUE DIEU LAISSAIT
27	011	QUI VEULENT DEPOSER LES PRINCES ET OPERER,	SANS LA CONSULTER, LE DEMENAGEMENT D'UNE
09	009	TEL QUI PENDANT QUINZE JOURS UNE LETTRE	SANS LA DECACHETER, OU NE SE RESIGNE QU'AU
29	114	VOUS VOUS SOULEREZ DE VOLUPTES,	SANS LASSITUDE, DANS DES PAYS CHARMANTS OU IL
29	097	DE PHILOSOPHES QUI TRAVAILLENT A SA GLOIRE	SANS LE SAVOIR, ME DIT: ''JE VEUX QUE VOUS
14	016	DE CE JUBILE POPULAIRE. ILS ABSORBENT,	SANS LE VOULOIR, LEUR PART DE CETTE ATMOSPHERE
42	160	M'INSPIRAIT; ME DEBARRASSER DE CET ETRE	SANS LUI MANQUER DE RESPECT. QUE VOULIEZ-VOUS
42	142	MISERABLE! ''AFIN QUE JE PUISSE T'AIMER	SANS MALAISE ET SANS COLERE.'' PENDANT
27	109	SON IVRESSE, A LUI, N'ETAIT PAS	SANS MELANGE. SE SENTAIT-IL VAINCU DANS SON
11	001	''VRAIMENT, MA CHERE, VOUS ME FATIGUEZ	SANS MESURE ET SANS PITIE; ON DIRAIT, A VOUS
50	090	AVEC UNE ATTENTION DE SORCIERS, L'OEUVRE	SANS NOM QUI MITONNE SUR LE POELE ALLUME, ET
50	072	ILS SONT TOUS TRES-EXACTS, SANS CARNETS,	SANS NOTES ET SANS PORTEFEUILLES.
30	127	LES AUTRES, LOURDEMENT EFFRONTEES ET	SANS ORTHOGRAPHE, MAIS TOUTES TENDANT AU MEME

POEM LINE

21	007	EMANAIT DE CES TROIS PERSONNAGES, QUI	SE DETACHAIENT AINSI DU FOND OPAQUE DE LA
24	001	IL	SE DISAIT, EN SE PROMENANT DANS UN GRAND PARC
02	012	ETERNELLE, ET ELLE PLEURAIT DANS UN COIN,	SE DISANT: --''AH! POUR NOUS, MALHEUREUSES
15	049	JUMEAU. ENSEMBLE ILS ROULERENT SUR LE SOL,	SE DISPUTANT LA PRECIEUSE PROIE, AUCUN N'EN
45	002	ESTAMINET. --''SINGULIERE ENSEIGNE, --	SE DIT NOTRE PROMENEUR, --MAIS BIEN FAITE POUR
37	003	QUE TU DORMAIS DANS TON BERCEAU, ET	SE DIT: ''CETTE ENFANT ME PLAIT.'' ET ELLE
24	048	BOURDONNEMENTS DE LA VIE EXTERIEURE, IL	SE DIT: ''J'AI EU AUJOURD'HUI, EN REVE, TROIS
24	009	REPRESENTANT UN PAYSAGE TROPICAL, IL	SE DIT: ''NON! CE N'EST PAS DANS UN PALAIS QUE
24	038	RIEUSES. ET TOUT DE SUITE: ''IL FAUT, --	SE DIT-IL, --QUE MA PENSEE SOIT UNE GRANDE
12	027	A CETTE SAINTE PROSTITUTION DE L'AME QUI	SE DONNE TOUT ENTIERE, POESIE ET CHARITE, A
50	091	AU CENTRE DE LAQUELLE UNE LONGUE CUILLER	SE DRESSE, PLANTEE COMME UN DE CES MATS
49	009	CEUX QUI CONSEILLENT A TOUS LES PAUVRES DE	SE FAIRE ESCLAVES, ET DE CEUX QUI LEUR
25	040	TANT DE PLAISIR A SE PEIGNER, A FUMER, A	SE FAIRE EVENTER OU A SE REGARDER DANS LE
47	126	FAITS ET COMMENT ILS AURAIENT PU NE PAS	SE FAIRE?
14	021	PAVANANT A CES EPOQUES SOLENNELLES. ELLES	SE FAISAIENT, EN VERITE, UNE CONCURRENCE
22	001	LE JOUR TOMBE. UN GRAND APAISEMENT	SE FAIT DANS LES PAUVRES ESPRITS FATIGUES DU
50	099	ET LES INJUSTICES D'UN DIRECTEUR QUI	SE FAIT LA GROSSE PART ET MANGE A LUI SEUL
30	133	''ET ALORS, SOUDAINEMENT, UNE LUEUR	SE FIT DANS MON CERVEAU, ET JE COMPRIS
09	048	A CROIRE QUE DES DEMONS MALICIEUX	SE GLISSENT EN NOUS ET NOUS FONT ACCOMPLIR, A
49	065	PARUT DE BON AUGURE, LE MALANDRIN DECREPIT	SE JETA SUR MOI, ME POCHA LES DEUX YEUX, ME
32	007	DE CE BATON, DANS DES MEANDRES CAPRICIEUX,	SE JOUENT ET FOLATRENT DES TIGES ET DES
28	022	ME REPONDIT-IL TRANQUILLEMENT, COMME POUR	SE JUSTIFIER DE SA PRODIGALITE. MAIS DANS MON
27	074	QUI IMPLIQUE QUE SOUS LE PERSONNAGE	SE LAISSE ENCORE DEVINER LE COMEDIEN,
34	003	CUVE IMMENSE DE LA MER DONT LES BORDS NE	SE LAISSENT QU'A PEINE APERCEVOIR; CENT FOIS
13	069	N'INSPIRE L'INSOUCIANCE ET LE PLAISIR DE	SE LAISSER VIVRE; RIEN, EXCEPTE L'ASPECT DE
20	057	UN PAUVRE PETIT COMMERCANT, JE CROIS,	SE LEVA, ET EMPOIGNANT PAR SA ROBE DE VAPEURS
20	054	DON NE PEUT ETRE REFUSE. TOUTES LES FEES	SE LEVAIENT, CROYANT LEUR CORVEE ACCOMPLIE;
29	117	CAETERA, ET CAETERA...'', AJOUTA-T-IL EN	SE LEVANT ET EN ME CONGEDIANT AVEC UN BON
49	033	ET LE MIEN, QUE CELUI DE SOCRATE NE	SE MANIFESTAIT A LUI QUE POUR DEFENDRE,
09	031	ET DE LA REVERIE; ET CEUX EN QUI ELLE	SE MANIFESTE S'IPONEMENT SONT, EN GENERAL,
42	072	DUEL INEGAL, ET CETTE FILLE INCOMPARABLE	SE MARIA. J'EUS PLUS TARD LA FANTAISIE DE LA
27	086	POUR TOUS, MAIS VISIBLE POUR MOI, ET OU	SE MELAIENT TRES-UN ETRANGE AMALGAME; LES
05	018	DU CHOIX LE PLUS EXQUIS, A LAQUELLE	SE MELE UNE TRES-LEGERE HUMIDITE, NAGE DANS
30	071	QUI NE VEUT JAMAIS, JE NE SAIS POURQUOI,	SE MELER DES AFFAIRES D'UN PENDU. ENFIN VINT
31	011	PARLENT AVEC UNE VOIX CHANTANTE. ILS	SE MENACENT, ILS SUPPLIENT, ILS SE DESOLENT,
50	094	PAS JUSTE QUE DE SI ZELES COMEDIENS NE	SE METTENT PAS EN ROUTE SANS AVOIR LESTE LEUR
42	078	J'AURAIS DU L'EPOUSER!'' LES AUTRES	SE MIRENT A RIRE, ET UN TROISIEME DIT A SON
18	009	HONNETE! OU LE LUXE A PLAISIR A	SE MIRER DANS L'ORDRE; OU LA VIE EST GRASSE ET
12	028	POESIE ET CHARITE, A L'IMPREVU QUI	SE MONTRE, A L'INCONNU QUI PASSE. IL EST BON
43	012	LA CHARMANTE CREATURE RIAIT FOLLEMENT,	SE MOQUANT DE LA MALADRESSE DE SON EPOUX,
31	096	A SON COU PAR UNE COURROIE, AVAIT L'AIR DE	SE MOQUER DE LA PLAINTE DE SON VOISIN, TANDIS
28	032	LA MAIN D'UN MENDIANT. NE POUVAIT-ELLE PAS	SE MULTIPLIER EN PIECES VRAIES? NE
07	001	QUELLE ADMIRABLE JOURNEE! LE VASTE PARC	SE PAME SOUS L'OEIL BRULANT DU SOLEIL, COMME
37	023	PARFUMS QUI FONT DELIRER! LES CHATS QUI	SE PAMENT SUR LES PIANOS ET QUI GEMISSENT
35	007	EST TOUJOURS MOINS INTERESSANT QUE CE QUI	SE PASSE DERRIERE UNE VITRE. DANS CE TROU NOIR
14	019	PASSER LA REVUE DE TOUTES LES BARAQUES QUI	SE PAVANENT A CES EPOQUES SOLENNELLES. ELLES
25	039	BOUDOIR; OU ELLE PREND TANT DE PLAISIR A	SE PEIGNER, A FUMER, A SE FAIRE EVENTER OU A
24	037	EGAYEE PAR DES RIDEAUX D'INDIENNE BARIOLEE	SE PENCHAIENT DEUX TETES RIEUSES, ET TOUT DE
27	122	A UN CERTAIN MOMENT, JE VIS SON ALTESSE	SE PENCHER VERS UN PETIT PAGE, PLACE DERRIERE
03	012	DANS LA GRANDEUR DE LA REVERIE, LE MOI	SE PERD VITE!); ELLES PENSENT, DIS-JE, MAIS
29	067	LA PROPRIETE AVEC QUI QUE CE SOIT. ELLE NE	SE PLAIGNIT EN AUCUNE FACON DE LA MAUVAISE
26	040	QUE TOUT L'OR DU PAUVRE MONDE EST VENU	SE PORTER SUR CES MURS.'' --LES YEUX DU PETIT
21	005	EN SECRET AVEC LUI. ET ILS SONT VENUS	SE POSER GLORIEUSEMENT DEVANT MOI, DEBOUT
27	131	CETTE DESAPPROBATION INATTENDUE, UN ENFANT	SE PRECIPITAIT DANS UN CORRIDOR, AVEC DES
14	031	ET SANS CRANE, COMME LES ORANGS-OUTANGS,	SE PRELASSAIT MAJESTUEUSEMENT SOUS LES
17	020	ET COMPLIQUEES SUR UN CIEL IMMENSE OU	SE PRELASSE L'ETERNELLE CHALEUR. DANS LES
13	062	MOINS CURIEUX, SUR LA FOULE DE PARIAS QUI	SE PRESSENT AUTOUR DE L'ENCEINTE D'UN CONCERT
16	002	L'OEIL DES CHATS. UN JOUR UN MISSIONNAIRE,	SE PROMENANT DANS LA BANLIEUE DE NANKIN,
24	001	IL SE DISAIT, EN	SE PROMENANT DANS UN GRAND PARC SOLITAIRE:
47	115	PAS DANS UNE GRANDE VILLE, QUAND ON SAIT	SE PROMENER ET REGARDER? LA VIE FOURMILLE DE
26	005	BEL EXEMPLE D'IMPERMEABILITE FEMININE QUI	SE PUISSE RENCONTRER. NOUS AVIONS PASSE
15	041	TRANCHE QUE JE LUI OFFRIS. LENTEMENT IL	SE RAPPROCHA, NE QUITTANT PAS DES YEUX L'OBJET
16	006	DU CELESTE EMPIRE HESITA D'ABORD; PUIS,	SE RAVISANT, IL REPONDIT: ''JE VAIS VOUS LE
15	043	PUIS, HAPPANT LE MORCEAU AVEC SA MAIN,	SE RECULA VIVEMENT, COMME S'IL EUT CRAINT QUE
15	059	MAIS, RAVIVE PAR LE DESESPOIR, LE VAINCU	SE REDRESSA ET FIT ROULER LE VAINQUEUR PAR
49	062	VIS CETTE ANTIQUE CARCASSE SE RETOURNER,	SE REDRESSER AVEC UNE ENERGIE QUE JE N'AURAIS
40	001	UN HOMME EPOUVANTABLE ENTRE ET	SE REGARDE DANS LA GLACE. '''--POURQUOI VOUS
25	040	PEIGNER, A FUMER, A SE FAIRE EVENTER OU A	SE REGARDER DANS LE MIROIR DE SES GRANDS
14	001	PARTOUT S'ETALAIT,	SE REPANDAIT, S'EBAUDISSAIT LE PEUPLE UN
09	009	JOURS UNE LETTRE SANS LA DECACHETER, OU NE	SE RESIGNE QU'AU BOUT DE SIX MOIS A OPERER UNE
27	117	LA NEIGE S'AJOUTE A LA NEIGE. SES LEVRES	SE RESSERRAIENT DE PLUS EN PLUS; ET SES YEUX
02	011	SES GLAPISSEMENTS. ALORS LA BONNE VIEILLE	SE RETIRA DANS SA SOLITUDE ETERNELLE, ET ELLE
04	014	VOUS LA SOUHAITE BONNE ET HEUREUSE!'' PUIS	SE RETOURNA VERS JE NE SAIS QUELS CAMARADES
49	062	THEORIE! --JE VIS CETTE ANTIQUE CARCASSE	SE RETOURNER, SE REDRESSER AVEC UNE ENERGIE
19	044	DE LA VIE-MEME. ET LES DEUX ENFANTS	SE RIAIENT L'UN A L'AUTRE FRATERNELLEMENT,
42	165	ET COMME AVOUANT IMPLICITEMENT QU'ILS NE	SE SENTAIENT PAS, QUANT A EUX, CAPABLES D'UNE
27	109	IVRESSE, A LUI, N'ETAIT PAS SANS MELANGE.	SE SENTAIT-IL VAINCU DANS SON POUVOIR DE
13	014	N'A RIEN QUI LES ATTIRE. AU CONTRAIRE, ILS	SE SENTENT IRRESISTIBLEMENT ENTRAINES VERS
09	011	UNE DEMARCHE NECESSAIRE DEPUIS UN AN,	SE SENTENT QUELQUEFOIS BRUSQUEMENT PRECIPITES
29	032	DE L'ENNUI ET DU DESIR IMMORTEL DE SE	SE SENTIR VIVRE. MON HOTE ET MOI, NOUS ETIONS
02	001	LA PETITE VIEILLE RATATINEE	SE SENTIT TOUT REJOUIE EN VOYANT CE JOLI
31	135	SOLENNELLE AVAIT PRIS PLACE. LES ENFANTS	SE SEPARERENT, CHACUN ALLANT, A SON INSU,
09	004	QUELQUEFOIS AVEC UNE RAPIDITE DONT ELLES	SE SERAIENT CRUES ELLES-MEMES INCAPABLES. TEL
27	073	COMEDIEN: ''VOILA UN BON COMEDIEN!'', ON	SE SERT D'UNE FORMULE QUI IMPLIQUE QUE SOUS LE
31	119	ONT BU CHACUN UNE TASSE D'EAU-DE-VIE ET	SE SONT ENDORMIS, LE FRONT TOURNE VERS LES
47	125	SAIT POURQUOI ILS EXISTENT, COMMENT ILS	SE SONT FAITS ET COMMENT ILS AURAIENT PU NE
50	057	LE BESOIN DE SE DEVOIR. COMME NOUS, ILS	SE SONT LEVES DE BON MATIN, ET ILS CHERCHENT
37	010	CONTEMPLANT CETTE VISITEUSE QUE TES YEUX	SE SONT SI BIZARREMENT AGRANDIS; ET ELLE T'A
20	063	IL NE RESTAIT PLUS RIEN. CEPENDANT ELLE	SE SOUVINT A TEMPS D'UNE LOI BIEN CONNUE,
23	036	FOULE, CRAIGNANT SANS DOUTE DE NE POUVOIR	SE SUPPORTER EUX-MEMES. ''PRESQUE TOUS NOS
14	038	LES AUTRES EGALEMENT JOYEUX. LES ENFANTS	SE SUSPENDAIENT AUX JUPONS DE LEURS MERES POUR

POEM LINE

40	010	REGARDE QUE MA CONSCIENCE.'' AU NOM DU BON SENS, J'AVAIS SANS DOUTE RAISON; MAIS, AU
17	007	SAVOIR TOUT CE QUE JE VOIS! TOUT CE QUE JE SENS! TOUT CE QUE J'ENTENDS DANS TES CHEVEUX!
15	017	LE CIEL. ET JE ME SOUVIENS QUE CETTE SENSATION SOLENNELLE ET RARE, CAUSEE PAR UN
05	020	OU L'ESPRIT SOMMEILLANT EST BERCE PAR DES SENSATIONS DE SERRE CHAUDE. LA MOUSSELINE
03	003	JUSQU'A LA DOULEUR? CAR IL EST CERTAINES SENSATIONS DELICIEUSES DONT LE VAGUE N'EXCLUT
18	024	ET ALLONGER LES HEURES PAR L'INFINI DES SENSATIONS. UN MUSICIEN A ECRIT L'INVITATION A
27	017	NI PIRE QU'UN AUTRE; MAIS UNE EXCESSIVE SENSIBILITE LE RENDAIT, EN BEAUCOUP DE CAS,
05	062	AUTRE MONDE, DONT JE M'ENIVRAIS AVEC UNE SENSIBILITE PERFECTIONNEE; HELAS! IL EST
47	104	CELA D'UN AIR FORT CANDIDE, COMME UN HOMME SENSIBLE DIRAIT A UNE COMEDIENNE QU'IL
42	028	EXCEPTE A L'AGE DE CHERUBIN, J'AI ETE PLUS SENSIBLE QUE TOUT AUTRE A L'ENERVANTE SOTTISE,
28	013	QUI CONTIENNENT A LA FOIS, POUR L'HOMME SENSIBLE QUI SAIT Y LIRE, TANT D'HUMILITE,
42	050	AMOUREUX, ELLE SE CONVULSAIT COMME UNE SENSITIVE VIOLEE... --COMMENT CELA A-T-IL
50	097	ET NE PARDONNEREZ-VOUS PAS UN PEU DE SENSUALITE A CES PAUVRES DIABLES QUI ONT A
31	063	SON DOS, EPAIS COMME UNE CRINIERE, ET ILS SENTAIENT AUSSI BON, JE VOUS ASSURE, QUE LES
42	165	COMME AVOUANT IMPLICITEMENT QU'ILS NE SE SENTAIENT PAS, QUANT A EUX, CAPABLES D'UNE
34	042	ADIEU A CETTE INCOMPARABLE BEAUTE, JE ME SENTAIS ABATTU JUSQU'A LA MORT; ET C'EST
49	045	A LUI BRISER DEUX DENTS, ET COMME JE NE ME SENTAIS PAS ASSEZ FORT, ETANT NE DELICAT ET
26	049	PAR CETTE FAMILLE D'YEUX, MAIS JE ME SENTAIS UN PEU HONTEUX DE NOS VERRES ET DE NOS
49	013	IL M'AVAIT SEMBLE SEULEMENT QUE JE SENTAIS, CONFINE AU FOND DE MON INTELLECT, LE
15	020	D'UNE JOIE MELEE DE PEUR. BREF, JE ME SENTAIS, GRACE A L'ENTHOUSIASMANTE BEAUTE DONT
27	109	A LUI, N'ETAIT PAS SANS MELANGE. SE SENTAIT-IL VAINCU DANS SON POUVOIR DE DESPOTE?
30	089	DEVAIT EPROUVER. ET JE ME SOUVINS DE LA SENTENCE CONNUE: ''LES DOULEURS LES PLUS
29	116	OU IL FAIT TOUJOURS CHAUD ET OU LES FEMMES SENTENT AUSSI BON QUE LES FLEURS, --ET
13	014	RIEN QUI LES ATTIRE. AU CONTRAIRE, ILS SE SENTENT IRRESISTIBLEMENT ENTRAINES VERS TOUT
31	110	EN COMPTANT LA RECETTE: ''CES GENS-LA NE SENTENT PAS LA MUSIQUE, ET LEURS FEMMES
09	011	UNE DEMARCHE NECESSAIRE DEPUIS UN AN, SE SENTENT QUELQUEFOIS BRUSQUEMENT PRECIPITES
05	017	LA DELICIEUSE OBSCURITE DE L'HARMONIE. UNE SENTEUR INFINITESIMALE DU CHOIX LE PLUS
32	016	DELICATES, TOUS CES CALICES, EXPLOSIONS DE SENTEURS ET DE COULEURS, EXECUTENT UN MYSTIQUE
29	002	TRAVERS LA FOULE DU BOULEVARD, JE ME SUIS SENTI FROLE PAR UN ETRE MYSTERIEUX QUE J'AVAIS
42	158	IRREPROCHABLE. MAIS IL FALLAIT ACCORDER CE SENTIMENT AVEC L'HORREUR QUE CET ETRE
28	015	CHOSE APPROCHANT CETTE PROFONDEUR DE SENTIMENT COMPLIQUE, DANS LES YEUX LARMOYANTS
42	156	DIRE? --C'ETAIT INEVITABLE. J'AI TROP LE SENTIMENT DE L'EQUITE POUR BATTRE, OUTRAGER OU
42	130	NE POUVAIS PAS ME PERMETTRE UN GESTE OU UN SENTIMENT DERAISONNABLE SANS APERCEVOIR
42	122	INCAPABLE DE COMMETTRE UNE ERREUR DE SENTIMENT OU DE CALCUL; FIGUREZ-VOUS UNE
11	061	POUR INSPIRER AU SPECTATEUR UN TOUT AUTRE SENTIMENT QUE LA PITIE? EN VERITE, IL ME PREND
30	006	DEHORS DE NOUS; NOUS EPROUVONS UN BIZARRE SENTIMENT, COMPLIQUE MOITIE DE REGRET POUR LE
50	008	DES PAUVRES CHIENS, UN CHANT DIGNE DE TOI, SENTIMENTAL FARCEUR, FARCEUR INCOMPARABLE!
22	056	PROFONDEURS DE L'ORIENT, IMITENT TOUS LES SENTIMENTS COMPLIQUES QUI LUTTENT DANS LE
42	128	MONOTONE, QUI AURAIT REFLECHI TOUS MES SENTIMENTS ET MES GESTES AVEC L'EXACTITUDE
33	002	LA: C'EST L'UNIQUE QUESTION. POUR NE PAS SENTIR L'HORRIBLE FARDEAU DU TEMPS QUI BRISE
07	025	SUIS FAIT, MOI AUSSI, POUR COMPRENDRE ET SENTIR L'IMMORTELLE BEAUTE! AH! DEESSE! AYEZ
35	022	HORS DE MOI, SI ELLE M'A AIDE A VIVRE, A SENTIR QUE JE SUIS ET CE QUE JE SUIS?
29	032	DE L'ENNUI ET DU DESIR IMMORTEL DE SE SENTIR VIVRE. MON HOTE ET MOI, NOUS ETIONS
29	019	DES LUEURS D'UNE ETERNELLE APRES-MIDI, ILS SENTIRENT NAITRE EN EUX, AUX SONS
14	064	A QUELQUES PAS DE SA REPULSIVE MISERE! JE SENTIS MA GORGE SERREE PAR LA MAIN TERRIBLE DE
47	002	DU FAUBOURG, SOUS LES ECLAIRS DU GAZ, JE SENTIS UN BRAS QUI SE COULAIT DOUCEMENT SOUS
02	001	LA PETITE VIEILLE RATATINEE SE SENTIT TOUT REJOUIE EN VOYANT CE JOLI ENFANT SE
19	036	MISERE. A TRAVERS CES BARREAUX SYMBOLIQUES SEPARANT DEUX MONDES, LA GRANDE ROUTE ET LA
31	037	DU MEME COTE, FIXANT SUR LA LIGNE QUI SEPARE LA TERRE DU CIEL DES YEUX OU BRILLAIT
10	009	ET FORTIFIERA LES BARRICADES QUI ME SEPARENT ACTUELLEMENT DU MONDE. HORRIBLE VIE!
30	024	J'HABITE, ET OU DE VASTES ESPACES GAZONNES SEPARENT ENCORE LES BATIMENTS, J'OBSERVAI
32	035	COURAGE DE VOUS DIVISER ET DE VOUS SEPARER? CHER LISZT, A TRAVERS LES BRUMES, PAR
31	135	AVAIT PRIS PLACE. LES ENFANTS SE SEPARERENT, CHACUN ALLANT, A SON INSU, SELON
38	023	S'EST ENFONCEE JUSQU'AU GENOU DANS LA SEPULTURE RECENTE, ET QUE, COMME UN LOUP PRIS
46	025	RIRE! PENSEZ A X, OU A Z! HEIN! COMME CE SERA DROLE!!''
29	107	VOS MISERABLES PROGRES. JAMAIS UN DESIR NE SERA FORME PAR VOUS, QUE JE NE VOUS AIDE A LE
13	099	ENCORE, UNE SUPERFLUITE, UN JOUET. ET LA SERA RENTREE A PIED, MEDITANT ET REVANT,
26	002	POURQUOI JE VOUS HAIS AUJOURD'HUI. IL VOUS SERA SANS DOUTE MOINS FACILE DE LE COMPRENDRE
26	008	BIEN PROMIS QUE TOUTES NOS PENSEES NOUS SERAIENT COMMUNES A L'UN ET A L'AUTRE, ET QUE
09	004	AVEC UNE RAPIDITE DONT ELLES SE SERAIENT CRUES ELLES-MEMES INCAPABLES. TEL
27	079	ANIMEES, VIVANTES, MARCHANTES, VOYANTES, SERAIENT RELATIVEMENT A L'IDEE GENERALE ET
31	082	NULLE PART, ET JE CROIS TOUJOURS QUE JE SERAIS MIEUX AILLEURS QUE LA OU JE SUIS. EH
48	005	A COTE DE LA FENETRE. IL ME SEMBLE QUE JE SERAIS TOUJOURS BIEN LA OU JE NE SUIS PAS, ET
29	120	DEVANT UNE AUSSI GRANDE ASSEMBLEE, JE SERAIS VOLONTIERS TOMBE AUX PIEDS DE CE JOUEUR
18	065	QU'IL FAUDRAIT ALLER VIVRE ET FLEURIR? NE SERAIS-TU PAS ENCADREE DANS TON ANALOGIE, ET
43	002	LE VOISINAGE D'UN TIR, DISANT QU'IL LUI SERAIT AGREABLE DE TIRER QUELQUES BALLES POUR
24	002	DANS UN GRAND PARC SOLITAIRE: ''COMME ELLE SERAIT BELLE DANS UN COSTUME DE COUR,
09	064	ET SALE ATMOSPHERE PARISIENNE. IL ME SERAIT D'AILLEURS IMPOSSIBLE DE DIRE POURQUOI
31	078	IL M'A SOUVENT SEMBLE QUE MON PLAISIR SERAIT D'ALLER TOUJOURS DROIT DEVANT MOI, SANS
27	059	COUR DEPLOYA TOUTES SES POMPES, ET IL SERAIT DIFFICILE DE CONCEVOIR, A MOINS DE
27	080	A L'IDEE GENERALE ET CONFUSE DE BEAUTE, CE SERAIT LA, SANS DOUTE, UN CAS SINGULIER ET
25	056	EST ADMIREE ET CHOYEE DE TOUS, ET ELLE SERAIT PARFAITEMENT HEUREUSE SI ELLE N'ETAIT
28	036	MONNAIE. TOUT AUSSI BIEN LA PIECE FAUSSE SERAIT PEUT-ETRE, POUR UN PAUVRE PETIT
23	006	DANS LES SOLITUDES. MAIS IL SERAIT POSSIBLE QUE CETTE SOLITUDE NE FUT
48	024	BEAUTE TROPICALE.'' PAS UN MOT. --MON AME SERAIT-ELLE MORTE? ''EN ES-TU DONC VENUE A CE
37	025	D'UNE VOIX RAUQUE ET DOUCE! ''ET TU SERAS AIMEE DE MES AMANTS, COURTISEE PAR MES
37	017	L'INFLUENCE DE MON BAISER. TU SERAS BELLE A MA MANIERE. TU AIMERAS CE QUE
37	026	AMANTS, COURTISEE PAR MES COURTISANS. TU SERAS LA REINE DES HOMMES AUX YEUX VERTS DONT
21	040	JE TE FERAI LE SEIGNEUR DES AMES; ET TU SERAS LE MAITRE DE LA MATIERE VIVANTE, PLUS
37	021	INFORME ET MULTIFORME; LE LIEU OU TU NE SERAS PAS; L'AMANT QUE TU NE CONNAITRAS PAS!
42	122	SENTIMENT OU DE CALCUL; FIGUREZ-VOUS UNE SERENITE DESOLANTES DE CARACTERE; UN
47	010	JE LE VOIS BIEN. VENEZ CHEZ MOI. VOUS SEREZ BIEN CONTENT DE MOI, ALLEZ! --SANS
29	109	SUR VOS VULGAIRES SEMBLABLES; VOUS SEREZ FOURNI DE FLATTERIES ET MEME
27	003	VOUEES PAR ETAT AU COMIQUE, CES CHOSES SERIEUSES ONT DE FATALES ATTRACTIONS, ET, BIEN
31	008	MER ET LE CIEL, DES HOMMES ET DES FEMMES, SERIEUX ET TRISTES AUSSI, MAIS BIEN PLUS BEAUX
06	024	DE LUI-MEME. TOUS CES VISAGES FATIGUES ET SERIEUX NE TEMOIGNAIENT D'AUCUN DESESPOIR;
26	035	TROIS VISAGES ETAIENT EXTRAORDINAIREMENT SERIEUX, ET CES SIX YEUX CONTEMPLAIENT
42	111	MAITRESSES!'' CELA FUT DIT D'UN TON FORT SEHIEUX, PAR UN HOMME D'ASPECT DOUX ET POSE,
42	119	FEMME DE MA CONNAISSANCE, OU VOUS VOUS SERIEZ ENFUIS, OU VOUS SERIEZ MORTS. MOI, J'AI
42	120	OU VOUS VOUS SERIEZ ENFUIS, OU VOUS SERIEZ MORTS. MOI, J'AI SURVECU! COMME VOUS
20	035	QUELQUEFOIS DANS LA JUSTICE HUMAINE. NOUS SERIONS NOUS-MEMES, EN CE CAS, DES JUGES

POEM LINE

		POEM	LINE
VOUDRAIS POSSEDER SA CHERE VIE. NOUS N'Y	SERIONS PAS CHEZ NOUS. D'AILLEURS CES MURS	24	011
DES OURS. HEUREUSEMENT, AVANT UN MOIS NOUS	SERONS EN AUTRICHE, OU NOUS TROUVERONS UN	31	112
CONNAIT DES JOUISSANCES FIEVREUSES, DONT	SERONT ETERNELLEMENT PRIVES L'EGOISTE, FERME	12	020
ETAIT ROULE, EN MANIERE DE CEINTURE, UN	SERPENT CHATOYANT QUI, LA TETE RELEVEE,	21	021
COMME UN DOMESTIQUE! FI SURTOUT DE CES	SERPENTS A QUATRE PATTES, FRISSONNANTS ET	50	027
REINE DES HOMMES AUX YEUX VERTS DONT J'AI	SERRE AUSSI LA GORGE DANS MES CARESSES	37	027
EST BERCE PAR DES SENSATIONS DE	SERRE CHAUDE. LA MOUSSELINE PLEUT ABONDAMMENT	05	020
AGRANDIS; ET ELLE T'A SI TENDREMENT	SERREE A LA GORGE QUE TU EN AS GARDE POUR	37	011
DE SA REPULSIVE MISERE! JE SENTIS MA GORGE	SERREE PAR LA MAIN TERRIBLE DE L'HYSTERIE, ET	14	065
DE TENEBRES! D'ABORD, UN DOUBLE TOUR A LA	SERRURE. IL ME SEMBLE QUE CE TOUR DE CLEF	10	007
SONT VASTES, CURIEUX, BIZARRES, ARMES DE	SERRURES ET DE SECRETS COMME DES AMES	18	039
COMEDIEN: ''VOILA UN BON COMEDIEN'', ON SE	SERT D'UNE FORMULE QUI IMPLIQUE QUE SOUS LE	27	073
DANS LA GAUCHE, UN VIOLON QUI LUI	SERVAIT SANS DOUTE A CHANTER SES PLAISIRS ET	21	029
ETENDU SUR MON DIVAN, ET, ASSISTE D'UNE	SERVANTE, JE M'OCCUPAIS DES DERNIERS	30	095
IMPRIME DES OSCILLATIONS HARMONIEUSES,	SERVENT A ENTRETENIR DANS L'AME LE GOUT DU	41	008
SOEUR, NI FRERE. --TES AMIS? --VOUS VOUS	SERVEZ LA D'UNE PAROLE DONT LE SENS M'EST	01	005
DE TENDRESSE MAINTENANT POUR CE QUI AVAIT	SERVI D'INSTRUMENT A LA MORT DE SON FILS, ET	30	113
N'ETAIT PAS FINI; LE PETIT MONSTRE S'ETAIT	SERVI D'UNE FICELLE FORT MINCE QUI ETAIT	30	063
PERSONNAGE, CHANTE PAR CE QUI AVAIT ETE	SERVI PAR TANT DE PHILOSOPHES QUI TRAVAILLENT	29	096
L'HISTOIRE ET TOUTE LA MYTHOLOGIE MISES AU	SERVICE DE LA GOINFRERIE. DROIT DEVANT NOUS,	26	027
RESPECT HUMAIN; AVOIR REFUSE A UN AMI UN	SERVICE FACILE, ET DONNE UNE RECOMMANDATION	10	033
DANS SON COEUR UN FEU NOUVEAU, ET LA	SERVILITE DE SA TENDRESSE N'A JAMAIS RIEN DE	39	027
PETITES NEGRESSES......, ET, LA NUIT, POUR	SERVIR D'ACCOMPAGNEMENT A MES SONGES, LE CHANT	24	030
JE SUIS QUELQUEFOIS BON DIABLE, POUR ME	SERVIR D'UNE DE VOS LOCUTIONS VULGAIRES. AFIN	29	100
LE PUR ANIMAL, COMME LE CHIEN ET LE CHAT,	SERVIR DE CONFIDENT AUX DOULEURS SOLITAIRES.	13	102
POUR BATTRE, OUTRAGER OU CONGEDIER UN	SERVITEUR IRREPROCHABLE. MAIS IL FALLAIT	42	157
DONT ILS SONT LES INTERPRETES ET LES	SERVITEURS. MAIS PHYSIQUEMENT CE N'EST QU'UN	32	004
EN ELLE ET REPRESENTER PAR SES JEUX,	SES ALLURES, SES COLERES ET SES SOURIRES, LES	34	038
CONTINU. LE PRINCE LUI-MEME, ENIVRE, MELA	SES APPLAUDISSEMENTS A CEUX DE SA COUR.	27	107
CORPS, LA MOLLESSE DES ANCIENS BACCHUS.	SES BEAUX YEUX LANGUISSANTS, D'UNE COULEUR	21	013
D'INSTANTS APRES, IL REPARUT, TENANT DANS	SES BRAS UN FORT GROS CHAT, ET LE REGARDANT,	16	008
QU'ELLE DORMAIT, A PASSER MA MAIN SUR	SES BRAS, SUR SON COU ET SUR SES EPAULES. ELLE	31	054
CHACUN APPORTANT SON NOUVEAU-NE DANS	SES BRAS. LES DONS, LES FACULTES, LES BONS	20	011
CEPENDANT C'ETAIT LA TERRE, LA TERRE AVEC	SES BRUITS, SES PASSIONS, SES COMMODITES, SES	34	045
PLAGES LOINTAINES, A ENTENDU PARLER PAR	SES CAMARADES DE LA CELEBRE DOROTHEE.	25	049
POLI! ET QUI TRAVAILLE, LE PAUVRE GARCON!	SES CAMARADES M'ONT DIT QU'IL N'AVAIT PAS LE	47	090
LE MEME LIT QUE MA BONNE.'' --IL ATTIRA	SES CAMARADES PLUS PRES DE LUI, ET PARLA D'UNE	31	050
QUOI. ENSUITE J'AI FOURRE MA TETE DANS	SES CHEVEUX QUI PENDAIENT DANS SON DOS, EPAIS	31	061
DE SA FOLIE DANS LES NUITS DE SABBAT. A	SES CHEVILLES DELICATES TRAINAIENT QUELQUES	21	032
QUI LA PEUPLE DE SES PASSIONS ET DE	SES CHIMERES. IL EST CERTAIN QU'UN BAVARD,	23	009
ET REPRESENTER PAR SES JEUX, SES ALLURES,	SES COLERES ET SES SOURIRES, LES HUMEURS, LES	34	038
LA TERRE AVEC SES BRUITS, SES PASSIONS,	SES COMMODITES, SES FETES! C'ETAIT UNE TERRE	34	046
NE SECOUA SON THYRSE SUR LES TETES DE	SES COMPAGNES AFFOLEES AVEC AUTANT D'ENERGIE	32	025
LE DOS; ET REJOIGNANT LE CORTEGE DE	SES COMPAGNES, ELLE LEUR DISAIT: ''COMMENT	20	082
ENTENDU UN PREDICATEUR, PLUS SUBTIL QUE	SES CONFRERES, S'ECRIER EN CHAIRE: ''MES CHERS	29	073
SOUPLE D'UNE MERE, ET ELLE DEPOSA	SES COULEURS SUR TA FACE. TES PRUNELLES EN	37	007
DE GUERRE SUR LE REBORD POSTERIEUR DE	SES CROCHETS; ET LE CHOC LE RENVERSANT, IL	09	084
QUE LE TROISIEME CHOQUAIT DE TEMPS A AUTRE	SES CYMBALES AVEC UNE VIOLENCE EXTRAORDINAIRE.	31	098
ET IL RIAIT, EN MONTRANT IMPUDEMMENT	SES DENTS GATEES, D'UN ENORME RIRE IMBECILE.	21	072
ET PUISSANTS; ELLE S'AGRAFAIT AVEC	SES DEUX VASTES GRIFFES A LA POITRINE DE SA	06	010
''MONSTRE''! S'IL AVAIT ETE PERMIS; DANS	SES DOMAINES, D'ECRIRE QUOI QUE CE FUT QUI NE	27	026
SANS DOUTE A CHANTER SES PLAISIRS ET	SES DOULEURS, ET A REPANDRE LA CONTAGION DE SA	21	030
L'OFFICE DE BONNE ET FAISAIT PRENDRE A	SES ENFANTS L'AIR DU SOIR. TOUS EN GUENILLES.	26	033
MA MAIN SUR SES BRAS, SUR SON COU ET SUR	SES EPAULES. ELLE LES BRAS ET LE COU BIEN	31	055
ET D'ENGOURDIR CES ESPRITS? FRUSTRE DE	SES ESPERANCES ET BAFOUE DANS SES PREVISIONS?	27	111
A CELUI-CI DES FACULTES PLUS GRANDES QUE	SES ETATS. TOUT D'UN COUP LE BRUIT COURUT QUE	27	035
QUAND LA MATIERE INCURABLE RENOUVELAIT	SES EXIGENCES; JE SONGEAI A REPARER LA FATIGUE	15	026
SES BRUITS, SES PASSIONS, SES COMMODITES,	SES FETES; C'ETAIT UNE TERRE RICHE ET	34	046
A SON TOUR CELUI-CI APPLIQUA TOUTES	SES FORCES A ETRANGLER SON ADVERSAIRE D'UNE	15	056
D'UN DEBUT, ET ECLAIRAIT DE TOUTES	SES FORCES LES MURS AVEUGLANTS DE BLANCHEUR,	26	018
DECREPITE, ET REMPLISSAIT LA MAISON DE	SES GLAPISSEMENTS. ALORS LA BONNE VIEILLE SE	02	010
EVENTER OU A SE REGARDER DANS LE MIROIR DE	SES GRANDS EVENTAILS DE PLUMES, PENDANT QUE LA	25	041
ET DONT LE FANTOME ME FATIGUAIT DE	SES GRANDS YEUX FIXES. MAIS LE LENDEMAIN JE	30	120
BALANCANT MOLLEMENT SON TORSE SI MINCE SUR	SES HANCHES SI LARGES. SA ROBE DE SOIE	25	011
SEMBLE CONTENIR EN ELLE ET REPRESENTER PAR	SES JEUX, SES ALLURES, SES COLERES ET SES	34	037
ENCORE DE LOURDS PLEURS DE L'ORAGE, ET	SES LEVRES ENTR'OUVERTES A DES CASSOLETTES	21	015
COMME LA NEIGE S'AJOUTE A LA NEIGE.	SES LEVRES SE RESSERRAIENT DE PLUS EN PLUS, ET	27	117
PAS DE PORTER, DELICATEMENT SUSPENDU ENTRE	SES LEVRES, SON IMMORTEL MACARON!'' ARRIERE LA	50	012
INTERROMPIT FANCIOULLE DANS UN DE	SES MEILLEURS MOMENTS, ET DECHIRA A LA FOIS	27	128
DEVAIT JOUER L'UN DE SES PRINCIPAUX ET DE	SES MEILLEURS ROLES, ET AUQUEL ASSISTERAIENT	27	039
PENDELOQUES GAZOUILLENT SECRETEMENT A	SES MIGNONNES OREILLES. DE TEMPS EN TEMPS LA	25	020
PLUS TARD PRODIGIEUSEMENT EMBARRASSE DE	SES MILLIONS. AINSI FURENT DONNES L'AMOUR DU	20	046
CELIBATAIRE, ET LE CARACTERE MASCULIN DE	SES MOEURS AJOUTAIT UN PIQUANT MYSTERIEUX A	13	041
ELLE ENVELOPPAIT ET OPPRIMAIT L'HOMME DE	SES MUSCLES ELASTIQUES ET PUISSANTS; ELLE	06	010
DE MARBRE QUE L'EUROPE ENFERME DANS	SES MUSEES, IMPRIME FIDELEMENT SA FORME SUR LE	25	024
CAS, PLUS CRUEL ET PLUS DESPOTE QUE TOUS	SES PAREILS. AMOUREUX PASSIONNE DES	27	018
DIT QU'IL N'AVAIT PAS LE SOU, PARCE QUE	SES PARENTS SONT DES PAUVRES QUI NE PEUVENT	47	091
UN PLAISIR SI VIF; QUE JE PRIAI UN JOUR	SES PARENTS, DE VOULOIR BIEN	30	032
CE GENRE, JE LE MENACAI DE LE RENVOYER A	SES PARENTS. PUIS JE SORTIS, ET MES AFFAIRES	30	045
AU SAFRAN, LUI ENVOIE, DU FOND DE LA COUR,	SES PARFUMS EXCITANTS? PEUT-ETRE A-T-ELLE UN	25	045
L'AME OISIVE ET DIVAGANTE QUI LA PEUPLE DE	SES PASSIONS ET DE SES CHIMERES. IL EST	23	008
LA TERRE, LA TERRE AVEC SES BRUITS,	SES PASSIONS, SES COMMODITES, SES FETES.	34	046
ET SOUVENT CONTRAINTES DE S'ADAPTER A	SES PASSIONS, TELLES QUE LES FEES, LES GNOMES,	20	066
PROPRIETAIRE DU GATEAU ESSAYA D'ENFONCER	SES PETITES GRIFFES DANS LES YEUX DE	15	055
MA VIE, PENDU AU PANNEAU DE CETTE ARMOIRE!	SES PIEDS TOUCHAIENT PRESQUE LE PLANCHER; UNE	30	052
IL CONTEMPLAIT VANITEUSEMENT LES ONGLES DE	SES PIEDS, BRILLANTS ET POLIS COMME DES	21	035
QUI LUI SERVAIT SANS DOUTE A CHANTER	SES PLAISIRS ET SES DOULEURS, ET A REPANDRE LA	21	030
EN PASSANT QUELQUE ARGENT SUR UNE DE	SES PLANCHES, ESPERANT QU'IL DEVINERAIT MON	14	074
ARRIVE, CETTE PETITE COUR DEPLOYA TOUTES	SES POMPES, ET IL SERAIT DIFFICILE DE	27	059
L'ELEMENT FEMININ EXECUTANT AUTOUR DU MALE	SES PRESTIGIEUSES PIROUETTES. LIGNE DROITE ET	32	030
FRUSTRE DE SES ESPERANCES ET BAFOUE DANS	SES PREVISIONS? DE TELLES SUPPOSITIONS NON	27	112

[274]

POEM LINE

POEM	LINE		
27	039	OU FANCIOULLE DEVAIT JOUER L'UN DE	SES PRINCIPAUX ET DE SES MEILLEURS ROLES, ET
31	137	HASARDS, MURIR SA DESTINEE, SCANDALISER	SES PROCHES ET GRAVITER VERS LA GLOIRE OU VERS
25	016	SUR SON VISAGE SOMBRE LE FARD SANGLANT DE	SES REFLETS. LE POIDS DE SON ENORME CHEVELURE
25	042	QUI BAT LA PLAGE A CENT PAS DE LA, FAIT A	SES REVERIES INDECISES UN PUISSANT ET MONOTONE
18	007	PATIEMMENT ET OPINIATREMENT ILLUSTRE DE	SES SAVANTES ET DELICATES VEGETATIONS. UN VRAI
34	038	PAR SES JEUX, SES ALLURES, SES COLERES ET	SES SOURIRES, LES HUMEURS, LES AGONIES ET LES
26	074	DE GRAVOIS ET MONTRANT DEJA GLORIEUSEMENT	SES SPLENDEURS INACHEVEES. LE CAFE ETINCELAIT.
22	040	IMAGINAIRES. LA NUIT, QUI METTAIT	SES TENEBRES DANS LEUR ESPRIT, FAIT LA LUMIERE
09	073	IL PARUT: J'EXAMINAI CURIEUSEMENT TOUTES	SES VITRES, ET LE LUI DIS: ''--COMMENT? VOUS
16	016	LUMIERE OU DANS L'OMBRE OPAQUE, AU FOND DE	SES YEUX ADORABLES JE VOIS TOUJOURS L'HEURE
28	047	DES YEUX, ET JE FUS EPOUVANTE DE VOIR QUE	SES YEUX BRILLAIENT D'UNE INCONTESTABLE
21	022	RELEVEE, TOURNAIT LANGOUREUSEMENT VERS LUI	SES YEUX DE BRAISE. A CETTE CEINTURE VIVANTE
07	029	VENUS REGARDE AU LOIN JE NE SAIS QUOI AVEC	SES YEUX DE MARBRE.
07	022	DE LARMES VERS L'IMMORTELLE DEESSE. ET	SES YEUX DISENT: --''JE SUIS LE DERNIER ET LE
12	015	PARAISSENT LUI ETRE FERMEES, C'EST QU'A	SES YEUX ELLES NE VALENT PAS LA PEINE D'ETRE
21	037	BIEN TRAVAILLEES. IL ME REGARDA AVEC	SES YEUX INCONSOLABLEMENT NAVRES, D'OU
27	118	LEVRES SE RESSERRAIENT DE PLUS EN PLUS, ET	SES YEUX S'ECLAIRAIENT D'UN FEU INTERIEUR
36	009	QU'ELLE INSPIRE EST NOCTURNE ET PROFOND.	SES YEUX SONT DEUX ANTRES OU SCINTILLE
42	151	APRES UNE MELANCOLIQUE PROMENADE OU	SES YEUX, A ELLE, REFLECHISSAIENT LA DOUCEUR
21	089	A LA FOIS IMPERIEUX ET DEGINGANDE, ET	SES YEUX, QUOIQUE BATTUS, CONTENAIENT UNE
30	055	SUR UNE EPAULE; SON VISAGE, BOURSOUFLE, ET	SES YEUX, TOUT GRANDS OUVERTS AVEC UNE FIXITE
24	046	FRAIS; QUOI DE MIEUX?'' ET EN RENTRANT	SEUL CHEZ LUI, A CETTE HEURE OU LES CONSEILS
49	043	JE SAUTAI SUR MON MENDIANT. D'UN	SEUL COUP DE POING, JE LUI BOUCHAI UN OEIL,
12	009	SA SOLITUDE, NE SAIT PAS NON PLUS ETRE	SEUL DANS UNE FOULE AFFAIREE. LE POETE JOUIT
49	040	D'UN AUTRE, QUI LE PROUVE, ET CELUI-LA	SEUL EST DIGNE DE LA LIBERTE, QUI SAIT LA
49	039	OR, SA VOIX ME CHUCHOTAIT CECI: ''CELUI-LA	SEUL EST L'EGAL D'UN AUTRE, QUI LE PROUVE, ET
31	052	EFFET, ALLEZ, DE N'ETRE PAS COUCHE	SEUL ET D'ETRE DANS UN LIT AVEC SA BONNE, DANS
19	006	QUE LE POLICHINELLE PLAT MU PAR UN	SEUL FIL, LES FORGERONS QUI BATTENT L'ENCLUME,
34	032	S'ENVOLERENT COMME DES FUMEES. MOI	SEUL J'ETAIS TRISTE, INCONCEVABLEMENT TRISTE.
05	067	MONDE ETROIT, MAIS SI PLEIN DE DEGOUT, UN	SEUL OBJET CONNU ME SOURIT: LA FIOLE DE
31	039	BETE, CELUI-LA, AVEC SON BON DIEU, QUE LUI	SEUL PEUT APERCEVOIR!'' DIT ALORS LE
12	002	JOUIR DE LA FOULE EST UN ART; ET CELUI-LA	SEUL PEUT FAIRE, AUX DEPENS DU GENRE HUMAIN,
50	100	QUI SE FAIT LA GROSSE PART ET MANGE A LUI	SEUL PLUS DE SOUPE QUE QUATRE COMEDIENS? QUE
47	124	EXISTER DES MONSTRES AUX YEUX DE CELUI-LA	SEUL QUI SAIT POURQUOI ILS EXISTENT, COMMENT
45	035	LONGTEMPS ONT MIS DANS LE BUT, DANS LE	SEUL VRAI BUT DE LA DETESTABLE VIE!''
50	048	QU'IL A SANS DOUTE OUBLIE, ET DONT MOI	SEUL, ET SAINTE-BEUVE PEUT-ETRE, NOUS NOUS
12	013	DANS LE PERSONNAGE DE CHACUN. POUR LUI	SEUL, TOUT EST VACANT; ET SI DE CERTAINES
46	020	--MA FOI! NON. JE ME TROUVE BIEN ICI. VOUS	SEUL, VOUS M'AVEZ RECONNU. D'AILLEURS LA
10	001	ENFIN!	SEUL! ON N'ENTEND PLUS QUE LE ROULEMENT DE
23	033	''CE GRAND MALHEUR DE NE POUVOIR ETRE	SEUL!...'' DIT QUELQUE PART LA BRUYERE, COMME
29	072	RELATIVEMENT A SON PROPRE POUVOIR, QU'UNE	SEULE FOIS, C'ETAIT LE JOUR OU ELLE AVAIT
30	083	UNE TACHE SUPREME A ACCOMPLIR, DONT LA	SEULE PENSEE ME CAUSAIT UNE ANGOISSE TERRIBLE:
25	007	LE SOLEIL, S'AVANCE DANS LA RUE DESERTE,	SEULE VIVANTE A CETTE HEURE SOUS L'IMMENSE
13	099	SERA RENTREE A PIED, MEDITANT ET REVANT,	SEULE, TOUJOURS SEULE; CAR L'ENFANT EST
13	100	PIED, MEDITANT ET REVANT, SEULE, TOUJOURS	SEULE; CAR L'ENFANT EST TURBULENT, EGOISTE,
13	034	SA REVERIE, OU ELLE QUI EST TOUT A FAIT	SEULE? JE NE SAIS... IL M'EST ARRIVE UNE FOIS
31	104	JUSQU'AU BORD DE LA FORET, OU J'AI COMPRIS	SEULEMENT ALORS QU'ILS NE DEMEURAIENT NULLE
26	048	CE SOIR-LA, RELATIVEMENT A MOI. NON-	SEULEMENT J'ETAIS ATTENDRI PAR CETTE FAMILLE
30	039	AURAIT SUBIE DANS LE TAUDIS PATERNEL.	SEULEMENT JE DOIS DIRE QUE CE PETIT BONHOMME
49	013	VERTIGE OU IL M'AVAIT SEMBLE	SEULEMENT QUE JE SENTAIS, CONFINE AU FOND DE
22	031	IMPITOYABLE LE SOIR; ET CE N'ETAIT PAS	SEULEMENT SUR AUTRUI, MAIS AUSSI SUR LUI-MEME,
47	021	VIEUX POETES FRANCAIS BIEN CONNUS.	SEULEMENT, DETAIL NON APERCU PAR REGNIER, DEUX
26	042	BEAU! MAIS C'EST UNE MAISON OU PEUVENT	SEULS ENTRER LES GENS QUI NE SONT PAS COMME
27	025	ATTIRE, DE LA PART D'UN HISTORIEN	SEVERE, L'EPITHETE DE ''MONSTRE'', S'IL AVAIT
49	057	POUR BRISER LES OMOPLATES, TERRASSE CE	SEXAGENAIRE AFFAIBLI, JE ME SAISIS D'UNE
11	003	QUE VOUS SOUFFREZ PLUS QUE LES GLANEUSES	SEXAGENAIRES ET QUE LES VIEILLES MENDIANTES
50	064	A PREPARE LA CHARITE DE CERTAINES PUCELLES	SEXAGENAIRES, DONT LE COEUR INOCCUPE S'EST
21	011	LE VISAGE DU PREMIER SATAN ETAIT D'UN	SEXE AMBIGU, ET IL Y AVAIT AUSSI, DANS LES
16	013	NOMMEE, QUI EST A LA FOIS L'HONNEUR DE SON	SEXE, L'ORGUEIL DE MON COEUR ET LE PARFUM DE
34	018	ET LEUR PROGENITURE CRIARDE. TOUS ETAIENT	SI AFFOLES PAR L'IMAGE DE LA TERRE ABSENTE,
12	038	CEUX QUI LES PLAIGNENT POUR LEUR FORTUNE	SI AGITEE ET POUR LEUR VIE SI CHASTE.
11	006	DE PAIN A LA PORTE DES CABARETS. ''	SI AU MOINS VOS SOUPIRS EXPRIMAIENT LE
25	061	BONNE DOROTHEE; LE MAITRE DE L'ENFANT EST	SI AVARE, TROP AVARE, POUR COMPRENDRE UNE
26	052	LIRE MA PENSEE; JE PLONGEAIS DANS VOS YEUX	SI BEAUX ET SI BIZARREMENT DOUX, DANS VOS YEUX
47	064	DES EMEUTES. COMMENT EST-CE POSSIBLE QU'UN	SI BEL HOMME AIT SI PEU DE COEUR? --VOICI
31	107	NON!'' A REPONDU L'AUTRE, ''IL FAIT UNE	SI BELLE NUIT!'' LE TROISIEME DISAIT UN
25	059	A BIEN ONZE ANS, ET QUI EST DEJA MURE, ET	SI BELLE! ELLE REUSSIRA SANS DOUTE, LA BONNE
24	027	ET TENEBREUX (OU ELLE REPOSERAIT SI CALME,	SI BIEN EVENTEE, FUMANT LE TABAC LEGEREMENT
27	121	AMI, L'ETRANGE BOUFFON, QUI BOUFFONNAIT	SI BIEN LA MORT. A UN CERTAIN MOMENT, JE VIS
16	012	SI JE ME PENCHE VERS LA BELLE FELINE, LA	SI BIEN NOMMEE, QUI EST A LA FOIS L'HONNEUR DE
30	043	IMMODERE POUR LE SUCRE ET LES LIQUEURS!	SI BIEN QU'UN JOUR OU JE CONSTATAI QUE, MALGRE
37	010	CETTE VISITEUSE QUE TES YEUX SE SONT	SI BIZARREMENT AGRANDIS; ET ELLE T'A SI
26	053	JE PLONGEAIS DANS VOS YEUX SI BEAUX ET	SI BIZARREMENT DOUX, DANS VOS YEUX VERTS,
27	099	TOMBE ET DE DESTRUCTION. TOUT CE PUBLIC,	SI BLASE ET FRIVOLE QU'IL PUT ETRE, SUBIT
47	087	LAISSE DIX FRANCS SUR LA CHEMINEE. --C'EST	SI BON ET SI DOUX, CES HOMMES-LA! --J'AI
47	077	MEDECIN? --C'EST QUE TU ES SI GENTIL ET	SI BON POUR LES FEMMES! --SINGULIERE LOGIQUE!
50	038	AIGUILLONNE PAR LA NECESSITE, CETTE	SI BONNE MERE, CETTE VRAIE PATRONNE DES
48	034	LA BALTIQUE; ENCORE PLUS LOIN DE LA VIE,	SI C'EST POSSIBLE! INSTALLONS-NOUS AU POLE. SI
35	016	JE ME LA RACONTE A MOI-MEME EN PLEURANT.	SI C'EUT ETE UN PAUVRE VIEUX HOMME, J'AURAIS
18	063	C'EST LA, N'EST-CE PAS, DANS CE BEAU PAYS	SI CALME ET SI REVEUX, QU'IL FAUDRAIT ALLER
24	027	LOURD ET TENEBREUX (OU ELLE REPOSERAIT	SI CALME, SI BIEN EVENTEE, FUMANT LE TABAC
26	010	REVE QUI N'A RIEN D'ORIGINAL, APRES TOUT,	SI CE N'EST QUE, REVE PAR TOUS LES HOMMES) IL
29	119	ET EN ME CONGEDIANT AVEC UN BON SOURIRE,	SI CE N'EUT ETE LA CRAINTE DE L'HUMILIER
12	039	LEUR FORTUNE SI AGITEE ET POUR LEUR VIE	SI CHASTE.
20	079	QUI ETAIT SANS DOUTE UN DE CES RAISONNEURS	SI COMMUNS, INCAPABLES DE S'ELEVER JUSQU'A LA
31	099	UNE VIOLENCE EXTRAORDINAIRE. ILS ETAIENT	SI CONTENTS D'EUX-MEMES, QU'ILS ONT CONTINUE A
25	037	POURQUOI A-T-ELLE QUITTE SA PETITE CASE	SI COQUETTEMENT ARRANGEE, DONT LES FLEURS ET
21	113	QUE JE NE VEUX PAS NOMMER.'' CERTES, D'UNE	SI COURAGEUSE ABNEGATION J'AVAIS LE DROIT
12	014	CHACUN. POUR LUI SEUL, TOUT EST VACANT; ET	SI DE CERTAINES PLACES PARAISSENT LUI ETRE
39	024	OU A UN LOURD CHARIOT. ET PUIS ELLE EST	SI DOUCE ET SI FERVENTE! ELLE AIME COMME ON
31	057	AUTRES FEMMES, ET LA PEAU EN EST SI DOUCE,	SI DOUCE, QU'ON DIRAIT DU PAPIER A LETTRE OU

POEM LINE

LES AUTRES FEMMES, ET LA PEAU EN EST	SI DOUCE, SI DOUCE, QU'ON DIRAIT DU PAPIER A	31 057
FRANCS SUR LA CHEMINEE. --C'EST SI BON ET	SI DOUX, CES HOMMES-LA! --J'AI DECOUVERT A LA	47 087
POUR TUER LE TEMPS QUI A LA VIE	SI DURE, ET ACCELERER LA VIE QUI COULE SI	42 169
DANS UN MILIEU OU ELLE FAIT UNE TACHE	SI ECLATANTE?'' MAIS EN PASSANT CURIEUSEMENT	13 092
ET SOURIANT D'UN BLANC SOURIRE, COMME	SI ELLE APERCEVAIT AU LOIN DANS L'ESPACE UN	25 030
PEUT ETRE LA REALITE PLACEE HORS DE MOI,	SI ELLE M'A AIDE A VIVRE, A SENTIR QUE JE SUIS	35 022
OU LA BEAUTE ELLE-MEME NE SUFFIT PLUS,	SI ELLE N'EST ASSAISONNEE PAR LE PARFUM, LA	42 023
TOUS, ET ELLE SERAIT PARFAITEMENT HEUREUSE	SI ELLE N'ETAIT OBLIGEE D'ENTASSER PIASTRE SUR	25 057
DANOIS, KING-CHARLES, CARLIN OU GREDIN,	SI ENCHANTE DE LUI-MEME QU'IL S'ELANCE	50 022
AUBERGE VENUE, DANS L'AUBERGE DU HASARD,	SI FECONDE EN VOLUPTES. UN GRAND FEU, DES	24 042
CHARIOT. ET PUIS ELLE EST SI DOUCE ET	SI FERVENTE! ELLE AIME COMME ON AIME EN	39 024
FOND OPAQUE DE LA NUIT. ILS AVAIENT L'AIR	SI FIER ET SI PLEIN DE DOMINATION, QUE JE LES	21 009
PAS EXPLIQUER D'OU VIENT SI SUBITEMENT UNE	SI FOLLE ENERGIE A CES AMES PARESSEUSES ET	09 015
LE MONDE VOULAIT PLAIRE! CE JOLI ETRE,	SI FRAGILE COMME ELLE, LA PETITE VIEILLE, ET,	02 003
SI SOUVENT INUTILE ET QUELQUEFOIS	SI GENANTE, QUE JE N'EPROUVAI, QUANT A CETTE	29 043
ME CROIS-TU MEDECIN? --C'EST QUE TU ES	SI GENTIL ET SI BON POUR LES FEMMES!	47 077
QUI PORTE LE NEZ EN L'AIR ET QUI A LA MINE	SI HAUTAINE. EH BIEN! CHER ANGE, JE ME FIGURE	43 015
DANS CE CIMETIERE, DONT L'HERBE ETAIT	SI HAUTE ET SI INVITANTE, ET OU REGNAIT UN SI	45 011
LEGERETE HEROIQUES. L'AME EST UNE CHOSE	SI IMPALPABLE, SI SOUVENT INUTILE ET	29 043
MONSTRUEUSEMENT SEDUISANTE, DE CETTE MER	SI INFINIMENT VARIEE DANS SON EFFRAYANTE	34 036
CIMETIERE, DONT L'HERBE ETAIT SI HAUTE ET	SI INVITANTE, ET OU REGNAIT UN SI RICHE	45 012
CETTE PERTE, QU'UN PEU MOINS D'EMOTION QUE	SI J'AVAIS EGARE, DANS UNE PROMENADE, MA CARTE	29 045
L'HOMME. ''VOUS N'ETES PAS UN HOMME! AH!	SI J'ETAIS ''UN HOMME! DE NOUS DEUX, C'EST MOI	42 037
BRUTALE DICTATURE. ET IL ME POUSSE, COMME	SI J'ETAIS UN BOEUF, AVEC SON DOUBLE	05 083
FAIT MIDI.'' CE QUI ETAIT VRAI. POUR MOI,	SI JE ME PENCHE VERS LA BELLE FELINE, LA SI	16 012
PLAISIR QUE J'AURAIS LONGTEMPS CONTINUE.	SI JE N'AVAIS PAS EU PEUR, PEUR DE LA	31 059
PEAU.'' QUANT A LA DIABLESSE, JE MENTIRAIS	SI JE N'AVOUAIS PAS QU'A PREMIERE VUE JE LUI	21 083
ORDINAIREMENT A L'ASPECT DE L'INCONNU.	SI JE VOULAIS ESSAYER DE DEFINIR D'UNE MANIERE	29 028
QUE JE POURRAIS APPELER FRATERNITAIRE,	SI JE VOULAIS PARLER LA BELLE LANGUE DE MON	23 042
DE REPROCHE. ''--AH! MISERABLE CHIEN,	SI JE VOUS AVAIS OFFERT UN PAQUET	08 010
DE LA RICHESSE RENDENT CES ENFANTS-LA	SI JOLIS, QU'ON LES CROIRAIT FAITS D'UNE AUTRE	19 022
INOUBLIABLES QUI CULBUTERAIENT LES TRONES,	SI L'ESPRIT REMUAIT LA MATIERE, ET SI L'OEIL	49 023
TRONES, SI L'ESPRIT REMUAIT LA MATIERE, ET	SI L'OEIL D'UN MAGNETISEUR FAISAIT MURIR LES	49 024
HOMMES DE LETTRES, DONT L'UN M'A DEMANDE	SI L'ON POUVAIT ALLER EN RUSSIE PAR VOIE DE	10 013
JE LA COMPARERAIS A UN SOLEIL NOIR,	SI L'ON POUVAIT CONCEVOIR UN ASTRE NOIR	36 012
QU'ON POURRAIT CONSIDERER COMME BIZARRES,	SI LA PRUDENCE, PLUTOT QUE LE CAPRICE, ETAIT	20 038
POURRAIT AUSSI BIEN QUALIFIER D'OFFICIEUX,	SI LA REPUBLIQUE, TROP OCCUPEE DU BONHEUR DES	50 104
SON TORSE SI MINCE SUR SES HANCHES	SI LARGES, SA ROBE DE SOIE COLLANTE, D'UN TON	25 011
PAMPRES ONT ETE FAITS POUR LE BATON, OU	SI LE BATON N'EST QUE LE PRETEXTE POUR MONTRER	32 019
LE FEU A UNE FORET POUR VOIR, DISAIT-IL	SI LE FEU PRENAIT AVEC AUTANT DE FACILITE	09 022
VOUS DONNE L'ENJEU QUE VOUS AURIEZ GAGNE	SI LE SORT AVAIT ETE POUR VOUS, C'EST-A-DIRE	29 103
VIE SI DURE, ET ACCELERER LA VIE QUI COULE	SI LENTEMENT.	42 170
ET NOMBREUSES, DANS CES DEMARCHES	SI LENTES OU SI SACCADEES, IL DECHIFFRE TOUT	13 020
IVRES ET FURIEUSES DE JOIE, ET PUIS ENCORE	SI LES BELLES DAMES DE PARIS SONT TOUTES PLUS	25 054
LE MORTEL IMPRUDENT QUI OSERA DECIDER	SI LES FLEURS ET LES PAMPRES ONT ETE FAITS	32 018
A CHANGER DE PLACE, PUISQUE MON AME VOYAGE	SI LESTEMENT? ET A QUOI BON EXECUTER DES	24 051
UNE GRANDE VAGABONDE POUR ALLER CHERCHER	SI LOIN CE QUI EST SI PRES DE MOI. LE PLAISIR	24 040
ET A SOULAGER L'APPETIT CAUSES PAR UNE	SI LONGUE ASCENSION. JE TIRAI DE MA POCHE UN	15 028
QUE SON ALTESSE AIT JAMAIS DONNE UNE	SI LONGUE AUDIENCE A UN SIMPLE MORTEL, ET JE	29 093
S'AVANCE, BALANCANT MOLLEMENT SON TORSE	SI MINCE SUR SES HANCHES SI LARGES. SA ROBE DE	25 010
LA MAIN UN ENFANT COMME ELLE VETU DE NOIR;	SI MODIQUE QUE FUT LE PRIX D'ENTREE, CE PRIX	13 095
AMERTUME. ME DETACHER DE CETTE MER	SI MONSTRUEUSEMENT SEDUISANTE, DE CETTE MER SI	34 035
C'ETAIT UNE FEMME GRANDE, MAJESTUEUSE, ET	SI NOBLE DANS TOUT SON AIR, QUE JE N'AI PAS	13 078
DOIT PAS ADMETTRE L'ECONOMIE SORDIDE; UN	SI NOBLE VISAGE M'EN REPOND. POURQUOI DONC	13 090
A LA FOIS, ET QU'ON DEVIENDRAIT COMME FOU	SI ON LES ECOUTAIT TROP LONGTEMPS. L'UN, EN	31 092
LE BAL DE L'OPERA, ET LUI DEMANDERA	SI ON PEUT Y ALLER PIEDS NUS, COMME AUX DANSES	25 051
REVERIE; ET CEUX EN QUI ELLE SE MANIFESTE	SI OPINEMENT SONT, EN GENERAL, COMME JE L'AI	09 031
PETIT SAUVAGE, SORTI JE NE SAIS D'OU, ET	SI PARFAITEMENT SEMBLABLE AU PREMIER QU'ON	15 047
DE VERRE. VOULEZ-VOUS CELA, FORT BEGUEULE.	SI PARFOIS JE LA BOUSCULAIS PAR UN GESTE UN	42 048
L'OCCASION OU EST NEE EN TOI CETTE PASSION	SI PARTICULIERE?'' DIFFICILEMENT JE ME FIS	47 109
DES TROIS AUTRES. JE NE VOUS SAVAIS PAS	SI PATIENT. --DIEU, REPRIT-IL, MIT LE REMEDE	42 052
COUP SUR; ME DIS-JE, CETTE PAUVRETE-LA,	SI PAUVRETE IL Y A, NE DOIT PAS ADMETTRE	13 089
D'UN DIVERTISSEMENT INNOCENT. IL Y A	SI PEU D'AMUSEMENTS QUI NE SOIENT PAS	19 002
EST-CE POSSIBLE QU'UN SI BEL HOMME AIT	SI PEU DE COEUR? --VOICI MAINTENANT W., UN	47 064
DONT LES FLEURS ET LES NATTES FONT A	SI PEU DE FRAIS UN PARFAIT BOUDOIR; OU ELLE	25 038
TURBULENTS VIVANTS, QUI VOUS SOUCIEZ	SI PEU DES DEFUNTS ET DE LEUR DIVIN REPOS!	45 027
JE NE LUI AI PAS DIT TOUT CRUMENT! J'AVAIS	SI PEUR DE L'HUMILIER, CE CHER ENFANT! --EH	47 098
LA DESOLATION. CES CHOSE MONDE ETROIT; MAIS	SI PLEIN DE DEGOUT, UN SEUL OBJET CONNU ME	05 066
DE LA NUIT. ILS AVAIENT L'AIR SI FIER ET	SI PLEIN DE DOMINATION, QUE JE LES PRIS	21 009
HABILLE DE CES VETEMENTS DE CAMPAGNE	SI PLEINS DE COQUETTERIE, LE LUXE,	19 019
POUR ALLER CHERCHER SI LOIN CE QUI EST	SI PRES DE MOI. LE PLAISIR ET LE BONHEUR SONT	24 040
FORME SUR LE SABLE FIN. CAR DOROTHEE EST	SI PRODIGIEUSEMENT COQUETTE QUE LE PLAISIR	25 025
DANS MON SEIN; JE N'OSAIS PLUS CROIRE A UN	SI PRODIGIEUX BONHEUR, ET, EN ME COUCHANT,	29 124
MON REGARD REPOSE SUR CE DELICIEUX CADRAN,	SI QUELQUE GENIE MALHONNETE ET INTOLERANT,	16 023
UN SOUPIR, RAPIDE COMME UN COUP D'OEIL.	SI QUELQUE IMPORTUN VENAIT ME DERANGER PENDANT	16 022
A VOTRE GUISE. MAIS ENIVREZ-VOUS. ET	SI QUELQUEFOIS, SUR LES MARCHES D'UN PALAIS,	33 007
OU LE PAIN S'APPELLE DU GATEAU, FRIANDISE	SI RARE QU'ELLE SUFFIT POUR ENGENDRER UNE	15 075
BRULE DE PEINDRE CELLE QUI M'EST APPARUE	SI RAREMENT ET QUI A FUI SI VITE, COMME UNE	36 003
PAS, DANS CE BEAU PAYS SI CALME ET SI	SI REVEUX, QU'IL FAUDRAIT ALLER VIVRE ET	18 064
SI HAUTE ET SI INVITANTE, ET OU REGNAIT UN	SI RICHE SOLEIL. EN EFFET, LA LUMIERE ET LA	45 012
LES SOLEILS COUCHANTS, QUI COLORENT	SI RICHEMENT LA SALLE A MANGER OU LE SALON,	18 035
J'EN ETAIS VENU A NE PLUS TROUVER	SI RIDICULES LES JOURNAUX QUI PRETENDENT QUE	15 024
DANS CES DEMARCHES SI LENTES OU	SI SACCADEES, IL DECHIFFRE TOUT DE SUITE LES	13 021
JAMAIS SOUPCONNEE DANS UNE MACHINE	SI SINGULIEREMENT DETRAQUEE; ET, AVEC UN	49 063
ME PARUT SINGULIER QUE J'EUSSE PU PASSER	SI SOUVENT A COTE DE CE PRESTIGIEUX REPAIRE	29 012
L'AME EST UNE CHOSE SI IMPALPABLE,	SI SOUVENT INUTILE ET QUELQUEFOIS SI GENANTE,	29 043
NE PEUVENT PAS EXPLIQUER D'OU VIENT	SI SUBITEMENT UNE SI FOLLE ENERGIE A CES AMES	09 014
FAISAIENT DE LA MUSIQUE! UNE MUSIQUE	SI SURPRENANTE QU'ELLE DONNE ENVIE TANTOT DE	31 089
SONT SI BIZARREMENT AGRANDIS; ET ELLE T'A	SI TENDREMENT SERREE A LA GORGE QUE TU EN AS	37 010
POUR SECOUER DES SOUVENIRS DANS L'AIR.	SI TU POUVAIS SAVOIR TOUT CE QUE JE VOIS! TOUT	17 006
ME DIT D'UNE VOIX CHANTANTE: ''SI TU VEUX,	SI TU VEUX, JE TE FERAI LE SEIGNEUR DES AMES,	21 039

POEM LINE

21	039	ET IL ME DIT D'UNE VOIX CHANTANTE: ''	SI TU VEUX, SI TU VEUX, JE TE FERAI LE
27	075	L'ART, L'EFFORT, LA VOLONTE. OR,	SI UN COMEDIEN ARRIVAIT A ETRE, RELATIVEMENT
30	032	A TOUTE LA DROLERIE DE CE GAMIN UN PLAISIR	SI VIF, QUE JE PRIAI UN JOUR SES PARENTS, DE
38	021	MIEUX ACCENTUER MON REFUS, J'AI FRAPPE	SI VIOLEMMENT LA TERRE DU PIED QUE MA JAMBE
36	004	QUI M'EST APPARUE SI RAREMENT ET QUI A FUI	SI VITE, COMME UNE BELLE CHOSE REGRETTABLE
49	075	AVEC MOI MA BOURSE; ET SOUVENEZ- VOUS,	SI VOUS ETES REELLEMENT PHILANTHROPE, QU'IL
11	072	AUSSI DUPE QUE VOUS VOUDRIEZ LE CROIRE, ET	SI VOUS ME FATIGUEZ TROP SOUVENT DE VOS
11	067	JEUNE GRENOUILLE QUI INVOQUERAIT L'IDEAL.	SI VOUS MEPRISEZ LE SOLIVEAU (CE QUE JE SUIS
45	030	DE TUER AUPRES DU SANCTUAIRE DE LA MORT!	SI VOUS SAVIEZ COMME LE PRIX EST FACILE A
39	006	VRAIMENT LAIDE; ELLE EST FOURMI, ARAIGNEE,	SI VOUS VOULEZ, SQUELETTE MEME; MAIS AUSSI
50	094	EST ACHEVEE. N'EST-IL PAS JUSTE QUE DE	SI ZELES COMEDIENS NE SE METTENT PAS EN ROUTE
19	033	UN OEIL IMPARTIAL DECOUVRIRAIT LA BEAUTE,	SI, COMME L'OEIL DU CONNAISSEUR DEVINE UNE
20	032	A LA FAMILLE ET A LEURS CHERES PANTOUFLES.	SI, DANS LA JUSTICE SURNATURELLE, IL Y A UN
14	045	BOUT DE LA RANGEE DE BARAQUES, COMME	SI, DANS LA JUSTICE SURNATURELLE, IL S'ETAIT EXILE LUI-MEME DE
42	116	OU BIEN: ''JE NE PARDONNE JAMAIS!'' ''	SI, NERVEUX COMME JE VOUS CONNAIS, VOUS, G....
47	009	PAS MEDECIN. LAISSEZ-MOI PASSER. --OH!	SI! VOUS ETES MEDECIN. JE LE VOIS BIEN. VENEZ
29	055	FUTURE DESTRUCTION! DE LA GRANDE IDEE DU	SIECLE, C'EST-A-DIRE DU PROGRES ET DE LA
50	002	MEME DEVANT LES JEUNES ECRIVAINS DE MON	SIECLE, DE MON ADMIRATION POUR BUFFON; MAIS
23	043	JE VOULAIS PARLER LA BELLE LANGUE DE MON	SIECLE.
27	032	DES LIMITES TROP ETROITES, ET DONT LES	SIECLES A VENIR IGNORERONT TOUJOURS LE NOM ET
20	030	D'IMPATIENCE QUE DES JUGES HUMAINS QUI,	SIEGEANT DEPUIS LE MATIN, NE PEUVENT
24	025	ET DE FLEURS CAPITEUSES, AVEC DE RARES	SIEGES D'UN ROCOCO PORTUGUAIS, D'UN BOIS LOURD
13	031	LESINER SUR SA DOULEUR. LE RICHE PORTE LA	SIENNE AU GRAND COMPLET. QUELLE EST LA VEUVE
42	047	CHIMIE; DE SORTE QU'ENTRE MA BOUCHE ET LA	SIENNE JE TROUVAI DESORMAIS UN MASQUE DE
35	017	UN PAUVRE VIEUX HOMME, J'AURAIS REFAIT LA	SIENNE TOUT AUSSI AISEMENT. ET JE ME COUCHE,
12	022	COMME UN MOLLUSQUE. IL ADOPTE COMME	SIENNES TOUTES LES PROFESSIONS, TOUTES LES
23	030	ENVIEUX! IL SAIT QUE JE DEDAIGNE LES	SIENNES, ET IL VIENT S'INSINUER DANS LES
25	003	LACHEMENT ET FAIT LA SIESTE, UNE	SIESTE QUI EST UNE ESPECE DE MORT SAVOUREUSE
25	003	STUPEFIE S'AFFAISSE LACHEMENT ET FAIT LA	SIESTE, UNE SIESTE QUI EST UNE ESPECE DE MORT
27	065	ET MYSTERIEUX QUI Y ETAIT ATTACHE. LE	SIEUR FANCIOULLE EXCELLAIT SURTOUT DANS LES
27	127	QUELQUES MINUTES PLUS TARD UN COUP DE	SIFFLET AIGU, PROLONGE, INTERROMPIT FANCIOULLE
19	008	ET SON CHEVAL DONT LA QUEUE EST UN	SIFFLET, --ET LE LONG DES CABARETS, AU PIED
27	139	PUIS TOMBA ROIDE MORT SUR LES PLANCHES. LE	SIFFLET, RAPIDE COMME UN GLAIVE, AVAIT-IL
22	045	TENEBRES! VOUS ETES POUR MOI LE	SIGNAL D'UNE FETE INTERIEURE; VOUS ETES LA
22	013	QUE LES BETES. ENFIN UN RIVAGE FUT	SIGNAL DE SABBAT? CETTE SINISTRE ULULATION
34	021	LES HIBOUX, LA VENUE DE LA NUIT POUR UN	SIGNALE; ET NOUS VIMES, EN APPROCHANT, QUE
30	129	LA FUNESTE ET BEATIFIQUE CORDE. PARMI LES	SIGNATAIRES IL Y AVAIT, JE DOIS LE DIRE, PLUS
08	005	EST, JE CROIS, CHEZ CES PAUVRES ETRES, LE	SIGNE CORRESPONDANT DU RIRE ET DU SOURIRE,
49	031	SOCRATE, D'OBTENIR MON BREVET DE FOLIE,	SIGNE DU SUBTIL LELUT ET DU BIEN-AVISE
27	041	DISAIT-ON, LES GENTILSHOMMES CONDAMNES;	SIGNE EVIDENT, AJOUTAIENT LES ESPRITS
49	070	ET LA VIE. ALORS, JE LUI FIS FORCE	SIGNES POUR LUI FAIRE COMPRENDRE QUE JE
29	006	ME FIT, EN PASSANT, UN CLIGNEMENT D'OEIL	SIGNIFICATIF AUQUEL JE ME HATAI D'OBEIR. JE LE
30	022	A NOS YEUX LA VIE PLUS VIVANTE ET PLUS	SIGNIFICATIVE QUE POUR LES AUTRES HOMMES. DANS
18	031	LE BONHEUR AVEC UNE PLUS PROFONDE ET PLUS	SIGNIFICATIVE SOLENNITE. SUR DES PANNEAUX
11	057	DE DECOUPER LES MORCEAUX? ''ET QUE PEUVENT	SIGNIFIER POUR MOI TOUS CES PETITS SOUPIRS QUI
23	024	EGALES A CELLES QUE D'AUTRES TIRENT DU	SILENCE ET DU RECUEILLEMENT; MAIS JE LES
37	019	ET CE QUI M'AIME: L'EAU, LES NUAGES, LE	SILENCE ET LA NUIT; LA MER IMMENSE ET VERTE;
10	038	RACHETER ET M'ENORGUEILLIR EN PEU DANS LE	SILENCE ET LA SOLITUDE DE LA NUIT. AMES DE
05	034	D'ETRE AINSI ENTOURE DE MYSTERE, DE	SILENCE, DE PAIX ET DE PARFUMS? O BEATITUDE!
03	007	DU CIEL ET DE LA MER! SOLITUDE,	SILENCE, INCOMPARABLE CHASTETE DE L'AZUR! UNE
10	003	QUELQUES HEURES, NOUS POSSEDERONS LE	SILENCE, SINON LE REPOS. ENFIN! LA TYRANNIE DE
18	012	SONT EXCLUS; OU LE BONHEUR EST MARIE AU	SILENCE; OU LA CUISINE ELLE-MEME EST POETIQUE,
18	021	A RESPIRER; OU LE BONHEUR EST MARIE AU	SILENCE. C'EST LA QU'IL FAUT ALLER VIVRE,
07	006	DES FETES HUMAINES, C'EST ICI UNE ORGIE	SILENCIEUSE. ON DIRAIT QU'UNE LUMIERE TOUJOURS
13	024	DE LA FAIM ET DU FROID HUMBLEMENT,	SILENCIEUSEMENT SUPPORTES. AVEZ-VOUS
15	019	CAUSEE PAR UN GRAND MOUVEMENT PARFAITEMENT	SILENCIEUX, ME REMPLISSAIT D'UNE JOIE MELEE DE
05	058	TRISTES FENETRES OU LA PLUIE A TRACE DES	SILLONS DANS LA POUSSIERE; LES MANUSCRITS,
25	050	INFAILLIBLEMENT ELLE LE PRIERA, LA	SIMPLE CREATURE, DE LUI DECRIRE LE BAL DE
29	093	JAMAIS DONNE UNE SI LONGUE AUDIENCE A UN	SIMPLE MORTEL, ET JE CRAIGNAIS D'ABUSER.
09	017	INCAPABLES D'ACCOMPLIR LES CHOSES LES PLUS	SIMPLES ET LES PLUS NECESSAIRES. ELLES
46	016	ET ME LIVRER A LA CRAPULE! COMME LES	SIMPLES MORTELS. ET ME VOICI, TOUT SEMBLABLE A
34	036	SI INFINIMENT VARIEE DANS SON EFFRAYANTE	SIMPLICITE, ET QUI SEMBLE CONTENIR EN ELLE ET
11	029	ATTENTION! VOYEZ AVEC QUELLE VORACITE (NON	SIMULEE PEUT-ETRE!) ELLE DECHIRE DES LAPINS
15	044	S'IL EUT CRAINT QUE MON OFFRE NE FUT PAS	SINCERE OU QUE JE M'EN REPENTISSE DEJA. MAIS
30	125	A DEGUISER SOUS UN APPARENT BADINAGE LA	SINCERITE DE LA DEMANDE; LES AUTRES;
31	051	D'UNE VOIX PLUS BASSE. --''CA FAIT UN	SINGULIER EFFET, ALLEZ, DE N'ETRE PAS COUCHE
27	080	BEAUTE, CE SERAIT LA, SANS DOUTE, UN CAS	SINGULIER ET TOUT A FAIT IMPREVU. FANCIOULLE
29	011	FOURNIR UN EXEMPLE APPROCHANT. IL ME PARUT	SINGULIER QUE J'EUSSE PU PASSER SI SOUVENT A
31	019	EST CONTENT... ET PUIS; CE QUI EST PLUS	SINGULIER, CELA DONNE ENVIE D'ETRE HABILLE DE
18	003	DE VISITER AVEC UNE VIEILLE AMIE. PAYS	SINGULIER, NOYE DANS LES BRUMES DE NOTRE NORD,
28	054	L'HEURE CAPABLE! J'AURAIS TROUVE CURIEUX,	SINGULIER, QU'IL S'AMUSAT A COMPROMETTRE LES
18	053	ET QUI A BIEN MERITE DU MONDE ENTIER. PAYS	SINGULIER, SUPERIEUR AUX AUTRES, COMME L'ART
18	044	DES PLIS DES ETOFFES S'ECHAPPE UN PARFUM	SINGULIER, UN REVENEZ-Y DE SUMATRA, QUI EST
29	030	D'UNE MANIERE QUELCONQUE L'EXPRESSION	SINGULIERE DE LEURS REGARDS; JE DIRAIS QUE
45	001	A LA VUE DU CIMETIERE, ESTAMINET. --''	SINGULIERE ENSEIGNE. --SE DIT NOTRE PROMENEUR,
28	008	QU'IL AVAIT PARTICULIEREMENT EXAMINEE. ''	SINGULIERE ET MINUTIEUSE REPARTITION!'' ME
12	017	LE PROMENEUR SOLITAIRE ET PENSIF TIRE UN	SINGULIERE IVRESSE DE CETTE UNIVERSELLE
47	078	ES SI GENTIL ET SI BON POUR LES FEMMES! --	SINGULIERE LOGIQUE! ME DIS-JE A MOI-MEME.
13	088	ECOUTAIT EN HOCHANT DOUCEMENT LA TETE.	SINGULIERE VISION! ''A COUP SUR, ME DIS-JE,
38	014	UNE PETITE PERSONNE QUI RESSEMBLAIT	SINGULIEREMENT A LA DEFUNTE, ET QUI, PIETINANT
49	064	JAMAIS SOUPCONNEE DANS UNE MACHINE SI	SINGULIEREMENT DETRAQUEE, ET, AVEC UN REGARD
30	016	ECOUTEZ CETTE PETITE HISTOIRE, OU J'AI ETE	SINGULIEREMENT MYSTIFIE PAR L'ILLUSION LA PLUS
30	041	M'ETONNA QUELQUEFOIS PAR DES CRISES	SINGULIERES DE TRISTESSE PRECOCE, ET QU'IL
31	042	MARQUEE D'UNE VIVACITE ET D'UNE VITALITE	SINGULIERES. ''MOI, JE VAIS VOUS RACONTER
36	017	A UNE FROIDE MARIEE, MAIS LA LUNE	SINISTRE ET ENIVRANTE; SUSPENDUE AU FOND D'UNE
22	013	DE LA NUIT POUR UN SIGNAL DE SABBAT? CETTE	SINISTRE ULULATION NOUS ARRIVE DU NOIR HOSPICE
37	031	QU'ILS NE CONNAISSENT PAS; LES FLEURS	SINISTRES QUI RESSEMBLENT AUX ENCENSOIRS D'UNE
21	024	AVEC DES FIOLES PLEINES DE LIQUEURS	SINISTRES; DE BRILLANTS COUTEAUX ET DES
05	060	L'ALMANACH OU LE CRAYON A MARQUE LES DATES	SINISTRES! ET CE PARFUM D'UN AUTRE MONDE, DONT
10	003	HEURES, NOUS POSSEDERONS LE SILENCE,	SINON LE REPOS. ENFIN! LA TYRANNIE DE LA FACE
13	060	PUIS JAMAIS M'EMPECHER DE JETER UN REGARD,	SINON UNIVERSELLEMENT SYMPATHIQUE, AU MOINS

POEM LINE

39	015	NARBONNE, TOULOUSE, VILLES BENIES DU	SOLEIL, AMOUREUSES ET CHARMANTES! LE TEMPS ET
07	002	VASTE PARC SE PAME SOUS L'OEIL BRULANT DU	SOLEIL, COMME LA JEUNESSE SOUS LA DOMINATION
25	006	DOROTHEE, FORTE ET FIERE COMME LE	SOLEIL, S'AVANCE DANS LA RUE DESERTE, SEULE
19	018	BLANCHEUR D'UN JOLI CHATEAU FRAPPE PAR LE	SOLEIL, SE TENAIT UN ENFANT BEAU ET FRAIS,
14	026	RACORNIS PAR LE VENT, LA PLUIE ET LE	SOLEIL, IL LANCAIENT, AVEC L'APLOMB DES
45	012	ET SI INVITANTE, ET OU REGNAIT UN SI RICHE	SOLEIL. EN EFFET, LA LUMIERE ET LA CHALEUR Y
18	035	AMES DES ARTISTES QUI LES CREERENT. LES	SOLEILS COUCHANTS, QUI COLORENT SI RICHEMENT
05	012	LES FLEURS, COMME LES CIELS, COMME LES	SOLEILS COUCHANTS. SUR LES MURS NULLE
50	118	FOIS RICHE ET FANEE, QUI FAIT PENSER AUX	SOLEILS D'AUTOMNE, A LA BEAUTE DES FEMMES
31	134	INCONNU. LE SOLEIL S'ETAIT COUCHE. LA NUIT	SOLENNELLE AVAIT PRIS PLACE. LES ENFANTS SE
15	018	ET JE ME SOUVIENS QUE CETTE SENSATION	SOLENNELLE ET RARE, CAUSEE PAR UN GRAND
16	018	TOUJOURS LA MEME, UNE HEURE VASTE,	SOLENNELLE, GRANDE COMME L'ESPACE, SANS
05	076	LES SECONDES MAINTENANT SONT FORTEMENT ET	SOLENNELLEMENT ACCENTUEES, ET CHACUNE, EN
22	057	DANS LE COEUR DE L'HOMME AUX HEURES	SOLENNELLES DE LA VIE. ON DIRAIT ENCORE UNE DE
24	013	PLACE POUR ACCROCHER SON IMAGE! DANS CES	SOLENNELLES GALERIES, IL N'Y A PAS UN COIN
14	020	LES BARAQUES QUI SE PAVANENT A CES EPOQUES	SOLENNELLES. ELLES SE FAISAIENT, EN VERITE,
20	052	VOUS DIRE QUE LA DISTRIBUTION, EN CES CAS	SOLENNELS, EST SANS APPEL, ET QU'AUCUN DON NE
27	062	PEUT MONTRER DE SPLENDEURS POUR UNE VRAIE	SOLENNITE. CELLE-LA ETAIT DOUBLEMENT VRAIE,
18	031	UNE PLUS PROFONDE ET PLUS SIGNIFICATIVE	SOLENNITE. SUR DES PANNEAUX LUISANTS, OU SUR
14	002	LE PEUPLE EN VACANCES. C'ETAIT UNE DE CES	SOLENNITES SUR LESQUELLES, PENDANT UN LONG
11	015	''CONSIDERONS BIEN, JE VOUS PRIE, CETTE	SOLIDE CAGE DE FER DERRIERE LAQUELLE S'AGITE,
14	028	MOTS ET DES PLAISANTERIES D'UN COMIQUE	SOLIDE ET LOURD, COMME CELUI DE MOLIERE. LES
50	096	LEUR ESTOMAC D'UNE SOUPE PUISSANTE ET	SOLIDE? ET NE PARDONNEREZ-VOUS PAS UN PEU DE
07	023	DISENT: --''JE SUIS LE DERNIER ET LE PLUS	SOLITAIRE DES HUMAINS, PRIVE D'AMOUR ET
12	017	PAS LA PEINE D'ETRE VISITEES. LE PROMENEUR	SOLITAIRE ET PENSIF TIRE UN SINGULIER IVRESSE
04	005	VILLE FAIT POUR TROUBLER LE CERVEAU DU	SOLITAIRE LE PLUS FORT. AU MILIEU DE CE
24	002	DISAIT: EN SE PROMENANT DANS UN GRAND PARC	SOLITAIRE: ''COMME ELLE SERAIT BELLE DANS UN
50	041	CHIENS CALAMITEUX, SOIT CEUX QUI ERRENT,	SOLITAIRES, DANS LES RAVINES SINUEUSES DES
13	026	APERCU DES VEUVES SUR CES BANCS	SOLITAIRES, DES VEUVES PAUVRES? QU'ELLES
13	103	LE CHAT, SERVIR DE CONFIDENT AUX DOULEURS	SOLITAIRES?
23	000		SOLITUDE
10	038	UN PEU DANS LE SILENCE ET LA	SOLITUDE DE LA NUIT. AMES DE CEUX QUE J'AI
22	046	ETES LA DELIVRANCE D'UNE ANGOISSE! DANS LA	SOLITUDE DES PLAINES, DANS LES LABYRINTHES
23	001	UN GAZETIER PHILANTHROPE ME DIT QUE LA	SOLITUDE EST MAUVAISE POUR L'HOMME; ET A
23	015	PAS L'ACCUSATION LES AMOUREUX DE LA	SOLITUDE ET DU MYSTERE. IL Y A DANS NOS RACES
10	008	SEMBLE QUE CE TOUR DE CLEF AUGMENTERA MA	SOLITUDE ET FORTIFIERA LES BARRICADES QUI ME
02	011	ALORS LA BONNE VIEILLE SE RETIRA DANS SA	SOLITUDE ETERNELLE, ET ELLE PLEURAIT DANS UN
33	008	SUR L'HERBE VERTE D'UN FOSSE, DANS LA	SOLITUDE MORNE DE VOTRE CHAMBRE, VOUS VOUS
23	007	MAIS IL SERAIT POSSIBLE QUE CETTE	SOLITUDE NE FUT DANGEREUSE QUE POUR L'AME
13	040	EVIDEMMENT CONDAMNEE, PAR UNE ABSOLUE	SOLITUDE, A DES HABITUDES DE VIEUX
12	008	ET FECOND, QUI NE SAIT PAS NON PLUS ETRE SEUL DANS	SOLITUDE, NE SAIT PAS NON PLUS ETRE SEUL DANS
03	007	DANS L'IMMENSITE DU CIEL ET DE LA MER!	SOLITUDE, SILENCE, INCOMPARABLE CHASTETE DE
12	007	ET LA PASSION DU VOYAGE. MULTITUDE,	SOLITUDE: TERMES EGAUX ET CONVERTIBLES POUR LE
23	006	S'ENFLAMME MERVEILLEUSEMENT DANS LES	SOLITUDE. MAIS IL SERAIT POSSIBLE QUE CETTE
11	068	INVOQUERAIT L'IDEAL. SI VOUS MEPRISEZ LE	SOLIVEAU (CE QUE JE SUIS MAINTENANT, COMME
20	021	ETAIENT TRES-AFFAIREES; CAR LA FOULE DES	SOLLICITEURS ETAIT GRANDE, ET LE MONDE
28	050	ET UNE BONNE AFFAIRE! GAGNER QUARANTE	SOLS ET LE COEUR DE DIEU; EMPORTER LE PARADIS
11	013	TROUVERONS PEUT-ETRE LE MOYEN, POUR DEUX	SOLS, AU MILIEU D'UNE FETE, ET SANS ALLER BIEN
28	005	GAUCHE DE SA CULOTTE, UNE MASSE DE GROS	SOLS, ET ENFIN, DANS LA DROITE, UNE PIECE
30	099	MALHEUR ET LUI REFUSER CETTE SUPREME ET	SOMBRE CONSOLATION. ENSUITE ELLE ME PRIA DE
20	006	FORT DIVERSES: LES UNES AVAIENT L'AIR	SOMBRE ET RECHIGNE, LES AUTRES, UN AIR FOLATRE
20	048	BEAU ET LA PUISSANCE POETIQUE AU FILS D'UN	SOMBRE GUEUX, CARRIER DE SON ETAT, QUI NE
22	060	DE DANSEUSES, OU UNE GAZE TRANSPARENTE ET	SOMBRE LAISSE ENTREVOIR LES SPLENDEURS
25	016	LA LUMIERE, PROJETTE SUR SON VISAGE	SOMBRE LE FARD SANGLANT DE SES REFLETS. LE
29	016	DE LA VIE; ON Y RESPIRAIT UNE BEATITUDE	SOMBRE, ANALOGUE A CELLE QUE DURENT EPROUVER
22	029	QUE LE JOUR BAISSAIT, PLUS AIGRE, PLUS	SOMBRE, PLUS TAQUIN. INDULGENT ET SOCIABLE
18	033	OU SUR DES CUIRS DORES ET D'UNE RICHESSE	SOMBRE, VIVENT DISCRETEMENT DES PEINTURES
31	088	BESOIN DE PERSONNE. LEURS GRANDS YEUX	SOMBRES SONT DEVENUS TOUT A FAIT BRILLANTS
39	008	EST BREUVAGE, MAGISTERE, SORCELLERIE! EN	SOMME, ELLE EST EXQUISE. LE TEMPS N'A PU
45	034	ET VOUS TROUBLERIEZ MOINS SOUVENT LE	SOMMEIL DE CEUX QUI DEPUIS LONGTEMPS ONT MIS
36	020	LA LUNE PAISIBLE ET DISCRETE VISITANT LE	SOMMEIL DES HOMMES PURS, MAIS LA LUNE ARRACHEE
34	010	''CESSERONS-NOUS DE DORMIR UN	SOMMEIL SECOUE PAR LA LAME, TROUBLE PAR UN
29	126	IMBECILE, JE REPETAIS DANS UN DEMI-	SOMMEIL: ''MON DIEU! SEIGNEUR, MON DIEU!
05	019	NAGE DANS CETTE ATMOSPHERE, OU L'ESPRIT	SOMMEILLANT EST BERCE PAR DES SENSATIONS DE
31	047	EUX, ET, COMME DANS L'AUBERGE OU NOUS NOUS	SOMMES ARRETES, IL N'Y AVAIT PAS ASSEZ DE LITS
05	010	DE REVER; ON LES DIRAIT DOUES D'UNE VIE	SOMNAMBULIQUE, COMME LE VEGETAL ET LE MINERAL.
50	088	DE VETEMENTS A LA FOIS ERAILLES ET	SOMPTUEUX, COIFFES COMME DES TROUBADOURS OU
39	012	D'ENFANT; ET LE TEMPS N'A RIEN ARRACHE DE	SON ABONDANTE CRINIERE D'OU S'EXHALE EN FAUVES
15	057	APPLIQUA TOUTES SES FORCES A ETRANGLER	SON ADVERSAIRE D'UNE MAIN; PENDANT QUE DE
13	079	GRANDE, MAJESTUEUSE, ET SI NOBLE DANS TOUT	SON AIR, QUE JE N'AI PAS SOUVENIR D'AVOIR VU
29	092	D'ANCIENNES RANCUNES.'' IL SE DOUTEUX QUE	SON ALTESSE AIT JAMAIS DONNE UNE SI LONGUE
29	058	DE L'INFATUATION HUMAINE. SUR CE SUJET-LA	SON ALTESSE NE TARISSAIT PAS EN PLAISANTERIES
27	122	BIEN LA MORT. A UN CERTAIN MOMENT, JE VIS	SON ALTESSE SE PENCHER VERS UN PETIT PAGE,
27	055	IL SE TROUVAIT; AU DELA, EXISTAIT-IL DANS	SON AME UNE INTENTION PLUS OU MOINS ARRETEE DE
47	058	QUI PORTE SUR SON VISAGE LA NOIRCEUR DE	SON AME!'' TOUT CELA, PARCE QUE L'AUTRE
51	002	D'OU L'ON PEUT CONTEMPLER LA VILLE EN	SON AMPLEUR, HOPITAL, LUPANAR, PURGATOIRE,
25	005	A DEMI EVEILLE, GOUTE LES VOLUPTES DE	SON ANEANTISSEMENT. CEPENDANT DOROTHEE, FORTE
47	040	PLUS TARD, ME TUTOYANT, ELLE REPRENAIT	SON ANTIENNE, ET ME DISAIT: ''TU ES MEDECIN,
31	093	ECOUTAIT TROP LONGTEMPS. L'UN, EN TRAINANT	SON ARCHET SUR SON VIOLON, SEMBLAIT RACONTER
39	010	DEMARCHE NI L'ELEGANCE INDESTRUCTIBLE DE	SON ARMATURE. L'AMOUR N'A PAS ALTERE LA
27	110	DANS SON POUVOIR DE DESPOTE? HUMILIE DANS	SON ART DE TERRIFIER LES COEURS ET D'ENGOURDIR
09	070	DEVAIT EPROUVER QUELQUE PEINE A OPERER	SON ASCENSION ET ACCROCHER EN MAINT ENDROIT
47	059	CELA, PARCE QUE L'AUTRE N'ETAIT PAS DE	SON AVIS DANS LA MEME AFFAIRE! COMME ON RIAIT
12	004	DE VITALITE, A QUI UNE FEE A INSUFFLE DANS	SON BERCEAU LE GOUT DU TRAVESTISSEMENT ET DU
11	031	DIT-IL, IL NE FAUT PAS MANGER TOUT	SON BIEN EN UN JOUR'', ET SUR CETTE SAGE
49	028	PARTOUT. PUISQUE SOCRATE AVAIT	SON BON DEMON, POURQUOI N'AURAIS-JE PAS MON
31	039	DE REGRET. ''EST-IL BETE, CELUI-LA, AVEC	SON BON DIEU, QUE LUI SEUL PEUT APERCEVOIR!''
20	019	AUSSI BIEN LA SOURCE DE SON MALHEUR QUE DE	SON BONHEUR. LES PAUVRES FEES ETAIENT
47	007	FLOTTANT AU VENT AVEC LES BRIDES DE	SON BONNET. ''--NON; JE NE SUIS PAS MEDECIN.
28	056	JE NE LUI PARDONNERAI JAMAIS L'INEPTIE DE	SON CALCUL. ON N'EST JAMAIS EXCUSABLE D'ETRE
31	023	SECONDES N'ECOUTAIT PLUS LE DISCOURS DE	SON CAMARADE ET OBSERVAIT AVEC UNE FIXITE

	POEM	LINE
DANS UN CABARET, UN MENDIANT ME TENDIT		
DEVANT L'HUMBLE BETE, ET LUI DIT, EN OTANT		
IL EST PERMIS D'EN DOUTER. REGRETTA-T IL		
QUI BATTENT L'ENCLUME. LE CAVALIER ET		
QUE LES APPROCHES DE L'HIVER ALLUMENT DANS		
QUE LE PRINCE FUT PRESQUE FACHE DE TROUVER		
TEL QUI, CRAIGNANT DE TROUVER CHEZ		
LES PRIER D'AJOUTER LEUR APPROBATION A		
ET DES VOLAILLES PIAILLANTES QUE LUI JETTE		
ET IL Y AVAIT AUSSI, DANS LES LIGNES DE		
IRRITE CONTRE LA BETE FEROCE SUSPENDUE A		
A PASSER MA MAIN SUR SES BRAS, SUR		
SUR LES CORDES D'UN PETIT PIANO SUSPENDU A		
BIEN! TIENS! VOILA Z., CELUI QUI DISAIT A		
MON COEUR QU'AFFAIBLI ET DIMINUE, COMME		
AVEC LE HIDEUX VIEILLARD EST REVENU TOUT		
JE VOUS EN PRIE! JE VOUS EN SUPPLIE!''		
CONTINUA DE COURIR AVEC ZELE OU L'APPELAIT		
PEAU ET MOULE EXACTEMENT SA TAILLE LONGUE,		
LE RENVERSANT, IL ACHEVA DE BRISER SOUS		
COURBES. CHACUN D'EUX PORTAIT SUR		
TETE DANS SES CHEVEUX QUI PENDAIENT DANS		
FEROCE SUSPENDUE A SON COU ET COLLEE A		
ME POUSSE, COMME SI J'ETAIS UN BOEUF, AVEC		
DE CETTE MER SI INFINIMENT VARIEE DANS		
ENTERREE, UN JOUR QUE LE PRINTEMPS AGITAIT		
FOU, INCAPABLE DE RECONNAITRE SA FEMME ET		
ET LES PAROLES D'UNE MERE, RELATIVES A		
FARD SANGLANT DE SES REFLETS. LE POIDS DE		
FOLLEMENT, SE MOQUANT DE LA MALADRESSE DE		
PLAIT.'' ET ELLE DESCENDIT MOELLEUSEMENT		
AU FILS D'UN SOMBRE GUEUX, CARRIER DE		
SOUS UN PETIT CHALE USE, PORTAIT DANS TOUT		
S'INCLINANT VERS SA CHERE, SA, DELICIEUSE,		
NOMMONS GENERALEMENT LA VIE, MEME DANS		
TOUT COMPRENDRE, ET QUI AYANT OBTENU POUR		
QUI AVAIT SERVI D'INSTRUMENT A LA MORT DE		
VOULAIT, DISAIT-ELLE, VOIR LE CADAVRE DE		
AU PREMIER QU'ON AURAIT PU LE PRENDRE POUR		
SANS DOUTE SACRIFIER LA MOITIE POUR		
IL Y AVAIT DANS SON OEIL ET DANS		
N'EUT JAMAIS UN THEATRE ASSEZ VASTE POUR		
ET PEUT-ETRE AUSSI UNE GRANDE PARTIE DE		
AVEC SON VISAGE, AVEC SON VETEMENT, AVEC		
PETULANCE LE PEINTRE S'EST DEPOUILLE DE		
DE SA MONNAIE! DANS LA POCHE GAUCHE DE		
JE LE SAISIS D'UNE MAIN PAR LE COLLET DE		
L'AMOUR N'A PAS ALTERE LA SUAVITE DE		
GOUVERNEMENT LES INSURGES QU'IL SOIGNAIT A		
LAISSERAIENT PAS UNE PLACE POUR ACCROCHER		
REPLONGE, ETINCELANT OU MOROSE, DANS		
SUR LE PETIT LAC IMMOBILE, NOIR DE		
LE GROS SATAN TAPAIT AVEC SON POING SUR		
DELICATEMENT SUSPENDU ENTRE SES LEVRES,		
CHERE, SA DELICIEUSE, SON EXECRABLE FEMME,		
NOUS A LA TERRIBLE LOI DU TEMPS ET DE		
DE CE JOUEUR GENEREUX POUR LE REMERCIER DE		
ENFANTS SE SEPARERENT, CHACUN ALLANT, A		
A L'HORIZON, ET QUI PAR SA PETITESSE ET		
COUR, CEPENDANT, POUR UN OEIL CLAIRVOYANT,		
MAIS L'ENFANT NE S'OCCUPAIT PAS DE		
DIT QUE LE SOLEIL IVRE SE VAUTRAIT SUR UN		
UN JOUJOU SPLENDIDE, AUSSI FRAIS QUE		
PAS, EN VERITE, L'EMPECHER DE S'ENIVRER DE		
ET DEVENIR AUSSI BIEN LA SOURCE DE		
SOURIRE, S'APPROCHE ET POSE CURIEUSEMENT		
LES FEES ETAIENT VENUES, CHACUN APPORTANT		
REGARDAIS ATTENTIVEMENT; IL Y AVAIT DANS		
PAS UNE LARME NE SUINTA DU COIN DE		
LONGUE, SON DOS CREUX ET SA GORGE POINTUE.		
A DANSER SUR L'HERBE TERRIFIEE! DANS		
CHAGRIN, ET L'AUTRE, EN FAISANT SAUTILLER		
ELLE ME PRIA DE LUI MONTRER L'ENDROIT OU		
ET MONTRE SA JAMBE LUISANTE ET SUPERBE; ET		
VOUS CROQUERA, VOUS GOBERA ET VOUS TUERA A		
BIEN D'AUTRES. LE GROS SATAN TAPAIT AVEC		
SANS MELANGE. SE SENTAIT-IL VAINCU DANS		
L'ENFANT PAUVRE MONTRAIT A L'ENFANT RICHE		
QU'ELLE N'AVAIT EU PEUR, RELATIVEMENT A		
FEE REPONDIT, AVEC UN APLOMB DIGNE DE		
QUELQUES DROLES DE MA CONNAISSANCE; ET LE		
PRODIGIEUSE REVELATION AVAIT, EN FAISANT		
L'INFINI. GRAND DELICE QUE CELUI DE NOYER		
OU SCINTILLE VAGUEMENT LE MYSTERE, ET		
DONNE LE DESIR DE MOURIR LENTEMENT SOUS		
FANCIOLLE, SECOUE, REVEILLE DANS		
DANS CES TENEBRES PUANTES, DERRIERE		
NOMMEE, QUI EST A LA FOIS L'HONNEUR DE		
EN VOLETANT, AUTOUR DE SES DOIGTS		
QU'IL VINT ME VOIR AVEC SA TROUSSE ET		
PAR L'INVINCIBLE BACCHUS NE SECOUA		
SON CHAPEAU, AVEC UN DE CES REGARDS	49	022
SON CHAPEAU; ''JE VOUS LA SOUHAITE BONNE ET	04	013
SON CHER ET INIMITABLE FANCIOULLE? IL EST DOUX	27	142
SON CHEVAL DONT LA QUEUE EST UN SIFFLET, --ET	19	007
SON COEUR UN FEU NOUVEAU, ET LA SERVILITE DE	39	026
SON COMEDIEN FAVORI PARMI LES REBELLES. LE	27	015
SON CONCIERGE UNE NOUVELLE CHAGRINANTE, RODE	09	006
SON CONTENTEMENT. L'ANE NE VIT PAS CE BEAU	04	016
SON CORNAC. ''ALLONS, DIT-IL, IL NE FAUT PAS	11	030
SON CORPS, LA MOLLESSE DES ANCIENS BACCHUS.	21	012
SON COU ET COLLEE A SON DOS; ON EUT DIT QU'IL	06	021
SON COU ET SUR SES EPAULES. ELLE A LES BRAS ET	31	055
SON COU PAR UNE COURROIE, AVAIT L'AIR DE SE	31	095
SON COURS, EN PARLANT DE X.: ''CE MONSTRE QUI	47	057
SON DE LA CLOCHETTE DES BESTIAUX	15	012
SON DEMONIAQUE CORTEGE DE SOUVENIRS, DE	05	072
SON DESESPOIR L'AVAIT, SANS DOUTE, ME	30	111
SON DEVOIR. POUR MOI, JE FUS PRIS SUBITEMENT	04	018
SON DOS CREUX ET SA GORGE POINTUE. COMME	25	013
SON DOS TOUTE SA PAUVRE FORTUNE AMBULATOIRE	09	085
SON DOS UNE ENORME CHIMERE, AUSSI LOURDE QU'UN	06	005
SON DOS, EPAIS COMME UNE CRINIERE, ET ILS	31	062
SON DOS; ON EUT DIT QU'IL LA CONSIDERAIT COMME	06	022
SON DOUBLE AIGUILLON. --''ET HUE DONC!	05	083
SON EFFRAYANTE SIMPLICITE. ET QUI SEMBLE	34	036
SON ENCENSOIR JUSQUE DANS LES CIMETIERES.	38	008
SON ENFANT; LE SECOND PORTE EN LUI	22	035
SON ENFANT? ET CEPENDANT, ECOUTEZ CETTE PETITE	30	015
SON ENORME CHEVELURE PRESQUE BLEUE TIRE EN	25	017
SON EPOUX, CELUI-CI SE TOURNA BRUSQUEMENT VERS	43	013
SON ESCALIER DE NUAGES, ET PASSA SANS BRUIT A	37	004
SON ETAT, QUI NE POUVAIT, EN AUCUNE FACON,	20	048
SON ETRE UNE FIERTE DE STOICIENNE. ELLE ETAIT	13	038
SON EXECRABLE FEMME, SON INEVITABLE ET	43	019
SON EXPANSION LA PLUS HEUREUSE, N'A RIEN DE	05	036
SON FILS LE MEILLEUR DES LOTS, OSE ENCORE	20	085
SON FILS, ET LE VOULAIT GARDER COMME UNE	30	113
SON FILS. JE NE POUVAIS PAS, EN VERITE,	30	097
SON FRERE JUMEAU. ENSEMBLE ILS ROULERENT SUR	15	048
SON FRERE. LE PREMIER, EXASPERE, EMPOIGNA LE	15	051
SON FRONT CE JE NE SAIS QUOI DE PRECOCEMENT	31	128
SON GENIE. IL Y A DE JEUNES NERONS QUI	27	030
SON GENIE. PLUSIEURS BALLES FRAPPERENT LOIN DU	43	009
SON GESTE, AVEC PRESQUE RIEN, J'AI REFAIT	35	013
SON GILET EN FAVEUR DU POETE, TANT IL A BIEN	50	122
SON GILET IL GLISSA DE PETITES PIECES D'OR;	28	003
SON HABIT, DE L'AUTRE, JE L'EMPOIGNAI A SON	49	048
SON HALEINE D'ENFANT; ET LE TEMPS N'A RIEN	39	011
SON HOPITAL. C'ETAIT LE TEMPS DES EMEUTES,	47	062
SON IMAGE; DANS CES SOLENNELLES GALERIES, IL	24	013
SON IMMENSE BAIN DU SOIR. DEPUIS NOMBRE DE	34	004
SON IMMENSE PROFONDEUR, PASSAIT QUELQUEFOIS	15	014
SON IMMENSE VENTRE, D'OU SORTAIT ALORS UN LONG	21	068
SON IMMORTEL MACARON!'' ARRIERE LA MUSE	50	013
SON INEVITABLE ET IMPITOYABLE MUSE, ET LUI	43	020
SON INFINIE POSTERITE, LES JOURS, LES HEURES,	20	023
SON INOUIE MUNIFICENCE. MAIS PEU A PEU, APRES	29	121
SON INSU, SELON LES CIRCONSTANCES ET LES	31	023
SON ISOLEMENT IMITE MON IRREMEDIABLE	03	009
SON IVRESSE, A LUI, N'ETAIT PAS SANS MELANGE.	27	108
SON JOUJOU PREFERE, ET VOICI CE QU'IL	19	028
SON LONG SUR UN TAPIS DE FLEURS MAGNIFIQUES	45	014
SON MAITRE, VERNI, DORE, VETU D'UNE ROBE	19	026
SON MALHEUR ET LUI REFUSER CETTE SUPREME ET	30	098
SON MALHEUR QUE DE SON BONHEUR. LES PAUVRES	20	019
SON NEZ HUMIDE SUR LE FLACON DEBOUCHE; PUIS,	08	006
SON NOUVEAU-NE DANS SES BRAS. LES DONS, LES	20	011
SON OEIL ET DANS SON FRONT CE JE NE SAIS QUOI	31	128
SON OEIL. J'ATTRIBUAI CETTE ETRANGETE A	30	087
SON OMBRELLE ROUGE, TAMISANT LA LUMIERE,	25	015
SON PETIT FRONT HABITENT LA VOLONTE TENACE ET	36	023
SON PETIT MARTEAU SUR LES CORDES D'UN PETIT	31	094
SON PETIT S'ETAIT PENDU. ''OH! NON! MADAME,	30	100
SON PIED, PAREIL AUX PIEDS DES DEESSES DE	25	023
SON PLAISIR! ''TANT POETE QUE JE SOIS, JE NE	11	070
SON POING SUR SON IMMENSE VENTRE, D'OU SORTAIT	21	068
SON POUVOIR DE DESPOTE? HUMILIE DANS SON ART	27	109
SON PROPRE JOUJOU, QUE CELUI-CI EXAMINAIT	19	038
SON PROPRE POUVOIR, QU'UNE SEULE FOIS, C'ETAIT	29	071
SON RANG: ''JE DONNE A TON FILS... JE LUI	20	075
SON RAUQUE DU CUIVRE APPORTA A MES OREILLES JE	21	107
SON RECIT, LES YEUX ECARQUILLES PAR UNE SORTE	31	067
SON REGARD DANS L'IMMENSITE DU CIEL ET DE LA	03	006
SON REGARD ILLUMINE COMME L'ECLAIR: C'EST UNE	36	010
SON REGARD.	36	032
SON REVE, FERMA D'ABORD LES YEUX, PUIS LES	27	133
SON RIDEAU DECHIQUETE? EN VERITE, JE N'OSAIS;	14	070
SON SEXE, L'ORGUEIL DE MON COEUR ET LE PARFUM	16	013
SON SOUFFLE, AUTOUR DE SA TUNIQUE DE POURPRE	21	019
SON TABLIER, MEME AVEC UN PEU DE SANG	47	101
SON THYRSE SUR LES TETES DE SES COMPAGNES	32	024

POEM LINE

POEM	LINE		
25	010	NOIRE. ELLE S'AVANCE, BALANCANT MOLLEMENT	SON TORSE SI MINCE SUR SES HANCHES SI LARGES.
15	056	GRIFFES DANS LES YEUX DE L'USURPATEUR; A	SON TOUR CELUI-CI APPLIQUA TOUTES SES FORCES A
42	078	SE MIRENT A RIRE, ET UN TROISIEME DIT A	SON TOUR: ''MESSIEURS, J'AI CONNU DES
28	039	JOURS. ET AINSI MA FANTAISIE ALLAIT	SON TRAIN, PRETANT DES AILES A L'ESPRIT DE MON
21	077	CE QUI REMPLACE TOUT!'' ET IL TAPA SUR	SON VENTRE MONSTRUEUX, DONT L'ECHO SONORE FIT
35	012	QUI NE SORT JAMAIS. AVEC SON VISAGE, AVEC	SON VETEMENT, AVEC SON GESTE, AVEC PRESQUE
27	120	OSTENSIBLEMENT LES TALENTS DE	SON VIEIL AMI, L'ETRANGE BOUFFON, QUI
31	093	L'UN, EN TRAINANT SON ARCHET SUR	SON VIOLON, SEMBLAIT RACONTER UN CHAGRIN, ET
47	058	PARLANT DE X.: ''CE MONSTRE QUI PORTE SUR	SON VISAGE LA NOIRCEUR DE SON AME!'' TOUT
25	016	ROUGE, TAMISANT LA LUMIERE, PROJETTE SUR	SON VISAGE SOMBRE LE FARD SANGLANT DE SES
35	012	QUELQUE CHOSE, ET QUI NE SORT JAMAIS. AVEC	SON VISAGE, AVEC SON VETEMENT, AVEC SON GESTE,
30	055	PENCHEE CONVULSIVEMENT SUR UNE EPAULE;	SON VISAGE, BOURSOUFLE, ET SES YEUX, TOUT
13	082	VERTU EMANAIT DE TOUTE SA PERSONNE.	SON VISAGE, TRISTE ET AMAIGRI, ETAIT EN
31	096	AVAIT L'AIR DE SE MOQUER DE LA PLAINTE DE	SON VOISIN, TANDIS QUE LE TROISIEME CHOQUAIT
47	065	FAMEUX MEDECIN ANGLAIS; JE L'AI ATTRAPE A	SON VOYAGE A PARIS. IL A L'AIR D'UNE
15	027	INCURABLE RENOUVELANT SES EXIGENCES, JE	SONGEAI A REPARER LA FATIGUE ET A SOULAGER
24	031	NUIT, POUR SERVIR D'ACCOMPAGNEMENT A MES	SONGES, LE CHANT PLAINTIF DES ARBRES A
18	030	PLUS DE PENSEES, OU LES HORLOGES	SONNENT LE BONHEUR AVEC UNE PLUS PROFONDE ET
50	127	MANTEAU DE COUR, EN ECHANGE D'UN PRECIEUX	SONNET OU D'UN CURIEUX POEME SATIRIQUE. ET
07	020	ET RIDICULE, COIFFE DE CORNES ET DE	SONNETTES, TOUT RAMASSE CONTRE LE PIEDESTAL,
21	077	SUR SON VENTRE MONSTRUEUX, DONT L'ECHO	SONORE FIT LE COMMENTAIRE DE SA GROSSIERE
29	019	ILS SENTIRENT NAITRE EN EUX, AUX	SONS ASSOUPISSANTS DES MELODIEUSES CASCADES,
30	001	''LES ILLUSIONS, --ME DISAIT MON AMI, --	SONT AUSSI INNOMBRABLES PEUT-ETRE QUE LES
31	014	CEINTURE. AH! C'EST BIEN BEAU! LES FEMMES	SONT BIEN PLUS BELLES ET BIEN PLUS GRANDES QUE
07	005	PAR AUCUN BRUIT; LES EAUX ELLES-MEMES	SONT COMME ENDORMIES. BIEN DIFFERENTE DES
06	027	AVEC LA PHYSIONOMIE RESIGNEE DE CEUX QUI	SONT CONDAMNES A ESPERER TOUJOURS. ET LE
24	041	SI PRES DE MOI. LE PLAISIR ET LE BONHEUR	SONT DANS LA PREMIERE AUBERGE VENUE, DANS
47	091	N'AVAIT PAS LE SOU, PARCE QUE SES PARENTS	SONT DES PAUVRES QUI NE PEUVENT RIEN LUI
21	051	LES CHAINES DONT TES PIEDS SONT EMPETRES,	SONT DES SYMBOLES QUI EXPLIQUENT ASSEZ
36	009	INSPIRE EST NOCTURNE ET PROFOND. SES YEUX	SONT DEUX ANTRES OU SCINTILLE VAGUEMENT LE
31	088	DE PERSONNE. LEURS GRANDS YEUX SOMBRES	SONT DEVENUS TOUT A FAIT BRILLANTS PENDANT
40	007	DE QUATRE-VINGT-NEUF, TOUS LES HOMMES	SONT EGAUX EN DROITS; DONC JE POSSEDE LE DROIT
21	050	EQUIVOQUES, LES CHAINES DONT TES PIEDS	SONT EMPETRES, SONT DES SYMBOLES QUI
18	087	L'ORIENT, ILS RENTRENT AU PORT NATAL, CE	SONT ENCORE MES PENSEES ENRICHIES QUI
31	119	ONT BU CHACUN UNE TASSE D'EAU-DE-VIE ET SE	SONT ENDORMIS, LE FRONT TOURNE VERS LES
18	011	LE DESORDRE, LA TURBULENCE ET L'IMPREVU	SONT EXCLUS; OU LE BONHEUR EST MARIE AU
47	125	SAIT POURQUOI ILS EXISTENT; COMMENT ILS SE	SONT FAITS ET COMMENT ILS AURAIENT PU NE PAS
05	075	JE VOUS ASSURE QUE LES SECONDES MAINTENANT	SONT FORTEMENT ET SOLENNELLEMENT ACCENTUEES,
10	019	UNE VINGTAINE DE PERSONNES, DONT QUINZE ME	SONT INCONNUES; AVOIR DISTRIBUE DES POIGNEES
26	055	QUAND VOUS ME DITES: ''CES GENS-LA ME	SONT INSUPPORTABLES AVEC LEURS YEUX OUVERTS
21	122	EN EST AINSI, FUYONS VERS LES PAYS QUI	SONT JAMAIS REVENUS.
48	014	SANS DOUTE FORTEMENT OFFENSES, CAR ILS NE	SONT LES ANALOGIES DE LA MORT. -- JE TIENS
50	019	ET POUILLEUX, EXCEPTE LE PAUVRE DONT ILS	SONT LES ASSOCIES, ET LE POETE QUI LES REGARDE
30	090	CONNUE: ''LES DOULEURS LES PLUS TERRIBLES	SONT LES DOULEURS MUETTES.'' QUANT AU PERE, IL
37	033	ET LES ANIMAUX SAUVAGES ET VOLUPTUEUX QUI	SONT LES EMBLEMES DE LEUR FOLIE.'' ET C'EST
22	011	OU D'UNE TEMPETE QUI S'EVEILLE. QUELS	SONT LES INFORTUNES QUE LE SOIR NE CALME PAS,
32	004	PRETRESSES CELEBRANT LA DIVINITE DONT ILS	SONT LES INTERPRETES ET LES SERVITEURS. MAIS
11	043	ENTIERE, COMME LE FER QU'ON BAT. ''TELLES	SONT LES MOEURS CONJUGALES DE CES DEUX
13	008	ET DES OISIFS. ''LES RETRAITES OMBREUSES	SONT LES RENDEZ-VOUS DES ECLOPPES DE LA VIE.
50	057	LE BESOIN OU LE DEVOIR. COMME NOUS, ILS SE	SONT LEVES DE BON MATIN, ET ILS CHERCHENT LEUR
18	081	LES CHANTS MONOTONES DE LA MANOEUVRE, CE	SONT MES PENSEES QUI DORMENT OU QUI ROULENT
31	102	ONT CHARGE LEUR BAGAGE SUR LEUR DOS, ET	SONT PARTIS. MOI, VOULANT SAVOIR OU ILS
26	042	OU PEUVENT SEULS ENTRER LES GENS QUI NE	SONT PAS COMME NOUS.'' --QUANT AUX YEUX DU
09	090	EN BEAU!'' CES PLAISANTERIES NERVEUSES NE	SONT PAS SANS PERIL, ET ON PEUT SOUVENT LES
37	030	INFORME ET MULTIFORME, LE LIEU OU ILS	SONT PAS, LA FEMME QU'ILS NE CONNAISSENT PAS,
03	001	QUE LES FINS DE JOURNEES D'AUTOMNE	SONT PENETRANTES! AH! PENETRANTES JUSQU'A LA
24	047	HEURE OU LES CONSEILS DE LA SAGESSE NE	SONT PLUS ETOUFFES PAR LES BOURDONNEMENTS DE
44	006	''!--TOUTES CES FANTASMAGORIES	SONT PRESQUE AUSSI BELLES QUE LES YEUX DE MA
10	018	QUI IMPLIQUE QUE TOUS LES AUTRES JOURNAUX	SONT REDIGES PAR DES COQUINS; AVOIR SALUE UNE
37	008	SES COULEURS SUR TA FACE. TES PRUNELLES EN	SONT RESTEES VERTES, ET TES JOUES
37	010	CETTE VISITEUSE QUE TES YEUX SE	SONT SI BIZARREMENT AGRANDIS; ET ELLE T'A SI
27	066	ROLES MUETS OU PEU CHARGES DE PAROLES, QUI	SONT SOUVENT LES PRINCIPAUX DANS CES DRAMES
18	036	RICHEMENT LA SALLE A MANGER OU LE SALON,	SONT TAMISES PAR DE BELLES ETOFFES OU PAR CES
49	010	ET DE CEUX QUI LEUR PERSUADENT QU'ILS	SONT TOUS DES ROIS DETRONES. --ON NE TROUVERA
50	072	MAIS FIERE ET RECONNAISSANTE. ET ILS	SONT TOUS TRES-EXACTS, SANS CARNETS, SANS
25	054	PUIS ENCORE SI LES BELLES DAMES DE PARIS	SONT TOUTES PLUS BELLES QU'ELLE. DOROTHEE EST
41	004	DE LA MER, LE SCINTILLEMENT DES PHARES,	SONT UN PRISME MERVEILLEUSEMENT PROPRE A
18	039	EN NOMBREUX COMPARTIMENTS. LES MEUBLES	SONT VASTES, CURIEUX, BIZARRES, ARMES DE
27	148	JUSTEMENT APPRECIES DANS DIFFERENTS PAYS,	SONT VENUS JOUER DEVANT LA COUR DE...; MAIS
21	005	ET COMMUNIQUE EN SECRET AVEC LUI. ET ILS	SONT VENUS SE POSER GLORIEUSEMENT DEVANT MOI,
09	031	CEUX QUI ELLE SE MANIFESTE SI OPINEMENT	SONT, EN GENERAL, COMME JE L'AI DIT, LES
49	072	ET ME RELEVANT AVEC LA SATISFACTION D'UN	SOPHISTE DU PORTIQUE, JE LUI DIS:''MONSIEUR,
39	008	DU CIEL, VAINCUE ET REVOLTEE; QUE LES	SORCELLERIE! EN SOMME, ELLE EST EXQUISE. LE
36	021	QUI SURVEILLENT, AVEC UNE ATTENTION DE	SORCIERES THESSALIENNES CONTRAIGNENT DUREMENT
50	089	IL Y A, NE DOIT PAS ADMETTRE L'ECONOMIE	SORCIERS, L'OEUVRE SANS NOM QUI MITONNE SUR LE
13	090	DONNE L'ENJEU QUE VOUS AURIEZ GAGNE SI LE	SORDIDE; UN SI NOBLE VISAGE M'EN REPOND.
29	103	PENCHEE SUR QUELQUE CHOSE, ET QUI NE	SORT AVAIT ETE POUR VOUS, C'EST-A-DIRE LA
35	012	ETAIENT LES INSUPPORTABLES REFRAINS QUI	SORT JAMAIS. AVEC SON VISAGE, AVEC SON
42	039	SON POING SUR SON IMMENSE VENTRE, D'OU	SORTAIENT DE CETTE BOUCHE D'OU JE N'AURAIS
21	069	DE LA BEAUTE. ET PUIS, SURTOUT, IL Y A UNE	SORTAIT ALORS UN LONG ET RETENTISSANT
41	010	SON RECIT, LES YEUX ECARQUILLES PAR UNE	SORTE DE PLAISIR MYSTERIEUX ET ARISTOCRATIQUE
31	067	BEAU JOUR ELLE S'EST MISE A LA CHIMIE; DE	SORTE DE STUPEFACTION DE CE QU'IL EPROUVAIT
42	046	IRONIQUE DE MA PROPRE CONSCIENCE, DE	SORTE QU'ENTRE MA BOUCHE ET LA SIENNE JE
42	129	DE CES COTES, RICHES EN VERDURES DE TOUTE	SORTE QUE JE NE POUVAIS PAS ME PERMETTRE UN
34	025	TOUTEFOIS, CES PENSEES, QU'ELLES	SORTE, S'EXHALAIT, JUSQU'A PLUSIEURS LIEUES,
03	016	LE POIL POSTICHE? AUSSI LES YEUX LUI	SORTENT DE MOI OU S'ELANCENT DES CHOSES,
11	040	NOUS BUMES OUTRE MESURE DE TOUTES	SORTENT MAINTENANT DE LA TETE; ELLE HURLE PLUS
29	036	IL FUT CULBUTE PAR UN AUTRE PETIT SAUVAGE,	SORTES DE VINS EXTRAORDINAIRES, ET, CHOSE NON
15	047	LE PLAISIR, SANS CESSE RENAISSANT, DE	SORTI JE NE SAIS D'OU; EST PARFAITEMENT
21	042	QUI NE SOIENT PAS COUPABLES! QUAND VOUS	SORTIR DE TOI-MEME POUR T'OUBLIER DANS AUTRUI;
19	003		SORTIREZ LE MATIN AVEC L'INTENTION DECIDEE DE

QUELQUE CHOSE D'INFINIMENT VAGUE. ET JE
DE LE RENVOYER A SES PARENTS. PUIS JE
SUR DE PLAIRE, TURBULENT COMME UN ENFANT,
A Z...! C'EST LE PLUS LOURD, LE PLUS
FUT-CE QUE POUR HUMILIER UN INSTANT LEUR
ENNUI, EST BIEN LE MIEN. VOICI LES MEUBLES
PLUS SENSIBLE QUE TOUT AUTRE A L'ENERVANTE
M'APPARAISSAIT COMME UNE TUTELLE. QUE DE
CAMARADES M'ONT DIT QU'IL N'AVAIT PAS LE
CARABINES, TURBULENTS VIVANTS, QUI VOUS
CETTE VISION. JE CHERCHAI A ANALYSER MA
DE CE PAUVRE HOMME D'UNE HAINE AUSSI
FACULTE LA NATURE M'A FAIT CADEAU!) ENTRA
SUR LE FLACON DEBOUCHE; PUIS, RECULANT
J'AI GARDE CES LETTRES. ''ET ALORS,
ET JE ME COUCHE, FIER D'AVOIR VECU ET
DE LA FAMILLE!'' JE PUIS, QUAND LE VENT
EN VOLETANT, AUX ARDEURS DE SON
DANS LA VOLUPTE CREE UN MALAISE ET UNE
QUE L'APPROCHE DE LA TERRE EXASPERAIT LEUR
--MOI, DIT LE QUATRIEME, J'AI ENDURE DES
NOIR OU LUMINEUX VIT LA VIE, REVE LA VIE,
DIRAIT, A VOUS ENTENDRE SOUPIRER, QUE VOUS
DESIR DE CHANGER DE LIT. CELUI-CI VOUDRAIT
LEUR CANDEUR.. JUGEZ DONC COMBIEN J'AI DU
ME REVOLTENT... AH! FAUT-IL ETERNELLEMENT
DE LA FACE HUMAINE A DISPARU, ET JE NE
DIT, EN OTANT SON CHAPEAU: ''JE VOUS LA
LA CHEMINEE SANS FLAMME ET SANS BRAISE,
RIDEAUX, DES COUVERTURES TRAINANTES ET
ET INCONNU. OR, CE JOUJOU, QUE LE PETIT
POUR VOUS, C'EST-A-DIRE LA POSSIBILITE DE
JE SONGEAI A REPARER LA FATIGUE ET A
EN AUCUNE FACON, AIDER LES FACULTES, NI
FANTAISIE VOUS L'ORDONNERA! VOUS VOUS
DE TEMPS EN TEMPS LA BRISE DE MER
BIEN QU'ELLE SOIT LIBRE, ELLE S'AVANCE AUSSI
PLACE ENTRE L'HOMME ET DIEU, EST
A QUATRE PATTES, ESCLAVES COMPLAISANTS,
QUI ETAIT BIEN LA PLUS DOUCE, LA PLUS
AVEC UNE ENERGIE QUE JE N'AURAIS JAMAIS
LA
ROUTE SANS AVOIR LESTE LEUR ESTOMAC D'UNE
LA GROSSE PART ET MANGE A LUI SEUL PLUS DE
''--ALLEZ- VOUS BIENTOT MANGER VOTRE
UN GRAND FEU, DES FAIENCES VOYANTES, UN
LES HORLOGES, ET CEPENDANT LEGERE COMME UN
D'UNE PARFUMERIE; ET A CHAQUE FOIS QU'IL
LE MORCEAU DE PAIN. ET JE L'ENTENDIS
ET SANS PITIE; ON DIRAIT, A VOUS ENTENDRE
EN QUI GRONDENT ENCORE LES DERNIERS
A LA PORTE DES CABARETS. ''SI AU MOINS VOS
A CE CANAPE, QUE VOUS EN TIRERIEZ PLUS DE
PEUVENT SIGNIFIER POUR MOI TOUS CES PETITS
ELLE S'ETENDIT SUR TOI AVEC LA TENDRESSE
SA DESTINEE ET DEVENIR AUSSI BIEN LA
BIZARRE AFFECTION DE L'ENNUI, QUI EST LA
COMME UN HOMME ALTERE DANS L'EAU D'UNE
DANS LE BOURDONNEMENT D'UNE SYMPHONIE EN
HARMONIEUSEMENT. HEUREUSE DE VIVRE ET
COMEDIENS? QUE DE FOIS J'AI CONTEMPLE,
N'AVAIT NI CET AIR A LA FOIS TRAGIQUE ET
MON AME RESTE MUETTE. ''BATAVIA TE
HEUREUSE DE VIVRE ET SOURIANT D'UN BLANC
LE SIGNE CORRESPONDANT DU RIRE ET DU
ESPIEGLE DU JOLI ENFANT S'ILLUMINA D'UN
SE LEVANT ET EN ME CONGEDIANT AVEC UN BON
SES JEUX, SES ALLURES, SES COLERES ET SES
SI PLEIN DE DEGOUT, UN SEUL OBJET CONNU ME
RUE DESERTE, SEULE VIVANTE A CETTE HEURE
ADMIRABLE JOURNEE! LE VASTE PARC SE PAME
ENCORE A L'HORIZON COMME L'AGONIE DU JOUR
A TRAVERS LA NEIGE, A TRAVERS LA CROTTE,
SERIEUX NE TEMOIGNAIT D'AUCUN DESESPOIR;
BRULANT DU SOLEIL, COMME LA JEUNESSE
LA CROTTE. SOUS LA CANICULE MORDANTE,
DE LA MORT, IL ENTENDIT UNE VOIX CHUCHOTER
DE LA FANTAISIE QUI NE S'ALLUMENT BIEN QUE
DES PRINCESSES, SAUTAIENT ET CABRIOLAIENT
JE SENTIS UN BRAS QUI SE COULAIT DOUCEMENT
AMORTIES D'UNE JUPE ECLATANTE, COMME
ON SE SERT D'UNE FORMULE QUI IMPLIQUE QUE
LES CHIENS EUX-MEMES GEMISSENT DE DOULEUR
D'UNE SYMPHONIE EN SOURDINE. ALORS,
MAIS L'ENFANT EPOUVANTE SE DEBATTAIT
J'ARRIVAIS A L'EXTREMITE DU FAUBOURG,
SE PRELASSAIENT MAJESTUEUSEMENT
ILS VIENNENT. ILS TROTTENT. ILS PASSENT
NUEES QUI DEFILAIENT AU FOND DES ABIMES
CE JOUR INCONNU. --TA PATRIE? --J'IGNORE
LE CHOC LE RENVERSANT, IL ACHEVA DE BRISER

	POEM	LINE
SORTIS AVEC UNE GRANDE SOIF. CAR LE GOUT	49	018
SORTIS, ET MES AFFAIRES ME RETINRENT ASSEZ	30	046
SOT COMME UNE LORETTE. QUELQUEFOIS HARGNEUX ET	50	025
SOT ET LE PLUS CELEBRE DE TOUS MES AUTEURS,	10	027
SOT ORGUEIL, QU'IL EST DES BONHEURS SUPERIEURS	12	031
SOTS, POUDREUX, ECORNES; LA CHEMINEE SANS	05	056
SOTTISE, A L'IRRITANTE MEDIOCRITE DES FEMMES.	42	029
SOTTISES ELLE M'A EMPECHE DE FAIRE, QUE JE	42	133
SOU, PARCE QUE SES PARENTS SONT DES PAUVRES	47	091
SOUCIEZ SI PEU DES DEFUNTS ET DE LEUR DIVIN	45	026
SOUDAINE DOULEUR. ET JE ME DIS: JE VIENS DE	14	078
SOUDAINE QUE DESPOTIQUE. ''--HE! HE!'' ET JE	09	066
SOUDAINEMENT AVEC EFFROI, IL ABOIE CONTRE MOI,	08	007
SOUDAINEMENT CETTE IDEE QU'UNE PAREILLE	28	026
SOUDAINEMENT, UNE LUEUR SE FIT DANS MON	30	133
SOUFFERT DANS D'AUTRES QUE MOI-MEME. PEUT-ETRE	35	018
SOUFFLE DE LA-HAUT, BERCER MA PENSEE ETONNEE A	22	018
SOUFFLE. AUTOUR DE SA TUNIQUE DE POURPRE ETAIT	21	019
SOUFFRANCE POSITIVE. MES NERFS TROP TENDUS NE	03	018
SOUFFRANCE. ''QUAND DONC'', DISAIENT-ILS,	34	009
SOUFFRANCES ATROCES PAR LE CONTRAIRE DE CE	42	106
SOUFFRE LA VIE. PAR DELA DES VAGUES DE TOITS,	35	008
SOUFFREZ PLUS QUE LES GLANEUSES SEXAGENAIRES	11	003
SOUFFRIR EN FACE DU POELE, ET CELUI-LA CROIT	48	003
SOUFFRIR PAR MA DERNIERE MAITRESSE. ''C'ETAIT	42	031
SOUFFRIR, OU FUIR ETERNELLEMENT LE BEAU?	03	024
SOUFFRIRAI PLUS QUE PAR MOI-MEME. ENFIN! IL	10	005
SOUHAITE BONNE ET HEUREUSE!'' PUIS SE RETOURNA	04	013
SOUILLEE DE CRACHATS; LES TRISTES FENETRES OU	05	057
SOUILLEES DE PUNAISES; DEUX CHAISES DE PAILLE,	50	083
SOUILLON AGACAIT, AGITAIT ET SECOUAIT DANS UNE	19	040
SOULAGER ET DE VAINCRE, PENDANT TOUTE VOTRE	29	104
SOULAGER L'APPETIT CAUSES PAR UNE SI LONGUE	15	027
SOULAGER LES BESOINS DE SA DEPLORABLE	20	050
SOULEREZ DE VOLUPTES, SANS LASSITUDE, DANS DES	29	114
SOULEVE PAR LE COIN SA JUPE FLOTTANTE ET	25	021
SOULIERS. ELLE S'AVANCE AINSI,	25	028
SOUMIS COMME NOUS A LA TERRIBLE LOI DU TEMPS	20	022
SOUMIS OU DEVOUES, QUE LE DICTIONNAIRE	50	103
SOUMISE A LA PLUS DEVOUEE DES CREATURES, ET	42	063
SOUPCONNEE DANS UNE MACHINE SI SINGULIEREMENT	49	063
SOUPE ET LES NUAGES	44	000
SOUPE PUISSANTE ET SOLIDE? ET NE	50	096
SOUPE QUE QUATRE COMEDIENS? QUE DE FOIS J'AI	50	100
SOUPE, S... B..... DE MARCHAND DE NUAGES?''	44	013
SOUPER PASSABLE, UN VIN RUDE, ET UN LIT TRES-	24	043
SOUPIR, RAPIDE COMME UN COUP D'OEIL, ET SI	16	021
SOUPIRAIT; DES INSECTES MUSQUES	21	018
SOUPIRER, D'UNE VOIX BASSE ET RAUQUE, LE MOT:	15	037
SOUPIRER, QUE VOUS SOUFFREZ PLUS QUE LES	11	002
SOUPIRS D'UN ORAGE, ET QUI RECULENT LOIN DU	13	006
SOUPIRS EXPRIMAIENT LE REMORDS, ILS VOUS	11	006
SOUPIRS QUE N'EN TIRAIENT DU SEIN DE MA	42	068
SOUPIRS QUI GONFLENT VOTRE POITRINE PARFUMEE,	11	006
SOUPLE D'UNE MERE, ET ELLE DEPOSA SES COULEURS	37	006
SOURCE DE SON MALHEUR QUE DE SON BONHEUR. LES	20	009
SOURCE DE TOUTES VOS MALADIES ET DE TOUS VOS	29	105
SOURCE, ET LES AGITER AVEC MA MAIN COMME UN	17	003
SOURDINE. ALORS, SOUS LE SOLEIL QUI LUI	45	021
SOURIANT D'UN BLANC SOURIRE, COMME SI ELLE	25	030
SOURIANT ET ATTENDRI; TOUS LES PHILOSOPHES A	50	101
SOURIANT, NI CES BELLES MANIERES INSINUANTES,	21	055
SOURIRAIT PEUT-ETRE DAVANTAGE? NOUS Y	48	025
SOURIRE, COMME SI ELLE APERCEVAIT AU LOIN DANS	25	030
SOURIRE, S'APPROCHE ET POSE CURIEUSEMENT SON	08	006
SOURIRE; ET PUIS IL QUITTA VIVEMENT LA LOGE	27	124
SOURIRE. SI CE N'EUT ETE LA CRAINTE DE	29	118
SOURIRES; LES HUMEURS, LES AGONIES ET LES	34	038
SOURIT: LA FIOLE DE LAUDANUM; UNE VIEILLE ET	05	047
SOUS L'IMMENSE AZUR, ET FAISANT SUR LA LUMIERE	25	008
SOUS L'OEIL BRULANT DU SOLEIL, COMME LA	07	002
SOUS L'OPPRESSION VICTORIEUSE DE SA NUIT, LES	22	052
SOUS LA CANICULE MORDANTE, SOUS LA PLUIE	50	053
SOUS LA COUPOLE SPLEENETIQUE DU CIEL, LES	06	014
SOUS LA DOMINATION DE L'AMOUR. L'EXTASE	07	003
SOUS LA PLUIE RUISSELANTE, ILS VONT, ILS	50	054
SOUS LA TOMBE OU IL S'ETAIT ASSIS. ET CETTE	45	024
SOUS LE DEUIL PROFOND DE LA NUIT.	22	065
SOUS LE FEU DES LANTERNES QUI REMPLISSAIENT	14	034
SOUS LE MIEN, ET J'ENTENDIS UNE VOIX QUI ME	47	003
SOUS LE NOIR PRESENT TRANSPERCE LE DELICIEUX	22	062
SOUS LE PERSONNAGE SE LAISSE ENCORE DEVINER LE	27	073
SOUS LE SOLEIL DU NORD, QUEL PUISSANT	25	034
SOUS LE SOLEIL QUI LUI CHAUFFAIT LE CERVEAU ET	45	022
SOUS LES CARESSES DE LA BONNE FEMME DECREPITE,	02	016
SOUS LES ECLAIRS DU GAZ, JE SENTIS UN BRAS QUI	47	001
SOUS LES MAILLOTS LAVES LA VEILLE POUR LA	14	031
SOUS LES VOITURES, EXCITES PAR LES PUCES, LA	50	055
SOUS MES PIEDS; MON AME ME SEMBLAIT AUSSI	15	008
SOUS QUELLE LATITUDE ELLE EST SITUEE. --LA	01	008
SOUS SON DOS TOUTE SA PAUVRE FORTUNE	09	085

POEM LINE

POEM	LINE		
36	032	DONNE LE DESIR DE MOURIR LENTEMENT	SOUS SON REGARD.
30	125	DEMI-PLAISANT, COMME CHERCHANT A DEGUISER	SOUS UN APPARENT BADINAGE LA SINCERITE DE LA
13	048	ET PERSONNEL. ENFIN, DANS L'APRES-MIDI,	SOUS UN CIEL D'AUTOMNE CHARMANT, UN DE CES
31	002	AUTOMNAL SEMBLAIENT S'ATTARDER A PLAISIR,	SOUS UN CIEL DEJA VERDATRE OU DES NUAGES D'OR
06	001		SOUS UN GRAND CIEL GRIS, DANS UNE GRANDE
13	037	DE CETTE ESPECE; CELLE-LA ROIDE, DROITE,	SOUS UN PETIT CHALE USE, PORTAIT DANS TOUT SON
19	034	DU CONNAISSEUR DEVINE UNE PEINTURE IDEALE	SOUS UN VERNIS DE CARROSSIER, IL LE NETTOYAIT
09	002	FAIT IMPROPRES A L'ACTION, QUI CEPENDANT,	SOUS UNE IMPULSION MYSTERIEUSE ET INCONNUE,
31	101	DISPERSEE. ENFIN ILS ONT RAMASSE LEURS	SOUS, ONT CHARGE LEUR BAGAGE SUR LEUR DOS, ET
10	040	DE CEUX QUE J'AI CHANTES, FORTIFIEZ-MOI,	SOUTENEZ-MOI, ELOIGNEZ DE MOI LE MENSONGE ET
30	061	TOMBER SUR LE SOL. IL FALLAIT LE	SOUTENIR TOUT ENTIER AVEC UN BRAS, ET, AVEC LA
29	008	JE DESCENDIS DERRIERE LUI DANS UNE DEMEURE	SOUTERRAINE, EBLOUISSANTE, OU ECLATAIT UN LUXE
49	074	DE PARTAGER AVEC MOI MA BOURSE; ET	SOUVENEZ- VOUS, SI VOUS ETES REELLEMENT
29	090	INNEE NE SAURAIT ETEINDRE TOUT A FAIT LE	SOUVENIR D'ANCIENNES RANCUNES.'' IL EST
13	079	NOBLE DANS TOUT SON AIR, QUE JE N'AI PAS	SOUVENIR D'AVOIR VU SA PAREILLE DANS LES
21	108	APPORTA A MES OREILLES JE NE SAIS QUEL	SOUVENIR D'UNE TROMPETTE PROSTITUEE. AUSSI JE
29	078	DE VOUS PERSUADER QU'IL N'EXISTE PAS!'' LE	SOUVENIR DE CE CELEBRE ORATEUR NOUS CONDUISIT
47	107	MOI, M'OBSTINANT, JE REPRIS: ''PEUX-TU TE	SOUVENIR DE L'EPOQUE ET DE L'OCCASION OU EST
15	010	COUPOLE DU CIEL DONT J'ETAIS ENVELOPPE; SE	SOUVENIR DES CHOSES TERRESTRES N'ARRIVAIT A
21	092	DE SA VOIX, DANS LAQUELLE JE RETROUVAIS LE	SOUVENIR DES CONTRALTI LES PLUS DELICIEUX ET
29	026	DES PAYS DONT IL M'ETAIT IMPOSSIBLE DE ME	SOUVENIR EXACTEMENT, ET QUI M'INSPIRAIENT
47	112	ET MEME, AUTANT QUE JE PEUX ME	SOUVENIR, EN DETOURNANT LES YEUX: ''JE NE SAIS
29	098	''JE VEUX QUE VOUS GARDIEZ DE MOI UN BON	SOUVENIR, ET VOUS PROUVER QUE MOI, DONT ON DIT
21	048	MOI. BIEN QUE J'AIE QUELQUE HONTE A ME	SOUVENIR, JE NE VEUX RIEN OUBLIER; ET QUAND
17	005	UN MOUCHOIR ODORANT, POUR SECOUER DES	SOUVENIRS DANS L'AIR. SI TU POUVAIS SAVOIR
05	072	EST REVENU TOUT SON DEMONIAQUE CORTEGE DE	SOUVENIRS, DE REGRETS, DE SPASMES, DE PEURS,
13	050	DESCENDENT EN FOULE LES REGRETS ET LES	SOUVENIRS, ELLE S'ASSIT A L'ECART DANS UN
17	034	ET REBELLES. IL ME SEMBLE QUE JE MANGE DES	SOUVENIRS.
50	048	SEUL, ET SAINTE-BEUVE PEUT-ETRE, NOUS NOUS	SOUVENONS ENCORE AUJOURD'HUI. OU VONT LES
29	012	PARUT SINGULIER QUE J'EUSSE PU PASSER SI	SOUVENT A COTE DE CE PRESTIGIEUX REPAIRE SANS
48	020	DANS CETTE CONTREE DONT TU AS	SOUVENT ADMIRE L'IMAGE DANS LES MUSEES. QUE
20	066	DEITES IMPALPABLES, AMIES DE L'HOMME, ET	SOUVENT CONTRAINTES DE S'ADAPTER A SES
11	072	LE CROIRE, ET SI VOUS ME FATIGUEZ TROP	SOUVENT DE VOS PRECIEUSES PLEURNICHERIES, JE
05	031	L'IMPRUDENT QUI LES CONTEMPLE. JE LES AI	SOUVENT ETUDIEES, CES ETOILES NOIRES QUI
29	043	L'AME EST UNE CHOSE SI IMPALPABLE, SI	SOUVENT INUTILE ET QUELQUEFOIS SI GENANTE, QUE
45	034	VIVANTS, ET VOUS TROUBLERIEZ MOINS	SOUVENT LE SOMMEIL DE CEUX QUI DEPUIS
09	091	NE SONT PAS SANS PERIL, ET ON PEUT	SOUVENT LES PAYER CHER. MAIS QU'IMPORTE
27	066	MUETS OU PEU CHARGES DE PAROLES, QUI SONT	SOUVENT LES PRINCIPAUX DANS CES DRAMES
31	012	ILS SE DESOLENT, ET ILS APPUIENT	SOUVENT LEUR MAIN SUR UN POIGNARD ENFONCE DANS
09	019	EXECUTER LES ACTES LES PLUS ABSURDES ET	SOUVENT MEME LES PLUS DANGEREUX. UN DE MES
21	120	LEUR OFFRANT DE ME DESHONORER AUSSI	SOUVENT QU'IL LE FAUDRAIT POUR MERITER LEURS
29	113	CHANGEREZ DE PATRIE ET DE CONTREE AUSSI	SOUVENT QUE VOTRE FANTAISIE VOUS L'ORDONNERA;
31	078	UNE BELLE BONNE POUR ME DORLOTER. IL M'A	SOUVENT SEMBLE QUE MON PLAISIR SERAIT D'ALLER
30	024	SEPARENT ENCORE LES BATIMENTS, J'OBSERVAI	SOUVENT UN ENFANT DONT LA PHYSIONOMIE ARDENT
51	014	INFAME! COURTISANES ET BANDITS, TELS	SOUVENT VOUS OFFREZ DES PLAISIRS QUE NE
47	095	LUI AI DIT: ''VIENS ME VOIR, VIENS TE	SOUVENT. ET AVEC MOI, NE TE GENE PAS; JE N'AI
05	070	OUI! LE TEMPS A REPARU! LE TEMPS REGNE EN	SOUVERAIN MAINTENANT; ET AVEC LE HIDEUX
47	118	AVEZ FAIT LA LOI ET LA LIBERTE; VOUS, LE	SOUVERAIN QUI LAISSEZ FAIRE, VOUS, LE JUGE QUI
27	036	TOUT D'UN COUP LE BRUIT COURUT QUE LE	SOUVERAIN VOULAIT FAIRE GRACE A TOUS LES
05	051	LA CHAMBRE PARADISIAQUE, L'IDOLE, LA	SOUVERAINE DES REVES, LA SYLPHIDE, COMME
05	023	SUR CE LIT EST COUCHEE L'IDOLE, LA	SOUVERAINE DES REVES. MAIS COMMENT EST-ELLE
47	113	LES YEUX: ''JE NE SAIS PAS... JE NE ME	SOUVIENS PAS.'' QUELLES BIZARRERIES NE
47	031	QUAND VOUS ETIEZ INTERNE DE LA... JE ME	SOUVIENS QUE C'ETAIT VOUS QUI L'ASSISTIEZ DANS
15	017	AERIEN VOLANT A TRAVERS LE CIEL. ET JE ME	SOUVIENS QUE CETTE SENSATION SOLENNELLE ET
22	020	LE CREPUSCULE EXCITE LES FOUS. --JE ME	SOUVIENS QUE J'AI EU DEUX AMIS QUE LE
47	061	DE CA A L'ECOLE, DANS LE TEMPS! TU T'EN	SOUVIENS? --TIENS, VOILA K., CELUI QUI
05	054	FRAPPE PAR LE SPECTRE. HORREUR! JE ME	SOUVIENS! JE ME SOUVIENS! OUI! CE TAUDIS, CE
05	054	LE SPECTRE. HORREUR! JE ME SOUVIENS! JE ME	SOUVIENS! OUI! CE TAUDIS, CE SEJOUR DE
30	089	MEME QU'ELLE DEVAIT EPROUVER, ET JE ME	SOUVINS DE LA SENTENCE CONNUE: ''LES DOULEURS
20	063	IL NE RESTAIT PLUS RIEN. CEPENDANT CELLE	SOUVINT A TEMPS D'UNE LOI BIEN CONNUE, QUOIQUE
50	033	PARASITES! QU'ILS RETOURNENT A LEUR NICHE	SOYEUSE ET CAPITONNEE! JE CHANTE LE CHIEN
32	039	VOTRE SAGESSE. EN QUELQUE LIEU QUE VOUS	SOYEZ, DANS LES SPLENDEURS DE LA VILLE
05	073	CORTEGE DE SOUVENIRS, DE REGRETS, DE	SPASMES, DE PEURS, D'ANGOISSES, DE CAUCHEMARS,
50	109	TANT DE PATIENCE ET DE LABEUR, UN PARADIS	SPECIAL POUR LES BONS CHIENS, LES PAUVRES
27	088	INTRODUISAIT, PAR JE NE SAIS QUELLE GRACE	SPECIALE, LE DIVIN ET LE SURNATUREL, JUSQUE
27	145	AVAIENT JOUI POUR LA DERNIERE FOIS DU	SPECTACLE DE LA COMEDIE. DANS LA MEME NUIT ILS
48	017	''PUISQUE TU AIMES TANT LE REPOS, AVEC LE	SPECTACLE DU MOUVEMENT, VEUX-TU VENIR HABITER
19	021	COQUETTERIE. LE LUXE, L'INSOUCIANCE ET LE	SPECTACLE HABITUEL DE LA RICHESSE RENDENT CES
15	071	GRAINS DE SABLE AUXQUELS IL ETAIT MELE. LE	SPECTACLE M'AVAIT EMBRUME LE PAYSAGE, ET LA
03	023	DE LA MER, L'IMMUABILITE DU	SPECTACLE ME REVOLTENT... AH! FAUT-IL
27	038	DE CE BRUIT FUT L'ANNONCE D'UN GRAND	SPECTACLE OU FANCIOULLE DEVAIT JOUER L'UN DE
31	075	GUERE A LA MAISON; ON NE ME MENE JAMAIS AU	SPECTACLE! MON TUTEUR EST TROP AVARE; DIEU NE
11	061	MELANCOLIE, FAITE POUR INSPIRER AU	SPECTATEUR UN TOUT AUTRE SENTIMENT QUE LA
05	046	COUP DE PIOCHE DANS L'ESTOMAC. ET PUIS UN	SPECTRE EST ENTRE. C'EST UN HUISSIER QUI VIENT
05	053	A DISPARU AU COUP BRUTAL FRAPPE PAR LE	SPECTRE. HORREUR! JE ME SOUVIENS! JE ME
42	132	LE REPROCHE MUET DE MON INSEPARABLE	SPECTRE. L'AMOUR M'APPARAISSAIT COMME UNE
28	037	SERAIT PEUT-ETRE, POUR UN PAUVRE PETIT	SPECULATEUR, LE GERME D'UNE RICHESSE DE
32	013	NE DIRAIT-ON PAS QUE LA LIGNE COURBE ET LA	SPIRALE FONT LEUR COUR A LA LIGNE DROITE ET
05	002	A UNE REVERIE, UNE CHAMBRE VERITABLEMENT	SPIRITUELLE, OU L'ATMOSPHERE STAGNANTE EST
14	015	LUI-MEME ET L'HOMME OCCUPE DE TRAVAUX	SPIRITUELS ECHAPPENT DIFFICILEMENT A
50	043	ABANDONNE, AVEC DES YEUX CLIGNOTANTS ET	SPIRITUELS: ''PRENDS-MOI AVEC TOI, ET DE NOS
06	025	D'AUCUN DESESPOIR; SOUS LA COUPOLE	SPLEENETIQUE DU CIEL, LES PIEDS PLONGES DANS
21	006	MOI, DEBOUT COMME SUR UNE ESTRADE. UNE	SPLENDEUR SULFUREUSE EMANAIT DE CES TROIS
22	061	ET SOMBRE LAISSE ENTREVOIR LES	SPLENDEURS AMORTIES D'UNE JUPE ECLATANTE,
32	039	EN QUELQUE LIEU QUE VOUS SOYEZ, DANS LES	SPLENDEURS DE LA VILLE ETERNELLE OU DANS LES
26	016	GRAVOIS ET MONTRANT DEJA GLORIEUSEMENT SES	SPLENDEURS INACHEVEES. LE CAFE ETINCELAIT. LE
27	062	A RESSOURCES RESTREINTES, PEUT MONTRER DE	SPLENDEURS POUR UNE VRAIE SOLENNITE. CELLE-LA
14	046	IL S'ETAIT EXILE LUI-MEME DE TOUTES CES	SPLENDEURS, JE VIS UN PAUVRE SALTIMBANQUE,
18	049	MAGNIFIQUE BATTERIE DE CUISINE, COMME UNE	SPLENDIDE ORFEVRERIE, COMME UNE BIJOUTERIE
19	025	COTE DE LUI, GISAIT SUR L'HERBE UN JOUJOU	SPLENDIDE, AUSSI FRAIS QUE SON MAITRE, VERNI,
50	061	CHAQUE JOUR, A HEURE FIXE, RECLAMER LA	SPORTULE A LA PORTE D'UNE CUISINE DU

ELLE EST FOURMI, ARAIGNEE, SI VOUS VOULEZ,
QUI IL N'Y AVAIT PAS DE BON FESTIN SANS
VERITABLEMENT SPIRITUELLE, OU L'ATMOSPHERE
CHARGE D'EXPRIMER, CE QUE LES MEILLEURS
BIEN PLUS VOLONTIERS JE M'ADRESSERAIS A
PORTAIT DANS TOUT SON ETRE UNE FIERTE DE
D'UNE LUMIERE ROSE TAMISEE PAR LES
LES YEUX ECARQUILLES PAR UNE SORTE DE
EBLOUISSANT ET LA MER MIROITE. LE MONDE
POUR EXPRIMER AUTRE CHOSE QU'UNE JOIE
DU TIGRE, TANTOT LES DANDINEMENTS
ETAT D'ESPRIT AVOISINANT LE VERTIGE OU LA
TROISIEME, ET AINSI DE SUITE. LES UNES EN
NOS MALHEURS NOUS VIENNENT DE N'AVOIR PAS
IRREFUTABLES, ET ELLE S'EXPRIMAIT AVEC UNE
DE SON ARMATURE. L'AMOUR N'A PAS ALTERE LA
COMPARATIVEMENT A CELLE QU'IL AURAIT
LUMIERE VIVANTE PENSAIT ET DISAIT: ''TU
SI BLASE ET FRIVOLE QU'IL PUT ETRE,
SON DEVOIR. POUR MOI, JE FUS PRIS
LE LIEU OU ETAIT ENFOUI MON TRESOR. JE VIS
NE PEUVENT PAS EXPLIQUER D'OU VIENT SI
PLANETE. ''DIABLE!'' FIS-JE, A MOITIE
EFFRAYANTE MALICE! ELLES ATTIRENT, ELLES
PARTAGER VOS JOUISSANCES?'' VOYEZ-VOUS CE
D'OBTENIR MON BREVET DE FOLIE, SIGNE OU
OU ELLE AVAIT ENTENDU UN PREDICATEUR, PLUS
DONT LA FLAMME TRAVERSE LE CREPUSCULE! CES
PROFONDES, LUI GATAIT LES CHOSES LES PLUS
MANIFESTA BIENTOT UN GOUT IMMODERE POUR LE
LEURS MERES POUR OBTENIR QUELQUE BATON DE
L'ODEUR DU TABAC MELEE A L'OPIUM ET AU
AIGUILLON. --''ET HUE DONC! BOURRIQUE!
MODIQUE QUE FUT LE PRIX D'ENTREE, CE PRIX
D'UNE ACTION AUSSI RIGOUREUSE, QUOIQUE
POSITIF EST UN BLASPHEME. ICI, TOUT A LA
POURVU TOUTEFOIS QU'ELLE AIT L'IMAGINATION
LE PROJET EST EN LUI-MEME UNE JOUISSANCE
TROISIEME DEGRE OU LA BEAUTE ELLE-MEME NE
DU GATEAU, FRIANDISE SI RARE QU'ELLE
ET QUE LE MIEN DAIGNE CONSEILLER,
LA MERE FUT IMPASSIBLE, PAS UNE LARME NE
TENEBRES. COMME JE NE DORMAIS PAS, JE ME
CELA M'A DONNE CONFIANCE. APRES TOUT, JE
SI ELLE M'A AIDE A VIVRE, A SENTIR QUE JE
AH! S'ILS POUVAIENT REVENIR PENDANT QUE JE
PLUS IMPARFAIT DES ANIMAUX. CEPENDANT JE
DE VOIR TOUJOURS DES PAYS NOUVEAUX. JE NE
''UN HOMME! DE NOUS DEUX, C'EST MOI QUI
EN JAILLISSANT DE LA PENDULE, DIT: --''LA
DEESSE. ET SES YEUX DISENT: --''LA
CELA, MAUDITE CHERE ENFANT GATEE, QUE LE
SI VOUS MEPRISEZ LE SOLIVEAU (CE QUE JE
LE COEUR CONTENT, JE
DE HAINE. ENFIN, CE N'EST PAS MOI QUI EN
PLAISIR! ''TANT POETE QUE JE SOIS, JE NE
AVEC TOUT MON DEDAIN: ''VA-T'EN! JE NE
SUIS PAS LE DERNIER DES HOMMES, QUE JE NE
VERS QUI ME PROUVENT A MOI-MEME QUE JE NE
LES BRIDES DE SON BONNET. ''--NON; JE NE
QUE JE SERAIS TOUJOURS BIEN LA OU JE NE
QUE MOI, DONT ON DIT TANT DE MAL, JE ME
A TRAVERS LA FOULE DU BOULEVARD, JE ME
ENGENDRER DEUX EFFETS CONTRAIRES, J'EN
QUE JE SERAIS MIEUX AILLEURS QUE LA OU JE
A VIVRE, A SENTIR QUE JE SUIS ET CE QUE JE
TON AVEUGLEMENT TU M'AIMERAS TELLE QUE JE
QUE DE ME FAIRE ROMPRE LES OS. ET PUIS, ME
LE DANGER PASSE. COMBIEN DE FOIS NE ME
D'UN DIRECTEUR DE JOURNAL QUI RECLAME LA
OU SI SACCADEES, IL DECHIFFRE TOUT DE
QU'ON L'AFFIRME GENERALEMENT. DIX FOIS DE
SECOND! L'AUTRE, OU TROISIEME, ET AINSI DE
CONNAITRE, ET QUE JE RECONNUS TOUT DE
PENCHAIENT DEUX TETES RIEUSES. ET TOUT DE
FAIRE DE PALAIS?'' ET PLUS LOIN, COMME IL
N'EST-CE PAS, CHERI? --MAIS, LUI DIS-JE,
AUQUEL JE ME HATAI D'OBEIR. JE LE
ET DE QUELLE FACON ELLE DEJEUNA. JE LA
SAVOIR OU ILS DEMEURAIENT; JE LES AI
LEUR MUSEAU POINTU ASSEZ DE FLAIR POUR
JE NE SAIS... IL M'EST ARRIVE UNE FOIS DE
IL N'Y AVAIT PLUS, A VRAI DIRE, AUCUN
NOUS CONDUISIT NATURELLEMENT VERS LE
L'UN D'EUX JETA LA CAUSERIE SUR LES
FORMES DE L'INFATUATION HUMAINE. SUR CE
EBOURIFFEE, Y ALLUMAIENT COMME UNE AUREOLE
COMME SUR UNE ESTRADE. UNE SPLENDEUR
UN PARFUM SINGULIER, UN REVENEZ-Y DE
QUI FAIT REVER AU MIRACLE D'UNE
CRACHA UN PETIT MORCEAU SANGLANT AVEC UN

		POEM	LINE
SQUELETTE MEME; MAIS AUSSI ELLE EST BREUVAGE,		39	007
SQUELETTE, OU SANS UN EMBLEME QUELCONQUE DE LA		45	007
STAGNANTE EST LEGEREMENT TEINTEE DE ROSE ET DE		05	002
STATUES DE L'ANTIQUITE, MIRACULEUSEMENT		27	077
STERNE, ET JE LUI DIRAIS: ''DESCENDS DU CIEL,		50	005
STOICIENNE. ELLE ETAIT EVIDEMMENT CONDAMNEE,		13	038
STORES, DECOREE DE NATTES FRAICHES ET DE		24	024
STUPEFACTION DE CE QU'IL EPROUVAIT ENCORE, ET		31	068
STUPEFIE S'AFFAISSE LACHEMENT ET FAIT LA		25	003
STUPIDE ET PROFONDE. LES CHANSONNIERS DISENT		26	044
STUPIDES DE L'OURS BLANC, CE MONSTRE POILU		11	019
STUPIDITE. IL M'AVAIT SEMBLE SEULEMENT QUE JE		49	012
STYLE DEMI-PLAISANT, COMME CHERCHANT A		30	124
SU RESTER DANS NOTRE CHAMBRE,'' DIT UN AUTRE		23	038
SUAVITE DE DICTION ET UNE TRANQUILLITE DANS LA		29	059
SUAVITE DE SON HALEINE D'ENFANT; ET LE TEMPS		39	011
SUBIE DANS LE TAUDIS PATERNEL. SEULEMENT JE		30	039
SUBIRAS ETERNELLEMENT L'INFLUENCE DE MON		37	016
SUBIT BIENTOT LA TOUTE-PUISSANTE DOMINATION DE		27	099
SUBITEMENT D'UNE INCOMMENSURABLE RAGE CONTRE		04	019
SUBITEMENT UNE PETITE PERSONNE QUI RESSEMBLAIT		38	013
SUBITEMENT UNE SI FOLLE ENERGIE A CES AMES		09	014
SUBJUGUE, ''VOILA QUI EST PRECIEUX!'' MAIS EN		21	103
SUBJUGUENT, ELLE DEVORENT LE REGARD DE		05	029
SUBTIL ENVIEUX! IL SAIT QUE JE DEDAIGNE LES		23	030
SUBTIL LELUT ET DU BIEN-AVISE BAILLARGER? IL		49	031
SUBTIL QUE SES CONFRERES, S'ECRIER EN CHAIRE:		29	073
SUBTILES ET TERRIBLES MIRETTES, QUE JE		05	028
SUCCULENTES. L'AUTRE, UN AMBITIEUX BLESSE,		22	027
SUCRE ET LES LIQUEURS; SI BIEN QU'UN JOUR OU		30	042
SUCRE, OU MONTAIENT SUR LES EPAULES DE LEURS		14	040
SUCRE; DANS LA NUIT DE TA CHEVELURE, JE VOIS		17	027
SUE DONC, ESCLAVE! VIS DONC, DAMNE!''		05	084
SUFFISAIT PEUT-ETRE POUR PAYER UN DES BESOINS		13	096
SUFFISAMMENT EXPLIQUE D'AILLEURS. ENSUITE ON		42	166
SUFFISANTE CLARTE ET LA DELICIEUSE OBSCURITE		05	015
SUFFISANTE POUR LE CREER IMMEDIATEMENT. DONC		20	073
SUFFISANTE?''		24	053
SUFFIT PLUS, SI ELLE N'EST ASSAISONNEE PAR LE		42	023
SUFFIT POUR ENGENDRER UNE GUERRE PARFAITEMENT		15	076
SUGGERER, PERSUADER. CE PAUVRE SOCRATE N'AVAIT		49	035
SUINTA DU COIN DE SON OEIL. J'ATTRIBUAI CETTE		30	087
SUIS AMUSE, PENDANT QU'ELLE DORMAIT, A PASSER		31	053
SUIS ASSEZ BELLE FEMME, QUOIQUE PAS TROP		47	093
SUIS ET CE QUE JE SUIS?		35	023
SUIS EVEILLE, JE NE FERAIS PAS TANT LE		21	118
SUIS FAIT, MOI AUSSI, POUR COMPRENDRE ET		07	025
SUIS JAMAIS BIEN NULLE PART, ET JE CROIS		31	081
SUIS L'HOMME!'' TELS ETAIENT LES		42	038
SUIS LA VIE, L'INSUPPORTABLE, L'IMPLACABLE		05	077
SUIS LE DERNIER ET LE PLUS SOLITAIRE DES		07	022
SUIS MAINTENANT COUCHE A TES PIEDS, CHERCHANT		37	036
SUIS MAINTENANT, COMME VOUS SAVEZ BIEN), GARE		11	068
SUIS MONTE SUR LA MONTAGNE D'OU L'ON PEUT		51	001
SUIS MORT! --AH! FIRENT LES AUTRES, ELLE EST		42	144
SUIS PAS AUSSI DUPE QUE VOUS VOUDRIEZ LE		11	071
SUIS PAS FAIT POUR EPOUSER LA MAITRESSE DE		21	111
SUIS PAS FAIT POUR AIMER A CEUX QUE JE MEPRISE!		10	044
SUIS PAS LE DERNIER DES HOMMES, QUE JE NE SUIS		10	043
SUIS PAS MEDECIN. LAISSEZ-MOI PASSER. --OH!		47	008
SUIS PAS, ET CETTE QUESTION DE DEMENAGEMENT EN		48	006
SUIS QUELQUEFOIS BON DIABLE; POUR ME SERVIR		29	099
SUIS SENTI FROLE PAR UN ETRE MYSTERIEUX QUE		29	001
SUIS TOUJOURS COMME INTRIGUE ET ALARME. O		22	042
SUIS. EH BIEN! J'AI VU, A LA DERNIERE FOIRE DU		31	082
SUIS?		35	023
SUIS!'' MAIS MOI, FURIEUX, J'AI REPONDU:		38	019
SUIS-JE DIT, A QUELQUE CHOSE MALHEUR EST BON.		46	013
SUIS-JE PAS RETENU DE LUI SAUTER A LA GORGE,		42	140
SUITE DU MANUSCRIT. LA CHAMBRE PARADISIAQUE,		05	050
SUITE LES INNOMBRABLES LEGENDES DE L'AMOUR		13	021
SUITE, L'EXPERIENCE MANQUAI MAIS, A LA		09	023
SUITE, LES UNES EN STYLE DEMI-PLAISANT, COMME		30	124
SUITE, QUOIQUE JE NE L'EUSSE JAMAIS VU. IL		29	004
SUITE: ''IL FAUT, --SE DIT-IL, --QUE MA PENSEE		24	038
SUIVAIT UNE GRANDE AVENUE. IL APERCUT UNE		24	035
SUIVANT A MON TOUR, MOI AUSSI, MON IDEE FIXE,		47	075
SUIVIS ATTENTIVEMENT, ET BIENTOT JE DESCENDIS		29	007
SUIVIS AU CABINET DE LECTURE; ET JE L'EPIAI		13	043
SUIVIS DE LOIN, JUSQU'AU BORD DE LA FORET; OU		31	103
SUIVRE LA PISTE D'UN AMI, NI DANS LEUR TETE		50	030
SUIVRE PENDANT DE LONGUES HEURES UNE VIEILLE		13	035
SUJET DE BATAILLE; LE MORCEAU DE PAIN AVAIT		15	068
SUJET DES ACADEMIES, ET MON ETRANGE CONVIVE		29	079
SUJET DES FEMMES. IL EUT ETE PLUS		42	010
SUJET-LA, SON ALTESSE NE TARISSAIT PAS EN		29	057
SULFUREUSE DE PASSION. IL ETAIT FACILE DE		31	071
SULFUREUSE EMANAIT DE CES TROIS PERSONNAGES,		21	006
SUMATRA, QUI EST COMME L'AME DE L'APPARTEMENT.		18	045
SUPERBE FLEUR ECLOSE DANS UN TERRAIN		36	028
SUPERBE JURON PATOIS. LE LEGITIME PROPRIETAIRE		15	054

POEM LINE

POEM	LINE		
15	075	REPETANT SANS CESSE: ''IL Y A DONC UN PAYS	SUPERBE OU LE PAIN S'APPELLE DU GATEAU,
18	001	IL EST UN PAYS	SUPERBE, UN PAYS DE COCAGNE, DIT-ON, QUE JE
25	022	FLOTTANTE ET MONTRE SA JAMBE LUISANTE ET	SUPERBE; ET SON PIED, PAREIL AUX PIEDS DES
21	001	DEUX	SUPERBES SATANS ET UNE DIABLESSE, NON MOINS
27	041	SIGNE EVIDENT, AJOUTAIENT LES ESPRITS	SUPERFICIELS, DES TENDANCES GENEREUSES DU
13	097	BESOINS DU PETIT ETRE, MIEUX ENCORE, UNE	SUPERFLUITE, UN JOUET. ET ELLE SERA RENTREE A
18	053	MERITE DU MONDE ENTIER. PAYS SINGULIER,	SUPERIEUR AUX AUTRES, COMME L'ART L'EST A LA
49	014	MON INTELLECT! LE GERME OBSCUR D'UNE IDEE	SUPERIEURE A TOUTES LES FORMULES DE BONNE
29	010	UN LUXE DONT AUCUNE DES HABITATIONS	SUPERIEURES DE PARIS NE POURRAIT FOURNIR UN
12	032	LEUR SOT ORGUEIL, QU'IL EST DES BONHEURS	SUPERIEURS AU LEUR, PLUS VASTES ET PLUS
29	070	LA PLUS INTERESSEE A LA DESTRUCTION DE LA	SUPERSTITION, ET M'AVOUA QU'IL N'AVAIT EU
20	072	LOTS, LA FACULTE D'EN DONNER ENCORE UN;	SUPPLEMENTAIRE ET EXCEPTIONNEL, POURVU
21	119	ET JE LES INVOQUAI A HAUTE VOIX, LES	SUPPLIANT DE ME PARDONNER, LEUR OFFRANT DE ME
21	064	GNOMES DIFFORMES, MAIGRES, DONT LES YEUX	SUPPLIANTS RECLAMAIENT L'AUMONE MIEUX ENCORE
15	036	DONT LES YEUX CREUX, FAROUCHES ET COMME	SUPPLIANTS, DEVORAIENT LE MORCEAU DE PAIN. ET
28	012	QUE L'ELOQUENCE MUETTE DE CES YEUX	SUPPLIANTS, QUI CONTIENNENT A LA FOIS, POUR
23	017	ACCEPTERAIENT AVEC MOINS DE REPUGNANCE LE	SUPPLICE SUPREME, S'IL LEUR ETAIT PERMIS DE
27	101	CELA! JE VOUS EN PRIE! JE VOUS EN	SUPPLICES. CHACUN S'ABANDONNA, SANS
30	111	NE REVA PLUS DE MORT, DE DEUIL, NI DE	SUPPLIE!'' SON DESESPOIR L'AVAIT, SANS DOUTE,
31	011	UNE VOIX CHANTANTE. ILS SE MENACENT, ILS	SUPPLIENT, ILS SE DESOLENT, ET ILS APPUIENT
23	036	CRAIGNANT SANS DOUTE DE NE POUVOIR SE	SUPPORTER EUX-MEMES. ''PRESQUE TOUS NOS
13	024	ET DU FROID HUMBLEMENT, SILENCIEUSEMENT	SUPPORTES. AVEZ-VOUS QUELQUEFOIS APERCU DES
28	053	DE LA CRIMINELLE JOUISSANCE DONT JE LE	SUPPOSAIS TOUT A L'HEURE CAPABLE; J'AURAIS
42	105	SOLDATS. C'EST DU MOINS CE QUE J'AI	SUPPOSE. --MOI, DIT LE QUATRIEME, J'AI ENDURE
09	044	PEUT-ETRE; MAIS IL EST PLUS LEGITIME DE	SUPPOSER QUE LUI-MEME IL NE SAIT PAS POURQUOI.
30	011	MATERNEL. IL EST AUSSI DIFFICILE DE	SUPPOSER UNE MERE SANS AMOUR MATERNEL QU'UN
27	082	QU'IL ETAIT IMPOSSIBLE DE NE PAS	SUPPOSER VIVANTE, POSSIBLE, REELE. CE BOUFFON
27	112	ET BAFOUE DANS SES PREVISIONS! DE TELLES	SUPPOSITIONS NON EXACTEMENT JUSTIFIEES, MAIS
48	037	ALTERNATIVES DE LA LUMIERE ET DE LA NUIT	SUPPRIMENT LA VARIETE ET AUGMENTENT LA
30	083	COMME AUX COUPABLES. ''RESTAIT UNE TACHE	SUPREME A ACCOMPLIR, DONT LA SEULE PENSEE ME
05	037	N'A RIEN DE COMMUN AVEC CETTE VIE	SUPREME DONT J'AI MAINTENANT CONNAISSANCE ET
30	099	DE SON MALHEUR ET LUI REFUSER CETTE	SUPREME ET SOMBRE CONSOLATION. ENSUITE ELLE ME
23	010	IL EST CERTAIN QU'UN BAVARD, DONT LE	SUPREME PLAISIR CONSISTE A PARLER DU HAUT
23	018	AVEC MOINS DE REPUGNANCE LE SUPPLICE	SUPREME, S'IL LEUR ETAIT PERMIS DE FAIRE DU
22	031	LE SOIR! ET CE N'ETAIT PAS SEULEMENT	SUR AUTRUI, MAIS AUSSI SUR LUI-MEME, QUE
16	023	ME DERANGER PENDANT QUE MON REGARD REPOSE	SUR CE DELICIEUX CADRAN, SI QUELQUE GENIE
50	010	INCOMPARABLE! REVIENS A CALIFOURCHON	SUR CE FAMEUX ANE QUI T'ACCOMPAGNE TOUJOURS
05	022	LIT! ELLE S'EPANCHE EN CASCADES NEIGEUSES,	SUR CE LIT EST COUCHEE L'IDOLE, LA SOUVERAINE
31	026	LA-BAS...! LE VOYEZ- VOUS? IL EST ASSIS	SUR CE PETIT NUAGE ISOLE, CE PETIT NUAGE
29	057	LES FORMES DE L'INFATUATION HUMAINE.	SUR CE SUJET-LA, SON ALTESSE NE TARISSAIT PAS
05	025	AMENEE? QUEL POUVOIR MAGIQUE L'A INSTALLE	SUR CE TRONE DE REVERIE ET DE VOLUPTE?
13	025	AVEZ-VOUS QUELQUEFOIS APERCU DES VEUVES	SUR CES BANCS SOLITAIRES, DES VEUVES PAUVRES?
26	040	L'OR DU PAUVRE MONDE EST VENU SE PORTER	SUR CES MURS.'' --LES YEUX DU PETIT GARCON:
11	032	PAS MANGER TOUT SON BIEN EN UN JOUR'', ET,	SUR CETTE SAGE PAROLE, IL LUI ARRACHE
50	024	LES GENOUX DU VISITEUR, COMME S'IL ETAIT	SUR DE PLAIRE, TURBULENT COMME UN ENFANT, SOT
18	032	SOLENNITE. SUR DES PANNEAUX LUISANTS, OU	SUR DES CUIRS DORES ET D'UNE RICHESSE SOMBRE,
11	053	VOTRE JOLI ENFER, VOUS QUI NE REPOSEZ QUE	SUR DES ETOFFES AUSSI DOUCES QUE VOTRE PEAU,
18	032	PROFONDE ET PLUS SIGNIFICATIVE SOLENNITE.	SUR DES PANNEAUX LUISANTS, OU SUR DES CUIRS
25	048	AVEC QUELQUE JEUNE OFFICIER QUI,	SUR DES PLAGES LOINTAINES, A ENTENDU PARLER
13	057	SANS CONFIDENT, QUE DIEU LAISSAIT TOMBER	SUR ELLE, DEPUIS BIEN DES ANS PEUT-ETRE! TROIS
26	031	D'UNE MAIN UN PETIT GARCON ET PORTANT	SUR L'AUTRE BRAS UN PETIT ETRE TROP FAIBLE
20	014	A COTE DU TRIBUNAL, COMME LES PRIX	SUR L'ESTRADE, DANS UNE DISTRIBUTION DE PRIX.
36	022	CONTRAIGNENT DUREMENT A DANSER	SUR L'HERBE TERRIFIEE! DANS SON PETIT PIED
19	025	OU DE LA PAUVRETE. A COTE DE LUI, GISAIT	SUR L'HERBE UN JOUJOU SPLENDIDE, AUSSI FRAIS
33	007	QUELQUEFOIS, SUR LES MARCHES D'UN PALAIS,	SUR L'HERBE VERTE D'UN FOSSE, DANS LA SOLITUDE
25	027	PLAISIR D'ETRE ADMIREE L'EMPORTE CHEZ ELLE	SUR L'ORGUEIL DE L'AFFRANCHIE. ET, BIEN
13	070	DE CETTE TOURBE QUI S'APPUIE LA-BAS	SUR LA BARRIERE EXTERIEURE ATTRAPANT GRATIS,
26	028	DE LA GOINFRERIE. DROIT DEVANT NOUS,	SUR LA CHAUSSEE, ETAIT PLANTE UN BRAVE HOMME
47	087	DERANGES INUTILEMENT, JE LAISSE DIX FRANCS	SUR LA CHEMINEE. --C'EST SI BON ET SI DOUX,
13	061	SYMPATHIQUE. AU MOINS CURIEUX,	SUR LA FOULE DE PARIAS QUI SE PRESSENT AUTOUR
14	063	REGARD PROFOND, INOUBLIABLE, IL PROMENAIT	SUR LA FOULE ET LES LUMIERES, DONT LE FLOT
31	037	LONGTEMPS TOURNE DU MEME COTE, FIXANT	SUR LA LIGNE QUI SEPARE LA TERRE DU CIEL DES
25	008	HEURE SOUS L'IMMENSE AZUR, ET FAISANT	SUR LA LUMIERE UNE TACHE ECLATANTE ET NOIRE.
51	001	LE COEUR CONTENT, JE SUIS MONTE	SUR LA MONTAGNE D'OU L'ON PEUT CONTEMPLER LA
22	014	NOUS ARRIVE DU NOIR HOSPICE PERCHE	SUR LA MONTAGNE; ET, LE SOIR, EN FUMANT ET EN
17	009	LE PARFUM COMME L'AME DES AUTRES HOMMES	SUR LA MUSIQUE. TES CHEVEUX CONTIENNENT TOUT
11	037	DARDE DES YEUX TERRIBLES DE CONVOITISE	SUR LA NOURRITURE ENLEVEE. GRAND DIEU! LE
19	030	REGARDAIT: DE L'AUTRE COTE DE LA GRILLE,	SUR LA ROUTE, ENTRE LES CHARDONS ET LES
38	015	A LA DEFUNTE, ET QUI, PIETINANT	SUR LA TERRE FRAICHE AVEC UNE VIOLENCE
08	007	ET POSE CURIEUSEMENT SON NEZ HUMIDE	SUR LE FLACON DEBOUCHE; PUIS, RECULANT
47	068	JE TOUCHAIS A UN PAQUET FICELE; POSE AUSSI	SUR LE GUERIDON: ''ATTENDS UN PEU, --DIT-ELLE;
38	012	L'INDE. ET COMME MES YEUX RESTAIENT FICHES	SUR LE LIEU OU ETAIT ENFOUI MON TRESOR, JE VIS
41	012	COUCHE DANS LE BELVEDERE OU ACCOUDE	SUR LE MOLE, TOUS CES MOUVEMENTS DE CEUX QUI
17	008	J'ENTENDS DANS TES CHEVEUX! MON AME VOYAGE	SUR LE PARFUM COMME L'AME DES AUTRES HOMMES
15	014	LOIN, SUR LE VERSANT D'UNE AUTRE MONTAGNE.	SUR LE PETIT LAC IMMOBILE, NOIR DE SON IMMENSE
50	090	DE SORCIERS, L'OEUVRE SANS NOM QUI MITONNE	SUR LE POELE ALLUME, ET AU CENTRE DE LAQUELLE
47	051	A PU VOIR ETALEE PENDANT PLUSIEURS ANNEES	SUR LE QUAI VOLTAIRE. ''TIENS! LE RECONNAIS-TU
09	084	PERPENDICULAIREMENT MON ENGIN DE GUERRE	SUR LE REBORD POSTERIEUR DE SES CROCHETS; ET
21	086	DE MIEUX QU'A CELUI DES TRES-BELLES FEMMES	SUR LE RETOUR, QUI CEPENDANT NE VIEILLISSENT
25	025	SES MUSEES; IMPRIME FIDELEMENT SA FORME	SUR LE SABLE FIN. CAR DOROTHEE EST SI
15	049	SON FRERE JUMEAU. ENSEMBLE ILS ROULERENT	SUR LE SOL, SE DISPUTANT LA PRECIEUSE PROIE,
30	060	INEXPLICABLE A LE FAIRE BRUSQUEMENT TOMBER	SUR LE SOL. IL FALLAIT LE SOUTENIR TOUT ENTIER
42	010	ET ESTIMER.'' L'UN D'EUX JETA LA CAUSERIE	SUR LE SUJET DES FEMMES, IL EUT ETE PLUS
15	013	QUI PAISSAIENT LOIN, BIEN LOIN,	SUR LE VERSANT D'UNE AUTRE MONTAGNE. SUR LE
27	115	QUE VOUS CONTEMPLAIS LE VISAGE DU PRINCE,	SUR LEQUEL UNE PALEUR NOUVELLE S'AJOUTAIT SANS
32	026	ET DE CAPRICE QUE VOUS AGITEZ VOTRE GENIE	SUR LES COEURS DE VOS FRERES. --LE BATON,
31	094	EN FAISANT SAUTILLER SON PETIT MARTEAU	SUR LES CORDES D'UN PETIT PIANO SUSPENDU A SON
22	054	QUI FONT DES TACHES D'UN ROUGE OPAQUE	SUR LES DERNIERES GLOIRES DU COUCHANT, LES
14	040	QUELQUE BATON DE SUCRE, OU MONTAIENT	SUR LES EPAULES DE LEURS PERES POUR MIEUX VOIR
50	023	S'ELANCE INDISCRETEMENT DANS LES JAMBES OU	SUR LES GENOUX DU VISITEUR, COMME S'IL ETAIT
19	004	MATIN AVEC L'INTENTION DECIDEE DE FLANER	SUR LES GRANDES ROUTES, REMPLISSEZ VOS POCHES

LEURS ENFANTS, ET DE NE JAMAIS REMONTER
HEURE IMMOBILE QUI N'EST PAS MARQUEE
MAIS ENIVREZ-VOUS. ET SI QUELQUEFOIS,
LES CIELS, COMME LES SOLEILS COUCHANTS,
QUI FONT DELIRER; LES CHATS QUI SE PAMENT
PEU EN ARRIERE, ET PUIS TOMBA ROIDE MORT
RESPLENDIR L'INFINI DE L'AZUR TROPICAL;
D'UN TON CLAIR ET ROSE, TRANCHE VIVEMENT
L'INVINCIBLE BACCHUS NE SECOUA SON THYRSE
EN VACANCES. C'ETAIT UNE DE CES SOLENNITES
RAMASSE LEURS SOUS, ONT CHARGE LEUR BAGAGE
LAISSE, LES DAMES RIANT AU FAUCON PERCHE
POING, LES NYMPHES ET LES DEESSES PORTANT
PAS SEULEMENT SUR AUTRUI, MAIS AUSSI
CET ININTELLIGIBLE REFRAIN ME FIT SAUTER
L'IRRESISTIBLE INDIFFERENCE S'ABATTIT
BON AUGURE, LE MALANDRIN DECREPIT SE JETA
FINI!!'' ''CEPENDANT LE CORPS ETAIT ETENDU
LA LONGTEMPS.'' IMMEDIATEMENT, JE SAUTAI
SI ELLE N'ETAIT OBLIGEE D'ENTASSER PIASTRE
MOI-MEME. PEUT-ETRE ME DIREZ-VOUS: ''ES-TU
MURE, RIDEE DEJA, PAUVRE, TOUJOURS PENCHEE
PLUS NAVRANT. IL EST CONTRAINT DE LESINER
PENDANT QU'ELLE DORMAIT, A PASSER MA MAIN
MA MAIN SUR SES BRAS, SUR SON COU ET
BALANCANT MOLLEMENT MON TORSE SI MINCE
DORMAIT, A PASSER MA MAIN SUR SES BRAS;
MARCHAIENT COURBES. CHACUN D'EUX PORTAIT
LE GROS SATAN TAPAIT AVEC SON POING
TOUT, CE QUI REMPLACE TOUT!'' ET IL TAPA
LONGTEMPS. L'UN, EN TRAINANT MON ARCHET
EN PARLANT DE X.: ''CE MONSTRE QUI PORTE
ROUGE, TAMISANT LA LUMIERE, PROJETTE
D'UNE MERE, ET ELLE DEPOSA SES COULEURS
TENTURE, DE TOUS LES MALHEURS REPRESENTES
A TRAVERS LES VITRES. PUIS ELLE S'ETENDIT
MES PENSEES QUI DORMENT OU QUI ROULENT
LEURS ARCHITECTURES FINES ET COMPLIQUEES
LES LANGUEURS DES LONGUES HEURES PASSEES
ET ILS APPUIENT SOUVENT LEUR MAIN
SOLEIL IVRE SE VAUTRAIT TOUT DE SON LONG
A DEPOSER EN PASSANT QUELQUE ARGENT
LUI; SA TETE ETAIT PENCHEE CONVULSIVEMENT
GLORIEUSEMENT DEVANT MOI, DEBOUT COMME
AYANT APPRIS A SE DEFIER DE L'HOMME.
AMOUR RESSEMBLE A UN INTERMINABLE VOYAGE
NE VOUS AIDE A LE REALISER! VOUS REGNEREZ
THEORIE QUE J'AI EU LA DOULEUR D'ESSAYER
--MAIS BIEN FAITE POUR DONNER SOIF! A COUP
LA TETE. SINGULIERE VISION! ''A COUP
DE L'HORIZON, A L'ENDROIT OU LA
RESSEMBLE A UN INTERMINABLE VOYAGE SUR UNE
IVRE QUE LUI. CEPENDANT LE JEU, CE PLAISIR
DE SA MONTURE; ET SA TETE FABULEUSE
QUOIQUE RAREMENT APPLIQUEE, DANS LE MONDE
SAIS QUELLE GRACE SPECIALE, LE DIVIN ET LE
CHERES PANTOUFLES. SI, DANS LA JUSTICE
VISAGE SANS YEUX, DONT LA LOURDE BEDAINE
DES ROIS DETRONES. --ON NE TROUVERA PAS
FAISAIENT DE LA MUSIQUE! UNE MUSIQUE SI
EST BELLE, ET PLUS QUE BELLE? ELLE EST
IL N'EST PAS DE PLAISIR PLUS DOUX QUE DE
EN VERITE, IL Y A LA DE QUOI ME
REGRET POUR LE FANTOME DISPARU, MOITIE DE
PAS DE PLUS GRAND QUE CELUI DE CAUSER UNE
IL LANCAIENT, AVEC L'APLOMB DES COMEDIENS
MEDIOCRITE DES FEMMES. CE QUE J'AIME
ATTACHE. LE SIEUR FANCIOULLE EXCELLAIT
ET INSOLENT COMME UN DOMESTIQUE!
COMME JE L'INSINUAIS TOUT A L'HEURE, C'EST
DANS LA MEMOIRE DE LA POSTERITE! ET
MAIS JE LES MEPRISE. JE DESIRE
POSSIBLE, MEME LA VERTU, MEME LA CLEMENCE,
FAIRE UN HEUREUX, QUELLE JOUISSANCE! ET
RENDEZ-VOUS DES ECLOPPES DE LA VIE. C'EST
GOUT DU RHYTHME ET DE LA BEAUTE. MOI,
L'IMAGE DU VIEIL HOMME DE LETTRES QUI A
ENFUIS, OU VOUS SERIEZ MORTS. MOI, J'AI
DES TROUBADOURS OU DES MILITAIRES, QUI
AUTRES EGALEMENT JOYEUX, LES ENFANTS SE
Y AVAIT DE PETITS HOMMES EFFLANQUES QUI SE
MARTEAU SUR LES CORDES D'UN PETIT PIANO
ANE N'OUBLIE PAS DE PORTER, DELICATEMENT
DIABLE!... --AH! AH! --FIT-ELLE, TOUJOURS
N'AVAIT L'AIR IRRITE CONTRE LA BETE FEROCE
MAIS LA LUNE SINISTRE ET ENIVRANTE,
PORTRAITS DE DOCTEURS CELEBRES ETAIENT
BRAISE. A CETTE CEINTURE VIVANTE ETAIENT
CHIENS, LES CHIENS CROTTES ET DESOLES.
ET PITTORESQUEMENT, SANS ARGUTIES, SANS
LES SALAMANDRES, LES SYLPHIDES, LES

	POEM	LINE
SUR LES HAUTES LAMES DE LA MER. IL Y AVAIT LA	29	022
SUR LES HORLOGES, ET CEPENDANT LEGERE COMME UN	16	020
SUR LES MARCHES D'UN PALAIS, SUR L'HERBE VERTE	33	007
SUR LES MURS NULLE ABOMINATION ARTISTIQUE.	05	013
SUR LES PIANOS ET QUI GEMISSENT COMME LES	37	023
SUR LES PLANCHES. LE SIFFLET, RAPIDE COMME UN	27	138
SUR LES RIVAGES DUVETES DE TA CHEVELURE, JE	17	029
SUR LES TENEBRES DE SA PEAU ET MOULE	25	012
SUR LES TETES DE SES COMPAGNES AFFOLEES AVEC	32	025
SUR LESQUELLES, PENDANT UN LONG TEMPS,	14	002
SUR LEUR DOS, ET SONT PARTIS. MOI, VOULANT	31	102
SUR LEUR POING, LES NYMPHES ET LES DEESSES	26	022
SUR LEUR TETE DES FRUITS, DES PATES ET DU	26	023
SUR LUI-MEME, QUE S'EXERCAIT RAGEUSEMENT SA	22	032
SUR MES JAMBES. ''NON! CRIAI-JE FURIEUX.	47	042
SUR MOI, ET J'EN FUS PLUS LOURDEMENT ACCABLE	06	035
SUR MOI, ME POCHA LES DEUX YEUX, ME CASSA	49	066
SUR MON DIVAN, ET, ASSISTE D'UNE SERVANTE, JE	30	094
SUR MON MENDIANT. D'UN SEUL COUP DE POING, JE	49	042
SUR PIASTRE POUR RACHETER SA PETITE SOEUR QUI	25	058
SUR QUE CETTE LEGENDE SOIT LA VRAIE?''	35	020
SUR QUELQUE CHOSE, ET QUI NE SORT JAMAIS. AVEC	35	011
SUR SA DOULEUR. LE RICHE PORTE LA SIENNE AU	13	030
SUR SES BRAS, SUR SON COU ET SUR SES EPAULES.	31	054
SUR SES EPAULES. ELLE A LES BRAS ET LE COU	31	055
SUR SES HANCHES SI LARGES. SA ROBE DE SOIE	25	011
SUR SON COU ET SUR SES EPAULES. ELLE A LES	31	055
SUR SON DOS UNE ENORME CHIMERE, AUSSI LOURDE	06	005
SUR SON IMMENSE VENTRE, D'OU SORTAIT ALORS UN	21	068
SUR SON VENTRE MONSTRUEUX, DONT L'ECHO SONORE	21	077
SUR SON VIOLON, SEMBLAIT RACONTER UN CHAGRIN,	31	093
SUR SON VISAGE LA NOIRCEUR DE SON AME!'' TOUT	47	058
SUR SON VISAGE SOMBRE LE FARD SANGLANT DE SES	25	015
SUR TA FACE. TES PRUNELLES EN SONT RESTEES	37	007
SUR TA PEAU.'' QUANT A LA DIABLESSE, JE	21	082
SUR TOI AVEC LA TENDRESSE SOUPLE D'UNE MERE,	37	006
SUR TON SEIN. TU LES CONDUIS DOUCEMENT VERS LA	18	082
SUR UN CIEL IMMENSE OU SE PRELASSE L'ETERNELLE	17	019
SUR UN DIVAN, DANS LA CHAMBRE D'UN BEAU	17	022
SUR UN POIGNARD ENFONCE DANS LEUR CEINTURE.	31	012
SUR UN TAPIS DE FLEURS MAGNIFIQUES ENGRAISSEES	45	015
SUR UNE DE SES PLANCHES, ESPERANT QU'IL	14	074
SUR UNE EPAULE; SON VISAGE, BOURSOUFLE, ET SES	30	055
SUR UNE ESTRADE, UNE SPLENDEUR SULFUREUSE	21	006
SUR UNE ROUTE, DERRIERE LA GRILLE D'UN VASTE	19	016
SUR UNE SURFACE PURE ET POLIE COMME UN MIROIR,	42	126
SUR VOS VULGAIRES SEMBLABLES; VOUS SEREZ	29	108
SUR VOTRE DOS.'' IL M'A BIEN JURE QU'IL AVAIT	49	078
SUR, LE MAITRE DE CE CABARET SAIT APPRECIER	45	003
SUR, ME DIS-JE, CETTE PAUVRETE-LA, SI PAUVRETE	13	088
SURFACE ARRONDIE DE LA PLANETE SE DEROBE A LA	06	030
SURFACE PURE ET POLIE COMME UN MIROIR,	42	126
SURHUMAIN, AVAIT COUPE A DIVERS INTERVALLES	29	039
SURMONTAIT LE FRONT DE L'HOMME, COMME UN DE	06	012
SURNATUREL, HABITE PAR CES DEITES IMPALPABLES,	20	065
SURNATUREL, JUSQUE DANS LES PLUS EXTRAVAGANTES	27	088
SURNATURELLE, IL Y A UN PEU DE PRECIPITATION	20	032
SURPLOMBAIT LES CUISSES, ET DONT TOUTE LA PEAU	21	057
SURPRENANT QUE JE FUSSE ALORS DANS UN ETAT	49	010
SURPRENANTE QU'ELLE DONNE ENVIE TANTOT DE	31	089
SURPRENANTE. EN ELLE LE NOIR ABONDE: ET TOUT	36	007
SURPRENDRE UN HOMME EN LUI DONNANT PLUS QU'IL	28	044
SURPRENDRE. --MON CHER, VOUS CONNAISSEZ MA	46	004
SURPRISE AGREABLE DEVANT LA NOUVEAUTE, DEVANT	30	007
SURPRISE. --C'ETAIT LA PIECE FAUSSE!'', ME	28	021
SURS DE LEURS EFFETS, DES BONS MOTS ET DES	14	027
SURTOUT DANS LES ANIMAUX, C'EST LEUR CANDEUR.	42	030
SURTOUT DANS LES ROLES MUETS OU PEU CHARGES DE	27	065
SURTOUT DE CES SERPENTS A QUATRE PATTES,	50	027
SURTOUT LA JOIE DES RICHES. CETTE TURBULENCE	13	013
SURTOUT QUE CET ANE N'OUBLIE PAS DE PORTER,	50	011
SURTOUT QUE MON MAUDIT GAZETIER ME LAISSE	23	026
SURTOUT S'IL AVAIT PU ESPERER Y TROUVER DES	27	045
SURTOUT UN HEUREUX QUI ME FERA RIRE! PENSEZ A	46	024
SURTOUT VERS CES LIEUX QUE LE POETE ET LA	13	009
SURTOUT, IL Y A UNE SORTE DE PLAISIR	41	009
SURVECU A LA GENERATION DONT IL FUT LE	14	079
SURVECU, COMME VOUS VOYEZ. FIGUREZ-VOUS UNE	42	120
SURVEILLENT, AVEC UNE ATTENTION DE SORCIERS,	50	089
SUSPENDAIENT AUX JUPONS DE LEURS MERES POUR	14	038
SUSPENDAIENT VOLONTAIREMENT A UN CLOU; IL Y	21	062
SUSPENDU A SON COU PAR UNE COURROIE, AVAIT	31	095
SUSPENDU ENTRE SES LEVRES, UN IMMORTEL	50	012
SUSPENDUE A MON BRAS, ET EN ECLATANT DE RIRE,	47	012
SUSPENDUE A SON COU ET COLLEE A SON DOS; ON	06	014
SUSPENDUE AU FOND D'UNE NUIT ORAGEUSE ET	36	017
SUSPENDUS AUX MURS, COMME JE FUS DORLOTE!	47	023
SUSPENDUS, ALTERNANT AVEC DES FIOLES PLEINES	21	023
SWEDENBORG AFFIRME BIEN QU'IL Y EN A UN POUR	50	111
SYLLOGISMES, SANS DEDUCTIONS. TOUTEFOIS, CES	03	014
SYLPHES, LES NIXES, LES ONDINS ET LES ONDINES,	20	068

POEM LINE

05	052	L'IDOLE, LA SOUVERAINE DES REVES, LA	SYLPHIDE, COMME DISAIT LE GRAND RENE, TOUTE
20	068	LES FEES, LES GNOMES, LES SALAMANDRES, LES	SYLPHIDES, LES SYLPHES, LES NIXES, LES ONDINS
21	051	DONT TES PIEDS SONT EMPETRES, SONT DES	SYMBOLES QUI EXPLIQUENT ASSEZ CLAIREMENT LES
27	068	FEERIQUES DONT L'OBJET EST DE REPRESENTER	SYMBOLIQUEMENT LE MYSTERE DE LA VIE. IL ENTRA
19	036	DE LA MISERE. A TRAVERS CES BARREAUX	SYMBOLIQUES SEPARANT DEUX MONDES, LA GRANDE
29	027	ET QUI M'INSPIRAIENT PLUTOT UNE	SYMPATHIE FRATERNELLE QUE CETTE CRAINTE QUI
31	130	FATAL QUI ELOIGNE GENERALEMENT LA	SYMPATHIE, ET QUI, JE NE SAIS POURQUOI,
13	061	DE JETER UN REGARD, SINON UNIVERSELLEMENT	SYMPATHIQUE, AU MOINS CURIEUX, SUR LA FOULE DE
09	043	PHYSIONOMIE LUI ETAIT IRRESISTIBLEMENT	SYMPATHIQUE? PEUT-ETRE; MAIS IL EST PLUS
45	021	DE CHAMPAGNE DANS LE BOURDONNEMENT D'UNE	SYMPHONIE EN SOURDINE. ALORS, SOUS LE SOLEIL
18	042	ET LA FAIENCE Y JOUENT POUR LES YEUX UNE	SYMPHONIE MUETTE ET MYSTERIEUSE; ET DE TOUTES

	POEM	LINE
SE SONT SI BIZARREMENT AGRANDIS; ET ELLE		
A CALIFOURCHON SUR CE FAMEUX ANE QUI		
VOILES DU SOIR PASSEMENTES D'OR FIN, JE		
MISERABLE! ''AFIN QUE JE PUISSE		
RIAIT DE CA A L'ECOLE; DANS LE TEMPS! TU		
RENAISSANT, DE SORTIR DE TOI-MEME POUR		
LISBONNE? IL DOIT Y FAIRE CHAUD, ET TU		
PROFONDEURS DU CIEL DANS LA LIMPIDITE DE		
ET PAR LA PEAU HUMAINE. DANS L'OCEAN DE		
TROPICAL; SUR LES RIVAGES DUVETES DE		
RAFRAICHISSANTES. DANS L'ARDENT FOYER DE		
L'ETERNELLE CHALEUR. DANS LES CARESSES DE		
A L'OPIUM ET AU SUCRE; DANS LA NUIT DE		
MERE, ET ELLE DEPOSA SES COULEURS SUR		
FAMEUSE CANAILLE! ET POUR LA PUNITION DE		
MIEUX, HOMME ENIGMATIQUE, DIS? TON PERE,		
JE NE TE CONNAITRAIS PAS, VIEUX MONSTRE,		
M'EST RESTE JUSQU'A CE JOUR INCONNU. --		
DE TOUS LES MALHEURS REPRESENTES SUR		
COUCHE A TES PIEDS, CHERCHANT DANS TOUTE		
POUR PARLER COMME LES MYSTIQUES, DANS		
HOMME ENIGMATIQUE, DIS? TON PERE, TA MERE,		
SI CALME, SI BIEN EVENTEE, FUMANT LE		
IL EST REMPLACE PAR UNE FETIDE ODEUR DE		
DE TA CHEVELURE. JE RESPIRE L'ODEUR DU		
COMME NOUS NOUS ELOIGNIONS DU BUREAU DE		
JAMAIS, PASSERONS-NOUS JAMAIS DANS CE		
D'UNE MAIN, PENDANT QUE DE L'AUTRE IL		
AZUR, ET FAISANT SUR LA LUMIERE UNE		
DANS UN MILIEU OU ELLE FAIT UNE		
COMME AUX COUPABLES. ''RESTAIT UNE		
LES FEUX DES CANDELABRES QUI FONT DES		
TENEBRES DE SA PEAU ET MOULE EXACTEMENT SA		
GRAVES. EN VOILA UN HOMME QUI AIME COUPER,		
D'EUX N'A PU RAPPELER LES MERVEILLEUX		
QU'IL APPLAUDISSAIT OSTENSIBLEMENT LES		
LE PRINCE VOULAIT JUGER DE LA VALEUR DES		
COPIEUSE HARANGUE, SANS CRAINDRE QUE LES		
ET SA GORGE POINTUE. SON OMBRELLE ROUGE,		
DE LA CHAMBRE ECLAIREE D'UNE LUMIERE ROSE		
LA SALLE A MANGER OU LE SALON, SONT		
DE SE MOQUER DE LA PLAINTE DE SON VOISIN,		
ET JE COMPRIS POURQUOI LA MERE TENAIT		
INUTILES: ''AIMEZ-MOI BIEN! J'EN AI		
GUERE; J'EN AI CONNU UN BON NOMBRE. J'AIME		
POUR L'HOMME SENSIBLE QUI SAIT Y LIRE,		
LES SEANCES ACADEMIQUES. ENCOURAGE PAR		
(QUI SAIT, APRES TOUT?), POUR RECOMPENSER		
FEMME A LAQUELLE IL DOIT TANT DE PLAISIRS,		
ET VOUS PROUVER QUE MOI, DONT ON DIT		
TOUT?), POUR RECOMPENSER TANT DE COURAGE,		
CHANTE PAR TANT DE POETES ET SERVI PAR		
QUE VOUS-MEME? EN VERITE, J'AI EU		
DE FRAIS UN PARFAIT BOUDOIR; OU ELLE PREND		
A LETTRE OU DU PAPIER DE SOIE. J'Y AVAIS		
CETTE MYSTERIEUSE FEMME A LAQUELLE IL DOIT		
VITRES; CE CELEBRE PERSONNAGE, CHANTE PAR		
SENSIBLE QUI SAIT Y LIRE, TANT D'HUMILITE,		
VENAIT ME DIRE: ''QUE REGARDES-TU LA AVEC		
FANTAISIE S'Y EST DONNE CARRIERE,		
DEPOUILLE DE SON GILET EN FAVEUR DU POETE,		
LE MAITRE DU CAFE DE LES ELOIGNER D'ICI?''		
DE L'OCCIDENT, LA CHINE DE L'EUROPE,		
DIFFICILE DE S'ENTENDRE, MON CHER ANGE, ET		
QUE JE SUIS EVEILLE, JE NE FERAIS PAS		
MON AME NE REPREND PAS. ''PUISQUE TU AIMES		
GOBERA ET VOUS TUERA A SON PLAISIR! ''		
LA MORT, VOUS NE VOUS FATIGUERIEZ PAS		
MUSIQUE SI SURPRENANTE QU'ELLE DONNE ENVIE		
QU'ELLE DONNE ENVIE TANTOT DE DANSER,		
TANTOT DE DANSER, TANTOT EN ANGE,		
L'AI TRANSFORME TANTOT EN PETIT BOHEMIEN,		
D'UNE FOIS POUR MOI; ET JE L'AI TRANSFORME		
PAR L'EXIL, IMITANT, DANS LA PERFECTION,		
TANTOT LES BONDS CIRCULAIRES DU TIGRE,		
VAUT TOUT, CE QUI REMPLACE TOUT!'' ET IL		
OPIACE!), AU DELA DE LA VARANGUE, LE		
AVAIT ENCORE BIEN D'AUTRES. LE GROS SATAN		
IVRE SE VAUTRAIT TOUT DE SON LONG SUR UN		
BAISSAIT; PLUS AIGRE, PLUS SOMBRE; PLUS		
L'AIR D'UNE PRINCESSE.'' EN PASSANT PLUS		
FILLE INCOMPARABLE SE MARIA. J'EUS PLUS		
VISIBLES DE LA VIE, DEVAIT SE TROUVER PLUS		
COMMISSION URGENTE. QUELQUES MINUTES PLUS		
--SANS DOUTE! J'IRAI VOUS VOIR, MAIS PLUS		
CES MESSIEURS.'' QUELQUES INSTANTS PLUS		
MORT DEPUIS PLUSIEURS HEURES. QUAND, PLUS		
HUMAINE. SUR CE SUJET-LA, SON ALTESSE NE		
VOUS VOYEZ. ENSUITE ILS ONT BU CHACUN UNE		

	POEM	LINE
T'A SI TENDREMENT SERREE A LA GORGE QUE TU EN	37	010
T'ACCOMPAGNE TOUJOURS DANS LA MEMOIRE DE LA	50	010
T'AIME, O CAPITALE INFAME! COURTISANES ET	51	013
T'AIMER SANS MALAISE ET SANS COLERE.'' PENDANT	42	142
T'EN SOUVIENS? --TIENS, VOILA K., CELUI QUI	47	060
T'OUBLIER DANS AUTRUI; ET D'ATTIRER LES AUTRES	21	043
T'Y RAGAILLARDIRAIS COMME UN LEZARD. CETTE	48	010
TA BELLE AME; --ET QUAND, FATIGUES PAR LA	18	085
TA CHEVELURE, J'ENTREVOIS UN PORT FOURMILLANT	17	016
TA CHEVELURE, JE M'ENIVRE DES ODEURS COMBINEES	17	029
TA CHEVELURE, JE RESPIRE L'ODEUR DU TABAC	17	026
TA CHEVELURE, JE RETROUVE LES LANGUEURS DES	17	021
TA CHEVELURE, JE VOIS RESPLENDIR L'INFINI DE	17	027
TA FACE. TES PRUNELLES EN SONT RESTEES VERTES,	37	007
TA FOLIE ET DE TON AVEUGLEMENT, TU M'AIMERAS	38	018
TA MERE, TA SOEUR OU TON FRERE? --JE N'AI NI	01	002
TA MYSTERIEUSE COUTELLERIE, TES FIOLES	21	049
TA PATRIE? --J'IGNORE SOUS QUELLE LATITUDE	01	007
TA PEAU.'' QUANT A LA DIABLESSE, JE MENTIRAIS	21	082
TA PERSONNE LE REFLET DE LA REDOUTABLE	37	037
TA PROPRE CORRESPONDANCE? DES REVES! TOUJOURS	18	066
TA SOEUR OU TON FRERE? --JE N'AI NI PERE, NI	01	002
TABAC LEGEREMENT OPIACE!), AU DELA DE LA	24	028
TABAC MELEE A JE NE SAIS QUELLE NAUSEABONDE	05	063
TABAC MELEE A L'OPIUM ET AU SUCRE; DANS LA	17	027
TABAC, MON AMI FIT UN SOIGNEUX TRIAGE DE SA	28	001
TABLEAU QU'A PEINT MON ESPRIT, CE TABLEAU QUI	18	075
TABLEAU QUI TE RESSEMBLE? CES TRESORS, CES	18	075
TABLIER, MEME AVEC UN PEU DE SANG DESSUS!''	47	101
TACHAIT DE GLISSER DANS SA POCHE LE PRIX DU	15	058
TACHE ECLATANTE ET NOIRE. ELLE S'AVANCE,	25	008
TACHE SI ECLATANTE?'' MAIS EN PASSANT	13	092
TACHE SUPREME A ACCOMPLIR, DONT LA SEULE	30	083
TACHES D'UN ROUGE OPAQUE SUR LES DERNIERES	22	053
TAILLE LONGUE. SON DOS CREUX ET SA GORGE	25	013
TAILLER ET ROGNER! C'ETAIT VOUS QUI LUI	47	033
TALENTS DE FANCIOULLE; NE S'ELEVER JUSQU'A LA	27	150
TALENTS DE SON VIEIL AMI, L'ETRANGE BOUFFON,	27	120
TALENTS SCENIQUES D'UN HOMME CONDAMNE A MORT.	27	050
TAMBOURS DE SANTERRE NE LEUR COUPASSENT	23	020
TAMISANT LA LUMIERE, PROJETTE SUR SON VISAGE	25	015
TAMISEE PAR LES STORES, DECOREE DE NATTES	24	024
TAMISES PAR DE BELLES ETOFFES OU PAR CES	18	036
TANDIS QUE LE TROISIEME CHOQUAIT DE TEMPS A	31	097
TANT A M'ARRACHER LA FICELLE ET PAR QUEL	30	134
TANT BESOIN! CONSOLEZ-MOI PAR-CI, CARESSEZ-MOI	11	010
TANT CES MESSIEURS; QUE, BIEN QUE JE NE SOIS	47	080
TANT D'HUMILITE, TANT DE REPROCHES. IL TROUVE	28	014
TANT DE BONTES, JE LUI DEMANDAI DES NOUVELLES	29	085
TANT DE COURAGE, TANT DE PATIENCE ET DE	50	108
TANT DE DOULEURS, ET PEUT-ETRE AUSSI UNE	43	008
TANT DE MAL, JE SUIS QUELQUEFOIS BON DIABLE,	29	099
TANT DE PATIENCE ET DE LABEUR, UN PARADIS	50	109
TANT DE PHILOSOPHES QUI TRAVAILLENT A SA	29	096
TANT DE PLAISIR A BRODER CETTE PRETENTIEUSE	16	032
TANT DE PLAISIR A SE PEIGNER, A FUMER, A SE	25	039
TANT DE PLAISIR QUE J'AURAIS LONGTEMPS	31	058
TANT DE PLAISIRS, TANT DE DOULEURS, ET	43	008
TANT DE POETES ET SERVI PAR TANT DE	29	095
TANT DE REPROCHES. IL TROUVE QUELQUE CHOSE	28	014
TANT DE SOIN? QUE CHERCHES-TU DANS LES YEUX DE	16	026
TANT ELLE L'A PATIEMMENT ET OPINIATREMENT	18	006
TANT IL A BIEN COMPRIS QU'IL ETAIT BON ET	50	123
TANT IL EST DIFFICILE DE S'ENTENDRE, MON CHER	26	058
TANT LA CHAUDE ET CAPRICIEUSE FANTAISIE S'Y	18	005
TANT LA PENSEE EST INCOMMUNICABLE, MEME ENTRE	26	059
TANT LE DELICAT!'' ET JE LES INVOQUAI A HAUTE	21	118
TANT LE REPOS, AVEC LE SPECTACLE DU MOUVEMENT,	48	017
TANT POETE QUE JE SOIS, JE NE SUIS PAS AUSSI	11	071
TANT, LABORIEUX VIVANTS, ET VOUS TROUBLERIEZ	45	033
TANTOT DE DANSER, TANTOT DE PLEURER, OU DE	31	090
TANTOT DE PLEURER, OU DE FAIRE LES DEUX A LA	31	090
TANTOT EN AMOUR MYTHOLOGIQUE. JE LUI AI FAIT	30	028
TANTOT EN ANGE, TANTOT EN AMOUR MYTHOLOGIQUE.	30	028
TANTOT EN PETIT BOHEMIEN, TANTOT EN ANGE,	30	027
TANTOT LES BONDS CIRCULAIRES DU TIGRE, TANTOT	11	018
TANTOT LES DANDINEMENTS STUPIDES DE L'OURS	11	019
TAPA SUR SON VENTRE MONSTRUEUX, DONT L'ECHO	21	076
TAPAGE DES OISEAUX IVRES DE LUMIERES, ET LE	24	029
TAPAIT AVEC SON POING SUR SON IMMENSE VENTRE,	21	068
TAPIS DE FLEURS MAGNIFIQUES ENGRAISSEES PAR LA	45	015
TAQUIN. INDULGENT ET SOCIABLE ENCORE PENDANT	22	029
TARD DANS UNE RUE; IL S'ARRETA DEVANT UNE	24	007
TARD LA FANTAISIE DE LA REVOIR, ET ELLE ME	42	072
TARD PRODIGIEUSEMENT EMBARRASSE DE SES	20	045
TARD UN COUP DE SIFFLET AIGU, PROLONGE,	27	127
TARD, APRES LE MEDECIN, QUE DIABLE!... --AH!	47	011
TARD, ME TUTOYANT, ELLE REPRENAIT SON	47	039
TARD, NOUS EUMES A LE DESHABILLER POUR	30	074
TARISSAIT PAS EN PLAISANTERIES LEGERES ET	29	058
TASSE D'EAU-DE-VIE ET SE SONT ENDORMIS, LE	31	119

POEM	LINE		
15	029	DE MA POCHE UN GROS MORCEAU DE PAIN, UNE	TASSE DE CUIR ET UN FLACON D'UN CERTAIN ELIXIR
21	059	PEAU ETAIT DOREE ET ILLUSTREE, COMME D'UN	TATOUAGE, D'UNE FOULE DE PETITES FIGURES
30	039	A CELLE QU'IL AURAIT SUBIE DANS LE	TAUDIS PATERNEL. SEULEMENT JE DOIS DIRE QUE CE
05	055	JE ME SOUVIENS! JE ME SOUVIENS! OUI! CE	TAUDIS, CE SEJOUR DE L'ETERNEL ENNUI, EST BIEN
47	020	INESPEREE. J'OMETS LA DESCRIPTION DU	TAUDIS; ON PEUT LA TROUVER DANS PLUSIEURS
50	120	AUCUN DE CEUX QUI ETAIENT PRESENTS DANS LA	TAVERNE DE LA RUE VILLA-HERMOSA N'OUBLIERA
47	085	JE LEUR FAIS DES MINES. --ET QUAND ILS NE	TE COMPRENNENT PAS...? --DAME! COMME JE LES AI
21	049	--NON! NON! NE VEUX RIEN OUBLIER! ET QUAND MEME JE NE	TE CONNAITRAIS PAS, VIEUX MONSTRE, TA
47	045	--NON! NON! A MOINS QUE CE NE SOIT POUR	TE COUPER LA TETE! S... S... C... DE S...
18	047	DE L'APPARTEMENT. UN VRAI PAYS DE COCAGNE,	TE DIS-JE, OU TOUT EST RICHE, PROPRE ET
48	019	CETTE TERRE BEATIFIANTE? PEUT-ETRE	TE DIVERTIRAS-TU DANS CETTE CONTREE DONT TU AS
21	075	BIEN DINE. ET CELUI-LA ME DIT: ''JE PUIS	TE DONNER CE QUI OBTIENT TOUT, CE QUI VAUT
21	039	CHANTANTE: ''SI TU VEUX, SI TU VEUX, JE	TE FERAI LE SEIGNEUR DES AMES, ET TU SERAS LE
47	095	VIENS ME VOIR SOUVENT. ET AVEC MOI, NE	TE GENE PAS; JE N'AI PAS BESOIN D'ARGENT.''
18	066	DANS TON ANALOGIE. ET NE POURRAIS-TU PAS	TE MIRER, POUR PARLER COMME LES MYSTIQUES,
51	011	LOURDE, OBSCURE, ENRHUMEE, OU QUE TU	TE PAVANES DANS LES VOILES DU SOIR PASSEMENTES
48	030	A CE POINT D'ENGOURDISSEMENT QUE TU NE	TE PLAISES QUE DANS TON MAL? S'IL EN EST
18	018	DE LA CURIOSITE? IL EST UNE CONTREE QUI	TE RESSEMBLE, OU TOUT EST BEAU, RICHE,
18	075	QU'A PEINT MON ESPRIT, CE TABLEAU QUI	TE RESSEMBLE? CES TRESORS, CES MEUBLES, CE
48	025	MAISONS?'' MON AME RESTE MUETTE. ''BATAVIA	TE SOURIRAIT PEUT-ETRE DAVANTAGE? NOUS Y
47	107	MOI, M'OBSTINANT, JE REPRIS: ''PEUX-TU	TE SOUVENIR DE L'EPOQUE ET DE L'OCCASION OU
05	003	OU L'ATMOSPHERE STAGNANTE EST LEGEREMENT	TEINTEE DE ROSE ET DE BLEU. L'AME Y PREND UN
30	005	QUAND NOUS VOYONS L'ETRE OU LE FAIT	TEL QUI EXISTE EN DEHORS DE NOUS, NOUS
09	008	HEURE DEVANT SA PORTE SANS OSER RENTRER,	TEL QUI GARDE QUINZE JOURS UNE LETTRE SANS LA
09	006	SE SERAIENT CRUES ELLES-MEMES INCAPABLES.	TEL QUI, CRAIGNANT DE TROUVER CHEZ SON
50	125	ET HONNETE DE CHANTER LES PAUVRES CHIENS.	TEL UN MAGNIFIQUE TYRAN ITALIEN, DU BON TEMPS,
42	148	VAINCRE OU MOURIR, COMME DIT LA POLITIQUE.	TELLE ETAIT L'ALTERNATIVE QUE M'IMPOSAIT LA
48	012	BATIE EN MARBRE, ET QUE LE PEUPLE Y A UNE	TELLE HAINE DU VEGETAL, QU'IL ARRACHE TOUS LES
38	019	FOLIE ET DE TON AVEUGLEMENT, TU M'AIMERAS	TELLE QUE JE SUIS!'' MAIS MOI, FURIEUX, J'AI
30	075	LA RIGIDITE CADAVERIQUE ETAIT	TELLE, QUE, DESESPERANT DE FLECHIR LES
30	112	L'AVAIT, SANS DOUTE, ME PARUT-IL,	TELLEMENT AFFOLEE, QU'ELLE S'EPRENAIT DE
15	006	DE L'ATMOSPHERE; LES PASSIONS VULGAIRES,	TELLES QUE LA HAINE ET L'AMOUR PROFANE,
19	005	POCHES DE PETITES INVENTIONS A UN SOL, --	TELLES QUE LE POLICHINELLE PLAT MU PAR UN SEUL
20	067	CONTRAINTES DE S'ADAPTER A SES PASSIONS,	TELLES QUE LES FEES, LES GNOMES, LES
11	043	TOUT ENTIERE, COMME LE FER QU'ON BAT. ''	TELLES SONT LES MOEURS CONJUGALES DE CES DEUX
27	112	ET BAFOUE DANS SES PREVISIONS? DE	TELLES SUPPOSITIONS NON EXACTEMENT JUSTIFIEES,
42	039	NOUS DEUX, C'EST MOI QUI SUIS L'HOMME!''	TELS ETAIENT LES INSUPPORTABLES REFRAINS QUI
21	117	BIEN LOURDEMENT ASSOUPI POUR MONTRER DE	TELS SCRUPULES. AH! S'ILS POUVAIENT REVENIR
51	014	O CAPITALE INFAME! COURTISANES ET BANDITS,	TELS SOUVENT VOUS OFFREZ DES PLAISIRS QUE NE
06	024	TOUS CES VISAGES FATIGUES ET SERIEUX NE	TEMOIGNAIENT D'AUCUN DESESPOIR; SOUS LA
50	077	DE LA LAITIERE OU DU BOULANGER, ET LE	TEMOIGNENT, LEURS ABOIEMENTS TRIOMPHANTS,
22	009	COMME CELLE DE LA MAREE QUI MONTE OU D'UNE	TEMPETE QUI S'EVEILLE. QUELS SONT LES
20	028	JE CROIS MEME QU'ELLES REGARDAIENT DE	TEMPS A AUTRE L'AIGUILLE DE L'HORLOGE AVEC
31	097	TANDIS QUE LE TROISIEME CHOQUAIT DE	TEMPS A AUTRE SES CYMBALES AVEC UNE VIOLENCE
05	041	DE MINUTES, IL N'EST PLUS DE SECONDES! LE	TEMPS A DISPARU! C'EST L'ETERNITE QUI REGNE,
05	070	EN CARESSES ET EN TRAITRISES. OH! OUI! LE	TEMPS A REPARU; LE TEMPS REGNE EN SOUVERAIN
20	063	PLUS RIEN. CEPENDANT ELLE SE SOUVINT A	TEMPS D'UNE LOI BIEN CONNUE, QUOIQUE RAREMENT
14	006	AMBULANTS, POUR COMPENSER LES MAUVAIS	TEMPS DE L'ANNEE. EN CES JOURS-LA IL ME SEMBLE
47	028	CA VOUS RAPPELLERA L'HOPITAL ET LE BON	TEMPS DE LA JEUNESSE. --AH CA! OU DONC
50	105	OCCUPEE DU BONHEUR DES HOMMES, AVAIT LE	TEMPS DE MENAGER L'HONNEUR DES CHIENS! ET QUE
47	063	QU'IL SOIGNAIT A SON HOPITAL. C'ETAIT LE	TEMPS DES EMEUTES. COMMENT EST-CE POSSIBLE
25	021	SECRETEMENT A SES MIGNONNES OREILLES. DE	TEMPS EN TEMPS LA BRISE DE MER SOULEVE PAR LE
48	040	LES AURORES BOREALES NOUS ENVERRONT DE	TEMPS EN TEMPS LEURS GERBES ROSES, COMME DES
42	089	LEURS DEVOIRS. BREF, J'AI VECU QUELQUE	TEMPS EN TETE-A-TETE AVEC UN PHENOMENE VIVANT.
20	023	EST SOUMIS COMME NOUS A LA TERRIBLE LOI DU	TEMPS ET DE SON INFINIE POSTERITE, LES JOURS,
39	002	LAIDE. ELLE EST DELICIEUSE POURTANT! LE	TEMPS ET L'AMOUR L'ONT MARQUEE DE LEURS
39	017	DU SOLEIL, AMOUREUSES ET CHARMANTES! LE	TEMPS ET L'AMOUR L'ONT VAINEMENT MORDUE A
25	021	A MIGNONNES OREILLES. DE TEMPS EN	TEMPS LA BRISE DE MER SOULEVE PAR LE COIN SA
48	041	BOREALES NOUS ENVERRONT DE TEMPS EN	TEMPS LEURS GERBES ROSES, COMME DES REFLETS DE
39	009	EN SOMME, ELLE EST EXQUISE. LE	TEMPS N'A PU ROMPRE L'HARMONIE PETILLANTE DE
39	012	LA SUAVITE DE SON HALEINE D'ENFANT; ET LE	TEMPS N'A RIEN ARRACHE DE SON ABONDANTE
42	169	DE NOUVELLES BOUTEILLES, POUR TUER LE	TEMPS QUI A LA VIE SI DURE, ET ACCELERER LA
33	003	POUR NE PAS SENTIR L'HORRIBLE FARDEAU DU	TEMPS QUI BRISE VOS EPAULES ET VOUS PENCHE
05	070	TRAITRISES. OH! OUI! LE TEMPS A REPARU! LE	TEMPS REGNE EN SOUVERAIN MAINTENANT; ET AVEC
05	082	A CHACUN UNE INEXPLICABLE PEUR. OUI! LE	TEMPS REGNE; IL A REPRIS SA BRUTALE DICTATURE.
16	025	ET INTOLERANT, QUELQUE DEMON DU CONTRE-	TEMPS VENAIT ME DIRE: ''QUE REGARDES-TU LA
14	003	SOLENNITES SUR LESQUELLES, PENDANT UN LONG	TEMPS, COMPTENT LES SALTIMBANQUES, LES
33	016	POUR N'ETRE PAS LES ESCLAVES MARTYRISES DU	TEMPS, ENIVREZ-VOUS! ENIVREZ-VOUS SANS CESSE!
49	053	JE ME TROUVAIS, POUR UN ASSEZ LONG	TEMPS, HORS DE LA PORTEE DE TOUT AGENT DE
49	025	FAISAIT MURIR LES RAISINS. EN MEME	TEMPS, J'ENTENDIS UNE VOIX QUI CHUCHOTAIT A
47	050	DES PORTRAITS DES MEDECINS ILLUSTRES DE CE	TEMPS, LITHOGRAPHIES PAR MAURIN, QU'ON A PU
42	062	LA DESTINEE M'AVAIT, EN CES DERNIERS	TEMPS, OCTROYE LA JOUISSANCE D'UNE FEMME QUI
50	125	TEL UN MAGNIFIQUE TYRAN ITALIEN, DU BON	TEMPS, OFFRAIT AU DIVIN ARETIN SOIT UNE DAGUE
10	022	DES GANTS; ETRE MONTE POUR TUER LE	TEMPS, PENDANT UNE AVERSE, CHEZ UNE SAUTEUSE
43	003	DE TIRER QUELQUES BALLES POUR TUER LE	TEMPS. TUER CE MONSTRE-LA N'EST-CE PAS
47	060	COMME ON RIAIT DE CA A L'ECOLE. DANS LE	TEMPS! TU T'EN SOUVIENS? --TIENS, VOILA K.,
15	031	QUE LES PHARMACIENS VENDAIENT DANS CE	TEMPS-LA AUX TOURISTES POUR LE MELER A
49	003	ENTOURE DES LIVRES A LA MODE DANS CE	TEMPS-LA (IL Y A SEIZE OU DIX-SEPT ANS); JE
36	023	DANS SON PETIT FRONT HABITENT LA VOLONTE	TENACE ET L'AMOUR DE LA PROIE. CEPENDANT, AU
13	094	CRUS EN DEVINER LA RAISON. LA GRANDE VEUVE	TENAIT PAR LA MAIN UN ENFANT COMME ELLE VETU
30	134	CERVEAU, ET JE COMPRIS POURQUOI LA MERE	TENAIT TANT A M'ARRACHER LA FICELLE ET PAR
19	018	D'UN JOLI CHATEAU FRAPPE PAR LE SOLEIL, SE	TENAIT UN ENFANT BEAU ET FRAIS, HABILLE DE CES
15	034	ME FIT LEVER LES YEUX. DEVANT MOI SE	TENAIT UN PETIT ETRE DEGUENILLE, NOIR,
21	026	DE CHIRURGIE. DANS SA MAIN DROITE IL	TENAIT UNE AUTRE FIOLE DONT LE CONTENU ETAIT
26	030	AU VISAGE FATIGUE, A LA BARBE GRISONNANTE,	TENANT D'UNE MAIN UN PETIT GARCON ET PORTANT
16	008	DIRE.'' PEU D'INSTANTS APRES, IL REPARUT,	TENANT DANS SES BRAS UN FORT GROS CHAT, ET LE
27	042	AJOUTAIENT LES ESPRITS SUPERFICIELS, DES	TENDANCES GENEREUSES DU PRINCE OFFENSE. DE LA
30	127	ET SANS ORTHOGRAPHE, MAIS TOUTES	TENDANT AU MEME BUT, C'EST-A-DIRE A OBTENIR DE
47	034	TAILLER ET ROGNER! C'ETAIT VOUS QUI LUI	TENDIEZ LES INSTRUMENTS, LES FILS ET LES
27	027	DOMAINES, D'ECRIRE QUOI QUE CE FUT QUI NE	TENDIT PAS UNIQUEMENT AU PLAISIR OU A
28	010	FIMES LA RENCONTRE D'UN PAUVRE QUI NOUS	TENDIT SA CASQUETTE EN TREMBLANT. --JE NE

ENTRER DANS UN CABARET, UN MENDIANT ME
CREPUSCULE, COMME VOUS ETES DOUX ET
SI BIZARREMENT AGRANDIS; ET ELLE T'A SI
PENSEES PRENNENT MAINTENANT LES COULEURS
CETTE COMPLEXITE DE LIGNES ET DE COULEURS,
TELLEMENT AFFOLEE, QU'ELLE S'EPRENAIT DE
UN FEU NOUVEAU, ET LA SERVILITE DE SA
PUIS ELLE S'ETENDIT SUR TOI AVEC LA
HEBES ET LES GANYMEDES PRESENTANT A BRAS
ET UNE SOUFFRANCE POSITIVE. MES NERFS TROP
IMAGINAIRES. LA NUIT, QUI METTAIT SES
CLAIR ET ROSE, TRANCHE VIVEMENT SUR LE
MERVEILLE IL AVAIT A MONTRER DANS CES
NOUS POURRONS PRENDRE DE LONGS BAINS DE
D'ETRE DANS UN LIT AVEC SA BONNE, DANS LES
L'ECLAIR: C'EST UNE EXPLOSION DANS LES
DONC PERMIS DE ME DELASSER DANS UN BAIN DE
ET ALARME. O NUIT! O RAFRAICHISSANTES
SES BEAUX YEUX LANGUISSANTS, D'UNE COULEUR
D'UN ROCOCO PORTUGUAIS, D'UN BOIS LOURD ET
PLUS MYSTERIEUX, PLUS FECOND, PLUS
IL VOYAGE, POUR VISITER TOUS LES PAYS.
CONSOLEZ-MOI PAR-CI, CARESSEZ-MOI PAR-LA''
                                        LES
ALORS L'UN A DIT: ''FAUT-IL DEPLOYER LA
DE POUDRE, POUR VOIR, POUR SAVOIR, POUR
TOUJOURS VICTORIEUSE, LAISSE-MOI! CESSE DE
RICHESSE ATTRISTEE, COMME UN PAPIER DE
ET LE PLUS INSOUCIANT DU MONDE. ELLE M'A
LA PASSION DU VOYAGE. MULTITUDE, SOLITUDE:
ET RETENTISSANT CLIQUETIS DE METAL, QUI SE
RIGIDES OU ABATTUS, DANS CES YEUX CAVES ET
MIRACLE D'UNE SUPERBE FLEUR ECLOSE DANS UN
ASSEZ ENERGIQUE POUR BRISER LES OMOPLATES,
TOUS ETAIENT SI AFFOLES PAR L'IMAGE DE LA
''DEJA!'' CEPENDANT C'ETAIT LA TERRE, LA
VEUX-TU VENIR HABITER LA HOLLANDE, CETTE
SE REDRESSA ET FIT ROULER LE VAINQUEUR PAR
LE PREMIER VENU. JE L'AI VU JETER A LA
COTE, FIXANT SUR LA LIGNE QUI SEPARE LA
MON REFUS; J'AI ENTENDS SI VIOLEMMENT LA
GROGNAIT. ON EUT DIT QUE L'APPROCHE DE LA
A LA DEFUNTE, ET QUI, PIETINANT SUR LA
NOUS VIMES, EN APPROCHANT, QUE C'ETAIT UNE
SES COMMODITES; SES FETES; C'ETAIT UNE
L'ON POUVAIT ALLER EN RUSSIE PAR VOIE DE
GROSSE BRANCHE D'ARBRE QUI TRAINAIT A
LA LE SOLEIL NE FRISE QU'OBLIGUAIENT LA
LE FORCAIT A BAISSER LES YEUX VERS LA
BRISE VOS EPAULES ET VOUS PENCHE VERS LA
CRIER QUE: ''DEJA!'' CEPENDANT C'ETAIT LA
ET DANS MON TOTAL OUBLI DU TOUT LE MAL
J'ETAIS ENVELOPPE; LE SOUVENIR DES CHOSES
ANCIENS GUERRIERS ESPERAIENT AJOUTER A LA
SURPRENDRE. --MON CHER, VOUS CONNAISSEZ MA
EST PLUS APTE A TOUTE AUTRE A VOILER LES
LA FIOLE DE LAUDANUM; UNE VIEILLE ET
JE SENTIS MA GORGE SERREE PAR LA MAIN
ET DIEU, EST SOUMIS COMME NOUS A LA
UNE ETERNITE DE DELICES! MAIS UN COUP
LEURS JOUES ENFLAMMEES ELLES AIENT L'AIR
ACCABLE LA VILLE DE SA LUMIERE DROITE ET
LA SEULE PENSEE ME CAUSAIT UNE ANGOISSE
POUR LA CALMER! CAR ELLE DARDE DES YEUX
TRAVERSE LE CREPUSCULE; CES SUBTILES ET
SENTENCE CONNUE: ''LES DOULEURS LES PLUS
CONTRAIGNENT DUREMENT A DANSER SUR L'HERBE
DE DESPOTE? HUMILIE DANS SON ART DE
NI PERE, NI MERE, NI SOEUR, NI FRERE. --
L'AME DES AUTRES HOMMES SUR LA MUSIQUE.
LOURDES ET NOIRES. QUAND JE MORDILLE
RESPIRER LONGTEMPS, LONGTEMPS, L'ODEUR DE
CE QUE JE SENS! TOUT CE QUE J'ENTENDS DANS
VIEUX MONSTRE, TA MYSTERIEUSE COUTELLERIE,
TES PRUNELLES EN SONT RESTEES VERTES; ET
TES FIOLES EQUIVOQUES, LES CHAINES DONT
GATEE; QUE JE SUIS MAINTENANT COUCHE A
LES INCONVENIENTS DE TON AMITIE. GARDE
ET ELLE DEPOSA SES COULEURS SUR TA FACE.
DE COCO. LAISSE-MOI MORDRE LONGTEMPS
C'EST EN CONTEMPLANT CETTE VISITEUSE QUE
SUIVRE LA PISTE D'UN AMI. LES LEURS
ROULER LE VAINQUEUR PAR TERRE OU COUP DE
JE ME MIS A LUI SECOUER VIGOUREUSEMENT LE
DANS UN MOUVEMENT BRUSQUE, A GLISSE DE MA
DE JE NE SAIS QUOI. ENSUITE J'AI FOURRE MA
CHEVELURE PRESQUE BLEUE TIRE EN ARRIERE SA
NYMPHES ET LES DEESSES PORTANT LEUR
DU PIED; ETAIT RENVERSEE A COTE DE LUI; SA
GRIFFES A LA POITRINE DE SA MONTURE; ET SA
DE CEINTURE, UN SERPENT CHATOYANT QUI, LA

	POEM	LINE
TENDIT SON CHAPEAU, AVEC UN DE CES REGARDS	49	022
TENDRE! LES LUEURS ROSES QUI TRAINENT ENCORE A	22	050
TENDREMENT SERREE A LA GORGE QUE TU EN AS	37	010
TENDRES ET INDECISES DU CREPUSCULE. CEPENDANT	22	003
TENDRES OU ECLATANTES. NE DIRAIT-ON PAS QUE LA	32	012
TENDRESSE MAINTENANT POUR CE QUI AVAIT SERVI	30	112
TENDRESSE N'A JAMAIS RIEN DE FATIGANT.	39	027
TENDRESSE SOUPLE D'UNE MERE, ET ELLE DEPOSA	37	006
TENDU LA PETITE AMPHORE A BAVAROISES OU	26	024
TENDUS NE DONNENT PLUS QUE DES VIBRATIONS	03	019
TENEBRES DANS LEUR ESPRIT, FAIT LA LUMIERE	22	040
TENEBRES DE SA PEAU ET MOULE EXACTEMENT SA	25	012
TENEBRES PUANTES, DERRIERE SON RIDEAU	14	070
TENEBRES; CEPENDANT QUE, POUR NOUS DIVERTIR,	48	039
TENEBRES, COMME JE NE DORMAIS PAS, JE ME SUIS	31	053
TENEBRES, JE LA COMPARERAIS A UN SOLEIL NOIR,	36	011
TENEBRES! D'ABORD, UN DOUBLE TOUR A LA	10	007
TENEBRES! VOUS ETES POUR MOI LE SIGNAL D'UNE	22	044
TENEBREUSE ET INDECISE, RESSEMBLAIENT A DES	21	014
TENEBREUX (OU ELLE REPOSERAIT SI CALME, SI	24	026
TENEBREUX, PLUS EBLOUISSANT QU'UNE FENETRE	35	004
TENEZ, IL VA PASSER DERRIERE CETTE RANGEE	31	033
TENEZ, JE VEUX ESSAYER DE VOUS GUERIR; NOUS EN	11	011
TENTATIONS OU EROS, PLUTUS ET LA GLOIRE	21	000
TENTE?'' ''MA FOI! NON!'' A REPONDU L'AUTRE,	31	106
TENTER LA DESTINEE, POUR SE CONTRAINDRE	09	026
TENTER MES DESIRS ET MON ORGUEIL! L'ETUDE DU	03	026
TENTURE, DE TOUS LES MALHEURS REPRESENTES SUR	21	082
TENU AINSI LONGTEMPS EN EXTASE. ELLE AVAIT UNE	42	092
TERMES EGAUX ET CONVERTIBLES POUR LE POETE	12	007
TERMINAIT EN UN VAGUE GEMISSEMENT FAIT DE	21	070
TERNES, OU BRILLANTS DES DERNIERS ECLAIRS DU	13	018
TERRAIN VOLCANIQUE. IL Y A DES FEMMES QUI	36	029
TERRASSE CE SEXAGENAIRE AFFAIBLI, JE ME SAISIS	49	056
TERRE ABSENTE, QU'ILS AURAIENT, JE CROIS,	34	019
TERRE AVEC SES BRUITS, SES PASSIONS, SES	34	045
TERRE BEATIFIANTE? PEUT-ETRE TE DIVERTIRAS-TU	48	019
TERRE D'UN COUP DE TETE DANS L'ESTOMAC. A QUOI	15	060
TERRE D'UN MAITRE D'HOTEL UN EXCELLENT POULET,	22	024
TERRE DU CIEL DES YEUX OU BRILLAIT UNE	31	037
TERRE DU PIED QUE MA JAMBE S'EST ENFONCEE	38	022
TERRE EXASPERAIT LEUR SOUFFRANCE. ''QUAND	34	009
TERRE FRAICHE AVEC UNE VIOLENCE HYSTERIQUE ET	38	015
TERRE MAGNIFIQUE, EBLOUISSANTE. IL SEMBLAIT	34	022
TERRE RICHE ET MAGNIFIQUE, PLEINE DE	34	046
TERRE (IL PRENAIT SANS DOUTE LA RUSSIE POUR	10	013
TERRE, ET JE LE BATTIS AVEC L'ENERGIE OBSTINEE	49	058
TERRE, ET LES LENTES ALTERNATIVES DE LA	48	036
TERRE, IL CONTEMPLAIT VANITEUSEMENT LES ONGLES	21	034
TERRE, IL FAUT VOUS ENIVRER SANS TREVE. MAIS	33	004
TERRE, LA TERRE AVEC SES BRUITS, SES PASSIONS,	34	045
TERRESTRE, J'EN ETAIS VENU A NE PLUS TROUVER	15	024
TERRESTRES N'ARRIVAIT A MON COEUR QU'AFFAIBLI	15	010
TERREUR DE L'ENNEMI. JE QUESTIONNAI L'UN DE	06	014
TERREUR DES CHEVAUX ET DES VOITURES. TOUT A	46	005
TERREURS DU GOUFFRE; QUE LE GENIE PEUT JOUER	27	095
TERRIBLE AMIE; COMME TOUTES LES AMIES; HELAS!	05	068
TERRIBLE DE L'HYSTERIE, ET IL ME SEMBLA QUE	14	065
TERRIBLE LOI DU TEMPS ET DE SON INFINIE	20	022
TERRIBLE, LOURD, A RETENTI A LA PORTE, ET,	05	043
TERRIBLE, ON NE PEUT PAS S'EMPECHER DE LES	31	017
TERRIBLE; LE SABLE EST EBLOUISSANT ET LA MER	25	001
TERRIBLE; IL FALLAIT AVERTIR LES PARENTS. MES	30	084
TERRIBLES DE CONVOITISE SUR LA NOURRITURE	11	037
TERRIBLES MIRETTES, QUE JE RECONNAIS A LEUR	05	028
TERRIBLES SONT LES DOULEURS MUETTES.'' QUANT	30	090
TERRIFIEE! DANS SON PETIT FRONT HABITENT LA	36	022
TERRIFIER LES COEURS ET S'ENGOURDIR EN	27	110
TES AMIS? --VOUS VOUS SERVEZ LA D'UNE PAROLE	01	004
TES CHEVEUX CONTIENNENT TOUT UN REVE, PLEIN DE	17	010
TES CHEVEUX ELASTIQUES ET REBELLES, IL ME	17	033
TES CHEVEUX, Y PLONGER TOUT MON VISAGE, COMME	17	002
TES CHEVEUX! MON AME VOYAGE SUR LE PARFUM	17	007
TES FIOLES EQUIVOQUES, LES CHAINES DONT TES	21	050
TES JOUES EXTRAORDINAIREMENT PALES. C'EST EN	37	008
TES PIEDS SONT EMPETRES, SONT DES SYMBOLES QUI	21	050
TES PIEDS, CHERCHANT DANS TOUTE TA PERSONNE LE	37	036
TES PRESENTS.'' LE SECOND SATAN N'AVAIT NI CET	21	052
TES PRUNELLES EN SONT RESTEES VERTES, ET TES	37	007
TES TRESSES LOURDES ET NOIRES. QUAND JE	17	032
TES YEUX SE SONT SI BIZARREMENT AGRANDIS; ET	37	009
TETE APLATIE ASSEZ D'INTELLIGENCE POUR JOUER	50	030
TETE CONTRE UN MUR. JE DOIS AVOUER QUE J'AVAIS	49	050
TETE DANS L'ESTOMAC. A QUOI BON DECRIRE UNE	15	061
TETE DANS LA FANGE DU MACADAM. JE N'AI PAS EU	46	010
TETE DANS SES CHEVEUX QUI PENDAIENT DANS SON	31	061
TETE DELICATE ET LUI DONNE UN AIR TRIOMPHANT	25	018
TETE DES FRUITS, DES PATES ET DU GIBIER, LES	26	023
TETE ETAIT PENCHEE CONVULSIVEMENT SUR UNE	30	054
TETE FABULEUSE SURMONTAIT LE FRONT DE L'HOMME,	06	011
TETE RELEVEE, TOURNAIT LANGOUREUSEMENT VERS	21	021

[290]

POEM LINE

UN AUTRE ALLUMERA UN CIGARE A COTE D'UN
VOUTES DE L'EDIFICE AVEC L'ENERGIE D'UN
L'ESPACE AVEC LE BRUIT DE CENT MILLE
D'EPINES ET LES CLOUS DE LA PASSION, ET LA
PAUVRE AME! NOUS FERONS NOS MALLES POUR
ELLE S'AVANCE, BALANCANT MOLLEMENT SON
AU POINT DE VUE DE LA LOI, IL N'AVAIT PAS
LES QUERELLES FURENT OUBLIEES, TOUS LES
EST ENTRE. C'EST UN HUISSIER QUI VIENT ME
DANS MA PARFAITE BEATITUDE ET DANS MON
AVANT D'AVOIR VU CES PETITS HOMMES AVAIT
AU PANNEAU DE CETTE ARMOIRE! SES PIEDS
DEMOISELLE, N'EST-CE PAS?'' ET COMME JE
FACILE A GAGNER, COMME LE BUT EST FACILE A
DE LA FENETRE. IL ME SEMBLE QUE JE SERAIS
DANS DES PAYS CHARMANTS OU IL FAIT
L'ETINCELANTE FOURNAISE INTERIEURE. C'EST
DEUX EFFETS CONTRAIRES, J'EN SUIS
SILENCIEUSE. ON DIRAIT QU'UNE LUMIERE
SUR CE FAMEUX ANE QUI T'ACCOMPAGNE
DE LES RECONNAITRE. D'AILLEURS IL Y A
QUE PERSONNE S'EN INQUIETE, ET DE VOIR
DANS TA PROPRE CORRESPONDANCE? DES REVES!
FROLE PAR UN ETRE MYSTERIEUX QUE J'AVAIS
SEMBLE QUE MON PLAISIR SERAIT D'ALLER
DES PEDAGOGUES, ET QU'IL ASSISTAIT PRESQUE
ET MALIN; LES UNES, JEUNES, QUI AVAIENT
JEUNES; LES AUTRES, VIEILLES, QUI AVAIENT
ET DIFFORME. C'ETAIT UNE FEMME QUI VOULAIT
USEE PEUT-ETRE, MAIS NON FATIGUEE, ET
IL FAUT ETRE
SERREE A LA GORGE QUE TU EN AS GARDE POUR
PASSIONNEMENT LE MYSTERE, PARCE QUE J'AI
AU FOND DE SES YEUX ADORABLES JE VOIS
JE VOIS TOUJOURS L'HEURE DISTINCTEMENT,
ET DONT LES SIECLES A VENIR IGNORERONT
CELA VAUT PEUT-ETRE MIEUX AINSI; IL AURAIT
CE QU'ON PEUT VOIR AU SOLEIL EST
MAIS DANS MON MISERABLE CERVEAU,
UNE FEMME MURE, RIDEE DEJA, PAUVRE,
LOUP PRIS AU PIEGE, IL RESTE ATTACHE, POUR
PLUME TREMBLE ET DES LARMES D'UNE EMOTION
ET LA PLUS DEVOUEE DES CREATURES, ET
SUIS JAMAIS BIEN NULLE PART, ET JE CROIS
S'IL EXISTE UN PHENOMENE EVIDENT, TRIVIAL,
RENTREE A PIED, MEDITANT ET REVANT, SEULE,
QUE DIABLE!... --AH! AH! --FIT-ELLE,
N'AI PAS OSE, SANS DOUTE PARCE QU'IL EST
NATURE, ENCHANTERESSE SANS PITIE, RIVALE
DE CEUX QUI SONT CONDAMNES A ESPERER
NIMES, AIX, ARLES, AVIGNON, NARBONNE,
UN BAIN DE TENEBRES! D'ABORD, UN DOUBLE
DANS LES YEUX DE L'USURPATEUR; A SON
DANS L'INTENDANCE QUI, PAR QUELQUE
TOUR A LA SERRURE. IL ME SEMBLE QUE LE
CHERI? --MAIS, LUI DIS-JE, SUIVANT A MON
MIRENT A RIRE, ET UN TINTEMENT DIT A SON
VIVRE; RIEN, EXCEPTE L'ASPECT DE CETTE
PHARMACIENS VENDAIENT DANS CE TEMPS-LA AUX
DE LA MALADRESSE DE SON EPOUX, CELUI-CI SE
ET COMME INVOLONTAIREMENT MES YEUX SE
CARAFES, PLUS GRANDS QUE NOTRE SOIF. JE
UN SERPENT CHATOYANT QUI, LA TETE RELEVEE,
QUE!'' REPLIQUA LA FEE COURROUCEE, EN LUI
VOIT PLUS!'' ET L'ENFANT RESTA LONGTEMPS
D'EAU-DE-VIE ET S'EST ENDORMIS, LE FRONT
ARME D'UN FOUET. COMME L'ANE ALLAIT
LES PIEDS DANS LA FANGE ET LES YEUX
LES SALTIMBANQUES, LES FAISEURS DE
AINSI DANS LA CELLULE DU RECUEILLEMENT
MER, UNE BELLE CASE EN BOIS, ENVELOPPEE DE
PAS QUE TOUTES CES COROLLES DELICATES,
BELGIQUE, ET AVEZ-VOUS ADMIRE COMME MOI
DIRE, --TOUTES LES ELUCUBRATIONS DE
POUR JOUER AU DOMINO! A LA NICHE,
''ET QUE PEUVENT SIGNIFIER POUR MOI
DANS LE BELVEDERE OU ACCOUDE SUR LE MOLE,
FOIS J'AI CONTEMPLE, SOURIANT ET ATTENDRI,
COMME FAISANT PARTIE DE LUI-MEME.
PART LA BRUYERE, COMME POUR FAIRE HONTE A
ET DE CEUX QUI LEUR PERSUADENT QU'ILS SONT
PRENDRE A SES ENFANTS L'AIR DU SOIR.
DROLE; OUF! EST-CE BIEN FINI? MECONTENT DE
ET MAUSSADES, ET LEUR PROGENITURE CRIARDE.
UNE TELLE HAINE DU VEGETAL, QU'IL ARRACHE
DES HONNETES GENS,'' CE QUI IMPLIQUE QUE
PAYEES MALGRE MOI! ELLE ME PRIVAIT DE
ET MYSTERIEUSE; ET DE TOUTES CHOSES, DE
QUE LE SOUVERAIN VOULAIT FAIRE GRACE A
MOUVANT OU LA MORT ARRIVE AU GALOP DE
FAIRE ROUGIR. LE SOIR, JE LES CONGEDIAI

	POEM	LINE
TONNEAU DE POUDRE, POUR VOIR, POUR SAVOIR,	09	025
TONNERRE CONTINU. LE PRINCE LUI-MEME, ENIVRE,	27	106
TONNERRES, ET ME REVINT REPERCUTE PAR L'ECHO	21	101
TORCHE D'EROS. JE PRIS ENFIN A TOUTE LA	30	030
TORNEO. ALLONS PLUS LOIN ENCORE, A L'EXTREME	48	033
TORSE SI MINCE SUR SES HANCHES SI LARGES. SA	25	010
TORT.	40	011
TORTS RECIPROQUES PARDONNES; LES DUELS	34	029
TORTURER AU NOM DE LA LOI; UNE INFAME	05	047
TOTAL OUBLI DE TOUT LE MAL TERRESTRE, J'EN	15	023
TOTALEMENT DISPARU! J'EN RESTAI TRISTE ASSEZ	15	073
TOUCHAIENT PRESQUE LE PLANCHER; UNE CHAISE,	30	052
TOUCHAIS A UN PAQUET FICELE, POSE AUSSI SUR LE	47	067
TOUCHER, ET COMBIEN TOUT EST NEANT, EXCEPTE LA	45	031
TOUJOURS BIEN LA OU JE NE SUIS PAS, ET CETTE	48	005
TOUJOURS CHAUD ET OU LES FEMMES SENTENT AUSSI	29	115
TOUJOURS CHOSE INTERESSANTE QUE CE REFLET DE	13	073
TOUJOURS COMME INTRIGUE ET ALARME. O NUIT! O	22	042
TOUJOURS CROISSANTE FAIT DE PLUS EN PLUS	07	008
TOUJOURS DANS LA MEMOIRE DE LA POSTERITE; ET	50	010
TOUJOURS DANS LE DEUIL DU PAUVRE QUELQUE CHOSE	13	028
TOUJOURS DES PAYS NOUVEAUX. JE NE SUIS JAMAIS	31	080
TOUJOURS DES REVES! ET PLUS L'AME EST	18	068
TOUJOURS DESIRE CONNAITRE, ET QUE JE RECONNUS	29	003
TOUJOURS DROIT DEVANT MOI, SANS SAVOIR OU,	31	079
TOUJOURS EN PERSONNE, QUOIQUE INVISIBLE, A	29	082
TOUJOURS ETE JEUNES; LES AUTRES, VIEILLES, QUI	20	008
TOUJOURS ETE VIEILLES. TOUS LES PERES QUI ONT	20	009
TOUJOURS FAIRE L'HOMME. ''VOUS N'ETES PAS UN	42	036
TOUJOURS HEROIQUE, ELLE FAIT PENSER A CES	39	020
TOUJOURS IVRE. TOUT EST LA: C'EST L'UNIQUE	33	001
TOUJOURS L'ENVIE DE PLEURER. CEPENDANT, DANS	37	011
TOUJOURS L'ESPOIR DE SE DEBROUILLER. JE ME	47	016
TOUJOURS L'HEURE DISTINCTEMENT; TOUJOURS LA	16	017
TOUJOURS LA MEME, UNE HEURE VASTE, SOLENNELLE,	16	017
TOUJOURS LE NOM ET LA BONNE VOLONTE.	27	032
TOUJOURS MAL FINI!'' ''CEPENDANT LE CORPS	30	093
TOUJOURS MOINS INTERESSANT QUE CE QUI SE PASSE	35	006
TOUJOURS OCCUPE A CHERCHER MIDI A QUATORZE	28	024
TOUJOURS PENCHEE SUR QUELQUE CHOSE, ET QUI NE	35	011
TOUJOURS PEUT-ETRE, A LA FOSSE DE L'IDEAL.	38	024
TOUJOURS PRESENTE ME MONTENT AUX YEUX PENDANT	27	090
TOUJOURS PRETE! ET SANS ENTHOUSIASME! ''JE LE	42	064
TOUJOURS QUE JE SERAIS MIEUX AILLEURS QUE LA	31	082
TOUJOURS SEMBLABLE ET D'UNE NATURE A LAQUELLE	30	009
TOUJOURS SEULE; CAR L'ENFANT EST TURBULENT;	13	100
TOUJOURS SUSPENDUE A MON BRAS, ET EN ECLATANT	47	012
TOUJOURS TRES-DIFFICILE DE SE DECIDER A	31	123
TOUJOURS VICTORIEUSE, LAISSE-MOI! CESSE DE	03	025
TOUJOURS. ET LE CORTEGE PASSA A COTE DE MOI ET	06	028
TOULOUSE; VILLES BENIES DU SOLEIL, AMOUREUSES	39	015
TOUR A LA SERRURE. IL ME SEMBLE QUE CE TOUR DE	10	007
TOUR CELUI-CI APPLIQUA TOUTES SES FORCES A	15	056
TOUR DE BATON A LUI CONNU; FOURNIT PEUT-ETRE A	42	102
TOUR DE CLEF AUGMENTERA MA SOLITUDE ET	10	008
TOUR, MOI AUSSI, MON IDEE FIXE. --POURQUOI ME	47	075
TOUR; ''MESSIEURS, J'AI CONNU DES JOUISSANCES	42	078
TOURBE QUI S'APPUIE LA-BAS SUR LA BARRIERE	13	070
TOURISTES POUR LE MELER A L'OCCASION AVEC DE	15	031
TOURNA BRUSQUEMENT VERS ELLE, ET LUI DIT:	43	013
TOURNAIENT VERS LA FUNEBRE ARMOIRE, JE	30	103
TOURNAIS MES REGARDS VERS LES VOTRES, CHER	26	051
TOURNAIT LANGOUREUSEMENT VERS LUI SES YEUX DE	21	022
TOURNANT LE DOS, ET REJOIGNANT LE CORTEGE DE	20	082
TOURNE DU MEME COTE, FIXANT SUR LA LIGNE QUI	31	036
TOURNE VERS LES ETOILES. J'AVAIS EU D'ABORD	31	120
TOURNER L'ANGLE D'UN TROTTOIR, UN BEAU	04	009
TOURNES VAPOREUSEMENT VERS LE CIEL, COMME POUR	11	065
TOURS, LES MONTREURS D'ANIMAUX ET LES	14	004
TOUS CES AFFOLES QUI CHERCHENT LE BONHEUR DANS	23	040
TOUS CES ARBRES BIZARRES ET LUISANTS DONT J'AI	24	018
TOUS CES CALICES, EXPLOSIONS DE SENTEURS ET DE	32	015
TOUS CES CHIENS VIGOUREUX ATTELES A LA	50	075
TOUS CES ENTREPRENEURS DE BONHEUR PUBLIC, --DE	49	007
TOUS CES FATIGANTS PARASITES! QU'ILS	50	032
TOUS CES MOUVEMENTS DE CEUX QUI PARTENT ET DE	41	012
TOUS CES PETITS SOUPIRS QUI GONFLENT VOTRE	11	057
TOUS CES PHILOSOPHES A QUATRE PATTES, ESCLAVES	50	101
TOUS CES VISAGES FATIGUES ET SERIEUX NE	06	023
TOUS CEUX QUI COURENT S'OUBLIER DANS LA FOULE,	23	034
TOUS DES ROIS DETRONES. --ON NE TROUVERA PAS	49	010
TOUS EN GUENILLES. CES TROIS VISAGES ETAIENT	26	033
TOUS ET MECONTENT DE MOI; JE VOUDRAIS BIEN ME	10	036
TOUS ETAIENT SI AFFOLES PAR L'IMAGE DE LA	34	018
TOUS LES ARBRES. VOILA UN PAYSAGE SELON TON	48	012
TOUS LES AUTRES JOURNAUX SONT REDIGES PAR DES	10	017
TOUS LES BENEFICES QUE J'AURAIS PU TIRER DE MA	42	136
TOUS LES COINS, DES FISSURES DES TIROIRS ET	18	043
TOUS LES CONJURES; ET L'ORIGINE DE CE BRUIT	27	037
TOUS LES COTES A LA FOIS; MON AUREOLE, DANS UN	46	009
TOUS LES DEUX, EN LEUR PAYANT LES ARRERAGES DE	42	057

POEM LINE

POEM	LINE		
40	006	IMMORTELS PRINCIPES DE QUATRE-VINGT-NEUF,	TOUS LES HOMMES SONT EGAUX EN DROITS; DONC JE
42	015	ON ECOUTERAIT DE LA MUSIQUE DE DANSE. ''	TOUS LES HOMMES, DISAIT CELUI-CI, ONT EU L'AGE
26	011	APRES TOUT, SI CE N'EST QUE, REVE PAR	TOUS LES HOMMES, IL N'A ETE REALISE PAR AUCUN.
22	036	MALAISE PERPETUEL, ET FUT-IL GRATIFIE DE	TOUS LES HONNEURS QUE PEUVENT CONFERER LES
23	003	ET A L'APPUI DE SA THESE IL CITE, COMME	TOUS LES INCREDULES, DES PAROLES DES PERES DE
21	098	COMME UN MIRLITON, DES TITRES DE	TOUS LES JOURNAUX DE L'UNIVERS, ET A TRAVERS
37	039	MARRAINE, DE LA NOURRICE EMPOISONNEUSE DE	TOUS LES LUNATIQUES.
21	082	ATTRISTEE, COMME UN PAPIER DE TENTURE, DE	TOUS LES MALHEURS REPRESENTES SUR TA PEAU.''
20	002	PROCEDER A LA REPARTITION DES DONS PARMI	TOUS LES NOUVEAU-NES, ARRIVES A LA VIE DEPUIS
14	042	UN DIEU. ET PARTOUT CIRCULAIT, DOMINANT	TOUS LES PARFUMS, UNE ODEUR DE FRITURE QUI
49	008	PUBLIC, --DE CEUX QUI CONSEILLENT A	TOUS LES PAUVRES DE SE FAIRE ESCLAVES, ET DE
21	073	RIRE IMBECILE, COMME CERTAINS HOMMES DE	TOUS LES PAYS QUAND ILS ONT TROP BIEN DINE. ET
31	033	VOIR. SANS DOUTE IL VOYAGE, POUR VISITER	TOUS LES PAYS. TENEZ, IL VA PASSER DERRIERE
20	010	QUI AVAIENT TOUJOURS ETE VIEILLES.	TOUS LES PERES QUI ONT FOI DANS LES FEES
22	022	TOUT MALADES. L'UN MECONNAISSAIT ALORS	TOUS LES RAPPORTS D'AMITIE ET DE POLITESSE, ET
22	056	DES PROFONDEURS DE L'ORIENT, IMITENT	TOUS LES SENTIMENTS COMPLIQUES QUI LUTTENT
34	028	TOUTES LES QUERELLES FURENT OUBLIEES,	TOUS LES TORTS RECIPROQUES PARDONNES; LES
21	010	DE DOMINATION, QUE JE LES PRIS D'ABORD	TOUS LES TROIS POUR DE VRAIS DIEUX. LE VISAGE
10	027	LOURD, LE PLUS SOT ET LE PLUS CELEBRE DE	TOUS MES AUTEURS, AVEC LUI VOUS POURRIEZ
42	138	ET INFRANCHISSABLE REGLE, ELLE BARRAIT	TOUS MES CAPRICES. POUR COMBLE D'HORREUR, ELLE
42	128	MONOTONE, QUI AURAIT REFLECHI	TOUS MES SENTIMENTS ET MES GESTES AVEC
30	069	J'AVAIS VIVEMENT APPELE AU SECOURS; MAIS	TOUS MES VOISINS AVAIENT REFUSE DE ME VENIR EN
23	037	POUVOIR SE SUPPORTER EUX-MEMES. ''PRESQUE	TOUS NOS MALHEURS NOUS VIENNENT DE N'AVOIR PAS
27	018	DE CAS, PLUS CRUEL ET PLUS DESPOTE QUE	TOUS SES PAREILS. AMOUREUX PASSIONNE DES
50	072	MAIS FIERE ET RECONNAISSANTE. ET ILS SONT	TOUS TRES-EXACTS; SANS CARNETS, SANS NOTES ET
49	076	PHILANTHROPE, QU'IL FAUT APPLIQUER A	TOUS VOS CONFRERES, QUAND ILS VOUS DEMANDERONT
29	106	EST LA SOURCE DE TOUTES VOS MALADIES ET DE	TOUS VOS MISERABLES PROGRES. JAMAIS UN DESIR
30	130	LE DIRE, PLUS DE FEMMES QUE D'HOMMES; MAIS	TOUS, CROYEZ-LE BIEN, N'APPARTENAIENT PAS A LA
25	056	QU'ELLE. DOROTHEE EST ADMIREE ET CHOYEE DE	TOUS, ET ELLE SERAIT PARFAITEMENT HEUREUSE SI
31	048	IL N'Y AVAIT PAS ASSEZ DE LITS POUR NOUS	TOUS, IL A ETE DECIDE QUE JE DORMIRAIS DANS LE
27	085	AUTOUR DE LA TETE, AUREOLE INVISIBLE POUR	TOUS, MAIS VISIBLE POUR MOI, ET OU SE
44	009	FOLLE MONSTRUEUSE AUX YEUX VERTS.'' ET	TOUT A COUP JE RECUS UN VIOLENT COUP DE POING
49	060	QUI VEULENT ATTENDRE UN BEEFSTEAK.	TOUT A COUP, --O MIRACLE! O JOUISSANCE DU
31	025	JE NE SAIS QUEL POINT DU CIEL, DIT	TOUT A COUP: ''REGARDEZ! REGARDEZ LA-BAS...!
31	088	LEURS GRANDS YEUX SOMBRES SONT DEVENUS	TOUT A FAIT BRILLANTS PENDANT QU'ILS FAISAIENT
27	080	SERAIT LA, SANS DOUTE, UN CAS SINGULIER ET	TOUT A FAIT IMPREVU. FANCIOULLE FUT, CE
09	001	Y A DES NATURES PUREMENT CONTEMPLATIVES ET	TOUT A FAIT IMPROPRES A L'ACTION, QUI
29	090	UNE POLITESSE INNEE NE SAURAIT ETEINDRE	TOUT A FAIT LE SOUVENIR D'ANCIENNES
16	010	SANS HESISTER: ''IL N'EST PAS ENCORE	TOUT A FAIT MIDI.'' CE QUI ETAIT VRAI. POUR
13	034	PAS PARTAGER SA REVERIE, OU CELLE QUI EST	TOUT A FAIT SEULE? JE NE SAIS... IL M'EST
28	053	CRIMINELLE JOUISSANCE DONT JE LE SUPPOSAIS	TOUT A L'HEURE CAPABLE! J'AURAIS TROUVE
13	012	DE VISITER, COMME JE L'INSINUAIS	TOUT A L'HEURE, C'EST SURTOUT LA JOIE DES
46	006	MA TERREUR DES CHEVAUX ET DES VOITURES.	TOUT A L'HEURE, COMME JE TRAVERSAIS LE
31	031	CONVICTION. ''AH! IL EST DEJA BIEN LOIN;	TOUT A L'HEURE, VOUS NE POURREZ PLUS LE VOIR.
05	015	L'ART POSITIF EST UN BLASPHEME. ICI,	TOUT A LA SUFFISANTE CLARTE ET LA DELICIEUSE
49	054	UN ASSEZ LONG TEMPS, HORS DE LA PORTEE DE	TOUT AGENT DE POLICE. AYANT ENSUITE, PAR UN
20	016	PAS LA RECOMPENSE D'UN EFFORT, MAIS	TOUT AU CONTRAIRE UNE GRACE ACCORDEE A CELUI
35	017	VIEUX HOMME, J'AURAIS REFAIT LA SIENNE	TOUT AUSSI AISEMENT. ET JE ME COUCHE, FIER
28	036	OU COMME PROPAGATEUR DE FAUSSE MONNAIE.	TOUT AUSSI BIEN LA PIECE FAUSSE SERAIT
42	028	DE CHERUBIN. J'AI ETE PLUS SENSIBLE QUE	TOUT AUTRE A L'ENERVANTE SOTTISE, A
11	061	FAITE POUR INSPIRER AU SPECTATEUR UN	TOUT AUTRE SENTIMENT QUE LA PITIE? EN VERITE,
20	056	AUCUN CADEAU; AUCUNE LARGESSE A JETER A	TOUT CE FRETIN HUMAIN, QUAND UN BRAVE HOMME,
27	099	TOUTE IDEE DE TOMBE ET DE DESTRUCTION.	TOUT CE PUBLIC, SI BLASE ET FRIVOLE QU'IL PUT
36	008	SURPRENANTE. EN ELLE LE NOIR ABONDE: ET	TOUT CE QU'ELLE INSPIRE EST NOCTURNE ET
17	007	TOUT CE QUE JE VOIS! TOUT CE QUE JE SENS!	TOUT CE QUE J'ENTENDS DANS TES CHEVEUX! MON
17	006	SI TU POUVAIS SAVOIR TOUT CE QUE JE VOIS!	TOUT CE QUE JE SENS! TOUT CE QUE J'ENTENDS
17	006	SOUVENIRS DANS L'AIR. SI TU POUVAIS SAVOIR	TOUT CE QUE JE VOIS! TOUT CE QUE JE SENS! TOUT
27	060	DE CONCEVOIR, A MOINS DE L'AVOIR VU,	TOUT CE QUE LA CLASSE PRIVILEGIEE D'UN PETIT
33	012	TOUT CE QUI GEMIT, A TOUT CE QUI ROULE, A	TOUT CE QUI CHANTE, A TOUT CE QUI PARLE,
13	015	SE SENTENT IRRESISTIBLEMENT ENTRAINES VERS	TOUT CE QUI EST FAIBLE, RUINE, CONTRISTE,
38	004	GRANDEUR, DE LA BEAUTE, DE LA GLOIRE ET DE	TOUT CE QUI FAIT CROIRE A L'IMMORTALITE. MAIS
33	011	A L'ETOILE, A L'OISEAU, A L'HORLOGE, A	TOUT CE QUI FUIT, A TOUT CE QUI GEMIT, A TOUT
33	011	A L'HORLOGE, A TOUT CE QUI FUIT, A	TOUT CE QUI GEMIT, A TOUT CE QUI ROULE, A TOUT
33	012	TOUT CE QUI ROULE, A TOUT CE QUI CHANTE, A	TOUT CE QUI PARLE, DEMANDEZ QUELLE HEURE IL
33	012	A TOUT CE QUI FUIT, A TOUT CE QUI GEMIT, A	TOUT CE QUI ROULE, A TOUT CE QUI CHANTE, A
42	048	TROUVAI DESORMAIS UN MASQUE DE VERRE. AVEC	TOUT CELA, FORT BEGUEULE. SI PARFOIS JE LA
47	058	SUR SON VISAGE LA NOIRCEUR DE SON AME!''	TOUT CELA, PARCE QUE L'AUTRE N'ETAIT PAS DE
18	080	CES ENORMES NAVIRES QU'ILS CHARRIENT!	TOUT CHARGES DE RICHESSES; ET D'OU MONTENT LES
20	084	CE PETIT FRANCAIS VANITEUX, QUI VEUT	TOUT COMPRENDRE, ET QUI AYANT OBTENU POUR SON
47	098	UNE FOULE DE FACONS; JE NE LUI AI PAS DIT	TOUT CRUMENT: J'AVAIS SI PEUR DE L'HUMILIER,
30	026	PLUS QUE TOUTES LES AUTRES; ME SEDUISAIT	TOUT D'ABORD. IL A POSE PLUS D'UNE FOIS POUR
27	036	DES FACULTES PLUS GRANDES QUE SES ETATS.	TOUT D'UN COUP LE BRUIT COURUT QUE LE
45	014	EUT DIT QUE LE SOLEIL IVRE SE VAUTRAIT	TOUT DE SON LONG SUR UN TAPIS DE FLEURS
13	021	SI LENTES OU SI SACCADEES, IL DECHIFFRE	TOUT DE SUITE LES INNOMBRABLES LEGENDES DE
29	003	DESIRE CONNAITRE, ET QUE JE RECONNUS	TOUT DE SUITE, QUOIQUE JE NE L'EUSSE JAMAIS
24	038	SE PENCHAIENT DEUX TETES RIEUSES. ET	TOUT DE SUITE: ''IL FAUT, --SE DIT-IL, --QUE
24	016	POUR CULTIVER LE REVE DE MA VIE.'' ET	TOUT EN ANALYSANT DES YEUX LES DETAILS DE LA
18	084	DOUCEMENT VERS LA MER QUI EST L'INFINI;	TOUT EN REFLECHISSANT LES PROFONDEURS DU CIEL
51	004	LUPANAR, PURGATOIRE, ENFER, BAGNE, OU	TOUT ENORMITE FLEURIT COMME UNE FLEUR. TU SAIS
30	061	TOMBER SUR LE SOL. IL FALLAIT LE SOUTENIR	TOUT ENTIER AVEC UN BRAS, ET, AVEC LA MAIN DE
11	042	DANS SA RAGE, ELLE ETINCELLE	TOUT ENTIERE, COMME LE FER QU'ON BAT. ''TELLES
12	028	SAINTE PROSTITUTION DE L'AME QUI SE DONNE	TOUT ENTIERE, POESIE ET CHARITE, A L'IMPREVU
18	018	IL EST UNE CONTREE QUI TE RESSEMBLE, OU	TOUT EST BEAU, RICHE, TRANQUILLE ET HONNETE,
18	008	VEGETATIONS. UN VRAI PAYS DE COCAGNE, OU	TOUT EST BEAU, RICHE, TRANQUILLE, HONNETE! OU
33	001	IL FAUT ETRE TOUJOURS IVRE.	TOUT EST LA: C'EST L'UNIQUE QUESTION. POUR NE
45	032	LE BUT EST FACILE A TOUCHER, ET COMBIEN	TOUT EST NEANT, EXCEPTE LA MORT; VOUS NE VOUS
18	047	UN VRAI PAYS DE COCAGNE, TE DIS-JE, OU	TOUT EST RICHE, PROPRE ET LUISANT, COMME UNE
12	013	LE PERSONNAGE DE CHACUN. POUR LUI SEUL,	TOUT EST VACANT; ET SI DE CERTAINES PLACES
30	116	DU CLOU ET DE LA FICELLE. ''ENFIN! ENFIN!	TOUT ETAIT ACCOMPLI. IL NE RESTAIT PLUS QU'A
27	044	ET VOLONTAIREMENT EXCENTRIQUE,	TOUT ETAIT POSSIBLE, MEME LA VERTU, MEME LA
30	056	SON VISAGE, BOURSOUFLE, ET SES YEUX,	TOUT GRANDS OUVERTS AVEC UNE FIXITE

ET UNE HABITUDE D'ETAT DE FAIRE PEUR, A
IMBECILE, QUI ME PARUT CONCENTRER EN LUI
C'EST BEAU! QUE C'EST BEAU! ON DIRAIT QUE
A CES PAUVRES DIABLES QUI ONT A AFFRONTER
 BEATITUDE ET DANS MON TOTAL OUBLI DE
PU, JE CROIS, HAIR OU AIMER LES VOTRES. ET
ENFANT A QUI CHACUN FAISAIT FETE, A QUI
EU DEUX AMIS QUE LE CREPUSCULE RENDAIT
 PROSTITUEE. AUSSI JE REPONDIS, AVEC
 L'ODEUR DE TES CHEVEUX, Y PLONGER
BRAS, COUPER LA CORDE. MAIS CELA FAIT,
REMPLISSAIENT LEURS JUPES D'ETINCELLES.
CRAVATE ET EMPRISONNE DANS DES HABITS
 LE COIN D'UN BOULEVARD NEUF, ENCORE
 COIFFE DE CORNES ET DE SONNETTES,
 LA PETITE VIEILLE RATATINEE SE SENTIT
GOSIER'', A DIT UN DES DEUX AUTRES. ''J'AI
LE MORALISTE ET LE MEDECIN, QUI PRETENDENT
COMME LES SIMPLES MORTELS. ET ME VOICI,
 GRANDE, MAJESTUEUSE, ET SI NOBLE DANS
''ALLONS, DIT-IL, IL NE FAUT PAS MANGER
ET AVEC LE HIDEUX VIEILLARD EST REVENU
SOUS UN PETIT CHALE USE, PORTAIT DANS
SUR LA MUSIQUE. TES CHEVEUX CONTIENNENT
 GRASSE ET EXCITANTE A LA FOIS; OU
TE DONNER CE QUI OBTIENT TOUT, CE QUI VAUT
ME DIT: ''JE PUIS TE DONNER CE QUI OBTIENT
AIR MOITIE ABRUTI, MOITIE REVEUR: ''APRES
ENVOYER. CELA M'A DONNE CONFIANCE. APRES
JOURS-LA IL ME SEMBLE QUE LE PEUPLE OUBLIE
 MALHEUREUSE, QUOIQUE BIEN
--UN REVE QUI N'A RIEN D'ORIGINAL, APRES
PLUS PHILOSOPHIQUE DE N'EN PAS PARLER DU
PEUT-ETRE QUELQUE PART (QUI SAIT, APRES
TOUT, CE QUI VAUT TOUT, CE QUI REMPLACE
FROIDEMENT: ''VOUS N'ETES PAS MALADE DU
UNITE DU BUT, VARIETE DES MOYENS, AMALGAME
QUE L'IVRESSE DE L'ART EST PLUS APTE QUE
PHOSPHORIQUE, COMME UN POISON LUMINEUX; ET
LA SYLPHIDE, COMME DISAIT LE GRAND RENE,
COMME IL EST, DANS UN PARADIS EXCLUANT
ETINCELAIT. LE GAZ LUI-MEME Y DEPLOYAIT
L'OBELISQUE BICOLORE DES GLACES PANACHEES;
 LE PRINCE AVAIT-IL LUI-MEME DEVINE
DE SA JOIE, LA LUNE REMPLISSAIT
ET LA TORCHE D'EROS. JE PRIS ENFIN A
DES GLACES PANACHEES! TOUTE L'HISTOIRE ET
BEDAINE SURPLOMBAIT LES CUISSES, ET DONT
APERCEVOIR!'' DIT ALORS LE TROISIEME, DONT
 FAISAIT UN ECLATANT CONTRASTE AVEC
CRINIERE D'OU S'EXHALE EN FAUVES PARFUMS
MAIS MALHEUREUSEMENT JE ME REVEILLAI, ET
DOIT MARQUER LE CALME ABSOLU. MAIS, DURANT
 IL ACHEVA DE BRISER SOUS SON DOS
A CE POINT QU'IL LUI FAUT RASSEMBLER
UN PARFUM DE HAUTAINE VERTU EMANAIT DE
ET QUE DE CES COTES, RICHES EN VERDURES DE
 COUCHE A TES PIEDS, CHERCHANT DANS
 DE SOULAGER ET DE VAINCRE, PENDANT
FRIVOLE QU'IL PUT ETRE, SUBIT BIENTOT LA
UN, SUPPLEMENTAIRE ET EXCEPTIONNEL, POURVU
 SANS SYLLOGISMES, SANS DEDUCTIONS.
POITRINE PARFUMEE, ROBUSTE COQUETTE? ET
 AVORTEES, PAR LES COEURS BRISES, PAR
A LA VIE DEPUIS VINGT-QUATRE HEURES.
EXISTENCE, MELODIE MONOTONE DE LA HOULE,
UNE MUETTE MONOTONE? NE DIRAIT-ON PAS QUE
ET DE BONHEURS INCONNUS, ET ENIVRE DE
DISAIS, A TRAVERS MA CONTEMPLATION: ''--
ANTIQUES ET CAPRICIEUSES SOEURS DU DESTIN,
SI, HONTEUX, IL S'ETAIT EXILE LUI-MEME DE
UNE SYMPHONIE MUETTE ET MYSTERIEUSE; ET DE
 DE TOUTES NATIONS ET DE NAVIRES DE
LEGITIME D'ATTRIBUER A L'AMOUR MATERNEL
LES HUMEURS, LES AGONIES ET LES EXTASES DE
 UNE VIEILLE ET TERRIBLE AMIE; COMME
A LES BRAS ET LE COU BIEN PLUS GROS QUE
PHYSIONOMIE ARDENT ET ESPIEGLE, PLUS QUE
EN VRAI PARISIEN, DE PASSER LA REVUE DE
DES AILES A L'ESPRIT DE MON AMI ET TIRANT
DONC DIGERE, --AVALE, VEUX-TU DIRE, --
QUI FAISAIT OUBLIER PRESQUE INSTANTANEMENT
 ET QU'AUCUN DON NE PEUT ETRE REFUSE.
SONNET OU D'UN CURIEUX POEME SATIRIQUE. ET
DE LA PERFECTIBILITE, ET, EN GENERAL, DE
LE GERME OBSCUR D'UNE IDEE SUPERIEURE A
TIRANT TOUTES LES DEDUCTIONS POSSIBLES DE
COMME SIENNES TOUTES LES PROFESSIONS,
 LES PROFESSIONS, TOUTES LES JOIES ET
MAUVAISE REPUTATION DONT ELLE JOUIT DANS
UN MOLLUSQUE. IL ADOPTE COMME SIENNES

TOUT HASARD, AUX INNOCENTS COMME AUX	30	081
TOUT L'ESPRIT DE LA FRANCE.	04	021
TOUT L'OR DU PAUVRE MONDE EST VENU SE PORTER	26	039
TOUT LE JOUR L'INDIFFERENCE DU PUBLIC ET LES	50	098
TOUT LE MAL TERRESTRE. J'EN ETAIS VENU A NE	15	023
TOUT LE MONDE L'ADMIRAIT AUTANT QUE MOI. QUAND	42	083
TOUT LE MONDE VOULAIT PLAIRE; CE JOLI ETRE, SI	02	003
TOUT MALADES. L'UN MECONNAISSAIT ALORS TOUS	22	021
TOUT MON DEDAIN: ''VA-T'EN! JE NE SUIS PAS	21	110
TOUT MON VISAGE, COMME UN HOMME ALTERE DANS	17	002
TOUT N'ETAIT PAS FINI! LE PETIT MONSTRE	30	062
TOUT N'ETAIT QUE LUMIERE, POUSSIERE, CRIS,	14	036
TOUT NEUFS, S'INCLINA CEREMONIEUSEMENT DEVANT	04	011
TOUT PLEIN DE GRAVOIS ET MONTRANT DEJA	26	015
TOUT RAMASSE CONTRE LE PIEDESTAL, LEVE DES	07	020
TOUT REJOUIE EN VOYANT CE JOLI ENFANT A QUI	02	001
TOUT RETENU, COMME VOUS VOYEZ. ENSUITE ILS ONT	31	118
TOUT SAVOIR, NE PEUVENT PAS EXPLIQUER D'OU	09	013
TOUT SEMBLABLE A VOUS, COMME VOUS VOYEZ!	46	016
TOUT SON AIR, QUE JE N'AI PAS SOUVENIR D'AVOIR	13	079
TOUT SON BIEN EN UN JOUR'', ET, SUR CETTE SAGE	11	031
TOUT SON DEMONIAQUE CORTEGE DE SOUVENIRS, DE	05	072
TOUT SON ETRE UNE FIERTE DE STOICIENNE. ELLE	13	038
TOUT UN REVE, PLEIN DE VOILURES ET DE MATURES!	17	010
TOUT VOUS RESSEMBLE, MON CHER ANGE. TU CONNAIS	18	013
TOUT, CE QUI REMPLACE TOUT!'' ET IL TAPA SUR	21	076
TOUT, CE QUI VAUT TOUT, CE QUI REMPLACE	21	076
TOUT, CELA VAUT PEUT-ETRE MIEUX AINSI; IL	30	092
TOUT, JE SUIS ASSEZ BELLE FEMME, QUOIQUE PAS	47	093
TOUT, LA DOULEUR ET LE TRAVAIL; IL DEVIENT	14	007
TOUT, PEUT-ETRE, LES JOUISSANCES TITILLANTES	11	046
TOUT; SI CE N'EST QUE, REVE PAR TOUS LES	26	010
TOUT; MAIS IL Y A DES GENS D'ESPRIT QUI, APRES	42	011
TOUT?), POUR RECOMPENSER TANT DE COURAGE, TANT	50	108
TOUT!'' ET IL TAPA SUR SON VENTRE MONSTRUEUX,	21	076
TOUT!'' MAIS IL Y EN A D'AUTRES QUI ME	47	083
TOUT-PUISSANT ET INDIVISIBLE DU GENIE, QUEL	32	034
TOUTE AUTRE A VOILER LES TERREURS DU GOUFFRE;	27	094
TOUTE CETTE LUMIERE VIVANTE PENSAIT ET DISAIT:	37	015
TOUTE CETTE MAGIE A DISPARU AU COUP BRUTAL	05	052
TOUTE IDEE DE TOMBE ET DE DESTRUCTION. TOUT CE	27	098
TOUTE L'ARDEUR D'UN DEBUT, ET ECLAIRAIT DE	26	017
TOUTE L'HISTOIRE ET TOUTE LA MYTHOLOGIE MISES	26	026
TOUTE L'HOMICIDE EFFICACITE DE SA RUSE? IL EST	27	141
TOUTE LA CHAMBRE, COMME UNE ATMOSPHERE	37	014
TOUTE LA DROLERIE DE CE GAMIN UN PLAISIR SI	30	031
TOUTE LA MYTHOLOGIE MISES AU SERVICE DE LA	26	026
TOUTE LA PEAU ETAIT DOREE ET ILLUSTREE, COMME	21	058
TOUTE LA PETITE PERSONNE ETAIT MARQUEE D'UNE	31	040
TOUTE LA TRIVIALITE ENVIRONNANTE. C'ETAIT UNE	13	077
TOUTE LA VITALITE ENDIABLEE DU MIDI FRANCAIS;	39	013
TOUTE MA FORCE M'ABANDONNA. ''EN VERITE, ME	21	115
TOUTE MA VIE, EXCEPTE A L'AGE DE CHERUBIN,	42	027
TOUTE SA PAUVRE FORTUNE AMBULATOIRE QUI RENDIT	09	086
TOUTE SA PAUVRE VOLONTE POUR ENTRER DANS UN	09	036
TOUTE SA PERSONNE. SON VISAGE, TRISTE ET	13	081
TOUTE SORTE, S'EXHALAIT; JUSQU'A PLUSIEURS	34	025
TOUTE TA PERSONNE LE REFLET DE LA REDOUTABLE	37	037
TOUTE VOTRE VIE, CETTE BIZARRE AFFECTION DE	29	104
TOUTE-PUISSANTE DOMINATION DE L'ARTISTE.	27	100
TOUTEFOIS QU'ELLE AIT L'IMAGINATION SUFFISANTE	20	072
TOUTEFOIS, CES PENSEES, QU'ELLES SORTENT DE	03	016
TOUTES CES AFFECTATIONS APPRISES DANS LES	11	059
TOUTES CES AMES TUMULTUEUSES ET FERMEES, EN	13	004
TOUTES CES ANTIQUES ET CAPRICIEUSES SOEURS DU	20	004
TOUTES CES CHOSES PENSENT PAR MOI, OU JE PENSE	03	011
TOUTES CES COROLLES DELICATES, TOUS CES	32	015
TOUTES CES DELICES, J'OSAI, DANS UN ACCES DE	29	050
TOUTES CES FANTASMAGORIES SONT PRESQUE AUSSI	44	006
TOUTES CES MERES BIZARRES DE LA JOIE ET DE LA	20	005
TOUTES CES SPLENDEURS, JE VIS UN PAUVRE	14	045
TOUTES CHOSES, DE TOUS LES COINS, DES FISSURES	18	043
TOUTES FORMES DECOUPANT LEURS ARCHITECTURES	17	018
TOUTES LES ACTIONS ET LES PAROLES D'UNE MERE,	30	014
TOUTES LES AMES QUI ONT VECU, QUI VIVENT ET	34	039
TOUTES LES AMIES, HELAS! FECONDE EN CARESSES	05	068
TOUTES LES AUTRES FEMMES, ET LA PEAU EN EST SI	31	056
TOUTES LES AUTRES, ME SEDUISIT TOUT D'ABORD.	30	026
TOUTES LES BARAQUES QUI SE PAVANENT A CES	14	019
TOUTES LES DEDUCTIONS POSSIBLES DE TOUTES LES	28	040
TOUTES LES ELUCUBRATIONS DE TOUS CES	49	006
TOUTES LES FASTIDIEUSES HORREURS DE LA VIE; ON	29	015
TOUTES LES FEES SE LEVAIENT, CROYANT LEUR	20	054
TOUTES LES FOIS QUE LE POETE ENDOSSE LE GILET	50	129
TOUTES LES FORMES DE L'INFATUATION HUMAINE.	29	057
TOUTES LES FORMULES DE BONNE FEMME DONT	49	015
TOUTES LES HYPOTHESES POSSIBLES. MAIS CELUI-CI	28	040
TOUTES LES JOIES ET TOUTES LES MISERES QUE LA	12	023
TOUTES LES MISERES QUE LA CIRCONSTANCE LUI	12	023
TOUTES LES PARTIES DU MONDE, M'ASSURA QU'ELLE	29	068
TOUTES LES PROFESSIONS, TOUTES LES JOIES ET	12	022

POEM LINE

POEM	LINE	
34	028	JOYEUX, CHACUN ABDIQUA SA MAUVAISE HUMEUR.
29	083	TOUJOURS EN PERSONNE, QUOIQUE INVISIBLE, A
17	018	MELANCOLIQUES, D'HOMMES VIGOUREUX DE
26	008	COURTE. NOUS NOUS ETIONS BIEN PROMIS QUE
25	054	ENCORE SI LES BELLES DAMES DE PARIS SONT
15	056	L'USURPATEUR; A SON TOUR CELUI-CI APPLIQUA
26	018	TOUTE L'ARDEUR D'UN DEBUT, ET ECLAIRAIT DE
27	059	JOUR ARRIVE. CETTE PETITE COUR DEPLOYA
09	073	ENFIN IL PARUT: J'EXAMINAI CURIEUSEMENT
29	036	NOUS MANGEAMES, NOUS BUMES OUTRE MESURE DE
30	127	EFFRONTEES ET SANS ORTHOGRAPHE, MAIS
29	105	AFFECTION DE L'ENNUI, QUI EST LA SOURCE DE
08	001	''MON BEAU CHIEN, MON CHER
05	058	LES TRISTES FENETRES OU LA PLUIE A
11	007	VOUS FERAIENT QUELQUE HONNEUR; MAIS ILS NE
32	038	CHANTENT VOTRE GLOIRE, OU L'IMPRIMERIE
21	054	SECOND SATAN N'AVAIT NI CET AIR A LA FOIS
28	039	JOURS. ET AINSI MA FANTAISIE ALLAIT SON
21	032	NUITS DE SABBAT. A SES CHEVILLES DELICATES
49	058	ME SAISIS D'UNE GROSSE BRANCHE D'ARBRE QUI
30	106	LA PAROI, AVEC UN LONG BOUT DE CORDE QUI
31	092	ON LES ECOUTAIT TROP LONGTEMPS. L'UN, EN
50	083	BOIS PEINT, SANS RIDEAUX, DES COUVERTURES
13	033	TRISTE ET LA PLUS ATTRISTANTE; CELLE QUI
13	065	FETE, DE TRIOMPHE OU DE VOLUPTE. LES ROBES
22	051	ETES DOUX ET TENDRE! LES LUEURS ROSES QUI
26	021	CORNICHES; LES PAGES AUX JOUES REBONDIES
49	004	ANS); JE VEUX PARLER DES LIVRES OU IL EST
11	073	DE VOS PRECIEUSES PLEURNICHERIES, JE VOUS
05	069	AMIES, HELAS! FECONDE EN CARESSES ET EN
14	025	ET LES JOCRISSES CONVULSAIENT LES
13	018	EXPERIMENTE NE S'Y TROMPE JAMAIS. DANS CES
15	040	BLANC, ET J'EN COUPAI POUR LUI UNE BELLE
25	012	DE SOIE COLLANTE, D'UN TON CLAIR ET ROSE,
18	018	QUI TE RESSEMBLE, OU TOUT EST BEAU, RICHE,
18	008	PAYS DE COCAGNE, OU TOUT EST BEAU, RICHE,
15	033	AVEC DE L'EAU DE NEIGE. JE DECOUPAI
28	022	LA PIECE FAUSSE'', ME REPONDIT-IL
18	079	TOI; CES GRANDS FLEUVES ET CES CANAUX
29	060	AVEC UNE SUAVITE DE DICTION ET UNE
22	008	FOULE DE CRIS DISCORDANTS, QUE L'ESPACE
30	027	POSE PLUS D'UNE FOIS POUR MOI, ET JE L'AI
22	060	ROBES ETRANGES DE DANSEUSES, OU UNE GAZE
22	006	ARRIVE A MON BALCON, A TRAVERS LES NUES
22	062	JUPE ECLATANTE, COMME SOUS LE VENT PRESENT
09	055	PERSONNES; N'EST PAS LE RESULTAT D'UN
30	117	IL NE RESTAIT PLUS QU'A ME REMETTRE AU
14	008	LE PEUPLE OUBLIE TOUT, LA DOULEUR ET LE
47	090	COMME UN ANGE, ET QUI EST POLI! ET QUI
21	036	BRILLANTS ET POLIS COMME DES PIERRES BIEN
29	096	ET SERVI PAR TANT DE PHILOSOPHES QUI
14	015	DU MONDE LUI-MEME ET L'HOMME OCCUPE DE
46	008	HATE, ET QUE JE SAUTILLAIS DANS LA BOUE, A
13	075	DE L'OEIL DU PAUVRE. MAIS CE JOUR-LA, A
19	036	DE LA REPUGNANTE PATINE DE LA MISERE, A
21	099	DE TOUS LES JOURNAUX DE L'UNIVERS, ET A
24	003	COUR, COMPLIQUE ET FASTUEUX, DESCENDANT, A
21	100	ELLE CRIA MON NOM, QUI ROULA AINSI A
50	052	D'AFFAIRES, RENDEZ-VOUS D'AMOUR.
50	053	A TRAVERS LA BRUME, A TRAVERS LA NEIGE, A
29	001	HIER,
09	063	PERCANT, DISCORDANT, MONTA JUSQU'A MOI A
50	053	RENDEZ-VOUS D'AMOUR. A TRAVERS LA BRUME, A
13	063	D'UN CONCERT PUBLIC. L'ORCHESTRE JETTE A
15	017	DU MANTEAU D'UN GEANT AERIEN VOLANT A
31	069	RAYONS DU SOLEIL COUCHANT, EN GLISSANT A
32	036	DIVISER ET DE VOUS SEPARER? CHER LISZT, A
22	006	HAUT DE LA MONTAGNE ARRIVE A MON BALCON, A
37	005	ESCALIER DE NUAGES, ET PASSA SANS BRUIT A
44	005	DE L'IMPALPABLE. ET JE ME DISAIS, A
35	001	CELUI QUI REGARDE DU DEHORS A
30	079	JE DUS DECLARER L'ACCIDENT, ME REGARDA DE
46	006	ET DES VOITURES. TOUT A L'HEURE, COMME JE
43	001	COMME LA VOITURE
04	002	DU NOUVEL AN: CHAOS DE BOUE ET DE NEIGE,
05	027	VOILA BIEN CES YEUX DONT LA FLAMME
27	114	MAIS NON ABSOLUMENT INJUSTIFIABLES,
12	005	FEE A INSUFFLE DANS SON BERCEAU LE GOUT DU
09	080	LE POUSSAI VIVEMENT VERS L'ESCALIER, OU IL
28	011	PAUVRE QUI NOUS TENDIT SA CASQUETTE EN
21	065	L'AUMONE MIEUX ENCORE QUE LEURS MAINS
27	090	PLUS EXTRAVAGANTES BOUFFONNERIES. MA PLUME
24	043	UN SOUPER PASSABLE, UN VIN RUDE, ET UN LIT
20	020	DE SON BONHEUR. LES PAUVRES FEES ETAIENT
23	028	JAMAIS;-- ME DIT-IL, AVEC UN TON DE NEZ
21	086	LE COMPARER A RIEN DE MIEUX QU'A CELUI DES
31	123	OSE, SANS DOUTE PARCE QU'IL EST TOUJOURS
50	072	FIERE ET RECONNAISSANTE. ET ILS SONT TOUS
31	086	ILS ETAIENT GRANDS, PRESQUE NOIRS ET
42	043	''VOUS CROYEZ PEUT-ETRE QUE CELA EST
15	034	TRANQUILLEMENT MON PAIN, QUAND UN BRUIT

TOUTES LES QUERELLES FURENT OUBLIEES, TOUS LES
TOUTES LES SEANCES ACADEMIQUES. ENCOURAGE PAR
TOUTES NATIONS ET DE NAVIRES DE TOUTES FORMES
TOUTES NOS PENSEES NOUS SERAIENT COMMUNES A
TOUTES PLUS BELLES QU'ELLE. DOROTHEE EST
TOUTES SES FORCES A ETRANGLER SON ADVERSAIRE
TOUTES SES FORCES LES MURS AVEUGLANTS DE
TOUTES SES POMPES, ET IL SERAIT DIFFICILE DE
TOUTES SES VITRES, ET JE LUI DIS: ''--COMMENT?
TOUTES SORTES DE VINS EXTRAORDINAIRES, ET;
TOUTES TENDANT AU MEME BUT, C'EST-A-DIRE A
TOUTES VOS MALADIES ET DE TOUS VOS MISERABLES
TOUTOU, APPROCHEZ ET VENEZ RESPIRER UN
TRACE DES SILLONS DANS LA POUSSIERE; LES
TRADUISENT QUE LA SATIETE DU BIEN-ETRE ET
TRADUIT VOTRE SAGESSE, EN QUELQUE LIEU QUE
TRAGIQUE ET SOURIANT, NI CES BELLES MANIERES
TRAIN, PRETANT DES AILES A L'ESPRIT DE MON AMI
TRAINAIENT QUELQUES ANNEAUX D'UNE CHAINE D'OR
TRAINAIT A TERRE, ET LE BATTIS AVEC
TRAINAIT ENCORE. JE M'ELANCAI VIVEMENT POUR
TRAINANT SON ARCHET SUR SON VIOLON, SEMBLAIT
TRAINANTES ET SOUILLEES DE PUNAISES, DEUX
TRAINE A SA MAIN UN BAMBIN AVEC QUI ELLE NE
TRAINENT EN MIROITANT; LES REGARDS SE
TRAINENT ENCORE A L'HORIZON COMME L'AGONIE DU
TRAINES PAR LES CHIENS EN LAISSE, LES DAMES
TRAITE DE L'ART DE RENDRE LES PEUPLES HEUREUX,
TRAITERAI EN FEMME SAUVAGE, OU JE VOUS
TRAITRISES. OH! OUI! LE TEMPS A REPARU; LE
TRAITS DE LEURS VISAGES BASANES, RACORNIS PAR
TRAITS RIGIDES OU ABATTUS; DANS CES YEUX CAVES
TRANCHE QUE JE LUI OFFRIS. LENTEMENT IL SE
TRANCHE VIVEMENT SUR LES TENEBRES DE SA PEAU
TRANQUILLE ET HONNETE, OU LA FANTAISIE A BATI
TRANQUILLE, HONNETE; OU LE LUXE A PLAISIR A SE
TRANQUILLEMENT MON PAIN, QUAND UN BRUIT
TRANQUILLEMENT, COMME POUR SE JUSTIFIER DE SA
TRANQUILLES. CES ENORMES NAVIRES QU'ILS
TRANQUILLITE DANS LA DROLERIE QUE JE N'AI
TRANSFORME EN UNE LUGUBRE HARMONIE, COMME
TRANSFORME TANTOT EN PETIT BOHEMIEN, TANTOT EN
TRANSPARENTE ET SOMBRE LAISSE ENTREVOIR LES
TRANSPARENTES DU SOIR, UN GRAND HURLEMENT;
TRANSPERCE LE DELICIEUX PASSE; ET LES ETOILES
TRAVAIL OU D'UNE COMBINAISON; MAIS D'UNE
TRAVAIL, PLUS VIVEMENT ENCORE QUE D'HABITUDE,
TRAVAILLE! IL DEVIENT PAREIL AUX ENFANTS. POUR
TRAVAILLE, LE PAUVRE GARCON! SES CAMARADES
TRAVAILLEES. IL ME REGARDA AVEC SES YEUX
TRAVAILLENT A SA GLOIRE SANS LE SAVOIR, ME
TRAVAUX SPIRITUELS ECHAPPENT DIFFICILEMENT A
TRAVERS CE CHAOS MOUVANT OU LA MORT ARRIVE AU
TRAVERS CE PEUPLE VETU DE BLOUSES ET
TRAVERS CES BARREAUX SYMBOLIQUES SEPARANT DEUX
TRAVERS CETTE TROMPETTE ELLE CRIA MON NOM, QUI
TRAVERS L'ATMOSPHERE D'UN BEAU SOIR, LES
TRAVERS L'ESPACE AVEC LE BRUIT DE CENT MILLE
TRAVERS LA BRUME, A TRAVERS LA NEIGE, A
TRAVERS LA CROTTE, SOUS LA CANICULE MORDANTE,
TRAVERS LA FOULE DU BOULEVARD, JE ME SUIS
TRAVERS LA LOURDE ET SALE ATMOSPHERE
TRAVERS LA NEIGE, A TRAVERS LA CROTTE, SOUS LA
TRAVERS LA NUIT DES CHANTS DE FETE, DE
TRAVERS LE CIEL. ET JE ME SOUVIENS QUE CETTE
TRAVERS LES BOUCLES ROUSSES DE SA CHEVELURE
TRAVERS LES BRUMES, PAR DELA LES FLEUVES,
TRAVERS LES NUES TRANSPARENTES DU SOIR, UN
TRAVERS LES VITRES. PUIS ELLE S'ETENDIT SUR
TRAVERS MA CONTEMPLATION: ''--TOUTES CES
TRAVERS UNE FENETRE OUVERTE, NE VOIT JAMAIS
TRAVERS, ET ME DIT: ''VOILA QUI EST LOUCHE!''
TRAVERSAIS LE BOULEVARD, EN GRANDE HATE, ET
TRAVERSAIT LE BOIS, IL LA FIT ARRETER DANS LE
TRAVERSE DE LA VILLE CARROSSES, ETINCELANT DE
TRAVERSE LE CREPUSCULE; CES SUBTILES ET
TRAVERSERENT MON ESPRIT PENDANT QUE JE
TRAVESTISSEMENT ET DU MASQUE; LA HAINE DU
TREBUCHA EN GROGNANT. JE M'APPROCHAI DU BALCON
TREMBLANT. --JE NE CONNAIS RIEN DE PLUS
TREMBLANTES; ET PUIS DE VIEILLES MERES PORTANT
TRES- LARGE AVEC DES DRAPS UN PEU APRES, MAIS
TRES-AFFAIREES; CAR LA FOULE DES SOLLICITEURS
TRES-APOSTOLIQUE, --LE BESOIN DE PARTAGER VOS
TRES-BELLES FEMMES SUR LE SEIGNOR, QUI
TRES-DIFFICILE DE SE DECIDER A N'IMPORTE QUOI,
TRES-EXACTS, SANS CARNETS; SANS NOTES ET SANS
TRES-FIERS, QUOIQUE EN GUENILLES, AVEC L'AIR
TRES-FORT? DISAIT-- ''ELLE AUSSITOT; EST-CE QUE
TRES-LEGER ME FIT LEVER LES YEUX. DEVANT MOI

	POEM	LINE
LE PLUS EXQUIS, A LAQUELLE SE MELE UNE		
LA SAINT-MARTIN ET A LA BEAUTE DES FEMMES		
UNE GRANDE FILLE, ROBUSTE, AUX YEUX		
ADJUGEE A L'HERITIER UNIQUE D'UNE FAMILLE		
MAIS ALORS ELLE ME REPONDIT D'UN AIR		
FICHES SUR LE LIEU OU ETAIT ENFOUI MON		
COMME UNE BIJOUTERIE BARIOLEE! LES		
ESPRIT, CE TABLEAU QUI TE RESSEMBLE? LES		
DE COCO. LAISSE-MOI MORDRE LONGTEMPS TES		
VERS LA TERRE. IL FAUT VOUS ENIVRER SANS		
BUREAU DE TABAC. MON AMI FIT UN SOIGNEUX		
INVINCIBLES, ETAIENT ACCUMULES A COTE DU		
A PARLER DU HAUT D'UNE CHAIRE OU D'UNE		
QUE JE LA RECONNAISSAIS POUR L'AVOIR VUE		
SA TETE DELICATE ET LUI DONNE UN AIR		
ET QUI TEMOIGNENT, PAR LEURS ABOIEMENTS		
A TRAVERS LA NUIT DES CHANTS DE FETE, DE		
DANS UN FUMOIR ATTENANT A UN ELEGANT		
AVAIT TOTALEMENT DISPARU! J'EN RESTAI		
EMANAIT DE TOUTE SA PERSONNE. SON VISAGE,		
GRAND COMPLET. QUELLE EST LA VEUVE LA PLUS		
INSTRUMENTS DE MUSIQUE DETRAQUES. OH! LE		
AINSI, VOUS-MEME, INDIGNE COMPAGNON DE MA		
MAIS ALORS ELLE ME REPONDIT D'UN AIR TRES-		
COMME DES FUMEES. MOI SEUL J'ETAIS		
MOI SEUL J'ETAIS TRISTE, INCONCEVABLEMENT		
CIEL, DES HOMMES ET DES FEMMES, SERIEUX ET		
ET SANS BRAISE, SOUILLEE DE CRACHATS; LES		
MENE AU THEATRE. DANS DES PALAIS GRANDS ET		
BEAUTE! AH! DEESSE! AYEZ PITIE DE MA		
CET INDESCRIPTIBLE JE NE SAIS QUOI, CETTE		
QUELQUEFOIS PAR DES CRISES SINGULIERES DE		
UNE INSOUCIANCE NUANCEE D'UNE CERTAINE		
REEL. S'IL EXISTE UN PHENOMENE EVIDENT,		
UN ECLATANT CONTRASTE AVEC TOUTE LA		
QUI VIENT CRIER MISERE ET AJOUTER LES		
HORS DE FRANCE.'' L'AIR PEU INTERESSE DES		
D'ELLE, PUISQU'ELLE ETAIT PARFAITE?'' LES		
—COMMENT CELA A-T-IL FINI? DIT L'UN DES		
SUR ELLE, DEPUIS BIEN DES ANS PEUT-ETRE!		
IL SE DIT: ''J'AI EU AUJOURD'HUI, EN REVE,		
VU, A LA DERNIERE FOIRE DU VILLAGE VOISIN,		
UNE SPLENDEUR SULFUREUSE EMANAIT DE CES		
DETAIL NON APERCU PAR REGNIER, DEUX OU		
QUE JE LES PRIS D'ABORD TOUS LES		
L'AIR DU SOIR. TOUS EN GUENILLES. CES		
DE LA PLAINTE DE SON VOISIN, TANDIS QUE LE		
LONGTEMPS, A L'EPOQUE CLIMATERIQUE DU		
L'AUTRE, ''IL FAIT UNE SI BELLE NUIT!'' LE		
LES AUTRES SE MIRENT A RIRE, ET UN		
LUI SEUL PEUT APERCEVOIR!'' DIT ALORS LE		
ETAGE; L'AUTRE, DU SECOND; L'AUTRE, DU		
ME DIS-JE A MOI-MEME. --OH! JE NE M'Y		
ORPHELIN. UN OEIL EXPERIMENTE NE S'Y		
SUITE LES INNOMBRABLES LEGENDES DE L'AMOUR		
NATURE A LAQUELLE IL SOIT IMPOSSIBLE DE SE		
JOURNAUX DE L'UNIVERS, ET A TRAVERS CETTE		
OREILLES JE NE SAIS QUEL SOUVENIR D'UNE		
ET ELLE EMBOUCHA ALORS UNE GIGANTESQUE		
DE DRYADES, ON EMBRASSE, SANS DEGOUT, LE		
QUEL POUVOIR MAGIQUE L'A INSTALLEE SUR CE		
REGARDS INOUBLIABLES QUI CULBUTERAIENT LES		
JE LA BOUSCULAIS PAR UN GESTE UN PEU		
LE MAITRE DE L'ENFANT EST SI AVARE.		
MENE JAMAIS AU SPECTACLE; MON TUTEUR EST		
MAIS CETTE FILLE MIRACULEUSE ETAIT		
HOMMES DE TOUS LES PAYS QUAND ILS ONT		
COULANTS ET FUMANTS, ECLAIRGANT		
MAIS, A LA ONZIEME, ELLE REUSSIT BEAUCOUP		
NERONS QUI ETOUFFENT DANS DES LIMITES ET		
ET PORTANT SUR L'AUTRE BRAS UN PETIT ETRE		
AUX YEUX DU PLUS PETIT, ILS ETAIENT		
FEMELLE. JE VOUS TROUVE MAL VENUS,		
S'ELANCENT DES CHOSES, DEVIENNENT BIENTOT		
JE SUIS ASSEZ BELLE FEMME, QUOIQUE PAS		
DIRE? --C'ETAIT INEVITABLE. J'AI		
DEVIENDRAIT COMME FOU SI ON LES ECOUTAIT		
QUALIFIER D'OFFICIEUX, SI LA REPUBLIQUE,		
VOUDRIEZ LE CROIRE, ET SI VOUS ME FATIGUEZ		
ET UNE SOUFFRANCE POSITIVE. MES NERFS		
CARTON UNE ESTAMPE REPRESENTANT UN PAYSAGE		
JE VOIS RESPLENDIR L'INFINI DE L'AZUR		
L'ESPRIT DE L'EUROPE MARIE A LA BEAUTE		
DE CE TOHU-BOHU ET DE CE VACARME, UN ANE		
RUISSELANTE! ILS VONT, ILS VIENNENT, ILS		
COMME L'ANE ALLAIT TOURNER L'ANGLE D'UN		
QUI SE PASSE DERRIERE UNE VITRE. DANS CE		
ERAILLES ET SOMPTUEUX, COIFFES COMME DES		
DE DORMIR UN SOMMEIL SECOUE PAR LA LAME,		
DU PEUPLE, CAUSE PAR JE NE SAIS QUEL		

	POEM	LINE
TRES-LEGERE HUMIDITE, NAGE DANS CETTE	05	018
TRES-MURES.	50	132
TRES-OUVERTS, LEGEREMENT FARDEE, LES CHEVEUX	47	006
TRES-RICHE, QUI, N'ETANT DOUE D'AUCUN SENS DE	20	042
TRES-TRISTE, ET MEME, AUTANT QUE JE PEUX ME	47	111
TRESOR, JE VIS SUBITEMENT UNE PETITE PERSONNE	38	013
TRESORS DU MONDE Y AFFLUENT, COMME DANS LA	18	050
TRESORS, CES MEUBLES, CE LUXE, CET ORDRE, CES	18	077
TRESSES LOURDES ET NOIRES. QUAND JE MORDILLE	17	032
TREVE. MAIS DE QUOI? DE VIN, DE POESIE OU DE	33	004
TRIAGE DE SA MONNAIE; DANS LA POCHE GAUCHE DE	28	002
TRIBUNAL, COMME LES PRIX SUR L'ESTRADE, DANS	20	013
TRINQUANT AVEC QUELQUES DROLES DE MA	21	106
TRIOMPHANT ET PARESSEUX. DE LOURDES	25	018
TRIOMPHANTS, DU PLAISIR ORGUEILLEUX QU'ILS	50	077
TRIOMPHE OU DE VOLUPTE. LES ROBES TRAINENT EN	13	064
TRIPOT, QUATRE HOMMES FUMAIENT ET BUVAIENT.	42	002
TRISTE ASSEZ LONGTEMPS, ME REPETANT SANS	15	073
TRISTE ET AMAIGRI, ETAIT EN PARFAITE	13	082
TRISTE ET LA PLUS ATTRISTANTE, CELLE QUI	13	032
TRISTE MOBILIER! MAIS REGARDEZ, JE VOUS PRIE,	50	085
TRISTE VIE, VOUS RESSEMBLEZ AU PUBLIC, A QUI	08	013
TRISTE, ET MEME, AUTANT QUE JE PEUX ME	47	111
TRISTE, FATIGUE D'OISIVETE, ET POUSSE, ME	09	050
TRISTE, INCONCEVABLEMENT TRISTE. SEMBLABLE A	34	032
TRISTE. SEMBLABLE A UN PRETRE A QUI ON	34	032
TRISTES AUSSI, MAIS BIEN PLUS BEAUX ET BIEN	31	008
TRISTES FENETRES OU LA PLUIE A TRACE DES	05	057
TRISTES, AU FOND DESQUELS ON VOIT LA MER ET LE	31	007
TRISTESSE ET DE MON DELIRE!'' MAIS	07	026
TRISTESSE FROIDE ET RAILLEUSE QUI DIT	42	007
TRISTESSE PRECOCE, ET QU'IL MANIFESTA BIENTOT	30	041
TRISTESSE: ''NOUS NOUS SALUONS QUAND NOUS NOUS	29	088
TRIVIAL, TOUJOURS SEMBLABLE, ET UNE NATURE A	30	009
TRIVIALITE ENVIRONNANTE. C'ETAIT UNE FEMME	13	077
TRIVIALITES DE SA VIE AUX DOULEURS DE LA	05	048
TROIS AUTRES CAMARADES ME DONNA A PENSER QUE	31	126
TROIS AUTRES COMPAGNONS REGARDERENT CELUI-CI	42	162
TROIS AUTRES, JE NE VOUS SAVAIS PAS SI	42	051
TROIS CENT SOIXANTE-CINQ FOIS PAR AN. UNE	13	057
TROIS DOMICILES OU J'AI TROUVE UN EGAL	24	049
TROIS HOMMES QUI VIVENT COMME JE VOUDRAIS	31	083
TROIS PERSONNAGES, QUI SE DETACHAIENT AINSI DU	21	007
TROIS PORTRAITS DE DOCTEURS CELEBRES ETAIENT	47	022
TROIS POUR DE VRAIS DIEUX. LE VISAGE DU	21	010
TROIS VISAGES ETAIENT EXTRAORDINAIREMENT	26	034
TROISIEME CHOQUAIT DE TEMPS A AUTRE SES	31	097
TROISIEME DEGRE OU LA BEAUTE ELLE-MEME NE	42	022
TROISIEME DISAIT EN COMPTANT LA RECETTE: ''CES	31	109
TROISIEME DIT A SON TOUR: ''MESSIEURS, J'AI	42	078
TROISIEME, DONT TOUTE LA PETITE PERSONNE ETAIT	31	040
TROISIEME, ET AINSI DE SUITE. LES UNES EN	30	123
TROMPE GUERE; J'EN AI CONNU UN BON NOMBRE.	47	079
TROMPE JAMAIS. DANS CES TRAITS RIGIDES OU	13	017
TROMPE, DU DEVOUEMENT MECONNU, DES EFFORTS NON	13	022
TROMPER, C'EST L'AMOUR MATERNEL. IL EST AUSSI	30	010
TROMPETTE ELLE CRIA MON NOM, QUI ROULA AINSI A	21	099
TROMPETTE PROSTITUEE. AUSSI JE REPONDIS, AVEC	21	109
TROMPETTE, ENRUBANNEE, COMME UN MIRLITON, DES	21	097
TRONC DES CHENES. C'EST LE PREMIER DEGRE DE	42	017
TRONE DE REVERIE ET DE VOLUPTE? QU'IMPORTE? LA	05	025
TRONES, SI L'ESPRIT REMUAIT LA MATIERE, ET SI	49	023
TROP AMOUREUX, ELLE SE CONVULSAIT COMME UNE	42	049
TROP AVARE, POUR COMPRENDRE UNE AUTRE BEAUTE	25	061
TROP AVARE; DIEU NE S'OCCUPE PAS DE MOI ET DE	31	076
TROP BELLE POUR VIVRE LONGTEMPS; AUSSI	38	005
TROP BIEN DINE. ET CELUI-LA ME DIT: ''JE PUIS	21	074
TROP BIEN ENCORE LA DETRESSE. PARTOUT LA SOIE,	14	050
TROP BIEN. UN AUTRE ALLUMERA UN CIGARE A COTE	09	024
TROP ETROITES, ET DONT LES SIECLES A VENIR	27	032
TROP FAIBLE POUR MARCHER. IL REMPLISSAIT	26	031
TROP FASCINES POUR EXPRIMER AUTRE CHOSE QU'UNE	26	043
TROP FORTUNES MORTELS, A VOUS PLAINDRE DES	42	108
TROP INTENSES. L'ENERGIE DANS LA VOLUPTE CREE	03	017
TROP JEUNE, JE LUI AI DIT: ''VIENS ME VOIR,	47	094
TROP LE SENTIMENT DE L'EQUITE POUR BATTRE,	42	156
TROP LONGTEMPS. L'UN, EN TRAINANT SON ARCHET	31	092
TROP OCCUPEE DU BONHEUR DES HOMMES, AVAIT LE	50	104
TROP SOUVENT DE VOS PRECIEUSES PLEURNICHERIES,	11	072
TROP TENDUS NE DONNENT PLUS QUE DES VIBRATIONS	03	019
TROPICAL, IL SE DIT: ''NON! CE N'EST PAS DANS	24	009
TROPICAL! SUR LES RIVAGES DUVETES DE TA	17	028
TROPICALE.'' PAS UN MOT. --MON AME SERAIT-ELLE	48	027
TROTTAIT VIVEMENT, HARCELE PAR UN MALOTRU ARME	04	007
TROTTENT, ILS PASSENT SOUS LES VOITURES,	50	055
TROTTOIR, UN BEAU MONSIEUR GANTE, VERNI,	04	009
TROU NOIR OU LUMINEUX VIT LA VIE, REVE LA VIE,	35	008
TROUBADOURS OU DES MILITAIRES, QUI	50	088
TROUBLE PAR UN VENT QUI RONFLE PLUS HAUT QUE	34	011
TROUBLE, M'ENTRAINA LOIN DE LUI. ET, M'EN	14	076

POEM LINE

POEM	LINE		
23	031	S'INSINUER DANS LES MIENNES, LE HIDEUX	TROUBLE- FETE! ''CE GRAND MALHEUR DE NE
37	032	D'UNE RELIGION INCONNUE, LES PARFUMS QUI	TROUBLENT LA VOLONTE, ET LES ANIMAUX SAUVAGES
04	005	OFFICIEL D'UNE GRANDE VILLE FAIT POUR	TROUBLER LE CERVEAU DU SOLITAIRE LE PLUS FORT.
45	033	PAS TANT, LABORIEUX VIVANTS, ET VOUS	TROUBLERIEZ MOINS SOUVENT LE SOMMEIL DE CEUX
50	062	PALAIS-ROYAL; D'AUTRES QUI ACCOURENT, PAR	TROUPES, DE PLUS DE CINQ LIEUES, POUR PARTAGER
47	101	--JE VOUDRAIS QU'IL VINT ME VOIR AVEC SA	TROUSSE ET SON TABLIER, MEME AVEC UN PEU DE
42	054	MIT LE REMEDE DANS LE MAL. UN JOUR JE	TROUVAI CETTE MINERVE, AFFAMEE DE FORCE
42	047	SORTE QU'ENTRE MA BOUCHE ET LA SIENNE JE	TROUVAI DESORMAIS UN MASQUE DE VERRE. AVEC
21	084	JE N'AVOUAIS PAS QU'A PREMIERE VUE JE LUI	TROUVAI UN BIZARRE CHARME. POUR DEFINIR CE
49	053	QUE DANS CETTE BANLIEUE DESERTE, JE ME	TROUVAIS, POUR UN ASSEZ LONG TEMPS, HORS DE LA
27	055	PAR LA SITUATION EXTRAORDINAIRE OU IL SE	TROUVAIT; AU DELA, EXISTAIT-IL DANS SON AME
24	008	DEVANT UNE BOUTIQUE DE GRAVURES. ET,	TROUVANT DANS UN CARTON UNE ESTAMPE
46	020	PAR LE COMMISSAIRE. --MA FOI! NON. JE ME	TROUVE BIEN ICI. VOUS SEUL, VOUS M'AVEZ
28	054	SUPPOSAIS TOUT A L'HEURE CAPABLE; J'AURAIS	TROUVE CURIEUX, SINGULIER, QU'IL S'AMUSAT A
09	092	L'ETERNITE DE LA DAMNATION A QUI A	TROUVE DANS UNE SECONDE L'INFINI DE LA
18	060	LEURS AMBITIEUX PROBLEMES! MOI, J'AI	TROUVE MA TULIPE NOIRE ET MON DAHLIA BLEU!
42	108	EN GENERAL A L'EGOISTE FEMELLE. JE VOUS	TROUVE MAL VENUS, TROP FORTUNES MORTELS, A
28	014	TANT D'HUMILITE, TANT DE REPROCHES. IL	TROUVE QUELQUE CHOSE APPROCHANT CETTE
24	049	EN REVE, TROIS DOMICILES OU J'AI	TROUVE UN EGAL PLAISIR. POURQUOI CONTRAINDRE
47	114	ME SOUVIENS PAS.'' QUELLES BIZARRERIES NE	TROUVE-T-ON PAS DANS UNE GRANDE VILLE, QUAND
29	060	TRANQUILLITE DANS LA DROLERIE QUE JE N'AI	TROUVEES DANS AUCUN DES PLUS CELEBRES CAUSEURS
09	017	SIMPLES ET LES PLUS NECESSAIRES, ELLES	TROUVENT A UNE CERTAINE MINUTE UN COURAGE DE
09	006	INCAPABLES. TEL QUI, CRAIGNANT DE	TROUVER CHEZ SON CONCIERGE UNE NOUVELLE
47	020	LA DESCRIPTION DU TAUDIS; ON PEUT LA	TROUVER DANS PLUSIEURS VIEUX POETES FRANCAIS
27	045	CLEMENCE, SURTOUT S'IL AVAIT PU ESPERER Y	TROUVER DES PLAISIRS INATTENDUS. MAIS POUR
20	045	LES PLUS VISIBLES DE LA VIE; DEVAIT SE	TROUVER PLUS TARD PRODIGIEUSEMENT EMBARRASSE
15	024	MAL TERRESTRE, J'EN ETAIS VENU A NE PLUS	TROUVER SI RIDICULES LES JOURNAUX QUI
27	015	QUE LE PRINCE FUT PRESQUE FACHE DE	TROUVER SON COMEDIEN FAVORI PARMI LES
49	010	SONT TOUS DES ROIS DETRONES. --ON NE	TROUVERA PAS SURPRENANT QUE JE FUSSE ALORS
31	073	LA DIVINITE DANS LES NUEES, ET QU'IL LA	TROUVERAIT FREQUEMMENT AILLEURS. ENFIN LE
48	026	TE SOURIRAIT PEUT-ETRE DAVANTAGE? NOUS Y	TROUVERIONS D'AILLEURS L'ESPRIT DE L'EUROPE
11	012	JE VEUX ESSAYER DE VOUS GUERIR; NOUS EN	TROUVERONS PEUT-ETRE LE MOYEN, POUR DEUX SOLS,
31	112	UN MOIS NOUS SERONS EN AUTRICHE, OU NOUS	TROUVERONS UN PEUPLE PLUS AIMABLE.'' ''NOUS
20	083	SES COMPAGNES, ELLE LEUR DISAIT: ''COMMENT	TROUVEZ-VOUS CE PETIT FRANCAIS VANITEUX, QUI
37	018	MON BAISER. TU SERAS BELLE A MA MANIERE.	TU AIMERAS CE QUE J'AIME ET CE QUI M'AIME:
48	017	MON AME NE REPOND PAS. ''PUISQUE	TU AIMES TANT LE REPOS, AVEC LE SPECTACLE DU
48	020	TE DIVERTIRAS-TU DANS CETTE CONTREE DONT	TU AS SOUVENT ADMIRE L'IMAGE DANS LES MUSEES.
47	053	LE QUAI VOLTAIRE. ''TIENS! LE RECONNAIS-	TU CELUI-CI? --OUI! C'EST X. LE NOM EST AU BAS
47	096	PAS; JE N'AI PAS BESOIN D'ARGENT.'' MAIS	TU COMPRENDS QUE JE LUI AI FAIT ENTENDRE CA
18	015	OU TOUT VOUS RESSEMBLE, MON CHER ANGE.	TU CONNAIS CETTE MALADIE FIEVREUSE QUI
21	041	LE SCULPTEUR PEUT L'ETRE DE L'ARGILE; ET	TU CONNAITRAS LE PLAISIR, SANS CESSE
21	095	LAVES DE L'EAU-DE-VIE. ''VEUX-	TU CONNAITRE MA PUISSANCE?'' DIT LA FAUSSE
48	009	AME, PAUVRE AME REFROIDIE, QUE PENSERAIS-	TU D'HABITER LISBONNE? IL DOIT Y FAIRE CHAUD,
48	019	BEATIFIANTE? PEUT-ETRE TE DIVERTIRAIS-	TU DANS CETTE CONTREE DONT TU AS SOUVENT
16	026	LA AVEC TANT DE SOIN? QUE CHERCHES-	TU DANS LES YEUX DE CET ETRE? Y VOIS-TU
48	021	L'IMAGE DANS LES MUSEES. QUE PENSERAIS-	TU DE ROTTERDAM, TOI QUI AIMES LES FORETS DE
48	029	MOT. --MON AME SERAIT-ELLE MORTE? ''EN ES-	TU DONC VENUE A CE POINT D'ENGOURDISSEMENT QUE
01	013	COMME VOUS HAISSEZ DIEU. --EH! QU'AIMES-	TU DONC, EXTRAORDINAIRE ETRANGER? --J'AIME LES
37	002	MEME, REGARDA PAR LA FENETRE PENDANT QUE	TU DORMAIS DANS TON BERCEAU, ET SE DIT:
51	010	INFERNAL ME RAJEUNIT SANS CESSE. QUE	TU DORMES ENCOR DANS LES DRAPS DU MATIN,
37	011	T'A SI TENDREMENT SERREE A LA GORGE QUE	TU EN AS GARDE POUR TOUJOURS L'ENVIE DE
47	040	REPRENAIT SON ANTIENNE, ET ME DISAIT: ''	TU ES MEDECIN, N'EST-CE PAS, MON CHAT?'' CET
47	077	ME CROIS-TU MEDECIN? --C'EST QUE	TU ES SI GENTIL ET SI BON POUR LES FEMMES!
16	027	DANS LES YEUX DE CET ETRE? Y VOIS-	TU L'HEURE, MORTEL PRODIGUE ET FAINEANT?'' JE
16	025	VENAIT ME DIRE: ''QUE REGARDES-	TU LA AVEC TANT DE SOIN? QUE CHERCHES-TU DANS
01	001	QUI AIMES-	TU LE MIEUX, HOMME ENIGMATIQUE, DIS? TON PERE,
18	083	QUI DORMENT OU QUI ROULENT SUR TON SEIN.	TU LES CONDUIS DOUCEMENT VERS LA MER QUI EST
38	019	DE TA FOLIE ET DE TON AVEUGLEMENT,	TU M'AIMERAS TELLE QUE JE SUIS!'' MAIS MOI,
47	073	PLUS JEUNES. ''QUAND NOUS NOUS REVERRONS,	TU ME DONNERAS TON PORTRAIT, N'EST-CE PAS,
47	076	AUSSI, UNE IDEE FIXE. --POURQUOI ME CROIS-	TU MEDECIN? --C'EST QUE TU ES SI GENTIL ET SI
37	021	LE LIEU OU TU NE SERAS PAS! L'AMANT QUE	TU NE CONNAITRAS PAS; LES FLEURS MONSTRUEUSES;
37	020	L'EAU INFORME ET MULTIFORME; LE LIEU OU	TU NE SERAS PAS! L'AMANT QUE TU NE CONNAITRAS
48	030	VENUE A CE POINT D'ENGOURDISSEMENT QUE	TU NE TE PLAISES QUE DANS TON MAL? S'IL EN EST
18	065	ALLER VIVRE ET FLEURIR? NE SERAIS-	TU PAS ENCADRE DANS TON ANALOGIE, ET NE
18	065	DANS TON ANALOGIE, ET NE POURRAIS-	TU PAS TE MIRER, POUR PARLER COMME LES
17	006	POUR SECOUER DES SOUVENIRS DANS L'AIR. SI	TU POUVAIS SAVOIR TOUT CE QUE JE VOIS! TOUT CE
47	099	CE CHER ENFANT! --EH BIEN! CROIRAIS-	TU QUE J'AI UNE DROLE D'ENVIE QUE JE N'OSE PAS
51	005	OU TOUT ENORMITE FLEURIT COMME UNE FLEUR.	TU SAIS BIEN, O SATAN, PATRON DE MA DETRESSE,
37	025	FEMMES, D'UNE VOIX RAUQUE ET DOUCE! ''ET	TU SERAS AIMEE DE MES AMANTS, COURTISEE PAR
37	017	ETERNELLEMENT L'INFLUENCE DE MON BAISER.	TU SERAS BELLE A MA MANIERE. TU AIMERAS CE QUE
37	026	MES AMANTS, COURTISEE PAR MES COURTISANS.	TU SERAS LA REINE DES HOMMES AUX YEUX VERTS
21	040	VEUX, JE TE FERAI LE SEIGNEUR DES AMES; ET	TU SERAS LE MAITRE DE LA MATIERE VIVANTE, PLUS
37	016	LUMIERE VIVANTE PENSAIT ET DISAIT: ''	TU SUBIRAS ETERNELLEMENT L'INFLUENCE DE MON
35	020	MOI-MEME. PEUT-ETRE ME DIREZ-VOUS: ''ES-	TU SUR QUE CETTE LEGENDE SOIT LA VRAIE?''
47	060	ON RIAIT DE CA A L'ECOLE, DANS LE TEMPS!	TU T'EN SOUVIENS? --TIENS, VOILA K., CELUI QUI
48	009	LISBONNE? IL DOIT Y FAIRE CHAUD, ET	TU T'Y RAGAILLARDIRAIS COMME UN LEZARD. CETTE
51	011	MATIN, LOURDE, OBSCURE, ENRHUMEE, OU QUE	TU TE PAVANES DANS LES VOILES DU SOIR
47	107	MOI, M'OBSTINANT, JE REPRIS: ''PEUX-	TU TE SOUVENIR DE L'EPOQUE ET DE L'OCCASION OU
47	047	C... DE S... M...! --ATTENDS, REPRIT-ELLE,	TU VAS VOIR.'' ET ELLE TIRA D'UNE ARMOIRE UNE
48	018	AVEC LE SPECTACLE DU MOUVEMENT, VEUX-	TU VENIR HABITER LA HOLLANDE, CETTE TERRE
21	039	DIT D'UNE VOIX CHANTANTE: ''SI TU VEUX, SI	TU VEUX, JE TE FERAI LE SEIGNEUR DES AMES; ET
21	039	ET IL ME DIT D'UNE VOIX CHANTANTE: ''SI	TU VEUX, SI TU VEUX, JE TE FERAI LE SEIGNEUR
11	024	FEMME, L'AUTRE MONSTRE, CELUI QUI CRIE A	TUE-TETE, UN BATON A LA MAIN, ET UN MARI. IL
45	029	IMPATIENTS, QUI VENEZ ETUDIER L'ART DE	TUER AUPRES DU SANCTUAIRE DE LA MORT! SI VOUS
43	004	TIRER QUELQUES BALLES POUR TUER LE TEMPS.	TUER CE MONSTRE-LA N'EST-CE PAS L'OCCUPATION
42	169	FIT APPORTER DE NOUVELLES BOUTEILLES, POUR	TUER LE TEMPS QUI A LA VIE SI DURE, ET
10	022	D'ACHETER DES GANTS; ETRE MONTE POUR	TUER LE TEMPS, PENDANT UNE AVERSE, CHEZ UNE
43	003	AGREABLE DE TIRER QUELQUES BALLES POUR	TUER LE TEMPS. TUER CE MONSTRE-LA N'EST-CE PAS
11	070	QUI VOUS CROQUERA, VOUS GOBERA ET VOUS	TUERA A SON PLAISIR! ''TANT POETE QUE JE SOIS,
18	060	AMBITIEUX PROBLEMES! MOI, J'AI TROUVE MA	TULIPE NOIRE ET MON DAHLIA BLEU! FLEUR
18	062	ET MON DAHLIA BLEU! FLEUR INCOMPARABLE,	TULIPE RETROUVEE, ALLEGORIQUE DAHLIA, C'EST

POEM LINE

POEM	LINE		
22	013	POUR UN SIGNAL DE SABBAT? CETTE SINISTRE	ULULATION NOUS ARRIVE DU NOIR HOSPICE PERCHE
31	106	QU'ILS NE DEMEURAIENT NULLE PART. ALORS L'	UN A DIT: ''FAUT-IL DEPLOYER LA TENTE?'' ''MA
19	044	ET LES DEUX ENFANTS SE RIAIENT L'	UN A L'AUTRE FRATERNELLEMENT, AVEC DES DENTS
31	030	LES AUTRES. ''DIEU!'' REPONDIT-IL AVEC	UN ACCENT PARFAIT DE CONVICTION. ''AH! IL EST
29	050	ENIVRE DE TOUTES CES DELICES, J'OSAI, DANS	UN ACCES DE FAMILIARITE QUI NE PARUT PAS LUI
27	001	FANCIOULLE ETAIT	UN ADMIRABLE BOUFFON, ET PRESQUE UN DES AMIS
04	015	VERS JE NE SAIS QUELS CAMARADES AVEC	UN AIR DE FATUITE, COMME POUR LES PRIER
20	007	L'AIR SOMBRE ET RECHIGNE, LES AUTRES,	UN AIR FOLATRE ET MALIN; LES UNES, JEUNES, QUI
47	103	UN PEU DE SANG DESSUS!'' ELLE DIT CELA D'	UN AIR FORT CANDIDE, COMME UN HOMME SENSIBLE
30	091	QUANT AU PERE, IL SE CONTENTA DE DIRE D'	UN AIR MOITIE ABRUTI, MOITIE REVEUR: ''APRES
47	111	PARVINS. MAIS ALORS ELLE ME REPONDIT D'	UN AIR TRES-TRISTE, ET MEME, AUTANT QUE JE
25	018	EN ARRIERE SA TETE DELICATE ET LUI DONNE	UN AIR TRIOMPHANT ET PARESSEUX, DE LOURDES
22	028	LES CHOSES LES PLUS SUCCULENTES. L'AUTRE,	UN AMBITIEUX BLESSE, DEVENAIT, A MESURE QUE LE
10	033	CRIME DE RESPECT HUMAIN! AVOIR REFUSE A	UN AMI UN SERVICE FACILE, ET DONNE UNE
50	030	ASSEZ DE FLAIR POUR SUIVRE LA PISTE D'	UN AMI, NI DANS LEUR TETE APLATIE ASSEZ
34	049	LES MUSIQUES DE LA VIE NOUS ARRIVAIENT EN	UN AMOUREUX MURMURE.
42	069	ELANS DE L'AMOUR LE PLUS FORCENE. APRES	UN AN DE VIE COMMUNE, ELLE M'AVOUA QU'ELLE
09	010	A OPERER UNE DEMARCHE NECESSAIRE DEPUIS	UN AN, SE SENTENT QUELQUEFOIS BRUSQUEMENT
04	006	MILIEU DE CE TOHU-BOHU ET DE CE VACARME,	UN ANE TROTTAIT VIVEMENT, HARCELE PAR UN
47	089	PITIE UN PETIT INTERNE, QUI EST JOLI COMME	UN ANGE, ET QUI EST POLI! ET QUI TRAVAILLE, LE
20	074	DONC LA BONNE FEE REPONDIT, AVEC	UN APLOMB DIGNE DE SON RANG: ''JE DONNE A TON
30	125	COMME CHERCHANT A DEGUISER SOUS	UN APPARENT BADINAGE LA SINCERITE DE LA
09	012	UNE FORCE IRRESISTIBLE, COMME LA FLECHE D'	UN ARC. LE MORALISTE ET LE MEDECIN, QUI
14	011	VINGT-QUATRE HEURES. POUR LES GRANDS C'EST	UN ARMISTICE CONCLU AVEC LES PUISSANCES
12	002	BAIN DE MULTITUDE: JOUIR DE LA FOULE EST	UN ART; ET CELUI-LA SEUL PEUT FAIRE, AUX
27	053	QUEL POINT LES FACULTES HABITUELLES D'	UN ARTISTE POUVAIENT ETRE ALTEREES OU
49	053	BANLIEUE DESERTE, JE ME TROUVAIS, SOUS	UN ASSEZ LONG TEMPS, HORS DE LA PORTEE DE TOUT
36	013	UN SOLEIL NOIR, SI L'ON POUVAIT CONCEVOIR	UN ASTRE NOIR VERSANT LA LUMIERE ET LE
09	025	ONZIEME, ELLE REUSSIT BEAUCOUP TROP BIEN.	UN AUTRE ALLUMERA UN CIGARE A COTE D'UN
19	031	LES CHARDONS ET LES ORTIES, IL Y AVAIT	UN AUTRE ENFANT, SALE, CHETIF, FULIGINEUX, UN
05	061	LES DATES SINISTRES! ET CE PARFUM D'	UN AUTRE MONDE, DONT JE M'ENIVRAIS AVEC UNE
15	046	MAIS AU MEME INSTANT IL FUT CULBUTE PAR	UN AUTRE PETIT SAUVAGE, SORTI JE NE SAIS D'OU,
23	038	PAS SU RESTER DANS NOTRE CHAMBRE,'' DIT	UN AUTRE SAGE, PASCAL, JE CROIS, RAPPELANT
49	040	CECI: ''CELUI-LA SEUL EST L'EGAL D'	UN AUTRE, QUI LE PROUVE, ET CELUI-LA SEUL EST
09	034	INDOLENTS ET LES PLUS REVEURS DES ETRES.	UN AUTRE, TIMIDE A CE POINT QU'IL BAISSE LES
27	016	LE PRINCE N'ETAIT NI MEILLEUR NI PIRE QU'	UN AUTRE; MAIS UNE EXCESSIVE SENSIBILITE LE
12	001	IL N'EST PAS DONNE A CHACUN DE PRENDRE	UN BAIN DE MULTITUDE: JOUIR DE LA FOULE EST UN
05	004	TEINTEE DE ROSE ET DE BLEU, L'AME Y PREND	UN BAIN DE PARESSE, AROMATISE PAR LE REGRET ET
10	006	IL M'EST DONC PERMIS DE ME DELASSER DANS	UN BAIN DE TENEBRES! D'ABORD, UN DOUBLE TOUR A
13	033	ATTRISTANTE, CELLE QUI TRAINE A SA MAIN	UN BAMBIN AVEC QUI ELLE NE PEUT PAS PARTAGER
11	024	MONSTRE, CELUI QUI CRIE A TUE-TETE,	UN BATON A LA MAIN, EST UN MARI. IL A ENCHAINE
11	038	ENLEVEE. GRAND DIEU! LE BATON N'EST PAS	UN BATON DE COMEDIE, AVEZ-VOUS ENTENDU
32	005	SERVITEURS. MAIS PHYSIQUEMENT CE N'EST QU'	UN BATON, UN PUR BATON, PERCHE A HOUBLON,
23	010	ET DE SES CHIMERES. IL EST CERTAIN QU'	UN BAVARD, DONT LE SUPREME PLAISIR CONSISTE A
50	117	LES PAUVRES CHIENS A RECU POUR RECOMPENSE	UN BEAU GILET, D'UNE COULEUR, A LA FOIS RICHE
31	001	DANS	UN BEAU JARDIN OU LES RAYONS D'UN SOLEIL
42	046	EN FORCE?'' ET ELLE ARGUMENTAIT, ''	UN BEAU JOUR ELLE S'EST MISE A LA CHIMIE; DE
04	009	ALLAIT TOURNER L'ANGLE D'UN TROTTOIR,''	UN BEAU MONSIEUR GANTE, VERNI, CRUELLEMENT
17	023	PASSEES PAR UN DIVAN, DANS LA CHAMBRE D'	UN BEAU NAVIRE, BERCEES PAR LE ROULIS
24	004	DESCENDANT, A TRAVERS L'ATMOSPHERE D'	UN BEAU SOIR, LES DEGRES DE MARBRE D'UN
49	059	DES CUISINIERS QUI VEULENT ATTENDRIR	UN BEEFSTEAK. TOUT A COUP, --O MIRACLE! O
49	019	PASSIONNEE DES MAUVAISES LECTURES ENGENDRE	UN BESOIN PROPORTIONNEL DU GRAND AIR ET DES
21	084	PAS QU'A PREMIERE VUE JE LUI TROUVAI	UN BIZARRE CHARME. POUR DEFINIR CE CHARME, JE
30	006	EXISTE EN DEHORS DE NOUS, NOUS EPROUVONS	UN BIZARRE SENTIMENT, COMPLIQUE MOITIE DE
25	030	HEUREUSE DE VIVRE ET SOURIANT D'	UN BLANC SOURIRE, COMME SI ELLE APERCEVAIT AU
05	015	ANALYSEE. ICI, L'ART DEFINI, L'ART POSITIF EST	UN BLASPHEME. ICI, TOUT A LA SUFFISANTE CLARTE
05	083	ET IL ME POUSSE, COMME SI J'ETAIS	UN BOEUF, AVEC SON DOUBLE AIGUILLON. --''ET
24	026	DE RARES SIEGES D'UN ROCOCO PORTUGUAIS, D'	UN BOIS LOURD ET TENEBREUX (OU ELLE REPOSERAIT
38	010	ENTERREE. BIEN CLOSE UNE BIERE D'	UN BOIS PARFUME ET INCORRUPTIBLE COMME LES
42	149	QUE M'IMPOSAIT LA DESTINEE! UN SOIR, DANS	UN BOIS... AU BORD D'UNE MARE... APRES UNE
49	027	QUE JE RECONNUS BIEN: C'ETAIT CELLE D'	UN BON AME, OU D'UN BON DEMON, QUI
27	072	QUAND ON DIT D'UN COMEDIEN: ''VOILA	UN BON COMEDIEN'', ON SE SERT D'UNE FORMULE
11	036	DE LA FEMME, VEUX-JE DIRE. ''ALLONS!	UN BON COUP DE BATON POUR LA CALMER! CAR ELLE
49	027	BIEN; C'ETAIT CELLE D'UN BON ANGE, OU D'	UN BON DEMON, QUI M'ACCOMPAGNE PARTOUT.
50	114	POUR PRIX DE LEURS CHANTS ALTERNES,	UN BON FROMAGE, UNE FLUTE DU MEILLEUR FAISEUR,
47	079	JE NE M'Y TROMPE GUERE! J'EN AI CONNU	UN BON NOMBRE. J'AIME TANT CES MESSIEURS, QUE,
29	118	EN SE LEVANT ET EN ME CONGEDIANT AVEC	UN BON SOURIRE. SI CE N'EUT ETE LA CRAINTE DE
29	098	ME DIT: ''JE VEUX QUE VOUS GARDIEZ DE MOI	UN BON SOUVENIR, ET VOUS PROUVER QUE MOI, DONT
42	025	MEME QUE J'ASPIRE QUELQUEFOIS, COMME A	UN BONHEUR INCONNU, A UN CERTAIN QUATRIEME
42	001	DANS	UN BOUDOIR D'HOMME, C'EST-A-DIRE DANS UN
28	034	LE CONDUIRE EN PRISON? UN CABARETIER,	UN BOULANGER, PAR EXEMPLE, ALLAIT PEUT-ETRE LE
26	014	DEVANT UN CAFE NEUF QUI FORMAIT LE COIN D'	UN BOULEVARD NEUF, ENCORE TOUT PLEIN DE
47	002	SOUS LES ECLAIRS DU GAZ, JE SENTIS	UN BRAS QUI SE COULAIT DOUCEMENT SOUS LE MIEN,
30	061	IL FALLAIT LE SOUTENIR TOUT ENTIER AVEC	UN BRAS, ET, AVEC LA MAIN DE L'AUTRE BRAS,
26	028	DEVANT NOUS, SUR LA CHAUSSEE, ETAIT PLANTE	UN BRAVE HOMME D'UNE QUARANTAINE D'ANNEES, AU
20	056	A JETER A TOUT CE FRETIN HUMAIN, QUAND	UN BRAVE HOMME, UN PAUVRE PETIT COMMERCANT, JE
28	051	ECONOMIQUEMENT! ENFIN ATTRAPER GRATIS	UN BREVET D'HOMME CHARITABLE. JE LUI AURAIS
15	033	DECOUPAIS TRANQUILLEMENT MON PAIN, QUAND	UN BRUIT TRES-LEGER ME FIT LEVER LES YEUX.
49	021	OU J'ALLAIS ENTRER DANS	UN CABARET, UN MENDIANT ME TENDIT SON CHAPEAU,
28	033	PAS AUSSI LE CONDUIRE EN PRISON?	UN CABARETIER, UN BOULANGER, PAR EXEMPLE,
26	014	VOUS VOULUTES VOUS ASSEOIR DEVANT	UN CAFE NEUF QUI FORMAIT LE COIN D'UN
09	036	TOUTE SA PAUVRE VOLONTE POUR ENTRER DANS	UN CAFE OU PASSER DEVANT LE BUREAU D'UN
39	022	AMATEUR RECONNAIT, MEME ATTELES A	UN CARROSSE DE LOUAGE OU A UN LOURD CHARIOT.
24	008	BOUTIQUE DE GRAVURES, ET, TROUVANT DANS	UN CARTON UNE ESTAMPE REPRESENTANT UN PAYSAGE
20	070	DE LA LOI QUI CONCEDE AUX FEES, DANS	UN CAS SEMBLABLE A CELUI-CI, C'EST-A-DIRE DANS
27	080	DE BEAUTE, CE SERAIT LA, SANS DOUTE,	UN CAS SINGULIER ET TOUT A FAIT IMPREVU.
42	147	AINSI, L'AMOUR ETAIT DEVENU POUR MOI	UN CAUCHEMAR ACCABLANT. VAINCRE OU MOURIR,
15	029	DE PAIN, UNE TASSE DE CUIR ET UN FLACON D'	UN CERTAIN ELIXIR QUE LES PHARMACIENS
27	121	QUI BOUFFONNAIT SI BIEN LA MORT. A	UN CERTAIN MOMENT, JE VIS SON ALTESSE SE
42	026	QUELQUEFOIS, COMME A UN BONHEUR INCONNU, A	UN CERTAIN QUATRIEME DEGRE QUI DOIT MARQUER LE
31	093	ARCHET SUR SON VIOLON, SEMBLAIT RACONTER	UN CHAGRIN, ET L'AUTRE, EN FAISANT SAUTILLER

		POEM	LINE
DES BONS CHIENS, DES PAUVRES CHIENS, UN	CHANT DIGNE DE TOI, SENTIMENTAL FARCEUR,	50	008
POUDREUSE, SANS CHEMINS, SANS GAZON, SANS UN	CHARDON, SANS UNE ORTIE, JE RENCONTRAI	06	002
VOLUPTES MULTIPLIEES QUE DONNE LA VUE D' UN	CHEF-D'OEUVRE D'ART VIVANT. LES EXPLOSIONS	27	103
UN	CHEVAL DE RACE	39	000
PERSONNEL. ENFIN, DANS L'APRES-MIDI, SOUS UN	CIEL D'AUTOMNE CHARMANT, UN DE CES CIELS	13	048
SEMBLAIENT S'ATTARDER A PLAISIR, SOUS UN	CIEL DEJA VERDATRE OU DES NUAGES D'OR	31	002
ARCHITECTURES FINES ET COMPLIQUEES SUR UN	CIEL IMMENSE OU SE PRELASSE L'ETERNELLE	17	019
BEAUCOUP TROP BIEN. UN AUTRE ALLUMERA UN	CIGARE A COTE D'UN TONNEAU DE POUDRE, POUR	09	025
BONNES CHOSES ET EN ALLUMANT ELLE- MEME UN	CIGARE, LA BOUFFONNE CREATURE ME DISAIT:	47	026
EN FACE DES TOMBES, ET FUMA LENTEMENT UN	CIGARE. PUIS, LA FANTAISIE LE PRIT DE	45	010
DESIR ANALOGUE, CAR IL ME FIT, EN PASSANT, UN	CLIGNEMENT D'OEIL SIGNIFICATIF AUQUEL JE ME	29	006
QUI SE SUSPENDAIENT VOLONTAIREMENT A UN	CLOU! IL Y AVAIT DE PETITS GNOMES	21	062
PRIVES L'EGOISTE, FERME COMME UN	COFFRE, ET LE PARESSEUX, INTERNE COMME UN	12	021
CES SOLENNELLES GALERIES, IL N'Y A PAS UN	COIN POUR L'INTIMITE. DECIDEMENT, C'EST LA	24	014
SOLITUDE ETERNELLE, ET ELLE PLEURAIT DANS UN	COIN, SE DISANT: --''AH! POUR NOUS,	02	012
L'ART, L'EFFORT, LA VOLONTE. OR, SI UN	COMEDIEN ARRIVAIT A ETRE, RELATIVEMENT AU	27	075
DE DOUCEUR ET DE PARDON. QUAND ON DIT D' UN	COMEDIEN: ''VOILA UN BON COMEDIEN'', ON SE	27	072
VEUX PARLER DU COMIQUE DANS L'AMOUR, ET D' UN	COMIQUE QUI N'EXCLUT PAS L'ADMIRATION. J'AI	42	081
DES BONS MOTS ET DES PLAISANTERIES D' UN	COMIQUE SOLIDE ET LOURD, COMME CELUI DE	14	028
QUI SE PRESSENT AUTOUR DE L'ENCEINTE D' UN	CONCERT PUBLIC. L'ORCHESTRE JETTE A TRAVERS	13	062
COMME CES AMES ERRANTES QUI CHERCHENT UN	CORPS, IL ENTRE, QUAND IL VEUT, DANS LE	12	012
INATTENDUE, SE PRECIPITAIT DANS UN	CORRIDOR, AVEC DES RIRES ETOUFFES.	27	131
SOLITAIRE: ''COMME ELLE SERAIT BELLE DANS UN	COSTUME DE COUR, COMPLIQUE ET FASTUEUX,	24	002
UNE SAUTEUSE QUI M'A PRIE DE LUI DESSINER UN	COSTUME DE VENUSTRE; AVOIR FAIT MA COUR A	10	024
REMORDS OU L'ENNUI LES OBSEDE, AFFUBLE D' UN	COSTUME ECLATANT ET RIDICULE, COIFFE DE	07	019
PREALABLEMENT INSPECTE LES ENVIRONS D' UN	COUP D'OEIL, ET QUE J'AVAIS VERIFIE QUE	49	051
LEGERE COMME UN SOUPIR, RAPIDE COMME UN	COUP D'OEIL. ET SI QUELQUE IMPORTUN VENAIT	16	021
TOUT AGENT DE POLICE. AYANT ENSUITE, PAR UN	COUP DE PIED LANCE DANS LE DOS, ASSEZ	49	055
INFERNAUX, IL M'A SEMBLE QUE JE RECEVAIS UN	COUP DE PIOCHE DANS L'ESTOMAC. ET PUIS UN	05	045
URGENTE. QUELQUES MINUTES PLUS TARD UN	COUP DE SIFFLET AIGU, PROLONGE, INTERROMPIT	27	127
ET FIT ROULER LE VAINQUEUR PAR TERRE D' UN	COUP DE TETE DANS L'ESTOMAC. A QUOI BON	15	060
PLUS GRANDES QUE SES ETATS. TOUT D' UN	COUP LE BRUIT COURUT QUE LE SOUVERAIN	27	036
QUI REGNE, UNE ETERNITE DE DELICES! MAIS UN	COUP TERRIBLE, LOURD, A RETENTI A LA PORTE,	05	043
ELLES TROUVENT A UNE CERTAINE MINUTE UN	COURAGE DE LUXE POUR EXECUTER LES ACTES LES	09	018
EN ECHANGE D'UN PRECIEUX SONNET OU D' UN	CURIEUX POEME SATIRIQUE. ET TOUTES LES FOIS	50	128
QUE NOUS POURRIONS AIMER ET ESTIMER.'' L' UN	D'EUX JETA LA CAUSERIE SUR LE SUJET DES	42	010
DERRIERE LAQUELLE S'AGITE, HURLANT COMME UN	DAMNE, SECOUANT LES BARREAUX COMME UN	11	016
ASSEZ VAGUEMENT LA VOTRE. ''CE MONSTRE EST UN	DE CES ANIMAUX QU'ON APPELLE GENERALEMENT	11	022
VENUS, UN DE CES FOUS ARTIFICIELS, UN	DE CES BOUFFONS VOLONTAIRES CHARGE DE FAIRE	07	017
SURMONTAIT LE FRONT DE L'HOMME, COMME UN	DE CES CASQUES HORRIBLES PAR LESQUELS LES	06	012
SOUS UN CIEL D'AUTOMNE CHARMANT, UN	DE CES CIELS D'OU DESCENDENT EN FOULE LES	13	049
JARDIN, POUR ENTENDRE, LOIN DE LA FOULE, UN	DE CES CONCERTS DONT LA MUSIQUE DES	13	051
AFFLIGE. AUX PIEDS D'UNE COLOSSALE VENUS, UN	DE CES FOUS ARTIFICIELS, UN DE CES BOUFFONS	07	016
LA TERREUR DE L'ENNEMI. JE QUESTIONNAI L' UN	DE CES HOMMES, ET JE LUI DEMANDAI OU ILS	06	015
UN AUTRE ENFANT, SALE, CHETIF, FULIGINEUX, UN	DE CES MARMOTS-PARIAS DONT UN OEIL	19	032
LONGUE CUILLER SE DRESSE, PLANTEE COMME UN	DE CES MATS AERIENS QUI ANNONCENT QUE LA	50	092
LE PETIT BOUTIQUIER, QUI ETAIT SANS DOUTE UN	DE CES RAISONNEURS SI COMMUNS, INCAPABLES	20	079
UN MENDIANT ME TENDIT SON CHAPEAU, AVEC UN	DE CES REGARDS INOUBLIABLES QUI	49	022
ET SOUVENT MEME LES PLUS DANGEREUX. UN	DE MES AMIS, LE PLUS INOFFENSIF REVEUR QUI	09	020
SECONDE, GROS COMME UNE BALLE. JE CASSAI UN	DE MES ONGLES A LUI BRISER DEUX DENTS, ET	49	044
PROLONGE, INTERROMPIT FANCIOULLE DANS UN	DE SES MEILLEURS MOMENTS, ET DECHIRA A LA	27	128
SPECTACLE OU FANCIOULLE DEVAIT JOUER L' UN	DE SES PRINCIPAUX ET DE SES MEILLEURS	27	039
GAZ LUI-MEME Y DEPLOYAIT TOUTE L'ARDEUR D' UN	DEBUT, ET ECLAIRAIT DE TOUTES SES FORCES	26	017
LA FUNEBRE ARMOIRE, JE M'APERCUS, AVEC UN	DEGOUT MELE D'HORREUR ET DE COLERE, QUE LE	30	104
D'HABITUDE IMBECILE, JE REPETAIS DANS UN	DEMI-SOMMEIL: ''MON DIEU! SEIGNEUR, MON	29	126
MIEN EST UN GRAND AFFIRMATEUR, LE MIEN EST UN	DEMON D'ACTION, OU DEMON DE COMBAT. OR, SA	49	037
PERSUADER. CE PAUVRE SOCRATE N'AVAIT QU' UN	DEMON PROHIBITEUR; LE MIEN EST UN GRAND	49	036
ETAIT UN ADMIRABLE BOUFFON, ET PRESQUE UN	DES AMIS DU PRINCE. MAIS POUR LES PERSONNES	27	002
CE PRIX SUFFISAIT PEUT-ETRE POUR PAYER UN	DES BESOINS DU PETIT ETRE, MIEUX ENCORE,	13	096
ET NE MOUILLONS QUE NOTRE GOSIER'', A DIT UN	DES DEUX AUTRES. ''J'AI TOUT RETENU, COMME	31	116
DECREPIT, UNE RUINE D'HOMME, ADOSSE CONTRE UN	DES POTEAUX DE SA CAHUTE; UNE CAHUTE PLUS	14	047
ET DE PARLER AVEC LA MEME VOIX...'' L' UN	DES QUATRE ENFANTS, QUI DEPUIS QUELQUES	31	022
--COMMENT CELA A-T-IL FINI? DIT L' UN	DES TROIS AUTRES. JE NE VOUS SAVAIS PAS SI	42	051
SANS DOUTE CHEZ LUI, RELATIVEMENT A MOI, UN	DESIR ANALOGUE, CAR IL ME FIT, EN PASSANT,	29	005
QUI EST LOUCHE!'' MU SANS DOUTE PAR UN	DESIR INVETERE ET UNE HABITUDE D'ETAT DE	30	080
ET DE TOUS VOS MISERABLES PROGRES. JAMAIS UN	DESIR NE SERA FORME PAR VOUS, QUE JE NE	29	106
UNE SERENITE DESOLANTE DE CARACTERE; UN	DEVOUEMENT SANS COMEDIE ET SANS EMPHASE;	42	123
MIEUX VOIR UN ESCAMOTEUR EBLOUISSANT COMME UN	DIEU. ET PARTOUT CIRCULAIT, DOMINANT TOUS	14	041
DE LA MIENNE; OU BIEN LE SAUTE-RUISSEAU D' UN	DIRECTEUR DE JOURNAL QUI RECLAME LA SUITE	05	049
COSTUME DE VENUSTRE; AVOIR FAIT MA COUR A UN	DIRECTEUR DE THEATRE, QUI M'A DIT EN ME	10	024
DU PUBLIC ET LES INJUSTICES D' UN	DIRECTEUR QUI SE FAIT LA GROSSE PART ET	50	099
JOUER SANS DOUTE, CAUSAIENT ENTRE EUX. L' UN	DISAIT: ''HIER ON M'A MENE AU THEATRE. DANS	31	006
LANGUEURS DES LONGUES HEURES PASSEES SUR UN	DIVAN, DANS LA CHAMBRE D'UN BEAU NAVIRE,	17	022
JE VEUX DONNER L'IDEE D' UN	DIVERTISSEMENT INNOCENT. IL Y A SI PEU	19	001
MANGEZ QUE DE LA VIANDE CUITE, ET POUR QUI UN	DOMESTIQUE HABILE PREND SOIN DE DECOUPER	11	055
QUELQUEFOIS HARGNEUX ET INSOLENT COMME UN	DOMESTIQUE! FI SURTOUT DE CES SERPENTS A	50	026
DANS UN BAIN DE TENEBRES! D'ABORD, UN	DOUBLE TOUR A LA SERRURE. IL ME SEMBLE QUE	10	007
DESIRS ET MON ORGUEIL! L'ETUDE DU BEAU EST UN	DUEL OU L'ARTISTE CRIE DE FRAYEUR AVANT	03	027
J'APERCUS UN ETRE DONT LA NOBLESSE FAISAIT UN	ECLATANT CONTRASTE AVEC TOUTE LA TRIVIALITE	13	076
DE LES ACCEPTER, SANS QUE VOUS AYEZ FAIT UN	EFFORT POUR LES GAGNER; VOUS CHANGEREZ DE	29	112
LES DONS N'ETAIENT PAS LA RECOMPENSE D' UN	EFFORT, MAIS TOUT AU CONTRAIRE UNE GRACE	20	016
EN REVE, TROIS DOMICILES OU J'AI TROUVE UN	EGAL PLAISIR. POURQUOI CONTRAINDRE MON	24	049
C'EST-A-DIRE DANS UN FUMOIR ATTENANT A UN	ELEGANT TRIPOT, QUATRE HOMMES FUMAIENT ET	42	002
PAS DE BON FESTIN SANS SQUELETTE, OU SANS UN	EMBLEME QUELCONQUE DE LA BRIEVETE DE LA	45	007
SELON LE SENS MORAL ET POETIQUE, C'EST UN	EMBLEME SACERDOTAL DANS LA MAIN DES PRETRES	32	002
CHATEAU FRAPPE PAR LE SOLEIL, SE TENAIT UN	ENFANT BEAU ET FRAIS, HABILLE DE CES	19	018
RAISON. LA GRANDE VEUVE TENAIT PAR LA MAIN UN	ENFANT COMME ELLE VETU DE NOIR; SI MODIQUE	13	094
ENCORE LES BATIMENTS, J'OBSERVAIS SOUVENT UN	ENFANT DONT LA PHYSIONOMIE ARDENT ET	30	024
JAILLI CETTE DESAPPROBATION INATTENDUE, UN	ENFANT SE PRECIPITAIT DANS UN CORRIDOR,	27	131
S'IL ETAIT SUR DE PLAIRE, TURBULENT COMME UN	ENFANT, SOT COMME UNE LORETTE, QUELQUEFOIS	50	025
MONTRANT IMPUDEMMENT SES DENTS GATEES, D' UN	ENORME RIRE IMBECILE, COMME CERTAINS HOMMES	21	072

POEM LINE

POEM	LINE		
14	041	LES EPAULES DE LEURS PERES POUR MIEUX VOIR	UN ESCAMOTEUR EBLOUISSANT COMME UN DIEU. ET
26	008	NOS PENSEES NOUS SERAIENT COMMUNES A L'	UN ET A L'AUTRE, ET QUE NOS DEUX AMES
49	011	PAS SURPRENANT QUE JE FUSSE ALORS DANS	UN ETAT D'ESPRIT AVOISINANT LE VERTIGE OU LA
27	086	VISIBLE POUR MOI, ET OU SE MELAIENT, DANS	UN ETRANGE AMALGAME, LES RAYONS DE L'ART ET LA
07	015	CETTE JOUISSANCE UNIVERSELLE. J'AI APERCU	UN ETRE AFFLIGE. AUX PIEDS D'UNE COLOSSALE
13	076	VETU DE BLOUSES ET D'INDIENNE, J'APERCUS	UN ETRE DONT LA NOBLESSE FAISAIT UN ECLATANT
29	002	DU BOULEVARD, JE ME SUIS SENTI FROLE PAR	UN ETRE MYSTERIEUX QUE J'AVAIS TOUJOURS DESIRE
28	028	EXCUSABLE QUE PAR LE DESIR DE CREER	UN EVENEMENT DANS LA VIE DE CE PAUVRE DIABLE,
08	002	CHER TOUTOU, APPROCHEZ ET VENEZ RESPIRER	UN EXCELLENT PARFUM ACHETE CHEZ LE MEILLEUR
22	024	VU JETER A LA TERRE D'UN MAITRE D'HOTEL	UN EXCELLENT POULET, DANS LEQUEL IL CROYAIT
29	011	SUPERIEURES DE PARIS NE POURRAIT FOURNIR	UN EXEMPLE APPROCHANT. IL ME PARUT SINGULIER
47	065	SI PEU DE COEUR? --VOICI MAINTENANT W.,	UN FAMEUX MEDECIN ANGLAIS; JE L'AI ATTRAPE A
06	007	FARINE OU DE CHARBON, OU LE FOURNIMENT D'	UN FANTASSIN ROMAIN. MAIS LA MONSTRUEUSE BETE
34	015	PORTE? QUAND POURRONS-NOUS DIGERER DANS	UN FAUTEUIL IMMOBILE? IL ME SERAIT QUI
48	041	LEURS GERBES ROSES, COMME DES REFLETS D'	UN FEU D'ARTIFICE DE L'ENFER!'' ENFIN, MON AME
27	118	PLUS EN PLUS, ET SES YEUX S'ECLAIRAIENT D'	UN FEU INTERIEUR SEMBLABLE A CELUI DE LA
39	026	DE L'HIVER ALLUMENT DANS SON COEUR	UN FEU NOUVEAU, ET LA SERVILITE DE SA
15	029	GROS MORCEAU DE PAIN, UNE TASSE DE CUIR ET	UN FLACON D'UN CERTAIN ELIXIR QUE LES
16	008	APRES, IL REPARUT, TENANT DANS SES BRAS	UN FORT GROS CHAT, ET LE REGARDANT, COMME ON
33	008	MARCHES D'UN PALAIS, SUR L'HERBE VERTE D'	UN FOSSE, DANS LA SOLITUDE MORNE DE VOTRE
04	007	VIVEMENT, HARCELE PAR UN MALOTRU ARME D'	UN FOUET, COMME L'ANE ALLAIT TOURNER L'ANGLE
42	100	ET CEPENDANT ELLE M'A QUITTE... --POUR	UN FOURNISSEUR AUX VIVRES, SANS DOUTE?
31	132	L'IDEE BIZARRE QUE JE POUVAIS AVOIR	UN FRERE A MOI-MEME INCONNU. LE SOLEIL S'ETAIT
42	001	DANS UN BOUDOIR D'HOMME, C'EST-A-DIRE DANS	UN FUMOIR ATTENANT A UN ELEGANT TRIPOT, QUATRE
23	001		UN GAZETIER PHILANTHROPE ME DIT QUE LA
15	016	D'UN NUAGE, COMME LE REFLET DU MANTEAU D'	UN GEANT AERIEN VOLANT A TRAVERS LE CIEL. ET
42	130	SORTE QUE JE NE POUVAIS PAS ME PERMETTRE	UN GESTE OU UN SENTIMENT DERAISONNABLE SANS
42	049	BEGUEULE. SI PARFOIS JE LA BOUSCULAIS PAR	UN GESTE UN PEU TROP AMOUREUX, ELLE SE
27	139	SUR LES PLANCHES. LE SIFFLET, RAPIDE COMME	UN GLAIVE, AVAIT-IL REELLEMENT FRUSTRE LE
30	042	PRECOCE, ET QU'IL MANIFESTA BIENTOT	UN GOUT IMMODERE POUR LE SUCRE ET LES
49	036	QU'IL DEMON PROHIBITEUR; LE MIEN EST	UN GRAND AFFIRMATEUR, LE MIEN EST UN DEMON
22	001	LE JOUR TOMBE.	UN GRAND APAISEMENT SE FAIT DANS LES PAUVRES
06	001	SOUS	UN GRAND CIEL GRIS, DANS UNE GRANDE PLAINE
24	042	DU HASARD, SI FECONDE EN VOLUPTES,	UN GRAND FEU, DES FAIENCES VOYANTES, UN SOUPER
22	006	A TRAVERS LES NUES TRANSPARENTES DU SOIR,	UN GRAND HURLEMENT, COMPOSE D'UNE FOULE DE
15	018	SENSATION SOLENNELLE ET RARE, CAUSEE PAR	UN GRAND MOUVEMENT PARFAITEMENT SILENCIEUX, ME
24	001	IL SE DISAIT, EN SE PROMENANT DANS	UN GRAND PARC SOLITAIRE: ''COMME ELLE SERAIT
14	075	QU'IL DEVINERAIT MON INTENTION, QUAND	UN GRAND REFLUX DU PEUPLE, CAUSE PAR JE NE
27	038	ET L'ORIGINE DE CE BRUIT FUT L'ANNONCE D'	UN GRAND SPECTACLE OU FANCIOULLE DEVAIT JOUER
42	113	MALHEUREUSEMENT ILLUMINEE PAR DES YEUX D'	UN GRIS CLAIR, DE CES YEUX DONT LE REGARD DIT:
15	028	SI LONGUE ASCENSION. JE TIRAI DE MA POCHE	UN GROS MORCEAU DE PAIN, UNE TASSE DE CUIR ET
17	000		UN HEMISPHERE DANS UNE CHEVELURE
46	024	UN HEUREUX, QUELLE JOUISSANCE! ET SURTOUT	UN HEUREUX QUI ME FERA RIRE! PENSEZ A X, OU A
46	023	ET S'EN COIFFERA IMPUDEMMENT. FAIRE	UN HEUREUX, QUELLE JOUISSANCE! ET SURTOUT UN
27	025	CERTAINEMENT ATTIRE, DE LA PART D'	UN HISTORIEN SEVERE, L'EPITHETE DE
27	006	S'EMPARENT DESPOTIQUEMENT DU CERVEAU D'	UN HISTRION, UN JOUR FANCIOULLE ENTRA DANS UNE
17	003	CHEVEUX, Y COMPRIS TOUT MON VISAGE, COMME	UN HOMME ALTERE DANS L'EAU D'UNE SOURCE, ET
27	043	DU PRINCE OFFENSE. DE LA PART D'	UN HOMME AUSSI NATURELLEMENT ET VOLONTAIREMENT
27	050	DE LA VALEUR DES TALENTS SCENIQUES D'	UN HOMME CONDAMNE A MORT. IL VOULAIT PROFITER
42	111	CELA FUT DIT D'UN TON FORT SERIEUX, PAR	UN HOMME D'ASPECT DOUX ET POSE, D'UNE
28	044	PAS DE PLAISIR PLUS DOUX QUE DE SURPRENDRE	UN HOMME EN LUI DONNANT PLUS QU'IL N'ESPERE.''
40	001		UN HOMME EPOUVANTABLE ENTRE ET SE REGARDE DANS
18	051	MONDE Y AFFLUENT, COMME DANS LA MAISON D'	UN HOMME LABORIEUX ET QUI A BIEN MERITE DU
47	033	DANS LES OPERATIONS GRAVES. EN VOILA	UN HOMME QUI AIME COUPER, TAILLER ET ROGNER!
47	103	ELLE DIT CELA D'UN AIR FORT CANDIDE, COMME	UN HOMME SENSIBLE DIRAIT A UNE COMEDIENNE
21	056	CETTE BEAUTE DELICATE ET PARFUMEE. C'ETAIT	UN HOMME VASTE, A GROS VISAGE SANS YEUX, DONT
42	037	TOUJOURS FAIRE L'HOMME. ''VOUS N'ETES PAS	UN HOMME! AH! SI J'ETAIS ''UN HOMME! DE NOUS
42	038	N'ETES PAS UN HOMME! AH! SI J'ETAIS ''	UN HOMME! DE NOUS DEUX, C'EST MOI QUI SUIS
48	001	CETTE VIE VIE	UN HOPITAL OU CHAQUE MALADE EST POSSEDE DU
05	046	ET PUIS UN SPECTRE EST ENTRE. C'EST	UN HUISSIER QUI VIENT ME TORTURER AU NOM DE LA
45	016	ENGRAISSEES PAR LA DESTRUCTION.	UN IMMENSE BRUISSEMENT DE VIE REMPLISSAIT
50	047	DISAIT AUTREFOIS NESTOR ROQUEPLAN DANS	UN IMMORTEL FEUILLETON QU'IL A SANS DOUTE
31	127	ME DONNA A PENSER QUE CE PETIT ETAIT DEJA	UN INCOMPRIS. JE LE REGARDAIS ATTENTIVEMENT;
11	033	LA PROIE, DONT LES BOYAUX DEVIDES RESTENT	UN INSTANT ACCROCHES AUX DENTS DE LA BETE
31	131	EXCITAIT LA MIENNE, AU POINT QUE J'EUS	UN INSTANT L'IDEE BIZARRE QUE JE POUVAIS AVOIR
12	031	DE CE MONDE, NE FUT-CE QUE POUR HUMILIER	UN INSTANT LEUR SOT ORGUEIL, QU'IL EST DES
27	052	POUR FAIRE UNE EXPERIENCE PHYSIOLOGIQUE D'	UN INTERET CAPITAL, ET VERIFIER JUSQU'A QUEL
13	046	BRULES PAR LES LARMES, DES NOUVELLES D'	UN INTERET PUISSANT ET PERSONNEL. ENFIN, DANS
42	126	L'HISTOIRE DE MON AMOUR RESSEMBLE A	UN INTERMINABLE VOYAGE SUR UNE SURFACE PURE ET
06	018	PART, PUISQU'ILS ETAIENT POUSSES PAR	UN INVINCIBLE BESOIN DE MARCHER. CHOSE
13	050	LES SOUVENIRS, ELLE S'ASSIT A L'ECART DANS	UN JARDIN, POUR ENTENDRE, LOIN DE LA FOULE, UN
19	017	BOUT DUQUEL APPARAISSAIT LA BLANCHEUR D'	UN JOLI CHATEAU FRAPPE PAR LE SOLEIL, SE
13	098	PETIT ETRE, MIEUX ENCORE, UNE SUPERFLUITE,	UN JOUET. ET ELLE SERA RENTREE A PIED,
19	025	A COTE DE LUI, GISAIT SUR L'HERBE	UN JOUJOU SPLENDIDE, AUSSI FRAIS QUE SON
20	026	ETAIENT AUSSI AHURIES QUE DES MINISTRES	UN JOUR D'AUDIENCE, OU DES EMPLOYES DU
14	009	PAREIL AUX ENFANTS. POUR LES PETITS C'EST	UN JOUR DE CONGE; C'EST L'HORREUR DE L'ECOLE
27	006	DESPOTIQUEMENT DU CERVEAU D'UN HISTRION,	UN JOUR FANCIOULLE ENTRA DANS UNE CONSPIRATION
42	053	REPRIT-IL, MIT LE REMEDE DANS LE MAL.	UN JOUR JE TROUVAI CETTE MINERVE, AFFAMEE DE
30	043	POUR LE SUCRE ET LES LIQUEURS; SI BIEN QU'	UN JOUR OU JE CONSTATAI QUE, MALGRE MES
38	008	ET C'EST MOI-MEME QUI L'AI ENTERREE,	UN JOUR QUE LE PRINTEMPS AGITAIT SON ENCENSOIR
30	032	CE GAMIN UN PLAISIR SI VIF, QUE JE PRIAI	UN JOUR SES PARENTS, DE PAUVRES GENS, DE
16	002	VOIENT L'HEURE DANS L'OEIL DES CHATS.	UN JOUR UN MISSIONNAIRE, SE PROMENANT DANS LA
11	032	IL NE FAUT PAS MANGER TOUT SON BIEN EN	UN JOUR'', ET, SUR CETTE SAGE PAROLE, IL LUI
13	071	ATTRAPANT GRATIS, AU GRE DU VENT,	UN LAMBEAU DE MUSIQUE, ET REGARDANT
48	010	CHAUD, ET TU T'Y RAGAILLARDIRAIS COMME	UN LEZARD. CETTE VILLE EST AU BORD DE L'EAU;
31	052	DE N'ETRE PAS COUCHE SEUL ET D'ETRE DANS	UN LIT AVEC SA BONNE, DANS LES TENEBRES, COMME
24	043	UN SOUPER PASSABLE, UN VIN RUDE, ET	UN LIT TRES- LARGE AVEC DES DRAPS UN PEU
50	082	DANS LA CHAMBRE DU SALTIMBANQUE ABSENT.	UN LIT, EN BOIS PEINT, SANS RIDEAUX, DES
42	041	S'ENVOLER QUE DES CHANSONS. A PROPOS D'	UN LIVRE, D'UN POEME, D'UN OPERA POUR LEQUEL
30	105	CLOU ETAIT RESTE FICHE DANS LA PAROI, AVEC	UN LONG BOUT DE CORDE QUI TRAINAIT ENCORE. JE
21	069	SUR SON IMMENSE VENTRE, D'OU SORTAIT ALORS	UN LONG ET RETENTISSANT CLIQUETIS DE METAL,

Left context	Keyword context	POEM	LINE
DE CES SOLENNITES SUR LESQUELLES, PENDANT	UN LONG TEMPS, COMPTENT LES SALTIMBANQUES, LES	14	003
DANS LA SEPULTURE RECENTE, ET QUE, COMME	UN LOUP PRIS AU PIEGE, JE RESTE ATTACHE, POUR	38	024
MEME ATTELES A UN CARROSSE DE LOUAGE OU A	UN LOURD CHARIOT. ET PUIS ELLE EST SI DOUCE ET	39	023
SOUTERRAINE, EBLOUISSANTE, OU ECLATAIT	UN LUXE DONT AUCUNE DES HABITATIONS	29	009
VU PLUSIEURS HOMMES DE LETTRES, DONT L'	UN M'A DEMANDE SI L'ON POUVAIT ALLER EN RUSSIE	10	012
N'EST-CE PAS, MADAME, QUE VOICI	UN MADRIGAL VRAIMENT MERITOIRE, ET AUSSI	16	030
REMUAIT LA MATIERE, ET SI L'OEIL D'	UN MAGNETISEUR FAISAIT MURIR LES RAISINS. EN	49	024
HONNETE DE CHANTER LES PAUVRES CHIENS. TEL	UN MAGNIFIQUE TYRAN ITALIEN, DU BON TEMPS,	50	125
VENU. JE L'AI VU JETER A LA TERRE D'	UN MAITRE D'HOTEL UN EXCELLENT POULET, DANS	22	024
INTENSES. L'ENERGIE DANS LA VOLUPTE CREE	UN MALAISE ET UNE SOUFFRANCE POSITIVE. MES	03	018
LE CREPUSCULE RENDAIT TOUT MALADES. L'	UN MALAISE PERPETUEL, ET FUT-IL GRATIFIE DE	22	036
UN ANE TROTTAIT VIVEMENT, HARCELE PAR	UN MALOTRU ARME D'UN FOUET. COMME L'ANE ALLAIT	04	007
UNE DAGUE ENRICHIE DE PIERRERIES, SOIT	UN MANTEAU DE COUR, EN ECHANGE D'UN PRECIEUX	50	127
CRIE A TUE-TETE, UN BATON A LA MAIN, EST	UN MARI. IL A ENCHAINE SA FEMME LEGITIME COMME	11	025
BOUCHE ET LA SIENNE JE TROUVAI DESORMAIS	UN MASQUE DE VERRE, AVEC TOUT CELA, FORT	42	047
NOTRE INSU, LEURS PLUS ABSURDES VOLONTES.	UN MATIN JE M'ETAIS LEVE MAUSSADE, TRISTE,	09	050
''EH! QUOI! VOUS ICI, MON CHER? VOUS, DANS	UN MAUVAIS LIEU! VOUS, LE BUVEUR DE	46	001
QUE LE CREPUSCULE RENDAIT TOUT MALADES. L'	UN MECONNAISSAIT ALORS TOUS LES RAPPORTS	22	022
BRAS, ET EN ECLATANT DE RIRE, --VOUS ETES	UN MEDECIN FARCEUR, J'EN AI CONNU PLUSIEURS	47	013
MELER DES AFFAIRES D'UN PENDU. ENFIN VINT	UN MEDECIN QUI DECLARA QUE L'ENFANT ETAIT MORT	30	072
BEUGLAIENT, HURLAIENT. C'ETAIT	UN MELANGE DE CRIS, DE DETONATIONS DE CUIVRE	14	022
COMME J'ALLAIS ENTRER DANS UN CABARET,	UN MENDIANT ME TENDIT SON CHAPEAU, AVEC UN DE	49	021
ENGENDRER UNE PIECE FAUSSE DANS LA MAIN D'	UN MENDIANT. NE POUVAIT-ELLE PAS SE MULTIPLIER	28	031
DONC RESTE-T-ELLE VOLONTAIREMENT DANS	UN MILIEU OU ELLE FAIT UNE TACHE SI	13	091
GIGANTESQUE TROMPETTE, ENRUBANNEE, COMME	UN MIRLITON, DES TITRES DE TOUS LES JOURNAUX	21	098
SI ELLE APERCEVAIT AU LOIN DANS L'ESPACE	UN MIROIR REFLETANT SA DEMARCHE ET SA BEAUTE.	25	031
VOYAGE SUR UNE SURFACE PURE ET POLIE COMME	UN MIROIR, VERTIGINEUSEMENT MONOTONE, QUI	42	127
L'HEURE DANS L'OEIL DES CHATS. UN JOUR	UN MISSIONNAIRE, SE PROMENANT DANS LA BANLIEUE	16	002
COMME DES OURS. HEUREUSEMENT, AVANT	UN MOIS NOUS SERONS EN AUTRICHE, OU NOUS	31	111
UN COFFRE, ET LE PARESSEUX, INTERNE COMME	UN MOLLUSQUE. IL ADOPTE COMME SIENNES TOUTES	12	022
AU MEME BUT, C'EST-A-DIRE A OBTENIR DE MOI	UN MORCEAU DE LA FUNESTE ET BEATIFIQUE CORDE.	30	128
MARIE A LA BEAUTE TROPICALE.'' PAS	UN MOT. --MON AME SERAIT-ELLE MORTE? ''EN	48	028
SOURCE, ET LES AGITER AVEC MA MAIN COMME	UN MOUCHOIR ODORANT, POUR SECOUER DES	17	004
LES COTES A LA FOIS, MON AUREOLE, DANS	UN MOUVEMENT BRUSQUE, A GLISSE DE MA TETE DANS	46	009
LUI SECOUER VIGOUREUSEMENT LA TETE CONTRE	UN MUR. JE DOIS AVOUER QUE J'AVAIS	49	050
LES HEURES PAR L'INFINI DES SENSATIONS.	UN MUSICIEN A ECRIT L'INVITATION A LA VALSE;	18	024
PLEINE DE PROMESSES, QUI NOUS ENVOYAIT	UN MYSTERIEUX PARFUM DE ROSE ET DE MUSC, ET	34	048
DE SENTEURS ET DE COULEURS, EXECUTENT	UN MYSTIQUE FANDANGO AUTOUR DU BATON	32	016
AVERTISSEMENTS, IL AVAIT ENCORE COMMIS	UN NOUVEAU LARCIN DE CE GENRE, JE LE MENACAI	30	044
PROFONDEUR, PASSAIT QUELQUEFOIS L'OMBRE D'	UN NUAGE, COMME LE REFLET DU MANTEAU D'UN	15	015
QUE CELUI-CI EXAMINAIT AVIDEMENT COMME	UN OBJET RARE ET INCONNU. OR, CE JOUJOU, QUE	19	039
A CEUX DE SA COUR. CEPENDANT, POUR	UN OEIL CLAIRVOYANT, SON IVRESSE, A LUI,	27	108
EST FAIBLE, RUINE, CONTRISTE, ORPHELIN.	UN OEIL EXPERIMENTE NE S'Y TROMPE JAMAIS. DANS	13	017
ASSOCIES, ET LE POETE QUI LES REGARDE D'	UN OEIL FRATERNEL. FI DU CHIEN BELLATRE, DE CE	50	020
FULIGINEUSE, UN DE CES MARMOTS-PARIAS DONT	UN OEIL IMPARTIAL POURVRAIT LA BEAUTE, SI,	19	032
ELLE REGARDAIT LE MONDE LUMINEUX AVEC	UN OEIL PROFOND, ET ELLE ECOUTAIT EN HOCHANT	13	086
D'UN SEUL COUP DE POING, JE LUI BOUCHAI	UN OEIL, QUI DEVINT; EN UNE SECONDE, GROS	49	043
A PROPOS D'UN LIVRE, D'UN POEME, D'	UN OPERA POUR LEQUEL JE LAISSAIS ECHAPPER MON	42	041
GRONDENT ENCORE LES DERNIERS SOUPIRS D'	UN ORAGE, ET QUI RECULENT LOIN DU REGARD	13	006
UN DAMNE, SECOUANT LES BARREAUX COMME	UN ORANG-OUTANG EXASPERE PAR L'EXIL, IMITANT,	11	017
CHEVAUX? EN VOICI DEUX QUI APPARTIENNENT A	UN ORDRE ENCORE PLUS CIVILISE! PERMETTEZ-MOI	50	080
DEUX CHAISES DE PAILLE, UN POELE DE FONTE,	UN OU DEUX INSTRUMENTS DE MUSIQUE DETRAQUES.	50	084
QUI RENDIT LE BRUIT ECLATANT D'	UN PALAIS DE CRISTAL CREVE PAR LA FOUDRE. ET,	09	087
IL SE DIT: ''NON! CE N'EST PAS DANS	UN PALAIS QUE JE VOUDRAIS POSSEDER SA CHERE	24	010
D'UN BEAU SOIR, LES DEGRES DE MARBRE D'	UN PALAIS, EN FACE DES GRANDES PELOUSES ET DES	24	004
ET SI QUELQUEFOIS, SUR LES MARCHES D'	UN PALAIS, SUR L'HERBE VERTE D'UN FOSSE, DANS	33	007
VEUX PAS D'UNE RICHESSE ATTRISTEE, COMME	UN PAPIER DE TENTURE, DE TOUS LES MALHEURS	21	081
MISERABLE CHIEN, SI JE VOUS AVAIS OFFERT	UN PAQUET D'EXCREMENTS, VOUS L'AURIEZ FLAIRE	08	010
YEUX FIXES. MAIS LE LENDEMAIN JE RECUS	UN PAQUET DE LETTRES: LES UNES, DES LOCATAIRES	30	121
N'EST-CE PAS?'' ET COMME JE TOUCHAIS A	UN PAQUET FICELE, POSE AUSSI SUR LE GUERIDON;	47	067
VOIR LA TOMBE, PERDU, COMME IL EST, DANS	UN PARADIS EXCLUANT TOUTE IDEE DE TOMBE ET DE	27	097
DE COURAGE, TANT DE PATIENCE ET DE LABEUR,	UN PARADIS SPECIAL POUR LES BONS CHIENS, LES	50	109
LA VIE QU'IL MENAIT CHEZ MOI LUI SEMBLAIT	UN PARADIS, COMPARATIVEMENT A CELLE QU'IL	30	038
ET LES NATTES FONT A SI PEU DE FRAIS	UN PARFAIT BOUDOIR; OU ELLE PREND TANT DE	25	039
MOTS BIZARRES: ''BUVEZ, CECI EST MON SANG,	UN PARFAIT CORDIAL; ' DANS LA GAUCHE, UN	21	028
ET DONNE UNE RECOMMANDATION ECRITE A	UN PARFAIT DROLE; OUF! EST-CE BIEN FINI?	10	034
DES ARISTOCRATIQUES BEAUTES DU PASSE.	UN PARFUM DE HAUTAINE VERTU EMANAIT DE TOUTE	13	081
TIROIRS ET DES PLIS DES ETOFFES S'ECHAPPE	UN PARFUM SINGULIER, UN REVENEZ-Y DE SUMATRA,	18	044
CE FRETIN HUMAIN, QUAND UN BRAVE HOMME,	UN PAUVRE PETIT COMMERCANT, JE CROIS, SE LEVA,	20	057
LA PIECE FAUSSE SERAIT PEUT-ETRE, POUR	UN PAUVRE PETIT SPECULATEUR, LE GERME D'UNE	28	037
EN MOI-MEME. NOUS FIMES LA RENCONTRE D'	UN PAUVRE QUI NOUS TENDIT SA CASQUETTE EN	28	010
LUI-MEME DE TOUTES CES SPLENDEURS, JE VIS	UN PAUVRE SALTIMBANQUE, VOUTE, CADUC,	14	046
A MOI-MEME EN PLEURANT. SI C'EUT ETE	UN PAUVRE VIEUX HOMME, J'AURAIS REFAIT LA	35	016
IL EST UN PAYS SUPERBE,	UN PAYS DE COCAGNE, DIT-ON; QUE JE REVE DE	18	001
ME REPETANT SANS CESSE: ''IL Y A DONC	UN PAYS SUPERBE OU LE PAIN S'APPELLE DU	15	074
IL EST	UN PAYS SUPERBE, UN PAYS DE COCAGNE, DIT-ON,	18	001
ARBRES. VOILA UN PAYSAGE SANS TON GOUT;	UN PAYSAGE FAIT AVEC LA LUMIERE ET LE MINERAL,	48	013
QU'IL ARRACHE TOUS LES ARBRES. VOILA	UN PAYSAGE SELON TON GOUT; UN PAYSAGE FAIT	48	013
DANS UN CARTON UNE ESTAMPE REPRESENTANT	UN PAYSAGE TROPICAL, IL SE DIT: ''NON! CE	24	009
NE SAIS POURQUOI, SE MELER DES AFFAIRES D'	UN PENDU. ENFIN VINT UN MEDECIN QUI DECLARA	30	072
CETTE ESPECE! CELLE-LA ROIDE, DROITE, SOUS	UN PETIT CHALE USE, PORTAIT DANS TOUT SON ETRE	13	037
VU, TOUT CE QUE LA CLASSE PRIVILEGIEE D'	UN PETIT ETAT, A RESSOURCES RESTREINTES, PEUT	27	060
FIT LEVER LES YEUX. DEVANT MOI SE TENAIT	UN PETIT ETRE DEGUENILLE, NOIR, EBOURIFFE,	15	034
PETIT GARCON ET PORTANT SUR L'AUTRE BRAS	UN PETIT ETRE TROP FAIBLE POUR MARCHER. IL	26	031
A LA BARBE GRISONNANTE, TENANT D'UNE MAIN	UN PETIT GARCON ET PORTANT SUR L'AUTRE BRAS UN	26	030
QU'IL AVAIT OUBLIE SA MONTRE, ET DEMANDA A	UN PETIT GARCON QUELLE HEURE IL ETAIT. LE	16	004
CES HOMMES-LA! --J'AI DECOUVERT A LA PITIE	UN PETIT INTERNE, QUI EST JOLI COMME UN ANGE,	47	088
L'OREILLE AVEC LES DENTS, ET EN CRACHA	UN PETIT MORCEAU SANGLANT AVEC UN SUPERBE	15	053
MOMENT, JE VIS SON ALTESSE SE PENCHER VERS	UN PETIT PAGE, PLACE DERRIERE ELLE, ET LUI	27	122
SON PETIT MARTEAU SUR LES CORDES D'	UN PETIT PIANO SUSPENDU A SON COU PAR UNE	31	095
M'APPROCHAI DU BALCON ET JE ME SAISIS D'	UN PETIT POT DE FLEURS, ET QUAND L'HOMME	09	081

POEM LINE

POEM	LINE		
24	044	RUDE, ET UN LIT TRES- LARGE AVEC DES DRAPS	UN PEU APRES, MAIS FRAIS; QUOI DE MIEUX?'' ET
10	037	BIEN ME RACHETER ET M'ENORGUEILLIR	UN PEU DANS LE SILENCE ET LA SOLITUDE DE LA
21	092	DES CONTRALTI LES PLUS DELICIEUX ET AUSSI	UN PEU DE L'ENROUEMENT DES GOSIERS
20	033	SI, DANS LA JUSTICE SURNATURELLE, IL Y A	UN PEU DE PRECIPITATION ET DE HASARD, NE NOUS
47	101	AVEC SA TROUSSE ET SON TABLIER, MEME AVEC	UN PEU DE SANG DESSUS!'' ELLE DIT CELA D'UN
50	097	ET SOLIDE? ET NE PARDONNEREZ-VOUS PAS	UN PEU DE SENSUALITE A CES PAUVRES DIABLES QUI
27	137	CONVULSIVEMENT, CHANCELA UN PEU EN AVANT,	UN PEU EN ARRIERE, ET PUIS TOMBA ROIDE MORT
27	136	POUR RESPIRER CONVULSIVEMENT, CHANCELA	UN PEU EN AVANT, UN PEU EN ARRIERE, ET PUIS
26	013	IL N'A ETE REALISE PAR AUCUN. LE SOIR,	UN PEU FATIGUEE, VOUS VOULUTES VOUS ASSEOIR
26	049	CETTE FAMILLE D'YEUX, MAIS JE ME SENTAIS	UN PEU HONTEUX DE NOS VERRES ET DE NOS
09	058	MEDECINS, SATANIQUE SELON CEUX QUI PENSENT	UN PEU MIEUX QUE LES MEDECINS, QUI NOUS POUSSE
29	044	JE N'EPROUVAI, QUANT A CETTE PERTE; AUSSI	UN PEU MOINS D'EMOTION QUE SI J'AVAIS EGARE,
50	070	UNE HEURE, AUTOUR D'UNE BELLE CHIENNE,	UN PEU NEGLIGEE DANS SA TOILETTE, MAIS FIERE
31	044	QUI NE VOUS EST JAMAIS ARRIVE, ET QUI EST	UN PEU PLUS INTERESSANT QUE VOTRE THEATRE ET
42	049	SI PARFOIS JE LA BOUSCULAIS PAR UN GESTE	UN PEU TROP AMOUREUX, ELLE SE CONVULSAIT COMME
47	068	POSE AUSSI SUR LE GUERIDON: ''ATTENDS	UN PEU, --DIT-ELLE; CA, C'EST LES INTERNES, ET
31	112	SERONS EN AUTRICHE, OU NOUS TROUVERONS	UN PEUPLE PLUS AIMABLE.'' ''NOUS FERIONS
30	009	DEVANT LE FAIT REEL. S'IL EXISTE	UN PHENOMENE EVIDENT, TRIVIAL, TOUJOURS
42	089	VECU QUELQUE TEMPS EN TETE-A-TETE AVEC	UN PHENOMENE VIVANT. ELLE MANGEAIT, MACHAIT,
13	041	CARACTERE MASCULIN DE SES MOEURS AJOUTAIT	UN PIQUANT MYSTERIEUX A LEUR AUSTERITE. JE NE
04	000		UN PLAISANT
30	031	PRIS ENFIN A TOUTE LA DROLERIE DE CE GAMIN	UN PLAISIR SI VIF, QUE JE PRIAI UN JOUR SES
50	084	DE PUNAISES, DEUX CHAISES DE PAILLE,	UN POELE DE FONTE, UN OU DEUX INSTRUMENTS DE
42	041	QUE DES CHANSONS. A PROPOS D'UN LIVRE, D'	UN POEME, D'UN OPERA POUR LEQUEL JE LAISSAIS
06	008	MAIS LA MONSTRUEUSE BETE N'ETAIT PAS	UN POIDS INERTE; AU CONTRAIRE, ELLE
31	012	ET ILS APPUIENT SOUVENT LEUR MAIN SUR	UN POIGNARD ENFONCE DANS LEUR CEINTURE. AH!
27	056	PLUS OU MOINS ARRETEE DE CLEMENCE? C'EST	UN POINT QUI N'A JAMAIS PU ETRE ECLAIRCI.
37	015	COMME UNE ATMOSPHERE PHOSPHORIQUE, COMME	UN POISON LUMINEUX; ET TOUTE CETTE LUMIERE
41	001		UN PORT EST UN SEJOUR CHARMANT POUR UNE AME
17	016	DANS L'OCEAN DE TA CHEVELURE, J'ENTREVOIS	UN PORT FOURMILLANT DE CHANTS MELANCOLIQUES,
50	112	BIEN QU'IL Y EN A UN POUR LES TURCS ET	UN POUR LES HOLLANDAIS! LES BERGERS DE VIRGILE
50	111	SWEDENBORG AFFIRME BIEN QU'IL Y EN A	UN POUR LES TURCS ET UN POUR LES HOLLANDAIS!
50	127	SOIT UN MANTEAU DE COUR, EN ECHANGE D'	UN PRECIEUX SONNET OU D'UN CURIEUX POEME
29	073	C'ETAIT LE JOUR OU ELLE AVAIT ENTENDU	UN PREDICATEUR, PLUS SUBTIL QUE SES CONFRERES,
34	033	INCONCEVABLEMENT TRISTE, SEMBLABLE A	UN PRETRE A QUI ON ARRACHERAIT SA DIVINITE. JE
42	033	MAITRESSE. ''C'ETAIT LA BATARDE D'	UN PRINCE. BELLE, CELA VA SANS DIRE; SANS
41	004	LA MER; LE SCINTILLEMENT DES PHARES, SONT	UN PRISME MERVEILLEUSEMENT PROPRE A AMUSER LES
25	043	PAS DE LA, FAIT A SES REVERIES INDECISES	UN PUISSANT ET MONOTONE ACCOMPAGNEMENT, ET QUE
24	020	INDEFINISSABLE..... DANS LA CASE	UN PUISSANT PARFUM DE ROSE ET DE MUSC.....
32	005	MAIS PHYSIQUEMENT CE N'EST QU'UN BATON,	UN PUR BATON, PERCHE A HOUBLON, TUTEUR DE
25	044	ET DE LA MARMITE DE FER, OU CUIT	UN RAGOUT DE CRABES AU RIZ ET AU SAFRAN, LUI
19	041	SECOUAIT DANS UNE BOITE GRILLEE, C'ETAIT	UN RAT VIVANT! LES PARENTS, PAR ECONOMIE SANS
49	064	SI SINGULIEREMENT DETRAQUEE, ET, AVEC	UN REGARD DE HAINE QUI ME PARUT DE BON AUGURE,
42	163	COMPAGNONS REGARDERENT CELUI-CI AVEC	UN REGARD VAGUE ET LEGEREMENT HEBETE, COMME
13	060	JE NE PUIS JAMAIS M'EMPECHER DE JETER	UN REGARD; SINON UNIVERSELLEMENT SYMPATHIQUE,
25	047	SES PARFUMS EXCITANTS? PEUT-ETRE A-T-ELLE	UN RENDEZ-VOUS AVEC QUELQUE JEUNE OFFICIER
14	012	LES PUISSANCES MALFAISANTES DE LA VIE,	UN REPIT DANS LA CONTENTION ET LA LUTTE
42	085	AUTANT QUE MOI. QUAND NOUS ENTRIONS DANS	UN RESTAURANT, AU BOUT DE QUELQUES MINUTES,
29	125	ME COUCHANT, FAISANT ENCORE MA PRIERE PAR	UN RESTE D'HABITUDE IMBECILE, JE REPETAIS DANS
05	006	CREPUSCULAIRE, DE BLEUATRE ET DE ROSATRE;	UN REVE DE VOLUPTE PENDANT UNE ECLIPSE. LES
26	010	DESORMAIS N'EN FERAIENT PLUS QU'UNE; --	UN REVE QUI N'A RIEN D'ORIGINAL, APRES TOUT,
17	010	LA MUSIQUE. TES CHEVEUX CONTIENNENT TOUT	UN REVE, PLEIN DE VOILURES ET DE MATURES; IL
18	044	DES ETOFFES S'ECHAPPE UN PARFUM SINGULIER,	UN REVENEZ-Y DE SUMATRA, QUI EST COMME L'AME
34	021	PLUS D'ENTHOUSIASME QUE LES BETES. ENFIN	UN RIVAGE FUT SIGNALE; ET NOUS VIMES, EN
24	026	FLEURS CAPITEUSES, AVEC DE RARES SIEGES D'	UN ROCOCO PORTUGAIS, D'UN BOIS LOURD ET
11	066	VERS LE CIEL, COMME POUR LUI DEMANDER	UN ROI, ON DIRAIT VRAISEMBLABLEMENT UNE JEUNE
21	027	UNE AUTRE FIOLE DONT LE CONTENU ETAIT D'	UN ROUGE LUMINEUX, ET QUI PORTAIT POUR
22	053	DES CANDELABRES QUI FONT DES TACHES D'	UN ROUGE OPAQUE SUR LES DERNIERES GLOIRES DU
06	006	DOS UNE ENORME CHIMERE, AUSSI LOURDE QU'	UN SAC DE FARINE OU DE CHARBON; OU LE
22	023	ET DE POLITESSE, ET MALTRAITAIT, COMME	UN SAUVAGE, LE PREMIER VENU. JE L'AI VU JETER
41	001	UN PORT EST	UN SEJOUR CHARMANT POUR UNE AME FATIGUEE DES
42	130	JE NE POUVAIS PAS ME PERMETTRE UN GESTE OU	UN SENTIMENT DERAISONNABLE SANS APERCEVOIR
21	021	ETAIT ROULE, EN MANIERE DE CEINTURE,	UN SERPENT CHATOYANT QUI, LA TETE RELEVEE,
10	033	DE RESPECT HUMAIN; AVOIR REFUSE A UN AMI	UN SERVICE FACILE, ET DONNE UNE RECOMMANDATION
42	157	POUR BATTRE, OUTRAGER OU CONGEDIER	UN SERVITEUR IRREPROCHABLE. MAIS IL FALLAIT
49	042	JE SAUTAI SUR MON MENDIANT. D'	UN SEUL COUP DE POING, JE LUI BOUCHAI UN OEIL,
19	006	--TELLES QUE LE POLICHINELLE PLAT MU PAR	UN SEUL FIL, LES FORGERONS QUI BATTENT
05	066	CE MONDE ETROIT, MAIS SI PLEIN DE DEGOUT,	UN SEUL OBJET CONNU ME SOURIT: LA FIOLE DE
21	011	DIEUX. LE VISAGE DU PREMIER SATAN ETAIT D'	UN SEXE AMBIGU, ET IL Y AVAIT AUSSI, DANS LES
47	064	DES EMEUTES. COMMENT EST-CE POSSIBLE QU'	UN SI BEL HOMME AIT SI PEU DE COEUR? --VOICI
13	090	NE DOIT PAS ADMETTRE L'ECONOMIE SORDIDE;	UN SI NOBLE VISAGE M'EN REPOND. POURQUOI DONC
29	124	DANS MON SEIN; JE N'OSAIS PLUS CROIRE A	UN SI PRODIGIEUX BONHEUR; ET, EN ME COUCHANT,
45	012	SI HAUTE ET SI INVITANTE, ET OU REGNAIT	UN SI RICHE SOLEIL, EN EFFET, LA LUMIERE ET LA
19	007	CAVALIER ET SON CHEVAL DONT LA QUEUE EST	UN SIFFLET, --ET LE LONG DES CABARETS, AU PIED
22	013	COMME LES HIBOUX, LA VENUE DE LA NUIT POUR	UN SIGNAL DE SABBAT? CETTE SINISTRE ULULATION
29	093	AIT JAMAIS DONNE UNE SI LONGUE AUDIENCE A	UN SIMPLE MORTEL, ET JE CRAIGNAIS D'ABUSER.
31	051	PARLA D'UNE VOIX PLUS BASSE. --''CA FAIT	UN SINGULIER EFFET, ALLEZ, DE N'ETRE PAS
12	017	LE PROMENEUR SOLITAIRE ET PENSIF TIRE	UN SINGULIERE IVRESSE DE CETTE UNIVERSELLE
28	002	ELOIGNIONS DU BUREAU DE TABAC, MON AMI FIT	UN SOIGNEUX TRIAGE DE SA MONNAIE; DANS LA
42	149	L'ALTERNATIVE QUE M'IMPOSAIT LA DESTINEE!	UN SOIR, DANS UN BOIS... AU BORD D'UNE MARE...
06	026	VOS POCHES DE PETITES INVENTIONS A	UN SOL AUSSI DESOLE QUE CE CIEL, ILS
19	005	DANS UN BEAU JARDIN OU LES RAYONS D'	UN SOL, --TELLES QUE LE POLICHINELLE PLAT MU
31	001	DANS LES TENEBRES. JE LA COMPARERAIS A	UN SOLEIL AUTOMNAL SEMBLAIT S'ATTARDER A
36	012	BEAU ET LA PUISSANCE POETIQUE AU FILS D'	UN SOLEIL NOIR, SI L'ON POUVAIT CONCEVOIR UN
20	048	DISAIENT-ILS. ''CESSERONS-NOUS DE DORMIR	UN SOMBRE GUEUX, CARRIER DE SON ETAT, QUI NE
34	010	ET ME RELEVANT AVEC LA SATISFACTION D'	UN SOMMEIL SECOUE PAR LA LAME, TROUBLE PAR UN
49	072	UN GRAND FEU, DES FAIENCES VOYANTES,	UN SOPHISTE DU PORTIQUE, JE LUI DIS:
24	043	LES HORLOGES, ET CEPENDANT LEGERE COMME	UN SOUPER PASSABLE; UN VIN RUDE, ET UN LIT
16	021	ESPIEGLE DU JOLI ENFANT S'ILLUMINA D'	UN SOUPIR, RAPIDE COMME UN COUP D'OEIL. ET SI
27	124	UN COUP DE PIOCHE DANS L'ESTOMAC. ET PUIS	UN SOURIRE; ET PUIS IL QUITTA VIVEMENT LA LOGE
05	046		UN SPECTRE EST ENTRE. C'EST UN HUISSIER QUI

		POEM	LINE
EN CRACHA UN PETIT MORCEAU SANGLANT AVEC	UN SUPERBE JURON PATOIS. LE LEGITIME	15	053
IVRE SE VAUTRAIT TOUT DE SON LONG SUR	UN TAPIS DE FLEURS MAGNIFIQUES ENGRAISSEES PAR	45	015
LA PEAU ETAIT DOREE ET ILLUSTREE, COMME D'	UN TATOUAGE, D'UNE FOULE DE PETITES FIGURES	21	059
AU MIRACLE D'UNE SUPERBE FLEUR ECLOSE DANS	UN TERRAIN VOLCANIQUE. IL Y A DES FEMMES QUI	36	029
DE CE PRINCE FUT QU'IL N'EUT JAMAIS	UN THEATRE ASSEZ VASTE POUR SON GENIE. IL Y A	27	030
DANS UN CAFE OU PASSER DEVANT LE BUREAU D'	UN THEATRE, OU LES CONTROLEURS LUI PARAISSENT	09	037
QU'EST-CE QU'	UN THYRSE? SELON LE SENS MORAL ET POETIQUE,	32	001
PAR LA CREPITATION DES COUPS DE FEU D'	UN TIR VOISIN, QUI ECLATAIENT COMME	45	018
IL LA FIT ARRETER DANS LE VOISINAGE D'	UN TIR, DISANT QU'IL LUI SERAIT AGREABLE DE	43	002
SI LARGES. SA ROBE DE SOIE COLLANTE, D'	UN TON CLAIR ET ROSE, TRANCHE VIVEMENT SUR LES	25	011
N'EPROUVEZ DONC JAMAIS,-- ME DIT-IL, AVEC	UN TON DE NEZ TRES-APOSTOLIQUE, --LE BESOIN DE	23	028
DE VOS MAITRESSES!'' CELA FUT DIT D'	UN TON FORT SERIEUX, PAR UN HOMME D'ASPECT	42	111
UN AUTRE ALLUMERA UN CIGARE A COTE D'	UN TONNEAU DE POUDRE, POUR VOIR, POUR SAVOIR,	09	025
LES VOUTES DE L'EDIFICE AVEC L'ENERGIE D'	UN TONNERRE CONTINU. LE PRINCE LUI-MEME,	27	106
FAITE POUR INSPIRER AU SPECTATEUR	UN TOUT AUTRE SENTIMENT QUE LA PITIE? EN	11	061
PERSONNES, N'EST PAS LE RESULTAT D'	UN TRAVAIL OU D'UNE COMBINAISON, MAIS D'UNE	09	054
LES AUTRES SE MIRENT A RIRE, ET	UN TROISIEME DIT A SON TOUR: ''MESSIEURS, J'AI	42	078
COMME L'ANE ALLAIT TOURNER L'ANGLE D'	UN TROTTOIR, UN BEAU MONSIEUR GANTE, VERNI,	04	009
CLIQUETIS DE METAL, QUI SE TERMINAIT EN	UN VAGUE GEMISSEMENT FAIT DE NOMBREUSES VOIX	21	070
LES MUSIQUES DE LA VIE S'EN DETACHAIENT EN	UN VAGUE MURMURE, ET QUE DE CES COTES, RICHES	34	024
QUE JE N'ALLAIS PAS LA POUR REPANDRE	UN VAIN PLEUR; MAIS COMME UN VIEUX PAILLARD	51	006
SUR UNE ROUTE, DERRIERE LA GRILLE D'	UN VASTE JARDIN, AU BOUT DUQUEL APPARAISSAIT	19	016
UN SOMMEIL SECOUE PAR LA LAME, TROUBLE PAR	UN VENT QUI RONFLE PLUS HAUT QUE NOUS? QUAND	34	011
DEVINE UNE PEINTURE IDEALE SOUS	UN VERNIS DE CARROSSIER, IL LE NETTOYAIT DE LA	19	034
LA BRIEVETE DE LA VIE''. ET IL ENTRA, BUT	UN VERRE DE BIERE EN FACE DES TOMBES, ET FUMA	45	009
RHADAMANTHE, SAUTERA BRUSQUEMENT AU COU D'	UN VIEILLARD QUI PASSE A COTE DE LUI ET	09	040
LA POUR REPANDRE UN VAIN PLEUR; MAIS COMME	UN VIEUX PAILLARD D'UNE VIEILLE MAITRESSE, JE	51	007
DES FAIENCES VOYANTES, UN SOUPER PASSABLE,	UN VIN RUDE, ET UN LIT TRES-LARGE AVEC DES	24	043
AUX YEUX VERTS.'' ET TOUT A COUP JE RECUS	UN VIOLENT COUP DE POING DANS LE DOS, ET	44	009
UN PARFAIT CORDIAL!'' DANS LA GAUCHE,	UN VIOLON QUI LUI SERVAIT SANS DOUTE A CHANTER	21	029
PERSONNE QUE J'APERCUS DANS LA RUE, CE FUT	UN VITRIER DONT LE CRI PERCANT, DISCORDANT,	09	062
DE SES SAVANTES ET DELICATES VEGETATIONS.	UN VRAI PAYS DE COCAGNE, OU TOUT EST BEAU,	18	008
QUI EST COMME L'AME DE L'APPARTEMENT.	UN VRAI PAYS DE COCAGNE, TE DIS-JE, OU TOUT	18	047
FOU SI ON LES ECOUTAIT TROP LONGTEMPS. L'	UN, EN TRAINANT SON ARCHET SUR SON VIOLON,	31	092
DES LOTS, LA FACULTE D'EN DONNER ENCORE	UN, SUPPLEMENTAIRE ET EXCEPTIONNEL, POURVU	20	071
DEUIL DU PAUVRE QUELQUE CHOSE QUI MANQUE!	UNE ABSENCE D'HARMONIE QUI LE REND PLUS	13	029
ELLE ETAIT EVIDEMMENT CONDAMNEE. PAR	UNE ABSOLUE SOLITUDE, A DES HABITUDES DE VIEUX	13	039
SE SENTAIENT PAS, QUANT A EUX, CAPABLES D'	UNE ACTION AUSSI RIGOUREUSE, QUOIQUE	42	165
A FAIRE QUELQUE CHOSE DE GRAND,	UNE ACTION D'ECLAT; ET J'OUVRIS LA FENETRE,	09	052
FIXEMENT LE CAFE NOUVEAU AVEC	UNE ADMIRATION EGALE, MAIS NUANCEE DIVERSEMENT	26	036
VIE. IL ENTRA EN SCENE LEGEREMENT ET AVEC	UNE AISANCE PARFAITE, CE QUI CONTRIBUA A	27	069
MAIS ELLE GATAIT CETTE GRANDE QUALITE PAR	UNE AMBITION MALSEANTE ET DIFFORME. C'ETAIT	42	035
UN PORT EST UN SEJOUR CHARMANT POUR	UNE AME FATIGUEE DES LUTTES DE LA VIE.	41	001
ACCOMPLIR, DONT LA SEULE PENSEE ME CAUSAIT	UNE ANGOISSE TERRIBLE: IL FALLAIT AVERTIR LES	30	084
INTERIEURE, VOUS ETES LA DELIVRANCE D'	UNE ANGOISSE! DANS LA SOLITUDE DES PLAINES,	22	046
TU VAS VOIR.'' ET ELLE TIRA D'	UNE ARMOIRE UNE LIASSE DE PAPIERS, QUI N'ETAIT	47	048
SANS EN DEVINER L'ENTREE. LA REGNAIT	UNE ATMOSPHERE EXQUISE, QUOIQUE CAPITEUSE, QUI	29	013
LUNE REMPLISSAIT TOUTE LA CHAMBRE; COMME	UNE ATMOSPHERE PHOSPHORIQUE, COMME UN POISON	37	014
OU DES MILITAIRES, QUI SURVEILLENT, AVEC	UNE ATTENTION DE SORCIERS, L'OEUVRE SANS NOM	50	089
IL SUIVAIT UNE GRANDE AVENUE, IL APERCUT	UNE AUBERGE PROPRETTE, OU D'UNE FENETRE EGAYEE	24	036
CHEVELURE EBOURIFFEE, Y ALLUMAIENT COMME	UNE AUREOLE SULFUREUSE DE PASSION. IL ETAIT	31	070
N'EUT ETE LA CRAINTE DE L'HUMILIER DEVANT	UNE AUSSI GRANDE ASSEMBLEE, JE SERAIS	29	119
EST SI AVARE, TROP AVARE, POUR COMPRENDRE	UNE AUTRE BEAUTE QUE CELLE DES ECUS!	25	061
N'A JAMAIS PU CROIRE QUE LA FEMME MERITAT	UNE AUTRE DESTINEE. ''MAINTENANT, A NOUS DEUX,	11	050
TROIS CENT SOIXANTE-CINQ FOIS PAR AN.	UNE AUTRE ENCORE: JE NE PUIS JAMAIS M'EMPECHER	13	059
CHIRURGIE. DANS SA MAIN DROITE IL TENAIT	UNE AUTRE FIOLE DONT LE CONTENU ETAIT D'UN	21	026
LOIN, BIEN LOIN, SUR LE VERSANT D'	UNE AUTRE MONTAGNE. SUR LE PETIT LAC IMMOBILE,	15	013
SI JOLIS, QU'ON LES CROIRAIT FAITS D'	UNE AUTRE PATE QUE LES ENFANTS DE LA	19	023
ETRE MONTE POUR TUER LE TEMPS, PENDANT	UNE AVERSE, CHEZ UNE SAUTEUSE QUI M'A PRIE DE	10	023
QUI DEVINT, EN UNE SECONDE, GROS COMME	UNE BALLE. JE CASSAI UN DE MES ONGLES A LUI	49	044
HORREURS DE LA VIE! ON Y RESPIRAIT	UNE BEATITUDE SOMBRE, ANALOGUE A CELLE QUE	29	016
ETRANGES D'HOMMES ET DE FEMMES, MARQUES D'	UNE BEAUTE FATALE, QU'IL ME SEMBLAIT AVOIR VUS	29	024
PAS DE MOI ET DE MON ENNUI, ET JE N'AI PAS	UNE BELLE BONNE POUR ME DORLOTER. IL M'A	31	077
MENTALEMENT: ''AU BORD DE LA MER,	UNE BELLE CASE EN BOIS, ENVELOPPEE DE TOUS CES	24	017
GAMBADER PENDANT UNE HEURE, AUTOUR D'	UNE BELLE CHIENNE, UN PEU NEGLIGEE DANS SA	50	070
SI RAREMENT ET QUI A FUI SI VITE, COMME	UNE BELLE CHOSE REGRETTABLE DERRIERE LE	36	004
TOUT EST RICHE, PROPRE ET LUISANT, COMME	UNE BELLE CONSCIENCE, COMME UNE MAGNIFIQUE	18	048
PRESQUE BLANC, ET J'EN COUPAI POUR LUI	UNE BELLE TRANCHE QUE JE LUI OFFRIS. LENTEMENT	15	040
DE LA VIE. LE DEPENDRE N'ETAIT PAS	UNE BESOGNE AUSSI FACILE QUE VOUS POUVEZ LE	30	058
IL A ENCHAINE SA FEMME LEGITIME COMME	UNE BETE! DANS LA MONTRE DANS LES FAUBOURGS,	11	026
MOI QUI L'AI ENTERREE! BIEN CLOSE DANS	UNE BIERE D'UN BOIS PARFUME ET INCORRUPTIBLE	38	010
COMME UNE SPLENDIDE ORFEVRERIE, COMME	UNE BIJOUTERIE BARIOLEE! LES TRESORS DU MONDE	18	050
SOUILLON AGACAIT, AGITAIT ET SECOUAIT DANS	UNE BOITE GRILLEE, C'ETAIT UN RAT VIVANT! LES	19	041
AVAIT VOULU FAIRE A LA FOIS LA CHARITE ET	UNE BONNE AFFAIRE; GAGNER QUARANTE SOLS ET LE	28	049
LA VIE HUMAINE QUI AIT MISSION D'ANNONCER	UNE BONNE NOUVELLE, LA BONNE NOUVELLE QUI	05	080
OU JE VOUS JETTERAI PAR LA FENETRE, COMME	UNE BOUTEILLE VIDE.''	11	075
PLUS TARD DANS UNE RUE, IL S'ARRETA DEVANT	UNE BOUTIQUE DE GRAVURES, ET, TROUVANT DANS UN	24	007
ADOSSE CONTRE LES POTEAUX DE SA CAHUTE;	UNE CAHUTE PLUS MISERABLE QUE CELLE DU SAUVAGE	14	048
PLAINES, DANS LES LABYRINTHES PIERREUX D'	UNE CAPITALE, SCINTILLEMENT DES ETOILES,	22	047
J'AI CONNU	UNE CERTAINE BENEDICTA, QUI REMPLISSAIT	38	001
K... ET J...., VOUS AVIEZ ETE ACCOUPLES A	UNE CERTAINE FEMME DE MA CONNAISSANCE, OU VOUS	42	118
ET LES PLUS NECESSAIRES; ELLES TROUVENT A	UNE CERTAINE MINUTE UN COURAGE DE LUXE POUR	09	017
REPONDIT, AVEC UNE INSOUCIANCE NUANCEE D'	UNE CERTAINE TRISTESSE: ''NOUS NOUS SALUONS	29	087
DELICATES TRAINAIENT QUELQUES ANNEAUX D'	UNE CHAINE D'OR ROMPUE; ET QUAND LA GENE EUD	21	033
PLAISIR CONSISTE A PARLER DU HAUT D'	UNE CHAIRE OU D'UNE TRIBUNE; RISQUERAIT FORT	23	011
SES PIEDS TOUCHAIENT PRESQUE LE PLANCHER;	UNE CHAISE, QU'IL AVAIT SANS DOUTE REPOUSSEE	30	052
	UNE CHAMBRE QUI RESSEMBLE A UNE REVERIE, UNE	05	001
UNE CHAMBRE QUI RESSEMBLE A UNE REVERIE,	UNE CHAMBRE VERITABLEMENT SPIRITUELLE, OU	05	001
EBLOUISSANT QU'UNE FENETRE ECLAIREE D'	UNE CHANDELLE. CE QU'ON PEUT VOIR AU SOLEIL	35	005
UN HEMISPHERE DANS	UNE CHEVELURE	17	000
FROMAGE, UNE FLUTE DU MEILLEUR FAISEUR, OU	UNE CHEVRE AUX MAMELLES GONFLEES. LE POETE QUI	50	115

POEM LINE

18	019	HONNETE, OU LA FANTAISIE A BATI ET DECORE	UNE CHINE OCCIDENTALE, OU LA VIE EST DOUCE A
29	042	ET UNE LEGERETE HEROIQUES. L'AME EST	UNE CHOSE SI IMPALPABLE, SI SOUVENT INUTILE ET
07	016	J'AI APERCU UN ETRE AFFLIGE. AUX PIEDS D'	UNE COLOSSALE VENUS, UN DE CES FOUS
09	055	N'EST PAS LE RESULTAT D'UN TRAVAIL OU D'	UNE COMBINAISON, MAIS D'UNE INSPIRATION
47	104	CANDIDE, COMME UN HOMME SENSIBLE DIRAIT A	UNE COMEDIENNE QU'IL AIMERAIT: ''JE VEUX VOUS
27	126	LOGE PRINCIERE, COMME POUR S'ACQUITTER D'	UNE COMMISSION URGENTE. QUELQUES MINUTES PLUS
14	021	ELLES SE FAISAIENT, EN VERITE,	UNE CONCURRENCE FORMIDABLE: ELLES PIAILLAIENT,
27	007	HISTRION, UN JOUR FANCIOULLE ENTRA DANS	UNE CONSPIRATION FORMEE PAR QUELQUES
18	017	CETTE ANGOISSE DE LA CURIOSITE? IL EST	UNE CONTREE QUI TE RESSEMBLE, OU TOUT EST
23	019	PERMIS DE FAIRE DU HAUT DE L'ECHAFAUD	UNE COPIEUSE HARANGUE, SANS CRAINDRE QUE LES
21	013	BACCHUS. SES BEAUX YEUX LANGUISSANTS, D'	UNE COULEUR TENEBREUSE ET INDECISE,
50	117	A RECU POUR RECOMPENSE UN BEAU GILET, D'	UNE COULEUR, A LA FOIS RICHE ET FANEE, QUI
29	051	LUI DEPLAIRE, M'ECRIER, EN M'EMPARANT D'	UNE COUPE PLEINE JUSQU'AU BORD: ''A VOTRE
31	095	D'UN PETIT PIANO SUSPENDU A SON COU PAR	UNE COURROIE, AVAIT L'AIR DE SE MOQUER DE LA
31	062	QUI PENDAIENT DANS SON DOS, EPAIS COMME	UNE CRINIERE, ET ILS SENTAIENT AUSSI BON, JE
50	061	FIXE, RECLAMER LA SPORTULE A LA PORTE D'	UNE CUISINE DU PALAIS-ROYAL; D'AUTRES QUI
43	010	BALLES FRAPPERENT LOIN DU BUT PROPOSE; L'	UNE D'ELLES S'ENFONCA MEME DANS LE PLAFOND; ET
50	126	DU BON TEMPS, OFFRAIT AU DIVIN ARETIN SOIT	UNE DAGUE ENRICHIE DE PIERRERIES, SOIT UN
13	055	PURIFIEE), LA CONSOLATION BIEN GAGNEE D'	UNE DE CES LOURDES JOURNEES SANS AMI, SANS
22	059	SOLENNELLES DE LA VIE. ON DIRAIT ENCORE	UNE DE CES ROBES ETRANGES DE DANSEUSES, OU UNE
14	002	LE PEUPLE EN VACANCES. C'ETAIT	UNE DE CES SOLENNITES SUR LESQUELLES, PENDANT
14	074	A DEPOSER EN PASSANT QUELQUE ARGENT SUR	UNE DE SES PLANCHES, ESPERANT QU'IL DEVINERAIT
29	100	QUELQUEFOIS BON DIABLE, POUR ME SERVIR D'	UNE DE VOS LOCUTIONS VULGAIRES. AFIN DE
42	019	A CHOISIR. POUVOIR DELIBERER, C'EST DEJA	UNE DECADENCE. C'EST ALORS QU'ON RECHERCHE
34	026	S'EXHALAIT, JUSQU'A PLUSIEURS LIEUES;	UNE DELICIEUSE ODEUR DE FLEURS ET DE FRUITS.
09	010	SE RESIGNE QU'AU BOUT DE SIX MOIS A OPERER	UNE DEMARCHE NECESSAIRE DEPUIS UN AN, SE
29	008	ET BIENTOT, JE DESCENDIS DERRIERE LUI DANS	UNE DEMEURE SOUTERRAINE, EBLOUISSANTE, OU
47	066	A SON VOYAGE A PARIS. IL A L'AIR D'	UNE DEMOISELLE, N'EST-CE PAS?'' ET COMME JE
27	028	AU PLAISIR OU A L'ETONNEMENT, QUI EST	UNE DES FORMES LES PLUS DELICATES DU PLAISIR.
21	001	DEUX SUPERBES SATANS ET	UNE DIABLESSE, NON MOINS EXTRAORDINAIRE, ONT
20	014	COMME LES PRIX SUR L'ESTRADE, UNE	UNE DISTRIBUTION DE PRIX. CE QU'IL Y AVAIT ICI
42	124	DEVOUEMENT SANS COMEDIE ET SANS EMPHASE;	UNE DOUCEUR SANS FAIBLESSE; UNE ENERGIE SANS
47	099	ENFANT! --EH BIEN! CROIRAIS-TU QUE J'AI	UNE DROLE D'ENVIE QUE JE N'OSE PAS LUI DIRE?
05	007	ET DE ROSATRE; UN REVE DE VOLUPTE PENDANT	UNE ECLIPSE. LES MEUBLES ONT DES FORMES
19	045	L'AUTRE FRATERNELLEMENT, AVEC DES DENTS D'	UNE EGALE BLANCHEUR.
27	090	MA PLUME TREMBLE ET DES LARMES D'	UNE EMOTION TOUJOURS PRESENTE ME MONTENT AUX
49	062	CARCASSE SE RETOURNER, SE REDRESSER AVEC	UNE ENERGIE QUE JE N'AURAIS JAMAIS SOUPCONNEE
42	124	SANS EMPHASE; UNE DOUCEUR SANS FAIBLESSE;	UNE ENERGIE SANS VIOLENCE. L'HISTOIRE DE MON
06	005	COURBES. CHACUN D'EUX PORTAIT SUR SON DOS	UNE ENORME CHIMERE, AUSSI LOURDE QU'UN SAC DE
30	055	SA TETE ETAIT PENCHEE CONVULSIVEMENT SUR	UNE EPAULE; SON VISAGE, BOURSOUFLE, ET SES
42	121	UNE PERSONNE INCAPABLE DE COMMETTRE	UNE ERREUR DE SENTIMENT OU DE CALCUL!
42	101	SANS DOUTE? --QUELQUE CHOSE D'APPROCHANT,	UNE ESPECE D'EMPLOYE DANS L'INTENDANCE QUI,
09	030	PAR CAPRICE, PAR DESOEUVREMENT. C'EST	UNE ESPECE D'ENERGIE QUI JAILLIT DE L'ENNUI ET
50	044	DE NOS DEUX MISERES NOUS FERONS PEUT-ETRE	UNE ESPECE DE BONHEUR!'' ''OU VONT LES
25	004	ET FAIT LA SIESTE, UNE SIESTE QUI EST	UNE ESPECE DE MORT SAVOUREUSE OU LE DORMEUR, A
24	008	DE GRAVURES, ET, TROUVANT DANS UN CARTON	UNE ESTAMPE REPRESENTANT UN PAYSAGE TROPICAL,
21	006	GLORIEUSEMENT DEVANT MOI, DEBOUT COMME SUR	UNE ESTRADE. UNE SPLENDEUR SULFUREUSE EMANAIT
29	018	UNE ILE ENCHANTEE, ECLAIREE DES LUEURS D'	UNE ETERNELLE APRES-MIDI, ILS SENTIRENT NAITRE
05	041	A DISPARU; C'EST L'ETERNITE QUI REGNE,	UNE ETERNITE DE DELICES! MAIS UN COUP
27	016	NI MEILLEUR NI PIRE QU'UN AUTRE; MAIS	UNE EXCESSIVE SENSIBILITE LE RENDAIT, EN
27	051	VOULAIT PROFITER DE L'OCCASION POUR FAIRE	UNE EXPERIENCE PHYSIOLOGIQUE D'UN INTERET
36	011	SON REGARD ILLUMINE COMME L'ECLAIR: C'EST	UNE EXPLOSION DANS LES TENEBRES. JE LA
38	017	MOI, LA VRAIE BENEDICTA! C'EST MOI,	UNE FAMEUSE CANAILLE! ET POUR LA PUNITION DE
20	042	FORTUNE FUT ADJUGEE A L'HERITIER UNIQUE D'	UNE FAMILLE TRES-RICHE, QUI, N'ETANT DOUE
12	004	HUMAIN, UNE RIBOTE DE VITALITE, A QUI	UNE FEE A INSUFFLE DANS SON BERCEAU LE GOUT DU
13	078	TOUTE LA TRIVIALITE ENVIRONNANTE. C'ETAIT	UNE FEMME GRANDE, MAJESTUEUSE, ET SI NOBLE
35	010	PAR DELA DES VAGUES DE TOITS, J'APERCOIS	UNE FEMME MURE, RIDEE DEJA, PAUVRE, TOUJOURS
42	062	DERNIERS TEMPS, OCTROYE LA JOUISSANCE D'	UNE FEMME QUI ETAIT BIEN LA PLUS DOUCE, LA
42	036	AMBITION MALSEANTE ET DIFFORME. C'ETAIT	UNE FEMME QUI VOULAIT TOUJOURS FAIRE L'HOMME.
11	023	GENERALEMENT ''MON ANGE!'', C'EST-A-DIRE	UNE FEMME. L'AUTRE MONSTRE, CELUI QUI CRIE A
35	005	PLUS TENEBREUX, PLUS EBLOUISSANT QU'	UNE FENETRE ECLAIREE D'UNE CHANDELLE. CE QU'UN
24	036	IL APERCUT UNE AUBERGE PROPRETTE, OU D'	UNE FENETRE EGAYEE PAR DES RIDEAUX D'INDIENNE
35	003	AUTANT DE CHOSES QUE CELUI QUI REGARDE	UNE FENETRE FERMEE. IL N'EST PAS D'OBJET PLUS
35	001	CELUI QUI REGARDE DU DEHORS A TRAVERS	UNE FENETRE OUVERTE, NE VOIT JAMAIS AUTANT DE
22	045	TENEBRES! VOUS ETES POUR MOI LE SIGNAL D'	UNE FETE INTERIEURE, VOUS ETES LA DELIVRANCE
20	027	OU DES EMPLOYES DU MONT-DE-PIETE QUAND	UNE FETE NATIONALE AUTORISE LES DEGAGEMENTS
11	013	LE MOYEN, POUR DEUX SOLS, AU MILIEU D'	UNE FETE, ET SANS ALLER BIEN LOIN.
05	063	PERFECTIONNEE, HELAS! IL EST REMPLACE PAR	UNE FETIDE ODEUR DE TABAC MELEE A JE NE SAIS
30	063	FINI; LE PETIT MONSTRE S'ETAIT SERVI D'	UNE FICELLE FORT MINCE QUI ETAIT ENTREE
13	038	CHALE USE, PORTAIT DANS TOUT SON ETRE	UNE FIERTE DE STOICIENNE. ELLE ETAIT
30	056	ET SES YEUX, TOUT GRANDS OUVERTS AVEC	UNE FIXITE EFFRAYANTE, ME CAUSERENT D'ABORD
31	024	DISCOURS DE SON CAMARADE ET OBSERVAIT AVEC	UNE FIXITE ETONNANTE JE NE SAIS QUEL POINT DU
51	004	BAGNE, OU TOUT ENORMITE FLEURIT COMME	UNE FLEUR. TU SAIS BIEN, O SATAN, PATRON DE MA
50	114	DE LEURS CHANTS ALTERNES, UN BON FROMAGE,	UNE FLUTE DU MEILLEUR FAISEUR, OU UNE CHEVRE
13	035	FAIT SEULE? JE NE SAIS... IL M'EST ARRIVE	UNE FOIS DE SUIVRE PENDANT DE LONGUES HEURES
09	021	INOFFENSIF REVEUR QUI AIT EXISTE, A MIS	UNE FOIS LE FEU A UNE FORET POUR VOIR,
30	027	SEDUISIT TOUT D'ABORD. IL A POSE PLUS D'	UNE FOIS POUR MOI, ET JE L'AI TRANSFORME
09	046	IL NE SAIT PAS POURQUOI. J'AI ETE PLUS D'	UNE FOIS VICTIME DE CES CRISES ET DE CES
21	090	ET SES YEUX, QUOIQUE BATTUS, CONTENAIENT	UNE FORCE FASCINATRICE. CE QUI ME FRAPPA LE
09	012	BRUSQUEMENT PRECIPITES VERS L'ACTION PAR	UNE FORCE IRRESISTIBLE, COMME LA FLECHE D'UN
09	021	QUI AIT EXISTE, A MIS UNE FOIS LE FEU A	UNE FORET POUR VOIR, DISAIT-IL SI LE FEU
27	073	''VOILA UN BON COMEDIEN''', ON SE SERT D'	UNE FORMULE QUI IMPLIQUE QUE SOUS LE
12	009	NE SAIT PAS NON PLUS ETRE SEUL DANS	UNE FOULE AFFAIREE. LE POETE JOUIT DE CET
09	059	QUI NOUS POUSSE SANS RESISTANCE VERS	UNE FOULE D'ACTIONS DANGEREUSES OU
22	007	DU SOIR, UN GRAND HURLEMENT, COMPOSE D'	UNE FOULE DE CRIS DISCORDANTS, QUE L'ESPACE
47	097	QUE JE LUI AI FAIT ENTENDRE CA PAR	UNE FOULE DE FACONS; JE NE LUI AI PAS DIT TOUT
21	059	ET ILLUSTREE, COMME D'UNE TATOUAGE, D'	UNE FOULE DE PETITES FIGURES MOUVANTES
42	137	PU TIRER DE MA FOLIE PERSONNELLE. AVEC	UNE FROIDE ET INFRANCHISSABLE REGLE, ELLE
36	016	LUNE BLANCHE DES IDYLLES, QUI RESSEMBLE A	UNE FROIDE MARIEE, MAIS LA LUNE SINISTRE ET
22	060	UNE DE CES ROBES ETRANGES DE DANSEUSES, OU	UNE GAZE TRANSPARENTE ET SOMBRE LAISSE
21	097	''ECOUTE.'' ET ELLE EMBOUCHA ALORS	UNE GIGANTESQUE TROMPETTE, ENRUBANNEE, COMME

POEM LINE

	POEM	LINE
DES CLOCHES OU DES COUPES RENVERSEES. ET	UNE GLOIRE ETONNANTE JAILLIT DE CETTE	32	010
D'UN EFFORT, MAIS TOUT AU CONTRAIRE	UNE GRACE ACCORDEE A CELUI QUI N'AVAIT PAS	20	017
L'INCONNU ET L'IMPOSSIBLE, ECLATE, AVEC	UNE GRACE INEXPRIMABLE, LE RIRE D'UNE GRANDE	36	026
A CELUI QUI N'AVAIT PAS ENCORE VECU,	UNE GRACE POUVANT DETERMINER SA DESTINEE ET	20	018
PALAIS?'' ET PLUS LOIN, COMME IL SUIVAIT	UNE GRANDE AVENUE, IL APERCUT UNE AUBERGE	24	035
AVEC UNE GRACE INEXPRIMABLE, LE RIRE D'	UNE GRANDE BOUCHE, ROUGE ET BLANCHE, ET	36	027
MEDECIN, MONSIEUR?'' JE REGARDAI: C'ETAIT	UNE GRANDE FILLE, ROBUSTE, AUX YEUX	47	005
TANT DE DOULEURS, ET PEUT-ETRE AUSSI	UNE GRANDE PARTIE DE SON GENIE. PLUSIEURS	43	008
SOUS UN GRAND CIEL GRIS, DANS	UNE GRANDE PLAINE POUDREUSE, SANS CHEMINS,	06	001
D'INFINIMENT VAGUE. ET JE SORTIS AVEC	UNE GRANDE SOIF. CAR LE GOUT PASSIONNE DES	49	018
FAUT, --SE DIT-IL, --QUE MA PENSEE SOIT	UNE GRANDE VAGABONDE POUR ALLER CHERCHER SI	24	039
ET DE DESESPOIRS, DELIRE OFFICIEL D'	UNE GRANDE VILLE FAIT POUR TROUBLER LE CERVEAU	04	004
BIZARRERIES NE TROUVE-T-ON PAS DANS	UNE GRANDE VILLE, QUAND ON SAIT SE PROMENER ET	47	114
AU MILIEU DUQUEL J'ETAIS PLACE ETAIT D'	UNE GRANDEUR ET D'UNE NOBLESSE IRRESISTIBLES.	15	002
CE SEXAGENAIRE AFFAIBLI, JE ME SAISIS D'	UNE GROSSE BRANCHE D'ARBRE QUI TRAINAIT A	49	057
SI RARE QU'ELLE SUFFIT POUR ENGENDRER	UNE GUERRE PARFAITEMENT FRATRICIDE!''	15	076
MU SANS DOUTE PAR UN DESIR INVETERE ET	UNE HABITUDE D'ETAT DE FAIRE PEUR, A TOUT	30	080
FUS PRIS A L'EGARD DE CE PAUVRE HOMME D'	UNE HAINE AUSSI SOUDAINE QUE DESPOTIQUE.	09	065
UNE NOUVELLE CHAGRINANTE, RODE LACHEMENT	UNE HEURE DEVANT SA PORTE SANS OSER RENTRER,	09	007
A	UNE HEURE DU MATIN	10	000
DIVISIONS DE MINUTES NI DE SECONDES,--	UNE HEURE IMMOBILE QUI N'EST PAS MARQUEE SUR	16	019
L'HEURE DISTINCTEMENT, TOUJOURS LA MEME,	UNE HEURE VASTE, SOLENNELLE, GRANDE COMME	16	018
POUR VENIR A LA VILLE, GAMBADER PENDANT	UNE HEURE, AUTOUR D'UNE BELLE CHIENNE, UN PEU	50	069
DE SON FILS, ET LE VOULAIT GARDER COMME	UNE HORRIBLE ET CHERE RELIQUE. --ET ELLE	30	114
FOND DE MON INTELLECT, LE GERME OBSCUR D'	UNE IDEE SUPERIEURE A TOUTES LES FORMULES DE	49	014
MAIS CE N'ETAIT QUE L'IDEE D'	UNE IDEE, QUELQUE CHOSE D'INFINIMENT VAGUE. ET	49	017
MANGEURS DE LOTUS QUAND, DEBARQUANT DANS	UNE ILE ENCHANTEE, ECLAIREE DES LUEURS D'UNE	29	018
(IL PRENAIT SANS DOUTE LA RUSSIE POUR | UNE ILE!) AVOIR DISPUTE GENEREUSEMENT CONTRE	10	014
IMPROPRES A L'ACTION, QUI CEPENDANT, SOUS	UNE IMPULSION MYSTERIEUSE ET INCONNUE,	09	002
POUR MOI, JE FUS PRIS SUBITEMENT D'	UNE INCOMMENSURABLE RAGE CONTRE CE MAGNIFIQUE	04	019
DE VOIR QUE SES YEUX BRILLAIENT D'	UNE INCONTESTABLE CANDEUR. JE VIS ALORS	28	047
RIAIT, PLEURAIT, SE CONVULSAIT, AVEC	UNE INDESTRUCTIBLE AUREOLE AUTOUR DE LA TETE,	27	084
LA BONNE NOUVELLE QUI CAUSE A CHACUN	UNE INEXPLICABLE PEUR. OUI! LE TEMPS REGNE; IL	05	081
LA TERRE DU CIEL DES YEUX OU BRILLAIT	UNE INEXPRIMABLE EXPRESSION D'EXTASE ET DE	31	038
QUI VIENT ME TORTURER AU NOM DE LA LOI;	UNE INFAME CONCUBINE QUI VIENT CRIER MISERE ET	05	047
INCONSOLABLEMENT NAVRES, D'OU S'ECOULAIT	UNE INSIDIEUSE IVRESSE, ET IL ME DIT D'UNE	21	038
ET PERDU MON AME, EN PARTIE LIEE, AVEC	UNE INSOUCIANCE ET UNE LEGERETE HEROIQUES.	29	042
L'AVAIT VU RECEMMENT. IL ME REPONDIT, AVEC	UNE INSOUCIANCE NUANCEE D'UNE CERTAINE	29	087
D'UN TRAVAIL OU D'UNE COMBINAISON, MAIS D'	UNE INSPIRATION FORTUITE, PARTICIPE BEAUCOUP,	09	055
AU DELA, EXISTAIT-IL DANS SON AME	UNE INTENTION PLUS OU MOINS ARRETEE DE	27	055
UN ROI, ON DIRAIT VRAISEMBLABLEMENT	UNE JEUNE GRENOUILLE QUI INVOQUERAIT L'IDEAL.	11	067
PARFAITEMENT SILENCIEUX, ME REMPLISSAIT D'	UNE JOIE MELEE DE PEUR. BREF, JE ME SENTAIS,	15	019
JOUER LA COMEDIE AU BORD DE LA TOMBE AVEC	UNE JOIE QUI L'EMPECHE DE VOIR LA TOMBE. AVEC	27	096
FASCINES POUR EXPRIMER AUTRE CHOSE QU'	UNE JOIE STUPIDE ET PROFONDE. LES CHANSONNIERS	26	044
PROJETS, PUISQUE LE PROJET EST EN LUI-MEME	UNE JOUISSANCE SUFFISANTE?''	24	053
ENTREVOIR LES SPLENDEURS AMORTIES D'	UNE JUPE ECLATANTE, COMME SOUS LE NOIR PRESENT	22	061
MON COEUR, COMME LA GUERISON AU BOUT D'	UNE LAME! SEIGNEUR, AYEZ PITIE, AYEZ PITIE DES	47	122
VEGETAL ET LE MINERAL. LES ETOFFES PARLENT	UNE LANGUE MUETTE, COMME LES FLEURS, COMME LES	05	011
ETONNEMENT, LA MERE FUT IMPASSIBLE. PAS	UNE LARME NE SUINTA DU COIN DE SON OEIL.	30	087
MON AME. MES PENSEES VOLTIGEAIENT AVEC	UNE LEGERETE EGALE A CELLE DE L'ATMOSPHERE;	15	004
EN PARTIE LIEE, AVEC UNE INSOUCIANCE ET	UNE LEGERETE HEROIQUES. L'AME EST UNE CHOSE SI	29	042
OSER RENTRER, TEL QUI GARDE QUINZE JOURS	UNE LETTRE SANS LA DECACHETER, OU NE SE	09	008
TU VAS VOIR.'' ET ELLE TIRA D'UNE ARMOIRE	UNE LIASSE DE PAPIERS, QUI N'ETAIT AUTRE CHOSE	47	048
RIEN. CEPENDANT ELLE SE SOUVINT A TEMPS D'	UNE LOI BIEN CONNUE, QUOIQUE RAREMENT	20	063
LE POELE ALLUME, ET AU CENTRE DE LAQUELLE	UNE LONGUE CUILLER SE DRESSE, PLANTEE COMME UN	50	091
RENCONTRE. NOUS AVIONS PASSE ENSEMBLE	UNE LONGUE JOURNEE QUI M'AVAIT PARU COURTE.	26	006
TURBULENT COMME UN ENFANT; SOT COMME	UNE LORETTE, QUELQUEFOIS HARGNEUX ET INSOLENT	50	025
CES LETTRES. ''ET ALORS, SOUDAINEMENT,	UNE LUEUR SE FIT DANS MON CERVEAU, ET JE	30	133
DISCORDANTS, QUE L'ESPACE TRANSFORME EN	UNE LUGUBRE HARMONIE, COMME CELLE DE LA MAREE	22	008
DE NOUS, AU DELA DE LA CHAMBRE ECLAIREE D'	UNE LUMIERE ROSE TAMISEE PAR LES STORES,	24	024
SUPPOSER UNE MERE SANS AMOUR MATERNEL QU'	UNE LUMIERE SANS CHALEUR; N'EST-IL DONC PAS	30	012
ICI UNE ORGIE SILENCIEUSE. ON DIRAIT QU'	UNE LUMIERE TOUJOURS CROISSANTE FAIT DE PLUS	07	008
DE TETE DANS L'ESTOMAC. A QUOI BON DECRIRE	UNE LUTTE HIDEUSE QUI DURA EN VERITE PLUS	15	061
QUE JE N'AURAIS JAMAIS SOUPCONNEE DANS	UNE MACHINE SI SINGULIEREMENT DETRAQUEE, ET,	49	063
LUISANT, COMME UNE BELLE CONSCIENCE, COMME	UNE MAGNIFIQUE BATTERIE DE CUISINE, COMME UNE	18	049
DU COUCHANT, LES LOURDES DRAPERIES QU'	UNE MAIN INVISIBLE ATTIRE DES PROFONDEURS DE	22	055
RAPIDEMENT CE VIEILLARD. JE LE SAISIS D'	UNE MAIN PAR LE COLLET DE SON HABIT, DE	49	048
FATIGUE, A LA BARBE GRISONNANTE, TENANT D'	UNE MAIN UN PETIT GARCON ET PORTANT SUR	26	030
SES FORCES A ETRANGLER SON ADVERSAIRE ET	UNE MAIN; PENDANT QUE DE L'AUTRE IL TACHAIT DE	15	057
C'EST BEAU! QUE C'EST BEAU! MAIS C'EST	UNE MAISON OU PEUVENT SEULS ENTRER LES GENS	26	041
TENU AINSI LONGTEMPS EN EXTASE. ELLE AVAIT	UNE MANIERE DOUCE, REVEUSE, ANGLAISE ET	42	093
SOIREE. FANCIOULLE ME PROUVAIT, D'	UNE MANIERE PEREMPTOIRE, IRREFUTABLE, QUE	27	093
SI JE VOULAIS ESSAYER DE DEFINIR D'	UNE MANIERE QUELCONQUE L'EXPRESSION SINGULIERE	29	029
UN SOIR, DANS UN BOIS... AU BORD D'	UNE MARE... APRES UNE MELANCOLIQUE PROMENADE	42	150
EXTERNES.'' ET ELLE TENDAIT EN EVENTAIL	UNE MASSE D'IMAGES PHOTOGRAPHIQUES,	47	070
DANS LA POCHE GAUCHE DE SA CULOTTE,	UNE MASSE DE GROS SOLS, ET ENFIN, DANS LA	28	005
UN BOIS... AU BORD D'UNE MARE... APRES	UNE MELANCOLIQUE PROMENADE OU SES YEUX, A	42	150
IL EST AUSSI DIFFICILE DE SUPPOSER	UNE MERE SANS AMOUR MATERNEL QU'UNE LUMIERE	30	012
SUR TOI AVEC LA TENDRESSE SOUPLE D'	UNE MERE, ET ELLE DEPOSA SES COULEURS SUR TA	37	006
TOUTES LES ACTIONS ET LES PAROLES D'	UNE MERE, RELATIVES A SON ENFANT? ET	30	014
ARRETES, AINSI QUE FANCIOULLE, ET VOUES A	UNE MORT CERTAINE. JE CROIRAIS VOLONTIERS QUE	27	013
	UNE MORT HEROIQUE	27	000
A LA LIGNE DROITE ET DANSENT AUTOUR DANS	UNE MUETTE ADORATION? NE DIRAIT-ON PAS QUE	32	014
PENDANT QU'ILS FAISAIENT DE LA MUSIQUE;	UNE MUSIQUE SI SURPRENANTE QU'ELLE DONNE ENVIE	31	089
EVIDENT, TRIVIAL, TOUJOURS SEMBLABLE ET D'	UNE NATURE A LAQUELLE IL SOIT IMPOSSIBLE DE SE	30	010
SA DIVINITE. JE NE POUVAIS, SANS	UNE NAVRANTE AMERTUME, ME DETACHER DE CETTE	34	034
J'ETAIS PLACE ETAIT D'UNE GRANDEUR ET D'	UNE NOBLESSE IRRESISTIBLES. IL EN PASSA SANS	15	002
CRAIGNANT DE TROUVER CHEZ SON CONCIERGE	UNE NOUVELLE CHAGRINANTE, RODE LACHEMENT UNE	09	006
ET ENIVRANTE, SUSPENDUE AU FIRMAMENT	UNE NUIT ORAGEUSE ET BOUSCULEE PAR LES NUEES	36	018
CIRCULAIT, DOMINANT TOUS LES PARFUMS,	UNE ODEUR DE FRITURE QUI ETAIT COMME L'ENCENS	14	042
OUBLIE LES NOMS....., DANS L'ATMOSPHERE,	UNE ODEUR ENIVRANTE, INDEFINISSABLE....., DANS	24	020

POEM LINE

```
07  006   DIFFERENTE DES FETES HUMAINES, C'EST ICI    UNE  ORGIE SILENCIEUSE. ON DIRAIT QU'UNE
06  003   CHEMINS, SANS GAZON, SANS UN CHARDON, SANS   UNE  ORTIE, JE RENCONTRAI PLUSIEURS HOMMES QUI
27  115                LE VISAGE DU PRINCE, SUR LEQUEL  UNE  PALEUR NOUVELLE S'AJOUTAIT SANS CESSE A SA
28  027   CADEAU!) ENTRA SOUDAINEMENT CETTE IDEE QU'    UNE  PAREILLE CONDUITE, DE LA PART DE MON AMI,
27  001   FAIT IMPREVU, FANCIOULLE FUT, CE SOIR-LA,     UNE  PARFAITE IDEALISATION, QU'IL ETAIT
21  017   CHAUDES, D'OU S'EXHALAIT LA BONNE ODEUR D'    UNE  PARFUMERIE; ET A CHAQUE FOIS QU'IL
01  005     --TES AMIS? --VOUS VOUS SERVEZ LA D'        UNE  PAROLE DONT LE SENS M'EST RESTE JUSQU'A CE
13  011             LEURS AVIDES CONJECTURES. IL Y A LA  UNE  PATURE CERTAINE. CAR S'IL EST UNE PLACE
19  034   SI, COMME L'OEIL DU CONNAISSEUR DEVINE        UNE  PEINTURE IDEALE SOUS UN VERNIS DE
42  121   SURVECU; COMME VOUS VOYEZ. FIGUREZ-VOUS       UNE  PERSONNE INCAPABLE DE COMMETTRE UNE ERREUR
38  013   ETAIT ENFOUI MON TRESOR, JE VIS SUBITEMENT    UNE  PETITE PERSONNE QUI RESSEMBLAIT
03  008   SILENCE, INCOMPARABLE CHASTETE DE L'AZUR!     UNE  PETITE VOILE FRISSONNANTE A L'HORIZON, ET
42  112        PAR UN HOMME D'ASPECT DOUX ET POSE, D'   UNE  PHYSIONOMIE PRESQUE CLERICALE.
28  006   DE GROS SOLS, ET ENFIN, DANS LA DROITE,       UNE  PIECE D'ARGENT DE DEUX FRANCS QU'IL AVAIT
28  031      FUNESTES OU AUTRES, QUE PEUT ENGENDRER     UNE  PIECE FAUSSE DANS LA MAIN D'UN MENDIANT.
24  012   CES MURS CRIBLES D'OR NE LAISSERAIENT PAS     UNE  PLACE POUR ACCROCHER SON IMAGE; DANS CES
13  011   Y A LA UNE PATURE CERTAINE. CAR S'IL EST      UNE  PLACE QU'ILS DEDAIGNENT DE VISITER, COMME
18  030   OU LES HORLOGES SONNENT LE BONHEUR AVEC       UNE  PLUS PROFONDE ET PLUS SIGNIFICATIVE
29  090   COMME DEUX VIEUX GENTILSHOMMES, DANS          UNE  POLITESSE INNEE NE SAURAIT ETEINDRE TOUT A
24  006   BASSINS! CAR ELLE A NATURELLEMENT L'AIR D'    UNE  PRINCESSE.'' EN PASSANT PLUS TARD DANS UNE
29  045   MOINS D'EMOTION QUE SI J'AVAIS EGARE, DANS    UNE  PROMENADE, MA CARTE DE VISITE. NOUS
23  041   LE BONHEUR DANS LE MOUVEMENT ET DANS          UNE  PROSTITUTION QUE JE POURRAIS APPELER
26  029   CHAUSSEE; ETAIT PLANTE UN BRAVE HOMME D'      UNE  QUARANTAINE D'ANNEES, AU VISAGE FATIGUE, A
48  006   ET CETTE QUESTION DE DEMENAGEMENT EN QUI      UNE  QUE JE DISCUTE SANS CESSE AVEC MON AME.
09  004   ET INCONNUE, AGISSENT QUELQUEFOIS AVEC        UNE  RAPIDITE DONT ELLES SE SERAIENT CRUES
10  034   A UN AMI UN SERVICE FACILE, ET DONNE          UNE  RECOMMANDATION ECRITE A UN PARFAIT DROLE;
37  032   QUI RESSEMBLENT AUX ENCENSOIRS D'             UNE  RELIGION INCONNUE, LES PARFUMS QUI
30  059   IL ETAIT DEJA FORT ROIDE, ET J'AVAIS          UNE  REPUGNANCE INEXPLICABLE A LE FAIRE
05  001           UNE CHAMBRE QUI RESSEMBLE A           UNE  REVERIE, UNE CHAMBRE VERITABLEMENT
10  015   GENEREUSEMENT CONTRE LE DIRECTEUR D'          UNE  REVUE, QUI A CHAQUE OBJECTION REPONDAIT:
12  003   PEUT FAIRE, AUX DEPENS DU GENRE HUMAIN;       UNE  RIBOTE DE VITALITE, A QUI UNE FEE A
21  081   MISERE DE PERSONNE; ET JE NE VEUX PAS D'      UNE  RICHESSE ATTRISTEE, COMME UN PAPIER DE
28  038   UN PAUVRE PETIT SPECULATEUR, LE GERME D'      UNE  RICHESSE DE QUELQUES JOURS. ET AINSI MA
18  033   LUISANTS, OU SUR DES CUIRS DORES ET D'        UNE  RICHESSE SOMBRE, VIVENT DISCRETEMENT DES
19  026   FRAIS QUE SON MAITRE, VERNI, DORE, VETU D'    UNE  ROBE POURPRE, ET COUVERT DE PLUMETS ET DE
19  016   AYANT APPRIS A SE DEFIER DE L'HOMME. SUR      UNE  ROUTE, DERRIERE LA GRILLE D'UN VASTE
24  007   PRINCESSE.'' EN PASSANT PLUS TARD DANS        UNE  RUE, IL S'ARRETA DEVANT UNE BOUTIQUE DE
14  047   SALTIMBANQUE, VOUTE, CADUC, DECREPIT,         UNE  RUINE D'HOMME, ADOSSE CONTRE UN DES
50  059   PLAISIRS. IL Y EN A QUI COUCHENT DANS         UNE  RUINE DE LA BANLIEUE ET QUI VIENNENT,
10  023   TUER LE TEMPS; PENDANT UNE AVERSE, CHEZ       UNE  SAUTEUSE QUI M'A PRIE DE LUI DESSINER UN
05  079           L'IMPLACABLE VIE!'' IL N'Y A QU'      UNE  SECONDE DANS LA VIE HUMAINE QUI AIT
09  092   DE LA DAMNATION A QUI A TROUVE DANS           UNE  SECONDE L'INFINI DE LA JOUISSANCE?
49  044   JE LUI BOUCHAI UN OEIL, QUI DEVINT, EN        UNE  SECONDE, GROS COMME UNE BALLE. JE CASSAI
05  062   D'UN AUTRE MONDE, DONT JE M'ENIVRAIS AVEC     UNE  SENSIBILITE PERFECTIONNEE, HELAS! IL EST
42  050   TROP AMOUREUX, ELLE SE CONVULSAIT COMME       UNE  SENSITIVE VIOLEE... --COMMENT CELA A-T-IL
05  017   ET LA DELICIEUSE OBSCURITE DE L'HARMONIE.     UNE  SENTEUR INFINITESIMALE DU CHOIX LE PLUS
42  122   DE SENTIMENT OU DE CALCUL; FIGUREZ-VOUS       UNE  SERENITE DESOLANTES DE CARACTERE; UN
30  095   ETAIT ETENDU SUR MON DIVAN, ET, ASSISTE D'    UNE  SERVANTE, JE M'OCCUPAIS DES DERNIERS
29  072   RELATIVEMENT A SON PROPRE POUVOIR, QU'        UNE  SEULE FOIS, C'ETAIT LE JOUR OU ELLE AVAIT
31  107   FOI! NON!'' A REPONDU L'AUTRE, ''IL FAIT      UNE  SI BELLE NUIT!'' LE TROISIEME DISAIT EN
21  113   QUE JE NE VEUX PAS NOMMER.'' CERTES, D'       UNE  SI COURAGEUSE ABNEGATION J'AVAIS LE DROIT
09  015   PAS EXPLIQUER D'OU VIENT SI SUBITEMENT        UNE  SI FOLLE ENERGIE A CES AMES PARESSEUSES ET
15  028   FATIGUE A SOULAGER L'APPETIT CAUSES PAR       UNE  SI LONGUE ASCENSION. JE TIRAI DE MA POCHE
29  092   DOUTEUX QUE SON ALTESSE AIT JAMAIS DONNE      UNE  SI LONGUE AUDIENCE A UN SIMPLE MORTEL, ET
25  003   S'AFFAISSE LACHEMENT ET FAIT LA SIESTE,       UNE  SIESTE QUI EST UNE ESPECE DE MORT
42  055   TETE-A-TETE AVEC MON DOMESTIQUE, ET DANS      UNE  SITUATION QUI M'OBLIGEA A ME RETIRER
27  012   SANS LA CONSULTER, LE DEMENAGEMENT D'         UNE  SOCIETE. LES SEIGNEURS EN QUESTION FURENT
41  009   ET DE LA BEAUTE. ET PUIS, SURTOUT, IL Y A     UNE  SORTE DE PLAISIR MYSTERIEUX ET
31  067   SON RECIT, LES YEUX ECARQUILLES PAR          UNE  SORTE DE STUPEFACTION DE CE QU'IL
03  018   DANS LA VOLUPTE CREE UN MALAISE ET           UNE  SOUFFRANCE POSITIVE. MES NERFS TROP TENDUS
50  095   EN ROUTE SANS AVOIR LESTE LEUR ESTOMAC D'     UNE  SOUPE PUISSANTE ET SOLIDE? ET NE
17  003   COMME UN HOMME ALTERE DANS L'EAU D'           UNE  SOURCE, ET LES AGITER AVEC MA MAIN COMME
21  006   DEVANT MOI, DEBOUT COMME SUR UNE ESTRADE,     UNE  SPLENDEUR SULFUREUSE EMANAIT DE CES TROIS
18  049   UNE MAGNIFIQUE BATTERIE DE CUISINE, COMME     UNE  SPLENDIDE ORFEVRERIE, COMME UNE BIJOUTERIE
29  059   ET IRREFUTABLES, ET ELLE S'EXPRIMAIT AVEC     UNE  SUAVITE DE DICTION ET UNE TRANQUILLITE
36  028   DELICIEUSE, QUI FAIT REVER AU MIRACLE D'      UNE  SUPERBE FLEUR ECLOSE DANS UN TERRAIN
13  097   DES BESOINS DU PETIT ETRE, MIEUX ENCORE,      UNE  SUPERFLUITE, UN JOUET, ET ELLE SERA
42  126   RESSEMBLE A UN INTERMINABLE VOYAGE SUR        UNE  SURFACE PURE ET POLIE COMME UN MIROIR,
28  021   EST PAS DE PLUS GRAND QUE CELUI DE CAUSER     UNE  SURPRISE. --C'ETAIT LA PIECE FAUSSE''! ME
29  027   EXACTEMENT, ET QUI M'INSPIRAIENT PLUTOT       UNE  SYMPATHIE FRATERNELLE QUE CETTE CRAINTE
45  020   DE CHAMPAGNE DANS LE BOURDONNEMENT D'         UNE  SYMPHONIE EN SOURDINE. ALORS, SOUS LE
18  042   ET LA FAIENCE Y JOUENT POUR LES YEUX          UNE  SYMPHONIE MUETTE ET MYSTERIEUSE; ET DE
25  008   L'IMMENSE AZUR! ET FAISANT SUR LA LUMIERE     UNE  TACHE ECLATANTE ET NOIRE. ELLE S'AVANCE,
13  092   VOLONTAIREMENT DANS UN MILIEU OU ELLE FAIT    UNE  TACHE SI ECLATANTE?'' MAIS EN PASSANT
30  083   INNOCENTS COMME AUX COUPABLES. ''RESTAIT      UNE  TACHE SUPREME A ACCOMPLIR, DONT LA SEULE
31  119   VOUS VOYEZ. ENSUITE ILS ONT BU CHACUN         UNE  TASSE D'EAU-DE-VIE ET SE SONT ENDORMIS, LE
15  029   TIRAI DE MA POCHE UN GROS MORCEAU DE PAIN,    UNE  TASSE DE CUIR ET UN FLACON D'UN CERTAIN
48  012   EST BATIE EN MARBRE, ET QUE LE PEUPLE Y A     UNE  TELLE HAINE DU VEGETAL, QU'IL ARRACHE TOUS
22  009   COMME CELLE DE LA MAREE QUI MONTE OU D'       UNE  TEMPETE QUI S'EVEILLE. QUELS SONT LES
34  022   ET NOUS VIMES, EN APPROCHANT, QUE C'ETAIT     UNE  TERRE MAGNIFIQUE, EBLOUISSANTE. IL
34  046   SES COMMODITES, SES FETES; C'ETAIT           UNE  TERRE RICHE ET MAGNIFIQUE, PLEINE DE
29  060   S'EXPRIMAIT AVEC UNE SUAVITE DE DICTION ET    UNE  TRANQUILLITE DANS LA DROLERIE QUE JE N'AI
05  018   CHOIX LE PLUS EXQUIS, A LAQUELLE SE MELE      UNE  TRES-LEGERE HUMIDITE, NAGE DANS CETTE
23  011   A PARLER DU HAUT D'UNE CHAIRE OU D'           UNE  TRIBUNE; RISQUERAIT FORT DE DEVENIR FOU
21  108   A MES OREILLES JE NE SAIS QUEL SOUVENIR D'    UNE  TROMPETTE PROSTITUEE. AUSSI JE REPONDIS,
42  133   SPECTRE. L'AMOUR M'APPARAISSAIT COMME         UNE  TUTELLE. QUE DE SOTTISES ELLE M'A EMPECHE
05  010   ONT L'AIR DE REVER! ON LES DIRAIT DOUES D'    UNE  VIE SOMNAMBULIQUE, COMME LE VEGETAL ET LE
13  036   FOIS DE SUIVRE PENDANT DE LONGUES HEURES      UNE  VIEILLE AFFLIGEE DE CETTE ESPECE: CELLE-LA
18  002   DIT-ON, QUE JE REVE DE VISITER AVEC           UNE  VIEILLE AMIE. PAYS SINGULIER, NOYE DANS
05  067   CONNU ME SOURIT: LA FIOLE DE LAUDANUM!        UNE  VIEILLE ET TERRIBLE AMIE; COMME TOUTES LES
51  007   PLEUR; MAIS COMME UN VIEUX PAILLARD D'        UNE  VIEILLE MAITRESSE, JE VOULAIS M'ENIVRER DE
```

		POEM	LINE
SONT REDIGES PAR DES COQUINS; AVOIR SALUE	UNE VINGTAINE DE PERSONNES, DONT QUINZE ME	10	018
DE TEMPS A AUTRE SES CYMBALES AVEC	UNE VIOLENCE EXTRAORDINAIRE. ILS ETAIENT SI	31	098
QUI, PIETINANT SUR LA TERRE FRAICHE AVEC	UNE VIOLENCE HYSTERIQUE ET BIZARRE, DISAIT EN	38	015
ETAIT MARQUEE D'UNE VIVACITE ET D'	UNE VITALITE SINGULIERES. ''MOI, JE VAIS VOUS	31	041
INTERESSANT QUE CE QUI SE PASSE DERRIERE	UNE VITRE. DANS CE TROU NOIR OU LUMINEUX VIT	35	007
TOUTE LA PETITE PERSONNE ETAIT MARQUEE D'	UNE VIVACITE ET D'UNE VITALITE SINGULIERES.	31	041
DE PAIN. ET JE L'ENTENDIS SOUPIRER, D'	UNE VOIX BASSE ET RAUQUE, LE MOT: GATEAU! JE	15	037
UNE INSIDIEUSE IVRESSE, ET IL ME DIT D'	UNE VOIX CHANTANTE: ''SI TU VEUX, SI TU VEUX,	21	038
CEUX QUE NOUS VOYONS PARTOUT, PARLENT AVEC	UNE VOIX CHANTANTE. ILS SE MENACENT, ILS	31	010
ARDENTS PARFUMS DE LA MORT, IL ENTENDIT	UNE VOIX CHUCHOTER SOUS LA TOMBE OU IL S'ETAIT	45	024
J'ENTENDIS UNE VOIX RAUQUE ET CHARMANTE,	UNE VOIX HYSTERIQUE ET COMME ENROUEE PAR	44	010
PAUVRE FEMME SAISIT MON BRAS ET ME DIT D'	UNE VOIX IRRESISTIBLE: ''OH! MONSIEUR!	30	109
CAMARADES PLUS PRES DE LUI, ET PARLA D'	UNE VOIX PLUS BASSE. --''CA FAIT UN SINGULIER	31	050
UNE VOIX QUI CHUCHOTAIT A MON OREILLE,	UNE VOIX QUE JE RECONNUS BIEN; C'ETAIT CELLE	49	026
LES RAISINS. EN MEME TEMPS, J'ENTENDIS	UNE VOIX QUI CHUCHOTAIT A MON OREILLE, UNE	49	025
DOUCEMENT SOUS LE MIEN, ET J'ENTENDIS	UNE VOIX QUI ME DISAIT A L'OREILLE: ''VOUS	47	003
COUP DE POING DANS LE DOS, ET J'ENTENDIS	UNE VOIX RAUQUE ET CHARMANTE, UNE VOIX	44	010
ET QUI GEMISSENT COMME LES FEMMES, D'	UNE VOIX RAUQUE ET DOUCE! ''ET TU SERAS AIMEE	37	024
PEUT MONTRER DE SPLENDEURS POUR	UNE VRAIE SOLENNITE. CELLE-LA ETAIT DOUBLEMENT	27	062
QUELQUES AUTRES DES MAISONS VOISINES; L'	UNE, DU PREMIER ETAGE; L'AUTRE, DU SECOND;	30	122
DEUX AMES DESORMAIS N'EN FERAIENT PLUS QU'	UNE; --UN REVE QUI N'A RIEN D'ORIGINAL, APRES	26	010
DU TROISIEME, ET AINSI DE SUITE, LES	UNES AVAIENT L'AIR SOMBRE ET RECHIGNE, LES	20	006
JE RECUS UN PAQUET DE LETTRES; LES	UNES EN STYLE DEMI-PLAISANT, COMME CHERCHANT A	30	124
LES AUTRES, UN AIR FOLATRE ET MALIN; LES	UNES, DES LOCATAIRES DE MA MAISON, QUELQUES	30	121
LA FORTUNE FUT ADJUGEE A L'HERITIER	UNES, JEUNES, QUI AVAIENT TOUJOURS ETE JEUNES;	20	007
ETRE TOUJOURS IVRE. TOUT EST LA: C'EST L'	UNIQUE D'UNE FAMILLE TRES-RICHE, QUI, N'ETANT	20	042
D'ECRIRE QUOI QUE CE FUT QUI NE TENDIT PAS	UNIQUE QUESTION. POUR NE PAS SENTIR L'HORRIBLE	33	001
ROIDEUR DE LA VOLONTE; SINUOSITE DU VERBE,	UNIQUEMENT AU PLAISIR OU A L'ETONNEMENT, QUI	27	027
VIEUX BOUC!'' NOUS CAUSAMES AUSSI DE L'	UNITE DU BUT, VARIETE DES MOYENS, AMALGAME	32	033
DES TITRES DE TOUS LES JOURNAUX DE L'	UNIVERS, DE SA CREATION ET DE SA FUTURE	29	054
EN PARFAITE PAIX AVEC MOI-MEME ET AVEC L'	UNIVERS, ET A TRAVERS CETTE TROMPETTE ELLE	21	099
PENSIF TIRE UN SINGULIERE IVRESSE DE CETTE	UNIVERS; JE CROIS MEME QUE, DANS MA PARFAITE	15	022
SOUS LA DOMINATION DE L'AMOUR. L'EXTASE	UNIVERSELLE COMMUNION. CELUI-LA QUI EPOUSE	12	018
FUMEES. CEPENDANT, DANS CETTE JOUISSANCE	UNIVERSELLE DES CHOSES NE S'EXPRIME PAR AUCUN	07	004
LES FORMES NOMBREUSES DE LA MISERE	UNIVERSELLE, J'AI APERCU UN ETRE AFFLIGE. AUX	07	014
M'EMPECHER DE JETER UN REGARD, SINON	UNIVERSELLE. IL Y AVAIT DE PETITS HOMMES	21	061
UN REPIT DANS LA CONTENTION ET LA LUTTE	UNIVERSELLEMENT SYMPATHIQUE, AU MOINS CURIEUX,	13	061
POUSSIERE, CRIS, JOIE, TUMULTE; LES	UNS. L'HOMME DU MONDE LUI-MEME ET	14	012
UNS DEPENSAIENT, LES AUTRES GAGNAIENT, LES	UNS DEPENSAIENT, LES AUTRES GAGNAIENT, LES UNS	14	037
COMME POUR S'ACQUITTER D'UNE COMMISSION	UNS ET LES AUTRES EGALEMENT JOYEUX. LES	14	037
ROIDE, DROITE, SOUS UN PETIT CHALE	URGENTE. QUELQUES MINUTES PLUS TARD UN COUP DE	27	126
MAIS ETERNEL, DE SA POITRINE GARCONNIERE.	USE, PORTAIT DANS TOUT SON ETRE UNE FIERTE DE	13	037
SES PETITES GRIFFES DANS LES YEUX DE L'	USEE PEUT-ETRE, MAIS NON FATIGUEE, ET TOUJOURS	39	020
	USURPATEUR; A SON TOUR CELUI-CI APPLIQUA	15	056

POEM LINE

POEM	LINE	CONTEXT
31	033	POUR VISITER TOUS LES PAYS. TENEZ, IL VA PASSER DERRIERE CETTE RANGEE D'ARBRES QUI
42	033	LA BATARDE D'UN PRINCE. BELLE, CELA VA SANS DIRE; SANS CELA, POURQUOI L'AURAIS-JE
11	027	AVEC PERMISSION DES MAGISTRATS, CELA VA SANS DIRE. ''FAITES BIEN ATTENTION! VOYEZ
21	110	JE REPONDIS, AVEC TOUT MON DEDAIN! '' VA-T'EN! JE NE SUIS PAS FAIT POUR EPOUSER LA
14	002	SE REPANDAIT, S'EBAUDISSAIT LE PEUPLE EN VACANCES. C'ETAIT UNE DE CES SOLENNITES SUR
12	014	DE CHACUN. POUR LUI SEUL, TOUT EST VACANT; ET SI DE CERTAINES PLACES PARAISSENT
04	006	FORT. AU MILIEU DE CE TOHU-BOHU ET DE CE VACARME, UN ANE TROTTAIT VIVEMENT, HARCELE PAR
22	063	LE DELICIEUX PASSE; ET LES ETOILES VACILLANTES D'OR ET D'ARGENT, DONT ELLE EST
30	029	JE LUI AI FAIT PORTER LE VIOLON DU VAGABOND, LA COURONNE D'EPINES ET LES CLOUS DE
24	039	DIT-IL, --QUE MA PENSEE SOIT UNE GRANDE VAGABONDE POUR ALLER CHERCHER SI LOIN CE QUI
42	163	REGARDERENT CELUI-CI AVEC UN REGARD VAGUE ET LEGEREMENT HEBETE, COMME FEIGNANT DE
21	070	CLIQUETIS DE METAL, QUI SE TERMINAIT EN UN VAGUE GEMISSEMENT FAIT DE NOMBREUSES VOIX
34	024	MUSIQUES DE LA VIE S'EN DETACHAIENT EN UN VAGUE MURMURE, ET QUE DE CES COTES, RICHES EN
03	003	CERTAINES SENSATIONS DELICIEUSES DONT LE VAGUE N'EXCLUT PAS L'INTENSITE; ET IL N'EST
33	010	OU DISPARUE. DEMANDEZ AU VENT, A LA VAGUE, A L'ETOILE, A L'OISEAU, A L'HORLOGE, A
33	014	QUELLE HEURE IL EST; ET LE VENT, LA VAGUE, L'ETOILE, L'OISEAU, L'HORLOGE, VOUS
39	018	DENTS; ILS N'ONT RIEN DIMINUE DU CHARME VAGUE, MAIS ETERNEL, DE SA POITRINE
49	017	D'UNE IDEE, QUELQUE CHOSE D'INFINIMENT VAGUE. ET JE SORTIS AVEC UNE GRANDE SOIF. CAR
11	021	CE MONSTRE POILU DONT LA FORME IMITE ASSEZ VAGUEMENT LA VOTRE. ''CE MONSTRE EST UN DE CES
36	010	SES YEUX SONT DEUX ANTRES OU SCINTILLE VAGUEMENT LE MYSTERE, ET SON REGARD ILLUMINE
21	105	LA SEDUISANTE VIRAGO, IL ME SEMBLA VAGUEMENT LA RECONNAISSAIS POUR L'AVOIR
35	010	REVE LA VIE, SOUFFRE LA VIE. PAR DELA DES VAGUES DE TOITS, J'APERCOIS UNE FEMME MURE,
51	006	QUE JE N'ALLAIS PAS LA POUR REPANDRE UN VAIN PLEUR; MAIS COMME UN VIEUX PAILLARD D'UNE
27	024	BIZARRES QU'IL FAISAIT POUR FUIR OU POUR VAINCRE CE TYRAN DU MONDE LUI AURAIENT
36	030	A DES FEMMES QUI INSPIRENT L'ENVIE DE LES VAINCRE ET DE JOUIR D'ELLES; MAIS CELLE-CI
42	147	DEVENU POUR MOI UN CAUCHEMAR ACCABLANT. VAINCRE OU MOURIR, COMME DIT LA POLITIQUE,
29	104	LA POSSIBILITE DE SOULAGER ET DE VAINCRE, PENDANT TOUTE VOTRE VIE, CETTE
27	109	N'ETAIT PAS SANS MELANGE. SE SENTAIT-IL VAINCU DANS SON POUVOIR DE DESPOTE? HUMILIE
15	059	COMBAT. MAIS, RAVIVE PAR LE DESESPOIR, LE VAINCU SE REDRESSA ET FIT ROULER LE VAINQUEUR
03	028	OU L'ARTISTE CRIE DE FRAYEUR AVANT D'ETRE VAINCU.
36	021	PURS, MAIS LA LUNE ARRACHEE DU CIEL, VAINCUE ET REVOLTEE, QUE LES SORCIERES
39	017	ET CHARMANTES! LE TEMPS ET L'AMOUR L'ONT VAINEMENT MORDUE A BELLES DENTS; ILS N'ONT
15	060	LE VAINCU SE REDRESSA ET FIT ROULER LE VAINQUEUR PAR TERRE D'UN COUP DE TETE DANS
47	037	''CINQ MINUTES, MESSIEURS!'' --OH! MOI, JE VAIS PARTOUT. JE CONNAIS BIEN CES MESSIEURS.''
47	081	QUE, BIEN QUE JE NE SOIS PAS MALADE, JE VAIS QUELQUEFOIS LES VOIR; RIEN POUR LES
16	007	PUIS, SE RAVISANT! IL REPONDIT: ''JE VAIS VOUS LE DIRE.'' PEU D'INSTANTS APRES, IL
31	042	ET D'UNE VITALITE SINGULIERE. ''MOI, JE VAIS VOUS RACONTER COMMENT IL M'EST ARRIVE
12	015	ETRE FERMEES, C'EST QU'A SES YEUX ELLES NE VALENT PAS LA PEINE D'ETRE VISITEES. LE
21	046	PACOTILLE D'ETRES QUI, SANS DOUTE, NE VALENT PAS MIEUX QUE MON PAUVRE MOI. BIEN QUE
27	049	PROBABLE QUE LE PRINCE VOULAIT JUGER DE LA VALEUR DES TALENTS SCENIQUES D'UN HOMME
22	015	ET EN CONTEMPLANT LE REPOS DE L'IMMENSE VALLEE, HERISSEE DE MAISONS DONT CHAQUE
18	025	UN MUSICIEN A ECRIT L'INVITATION A LA VALSE; QUEL EST CELUI QUI COMPOSERA
21	035	LES YEUX VERS LA TERRE. IL CONTEMPLAIT VANITEUSEMENT LES ONGLES DE SES PIEDS,
20	084	''COMMENT TROUVEZ-VOUS CE PETIT FRANCAIS VANITEUX, QUI VEUT TOUT COMPRENDRE, ET QUI
10	029	VOYEZ-LE, ET PUIS NOUS VERRONS;'' M'ETRE VANTE (POURQUOI?) DE PLUSIEURS VILAINES
29	075	N'OUBLIEZ JAMAIS, QUAND VOUS ENTENDREZ VANTER LE PROGRES DES LUMIERES; QUE LA PLUS
10	040	ELOIGNEZ DE MOI LE MENSONGE ET LES VAPEURS CORRUPTRICES DU MONDE; ET VOUS,
20	058	SE LEVA, ET EMPOIGNANT PAR SA ROBE DE VAPEURS MULTICOLORES LA FEE QUI ETAIT LE PLUS
44	004	ARCHITECTURES QUE DIEU FAIT AVEC LES VAPEURS, LES MERVEILLEUSES CONSTRUCTIONS DE
11	065	PIEDS DANS LA FANGE ET LES YEUX TOURNES VAPOREUSEMENT VERS LE CIEL, COMME POUR LUI
24	028	TABAC LEGEREMENT OPIACE!), AU DELA DE LA VARANGUE, LE TAPAGE DES OISEAUX IVRES DE
34	036	SEDUISANTE, DE CETTE MER SI INFINIMENT VARIEE DANS SON EFFRAYANTE SIMPLICITE, ET QUI
32	033	VOLONTE, SINUOSITE DU VERBE, UNITE DU BUT, VARIETE DES MOYENS, AMALGAME TOUT-PUISSANT ET
48	037	DE LA LUMIERE ET DE LA NUIT SUPPRIMENT LA VARIETE ET AUGMENTENT LA MONOTONIE, CETTE
47	047	DE S... M...! --ATTENDS, REPRIT-ELLE, TU VAS VOIR.'' ET ELLE TIRA D'UNE ARMOIRE UNE
15	009	SOUS MES PIEDS; MON AME ME SEMBLAIT AUSSI VASTE ET AUSSI PURE QUE LA COUPOLE DU CIEL
12	036	MYSTERIEUSES IVRESSES; ET, AU SEIN DE LA VASTE FAMILLE QUE LEUR GENIE S'EST FAITE, ILS
19	016	SUR UNE ROUTE, DERRIERE LA GRILLE D'UN VASTE JARDIN, AU BOUT DUQUEL APPARAISSAIT LA
07	001	QUELLE ADMIRABLE JOURNEE! VASTE PARC SE PAME SOUS L'OEIL BRULANT DU
27	030	FUT QU'IL N'EUT JAMAIS UN THEATRE ASSEZ VASTE POUR SON GENIE. IL Y A DE JEUNES NERONS
21	056	DELICATE ET PARFUMEE. C'ETAIT UN HOMME VASTE, A GROS VISAGE SANS YEUX, DONT LA LOURDE
16	018	DISTINCTEMENT, TOUJOURS LA MEME, UNE HEURE VASTE, SOLENNELLE, GRANDE COMME L'ESPACE, SANS
30	023	LE QUARTIER RECULE QUE J'HABITE, ET OU DE VASTES ESPACES GAZONNES SEPARENT ENCORE LES
12	033	EST DES BONHEURS SUPERIEURS AU LEUR, PLUS VASTES ET PLUS RAFFINES. LES FONDATEURS DE
06	011	PUISSANTS; ELLE S'AGRAFAIT AVEC SES DEUX VASTES GRIFFES A LA POITRINE DE SA MONTURE; ET
18	039	NOMBREUX COMPARTIMENTS. LES MEUBLES SONT VASTES, CURIEUX, BIZARRES, ARMES DE SERRURES
30	092	ABRUTI, MOITIE REVEUR: ''APRES TOUT, CELA VAUT PEUT-ETRE MIEUX AINSI; IL AURAIT TOUJOURS
21	076	PUIS TE DONNER CE QUI OBTIENT TOUT, CE QUI VAUT TOUT, CE QUI REMPLACE TOUT!'' ET IL TAPA
45	014	ET L'ON EUT DIT QUE LE SOLEIL IVRE SE VAUTRAIT TOUT DE SON LONG SUR UN TAPIS DE
13	001	VAUVENARGUES DIT QUE DANS LES JARDINS PUBLICS
35	018	AISEMENT. ET JE ME COUCHE, FIER D'AVOIR VECU ET SOUFFERT DANS D'AUTRES QUE MOI-MEME.
42	089	JUSQU'A OUBLIER LEURS DEVOIRS. BREF, J'AI VECU QUELQUE TEMPS EN TETE-A-TETE AVEC UN
42	008	QUI DIT CLAIREMENT: ''NOUS AVONS FORTEMENT VECU, ET NOUS CHERCHONS CE QUE NOUS POURRIONS
34	039	ET LES EXTASES DE TOUTES LES AMES QUI ONT VECU, QUI VIVENT ET QUI VIVRONT! EN DISANT
20	018	ACCORDEE A CELUI QUI N'AVAIT PAS ENCORE VECU, UNE GRACE POUVANT DETERMINER SA DESTINEE
05	010	DOUES D'UNE VIE SOMNAMBULIQUE, COMME LE VEGETAL, LE MINERAL. LES ETOFFES PARLENT UNE
48	012	ET QUE LE PEUPLE Y A UNE TELLE HAINE DU VEGETAL, QU'IL ARRACHE TOUS LES ARBRES. VOILA
18	007	ILLUSTRE DE SES SAVANTES ET DELICATES VEGETATIONS. UN VRAI PAYS DE COCAGNE, OU TOUT
14	032	MAJESTUEUSEMENT SOUS LES MAILLOTS LAVES LA VEILLE POUR LA CIRCONSTANCE, LES DANSEUSES,
14	073	QUE JE CRAIGNAIS DE L'HUMILIER. ENFIN, JE VENAIS DE ME RESOUDRE A DEPOSER EN PASSANT
16	022	UN COUP D'OEIL. ET SI QUELQUE IMPORTUN VENAIT ME DERANGER PENDANT QUE MON REGARD
16	025	INTOLERANT, QUELQUE DEMON DU CONTRE-TEMPS VENAIT ME DIRE: ''QUE REGARDES-TU LA AVEC TANT
27	083	POSSIBLE, REELE. CE BOUFFON ALLAIT, VENAIT, RIAIT, PLEURAIT, SE CONVULSAIT, AVEC
15	030	D'UN CERTAIN ELIXIR QUE LES PHARMACIENS VENDAIENT DANS CE TEMPS-LA AUX TOURISTES POUR
32	022	ETONNANTE DUALITE, MAITRE PUISSANT ET VENERE, CHER BACCHANT DE LA BEAUTE MYSTERIEUSE
47	009	SI! VOUS ETES MEDECIN. JE LE VOIS BIEN. VENEZ CHEZ MOI. VOUS SEREZ BIEN CONTENT DE
45	029	VOS CALCULS, MORTELS IMPATIENTS, QUI VENEZ ETUDIER L'ART DE TUER AUPRES DU
08	002	BEAU CHIEN, MON CHER TOUTOU, APPROCHEZ ET VENEZ RESPIRER UN EXCELLENT PARFUM ACHETE CHEZ
47	015	J'EN AI CONNU PLUSIEURS DE CE GENRE-LA. VENEZ.'' J'AIME PASSIONNEMENT LE MYSTERE,
50	069	A DE CERTAINS JOURS, LEUR DEPARTEMENT POUR VENIR A LA VILLE, GAMBADER PENDANT UNE HEURE,
30	070	MAIS TOUS MES VOISINS AVAIENT REFUSE DE ME VENIR EN AIDE, FIDELES EN CELA AUX HABITUDES

POEM LINE

37	020	LE SILENCE ET LA NUIT! LA MER IMMENSE ET	VERTE! L'EAU INFORME ET MULTIFORME! LE LIEU OU
37	008	SUR TA FACE. TES PRUNELLES EN SONT RESTEES	VERTES, ET TES JOUES EXTRAORDINAIREMENT PALES.
49	012	ALORS DANS UN ETAT D'ESPRIT AVOISINANT LE	VERTIGE OU LA STUPIDITE. IL M'AVAIT SEMBLE
42	127	UNE SURFACE PURE ET POLIE COMME UN MIROIR,	VERTIGINEUSEMENT MONOTONE, QUI AURAIT REFLECHI
37	026	TU SERAS LA REINE DES HOMMES AUX YEUX	VERTS DONT J'AI SERRE AUSSI LA GORGE DANS MES
26	053	ET SI BIZARREMENT DOUX, DANS VOS YEUX	VERTS, HABITES PAR LE CAPRICE ET INSPIRES PAR
44	008	LA PETITE FOLLE MONSTRUEUSE AUX YEUX	VERTS.'' ET TOUT A COUP JE RECUS UN VIOLENT
13	081	BEAUTES DU PASSE. UN PARFUM DE HAUTAINE	VERTU EMANAIT DE TOUTE SA PERSONNE. SON
33	005	MAIS DE QUOI? DE VIN, DE POESIE OU DE	VERTU, A VOTRE GUISE. MAIS ENIVREZ-VOUS. ET SI
33	017	SANS CESSE! DE VIN, DE POESIE OU DE	VERTU, A VOTRE GUISE.''
27	044	EXCENTRIQUE, TOUT ETAIT POSSIBLE, MEME LA	VERTU, MEME LA CLEMENCE, SURTOUT S'IL AVAIT PU
23	014	PAS DE MON GAZETIER LES COURAGEUSES	VERTUS DE CRUSOE, MAIS JE DEMANDE QU'IL NE
30	107	VIVEMENT POUR ARRACHER CES DERNIERS	VESTIGES DU MALHEUR, ET COMME J'ALLAIS LES
35	013	NE SORT JAMAIS. AVEC SON VISAGE, AVEC SON	VETEMENT, AVEC SON GESTE, AVEC PRESQUE RIEN,
50	087	DEUX PERSONNAGES INTELLIGENTS, HABILLES DE CES	VETEMENTS A LA FOIS ERAILLES ET SOMPTUEUX,
19	019	UN ENFANT BEAU ET FRAIS, HABILLE DE CES	VETEMENTS DE CAMPAGNE SI PLEINS DE
30	077	MEMBRES! NOUS DUMES LACERER ET COUPER LES	VETEMENTS POUR LES LUI ENLEVER. ''LE
42	005	CETTE DISTINCTION NON MECONNAISSABLE DES	VETERANS DE LA JOIE, CET INDESCRIPTIBLE JE NE
19	026	AUSSI FRAIS QUE SON MAITRE, VERNI, DORE,	VETU D'UNE ROBE POURPRE, ET COUVERT DE PLUMETS
13	075	MAIS CE JOUR-LA, A TRAVERS CE PEUPLE	VETU DE BLOUSES ET D'INDIENNE, J'APERCUS UN
13	095	TENAIT PAR LA MAIN UN ENFANT COMME ELLE	VETU DE NOIR; SI MODIQUE QUE FUT LE PRIX
47	105	QU'IL AIMERAIT: ''JE VEUX VOUS VOIR	VETUE DU COSTUME QUE VOUS PORTIEZ DANS CE
49	013	LUI DIS: ''MONSIEUR, VOUS ETES MON EGAL!	VEUILLEZ ME FAIRE L'HONNEUR DE PARTAGER AVEC
49	059	AVEC L'ENERGIE OBSTINEE DES CUISINIERS QUI	VEULENT ATTENDRIR UN BEEFSTEAK. TOUT A COUP,
27	010	CES INDIVIDUS D'HUMEUR ATRABILAIRE QUI	VEULENT DEPOSER LES PRINCES ET OPERER, SANS LA
14	067	OFFUSQUES PAR CES LARMES REBELLES QUI NE	VEULENT PAS TOMBER. QUE FAIRE? A QUOI BON
50	066	BETES! PARCE QUE LES HOMMES IMBECILES N'EN	VEULENT PLUS. D'AUTRES QUI, COMME DES NEGRES
30	071	AUX HABITUDES DE L'HOMME CIVILISE, QUI NE	VEUT JAMAIS, JE NE SAIS POURQUOI, SE MELER DES
14	083	LA BARAQUE DE QUI LE MONDE OUBLIEUX NE	VEUT PLUS ENTRER!
20	084	CE PETIT FRANCAIS VANITEUX, QUI	VEUT TOUT COMPRENDRE, ET QUI AYANT OBTENU POUR
12	012	QUI CHERCHENT UN CORPS, IL ENTRE, QUAND IL	VEUT, DANS LE PERSONNAGE DE CHACUN. POUR LUI
13	032	LA SIENNE AU GRAND COMPLET. QUELLE EST LA	VEUVE LA PLUS TRISTE ET LA PLUS ATTRISTANTE,
13	094	JE CRUS EN DEVINER LA RAISON. LA GRANDE	VEUVE TENAIT PAR LA MAIN UN ENFANT COMME ELLE
13	000	LES	VEUVES
13	026	DES VEUVES SUR CES BANCS SOLITAIRES, DES	VEUVES PAUVRES? QU'ELLES SOIENT EN DEUIL OU
13	025	AVEZ-VOUS QUELQUEFOIS APERCU DES	VEUVES SUR CES BANCS SOLITAIRES, DES VEUVES
42	065	PRETE! ET SANS ENTHOUSIASME! ''JE	VEUX BIEN, PUISQUE CELA VOUS EST ''AGREABLE.''
19	001	JE	VEUX DONNER L'IDEE D'UN DIVERTISSEMENT
11	011	PAR-CI, CARESSEZ-MOI PAR-LA'! TENEZ,	VEUX ESSAYER DE VOUS GUERIR! NOUS EN
20	069	LES NIXES, LES ONDINS ET LES ONDINES, --JE	VEUX PARLER DE LA LOI QUI CONCEDE AUX FEES,
49	003	(IL Y A SEIZE OU DIX-SEPT ANS)! JE	VEUX PARLER DES LIVRES OU IL EST TRAITE DE
42	080	QUE VOUS AVEZ PEUT-ETRE NEGLIGEES. JE	VEUX PARLER DU COMIQUE DANS L'AMOUR, ET D'UN
21	081	DE LA MISERE DE PERSONNE! ET JE NE	VEUX PAS D'UNE RICHESSE ATTRISTEE! COMME UN
20	061	OUBLIEZ! IL Y A ENCORE MON PETIT! JE NE	VEUX PAS ETRE VENU POUR RIEN.'' LA FEE POUVAIT
21	112	EPOUSER LA MAITRESSE DE CERTAINS QUE JE NE	VEUX PAS NOMMER.'' CERTES, D'UNE SI COURAGEUSE
29	097	A SA GLOIRE SANS LE SAVOIR, ME DIT: ''JE	VEUX QUE VOUS GARDIEZ DE MOI UN BON SOUVENIR,
21	048	J'AIE QUELQUE HONTE A ME SOUVENIR, JE NE	VEUX RIEN OUBLIER! ET QUAND MEME JE NE TE
47	104	A UNE COMEDIENNE QU'IL AIMERAIT: ''JE	VEUX VOUS VOIR VETUE DU COSTUME QUE VOUS
21	039	D'UNE VOIX CHANTANTE: ''SI TU VEUX, SI TU	VEUX, JE TE FERAI LE SEIGNEUR DES AMES, ET TU
21	039	ET IL ME DIT D'UNE VOIX CHANTANTE: ''SI TU	VEUX, SI TU VEUX, JE TE FERAI LE SEIGNEUR DES
42	114	DE CES YEUX DONT LE REGARD DIT: ''JE	VEUX!'' OU: ''IL FAUT!'' OU BIEN: ''JE
49	006	HEURES. J'AVAIS DONC DIGERE, --AVALE,	VEUX-JE DIRE, --TOUTES LES ELUCUBRATIONS DE
11	011	AUX DENTS DE LA BETE FEROCE, DE LA FEMME,	VEUX-JE DIRE. ''ALLONS! UN BON COUP DE BATON
21	095	INCESSAMMENTS LAVES PAR L'EAU-DE-VIE. ''	VEUX-TU CONNAITRE MA PUISSANCE?'' DIT LA
48	018	LE REPOS, AVEC LE SPECTACLE DU MOUVEMENT,	VEUX-TU VENIR HABITER LA HOLLANDE, CETTE TERRE
11	055	QUE VOTRE PEAU, QUI NE MANGEZ QUE DE LA	VIANDE CUITE, ET POUR QUI UN DOMESTIQUE HABILE
34	014	QUE NOUS? QUAND POURRONS-NOUS MANGER DE LA	VIANDE QUI NE SOIT PAS SALEE COMME L'ELEMENT
03	020	NERFS TROP TENDUS NE DONNENT PLUS QUE DES	VIBRATIONS CRIARDES ET DOULOUREUSES. ET
28	058	QU'ON L'EST! ET LE PLUS IRREPARABLE DES	VICES EST DE FAIRE LE MAL PAR DELICE.
09	046	PAS POURQUOI. J'AI ETE PLUS D'UNE FOIS	VICTIME DE CES CRISES ET DE CES ELANS, QUI
22	052	COMME L'AGONIE DU JOUR SOUS L'OPPRESSION	VICTORIEUSE DE SA NUIT, LES FEUX DES
03	025	ENCHANTERESSE SANS PITIE. RIVALE TOUJOURS	VICTORIEUSE, LAISSE-MOI! CESSE DE TENTER MES
13	014	JOIE DES RICHES. CETTE TURBULENCE DANS LE	VIDE N'A RIEN QUI LES ATTIRE. AU CONTRAIRE,
11	075	PAR LA FENETRE, COMME UNE BOUTEILLE	VIDE.
31	072	DE DEVINER QUE CELUI-LA NE PERDRAIT PAS SA	VIE A CHERCHER LA DIVINITE DANS LES NUEES, ET
05	048	MISERE ET AJOUTER LES TRIVIALITES DE LA	VIE AUX DOULEURS DE LA MIENNE! OU BIEN LE
42	070	DE L'AMOUR LE PLUS FORCENE. APRES UN AN DE	VIE COMMUNE, ELLE M'AVOUA QU'ELLE N'AVAIT
28	029	PAR LE DESIR DE CREER UN EVENEMENT DANS LA	VIE DE CE PAUVRE DIABLE, PEUT-ETRE MEME DE
20	003	PARMI TOUS LES NOUVEAU-NES, ARRIVES A LA	VIE DEPUIS VINGT-QUATRE HEURES. TOUTES CES
45	017	BRUISSEMENT DE VIE REMPLISSAIT L'AIR, --LA	VIE DES INFINIMENT PETITS, --COUPE A
19	043	SANS DOUTE, AVAIENT TIRE LE JOUJOU DE LA	VIE ELLE-MEME. ET LES DEUX ENFANTS SE RIAIENT
09	088	MA FOLIE, JE LUI CRIAI FURIEUSEMENT: ''LA	VIE EN BEAU! LA VIE EN BEAU!'' CES
09	089	CRIAI FURIEUSEMENT: ''LA VIE EN BEAU!	VIE EN BEAU!'' CES PLAISANTERIES NERVEUSES NE
09	079	PAS MEME DE VITRES QUI FASSENT VOIR LA	VIE EN BEAU!'' ET JE LE POUSSAI VIVEMENT VERS
18	020	ET DECORE UNE CHINE OCCIDENTALE, OU LA	VIE EST DOUCE A RESPIRER, OU LE BONHEUR EST
18	010	A PLAISIR A SE MIRER DANS L'ORDRE! OU LA	VIE EST GRASSE ET DOUCE A RESPIRER; D'OU LE
48	001	CETTE	VIE EST UN HOPITAL OU CHAQUE MALADE EST
24	048	PLUS ETOUFFES PAR LES BOURDONNEMENTS DE LA	VIE EXTERIEURE, SE DIT: ''J'AI EU
47	115	QUAND ON SAIT SE PROMENER ET REGARDER? LA	VIE FOURMILLE DE MONSTRES INNOCENTS.
05	079	VIE!'' IL N'Y A QU'UNE SECONDE DANS LA	VIE HUMAINE QUI AIT MISSION D'ANNONCER UNE
34	049	ET DE MUSC, ET D'OU LES MUSIQUES DE LA	VIE NOUS ARRIVAIENT EN UN AMOUREUX MURMURE.
50	058	LEVES DE BON MATIN! ET ILS CHERCHENT LEUR	VIE OU COURENT A LEURS PLAISIRS. IL Y EN A QUI
30	021	DE CETTE FACULTE QUI REND A NOS YEUX LA	VIE PLUS VIVANTE ET PLUS SIGNIFICATIVE QUE
30	037	DEBARBOUILLE, DEVINT CHARMANT, ET LA	VIE QU'IL MENAIT CHEZ MOI LUI SEMBLAIT UN
42	169	QUI A LA VIE SI DURE, ET ACCELERER LA	VIE QUI COULE SI LENTEMENT.
45	016	LA DESTRUCTION. UN IMMENSE BRUISSEMENT DE	VIE REMPLISSAIT L'AIR, --LA VIE DES INFINIMENT
34	023	IL SEMBLAIT QUE LES MUSIQUES DE LA	VIE S'EN DETACHAIENT EN UN VAGUE MURMURE, ET
12	039	POUR LEUR FORTUNE SI AGITEE ET POUR LEUR	VIE SI CHASTE.
42	169	BOUTEILLES! POUR TUER LE TEMPS QUI A LA	VIE SI DURE, ET ACCELERER LA VIE QUI COULE SI
05	010	L'AIR DE REVER! ON LES DIRAIT DOUES D'UNE	VIE SOMNAMBULIQUE, COMME LE VEGETAL ET LE
05	037	HEUREUSE, N'A RIEN DE COMMUN AVEC CETTE	VIE SUPREME DONT J'AI MAINTENANT CONNAISSANCE

```
UN EMBLEME QUELCONQUE DE LA BRIEVETE DE LA     VIE''. ET IL ENTRA, BUT UN VERRE DE BIERE EN     45 008
ET DE VAINCRE; PENDANT TOUTE VOTRE             VIE; CETTE BIZARRE AFFECTION DE L'ENNUI, QUI     29 104
POUR LES BIENS LES PLUS VISIBLES DE LA         VIE; DEVAIT SE TROUVER PLUS TARD                 20 045
LE CALME ABSOLU. MAIS, DURANT TOUTE MA         VIE; EXCEPTE A L'AGE DE CHERUBIN; J'AI ETE       42 027
DE LA PENDULE, DIT: --''JE SUIS LA             VIE; L'INSUPPORTABLE, L'IMPLACABLE VIE!'' IL     05 077
CE QUE NOUS NOMMONS GENERALEMENT LA            VIE; MEME DANS SON EXPANSION LA PLUS HEUREUSE,   05 035
PETIT BONHOMME, L'ESPIEGLE COMPAGNON DE MA     VIE; PENDU AU PANNEAU DE CETTE ARMOIRE! SES      30 051
DANS CE TROU NOIR OU LUMINEUX VIT LA           VIE; REVE LA VIE, SOUFFRE LA VIE. PAR DELA DES   35 008
DE LA BALTIQUE; ENCORE PLUS LOIN DE LA         VIE; SI C'EST POSSIBLE; INSTALLONS-NOUS AU       48 034
TROU NOIR OU LUMINEUX VIT LA VIE, REVE LA      VIE; SOUFFRE LA VIE. PAR DELA DES VAGUES DE      35 008
AVEC LES PUISSANCES MALFAISANTES DE LA         VIE; UN REPIT DANS LA CONTENTION ET LA LUTTE     14 012
VOUS-MEME, INDIGNE COMPAGNON DE MA TRISTE      VIE; VOUS RESSEMBLEZ AU PUBLIC, A QUI IL NE      08 013
TOUTES LES FASTIDIEUSES HORREURS DE LA         VIE; ON Y RESPIRAIT UNE BEATITUDE SOMBRE,        29 015
JE LUI AVAIS DONC RENDU L'ORGUEIL ET LA        VIE. ALORS, JE LUI FIS FORCE SIGNES POUR LUI     49 069
SONT LES RENDEZ-VOUS DES ECLOPPES DE LA        VIE. C'EST SURTOUT VERS CES LIEUX QUE LE POETE   13 008
DANS LA MEME NUIT ILS FURENT EFFACES DE LA     VIE. DEPUIS LORS, PLUSIEURS MIMES, JUSTEMENT     27 146
SYMBOLIQUEMENT LE MYSTERE DE LA                VIE. IL ENTRA EN SCENE LEGEREMENT ET AVEC UNE    27 068
POUR UNE AME FATIGUEE DES LUTTES DE LA         VIE. L'AMPLEUR DU CIEL, L'ARCHITECTURE MOBILE    41 002
ME CAUSERENT D'ABORD L'ILLUSION DE LA          VIE. LE DEPENDRE N'ETAIT PAS UNE BESOGNE AUSSI   30 057
PALAIS OU JE VOUDRAIS POSSEDER SA CHERE        VIE. NOUS N'Y SERIONS PAS CHEZ NOUS.            24 011
DE L'HOMME AUX HEURES SOLENNELLES DE LA        VIE. ON DIRAIT ENCORE UNE DE CES ROBES          22 058
VIT LA VIE, REVE LA VIE, SOUFFRE LA            VIE. PAR DELA DES VAGUES DE TOITS, J'APERCOIS    35 009
DEMEURER POUR CULTIVER LE REVE DE MA           VIE.'' ET, TOUT EN ANALYSANT DES YEUX LES        24 015
SEPARENT ACTUELLEMENT DU MONDE. HORRIBLE       VIE! HORRIBLE VILLE! RECAPITULONS LA JOURNEE:    10 011
LE SEUL VRAI BUT DE LA DETESTABLE              VIE!''                                          45 036
SUIS LA VIE, L'INSUPPORTABLE, L'IMPLACABLE     VIE!'' IL N'Y A QU'UNE SECONDE DANS LA VIE       05 078
OSTENSIBLEMENT LES TALENTS DE SON              VIEIL AMI, L'ETRANGE BOUFFON, QUI BOUFFONNAIT    27 120
ET JE ME DIS: JE VIENS DE VOIR L'IMAGE DE      VIEIL HOMME DE LETTRES QUI A SURVECU A LA        14 079
EN SOUVERAIN MAINTENANT; ET AVEC LE HIDEUX     VIEILLARD EST REVENU TOUT SON DEMONIAQUE         05 071
SAUTERA BRUSQUEMENT AU COU D'UN                VIEILLARD QUI PASSE A COTE DE LUI ET             09 040
A LA BOXE, POUR ASSOMMER RAPIDEMENT CE         VIEILLARD; JE LE SAISIS D'UNE MAIN PAR LE        49 047
LE DESESPOIR DE LA                             VIEILLE                                         02 000
DE SUIVRE PENDANT DE LONGUES HEURES UNE        VIEILLE AFFLIGEE DE CETTE ESPECE; CELLE-LA       13 036
DIT-ON, QUE JE REVE DE VISITER AVEC UNE        VIEILLE AMIE. PAYS SINGULIER, NOYE DANS LES      18 002
ACADEMIQUE! JE N'AI QUE FAIRE DE CETTE         VIEILLE BEGUEULE. J'INVOQUE LA MUSE FAMILIERE,   50 015
CONNU ME SOURIT: LA FIOLE DE LAUDANUM; UNE     VIEILLE ET TERRIBLE AMIE; COMME TOUTES LES       05 068
SANS DOUTE LA LA PETITE DEBAUCHE DE CETTE      VIEILLE INNOCENTE (OU DE CETTE VIEILLE           13 053
PLEUR; MAIS COMME UN VIEUX PAILLARD D'UNE      VIEILLE MAITRESSE, JE VOULAIS M'ENIVRER DE       51 007
DE CETTE VIEILLE INNOCENTE (OU DE CETTE        VIEILLE PURIFIEE), LA CONSOLATION BIEN GAGNEE    13 054
LA PETITE                                      VIEILLE RATATINEE SE SENTIT TOUT REJOUIE EN      02 001
DE SES GLAPISSEMENTS. ALORS LA BONNE           VIEILLE SE RETIRA DANS SA SOLITUDE ETERNELLE,    02 011
ETRE, SI FRAGILE COMME ELLE, LA PETITE         VIEILLE, ET, COMME ELLE AUSSI, SANS DENTS ET     02 004
NUS; COMME AUX DANSES DU DIMANCHE, OU LES      VIEILLES CAFRINES ELLES-MEMES DEVIENNENT IVRES   25 052
SE DISANT: --''AH! POUR NOUS, MALHEUREUSES     VIEILLES FEMELLES, L'AGE EST PASSE DE PLAIRE,    02 013
QUE LES GLANEUSES SEXAGENAIRES ET QUE LES      VIEILLES MENDIANTES QUI RAMASSENT DES CROUTES    11 004
QUE LEURS MAINS TREMBLANTES; ET PUIS DE        VIEILLES MERES PORTANT DES AVORTONS ACCROCHES    21 065
AVAIENT TOUJOURS ETE JEUNES; LES AUTRES,       VIEILLES, QUI AVAIENT TOUJOURS ETE VIEILLES.     20 008
AUTRES, VIEILLES, QUI AVAIENT TOUJOURS ETE     VIEILLES. TOUS LES PERES QUI ONT FOI DANS LES    20 009
FEMMES SUR LE RETOUR, QUI CEPENDANT NE         VIEILLISSENT PLUS, ET DONT LA BEAUTE GARDE LA    21 087
L'OR, LES DIAMANTS; LES PALAIS FEERIQUES,      VIENDRONT VOUS CHERCHER ET VOUS PRIERONT DE      29 110
''PRESQUE TOUS NOS MALHEURS NOUS               VIENNENT DE N'AVOIR PAS SU RESTER DANS NOTRE     23 037
BELLES ET BIEN PLUS GRANDES QUE CELLES QUI     VIENNENT NOUS VOIR A LA MAISON, ET, QUOIQUE      31 015
DANS UNE RUINE DE LA BANLIEUE ET QUI           VIENNENT, CHAQUE JOUR, A HEURE FIXE, RECLAMER    50 060
SOUS LA PLUIE RUISSELANTE, ILS VONT, ILS       VIENNENT, ILS TROTTENT, ILS PASSENT SOUS LES     50 055
MA SOUDAINE DOULEUR, ET JE ME DIS: JE          VIENS DE VOIR L'IMAGE DU VIEIL HOMME DE          14 079
JEUNE. JE LUI AI DIT: ''VIENS ME VOIR,         VIENS ME VOIR SOUVENT. ET AVEC MOI, NE TE GENE   47 094
QUOIQUE PAS TROP JEUNE. JE LUI AI DIT: ''      VIENS ME VOIR, VIENS ME VOIR SOUVENT. ET AVEC    47 094
AU NOM DE LA LOI! UNE INFAME CONCUBINE QUI     VIENT CRIER MISERE ET AJOUTER LES TRIVIALITES    05 048
SPECTRE EST ENTRE. C'EST UN HUISSIER QUI       VIENT ME TORTURER AU NOM DE LA LOI; UNE INFAME   05 046
IL SAIT QUE JE DEDAIGNE LES SIENNES, ET IL     VIENT S'INSINUER DANS LES MIENNES; LE HIDEUX     23 031
TOUT SAVOIR; NE PEUVENT PAS EXPLIQUER D'OU     VIENT SI SUBITEMENT UNE SI FOLLE ENERGIE A CES   09 014
MON CHER AMI, L'EPOUSE EST ''ENCORE AUSSI      VIERGE QUE L'ETAIT VOTRE MAITRESSE.'' RIEN       42 075
JUSQU'AU BORD: ''A VOTRE IMMORTELLE SANTE,     VIEUX BOUC!!'' NOUS CAUSAMES AUSSI DE            29 053
UNE ABSOLUE SOLITUDE, DES HABITUDES DE         VIEUX CELIBATAIRE, ET LE CARACTERE MASCULIN DE   13 040
NOUS ETIONS DEJA, EN NOUS ASSEYANT, DE         VIEUX ET PARFAITS AMIS. NOUS MANGEAMES; NOUS     29 035
NOUS NOUS RENCONTRONS; MAIS COMME DEUX         VIEUX GENTILSHOMMES, EN QUI UNE POLITESSE        29 089
EN PLEURANT. SI C'EUT ETE UN PAUVRE            VIEUX HOMME, J'AURAIS REFAIT LA SIENNE TOUT      35 016
ET QUAND MEME JE NE TE CONNAITRAIS PAS,        VIEUX MONSTRE, TA MYSTERIEUSE COUTELLERIE, TES   21 049
JEUNES NI VIEUX; NI BEAUX NI LAIDS; MAIS       VIEUX OU JEUNES; ILS PORTAIENT CETTE             42 004
POUR REPANDRE UN VAIN PLEUR! MAIS COMME UN     VIEUX PAILLARD D'UNE VIEILLE MAITRESSE, JE       51 007
DONT IL FUT LE BRILLANT AMUSEUR; DU            VIEUX POETE SANS AMIS, SANS FAMILLE, SANS        14 084
TAUDIS; ON PEUT LA TROUVER DANS PLUSIEURS      VIEUX POETES FRANCAIS BIEN CONNUS. SEULEMENT,    47 021
LE                                             VIEUX SALTIMBANQUE                               14 000
ILS N'ETAIENT PRECISEMENT NI JEUNES NI         VIEUX, NI BEAUX NI LAIDS; MAIS VIEUX OU          42 004
LA DROLERIE DE CE GAMIN UN PLAISIR SI          VIF, QUE JE PRIAI UN JOUR SES PARENTS, DE        30 032
UN PUR BATON; PERCHE A HOUBLON, TUTEUR DE      VIGNE, SEC, DUR ET DROIT. AUTOUR DE CE BATON,    32 006
A LA GORGE, ET JE ME MIS A LUI SECOUER         VIGOUREUSEMENT LA TETE CONTRE UN MUR. JE DOIS    49 049
AVEZ-VOUS ADMIRE COMME MOI TOUS CES CHIENS     VIGOUREUX ATTELES A LA CHARRETTE DU BOUCHER,     50 075
DE CHANTS MELANCOLIQUES, D'HOMMES              VIGOUREUX DE TOUTES NATIONS ET DE NAVIRES DE     17 017
M'ETRE VANTE (POURQUOI?) DE PLUSIEURS          VILAINES ACTIONS QUE JE N'AI JAMAIS COMMISES,    10 030
ETAIENT PRESENTS DANS LA TAVERNE DE LA RUE     VILLA-HERMOSA N'OUBLIERA AVEC QUELLE PETULANCE   50 121
EH BIEN! J'AI VU, A LA DERNIERE FOIRE DU       VILLAGE VOISIN, TROIS HOMMES QUI VIVENT COMME    31 083
LE SOLEIL ACCABLE LA                           VILLE DE SA LUMIERE DROITE ET TERRIBLE; LE       25 001
LA MONTAGNE D'OU L'ON PEUT CONTEMPLER LA       VILLE EN SON AMPLEUR, HOPITAL, LUPANAR,          51 002
T'Y RAGAILLARDIRAIS COMME UN LEZARD. CETTE     VILLE EST AU BORD DE L'EAU; ON DIT QU'ELLE EST   48 010
QUE VOUS SOYEZ, DANS LES SPLENDEURS DE LA      VILLE ETERNELLE OU DANS LES BRUMES DES PAYS      32 039
DESESPOIRS, DELIRE OFFICIEL D'UNE GRANDE       VILLE FAIT POUR TROUBLER LE CERVEAU DU           04 004
JOURS, LEUR DEPARTEMENT POUR VENIR A LA        VILLE, GAMBADER PENDANT UNE HEURE, AUTOUR        50 069
NE TROUVE-T-ON PAS DANS UNE GRANDE             VILLE, QUAND ON SAIT SE PROMENER ET REGARDER?    47 115
ACHETE CHEZ LE MEILLEUR PARFUMEUR DE LA        VILLE.'' ET LE CHIEN, EN FRETILLANT DE LA        08 003
DU MONDE. HORRIBLE VIE! HORRIBLE               VILLE! RECAPITULONS LA JOURNEE: AVOIR VU         10 011
```

POEM LINE

39	015	AIX, ARLES, AVIGNON, NARBONNE, TOULOUSE,	VILLES BENIES DU SOLEIL, AMOUREUSES ET
32	037	PAR DELA LES FLEUVES! PAR-DESSUS LES	VILLES OU LES PIANOS CHANTENT VOTRE GLOIRE, OU
50	041	DANS LES RAVINES SINUEUSES DES IMMENSES	VILLES, SOIT CEUX QUI ONT DIT A L'HOMME
34	021	ENFIN UN RIVAGE FUT SIGNALE! ET NOUS	VIMES, EN APPROCHANT, QUE C'ETAIT UNE TERRE
47	024	AUX MURS. COMME JE FUS DORLOTE! GRAND FEU,	VIN CHAUD, CIGARES! ET EN M'OFFRANT CES BONNES
24	043	FAIENCES VOYANTES, UN SOUPER PASSABLE, UN	VIN RUDE, ET UN LIT TRES- LARGE AVEC DES DRAPS
33	005	VOUS ENIVRER SANS TREVE. MAIS DE QUOI? DE	VIN, DE POESIE OU DE VERTU, A VOTRE GUISE.
33	017	ENIVREZ-VOUS! ENIVREZ-VOUS SANS CESSE! DE	VIN, DE POESIE OU DE VERTU, A VOTRE GUISE.''
49	005	LES PEUPLES HEUREUX, SAGES ET RICHES, EN	VINGT-QUATRE HEURES. J'AVAIS DONC DIGERE,
14	010	C'EST L'HORREUR DE L'ECOLE RENVOYEE A	VINGT-QUATRE HEURES. POUR LES GRANDS C'EST UN
20	003	LES NOUVEAU-NES, ARRIVES A LA VIE DEPUIS	VINGT-QUATRE HEURES. TOUTES CES ANTIQUES ET
10	019	REDIGES PAR DES COQUINS! AVOIR SALUE UNE	VINGTAINE DE PERSONNES, DONT QUINZE ME SONT
29	036	BUMES OUTRE MESURE DE TOUTES SORTES DE	VINS EXTRAORDINAIRES, ET, CHOSE NON MOINS
47	100	JE N'OSE PAS LUI DIRE? --JE VOUDRAIS QU'IL	VINT ME VOIR AVEC SA TROUSSE ET SON TABLIER,
30	072	SE MELER DES AFFAIRES D'UN PENDU. ENFIN	VINT UN MEDECIN QUI DECLARA QUE L'ENFANT ETAIT
42	050	ELLE SE CONVULSAIT COMME UNE SENSITIVE	VIOLEE... --COMMENT CELA A-T-IL FINI? DIT L'UN
38	021	MIEUX ACCENTUER MON REFUS, J'AI FRAPPE SI	VIOLEMMENT LA TERRE DU PIED QUE MA JAMBE S'EST
31	098	DE TEMPS A AUTRE SES CYMBALES AVEC UNE	VIOLENCE EXTRAORDINAIRE. ILS ETAIENT SI
38	015	PIETINANT SUR LA TERRE FRAICHE AVEC UNE	VIOLENCE HYSTERIQUE ET BIZARRE, DISAIT EN
42	125	DOUCEUR SANS FAIBLESSE! UNE ENERGIE SANS	VIOLENCE. L'HISTOIRE DE MON AMOUR RESSEMBLE A
44	009	YEUX VERTS.'' ET TOUT A COUP JE RECUS UN	VIOLENT COUP DE POING DANS LE DOS, ET
21	014	ET INDECISE, RESSEMBLAIENT A DES	VIOLETTES CHARGEES ENCORE DES LOURDS PLEURS DE
30	029	MYTHOLOGIQUE. JE LUI AI FAIT PORTER LE	VIOLON DU VAGABOND, LA COURONNE D'EPINES ET
21	029	UN PARFAIT CORDIAL!'' DANS LA GAUCHE, UN	VIOLON QUI LUI SERVAIT SANS DOUTE A CHANTER
31	093	L'UN, EN TRAINANT SON ARCHET SUR SON	VIOLON, SEMBLAIT RACONTER UN CHAGRIN, ET
21	105	EXAMINANT PLUS ATTENTIVEMENT LA SEDUISANTE	VIRAGO, IL ME SEMBLA VAGUEMENT QUE JE LA
50	113	ET UN POUR LES HOLLANDAIS! LES BERGERS DE	VIRGILE ET DE THEOCRITE ATTENDAIENT. POUR PRIX
28	048	BRILLAIENT D'UNE INCONTESTABLE CANDEUR. JE	VIS ALORS CLAIREMENT QU'IL AVAIT VOULU FAIRE A
49	061	VERIFIE L'EXCELLENCE DE SA THEORIE! --IL	VIS CETTE ANTIQUE CARCASSE SE RETOURNER, SE
29	031	LEURS REGARDS, JE DIRAIS QUE JAMAIS JE NE	VIS D'YEUX BRILLANT PLUS ENERGIQUEMENT DE
05	085	HUE DONC! BOURRIQUE! SUE DONC, ESCLAVE!	VIS DONC, DAMNE!''
27	122	SI BIEN LA MORT. A UN CERTAIN MOMENT, JE	VIS SON ALTESSE SE PENCHER VERS UN PETIT PAGE,
38	013	SUR LE LIEU OU ETAIT ENFOUI MON TRESOR, JE	VIS SUBITEMENT UNE PETITE PERSONNE QUI
14	046	LUI-MEME DE TOUTES CES SPLENDEURS, JE	VIS UN PAUVRE SALTIMBANQUE, VOUTE, CADUC,
21	011	TOUS LES TROIS POUR DE VRAIS DIEUX. LE	VISAGE DU PREMIER SATAN ETAIT D'UN SEXE
27	115	MON ESPRIT PENDANT QUE JE CONTEMPLAIS LE	VISAGE DU PRINCE, SUR LEQUEL UNE PALEUR
26	029	BRAVE HOMME D'UNE QUARANTAINE D'ANNEES, AU	VISAGE FATIGUE, A LA BARBE GRISONNANTE, TENANT
36	024	DE LA PROIE. CEPENDANT, AU BAS DE CE	VISAGE INQUIETANT, OU DES NARINES MOBILES
47	058	DE X.: ''CE MONSTRE QUI PORTE SUR SON	VISAGE LA NOIRCEUR DE SON AME!'' TOUT CELA,
13	090	ADMETTRE L'ECONOMIE SORDIDE! UN SI NOBLE	VISAGE M'EN REPOND. POURQUOI DONC RESTE-T-ELLE
21	057	PARFUMEE. C'ETAIT UN HOMME VASTE, A GROS	VISAGE SANS YEUX, DONT LA LOURDE BEDAINE
25	016	TAMISANT LA LUMIERE, PROJETTE SUR SON	VISAGE SOMBRE LE FARD SANGLANT DE SES REFLETS.
35	012	CHOSE, ET QUI NE SORT JAMAIS. AVEC SON	VISAGE, AVEC SON VETEMENT, AVEC SON GESTE,
30	055	PENCHEE CONVULSIVEMENT SUR UNE EPAULE! SON	VISAGE, BOURSOUFLE, ET SES YEUX, TOUT GRANDS
17	002	L'ODEUR DE TES CHEVEUX, Y PLONGER TOUT MON	VISAGE, COMME UN HOMME ALTERE DANS L'EAU D'UNE
13	082	VERTU EMANAIT DE TOUTE SA PERSONNE. SON	VISAGE, TRISTE ET AMAIGRI, ETAIT EN PARFAITE
14	025	JOCRISSES CONVULSAIENT LES TRAITS DE LEURS	VISAGES BASANES, RACORNIS PAR LE VENT, LA
26	034	DU SOIR. TOUS EN GUENILLES. CES TROIS	VISAGES ETAIENT EXTRAORDINAIREMENT SERIEUX, ET
29	023	HAUTES LAMES DE LA MER. IL Y AVAIT LA DES	VISAGES ETRANGES D'HOMMES ET DE FEMMES,
06	023	COMME FAISANT PARTIE DE LUI-MEME. TOUS CES	VISAGES FATIGUES ET SERIEUX NE TEMOIGNAIENT
30	019	ME POUSSE A REGARDER ATTENTIVEMENT LES	VISAGES, LES PHYSIONOMIES QUI S'OFFRENT DANS
27	085	LA TETE, AUREOLE INVISIBLE POUR TOUS, MAIS	VISIBLE POUR MOI, ET OU SE MELAIENT, DANS UN
20	044	CONVOITISE POUR LES BIENS LES PLUS	VISIBLES DE LA VIE, DEVAIT SE TROUVER PLUS
07	011	LEURS COULEURS, ET QUE LA CHALEUR, RENDANT	VISIBLES LES PARFUMS, LES FAIT MONTER VERS
14	077	LUI. ET M'EN RETOURNANT, OBSEDE PAR CETTE	VISION, JE CHERCHAI A ANALYSER MA SOUDAINE
13	088	EN HOCHANT DOUCEMENT LA TETE. SINGULIERE	VISION! ''A COUP SUR, ME DIS-JE, CETTE
36	019	NON PAS LA LUNE PAISIBLE ET DISCRETE	VISITANT LE SOMMEIL DES HOMMES PURS, MAIS LA
29	046	EGARE, DANS UNE PROMENADE, MA CARTE DE	VISITE. NOUS FUMAMES LONGUEMENT QUELQUES
12	016	YEUX ELLES NE VALENT PAS LA PEINE D'ETRE	VISITEES. LE PROMENEUR SOLITAIRE ET PENSIF
18	002	UN PAYS DE COCAGNE, DIT-ON, QUE JE REVE DE	VISITER AVEC UNE VIEILLE AMIE. PAYS SINGULIER,
31	032	PLUS LE VOIR. SANS DOUTE IL VOYAGE, POUR	VISITER TOUS SES PAYS. TENEZ, IL VA DANSER
13	012	S'IL EST UNE PLACE QU'ILS DEDAIGNENT DE	VISITER, COMME JE L'INSINUAIS TOUT A L'HEURE,
50	024	DANS LES JAMBES OU SUR LES GENOUX DU	VISITEUR, COMME S'IL ETAIT SUR DE PLAIRE,
37	009	PALES. C'EST EN CONTEMPLANT CETTE	VISITEUSE QUE TES YEUX SE SONT SI BIZARREMENT
35	008	UNE VITRE. DANS CE TROU NOIR OU LUMINEUX	VIT LA VIE, REVE LA VIE, SOUFFRE LA VIE. PAR
04	017	APPROBATION A SON CONTENTEMENT. L'ANE NE	VIT PAS CE BEAU PLAISANT, ET CONTINUA DE
39	013	D'OU S'EXHALE EN FAUVES PARFUMS TOUTE LA	VITALITE ENDIABLEE DU MIDI FRANCAIS: NIMES,
31	042	ETAIT MARQUEE D'UNE VIVACITE ET D'UNE	VITALITE SINGULIERES. ''MOI, JE VAIS VOUS
12	004	AUX DEPENS DU GENRE HUMAIN, UNE RIBOTE DE	VITALITE, A QUI UNE FEE A INSUFFLE DANS SON
14	054	PARTOUT L'EXPLOSION FRENETIQUE DE LA	VITALITE. ICI LA MISERE ABSOLUE, LA MISERE
36	004	M'EST APPARUE SI RAREMENT ET QUI A FUI SI	VITE, COMME UNE BELLE CHOSE REGRETTABLE
03	013	LA GRANDEUR DE LA REVERIE, LE MOI SE PERD	VITE!); ELLES PENSENT, DIS-JE, MAIS
35	007	QUE CE QUI SE PASSE DERRIERE UNE	VITRE. DANS CE TROU NOIR OU LUMINEUX VIT LA
09	076	ROUGES, BLEUS, DES VITRES MAGIQUES, DES	VITRES DE PARADIS? IMPUDENT QUE VOUS ETES!
09	076	DES VERRES ROSES, ROUGES, BLEUS, DES	VITRES MAGIQUES, DES VITRES DE PARADIS?
09	078	PAUVRES, ET VOUS N'AVEZ PAS MEME DE	VITRES QUI FASSENT VOIR LA VIE EN BEAU!'' ET
29	095	COMME L'AUBE FRISSONNANTE BLANCHISSAIT LA	VITRES, CE CELEBRE PERSONNAGE, CHANTE PAR TANT
09	074	PARUT: J'EXAMINAI CURIEUSEMENT TOUTES SES	VITRES, ET JE LUI DIS: ''--COMMENT? VOUS
37	005	NUAGES, ET PASSA SANS BRUIT A TRAVERS LES	VITRES, PUIS ELLE S'ETENDIT SUR TOI AVEC LA
09	000	LE MAUVAIS	VITRIER
09	062	QUE J'APERCUS DANS LA RUE, CE FUT UN	VITRIER DONT LE CRI PERCANT, DISCORDANT, MONTA
31	041	LA PETITE PERSONNE ETAIT MARQUEE D'UNE	VIVACITE ET D'UNE VITALITE SINGULIERES. ''MOI,
42	090	TEMPS EN TETE-A-TETE AVEC UN PHENOMENE	VIVANT. ELLE MANGEAIT, MACHAIT, BROYAIT,
27	103	QUE DONNE LA VUE D'UN CHEF-D'OEUVRE D'ART	VIVANT. LES EXPLOSIONS DE LA JOIE ET DE
19	041	DANS UNE BOITE GRILLEE, C'ETAIT UN RAT	VIVANT! LES PARENTS, PAR ECONOMIE SANS DOUTE,
25	007	S'AVANCE DANS LA RUE DESERTE, SEULE	VIVANTE A CETTE HEURE SOUS L'IMMENSE AZUR, ET
30	021	FACULTE QUI REND A NOS YEUX LA VIE PLUS	VIVANTE ET PLUS SIGNIFICATIVE QUE POUR LES
21	023	LUI SES YEUX DE BRAISE. A CETTE CEINTURE	VIVANTE ETAIENT SUSPENDUS, ALTERNANT AVEC DES
37	016	UN POISON LUMINEUX! ET TOUTE CETTE LUMIERE	VIVANTE PENSAIT ET DISAIT: ''TU SUBIRAS
21	040	AMES, ET TU SERAS LE MAITRE DE LA MATIERE	VIVANTE, PLUS ENCORE QUE LE SCULPTEUR PEUT
27	082	QU'IL ETAIT IMPOSSIBLE DE NE PAS SUPPOSER	VIVANTE, POSSIBLE, REELE. CE BOUFFON ALLAIT,

LA MUSE FAMILIERE, LA CITADINE, LA
DE L'ANTIQUITE, MIRACULEUSEMENT ANIMEES,
PEUT-ETRE!) ELLE DECHIRE DES LAPINS
NE VOUS FATIGUEZ PAS TANT, LABORIEUX
VOS CIBLES ET VOS CARABINES, TURBULENTS
''J'AI NEGLIGE DE VOUS DIRE QUE J'AVAIS
PLUS QU'A ME REMETTRE AU TRAVAIL, PLUS
S'ILLUMINA D'UN SOURIRE; ET PUIS IL QUITTA
LEUR BONHEUR. PUIS LEURS MAINS AGRIPPERONT
DE CORDE QUI TRAINAIT ENCORE. JE M'ELANCAI
COLLANTE, D'UN TON CLAIR ET ROSE, TRANCHE
VOIR LA VIE EN BEAU!'' ET JE LE POUSSAI
HAPPANT LE MORCEAU AVEC SA MAIN, SE RECULA
ET DE CE VACARME, UN ANE TROTTAIT
FOIRE DU VILLAGE VOISIN, TROIS HOMMES QUI
DES CUIRS DORES ET D'UNE RICHESSE SOMBRE,
DE TOUTES LES AMES QUI ONT VECU, QUI
CALME ET SI REVEUX, QU'IL FAUDRAIT ALLER
AINSI, HARMONIEUSEMENT, HEUREUSE DE
FILLE MIRACULEUSE ETAIT TROP BELLE POUR
DANS CETTE ATMOSPHERE QU'IL FERAIT BON
PLACEE HORS DE MOI, SI ELLE M'A AIDE A
AU SILENCE. C'EST LA QU'IL FAUT ALLER
L'INSOUCIANCE ET LE PLAISIR DE SE LAISSER
L'ENNUI ET DU DESIR IMMORTEL DE SE SENTIR
TROIS HOMMES QUI VIVENT COMME JE VOUDRAIS
M'A QUITTE... --POUR UN FOURNISSEUR AUX
POSITIVE, PAR L'ACTION REUSSIE ET DECIDEE?
LES AMES QUI ONT VECU, QUI VIVENT ET QUI
                                      LES
S'OCCUPAIT PAS DE SON JOUJOU PREFERE,
EPROUVENT A RIVALISER AVEC LES CHEVAUX? EN
MIEUX D'ALLER VERS L'ESPAGNE, CAR
DE L'ETERNEL ENNUI, EST BIEN LE MIEN.
QU'UN SI BEL HOMME AIT SI PEU DE COEUR? --
L'ETERNITE!'' N'EST-CE PAS, MADAME, QUE
CRAPULE, COMME LES SIMPLES MORTELS, LE
SI L'ON POUVAIT ALLER EN RUSSIE PAR
                              LES CHINOIS
QU'IMPORTE? LA VOILA! JE LA RECONNAIS.
DANS LE TEMPS! TU T'EN SOUVIENS? --TIENS,
ME REGARDA DE TRAVERS, ET ME DIT: ''
''DIABLE!'' FIS-JE, A MOITIE SUBJUGUE, ''
DE PARDON. QUAND ON DIT D'UN COMEDIEN: ''
L'ASSISTIEZ DANS LES OPERATIONS GRAVES,
DU VEGETAL, QU'IL ENSEIGNE LES ARBRES.
PERSONNELLEMENT. --JE SAVAIS BIEN! TIENS!
DE REVERIE ET VOLUPTE? QU'IMPORTE? LA
CHASTETE DE L'AZUR! UNE PETITE
DE L'ART EST PLUS APTE QUE TOUTE AUTRE A
ENRHUMEE, OU QUE TU TE PAVANES DANS LES
CHEVEUX CONTIENNENT TOUT UN REVE, PLEIN DE
PLUS GRANDES QUE CELLES QUI VIENNENT NOUS
CE QUE C'EST QUE LE VRAI MALHEUR. ''A VOUS
ECLAIRE D'UNE CHANDELLE. CE QU'ON PEUT
PAS LUI DIRE? --JE VOUDRAIS QU'IL VINT ME
LITHOGRAPHIES PAR MAURIN, QU'ON A PU
EXCELLENT POULET, DANS LEQUEL IL CROYAIT
DOULEUR, ET JE ME DIS: JE VIENS DE
MIEN; ET, BIEN QU'IL NE SOIT PAS RARE DE
DE LA TOMBE AVEC UNE JOIE QUI L'EMPECHE DE
VOUS N'AVEZ PAS MEME DE VITRES QUI FASSENT
MON ATELIER. ELLE VOULAIT, DISAIT-ELLE,
A NOUS DEUX, CHERE PRECIEUSE! A
AU MIROIR, PUISQUE VOUS NE POUVEZ VOUS Y
LE BLANC DES YEUX, ET JE FUS EPOUVANTE DE
DE CETTE BOUCHE D'OU JE N'AURAIS VOULU
JE LUI AI DIT: ''VIENS ME VOIR, VIENS ME
OU, SANS QUE PERSONNE S'EN INQUIETE, ET DE
SUR LES EPAULES DE LEURS PERES POUR MIEUX
COMEDIENNE QU'IL AIMERAIT: ''JE VEUX VOUS
A MIS UNE FOIS LE FEU A UNE FORET POUR
DE MOI, ALLEZ! --SANS DOUTE, J'IRAI VOUS
CIGARE A COTE D'UN TONNEAU DE POUDRE, POUR
SOIS PAS MALADE, JE VAIS QUELQUEFOIS LES
PAS TROP JEUNE. JE LUI AI DIT: ''VIENS ME
QUELQUEFOIS LES VOIR, RIEN QUE POUR LES
TOUT A L'HEURE, VOUS NE POURREZ PLUS LE
S... M...! --ATTENDS, REPRIT-ELLE, TU VAS
PASSER. --OH! SI! VOUS ETES MEDECIN. JE LE
JE REPONDRAIS SANS HESITER: ''OUI, JE
AU SUCRE; DANS LA NUIT DE TA CHEVELURE, JE
OPAQUE, AU FOND DE SES YEUX ADORABLES JE
L'AIR. SI TU POUVAIS SAVOIR TOUT CE QUE JE
CHERCHES-TU DANS LES YEUX DE CET ETRE? Y
LA CREPITATION DES COUPS DE FEU D'UN TIR
L'AIR DE SE MOQUER DE LA PLAINTE DE SON
J'AI VU, A LA DERNIERE FOIRE DU VILLAGE
LE BOIS, IL LA FIT ARRETER POUR CHARGER
DE MA MAISON; QUELQUES AUTRES DES MAISONS
VIVEMENT APPELE AU SECOURS; MAIS TOUS MES

	POEM	LINE
VIVANTE, POUR QU'ELLE M'AIDE A CHANTER LES	50	016
VIVANTES, MARCHANTES, VOYANTES, SERAIENT	27	078
VIVANTS ET DES VOLAILLES PIAILLANTES QUE LUI	11	029
VIVANTS, ET VOUS TROUBLERIEZ MOINS SOUVENT LE	45	033
VIVANTS, QUI VOUS SOUCIEZ SI PEU DES DEFUNTS	45	026
VIVEMENT APPELE AU SECOURS! MAIS TOUS MES	30	068
VIVEMENT ENCORE QUE D'HABITUDE, POUR CHASSER	30	117
VIVEMENT LA LOGE PRINCIERE, COMME POUR	27	125
VIVEMENT LE CADEAU, ET ILS S'ENFUIRONT COMME	19	013
VIVEMENT POUR ARRACHER CES DERNIERS VESTIGES	30	106
VIVEMENT SUR LES TENEBRES DE SA PEAU ET MOULE	25	012
VIVEMENT VERS L'ESCALIER; OU IL TREBUCHA EN	09	079
VIVEMENT, COMME S'IL EUT CRAINT QUE MON OFFRE	15	043
VIVEMENT, HARCELE PAR UN MALOTRU ARME D'UN	04	007
VIVENT COMME JE VOUDRAIS VIVRE. VOUS N'Y AVEZ	31	084
VIVENT DISCRETEMENT DES PEINTURES BEATES,	18	033
VIVENT ET QUI VIVRONT!! EN DISANT ADIEU A CETTE	34	040
VIVRE ET FLEURIR? NE SERAIS-TU PAS ENCADREE	18	064
VIVRE ET SOURIANT D'UN BLANC SOURIRE; COMME	25	030
VIVRE LONGTEMPS; AUSSI EST-ELLE MORTE QUELQUE	38	005
VIVRE, --LA-BAS, OU LES HEURES PLUS LENTES	18	028
VIVRE, A SENTIR QUE JE SUIS ET CE QUE JE SUIS?	35	022
VIVRE, C'EST LA QU'IL FAUT ALLER MOURIR! OUI,	18	022
VIVRE; RIEN, EXCEPTE L'ASPECT DE CETTE TOURBE	13	069
VIVRE. MON HOTE ET MOI, NOUS ETIONS DEJA, EN	29	033
VIVRE. VOUS N'Y AVEZ PAS FAIT ATTENTION, VOUS	31	084
VIVRES, SANS DOUTE? --QUELQUE CHOSE	42	100
VIVRONS-NOUS JAMAIS, PASSERONS-NOUS JAMAIS	18	074
VIVRONT! EN DISANT ADIEU A CETTE INCOMPARABLE	34	040
VOCATIONS	31	000
VOICI CE QU'IL REGARDAIT: DE L'AUTRE COTE DE	19	028
VOICI DEUX QUI APPARTIENNENT A UN ORDRE ENCORE	50	080
VOICI LA SAISON QUI S'AVANCE! FUYONS AVANT LES	31	115
VOICI LES MEUBLES SOTS, POUDREUX, ECORNES; LA	05	056
VOICI MAINTENANT W., UN FAMEUX MEDECIN	47	064
VOICI UN MADRIGAL VRAIMENT MERITOIRE, ET AUSSI	16	030
VOICI, TOUT SEMBLABLE A VOUS, COMME VOUS	46	016
VOIE DE TERRE (IL PRENAIT SANS DOUTE LA RUSSIE	10	013
VOIENT L'HEURE DANS L'OEIL DES CHATS. UN JOUR	16	001
VOILA BIEN CES YEUX DONT LA FLAMME TRAVERSE LE	05	027
VOILA K., CELUI QUI DENONCAIT AU GOUVERNEMENT	47	061
VOILA QUI EST LOUCHE!! MU SANS DOUTE PAR UN	30	079
VOILA QUI EST PRECIEUX!!! MAIS EN EXAMINANT	21	103
VOILA UN BON COMEDIEN!!, ON SE SERT D'UNE	27	072
VOILA UN HOMME QUI AIME COUPER, TAILLER ET	47	033
VOILA UN PAYSAGE SELON TON GOUT; UN PAYSAGE	48	013
VOILA Z., CELUI QUI DISAIT A SON COURS; EN	47	056
VOILA! JE LA RECONNAIS. VOILA BIEN CES YEUX	05	026
VOILE FRISSONNANTE A L'HORIZON, ET QUI PAR SA	03	008
VOILER LES TERREURS DU GOUFFRE; QUE LE GENIE	27	094
VOILES DU SOIR PASSEMENTES D'OR FIN; JE	51	012
VOILURES ET DE MATURES; IL CONTIENNENT DE	17	010
VOIR A LA MAISON; ET, QUOIQUE AVEC LEURS	31	015
VOIR AINSI, MA BELLE DELICATE, LES PIEDS DANS	11	064
VOIR AU SOLEIL EST TOUJOURS MOINS INTERESSANT	35	006
VOIR AVEC SA TROUSSE ET SON TABLIER, MEME AVEC	47	101
VOIR ETALEE PENDANT PLUSIEURS ANNEES SUR LE	47	051
VOIR JE NE SAIS QUEL INSULTANT HIEROGLYPHE. LE	22	025
VOIR L'IMAGE DU VIEIL HOMME DE LETTRES QUI A	14	079
VOIR LA MEME CAUSE ENGENDRER DEUX EFFETS	22	041
VOIR LA TOMBE, PERDU, COMME IL EST, DANS UN	27	096
VOIR LA VIE EN BEAU!'' ET JE LE POUSSAI	09	079
VOIR LE CADAVRE DE SON FILS. JE NE POUVAIS	30	097
VOIR LES ENFERS DONT LE MONDE EST PEUPLE, QUE	11	051
VOIR QU'AVEC DEPLAISIR?'' L'HOMME EPOUVANTABLE	40	004
VOIR QUE SES YEUX BRILLAIENT D'UNE	28	047
VOIR S'ENVOLER QUE DES CHANSONS. A PROPOS D'UN	42	040
VOIR SOUVENT. ET AVEC MOI, NE TE GENE PAS; JE	47	095
VOIR TOUJOURS DES PAYS NOUVEAUX. JE NE SUIS	31	080
VOIR UN ESCAMOTEUR EBLOUISSANT COMME UN DIEU.	14	041
VOIR VETUE DU COSTUME QUE VOUS PORTIEZ DANS CE	47	105
VOIR, DISAIT-IL SI LE FEU PRENAIT AVEC AUTANT	09	021
VOIR, MAIS PLUS TARD, APRES LE MEDECIN, QUE	47	011
VOIR, POUR SAVOIR, POUR TENTER LA DESTINEE,	09	026
VOIR, RIEN QUE POUR LES VOIR. IL Y EN A QUI ME	47	081
VOIR, VIENS ME VOIR SOUVENT. ET AVEC MOI, NE	47	094
VOIR. IL Y EN A QUI ME DISENT FROIDEMENT:	47	082
VOIR. SANS DOUTE IL VOYAGE, POUR VISITER TOUS	31	032
VOIR.'' ET ELLE TIRA D'UNE ARMOIRE UNE LIASSE	47	047
VOIS BIEN. VENEZ CHEZ MOI. VOUS SEREZ BIEN	47	009
VOIS L'HEURE; IL EST L'ETERNITE!!! N'EST-CE	16	028
VOIS RESPLENDIR L'INFINI DE L'AZUR TROPICAL;	17	028
VOIS TOUJOURS L'HEURE DISTINCTEMENT, TOUJOURS	16	017
VOIS! TOUT CE QUE JE SENS! TOUT CE QUE	17	006
VOIS-TU L'HEURE, MORTEL PRODIGUE ET	16	027
VOISIN, QUI ECLATAIENT COMME L'EXPLOSION DES	45	019
VOISIN, TANDIS QUE LE TROISIEME CHOQUAIT DE	31	097
VOISIN, TROIS HOMMES QUI VIVENT COMME JE	31	083
VOISINAGE D'UN TIR, DISANT QU'IL LUI SERAIT	43	002
VOISINES; L'UNE, DU PREMIER ETAGE; L'AUTRE, DU	30	122
VOISINS AVAIENT REFUSE DE ME VENIR EN AIDE,	30	069

POEM LINE

POEM	LINE		
35	002	DEHORS A TRAVERS UNE FENETRE OUVERTE, NE	VOIT JAMAIS AUTANT DE CHOSES QUE CELUI QUI
31	007	GRANDS ET TRISTES, AU FOND DESQUELS ON	VOIT LA MER ET LE CIEL, DES HOMMES ET DES
31	035	DERRIERE LE CLOCHER... AH! ON NE LE	VOIT PLUS!'' ET L'ENFANT RESTA LONGTEMPS
43	001	COMME LA	VOITURE TRAVERSAIT LE BOIS, IL LA FIT ARRETER
50	055	ILS TROTTENT, ILS PASSENT SOUS LES	VOITURES, EXCITES PAR LES PUCES, LA PASSION,
46	006	CONNAISSEZ MA TERREUR DES CHEVAUX ET DES	VOITURES. TOUT A L'HEURE, COMME JE TRAVERSAIS
15	037	DE PAIN. ET JE L'ENTENDIS SOUPIRER, D'UNE	VOIX BASSE ET RAUQUE, LE MOT: GATEAU! JE NE
21	039	UNE INSIDIEUSE IVRESSE, ET IL ME DIT D'UNE	VOIX CHANTANTE: ''SI TU VEUX, SI TU VEUX, JE
31	010	QUE NOUS VOYONS PARTOUT, PARLENT AVEC UNE	VOIX CHANTANTE. ILS SE MENACENT, ILS
21	096	PUISSANCE?'' DIT LA FAUSSE DEESSE AVEC SA	VOIX CHARMANTE ET PARADOXALE. ''ECOUTE.'' ET
45	024	PARFUMS DE LA MORT, IL ENTENDIT UNE	VOIX CHUCHOTER SOUS LA TOMBE OU IL S'ETAIT
44	012	ET COMME ENROUEE PAR L'EAU-DE-VIE, LA	VOIX DE MA CHERE PETITE BIEN-AIMEE, QUI
45	025	LA TOMBE OU IL S'ETAIT ASSIS. ET CETTE	VOIX DISAIT: ''MAUDITES SOIENT VOS CIBLES ET
21	071	EN UN VAGUE GEMISSEMENT FAIT DE NOMBREUSES	VOIX HUMAINES. ET IL RIAIT, EN MONTRANT
44	011	UNE VOIX RAUQUE ET CHARMANTE, UNE	VOIX HYSTERIQUE ET COMME ENROUEE PAR
30	109	FEMME SAISIT MON BRAS ET ME DIT D'UNE	VOIX IRRESISTIBLE: ''OH! MONSIEUR! LAISSEZ-MOI
49	039	DEMON D'ACTION, OU DEMON DE COMBAT. OR, SA	VOIX ME CHUCHOTAIT CECI: ''CELUI-LA SEUL EST
31	050	CAMARADES PLUS PRES DE LUI, ET PARLA D'UNE	VOIX PLUS BASSE. --''CA FAIT UN SINGULIER
49	026	UNE VOIX QUI CHUCHOTAIT A MON OREILLE, UNE	VOIX QUE JE RECONNUS BIEN; C'ETAIT CELLE D'UN
49	025	LES RAISINS. EN MEME TEMPS, J'ENTENDIS UNE	VOIX QUI CHUCHOTAIT A MON OREILLE, UNE VOIX
47	003	DOUCEMENT SOUS LE MIEN, ET J'ENTENDIS UNE	VOIX QUI ME DISAIT A L'OREILLE: ''VOUS ETES
44	010	DE POING DANS LE DOS, ET J'ENTENDIS UNE	VOIX RAUQUE ET CHARMANTE, UNE VOIX HYSTERIQUE
37	024	ET QUI GEMISSENT COMME LES FEMMES, D'UNE	VOIX RAUQUE ET DOUCE! ''ET TU SERAS AIMEE DE
21	091	ME FRAPPA LE PLUS, CE FUT LE MYSTERE DE SA	VOIX, DANS LAQUELLE JE RETROUVAIS LE SOUVENIR
21	119	LE DELICAT!'' ET JE LES INVOQUAI A HAUTE	VOIX, LES SUPPLIANT DE ME PARDONNER, LEUR
31	021	MEMES CHOSES, ET DE PARLER AVEC LA MEME	VOIX...'' L'UN DES QUATRE ENFANTS, QUI DEPUIS
11	030	ELLE DECHIRE DES LAPINS VIVANTS ET DES	VOLAILLES PIAILLANTES QUE LUI JETTE SON
15	016	LE REFLET DU MANTEAU D'UN GEANT AERIEN	VOLANT A TRAVERS LE CIEL. ET JE ME SOUVIENS
36	029	D'UNE SUPERBE FLEUR ECLOSE DANS UN TERRAIN	VOLCANIQUE. IL Y A DES FEMMES QUI INSPIRENT
21	019	DES INSECTES MUSQUES S'ILLUMINAIENT, EN	VOLETANT, AUX ARDEURS DE SON SOUFFLE. AUTOUR
21	062	HOMMES EFFLANQUES QUI SE SUSPENDAIENT	VOLONTAIREMENT A UN CLOU; IL Y AVAIT DE PETITS
13	091	M'EN REPOND. POURQUOI DONC RESTE-T-ELLE	VOLONTAIREMENT DANS UN MILIEU OU ELLE FAIT UNE
27	043	LA PART D'UN HOMME AUSSI NATURELLEMENT ET	VOLONTAIREMENT EXCENTRIQUE, TOUT ETAIT
07	017	CES FOUS ARTIFICIELS, UN DE CES BOUFFONS	VOLONTAIRES CHARGE DE FAIRE RIRE LES ROIS
09	036	QU'IL LUI FAUT RASSEMBLER TOUTE SA PAUVRE	VOLONTE POUR ENTRER DANS UN CAFE OU PASSER
36	023	DANS SON PETIT FRONT HABITENT LA	VOLONTE TENACE ET L'AMOUR DE LA PROIE.
32	027	DE VOS FRERES. --LE BATON, C'EST VOTRE	VOLONTE, DROITE, FERME ET INEBRANLABLE; LES
37	033	INCONNUE, LES PARFUMS QUI TROUBLENT LA	VOLONTE, ET LES ANIMAUX SAUVAGES ET VOLUPTUEUX
32	032	INTENTION ET EXPRESSION, ROIDEUR DE LA	VOLONTE, SINUOSITE DU VERBE, UNITE DU BUT,
32	029	DE VOTRE FANTAISIE AUTOUR DE VOTRE	VOLONTE; C'EST L'ELEMENT FEMININ EXECUTANT
27	033	IGNORERONT TOUJOURS LE NOM ET LA BONNE	VOLONTE. L'IMPREVOYANTE PROVIDENCE AVAIT DONNE
27	075	COMEDIEN, C'EST-A-DIRE L'ART, L'EFFORT, LA	VOLONTE. OR, SI UN COMEDIEN ARRIVAIT A ETRE,
09	049	A NOTRE INSU, LEURS PLUS ABSURDES	VOLONTES. UN MATIN JE M'ETAIS LEVE MAUSSADE,
50	005	J'APPELLERAI A MON AIDE. NON. BIEN PLUS	VOLONTIERS JE M'ADRESSERAI A STERNE, ET JE
23	004	L'EGLISE. JE SAIS QUE LE DEMON FREQUENTE	VOLONTIERS LES LIEUX ARIDES, ET QUE L'ESPRIT
36	014	LUMIERE ET L'AMOUR DE LA VIE. MAIS ELLE FAIT PLUS	VOLONTIERS PENSER A LA LUNE, QUI SANS DOUTE
27	014	ET VOUES A UNE MORT CERTAINE. JE CROIRAIS	VOLONTIERS QUE LE PRINCE FUT PRESQUE FACHE DE
29	120	UNE AUSSI GRANDE ASSEMBLEE, JE SERAIS	VOLONTIERS TOMBE AUX PIEDS DE CE JOUEUR
01	010	EST SITUEE. --LA BEAUTE? --JE L'AIMERAIS	VOLONTIERS, DEESSE ET IMMORTELLE. --L'OR? --DU
47	052	PENDANT PLUSIEURS ANNEES SUR LE QUAI	VOLTAIRE. ''TIENS! LE RECONNAIS-TU CELUI-CI?
15	004	QUELQUE CHOSE DANS MON AME. MES PENSEES	VOLTIGEAIENT AVEC UNE LEGERETE EGALE A CELLE
15	065	MAIS, HELAS! IL CHANGEAIT AUSSI DE	VOLUME; ET LORSQUE ENFIN, EXTENUES, HALETANTS,
03	018	BIENTOT TROP INTENSES. L'ENERGIE DANS LA	VOLUPTE CREE UN MALAISE ET UNE SOUFFRANCE
32	043	VOS MEDITATIONS ABSTRUSES, CHANTRE DE LA	VOLUPTE ET DE L'ANGOISSE ETERNELLES,
05	006	DE BLEUATRE ET DE ROSATRE; UN REVE DE	VOLUPTE PENDANT UNE ECLIPSE. LES MEUBLES ONT
13	064	NUIT DES CHANTS DE FETE, DE TRIOMPHE OU DE	VOLUPTE. LES ROBES TRAINENT EN MIROITANT; LES
25	025	INSTALLEE SUR CE TRONE DE REVERIE ET DE	VOLUPTE? QU'IMPORTE? LA VOILA! JE LA
25	005	OU LE DORMEUR, A DEMI EVEILLE, GOUTE LES	VOLUPTES DE SON ANEANTISSEMENT. CEPENDANT
23	023	EFFUSIONS ORATOIRES LEUR PROCURENT DES	VOLUPTES EGALES A CELLES QUE D'AUTRES TIRENT
27	102	CHACUN S'ABANDONNA, SANS INQUIETUDE, AUX	VOLUPTES MULTIPLIEES QUE DONNE LA VUE D'UN
22	026	HIEROGLYPHE. LE SOIR, PRECURSEUR DES	VOLUPTES PROFONDES, LUI GATAIT LES CHOSES LES
29	114	VOUS L'ORDONNERA; VOUS VOUS SOULEREZ DE	VOLUPTES, SANS LASSITUDE, DANS DES PAYS
27	020	IL ETAIT VRAIMENT INSATIABLE DE	VOLUPTES. ASSEZ INDIFFERENT RELATIVEMENT AUX
24	042	DANS L'AUBERGE DU HASARD), SI FECONDE EN	VOLUPTES. UN GRAND FEU, DES FAIENCES VOYANTES,
09	015	SI FOLLE ENERGIE A CES AMES PARESSEUSES ET	VOLUPTUEUSES, ET COMMENT, INCAPABLES
37	033	LA VOLONTE, ET LES ANIMAUX SAUVAGES ET	VOLUPTUEUX QUI SONT LES EMBLEMES DE LEUR
50	051	DITES-VOUS, HOMMES PEU ATTENTIFS? ILS	VONT A LEURS AFFAIRES. RENDEZ-VOUS D'AFFAIRES,
50	050	NOUS NOUS SOUVENONS ENCORE AUJOURD'HUI. OU	VONT LES CHIENS, DITES-VOUS, HOMMES PEU
50	046	PEUT-ETRE UNE ESPECE DE BONHEUR!'' ''OU	VONT LES CHIENS?'' DISAIT AUTREFOIS NESTOR
19	014	ILS S'ENFUIRONT COMME FONT LES CHATS QUI	VONT MANGER LOIN DE VOUS LE MORCEAU QUE VOUS
50	054	MORDANTE, SOUS LA PLUIE RUISSELANTE, ILS	VONT, ILS VIENNENT, ILS TROTTENT, ILS PASSENT
11	028	''FAITES BIEN ATTENTION! VOYEZ AVEC QUELLE	VORACITE (NON SIMULEE PEUT-ETRE!) ELLE DECHIRE
45	028	ET DE LEUR DIVIN REPOS! MAUDITS SOIENT	VOS AMBITIONS, MAUDITS SOIENT VOS CALCULS,
45	028	SOIENT VOS AMBITIONS, MAUDITS SOIENT	VOS CALCULS, MORTELS IMPATIENTS, QUI VENEZ
45	026	DISAIT: ''MAUDITES SOIENT VOS CIBLES ET	VOS CARABINES, TURBULENTS VIVANTS, QUI VOUS
45	025	ET CETTE VOIX DISAIT: ''MAUDITES SOIENT	VOS CIBLES ET VOS CARABINES, TURBULENTS
49	076	PHILANTHROPE, QU'IL FAUT APPLIQUER A TOUS	VOS CONFRERES; QUAND ILS VOUS DEMANDERONT
33	003	L'HORRIBLE FARDEAU DU TEMPS QUI BRISE	VOS EPAULES ET VOUS PENCHE VERS LA TERRE, IL
32	027	VOUS AGITEZ VOTRE GENIE SUR LES COEURS DE	VOS FRERES. --LE BATON, C'EST VOTRE VOLONTE,
23	029	TRES-APOSTOLIQUE, --LE BESOIN DE PARTAGER	VOS JOUISSANCES?'' VOYEZ-VOUS LE SUBTIL
29	100	BON DIABLE, POUR ME SERVIR D'UNE DE	VOS LOCUTIONS VULGAIRES. AFIN DE COMPENSER LA
11	044	D'EVE ET D'ADAM, CES OEUVRES DE	VOS MAINS, O MON DIEU! CETTE FEMME EST
42	109	A VOUS PLAINDRE DES IMPERFECTIONS DE	VOS MAITRESSES!'' CELA FUT DIT D'UN TON FORT
29	105	DE L'ENNUI, QUI EST LA SOURCE DE TOUTES	VOS MALADIES ET DE TOUS VOS MISERABLES
32	042	D'INEFFABLE DOULEUR, OU CONFIANT AU PAPIER	VOS MEDITATIONS ABSTRUSES, CHANTRE DE LA
29	106	SOURCE DE TOUTES VOS MALADIES ET DE TOUS	VOS MISERABLES PROGRES. JAMAIS UN DESIR NE
31	045	PEU PLUS INTERESSANT QUE VOTRE THEATRE ET	VOS NUAGES. --IL Y A QUELQUES JOURS, MES
19	004	FLANER SUR LES GRANDES ROUTES, REMPLISSEZ	VOS POCHES DE PETITES INVENTIONS A UN SOL,
11	073	ET SI VOUS ME FATIGUEZ TROP SOUVENT DE	VOS PRECIEUSES PLEURNICHERIES, JE VOUS
11	006	A LA PORTE DES CABARETS. ''SI AU MOINS	VOS SOUPIRS EXPRIMAIENT LE REMORDS, ILS VOUS
29	108	VOUS AIDE A LE REALISER; VOUS REGNEREZ SUR	VOS VULGAIRES SEMBLABLES; VOUS SEREZ FOURNI DE

POUR Y LIRE MA PENSEE; JE PLONGEAIS DANS
YEUX SI BEAUX ET SI BIZARREMENT DOUX, DANS
PERTE IRREMEDIABLE QUE VOUS AVEZ FAITE DE
D'UN FOSSE, DANS LA SOLITUDE MORNE DE
QUE J'AI EU LA DOULEUR D'ESSAYER SUR
FLEURS? LE THYRSE EST LA REPRESENTATION DE
LES FLEURS, C'EST LA PROMENADE DE
DE PATRIE ET DE CONTREE AUSSI SOUVENT QUE
D'ENERGIE ET DE CAPRICE QUE VOUS AGITEZ
LES VILLES OU LES PIANOS CHANTENT
DE QUOI? DE VIN, DE POESIE OU DE VERTU, A
CESSE! DE VIN, DE POESIE OU DE VERTU, A
D'UNE COUPE PLEINE JUSQU'AU BORD: ''A
PEUPLE, QUE VOULEZ-VOUS QUE JE PENSE DE
EST ''ENCORE AUSSI VIERGE QUE L'ETAIT
QUE SUR DES ETOFFES AUSSI DOUCES QUE
MOI TOUS CES PETITS SOUPIRS QUI GONFLENT
VOTRE GLOIRE, OU L'IMPRIMERIE TRADUIT
QUI DISAIT: ''—ALLEZ- VOUS BIENTOT MANGER
ET QUI EST UN PEU PLUS INTERESSANT QUE
DE SOULAGER ET DE VAINCRE, PENDANT TOUTE
COEURS DE VOS FRERES. —LE BATON, C'EST
LA PROMENADE DE VOTRE FANTAISIE AUTOUR DE
DONT LA FORME IMITE ASSEZ VAGUEMENT LA
SOIF. JE TOURNAIS MES REGARDS VERS LES
N'AVEZ PU, JE CROIS, HAIR OU AIMER LES
MECONTENT DE TOUS ET MECONTENT DE MOI, JE
''NON! CE N'EST PAS DANS UN PALAIS QUE JE
D'ENVIE QUE JE N'OSE PAS LUI DIRE? —JE
VOISIN, TROIS HOMMES QUI VIVENT COMME JE
DU DESIR DE CHANGER DE LIT. CELUI-CI
SOIS, JE NE SUIS PAS AUSSI DUPE QUE VOUS
AMIS DU PRINCE. MAIS POUR LES PERSONNES
FURENT ARRETES, AINSI QUE FANCIOULLE, ET
A L'ASPECT DE L'INCONNU. SI JE
VIEUX PAILLARD D'UNE VIEILLE MAITRESSE, JE
JE POURRAIS APPELER FRATERNITAIRE, SI JE
DE RIRE EN ENTENDANT L'APPELLATION DONT IL
D'UN COUP LE BRUIT COURUT QUE LE SOUVERAIN
D'INSTRUMENT A LA MORT DE SON FILS, ET LE
INFINIMENT PLUS PROBABLE QUE LE PRINCE
CHACUN FAISAIT FETE, A QUI TOUT LE MONDE
SCENIQUES D'UN HOMME CONDAMNE A MORT. IL
ET DIFFORME. C'ETAIT UNE FEMME QUI
QUAND LA MERE ENTRA DANS MON ATELIER. ELLE
SANS CHEVEUX, ET ELLE S'APPROCHA DE LUI,
DISPUTANT LA PRECIEUSE PROIE, AUCUN N'EN
BAGAGE SUR LEUR DOS, ET SONT PARTIS. MOI,
                                    AH! VOUS
LAIDE; ELLE EST FOURMI, ARAIGNEE; VOUS
COMME L'ENFER... —QUOI! —COMMENT! —QUE
LES ENFERS DONT LE MONDE EST PEUPLE, QUE
CET ETRE SANS LUI MANQUER DE RESPECT. LE
UN JOUR SES PARENTS, DE PAUVRES GENS, DE
PENDANT QUELQUES INSTANTS JE M'OBSTINAI A
JUBILE POPULAIRE. ILS ABSORBENT, SANS LE
DE CEUX QUI ONT ENCORE LA FORCE DE
JE VIS ALORS CLAIREMENT QU'IL AVAIT
SORTAIENT DE CETTE BOUCHE D'OU JE N'AURAIS
PAR AUCUN. LE SOIR, UN PEU FATIGUEE, VOUS
                               ENIVREZ-
''FAITES COMME CHEZ VOUS, MON AMI, METTEZ-
LA PARESSEUSE BELGIQUE, ET AVEZ-
''—VOUS FERIEZ PEUT-ETRE BIEN DE
AVEC AUTANT D'ENERGIE ET DE CAPRICE QUE
UN DESIR NE SERA FORME PAR VOUS, QUE JE NE
VERITE, IL ME PREND QUELQUEFOIS ENVIE DE
LE SOIR, UN PEU FATIGUEE, VOUS VOULUTES
CAUCHEMARS, DE COLERES ET DE NEVROSES. JE
CRINIERE, ET ILS SENTAIENT AUSSI BON, JE
DANS LA GLACE. ''—POURQUOI VOUS REGARDEZ-
DE VOTRE AME, JE VOUS DONNE L'ENJEU QUE
VIVRE. VOUS N'Y AVEZ PAS FAIT ATTENTION,
REPROCHE. ''—AH! MISERABLE CHIEN, SI JE
QUE VOUS PORTIEZ DANS CE FAMEUX ROLE QUE
DE COMPENSER LA PERTE IRREMEDIABLE QUE
J'AI CONNU DES JOUISSANCES QUE
QUE LA MIENNE, ET JE LUI DIS: ''
EN REPRENANT MES PROPRES PAROLES: ''OUI,
COMME VOUS ETES, VOUS DEUX K... ET J...,
ET VOUS PRIERONT DE LES ACCEPTER, SANS QUE
PETITE BIEN-AIMEE, QUI DISAIT: ''—ALLEZ-
ELLE LEUR DISAIT: ''COMMENT TROUVEZ-
VOUS AYEZ FAIT UN EFFORT POUR LES GAGNER;
DIAMANTS, LES PALAIS FEERIQUES, VIENDRONT
PARDONNE JAMAIS!'' ''SI, NERVEUX COMME JE
DISAIT- ''ELLE AUSSITOT; EST-CE QUE VOUS
Y A LA DE QUOI ME SURPRENDRE. —MON CHER,
COMME VOUS SAVEZ BIEN), GARE LA GRUE QUI
JE LAISSAIS ECHAPPER MON ADMIRATION: ''

	POEM	LINE
VOS YEUX SI BEAUX ET SI BIZARREMENT DOUX, DANS	26	052
VOS YEUX VERTS, HABITES PAR LE CAPRICE ET	26	053
VOTRE AME, JE VOUS DONNE L'ENJEU QUE VOUS	29	102
VOTRE CHAMBRE, VOUS VOUS REVEILLEZ; L'IVRESSE	33	008
VOTRE DOS.'' IL M'A BIEN JURE QU'IL AVAIT	49	078
VOTRE ETONNANTE DUALITE, MAITRE PUISSANT ET	32	021
VOTRE FANTAISIE AUTOUR DE VOTRE VOLONTE; C'EST	32	029
VOTRE FANTAISIE VOUS L'ORDONNERA; VOUS VOUS	29	113
VOTRE GENIE SUR LES COEURS DE VOS FRERES. —LE	32	026
VOTRE GLOIRE, OU L'IMPRIMERIE TRADUIT VOTRE	32	037
VOTRE GUISE. MAIS ENIVREZ-VOUS. ET SI	33	005
VOTRE GUISE.''	33	017
VOTRE IMMORTELLE SANTE, VIEUX BOUC!'' NOUS	29	052
VOTRE JOLI ENFER, VOUS QUI NE REPOSEZ QUE SUR	11	053
VOTRE MAITRESSE.'' RIEN N'ETAIT CHANGE DANS	42	075
VOTRE PEAU, QUI NE MANGEZ QUE DE LA VIANDE	11	054
VOTRE POITRINE PARFUMEE, ROBUSTE COQUETTE? ET	11	058
VOTRE SAGESSE. EN QUELQUE LIEU QUE VOUS SOYEZ,	32	038
VOTRE SOUPE, S... B.... DE MARCHAND DE	44	013
VOTRE THEATRE ET VOS NUAGES. —IL Y A QUELQUES	31	044
VOTRE VIE, CETTE BIZARRE AFFECTION DE L'ENNUI,	29	104
VOTRE VOLONTE; DROITE, FERME ET INEBRANLABLE;	32	027
VOTRE VOLONTE; C'EST L'ELEMENT FEMININ	32	029
VOTRE. ''CE MONSTRE EST UN DE CES ANIMAUX	11	021
VOTRES, CHER AMOUR, POUR Y LIRE MA PENSEE; JE	26	051
VOTRES. ET TOUT LE MONDE L'ADMIRAIT AUTANT QUE	42	083
VOUDRAIS BIEN ME RACHETER ET M'ENORGUEILLIR UN	10	036
VOUDRAIS POSSEDER SA CHERE VIE. NOUS N'Y	24	010
VOUDRAIS QU'IL VINT ME VOIR AVEC SA TROUSSE ET	47	100
VOUDRAIS VIVRE. VOUS N'Y AVEZ PAS FAIT	31	084
VOUDRAIS SOUFFRIR EN FACE DU POELE, ET	48	002
VOUDRIEZ LE CROIRE, ET SI VOUS ME FATIGUEZ	11	072
VOUEES PAR ETAT AU COMIQUE, LES CHOSES	27	003
VOUES A UNE MORT CERTAINE. JE CROIRAIS	27	013
VOULAIS ESSAYER DE DEFINIR D'UNE MANIERE	29	029
VOULAIS M'ENIVRER DE L'ENORME CATIN DONT LE	51	008
VOULAIS PARLER DE LA BELLE LANGUE DE MON SIECLE.	23	042
VOULAIT BIEN HONORER MON PAIN PRESQUE BLANC,	15	039
VOULAIT FAIRE GRACE A TOUS LES CONJURES; ET	27	036
VOULAIT GARDER COMME UNE HORRIBLE ET CHERE	30	114
VOULAIT JUGER DE LA VALEUR DES TALENTS	27	049
VOULAIT PLAIRE; CE JOLI ETRE, SI FRAGILE COMME	02	003
VOULAIT PROFITER DE L'OCCASION POUR FAIRE UNE	27	050
VOULAIT TOUJOURS FAIRE L'HOMME. ''VOUS N'ETES	42	036
VOULAIT, DISAIT-ELLE, VOIR LE CADAVRE DE SON	30	096
VOULAIT LUI FAIRE DES RISETTES ET DES MINES	02	006
VOULANT SANS DOUTE SACRIFIER LA MOITIE POUR	15	050
VOULANT SAVOIR OU ILS DEMEURAIENT, JE LES AI	31	102
VOULEZ SAVOIR POURQUOI JE VOUS HAIS	26	001
VOULEZ, SQUELETTE MEME; MAIS AUSSI ELLE EST	39	007
VOULEZ-VOUS DIRE? —C'ETAIT INEVITABLE. J'AI	42	155
VOULEZ-VOUS QUE JE PENSE DE VOTRE JOLI ENFER,	11	052
VOULIEZ-VOUS QUE JE FISSE D'ELLE, PUISQU'ELLE	42	160
VOULOIR BIEN ME LE CEDER, PROMETTANT DE BIEN	30	033
VOULOIR COMPRENDRE CE MYSTERE; MAIS BIENTOT	06	033
VOULOIR, LE DESIR DE VOYAGER OU DE S'ENRICHIR.	41	014
VOULOIR, LUI PART DE CETTE ATMOSPHERE	14	016
VOULONS AIMER!''	02	015
VOULU FAIRE A LA FOIS LA CHARITE ET UNE BONNE	28	048
VOULU VOIR S'ENVOLER QUE DES CHANSONS. A	42	040
VOULUTES VOUS ASSEOIR DEVANT UN CAFE NEUF QUI	26	013
VOUS	33	000
VOUS A L'AISE. CA VOUS RAPPELLERA L'HOPITAL ET	47	027
VOUS ADMIRE COMME MOI TOUS CES CHIENS	50	074
VOUS ADRESSER A Z...; C'EST LE PLUS LOURD, LE	10	026
VOUS AGITEZ VOTRE GENIE SUR LES COEURS DE VOS	32	026
VOUS AIDE A LE REALISER; VOUS REGNEREZ SUR VOS	29	107
VOUS APPRENDRE CE QUE C'EST QUE LE VRAI	11	062
VOUS ASSEOIR DEVANT UN CAFE NEUF QUI FORMAIT	26	013
VOUS ASSURE QUE LES SECONDES MAINTENANT SONT	05	075
VOUS ASSURE, QUE LES FLEURS DU JARDIN, A CETTE	31	063
VOUS AU MIROIR, PUISQUE VOUS NE POUVEZ VOUS Y	40	003
VOUS AURIEZ GAGNE SI LE SORT AVAIT ETE POUR	29	102
VOUS AUTRES. ILS ETAIENT GRANDS, PRESQUE NOIRS	31	085
VOUS AVAIS OFFERT UN PAQUET D'EXCREMENTS, VOUS	08	010
VOUS AVEZ CREE.'' MOI, M'OBSTINANT, JE REPRIS:	47	106
VOUS AVEZ FAITE DE VOTRE AME, JE VOUS DONNE	29	101
VOUS AVEZ PEUT-ETRE NEGLIGEES. JE VEUX PARLER	42	079
VOUS AVEZ RAISON; APRES LE PLAISIR D'ETRE	28	019
VOUS AVEZ RAISON; IL N'EST PAS DE PLAISIR PLUS	28	043
VOUS AVIEZ ETE ACCOUPLES A UNE CERTAINE FEMME	42	118
VOUS AYEZ FAIT UN EFFORT POUR LES GAGNER; VOUS	29	112
VOUS BIENTOT MANGER VOTRE SOUPE, S... B.....	44	013
VOUS CE PETIT FRANCAIS VANITEUX, QUI VEUT TOUT	20	083
VOUS CHANGEREZ DE PATRIE ET DE CONTREE AUSSI	29	112
VOUS CHERCHER ET VOUS PRIERONT DE LES	29	111
VOUS CONNAIS, VOUS, G.... LACHES ET LEGERS	42	116
VOUS CONNAISSEZ EN FORCE?'' ET ELLE	42	044
VOUS CONNAISSEZ MA TERREUR DES CHEVAUX ET DES	46	005
VOUS CROQUERA, VOUS GOBERA ET VOUS TUERA A SON	11	069
VOUS CROYEZ PEUT-ETRE QUE CELA EST TRES-FORT?	42	043

POEM LINE

27	092	MONTENT AUX YEUX PENDANT QUE JE CHERCHE A	VOUS DECRIRE CETTE INOUBLIABLE SOIREE.
16	033	CETTE PRETENTIEUSE GALANTERIE, QUE JE NE	VOUS DEMANDERAI RIEN EN ECHANGE.
49	076	APPLIQUER A TOUS VOS CONFRERES, QUAND ILS	VOUS DEMANDERONT L'AUMONE, LA THEORIE QUE J'AI
42	117	G..., LACHES ET LEGERS COMME VOUS ETES,	VOUS DEUX K... ET J...., VOUS AVIEZ ETE
46	018	SEMBLABLE A VOUS, COMME VOUS VOYEZ! --	VOUS DEVRIEZ AU MOINS FAIRE AFFICHER CETTE
30	068	POUR LUI DEGAGER LE COU. ''J'AI NEGLIGE DE	VOUS DIRE QUE J'AVAIS VIVEMENT APPELE AU
20	051	SA DEPLORABLE PROGENITURE. J'AI OUBLIE DE	VOUS DIRE QUE LA DISTRIBUTION, EN CES CAS
42	155	--QUOI! --COMMENT! --QUE VOULEZ-	VOUS DIRE? --C'ETAIT INEVITABLE. J'AI TROP LE
32	035	ANALYSTE AURA LE DETESTABLE COURAGE DE	VOUS DIVISER ET DE VOUS SEPARER? CHER LISZT, A
29	102	QUE VOUS AVEZ FAITE DE VOTRE AME, JE	VOUS DONNE L'ENJEU QUE VOUS AURIEZ GAGNE SI LE
42	066	C'ETAIT SA REPONSE ORDINAIRE.	VOUS DONNERIEZ LA BASTONNADE A CE MUR OU A CE
30	110	''OH! MONSIEUR! LAISSEZ-MOI CELA! JE	VOUS EN PRIE! JE VOUS EN SUPPLIE!'' SON
30	110	LAISSEZ-MOI CELA! JE VOUS EN PRIE! JE	VOUS EN SUPPLIE!'' SON DESESPOIR L'AVAIT, SANS
42	067	LA BASTONNADE LE MUR OU A CE CANAPE, VOUS	VOUS EN TIRERIEZ PLUS DE SOUPIRS QUE N'EN
33	004	ET VOUS PENCHE VERS LA TERRE, IL FAUT	VOUS ENIVRER SANS TREVE. MAIS DE QUOI? DE VIN,
11	002	SANS MESURE ET SANS PITIE; ON DIRAIT, A	VOUS ENTENDRE SOUPIRER, QUE VOUS SOUFFREZ PLUS
29	074	CHERS FRERES, N'OUBLIEZ JAMAIS, QUAND	VOUS ENTENDREZ VANTER LE PROGRES DES LUMIERES,
11	039	BATON N'EST PAS UN BATON DE COMEDIE, AVEZ-	VOUS ENTENDU RESONNER LA CHAIR, MALGRE LE POIL
42	065	''JE LE VEUX BIEN, PUISQUE CELA	VOUS EST ''AGREABLE.'' C'ETAIT SA REPONSE
31	043	IL M'EST ARRIVE QUELQUE CHOSE QUI NE	VOUS EST JAMAIS ARRIVE, ET QUI EST UN PEU PLUS
22	050	DE LA DEESSE LIBERTE. CREPUSCULE, COMME	VOUS ETES DOUX ET TENDRE! LES LUEURS ROSES QUI
22	045	POUR MOI LE SIGNAL D'UNE FETE INTERIEURE,	VOUS ETES LA DELIVRANCE D'UNE ANGOISSE! DANS
22	048	DES ETOILES, EXPLOSION DES LANTERNES,	VOUS ETES LE FEU D'ARTIFICE DE LA DEESSE
47	004	UNE VOIX QUI ME DISAIT A L'OREILLE: ''	VOUS ETES MEDECIN, MONSIEUR?'' JE REGARDAI;
47	009	PAS MEDECIN. LAISSEZ-MOI PASSER. --OH! SI!	VOUS ETES MEDECIN. JE LE VOIS BIEN. VENEZ CHEZ
49	073	DU PORTIQUE, JE LUI DIS: ''MONSIEUR,	VOUS ETES MON EGAL! VEUILLEZ ME FAIRE
22	044	O NUIT! O RAFRAICHISSANTES TENEBRES!	VOUS ETES POUR MOI LE SIGNAL D'UNE FETE
49	075	AVEC MOI MA BOURSE; ET SOUVENEZ- VOUS; SI	VOUS ETES REELLEMENT PHILANTHROPE, QU'IL FAUT
47	013	A MON BRAS, ET EN ECLATANT DE RIRE, --	VOUS ETES UN MEDECIN FARCEUR, J'EN AI CONNU
26	003	QU'A MOI DE VOUS L'EXPLIQUER! CAR	VOUS ETES, JE CROIS, LE PLUS BEL EXEMPLE
42	117	DES VITRES DE PARADIS? IMPUDENT QUE	VOUS ETES, VOUS DEUX K... ET J...., VOUS AVIEZ
09	077	IL N'Y A PAS ENCORE BIEN LONGTEMPS, QUAND	VOUS ETES! VOUS OSEZ VOUS PROMENER DANS DES
47	031	LES PLUS JOLIES DENTS DU MONDE, QUI	VOUS ETIEZ INTERNE DE L.... JE ME SOUVIENS QUE
42	096	N'OSAIS; ET; DUT LA RAISON DE MA TIMIDITE	VOUS EUSSENT ATTENDRIS ET EGAYES A LA FOIS.
14	071	TOUT EST NEANT, EXCEPTE LA MORT. VOUS NE	VOUS FAIRE RIRE. J'AVOUERAI QUE JE CRAIGNAIS
45	032	VOS SOUPIRS EXPRIMAIENT LE REMORDS, ILS	VOUS FATIGUERIEZ PAS TANT, LABORIEUX VIVANTS,
11	007	NON! MADAME! --LUI REPONDIS-JE, --CELA	VOUS FERAIENT QUELQUE HONNEUR; MAIS ILS NE
30	102	QUI M'A DIT EN ME CONGEDIANT: ''--	VOUS FERAIT MAL.'' ET COMME INVOLONTAIREMENT
10	025	DE LA JEUNESSE. --AH CA! OU DONC AVEZ-	VOUS FERIEZ PEUT-ETRE BIEN DE VOUS ADRESSER A
47	029	SANS LE SAVOIR, ME DIT: ''JE VEUX QUE	VOUS GAGNE CES CHEVEUX BLANCS? VOUS N'ETIEZ
29	097	BIEN), GARE LA GRUE QUI VOUS CROQUERA;	VOUS GARDIEZ DE MOI UN BON SOUVENIR; ET VOUS
11	070	PAR-LA'' TENEZ, JE VEUX ESSAYER DE	VOUS GOBERA LE VOUS TUERA A SON PLAISIR!
11	012	AH! VOUS VOULEZ SAVOIR POURQUOI JE	VOUS GUERIR; NOUS EN TROUVERONS PEUT-ETRE LE
26	001	ET IMMORTELLE. --L'OR? --JE LE HAIS COMME	VOUS HAIS AUJOURD'HUI. IL VOUS SERA SANS DOUTE
01	012	''EH! QUOI!	VOUS HAISSEZ DIEU. --EH! QU'AIMES-TU DONC,
46	001	ENCORE PLUS CIVILISE! PERMETTEZ-MOI DE	VOUS ICI, MON CHER? VOUS, DANS UN MAUVAIS
50	081	JE VOUS TRAITERAI EN FEMME SAUVAGE, OU JE	VOUS INTRODUIRE DANS LA CHAMBRE DU
11	074	VOUS AVAIS OFFERT UN PAQUET D'EXCREMENTS,	VOUS JETTERAI PAR LA FENETRE, COMME UNE
08	011	MOINS FACILE DE LE COMPRENDRE QU'A MOI DE	VOUS L'AURIEZ FLAIRE AVEC DELICES ET PEUT-ETRE
26	003	CONTREE AUSSI SOUVENT QUE VOTRE FANTAISIE	VOUS L'EXPLIQUER; CAR VOUS ETES, JE CROIS, LE
29	114	NOTES ET SANS PORTEFEUILLES. CONNAISSEZ-	VOUS L'ORDONNERA; VOUS VOUS SOULEREZ DE
50	074	ET LUI DIT, EN OTANT SON CHAPEAU: ''JE	VOUS LA PARESSEUSE BELGIQUE, ET AVEZ-VOUS
04	013	PUIS, SE RAVISANT; IL REPONDIT: ''JE VAIS	VOUS LA SOUHAITE BONNE ET HEUREUSE!'' PUIS SE
16	007	FONT LES CHATS QUI VONT MANGER LOIN DE	VOUS LE DIRE.'' PEU D'INSTANTS APRES, IL
19	014	DE PARTAGER VOS JOUISSANCES?'' VOYEZ-	VOUS LE MORCEAU QUE VOUS LUI AVEZ DONNE,
23	029	VONT MANGER LOIN DE VOUS LE MORCEAU QUE	VOUS LE SUBTIL ENVIEUX! IL SAIT QUE JE
19	015	NON. JE ME TROUVE BIEN ICI. VOUS SEUL,	VOUS LEUR AVEZ DONNE, AYANT APPRIS A SE DEFIER
46	020	LE CAPRICE ET INSPIRES PAR LA LUNE, QUAND	VOUS M'AVEZ RECONNU. D'AILLEURS LA DIGNITE
26	054	''VRAIMENT, MA CHERE,	VOUS ME DITES: ''CES GENS-LA ME SONT
11	001	DUPE QUE VOUS VOUDRIEZ LE CROIRE, ET SI	VOUS ME FATIGUEZ SANS MESURE ET SANS PITIE; ON
11	072	GRENOUILLE QUI MINAUDERAIT L'IDEAL. SI	VOUS ME FATIGUEZ TROP SOUVENT DE VOS
11	068	SES VITRES, ET JE LUI DIS: ''--COMMENT?	VOUS MEPRISEZ LE SOLIVEAU (CE QUE JE SUIS
09	074	PROMENER DANS DES QUARTIERS PAUVRES; ET	VOUS N'AVEZ PAS DE VERRES DE COULEUR? DES
09	078	J'AI PLUS ADMIRE MA DERNIERE MAITRESSE QUE	VOUS N'AVEZ PAS MEME DE VITRES QUI FASSENT
23	027	GAZETIER ME LAISSE M'AMUSER A MA GUISE. ''	VOUS N'AVEZ PU, JE CROIS, HAIR OU AIMER LES
47	082	IL Y EN A QUI ME DISENT FROIDEMENT: ''	VOUS N'EPROUVEZ DONC JAMAIS;-- ME DIT-IL, AVEC
42	037	QUI VOULAIT TOUJOURS FAIRE L'HOMME. ''	VOUS N'ETES PAS UN HOMME! AH! SI J'ETAIS ''VOUS
47	030	DONC AVEZ-VOUS GAGNE CES CHEVEUX BLANCS?	VOUS N'ETIEZ PAS AINSI, IL N'Y A PAS ENCORE
31	084	HOMMES QUI VIVENT COMME JE VOUDRAIS VIVRE,	VOUS N'Y AVEZ PAS FAIT ATTENTION, VOUS AUTRES,
11	009	ET L'ACCABLEMENT DU REPOS. ET, PUIS;	VOUS NE CESSEZ DE VOUS REPANDRE EN PAROLES
31	031	IL EST DEJA BIEN LOIN; TOUT A L'HEURE,	VOUS NE POURREZ PLUS LE VOIR. SANS DOUTE IL
40	004	VOUS REGARDEZ-VOUS AU MIROIR, PUISQUE	VOUS NE POUVEZ VOUS Y VOIR QU'AVEC
45	032	COMBIEN TOUT EST NEANT, EXCEPTE LA MORT,	VOUS NE VOUS FATIGUERIEZ PAS TANT, LABORIEUX
20	060	PLUS A SA PORTEE, S'ECRIA: ''EH! MADAME!	VOUS NOUS OUBLIEZ! IL Y A ENCORE MON PETIT! ET
51	014	COURTISANES ET BANDITS, TELS SOUVENT	VOUS OFFREZ DES PLAISIRS QUE NE COMPRENNENT
09	077	VITRES DE PARADIS? IMPUDENT QUE VOUS ETES!	VOUS OSEZ VOUS PROMENER DANS DES QUARTIERS
26	056	COMME DES PORTES COCHERES! NE POURRIEZ-	VOUS PAS PRIER LE MAITRE DU CAFE DE LES
50	096	PUISSANTE ET SOLIDE? ET NE PARDONNEREZ-	VOUS PAS UN PEU DE SENSUALITE A CES PAUVRES
33	003	FARDEAU DU TEMPS QUI BRISE VOS EPAULES ET	VOUS PENCHE VERS LA TERRE, IL FAUT VOUS
29	076	LA PLUS BELLE DES RUSES DU DIABLE EST DE	VOUS PERSUADER QU'IL N'EXISTE PAS!'' LE
42	072	TROUVE MAL VENUS; TROP FORTUNES MORTELS; A	VOUS PLAINDRE DES IMPERFECTIONS DE VOS
47	105	''JE VEUX VOUS VOIR VETUE DU COSTUME QUE	VOUS PORTIEZ DANS CE FAMEUX ROLE QUE VOUS AVEZ
31	064	JARDIN, A CETTE HEURE-CI. ESSAYEZ, QUAND	VOUS POURREZ, D'EN FAIRE AUTANT QUE MOI, ET
10	028	PLUS CELEBRE DE TOUS MES AUTEURS, AVEC LUI	VOUS POURRIEZ PEUT-ETRE ABOUTIR A QUELQUE
30	058	N'ETAIT PAS UNE BESOGNE AUSSI FACILE DE	VOUS POUVEZ LE CROIRE. IL ETAIT DEJA FORT
50	086	OH! LE TRISTE MOBILIER! MAIS REGARDEZ, JE	VOUS PRIE, CES DEUX PERSONNAGES INTELLIGENTS,
11	015	ALLER BIEN LOIN. ''CONSIDERONS BIEN, JE	VOUS PRIE, CETTE SOLIDE CAGE DE FER DERRIERE
09	013	J'OUVRIS LA FENETRE, HELAS! (OBSERVEZ, JE	VOUS PRIE, QUE L'ESPRIT DE MYSTIFICATION QUI,
29	111	FEERIQUES, VIENDRONT VOUS CHERCHER ET	VOUS PRIERONT DE LES ACCEPTER. SANS QUE VOUS
09	077	PARADIS? IMPUDENT QUE VOUS ETES! VOUS OSEZ	VOUS PROMENER DANS DES QUARTIERS PAUVRES; ET

POEM LINE

POEM LINE

24	051	CORPS A CHANGER DE PLACE, PUISQUE MON AME	VOYAGE SI LESTEMENT? ET A QUOI BON EXECUTER
17	008	CE QUE J'ENTENDS DANS TES CHEVEUX! MON AME	VOYAGE SUR LE PARFUM COMME L'AME DES AUTRES
42	126	DE MON AMOUR RESSEMBLE A UN INTERMINABLE	VOYAGE SUR UNE SURFACE PURE ET POLIE COMME UN
31	032	NE POURREZ PLUS LE VOIR. SANS DOUTE IL	VOYAGE, POUR VISITER TOUS LES PAYS. TENEZ, IL
18	026	EST CELUI QUI COMPOSERA L'INVITATION AU	VOYAGE, QU'ON PUISSE OFFRIR A LA FEMME AIMEE,
31	004	D'OR FLOTTAIENT COMME DES CONTINENTS EN	VOYAGE, QUATRE BEAUX ENFANTS, QUATRE GARCONS,
12	006	LA HAINE DU DOMICILE ET LA PASSION DU	VOYAGE. MULTITUDE, SOLITUDE: TERMES EGAUX ET
15	001	JE	VOYAGEAIS. LE PAYSAGE AU MILIEU DUQUEL J'ETAIS
15	063	NE SEMBLAIENT LE PROMETTRE? LE GATEAU	VOYAGEAIT DE MAIN EN MAIN ET CHANGEAIT DE
41	015	ENCORE LA FORCE DE VOULOIR, LE DESIR DE	VOYAGER OU DE S'ENRICHIR.
36	005	UNE BELLE CHOSE REGRETTABLE DERRIERE LE	VOYAGEUR EMPORTE DANS LA NUIT. COMME IL Y A
06	020	CHOSE CURIEUSE A NOTER: AUCUN DE CES	VOYAGEURS N'AVAIT L'AIR IRRITE CONTRE LA BETE
13	085	LAQUELLE ELLE S'ETAIT MELEE ET QU'ELLE NE	VOYAIT PAS, ELLE REGARDAIT LE MONDE LUMINEUX
02	002	RATATINEE SE SENTIT TOUT REJOUIE EN	VOYANT CE JOLI ENFANT A QUI CHACUN FAISAIT
27	078	ANIMEES, VIVANTES, MARCHANTES,	VOYANTES, SERAIENT RELATIVEMENT A L'IDEE
24	043	EN VOLUPTES. UN GRAND FEU, DES FAIENCES	VOYANTES, UN SOUPER PASSABLE, UN VIN RUDE, ET
11	028	VA SANS DIRE. ''FAITES BIEN ATTENTION!	VOYEZ AVEC QUELLE VORACITE (NON SIMULEE
31	118	AUTRES. ''J'AI TOUT RETENU, COMME VOUS	VOYEZ. ENSUITE ILS ONT BU CHACUN UNE TASSE
42	120	MORTS. MOI, J'AI SURVECU, COMME VOUS	VOYEZ. FIGUREZ-VOUS UNE PERSONNE INCAPABLE DE
46	017	VOICI, TOUT SEMBLABLE A VOUS, COMME VOUS	VOYEZ! --VOUS DEVRIEZ AU MOINS FAIRE AFFICHER
31	025	A COUP: ''REGARDEZ, REGARDEZ LA-BAS...! LE	VOYEZ- VOUS? IL EST ASSIS SUR CE PETIT NUAGE
10	029	PEUT-ETRE ABOUTIR A QUELQUE CHOSE.	VOYEZ-LE, ET PUIS NOUS VERRONS!'' M'ETRE VANTE
23	029	--LE BESOIN DE PARTAGER VOS JOUISSANCES?''	VOYEZ-VOUS LE SUBTIL ENVIEUX! IL SAIT QUE JE
30	005	DISPARAIT, C'EST-A-DIRE QUAND NOUS	VOYONS L'ETRE OU LE FAIT TEL QU'IL EXISTE EN
31	010	ET BIEN MIEUX HABILLES QUE CEUX QUE NOUS	VOYONS PARTOUT, PARLENT AVEC UNE VOIX
45	035	ONT MIS DANS LE BUT, DANS LE SEUL	VRAI BUT DE LA DETESTABLE VIE!''
15	067	DE CONTINUER, IL N'Y AVAIT PLUS, A	VRAI DIRE, AUCUN SUJET DE BATAILLE; LE MORCEAU
11	063	DE VOUS APPRENDRE CE QUE C'EST QUE LE	VRAI MALHEUR. ''A VOUS VOIR AINSI, MA BELLE
14	018	POUR MOI, JE NE MANQUE JAMAIS, EN	VRAI PARISIEN, DE PASSER LA REVUE DE TOUTES
18	008	SES SAVANTES ET DELICATES VEGETATIONS. UN	VRAI PAYS DE COCAGNE, OU TOUT EST BEAU, RICHE,
18	047	QUI EST COMME L'AME DE L'APPARTEMENT. UN	VRAI PAYS DE COCAGNE, TE DIS-JE, OU TOUT EST
16	011	ENCORE TOUT A FAIT MIDI.'' CE QUI ETAIT	VRAI. POUR MOI, SI JE ME PENCHE VERS LA BELLE
38	017	EN ECLATANT DE RIRE: ''C'EST MOI, LA	VRAIE BENEDICTA! C'EST MOI, UNE FAMEUSE
50	038	LA NECESSITE; CETTE SI BONNE MERE, CETTE	VRAIE PATRONNE DES INTELLIGENCES! JE CHANTE
27	062	PEUT MONTRER DE SPLENDEURS POUR LA	VRAIE SOLENNITE. CELLE-LA ETAIT DOUBLEMENT
27	063	VRAIE SOLENNITE. CELLE-LA ETAIT DOUBLEMENT	VRAIE, D'ABORD PAR LA MAGIE DU LUXE ETALE,
38	000	LAQUELLE EST LA	VRAIE?
35	021	''ES-TU SUR QUE CETTE LEGENDE SOIT LA	VRAIE?'' QU'IMPORTE CE QUE PEUT ETRE LA
28	032	POUVAIT-ELLE PAS SE MULTIPLIER EN PIECES	VRAIES? NE POUVAIT-ELLE PAS AUSSI LE CONDUIRE
27	020	EXCELLENT CONNAISSEUR D'AILLEURS, IL ETAIT	VRAIMENT INSATIABLE DE VOLUPTES. ASSEZ
39	006	DE JEUNESSE ET DE FRAICHEUR. ELLE EST	VRAIMENT LAIDE; ELLE EST FOURMI, ARAIGNEE, SI
16	030	PAS, MADAME, QUE VOICI UN MADRIGAL	VRAIMENT MERITOIRE, ET AUSSI EMPHATIQUE QUE
11	001	''	VRAIMENT, MA CHERE, VOUS ME FATIGUEZ SANS
21	010	JE LES PRIS D'ABORD TOUS LES TROIS POUR DE	VRAIS DIEUX. LE VISAGE DU PREMIER SATAN ETAIT
11	066	COMME POUR LUI DEMANDER UN ROI; ON DIRAIT	VRAISEMBLABLEMENT UNE JEUNE GRENOUILLE QUI
15	072	OU S'EBAUDISSAIT MON AME AVANT D'AVOIR	VU CES PETITS HOMMES AVAIT TOTALEMENT DISPARU!
22	024	COMME UN SAUVAGE, LE PREMIER VENU. JE L'AI	VU JETER A LA TERRE D'UN MAITRE D'HOTEL UN
10	012	VILLE! RECAPITULONS LA JOURNEE: AVOIR	VU PLUSIEURS HOMMES DE LETTRES, DONT L'UN M'A
29	086	DES NOUVELLES DE DIEU, ET S'IL L'AVAIT	VU RECEMMENT. IL ME REPONDIT, AVEC UNE
13	079	SON AIR, QUE JE N'AI PAS SOUVENIR D'AVOIR	VU SA PAREILLE DANS LES COLLECTIONS DES
31	083	AILLEURS QUE LA OU JE SUIS. EH BIEN! J'AI	VU, A LA DERNIERE FOIRE DU VILLAGE VOISIN,
27	060	DIFFICILE DE CONCEVOIR, A MOINS DE L'AVOIR	VU, TOUT CE QUE LA CLASSE PRIVILEGIEE D'UN
29	004	DE SUITE, QUOIQUE JE NE L'EUSSE JAMAIS	VU. IL Y AVAIT SANS DOUTE CHEZ LUI,
27	103	AUX VOLUPTES MULTIPLIEES QUE DONNE LA	VUE D'UN CHEF-D'OEUVRE D'ART VIVANT. LES
40	011	SANS DOUTE RAISON; MAIS, AU POINT DE	VUE DE LA LOI, IL N'AVAIT PAS TORT.
45	001	A LA	VUE DU CIMETIERE, ESTAMINET. --''SINGULIERE
21	084	SI JE N'AVOUAIS PAS QU'A PREMIERE	VUE DE LUI TROUVAI UN BIZARRE CHARME. POUR
21	106	QUE JE LA RECONNAISSAIS POUR L'AVOIR	VUE TRINQUANT AVEC QUELQUES DROLES DE MA
30	132	N'APPARTENAIENT PAS A LA CLASSE INFIME ET	VULGAIRE. J'AI GARDE CES LETTRES. ''ET ALORS,
51	015	DES PLAISIRS QUE NE COMPRENNENT PAS LES	VULGAIRES PROFANES,
29	108	AIDE A LE REALISER; VOUS REGNEREZ SUR VOS	VULGAIRES SEMBLABLES; VOUS SEREZ FOURNI DE
15	005	A CELLE DE L'ATMOSPHERE; LES PASSIONS	VULGAIRES, TELLES QUE LA HAINE ET L'AMOUR
29	100	POUR ME SERVIR D'UNE DE VOS LOCUTIONS	VULGAIRES. AFIN DE COMPENSER LA PERTE
29	025	BEAUTE FATALE, QU'IL ME SEMBLAIT AVOIR	VUS DEJA A DES EPOQUES ET DANS DES PAYS DONT

47	065	AIT SI PEU DE COEUR? --VOICI MAINTENANT	W., UN FAMEUX MEDECIN ANGLAIS; JE L'AI ATTRAPE

46	025	UN HEUREUX QUI ME FERA RIRE! PENSEZ A	X, OU A Z! HEIN! COMME CE SERA DROLE!''
47	054	LE RECONNAIS-TU CELUI-CI? --OUI! C'EST	X. LE NOM EST AU BAS D'AILLEURS; MAIS JE LE
47	057	QUI DISAIT A SON COURS, EN PARLANT DE	X.: ''CE MONSTRE QUI PORTE SUR SON VISAGE LA

POEM LINE

26	043	QUI NE SONT PAS COMME NOUS.'' --QUANT AUX	YEUX DU PLUS PETIT, ILS ETAIENT TROP FASCINES
31	067	AVAIT, EN FAISANT SON RECIT, LES	YEUX ECARQUILLES PAR UNE SORTE DE STUPEFACTION
12	015	LUI ETRE FERMEES, C'EST QU'A SES	YEUX ELLES NE VALENT PAS LA PEINE D'ETRE
43	017	FIGURE QUE C'EST VOUS''. ET IL FERMA LES	YEUX ET IL LACHA LA DETENTE. LA POUPEE FUT
30	120	DONT LE FANTOME ME FATIGUAIT DE SES GRANDS	YEUX FIXES. MAIS LE LENDEMAIN JE RECUS UN
21	037	BIEN TRAVAILLEES. IL ME REGARDA AVEC SES	YEUX INCONSOLABLEMENT NAVRES, D'OU S'ECOULAIT
15	042	IL SE RAPPROCHA, NE QUITTANT PAS DES	YEUX L'OBJET DE SA CONVOITISE; PUIS, HAPPANT
30	021	TIRONS DE CETTE FACULTE QUI REND A NOS	YEUX LA VIE PLUS VIVANTE ET PLUS SIGNIFICATIVE
21	013	LA MOLLESSE DES ANCIENS BACCHUS. SES BEAUX	YEUX LANGUISSANTS, D'UNE COULEUR TENEBREUSE ET
28	016	DE SENTIMENT COMPLIQUE, DANS LES	YEUX LARMOYANTS DES CHIENS QU'ON FOUETTE.
24	016	DE MA VIE.'' ET, TOUT EN ANALYSANT DES	YEUX LES DETAILS DE LA GRAVURE, IL CONTINUAIT
11	040	CHAIR, MALGRE LE POIL POSTICHE? AUSSI LES	YEUX LUI SORTENT MAINTENANT DE LA TETE, ELLE
09	034	AUTRE, TIMIDE A CE POINT QU'IL BAISSE LES	YEUX MEME DEVANT LES REGARDS DES HOMMES, A CE
31	037	LA LIGNE QUI SEPARE LA TERRE DU CIEL DES	YEUX OU BRILLAIT UNE INEXPRIMABLE EXPRESSION
26	055	GENS-LA ME SONT INSUPPORTABLES AVEC LEURS	YEUX OUVERTS COMME DES PORTES COCHERES! NE
27	091	EMOTION TOUJOURS PRESENTE ME MONTENT AUX	YEUX PENDANT QUE JE CHERCHE A VOUS DECRIRE
07	021	TOUT RAMASSE CONTRE LE PIEDESTAL, LEVE DES	YEUX PLEINS DE LARMES VERS L'IMMORTELLE
38	002	L'ATMOSPHERE D'IDEAL, ET DONT LE	YEUX REPANDAIENT LE DESIR DE LA GRANDEUR, DE
38	012	COMME LES COFFRES DE L'INDE. ET COMME MES	YEUX RESTAIENT FICHES SUR LE LIEU OU ETAIT
19	010	QUE VOUS RENCONTREREZ. VOUS VERREZ LEURS	YEUX S'AGRANDIR DEMESUREMENT. D'ABORD ILS
27	118	SE RESSERRAIENT DE PLUS EN PLUS, ET SES	YEUX S'ECLAIRAIENT D'UN FEU INTERIEUR
41	005	MERVEILLEUSEMENT PROPRE A AMUSER LES	YEUX SANS JAMAIS LES LASSER. LES FORMES
37	009	EN CONTEMPLANT CETTE VISITEUSE QUE TES	YEUX SE SONT SI BIZARREMENT AGRANDIS; ET ELLE
30	102	MAL.'' ET COMME INVOLONTAIREMENT MES	YEUX SE TOURNAIENT VERS LA FUNEBRE ARMOIRE, JE
26	052	Y LIRE MA PENSEE; JE PLONGEAIS DANS VOS	YEUX SI BEAUX ET SI BIZARREMENT DOUX, DANS VOS
31	087	N'AVOIR BESOIN DE PERSONNE. LEURS GRANDS	YEUX SOMBRES SONT DEVENUS TOUT A FAIT
36	009	INSPIRE EST NOCTURNE ET PROFOND. SES	YEUX SONT DEUX ANTRES OU SCINTILLE VAGUEMENT
21	064	PETITS GNOMES DIFFORMES, MAIGRES, DONT LES	YEUX SUPPLIANTS RECLAMAIENT L'AUMONE MIEUX
28	012	INQUIETANT QUE L'ELOQUENCE MUETTE DE CES	YEUX SUPPLIANTS, QUI CONTIENNENT A LA FOIS,
11	037	BATON POUR LA CALMER! CAR ELLE DARDE DES	YEUX TERRIBLES DE CONVOITISE SUR LA NOURRITURE
11	065	DELICATE, LES PIEDS DANS LA FANGE ET LES	YEUX TOURNES VAPOREUSEMENT VERS LE CIEL, COMME
47	005	C'ETAIT UNE GRANDE FILLE, ROBUSTE, AUX	YEUX TRES-OUVERTS, LEGEREMENT FARDEE, LES
18	042	ET LA FAIENCE Y JOUENT POUR LES	YEUX UNE SYMPHONIE MUETTE ET MYSTERIEUSE; ET
21	034	QUI EN RESULTAIT LE FORCAIT A BAISSER LES	YEUX VERS LA TERRE, IL CONTEMPLAIT
37	026	TU SERAS LA REINE DES HOMMES AUX	YEUX VERTS DONT J'AI SERRE AUSSI LA GORGE DANS
26	053	SI BEAUX ET SI BIZARREMENT DOUX, DANS VOS	YEUX VERTS, HABITES PAR LE CAPRICE ET INSPIRES
44	008	LA PETITE FOLLE MONSTRUEUSE AUX	YEUX VERTS.'' ET TOUT A COUP JE RECUS UN
42	151	APRES UNE MELANCOLIQUE PROMENADE OU SES	YEUX, A ELLE, REFLECHISSAIENT LA DOUCEUR DU
21	057	C'ETAIT UN HOMME VASTE, A GROS VISAGE SANS	YEUX, DONT LA LOURDE BEDAINE SURPLOMBAIT LES
28	046	JE LE REGARDAIS DANS LE BLANC DES	YEUX, ET JE FUS EPOUVANTE DE VOIR QUE SES YEUX
16	010	REGARDANT, COMME ON DIT, DANS LE BLANC DES	YEUX, IL AFFIRMA SANS HESISTER: ''IL N'EST PAS
26	049	J'ETAIS ATTENDRI PAR CETTE FAMILLE D'	YEUX, MAIS JE ME SENTAIS UN PEU HONTEUX DE NOS
49	066	SE JETA SUR MOI, ME POCHA LES DEUX	YEUX, ME CASSA QUATRE DENTS, ET, AVEC LA MEME
27	134	REVEILLE DANS SON REVE, FERMA D'ABORD LES	YEUX, PUIS LES ROUVRIT PRESQUE AUSSITOT!
21	089	A LA FOIS IMPERIEUX ET DEGINGANDE; ET SES	YEUX, QUOIQUE BATTUS, CONTENAIENT UNE FORCE
30	055	UNE EPAULE; SON VISAGE, BOURSOUFLE, ET SES	YEUX, TOUT GRANDS OUVERTS AVEC UNE FIXITE
47	112	QUE JE PEUX ME SOUVENIR, EN DETOURNANT LES	YEUX; ''JE NE SAIS PAS... JE NE ME SOUVIENS
15	034	QUAND UN BRUIT TRES-LEGER ME FIT LEVER LES	YEUX. DEVANT MOI SE TENAIT UN PETIT ETRE

47	056	--JE SAVAIS BIEN! TIENS! VOILA	Z., CELUI QUI DISAIT A SON COURS, EN PARLANT
10	026	FERIEZ PEUT-ETRE BIEN DE VOUS ADRESSER A	Z...; C'EST LE PLUS LOURD, LE PLUS SOT ET LE
46	025	HEUREUX QUI ME FERA RIRE! PENSEZ A X, OU A	Z! HEIN! COMME CE SERA DROLE!''
04	018	BEAU PLAISANT, ET CONTINUA DE COURIR AVEC	ZELE OU L'APPELAIT SON DEVOIR. POUR MOI, JE
50	094	EST ACHEVEE. N'EST-IL PAS JUSTE QUE DE SI	ZELES COMEDIENS NE SE METTENT PAS EN ROUTE

Concordance to the Variants •

Left context	Keyword line	POEM	LINE
COMMUN N'EN DONNERONT JAMAIS DE COMPARABLE	A CELLE QU'EPROUVE LE SOLITAIRE, QUI, D'UN	23	019
A MES AMIS, --UN METRE DE CORDE DE PENDU,	A CENT FRANCS LE DECIMETRE, L'UN DANS L'AUTRE,	30	137
SUBLIMITE D'UN PAYSAGE. CE COUP D'OEIL LUI	A CONQUIS UNE PROPRIETE INDIVIDUELLE	23	022
EST A QUELQUES LIEUES D'ICI. IL EST	A DEUX PAS, IL EST DANS LA PREMIERE AUBERGE	24	029
DE L'INDIVIDU. N'EST-CE PAS LA BRUYERE QUI	A DIT: ''CE GRAND MALHEUR DE NE POUVOIR ETRE	23	012
LE SOLITAIRE, QUI, D'UN COUP D'OEIL,	A EMBRASSE ET COMPRIS TOUTE LA SUBLIMITE D'UN	23	020
QUI N'	A EU SES HEURES D'IMPIETE? --SURTOUT EN	29	086
	A L'	50	126
COMME DES MILITAIRES, RESSEMBLENT	A L'AME DU GRAND ROI, QUI N'AVAIT PAS DE COINS	24	010
	A L'APPUI DE SA THESE	23	002
	A L'HORIZON,	24	021
PARTOUT UN PARFUM INDESCRIPTIBLE DE MUSC;	A L'HORIZON, DES BOUTS DE MATS, AUXQUELS UNE	24	017
SI BIEN EVENTEE, FUMANT LE TABAC MELE	A L'OPIUM ET AU SUCRE, -- AU DELA DE LA	24	023
VOULU GAGNER	A LA FOIS	28	049
USE, ET SELON QU'ON A USE DE LA VIE. QUANT	A LA JOUISSANCE, --LES PLUS BELLES AGAPES	23	017
VENU. JE L'AI VU JETER UN EXCELLENT POULET	A LA TETE D'UN MAITRE D'HOTEL. LA VENUE DU	22	009
C'EST PAUL DE KOCK, JE CROIS, QUI	A LE PLUS POPULARISE CETTE IDEE	26	046
PARBLEU! --REPONDIS-JE	A MES AMIS, --UN METRE DE CORDE DE PENDU, A	30	137
GATAIT LES MEILLEURES CHOSES. L'AUTRE,	A MESURE QUE LE JOUR BAISSAIT, DEVENAIT PLUS	22	011
	A MOINS QU'IL NE SOIT INSOLENT ET HARGNEUX	50	026
COMPRENNENT PAS LE BEAU. --LE PLAISIR DU	A QUELQUES LIEUES D'ICI; IL EST A DEUX PAS, IL	24	028
DES GRANDES PELOUSES ET DES BASSINS! MAIS	A QUOI BON DE SI BEAUX DECORS? INSENSE!	24	005
REVEUSE ET DESIREUSE, JE TE DIRAIS	A TOI, MON POETE ET MON AMI:	18	015
REVEUSE ET DESIREUSE, JE TE DIRAIS	A TOI, MON POETE ET MON AMI:	18	015
LA TOMBEE DE LA NUIT	A TOUJOURS ETE POUR MOI LE SIGNAL D'UNE FETE	22	001
DE COUR COMPLIQUE ET FASTUEUX, DESCENDANT	A TRAVERS L'ATMOSPHERE D'UN BEAU SOIR, LES	24	002
SELON QU'ON EN USE, ET SELON QU'ON	A USE DE LA VIE. QUANT A LA JOUISSANCE, --LES	23	016
DESOLANTE	A VOIR	13	032
PLUS FACILE DE VOUS L'EXPLIQUER, QU'	A VOUS DE LE COMPRENDRE	26	002
Y	A-T-IL	18	072
AUTRUI, MAIS SUR LUI-MEME QUE S'EXERCAIT	ABONDAMMENT SA MANIE CREPUSCULAIRE. LE PREMIER	22	014
	ACCABLANTE	50	054
NE VOIS PAS LA PLACE D'UN SEUL CLOU POUR Y	ACCROCHER TON IMAGE. AH! JE SAIS BIEN OU JE	24	012
REVE! TOUJOURS LE REVE MAUDIT! --IL TUE L'	ACTION ET MANGE LE TEMPS! --LES REVES	24	035
PAS GOUVERNEES PAR UNE IMPORTANTE PENSEE	ACTIVE. ELLE NE FUT PAS MAUVAISE POUR ROBINSON	23	008
	ADOREE	37	035
QUANT A LA JOUISSANCE, --LES PLUS BELLES	AGAPES FRATERNELLES, LES PLUS MAGNIFIQUES	23	017
UN MOMENT LA BETE DEVORANTE QUI S'	AGITE EN NOUS, C'EST UN POISON QUI LA SOULAGE,	24	036
D'UN SEUL CLOU POUR Y ACCROCHER TON IMAGE.	AH! JE SAIS BIEN OU JE VOUDRAIS T'AIMER	24	014
	AH! SI J'ETAIS TA MIGNON, TA MIGNON AIMEE ET	18	015
	AH! SI TU ETAIS LE POETE, ET SI J'ETAIS TA	18	015
LANTERNES ECLAIRENT MON ESPRIT. MAIS J'	AI EU DEUX AMIS QUE LE CREPUSCULE RENDAIT	22	006
SAUVAGEMENT LE PREMIER VENU. JE L'	AI VU JETER UN EXCELLENT POULET A LA TETE D'UN	22	008
MESURE QUE LE JOUR BAISSAIT, DEVENAIT PLUS	AIGRE, PLUS SOMBRE, PLUS TAQUIN. INDULGENT	22	011
AMITIE! NOUS N'Y SERIONS PAS CHEZ NOUS. D'	AILLEURS, CES MURS GAUFRES, GALONNES,	24	008
CET	AIMABLE	16	023
ETAIS LE POETE, ET SI J'ETAIS TA MIGNON	AIMEE ET PROTEGEE, TOUJOURS TENDRE, TOUJOURS	18	015
AH! SI J'ETAIS TA MIGNON, TA MIGNON	AIMEE ET PROTEGEE, TOUJOURS TENDRE, TOUJOURS	18	015
SI MELANCOLIQUEMENT LA CHAMBRE DE LA FEMME	AIMEE, DE LA SOEUR D'ELECTION, QUAND VOUS	18	046
IMAGE. AH! JE SAIS BIEN OU JE VOUDRAIS T'	AIMER INTERMINABLEMENT! --AU BORD DE LA MER,	24	014
DONNANT	AINSI UNE BELLE SEMONCE	23	034
L'	AIR DE PRENDRE	18	009
FAIT DECRIRE LENTEMENT DES COURBES DANS L'	AIR; AUTOUR DE NOUS, AU DELA DE LA CHAMBRE	24	019
PURIFIA, ELLE LUI ENSEIGNA JUSQU'OU PEUT	ALLER LA FORCE DE L'INDIVIDU. N'EST-CE PAS LA	23	010
	ALLUME ET RONFLANT	50	084
RENDAIT MALADES. L'UN MECONNAISSAIT	ALORS TOUS LES RAPPORTS D'AMITIE ET DE	22	007
	AMATEURS	23	015
COMME DES MILITAIRES, RESSEMBLENT A L'	AME DU GRAND ROI, QUI N'AVAIT PAS DE COINS	24	010
SOLITUDE N'EST DANGEREUSE QUE POUR CES	AMES OISIVES ET DIVAGANTES QUI NE SONT PAS	23	007
JE TE DIRAIS A TOI, MON POETE ET MON	AMI:	18	015
JE TE DIRAIS A TOI, MON POETE ET MON	AMI:	18	015
ECLAIRENT MON ESPRIT. MAIS J'AI EU DEUX	AMIS QUE LE CREPUSCULE RENDAIT MALADES. L'UN	22	006
PARBLEU! --REPONDIS-JE A MES	AMIS, --UN METRE DE CORDE DE PENDU, A CENT	30	137
MECONNAISSAIT ALORS TOUS LES RAPPORTS D'	AMITIE ET DE POLITESSE, ET BRUTALISAIT	22	007
JE VOUDRAIS TE POSSEDER ET JOUIR DE TON	AMITIE! NOUS N'Y SERIONS PAS CHEZ NOUS.	24	007
CET	AMOUR...CETTE NOSTALGIE	18	017
CET	AMOUR...CETTE NOSTALGIE	18	016
INTERIEURE ET COMME LA DELIVRANCE D'UNE	ANGOISSE. DANS LES BOIS COMME DANS LES RUES	22	002
L'	APAISE	24	037
	APPROCHAIT.	29	094
	APPROXIMATIF	29	011
A L'	APPUI DE SA THESE	23	002
	APRES	24	033
	ARACHNEENNES	17	019
L'	ARGENT?	01	011
SOLITUDES; LE DEMON FREQUENTE LES LIEUX	ARIDES. MAIS CETTE SEDUISANTE SOLITUDE N'EST	23	005
UNE COUPE ASSEZ PROFONDE ET UN POISON	ASSEZ EPAIS POUR NOYER LA BETE!	24	039
QUI LA NOURRIT. OU DONC TROUVER UNE COUPE	ASSEZ PROFONDE ET UN POISON ASSEZ EPAIS POUR	24	038
COMME DANS LES RUES D'UNE GRANDE VILLE, L'	ASSOMBRISSEMENT DU JOUR ET LE POINTILLEMENT	22	003
ET FASTUEUX, DESCENDANT A TRAVERS L'	ATMOSPHERE D'UN BEAU SOIR, LES DEGRES DE	24	002
EN BOIS, ENVELOPPEE D'OMBRAGES! DANS L'	ATMOSPHERE, UNE ODEUR FLOTTANTE D'HUILE DE	24	016
	AU	35	001
JE VOUDRAIS T'AIMER INTERMINABLEMENT! --	AU BORD DE LA MER, UNE BELLE CASE EN BOIS,	24	015
DES COURBES DANS L'AIR; AUTOUR DE NOUS,	AU DELA DE LA CHAMBRE SILENCIEUSE, OBSCURE,	24	020
LE TABAC MELE A L'OPIUM ET AU SUCRE, --	AU DELA DE LA VARANGUE, LE TAPAGE DES OISEAUX	24	024
QUE L'IMBECILE PANDORE REPONDANT	AU LEGENDAIRE BRIGADIER	28	043
EVENTEE, FUMANT LE TABAC MELE A L'OPIUM ET	AU SUCRE, -- AU DELA DE LA VARANGUE, LE TAPAGE	24	023
DANS LA PREMIERE AUBERGE VENUE, DANS L'	AUBERGE DU HASARD, SI FECONDE EN BONHEURS. UN	24	030

POEM LINE

POEM	LINE		
24	030	IL EST A DEUX PAS, IL EST DANS LA PREMIERE	AUBERGE VENUE, DANS L'AUBERGE DU HASARD, SI
18	065	QUI TE FONT OUVRIR DE SI GRANDS YEUX, N'	AURAIS-TU PAS POUR MIROIR
29	114		AUREZ TOUTES LES
16	001	MOI	AUSSI
47	073		AUSSI
28	043	PRESQUE	AUSSI FIDELEMENT QUE L'IMBECILE PANDORE
23	001	IL ME DISAIT	AUSSI, --LE SECOND, --QUE LA SOLITUDE ETAIT
24	019	DECRIRE LENTEMENT DES COURBES DANS L'AIR,	AUTOUR DE NOUS, AU DELA DE LA CHAMBRE
22	011	DU SOIR GATAIT LES MEILLEURES CHOSES. L'	AUTRE, A MESURE QUE LE JOUR BAISSAIT, DEVENAIT
30	137	A CENT FRANCS LE DECIMETRE, L'UN DANS L'	AUTRE, CHACUN PAYANT SELON SES MOYENS, CELA
28	050	DONNER CE QUI NE VALAIT RIEN, OU, EN D'	AUTRES TERMES, DE CHARITE.
22	013	LE SOIR,--ET CE N'ETAIT PAS SEULEMENT SUR	AUTRUI, MAIS SUR LUI-MEME QUE S'EXERCAIT
50	031		AUX DOMINOS!
24	018	DE MUSC, A L'HORIZON, DES BOUTS DE MATS,	AUXQUELS UNE HOULE INSENSIBLE FAIT DECRIRE
24	010	RESSEMBLENT A L'AME DU GRAND ROI, QUI N'	AVAIT PAS DE COINS POUR L'INTIMITE. --ICI, PAS
26	047	PEUT-ETRE	AVAIT-IL
24	021	OBSCURE, PLEINE DE FLEURS ET DE NATTES,	AVEC DE RARES MEUBLES D'UN ROCOCO PORTUGAIS,
24	032	BEAUCOUP DE VIN, ET UN LIT TRES LARGE	AVEC DES DRAPS UN PEU RUDES, MAIS FRAIS. ...LE
22	011	CHOSES. L'AUTRE, A MESURE QUE LE JOUR	BAISSAIT, DEVENAIT PLUS AIGRE, PLUS SOMBRE,
24	004	EN FACE DES GRANDES PELOUSES ET DES	BASSINS! MAIS A QUOI BON DE SI BEAUX DECORS?
23	016		BAVARDES
24	002	DESCENDANT A TRAVERS L'ATMOSPHERE D'UN	BEAU SOIR, LES DEGRES DE MARBRE D'UN PALAIS,
24	028	DES IMBECILES QUI NE COMPRENNENT PAS LE	BEAU. --LE PLAISIR EST A QUELQUES LIEUES
24	027	VASTE MISE EN SCENE? --ELLE COUTERAIT	BEAUCOUP D'OR, ET L'OR NE DANSE QUE DANS LA
24	032	VOYANTES SUR LES MURS, UN SOUPER PASSABLE,	BEAUCOUP DE VIN, ET UN LIT TRES LARGE AVEC DES
26	002		BEAUCOUP PLUS FACILE DE VOUS L'EXPLIQUER, QU'A
24	005	ET DES BASSINS! MAIS A QUOI BON DE SI	BEAUX DECORS? INSENSE! J'OUBLIAIS QUE JE HAIS
50	075	EN	BELGIQUE
24	015	INTERMINABLEMENT! --AU BORD DE LA MER, UNE	BELLE CASE EN BOIS, ENVELOPPEE D'OMBRAGES!
23	034	DONNANT AINSI UNE	BELLE SEMENCE
24	001	COMME TU SERAIS	BELLE, DANS UN COSTUME DE COUR COMPLIQUE ET
23	017	LA VIE. QUANT A LA JOUISSANCE, --LES PLUS	BELLES AGAPES FRATERNELLES, LES PLUS
24	036	TEMPS! --LES REVES SOULAGENT UN MOMENT LA	BETE DEVORANTE QUI S'AGITE EN NOUS, C'EST UN
24	039	ET UN POISON ASSEZ EPAIS POUR NOYER LA	BETE!
24	023	TU REPOSERAIS SI DOUCE, SI NONCHALANTE, SI	BIEN EVENTEE, FUMANT LE TABAC MELE A L'OPIUM
28	050	ET FAIRE DES ECONOMIES!	BIEN MIEUX ENCORE, NE RIEN DEPENSER,
24	014	POUR Y ACCROCHER TON IMAGE. AH! JE SAIS	BIEN OU JE VOUDRAIS T'AIMER INTERMINABLEMENT!
22	019	ESPRIT FAIT LA NUIT DANS LE LEUR. --ET,	BIEN QU'IL NE SOIT PAS RARE DE VOIR LA MEME
29	037		BIZARRE
50	091	DE	BOIS
22	003	LA DELIVRANCE D'UNE ANGOISSE. DANS LES	BOIS COMME DANS LES RUES D'UNE GRANDE VILLE,
24	022	DE RARES MEUBLES D'UN ROCOCO PORTUGAIS, EN	BOIS DES ILES OU TU REPOSERAIS SI DOUCE, SI
24	015	--AU BORD DE LA MER, UNE BELLE CASE EN	BOIS, ENVELOPPEE D'OMBRAGES! DANS
16	012	QUAND JE PRENDS DANS MES BRAS MON	BON CHAT, MON CHER CHAT,
24	005	PELOUSES ET DES BASSINS! MAIS A QUOI	BON DE SI BEAUX DECORS? INSENSE! J'OUBLIAIS
24	030	DANS L'AUBERGE DU HASARD, SI FECONDE EN	BONHEURS. UN GRAND FEU, DES FAIENCES VOYANTES
29	125	DE	BONNE
23	014	LA SOLITUDE COMME DU CREPUSCULE; ELLE EST	BONNE ET ELLE EST MAUVAISE, CRIMINELLE ET
50	100		BONS
24	015	JE VOUDRAIS T'AIMER INTERMINABLEMENT! --AU	BORD DE LA MER, UNE BELLE CASE EN BOIS,
44	013	SACRE	BOUGRE
24	018	INDESCRIPTIBLE DE MUSC, A L'HORIZON, DES	BOUTS DE MATS, AUXQUELS UNE HOULE INSENSIBLE
16	012	QUAND JE PRENDS DANS MES	BRAS MON BON CHAT, MON CHER CHAT,
23	009	ROBINSON CRUSOE; ELLE LE REND RELIGIEUX,	BRAVE, INDUSTRIEUX; ELLE LE PURIFIA, ELLE LUI
28	043	L'IMBECILE PANDORE REPONDANT AU LEGENDAIRE	BRIGADIER
29	031		BRILLER
24	047		BRUISSEMENTS
22	008	LES RAPPORTS D'AMITIE ET DE POLITESSE, ET	BRUTALISAIT SAUVAGEMENT LE PREMIER VENU. JE
23	012	LA FORCE DE L'INDIVIDU. N'EST-CE PAS LA	BRUYERE QUI A DIT: ''CE GRAND MALHEUR DE NE
26	046		C'EST PAUL DE KOCK, JE CROIS, QUI A LE PLUS
24	036	LA BETE DEVORANTE QUI S'AGITE EN NOUS,	C'EST UN POISON QUI LA SOULAGE, MAIS QUI LA
28	050	BIEN MIEUX ENCORE, NE RIEN DEPENSER,	C'EST-A-DIRE DONNER CE QUI NE VALAIT RIEN, OU,
23	015	CRIMINELLE ET SALUTAIRE, INCENDIAIRE ET	CALMANTE, SELON QU'ON EN USE, ET SELON QU'ON A
24	015	--AU BORD DE LA MER, UNE	CASE EN BOIS, ENVELOPPEE D'OMBRAGES! DANS
22	020	QU'IL NE SOIT PAS RARE DE VOIR LA MEME	CAUSE ENGENDRER DEUX EFFETS CONTRAIRES, CELA
16	012		CE CHAT EXTRAORDINAIRE.
23	021	COMPRIS TOUTE LA SUBLIMITE D'UN PAYSAGE.	CE COUP D'OEIL LUI A CONQUIS UNE PROPRIETE
23	012	N'EST-CE PAS LA BRUYERE QUI A DIT: ''	CE GRAND MALHEUR DE NE POUVOIR ETRE
24	006	JE HAIS LES ROIS ET LEURS PALAIS. --NON,	CE N'EST PAS DANS UN PALAIS QUE JE VOUDRAIS TE
22	013	JOURNEE, IL ETAIT IMPITOYABLE LE SOIR;--ET	CE N'ETAIT PAS SEULEMENT SUR AUTRUI, MAIS SUR
23	012	PEUT ALLER LA FORCE DE L'INDIVIDU. N'EST-	CE PAS LA BRUYERE QUI A DIT: ''CE GRAND
38	016	DANS	CE PATOIS FAMILIER DE LA...QUE MA PUDEUR NE
28	050	NE RIEN DEPENSER, C'EST-A-DIRE DONNER	CE QUI NE VALAIT RIEN, OU, EN D'AUTRES TERMES,
21	103		CECI...SERIEUX!
30	137	L'AUTRE, CHACUN PAYANT SELON SES MOYENS,	CELA FAIT MILLE FRANCS, UN REEL, UN EFFICACE
22	020	CAUSE ENGENDRER DEUX EFFETS CONTRAIRES,	CELA M'INTRIGUE ET M'ETONNE TOUJOURS.
23	020	N'EN DONNERONT JAMAIS DE COMPARABLE A	CELLE QU'EPROUVE LE SOLITAIRE, QUI, D'UN COUP
30	137	MES AMIS, --UN METRE DE CORDE DE PENDU, A	CENT FRANCS LE DECIMETRE, L'UN DANS L'AUTRE,
27	015		CES
23	007	SOLITUDE N'EST DANGEREUSE QUE POUR	CES AMES OISIVES ET DIVAGANTES QUI NE SONT PAS
18	065	ET POUR ME SERVIR DU LANGAGE DE	CES LIVRES QUI TRAINENT TOUJOURS SUR MA TABLE
24	011	POUR L'INTIMITE. --ICI, PAS UN REVOIR! SUR	CES MURS CRIBLES D'OR DE JE NE VOIS PAS LA PLACE
24	008	N'Y SERIONS PAS CHEZ NOUS. D'AILLEURS,	CES MURS GAUFRES, GALONNES, INSOLENTS,
16	023		CET AIMABLE
18	017		CET AMOUR...CETTE NOSTALGIE
18	016		CET AMOUR...CETTE NOSTALGIE

POEM	LINE		
24	022		D'UN...LOURD ET TENEBREUX
22	002	FETE INTERIEURE ET COMME LA DELIVRANCE	D'UNE ANGOISSE. DANS LES BOIS COMME DANS LES
22	002	LA NUIT A TOUJOURS ETE POUR MOI LE SIGNAL	D'UNE FETE INTERIEURE ET COMME LA DELIVRANCE
22	003	DANS LES BOIS COMME DANS LES RUES	D'UNE GRANDE VILLE, L'ASSOMBRISSEMENT DU JOUR
22	017	FILS; LE SECOND PORTE EN LUI L'INQUIETUDE	D'UNE INSATISFACTION PERPETUELLE. L'OMBRE QUI
23	006	MAIS CETTE SEDUISANTE SOLITUDE N'EST	DANGEREUSE QUE POUR CES AMES OISIVES ET
38	016		DANS CE PATOIS FAMILIER DE LA...QUE MA PUDEUR
24	019	FAIT DECRIRE LENTEMENT DES COURBES	DANS L'AIR; AUTOUR DE NOUS, AU DELA DE LA
24	016	BELLE CASE EN BOIS, ENVELOPPEE D'OMBRAGES.	DANS L'ATMOSPHERE, UNE ODEUR FLOTTANTE D'HUILE
24	030	IL EST DANS LA PREMIERE AUBERGE VENUE,	DANS L'AUBERGE DU HASARD, SI FECONDE EN
30	137	DE PENDU, A CENT FRANCS LE DECIMETRE, L'UN	DANS L'AUTRE, CHACUN PAYANT SELON SES MOYENS,
24	017		DANS LA MAISON ET DANS LE
27	145	ILS MOURURENT	DANS LA MEME NUIT.
24	027	BEAUCOUP D'OR, ET L'OR NE DANSE QUE	DANS LA POCHE DES IMBECILES QUI NE COMPRENNENT
24	029	LIEUES D'ICI, IL EST A DEUX PAS, IL EST	DANS LA PREMIERE AUBERGE VENUE, DANS L'AUBERGE
24	017	DANS LA MAISON ET	DANS LE JARDIN,...PUISSANT,...DE ROSE ET
22	019	LA LUMIERE DANS MON ESPRIT FAIT LA NUIT	DANS LE LEUR. --ET, BIEN QU'IL NE SOIT PAS
22	003	ET COMME LA DELIVRANCE D'UNE ANGOISSE.	DANS LES BOIS COMME DANS LES RUES D'UNE GRANDE
22	003	D'UNE ANGOISSE. DANS LES BOIS COMME	DANS LES RUES D'UNE GRANDE VILLE,
23	004	DE LUBRICITE S'ENFLAMME MERVEILLEUSEMENT	DANS LES SOLITUDES; LE DEMON FREQUENTE LES
16	012	QUAND JE PRENDS	DANS MES BRAS MON BON CHAT, MON CHER CHAT,
22	018	PERPETUELLE. L'OMBRE QUI FAIT LA LUMIERE	DANS MON ESPRIT FAIT LA NUIT DANS LE LEUR.
18	046	D'ELECTION, QUAND VOUS COUCHEREZ-VOUS	DANS MON HORIZON?
24	001	COMME TU SERAIS BELLE,	DANS UN COSTUME DE COUR COMPLIQUE ET FASTUEUX,
24	006	ROIS ET LEURS PALAIS. --NON, CE N'EST PAS	DANS UN PALAIS QUE JE VOUDRAIS TE POSSEDER ET
24	027	--ELLE COUTERAIT BEAUCOUP D'OR, ET L'OR NE	DANSE QUE DANS LA POCHE DES IMBECILES QUI NE
23	017	QUESTION	DE
23	018	POURVU QU'ILS...	DE
29	028		DE
18	034	HEUREUSES, PLEINES	DE
50	091		DE BOIS
29	125		DE BONNE
18	065	ET POUR ME SERVIR DU LANGAGE	DE CES LIVRES QUI TRAINENT TOUJOURS SUR MA
28	050	NE VALAIT RIEN, OU, EN D'AUTRES TERMES,	DE CHARITE.
24	017	L'ATMOSPHERE, UNE ODEUR FLOTTANTE D'HUILE	DE COCO, ET PARTOUT UN PARFUM INDESCRIPTIBLE
24	010	A L'AME DU GRAND ROI, QUI N'AVAIT PAS	DE COINS POUR L'INTIMITE. --ICI, PAS UN
23	019	UN PLAISIR COMMUN N'EN DONNERONT JAMAIS	DE COMPARABLE A CELLE QU'EPROUVE LE SOLITAIRE,
30	137	--REPONDIS-JE A MES AMIS, --UN METRE	DE CORDE DE PENDU, A CENT FRANCS LE DECIMETRE,
24	001	COMME TU SERAIS BELLE, DANS UN COSTUME	DE COUR COMPLIQUE ET FASTUEUX, DESCENDANT A
35	013	TRES PEU	DE DONNEES
24	020	DE LA CHAMBRE SILENCIEUSE, OBSCURE, PLEINE	DE FLEURS ET DE NATTES, AVEC DE RARES MEUBLES
23	001	GRAND POLITIQUE	DE GAZETTE
18	025	JE VOUDRAIS QU'UN MUSICIEN	DE GENIE SE
26	046	C'EST PAUL	DE KOCK, JE CROIS, QUI A LE PLUS POPULARISE
50	030		DE L'
23	003	ME CITAIT JE CROIS, DES PAROLES DES PERES	DE L'EGLISE. IL EST VRAI QUE L'ESPRIT DE
23	011	LUI ENSEIGNA JUSQU'OU PEUT ALLER LA FORCE	DE L'INDIVIDU. N'EST-CE PAS LA BRUYERE QUI A
24	020	DANS L'AIR; AUTOUR DE NOUS, AU DELA	DE LA CHAMBRE SILENCIEUSE, OBSCURE, PLEINE DE
18	046	EMBELLISSEZ SI MELANCOLIQUEMENT LA CHAMBRE	DE LA FEMME AIMEE, DE LA SOEUR D'ELECTION,
24	015	T'AIMER INTERMINABLEMENT! --AU BORD	DE LA MER, UNE BELLE CASE EN BOIS, ENVELOPPEE
22	001	LA TOMBEE	DE LA NUIT A TOUJOURS ETE POUR MOI LE SIGNAL
18	046	LA CHAMBRE DE LA FEMME AIMEE,	DE LA SOEUR D'ELECTION, QUAND VOUS
23	013	ETRE SEUL?.....'' IL EN SERAIT DONC	DE LA SOLITUDE COMME DU CREPUSCULE; ELLE EST
23	024	MELE A L'OPIUM ET AU SUCRE, -- AU DELA	DE LA VARANGUE, LE TAPAGE DES OISEAUX ET
23	016	SELON QU'ON EN USE, ET SELON QU'ON A USE	DE LA VIE. QUANT A LA JOUISSANCE, --LES PLUS
38	016	DANS CE PATOIS FAMILIER	DE LA...QUE MA PUDEUR NE SAURAIT REPRODUIRE
26	002	PLUS FACILE DE VOUS L'EXPLIQUER; QU'A VOUS	DE LE COMPRENDRE
23	004	IL EST VRAI QUE L'ESPRIT DE MEURTRE ET	DE LUBRICITE S'ENFLAMME MERVEILLEUSEMENT DANS
24	003	L'ATMOSPHERE D'UN BEAU SOIR, LES DEGRES	DE MARBRE D'UN PALAIS, EN FACE DES GRANDES
24	018	DE MUSC; A L'HORIZON, DES BOUTS	DE MATS, AUXQUELS UNE HOULE INSENSIBLE FAIT
23	003	DE L'EGLISE. IL EST VRAI QUE L'ESPRIT	DE MEURTRE ET DE LURICITE S'ENFLAMM
24	017	COCO, ET PARTOUT UN PARFUM INDESCRIPTIBLE	DE MUSC; A L'HORIZON, DES BOUTS DE MATS,
24	021	SILENCIEUSE, OBSCURE, PLEINE DE FLEURS ET	DE NATTES, AVEC DE RARES MEUBLES D'UN ROCOCO
23	012	LA BRUYERE QUI A DIT: ''CE GRAND MALHEUR	DE NE POUVOIR ETRE SEUL?.....'' IL EN SERAIT
24	019	LENTEMENT DES COURBES DANS L'AIR; AUTOUR	DE NOUS, AU DELA DE LA CHAMBRE SILENCIEUSE,
30	137	A MES AMIS, --UN METRE DE CORDE	DE PENDU, A CENT FRANCS LE DECIMETRE, L'UN
22	007	ALORS TOUS LES RAPPORTS D'AMITIE ET	DE POLITESSE, ET BRUTALISAIT SAUVAGEMENT LE
28	030	OU	DE PREJUGER
18	009	L'AIR	DE PRENDRE
24	021	PLEINE DE FLEURS ET DE NATTES,	DE RARES MEUBLES D'UN ROCOCO PORTUGAIS, EN
22	016	LE PREMIER EST MORT FOU, INCAPABLE	DE RECONNAITRE SA MAITRESSE ET SON FILS; LE
24	017	LA MAISON ET DANS LE JARDIN,...PUISSANT,..	DE ROSE ET
23	002	A L'APPUI	DE SA THESE
47	046	SACRE SAINT CIBOIRE	DE SAINTE MAQUERELLE!
24	005	PELOUSES ET DES BASSINS! MAIS A QUOI BON	DE SI BEAUX DECORS? INSENSE! J'OUBLIAIS QUE JE
18	065	SUR MA TABLE ET QUI TE FONT OUVRIR	DE SI GRANDS YEUX, N'AURAIS-TU PAS POUR MIROIR
24	007	QUE JE VOUDRAIS TE POSSEDER ET JOUIR	DE TON AMITIE! NOUS N'Y SERIONS PAS CHEZ NOUS.
24	032	SUR LES MURS, UN SOUPER PASSABLE, BEAUCOUP	DE VIN, ET UN LIT TRES LARGE AVEC DES DRAPS UN
24	020	LE LEUR. --ET, BIEN QU'IL NE SOIT PAS RARE	DE VOIR LA MEME CAUSE ENGENDRER DEUX EFFETS
26	002	BEAUCOUP PLUS FACILE	DE VOUS L'EXPLIQUER; QU'A VOUS DE LE
30	137	METRE DE CORDE DE PENDU, A CENT FRANCS LE	DECIMETRE; L'UN DANS L'AUTRE, CHACUN PAYANT
24	020		DECOREE
24	025		DECOREE...MEUBLES
24	005	DES BASSINS! MAIS A QUOI BON DE SI BEAUX	DECORS? INSENSE! J'OUBLIAIS QUE JE HAIS LES
24	019	MATS, AUXQUELS UNE HOULE INSENSIBLE FAIT	DECRIRE LENTEMENT DES COURBES DANS L'AIR;
24	003	A TRAVERS L'ATMOSPHERE D'UN BEAU SOIR, LES	DEGRES DE MARBRE D'UN PALAIS, EN FACE DES
24	020	DES COURBES DANS L'AIR; AUTOUR DE NOUS, AU	DELA DE LA CHAMBRE SILENCIEUSE, OBSCURE,
24	024	LE TABAC MELE A L'OPIUM ET AU SUCRE, -- AU	DELA DE LA VARANGUE, LE TAPAGE DES OISEAUX ET
24	025	LE TAPAGE DES OISEAUX ET LE JACASSEMENT	DELICAT DES NEGRESSES. MAIS NON! --POURQUOI
24	032		DELICIEUX

POEM LINE

POEM LINE

50	075		EN BELGIQUE
24	022	DE RARES MEUBLES D'UN ROCOCO PORTUGAIS,	EN BOIS DES ILES OU TU REPOSERAIS SI DOUCE, SI
24	015	--AU BORD DE LA MER, UNE BELLE CASE	EN BOIS, ENVELOPPEE D'OMBRAGES! DANS
24	030	DANS L'AUBERGE DU HASARD, SI FECONDE	EN BONHEURS. UN GRAND FEU, DES FAIENCES
29	086	QUI N'A EU SES HEURES D'IMPIETE? --SURTOUT	EN COMPAGNIE DU DIABLE.
28	050	DONNER CE QUI NE VALAIT RIEN, OU,	EN D'AUTRES TERMES, DE CHARITE.
23	019	ELECTRISES PAR UN PLAISIR COMMUN N'	EN DONNERONT JAMAIS DE COMPARABLE A CELLE
24	003	SOIR, LES DEGRES DE MARBRE D'UN PALAIS,	EN FACE DES GRANDES PELOUSES ET DES BASSINS!
29	088	MAIS IL PARLA	EN HEBREU.
23	007	QU'UNE IDEE DESPOTIQUE NE TIENT PAS	EN LISIERE
22	017	SA MAITRESSE ET SON FILS; LE SECOND PORTE	EN LUI L'INQUIETUDE D'UNE INSATISFACTION
24	036	UN MOMENT LA BETE DEVORANTE QUI S'AGITE	EN NOUS, C'EST UN POISON QUI LA SOULAGE, MAIS
24	026	MAIS NON! --POURQUOI CETTE VASTE MISE	EN SCENE? --ELLE COUTERAIT BEAUCOUP D'OR, ET
23	013	MALHEUR DE NE POUVOIR ETRE SEUL?.....'' IL	EN SERAIT DONC DE LA SOLITUDE COMME DU
23	015	INCENDIAIRE ET CALMANTE, SELON QU'ON	EN USE, ET SELON QU'ON A USE DE LA VIE. QUANT
28	050	ET FAIRE DES ECONOMIES; BIEN MIEUX	ENCORE, NE RIEN DEPENSER, C'EST-A-DIRE DONNER
23	004	QUE L'ESPRIT DE MEURTRE ET DE LUBRICITE S'	ENFLAMME MERVEILLEUSEMENT DANS LES SOLITUDES;
22	020	NE SOIT PAS RARE DE VOIR LA MEME CAUSE	ENGENDRER DEUX EFFETS CONTRAIRES, CELA
17	018		ENLEVANT
23	010	INDUSTRIEUX; ELLE LE PURIFIA, ELLE LUI	ENSEIGNA JUSQU'OU PEUT ALLER LA FORCE DE
28	026		ENTRE
24	015	BORD DE LA MER, UNE BELLE CASE EN BOIS,	ENVELOPPEE D'OMBRAGES! DANS L'ATMOSPHERE, UNE
24	039	COUPE ASSEZ PROFONDE ET UN POISON ASSEZ	EPAIS POUR NOYER LA BETE!
23	020	DONNERONT JAMAIS DE COMPARABLE A CELLE QU'	EPROUVE LE SOLITAIRE, QUI, D'UN COUP D'OEIL, A
23	003	DES PERES DE L'EGLISE. IL EST VRAI QUE L'	ESPRIT DE MEURTRE ET DE LUBRICITE S'ENFLAMME
22	019	L'OMBRE QUI FAIT LA LUMIERE DANS MON	ESPRIT FAIT LA NUIT DANS LE LEUR. --ET, RIEN
22	005	DES ETOILES OU DES LANTERNES ECLAIRENT MON	ESPRIT...PLUS DURES
18	016	NOTRE	EST
42	144		
24	029	PLAISIR EST A QUELQUES LIEUES D'ICI, IL	EST A DEUX PAS, IL EST DANS LA PREMIERE
24	028	NE COMPRENNENT PAS LE BEAU. --LE PLAISIR	EST A QUELQUES LIEUES D'ICI, IL EST A DEUX
23	014	DE LA SOLITUDE COMME DU CREPUSCULE; IL	EST BONNE ET ELLE EST MAUVAISE, CRIMINELLE ET
23	006	ARIDES. MAIS CETTE SEDUISANTE SOLITUDE N'	EST DANGEREUSE QUE POUR CES AMES OISIVES ET
24	029	LIEUES D'ICI, IL EST A DEUX PAS, IL	EST DANS LA PREMIERE AUBERGE VENUE, DANS
23	014	DU CREPUSCULE; ELLE EST BONNE ET ELLE	EST MAUVAISE, CRIMINELLE ET SALUTAIRE,
22	016	SA MANIE CREPUSCULAIRE. LE PREMIER	EST MORT FOU; INCAPABLE DE RECONNAITRE SA
24	006	LES ROIS ET LEURS PALAIS. --NON, CE N'	EST PAS DANS UN PALAIS QUE JE VOUDRAIS TE
26	046	C'	EST PAUL DE KOCK, JE CROIS, QUI A LE PLUS
24	036	LA BETE DEVORANTE QUI S'AGITE EN NOUS, C'	EST UN POISON QUI LA SOULAGE, MAIS QUI A
23	003	DES PAROLES DES PERES DE L'EGLISE. IL	EST VRAI QUE L'ESPRIT DE MEURTRE ET DE
28	050	BIEN MIEUX ENCORE, NE RIEN DEPENSER, C'	EST-A-DIRE DONNER CE QUI NE VALAIT RIEN, OU,
23	012	PEUT ALLER LA FORCE DE L'INDIVIDU. N'	EST-CE PAS LA BRUYERE QUI A DIT: ''CE GRAND
21	066		ET
24	020		ET
24	013		ET
24	017	ET DANS LE JARDIN,...PUISSANT...DE ROSE	ET
24	023	EVENTEE, FUMANT LE TABAC MELE A L'OPIUM	ET AU SUCRE, -- AU DELA DE LA VARANGUE, LE
22	008	LES RAPPORTS D'AMITIE ET DE POLITESSE,	ET BRUTALISAIT SAUVAGEMENT LE PREMIER VENU. JE
23	015	CRIMINELLE ET SALUTAIRE, INCENDIAIRE	ET CALMANTE, SELON QU'ON EN USE, ET SELON
22	013	JOURNEE, IL ETAIT IMPITOYABLE LE SOIR;--	ET CE N'ETAIT PAS SEULEMENT SON AUTRUI, MAIS
22	002	POUR MOI LE SIGNAL D'UNE FETE INTERIEURE	ET COMME LA DELIVRANCE D'UNE ANGOISSE. DANS
23	021	QUI, D'UN COUP D'OEIL, A EMBRASE	ET COMPRIS TOUTE LA SUBLIMITE D'UN PAYSAGE. CE
17	033	SOLIDES	ET CREPUS
24	017	DANS LA MAISON	ET DANS LE JARDIN,...PUISSANT...DE ROSE ET
23	003	IL EST VRAI QUE L'ESPRIT DE MEURTRE	ET DE LUBRICITE S'ENFLAMME MERVEILLEUSEMENT DANS
24	020	SILENCIEUSE, OBSCURE, PLEINE DE FLEURS	ET DE NATTES, AVEC DE RARES MEUBLES D'UN
22	007	ALORS TOUS LES RAPPORTS D'AMITIE	ET DE POLITESSE, ET BRUTALISAIT SAUVAGEMENT LE
24	004	D'UN PALAIS, EN FACE DES GRANDES PELOUSES	ET DES BASSINS! MAIS A QUOI BON DE SI BEAUX
18	015	TOUJOURS SOUMISE, MAIS TOUJOURS REVEUSE	ET DESIREUSE, JE TE DIRAIS A TOI, MON POETE ET
18	015	TOUJOURS SOUMISE, MAIS TOUJOURS REVEUSE	ET DESIREUSE, JE TE DIRAIS A TOI, MON POETE ET
23	007	N'EST DANGEREUSE QUE POUR CES AMES OISIVES	ET DIVAGANTES QUI NE SONT PAS GOUVERNEES PAR
23	014	COMME DU CREPUSCULE; ELLE EST BONNE	ET ELLE EST MAUVAISE, CRIMINELLE ET SALUTAIRE,
28	050		ET FAIRE DES ECONOMIES; BIEN MIEUX ENCORE, NE
24	002	BELLE, DANS UN COSTUME DE COUR COMPLIQUE	ET FASTUEUX, DESCENDANT A TRAVERS L'ATMOSPHERE
50	026	A MOINS QU'IL NE SOIT INSOLENT	ET HARGNEUX
23	002	LA SOLITUDE ETAIT MAUVAISE POUR L'HOMME,	ET IL ME CITAIT JE CROIS, DES PAROLES DES
24	007	DANS UN PALAIS QUE JE VOUDRAIS TE POSSEDER	ET JOUIR DE TON AMITIE! NOUS N'Y SERIONS PAS
24	027	EN SCENE? --ELLE COUTERAIT BEAUCOUP D'OR,	ET L'OR NE DANSE QUE DANS LA POCHE DES
24	024	DELA DE LA VARANGUE, LE TAPAGE DES OISEAUX	ET LE JACASSEMENT DELICAT DES NEGRESSES. MAIS
22	004	GRANDE VILLE, L'ASSOMBRISSEMENT DU JOUR	ET LE POINTILLEMENT DES ETOILES OU DES
24	006	INSENSE! J'OUBLIAIS QUE JE HAIS LES ROIS	ET LEURS PALAIS. --NON, CE N'EST PAS DANS UN
22	021	DEUX EFFETS CONTRAIRES, CELA M'INTRIGUE	ET M'ETONNE TOUJOURS.
24	035	TOUJOURS LE REVE MAUDIT! --IL TUE L'ACTION	ET MANGE LE TEMPS! --LES REVES SOULAGENT UN
18	015	DESIREUSE, JE TE DIRAIS A TOI, MON POETE	ET MON AMI:
18	015	DESIREUSE, JE TE DIRAIS A TOI, MON POETE	ET MON AMI:
24	017	UNE ODEUR FLOTTANTE D'HUILE DE COCO,	ET PARTOUT UN PARFUM INDESCRIPTIBLE DE MUSC; A
18	065		ET POUR ME SERVIR DU LANGAGE DE CES LIVRES QUI
18	015	LE POETE, ET SI J'ETAIS TA MIGNON, AIMEE	ET PROTEGEE, TOUJOURS TENDRE, TOUJOURS
18	015	AH! SI J'ETAIS TA MIGNON, TA MIGNON AIMEE	ET PROTEGEE, TOUJOURS TENDRE, TOUJOURS
18	065	LIVRES QUI TRAINENT TOUJOURS SUR MA TABLE	ET QUI TE FONT OUVRIR DE SI GRANDS YEUX,
50	084	ALLUME	ET RONFLANT
23	015	EST BONNE ET ELLE EST MAUVAISE, CRIMINELLE	ET SALUTAIRE, INCENDIAIRE ET CALMANTE, SELON
23	016	ET CALMANTE, SELON QU'ON EN USE,	ET SELON QU'ON A USE DE LA VIE. QUANT A LA
18	015	AH! SI TU ETAIS LE POETE	ET SI J'ETAIS TA MIGNON, AIMEE ET PROTEGEE,
22	017	FOU, INCAPABLE DE RECONNAITRE SA MAITRESSE	ET SON FILS; LE SECOND PORTE EN LUI
24	022	D'UN...LOURD	ET TENEBREUX
24	032	MURS, UN SOUPER PASSABLE, BEAUCOUP DE VIN,	ET UN LIT TRES LARGE AVEC DES DRAPS UN PEU
24	038	OU DONC TROUVER UNE COUPE ASSEZ PROFONDE	ET UN POISON ASSEZ EPAIS POUR NOYER LA BETE!
22	019	MON ESPRIT FAIT LA NUIT DANS LE LEUR. --	ET, RIEN QU'IL NE SOIT PAS RARE DE VOIR LA
18	015	AH! SI TU	ETAIS LE POETE, ET SI J'ETAIS TA MIGNON, AIMEE

POEM	LINE		
23	018	LES PLUS MAGNIFIQUES REUNIONS D'	HOMMES ELECTRISES PAR UN PLAISIR COMMUN N'EN
42	001		HONNEUR
24	021	A L'	HORIZON,
24	018	UN PARFUM INDESCRIPTIBLE DE MUSC; A L'	HORIZON, DES BOUTS DE MATS, AUXQUELS UNE HOULE
18	046	QUAND VOUS COUCHEREZ-VOUS DANS MON	HORIZON?
22	009	EXCELLENT POULET A LA TETE D'UN MAITRE DE	HOTEL. LA VENUE DU SOIR GATAIT LES MEILLEURES
24	018	L'HORIZON, DES BOUTS DE MATS, AUXQUELS UNE	HOULE INSENSIBLE FAIT DECRIRE LENTEMENT DES
24	016	DANS L'ATMOSPHERE, UNE ODEUR FLOTTANTE D'	HUILE DE COCO, ET PARTOUT UN PARFUM
29	073	LE RESTE DU TROUPEAU	HUMAIN
24	029	--LE PLAISIR EST A QUELQUES LIEUES D'	ICI, IL EST A DEUX PAS, IL EST DANS LA
24	011	N'AVAIT PAS DE COINS POUR L'INTIMITE. --	ICI, PAS UN REVOIR; SUR CES MURS CRIBLES D'OR
26	046	JE CROIS, QUI A LE PLUS POPULARISE CETTE	IDEE
23	007	QU'UNE	IDEE DESPOTIQUE NE TIENT PAS EN LISIERE
18	072	Y A-T-	IL
26	047	PEUT-ETRE AVAIT-	IL
27	111	SE SENTAIT-	IL
27	110	SE SENTAIT-	IL
23	013	MALHEUR DE NE POUVOIR ETRE SEUL?.....''	IL EN SERAIT DONC DE LA SOLITUDE COMME DU
24	029	--LE PLAISIR EST A QUELQUES LIEUES D'ICI,	IL EST A DEUX PAS, IL EST DANS LA PREMIERE
24	029	QUELQUES LIEUES D'ICI, IL EST A DEUX PAS,	IL EST DANS LA PREMIERE AUBERGE VENUE, DANS
23	003	CROIS, DES PAROLES DES PERES DE L'EGLISE.	IL EST VRAI QUE L'ESPRIT DE MEURTRE ET DE
22	012	PLUS TAQUIN. INDULGENT PENDANT LA JOURNEE,	IL ETAIT IMPITOYABLE LE SOIR;--ET CE N'ETAIT
23	002	SOLITUDE ETAIT MAUVAISE POUR L'HOMME, ET	IL ME CITAIT JE CROIS, DES PAROLES DES PERES
23	001		IL ME DISAIT AUSSI, --LE SECOND, --QUE LA
50	026	A MOINS QU'	IL NE SOIT INSOLENT ET HARGNEUX
22	019	FAIT LA NUIT DANS LE LEUR. --ET, BIEN QU'	IL NE SOIT PAS RARE DE VOIR LA MEME CAUSE
29	088	MAIS	IL PARLA EN MAITRE.
24	034	REVE! LE REVE! TOUJOURS LE REVE MAUDIT! --	IL TUE L'ACTION ET MANGE LE TEMPS! --LES REVES
24	022	MEUBLES D'UN ROCOCO PORTUGAIS, EN BOIS DES	ILES OU TU REPOSERAIS SI DOUCE, SI
27	145		ILS MOURURENT DANS LA MEME NUIT.
23	018	POURVU QU'	ILS...DE
24	013	PLACE D'UN SEUL CLOU POUR Y ACCROCHER TON	IMAGE. AH! JE SAIS BIEN OU JE VOUDRAIS T'AIMER
28	043	PRESQUE AUSSI FIDELEMENT QUE L'	IMBECILE PANDORE REPONDANT AU LEGENDAIRE
16	027		IMBECILE?
24	028	ET L'OR NE DANSE QUE DANS LA POCHE DES	IMBECILES QUI NE COMPRENNENT PAS LE BEAU. --LE
29	086	QUI N'A EU SES HEURES D'	IMPIETE? --SURTOUT EN COMPAGNIE DU DIABLE.
22	013	INDULGENT PENDANT LA JOURNEE, IL ETAIT	IMPITOYABLE LE SOIR;--ET CE N'ETAIT PAS
23	008	QUI NE SONT PAS GOUVERNEES PAR UNE	IMPORTANTE PENSEE ACTIVE. ELLE NE FUT PAS
18	062		IMPOSSIBLE
23	022	LUI A CONQUIS UNE PROPRIETE INDIVIDUELLE	INALIENABLE.
22	016	CREPUSCULAIRE. LE PREMIER EST MORT FOU,	INCAPABLE DE RECONNAITRE SA MAITRESSE ET SON
23	015	EST MAUVAISE; CRIMINELLE ET SALUTAIRE,	INCENDIAIRE ET CALMANTE, SELON QU'ON EN USE,
24	017	D'HUILE DE COCO, ET PARTOUT UN PARFUM	INDESCRIPTIBLE DE MUSC; A L'HORIZON, DES BOUTS
28	011	JUSQU'OU PEUT ALLER LA FORCE DE L'	INDIVIDU. N'EST-CE PAS LA BRUYERE QUI A DIT:
23	022	CE COUP D'OEIL LUI A CONQUIS UNE PROPRIETE	INDIVIDUELLE INALIENABLE.
22	012	PLUS AIGRE, PLUS SOMBRE, PLUS TAQUIN.	INDULGENT PENDANT LA JOURNEE, IL ETAIT
23	009	CRUSOE; ELLE LE RENDIT RELIGIEUX, BRAVE,	INDUSTRIEUX; ELLE LE PURIFIA, ELLE LUI
22	017	ET SON FILS; LE SECOND PORTE EN LUI L'	INQUIETUDE D'UNE INSATISFACTION PERPETUELLE.
22	017	LE SECOND PORTE EN LUI L'INQUIETUDE D'UNE	INSATISFACTION PERPETUELLE. L'OMBRE QUI FAIT
24	005	MAIS A QUOI BON DE SI BEAUX DECORS?	INSENSE! J'OUBLIAIS QUE JE HAIS LES ROIS ET
24	018	DES BOUTS DE MATS, AUXQUELS UNE HOULE	INSENSIBLE FAIT DECRIRE LENTEMENT DES COURBES
23	031	RECLAME SA PART DES...	INSIDIEUX USURPATEUR!
50	026	A MOINS QU'IL NE SOIT	INSOLENT ET HARGNEUX
24	009	D'AILLEURS, CES MURS GAUFRES, GALONNES,	INSOLENTS, EBLOUISSANTS COMME DES MILITAIRES,
22	002	TOUJOURS ETE POUR MOI LE SIGNAL D'UNE FETE	INTERIEURE ET COMME LA DELIVRANCE D'UNE
23	019		INTERMINABLE ''SPEECH''
24	014	AH! JE SAIS BIEN OU JE VOUDRAIS T'AIMER	INTERMINABLEMENT! --AU BORD DE LA MER, UNE
24	011	ROI, QUI N'AVAIT PAS DE COINS POUR L'	INTIMITE. --ICI, PAS UN REVOIR; SUR CES MURS
22	021	ENGENDRER DEUX EFFETS CONTRAIRES, CELA M'	INTRIGUE ET M'ETONNE TOUJOURS.
22	006	DES LANTERNES ECLAIRENT MON ESPRIT. MAIS	J'AI EU DEUX AMIS QUE LE CREPUSCULE RENDAIT
18	015	AH! SI TU ETAIS LE POETE, ET SI	J'ETAIS TA MIGNON, AIMEE ET PROTEGEE, TOUJOURS
18	015	AH! SI	J'ETAIS TA MIGNON, TA MIGNON AIMEE ET
24	005	A QUOI BON DE SI BEAUX DECORS? INSENSE!	J'OUBLIAIS QUE JE HAIS LES ROIS ET LEURS
24	024	LA VARANGUE, LE TAPAGE DES OISEAUX ET LE	JACASSEMENT DELICAT DES NEGRESSES. MAIS NON!
23	019	PAR UN PLAISIR COMMUN N'EN DONNERONT	JAMAIS DE COMPARABLE A CELLE QU'EPROUVE LE
26	011		JAMAIS PU ETRE
24	017	DANS LA MAISON ET DANS LE	JARDIN,....PUISSANT...DE ROSE ET
24	028	DIS-	JE
30	137	PARBLEU! --REPONDIS-	JE A MES AMIS, --UN METRE DE CORDE DE PENDU, A
23	017		JE CROIS QUE
23	002	MAUVAISE POUR L'HOMME, ET IL ME CITAIT	JE CROIS, DES PAROLES DES PERES DE L'EGLISE.
26	046	C'EST PAUL DE KOCK,	JE CROIS, QUI A LE PLUS POPULARISE CETTE IDEE
24	006	SI BEAUX DECORS? INSENSE! J'OUBLIAIS QUE	JE HAIS LES ROIS ET LEURS PALAIS. --NON, CE
22	008	BRUTALISAIT SAUVAGEMENT LE PREMIER VENU.	JE L'AI VU JETER UN EXCELLENT POULET A LA TETE
24	011	PAS UN REVOIR; SUR CES MURS CRIBLES D'OR	JE NE VOIS PAS LA PLACE D'UN SEUL CLOU POUR Y
16	012	QUAND	JE PRENDS DANS MES BRAS MON BON CHAT, MON CHER
24	014	SEUL CLOU POUR Y ACCROCHER TON IMAGE. AH!	JE SAIS BIEN OU JE VOUDRAIS T'AIMER
18	015	MAIS TOUJOURS REVEUSE ET DESIREUSE,	JE TE DIRAIS A TOI, MON POETE ET MON AMI:
18	015	MAIS TOUJOURS REVEUSE ET DESIREUSE,	JE TE DIRAIS A TOI, MON POETE ET MON AMI:
18	025		JE VOUDRAIS QU'UN MUSICIEN DE GENIE SE
24	014	Y ACCROCHER TON IMAGE. AH! JE SAIS BIEN OU	JE VOUDRAIS T'AIMER INTERMINABLEMENT! --AU
24	007	--NON, CE N'EST PAS DANS UN PALAIS QUE	JE VOUDRAIS TE POSSEDER ET JOUIR DE TON
22	009	SAUVAGEMENT LE PREMIER VENU. JE L'AI VU	JETER UN EXCELLENT POULET A LA TETE D'UN
50	015	LA	JEUNE
24	007	UN PALAIS QUE JE VOUDRAIS TE POSSEDER ET	JOUIR DE TON AMITIE! NOUS N'Y SERIONS PAS CHEZ
29	068		JOUISSAIT

POEM LINE

22	011	MEILLEURES CHOSES. L'AUTRE, A MESURE QUE	LE JOUR BAISSAIT, DEVENAIT PLUS AIGRE, PLUS
22	019	LUMIERE DANS MON ESPRIT FAIT LA NUIT DANS	LE LEUR. --ET, BIEN QU'IL NE SOIT PAS RARE DE
24	028	QUI NE COMPRENNENT PAS LE BEAU. --	LE PLAISIR EST A QUELQUES LIEUES D'ICI, IL EST
26	046	C'EST PAUL DE KOCK, JE CROIS, QUI A	LE PLUS POPULARISE CETTE IDEE
18	015	AH! SI TU ETAIS	LE POETE, ET SI J'ETAIS TA MIGNON, AIMEE ET
22	004	GRANDE VILLE, L'ASSOMBRISSEMENT DU JOUR ET	LE POINTILLEMENT DES ETOILES OU DES LANTERNES
22	016	ABONDAMMENT SA MANIE CREPUSCULAIRE.	LE PREMIER EST MORT FOU, INCAPABLE DE
22	008	DE POLITESSE, ET BRUTALISAIT SAUVAGEMENT	LE PREMIER VENU. JE L'AI VU JETER UN EXCELLENT
23	010	RENDIT RELIGIEUX, BRAVE, INDUSTRIEUX; ELLE	LE PURIFIA, ELLE LUI ENSEIGNA JUSQU'OU PEUT
23	009	PAS MAUVAISE POUR ROBINSON CRUSOE; ELLE	LE RENDIT RELIGIEUX, BRAVE, INDUSTRIEUX; ELLE
29	073		LE RESTE DU TROUPEAU HUMAIN
24	034	MAIS FRAIS. ...LE REVE! LE REVE! TOUJOURS	LE REVE MAUDIT! --IL TUE L'ACTION ET MANGE LE
24	034	DES DRAPS UN PEU RUDES, MAIS FRAIS. ...	LE REVE! LE REVE! TOUJOURS LE REVE MAUDIT!
24	034	UN PEU RUDES, MAIS FRAIS. ...LE REVE!	LE REVE! TOUJOURS LE REVE MAUDIT! --IL TUE
22	017	DE RECONNAITRE SA MAITRESSE ET SON FILS!	LE SECOND PORTE EN LUI L'INQUIETUDE D'UNE
23	001	IL ME DISAIT AUSSI, --	LE SECOND, --QUE LA SOLITUDE ETAIT MAUVAISE
30	125	LE...	LE SERIEUX
22	001	TOMBEE DE LA NUIT A TOUJOURS ETE POUR MOI	LE SIGNAL D'UNE FETE INTERIEURE ET COMME LA
22	013	PENDANT LA JOURNEE, IL ETAIT IMPITOYABLE	LE SOIR;--ET CE N'ETAIT PAS SEULEMENT SUR
23	020	JAMAIS DE COMPARABLE A CELLE QU'EPROUVE	LE SOLITAIRE, QUI, D'UN COUP D'OEIL, A
24	023	SI NONCHALANTE, SI BIEN EVENTEE, FUMANT	LE TABAC MELE A L'OPIUM ET AU SUCRE, -- AU
24	024	ET AU SUCRE, -- AU DELA DE LA VARANGUE,	LE TAPAGE DES OISEAUX ET LE JACASSEMENT
24	035	LE REVE MAUDIT! --IL TUE L'ACTION ET MANGE	LE TEMPS! --LES REVES SOULAGENT UN MOMENT LA
30	125		LE...LE SERIEUX
28	043	QUE L'IMBECILE PANDORE REPONDANT AU	LEGENDAIRE BRIGADIER
18	045		LEGER PARFUM D'ORIENT
28	028		LEGITIMABLE
24	019	AUXQUELS UNE HOULE INSENSIBLE FAIT DECRIRE	LENTEMENT DES COURBES DANS L'AIR; AUTOUR DE
26	034		LES
29	114	AUREZ TOUTES	LES
23	007		LES
22	003	COMME LA DELIVRANCE D'UNE ANGOISSE. DANS	LES BOIS COMME DANS LES RUES D'UNE GRANDE
24	003	A TRAVERS L'ATMOSPHERE D'UN BEAU SOIR,	LES DEGRES DE MARBRE D'UN PALAIS, EN FACE DES
25	013		LES FORMES
23	005	DANS LES SOLITUDES; LE DEMON FREQUENTE	LES LIEUX ARIDES. MAIS CETTE SEDUISANTE
22	010	MAITRE D'HOTEL. LA VENUE DU SOIR GATAIT	LES MEILLEURES CHOSES. L'AUTRE, A MESURE QUE
26	020	SUR	LES MURS
24	031	UN GRAND FEU, DES FAIENCES VOYANTES SUR	LES MURS, UN SOUPER PASSABLE, BEAUCOUP DE VIN,
50	018		LES PAUVRES
23	017	A USE DE LA VIE. QUANT A LA JOUISSANCE, --	LES PLUS BELLES AGAPES FRATERNELLES, LES PLUS
23	018	--LES PLUS BELLES AGAPES FRATERNELLES,	LES PLUS MAGNIFIQUES REUNIONS D'HOMMES
22	007	MALADES. L'UN MECONNAISSAIT ALORS TOUS	LES RAPPORTS D'AMITIE ET DE POLITESSE, ET
24	035	--IL TUE L'ACTION ET MANGE LE TEMPS! --	LES REVES SOULAGENT UN MOMENT LA BETE
24	006	DECORS? INSENSE! J'OUBLIAIS QUE JE HAIS	LES ROIS ET LEURS PALAIS. --NON, CE N'EST PAS
22	003	D'UNE ANGOISSE. DANS LES BOIS COMME DANS	LES RUES D'UNE GRANDE VILLE, L'ASSOMBRISSEMENT
23	004	LUBRICITE S'ENFLAMME MERVEILLEUSEMENT DANS	LES SOLITUDES; LE DEMON FREQUENTE LES LIEUX
37	004		LESTEMENT
22	019	DANS MON ESPRIT FAIT LA NUIT DANS LE	LEUR. --ET, BIEN QU'IL NE SOIT PAS RARE DE
23	008	CEUX DONT...	LEURS
23	009		LEURS
14	031		LEURS
24	006	J'OUBLIAIS QUE JE HAIS LES ROIS ET	LEURS PALAIS. --NON, CE N'EST PAS DANS UN
24	029	PAS LE BEAU. --LE PLAISIR EST A QUELQUES	LIEUES D'ICI, IL EST A DEUX PAS, IL EST DANS
23	005	DANS LES SOLITUDES; LE DEMON FREQUENTE LES	LIEUX ARIDES. MAIS CETTE SEDUISANTE SOLITUDE
23	007	QU'UNE IDEE DESPOTIQUE NE TIENT PAS EN	LISIERE
24	032	UN SOUPER PASSABLE, BEAUCOUP DE VIN, ET UN	LIT TRES LARGE AVEC DES DRAPS UN PEU RUDES,
18	065	ET POUR ME SERVIR DU LANGAGE DE CES	LIVRES QUI TRAINENT TOUJOURS SUR MA TABLE ET
24	022	D'UN...	LOURD ET TENEBREUX
23	004	IL EST VRAI D'UN ESPRIT DE MEURTRE ET DE	LUBRICITE S'ENFLAMME MERVEILLEUSEMENT DANS LES
23	021	LA SUBLIME D'UN PAYSAGE. CE COUP D'OEIL	LUI A CONQUIS UNE PROPRIETE INDIVIDUELLE
23	010	BRAVE, INDUSTRIEUX; ELLE LE PURIFIA, ELLE	LUI ENSEIGNA JUSQU'OU PEUT ALLER LA FORCE DE
22	017	MAITRESSE ET SON FILS! LE SECOND PORTE EN	LUI L'INQUIETUDE D'UNE INSATISFACTION
22	014	N'ETAIT PAS SEULEMENT SUR AUTRUI, MAIS SUR	LUI-MEME QUE S'EXERCAIT ABONDAMMENT SA MANIE
22	018	PERPETUELLE. L'OMBRE QUI FAIT LA	LUMIERE DANS MON ESPRIT FAIT LA NUIT DANS LE
22	021	DEUX EFFETS CONTRAIRES, CELA M'INTRIGUE ET	M'ETONNE TOUJOURS.
22	021	ENGENDRER DEUX EFFETS CONTRAIRES, CELA	M'INTRIGUE ET M'ETONNE TOUJOURS.
38	016	DANS CE PATOIS FAMILIER DE LA...QUE	MA PUDEUR NE SAURAIT REPRODUIRE
18	065	DE CES LIVRES QUI TRAINENT TOUJOURS SUR	MA TABLE ET QUI TE FONT OUVRIR DE SI GRANDS
24	019		MAGIQUES
23	018	PLUS BELLES AGAPES FRATERNELLES, LES PLUS	MAGNIFIQUES REUNIONS D'HOMMES ELECTRISES PAR
23	026		MAIS
24	005	FACE DES GRANDES PELOUSES ET DES BASSINS!	MAIS A QUOI BON DE SI BEAUX DECORS? INSENSE!
23	006	LE DEMON FREQUENTE LES LIEUX ARIDES.	MAIS CETTE SEDUISANTE SOLITUDE N'EST
24	033	TRES LARGE AVEC DES DRAPS UN PEU RUDES,	MAIS FRAIS. ...LE REVE! LE REVE! TOUJOURS LE
29	088		MAIS IL PARLA EN HEBREU.
22	006	OU DES LANTERNES ECLAIRENT MON ESPRIT.	MAIS J'AI EU DEUX AMIS QUE LE CREPUSCULE
24	026	ET LE JACASSEMENT DELICAT DES NEGRESSES.	MAIS NON! --POURQUOI CETTE VASTE MISE EN
24	037	EN NOUS, C'EST UN POISON QUI LA SOULAGE,	MAIS QUI LA NOURRIT. OU DONC TROUVER UNE COUPE
22	014	CE N'ETAIT PAS SEULEMENT SUR AUTRUI,	MAIS SUR LUI-MEME QUE S'EXERCAIT ABONDAMMENT
18	015	TOUJOURS TENDRE, TOUJOURS SOUMISE!	MAIS TOUJOURS REVEUSE ET DESIREUSE, JE TE
18	015	TOUJOURS TENDRE, TOUJOURS SOUMISE,	MAIS TOUJOURS REVEUSE ET DESIREUSE, JE TE
24	017	DANS LA	MAISON ET DANS LE JARDIN...PUISSANT...DE ROSE
22	009	JETER UN EXCELLENT POULET A LA TETE D'UN	MAITRE D'HOTEL. LA VENUE DU SOIR GATAIT LES
18	002		MAITRESSE CHERIE
22	016	EST MORT FOU, INCAPABLE DE RECONNAITRE SA	MAITRESSE ET SON FILS! LE SECOND PORTE EN LUI
22	006	EU DEUX AMIS QUE LE CREPUSCULE RENDAIT	MALADES. L'UN MECONNAISSAIT ALORS TOUS LES
23	012	PAS LA BRUYERE QUI A DIT: ''CE GRAND	MALHEUR DE NE POUVOIR ETRE SEUL?.....'' IL EN
24	035	LE REVE MAUDIT! --IL TUE L'ACTION ET	MANGE LE TEMPS! --LES REVES SOULAGENT UN

POEM LINE

24	012	UN REVOIR! SUR CES MURS CRIBLES D'OR JE	NE VOIS PAS LA PLACE D'UN SEUL CLOU POUR Y
24	025	DES OISEAUX ET LE JACASSEMENT DELICAT DES	NEGRESSES. MAIS NON! --POURQUOI CETTE VASTE
01	003		NI PARENTS
24	006	QUE JE HAIS LES ROIS ET LEURS PALAIS. --	NON, CE N'EST PAS DANS UN PALAIS QUE JE
24	026	LE JACASSEMENT DELICAT DES NEGRESSES. MAIS	NON! --POURQUOI CETTE VASTE MISE EN SCENE?
24	022	DES ILES OU TU REPOSERAIS SI DOUCE, SI	NONCHALANTE, SI RIEN EVENTEE, FUMANT LE TABAC
18	017	CET AMOUR...CETTE	NOSTALGIE
18	016	CET AMOUR...CETTE	NOSTALGIE
18	016		NOTRE ESPRIT...PLUS DURES
24	037	UN POISON QUI LA SOULAGE, MAIS QUI LA	NOURRIT. OU DONC TROUVER UNE COUPE ASSEZ
24	008	TE POSSEDER ET JOUIR DE TON AMITIE!	NOUS N'Y SERIONS PAS CHEZ NOUS. D'AILLEURS,
24	019	DES COURBES DANS L'AIR! AUTOUR DE UNE	NOUS, AU DELA DE LA CHAMBRE SILENCIEUSE,
24	036	UN MOMENT LA BETE DEVORANTE QUI S'AGITE EN	NOUS, C'EST UN POISON QUI LA SOULAGE, MAIS QUI
24	008	DE TON AMITIE! NOUS N'Y SERIONS PAS CHEZ	NOUS. D'AILLEURS, CES MURS GAUFRES, GALONNES,
24	039	PROFONDE ET UN POISON ASSEZ EPAIS POUR	NOYER LA BETE!
22	006		NUEES
22	001	LA TOMBEE DE LA	NUIT A TOUJOURS ETE POUR MOI LE SIGNAL D'UNE
22	019	FAIT LA LUMIERE DANS MON ESPRIT FAIT LA	NUIT DANS LE LEUR. --ET, BIEN QU'IL NE SOIT
27	145	ILS MOURURENT DANS LA MEME	NUIT.
24	020	NOUS, AU DELA DE LA CHAMBRE SILENCIEUSE,	OBSCURE, PLEINE DE FLEURS ET DE NATTES, AVEC
24	016	D'OMBRAGES! DANS L'ATMOSPHERE, UNE	ODEUR FLOTTANTE D'HUILE DE COCO, ET PARTOUT UN
23	021	LA SUBLIMITE D'UN PAYSAGE. CE COUP D'	OEIL LUI A CONQUIS UNE PROPRIETE INDIVIDUELLE
23	020	QU'EPROUVE LE SOLITAIRE, QUI, D'UN COUP D'	OEIL, A EMBRASSE ET COMPRIS TOUTE LA SUBLIMITE
24	024	-- AU DELA DE LA VARANGUE, LE TAPAGE DES	OISEAUX ET LE JACASSEMENT DELICAT DES
23	007	N'EST DANGEREUSE QUE POUR CES AMES	OISIVES ET DIVAGANTES QUI NE SONT PAS
24	016	MER, UNE BELLE CASE EN BOIS, ENVELOPPEE D'	OMBRAGES! DANS L'ATMOSPHERE, UNE ODEUR
22	018	D'UNE INSATISFACTION PERPETUELLE. L'	OMBRE QUI FAIT LA LUMIERE DANS MON ESPRIT FAIT
18	024	MULTIPLICITE.... COMME	ON
23	016	CALMANTE, SELON QU'ON EN USE, ET SELON QU'	ON A USE DE LA VIE. QUANT A LA JOUISSANCE,
23	015	INCENDIAIRE ET CALMANTE, SELON QU'	ON EN USE, ET SELON QU'ON A USE DE LA VIE.
23	005		ON SAIT QUE
24	023	SI BIEN EVENTEE, FUMANT LE TABAC MELE A L'	OPIUM ET AU SUCRE, -- AU DELA DE LA VARANGUE,
24	011	PAS UN REVOIR! SUR CES MURS CRIBLES D'	OR JE NE VOIS PAS LA PLACE D'UN SEUL CLOU POUR
24	027	--ELLE COUTERAIT BEAUCOUP D'OR, ET L'	OR NE DANSE QUE DANS LA POCHE DES IMBECILES
24	027	EN SCENE? --ELLE COUTERAIT BEAUCOUP D'	OR, ET L'OR NE DANSE QUE DANS LA POCHE DES
18	045	LEGER PARFUM D'	ORIENT
18	045		ORIENTAL
23	015	OU...OU...	OU
42	009		OU
13	102		OU
28	030		OU DE PREJUGER
22	004	DU JOUR ET LE POINTILLEMENT DES ETOILES	OU DES LANTERNES ECLAIRENT MON ESPRIT. MAIS
24	038	QUI LA SOULAGE, MAIS QUI LA NOURRIT. AH!	OU DONC TROUVER UNE COUPE ASSEZ PROFONDE ET UN
24	014	Y ACCROCHER TON IMAGE. AH! JE SAIS BIEN	OU JE VOUDRAIS T'AIMER INTERMINABLEMENT! --AU
23	010	ELLE LE PURIFIA, ELLE LUI ENSEIGNA JUSQU'	OU PEUT ALLER LA FORCE DE L'INDIVIDU. N'EST-CE
24	022	D'UN ROCOCO PORTUGAIS, EN BOIS DES ILES	OU TU REPOSERAIS SI DOUCE, SI NONCHALANTE, SI
28	050	C'EST-A-DIRE DONNER CE QUI NE VALAIT RIEN,	OU, EN D'AUTRES TERMES, DE CHARITE.
23	015	OU...	OU...OU
23	015		OU...OU...OU
24	005	A QUOI BON DE SI BEAUX DECORS? INSENSE! J'	OUBLIAIS QUE JE HAIS LES ROIS ET LEURS PALAIS.
18	065	TOUJOURS SUR MA TABLE ET QUI TE FONT	OUVRIR DE SI GRANDS YEUX, N'AURAIS-TU PAS POUR
24	007	LEURS PALAIS. --NON, CE N'EST PAS DANS UN	PALAIS QUE JE VOUDRAIS TE POSSEDER ET JOUIR DE
24	003	D'UN BEAU SOIR, LES DEGRES DE MARBRE D'UN	PALAIS, EN FACE DES GRANDES PELOUSES ET DES
24	006	J'OUBLIAIS QUE JE HAIS LES ROIS ET LEURS	PALAIS. --NON, CE N'EST PAS DANS UN PALAIS QUE
28	043	PRESQUE AUSSI FIDELEMENT QUE L'IMBECILE	PANDORE REPONDANT AU LEGENDAIRE BRIGADIER
28	005		PAQUET...SOUS
23	018	MAGNIFIQUES REUNIONS D'HOMMES ELECTRISES	PAR UN PLAISIR COMMUN N'EN DONNERONT JAMAIS DE
23	008	ET DIVAGANTES QUI NE SONT PAS GOUVERNEES	PAR UNE IMPORTANTE PENSEE ACTIVE. ELLE NE FUT
30	137		PARBLEU! --REPONDIS-JE A MES AMIS, --UN METRE
01	002	TES	PARENTS
01	003	NI	PARENTS
16	016		PARFAITE
18	045	LEGER	PARFUM D'ORIENT
24	017	FLOTTANTE D'HUILE DE COCO, ET PARTOUT UN	PARFUM INDESCRIPTIBLE DE MUSC! A L'HORIZON,
29	088	MAIS IL	PARLA EN HEBREU.
23	002	L'HOMME, ET IL ME CITAIT JE CROIS, DES	PAROLES DES PERES DE L'EGLISE. IL EST VRAI QUE
23	031	RECLAME SA	PART DES...INSIDIEUX USURPATEUR!
24	017	UNE ODEUR FLOTTANTE D'HUILE DE COCO, ET	PARTOUT UN PARFUM INDESCRIPTIBLE DE MUSC! A
23	020		PAS
18	011	N'EXISTENT	PAS
24	008	ET JOUIR DE TON AMITIE! NOUS N'Y SERIONS	PAS CHEZ NOUS. D'AILLEURS, CES MURS GAUFRES,
24	006	LES ROIS ET LEURS PALAIS. --NON, CE N'EST	PAS DANS UN PALAIS QUE JE VOUDRAIS TE POSSEDER
24	010	A L'AME DU GRAND ROI, QUI N'AVAIT	PAS DE COINS POUR L'INTIMITE. --ICI, PAS UN
23	030	NE VEUX	PAS DES
23	007	QU'UNE IDEE DESPOTIQUE NE TIENT	PAS EN LISIERE
23	007	CES AMES OISIVES ET DIVAGANTES QUI NE SONT	PAS GOUVERNEES PAR UNE IMPORTANTE PENSEE
23	012	ALLER LA FORCE DE L'INDIVIDU. N'EST-CE	PAS LA BRUYERE QUI A DIT: ''CE GRAND MALHEUR
24	012	SUR CES MURS CRIBLES D'OR JE NE VOIS	PAS LA PLACE D'UN SEUL CLOU POUR Y ACCROCHER
24	028	LA POCHE DES IMBECILES QUI NE COMPRENNENT	PAS LE BEAU. --LE PLAISIR EST A QUELQUES
23	008	UNE IMPORTANTE PENSEE ACTIVE. ELLE NE FUT	PAS MAUVAISE POUR ROBINSON CRUSOE; ELLE LE
18	065	FONT OUVRIR DE SI GRANDS YEUX, N'AURAIS-TU	PAS POUR MIROIR
22	019	DANS LE LEUR. --ET, BIEN QU'IL NE SOIT	PAS RARE DE VOIR LA MEME CAUSE ENGENDRER DEUX
22	013	ETAIT IMPITOYABLE LE SOIR!--ET CE N'ETAIT	PAS SEULEMENT SUR AUTRUI, MAIS SUR LUI-MEME
24	011	PAS DE COINS POUR L'INTIMITE. --ICI,	PAS UN REVOIR! SUR CES MURS CRIBLES D'OR JE NE
24	029	EST A QUELQUES LIEUES D'ICI, IL EST A DEUX	PAS, IL EST DANS LA PREMIERE AUBERGE VENUE,
24	032	FAIENCES VOYANTES SUR LES MURS, UN SOUPER	PASSABLE, BEAUCOUP DE VIN, ET UN LIT TRES

POEM LINE

18	046	DE LA FEMME AIMEE, DE LA SOEUR D'ELECTION,	QUAND VOUS COUCHEREZ-VOUS DANS MON HORIZON?
23	017	EN USE, ET SELON QU'ON A USE DE LA VIE.	QUANT A LA JOUISSANCE, --LES PLUS BELLES
23	005	ON SAIT	QUE
23	017	JE CROIS	QUE
24	027	COUTERAIT BEAUCOUP D'OR, ET L'OR NE DANSE	QUE DANS LA POCHE DES IMBECILES QUI NE
24	005	DE SI BEAUX DECORS? INSENSE! J'OUBLIAIS	QUE JE HAIS LES ROIS ET LEURS PALAIS. --NON,
24	007	PALAIS. --NON, CE N'EST PAS DANS UN PALAIS	QUE JE VOUDRAIS TE POSSEDER ET JOUIR DE TON
23	003	PAROLES DES PERES DE L'EGLISE. IL EST VRAI	QUE L'ESPRIT DE MEURTRE ET DE LUBRICITE
28	043	PRESQUE AUSSI FIDELEMENT	QUE L'IMBECILE PANDORE REPONDANT AU LEGENDAIRE
23	001	IL ME DISAIT AUSSI, --LE SECOND, --	QUE LA SOLITUDE ETAIT MAUVAISE POUR L'HOMME,
22	006	MON ESPRIT. MAIS J'AI EU DEUX AMIS	QUE LE CREPUSCULE RENDAIT MALADES. L'UN
22	011	LES MEILLEURES CHOSES. L'AUTRE, A MESURE	QUE LE JOUR BAISSAIT, DEVENAIT PLUS AIGRE,
38	016	DANS CE PATOIS FAMILIER DE LA...	QUE MA PUDEUR NE SAURAIT REPRODUIRE
23	006	CETTE SEDUISANTE SOLITUDE N'EST DANGEREUSE	QUE POUR CES AMES OISIVES ET DIVAGANTES QUI NE
22	014	SEULEMENT SUR AUTRUI, MAIS SUR LUI-MEME	QUE S'EXERCAIT ABONDAMMENT SA MANIE
24	029	PAS LE BEAU. --LE PLAISIR EST A	QUELQUES LIEUES D'ICI, IL EST A DEUX PAS, IL
23	017		QUESTION
23	017		QUESTION DE
24	034		QUI
23	012	DE L'INDIVIDU. N'EST-CE PAS LA BRUYERE	QUI A DIT: ''CE GRAND MALHEUR DE NE POUVOIR
26	046	C'EST PAUL DE KOCK, JE CROIS,	QUI A LE PLUS POPULARISE CETTE IDEE
18	046	SOLEILS COUCHANTS	QUI EMBELLISSEZ SI MELANCOLIQUEMENT LA CHAMBRE
22	018	D'UNE INSATISFACTION PERPETUELLE. L'OMBRE	QUI FAIT LA LUMIERE DANS MON ESPRIT FAIT LA
24	037	NOUS, C'EST UN POISON QUI LA SOULAGE, MAIS	QUI LA NOURRIT. OU DONC TROUVER UNE COUPE
24	036	QUI S'AGITE EN NOUS, C'EST UN POISON	QUI LA SOULAGE, MAIS QUI LA NOURRIT. OU DONC
29	086		QUI N'A EU SES HEURES D'IMPIETE? --SURTOUT EN
24	010	RESSEMBLENT A L'AME DU GRAND ROI,	QUI N'AVAIT PAS DE COINS POUR L'INTIMITE.
24	028	NE DANSE QUE DANS LA POCHE DES IMBECILES	QUI NE COMPRENNENT PAS LE BEAU. --LE PLAISIR
23	007	QUE POUR CES AMES OISIVES ET DIVAGANTES	QUI NE SONT PAS GOUVERNEES PAR UNE IMPORTANTE
28	050	NE RIEN DEPENSER, C'EST-A-DIRE DONNER CE	QUI NE VALAIT RIEN, OU, EN D'AUTRES TERMES, DE
24	036	SOULAGENT UN MOMENT LA BETE DEVORANTE	QUI S'AGITE EN NOUS, C'EST UN POISON QUI LA
16	002		QUI SE PROMENAIT
18	065	QUI TRAINENT TOUJOURS SUR MA TABLE ET	QUI TE FONT OUVRIR DE SI GRANDS YEUX,
18	065	ET POUR ME SERVIR DU LANGAGE DE CES LIVRES	QUI TRAINENT TOUJOURS SUR MA TABLE ET QUI TE
23	020	A CELLE QU'EPROUVE LE SOLITAIRE,	QUI, D'UN COUP D'OEIL, A EMBRASSE ET COMPRIS
24	005	GRANDES PELOUSES ET DES BASSINS! MAIS A	QUOI BON DE SI BEAUX DECORS? INSENSE!

16	013	SA	RACE
13	037		RAIDE
30	059		RAIDE
27	137		RAIDE
22	007	MALADES. L'UN MECONNAISSAIT ALORS TOUS LES	RAPPORTS D'AMITIE ET DE POLITESSE, ET
22	019	DANS LE LEUR. --ET, BIEN QU'IL NE SOIT PAS	RARE DE VOIR LA MEME CAUSE ENGENDRER DEUX
24	021	PLEINE DE FLEURS ET DE NATTES, AVEC DE	RARES MEUBLES D'UN ROCOCO PORTUGAIS, EN BOIS
23	031		RECLAME SA PART DES...INSIDIEUX USURPATEUR!
22	016	LE PREMIER EST MORT FOU, INCAPABLE DE	RECONNAITRE SA MAITRESSE ET SON FILS! LE
30	137	SES MOYENS, CELA FAIT MILLE FRANCS, UN	REEL, UN EFFICACE SOULAGEMENT POUR CETTE
18	035		REJOUISSENT MELANCOLIQUEMENT
23	009	POUR ROBINSON CRUSOE; ELLE LE REND	RELIGIEUX, BRAVE, INDUSTRIEUX; ELLE LE
50	059	SOUS...	REMISE
30	019	SE	RENCONTRENT SUR
22	006	MAIS J'AI EU DEUX AMIS QUE LE CREPUSCULE	RENDAIT MALADES. L'UN MECONNAISSAIT ALORS TOUS
23	009	PAS MAUVAISE POUR ROBINSON CRUSOE; ELLE	REND RELIGIEUX, BRAVE, INDUSTRIEUX; ELLE LE
14	005		REPARER
28	043	AUSSI FIDELEMENT QUE L'IMBECILE PANDORE	REPONDANT AU LEGENDAIRE BRIGADIER
30	137	PARBLEU! --	REPONDIS-JE A MES AMIS, --UN METRE DE CORDE DE
24	022	ROCOCO PORTUGAIS, EN BOIS DES ILES OU TU	REPOSERAIS SI DOUCE, SI NONCHALANTE, SI RIEN
38	016	FAMILIER DE LA...QUE MA PUDEUR NE SAURAIT	REPRODUIRE
24	009	EBLOUISSANTS COMME DES MILITAIRES;	RESSEMBLENT A L'AME DU GRAND ROI, QUI N'AVAIT
29	073	LE	RESTE DU TROUPEAU HUMAIN
23	018	AGAPES FRATERNELLES, LES PLUS MAGNIFIQUES	REUNIONS D'HOMMES ELECTRISES PAR UN PLAISIR
24	034	FRAIS. ...LE REVE! LE REVE! TOUJOURS LE	REVE MAUDIT! --IL TUE L'ACTION ET MANGE LE
24	034	DES DRAPS UN PEU RUDES, MAIS FRAIS. ...LE	REVE! LE REVE! TOUJOURS LE REVE MAUDIT! --IL
24	034	UN PEU RUDES, MAIS FRAIS. ...LE REVE! LE	REVE! TOUJOURS LE REVE MAUDIT! --IL TUE
24	035	--IL TUE L'ACTION ET MANGE LE TEMPS! --LES	REVES SOULAGENT UN MOMENT LA BETE DEVORANTE
50	129		REVET
18	015	TENDRE, TOUJOURS SOUMISE, MAIS TOUJOURS	REVEUSE ET DESIREUSE, JE TE DIRAIS A TOI, MON
18	015	TENDRE, TOUJOURS SOUMISE, MAIS TOUJOURS	REVEUSE ET DESIREUSE, JE TE DIRAIS A TOI, MON
24	011	DE COINS POUR L'INTIMITE. --ICI, PAS UN	REVOIR; SUR CES MURS CRIBLES D'OR JE NE VOIS
50	101		RIANT
28	050	FAIRE DES ECONOMIES; BIEN MIEUX ENCORE, NE	RIEN DEPENSER, C'EST-A-DIRE DONNER CE QUI NE
28	050	C'EST-A-DIRE DONNER CE QUI NE VALAIT	RIEN, OU, EN D'AUTRES TERMES, DE CHARITE.
23	009	ACTIVE. ELLE NE FUT PAS MAUVAISE POUR	ROBINSON CRUSOE; ELLE LE REND RELIGIEUX,
24	021	ET DE NATTES, AVEC DE RARES MEUBLES D'UN	ROCOCO PORTUGAIS, EN BOIS DES ILES OU TU
24	010	MILITAIRES; RESSEMBLENT A L'AME DU GRAND	ROI, QUI N'AVAIT PAS DE COINS POUR L'INTIMITE.
24	006	INSENSE! J'OUBLIAIS QUE JE HAIS LES	ROIS ET LEURS PALAIS. --NON, CE N'EST PAS DANS
50	084	ALLUME ET	RONFLANT
24	017	MAISON ET DANS LE JARDIN,....PUISSANT...DE	ROSE ET
24	032	UN...	RUDE
24	033	ET UN LIT TRES LARGE AVEC DES DRAPS UN PEU	RUDES, MAIS FRAIS. ...LE REVE! LE REVE!
22	003	ANGOISSE. DANS LES BOIS COMME DANS LES	RUES D'UNE GRANDE VILLE, L'ASSOMBRISSEMENT DU

24	036	SOULAGENT UN MOMENT LA BETE DEVORANTE QUI	S'AGITE EN NOUS, C'EST UN POISON QUI LA
23	004	QUE L'ESPRIT DE MEURTRE ET DE LUBRICITE	S'ENFLAMME MERVEILLEUSEMENT DANS LES
22	014	SUR AUTRUI, MAIS SUR LUI-MEME QUE	S'EXERCAIT ABONDAMMENT SA MANIE CREPUSCULAIRE.
22	016	EST MORT FOU, INCAPABLE DE RECONNAITRE	SA MAITRESSE ET SON FILS! LE SECOND PORTE EN
22	014	SUR LUI-MEME QUE S'EXERCAIT ABONDAMMENT	SA MANIE CREPUSCULAIRE. LE PREMIER EST MORT
23	031	RECLAME	SA PART DES...INSIDIEUX USURPATEUR!

POEM LINE

22	014	CE N'ETAIT PAS SEULEMENT SUR AUTRUI, MAIS	SUR LUI-MEME QUE S'EXERCAIT ABONDAMMENT SA
18	065	DE CES LIVRES QUI TRAINENT TOUJOURS	SUR MA TABLE ET QUI TE FONT OUVRIR DE SI
29	086	QUI N'A EU SES HEURES D'IMPIETE? --	SURTOUT EN COMPAGNIE DU DIABLE.

24	014	TON IMAGE. AH! JE SAIS BIEN OU JE VOUDRAIS	T'AIMER INTERMINABLEMENT! --AU BORD DE LA MER,
18	015	AH! SI J'ETAIS TA MIGNON,	TA MIGNON AIMEE ET PROTEGEE, TOUJOURS TENDRE,
18	015	AH! SI TU ETAIS LE POETE, ET SI J'ETAIS	TA MIGNON, AIMEE ET PROTEGEE, TOUJOURS TENDRE,
18	015	AH! SI J'ETAIS	TA MIGNON, TA MIGNON AIMEE ET PROTEGEE,
24	023	SI NONCHALANTE, SI BIEN EVENTEE, FUMANT LE	TABAC MELE A L'OPIUM ET AU SUCRE, -- AU DELA
18	065	DE CES LIVRES QUI TRAINENT TOUJOURS SUR MA	TABLE ET QUI TE FONT OUVRIR DE SI GRANDS YEUX,
24	024	ET AU SUCRE, -- AU DELA DE LA VARANGUE, LE	TAPAGE DES OISEAUX ET LE JACASSEMENT DELICAT
22	012	DEVENAIT PLUS AIGRE, PLUS SOMBRE, PLUS	TAQUIN. INDULGENT PENDANT LA JOURNEE, IL ETAIT
18	015	MAIS TOUJOURS REVEUSE ET DESIREUSE, JE	TE DIRAIS A TOI, MON POETE ET MON AMI!
18	015	MAIS TOUJOURS REVEUSE ET DESIREUSE, JE	TE DIRAIS A TOI, MON POETE ET MON AMI!
18	065	QUI TRAINENT TOUJOURS SUR MA TABLE ET QUI	TE FONT OUVRIR DE SI GRANDS YEUX, N'AURAIS-TU
24	007	N'EST PAS DANS UN PALAIS QUE JE VOUDRAIS	TE POSSEDER ET JOUIR DE TON AMITIE! NOUS N'Y
24	035	REVE MAUDIT! --IL TUE L'ACTION ET MANGE LE	TEMPS! --LES REVES SOULAGENT UN MOMENT LA BETE
18	015	TA MIGNON, AIMEE ET PROTEGEE, TOUJOURS	TENDRE, TOUJOURS SOUMISE, MAIS TOUJOURS
18	015	TA MIGNON AIMEE ET PROTEGEE, TOUJOURS	TENDRE, TOUJOURS SOUMISE, MAIS TOUJOURS
24	022	D'UN...LOURD ET	TENEBREUX
28	050	CE QUI NE VALAIT RIEN, OU, EN D'AUTRES	TERMES, DE CHARITE.
30	099		TERRIBLE
01	002		TES PARENTS
22	009	JE L'AI VU JETER UN EXCELLENT POULET A LA	TETE D'UN MAITRE D'HOTEL. LA VENUE DU SOIR
23	002	A L'APPUI DE SA	THESE
23	007	QU'UNE IDEE DESPOTIQUE NE	TIENT PAS EN LISIERE
18	015	REVEUSE ET DESIREUSE, JE TE DIRAIS A	TOI, MON POETE ET MON AMI!
18	015	REVEUSE ET DESIREUSE, JE TE DIRAIS A	TOI, MON POETE ET MON AMI!
22	001	LA	TOMBEE DE LA NUIT A TOUJOURS ETE POUR MOI LE
24	007	QUE JE VOUDRAIS TE POSSEDER ET JOUIR DE	TON AMITIE! NOUS N'Y SERIONS PAS CHEZ NOUS.
24	012	LA PLACE D'UN SEUL CLOU POUR Y ACCROCHER	TON IMAGE. AH! JE SAIS BIEN OU JE VOUDRAIS
22	001	LA TOMBEE DE LA NUIT A	TOUJOURS ETE POUR MOI LE SIGNAL D'UNE FETE
24	034	RUDES, MAIS FRAIS. ...LE REVE! LE REVE!	TOUJOURS LE REVE MAUDIT! --IL TUE L'ACTION ET
18	015	TOUJOURS TENDRE, TOUJOURS SOUMISE, MAIS	TOUJOURS REVEUSE ET DESIREUSE, JE TE DIRAIS A
18	015	TOUJOURS TENDRE, TOUJOURS SOUMISE, MAIS	TOUJOURS REVEUSE ET DESIREUSE, JE TE DIRAIS A
18	015	MIGNON AIMEE ET PROTEGEE, TOUJOURS TENDRE,	TOUJOURS SOUMISE, MAIS TOUJOURS REVEUSE ET
18	015	AIMEE ET PROTEGEE, TOUJOURS TENDRE,	TOUJOURS SOUMISE, MAIS TOUJOURS REVEUSE ET
18	065	DU LANGAGE DE CES LIVRES QUI TRAINENT	TOUJOURS SUR MA TABLE ET QUI TE FONT OUVRIR DE
18	015	SI J'ETAIS TA MIGNON, AIMEE ET PROTEGEE,	TOUJOURS TENDRE, TOUJOURS SOUMISE, MAIS
18	015	TA MIGNON, TA MIGNON AIMEE ET PROTEGEE,	TOUJOURS TENDRE, TOUJOURS SOUMISE, MAIS
22	021	CONTRAIRES, CELA M'INTRIGUE ET M'ETONNE	TOUJOURS.
30	103		TOURNERENT
22	007	RENDAIT MALADES. L'UN MECONNAISSAIT ALORS	TOUS LES RAPPORTS D'AMITIE ET DE POLITESSE, ET
24	007		TOUT...ETRE
23	021	D'UN COUP D'OEIL, A EMBRASSE ET COMPRIS	TOUTE LA SUBLIMITE D'UN PAYSAGE. CE COUP
29	114	AUREZ	TOUTES LES
18	065	ME SERVIR DU LANGAGE DE CES LIVRES QUI	TRAINENT TOUJOURS SUR MA TABLE ET QUI TE FONT
27	009		TRAITRES
24	002	COUR COMPLIQUE ET FASTUEUX, DESCENDANT A	TRAVERS L'ATMOSPHERE D'UN BEAU SOIR, LES
24	032	PASSABLE, BEAUCOUP DE VIN, ET UN LIT	TRES LARGE AVEC DES DRAPS UN PEU RUDES, MAIS
35	013		TRES PEU DE DONNEES
29	073	LE RESTE DU	TROUPEAU HUMAIN
24	038	LA SOULAGE, MAIS QUI LA NOURRIT. OU DONC	TROUVER UNE COUPE ASSEZ PROFONDE ET UN POISON
18	015	AH! SI	TU ETAIS LE POETE, ET SI J'ETAIS TA MIGNON,
18	065	FONT OUVRIR DE SI GRANDS YEUX, N'AURAIS-	TU PAS POUR MIROIR
24	022	D'UN ROCOCO PORTUGAIS, EN BOIS DES ILES OU	TU REPOSERAIS SI DOUCE, SI NONCHALANTE, SI
24	001	COMME	TU SERAIS BELLE, DANS UN COSTUME DE COUR
24	034	LE REVE! TOUJOURS LE REVE MAUDIT! --IL	TUE L'ACTION ET MANGE LE TEMPS! --LES REVES

49	037		UN
24	002	DESCENDANT A TRAVERS L'ATMOSPHERE D'	UN BEAU SOIR, LES DEGRES DE MARBRE D'UN
24	001	COMME TU SERAIS BELLE, DANS	UN COSTUME DE COUR COMPLIQUE ET FASTUEUX,
23	020	A CELLE QU'EPROUVE LE SOLITAIRE, QUI, D'	UN COUP D'OEIL, A EMBRASSE ET COMPRIS TOUTE LA
30	137	DE PENDU, A CENT FRANCS LE DECIMETRE, L'	UN DANS L'AUTRE, CHACUN PAYANT SELON SES
30	137	MOYENS, CELA FAIT MILLE FRANCS, UN REEL,	UN EFFICACE SOULAGEMENT POUR CETTE PAUVRE
22	009	LE PREMIER VENU. JE L'AI VU JETER	UN EXCELLENT POULET A LA TETE D'UN MAITRE
26	014	CHEZ	UN GLACIER
24	031	DU HASARD, SI FECONDE EN BONHEURS.	UN GRAND FEU, DES FAIENCES VOYANTES SUR LES
24	032	UN SOUPER PASSABLE, BEAUCOUP DE VIN, ET	UN LIT TRES LARGE AVEC DES DRAPS UN PEU RUDES,
22	009	VU JETER UN EXCELLENT POULET A LA TETE D'	UN MAITRE D'HOTEL. LA VENUE DU SOIR GATAIT LES
22	007	AMIS QUE LE CREPUSCULE RENDAIT MALADES. L'	UN MECONNAISSAIT ALORS TOUS LES RAPPORTS
30	137	PARBLEU! --REPONDIS-JE A MES AMIS, --	UN METRE DE CORDE DE PENDU, A CENT FRANCS LE
24	035	ET MANGE LE TEMPS! --LES REVES SOULAGENT	UN MOMENT LA BETE DEVORANTE QUI S'AGITE EN
18	025	JE VOUDRAIS QU'	UN MUSICIEN DE GENIE SE
24	006	ET LEURS PALAIS. --NON, CE N'EST PAS DANS	UN PALAIS QUE JE VOUDRAIS TE POSSEDER ET JOUIR
24	003	D'UN BEAU SOIR, LES DEGRES DE MARBRE D'	UN PALAIS, EN FACE DES GRANDES PELOUSES ET DES
24	017	FLOTTANTE D'HUILE DE COCO, ET PARTOUT	UN PARFUM INDESCRIPTIBLE DE MUSC; A L'HORIZON,
23	021	EMBRASSE ET COMPRIS TOUTE LA SUBLIMITE D'	UN PAYSAGE. CE COUP D'OEIL LUI A CONQUIS UNE
24	033	VIN, ET UN LIT TRES LARGE AVEC DES DRAPS	UN PEU RUDES, MAIS FRAIS. ...LE REVE! LE REVE!
23	019	REUNIONS D'HOMMES ELECTRISES PAR	UN PLAISIR COMMUN N'EN DONNERONT JAMAIS DE
24	038	DONC TROUVER UNE COUPE ASSEZ PROFONDE ET	UN POISON ASSEZ EPAIS POUR NOYER LA BETE!
24	036	BETE DEVORANTE QUI S'AGITE EN NOUS. C'EST	UN POISON QUI LA SOULAGE, MAIS QUI LA NOURRIT.
30	137	SELON SES MOYENS, CELA FAIT MILLE FRANCS,	UN REEL, UN EFFICACE SOULAGEMENT POUR CETTE
24	011	PAS DE COINS POUR L'INTIMITE. --ICI, PAS	UN REVOIR! SUR CES MURS CRIBLES D'OR JE NE
24	021	ET DE NATTES, AVEC DE RARES MEUBLES D'	UN ROCOCO PORTUGAIS, EN BOIS DES ILES OU TU
24	012	CRIBLES D'OR JE NE VOIS PAS LA PLACE D'	UN SEUL CLOU POUR Y ACCROCHER TON IMAGE. AH!
24	031	FEU, DES FAIENCES VOYANTES SUR LES MURS,	UN SOUPER PASSABLE, BEAUCOUP DE VIN, ET UN LIT
24	022	D'	UN...LOURD ET TENEBREUX

Word Frequencies—Numerical Order • •

1165 DE	30 AUTRES	17 OEIL
913 ET	30 BON	17 QUELQUEFOIS
724 LA	30 NON	17 SOLEIL
558 A		17 SOUVENT
539 LES	29 DEUX	17 TERRE
527 LE	29 HOMMES	
518 L	29 PEU	16 AH
489 UN	29 VERS	16 CELUI
381 D		16 DEJA
381 QUE	27 FOIS	16 DESIR
375 JE	27 SUIS	16 FOULE
350 UNE	27 VOIR	16 LONGTEMPS
331 QUI		16 MER
309 IL	26 DOUTE	16 SOIT
282 DES	26 TANT	
267 DANS		15 BONHEUR
252 EST	25 AIR	15 CAR
230 EN	25 MONDE	15 ETE
207 VOUS	25 NI	15 MOINS
200 OU	25 PAUVRE	15 PETITE
197 DU	25 PUIS	15 PRESQUE
190 NE		15 QUELLE
185 COMME	24 ENFANT	15 TA
168 PAS	24 PLAISIR	15 TE
165 CE		15 TETE
163 POUR	23 AMOUR	
159 ME	23 BEAU	14 ATMOSPHERE
159 PLUS	23 BELLE	14 CHER
152 QU	23 ENFIN	14 CHEZ
144 ELLE	23 FEMME	14 ESPRIT
139 SI	23 FUT	14 EUX
138 N	23 GRAND	14 HEURES
137 PAR	23 ONT	14 JUSQU
130 SON	23 PENDANT	14 LUMIERE
128 AVEC	23 TOUTE	14 PLUSIEURS
116 J		14 QUEL
114 SE	22 CELA	14 QUOI
112 SANS	22 DONC	14 TON
108 LUI	22 QUELQUES	14 TRES
107 SUR	22 RIEN	
105 S	22 VOTRE	13 ASSEZ
102 CES		13 BATON
102 MON	21 CHIENS	13 DIS
97 ETAIT	21 DISAIT	13 ENFANTS
97 TOUT	21 VOS	13 ENTRE
96 AU		13 FAUT
94 C	20 AVOIR	13 ICI
94 CETTE	20 BEAUTE	13 MIEUX
92 SA	20 CEPENDANT	13 PERSONNE
89 MAIS	20 CEUX	13 PU
89 MOI	20 CIEL	13 REGARD
88 BIEN	20 GRANDE	13 SOIR
88 NOUS	20 HEURE	13 SOLITUDE
85 SES	20 JOUR	13 TES
79 M	20 MAIN	
75 MEME	20 NUIT	12 ART
74 AI	20 TRAVERS	12 AUCUN
70 YEUX	20 VOIX	12 AURAIS
69 ILS		12 CHAMBRE
69 Y	19 AINSI	12 CHIEN
68 ON	19 APRES	12 CHOSES
64 DONT	19 AVAIS	12 COEUR
60 AVAIT	19 CHOSE	12 DIRAIT
58 MA	19 ELLES	12 ETAIS
55 TOUS	19 ETAIENT	12 FANCIOULLE
53 VIE	19 POURQUOI	12 FORT
52 DIT	19 SAIS	12 OR
49 SONT	19 SEUL	12 PARCE
48 AUSSI	19 VEUX	12 PIEDS
48 TU		12 VIEUX
43 AUX	18 DEVANT	12 VISAGE
43 ETRE	18 DIRE	
43 HOMME	18 DONNE	11 ALLER
43 LEUR	18 MORT	11 AMES
42 FAIT	18 PAUVRES	11 AMI
41 FAIRE	18 PAYS	11 BRAS
41 LEURS	18 PEUT	11 CELLE
41 TOUTES	18 TROP	11 CELUI-CI
37 AUTRE		11 COMMENT
37 ENCORE	17 ALORS	11 COTE
36 QUAND	17 AVEZ	11 CROIS
36 TOUJOURS	17 BONNE	11 FENETRE
35 PETIT	17 CHACUN	11 FEU
34 JAMAIS	17 COUP	11 HORREUR
34 MES	17 DIEU	11 IDEE
34 TEMPS	17 ETES	11 MUSIQUE
31 AME	17 FEMMES	11 POETE
31 PEUT-ETRE	17 FLEURS	11 PORTE
31 QUELQUE	17 JOIE	11 REVE
31 SOUS	17 LOIN	11 RICHE
	17 MAINTENANT	11 RIRE

11	SOUVENIR
11	VIEILLE
10	ABORD
10	AILLEURS
10	AIME
10	AUTOUR
10	CET
10	DEPUIS
10	DERRIERE
10	DOS
10	ENERGIE
10	FIT
10	GRANDS
10	IMMENSE
10	JOUISSANCE
10	MEDECIN
10	MEMES
10	NOS
10	NUAGES
10	OUI
10	PARFUM
10	PARFUMS
10	PARLER
10	PART
10	PEUR
10	PRINCE
10	QUOIQUE
10	SAIT
10	SERAIT
10	SURTOUT
10	TROIS
10	VERITE
10	VOYAGE
9	ANGE
9	AVAIENT
9	BELLES
9	BOUT
9	CELUI-LA
9	CHAQUE
9	CHEVEUX
9	DEMON
9	DENTS
9	DROITE
9	ENVIE
9	EU
9	FEES
9	GLOIRE
9	JOURS
9	LUNE
9	MERE
9	NOIR
9	O
9	PARTOUT
9	PEUPLE
9	TOI
9	TRISTE
9	VILLE
9	VIVEMENT
9	VIVRE
9	VOILA
8	ARRIVE
8	BEAUX
8	BESOIN
8	CESSE
8	CHERE
8	CHEVELURE
8	COMPRENDRE
8	CONTRE
8	COUR
8	DOUCE
8	DOULEUR
8	ENSUITE
8	EST-A-DIRE
8	EUT
8	FANTAISIE
8	FOND
8	LAISSE
8	LAQUELLE
8	MAITRE
8	MAL
8	MISERE
8	MONSTRE
8	NOTRE
8	PAIN
8	PASSE
8	POINT
8	PREMIER
8	PRIS

8	PRIX
8	QUATRE
8	SAVOIR
8	SEMBLE
8	SILENCE
8	SINGULIER
8	SOMBRE
8	TENEBRES
8	VAGUE
8	VOLONTE
8	VOULAIT
8	VU
7	ARGENT
7	ARTISTE
7	AUTANT
7	AVANT
7	BONS
7	BRUIT
7	BUT
7	CAS
7	CERVEAU
7	CONNU
7	CREPUSCULE
7	CROIRE
7	DESTINEE
7	DISPARU
7	DOROTHEE
7	EH
7	ENNUI
7	FACILE
7	FETE
7	FORCE
7	FURENT
7	GENIE
7	GRACE
7	GROS
7	IMPORTE
7	INCONNU
7	JEUNES
7	JOUER
7	LIT
7	MAISON
7	MAITRESSE
7	MALHEUR
7	MANGER
7	MIEN
7	MOITIE
7	MORCEAU
7	MYSTERE
7	MYSTERIEUX
7	ODEUR
7	OH
7	PALAIS
7	PENSEES
7	PETITS
7	PIED
7	PITIE
7	PLACE
7	PLAIRE
7	POUVAIT
7	POUVOIR
7	PROFOND
7	REGARDE
7	RELATIVEMENT
7	REPONDIT
7	SEMBLAIT
7	SENTIMENT
7	SOUVIENS
7	SPECTACLE
7	T
7	TANTOT
7	TARD
7	TERRIBLE
7	TROUVE
7	VASTE
7	VENT
7	VENUS
7	VIS
7	VIVANTE
7	VOICI
7	VOLUPTES
7	VOYEZ
7	VRAI
6	ACTION
6	ADMIRATION
6	AMIS
6	AUCUNE
6	AUREOLE
6	BEAUCOUP

6	BETE
6	BIENTOT
6	BIZARRE
6	BIZARRES
6	BOIS
6	BORD
6	CA
6	CAFE
6	CENT
6	CERTAINE
6	COU
6	DELICIEUSE
6	DIABLE
6	DOULEURS
6	DOUX
6	EAU
6	EMPECHER
6	ENFER
6	EXISTE
6	EXPLOSION
6	FAISAIT
6	FAITE
6	FAMILLE
6	FAUSSE
6	FILS
6	FOLIE
6	FONT
6	FORMES
6	GORGE
6	GOUT
6	HAINE
6	HEUREUX
6	HORS
6	INCOMPARABLE
6	INFINI
6	JOLI
6	JOUJOU
6	LA-BAS
6	LEGITIME
6	LOI
6	LONG
6	LUXE
6	MANIERE
6	MATIN
6	MINUTES
6	MISERABLE
6	NOM
6	OBJET
6	OUBLIE
6	PARENTS
6	PARFAITE
6	PAROLE
6	PARUT
6	PASSER
6	PEAU
6	PETITES
6	PEUVENT
6	PLAISIRS
6	PLEIN
6	POSSIBLE
6	PROPRE
6	PUBLIC
6	PUISQUE
6	PUISSANT
6	RAISON
6	REGARDS
6	REMPLISSAIT
6	RESPIRER
6	RESSEMBLE
6	REVERIE
6	REVES
6	SEMBLABLE
6	SEULE
6	SEULEMENT
6	SINGULIERE
6	SOIENT
6	SUITE
6	TOMBE
6	TOUR
6	TROISIEME
6	TROUVER
6	VIEILLES
6	VITRES
6	VOIS
6	VOLONTIERS
6	VRAIE

5 AIDE	5 PENSEE	4 DOIT
5 AIMEE	5 PENSER	4 DONS
5 AIMER	5 PHYSIONOMIE	4 DOUCEMENT
5 AIMES	5 POCHE	4 DOUCEUR
5 AIT	5 PORT	4 ENDROIT
5 ANE	5 POUVAIS	4 ENIVRER
5 ANIMAUX	5 PRENDRE	4 ENIVREZ
5 ARBRES	5 PRIE	4 ENORME
5 BLANC	5 QUANT	4 ENTENDIS
5 BRUSQUEMENT	5 REPOS	4 ENTENDRE
5 CALME	5 RESTE	4 ENTRER
5 CAMARADES	5 RIAIT	4 ES
5 CAPRICE	5 ROSE	4 ESCALIER
5 CHANTE	5 ROUTE	4 ETANT
5 CHANTS	5 SAUVAGE	4 ETERNELLE
5 CHERCHENT	5 SECOND	4 ETERNELLEMENT
5 CHERCHER	5 SECONDE	4 ETERNITE
5 COIN	5 SECONDES	4 ETOILES
5 COMBIEN	5 SEIGNEUR	4 EXCEPTE
5 COMEDIEN	5 SELON	4 EXTASE
5 CONNAIS	5 SENS	4 FACULTES
5 CORDE	5 SENTAIS	4 FAITES
5 COUCHE	5 SERAS	4 FATIGUES
5 COULEURS	5 SOCRATE	4 FENETRES
5 COURAGE	5 SORTE	4 FINI
5 CURIOSITE	5 SPLENDEURS	4 FORTUNE
5 DEESSE	5 SUPERBE	4 FOU
5 DELA	5 SUPREME	4 FRAIS
5 DERNIERE	5 TELLES	4 FROIDE
5 DERNIERS	5 TENAIT	4 GARCON
5 DEUIL	5 THEATRE	4 GENERALEMENT
5 DOIS	5 TUER	4 GENTILSHOMMES
5 DONNER	5 VECU	4 GILET
5 DROIT	5 VENU	4 GUISE
5 ECLATANT	5 VISAGES	4 HARMONIE
5 ENTRA	5 VOLUPTE	4 HAUT
5 ESPACE	5 VONT	4 HELAS
5 ESPECE	5 VUE	4 HEUREUSE
5 ETAT		4 HISTOIRE
5 ETOFFES	4 ACTIONS	4 HOPITAL
5 EUS	4 AFFAIRES	4 HORIZON
5 EXTRAORDINAIRE	4 AGE	4 HORLOGE
5 FACE	4 ALLAIT	4 HORRIBLE
5 FAISANT	4 AMOUREUX	4 HOULE
5 FALLAIT	4 AN	4 HUI
5 FEE	4 ANGOISSE	4 HUMILIER
5 FRERE	4 APPROCHANT	4 IMAGE
5 FRONT	4 ATTENTIVEMENT	4 IMMOBILE
5 FUS	4 AUBERGE	4 IMMORTELLE
5 GARDE	4 AUJOURD	4 INFINIMENT
5 GATEAU	4 AURAIT	4 INSTRUMENTS
5 GENS	4 AUTOMNE	4 INTENTION
5 GRANDES	4 AVANCE	4 IVRE
5 HERBE	4 AYEZ	4 JARDIN
5 HONNEUR	4 AZUR	4 JEUNE
5 HUMAIN	4 BAIN	4 JOUISSANCES
5 HUMAINE	4 BOUCHE	4 LARMES
5 IMPOSSIBLE	4 BRILLANTS	4 LENTEMENT
5 INSOUCIANCE	4 CARESSES	4 LETTRES
5 INSTANT	4 CELEBRE	4 LIBERTE
5 IVRESSE	4 CERTAIN	4 LOURDE
5 JOURNEE	4 CHALEUR	4 LOURDES
5 LEGEREMENT	4 CHARITE	4 MAINS
5 LIEU	4 CHARME	4 MALADE
5 LIGNE	4 COEURS	4 MARBRE
5 LONGUE	4 COMEDIE	4 MARQUEE
5 LOURD	4 COMIQUE	4 MAUVAIS
5 MAGNIFIQUE	4 COMPLIQUE	4 MEILLEUR
5 MESSIEURS	4 COMPRIS	4 MELEE
5 MEUBLES	4 CONNAISSANCE	4 MILIEU
5 MIDI	4 CONNAITRE	4 MINUTE
5 MIROIR	4 CONSCIENCE	4 MIS
5 MONSIEUR	4 CONTEMPLER	4 MONTAGNE
5 MONTE	4 CONTIENNENT	4 MOUVEMENT
5 MONTRANT	4 CONTRAIRE	4 NAVIRES
5 MONTRE	4 CORPS	4 NOUVEAU
5 MONTRER	4 COSTUME	4 NOUVELLE
5 MUETTE	4 COULEUR	4 OREILLE
5 MURS	4 COUPER	4 PAPIER
5 MYSTERIEUSE	4 CURIEUX	4 PARFAIT
5 NATURE	4 DEGOUT	4 PASSANT
5 NATURELLEMENT	4 DEGRE	4 PASSIONS
5 NEIGE	4 DELICATE	4 PEINE
5 ORGUEIL	4 DELICATES	4 PEINTRE
5 OUBLIER	4 DESESPOIR	4 PENSE
5 PARADIS	4 DESTRUCTION	4 PERE
5 PARFAITEMENT	4 DEVAIT	4 PERMIS
5 PAROLES	4 DEVINER	4 PERSONNAGE
5 PARTAGER	4 DIFFICILE	4 PIECE
5 PASSION	4 DIRECTEUR	4 PLUTOT
5 PAYSAGE	4 DIVINITE	4 POING

4	POSE	3	BANLIEUE	3	ETRANGE
4	POURRAIT	3	BEATITUDE	3	ETRES
4	POUSSE	3	BLANCHEUR	3	EUROPE
4	PREND	3	BLEU	3	EVEILLE
4	PUISSE	3	BOUFFON	3	EXACTEMENT
4	RARE	3	BOULEVARD	3	EXASPERE
4	RAUQUE	3	BRISER	3	EXCELLENT
4	REGARDEZ	3	BRUMES	3	EXEMPLE
4	RENDEZ-VOUS	3	CADEAU	3	EXPLOSIONS
4	REPONDIS	3	CAETERA	3	EXPRESSION
4	RESTAIT	3	CARACTERE	3	FACON
4	REVER	3	CASE	3	FACULTE
4	RICHESSE	3	CAUSE	3	FAIBLE
4	ROUGE	3	CEINTURE	3	FAISAIENT
4	RUE	3	CERTAINES	3	FAITS
4	SALTIMBANQUE	3	CERTAINS	3	FAMEUX
4	SATAN	3	CHANTER	3	FARCEUR
4	SEIN	3	CHARGE	3	FATIGUE
4	SENTENT	3	CHARMANT	3	FATIGUEE
4	SENTIR	3	CHARMANTE	3	FAUDRAIT
4	SERA	3	CHAT	3	FAVEUR
4	SERAIS	3	CHATS	3	FER
4	SERIEUX	3	CHAUD	3	FICELLE
4	SOEUR	3	CHEVAUX	3	FIER
4	SOL	3	CIGARE	3	FILLE
4	SOLITAIRE	3	CIMETIERE	3	FIS
4	SOMMEIL	3	CLAIREMENT	3	FLACON
4	SOUPE	3	CLOU	3	FLEUR
4	SOUPIRS	3	COCAGNE	3	FOI
4	SOURIRE	3	COMEDIENS	3	FOLLE
4	SOUVENIRS	3	COMMISES	3	FORCES
4	TABAC	3	COMPRENNENT	3	FORME
4	TEL	3	CONNAISSEZ	3	FORTEMENT
4	TELLE	3	CONTENT	3	FOUS
4	THYRSE	3	CONTREE	3	FRANCAIS
4	TIENS	3	CONVOITISE	3	FRAPPE
4	TOMBER	3	CORTEGE	3	FRUITS
4	TRISTESSE	3	COUCHANT	3	FURIEUX
4	UNES	3	COUPABLES	3	GAGNER
4	UNIVERSELLE	3	COUPE	3	GAUCHE
4	VAINCRE	3	COURENT	3	GAZETIER
4	VAIS	3	CREATURE	3	GENERAL
4	VASTES	3	CREUX	3	GESTE
4	VENEZ	3	CRIAI	3	GRANDEUR
4	VENIR	3	CRIE	3	GRIFFES
4	VERTU	3	CRIS	3	HABITER
4	VEULENT	3	CRUELLEMENT	3	HABITUDE
4	VEUT	3	CUISINE	3	HASARD
4	VIENNENT	3	CURIEUSEMENT	3	HONNETE
4	VIENT	3	DECRIRE	3	HUMEUR
4	VIN	3	DEHORS	3	HYSTERIQUE
4	VITALITE	3	DELICES	3	IDEAL
4	VOUDRAIS	3	DELICIEUX	3	ILE
4	VOULEZ	3	DEMANDE	3	ILLUSION
4	VOULOIR	3	DEMARCHE	3	IMBECILE
4	VRAIMENT	3	DEMI	3	IMMEDIATEMENT
4	VULGAIRES	3	DEVINE	3	IMMORTEL
		3	DIGNE	3	IMPREVU
3	A-T	3	DISANT	3	INCAPABLES
3	ACCOMPLIR	3	DISENT	3	INFAME
3	ADMIRE	3	DIVIN	3	INFLUENCE
3	ADMIREE	3	DOMESTIQUE	3	INNOCENTS
3	AFFAIRE	3	DOMINATION	3	INSPIRER
3	AFFOLES	3	DOUBLE	3	INSTANTS
3	AGREABLE	3	DROLE	3	INTERET
3	AIMENT	3	EAU-DE-VIE	3	INTERNE
3	AJOUTER	3	EBLOUISSANT	3	INVISIBLE
3	ALLAIS	3	ECLAIREE	3	INVITATION
3	ALLEZ	3	ECLATANTE	3	IRRESISTIBLE
3	ALLONS	3	ECOUTAIT	3	JETER
3	ALTESSE	3	EFFORT	3	JEUNESSE
3	AMBITION	3	EFFRAYANTE	3	JOUES
3	AMITIE	3	EGAL	3	JOUEUR
3	ANCIENS	3	EGALE	3	JOURNAUX
3	ANNEES	3	EGOISTE	3	JOYEUX
3	ANS	3	ENGENDRER	3	LACHEMENT
3	APERCEVOIR	3	ENIVRE	3	LAISSEZ
3	APERCU	3	ENTENDU	3	LENTES
3	APERCUS	3	ENTHOUSIASME	3	LEQUEL
3	APPRENDRE	3	ENTREE	3	LEVRES
3	ARMOIRE	3	EPAULES	3	LIVRES
3	ARRACHE	3	EPOQUE	3	LOURDEMENT
3	ARRIERE	3	EPROUVER	3	LUMIERES
3	ASPECT	3	ESCLAVES	3	LUMINEUX
3	ATTENTION	3	ESPIEGLE	3	LUTTE
3	ATTIRE	3	ESPRITS	3	MADAME
3	AURAIENT	3	ESSAYER	3	MAGIE
3	AUSSITOT	3	ESTOMAC	3	MAISONS
3	AUTRUI	3	ETERNEL	3	MALAISE
3	AVARE	3	ETONNANTE	3	MALGRE
3	AYANT	3	ETONNEMENT	3	MALHEURS

3	MANGE	3	QUINZE	3	VERTS		
3	MARIE	3	QUITTE	3	VETEMENTS		
3	MATERNEL	3	RAGE	3	VETU		
3	MATIERE	3	RAYONS	3	VEUVES		
3	MATS	3	REBELLES	3	VIEILLARD		
3	MAUVAISE	3	RECONNAIS	3	VIENS		
3	MEDECINS	3	REFLET	3	VILLES		
3	MELE	3	REFUSE	3	VINGT-QUATRE		
3	MENDIANT	3	REGARDA	3	VIOLENCE		
3	MERES	3	REGARDANT	3	VIOLON		
3	MERVEILLEUSEMENT	3	REGARDER	3	VISITER		
3	MESURE	3	REGNE	3	VIVANT		
3	MIENNE	3	REGRET	3	VIVANTS		
3	MILLE	3	REND	3	VIVENT		
3	MIRER	3	REPANDRE	3	VOISIN		
3	MISERES	3	REPOND	3	VOIT		
3	MONNAIE	3	REPRESENTANT	3	VOLONTAIREMENT		
3	MONOTONE	3	REPRIT	3	VOULAIS		
3	MORTE	3	REPROCHE	3	VOULANT		
3	MORTEL	3	RESPIRE	3	X		
3	MORTELS	3	RICHES	3	Z		
3	MOTS	3	ROBE				
3	MOURIR	3	ROIDE	2	ABANDONNA		
3	MUSC	3	ROSES	2	ABRUTI		
3	MUSE	3	RUINE	2	ABSOLUE		
3	NEZ	3	SABLE	2	ABSURDES		
3	NOBLE	3	SAISIS	2	ACCABLE		
3	NOMBREUSES	3	SALLE	2	ACCOMPAGNE		
3	NOUVELLES	3	SAVEZ	2	ACCOMPAGNEMENT		
3	NUAGE	3	SENSATIONS	2	ACCROCHER		
3	NUEES	3	SENSIBLE	2	ACCROCHES		
3	NULLE	3	SERAIENT	2	ADMIRABLE		
3	OBTENIR	3	SERVI	2	AFFAIBLI		
3	OCCASION	3	SERVIR	2	AFFIRMA		
3	OCCUPE	3	SIECLE	2	AFFIRME		
3	OPAQUE	3	SIENNE	2	AFIN		
3	OPERER	3	SIFFLET	2	AGITAIT		
3	ORDRE	3	SIGNE	2	AGRANDIS		
3	OREILLES	3	SINGULIEREMENT	2	AIMERAS		
3	ORIENT	3	SINISTRES	2	AJOUTAIT		
3	OSE	3	SIX	2	ALLAIENT		
3	OUVERTE	3	SOIF	2	ALLUMENT		
3	OUVERTS	3	SOIS	2	ALTERE		
3	PAIX	3	SOLEILS	2	AMALGAME		
3	PAQUET	3	SOLENNELLE	2	AMBITIEUX		
3	PARFUMEE	3	SOLENNELLES	2	AMIE		
3	PARIS	3	SOLIDE	2	AMIES		
3	PARMI	3	SOLITAIRES	2	AMPLEUR		
3	PARTIE	3	SOLS	2	AMUSE		
3	PASSA	3	SOT	2	AMUSER		
3	PATRIE	3	SOUDAINEMENT	2	ANALOGUE		
3	PENDU	3	SOUFFRIR	2	APERCUT		
3	PENSENT	3	SOULAGER	2	APLOMB		
3	PERCHE	3	SOURCE	2	APPARAISSAIT		
3	PERES	3	SOURIANT	2	APPELER		
3	PERSONNES	3	SOUVERAIN	2	APPELLE		
3	PERTE	3	SPECTRE	2	APPROCHE		
3	PHILOSOPHE	3	SUBITEMENT	2	ARBRE		
3	PHILOSOPHES	3	SUBTIL	2	ARCHITECTURES		
3	PIECES	3	SUCRE	2	ARDENT		
3	PLAISANT	3	SUFFISANTE	2	ARDEUR		
3	PLAISANTERIES	3	SUIVIS	2	ARRACHER		
3	PLEINE	3	SUJET	2	ARRETER		
3	PLEURAIT	3	SUPPLIANTS	2	ARRETES		
3	PLEURER	3	SUPPOSER	2	ARRIVAIT		
3	PLUIE	3	SUSPENDUE	2	ARTIFICE		
3	POELE	3	TACHE	2	AS		
3	POESIE	3	TALENTS	2	ASCENSION		
3	POETES	3	TAUDIS	2	ASSEMBLEE		
3	POETIQUE	3	TELS	2	ASSIS		
3	POITRINE	3	TENDIT	2	ASSURE		
3	PORTAIT	3	TENDRESSE	2	ASTRE		
3	PORTANT	3	TERRIBLES	2	ATTACHE		
3	PORTER	3	THEORIE	2	ATTELES		
3	PORTRAITS	3	TIR	2	ATTENDRI		
3	POURRONS	3	TIRE	2	ATTENDS		
3	POUSSIERE	3	TRAVAIL	2	ATTIRER		
3	PREMIERE	3	TRISTES	2	AUDIENCE		
3	PRIER	3	TROMPE	2	AUMONE		
3	PROFONDES	3	TROMPETTE	2	AUPRES		
3	PROFONDEUR	3	TROUBLE	2	AUQUEL		
3	PROFONDEURS	3	TROUVAI	2	AURIEZ		
3	PROGRES	3	UNIVERS	2	AUXQUELS		
3	PROIE	3	VA	2	AVERTIR		
3	PROMENADE	3	VAGUEMENT	2	AVOUA		
3	PROMENER	3	VAINCU	2	AVOUERAI		
3	PUISSANCE	3	VAPEURS	2	BACCHUS		
3	PUR	3	VENAIT	2	BAISER		
3	QUATRIEME	3	VENUE	2	BALCON		
3	QUELS	3	VERRES	2	BALLES		
3	QUESTION	3	VERTE	2	BARAQUES		

2	BARIOLEE	2	CONGEDIANT	2	DIVERSES
2	BARREAUX	2	CONNAISSENT	2	DIX
2	BAS	2	CONNAISSEUR	2	DOMICILE
2	BASSE	2	CONNAIT	2	DON
2	BAT	2	CONNAITRAS	2	DORMAIS
2	BEGUEULE	2	CONNUE	2	DRAPS
2	BEL	2	CONSEILS	2	DROLERIE
2	BENEDICTA	2	CONSOLATION	2	DUEL
2	BENEFICES	2	CONTEMPLAIS	2	DUQUEL
2	BERCEAU	2	CONTEMPLANT	2	EBAUDISSAIT
2	BESOINS	2	CONTEMPLE	2	EBLOUISSANTE
2	BETES	2	CONTINUE	2	ECHANGE
2	BIERE	2	CONTINUER	2	ECHO
2	BIZARREMENT	2	CONTRAINDRE	2	ECLAIRAIENT
2	BLANCHE	2	CONTRAINT	2	ECLAIRS
2	BOHEMIEN	2	CONTRASTE	2	ECOLE
2	BONHEURS	2	CONVULSAIT	2	ECONOMIE
2	BONHOMME	2	CONVULSIVEMENT	2	ECOUTE
2	BOUDOIR	2	COQUETTE	2	ECRIER
2	BOUE	2	COTES	2	EFFET
2	BOULANGER	2	COUCHANTS	2	EFFETS
2	BOUTS	2	COUPOLE	2	EFFORTS
2	BRAISE	2	CRAIGNAIS	2	EGAUX
2	BRANCHE	2	CRAIGNANT	2	ELANS
2	BRAVE	2	CRAINTE	2	ELASTIQUES
2	BREF	2	CREATEUR	2	ELEMENT
2	BREVET	2	CREE	2	ELEVER
2	BRILLANT	2	CREER	2	EMANAIT
2	BRISE	2	CRIER	2	EMBLEME
2	BUREAU	2	CRINIERE	2	EMOTION
2	CABARET	2	CRISES	2	EMPECHE
2	CABARETS	2	CROIRAIS	2	EMPORTE
2	CADAVRE	2	CROTTE	2	ENERGIQUE
2	CAHUTE	2	CROTTES	2	ENFONCA
2	CALCUL	2	CROYEZ	2	ENIVRANTE
2	CANDEUR	2	CUIVRE	2	ENNEMI
2	CAPITALE	2	CURIEUSE	2	ENORMITE
2	CASCADES	2	DAHLIA	2	ENSEIGNE
2	CAUSERIE	2	DAME	2	ENSEMBLE
2	CAUSES	2	DAMES	2	ENTERREE
2	CECI	2	DAMNE	2	ENTIER
2	CELEBRES	2	DANGEREUX	2	ENTIERE
2	CELESTE	2	DANSENT	2	ENTOURE
2	CELLE-CI	2	DANSER	2	EPOQUES
2	CELLE-LA	2	DANSEUSES	2	EPOUSE
2	CELLES	2	DEBAUCHE	2	EPOUSER
2	CEUX-LA	2	DEBOUCHE	2	EPOUVANTABLE
2	CHAIRE	2	DECHIRE	2	EPOUVANTE
2	CHANGEAIT	2	DECIDEE	2	EROS
2	CHANGER	2	DECIDEMENT	2	ESPERER
2	CHANSON	2	DECIDER	2	ESTRADE
2	CHANT	2	DECREPIT	2	ETAGE
2	CHANTANTE	2	DEDUCTIONS	2	ETIEZ
2	CHAOS	2	DEESSES	2	ETINCELANT
2	CHAPEAU	2	DEFINIR	2	ETIONS
2	CHARGES	2	DELICAT	2	ETOILE
2	CHARMANTS	2	DELIRE	2	ETONNEE
2	CHATEAU	2	DEMANDA	2	ETOUFFES
2	CHAUDE	2	DEMANDAI	2	ETRANGER
2	CHEMINEE	2	DEMANDER	2	ETRANGES
2	CHERCHANT	2	DEMANDEZ	2	ETROIT
2	CHERUBIN	2	DEMENAGEMENT	2	EUSSE
2	CHEVAL	2	DEMESUREMENT	2	EVIDEMMENT
2	CHIMERE	2	DEMEURAIENT	2	EVIDENT
2	CHIMERES	2	DEPLAISIR	2	EXCLUT
2	CHINE	2	DEPLOYA	2	EXCUSABLE
2	CHUCHOTAIT	2	DEPOSER	2	EXECRABLE
2	CIELS	2	DERNIER	2	EXECUTER
2	CIGARES	2	DESERTE	2	EXHALAIT
2	CINQ	2	DESIRE	2	EXPANSION
2	CIRCONSTANCE	2	DESORMAIS	2	EXPERIENCE
2	CIRCONSTANCES	2	DESPOTE	2	EXPLIQUER
2	CIVILISE	2	DETACHAIENT	2	EXPRIMER
2	CLAIR	2	DETESTABLE	2	EXQUISE
2	CLASSE	2	DETRESSE	2	EXTERIEURE
2	CLEMENCE	2	DEVENIR	2	EXTRAORDINAIREMENT
2	COLERE	2	DEVIENNENT	2	EXTREME
2	COLERES	2	DEVINT	2	FAIBLESSE
2	COMBAT	2	DEVOIR	2	FAIM
2	COMBLE	2	DEVOUEMENT	2	FAIS
2	COMMISSAIRE	2	DIABLESSE	2	FANGE
2	COMPAGNES	2	DICTIONNAIRE	2	FANTOME
2	COMPAGNON	2	DIFFICILEMENT	2	FATIGUEZ
2	COMPAGNONS	2	DIMINUE	2	FECOND
2	COMPENSER	2	DINER	2	FECONDE
2	CONCEVOIR	2	DIRAIS	2	FEERIQUES
2	CONDAMNES	2	DISAIENT	2	FEIGNANT
2	CONDUIRE	2	DISCRETEMENT	2	FERAIENT
2	CONFIDENT	2	DISTRIBUTION	2	FERAIT
2	CONFINE	2	DITES	2	FERMA
2	CONFRERES	2	DIVAN	2	FERME

2	FERMEES	2	INDECISES	2	MERVEILLEUX
2	FEROCE	2	INDESTRUCTIBLE	2	MINCE
2	FERONS	2	INDIENNE	2	MINERAL
2	FETES	2	INDIFFERENCE	2	MINES
2	FEUX	2	INDIVIDUS	2	MIRACLE
2	FI	2	INEFFABLE	2	MIROIRS
2	FIERE	2	INEVITABLE	2	MOEURS
2	FIERS	2	INEXPLICABLE	2	MOIS
2	FIGUREZ	2	INEXPRIMABLE	2	MOMENT
2	FIN	2	INFERIEUR	2	MONSTRES
2	FIOLE	2	INFORME	2	MONSTRUEUSE
2	FIOLES	2	INNOMBRABLES	2	MONTENT
2	FIXE	2	INOUBLIABLE	2	MONTER
2	FIXITE	2	INQUIETANT	2	MORAL
2	FLAMME	2	INQUIETUDE	2	MOT
2	FLEUVES	2	INSOLENT	2	MOUVANT
2	FOIRE	2	INSPIRE	2	MOUVANTES
2	FORET	2	INSU	2	MU
2	FOSSE	2	INSUPPORTABLES	2	MUET
2	FOYER	2	INTERESSANT	2	MULTIFORME
2	FRAGILE	2	INTERIEURE	2	MULTITUDE
2	FRANCE	2	INTERVALLES	2	MUR
2	FRANCS	2	INVINCIBLE	2	MURE
2	FRAPPA	2	IRREMEDIABLE	2	MURES
2	FRERES	2	IRRESISTIBLEMENT	2	MURIR
2	FRISSONNANTE	2	IVRES	2	MURMURE
2	FRUSTRE	2	JAILLI	2	MUSEES
2	FUIR	2	JAILLIT	2	MUSIQUES
2	FUMANT	2	JAMBE	2	NATTES
2	FUMEES	2	JAMBES	2	NEANT
2	FUSSE	2	JETA	2	NECESSITE
2	FUYONS	2	JETTE	2	NEUF
2	GAGNE	2	JOUENT	2	NICHE
2	GAMIN	2	JOUIR	2	NOBLESSE
2	GARCONS	2	JOUIT	2	NOIRE
2	GATAIT	2	JOUR-LA	2	NOIRES
2	GAZ	2	JOURNEES	2	NOMBRE
2	GEMISSENT	2	JUGE	2	NOMBREUX
2	GENE	2	JUGES	2	NOSTALGIE
2	GENEREUX	2	JUPE	2	NUANCEE
2	GENRE	2	JUSQUE	2	OBSEDE
2	GENS-LA	2	JUSTICE	2	OBSERVEZ
2	GERME	2	K	2	OEUVRE
2	GLOIRES	2	LABEUR	2	OFFRANT
2	GLORIEUSEMENT	2	LABORIEUX	2	OISEAU
2	GNOMES	2	LAIDE	2	OISIFS
2	GRASSE	2	LAISSAI	2	OMBRE
2	GRATIFIE	2	LAME	2	ONGLES
2	GRATIS	2	LANGUE	2	OPERA
2	GRILLE	2	LANTERNES	2	OPINIATREMENT
2	GRIS	2	LAVES	2	OPIUM
2	GROSSE	2	LEGENDE	2	ORAGE
2	GUENILLES	2	LEGER	2	ORDINAIRE
2	GUERE	2	LEGERE	2	ORFEVRERIE
2	GUERRE	2	LEGERETE	2	ORGIE
2	HABILLE	2	LETTRE	2	OSAIS
2	HABILLES	2	LEVE	2	OUBLIEZ
2	HABITE	2	LIEUES	2	OURS
2	HABITUDES	2	LIEUX	2	PALEUR
2	HAIS	2	LIGNES	2	PAMPRES
2	HASARDS	2	LIMITES	2	PARAISSENT
2	HAUTAINE	2	LIMPIDITE	2	PARC
2	HAUTE	2	LIQUEURS	2	PARDONNE
2	HAUTES	2	LIRE	2	PAREIL
2	HE	2	LOGIQUE	2	PAREILLE
2	HEROIQUE	2	LONGUES	2	PARESSEUSE
2	HIDEUX	2	LOTS	2	PARESSEUX
2	HIER	2	LUEURS	2	PARIAS
2	HISTRION	2	LUISANTS	2	PARISIEN
2	HONTE	2	MAITRESSES	2	PARLE
2	HONTEUX	2	MALHEUREUSEMENT	2	PARLENT
2	HORLOGES	2	MALHEUREUX	2	PASSENT
2	HUMAINES	2	MAMELLES	2	PASSIONNE
2	HUMAINS	2	MANQUE	2	PATIENCE
2	IDEALE	2	MANTEAU	2	PATTES
2	IDOLE	2	MARCHE	2	PAUVRETE
2	IGNORE	2	MARCHER	2	PAYER
2	IMITE	2	MASQUE	2	PEINDRE
2	IMMORTALITE	2	MASSE	2	PEINT
2	IMPALPABLE	2	MAUDITES	2	PENCHE
2	IMPITOYABLE	2	MECONTENT	2	PENCHEE
2	IMPLACABLE	2	MEDIOCRITE	2	PENETRANTES
2	IMPLIQUE	2	MEILLEURS	2	PENSERAIS
2	IMPRIME	2	MELANCOLIQUES	2	PERDU
2	IMPRUDENT	2	MELANGE	2	PERSONNAGES
2	IMPUDEMMENT	2	MELER	2	PERSUADER
2	INCAPABLE	2	MEMBRES	2	PEUPLES
2	INCONNUE	2	MEMOIRE	2	PEUX
2	INCONNUES	2	MENE	2	PHENOMENE
2	INCONNUS	2	MEPRISE	2	PHILANTHROPE
2	INCURABLE	2	MERITE	2	PHYSIONOMIES

1 CRIARDE	1 DEGAGER	1 DEVENU
1 CRIARDES	1 DEGINGANDE	1 DEVENUS
1 CRIBLES	1 DEGOUTAI	1 DEVIDES
1 CRIME	1 DEGRADE	1 DEVIENDRAIT
1 CRIMINELLE	1 DEGRES	1 DEVIENT
1 CRISPE	1 DEGUENILLE	1 DEVINERAIT
1 CRISTAL	1 DEGUISER	1 DEVOIRS
1 CROCHETS	1 DEGUSTER	1 DEVORAIENT
1 CROIRAIT	1 DEITES	1 DEVORAIT
1 CROISENT	1 DEJEUNA	1 DEVORE
1 CROISSANTE	1 DELASSER	1 DEVORENT
1 CROIT	1 DELECTATION	1 DEVOUEE
1 CROQUERA	1 DELIBERER	1 DEVOUES
1 CROUTES	1 DELICATEMENT	1 DEVRIEZ
1 CROYAIT	1 DELICATS	1 DIABLES
1 CROYANT	1 DELICE	1 DIAMANTS
1 CRUEL	1 DELICIEUSES	1 DICTATURE
1 CRUES	1 DELIRER	1 DICTION
1 CRUMENT	1 DELIT	1 DIEUX
1 CRUS	1 DELIVRANCE	1 DIFFERENCE
1 CRUSOE	1 DEMANDERA	1 DIFFERENTE
1 CUILLER	1 DEMANDERAI	1 DIFFERENTES
1 CUIR	1 DEMANDERENT	1 DIFFERENTS
1 CUIRS	1 DEMANDERONT	1 DIFFORME
1 CUISINIERS	1 DEMARCHES	1 DIFFORMES
1 CUISSES	1 DEMEURE	1 DIGERE
1 CUIT	1 DEMEURER	1 DIGERER
1 CUITE	1 DEMOISELLE	1 DIGNITE
1 CULBUTE	1 DEMONIAQUE	1 DIMANCHE
1 CULBUTERAIENT	1 DEMONS	1 DIMINUEE
1 CULOTTE	1 DENONCAIT	1 DINE
1 CULTIVER	1 DENONCER	1 DIREZ
1 CUPIDITES	1 DEPARTEMENT	1 DIRIGER
1 CUVE	1 DEPENDRE	1 DISAIS
1 CYMBALES	1 DEPENS	1 DISCORDANT
1 DAGUE	1 DEPENSAIENT	1 DISCORDANTS
1 DAIGNA	1 DEPLAIRE	1 DISCOURS
1 DAIGNE	1 DEPLORABLE	1 DISCRETE
1 DAMNATION	1 DEPLOYAIT	1 DISCUSSION
1 DANDINEMENTS	1 DEPLOYER	1 DISCUTE
1 DANDINENT	1 DEPOSA	1 DISCUTER
1 DANGER	1 DEPOUILLE	1 DISPARAIT
1 DANGEREUSE	1 DERAISONNABLE	1 DISPARUE
1 DANGEREUSES	1 DERANGER	1 DISPERSEE
1 DANOIS	1 DERANGES	1 DISPUTANT
1 DANSAIT	1 DERNIERES	1 DISPUTE
1 DANSE	1 DEROBE	1 DISTINCTEMENT
1 DANSES	1 DESAGREABLE	1 DISTINCTIF
1 DARDE	1 DESAPPROBATION	1 DISTINCTION
1 DATES	1 DESCEND	1 DISTINCTIONS
1 DAVANTAGE	1 DESCENDANT	1 DISTRIBUE
1 DEBARBOUILLE	1 DESCENDANTS	1 DIVAGANTE
1 DEBARQUANT	1 DESCENDENT	1 DIVERS
1 DEBARRASSER	1 DESCENDIS	1 DIVERSEMENT
1 DEBATTAIT	1 DESCENDIT	1 DIVERTIR
1 DEBOUT	1 DESCENDRE	1 DIVERTIRAS
1 DEBROUILLER	1 DESCENDS	1 DIVERTISSEMENT
1 DEBUT	1 DESCRIPTION	1 DIVISE
1 DECACHETER	1 DESESPERANT	1 DIVISER
1 DECADENCE	1 DESESPOIRS	1 DIVISIONS
1 DECAPITEE	1 DESHABILLER	1 DIX-SEPT
1 DECHIFFRE	1 DESHONNEUR	1 DOCTEURS
1 DECHIFFRER	1 DESHONORER	1 DOIVENT
1 DECHIQUETE	1 DESIRS	1 DOMAINE
1 DECHIRA	1 DESOEUVREMENT	1 DOMAINES
1 DECIDE	1 DESOEUVRES	1 DOMICILES
1 DECLARA	1 DESOLANTES	1 DOMINANT
1 DECLARER	1 DESOLATION	1 DOMINO
1 DECOR	1 DESOLE	1 DONNA
1 DECORE	1 DESOLENT	1 DONNAIENT
1 DECOREE	1 DESOLES	1 DONNAIT
1 DECOUPAIS	1 DESORDRE	1 DONNANT
1 DECOUPANT	1 DESPOTIQUE	1 DONNENT
1 DECOUPER	1 DESPOTIQUEMENT	1 DONNERAS
1 DECOUVERT	1 DESQUELS	1 DONNERIEZ
1 DECOUVRIRAIT	1 DESSINER	1 DONNES
1 DECREPITE	1 DESSUS	1 DORE
1 DECRETE	1 DESTIN	1 DOREE
1 DECUE	1 DETACHER	1 DORES
1 DEDAIGNAIT	1 DETAIL	1 DORLOTE
1 DEDAIGNE	1 DETAILS	1 DORLOTER
1 DEDAIGNENT	1 DETENTE	1 DORMAIT
1 DEDAIN	1 DETERMINER	1 DORMENT
1 DEFENDRE	1 DETONATIONS	1 DORMES
1 DEFIANCE	1 DETOURNAI	1 DORMEUR
1 DEFIER	1 DETOURNANT	1 DORMIR
1 DEFILAIENT	1 DETRAQUEE	1 DORMIRAIS
1 DEFINI	1 DETRAQUES	1 DORT
1 DEFUNTE	1 DETRONES	1 DOSE
1 DEFUNTS	1 DETTES	1 DOUBLEMENT
1 DEGAGEMENTS	1 DEVENAIT	1 DOUCES

1	EVE	1	FATALES	1	FORTIFIER
1	EVENEMENT	1	FATIDIQUE	1	FORTIFIERA
1	EVENTAIL	1	FATIGANT	1	FORTIFIEZ
1	EVENTAILS	1	FATIGANTE	1	FORTUITE
1	EVENTEE	1	FATIGANTS	1	FORTUNES
1	EVENTER	1	FATIGUAIT	1	FOUDRE
1	EXACTITUDE	1	FATIGUERIEZ	1	FOUET
1	EXACTS	1	FATUITE	1	FOUETTE
1	EXAMINAI	1	FAUBOURG	1	FOULES
1	EXAMINAIT	1	FAUBOURGS	1	FOURMI
1	EXAMINANT	1	FAUCON	1	FOURMILLANT
1	EXAMINEE	1	FAUTE	1	FOURMILLE
1	EXASPERAIT	1	FAUTEUIL	1	FOURNAISE
1	EXASPEREE	1	FAUVES	1	FOURNI
1	EXASPERENT	1	FAUX	1	FOURNIMENT
1	EXCELLAIT	1	FAVEURS	1	FOURNIR
1	EXCELLENCE	1	FAVORI	1	FOURNISSEUR
1	EXCENTRIQUE	1	FELINE	1	FOURNIT
1	EXCEPTIONNEL	1	FEMELLE	1	FOURRE
1	EXCESSIVE	1	FEMELLES	1	FRAICHE
1	EXCITAIT	1	FEMININ	1	FRAICHES
1	EXCITANTE	1	FEMININE	1	FRAICHEUR
1	EXCITANTS	1	FERA	1	FRAPPERENT
1	EXCITE	1	FERAI	1	FRATERNEL
1	EXCITEES	1	FERAIS	1	FRATERNELLE
1	EXCITES	1	FERIEZ	1	FRATERNELLEMENT
1	EXCLUANT	1	FERIONS	1	FRATERNITAIRE
1	EXCLUS	1	FERMEE	1	FRATRICIDE
1	EXCREMENTS	1	FERVENTE	1	FRAYEUR
1	EXECUTANT	1	FESTIN	1	FRENETIQUE
1	EXECUTENT	1	FETIDE	1	FREQUEMMENT
1	EXERCAIT	1	FEUILLES	1	FREQUENTE
1	EXERCE	1	FEUILLETON	1	FREQUENTES
1	EXHALE	1	FIACRES	1	FRETILLANT
1	EXIGE	1	FICELE	1	FRETIN
1	EXIGEAIT	1	FICHE	1	FRIANDISE
1	EXIGENCES	1	FICHES	1	FRISE
1	EXIL	1	FIDELEMENT	1	FRISSONNANTS
1	EXILE	1	FIDELES	1	FRITURE
1	EXILES	1	FIEREMENT	1	FRIVOLE
1	EXISTAIT	1	FIERTE	1	FROID
1	EXISTENCE	1	FIEVREUSE	1	FROIDEMENT
1	EXISTENT	1	FIEVREUSES	1	FROIDES
1	EXISTER	1	FIGURE	1	FROLE
1	EXPERIMENTE	1	FIGURES	1	FROMAGE
1	EXPLIQUA	1	FIL	1	FUI
1	EXPLIQUEE	1	FILAOS	1	FUIT
1	EXPLIQUENT	1	FIMES	1	FULIGINEUX
1	EXPRIMAIENT	1	FINES	1	FUMA
1	EXPRIMAIT	1	FINIE	1	FUMAIENT
1	EXPRIME	1	FINS	1	FUMAMES
1	EXQUIS	1	FIRENT	1	FUMANTS
1	EXTASES	1	FIRMAMENT	1	FUMER
1	EXTENUEES	1	FISSE	1	FUMOIR
1	EXTENUES	1	FISSURES	1	FUNEBRE
1	EXTERNES	1	FIXANT	1	FUNESTE
1	EXTRAORDINAIRES	1	FIXEMENT	1	FUNESTES
1	EXTRAVAGANTES	1	FIXES	1	FURIEUSEMENT
1	EXTREMITE	1	FLAIR	1	FURIEUSES
1	FABULEUSE	1	FLAIRE	1	FUSEES
1	FACHE	1	FLANER	1	FUTURE
1	FACILEMENT	1	FLANEUR	1	FUYARDES
1	FACILITE	1	FLATTERIES	1	G
1	FACONS	1	FLECHE	1	GAGES
1	FAIENCE	1	FLECHIR	1	GAGNAIENT
1	FAIENCES	1	FLEURIR	1	GAGNEE
1	FAINEANT	1	FLEURIT	1	GAIE
1	FAISEUR	1	FLORINS	1	GAIETE
1	FAISEURS	1	FLOT	1	GAIN
1	FAISONS	1	FLOTTAIENT	1	GALAMMENT
1	FAMEUSE	1	FLOTTANT	1	GALANT
1	FAMILIARITE	1	FLOTTANTE	1	GALANTERIE
1	FAMILIERE	1	FLUTE	1	GALERIES
1	FANDANGO	1	FOIRES	1	GALOP
1	FANEE	1	FOLATRE	1	GAMBADER
1	FANFARONNADE	1	FOLATRENT	1	GANTE
1	FANTASMAGORIES	1	FOLLEMENT	1	GANTS
1	FANTASSIN	1	FOLLES	1	GANYMEDES
1	FARD	1	FONDAMENTAUX	1	GARCONNIERE
1	FARDEAU	1	FONDATEURS	1	GARDER
1	FARDEE	1	FONTE	1	GARDIEZ
1	FARINE	1	FORCAIT	1	GARE
1	FAROUCHES	1	FORCENE	1	GARGOULETTES
1	FASCINATRICE	1	FORETS	1	GATEE
1	FASCINES	1	FORGERONS	1	GATEES
1	FASSENT	1	FORMAIT	1	GAZE
1	FASTIDIEUSES	1	FORMEE	1	GAZETTES
1	FASTUEUX	1	FORMIDABLE	1	GAZON
1	FAT	1	FORMULE	1	GAZONNES
1	FATAL	1	FORMULES	1	GAZOUILLENT
1	FATALE	1	FORTE	1	GEANT

1 INSTALLEE	1 JUSTIFIEES	1 LUPANAR
1 INSTALLONS	1 JUSTIFIER	1 LUTTENT
1 INSTANTANEMENT	1 KING	1 LUTTES
1 INSTINCT	1 LA-HAUT	1 MACADAM
1 INSTRUMENT	1 LABYRINTHES	1 MACARON
1 INSUFFLE	1 LAC	1 MACHAIT
1 INSULTANT	1 LACERER	1 MACHINE
1 INSUPPORTABLE	1 LACHA	1 MACONNERIE
1 INSURGES	1 LACHES	1 MADEMOISELLE
1 INTELLECT	1 LAIDS	1 MADRIGAL
1 INTELLIGENCE	1 LAISSAIS	1 MAGIQUE
1 INTELLIGENCES	1 LAISSAIT	1 MAGIQUES
1 INTELLIGENTS	1 LAISSENT	1 MAGISTERE
1 INTEMPESTIVEMENT	1 LAISSER	1 MAGISTRATS
1 INTENDANCE	1 LAISSERAIENT	1 MAGNETIQUEMENT
1 INTENSES	1 LAITIERE	1 MAGNETISEUR
1 INTENSITE	1 LAMBEAU	1 MAGNIFIQUES
1 INTERESSANTE	1 LAMENTABLE	1 MAIGRES
1 INTERESSE	1 LAMES	1 MAILLOTS
1 INTERESSEE	1 LANCAIENT	1 MAINT
1 INTERIEUR	1 LANCE	1 MAJESTE
1 INTERMEDIAIRE	1 LANCER	1 MAJESTUEUSE
1 INTERMINABLE	1 LANGOUREUSEMENT	1 MAJESTUEUSEMENT
1 INTERNES	1 LANGUEURS	1 MALADES
1 INTERPRETES	1 LANGUISSANTS	1 MALADIE
1 INTERROGER	1 LAPINS	1 MALADIES
1 INTERROMPIT	1 LARCIN	1 MALADRESSE
1 INTERRUPTEUR	1 LARGE	1 MALANDRIN
1 INTIMITE	1 LARGES	1 MALE
1 INTOLERANT	1 LARGESSE	1 MALFAISANTES
1 INTRIGUE	1 LARME	1 MALHEUREUSE
1 INTRODUIRE	1 LARMOYANTS	1 MALHEUREUSES
1 INTRODUISAIT	1 LAS	1 MALHONNETE
1 INTRODUIT	1 LASSER	1 MALICE
1 INUTILE	1 LASSITUDE	1 MALICIEUX
1 INUTILEMENT	1 LATITUDE	1 MALIN
1 INUTILES	1 LAUDANUM	1 MALLES
1 INVENTEURS	1 LECTURE	1 MALOTRU
1 INVENTIONS	1 LECTURES	1 MALSEANTE
1 INVESTIS	1 LEGENDES	1 MALTRAITAIT
1 INVETERE	1 LEGERES	1 MANGEAIT
1 INVINCIBLES	1 LEGERS	1 MANGEAMES
1 INVITANTE	1 LELUT	1 MANGEUR
1 INVOLONTAIREMENT	1 LENDEMAIN	1 MANGEURS
1 INVOQUAI	1 LENDEMAINS	1 MANGEZ
1 INVOQUE	1 LESINER	1 MANIE
1 INVOQUERAIT	1 LESQUELLES	1 MANIERES
1 IRAI	1 LESQUELS	1 MANIFESTA
1 IRONIQUE	1 LESTE	1 MANIFESTAIT
1 IRREFUTABLE	1 LESTEMENT	1 MANIFESTE
1 IRREFUTABLES	1 LEVA	1 MANOEUVRE
1 IRREMEDIABLES	1 LEVAIENT	1 MANQUA
1 IRREPARABLE	1 LEVANT	1 MANQUER
1 IRREPROCHABLE	1 LEVER	1 MANUSCRIT
1 IRRESISTIBLES	1 LEVES	1 MANUSCRITS
1 IRRITANTE	1 LEVRETTES	1 MARCHAIENT
1 IRRITE	1 LEZARD	1 MARCHAND
1 ISOLE	1 LIASSE	1 MARCHANDISE
1 ISOLEMENT	1 LIBATIONS	1 MARCHANTES
1 ITALIEN	1 LIBRE	1 MARCHES
1 IVRESSES	1 LIEE	1 MARE
1 JACASSEMENT	1 LIQUIDE	1 MAREE
1 JACASSIERES	1 LISBONNE	1 MARI
1 JADIS	1 LISZT	1 MARIA
1 JAILLISSANT	1 LITHOGRAPHIES	1 MARIEE
1 JALOUSIE	1 LITS	1 MARMITE
1 JARDINS	1 LIVRE	1 MARMOTS
1 JETEE	1 LIVRER	1 MARQUE
1 JETTERAI	1 LOCATAIRES	1 MARQUER
1 JEU	1 LOCUTIONS	1 MARQUES
1 JEUX	1 LOGE	1 MARRAINE
1 JOCRISSES	1 LOGENT	1 MARRONS
1 JOIES	1 LOINTAINE	1 MARTEAU
1 JOLIES	1 LOINTAINES	1 MARTYRE
1 JOLIS	1 LONGS	1 MARTYRISES
1 JOUE	1 LONGUEMENT	1 MASCULIN
1 JOUET	1 LORETTE	1 MATURES
1 JOUI	1 LORS	1 MAUDIT
1 JOUJOUX	1 LORSQUE	1 MAUDITE
1 JOURNAL	1 LOTUS	1 MAUDITS
1 JOURS-LA	1 LOUAGE	1 MAURIN
1 JUBILE	1 LOUCHE	1 MAUSSADE
1 JUGER	1 LOUP	1 MAUSSADES
1 JUGEZ	1 LOURDS	1 MAUVAISES
1 JUMEAU	1 LUBRICITE	1 MEANDRES
1 JUPES	1 LUEUR	1 MECHANT
1 JUPONS	1 LUGUBRE	1 MECONNAISSABLE
1 JURE	1 LUISANT	1 MECONNAISSAIT
1 JURON	1 LUISANTE	1 MECONNU
1 JUSTE	1 LUMINIEUX	1 MECONTENTS
1 JUSTEMENT	1 LUNATIQUES	1 MEDICATION

1	ORPHELIN	1	PATERNEL	1	PLAINTIF
1	ORS	1	PATES	1	PLAISES
1	ORTHOGRAPHE	1	PATIEMMENT	1	PLAIT
1	ORTIE	1	PATIENT	1	PLANCHER
1	ORTIES	1	PATINE	1	PLANTE
1	OS	1	PATOIS	1	PLANTEE
1	OSAI	1	PATRON	1	PLAT
1	OSCILLATIONS	1	PATRONNE	1	PLATRE
1	OSER	1	PATURE	1	PLEBE
1	OSERA	1	PAUVRETE-LA	1	PLEINES
1	OSERONT	1	PAVANENT	1	PLEUR
1	OSEZ	1	PAVANES	1	PLEURANT
1	OSTENSIBLEMENT	1	PAYANT	1	PLEURNICHERIES
1	OTANT	1	PAYEES	1	PLEURS
1	OUBLI	1	PEDAGOGUES	1	PLEUT
1	OUBLIAIT	1	PEIGNER	1	PLIS
1	OUBLIEES	1	PEINTURE	1	PLOMB
1	OUBLIERA	1	PEINTURES	1	PLONGEAIS
1	OUBLIEUX	1	PELOUSES	1	PLONGER
1	OUF	1	PENATES	1	PLONGES
1	OUTRAGER	1	PENCHAIENT	1	PLUIES
1	OUTRE	1	PENCHEES	1	PLUMES
1	OUVERTES	1	PENCHER	1	PLUMETS
1	OUVRAGEES	1	PENDAIENT	1	PLUTUS
1	OUVRIS	1	PENDELOQUES	1	POCHA
1	OUVRIT	1	PENDULE	1	POCHES
1	PACOTILLE	1	PENETRANTE	1	POIGNARD
1	PAGE	1	PENETRER	1	POIGNEES
1	PAGES	1	PENSAIENT	1	POIL
1	PAILLARD	1	PENSAIT	1	POILU
1	PAILLE	1	PENSEZ	1	POINTE
1	PAISIBLE	1	PENSIF	1	POINTU
1	PAISSAIENT	1	PERCANT	1	POINTUE
1	PALAIS-ROYAL	1	PERD	1	POISON
1	PALES	1	PERDRAIT	1	POLE
1	PAME	1	PERDRE	1	POLI
1	PAMENT	1	PEREMPTOIRE	1	POLICE
1	PANACHEES	1	PERFECTIBILITE	1	POLICHINELLE
1	PANNEAU	1	PERFECTION	1	POLIE
1	PANNEAUX	1	PERFECTIONNEE	1	POLIS
1	PANTOUFLES	1	PERIL	1	POLITIQUE
1	PAPIERS	1	PERMETTEZ	1	POLYPHAGE
1	PAQUET-CI	1	PERMETTRE	1	POMPES
1	PAR-CI	1	PERMISSION	1	POMPEUSE
1	PAR-DESSUS	1	PERPENDICULAIREMEN	1	POPULAIRE
1	PAR-LA	1	PERPETUEL	1	PORTAIENT
1	PARADISIAQUE	1	PERSONNEL	1	PORTEFEUILLES
1	PARADOXALE	1	PERSONNELLE	1	PORTENT
1	PARAITRE	1	PERSONNELLEMENT	1	PORTES
1	PARASITES	1	PERSUADENT	1	PORTIEZ
1	PARCOURU	1	PESTIFERES	1	PORTIQUE
1	PARDON	1	PETILLANTE	1	PORTRAIT
1	PARDONNER	1	PETITESSE	1	PORTUGUAIS
1	PARDONNERAI	1	PETULANCE	1	POSER
1	PARDONNEREZ	1	PEUPLER	1	POSITIF
1	PARDONNES	1	PEURS	1	POSSEDER
1	PARDONNEZ	1	PHARES	1	POSSEDERONS
1	PAREILS	1	PHARMACIENS	1	POSSESSION
1	PARESSE	1	PHILOSOPHIES	1	POSSIBILITE
1	PARESSEUSES	1	PHILOSOPHIQUE	1	POSTERIEUR
1	PARFAITS	1	PHOSPHORIQUE	1	POSTICHE
1	PARFOIS	1	PHOTOGRAPHIQUES	1	POT
1	PARFUME	1	PHYSIOLOGIQUE	1	POTEAUX
1	PARFUMERIE	1	PHYSIQUEMENT	1	POTS
1	PARFUMEUR	1	PIAILLAIENT	1	POUDRE
1	PARISIENNE	1	PIAILLANTES	1	POUDREUSE
1	PARLA	1	PIANO	1	POUDREUX
1	PARLANT	1	PIEDESTAL	1	POUILLEUX
1	PAROI	1	PIEGE	1	POULET
1	PARTENT	1	PIERRERIES	1	POURRIONS
1	PARTI	1	PIERRES	1	POURTANT
1	PARTICIPE	1	PIERREUX	1	POUSSAI
1	PARTICULIER	1	PIETINANT	1	POUSSES
1	PARTICULIERE	1	PINCEAUX	1	POUVANT
1	PARTICULIEREMENT	1	PIOCHE	1	POUVIONS
1	PARTIES	1	PIQUANT	1	PREALABLEMENT
1	PARTIS	1	PIRE	1	PRECAUTION
1	PARU	1	PIROUETTES	1	PRECIEUSES
1	PARURE	1	PISTE	1	PRECIPITAIT
1	PARVINS	1	PITTORESQUEMENT	1	PRECIPITATION
1	PASCAL	1	PLACEE	1	PRECIPITES
1	PASSABLE	1	PLACES	1	PRECISEMENT
1	PASSAGERS	1	PLAFOND	1	PRECOCE
1	PASSAIT	1	PLAGE	1	PRECOCEMENT
1	PASSEES	1	PLAGES	1	PRECURSEUR
1	PASSEMENTES	1	PLAIGNENT	1	PREDICATEUR
1	PASSERONS	1	PLAIGNIT	1	PREFERE
1	PASSIONNEE	1	PLAINE	1	PRELASSAIENT
1	PASSIONNEMENT	1	PLAINES	1	PRELASSE
1	PASTEURS	1	PLAINS	1	PRENDS
1	PATE	1	PLAINTE	1	PREPARATIFS

1	PRESTIGIEUSES	1	QUALITE	1	REFONDUE
1	PRESTIGIEUX	1	QUARANTAINE	1	REFORMEE
1	PRETANT	1	QUARANTE	1	REFRAIN
1	PRETE	1	QUARTIER	1	REFRAINS
1	PRETENTIEUSE	1	QUARTIERS	1	REFROIDIE
1	PRETEXTE	1	QUATORZE	1	REFUS
1	PRETRE	1	QUATRE-VINGT-NEUF	1	REFUSAIENT
1	PRETRESSES	1	QUELLES	1	REFUSER
1	PREUVE	1	QUERELLES	1	REGARDAI
1	PREVISIONS	1	QUESTIONNAI	1	REGARDAIENT
1	PRIA	1	QUEUES	1	REGARDERENT
1	PRIAI	1	QUINTESSENCES	1	REGARDES
1	PRIERA	1	QUITTA	1	REGIMENTS
1	PRIERE	1	QUITTANT	1	REGLE
1	PRIERONT	1	QUITTENT	1	REGNEREZ
1	PRINCESSE	1	RACES	1	REGNIER
1	PRINCESSES	1	RACONTE	1	REGRETTA-T
1	PRINCIERE	1	RACORNIS	1	REGRETTABLE
1	PRINCIPALEMENT	1	RADIEUX	1	REGRETTAIENT
1	PRINTEMPS	1	RAFFINEES	1	REGULIERS
1	PRISE	1	RAFFINEMENT	1	REINE
1	PRISME	1	RAFFINES	1	REJOIGNANT
1	PRISON	1	RAFRAICHISSANTS	1	REJOUIE
1	PRIT	1	RAGAILLARDIRAIS	1	RELATIVES
1	PRIVAIT	1	RAGEUSEMENT	1	RELEVANT
1	PRIVE	1	RAGOUT	1	RELEVEE
1	PRIVES	1	RAILLEUSE	1	RELIGION
1	PRIVILEGE	1	RAISINS	1	RELIQUE
1	PRIVILEGIEE	1	RAISONNEURS	1	REMEDE
1	PROBABLE	1	RAJEUNIT	1	REMERCIE
1	PROBLEMES	1	RAMASSENT	1	REMERCIER
1	PROCEDER	1	RAMASSER	1	REMETTRE
1	PROCHES	1	RAMASSERA	1	REMONTER
1	PROCURENT	1	RANCI	1	REMPLIES
1	PRODIGALITE	1	RANCUNE	1	REMPLISSAIENT
1	PRODIGIEUSE	1	RANG	1	REMPLISSEZ
1	PRODIGIEUX	1	RAPIDEMENT	1	REMUAIT
1	PRODIGUE	1	RAPIDITE	1	RENAISSANT
1	PRODUIRE	1	RAPPELANT	1	RENCONTRAI
1	PRODUITS	1	RAPPELER	1	RENCONTRE
1	PROFANE	1	RAPPELLERA	1	RENCONTRER
1	PROFANES	1	RAPPROCHA	1	RENCONTREREZ
1	PROFESSION	1	RARES	1	RENCONTRONS
1	PROFESSIONS	1	RASSEMBLER	1	RENDANT
1	PROFITER	1	RAT	1	RENDENT
1	PROFONDEMENT	1	RATATINEE	1	RENDIT
1	PROHIBITEUR	1	RATION	1	RENDRE
1	PROJET	1	RATTRAPE	1	RENDU
1	PROJETTE	1	RATURES	1	RENE
1	PROLONGE	1	RAVINES	1	RENONCE
1	PROMENAIT	1	RAVISANT	1	RENOUVELANT
1	PROMESSES	1	RAVIVE	1	RENOUVELEE
1	PROMETTANT	1	RAYES	1	RENTRA
1	PROMETTRE	1	REALISE	1	RENTREE
1	PROMIS	1	REALISER	1	RENTRENT
1	PROPAGATEUR	1	REALITE	1	RENTRER
1	PROPORTION	1	REBONDIES	1	RENVERSANT
1	PROPORTIONNEL	1	REBORD	1	RENVERSEE
1	PROPOS	1	RECAPITULONS	1	RENVERSEES
1	PROPOSE	1	RECENTE	1	RENVOYEE
1	PROPOSENT	1	RECETTE	1	RENVOYER
1	PROPRES	1	RECEVAIS	1	REPAIRE
1	PROPRETTE	1	RECHERCHE	1	REPANDAIENT
1	PROPRIETAIRE	1	RECHIGNE	1	REPANDAIT
1	PROPRIETE	1	RECIPROQUES	1	REPARER
1	PROSTITUEE	1	RECIT	1	REPARU
1	PROSTREES	1	RECLAMAIENT	1	REPAS
1	PROUVAIT	1	RECLAME	1	REPENTISSE
1	PROUVE	1	RECOMMANDATION	1	REPERCUTE
1	PROUVENT	1	RECOMPENSER	1	REPETAIS
1	PROUVER	1	RECOMPENSES	1	REPETAIT
1	PROVIDENCE	1	RECONNAISSAIS	1	REPETANT
1	PRUDENCE	1	RECONNAISSANCE	1	REPIT
1	PRUNELLES	1	RECONNAISSANTE	1	REPLIQUA
1	PUANTES	1	RECONNAIT	1	REPLIS
1	PUBLICS	1	RECU	1	REPLONGE
1	PUBLIQUE	1	RECULA	1	REPONDAIT
1	PUCELLES	1	RECULANT	1	REPONDRAIS
1	PUCES	1	RECULE	1	REPONDRONT
1	PUISSANCES	1	REDIGES	1	REPONSE
1	PUISSANTS	1	REDRESSA	1	REPOSE
1	PUNAISES	1	REDRESSER	1	REPOSERAIT
1	PUNITION	1	REEL	1	REPOSEZ
1	PUREMENT	1	REELE	1	REPOUSSEE
1	PURGATOIRE	1	REFLECHI	1	REPRENAIT
1	PURIFIEE	1	REFLECHIR	1	REPRENANT
1	PURS	1	REFLECHISSAIENT	1	REPRESENTATION

1 TROUSSE	1 VIMES
1 TROUVAIS	1 VINGTAINE
1 TROUVAIT	1 VINS
1 TROUVANT	1 VIOLEE
1 TROUVE-T	1 VIOLEMMENT
1 TROUVEES	1 VIOLENT
1 TROUVENT	1 VIOLETTES
1 TROUVERA	1 VIRAGO
1 TROUVERAIT	1 VIRGILE
1 TROUVERIONS	1 VISIBLE
1 TROUVEZ	1 VISITANT
1 TUE	1 VISITE
1 TUERA	1 VISITEES
1 TUMULTE	1 VISITEUR
1 TUMULTUEUSE	1 VISITEUSE
1 TUMULTUEUSES	1 VITRE
1 TUNIQUE	1 VIVACITE
1 TURBULENTS	1 VIVANTES
1 TURCS	1 VIVRES
1 TUTELLE	1 VIVRONS
1 TUTOYANT	1 VIVRONT
1 TYRANNIE	1 VOCATIONS
1 ULULATION	1 VOIE
1 UNIQUEMENT	1 VOIENT
1 UNITE	1 VOILE
1 UNIVERSELLEMENT	1 VOILER
1 UNIVERSELLES	1 VOILES
1 URGENTE	1 VOILURES
1 USE	1 VOISINAGE
1 USEE	1 VOISINES
1 USURPATEUR	1 VOISINS
1 VA-T	1 VOITURE
1 VACANCES	1 VOLAILLES
1 VACANT	1 VOLANT
1 VACARME	1 VOLCANIQUE
1 VACILLANTES	1 VOLETANT
1 VAGABOND	1 VOLONTAIRES
1 VAGABONDE	1 VOLONTES
1 VAGUES	1 VOLTAIRE
1 VAIN	1 VOLTIGEAIENT
1 VAINCUE	1 VOLUME
1 VAINEMENT	1 VOLUPTUEUSES
1 VAINQUEUR	1 VOLUPTUEUX
1 VALEUR	1 VORACITE
1 VALLEE	1 VOUDRAIT
1 VALSE	1 VOUDRIEZ
1 VANITEUSEMENT	1 VOUEES
1 VANITEUX	1 VOUES
1 VANTE	1 VOULIEZ
1 VANTER	1 VOULONS
1 VAPOREUSEMENT	1 VOULUTES
1 VARANGUE	1 VOUTE
1 VARIEE	1 VOUTES
1 VAS	1 VOYAGEAIS
1 VAUTRAIT	1 VOYAGEAIT
1 VAUVENARGUES	1 VOYAGER
1 VEGETATIONS	1 VOYAGEUR
1 VEILLE	1 VOYAGEURS
1 VENAIS	1 VOYAIT
1 VENDAIENT	1 VOYANT
1 VENERE	1 VRAIES
1 VENUSTRE	1 VRAIS
1 VERBE	1 VRAISEMBLABLEMENT
1 VERDATRE	1 VULGAIRE
1 VERDURES	1 VUS
1 VERIFIER	1 W
1 VERITABLEMENT	1 ZELE
1 VERNIS	1 ZELES
1 VERRONS	
1 VERROTERIES	
1 VERTES	
1 VERTIGE	
1 VERTIGINEUSEMENT	
1 VERTUS	
1 VESTIGES	
1 VETEMENT	
1 VETERANS	
1 VETUE	
1 VEUILLEZ	
1 VIBRATIONS	
1 VICES	
1 VICTIME	
1 VIEILLISSENT	
1 VIENDRONT	
1 VIERGE	
1 VIF	
1 VIGNE	
1 VIGOUREUSEMENT	
1 VILAINES	
1 VILLA-HERMOSA	
1 VILLAGE	

Word Frequencies—Alphabetical Order • • •

558	A	1	ADRESSE	1	ALLEES
3	A-T	1	ADRESSER	1	ALLEGORIQUE
2	ABANDONNA	1	ADRESSERAIS	11	ALLER
1	ABANDONNE	1	ADVERSAIRE	3	ALLEZ
1	ABATTIT	1	AERIEN	1	ALLONGEES
1	ABATTU	1	AERIENS	1	ALLONGER
1	ABATTUS	2	AFFAIBLI	3	ALLONS
1	ABDIQUA	3	AFFAIRE	1	ALLUMAIENT
1	ABDIQUE	1	AFFAIREE	1	ALLUMANT
1	ABIMES	1	AFFAIREES	1	ALLUME
1	ABNEGATION	4	AFFAIRES	2	ALLUMENT
1	ABOIE	1	AFFAISSE	1	ALLUMERA
1	ABOIEMENTS	1	AFFAMEE	1	ALLUMERAIT
1	ABOMINATION	1	AFFECTATIONS	1	ALLURES
1	ABONDAMMENT	1	AFFECTION	1	ALMANACH
1	ABONDANTE	1	AFFICHER	17	ALORS
1	ABONDE	2	AFFIRMA	1	ALPHABET
10	ABORD	1	AFFIRMATEUR	2	ALTERE
1	ABOUTIR	2	AFFIRME	1	ALTEREES
2	ABRUTI	1	AFFLIGE	1	ALTERNANT
1	ABSENCE	1	AFFLIGEE	1	ALTERNATIVE
1	ABSENT	1	AFFLUENT	1	ALTERNATIVES
1	ABSENTE	1	AFFOLEE	1	ALTERNES
1	ABSOLU	1	AFFOLEES	3	ALTESSE
2	ABSOLUE	3	AFFOLES	1	AMAIGRI
1	ABSOLUMENT	1	AFFRANCHIE	2	AMALGAME
1	ABSORBENT	1	AFFRONTER	1	AMANT
1	ABSTRUSES	1	AFFUBLE	1	AMANTS
1	ABSURDE	1	AFFUBLEE	1	AMARRES
2	ABSURDES	2	AFIN	1	AMATEUR
1	ABSURDITE	1	AGACAIT	1	AMBIGU
1	ABUSER	4	AGE	1	AMBITIEUSE
1	ACADEMIES	1	AGENT	2	AMBITIEUX
1	ACADEMIQUE	1	AGISSENT	3	AMBITION
1	ACADEMIQUES	2	AGITAIT	1	AMBITIONS
1	ACCABLANT	1	AGITE	1	AMBROISIE
2	ACCABLE	1	AGITEE	1	AMBULANTS
1	ACCABLEMENT	1	AGITER	1	AMBULATOIRE
1	ACCELERER	1	AGITEZ	31	AME
1	ACCENT	1	AGONIE	1	AMENEE
1	ACCENTUEES	1	AGONIES	1	AMERTUME
1	ACCENTUER	1	AGRAFAIT	11	AMES
1	ACCEPTER	1	AGRANDIR	11	AMI
1	ACCEPTERAIENT	2	AGRANDIS	2	AMIE
1	ACCES	3	AGREABLE	2	AMIES
1	ACCIDENT	1	AGREABLES	6	AMIS
2	ACCOMPAGNE	1	AGRIPPERONT	3	AMITIE
2	ACCOMPAGNEMENT	16	AH	1	AMOLLIT
1	ACCOMPLI	1	AHURIES	1	AMORTIES
1	ACCOMPLIE	74	AI	23	AMOUR
3	ACCOMPLIR	5	AIDE	1	AMOUREUSES
1	ACCOMPLIS	1	AIDER	4	AMOUREUX
1	ACCORDANCE	1	AIE	1	AMPHORE
1	ACCORDEE	1	AIENT	2	AMPLEUR
1	ACCORDER	1	AIGRE	1	AMUSAT
1	ACCORDEZ	1	AIGU	2	AMUSE
1	ACCOUDE	1	AIGUILLE	1	AMUSEMENTS
1	ACCOUPLES	1	AIGUILLON	2	AMUSER
1	ACCOURENT	1	AIGUILLONNE	1	AMUSEUR
2	ACCROCHER	1	AILES	4	AN
2	ACCROCHES	10	AILLEURS	1	ANALOGIE
1	ACCUMULES	1	AIMABLE	1	ANALOGIES
1	ACCUSATION	10	AIME	2	ANALOGUE
1	ACEREE	5	AIMEE	1	ANALYSANT
1	ACHETE	3	AIMENT	1	ANALYSEE
1	ACHETER	5	AIMER	1	ANALYSER
1	ACHEVA	1	AIMERAIS	1	ANALYSTE
1	ACHEVEE	1	AIMERAIT	1	ANCIENNES
1	ACQUITTER	2	AIMERAS	3	ANCIENS
1	ACTES	5	AIMES	5	ANE
1	ACTEUR	1	AIMEZ	1	ANEANTISSEMENT
1	ACTIF	19	AINSI	9	ANGE
1	ACTIFS	25	AIR	1	ANGLAIS
6	ACTION	1	AISANCE	1	ANGLAISE
4	ACTIONS	1	AISE	1	ANGLE
1	ACTUELLEMENT	1	AISEMENT	1	ANGLES
1	ADAM	5	AIT	4	ANGOISSE
1	ADAPTER	1	AIX	1	ANGOISSES
1	ADIEU	1	AJOUTA	1	ANIMAL
1	ADJUGEE	1	AJOUTA-T	5	ANIMAUX
1	ADMETTRE	1	AJOUTAIENT	1	ANIMEES
2	ADMIRABLE	2	AJOUTAIT	1	ANNEAUX
1	ADMIRAIT	1	AJOUTE	1	ANNEE
6	ADMIRATION	3	AJOUTER	3	ANNEES
3	ADMIRE	1	ALANGUIES	1	ANNONCE
3	ADMIREE	1	ALARME	1	ANNONCENT
1	ADOPTE	1	ALCHIMISTES	1	ANNONCER
1	ADORABLES	2	ALLAIENT	3	ANS
1	ADORATION	3	ALLAIS	1	ANTIENNE
1	ADORATIONS	4	ALLAIT	1	ANTIPODES
1	ADOSSE	1	ALLANT	1	ANTIQUE

1	ANTIQUES	1	ARRETERENT	48	AUSSI
1	ANTIQUITE	2	ARRETES	3	AUSSITOT
1	ANTRES	3	ARRIERE	1	AUSTERITE
1	ANXIETE	1	ARRIVAIENT	7	AUTANT
1	APAISEMENT	1	ARRIVAIS	1	AUTEURS
1	APERCEVAIT	2	ARRIVAIT	1	AUTOMNAL
3	APERCEVOIR	8	ARRIVE	4	AUTOMNE
1	APERCOIS	1	ARRIVES	1	AUTORISE
3	APERCU	1	ARRONDIE	1	AUTORISENT
3	APERCUS	12	ART	10	AUTOUR
2	APERCUT	2	ARTIFICE	37	AUTRE
1	APLATIE	1	ARTIFICIELS	1	AUTREFOIS
2	APLOMB	7	ARTISTE	30	AUTRES
1	APOSTOLIQUE	1	ARTISTES	1	AUTRICHE
1	APPARAISSAIENT	1	ARTISTIQUE	3	AUTRUI
2	APPARAISSAIT	1	ARTS	43	AUX
1	APPARENT	2	AS	2	AUXQUELS
1	APPARTEMENT	2	ASCENSION	9	AVAIENT
1	APPARTENAIENT	3	ASPECT	19	AVAIS
1	APPARTIENNENT	1	ASPIRE	60	AVAIT
1	APPARUE	1	ASPIRENT	1	AVALE
1	APPEL	1	ASSAISONNEE	4	AVANCE
1	APPELAIT	1	ASSAUT	7	AVANT
1	APPELE	2	ASSEMBLEE	3	AVARE
2	APPELER	1	ASSEOIR	128	AVEC
1	APPELLATION	1	ASSEYANT	1	AVENUE
2	APPELLE	13	ASSEZ	1	AVERSE
1	APPELLERAI	2	ASSIS	2	AVERTIR
1	APPETIT	1	ASSISTAIT	1	AVERTISSEMENTS
1	APPLAUDISSAIT	1	ASSISTE	1	AVEUGLANTS
1	APPLAUDISSEMENTS	1	ASSISTERAIENT	1	AVEUGLEMENT
1	APPLIQUA	1	ASSISTIEZ	17	AVEZ
1	APPLIQUEE	1	ASSIT	1	AVIDEMENT
1	APPLIQUER	1	ASSOCIES	1	AVIDES
1	APPORTA	1	ASSOMMER	1	AVIEZ
1	APPORTANT	1	ASSOMMONS	1	AVIGNON
1	APPORTER	1	ASSOUPI	1	AVIONS
1	APPRECIER	1	ASSOUPISSANTS	1	AVIS
1	APPRECIES	1	ASSURA	1	AVISE
3	APPRENDRE	2	ASSURE	20	AVOIR
1	APPRIS	2	ASTRE	1	AVOISINANT
1	APPRISES	1	ATELIER	1	AVONS
1	APPROBATION	14	ATMOSPHERE	1	AVORTEES
1	APPROCHA	1	ATRABILAIRE	1	AVORTONS
1	APPROCHAI	1	ATROCES	2	AVOUA
4	APPROCHANT	2	ATTACHE	1	AVOUAIS
2	APPROCHE	1	ATTARDER	1	AVOUANT
1	APPROCHES	1	ATTARDES	1	AVOUER
1	APPROCHEZ	2	ATTELES	2	AVOUERAI
1	APPUI	1	ATTENANT	3	AYANT
1	APPUIE	1	ATTENDAIENT	4	AYEZ
1	APPUIENT	2	ATTENDRI	4	AZUR
19	APRES	1	ATTENDRIR		
1	APTE	1	ATTENDRIS		
1	ARABESQUE	2	ATTENDS		
1	ARAIGNEE	1	ATTENTIFS	1	B
2	ARBRE	3	ATTENTION	1	BACCHANT
5	ARBRES	4	ATTENTIVEMENT	2	BACCHUS
1	ARC	1	ATTIRA	1	BADINAGE
1	ARCHET	3	ATTIRE	1	BAFOUE
1	ARCHITECTURE	1	ATTIRENT	1	BAGAGE
2	ARCHITECTURES	2	ATTIRER	1	BAGNE
2	ARDENT	1	ATTRACTIONS	1	BAGUETTES
1	ARDENTS	1	ATTRAPANT	1	BAILLARGER
2	ARDEUR	1	ATTRAPE	4	BAIN
1	ARDEURS	1	ATTRAPER	1	BAINS
1	ARETIN	1	ATTRIBUAI	1	BAISANT
7	ARGENT	1	ATTRIBUER	2	BAISER
1	ARGILE	1	ATTRISTANTE	1	BAISSAIT
1	ARGUMENTAIT	1	ATTRISTE	1	BAISSE
1	ARGUTIES	1	ATTRISTEE	1	BAISSER
1	ARIDES	96	AU	1	BAL
1	ARISTOCRATIQUE	1	AUBE	1	BALANCANT
1	ARISTOCRATIQUES	4	AUBERGE	1	BALANCES
1	ARLES	12	AUCUN	2	BALCON
1	ARMATURE	6	AUCUNE	1	BALLE
1	ARME	2	AUDIENCE	2	BALLES
1	ARMES	1	AUGMENTENT	1	BALTIQUE
1	ARMISTICE	1	AUGMENTERA	1	BAMBIN
3	ARMOIRE	1	AUGURE	1	BANALES
1	AROMATISE	4	AUJOURD	1	BANCS
3	ARRACHE	2	AUMONE	1	BANDITS
1	ARRACHEE	2	AUPRES	3	BANLIEUE
2	ARRACHER	2	AUQUEL	1	BARAQUE
1	ARRACHERAIT	1	AURA	2	BARAQUES
1	ARRANGEE	3	AURAIENT	1	BARBE
1	ARRERAGES	12	AURAIS	2	BARIOLEE
1	ARRETA	4	AURAIT	1	BARRAIT
1	ARRETAIT	6	AUREOLE	2	BARREAUX
1	ARRETEE	2	AURIEZ	1	BARRICADES
2	ARRETER	1	AURORES	1	BARRIERE
				2	BAS

1 BASANES	2 BONHOMME	2 CABARETS
2 BASSE	17 BONNE	1 CABINET
1 BASSES	1 BONNES	1 CABRIOLAIENT
1 BASSINS	1 BONNET	1 CADAVERIQUE
1 BASTONNADE	7 BONS	2 CADAVRE
2 BAT	1 BONTES	3 CADEAU
1 BATAILLE	6 BORD	1 CADRAN
1 BATARDE	1 BORDS	1 CADUC
1 BATAVIA	1 BOREALES	3 CAETERA
1 BATI	1 BOUC	6 CAFE
1 BATIE	1 BOUCHAI	1 CAFRINES
1 BATIMENTS	4 BOUCHE	1 CAGE
13 BATON	1 BOUCHER	2 CAHUTE
1 BATTENT	1 BOUCHONS	1 CALAMITEUX
1 BATTERIE	1 BOUCLES	2 CALCUL
1 BATTIS	2 BOUDOIR	1 CALCULS
1 BATTIT	2 BOUE	1 CALICES
1 BATTRE	3 BOUFFON	1 CALIFOURCHON
1 BATTUS	1 BOUFFONNAIT	5 CALME
1 BAVARD	1 BOUFFONNE	1 CALMER
1 BAVAROISES	1 BOUFFONNERIES	1 CALMES
1 BEATES	1 BOUFFONS	1 CAMARADE
1 BEATIFIANTE	2 BOULANGER	5 CAMARADES
1 BEATIFIQUE	3 BOULEVARD	1 CAMBRINUS
3 BEATITUDE	1 BOURDES	1 CAMPAGNE
23 BEAU	1 BOURDONNEMENT	1 CANAILLE
6 BEAUCOUP	1 BOURDONNEMENTS	1 CANAPE
20 BEAUTE	1 BOURREAU	1 CANAUX
1 BEAUTES	1 BOURRELETS	1 CANDELABRES
8 BEAUX	1 BOURRIQUE	2 CANDEUR
1 BEDAINE	1 BOURSE	1 CANDIDE
1 BEEFSTEAK	1 BOURSOUFLE	1 CANICULE
2 BEGUEULE	1 BOUSCULAIS	1 CAPABLE
2 BEL	1 BOUSCULEE	1 CAPABLES
1 BELGIQUE	9 BOUT	1 CAPITAL
1 BELLATRE	1 BOUTEILLE	2 CAPITALE
23 BELLE	1 BOUTEILLES	1 CAPITEUSE
9 BELLES	1 BOUTIQUE	1 CAPITEUSES
1 BELVEDERE	1 BOUTIQUIER	1 CAPITONNEE
2 BENEDICTA	1 BOUTIQUIERS	5 CAPRICE
2 BENEFICES	2 BOUTS	1 CAPRICES
1 BENIES	1 BOXE	1 CAPRICIEUSE
1 BERCE	1 BOYAUX	1 CAPRICIEUSES
2 BERCEAU	2 BRAISE	1 CAPRICIEUX
1 BERCEES	2 BRANCHE	15 CAR
1 BERCER	11 BRAS	1 CARABINES
1 BERGERS	2 BRAVE	3 CARACTERE
1 BESOGNE	2 BREF	1 CARAFES
8 BESOIN	1 BREUVAGE	1 CARCASSE
2 BESOINS	2 BREVET	4 CARESSES
1 BESTIAUX	1 BRIDES	1 CARESSEZ
6 BETE	1 BRIEVETE	1 CARLIN
2 BETES	1 BRILLAIENT	1 CARNETS
1 BETISE	1 BRILLAIT	1 CARRIER
1 BEUGLAIENT	2 BRILLANT	1 CARRIERE
1 BICOLORE	4 BRILLANTS	1 CARROSSE
88 BIEN	2 BRISE	1 CARROSSES
1 BIENFAITS	3 BRISER	1 CARROSSIER
1 BIENS	1 BRISES	1 CARTE
6 BIENTOT	1 BRODER	1 CARTON
1 BIENVEILLANT	1 BRONZE	7 CAS
2 BIERE	1 BROYAIT	2 CASCADES
1 BIJOUTERIE	1 BRUISSEMENT	3 CASE
1 BISTOURI	7 BRUIT	1 CASQUES
6 BIZARRE	1 BRUITS	1 CASQUETTE
2 BIZARREMENT	1 BRULANT	1 CASSA
1 BIZARRERIES	1 BRULANTE	1 CASSAI
6 BIZARRES	1 BRULE	1 CASSOLETTES
5 BLANC	1 BRULENT	1 CATIN
2 BLANCHE	1 BRULES	1 CAUCHEMAR
3 BLANCHEUR	1 BRUME	1 CAUCHEMARS
1 BLANCHISSAIT	3 BRUMES	1 CAUSAIENT
1 BLANCS	1 BRUSQUE	1 CAUSAIT
1 BLASE	5 BRUSQUEMENT	1 CAUSAMES
1 BLASPHEME	1 BRUTAL	3 CAUSE
1 BLESSE	1 BRUTALE	1 CAUSEE
3 BLEU	1 BRUYERE	1 CAUSER
1 BLEUATRE	1 BU	1 CAUSERENT
1 BLEUE	1 BUFFON	2 CAUSERIE
1 BLEUS	1 BUMES	2 CAUSES
1 BLOUSES	2 BUREAU	1 CAUSEURS
1 BOEUF	7 BUT	1 CAVALIER
2 BOHEMIEN	1 BUVAIENT	1 CAVES
1 BOIRE	1 BUVEUR	165 CE
6 BOIS	1 BUVEZ	2 CECI
1 BOITE		1 CEDER
30 BON		3 CEINTURE
1 BONBONS	94 C	22 CELA
1 BONDS	6 CA	1 CELEBRANT
15 BONHEUR	2 CABARET	4 CELEBRE
2 BONHEURS	1 CABARETIER	2 CELEBRES

2 CELESTE	3 CHAT	1 CLOUS
1 CELIBATAIRE	2 CHATEAU	3 COCAGNE
11 CELLE	1 CHATOYANT	1 COCHERES
2 CELLE-CI	3 CHATS	1 COCO
2 CELLE-LA	3 CHAUD	12 COEUR
2 CELLES	2 CHAUDE	4 COEURS
1 CELLES-CI	1 CHAUDES	1 COFFRE
1 CELLES-LA	1 CHAUFFAIT	1 COFFRES
1 CELLULE	1 CHAUSSEE	1 COIFFE
16 CELUI	1 CHEF-D	1 COIFFERA
11 CELUI-CI	1 CHEMINAIENT	1 COIFFES
9 CELUI-LA	2 CHEMINEE	5 COIN
6 CENT	1 CHEMINS	1 COINS
1 CENTRE	1 CHENES	2 COLERE
20 CEPENDANT	14 CHER	2 COLERES
1 CEREMONIEUSEMENT	1 CHERCHAI	1 COLLANTE
4 CERTAIN	1 CHERCHAIS	1 COLLECTION
6 CERTAINE	1 CHERCHAIT	1 COLLECTIONS
1 CERTAINEMENT	2 CHERCHANT	1 COLLEE
3 CERTAINES	1 CHERCHE	1 COLLET
3 CERTAINS	5 CHERCHENT	1 COLONIES
1 CERTES	5 CHERCHER	1 COLORATIONS
1 CERTITUDE	1 CHERCHES	1 COLORENT
7 CERVEAU	1 CHERCHONS	1 COLOSSALE
102 CES	8 CHERE	2 COMBAT
8 CESSE	1 CHERES	5 COMBIEN
1 CESSERONS	1 CHERI	1 COMBINAISON
1 CESSEZ	1 CHERS	1 COMBINEES
10 CET	2 CHERUBIN	2 COMBLE
94 CETTE	1 CHETIF	4 COMEDIE
20 CEUX	2 CHEVAL	5 COMEDIEN
2 CEUX-LA	3 CHEVAUX	1 COMEDIENNE
17 CHACUN	8 CHEVELURE	3 COMEDIENS
1 CHACUNE	9 CHEVEUX	4 COMIQUE
1 CHAGRIN	1 CHEVILLES	1 COMIQUES
1 CHAGRINANTE	1 CHEVRE	1 COMMANDENT
1 CHAINE	14 CHEZ	185 COMME
1 CHAINES	12 CHIEN	1 COMMENCE
1 CHAIR	1 CHIENNE	11 COMMENT
2 CHAIRE	21 CHIENS	1 COMMENTAIRE
1 CHAIRS	2 CHIMERE	1 COMMERCANT
1 CHAISE	2 CHIMERES	1 COMMERCE
1 CHAISES	1 CHIMIE	1 COMMETTRE
1 CHALE	2 CHINE	1 COMMIS
4 CHALEUR	1 CHINOIS	3 COMMISES
12 CHAMBRE	1 CHIRURGIE	2 COMMISSAIRE
1 CHAMPAGNE	1 CHIRURGIEN	1 COMMISSION
1 CHAMPS	1 CHOC	1 COMMISSIONS
1 CHANCELA	1 CHOISIES	1 COMMODITES
1 CHANDELLE	1 CHOISIR	1 COMMUN
1 CHANDELLES	1 CHOIX	1 COMMUNE
1 CHANGE	1 CHOQUAIT	1 COMMUNES
2 CHANGEAIT	19 CHOSE	1 COMMUNION
1 CHANGEANTES	12 CHOSES	1 COMMUNIQUE
2 CHANGER	1 CHOYEE	1 COMMUNS
1 CHANGEREZ	2 CHUCHOTAIT	1 COMPAGNE
2 CHANSON	1 CHUCHOTER	2 COMPAGNES
1 CHANSONNIERS	1 CIBLES	2 COMPAGNON
1 CHANSONS	20 CIEL	2 COMPAGNONS
2 CHANT	2 CIELS	1 COMPARATIVEMENT
1 CHANTAIT	3 CIGARE	1 COMPARE
2 CHANTANTE	2 CIGARES	1 COMPARER
5 CHANTE	3 CIMETIERE	1 COMPARERAIS
1 CHANTENT	1 CIMETIERES	1 COMPARTIMENTS
3 CHANTER	2 CINQ	1 COMPENSATION
1 CHANTES	2 CIRCONSTANCE	2 COMPENSER
1 CHANTRE	2 CIRCONSTANCES	1 COMPLAISANTS
5 CHANTS	1 CIRCULAIRES	1 COMPLET
2 CHAOS	1 CIRCULAIT	1 COMPLEXITE
2 CHAPEAU	1 CISEAUX	4 COMPLIQUE
9 CHAQUE	1 CITADINE	1 COMPLIQUEES
1 CHARBON	1 CITE	1 COMPLIQUES
1 CHARDON	2 CIVILISE	1 COMPOSE
1 CHARDONS	2 CLAIR	1 COMPOSERA
3 CHARGE	3 CLAIREMENT	8 COMPRENDRE
1 CHARGEES	1 CLAIRVOYANT	1 COMPRENDS
2 CHARGES	1 CLARTE	3 COMPRENNENT
1 CHARIOT	2 CLASSE	4 COMPRIS
1 CHARITABLE	1 CLEF	1 COMPROMETTRE
4 CHARITE	2 CLEMENCE	1 COMPTANT
1 CHARLES	1 CLERICALE	1 COMPTENT
3 CHARMANT	1 CLIGNEMENT	1 COMPTOIR
3 CHARMANTE	1 CLIGNOTANTS	1 COMPTONS
1 CHARMANTES	1 CLIMATERIQUE	1 CONCEDE
2 CHARMANTS	1 CLIMATS	1 CONCENTRER
4 CHARME	1 CLIQUETIS	1 CONCERT
1 CHARRETTE	1 CLOCHER	1 CONCERTS
1 CHARRIENT	1 CLOCHES	2 CONCEVOIR
1 CHASSER	1 CLOCHETTE	1 CONCIERGE
1 CHASTE	1 CLOSE	1 CONCLU
1 CHASTETE	3 CLOU	1 CONCUBINE

1	CONCURRENCE
1	CONDAMNE
1	CONDAMNEE
2	CONDAMNES
2	CONDUIRE
1	CONDUIS
1	CONDUISIT
1	CONDUITE
1	CONFERER
1	CONFIANCE
1	CONFIANT
1	CONFIDENCE
2	CONFIDENT
2	CONFINE
1	CONFITEOR
1	CONFONDRE
2	CONFRERES
1	CONFUSE
1	CONGE
1	CONGEDIAI
2	CONGEDIANT
1	CONGEDIER
1	CONJECTURES
1	CONJUGALES
1	CONJURES
5	CONNAIS
1	CONNAISSAIT
4	CONNAISSANCE
2	CONNAISSENT
2	CONNAISSEUR
3	CONNAISSEZ
2	CONNAIT
1	CONNAITRAIS
2	CONNAITRAS
4	CONNAITRE
7	CONNU
2	CONNUE
1	CONNUS
1	CONQUERIR
4	CONSCIENCE
1	CONSEILLENT
1	CONSEILLER
2	CONSEILS
1	CONSEQUENCES
1	CONSIDERABLE
1	CONSIDERAIS
1	CONSIDERAIT
1	CONSIDERER
1	CONSIDERONS
1	CONSISTE
2	CONSOLATION
1	CONSOLE
1	CONSOLER
1	CONSOLEZ
1	CONSPIRATION
1	CONSTATAI
1	CONSTERNE
1	CONSTRUCTIONS
1	CONSULTER
1	CONTAGIEUSE
1	CONTAGION
1	CONTEMPLAIENT
2	CONTEMPLAIS
1	CONTEMPLAIT
2	CONTEMPLANT
1	CONTEMPLATION
1	CONTEMPLATIVES
2	CONTEMPLE
4	CONTEMPLER
1	CONTENAIENT
1	CONTENIR
3	CONTENT
1	CONTENTA
1	CONTENTEMENT
1	CONTENTION
1	CONTENTS
1	CONTENU
4	CONTIENNENT
1	CONTINENTS
1	CONTINU
1	CONTINUA
1	CONTINUAIT
2	CONTINUE
2	CONTINUER
1	CONTRAIGNENT
2	CONTRAINDRE
2	CONTRAINT
1	CONTRAINTES
4	CONTRAIRE
1	CONTRAIRES
1	CONTRALTI

2	CONTRASTE
8	CONTRE
3	CONTREE
1	CONTRIBUA
1	CONTRISTE
1	CONTROLEURS
1	CONVENUS
1	CONVERSATIONS
1	CONVERTIBLES
1	CONVERTIR
1	CONVICTION
1	CONVIENT
1	CONVIVE
3	CONVOITISE
1	CONVULSAIENT
2	CONVULSAIT
2	CONVULSIVEMENT
1	COPIEUSE
2	COQUETTE
1	COQUETTEMENT
1	COQUETTERIE
1	COQUINS
5	CORDE
1	CORDES
1	CORDIAL
1	CORNAC
1	CORNES
1	CORNICHES
1	COROLLES
4	CORPS
1	CORRESPONDANCE
1	CORRESPONDANT
1	CORRIDOR
1	CORRIGEE
1	CORRUPTRICES
3	CORTEGE
1	CORVEE
4	COSTUME
11	COTE
2	COTES
6	COU
3	COUCHANT
2	COUCHANTS
5	COUCHE
1	COUCHEE
1	COUCHENT
1	COULAIT
1	COULANTS
1	COULE
4	COULEUR
5	COULEURS
17	COUP
3	COUPABLES
1	COUPAI
1	COUPASSENT
3	COUPE
4	COUPER
1	COUPES
2	COUPOLE
1	COUPS
8	COUR
5	COURAGE
1	COURAGEUSE
1	COURAGEUSES
1	COURBE
1	COURBES
3	COURENT
1	COURIR
1	COURONNE
1	COURROIE
1	COURROUCEE
1	COURS
1	COURTE
1	COURTISANES
1	COURTISANS
1	COURTISEE
1	COURUT
1	COUTEAUX
1	COUTELLERIE
1	COUVERT
1	COUVERTURES
1	CRABES
1	CRACHA
1	CRACHATS
2	CRAIGNAIS
2	CRAIGNANT
1	CRAINDRE
1	CRAINT
2	CRAINTE
1	CRANE
1	CRAPULE

1	CRAVATE
1	CRAYON
2	CREATEUR
1	CREATION
3	CREATURE
1	CREATURES
2	CREE
2	CREER
1	CREERENT
1	CREPITATION
1	CREPUSCULAIRE
7	CREPUSCULE
1	CREPUSCULEUSE
3	CREUX
1	CREVE
1	CRI
1	CRIA
3	CRIAI
1	CRIAIT
1	CRIANT
1	CRIARDE
1	CRIARDES
1	CRIBLES
3	CRIE
2	CRIER
1	CRIME
1	CRIMINELLE
2	CRINIERE
3	CRIS
2	CRISES
1	CRISPE
1	CRISTAL
1	CROCHETS
2	CROIRAIS
1	CROIRAIT
7	CROIRE
11	CROIS
1	CROISENT
1	CROISSANTE
1	CROIT
1	CROQUERA
2	CROTTE
2	CROTTES
1	CROUTES
1	CROYAIT
1	CROYANT
2	CROYEZ
1	CRUEL
3	CRUELLEMENT
1	CRUES
1	CRUMENT
1	CRUS
1	CRUSOE
1	CUILLER
1	CUIR
1	CUIRS
3	CUISINE
1	CUISINIERS
1	CUISSES
1	CUIT
1	CUITE
2	CUIVRE
1	CULBUTE
1	CULBUTERAIENT
1	CULOTTE
1	CULTIVER
1	CUPIDITES
2	CURIEUSE
3	CURIEUSEMENT
4	CURIEUX
5	CURIOSITE
1	CUVE
1	CYMBALES
381	D
1	DAGUE
2	DAHLIA
1	DAIGNA
1	DAIGNE
2	DAME
2	DAMES
1	DAMNATION
2	DAMNE
1	DANDINEMENTS
1	DANDINENT
1	DANGER
1	DANGEREUSE
1	DANGEREUSES
2	DANGEREUX
1	DANOIS

267	DANS	2	DELIRE	2	DETACHAIENT
1	DANSAIT	1	DELIRER	1	DETACHER
1	DANSE	1	DELIT	1	DETAIL
2	DANSENT	1	DELIVRANCE	1	DETAILS
2	DANSER	2	DEMANDA	1	DETENTE
1	DANSES	2	DEMANDAI	1	DETERMINER
2	DANSEUSES	3	DEMANDE	2	DETESTABLE
1	DARDE	2	DEMANDER	1	DETONATIONS
1	DATES	1	DEMANDERA	1	DETOURNAI
1	DAVANTAGE	1	DEMANDERAI	1	DETOURNANT
1165	DE	1	DEMANDERENT	1	DETRAQUEE
1	DEBARBOUILLE	1	DEMANDERONT	1	DETRAQUES
1	DEBARQUANT	2	DEMANDEZ	2	DETRESSE
1	DEBARRASSER	3	DEMARCHE	1	DETRONES
1	DEBATTAIT	1	DEMARCHES	1	DETTES
2	DEBAUCHE	2	DEMENAGEMENT	5	DEUIL
2	DEBOUCHE	2	DEMESUREMENT	29	DEUX
1	DEBOUT	2	DEMEURAIENT	4	DEVAIT
1	DEBROUILLER	1	DEMEURE	18	DEVANT
1	DEBUT	1	DEMEURER	1	DEVENAIT
1	DECACHETER	3	DEMI	2	DEVENIR
1	DECADENCE	1	DEMOISELLE	1	DEVENU
1	DECAPITEE	9	DEMON	1	DEVENUS
1	DECHIFFRE	1	DEMONIAQUE	1	DEVIDES
1	DECHIFFRER	1	DEMONS	1	DEVIENDRAIT
1	DECHIQUETE	1	DENONCAIT	2	DEVIENNENT
1	DECHIRA	1	DENONCER	1	DEVIENT
2	DECHIRE	9	DENTS	3	DEVINE
1	DECIDE	1	DEPARTEMENT	4	DEVINER
2	DECIDEE	1	DEPENDRE	1	DEVINERAIT
2	DECIDEMENT	1	DEPENS	2	DEVINT
2	DECIDER	1	DEPENSAIENT	2	DEVOIR
1	DECLARA	1	DEPLAIRE	1	DEVOIRS
1	DECLARER	2	DEPLAISIR	1	DEVORAIENT
1	DECOR	1	DEPLORABLE	1	DEVORAIT
1	DECORE	2	DEPLOYA	1	DEVORE
1	DECOREE	1	DEPLOYAIT	1	DEVORENT
1	DECOUPAIS	1	DEPLOYER	1	DEVOUEE
1	DECOUPANT	1	DEPOSA	2	DEVOUEMENT
1	DECOUPER	2	DEPOSER	1	DEVOUES
1	DECOUVERT	1	DEPOUILLE	1	DEVRIEZ
1	DECOUVRIRAIT	10	DEPUIS	6	DIABLE
2	DECREPIT	1	DERAISONNABLE	1	DIABLES
1	DECREPITE	1	DERANGER	2	DIABLESSE
1	DECRETE	1	DERANGES	1	DIAMANTS
3	DECRIRE	2	DERNIER	1	DICTATURE
1	DECUE	5	DERNIERE	1	DICTION
1	DEDAIGNAIT	1	DERNIERES	2	DICTIONNAIRE
1	DEDAIGNE	5	DERNIERS	17	DIEU
1	DEDAIGNENT	1	DEROBE	1	DIEUX
1	DEDAIN	10	DERRIERE	1	DIFFERENCE
2	DEDUCTIONS	282	DES	1	DIFFERENTE
5	DEESSE	1	DESAGREABLE	1	DIFFERENTES
2	DEESSES	1	DESAPPROBATION	1	DIFFERENTS
1	DEFENDRE	1	DESCEND	4	DIFFICILE
1	DEFIANCE	1	DESCENDANT	2	DIFFICILEMENT
1	DEFIER	1	DESCENDANTS	1	DIFFORME
1	DEFILAIENT	1	DESCENDENT	1	DIFFORMES
1	DEFINI	1	DESCENDIS	1	DIGERE
2	DEFINIR	1	DESCENDIT	1	DIGERER
1	DEFUNTE	1	DESCENDRE	3	DIGNE
1	DEFUNTS	1	DESCENDS	1	DIGNITE
1	DEGAGEMENTS	1	DESCRIPTION	1	DIMANCHE
1	DEGAGER	2	DESERTE	2	DIMINUE
1	DEGINGANDE	1	DESESPERANT	1	DIMINUEE
4	DEGOUT	4	DESESPOIR	1	DINE
1	DEGOUTAI	1	DESESPOIRS	2	DINER
1	DEGRADE	1	DESHABILLER	2	DIRAIS
4	DEGRE	1	DESHONNEUR	12	DIRAIT
1	DEGRES	1	DESHONORER	18	DIRE
1	DEGUENILLE	16	DESIR	4	DIRECTEUR
1	DEGUISER	2	DESIRE	1	DIREZ
1	DEGUSTER	1	DESIRS	1	DIRIGER
3	DEHORS	1	DESOEUVREMENT	13	DIS
1	DEITES	1	DESOEUVRES	2	DISAIENT
16	DEJA	1	DESOLANTES	1	DISAIS
1	DEJEUNA	1	DESOLATION	21	DISAIT
5	DELA	1	DESOLE	3	DISANT
1	DELASSER	1	DESOLENT	1	DISCORDANT
1	DELECTATION	1	DESOLES	1	DISCORDANTS
1	DELIBERER	1	DESORDRE	1	DISCOURS
2	DELICAT	2	DESORMAIS	1	DISCRETE
4	DELICATE	2	DESPOTE	2	DISCRETEMENT
1	DELICATEMENT	1	DESPOTIQUE	1	DISCUSSION
4	DELICATES	1	DESPOTIQUEMENT	1	DISCUTE
1	DELICATS	1	DESQUELS	1	DISCUTER
1	DELICE	1	DESSINER	3	DISENT
3	DELICES	1	DESSUS	1	DISPARAIT
6	DELICIEUSE	1	DESTIN	7	DISPARU
1	DELICIEUSES	7	DESTINEE	1	DISPARUE
3	DELICIEUX	4	DESTRUCTION	1	DISPERSEE

24	ENFANT	1	ENVOIE	1	ETINCELANTE
1	ENFANTINES	1	ENVOLER	1	ETINCELER
13	ENFANTS	1	ENVOLERENT	1	ETINCELLE
1	ENFANTS-LA	1	ENVOYAIT	1	ETINCELLES
6	ENFER	1	ENVOYER	2	ETIONS
1	ENFERME	1	EPAIS	1	ETIQUETTE
1	ENFERS	1	EPANCHE	5	ETOFFES
23	ENFIN	1	EPARPILLE	2	ETOILE
1	ENFLAMME	1	EPAULE	4	ETOILES
1	ENFLAMMEES	3	EPAULES	1	ETONNA
1	ENFLURE	1	EPIAI	3	ETONNANTE
2	ENFONCA	1	EPICURE	1	ETONNE
1	ENFONCE	1	EPILOGUE	2	ETONNEE
1	ENFONCEE	1	EPINES	3	ETONNEMENT
1	ENFONCER	1	EPITHETE	1	ETONNONS
1	ENFOUI	1	EPONGES	1	ETOUFFENT
1	ENFUIRONT	3	EPOQUE	2	ETOUFFES
1	ENFUIS	2	EPOQUES	3	ETRANGE
1	ENGENDRE	2	EPOUSE	2	ETRANGER
3	ENGENDRER	2	EPOUSER	2	ETRANGES
1	ENGIN	2	EPOUVANTABLE	1	ETRANGETE
1	ENGLOUTISSAIT	2	EPOUVANTE	1	ETRANGLER
1	ENGOURDIR	1	EPOUX	43	ETRE
1	ENGOURDISSEMENT	1	EPRENAIT	3	ETRES
1	ENGRAISSEES	1	EPROUVAI	2	ETROIT
1	ENIGMATIQUE	1	EPROUVAIT	1	ETROITES
1	ENIGME	1	EPROUVENT	1	ETUDE
1	ENIVRAIS	3	EPROUVER	1	ETUDIEES
2	ENIVRANTE	1	EPROUVEZ	1	ETUDIER
3	ENIVRE	1	EPROUVONS	9	EU
4	ENIVRER	1	EPUISEMENT	1	EUMES
4	ENIVREZ	1	EQUITE	3	EUROPE
1	ENJEU	1	EQUIVOQUES	5	EUS
1	ENLEVEE	1	ERAILLES	2	EUSSE
1	ENLEVER	1	EREINTES	1	EUSSENT
2	ENNEMI	2	EROS	8	EUT
7	ENNUI	1	ERRANTES	14	EUX
1	ENNUIE	1	ERRENT	1	EVE
1	ENORGUEILLIR	1	ERREUR	3	EVEILLE
4	ENORME	4	ES	1	EVENEMENT
1	ENORMES	4	ESCALIER	1	EVENTAIL
2	ENORMITE	1	ESCAMOTEUR	1	EVENTAILS
1	ENRHUMEE	1	ESCLAVE	1	EVENTEE
1	ENRICHIE	3	ESCLAVES	1	EVENTER
1	ENRICHIES	5	ESPACE	2	EVIDEMMENT
1	ENRICHIR	1	ESPACES	2	EVIDENT
1	ENROUEE	1	ESPAGNE	3	EXACTEMENT
1	ENROUEMENT	5	ESPECE	1	EXACTITUDE
1	ENRUBANNEE	1	ESPERAIENT	1	EXACTS
2	ENSEIGNE	1	ESPERANCES	1	EXAMINAI
2	ENSEMBLE	1	ESPERANT	1	EXAMINAIT
1	ENSEVELISSEMENT	1	ESPERE	1	EXAMINANT
8	ENSUITE	2	ESPERER	1	EXAMINEE
1	ENTASSER	3	ESPIEGLE	1	EXASPERAIT
1	ENTEND	1	ESPOIR	3	EXASPERE
1	ENTENDAIT	14	ESPRIT	1	EXASPEREE
1	ENTENDANT	3	ESPRITS	1	EXASPERENT
4	ENTENDIS	1	ESSAYA	1	EXCELLAIT
1	ENTENDIT	3	ESSAYER	1	EXCELLENCE
4	ENTENDRE	1	ESSAYEZ	3	EXCELLENT
1	ENTENDREZ	252	EST	1	EXCENTRIQUE
1	ENTENDS	8	EST-A-DIRE	4	EXCEPTE
3	ENTENDU	1	ESTAMINET	1	EXCEPTIONNEL
2	ENTERREE	1	ESTAMPE	1	EXCESSIVE
1	ENTHOUSIASMANTE	1	ESTIMER	1	EXCITAIT
3	ENTHOUSIASME	3	ESTOMAC	1	EXCITANTE
2	ENTIER	2	ESTRADE	1	EXCITANTS
2	ENTIERE	913	ET	1	EXCITE
2	ENTOURE	2	ETAGE	1	EXCITEES
1	ENTR	19	ETAIENT	1	EXCITES
5	ENTRA	12	ETAIS	1	EXCLUANT
1	ENTRAINA	97	ETAIT	1	EXCLUS
1	ENTRAINER	1	ETALAIT	2	EXCLUT
1	ENTRAINES	1	ETALE	1	EXCREMENTS
13	ENTRE	1	ETALEE	2	EXCUSABLE
3	ENTREE	4	ETANT	2	EXECRABLE
1	ENTREPRENEURS	5	ETAT	1	EXECUTANT
4	ENTRER	1	ETATS	1	EXECUTENT
1	ENTRETENIR	15	ETE	2	EXECUTER
1	ENTREVOIR	1	ETEINDRE	3	EXEMPLE
1	ENTREVOIS	1	ETENDIT	1	EXERCAIT
1	ENTRIONS	1	ETENDU	1	EXERCE
1	ENVELOPPAIT	3	ETERNEL	2	EXHALAIT
1	ENVELOPPE	4	ETERNELLE	1	EXHALE
1	ENVELOPPEE	4	ETERNELLEMENT	1	EXIGE
1	ENVERRONT	1	ETERNELLES	1	EXIGEAIT
9	ENVIE	4	ETERNITE	1	EXIGENCES
1	ENVIEUX	17	ETES	1	EXIL
1	ENVIRONNANTE	2	ETIEZ	1	EXILE
1	ENVIRONNE	1	ETINCELAIT	1	EXILES
1	ENVIRONS	2	ETINCELANT	1	EXISTAIT

6	EXISTE
1	EXISTENCE
1	EXISTENT
1	EXISTER
2	EXPANSION
2	EXPERIENCE
1	EXPERIMENTE
1	EXPLIQUA
1	EXPLIQUEE
1	EXPLIQUENT
2	EXPLIQUER
6	EXPLOSION
3	EXPLOSIONS
3	EXPRESSION
1	EXPRIMAIENT
1	EXPRIMAIT
1	EXPRIME
2	EXPRIMER
1	EXQUIS
2	EXQUISE
4	EXTASE
1	EXTASES
1	EXTENUEES
1	EXTENUES
2	EXTERIEURE
1	EXTERNES
5	EXTRAORDINAIRE
2	EXTRAORDINAIREMENT
1	EXTRAORDINAIRES
1	EXTRAVAGANTES
2	EXTREME
1	EXTREMITE
1	FABULEUSE
5	FACE
1	FACHE
7	FACILE
1	FACILEMENT
1	FACILITE
3	FACON
1	FACONS
3	FACULTE
4	FACULTES
3	FAIBLE
2	FAIBLESSE
1	FAIENCE
1	FAIENCES
1	FAIM
1	FAINEANT
41	FAIRE
2	FAIS
3	FAISAIENT
6	FAISAIT
5	FAISANT
1	FAISEUR
1	FAISEURS
1	FAISONS
42	FAIT
6	FAITE
4	FAITES
3	FAITS
5	FALLAIT
1	FAMEUSE
3	FAMEUX
1	FAMILIARITE
1	FAMILIERE
6	FAMILLE
12	FANCIOULLE
1	FANDANGO
1	FANEE
1	FANFARONNADE
2	FANGE
8	FANTAISIE
1	FANTASMAGORIES
1	FANTASSIN
2	FANTOME
3	FARCEUR
1	FARD
1	FARDEAU
1	FARDEE
1	FARINE
1	FAROUCHES
1	FASCINATRICE
1	FASCINES
1	FASSENT
1	FASTIDIEUSES
1	FASTUEUX
1	FAT
1	FATAL
1	FATALE

1	FATALES
1	FATIDIQUE
1	FATIGANT
1	FATIGANTE
1	FATIGANTS
1	FATIGUAIT
3	FATIGUE
3	FATIGUEE
1	FATIGUERIEZ
4	FATIGUES
2	FATIGUEZ
1	FATUITE
1	FAUBOURG
1	FAUBOURGS
1	FAUCON
3	FAUDRAIT
6	FAUSSE
13	FAUT
1	FAUTE
1	FAUTEUIL
1	FAUVES
1	FAUX
3	FAVEUR
1	FAVEURS
1	FAVORI
2	FECOND
2	FECONDE
5	FEE
2	FEERIQUES
9	FEES
2	FEIGNANT
1	FELINE
1	FEMELLE
1	FEMELLES
1	FEMININ
1	FEMININE
23	FEMME
17	FEMMES
11	FENETRE
4	FENETRES
3	FER
1	FERA
1	FERAI
2	FERAIENT
1	FERAIS
2	FERAIT
1	FERIEZ
1	FERIONS
2	FERMA
2	FERME
1	FERMEE
2	FERMEES
2	FEROCE
2	FERONS
1	FERVENTE
1	FESTIN
7	FETE
2	FETES
1	FETIDE
11	FEU
1	FEUILLES
1	FEUILLETON
2	FEUX
2	FI
1	FIACRES
1	FICELE
3	FICELLE
1	FICHE
1	FICHES
1	FIDELEMENT
1	FIDELES
3	FIER
2	FIERE
1	FIEREMENT
2	FIERS
1	FIERTE
1	FIEVREUSE
1	FIEVREUSES
1	FIGURE
1	FIGURES
2	FIGUREZ
1	FIL
1	FILAOS
3	FILLE
6	FILS
1	FIMES
2	FIN
1	FINES
4	FINI
1	FINIE
1	FINS

2	FIOLE
2	FIOLES
1	FIRENT
1	FIRMAMENT
3	FIS
1	FISSE
1	FISSURES
10	FIT
1	FIXANT
2	FIXE
1	FIXEMENT
1	FIXES
2	FIXITE
3	FLACON
1	FLAIR
1	FLAIRE
2	FLAMME
1	FLANER
1	FLANEUR
1	FLATTERIES
1	FLECHE
1	FLECHIR
3	FLEUR
1	FLEURIR
1	FLEURIT
17	FLEURS
2	FLEUVES
1	FLORINS
1	FLOT
1	FLOTTAIENT
1	FLOTTANT
1	FLOTTANTE
1	FLUTE
3	FOI
2	FOIRE
1	FOIRES
27	FOIS
1	FOLATRE
1	FOLATRENT
6	FOLIE
3	FOLLE
1	FOLLEMENT
1	FOLLES
8	FOND
1	FONDAMENTAUX
1	FONDATEURS
6	FONT
1	FONTE
1	FORCAIT
7	FORCE
1	FORCENE
3	FORCES
2	FORET
1	FORETS
1	FORGERONS
1	FORMAIT
3	FORME
1	FORMEE
6	FORMES
1	FORMIDABLE
1	FORMULE
1	FORMULES
12	FORT
1	FORTE
3	FORTEMENT
1	FORTIFIER
1	FORTIFIERA
1	FORTIFIEZ
1	FORTUITE
4	FORTUNE
1	FORTUNES
2	FOSSE
4	FOU
1	FOUDRE
1	FOUET
1	FOUETTE
16	FOULE
1	FOULES
1	FOURMI
1	FOURMILLANT
1	FOURMILLE
1	FOURNAISE
1	FOURNI
1	FOURNIMENT
1	FOURNIR
1	FOURNISSEUR
1	FOURNIT
1	FOURRE
3	FOUS
2	FOYER
2	FRAGILE

1	HIBOUX	1	IMAGES	2	INDIFFERENCE
1	HIDEUSE	1	IMAGINAIRES	1	INDIFFERENT
2	HIDEUX	1	IMAGINATION	1	INDIGNE
2	HIER	3	IMBECILE	1	INDISCRETEMENT
1	HIERATIQUE	1	IMBECILES	1	INDISCUTABLE
1	HIEROGLYPHE	1	IMITANT	2	INDIVIDUS
4	HISTOIRE	1	IMITATION	1	INDIVISIBLE
1	HISTORIEN	2	IMITE	1	INDOLEMMENT
2	HISTRION	1	IMITENT	1	INDOLENTS
1	HIVER	3	IMMEDIATEMENT	1	INDULGENT
1	HOCHANT	10	IMMENSE	1	INEBRANLABLE
1	HOLLANDAIS	1	IMMENSES	2	INEFFABLE
1	HOLLANDE	1	IMMENSITE	1	INEGAL
1	HOMICIDE	4	IMMOBILE	1	INEPTIE
1	HOMMAGE	1	IMMODERE	1	INERTE
43	HOMME	2	IMMORTALITE	1	INESPEREE
29	HOMMES	3	IMMORTEL	2	INEVITABLE
1	HOMMES-LA	4	IMMORTELLE	2	INEXPLICABLE
3	HONNETE	1	IMMORTELS	2	INEXPRIMABLE
1	HONNETES	1	IMMUABILITE	1	INFAILLIBLEMENT
5	HONNEUR	2	IMPALPABLE	3	INFAME
1	HONNEURS	1	IMPALPABLES	1	INFATIGABLE
1	HONORER	1	IMPARFAIT	1	INFATUATION
2	HONTE	1	IMPARFAITE	2	INFERIEUR
2	HONTEUX	1	IMPARTIAL	1	INFERNAL
4	HOPITAL	1	IMPASSIBLE	1	INFERNAUX
1	HORACE	1	IMPATIENCE	1	INFIDELES
4	HORIZON	1	IMPATIENTS	1	INFIME
4	HORLOGE	1	IMPERCEPTIBLE	6	INFINI
2	HORLOGES	1	IMPERCEPTIBLES	1	INFINIE
11	HORREUR	1	IMPERFECTIONS	4	INFINIMENT
1	HORREURS	1	IMPERIEUX	1	INFINITESIMALE
4	HORRIBLE	1	IMPERMEABILITE	3	INFLUENCE
1	HORRIBLES	2	IMPITOYABLE	2	INFORME
6	HORS	2	IMPLACABLE	1	INFORTUNE
1	HORTICULTURE	1	IMPLICITEMENT	1	INFORTUNES
1	HOSPICE	2	IMPLIQUE	1	INFRANCHISSABLE
1	HOTE	1	IMPLORAIT	1	INGRATITUDE
1	HOTEL	7	IMPORTE	1	INIMITABLE
1	HOUBLON	1	IMPORTUN	1	ININTELLIGIBLE
4	HOULE	1	IMPOSAIT	1	INJUSTES
1	HUE	1	IMPOSER	1	INJUSTICES
4	HUI	1	IMPOSSIBILITE	1	INJUSTIFIABLES
1	HUILE	5	IMPOSSIBLE	1	INNEE
1	HUISSIER	1	IMPRESSION	1	INNOCENT
5	HUMAIN	1	IMPREVOYANTE	1	INNOCENTE
5	HUMAINE	3	IMPREVU	3	INNOCENTS
2	HUMAINES	2	IMPRIME	2	INNOMBRABLES
2	HUMAINS	1	IMPRIMERIE	1	INOCCUPE
1	HUMANITE	1	IMPROPRES	1	INOFFENSIF
1	HUMBLE	1	IMPROVISANT	2	INOUBLIABLE
1	HUMBLEMENT	1	IMPRUDENT	1	INOUBLIABLES
3	HUMEUR	2	IMPUDEMMENT	1	INOUIE
1	HUMEURS	1	IMPUDENT	2	INQUIETANT
1	HUMIDE	1	IMPULSION	1	INQUIETE
1	HUMIDITE	1	INACHEVEES	2	INQUIETUDE
1	HUMILIE	1	INATTENDUE	1	INSATIABLE
4	HUMILIER	1	INATTENDUS	1	INSECTES
1	HUMILITE	2	INCAPABLE	1	INSENSIBILITE
1	HURLAIENT	3	INCAPABLES	1	INSEPARABLE
1	HURLANT	1	INCESSAMMENT	1	INSIDIEUSE
1	HURLE	1	INCESSAMMENTS	1	INSIGNES
1	HURLEMENT	1	INCLINA	1	INSINUAIS
1	HYPOTHESES	1	INCLINANT	1	INSINUANTES
1	HYSTERIE	1	INCOGNITO	1	INSINUER
3	HYSTERIQUE	1	INCOMMENSURABLE	2	INSOLENT
		1	INCOMMUNICABLE	5	INSOUCIANCE
		6	INCOMPARABLE	1	INSOUCIANT
13	ICI	1	INCOMPARABLES	1	INSPECTE
3	IDEAL	1	INCOMPLETS	1	INSPIRAIENT
2	IDEALE	1	INCOMPRIS	1	INSPIRAIT
1	IDEALISATION	1	INCONCEVABLEMENT	1	INSPIRATION
11	IDEE	7	INCONNU	2	INSPIRE
1	IDEES	2	INCONNUE	1	INSPIRENT
2	IDOLE	2	INCONNUES	3	INSPIRER
1	IDYLLES	2	INCONNUS	1	INSPIRES
2	IGNORE	1	INCONSOLABLEMENT	1	INSTALLEE
1	IGNORERONT	1	INCONTESTABLE	1	INSTALLONS
309	IL	1	INCONTESTABLEMENT	5	INSTANT
3	ILE	1	INCONVENANTES	1	INSTANTANEMENT
1	ILLUMINA	1	INCONVENIENTS	3	INSTANTS
1	ILLUMINAIENT	1	INCORRUPTIBLE	1	INSTINCT
1	ILLUMINE	1	INCREDULES	1	INSTRUMENT
1	ILLUMINEE	2	INCURABLE	4	INSTRUMENTS
3	ILLUSION	1	INDE	2	INSU
1	ILLUSIONS	1	INDECISE	1	INSUFFLE
1	ILLUSTRE	2	INDECISES	1	INSULTANT
1	ILLUSTREE	1	INDEFINISSABLE	1	INSUPPORTABLE
1	ILLUSTRES	1	INDESCRIPTIBLE	2	INSUPPORTABLES
69	ILS	2	INDESTRUCTIBLE	1	INSURGES
4	IMAGE	2	INDIENNE	1	INTELLECT

1 LOTUS	1 MANGEAIT	2 MEMBRES
1 LOUAGE	1 MANGEAMES	75 MEME
1 LOUCHE	7 MANGER	10 MEMES
1 LOUP	1 MANGEUR	2 MEMOIRE
5 LOURD	1 MANGEURS	1 MENACAI
4 LOURDE	1 MANGEZ	1 MENACENT
3 LOURDEMENT	1 MANIE	1 MENAGER
4 LOURDES	6 MANIERE	1 MENAIT
1 LOURDS	1 MANIERES	3 MENDIANT
1 LUBRICITE	1 MANIFESTA	1 MENDIANTES
1 LUEUR	1 MANIFESTAIT	2 MENE
2 LUEURS	1 MANIFESTE	1 MENSONGE
1 LUGUBRE	1 MANOEUVRE	1 MENTALEMENT
108 LUI	1 MANQUA	1 MENTIRAIS
1 LUISANT	2 MANQUE	2 MEPRISE
1 LUISANTE	1 MANQUER	1 MEPRISENT
2 LUISANTS	2 MANTEAU	1 MEPRISEZ
14 LUMIERE	1 MANUSCRIT	16 MER
3 LUMIERES	1 MANUSCRITS	1 MERCI
3 LUMINEUX	4 MARBRE	9 MERE
1 LUMINIEUX	1 MARCHAIENT	3 MERES
1 LUNATIQUES	1 MARCHAND	1 MERITAT
9 LUNE	1 MARCHANDISE	2 MERITE
1 LUPANAR	1 MARCHANTES	1 MERITER
3 LUTTE	2 MARCHE	1 MERITOIRE
1 LUTTENT	2 MARCHER	1 MERS
1 LUTTES	1 MARCHES	1 MERVEILLE
6 LUXE	1 MARE	3 MERVEILLEUSEMENT
	1 MAREE	1 MERVEILLEUSES
	1 MARI	2 MERVEILLEUX
79 M	1 MARIA	34 MES
58 MA	3 MARIE	5 MESSIEURS
1 MACADAM	1 MARIEE	3 MESURE
1 MACARON	1 MARMITE	1 METAL
1 MACHAIT	1 MARMOTS	1 METAUX
1 MACHINE	1 MARQUE	1 METTAIT
1 MACONNERIE	4 MARQUEE	1 METTENT
3 MADAME	1 MARQUER	1 METTEZ
1 MADEMOISELLE	1 MARQUES	5 MEUBLES
1 MADRIGAL	1 MARRAINE	1 MEURTRE
3 MAGIE	1 MARRONS	5 MIDI
1 MAGIQUE	1 MARTEAU	7 MIEN
1 MAGIQUES	1 MARTYRE	3 MIENNE
1 MAGISTERE	1 MARTYRISES	1 MIENNES
1 MAGISTRATS	1 MASCULIN	1 MIETTES
1 MAGNETIQUEMENT	2 MASQUE	13 MIEUX
1 MAGNETISEUR	2 MASSE	1 MIGNONNES
5 MAGNIFIQUE	3 MATERNEL	4 MILIEU
1 MAGNIFIQUES	3 MATIERE	1 MILITAIRES
1 MAIGRES	6 MATIN	3 MILLE
1 MAILLOTS	3 MATS	1 MILLIONS
20 MAIN	1 MATURES	1 MIMES
4 MAINS	1 MAUDIT	2 MINCE
1 MAINT	1 MAUDITE	1 MINCES
17 MAINTENANT	2 MAUDITES	1 MINE
89 MAIS	1 MAUDITS	2 MINERAL
7 MAISON	1 MAURIN	1 MINERVE
3 MAISONS	1 MAUSSADE	2 MINES
8 MAITRE	1 MAUSSADES	1 MINISTRES
7 MAITRESSE	4 MAUVAIS	1 MINOS
2 MAITRESSES	3 MAUVAISE	4 MINUTE
1 MAJESTE	1 MAUVAISES	6 MINUTES
1 MAJESTUEUSE	159 ME	1 MINUTIEUSE
1 MAJESTUEUSEMENT	1 MEANDRES	2 MIRACLE
8 MAL	1 MECHANT	1 MIRACULEUSE
4 MALADE	1 MECONNAISSABLE	1 MIRACULEUSEMENT
1 MALADES	1 MECONNAISSAIT	1 MIRACULEUSES
1 MALADIE	1 MECONNU	1 MIRENT
1 MALADIES	2 MECONTENT	3 MIRER
1 MALADRESSE	1 MECONTENTS	1 MIRETTES
3 MALAISE	10 MEDECIN	1 MIRLITON
1 MALANDRIN	3 MEDECINS	5 MIROIR
1 MALE	1 MEDICATION	2 MIROIRS
1 MALFAISANTES	2 MEDIOCRITE	1 MIROITANT
3 MALGRE	1 MEDITANT	1 MIROITE
7 MALHEUR	1 MEDITATIONS	4 MIS
1 MALHEUREUSE	1 MEFAITS	1 MISE
2 MALHEUREUSEMENT	4 MEILLEUR	6 MISERABLE
1 MALHEUREUSES	1 MEILLEURES	1 MISERABLES
2 MALHEUREUX	2 MEILLEURS	8 MISERE
3 MALHEURS	1 MELA	3 MISERES
1 MALHONNETE	1 MELAIENT	1 MISES
1 MALICE	1 MELANCOLIE	1 MISSION
1 MALICIEUX	1 MELANCOLIQUE	1 MISSIONNAIRE
1 MALIN	2 MELANCOLIQUES	1 MISSIONNAIRES
1 MALLES	2 MELANGE	1 MIT
1 MALOTRU	3 MELE	1 MITONNE
1 MALSEANTE	4 MELEE	1 MOBILE
1 MALTRAITAIT	2 MELER	1 MOBILES
2 MAMELLES	1 MELODIE	1 MOBILIER
3 MANGE	1 MELODIEUSES	1 MODE

1	MODIFIEES	2	MUR	1	NOIRS
1	MODIQUE	2	MURE	6	NOM
1	MOELLEUSEMENT	2	MURES	2	NOMBRE
2	MOEURS	2	MURIR	3	NOMBREUSES
89	MOI	2	MURMURE	2	NOMBREUX
15	MOINS	5	MURS	1	NOMME
2	MOIS	3	MUSC	1	NOMMEE
1	MOISISSURE	1	MUSCLES	1	NOMMENT
7	MOITIE	3	MUSE	1	NOMMER
1	MOLE	1	MUSEAU	1	NOMMONS
1	MOLIERE	2	MUSEES	1	NOMS
1	MOLLEMENT	1	MUSICALEMENT	30	NON
1	MOLLESSE	1	MUSICIEN	1	NORD
1	MOLLUSQUE	11	MUSIQUE	10	NOS
2	MOMENT	2	MUSIQUES	2	NOSTALGIE
1	MOMENTS	1	MUSQUES	1	NOTER
102	MON	7	MYSTERE	1	NOTES
25	MONDE	5	MYSTERIEUSE	8	NOTRE
1	MONDES	1	MYSTERIEUSES	1	NOURRICE
3	MONNAIE	7	MYSTERIEUX	1	NOURRISSAIS
1	MONNAYEUR	1	MYSTIFICATION	1	NOURRITURE
3	MONOTONE	1	MYSTIFIE	88	NOUS
1	MONOTONES	1	MYSTIQUE	4	NOUVEAU
1	MONOTONIE	1	MYSTIQUES	1	NOUVEAU-NE
5	MONSIEUR	1	MYTHOLOGIE	1	NOUVEAUTE
8	MONSTRE	1	MYTHOLOGIQUE	1	NOUVEAUX
1	MONSTRE-LA			1	NOUVEL
2	MONSTRES			4	NOUVELLE
2	MONSTRUEUSE	138	N	3	NOUVELLES
1	MONSTRUEUSEMENT	1	NAGE	1	NOYE
1	MONSTRUEUSES	1	NAISSANCE	1	NOYER
1	MONSTRUEUX	1	NAIT	3	NUAGE
1	MONT-DE-PIETE	1	NAITRE	10	NUAGES
1	MONTA	1	NANKIN	2	NUANCEE
4	MONTAGNE	1	NAPPES	3	NUEES
1	MONTAIENT	1	NARBONNE	1	NUES
5	MONTE	1	NARINES	20	NUIT
2	MONTENT	1	NATAL	1	NUITS
2	MONTER	1	NATIONALE	3	NULLE
1	MONTRAIT	1	NATIONS	1	NUS
5	MONTRANT	2	NATTES	1	NYMPHE
5	MONTRE	5	NATURE	1	NYMPHES
5	MONTRER	1	NATUREL		
1	MONTREURS	1	NATURELLE		
1	MONTURE	5	NATURELLEMENT	9	O
1	MOQUANT	1	NATURES	1	OBEIR
1	MOQUER	1	NAUSEABONDE	1	OBEIRAIT
2	MORAL	1	NAVIRE	1	OBELISQUE
1	MORALE	4	NAVIRES	1	OBJECTION
1	MORALISTE	1	NAVRANT	6	OBJET
7	MORCEAU	1	NAVRANTE	1	OBJETS
1	MORCEAUX	1	NAVRES	1	OBLIGEA
1	MORD	190	NE	1	OBLIGEE
1	MORDANTE	2	NEANT	1	OBLIQUEMENT
1	MORDILLE	1	NECESSAIRE	1	OBSCUR
1	MORDRE	1	NECESSAIRES	1	OBSCURE
1	MORDUE	2	NECESSITE	1	OBSCURITE
1	MORNE	1	NEE	2	OBSEDE
1	MOROSE	1	NEGLIGE	1	OBSERVAI
18	MORT	1	NEGLIGEE	1	OBSERVAIT
3	MORTE	1	NEGLIGEES	2	OBSERVEZ
3	MORTEL	1	NEGRES	1	OBSTINAI
3	MORTELS	1	NEGRESSES	1	OBSTINANT
1	MORTS	5	NEIGE	1	OBSTINEE
2	MOT	1	NEIGEUSES	3	OBTENIR
1	MOTIF	1	NERFS	1	OBTENU
1	MOTIFS	1	NERONS	1	OBTIENT
3	MOTS	1	NERVEUSES	3	OCCASION
1	MOUCHOIR	1	NERVEUX	1	OCCIDENT
1	MOUILLONS	1	NES	1	OCCIDENTALE
1	MOULE	1	NESTOR	1	OCCUPAIS
3	MOURIR	1	NETTEMENT	1	OCCUPAIT
1	MOUSSELINE	1	NETTOYAIT	1	OCCUPATION
1	MOUSSONS	1	NETTOYER	3	OCCUPE
2	MOUVANT	2	NEUF	1	OCCUPEE
2	MOUVANTES	1	NEUFS	1	OCEAN
4	MOUVEMENT	1	NEVROSES	1	OCTROYE
1	MOUVEMENTS	3	NEZ	7	ODEUR
1	MOYEN	25	NI	1	ODEURS
1	MOYENS	2	NICHE	1	ODORANT
2	MU	1	NIE	17	OEIL
2	MUET	1	NIMES	2	OEUVRE
2	MUETS	1	NIXES	1	OEUVRES
5	MUETTE	3	NOBLE	1	OFFENSE
1	MUETTES	2	NOBLESSE	1	OFFENSES
1	MULTICOLORES	1	NOCTURNE	1	OFFERT
2	MULTIFORME	1	NOCTURNES	1	OFFICE
1	MULTIPLIEES	9	NOIR	1	OFFICIEL
1	MULTIPLIER	1	NOIRCEUR	1	OFFICIER
2	MULTITUDE	2	NOIRE	1	OFFICIEUX
1	MUNIFICENCE	2	NOIRES	1	OFFRAIT

1	OFFRANDE
2	OFFRANT
1	OFFRE
1	OFFRENT
1	OFFREZ
1	OFFRIR
1	OFFRIS
1	OFFRIT
1	OFFUSQUES
7	OH
2	OISEAU
1	OISEAUX
2	OISIFS
1	OISIVE
1	OISIVETE
2	OMBRE
1	OMBRELLE
1	OMBREUSES
1	OMETS
1	OMOPLATES
68	ON
1	ONDINES
1	ONDINS
2	ONGLES
23	ONT
1	ONZE
1	ONZIEME
3	OPAQUE
2	OPERA
1	OPERATION
1	OPERATIONS
3	OPERER
1	OPIACE
1	OPINEMENT
2	OPINIATREMENT
2	OPIUM
1	OPPRESSION
1	OPPRIMAIT
12	OR
2	ORAGE
1	ORAGEUSE
1	ORANG-OUTANG
1	ORANGS-OUTANGS
1	ORATEUR
1	ORATOIRES
1	ORCHESTRE
2	ORDINAIRE
1	ORDINAIREMENT
1	ORDONNERA
3	ORDRE
1	ORDURES
4	OREILLE
3	OREILLES
2	ORFEVRERIE
2	ORGIE
5	ORGUEIL
1	ORGUEILLEUX
3	ORIENT
1	ORIGINAL
1	ORIGINE
1	ORPHELIN
1	ORS
1	ORTHOGRAPHE
1	ORTIE
1	ORTIES
1	OS
1	OSAI
2	OSAIS
1	OSCILLATIONS
3	OSE
1	OSER
1	OSERA
1	OSERONT
1	OSEZ
1	OSTENSIBLEMENT
1	OTANT
200	OU
1	OUBLI
1	OUBLIAIT
6	OUBLIE
1	OUBLIEES
5	OUBLIER
1	OUBLIERA
1	OUBLIEUX
2	OUBLIEZ
1	OUF
10	OUI
2	OURS
1	OUTRAGER
1	OUTRE
3	OUVERTE

1	OUVERTES
3	OUVERTS
1	OUVRAGEES
1	OUVRIS
1	OUVRIT
1	PACOTILLE
1	PAGE
1	PAGES
1	PAILLARD
1	PAILLE
8	PAIN
1	PAISIBLE
1	PAISSAIENT
3	PAIX
7	PALAIS
1	PALAIS-ROYAL
1	PALES
2	PALEUR
1	PAME
1	PAMENT
2	PAMPRES
1	PANACHEES
1	PANNEAU
1	PANNEAUX
1	PANTOUFLES
4	PAPIER
1	PAPIERS
3	PAQUET
1	PAQUET-CI
137	PAR
1	PAR-CI
1	PAR-DESSUS
1	PAR-LA
5	PARADIS
1	PARADISIAQUE
1	PARADOXALE
2	PARAISSENT
1	PARAITRE
1	PARASITES
2	PARC
12	PARCE
1	PARCOURU
1	PARDON
2	PARDONNE
1	PARDONNER
1	PARDONNERAI
1	PARDONNEREZ
1	PARDONNES
1	PARDONNEZ
2	PAREIL
2	PAREILLE
1	PAREILS
6	PARENTS
1	PARESSE
2	PARESSEUSE
1	PARESSEUSES
2	PARESSEUX
4	PARFAIT
6	PARFAITE
5	PARFAITEMENT
1	PARFAITS
1	PARFOIS
10	PARFUM
1	PARFUME
3	PARFUMEE
1	PARFUMERIE
1	PARFUMEUR
10	PARFUMS
2	PARIAS
3	PARIS
2	PARISIEN
1	PARISIENNE
1	PARLA
1	PARLANT
2	PARLE
2	PARLENT
10	PARLER
3	PARMI
1	PAROI
6	PAROLE
5	PAROLES
10	PART
5	PARTAGER
1	PARTENT
1	PARTI
1	PARTICIPE
1	PARTICULIER
1	PARTICULIERE
1	PARTICULIEREMENT

3	PARTIE
1	PARTIES
1	PARTIS
9	PARTOUT
1	PARU
1	PARURE
6	PARUT
1	PARVINS
168	PAS
1	PASCAL
3	PASSA
1	PASSABLE
1	PASSAGERS
1	PASSAIT
4	PASSANT
8	PASSE
1	PASSEES
1	PASSEMENTES
2	PASSENT
6	PASSER
1	PASSERONS
5	PASSION
2	PASSIONNE
1	PASSIONNEE
1	PASSIONNEMENT
4	PASSIONS
1	PASTEURS
1	PATE
1	PATERNEL
1	PATES
1	PATIEMMENT
2	PATIENCE
1	PATIENT
1	PATINE
1	PATOIS
3	PATRIE
1	PATRON
1	PATRONNE
2	PATTES
1	PATURE
25	PAUVRE
18	PAUVRES
2	PAUVRETE
1	PAUVRETE-LA
1	PAVANENT
1	PAVANES
1	PAYANT
1	PAYEES
2	PAYER
18	PAYS
5	PAYSAGE
6	PEAU
1	PEDAGOGUES
1	PEIGNER
2	PEINDRE
4	PEINE
2	PEINT
4	PEINTRE
1	PEINTURE
1	PEINTURES
1	PELOUSES
1	PENATES
1	PENCHAIENT
2	PENCHE
2	PENCHEE
2	PENCHEES
1	PENCHER
1	PENDAIENT
23	PENDANT
1	PENDELOQUES
3	PENDU
1	PENDULE
1	PENETRANTE
2	PENETRANTES
1	PENETRER
1	PENSAIENT
1	PENSAIT
4	PENSE
5	PENSEE
7	PENSEES
3	PENSENT
5	PENSER
2	PENSERAIS
1	PENSEZ
1	PENSIF
1	PERCANT
3	PERCHE
1	PERD
1	PERDRAIT
1	PERDRE
2	PERDU

4	PERE	1	PLAINTIF	1	POSITIF
1	PEREMPTOIRE	7	PLAIRE	2	POSITIVE
3	PERES	3	PLAISANT	2	POSSEDE
1	PERFECTIBILITE	3	PLAISANTERIES	1	POSSEDER
1	PERFECTION	1	PLAISES	1	POSSEDERONS
1	PERFECTIONNEE	24	PLAISIR	1	POSSESSION
1	PERIL	6	PLAISIRS	1	POSSIBILITE
1	PERMETTEZ	1	PLAIT	6	POSSIBLE
1	PERMETTRE	1	PLANCHER	2	POSSIBLES
4	PERMIS	2	PLANCHES	1	POSTERIEUR
1	PERMISSION	1	PLANETE	2	POSTERITE
1	PERPENDICULAIREMEN	1	PLANTE	1	POSTICHE
1	PERPETUEL	1	PLANTEE	1	POT
4	PERSONNAGE	1	PLAT	1	POTEAUX
2	PERSONNAGES	1	PLATRE	1	POTS
13	PERSONNE	1	PLEBE	1	POUDRE
1	PERSONNEL	6	PLEIN	1	POUDREUSE
1	PERSONNELLE	3	PLEINE	1	POUDREUX
1	PERSONNELLEMENT	1	PLEINES	1	POUILLEUX
3	PERSONNES	2	PLEINS	1	POULET
1	PERSUADENT	1	PLEUR	2	POUPEE
2	PERSUADER	3	PLEURAIT	163	POUR
3	PERTE	1	PLEURANT	2	POURPRE
1	PESTIFERES	3	PLEURER	19	POURQUOI
1	PETILLANTE	1	PLEURNICHERIES	2	POURRAIS
35	PETIT	1	PLEURS	4	POURRAIT
15	PETITE	1	PLEUT	2	POURREZ
6	PETITES	1	PLIS	2	POURRIEZ
1	PETITESSE	1	PLOMB	1	POURRIONS
7	PETITS	1	PLONGEAIS	3	POURRONS
1	PETULANCE	1	PLONGER	1	POURTANT
29	PEU	1	PLONGES	2	POURVU
9	PEUPLE	3	PLUIE	1	POUSSAI
1	PEUPLER	1	PLUIES	4	POUSSE
2	PEUPLES	2	PLUME	1	POUSSES
10	PEUR	1	PLUMES	3	POUSSIERE
1	PEURS	1	PLUMETS	2	POUVAIENT
18	PEUT	159	PLUS	5	POUVAIS
31	PEUT-ETRE	14	PLUSIEURS	7	POUVAIT
6	PEUVENT	4	PLUTOT	1	POUVANT
2	PEUX	1	PLUTUS	2	POUVEZ
1	PHARES	1	POCHA	1	POUVIONS
1	PHARMACIENS	5	POCHE	7	POUVOIR
2	PHENOMENE	1	POCHES	1	PREALABLEMENT
2	PHILANTHROPE	3	POELE	1	PRECAUTION
3	PHILOSOPHE	2	POEME	2	PRECIEUSE
3	PHILOSOPHES	3	POESIE	1	PRECIEUSES
1	PHILOSOPHIES	11	POETE	2	PRECIEUX
1	PHILOSOPHIQUE	3	POETES	1	PRECIPITAIT
1	PHOSPHORIQUE	3	POETIQUE	1	PRECIPITATION
1	PHOTOGRAPHIQUES	2	POIDS	1	PRECIPITES
1	PHYSIOLOGIQUE	1	POIGNARD	1	PRECISEMENT
5	PHYSIONOMIE	1	POIGNEES	1	PRECOCE
2	PHYSIONOMIES	1	POIL	1	PRECOCEMENT
1	PHYSIQUEMENT	1	POILU	1	PRECURSEUR
1	PIAILLAIENT	4	POING	1	PREDICATEUR
1	PIAILLANTES	8	POINT	1	PREFERE
1	PIANO	1	POINTE	1	PRELASSAIENT
2	PIANOS	1	POINTU	1	PRELASSE
2	PIASTRE	1	POINTUE	8	PREMIER
4	PIECE	1	POISON	3	PREMIERE
3	PIECES	3	POITRINE	2	PRENAIT
7	PIED	1	POLE	4	PREND
1	PIEDESTAL	1	POLI	5	PRENDRE
12	PIEDS	1	POLICE	1	PRENDS
1	PIEGE	1	POLICHINELLE	2	PRENNENT
1	PIERRERIES	1	POLIE	1	PREPARATIFS
1	PIERRES	1	POLIS	1	PREPARE
1	PIERREUX	2	POLITESSE	2	PRES
1	PIETINANT	1	POLITIQUE	2	PRESENT
1	PINCEAUX	1	POLYPHAGE	1	PRESENTANT
1	PIOCHE	1	POMPES	2	PRESENTE
1	PIQUANT	1	POMPEUSE	1	PRESENTER
1	PIRE	1	POPULAIRE	2	PRESENTS
1	PIROUETTES	5	PORT	15	PRESQUE
1	PISTE	1	PORTAIENT	1	PRESSENT
7	PITIE	3	PORTAIT	1	PRESTIGIEUSES
1	PITTORESQUEMENT	3	PORTANT	1	PRESTIGIEUX
7	PLACE	11	PORTE	1	PRETANT
1	PLACEE	2	PORTEE	1	PRETE
1	PLACES	1	PORTEFEUILLES	2	PRETENDENT
1	PLAFOND	1	PORTENT	1	PRETENTIEUSE
1	PLAGE	3	PORTER	1	PRETEXTE
1	PLAGES	1	PORTES	1	PRETRE
1	PLAIGNENT	1	PORTIEZ	2	PRETRES
1	PLAIGNIT	1	PORTIQUE	1	PRETRESSES
2	PLAINDRE	1	PORTRAIT	1	PREUVE
1	PLAINE	3	PORTRAITS	1	PREVISIONS
1	PLAINES	1	PORTUGUAIS	1	PRIA
1	PLAINS	4	POSE	1	PRIAI
1	PLAINTE	1	POSER	5	PRIE

3	PRIER	1	PUCES	2	RANGEE
1	PRIERA	25	PUIS	2	RAPIDE
1	PRIERE	2	PUISQU	1	RAPIDEMENT
1	PRIERONT	6	PUISQUE	1	RAPIDITE
10	PRINCE	3	PUISSANCE	1	RAPPELANT
2	PRINCES	1	PUISSANCES	1	RAPPELER
1	PRINCESSE	6	PUISSANT	1	RAPPELLERA
1	PRINCESSES	2	PUISSANTE	2	RAPPORTS
1	PRINCIERE	1	PUISSANTS	1	RAPPROCHA
1	PRINCIPALEMENT	4	PUISSE	4	RARE
2	PRINCIPAUX	1	PUNAISES	2	RAREMENT
2	PRINCIPES	1	PUNITION	1	RARES
1	PRINTEMPS	3	PUR	1	RASSEMBLER
8	PRIS	2	PURE	1	RAT
1	PRISE	1	PUREMENT	1	RATATINEE
1	PRISME	1	PURGATOIRE	1	RATION
1	PRISON	1	PURIFIEE	1	RATTRAPE
1	PRIT	1	PURS	1	RATURES
1	PRIVAIT	2	PUS	4	RAUQUE
1	PRIVE	1	PUT	1	RAVINES
1	PRIVES			1	RAVISANT
1	PRIVILEGE			1	RAVIVE
1	PRIVILEGIEE	152	QU	1	RAYES
8	PRIX	1	QUADRUPEDE	3	RAYONS
1	PROBABLE	1	QUAI	1	REALISE
1	PROBLEMES	1	QUALIFIER	1	REALISER
1	PROCEDER	1	QUALITE	1	REALITE
1	PROCHES	36	QUAND	3	REBELLES
1	PROCURENT	5	QUANT	1	REBONDIES
1	PRODIGALITE	1	QUARANTAINE	1	REBORD
1	PRODIGIEUSE	1	QUARANTE	1	RECAPITULONS
2	PRODIGIEUSEMENT	1	QUARTIER	2	RECEMMENT
1	PRODIGIEUX	1	QUARTIERS	1	RECENTE
1	PRODIGUE	1	QUATORZE	1	RECETTE
1	PRODUIRE	8	QUATRE	1	RECEVAIS
1	PRODUITS	1	QUATRE-VINGT-NEUF	1	RECHERCHE
1	PROFANE	3	QUATRIEME	1	RECHIGNE
1	PROFANES	381	QUE	1	RECIPROQUES
1	PROFESSION	14	QUEL	1	RECIT
1	PROFESSIONS	2	QUELCONQUE	1	RECLAMAIENT
1	PROFITER	15	QUELLE	1	RECLAME
7	PROFOND	1	QUELLES	2	RECLAMER
2	PROFONDE	31	QUELQUE	1	RECOMMANDATION
1	PROFONDEMENT	17	QUELQUEFOIS	2	RECOMPENSE
3	PROFONDES	22	QUELQUES	1	RECOMPENSER
3	PROFONDEUR	3	QUELS	1	RECOMPENSES
3	PROFONDEURS	1	QUERELLES	3	RECONNAIS
2	PROGENITURE	3	QUESTION	1	RECONNAISSAIS
3	PROGRES	1	QUESTIONNAI	1	RECONNAISSANCE
1	PROHIBITEUR	2	QUEUE	1	RECONNAISSANTE
3	PROIE	1	QUEUES	1	RECONNAIT
1	PROJET	331	QUI	2	RECONNAITRE
2	PROJETS	1	QUINTESSENCES	2	RECONNU
1	PROJETTE	3	QUINZE	2	RECONNUS
1	PROLONGE	1	QUITTA	1	RECU
3	PROMENADE	1	QUITTANT	2	RECUEILLEMENT
1	PROMENAIT	3	QUITTE	1	RECULA
2	PROMENANT	1	QUITTENT	1	RECULANT
3	PROMENER	14	QUOI	1	RECULE
2	PROMENEUR	10	QUOIQUE	2	RECULENT
1	PROMESSES			2	RECUS
1	PROMETTANT			1	REDIGES
1	PROMETTRE	2	RACE	2	REDOUTABLE
1	PROMIS	1	RACES	1	REDRESSA
1	PROPAGATEUR	2	RACHETER	1	REDRESSER
1	PROPORTION	1	RACONTE	1	REEL
1	PROPORTIONNEL	2	RACONTER	1	REELE
1	PROPOS	1	RACORNIS	2	REELLEMENT
1	PROPOSE	1	RADIEUX	2	REFAIT
1	PROPOSENT	1	RAFFINEES	1	REFLECHI
6	PROPRE	1	RAFFINEMENT	1	REFLECHIR
1	PROPRES	1	RAFFINES	1	REFLECHISSAIENT
1	PROPRETTE	2	RAFRAICHISSANTES	1	REFLECHISSAIS
1	PROPRIETAIRE	1	RAFRAICHISSANTS	1	REFLECHISSANT
1	PROPRIETE	1	RAGAILLARDIRAIS	3	REFLET
1	PROSTITUEE	3	RAGE	1	REFLETANT
2	PROSTITUTION	1	RAGEUSEMENT	2	REFLETS
1	PROSTREES	1	RAGOUT	1	REFLUX
1	PROUVAIT	1	RAILLEUSE	1	REFONDUE
1	PROUVE	1	RAISINS	1	REFORMEE
1	PROUVENT	6	RAISON	1	REFRAIN
1	PROUVER	1	RAISONNEURS	1	REFRAINS
1	PROVIDENCE	1	RAJEUNIT	1	REFROIDIE
1	PRUDENCE	2	RAMASSE	1	REFUS
1	PRUNELLES	1	RAMASSENT	1	REFUSAIENT
13	PU	1	RAMASSER	3	REFUSE
1	PUANTES	1	RAMASSERA	1	REFUSER
6	PUBLIC	1	RANCI	13	REGARD
1	PUBLICS	1	RANCUNE	3	REGARDA
1	PUBLIQUE	2	RANCUNES	1	REGARDAI
1	PUCELLES	1	RANG	1	REGARDAIENT

2	REGARDAIS	4	REPONDIS	1	REVENIR
2	REGARDAIT	7	REPONDIT	1	REVENU
3	REGARDANT	1	REPONDRAIS	1	REVENUS
7	REGARDE	1	REPONDRONT	4	REVER
3	REGARDER	2	REPONDU	6	REVERIE
1	REGARDERENT	1	REPONSE	1	REVERIES
1	REGARDES	5	REPOS	1	REVERRONS
4	REGARDEZ	1	REPOSE	6	REVES
6	REGARDS	1	REPOSERAIT	1	REVETUE
1	REGIMENTS	1	REPOSEZ	2	REVEUR
1	REGLE	1	REPOUSSEE	2	REVEURS
2	REGNAIT	1	REPRENAIT	1	REVEUSE
3	REGNE	1	REPRENANT	1	REVEUX
1	REGNEREZ	3	REPRESENTANT	2	REVIENNENT
1	REGNIER	1	REPRESENTATION	1	REVIENS
3	REGRET	1	REPRESENTENT	1	REVINT
2	REGRETS	2	REPRESENTER	2	REVOIR
1	REGRETTA-T	1	REPRESENTES	1	REVOLTEE
1	REGRETTABLE	2	REPRIS	1	REVOLTENT
1	REGRETTAIENT	1	REPRISES	2	REVUE
2	REGRETTE	3	REPRIT	1	RHADAMANTHE
1	REGULIERS	3	REPROCHE	1	RHYTHME
1	REINE	1	REPROCHES	1	RIAIENT
1	REJOIGNANT	1	REPUBLICAIN	5	RIAIT
1	REJOUIE	1	REPUBLIQUE	1	RIANT
7	RELATIVEMENT	1	REPUBLIQUES	1	RIBOTE
1	RELATIVES	2	REPUGNANCE	11	RICHE
1	RELEVANT	1	REPUGNANTE	1	RICHEMENT
1	RELEVEE	1	REPULSIVE	3	RICHES
1	RELIGION	1	REPUTATION	4	RICHESSE
1	RELIQUE	1	RESIGNE	1	RICHESSES
1	REMEDE	1	RESIGNEE	1	RIDEAU
1	REMERCIE	1	RESISTANCE	2	RIDEAUX
1	REMERCIER	1	RESONNER	1	RIDEE
1	REMETTRE	1	RESOUDRA	1	RIDES
1	REMONTER	1	RESOUDRE	1	RIDICULE
2	REMORDS	2	RESPECT	1	RIDICULES
2	REMPLACE	1	RESPECTUEUSEMENT	22	RIEN
1	REMPLIES	1	RESPIRAIT	1	RIEUSES
1	REMPLISSAIENT	3	RESPIRE	1	RIGIDES
6	REMPLISSAIT	6	RESPIRER	1	RIGIDITE
1	REMPLISSEZ	1	RESPLENDIR	1	RIGOUREUSE
1	REMUAIT	1	RESSEMBLAIENT	11	RIRE
1	RENAISSANT	1	RESSEMBLAIT	1	RIRES
1	RENCONTRAI	6	RESSEMBLE	1	RISETTES
1	RENCONTRE	1	RESSEMBLENT	1	RISQUERAIT
1	RENCONTRER	1	RESSEMBLEZ	1	RIVAGE
1	RENCONTREREZ	1	RESSENTAIENT	1	RIVAGES
1	RENCONTRONS	1	RESSERRAIENT	1	RIVALE
3	REND	1	RESSOURCES	2	RIVALISER
2	RENDAIT	1	RESTA	1	RIZ
1	RENDANT	1	RESTAI	3	ROBE
1	RENDENT	1	RESTAIENT	2	ROBES
4	RENDEZ-VOUS	4	RESTAIT	1	ROBINSON
1	RENDIT	1	RESTAURANT	2	ROBUSTE
1	RENDRE	5	RESTE	1	ROCOCO
1	RENDU	1	RESTE-T	1	RODE
1	RENE	1	RESTEES	1	ROGNER
1	RENONCE	1	RESTENT	1	ROI
1	RENOUVELANT	1	RESTER	3	ROIDE
1	RENOUVELEE	1	RESTREINT	1	ROIDEUR
1	RENTRA	1	RESTREINTES	2	ROIS
2	RENTRANT	1	RESULTAIT	1	ROLE
1	RENTREE	1	RESULTAT	2	ROLES
1	RENTRENT	1	RETENTI	1	ROMAIN
1	RENTRER	1	RETENTISSANT	1	ROMANESQUE
1	RENVERSANT	2	RETENU	1	ROMPIT
1	RENVERSEE	1	RETINRENT	2	ROMPRE
1	RENVERSEES	1	RETIRA	1	ROMPUE
1	RENVOYEE	1	RETIRER	1	RONFLE
1	RENVOYER	1	RETOUR	1	ROQUEPLAN
1	REPAIRE	1	RETOURNA	1	ROSATRE
1	REPANDAIENT	1	RETOURNANT	5	ROSE
1	REPANDAIT	1	RETOURNENT	3	ROSES
3	REPANDRE	1	RETOURNER	1	ROTTERDAM
1	REPARER	1	RETRAITES	4	ROUGE
2	REPARTITION	1	RETROUVAIS	2	ROUGES
1	REPARU	1	RETROUVE	1	ROUGI
2	REPARUT	1	RETROUVEE	1	ROUGIR
1	REPAS	1	REUSSIE	1	ROULA
1	REPENTISSE	1	REUSSIRA	2	ROULE
1	REPERCUTE	1	REUSSIT	1	ROULEMENT
1	REPETAIS	1	REVA	1	ROULENT
1	REPETAIT	1	REVANT	1	ROULER
1	REPETANT	11	REVE	1	ROULERENT
1	REPIT	1	REVEILLAI	1	ROULIS
1	REPLIQUA	1	REVEILLE	1	ROUSSES
1	REPLIS	1	REVEILLER	5	ROUTE
1	REPLONGE	1	REVEILLEZ	1	ROUTES
3	REPOND	1	REVELATION	1	ROUVRIT
1	REPONDAIT	1	REVENEZ	1	RUDE

4	RUE
3	RUINE
1	RUINES
1	RUISSEAU
1	RUISSELANTE
1	RUSE
1	RUSES
2	RUSSIE
105	S
92	SA
2	SABBAT
3	SABLE
1	SAC
1	SACCADEES
1	SACERDOTAL
1	SACRIFIER
1	SAFRAN
2	SAGE
1	SAGEMENT
1	SAGES
2	SAGESSE
2	SAINT-MARTIN
1	SAINTE
1	SAINTE-BEUVE
19	SAIS
3	SAISIS
2	SAISIT
1	SAISON
10	SAIT
1	SALAMANDRES
2	SALE
1	SALEE
3	SALLE
1	SALON
4	SALTIMBANQUE
1	SALTIMBANQUES
2	SALUE
1	SALUONS
1	SANCTUAIRE
2	SANG
2	SANGLANT
1	SANGLANTS
112	SANS
1	SANTE
1	SANTERRE
4	SATAN
1	SATANIQUE
1	SATANS
1	SATIETE
1	SATIRIQUE
1	SATISFACTION
1	SAURAIS
1	SAURAIT
1	SAUTAI
1	SAUTAIENT
1	SAUTE
2	SAUTER
1	SAUTERA
1	SAUTEUSE
1	SAUTILLAIS
1	SAUTILLER
5	SAUVAGE
2	SAUVAGES
2	SAVAIS
1	SAVAIT
1	SAVANTES
1	SAVEUR
3	SAVEZ
1	SAVIEZ
8	SAVOIR
1	SAVOURE
1	SAVOUREUSE
1	SCANDALISER
1	SCENE
1	SCENIQUES
1	SCINTILLE
2	SCINTILLEMENT
1	SCRUPULES
1	SCULPTEUR
114	SE
1	SEANCES
1	SEC
5	SECOND
5	SECONDE
5	SECONDES
1	SECOUA
1	SECOUAIT
1	SECOUANT
2	SECOUE

2	SECOUER
1	SECOURS
1	SECRET
1	SECRETEE
1	SECRETEMENT
1	SECRETS
2	SEDUISANTE
1	SEDUISIT
5	SEIGNEUR
1	SEIGNEURS
4	SEIN
1	SEIZE
2	SEJOUR
5	SELON
2	SEMBLA
6	SEMBLABLE
2	SEMBLABLES
2	SEMBLAIENT
7	SEMBLAIT
8	SEMBLE
1	SEMEE
5	SENS
1	SENSATION
3	SENSATIONS
2	SENSIBILITE
3	SENSIBLE
1	SENSITIVE
1	SENSUALITE
2	SENTAIENT
5	SENTAIS
1	SENTAIT
1	SENTENCE
4	SENTENT
1	SENTEUR
1	SENTEURS
1	SENTI
7	SENTIMENT
1	SENTIMENTAL
2	SENTIMENTS
4	SENTIR
1	SENTIRENT
2	SENTIS
1	SENTIT
1	SEPARANT
1	SEPARE
2	SEPARENT
1	SEPARER
1	SEPARERENT
1	SEPULTURE
4	SERA
3	SERAIENT
4	SERAIS
10	SERAIT
5	SERAS
1	SERENITE
2	SEREZ
1	SERIEUSES
4	SERIEUX
2	SERIEZ
2	SERIONS
1	SERONS
1	SERONT
1	SERPENT
1	SERPENTS
2	SERRE
2	SERREE
1	SERRURE
1	SERRURES
1	SERT
1	SERVAIT
1	SERVANTE
1	SERVENT
1	SERVEZ
3	SERVI
2	SERVICE
1	SERVILITE
3	SERVIR
1	SERVITEUR
1	SERVITEURS
85	SES
19	SEUL
6	SEULE
6	SEULEMENT
1	SEULS
1	SEVERE
1	SEXAGENAIRE
2	SEXAGENAIRES
2	SEXE
139	SI
3	SIECLE
1	SIECLES

1	SIEGEANT
1	SIEGES
3	SIENNE
2	SIENNES
2	SIESTE
1	SIEUR
3	SIFFLET
2	SIGNAL
1	SIGNALE
1	SIGNATAIRES
3	SIGNE
1	SIGNES
1	SIGNIFICATIF
2	SIGNIFICATIVE
1	SIGNIFIER
8	SILENCE
1	SILENCIEUSE
1	SILENCIEUSEMENT
1	SILENCIEUX
1	SILLONS
2	SIMPLE
2	SIMPLES
1	SIMPLICITE
1	SIMULEE
1	SINCERE
1	SINCERITE
8	SINGULIER
6	SINGULIERE
3	SINGULIEREMENT
2	SINGULIERES
2	SINISTRE
3	SINISTRES
2	SINON
2	SINUEUSES
1	SINUOSITE
2	SITUATION
1	SITUEE
3	SIX
1	SIXIEME
1	SOCIABLE
1	SOCIETE
5	SOCRATE
4	SOEUR
1	SOEURS
2	SOIE
6	SOIENT
3	SOIF
1	SOIGNAIT
1	SOIGNEUSEMENT
1	SOIGNEUX
2	SOIN
13	SOIR
2	SOIR-LA
1	SOIREE
3	SOIS
16	SOIT
1	SOIXANTE
1	SOIXANTE-CINQ
4	SOL
1	SOLDATS
17	SOLEIL
3	SOLEILS
3	SOLENNELLE
1	SOLENNELLEMENT
3	SOLENNELLES
1	SOLENNELS
2	SOLENNITE
1	SOLENNITES
3	SOLIDE
4	SOLITAIRE
3	SOLITAIRES
13	SOLITUDE
1	SOLITUDES
1	SOLIVEAU
1	SOLLICITEURS
3	SOLS
8	SOMBRE
1	SOMBRES
1	SOMME
4	SOMMEIL
1	SOMMEILLANT
1	SOMMES
1	SOMNAMBULIQUE
1	SOMPTUEUX
130	SON
1	SONGEAI
1	SONGES
1	SONNENT
1	SONNET
1	SONNETTES
1	SONORE

1	SONS	1	STATUES	2	SYMPATHIQUE
49	SONT	1	STERNE	2	SYMPHONIE
1	SOPHISTE	1	STOICIENNE		
1	SORCELLERIE	1	STORES		
1	SORCIERES	1	STUPEFACTION	7	T
1	SORCIERS	1	STUPEFIE	15	TA
1	SORDIDE	1	STUPIDE	4	TABAC
2	SORT	1	STUPIDES	2	TABLEAU
1	SORTAIENT	1	STUPIDITE	1	TABLIER
1	SORTAIT	1	STYLE	1	TACHAIT
5	SORTE	1	SU	3	TACHE
2	SORTENT	2	SUAVITE	1	TACHES
1	SORTES	1	SUBIE	1	TAILLE
1	SORTI	1	SUBIRAS	1	TAILLER
1	SORTIR	1	SUBIT	3	TALENTS
1	SORTIREZ	3	SUBITEMENT	1	TAMBOURS
2	SORTIS	1	SUBJUGUE	1	TAMISANT
3	SOT	1	SUBJUGUENT	1	TAMISEE
1	SOTS	3	SUBTIL	1	TAMISES
1	SOTTISE	1	SUBTILES	1	TANDIS
1	SOTTISES	1	SUCCULENTES	26	TANT
1	SOU	3	SUCRE	7	TANTOT
1	SOUCIEZ	1	SUE	1	TAPA
2	SOUDAINE	1	SUFFISAIT	1	TAPAGE
3	SOUDAINEMENT	1	SUFFISAMMENT	1	TAPAIT
1	SOUFFERT	3	SUFFISANTE	1	TAPIS
2	SOUFFLE	2	SUFFIT	1	TAQUIN
2	SOUFFRANCE	1	SUGGERER	7	TARD
1	SOUFFRANCES	1	SUINTA	1	TARISSAIT
1	SOUFFRE	27	SUIS	2	TASSE
1	SOUFFREZ	6	SUITE	1	TATOUAGE
3	SOUFFRIR	1	SUIVAIT	3	TAUDIS
1	SOUFFRIRAI	1	SUIVANT	1	TAVERNE
1	SOUHAITE	3	SUIVIS	15	TE
1	SOUILLEE	2	SUIVRE	1	TEINTEE
1	SOUILLEES	3	SUJET	4	TEL
1	SOUILLON	1	SUJET-LA	4	TELLE
3	SOULAGER	2	SULFUREUSE	1	TELLEMENT
1	SOULEREZ	1	SUMATRA	5	TELLES
1	SOULEVE	5	SUPERBE	3	TELS
1	SOULIERS	1	SUPERBES	1	TEMOIGNAIENT
2	SOUMIS	1	SUPERFICIELS	1	TEMOIGNENT
1	SOUMISE	1	SUPERFLUITE	1	TEMPETE
1	SOUPCONNEE	1	SUPERIEUR	34	TEMPS
4	SOUPE	1	SUPERIEURE	2	TEMPS-LA
1	SOUPER	1	SUPERIEURES	1	TENACE
1	SOUPIR	1	SUPERIEURS	5	TENAIT
1	SOUPIRAIT	1	SUPERSTITION	2	TENANT
2	SOUPIRER	1	SUPPLEMENTAIRE	1	TENDANCES
4	SOUPIRS	1	SUPPLIANT	1	TENDANT
1	SOUPLE	3	SUPPLIANTS	1	TENDIEZ
3	SOURCE	1	SUPPLICE	3	TENDIT
1	SOURDINE	1	SUPPLICES	1	TENDRE
3	SOURIANT	1	SUPPLIE	1	TENDREMENT
1	SOURIRAIT	1	SUPPLIENT	2	TENDRES
4	SOURIRE	1	SUPPORTER	3	TENDRESSE
1	SOURIRES	1	SUPPORTES	1	TENDU
1	SOURIT	1	SUPPOSAIS	1	TENDUS
31	SOUS	1	SUPPOSE	8	TENEBRES
1	SOUTENEZ	3	SUPPOSER	1	TENEBREUSE
1	SOUTENIR	1	SUPPOSITIONS	2	TENEBREUX
1	SOUTERRAINE	1	SUPPRIMENT	2	TENEZ
1	SOUVENEZ	5	SUPREME	1	TENTATIONS
11	SOUVENIR	107	SUR	1	TENTE
4	SOUVENIRS	2	SURFACE	2	TENTER
1	SOUVENONS	1	SURHUMAIN	1	TENTURE
17	SOUVENT	1	SURMONTAIT	1	TENU
3	SOUVERAIN	2	SURNATUREL	1	TERMES
2	SOUVERAINE	1	SURNATURELLE	1	TERMINAIT
7	SOUVIENS	1	SURPLOMBAIT	1	TERNES
1	SOUVINS	1	SURPRENANT	1	TERRAIN
1	SOUVINT	2	SURPRENANTE	1	TERRASSE
1	SOYEUSE	2	SURPRENDRE	17	TERRE
1	SOYEZ	2	SURPRISE	1	TERRESTRE
1	SPASMES	1	SURS	1	TERRESTRES
1	SPECIAL	10	SURTOUT	2	TERREUR
1	SPECIALE	2	SURVECU	1	TERREURS
7	SPECTACLE	1	SURVEILLENT	7	TERRIBLE
1	SPECTATEUR	1	SUSPENDAIENT	3	TERRIBLES
3	SPECTRE	2	SUSPENDU	1	TERRIFIEE
1	SPECULATEUR	3	SUSPENDUE	1	TERRIFIER
1	SPIRALE	2	SUSPENDUS	13	TES
1	SPIRITUELLE	1	SWEDENBORG	15	TETE
2	SPIRITUELS	1	SYLLOGISMES	2	TETE-A-TETE
1	SPLEENETIQUE	1	SYLPHES	2	TETES
1	SPLENDEUR	1	SYLPHIDE	5	THEATRE
5	SPLENDEURS	1	SYLPHIDES	1	THEOCRITE
2	SPLENDIDE	1	SYMBOLES	3	THEORIE
1	SPORTULE	1	SYMBOLIQUEMENT	1	THESE
2	SQUELETTE	1	SYMBOLIQUES	1	THESSALIENNES
1	STAGNANTE	2	SYMPATHIE	4	THYRSE

2 TIENNE	1 TRAVAILLENT	2 UNIQUE
4 TIENS	1 TRAVAUX	1 UNIQUEMENT
1 TIGES	20 TRAVERS	1 UNITE
1 TIGRE	1 TRAVERSAIS	3 UNIVERS
1 TIMIDE	1 TRAVERSAIT	4 UNIVERSELLE
1 TIMIDITE	2 TRAVERSE	1 UNIVERSELLEMENT
3 TIR	1 TRAVERSERENT	1 UNIVERSELLES
1 TIRA	1 TRAVESTISSEMENT	2 UNS
1 TIRAI	1 TREBUCHA	1 URGENTE
1 TIRAIENT	1 TREMBLANT	1 USE
1 TIRANT	1 TREMBLANTES	1 USEE
3 TIRE	1 TREMBLE	1 USURPATEUR
1 TIRENT	14 TRES	
2 TIRER	1 TRESOR	
1 TIRERIEZ	2 TRESORS	3 VA
1 TIREUR	1 TRESSES	1 VA-T
1 TIROIRS	1 TREVE	1 VACANCES
1 TIRONS	1 TRIAGE	1 VACANT
1 TITILLANTES	1 TRIBUNAL	1 VACARME
1 TITRES	1 TRIBUNE	1 VACILLANTES
1 TOHU-BOHU	1 TRINQUANT	1 VAGABOND
9 TOI	1 TRIOMPHANT	1 VAGABONDE
1 TOILETTE	1 TRIOMPHANTS	8 VAGUE
1 TOITS	1 TRIOMPHE	3 VAGUEMENT
1 TOMBA	1 TRIPOT	1 VAGUES
6 TOMBE	9 TRISTE	1 VAIN
4 TOMBER	3 TRISTES	4 VAINCRE
1 TOMBES	4 TRISTESSE	3 VAINCU
14 TON	1 TRIVIAL	1 VAINCUE
1 TONNEAU	1 TRIVIALITE	1 VAINEMENT
1 TONNERRE	1 TRIVIALITES	1 VAINQUEUR
1 TONNERRES	10 TROIS	4 VAIS
1 TORCHE	6 TROISIEME	2 VALENT
1 TORNEO	3 TROMPE	1 VALEUR
1 TORSE	1 TROMPER	1 VALLEE
1 TORT	3 TROMPETTE	1 VALSE
1 TORTS	1 TRONC	1 VANITEUSEMENT
1 TORTURER	1 TRONE	1 VANITEUX
1 TOTAL	1 TRONES	1 VANTE
1 TOTALEMENT	18 TROP	1 VANTER
1 TOUCHAIENT	2 TROPICAL	3 VAPEURS
1 TOUCHAIS	1 TROPICALE	1 VAPOREUSEMENT
1 TOUCHER	1 TROTTAIT	1 VARANGUE
36 TOUJOURS	1 TROTTENT	1 VARIEE
1 TOULOUSE	1 TROTTOIR	2 VARIETE
6 TOUR	1 TROU	1 VAS
1 TOURBE	1 TROUBADOURS	7 VASTE
1 TOURISTES	3 TROUBLE	4 VASTES
1 TOURNA	1 TROUBLENT	2 VAUT
1 TOURNAIENT	1 TROUBLER	1 VAUTRAIT
1 TOURNAIS	1 TROUBLERIEZ	1 VAUVENARGUES
1 TOURNAIT	1 TROUPES	5 VECU
1 TOURNANT	1 TROUSSE	2 VEGETAL
2 TOURNE	3 TROUVAI	1 VEGETATIONS
1 TOURNER	1 TROUVAIS	1 VEILLE
1 TOURNES	1 TROUVAIT	1 VENAIS
1 TOURS	1 TROUVANT	3 VENAIT
53 TOUS	7 TROUVE	1 VENDAIENT
97 TOUT	1 TROUVE-T	1 VENERE
23 TOUTE	1 TROUVEES	4 VENEZ
2 TOUTEFOIS	1 TROUVENT	4 VENIR
41 TOUTES	6 TROUVER	7 VENT
1 TOUTOU	1 TROUVERA	2 VENTRE
1 TRACE	1 TROUVERAIT	5 VENU
1 TRADUISENT	1 TROUVERIONS	3 VENUE
1 TRADUIT	2 TROUVERONS	7 VENUS
1 TRAGIQUE	1 TROUVEZ	1 VENUSTRE
1 TRAIN	48 TU	1 VERBE
1 TRAINAIENT	1 TUE	1 VERDATRE
2 TRAINAIT	5 TUER	1 VERDURES
1 TRAINANT	1 TUERA	2 VERIFIE
1 TRAINANTES	2 TULIPE	1 VERIFIER
1 TRAINE	1 TUMULTE	2 VERITABLE
2 TRAINENT	1 TUMULTUEUSE	1 VERITABLEMENT
1 TRAINES	1 TUMULTUEUSES	10 VERITE
1 TRAITE	1 TUNIQUE	2 VERNI
1 TRAITERAI	2 TURBULENCE	1 VERNIS
1 TRAITRISES	2 TURBULENT	2 VERRE
2 TRAITS	1 TURBULENTS	3 VERRES
2 TRANCHE	1 TURCS	2 VERREZ
2 TRANQUILLE	1 TUTELLE	1 VERRONS
2 TRANQUILLEMENT	2 TUTEUR	1 VERROTERIES
1 TRANQUILLES	1 TUTOYANT	29 VERS
1 TRANQUILLITE	2 TYRAN	2 VERSANT
2 TRANSFORME	1 TYRANNIE	3 VERTE
1 TRANSPARENTE		1 VERTES
1 TRANSPARENTES		1 VERTIGE
1 TRANSPERCE	1 ULULATION	1 VERTIGINEUSEMENT
3 TRAVAIL	489 UN	3 VERTS
1 TRAVAILLE	350 UNE	4 VERTU
1 TRAVAILLEES	4 UNES	1 VERTUS

1	VESTIGES
1	VETEMENT
3	VETEMENTS
1	VETERANS
3	VETU
1	VETUE
1	VEUILLEZ
4	VEULENT
4	VEUT
2	VEUVE
3	VEUVES
19	VEUX
2	VIANDE
1	VIBRATIONS
1	VICES
1	VICTIME
2	VICTORIEUSE
2	VIDE
53	VIE
2	VIEIL
3	VIEILLARD
11	VIEILLE
6	VIEILLES
1	VIEILLISSENT
1	VIENDRONT
4	VIENNENT
3	VIENS
4	VIENT
1	VIERGE
12	VIEUX
1	VIF
1	VIGNE
1	VIGOUREUSEMENT
2	VIGOUREUX
1	VILAINES
1	VILLA-HERMOSA
1	VILLAGE
9	VILLE
3	VILLES
1	VIMES
4	VIN
3	VINGT-QUATRE
1	VINGTAINE
1	VINS
2	VINT
1	VIOLEE
1	VIOLEMMENT
3	VIOLENCE
1	VIOLENT
1	VIOLETTES
3	VIOLON
1	VIRAGO
1	VIRGILE
7	VIS
12	VISAGE
5	VISAGES
1	VISIBLE
2	VISIBLES
2	VISION
1	VISITANT
1	VISITE
1	VISITEES
3	VISITER
1	VISITEUR
1	VISITEUSE
2	VIT
4	VITALITE
2	VITE
1	VITRE
6	VITRES
2	VITRIER
1	VIVACITE
3	VIVANT
7	VIVANTE
1	VIVANTES
3	VIVANTS
9	VIVEMENT
3	VIVENT
9	VIVRE
1	VIVRES
1	VIVRONS
1	VIVRONT
1	VOCATIONS
7	VOICI
1	VOIE
1	VOIENT
9	VOILA
1	VOILE
1	VOILER
1	VOILES
1	VOILURES

27	VOIR
6	VOIS
3	VOISIN
1	VOISINAGE
1	VOISINES
1	VOISINS
3	VOIT
1	VOITURE
2	VOITURES
20	VOIX
1	VOLAILLES
1	VOLANT
1	VOLCANIQUE
1	VOLETANT
3	VOLONTAIREMENT
1	VOLONTAIRES
8	VOLONTE
1	VOLONTES
6	VOLONTIERS
1	VOLTAIRE
1	VOLTIGEAIENT
1	VOLUME
5	VOLUPTE
7	VOLUPTES
1	VOLUPTUEUSES
1	VOLUPTUEUX
5	VONT
1	VORACITE
21	VOS
22	VOTRE
2	VOTRES
4	VOUDRAIS
1	VOUDRAIT
1	VOUDRIEZ
1	VOUEES
1	VOUES
3	VOULAIS
8	VOULAIT
3	VOULANT
4	VOULEZ
1	VOULIEZ
4	VOULOIR
1	VOULONS
2	VOULU
1	VOULUTES
207	VOUS
1	VOUTE
1	VOUTES
10	VOYAGE
1	VOYAGEAIS
1	VOYAGEAIT
1	VOYAGER
1	VOYAGEUR
1	VOYAGEURS
1	VOYAIT
1	VOYANT
2	VOYANTES
7	VOYEZ
2	VOYONS
7	VRAI
6	VRAIE
1	VRAIES
4	VRAIMENT
1	VRAIS
1	VRAISEMBLABLEMENT
8	VU
5	VUE
1	VULGAIRE
4	VULGAIRES
1	VUS
1	W
3	X
69	Y
70	YEUX
3	Z
1	ZELE
1	ZELES

PETITS POÈMES EN PROSE
(Text of 1869)

I

L'ÉTRANGER

Qui aimes-tu le mieux, homme énigmatique, dis? ton   1
père, ta mère[1], ta sœur ou ton frère?
— Je n'ai ni père, ni mère, ni sœur, ni frère.
— Tes amis?
— Vous vous servez là d'une parole dont le sens m'est   5
resté jusqu'à ce jour inconnu.
— Ta patrie?
— J'ignore sous quelle latitude elle est située.
— La beauté?
— Je l'aimerais volontiers, déesse et immortelle.   10
— L'or[2]?
— Je le hais comme vous haïssez Dieu.
— Eh! qu'aimes-tu donc, extraordinaire étranger?
— J'aime les nuages... les nuages qui passent... là-
bas... là-bas[3]... les merveilleux nuages!   15

II

LE DÉSESPOIR DE LA VIEILLE

La petite vieille ratatinée se sentit toute réjouie en   1
voyant ce joli enfant à qui chacun faisait fête, à qui
tout le monde voulait plaire; ce joli être, si fragile
comme elle, la petite vieille, et, comme elle aussi, sans
dents et sans cheveux.   5

Et elle s'approcha de lui, voulant lui faire des risettes
et des mines agréables.

Mais l'enfant épouvanté se débattait sous les caresses
de la bonne femme décrépite, et remplissait la maison
de ses glapissements.   10

Alors la bonne vieille se retira dans sa solitude éternelle, et elle pleurait dans un coin, se disant : — « Ah !
pour nous, malheureuses vieilles femelles, l'âge est passé
de plaire, même aux innocents ; et nous faisons horreur
aux petits enfants que nous voulons aimer ! »

III

LE *CONFITEOR* DE L'ARTISTE

1   QUE les fins de journées d'automne sont pénétrantes !
     Ah ! pénétrantes jusqu'à la douleur ! car il est de
certaines sensations délicieuses dont le vague n'exclut
pas l'intensité ; et il n'est pas de pointe plus acérée que
5   celle de l'Infini.
     Grand délice que celui de noyer son regard dans l'im-
mensité du ciel et de la mer ! Solitude, silence, incomparable chasteté de l'azur ! une petite voile frissonnante à
l'horizon, et qui par sa petitesse et son isolement imite
10   mon irrémédiable existence, mélodie monotone de la
houle, toutes ces choses pensent par moi, ou je pense
par elles (car dans la grandeur de la rêverie, le *moi* se
perd vite !) ; elles pensent, dis-je, mais musicalement et
pittoresquement, sans arguties, sans syllogismes, sans
15   déductions.
     Toutefois, ces pensées, qu'elles sortent de moi ou
s'élancent des choses, deviennent bientôt trop intenses.
L'énergie dans la volupté crée un malaise et une souffrance positive. Mes nerfs trop tendus ne donnent plus
20   que des vibrations criardes et douloureuses.
     Et maintenant la profondeur du ciel me consterne ; sa
limpidité m'exaspère. L'insensibilité de la mer, l'immua-
bilité du spectacle me révoltent... Ah ! faut-il éternellement souffrir, ou fuir éternellement le beau ? Nature,
25   enchanteresse sans pitié, rivale toujours victorieuse,
laisse-moi ! Cesse de tenter mes désirs et mon orgueil !
L'étude du beau est un duel où l'artiste crie de frayeur
avant d'être vaincu.

IV

UN PLAISANT

C'ÉTAIT l'explosion du nouvel an : chaos de boue et   1
de neige, traversé de mille carrosses, étincelant de
joujoux et de bonbons, grouillant de cupidités et de
désespoirs, délire officiel d'une grande ville fait pour
troubler le cerveau du solitaire le plus fort.   5

Au milieu de ce tohu-bohu et de ce vacarme, un âne
trottait vivement, harcelé par un malotru armé d'un
fouet.

Comme l'âne allait tourner l'angle d'un trottoir, un
beau monsieur ganté, verni, cruellement cravaté et   10
emprisonné dans des habits tout neufs, s'inclina céré-
monieusement devant l'humble bête, et lui dit, en ôtant
son chapeau : « Je vous la souhaite bonne et heureuse! »
puis se retourna vers je ne sais quels camarades avec
un air de fatuité, comme pour les prier d'ajouter leur   15
approbation à son contentement.

L'âne ne vit pas ce beau plaisant, et continua de courir
avec zèle où l'appelait son devoir.

Pour moi, je fus pris subitement d'une incommensu-
rable rage contre ce magnifique imbécile, qui me parut   20
concentrer en lui tout l'esprit de la France.

V

LA CHAMBRE DOUBLE

UNE chambre qui ressemble à une rêverie, une chambre   1
véritablement *spirituelle,* où l'atmosphère stagnante
est légèrement teintée de rose et de bleu.

L'âme y prend un bain de paresse, aromatisé par le
regret et le désir. — C'est quelque chose de crépuscu-   5
laire, de bleuâtre et de rosâtre; un rêve de volupté pendant une éclipse.

Les meubles ont des formes allongées, prostrées, alanguies. Les meubles ont l'air de rêver; on les dirait doués

10 d'une vie somnambulique, comme le végétal et le minéral. Les étoffes parlent une langue muette, comme les
fleurs, comme les ciels, comme les soleils couchants.

Sur les murs nulle abomination artistique. Relativement au rêve pur, à l'impression non analysée, l'art
15 défini, l'art positif est un blasphème. Ici, tout a la suffisante clarté et la délicieuse obscurité de l'harmonie.

Une senteur infinitésimale du choix le plus exquis, à
laquelle se mêle une très-légère humidité, nage dans cette
atmosphère, où l'esprit sommeillant est bercé par des
20 sensations de serre-chaude.

La mousseline pleut abondamment devant les fenêtres
et devant le lit; elle s'épanche en cascades neigeuses. Sur
ce lit est couchée l'Idole, la souveraine des rêves. Mais
comment est-elle ici? Qui l'a amenée? quel pouvoir
25 magique l'a installée sur ce trône de rêverie et de volupté?
Qu'importe? la voilà! je la reconnais.

Voilà bien ces yeux dont la flamme traverse le crépuscule; ces subtiles et terribles *mirettes,* que je reconnais à
leur effrayante malice! Elles attirent, elles subjuguent,
30 elles dévorent le regard de l'imprudent qui les contemple.
Je les ai souvent étudiées, ces étoiles noires qui commandent la curiosité et l'admiration.

A quel démon bienveillant dois-je d'être ainsi entouré
de mystère, de silence, de paix et de parfums? O béati-
35 tude! ce que nous nommons généralement la vie, même
dans son expansion la plus heureuse, n'a rien de commun
avec cette vie suprême dont j'ai maintenant connaissance
et que je savoure minute par minute, seconde par
seconde!

40 Non! il n'est plus de minutes, il n'est plus de secondes!
Le temps a disparu; c'est l'Éternité qui règne, une éternité de délices!

Mais un coup terrible, lourd, a retenti à la porte, et,
comme dans les rêves infernaux, il m'a semblé que je
45 recevais un coup de pioche dans l'estomac.

Et puis un Spectre est entré. C'est un huissier qui vient
me torturer au nom de la loi; une infâme concubine qui
vient crier misère et ajouter les trivialités de sa vie aux
douleurs de la mienne; ou bien le saute-ruisseau d'un
50 directeur de journal qui réclame la suite du manuscrit.

La chambre paradisiaque, l'idole, la souveraine des
rêves, la *Sylphide,* comme disait le grand René, toute cette

magie a disparu au coup brutal frappé par le Spectre.

Horreur! je me souviens! je me souviens! Oui! ce taudis, ce séjour de l'éternel ennui, est bien le mien.   55 Voici les meubles sots, poudreux, écornés; la cheminée sans flamme et sans braise, souillée de crachats; les tristes fenêtres où la pluie a tracé des sillons dans la poussière; les manuscrits, raturés ou incomplets; l'almanach où le crayon a marqué les dates sinistres!   60

Et ce parfum d'un autre monde, dont je m'enivrais avec une sensibilité perfectionnée, hélas! il est remplacé par une fétide odeur de tabac mêlée à je ne sais quelle nauséabonde moisissure. On respire ici maintenant le ranci de la désolation.   65

Dans ce monde étroit, mais si plein de dégoût, un seul objet connu me sourit: la fiole de laudanum; une vieille et terrible amie; comme toutes les amies, hélas! féconde en caresses et en traîtrises.

Oh! oui! le Temps a reparu; le Temps règne en sou-   70 verain maintenant; et avec le hideux vieillard est revenu tout son démoniaque cortége de Souvenirs, de Regrets, de Spasmes, de Peurs, d'Angoisses, de Cauchemars, de Colères et de Névroses.

Je vous assure que les secondes[1] maintenant sont for-   75 tement et solennellement accentuées, et chacune, en jaillissant de la pendule, dit: — « Je suis la Vie, l'insupportable, l'implacable Vie! »

Il n'y a qu'une Seconde dans la vie humaine qui ait mission d'annoncer une bonne nouvelle, la *bonne nou-*   80 *velle* qui cause à chacun une inexplicable peur.

Oui! le Temps règne; il a repris sa brutale dictature. Et il me pousse, comme si j'étais un bœuf, avec son double aiguillon. — « Et hue donc! bourrique! Sue donc, esclave! Vis donc, damné! »   85

VI

CHACUN SA CHIMÈRE

Sous un grand ciel gris, dans une grande plaine pou-   1 dreuse, sans chemins, sans gazon, sans un chardon, sans une ortie, je rencontrai plusieurs hommes qui marchaient courbés.

5   Chacun d'eux portait sur son dos une énorme Chimère, aussi lourde qu'un sac de farine ou de charbon, ou le fourniment d'un fantassin romain.

    Mais la monstrueuse bête n'était pas un poids inerte; au contraire, elle enveloppait et opprimait l'homme de
10 ses muscles élastiques et puissants; elle s'agrafait avec ses deux vastes griffes à la poitrine de sa monture; et sa tête fabuleuse surmontait le front de l'homme, comme un de ces casques horribles par lesquels les anciens guerriers espéraient ajouter à la terreur de l'ennemi.

15   Je questionnai l'un de ces hommes, et je lui demandai où ils allaient ainsi. Il me répondit qu'il n'en savait rien, ni lui, ni les autres; mais qu'évidemment ils allaient quelque part, puisqu'ils étaient poussés par un invincible besoin de marcher.

20   Chose curieuse à noter : aucun de ces voyageurs n'avait l'air irrité contre la bête féroce suspendue à son cou et collée à son dos; on eût dit qu'il la considérait comme faisant partie de lui-même. Tous ces visages fatigués et sérieux ne témoignaient d'aucun désespoir; sous la cou-
25 pole spleenétique du ciel, les pieds plongés dans la poussière d'un sol aussi désolé que ce ciel, ils cheminaient avec la physionomie résignée de ceux qui sont condamnés à espérer toujours.

    Et le cortége passa à côté de moi et s'enfonça dans
30 l'atmosphère de l'horizon, à l'endroit où la surface arrondie de la planète se dérobe à la curiosité du regard humain.

    Et pendant quelques instants je m'obstinai à vouloir comprendre ce mystère; mais bientôt l'irrésistible Indif-
35 férence s'abattit sur moi, et j'en fus plus lourdement accablé qu'ils ne l'étaient eux-mêmes par leurs écrasantes Chimères.

VII

LE FOU ET LA VÉNUS

1   QUELLE admirable journée! Le vaste parc se pâme sous l'œil brûlant du soleil, comme la jeunesse sous la domination de l'Amour.

    L'extase universelle des choses ne s'exprime par aucun

bruit; les eaux elles-mêmes sont comme endormies. Bien   5
différente des fêtes humaines, c'est ici une orgie silencieuse.

On dirait qu'une lumière toujours croissante fait de
plus en plus étinceler les objets; que les fleurs excitées
brûlent du désir de rivaliser avec l'azur du ciel par l'éner-   10
gie de leurs couleurs, et que la chaleur, rendant visibles
les parfums, les fait monter vers l'astre comme des
fumées.

Cependant, dans cette jouissance universelle, j'ai
aperçu un être affligé.   15

Aux pieds d'une colossale Vénus, un de ces fous arti-
ficiels, un de ces bouffons volontaires chargés de faire
rire les rois quand le Remords ou l'Ennui les obsède,
affublé d'un costume éclatant et ridicule, coiffé de cornes
et de sonnettes, tout ramassé contre le piédestal, lève   20
des yeux pleins de larmes vers l'immortelle Déesse.

Et ses yeux disent : — « Je suis le dernier et le plus
solitaire des humains, privé d'amour et d'amitié, et bien
inférieur en cela au plus imparfait des animaux. Cependant je suis fait, moi aussi, pour comprendre et sentir   25
l'immortelle Beauté! Ah! Déesse! ayez pitié de ma tristesse et de mon délire! »

Mais l'implacable Vénus regarde au loin je ne sais
quoi avec ses yeux de marbre.

VIII

LE CHIEN ET LE FLACON

« MON beau chien, mon bon chien, mon cher toutou,   1
approchez et venez respirer un excellent parfum
acheté chez le meilleur parfumeur de la ville. »

Et le chien, en frétillant de la queue, ce qui est, je
crois, chez ces pauvres êtres, le signe correspondant du   5
rire et du sourire, s'approche et pose curieusement son
nez humide sur le flacon débouché; puis, reculant soudainement avec effroi, il aboie contre moi, en manière
de reproche.

« — Ah! misérable chien, si je vous avais offert un   10

paquet d'excréments, vous l'auriez flairé avec délices
et peut-être dévoré. Ainsi, vous-même, indigne compagnon de ma triste vie, vous ressemblez au public, à qui il
ne faut jamais présenter des parfums délicats qui l'exas-
15   pèrent, mais des ordures soigneusement choisies. »

IX

LE MAUVAIS VITRIER

1   I L y a des natures purement contemplatives et tout à
      fait impropres à l'action, qui cependant, sous une
impulsion mystérieuse et inconnue, agissent quelquefois
avec une rapidité dont elles se seraient crues elles-mêmes
5   incapables.
      Tel qui, craignant de trouver chez son concierge une
nouvelle chagrinante, rôde lâchement une heure devant
sa porte sans oser rentrer, tel qui garde quinze jours une
lettre sans la décacheter[1], ou ne se résigne qu'au bout de
10   six mois à opérer une démarche nécessaire depuis un
an, se sentent quelquefois brusquement précipités vers
l'action par une force irrésistible, comme la flèche d'un
arc. Le moraliste et le médecin, qui prétendent tout
savoir, ne peuvent pas expliquer d'où vient si subitement
15   une si folle énergie à ces âmes paresseuses et voluptueuses,
et comment, incapables d'accomplir les choses les plus
simples et les plus nécessaires, elles trouvent à une certaine minute un courage de luxe pour exécuter les actes
les plus absurdes et souvent même les plus dangereux.
20   Un de mes amis, le plus inoffensif rêveur qui ait
existé, a mis une fois le feu à une forêt pour voir, disait-il,
si le feu prenait avec autant de facilité qu'on l'affirme
généralement. Dix fois de suite, l'expérience manqua;
mais, à la onzième, elle réussit beaucoup trop bien.
25   Un autre allumera un cigare à côté d'un tonneau de
poudre, *pour voir, pour savoir, pour tenter la destinée,* pour
se contraindre lui-même à faire preuve d'énergie, pour
faire le joueur, pour connaître les plaisirs de l'anxiété,
pour rien, par caprice, par désœuvrement.
30   C'est une espèce d'énergie qui jaillit de l'ennui et de la

rêverie; et ceux en qui elle se manifeste si inopinément[1] sont, en général, comme je l'ai dit, les plus indolents et les plus rêveurs des êtres.

Un autre, timide à ce point qu'il baisse les yeux même devant les regards des hommes, à ce point qu'il lui faut rassembler toute sa pauvre volonté pour entrer dans un café ou passer devant le bureau d'un théâtre, où les contrôleurs lui paraissent investis de la majesté de Minos, d'Éaque et de Rhadamanthe[2], sautera brusquement au cou d'un vieillard qui passe à côté de lui et l'embrassera avec enthousiasme devant la foule étonnée.

Pourquoi? Parce que... parce que cette physionomie lui était irrésistiblement sympathique? Peut-être; mais il est plus légitime de supposer que lui-même il ne sait pas pourquoi.

J'ai été plus d'une fois victime de ces crises et de ces élans, qui nous autorisent à croire que des Démons malicieux se glissent en nous et nous font accomplir, à notre insu, leurs plus absurdes volontés.

Un matin je m'étais levé maussade, triste, fatigué d'oisiveté, et poussé, me semblait-il, à faire quelque chose de grand, une action d'éclat; et j'ouvris la fenêtre, hélas!

(Observez, je vous prie, que l'esprit de mystification qui, chez quelques personnes, n'est pas le résultat d'un travail ou d'une combinaison, mais d'une inspiration fortuite, participe beaucoup, ne fût-ce que par l'ardeur du désir, de cette humeur, hystérique selon les médecins, satanique selon ceux qui pensent un peu mieux que les médecins, qui nous pousse sans résistance vers une foule d'actions dangereuses ou inconvenantes.)

La première personne que j'aperçus dans la rue, ce fut un vitrier dont le cri perçant, discordant, monta jusqu'à moi à travers la lourde et sale atmosphère parisienne. Il me serait d'ailleurs impossible de dire pourquoi je fus pris à l'égard de ce pauvre homme d'une haine aussi soudaine que despotique.

« — Hé! hé! » et je lui criai de monter. Cependant je réfléchissais, non sans quelque gaieté, que, la chambre étant au sixième étage et l'escalier fort étroit, l'homme devait éprouver quelque peine à opérer son ascension et accrocher en maint endroit les angles de sa fragile marchandise.

Enfin il parut: j'examinai curieusement toutes ses

75   vitres, et je lui dis : « — Comment ? vous n'avez pas de
verres de couleur ? des verres roses, rouges, bleus, des
vitres magiques, des vitres de paradis ? Impudent que
vous êtes ! vous osez vous promener dans des quartiers
pauvres, et vous n'avez pas même de vitres qui fassent
voir la vie en beau ! » Et je le poussai vivement vers
80   l'escalier, où il trébucha en grognant.

Je m'approchai du balcon et je me saisis d'un petit
pot de fleurs, et quand l'homme reparut au débouché de
la porte, je laissai tomber perpendiculairement mon
engin de guerre sur le rebord postérieur de ses crochets ;
85   et le choc le renversant, il acheva de briser sous son dos
toute sa pauvre fortune ambulatoire qui rendit le bruit
éclatant d'un palais de cristal crevé par la foudre.

Et, ivre de ma folie, je lui criai furieusement : « La vie
en beau ! la vie en beau ! »
90   Ces plaisanteries nerveuses ne sont pas sans péril, et
on peut souvent les payer cher. Mais qu'importe l'éternité de la damnation à qui a trouvé dans une seconde
l'infini de la jouissance ?

X

A UNE HEURE DU MATIN

1   ENFIN ! seul ! On n'entend plus que le roulement de
quelques fiacres attardés et éreintés. Pendant quelques heures, nous posséderons le silence, sinon le repos.
Enfin ! la tyrannie de la face humaine[1] a disparu, et je
5   ne souffrirai plus que par moi-même.

Enfin ! il m'est donc permis de me délasser dans un
bain de ténèbres ! D'abord, un double tour à la serrure.
Il me semble que ce tour de clef augmentera ma solitude
et fortifiera les barricades qui me séparent actuellement
10   du monde.

Horrible vie ! Horrible ville ! Récapitulons la journée :
avoir vu plusieurs hommes de lettres, dont l'un m'a
demandé si l'on pouvait aller en Russie par voie de terre
(il prenait sans doute la Russie pour une île) ; avoir
15   disputé généreusement contre le directeur d'une revue,
qui à chaque objection répondait : « — C'est ici le parti

des honnêtes gens, » ce qui implique que tous les autres
journaux sont rédigés par des coquins; avoir salué une
vingtaine de personnes, dont quinze me sont inconnues; avoir distribué des poignées de main dans la même   20
proportion, et cela sans avoir pris la précaution d'ache-
ter des gants[1]; être monté pour tuer le temps, pendant
une averse, chez une sauteuse qui m'a prié de lui dessiner
un costume de *Vénustre;* avoir fait ma cour à un directeur de théâtre, qui m'a dit en me congédiant : « — Vous   25
feriez peut-être bien de vous adresser à Z...; c'est le plus
lourd, le plus sot et le plus célèbre de tous mes auteurs,
avec lui vous pourriez peut-être aboutir à quelque chose.
Voyez-le, et puis nous verrons; » m'être vanté (pourquoi?) de plusieurs vilaines actions que je n'ai jamais   30
commises, et avoir lâchement nié quelques autres
méfaits que j'ai accomplis avec joie, délit de fanfaronnade,
crime de respect humain; avoir refusé à un ami un service
facile, et donné une recommandation écrite à un parfait
drôle; ouf! est-ce bien fini ?   35

Mécontent de tous et mécontent de moi, je voudrais bien me racheter et m'enorgueillir un peu dans le
silence et la solitude de la nuit. Ames de ceux que j'ai
aimés, âmes de ceux que j'ai chantés, fortifiez-moi,
soutenez-moi, éloignez de moi le mensonge et les vapeurs   40
corruptrices du monde; et vous, Seigneur mon Dieu!
accordez-moi la grâce de produire quelques beaux vers
qui me prouvent à moi-même que je ne suis pas le dernier
des hommes, que je ne suis pas inférieur à ceux que je
méprise!   45

XI

LA FEMME SAUVAGE
ET LA PETITE-MAÎTRESSE

« VRAIMENT, ma chère, vous me fatiguez sans mesure   1
et sans pitié; on dirait, à vous entendre soupirer,
que vous souffrez plus que les glaneuses sexagénaires et
que les vieilles mendiantes qui ramassent des croûtes de
pain à la porte des cabarets.   5

« Si au moins vos soupirs exprimaient le remords, ils
vous feraient quelque honneur; mais ils ne traduisent
que la satiété du bien-être et l'accablement du repos. Et
puis, vous ne cessez de vous répandre en paroles inutiles :
« Aimez-moi bien! j'en ai tant besoin! Consolez-moi
par-ci, caressez-moi par-là! » Tenez, je veux essayer
de vous guérir; nous en trouverons peut-être le moyen,
pour deux sols, au milieu d'une fête, et sans aller bien
loin.

« Considérons bien, je vous prie, cette solide cage de
fer derrière laquelle s'agite, hurlant comme un damné,
secouant les barreaux comme un orang-outang exaspéré
par l'exil, imitant, dans la perfection, tantôt les bonds
circulaires du tigre, tantôt les dandinements stupides
de l'ours blanc, ce monstre poilu dont la forme imite
assez vaguement la vôtre.

« Ce monstre est un de ces animaux qu'on appelle
généralement « mon ange! », c'est-à-dire une femme[1].
L'autre monstre, celui qui crie à tue-tête, un bâton à la
main, est un mari. Il a enchaîné sa femme légitime comme
une bête, et il la montre dans les faubourgs, les jours de
foire, avec permission des magistrats, cela va sans dire.

« Faites bien attention! Voyez avec quelle voracité
(non simulée peut-être!) elle déchire des lapins vivants
et des volailles piaillantes que lui jette son cornac.
« Allons, dit-il, il ne faut pas manger tout son bien en
un jour », et, sur cette sage parole, il lui arrache cruellement la proie, dont les boyaux dévidés restent un instant
accrochés aux dents de la bête féroce, de la femme,
veux-je dire.

« Allons! un bon coup de bâton pour la calmer!
car elle darde des yeux terribles de convoitise sur la
nourriture enlevée. Grand Dieu! le bâton n'est pas un
bâton de comédie, avez-vous entendu résonner la chair,
malgré le poil postiche? Aussi les yeux lui sortent maintenant de la tête, elle hurle *plus naturellement*. Dans sa
rage, elle étincelle tout entière, comme le fer qu'on bat.

« Telles sont les mœurs conjugales de ces deux descendants d'Ève et d'Adam, ces œuvres de vos mains,
ô mon Dieu! Cette femme est incontestablement malheureuse, quoique après tout, peut-être, les jouissances
titillantes de la gloire ne lui soient pas inconnues. Il y a
des malheurs plus irrémédiables, et sans compensation.

Mais dans le monde où elle a été jetée, elle n'a jamais pu
croire que la femme méritât une autre destinée.   50

« Maintenant, à nous deux, chère précieuse! A voir les
enfers dont le monde est peuplé, que voulez-vous que
je pense de votre joli enfer, vous qui ne reposez que sur
des étoffes aussi douces que votre peau, qui ne mangez
que de la viande cuite, et pour qui un domestique habile   55
prend soin de découper les morceaux?

« Et que peuvent signifier pour moi tous ces petits
soupirs qui gonflent votre poitrine parfumée, robuste
coquette? Et toutes ces affectations apprises dans les
livres, et cette infatigable mélancolie, faite pour inspirer   60
au spectateur un tout autre sentiment que la pitié? En
vérité, il me prend quelquefois envie de vous apprendre
ce que c'est que le vrai malheur.

« A vous voir ainsi, ma belle délicate, les pieds dans
la fange et les yeux tournés vaporeusement vers le ciel,   65
comme pour lui demander un roi, on dirait vraisembla-
blement une jeune grenouille qui invoquerait l'idéal. Si
vous méprisez le soliveau (ce que je suis maintenant,
comme vous savez bien), gare la grue *qui vous croquera,*
vous gobera et vous tuera à son plaisir !   70

« Tant poëte que je sois, je ne suis pas aussi dupe que
vous voudriez le croire, et si vous me fatiguez trop souvent de vos *précieuses* pleurnicheries, je vous traiterai en
femme sauvage, ou je vous jetterai par la fenêtre, comme
une bouteille vide. »   75

XII

LES FOULES

Il n'est pas donné à chacun de prendre un bain de   1
multitude : jouir de la foule est un art; et celui-là seul
peut faire, aux dépens du genre humain, une ribote de
vitalité, à qui une fée a insufflé dans son berceau le
goût du travestissement et du masque, la haine du domi-   5
cile[1] et la passion du voyage.

Multitude, solitude : termes égaux et convertibles pour
le poëte actif et fécond. Qui ne sait pas peupler sa soli-

tude, ne sait pas non plus être seul dans une foule affairée.

10   Le poëte jouit de cet incomparable privilége, qu'il peut à sa guise être lui-même et autrui. Comme ces âmes errantes qui cherchent un corps, il entre, quand il veut, dans le personnage de chacun. Pour lui seul, tout est vacant; et si de certaines places paraissent lui être fer-
15 mées, c'est qu'à ses yeux elles ne valent pas la peine d'être visitées.

    Le promeneur solitaire et pensif tire une singulière ivresse de cette universelle communion. Celui-là qui épouse facilement la foule connaît des jouissances fié-
20 vreuses, dont seront éternellement privés l'égoïste, fermé comme un coffre, et le paresseux, interné comme un mollusque. Il adopte comme siennes toutes les pro-fessions, toutes les joies et toutes les misères que la cir-constance lui présente.

25   Ce que les hommes nomment amour est bien petit, bien restreint et bien faible, comparé à cette ineffable orgie, à cette sainte prostitution de l'âme qui se donne tout entière, poésie et charité, à l'imprévu qui se montre, à l'inconnu qui passe[1].

30   Il est bon d'apprendre quelquefois aux heureux de ce monde, ne fût-ce que pour humilier un instant leur sot orgueil, qu'il est des bonheurs supérieurs au leur, plus vastes et plus raffinés. Les fondateurs de colonies, les pasteurs de peuples, les prêtres missionnaires exilés au
35 bout du monde, connaissent sans doute quelque chose de ces mystérieuses ivresses; et, au sein de la vaste famille que leur génie s'est faite, ils doivent rire quel-quefois de ceux qui les plaignent pour leur fortune si agitée et pour leur vie si chaste.

XIII

LES VEUVES

1   Vauvenargues[2] dit que dans les jardins publics il est des allées hantées principalement par l'ambition déçue, par les inventeurs malheureux, par les gloires avortées, par les cœurs brisés, par toutes ces âmes tumul-

tueuses et fermées, en qui grondent encore les derniers   5
soupirs d'un orage, et qui reculent loin du regard
insolent des joyeux et des oisifs. Ces retraites ombreuses
sont les rendez-vous des écloppés de la vie.

C'est surtout vers ces lieux que le poëte et le philosophe aiment diriger leurs avides conjectures. Il y a là   10
une pâture certaine. Car s'il est une place qu'ils dédai-
gnent de visiter, comme je l'insinuais tout à l'heure,
c'est surtout la joie des riches. Cette turbulence dans le
vide n'a rien qui les attire. Au contraire, ils se sentent
irrésistiblement entraînés vers tout ce qui est faible,   15
ruiné, contristé, orphelin.

Un œil expérimenté ne s'y trompe jamais. Dans ces
traits rigides ou abattus, dans ces yeux caves et ternes,
ou brillants des derniers éclairs de la lutte, dans ces
rides profondes et nombreuses, dans ces démarches si   20
lentes ou si saccadées, il déchiffre tout de suite les innom-
brables légendes de l'amour trompé, du dévouement
méconnu, des efforts non récompensés, de la faim et du
froid humblement, silencieusement supportés.

Avez-vous quelquefois aperçu des veuves sur ces   25
bancs solitaires, des veuves pauvres? Qu'elles soient en
deuil ou non, il est facile de les reconnaître. D'ailleurs
il y a toujours dans le deuil du pauvre quelque chose qui
manque, une absence d'harmonie qui le rend plus navrant. Il est contraint de lésiner sur sa douleur. Le   30
riche porte la sienne au grand complet.

Quelle est la veuve la plus triste et la plus attristante[1],
celle qui traîne à sa main un bambin avec qui elle ne peut
pas partager sa rêverie, ou celle qui est tout à fait seule?
Je ne sais... Il m'est arrivé une fois de suivre pendant de   35
longues heures une vieille affligée de cette espèce;
celle-là roide[2], droite, sous un petit châle usé, portait
dans tout son être une fierté de stoïcienne[3].

Elle était évidemment condamnée, par une absolue
solitude, à des habitudes de vieux célibataire, et le   40
caractère masculin de ses mœurs ajoutait un piquant
mystérieux à leur austérité. Je ne sais[4] dans quel misérable café et de quelle façon elle déjeuna. Je la suivis au
cabinet de lecture; et je l'épiai longtemps pendant qu'elle
cherchait dans les gazettes, avec des yeux actifs, jadis   45
brûlés par les larmes, des nouvelles d'un intérêt puissant et personnel.

Enfin, dans l'après-midi, sous un ciel d'automne charmant, un de ces ciels d'où descendent en foule les regrets
50   et les souvenirs, elle s'assit à l'écart dans un jardin, pour
entendre, loin de la foule, un de ces concerts dont la
musique des régiments gratifie le peuple parisien.

C'était sans doute là la petite débauche de cette vieille
innocente (ou de cette vieille purifiée), la consolation
55   bien gagnée d'une de ces lourdes journées sans ami, sans
causerie, sans joie, sans confident, que Dieu laissait
tomber sur elle, depuis bien des ans peut-être! trois
cent soixante-cinq fois par an.

Une autre encore :

60   Je ne puis jamais m'empêcher de jeter un regard, sinon
universellement sympathique, au moins curieux, sur la
foule de parias qui se pressent autour de l'enceinte d'un
concert public. L'orchestre jette à travers la nuit des
chants de fête, de triomphe ou de volupté. Les robes
65   traînent en miroitant; les regards se croisent; les oisifs,
fatigués de n'avoir rien fait, se dandinent, feignant de
déguster indolemment la musique. Ici rien que de riche,
d'heureux; rien qui ne respire et n'inspire l'insouciance
et le plaisir de se laisser vivre; rien, excepté l'aspect de
70   cette tourbe[1] qui s'appuie là-bas sur la barrière extérieure, attrapant gratis, au gré du vent, un lambeau de
musique, et regardant l'étincelante fournaise intérieure.

C'est toujours chose intéressante que ce reflet de la
joie du riche au fond de l'œil du pauvre. Mais ce jour-là,
75   à travers ce peuple vêtu de blouses et d'indienne, j'aperçus un être dont la noblesse faisait un éclatant contraste
avec toute la trivialité environnante.

C'était une femme grande, majestueuse, et si noble
dans tout son air, que je n'ai pas souvenir d'avoir vu
80   sa pareille dans les collections des aristocratiques beautés
du passé. Un parfum de hautaine vertu émanait de toute
sa personne. Son visage, triste et amaigri, était en parfaite accordance avec le grand deuil dont elle était
revêtue. Elle aussi, comme la plèbe à laquelle elle s'était
85   mêlée et qu'elle ne voyait pas, elle regardait le monde
lumineux avec un œil profond, et elle écoutait en hochant
doucement la tête.

Singulière vision! « A coup sûr, me dis-je, cette pau-
vreté-là, si pauvreté il y a, ne doit pas admettre l'économie
90   sordide; un si noble visage m'en répond. Pourquoi donc

reste-t-elle volontairement dans un milieu où elle fait
une tache si éclatante ? »

Mais en passant curieusement auprès d'elle, je crus en
deviner la raison. La grande veuve tenait par la main un
enfant comme elle vêtu de noir ; si modique que fût le   95
prix d'entrée, ce prix suffisait peut-être pour payer un
des besoins du petit être, mieux encore, une superfluité,
un jouet.

Et elle sera rentrée à pied, méditant et rêvant, seule,
toujours seule ; car l'enfant est turbulent, égoïste, sans   100
douceur et sans patience ; et il ne peut même pas, comme
le pur animal, comme le chien et[1] le chat, servir de confident aux douleurs solitaires.

XIV

LE VIEUX SALTIMBANQUE

Partout s'étalait, se répandait, s'ébaudissait le peuple   1
en vacances. C'était une de ces solennités sur lesquelles, pendant un long temps, comptent les saltimbanques, les faiseurs de tours, les montreurs d'animaux
et les boutiquiers ambulants, pour compenser[2] les mau-   5
vais temps de l'année.

En ces jours-là il me semble[3] que le peuple oublie tout,
la douleur et le travail ; il devient pareil aux enfants.
Pour les petits c'est un jour de congé, c'est l'horreur de
l'école renvoyée à vingt-quatre heures. Pour les grands   10
c'est un armistice conclu avec les puissances malfaisantes
de la vie, un répit dans la contention et la lutte universelles.

L'homme du monde lui-même et[4] l'homme occupé
de travaux spirituels échappent difficilement à l'influence   15
de ce jubilé populaire. Ils absorbent, sans le vouloir,
leur part de cette atmosphère d'insouciance. Pour moi,
je ne manque jamais, en vrai Parisien, de passer la revue
de toutes les baraques qui se pavanent à ces époques
solennelles.   20

Elles se faisaient, en vérité, une concurrence formi-
dable : elles piaillaient, beuglaient, hurlaient. C'était un

mélange de cris, de détonations de cuivre et d'explosions
de fusées. Les queues-rouges[1] et les Jocrisses convul-
saient les traits de leurs visages basanés, racornis par le
vent, la pluie et le soleil; ils lançaient, avec l'aplomb des
comédiens sûrs de leurs effets, des bons mots et des
plaisanteries d'un comique solide et lourd, comme celui
de Molière. Les Hercules, fiers de l'énormité de leurs
membres, sans front et sans crâne, comme les orang-
outangs, se prélassaient majestueusement sous les[2] mail-
lots lavés la veille pour la circonstance. Les danseuses,
belles comme des fées ou des princesses, sautaient et
cabriolaient sous le feu des lanternes qui remplissaient
leurs jupes d'étincelles.

Tout n'était que lumière, poussière, cris, joie, tumulte;
les uns dépensaient, les autres gagnaient, les uns et les
autres également joyeux. Les enfants se suspendaient
aux jupons de leurs mères pour obtenir quelque bâton
de sucre, ou montaient sur les épaules de leurs pères pour
mieux voir un escamoteur éblouissant comme un dieu.
Et partout circulait, dominant tous les parfums, une
odeur de friture qui était comme l'encens de cette fête.

Au bout, à l'extrême bout de la rangée de baraques,
comme si, honteux, il s'était exilé lui-même de toutes
ces splendeurs, je vis un pauvre saltimbanque, voûté,
caduc, décrépit, une ruine d'homme, adossé contre un
des poteaux de sa cahute; une cahute plus misérable que
celle du sauvage le plus abruti, et dont deux bouts de
chandelles, coulants et fumants, éclairaient trop bien
encore la détresse.

Partout la joie, le gain, la débauche; partout la certitude du pain pour les lendemains; partout l'explosion
frénétique de la vitalité. Ici la misère absolue, la misère
affublée, pour comble d'horreur, de haillons comiques,
où la nécessité, bien plus que l'art, avait introduit le
contraste. Il ne riait pas, le misérable! Il ne pleurait pas,
il ne dansait pas, il ne gesticulait pas, il ne criait pas; il
ne chantait aucune chanson, ni gaie, ni lamentable, il
n'implorait pas. Il était muet et immobile. Il avait
renoncé, il avait abdiqué. Sa destinée était faite.

Mais quel regard profond, inoubliable, il promenait
sur la foule et les lumières, dont le flot mouvant s'arrêtait
à quelques pas de sa répulsive misère! Je sentis ma gorge
serrée par la main terrible de l'hystérie, et il me sembla

que mes regards étaient offusqués par ces larmes rebelles qui ne veulent pas tomber.

Que faire? A quoi bon demander à l'infortuné quelle 70 curiosité, quelle merveille il avait à montrer dans ces ténèbres puantes, derrière son rideau déchiqueté? En vérité, je n'osais; et, dût la raison de ma timidité vous faire rire, j'avouerai que je craignais de l'humilier. Enfin, je venais de me résoudre à déposer en passant quelque 75 argent sur une de ses planches, espérant qu'il devinerait mon intention, quand un grand reflux de peuple, causé par je ne sais quel trouble, m'entraîna loin de lui.

Et, m'en retournant, obsédé par cette vision, je cherchai à analyser ma soudaine douleur, et je me dis : Je 80 viens de voir l'image du vieil homme de lettres qui a survécu à la génération dont il fut le brillant amuseur; du vieux poëte sans amis, sans famille, sans enfants, dégradé par sa misère et par l'ingratitude publique, et dans la baraque de qui le monde oublieux ne veut plus entrer!

XV

LE GATEAU

JE voyageais. Le paysage au milieu duquel j'étais placé 1 était d'une grandeur et d'une noblesse irrésistibles.

Il en passa sans doute en ce moment quelque chose dans mon âme. Mes pensées voltigeaient avec une légèreté égale à celle de l'atmosphère; les passions vul- 5 gaires, telles que la haine et l'amour profane, m'apparaissaient maintenant aussi éloignées que les nuées qui défilaient au fond des abîmes sous mes pieds; mon âme me semblait aussi vaste et aussi pure que la coupole du ciel dont j'étais enveloppé; le souvenir des choses terrestres 10 n'arrivait à mon cœur qu'affaibli et diminué, comme le son de la clochette des bestiaux imperceptibles qui paissaient loin, bien loin, sur le versant d'une autre montagne. Sur le petit lac immobile, noir de son immense profondeur, passait quelquefois l'ombre d'un nuage, 15 comme le reflet du manteau d'un géant aérien volant à travers le ciel. Et je me souviens que cette sensation

solennelle et rare, causée par un grand mouvement parfaitement silencieux, me remplissait d'une joie mêlée de
20   peur. Bref, je me sentais, grâce à l'enthousiasmante
beauté dont j'étais environné, en parfaite paix avec
moi-même et avec l'univers; je crois même que, dans ma
parfaite béatitude et dans mon total oubli de tout le mal
terrestre, j'en étais venu à ne plus trouver si ridicules
25   les journaux qui prétendent que l'homme est né bon; —
quand la matière incurable renouvelant ses exigences, je
songeai à réparer la fatigue et à soulager l'appétit causés
par une si longue ascension. Je tirai de ma poche un
gros morceau de pain, une tasse de cuir et un flacon d'un
30   certain élixir que les pharmaciens vendaient dans ce
temps-là aux touristes pour le mêler dans l'occasion avec
de l'eau de neige.

Je découpais tranquillement mon pain, quand un bruit
très-léger me fit lever les yeux. Devant moi se tenait un
35   petit être déguenillé, noir, ébouriffé, dont les yeux creux,
farouches et comme suppliants, dévoraient le morceau de
pain. Et je l'entendis soupirer, d'une voix basse et rauque,
le mot : *gâteau !* Je ne pus m'empêcher de rire en entendant l'appellation dont il voulait bien honorer mon pain
40   presque blanc, et j'en coupai pour lui une belle tranche
que je lui offris. Lentement il se rapprocha, ne quittant
pas des yeux l'objet de sa convoitise; puis, happant le
morceau avec sa main, se recula vivement, comme s'il
eût craint que mon offre ne fût pas sincère ou que je
45   m'en repentisse déjà.

Mais au même instant il fut culbuté par un autre petit
sauvage, sorti je ne sais d'où, et si parfaitement semblable
au premier qu'on aurait pu le prendre pour son frère
jumeau. Ensemble ils roulèrent sur le sol, se disputant la
50   précieuse proie, aucun n'en voulant sans doute sacrifier
la moitié pour son frère. Le premier, exaspéré, empoigna
le second par les cheveux; celui-ci lui saisit l'oreille avec
les dents, et en cracha un petit morceau sanglant avec un
superbe juron patois. Le légitime propriétaire du gâteau
55   essaya d'enfoncer ses petites griffes dans les yeux de
l'usurpateur; à son tour celui-ci appliqua toutes ses
forces à étrangler son adversaire d'une main, pendant
que de l'autre il tâchait de glisser dans sa poche le prix
du combat. Mais, ravivé par le désespoir, le vaincu se
60   redressa et fit rouler le vainqueur par terre d'un coup de

tête dans l'estomac. A quoi bon décrire une lutte hideuse
qui dura en vérité plus longtemps que leurs forces enfan-
tines ne semblaient le promettre? Le gâteau voyageait
de main en main et changeait de poche à chaque instant;
mais, hélas! il changeait aussi de volume; et lorsque 65
enfin, exténués, haletants, sanglants, ils s'arrêtèrent par
impossibilité de continuer, il n'y avait plus, à vrai dire,
aucun sujet de bataille; le morceau de pain avait disparu,
et il était éparpillé en miettes semblables aux grains de
sable auxquels il était mêlé. 70

Ce spectacle m'avait embrumé le paysage, et la joie
calme où s'ébaudissait mon âme avant d'avoir vu ces
petits hommes avait totalement disparu; j'en restai triste
assez longtemps, me répétant sans cesse : « Il y a donc un
pays superbe où le pain s'appelle du *gâteau,* friandise si 75
rare qu'elle suffit pour engendrer une guerre parfaitement fratricide! »

XVI

L'HORLOGE

L ES Chinois voient l'heure dans l'œil des chats[1]. 1
Un jour un missionnaire, se promenant[2] dans la
banlieue de Nankin, s'aperçut qu'il avait oublié sa
montre, et demanda à un petit garçon quelle heure il
était. 5

Le gamin du céleste Empire hésita d'abord; puis, se
ravisant, il répondit : « Je vais vous le dire. » Peu d'instants après, il reparut, tenant dans ses bras un fort gros
chat, et le regardant, comme on dit, dans le blanc des
yeux, il affirma sans hésiter : « Il n'est pas encore tout à 10
fait midi. » Ce qui était vrai[3].

Pour moi, si je me penche vers la belle Féline[4], la si
bien nommée, qui est à la fois l'honneur de son sexe,
l'orgueil de mon cœur et le parfum de mon esprit, que
ce soit la nuit, que ce soit le jour, dans la pleine lumière 15
ou dans l'ombre opaque[5], au fond de ses yeux adorables
je vois toujours l'heure distinctement, toujours la même,
une heure vaste, solennelle, grande comme l'espace, sans
divisions[6] de minutes ni de secondes, — une heure immo-

20   bile qui n'est pas marquée sur les horloges, et cependant
     légère comme un soupir, rapide comme un coup d'œil.
         Et si quelque importun venait me déranger pendant
     que mon regard repose sur ce délicieux¹ cadran, si
     quelque Génie malhonnête et intolérant, quelque Dé-
25   mon du contre-temps² venait me dire : « Que regardes-tu
     là avec tant de soin ? Que cherches-tu dans les yeux de
     cet être ? Y vois-tu l'heure, mortel prodigue et fainéant³ ? »
     je répondrais sans hésiter : « Oui, je vois l'heure; il est
     l'Éternité ! »
30   N'est-ce pas, madame, que voici un madrigal vraiment
     méritoire, et aussi emphatique que vous-même ? En
     vérité, j'ai eu tant de plaisir à broder cette prétentieuse
     galanterie, que je ne vous demanderai rien en échange⁴.

XVII

UN HÉMISPHÈRE
DANS UNE CHEVELURE

1   LAISSE-MOI respirer longtemps, longtemps, l'odeur de
         tes cheveux, y plonger tout mon visage, comme
     un homme altéré dans l'eau d'une source, et les agiter
     avec ma main comme un mouchoir odorant, pour
5   secouer des souvenirs dans l'air.
         Si tu pouvais savoir tout ce que je vois ! tout ce que
     je sens ! tout ce que j'entends dans tes cheveux ! Mon âme
     voyage sur le parfum comme l'âme des autres hommes
     sur la musique.
10   Tes cheveux contiennent tout un rêve, plein de voi-
     lures et de mâtures; ils contiennent de grandes mers
     dont les moussons me portent vers de charmants climats,
     où l'espace est plus bleu⁵ et plus profond, où l'atmo-
     sphère est parfumée par les fruits, par les feuilles et par
15   la peau humaine.
         Dans l'océan de ta chevelure, j'entrevois un port four-
     millant de chants mélancoliques, d'hommes vigoureux
     de toutes nations et de navires de toutes formes décou-
     pant leurs architectures fines et compliquées sur un ciel
20   immense où se prélasse l'éternelle chaleur⁶.

Dans les caresses de ta chevelure, je retrouve les langueurs des longues heures passées sur un divan, dans la chambre d'un beau navire, bercées par le roulis imperceptible du port, entre les pots de fleurs et les gargoulettes rafraîchissantes. 25

Dans l'ardent foyer de ta chevelure, je respire l'odeur du tabac mêlée à l'opium et au sucre; dans la nuit de ta chevelure, je vois resplendir l'infini de l'azur tropical; sur les rivages duvetés de ta chevelure, je m'enivre des odeurs combinées du goudron, du musc et de l'huile 30 de coco.

Laisse-moi mordre[1] longtemps tes tresses lourdes et noires. Quand je mordille tes cheveux élastiques et rebelles[2], il me semble que je mange des souvenirs[3].

XVIII

L'INVITATION AU VOYAGE

Il est un pays superbe, un pays de Cocagne, dit-on 1 que je rêve de visiter avec une vieille amie[4]. Pays singulier, noyé dans les brumes de notre Nord, et qu'on pourrait appeler l'Orient de l'Occident, la Chine de l'Europe, tant la chaude et capricieuse fantaisie s'y est 5 donné carrière, tant elle l'a patiemment et opiniâtrement illustré de ses savantes et délicates végétations.

Un vrai pays de Cocagne, où tout est beau, riche, tranquille, honnête; où le luxe a plaisir[5] à se mirer dans l'ordre; où la vie est grasse et douce à respirer; d'où le 10 désordre, la turbulence et l'imprévu sont exclus[6]; où le bonheur est marié au silence; où la cuisine elle-même est poétique, grasse et excitante à la fois; où tout vous ressemble, mon cher ange.

Tu connais cette maladie fiévreuse qui s'empare de 15 nous dans les froides misères, cette nostalgie du pays qu'on ignore, cette angoisse de la curiosité[7]? Il est une contrée qui te ressemble, où tout est beau, riche, tranquille et honnête, où la fantaisie a bâti et décoré une Chine occidentale, où la vie est douce à respirer, où le 20 bonheur est marié au silence. C'est là qu'il faut aller vivre, c'est là qu'il faut aller mourir!

Oùi, c'eſt là qu'il faut aller respirer, rêver et allonger les heures par l'infini des sensations[1]. Un musicien a écrit

25 l'*Invitation à la valse;* quel eſt celui qui composera l'*Invitation au voyage*, qu'on puisse offrir à la femme aimée, à la sœur d'élection[2]?

Oui, c'eſt dans cette atmosphère qu'il ferait bon vivre, — là-bas, où les heures plus lentes contiennent plus de

30 pensées, où les horloges sonnent le bonheur avec une plus profonde et plus significative solennité.

Sur des panneaux luisants, ou sur des cuirs dorés et d'une richesse sombre, vivent discrètement des peintures béates, calmes et profondes, comme[3] les âmes des artiſtes

35 qui les créèrent. Les soleils couchants, qui colorent si richement la salle à manger[4] ou le salon, sont tamisés par de belles étoffes ou par ces hautes fenêtres ouvragées que le plomb divise en nombreux compartiments. Les meubles sont vaſtes, curieux, bizarres, armés de serrures

40 et de secrets comme des âmes raffinées[5]. Les miroirs, les métaux, les étoffes, l'orfévrerie et la faïence y jouent[6] pour les yeux une symphonie muette et myſtérieuse; et de toutes choses, de tous les coins, des fissures des tiroirs et des plis des étoffes s'échappe un parfum singulier, un

45 *revenez-y* de Sumatra[7], qui eſt comme l'âme de l'appartement.

Un vrai pays de Cocagne, te dis-je, où tout eſt riche, propre et luisant, comme une belle conscience, comme une magnifique batterie de cuisine, comme une splendide

50 orfévrerie, comme une bijouterie bariolée! Les trésors du monde y affluent, comme dans la maison d'un homme laborieux et qui a bien mérité du monde entier. Pays singulier, supérieur aux autres, comme l'Art l'eſt à la Nature, où celle-ci eſt réformée par le rêve, où elle eſt

55 corrigée, embellie, refondue.

Qu'ils cherchent, qu'ils cherchent encore, qu'ils reculent sans cesse les limites de leur bonheur, ces alchimiſtes de l'horticulture! Qu'ils proposent des prix de soixante et de cent[8] mille florins pour qui résoudra leurs

60 ambitieux problèmes! Moi, j'ai trouvé ma *tulipe noire* et mon *dahlia bleu!*

Fleur incomparable[9], tulipe retrouvée, allégorique dahlia, c'eſt là, n'eſt-ce pas, dans ce beau pays si calme et si rêveur, qu'il faudrait aller vivre et fleurir? Ne

65 serais-tu pas encadrée dans ton analogie, et ne pourrais-tu

pas te mirer, pour parler comme les mystiques, dans ta
propre *correspondance*[1]?

Des rêves! toujours des rêves! et plus l'âme est ambitieuse et délicate[2], plus les rêves l'éloignent du possible.
Chaque homme porte en lui sa dose d'opium naturel,   70
incessamment sécrétée et renouvelée, et, de la naissance
à la mort, combien comptons-nous[3] d'heures remplies
par la jouissance positive, par l'action réussie et décidée?
Vivrons-nous jamais, passerons-nous jamais dans ce
tableau qu'a peint mon esprit, ce tableau qui te res-   75
semble?

Ces trésors, ces meubles, ce luxe, cet ordre, ces parfums, ces fleurs miraculeuses, c'est toi. C'est encore toi,
ces grands fleuves et ces canaux tranquilles. Ces énormes
navires qu'ils charrient, tout chargés de richesses, et d'où   80
montent les chants monotones de la manœuvre, ce sont
mes pensées qui dorment ou qui roulent sur ton sein.
Tu les conduis doucement vers la mer qui est l'Infini,
tout en réfléchissant les profondeurs du ciel dans la
limpidité de ta belle âme; — et quand, fatigués par la   85
houle et gorgés des produits de l'Orient, ils rentrent au
port natal, ce sont encore mes pensées enrichies qui
reviennent de l'Infini vers toi.

XIX

LE JOUJOU DU PAUVRE

JE veux donner l'idée d'un divertissement innocent. Il   1
y a si peu d'amusements qui ne soient pas coupables!
Quand vous sortirez le matin avec l'intention décidée
de flâner sur les grandes routes, remplissez vos poches
de petites inventions à un sol, — telles que le polichinelle   5
plat mû par un seul fil, les forgerons qui battent l'enclume, le cavalier et son cheval dont la queue est un
sifflet, — et le long des cabarets, au pied des arbres,
faites-en hommage aux enfants inconnus et pauvres que
vous rencontrerez. Vous verrez leurs yeux s'agrandir   10
démesurément. D'abord ils n'oseront pas prendre; ils
douteront de leur bonheur. Puis leurs mains agripperont

15   vivement le cadeau, et ils s'enfuiront comme font les
     chats qui vont manger loin de vous le morceau que
     vous leur avez donné, ayant appris à se défier de l'homme.

     Sur une route, derrière la grille d'un vaste jardin, au
     bout duquel apparaissait la blancheur d'un joli château
     frappé par le soleil, se tenait un enfant beau et frais,
20   habillé de ces vêtements de campagne si pleins de
     coquetterie.

     Le luxe, l'insouciance et le spectacle habituel de la
     richesse rendent ces enfants-là si jolis, qu'on les croirait
     faits d'une autre pâte que les enfants de la médiocrité ou
25   de la pauvreté.

     A côté de lui, gisait sur l'herbe un joujou splendide,
     aussi frais que son maître, verni, doré, vêtu d'une robe
     pourpre, et couvert de plumets et de verroteries. Mais
     l'enfant ne s'occupait pas de son joujou préféré, et voici
30   ce qu'il regardait :

     De l'autre côté de la grille, sur la route, entre les char-
     dons et les orties, il y avait un autre enfant, sale, chétif,
     fuligineux, un de ces marmots-parias dont un œil impar-
     tial découvrirait la beauté, si, comme l'œil du connaisseur
35   devine une peinture idéale sous un vernis de carrossier, il
     le nettoyait de la répugnante patine de la misère.

     A travers ces barreaux symboliques séparant deux
     mondes, la grande route et le château, l'enfant pauvre
     montrait à l'enfant riche son propre joujou, que celui-ci
40   examinait avidement comme un objet rare et inconnu.
     Or, ce joujou, que le petit souillon agaçait, agitait et
     secouait dans une boîte grillée, c'était un rat vivant ! Les
     parents, par économie sans doute, avaient tiré le joujou
     de la vie elle-même.

45   Et les deux enfants se riaient l'un à l'autre fraternelle-
     ment, avec des dents d'une *égale* blancheur.

XX

LES DONS DES FÉES

1   C'ÉTAIT grande assemblée des Fées, pour procéder à
     la répartition des dons parmi tous les nouveau-
     nés, arrivés à la vie depuis vingt-quatre heures.

Toutes ces antiques et capricieuses Sœurs du Destin, toutes ces Mères bizarres de la joie et de la douleur, étaient fort diverses : les unes avaient l'air sombre et rechigné, les autres, un air folâtre et malin; les unes, jeunes, qui avaient toujours été jeunes; les autres, vieilles, qui avaient toujours été vieilles.

Tous les pères qui ont foi dans les Fées étaient venus, chacun apportant son nouveau-né dans ses bras.

Les Dons, les Facultés, les bons Hasards, les Circonstances invincibles, étaient accumulés à côté du tribunal, comme les prix sur l'estrade, dans une distribution de prix. Ce qu'il y avait ici de particulier, c'est que les Dons n'étaient pas la récompense d'un effort, mais tout au contraire une grâce accordée à celui qui n'avait pas encore vécu, une grâce pouvant déterminer sa destinée et devenir aussi bien la source de son malheur que de son bonheur.

Les pauvres Fées étaient très-affairées; car la foule des solliciteurs était grande, et le monde intermédiaire, placé entre l'homme et Dieu, est soumis comme nous à la terrible loi du Temps et de son infinie postérité, les Jours, les Heures, les Minutes, les Secondes.

En vérité, elles étaient aussi ahuries que des ministres un jour d'audience, ou des employés du Mont-de-Piété quand une fête nationale autorise les dégagements gratuits. Je crois même qu'elles regardaient de temps à autre l'aiguille de l'horloge avec autant d'impatience que des juges humains qui, siégeant depuis le matin, ne peuvent s'empêcher de rêver au dîner, à la famille et à leurs chères pantoufles. Si, dans la justice surnaturelle, il y a un peu de précipitation et de hasard, ne nous étonnons pas qu'il en soit de même quelquefois dans la justice humaine. Nous serions nous-mêmes, en ce cas, des juges injustes.

Aussi furent commises ce jour-là quelques bourdes qu'on pourrait considérer comme bizarres, si la prudence, plutôt que le caprice, était le caractère distinctif, éternel des Fées.

Ainsi la puissance d'attirer magnétiquement la fortune fut adjugée à l'héritier unique d'une famille très-riche, qui, n'étant doué d'aucun sens de charité, non plus que d'aucune convoitise pour les biens les plus visibles de la vie, devait se trouver plus tard prodigieusement embarrassé de ses millions.

Ainsi furent donnés l'amour du Beau et la Puissance poétique au fils d'un sombre gueux, carrier de son état, qui ne pouvait, en aucune façon, aider les facultés, ni soulager les besoins de sa déplorable progéniture.

J'ai oublié de vous dire que la distribution, en ces cas solennels, est sans appel, et qu'aucun don ne peut être refusé.

Toutes les Fées se levaient, croyant leur corvée accomplie; car il ne restait plus aucun cadeau, aucune largesse à jeter à tout ce fretin humain, quand un brave homme, un pauvre petit commerçant, je crois, se leva, et empoignant par sa robe de vapeurs multicolores[1] la Fée qui était le plus à sa portée, s'écria :

« Eh! madame! vous nous oubliez! il y a encore mon petit! Je ne veux pas être venu pour rien. »

La Fée pouvait être embarrassée; car il ne restait plus *rien*. Cependant elle se souvint à temps d'une loi bien connue, quoique rarement appliquée, dans le monde surnaturel, habité par ces déités impalpables, amies de l'homme, et souvent contraintes de s'adapter à ses passions, telles que les Fées, les Gnomes, les Salamandres, les Sylphides, les Sylphes, les Nixes, les Ondins et les Ondines, — je veux parler de la loi qui concède aux Fées, dans un cas semblable à celui-ci, c'est-à-dire le cas d'épuisement des lots, la faculté d'en donner encore un, supplémentaire et exceptionnel, pourvu toutefois qu'elle ait l'imagination suffisante pour le créer immédiatement.

Donc la bonne Fée répondit, avec un aplomb digne de son rang : « Je donne à ton fils... je lui donne... le *Don de plaire !* »

« Mais plaire comment? plaire...? plaire pourquoi? » demanda opiniâtrément le petit boutiquier, qui était sans doute un de ces raisonneurs si communs, incapables de s'élever jusqu'à la logique de l'Absurde.

« Parce que! parce que! » répliqua la Fée courroucée, en lui tournant le dos; et rejoignant le cortège de ses compagnes, elle leur disait : « Comment trouvez-vous ce petit Français vaniteux, qui veut tout comprendre, et qui ayant obtenu pour son fils le meilleur des lots, ose encore interroger et discuter l'indiscutable? »

XXI

LES TENTATIONS
OU ÉROS, PLUTUS ET LA GLOIRE

DEUX superbes Satans et une Diablesse, non moins   1
extraordinaire, ont la nuit dernière monté l'escalier
mystérieux par où l'Enfer donne assaut à la faiblesse
de l'homme qui dort, et communique en secret avec
lui. Et ils sont venus se poser glorieusement devant   5
moi, debout comme sur une estrade. Une splendeur sulfureuse émanait de ces trois personnages, qui se détachaient ainsi du fond opaque de la nuit. Ils avaient l'air
si fier et si plein de domination, que je les pris d'abord
tous les trois pour de vrais Dieux.   10
    Le visage du premier Satan était d'un sexe ambigu, et
il y avait aussi, dans les lignes de son corps, la mollesse
des anciens Bacchus. Ses beaux yeux languissants, d'une
couleur ténébreuse et indécise, ressemblaient à des vio-
lettes chargées encore des lourds pleurs de l'orage, et ses   15
lèvres entr'ouvertes à des cassolettes chaudes, d'où
s'exhalait la bonne odeur d'une parfumerie; et à chaque
fois qu'il soupirait, des insectes musqués s'illuminaient,
en voletant, aux ardeurs de son souffle.
    Autour de sa tunique de pourpre était roulé, en   20
manière de ceinture, un serpent chatoyant qui, la tête
relevée, tournait langoureusement vers lui ses yeux de
braise. A cette ceinture vivante étaient suspendus, alter-
nant avec des fioles pleines de liqueurs sinistres, de
brillants couteaux et des instruments de chirurgie. Dans   25
sa main droite il tenait une autre fiole dont le contenu
était d'un rouge lumineux, et qui portait pour étiquette
ces mots bizarres : « Buvez, ceci est mon sang, un parfait
cordial; » dans la gauche, un violon qui lui servait sans
doute à chanter ses plaisirs et ses douleurs, et à répandre   30
la contagion de sa folie dans les nuits de sabbat.
    A ses chevilles délicates traînaient quelques anneaux
d'une chaîne d'or rompue, et quand la gêne qui en résul-

35 tait le forçait à baisser les yeux vers la terre, il contemplait vaniteusement les ongles de ses pieds, brillants et
polis comme des pierres bien travaillées.

Il me regarda avec ses yeux inconsolablement navrés,
d'où s'écoulait une insidieuse ivresse, et il me dit d'une
40 voix chantante : « Si tu veux, si tu veux, je te ferai le seigneur des âmes, et tu seras le maître de la matière vivante,
plus encore que le sculpteur peut l'être de l'argile; et tu
connaîtras le plaisir, sans cesse renaissant, de sortir de
toi-même pour t'oublier dans autrui, et d'attirer les
45 autres âmes jusqu'à les confondre avec la tienne. »

Et je lui répondis : « Grand merci! je n'ai que faire de
cette pacotille d'êtres qui, sans doute, ne valent pas mieux
que mon pauvre moi. Bien que j'aie quelque honte à me
souvenir, je ne veux rien oublier; et quand même je ne
50 te connaîtrais pas, vieux monſtre, ta myſtérieuse coutellerie, tes fioles équivoques, les chaînes dont tes pieds sont
empêtrés, sont des symboles qui expliquent assez clairement les inconvénients de ton amitié. Garde tes
présents. »

55 Le second Satan n'avait ni cet air à la fois tragique et
souriant, ni ces belles manières insinuantes, ni cette
beauté délicate et parfumée. C'était un homme vaſte, à
gros visage sans yeux, dont la lourde bedaine surplombait les cuisses, et dont toute la peau était dorée et
60 illuſtrée, comme d'un tatouage, d'une foule de petites
figures mouvantes représentant les formes nombreuses
de la misère universelle. Il y avait de petits hommes
efflanqués qui se suspendaient volontairement à un clou;
il y avait de petits gnomes difformes, maigres, dont les
65 yeux suppliants réclamaient l'aumône mieux encore que
leurs mains tremblantes; et puis de vieilles mères portant
des avortons accrochés à leurs mamelles exténuées. Il y
en avait[1] encore bien d'autres.

Le gros Satan tapait avec son poing sur son immense
70 ventre, d'où sortait alors un long et retentissant cliquetis
de métal, qui se terminait en un vague gémissement fait
de nombreuses voix humaines. Et il riait, en montrant
impudemment ses dents gâtées, d'un énorme rire imbécile, comme certains hommes de tous les pays quand ils
75 ont trop bien dîné.

Et celui-là me dit : « Je puis te donner ce qui obtient
tout, ce qui vaut tout, ce qui remplace tout! » Et il tapa

sur son ventre monstrueux, dont l'écho sonore fit le
commentaire de sa grossière parole.

Je me détournai avec dégoût et je répondis : « Je n'ai
besoin, pour ma jouissance, de la misère de personne ; et
je ne veux pas d'une richesse attristée, comme un papier
de tenture, de tous les malheurs représentés sur ta peau. »

Quant à la Diablesse, je mentirais si je n'avouais pas
qu'à première vue je lui trouvai un bizarre charme. Pour
définir ce charme, je ne saurais le comparer à rien de
mieux qu'à celui des très-belles femmes sur le retour, qui
cependant ne vieillissent plus, et dont la beauté garde la
magie pénétrante des ruines. Elle avait l'air à la fois
impérieux et dégingandé, et ses yeux, quoique battus,
contenaient une force fascinatrice. Ce qui me frappa le
plus, ce fut le mystère de sa voix, dans laquelle je retrouvais le souvenir des *contralti* les plus délicieux et aussi un
peu de l'enrouement des gosiers incessamment lavés[1] par
l'eau-de-vie.

« Veux-tu connaître ma puissance ? » dit la fausse
déesse avec sa voix charmante et paradoxale. « Écoute. »

Et elle emboucha alors une gigantesque trompette,
enrubannée, comme un mirliton, des titres de tous les
journaux de l'univers, et à travers cette trompette elle
cria mon nom, qui roula ainsi à travers l'espace avec le
bruit de cent mille tonnerres, et me revint répercuté par
l'écho de la plus lointaine planète.

« Diable ! » fis-je, à moitié subjugué, « voilà qui est
précieux[2] ! » Mais en examinant plus attentivement la
séduisante virago, il me sembla vaguement que je la
reconnaissais pour l'avoir vue trinquant avec quelques
drôles de ma connaissance ; et le son rauque du cuivre
apporta à mes oreilles je ne sais quel souvenir d'une
trompette prostituée.

Aussi je répondis, avec tout mon dédain : « Va-t'en !
Je ne suis pas fait pour épouser la maîtresse de certains
que je ne veux pas nommer. »

Certes, d'une si courageuse abnégation j'avais le droit
d'être fier. Mais malheureusement je me réveillai, et
toute ma force m'abandonna. « En vérité, me dis-je, il
fallait que je fusse bien lourdement assoupi pour montrer
de tels scrupules. Ah ! s'ils pouvaient revenir pendant
que je suis éveillé, je ne ferais pas tant le délicat ! »

Et je les invoquai à haute voix, les suppliant de me

pardonner, leur offrant de me déshonorer aussi souvent
qu'il le faudrait pour mériter leurs faveurs; mais je les
avais sans doute fortement offensés, car ils ne sont
jamais revenus.

XXII

LE CRÉPUSCULE DU SOIR[1]

1   LE jour tombe. Un grand apaisement se fait dans les
          pauvres esprits fatigués du labeur de la journée;
et leurs pensées prennent maintenant les couleurs tendres
et indécises du crépuscule.

5   Cependant du haut de la montagne arrive à mon
balcon, à travers les nues[2] transparentes du soir, un grand
hurlement, composé d'une foule de cris discordants, que
l'espace transforme en une lugubre harmonie, comme
celle de la marée qui monte ou d'une tempête qui
10   s'éveille.

          Quels sont les infortunés que le soir ne calme pas, et
qui prennent, comme les hiboux, la venue de la nuit pour
un signal de sabbat? Cette siniſtre ululation nous arrive
du noir hospice perché sur la montagne; et, le soir, en
15   fumant et en contemplant le repos de l'immense vallée,
hérissée de maisons dont chaque fenêtre dit : « C'eſt ici la
paix maintenant; c'eſt ici la joie de la famille! » je puis,
quand le vent souffle de là-haut, bercer ma pensée étonnée à cette imitation des harmonies de l'enfer.

20   Le crépuscule excite les fous. — Je me souviens que
j'ai eu deux amis que le crépuscule rendait tout malades.
L'un méconnaissait alors tous les rapports d'amitié et de
politesse, et maltraitait, comme un sauvage, le premier
venu. Je l'ai vu jeter à la tête d'un maître d'hôtel un
25   excellent poulet, dans lequel il croyait voir je ne sais quel
insultant hiéroglyphe. Le soir, précurseur des voluptés
profondes, lui gâtait les choses les plus succulentes.

          L'autre, un ambitieux blessé, devenait, à mesure que
le jour baissait, plus aigre, plus sombre, plus taquin.
30   Indulgent et sociable encore pendant la journée, il était
impitoyable le soir; et ce n'était pas seulement sur autrui,

mais aussi sur lui-même, que s'exerçait rageusement sa manie crépusculeuse.

Le premier est mort fou, incapable de reconnaître sa femme et son enfant; le second porte en lui l'inquiétude 35 d'un malaise perpétuel, et fût-il gratifié de tous les honneurs que peuvent conférer les républiques et les princes, je crois que le crépuscule allumerait encore en lui la brûlante envie de distinctions imaginaires. La nuit, qui mettait ses ténèbres dans leur esprit, fait la lumière dans 40 le mien; et, bien qu'il ne soit pas rare de voir la même cause engendrer deux effets contraires, j'en suis toujours comme intrigué et alarmé.

O nuit[1]! ô rafraîchissantes ténèbres! vous êtes pour moi le signal d'une fête intérieure, vous êtes la délivrance 45 d'une angoisse! Dans la solitude des plaines, dans les labyrinthes pierreux d'une capitale, scintillement des étoiles, explosion des lanternes, vous êtes le feu d'artifice de la déesse Liberté!

Crépuscule, comme vous êtes doux et tendre! Les 50 lueurs roses qui traînent encore à l'horizon comme l'agonie du jour sous l'oppression victorieuse de sa nuit, les feux des candélabres qui font des taches d'un rouge opaque sur les dernières gloires du couchant, les lourdes draperies qu'une main invisible attire des profondeurs 55 de l'Orient, imitent tous les sentiments compliqués qui luttent dans le cœur de l'homme aux heures solennelles de la vie.

On dirait encore une[2] de ces robes étranges de danseuses, où une gaze transparente et sombre laisse entre- 60 voir les splendeurs amorties d'une jupe éclatante, comme sous le noir présent transperce le délicieux passé; et les étoiles vacillantes d'or et d'argent, dont elle est semée, représentent ces feux de la fantaisie qui ne s'allument bien que sous le deuil profond de la Nuit. 65

XXIII

LA SOLITUDE[3]

UN gazetier philanthrope[4] me dit que la solitude est 1
mauvaise pour l'homme; et à l'appui de sa thèse il cite,
comme tous les incrédules, des paroles des Pères de l'Église.

5   Je sais que le Démon fréquente volontiers les lieux
arides, et que l'Esprit de[1] meurtre et de lubricité s'enflamme merveilleusement dans les solitudes. Mais il serait
possible que cette solitude ne fût dangereuse que pour
l'âme oisive et divagante qui la peuple de ses passions et
de ses chimères[2].

10   Il est certain qu'un bavard[3], dont le suprême plaisir
consiste à parler du haut d'une chaire ou d'une tribune,
risquerait fort de devenir fou furieux dans l'île de Robinson. Je n'exige pas de mon gazetier les courageuses
vertus de Crusoé, mais je demande qu'il ne décrète pas
15   d'accusation les amoureux[4] de la solitude et du mystère.

Il y a dans nos races jacassières des individus qui
accepteraient avec moins de répugnance le supplice
suprême, s'il leur était permis de faire du haut de l'écha-
faud une copieuse harangue, sans craindre que les
20   tambours de Santerre ne leur coupassent intempestivement la parole[5].

Je ne les plains pas, parce que je devine que leurs effusions oratoires leur procurent des voluptés égales à celles
que d'autres tirent du silence et du recueillement; mais
25   je les méprise.

Je désire surtout que mon maudit gazetier[6] me laisse
m'amuser à ma guise. « Vous n'éprouvez donc jamais, —
me dit-il[7], avec un ton de nez très-apostolique, — le
besoin de partager vos jouissances ? » Voyez-vous le
30   subtil envieux[8] ! Il sait que je dédaigne[9] les siennes, et il
vient s'insinuer dans les miennes, le hideux trouble-
fête[10] !

« Ce grand malheur de ne pouvoir être seul!... » dit
quelque part La Bruyère[11], comme pour faire honte à tous
35   ceux qui courent s'oublier dans la foule, craignant[12] sans
doute de ne pouvoir se supporter eux-mêmes.

« Presque tous nos malheurs nous viennent de n'avoir
pas su rester dans notre chambre, » dit un autre sage,
Pascal, je crois, rappelant ainsi dans la cellule du recueil-
40   lement tous ces affolés qui cherchent le bonheur dans le
mouvement et dans une prostitution que je pourrais
appeler *fraternitaire,* si je voulais parler la belle langue de
mon siècle[13].

XXIV

LES PROJETS[1]

Il se disait, en se promenant dans un grand parc 1
solitaire : « Comme elle serait belle dans un costume
de cour, compliqué et fastueux, descendant, à travers
l'atmosphère d'un beau soir, les degrés de marbre d'un
palais, en face des grandes pelouses et des bassins! Car 5
elle a naturellement l'air d'une princesse. »

En passant plus tard dans une rue, il s'arrêta devant une
boutique de gravures, et, trouvant dans un carton une
estampe représentant un paysage tropical, il se dit :
« Non! ce n'est pas dans un palais que je voudrais pos- 10
séder sa chère vie[2]. Nous n'y serions pas *chez nous*. D'ailleurs ces murs criblés d'or ne laisseraient pas une place
pour accrocher son image; dans[3] ces solennelles galeries,
il n'y a pas un coin pour l'intimité. Décidément, c'est *là*[4]
qu'il faudrait demeurer pour cultiver le rêve de ma vie. » 15

Et, tout en analysant des yeux les détails de la gravure,
il continuait mentalement : « Au bord de la mer, une belle
case en bois, enveloppée de tous ces arbres bizarres et
luisants dont j'ai oublié les noms....., dans l'atmosphère,
une odeur enivrante, indéfinissable[5]....., dans la case un 20
puissant parfum de rose et de musc....., plus loin, derrière
notre petit domaine[6], des bouts de mâts balancés par la
houle....., autour de nous, au delà de la chambre éclairée
d'une lumière rose tamisée par les stores, décorée de
nattes fraîches et de fleurs capiteuses, avec de rares siéges 25
d'un rococo Portugais[7], d'un bois lourd et ténébreux
(où elle reposerait si calme, si bien éventée, fumant le
tabac légèrement opiacé!), au delà de la varangue[8], le
tapage des oiseaux ivres de lumières, et le jacassement
des petites négresses....., et, la nuit, pour servir d'accom- 30
pagnement à mes songes, le chant plaintif des arbres à
musique, des mélancoliques[9] filaos! Oui, en vérité, c'est
bien *là* le décor que je cherchais. Qu'ai-je à faire de
palais? »

Et plus loin, comme il suivait une grande avenue, il 35
aperçut une auberge proprette, où d'une fenêtre égayée
par des rideaux d'indienne bariolée se penchaient deux

têtes rieuses. Et tout de suite : « Il faut, — se dit-il, — que
ma pensée soit une grande vagabonde pour aller chercher
40   si loin ce qui est si près de moi. Le plaisir et le bonheur
sont dans la première auberge venue, dans l'auberge du
hasard, si féconde en voluptés. Un grand feu, des faïences
voyantes, un souper passable, un vin rude, et un lit très-
large avec des draps un peu âpres, mais frais; quoi de
45   mieux ? »

     Et en rentrant seul chez lui, à cette heure où les
conseils de la Sagesse ne sont plus étouffés par les bour-
donnements[1] de la vie extérieure, il se dit : « J'ai eu
aujourd'hui, en rêve, trois domiciles où j'ai trouvé un
50   égal plaisir. Pourquoi contraindre mon corps à changer
de place, puisque mon âme voyage si lestement ? Et à
quoi bon exécuter des projets, puisque le projet est en
lui-même une jouissance suffisante ? »

XXV

LA BELLE DOROTHÉE

1   L E soleil accable la ville de sa lumière droite et terrible; le sable est éblouissant et la mer miroite. Le
monde stupéfié s'affaisse lâchement et fait la sieste, une sieste
qui est une espèce de mort savoureuse où le dormeur, à
5   demi éveillé, goûte les voluptés de son anéantissement.

     Cependant Dorothée, forte et fière comme le soleil,
s'avance dans la rue déserte, seule vivante à cette heure
sous l'immense azur, et faisant sur la lumière une tache
éclatante et noire.

10   Elle s'avance, balançant mollement son torse si mince
sur ses hanches si larges. Sa robe de soie collante, d'un
ton clair et rose, tranche vivement sur les ténèbres de sa
peau et moule exactement sa taille longue, son dos creux
et sa gorge pointue[2].

15   Son ombrelle rouge, tamisant la lumière, projette sur
son visage sombre le fard sanglant de ses reflets.

     Le poids de son énorme chevelure presque bleue tire
en arrière sa tête délicate et lui donne un air triomphant
et paresseux. De lourdes pendeloques gazouillent secrè-
20   tement à ses mignonnes oreilles.

De temps en temps la brise de mer soulève par le coin sa jupe flottante et montre sa jambe luisante et superbe; et son pied, pareil aux pieds des déesses de marbre que l'Europe enferme dans ses musées, imprime fidèlement sa forme sur le sable fin. Car Dorothée est si prodigieusement coquette, que le plaisir d'être admirée l'emporte chez elle sur l'orgueil de l'affranchie, et, bien qu'elle soit libre, elle marche sans souliers.

Elle s'avance ainsi, harmonieusement, heureuse de vivre et souriant d'un blanc sourire, comme si elle apercevait au loin dans l'espace un miroir reflétant sa démarche et sa beauté.

A l'heure où les chiens eux-mêmes gémissent de douleur sous le soleil qui les mord, quel puissant motif fait donc aller ainsi la paresseuse Dorothée, belle et froide comme le bronze?

Pourquoi a-t-elle quitté sa petite case si coquettement arrangée, dont les fleurs et les nattes font à si peu de frais un parfait boudoir; où elle prend tant de plaisir à se peigner, à fumer, à se faire éventer ou à se regarder dans le miroir de ses grands éventails de plumes, pendant que la mer, qui bat la plage à cent pas de là, fait à ses rêveries indécises un puissant et monotone accompagnement, et que la marmite de fer, où cuit un ragoût de crabes au riz et au safran, lui envoie, du fond de la cour, ses parfums excitants?

Peut-être a-t-elle un rendez-vous avec quelque jeune officier qui, sur des plages lointaines, a entendu parler par ses camarades de la célèbre Dorothée. Infailliblement elle le priera, la simple créature, de lui décrire le bal de l'Opéra, et lui demandera si on peut y aller pieds nus, comme aux danses du dimanche, où les vieilles Cafrines elles-mêmes deviennent ivres et furieuses de joie; et puis encore si les belles dames de Paris sont toutes plus belles qu'elle.

Dorothée est admirée et choyée de tous, et elle serait parfaitement heureuse si elle n'était obligée d'entasser piastre sur piastre pour racheter sa petite sœur qui a bien onze ans, et qui est déjà mûre, et si belle[1]! Elle réussira sans doute, la bonne Dorothée; le maître de l'enfant est si avare, trop avare pour comprendre une autre beauté que celle des écus!

XXVI

LES YEUX DES PAUVRES

1   Aʜ! vous voulez savoir pourquoi je vous hais aujourd'hui. Il vous sera sans doute moins facile de
le comprendre qu'à moi de vous l'expliquer[1]; car vous
êtes, je crois, le plus bel exemple d'imperméabilité
5   féminine qui se puisse rencontrer.

Nous avions passé ensemble une longue journée qui
m'avait paru courte. Nous nous étions bien promis que
toutes nos pensées nous seraient communes à l'un et à
l'autre, et que nos deux âmes désormais n'en feraient plus
10   qu'une; — un rêve qui n'a rien d'original, après tout, si
ce n'est que, rêvé par tous les hommes, il n'a été réalisé
par aucun[2].

Le soir, un peu fatiguée, vous voulûtes vous asseoir
devant un café neuf[3] qui formait le coin d'un boulevard
15   neuf, encore tout plein de gravois et montrant déjà glorieusement ses splendeurs inachevées. Le café étincelait.
Le gaz lui-même y déployait toute l'ardeur d'un début,
et éclairait de toutes ses forces les murs aveuglants de
blancheur, les nappes éblouissantes des miroirs, les ors
20   des baguettes et des corniches[4], les pages aux joues rebondies traînés par les chiens en laisse, les dames riant au
faucon perché sur leur poing, les nymphes et les déesses
portant sur leur tête des fruits, des pâtés et du gibier,
les Hébés et les Ganymèdes présentant à bras tendu la
25   petite amphore à bavaroises ou l'obélisque bicolore des
glaces panachées; toute l'histoire et toute la mythologie
mises au service de la goinfrerie.

Droit devant nous, sur la chaussée, était planté un
brave homme d'une quarantaine[5] d'années, au visage
30   fatigué, à la barbe grisonnante, tenant d'une main un
petit garçon et portant sur l'autre bras un petit être trop
faible pour marcher. Il remplissait l'office de bonne et
faisait prendre à ses enfants l'air du soir[6]. Tous en guenilles. Ces[7] trois visages étaient extraordinairement
35   sérieux, et ces six yeux contemplaient fixement le café
nouveau avec une admiration égale, mais nuancée diversement par l'âge.

Les yeux du père disaient : « Que c'est beau! que c'est
beau! on dirait que tout l'or du pauvre monde est venu
se porter[1] sur ces murs. » — Les yeux du petit garçon[2] :
« Que c'est beau! que c'est beau! mais c'est une maison
où peuvent seuls entrer les gens qui ne sont pas comme
nous. » — Quant aux yeux du plus petit, ils étaient trop
fascinés pour exprimer autre chose qu'une joie stupide
et profonde.

Les chansonniers disent que le plaisir rend l'âme bonne
et amollit le cœur. La chanson avait raison ce soir-là,
relativement à moi[3]. Non-seulement j'étais attendri par
cette famille d'yeux, mais je me sentais un peu honteux de
nos verres et de nos carafes, plus grands que notre soif.
Je tournais mes regards vers les vôtres, cher amour, pour
y lire *ma* pensée; je plongeais dans vos yeux si beaux et
si bizarrement doux, dans vos yeux verts, habités par le
Caprice et inspirés par la Lune, quand vous me dîtes :
« Ces gens-là me sont insupportables avec leurs yeux
ouverts comme[4] des portes cochères! Ne pourriez-vous
pas prier le maître du café de les éloigner d'ici? »

Tant il est difficile de s'entendre, mon cher ange, et
tant la pensée est incommunicable, même entre gens qui
s'aiment[5]!

40

45

50

55

60

XXVII

UNE MORT HÉROÎQUE

FANCIOULLE était un admirable bouffon, et presque
un des amis du Prince. Mais pour les personnes
vouées par état au comique, les choses sérieuses ont
de fatales attractions, et, bien qu'il puisse paraître
bizarre que les idées de patrie et de liberté s'emparent
despotiquement du cerveau d'un histrion, un jour Fancioulle entra dans une conspiration formée par quelques
gentilshommes mécontents.

Il existe partout des hommes de bien[6] pour dénoncer
au pouvoir ces individus d'humeur atrabilaire qui veulent
déposer les princes et opérer, sans la consulter, le déménagement d'une société. Les seigneurs en question furent

1

5

10

arrêtés, ainsi que Fancioulle, et voués à une mort certaine.

Je croirais volontiers que le Prince fut presque fâché de trouver son comédien favori parmi les[1] rebelles. Le Prince n'était ni meilleur ni pire qu'un autre; mais une excessive sensibilité le rendait, en beaucoup de cas, plus cruel et plus despote que tous ses pareils. Amoureux passionné des beaux-arts, excellent connaisseur d'ailleurs, il était vraiment insatiable de voluptés[2]. Assez indifférent relativement aux hommes et à la morale, véritable artiste lui-même, il ne connaissait d'ennemi dangereux que l'Ennui, et les efforts bizarres qu'il faisait pour fuir ou pour vaincre ce tyran du monde lui auraient certainement attiré, de la part d'un historien sévère, l'épithète de « monstre », s'il avait été permis, dans ses domaines, d'écrire quoi que ce fût qui ne tendît pas uniquement au plaisir ou à l'étonnement, qui est une des formes les plus délicates du plaisir. Le grand malheur de ce Prince fut qu'il n'eut jamais un théâtre assez vaste pour son génie. Il y a de jeunes Nérons qui étouffent dans des limites trop étroites, et dont les siècles à venir ignoreront toujours le nom et la bonne volonté. L'imprévoyante Providence avait donné à celui-ci des facultés plus grandes que ses États.

Tout d'un coup le bruit courut que le souverain voulait faire grâce à tous les conjurés; et l'origine de ce bruit fut l'annonce d'un grand spectacle où Fancioulle devait jouer l'un de ses principaux et de ses meilleurs rôles, et auquel assisteraient même, disait-on, les gentilshommes condamnés; signe évident, ajoutaient les esprits superficiels, des tendances généreuses du Prince offensé.

De la part d'un homme aussi naturellement et volontairement excentrique, tout était possible, même la vertu, même la clémence, surtout s'il avait pu espérer y trouver des plaisirs inattendus. Mais pour ceux qui, comme moi, avaient pu pénétrer plus avant dans les profondeurs de cette âme curieuse et malade, il était infiniment plus probable que le Prince voulait juger de la valeur des talents scéniques d'un homme condamné à mort. Il voulait profiter de l'occasion pour faire une expérience physiologique d'un intérêt *capital,* et vérifier jusqu'à quel point les facultés habituelles d'un artiste pouvaient être altérées ou modifiées par la situation extraordinaire où il se trouvait; au delà, existait-il dans son âme une intention plus ou moins arrêtée de clémence ? C'est un point qui n'a jamais pu être éclairci.

Enfin, le grand jour arrivé, cette petite cour déploya toutes ses pompes, et il serait difficile de concevoir, à moins de l'avoir vu, tout ce que la classe privilégiée d'un petit État, à ressources restreintes, peut montrer de splendeurs pour une vraie solennité. Celle-là était doublement vraie, d'abord par la magie du luxe étalé, ensuite par l'intérêt moral et mystérieux qui y était attaché.

Le sieur Fancioulle excellait surtout dans les rôles muets ou peu chargés de paroles, qui sont souvent les principaux dans ces drames féeriques dont l'objet est de représenter symboliquement le mystère de la vie. Il entra en scène légèrement et avec une aisance parfaite, ce qui contribua à fortifier, dans le noble public, l'idée de douceur et de pardon.

Quand on dit d'un comédien : « Voilà un bon comédien », on se sert d'une formule qui implique que sous le personnage se laisse encore deviner le comédien, c'est-à-dire l'art, l'effort, la volonté. Or, si un comédien arrivait à être, relativement au personnage qu'il est chargé d'exprimer, ce que les meilleures statues de l'antiquité, miraculeusement animées, vivantes, marchantes, voyantes, seraient relativement à l'idée générale et confuse de beauté, ce serait là, sans doute, un cas singulier et tout à fait imprévu. Fancioulle fut, ce soir-là, une parfaite idéalisation, qu'il était impossible de ne pas supposer vivante, possible, réelle. Ce bouffon allait, venait, riait, pleurait, se convulsait, avec une indestructible auréole autour de la tête, auréole invisible pour tous, mais visible pour moi, et où se mêlaient, dans un étrange amalgame, les rayons de l'Art et la gloire du Martyre. Fancioulle introduisait, par je ne sais quelle grâce spéciale, le divin et le surnaturel, jusque dans les plus extravagantes bouffonneries. Ma plume tremble, et des larmes d'une émotion toujours présente me montent aux yeux pendant que je cherche à vous décrire cette inoubliable soirée. Fancioulle me prouvait, d'une manière péremptoire, irréfutable, que l'ivresse de l'Art est plus apte que toute autre à voiler les terreurs du gouffre; que le génie peut jouer la comédie au bord de la tombe avec une joie qui l'empêche de voir la tombe, perdu, comme il est, dans un paradis excluant toute idée de tombe et de destruction.

Tout ce public, si blasé et frivole qu'il pût être, subit
100   bientôt la toute-puissante domination de l'artiste. Personne ne rêva plus de mort, de deuil, ni de supplices.
Chacun s'abandonna, sans inquiétude, aux voluptés mul-
tipliées que donne la vue d'un chef-d'œuvre d'art vivant.
Les explosions de la joie et de l'admiration ébranlèrent
105   à plusieurs reprises les voûtes de l'édifice avec l'énergie
d'un tonnerre continu. Le Prince lui-même, enivré, mêla
ses applaudissements à ceux de sa cour.

Cependant, pour un œil clairvoyant, son ivresse, à lui,
n'était pas sans mélange. Se sentait-il vaincu dans son
110   pouvoir de despote? humilié dans son art de terrifier les
cœurs et d'engourdir les esprits? frustré[1] de ses espérances
et bafoué dans ses prévisions? De telles suppositions non
exactement justifiées, mais non absolument injustifiables,
traversèrent mon esprit pendant que je contemplais le
115   visage du Prince, sur lequel une pâleur nouvelle s'ajoutait sans cesse à sa pâleur habituelle, comme la neige
s'ajoute à la neige. Ses lèvres se resserraient de plus en
plus, et ses yeux s'éclairaient d'un feu intérieur semblable
à celui de la jalousie et de la rancune, même pendant qu'il
120   applaudissait ostensiblement les talents de son vieil ami,
l'étrange bouffon, qui bouffonnait si bien la mort[2]. A un
certain moment, je vis Son Altesse se pencher vers un
petit page, placé derrière elle, et lui parler à l'oreille. La
physionomie espiègle du joli enfant s'illumina d'un sou-
125   rire; et puis il quitta vivement la loge princière comme
pour s'acquitter d'une commission urgente.

Quelques minutes plus tard un coup de sifflet aigu,
prolongé, interrompit Fancioulle dans un de ses meilleurs
moments, et déchira à la fois les oreilles et les cœurs. Et
130   de l'endroit de la salle d'où avait jailli cette désapproba-
tion inattendue, un enfant se précipitait dans un corridor,
avec des rires étouffés.

Fancioulle, secoué, réveillé dans son rêve, ferma
d'abord les yeux, puis les rouvrit presque aussitôt,
135   démesurément agrandis, ouvrit ensuite la bouche comme
pour respirer convulsivement, chancela un peu en
avant, un peu en arrière, et puis tomba roide[3] mort
sur les planches.

Le sifflet, rapide comme un glaive, avait-il réellement
140   frustré le bourreau? Le Prince avait-il lui-même deviné
toute l'homicide efficacité de sa ruse? Il est permis d'en

douter. Regretta-t-il son cher et inimitable Fancioulle ?
Il est doux et légitime de le croire.

Les gentilshommes coupables avaient joui pour la
dernière fois du spectacle de la comédie. Dans la même   145
nuit ils furent effacés de la vie[1].

Depuis lors, plusieurs mimes, justement appréciés
dans différents pays, sont venus jouer devant la cour
de*** ; mais aucun d'eux n'a pu rappeler les merveilleux
talents de Fancioulle, ni s'élever jusqu'à la même   150
faveur[2].

XXVIII

LA FAUSSE MONNAIE

COMME nous nous éloignions du bureau de tabac, mon   1
ami fit un soigneux triage[3] de sa monnaie ; dans
la poche gauche de son gilet il glissa de petites pièces
d'or ; dans la droite, de petites pièces d'argent ; dans
la poche gauche de sa culotte, une masse de gros sols[4],   5
et enfin, dans la droite, une pièce d'argent de deux
francs qu'il avait particulièrement examinée.

« Singulière et minutieuse répartition ! » me dis-je
en moi-même.

Nous fîmes la rencontre d'un pauvre qui nous tendit   10
sa casquette en tremblant. — Je ne connais rien de plus
inquiétant que l'éloquence muette de ces yeux suppliants,
qui contiennent à la fois, pour l'homme sensible qui sait
y lire, tant d'humilité, tant de reproches[5]. Il trouve
quelque chose[6] approchant cette profondeur de senti-   15
ment compliqué, dans les yeux larmoyants des chiens
qu'on fouette.

L'offrande de mon ami fut beaucoup plus considé-
rable que la mienne, et je lui dis : « Vous avez raison ;
après le plaisir d'être étonné, il n'en est pas de plus grand   20
que celui de causer une surprise. — C'était la pièce
fausse », me répondit-il tranquillement, comme pour se
justifier de sa prodigalité.

Mais dans mon misérable cerveau, toujours occupé à
chercher midi à quatorze heures (de quelle fatigante   25

faculté la nature m'a fait cadeau!) entra[1] soudainement
cette idée qu'une pareille conduite, de la part de mon ami,
n'était excusable que par le désir de créer un événement
dans la vie de ce pauvre diable, peut-être même de con-
30   naître les conséquences diverses, funestes ou autres, que
peut engendrer une pièce fausse dans la main d'un mendiant[2]. Ne pouvait-elle pas se multiplier en pièces vraies?
ne pouvait-elle pas aussi le conduire en prison? Un caba-
retier, un boulanger, par exemple, allait peut-être le faire
35   arrêter comme faux monnayeur ou comme propagateur
de fausse monnaie. Tout aussi bien la pièce fausse serait
peut-être, pour un pauvre petit spéculateur[3], le germe
d'une richesse de quelques jours. Et ainsi ma fantaisie
allait son train, prêtant des[4] ailes à l'esprit de mon ami et
40   tirant toutes les déductions possibles de toutes les hypo-
thèses possibles.

Mais celui-ci rompit brusquement ma rêverie en reprenant mes propres paroles : « Oui, vous avez raison[5]; il
n'est pas de plaisir plus doux que de surprendre un
45   homme en lui donnant plus qu'il n'espère. »

Je le regardais dans le blanc des yeux, et je fus épouvanté de voir que ses yeux brillaient d'une incontestable
candeur. Je vis alors clairement qu'il avait voulu faire à
la fois la charité et une bonne affaire; gagner quarante
50   sols et le cœur de Dieu; emporter le paradis économi-
quement; enfin attraper gratis un brevet d'homme charitable[6]. Je lui aurais presque pardonné le désir de la
criminelle jouissance dont je le supposais tout à l'heure
capable; j'aurais trouvé curieux, singulier, qu'il s'amusât
55   à compromettre les pauvres; mais je ne lui pardonnerai
jamais l'ineptie de son calcul. On n'est jamais excusable
d'être méchant, mais il y a quelque mérite à savoir qu'on
l'est; et le plus irréparable des vices est de faire le mal
par bêtise.

XXIX

LE JOUEUR GÉNÉREUX

1   HIER, à travers la foule du boulevard, je me suis
senti frôlé par un Être mystérieux que j'avais
toujours désiré connaître, et que je reconnus tout de

suite, quoique je ne l'eusse jamais vu. Il y avait sans
doute chez lui, relativement à moi, un désir analogue, car   5
il me fit, en passant, un clignement d'œil significatif
auquel je me hâtai d'obéir. Je le suivis attentivement, et
bientôt je descendis derrière lui dans une demeure sou-
terraine, éblouissante, où éclatait un luxe dont aucune
des habitations supérieures de Paris ne pourrait fournir   10
un exemple approchant[1]. Il me parut singulier que j'eusse
pu passer si souvent à côté de ce prestigieux repaire sans
en deviner l'entrée. Là régnait une atmosphère exquise,
quoique capiteuse, qui faisait oublier presque instantané-
ment toutes les fastidieuses horreurs de la vie; on y res-   15
pirait une béatitude sombre, analogue à celle que durent
éprouver les mangeurs de lotus quand, débarquant dans
une île enchantée, éclairée des lueurs d'une éternelle
après-midi, ils sentirent naître en eux, aux sons assoupissants des mélodieuses cascades, le désir de ne jamais   20
revoir leurs pénates, leurs femmes, leurs enfants, et de ne
jamais remonter sur les hautes lames de la mer.

Il y avait là des visages étranges d'hommes et de
femmes, marqués d'une beauté fatale, qu'il me semblait
avoir vus déjà à des époques et dans des pays dont il   25
m'était impossible de me souvenir exactement, et qui
m'inspiraient plutôt une sympathie fraternelle que cette
crainte qui naît ordinairement à l'aspect[2] de l'inconnu. Si
je voulais essayer de définir d'une manière quelconque
l'expression singulière[3] de leurs regards, je dirais que   30
jamais je ne vis d'yeux brillant[4] plus énergiquement de
l'horreur de l'ennui et du désir immortel de se sentir
vivre.

Mon hôte et moi, nous étions déjà, en nous asseyant,
de vieux et parfaits amis. Nous mangeâmes, nous bûmes[5]   35
outre mesure de toutes sortes de vins extraordinaires, et,
chose non moins extraordinaire[6], il me semblait, après
plusieurs heures, que je n'étais pas plus ivre que lui.
Cependant le jeu, ce plaisir surhumain, avait coupé à
divers intervalles nos fréquentes libations, et je dois dire   40
que j'avais joué et perdu mon âme, en partie liée, avec
une insouciance et une légèreté héroïques. L'âme est une
chose si impalpable, si souvent inutile et quelquefois si
gênante[7], que je n'éprouvai, quant à cette perte, qu'un
peu moins d'émotion que si j'avais égaré, dans une   45
promenade, **ma carte** de visite.

Nous fumâmes longuement quelques cigares dont la
saveur et le parfum incomparables donnaient à l'âme la
nostalgie de pays et de bonheurs inconnus, et, enivré de
50   toutes ces délices[1], j'osai, dans un accès de familiarité qui
ne parut pas lui déplaire, m'écrier, en m'emparant d'une
coupe pleine jusqu'au bord : « A votre immortelle santé,
vieux Bouc ! »

Nous causâmes aussi de l'univers, de sa création et de
55   sa future destruction; de la grande idée du siècle, c'est-à-
dire du progrès et de la perfectibilité, et, en général, de
toutes les formes de l'infatuation humaine. Sur ce sujet-
là, Son Altesse ne tarissait pas en plaisanteries légères et
irréfutables, et elle s'exprimait avec une suavité de diction
60   et une tranquillité dans la drôlerie que je n'ai trouvées[2]
dans aucun des plus célèbres causeurs de l'humanité.
Elle m'expliqua l'absurdité des différentes philosophies
qui avaient jusqu'à présent pris possession du cerveau
humain et daigna même me faire confidence de quelques
65   principes fondamentaux dont il ne me convient pas de
partager les bénéfices et la propriété avec qui que ce soit.
Elle ne se plaignit en aucune façon de la mauvaise répu-
tation dont elle jouit[3] dans toutes les parties du monde,
m'assura qu'elle était, elle-même, la personne la plus
70   intéressée à la destruction de la *superstition,* et m'avoua
qu'elle n'avait eu peur, relativement à son propre pouvoir, qu'une seule fois, c'était le jour où elle avait entendu
un prédicateur, plus subtil que ses confrères[4], s'écrier en
chaire : « Mes chers frères, n'oubliez jamais, quand vous
75   entendrez vanter le progrès des lumières, que la plus
belle des ruses du diable est de vous persuader qu'il
n'existe pas ! »

Le souvenir de ce célèbre orateur nous conduisit naturellement vers[5] le sujet des académies, et mon étrange
80   convive m'affirma qu'il ne dédaignait pas, en beaucoup
de cas, d'inspirer la plume, la parole et la conscience des
pédagogues, et qu'il assistait presque toujours en personne, quoique invisible, à toutes les séances acadé-
miques.

85   Encouragé par tant de bontés, je lui demandai des
nouvelles de Dieu, et s'il l'avait vu récemment. Il me
répondit, avec une insouciance nuancée d'une certaine
tristesse[6] : « Nous nous saluons quand nous nous rencontrons, mais comme deux vieux gentilshommes, en qui

une politesse innée ne saurait éteindre tout à fait le sou- 90
venir d'anciennes rancunes. »

Il est douteux que Son Altesse ait jamais donné une
si longue audience à un simple mortel, et je craignais
d'abuser. Enfin, comme l'aube frissonnante blanchissait
les vitres[1], ce célèbre personnage, chanté par tant de 95
poëtes et servi par tant de philosophes qui travaillent à
sa gloire sans le savoir, me dit : « Je veux que vous gar-
diez de moi un bon souvenir[2], et vous prouver que Moi,
dont on dit tant de mal, je suis quelquefois *bon diable,*
pour me servir d'une de vos locutions vulgaires. Afin de 100
compenser la perte irrémédiable que vous avez faite de
votre âme, je vous donne l'enjeu que vous auriez gagné
si le sort avait été pour vous, c'est-à-dire la possibilité de
soulager et de vaincre, pendant toute votre vie, cette
bizarre affection de l'Ennui, qui est la source de toutes vos 105
maladies et de tous vos misérables progrès. Jamais un
désir ne sera formé par vous, que je ne vous aide à le
réaliser; vous régnerez sur vos vulgaires semblables;
vous serez fourni de flatteries et même d'adorations[3];
l'argent, l'or, les diamants, les palais féeriques, viendront 110
vous chercher et vous prieront de les accepter, sans que
vous ayez fait un effort pour les gagner; vous changerez
de patrie et de contrée aussi souvent que votre fantaisie
vous l'ordonnera; vous vous soûlerez de voluptés[4], sans
lassitude, dans des pays charmants où il fait toujours 115
chaud et où les femmes sentent aussi bon que les fleurs,
— et cætera, et cætera... », ajouta-t-il en se levant et en
me congédiant avec un bon sourire.

Si ce n'eût été la crainte de l'humilier devant une
aussi grande assemblée, je serais volontiers tombé aux 120
pieds de ce joueur généreux pour le remercier de son
inouïe munificence. Mais peu à peu, après que je l'eus
quitté, l'incurable défiance rentra dans mon sein; je
n'osais plus croire à un si prodigieux bonheur, et, en me
couchant, faisant encore ma prière par un reste d'habitude 125
imbécile[5], je répétais dans un demi-sommeil : « Mon
Dieu! Seigneur, mon Dieu! faites que le diable me tienne
sa parole! »

XXX

LA CORDE

A Édouard Manet.

1   « L ES illusions, — me disait mon ami, — sont aussi
          innombrables peut-être que les rapports des
hommes entre eux, ou des hommes avec les choses.
Et quand l'illusion disparaît, c'est-à-dire quand nous
5   voyons l'être ou le fait tel qu'il existe en dehors de nous,
nous éprouvons un bizarre sentiment, compliqué moitié
de regret pour le fantôme disparu, moitié de surprise
agréable devant la nouveauté, devant le fait réel. S'il
existe un phénomène évident, trivial, toujours semblable,
10   et d'une nature à laquelle il soit impossible de se tromper,
c'est l'amour maternel. Il est aussi difficile de supposer
une mère sans amour maternel qu'une lumière sans chaleur; n'est-il donc pas parfaitement légitime d'attribuer à
l'amour maternel toutes les actions et les paroles d'une
15   mère, relatives à son enfant? Et cependant, écoutez cette
petite histoire, où j'ai été singulièrement mystifié par
l'illusion la plus naturelle.
       « Ma profession de peintre me pousse à regarder atten-
tivement les visages, les physionomies qui s'offrent dans[1]
20   ma route, et vous savez quelle jouissance nous tirons de
cette faculté qui rend à nos yeux la vie plus vivante et
plus significative que pour les autres hommes. Dans le
quartier reculé que j'habite, et où de vastes espaces gazon-
nés séparent encore les bâtiments, j'observai souvent un
25   enfant dont la physionomie ardente et espiègle, plus que
toutes les autres, me séduisit tout d'abord[2]. Il a posé plus
d'une fois pour moi, et je l'ai transformé tantôt en petit
bohémien, tantôt en ange, tantôt en Amour mythologique. Je lui ai fait porter le violon du vagabond, la
30   Couronne d'Épines et les Clous de la Passion, et la Torche
d'Éros. Je pris enfin à toute la drôlerie de ce gamin un
plaisir si vif, que je priai un jour ses parents, de pauvres
gens, de vouloir bien me le céder, promettant de bien
l'habiller, de lui donner quelque argent et de ne pas lui
35   imposer d'autre peine que de nettoyer mes pinceaux et

de faire mes commissions. Cet enfant, débarbouillé, devint charmant, et la vie qu'il menait chez moi lui semblait un paradis, comparativement à celle qu'il aurait subie dans le taudis paternel[1]. Seulement je dois dire que ce petit bonhomme m'étonna quelquefois par des crises singulières de tristesse précoce, et qu'il manifesta bientôt un goût immodéré pour le sucre et les liqueurs; si bien qu'un jour[2] où je constatai que, malgré mes nombreux avertissements, il avait encore commis un nouveau larcin de ce genre, je le menaçai de le renvoyer à ses parents. Puis je sortis, et mes affaires me retinrent assez longtemps hors de chez moi.

« Quels ne furent pas mon horreur et mon étonnement quand, rentrant à la maison, le premier objet qui frappa mon regard fut mon petit bonhomme, l'espiègle compagnon de ma vie, pendu au panneau de cette armoire! Ses pieds touchaient presque le plancher; une chaise, qu'il avait sans doute repoussée du pied[3], était renversée à côté de lui; sa tête était penchée convulsivement sur une épaule; son visage, boursouflé, et ses yeux, tout grands ouverts avec une fixité effrayante, me causèrent d'abord l'illusion de la vie. Le dépendre n'était pas une besogne aussi facile que vous pouvez le croire[4]. Il était déjà fort roide[5], et j'avais une répugnance inexplicable à le faire brusquement tomber sur le sol. Il fallait le soutenir tout entier avec un bras, et, avec la main de l'autre bras, couper la corde. Mais cela fait, tout n'était pas fini; le petit monstre s'était servi d'une ficelle fort mince qui était entrée profondément dans les chairs, et il fallait maintenant, avec de minces ciseaux, chercher la corde entre les deux bourrelets de l'enflure, pour lui dégager le cou[6].

« J'ai négligé de vous dire que j'avais vivement appelé au secours; mais tous mes voisins avaient refusé de me venir en aide, fidèles en cela aux habitudes de l'homme civilisé, qui ne veut jamais, je ne sais pourquoi, se mêler des affaires d'un pendu. Enfin vint un médecin qui déclara que l'enfant était mort depuis plusieurs heures. Quand, plus tard, nous eûmes à le déshabiller pour l'ensevelissement, la rigidité cadavérique était telle, que, désespérant de fléchir les membres, nous dûmes lacérer et couper les vêtements pour les lui enlever.

« Le commissaire, à qui, naturellement, je dus déclarer

80 l'accident, me regarda de travers, et me dit : « Voilà qui
est louche! » mû[1] sans doute par un désir invétéré et une
habitude d'état de faire peur, à tout hasard, aux innocents
comme aux coupables.

« Restait une tâche suprême à accomplir, dont la seule
85 pensée me causait une angoisse terrible : il fallait avertir
les parents. Mes pieds refusaient de m'y conduire. Enfin
j'eus ce courage. Mais, à mon grand étonnement, la mère
fut impassible, pas une larme ne suinta du coin de son
œil. J'attribuai cette étrangeté à l'horreur même qu'elle
devait éprouver, et je me souvins de la sentence connue :
90 « Les douleurs les plus terribles sont les douleurs
muettes. » Quant au père, il se contenta de dire d'un air
moitié abruti, moitié rêveur : « Après tout, cela vaut peut-
être mieux ainsi; il aurait toujours mal fini! »

« Cependant le corps était étendu sur mon divan, et,
95 assisté d'une servante, je m'occupais des derniers prépa-
ratifs, quand la mère entra dans mon atelier. Elle voulait,
disait-elle, voir le cadavre de son fils. Je ne pouvais pas,
en vérité, l'empêcher de s'enivrer de son malheur et lui
refuser cette suprême et sombre consolation[2]. Ensuite
100 elle me pria de lui montrer l'endroit où son petit s'était
pendu. « Oh! non! madame, — lui répondis-je, — cela
vous ferait mal. » Et comme involontairement mes yeux
se tournaient[3] vers la funèbre armoire, je m'aperçus,
avec un dégoût mêlé d'horreur et de colère, que le clou
105 était resté fiché dans la paroi, avec un long bout de corde
qui traînait encore. Je m'élançai vivement pour arracher
ces derniers vestiges du malheur, et comme j'allais les
lancer au dehors par la fenêtre ouverte, la pauvre femme
saisit mon bras et me dit d'une voix irrésistible : « Oh!
110 monsieur! laissez-moi cela! je vous en prie! je vous en
supplie! » Son désespoir l'avait, sans doute, me parut-il,
tellement affolée, qu'elle s'éprenait de tendresse maintenant pour ce qui avait servi d'instrument à la mort de son
fils, et le voulait garder comme une horrible et chère
115 relique. — Et elle s'empara du clou et de la ficelle.

« Enfin! enfin! tout était accompli. Il ne restait plus
qu'à me remettre au travail, plus vivement encore que
d'habitude, pour chasser peu à peu ce petit cadavre qui
hantait les replis de mon cerveau, et dont le fantôme me
120 fatiguait de ses grands yeux fixes. Mais le lendemain je
reçus un paquet de lettres : les unes, des locataires de ma

maison, quelques autres des maisons voisines; l'une, du
premier étage; l'autre, du second; l'autre, du troisième,
et ainsi de suite, les unes en style demi-plaisant, comme
cherchant à déguiser sous un apparent badinage la sincé-
rité de la demande[1]; les autres, lourdement effrontées et   125
sans orthographe, mais toutes tendant au même but,
c'est-à-dire à obtenir de moi un morceau de la funeste et
béatifique corde[2]. Parmi les signataires il y avait, je dois
le dire, plus de femmes que d'hommes; mais tous,
croyez-le bien, n'appartenaient pas à la classe infime et   130
vulgaire. J'ai gardé ces lettres.

    « Et alors, soudainement, une lueur se fit dans mon
cerveau, et je compris pourquoi la mère tenait tant à
m'arracher la ficelle et par quel commerce elle entendait   135
se consoler[3]. »

XXXI

LES VOCATIONS

Dans un beau jardin où les rayons d'un soleil autom-   1
nal semblaient s'attarder à plaisir, sous un ciel
déjà verdâtre où des nuages d'or flottaient comme des
continents en voyage, quatre beaux enfants, quatre
garçons, las de jouer sans doute, causaient entre eux.   5
    L'un disait : « Hier on m'a mené au théâtre. Dans des
palais grands et tristes, au fond desquels on voit la mer
et le ciel, des hommes et des femmes, sérieux et tristes
aussi, mais bien plus beaux et bien mieux habillés que
ceux que nous voyons partout, parlent avec une voix   10
chantante. Ils se menacent, ils supplient, ils se désolent,
et ils appuient souvent leur main sur un poignard en-
foncé dans leur ceinture. Ah! c'est bien beau! Les femmes
sont bien plus belles et bien plus grandes que celles qui
viennent nous voir à la maison, et, quoique avec leurs   15
grands yeux creux et leurs joues enflammées elles aient
l'air terrible, on ne peut pas s'empêcher de les aimer.
On a peur, on a envie de pleurer, et cependant l'on est
content... Et puis, ce qui est plus singulier, cela donne

20   envie d'être habillé de même, de dire et de faire les mêmes
      choses, et de parler avec la même voix... »
          L'un des quatre enfants, qui depuis quelques secondes
      n'écoutait plus le discours de son camarade et observait
      avec une fixité étonnante je ne sais quel point du ciel, dit
25   tout à coup : « Regardez, regardez là-bas...! *Le* voyez-
      vous ? Il est assis sur ce petit nuage isolé, ce petit nuage
      couleur de feu, qui marche doucement. *Lui* aussi, on
      dirait qu'*il* nous regarde. »
          « Mais qui donc ? » demandèrent les autres.
30   « Dieu ! » répondit-il avec un accent parfait de convic-
      tion. « Ah ! il est déjà bien loin ; tout à l'heure, vous ne
      pourrez plus le voir. Sans doute il voyage, pour visiter
      tous les pays. Tenez, il va passer derrière cette rangée
      d'arbres qui est presque à l'horizon... et maintenant il
35   descend derrière le clocher... Ah ! on ne le voit plus ! »
      Et l'enfant resta longtemps tourné du même côté, fixant
      sur la ligne qui sépare la terre du ciel des yeux où bril-
      lait une inexprimable expression d'extase et de regret.
          « Est-il bête, celui-là, avec son bon Dieu, que lui seul
40   peut apercevoir ! » dit alors le troisième, dont toute la
      petite personne était marquée d'une vivacité et d'une
      vitalité singulières. « Moi, je vais vous raconter com-
      ment il m'est arrivé quelque chose qui ne vous est jamais
      arrivé, et qui est un peu plus intéressant que votre
45   théâtre et vos nuages. — Il y a quelques jours, mes
      parents m'ont emmené en voyage avec eux, et, comme
      dans l'auberge où nous nous sommes arrêtés, il n'y
      avait pas assez de lits pour nous tous, il a été décidé que
      je dormirais dans le même lit que ma bonne. » — Il
50   attira ses camarades plus près de lui, et parla d'une voix
      plus basse. — « Ça fait un singulier effet, allez, de n'être
      pas couché seul et d'être dans un lit avec sa bonne, dans les
      ténèbres. Comme je ne dormais pas, je me suis amusé,
      pendant qu'elle dormait, à passer ma main sur ses bras,
55   sur son cou et sur ses épaules. Elle a les bras et le cou
      bien plus gros que toutes les autres femmes, et la peau
      en est si douce, si douce, qu'on dirait du papier à lettre
      ou du papier de soie. J'y avais tant de plaisir que j'aurais
      longtemps continué, si je n'avais pas eu peur, peur de la
60   réveiller d'abord, et puis encore peur de je ne sais quoi.
      Ensuite j'ai fourré ma tête dans ses cheveux qui pen-
      daient dans son dos, épais comme une crinière, et ils

sentaient aussi bon, je vous assure, que les fleurs du jardin, à cette heure-ci. Essayez, quand vous pourrez, d'en faire autant que moi, et vous verrez! »   65

Le jeune auteur de cette prodigieuse révélation avait, en faisant son récit, les yeux écarquillés par une sorte de stupéfaction de ce qu'il éprouvait encore, et les rayons du soleil couchant, en glissant à travers les boucles rousses de sa chevelure ébouriffée, y allumaient comme une au-   70
réole sulfureuse de passion. Il était facile de deviner que celui-là ne perdrait pas sa vie à chercher la Divinité dans les nuées, et qu'il la trouverait fréquemment ailleurs.

Enfin le quatrième dit : « Vous savez que je ne m'amuse guère à la maison; on ne me mène jamais au spectacle;   75
mon tuteur est trop avare; Dieu ne s'occupe pas de moi et de mon ennui, et je n'ai pas une belle bonne pour me dorloter. Il m'a souvent semblé que mon plaisir serait d'aller toujours droit devant moi, sans savoir où, sans que personne s'en inquiète, et de voir toujours des pays   80
nouveaux. Je ne suis jamais bien nulle part, et je crois toujours que je serais mieux ailleurs que là où je suis. Eh bien! j'ai vu, à la dernière foire du village voisin, trois hommes qui vivent comme je voudrais vivre. Vous n'y avez pas fait attention, vous autres. Ils étaient grands,   85
presque noirs et très-fiers, quoique en guenilles, avec l'air de n'avoir besoin de personne. Leurs grands yeux sombres sont devenus tout à fait brillants pendant qu'ils faisaient de la musique; une musique si surprenante qu'elle donne envie tantôt de danser, tantôt de pleurer,   90
ou de faire les deux à la fois, et qu'on deviendrait comme fou si on les écoutait trop longtemps. L'un, en traînant son archet sur son violon, semblait raconter un chagrin, et l'autre, en faisant sautiller son petit marteau sur les cordes d'un petit piano suspendu à son cou par une   95
courroie, avait l'air de se moquer de la plainte de son voisin, tandis que le troisième choquait de temps à autre ses cymbales avec une violence extraordinaire. Ils étaient si contents d'eux-mêmes, qu'ils ont continué à jouer leur musique de sauvages, même après que la foule s'est dis-   100
persée. Enfin ils ont ramassé leurs sous, ont chargé leur bagage sur leur dos, et sont partis. Moi, voulant savoir où ils demeuraient, je les ai suivis de loin, jusqu'au bord de la forêt, où j'ai compris seulement alors, qu'ils ne demeuraient nulle part.   105

Alors l'un a dit : « Faut-il déployer la tente ? »

« Ma foi ! non ! » a répondu l'autre, « il fait une si belle nuit ! »

110 Le troisième disait en comptant la recette : « Ces gens-là ne sentent pas la musique, et leurs femmes dansent comme des ours. Heureusement, avant un mois nous serons en Autriche, où nous trouverons un peuple plus aimable. »

115 « Nous ferions peut-être mieux d'aller vers l'Espagne, car voici la saison qui s'avance; fuyons avant les pluies et ne mouillons que notre gosier », a dit un des deux autres.

« J'ai tout retenu, comme vous voyez. Ensuite ils ont bu chacun une tasse d'eau-de-vie et se sont endormis, le 120 front tourné vers les étoiles. J'avais eu d'abord envie de les prier de m'emmener avec eux et de m'apprendre à jouer de leurs instruments; mais je n'ai pas osé, sans doute parce qu'il est toujours très-difficile de se décider à n'importe quoi, et aussi parce que j'avais peur d'être 125 rattrapé avant d'être hors de France. »

L'air peu intéressé des trois autres camarades me donna à penser que ce petit était déjà un *incompris*. Je le regardais attentivement; il y avait dans son œil et dans son front ce je ne sais quoi de précocement fatal qui éloigne 130 généralement la sympathie, et qui, je ne sais pourquoi, excitait la mienne, au point que j'eus un instant l'idée bizarre que je pouvais avoir un frère à moi-même inconnu.

Le soleil s'était couché. La nuit solennelle avait pris 135 place. Les enfants se séparèrent, chacun allant, à son insu, selon les circonstances et les hasards, mûrir sa destinée, scandaliser ses proches et graviter vers la gloire ou vers le déshonneur.

XXXII

LE THYRSE

A Franz Liszt.

1 QU'EST-CE qu'un thyrse ? Selon le sens moral et poétique, c'est un emblème sacerdotal dans la main des prêtres et des prêtresses célébrant la divinité

dont ils sont les interprètes et les serviteurs. Mais physiquement ce n'est qu'un bâton, un pur bâton, perche à houblon, tuteur de vigne, sec, dur et droit. 5 Autour de ce bâton, dans des méandres capricieux, se jouent et folâtrent des tiges et des fleurs, celles-ci sinueuses et fuyardes, celles-là penchées comme des cloches ou des coupes renversées. Et une gloire éton- 10 nante jaillit de cette complexité de lignes et de couleurs, tendres ou éclatantes. Ne dirait-on pas que la ligne courbe et la spirale font leur cour à la ligne droite et dansent autour dans une muette adoration? Ne dirait-on pas que toutes ces corolles délicates, tous ces calices, explo- 15 sions de senteurs et de couleurs, exécutent un mystique fandango autour du bâton hiératique? Et quel est, cepen- dant, le mortel imprudent qui osera décider si les fleurs et les pampres ont été faits pour le bâton, ou si le bâton n'est que le prétexte pour montrer la beauté des pampres 20 et des fleurs? Le thyrse est la représentation de votre étonnante dualité, maître puissant et vénéré, cher Bac- chant de la Beauté mystérieuse et passionnée. Jamais nymphe exaspérée par l'invincible Bacchus ne secoua son thyrse sur les têtes de ses compagnons affolées avec autant 25 d'énergie et de caprice que vous agitez votre génie sur les cœurs de vos frères. — Le bâton, c'est votre volonté, droite, ferme et inébranlable; les fleurs, c'est la prome- nade de votre fantaisie autour de votre volonté; c'est l'élément féminin exécutant autour du mâle ses pres- 30 tigieuses pirouettes. Ligne droite et ligne arabesque, intention et expression, roideur de la volonté, sinuosité du verbe, unité du but, variété des moyens, amalgame tout-puissant et indivisible du génie, quel analyste aura le détestable courage de vous diviser et de vous séparer? 35

Cher Liszt, à travers les brumes, par delà les fleuves, par-dessus les villes où les pianos chantent votre gloire, où l'imprimerie traduit votre sagesse, en quelque lieu que vous soyez, dans les splendeurs de la ville éter- nelle ou dans les brumes des pays rêveurs que console 40 Cambrinus[1], improvisant des chants de délectation ou d'ineffable douleur, ou confiant au papier vos médita- tions abstruses, chantre de la Volupté et de l'Angoisse éternelles, philosophe, poëte et artiste, je vous salue en l'immortalité! 45

XXXIII

ENIVREZ-VOUS

1 IL faut être toujours ivre. Tout est là : c'est l'unique question. Pour ne pas sentir l'horrible fardeau du Temps qui brise vos épaules et vous penche vers la terre, il faut vous enivrer sans trêve.

5 Mais de quoi? De vin, de poésie ou de vertu, à votre guise. Mais enivrez-vous.

Et si quelquefois, sur les marches d'un palais, sur l'herbe verte d'un fossé, dans la solitude morne de votre chambre, vous vous réveillez, l'ivresse déjà diminuée

10 ou disparue, demandez au vent, à la vague, à l'étoile, à l'oiseau, à l'horloge, à tout ce qui fuit, à tout ce qui gémit, à tout ce qui roule, à tout ce qui chante, à tout ce qui parle, demandez quelle heure il est; et le vent, la vague, l'étoile, l'oiseau, l'horloge, vous répondront :

15 « Il est l'heure de s'enivrer! Pour n'être pas les esclaves martyrisés du Temps, enivrez-vous; enivrez-vous sans cesse! De vin, de poésie ou de vertu, à votre guise. »

XXXIV

DÉJÀ!

1 CENT fois déjà le soleil avait jailli, radieux ou attristé, de cette cuve immense de la mer dont les bords ne se laissent qu'à peine apercevoir; cent fois il s'était replongé, étincelant ou morose, dans son immense

5 bain du soir. Depuis nombre de jours, nous pouvions contempler l'autre côté du firmament et déchiffrer l'alphabet céleste des antipodes. Et chacun des passagers gémissait et grognait. On eût dit que l'approche de la terre exaspérait leur souffrance. « Quand donc »,

10 disaient-ils, « cesserons-nous de dormir un sommeil secoué par la lame, troublé par un vent qui ronfle plus haut que nous? Quand pourrons-nous manger de la viande qui ne soit pas salée comme l'élément

infâme qui nous porte[1]? Quand pourrons-nous digérer
dans un fauteuil immobile? »

Il y en avait qui pensaient à leur foyer, qui regrettaient leurs femmes infidèles et maussades, et leur progéniture criarde. Tous étaient si affolés par l'image de
la terre absente, qu'ils auraient, je crois, mangé de l'herbe
avec plus d'enthousiasme que les bêtes.

Enfin un rivage fut signalé; et nous vîmes, en approchant, que c'était une terre magnifique, éblouissante.
Il semblait que les musiques de la vie s'en détachaient
en un vague murmure, et que de ces côtes, riches en
verdures de toute sorte, s'exhalait, jusqu'à plusieurs
lieues, une délicieuse odeur de fleurs et de fruits.

Aussitôt chacun fut joyeux, chacun abdiqua sa mauvaise humeur. Toutes les querelles furent oubliées, tous
les torts réciproques pardonnés; les duels convenus
furent rayés de la mémoire, et les rancunes s'envolèrent
comme des fumées.

Moi seul j'étais triste, inconcevablement triste. Semblable à un prêtre à qui on arracherait sa divinité, je ne
pouvais, sans une navrante amertume, me détacher de
cette mer si monstrueusement séduisante, de cette mer
si infiniment variée dans son effrayante simplicité, et
qui semble contenir en elle et représenter par ses jeux,
ses allures, ses colères et ses sourires, les humeurs, les
agonies et les extases de toutes les âmes qui ont vécu,
qui vivent et qui vivront!

En disant adieu à cette incomparable beauté, je me
sentais abattu jusqu'à la mort; et c'est pourquoi, quand
chacun de mes compagnons dit : « Enfin! » je ne pus
crier que : « *Déjà!* »

Cependant c'était la terre, la terre avec ses bruits,
ses passions, ses commodités, ses fêtes; c'était une terre
riche et magnifique, pleine de promesses, qui nous
envoyait un mystérieux parfum de rose et de musc, et
d'où les musiques de la vie nous arrivaient en un amoureux murmure.

XXXV

LES FENÊTRES

1   CELUI qui regarde du dehors[1] à travers une fenêtre
      ouverte, ne voit jamais autant de choses que celui
qui regarde une fenêtre fermée. Il n'est pas d'objet plus
profond, plus mystérieux, plus fécond, plus ténébreux,
5   plus éblouissant qu'une fenêtre éclairée d'une chandelle.
Ce qu'on peut voir au soleil est toujours moins intéres-
sant que ce qui se passe derrière une vitre. Dans ce
trou noir ou lumineux vit la vie, rêve la vie, souffre
la vie.
10   Par delà des vagues de toits, j'aperçois une femme
mûre, ridée déjà, pauvre, toujours penchée sur quelque
chose, et qui ne sort jamais. Avec son visage, avec son
vêtement, avec son geste, avec presque rien[2], j'ai refait
l'histoire de cette femme, ou plutôt sa légende, et quel-
15   quefois je me la raconte à moi-même en pleurant.
         Si c'eût été un pauvre vieux homme, j'aurais refait
la sienne tout aussi aisément.
         Et je me couche, fier d'avoir vécu et souffert dans
d'autres que moi-même.
20   Peut-être me direz-vous : « Es-tu sûr que cette légende
soit la vraie ? » Qu'importe ce que peut être la réalité
placée hors de moi, si elle m'a aidé à vivre, à sentir que
je suis et ce que je suis[3] ?

XXXVI

LE DÉSIR DE PEINDRE

1   MALHEUREUX peut-être l'homme, mais heureux l'ar-
      tiste que le désir déchire !
Je brûle de peindre celle qui m'est apparue si rarement et qui a fui si vite, comme une belle chose regret-

table derrière le voyageur emporté dans la nuit. Comme   5
il y a longtemps déjà qu'elle a disparu !

Elle est belle, et plus que belle ; elle est surprenante.
En elle le noir abonde : et tout ce qu'elle inspire est
nocturne et profond. Ses yeux sont deux antres où
scintille vaguement le mystère, et son regard illumine   10
comme l'éclair : c'est une explosion dans les ténèbres.

Je la comparerais à un soleil noir, si l'on pouvait concevoir un astre noir versant la lumière et le bonheur.
Mais elle fait plus volontiers penser à la lune, qui sans
doute l'a marquée de sa redoutable influence ; non pas   15
la lune blanche des idylles, qui ressemble à une froide
mariée, mais la lune sinistre et enivrante, suspendue au
fond d'une nuit orageuse et bousculée par les nuées
qui courent ; non pas la lune paisible et discrète visitant
le sommeil des hommes purs, mais la lune arrachée du   20
ciel, vaincue et révoltée, que les Sorcières thessaliennes
contraignent durement à danser sur l'herbe terrifiée !

Dans son petit front habitent la volonté tenace et
l'amour de la proie. Cependant, au bas de ce visage
inquiétant, où des narines mobiles aspirent l'inconnu et   25
l'impossible, éclate, avec une grâce inexprimable, le rire
d'une grande bouche, rouge et blanche, et délicieuse,
qui fait rêver au miracle d'une superbe fleur éclose dans
un terrain volcanique.

Il y a des femmes qui inspirent l'envie de les vaincre   30
et de jouir d'elles ; mais celle-ci donne le désir de mourir
lentement sous son regard.

XXXVII

LES BIENFAITS DE LA LUNE

L A Lune, qui est le caprice même, regarda par la   1
  fenêtre pendant que tu dormais dans ton berceau,
et se dit : « Cette enfant me plaît. »

Et elle descendit moelleusement[1] son escalier de
nuages et passa sans bruit à travers les vitres. Puis elle   5
s'étendit sur toi avec la tendresse souple d'une mère, et
elle déposa ses couleurs sur ta face. Tes prunelles en

sont restées vertes, et tes joues extraordinairement
pâles. C'est en contemplant cette visiteuse que tes yeux
10   se sont si bizarrement[1] agrandis; et elle t'a si tendrement
serrée à la gorge que tu en as gardé pour toujours l'envie[2] de pleurer.

Cependant, dans l'expansion[3] de sa joie, la Lune remplissait toute la chambre comme une atmosphère phos-
15   phorique, comme un poison lumineux; et toute cette
lumière vivante pensait et disait : « Tu subiras éternellement l'influence de mon baiser. Tu seras belle à ma
manière. Tu aimeras ce que j'aime et ce qui m'aime :
l'eau, les nuages, le silence et la nuit; la mer immense
20   et verte; l'eau informe et multiforme; le lieu où tu ne
seras pas; l'amant que tu ne connaîtras pas; les fleurs
monstrueuses; les parfums qui font délirer; les chats qui
se pâment sur les pianos et qui gémissent comme les
femmes, d'une voix rauque et douce!

25   « Et tu seras aimée de mes amants, courtisée par mes
courtisans. Tu seras la reine des hommes aux yeux verts
dont j'ai serré aussi la gorge dans mes caresses noc-
turnes; de ceux-là qui aiment la mer[4], la mer immense,
tumultueuse et verte, l'eau informe et multiforme, le
30   lieu où ils ne sont pas, la femme qu'ils ne connaissent
pas, les fleurs sinistres qui ressemblent aux encensoirs
d'une religion inconnue, les parfums qui troublent la
volonté, et les animaux sauvages et voluptueux qui sont
les emblèmes de leur folie. »

35   Et c'est pour cela, maudite chère enfant gâtée[5], que
je suis maintenant couché à tes pieds, cherchant dans
toute ta personne le reflet de la redoutable Divinité, de
la fatidique marraine, de la nourrice empoisonneuse de
tous les *lunatiques*.

XXXVIII

LAQUELLE EST LA VRAIE?

1   J'AI connu une certaine Bénédicta, qui remplissait
l'atmosphère d'idéal, et dont les yeux répandaient
le désir de la grandeur, de la beauté, de la gloire et
de tout ce qui fait croire à l'immortalité.

Mais cette fille miraculeuse était trop belle pour vivre   5
longtemps; aussi est-elle morte quelques jours après
que j'eus fait sa connaissance, et c'est moi-même qui l'ai
enterrée, un jour que le printemps agitait son encensoir
jusque dans les cimetières[1]. C'est moi qui l'ai enterrée,
bien close dans une bière d'un bois parfumé et incor-   10
ruptible comme les coffres de l'Inde.

Et comme mes yeux restaient fichés sur le lieu où
était enfoui mon trésor, je vis subitement une petite
personne qui ressemblait singulièrement à la défunte, et
qui, piétinant sur la terre fraîche avec une violence hysté-   15
rique[2] et bizarre, disait en éclatant de rire : « C'est moi,
la vraie Bénédicta! C'est moi, une fameuse canaille[3]!
Et pour la punition de ta folie et de ton aveuglement,
tu m'aimeras telle que je suis! »

Mais moi, furieux, j'ai répondu : « Non! non! non! »   20
Et pour mieux accentuer mon refus, j'ai frappé si violemment la terre du pied que ma jambe s'est enfoncée
jusqu'au genou dans la sépulture récente, et que, comme
un loup pris au piége, je reste attaché, pour toujours
peut-être, à la fosse[4] de l'idéal.   25

XXXIX

UN CHEVAL DE RACE

ELLE est bien laide. Elle est délicieuse pourtant!   1
Le Temps et l'Amour l'ont marquée de leurs
griffes et lui ont cruellement enseigné ce que chaque
minute et chaque baiser emportent de jeunesse et de
fraîcheur.   5

Elle est vraiment laide; elle est fourmi, araignée, si
vous voulez, squelette même; mais aussi elle est breu-
vage, magistère, sorcellerie[5]! en somme, elle est exquise.

Le Temps n'a pu rompre l'harmonie petillante de sa
démarche ni l'élégance indestructible de son armature.   10
L'Amour n'a pas altéré la suavité de son haleine d'enfant;
et le Temps n'a rien arraché de son abondante crinière
d'où s'exhale en fauves parfums toute la vitalité endia-
blée du Midi français : Nîmes, Aix, Arles, Avignon, Nar-

15 bonne, Toulouse, villes bénies du soleil, amoureuses et
    charmantes !

    Le Temps et l'Amour l'ont vainement mordue à
    belles dents ; ils n'ont rien diminué du charme vague,
    mais éternel, de sa poitrine garçonnière.

20 Usée peut-être, mais non fatiguée, et toujours hé-
    roïque, elle fait penser à ces chevaux de grande race que
    l'œil du véritable amateur reconnaît, même attelés à un
    carrosse de louage ou à un lourd chariot.

    Et puis elle est si douce et si fervente ! Elle aime comme
25 on aime en automne ; on dirait que les approches de
    l'hiver allument dans son cœur un feu nouveau, et la
    servilité de sa tendresse n'a jamais rien de fatigant.

                              XL

                         LE MIROIR

1   UN homme épouvantable entre et se regarde dans
        la glace.
    « — Pourquoi vous regardez-vous au miroir, puisque
    vous ne pouvez vous y voir qu'avec déplaisir ? »
5   L'homme épouvantable me répond : « — Monsieur,
    d'après les immortels principes de 89, tous les hommes
    sont égaux en droits ; donc je possède le droit de me
    mirer ; avec plaisir ou déplaisir, cela ne regarde que ma
    conscience. »
10 Au nom du bon sens, j'avais sans doute raison ; mais,
    au point de vue de la loi, il n'avait pas tort.

                              XLI

                         LE PORT

1   UN port est un séjour charmant pour une âme fati-
        guée des luttes de la vie. L'ampleur du ciel, l'archi-
    tecture mobile des nuages, les colorations changeantes
    de la mer, le scintillement des phares, sont un prisme

merveilleusement propre à amuser les yeux sans jamais 5
les lasser. Les formes élancées des navires, au gréement
compliqué, auxquels la houle imprime des oscillations
harmonieuses, servent à entretenir dans l'âme le goût
du rhythme et de la beauté. Et puis, surtout, il y a une
sorte de plaisir mystérieux et aristocratique pour celui 10
qui n'a plus ni curiosité ni ambition, à contempler,
couché dans le belvédère ou accoudé sur le môle, tous
ces mouvements de ceux qui partent et de ceux qui
reviennent, de ceux qui ont encore la force de vouloir,
le désir de voyager ou de s'enrichir. 15

XLII

PORTRAITS DE MAITRESSES

D ANS un boudoir d'hommes[1], c'est-à-dire dans un 1
fumoir attenant à un élégant tripot, quatre hommes
fumaient et buvaient. Ils n'étaient précisément ni jeunes
ni vieux, ni beaux ni laids; mais vieux ou jeunes, ils
portaient cette distinction non méconnaissable des vété- 5
rans de la joie, cet indescriptible je ne sais quoi, cette
tristesse froide et railleuse qui dit clairement : « Nous
avons fortement vécu, et nous cherchons ce que nous
pourrions aimer et[2] estimer. »
    L'un d'eux jeta la causerie sur le sujet des femmes. 10
Il eût été plus philosophique de n'en pas parler du tout;
mais il y a des gens d'esprit qui, après boire, ne méprisent
pas les conversations banales. On écoute alors celui qui
parle, comme on écouterait de la musique de danse.
    « Tous les hommes, disait celui-ci, ont eu l'âge de 15
Chérubin : c'est l'époque où, faute de dryades, on embrasse, sans dégoût, le tronc des chênes. C'est le premier
degré de l'amour. Au second degré, on commence à
choisir. Pouvoir délibérer, c'est déjà une décadence.
C'est alors qu'on recherche décidément la beauté. Pour 20
moi, messieurs, je me fais gloire d'être arrivé, depuis
longtemps, à l'époque climatérique du troisième degré
où la beauté elle-même ne suffit plus, si elle n'est assai-
sonnée par le parfum, la parure, et cætera. J'avouerai

25   même que j'aspire quelquefois, comme à un bonheur
      inconnu, à un certain quatrième degré qui doit marquer
      le calme absolu. Mais, durant toute ma vie, excepté à
      l'âge de Chérubin, j'ai été plus sensible que tout autre
      à l'énervante sottise, à l'irritante médiocrité des femmes.
30   Ce que j'aime surtout dans les animaux, c'est leur can-
      deur. Jugez donc combien j'ai dû souffrir par ma der-
      nière maîtresse.

           « C'était la bâtarde d'un prince. Belle, cela va sans
      dire; sans cela, pourquoi l'aurais-je prise? Mais elle
35   gâtait cette grande qualité par une ambition malséante et
      difforme. C'était une femme qui voulait toujours faire
      l'homme. « Vous n'êtes pas un homme! Ah! si j'étais
      « un homme! De nous deux, c'est moi qui suis l'homme! »
      Tels étaient les insupportables refrains qui sortaient de
40   cette bouche d'où je n'aurais voulu voir s'envoler que
      des chansons[1]. A propos d'un livre, d'un poëme, d'un
      opéra pour lequel je laissais échapper mon admiration :
      « Vous croyez peut-être que cela est très-fort? disait-
      « elle aussitôt; est-ce que vous vous connaissez en force? »
45   et elle argumentait.

           « Un beau jour elle s'est mise à la chimie; de sorte
      qu'entre ma bouche et la sienne je trouvai désormais un
      masque de verre. Avec tout cela, fort bégueule. Si par-
      fois je la bousculais par un geste un peu trop amoureux,
50   elle se convulsait comme une sensitive violée...

           — Comment cela a-t-il fini? dit l'un des trois autres.
      Je ne vous savais pas si patient.

           — Dieu, reprit-il, mit[2] le remède dans le mal. Un
      jour je trouvai cette Minerve, affamée de force idéale,
55   en tête-à-tête avec mon domestique, et dans une situation
      qui m'obligea à me retirer discrètement pour ne pas les
      faire rougir. Le soir je les congédiai tous les deux, en
      leur payant les arrérages de leurs gages.

           — Pour moi, reprit l'interrupteur, je n'ai à me
60   plaindre que de moi-même. Le bonheur est venu habiter
      chez moi, et je ne l'ai pas reconnu. La destinée m'avait,
      en ces derniers temps, octroyé la jouissance d'une
      femme qui était bien la plus douce, la plus soumise et la
      plus dévouée des créatures, et toujours prête! et sans
65   enthousiasme! « Je le veux bien, puisque cela vous est
      « agréable. » C'était sa réponse ordinaire. Vous donneriez
      la bastonnade à ce mur ou à ce canapé, que vous en tire-

riez plus de soupirs que n'en tiraient du sein de ma maîtresse les élans de l'amour le plus forcené. Après un
an de vie commune, elle m'avoua qu'elle n'avait jamais 70
connu le plaisir. Je me dégoûtai de ce duel inégal, et
cette fille incomparable se maria. J'eus plus tard la fantaisie de la revoir[1], et elle me dit, en me montrant six
beaux enfants : « Eh bien ! mon cher ami, l'épouse est
« encore aussi *vierge* que l'était votre maîtresse. » Rien 75
n'était changé dans cette personne. Quelquefois je la
regrette : j'aurais dû l'épouser. »

Les autres se mirent à rire, et un troisième dit à son tour :
« Messieurs, j'ai connu des jouissances que vous
avez peut-être négligées. Je veux parler du comique 80
dans l'amour, et d'un comique qui n'exclut pas l'admiration. J'ai plus admiré ma dernière maîtresse que vous
n'avez pu, je crois, haïr ou aimer les vôtres. Et tout le
monde l'admirait autant que moi. Quand nous entrions
dans un restaurant, au bout de quelques minutes, cha- 85
cun oubliait de manger pour la contempler. Les garçons
eux-mêmes et la dame du comptoir ressentaient cette
extase contagieuse jusqu'à oublier leurs devoirs. Bref,
j'ai vécu quelque temps en tête-à-tête avec un *phénomène*
vivant. Elle mangeait, mâchait, broyait, dévorait, englou- 90
tissait, mais avec l'air le plus léger et le plus insouciant
du monde. Elle m'a tenu ainsi longtemps en extase. Elle
avait une manière douce, rêveuse, anglaise et romanesque de dire : « J'ai faim ! » Et elle répétait ces mots
jour et nuit en montrant les plus jolies dents du monde, 95
qui vous eussent attendris et égayés à la fois[2]. — J'aurais
pu faire ma fortune en la montrant dans les foires comme
monstre polyphage. Je la nourrissais bien ; et cependant
elle m'a quitté...

— Pour un fournisseur aux vivres, sans doute ? 100

— Quelque chose d'approchant, une espèce d'em-
ployé dans l'intendance qui, par quelque tour de bâton
à lui connu, fournit peut-être à cette pauvre enfant la
ration de plusieurs soldats. C'est du moins ce que j'ai
supposé[3]. 105

— Moi, dit le quatrième, j'ai enduré des souffrances
atroces par le contraire de ce qu'on reproche en général
à l'égoïste femelle. Je vous trouve mal venus, trop for-
tunés mortels, à vous plaindre des imperfections de vos
maîtresses ! » 110

Cela fut dit d'un ton fort sérieux, par un homme d'aspect doux et posé, d'une physionomie presque cléricale, malheureusement illuminée par des yeux d'un gris clair, de ces yeux dont le regard dit : « Je veux! » ou : « Il faut! » ou bien : « Je ne pardonne jamais[1]! »

« Si, nerveux comme je vous connais, vous, G..., lâches et légers comme vous êtes, vous deux K... et J..., vous aviez été accouplés à une certaine femme de ma connaissance, ou vous vous seriez enfuis, ou vous seriez morts. Moi, j'ai survécu, comme vous voyez. Figurez-vous une personne incapable de commettre une erreur de sentiment ou de calcul; figurez-vous une sérénité désolante de caractère; un dévouement sans comédie et sans emphase; une douceur sans faiblesse; une énergie sans violence. L'histoire de mon amour ressemble à un interminable voyage sur une surface pure et polie comme un miroir, vertigineusement monotone, qui aurait réfléchi tous mes sentiments et mes gestes avec l'exactitude ironique de ma propre conscience, de sorte que je ne pouvais pas me permettre un geste ou un sentiment déraisonnable sans apercevoir immédiatement le reproche muet de mon inséparable spectre. L'amour m'apparaissait comme une tutelle. Que de sottises elle m'a empêché de faire, que je regrette de n'avoir pas commises! Que de dettes payées malgré moi! Elle me privait de tous les bénéfices que j'aurais pu tirer de ma folie personnelle. Avec une froide et infranchissable règle, elle barrait tous mes caprices. Pour comble d'horreur, elle n'exigeait pas de reconnaissance, le danger passé. Combien de fois ne me suis-je pas retenu de lui sauter à la gorge, en lui criant : « Sois donc imparfaite, misérable! « afin que je puisse t'aimer sans malaise et sans colère. » Pendant plusieurs années, je l'ai admirée, le cœur plein de haine. Enfin, ce n'est pas moi qui en suis mort[2]!

— Ah! firent les autres, elle est donc morte?

— Oui! cela ne pouvait continuer ainsi. L'amour était devenu pour moi un cauchemar accablant. Vaincre ou mourir, comme dit la Politique, telle était l'alternative que m'imposait la destinée! Un soir, dans un bois... au bord d'une mare... après une mélancolique promenade où ses yeux, à elle, réfléchissaient la douceur du ciel, et où mon cœur, à moi, était crispé comme l'enfer...

— Quoi!

— Comment!
— Que voulez-vous dire? 155
— C'était inévitable. J'ai trop le sentiment de l'équité pour battre, outrager ou congédier un serviteur irréprochable. Mais il fallait accorder ce sentiment avec l'horreur que cet être m'inspirait; me débarrasser de cet être sans lui manquer de respeèt. Que vouliez-vous 160 que je fisse d'elle, *puisqu'elle était parfaite?* »

Les trois autres compagnons regardèrent celui-ci avec un regard vague et légèrement hébété, comme feignant de ne pas comprendre et comme avouant implicitement qu'ils ne se sentaient pas, quant à eux, capables d'une 165 aètion aussi rigoureuse, quoique suffisamment expliquée d'ailleurs.

Ensuite on fit apporter de nouvelles bouteilles, pour tuer le Temps qui a la vie si dure, et accélérer la Vie[1] qui coule si lentement. 170

XLIII

LE GALANT TIREUR

COMME la voiture traversait le bois, il la fit arrêter 1
dans le voisinage d'un tir, disant qu'il lui serait agréable de tirer quelques balles pour *tuer* le Temps. Tuer ce monstre-là, n'eèt-ce pas l'occupation la plus ordinaire et la plus légitime de chacun? — Et il offrit 5 galamment la main à sa chère, délicieuse et exécrable femme, à cette myètérieuse femme à laquelle il doit tant de plaisirs, tant de douleurs, et peut-être aussi une grande partie de son génie.

Plusieurs balles frappèrent loin du but proposé; l'une 10 d'elles s'enfonça même dans le plafond; et comme la charmante créature riait follement, se moquant de la maladresse de son époux, celui-ci se tourna brusquement vers elle, et lui dit : « Observez cette poupée, là-bas, à droite, qui porte le nez en l'air et qui a la mine si hau- 15 taine. Eh bien! cher ange, *je me figure que c'eèt vous* ». Et il ferma les yeux et il lâcha la détente. La poupée fut nettement décapitée.

20   Alors s'inclinant vers sa chère, sa délicieuse, son exécrable femme, son inévitable et impitoyable Muse, et
lui baisant respectueusement la main, il ajouta : « Ah!
mon cher ange, combien je vous remercie de mon
adresse! »

XLIV

LA SOUPE ET LES NUAGES

1   M^A petite folle bien-aimée me donnait à dîner, et
par la fenêtre ouverte de la salle à manger je
contemplais les mouvantes architectures que Dieu fait
avec les vapeurs, les merveilleuses constructions de
5   l'impalpable. Et je me disais, à travers ma contemplation :
« — Toutes ces fantasmagories sont presque aussi belles
que les yeux[1] de ma belle bien-aimée, la petite folle
monstrueuse aux yeux verts. »
     Et tout à coup je reçus un violent coup de poing dans
10   le dos, et j'entendis une voix rauque et charmante, une
voix hystérique et comme enrouée par l'eau-de-vie, la
voix de ma chère petite bien-aimée, qui disait : « — Allez-
vous bientôt manger votre soupe, s.... b.....[2] de marchand de nuages ? »

XLV

LE TIR ET LE CIMETIÈRE

1   A^ LA *vue du cimetière, Estaminet.* — « Singulière enseigne, — se dit notre promeneur, — mais bien
faite pour donner soif! A coup sûr, le maître de ce cabaret sait apprécier Horace et les poëtes élèves d'Épicure.
5   Peut-être même connaît-il le raffinement profond des
anciens Égyptiens, pour qui il n'y avait pas de bon
festin sans squelette, ou sans un emblème[3] quelconque
de la brièveté de la vie ».
     Et il entra, but un verre de bière en face des tombes,
10   et fuma lentement un cigare. Puis, la fantaisie le prit de

descendre dans ce cimetière[1], dont l'herbe était si haute et si invitante, et où régnait un si riche soleil.

En effet, la lumière et la chaleur y faisaient rage, et[2] l'on eût dit que le soleil ivre se vautrait tout de son long sur un tapis de fleurs magnifiques engraissées par la destruction. Un immense bruissement de vie remplissait l'air, — la vie des infiniment petits, — coupé à intervalles réguliers par la crépitation des coups de feu d'un tir voisin, qui éclataient comme l'explosion des bouchons de champagne dans le bourdonnement d'une symphonie en sourdine.

Alors, sous le soleil qui lui chauffait le cerveau et dans l'atmosphère des ardents parfums de la Mort, il entendit une voix chuchoter sous la tombe où il s'était assis. Et cette voix disait : « Maudites soient vos cibles et vos carabines, turbulents vivants, qui vous souciez si peu des défunts et de leur divin repos ! Maudites soient vos ambitions, maudits soient vos calculs, mortels impatients, qui venez étudier l'art de tuer auprès[3] du sanctuaire de la Mort ! Si vous saviez comme le prix est facile à gagner, comme le but est facile à toucher, et combien tout est néant, excepté la Mort, vous ne vous fatigueriez pas tant, laborieux vivants, et vous troubleriez moins souvent le sommeil de ceux qui depuis longtemps ont mis dans le But, dans le seul vrai but de la détestable vie ! »

XLVI

PERTE D'AURÉOLE

« EH ! quoi ! vous ici, mon cher ? Vous, dans un mauvais lieu ! vous, le buveur de quintessences ! vous, le mangeur d'ambroisie ! En vérité, il y a là de quoi me surprendre.

— Mon cher, vous connaissez ma terreur des chevaux et des voitures. Tout à l'heure, comme je traversais le boulevard, en grande hâte, et que je sautillais dans la boue, à travers ce chaos mouvant où la mort arrive au galop de tous les côtés à la fois, mon auréole, dans un mouvement brusque, a glissé de ma tête dans la fange du

macadam. Je n'ai pas eu le courage de la ramasser. J'ai
jugé moins désagréable de perdre mes insignes que de
me faire rompre les os. Et puis, me suis-je dit, à quelque
chose malheur est bon. Je puis maintenant me promener
15   incognito, faire des actions basses, et me livrer à la crapule, comme les simples mortels. Et me voici, tout semblable à vous, comme vous voyez!
      — Vous devriez au moins faire afficher cette auréole,
ou la faire réclamer par le commissaire.
20   — Ma foi! non. Je me trouve bien ici. Vous seul, vous
m'avez reconnu. D'ailleurs la dignité m'ennuie. Ensuite
je pense avec joie que quelque mauvais poëte la ramassera
et s'en coiffera impudemment. Faire un heureux, quelle
jouissance! et surtout un heureux qui me fera rire!
25   Pensez à X, ou à Z! Hein! comme ce sera drôle! »

XLVII

MADEMOISELLE BISTOURI

1   COMME j'arrivais à l'extrémité du faubourg, sous les
            éclairs du gaz, je sentis un bras qui se coulait
doucement sous le mien, et j'entendis une voix qui me
disait à l'oreille : « Vous êtes médecin, monsieur ? »
5   Je regardai; c'était une grande fille, robuste, aux yeux
très-ouverts, légèrement fardée, les cheveux flottant au
vent avec les brides de son bonnet.
      « — Non; je ne suis pas médecin. Laissez-moi passer.
— Oh! si! vous êtes médecin. Je le vois bien. Venez chez
10   moi. Vous serez bien content de moi, allez! — Sans
doute, j'irai vous voir, mais plus tard, *après le médecin,*
que diable!... — Ah! ah! — fit-elle, toujours suspendue
à mon bras, et en éclatant de rire, — vous êtes un médecin farceur, j'en ai connu plusieurs dans ce genre-là.
15   Venez. »
      J'aime passionnément le mystère, parce que j'ai tou-
jours l'espoir de le débrouiller. Je me laissai donc en-
traîner par cette compagne, ou plutôt par cette énigme
inespérée.
20   J'omets la description du taudis; on peut la trouver

dans plusieurs vieux poëtes français bien connus. Seulement, détail non aperçu par Régnier, deux ou trois portraits de docteurs célèbres étaient suspendus aux murs.

Comme je fus dorloté! Grand feu, vin chaud, cigares; et en m'offrant ces bonnes choses et en allumant elle-même un cigare, la bouffonne créature me disait : « Faites comme chez vous, mon ami, mettez-vous à l'aise. Ça vous rappellera l'hôpital et le bon temps de la jeunesse. — Ah çà! où donc avez-vous gagné ces cheveux blancs? Vous n'étiez pas ainsi, il n'y a pas encore bien longtemps, quand vous étiez interne de L... Je me souviens que c'était vous qui l'assistiez dans les opérations graves. En voilà un homme qui aime couper, tailler et rogner! C'était vous qui lui tendiez les instruments, les fils et les éponges. — Et comme, l'opération faite, il disait fièrement, en regardant sa montre : « Cinq minutes, messieurs! » — Oh! moi, je vais partout. Je connais bien ces messieurs. »

Quelques instants plus tard, me tutoyant, elle reprenait son antienne, et me disait : « Tu es médecin, n'est-ce pas, mon chat? »

Cet inintelligible refrain me fit sauter sur mes jambes. « Non! criai-je furieux.

— Chirurgien, alors?

— Non! non! à moins que ce ne soit pour te couper la tête! S... s... c... de s... m...[1]!

— Attends, reprit-elle, tu vas voir. »

Et elle tira d'une armoire une liasse de papiers, qui n'était autre chose que la collection des portraits des médecins illustres de ce temps, lithographiés par Maurin, qu'on a pu voir étalée pendant plusieurs années sur le quai Voltaire.

« Tiens! le reconnais-tu celui-ci?

— Oui! c'est X. Le nom est au bas d'ailleurs; mais je le connais personnellement.

— Je savais bien! Tiens! voilà Z., celui qui disait à son cours, en parlant de X. : « Ce monstre qui porte sur son visage la noirceur de son âme! » Tout cela, parce que l'autre n'était pas de son avis dans la même affaire! Comme on riait de ça à l'École, dans le temps! Tu t'en souviens? — Tiens, voilà[2] K., celui qui dénonçait au gouvernement les insurgés qu'il soignait à son hôpital. C'était le temps des émeutes. Comment est-ce possible

qu'un si bel homme ait si peu de cœur? — Voici maintenant W., un fameux médecin anglais; je l'ai attrapé à son
voyage à Paris. Il a l'air d'une demoiselle, n'est-ce pas? »

Et comme je touchais à un paquet ficelé, posé aussi[1]
sur le guéridon : « Attends un peu, dit-elle; — ça, c'est
les internes, et ce paquet-ci, c'est les externes. »

Et elle déploya en éventail une masse d'images photographiques, représentant des physionomies beaucoup
plus jeunes.

« Quand nous nous reverrons, tu me donneras ton
portrait[2], n'est-ce pas, chéri?

— Mais, lui dis-je, suivant à mon tour, moi aussi,
mon idée fixe, — pourquoi me crois-tu médecin?

— C'est que tu es si gentil et si bon[3] pour les femmes!

— Singulière logique! me dis-je à moi-même[4].

— Oh! je ne m'y trompe guère; j'en ai connu un
bon nombre[5]. J'aime tant ces messieurs, que, bien que[6] je
ne sois pas malade, je vais quelquefois les voir, rien que
pour les voir. Il y en a qui me disent froidement : « Vous
n'êtes pas malade du tout! » Mais il y en a d'autres qui
me comprennent, parce que je leur fais des mines.

— Et quand ils ne te comprennent pas...?

— Dame! comme je les ai dérangés *inutilement,* je
laisse dix francs sur la cheminée. — C'est si bon et si
doux, ces hommes-là! — J'ai découvert à la Pitié un petit
interne, qui est joli comme un ange, et qui est poli!
et qui travaille, le pauvre garçon! Ses camarades m'ont
dit qu'il n'avait pas le sou, parce que ses parents sont des
pauvres qui ne peuvent rien lui envoyer. Cela m'a donné
confiance. Après tout, je suis assez belle femme, quoique
pas trop jeune. Je lui ai dit : « Viens me voir, viens me
voir souvent. Et avec moi, ne te gêne pas; je n'ai pas
besoin d'argent. » Mais tu comprends que je lui ai fait
entendre ça par une foule de façons; je ne lui ai pas
dit tout crûment; j'avais si peur de l'humilier, ce cher
enfant! — Eh bien! croirais-tu que j'ai une drôle d'envie
que je n'ose pas lui dire? — Je voudrais qu'il vînt me
voir avec sa trousse et son tablier, même avec un peu
de sang dessus! »

Elle dit cela d'un air fort candide, comme un homme
sensible dirait à une comédienne qu'il aimerait : « Je veux
vous voir vêtue du costume que vous portiez dans ce
fameux rôle que vous avez créé. »

Moi, m'obstinant, je repris : « Peux-tu te souvenir de
l'époque et de l'occasion où est née en toi cette passion
si particulière ? »

Difficilement je me fis comprendre; enfin j'y parvins.   110
Mais alors elle me répondit d'un air très-triste, et même,
autant que je peux me souvenir, en détournant les yeux :
« Je ne sais pas... je ne me souviens pas. »

Quelles bizarreries ne trouve-t-on pas dans une grande
ville, quand on sait se promener et regarder ? La vie four-   115
mille de monstres innocents. — Seigneur, mon Dieu!
vous, le Créateur, vous, le Maître; vous qui avez fait
la Loi et la Liberté; vous, le souverain qui laissez faire,
vous, le juge qui pardonnez; vous qui êtes plein de
motifs et de causes, et qui avez peut-être mis dans mon   120
esprit le goût de l'horreur pour convertir mon cœur,
comme la guérison au bout d'une lame; Seigneur, ayez
pitié, ayez pitié des fous et des folles! O Créateur! peut-il
exister des monstres aux yeux de Celui-là seul qui sait
pourquoi ils existent, comment ils *se sont faits* et com-   125
ment ils auraient pu *ne pas se faire*[1] ?

XLVIII

ANY WHERE OUT OF THE WORLD

N'IMPORTE OÙ HORS DU MONDE

CETTE vie est un hôpital où chaque malade est pos-   1
sédé du désir de changer de lit. Celui-ci voudrait
souffrir en face du poêle, et celui-là croit qu'il guérirait
à côté de la fenêtre.

Il me semble que je serais toujours bien là où je ne   5
suis pas, et cette question de déménagement en est une
que je discute sans cesse avec mon âme.

« Dis-moi, mon âme, pauvre âme refroidie, que penserais-tu d'habiter Lisbonne ? Il doit y faire chaud, et tu
t'y ragaillardirais comme un lézard. Cette ville est au   10
bord de l'eau; on dit qu'elle est bâtie en marbre, et que le
peuple y a une telle haine du végétal, qu'il arrache tous
les arbres. Voilà un paysage selon ton goût; un paysage

fait avec la lumière et le minéral, et le liquide pour les
15 réfléchir!»

Mon âme ne répond pas.

« Puisque tu aimes tant le repos, avec le spectacle du
mouvement, veux-tu venir habiter la Hollande, cette
terre béatifiante? Peut-être te divertiras-tu dans cette
20 contrée dont tu as souvent admiré l'image dans les
musées. Que penserais-tu de Rotterdam, toi qui aimes
les forêts de mâts, et les navires amarrés au pied des
maisons? »

Mon âme reste muette.

25 « Batavia te sourirait peut-être davantage? Nous y
trouverions d'ailleurs l'esprit de l'Europe marié à la
beauté tropicale. »

Pas un mot. — Mon âme serait-elle morte?

« En es-tu donc venue à ce point d'engourdissement
30 que tu ne te plaises que dans ton mal? S'il en est ainsi,
fuyons vers les pays qui sont les analogies de la Mort. —
Je tiens notre affaire, pauvre âme! Nous ferons nos malles
pour Tornéo. Allons plus loin encore, à l'extrême bout
de la Baltique; encore plus loin de la vie, si c'est possible;
35 installons-nous au pôle. Là le soleil ne frise qu'obliquement la terre, et les lentes alternatives de la lumière et
de la nuit suppriment la variété et augmentent la mono-
tonie, cette moitié du néant. Là, nous pourrons prendre
de longs bains de ténèbres, cependant que, pour nous
40 divertir, les aurores boréales nous enverront de temps
en temps leurs gerbes roses, comme des reflets d'un feu
d'artifice de l'Enfer! »

Enfin, mon âme fait explosion, et sagement elle me
crie : « N'importe où! n'importe où! pourvu que ce
45 soit hors de ce monde! »

XLIX

ASSOMMONS LES PAUVRES!

1 PENDANT quinze jours je m'étais confiné dans ma
chambre[1], et je m'étais entouré des livres à la mode
dans ce temps-là (il y a seize ou dix-sept ans[2]); je veux
parler des livres où il est traité de l'art de rendre les

peuples heureux, sages et riches, en vingt-quatre heures. 5
J'avais donc digéré, — avalé, veux-je dire, — toutes les
élucubrations de tous ces entrepreneurs de bonheur
public, — de ceux qui conseillent à tous les pauvres de
se faire esclaves, et de ceux qui leur persuadent qu'ils
sont tous des rois détrônés. — On ne trouvera pas sur- 10
prenant que je fusse alors dans un état d'esprit avoisinant
le vertige ou la stupidité.

Il m'avait semblé seulement que je sentais, confiné au
fond de mon intellect, le germe obscur d'une idée supé-
rieure à toutes les formules de bonne femme dont j'avais 15
récemment parcouru le dictionnaire¹. Mais ce n'était que
l'idée d'une idée, quelque chose d'infiniment vague².

Et je sortis avec une grande soif. Car le goût passionné
des mauvaises lectures engendre un besoin proportionnel du grand air et des rafraîchissants. 20

Comme j'allais entrer dans un cabaret, un mendiant me
tendit son chapeau, avec un de ces regards inoubliables
qui culbuteraient les trônes, si l'esprit remuait la matière,
et si l'œil d'un magnétiseur faisait mûrir les raisins.

En même temps, j'entendis une voix qui chuchotait à 25
mon oreille, une voix que je reconnus bien; c'était celle
d'un bon Ange, ou d'un bon Démon, qui m'accompagne
partout. Puisque Socrate avait son bon Démon, pourquoi
n'aurais-je pas mon bon Ange, et pourquoi³ n'aurais-je
pas l'honneur, comme Socrate, d'obtenir mon brevet de 30
folie, signé du subtil Lélut et du bien-avisé Baillarger?

Il existe cette différence entre le Démon de Socrate
et le mien, que celui de Socrate ne se manifestait à lui que
pour défendre, avertir, empêcher, et que le mien daigne
conseiller, suggérer, persuader. Ce pauvre Socrate n'avait 35
qu'un Démon prohibiteur; le mien est un grand affir-
mateur, le mien est un Démon d'action, ou⁴ Démon de
combat.

Or, sa voix me chuchotait ceci : « Celui-là seul est
l'égal d'un autre, qui le prouve, et celui-là seul est digne 40
de la liberté, qui sait la conquérir. »

Immédiatement, je sautai sur mon mendiant. D'un
seul coup de poing, je lui bouchai un œil, qui devint, en
une seconde, gros comme une balle. Je cassai un de mes
ongles à lui briser deux dents, et comme je ne me sentais 45
pas assez fort, étant né délicat et m'étant peu exercé à la
boxe, pour assommer rapidement ce vieillard⁵, je le saisis

d'une main par le collet de son habit, de l'autre je l'empoignai à la gorge, et je me mis à lui secouer vigoureu-
50 sement la tête contre un mur. Je dois avouer[1] que j'avais
préalablement inspecté les environs d'un coup d'œil, et
que j'avais vérifié que dans cette banlieue déserte, je me
trouvais, pour un assez long temps, hors de la portée
de tout agent de police.

55   Ayant ensuite, par un coup de pied lancé dans le dos,
assez énergique pour briser les omoplates, terrassé ce
sexagénaire[2] affaibli, je me saisis d'une grosse branche
d'arbre qui traînait à terre, et je le battis avec l'énergie
obstinée des cuisiniers qui veulent attendrir un beefsteak.

60   Tout à coup, — ô miracle! ô jouissance du philosophe
qui vérifie l'excellence de sa théorie! — je vis cette antique carcasse se retourner[3], se redresser avec une énergie
que je n'aurais jamais soupçonnée dans une machine si
singulièrement détraquée, et, avec un regard de haine

65 qui me parut de *bon augure,* le malandrin décrépit se jeta
sur moi, me pocha les deux yeux, me cassa quatre dents,
et, avec la même branche d'arbre, me battit dru comme
plâtre. — Par mon énergique médication, je lui avais
donc rendu l'orgueil et la vie.

70   Alors, je lui fis force signes pour lui faire comprendre
que je considérais la discussion comme finie, et me rele-
vant avec la satisfaction[4] d'un sophiste du Portique, je
lui dis : « Monsieur, *vous êtes mon égal !* veuillez me faire
l'honneur de partager avec moi ma bourse; et souvenez-

75 vous, si vous êtes réellement philanthrope, qu'il faut
appliquer à tous vos confrères, quand ils vous demanderont l'aumône, la théorie que j'ai eu la *douleur*[5] d'essayer
sur votre dos. »

        Il m'a bien juré qu'il avait compris ma théorie, et
80 qu'il obéirait à mes conseils[6].

L

LES BONS CHIENS

A M. Joseph Stevens.

1   JE n'ai jamais rougi, même devant les jeunes écrivains
     de mon siècle, de mon admiration pour Buffon; mais
aujourd'hui ce n'est pas l'âme[7] de ce peintre de la

nature pompeuse que j'appellerai à mon aide. Non.

Bien plus volontiers je m'adresserais à Sterne, et je
lui dirais : « Descends du ciel, ou monte vers moi des
champs Élyséens[1], pour m'inspirer en faveur des bons
chiens, des pauvres chiens, un chant digne de toi, senti-
mental farceur, farceur incomparable! Reviens à califourchon sur ce fameux âne qui t'accompagne toujours
dans la mémoire de la postérité[2]; et surtout que cet âne
n'oublie pas de porter, délicatement suspendu entre ses
lèvres, son immortel macaron! »

Arrière la muse académique! Je n'ai que faire de cette
vieille bégueule. J'invoque la muse familière, la citadine[3],
la vivante, pour qu'elle m'aide à chanter les bons chiens,
les pauvres chiens, les chiens crottés, ceux-là que chacun
écarte, comme pestiférés et pouilleux, excepté le pauvre[4]
dont ils sont les associés, et le poëte qui les regarde
d'un œil fraternel.

Fi du chien bellâtre, de ce fat quadrupède, danois,
king-charles, carlin ou gredin, si enchanté de lui-même
qu'il s'élance indiscrètement dans les jambes ou sur les
genoux du visiteur, comme s'il était sûr de plaire, turbulent comme un enfant, sot comme une lorette, quelquefois hargneux et insolent comme un domestique[5]! Fi
surtout de ces serpents à quatre pattes, frissonnants et
désœuvrés, qu'on nomme levrettes, et qui ne logent
même pas dans leur museau pointu assez de flair pour
suivre la piste d'un ami[6], ni dans leur tête aplatie assez
d'intelligence pour jouer au domino[7]!

A la niche, tous ces fatigants parasites!

Qu'ils retournent à leur niche soyeuse et capitonnée!
Je chante le chien crotté, le chien pauvre, le chien sans
domicile, le chien flâneur, le chien saltimbanque, le chien
dont l'instinct, comme celui du pauvre, du bohémien et
de l'histrion, est merveilleusement aiguillonné par la
nécessité, cette si bonne mère[8], cette vraie patronne des
intelligences!

Je chante les chiens calamiteux, soit ceux qui errent,
solitaires, dans les ravines sinueuses des immenses villes,
soit ceux qui ont dit à l'homme abandonné, avec des
yeux clignotants et spirituels : « Prends-moi avec toi,
et de nos deux misères nous ferons peut-être[9] une espèce
de bonheur! »

« *Où vont les chiens ?* » disait autrefois Nestor Roqueplan

dans un immortel feuilleton qu'il a sans doute oublié, et
dont moi seul, et Sainte-Beuve peut-être, nous nous souvenons encore aujourd'hui.

50   Où vont les chiens, dites-vous, hommes peu attentifs?
Ils vont à leurs affaires.

Rendez-vous d'affaires, rendez-vous d'amour. A travers la brume, à travers la neige, à travers la crotte, sous
la canicule mordante, sous la pluie ruisselante[1], ils vont,
55   ils viennent, ils trottent, ils passent sous les voitures,
excités par les puces, la passion, le besoin ou le devoir.
Comme nous, ils se sont levés de bon matin, et ils
cherchent leur vie ou courent à leurs plaisirs.

Il y en a qui couchent dans une ruine[2] de la banlieue
60   et qui viennent, chaque jour, à heure fixe, réclamer la
sportule à la porte d'une cuisine du Palais-Royal; d'autres
qui accourent, par troupes, de plus de cinq lieues[3], pour
partager le repas que leur a préparé la charité de certaines pucelles[4] sexagénaires, dont le cœur inoccupé
65   s'est donné aux bêtes, parce que les hommes imbéciles
n'en veulent plus.

D'autres qui, comme des nègres marrons, affolés
d'amour, quittent, à de certains jours, leur département
pour venir à la ville, gambader pendant une heure,
70   autour d'une belle chienne, un peu négligée dans sa toi-
lette, mais fière et reconnaissante.

Et ils sont tous très-exacts, sans carnets, sans notes
et sans portefeuilles.

Connaissez-vous la paresseuse Belgique[5], et avez-vous
75   admiré comme moi tous ces chiens vigoureux attelés à
la charrette du boucher, de la laitière ou du boulanger,
et qui témoignent, par leurs aboiements triomphants,
du plaisir orgueilleux qu'ils éprouvent à rivaliser avec
les chevaux?

80   En voici deux qui appartiennent à un ordre encore
plus civilisé! Permettez-moi de vous introduire dans la
chambre du saltimbanque absent. Un lit, en bois peint,
sans rideaux, des couvertures traînantes et souillées de
punaises, deux chaises de paille, un poêle de fonte[6], un ou
85   deux instruments de musique détraqués. Oh! le triste
mobilier! Mais regardez, je vous prie, ces deux personnages intelligents, habillés de vêtements à la fois éraillés
et somptueux, coiffés comme des troubadours ou des
militaires, qui[7] surveillent, avec une attention de sorciers,

l'œuvre sans nom qui mitonne sur le poêle allumé, et au 90
centre de laquelle une longue cuiller¹ se dresse, plantée
comme un de ces mâts aériens qui annoncent que la
maçonnerie est achevée.

N'est-il pas juste que de si zélés comédiens ne se
mettent pas en route sans avoir lesté leur estomac d'une 95
soupe puissante et solide? Et ne pardonnerez-vous pas
un peu de sensualité à ces pauvres diables qui ont à
affronter tout le jour l'indifférence du public et les injustices d'un directeur qui se fait la grosse part² et mange
à lui seul plus de soupe que quatre comédiens³? 100

Que de fois j'ai contemplé, souriant⁴ et attendri, tous
ces philosophes à quatre pattes, esclaves complaisants,
soumis ou dévoués, que le dictionnaire républicain pourrait aussi bien qualifier d'*officieux,* si la république, trop
occupée du *bonheur* des hommes⁵, avait le temps de 105
ménager l'*honneur* des chiens!

Et que de fois j'ai pensé qu'il y avait peut-être quelque
part (qui sait, après tout?), pour récompenser tant de
courage, tant de patience et de labeur, un paradis spécial
pour les bons chiens, les pauvres chiens, les chiens crottés 110
et désolés. Swedenborg affirme bien qu'il y en a un
pour les Turcs et un pour les Hollandais⁶!

Les bergers de Virgile et de Théocrite attendaient,
pour prix de leurs chants alternés⁷, un bon fromage, une
flûte du meilleur faiseur, ou une chèvre aux mamelles 115
gonflées. Le poëte qui a chanté les pauvres chiens a reçu
pour récompense un beau gilet, d'une couleur, à la fois
riche et fanée, qui fait penser aux soleils d'automne, à la
beauté des femmes mûres et aux étés de la Saint-Martin.

Aucun de ceux qui étaient présents dans la taverne de 120
la rue Villa-Hermosa⁸ n'oubliera avec quelle pétulance le
peintre s'est dépouillé de son gilet en faveur du poëte,
tant il a bien compris qu'il était bon et honnête de
chanter les pauvres chiens.

Tel un magnifique tyran italien, du bon temps, offrait 125
au divin Arétin⁹ soit une dague enrichie de pierreries,
soit un manteau de cour, en échange d'un précieux sonnet ou d'un curieux poëme satirique¹⁰.

Et toutes les fois que le poëte endosse¹¹ le gilet du
peintre, il est contraint de penser aux bons chiens, aux 130
chiens philosophes, aux étés de la Saint-Martin et à la
beauté des femmes très-mûres.

ÉPILOGUE

1   L<small>E</small> cœur content, je suis monté sur la montagne
       D'où l'on peut contempler la ville en son ampleur,
       Hôpital, lupanar, purgatoire, enfer, bagne,

5   Où toute énormité fleurit comme une fleur.
       Tu sais bien, ô Satan, patron de ma détresse,
       Que je n'allais pas là pour répandre un vain pleur;

      Mais comme un vieux paillard d'une vieille maîtresse,
10   Je voulais m'enivrer de l'énorme catin
       Dont le charme infernal me rajeunit sans cesse.

      Que tu dormes encor dans les draps du matin,
       Lourde, obscure, enrhumée, ou que tu te pavanes
15   Dans les voiles du soir passementés d'or fin,

      Je t'aime, ô capitale infâme! Courtisanes
       Et bandits, tels souvent vous offrez des plaisirs
       Que ne comprennent pas les vulgaires profanes.